Pour les étudiants, deux outils pratiques de Neurosciences :

www.neurosciences.deboeck.com

Le site compagnon de *Neurosciences*, Quatrième édition

Grande nouveauté de cette 4ᵉ édition, le site web compagnon *Neurosciences.deboeck.com* offre un certain nombre d'outils pratiques pour vous aider à mieux appréhender le cours de Neurosciences. L'accès au site est gratuit et ne requiert aucun code d'accès (à l'exception des quiz).

Le site inclut :

- **Les sommaires des chapitres** : aperçu synthétique des principales thématiques abordées dans chacun des chapitres.

- **Des animations** : un ensemble d'animations détaillées qui illustrent les processus et structures décrites dans l'ouvrage. Cette présentation dynamique aidera à visualiser et à mieux comprendre certains processus complexes des neurosciences.

- **Des Quiz en ligne** : Pour chaque chapitre, le site offre des exercices à choix multiples qui couvrent l'ensemble de la matière. (L'enregistrement préalable de l'enseignant est requis pour que les étudiants puissent avoir accès aux quiz).

- **Des Flashcards** : chacune d'elle reprend, chapitre par chapitre, les termes essentiels.

Pour les enseignants, des supports pédagogiques pour vous aider à préparer vos cours

- toutes les images et tableaux de l'ouvrage sous format JPG (en basse et haute définition) ;

- des présentations *Powerpoint* reprenant l'ensemble des figures et tableaux ;

- une série d'images issues du *Sylvius 4* sous format *Powerpoint*…

à disposition pour aider à assimiler le cours
un site web Compagnon et le Sylvius 4

Sylvius 4 : Atlas interactif et glossaire visuel de neuroanatomie humaine

sylvius 4

par S. Mark Williams, Leonard E. White et Andrew C. Mace.

Chaque exemplaire de la quatrième édition de *Neurosciences* comprend un code d'accès permettant de télécharger gratuitement le logiciel *Sylvius 4*. Cette nouvelle version de *Sylvius* constitue un outil informatique d'exploration et d'étude du système nerveux humain. *Sylvius 4* comporte des images annotées de la surface du cerveau humain, des images obtenues par IRM chez des sujets vivants ainsi que des outils interactifs permettant de disséquer virtuellement le système nerveux central et de visualiser des coupes annotées d'un spécimen de cerveau. Augmentée et remaniée, cette nouvelle version de *Sylvius* est plus qu'un simple atlas ; elle donne accès à une base de données de plus de 500 termes de neuroanatomie, accompagnés d'une brève définition et illustrés de photos, d'images d'IRM et de figures extraites de la quatrième édition de *Neurosciences*.

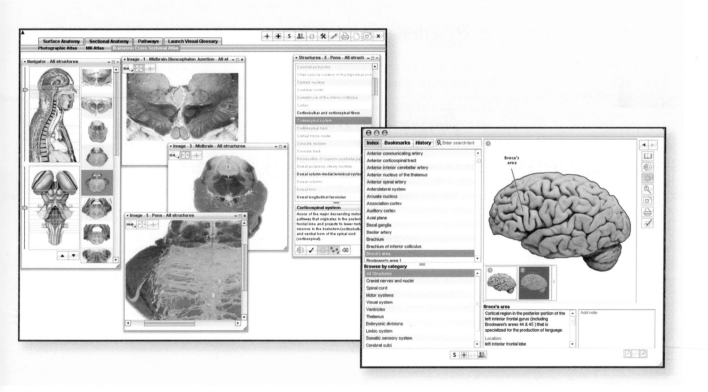

Composantes de Sylvius 4 :

- **Atlas d'anatomie de surface** : Atlas photographique, Atlas IRM, Modèle du tronc cérébral.
- **Atlas d'anatomie par coupes** : Atlas photographique, Atlas IRM, Tronc cérébral et moelle épinière.
- **Voies** : Permet de suivre le trajet de l'information dans divers faisceaux longs du système nerveux central.
- **Glossaire visuel** : Utilisé pour rechercher des structures neuroanatomiques, obtenir des informations concises sur leur emplacement et leur fonction et pour écouter la prononciation du terme anglais correspondant.
- **Identification et description de plus de 500 structures** neuroanatomiques.
- **Classement des structures et des termes anatomiques par catégories** (nerfs crâniens, lobes, aires corticales, etc.) offrant une exploration facile.
- **Fiches de notes** dans lesquelles il est possible, pour chaque structure, d'entrer au clavier des annotations qui seront sauvegardées.
- **Tests auto-administrés** permettant de contrôler les connaissances relatives au nom et aux fonctions des différentes structures.

Instruction de téléchargement :

Sylvius 4 est un programme à télécharger et à installer sur votre ordinateur. Il ne nécessite pas d'accès à Internet outre le téléchargement initial.

Pour télécharger *Sylvius 4*, visitez le site neurosciences.deboeck.com et enregistrez-vous à l'aide d'une adresse mail valide et du code d'accès présent au dos de la couverture :

Neurosciences

Ouvrage original :

Neurosciences by Dale Purves, George J. Augustine, David Fitzpatrick, William C. Hall, Anthony-Samuel LaMantia, James O. McNamara, Leonard E. White

Copyright © 2008 by Sinauer Associates, Inc.

Pour toute information sur notre fonds et les nouveautés dans votre domaine de spécialisation, consultez notre site web : **www.deboeck.com.**

© Groupe De Boeck s.a., 2011   4e édition
Rue des Minimes 39, B-1000 Bruxelles

Imprimé in Italie par «La Tipografica Varese S.p.A.», Varese

Dépôt légal :
Bibliothèque nationale, Paris : avril 2011   ISSN 2032-7552
Bibliothèque royale de Belgique, Bruxelles : 2011/0074/080   ISBN 978-2-8041-6326-6

Neurosciences et cognition

Neurosciences

D. **Purves**, G.J. **Augustine**,

D. **Fitzpatrick**, W.C. **Hall**, A.-S. **LaMantia**,

J.O. **McNamara**, L.E. **White**

Traduction de la 4ᵉ édition américaine par

Jean-Marie Coquery

Préface de Marc Jeannerod

4ᵉ édition

de boeck

Collaborateurs

George J. Augustine, Ph.D.

David Fitzpatrick, Ph.D.

William C. Hall, Ph.D.

Anthony-Samuel LaMantia, Ph.D.

James O. McNamara, M.D.

Richard D. Mooney, Ph.D.

Michael L. Platt, Ph.D.

Dale Purves, M.D.

Sidney A. Simon, Ph.D.

Leonard E. White, Ph.D.

S. Mark Williams, Ph.D.

Sous la direction de

Partie I : George J. Augustine

Partie II : David Fitzpatrick

Partie III : William C. Hall et Leonard E. White

Partie IV : Anthony-Samuel LaMantia

Partie V : Dale Purves

Sommaire

Table des matières

PREMIÈRE PARTIE

Les signaux nerveux

DEUXIÈME PARTIE
Sensibilité et traitements sensoriels

TROISIÈME PARTIE

La motricité et son contrôle central

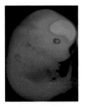

QUATRIÈME PARTIE
Le cerveau qui change

CINQUIÈME PARTIE
Fonctions cérébrales complexes

chapitre 26   Les aires corticales associatives   663

chapitre 27   Le langage et la parole   687

chapitre 28   Le sommeil et la veille   707

*Par sa largeur de vues et son enthousiasme, Larry Katz a marqué
de son empreinte et de son souffle les deux premières éditions de cet ouvrage
et ses travaux ont influencé toute une génération de chercheurs
en neurosciences.*

*Les auteurs et les éditeurs de cette quatrième édition de Neurosciences
la dédient à sa mémoire*

Le terme anglais *Neuroscience* se traduit en français par Neurosciences. C'est donc cette terminologie qui a été retenue pour la traduction française de l'excellent traité coordonné par D. Purves. Le pluriel de Neurosciences utilisé par la langue française traduit la multiplicité des approches utilisées par les chercheurs qui s'efforcent de comprendre le système nerveux. Ces approches ont longtemps évolué pour leur propre compte, séparées par des frontières disciplinaires : la neurophysiologie relevait des départements de physiologie et la neuro-anatomie des départements d'anatomie. Rares étaient ceux qui, avant les années 1970, tentaient d'aborder un même problème, celui de la vision par exemple, sous un angle fonctionnel, c'est-à-dire trans-disciplinaire. Le singulier du terme anglais, en revanche, traduit l'intégration de l'ensemble des sous-disciplines qui ont trait à l'étude du système nerveux en une seule, réunifiant en quelque sorte l'objet « cerveau » à partir de ses constituants. C'est entre ces deux conceptions que se situent le traité de Purves et ses collaborateurs.

La division en grandes sections retenue ici obéit avant tout à un autre impératif, celui de la logique et de la clarté didactique. Les neurosciences moléculaires et cellulaires sont abordées en premier, comme base commune du fonctionnement nerveux ; les fonctions sensorielles et motrices sont ensuite décrites en détail les unes après les autres ; enfin, les « Fonctions cérébrales complexes », sont étudiées à la fin. Toutefois, cette progression classique, du plus élémentaire vers le plus intégré, est interrompue pour laisser place à une longue section sur « Le cerveau qui change ». Ainsi est introduite la plasticité cérébrale, sujet interdisciplinaire par excellence qui, du développement à l'apprentissage, fait intervenir des connaissances appartenant aussi bien au niveau moléculaire, qu'au niveau cellulaire ou au niveau cognitif.

La prise en compte d'une approche transversale des fonctions nerveuses fait également l'objet des nombreux encadrés qui jalonnent l'exposé. Il s'agit de textes documentés, comportant une bibliographie spécifique, et faisant chaque fois le point sur une question. Ce sont de véritables fenêtres de connaissance, apportant une information qui dépasse de loin ce qui est requis pour comprendre la fonction étudiée. La plupart de ces encadrés apportent un éclairage physiopathologique (« Les maladies qui affectent la transmission synaptique », « Neurotransmission aminergique et maladies psychiatriques », « Maladies à prions »), voire même clinique (« La dégénérescence maculaire », « Les membres fantômes », « L'obésité »). D'autres ont un intérêt plus général, comme « La marijuana et le cerveau », « La capsaïcine », « La musique », ou encore « La psychochirurgie ». Cette excellente initiative, en cassant quelque peu la nécessaire austérité du texte, donne un attrait indéniable à cet ouvrage où le plaisir de lire s'ajoutera un plaisir d'apprendre.

Ainsi préparé, l'étudiant et le chercheur seront prêts à aborder ce que d'aucuns considèrent comme « l'agenda » des neurosciences pour les années à venir (1). Cet agenda consiste d'abord à approfondir et confirmer les acquis dans le domaine fondamental de la signalisation de l'information nerveuse et de son transfert entre les neurones. C'est à ce niveau, on le sait, que continuent de s'élaborer les applications thérapeutiques, avec les nouveaux médicaments et les marqueurs utilisés pour le diagnostic et la prévention des maladies. Un autre volet de cet agenda, qui, comme nous l'avons vu, n'a pas échappé aux auteurs du Traité, est celui de la mise en place des circuits neuronaux. Les problèmes de la détermination de l'identité neuronale, de l'expression génétique, du contrôle de la survie des neurones, de la formation et de la stabilisation des connexions, de la formation des ensembles neuronaux, sont autant de problèmes critiques pour aborder la pathologie neuro-développementale : c'est de là que viendront les nouvelles avancées pour des affections comme l'épilepsie, la schizophrénie ou l'autisme infantile. La question de la plasticité nerveuse dépasse en fait largement la période du développement. Les maladies liées au vieillissement cellulaire et à l'affaiblissement de l'expression génique, à la dégénérescence de neurones spécifiques sont aussi d'immenses champs d'application pour les recherches futures. C'est dans ce domaine que pourront se développer des approches thérapeutiques réparatrices exploitant la plasticité des cellules ayant conservé leur potentiel de différenciation.

Les succès obtenus dans les dernières décennies sont autant d'encouragements pour progresser dans ces domaines. Il en est un autre, cependant, où les connaissances progressent plus lentement, celui des neurosciences cognitives, qui ne sont sans doute qu'au début de leur trajectoire. L'avènement de la neuro-imagerie fonctionnelle constitue l'outil spécifique qui lui manquait, et dont l'utilisation de plus en plus généralisée permet maintenant d'aborder la question des relations entre les structures anatomiques et les niveaux de traitement de l'information. Comment et sous quelle forme l'information est-elle encodée, interprétée (perception), stockée (mémoire), utilisée pour anticiper les conséquences de l'action, pour guider le comportement, pour communiquer ? L'utilisation de la neuro-imagerie devra être encadrée par une évolution conceptuelle, condition indispensable pour concevoir le passage de l'étude analytique de systèmes modulaires, comme le système visuel, à l'étude de fonctions plus globales, comme l'attention, la reconnaissance des visages, ou la compréhension des états mentaux de nos congénères. Une nouvelle interdisciplinarité se dessine, autour du programme des Sciences Cognitives, qui fait intervenir conjointement, outre les neurosciences, les ressources de la psychologie, de la linguistique et de la philosophie (2). Cette évolution nécessitera à son tour la mise au point de méthodes d'imagerie plus rapides permettant de visualiser en ligne la circulation de l'information au sein des réseaux fonctionnels propres à chaque opération cognitive. Le Traité fournit plusieurs illustrations de cette démarche, en particulier dans le domaine du langage ou de l'expression des émotions.

À terme, on doit se poser la question de la nécessité d'une réunification des neurosciences, du niveau moléculaire au niveau cognitif, pour rechercher l'inscription biologique des phénomènes complexes. Peu de laboratoires sont encore préparés à cette nouvelle révolution qui fera intervenir conjointement les spécialistes de la neurogénétique, de la neuropsychologie, de la psychiatrie. Cette recherche, on l'imagine, touche de plus en plus de domaines sensibles et suscite, à juste titre, la méfiance de nos contemporains. La recherche en neurosciences devra s'adjoindre une réflexion dans le domaine de l'éthique. L'intrusion de la science dans le domaine privé, la possibilité de modifier le comportement, la perspective d'une amélioration des capacités cognitives, tels sont quelques-uns des problèmes qui devront être abordés par la « neuro-éthique » (3), une branche de plus à ajouter à l'arbre déjà touffu des neurosciences.

Marc Jeannerod
Professeur honoraire à l'Université Claude Bernard, Lyon

1. Albright, Jessel, Kandel & Posner (2000), Neuroscience : a century of progress and the mysteries that remain. *Cell*, 100, S1-S55.
2. Tiberghien et collaborateurs (2002), *Dictionnaire des sciences cognitives*. Paris, Armand Colin.
3. Evers, K. (2009), *Neuroéthique – Quand la matière s'éveille*, Paris, Odile Jacob.

Avant-propos à la 4ᵉ édition américaine

Quel que soit le point de vue sous lequel on l'examine, moléculaire, cellulaire, systémique ou comportemental, le système nerveux nous apparaît comme une machine biologique stupéfiante. Compte tenu de ce que permet le cerveau – toutes les créations de la culture humaine, par exemple – on comprend que l'on cherche à savoir comment il fonctionne, de même que l'ensemble du système nerveux. La dégradation des personnes qu'entraînent les désordres neurologiques et psychiatriques, leurs coûts sociaux, donnent un caractère d'urgence accrue à cette entreprise. L'objectif de cet ouvrage est de mettre en lumière les défis intellectuels et l'enthousiasme, certes tempéré par nos incertitudes, que suscite ce que beaucoup considèrent comme la dernière grande frontière des sciences biologiques. Les informations qu'il contient devraient fournir les bases indispensables aux étudiants en médecine, aux étudiants des deuxièmes cycles de neurosciences ou de psychologie et à tous ceux qui, simplement, souhaitent comprendre comment fonctionne le système nerveux de l'homme. Comme toutes les autres grandes entreprises humaines, les neurosciences n'échappent pas aux controverses ; elles n'en manquent pas, mais elles font naître aussi un intérêt passionné. Tous ces éléments ont été incorporés dans ce livre et nous espérons que les lecteurs de tous niveaux sauront les y trouver.

Remerciements

Nous sommes reconnaissants aux nombreux collègues qui nous ont aidés de leurs contributions, de leurs critiques et de leurs suggestions, pour cette édition et pour les précédentes. Nous tenons à remercier particulièrement Ralph Adolphs, David Amaral, Eva Anton, Gary Banker, Bob Barlow, Marlene Behrmann, Ursula Bellugi, Dan Blazer, Robert Burke, Roberto Cabeza, Jim Cavanaugh, John Chapin, Milt Charlton, Michael Davis, Rob Deaner, Robert Desimone, Allison Doupe, Sascha du Lac, Jen Eilers, Anne Fausto-Sterling, Howard Fields, Elizabeth Finch, Nancy Forger, Jannon Fuchs, Michela Gallagher, Dana Garcia, Steve George, Patricia Goldman-Rakic aujourd'hui décédée, Jennifer Groh, Mike Haglund, Zach Hall, Kristen Harris, Bill Henson, John Heuser, Jonathan Horton, Ron Hoy, Alan Humphrey, Jon Kaas, Kai Kaila, Jagmeet Kanwal, Herb Killackey, Len Kitzes, Arthur Lander, Story Landis, Simon LeVay, Darrell Lewis, Jeff Lichtman, Alan Light, Steve Lisberger, Arthur Loewy, Ron Mangun, Eve Marder, Robert McCarley, Greg McCarthy, Jim McIlwain, Chris Muly, Vic Nadler, Ron Oppenheim, Larysa Pevny, Franck Polleux, Scott Pomeroy, Rodney Radtke, Louis Reichardt, Sidarta Ribiero, Marnie Riddle, Jamie Roitman, Steve Roper, John Rubenstein, Ben Rubin, David Rubin, Josh Sanes, Cliff Saper, Lynn Selemon, Carla Schatz, Bill Snider, Larry Squire, John Staddon, Peter Strick, Warren Strittmatter, Joe Takahashi, Richard Weinberg, Jonathan Weiner, Christina Williams et Joel Winston. Il va de soi, bien sûr, que toute erreur qui pourrait subsister ne saurait être attribuée à nos critiques et conseillers. Nous souhaitons également remercier nos collègues Nell Cant, Dona M. Chikaraishi, Michael D. Ehlers, Gillian Einstein, Erich Jarvis, Lawrence C. Katz, Julie Kauer, Donald Lo, Miguel A. L. Nicolelis, Peter H. Reinhart, J. H. Pate Skene, James Voyvodic et Fulton Wong de leurs contributions aux éditions précédentes.

Nous remercions également les étudiants en médecine de Duke University ainsi que tous les étudiants et collègues qui nous ont fait part de leurs suggestions pour améliorer l'édition précédente. Nous devons, enfin, des remerciements spéciaux à Andy Sinauer, Graig Donini, Carol Wigg, Christopher Small, Jefferson Johnson, Janice Holabird et à tout le personnel de Sinauer Associates, pour leur travail remarquable et d'un très haut niveau professionnel.

Neurosciences

4e édition

chapitre 01

L'étude du système nerveux

Vue d'ensemble

Les neurosciences ont à traiter un large éventail de questions touchant la façon dont le système nerveux de l'homme et des autres animaux se développe, dont il est organisé et dont le fonctionnement produit les comportements. Ces questions peuvent être abordées à l'aide des outils que sont la génétique, la biologie moléculaire et cellulaire, l'anatomie et la physiologie des systèmes, la biologie du comportement et la psychologie. L'étudiant en neurosciences doit donc surmonter une difficulté majeure : comment intégrer les connaissances de tous ordres issues de ces divers niveaux d'analyse en une vision relativement cohérente de la structure et des fonctions du cerveau (formulation nécessairement approximative compte tenu du nombre de questions encore sans réponse). Parmi les problèmes qui ont été abordés avec succès, beaucoup concernent la façon dont les principales catégories de cellules du système nerveux – les neurones et la glie – accomplissent leurs tâches fondamentales du point de vue anatomique, physiologique et moléculaire. Les divers types de neurones et de cellules gliales de soutien identifiés dans le monde animal forment des ensembles appelés circuits neuraux ; ces circuits constituent les éléments principaux des systèmes neuraux qui traitent des types d'information spécifiques. Les systèmes neuraux sous-tendent pour leur part trois grandes fonctions : les systèmes sensoriels assurent la représentation des informations qui concernent l'état de l'organisme et de son environnement ; les systèmes moteurs organisent et produisent les actions ; les systèmes associatifs relient les versants sensoriel et moteur du système nerveux et sont à la base des fonctions cérébrales dites « supérieures » (telles que la perception, l'attention, la cognition, les émotions, la pensée rationnelle) et à celle des processus neuraux complexes essentiels à la compréhension de l'être humain, de son comportement, de son histoire, voire de son avenir.

La génétique, la génomique et le cerveau

Peut-être est-il logique, pour étudier le cerveau et le système nerveux dans sa totalité, de partir de la séquence complète du génome humain. Après tout, cette information que nous avons reçue en héritage est également le point de départ de chacun d'entre nous en tant qu'individu. La façon relativement facile dont on peut obtenir des séquences géniques, les analyser et les mettre en rapport avec des observations neurobiologiques a permis de jeter des lumières nouvelles sur la biologie fondamentale du système nerveux. Parallèlement aux travaux sur le système nerveux normal, l'analyse de lignées humaines porteuses d'affections cérébrales diverses laisse entrevoir qu'il sera bientôt possible d'expliquer et de traiter des troubles longtemps considérés comme hors de portée de la science et de la médecine.

Un **gène** est une séquence de nucléotides de l'ADN, l'adénine (A), la thymine (T), la cytosine (C) et la guanine (G). Dans chaque gène, des segments de cette séquence, appelés **exons**, sont transcrits en ARN messager, puis en une chaîne d'acides aminés formant une protéine particulière. Interposées entre les exons, se trouvent des séquences appelées **introns**. Bien que les séquences d'introns soient éliminées du transcrit définitif du gène, elles influencent fréquemment l'expression des exons et par conséquent la nature de la protéine résultante. De plus, le lot d'exons à l'origine du transcrit d'ARNm d'un gène donné est flanqué du côté amont (ou 5') et du côté aval (ou 3')

Figure 1.1

Estimation du nombre de gènes du génome de l'homme, de la souris, de la mouche du vinaigre *Drosophila melanogaster* et du ver nématode *Caenorhabditis elegans*. Noter que le nombre de gènes n'est pas fonction de la complexité de l'organisme : le nématode est plus simple que la drosophile, mais a plus de gènes qu'elle ; les analyses actuelles indiquent par ailleurs que l'homme et la souris ont à peu près le même nombre de gènes. Une grande proportion de l'activité génique dépend de facteurs de transcription qui régulent le moment d'intervention et l'intensité de l'expression d'un gène donné.

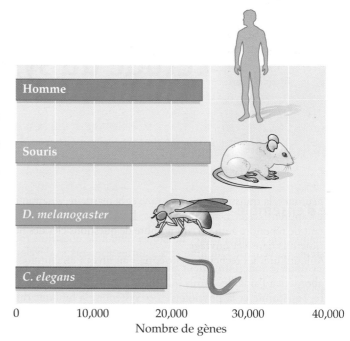

de séquences régulatrices (activatrices ou inhibitrices) qui contrôlent le moment, le site et le taux de transcription d'un gène.

La majorité des quelque 25 000 gènes du génome humain est exprimée dans le cerveau en développement ou adulte ; ceci vaut également pour la souris, la drosophile ou le nématode, espèces communément utilisées en génétique (et de plus en plus en neurosciences) (Figure 1.1). Néanmoins, très peu de gènes s'expriment *exclusivement* dans les neurones ; ceci indique que les cellules nerveuses ont en commun avec les autres cellules la plupart des propriétés structurales et fonctionnelles de base. L'essentiel des informations génétiques propres au cerveau doit par conséquent se trouver dans les introns et dans les séquences régulatrices qui contrôlent la chronologie, la quantité, la variabilité et la spécificité cellulaire de l'expression des gènes.

L'une des retombées les plus prometteuses du séquençage du génome humain a été la prise de conscience que l'altération (mutation) d'un petit nombre de gènes, voire d'un seul d'entre eux, peut donner un début d'explication à certaines formes de maladies neurologiques et psychiatriques. Avant que le séquençage des gènes ne devienne une technique de routine, beaucoup de pathologies cérébrales demeuraient entourées de mystère, tant on ignorait en quoi et pourquoi le fonctionnement normal du cerveau était affecté. L'identification des gènes impliqués dans des affections telles que les maladies de Huntington, de Parkinson ou d'Alzheimer, le trouble dépressif majeur ou la schizophrénie, ont constitué une première étape prometteuse dans l'élucidation de ces phénomènes pathologiques et, par là, dans l'élaboration de thérapies rationnelles.

À elles seules, les informations génomiques n'expliquent pas complètement le fonctionnement normal du cerveau ni comment les processus pathologiques le perturbent. Pour atteindre ces objectifs, il est indispensable de connaître la biologie cellulaire, l'anatomie et la physiologie du système nerveux tant à l'état normal qu'à l'état pathologique.

Les organismes « modèles » en neurosciences

Les neurosciences modernes ont fréquemment pour objectif d'élucider l'organisation et les fonctions du système nerveux humain ainsi que les bases des maladies neurologiques et psychiatriques. Toutefois, il est souvent difficile d'aborder ces questions en étudiant le cerveau humain ; aussi les chercheurs se fondent-ils sur l'étude du système nerveux d'autres espèces animales. Au cours des deux derniers siècles, des informations de première importance sur les détails de l'anatomie, de la biochimie, de la physiologie et de la biologie cellulaire des systèmes neuraux ont été obtenues en étudiant le système nerveux d'espèces animales très diverses. Le choix des espèces étudiées reflète souvent des hypothèses sur une capacité fonctionnelle particulièrement élevée de ces espèces ; le chat, par exemple, a fait l'objet au cours des années 1950 à 1970 de travaux d'avant-garde sur les fonctions visuelles. Le choix de cet animal pour ce type de recherches tenait au rôle important qu'ont chez lui les fonctions visuelles ; ceci laissait supposer que, dans le cerveau du chat, les régions dédiées à la vision sont bien développées et l'on sait que ces régions sont semblables à celles qui existent chez tous les primates y compris l'homme. De fait, les connaissances actuelles sur la vision humaine sont en grande partie fondées sur des recherches effectuées chez le chat. Les études conduites sur des invertébrés tels que la seiche ou l'aplysie, un gastéropode marin, sont de même à l'origine de progrès majeurs en ce qui concerne la biologie cellulaire fondamentale des neurones, la transmission synaptique et la plasticité synaptique, base de la mémoire et de l'apprentissage. Dans chaque cas, l'animal choisi présentait des avantages permettant de répondre à un certain nombre de questions clés des neurosciences que nous examinerons dans cet ouvrage.

Aujourd'hui, les recherches entreprises au niveau biochimique, cellulaire, anatomique, physiologique ou comportemental continuent de faire appel à une grande variété d'espèces animales. Cependant, le séquençage de la totalité du génome d'un petit nombre d'invertébrés, de vertébrés et de mammifères a entraîné beaucoup de laboratoires de neurosciences à adopter de manière informelle quatre organismes « modèles ». Il s'agit du ver nématode *Caenorhabditis elegans*, de la mouche du vinaigre *Drosophila melanogaster*, du poisson zèbre *Danio rerio* et de la souris *Mus musculus*. Bien que chacune de ces espèces présente des limitations, la facilité relative de leur utilisation et de leur analyse génétique et le fait de disposer de la totalité des séquences de leur génome sont un atout pour une multitude de recherches en neurosciences.

Certes, on continue d'étudier d'autres espèces. La grenouille chez les batraciens, le poulet chez les oiseaux continuent d'être d'une grande utilité pour les recherches sur les débuts du développement neural et, parmi les mammifères, le rat est utilisé à grande échelle pour les recherches neuropharmacologiques et comportementales sur les fonctions du cerveau adulte. Enfin, les primates non humains (et tout particulièrement le singe rhésus) offrent la possibilité d'étudier des fonctions cérébrales complexes, voisines de celles que présente le cerveau humain.

Les composantes cellulaires du système nerveux

Les cellules ont été reconnues comme les éléments de base des organismes vivants dès le début du dix-neuvième siècle. Mais il fallut attendre que le vingtième siècle soit déjà bien avancé pour qu'on admette que le système nerveux est, comme les autres organes, composé de ces mêmes unités fondamentales. La raison en est que la première génération des neurobiologistes « modernes » du dix-neuvième siècle ne disposait ni des microscopes ni des techniques de coloration d'une résolution suffisante pour mettre en évidence ces unités que sont les cellules nerveuses. Les formes extraordinairement complexes et les ramifications étendues de ces cellules – fortement tassées et de ce fait difficiles à distinguer les unes des autres – tendaient à masquer leur ressemblance avec les cellules à la géométrie plus simple des autres tissus (Figure 1.2). Certains biologistes de l'époque en venaient donc à conclure que chaque cellule nerveuse était connectée à ses voisines par des liaisons protoplasmiques en un réseau continu ou *réticulum*. La « théorie réticulariste » des communications entre cellules nerveuses eut comme plus ardent défenseur le pathologiste italien Camillo Golgi, à qui l'on doit d'importantes contributions aux sciences médicales, parmi lesquelles la mise en évidence de l'appareil de Golgi des cellules, la technique de coloration cellulaire qui porte son nom (Figure 1.2) et la description du cycle parasitaire de l'agent de la malaria. Sa théorie réticulariste finit cependant par perdre du terrain et par céder la place à ce qui allait être appelé la « doctrine du neurone ». Les champions les plus éminents de cette nouvelle façon de voir furent le neuroanatomiste espagnol Santiago Ramon y Cajal et le physiologiste britannique Charles Sherrington.

Au début du vingtième siècle, les points de vue opposés de Golgi et de Cajal donnèrent lieu à une vive controverse qui fixa le cap aux neurosciences modernes. Par ses

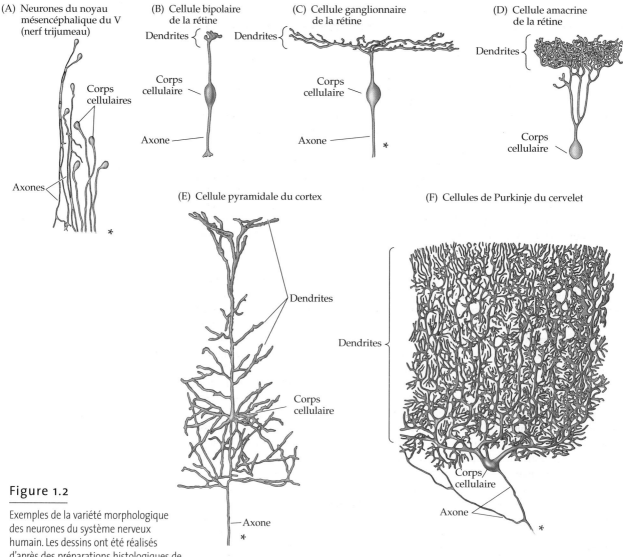

(A) Neurones du noyau mésencéphalique du V (nerf trijumeau)

Corps cellulaires

Axones

*

(B) Cellule bipolaire de la rétine

Dendrites {

Corps cellulaire

Axone

(C) Cellule ganglionnaire de la rétine

Dendrites {

Corps cellulaire

Axone

*

(D) Cellule amacrine de la rétine

Dendrites {

Corps cellulaire

(E) Cellule pyramidale du cortex

Dendrites

Corps cellulaire

Axone

*

(F) Cellules de Purkinje du cervelet

Dendrites

Corps cellulaire

Axone

*

Figure 1.2

Exemples de la variété morphologique des neurones du système nerveux humain. Les dessins ont été réalisés d'après des préparations histologiques de cellules imprégnées de sels d'argent (méthode dite de Golgi, utilisée dans les travaux classiques de Golgi et de Cajal). Les astérisques indiquent que l'axone s'étend beaucoup plus loin que ne le représente la figure. On notera que certaines cellules, comme les cellules bipolaires de la rétine, ont un axone très court et que d'autres, comme les cellules amacrines, en sont totalement dépourvues. Les divers dessins ne sont pas à la même échelle.

observations, en microscopie classique, de tissu nerveux coloré par des sels d'argent, méthode mise au point par Golgi, Cajal réussit à faire admettre que les cellules nerveuses sont des entités distinctes, communiquant les unes avec les autres par l'intermédiaire de contacts spécialisés, plus tard appelés *synapses* par Sherrington. Bien qu'en fin de compte les conceptions de Cajal l'aient emporté sur celles de Golgi, tous deux se virent attribuer le prix Nobel de physiologie ou médecine pour leurs contributions capitales à la connaissance de l'organisation fondamentale du système nerveux.

Par la suite, les recherches de Sherrington, entre autres, mettant en évidence la transmission de signaux électriques entre cellules au niveau des jonctions synaptiques, vinrent conforter puissamment la doctrine du neurone, mais l'autonomie des neurones individuels continua d'être contestée çà et là. Ce n'est qu'avec l'avènement de la microscopie électronique au cours des années 1950 que furent levés les derniers doutes quant à l'individualité morphologique des neurones. Les photographies à fort grossissement et haute résolution fournies par le microscope électronique (Figure 1.3) démontraient nettement que les cellules nerveuses sont bien des unités fonctionnellement indépendantes ; elles permettaient aussi d'identifier les jonctions cellulaires spécialisées que Sherrington avait appelées synapses. Pourtant, mais trop tard pour consoler Golgi, les travaux de microscopie électronique mirent en évidence des différenciations spécialisées relativement rares assurant une continuité entre certains neurones, appelées jonctions communicantes (*gap junctions*) ; elles sont semblables à celles que l'on trouve dans les tissus épithéliaux du poumon ou de l'intestin. Ces jonctions permettent effectivement une continuité cytoplasmique et un transfert direct de signaux électriques et chimiques entre cellules du système nerveux.

Les études histologiques effectuées au dix-neuvième siècle par Cajal, Golgi et une légion de successeurs ont conduit à admettre que les cellules du système nerveux peuvent être divisées en deux grandes catégories : les **cellules nerveuses** ou **neurones** et des cellules de soutien appelées **névroglie** (ou simplement **glie**). Les cellules nerveuses sont spécialisées pour transmettre des signaux électriques à longue distance et l'histoire de l'élucidation de ce processus rassemble des succès parmi les plus remarquables de la biologie moderne (c'est l'objet de la première partie de cet ouvrage). Les cellules gliales, au contraire, sont incapables d'émettre des signaux électriques ; elles n'en assurent pas moins certaines fonctions essentielles dans le cerveau en développement ou parvenu à l'état adulte. Elles ont aussi un rôle capital pour réparer les dommages subis par le système nerveux, facilitant parfois la régénération des neurones endommagés et parfois l'empêchant (voir la quatrième partie).

Les neurones et la glie possèdent les mêmes organites cellulaires que ceux qui sont présents dans toutes les cellules, notamment le réticulum endoplasmique, l'appareil de Golgi, les mitochondries ainsi que diverses structures vésiculaires. Dans les neurones toutefois, ces organites se distribuent souvent de façon préférentielle dans certaines régions de la cellule. Les mitochondries, par exemple, ont tendance à se regrouper au niveau des synapses tandis que les organites de la synthèse protéique, comme le réticulum endoplasmique, sont en grande partie absents des axones et des dendrites. Outre cette distribution des organites et autres éléments subcellulaires, les neurones et la glie se différencient dans une certaine mesure des autres cellules par la présence d'un cytosquelette formé de protéines fibrillaires ou tubulaires (voir Figure 1.4). Quoique la plupart de ces protéines – des isoformes de l'actine, de la tubuline, de la myosine et de quelques autres – se retrouvent dans d'autres cellules, l'organisation particulière qu'elles présentent au sein des neurones est un facteur essentiel de la stabilité et du bon fonctionnement des prolongements neuronaux et des jonctions synaptiques. Les filaments, tubules, moteurs moléculaires et protéines d'échafaudage du cytosquelette des neurones orchestrent la croissance des axones et des dendrites, le trafic membranaire, le positionnement adéquat des composants de la membrane, des organites et des vésicules, ainsi que les processus actifs d'endo- et d'exocytose qui sous-tendent la communication synaptique. L'élucidation des diverses façons dont ces éléments moléculaires sont utilisés pour garantir le développement et le fonctionnement corrects des neurones et de la glie reste l'un des objectifs majeurs de la neurobiologie moderne.

Les neurones

Les neurones se distinguent nettement des autres cellules par leur spécialisation pour la communication intercellulaire. Cette propriété se manifeste dans leur morphologie générale, dans la spécialisation de leur membrane pour la signalisation électrique et dans la complexité structurale et fonctionnelle de leurs contacts synaptiques (Figure 1.3). Le signe morphologique le plus net de la spécialisation des neurones pour communiquer par signaux électriques est l'étendue de leurs ramifications. Ce qui frappe le plus dans une cellule nerveuse typique est l'arborisation de **dendrites** émanant du corps cellulaire sous forme de *ramifications* ou *processus dendritiques* (voir Figure 1.3E). Les dendrites sont la cible principale des afférences synaptiques issues d'autres neurones ; ils se distinguent par une abondance particulière de ribosomes ainsi que par des protéines du cytosquelette spécifiques.

La gamme des morphologies neuroniques va d'une petite minorité de cellules complètement dépourvues de dendrites à d'autres dont l'arborisation dendritique ne le céderait pas en complexité à la ramure d'un arbre en pleine maturité (Figure 1.2). Le nombre de terminaisons afférentes qui entrent en contact avec un neurone donné dépend de la complexité de ses ramifications dendritiques. Les cellules nerveuses qui

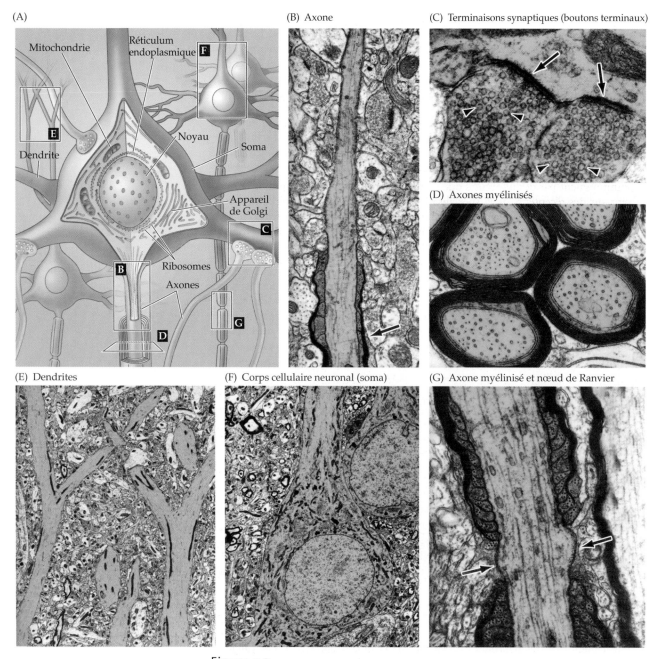

(A) Mitochondrie / Réticulum endoplasmique **F** / Noyau / Soma / Dendrite **E** / Appareil de Golgi **C** / Ribosomes / **B** / Axones / **D** / **G**

(B) Axone

(C) Terminaisons synaptiques (boutons terminaux)

(D) Axones myélinisés

(E) Dendrites

(F) Corps cellulaire neuronal (soma)

(G) Axone myélinisé et nœud de Ranvier

Figure 1.3

Caractéristiques principales des neurones en microscopie optique et électronique. (A) Schéma de cellules nerveuses et de leurs divers constituants. (B) Segment initial d'un axone (bleu) pénétrant dans une gaine de myéline (vert). (C) Boutons terminaux (bleu) chargés de vésicules synaptiques (pointes de flèches) formant synapse (flèches) avec un dendrite (violet). Coupe transversale d'axones (bleu) entourés par les prolongements d'oligodendrocytes (doré). (E) Dendrite apical (violet) de cellules corticales pyramidales. (F) Corps cellulaires neuronaux (violet) contenant de volumineux noyaux arrondis. (G) Portion d'un axone myélinisé (bleu) montrant l'intervalle, appelé nœud de Ranvier (flèches), entre segments adjacents de myéline (doré). (Microphotographies extraites de Peters et al., 1991.)

n'ont pas de dendrites ne reçoivent d'innervation (et donc de signaux électriques) que d'un petit nombre d'autres neurones, voire d'un seul ; celles qui ont un panache dendritique plus élaboré sont innervées par un nombre de neurones nettement plus important. Le *nombre d'afférences* que reçoit un neurone reflète son degré de **convergence** tandis que le *nombre de cibles* qu'il innerve reflète sa **divergence**.

Les contacts synaptiques qui se font sur les dendrites (et, plus rarement, sur les corps cellulaires des neurones) comportent une spécialisation particulière de l'appareil sécrétoire que l'on trouve chez la plupart des cellules épithéliales polarisées. Typiquement, la **terminaison présynaptique** se trouve à proximité immédiate d'une **spécialisation postsynaptique** de la cellule cible. Pour la grande majorité des synapses, il n'y a pas de continuité physique entre les éléments pré- et postsynaptique. Ces éléments communiquent par des molécules que sécrète la terminaison présynaptique et qui se fixent sur des récepteurs de la spécialisation postsynaptique. Ces molécules doivent traverser l'espace extracellulaire, dénommé **fente synaptique**, qui sépare les éléments pré- et postsynaptique. La fente synaptique n'est toutefois pas simplement un espace qu'il faut franchir ; c'est un site où des protéines extracellulaires viennent influencer la diffusion, la liaison et la dégradation des molécules sécrétées par la terminaison présynaptique. Le nombre d'afférences synaptiques que reçoit un neurone du système nerveux humain varie de 1 à 100 000 environ. Ce nombre reflète l'un des rôles fondamentaux des cellules nerveuses, à savoir l'intégration des informations qu'elles reçoivent des autres neurones. La quantité d'afférences reçues par un neurone donné apparaît donc comme un facteur déterminant de ses fonctions.

Les informations transmises par les fibres afférentes qui font contact avec les dendrites sont intégrées et «traduites», en sortie, au point d'origine de l'**axone**, le segment de la cellule nerveuse spécialisé dans la conduction des signaux électriques (voir Figure 1.3B). L'axone est un prolongement du corps cellulaire unique en son genre ; il peut s'étendre sur une centaine de micromètres (µm ou simplement microns), voire beaucoup plus, selon le type du neurone et la taille de l'espèce considérée. En outre, l'axone possède un cytosquelette particulier dont les éléments jouent un rôle capital dans le maintien de son intégrité fonctionnelle (Figure 1.4). Dans le cerveau de l'homme (comme dans celui d'autres espèces), un grand nombre de neurones ont un axone qui ne fait que quelques millimètres de long ; certains n'en ont même pas du tout.

Partout dans le cerveau, ces axones courts sont caractéristiques des **neurones de circuits locaux** ou **interneurones**. En revanche, les axones des **neurones de projection** s'étendent jusqu'à des cibles plus éloignées. Ainsi, les axones qui, chez l'homme, vont de la moelle épinière jusqu'au pied font à peu près un mètre de long. Le mécanisme par lequel l'axone transmet un signal sur de telles distances est le **potentiel d'action** ; il s'agit d'une onde électrique qui s'auto-régénère et se propage le long de l'axone depuis son lieu d'origine, dit **segment initial** (ou cône axonique), au niveau du corps cellulaire, jusqu'à son extrémité où se font les contacts synaptiques. Les cellules cibles des neurones – c'est-à-dire les sites où les axones se terminent et font synapse – comprennent d'autres neurones du cerveau, de la moelle épinière et des ganglions végétatifs ainsi que les cellules des muscles et des glandes du corps entier.

Le processus chimique et électrique par lequel l'information codée par les potentiels d'action est communiquée à la cellule suivante de la voie nerveuse est la **transmission synaptique**. Les éléments terminaux présynaptiques sont appelés *terminaisons synaptiques* ou *boutons synaptiques* et les spécialisations postsynaptiques sont, en règle générale, des **synapses chimiques** ; il s'agit là du type le plus communément rencontré dans le système nerveux. Un autre type beaucoup plus rare, la **synapse électrique** (mettant en jeu les jonctions communicantes mentionnées plus haut), est décrit au chapitre 5.

Les organites sécrétoires de la terminaison présynaptique des synapses chimiques sont les **vésicules synaptiques**, structures sphériques remplies de molécules de **neurotransmetteurs**. Le positionnement des vésicules synaptiques au niveau de la membrane présynaptique et leur fusion avec cette même membrane, fusion qui déclenche la libération de neurotransmetteur, sont régulés par des protéines contenues dans les vésicules ou associées avec elles. Les neurotransmetteurs libérés par les vésicules synap-

Figure 1.4

Disposition spécifique des éléments du cytosquelette des neurones. (A) Le corps cellulaire, les axones et les dendrites se distinguent par la présence de tubuline (en vert) dans toute la cellule par opposition à d'autres éléments du cytosquelette, ici la protéine Tau (en rouge), protéine liée aux microtubules et qui ne se trouve que dans les axones. (B) Culture de neurones hippocampiques montrant la localisation très particulière de l'actine (en rouge) dans les extrémités en croissance des prolongements dendritiques et axonaux. (C) Par opposition, dans une cellule épithéliale en culture, l'actine (en rouge) se répartit dans les fibrilles qui occupent la majeure partie du corps cellulaire. (D) On constate également la présence d'actine (en rouge) dans les faisceaux de fibrilles de cellules de glie astrocytaire en culture. (E) La tubuline (en vert) est présente dans la totalité du corps cellulaire et des dendrites des neurones. (F) Quoique la tubuline soit un composant majeur des dendrites, y compris des épines dendritiques, l'extrémité de ces dernières comporte en plus de l'actine (en rouge). (G) La tubuline entrant dans la composition du cytosquelette des cellules non nerveuses se répartit en réseaux filamenteux. (H–K) Dans les synapses, les éléments du cytosquelette, les récepteurs et les protéines d'échafaudage ont une distribution particulière. (H) Les axones de deux motoneurones (dont la tubuline est colorée en vert) émettent chacun deux ramifications allant innerver quatre fibres musculaires. Les amas de récepteurs postsynaptiques (ici, des récepteurs de l'acétylcholine) apparaissent en rouge. (I) À un grossissement plus élevé, la synapse établie par un motoneurone montre les relations entre l'axone (en vert) et les récepteurs postsynaptiques (en rouge). (J) En vert, l'espace extracellulaire entre l'axone et le muscle qu'il innerve. (K) Colorées en vert sur cette coupe, les protéines d'échafaudage (ici, la dystrophine dont structure et fonction sont altérées dans de nombreuses formes de dystrophie musculaire) s'agglomèrent au niveau des récepteurs (en rouge) et les lient à d'autres éléments du cytosquelette. Clichés gracieusement communiqués : A par Y.N. Jan, B par E. Dent et F. Gertler, C par D. Arneman et C. Otey, D par A. Gonzales et R. Cheney, G par T. Salmon et al., H–K par R. Sealock. E d'après Sheng, 2003. F d'après Matus, 2000.

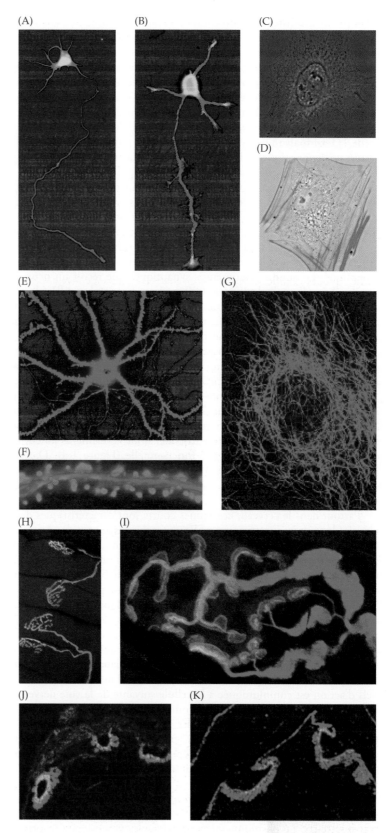

tiques modifient les propriétés électriques de la cellule cible en se liant à des **récepteurs des neurotransmetteurs** localisés en majeure partie au niveau de la spécialisation postsynaptique.

L'activité concertée très complexe des neurotransmetteurs, des récepteurs, des éléments concernés du cytosquelette et des molécules assurant la transduction est donc à la base de la communication des neurones entre eux et avec les cellules effectrices des muscles et des glandes.

La névroglie

Les cellules de la névroglie, que d'ordinaire on appelle simplement **cellules gliales** ou **glie**, sont complètement différentes des cellules nerveuses. Dans le cerveau, le nombre de cellules gliales dépasse celui des neurones, peut-être dans la proportion de 3 pour 1. En dépit de leur supériorité numérique, elles ne participent pas directement aux interactions synaptiques ni à la production des signaux électriques, bien que leurs fonctions de soutien contribuent à délimiter les contacts synaptiques et à maintenir les neurones en état d'émettre des signaux. Quoiqu'elles puissent, elles aussi, présenter des expansions complexes émanant de leur corps cellulaire, celles-ci sont généralement plus petites que les ramifications des neurones et elles n'exercent pas le même rôle que les axones ou les dendrites.

Le terme *glie* (d'un mot grec qui signifie « glu ») vient de ce que l'on supposait, au dix-neuvième siècle, qu'elles assuraient d'une façon ou d'une autre la cohésion du système nerveux. Le terme a survécu, bien qu'on n'ait aucune preuve que les cellules gliales comptent parmi leurs nombreuses fonctions celle de maintenir ensemble les cellules nerveuses. Les rôles raisonnablement prouvés qu'elles jouent concernent la préservation de l'environnement ionique des neurones, la modulation de la fréquence de propagation des signaux nerveux, la modulation de l'action synaptique par contrôle de l'absorption des neurotransmetteurs au niveau ou à proximité de la fente synaptique ; elles servent d'échafaudage dans certains cas du développement neural et facilitent (mais quelquefois empêchent) le rétablissement du tissu nerveux après lésion.

Il y a trois types de cellules gliales dans le système nerveux central adulte : les astrocytes, les oligodendrocytes et les cellules de la microglie (voir Figure 1.5). Les **astrocytes**, que l'on ne trouve que dans le système nerveux central, c'est-à-dire dans

Figure 1.5

Cellules de la névroglie. Dessins d'un astrocyte (A), d'un oligodendrocyte (B) et d'une cellule de la microglie (C), après coloration par la méthode de Golgi. Les dessins sont approximativement à la même échelle. (D) Astrocytes du cerveau marqués (en rouge) par un anticorps dirigé contre une protéine spécifique des astrocytes. (E) Cellules d'oligodendroglie en culture (en vert) marquées par un anticorps dirigé contre une protéine spécifique de l'oligodendroglie. (F) Axones périphériques enveloppés par une gaine de myéline (en rouge) à l'exception d'une région particulière, le nœud de Ranvier (voir Figure 1.3G). Les canaux ioniques, concentrés au niveau du nœud de Ranvier sont marqués en vert ; la région paranodale qui possède une structure moléculaire particulière est marquée en bleu. (G) Cellules de microglie de la moelle, marquées par un anticorps spécifique d'un type cellulaire. Vignette en haut à gauche : agrandissement d'une cellule de microglie marquée par un anticorps antimacrophage. (A–C d'après Jones et Cowan, 1983 ; D, E gracieusement communiqués par A.-S. LaMantia, F par M. Bhat, G par A. Light. ; vignette gracieusement communiquée par G. Matsushima.)

(A) Astrocyte

(B) Oligodendrocyte

(C) Microglie

Corps cellulaire

Prolongements gliaux

(D)

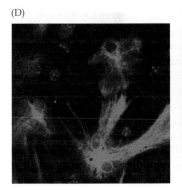

(E)

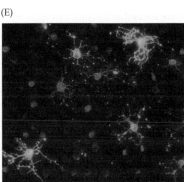

(F)

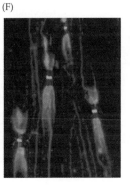

(G)

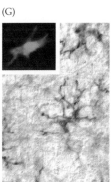

le cerveau et dans la moelle, ont des prolongements locaux complexes qui les font ressembler à des étoiles (d'où le préfixe «astro»). La fonction essentielle de ces astrocytes est de maintenir, par divers moyens, un environnement chimique adéquat pour la production de signaux nerveux. Des observations récentes suggèrent en outre qu'un sous-groupe d'astrocytes du cerveau adulte pourrait conserver les caractéristiques des cellules souches neurales, à savoir la capacité d'entrer en mitose et de produire l'ensemble des catégories cellulaires du tissu nerveux (voir la quatrième partie).

Les **oligodendrocytes**, qui ne se trouvent eux aussi que dans le système nerveux central, déposent autour de certains axones, mais pas de tous, une enveloppe feuilletée riche en lipides, la **myéline** (Figures 1.3D, G). La myéline a des effets importants sur la vitesse de la conduction du potentiel d'action (voir Chapitre 3). Dans le système nerveux périphérique, les cellules qui élaborent la myéline sont les **cellules de Schwann**.

Quant aux cellules de la **microglie**, elles dérivent de cellules précurseurs hématopoïétiques, certaines pouvant toutefois dériver directement de cellules précurseurs neurales. Elles ont beaucoup de propriétés en commun avec les macrophages que l'on trouve dans les autres tissus ; ce sont essentiellement des éboueurs qui enlèvent les résidus cellulaires lors d'une lésion ou du remplacement cellulaire normal. Par ailleurs, la microglie, comme les macrophages, sécrète des molécules signaux – notamment une grande variété de cytokines, que produisent aussi les cellules du système immunitaire – qui agissent sur les inflammations locales et influencent la survie ou la mort cellulaires. Pour ces raisons, certains neurobiologistes préfèrent classer la microglie dans l'une des catégories de macrophages. Lors d'atteintes cérébrales, le nombre des cellules de la microglie augmente considérablement à l'endroit de la lésion. Certaines d'entre elles prolifèrent à partir de la microglie présente dans le cerveau, d'autres dérivent de macrophages qui migrent vers la région lésée et pénètrent dans le cerveau par des déchirures locales des vaisseaux cérébraux.

La diversité cellulaire du système nerveux

Les cellules du système nerveux de l'homme sont, à bien des égards, comparables à celles des autres organes. Elles ont cependant quelques propriétés inhabituelles, dont leur nombre extraordinairement élevé: on estime que le cerveau humain contient 100 milliards de neurones et plusieurs fois autant de cellules de soutien. Mais la plus importante est la variété des types cellulaires, qui se distinguent par leur morphologie, leur identité moléculaire ou leur activité physiologique. Cette variété dépasse celle de tout autre système organique et elle explique probablement pourquoi tant de gènes différents sont exprimés dans le système nerveux (voir ci-dessus). La diversité cellulaire de tous les systèmes nerveux est sans aucun doute à la base de leur aptitude à constituer des réseaux de plus en plus complexes intervenant dans des comportements de plus en plus raffinés.

Durant la majeure partie du vingtième siècle, la recherche en neurosciences s'est appuyée sur les techniques que Cajal, Golgi et autres pionniers de l'histologie et de la pathologie avaient mises au point pour décrire et classer les divers types cellulaires du système nerveux. La coloration de Golgi permettait de visualiser des cellules nerveuses individuelles ainsi que leurs prolongements après imprégnation apparemment aléatoire par les sels d'argent (Figure 1.6A, B). Contrepartie moderne, les colorants fluorescents et autres molécules solubles injectées dans des neurones particuliers, souvent après avoir enregistré leur activité pour déterminer leur fonction, offrent de nouveaux outils pour visualiser des neurones individuels et leurs prolongements (Figure 1.6C, D).

Pour compléter ces techniques (qui révèlent un échantillon aléatoire de seulement quelques neurones ou quelques cellules gliales), d'autres colorations permettent de mettre en évidence la distribution, dans un tissu neural, de tous les corps cellulaires, mais non de leurs prolongements ou de leurs connexions. La coloration de Nissl, très utilisée, en est un exemple: elle colore le nucléole et les autres structures (les ribosomes par exemple) contenant de l'ADN ou de l'ARN (Figure 1.6E). Ces colorations mettent en évidence que la taille, la densité et la distribution de la population des cellules nerveuses n'est pas uniforme d'une région à une autre du système nerveux. En certaines régions, comme le cortex cérébral, les cellules s'organisent en couches

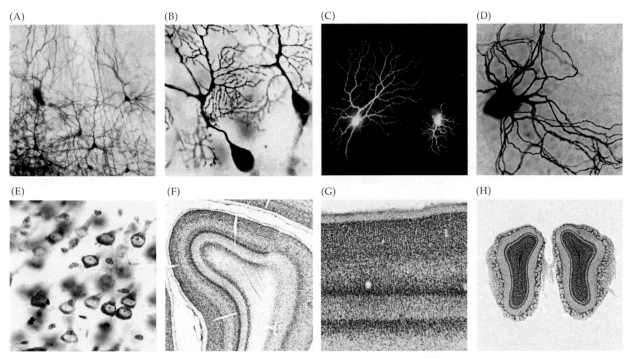

(A) (B) (C) (D)

(E) (F) (G) (H)

Figure 1.6

Visualisation des cellules nerveuses et de leurs connexions. (A) Neurones corticaux marqués par la méthode de Golgi (imprégnation par les sels d'argent). (B) Cellules de Purkinje du cervelet marquées selon la technique de Golgi. Les cellules de Purkinje ont un dendrite apical unique abondamment ramifié. (C) Marquage par injection intracellulaire d'un colorant fluorescent de deux neurones de la rétine présentant des différences considérables dans la taille et l'étendue de leur arborisation dendritique. (D) Neurone du système nerveux végétatif révélé par injection intracellulaire d'un marqueur enzymatique. (E) Le crésyl violet colore l'ARN de toutes les cellules d'un tissu, marquant le nucléole (mais pas le noyau) ainsi que le réticulum endoplasmique riche en ribosomes. Les axones et les dendrites ne sont pas marqués, ce qui explique les espaces blancs entre les neurones. (F) Coupe du cortex cérébral au niveau des aires visuelles ; la coloration des corps cellulaires par la méthode de Nissl montre leur organisation en couches de différentes densités. (G) Vue à plus fort grossissement d'une aire visuelle du cortex cérébral : les différences de densité cellulaire définissent les frontières des différentes couches. (H) La coloration de Nissl des bulbes olfactifs montre la disposition caractéristique des corps cellulaires formant des amas arrondis autour de la face extérieure du bulbe. Ces amas, y compris le tissu pauvre en cellules qu'ils comportent, constituent les glomérules olfactifs. (C gracieusement communiqué par C.J. Shatz, le reste par A.-S. LaMantia et D. Purves.)

(Figure 1.6F, G), chaque couche présentant des différences caractéristiques de densité cellulaire. Des structures telles que le bulbe olfactif offrent une disposition encore plus compliquée des corps cellulaires (Figure 1.6H). D'autres techniques, décrites plus loin dans ce même chapitre, permettent de préciser plus encore les différences régionales entre cellules nerveuses. Elles permettent notamment d'identifier la façon dont des sous-groupes de neurones sont connectés entre eux ou de distinguer les catégories de neurones de diverses régions du cerveau d'après leurs différences moléculaires (Figure 1.11).

Les circuits neuraux

Les neurones ne fonctionnent jamais seuls ; ils sont organisés en ensembles, ou **circuits neuraux**, qui traitent certains types spécifiques d'informations et constituent les bases de la sensation, de la perception et des comportements. Les connexions synaptiques constituant un circuit se font typiquement au sein d'un enchevêtrement touffu de terminaisons axoniques, de dendrites, de synapses et d'expansions gliales qui, globalement, forment ce que l'on appelle le **neuropile** (du grec *pilos* qui signifie «feutre») (Figure 1.3). Le neuropile interposé entre les corps cellulaires est donc l'endroit où se fait la plus grande partie des connexions synaptiques.

Bien que les circuits neuraux offrent des dispositions très variées selon les fonctions qu'ils sous-tendent, ils se distinguent tous par certaines caractéristiques. Au premier rang, vient le sens dans lequel circulent les informations et qu'il est bien évidemment essentiel de connaître pour comprendre la fonction d'un circuit donné. Les neurones transportant l'information *vers* le système nerveux central (ou plus loin vers les centres, au sein de la moelle et de l'encéphale) sont des **neurones afférents**. Ceux qui véhiculent l'information *émanant de* l'encéphale ou de la moelle (ou au-delà du circuit en question) sont des **neurones efférents**. Les interneurones (ou neurones de circuits locaux, voir ci-dessus) n'interviennent que dans les aspects locaux d'un circuit compte tenu de la faible longueur de leur axone. Ces trois classes – neurones afférents, neurones efférents et interneurones – forment les constituants fondamentaux de tous les circuits neuraux.

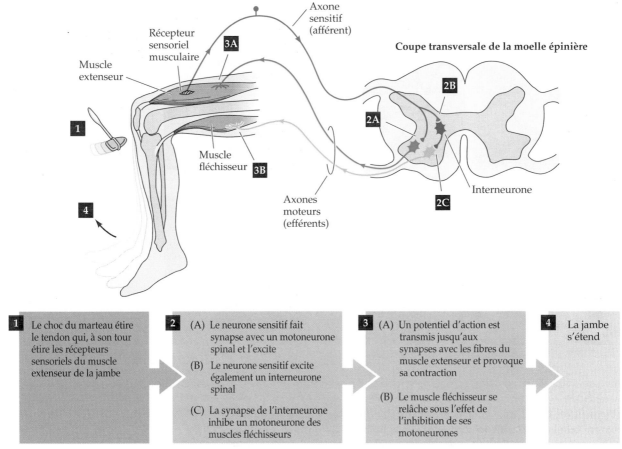

Coupe transversale de la moelle épinière

1	Le choc du marteau étire le tendon qui, à son tour étire les récepteurs sensoriels du muscle extenseur de la jambe

2	(A) Le neurone sensitif fait synapse avec un motoneurone spinal et l'excite (B) Le neurone sensitif excite également un interneurone spinal (C) La synapse de l'interneurone inhibe un motoneurone des muscles fléchisseurs

3	(A) Un potentiel d'action est transmis jusqu'aux synapses avec les fibres du muscle extenseur et provoque sa contraction (B) Le muscle fléchisseur se relâche sous l'effet de l'inhibition de ses motoneurones

4	La jambe s'étend

Figure 1.7

Un circuit réflexe simple : le réflexe rotulien (réflexe d'étirement ou myotatique) illustre plusieurs points importants de l'organisation fonctionnelle des circuits nerveux. La stimulation d'organes sensoriels périphériques (un récepteur sensible à l'étirement du muscle, dans le cas présent) déclenche des potentiels d'action transmis vers les centres par les axones *afférents* des neurones sensitifs. Ce message stimule les motoneurones de la moelle par l'intermédiaire de contacts synaptiques. Les potentiels d'action émis par les motoneurones gagnent la périphérie par les axones *efférents* et produisent une contraction musculaire ainsi qu'une réponse comportementale observable. L'une des fonctions du réflexe rotulien est de contribuer au maintien de la station debout en dépit de perturbations imprévues.

Un exemple simple de circuit neural nous est donné par l'ensemble de cellules qui sous-tend un **réflexe myotatique spinal**, le réflexe rotulien (Figure 1.7). La branche afférente de ce réflexe est constituée par les **neurones sensitifs** dont les corps cellulaires se trouvent dans le **ganglion spinal** et dont les axones se terminent, à la périphérie, dans des terminaisons sensorielles situées au sein des muscles squelettiques (au niveau de la tête et du cou, ce sont les **ganglions des nerfs crâniens** qui remplissent la même fonction ; voir l'Appendice). La partie centripète des axones de ces neurones sensitifs afférents pénètre dans la moelle où ils se terminent sur divers neurones centraux impliqués dans la régulation du tonus musculaire et tout particulièrement sur les **neurones moteurs**, ou **motoneurones**, qui commandent l'activité des muscles concernés. Ces motoneurones constituent les neurones efférents. Un groupe de ces motoneurones de la corne ventrale de la moelle innerve les muscles fléchisseurs du membre, un autre groupe innerve les muscles extenseurs. Les interneurones spinaux forment le troisième élément de ce circuit. Les interneurones reçoivent des contacts synaptiques des neurones sensitifs afférents et font eux-mêmes synapse avec les neurones moteurs efférents qui projettent sur les muscles fléchisseurs ; ils sont donc capables de moduler la liaison entrée-sortie. Les connexions synaptiques entre les neurones sensitifs afférents et les neurones moteurs envoyant des efférences vers les muscles extenseurs sont excitatrices et provoquent la contraction de ces muscles. À l'inverse, les interneurones activés par les neurones afférents sont inhibiteurs : leur activation entraîne une réduction de l'émission des neurones moteurs fléchisseurs et, en conséquence, une réduction de l'activité des muscles fléchisseurs. Le résultat est une activation des muscles synergistes et une inactivation réciproque des muscles antagonistes qui, ensemble, contrôlent la position de la jambe.

L'enregistrement électrophysiologique permet d'obtenir un tableau plus détaillé des événements qui surviennent dans le circuit myotatique ou dans tout autre circuit. Pour enregistrer l'activité électrique d'une cellule nerveuse, il existe deux méthodes :

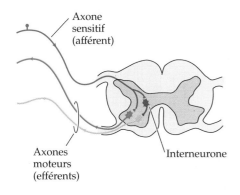

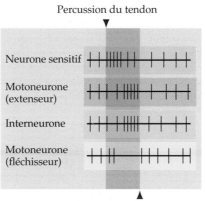

Figure 1.8

Fréquence relative des potentiels d'action (indiqués par des traits verticaux) de différents éléments du circuit du réflexe myotatique lors de son activation. Remarquez l'effet modulateur de l'interneurone.

dans l'**enregistrement extracellulaire**, l'électrode est placée *à proximité* de la cellule nerveuse dont on souhaite recueillir l'activité électrique ; dans l'**enregistrement intracellulaire**, l'électrode est placée *à l'intérieur* même de la cellule. L'enregistrement extracellulaire recueille essentiellement des **potentiels d'action**, changements par tout ou rien du potentiel (voltage) existant de part et d'autre de la membrane du neurone, grâce auxquels les informations sont transmises d'un point à un autre du système nerveux ; les potentiels d'action sont décrits en détail au chapitre 2. Ce type d'enregistrement est particulièrement utile pour révéler l'organisation temporelle des décharges de potentiels d'action et en établir les relations avec telle afférence stimulatrice ou avec tel élément particulier d'un comportement. L'enregistrement intracellulaire permet de recueillir les potentiels d'assez faible amplitude dont les changements gradués déclenchent les potentiels d'action ; il rend ainsi possible une analyse plus détaillée des communications entre les neurones d'un circuit. Ces potentiels déclencheurs gradués peuvent prendre naissance soit au niveau des récepteurs sensoriels, auquel cas on les nomme **potentiels de récepteur**, soit au niveau des synapses, on parle alors de **potentiels synaptiques**.

Dans le cas du circuit myotatique, l'activité électrique peut être enregistrée de façon extracellulaire et intracellulaire, ce qui permet d'établir la nature des relations fonctionnelles entre les neurones du circuit. En plaçant des électrodes à proximité des cellules, tout en restant à l'extérieur, on peut enregistrer de façon extracellulaire pour chaque élément du circuit (neurones afférents, efférents ou interneurones) les potentiels d'action émis avant, pendant et après un stimulus (Figure 1.8). En comparant, pour chaque neurone, le moment où débute l'émission des potentiels d'action, sa durée et sa fréquence, on fait apparaître un tableau fonctionnel du circuit. Sous l'effet du stimulus, le neurone sensitif augmente sa fréquence de décharge (il émet davantage de potentiels d'action par unité de temps). Cette accélération entraîne à son tour une augmentation de la fréquence d'émission des potentiels d'action par les motoneurones extenseurs et par les interneurones. En même temps, les synapses inhibitrices que les interneurones établissent sur les motoneurones fléchisseurs font baisser la fréquence de décharge de ces derniers. Quant à l'enregistrement intracellulaire, il donne la possibilité d'observer directement les changements de potentiel qu'induisent les connexions synaptiques du circuit du réflexe myotatique (voir Figure 1.9).

Organisation générale du système nerveux humain

Considérés dans leur ensemble, les circuits qui assurent des fonctions similaires constituent des **systèmes neuraux** intervenant dans des domaines comportementaux relativement vastes. Une distinction fonctionnelle très générale divise les systèmes neuraux en **systèmes sensoriels**, qui captent et traitent les informations de l'environnement (tels que le système visuel ou le système auditif ; voir la deuxième partie), et en **systèmes moteurs**, qui permettent à l'organisme de répondre à ces informations en produisant mouvements ou autres comportements (voir la troisième partie). Il

Figure 1.9

Enregistrements intracellulaires des réponses de divers éléments du circuit du réflexe myotatique. (A) Potentiel d'action enregistré dans un neurone sensitif. (B) Potentiel postsynaptique excitateur enregistré à l'intérieur d'un motoneurone extenseur. (C) Potentiel postsynaptique excitateur enregistré à l'intérieur d'un interneurone. (D) Potentiel postsynaptique inhibiteur d'un motoneurone fléchisseur. Des enregistrements intracellulaires de ce type sont à la base de nos connaissances sur les mécanismes cellulaires de production des potentiels d'action et sur les potentiels de récepteur ou synaptiques qui les déclenchent.

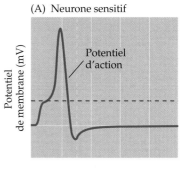

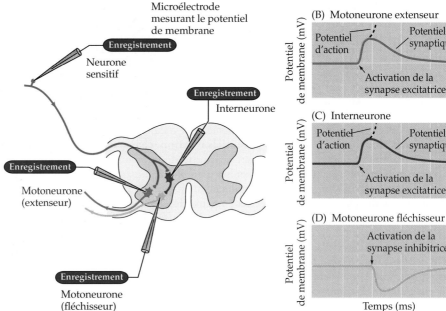

existe toutefois un grand nombre de cellules et de circuits qui se situent entre ces systèmes d'entrée et de sortie assez bien circonscrits. On les désigne collectivement du nom de **systèmes associatifs** : ils prennent en charge les fonctions cérébrales les plus complexes et les moins bien définies (voir la cinquième partie).

À côté de ces grandes distinctions fonctionnelles, les neurosciences et la neurologie divisent classiquement le système nerveux des vertébrés, du point de vue anatomique, en une composante centrale et une composante périphérique (Figure 1.10). Le **système nerveux central** (ou **SNC**) comprend l'**encéphale** (hémisphères cérébraux et diencéphale formant le cerveau proprement dit, cervelet et tronc cérébral) et la **moelle épinière** (voir l'Appendice pour des informations plus précises sur l'anatomie macroscopique du SNC). Le **système nerveux périphérique** (ou **SNP**) inclut les neurones sensitifs, connectant les récepteurs sensoriels de la surface ou de l'intérieur du corps aux circuits de traitement adéquats du système nerveux central. La fraction motrice du système nerveux périphérique comporte deux composantes : les axones moteurs reliant l'encéphale et la moelle aux muscles forment le **contingent moteur somatique**. Quant au **contingent moteur végétatif** (ou encore **autonome**), il est constitué des neurones et des axones qui innervent les muscles lisses, le muscle cardiaque et les glandes.

Dans le système nerveux périphérique, les neurones sont situés dans des **ganglions**, amas locaux de corps cellulaires neuroniques et de cellules de soutien. Les fibres nerveuses périphériques se réunissent pour former des **nerfs**, faisceaux d'axones dont beaucoup sont enveloppés par les cellules gliales du système nerveux périphérique, les **cellules de Schwann**.

Dans le système nerveux central, les cellules nerveuses s'organisent selon deux configurations différentes. Les **noyaux** sont des masses compactes de neurones ayant

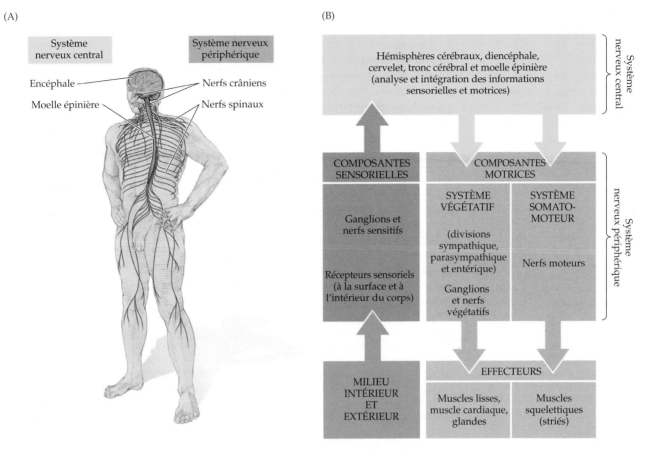

(A)

Système nerveux central

Système nerveux périphérique

Encéphale

Moelle épinière

Nerfs crâniens

Nerfs spinaux

(B)

Hémisphères cérébraux, diencéphale, cervelet, tronc cérébral et moelle épinière (analyse et intégration des informations sensorielles et motrices)

Système nerveux central

COMPOSANTES SENSORIELLES

COMPOSANTES MOTRICES

Ganglions et nerfs sensitifs

Récepteurs sensoriels (à la surface et à l'intérieur du corps)

SYSTÈME VÉGÉTATIF

(divisions sympathique, parasympathique et entérique)

Ganglions et nerfs végétatifs

SYSTÈME SOMATO-MOTEUR

Nerfs moteurs

Système nerveux périphérique

MILIEU INTÉRIEUR ET EXTÉRIEUR

EFFECTEURS

Muscles lisses, muscle cardiaque, glandes

Muscles squelettiques (striés)

Figure 1.10

Les principales composantes du système nerveux et leurs relations fonctionnelles. (A) Le SNC (encéphale et moelle épinière) et le SNP (nerfs spinaux et crâniens). (B) Schéma des composantes principales du système nerveux central, du système nerveux périphérique et de leurs relations fonctionnelles. Les stimulus issus de l'environnement fournissent des informations aux circuits de traitement du cerveau et de la moelle. Ceux-ci en interprètent la signification et envoient des signaux aux effecteurs périphériques, qui assurent les mouvements du corps et règlent le fonctionnement de ses organes internes.

en gros des connexions et des fonctions semblables ; ces amas de neurones se rencontrent dans toute l'étendue de l'encéphale et de la moelle. Un **cortex**, par contre, est une structure où les neurones sont disposés en feuillets (voir là encore l'Appendice pour des informations et des illustrations complémentaires). Le cortex des hémisphères cérébraux et le cortex cérébelleux sont les exemples les plus nets de ce type d'organisation.

Les axones du système nerveux central se rassemblent en **faisceaux**, plus ou moins comparables aux nerfs périphériques. Les faisceaux qui unissent les deux côtés du cerveau reçoivent le nom de **commissures**. L'histologie macroscopique utilise deux termes pour distinguer les régions du système nerveux central riches en corps cellulaires, de celles qui sont riches en fibres. La **substance grise** désigne les accumulations de corps cellulaires et de neuropile de l'encéphale ou de la moelle (par exemple les noyaux ou les cortex) alors que la **substance blanche** (ainsi appelée à cause de l'aspect nacré que lui donne la teneur élevée de la myéline en lipides) désigne les faisceaux de fibres et les commissures.

L'organisation du contingent végétatif du système nerveux périphérique est un peu plus compliquée – il s'agit des cellules nerveuses qui contrôlent les fonctions des viscères, dont le cœur, les poumons, le tractus gastro-intestinal et les organes génitaux (voir Chapitre 21). Les neurones moteurs végétatifs du tronc cérébral et de la moelle dits préganglionnaires font synapse avec les neurones moteurs périphériques situés dans les **ganglions végétatifs**. Ces motoneurones des ganglions végétatifs innervent les muscles lisses, les glandes, le muscle cardiaque et contrôlent ainsi la plupart des comportements involontaires (viscéraux). Dans la **division sympathique** du système moteur autonome, les ganglions sont situés à l'avant ou sur les côtés de la colonne vertébrale et envoient leurs axones à diverses cibles périphériques. Dans la **division parasympathique**, les ganglions se trouvent dans les organes qu'ils innervent. Une autre division du système végétatif, la **division entérique**, est constituée de petits ganglions ou de neurones isolés disséminés dans toute la paroi intestinale. Ces neurones influencent la motilité et l'activité sécrétoire du tractus gastro-intestinal.

On trouvera à la fin de cet ouvrage, dans l'Appendice ainsi que dans l'Atlas abrégé du système nerveux central qui lui fait suite, des précisions sur les structures et l'anatomie générale du système nerveux humain.

L'analyse structurale des systèmes neuraux

La connaissance de l'organisation structurale du cerveau et du système nerveux périphérique – l'anatomie détaillée de ses ganglions, de ses noyaux et de ses aires corticales ainsi que le tableau des connexions de ses nerfs et de ses faisceaux – est indispensable si l'on veut comprendre les fonctions du système nerveux. En observant les différences d'aspect des tissus, et particulièrement la distribution de la substance grise et de la substance blanche, on arrive à discerner l'anatomie régionale du cerveau humain. Les premiers pathologistes du système nerveux ont tiré grand parti de ces différences pour inférer des localisations fonctionnelles (c'est-à-dire pour déterminer quelle région limitée du système nerveux est impliquée dans tel ou tel comportement) à partir de la corrélation entre lésions macroscopiques de structures cérébrales observées *post mortem* et déficits fonctionnels constatés du vivant de l'individu. L'utilisation de la structure pour inférer la fonction a gagné l'expérimentation, et les neurosciences sont pour une large part fondées sur des observations faites en lésant intentionnellement telle région cérébrale, tel nerf ou tel faisceau chez un animal de laboratoire et en notant dans le détail les pertes de fonction qui ont suivi. Cette **méthode des lésions** est à l'origine d'une part importante de nos connaissances en neuroanatomie. Parallèlement à ces recherches, les neuroanatomistes ont corrélé les différences macroscopiques entre structures cérébrales avec les différences dans la densité et l'agencement des cellules que l'on peut observer sur des préparations histologiques colorées pour révéler les corps cellulaires (voir Figure 1.6).

La vision détaillée que nous avons aujourd'hui de la neuroanatomie des connexions ne s'est formée qu'après l'apparition de techniques de traçage des trajets neuraux de leur origine à leur terminaison (**traçage antérograde**) ou l'inverse (**traçage rétrograde**). Ces techniques rendent possible le repérage détaillé des connexions entre différentes régions du système nerveux et permettent ainsi d'établir la carte des connexions entre

Figure 1.11

Techniques cellulaires et moléculaires utilisées pour étudier la connectivité et l'identité moléculaire des cellules nerveuses. (A–C) Traçage des connexions et des voies dans le cerveau. (A) Des acides aminés radioactifs peuvent être captés par une population définie de cellules nerveuses (dans le cas présent, on a injecté un acide aminé radioactif dans un œil) et transportés jusqu'aux terminaisons axoniques de ces cellules, dans leurs régions cérébrales cibles. (B) Des molécules fluorescentes injectées dans du tissu nerveux sont incorporées par les terminaisons axoniques présentes à cet endroit. Ces molécules sont ensuite transportées et marquent le corps cellulaire et les dendrites des cellules nerveuses qui projettent sur le site de l'injection. (C) Des traceurs qui marquent les axones peuvent révéler des voies complexes au sein du système nerveux. Dans ce cas une injection dans un ganglion spinal met en évidence la variété des trajets axoniques depuis le ganglion jusqu'à l'intérieur de la moelle épinière. (D–G) Différences moléculaires entre cellules nerveuses. (D) Un glomérule du bulbe olfactif (voir Figure 1.6H) a été marqué par un anticorps dirigé contre un neurotransmetteur inhibiteur, le GABA. Le marqueur apparaît en rouge et révèle que le GABA est localisé dans des catégories de neurones situés à la périphérie du glomérule ainsi que dans les terminaisons nerveuses du neuropile glomérulaire. (E) Le cervelet a été marqué par un anticorps qui reconnaît des sous-groupes de dendrites (en vert). (F) Ici, le cervelet a été marqué par une sonde (en bleu) ayant pour cible un gène particulier qui n'est exprimé que dans les cellules de Purkinje. (A gracieusement communiqué par P. Rakic, B par B. Schofield, C par W.D. Snider et J. Lichtman, D à F par A.S. LaMantia, D. Meechan et T. Maynard.)

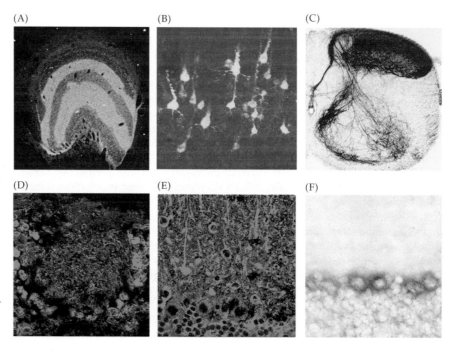

(A) (B) (C)

(D) (E) (F)

les neurones d'une structure donnée (l'œil par exemple) et leurs cibles dans le cerveau. Au début, ces techniques consistaient à injecter dans le cerveau des molécules visualisables, molécules qui étaient captées par les corps cellulaires des neurones locaux et transportées jusqu'aux terminaisons axoniques ou captées par des axones locaux et leurs terminaisons et transportées de façon rétrograde jusqu'au corps cellulaire des neurones (1.11A, B). D'autres traceurs peuvent révéler la totalité du réseau des projections axoniques des neurones exposés au traceur (Figure 1.11E). Ces techniques permettent d'estimer l'étendue des connexions d'une population donnée de cellules nerveuses avec leurs cibles dans toute l'étendue du système nerveux.

L'analyse de la connectivité des systèmes neuraux a largement profité des techniques histochimiques issues de la biologie moléculaire, qui mettent en évidence les propriétés biochimiques et génétiques des neurones et de leurs prolongements. Alors que les méthodes de coloration classiques révèlent essentiellement des différences de taille et de distribution des cellules, les colorations couplées à des anticorps peuvent reconnaître les protéines propres à tel site de la cellule nerveuse ou à telle catégorie de neurones. Elles ont ainsi éclairci la distribution des synapses, des dendrites et de diverses propriétés moléculaires des neurones de différentes régions cérébrales (Figure 1.11D, E). De plus, on peut utiliser des anticorps dirigés contre diverses protéines ou des sondes ciblant des transcrits spécifiques d'ARNm (qui détectent l'expression de gènes dans les cellules concernées) pour distinguer les propriétés moléculaires de neurones apparemment semblables (Figure 1.11F). Récemment, on a combiné des techniques de génétique moléculaire et de neuroanatomie pour visualiser l'expression de molécules fluorescentes ou d'autres traceurs sous le contrôle de séquences régulatrices de gènes neuraux. Cette méthode fait apparaître de façon remarquablement détaillée les cellules individuelles de tissus fixés ou vivants et permet d'identifier les neurones et leurs prolongements par leur structure et leurs connexions en même temps que par leur état transcriptionnel (c'est-à-dire par les gènes qui sont transcrits dans tel ou tel d'entre eux). Les techniques de génie génétique et moléculaire offrent aux chercheurs la possibilité de tracer les connexions entre des populations de neurones aux propriétés moléculaires définies et leurs cibles (Figure 1.12). Le recours à plusieurs techniques, traçage des voies, analyse de l'identité moléculaire des neurones et génie génétique, pour identifier la nature et la connectivité des neurones fait aujourd'hui partie du quotidien des recherches sur l'organisation du tissu nerveux en circuits fonctionnels et en systèmes.

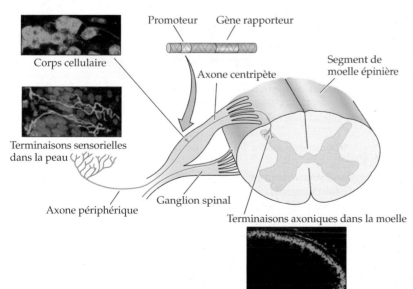

Figure 1.12

Utilisation du génie génétique pour mettre en évidence le trajet de voies nerveuses. Un « gène rapporteur » codant une substance visualisable par exemple la protéine fluorescente verte (ou GFP pour *Green Fluorescent Protein*) est inséré dans le génome sous le contrôle d'un promoteur spécifique d'un type cellulaire (séquence d'ADN activant le gène dans des tissus ou des types cellulaire spécifiques). Le rapporteur n'est exprimé que dans les cellules de ce type et révèle les corps cellulaires, les axones et les dendrites de tous les neurones du système nerveux qui expriment ce gène. Ici le rapporteur est sous le contrôle de la séquence d'ADN d'un promoteur qui n'est activé que dans une population restreinte de neurones du ganglion spinal. Les photos montrent que le rapporteur marque les corps cellulaires des neurones, les axones projetant au niveau de la peau sous des terminaisons nerveuses libres et les axones qui projettent vers la racine dorsale de la moelle épinière pour relayer les informations d'origine cutanée vers le cerveau. (Photographies de Zylka et al., 2005.)

(A)

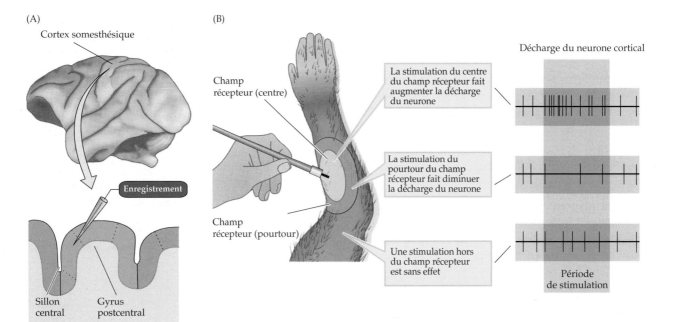

Figure 1.13

Enregistrement unitaire d'un neurone pyramidal du cortex montrant sa réponse à un stimulus tactile périphérique. (A) Dispositif expérimental comportant l'insertion d'une électrode d'enregistrement dans le cerveau. (B) Délimitation des territoires du champ récepteur du neurone.

L'analyse fonctionnelle des systèmes neuraux

Nous disposons aujourd'hui d'une large palette de méthodes physiologiques pour évaluer l'activité électrique (et métabolique) des circuits neuronaux qui forment un système neural. Deux d'entre elles toutefois se sont révélées particulièrement utiles pour déterminer la façon dont les systèmes neuraux représentent l'information. La méthode la plus couramment utilisée est l'**enregistrement unitaire** par microélectrodes. Cette technique permet souvent d'enregistrer, en plus de la cellule choisie, plusieurs cellules voisines, offrant ainsi des informations supplémentaires intéressantes. L'enregistrement des potentiels d'action par microélectrodes permet une analyse cellule par cellule de l'organisation des cartes topographiques et peut donner des indications précises sur le type de stimulus auquel un neurone réagit préférentiellement (par une modification maximale de sa décharge par rapport au niveau de base). On utilise fréquemment l'enregistrement unitaire pour déterminer le **champ récepteur** d'un neurone, c'est-à-dire la région d'un espace sensoriel (tel que la surface du corps ou d'une structure spécialisée comme la rétine) dans laquelle un stimulus donné provoque l'émission la plus élevée de potentiels d'action (Figure 1.13). Cette méthode d'analyse des systèmes neuraux fut introduite par Stephen Kuffler et Vernon Mountcastle au début des années 1950 ; elle a depuis été utilisée par plusieurs générations de neurophysiologistes pour définir les relations entre stimulus et réponses neuroniques dans les systèmes tant sensoriels que moteurs. À l'heure actuelle, les techniques d'enregistrement électrophysiologique au niveau du neurone individuel se sont diversifiées en même temps que leur champ d'application s'est étendu ; l'enregistrement unitaire ou multiunitaire est utilisé chez des animaux engagés dans des tâches cognitives complexes, de même que l'enregistrement intracellulaire chez l'animal intact ; avec la méthode du patch-clamp, l'enregistrement par microélectrodes permet de détecter et d'enregistrer l'activité des molécules individuelles de la membrane qui sont à l'origine de la signalisation nerveuse (voir la première partie).

Le deuxième grand domaine qui a connu des progrès remarquables est celui de l'**imagerie cérébrale fonctionnelle** chez le sujet humain (et, à un moindre degré, chez l'animal), technique qui a révolutionné, au cours des vingt dernières années, l'analyse fonctionnelle des systèmes neuraux ainsi que les capacités de diagnostic et de description des anomalies fonctionnelles (Encadré 1A). Contrairement aux techniques électrophysiologiques d'enregistrement de l'activité nerveuse, qui présentent un caractère invasif dans la mesure où des électrodes doivent être insérées dans un cerveau préalablement mis à nu, l'imagerie fonctionnelle est non invasive et peut donc être utilisée chez l'homme, aussi bien chez les patients que chez des sujets sains. Qui plus est,

ENCADRÉ 1A   *Techniques d'imagerie cérébrale*

Le scanner X

Au début des années 1970, le **scanner X** (ou **tomographie assistée par ordinateur**) a inauguré une ère nouvelle dans l'imagerie non invasive en introduisant le traitement par ordinateur dans l'exploration du cerveau vivant. Jusqu'à cette date, la seule technique d'imagerie cérébrale était la radiographie par rayons X, dont le contraste est faible quand on l'applique à des tissus mous et qui expose à des radiations relativement intenses.

Le scanner X utilise un étroit faisceau de rayons X et une série de détecteurs très sensibles disposés de l'autre côté de la tête, ce qui permet de n'explorer qu'une faible portion de tissu à la fois avec un taux de radiations réduit (Figure A). Pour obtenir une image, on fait tourner autour de la tête la source de rayons X et les détecteurs pour enregistrer la densité des radiations dans toutes les orientations autour d'une tranche étroite. On calcule ensuite par ordinateur la densité du rayonnement en chaque point du plan de la tranche et l'on obtient une image tomographique (du grec *tomos*, section, tranche). En déplaçant lentement le patient dans le scanner pendant la rotation de la source de rayons X, on peut construire une matrice tridimensionnelle de radiodensité et calculer les images pour tous les plans du cerveau. Le scanner X différencie facilement la substance grise de la substance blanche, il révèle nettement les ventricules cérébraux et permet de visualiser quantité d'autres structures cérébrales avec une résolution spatiale de quelques millimètres.

L'imagerie par résonance magnétique (IRM)

L'imagerie cérébrale fit un nouveau grand pas en avant dans les années 1980 avec la mise au point de l'**IRM** ou **imagerie par résonance magnétique**. L'IRM est fondée sur le fait que les noyaux de certains atomes se comportent comme des aimants oscillants qui, placés dans un fort champ magnétique, s'alignent avec ce champ et

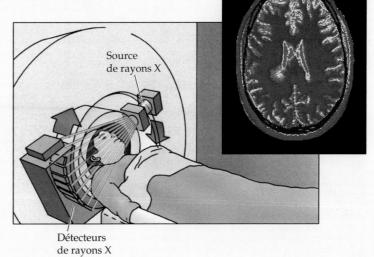

se mettent à osciller à une fréquence qui dépend de son intensité. Si on leur envoie alors une brève impulsion de radiofréquence accordée sur leur fréquence de résonance, ils vont émettre de l'énergie de façon oscillatoire en retournant à l'alignement imposé par le champ. L'intensité du signal de résonance ainsi émis dépend du nombre de noyaux mis en jeu. En IRM, on dévie légèrement le champ magnétique en lui imposant des gradients magnétiques selon trois axes spatiaux différents de sorte que seuls les noyaux situés en un point donné de l'espace soient, à un moment donné, en résonance avec la fréquence des détecteurs. Presque tous les scanners IRM détectent les signaux de résonance des noyaux de l'hydrogène des molécules d'eau ; ils fournissent donc des images fondées sur la distribution de l'eau dans les différents tissus. En manipulant avec soin les paramètres des gradients magnétiques et des impulsions de radiofréquences, on parvient à réaliser des images extrêmement détaillées du cerveau, en tous ses points et selon toutes les orientations avec une résolution inférieure au millimètre (Figure B).

Les champs magnétiques intenses et les impulsions de radiofréquences utilisés sont sans danger, ce qui fait de l'IRM une technique totalement non invasive (le seul risque provient de la présence d'objets métalliques dans le scanner ou à son voisinage). L'IRM est par ailleurs extrêmement polyvalente, car on peut, en modifiant les paramètres de l'appareil, obtenir des images fondées sur des mécanismes de contraste très divers. L'IRM standard, par exemple, tire parti du fait que les noyaux d'hydrogène se réalignent à des vitesses légèrement différentes selon les tissus où ils se situent (substance grise, substance blanche, liquide céphalorachidien, etc.) ; on peut donc manipuler le contraste des tissus mous en ajustant tout simplement le moment où l'on mesure le signal de réalignement. En changeant les paramètres, on peut obtenir des images où la substance blanche et la substance grise sont invisibles, mais où la vascularisation du cerveau apparaît dans tous ses détails. La sécurité d'emploi de l'IRM et sa polyvalence en ont fait la technique de choix pour obtenir des images de la structure du cerveau dans la plupart des applications.

L'imagerie cérébrale fonctionnelle

La visualisation des variations fonctionnelles du cerveau vivant a été rendue possible par la récente mise au point de

(A) En tomographie assistée par ordinateur, la source de rayons X et les détecteurs tournent autour de la tête du sujet. En haut à droite, le tomogramme obtenu avec un scanner X montre une coupe horizontale d'un cerveau adulte normal.

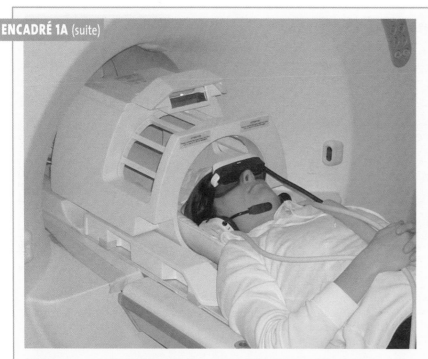

(B) Dans un scanner IRM la tête est placée au centre d'un grand aimant. Une bobine travaillant comme antenne radiofréquence est placée autour de la tête pour émettre les impulsions excitatrices et recueillir les signaux de résonance magnétique. En IRMf on peut présenter des stimulus au sujet, à l'aide de lunettes vidéo pour images en réalité virtuelle et d'écouteurs stéréophoniques, alors même qu'il est dans le scanner.

techniques détectant des variations faibles et localisées du métabolisme ou du débit sanguin cérébral. Pour faire face aux exigences métaboliques accrues des neurones les plus actifs, le cerveau régule le débit sanguin qui leur est destiné de sorte qu'ils reçoivent plus de sang que les neurones moins actifs. La détection et la cartographie de ces changements locaux du débit sanguin constituent la base de trois techniques extrêmement utilisées d'imagerie cérébrale fonctionnelle : la **tomographie par émission de positons (TEP)**, la **tomographie d'émission monophotonique (TEMP)** et l'**imagerie par résonance magnétique fonctionnelle (IRMf)**.

En TEP, des isotopes instables émetteurs de positons sont incorporés à divers réactifs (eau, précurseurs de neurotransmetteurs spécifiques, glucose) et injectés dans la circulation sanguine. Le glucose et l'oxygène s'accumulent dans les aires au métabolisme le plus actif, tandis que les neurotransmetteurs marqués se fixent sélectivement sur les sites appropriés. Quand les isotopes instables se désintègrent, ils émettent des positons dont chacun va se combiner avec un électron pour donner deux photons gamma partant dans des directions diamétralement opposées. Des détecteurs de rayons gamma sont placés autour de la tête et une désintégration n'est comptabilisée que lorsque deux détecteurs situés à 180° l'un par rapport à l'autre sont frappés simultanément. On peut construire une carte de la densité des isotopes dans les tissus (de la même façon que l'on construit les images du scanner X) et visualiser les régions actives avec une résolution spatiale d'environ 4 mm. Selon le traceur injecté, la TEP peut être utilisée pour visualiser les modifications qu'entraîne l'activité cérébrale sur le débit sanguin, le métabolisme ou l'activité biochimique. La TEMP s'apparente à la TEP par l'utilisation, par injection ou inhalation, de substances radioactives (telles que le ^{133}Xe ou l'iodoamphétamine marquée à l'^{123}I) produisant des photons qui sont détectés par une caméra gamma tournant rapidement autour de la tête.

Aujourd'hui, c'est sans doute l'IRM fonctionnelle (IRMf), une variante de l'IRM, qui visualise le mieux l'activité du cerveau à partir de son métabolisme local. L'IRMf est fondée sur le fait que l'hémoglobine du sang perturbe légèrement la résonance magnétique des noyaux d'hydrogène de son voisinage et que l'importance de cette distorsion diffère selon que l'hémoglobine transporte ou non de l'oxygène.

l'imagerie fonctionnelle permet d'examiner simultanément plusieurs structures cérébrales (chose possible mais nettement plus difficile avec les enregistrements électrophysiologiques).

Durant ces vingt dernières années, des méthodes non invasives toujours plus puissantes ont permis d'étudier les représentations d'un nombre considérable de comportements humains complexes tout en offrant des outils de diagnostic dont l'usage devenu courant fait oublier la nature véritablement extraordinaire des informations qu'ils fournissent. Bien des patients considèrent aujourd'hui comme allant de soi des diagnostics précis et des traitements qui, voilà vingt ans, n'auraient été que suppositions éclairées de la part des médecins. Il est intéressant de remarquer cependant que nombre des observations réalisées à l'aide de ces technologies nouvelles sur la localisation des fonctions ou sur l'organisation des systèmes neuraux ont en fait confirmé les conclusions initialement fondées sur l'examen de patients souffrant de maladies neurologiques et présentant des troubles du comportement consécutifs à des accidents vasculaires ou à d'autres formes d'atteintes cérébrales.

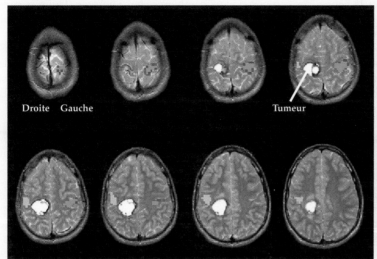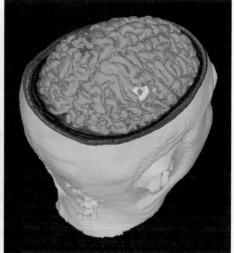

(C) Images par IRM d'un patient atteint d'une tumeur cérébrale, sur lesquelles on a superposé l'activité du cerveau visualisée par IRMf lors d'une tâche consistant à exécuter des mouvements de la main (l'activité est figurée en jaune pour les mouvements de la main gauche, en vert pour ceux de la main droite). À droite, représentation des mêmes données sur une reconstruction tridimensionnelle de la surface du cerveau.

Quand une région du cerveau s'active sous l'effet d'une tâche qui la met en jeu, elle commence à avoir besoin d'une plus grande quantité d'oxygène et, en quelques secondes, les capillaires cérébraux répondent en augmentant le débit du sang oxygéné dans la zone active. Ces changements de débit sanguin et de concentration d'oxygène entraînent, dans le signal de résonance magnétique, des modifications qui dépendent du niveau local d'oxygénation du sang ; d'où la qualification de BOLD (*Blood Oxygen Level Dependent*) donnée à ce signal. Ces fluctuations, détectées et traitées statistiquement, sont utilisées pour établir des cartes des régions cérébrales intervenant dans la tâche (Figure C). Étant donné que l'IRMf utilise des signaux ayant leur origine dans le cerveau lui-même et non des signaux issus de traceurs radioactifs exogènes, on peut réaliser des observations répétées sur un même individu, ce qui représente un gros avantage par rapport à d'autres méthodes d'imagerie telles que la TEP. La résolution spatiale de l'IRMf (2-3 millimètres) et sa résolution temporelle (quelques secondes) sont en outre supérieures à celles d'autres techniques d'imagerie fonctionnelle. Tous ces avantages ont fait de l'IRMf la technique de choix pour explorer la structure et les fonctions du cerveau humain vivant.

Références

HUETTEL, S.A., A.W. SONG et G. McCARTHY (2004), *Functional Magnetic Resonance Imaging*. Sunderland, MA. Sinauer Associates.

OLDENDORF, W. et W. OLDENDORF JR. (1988), *Basis of magnetic resonance imaging*. Boston, MA, Kluwer Academic Publishers.

POSNER M.I. et M.E. RAICHLE (1998), *L'esprit en images*. Paris, De Boeck Université. (Traduction de *Images of Mind*, 1994. New York, Scientific American Library).

RAICHLE, M.E. (1994), Images of the mind : studies with modern imaging techniques. *Annu. Rev. Psychol.*, **45**, 333-356.

SHILD H. (1990), *MRI Made Easy (... Well, Almost)*. Berlin, H. Heineman.

L'analyse des comportements complexes

Les progrès les plus marquants des neurosciences modernes tiennent pour beaucoup au fait d'avoir réduit la complexité du cerveau en la ramenant à des éléments plus facilement analysables, gènes, molécules ou cellules. Il n'en reste pas moins que le cerveau fonctionne comme un tout et que quelques-unes de ses fonctions les plus complexes (et, aux yeux de certains, les plus intéressantes) constituent aujourd'hui encore un défi majeur pour les chercheurs en neurosciences ; c'est le cas de la perception, du langage, de l'émotion, de la mémoire ou de la conscience. Face à ce défi, s'est constitué depuis un quart de siècle environ un nouveau champ de recherche spécifiquement consacré à ces problèmes et qui a reçu le nom de **neurosciences cognitives** (voir la cinquième partie). Cette évolution a donné une nouvelle jeunesse au domaine de la neuroéthologie (dont l'objet est l'observation du comportement des animaux dans leur milieu naturel, comme par exemple la communication sociale chez les oiseaux et les primates non humains) ; elle a aussi encouragé la mise au point de tâches pour évaluer la genèse des comportements complexes chez l'homme. Utilisées conjointement à l'imagerie fonctionnelle, des tâches comportementales convenablement élaborées peuvent faciliter l'identification des circuits cérébraux consacrés à des fonctions complexes spécifiques telles que les habiletés linguistiques, les aptitudes mathématiques ou musicales, les réponses émotionnelles, les jugements esthétiques ou la pensée abstraite. Des tâches comportementales construites avec soin peuvent aussi servir à l'étude des troubles qui accompagnent des maladies cérébrales affectant la cognition, telles que la maladie d'Alzheimer, la schizophrénie et la dépression.

En un mot, les efforts nouveaux ou renouvelés déployés dans l'étude des fonctions cérébrales supérieures à l'aide de techniques de plus en plus puissantes laissent envisager que même les aspects les plus complexes du comportement humain pourront recevoir un début d'explication.

Résumé

Les méthodes d'étude du cerveau vont de la génétique et de la biologie moléculaire jusqu'aux épreuves comportementales chez des sujets humains normaux. Les neurosciences modernes ont connu une accumulation continue des connaissances relatives à l'organisation anatomique du système nerveux, mais ses succès les plus marquants tiennent au fait d'avoir compris que les cellules nerveuses constituent les unités structurales et fonctionnelles de base du système nerveux. Les recherches portant sur l'architecture cellulaire et sur les composantes moléculaires propres aux neurones et à la glie ont apporté une moisson de données remarquablement détaillées sur leurs fonctions respectives. Par là, elles nous ont fourni une base pour concevoir la façon dont les cellules nerveuses s'organisent en circuits, et les circuits en systèmes qui traitent des types spécifiques d'informations intervenant dans la perception et l'action. Il reste à comprendre les relations des phénomènes fondamentaux de la génétique moléculaire avec les fonctions des neurones, des circuits et des systèmes, les dysfonctionnements que présentent ces processus dans les maladies neurologiques et psychiatriques; il reste enfin à apporter un début d'explication aux fonctions particulièrement complexes du cerveau qui font de nous des êtres humains.

Lectures complémentaires

Brodal, P. (1992), *The Central Nervous System: Structure and Function.* New York, Oxford University Press.

Gibson, G. et S. Muse (2001), *A Primer of Genome Science.* Sunderland, MA, Sinauer Associates.

Nature, Vol. 409, n° 6822, 16 février (2001), Numéro spécial sur le génome humain.

Netter, F.H. (1983), *The CIBA Collection of Medical Illustrations*, Vol. I and II. A. Brass and R.V. Dingle (eds.). Summit, NJ, CIBA Pharmaceutical Co.

Peters, A., S.L. Palay et H. de F. Webster (1991), *The Fine Structure of the Nervous System: Neurons and Their Supporting Cells*, 3rd Ed. New York, Oxford University Press.

Posner M.I. et M.E. Raichle (1998), *L'esprit en images.* Paris, De Boeck Université. (Traduction de *Images of Mind*, 1994. New York, Scientific American Library).

Ramon y Cajal, S. (1909, 1911), *Histologie du système nerveux de l'homme et des vertébrés*, Vol. I, 1909; Vol. II, 1911. Paris, A. Maloine.

Ramon y Cajal, S. (1984), *The Neuron and the Glial Cell.* (Transl. by J. De la Torre and W.C. Gibson). Springfield, IL, Charles C. Thomas.

Ramon y Cajal, S. (1990), *New Ideas on the Structure of the Nervous System in Man and Vertebrates.* (Transl. by N. Swanson and L.W. Swanson). Cambridge, MA, MIT Press.

Science, Vol. 291, n° 5507, 16 février (2001), Numéro spécial sur le génome humain.

Shepherd, G.M. (1991), *Foundations of the Neuron Doctrine.* History of Neurosciences Series, n° 6. Oxford, Oxford University Press.

LES SIGNAUX NERVEUX

I

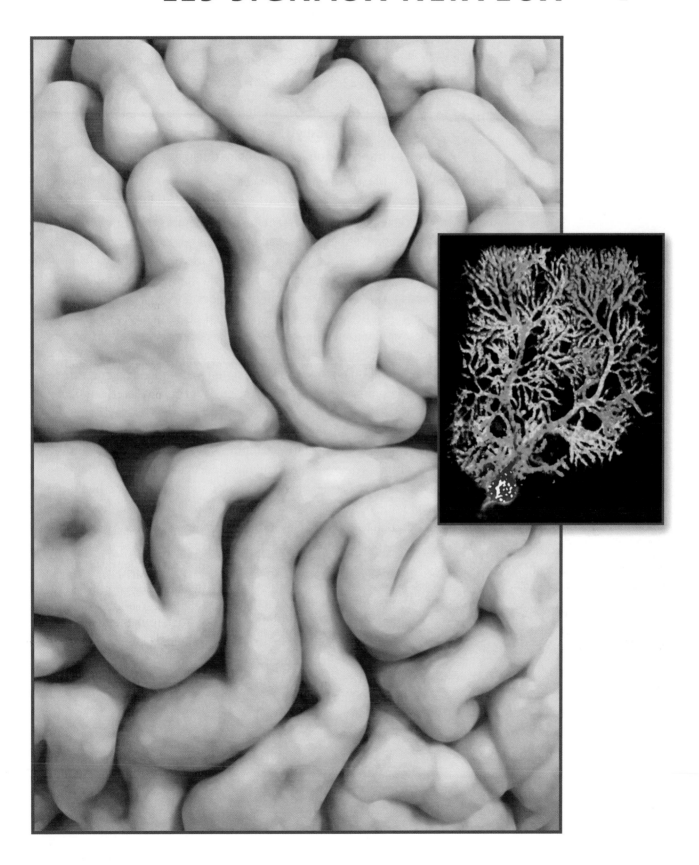

PREMIÈRE PARTIE *Les signaux nerveux*

Visualisation des signaux calciques dans une cellule de Purkinje du cervelet. Un marqueur fluorescent a mis en évidence un accroissement de la concentration des ions calcium dans cette cellule de Purkinje sous l'effet d'une stimulation des fibres grimpantes. Cette augmentation de la concentration du Ca^{2+} agit comme second messager pour entraîner une forme de plasticité synaptique appelée dépression synaptique à long terme. (Gracieusement communiqué par Keiko Tanaka et George J. Augustine.)

Le cerveau possède de remarquables compétences pour capter, coordonner et propager les informations relatives au corps et à son environnement. Ces informations doivent être traitées en quelques millisecondes, mais elles peuvent aussi être emmagasinées sous forme de souvenirs qui durent des années. Pour ce faire, les neurones du système nerveux central et périphérique élaborent des signaux chimiques et électriques hautement perfectionnés. Cette partie décrit ces signaux et explique comment ils sont produits. Elle explique comment un type particulier de signal électrique, le potentiel d'action, permet la propagation des informations sur toute la longueur d'une cellule nerveuse et comment d'autres types de signaux, électriques et chimiques, prennent naissance au niveau des connexions synaptiques. Les synapses permettent le transfert des informations par les liaisons qu'elles établissent entre les neurones, formant ainsi les circuits dont dépendent les traitements neuraux. Elle décrit enfin les processus complexes de signalisation biochimique dont les neurones sont le siège. La connaissance de ces formes fondamentales de signalisation neuronale est à la base de la compréhension des fonctions de plus haut niveau abordées dans le reste de cet ouvrage.

Les mécanismes cellulaires et moléculaires qui donnent aux neurones leurs aptitudes exceptionnelles à émettre des signaux sont aussi la cible de processus pathologiques compromettant le bon fonctionnement du système nerveux. Une bonne maîtrise de la biologie moléculaire et cellulaire des neurones est donc indispensable pour aborder l'étude des maladies du cerveau et pour mettre au point de nouvelles formes de diagnostic et de traitement de ces troubles, hélas ! trop fréquents.

chapitre 02

Les signaux électriques des cellules nerveuses

Vue d'ensemble

Les cellules nerveuses sont à l'origine de signaux électriques qui transmettent des informations. Bien que les neurones ne soient pas intrinsèquement de bons conducteurs de l'électricité, ils ont perfectionné des mécanismes d'émission de signaux électriques fondés sur des flux d'ions au travers de leur membrane plasmique. D'ordinaire, l'intérieur des neurones est à un potentiel négatif, appelé potentiel de repos, que l'on peut mesurer en enregistrant le voltage entre l'intérieur et l'extérieur des cellules nerveuses. Le potentiel d'action abolit momentanément le potentiel de repos négatif et rend positif le potentiel transmembranaire. Les potentiels d'action se propagent le long des axones et représentent les signaux électriques fondamentaux grâce auxquels les informations sont transmises d'un endroit à un autre du système nerveux. D'autres types de signaux électriques sont produits par l'activation des contacts synaptiques entre neurones et par l'action de formes diverses d'énergie extérieure sur les neurones sensoriels. Tous ces signaux électriques ont pour origine des flux d'ions dus à la perméabilité sélective de la membrane des cellules nerveuses à différents ions et à la distribution non uniforme de ces ions de part et d'autre de cette membrane.

Potentiels électriques transmembranaires de la cellule nerveuse

Les neurones utilisent différents types de signaux électriques pour coder et transmettre les informations. La meilleure façon d'observer ces signaux est d'utiliser une microélectrode intracellulaire pour enregistrer le potentiel électrique existant entre les deux côtés de la membrane plasmique du neurone. Une microélectrode type est un tube de verre que l'on étire jusqu'à obtention d'une pointe extrêmement fine (l'orifice faisant moins de 1 µm de diamètre) et que l'on remplit d'un liquide bon conducteur de l'électricité, tel qu'une solution saline concentrée. On peut alors relier ce liquide conducteur à un voltmètre, un oscilloscope par exemple, et enregistrer le voltage transmembranaire de la cellule nerveuse.

Le premier type de phénomène électrique peut s'observer dès que la microélectrode traverse la membrane du neurone. À son entrée dans la cellule, elle enregistre un potentiel négatif. Ceci indique qu'au repos, la cellule a les moyens de créer une différence de potentiel constante entre les deux faces de sa membrane. Cette différence de potentiel, dite **potentiel de repos de la membrane**, dépend du type de neurone étudié, mais est toujours bien inférieure à un volt (la valeur typique va de –40 à –90 mV).

Les signaux électriques produits par les neurones peuvent avoir pour cause la réponse à un stimulus, réponse qui s'accompagne d'une variation du potentiel de repos de la membrane. Les **potentiels de récepteur** sont dus à l'excitation des neurones sensoriels par des stimulus externes tels que la lumière, le bruit, la chaleur. Une stimulation tactile de la peau, par exemple, excite des corpuscules de Pacini associés à des neurones récepteurs qui détectent les perturbations mécaniques de la peau. Ces neurones répondent à la stimulation tactile par un potentiel de récepteur, qui modifie le potentiel de membrane durant une fraction de seconde (Figure 2.1A). Ces modifications transitoires de potentiel constituent la première étape de l'élaboration par le système somesthésique d'une sensation de vibration de la peau (un chatouillement)

Figure 2.1

Types de signaux électriques neuronaux. Dans chaque cas, on utilise des microélectrodes pour mesurer les changements du potentiel de membrane au cours des signaux représentés. (A) Un attouchement léger déclenche un potentiel de récepteur dans un corpuscule de Pacini de la peau. (B) L'activation d'un contact synaptique au niveau d'un neurone pyramidal de l'hippocampe provoque un potentiel synaptique. (C) La stimulation d'un motoneurone spinal provoque un potentiel d'action transmis par son axone.

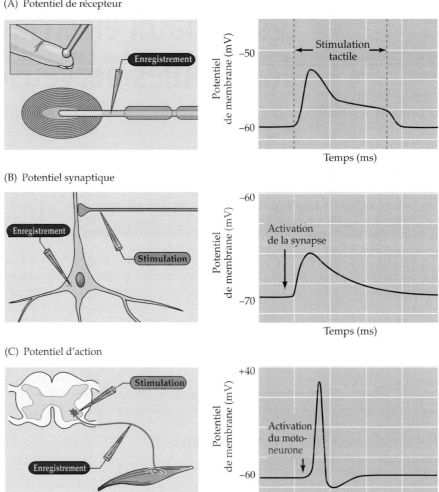

(Chapitre 9). D'autres neurones sensoriels présentent des potentiels de récepteur similaires, lors de la transduction des signaux sensoriels (Deuxième partie).

Un autre type de signal électrique s'observe au niveau des contacts synaptiques lors des communications entre neurones. L'activation de ces synapses produit des **potentiels synaptiques**, grâce auxquels s'opère le transfert de l'information d'un neurone à un autre. L'exemple qu'en donne la figure 2.1B montre que l'activation d'une terminaison synaptique contactant un neurone pyramidal de l'hippocampe induit une brève variation du potentiel de repos de la membrane de ce neurone. C'est par l'intermédiaire de potentiels synaptiques que se transmettent les informations dans les circuits complexes du système nerveux central ou périphérique (voir Chapitre 5).

L'utilisation de signaux électriques par les neurones, comme on utilise la conduction de l'électricité par câble pour transporter énergie ou information, leur pose une série de problèmes de génie électrique. La difficulté principale vient de ce que leurs axones, qui peuvent être très longs (un neurone moteur de la moelle peut faire un mètre de long, voire davantage), ne sont pas de bons conducteurs de l'électricité. Bien qu'un neurone et un câble soient tous les deux capables de conduire l'électricité de manière passive, les propriétés électriques du neurone sont très médiocres par rapport à celles d'un câble, même des plus ordinaires. Pour pallier cette insuffisance, les neurones ont développé un système d'amplification qui leur permet de propager des signaux électriques à grande distance en dépit de leurs mauvaises propriétés électriques. Les signaux électriques produits par le système d'amplification sont les **potentiels d'action**, encore appelés influx nerveux ou potentiels de pointe (en anglais, *spikes*). La figure 2.1C donne un exemple d'un potentiel d'action enregistré dans l'axone d'un motoneurone spinal.

Une façon de déclencher un potentiel d'action consiste à faire passer un courant électrique à travers la membrane du neurone. Dans des conditions normales, ce courant provient de potentiels de récepteur ou de potentiels synaptiques. Au laboratoire, toutefois, on obtient facilement un courant adéquat en insérant dans le neurone une seconde microélectrode et en la reliant à une pile (Figure 2.2A). Si le courant ainsi délivré a comme effet de rendre le potentiel de membrane plus négatif (**hyperpolarisation**), il ne se passe rien de bien extraordinaire. Le potentiel de membrane change tout simplement en proportion de l'intensité du courant injecté (partie supérieure de la figure 2.2B). Des réponses hyperpolarisantes de ce genre n'exigent des neurones aucune propriété particulière et on les qualifie de réponses électriques passives. On constate un phénomène beaucoup plus intéressant si l'on injecte un courant de polarité opposée, rendant le potentiel de membrane de la cellule nerveuse plus positif que le potentiel de repos (**dépolarisation**). Dans ce cas, à un niveau critique du potentiel de membrane appelé **potentiel seuil**, il y a émission d'un potentiel d'action (voir la partie droite de la figure 2.1 B).

Le potentiel d'action est une réponse active produite par le neurone. Il se traduit par un changement bref (1 ms) du potentiel transmembranaire qui, de négatif, devient positif. Il est important de remarquer que l'amplitude du potentiel d'action est indépendante de l'intensité du courant qui le déclenche ; en d'autres termes, de forts courants ne déclenchent pas des potentiels d'action plus grands. On dit, par conséquent, que les potentiels d'action d'un neurone sont des phénomènes par *tout ou rien* : ils surviennent complètement ou pas du tout. Si l'intensité ou la durée du courant de stimulation est suffisamment augmentée, plusieurs potentiels d'action sont émis, comme on le voit, à droite de la figure 2.2B, dans les réponses à trois intensités différentes du courant stimulant. L'intensité d'un stimulus est donc codée par la fréquence des potentiels d'action et non par leur amplitude. On a ici affaire à un phénomène complètement différent des potentiels de récepteur, dont l'amplitude varie en fonction de l'intensité

Figure 2.2

Enregistrement des signaux électriques passifs et actifs d'une cellule nerveuse. (A) Deux microélectrodes sont insérées dans un neurone ; l'une mesure le potentiel de membrane, tandis que l'autre injecte du courant dans le neurone. (B) L'insertion de la microélectrode d'enregistrement fait apparaître un potentiel négatif, le potentiel de repos de la membrane. L'injection de courant par la seconde microélectrode modifie le potentiel de membrane du neurone. Des échelons de courant hyperpolarisant ne produisent que des modifications passives du potentiel de membrane. Des courants dépolarisants qui amènent le potentiel de membrane au niveau du seuil ou au-dessus, déclenchent, en plus, des potentiels d'action. Les potentiels d'action sont des réponses actives, au sens où ils sont produits par des changements de perméabilité de la membrane neuronique.

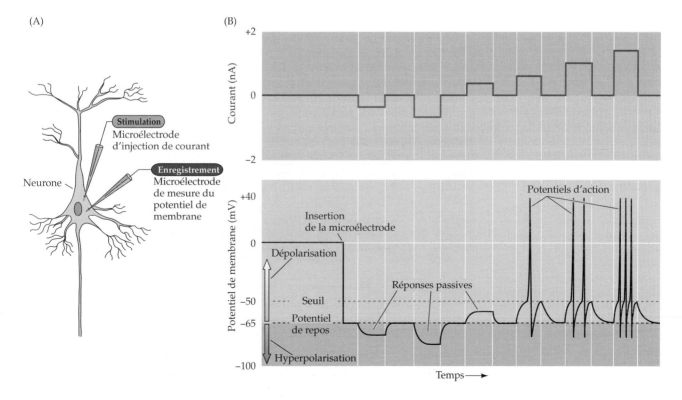

du stimulus sensoriel, ou des potentiels synaptiques, dont l'amplitude dépend du nombre de synapses activées et du niveau préalable d'activité synaptique.

Compte tenu de leur rôle fondamental dans le transfert d'informations au sein du système nerveux, il est indispensable de bien comprendre comment les signaux électriques prennent naissance. Chose remarquable, tous les signaux électriques neuroniques mentionnés ci-dessus relèvent de mécanismes similaires, qui dépendent de mouvements d'ions à travers la membrane. Le reste de ce chapitre traite la question fondamentale de la façon dont les cellules nerveuses utilisent les ions pour produire des potentiels électriques. Le chapitre 3 examine les moyens par lesquels les potentiels d'action sont produits et comment ces signaux apportent une solution au problème de la conduction électrique à longue distance dans les cellules nerveuses. Le chapitre 4 décrit les propriétés des molécules membranaires – canaux et transporteurs – responsables de la production des signaux électriques. Enfin, les chapitres 5 à 8 considèrent comment se fait la transmission de ces signaux électriques entre neurones au niveau des contacts synaptiques.

Comment des mouvements d'ions produisent des signaux électriques

Les potentiels électriques qui s'instaurent entre les deux côtés de la membrane des neurones – et, à vrai dire, de toutes les cellules – sont dus (1) à des *différences de concentration* d'ions spécifiques de part et d'autre de la membrane cellulaire et (2) à la *perméabilité sélective* des membranes à certains de ces ions. Ces deux phénomènes dépendent à leur tour de deux sortes de protéines de la membrane cellulaire (Figure 2.3). Les gradients de concentration ionique sont créés par des protéines auxquelles on donne le nom de **transporteurs actifs**; comme leur nom l'indique, elles transportent activement certains ions, à l'encontre de leur gradient de concentration, vers l'intérieur ou vers l'extérieur de la cellule. La perméabilité sélective des membranes est due principalement aux **canaux ioniques**; il s'agit de protéines qui permettent à certains ions de franchir la membrane suivant leur gradient de concentration. Ainsi, fondamentalement, canaux et transporteurs travaillent les uns contre les autres. Ce faisant, ils créent le potentiel de repos de la membrane, les potentiels d'action ainsi que les potentiels synaptiques et les potentiels de récepteur qui déclenchent les potentiels d'action. La structure et les fonctions de ces canaux et de ces transporteurs sont décrites au chapitre 4.

Pour avoir une idée exacte du rôle que jouent les gradients ioniques et la perméabilité sélective dans l'instauration d'un potentiel de membrane, considérons un système simple dans lequel une membrane sépare deux compartiments contenant des ions en solution. Dans un système de ce genre, il est possible de fixer la composition des deux solutions et de contrôler ainsi les gradients ioniques entre les deux côtés de la

Figure 2.3

Les transporteurs d'ions et les canaux ioniques sont responsables des mouvements d'ions au travers des membranes neuroniques. Les transporteurs instaurent des différences de concentration ionique par un transport actif d'ions à l'encontre de leurs gradients chimiques. Les canaux profitent de ces gradients de concentration pour permettre à des ions sélectionnés de se déplacer, par diffusion, dans le sens de leurs gradients chimiques et de créer ainsi des signaux électriques.

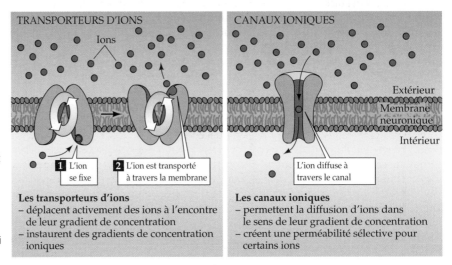

TRANSPORTEURS D'IONS

Ions

CANAUX IONIQUES

Extérieur
Membrane neuronique
Intérieur

1 L'ion se fixe

2 L'ion est transporté à travers la membrane

L'ion diffuse à travers le canal

Les transporteurs d'ions
– déplacent activement des ions à l'encontre de leur gradient de concentration
– instaurent des gradients de concentration ioniques

Les canaux ioniques
– permettent la diffusion d'ions dans le sens de leur gradient de concentration
– créent une perméabilité sélective pour certains ions

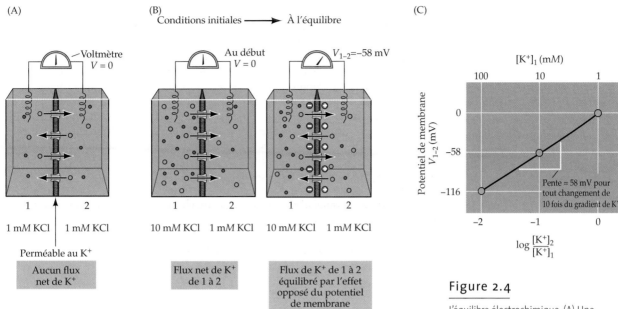

(A)

Voltmètre
$V = 0$

1 mM KCl · · · 1 mM KCl

Perméable au K⁺

Aucun flux
net de K⁺

(B) Conditions initiales ⟶ À l'équilibre

Au début
$V = 0$

$V_{1-2} = -58$ mV

10 mM KCl · · · 1 mM KCl · · · 10 mM KCl · · · 1 mM KCl

Flux net de K⁺
de 1 à 2

Flux de K⁺ de 1 à 2
équilibré par l'effet
opposé du potentiel
de membrane

(C)

[K⁺]₁ (mM)

Pente = 58 mV pour
tout changement de
10 fois du gradient de K⁺

$\log \dfrac{[K^+]_2}{[K^+]_1}$

Figure 2.4

L'équilibre électrochimique. (A) Une membrane sélectivement perméable aux ions K⁺ (cercles orange) sépare les compartiments 1 et 2 qui contiennent les concentrations indiquées de KCl (le Cl⁻ est figuré par des cercles bleus). (B) Si l'on augmente jusqu'à 10 mM la concentration de KCl dans le compartiment 1, on commence par produire un faible mouvement de K⁺ vers le compartiment 2 (conditions initiales) jusqu'à ce que la force électromotrice agissant sur les ions K⁺ équilibre le gradient de concentration et que le mouvement net de K⁺ s'annule (à l'équilibre). (C) Relation entre le gradient de concentration transmembranaire ([K⁺]₂/[K⁺]₁) et le potentiel de membrane. Conformément à l'équation de Nernst, cette relation, exprimée en coordonnées semi-logarithmiques, est linéaire avec une pente de 58 mV pour toute différence de dix fois du gradient de concentration.

membrane. Prenons, par exemple, le cas d'une membrane qui n'est perméable qu'aux seuls ions potassium (K⁺). Si la concentration des ions K⁺ de part et d'autre de la membrane est la même, on n'enregistre aucune différence de potentiel électrique entre ses deux côtés (Figure 2.4A). Mais si la concentration des ions K⁺ est différente, il s'établit alors une différence de potentiel. Si, par exemple, la concentration des ions K⁺ est dix fois plus élevée d'un côté de la membrane (compartiment 1) que de l'autre (compartiment 2), alors le potentiel électrique du compartiment 1 est négatif par rapport au compartiment 2 (Figure 2.4B). Cette différence de potentiel se met en place parce que les ions potassium s'écoulent selon leur gradient de concentration, emmenant avec eux leur charge électrique (une charge positive par ion). Étant donné que la membrane plasmique des neurones contient des pompes, qui accumulent le K⁺ dans le cytoplasme de la cellule, ainsi que des canaux perméables au potassium, qui laissent passer un flux transmembranaire de K⁺, nous nous trouvons, avec les cellules nerveuses vivantes, devant une situation analogue. Au repos, c'est donc à un flux sortant permanent de K⁺ qu'est dû le potentiel de repos de la membrane.

Dans le cas hypothétique que nous venons de décrire, un équilibre sera vite atteint. Au fur et à mesure que des ions K⁺ passent du compartiment 1 au compartiment 2 («conditions initiales», dans la partie gauche de la figure 2.4B), il se développe un potentiel qui vient s'opposer à la persistance du flux de K⁺. Cette opposition résulte du fait que le gradient de potentiel entre les deux côtés de la membrane repousse les ions potassium positifs qui, en son absence, franchiraient la membrane. Ainsi, au fur et à mesure que le compartiment 2 devient positif par rapport au compartiment 1, sa positivité réduit l'attraction qu'il exerce sur les ions K⁺ chargés positivement. Le mouvement net (ou flux) de K⁺ s'arrêtera au point («à l'équilibre», dans la partie droite de la figure 2.4B) où la différence de potentiel entre les deux côtés de la membrane (la positivité relative du compartiment 2) compense exactement le gradient de concentration (le taux dix fois supérieur de K⁺ dans le compartiment 1). À ce point d'**équilibre électrochimique**, on a une parfaite égalité entre deux forces opposées: (1) le gradient de concentration, qui pousse les ions K⁺ à passer du compartiment 1 au compartiment 2 en emportant des charges positives, et (2) un gradient électrique opposé, qui tend de plus en plus à empêcher les ions K⁺ de franchir la membrane (Figure 2.4B). Le nombre d'ions qui doivent s'écouler pour créer ce potentiel électrique est très faible (environ 10⁻¹² moles de K⁺, soit 10¹² ions K⁺, par cm² de membrane). Cette dernière constatation est importante à deux égards. Elle signifie tout d'abord que, de part et d'autre de la membrane, les concentrations d'ions perméants restent essentiellement constantes, même après que le flux d'ions a créé le potentiel. En second lieu, les minuscules flux ioniques nécessaires pour créer le potentiel de membrane ne perturbent pas l'électroneutralité chimique, car pour chaque ion il y a un ion contraire, porteur d'une charge opposée (l'ion chlorure, Cl^-, dans l'exemple de la figure 2.4), pour maintenir la neutralité des solutions de part et d'autre de la membrane. La concentration de K^+ reste égale à la concentration de Cl^- dans les solutions des compartiments 1 et 2, ce qui veut dire que la séparation des charges créant la différence de potentiel n'est présente qu'au voisinage immédiat de la membrane.

Les forces qui créent les potentiels de membrane

Le potentiel électrique qui, à l'équilibre électrochimique, s'établit entre les deux faces de la membrane, à savoir le **potentiel d'équilibre**, peut être calculé grâce à une formule simple, l'**équation de Nernst**. Cette équation est généralement exprimée de la façon suivante :

$$E_x = \frac{RT}{zF} \ln \frac{[X]_2}{[X]_1}$$

où E_X est le potentiel d'équilibre pour l'ion X, R est la constante des gaz parfaits, T la température absolue (en degrés Kelvin), z la valence (charge électrique) de l'ion perméant et F, la constante de Faraday (charge électrique d'une mole d'un ion univalent). Les crochets indiquent les concentrations de l'ion X de chaque côté de la membrane et le symbole ln désigne le logarithme népérien du gradient de concentration. Les logarithmes de base 10 étant plus commodes pour les calculs, et la température ambiante pour les expériences, l'équation est généralement exprimée sous la forme suivante :

$$E_x = \frac{58}{z} \log \frac{[X]_2}{[X]_1}$$

où log indique le logarithme de base 10 du rapport de concentration. Ainsi, pour l'exemple de la figure 2.4B, le potentiel transmembranaire à l'équilibre électrochimique s'établit à :

$$E_k = \frac{58}{z} \log \frac{[K]_2}{[K]_1} = 58 \log \frac{1}{10} = -58 \, mv$$

Par convention, on définit le potentiel d'équilibre comme la différence de potentiel entre le compartiment de référence, le côté 2 dans la figure 2.4, et l'autre côté. Cette équation s'applique aussi aux systèmes biologiques. Dans ce cas, l'extérieur de la cellule est, par convention, le point de référence, défini comme étant au potentiel zéro ; en conséquence, quand la concentration du K^+ est plus grande à l'intérieur qu'à l'extérieur, la membrane neuronique étant perméable aux ions K^+, l'intérieur présente un potentiel négatif.

Pour un système hypothétique simple n'ayant qu'une seule espèce d'ions perméants, l'équation de Nernst permet de calculer avec précision le potentiel électrique transmembranaire à l'équilibre. Si, par exemple, la concentration des ions K^+ du côté 1 est portée à 100 mM, le potentiel de membrane sera de −116 mV. Plus généralement, si l'on trace la courbe du potentiel de membrane en fonction du logarithme du gradient de concentration de K^+, $[K_2]/[K_1]$, l'équation de Nernst prédit que l'on obtiendra une relation linéaire avec une pente de 58 mV (en réalité 58/z) pour toute augmentation de dix fois du gradient de K^+ (Figure 2.4C). (La pente est de 61 mV à la température du corps des mammifères).

Pour renforcer et étendre le concept d'équilibre électrochimique, examinons quelques expériences supplémentaires sur l'influence de l'espèce ionique et de la perméabilité ionique, expériences réalisables en utilisant comme modèle le système simple de la figure 2.4. Qu'adviendrait-il, par exemple, au potentiel électrique transmembranaire (le potentiel du côté 1 par rapport au côté 2), si l'on remplaçait le potassium du côté 2 par 10 mM de sodium (Na⁺) et le K⁺ du compartiment 1 par 1 mM de Na⁺ ? On n'obtiendrait aucun potentiel puisque le Na⁺ ne pourrait pas traverser la membrane (que l'on a définie comme n'étant perméable qu'aux ions K⁺). Cependant, si dans ces conditions ioniques (10 fois plus de Na⁺ dans le compartiment 2), la membrane perméable au K⁺ était, d'un coup de baguette magique, remplacée par une membrane exclusivement perméable au Na⁺, on obtiendrait, à l'équilibre, un potentiel de +58 mV. S'il y avait 10 mM de calcium (ions Ca²⁺) dans le compartiment 2 et 1 mM de Ca²⁺ dans le compartiment 1 et, entre eux, une membrane sélectivement perméable au Ca²⁺, qu'adviendrait-il du potentiel de membrane ? On observerait un potentiel de +29 mV étant donné que le calcium a une valence de +2. Quel serait enfin le potentiel de membrane s'il y avait 10 mM de Cl⁻ dans le compartiment 1 et 1 mM de Cl⁻ dans le compartiment 2, les deux côtés étant séparés par une membrane perméable au Cl⁻ ? Du fait que cet anion a une valence de −1, le potentiel s'établirait là encore à +58 mV.

L'égalité des forces chimiques et électriques à l'équilibre signifie que le potentiel électrique est capable de déterminer les flux ioniques à travers la membrane, de la même façon que le gradient ionique peut déterminer le potentiel de membrane. Pour examiner l'effet du potentiel de membrane sur le flux ionique, imaginons que l'on branche une pile entre les deux côtés de la membrane, afin de changer le potentiel transmembranaire sans modifier la distribution des ions des deux côtés (Figure 2.5). Tant que la pile n'est pas en service, tout se passe comme dans la figure 2.4, le flux de K⁺ du compartiment 1 au compartiment 2 donnant naissance à un potentiel de membrane négatif (Figure 2.5A, à gauche). Mais si l'on branche la pile pour rendre le compartiment 1 plus négatif que le compartiment 2, on va réduire le flux de K⁺, car ce potentiel négatif va tendre à faire rester le K⁺ dans le compartiment 1. Quelle devra être la négativité du côté 1 pour qu'il n'y ait plus aucun flux net de K⁺ ? La réponse est −58 mV, voltage nécessaire pour contrecarrer la différence de dix fois entre les concentrations de K⁺ de part et d'autre de la membrane (Figure 2.5A, au centre). Si l'on rend le compartiment 1 plus négatif que −58 mV, des ions K⁺ passeront effectivement du compartiment 2 dans le compartiment 1, ces ions positifs se trouvant attirés par le potentiel plus négatif du compartiment 1 (Figure 2.5A, à droite). Cet exemple montre que le sens et la grandeur du flux ionique dépendent tous deux du potentiel de membrane. Ainsi donc, le potentiel électrique peut, dans certains cas, vaincre un gradient de concentration ionique.

Figure 2.5

Le potentiel de membrane influence les flux ioniques. (A) En connectant une pile de part et d'autre d'une membrane perméable au K⁺, on peut contrôler directement le potentiel de membrane. Lorsque la batterie est mise hors circuit (à gauche) les ions K⁺ (en orange) s'écoulent simplement en suivant leur gradient de concentration. Si l'on fixe initialement le potentiel de membrane (V_{1-2}) au potentiel d'équilibre des ions K⁺ (au centre), on n'obtient aucun flux net de K⁺. Mais si on le fixe à un niveau plus négatif que le potentiel d'équilibre des ions K⁺ (à droite), on provoque un flux de K⁺ dans le sens opposé à son gradient de concentration. (B) Relations entre le potentiel de membrane et la direction du flux de K⁺.

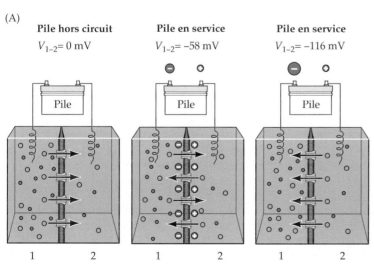

(A)

Pile hors circuit	Pile en service	Pile en service
$V_{1-2} = 0$ mV	$V_{1-2} = -58$ mV	$V_{1-2} = -116$ mV

10 mM KCl   1 mM KCl   10 mM KCl   1 mM KCl   10 mM KCl   1 mM KCl

Flux net de K⁺ de 1 à 2   Aucun flux net de K⁺   Flux net de K⁺ de 2 à 1

(B)

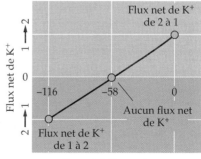

Flux net de K⁺

Flux net de K⁺ de 2 à 1

−116   −58   0

Aucun flux net de K⁺

Flux net de K⁺ de 1 à 2

Potentiel de membrane V_{1-2} (mV)

La possibilité de modifier expérimentalement le flux ionique en changeant soit le potentiel imposé à la membrane (Figure 2.5B), soit le gradient de concentration transmembranaire pour un ion (voir Figure 2.4C), offre des moyens commodes d'étudier les flux ioniques à travers la membrane plasmique des neurones ; c'est ce que montreront de nombreuses expériences décrites dans les chapitres qui suivent.

L'équilibre électrochimique dans un milieu à plusieurs ions perméants

Examinons maintenant le cas un peu plus compliqué où les ions Na+ et K+ se répartissent inégalement de chaque côté de la membrane, comme dans la figure 2.6A. Que se passerait-il si l'on avait 10 mM de K+ et 1 mM de Na+ dans le compartiment 1 et 1 mM de K+ et 10 mM de Na+ dans le compartiment 2 ? Si la membrane n'est perméable qu'au K+, le potentiel de membrane sera de –58 mV ; si elle n'est perméable qu'au Na+, il sera de +58 mV. Mais quel sera le potentiel si la membrane est perméable à la fois au K+ et au Na+ ? Dans ce cas, le potentiel dépendra de la perméabilité relative de la membrane au K+ et au Na+. Si elle est plus perméable au K+, le potentiel sera voisin de –58 mV ; il s'approchera de +58 mV si elle est plus perméable au Na+. Puisque l'équation de Nernst, qui ne considère que le cas simple d'une seule espèce d'ion perméant, ne comprend pas de terme de perméabilité, il faut recourir à une équation plus élaborée, qui prenne en compte à la fois le gradient de concentration des ions perméants et la perméabilité relative de la membrane à chaque espèce perméante.

C'est une telle équation qu'a formulée David Goldman en 1943. Si l'on prend le cas qui s'applique le mieux aux neurones, chez lesquels le K+, le Na+ et le Cl– sont les ions perméants les plus importants, l'**équation de Goldman** s'écrit :

$$V = 58 \log \frac{P_K[K]_2 + P_{Na}[Na]_2 + P_{Cl}[Cl]_1}{P_K[K]_1 + P_{Na}[Na]_1 + P_{Cl}[Cl]_2}$$

où V est le voltage transmembranaire (rappelons qu'il s'agit du compartiment 1 par rapport au compartiment 2 pris comme référence) et P désigne la perméabilité de la membrane à l'ion considéré. L'équation de Goldman est donc une extension de l'équation de Nernst, qui prend en compte la perméabilité relative à chacun des ions impliqués. La parenté entre les deux équations devient évidente dans le cas où la membrane n'est perméable qu'à un seul ion, par exemple le K+. La formule de Goldman se

Figure 2.6

Le potentiel de repos et le potentiel d'action sont dus à des perméabilités membranaires à des ions différents. (A) Situation hypothétique dans laquelle une membrane dotée d'une perméabilité variable au Na+ (en rouge) et au K+ (en orange) sépare deux compartiments qui contiennent chacun les deux espèces d'ions. Pour simplifier, on n'a pas fait figurer les ions Cl– sur ce schéma. (B) Représentation schématique des perméabilités ioniques de la membrane, associées au potentiel de repos et au potentiel d'action. Au repos, la membrane du neurone est plus perméable au K+ (zone en orange) qu'au Na+ (zone en rouge) ; en conséquence le potentiel de repos membranaire est négatif et avoisine le potentiel d'équilibre pour les ions K+, E_K. Pendant un potentiel d'action, la membrane devient très perméable au Na+ (zone en rouge) de sorte que le potentiel de membrane devient positif et approche de E_{Na}, le potentiel d'équilibre pour les ions Na+. Toutefois, l'accroissement de la perméabilité au Na+ est transitoire, si bien que la membrane redevient essentiellement perméable au K+ (zone en orange), ce qui entraîne le retour du potentiel de membrane à sa valeur négative de repos.

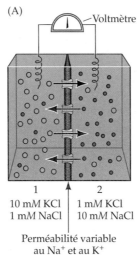

(A)

Voltmètre

1 — 2
10 mM KCl — 1 mM KCl
1 mM NaCl — 10 mM NaCl

Perméabilité variable au Na+ et K+

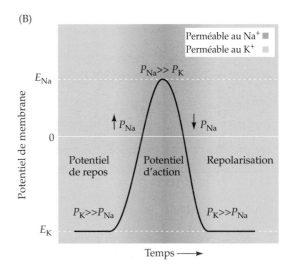

(B)

Perméable au Na+ ■
Perméable au K+ ▨

E_{Na}

$P_{Na} \gg P_K$

↑P_{Na} ↓P_{Na}

0

Potentiel de repos | Potentiel d'action | Repolarisation

$P_K \gg P_{Na}$ $P_K \gg P_{Na}$

E_K

Potentiel de membrane

Temps →

TABLEAU 2.1 *Concentrations ioniques intracellulaires et extracellulaires*

Ion	Concentration (mM)	
	Intracellulaire	Extracellulaire
Neurone de calmar		
Potassium (K$^+$)	400	20
Sodium (Na$^+$)	50	440
Chlorure (Cl$^-$)	40-150	560
Calcium (Ca^{2+})	0,0001	10
Neurone de mammifère		
Potassium (K$^+$)	140	5
Sodium (Na$^+$)	5-15	145
Chlorure (Cl$^-$)	4-30	110
Calcium (Ca^{2+})	0,0001	1-2

ramène alors à celle, plus simple, de Nernst. Il faut noter, à ce propos, que le facteur valence (z) de l'équation de Nernst a disparu. C'est la raison pour laquelle les concentrations de l'ion chlorure Cl$^-$, chargé négativement, ont été inversées par rapport aux concentrations des ions chargés positivement [rappelons que $-\log (A/B) = \log (B/A)$].

Si la membrane, dans la figure 2.6A, n'est perméable qu'au K$^+$ et au Na$^+$, le terme comprenant Cl$^-$ s'élimine vu que P_{Cl} égale 0. Dans ce cas, la solution de l'équation de Goldman donne un potentiel de -58 mV si seul K$^+$ est perméant, de $+58$ mV si seul Na$^+$ est perméant et une valeur intermédiaire si les deux ions sont perméants. Par exemple, si K$^+$ et Na$^+$ sont également perméants, le potentiel est de 0 mV.

Du point de vue de la production des signaux nerveux, il est particulièrement intéressant de se demander ce qui se passerait si la membrane commençait par être perméable au K$^+$, puis changeait pour devenir momentanément plus perméable au Na$^+$. Dans ces conditions, le potentiel commencerait par être négatif ; il deviendrait positif quand la perméabilité au Na$^+$ serait élevée et retrouverait un niveau négatif quand la perméabilité au Na$^+$ redeviendrait plus faible. Il se trouve que ce dernier cas décrit pour l'essentiel ce qui se passe dans un neurone pendant l'émission d'un potentiel d'action. À l'état de repos, la P_K de la membrane plasmique du neurone est beaucoup plus élevée que sa P_{Na} ; vu que l'activité des transporteurs d'ions maintient toujours une plus grande quantité d'ions K$^+$ à l'intérieur qu'à l'extérieur de la cellule (Tableau 2.1), le potentiel de repos est négatif (Figure 2.6B). À mesure que le potentiel de membrane se dépolarise (par action synaptique, par exemple), la P_{Na} augmente. L'accroissement temporaire de la perméabilité au Na$^+$ rend le potentiel de membrane encore plus positif (zone en rouge dans la figure 2.6B), par suite de l'entrée d'ions Na$^+$ (rappelons qu'il y a beaucoup plus de Na$^+$ à l'extérieur du neurone qu'à l'intérieur, encore une fois à cause des pompes à ions). Sous l'effet de cette boucle de rétroaction positive, il se produit un potentiel d'action. L'augmentation de la perméabilité au Na$^+$ pendant le potentiel d'action n'est que momentanée. Au fur et à mesure que se rétablit la perméabilité de la membrane aux ions K$^+$, le potentiel de membrane retourne rapidement à son niveau de repos.

Avec l'aide de ces quelques principes d'électrochimie, il va être beaucoup plus facile de suivre les détails qu'apporte l'exposé ci-dessous sur la façon dont les neurones donnent naissance aux potentiels de repos et aux potentiels d'action.

Les bases ioniques du potentiel de repos de la membrane

L'action des transporteurs d'ions crée de forts gradients transmembranaires pour presque tous les ions. Le tableau 2.1 récapitule les concentrations ioniques mesurées dans une cellule nerveuse de taille exceptionnelle, que l'on trouve dans le système nerveux du calmar (Encadré 2A). C'est sur des mesures de ce genre que se fonde la constatation que le K⁺ est beaucoup plus abondant à l'intérieur qu'à l'extérieur du neurone et le Na⁺ beaucoup plus abondant à l'extérieur qu'à l'intérieur. On trouve de semblables gradients de concentration dans les neurones de la plupart des espèces animales, y compris de l'espèce humaine. Cependant, étant donné que chez les mammifères la force ionique du sang est plus faible que chez des animaux marins comme le calmar, la concentration de chaque ion est chez eux plusieurs fois plus faible. Ces gradients de concentration dépendants de transporteurs d'ions sont à l'origine du potentiel de membrane du neurone et, indirectement, à celle du potentiel d'action.

Une fois connus les gradients de concentration de part et d'autre des diverses membranes neuroniques, on peut utiliser l'équation de Nernst pour calculer le potentiel d'équilibre pour le K⁺ et pour les principaux autres ions. Puisque le potentiel de repos de la membrane des neurones de calmar est d'à peu près –65 mV, le K⁺ est l'ion qui est le plus proche de l'équilibre électrochimique quand la cellule est au repos. Ce fait implique que la membrane au repos est plus perméable au K⁺ qu'aux autres ions dont le tableau 2.1 donne la liste et que cette perméabilité est la source des potentiels de repos.

On peut tester cette déduction, comme l'ont fait Alan Hodgkin et Bernard Katz en 1949, en se demandant ce qu'il advient du potentiel de membrane quand on modifie la concentration du K⁺ dans le milieu extérieur au neurone. Si la membrane au repos n'est perméable qu'aux ions K⁺, alors l'équation de Goldman (et même la formule plus simple de Nernst) prédit que le potentiel de membrane va changer proportionnellement au logarithme du gradient transmembranaire de concentration du K⁺. En admettant que la concentration interne de K⁺ reste inchangée tout au long de l'expérience, on obtiendra, en traçant la courbe du potentiel de membrane en fonction du logarithme de la concentration extérieure du K⁺, une droite ayant une pente de 58 mV pour tout changement de dix fois de la concentration externe du K⁺, à température ambiante (voir Figure 2.4C).

Quand Hodgkin et Katz ont réalisé cette expérience sur un neurone vivant de calmar, ils ont observé que le potentiel de repos de la membrane changeait si l'on modifiait la concentration externe du K⁺ : il devenait moins négatif à mesure que l'on

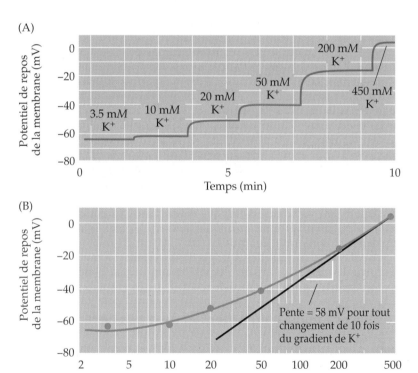

Figure 2.7

Preuve expérimentale que le potentiel de membrane d'un axone géant de calmar est déterminé par le gradient de concentration transmembranaire du K⁺. (A) Un accroissement de la concentration extracellulaire du K⁺ rend le potentiel de membrane plus positif. (B) Relation entre le potentiel de repos de la membrane et la concentration du K⁺ extracellulaire, exprimée en coordonnées semi-logarithmiques. La ligne droite représente une pente de 58 mV pour tout changement de dix fois de la concentration, conformément à la formule de Nernst. (D'après Hodgkin et Katz, 1949.)

ENCADRÉ 2A *Les remarquables cellules nerveuses géantes du calmar*

Les premières informations sur le rôle des concentrations ioniques et des changements de perméabilité membranaire dans la production des signaux électriques sont venues d'expériences réalisées sur les cellules nerveuses de taille extraordinaire que l'on trouve chez les calmars. Ces cellules ont des axones qui peuvent atteindre 1 mm de diamètre, soit 100 à 1 000 fois plus que les axones de mammifères. La taille des axones de calmar permet donc des expériences qui seraient impossibles sur presque toute autre cellule nerveuse. Il n'est pas difficile, par exemple, d'insérer à l'intérieur de ces axones géants des électrodes faites simplement de fils métalliques et d'obtenir des enregistrements fiables. Relativement facile, cette technique a fourni les premiers enregistrements intracellulaires de potentiels d'action de cellules nerveuses et, comme l'indique le prochain chapitre, les premières mesures expérimentales des courants ioniques qui sont à l'origine des potentiels d'action. Il est également possible de vider l'axone géant de calmar de son cytoplasme et de mesurer la com-

position ionique de ce dernier (voir Tableau 2.1). Par ailleurs, certaines cellules nerveuses géantes établissent des contacts synaptiques avec d'autres cellules nerveuses géantes et les synapses de très grande taille qui sont ainsi formées ont apporté de précieuses données sur les mécanismes fondamentaux de la transmission synaptique (voir Chapitre 5).

Il est évident que, au cours de l'évolution, les neurones géants ne se sont développés chez le calmar qu'en raison des capacités accrues de survie qu'ils lui confèrent. Ces neurones font partie d'un circuit nerveux simple commandant la contraction du muscle du manteau ; celui-ci provoque, par expulsion d'eau, une propulsion à réaction qui permet au calmar de fuir ses prédateurs avec une rapidité remarquable. Comme l'explique le chapitre 3, l'axone conduit les potentiels d'action

d'autant plus vite que son diamètre est plus élevé. Ces énormes axones améliorent donc vraisemblablement les chances qu'ont les calmars d'échapper à leurs nombreux ennemis. Aujourd'hui, soixante-dix ans après leur découverte par John Z. Young à l'University College de Londres, les cellules nerveuses géantes de calmar restent des préparations qui gardent toute leur utilité pour l'exploration des fonctions neuroniques fondamentales.

Références

LLINÁS R. (1999), *The Squid Synapse : A Model for Chemical Transmission*. Oxford, Oxford University Press.

YOUNG, J.Z. (1939), Fused neurons and synaptic contacts in the giant nerve fibres of cephalopods. *Phil. Trans. R. Soc. Lond. B*, **229**, 465-503.

(A) Schéma d'un calmar montrant l'emplacement de ses cellules nerveuses géantes. Les divers éléments neuroniques du circuit nerveux contrôlant la fuite sont indiqués par des couleurs différentes. Les neurones de premier et de deuxième ordre ont leur origine dans le cerveau, tandis que les neurones de troisième ordre sont dans le ganglion étoilé et innervent les cellules musculaires du manteau. (B) Les synapses géantes du ganglion étoilé. Le neurone de deuxième ordre se termine par une série de digitations dont chacune forme une synapse de taille exceptionnelle avec un seul neurone de troisième ordre. (C) Structure d'un axone géant de troisième ordre, à l'intérieur de son nerf. La différence de diamètre entre un axone géant de calmar et l'axone d'un neurone de mammifère est représentée au-dessous.

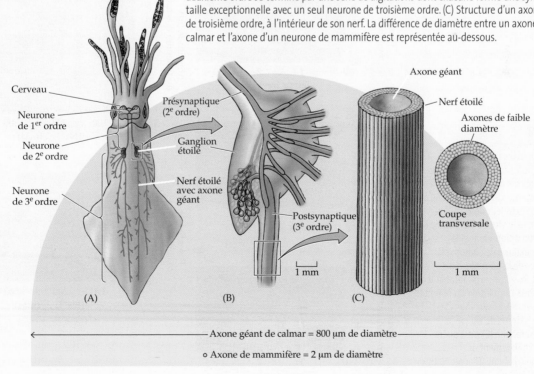

Cerveau

Neurone de 1er ordre

Neurone de 2e ordre

Neurone de 3e ordre

Présynaptique (2e ordre)

Ganglion étoilé

Nerf étoilé avec axone géant

Postsynaptique (3e ordre)

Axone géant

Nerf étoilé

Axones de faible diamètre

Coupe transversale

1 mm

1 mm

(A)　　　(B)　　　(C)

Axone géant de calmar = 800 µm de diamètre

o Axone de mammifère = 2 µm de diamètre

augmentait la concentration externe de K⁺ (Figure 2.7A). Quand on augmentait la concentration extracellulaire du K⁺ jusqu'à la rendre égale à la concentration intracellulaire, et qu'on amenait ainsi le potentiel d'équilibre pour l'ion K⁺ à 0 mV, le potentiel de repos de la membrane s'établissait lui aussi aux environs de 0 mV. En bref, le potentiel de repos de la membrane variait comme prévu en fonction du logarithme de la concentration du K⁺, la pente maximale approchant la valeur de 58 mV pour tout changement de dix fois de la concentration du K⁺ (Figure 2.7B). La valeur obtenue n'était pas exactement 58 mV, du fait qu'il existe une légère perméabilité à d'autres ions, tels que le Cl⁻ et le Na⁺, et que le potentiel de repos s'en trouve influencé dans de modestes proportions. La contribution de ces autres ions est particulièrement nette pour des niveaux bas de K⁺ externe, exactement comme le prédit l'équation de Goldman. En général cependant, la manipulation des concentrations externes de ces autres ions n'a qu'un effet réduit, ce qui souligne bien le fait que la perméabilité au K⁺ est la source principale du potentiel de repos de la membrane.

En résumé, Hodgkin et Katz ont montré que le potentiel de repos, à négativité interne, a pour origine (1) le fait que la membrane du neurone au repos est plus perméable au K⁺ qu'à n'importe quel autre des ions présents et (2) le fait qu'il y a plus de K⁺ à l'intérieur qu'à l'extérieur du neurone. La perméabilité sélective au K⁺ est due à des canaux membranaires perméables au K⁺ qui sont ouverts chez les neurones au repos ; quant au fort gradient de concentration du K⁺, il est, comme nous l'avons dit, produit par des transporteurs membranaires qui accumulent sélectivement cet ion à l'intérieur du neurone. De nombreux travaux ultérieurs ont confirmé la validité générale de ces principes.

Les bases ioniques des potentiels d'action

Quelle est la cause de la dépolarisation de la membrane neuronique durant le potentiel d'action ? À la réponse générale que vient de recevoir cette question (perméabilité accrue au Na⁺ ; Figure 2.6B), il convient d'apporter quelques supports expérimentaux.

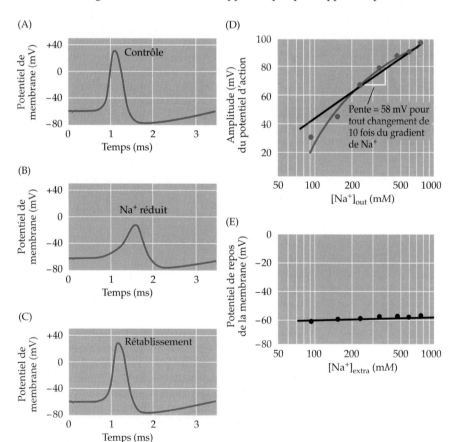

Figure 2.8

Rôle du sodium dans l'émission d'un potentiel d'action par l'axone géant de calmar. (A) Potentiel d'action déclenché avec la concentration ionique normale à l'intérieur et à l'extérieur de la cellule. (B) L'amplitude et la vitesse de montée du potentiel d'action diminuent si la concentration externe de sodium est réduite au tiers de la normale, mais (C) elles se rétablissent si l'on rétablit le Na⁺. (D) Alors que l'amplitude du potentiel d'action se montre très sensible à la concentration externe de Na⁺, le potentiel de repos membranaire (E) n'est guère affecté par le changement de concentration de cet ion. (D'après Hodgkin et Katz, 1949.)

À partir des données du tableau 2.1, on peut calculer que dans les neurones, et en fait dans presque toutes les cellules, le potentiel d'équilibre pour le Na^+ (E_{Na}) a une valeur positive. Dès lors, si la membrane devenait fortement perméable au Na^+, le potentiel de membrane serait voisin de E_{Na}. Sur la base de ces considérations, Hodgkin et Katz ont fait l'hypothèse que le potentiel d'action doit son origine au fait que la membrane neuronique devient temporairement perméable au Na^+.

Pour tester le rôle du Na^+ dans l'émission du potentiel d'action, Hodgkin et Katz se sont demandé ce qu'il adviendrait au potentiel d'action si l'on supprimait le Na^+ du milieu extracellulaire et ils ont mis à profit, dans leurs expériences, le même genre de substitution ionique qu'ils avaient utilisée pour étudier le potentiel de repos. Ils ont trouvé qu'en diminuant la concentration extracellulaire du Na^+, on réduit à la fois la vitesse de montée du potentiel d'action et son amplitude de pointe (Figure 2.8A-C). Effectivement, en examinant de façon quantitative cette dépendance à l'égard du Na^+, ils ont obtenu une relation plus ou moins linéaire entre l'amplitude du potentiel d'action et le logarithme de la concentration extracellulaire du Na^+ (Figure 2.8D). La pente de cette relation est proche d'une valeur de 58 mV pour tout changement de dix fois de la concentration de Na^+, conformément à ce qui est attendu si la membrane est sélectivement perméable au Na^+. Par contre, l'abaissement de la concentration du Na^+ n'a qu'un effet très faible sur le potentiel de repos de la membrane (Figure 2.8E). Ainsi, tandis que la membrane neuronique n'est, au repos, que faiblement perméable au Na^+, elle présente, au cours de la **phase ascendante** et de l'**inversion de potentiel** (*overshoot* ou dépassement), une extraordinaire perméabilité au Na^+ (L'encadré 2B explique les termes utilisés à propos du potentiel d'action.) Cet accroissement temporaire de la perméabilité au Na^+ est dû à l'ouverture de canaux sélectifs pour le sodium, qui, au repos, demeurent essentiellement fermés. Rappelons en outre que les pompes membranaires maintiennent un fort gradient électrochimique pour le Na^+, dont la concentration est beaucoup plus élevée à l'extérieur qu'à l'intérieur du neurone. Ainsi, lorsque les canaux Na^+ s'ouvrent, le Na^+ entre dans le neurone, entraînant une dépolarisation du potentiel de membrane, qui devient proche de E_{Na}.

Le temps pendant lequel le potentiel de membrane avoisine E_{Na} (environ +58 mV) au cours de l'overshoot d'un potentiel d'action est bref, car l'accroissement de la perméabilité membranaire au Na^+ ne dure guère. Le potentiel de membrane retrouve rapidement une polarisation proche des niveaux de repos et, après cette phase descendante, on observe une **hyperpolarisation consécutive** momentanée (*undershoot*). Comme nous le verrons au chapitre 3, ces derniers événements du cycle du potentiel d'action sont dus à une inactivation de la perméabilité au Na^+ et à un accroissement de la perméabilité membranaire au K^+. Durant l'undershoot, la membrane présente une hyperpolarisation temporaire, car la perméabilité au K^+ est encore plus grande qu'au repos. Le potentiel d'action se termine lorsque l'augmentation de perméabilité au K^+ s'atténue et que le potentiel de membrane retourne à son niveau normal de repos.

Les expériences de substitution d'ions menées par Hodgkin et Katz apportent la preuve que le potentiel de repos de la membrane est dû à une perméabilité élevée de la membrane au repos à l'égard du K^+, tandis que la dépolarisation concomitante du potentiel d'action résulte d'une élévation transitoire de la perméabilité membranaire au Na^+. Tout en identifiant les flux d'ions pendant le potentiel d'action, ces expériences ne permettent pas de savoir *comment* la membrane neuronique arrive à modifier sa perméabilité ionique pour produire un potentiel d'action ni par quels mécanismes ce changement critique est déclenché. Le chapitre qui suit traite ce problème et aboutit à la conclusion surprenante que c'est le potentiel de membrane lui-même qui affecte la perméabilité de la membrane neuronique.

Résumé

Les cellules nerveuses produisent des signaux électriques qui propagent des informations à grande distance et les transmettent à d'autres cellules grâce aux synapses. Ces signaux dépendent en dernier ressort de changements du potentiel électrique de repos existant entre les deux faces de la membrane neuronique. Le potentiel de repos a pour cause la perméabilité des membranes neuroniques à une ou plusieurs espèces d'ions

ENCADRÉ 2B *Forme du potentiel d'action et terminologie*

Le potentiel d'action de l'axone géant de calmar a une forme caractéristique et un décours comportant un certain nombre de phases distinctes (Figure A). Durant la phase ascendante, le potentiel d'action subit une dépolarisation rapide. En fait, les potentiels d'action entraînent une dépolarisation si importante que le potentiel de membrane devient momentanément positif par rapport au milieu externe, ce qui provoque une inversion de potentiel, ou overshoot. L'overshoot du potentiel d'action est suivi d'une phase descendante au cours de laquelle la membrane se repolarise rapidement. Pendant un temps bref, cette repolarisation abaisse le potentiel de membrane à un niveau plus négatif encore que le potentiel de repos. Cette courte période est désignée sous le nom d'hyperpolarisation consécutive, ou undershoot.

Bien que, chez le calmar, le potentiel d'action ait une forme typique, il peut, chez d'autres espèces animales, présenter d'importantes variations morphologiques de détail. Les axones myélinisés des motoneurones de vertébrés ont des potentiels d'action virtuellement identiques à ceux de l'axone de calmar (Figure B). Mais le potentiel d'action recueilli dans le corps cellulaire du même motoneurone a un aspect sensiblement différent (Figure C).

La forme du potentiel d'action peut ainsi varier au sein d'un même neurone. Les neurones du système nerveux central peuvent donner des potentiels d'action plus complexes. À titre d'exemple, les potentiels d'action enregistrés dans les corps cellulaires de neurones de l'olive inférieure des mammifères (région du tronc cérébral impliquée dans les contrôles moteurs) durent quelques dizaines de millisecondes (Figure D). Ces potentiels d'action ont un plateau prononcé pendant leur phase descendante et leur hyperpolarisation consécutive dure encore plus longtemps que celle des motoneurones. L'un des types les plus spectaculaires de potentiels d'action s'observe dans les corps cellulaires des neurones de Purkinje du cervelet (Figure E). Ces potentiels ont plusieurs phases complexes résultant de la sommation de multiples potentiels individuels.

Cette variété morphologique des potentiels d'action pourrait indiquer que chaque type de neurone les produit selon un mécanisme qui lui est propre. Fort heureusement, il n'en est rien et ces formes diverses résultent toutes de variations relativement mineures des processus mis en œuvre par l'axone géant de calmar. Les plateaux de la phase de repolarisation, par exemple, sont dus à la présence de

canaux ioniques perméables au Ca^{2+} et les hyperpolarisations consécutives de longue durée, à celle de canaux K^+ particuliers. Le potentiel d'action complexe des cellules de Purkinje résulte de ces particularités accessoires auxquelles s'ajoute le fait que différents types de potentiels d'action ayant leur origine dans des parties différentes du neurone de Purkinje – corps cellulaire, dendrites et axone – se somment dans les enregistrements réalisés à partir du corps cellulaire. Ainsi, les renseignements que donne l'étude de l'axone de calmar sont utilisables, voire indispensables, pour comprendre comment, chez tous les neurones, est produit le potentiel d'action.

Références

BARRETT, E.F. ET J.N. BARRETT (1976), Separation of two voltage-sensitive potassium currents and demonstration of a tetrodotoxin-resistant calcium current in frog motoneurones. *J. Physiol. (Lond.)*, **255**, 737-774.

DODGE, F.A. ET B. FRANKENHAEUSER (1958), Membrane currents in isolated frog nerve fibre under voltage clamp conditions. *J. Physiol. (Lond.)*, **143**, 76-90.

HODGKIN, A.L. ET A.F. HUXLEY (1939), Action potentials recorded from inside a nerve fibre. *Nature*, **144**, 710-711.

LLINÁS, R. ET M. SUGIMORI (1980), Electrophysiological properties of *in vitro* Purkinje cell dendrites in mammalian cerebellar slices. *J. Physiol. (Lond.)*, **305**, 197-213.

LLINÁS, R. ET Y. YAROM (1981), Electrophysiology of mammalian inferior olivary neurones *in vitro*. Different types of voltage-dependent ionic conductances. *J. Physiol. (Lond.)*, **315**, 549-567.

Phases du potentiel d'action de l'axone géant de calmar. (B) Potentiel d'action enregistré dans un axone myélinisé de motoneurone de grenouille. (C) Potentiel d'action enregistré dans le corps cellulaire d'un motoneurone de grenouille. Le potentiel d'action est plus petit et l'hyperpolarisation consécutive est plus longue que dans les enregistrements réalisés dans l'axone du même neurone (B). (D) Potentiel d'action enregistré dans le corps cellulaire d'un neurone de l'olive inférieure de hamster. Ce potentiel d'action présente un plateau prononcé au cours de sa phase descendante. (E) Potentiel d'action enregistré dans le corps cellulaire d'un neurone de Purkinje du cervelet de hamster. (A d'après Hodgkin et Huxley, 1939 ; B d'après Dodge et Frankenhaeuser, 1958 ; C d'après Barrett et Barrett, 1976 ; D d'après Llinás et Yarom, 1981 ; E d'après Llinás et Sugimori, 1980.)

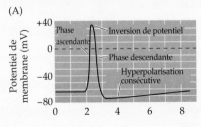
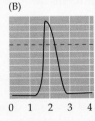
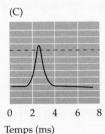
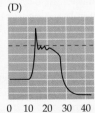
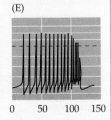

Temps (ms)

soumis à un gradient électrochimique. Plus précisément, la présence au repos d'un potentiel de membrane négatif résulte d'un flux sortant net de K⁺ au travers des membranes neuroniques, chez lesquelles la perméabilité au K⁺ est dominante. En revanche, un potentiel d'action survient quand l'augmentation transitoire de la perméabilité au Na⁺ permet à la membrane, qui présente alors une perméabilité dominante au Na⁺, de laisser passer en sens inverse un flux net de Na⁺. Cette augmentation momentanée de la perméabilité membranaire au Na⁺ est suivie par une augmentation secondaire transitoire de la perméabilité au K⁺, qui repolarise la membrane du neurone et lui fait même subir une brève hyperpolarisation consécutive. Au total, la membrane subit donc, lors d'un potentiel d'action, une dépolarisation par tout ou rien. Lorsque ces changements actifs de perméabilité se sont atténués, la membrane retrouve sa perméabilité élevée au K⁺ et, en conséquence, le potentiel de membrane revient à son niveau de repos.

Lectures complémentaires

Revues

HODGKIN, A.L. (1951), The ionic basis of electrical activity in nerve and muscle. *Biol. Rev.*, **26**, 339-409.

HODGKIN, A.L. (1958), The Croonian Lecture : Ionic movements and electrical activity in giant nerve fibres. *Proc. R. Soc. Lond. B*, **148**, 1-37.

Articles originaux importants

BAKER, P.F., A.L. HODGKIN et T.I. SHAW (1962), Replacement of the axoplasm of giant nerve fibres with artificial solutions. *J. Physiol. (Lond.)*, **164**, 330-354.

COLE, K.S. et H.J. CURTIS (1939), Electric impedance of the squid giant axon during activity. *J. Gen. Physiol.*, **22**, 649-670.

GOLDMAN, D.E. (1943), Potential, impedance, and rectification in membranes. *J. Gen. Physiol.*, **27**, 37-60.

HODGKIN, A.L. et P. HOROWICZ (1959), The influence of potassium and chloride ions on the membrane potential of single muscle fibres. *J. Physiol. (Lond.)*, **148**, 127-160.

HODGKIN, A.L. et B. KATZ (1949), The effect of sodium ions on the electrical activity of the giant axon of the squid. *J. Physiol. (Lond.)*, **108**, 37-77.

HODGKIN, A.L. et R.D. KEYNES (1953), The mobility and diffusion coefficient of potassium in giant axons from *Sepia*. *J. Physiol. (Lond.)*, **119**, 513-528.

KEYNES, R.D. (1951), The ionic movements during nervous activity. *J. Physiol. (Lond.)*, **114**, 119-150.

Ouvrages

HODGKIN, A.L. (1967), *The Conduction of the Nervous Impulse*. Springfield, IL, Charles C. Thomas.

HODGKIN, A.L. (1992), *Chance and Design*. Cambridge, Cambridge University Press.

JUNGE, D. (1992), *Nerve and Muscle Excitation*, 3rd Ed. Sunderland, MA, Sinauer Associates.

KATZ, B. (1966), *Nerve, Muscle, and Synapse*. New York, McGraw-Hill.

MOORE, J.W. et A.E. STUART (2007), *Neurons in Action : Tutorials and Simulations Using NEURON, Version 2*. Sunderland, MA, Sinauer Associates.

TRITSCH, D., D. CHESNOY-MARCHAIS et A. FELTZ (1998), *Physiologie du neurone*. Paris, Doin.

chapitre 03

La perméabilité membranaire dépendante du voltage

Vue d'ensemble

Le potentiel d'action, signal électrique fondamental qu'émettent les cellules nerveuses, reflète des changements dans la perméabilité de la membrane de l'axone à certains ions. Les connaissances actuelles sur la perméabilité membranaire se fondent sur des données obtenues par la technique du voltage imposé (*voltage clamp*, stabilisation du voltage), qui permet de définir avec précision les changements de perméabilité en fonction du potentiel de membrane et du temps. Pour la majorité des axones, ces changements consistent en une augmentation rapide et transitoire de la perméabilité au sodium (Na$^+$) suivie par une augmentation plus lente, mais plus durable, de la perméabilité au potassium (K$^+$). Ces deux perméabilités sont dépendantes du voltage : elles augmentent au fur et à mesure que la membrane se dépolarise. La cinétique et la dépendance à l'égard du voltage des perméabilités au Na$^+$ et au K$^+$ suffisent à expliquer complètement l'émission du potentiel d'action. En atteignant le seuil, la dépolarisation membranaire provoque un accroissement rapide et auto-entretenu de la perméabilité au Na$^+$ donnant naissance à la phase ascendante du potentiel d'action. Cet accroissement de la perméabilité au Na$^+$ est toutefois de courte durée et une augmentation plus lente de la perméabilité au K$^+$ lui fait suite, rétablissant le potentiel de membrane au niveau négatif qu'il présente ordinairement au repos. Un modèle mathématique décrivant le comportement de ces perméabilités membranaires prédit la quasi-totalité des propriétés constatées des potentiels d'action. Le même mécanisme ionique est également à la base de la propagation des potentiels d'action le long des fibres nerveuses ; il permet de comprendre comment sont transmis les signaux électriques dans tout le système nerveux.

Courants ioniques traversant les membranes des cellules nerveuses

Le précédent chapitre a introduit l'idée que les cellules nerveuses produisent des potentiels électriques grâce à la perméabilité différentielle de leur membrane à diverses espèces ioniques. En particulier, c'est un accroissement transitoire de la perméabilité de la membrane neuronique au Na$^+$ qui déclenche le potentiel d'action. Ce chapitre examine la façon exacte dont se fait cette augmentation de perméabilité au Na$^+$. Le fait que les potentiels d'action surviennent *seulement* quand le potentiel de membrane du neurone devient plus positif qu'un certain niveau seuil constitue un indice capital. Cette observation suggère que le mécanisme responsable de la perméabilité au Na$^+$ est sensible au potentiel de membrane. Par conséquent, si l'on arrive à savoir comment un changement de potentiel de membrane active la perméabilité au Na$^+$, il devient possible d'expliquer comment sont produits les potentiels d'action.

Le fait que la perméabilité au Na$^+$, qui est responsable des changements du potentiel de membrane, soit elle-même sensible au potentiel est une source d'obstacles à la fois conceptuels et pratiques à l'étude des mécanismes du potentiel d'action. Dans la pratique, il est difficile de faire varier le potentiel de membrane de façon systématique pour étudier les changements de perméabilité ; en effet, les changements du potentiel de membrane vont produire un potentiel d'action qui, à son tour, entraînera de nouveaux changements totalement incontrôlés du potentiel de membrane. Historiquement, il n'a donc été possible d'expliquer le potentiel d'action qu'à partir du moment où fut mise au point une technique permettant aux expérimentateurs de contrôler le potentiel de membrane tout en en mesurant les changements sous-jacents de perméabilité (Encadré A). Ces possibilités qu'offre la **méthode du voltage imposé** (ou *voltage clamp*) permettent d'obtenir les informations nécessaires pour déterminer la perméabilité ionique de la membrane à tout niveau du potentiel de membrane.

À la fin des années 1940, Alan Hodgkin et Andrew Huxley, de l'Université de Cambridge, ont utilisé la technique du voltage imposé pour étudier les changements de perméabilité qui sont à l'origine du potentiel d'action. Leur choix se porta de nouveau sur l'axone géant de calmar, car ses grandes dimensions (jusqu'à 1 mm de

---

ENCADRÉ 3A   *La méthode du voltage imposé*

Dans la recherche scientifique, les progrès décisifs sont souvent le fruit du développement de technologies nouvelles. Dans le cas du potentiel d'action, les connaissances détaillées que nous en avons n'ont pu être obtenues qu'après l'invention par Kenneth Cole de la technique du voltage imposé, au cours des années 1940. Ce dispositif est appelé voltage imposé (*voltage clamp*) parce qu'il stabilise, ou « clampe », le potentiel de membrane au niveau de voltage imposé par l'expérimentateur. Dans cette technique, le potentiel de membrane, mesuré par une microélectrode (ou tout autre type d'électrode) introduite à l'intérieur de la cellule (1), est comparé électroniquement au voltage à stabiliser, le *voltage imposé* (2). Le circuit

de stabilisation renvoie alors un courant dans la cellule par l'intermédiaire d'une autre électrode intracellulaire (3). Ce circuit électronique de rétroaction maintient le potentiel de membrane au niveau imposé, même lors de changements de perméabilité (tels qu'il s'en produit au cours du potentiel d'action) qui, normalement, entraîneraient des modifications du potentiel de membrane. Avantage capital, ce dispositif permet de mesurer en même temps le courant nécessaire pour maintenir la cellule à un voltage donné (4). La technique du voltage imposé peut donc indiquer de quelle façon le potentiel de membrane influence le courant d'ions qui traverse cette membrane. Ces informations ont permis à Hodgkin et Huxley

de formuler les hypothèses décisives qui ont mené à leur modèle de l'émission du potentiel d'action.

Aujourd'hui, la méthode du voltage imposé demeure très répandue pour l'étude des courants ioniques des neurones et des autres cellules. La version de ce procédé la plus utilisée aujourd'hui est la technique du patch-clamp ; cette technique est virtuellement applicable à toutes les cellules et sa résolution est suffisamment élevée pour mesurer les courants électriques excessivement faibles passant à travers un seul canal ionique (voir l'encadré 4A).

Références

COLE K.S. (1968), *Membranes, Ions and Impulses : A Chapter of Classical Biophysics*. Berkeley, CA, University of California Press.

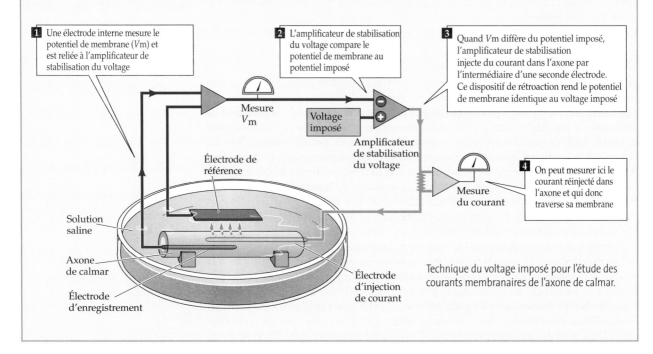

1. Une électrode interne mesure le potentiel de membrane (V_m) et est reliée à l'amplificateur de stabilisation du voltage

2. L'amplificateur de stabilisation du voltage compare le potentiel de membrane au potentiel imposé

3. Quand V_m diffère du potentiel imposé, l'amplificateur de stabilisation injecte du courant dans l'axone par l'intermédiaire d'une seconde électrode. Ce dispositif de rétroaction rend le potentiel de membrane identique au voltage imposé

4. On peut mesurer ici le courant réinjecté dans l'axone et qui donc traverse sa membrane

Mesure V_m

Voltage imposé

Amplificateur de stabilisation du voltage

Mesure du courant

Électrode de référence

Solution saline

Axone de calmar

Électrode d'enregistrement

Électrode d'injection de courant

Technique du voltage imposé pour l'étude des courants membranaires de l'axone de calmar.

(A)

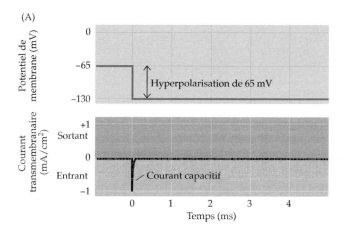

(B)

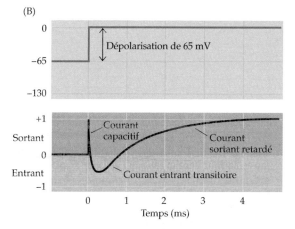

Figure 3.1

Les flux de courant à travers la membrane d'un axone de calmar au cours d'une expérience de voltage imposé. (A) Une hyperpolarisation de la membrane de 65 mV ne produit qu'un très bref courant capacitif. (B) Une dépolarisation de la membrane de 65 mV produit aussi un bref courant capacitif, suivi d'une phase plus longue, quoique transitoire, de courant entrant et d'un courant sortant retardé mais durable. (D'après Hodgkin et al., 1952a.)

diamètre ; voir l'encadré 2A) permettaient d'insérer les électrodes nécessaires pour imposer le voltage. Ce furent les premiers chercheurs à tester directement l'hypothèse que des changements de perméabilité au Na$^+$ et au K$^+$ sont à la fois nécessaires et suffisants pour la production du potentiel d'action.

Le but premier de Hodgkin et Huxley était de déterminer si les perméabilités membranaires sont effectivement dépendantes du voltage. Pour aborder ce problème, ils se demandèrent si des courants ioniques traversent la membrane quand on modifie son potentiel. La figure 3.1 présente le résultat d'une expérience de ce type. La figure 3.1A montre les courants que produit un axone de calmar quand son potentiel de membrane, V_m, est amené du niveau de repos, –65 mV, à une hyperpolarisation de –130 mV. La réponse initiale de l'axone est la conséquence d'une redistribution des charges de part et d'autre de la membrane axonique. Ce *courant capacitif* est presque instantané et se termine en une fraction de milliseconde. À part cet événement bref, il ne passe que très peu de courant quand la membrane est hyperpolarisée. Mais si la membrane est dépolarisée de –65 mV à 0 mV, la réponse est tout à fait différente (Figure 3.1B). À la suite du courant capacitif, l'axone produit un courant ionique entrant à croissance rapide (*entrant* signifie que des charges positives pénètrent dans la cellule, par entrée de cations ou sortie d'anions), qui fait place à un courant sortant retardé à croissance lente. Le fait que la dépolarisation membranaire déclenche ces courants ioniques démontre que la perméabilité membranaire de l'axone dépend effectivement du voltage.

Deux types de courants ioniques dépendants du voltage

Les résultats de la figure 3.1 prouvent que la perméabilité ionique des membranes de neurones est sensible au voltage, mais n'indiquent pas combien il y a de perméabilités de types différents ni quelle est la nature des ions impliqués. Comme expliqué au chapitre 2 (voir Figure 2.5), on peut, en faisant varier le potentiel transmembranaire, déduire le potentiel d'équilibre pour les flux ioniques qui traversent la membrane et identifier ainsi les ions dont ils sont composés. Puisque la méthode du voltage imposé permet de changer le potentiel de membrane tout en mesurant les courants ioniques, Hodgkin et Huxley n'avaient, pour déterminer la perméabilité ionique, qu'à examiner comment changent les propriétés du courant entrant précoce et du courant sortant retardé quand on fait varier le potentiel de membrane (Figure 3.2). Comme on l'a déjà vu, il ne passe pratiquement aucun courant ionique quand le potentiel de membrane est plus négatif que le potentiel de repos. Pour des valeurs plus positives, toutefois, non seulement les courants ioniques passent, mais ils changent d'intensité. Le courant précoce a une dépendance en forme de U à l'égard du potentiel de membrane : il augmente pour des dépolarisations allant jusque vers 0 mV, mais diminue pour des dépolarisations plus importantes. Au contraire, le courant retardé croît de façon

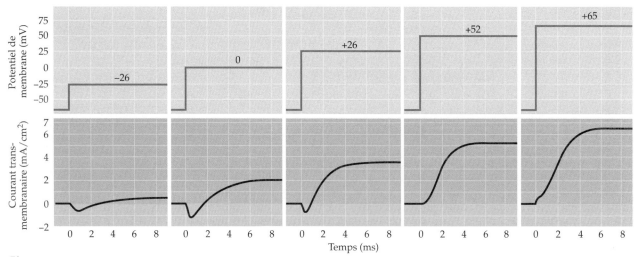

Figure 3.2

Courants produits par des dépolarisations membranaires de différents niveaux. Le courant précoce commence par augmenter, puis il diminue à mesure que la dépolarisation s'accroît ; noter l'inversion de polarité de ce courant pour des potentiels plus positifs que +55 mV environ. À l'inverse, le courant retardé augmente de façon monotone avec l'augmentation de la dépolarisation. (D'après Hodgkin et al., 1952a.)

monotone avec des valeurs positives croissantes du potentiel de membrane. Ces réponses différentes au potentiel de membrane apparaissent clairement si l'on trace, comme dans la figure 3.3, la courbe de l'intensité des deux composantes du courant en fonction du potentiel de membrane.

La sensibilité au voltage du courant entrant précoce fournit un indice important sur la nature des ions qui portent ce courant, dans la mesure où aucun courant ne passe quand on impose un potentiel de membrane de +52 mV. Dans le cas des neurones de calmar étudiés par Hodgkin et Huxley, la concentration externe de Na^+ est de 440 mM et sa concentration interne de 50 mM. Pour ce gradient de concentration, l'équation de Nernst prédit que le potentiel d'équilibre au Na^+ doit s'établir à +55 mV. Rappelons en outre ce que nous avons vu au chapitre 2, qu'il n'existe, au potentiel d'équilibre pour le Na^+, aucun flux net de Na^+ à travers la membrane, même si celle-ci est hautement perméable au Na^+. En conséquence, le fait que, pour un potentiel de membrane où il est impossible d'avoir un flux de Na^+, on n'observe expérimentalement aucun passage de courant est une indication forte que le courant entrant initial est porté par une entrée de Na^+ dans l'axone. Le changement de sens de ce courant précoce à des potentiels plus positifs que E_{Na} indique de plus que ce courant est porté par le Na^+ : l'augmentation de la perméabilité au Na^+ à de tels potentiels doit en effet s'accompagner d'un flux de courant sortant dû à une sortie de Na^+ de l'axone sous l'effet de l'inversion du gradient électrochimique.

Il y a une façon encore plus probante de tester l'hypothèse que le Na^+ est porteur du courant entrant ; elle consiste à examiner comment se comporte ce courant après élimination du Na^+ externe. La suppression du Na^+ dans le milieu extérieur à l'axone rend E_{Na} plus négatif, ce qui doit inverser le gradient électrochimique du Na^+ et transformer le courant en un courant sortant. Réalisée par Hodgkin et Huxley, cette expérience a donné les résultats présentés dans la figure 3.4. Après suppression du Na^+ externe, le courant entrant précoce voit sa polarité inversée et se transforme en un courant sortant pour un potentiel de membrane qui, en présence de Na^+ externe, provoquait un courant entrant. Ce résultat apporte la preuve incontestable que le courant

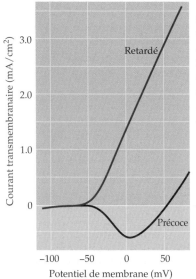

Figure 3.3

Relation entre l'intensité du courant transmembranaire et le potentiel de membrane, d'après des expériences telles que celle qu'illustre la figure 3.2. Alors que le courant retardé présente une croissance abrupte quand la dépolarisation augmente, le courant entrant précoce commence par augmenter, puis il diminue et se transforme en courant sortant aux alentours de +55 mV (valeur du potentiel d'équilibre des ions sodium). (D'après Hodgkin et al., 1952a.)

Figure 3.4

Dépendance du courant entrant précoce à l'égard du sodium. En présence de concentrations externes normales de sodium, la dépolarisation à 0 mV d'un axone de calmar produit un courant entrant initial. Toutefois, la suppression du Na⁺ externe entraîne la transformation de ce courant entrant initial en courant sortant, effet qui disparaît si l'on rétablit le Na⁺ externe. (D'après Hodgkin et Huxley, 1952a.)

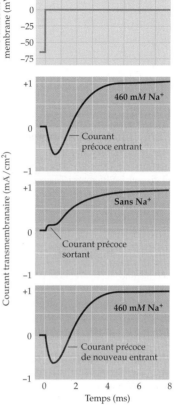

entrant précoce qu'on enregistre en présence de Na⁺ dans le milieu externe, est nécessairement dû à l'entrée de Na⁺ dans le neurone.

Remarquons que, dans l'expérience de la figure 3.4, la suppression du Na⁺ externe n'a guère d'effet sur le courant sortant qui passe, après plusieurs millisecondes de dépolarisation de la membrane neuronique. Ce résultat démontre que le courant sortant retardé est nécessairement causé par le flux d'un ion autre que le Na⁺. Toute une série de données, obtenues par Hodgkin et Huxley et par d'autres chercheurs, ont montré que ce courant sortant retardé est dû à une sortie de K⁺ hors du neurone. La démonstration la plus nette de l'implication du K⁺ est donnée par le fait que le flux de K⁺ sortant, mesuré en chargeant l'intérieur du neurone en K⁺ radioactif, est en étroite corrélation avec l'intensité du courant sortant retardé.

Prises globalement, les expériences de voltage imposé montrent qu'en rendant le potentiel de membrane plus positif que le potentiel de repos, on produit deux effets : *un flux entrant (afflux) précoce de Na⁺* dans le neurone suivi d'*un flux sortant (efflux) retardé de K⁺*. L'afflux précoce de Na⁺ produit un courant entrant transitoire, tandis que l'efflux retardé de K⁺ produit un courant sortant de longue durée. La différence de décours temporel et de sélectivité ionique des deux flux suggère que les changements

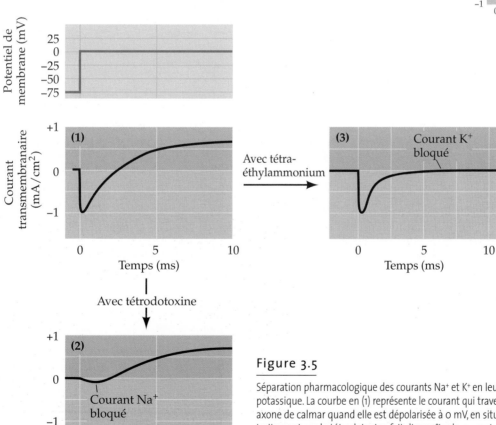

Figure 3.5

Séparation pharmacologique des courants Na⁺ et K⁺ en leurs composantes sodique et potassique. La courbe en (1) représente le courant qui traverse la membrane d'un axone de calmar quand elle est dépolarisée à 0 mV, en situation de contrôle. (2) Le traitement par la tétrodotoxine fait disparaître le courant sodique précoce, mais laisse subsister le courant potassique retardé. (3) L'addition de tétraéthylammonium bloque le courant potassique sans affecter le courant sodique. (D'après Moore et al., 1967 et Armstrong et Binstock, 1965.)

du potentiel de membrane activent deux mécanismes différents de perméabilité ionique. La confirmation qu'il existe bien deux mécanismes distincts a été apportée par l'étude pharmacologique de substances qui affectent spécifiquement chacun de ces deux courants (Figure 3.5). La **tétrodotoxine**, alcaloïde neurotoxique que l'on trouve chez certains poissons globes, chez des grenouilles tropicales et chez des salamandres, bloque le courant Na$^+$ sans toucher au courant K$^+$. À l'inverse, les **ions tétraéthylammonium** bloquent les courants K$^+$ sans affecter les courants Na$^+$. La sensibilité différentielle des courants Na$^+$ et K$^+$ à ces substances fournit une preuve supplémentaire solide que les voies qu'empruntent les flux de Na$^+$ et de K$^+$ ont des perméabilités indépendantes. On sait aujourd'hui que ces voies sont des protéines membranaires, appelées canaux ioniques, présentant des perméabilités sélectives soit au Na$^+$, soit au K$^+$. La tétrodotoxine, le tétraéthylammonium ainsi que d'autres agents pharmacologiques agissant sur des types spécifiques de canaux ioniques se sont avérés des outils d'une utilité extraordinaire pour caractériser ces molécules canaux (voir Chapitre 4).

Deux conductances membranaires dépendantes du voltage

L'objectif suivant que se fixèrent Hodgkin et Huxley fut de décrire mathématiquement les changements de perméabilité au Na$^+$ et au K$^+$. Pour ce faire, ils supposèrent que les courants ioniques sont dus à des changements de la **conductance membranaire**, que l'on définit comme l'inverse de la résistance membranaire ; ainsi, la conductance membranaire est en étroite relation avec la perméabilité membranaire, bien qu'elle ne lui soit pas identique. Pour évaluer les mouvements ioniques d'un point de vue électrique, il est commode de les décrire en termes de conductances ioniques plutôt que de perméabilités ioniques. Pour l'usage que nous en ferons ici, perméabilité et conductance

Figure 3.6

Les changements de conductance membranaire qui sont à la base du potentiel d'action dépendent du voltage et du temps. Différents niveaux de dépolarisation de la membrane (A) déterminent différents courants transmembranaires (B). Au-dessous, sont représentées les conductances sodique (C) et potassique (D) calculées d'après ces courants. La valeur de crête de la conductance sodique et la valeur en régime stabilisé de la conductance potassique augmentent toutes les deux quand le potentiel de membrane devient plus positif. En outre, plus la dépolarisation est importante, plus vite se font l'activation des deux conductances et l'inactivation de la conductance sodique. (D'après Hodgkin et Huxley, 1952b.)

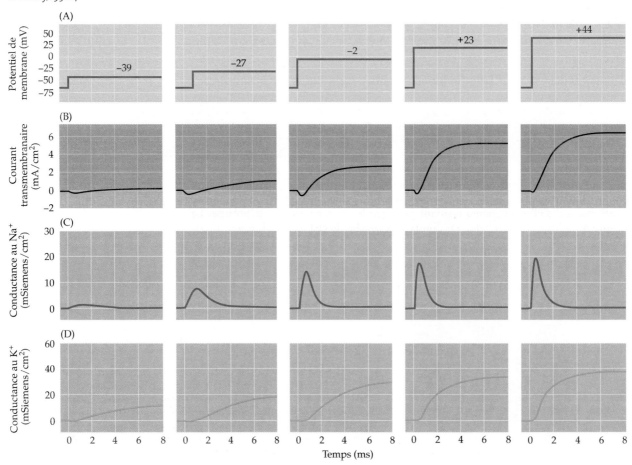

peuvent être considérées comme synonymes. Si la conductance membranaire (g) obéit à la loi d'Ohm (qui dit que la tension est égale au produit du courant par la résistance), alors le courant ionique qui passe lorsque la conductance membranaire augmente est donné par la formule

$$I_{ion} = g_{ion} \, (V_m - E_{ion})$$

où I_{ion} est le courant ionique, V_m le potentiel de membrane et E_{ion} le potentiel d'équilibre pour l'ion qui s'écoule par la conductance g_{ion}. La différence entre V_m et E_{ion} est le gradient électrochimique (ou *driving force*) de l'ion considéré.

Hodgkin et Huxley ont utilisé cette formule simple pour calculer la dépendance des conductances sodique et potassique à l'égard du temps et du potentiel de membrane. Ils connaissaient déjà V_m, qui n'est rien d'autre que le voltage imposé par leur appareillage (Figure 3.6A); ils pouvaient déterminer E_{Na} et E_K d'après les concentrations ioniques présentes des deux côtés de la membrane axonale (voir Tableau 2.1). Les courants portés par Na^+ (I_{Na}) et par K^+ (I_K) pouvaient être déterminés l'un et l'autre d'après les enregistrements des courants membranaires résultant de la dépolarisation (Figure 3.6B) en mesurant la différence entre les courants enregistrés en présence et en absence de Na^+ externe (comme indiqué dans la figure 3.4). À partir de ces mesures, Hodgkin et Huxley ont pu calculer g_{Na} et g_K (Figure 3.6C, D) et en tirer deux conclusions fondamentales. La première est que les conductances au Na^+ et au K^+ changent en fonction du temps. Il faut un certain temps, par exemple, pour rendre opérationnelles les conductances sodique et potassique (on parle alors d'**activation**). La conductance potassique, notamment, présente un délai marqué et n'atteint son maximum qu'au bout de plusieurs millisecondes (Figure 3.6D). La conductance sodique atteint son maximum plus rapidement (Figure 3.6C). L'activation plus rapide de la conductance sodique fait que le courant entrant de Na^+ qui en résulte, précède le courant sortant retardé de K^+ (Figure 3.6B).

Mais si la conductance au Na^+ croît rapidement, elle décline tout aussi rapidement, quand bien même la membrane est maintenue dépolarisée. Ce fait montre que la dépolarisation n'a pas comme seul effet l'activation de la conductance sodique, mais aussi sa décroissance progressive ou **inactivation**. La conductance potassique de l'axone de calmar ne subit pas d'inactivation de cette sorte; ainsi, tandis que les conductances au Na^+ et au K^+ ont en commun une activation dépendante du temps, seule la conductance au Na^+ présente une inactivation. (On a, depuis, découvert, dans d'autres types de cellules nerveuses, des conductances au K^+ qui s'inactivent; voir Chapitre 4). Le décours temporel des conductances au Na^+ et au K^+ est également dépendant du voltage, la vitesse de l'activation et de l'inactivation augmentant aux dépolarisations les plus fortes. Cette donnée explique le décours temporel plus rapide des courants membranaires enregistrés aux niveaux de dépolarisation les plus élevés.

La seconde conclusion qui ressort des calculs de Hodgkin et Huxley est que les conductances au Na^+ et au K^+ sont toutes deux dépendantes du voltage, c'est-à-dire que chacune d'elles augmente d'autant plus que le neurone est plus dépolarisé. La figure 3.7 illustre cette relation en donnant la courbe de chaque conductance maxi-

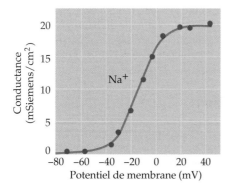
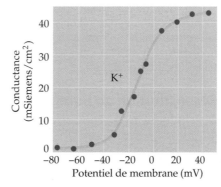

Figure 3.7

La dépolarisation augmente les conductances sodique et potassique de l'axone géant de calmar. La valeur de crête de la conductance sodique et la valeur en régime stabilisé de la conductance potassique augmentent toutes les deux de façon abrupte quand la membrane est dépolarisée. (D'après Hodgkin et Huxley, 1952b.)

(A)

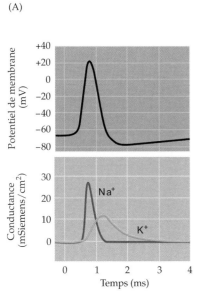

Figure 3.8

Reconstitution mathématique du potentiel d'action. (A) Reconstitution d'un potentiel d'action (courbe en noir) avec les changements sous-jacents des conductances sodique (courbe en rouge) et potassique (courbe en jaune). La taille et le décours temporel du potentiel d'action ont été calculés en utilisant uniquement les propriétés de g_{Na} et de g_K mesurées dans des expériences de voltage imposé. (B) On peut observer la période réfractaire en stimulant un axone avec deux échelons de courants séparés l'un de l'autre par un intervalle de durée variable. Alors que le premier stimulus déclenche à tout coup un potentiel d'action, si le second stimulus est délivré durant la période réfractaire, il ne déclenche qu'un potentiel d'action de faible amplitude (voire aucune réponse). (C) Le modèle mathématique simule avec précision les réponses de l'axone durant la période réfractaire. (D'après Hodgkin et Huxley, 1952d.)

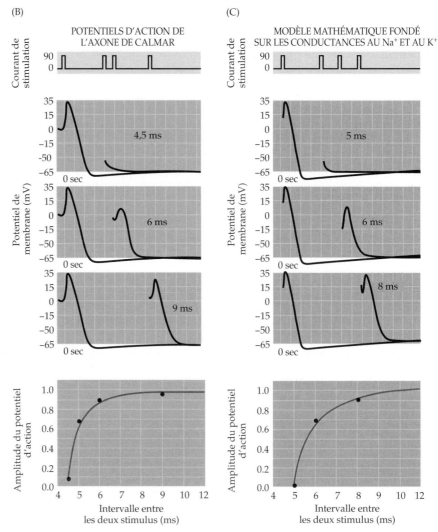

(B) POTENTIELS D'ACTION DE L'AXONE DE CALMAR

(C) MODÈLE MATHÉMATIQUE FONDÉ SUR LES CONDUCTANCES AU Na+ ET AU K+

male (telle que mesurée sur la figure 3.6C et D) en fonction du potentiel de membrane. On notera que les deux conductances ont des dépendances similaires à l'égard du voltage; elles sont très faibles pour des potentiels négatifs, atteignent leur maximum aux potentiels très positifs et présentent une très grande sensibilité aux changements du potentiel de membrane pour les potentiels intermédiaires. L'observation que ces conductances sont sensibles au potentiel de membrane montre que le mécanisme qui les sous-tend est d'une façon ou d'une autre sensible au voltage transmembranaire.

Au total, les expériences de voltage imposé menées par Hodgkin et Huxley ont montré que les courants ioniques qui passent quand la membrane du neurone est dépolarisée sont dus à trois processus différents dépendants du voltage: (1) l'activation de la conductance au Na+, (2) l'activation de la conductance au K+ et (3) l'inactivation de la conductance au Na+.

Reconstitution du potentiel d'action

En se fondant sur leurs mesures expérimentales, Hodgkin et Huxley ont pu établir un modèle mathématique détaillé des changements des conductances sodique et potassique, en vue de déterminer si les seuls changements de ces deux conductances sont suffisants pour produire un potentiel d'action. À l'aide de ces données, ils ont pu effectivement reconstituer avec une précision remarquable la forme et le décours temporel du potentiel d'action (Figure 3.8A). Le modèle de Hodgkin et Huxley prédit en outre d'autres propriétés du potentiel d'action de l'axone de calmar. On sait bien, par exemple, qu'après un potentiel d'action l'axone présente une brève **période réfractaire** pendant laquelle il ne répond pas à de nouvelles excitations. Le modèle reproduit de très près cette propriété.

Le modèle de Hodgkin et Huxley a également apporté de nombreux éclaircissements sur la façon dont est produit le potentiel d'action. La figure 3.8A montre un potentiel d'action reconstitué ainsi que le décours temporel des conductances au Na^+ et au K^+. La coïncidence de l'augmentation initiale de la conductance au Na^+ avec la phase ascendante rapide du potentiel d'action démontre que c'est l'accroissement sélectif de cette conductance sodique qui est responsable du démarrage du potentiel d'action. Cet accroissement de la conductance sodique fait entrer du Na^+ dans le neurone, ce qui dépolarise la membrane jusqu'à un niveau proche de E_{Na}. La vitesse de dépolarisation diminue par la suite, d'une part parce que le gradient électrochimique agissant sur le Na^+ se réduit et d'autre part parce que la conductance au Na^+ s'inactive. En même temps, la dépolarisation active lentement la conductance potassique dépendante du voltage, ce qui amène le K^+ à quitter la cellule et la membrane à se repolariser aux environs de E_K. Comme la conductance au K^+ devient momentanément plus élevée qu'elle ne l'est en condition de repos, le potentiel de membrane devient même, brièvement, plus négatif que le potentiel de repos normal (hyperpolarisation consécutive ou *undershoot*). L'hyperpolarisation de la membrane rend alors non opérationnelle la conductance potassique dépendante du voltage (ainsi que toute conductance sodique qui ne serait pas inactivée) ; ceci permet au potentiel de membrane de retourner à son niveau de repos. Le décours relativement lent de mise hors fonction de la conductance potassique ainsi que l'inactivation persistante de la conductance sodique sont responsables de la période réfractaire (voir aussi la figure 3.12 ci-dessous).

Ce mécanisme de production du potentiel d'action constitue une boucle de rétroaction positive : l'activation de la conductance sodique dépendante du voltage accroît l'entrée de Na^+ dans le neurone, ce qui entraîne la dépolarisation de la membrane, qui conduit à l'activation d'une conductance sodique accrue, à l'entrée de Na^+ en plus grande quantité et à une dépolarisation encore plus grande (Figure 3.9). Cette rétroaction positive continue sans s'atténuer jusqu'à ce que l'inactivation de la conductance au Na^+ et l'activation de la conductance au K^+ ramènent le potentiel de membrane à son niveau de repos. Étant donné qu'une fois démarrée, cette boucle de rétroaction positive se maintient grâce aux propriétés intrinsèques du neurone, à savoir la dépendance des conductances ioniques à l'égard du voltage, le potentiel d'action est auto-entretenu ou **régénératif**. Cette propriété régénérative explique que les potentiels d'action aient un comportement par tout ou rien (voir Figure 2.2) et pourquoi ils ont un seuil (Encadré 3B). L'activation retardée de la conductance au K^+ représente une boucle de rétroaction négative qui finit par ramener la membrane à son état de repos.

En reconstituant le potentiel d'action et toutes ses caractéristiques, Hodgkin et Huxley ont montré que les propriétés des conductances au Na^+ et au K^+ sensibles au voltage, jointes aux gradients électrochimiques que créent les transporteurs d'ions, suffisent pour expliquer les potentiels d'action. Par leur utilisation de méthodes aussi bien théoriques qu'expérimentales, ils ont apporté un degré inégalé de rigueur à l'étude d'un problème depuis longtemps posé et atteint un niveau de preuve scientifique rare en biologie.

Signalisation à longue distance par potentiels d'action

Les mécanismes dépendants du voltage qui assurent l'émission du potentiel d'action expliquent aussi la transmission à longue distance de ces signaux électriques. Nous avons vu au chapitre 2 que les neurones sont de relativement mauvais conducteurs de l'électricité, tout au moins en comparaison d'un câble électrique. La conduction du courant par des câbles ou par des neurones en l'absence de potentiels d'action est dite

Figure 3.9

Cycles de rétroaction responsables des changements du potentiel de membrane au cours d'un potentiel d'action. La dépolarisation de la membrane enclenche rapidement un cycle de rétroaction positive alimenté par l'activation dépendante du voltage de la conductance sodique. Ce phénomène est suivi par la mise en marche, plus lente, d'une boucle de rétroaction négative, où la dépolarisation active une conductance potassique qui contribue à repolariser la membrane et à mettre fin au potentiel d'action.

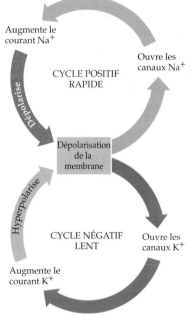

ENCADRÉ 3B *Le seuil*

C'est une importante et curieuse propriété du potentiel d'action que de se déclencher à un potentiel de membrane bien particulier, le **seuil**. De fait, aucun potentiel d'action ne survient sans que la membrane n'ait été amenée à ce niveau par un stimulus dépolarisant. La dépolarisation déclenchante peut avoir des origines diverses : afférence synaptique, potentiel récepteur produit par des organes sensoriels spécialisés, activité rythmique endogène d'une cellule émettant spontanément des potentiels d'action ou courants locaux grâce auxquels le potentiel d'action se propage le long de l'axone.

On peut comprendre pourquoi le potentiel d'action « décolle » à un niveau précis de dépolarisation en comparant les événements qui lui donnent naissance à une explosion chimique (Figure A). Un apport de chaleur (l'équivalent de la dépolarisation initiale de la membrane) fait démarrer une réaction chimique exothermique qui produit un supplément de chaleur et augmente plus encore la réaction (Figure B). Sous l'effet de cette boucle de rétroaction positive, la vitesse de la réaction augmente de façon exponentielle, ce qui, par définition, constitue une explosion.

Néanmoins, dans tout processus de ce type, il y a un seuil, c'est-à-dire un point jusqu'auquel on peut apporter de la chaleur sans provoquer d'explosion. Le seuil de l'explosion chimique schématisée ici est le point auquel la quantité de chaleur d'origine exogène est exactement égale à celle qui peut être dissipée dans les conditions de la réaction, telle que celle qui s'échappe ici du bécher.

En principe, le seuil de déclenchement d'un potentiel d'action est tout à fait comparable (Figure C). Il existe une certaine plage de dépolarisation sous-liminaire à l'intérieur de laquelle la vitesse d'entrée du sodium est inférieure à la vitesse de sortie du potassium (rappelons qu'au repos, la membrane présente une perméabilité élevée au K+, qui sort par conséquent à mesure que la membrane se dépolarise). Le point auquel le flux entrant de sodium est juste égal au flux sortant de potassium, représente l'analogue de la température d'amorçage d'un mélange explosif.

Le comportement de la membrane alentour du seuil reflète cette instabilité : le potentiel de membrane peut frôler le seuil pendant un temps variable avant, soit de revenir au niveau de repos, soit de s'embraser en un potentiel d'action com-

plet. En théorie tout au moins, l'excès interne net d'un seul ion sodium suffit à déclencher un potentiel d'action et la perte nette d'un seul ion potassium à provoquer au contraire une repolarisation. On peut donc définir précisément le seuil comme la valeur du potentiel de membrane, entre le niveau du potentiel de repos et zéro, pour laquelle le courant porté par le Na+ qui entre dans le neurone est exactement égal au courant de K+ qui en sort. Dès qu'un stimulus déclencheur dépolarise la membrane au-delà de cette valeur, il y a bouclage de la rétroaction positive exercée par l'entrée de Na+ sur le potentiel de membrane et départ d'un potentiel d'action.

Étant donné que les conductances au Na+ et au K+ se modifient de façon dynamique au cours du temps, le seuil de déclenchement d'un potentiel d'action change lui aussi sous l'effet de l'activité antérieure du neurone. C'est ainsi qu'après un potentiel d'action, la membrane devient temporairement réfractaire à toute nouvelle excitation, car le seuil de déclenchement est momentanément augmenté. Il n'existe donc pas de valeur définie du potentiel de membrane qui caractérise le seuil d'un neurone donné en toute circonstance.

La boucle de rétroaction positive sous-tendant le potentiel d'action explique le phénomène de seuil.

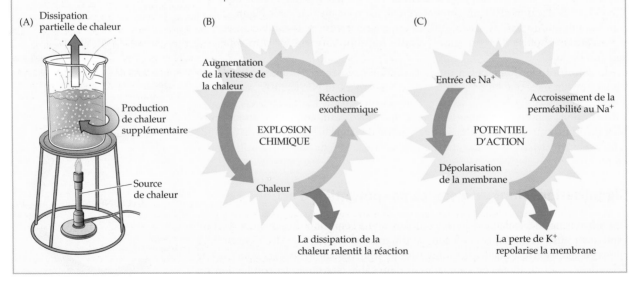

(A) Dissipation partielle de chaleur
Production de chaleur supplémentaire
Source de chaleur

(B) Augmentation de la vitesse de la chaleur — Réaction exothermique — **EXPLOSION CHIMIQUE** — Chaleur — La dissipation de la chaleur ralentit la réaction

(C) Entrée de Na+ — Accroissement de la perméabilité au Na+ — **POTENTIEL D'ACTION** — Dépolarisation de la membrane — La perte de K+ repolarise la membrane

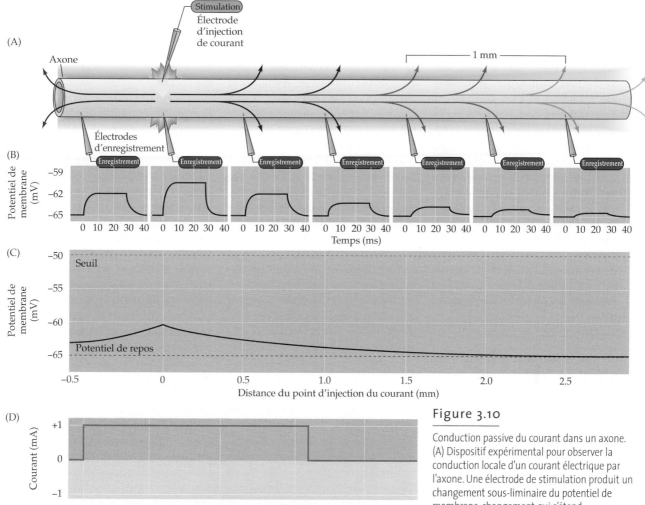

Figure 3.10

Conduction passive du courant dans un axone. (A) Dispositif expérimental pour observer la conduction locale d'un courant électrique par l'axone. Une électrode de stimulation produit un changement sous-liminaire du potentiel de membrane, changement qui s'étend passivement le long de l'axone. (B) Potentiels enregistrés aux endroits indiqués par les microélectrodes. L'amplitude de la variation de potentiel s'atténue au fur et à mesure que l'on s'éloigne du point d'injection du courant. (C) Relation entre l'amplitude des potentiels enregistrés et la distance. (D) Superposition des réponses (observées en B) à un échelon de courant telles qu'on les enregistre aux distances indiquées du point d'injection du courant. Noter que, pour les raisons indiquées dans l'encadré 3C, les réponses sont d'autant plus lentes qu'elles sont enregistrées à une plus grande distance du site d'injection du courant. (D'après Hodgkin et Rushton, 1938.)

conduction passive (Figure 3.10). On peut déterminer les propriétés électriques passives de l'axone d'une cellule nerveuse en mesurant la variation de voltage qui résulte du passage d'un échelon de courant à travers la membrane de l'axone (Figure 3.10A). Si l'échelon de courant n'a pas l'intensité nécessaire pour déclencher un potentiel d'action, l'amplitude de la variation de potentiel qu'il provoque décroît exponentiellement avec la distance par rapport à l'endroit d'injection du courant (Figure 3.10B). Typiquement, le potentiel tombe à une faible fraction de sa valeur initiale, à quelques

ENCADRÉ 3C *Les propriétés passives de la membrane*

L'écoulement passif du courant électrique joue un rôle central dans la propagation du potentiel d'action, dans la transmission synaptique et dans la production d'autres formes de signaux électriques. Aussi n'est-il pas inutile d'examiner en termes quantitatifs les changements que présente avec la distance un courant qui se propage passivement le long d'un neurone. Dans le cas d'un axone cylindrique, comme celui qu'illustre la figure 3.10, un courant sous-liminaire injecté en un endroit de l'axone se propage passivement jusqu'à ce qu'il s'évacue par les fuites de la membrane. L'atténuation du courant en fonction de la distance (Figure A) est décrite par une simple fonction exponentielle :

$$V_x = V_o e^{-x/\lambda}$$

où V_x est le voltage de la réponse à une distance x du point d'injection du courant, V_o est l'amplitude du potentiel au point d'injection, e est la base des logarithmes népériens (soit environ 2,7) et λ est la constante d'espace de l'axone. Comme le montre cette équation, la constante d'espace est la distance à laquelle le potentiel initial de la réponse

(V_o) présente une atténuation de 1/e (soit 37 %) de sa valeur. La constante d'espace est donc une manière de déterminer la distance jusqu'à laquelle s'étend le courant avant de fuir de l'axone : plus l'axone fuit, plus sa constante d'espace est faible. La constante d'espace dépend des propriétés physiques de l'axone, notamment des résistances relatives de la membrane plasmique (r_m), de l'axoplasme intracellulaire (r_i) et du milieu extracellulaire (r_e). La relation entre ces paramètres est :

$$\lambda = \sqrt{\frac{r_m}{r_e + r_i}}$$

Il s'ensuit que, pour optimiser la conduction passive du courant le long d'un axone, la résistance de la membrane plasmique doit être la plus élevée possible, tandis que la résistance de l'axoplasme et celle du milieu extracellulaire doivent être fai-

bles. Une autre conséquence importante des propriétés passives des neurones est que les courants qui s'écoulent à travers la membrane ne peuvent pas induire de changements immédiats du potentiel de membrane. Si, par exemple, on injecte un échelon rectangulaire de courant dans un axone comme celui de la figure 3.10A, la membrane se dépolarise lentement, en quelques millisecondes, et met le même temps à se repolariser à l'arrêt du courant (voir Figure 3.10D). Le temps que met le potentiel de membrane pour changer est dû au fait que la membrane plasmique se comporte comme un condensateur stockant les charges qui apparaissent à l'établissement du courant et se déchargeant à son arrêt. Dans le cas d'une cellule dont le potentiel de membrane est uniforme en tous points de l'espace, la valeur V_t at-

(A) Décrément spatial du potentiel de membrane le long d'un axone cylindrique. Un échelon de courant injecté en un point de l'axone (0 mm) produit des réponses dont le voltage (V_x) diminue exponentiellement avec la distance. La distance à laquelle le voltage de la réponse est égal à 1/e de sa valeur initiale est la constante d'espace λ.

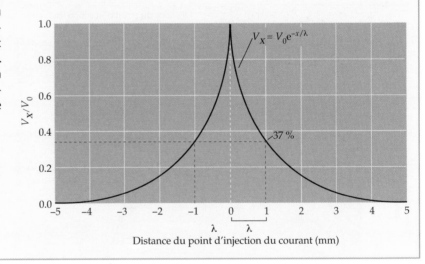

millimètres du site d'injection (Figure 3.10C). Cette diminution progressive de la variation de potentiel induite provient de ce que la membrane de l'axone laisse fuir le courant injecté. Il s'ensuit que plus on s'éloigne, moins il y a de courant disponible pour faire changer le potentiel de membrane (Encadré 3C). Ainsi les fuites de la membrane axonique empêchent-elles une transmission passive efficace, sauf dans les plus courts des axones (de longueur égale ou inférieure à 1 mm). De même, les fuites de la membrane ralentissent le décours des réponses d'autant plus qu'on les enregistre plus loin du site d'injection du courant (Figure 3.10D).

Si l'on répète l'expérience de la figure 3.10 avec un échelon de courant dépolarisant d'intensité suffisante pour déclencher un potentiel d'action, la différence de résultat est spectaculaire (Figure 3.11A). Il se produit alors sur toute la longueur de l'axone, qui peut faire jusqu'à un mètre ou davantage, un potentiel d'action ne présentant pas

teinte par le potentiel de membrane à un temps t après le début d'un échelon de courant (Figure B) est également décrite par une équation exponentielle :

$$V_t = V_\infty \left(1 - e^{-t/\tau}\right)$$

où V_∞ est la valeur du potentiel de membrane à l'état stable, t le temps après le début de l'échelon de courant et τ la constante de temps de la membrane. La constante de temps peut donc se définir comme le temps au bout duquel le voltage atteint $1 - (1/e)$, soit 63 %, de V_∞. Après l'arrêt de l'impulsion de courant, le potentiel de membrane décline de façon là encore exponentielle selon l'équation

$$V_t = V_\infty \, e^{-t/\tau}$$

Lors de ce déclin, le potentiel de membrane revient en un temps t à $1/e$ de V_∞. Les cellules qui ont une conformation plus complexe que l'axone de la figure 3.10 présentent des changements dont le décours temporel ne suit pas une exponentielle simple, mais qui dépend néanmoins de la constante de temps de la membrane. La constante de temps définit donc la vitesse avec laquelle l'application d'un courant modifie le potentiel de membrane. La constante de temps de la membrane dépend elle aussi des propriétés physiques du neurone, plus précisé-ment de la résistance (r_m) et de la capacité (c_m) de la membrane plasmique selon la relation :

$$\tau = r_m \, c_m$$

Les valeurs de r_m et de c_m dépendent en partie de la taille des neurones : les neurones les plus gros présentent des résistances plus faibles et des capacités plus élevées. En général, les petits neurones ont des constantes de temps longues et les gros des constantes de temps courtes.

Références

HODGKIN, A.L. et W.A.H. RUSHTON (1938), The electrical constants of a crustacean nerve fibre. *Proc. R. Soc. Lond. B*, **133**, 444-479.

JOHNSTON, D. et S.M-S. WU (1995), *Foundations of Cellular Neurophysiology*. Cambridge, MA, MIT Press.

RALL, W. (1977), Core conductor theory and cable properties of neurons. In *Handbook of Physiology*, Section 1: *The Nervous System, Vol. 1: Cellular Biology of Neurons*. E.R. Kandel (ed.). Bethesda, American Physiological Society, 39-98.

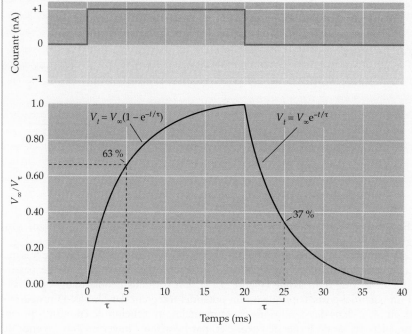

(B) Décours temporel des changements de potentiel provoqués par un échelon de courant dans un neurone de structure uniforme. La montée et la descente du potentiel de membrane peuvent être décrites par des fonctions exponentielles avec une constante de temps τ qui définit la durée nécessaire pour que la réponse atteigne, dans le sens ascendant, $1 - (1/e)$ de la valeur à l'état stable V_∞, ou $1/e$ de V_∞ dans le sens descendant.

d'affaiblissement (Figure 3.11B). On voit donc que, d'une certaine façon, le potentiel d'action remédie aux fuites inhérentes à la membrane.

Comment les potentiels d'action parviennent-ils alors à franchir d'aussi longues distances sur un conducteur passif aussi mauvais ? La réponse est en partie donnée par la constatation que l'amplitude des potentiels d'action est constante quelle que soit la distance à laquelle on les enregistre. Ce comportement par tout ou rien indique que la propagation du potentiel d'action exige davantage qu'une simple conduction passive de courant. Le second indice est fourni par le moment où survient le potentiel d'action quand on l'enregistre à plus ou moins grande distance de l'endroit de stimulation : plus la distance est grande, plus le délai d'arrivée du potentiel d'action est long (Figure 3.11B). Le potentiel d'action a donc une vitesse de propagation mesurable, dite **vitesse de conduction**. Le délai d'arrivée du potentiel d'action à des endroits de l'axone de plus en plus éloignés est très différent du cas illustré dans la figure 3.10, où

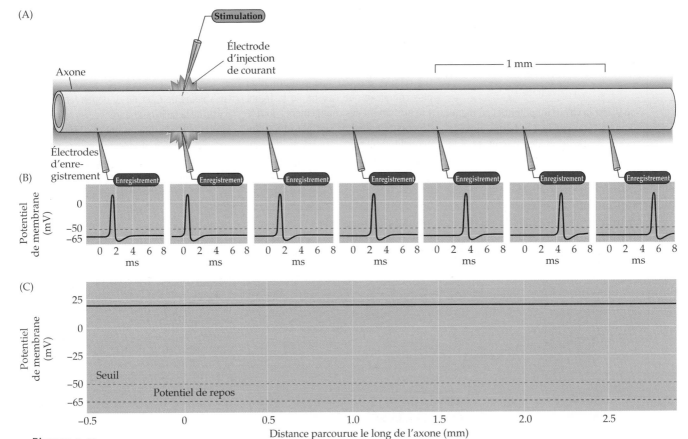

Figure 3.11

Propagation d'un potentiel d'action.
(A) Dispositif expérimental : l'injection d'un courant supraliminaire par une électrode de stimulation déclenche un potentiel d'action. (B) Potentiels enregistrés en réponse à la stimulation aux emplacements indiqués par les microélectrodes. Le potentiel d'action garde une amplitude constante sur toute la longueur de l'axone, mais il apparaît avec un délai d'autant plus long que la distance parcourue est grande.
(C) Relation constante entre l'amplitude du potentiel d'action (ligne continue) et la distance parcourue.

les changements électriques produits par une conduction passive de courant sont enregistrés à peu près au même moment à tous les points.

Le mécanisme de propagation des potentiels d'action est facile à saisir une fois que l'on a compris comment ils sont déclenchés et comment se fait la conduction passive du courant le long d'un axone (Figure 3.12). Un stimulus dépolarisant – généralement un potentiel postsynaptique ou un potentiel récepteur dans le cas d'un neurone intact ou bien, dans des conditions expérimentales, un échelon de courant – provoque une dépolarisation locale de l'axone et, par là même, l'ouverture, en cet endroit, des canaux Na$^+$ sensibles au voltage. L'ouverture des canaux sodiques crée un flux entrant de Na$^+$ et la dépolarisation du potentiel de membrane qui en résulte déclenche un potentiel d'action en ce point. Une partie du courant local émanant du potentiel d'action va faire l'objet d'une conduction passive dans l'axone et s'y propager de la même façon que des courants infraliminaires (voir Figure 3.10). Remarquons que cette conduction passive du courant ne met pas en jeu de mouvement de Na$^+$ le long de l'axone, mais qu'elle se fait par un déplacement d'électrons, comme cela se passe quand un câble conduit passivement l'électricité. Cette conduction passive de courant va dépolariser la membrane dans les régions adjacentes de l'axone et y déterminer l'ouverture de canaux sodiques. La dépolarisation locale y déclenche alors un potentiel d'action qui se propage à son tour en répétant le même cycle jusqu'à ce que l'extrémité de l'axone soit atteinte. La propagation du potentiel d'action requiert donc l'action coordonnée de deux formes de conduction du courant, l'une passive, l'autre active empruntant des canaux ioniques dépendant du voltage. En faisant office d'amplificateur en chacun des points de l'axone, les propriétés régénératives de l'ouverture des canaux sodiques permettent la propagation par tout ou rien des potentiels d'action et assurent ainsi la transmission à longue distance des signaux électriques.

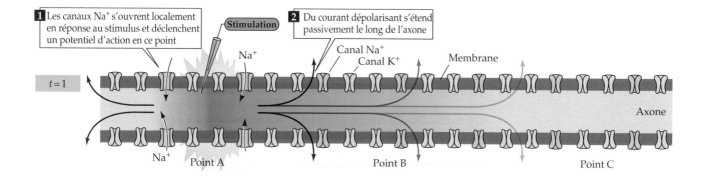

1 Les canaux Na⁺ s'ouvrent localement en réponse au stimulus et déclenchent un potentiel d'action en ce point

Stimulation

2 Du courant dépolarisant s'étend passivement le long de l'axone

Na⁺

Canal Na⁺
Canal K⁺

Membrane

$t = 1$

Axone

Na⁺   Point A

Point B

Point C

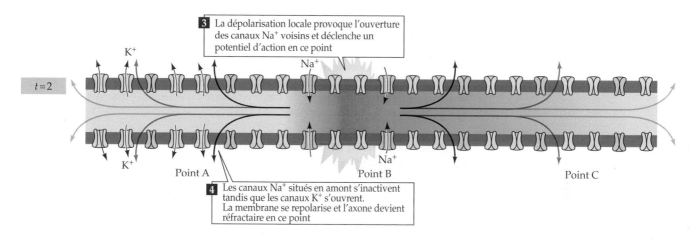

3 La dépolarisation locale provoque l'ouverture des canaux Na⁺ voisins et déclenche un potentiel d'action en ce point

K⁺

Na⁺

$t = 2$

K⁺

Point A

Na⁺

Point B

Point C

4 Les canaux Na⁺ situés en amont s'inactivent tandis que les canaux K⁺ s'ouvrent. La membrane se repolarise et l'axone devient réfractaire en ce point

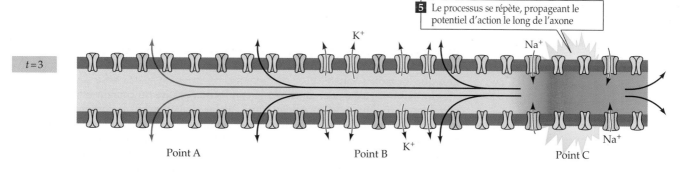

5 Le processus se répète, propageant le potentiel d'action le long de l'axone

K⁺

Na⁺

$t = 3$

Point A

Point B

K⁺

Point C

Na⁺

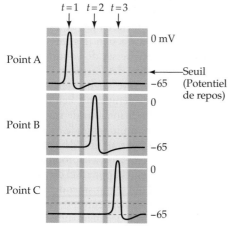

$t = 1$ $t = 2$ $t = 3$

Point A

0 mV

Seuil (Potentiel de repos)

−65

Point B

0

−65

Point C

0

−65

Figure 3.12

La propagation du potentiel d'action exige une conduction active et une conduction passive du courant. La dépolarisation d'un point de l'axone au point A provoque localement l'ouverture de canaux Na⁺ et déclenche un potentiel d'action à cet endroit (temps $t = 1$). Le courant entrant ainsi produit s'étend passivement le long de l'axone, et dépolarise la région adjacente (point B). Un peu plus tard ($t = 2$), la dépolarisation de la région adjacente de la membrane a ouvert les canaux Na⁺ de la région B, y provoquant le déclenchement d'un potentiel d'action ainsi qu'un nouveau courant entrant qui s'étend à son tour passivement à la région voisine (point C), un peu plus loin sur l'axone. Plus tard encore ($t = 3$), le potentiel d'action s'est propagé un peu plus loin. Ce cycle continue sur toute la longueur de l'axone. Noter qu'au fur et à mesure que le potentiel d'action se propage, la membrane se repolarise sous l'effet de l'ouverture des canaux K⁺ et de l'inactivation des canaux Na⁺. Le potentiel d'action laisse ainsi derrière lui un « sillage » de réfractorité qui empêche sa propagation à rebours (commentaire 4). À gauche de la légende, est figuré le décours temporel des variations du potentiel de membrane aux points A, B et C.

55

La période réfractaire garantit une propagation unidirectionnelle des potentiels d'action

Nous avons vu que qu'après un potentiel d'action, les axones présentent une période réfractaire : il leur est momentanément plus difficile d'émettre de nouveaux potentiels (voir Figure 3.8B). La période réfractaire limite donc le nombre de potentiels d'action qu'une cellule nerveuse donnée peut émettre par unité de temps. Des neurones de types différents émettront des potentiels d'action avec des fréquences maximales différentes, à cause de la différence de densité et de nature de leurs canaux ioniques. Comme il a été dit plus haut, la période réfractaire est due au fait que la dépolarisation qui entraîne l'ouverture des canaux sodiques, entraîne aussi avec un temps de retard l'activation des canaux potassiques et l'inactivation des canaux sodiques ; en conséquence de quoi l'axone subit une réduction temporaire de sa capacité d'émettre un autre potentiel d'action. Le potentiel d'action se propage le long de l'axone en laissant derrière lui les canaux Na⁺ inactivés et les canaux K⁺ activés pour un court moment. La réfractorité de la région membranaire où un potentiel d'action vient d'être émis en empêche la réexcitation (voir Figure 3.12) ; il s'agit là d'une caractéristique importante qui évite que les potentiels d'action ne se propagent à rebours vers leur point d'origine. Elle garantit une conduction unidirectionnelle depuis leur point de départ ordinaire, à proximité du corps cellulaire du neurone, jusqu'aux terminaisons synaptiques à l'extrémité distale de l'axone.

Augmentation de la vitesse de conduction par la myélinisation

La vitesse de conduction du potentiel d'action limite la transmission des informations dans le système nerveux. Il n'est donc guère surprenant que divers mécanismes se soient mis en place pour l'optimiser. La propagation des potentiels d'action faisant appel à une conduction à la fois passive et active du courant (voir Figure 3.12), ce sont ces deux phénomènes qui vont en déterminer la vitesse. Un moyen d'améliorer la conduction passive consiste à accroître le diamètre de l'axone, ce qui a pour effet de diminuer la résistance interne au passage passif du courant (voir Encadré 3C). L'accroissement de la vitesse de conduction qui en résulte explique vraisemblablement pourquoi, au cours de leur évolution, des invertébrés comme le calmar ont acquis des axones géants et pourquoi, chez tous les animaux, les axones à conduction rapide tendent à être plus gros que les axones lents.

Une autre stratégie pour améliorer la conduction passive du courant est d'isoler la membrane axonique ; en empêchant ainsi l'axone de laisser fuir le courant, on augmente la distance sur laquelle il peut y avoir conduction passive d'un courant local. Cette stratégie se manifeste chez les vertébrés par la **myélinisation** des axones ; il s'agit d'un processus par lequel les oligodendrocytes du système nerveux central (et les cellules de Schwann dans le système nerveux périphérique) entourent l'axone d'un manchon de **myéline**, substance formée de multiples couches de membranes gliales étroitement accolées (Figure 3.13A). En agissant comme isolant électrique, la myéline accélère considérablement la vitesse de conduction du potentiel d'action (Figure 3.14). Tandis, par exemple, que les axones non myélinisés ont des vitesses de conduction comprises entre 0,5 et 10 m/s, les axones myélinisés conduisent à des vitesses pouvant aller jusqu'à 150 m/s. La raison principale de cette importante augmentation de vitesse est que l'émission du potentiel d'action, qui prend du temps, n'a lieu qu'en certains points de l'axone, appelés **nœuds de Ranvier**, où les manchons de myéline s'interrompent. Si tout l'axone était isolé, il n'y aurait aucun endroit par où le courant puisse s'échapper de l'axone et aucun potentiel d'action ne pourrait être déclenché. C'est pourquoi les canaux Na⁺ activés par le voltage qui sont nécessaires à la production des potentiels d'action ne se trouvent qu'aux nœuds de Ranvier. Un potentiel d'action prenant naissance à un nœud de Ranvier produit un courant qui se transmet de façon passive à l'intérieur du segment myélinisé jusqu'au nœud de Ranvier suivant. Le passage du courant local déclenche alors un potentiel d'action dans le segment voisin et le cycle se répète sur toute la longueur de l'axone. Les courants ne franchissant la mem-

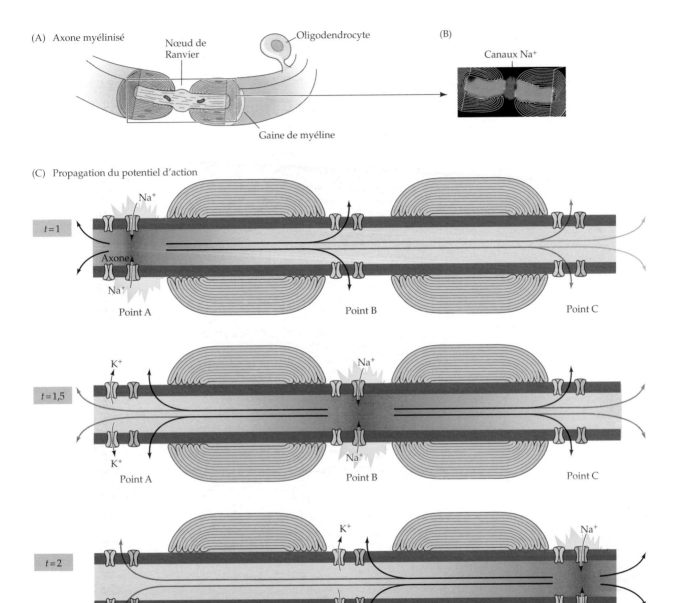

(A) Axone myélinisé — Nœud de Ranvier — Oligodendrocyte — Gaine de myéline

(B) Canaux Na⁺

(C) Propagation du potentiel d'action

$t=1$ — Na⁺ — Axone — Na⁺ — Point A — Point B — Point C

$t=1,5$ — K⁺ — Na⁺ — Na⁺ — K⁺ — Point A — Point B — Point C

$t=2$ — K⁺ — Na⁺ — K⁺ — Na⁺ — Point A — Point B — Point C

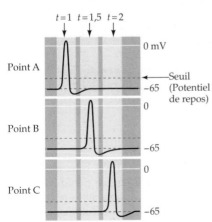

$t=1$ $t=1,5$ $t=2$

Point A — 0 mV

Seuil (Potentiel de repos) — -65

Point B — 0 — -65

Point C — 0 — -65

Figure 3.13

Conduction saltatoire du potentiel d'action le long d'un axone myélinisé. (A) Schéma d'un axone myélinisé. (B) Localisation des canaux Na⁺ activés par le voltage (en rouge) à un nœud de Ranvier d'un axone myélinisé du nerf optique. La couleur bleue indique une protéine appelée Caspr qui se situe de part et d'autre du nœud de Ranvier. (C) Le courant local produit par le déclenchement d'un potentiel d'action à un endroit donné s'étend aux régions adjacentes, comme le décrit la figure 3.12. Mais la présence de myéline empêche ce courant local de fuir par la membrane internodale; il s'étend donc plus loin qu'il ne le ferait en l'absence de myéline. Par ailleurs, les canaux Na⁺ activés par le voltage ne sont présents qu'aux nœuds de Ranvier (des canaux K⁺ sont présents aux nœuds de Ranvier de certains neurones seulement). Cette disposition signifie que la production active de courants activés par le voltage ne peut se faire qu'à ces endroits dépourvus de myéline. Il s'ensuit que la conduction du potentiel d'action est grandement accélérée. À gauche de la légende, est figuré le décours temporel des variations du potentiel de membrane aux points A, B et C. (B d'après Chen et al., 2004).

Figure 3.14

Comparaison de la vitesse de conduction du potentiel d'action dans une fibre non myélinisée (en haut) et dans une fibre myélinisée (en bas).

t = 1

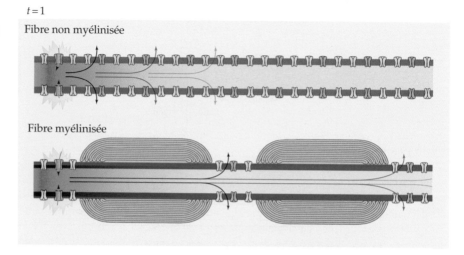

t = 2

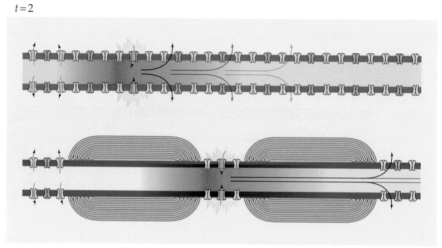

t = 3

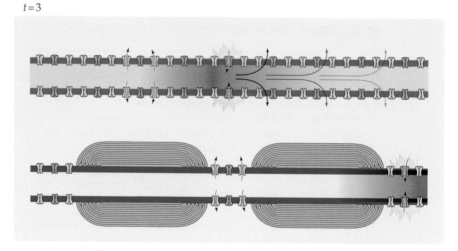

brane neuronique qu'aux seuls nœuds de Ranvier (voir Figure 3.13C), cette conduction est dite **saltatoire**; en effet, le potentiel d'action saute de nœud en nœud. On comprend donc que la perte de la myéline qui survient dans des maladies telles que la sclérose en plaques provoque une multitude de problèmes neurologiques graves (Encadré 3D).

ENCADRÉ 3D *La sclérose en plaques*

La sclérose en plaques (SEP) est une maladie du système nerveux central qui se caractérise par un certain nombre de troubles cliniques ayant pour cause la présence, sur les fibres nerveuses, de multiples plaques de démyélinisation et d'inflammation. Elle se déclare le plus souvent entre 20 et 40 ans et est marquée par des déficits neurologiques débutant de façon abrupte et persistant généralement pendant quelques jours ou quelques semaines avant de connaître une rémission. L'évolution clinique est variable ; elle va de patients sans déficits neurologiques persistants, certains ne présentant que quelques poussées épisodiques de la maladie, à d'autres qui se détériorent progressivement à la suite d'une atteinte continue et généralisée du système nerveux central.

Les signes cliniques de la SEP dépendent du siège des lésions. Parmi les plus communs, on peut signaler une cécité monoculaire (due à des lésions du nerf optique), une insuffisance motrice ou une paralysie (due à des lésions des faisceaux pyramidaux), des sensations anormales (dues à des lésions des voies somesthésiques, le plus souvent des colonnes dorsales), une vision double, ou diplopie, (due à des lésions du faisceau longitudinal médian), des vertiges (par atteinte des voies vestibulaires). On constate fréquemment des anomalies du liquide céphalorachidien, où l'on trouve une quantité anormale de cellules en relation avec l'inflammation et une augmentation des anticorps (signe elle aussi d'inflammation).

En règle générale, le diagnostic de la SEP est fondé sur la présence de troubles neurologiques qui régressent puis réapparaissent à des endroits imprévisibles. On peut parfois en obtenir la confirmation par IRM (imagerie par résonance magnétique) ou par la preuve fonctionnelle de lésions de telle ou telle voie qu'apportent des potentiels évoqués anormaux. À l'autopsie, le signe histologique caractéristique de la SEP est la présence de lésions multiples en des endroits différents, avec perte de myéline associée à une infiltration de cellules inflammatoires et, occasionnellement, perte des axones eux-mêmes.

La conception de la SEP comme maladie démyélinisante est profondément ancrée dans la littérature neurologique, bien que l'on connaisse mal la façon dont la démyélinisation se traduit en déficits fonctionnels. Il est évident que la perte du manchon de myéline qui entoure un nombre important de fibres nerveuses perturbe la propagation des potentiels d'action ; les dérèglements de la transmission nerveuse qui en résultent sont vraisemblablement à l'origine de la plupart des handicaps que l'on observe. Pourtant, la SEP peut avoir des conséquences qui dépassent de loin la perte de la gaine de myéline. Il est clair que certains axones sont effectivement détruits, sans doute par l'inflammation de leur gaine de myéline ou par l'absence du support trophique que leur fournissent les oligodendrocytes. La disparition de l'axone contribue donc, elle aussi, aux déficits fonctionnels de la SEP, notamment dans les formes chroniques, progressives, de la maladie.

Les causes exactes de la SEP demeurent obscures. Il ne fait aucun doute que le système immunitaire contribue aux altérations et que certains patients tirent bénéfice des nouvelles thérapies par immunodépresseurs. Mais on ne sait pas précisément comment se fait l'activation du système immunitaire qui conduit aux lésions. L'hypothèse la plus en vogue est qu'il s'agit d'une affection auto-immune (c'est-à-dire une maladie dans laquelle le système immunitaire attaque les propres constituants du corps). Le fait est que l'immunisation d'animaux de laboratoire contre l'un des constituants moléculaires de la gaine de myéline peut induire une maladie démyélinisante, l'encéphalomyélite allergique expérimentale. Ceci montre qu'une atteinte auto-immune de la gaine de myéline suffit pour produire un tableau clinique semblable à celui de la SEP. On pourrait expliquer de la façon suivante l'apparition de cette maladie chez l'homme : un individu génétiquement prédisposé est transitoirement affecté (à l'occasion une maladie virale bénigne, par exemple) par un microorganisme exprimant une molécule structuralement semblable à l'un des composants de la myéline. Une réponse immunitaire d'attaque de l'intrus est déclenchée contre cet antigène ; mais le système immunitaire n'arrivant pas à distinguer le moi de la protéine étrangère, il s'ensuit une destruction de la myéline, par ailleurs tout à fait normale ; c'est exactement ce qui se passe chez les souris infectées par le virus de Theiler.

Selon une autre hypothèse, la SEP serait provoquée par une infection persistante due à un virus ou à quelque autre microorganisme. Dans ce scénario, les efforts continus du système immunitaire pour se débarrasser du virus seraient à l'origine des dommages causés à la myéline. La paralysie spasmodique tropicale (PST) peut apporter des arguments en faveur de cette conception. Il s'agit d'une maladie caractérisée par une diminution progressive de la force musculaire des membres inférieurs, par une dégradation du contrôle de la vessie, avec une augmentation des réflexes tendineux et un signe de Babinski (voir Chapitre 17). Ce tableau clinique est semblable à celui d'une SEP en évolution rapide. On sait que la PST est due à une infection persistante par un rétrovirus (le virus de la leucémie des cellules T humaines de type I, HTLV-1). Au-delà de ce précédent, il faut, pour prouver l'hypothèse selon laquelle la SEP est due à une infection virale permanente, démontrer sans ambiguïté la présence d'un virus. Bien que l'on fasse état, à intervalles réguliers, de virus associés avec la SEP, on ne voit rien venir qui ressemble à une preuve incontestable. En un mot, la SEP reste un défi clinique redoutable.

Références

ADAMS, R.D. et M. VICTOR (2005), *Principles of Neurology*. 8th ed. New York, McGraw-Hill, 954-982.

FROHMAN, E.M., M.K. RACKE et C.S. RAINE (2006), Multiple sclerosis : The plaque and its pathogenesis. *N. Engl. J. Med.*, **354**, 942-955.

HAUSER, S.L. et J.R. OKSENBERG (2006), The neurobiology of multiple sclerosis : Genes, inflammation, and neurodegeneration. *Neuron*, **52**, 61-76.

MILLER, D.H. et 9 AUTRES (2003), A control trial of natalizumab for relapsing multiple sclerosis. *N. Engl. J. Med.*, **348**, 15-23.

WAXMAN, S.G. (2006), Towards a molecular neurology of multiple sclerosis. *Trends Mol. Med.*, **12**, 192-195.

ZANVIL, S.S. et L. STEINMAN (2003), Diverse targets for intervention during inflammatory and neurodegenerative phases of multiple sclerosis. *Neuron*, **38**, 685-688.

Résumé

Le potentiel d'action et toutes ses propriétés complexes peuvent s'expliquer par des changements, dépendants du voltage et du temps, des perméabilités membranaires au Na⁺ et au K⁺. Cette conclusion est essentiellement tirée des données obtenues par la technique du voltage imposé. Le voltage imposé est une méthode électronique de rétroaction qui permet de contrôler le potentiel de membrane du neurone et, en même temps, de mesurer de façon directe les flux de Na⁺ et de K⁺ dépendants du voltage qui sont à l'origine des potentiels d'action. Les expériences de voltage imposé montrent qu'une augmentation transitoire de la conductance au Na⁺ s'active rapidement puis s'inactive au cours d'une dépolarisation prolongée de la membrane. Elles montrent également une augmentation de la conductance au K⁺, qui s'active de façon retardée et qui, contrairement à la conductance sodique, ne s'inactive pas. Un modèle mathématique des propriétés de ces conductances montre qu'elles, et elles seules, sont responsables de l'émission par tout ou rien des potentiels d'action de l'axone de calmar. Les potentiels d'action se propagent sur toute la longueur de l'axone en se déclenchant sous l'effet du gradient de voltage entre régions actives et inactives, qu'entraîne la conduction locale de courant. Ils compensent de la sorte les propriétés électriques passives relativement mauvaises des cellules nerveuses et permettent la transmission à longue distance des signaux nerveux. Ces découvertes classiques de l'électrophysiologie fournissent une base solide pour aborder, dans le chapitre qui vient, les variations du signal neural tant au niveau fonctionnel qu'au niveau moléculaire.

Lectures complémentaires

Revues

ARMSTRONG, C.M. et B. HILLE (1998), Voltage-gated ions channels and electrical excitability. *Neuron*, **20**, 371-380.

NEHER, E. (1992), Ion channels for communication between and within cells. *Science*, **256**, 498-502.

SALZER, J.L. (2003), Polarized domains of myelinated axons. *Neuron*, **40**, 297-318.

Articles originaux importants

ARMSTRONG, C.M. et L. BINSTOCK (1965), Anomalous rectification in the squid giant axon injected with tetraethylammonium chloride. *J. Gen. Physiol.*, **48**, 859-872.

CHEN et 17 autres (2004), Mice lacking sodium channel β1 subunits display defects in neuronal excitability, sodium channel expres-sion, and nodal architecture. *J. Neurosci.*, **24**, 4030-4042.

HODGKIN, A.L. et A.F. HUXLEY (1952a), Currents carried by sodium and potassium ions through the membrane of the giant axon of *Loligo. J. Physiol. (Lond.)*, **116**, 449-472.

HODGKIN, A.L. et A.F. HUXLEY (1952b), The components of membrane conductance in the giant axon of *Loligo. J. Physiol. (Lond.)*, **116**, 473-496.

HODGKIN, A.L. et A.F. HUXLEY (1952c), The dual effect of membrane potential on sodium conductance in the giant axon of *Loligo. J. Physiol. (Lond.)*, **116**, 497-506.

HODGKIN, A.L. et A.F. HUXLEY (1952d), A quantitative description of membrane current and its application to conduction and excitation in nerve. *J. Physiol. (Lond.)*, **116**, 507-544.

HODGKIN, A.L. et W.A.H. RUSHTON (1938), The electrical constants of a crustacean nerve fibre. *Proc. R. Soc. Lond. B*, **133**, 444-479.

HODGKIN, A.L., A.F. HUXLEY et B. KATZ (1952), Measurements of current-voltage relations in the membrane of the giant axon of *Loligo. J. Physiol. (Lond.)*, **116**, 424-448.

MOORE, J.W., M.P. BLAUSTEIN, N.C. ANDERSON et T. NARAHASHI (1967), Basis of tetrodotoxin's selectivity in blockage of squid axons. *J. Gen. Physiol.*, **50**, 1401-1411.

Ouvrages

AIDLEY, D.J. et P.R. STANFIELD (1996), *Ion Channels: Molecules in Action*. Cambridge, Cambridge University Press.

HILLE, B. (2001), *Ion Channels of Excitable Membranes*. 3rd ed. Sunderland, MA, Sinauer Associates.

JOHNSTON, D. et S.M-S. WU (1995), *Foundations of Cellular Neurophysiology*. Cambridge, MA, MIT Press.

JUNGE, D. (1992), *Nerve and Muscle Excitation*, 3rd ed. Sunderland, MA, Sinauer Associates.

chapitre 04

Canaux et transporteurs

Vue d'ensemble

La production de signaux électriques par les neurones exige que la membrane plasmique instaure des gradients transmembranaires de concentration d'ions spécifiques et qu'elle modifie de façon rapide et sélective sa perméabilité à ces ions. Les protéines membranaires qui créent et maintiennent les gradients ioniques sont appelées transporteurs, celles qui donnent naissance aux changements sélectifs de perméabilité ionique sont des canaux ioniques. Comme leur nom l'indique, les canaux ioniques sont des protéines transmembranaires munies d'une structure spécialisée appelée pore, qui laisse certains ions traverser la membrane du neurone. Certains comportent également des structures sensibles aux potentiels électriques transmembranaires. Ces canaux, que l'on dit activés ou contrôlés par le voltage (*voltage-gated*), s'ouvrent et se ferment en réponse au niveau du potentiel de membrane, permettant ainsi à la perméabilité membranaire d'être régulée par le voltage. D'autres types de canaux ioniques sont contrôlés par des signaux chimiques extracellulaires, des neurotransmetteurs par exemple, d'autres par des signaux intracellulaires tels que les seconds messagers, tandis que d'autres encore répondent à des agents mécaniques, à des changements de température ou à des combinaisons de ces stimulus. On a aujourd'hui déterminé les gènes et les protéines de nombreux types de canaux ioniques et l'on a pu ainsi identifier une multitude de catégories de canaux ioniques exprimés de façon différentielle dans des cellules nerveuses ou non nerveuses. La configuration spécifique des canaux ioniques exprimés dans chaque type de cellule leur donne la possibilité de présenter une gamme étendue de caractéristiques électriques. À la différence des canaux ioniques, les transporteurs actifs sont des protéines membranaires qui instaurent et maintiennent les gradients de concentration ionique. Le plus important d'entre eux est la pompe à sodium, qui hydrolyse l'ATP pour réguler les concentrations intracellulaires de Na^+ et de K^+. D'autres transporteurs actifs instaurent des gradients de concentration pour toute la gamme des ions d'importance physiologique, notamment les ions Cl^-, Ca^{2+} et H^+. Du point de vue des signaux nerveux, transporteurs actifs et canaux sont complémentaires ; les transporteurs créent les gradients de concentration qui poussent les ions par les canaux ouverts en produisant de la sorte des signaux électriques.

Canaux ioniques impliqués dans le potentiel d'action

Hodgkin et Huxley ne connaissaient pas la nature physique des mécanismes de conductance qui sont à l'origine des potentiels d'action. Ils ont néanmoins avancé l'idée que les membranes des cellules nerveuses contiennent des canaux qui laissent les ions passer sélectivement d'un côté à l'autre de la membrane (voir Chapitre 3). Sur la base des conductances et des courants ioniques déterminés par leurs expériences de voltage imposé, ils postulèrent que ces canaux devaient avoir plusieurs propriétés. Premièrement, puisque les courants ioniques sont relativement importants, il faut que les canaux soient capables de faire passer les ions à travers la membrane avec un débit élevé. Deuxièmement, puisque les courants ioniques dépendent de gradients électrochimiques transmembranaires, les canaux doivent utiliser ces gradients. Troisièmement, puisque le Na^+ et le K^+ traversent la membrane indépendamment l'un de l'autre, les différents types de canaux doivent pouvoir distinguer entre le Na^+ et le K^+

et, quand les conditions l'exigent, ne permettre qu'à un seul de ces ions de franchir la membrane. Enfin, puisque les conductances sont dépendantes du voltage, ils doivent être capables de détecter la différence de potentiel transmembranaire et ne s'ouvrir qu'à des niveaux de voltage appropriés. Dans les années 1950, le concept de canal restait une spéculation, mais les travaux expérimentaux ultérieurs n'ont laissé aucun doute sur le fait que des protéines transmembranaires auxquelles on a donné le nom de canaux ioniques sensibles au voltage sont effectivement à l'origine de tous les phénomènes de conductance ionique décrits au chapitre 3.

Les premières preuves directes de la présence, dans les membranes des cellules nerveuses, de canaux présentant une sélectivité ionique et une sensibilité au voltage viennent de la mesure des courants passant par des canaux ioniques uniques. Le dispositif de voltage imposé qu'utilisaient Hodgkin et Huxley ne pouvait mesurer que le courant *total* résultant du passage des ions à travers plusieurs milliers de canaux. Une technique capable de mesurer les courants passant par un canal isolé fut mise au point en 1976 par Erwin Neher et Bert Sakmann à l'Institut Max Planck de Göttingen. Cette technique remarquable, le patch-clamp (voltage imposé, *voltage clamp*, à un lambeau, *patch*, de membrane), a révolutionné l'étude des courants membranaires (Encadré 4A). Elle a notamment fourni les moyens de tester les hypothèses de Hodgkin et Huxley sur les caractéristiques des canaux ioniques.

Les meilleures conditions expérimentales pour étudier les courants qui traversent les canaux Na^+ sont celles où l'on interdit le passage de courant par d'autres canaux membranaires, par les canaux K^+ notamment. Dans une telle situation, quand on dépolarise un fragment de la membrane d'un axone géant de calmar, de très faibles courants entrants se manifestent, mais seulement de façon intermittente (Figure 4.1). Ces courants minuscules, d'à peu près 1 pA (10^{-12} ampère), sont inférieurs de plusieurs ordres de grandeur aux courants Na^+ mesurés par la méthode du voltage imposé sur un axone entier. Les courants passant par des canaux unitaires sont appelés **courants microscopiques** (ou élémentaires) par opposition aux **courants macroscopiques** (ou globaux) qui passent par les multiples canaux d'une grande surface membranaire. Bien que les courants microscopiques soient certes très faibles, un courant de 1 pA n'en reflète pas moins le passage de milliers d'ions par milliseconde. Un canal unique est donc capable de laisser passer, en un temps très bref, une grande quantité d'ions à travers la membrane.

Diverses observations démontrèrent par ailleurs que les courants microscopiques représentés sur la figure 4.1B sont dus à l'ouverture de canaux Na^+ unitaires sensibles au voltage. Premièrement, ces courants sont portés par le Na^+, vu qu'ils sont de sens entrant pour les potentiels plus négatifs que E_{Na}, qu'ils changent de polarité à E_{Na}, qu'ils se transforment en courants sortants aux potentiels plus positifs et qu'ils diminuent d'amplitude si l'on réduit la concentration du Na^+ dans le milieu externe. Ce comportement est le parallèle exact de celui des courants macroscopiques de Na^+ décrits au chapitre 3. Deuxièmement, le décours temporel de l'ouverture et de la fermeture des canaux correspond à la cinétique des courants macroscopiques de Na^+.

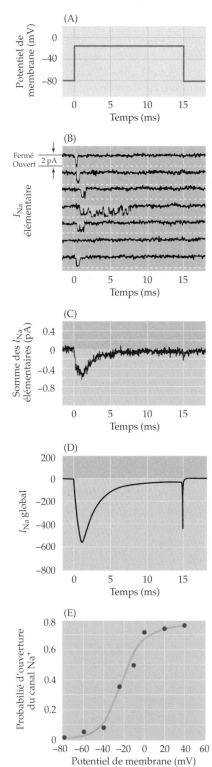

Figure 4.1

Mesure en patch-clamp des courants ioniques passant par des canaux sodiques isolés de l'axone géant de calmar. Ces expériences ont été réalisées en présence de césium dans le milieu extracellulaire de l'axone pour bloquer les canaux potassiques activés par le voltage. Des échelons de potentiel dépolarisants (A) appliqués à un fragment de membrane ne contenant qu'un seul canal Na^+ provoquent de brefs courants (B ; déflexions vers le bas) dans sept enregistrements successifs des courants membranaires (I_{Na}) microscopiques. (C) La somme d'un grand nombre d'enregistrements de ces courants montre que la plupart des canaux s'ouvrent au cours des 1 à 2 premières ms, après quoi leur probabilité d'ouverture diminue en raison de leur inactivation. (D) Le courant macroscopique, mesuré sur un autre axone, montre la corrélation étroite entre les décours du courant Na^+ global et des courants élémentaires. (E) La probabilité de l'ouverture d'un canal sodique dépend du potentiel de membrane : elle augmente avec le niveau de dépolarisation membranaire. (B et C d'après Bezanilla et Correa, 1995 ; D d'après Vandenburg et Bezanilla, 1991 ; E d'après Correa et Bezanilla, 1994.)

ENCADRÉ 4A *La méthode du patch-clamp*

L'invention de la méthode du patch-clamp, dans les années 1970, a fourni une riche moisson de données nouvelles sur les canaux ioniques. Cette technique repose sur une idée très simple. La pointe effilée d'une micropipette de verre est mise en contact étroit avec un très petit morceau (ou *patch*) de membrane neuronique. Si l'on applique alors une légère succion, la membrane se scelle hermétiquement à l'extrémité de la pipette, de sorte qu'aucun ion ne peut passer entre la membrane et la pipette. Dès lors, quand s'ouvre un canal de cette surface membranaire, tout ion qui passe pénètre nécessairement dans la pipette. Le courant électrique qui en résulte peut, quoique faible, être mesuré à l'aide d'un amplificateur électronique à haute sensibilité relié à la pipette. Compte tenu des éléments qu'elle met en jeu, cette façon de procéder est généralement désignée sous le nom de patch-clamp en « cellule attachée » (*cell-attached patch clamp*). De même que la méthode habituelle du voltage imposé, la méthode du patch-clamp permet de contrôler expérimentalement le potentiel de membrane et d'étudier les caractéristiques de la dépendance des courants membranaires à l'égard du voltage.

Moyennant quelques modifications techniques mineures, on peut obtenir d'autres configurations d'enregistrement. Si, par exemple, on applique une forte succion, on déchire le fragment de membrane fixé à l'extrémité de la pipette et l'intérieur de la pipette

Quatre configurations pour la mesure en patch-clamp des courants ioniques

se trouve mis en continuité avec le cytoplasme de la cellule. Cette configuration permet de mesurer les potentiels électriques et les courants de la cellule tout entière ; elle est dite, pour cette raison, méthode « cellule entière » (*whole-cell*). La configuration cellule entière permet aussi des échanges par diffusion entre la pipette et le cytoplasme ; ceci offre un moyen commode d'injecter différentes substances à l'intérieur de la cellule « patchée ».

Deux autres variantes de la méthode du patch-clamp dérivent de la constatation qu'une fois réalisé le scellement hermétique entre la membrane et la pointe de la pipette, on peut, en tirant, détacher de la cellule des fragments de membrane sans rompre le scellement ; on obtient de cette façon une préparation dépourvue des complications dues au reste de la cellule. En exerçant une traction sur une pipette

en configuration cellule attachée, on peut arracher un fragment de membrane, qui se ressoude en formant une vésicule à l'extrémité de la pipette. En l'exposant à l'air, la vésicule s'ouvre et le fragment de membrane présente désormais vers l'extérieur de la pipette la face située auparavant du côté intracellulaire. Cette configuration, dite « *inside out* » (intérieur dehors), permet de mesurer les courants de canaux unitaires et, en plus, de changer la composition du milieu qui baigne la face intracellulaire de la membrane. La configuration *inside out* est donc particulièrement utile pour étudier l'influence des molécules intracellulaires sur les fonctions du canal ionique.

On peut procéder d'une autre façon, à partir d'une configuration en cellule entière ; si l'on tire alors légèrement sur la pipette, on détache un fragment de membrane, dont la face extracellulaire est alors exposée vers l'extérieur. Cette nouvelle configuration, dite « *outside out* » (extérieur dehors), est la plus commode pour étudier comment l'activité d'un canal est influencée par des signaux chimiques extracellulaires tels que des neurotransmetteurs (voir Chapitre 5). Cette palette de configurations possibles donne à la technique du patch-clamp une souplesse exceptionnelle que l'on peut mettre à profit pour étudier les fonctions du canal ionique.

Références

HAMILL, O.P., A. MARTY, E. NEHER, B. SAKMAN et F.J. SIGWORTH (1981), Improved patch-clamp techniques for high resolution current recording from cells and cell-free membrane patches. *Pflügers Arch.*, **391**, 85-100.

LEVIS, R.A. et J.L. RAE (1998), Low-noise patch-clamp techniques. *Meth. Enzym.*, **293**, 218-266.

SAKMANN, B. et E. NEHER (1995), *Single-Channel Recording*, 2nd Ed. New York : Plenum Press.

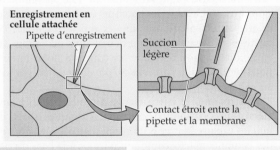

Enregistrement en cellule attachée
Pipette d'enregistrement
Succion légère
Contact étroit entre la pipette et la membrane

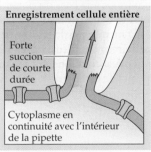

Enregistrement cellule entière
Forte succion de courte durée
Cytoplasme en continuité avec l'intérieur de la pipette

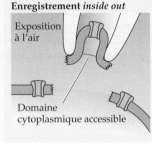

Enregistrement *inside out*
Exposition à l'air
Domaine cytoplasmique accessible

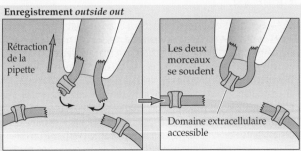

Enregistrement *outside out*
Rétraction de la pipette
Les deux morceaux se soudent
Domaine extracellulaire accessible

Il est difficile de se rendre compte de cette correspondance en mesurant les courants qui passent quand il n'y a qu'un seul canal d'ouvert, car chacun des canaux s'ouvre et se ferme de façon stochastique (aléatoire), comme on peut le voir sur les tracés unitaires de la figure 4.1B. Cependant, en répétant la dépolarisation membranaire, chaque canal Na$^+$ va s'ouvrir et se fermer à de nombreuses reprises. Si l'on fait la moyenne des courants qui apparaissent en réponse à de multiples stimulations, la réponse collective présente un décours temporel tout à fait semblable à celui du courant macroscopique de Na$^+$ (Figure 4.1C). En particulier, lors de dépolarisations prolongées, les canaux s'ouvrent surtout au début, ce qui indique qu'ils s'inactivent ultérieurement, comme le laisse prévoir le courant macroscopique de Na$^+$ (comparer les figures 4.1C et 4.1D). Troisièmement, l'ouverture et la fermeture des canaux sont l'une et l'autre dépendantes du voltage ; ainsi les canaux sont fermés à –80 mV et ouverts quand la membrane est dépolarisée. En fait, la probabilité qu'un canal soit ouvert varie en fonction du potentiel de membrane (Figure 4.1E), comme le laisse prévoir encore une fois la conductance sodique globale (voir Figure 3.7). Enfin, la tétrodotoxine, qui bloque le courant global de Na$^+$ (voir Encadré 4C), en bloque aussi les courants élémentaires. Au total, ces résultats montrent que le courant global mesuré par Hodgkin et Huxley a effectivement son origine dans la somme de plusieurs milliers de courants sodiques élémentaires, chacun représentant l'ouverture d'un seul canal sensible au voltage.

Les expériences de patch-clamp ont également mis en évidence les propriétés des canaux responsables des courants macroscopiques de K$^+$ qui accompagnent les potentiels d'action. Quand la membrane est dépolarisée (Figure 4.2A), on peut, après blocage des canaux Na$^+$, observer des courants sortants microscopiques (Figure 4.2B). Ces courants sortants élémentaires présentent toutes les caractéristiques que l'on attend des courants passant par les canaux potassiques impliqués dans les potentiels d'action. C'est ainsi que ni les courants microscopiques (Figure 4.2C) ni leurs équivalents macroscopiques (Figure 4.2D) ne parviennent à s'inactiver lors de dépolarisations brèves. De plus, les courants unitaires sont sensibles aux modifications ioniques et aux agents pharmacologiques qui affectent les courants K$^+$ macroscopiques et, comme ces derniers, ils sont dépendants du voltage (Figure 4.2 E). Ces observations, entre autres, montrent que les courants potassiques globaux qui accompagnent les potentiels d'action sont dus à l'ouverture d'un grand nombre de canaux K$^+$ sensibles au voltage.

En résumé, le patch-clamp a rendu possible l'observation directe des courants élémentaires passant par des canaux ioniques isolés ; il a ainsi apporté la confirmation que les canaux Na$^+$ et K$^+$ sensibles au voltage sont responsables des conductances et des courants macroscopiques qui sont à la base du potentiel d'action. Les enregistrements de canaux ioniques isolés renseignent aussi sur leurs propriétés moléculaires. Ils montrent, par exemple, que la membrane de l'axone de calmar comporte au moins deux types de canaux, les uns sélectivement perméables au Na$^+$, les autres sélectivement perméables au K$^+$. Ces deux types de canaux présentent donc une **sélectivité ionique** ; en d'autres termes, ils sont capables de distinguer le Na+ du K+. Étant donné que leur

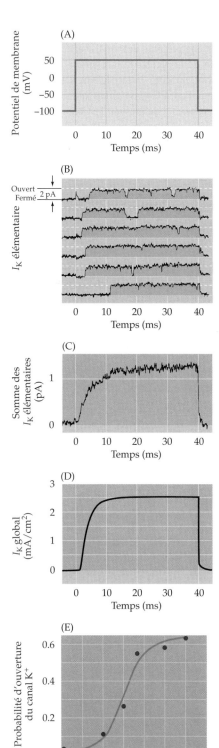

Figure 4.2

Mesure en patch-clamp des courants ioniques passant par des canaux potassiques unitaires de l'axone géant de calmar. Ces expériences ont été réalisées en présence de tétrodotoxine dans le milieu extracellulaire de l'axone pour bloquer les canaux sodiques activés par le voltage. Des échelons de potentiel dépolarisants (A) appliqués à un fragment de membrane ne contenant qu'un seul canal K$^+$ provoquent de brefs courants (B ; déflexions vers le haut) chaque fois que le canal s'ouvre. (C) La somme de ces courants microscopiques montre que la plupart des canaux s'ouvrent avec un certain délai, mais qu'ils restent ouverts pendant toute la durée de la dépolarisation. (D) Le courant macroscopique, mesuré sur un autre axone, montre la corrélation étroite entre le décours temporel du courant K$^+$ global et celui des courants élémentaires. (E) La probabilité de l'ouverture d'un canal potassique dépend du potentiel de membrane : elle augmente avec le niveau de dépolarisation membranaire (B et C d'après Augustine et Bezanilla, in Hille 1992 ; D d'après Augustine et Bezanilla, 1990 ; E d'après Perozo et al., 1991.)

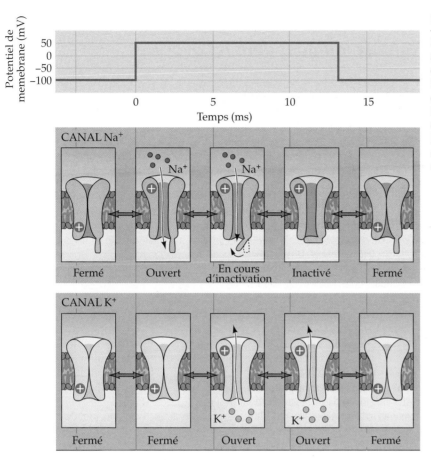

Figure 4.3

États fonctionnels des canaux Na⁺ et K⁺
Figure 4.3

États fonctionnels des canaux Na^+ et K^+ activés par le voltage. Les deux ensembles de canaux sont fermés quand la membrane est hyperpolarisée. Quand elle est dépolarisée, des détecteurs de voltage (indiqués par ⊕) laissent s'ouvrir les portes des canaux, d'abord des canaux Na^+ puis des canaux K^+. En outre, les canaux Na^+ s'inactivent au cours d'une dépolarisation prolongée, ce qui n'est pas le cas de beaucoup de types de canaux K^+.

ouverture est sous l'influence du potentiel de membrane, ils sont dits **activés par le voltage** ou dépendants du voltage (*voltage-gated*). Les canaux des deux types voient leur probabilité d'ouverture augmentée par la dépolarisation alors qu'ils sont fermés par une hyperpolarisation (voir Figures 4.1 et 4.2). Les uns et les autres possèdent donc un **détecteur de voltage** sensible au potentiel de membrane (Figure 4.3). Néanmoins il existe entre les canaux de chaque type des différences importantes. Outre la différence de sélectivité ionique, on note qu'une dépolarisation inactive le canal sodique, qu'elle fait passer dans un état non conducteur, mais pas le canal potassique. Le canal sodique doit donc posséder en plus un mécanisme moléculaire responsable de son **inactivation**. Enfin, comme le laisse attendre le comportement macroscopique des courants Na^+ et K^+ décrit au chapitre 3, les propriétés cinétiques de l'activation des deux types de canaux sont différentes. Ces données sur la physiologie des canaux isolés jettent les bases des travaux ultérieurs sur les caractéristiques moléculaires des canaux ioniques et sur leurs propriétés fonctionnelles précises.

La diversité des canaux ioniques

Les travaux de génétique moléculaire, en conjonction avec la méthode du patch-clamp et d'autres techniques, ont considérablement accru nos connaissances sur les canaux ioniques. Les gènes codant les canaux Na^+ et K^+ et beaucoup d'autres types de canaux ont été identifiés et clonés. Ces travaux de génétique ont révélé un fait étonnant, à savoir la diversité des gènes qui codent les canaux ioniques. À ce jour, on a découvert plus de 100 gènes de canaux ioniques, chiffre que n'auraient pas laissé prévoir les premiers travaux sur les fonctions des canaux ioniques. Pour tenter de comprendre la signification fonctionnelle de cette multitude de gènes, on les a fait exprimer

ENCADRÉ 4B — *L'expression de canaux ioniques dans les ovocytes de xénope*

Pour qui étudie les canaux ioniques, c'est un défi redoutable de passer du séquençage de leurs gènes à l'élucidation de leur fonction. Pour avoir quelque chance de succès, il faut disposer d'une préparation expérimentale dans laquelle le produit génique puisse être exprimé de façon efficace et qui permette d'étudier la fonction du canal résultant par des méthodes telles que le patch-clamp. Dans l'idéal, le support de l'expression doit être aisément disponible, n'avoir que peu de canaux endogènes et posséder une taille suffisante pour permettre sans difficulté des microinjections d'ARNm et d'ADN. Les ovocytes (œufs immatures) de la grenouille africaine *Xenopus laevis* (Figure A) remplissent toutes ces exigences. On peut facilement recueillir chez la femelle de xénope ces énormes cellules d'à peu près 1 mm de diamètre (Figure B). Les travaux réalisés au cours des années 1970 par John Gurdon, un biologiste du développement, ont montré que l'injection d'ARNm exogène dans des ovocytes de grenouille y déclenche la synthèse de protéines étrangères en quantité prodigieuse. Au début des années 1980, Ricardo Miledi, Eric Barnard et d'autres neurobiologistes prouvèrent que des ovocytes de xénope peuvent exprimer des canaux ioniques exogènes et que les méthodes de la physiologie pouvaient être utilisées pour étudier les courants ioniques des canaux ainsi synthétisés (Figure C).

Ces travaux d'avant-garde ont eu pour résultat de faire des techniques d'expression hétérologue le procédé communément utilisé aujourd'hui pour l'étude des canaux ioniques. Cette approche s'est révélée particulièrement fructueuse pour déchiffrer les relations entre la structure des canaux et leur fonction. Dans les études de ce type, on réalise des mutations précises (ne portant souvent que sur un seul nucléotide) dans la région du gène codant la structure considérée. Les protéines canaux qui en résultent sont alors exprimées dans des ovocytes pour évaluer les conséquences fonctionnelles de la mutation.

La possibilité de combiner les méthodes de la biologie moléculaire et de la physiologie dans un seul système cellulaire a fait de l'ovocyte de xénope un outil expérimental puissant. Dans les travaux contemporains sur les canaux ioniques activés par le voltage, cette préparation a rendu des services aussi éminents que l'axone de calmar pour les recherches de même ordre des années 1950 et 1960.

Références

GUNDERSEN, C.B., R. MILEDI et I. PARKER (1984), Slowly inactivating potassium channels induced in *Xenopus* oocytes by messenger ribonucleic acid from *Torpedo* brain. *J. Physiol. (Lond.)*, **353**, 231-248.

GURDON, J.B., C.D. LANE, H.R. WOODLAND et G. MARBAIX (1971), Use of frog eggs and oocytes for the study of messenger RNA and its translation in living cells. *Nature*, **233**, 177-182.

STÜMER, W. (1998), Electrophysiological recording from *Xenopus* oocytes. *Meth. Enzym.*, **293**, 280-300.

SUMIKAWA, K., M. HOUGHTON, J.S. EMTAGE, B.M. RICHARDS et E.A. BARNARD (1981), Active multi-subunit ACh receptor assembled by translation of heterologous mRNA in *Xenopus* oocytes. *Nature*, **292**, 862-864.

(A)

(B)

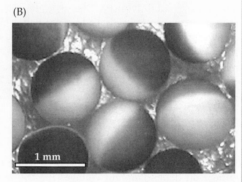

1 mm

(C)

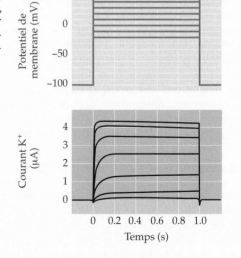

(A) La grenouille africaine *Xenopus laevis*. (B) Ovocytes de xénope montrant la teinte foncée du pôle animal et celle, plus claire, du pôle végétatif. (Gracieusement communiqué par P. Reinhart.) (C) Résultats d'une expérience de voltage-clamp montrant les courants potassiques après injection de l'ARNm du canal K⁺ dans un ovocyte. (D'après Gundersen et al., 1984.)

sélectivement des canaux dans des préparations expérimentales bien définies, comme des cellules en culture ou des ovocytes de batracien (Encadré 4B), et ces canaux ont été ensuite étudiés par patch-clamp et autres techniques physiologiques. On peut également supprimer les gènes des canaux chez des organismes qui se prêtent aux recherches de génétique, tels que la souris ou la drosophile, pour déterminer le rôle qu'ils jouent chez l'organisme intact. Ces travaux ont amené la découverte de nombreux canaux activés par le voltage et répondant au potentiel de membrane de la même façon que les canaux Na^+ et K^+ impliqués dans le potentiel d'action. D'autres canaux, en revanche, sont contrôlés par des signaux chimiques qui se lient à des domaines extra- ou intra-cellulaires de ces protéines et ne sont pas sensibles au voltage transmembranaire. D'autres encore sont sensibles à des déplacements mécaniques ou à des changements de température.

La diversité des canaux ioniques augmente encore en raison de la multiplicité des mécanismes susceptibles d'en produire des types fonctionnellement différents à partir d'un seul et même gène. Les gènes des canaux contiennent de nombreuses régions codantes qui peuvent être épissées les unes avec les autres de multiples façons et donner ainsi des protéines canaux aux propriétés fonctionnelles extrêmement différentes. Après sa transcription à partir du gène, l'ARN codant les canaux ioniques peut faire l'objet d'une édition qui modifie les bases qui le composent. L'édition, par exemple, de l'ARN codant certains récepteurs d'un neurotransmetteur, le glutamate (voir Chapitre 6), modifie un seul acide aminé du récepteur et crée ainsi des canaux qui diffèrent par leur sélectivité et leur conductance à l'égard des cations. Les protéines des canaux peuvent aussi subir des modifications post-traductionnelles telles que la phosphoryla-tion par des protéine-kinases (voir Chapitre 7), sources de changements supplémen-taires de leurs caractéristiques fonctionnelles. Ainsi, bien que les signaux électriques fondamentaux du système nerveux soient relativement stéréotypés, les protéines qui en contrôlent la production présentent une diversité importante conférant aux mul-tiples types de neurones qui peuplent le système nerveux des propriétés spécifiques de signalisation. Ces canaux sont par ailleurs impliqués dans de nombreux troubles neu-rologiques.

Les canaux ioniques dépendants du voltage

À l'heure actuelle, on a découvert des canaux ioniques dépendants du voltage qui présentent une perméabilité spécifique aux quatre principaux ions physiologiques, Na^+, K^+, Ca^{2+}, Cl^- (Figure 4.4 A-D). On a même découvert un grand nombre de gènes différents pour chaque type de canal ionique activé par le voltage. On a, par exemple, identifié chez l'homme 10 gènes du canal sodique. Il s'agit là d'un résultat inattendu, car les canaux Na^+ de nombreux types cellulaires distincts ont des propriétés fonction-nelles semblables pouvant laisser penser qu'ils dérivaient tous d'un seul et unique gène. Il est toutefois clair aujourd'hui que tous ces gènes du canal Na^+ (appelés gènes SCN) ont pour produit des protéines qui diffèrent quant à leur structure, leur fonction et leur

Figure 4.4

Types de canaux ioniques activés par le voltage. Les exemples de canaux activés par le voltage comprennent ceux qui sont sélectivement perméables au Na^+ (A), au Ca^{2+} (B), au K^+ (C) et au Cl^- (D). Parmi les canaux ioniques activés par un ligand, certains sont activés par la présence, dans le milieu extracellulaire, de neurotransmetteurs tels que le glutamate (E). D'autres sont activés par des seconds messagers intracellulaires tels que le Ca^{2+} (F) ou les nucléotides cycliques AMPc et GMPc (G).

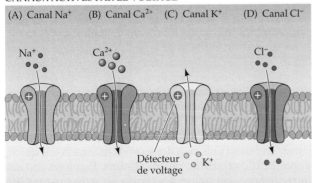

CANAUX ACTIVÉS PAR LE VOLTAGE

(A) Canal Na^+ (B) Canal Ca^{2+} (C) Canal K^+ (D) Canal Cl^-

Détecteur de voltage

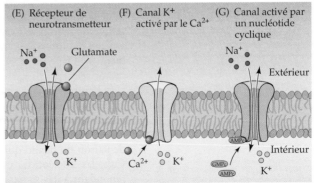

CANAUX ACTIVÉS PAR UN LIGAND

(E) Récepteur de neurotransmetteur   (F) Canal K^+ activé par le Ca^{2+} (G) Canal activé par un nucléotide cyclique

Extérieur

Intérieur

expression dans des tissus spécifiques. On a, par exemple, identifié dans les axones de mammifères, à côté des canaux sodiques à inactivation rapide découverts par Hodgkin et Huxley dans l'axone de calmar, un canal sodique sensible au voltage qui *ne* s'inactive *pas*. Comme on peut le prévoir, ce canal donne naissance à des potentiels d'action de longue durée et est la cible d'anesthésiques locaux tels que la benzocaïne ou la lidocaïne.

D'autres réponses électriques des neurones sont dues à des canaux Ca^{2+} dépendants du voltage (Figure 4.4B). Dans certains neurones, des canaux calciques dépendants du voltage provoquent des potentiels d'action de la même façon que les canaux sodiques sensibles au voltage. Dans d'autres neurones, les canaux calciques peuvent contrôler la forme de potentiels d'actions dont l'émission dépend essentiellement de changements de la conductance sodique. En modifiant la concentration intracellulaire du calcium, l'activité des canaux calciques régule une quantité considérable de processus biochimiques intracellulaires (voir Chapitre 7). Le plus important peut-être des processus régulés par les canaux calciques sensibles au voltage est la libération des neurotransmetteurs aux synapses (voir Chapitre 5). Étant donné ces fonctions capitales, il n'est sans doute guère étonnant que l'on ait identifié 16 gènes différents de canaux calciques (appelés *gènes CACNA*). De même que les canaux sodiques, les divers canaux calciques se distinguent par leurs propriétés d'activation et d'inactivation, ce qui offre des possibilités de variations légères des processus électriques et chimiques de signalisation qui font intervenir le calcium. En conséquence, les médicaments qui bloquent les canaux calciques activés par le voltage sont particulièrement utiles pour traiter toute une série de cas pathologiques allant des maladies cardiaques aux troubles anxieux.

La catégorie la plus étendue et la plus diverse de canaux ioniques dépendants du voltage est celle des canaux K^+ (Figure 4.4C). On connaît actuellement plus de 100 gènes de canaux potassiques ; on peut les regrouper en plusieurs classes aux propriétés d'activation et d'inactivation substantiellement différentes. Certains mettent plusieurs minutes pour s'activer ; c'est le cas des canaux K^+ de l'axone de calmar qu'ont étudiés Hodgkin et Huxley (Figure 4.5A). D'autres s'inactivent en quelques millisecondes, valeur typique de la plupart des canaux Na^+ contrôlés par le voltage (Figure 4.5B). Ces propriétés influencent la durée et la fréquence des potentiels d'action, ce qui a d'importantes répercussions sur leur propagation le long de l'axone et sur leur transmission aux synapses. L'une des fonctions les plus importantes des canaux potassiques concerne leur rôle dans la production du potentiel de membrane (voir Chapitre 2). Deux familles, au moins, de canaux K^+ s'ouvrant lors de l'hyperpolarisation de la membrane contribuent à fixer son potentiel de repos (Figure 4.5 D).

On a enfin identifié plusieurs types de canaux Cl^- activés par le voltage (voir Figure 4.4D). Ces canaux, présents dans tous les types de neurones, en contrôlent l'excitabilité et contribuent au potentiel de repos de la membrane et à la régulation du volume cellulaire.

Les canaux ioniques activés par des ligands

Beaucoup de types de canaux ioniques répondent à des signaux chimiques (ligands) plutôt qu'à des changements du potentiel de membrane. Dans le système nerveux, les plus importants de ces **canaux ioniques activés par des ligands** sont ceux qui sont activés par la liaison de neurotransmetteurs (Figure 4.4E). Ces canaux sont essentiels pour la transmission synaptique et pour d'autres formes de signalisation de cellule à cellule présentées dans les chapitres 5-7. Alors que les canaux ioniques activés par le voltage qui interviennent dans le potentiel d'action ne laissent typiquement transiter qu'un seul type d'ion, les canaux activés par des ligands extracellulaires sont d'ordinaire moins sélectifs : ils laissent deux types d'ions ou plus passer par le pore du canal.

D'autres canaux activés par des ligands sont sensibles à des signaux chimiques émanant du cytoplasme du neurone (voir Chapitre 7) ; ils peuvent présenter une sélectivité à l'égard d'ions particuliers comme le K^+ ou le Cl^- ou être perméables à tous les cations physiologiques. Ces canaux ont, sur leur face *intracellulaire*, des domaines de liaison du ligand qui entrent en interaction avec des seconds messagers tels que le Ca^{2+}, les nucléotides cycliques AMPc et GMPc ou les protons. Parmi les canaux répondant à des signaux intracellulaires, on trouve des canaux K^+ activés par le Ca^{2+}

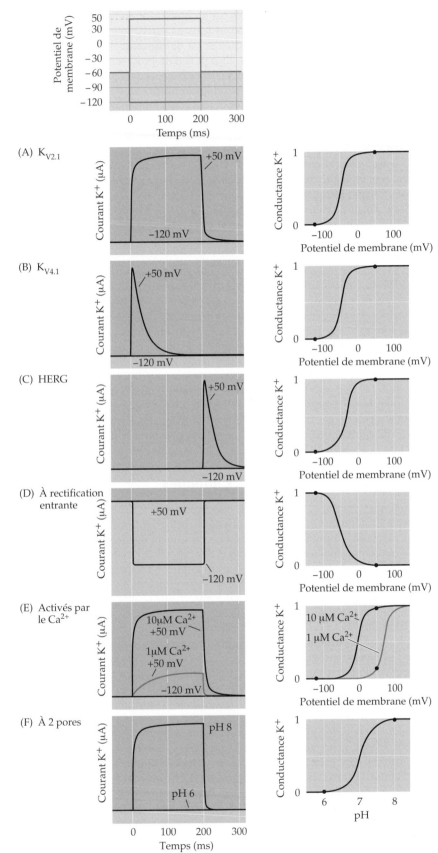

Figure 4.5

Propriétés diverses des canaux K⁺. Différents types de canaux potassiques ont été exprimés dans des ovocytes de xénope (voir Encadré 4B) et l'on a utilisé la méthode du voltage imposé pour modifier le potentiel de membrane (en haut) et mesurer les courants résultants passant par chaque type de canal. Ces canaux K⁺ ont des propriétés d'activation qui varient de façon importante, comme le montrent leurs courants (à gauche) et leurs conductances (à droite). (A) Les canaux $K_{V2.1}$ ne présentent guère d'inactivation et sont étroitement apparentés aux canaux K⁺ de la rectification retardée, qui interviennent dans la repolarisation du potentiel d'action. (B) Les canaux $K_{V4.1}$ s'inactivent durant une dépolarisation. (C) Les canaux HERG s'inactivent si vite qu'il n'y a de courant qu'au moment où l'inactivation cesse brusquement à la fin de la dépolarisation. (D) Les canaux potassiques à rectification entrante laissent passer davantage de courant quand la membrane est hyperpolarisée que lorsqu'elle est dépolarisée. (E) Les canaux K⁺ activés par le Ca^{2+} s'ouvrent en réponse à des ions Ca^{2+} intracellulaires et, dans certains cas, en réponse à une dépolarisation membranaire. (F) Les canaux K⁺ à deux pores répondent habituellement à des signaux chimiques tels que le pH plutôt qu'à des variations du potentiel de membrane.

(Figure 4.4F), les canaux cationiques activés par un nucléotide cyclique (Figure 4.4G) ou les canaux ioniques activés par les protons (canaux ASIC pour *Acid-Sensing Ion Channels*). La principale fonction de ces canaux est de convertir des signaux chimiques intracellulaires en signaux électriques. Il s'agit là d'un processus particulièrement important dans la transduction sensorielle, où des canaux activés par des nucléotides cycliques convertissent des odeurs ou des stimulus lumineux en signaux électriques.

Un certain nombre de canaux ioniques à activation intracellulaire sont situés à la surface de la membrane cellulaire ; d'autres sont dans les membranes d'organites intracellulaires telles que les mitochondries ou le réticulum endoplasmique. Certains canaux de cette dernière catégorie sont sélectivement perméables au Ca^{2+} et régulent la libération de Ca^{2+} dans le cytoplasme à partir de la lumière du réticulum endoplasmique. Le calcium ainsi libéré peut alors déclencher une large gamme de réponses cellulaires (voir Chapitre 7).

Les canaux activés par l'étirement et la chaleur

Certains canaux ioniques répondent à la chaleur ou à la déformation de la membrane. Les canaux ioniques activés par la chaleur, tels certains récepteurs de la famille dite TRP (*Transient Receptor Potential*), interviennent dans les sensibilités nociceptive et thermique ainsi que dans les processus inflammatoires (voir Chapitre 10). Ils sont fréquemment spécialisés dans la détection de gammes délimitées de température et certains d'entre eux sont même activés par le froid. D'autres canaux ioniques répondent à une distorsion mécanique de la membrane plasmique ; ce sont les éléments fondamentaux des récepteurs qui déclenchent les réflexes d'étirement (voir Chapitres 9, 16 et 17). C'est une forme spécialisée de ces récepteurs qui est à la base de l'audition en permettant aux cellules ciliées auditives de répondre aux ondes sonores (voir Chapitre 13).

En résumé, la fantastique diversité des canaux ioniques donne aux neurones la possibilité de répondre par des signaux électriques aux changements du potentiel de membrane, aux entrées synaptiques, aux seconds messagers intracellulaires, aux odeurs, à la lumière, à la chaleur, au son, au contact et à beaucoup d'autres stimulus.

Structure moléculaire des canaux ioniques

Pour comprendre comment fonctionnent effectivement les canaux ioniques, il est indispensable de connaître leur structure physique. Jusque récemment, presque tout ce que l'on savait de la structure des canaux avait été obtenu de manière indirecte, par l'étude de leur composition en acides aminés et des propriétés physiologiques de leurs protéines. On a ainsi récolté beaucoup d'informations en explorant les fonctions d'acides aminés entrant dans la composition de leurs protéines par les techniques de **mutagenèse** et d'expression des canaux dans des ovocytes de xénope (voir Encadré 4B). Ces travaux ont permis de mettre en évidence une architecture transmembranaire générale, commune aux principales familles de canaux ioniques. Toutes ces molécules, par exemple, sont des **protéines membranaires intrinsèques** traversant la membrane plasmique à plusieurs reprises. Les protéines canaux Na^+ (et Ca^{2+}) consistent en motifs répétitifs de 6 régions transmembranaires se répétant 4 fois, soit un total de 24 régions transmembranaires (Figure 4.6A, B). Les canaux Na^+ ou Ca^{2+} peuvent n'être constitués que d'une seule de ces protéines, bien que leurs fonctions puissent être régulées par des protéines accessoires, appelées sous-unités β.

En règle générale, les protéines du canal K^+ traversent six fois la membrane (Figure 4.6C), bien qu'il y ait des canaux K^+ où elles ne traversent la membrane que deux fois, comme c'est le cas pour un canal de bactérie et plusieurs canaux de mammifères ; d'autres la traversent quatre fois (Figure 4.6F) ou sept fois (Figure 4.6E). Chacune de ces protéines constitue une sous-unité du canal K^+ ; d'ordinaire, quatre sous-unités s'associent pour former un seul canal ionique fonctionnel.

D'astucieuses expériences de mutagenèse nous ont renseignés sur la façon dont fonctionnent ces protéines. Dans tous les canaux ioniques, deux domaines transmembranaires forment un **pore** central par lequel diffusent les ions et l'un de ces domaines comporte une boucle protéique qui donne au canal sa sélectivité de sorte que seuls

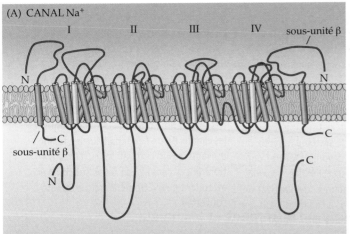

(A) CANAL Na⁺

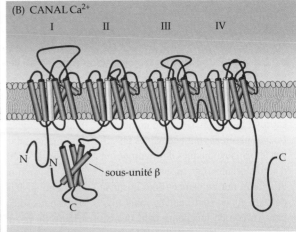

(B) CANAL Ca²⁺

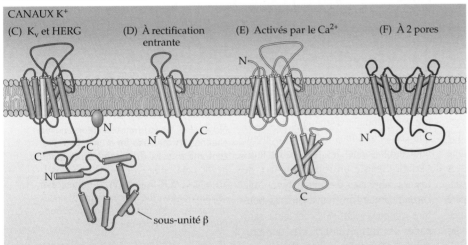

CANAUX K⁺
(C) K$_V$ et HERG   (D) À rectification entrante   (E) Activés par le Ca²⁺   (F) À 2 pores

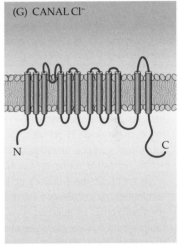

(G) CANAL Cl⁻

Figure 4.6

Topologie des principales sous-unités des canaux Na⁺, Ca²⁺, K⁺ et Cl⁻ activés par le voltage. Les motifs répétitifs des canaux Na⁺ (A) et Ca²⁺ (B) sont numérotés I, II, III et IV. (C–F) Les canaux K⁺ sont plus variés. Dans tous les cas, un canal fonctionnel est formé par la combinaison de quatre sous-unités. (G) Les canaux chlorure ont une structure différente de celle des autres canaux activés par le voltage.

certains ions peuvent diffuser par le pore (Figure 4.7). Comme on peut s'y attendre, les acides aminés qui forment la boucle pore diffèrent selon que les canaux laissent passer tel ou tel ion. Les caractéristiques structurales particulières des protéines du canal forment aussi les sites de liaison spécifiques des neurotoxines et des médicaments connus pour bloquer certaines sous-catégories de canaux ioniques (Encadré 4C). Un grand nombre de canaux activés par le voltage comportent de plus un type particulier d'hélice transmembranaire dont l'une des faces présente des acides aminés porteurs de charges positives (Figures 4.6 et 4.7). Manifestement, cette structure sert à détecter les variations du potentiel électrique transmembranaire. Une dépolarisation de la membrane influence les acides aminés chargés, de façon telle que l'hélice subit un changement de position dont la nature n'a pas été clairement déterminée. D'autres expériences de mutagenèse ont montré que l'extrémité de certains canaux K⁺ joue un rôle capital dans l'inactivation du canal. Cette structure intracellulaire (extrémité N de la figure 4.6C) peut boucher le pore du canal lors d'une dépolarisation prolongée.

Des études récentes par **cristallographie aux rayons X** de canaux potassiques ont apporté des informations directes sur les bases structurales du fonctionnement des canaux ioniques. Les premières données viennent de l'étude du canal potassique d'une bactérie. Le choix de ce canal comme objet d'analyse tenait à la possibilité d'obtenir par culture bactérienne les grandes quantités de protéine canal nécessaires à la cristallographie. Les résultats montrent que le canal est formé de sous-unités ayant chacune deux domaines qui traversent la membrane plasmique; entre ces deux domaines transmembranaires, se trouve une boucle insérée dans la membrane (Figure 4.8A). Quatre

ENCADRÉ 4C   *Les toxines des canaux ioniques*

Étant donné l'importance des canaux Na⁺ et K⁺ pour l'excitation des neurones, il n'est guère surprenant que divers organismes se soient dotés de toxines spécifiques de ces canaux pour se défendre ou capturer des proies. Un grand nombre de toxines naturelles ont pour cibles sélectives les canaux ioniques des neurones et d'autres cellules. Ces toxines présentent un intérêt non seulement pour la survie de ceux qui en sont pourvus, mais aussi pour l'étude du fonctionnement des canaux ioniques cellulaires. La plus connue des toxines de ce type est la *tétrodotoxine*, que produisent certains poissons globes (les tétrodons) et d'autres animaux. La tétrodotoxine bloque de façon puissante et spécifique les canaux sodiques responsables de l'émission du potentiel d'action, paralysant ainsi les animaux qui, par malheur, l'ont ingérée. La *saxitoxine*, un homologue chimique de la tétrodotoxine, que produisent certains dinoflagellés, a une action semblable sur les canaux Na⁺. Les effets éventuellement mortels de la consommation de coquillages ayant ingéré les dinoflagellés en question, (la « marée rouge ») sont dus aux effets puissants des saxitoxines sur les neurones.

Les scorpions paralysent leurs proies en injectant un mélange très actif de toxines peptidiques affectant également les canaux ioniques. On trouve parmi elles les *α-toxines* qui ralentissent l'inactivation des canaux Na⁺ (Figure A1) ; en présence de ces toxines les neurones présentent un allongement de leurs potentiels d'action (Figure A2) brouillant la transmission des informations dans le système nerveux de la proie qui va être dévorée. D'autres peptides du venin de scorpion, les *β-toxines*, décalent la dépendance de l'activation des canaux sodiques à l'égard du voltage (Figure B). Ces toxines provoquent l'ouverture des canaux sodiques à des potentiels plus négatifs que la normale, bouleversant ainsi l'émission des potentiels d'action. Certains alcaloïdes toxiques combinent ces différents effets : ils suppriment l'inactivation des canaux sodiques tout en décalant leur activation. C'est le cas de la *batrachotoxine*, produite par une grenouille d'Amérique du Sud et que certaines tribus indiennes utilisent pour empoisonner les pointes de leurs flèches. Il existe un certain nombre de toxines végétales de même type, telle l'*aconitine* que l'on trouve chez les boutons-d'or ou la *vératridine*, chez les lis, sans parler des toxines insecticides que produisent des plantes comme les chrysanthèmes ou les rhododendrons.

Les canaux potassiques sont eux aussi la cible des toxines de certains organismes. Parmi les toxines peptidiques affectant les canaux potassiques, on trouve la *dendrotoxine* chez les guêpes, l'*apamine*, chez les abeilles, ou une autre toxine de scorpion, la *charybdotoxine*. Toutes ces toxines ont comme principal effet de bloquer les canaux K⁺ ; on ne connaît aucune toxine qui agisse sur l'activation ou l'inactivation de ces canaux ; de telles substances attendent peut-être seulement d'être découvertes.

Références

CAHALAN, M. (1975), Modification of sodium channel gating in frog myelinated nerve fibers by *Centruroides sculpturatus* scorpion venom. *J. Physiol. (Lond.)*, **244**, 511-534.

CATTTERALL, W.A., S. CESTELE, V. YAROV-YAROVOY, F.H. YU, K. KONOKI et T. SCHEUER (2007), Voltage-gated ion channels and gating modifier toxins. *Toxicon*, **49**, 124-141.

NARAHASHI, T. (2000), Neuroreceptors and ion channels as the basis for drug action : Present and future. *J. Pharmacol. Exptl. Therapeutics*, **294**, 1-26.

SCHMIDT, O. et H. SCHMIDT (1972), Influence of calcium ions on the ionic currents of nodes of Ranvier treated with scorpion venom. *Pflügers Arch.*, **333**, 51-61.

(A) Effets du traitement de fibres nerveuses de grenouille par une toxine. (1) L'α-toxine du scorpion *Leiurus quinquestriatus* prolonge les courants sodiques enregistrés par la méthode du voltage imposé. (2) Du fait de l'augmentation du courant sodique, l'α-toxine augmente considérablement la durée du potentiel d'action axonique. Noter le changement de l'échelle des temps après traitement par la toxine. (B) Le traitement d'une fibre nerveuse de grenouille par une β-toxine d'un autre scorpion, le *Centruroides sculpturatus*, décale l'activation des canaux Na⁺ de telle sorte que la conductance au Na⁺ commence à augmenter à des potentiels plus négatifs que d'habitude. (A, d'après Schmidt et Schmidt, 1972 ; B, d'après Cahalan, 1975.)

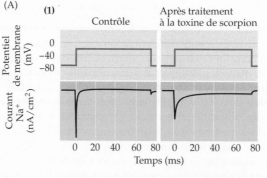

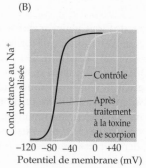

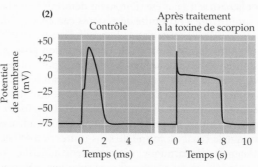

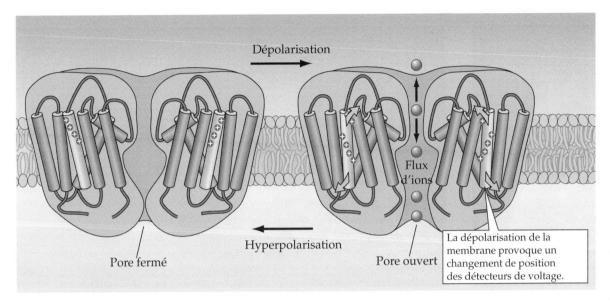

Dépolarisation

Flux
d'ions

Hyperpolarisation

Pore fermé

Pore ouvert

La dépolarisation de la
membrane provoque un
changement de position
des détecteurs de voltage.

Figure 4.7

Un détecteur de voltage portant une charge permet aux canaux ioniques d'être activés par le voltage. Le processus d'activation par le voltage fait intervenir le mouvement d'un détecteur de voltage transmembranaire porteur de charges positives. Ce mouvement provoque un changement de conformation du pore du canal, permettant au canal de laisser passer des ions.

de ces sous-unités s'assemblent pour former un canal (Figure 4.8B). Au centre de celui-ci, une étroite ouverture dans la protéine permet au K$^+$ de diffuser à travers la membrane. Cette ouverture est le pore du canal, formé par la boucle et les domaines transmembranaires. La structure du pore est parfaitement adaptée au transit des ions K$^+$ (Figure 4.8C.) Près de l'orifice extérieur du canal, la partie la plus étroite forme un goulot si resserré que les ions K$^+$ ne peuvent le franchir que sous forme déshydratée. Il est impossible aux cations de grande taille tels que le Cs$^+$ de le traverser ; quant aux cations plus petits, comme le Na$^+$, ils ne peuvent pas entrer dans le pore, car ses « parois » sont trop espacées pour stabiliser un ion Na$^+$ déshydraté. Cette partie du canal est donc responsable de sa perméabilité sélective au K$^+$, raison pour laquelle on lui a donné le nom de **filtre de sélectivité**. La séquence d'acides aminés formant la partie de ce filtre de sélectivité propre aux canaux K$^+$ est souvent appelée la « séquence signature » du canal potassique ; elle diffère des séquences que l'on trouve dans les canaux perméables à d'autres cations.

Plus avant, le canal présente une cavité remplie d'eau qui débouche dans l'intérieur de la cellule. À l'évidence, cette cavité collecte le K$^+$ du cytoplasme et, grâce aux charges négatives de la protéine, les ions K$^+$ peuvent alors être déshydratés. Ainsi « dénudés », les ions peuvent traverser quatre sites de fixation du K$^+$, à l'intérieur du filtre de sélectivité, et déboucher enfin dans l'espace extracellulaire (rappelons qu'un gradient de concentration normal pousse les ions K$^+$ hors des cellules). Les ions K$^+$ qui se trouvent à l'intérieur du filtre de sélectivité (quatre au maximum) exercent les uns sur les autres une répulsion électrostatique qui accélère leur transit dans le filtre et permet ainsi un flux rapide des ions à travers le canal.

On a également déterminé récemment par cristallographie la structure d'un canal potassique activé par le voltage appartenant à un mammifère. Ces travaux ont fourni un certain nombre d'éclaircissements sur la façon dont le potentiel membranaire contrôle les canaux ioniques. Comme dans le cas des canaux K$^+$ de bactérie décrits ci-dessus, le canal K$^+$ activé par le voltage est constitué d'un assemblage de quatre sous-unités (Figure 4.9A). La région du pore est tout à fait semblable à celle des canaux de bactérie (Figure 4.9B), mais la face cytoplasmique comprend des structures supplémentaires comme une sous-unité β et un domaine T1 reliant la sous-unité β au canal. Des trous entre le domaine T1 et la partie intramembranaire du canal servent de portes par lesquelles le K$^+$ peut pénétrer dans le canal ; c'est là aussi que s'insèrent des composants du canal impliqués dans son inactivation (Figure 49C). Une autre caractéristique importante du canal est la présence de détecteurs de voltage. Ils sont constitués de domaines intramembranaires fonctionnant de façon indépendante et possédant des acides aminés chargés positivement grâce auxquels ils réagissent aux changements

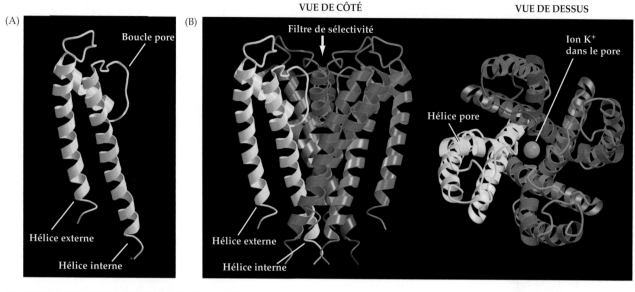

(A)

Boucle pore

Hélice externe

Hélice interne

VUE DE CÔTÉ

Filtre de sélectivité

(B)

Hélice externe

Hélice interne

VUE DE DESSUS

Ion K⁺
dans le pore

Hélice pore

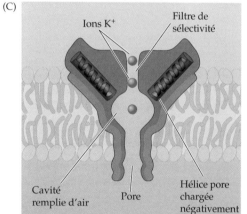

(C)

Ions K⁺

Filtre de
sélectivité

Cavité
remplie d'air

Pore

Hélice pore
chargée
négativement

Figure 4.8

Structure d'un canal K⁺ de bactérie déterminée par cristallographie. (A) Structure d'une sous-unité du canal formée de deux domaines transmembranaires et d'une boucle pore s'insérant dans la membrane. (B) Organisation tridimensionnelle de quatre sous-unités (chacune de couleur différente) pour former un canal K⁺. La vue de dessus montre un ion K⁺ (en vert) dans le pore du canal. (C) La voie de perméation du canal K⁺ consiste en une grande cavité remplie d'eau connectée à un filtre de sélectivité plus étroit. Les domaines en hélice du canal ont leurs charges négatives (en rouge) dirigées vers la cavité, ce qui permet aux ions K⁺ (en vert) de se déshydrater et de passer au travers du filtre de sélectivité. (D'après Doyle et al., 1998.)

du potentiel de membrane. Ces détecteurs sont, semble-t-il, mis en mouvement par une dépolarisation de la membrane et agissent sur une structure en hélice, dénommée «attache S4-S5» (*S4-S5 linker*). En tirant, cette attache ouvre le pore, en poussant elle le ferme (Figure 4.9D). On peut donc maintenant expliquer en termes de structure comment le voltage contrôle les canaux ioniques. On n'a toutefois pas déterminé précisément les mouvements du détecteur de voltage lors d'une dépolarisation de la membrane. La structure du détecteur ressemble à une pagaie et l'on a donc supposé que la dépolarisation pouvait faire basculer le détecteur d'une face à l'autre de la membrane (Figure 4.9E).

En bref, les canaux ioniques sont des protéines membranaires intrinsèques, dont les caractéristiques leur permettent de s'assembler en agrégats multimoléculaires. L'action collective de ces structures permet aux canaux de laisser passer certains ions, de détecter le potentiel transmembranaire, de s'inactiver et de se lier à diverses neurotoxines. Grâce à des recherches combinées de physiologie, de biologie moléculaire et de cristallographie, on commence à entrevoir la structure physique détaillée des canaux K⁺. On comprend aujourd'hui dans une large mesure comment les ions sont conduits d'un côté à l'autre de la membrane plasmique, comment un canal peut présenter une perméabilité sélective pour un ion donné, comment des protéines du canal peuvent détecter les changements du voltage transmembranaire et comment le pore du canal est contrôlé. Il est vraisemblable que les autres types de canaux présenteront une architecture fonctionnelle similaire. Ces recherches ont enfin mis en lumière la façon dont les mutations des gènes des canaux ioniques peuvent entraîner une multitude de désordres neurologiques (Encadré 4D).

Des transporteurs actifs créent et maintiennent des gradients ioniques

Concernant les bases moléculaires des signaux électriques, on a jusqu'ici considéré comme acquis le fait que les neurones maintiennent, entre les deux faces de leur membrane, des gradients de concentration pour certaines espèces d'ions. Pourtant, aucun des ions de quelque importance physiologique (Na⁺, K⁺, Cl⁻, Ca²⁺) n'est à l'équilibre électrochimique. Étant donné que les canaux produisent des courants électriques en laissant ces

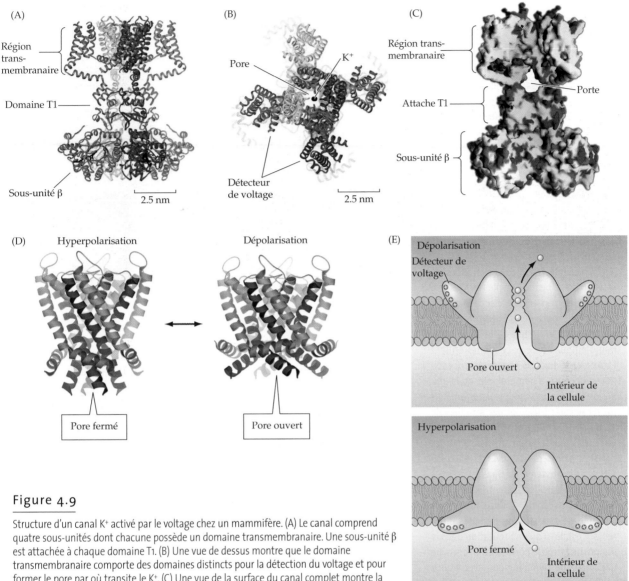

(A) Région trans-membranaire
Domaine T1
Sous-unité β
2.5 nm

(B) Pore
K⁺
Détecteur de voltage
2.5 nm

(C) Région trans-membranaire
Porte
Attache T1
Sous-unité β

(D) Hyperpolarisation   Dépolarisation
Pore fermé   Pore ouvert

(E) Dépolarisation
Détecteur de voltage
Pore ouvert
Intérieur de la cellule
Hyperpolarisation
Pore fermé
Intérieur de la cellule

Figure 4.9

Structure d'un canal K⁺ activé par le voltage chez un mammifère. (A) Le canal comprend quatre sous-unités dont chacune possède un domaine transmembranaire. Une sous-unité β est attachée à chaque domaine T1. (B) Une vue de dessus montre que le domaine transmembranaire comporte des domaines distincts pour la détection du voltage et pour former le pore par où transite le K⁺. (C) Une vue de la surface du canal complet montre la présence de « portes » laissant le K⁺ entrer dans le canal et permettant l'insertion de structures qui inactivent le canal. Les couleurs bleue et rouge représentent des acides aminés chargés. (D) Modèle du contrôle du canal K⁺ par le voltage. Une dépolarisation provoque un mouvement du détecteur de voltage vers la face extracellulaire de la membrane, s'accompagnant d'une traction sur l'attache S4-S5 (en rouge) et entraînant ainsi l'ouverture du pore du canal. À l'inverse, une hyperpolarisation provoque une poussée de l'attache vers le bas qui ferme le pore du canal. (E) Modèle de la pagaie appliqué au mouvement du détecteur de voltage. Le domaine constituant le détecteur de voltage est en forme de pagaie ; une dépolarisation le fait se mouvoir vers la face extracellulaire de la membrane et une hyperpolarisation vers la face intracellulaire. (A–C d'après Long et al., 2005a ; D d'après Long et al., 2005b ; E d'après Lee, 2006).

ions diffuser selon leurs gradients électrochimiques, leurs gradients de concentration viendraient à s'atténuer progressivement si les cellules nerveuses ne remplaçaient pas les ions déplacés par les courants qui surviennent lors des signaux nerveux et lors des fuites continues au repos. Les tâches essentielles que sont la création et le maintien des gradients de concentration ionique relèvent d'un groupe de protéines de la membrane plasmique auxquelles on a donné le nom de **transporteurs actifs**.

ENCADRÉ 4D *Maladies dues à des altérations des canaux ioniques*

Plusieurs maladies génétiques résultent d'altérations minimes, mais critiques, des gènes des canaux ioniques. Les plus nettement caractérisées sont celles qui touchent les cellules musculaires squelettiques. Dans ces affections, les altérations des protéines des canaux provoquent soit une myotonie (raideur musculaire due à une excitabilité électrique excessive), soit une paralysie (due à une excitabilité musculaire insuffisante). D'autres troubles causés par des canaux ioniques défectueux affectent le cœur, le rein et l'oreille interne.

Les pathologies des canaux ioniques du cerveau sont beaucoup plus difficiles à étudier. Les canaux Ca²⁺ activés par le voltage ont toutefois été récemment impliqués dans toute une série de troubles neurologiques. Ceux-ci comprennent l'ataxie épisodique, la dégénérescence spinocérébelleuse, l'héméralopie et la migraine. La *migraine hémiplégique familiale* (MHF) se caractérise par des attaques de migraine qui durent, en règle générale, de un à trois jours. Durant ces épisodes, les patients souffrent de sévères maux de tête et de vomissements. Dans les familles affectées de MHF, on a identifié plusieurs mutations du canal Ca²⁺ s'accompagnant chacune de symptômes cliniques différents. C'est ainsi qu'une mutation dans la région qui forme le pore du canal entraîne une migraine hémiplégique avec ataxie cérébelleuse progressive, alors que d'autres mutations ne donnent que les symptômes habituels de la MHF. On ignore comment les défectuosités particulières de ces canaux causent les attaques de migraine.

Dans l'*ataxie épisodique de type 2* (AE2), les patients souffrent d'attaques récurrentes de mouvements anormaux des membres et d'une ataxie sévère. Ces problèmes s'accompagnent parfois de vertiges, de nausées et de maux de tête. D'ordinaire, les attaques sont déclenchées par un stress émotionnel, l'exercice ou l'alcool et persistent pendant quelques heures au moins. Dans l'AE2, les canaux Ca²⁺ sont tronqués en plusieurs sites par suite de mutations ; ceci peut empêcher

leur insertion normale dans la membrane et causer ainsi les manifestations cliniques de la maladie.

L'*héméralopie congénitale stationnaire* liée à l'X (HCS) est une affection rétinienne récessive entraînant cécité nocturne, ré-

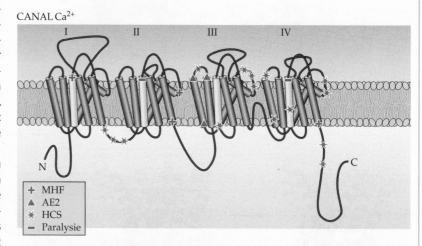

CANAL Ca²⁺

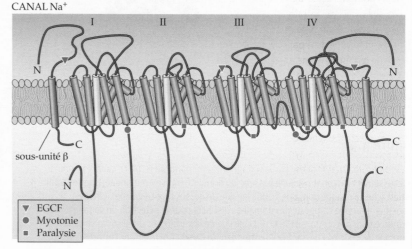

CANAL Na⁺

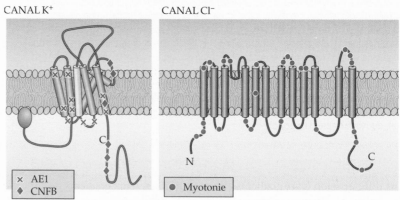

CANAL K⁺   CANAL Cl⁻

Mutations génétiques dans les canaux Ca²⁺, les canaux Na⁺, les canaux K⁺ et les canaux Cl⁻ provoquant des maladies. Les régions en rouge indiquent les sites de ces mutations et les maladies qu'elles provoquent. (D'après Lehmann-Horn et Jurkat-Rott, 1999.)

duction de l'acuité visuelle, myopie, nystagmus et strabisme. Dans sa forme la plus grave, les bâtonnets de la rétine ne sont pas fonctionnels. Dans sa forme incomplète, les deux types de photorécepteurs rétiniens, cônes et bâtonnets, ont un fonctionnement inférieur à la normale, mais qui reste mesurable. Comme l'AE2, la forme incomplète de l'HCS est la conséquence de mutations entraînant la formation de canaux Ca²⁺ tronqués. Le fonctionnement anormal de la rétine peut alors être dû à une diminution des courants calciques et de la libération de neurotransmetteurs par les photorécepteurs (voir Chapitre 11).

Une altération des canaux Na⁺ du cerveau est la cause d'une *épilepsie généralisée avec convulsions fébriles* (EGCF) débutant au cours de l'enfance et continuant généralement pendant les premières années de la puberté. Cette défectuosité a été attribuée à deux mutations, l'une sur le chromosome 2 qui code une sous-unité α d'un canal Na⁺ activé par le voltage, l'autre sur le chromosome 19 qui code une unité β d'un canal Na⁺. Ces mutations provoquent un ralentissement de l'inactivation du canal Na⁺ (Figure B), ce qui peut expliquer l'hyperexcitabilité neuronale qui accompagne l'EGCF.

Relevant d'un autre type de crises, *les convulsions néonatales familiales bénignes* (CNFB) sont dues à des mutations des canaux potassiques. La maladie se traduit par des crises brèves et fréquentes débutant dans la première semaine

de la vie et disparaissant spontanément en quelques mois. Les mutations ont été attribuées à au moins deux gènes de canaux K⁺ activés par le voltage. La réduction des courants potassiques empruntant les canaux mutés est probablement à l'origine de l'hyperexcitabilité constatée. Une maladie apparentée, l'ataxie épisodique de type 1 (AE1), a été mise en relation avec une altération d'un autre type de canaux potassiques activés par le voltage. L'AE1 se caractérise par de brefs épisodes d'ataxie. Les canaux mutants inhibent le fonctionnement d'autres canaux potassiques non mutants et peuvent provoquer les symptômes cliniques en altérant la repolarisation du potentiel d'action. Des mutations affectant les canaux K⁺ du muscle cardiaque sont responsables de l'irrégularité du rythme cardiaque des patients présentant le syndrome du Q-T

long. De nombreux troubles génétiques affectent les canaux activés par le voltage appartenant aux muscles squelettiques et provoquent une multitude de pathologies musculaires se traduisant soit par une faiblesse musculaire (*paralysie*) soit par des contractions (*myotonie*).

Références

Ashcroft, F.M. (2000), *Ion Channels and Disease*. Boston : Academic Press.

Barchi, R.L. (1995), Molecular pathology of the skeletal muscle sodium channel. *Annu. Rev. Physiol.*, **57**, 355-385.

Berkovic, S.F. et I.E. Scheffer (1997), Epilepsies with single gene inheritance. *Brain Develop.*, **19**, 13-28.

Cooper, E.C. et L.Y. Jan (1999), Ion channel genes and human neurological disease : Recent progress, prospects, and challenges. *Proc. Natl. Acad. Sci. USA*, **96**, 4759-4766.

Davies, N.P. et M.G. Hanna (1999), Neurological channelopathies. Diagnosis and therapy in the new millenium. *Ann. Med.*, **31**, 406-420.

Jen, J. (1999), Calcium channelopathies in the central nervous system. *Curr. Op. Neurobiol.*, **9**, 274-280.

Khosravani H. et G.W. Zamponi (2006), Voltage-gated calcium channels and idiopathic generalized epilepsies. *Physiol. Rev.*, **86**, 941-966.

Lehmann-Horn, F. et K Jurkat-Rott (1999), Voltage-gated ion channels and hereditary disease. *Physiol. Rev.*, **79**, 1317-1372.

Ophoff, R.A. G.M. Terwindt, R.R. Frants et M.D. Ferrari (1998), P/Q-type Ca²⁺ channel defects in migraine, ataxia and epilepsy. *Trends Pharm. Sci.*, **19**, 121-127.

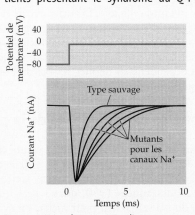

Des mutations des canaux sodiques ralentissent l'inactivation des courants Na⁺. (D'après Barchi, 1995.)

Les transporteurs actifs réalisent ces tâches en formant des complexes avec les ions dont ils assurent la translocation. Le processus de liaison puis de dissociation mis en jeu dans le transport de l'ion demande en général plusieurs millisecondes. De ce fait, la translocation d'un ion par des transporteurs actifs est beaucoup plus lente que le mouvement de l'ion au travers d'un canal. Rappelons que les canaux ioniques peuvent laisser passer à travers la membrane des milliers d'ions par milliseconde. En un mot, les transporteurs actifs procèdent à un véritable stockage d'énergie sous forme de gradients de concentration ionique tandis que, durant les phénomènes relativement brefs que sont les signaux électriques, l'énergie emmagasinée est rapidement libérée par l'ouverture de canaux ioniques.

À ce jour, plusieurs types de transporteurs actifs ont été identifiés (Figure 4.10). Si chacun de ces transporteurs se charge d'une tâche différente, tous doivent opérer une translocation d'ions à l'encontre de leur gradient électrochimique. Transporter des ions à contre-courant suppose une consommation d'énergie, et les transporteurs neuronaux peuvent être classés en deux catégories en fonction de leur source d'énergie. Certains puisent leur énergie directement dans l'hydrolyse de l'ATP ; ce sont les **pompes ATPases** (Figure 4.10, gauche). Elles comprennent, par exemple, la **pompe à Na⁺** (ou plus précisément la pompe ATPase Na⁺-K⁺) qui est responsable du maintien des gradients de concentration transmembranaires du Na⁺ et du K⁺ (Figure 4.10A). On peut citer également la pompe à Ca²⁺ qui constitue l'un des principaux mécanismes d'expulsion du calcium hors des cellules (Figure 4.10B).

Les transporteurs actifs de la seconde catégorie n'utilisent pas directement l'ATP, mais dépendent du gradient électrochimique d'autres ions comme source d'énergie. Ce type de transporteurs déplace un ion, ou plusieurs ions, à l'encontre de son gradient électrochimique tout en emmenant simultanément un autre ion, la plupart du temps le Na⁺, dans le sens de son gradient. Étant donné que ces mécanismes mettent en jeu au moins deux espèces d'ions, les transporteurs sont généralement appelés **échangeurs d'ions** (Figure 4.10, droite). Un exemple de ce type de transporteurs est l'échangeur Na⁺-Ca²⁺ qui, avec la pompe à Ca²⁺, est chargé de maintenir la concentration du Ca²⁺ intracellulaire à un niveau faible (Figure 4.10C). Deux autres échangeurs de la même catégorie régulent la concentration du Cl⁻ intracellulaire en transportant du Cl⁻ en même temps que du Na⁺ et/ou du K⁺ ; il s'agit d'une part, du cotransporteur Na⁺-K⁺-Cl⁻ qui transporte simultanément du Cl⁻, du Na⁺ et du K⁺ vers l'intérieur des cellules (Figure 4.10D) et, d'autre part, du cotransporteur K⁺-Cl⁻ (Figure 4.10E). Ces deux cotransporteurs déplaçant le Cl⁻ dans des directions opposées, sa concentration intracellulaire nette dépend de l'activité plus ou moins intense de chacun d'eux. D'autres échangeurs d'ions, tels que l'échangeur Na⁺-H⁺ (Figure 4.10F), régulent pour leur part le pH intracellulaire. D'autres encore servent à transporter les neurotransmetteurs à l'intérieur des terminaisons synaptiques (Figure 4.10G), comme cela sera décrit au chapitre 6. Même si le gradient électrochimique du Na⁺ (ou de tout autre ion d'échange) apparaît comme la source immédiate d'énergie pour les échangeurs d'ions, ces gradients dépendent en dernier ressort de l'hydrolyse d'ATP par des pompes ATPases telle que la pompe ATPase Na⁺-K⁺.

Propriétés fonctionnelles de la pompe à Na⁺-K⁺

De tous ces transporteurs, le mieux connu est la pompe à Na⁺-K⁺. On estime que l'activité de cette pompe représente 20 à 40 % de la consommation d'énergie du cerveau, ce qui indique bien son importance. Cette pompe fut découverte dans les neurones au cours des années 1950, quand Richard Keynes, de l'Université de Cambridge, utilisa du Na⁺ radioactif pour mettre en évidence l'efflux de Na⁺ de l'axone géant de calmar. Keynes et ses collaborateurs trouvèrent que, si l'on empêche l'utilisation d'ATP par l'axone en lui administrant des poisons métaboliques, on arrête cet efflux (Figure 4.11A, point 4). D'autres traitements qui réduisent l'ATP intracellulaire empêchent également la sortie de Na⁺. Ces expériences ont montré que l'évacuation du Na⁺

Figure 4.10

Exemples de transporteurs d'ions dans des membranes cellulaires. (A, B) Certains transporteurs ont comme source d'énergie l'hydrolyse de l'ATP (pompes ATPases) ; d'autres (C–F) utilisent les gradients électrochimiques d'ions cotransportés (échangeurs d'ions).

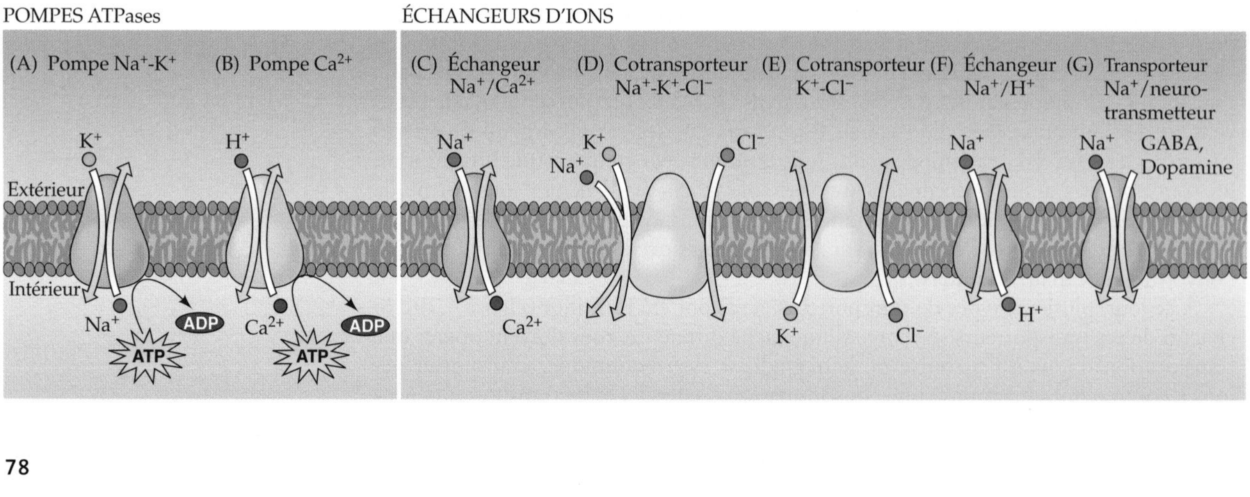

POMPES ATPases · ÉCHANGEURS D'IONS

(A) Pompe Na⁺-K⁺ · (B) Pompe Ca²⁺ · (C) Échangeur Na⁺/Ca²⁺ · (D) Cotransporteur Na⁺-K⁺-Cl⁻ · (E) Cotransporteur K⁺-Cl⁻ · (F) Échangeur Na⁺/H⁺ · (G) Transporteur Na⁺/neurotransmetteur

Figure 4.11

Mouvements d'ions dus à la pompe à Na+-K+.
(1) Valeurs de l'efflux de Na+ radioactif sortant
d'un axone géant de calmar. Cet efflux exige la
présence de K+ dans le milieu extérieur et d'ATP
dans le milieu intracellulaire. (B) Modèle du
déplacement des ions par la pompe à Na+-K+.
Les mouvements à contre-courant de Na+ et de
K+ ont comme moteur l'ATP, qui assure la
phosphorylation de la pompe. Ces flux sont
asymétriques : ils font sortir 3 Na+ pour 2 K+
qu'ils font entrer. (A d'après Hodgkin et Keynes,
1955 ; B d'après Lingrel et al., 1994.)

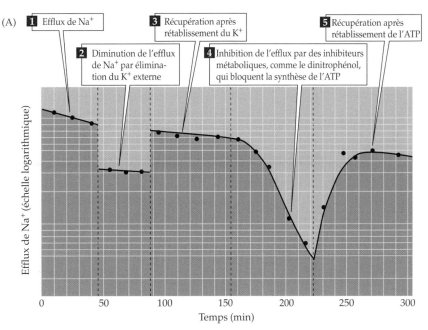

(A)

1 Efflux de Na+

2 Diminution de l'efflux de Na+ par élimination du K+ externe

3 Récupération après rétablissement du K+

4 Inhibition de l'efflux par des inhibiteurs métaboliques, comme le dinitrophénol, qui bloquent la synthèse de l'ATP

5 Récupération après rétablissement de l'ATP

Efflux de Na+ (échelle logarithmique)

Temps (min)

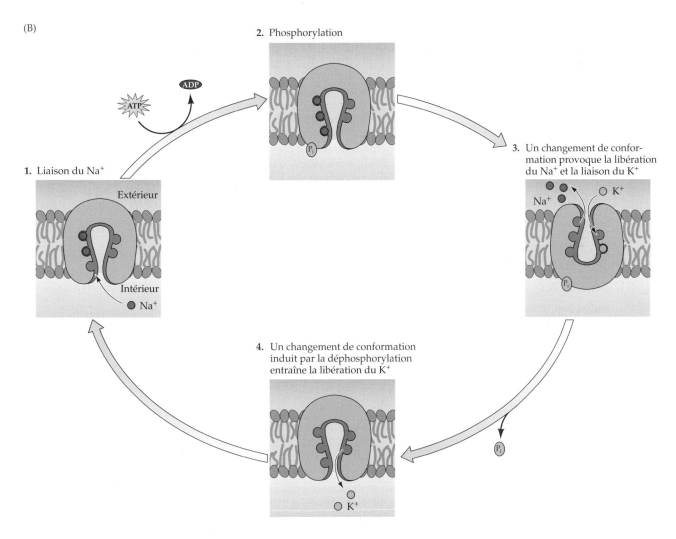

(B)

2. Phosphorylation

1. Liaison du Na+

Extérieur

Intérieur

Na+

3. Un changement de conformation provoque la libération du Na+ et la liaison du K+

Na+

K+

4. Un changement de conformation induit par la déphosphorylation entraîne la libération du K+

K+

ATP

ADP

intracellulaire exige le métabolisme de la cellule. Des expériences ultérieures, utilisant le K^+ radioactif, ont démontré que la sortie de Na^+ est associée à une entrée concomitante de K^+. Ces flux opposés de Na^+ et de K^+ sont opérationnellement inséparables : la suppression du K^+ extérieur réduit considérablement la sortie de Na^+ (Figure 4.11A, point 2) et vice-versa. Ces mouvements de Na^+ et de K^+ dépendent d'une source d'énergie et, pour instaurer les gradients transmembranaires de ces ions, mettent en jeu une pompe à Na^+-K^+ hydrolysant l'ATP. Le mécanisme exact par lequel s'opèrent ces flux de Na^+ et de K^+ n'est pas encore intégralement élucidé ; on estime que la pompe fait faire à ces ions, chacun à leur tour, la traversée de la membrane, au cours d'un cycle alimenté par le transfert à la protéine pompe d'un groupe phosphate de l'ATP (Figure 4.11B).

Des études quantitatives des mouvements de Na^+ et de K^+ indiquent que ces ions ne sont pas pompés à la même vitesse ; l'entrée de K^+ ne représente qu'à peu près les deux tiers de la sortie de Na^+. Le transport de ces ions par la pompe se fait donc dans le rapport de 2 ions K^+ qui entrent dans la cellule pour 3 ions Na^+ qui en sortent (voir Figure 4.11B). Cette stœchiométrie a pour conséquence qu'à chaque cycle de pompage, l'intérieur de la cellule subit une perte nette d'ions positivement chargés ; ceci signifie que la pompe crée un courant électrique capable d'hyperpolariser la membrane. Pour cette raison, on dit que la pompe à Na^+-K^+ est **électrogène**. Vu que les pompes fonctionnent beaucoup plus lentement que les canaux ioniques, le courant que produit la pompe à Na^+-K^+ est très faible. À titre d'exemple, dans l'axone de calmar, le courant créé par la pompe représente moins de 1 % du courant qui passe par les canaux Na^+ activés par le voltage et il ne modifie le potentiel de repos de la membrane que d'un millivolt au maximum.

Pour faible que soit le courant qu'elle produit, la pompe à Na^+-K^+ peut, dans certains cas, avoir un effet non négligeable sur les potentiels de membrane des neurones. Ainsi, la stimulation prolongée d'axones non myélinisés de petite taille produit une hyperpolarisation notable de leur membrane (Figure 4.12). Durant la période de stimulation, le Na^+ entre par les canaux activés par le voltage et s'accumule dans l'axone. En évacuant ce Na^+ extracellulaire, la pompe crée un courant qui entraîne une hyperpolarisation de longue durée. On trouve la preuve de cette interprétation dans le fait que l'hyperpolarisation n'a pas lieu si l'on bloque la pompe à Na^+-K^+ à l'aide, par exemple, d'un glycoside végétal qui en est un inhibiteur spécifique, l'ouabaïne. La contribution électrique de la pompe à Na^+-K^+ a une importance toute particulière chez ces axones de petite taille ; en effet, le rapport élevé surface/volume qu'ils présentent leur fait atteindre des taux de Na^+ intracellulaire supérieurs à ceux que l'on trouve dans d'autres cellules. Il faut cependant souligner que, la plupart du temps, la pompe à Na^+-K^+ n'intervient pas dans l'émission du potentiel d'action et qu'elle n'a que très peu d'effets *directs* sur le potentiel de repos.

Structure moléculaire des pompes ATPases

Les résultats ci-dessus indiquent que la pompe à Na^+-K^+ doit présenter certaines propriétés moléculaires : 1) elle doit lier aussi bien le Na^+ que le K^+ ; 2) elle doit posséder des sites qui lient l'ATP et en acceptent un groupement phosphate ; 3) elle doit enfin lier l'ouabaïne, toxine qui bloque cette pompe (Figure 4.13A).

Divers travaux ont maintenant identifié les régions de la pompe qui rendent compte de ces propriétés. La pompe à Na^+-K^+ consiste en une grande protéine mem-

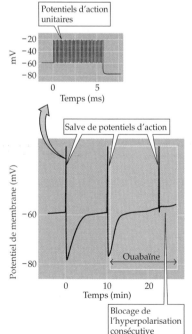

Figure 4.12

Le transport électrogène d'ions par la pompe à Na^+-K^+ peut influencer le potentiel de membrane.
Les valeurs du potentiel de membrane d'une fibre non myélinisée de faible diamètre, montrent qu'une salve de potentiels d'action (en haut) est suivie d'une hyperpolarisation durable.
Cette hyperpolarisation est bloquée par l'ouabaïne, ce qui indique qu'elle est due à l'action de la pompe à Na^+-K^+. (D'après Rang et Richtie, 1968.)

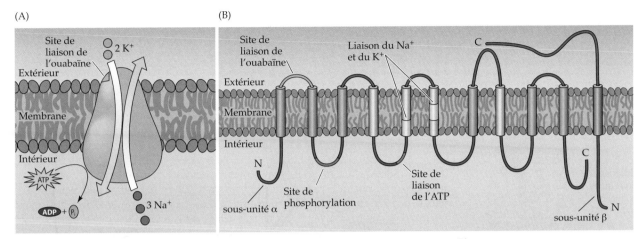

Figure 4.13

Organisation moléculaire de la pompe à Na⁺-K⁺. (A) Caractères généraux de la protéine pompe. (B) La molécule traverse 10 fois la membrane. On a fait ressortir les résidus d'acides aminés censés être importants pour la liaison de l'ATP, du K⁺ et de l'ouabaïne. (D'après Lingrel et al., 1994.)

branaire intrinsèque formée d'au moins deux sous-unités dites α et β. La séquence primaire indique que la sous-unité α traverse dix fois la membrane et que la majeure partie de la molécule est située du côté cytoplasmique de la membrane; la sous-unité β, en revanche, ne traverse la membrane qu'une seule fois et est principalement extracellulaire. S'il n'est pas encore possible de donner un état détaillé des domaines fonctionnels de la pompe à Na⁺-K⁺, l'analyse de sa séquence d'acides aminés a permis d'identifier les structures responsables de quelques-unes de ses fonctions. Un domaine intracellulaire de la protéine est nécessaire à la liaison et à l'hydrolyse de l'ATP et l'on a identifié l'acide aminé phosphorylé par l'ATP. Un autre domaine, extracellulaire, est susceptible de représenter le site de liaison de l'ouabaïne. Mais les sites impliqués dans la fonction majeure de la pompe, à savoir le déplacement de Na⁺ et de K⁺, demeurent inconnus. Toutefois, si l'on altère certains domaines traversant la membrane (en rouge sur la figure 4.13B), on réduit la translocation des ions; par ailleurs, des études de cinétique indiquent que les deux ions utilisent le même site pour se lier à la pompe. Dans la mesure où ces ions passent d'un côté à l'autre de la membrane, il est vraisemblable que le site en question traverse la membrane plasmique; et puisque les ions Na⁺ et K⁺ sont porteurs de charges positives, il est vraisemblable également que ce site possède une charge négative. La constatation qu'en enlevant du domaine protéique transmembranaire des résidus chargés négativement (en jaune clair sur la figure 4.13B), on diminue fortement la liaison du Na⁺ et du K⁺, fournit malgré tout un indice sur le domaine qui opère le déplacement des ions.

Les relations entre la structure du transporteur et sa fonction ont été élucidées en plus grand détail dans le cas de la pompe à Ca²⁺, étroitement apparentée à la pompe à Na⁺-K⁺. Cette pompe utilise l'hydrolyse de l'ATP pour obtenir l'énergie nécessaire à la translocation du Ca²⁺ du cytoplasme à travers la membrane du réticulum sarcoplasmique; il s'agit là d'un organite de stockage du Ca²⁺ intracellulaire du muscle, analogue au réticulum endoplasmique utilisé pour le stockage et la libération du Ca²⁺ des neurones et de la glie (voir Chapitre 7). La structure de cette pompe ATPase a été déterminée à l'aide de mêmes techniques de cristallographie aux rayons X que celles qui ont permis de déterminer la structure atomique des canaux K⁺ et de quantité d'autres protéines. Il en ressort que la pompe à calcium, comme la pompe à Na⁺-K⁺, est une grande protéine comprenant plusieurs domaines et traversant dix fois la membrane (Figure 4.14A). L'un de ces domaines est le site de liaison des nucléotides, d'autres sont impliqués dans la phosphorylation de la pompe ou dans la translocation des ions. Comme la pompe à Na⁺-K⁺, la pompe à calcium est le siège d'une phosphorylation qui fournit l'énergie nécessaire à un cycle de changements de conformation.

En examinant la structure de la pompe à calcium à différentes étapes de ce cycle, on a pu tirer au clair le mécanisme de la translocation du Ca²⁺. Le Ca²⁺ se lie d'abord à la face cytoplasmique de la pompe. Les changements de conformation des domaines transmembranaires, sous l'effet d'une phosphorylation, font ensuite passer les ions à

(A)

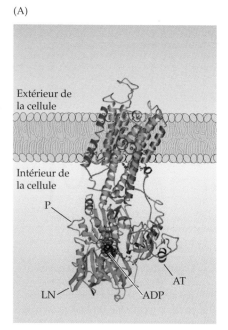

(B)

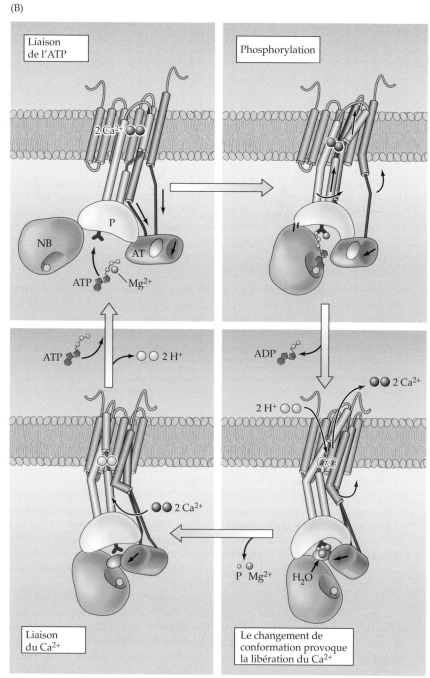

Liaison
de l'ATP

Phosphorylation

$2\,Ca^{2+}$

P

NB

AT

ATP Mg^{2+}

ATP   → $2\,H^+$

ADP

$2\,Ca^{2+}$

$2\,H^+$

$2\,Ca^{2+}$

P Mg^{2+} H_2O

Liaison
du Ca^{2+}

Le changement de
conformation provoque
la libération du Ca^{2+}

Figure 4.14

Structure moléculaire de la pompe à calcium.
(A) Structure de la pompe à calcium. On a indiqué
les domaines responsables de la liaison des
nucléotides (LN), de la phosphorylation (P) de
l'activité de translocation des ions (AT). La case A
et la première case de B montrent la structure de
la pompe quand elle est liée à l'ADP. Dans cet
état, deux ions Ca^{2+} sont séquestrés dans les
régions transmembranaires de la pompe.
(B) Séquence hypothétique des changements de
structure accompagnant la translocation du Ca^{2+}
par la pompe à calcium. Par analogie avec la
séquence d'événements survenant au cours du
fonctionnement de la pompe à Na^+-K^+ (voir
Figure 4.11B) la pompe à calcium subit un cycle
de phosphorylation-déphosphorylation
provoquant des changements de conformation
(flèches noires) qui font passer le Ca^{2+} à travers la
membrane. (D'après Toyoshima et al., 2004.)

travers la membrane et, finalement, les ions sont libérés de l'autre coté de la membrane
(Figure 4.14B). Contrairement aux canaux ioniques dans lesquels la translocation de
l'ion résulte d'un mouvement de diffusion à travers un pore aqueux, la translocation
du Ca^{2+} dans la pompe à calcium se fait en séquestrant l'ion dans la profondeur de la
protéine, loin du milieu aqueux. Ceci permet de comprendre comment la pompe arrive
à déplacer les ions calcium à l'encontre du puissant gradient électrochimique du Ca^{2+}
entre les deux côtés de la membrane.

Résumé

Les transporteurs d'ions et les canaux ioniques ont des fonctions complémentaires. Le rôle principal des transporteurs est d'instaurer des gradients de concentration transmembranaires que les canaux ioniques exploiteront ensuite pour produire des signaux électriques. Les canaux ioniques sont responsables des conductances dépendantes du voltage des membranes neuroniques. Les canaux qui sont à la base des potentiels d'action sont des protéines membranaires intrinsèques dont les pores, sélectifs pour un ion particulier, s'ouvrent ou se ferment en réponse au potentiel de membrane, permettant ainsi la diffusion d'ions spécifiques à travers la membrane. Le passage des ions au travers d'un seul canal ouvert peut être détecté sous la forme d'un courant électrique très faible ; l'ouverture synchrone d'un grand nombre de canaux est à l'origine de courants globaux qui provoquent l'émission du potentiel d'action. Les études de biologie moléculaire montrent que ces canaux activés par le voltage ont conservé, au cours de l'évolution, les structures responsables de leurs propriétés de perméabilité aux ions et de sensibilité au voltage ainsi que les caractéristiques qui déterminent la sélectivité ionique et la sensibilité à certaines toxines. D'autres types de canaux sont sensibles à des signaux chimiques, tels que des neurotransmetteurs ou des seconds messagers, ou à la chaleur ou à une déformation de la membrane. Les nombreux gènes de canaux ioniques permettent la création de canaux présentant une gamme étendue de caractéristiques fonctionnelles ; différents types de neurones peuvent ainsi être dotés de propriétés électriques distinctes. Les protéines transporteurs d'ions sont tout à fait différentes quant à leur structure et à leurs fonctions. L'énergie cellulaire qu'elles exigent pour déplacer des ions à l'encontre de leur gradient de concentration (par exemple pour maintenir le potentiel de repos) leur est fournie soit par l'hydrolyse de l'ATP, soit par le gradient électrochimique d'ions qui font l'objet d'un transport couplé. La pompe à Na^+-K^+ produit et maintient les gradients transmembranaires de Na^+ et de K^+ ; d'autres transporteurs prennent en charge les gradients électrochimiques d'autres ions physiologiquement importants tels que les ions Cl^-, Ca^{2+} et H^+. Canaux et transporteurs, considérés ensemble, donnent une explication relativement complète des aspects moléculaires de l'aptitude des neurones à produire des signaux électriques.

Lectures complémentaires

Revues

ARMSTRONG, C.M. et B. HILLE (1998), Voltage-gated ion channels and electrical excitability. *Neuron*, **20**, 371-380.

BEZANILLA, F. et A.M. CORREA (1995), Single-channel properties and gating of Na^+ and K^+ channels in the squid giant axon. In *Cephalopod Neurobiology*, N.J. Abbott, R. Williamson and L. Maddock (eds.). New York, Oxford University Press, 131-151.

CATTERALL, W.A. (2000), From ionic currents to molecular mechanisms : The structure and function of voltage-gated sodium channels. *Neuron*, **26**, 13-25.

GOUAUX, E, et R. MACKINNON (2005), Principles of selective ion transport in channels and pumps. *Science*, **310**, 1461-1465.

JAN, L.Y. et Y.N. YAN (1997), Voltage-gated and inwardly rectifying potassium channels. *J. Physiol. (Lond.)*, **505**, 267-282.

JENTSCH, T.J., M. POET, J.C. FUHRMANN et A.A. ZDEBIK (2005), Physiological functions of CLC Cl^- channels gleaned from human genetic disease and mouse models. *Annu. Rev. Physiol.*, **67**, 779-807.

KAPLAN, J.H. (2002), Biochemistry of Na, K-ATPase. *Annu. Rev. Biochem.*, **71**, 511-535.

KRISHTAL, O. (2003), The ASICs : Signaling molecules ? Modulators ? *Trends Neurosci.*, **26**, 477-483.

LINGREL, J.B., J. van HUYSSE, W. O'BRIEN, E. JEWELL-MOTZ, R. ASKEW et P. SCHULTHEIS (1994), Structure-function studies of the Na, K-ATPase. *Kidney Internat.*, **45**, S32-S39.

MACKINNON, R. (2003), Potassium channels. *FEBS Lett.*, **555**, 62-65.

MOLLER, J.V., P. NISSEN, T.L. SORENSEN et M. LE MAIRE (2005), Transport mechanism of the sarcoplasmic reticulum Ca^{2+}-ATPase pump. *Curr. Opin. Struct. Biol.*, **15**, 387-393.

NEHER, E. (1992), Nobel lecture : Ion channels for communication between and within cells. *Neuron*, **8**, 605-612.

PATAPOUTIAN, A., A.M. PEIER, G.M. STORY et V. VISWANATH (2003), ThermoTRP channels and beyond : Mechanisms of temperature sensation. *Nat. Rev. Neurosci.*, **4**, 529-539.

SEEBURG, P.H. (2002), A-to-I editing : New and old sites, functions and speculations. *Neuron*, **35**, 17-20.

Articles originaux importants

BOULTER, J. et 6 AUTRES (1990), Molecular cloning and functional expression of glutamate receptor subunit genes. *Science*, **249**, 1033-1037.

CATERINA, M.J., M.A. SCHUMACHER, M. TOMINAGA, T.A. ROSEN, J.D. LEVINE et D. JULIUS (1997), The capsaicin receptor. A heat-activated ion channel in the pain pathway. *Nature*, **389**, 816-824.

CHA, A., G.E. SNYDER, P.R. SELVIN et F. BEZANILLA (1999), Atomic scale movement of the voltage-sensing region in a potassium channel measured via spectroscopy. *Nature*, **402**, 809-813.

CHANDA B., O.K. ASAMOAH, R. BLUNCK, B. ROUX et F. BEZANILLA (2005), Gating charge displacement in voltage-gated ion channels involves limited transmembrane movement. *Nature*, **436**, 852-856.

CUELLO L.G., D.M. CORTES et E. PEROZO (2004), Molecular architecture of the KvAP voltage-dependent K⁺ channel in a lipid bilayer. *Science*, **306**, 491-495.

DOYLE, D.A. et 7 AUTRES (1998), The structure of the potassium channel: Molecular basis of K⁺ conduction and selectivity. *Science*, **280**, 69-77.

FAHLKE, C.H.T. YU, C.L. BECK, T.H. RHODES et A.L. GEORGE JR. (1997), Pore-forming segments in voltage-gated chloride channels. *Nature*, **390**, 529-532.

HO, K. et 6 AUTRES (1993), Cloning and expression of an inwardly rectifying ATP-regulated potassium channel. *Nature*, **362**, 31-38.

HODGKIN, A.L. et R.D. KEYNES (1955), Active transport of cations in giant axons from *Sepia* and *Loligo*. *J. Physiol. (Lond.)*, **128**, 28-60.

HOSHI, T., W.N. ZAGOTTA et R.W. ALDRICH (1990), Biophysical and molecular mechanisms of *Shaker* potassium channel inactivation. *Science*, **250**, 533-538.

JIANG, Y. et 6 AUTRES (2003), X-ray structure of a voltage dependent K⁺ channel. *Nature*, **423**, 33-41.

LEE, A.G. (2006), Ion channels: A paddle in oil. *Nature*, **444**, 697.

LLANO, I., C.K. WEBB et F. BEZANILLA (1988), Potassium conductance of squid giant axon.

Single-channel studies. *J. Gen. Physiol.*, **92**, 179-196.

LONG S.B., E.B. CAMPBELL et R. MACKINNON (2005a), Crystal structure of a mammalian voltage dependent *Shaker* family K⁺ channel. *Science*, **309**, 897-903.

LONG S.B., E.B. CAMPBELL et R. MACKINNON (2005b), Voltage sensor of Kv1.2: Structural basis of electromechanical coupling. *Science*, **309**, 903-908.

MIKAMI, A. et 7 AUTRES (1989), Primary structure and functional expression of the cardiac dihydropyridine-sensitive calcium channels. *Nature*, **340**, 230-233.

NODA, M. et 6 AUTRES (1986), Expression of functional sodium channels from cloned cDNA. *Nature*, **322**, 826-828.

NOWYCKY, M.C., A.P. FOX et R.W. TSIEN (1985), Three types of neuronal calcium channel with different calcium agonist sensitivity. *Nature*, **316**, 440-443.

PAPAZIAN, D.M., T.L. SCHWARZ, B.L. TEMPEL, Y.N. JAN et L.Y. JAN (1987), Cloning of genomic and complementary DNA from *Shaker*, a putative potassium channel gene from *Drosophila*. *Science*, **237**, 749-753.

RANG, H.P. et J.M. RITCHIE (1968), On the electrogenic sodium pump in mammalian non-myelinated nerve fibres and its activation by various external cations. *J. Physiol. (Lond.)*, **196**, 183-221.

SIGWORTH, F.J. et E. NEHER (1980), Single Na⁺ channel currents observed in cultured rat muscle cells. *Nature*, **287**, 447-449.

THOMAS, R.C. (1969), Membrane current and intracellular sodium changes in a snail neu-

rone during extrusion of injected sodium. *J. Physiol. (Lond.)*, **201**, 495-514.

TOYOSHIMA, C., H. NOMURA et T. TSUDA (2004), Luminal gating mechanism revealed in calcium pump crystal structures with phosphate analogues. *Nature*, **432**, 361-368.

VANDERBERG, C.A. et F. BEZANILLA (1991), A sodium channel model based on single channel, macroscopic ionic, and gating currents in the squid giant axon. *Biophys. J.*, **60**, 1511-1533.

WALDMANN, R., G. CHAMPIGNY, F. BASSILANA, C. HEURTEAUX et M. LAZDUNSKI (1997), A proton-gated cation channel involved in acid-sensing. *Nature*, **386**, 173-177.

WEI, A.M., A. COVARRUBIAS, A. BUTLER, K. BAKER, M. PAK et L. SALKOFF (1990), K⁺ current diversity is produced by an extended gene family conserved in *Drosophila* and mouse. *Science*, **248**, 599-603.

YANG, N., A.L. GEORGE JR. et R. HORN (1986), Molecular basis of charge movement in voltage-gated sodium channels. *Neuron*, **16**, 113-122.

Ouvrages

AIDLEY, D.J. et P.R. STANFIELD (1996), *Ion Channels: Molecules in Action*. Cambridge, Cambridge University Press.

ASHCROFT, F.M. (2000), *Ion Channels and Disease*. Boston, Academic Press.

HILLE, B. (2001), *Ionic Channels of Excitable Membranes*, 3rd Ed. Sunderland, MA, Sinauer Associates.

JUNGE, D. (1992), *Nerve and Muscle Excitation*, 3rd Ed. Sunderland, MA, Sinauer Associates.

chapitre 05

La transmission synaptique

Vue d'ensemble

Le cerveau humain comprend quelque 100 milliards de neurones dont chacun est capable d'en influencer beaucoup d'autres. De toute évidence, il faut des mécanismes extrêmement complexes et efficaces pour rendre possible la communication entre ce nombre astronomique d'éléments. C'est ce que font les synapses, c'est-à-dire les contacts fonctionnels entre neurones. En se fondant sur le mécanisme de transmission qu'elles utilisent, on peut en distinguer deux types : les synapses électriques et les synapses chimiques. Les synapses électriques laissent passer le courant par des jonctions communicantes, canaux membranaires spécialisés qui mettent deux cellules en contact l'une avec l'autre. En revanche, les synapses chimiques ont recours à la sécrétion de neurotransmetteurs comme supports de la communication ; les facteurs chimiques, libérés par les neurones présynaptiques produisent un courant secondaire dans les neurones postsynaptiques en activant des molécules réceptrices spécifiques. On ne connaît pas le nombre total des neurotransmetteurs, mais il dépasse de loin la centaine. Le cycle fonctionnel de la quasi-totalité des neurotransmetteurs est semblable et comprend : synthèse et stockage dans des vésicules synaptiques, libération par la cellule présynaptique, liaison aux récepteurs postsynaptiques et, pour finir, élimination rapide et/ou dégradation. La sécrétion des neurotransmetteurs est déclenchée un flux de Ca^{2+} dans des canaux calciques activés par le voltage, qui augmente transitoirement le taux de Ca^{2+} dans les terminaisons présynaptiques. L'accroissement de la concentration de Ca^{2+} agit sur les vésicules synaptiques qui fusionnent avec la membrane plasmique et déversent leur contenu dans l'espace qui sépare les cellules pré- et postsynaptiques. On ignore encore la façon exacte dont le Ca^{2+} déclenche l'exocytose ; il n'en est toutefois pas moins évident que les protéines situées à la surface de la vésicule synaptique, et en d'autres endroits de la terminaison présynaptique, participent à ce processus. Les neurotransmetteurs donnent naissance aux réponses électriques postsynaptiques en se fixant sur des récepteurs appartenant à l'un des nombreux groupes de récepteurs des neurotransmetteurs. Il existe deux classes principales de récepteurs : ceux dont la molécule réceptrice fait également office de canal ionique et ceux qui ont des molécules distinctes pour le récepteur et pour le canal ionique. Ceux-ci, à leur tour, déclenchent des signaux électriques en ouvrant ou en fermant des canaux ioniques situés dans la membrane postsynaptique. La nature excitatrice ou inhibitrice des effets postsynaptiques d'un neurotransmetteur donné est déterminée par la perméabilité ionique du canal mis en jeu par le transmetteur et par la concentration des ions perméants à l'intérieur et à l'extérieur de la cellule.

Les synapses électriques

Les différentes sortes de synapses du cerveau humain peuvent se répartir en deux grandes catégories : les synapses électriques et les synapses chimiques. Bien que nettement minoritaires, les synapses électriques sont présentes dans tout le système nerveux ; elles laissent le courant électrique passer directement de façon passive d'un neurone à un autre.

La figure 5.1A représente schématiquement la structure d'une synapse électrique. Le neurone « amont » qui constitue la source de courant est appelé **présynaptique** et le neurone « aval » vers lequel passe le courant est appelé **postsynaptique**. Les membranes

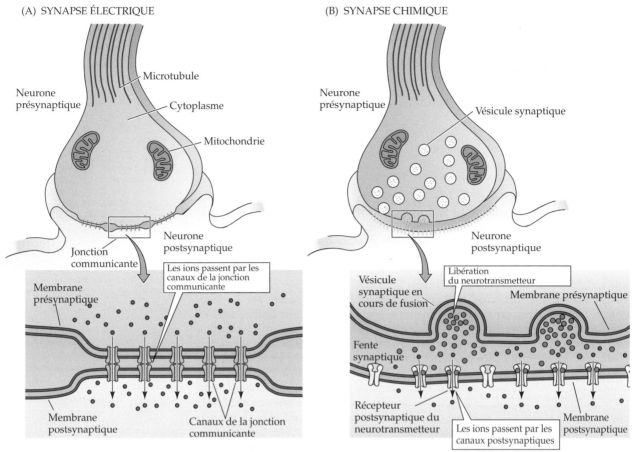

(A) SYNAPSE ÉLECTRIQUE

(B) SYNAPSE CHIMIQUE

Figure 5.1

Les synapses chimiques et électriques présentent des différences fondamentales dans leurs mécanismes de transmission. (A) Dans les synapses électriques, des jonctions communicantes entre les membranes pré- et postsynaptiques permettent le passage passif du courant par les canaux intercellulaires. Le courant qui passe modifie le potentiel de la membrane postsynaptique et déclenche (ou, rarement, inhibe) l'émission de potentiels d'action postsynaptiques. (B) Dans les synapses chimiques, il n'y a pas de continuité intercellulaire, de sorte qu'aucun courant ne passe directement de la cellule présynaptique à la cellule postsynaptique. Le passage d'un courant synaptique à travers la membrane postsynaptique n'a lieu qu'en réponse à la sécrétion de transmetteurs qui ouvrent ou ferment les canaux ioniques postsynaptiques après s'être liés aux molécules des récepteurs.

des deux neurones communicants sont extrêmement proches l'une de l'autre et sont reliées par une différenciation intercellulaire appelée **jonction communicante** (*gap junction*). Les jonctions communicantes comportent, dans la membrane des neurones pré- et postsynaptiques, des canaux appariés se faisant face avec précision de telle sorte que chaque paire de canaux forme un pore (Figure 5.2A). Les pores des jonctions communicantes sont beaucoup plus grands que ceux des canaux ioniques activés par le voltage, décrits au chapitre précédent. Des substances de toute espèce peuvent donc passer, par simple diffusion, du cytoplasme du neurone présynaptique à celui du neurone postsynaptique. Les substances qui peuvent être échangées par l'intermédiaire des jonctions communicantes comprennent des ions, mais aussi des molécules de taille bien plus grande et d'un poids moléculaire pouvant atteindre plusieurs centaines de daltons ; ceci permet le transfert entre neurones de l'ATP et de métabolites intracellulaires importants, comme les seconds messagers (Chapitre 7).

Les synapses électriques fonctionnent donc en laissant les courants ioniques passer d'un neurone à un autre de façon passive, par les pores des jonctions communicantes. La source ordinaire de courant est la différence de potentiel que crée localement le potentiel d'action (voir Chapitre 3). Cette disposition présente un certain nombre de conséquences intéressantes. La transmission peut notamment être bidirectionnelle ; en d'autres termes, le courant peut passer dans les deux sens au travers de la jonction communicante selon que l'un ou l'autre des neurones ainsi couplés est envahi par un potentiel d'action (certains types de jonctions communicantes ont toutefois des propriétés particulières qui rendent leur transmission unidirectionnelle). Un autre trait important de la synapse électrique est son extraordinaire rapidité de transmission : la conduction passive du courant à travers la jonction communicante étant virtuellement instantanée, la communication peut se faire sans le délai caractéristique des synapses chimiques.

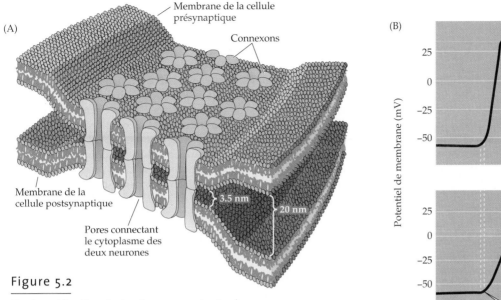

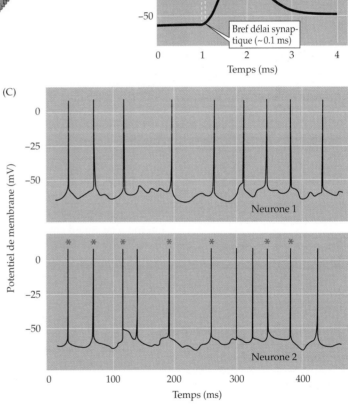

Figure 5.2

Structure et fonctions des jonctions communicantes des synapses électriques. (A) Les jonctions communicantes sont constituées de complexes hexamériques formés par l'assemblage de sous-unités appelées connexons, que l'on trouve à la fois dans les membranes pré- et postsynaptiques. Les pores des canaux sont connectés l'un à l'autre, créant une continuité électrique entre les deux cellules. (B) Transmission rapide des signaux à une synapse électrique d'écrevisse. Le potentiel d'action du neurone présynaptique provoque la dépolarisation du neurone postsynaptique en une fraction de milliseconde. (C) Les synapses électriques permettent la synchronisation de l'activité électrique de neurones de l'hippocampe. Dans une paire d'interneurones connectés par des synapses électriques, l'émission d'un potentiel d'action par un neurone a souvent pour effet l'émission synchronisée d'un potentiel d'action par le second neurone. (B d'après Furshpan et Potter, 1959 ; C d'après Beierlein et al., 2000.)

On peut constater ces diverses propriétés dans le fonctionnement de la première synapse électrique à avoir été découverte, dans le système nerveux de l'écrevisse. Dans cette synapse, on observe un signal électrique postsynaptique, une fraction de milliseconde seulement après l'émission d'un potentiel d'action au niveau présynaptique (Figure 5.2). En fait, ce bref délai synaptique est occupé, au moins en partie, par la propagation du potentiel d'action dans la terminaison présynaptique et l'on peut dire que le franchissement de la synapse par les signaux électriques se fait essentiellement sans aucun délai. Ces synapses, qui connectent les neurones d'un circuit permettant à l'écrevisse d'échapper à ses prédateurs, réduisent le temps entre l'apparition d'un stimulus menaçant et la réponse motrice dont dépend sa survie.

Les synapses électriques ont comme rôle général de synchroniser l'activité électrique de populations de neurones. C'est ainsi que les neurones du tronc cérébral qui produisent l'activité électrique rythmique qui règle la respiration, sont synchronisés par des synapses électriques, comme c'est aussi le cas pour des populations d'interneurones du cortex cérébral, du thalamus, du cervelet et d'autres régions (Figure 5.2C). Chez les mammifères, certains neurones de l'hypothalamus à fonction neuroendocrine sont interconnectés par des synapses électriques. Cette disposition assure une émission quasi synchrone de potentiels d'action par toutes les cellules et facilite le passage dans la circulation d'une giclée de sécrétions hormonales. Les jonctions communicantes ayant une taille suffisante pour laisser des molécules, comme l'ATP ou les seconds messagers, diffuser d'une cellule à l'autre, leur permettent de coordonner la signalisation intracellulaire et le métabolisme des neurones couplés. Cette propriété est d'une importance toute particulière pour les cellules gliales qui, par le biais de leurs jonctions communicantes, forment de grands circuits de signalisation intracellulaire.

Transmission des signaux aux synapses chimiques

Un schéma de la structure générale d'une synapse chimique est présenté dans la figure 5.1B. L'espace qui sépare les neurones pré- et postsynaptiques est substantiellement plus grand que dans les synapses électriques ; c'est ce que l'on appelle la **fente synaptique**. Toutefois, la caractéristique fondamentale de toutes les synapses chimiques est la présence, dans les terminaisons présynaptiques, d'organites de petite taille, limités par une membrane, appelés **vésicules synaptiques**. Ces organites sphériques sont remplis d'un ou de plusieurs **neurotransmetteurs**, signaux chimiques sécrétés par le neurone présynaptique. C'est l'utilisation de ces agents chimiques comme messagers entre neurones qui a valu son nom à ce type de synapse.

La transmission qu'opèrent les synapses chimiques est fondée sur la succession complexe d'événements qu'illustre la figure 5.3. Le processus démarre avec l'arrivée d'un potentiel d'action envahissant la terminaison du neurone présynaptique. Le changement concomitant du potentiel de membrane provoque, dans la membrane présynaptique, l'ouverture de canaux calciques activés par le voltage. Étant donné le fort gradient de concentration du Ca^{2+} entre les deux côtés de la membrane présynaptique (la concentration externe du Ca^{2+} est d'environ 10^{-3} M alors que sa concentration interne n'est que d'environ 10^{-7} M), l'ouverture de ces canaux provoque une rapide entrée de Ca^{2+} dans la terminaison présynaptique. Cette entrée de calcium fait passer sa concentration dans le cytoplasme de la terminaison, d'un niveau normalement faible à un niveau beaucoup plus élevé. Cet accroissement de la concentration présynaptique du Ca^{2+} entraîne une fusion des vésicules synaptiques avec la membrane plasmique du neurone présynaptique, processus qui dépend du Ca^{2+}. La fusion des vésicules synaptiques avec la membrane terminale s'accompagne de la libération de leur contenu, des neurotransmetteurs pour l'essentiel, dans la fente synaptique.

À la suite de cette exocytose, les neurotransmetteurs diffusent dans toute la fente synaptique et se lient à des récepteurs spécifiques de la membrane du neurone postsynaptique. La liaison du neurotransmetteur avec les récepteurs entraîne l'ouverture (ou quelquefois la fermeture) de canaux de la membrane postsynaptique, modifiant ainsi la capacité des ions à entrer dans les cellules postsynaptiques. Le courant qui s'ensuit, induit par le neurotransmetteur, modifie la conductance et (d'ordinaire) le potentiel de membrane du neurone postsynaptique, augmentant ou réduisant la probabilité que ce neurone émette un potentiel d'action. Et c'est ainsi que l'information se transmet d'un neurone à un autre.

Propriétés des neurotransmetteurs

L'idée qu'une information électrique puisse se transmettre d'un neurone au suivant par l'intermédiaire d'un signal chimique a fait l'objet d'ardents débats durant toute la première moitié du vingtième siècle. La première expérience réalisée à l'appui de cette conception l'a été en 1926 par le physiologiste allemand Otto Loewi. Sous l'impulsion d'une idée qui, à ce que l'on prétend, lui était venue au milieu de la nuit, il démontra

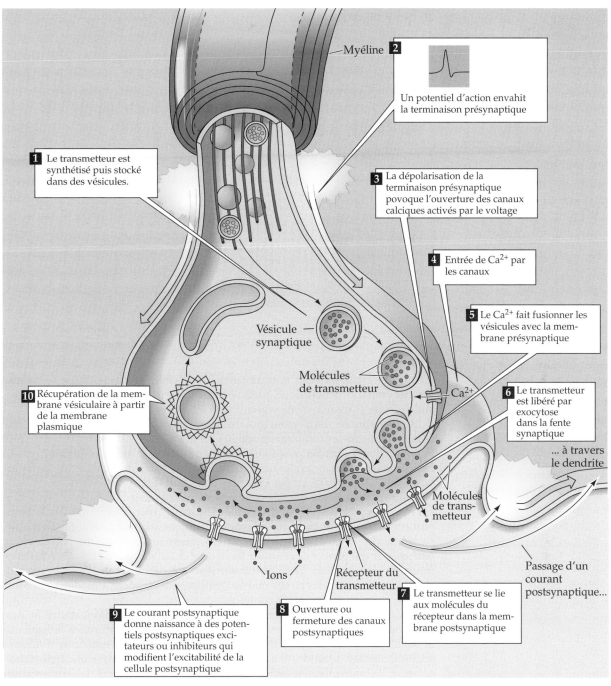

1 Le transmetteur est synthétisé puis stocké dans des vésicules.

2 Un potentiel d'action envahit la terminaison présynaptique

Myéline

3 La dépolarisation de la terminaison présynaptique povoque l'ouverture des canaux calciques activés par le voltage

4 Entrée de Ca²⁺ par les canaux

5 Le Ca²⁺ fait fusionner les vésicules avec la membrane présynaptique

Vésicule synaptique

Molécules de transmetteur

Ca²⁺

6 Le transmetteur est libéré par exocytose dans la fente synaptique

10 Récupération de la membrane vésiculaire à partir de la membrane plasmique

... à travers le dendrite

Molécules de transmetteur

Passage d'un courant postsynaptique...

Ions

Récepteur du transmetteur

9 Le courant postsynaptique donne naissance à des potentiels postsynaptiques excitateurs ou inhibiteurs qui modifient l'excitabilité de la cellule postsynaptique

8 Ouverture ou fermeture des canaux postsynaptiques

7 Le transmetteur se lie aux molécules du récepteur dans la membrane postsynaptique

Figure 5.3

Succession des événements intervenant lors de la transmission par une synapse chimique typique.

que la stimulation électrique du nerf vague ralentit les battements cardiaques en libérant un signal chimique. Il isola et perfusa deux cœurs de grenouille et enregistra la fréquence de leurs battements (Figure 5.4). Il recueillit le perfusat qui baignait le cœur stimulé et le transféra à l'autre cœur. Il observa alors qu'en stimulant le nerf vague du premier cœur et en en transférant le perfusat au second, ce dernier ralentissait lui aussi ses battements, bien que son propre nerf vague n'ait pas été stimulé. Ce résultat démontrait que le nerf vague régule le rythme cardiaque en libérant une substance qui s'accumule dans le perfusat. Initialement appelée « substance vagale », elle fut ultérieurement assimilée à l'**acétylcholine (ACh)**. L'acétylcholine, on le sait à présent, agit non seule-

(A)

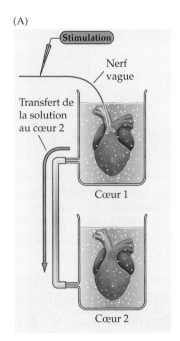

(B)

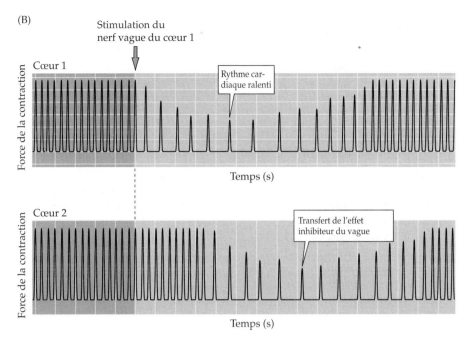

Figure 5.4

Expérience de Loewi donnant la preuve d'une neurotransmission chimique. (A) Schéma du dispositif expérimental. (B) Lorsque l'on stimule le nerf vague d'un cœur isolé de grenouille, le rythme cardiaque diminue (schéma du haut). Si l'on transfère le liquide de perfusion du cœur stimulé à un second cœur, la fréquence des battements de ce dernier diminue également (schéma du bas).

ment sur le cœur, mais sur tout un ensemble de cibles postsynaptiques du système nerveux central et périphérique, particulièrement sur la jonction neuromusculaire des muscles striés et sur le système végétatif (voir Chapitres 6 et 21).

Au fil des années, on a retenu un certain nombre de critères formels qui permettent de définir clairement les substances admises comme neurotransmetteurs (Encadré 5A). Ils ont conduit à identifier plus d'une centaine de neurotransmetteurs différents, classés en deux grandes catégories : les neurotransmetteurs à petite molécule et les neuropeptides (voir Chapitre 6). Le fait de disposer de plus d'un transmetteur diversifie le répertoire physiologique des synapses. Des neurotransmetteurs multiples permettent aux neurones postsynaptiques de produire différents types de réponses. Un neurone peut être, par exemple, excité par un type de neurotransmetteur et inhibé par un autre. La vitesse des réponses déclenchées par des transmetteurs différents est elle-même différente, ce qui permet de contrôler les signaux électriques selon plusieurs échelles de temps. En règle générale, les neurotransmetteurs à petite molécule induisent des activités synaptiques rapides tandis que les neuropeptides tendent à moduler des fonctions synaptiques plus lentes et continues.

Jusqu'à une date relativement récente, on pensait qu'un neurone donné ne produisait qu'un seul type de neurotransmetteur. Aujourd'hui, il est toutefois établi que de nombreux neurones synthétisent et libèrent deux neurotransmetteurs différents, parfois davantage. Quand il y a plus d'un neurotransmetteur dans une terminaison nerveuse, les molécules en question sont appelées **cotransmetteurs**. Les transmetteurs de chaque catégorie étant généralement stockés dans des populations distinctes de vésicules synaptiques, les cotransmetteurs ne sont pas nécessairement libérés en même temps. Lorsque des transmetteurs à petite molécule et des peptides agissent comme cotransmetteurs à la même synapse, ils sont d'ordinaire libérés de façon distincte selon le degré d'activité synaptique : une activité de basse fréquence ne libère généralement que de petits neurotransmetteurs, tandis qu'il faut une activité de haute fréquence pour libérer des neuropeptides à partir de la même terminaison présynaptique. Les propriétés de signalisation chimique de ces synapses varient par conséquent selon le niveau de l'activité présynaptique.

Une transmission synaptique efficace exige un contrôle strict de la concentration des neurotransmetteurs dans la fente synaptique. Les neurones ont donc développé des moyens très raffinés pour synthétiser, stocker, libérer et dégrader (ou éliminer) les neurotransmetteurs pour n'en avoir que les quantités désirées. La synthèse des neuro-

ENCADRÉ 5A *Les critères qui définissent un neurotransmetteur*

Trois critères principaux ont été régulièrement utilisés pour établir qu'une molécule donnée joue le rôle de neurotransmetteur à une synapse chimique:

1. *La substance doit être présente dans le neurone présynaptique.* Il est évident qu'un agent ne peut pas être sécrété par un neurone présynaptique à moins qu'il ne s'y trouve. Puisqu'il faut des processus biochimiques complexes pour synthétiser un transmetteur, montrer que les enzymes et les précurseurs nécessaires à la production d'une substance donnée sont présents dans le neurone présynaptique renforce les présomptions en faveur du rôle de neurotransmetteur que peut jouer cette substance. On notera toutefois que, dans la mesure où des transmetteurs tels que le glutamate, la glycine et l'aspartate sont également nécessaires pour la synthèse des protéines et pour d'autres réactions métaboliques dans tous les neurones, leur présence *n'est pas* une preuve suffisante qu'ils sont des neurotransmetteurs.

2. *La libération de la substance doit se faire en réponse à une dépolarisation présynaptique et doit être dépendante du calcium.* Un autre critère essentiel pour identifier un neurotransmetteur est de montrer qu'il est libéré par le neurone présynaptique en réponse à une activité électrique présynaptique et que cette libération exige une entrée de calcium dans la terminaison présynaptique. C'est une tâche particulièrement ardue que de satisfaire à ce critère: non seulement il peut être difficile de stimuler électriquement les neurones présynaptiques, mais, une fois sécrétés, les neurotransmetteurs font l'objet d'une élimination très efficace par les enzymes et les transporteurs.

3. *Il faut qu'il y ait dans la cellule postsynaptique des récepteurs spécifiques pour la substance.* Un neurotransmetteur ne peut pas agir sur sa cible s'il n'a pas de récepteurs spécifiques dans la membrane de la cellule postsynaptique. Un moyen de mettre en évidence la présence de récepteurs consiste à montrer que l'application de transmetteurs exogènes mime l'effet postsynaptique d'une stimulation présynaptique. Une démarche plus rigoureuse est de montrer que des agonistes ou des antagonistes qui altèrent la réponse postsynaptique normale ont les mêmes effets quand la réponse est produite par administration exogène de la substance en question. On peut également utiliser des méthodes histologiques à haute résolution pour déceler la présence de neurotransmetteurs spécifiques dans la membrane postsynaptique.

Si tous ces critères sont vérifiés, il est établi sans ambiguïté qu'une substance donnée sert de transmetteur à une synapse donnée. Diverses difficultés pratiques rendent toutefois ces règles inapplicables pour un certain nombre de synapses et c'est pourquoi tant de substances continuent d'être désignées seulement comme « neurotransmetteurs présumés ».

Pour identifier un neurotransmetteur à une synapse il faut montrer (1) qu'il y est présent, (2) qu'il y est libéré et (3) qu'il a des récepteurs postsynaptiques spécifiques.

(1)

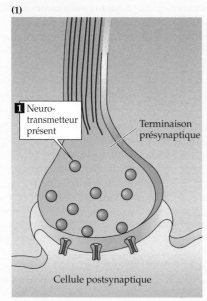

(2)

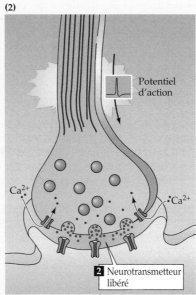

(3)

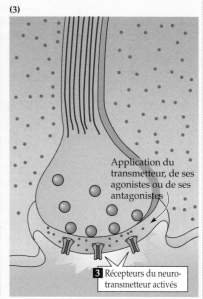

transmetteurs à petite molécule se fait localement dans les terminaisons présynaptiques (Figure 5.5A). Les enzymes nécessaires à la synthèse sont pour leur part synthétisées dans le soma neuronique et transportées jusqu'au cytoplasme de la terminaison nerveuse à la vitesse de 0.5 à 5 millimètres par jour par un mécanisme dit **transport axonal lent**. Les molécules des précurseurs utilisés par ces enzymes sont habituellement introduites dans les terminaisons nerveuses par des molécules de transport situées dans la membrane plasmique de ces terminaisons. Les enzymes produisent un stock cytoplasmique de neurotransmetteurs qui doivent ensuite être chargés à l'intérieur des vésicules synaptiques par les protéines de transport de la membrane vésiculaire (voir Chapitre 4). Dans le cas de certains neurotransmetteurs à petite molécule, les étapes terminales de la synthèse ont lieu en réalité à l'intérieur des vésicules synaptiques. Les neurotransmetteurs à petite molécule sont en majorité stockés dans de petites vésicules de 40 à 60 nm de diamètre dont le centre apparaît clair en microscopie électronique ; on les appelle pour cette raison **petites vésicules à centre clair** (Figure 5.5B). Les neuropeptides, par contre, sont synthétisés dans le corps cellulaire du neurone, c'est-à-dire très loin de leur site de sécrétion (Figure 5.5C). Pour résoudre ce problème, les vésicules remplies de peptides doivent par conséquent être acheminées le long de l'axone jusqu'aux terminaisons synaptiques. Le mécanisme qui exécute ce déplacement, et qu'on appelle **transport axonal rapide**, achemine les protéines à des vitesses atteignant 400 mm/jour le long des microtubules du cytosquelette (à la différence du transport axonal lent des enzymes qui synthétisent les transporteurs à petite molécule). Les microtubules sont de longs filaments cylindriques d'un diamètre de 25 nm, distribués dans toute l'étendue des neurones et des autres cellules. Les vésicules remplies de peptides sont convoyées le long des « rails » que forment ces microtubules par des « moteurs » protéiques fonctionnant à l'ATP, tels que la kinésine. Les neuropeptides sont stockés dans des vésicules synaptiques d'un diamètre allant de 90 à 250 nm. En microscopie électronique, elles se présentent comme un matériel dense aux électrons, d'où leur nom de **grandes vésicules à centre dense** (Figure 5.5D).

Après avoir été sécrété dans la fente synaptique, le neurotransmetteur doit être rapidement éliminé pour permettre à la cellule postsynaptique de recommencer un nouveau cycle de transmission synaptique. L'élimination des transmetteurs associe diffusion à partir des récepteurs synaptiques et recapture par les terminaisons nerveuses ou par les cellules gliales environnantes ainsi que dégradation par des enzymes spécifiques, ou diverses combinaisons de ces mécanismes. Les neurotransmetteurs à petite molécule disposent pour la plupart de protéines de transport spécifiques qui les éliminent de la fente synaptique, eux ou leurs métabolites, et les retournent finalement aux terminaisons présynaptiques pour être réutilisés.

Figure 5.5

Métabolisme des transmetteurs à petite molécule et des transmetteurs peptidiques. (A) Les neurotransmetteurs à petite molécule sont synthétisés dans les terminaisons nerveuses. Les enzymes nécessaires à la synthèse du neurotransmetteur sont fabriquées dans le soma du neurone présynaptique (1) et acheminées vers l'extrémité de l'axone par le transport axonal lent (2). Des transporteurs spécifiques incorporent les précurseurs dans les terminaisons nerveuses, où se fait la synthèse et le stockage du neurotransmetteur (3). Après fusion des vésicules et libération du transmetteur (4), ce dernier peut subir une dégradation enzymatique. La recapture du neurotransmetteur ou de ses métabolites fait recommencer un nouveau cycle de synthèse, stockage, libération et élimination (5). (B) Petite vésicule à centre clair d'une synapse du système nerveux central entre une terminaison axonique présynaptique et une épine dendritique. En règle générale, ces vésicules contiennent des neurotransmetteurs à petite molécule. (C) Les neurotransmetteurs peptidiques, de même que les enzymes qui en modifient les précurseurs, sont synthétisés dans le soma (1). Les enzymes et les propeptides sont stockés dans les vésicules de l'appareil de Golgi. Durant le transport axonal rapide de ces vésicules vers les terminaisons nerveuses (2), ces enzymes modifient les propeptides pour donner un ou plusieurs peptides neurotransmetteurs (3). Après fusion vésiculaire et exocytose, les peptides diffusent alentour et sont dégradés par des enzymes protéolytiques (4). (D) Grandes vésicules à centre dense dans un autre type de terminaison axonique du système nerveux central faisant synapse avec un dendrite. En règle générale, ces vésicules contiennent des neuropeptides (ou, dans certains cas, des monoamines). (B et D d'après Peters, Palay et Webster, 1991.)

(A) TRANSMETTEUR À PETITE MOLÉCULE

(C) TRANSMETTEUR PEPTIDIQUE

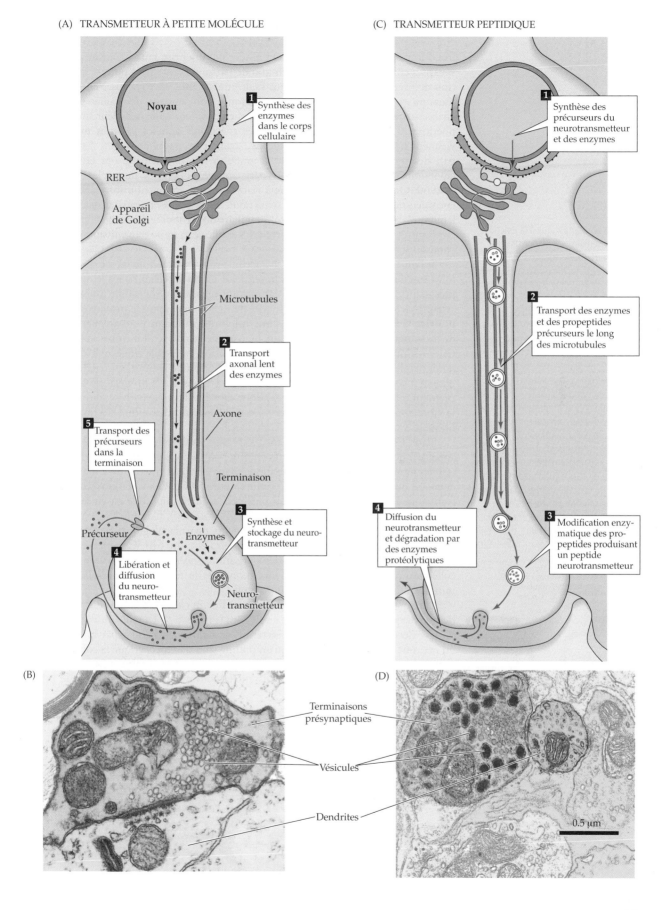

(A)

Noyau

RER

Appareil de Golgi

1 Synthèse des enzymes dans le corps cellulaire

Microtubules

2 Transport axonal lent des enzymes

Axone

5 Transport des précurseurs dans la terminaison

Terminaison

3 Synthèse et stockage du neurotransmetteur

Précurseur

Enzymes

4 Libération et diffusion du neurotransmetteur

Neurotransmetteur

(C)

1 Synthèse des précurseurs du neurotransmetteur et des enzymes

2 Transport des enzymes et des propeptides précurseurs le long des microtubules

4 Diffusion du neurotransmetteur et dégradation par des enzymes protéolytiques

3 Modification enzymatique des propeptides produisant un peptide neurotransmetteur

(B)

(D)

Terminaisons présynaptiques

Vésicules

Dendrites

0.5 μm

Libération quantique des neurotransmetteurs

Les données qui ont permis de comprendre comment se fait la transmission par les synapses chimiques proviennent en grande partie d'expériences portant sur la libération de l'acétylcholine aux jonctions neuromusculaires. Ces synapses entre neurones moteurs et cellules musculaires squelettiques conviennent particulièrement à une analyse expérimentale, du fait de leur simplicité, de leur taille et de leur situation périphérique. Elles sont situées en des sites spécialisés appelés **plaques motrices**, où viennent se terminer les ramifications de l'axone présynaptique (Figure 5.6A). La plupart des travaux d'avant-garde sur la jonction neuromusculaire ont été réalisés au laboratoire de Bernard Katz, à l'University College de Londres, durant les années 1950 et 1960. On s'accorde à reconnaître à Katz le mérite de contributions remarquables à la connaissance de la transmission synaptique. Bien que ses travaux aient été principalement réalisés sur la jonction neuromusculaire de grenouille, les recherches ultérieures ont prouvé que ses observations pouvaient s'appliquer à toute transmission par synapses chimiques dans le système nerveux.

Si l'on enregistre par électrode intracellulaire le potentiel de membrane d'une cellule musculaire, on constate qu'un potentiel d'action survenant dans le motoneurone présynaptique déclenche une dépolarisation transitoire de la cellule musculaire postsynaptique. Cette variation du potentiel de membrane, appelée **potentiel de plaque motrice (PPM)**, est généralement d'une amplitude suffisante pour amener le potentiel de membrane de la cellule musculaire bien au-dessus du seuil d'émission d'un potentiel d'action (Figure 5.6B). Le potentiel d'action postsynaptique que déclenche le potentiel de plaque motrice provoque la contraction de la fibre musculaire. Contrairement à ce qui se passe dans les synapses électriques, il y a un délai notable entre le moment où le motoneurone présynaptique est stimulé et l'apparition d'un PPM dans la fibre musculaire postsynaptique. Ce délai est caractéristique des synapses chimiques.

Dans les recherches réalisées en 1951 avec Paul Fatt, Katz fit une découverte appelée à de grands développements en observant que le potentiel de membrane des cellules musculaires présente des variations spontanées en l'absence de toute stimulation émanant du motoneurone présynaptique (Figure 5.6C). Ces variations sont de même forme que les PPM, mais beaucoup plus petites (leur amplitude est en règle générale inférieure à 1 mV alors qu'un PPM fait de 40 à 50 mV). Comme les PPM, ces petits événements spontanés sont sensibles aux agents pharmacologiques qui, tel le curare, bloquent les récepteurs de l'acétylcholine (voir l'encadré 6B). Cette ressemblance, et bien d'autres, entre les PPM et les dépolarisations spontanées conduisirent Katz et ses collègues à donner à ces événements spontanés le nom de **potentiels de plaque motrice miniatures (PPMm)** (Figure 5.6C).

L'analyse attentive des PPM a permis de tirer au clair les relations entre les potentiels de plaque motrice normaux et les PPMm (Figure 5.7). La taille du PPM constitue un test électrique commode de la sécrétion de neurotransmetteur par la terminaison du neurone moteur, pour autant qu'on prenne soin d'empêcher que la contraction du muscle ne déplace la microélectrode d'enregistrement. On élimine habituellement les contractions musculaires soit en abaissant la concentration du Ca²⁺ dans le milieu

Figure 5.6

Transmission synaptique à la jonction neuromusculaire. (A) Dispositif expérimental, utilisant classiquement un muscle de grenouille ou de rat. L'axone du neurone moteur innervant la fibre musculaire est stimulé par une électrode extracellulaire, tandis qu'une microélectrode intracellulaire insérée dans la cellule musculaire postsynaptique enregistre ses réponses électriques. (B) Les potentiels de plaque motrice (PPM) provoqués par la stimulation du nerf moteur sont normalement supraliminaires et produisent donc un potentiel d'action dans la cellule musculaire postsynaptique. (C) Des potentiels de plaque motrice miniatures (PPMm) apparaissent spontanément, en l'absence de stimulation présynaptique. (D) Si la jonction neuromusculaire baigne dans une solution pauvre en Ca²⁺, la stimulation du neurone moteur provoque des PPM d'amplitude réduite, d'une taille voisine de celle des PPMm. (D'après Fatt et Katz, 1952.)

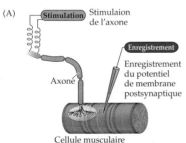

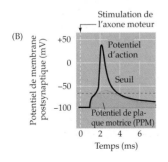

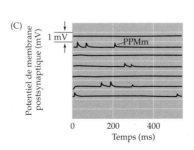

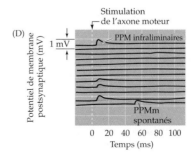

extracellulaire, soit en bloquant partiellement par le curare les récepteurs postsynaptiques du transmetteur. Comme le laissent prévoir les processus schématisés dans la figure 5.3, l'abaissement de la concentration du calcium réduit la sécrétion de neurotransmetteur, ce qui fait diminuer l'amplitude du PPM jusqu'à un niveau infraliminaire pour l'émission d'un potentiel d'action et permet de la mesurer avec une précision accrue. Dans ces conditions, la stimulation du neurone moteur déclenche des PPM dont l'amplitude fluctue d'un essai à l'autre (Figure 5.6D). Ces fluctuations nous donnent des informations très importantes sur les mécanismes responsables de la libération du neurotransmetteur. En particulier, on sait maintenant que les réponses obtenues dans un milieu pauvre en Ca^{2+} proviennent de la libération d'acétylcholine (ACh) en quantités unitaires par la terminaison nerveuse présynaptique. Effectivement, l'amplitude de la plus petite des réponses obtenues ressemble de façon frappante à la taille de PPMm isolés (comparer les figures 5.6C et D). Autre donnée allant dans le sens de cette ressemblance, les incréments d'amplitude des PPM (Figure 5.7A) se font par échelons unitaires de la taille approximative de PPMm isolés (Figure 5.7B). Ces fluctuations «quantiques» de l'amplitude des PPM ont été pour Katz et ses collègues l'indice que les PPM sont constitués d'éléments équivalant chacun à un PPMm.

L'idée que les PPM représentent la libération simultanée de multiples unités de type PPMm peut faire l'objet d'une vérification statistique. Un modèle fondé sur l'indépendance de l'apparition d'événements unitaires (loi de Poisson) prédit l'aspect général de la distribution des amplitudes des PPM recueillis à la suite d'un grand nombre de stimulations du neurone moteur, dans l'hypothèse où les PPM sont formés d'événements unitaires tels que les PPMm (voir Figure 5.7B). La distribution obtenue expérimentalement est conforme à ce qui est attendu si la libération du transmetteur par le neurone moteur a effectivement lieu de façon quantique (courbe rouge de la figure 5.5A). Ce type d'analyse confirme l'hypothèse selon laquelle la libération de neurotransmetteur se fait bien par paquets discrets, équivalant chacun à un PPMm. En un mot, un potentiel d'action présynaptique déclenche un potentiel d'action postsynaptique parce qu'il synchronise la libération de nombreux quanta de neurotransmetteur.

Libération de transmetteurs par les vésicules synaptiques

La découverte de la libération quantique de paquets de neurotransmetteur amena immédiatement à se demander comment ces quanta sont formés, puis déversés dans la fente synaptique. À peu près à l'époque où Katz et ses collègues découvraient par des techniques physiologiques la libération quantique de neurotransmetteurs, la microscopie électronique révélait pour la première fois la présence de vésicules synaptiques dans les terminaisons présynaptiques. Rapprochant ces deux découvertes, Katz et

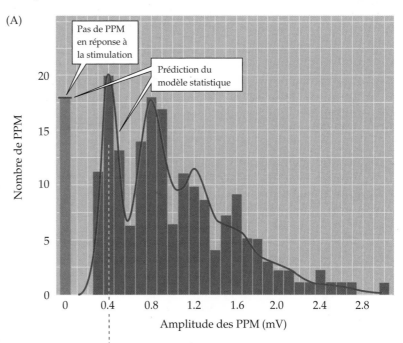

Figure 5.7

Distribution par quanta des amplitudes des PPM déclenchés dans une solution pauvre en Ca^{2+}. Les pics des amplitudes des PPM (A) ont tendance à se situer à des multiples entiers de l'amplitude moyenne des PPMm, dont l'histogramme des amplitudes est présenté en (B). La barre la plus à gauche, dans l'histogramme des amplitudes des PPM représente le nombre d'essais au cours desquels la stimulation de la terminaison présynaptique n'a pas réussi à déclencher de PPM dans la cellule musculaire. La courbe en rouge indique la prédiction d'un modèle statistique fondé sur l'hypothèse que les PPM résultent de la libération indépendante d'un nombre plus ou moins grand de quanta comparables aux PPMm. La concordance observée, y compris le nombre d'échecs, conforte cette interprétation. (D'après Boyd et Martin, 1955.)

d'autres firent l'hypothèse que les vésicules synaptiques chargées de neurotransmetteurs étaient la source des quanta. Des études ultérieures de biochimie confirmèrent que les vésicules étaient effectivement les réceptacles des neurotransmetteurs. Ces travaux ont montré que l'acétylcholine est présente dans les vésicules synaptiques du neurone moteur à une concentration très élevée, de l'ordre de 100 m*M*. Compte tenu du diamètre d'une petite vésicule synaptique à centre clair (~50 nm), cette concentration représente environ 10 000 molécules de neurotransmetteur par vésicule. Cette valeur est en excellent accord avec la quantité d'acétylcholine qu'il faut appliquer sur une jonction neuromusculaire pour mimer un PPMm, ce qui constitue un argument supplémentaire en faveur du point de vue selon lequel les quanta proviennent de la libération du contenu de vésicules synaptiques unitaires.

Pour prouver que la libération quantique est due à la fusion des vésicules synaptiques individuelles avec la membrane plasmique, il faut montrer que chaque fusion de vésicule se traduit par un événement quantique unitaire enregistrable au niveau postsynaptique. Ce problème a pu être résolu, à la fin des années 1970, par John Heuser, Tom Reese et leurs collègues, en corrélant les mesures de fusion vésiculaire avec celles du contenu quantique des PPM à la jonction neuromusculaire. Ils mesurèrent, en microscopie électronique, le nombre de vésicules fusionnées avec la membrane plasmique présynaptique, sur des terminaisons traitées par la 4-aminopyridine (ou 4-AP), substance qui augmente le nombre de vésicules fusionnant sous l'effet d'un potentiel d'action (Figure 5.8A). Ils procédèrent parallèlement à la mesure électrophysiologique du contenu quantique des PPM déclenchés dans ces mêmes conditions. La comparaison du nombre de fusions de vésicules synaptiques observées en microscopie électro-

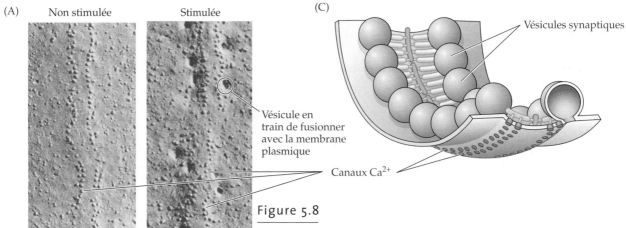

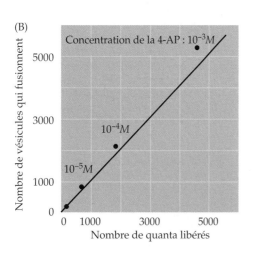

Figure 5.8

Relation entre l'exocytose des vésicules synaptiques et la libération quantique de transmetteur. (A) La microscopie électronique de cryofractures a été utilisée pour visualiser la fusion des vésicules synaptiques dans les terminaisons présynaptiques de motoneurones de grenouille. Cette photographie montre les sites de libération vus du côté extracellulaire de la membrane présynaptique. *À gauche*, membrane plasmique d'une terminaison présynaptique non stimulée. *À droite*, membrane plasmique d'une terminaison stimulée par un potentiel d'action. La stimulation provoque l'apparition de petites dépressions représentant la fusion des vésicules synaptiques avec la membrane présynaptique. (B) Relation entre le nombre de fusions vésiculaires observées et le nombre de quanta libérés par un potentiel d'action présynaptique. On a fait varier la quantité de neurotransmetteur libérée en utilisant la 4-AP (4-aminopyridine), qui agit sur la durée du potentiel d'action présynaptique et modifie ainsi la quantité de calcium qui entre pendant le potentiel d'action. La diagonale représente la relation 1:1 que l'on attend si l'ouverture de chaque vésicule libère un seul quantum de neurotransmetteur. (C) Structure fine des sites de fusion vésiculaire de terminaisons synaptiques de grenouille. Les vésicules synaptiques, disposées en rangées, sont connectées entre elles ainsi qu'à la membrane plasmique par diverses structures protéiques (en jaune). Les structures de la membrane présynaptique représentées en vert correspondent aux rangées de particules que l'on voit en (A) et que l'on pense être des canaux calciques. (A et B d'après Heuser et al., 1979 ; C d'après Harlow et al., 2001.)

nique avec le nombre de quanta libérés par la même synapse fit apparaître une bonne corrélation entre ces deux mesures (Figure 5.8B). Ces résultats restent l'un des arguments les plus solides pour voir dans la libération d'un quantum de neurotransmetteur le résultat de la fusion d'une vésicule synaptique avec la membrane présynaptique. Des données ultérieures, fondées sur d'autres façons de mesurer la fusion vésiculaire, ne laissent aucun doute quant à la validité de cette interprétation générale de la transmission par les synapses chimiques. Tout récemment, on a identifié les structures de la terminaison présynaptique qui connectent les vésicules à la membrane plasmique et qui sont susceptibles de participer à la fusion membranaire (Figure 5.8C).

Le recyclage local des vésicules synaptiques

La fusion des vésicules synaptiques a pour conséquence l'addition de nouveaux éléments membranaires à la membrane plasmique de la terminaison présynaptique ; mais il ne s'agit pas d'un ajout permanent. Et même si un épisode d'exocytose intensive peut augmenter considérablement la surface des terminaisons présynaptiques, ce surplus de membrane s'élimine en quelques minutes. Heuser et Reese ont montré, dans une autre importante série d'expériences, que la membrane des vésicules fusionnées est en réalité récupérée et réintégrée dans le cytoplasme de la terminaison nerveuse par un processus d'endocytose. Les expériences, réalisées là encore sur la jonction neuromusculaire de grenouille, sont fondées sur l'infiltration de peroxydase du raifort (**horseradish peroxidase** ou *HRP*) dans la fente synaptique ; cette enzyme forme un produit dense, visualisable en microscopie électronique, et l'on peut, dans ces conditions, mettre l'endocytose en évidence grâce à l'absorption de peroxydase par la terminaison nerveuse (Figure 5.9). Pour activer l'endocytose, la terminaison présynaptique est stimu-

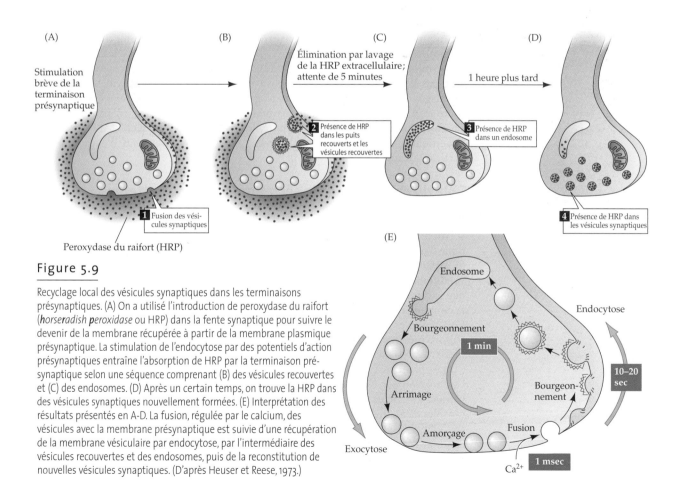

Figure 5.9

Recyclage local des vésicules synaptiques dans les terminaisons présynaptiques. (A) On a utilisé l'introduction de peroxydase du raifort (*horseradish peroxidase* ou HRP) dans la fente synaptique pour suivre le devenir de la membrane récupérée à partir de la membrane plasmique présynaptique. La stimulation de l'endocytose par des potentiels d'action présynaptiques entraîne l'absorption de HRP par la terminaison présynaptique selon une séquence comprenant (B) des vésicules recouvertes et (C) des endosomes. (D) Après un certain temps, on trouve la HRP dans des vésicules synaptiques nouvellement formées. (E) Interprétation des résultats présentés en A-D. La fusion, régulée par le calcium, des vésicules avec la membrane présynaptique est suivie d'une récupération de la membrane vésiculaire par endocytose, par l'intermédiaire des vésicules recouvertes et des endosomes, puis de la reconstitution de nouvelles vésicules synaptiques. (D'après Heuser et Reese, 1973.)

97

lée par une salve de potentiels d'action et l'on examine en microscopie électronique le devenir de la peroxydase. Juste après la stimulation, on trouve de la peroxydase dans des organites d'endocytose particuliers, les vésicules recouvertes (ou vésicules tapissées) (Figure 5.9A, B). Quelques minutes plus tard, toutefois, les vésicules recouvertes ont disparu et l'on trouve la peroxydase dans des organites différents, les endosomes (Figure 5.9C). Enfin, environ une heure après la stimulation de la terminaison, le produit de réaction de la peroxydase est vu à l'intérieur des vésicules synaptiques (Figure 5.9D).

Ces observations indiquent que la membrane de la vésicule synaptique est recyclée dans la terminaison synaptique selon la succession d'événements que résume la figure 5.9E. Durant cette séquence, dite **cycle de la vésicule synaptique**, la membrane vésiculaire récupérée passe par divers compartiments intracellulaires (vésicules recouvertes et endosomes) et est finalement réutilisée pour former de nouvelles vésicules synaptiques. Ces nouvelles vésicules sont mises en réserve dans le cytoplasme jusqu'à ce qu'il y ait besoin d'elles pour une autre libération de neurotransmetteurs. Elles quittent alors le stock de réserve, s'arriment sur la membrane plasmique et s'amorcent pour recommencer à participer à une exocytose. Des expériences récentes utilisant un marqueur fluorescent à la place de la HRP ont précisé le décours temporel du recyclage des vésicules synaptiques. Leurs résultats indiquent que le cycle de la vésicule synaptique dure au total à peu près 1 minute et que, sur ce temps, 10 à 20 secondes sont prises par le bourgeonnement de la membrane durant l'endocytose. Comme on peut le constater d'après le délai d'une milliseconde qu'exige la transmission faisant suite à l'excitation d'une terminaison présynaptique (voir Figure 5.6B), la fusion membranaire lors de l'exocytose est beaucoup plus rapide que le bourgeonnement lors de l'endocytose. Toutes les étapes du recyclage, qui vont du bourgeonnement de la membrane à la formation subséquente d'une nouvelle vésicule, prennent donc moins d'une minute.

Les précurseurs des vésicules synaptiques sont, *à l'origine*, synthétisés au sein du réticulum endoplasmique et de l'appareil de Golgi, dans le corps cellulaire du neurone. Compte tenu de la distance qui, dans la plupart des neurones, sépare le corps cellulaire des terminaisons présynaptiques, le transport de vésicules à partir du soma ne permettrait pas de refaire rapidement le plein de vésicules en cas d'activité continue. Le recyclage local est donc parfaitement adapté aux particularités de l'anatomie des neurones et il permet aux terminaisons présynaptiques de disposer en permanence de vésicules. Comme on peut s'y attendre, les perturbations du recyclage des vésicules synaptiques peuvent conduire à de sévères troubles neurologiques ; l'encadré 5B en décrit quelques-uns.

Rôle du calcium dans la sécrétion des transmetteurs

Des expériences de Katz et autres décrites dans les sections qui précèdent, il ressort que si l'on diminue la concentration du calcium à l'extérieur de la terminaison présynaptique d'un neurone moteur, on réduit la taille du PPM (comparer les figures 5.6B et D). Si, par ailleurs, on mesure le nombre de quanta de transmetteur libérés dans ces conditions, on s'aperçoit que la raison pour laquelle les PPM deviennent plus petits est que la diminution de la concentration de Ca^{2+} fait baisser le nombre de vésicules qui fusionnent avec la membrane plasmique de la terminaison. La découverte de canaux Ca^{2+} sensibles au voltage (voir Chapitre 4) dans la membrane plasmique des terminaisons présynaptiques a fourni un indice important sur la façon dont le Ca^{2+} régule la fusion des vésicules synaptiques.

Les premières données sur les canaux calciques présynaptiques proviennent de l'observation par Katz et Ricardo Miledi qu'après traitement à la tétrodotoxine (pour bloquer les canaux sodiques ; voir Chapitre 3), les terminaisons présynaptiques restent capables d'émettre un potentiel d'action d'un type particulier caractérisé par une durée très longue. Cette constatation surprenante s'explique si l'on admet que du courant continue de passer par les canaux calciques et qu'il se substitue au courant qui emprunte normalement les canaux sodiques. Des expériences ultérieures en voltage imposé, réalisées par Rudolfo Llinás et autres sur la terminaison présynaptique géante du

ENCADRÉ 5B *Maladies affectant la terminaison présynaptique*

Diverses étapes de l'exocytose et de l'endocytose des vésicules synaptiques sont la cible d'un certain nombre de maladies neurologiques rares mais handicapantes. Il s'agit souvent de syndromes myasthéniques dans lesquels une transmission anormale au niveau des jonctions neuromusculaires entraîne une faiblesse et une fatigabilité des muscles squelettiques. L'un de ces troubles les mieux analysés est le *syndrome myasthénique de Lambert-Eaton* (SMLE), complication occasionnelle de certaines formes de cancers. Des biopsies de tissu musculaire d'individus souffrant du SMLE ont permis de réaliser des enregistrements intracellulaires identiques à ceux de la figure 5.6. Ces enregistrements ont montré que si l'on stimule un motoneurone, on note une forte réduction du nombre de quanta que contiennent les PPM individuels, alors que l'amplitude des PPMm spontanés est normale. Par conséquent, le SMLE détériore la libération provoquée de neurotransmetteur, mais laisse intacte la taille des quanta individuels.

Plusieurs ensembles de données indiquent que cette diminution de la libération du neurotransmetteur est due à la perte de canaux Ca^{2+} activés par le voltage dans les terminaisons présynaptiques du motoneurone. Le déficit de transmission neuromusculaire peut donc être surmonté en augmentant la concentration extracellulaire du calcium. Des études anatomiques montrent par ailleurs une diminution de la densité des protéines canaux Ca^{2+} de la membrane plasmique. La perte de canaux Ca^{2+} présynaptiques dans le SMLE provient apparemment d'une perturbation du système immunitaire. Le sang des patients atteints du SMLE contient une concentration très élevée d'anticorps liant les canaux Ca^{2+} et il est probable que ces anticorps soient la cause fondamentale du SMLE. Si, par exemple, on supprime, par échange de plasma, les anticorps anti-canaux calciques du sang des patients atteints de SMLE, on réduit la faiblesse musculaire. De même, un traitement immunosuppres-

seur peut également atténuer les symptômes du SMLE. Et, donnée peut-être encore plus parlante, si l'on injecte ces anticorps à des animaux de laboratoire, on fait apparaître une faiblesse musculaire et une transmission neuromusculaire anormale. La raison pour laquelle le système immunitaire fabrique des anticorps contre les canaux calciques n'est pas claire. La plupart des personnes atteintes du SMLE ont un carcinome à petites cellules, variété de cancer du poumon, susceptible de déclencher la réponse immunitaire contre les canaux calciques. Quelle qu'en soit l'origine, la liaison des anticorps avec les canaux calciques s'accompagne d'une réduction des courants de calcium qui les empruntent. Et c'est cette réduction du calcium présynaptique entrant induite par les anticorps, qui est à l'origine de la faiblesse musculaire associée au SMLE.

Les *syndromes myasthéniques congénitaux* sont des troubles génétiques qui provoquent, eux aussi, une faiblesse musculaire en affectant la transmission neuromusculaire. Certains d'entre eux concernent la cholinestérase, qui dégrade l'acétylcholine dans la fente synaptique ; d'autres sont dus à une attaque auto-immune des récepteurs de l'acétylcholine (voir l'encadré 6B). Il existe aussi un certain nombre de syndromes myasthéniques congénitaux dont la cause est une insuffisance de la libération d'acétylcholine provoquée par une altération du trafic vésiculaire dans la terminaison du motoneurone. Parmi les patients qui en sont affectés, certains ont des synapses neuromusculaires dont les PPM traduisent une réduction du contenu en quanta, réduction d'autant plus marquée que la synapse est soumise à une activation répétitive. En microscopie électronique, les terminaisons présynaptiques du nerf moteur montrent une réduction très importante du nombre de vésicules synaptiques. Il est évident que l'insuffisance de libé-

ration du neurotransmetteur est due au trop petit nombre de vésicules synaptiques disponibles lors d'une activité présynaptique continue. On ne sait pas exactement quelle est l'origine de ce déficit de vésicules synaptiques ; il pourrait résulter soit d'une altération de l'endocytose dans la terminaison nerveuse (voir la figure ci-contre), soit d'une réduction de l'apport de vésicules par le corps cellulaire du motoneurone.

D'autres patients encore, atteints de *myasthénie infantile familiale*, présentent une faiblesse neuromusculaire provenant d'une réduction de la taille des quanta individuels et non du nombre de quanta libérés. Chez ces patients, les terminaisons des nerfs moteurs ont des vésicules synaptiques en quantité normale, mais de diamètre réduit. Cette constatation fait envisager un autre type de perturbation génétique qui altérerait la formation de nouvelles vésicules synaptiques après

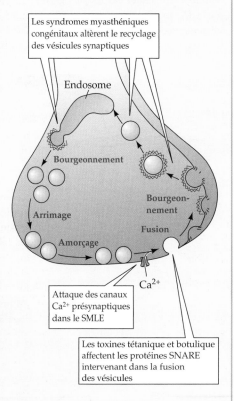

Les syndromes myasthéniques congénitaux altèrent le recyclage des vésicules synaptiques

Endosome

Bourgeonnement

Bourgeonnement

Arrimage

Fusion

Amorçage

Ca^{2+}

Attaque des canaux Ca^{2+} présynaptiques dans le SMLE

Les toxines tétanique et botulique affectent les protéines SNARE intervenant dans la fusion des vésicules

Cibles présynaptiques de divers troubles neurologiques.

ENCADRÉ 5B (suite)

l'endocytose, de telle sorte que chacune contienne une plus petite quantité d'acétylcholine.

Une autre perturbation de la libération du neurotransmetteur résulte d'un empoisonnement par des bactéries anaérobies du genre *Clostridium*. Ces microorganismes produisent des toxines parmi les plus puissantes que l'on connaisse, dont la toxine botulique et la toxine tétanique. Botulisme et tétanos sont des infections qui peuvent être mortelles.

Le *botulisme* se contracte par la consommation de nourriture contenant des clostridies ou par des plaies contaminées par ces organismes ubiquistes. Dans les deux cas, la présence de la toxine peut entraîner une paralysie des synapses neuromusculaires périphériques par abolition de la libération du neurotransmetteur. Cette perturbation de la transmission neuromusculaire a pour conséquence une faiblesse de la musculature squelettique entraînant, dans les cas les plus graves, un arrêt respiratoire par paralysie du diaphragme et des autres muscles respiratoires. La toxine botulique bloque également les synapses qui innervent les muscles lisses provoquant des troubles fonctionnels de la motricité végétative.

Le *tétanos* est ordinairement dû à la contamination de plaies perforantes par les clostridies qui produisent la toxine tétanique. Contrairement au botulisme, le tétanos bloque la libération de neurotransmetteurs inhibiteurs par certains interneurones de la moelle. Il s'ensuit une suppression de l'inhibition synaptique qui s'exerce sur les motoneurones spinaux, donnant libre cours à une hyperexcitation et à des contractions tétaniques des muscles squelettiques affectés (le terme même de tétanos désigne la tension d'un muscle).

Bien qu'elles aient des conséquences cliniques extrêmement différentes, les toxines clostridiennes ont un mécanisme d'action commun (voir la figure). Les toxines tétanique et botulique agissent en clivant les protéines SNARE qui interviennent dans la fusion des vésicules synaptiques avec la membrane plasmique présynaptique (voir l'encadré 5C). Cette action protéolytique explique vraisemblablement le blocage de la libération du transmetteur aux synapses affectées. Les effets différents de ces toxines sur les synapses motrices excitatrices ou sur les synapses inhibitrices sont sans doute dus à ce que ces toxines sont absorbées par des types de neurones différents : la toxine botulique est préférentiellement absorbée par les motoneurones tandis que la toxine tétanique a les interneurones comme cibles privilégiées. On ignore la raison de cette absorption différentielle ; elle est vraisemblablement due à ce que les deux types de neurones possèdent chacun des récepteurs des toxines différents.

Références

ENGEL, A.G. (1991), Review of evidence for loss of motor nerve terminal calcium channels in Lambert-Eaton myasthenic syndrome. *Ann. N.Y. Acad. Sci.*, **635**, 246-258.

ENGEL, A.G. (1994), Congenital myasthenic syndromes. *Neurol. Clin.*, **12**, 401-437.

LANG, B. et A. VINCENT (2003), Autoantibodies to ion channels at the neuromuscular junction. *Autoimmun. Rev.*, **2**, 94-100.

MASELLI, R.A. (1998), Pathogenesis of human botulism. *Ann. N.Y. Acad. Sci.*, **841**, 122-139.

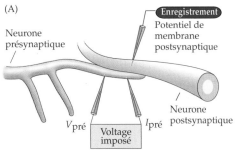

(A)

calmar (Figure 5.10A), ont confirmé la présence de canaux calciques activés par le voltage dans la terminaison présynaptique (Figure 5.10B). Ces expériences ont montré que la quantité de neurotransmetteur libérée dépend au plus haut point de la quantité précise de Ca^{2+} qui entre. Par ailleurs, le blocage pharmacologique de ces canaux Ca^{2+} inhibe la libération du transmetteur (Figure 5.10B, à droite). Ces observations confirment toutes que les canaux Ca^{2+} activés par le voltage interviennent directement dans la neurotransmission. Au total, les potentiels d'action présynaptiques ouvrent des canaux Ca^{2+} activés par le voltage et provoquent ainsi une entrée de Ca^{2+}.

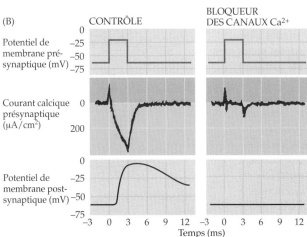

(B)

Figure 5.10

L'entrée de Ca^{2+} par des canaux calciques dépendant du voltage situés dans les terminaisons présynaptiques provoque la libération de transmetteur. (A) Dispositif expérimental utilisant la synapse géante de calmar. On utilise la méthode du voltage imposé pour mesurer les courants qui traversent la membrane présynaptique quand on la dépolarise. (B) Le blocage par des agents pharmacologiques des courants qui transitent par les canaux Na^+ et K^+ fait apparaître un courant entrant résiduel passant par les canaux calciques. Cette entrée de calcium déclenche la sécrétion de transmetteur, comme l'indique le changement du potentiel de membrane postsynaptique. Le traitement de la même terminaison présynaptique par le cadmium, qui bloque les canaux calciques, élimine à la fois le courant calcique présynaptique et la réponse postsynaptique. (D'après Augustine et Eckert, 1984.)

(A)

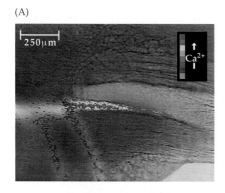

(B)

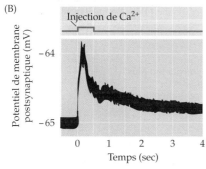

(C)

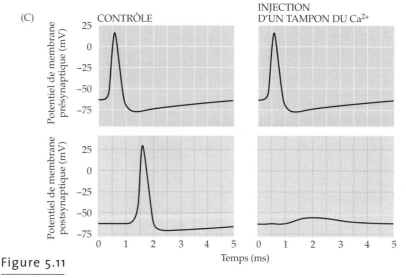

Figure 5.11

Preuves que l'augmentation de la concentration du calcium présynaptique déclenche la libération de transmetteur par les terminaisons présynaptiques. (A) Mesures en microscopie à fluorescence de la concentration du Ca^{2+} présynaptique dans la synapse géante de calmar (voir Figure 5.8A). Une salve de potentiels d'action provoque une augmentation de la concentration du Ca^{2+}, révélée par un colorant (le fura-2) dont la fluorescence augmente quand la concentration du calcium s'accroît. (B) Une microinjection de Ca^{2+} dans la terminaison présynaptique géante du calmar déclenche une libération de transmetteur, mesurée par la dépolarisation de la membrane postsynaptique. (C) Une microinjection d'un chélateur du calcium, le BAPTA, dans la terminaison présynaptique géante du calmar empêche la libération du transmetteur. (A d'après Smith et al., 1993 ; B d'après Miledi, 1971 ; C d'après Adler et al., 1991.)

Le fait que l'entrée de Ca^{2+} dans les terminaisons présynaptiques fait augmenter la concentration du Ca^{2+} dans ces terminaisons a également été établi grâce à des micro-photographies de terminaisons chargées en colorants fluorescents sensibles aux ions Ca^{2+} (Figure 5.11A). Les conséquences de cette augmentation de la concentration présynap-tique du Ca^{2+} sur la libération du transmetteur ont été mises en évidence de deux façons. Tout d'abord, une microinjection de Ca^{2+} directement dans les terminaisons présynaptiques déclenche la libération de transmetteur en l'absence même de potentiels d'action présynaptiques (Figure 5.11B). Ensuite, des microinjections présynaptiques de chélateurs du calcium (substances qui se lient au Ca^{2+} et qui, en agissant comme tam-pon, maintiennent sa concentration à des niveaux faibles) empêchent les potentiels d'action présynaptiques de déclencher la sécrétion de transmetteur (Figure 5.11C). Tous ces résultats prouvent donc sans doute possible que l'augmentation de la con-centration présynaptique de calcium est à la fois nécessaire et suffisante pour la libé-ration du transmetteur. Comme c'est le cas dans d'autres formes de signalisation neuronale (voir Chapitre 7), le Ca^{2+} sert donc de second messager lors de la libération de transmetteur.

Quoique le Ca^{2+} soit le déclencheur universel de la libération des transmetteurs, tous ceux-ci ne sont pas libérés à la même vitesse. Alors, par exemple que la sécrétion d'ACh par les motoneurones ne prend qu'une fraction de milliseconde (voir Figure 5.6), la libération de neuropeptides exige des salves de potentiels d'action à haute fréquence pendant plusieurs secondes. Ces différences de vitesse de libération sont probablement dues à des différences de position des vésicules par rapport aux canaux calciques pré-synaptiques. Ceci est particulièrement net dans le cas où peptides et transmetteurs à petite molécule servent de cotransmetteurs (Figure 5.12). En règle générale, les petites vésicules à centre clair qui contiennent les neurotransmetteurs à petite molécule sont ancrées sur la membrane plasmique en avant des points d'entrée du calcium ; celles, par contre, qui contiennent les transmetteurs peptidiques sont plus éloignées de la mem-brane plasmique (voir Figures 5.5D). Aux basses fréquences de décharge, la concen-tration de Ca^{2+} pourrait n'augmenter que localement tout près de la membrane

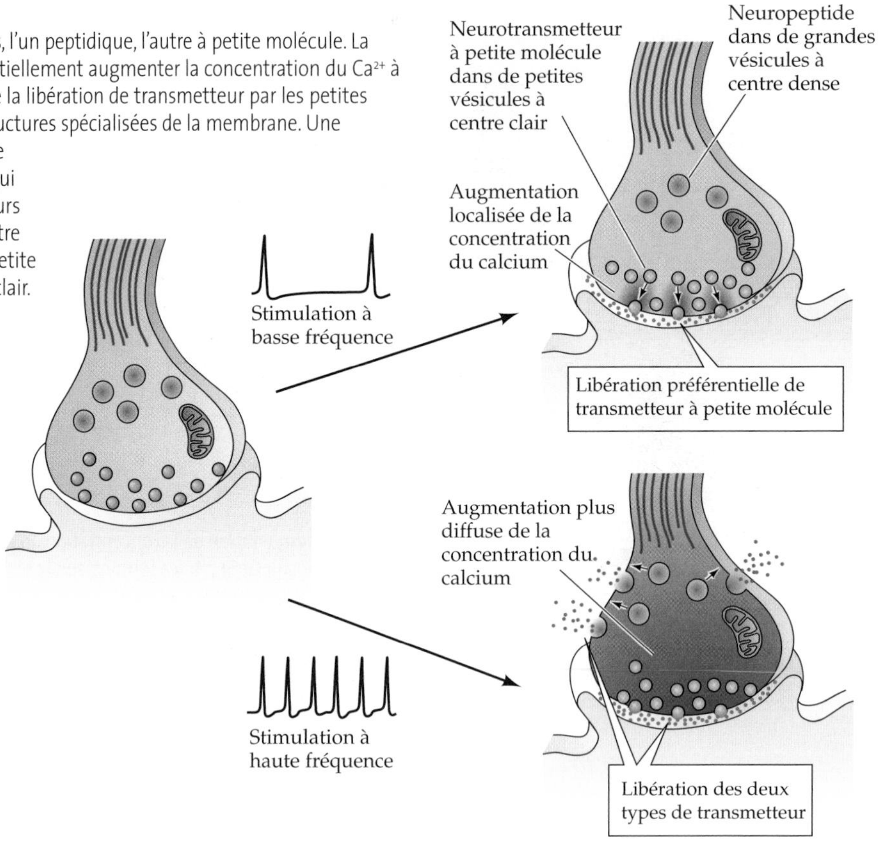

Figure 5.12

Libération différentielle de cotransmetteurs, l'un peptidique, l'autre à petite molécule. La stimulation à basse fréquence fait préférentiellement augmenter la concentration du Ca²⁺ à proximité de la membrane, ce qui provoque la libération de transmetteur par les petites vésicules à centre clair arrimées sur des structures spécialisées de la membrane. Une stimulation à haute fréquence entraîne une augmentation plus diffuse du calcium, ce qui provoque la libération de neurotransmetteurs peptidiques par les grandes vésicules à centre dense ainsi que de neurotransmetteurs à petite molécule par les petites vésicules à centre clair.

plasmique présynaptique, au voisinage des canaux calciques ouverts, limitant la libération aux seuls transmetteurs à petite molécule. La stimulation à haute fréquence augmente la concentration de calcium dans toute l'étendue de la terminaison synaptique et peut ainsi induire la libération plus lente des peptides.

Mécanismes moléculaires de la sécrétion des transmetteurs

On ne sait pas encore dans le détail comment une augmentation de la concentration présynaptique de calcium parvient à déclencher la fusion des vésicules et la libération du neurotransmetteur. Les travaux de biologie moléculaire entrepris pour identifier et caractériser les protéines des vésicules synaptiques et de leurs sites de fixation sur les membranes plasmiques présynaptiques et dans le cytoplasme ont cependant fourni plusieurs indices importants (Figure 5.13A). La plupart de ces protéines, sinon toutes, agissent à une ou plusieurs étapes du cycle de la vésicule synaptique. Un tableau moléculaire complet de la libération des neurotransmetteurs continue de faire défaut, mais on a pu, par déduction, se faire une idée des fonctions de certaines de ces molécules (Figures 5.13B).

Un faisceau de données indique que la **synapsine**, protéine qui se lie de façon réversible aux vésicules synaptiques, peut accrocher les vésicules aux filaments d'actine du cytosquelette pour les maintenir immobilisées dans le stock de réserve. La mobilisation des vésicules de réserve résulte d'une phosphorylation de la synapsine par des protéine-kinases, tout particulièrement par la **protéine-kinase Ca²⁺-calmoduline dépendante de type II** (CaMKII ; voir Chapitre 7). Cette phosphorylation permet à la synapsine de se dissocier des vésicules. Une fois libérées des attaches qui les retenaient dans le stock de réserve, elles se dirigent vers la membrane plasmique à laquelle elles s'arriment par des processus que l'on connaît mal. Une série de réactions d'amorçage prépare alors la membrane plasmique et celle des vésicules à fusionner l'une avec l'autre.

(A)

SNAP25   Vti1a   Synaptobrévine

Synaptotagmine

V-ATPase

CIC3

Synaptophysine

SNAP29

CSP

VAMP4

SV2

SCAMP
Syntaxine

Synapsine

(m)unc18

VGLUT

Rab3A

GTPase trimérique   Autre transporteur

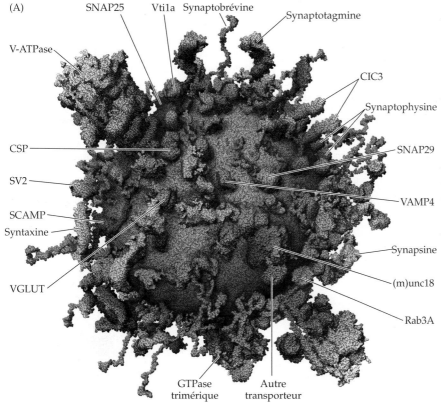

Figure 5.13

Protéines présynaptiques impliquées dans le cycle des vésicules synaptiques. (A) Modèle de l'organisation moléculaire d'une vésicule synaptique. La surface cytoplasmique de la membrane des vésicules est abondamment couverte de protéines dont seulement 70 % sont représentés ici. (B) On sait aujourd'hui que le cycle de la circulation des vésicules (ou trafic vésiculaire) que schématise la figure 5.9E met en jeu un certain nombre de molécules (y compris plusieurs de celles qui sont représentées en A); des protéines distinctes interviennent dans les différents processus du cycle. (A d'après Takamori et al., 2006.)

(B)

Chargement du transmetteur

Transporteurs de transmetteur
Pompe à protons

Démantèlement

Clathrine
Auxiline
Hsc-70
Endophiline
Synaptojanine

Stock de réserve

Synapsines
Actine

Bourgeonnement

Endosome

Bourgeonnement

Dynamine	Clathrine
Amphiphysine	Actine
Endophiline	Syndapine
Synaptojanine	WASP

Mobilisation

CaMKII
Synapsines

Synapsine

Clathrine

Arrimage

Protéine de liaison de la GTP, SNARE?

Couverture

Ca²⁺

Clathrine	Epsine	NSF
AP-2	Eps-15	SNAP
AP-180	Endophiline	Syntaphiline
Synaptotagmines	Stoned	SNIP
Synaptobrévine		

Amorçage

SNARE	Complexine	Syntaphiline
(m)unc 13	Tomosyne	Rab3a
(m)unc 18/nSec	CAPS	RIM
NSF	SV2	Doc2
SNAPs	Snapine	

Fusion

Synaptotagmine 1
SNARE
Complexine?

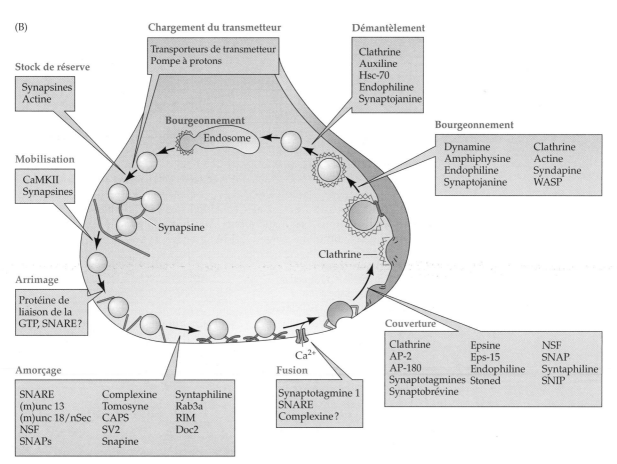

Un grand nombre de protéines sont impliquées dans l'amorçage, dont certaines participent aussi à d'autres processus de la fusion membranaire, que l'on retrouve dans toutes les cellules (Figure 5.13B). C'est ainsi que deux molécules dont on connaît l'importance pour la fusion des vésicules avec les membranes de l'appareil de Golgi, l'ATPase **NSF** (*NEM-Sensitive Fusion protein* ou protéine de fusion sensible à la NEM [*N-éthyl*maléïmide]) et les **SNAP** (*Soluble NSF Attachment Proteins*, protéines solubles d'attachement de la NSF) interviennent également pour amorcer la fusion des vésicules synaptiques. Ces deux protéines agissent en régulant l'assemblage d'autres protéines, les **SNARE** (*SNAP Receptor*, récepteur des protéines SNAP). Beaucoup d'autres protéines impliquées dans l'amorçage interagissent également avec les SNARE ; c'est le cas de la (m)unc-13, de la nSec-1, de la complexine, de la snapine, de la syntaphiline et de la tomosyne.

L'un des objectifs principaux de l'amorçage paraît être d'organiser les protéines SNARE selon la conformation adéquate pour la fusion des membranes. L'une de ces protéines SNARE, la **synaptobrévine**, se trouve dans la membrane des vésicules synaptiques, tandis que deux autres, la **syntaxine** et la **SNAP-25**, se trouvent principalement dans la membrane plasmique. Ces protéines SNARE peuvent former un complexe

(A)

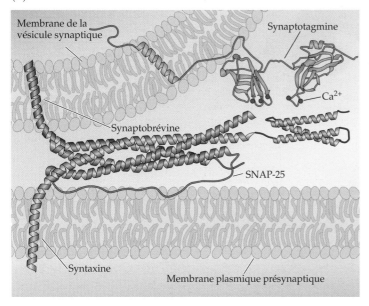

(B) (1) Arrimage de la vésicule

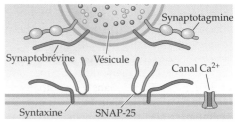

(2) Formation de complexes SNARE qui rapprochent les membranes l'une de l'autre

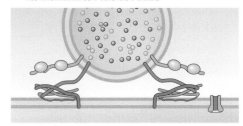

(3) Entrée de Ca^{2+} qui se lie à la synaptotagmine

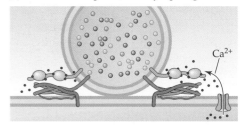

(4) Catalyse de la fusion des membranes par la synaptotagmine liée au Ca^{2+}

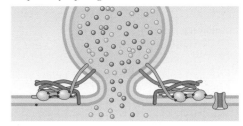

Figure 5.14

Mécanismes moléculaires de l'exocytose lors de la libération d'un neurotransmetteur. (A) Structure du complexe SNARE. La SNARE vésiculaire qu'est la synaptobrévine (en bleu) forme un complexe d'hélices avec les SNARE de la membrane plasmique que sont la syntaxine (en rouge) et la protéine SNAP-25 (en vert). (B) Modèle de fusion vésiculaire déclenchée par le calcium. Les protéines SNARE situées sur la membrane plasmique et sur celle de la vésicule synaptique forment un complexe (de même qu'en A) qui rapproche les deux membranes. Le Ca^{2+} se lie alors à la synaptotagmine de la membrane vésiculaire, provoquant l'insertion de la région cytoplasmique de cette protéine dans la membrane plasmique et la catalyse de la fusion des membranes. (A d'après Sutton et al. 1998.)

macromoléculaire traversant les deux membranes et susceptible ainsi de les mettre en étroite apposition (Figure 5.14A). Un tel agencement a tout ce qu'il faut pour promouvoir la fusion des deux membranes et plusieurs séries d'observations laissent penser que c'est effectivement ainsi que les choses se passent. Fait important, les toxines qui clivent les protéines SNARE bloquent la libération du neurotransmetteur (Encadré 5C). En outre, si l'on met des protéines SNARE sur des membranes lipidiques artificielles et qu'on les laisse se complexer les unes avec les autres, on provoque la fusion des membranes.

Puisque les protéines SNARE ne lient pas le Ca^{2+}, ce sont d'autres molécules encore qui doivent intervenir dans la régulation calcique de la libération du neurotransmetteur. Plusieurs protéines présynaptiques, dont la calmoduline, la CAPS et la munc-13, sont capables de lier le Ca^{2+}. Cependant, il semble que la régulation calcique de la libération du neurotransmetteur est permise par une protéine que l'on trouve dans la membrane des vésicules synaptiques, la **synaptotagmine** (Figure 5.14A). La synaptotagmine lie le Ca^{2+} à des concentrations comparables à celles qui, dans les terminaisons présynaptiques, sont connues pour déclencher l'exocytose des vésicules. Elle peut de ce fait jouer le rôle d'un détecteur de Ca^{2+}, signalant que celui-ci augmente dans la terminaison et déclenchant ainsi la fusion des vésicules. On notera, à l'appui de cette conception, que les altérations de la synaptotagmine des terminaisons présynaptiques de souris, de drosophile, de calmar et d'autres espèces animales détériorent la libération de neurotransmetteur dépendante du calcium. Et même, la délétion chez la souris d'un seul des 19 gènes de la synaptotagmine constitue une mutation létale qui provoque la mort des animaux peu après leur naissance. On ne sait pas encore clairement comment la liaison du Ca^{2+} à la synaptotagmine détermine l'exocytose. On sait que le calcium modifie les propriétés chimiques de la synaptotagmine, ce qui lui permet de s'insérer dans les membranes et de se lier à d'autres protéines dont les SNARE. Un modèle plausible serait que les protéines SNARE rapprochent les deux membranes l'une de l'autre, et que les modifications de la synaptotagmine induites par le calcium déclencheraient alors les dernières étapes de la fusion de ces membranes (Figure 5.14B).

Aux stades ultérieurs du cycle de la vésicule synaptique, lors de l'endocytose, ce sont encore d'autres protéines qui sont à l'œuvre (Figure 5.14C). La **clathrine**, par

Figure 5.15

Mécanismes moléculaires de l'endocytose faisant suite à la libération d'un neurotransmetteur. (A) Des triskèles de clathrine (à gauche) s'assemblent pour former les couvertures de la membrane (à droite) impliquées dans le bourgeonnement membranaire lors de l'endocytose. Après un apport de membrane de vésicule synaptique lors de l'exocytose, des triskèles de clathrine se fixent sur la membrane vésiculaire ; leur fixation est facilitée par des protéines d'adaptation (comme l'AP-2 et l'AP-180). La polymérisation de la clathrine induit une courbure de la membrane permettant à la dynamine de détacher la vésicule recouverte. Par la suite, le démantèlement de la couverture de la vésicule par l'ATPase Hsc-70 ayant l'auxiline pour cofacteur aboutira à une vésicule synaptique. (A d'après Marsh et McMahon 2001.)

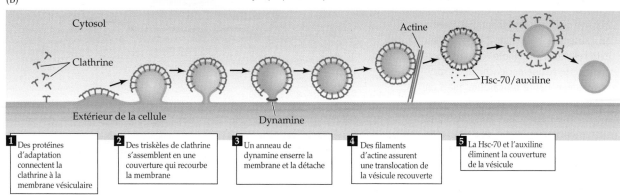

(A) Triskèle de clathrine

Couverture de clathrine

(B)

Cytosol

Actine

Clathrine

Hsc-70/auxiline

Extérieur de la cellule

Dynamine

1 Des protéines d'adaptation connectent la clathrine à la membrane vésiculaire

2 Des triskèles de clathrine s'assemblent en une couverture qui recourbe la membrane

3 Un anneau de dynamine enserre la membrane et la détache

4 Des filaments d'actine assurent une translocation de la vésicule recouverte

5 La Hsc-70 et l'auxiline éliminent la couverture de la vésicule

ENCADRÉ 5C   *Des toxines qui perturbent la libération des transmetteurs*

L'analyse des effets de toxines biologiques issues d'organismes étonnamment variés a donné d'importantes informations sur les bases moléculaires de la sécrétion des neurotransmetteurs. Parmi ces agents, on trouve les toxines responsables du tétanos et du botulisme, que produisent des bactéries du genre *Clostridium* (voir Encadré 5B). Elles agissent en inhibant la libération du neurotransmetteur par exocytose à partir des terminaisons présynaptiques. De patientes et ingénieuses recherches de biochimie ont montré que ces toxines sont des protéases hautement spécifiques qui clivent les protéines SNARE présynaptiques (voir la figure ci-contre). La toxine botulique et la toxine tétanique (types B, D, F et G) clivent spécifiquement une protéine SNARE de la membrane des vésicules, la synaptobrévine. D'autres toxines botuliques sont des protéases qui clivent la syntaxine (type C) et la SNAP-25 (types A et E), protéines SNARE de la membrane plasmique présynaptique. La destruction de ces protéines présynaptiques est à l'origine des effets des toxines sur la libération des neurotransmetteurs. Ces observations, ainsi que les données présentées dans le texte, apportent la preuve que ces trois protéines synaptiques SNARE jouent un rôle important dans le processus de fusion des vésicules synaptiques avec la membrane plasmique présynaptique.

Une autre toxine ayant la libération des neurotransmetteurs pour cible est l'α-latrotoxine, protéine qui se trouve dans le venin des araignées femelles du genre *Latrodectus* ou veuves noires. L'application de cette molécule aux synapses neuromusculaires provoque une décharge massive des vésicules synaptiques, même en l'absence de calcium dans le milieu extracellulaire. On ignore toujours comment cette toxine déclenche une exocytose indépendante du calcium, mais on sait que l'α-latrotoxine se lie à deux groupes distincts de protéines présynaptiques susceptibles d'intervenir dans les effets qu'elle produit. L'un de ces groupes est constitué par les neurexines, protéines membranaires intrinsèques que l'on trouve

dans les terminaisons présynaptiques. Plusieurs séries de données impliquent que, dans certains cas au moins, l'α-latrotoxine se lie aux neurexines. Étant donné que les neurexines se lient à la synaptotagmine, protéine vésiculaire de liaison du calcium dont on connaît l'importance pour l'exocytose, cette interaction peut permettre à l'α-latrotoxine de court-circuiter le calcium, dont l'intervention est ordinairement indispensable pour déclencher la fusion vésiculaire. Dans un autre groupe de protéines pouvant se lier à l'α-latrotoxine, se trouve la CL1 (ainsi nommée d'après son ancien nom : *Ca²⁺-independent receptor for latrotoxin and latrophilin-1*). La CL1 est apparentée aux récepteurs couplés aux protéines G qui interviennent dans les effets des neurotransmetteurs et d'autres signaux chimiques extracellulaires (voir Chapitre 7). On estime, par exemple, que la CL1 active une cascade intracellulaire de transduction du signal qui pourrait jouer un rôle dans les effets de l'α-latrotoxine indépendants du calcium. Il faudra poursuivre les recherches pour établir définitivement le rôle des neurexines et de la CL1 dans les effets de l'α-latrotoxine ; il est néanmoins

probable que les effets présynaptiques puissants de cette toxine passent par une action sur ces deux protéines.

On connaît d'autres toxines, de serpents, d'araignées, d'escargots ou d'autres prédateurs, qui perturbent la libération des neurotransmetteurs, mais on n'a pas encore identifié leurs sites d'action. Si l'on s'en rapporte à ce qui vient d'être décrit, il est vraisemblable que ces poisons continueront à fournir de précieux outils pour élucider les bases moléculaires de la libération des neurotransmetteurs tout comme ils permettront encore aux prédateurs de se régaler de leurs proies.

Références

GRUMELLI, C., C. VERDERIO, D. POZZI, O. ROSSETTO, C. MONTECUCCO et M. MATTEOLI (2005), Internalization and mechanisms of action of clostridial toxins in neurons. *Neurotoxicology*, **26**, 761-767.

HUMEAU, Y., F. DOUSSAU, N.J. GRANT et B. POULAIN. How botulinum and tetanus neurotoxins block neurotransmitter release. *Biochimie*, **82**, 427-446.

SUDHOF, T.C. (2001), α-Latrotoxin and its receptors : Neurexins and CIRL/latrophilins. *Annu. Rev. Neurosci.*, **24**, 933-962.

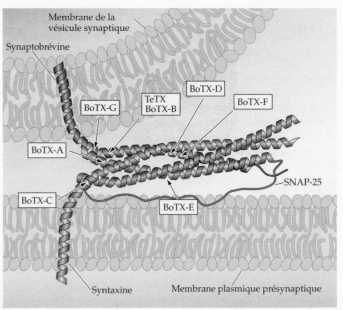

Clivage des protéines SNARE par les toxines clostridiennes. On a indiqué les sites de protéolyse par la toxine tétanique (TeTX) et par divers types de toxine botulique (BoTX). (D'après Sutton et al., 1998.)

exemple, est la plus importante des protéines qui interviennent, lors de l'endocytose, dans le bourgeonnement des vésicules à partir de la membrane plasmique. La clathrine présente une structure particulière appelée *triskèle* (du grec *triskelion* qui signifie tripode) à cause de son aspect à trois pattes (Figure 5.15A). Durant l'endocytose, les triskèles de clathrine s'attachent à la membrane vésiculaire à récupérer (Figure 5.15B). Un certain nombre de protéines d'adaptation telles que l'AP-2 et l'AP-180 connectent la clathrine aux protéines et aux lipides de la membrane. Ces protéines d'adaptation ainsi que d'autres protéines comme l'amphiphysine, l'epsine et l'Eps-15 aident à l'assemblage des triskèles individuels en structures ressemblant à des dômes géodésiques (voir Figure 5.15A). Ces structures en dôme forment les puits recouverts par lesquels commence le bourgeonnement de la membrane ; elles augmentent la courbure du bourgeon membranaire jusqu'à ce qu'il prenne l'aspect d'une vésicule recouverte. Une autre protéine, la **dynamine**, est responsable du détachement de la membrane à la fin de la production des vésicules recouvertes. Les couvertures de clathrine sont alors enlevées par une ATPase, la **Hsc70**, avec une autre protéine, l'**auxiline**, comme cofacteur. D'autres protéines, telles que la **synaptojanine**, jouent également un rôle important pour enlever la couverture des vésicules. Une fois découvertes, les vésicules peuvent continuer leur parcours dans le processus de recyclage ; elles finiront par être de nouveau remplies de neurotransmetteurs grâce à l'intervention de transporteurs de neurotransmetteurs présents dans la membrane vésiculaire. Ces transporteurs échangent des protons de l'intérieur de la vésicule pour des neurotransmetteurs ; l'acidité de l'intérieur de la vésicule est fournie par une pompe à protons située elle aussi dans la membrane vésiculaire.

En résumé, pour que les neurones sécrètent les neurotransmetteurs, il faut une cascade de protéines agissant selon une organisation temporelle et spatiale précise. On n'a pas encore tiré au clair le détail des mécanismes moléculaires par lesquels s'opère la sécrétion des neurotransmetteurs, mais les progrès pour y parvenir sont rapides.

Les récepteurs des neurotransmetteurs

Nous avons également des connaissances approfondies sur la manière dont sont produits les signaux électriques postsynaptiques. Les premiers travaux en ce domaine commencèrent en 1907, date à laquelle le physiologiste anglais John N. Langley introduisit la notion de **molécules réceptrices** pour expliquer les effets spécifiques et puissants de certaines substances chimiques sur le muscle et sur les cellules nerveuses. De nombreux travaux ultérieurs ont prouvé que ce sont effectivement des molécules réceptrices qui sont responsables du pouvoir qu'ont les neurotransmetteurs, les hormones et les médicaments, de modifier les propriétés fonctionnelles des neurones. S'il est clair, depuis Langley, que les récepteurs jouent un rôle important dans la transmission synaptique, leur identité moléculaire et leurs mécanismes d'action sont restés mystérieux jusqu'à très récemment. On sait aujourd'hui que les récepteurs des neurotransmetteurs sont des protéines enchâssées dans la membrane plasmique des neurones postsynaptiques. Les molécules réceptrices ont des domaines qui s'étendent dans la fente synaptique et se lient aux neurotransmetteurs déversés dans cet espace par le neurone présynaptique. En se liant à ces domaines, les neurotransmetteurs provoquent, directement ou indirectement, l'ouverture ou la fermeture des canaux ioniques de la membrane postsynaptique. En règle générale, les flux d'ions qui en résultent modifient le potentiel de membrane de la cellule postsynaptique, réalisant ainsi le transfert de l'information électrique d'un côté à l'autre de la synapse.

Changements de perméabilité de la membrane postsynaptique durant la transmission synaptique

La jonction neuromusculaire, grâce à laquelle ont été élucidés les mécanismes de la libération des transmetteurs, s'est révélée également d'une grande utilité pour comprendre comment les récepteurs des neurotransmetteurs produisent les signaux postsynaptiques. La liaison de l'ACh avec les récepteurs postsynaptiques ouvre les canaux ioniques de la membrane de la fibre musculaire. Ce phénomène peut être démontré directement en mesurant, par la méthode du patch-clamp (voir l'encadré 4A), les minuscules courants postsynaptiques qui passent quand deux molécules d'ACh se lient à un récepteur ; c'est ce que firent pour la première fois Erwin Neher et Bert Sakmann en 1976. En exposant à l'ACh la face extracellulaire d'un fragment de la membrane postsynaptique, on provoque, pour quelques millisecondes, le passage de courants à travers des canaux unitaires (Figure 5.16A). Ceci montre que, en se liant à ses récepteurs, l'acétylcholine ouvre des canaux ioniques activés par un ligand, tout comme les changements du potentiel de membrane ouvrent des canaux ioniques activés par le voltage (Chapitre 4).

Les conséquences électriques de la liaison de l'ACh avec un récepteur unique sont multipliées dans des proportions considérables quand un potentiel d'action du neurone moteur présynaptique déclenche le largage quasi simultané de plusieurs millions de molécules d'ACh dans la fente synaptique. Dans ce cas-là, les molécules de transmetteur se lient à des milliers de récepteurs de l'ACh accumulés du côté postsynaptique et provoquent l'ouverture, pour une courte période, de très nombreux canaux ioniques postsynaptiques. Chaque récepteur de l'ACh ne s'ouvre que peu de temps (Figure 5.16B1), mais la synchronisation de l'ouverture d'un grand nombre de canaux est assurée par la brève durée pendant laquelle les terminaisons synaptiques sécrètent l'ACh (Figure 5.16B2, 3). Le courant macroscopique qui résulte de la somme des courants passant par cette multitude de canaux ioniques est appelé **courant de plaque motrice** ou **CPM**. Le courant de plaque motrice étant normalement de sens entrant a comme effet de dépolariser la membrane postsynaptique. Cette dépolarisation, ou

(A) Mesure en patch-clamp du courant d'un récepteur unique de l'ACh

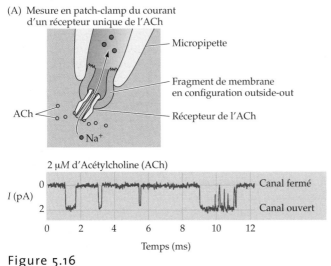

(B) Courants produits par :

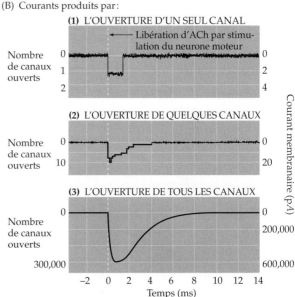

Figure 5.16

Activation des récepteurs de l'ACh des synapses neuromusculaires. (A) Mesure en patch-clamp (configuration outside out) du courant unitaire d'un récepteur de l'acétylcholine à partir d'un fragment de membrane détaché de la cellule musculaire postsynaptique. Quand on applique de l'ACh sur la face extracellulaire de la membrane, on peut observer l'ouverture répétée d'un canal isolé, sous forme de courants entrants (déflexions vers le bas) correspondant à une entrée d'ions positifs dans la cellule. (B) En imposant des voltages négatifs à une synapse, on provoque l'ouverture synchronisée de multiples canaux activés par l'ACh. (1) Si l'on examine un seul canal lors de la libération de l'acétylcholine par la terminaison présynaptique, on le voit s'ouvrir de façon transitoire. (2) Si l'on examine plusieurs canaux ensemble, on constate qu'ils s'ouvrent presque en même temps lors de la libération d'ACh. (3) Quand un grand nombre de canaux s'ouvrent, leurs courants se somment et produisent un courant macroscopique de plaque motrice (CPM). (C) Dans une cellule musculaire normale (c'est-à-dire non soumise à un voltage imposé), le CPM entrant dépolarise la cellule musculaire postsynaptique et produit un potentiel de plaque motrice. En principe, cette dépolarisation déclenche un potentiel d'action (non représenté).

(C) Variation du potentiel postsynaptique (PPM) produite par le CPM

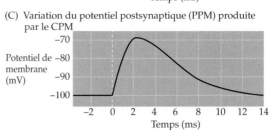

potentiel de plaque motrice (**PPM** ; Figure 5.16C), déclenche ordinairement un potentiel d'action postsynaptique dû à l'ouverture de canaux Na⁺ et K⁺ activés par le voltage (voir Figure 5.6B).

Pour identifier les ions qui transitent durant le CPM, on peut recourir à la démarche utilisée pour déterminer le rôle des flux de Na⁺ et de K⁺ dans les courants qui sous-tendent les potentiels d'action (Chapitre 3). Dans une telle analyse, l'étape essentielle qui permet d'identifier les ions qui portent le courant est de déterminer le potentiel de membrane pour lequel il n'y a pas de passage de courant en réponse à la liaison au transmetteur. Lorsque l'on contrôle le potentiel de la cellule musculaire postsynaptique par la méthode du voltage imposé (Figure 5.17A), on observe que le niveau du potentiel de membrane affecte la grandeur et la polarité des CPM (Figure 5.17B). Ainsi, lorsque le potentiel de membrane postsynaptique devient plus négatif que le potentiel de repos, l'amplitude du CPM augmente, tandis qu'elle diminue s'il devient plus positif. Aux alentours de 0 mV, on ne détecte aucun CPM et, pour des potentiels

Figure 5.17

Influence du potentiel de membrane postsynaptique sur les courants de plaque motrice. (A) À l'aide de deux électrodes, on soumet une fibre musculaire postsynaptique à un voltage imposé tandis que l'on stimule électriquement le neurone présynaptique pour provoquer la libération d'ACh par les terminaisons synaptiques. Ce dispositif expérimental permet d'enregistrer les CPM produits par l'ACh. (B) Amplitude et décours temporel des CPM obtenus par stimulation du motoneurone présynaptique à quatre niveaux différents de stabilisation du potentiel de membrane de la cellule postsynaptique. (C) La relation entre l'amplitude de crête des CPM et le potentiel de membrane postsynaptique est quasi linéaire, avec un potentiel d'inversion (niveau du potentiel pour lequel le sens du courant passe d'entrant à sortant) proche de 0 mV. Ce schéma indique également le potentiel d'équilibre des ions Na⁺, K⁺ et Cl⁻. (D) Si l'on abaisse la concentration externe du Na⁺, le CPM s'inverse pour des potentiels plus négatifs, car E_{Na} devient moins positif (E) L'augmentation de la concentration externe du K⁺ décale le potentiel d'inversion vers des valeurs plus positives, car E_K devient moins négatif. (D'après Takeuchi et Takeuchi, 1960.)

(A) Dispositif de voltage imposé utilisé sur une fibre musculaire postsynaptique

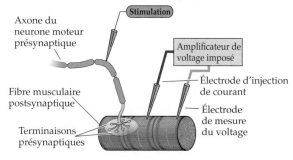

(B) Effets du potentiel de membrane sur les courants de plaque motrice postsynaptiques (CPM)

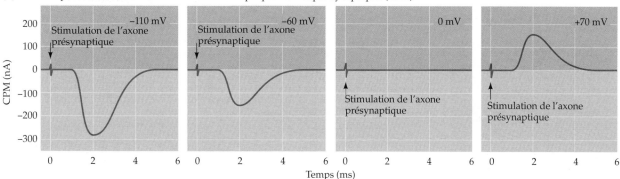

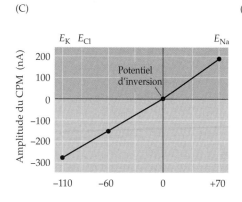

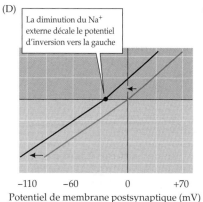

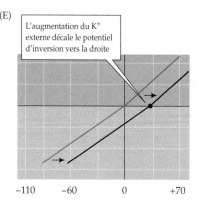

encore plus positifs, le courant présente une inversion de polarité, devenant sortant au lieu d'entrant (Figure 5.17C). Le potentiel auquel le CPM s'inverse, vers 0 mV dans le cas de la jonction neuromusculaire, est dit **potentiel d'inversion**.

De même que pour les courants qui transitent par les canaux ioniques activés par le voltage (voir Chapitre 3), pour tout potentiel de membrane, la grandeur du CPM est égale au produit de la conductance ionique activée par l'ACh (g_{ACh}) par le gradient électrochimique qui s'exerce sur les ions traversant les canaux activés par un ligand. Ce gradient est donné par la différence entre le potentiel de membrane postsynaptique, V_m, et le potentiel d'inversion du CPM, E_{inv}. Dans ces conditions, la valeur du CPM est donnée par l'équation

$$CPM = g_{ACh} (V_m - E_{inv})$$

Cette équation prédit que le CPM sera un courant entrant aux potentiels plus négatifs que E_{inv}, car le gradient électrochimique $V_m - E_{inv}$ a une valeur négative ; pour des potentiels voisins de E_{inv}, le gradient électrochimique est plus faible et en conséquence le CPM diminue. Aux potentiels plus positifs que E_{inv}, le CPM devient sortant, car le gradient électrochimique change de sens (il devient positif). Puisque les canaux ouverts par l'ACh ne sont pas sensibles au potentiel de membrane, g_{ACh} ne dépendra que du nombre de canaux ouverts par l'Ach, nombre qui dépend à son tour de la concentration de l'ACh dans la fente synaptique. Ainsi, c'est uniquement en modifiant le gradient qui s'exerce sur les ions traversant les récepteurs-canaux ouverts par l'ACh que la grandeur et la polarité du potentiel de membrane postsynaptique déterminent le sens et l'amplitude du CPM.

Lorsque V_m est au potentiel d'inversion, $V_m - E_{inv}$ est égal à 0 et il n'y a aucun gradient électrochimique net qui agisse sur les ions traversant le canal activé par le récepteur. On peut donc déduire la nature des ions qui passent pendant le CPM en observant ce que devient le potentiel d'inversion du CPM au potentiel d'équilibre de diverses espèces d'ions (Figure 5.18). Supposons, par exemple, que l'ACh ouvre un canal ionique qui ne soit perméable qu'au K⁺ ; le potentiel d'inversion du CPM se situerait alors au potentiel d'équilibre du K⁺, qui, pour une cellule musculaire, est proche de –100 mV (Figure 5.18A). Si les canaux activés par l'ACh n'étaient perméables qu'au Na⁺, le potentiel d'inversion du courant s'établirait aux environs de +70 mV, ce qui correspond au potentiel d'équilibre du Na⁺ pour une cellule musculaire (Figure 5.18B) ; et si ces canaux n'étaient perméables qu'au Cl⁻, le potentiel d'inversion serait voisin de –50 mV (Figure 5.18C). D'après ce raisonnement, les canaux activés par l'ACh ne peuvent pas n'être perméables qu'à un seul de ces ions, car le potentiel d'inversion du CPM n'est voisin du potentiel d'équilibre d'aucun d'entre eux (voir Figure 5.17C). À supposer toutefois que ces canaux soient perméables à la fois aux ions Na⁺ et aux ions K⁺, le potentiel d'inversion du CPM se situerait alors entre +70 mV et –100 mV (Figure 5.18D).

Le fait que les CPM s'inversent aux alentours de 0 mV est donc compatible avec l'idée que les canaux ioniques activés par l'ACh ont une perméabilité du même ordre au Na⁺ et au K⁺. Cette déduction fut testée expérimentalement en 1960 par les époux Akira et Noriko Takeuchi, qui modifièrent la concentration extracellulaire de ces deux ions. Comme prévu, la grandeur du CPM et son potentiel d'inversion se trouvent changés quand on modifie le gradient de concentration de chacun de ces ions. La diminu-

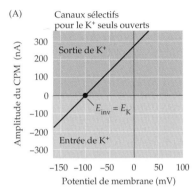

(A) Canaux sélectifs pour le K⁺ seuls ouverts

$E_{inv} = E_K$

Sortie de K⁺
Entrée de K⁺

Amplitude du CPM (nA)
Potentiel de membrane (mV)

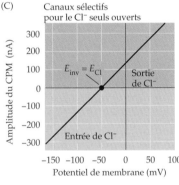

(B) Canaux sélectifs pour le Na⁺ seuls ouverts

$E_{inv} = E_{Na}$

Sortie de Na⁺
Entrée de Na⁺

Amplitude du CPM (nA)
Potentiel de membrane (mV)

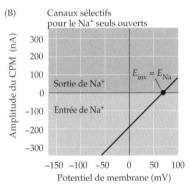

(C) Canaux sélectifs pour le Cl⁻ seuls ouverts

$E_{inv} = E_{Cl}$

Sortie de Cl⁻
Entrée de Cl⁻

Amplitude du CPM (nA)
Potentiel de membrane (mV)

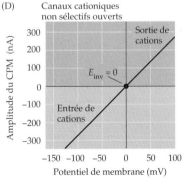

(D) Canaux cationiques non sélectifs ouverts

Sortie de cations
$E_{inv} = 0$
Entrée de cations

Amplitude du CPM (nA)
Potentiel de membrane (mV)

Figure 5.18

Effet de la sélectivité du canal ionique sur le potentiel d'inversion. En maintenant une cellule postsynaptique à un voltage imposé et en activant simultanément la libération présynaptique du neurotransmetteur, on peut déterminer l'identité des ions passant par les récepteurs activés. (A) L'activation de canaux postsynaptiques exclusivement perméables au K⁺ produit des courants qui s'inversent à E_K, aux alentours de –100 mV. (B) L'activation de canaux Na⁺ postsynaptiques produit des courants qui s'inversent à E_{Na}, aux alentours de +70 mV. (C) Des courants sélectifs de Cl⁻ s'inversent à E_{Cl}, vers –50 mV. (D) Des canaux activés par un ligand, ayant une perméabilité à peu près égale au K⁺ et au Na⁺, s'accompagnent d'un potentiel d'inversion proche de 0 mV.

tion de la concentration du Na$^+$ externe, qui rend E_{Na} plus négatif, entraîne un décalage de E_{inv} dans le sens négatif (Figure 5.17D), tandis que l'augmentation de la concentration du K$^+$ externe, qui rend E_K plus positif, décale E_{inv} vers une valeur de potentiel plus positive (Figure 5.17E). Ce type d'expériences confirme donc que les canaux ioniques activés par l'ACh sont effectivement perméables à la fois au Na$^+$ et au K$^+$.

Même si les canaux ouverts par la liaison de l'ACh avec son récepteur sont perméables aux deux ions Na$^+$ et K$^+$, le CPM reste, au potentiel de repos de la membrane, fondamentalement déterminé par l'entrée de Na$^+$. Si l'on maintient le potentiel de membrane à E_K, le CPM est entièrement dû à une entrée de Na$^+$, car, à ce potentiel, aucun gradient électrochimique ne s'exerce sur les ions K$^+$ (Figure 5.19A). Au potentiel de repos ordinaire de la fibre musculaire, soit –90 mV, les ions K$^+$ sont soumis à un faible gradient, les ions Na$^+$ à un gradient beaucoup plus fort. Dans ces conditions, il entre beaucoup plus de Na$^+$ dans la cellule musculaire au cours d'un CPM qu'il n'en sort de K$^+$ (Figure 5.19B) ; c'est ce flux entrant net d'ions Na$^+$ porteurs de charges positives qui constitue le courant entrant que l'on mesure sous forme de CPM. Au potentiel d'inversion de 0 mV, l'entrée de Na$^+$ et la sortie de K$^+$ s'équilibrent exactement, en sorte qu'il n'y a aucun passage de courant net lorsque les canaux s'ouvrent sous l'effet de la liaison de l'ACh (Figure 5.19C). Cet équilibre s'inverse aux potentiels plus positifs que E_{inv} ; à E_{Na}, par exemple, il n'y a pas d'entrée de Na$^+$, mais une sortie massive de K$^+$ à cause du gradient électrochimique puissant qui s'exerce sur cet ion (Figure 5.19D). Des potentiels encore plus positifs s'accompagnent de la sortie des deux ions Na$^+$ et K$^+$, ce qui produit un CPM sortant encore plus grand.

S'il était possible de mesurer le potentiel de plaque motrice en même temps que le courant de plaque motrice (ce qu'empêche la technique du voltage imposé en maintenant constant le potentiel de membrane), on verrait que le PPM varie parallèlement au CPM, en amplitude et en polarité (Figure 5.19E, F). Au potentiel de repos ordinaire de la membrane postsynaptique, soit –90 mV, le grand CPM entrant provoque un accroissement de la dépolarisation membranaire (voir Figure 5.19F). Mais à 0 mV, la polarité du PPM s'inverse et elle se transforme en hyperpolarisation pour des valeurs plus positives. Ainsi, la polarité et l'amplitude du PPM dépendent du gradient électrochimique qui détermine la polarité et l'amplitude du CPM. Les PPM deviendront moins négatifs (dépolarisation) quand le potentiel de membrane sera plus négatif que E_{inv} ; ils deviendront plus négatifs (hyperpolarisation) quand le potentiel de membrane sera plus positif que E_{inv}. On peut donc formuler cette règle générale : *l'effet d'un transmetteur est de rapprocher le potentiel de membrane postsynaptique de la valeur de E_{inv} propre aux canaux ioniques activés.*

Bien que les données ci-dessus concernent la jonction neuromusculaire, c'est à des mécanismes semblables que sont dues les réponses postsynaptiques de toutes les synapses chimiques. Le principe qui ressort de ces différents cas est le suivant : par sa liaison avec le récepteur postsynaptique, le transmetteur modifie la conductance postsynaptique en provoquant l'ouverture des canaux ou quelquefois leur fermeture. La conductance postsynaptique augmente si, comme c'est le cas à la jonction neuromusculaire, il provoque l'ouverture des canaux, elle diminue s'il provoque leur fermeture. Ce changement de conductance produit un courant électrique, le **courant postsynaptique (CPS)** qui, à son tour, modifie le potentiel de membrane postsynaptique pour donner un **potentiel postsynaptique (PPS)**. Comme dans le cas du PPM de la jonction neuromusculaire, le PPS devient moins négatif (dépolarisation) quand son potentiel d'inversion est plus positif que le potentiel de membrane postsynaptique ; il devient plus négatif (hyperpolarisation) si son potentiel d'inversion est plus négatif.

Les changements de conductance et les PPS qui les accompagnent d'ordinaire sont les ultimes manifestations de la plupart des transmissions synaptiques chimiques ; ces événements mettent un terme à une succession de phénomènes électriques et chimiques commençant avec l'arrivée d'un potentiel d'action dans les terminaisons du neurone présynaptique. À bien des égards, les phénomènes que les PPS provoquent au niveau des synapses sont semblables à ceux qui donnent naissance aux potentiels d'action dans les axones ; dans les deux cas, des changements de conductance provoqués par des canaux ioniques, produisent des courants ioniques qui modifient le potentiel de membrane (voir Figure 5.19).

Figure 5.19

Mouvements du Na$^+$ et du K$^+$ au cours des CPM et des PPM. (A–D) Chacun des potentiels postsynaptiques indiqués à gauche résulte de flux relatifs différents d'ions Na$^+$ et K$^+$. Ces flux d'ions déterminent l'amplitude et la polarité des CPM qui, à leur tour, déterminent les PPM. Noter que vers 0 mV le flux de Na$^+$ est exactement contrebalancé par un flux de K$^+$ en sens inverse, de sorte qu'il n'y a aucun flux net de courant et donc aucun changement du potentiel de membrane. (E) Les CPM sont des courants entrants quand le potentiel de membrane est plus négatif que E_{inv} et des courants sortants quand il est plus positif. (F) Les PPM dépolarisent la cellule postsynaptique quand son potentiel de membrane est plus négatif que E_{inv}, ils l'hyperpolarisent quand il est plus positif.

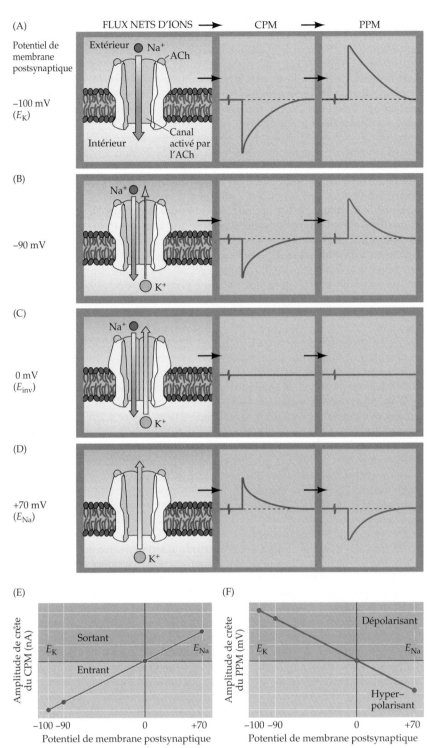

Les potentiels postsynaptiques excitateurs et inhibiteurs

En dernier ressort, les PPS modifient la probabilité qu'une cellule postsynaptique émette un potentiel d'action. À la jonction neuromusculaire, l'activité synaptique augmente la probabilité d'émission d'un potentiel d'action par la cellule musculaire postsynaptique ; l'amplitude élevée du PPM garantit même le déclenchement à tout coup d'un potentiel d'action. À beaucoup d'autres synapses, c'est également une augmentation de la probabilité d'émission d'un potentiel d'action postsynaptique que produisent les PSP. Mais à d'autres synapses, leur effet est de *réduire* la probabilité d'émission d'un potentiel d'action par la cellule postsynaptique. Les PPS sont dits **excitateurs (PPSE)** s'ils accroissent la probabilité d'occurrence d'un potentiel d'action postsynaptique, et **inhibiteurs (PPSI)** s'ils la diminuent. Étant donné que la plupart des neurones reçoivent des afférences de synapses aussi bien excitatrices qu'inhibitrices, il est indispensable de bien comprendre les mécanismes qui font qu'une synapse donnée excite ou inhibe son vis-à-vis postsynaptique.

Les principes de l'activité excitatrice décrits pour la jonction neuromusculaire valent pour toutes les synapses excitatrices. Les principes de l'inhibition postsynaptique leur sont très semblables et sont tout aussi généraux. Dans les deux cas, des neurotransmetteurs se lient à des récepteurs et provoquent l'ouverture ou la fermeture de canaux ioniques de la cellule postsynaptique. Qu'une réponse postsynaptique soit un PPSE ou un PPSI dépend du type de canal couplé avec le récepteur et de la concentration des ions perméants à l'intérieur et à l'extérieur de la cellule. En fait, le seul facteur qui distingue l'excitation postsynaptique de l'inhibition est la relation entre le potentiel d'inversion du PPS et le potentiel seuil auquel a lieu l'émission d'un potentiel d'action par la cellule postsynaptique.

Examinons le cas d'une synapse utilisant le glutamate comme transmetteur. Beaucoup de synapses de ce type ont des récepteurs qui, comme les récepteurs de l'ACh des synapses neuromusculaires, ouvrent des canaux ioniques perméables aux cations de façon non sélective (voir Chapitre 6). Quand les récepteurs du glutamate sont activés, les ions Na^+ et K^+ passent indistinctement à travers la membrane postsynaptique et donnent un potentiel d'inversion voisin de 0 mV pour le courant postsynaptique qui en résulte. Si le potentiel de repos du neurone postsynaptique est d'environ –60 mV, le PPSE qui s'ensuivra va dépolariser la membrane postsynaptique et l'amener près de 0 mV. Pour le neurone hypothétique représenté dans la figure 5.20A, le seuil d'émission d'un potentiel d'action est de –40 mV. Le PPSE induit par le glutamate augmente donc la probabilité que ce neurone postsynaptique émette un potentiel d'action et, par là, il définit cette synapse comme excitatrice.

Prenons comme exemple d'une activité postsynaptique inhibitrice une synapse neuronique utilisant le GABA comme transmetteur. Les récepteurs du GABA de ces synapses ouvrent des canaux sélectivement perméables au Cl^-. Lorsque ces canaux s'ouvrent sous l'action du GABA, des ions Cl^- passent à travers la membrane postsynaptique. Prenons le cas où E_{Cl} est de –70 mV, valeur typique de nombreux neurones ; le potentiel de repos postsynaptique, –60 mV, est donc moins négatif que E_{Cl}. Dans ce cas, le gradient électrochimique ($V_m - E_{inv}$) est positif ; il provoque l'entrée dans la cellule d'ions Cl^- chargés négativement qui vont produire un PPSI hyperpolarisant (Figure 5.20B). Ce PPSI hyperpolarisant éloigne la membrane postsynaptique du

Figure 5.20

Les potentiels d'inversion et les potentiels de seuil déterminent l'excitation et l'inhibition postsynaptique. Si le potentiel d'inversion d'un PPS (0 mV) est plus positif que le seuil du potentiel d'action (–40 mV) le transmetteur a un effet excitateur et déclenche des PPSE. (B) Si le potentiel d'inversion d'un PPS est plus négatif que le seuil du potentiel d'action, le transmetteur est inhibiteur et déclenche des PPSI. (C) Il est cependant possible que des PPSI dépolarisent la cellule postsynaptique si leur potentiel d'inversion se situe entre le potentiel de repos et le seuil du potentiel d'action. (D) La règle générale des effets postsynaptiques est la suivante : si le potentiel d'inversion est plus positif que le seuil, on obtient une excitation ; s'il est plus négatif, on obtient une inhibition.

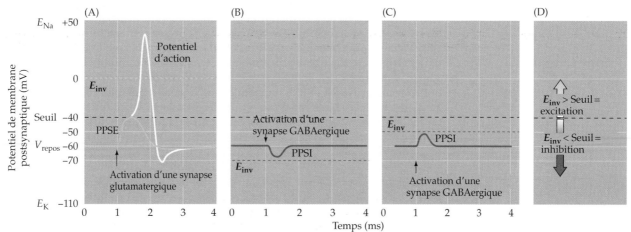

seuil de –40 mV auquel se déclenche le potentiel d'action et de ce fait il inhibe le neurone postsynaptique.

Chose curieuse, toutes les synapses inhibitrices ne produisent pas nécessairement des PPSI inhibiteurs. Si, par exemple, E_{Cl} était de –50 mV au lieu de –70 mV, le gradient électrochimique serait négatif, faisant sortir le Cl⁻ de la cellule et provoquant ainsi un PPSI dépolarisant (Figure 5.19C). La synapse continuerait cependant d'être inhibitrice : étant donné que le potentiel d'inversion du PPSI reste plus négatif que le seuil du potentiel d'action (–40 mV), le PPSI dépolarisant est inhibiteur, car le potentiel de la membrane postsynaptique est maintenu à un niveau plus négatif que le seuil d'émission du potentiel d'action. Envisageons ce point d'une autre façon : si une autre afférence dépolarisante amenait le potentiel de repos à –41 mV, juste en dessous du seuil de déclenchement d'un potentiel d'action, le PPSI hyperpolariserait la membrane aux alentours de –50 mV, valeur qui s'éloigne du seuil du potentiel d'action. Ainsi, alors que l'effet des PPSE sur la cellule postsynaptique est dépolarisant, celui des PPSI peut être soit hyperpolarisant, soit dépolarisant ; à vrai dire, un changement inhibiteur de conductance peut même ne pas produire du tout de changement de potentiel et exercer cependant un effet inhibiteur en rendant plus difficile le déclenchement d'un potentiel d'action par un PPSE.

Malgré des complications de détail de l'activité postsynaptique, une règle simple distingue l'excitation de l'inhibition : un PPSE a un potentiel d'inversion plus positif que le seuil du potentiel d'action, tandis que pour un PPSI le potentiel d'inversion est plus négatif (Figure 5.20D). Cette règle peut se comprendre intuitivement si l'on conçoit qu'un PPSE va tendre à dépolariser la membrane jusqu'à lui faire dépasser le seuil, tandis qu'un PPSI aura toujours pour effet de maintenir le potentiel de membrane au-dessous du potentiel seuil.

La sommation des potentiels synaptiques

Les effets postsynaptiques de la plupart des synapses du cerveau sont loin d'être aussi puissants que ceux de la jonction neuromusculaire. En réalité, les PPSE dus à l'activité d'une synapse excitatrice peuvent n'atteindre qu'une fraction de millivolt et restent généralement bien en dessous du seuil d'émission des potentiels d'action postsynaptiques. Comment, dès lors, de telles synapses peuvent-elles transmettre leurs informations si leurs PPS sont infraliminaires ? La réponse est que la plupart des neurones sont innervés par des milliers de synapses et que les PPSE produits par l'activité de chacune d'elles peuvent *se sommer*, dans l'espace et dans le temps, pour déterminer le comportement du neurone postsynaptique.

Considérons, pour simplifier, un neurone innervé par deux synapses excitatrices, produisant chacune un PPSE infraliminaire, et par une synapse inhibitrice produisant un PPSI (Figure 5.21A). Alors que l'activation isolée de l'une ou de l'autre des synapses excitatrices (E1 ou E2 dans la figure 5.21B) ne produit qu'un PPSE infraliminaire, l'activation quasi simultanée de ces deux synapses excitatrices s'accompagne d'une sommation des deux PPSE. Si la somme des deux PPSE (E1 + E2) dépolarise suffisamment le neurone postsynaptique pour lui faire atteindre le potentiel seuil, il y aura émission d'un potentiel d'action. Ce phénomène de **sommation** permet donc à des PPSE infraliminaires d'influencer l'émission des potentiels d'action. De la même façon, un PPSI produit par une synapse inhibitrice (I) peut se sommer (algébriquement parlant) avec un PPSE infraliminaire dont il réduira l'amplitude (E1 + I) ou bien il peut se sommer avec des PPSE supraliminaires, tels qu'en produit l'addition de E1 et E2, pour empêcher le neurone postsynaptique d'atteindre le seuil (E1 + I + E2).

En bref, la sommation des PPSE et des PPSI par la cellule nerveuse postsynaptique lui permet d'intégrer tous les messages électriques transmis par les synapses excitatrices et inhibitrices qui agissent sur elle à un moment donné. Que la somme de ces activités synaptiques arrive à produire un potentiel d'action dépend de l'équilibre entre excitation et inhibition. Si la somme de tous les PPSE et PPSI donne une dépolarisation d'amplitude suffisante pour faire franchir le seuil au potentiel de membrane de la cellule postsynaptique, celle-ci émettra un potentiel d'action. Si, au contraire, c'est l'inhibition qui l'emporte, elle demeurera silencieuse. Bien entendu, l'équilibre entre PPSE et PPSI

(A)

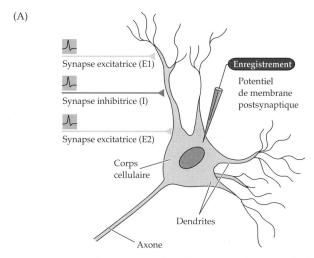

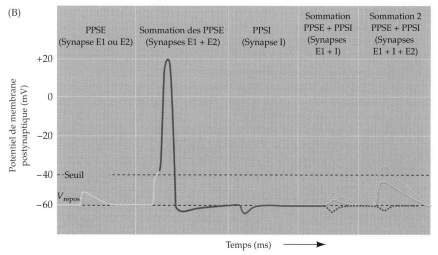

Figure 5.21

Sommation de potentiels postsynaptiques. (A) Une microélectrode enregistre les potentiels postsynaptiques produits par l'activité de deux synapses excitatrices (E1 et E2) et d'une synapse inhibitrice (I). (B) Réponses électriques à l'activation des synapses. Si l'on stimule l'une des deux synapses excitatrices (E1 ou E2), on obtient un PPSE infraliminaire alors que, si on stimule les deux synapses en même temps (E1 + E2), on obtient un PPSE supraliminaire qui déclenche un potentiel d'action postsynaptique (en bleu). L'activation de la synapse inhibitrice seule (I) donne un PPSI hyperpolarisant. Si l'on somme ce PPSI (pointillés rouges) avec le PPSE (pointillés jaunes) produit par une synapse excitatrice (E1 + I), on réduit l'amplitude du PPSE (trait plein orange) et si on le somme avec le PPSE supraliminaire produit par l'activation conjointe des synapses E1 et E2, on maintient le neurone postsynaptique à un niveau infraliminaire si bien qu'il n'émet pas de potentiel d'action.

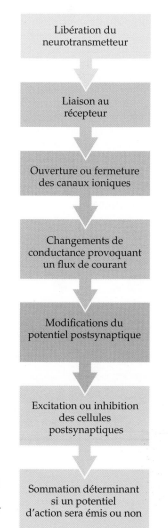

change continuellement, selon le nombre de synapses excitatrices et inhibitrices actives à un moment donné et selon l'amplitude du courant à chaque synapse. La sommation est donc un bras de fer induit par les neurotransmetteurs entre courants excitateurs et inhibiteurs. Selon le gagnant, le neurone postsynaptique émettra ou non un potentiel d'action lui permettant de devenir un élément actif du circuit auquel il appartient (Figure 5.22).

Les deux familles de récepteurs postsynaptiques

L'ouverture et la fermeture des canaux ioniques postsynaptiques sont effectuées par deux grandes familles de protéines réceptrices qui, pour ce faire, procèdent de façon différente. Les récepteurs de la première famille, qu'on appelle **récepteurs ionotropes**, sont directement liés aux canaux ioniques (le terme grec *tropos* signifie direction d'une

Figure 5.22

Séquence des événements depuis la libération du neurotransmetteur jusqu'à l'excitation ou l'inhibition postsynaptique. La libération du neurotransmetteur à toutes les terminaisons présynaptiques d'une cellule entraîne sa liaison au récepteur, ce qui provoque l'ouverture ou la fermeture de canaux ioniques spécifiques. Les changements de conductance qui s'ensuivent provoquent un flux de courant qui modifie le potentiel de membrane. L'intégration (c'est-à-dire la sommation) par la cellule postsynaptique de tous les PPSE et PPSI a pour conséquence un contrôle de tous les instants de l'émission d'un potentiel d'action.

action). Les récepteurs ionotropes comportent deux domaines : un site extracellulaire qui se lie avec les neurotransmetteurs et un domaine transmembranaire formant un canal ionique (Figure 5.23A). Ils combinent en une seule entité moléculaire, d'une part la fonction de liaison avec le transmetteur, d'autre part, celle de canal et c'est pour refléter cette association qu'on les appelle aussi **canaux ioniques activés par un ligand**. Ces récepteurs sont des multimères constitués d'au moins quatre ou cinq sous-unités protéiques distinctes, qui contribuent toutes à former le pore du canal ionique.

La seconde famille de récepteurs des neurotransmetteurs est celle des **récepteurs métabotropes**, ainsi appelés car le déplacement des ions à travers un canal ne peut se faire qu'au terme d'une ou de plusieurs étapes métaboliques. Ces récepteurs ne comportent pas de canaux ioniques dans leur propre structure ; au lieu de cela, ils agissent sur les canaux en activant des molécules intermédiaires appelées **protéines G** (Figure 5.23B). C'est la raison pour laquelle on les appelle aussi **récepteurs couplés aux protéines G**. Les récepteurs métabotropes sont des protéines monomériques avec un domaine extracellulaire qui se lie aux protéines G. La liaison du neurotransmetteur avec les récepteurs métabotropes active les protéines G, qui se dissocient alors du récepteur et, soit agissent directement sur les canaux ioniques, soit se lient à d'autres protéines effectrices, des enzymes notamment, qui constituent les messagers intracellulaires qui ouvrent ou ferment les canaux ioniques. On peut ainsi considérer les protéines G comme des transducteurs couplant la liaison du neurotransmetteur avec la régulation des canaux ioniques postsynaptiques. Les signaux postsynaptiques déclenchés par les récepteurs métabotropes sont traités en détail au chapitre 7.

Ces deux familles de récepteurs postsynaptiques produisent des PPS aux décours temporels très différents et dont les actions postsynaptiques peuvent durer de moins d'une milliseconde jusqu'à plusieurs minutes, voire des heures et même des jours. En général, les récepteurs des canaux ionotropes ont des effets postsynaptiques brefs. C'est le cas, par exemple, du PPM déclenché aux synapses neuromusculaires par l'ACh (voir Figure 5.16), des PPSE produits à certaines synapses glutamatergiques (voir Figure 5.19A) et des PPSI produits à certaines synapses GABAergiques (voir Figure 5.20B). Dans chacun de ces trois cas, les PPS sont déclenchés une ou deux millisecondes après l'arrivée d'un potentiel d'action dans la terminaison synaptique et leur durée ne dépasse pas quelques dizaines de millisecondes tout au plus. Au contraire, l'activation des récepteurs métabotropes produit d'ordinaire des réponses beaucoup

Figure 5.23

Un neurotransmetteur peut affecter l'activité d'une cellule postsynaptique par l'intermédiaire de deux types différents de protéines réceptrices : des récepteurs ionotropes (encore appelés canaux ioniques activés par un ligand) et des récepteurs métabotropes (ou récepteurs couplés aux protéines G). (A) Les canaux ioniques activés par un ligand combinent les fonctions de récepteur et de canal dans un même complexe protéique. (B) Les récepteurs métabotropes activent les protéines G, qui modulent les canaux ioniques soit de façon directe, soit indirectement par le jeu d'effecteurs enzymatiques intracellulaires et de seconds messagers.

(A) CANAUX IONIQUES ACTIVÉS PAR UN LIGAND

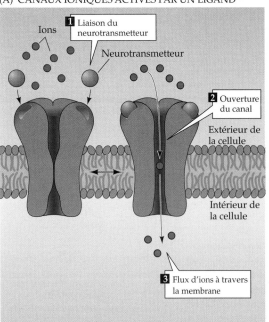

(B) RÉCEPTEURS COUPLÉS AUX PROTÉINES G

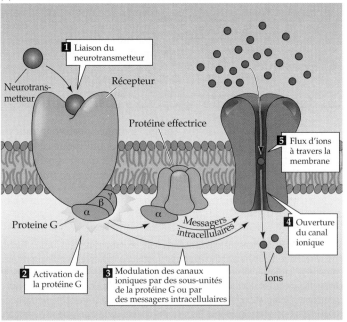

plus lentes pouvant durer de quelques centaines de millisecondes à plusieurs minutes et même davantage. La lenteur relative des effets des récepteurs métabotropes reflète le fait qu'un grand nombre de protéines doivent se lier séquentiellement les unes aux autres pour provoquer la réponse physiologique finale. Fait important, un transmetteur donné peut activer à la fois des récepteurs métabotropes et des récepteurs ionotropes, provoquant ainsi à la même synapse des PPS aussi bien rapides que lents.

Le plus important peut-être des principes qu'il convient de garder à l'esprit est que la réponse déclenchée à une synapse donnée dépend du neurotransmetteur libéré et de l'effectif total des récepteurs et des canaux du versant postsynaptique. Le prochain chapitre examine les mécanismes moléculaires par lesquels les neurotransmetteurs et leurs récepteurs produisent les réponses synaptiques.

Résumé

Dans les circuits neuraux, les synapses transmettent d'un neurone à un autre les informations que véhiculent les potentiels d'action. Les mécanismes cellulaires de la transmission synaptique sont très proches de ceux qui produisent les autres formes de signaux électriques neuroniques, notamment le potentiel de repos et le potentiel d'action ; il s'agit d'un transit d'ions par les canaux de la membrane. Dans le cas des synapses électriques, ces canaux sont représentés par les jonctions communicantes et c'est un passage direct, mais passif, du courant par ces jonctions communicantes qui forme la base de la transmission. Dans le cas des synapses chimiques, les canaux, aux pores plus petits et plus sélectifs, sont activés par la liaison de neurotransmetteurs libérés par la terminaison présynaptique avec des récepteurs postsynaptiques. Les très nombreux neurotransmetteurs du système nerveux peuvent être regroupés en deux grandes catégories : les transmetteurs à petite molécule et les neuropeptides. Les neurotransmetteurs sont synthétisés à partir de précurseurs particuliers par des voies enzymatiques régulées ; ils sont stockés dans l'un des divers types de vésicules et déversés dans la fente synaptique d'une façon dépendante du calcium. De nombreuses synapses libèrent plus d'un type de neurotransmetteur et des transmetteurs différents sont parfois stockés dans la même vésicule synaptique. Les terminaisons présynaptiques libèrent ces transmetteurs par quanta, ce qui reflète leur mode de stockage dans des vésicules synaptiques. Les vésicules synaptiques déversent leur contenu dans la fente synaptique quand la dépolarisation présynaptique, due à l'invasion d'un potentiel d'action, provoque l'ouverture de canaux calciques activés par le voltage et permet l'entrée de Ca^{2+} dans la terminaison présynaptique. On n'a pas encore déterminé comment le calcium déclenche la libération du neurotransmetteur, mais la synaptotagmine, les SNARE et plusieurs protéines de la terminaison présynaptique sont manifestement impliquées. Les récepteurs postsynaptiques forment un groupe diversifié de protéines qui, en ouvrant ou en fermant des canaux ioniques postsynaptiques, traduisent la fixation des neurotransmetteurs en signaux électriques. Les courants postsynaptiques produits par l'ouverture ou par la fermeture synchrone des canaux ioniques modifient la conductance de la cellule postsynaptique, ce qui augmente ou diminue son excitabilité. Les changements de conductance qui augmentent la probabilité d'émission d'un potentiel d'action sont excitateurs, ceux qui la diminuent sont inhibiteurs. Étant donné que les neurones postsynaptiques reçoivent généralement un grand nombre d'afférences différentes, c'est l'effet intégré de tous les changements de conductance sous-tendant les PPSE et PPSI produits dans la cellule postsynaptique à un instant donné, qui détermine si cette cellule émet ou non un potentiel d'action. Deux familles, aux propriétés largement distinctes, de récepteurs des neurotransmetteurs se sont différenciées pour prendre en charge les activités de signalisation postsynaptique des neurotransmetteurs. Il est mis fin aux effets postsynaptiques des neurotransmetteurs par leur dégradation dans la fente synaptique, par réexpédition dans les cellules ou par diffusion hors de la fente synaptique.

Lectures complémentaires

Revues

AUGUSTINE, G.J. et H. KASAI (2007), Bernard Katz, quantal transmitter release, and the foundations of presynaptic physiology. *J. Physiol. (Lond.)*, **578**, 623-625.

BRODSKY, F.M., C.Y. CHEN, C. KNUEHL, M.C. TOWLER et D.E. WAKEHAM (2001), Biological basket weaving: Formation and function of clathrin-coated vesicles. *Annu. Rev. Cell. Dev. Biol.*, **17**, 517-568.

BRUNGER, A.T. (2005), Structure and function of SNARE and SNARE-interacting proteins. *Q. Rev. Biophys.*, **38**, 1-47.

CARLSSON, A. (1987), Perspectives on the discovery of central monoaminergic neurotranmission. *Annu. Rev. Neurosci.*, **10**, 19-40.

CONNORS, B.W. et M.A. LONG (2004), Electrical synapses in the mammalian brain. *Annu. Rev. Neurosci.*, **27**, 393-418.

DE CAMILLI, P. (2004-2005), Molecular mechanisms in membrane traffic at the neuronal synapse. Role of protein-lipid interactions. *Harvey Lecture*, **100**, 1-28.

EMSON, P.C. (1979), Peptides as neurotransmitter candidates in the CNS. *Prog. Neurobiol.*, **13**, 61-116.

GALARRETA, M. et S. HESTRIN (2001), Electrical synapses between GABA-releasing interneurons. *Nature Rev. Neurosci.*, **2**, 425-433.

JACKSON, M.B. et E.R. CHAPMAN (2006), Fusion pores and fusion machines in Ca²⁺-triggered exocytosis. *Annu. Rev. Biophys. Biomol. Struct.*, **35**, 135-160.

MARSH, M. et H.T. MCMAHON (1999), The structural era of endocytosis. *Science*, **285**, 215-220.

PIERCE, K.L., R.T. PREMONT et R.J. LEFKOWITZ (2002), Seven-membrane receptors. *Nature Rev. Mol. Cell Biol.*, **3**, 639-650.

RIZZOLI, S.O. et W.J. BETZ (2005), Synaptic vesicle pools. *Nature Rev. Neurosci.*, **6**, 57-69.

ROTHMAN, J.E. (1994), Mechanisms of intracellular protein transport. *Nature*, **372**, 55-63.

SÜDHOF, T.C. (1995), The synaptic vesicle cycle: A cascade of protein-protein interactions. *Nature*, **375**, 645-653.

Articles originaux importants

ADLER, E., M. ADLER, G.J. AUGUSTINE, M.P. CHARLTON et S.N. DUFFY (1991), Alien intracellular calcium chelators attenuate neuro-transmitter release at the squid giant synapse. *J. Neurosci.*, **11**, 1496-1507.

AUGUSTINE, G.J., et R. ECKERT (1984), Divalent cations differentially support transmitter release at the squid giant synapse. *J. Physiol. (Lond.)*, **346**, 257-271.

BEIERLEIN, J.R. GIBSON et B.W. CONNORS (2000), A network of electrically coupled interneurons drives synchronized inhibition in néocortex. *Nature Neurosci.*, **3**, 904-910.

BOYD, I.A. et A.R. MARTIN (1955), The end-plate potential in mammalian muscle. *J. Physiol. (Lond.)*, **132**, 74-91.

CURTIS, D.R., J.W. PHILLIS et J.C. WATKINS (1959), Chemical excitation of spinal neurons. *Nature*, **183**, 611-612.

DALE, H.H., W. FELDBERG et M. VOGT (1936), Release of acetylcholine at voluntary motor nerve endings. *J. Physiol. (Lond.)*, **86**, 353-380.

DEL CASTILLO, J. et B. KATZ (1954), Quantal components of the end plate potential. *J. Physiol. (Lond.)*, **124**, 560-573.

FATT, P. et B. KATZ (1951), An analysis of the end plate potential recorded with an intracellular electrode. *J. Physiol. (Lond.)*, **115**, 320-370.

FATT, P. et B. KATZ (1952), Spontaneous sub-threshold activity at motor nerve endings. *J. Physiol. (Lond.)*, **117**, 109-128.

FURSHPAN, E.J. et D.D. POTTER (1959), Transmission at the giant motor synapses of the crayfish. *J. Physiol. (Lond.)*, **145**, 289-325.

GEPPERT, M. et 6 AUTRES (1994), Synaptotagmin I: A major Ca²⁺ sensor for transmitter release at a central synapse. *Cell*, **79**, 717-727.

HARRIS, B.A., J.D. ROBISHAW, S.M. MUMBY et A.G. GILMAN (1985), Molecular cloning of complementary DNA for the alpha subunit of the G protein that stimulates adenylate cyclase. *Science*, **229**, 1274-1277.

HEUSER, J.E. et T.S. REESE (1973), Evidence for recycling of synaptic vesicle membrane during transmitter release at the frog neuromuscular junction. *J. Cell Biol.*, **57**, 315-344.

HEUSER, J.E., T.S. REESE, M.J. DENNIS, Y. JAN, L. JAN et L. EVANS (1979), Synaptic vesicle exocytoses captured by quick freezing and correlated with quantal transmitter release. *J. Cell Biol.*, **81**, 275-300.

HÖKFELT, T., O. JOHANSSON, A. LJUNGDAHL, J.M. LUNDBERG et M. SCHULTZBERG (1980), Peptidergic neurons. *Nature*, **284**, 515-521.

JONAS, P., J. BISCHOFBERGER et J. SANDKUHLER (1998), Co-release of two fast neurotransmitters at a central synapse. *Science*, **281**, 419-424.

LOEWI, O. (1921), Über humorale Übertragbarheit der Herznervenwirkung. *Pflügers Arch.*, **189**, 239-242.

MILEDI, R. (1973), Transmitter release induced by injection of calcium ions into nerve terminals. *Proc. R. Soc. Lond. B*, **183**, 421-425.

NEHER, E. et B. SAKMANN (1976), Single-channel currents recorded from membrane of denervated frog muscle fibres. *Nature*, **260**, 799-802.

RECKLING, J.C., X.M. SHAO et J.L. FELDMAN (2000), Electrical coupling and excitatory synaptic transmission between rhythmogenic respiratory neurons in the preBotzinger complex. *J. Neurosci.*, **20**, RC 113, 1-5.

SMITH, S.J., J. BUCHANAN, L.R. OSSES, M.P. CHARLTON et G.J. AUGUSTINE (1993), The spatial distribution of calcium signals in squid presynaptic terminals. *J. Physiol. (Lond.)*, **472**, 573-593.

SUTTON, R.B., D. FASSHAUER, R. JAHN et A.T. BRÜNGER (1998), Crystal structure of a SNARE complex involved in synaptic exocytosis at 2.4 A resolution. *Nature*, **395**, 347-353.

TAKAMORI, S. et 21 AUTRES (1994), Molecular anatomy of trafficking organelle. *Cell*, **127**, 831-846.

TAKEUCHI, A. et TAKEUCHI N. (1960), On the permeability of end-plate membrane during the action of transmitter. *J. Physiol. (Lond.)*, **154**, 52-67.

WICKMAN, K. et 7 AUTRES (1994), Recombinant $G_{\beta\gamma}$ activates the muscarinic-gated atrial potassium channel I_{KACh}. *Nature*, **368**, 255-257.

Ouvrages

COOPER, J.R., F.E. BLOOM et R.H. ROTH (1991), *The Biochemical Basis of Neuropharmacology*. New York, Oxford University Press.

HALL, Z. (1992), *An Introduction to Molecular Neurobiology*. Sunderland, MA, Sinauer Associates.

KATZ, B. (1966), *Nerve, Muscle, and Synapse*. New York, McGraw-Hill.

KATZ, B. (1969), *The Release of Neural Transmitter Substances*. Liverpool, Liverpool University Press.

LLINÁS, R.R. (1999), *The Squid Giant Synapse: A Model for Chemical Synaptic Transmission*. Oxford, Oxford University Press.

NICHOLLS, D.G. (1994), *Proteins, Transmitters, and Synapses*. Oxford, Blackwell.

PETERS, A., S.L. PALAY et H. DE F. WEBSTER (1991), *The Fine Structure of the Nervous System: Neurons and their Supporting Cells*. 3rd Ed. Oxford, Oxford University Press.

chapitre **06**

Les neurotransmetteurs et leurs récepteurs

Vue d'ensemble

La plupart des neurones du cerveau humain communiquent entre eux en libérant des messagers chimiques, les neurotransmetteurs. On connaît maintenant un grand nombre de neurotransmetteurs et il en reste plus encore à découvrir. Dans le cerveau, le principal neurotransmetteur excitateur est un acide aminé, le glutamate, le principal neurotransmetteur inhibiteur étant l'acide gamma-aminobutyrique ou GABA. Tous les neurotransmetteurs provoquent des réponses électriques postsynaptiques en se liant aux éléments d'un groupe extrêmement diversifié de protéines appelées récepteurs des neurotransmetteurs, dont ils provoquent l'activation. La plupart des neurotransmetteurs sont capables d'activer plusieurs récepteurs différents, ce qui augmente encore les modes possibles de signalisation synaptique. Après avoir activé leurs récepteurs postsynaptiques, les neurotransmetteurs sont éliminés de la fente synaptique par des transporteurs des neurotransmetteurs ou par des enzymes de dégradation. Les anomalies du fonctionnement des neurotransmetteurs sont à l'origine de troubles neurologiques et psychiatriques de tous ordres. C'est pourquoi beaucoup de stratégies thérapeutiques sont fondées sur des agents pharmacologiques qui affectent les transmetteurs eux-mêmes, leurs récepteurs ou les protéines responsables de leur élimination.

Les catégories de neurotransmetteurs

On connaît plus de 100 différentes substances servant de neurotransmetteurs. Ce nombre important permet une diversification considérable de la signalisation chimique entre neurones. Il est avantageux de répartir cette masse de transmetteurs en deux grandes catégories fondées simplement sur leur taille (Figure 6.1). Les **neuropeptides** sont des molécules de relativement grande taille, composées de 3 à 36 acides aminés. Les acides aminés individuels tels que le glutamate et le GABA ou des transmetteurs tels que l'acétylcholine, la sérotonine, et l'histamine sont beaucoup plus petits que les neuropeptides et sont pour cette raison appelés **neurotransmetteurs à petite molécule**. Au sein de cette catégorie de neurotransmetteurs à petite molécule, on réserve d'ordinaire un traitement particulier aux **monoamines** (ou **amines biogènes**) que sont la dopamine, la noradrénaline, l'adrénaline, la sérotonine et l'histamine, à cause de la similarité de leurs propriétés chimiques et de leurs actions synaptiques. Les détails de la synthèse, du stockage, de la libération et de l'élimination diffèrent d'un neurotransmetteur à l'autre (Tableau 6.1). Ce chapitre décrit les caractères distinctifs principaux de ces neurotransmetteurs et de leurs récepteurs.

L'acétylcholine

Comme il a été dit dans le chapitre précédent, l'acétylcholine (ACh) est le premier neurotransmetteur à avoir été identifié. L'ACh intervient comme neurotransmetteur aux jonctions neuromusculaires des muscles squelettiques (voir Chapitre 5) ou aux synapses neuromusculaires entre le nerf vague et les fibres du muscle cardiaque, aux synapses des ganglions du système moteur végétatif et de beaucoup de sites du système nerveux central. Alors que le rôle de la transmission cholinergique à la jonction neuro-

NEUROTRANSMETTEURS À PETITE MOLÉCULE

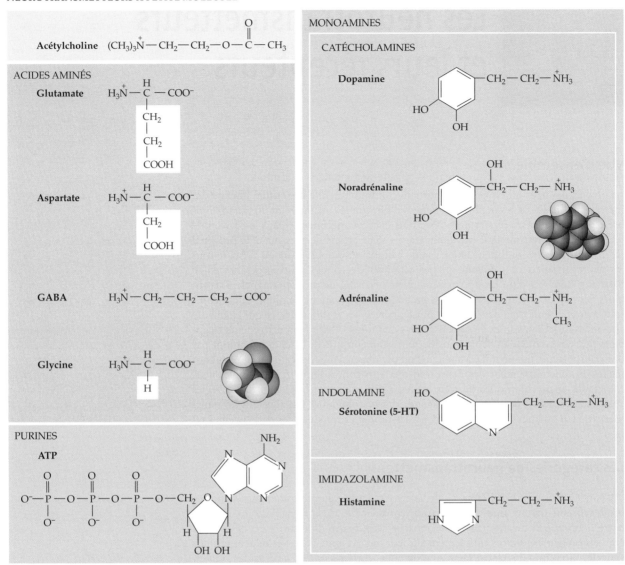

NEUROTRANSMETTEURS PEPTIDIQUES (plus de 100 peptides, d'une longueur de 3 à 30 acides aminés en général)

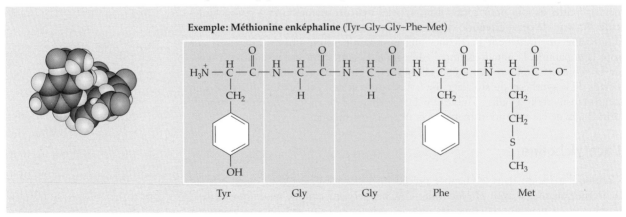

Figure 6.1

Exemples de neurotransmetteurs à petite molécule et de neurotransmetteurs peptidiques. Les neurotransmetteurs à petite molécule comprennent l'acétylcholine, les acides aminés, les purines et les monoamines (ou amines biogènes). Parmi ces dernières, les catécholamines, ainsi nommées, car elles possèdent toutes le noyau catéchol (noyau benzène avec deux groupements hydroxyles), forment un sous-groupe particulier. La sérotonine et l'histamine comportent respectivement un noyau indole et un noyau imidazole. La différence de taille entre neurotransmetteurs à petite molécule et neurotransmetteurs peptidiques est indiquée par les modèles compacts de la glycine, de la noradrénaline et de la méthionine enképhaline. (Les atomes de carbone sont en noir, l'azote en bleu et l'oxygène en rouge.)

musculaire et aux synapses ganglionnaires est bien connu, nous sommes beaucoup moins bien renseignés sur ses fonctions dans le système nerveux central.

L'acétylcholine est synthétisée dans les terminaisons nerveuses à partir de l'acétyl coenzyme A (acétyl CoA, synthétisé lui-même à partir du glucose) et de la choline, au cours d'une réaction catalysée par la choline acétyltransférase (CAT ; Figure 6.2). La choline est présente dans le plasma à une concentration élevée, d'environ 10 mM, et est incorporée dans les neurones cholinergiques par un transporteur Na$^+$-choline à haute affinité. Après sa synthèse dans le cytoplasme du neurone, un transporteur vésiculaire de l'ACh stocke environ 10 000 molécules de ce neurotransmetteur dans chaque vésicule cholinergique.

Contrairement à la plupart des autres neurotransmetteurs à petite molécule, ce n'est pas par recapture qu'il est mis fin à son action postsynaptique au niveau de nombreuses synapses et en particulier au niveau de la jonction neuromusculaire, mais par l'hydrolyse que réalise une puissante enzyme, l'acétycholinestérase (AChE). Cette enzyme

TABLEAU 6.1 *Propriétés fonctionnelles des principaux neurotransmetteurs*

Neurotransmetteur	Effet[a] postsynaptique	Précurseur(s)	Étape limitante de la biosynthèse	Mécanisme d'élimination	Type de vésicule
ACh	Excitateur	Choline + acétyl CoA	CAT	AChEase	Petite, claire
Glutamate	Excitateur	Glutamine	Glutaminase	Transporteurs	Petite, claire
GABA	Inhibiteur	Glutamate	GAD	Transporteurs	Petite, claire
Glycine	Inhibiteur	Sérine	Phosphosérine	Transporteurs	Petite, claire
Catécholamines (adrénaline, noradrénaline, dopamine)	Excitateur	Tyrosine	Tyrosine hydroxylase	Transporteurs MAO, COMT	Petite, à centre dense ou grande, irrégulière, à centre dense
Sérotonine (5-HT)	Excitateur	Tryptophane	Tryptophane hydroxylase	Transporteurs MAO	Grande, à centre dense
Histamine	Excitateur	Histidine	Histidine décarboxylase	Transporteurs	Grande, à centre dense
ATP	Excitateur	ADP	Phosphorylation oxydative mitochondriale ; glycolyse	Hydrolyse en AMP et adénosine	Petite, claire
Neuropeptides	Excitateurs et inhibiteurs	Acides aminés (synthèse protéique)	Synthèse et transport	Protéases	Grande, à centre dense
Endocannabinoïdes	Inhibent l'inhibition	Lipides membranaires	Modification enzymatique des lipides	Hydrolyse par la FAAH	Aucune
Monoxyde d'azote (NO)	Excitateur et inhibiteur	Arginine	NO synthase	Oxydation spontanée	Aucune

[a] On a indiqué l'effet postsynaptique le plus commun ; le même neurotransmetteur peut provoquer, au niveau postsynaptique, soit une excitation, soit une inhibition, selon la nature du canal ionique affecté par la liaison du transmetteur (voir Chapitre 5).

s'accumule dans la fente synaptique et garantit ainsi une réduction rapide de la concentration de l'ACh libérée par la terminaison présynaptique. L'AChE, dont l'activité catalytique est très élevée (une molécule d'AChE dégrade 5 000 molécules d'ACh par seconde), réalise l'hydrolyse de l'ACh en acétate et en choline. La choline produite par l'hydrolyse de l'ACh est renvoyée par un transporteur dans les terminaisons nerveuses où elle est utilisée pour une nouvelle synthèse d'ACh.

Parmi les nombreuses substances qui interagissent avec les enzymes cholinergiques, mentionnons les composés organophosphorés dont certains sont des armes chimiques puissantes. L'un des composés de cette catégorie, le Sarin, un gaz neurotoxique, est devenu célèbre voilà quelques années pour avoir été répandu par un groupe terroriste dans le métro de Tokyo. Les organophosphorés peuvent être mortels, car ils inhibent l'AChE et entraînent une accumulation d'ACh aux synapses cholinergiques. Cet excès d'ACh, dépolarise la membrane postsynaptique et la rend réfractaire à toute libération ultérieure d'ACh, ce qui entraîne, entre autres effets, une paralysie neuromusculaire. La sensibilité élevée des insectes aux inhibiteurs de l'AChE a rendu courante l'utilisation des organophosphorés comme insecticides.

Une proportion importante des effets postsynaptiques de l'ACh met en jeu le récepteur nicotinique de l'acétylcholine (nAChR), dont le nom rappelle que la nicotine, un stimulant du SNC, se lie aussi à ces récepteurs. La nicotine produit un degré modéré d'euphorie, de relaxation et, à la longue, d'addiction, tous effets censés dépendre de l'intervention des récepteurs nicotiniques de l'ACh. Le récepteur nicotinique est le type de récepteur ionotrope des neurotransmetteurs qui a fait l'objet du plus grand nombre de travaux. Comme on l'a vu au chapitre 5, les nAChR sont des canaux cationiques non sélectifs dont les effets postsynaptiques sont excitateurs. Diverses toxines biologiques se lient spécifiquement aux récepteurs nicotiniques et les bloquent (Encadré 6A). La disponibilité de ces ligands hautement spécifiques, notamment

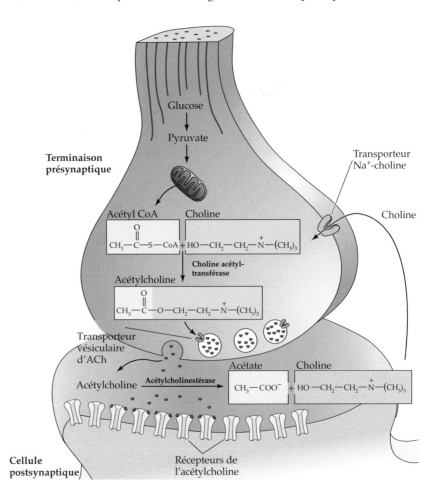

Figure 6.2

Métabolisme de l'acétylcholine dans les terminaisons nerveuses cholinergiques. La synthèse de l'acétylcholine à partir de choline et d'acétyl CoA exige l'intervention de la choline acétyl transférase. L'acétyl CoA dérive du pyruvate produit par la glycolyse, tandis que la choline est incorporée aux terminaisons par un transporteur dépendant du Na+. L'acétylcholine est stockée dans les vésicules synaptiques par un transporteur vésiculaire. Après sa libération, l'acétylcholine est rapidement métabolisée par l'acétylcholinestérase et la choline est réintégrée dans la terminaison.

ENCADRÉ 6A *Neurotoxines ayant pour cible les récepteurs postsynaptiques*

Plantes vénéneuses et animaux venimeux sont communs dans la nature. Leurs toxines sont utilisées pour des objectifs très différents : chasser, guérir, modifier les états de conscience et même, depuis quelque temps, faire de la recherche. Beaucoup de ces toxines animales et végétales ont des effets puissants sur le système nerveux, car, souvent, elles perturbent la transmission synaptique en s'attaquant aux récepteurs des neurotransmetteurs. Les poisons de certains organismes ne comportent qu'un seul type de toxine, d'autres sont un cocktail de dizaines, voire de centaines de toxines.

Compte tenu du rôle central des récepteurs de l'acétylcholine comme intermédiaires synaptiques de la contraction musculaire, il n'est guère étonnant qu'un grand nombre de toxines naturelles exercent leurs effets sur la jonction neuromusculaire. En fait, la classification même des récepteurs de l'ACh en récepteurs muscariniques et nicotiniques est fondée sur leur sensibilité respective à deux alcaloïdes végétaux toxiques, la muscarine et la nicotine. La nicotine provient des feuilles séchées de plants de tabac, *Nicotiana tabacum*, et la muscarine vient de l'amanite tue-mouches, *Amanita muscaria*, un champignon vénéneux d'un beau

rouge. Ces deux toxines sont des excitants qui provoquent nausées, vomissements, confusion mentale et convulsions. L'empoisonnement à la muscarine peut même entraîner un collapsus artériel, le coma et la mort.

L'α-bungarotoxine, l'un des nombreux peptides qui constituent le venin du serpent d'Asie *Bungarus multicinctus* (Figure A), bloque la transmission neuromusculaire et est utilisé par ce serpent pour paralyser ses proies. Cette toxine de 74 acides aminés bloque la jonction neuromusculaire en se liant de façon irréversible aux récepteurs nicotiniques de l'ACh, empêchant ainsi l'ACh d'ouvrir les canaux ioniques postsynaptiques. La paralysie s'installe alors, les neurones moteurs ne parvenant plus à activer les muscles squelettiques. Du fait de sa spécificité et de son affinité élevée pour les récepteurs nicotiniques de l'ACh, l'α-bungarotoxine a été d'un grand secours pour l'étude des molécules réceptrices. Il existe d'autres toxines de serpent qui bloquent les récepteurs nicotiniques de l'acétylcholine ; c'est le cas de l'α-neurotoxine du cobra et de l'érabutoxine, peptide du venin d'un serpent marin. La stratégie utilisée par les serpents pour paralyser leurs proies est celle qu'ont adoptée les indiens d'Amé-

rique du Sud avec le curare, mélange de toxines végétales extraites de la liane *Chondodendron tomentosum*, dont ils enduisent les pointes de leurs flèches pour immobiliser le gibier. Le curare bloque, lui aussi, les récepteurs nicotiniques de l'acétylcholine ; l'élément actif est un alcaloïde, la δ-tubocurarine.

Une autre catégorie intéressante de toxines animales bloquant sélectivement les récepteurs nicotiniques de l'ACh et d'autres récepteurs est celle des peptides que produisent des gastéropodes marins chasseurs de poissons, les cônes (Figure B). Ces escargots colorés tuent de petits poissons en leur décochant des harpons venimeux. Le venin contient des centaines de peptides, globalement appelés conotoxines, dont une partie a pour cible des protéines intervenant dans la transmission synaptique. Certaines conotoxines bloquent les canaux Ca^{2+}, d'autres les canaux Na^+, les récepteurs du glutamate ou les récepteurs de l'ACh. Les multiples réponses physiologiques que produisent ces peptides ont toutes pour effet d'immobiliser la proie qui a eu le malheur de s'approcher de l'un de ces cônes. Beaucoup d'autres animaux, parmi lesquels des mollusques, des coraux, des vers et des grenouilles, font également usage de

(A)

(B)

(C)

(A) Le serpent d'Asie *Bungarus multicinctus*.
(B) Un gastéropode marin (*Conus* sp.) utilise un harpon venimeux pour tuer un petit poisson.
(C) Noix d'arec portées par le palmier *Areca catechu*, photographié en Malaisie. (A, Robert Zappalorti/Photo Researchers, Inc.; B, Zoya Maslak et Baldomera Olivera, Utah University; C, Fletcher Baylis/Photo Researchers, Inc.)

toxines contenant des agents qui bloquent spécifiquement les récepteurs de l'ACh.

D'autres toxines naturelles susceptibles d'altérer les comportements ou les fonctions psychiques sont utilisées, depuis des millénaires, par les chamans et, depuis moins longtemps, par les médecins. Nous en avons des exemples avec deux alcaloïdes végétaux qui bloquent les récepteurs muscariniques de l'ACh, l'atropine, extraite de la belladone, et la scopolamine, extraite de la jusquiame. Ces plantes poussant à l'état sauvage dans de nombreuses parties du monde, les risques d'en subir les effets ne sont pas exceptionnels. L'empoisonnement par l'une ou l'autre de ces toxines peut avoir des conséquences fatales.

Une autre neurotoxine postsynaptique, admise socialement comme drogue au même titre que la nicotine, se trouve dans les noix d'arec, fruits du palmier *Areca catechu* (Figure C). Jusqu'à 25 % de la population de l'Inde, du Bangladesh, de Ceylan, de la Malaisie et des Philippines chique du bétel, dans la composition duquel entre la noix d'arec. La mastication du bétel induit une euphorie due à un alcaloïde agoniste des récepteurs nicotiniques de l'ACh, l'arécoline. Comme la nicotine, l'arécoline est un excitant du système nerveux central entraînant l'addiction.

De nombreuses autres neurotoxines perturbent la transmission des synapses non cholinergiques. Par exemple, des acides aminés extraits d'algues, de champignons ou de graines diverses se révèlent de puissants agonistes des récepteurs du glutamate. Deux acides aminés excitotoxiques, le kaïnate, extrait de l'algue rouge *Digena simplex*, et le quisqualate, extrait de la graine de *Quisqualis indica*, sont utilisés pour distinguer deux familles de récepteurs non NMDA du glutamate (voir le texte). Parmi les autres acides aminés neurotoxiques activant les récepteurs du glutamate, on trouve l'acide iboténique et l'acide acromélique, tous deux extraits de champignons, et le domoate que l'on trouve dans les algues, les herbes marines et les moules. Des peptides neurotoxiques appartenant à un autre grand groupe bloquent les récepteurs du glutamate. Citons l'α-agatoxine, la NSTX-3 et la toxine Joro, toutes trois produites par des araignées, la β-philanthotoxine, extraite du venin de guêpe ainsi que diverses toxines produites par les gastéropodes du genre *Conus*.

Toutes les toxines dont nous avons parlé jusqu'ici ont pour cibles des synapses excitatrices. Les récepteurs du GABA et de la glycine, qui sont inhibiteurs, ne sont pas pour autant laissés pour compte dans la lutte pour la survie. La strychnine, alcaloïde extrait de la noix vomique *Strychnos nux-vomica*, est la seule drogue connue qui agisse spécifiquement sur la transmission des synapses glycinergiques. Comme cette toxine bloque les récepteurs de la glycine, l'empoisonnement à la strychnine s'accompagne d'une hyperactivité de la moelle et du tronc cérébral. Dans le commerce, la strychnine est vendue comme poison contre les rongeurs quoique la coumadine, un anticoagulant, soit maintenant plus répandue, car moins dangereuse pour l'homme. Parmi les neurotoxines qui bloquent les récepteurs GABA$_A$, on trouve des alcaloïdes végétaux comme la biculline extraite de *Dicentra cucullaria*, une plante de l'est des États-Unis, et la picrotoxine, extraite d'un arbuste d'Asie du sud-est, *Anamirta cocculus*. La dieldrine, un insecticide vendu dans le commerce, bloque également ces récepteurs. Comme la strychnine, ces agents sont de puissants excitants du système nerveux central. Le muscimol, puissant sédatif en même temps qu'hallucinogène, est une toxine extraite de champignons, qui active les récepteurs GABA$_A$. Le baclofène, analogue synthétique du GABA, est un agoniste du récepteur GABA$_B$, qui réduit les PPSE de certains neurones du tronc cérébral et qui est utilisé en clinique pour réduire la fréquence et l'intensité des spasmes musculaires.

La guerre chimique entre les espèces a donc créé un arsenal impressionnant de molécules qui attaquent les synapses en tous les points du système nerveux. Leur but premier est d'empêcher une transmission synaptique normale, mais elles constituent aussi accessoirement une panoplie d'outils puissants pour explorer les mécanismes postsynaptiques.

Références

ADAMS, M.E. et B.M. OLIVERA (1994), Neurotoxins : Overview of an emerging research technology. *Trends Neurosci.*, **17**, 151-155.

HUCHO, F. et Y. OVCHINNIKOV (1990), *Toxins as Tools in Neurochemistry*. Berlin, Walter de Gruyer.

LEWIS, R.L. et L. GUTMANN (2004), Snake venoms and the neuromuscular junction. *Seminars Neurol.*, **24**, 175-179.

de l'un des constituants d'un venin de serpent, l'α-bungarotoxine, a fourni les moyens d'isoler et de purifier le nAChR. Ce travail d'avant-garde a ouvert la voie au clonage et au séquençage des gènes codant les sous-unités de ce récepteur.

Sur la base de ces études de biologie moléculaire, on sait aujourd'hui que le nAChR est un gros complexe protéique constitué de cinq sous-unités groupées autour d'un pore central transmembranaire (Figure 6.3). Dans le cas des nAChR des muscles squelettiques, ce pentamère comprend deux sous-unités α qui se lient chacune à une molécule d'ACh. Étant donné qu'il faut que les deux sites de liaison de l'acétylcholine soient occupés pour que le canal puisse s'ouvrir, l'activation du canal n'a lieu que pour des concentrations relativement élevées de ce neurotransmetteur. Ces sous-unités se lient également à d'autres ligands comme la nicotine et l'α-bungarotoxine. Au niveau de la jonction neuromusculaire, ces deux sous-unités α sont associées à un maximum de quatre autres types de sous-unités – β, γ, δ et ε – dans la propor-

(A)

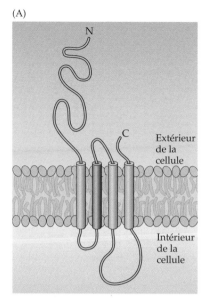

(B)

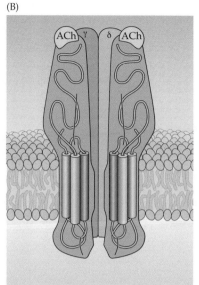

(C)

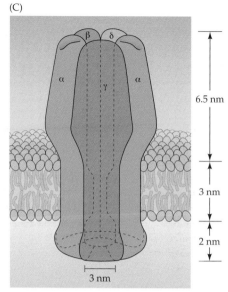

Extérieur de la cellule

Intérieur de la cellule

6.5 nm

3 nm

2 nm

3 nm

Figure 6.3

Structure du récepteur canal nicotinique de l'ACh. (A) Chaque sous-unité du récepteur traverse quatre fois la membrane. Le domaine transmembranaire qui tapisse la paroi du pore est figuré en bleu. (B) Cinq sous-unités de ce type s'assemblent pour former une structure complexe comprenant 20 domaines transmembranaires entourant un pore central. (C) À chaque extrémité du canal, les ouvertures sont très grandes, environ 3 nm de diamètre ; dans sa partie la plus étroite, le pore fait encore environ 0,6 nm de diamètre. À titre de comparaison, le diamètre des ions Na^+ ou K^+ est inférieur à 0,3 nm. (D) Photographie en microscopie électronique du récepteur de l'ACh, montrant l'emplacement et la taille de la protéine par rapport à la membrane. (D'après Toyoshima et Unwin, 1990.)

(D)

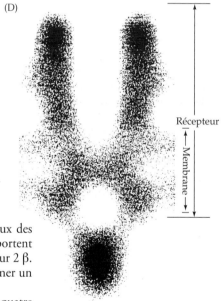

Récepteur

Membrane

tion 2α: β: ε: δ. En règle générale, les nAChR des neurones diffèrent de ceux des muscles, car ils ne présentent pas de sensibilité à l'α-bungarotoxine et ne comportent que deux types de sous-unités du récepteur (α et β) dans la proportion de 3 α pour 2 β. Dans tous les cas cependant, il faut l'assemblage de cinq sous-unités pour former un récepteur nACh fonctionnel ne laissant passer que les cations.

Chaque sous-unité de la molécule du nAChR comporte d'une part, quatre domaines transmembranaires qui forment la partie canal ionique du récepteur et, d'autre part, une longue région extracellulaire formant le domaine de liaison de l'ACh (Figure 6.3A). Le décryptage de la structure moléculaire de cette région du récepteur nACh a permis de mieux comprendre le mécanisme grâce auquel les canaux ioniques activés par un ligand sont capables de répondre rapidement aux neurotransmetteurs ; c'est sans doute à l'association intime des sites de liaison de l'ACh avec le pore du canal qu'est due la vitesse de la réponse (Figure 6.3B-D). Dans ses grandes lignes, cet agencement est caractéristique de *tous* les canaux ioniques activés par un ligand que l'on trouve aux synapses à action rapide, comme le résume la figure 6.4. Le récepteur nicotinique a donc servi de modèle pour l'étude d'autres canaux ioniques activés par un ligand et a permis d'approfondir notre compréhension d'un certain nombre de pathologies neuromusculaires (Encadré 6B).

Une seconde catégorie de récepteurs de l'ACh regroupe ceux qui sont activés par un alcaloïde extrait d'un champignon vénéneux, la muscarine, et que l'on appelle pour cette raison les récepteurs muscariniques de l'acétylcholine (mAChR). Il s'agit de récepteurs métabotropes impliqués dans la plupart des effets de l'ACh dans le cerveau. On en connaît plusieurs sous-types (Figure 6.5). Ils sont fortement exprimés dans le

(A)

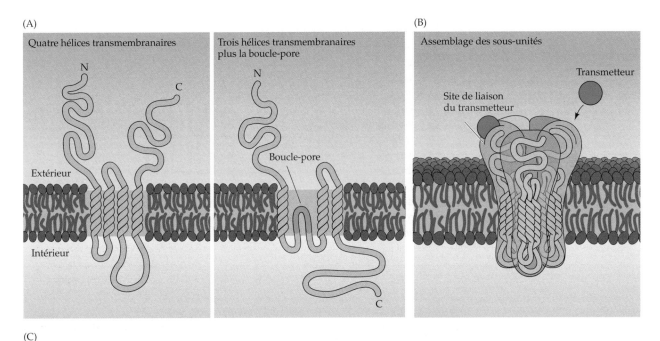

Quatre hélices transmembranaires

N

C

Extérieur

Intérieur

Trois hélices transmembranaires plus la boucle-pore

N

Boucle-pore

C

(B)

Assemblage des sous-unités

Transmetteur

Site de liaison du transmetteur

(C)

Récepteur	AMPA	NMDA	Kaïnate	GABA	Glycine	nACh	Sérotonine	Purines
Sous-unités (chaque type de récepteur exige une combinaison de 4 ou 5 d'entre elles)	Glu R1	NR1	Glu R5	α_{1-7}	$\alpha1$	α_{2-9}	5-HT$_3$	P$_{2X1}$
	Glu R2	NR2A	Glu R6	β_{1-4}	$\alpha2$	β_{1-4}		P$_{2X2}$
	Glu R3	NR2B	Glu R7	γ_{1-4}	$\alpha3$	γ		P$_{2X3}$
	Glu R4	NR2C	KA1	δ	$\alpha4$	δ		P$_{2X4}$
		NR2D	KA2	ε	β			P$_{2X5}$
				ρ_{1-3}				P$_{2X6}$
								P$_{2X7}$

Figure 6.4

Architecture générale des récepteurs activés par un ligand. (A) L'une des cinq sous-unités d'un récepteur complet. La longue région N-terminale constitue le site de liaison du ligand ; le reste de la protéine traverse la membrane soit 4 fois (à gauche) soit 3 fois (à droite). (B) Assemblage des quatre ou cinq sous-unités en un récepteur complet. (C) Diverses sous-unités s'assemblent pour former les récepteurs ionotropes de divers neurotransmetteurs.

striatum et dans diverses autres régions du cerveau antérieur où ils peuvent exercer un contrôle inhibiteur sur les phénomènes moteurs provoqués par la dopamine. On trouve également des récepteurs muscariniques de l'ACh dans les ganglions du système nerveux périphérique. Ils interviennent enfin dans les réponses cholinergiques périphériques des effecteurs végétatifs tels que le cœur, les muscles lisses et les glandes exocrines et sont responsables des effets inhibiteurs du nerf vague sur le rythme cardiaque. De nombreuses substances agissent comme agonistes ou antagonistes des mAChR, mais la plupart d'entre elles ne distinguent pas entre les différents types de récepteurs muscariniques et s'accompagnent fréquemment d'effets secondaires. Parmi celles qui bloquent les récepteurs muscariniques, certaines se sont néanmoins révélées utiles à des fins thérapeutiques, ainsi l'atropine (utilisée pour dilater la pupille), la scopolamine (efficace contre le mal des transports) et l'ipratropium (utilisé pour lutter contre l'asthme).

Le glutamate

Le glutamate est le transmetteur le plus important pour le fonctionnement normal du cerveau. Presque tous les neurones excitateurs du système nerveux central sont glutamatergiques et l'on estime que cet agent est libéré par plus de la moitié des synapses cérébrales. Le glutamate a une importance particulière en clinique neurologique, car les concentrations élevées de glutamate qui font suite aux lésions nerveuses sont toxiques pour les neurones (Encadré 6C).

ENCADRÉ 6B *La myasthénie*

Une personne sur 200 000 est atteinte de myasthénie, maladie qui perturbe la transmission entre les neurones moteurs et les muscles squelettiques (voir Encadré 5B). Décrite initialement par Thomas Willis en 1672, elle a comme symptôme principal un épuisement de la force musculaire, particulièrement à la suite d'une activation prolongée (Figure A). Quoique d'évolution très variable, la myasthénie affecte ordinairement les muscles des paupières (ce qui entraîne un ptôsis ou abaissement des paupières supérieures) et les muscles oculomoteurs (provoquant une diplopie ou dédoublement de la vision). Les muscles contrôlant l'expression du visage, la mastication, la déglutition et la phonation sont également parmi les cibles habituelles de cette maladie.

Un indice important de la cause de la myasthénie provient de la constatation que la faiblesse musculaire est améliorée après traitement par les inhibiteurs de l'acétylcholinestérase, l'enzyme qui dégrade l'acétylcholine à la jonction neuromusculaire. L'étude de muscles obtenus par biopsie chez des patients myasthéniques a montré que les potentiels de plaque motrice (PPM) ainsi que les potentiels de plaque motrice miniatures (PPMm) sont beaucoup plus petits que la normale (voir la figure B ainsi que le chapitre 5). Vu que la fréquence des PPMm et le contenu quantique des PPM sont tous deux normaux, c'est donc dans une atteinte des propriétés des cellules musculaires postsynaptiques qu'il faut situer l'origine de la myasthénie. De fait, la myasthénie s'accompagne d'altérations des jonctions neuromusculaires; les changements portent sur la fente synaptique, qui s'élargit, et sur les récepteurs nicotiniques de la membrane postsynaptique, dont le nombre diminue.

C'est une observation fortuite qui a fait découvrir la cause profonde de ces modifications. Jim Patrick et Jon Lindstrom, qui travaillaient alors au Salk Institute, cherchaient à obtenir des anticorps des récepteurs nicotiniques de l'acétylcholine en immunisant des lapins avec ces récepteurs. De façon imprévue, les lapins furent atteints d'une faiblesse musculaire qui s'améliorait après traitement par les inhibiteurs de l'acétylcholinestérase. Un travail ultérieur montra que le sang des patients myasthéniques contient des anticorps dirigés contre les récepteurs de l'acétylcholine et que ces anticorps sont présents au niveau des synapses neuromusculaires. L'élimination des anticorps par échange plasmatique réduit la faiblesse musculaire. De plus, des souris auxquelles on injecte du sérum de patients myasthéniques (sérum qui transporte les anticorps circulants) développent les symptômes de la myasthénie.

L'ensemble de ces données indique que la myasthénie est une maladie auto-immune affectant les récepteurs nicotiniques de l'acétylcholine. La réponse immunitaire réduit le nombre de récepteurs fonctionnels de la jonction neuromusculaire (et peut même les détruire totalement) faisant ainsi baisser l'efficacité de la transmission synaptique; la faiblesse musculaire vient de ce que les motoneurones n'ont plus la même capacité de déclencher la contraction des cellules musculaires postsynaptiques. Cette étiologie explique aussi pourquoi les inhibiteurs de la cholinestérase atténuent les signes et les symptômes de la myasthénie: en augmentant la concentration de l'acétylcholine dans la fente synaptique, ils permettent une activation plus efficace des récepteurs postsynaptiques que le système immunitaire n'a pas encore détruits.

Malgré les progrès réalisés dans l'étude de cette maladie, on ne sait toujours pas nettement ce qui amène le système immunitaire à déclencher une réponse auto-immune contre les récepteurs de l'acétylcholine. Les observations rapportées ci-dessus ont toutefois permis d'améliorer la condition de nombreux patients par un traitement qui combine les immunosuppresseurs et les inhibiteurs de la cholinestérase.

Références

Elmqvist, D., W. Hofmann, J. Kugelberg et D.M.J. Quastel (1964), An electrophysiological investigation of neuromuscular transmission in myasthenia gravis. *J. Physiol. (Lond.)*, **174**, 417-434.

Patrick, J. et J. Linsdstrom (1973), Autoimmune response to acetylcholine receptor. *Science*, **180**, 871-872.

Vincent, A. (2002), Unravelling the pathogenesis of myasthenia gravis. *Nature Rev. Immunol.*, **2**, 797-804.

(A)

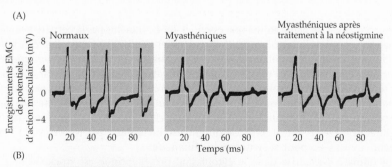

(B)

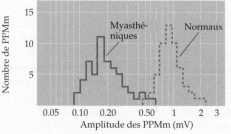

(A) La myasthénie diminue l'efficacité de la transmission neuromusculaire. Les électromyogrammes (EMG) montrent les réponses musculaires déclenchées par stimulation des nerfs moteurs. La transmission se fatigue rapidement chez les patients myasthéniques, mais on peut la restaurer partiellement en administrant des inhibiteurs de l'acétylcholinestérase tels que la néostigmine. (B) Distribution des amplitudes des PPMm de fibres musculaires de patients myasthéniques (en trait plein) et de contrôles (pointillés). La taille plus petite des PPMm des myasthéniques est due à la réduction du nombre de récepteurs postsynaptiques. (A d'après Harvey et al., 1941; B d'après Elmqvist et al., 1964.)

Figure 6.5

Structure et fonction des récepteurs métabotropes. (A) Architecture transmembranaire des récepteurs métabotropes. Ces protéines monomériques comportent sept domaines transmembranaires. Des portions des domaines II, III, VI et VII constituent la région de liaison du neurotransmetteur. Les protéines G se lient à la fois à la boucle reliant les domaines V et VI et à des portions de la région C-terminale. (B) Sous-types de récepteurs métabotropes.

(A)

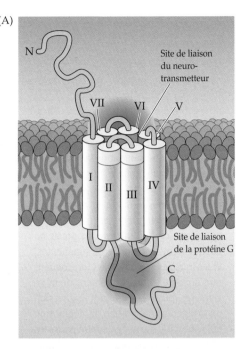

(B)

Classe de récepteur	Glutamate	GABA$_B$	Dopamine	Adr, NA	Histamine	Sérotonine	Purines	Muscarinique
Sous-type de récepteur	Goupe I	GABA$_B$ R1	D1$_A$	α1	H1	5-HT 1	Type A	M1
	mGlu R1	GABA$_B$ R2	D1$_B$	α2	H2	5-HT 2	A1	M2
	mGlu R5		D2	β1	H3	5-HT 4	A2a	M3
	Groupe II		D3	β2		5-HT 5	A2b	M4
	mGlu R2		D4	β3		5-HT 6	A3	M5
	mGlu R3					5-HT 7	Type P	
	Groupe III						P2x	
	mGlu R4						P2y	
	mGlu R6						P2z	
	mGlu R7						P2t	
	mGlu R8						P2u	

Le glutamate est un acide aminé non essentiel qui ne franchit pas la barrière hémato-encéphalique et qui doit donc être synthétisé dans les neurones à partir de précurseurs locaux. Le précurseur prédominant du glutamate dans les terminaisons synaptiques est la glutamine, que libèrent les cellules gliales. Après avoir été libérée, elle est absorbée par les terminaisons présynaptiques et est métabolisée en glutamate par une enzyme mitochondriale, la glutaminase (Figure 6.6). Le glutamate peut également être synthétisé par transamination d'un intermédiaire du cycle de Krebs, l'α-cétoglutarate (ou 2-oxoglutarate). De ce fait, une partie du glucose métabolisé par les neurones peut également être utilisée pour la synthèse du glutamate.

Le glutamate synthétisé dans le cytoplasme présynaptique est stocké dans des vésicules synaptiques, par des transporteurs dénommés VGLUT, pour lesquels on a identifié au moins trois gènes différents. Une fois libéré, le glutamate est éliminé de la fente synaptique par des transporteurs à haute affinité, dits EAAT (pour *Excitatory Amino Acid Transporters*). Il existe cinq types différents de transporteurs du glutamate ; certains se trouvent dans les cellules gliales, d'autres dans les terminaisons présynaptiques. Après sa recapture par les cellules gliales, le glutamate est converti en glutamine par l'enzyme glutamine-synthétase ; la glutamine est ensuite transportée hors des cellules gliales jusque dans les terminaisons nerveuses. De cette façon, cellules gliales et terminaisons synaptiques coopèrent pour assurer un approvisionnement adéquat en neuro-

ENCADRÉ 6C *L'excitotoxicité dans les lésions nerveuses aiguës*

L'excitotoxicité désigne la capacité qu'ont le glutamate et des composés apparentés de détruire les neurones par une transmission synaptique excitatrice de longue durée. Dans les conditions normales, la concentration du glutamate libéré dans la fente synaptique atteint des niveaux élevés (environ 1mM), mais cette valeur n'est maintenue que pendant quelques millisecondes. Si des concentrations anormalement hautes de glutamate s'accumulent dans l'espace intercellulaire, l'activation excessive des récepteurs du glutamate qui en résulte peut littéralement exciter à mort les neurones.

Le phénomène d'excitotoxicité a été découvert par hasard en 1957, quand D.R. Lucas et J.P. Newhouse se sont aperçus que du glutamate de sodium, donné en nourriture à des souriceaux, détruisait les neurones de la rétine. À peu près une décennie plus tard, J.W. Olney, de Washington University, prolongeait cette découverte en montrant que les régions où l'on observait une mort neuronique sous l'effet du glutamate pouvaient s'étendre à la totalité de l'encéphale. Les lésions dues au glutamate y étaient nettement limitées aux cellules postsynaptiques : les dendrites des neurones cibles étaient fortement gonflés tandis que les terminaisons présynaptiques étaient épargnées. Olney examina également la puissance relative d'analogues du glutamate et constata que leur efficacité neurotoxique était parallèle à leur capacité d'activer les récepteurs postsynaptiques du glutamate. Par ailleurs des antagonistes des récepteurs du glutamate bloquaient efficacement les effets neurotoxiques du glutamate. Il fit donc l'hypothèse que le glutamate détruisait les neurones par un mécanisme semblable à celui qui est mis en jeu aux synapses glutamatergiques

excitatrices et il forgea le terme d'*excitotoxique* pour qualifier cet effet pathologique.

Les preuves que l'excitotoxicité est une cause importante d'altérations neuroniques après une lésion cérébrale sont venues essentiellement de l'étude des conséquences d'une insuffisance d'irrigation sanguine. La cause la plus commune d'une insuffisance d'irrigation sanguine du cerveau (ischémie) est l'occlusion d'un vaisseau sanguin cérébral (accident vasculaire cérébral, AVC, ou « attaque » ; voir l'Appendice). L'idée qu'un excès d'activité synaptique puisse contribuer à la lésion ischémique vient de la constatation que les concentrations du glutamate et de l'aspartate dans l'espace extracellulaire augmentent durant l'ischémie. En outre, des microinjections expérimentales, chez l'animal, d'antagonistes des récepteurs du glutamate protègent les neurones des altérations d'origine ischémique. L'ensemble de ces données suggère que l'accumulation extracellulaire de glutamate au cours de l'ischémie entraîne une activation excessive des récepteurs du glutamate et déclenche une succession d'événements menant à la mort des neurones. Selon toute vraisemblance, la réduction de l'apport d'oxygène et de glucose élève le niveau de glutamate extracellulaire en ralentissant l'élimination du glutamate aux synapses, élimination qui requiert une source d'énergie.

On implique aujourd'hui les mécanismes excitotoxiques dans d'autres formes aiguës d'atteintes neuroniques, notamment dans l'hypoglycémie, les lésions traumatiques et le status epilepticus (crises intenses à répétition). Une connaissance approfondie des mécanismes de l'excitotoxicité a donc des conséquences importantes pour le traitement de nombreux troubles neu-

rologiques. À titre d'exemple, le blocage des récepteurs du glutamate devrait, en principe, protéger les neurones des atteintes dues à des accidents vasculaires cérébraux (AVC), à des traumatismes ou à d'autres causes. Malheureusement, les essais cliniques des antagonistes des récepteurs du glutamate n'ont guère permis d'améliorer les suites d'un AVC. L'inefficacité de ce traitement pourtant logique est sans doute due à plusieurs facteurs, l'un d'entre eux étant que la lésion excitotoxique a lieu en grande partie juste après l'ischémie, avant que l'on ait pu commencer à appliquer ce traitement. Il est également probable que l'excitotoxicité n'est que l'un des mécanismes par lesquels l'ischémie endommage les neurones ; parmi les autres candidats figurent les dégâts secondaires dus à l'inflammation. On peut néanmoins fonder de grandes espérances sur des interventions pharmacologiques visant ces divers mécanismes, pour réduire les lésions cérébrales consécutives aux AVC et autres causes.

Références

LUCAS, D.R. et J.P. NEWHOUSE (1957), The toxic effect of sodium l-glutamate on the inner layers of the retina. *Arch. Ophthalmol.*, **58**, 193-201.

OLNEY, J.W. (1969), Brain lesions, obesity and other disturbances in mice treated with monosodium glutamate. *Science*, **164**, 719-721.

OLNEY, J.W. (1971), Glutamate-induced neuronal necrosis in the infant mouse hypothalamus : An electron microscopic study. *J. Neuropathol. Exp. Neurol.*, **30**, 75-90.

ROTHMAN, S.M. (1983), Synaptic activity mediates death of hypoxic neurons. Science, **220**, 536-537.

SYNTICHAKI, P. et TAVERNARAKIS (2003), The biochemistry of neuronal necrosis : Rogue biology ? *Nature Neurosci. Rev.*, **4**, 672-684.

transmetteur. Cette séquence d'événements est désignée globalement sous le nom de **cycle glutamate-glutamine** (voir Figure 6.6).

Plusieurs types de récepteurs du glutamate ont été identifiés. Trois d'entre eux sont des récepteurs ionotropes ; il s'agit respectivement des **récepteurs NMDA**, des **récepteurs AMPA** et des **récepteurs du kaïnate** (Figure 6.4C). Leur nom vient des agonistes qui les activent : le NMDA (N-méthyl-D-aspartate), l'AMPA (acide α-amino-3-hydroxy-5-méthyl-4-isoxazole-propionique) et l'acide kaïnique. Tous les

Figure 6.6

Synthèse du glutamate et cycle de transfert entre les neurones et la glie. L'action du glutamate libéré dans la fente synaptique prend fin avec sa recapture par les neurones et par les cellules gliales environnantes au moyen de transporteurs spécifiques. À l'intérieur de la terminaison nerveuse, la glutamine libérée par les cellules gliales est de nouveau convertie en glutamate. Le glutamate est transporté dans les cellules par les transporteurs des acides aminés excitateurs (EAAT, pour *Excitatory Amino Acid Transporters*) et chargé dans les vésicules par les transporteurs vésiculaires du glutamate (VGLUT, pour *Vesicular Glutamate Transporters*).

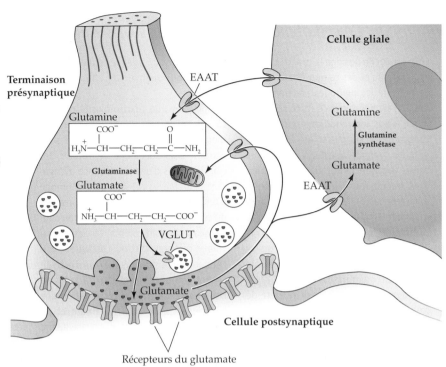

récepteurs ionotropes du glutamate sont, comme les nAChR, des canaux laissant passer les cations de façon non sélective, le Na^+, le K^+ et, dans certains cas, de faibles quantités de Ca^{2+}. Aussi l'activation des récepteurs NMDA, AMPA et des récepteurs du kaïnate produit-elle toujours des réponses postsynaptiques excitatrices. De même que les autres récepteurs canaux activés par un ligand, les récepteurs NMDA et AMPA/kaïnate se forment eux aussi par association de plusieurs sous-unités protéiques qui se combinent de multiples façons pour donner un grand nombre d'isoformes de récepteurs.

Les récepteurs NMDA ont des propriétés particulièrement intéressantes (Figure 6.7A). La plus importante est peut-être que les récepteurs canaux NMDA laissent entrer le Ca^{2+}, en plus des cations monovalents tels que le Na^+ et le K^+. En conséquence, les PPSE produits par les récepteurs NMDA peuvent faire augmenter la concentration du calcium dans les neurones postsynaptiques ; le changement de concentration du Ca^{2+} lui permet alors d'agir comme second messager pour activer des cascades de signaux intracellulaires (voir Chapitre 7). Une autre caractéristique propre aux récepteurs NMDA est qu'ils se lient au Mg^{2+} extracellulaire. Pour des potentiels hyperpolarisants, cet ion bloque le pore du récepteur canal NMDA. Par contre, une dépolarisation expulse le Mg^{2+} du pore, laissant le passage libre à d'autres cations. Cette propriété explique que le courant qui passe par le récepteur soit dépendant du voltage (ligne en pointillés de la figure 6.7B) et elle signifie que les récepteurs NMDA ne laissent passer les cations (et tout particulièrement le Ca^{2+}) que lorsque la cellule postsynaptique est dépolarisée, soit par l'activation d'un grand nombre d'afférences excitatrices, soit par une décharge répétitive de potentiels d'action par la cellule présynaptique, soit par les deux. On admet communément que ces propriétés sont à la base de certaines formes de plasticité synaptique comme indiqué au chapitre 8. Les récepteurs NMDA présentent également la propriété singulière d'avoir besoin d'un co-agoniste, la glycine, pour que leur canal puisse s'ouvrir (Figure 6.7A, B). Il existe au moins cinq formes de sous-unités du récepteur NMDA (NMDA-R1 et NMDA-R2A à NMDA-R2D) ; selon les synapses, on trouve diverses combinaisons de ces sous-unités produisant une large gamme de réponses postsynaptiques.

Alors que certaines synapses glutamatergiques n'ont que des récepteurs AMPA ou que des récepteurs NMDA, la plupart possèdent les deux à la fois. Pour distinguer les

(A)

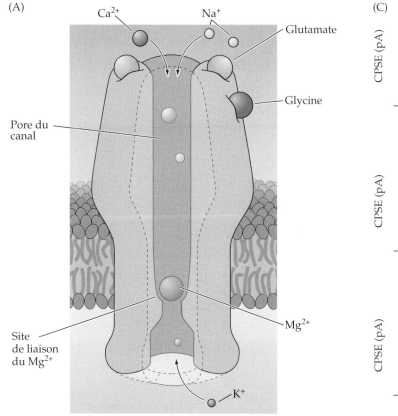

(C)

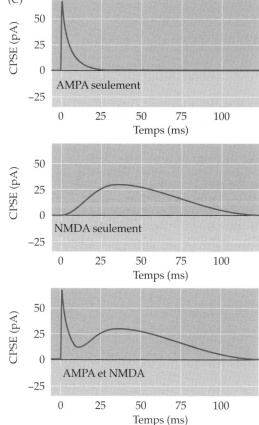

Figure 6.7

(B)

Les récepteurs NMDA et AMPA/kaïnate. (A) Les récepteurs NMDA comportent des sites de liaison du glutamate et de son coactivateur, la glycine, ainsi qu'un site de liaison du Mg²⁺ dans le pore du canal. Quand la membrane est hyperpolarisée, la force électromotrice qui s'exerce sur le Mg²⁺ pousse cet ion dans le pore du canal qui se trouve obstrué. (B) Courant traversant les récepteurs NMDA à différentes valeurs du voltage postsynaptique ; les courbes montrent le rôle indispensable de la glycine et le blocage par le Mg²⁺ quand la membrane est hyperpolarisée (ligne en pointillés). (C) Les effets différentiels d'antagonistes des récepteurs du glutamate montrent que l'activation des récepteurs AMPA ou kaïnate produit des courants postsynaptiques excitateurs (CPSE) très rapides (graphique du haut) tandis que l'activation des récepteurs NMDA produit des CPSE plus lents (graphique du milieu) ; en conséquence, les CPSE enregistrés en l'absence d'antagonistes des récepteurs présentent deux composantes cinétiques dues à l'activation conjointe des deux types de récepteurs (graphique du bas).

deux types de récepteurs, on utilise souvent un antagoniste des récepteurs NMDA, l'APV (2-amino-5-phosphono-valérate). Cette substance a également fait apparaître des différences entre les signaux électriques produits par les récepteurs NMDA et par les récepteurs AMPA/kaïnate ; ainsi, les courants synaptiques que produisent les récepteurs NMDA sont plus lents et plus durables que ceux des récepteurs AMPA/kaïnate (voir Figure 6.7C). Les rôles physiologiques que jouent les récepteurs du kaïnate sont moins clairs ; dans certains cas, on les trouve sur des terminaisons présynaptiques, où ils servent de mécanisme de rétroaction pour réguler la libération du glutamate.

À côté de ces récepteurs ionotropes du glutamate, il existe trois types de récepteurs métabotropes du glutamate (mGluR) (Figure 6.5). Ces récepteurs qui modulent les canaux ioniques postsynaptiques de façon indirecte diffèrent par la façon dont ils sont couplés aux voies de transduction intracellulaire du signal (voir Chapitre 7) et par leur

Figure 6.8

Synthèse, libération et recapture des neurotransmetteurs inhibiteurs GABA et glycine. (A) Le GABA est synthétisé à partir du glutamate par la décarboxylase de l'acide glutamique avec le phosphate de pyridoxal comme coenzyme. (B) La glycine peut être synthétisée dans plusieurs voies métaboliques; dans le cerveau, son précurseur principal est la sérine. Des transporteurs à haute affinité (GAT) mettent fin aux actions de ces transmetteurs et réintègrent le GABA et la glycine dans les terminaisons synaptiques pour une nouvelle utilisation; les deux transmetteurs sont chargés dans les vésicules synaptiques par le transporteur vésiculaire des acides aminés inhibiteurs (VIAAT, pour *Vesicular Inhibitory Amino Acid Transporter*).

(A)

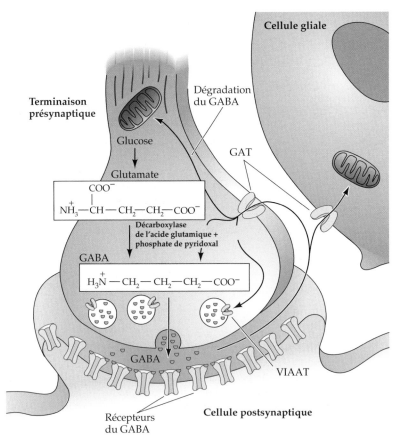

(B)

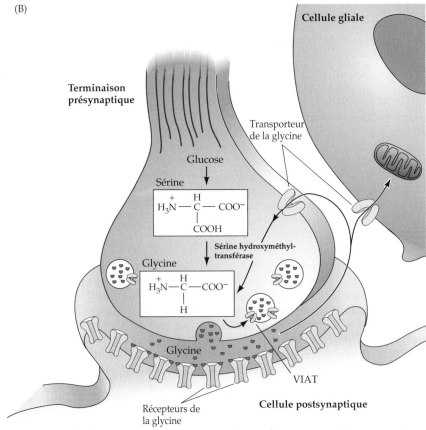

sensibilité aux agents pharmacologiques. À la différence des récepteurs ionotropes du glutamate, aux effets excitateurs, les mGluR sont à l'origine de réponses postsynaptiques plus lentes pouvant soit augmenter soit diminuer l'excitabilité des cellules postsynaptiques. De ce fait, les effets physiologiques des mGluR sont très diversifiés.

Le GABA et la glycine

Presque toutes les synapses inhibitrices du cerveau et de la moelle utilisent comme neurotransmetteur soit l'acide gamma-aminobutyrique (GABA), soit la glycine. Comme le glutamate, le GABA a été identifié dans le tissu cérébral au cours des années 1950. Les détails de sa synthèse et de sa dégradation furent tirés au clair peu après par Ernst Florey et Eugene Roberts. À la même époque, David Curtis et Jeffrey Watkins furent les premiers à montrer que le GABA est capable d'inhiber l'émission de potentiels d'action des neurones de mammifères. Les recherches ultérieures d'Edward Kravitz et de ses collègues apportèrent la preuve que le GABA est le neurotransmetteur inhibiteur au niveau des synapses neuromusculaires du homard. On sait aujourd'hui qu'un tiers au moins des synapses cérébrales utilisent le GABA comme neurotransmetteur. Le GABA se trouve le plus généralement dans les interneurones de circuits locaux, encore que les cellules de Purkinje du cervelet fournissent l'exemple d'un neurone à projection GABAergique (voir Chapitre 19).

Le principal précurseur du GABA est le glucose, métabolisé en glutamate par les enzymes du cycle de Krebs ; toutefois, le pyruvate et la glutamine peuvent aussi servir de précurseurs. La conversion du glutamate en GABA est catalysée par une enzyme qui se trouve presque exclusivement dans les neurones GABAergiques, la décarboxylase de l'acide glutamique (GAD) (Figure 6.8A). La GAD a besoin, pour son activité enzymatique, du phosphate de pyridoxal comme cofacteur. Comme le phosphate de pyridoxal dérive de la vitamine B_6, le déficit de cette vitamine dans l'alimentation peut entraîner une diminution de la synthèse de GABA. L'importance de ce phénomène est devenue évidente après qu'on eut montré le lien entre une série catastrophique de décès de nourrissons et l'absence de vitamine B_6 dans des aliments du premier âge. Le manque de vitamine B_6 avait causé une diminution importante de la quantité de GABA dans le cerveau ; la perte d'inhibition synaptique qui en avait résulté, avait provoqué des crises épileptiques dont certaines furent fatales. Après sa synthèse, le GABA est transporté dans les vésicules synaptiques par un transporteur vésiculaire des acides aminés inhibiteurs, (VIAAT, pour *Vesicular Inhibitory Amino Acid Transporter*).

Le mécanisme d'élimination du GABA est semblable à celui du glutamate : les neurones et la glie contiennent des transporteurs à haute affinité pour le GABA, appelés GAT, dont on a identifié plusieurs formes. La majeure partie du GABA est finalement transformée en succinate, métabolisé lui-même dans le cycle de Krebs grâce auquel se fait la synthèse cellulaire de l'ATP. Les enzymes nécessaires à cette dégradation, la GABA aminotransférase (ou transaminase) et la déshydrogénase du semi-aldéhyde succinique, sont toutes deux des enzymes mitochondriales. L'inhibition de la dégradation du GABA provoque une augmentation de la teneur des tissus en GABA et un accroissement de l'activité des neurones inhibiteurs. Il existe d'autres voies de dégradation du GABA ; la plus notable produit le γ-hydroxybutyrate (GHB), drogue d'abus connue sous le nom de « drogue du viol ». L'administration orale de GHB peut induire de l'euphorie, des déficits mnésiques et de l'inconscience. C'est vraisemblablement à son action sur les synapses GABAergiques du SNC que sont dus tous ces effets.

Les synapses inhibitrices qui utilisent le GABA comme transmetteur disposent de trois types de récepteurs appelés $GABA_A$, $GABA_B$ et $GABA_C$. Les récepteurs $GABA_A$ et $GABA_C$ sont des récepteurs ionotropes, tandis que les récepteurs $GABA_B$ sont des récepteurs métabotropes. Les récepteurs ionotropes du GABA sont généralement inhibiteurs, car les canaux ioniques qui leur sont associés sont perméables au Cl^- (Figure 6.9). Le potentiel d'inversion pour les ions Cl^- est généralement plus négatif que le seuil de décharge des neurones (voir Figure 5.20), car le cotransporteur K^+-Cl^- (voir Figure 4.10) maintient la concentration intracellulaire du Cl^- à un niveau bas. Il s'ensuit, au travers des récepteurs ionotropes du GABA, un courant de Cl^- porteur de charges négatives, qui inhibe les cellules postsynaptiques. Dans les cas où la concentration du Cl^- des

(A)

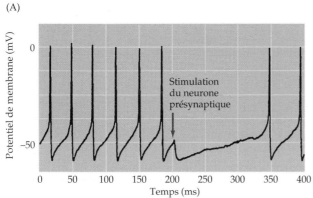

(B)

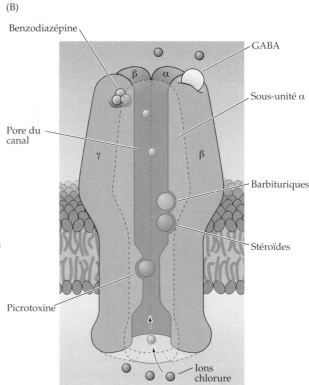

Figure 6.9

Récepteurs ionotropes du GABA. (A) La stimulation, au temps indiqué par la flèche, d'un neurone présynaptique GABAergique provoque une inhibition transitoire de l'émission de potentiels d'action par le neurone cible postsynaptique. Cette inhibition est due à l'activation de récepteurs postsynaptiques GABA$_A$. (B) Les récepteurs du GABA comportent deux sites de liaison du GABA et de nombreux sites sur lesquels viennent se fixer des substances chimiques qui modulent ces récepteurs. (A d'après Chavas et Marty, 2003.)

cellules postsynaptiques est élevée (dans le cerveau en développement par exemple), les récepteurs GABA$_A$ sont capables d'exciter leurs cibles postsynaptiques (Encadré 6D).

Comme les autres récepteurs ionotropes, les récepteurs du GABA sont des penta-mères formés par la combinaison de cinq types de sous-unités (α, β, γ, δ et ρ ; voir Figure 6.4C). Étant donné la diversité des sous-unités et leur stœchiométrie variable, les fonctions des récepteurs GABA$_A$ diffèrent fortement selon les types de neurones. Des substances agissant comme agonistes ou modulateurs des récepteurs postsynapti-ques du GABA, comme les benzodiazépines et les barbituriques, sont utilisées en cli-nique pour traiter l'épilepsie et sont des sédatifs et des anesthésiques efficaces. Les sites de liaison du GABA, des barbituriques, des stéroïdes et de la picrotoxine sont tous localisés dans le domaine qui forme le pore du canal (Figure 6.9B). Un autre site, appelé site de liaison des benzodiazépines, est situé à l'extérieur du pore et module l'activité du canal. Les benzodiazépines, telles que le diazepam (Valium®) et le chlordiazepoxide (Librium®), sont des tranquillisants (utilisés contre l'anxiété) qui augmentent la transmission GABAergique en se liant aux sous-unités α et δ des récepteurs GABA$_A$. Les barbituriques, comme le phénobarbital ou le pentobarbital, sont des hypnotiques qui se lient aux sous-unités α et β de certains récepteurs du GABA et que l'on utilise comme anesthésiques ou pour contrôler l'épilepsie. L'alcool peut lui aussi modifier l'activité des circuits inhibiteurs GABAergiques. L'intoxication alcoolique produit cer-taines des manifestations comportementales de l'ivresse en modulant les récepteurs ionotropes du GABA.

Les récepteurs métabotropes du GABA (GABA$_B$) se distribuent largement, eux aussi, dans tout le cerveau. Comme les récepteurs ionotropes GABA$_A$, les récepteurs GABA$_B$ sont inhibiteurs. L'inhibition qu'ils exercent ne met pas en jeu des canaux sélectifs pour le Cl$^-$, mais est due à l'activation de canaux K$^+$. Elle peut aussi opérer par blocage des canaux Ca^{2+}, ce qui tend à hyperpolariser les neurones postsynaptiques. Contraire-ment à d'autres récepteurs métabotropes, les récepteurs GABA$_B$ sont des hétérodimères résultant de l'assemblage de sous-unités GABA$_B$ R1 et GABA$_B$ R2.

La distribution de la glycine, un acide aminé neutre, dans le système nerveux cen-tral est plus localisée que celle du GABA. À peu près la moitié des synapses inhibitrices

ENCADRÉ 6D *Actions excitatrices du GABA dans le cerveau en développement*

Dans un cerveau parvenu à maturité, le GABA fonctionne d'ordinaire comme un neurotransmetteur inhibiteur. Dans le cerveau en développement, au contraire, il excite ses neurones cibles. Cette curieuse inversion d'effet a son origine dans les changements que subit l'homéostasie intracellulaire du Cl⁻ au cours du développement.

Dans les neurones corticaux jeunes, la concentration intracellulaire du Cl⁻ est principalement contrôlée par le cotransporteur Na⁺-K⁺-Cl⁻. Ce transporteur pompe le Cl⁻ dans les neurones et en augmente ainsi le taux intracellulaire (Figure A gauche). Mais à mesure que les neurones se développent, ils commencent à exprimer un cotransporteur K⁺- Cl⁻ qui pompe le Cl⁻ hors des neurones et réduit ainsi le $[Cl^-]_i$ (Figure A droite). Ces changements dans l'homéostasie du Cl⁻ peuvent en faire baisser le $[Cl^-]_i$ de plusieurs fois au cours des huit à quinze jours du développement postnatal (Figure B).

Étant donné que les récepteurs ionotropes du GABA sont des canaux qui laissent passer le Cl⁻, le flux d'ions Cl⁻ qui les tra-verse varie en fonction du gradient électro-chimique du Cl⁻. Dans les neurones jeunes, où le $[Cl^-]_i$ est élevé, E_{Cl} est plus positif que le potentiel de repos. En conséquence, le GABA dépolarise ces neurones. E_{Cl} est même souvent plus positif que le seuil de déclenchement des potentiels d'action, si bien que le GABA peut exciter ces neuro-nes et les amener à émettre des potentiels d'action. (Figure C gauche). Comme il est indiqué dans le texte, le $[Cl^-]_i$ moindre des neurones parvenus à maturité fait que E_{Cl} est plus négatif que le seuil du potentiel d'action (et souvent même plus négatif que le potentiel de repos), ce qui fait que les réponses au GABA deviennent inhibitri-ces (Figure C droite).

Pourquoi le GABA subit-il une telle inver-sion de ses effets postsynaptiques ? Les raisons de ce phénomène ne sont pas to-talement tirées au clair. Il semble cepen-dant que les réponses dépolarisantes du GABA induisent une activité électrique qui contrôle la prolifération, la migration, la croissance et la maturation des neurones et qui en même temps détermine la con-nectivité synaptique. Une fois terminés ces processus de maturation, le bon fonc-tionnement des circuits neuraux qui en résultent exige une transmission inhibi-trice que le GABA peut également fournir. Il faudra multiplier les recherches pour saisir toute l'importance de l'activité exci-tatrice du GABA et pour élucider les méca-nismes de l'expression du cotransporteur K⁺-Cl⁻ qui met fin à sa brève carrière de neurotransmetteur excitateur.

Références

CHERUBINI, E., J.L. GAIARSA et Y. BEN-ARI (1991), GABA : An excitatory transmitter in early postnatal life. *Trends Neurosci.*, **14**, 515-519.

OBATA, K., M. OIDE et H. TANAKA (1978), Exci-tatory and inhibitory actions of GABA and glycine on embryonic chick spinal neurons in culture. *Brain Res.*, **144**, 179-184.

PAYNE, J.A. C. RIVERA, J. VOIPIO et K. KAILA (2003), Cation-chloride cotransporters in neuronal communication, development and trauma. *Trends Neurosci.*, **26**, 199-206.

RIVERA, C. et 8 AUTRES (1999), The K⁺/Cl⁻ co-transporter KCC2 renders GABA hyperpola-rizing during neuronal maturation. *Nature*, **397**, 251-255.

(A) Les changements, au cours du développement, de l'expression des transporteurs du Cl⁻ font baisser le $[Cl^-]_i$, ce qui fait s'inverser le sens du flux de Cl⁻ traversant les récepteurs du GABA. (B) Les images du $[Cl^-]_i$ entre le cinquième et le vingtième jour postnatal montrent sa réduction progressive. (C) Les variations du $[Cl^-]_i$ au cours du développement ont pour conséquence que les réponses au GABA de neurones de moelle épinière de poulet en culture, de dépolarisantes qu'elles étaient chez de jeunes neurones de 6 jours (à gauche), deviennent hyperpolarisantes (à droite) chez des neurones plus âgés (10 jours). (B gracieusement communiqué par T. Kuner et G. Augustine ; C d'après Obata et al., 1978.)

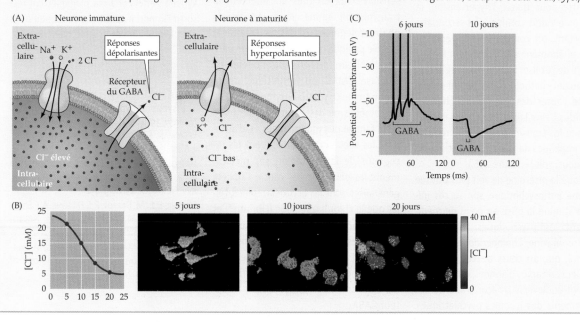

ENCADRÉ 6E *Neurotransmission aminergique et affections psychiatriques*

La régulation des neurotransmetteurs appartenant au groupe des monoamines est perturbée dans divers troubles psychiatriques. De fait, la plupart des drogues psychotropes (c'est-à-dire les drogues qui altèrent le comportement, l'humeur ou la perception) affectent un ou plusieurs stades de la synthèse, du stockage ou de la dégradation des monoamines. La mise en ordre des modes d'action de ces drogues s'est révélée extrêmement bénéfique pour la compréhension des mécanismes moléculaires qui sont à l'origine de ces troubles.

Sur la base de leurs effets chez l'homme, on peut classer les médicaments psychotropes en plusieurs grandes catégories : les antipsychotiques, les anxiolytiques, les antidépresseurs et les psychostimulants. Le premier des antipsychotiques, médicaments utilisés dans le traitement de troubles tels que la schizophrénie, a été la réserpine. Mise au point dans les années 1950, la réserpine fut d'abord utilisée comme agent antihypertenseur ; elle inhibe le stockage de la noradrénaline par les vésicules synaptiques et entraîne de ce fait une déplétion des terminaisons synaptiques en transmetteur, ce qui réduit les capacités vasoconstrictrices du système nerveux sympathique (voir Chapitre 21). Chez les patients à qui on l'administre pour traiter l'hypertension, la réserpine induit, comme effet secondaire important, un comportement dépressif et ce phénomène a fait envisager la possibilité de l'utiliser dans les cas d'agitation et d'anxiété pathologiques. (Le fait qu'elle puisse causer des dépressions chez les individus sains laisse également supposer que les transmetteurs aminergiques sont impliqués dans les perturbations de l'humeur ; voir l'encadré 29E.)

Quoique la réserpine ne soit plus utilisée comme antipsychotique, son succès initial a stimulé la mise au point de médicaments antipsychotiques, tels que la chlorpromazine, l'halopéridol et le benpéridol, qui, au cours de ces quelques dernières dizaines d'années, ont complètement bouleversé la façon d'aborder les traitements des troubles psychiatriques.

Avant la découverte de ces médicaments, il était de règle de garder les malades psychotiques hospitalisés pour une longue période, voire indéfiniment ; dans les années 1940, ils firent l'objet de traitements terribles comme la lobotomie frontale (voir l'encadré 26B). Les antipsychotiques modernes permettent maintenant de proposer à ces patients une cure ambulatoire après un bref séjour à l'hôpital. L'efficacité clinique de ces médicaments est corrélée avec leur capacité de bloquer les récepteurs cérébraux de la dopamine, ce qui suppose qu'une libération excessive de dopamine est responsable de certaines formes de maladies psychiatriques. Des efforts considérables continuent d'être faits pour développer des médicaments antipsychotiques présentant plus d'efficacité et moins d'effets indésirables ainsi que pour découvrir leurs sites d'action.

La deuxième catégorie de médicaments psychotropes est représentée par les anxiolytiques. On estime que 10 à 35 % de la population est atteinte de troubles anxieux, ce qui en fait les plus répandus des troubles psychiatriques. Les deux formes majeures d'anxiété pathologique, le trouble panique (attaque d'angoisse) et l'anxiété généralisée, sont toutes deux sensibles aux drogues qui affectent la transmission aminergique. Les agents pharmacologiques utilisés pour traiter le trouble panique comprennent, d'une part, les inhibiteurs de l'enzyme monoamine oxydase (IMAO ou *I*nhibiteurs de la *M*ono*A*mine *O*xydase), enzyme nécessaire au catabolisme des neurotransmetteurs de la famille des monoamines et, d'autre part, les substances qui bloquent les récepteurs de la sérotonine. Les médicaments les plus efficaces contre l'anxiété généralisée sont les benzodiazépines, telles que le chlordiazépoxide (Librium®) et le diazepam (Valium®). À l'inverse de la plupart des autres médicaments psychotropes, qui agissent sur les synapses aminergiques, ceux-ci augmentent l'efficacité de la transmission aux synapses à récepteur GABA$_A$.

Les antidépresseurs et les psychostimulants affectent eux aussi la transmission aminergique. Un grand nombre de médicaments sont utilisés en clinique pour soigner les troubles dépressifs. Les trois classes principales d'antidépresseurs – les IMAO, les antidépresseurs tricycliques et les inhibiteurs de la recapture de la sérotonine tels que la fluoxétine (Prozac®) et la trazodone – influencent toutes des aspects variés de la transmission aminergique. Les IMAO, comme la phénelzine, inhibent la dégradation des amines, tandis que les antidépresseurs tricycliques, comme la désipramine, inhibent la recapture de la noradrénaline et d'autres amines. Un antidépresseur très répandu, comme la fluoxétine (Prozac®), bloque sélectivement la recapture de la sérotonine sans toucher à celle des catécholamines. Les psychostimulants, comme les amphétamines, sont aussi utilisés pour traiter certains troubles dépressifs. Les amphétamines stimulent la libération de noradrénaline par les terminaisons nerveuses ; l'euphorie éphémère qui résulte de la prise d'amphétamines est sans doute l'opposé émotionnel de la dépression qui fait parfois suite à la déplétion en noradrénaline induite par la réserpine.

Malgré le relativement faible nombre de neurones aminergiques du cerveau, cette kyrielle d'effets pharmacologiques fait ressortir l'importance critique de ces neurones pour le maintien de la santé mentale.

Références

FRANKEL, W.G., J. LERMA et M. LARUELLE (2003), The synaptic hypothesis of schizophrenia. *Neuron*, **39**, 205-216.

FREEDMAN, R. (2003), Schizophrenia. *N. Engl. J. Med.*, **349**, 1738-1749.

LEWIS, D.A. et P. LEVITT (2002), Schizophrenia as a disorder of neurodevelopment. *Ann. Rev. Neurosci.*, **25**, 409-432.

NESTLER, E.J., M. BARROT, R.J. DILEONE, A.J. EISCH, S.J. GOLD et L.M. MONTEGGIA (2002), Neurobiology of depression. *Neuron*, **34**, 13-25.

ROSS, C.A., R.L. MARGOLIS, S.A. READING, M. PLETNIKOV et J.T. COYLE (2006), Neurobiology of schizophrenia. *Neuron*, **52**, 139-153.

de la moelle sont glycinergiques, les autres étant majoritairement GABAergiques. La glycine est synthétisée à partir de la sérine, par l'isoforme mitochondriale de la sérine hydroxyméthyltransférase (Figure 6.8B) ; elle est transportée dans les vésicules synaptiques par le même transporteur vésiculaire des acides aminés inhibiteurs (VIAAT) qui charge le GABA dans les vésicules. Après avoir été libérée par la cellule présynaptique, la glycine est rapidement éliminée de la fente synaptique par des transporteurs membranaires spécifiques. Des mutations de gènes codant certaines de ces enzymes ont pour conséquence une hyperglycinémie ; il s'agit d'une maladie néonatale dévastatrice, qui se caractérise par de la léthargie, des crises épileptiques et une arriération mentale.

Les récepteurs de la glycine sont, eux aussi, des canaux Cl⁻ activés par un ligand et leur structure générale reflète celle des récepteurs GABA$_A$. Ce sont des pentamères formés par la combinaison des produits de quatre gènes codant les sous unités α qui fixent la glycine, avec une unité β accessoire. Les récepteurs de la glycine sont puissamment bloqués par la strychnine, ce qui explique les propriétés toxiques de cet alcaloïde végétal (voir Encadré 6A).

Les monoamines

Les monoamines, ou amines biogènes, sont des transmetteurs qui régulent un grand nombre de fonctions cérébrales et qui interviennent aussi dans le système nerveux périphérique. Étant donné la multitude de comportements qu'elles influencent (des fonctions homéostasiques centrales jusqu'aux activités cognitives telles que l'attention), il n'est pas étonnant que leurs dysfonctionnements soient présents dans la plupart des affections psychiatriques. La pharmacologie des synapses aminergiques est fondamentale pour la thérapeutique des maladies mentales et les substances qui affectent la synthèse, la liaison aux récepteurs ou le catabolisme de ces neurotransmetteurs occupent une place éminente dans la pharmacopée moderne (Encadré 6E). La plupart des drogues d'abus agissent elles aussi sur les voies monoaminergiques.

Il y a cinq monoamines reconnues comme neurotransmetteurs : les trois **catécholamines – dopamine, noradrénaline** et **adrénaline** – ainsi que l'**histamine** et la **sérotonine** (voir Figure 6.1). Les catécholamines (qui doivent leur nom au noyau catéchol qu'elles ont en commun) ont le même acide aminé, la tyrosine, comme précurseur (Figure 6.10). La première étape de la synthèse des catécholamines est catalysée par la tyrosine hydroxylase dans une réaction qui exige l'oxygène comme cosubstrat et la tétrahydrobioptérine comme cofacteur et qui donne la dihydroxyphénylalanine (DOPA). La synthèse de l'histamine et de la sérotonine se fait suivant d'autres voies décrites plus loin.

• La *dopamine* est présente dans plusieurs régions du cerveau (Figure 6.11A), mais principalement dans le striatum, dont les afférences principales sont issues de la substance noire (ou substantia nigra) ; elle joue un rôle essentiel dans le contrôle de la motricité. Ainsi, dans la maladie de Parkinson, la dégénérescence des neurones dopaminergiques de la substance noire conduit à des dysfonctionnements moteurs caractéristiques (voir Encadré 18A). On estime également que la dopamine intervient dans les processus de motivation, de récompense et de renforcement ; de nombreuses drogues exercent leurs effets en agissant sur les synapses dopaminergiques du SNC (voir Encadré 6F). En plus de son rôle dans le SNC, la dopamine serait également impliquée, de façon assez mal connue, au niveau de certains ganglions sympathiques.

La dopamine résulte de l'action de la DOPA décarboxylase sur la DOPA (voir Figure 6.10). Après avoir été synthétisée dans le cytoplasme des terminaisons présynaptiques, elle est chargée dans les vésicules synaptiques par un

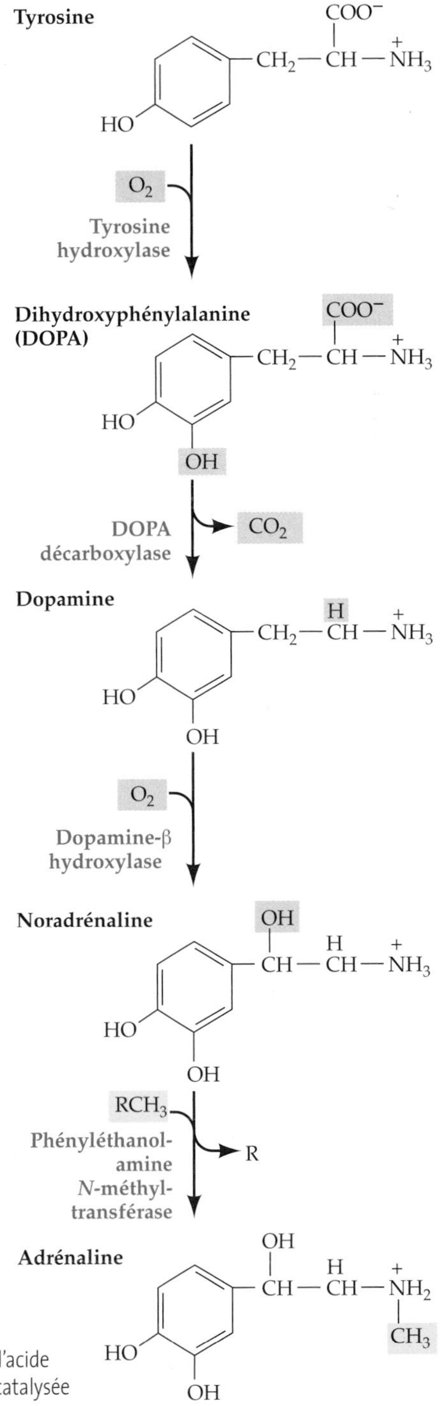

Figure 6.10

Voies de la biosynthèse des neurotransmetteurs du groupe des catécholamines. La tyrosine est l'acide aminé précurseur des trois catécholamines. Dans cette chaîne métabolique, la première étape, catalysée par la tyrosine hydroxylase, est une étape limitante.

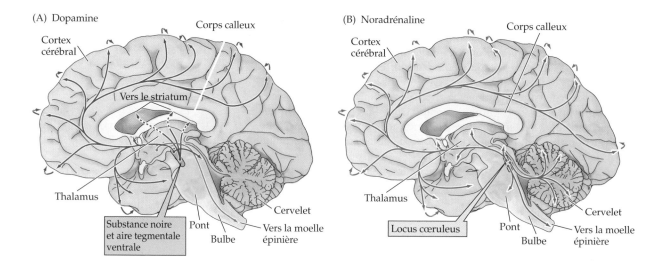

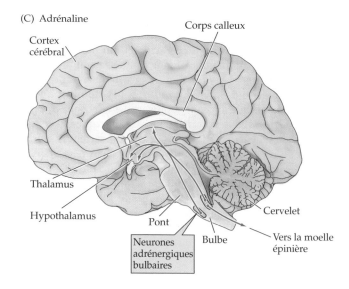

Figure 6.11

Distribution dans le cerveau humain des neurones contenant des monoamines et de leurs projections (flèches). Les petites flèches incurvées sur le pourtour du cortex indiquent une innervation des régions latérales du cortex, non figurées sur ces coupes sagittales médianes.

transporteur vésiculaire des monoamines (VMAT, *Vesicular MonoAmine Transporter*). Il est mis fin à l'action de la dopamine dans la fente synaptique par sa recapture et son retour dans les terminaisons nerveuses ou dans les cellules gliales avoisinantes, qu'effectue un transporteur de la dopamine dépendant du Na^+ (DAT). C'est, semble-t-il, en se fixant sur les DAT et en les inhibant que la cocaïne produit ses effets psychotropes : son action a pour conséquence une augmentation nette du taux de dopamine dans la fente synaptique. Les amphétamines, qui entraînent elles aussi une addiction, inhibent également les DAT ainsi que les transporteurs de la noradrénaline (voir ci-dessous). Les deux principales enzymes qui participent au catabolisme de la dopamine sont la monoamine oxydase (MAO) et la catéchol O-méthyltransférase (COMT). Les neurones et la glie contiennent de la MAO mitochondriale et de la COMT cytoplasmique. Des inhibiteurs de ces enzymes, tels que la phénelzine (Nardil®) et la tranylcypromine (Parnate®) sont utilisés en clinique comme antidépresseurs (voir Encadré 6E).

Après avoir été libérée, la dopamine produit ses effets en activant exclusivement des récepteurs couplés aux protéines G. La plupart des sous-types de récepteurs de la dopamine (voir Figure 6.5B) agissent soit en activant, soit en inhibant l'adénylyl cyclase (voir Chapitre 7). En règle générale, l'activation de ces récepteurs participe à l'expression de comportements complexes. On peut, par exemple, en administrant des agonistes des récepteurs de la dopamine à des animaux de laboratoire, provoquer chez eux une hyperactivité et des comportements répétitifs stéréotypés. L'activation d'un autre type de récepteur de la dopamine au niveau du bulbe inhibe le vomissement. Aussi utilise-

ENCADRÉ 6F *L'addiction*

L'addiction aux drogues est une maladie chronique comportant des rechutes, avec des conséquences évidentes dans les domaines médical, social et politique. L'addiction (anglicisme qui tend à supplanter l'appellation, moins générale, de pharmacodépendance) est un trouble persistant du fonctionnement cérébral dans lequel l'usage de drogue échappe à tout contrôle et devient compulsif en dépit des graves conséquences négatives pour l'individu qui en est atteint. On peut définir l'addiction en termes de dépendance tant *physique* que *psychologique* : l'individu continue à prendre de la drogue malgré ses conséquences néfastes évidentes.

Les substances susceptibles d'entraîner une dépendance de cette sorte sont extrêmement variées : les principales sont à l'heure actuelle les opioïdes, la cocaïne, les amphétamines, la marijuana, l'alcool et la nicotine. Il faut remarquer que l'addiction ne s'observe pas seulement dans le comportement humain, mais aussi chez les animaux de laboratoire. S'ils en ont la possibilité, des primates, des rongeurs ou des animaux d'autres espèces s'auto-administreront les mêmes substances qui viennent d'être citées.

Outre la compulsion à prendre les substances d'abus, l'une des caractéristiques majeures de l'addiction est une constellation de phénomènes physiologiques et émotionnels négatifs survenant lors de l'arrêt de la drogue et que l'on regroupe sous le nom de syndrome de sevrage. Le syndrome de sevrage est différent d'une drogue à l'autre, mais il présente, en général, les effets inverses de ceux que produit la prise de la drogue. Prenons par exemple la cocaïne, drogue que l'on estime avoir été régulièrement utilisée au cours des années 1990 par 5 à 6 millions d'Américains, dont 600 000 étaient en état d'addiction ou en grand risque de l'être. L'effet positif de la drogue, fumée ou inhalée sous forme de poudre de l'alcaloïde base, est un état d'euphorie quasi immédiat qui ne dure généralement que quelques minutes et est d'habitude suivi,

au bout de dix à trente minutes de l'envie d'en reprendre. L'euphorie est décrite comme un sentiment de bien-être, de confiance en soi et de satisfaction. En cas de manque, à l'inverse, les utilisateurs fréquents se sentent déprimés, fatigués, somnolents, ils ont une violente envie de drogue et un sentiment général de malaise.

Un autre aspect de l'addiction à la cocaïne ou à toute autre drogue est la tolérance, qui se définit comme une atténuation des effets de la drogue en cas de prises répétées. Le phénomène de tolérance est une conséquence de l'usage persistant de nombreuses substances pharmacologiques, mais il a une importance toute particulière dans l'addiction aux drogues, car il amène à augmenter progressivement les doses nécessaires pour ressentir effets désirés.

Même s'il faut honnêtement reconnaître que la neurobiologie de l'addiction n'est pas totalement élucidée, il est établi, dans le cas de la cocaïne et de nombreuses autres drogues, que l'addiction se fonde sur l'augmentation du taux de dopamine dans des régions cérébrales essentielles pour le contrôle de la motivation et du renforcement émotionnel (voir Chapitre 29). La plus importante de ces régions est le système dopaminergique du mésencéphale, notamment les projections qu'envoie l'aire tegmentale ventrale sur le noyau accumbens. Des substances comme la cocaïne paraissent exercer leurs effets en élevant le niveau de dopamine de ces régions : en interférant avec la recapture de la dopamine par son transporteur, elles augmenteraient la quantité disponible pour les récepteurs. Le renforcement et la motivation des comportements de prise de drogue semblent en relation avec les projections qui se font sur le noyau accumbens.

La drogue opioïde d'abus la plus courante est l'héroïne, qui est un dérivé de l'opium. Aux États-Unis, où l'on estime que le nombre des héroïnomanes est compris entre 750 000 et un million, son utilisation à des fins thérapeutiques n'est pas autorisée par la loi. Les sensations positives qu'elle procure, décrites comme un « flash »

et souvent comparées à celles de l'orgasme sexuel, commencent moins d'une minute après son injection par voie intraveineuse. Vient ensuite un sentiment de bien-être généralisé qui dure environ une heure. Les symptômes du sevrage peuvent être intenses ; ils se traduisent par de l'agitation, de l'irritabilité, des nausées, des douleurs musculaires, de la somnolence et un sentiment d'anxiété et de malaise. Comme avec la cocaïne, les propriétés renforçatrices de cette drogue mettent en jeu les mêmes circuits dopaminergiques de l'aire tegmentale ventrale et du noyau accumbens, mais sans doute aussi d'autres aires, en particulier les sites des récepteurs des opioïdes décrits au chapitre 10.

Le traitement des addictions de toute espèce est difficile et doit être adapté au cas par cas en fonction de l'histoire du patient. Il faut traiter les problèmes aigus du sevrage et de la « désintoxication » et en plus changer les habitudes comportementales, ce qui peut prendre des mois, voire des années. L'addiction apparaît donc comme une maladie chronique qu'il faut surveiller continuellement durant toute la vie des individus qui y sont exposés.

Références

AMERICAN PSYCHIATRIC ASSOCIATION (1994), *Diagnostic and Statistical Manual of Mental Disorders*, 4th Ed. (DSM IV). Washington, D.C.

HYMAN, S.E. et R.C. MALENKA (2001), Addiction and the brain : The neurobiology of compulsion and its persistence. *Nature Rev. Neurosci*, **2**, 695-703.

KALIVAS, P.W., N. WOLKOW et J. SEAMANS (2005), Unmanageable motivation in addiction : A pathology in prefronta-accumbens glutamate transmission. *Neuron*, **45**, 647-650.

LAAKSO, A., A.R. MOHN, R.R. GAINETDINOV et M.G. CARON (2002), Experimental genetic approaches to addiction. *Neuron*, **36**, 213-228.

MADRAS, B.K., C.M. COLVIS, J.D. POLLOCK, J.L. RUTTER, D. SHURTLEFF et M. VON ZASTROW (2006), *Cell Biology of Addiction*. Cold Spring Harbor, Cold Spring Harbor Laboratory Press.

O'BRIEN, C.P. (2006), Goodman and Gilman's *The Pharmaceutical Basis of Therapeutics*, 11th Edition. New York, McGraw-Hill. Chapitre 23, 607-627.

t-on des antagonistes de ces récepteurs pour faire vomir les victimes d'empoisonnement ou d'overdose. Les antagonistes des récepteurs de la dopamine peuvent également déclencher de la catalepsie, état caractérisé par la difficulté à démarrer des mouvements volontaires, ce qui laisse envisager un élément dopaminergique dans cet aspect de certaines psychoses.

• La *noradrénaline* est utilisée comme transmetteur par le locus cœruleus, noyau du tronc cérébral projetant de façon diffuse sur diverses cibles du cerveau antérieur (voir Figure 6.11B) par l'intermédiaire desquelles il influence le sommeil et la veille, l'attention et le comportement alimentaire. Les cellules noradrénergiques les plus notables sont les cellules postganglionnaires de la division sympathique du système végétatif : la noradrénaline représente le transmetteur principal grâce auquel ces neurones exercent leurs effets sur leurs cibles périphériques (voir Chapitre 21).

La synthèse de la noradrénaline se fait à partir de la dopamine et est catalysée par la dopamine β-hydroxylase (voir Figure 6.10). La noradrénaline est ensuite chargée dans les vésicules synaptiques par le même VMAT qui assure le transport vésiculaire de la dopamine ; elle est éliminée de la fente synaptique par le transporteur de la noradrénaline (NET, pour *NorEpinephrine Transporter*) qui peut aussi prendre en charge la dopamine. Comme il a été dit, le NET est une cible moléculaire des amphétamines, dont l'effet stimulant est dû à l'augmentation du taux de noradrénaline et de dopamine qu'elles induisent. Une mutation du gène du NET est la cause d'une intolérance orthostatique, trouble qui se traduit par une sensation de vertige lors de la station debout. Comme la dopamine, la noradrénaline est dégradée par les MAO et par la COMT.

La noradrénaline et l'adrénaline agissent l'une et l'autre sur des récepteurs α- et β-adrénergiques (Figure 6.5B). Les uns et les autres sont des récepteurs couplés à une protéine G, le récepteur β-adrénergique ayant même été le premier récepteur métabotrope des neurotransmetteurs à être identifié. On connaît deux sous-classes de récepteurs α-adrénergiques. L'activation des récepteurs $α_1$ provoque généralement une dépolarisation lente, liée à l'inhibition des canaux K$^+$, tandis que l'activation des $α_2$ provoque une hyperpolarisation lente, due à l'activation d'un type différent de canaux K$^+$. Il existe trois sous-types de récepteurs β-adrénergiques ; deux d'entre eux sont exprimés dans des neurones de types très variés. Les agonistes et les antagonistes des récepteurs adrénergiques, tels que le propranolol, un β-bloquant, sont très utilisés en clinique pour des troubles allant de l'arythmie cardiaque à la migraine. Toutefois, ils agissent surtout sur les récepteurs des muscles lisses, particulièrement sur ceux des systèmes cardiovasculaire et respiratoire (voir Chapitre 21).

• L'*adrénaline* ne se trouve dans le cerveau qu'à des taux bien plus faibles que les autres catécholamines et dans un bien plus petit nombre de neurones. Dans le système nerveux central, les neurones contenant de l'adrénaline se rencontrent principalement dans le système tegmental latéral et dans le bulbe ; ils projettent sur le thalamus et l'hypothalamus (Figure 6.11C). On ignore à quoi ils servent.

L'enzyme de synthèse de l'adrénaline, la phényl-éthanolamine-N-méthyltransférase (voir Figure 6.10), ne se trouve que dans les neurones adrénalino-sécréteurs. Pour le reste, le métabolisme de l'adrénaline est tout à fait semblable à celui de la noradrénaline. L'adrénaline est chargée dans les vésicules par le VMAT. On n'a pas identifié dans la membrane plasmique de transporteur spécifique de l'adrénaline, mais le NET est capable de la transporter. Comme il a déjà été dit, l'adrénaline agit sur les récepteurs α- et β-adrénergiques.

• L'*histamine* est présente dans des neurones de l'hypothalamus qui émettent des projections rares et diffuses vers presque toutes les régions du cerveau et de la moelle (voir Figure 6.12A). Par ses projections centrales, semblables aux projections centrales cholinergiques et noradrénergiques, l'histamine joue un rôle dans l'éveil et dans l'attention. Elle contrôle également la réactivité du système vestibulaire. L'histamine est en outre libérée dans la circulation sanguine par les mastocytes, en réponse aux réactions allergiques et aux lésions tissulaires. L'étroite proximité des mastocytes et des vaisseaux sanguins et l'action puissante de l'histamine sur ces derniers laisse envisager que l'histamine puisse influencer le débit sanguin cérébral.

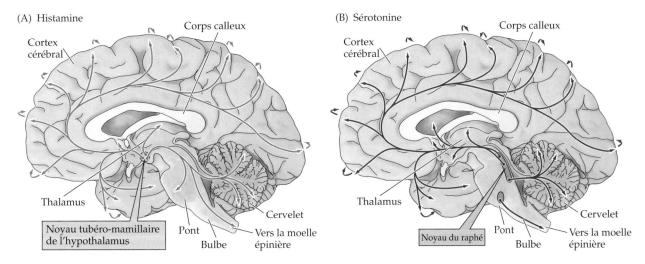

(A) Histamine

Corps calleux

Cortex
cérébral

Thalamus

Noyau tubéro-mamillaire
de l'hypothalamus

Pont

Bulbe

Cervelet

Vers la moelle
épinière

(B) Sérotonine

Corps calleux

Cortex
cérébral

Thalamus

Noyau du raphé

Pont

Bulbe

Cervelet

Vers la moelle
épinière

Figure 6.12

Distribution dans le cerveau humain des neurones contenant de l'histamine (A) ou de la sérotonine (B) et de leurs projections (flèches). Les petites flèches incurvées sur le pourtour du cortex indiquent une innervation des régions latérales du cortex, non figurées sur ces coupes sagittales médianes.

L'histamine est produite à partir d'un acide aminé, l'histidine, par l'histidine décarboxylase (Figure 6.13A) et est transportée dans les vésicules par le transporteur commun des catécholamines, le VMAT. On n'a pas encore identifié dans la membrane plasmique de transporteur qui lui soit propre. Elle est dégradée par l'action combinée de l'histamine méthyltransférase et de la MAO.

On connaît trois types de récepteurs de l'histamine, tous couplés à des protéines G (Figure 6.5B). Compte tenu de l'importance de l'histamine dans l'apparition des réponses allergiques, on a mis au point des antagonistes des récepteurs de l'histamine pour servir d'agents antihistaminiques. Les antihistaminiques qui franchissent la barrière hémato-encéphalique, tels que la diphénhydramine (Benadryl®), exercent une action sédative en contrecarrant le rôle de l'histamine dans l'éveil du SNC. On se sert aussi d'antagonistes du récepteur H_1 pour lutter contre le mal des transports. Les récepteurs H_2 contrôlent la sécrétion de l'acide gastrique dans le système digestif, en sorte que l'on utilise des antagonistes de ces récepteurs pour traiter divers troubles de la partie supérieure du tube digestif (comme, par exemple, les ulcères peptiques).

• La *sérotonine* ou 5-hydroxytryptamine (5-HT) a été ainsi nommée, car on pensait initialement que sa présence dans le sérum augmentait le tonus vasculaire. On la trouve dans des groupes de neurones de la région du raphé, au niveau du pont et du tronc cérébral antérieur ; ces cellules envoient des projections qui se distribuent largement sur le télencéphale et le diencéphale (voir Figure 6.12B) et participent à la régulation du sommeil et de la vigilance (Chapitre 28). La sérotonine occupe une place éminente en neuropharmacologie vu qu'un nombre important de substances antipsychotiques utilisées dans le traitement de la dépression et de l'anxiété agissent sur les voies sérotoninergiques.

La 5-HT est synthétisée à partir du tryptophane, acide aminé essentiel qui doit être apporté par l'alimentation. Le tryptophane est absorbé par les neurones grâce à un transporteur de la membrane plasmique, puis hydroxylé dans une réaction que catalyse la tryptophane hydroxylase (Figure 6.13B) et qui constitue une étape limitante pour la synthèse de la 5-HT. Comme pour les autres monoamines, c'est le VMAT qui charge la 5-HT dans les vésicules synaptiques. Les effets synaptiques de la sérotonine cessent avec son retour dans les terminaisons nerveuses, retour assuré par un transporteur spécifique, le SERT. Beaucoup d'antidépresseurs sont des inhibiteurs sélectifs de la recapture de la sérotonine (SSRI, pour *Selective Serotonine Recapture Inhibitors*) qui inhibent le transport de la 5-HT par le SERT. L'exemple le plus connu de SSRI est la fluoxétine (Prozac®). La voie principale du catabolisme de la 5-HT fait intervenir la MAO.

(A)

Histidine

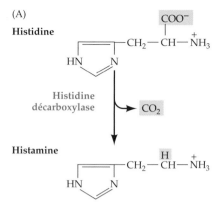

Histidine
décarboxylase → CO_2

Histamine

(B)

Tryptophane

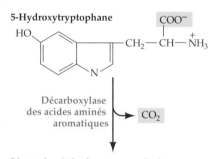

O_2

Tryptophane-5-
hydroxylase

5-Hydroxytryptophane

Décarboxylase
des acides aminés
aromatiques → CO_2

Sérotonine (5-hydroxytryptamine)

Figure 6.13

Synthèse de l'histamine et de la sérotonine. (A) L'histamine est synthétisée à partir d'un acide aminé, l'histidine. (B) La sérotonine dérive d'un autre acide aminé, le tryptophane, par un processus à deux étapes mettant en jeu deux enzymes, la tryptophane-5-hydroxylase et une décarboxylase.

On a identifié un grand nombre de récepteurs de la sérotonine, qui sont pour la plupart des récepteurs métabotropes (voir Figure 6.5B). Ceux-ci ont été impliqués dans divers comportements, dont les émotions, les rythmes circadiens, les comportements moteurs ou les états d'éveil cérébral. Par ailleurs, on a mis en cause des dysfonctionnements des récepteurs de la sérotonine dans des états comportementaux anormaux comme la dépression, les troubles anxieux et la schizophrénie (voir Chapitre 29). Les médicaments qui agissent sur les récepteurs de la sérotonine ont une action thérapeutique efficace dans un certain nombre de ces cas. L'activation des récepteurs de la sérotonine intervient également dans la satiété et dans la réduction de prise de nourriture, ce qui explique pourquoi on utilise parfois des substances sérotoninergiques pour traiter les troubles du comportement alimentaire.

Seuls les récepteurs appartenant à la classe dite des 5-HT$_3$ sont des canaux ioniques activés par un ligand (voir Figure 6.4C). Ce sont des canaux cationiques non sélectifs; ils produisent donc des réponses postsynaptiques excitatrices. Leur structure générale – assemblage de plusieurs sous-unités pour former un canal fonctionnel – ressemble à celle des autres récepteurs ionotropes décrits dans ce chapitre. On connaît deux types de sous-unités 5-HT$_3$ qui s'assemblent en hétéropolymères pour former des canaux fonctionnels. Les récepteurs de la sérotonine sont la cible de médicaments très variés, parmi lesquels l'ondansétron (Zofran®) et le granisétron (Kytril®) sont utilisés pour prévenir les nausées postopératoires et les vomissements induits par une chimiothérapie anticancéreuse.

L'ATP et autres purines

Il est intéressant de noter que toutes les vésicules synaptiques contiennent de l'ATP, colibérée avec un ou plusieurs neurotransmetteurs « classiques ». Cette observation laisse entrevoir que l'ATP pourrait agir aussi comme cotransmetteur. On sait, depuis les années 1920, qu'on peut déclencher des réponses électriques neuronales par application extracellulaire d'ATP (ou de ses produits de dégradation, l'AMP et l'adénosine). Depuis lors, l'hypothèse que ces purines (ainsi nommées à cause de leur noyau purique; voir Figure 6.1) pourraient intervenir comme neurotransmetteurs a reçu d'abondantes confirmations expérimentales. L'ATP sert de neurotransmetteur pour les motoneurones spinaux ainsi que pour les ganglions sensitifs ou végétatifs. On a aussi mis en évidence des effets postsynaptiques de l'ATP dans le système nerveux central, en l'espèce sur des neurones de la corne dorsale de la moelle et dans une catégorie de neurones hippocampiques. L'adénosine ne peut cependant pas être considérée comme un neurotransmetteur classique, car elle n'est pas stockée dans des vésicules ni libérée de façon dépendante du Ca^{2+}. Elle est produite à partir de l'ATP par l'action d'enzymes extracellulaires. Certaines de ces enzymes, comme l'apyrase et l'ecto-5' nucléotidase, ainsi que des transporteurs de nucléosides, participent au catabolisme rapide des purines et à leur élimination des sites extracellulaires. Ces données relativement récentes suggèrent qu'une transmission excitatrice utilisant des synapses purinergiques est un phénomène très répandu dans le système nerveux des mammifères.

De fait, les récepteurs de l'ATP et de l'adénosine sont largement disséminés dans le système nerveux et dans les autres tissus. À l'heure actuelle, on connaît trois classes de ces récepteurs purinergiques. L'une comporte des canaux ioniques activés par un ligand (voir Figure 6.4C); les deux autres regroupent des récepteurs métabotropes couplés à des protéines G (voir Figure 6.5B). Comme beaucoup de récepteurs ionotropes des neurotransmetteurs, les canaux activés par un ligand sont des canaux cationiques non sélectifs produisant des réponses postsynaptiques excitatrices. Cependant, les gènes codant ces canaux déterminent un agencement des sous-unités qui, à la différence notable des autres canaux ioniques activés par un ligand, ne comportent que deux domaines transmembranaires. Les récepteurs purinergiques ionotropes se distribuent largement parmi les neurones centraux et périphériques. On sait qu'ils jouent un rôle au niveau des nerfs sensitifs, dans la sensibilité mécanique et la nociception, mais, pour la plupart des neurones, on ignore quelles sont leurs fonctions.

Les deux types de récepteurs métabotropes activés par les purines présentent une différence de sensibilité à leurs agonistes. L'un est préférentiellement activé par l'adénosine, l'autre par l'ATP. Ces deux types de récepteurs sont présents dans le cerveau et dans des tissus périphériques comme le cœur, le tissu adipeux, le rein. Les xanthines, telles que la caféine ou la théophylline, bloquent les récepteurs de l'adénosine et l'on estime que cette propriété est à la base de leurs effets stimulants sur le comportement.

Les neurotransmetteurs peptidiques

Beaucoup de peptides connus comme hormones font également fonction de neurotransmetteurs. Certains d'entre eux ont été impliqués dans la modulation des émotions (Chapitre 29). D'autres, comme la substance P et les peptides opioïdes, participent à la perception de la douleur (Chapitre 10). D'autres encore, comme l'hormone mélanotrope (ou MSH, *Melanocyte-Stimulating Hormone*), l'hormone corticotrope (ou ACTH, *AdrenoCorticoTropic Hormone*) et la β-endorphine, régulent des réponses complexes au stress.

La synthèse et le stockage des transmetteurs peptidiques utilisent des mécanismes fondamentalement différents de ceux que mettent en jeu les neurotransmetteurs à petite molécule, mais ressemblant beaucoup à la synthèse des protéines que sécrètent les cellules non neuroniques (les enzymes pancréatiques par exemple). Les neurones sécréteurs de peptides synthétisent d'ordinaire, dans leur corps cellulaire, des polypeptides beaucoup plus grands que le peptide « mature » final. L'élaboration de ces polypeptides, appelés **pré-propeptides** (ou pré-proprotéines) se fait au cours d'une série de réactions s'effectuant dans divers organites intracellulaires. Les pré-propeptides sont synthétisés dans le réticulum endoplasmique rugueux où le peptide signal (c'est-à-dire la séquence d'acides aminés indiquant qu'un peptide doit être sécrété) est excisé. Le polypeptide qui reste, appelé **propeptide** (ou proprotéine), traverse alors l'appareil de Golgi et est stocké dans des vésicules du réseau *trans* du Golgi. Les étapes finales de la maturation des neurotransmetteurs peptidiques ont lieu après leur stockage dans les vésicules et comprennent un clivage protéolytique, une modification des extrémités du peptide, une glycosylation, une phosphorylation et la formation de liaisons disulfure.

Les propeptides précurseurs sont généralement plus grands que leurs produits actifs peptidiques et ils peuvent donner plus d'un type de neuropeptide (Figure 6.14). Ceci veut dire qu'une même vésicule peut libérer plusieurs peptides neuroactifs. De plus, les neuropeptides sont fréquemment libérés en même temps que des neurotransmetteurs à petite molécule. Dans ces conditions, les synapses peptidergiques déclenchent souvent des réponses postsynaptiques complexes. Les peptides sont catabolisés en fragments inactifs d'acides aminés par des enzymes, appelées peptidases, qui se trouvent d'ordinaire sur la face extracellulaire de la membrane plasmique.

L'activité biologique des neurotransmetteurs peptidiques dépend de leur séquence d'acides aminés (Figure 6.15). Sur cette base, on a classé approximativement les transmetteurs peptidiques en cinq catégories : les peptides cérébro-intestinaux, les peptides opioïdes, les peptides hypophysaires, les libérines hypothalamiques, et une dernière catégorie fourre-tout comprenant tous les autres peptides que l'on ne sait pas trop où mettre.

La substance P est un exemple de peptide de la première catégorie (Figure 6.15A). L'étude des neuropeptides a commencé voilà plus de 60 ans avec la découverte fortuite de la substance P, un agent hypotenseur puissant (son nom vient du fait que cette molécule était un composant non identifié d'extraits en *P*oudre de cerveau et d'intestin). La substance P est un peptide à 11 acides aminés présent chez l'homme, à haute

Figure 6.14

Maturation protéolytique de deux pré-propeptides, la pré-proopiomélanocortine (A) et la pré-proenképhaline A (B). Pour chacun des pré-propeptides, la séquence signal est indiquée en orange, à gauche. La position des produits peptidiques actifs est repérée par différentes couleurs. La maturation des pré-propeptides comprend l'excision de la séquence signal et d'autres formes de maturation protéolytique. Au terme de cette maturation, on peut obtenir différents peptides neuroactifs tels que l'ACTH, la γ-lipotropine et la β-endorphine (A) ou des copies multiples du même peptide, tel que la met-enképhaline (B).

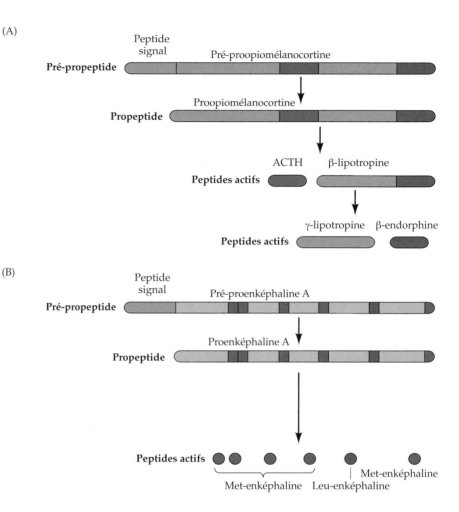

concentration, dans l'hippocampe et le néocortex ainsi que dans le tractus gastro-intestinal, d'où son classement comme peptide cérébro-intestinal. Elle est également libérée par les fibres C, fibres afférentes de petit diamètre des nerfs périphériques, qui convoient des messages concernant la douleur et la température (ainsi que des signaux végétatifs postganglionnaires). La substance P est un neurotransmetteur des voies sensitives de la moelle ; sa libération peut être inhibée par les peptides opioïdes émanant des interneurones spinaux, ce qui entraîne une suppression de la douleur (voir Chapitre 10). La diversité des neuropeptides est bien mise en lumière par le fait que le gène qui code la substance P, code aussi d'autres neuropeptides, comme la neurokinine A, le neuropeptide K et le neuropeptide Y.

La famille des opioïdes est une catégorie particulièrement importante de neuro-transmetteurs peptidiques (Figure 6.15B). Ces peptides sont ainsi nommés parce qu'ils se lient aux mêmes récepteurs postsynaptiques que ceux qui sont activés par l'opium. Le pavot est cultivé depuis plus de 5 000 ans et l'opium qui en est extrait est utilisé comme analgésique au moins depuis la Renaissance. Les ingrédients actifs de l'opium sont constitués d'une série d'alcaloïdes végétaux dont le principal est la morphine. La morphine, qui doit son nom à Morphée, le dieu grec des rêves, est un des analgésiques les plus efficaces et elle reste utilisée aujourd'hui, malgré l'addiction qu'elle peut entraîner (voir Encadré 6A). On utilise aussi comme anesthésiques des opiacés de synthèse tels que la mépéridine et la méthadone ou un analgésique 80 fois plus puissant que la morphine, le fentanyl, dont l'usage est très répandu en anesthésiologie clinique.

Les peptides opioïdes ont été découverts dans les années 1970, à l'occasion d'une recherche de composés *endo*gènes mimant les effets de la mo*rphine*, les endorphines. On espérait que ces composés auraient des propriétés analgésiques et que leur étude éclairerait les mécanismes de l'addiction aux drogues. On a maintenant identifié les

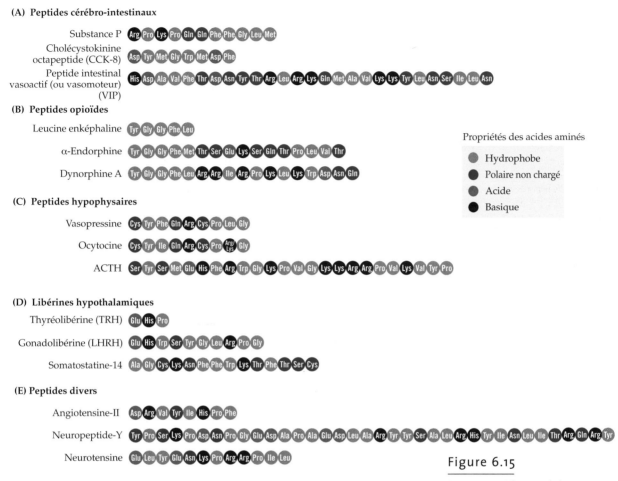

Figure 6.15

Les neuropeptides sont de longueur variable, mais ils comportent habituellement de 3 à 36 acides aminés. La séquence des acides aminés détermine l'activité biologique de chaque peptide.

ligands endogènes des récepteurs des opioïdes ; il s'agit d'une famille de plus de 20 peptides opioïdes que l'on a regroupés en trois classes : les endorphines, les enképhalines et les dynorphines (Tableau 6.2). Chaque classe dérive d'un pré-propeptide inactif (la pré-proopiomélanocortine, la pré-proenképhaline A et la pré-prodynorphine) possédant ses gènes propres (voir Figure 6.14). La maturation des précurseurs des opioïdes est effectuée par des enzymes de maturation spécifiques des différents tissus, enzymes qui sont stockées avec le peptide précurseur dans des vésicules de l'appareil de Golgi.

Les peptides opioïdes sont disséminés dans tout le cerveau et souvent co-localisés avec d'autres neurotransmetteurs à petite molécule comme le GABA et la 5-HT. En général, ces peptides ont plutôt des effets sédatifs. En injection intracérébrale chez l'animal, ils ont des effets analgésiques ce qui, compte tenu d'autres éléments de preuve, rend vraisemblable leur rôle dans les mécanismes de l'analgésie induite par acupuncture. Les opioïdes interviennent également dans des comportements complexes comme l'attirance sexuelle ou les comportements d'agression-soumission. On les a aussi mis en cause dans des troubles psychiatriques tels que la schizophrénie et l'autisme, mais, sur ce point, les données restent controversées. L'administration répétée d'opioïdes entraîne malheureusement la tolérance et l'addiction.

Pratiquement tous les neuropeptides exercent leurs effets en activant des récepteurs couplés aux protéines G. L'étude de ces récepteurs métabotropes des peptides au niveau du cerveau s'est révélée difficile, car on n'a identifié qu'un petit nombre de leurs agonistes ou antagonistes spécifiques. Les peptides activent leurs récepteurs à des concentrations faibles (nM à μM) par rapport aux concentrations nécessaires pour activer les récepteurs des neurotransmetteurs à petite molécule. De ce fait, les peptides s'accommodent de cibles postsynaptiques très éloignées des terminaisons présynapti-

TABLEAU 6.2 *Peptides opioïdes endogènes*

Nom	Séquence des acides aminés[a]
Endorphines	
α-Endorphine	*Tyr-Gly-Gly-Phe*-Met-Thr-Ser-Glu-Lys-Ser-Gln-Thr-Pro-Leu-Val-Thr
α-Néoendorphine	*Tyr-Gly-Gly-Phe*-Leu-Arg-Lys-Tyr-Pro-Lys
β-Endorphine	*Tyr-Gly-Gly-Phe*-Met-Thr-Ser-Glu-Lys-Ser-Gln-Thr-Pro-Leu-Val-Thr-Leu-Phe-Lys-Asn-Ala-Ile-Val-Lys-Asn-Ala-His-Lys-Gly-Gln
γ-Endorphine	*Tyr-Gly-Gly-Phe*-Met-Thr-Ser-Glu-Lys-Ser-Gln-Thr-Pro-Leu-Val-Thr-Leu
Enképhalines	
Leu-enképhaline	*Tyr-Gly-Gly-Phe*-Leu
Met-enképhaline	*Tyr-Gly-Gly-Phe*-Met
Dynorphines	
Dynorphine A	*Tyr-Gly-Gly-Phe*-Leu-Arg-Arg-Ile-Arg-Pro-Lys-Leu-Lys-Trp-Asp-Asn-Gln
Dynorphine B	*Tyr-Gly-Gly-Phe*-Leu-Arg-Arg-Gln-Phe-Lys-Val-Val-Thr

[a] Notez l'homologie initiale, indiquée par des italiques.

ques et ils peuvent moduler les propriétés électriques de neurones qui sont simplement voisins de l'endroit où ils sont libérés. L'activation des récepteurs des neuropeptides joue un rôle particulièrement important pour réguler l'émission des neurones sympathiques postganglionnaires ainsi que l'activité de l'intestin (voir Chapitre 21). Les récepteurs des peptides, et particulièrement ceux du neuropeptide Y, interviennent aussi dans le déclenchement et le maintien des comportements alimentaires conduisant à la satiété ou à l'obésité.

On estime également que l'activation des récepteurs des peptides est responsable de troubles comportementaux tels que l'anxiété et le trouble panique (attaque d'angoisse), troubles que l'on traite à l'aide des antagonistes des récepteurs de la cholécystokinine. D'autres médicaments d'usage courant ayant pour cible les récepteurs des opiacés ont également été mis au point. Trois sous-types distincts de récepteurs des opioïdes (les récepteurs μ, δ et κ) interviennent dans les systèmes de récompense du cerveau et dans l'addiction. Le récepteur μ a été spécifiquement identifié comme le site primaire des effets de récompense produits par la prise de drogues opiacées.

Neurotransmetteurs atypiques

À côté des neurotransmetteurs typiques que l'on vient de décrire, certaines molécules inhabituelles sont utilisées dans les échanges de signaux entre les neurones et leurs cibles. Ces substances peuvent être considérées comme des neurotransmetteurs compte tenu de leur rôle dans la signalisation neuronale et de leur libération régulée par le calcium. Comparés aux autres neurotransmetteurs, ils sont néanmoins atypiques, étant donné qu'ils ne sont pas stockés dans des vésicules et qu'ils ne sont pas libérés par les terminaisons présynaptiques au moyen des mécanismes d'exocytose. À vrai dire, ces neurotransmetteurs atypiques peuvent même ne pas être du tout libérés par les terminaisons présynaptiques ; ils sont souvent associés aux signaux « rétrogrades » que les cellules postsynaptiques renvoient sur les terminaisons présynaptiques.

• Les *endocannabinoïdes* constituent une famille de molécules signaux endogènes se fixant sur les récepteurs des cannabinoïdes. Ces récepteurs sont la cible du Δ^9-tétrahydrocannabinol, principe psychoactif de la marijuana ou cannabis (Encadré 6G). Quelques membres de ce groupe d'apparition récente restent à déterminer, mais on a établi définitivement l'appartenance de l'anandamide et du 2-arachidonylglycérol (2AG) au groupe des endocannabinoïdes. Il s'agit d'acides gras insaturés, possédant des groupements à tête polaire, produits par la dégradation enzymatique des lipides membranaires (Figure 6.16A, B). La production des endocannabinoïdes est stimulée par les

ENCADRÉ 6G *La marijuana et le cerveau*

L'utilisation à des fins médicales de la marijuana *Cannabis sativa* (Figure A) remonte à des milliers d'années. Dans l'Antiquité, les sociétés grecque et romaine en Europe, indienne et chinoise en Asie tiraient parti des vertus relaxantes et euphorisantes de cette plante et de certaines de ses autres propriétés psychopharmacologiques. De nos jours, l'utilisation de la marijuana en médecine a fortement reculé (bien qu'on s'en serve encore pour soulager les symptômes du cancer chez les patients en phase terminale). Par contre, son utilisation récréative s'est à ce point répandue que plusieurs états en ont dépénalisé la consommation.

C'est la découverte du Δ⁹-tétrahydrocannabinol comme principe actif de la marijuana qui a permis d'avancer dans la compréhension des mécanismes cérébraux par lesquels la marijuana exerce ses effets. On a pu alors fabriquer des dérivés de synthèse tels que le WIN 55,212-2 et le rimonabant (voir Figure 6.16), qui se sont révélé des outils très utiles pour analyser l'action du THC sur le cerveau. Il est particulièrement intéressant de noter que ces cannabinoïdes ont des récepteurs

cérébraux dont la distribution présente des variations régionales marquées et qu'on les trouve en abondance dans des régions qui, comme la substance noire ou le striatum, sont connues pour intervenir dans les effets d'une consommation abusive de drogues (Figure D). La présence de récepteurs cérébraux des cannabinoïdes conduisit à son tour à rechercher des composés endogènes appartenant à cette famille et aboutit à la découverte d'endocannabinoïdes tels que le 2-AG et l'anandamide (voir Figure 6.16). La voie suivie pour ces découvertes est tout à fait parallèle à celle qui a conduit à l'identification des peptides opioïdes endogènes à partir de la recherche dans le cerveau de substances endogènes semblables à la morphine (voir le texte et le tableau 6.2). Dans le cerveau, le THC se fixe sur les récepteurs des endocannabinoïdes, particulièrement sur le récepteur CB1, et telle est, selon toute vraisemblance, la cause des altérations comportementales qu'induit la marijuana. De fait, les effets bien documentés de la marijuana concordent, en majorité, avec la distribution et l'action des récepteurs CB1 du cerveau. On peut, par exemple, attribuer les effets de

la marijuana sur la perception aux récepteurs CB1 du néocortex, les effets sur le contrôle psychomoteur aux récepteurs des endocannabinoïdes présents dans les ganglions de la base et dans le cervelet, les effets sur la mémoire à court terme aux récepteurs des cannabinoïdes de l'hippocampe et l'augmentation de l'appétit qu'elle provoque, à son action sur l'hypothalamus. Quoique les liens formels entre les conséquences comportementales de la consommation de marijuana et les mécanismes cérébraux sous-jacents soient toujours en cours d'analyse, les recherches sur les effets de cette drogue ont apporté de précieux renseignements sur des mécanismes synaptiques fondamentaux; elles laissent entrevoir une élucidation complète du mode d'action de l'une des drogues les plus répandues au monde.

Références

ADAMS, A.R. (1941), Marihuana. *Harvey Lect.*, **37**, 168-197.

FREUND, T.F., I. KATONA et D. PIOMELLI (2003), Role of endogenous cannabinoids in synaptic signaling. *Physiol. Rev.*, **83**, 1017-1066.

GERDEMAN, G.L., J.G. PARTRIDGE, C.R. LUPICA et D.M. LOVINGER (2003), It could be habit forming: Drugs of abuse and striatal synaptic plasticity. *Trends Neurosci.*, **26**, 183-192.

IVERSEN, L. (2003), Cannabis and the brain. *Brain*, **126**, 1252-1270.

MECHOULAM, R. (1970), Marihuana chemistry. *Science*, **168**, 1159-1166.

Cannabis sativa

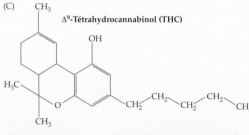

Δ⁹-Tétrahydrocannabinol (THC)

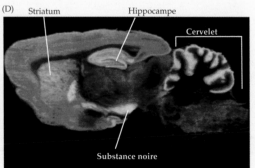

(A) Feuille de marijuana, *Cannabis sativa*.
(B) Fumer les feuilles émiettées de *Cannabis* est une méthode populaire pour obtenir l'euphorie que procure la marijuana.
(C) Structure du THC (Δ⁹-tétrahydrocannabinol), principe actif de la marijuana. (D) Distribution des récepteurs CB1 du cerveau, visualisés par la liaison d'un de ses ligands, le CB1 CP-55,940. (B photo ©Henry Diltz/Corbis; C d'après Iversen, 2003; D gracieusement communiqué par M. Herkenham, NIMH.)

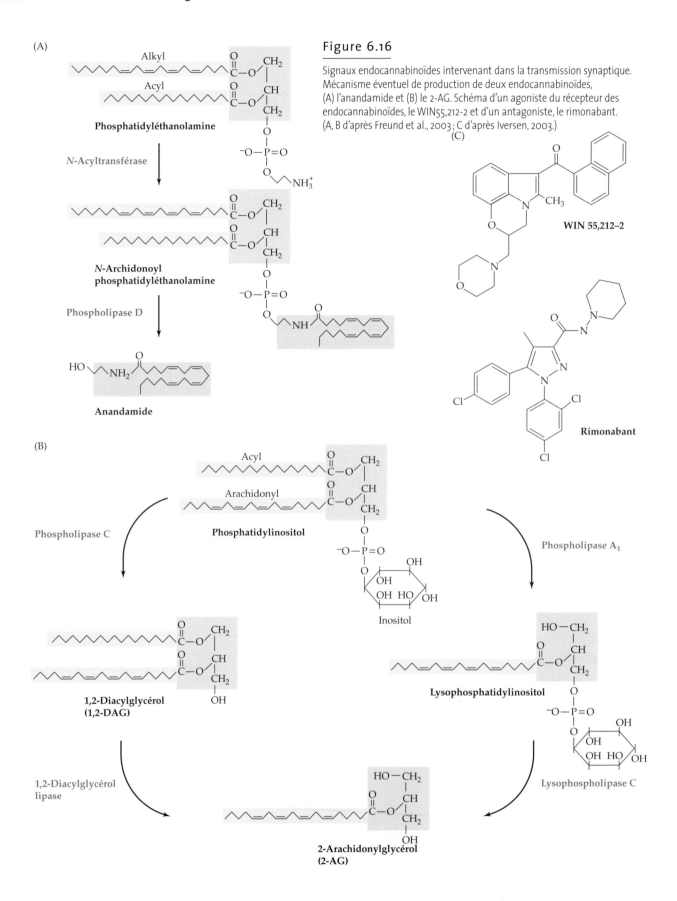

(A)

Alkyl

Acyl

Phosphatidyléthanolamine

N-Acyltransférase

**N-Archidonoyl
phosphatidyléthanolamine**

Phospholipase D

HO

Anandamide

Figure 6.16

Signaux endocannabinoïdes intervenant dans la transmission synaptique. Mécanisme éventuel de production de deux endocannabinoïdes, (A) l'anandamide et (B) le 2-AG. Schéma d'un agoniste du récepteur des endocannabinoïdes, le WIN55,212-2 et d'un antagoniste, le rimonabant. (A, B d'après Freund et al., 2003 ; C d'après Iversen, 2003.)

(C)

WIN 55,212–2

Rimonabant

(B)

Acyl

Arachidonyl

Phosphatidylinositol

Phospholipase C

Phospholipase A$_1$

Inositol

**1,2-Diacylglycérol
(1,2-DAG)**

Lysophosphatidylinositol

1,2-Diacylglycérol
lipase

Lysophospholipase C

**2-Arachidonylglycérol
(2-AG)**

signaux d'un second messager présent à l'intérieur du neurone postsynaptique, en règle générale une augmentation du taux de calcium postsynaptique. Les mécanismes de la libération des endocannabinoïdes ne sont pas entièrement élucidés, mais il est vraisemblable que ces signaux hydrophobes diffusent à travers la membrane postsynaptique jusqu'aux récepteurs des cannabinoïdes situés sur les cellules voisines. L'action des endocannabinoïdes prend fin avec leur retour dans le neurone postsynaptique, retour assuré par un transporteur. L'enzyme responsable de leur hydrolyse est l'hydrolase des amides d'acides gras (FAAH, pour *Fatty Acid Amide Hydrolase*).

À ce jour, deux récepteurs des cannabinoïdes ont été identifiés, le récepteur appelé CB1 étant responsable de la plupart des effets des endocannabinoïdes sur le SNC. CB1 est un récepteur couplé aux protéines G apparenté aux récepteurs métabotropes de l'ACh, du glutamate et des autres neurotransmetteurs typiques. On a synthétisé plusieurs composés structuralement apparentés aux endocannabinoïdes et qui se lient aux récepteurs CB1 (voir Figure 6.16C). Ces composés agissent comme agonistes ou antagonistes de ces récepteurs et l'on s'en sert à la fois pour analyser les fonctions physiologiques des endocannabinoïdes et pour mettre au point de nouveaux médicaments dirigés contre eux.

Les endocannabinoïdes participent à plusieurs formes de régulation synaptique. Leur effet le mieux connu est l'inhibition qu'ils exercent sur la communication entre les neurones cibles postsynaptiques et les afférences présynaptiques. Dans l'hippocampe et dans le cervelet, entre autres régions, les endocannabinoïdes servent de signaux rétrogrades régulant la libération du GABA par certaines terminaisons inhibitrices. Au niveau de ces synapses, la dépolarisation du neurone postsynaptique provoque une réduction transitoire des réponses postsynaptiques inhibitrices (Figure 6.17). La dépolarisation réduit la transmission synaptique en augmentant le taux de calcium au sein du neurone postsynaptique. Cette augmentation du calcium déclenche la synthèse et la libération d'endocannabinoïdes par les cellules postsynaptiques. Ceux-ci parviennent jusqu'aux terminaisons présynaptiques et se lient aux récepteurs CB1 qui s'y trouvent. L'activation des récepteurs CB1 fait baisser la quantité de calcium libérée en réponse à l'arrivée de potentiels d'action présynaptiques, ce qui entraîne une diminution de la transmission inhibitrice. Les mécanismes responsables de la baisse de la libération de GABA ne sont pas totalement élucidés, mais impliquent probablement des effets sur les canaux Ca^{2+} activés par le voltage et/ou sur les canaux K^+ des neurones présynaptiques.

• *Le monoxyde d'azote (ou oxyde nitrique, NO).* Le monoxyde d'azote est un signal chimique peu ordinaire, mais d'un intérêt particulier. Il s'agit d'un gaz produit à partir d'un acide aminé, l'arginine, que l'enzyme NO synthase convertit en citrulline en donnant du NO. La NO synthase, que l'on trouve dans les neurones, est régulée par la liaison du calcium à la calmoduline (voir Chapitre 7). Après avoir été produit, le NO peut traverser la membrane plasmique, ce qui signifie que le NO produit dans une cellule peut diffuser dans le milieu extracellulaire et aller exercer son action au sein de

Figure 6.17

Contrôle rétrograde, par les endocannabinoïdes, de la libération du GABA. (A) Dispositif expérimental. La stimulation d'un interneurone présynaptique provoque une libération de GABA sur un neurone pyramidal postsynaptique. Les courants inhibiteurs postsynaptiques (CIPS) déclenchés par la synapse inhibitrice (contrôle) voient leur amplitude réduite à la suite d'une brève dépolarisation du neurone postsynaptique. Cette réduction des CIPS est due à une moindre libération de GABA par le neurone présynaptique. (C) La réduction d'amplitude du CIPS sous l'effet de la dépolarisation postsynaptique dure quelques secondes et est due à des endocannabinoïdes puisqu'elle disparaît après administration d'un antagoniste du récepteur des endocannabinoïdes, le rimonabant. (B, C d'après Ohno-Shosaku et al., 2001.)

(A)
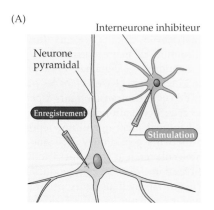

(B)
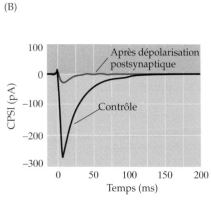

(C)
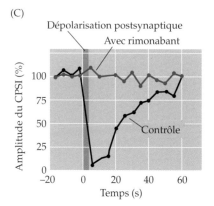

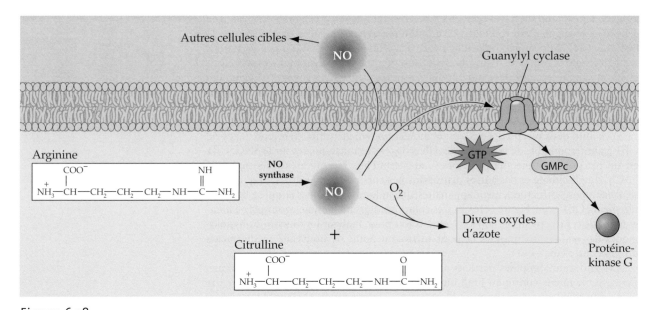

Figure 6.18

Synthèse, libération et dégradation du monoxyde d'azote (NO).

cellules avoisinantes. Son rayon d'action s'étend de la sorte bien au-delà de sa cellule d'origine puisqu'il diffuse à quelques dizaines de microns de son site de production avant d'être dégradé. Cette propriété en fait en signal utile pour coordonner l'activité d'un ensemble de cellules occupant un territoire restreint et il peut être responsable de certaines formes de plasticité synaptique dans de petits réseaux de neurones.

Toutes les actions connues du monoxyde d'azote se font à l'intérieur de ses cellules cibles, de sorte que l'on considère plus souvent le NO comme un second messager que comme un neurotransmetteur. Quelques-uns de ses effets biologiques sont dus à l'activation de la guanylyl cyclase entraînant une production de GMPc dans les cellules cibles (voir Chapitre 7). D'autres effets résultent d'une modification covalente des protéines cibles, impliquant une nitrosylation, c'est-à-dire l'adjonction de groupements nitryl à certains acides aminés des protéines en question. Le NO se dégrade spontanément en réagissant avec l'oxygène pour donner des oxydes d'azote inertes. Les signaux du NO n'ont par conséquent qu'une durée d'action brève, de l'ordre de quelques secondes tout au plus. Le NO régule diverses synapses qui, bien évidemment, utilisent par ailleurs des neurotransmetteurs conventionnels ; à ce jour, ses cibles nerveuses centrales les mieux étudiées sont les terminaisons présynaptiques qui libèrent du glutamate. Le NO peut être impliqué dans certaines maladies neurologiques ; on a ainsi émis l'hypothèse qu'un déséquilibre entre la production d'oxyde nitrique et celle de superoxyde d'azote pourrait être à l'origine de certaines maladies neurodégénératives.

Résumé

Les interactions synaptiques complexes que connaissent les circuits neuraux du cerveau sont dues aux actions qu'exercent un grand nombre de neurotransmetteurs sur un nombre encore plus grand de récepteurs postsynaptiques. Le glutamate est le principal neurotransmetteur excitateur du cerveau, le GABA et la glycine étant les principaux neurotransmetteurs inhibiteurs. Les effets de ces neurotransmetteurs à petite molécule s'exercent ordinairement plus vite que ceux des neuropeptides. Aussi les transmetteurs à petite molécule interviennent-ils habituellement quand une réponse rapide est exigée ; pour leur part, les neurotransmetteurs peptidiques ainsi que les monoamines et quelques transmetteurs à petite molécule tendent à moduler l'activité de fond du cerveau ou des tissus périphériques cibles d'une manière plus graduelle et plus durable. Deux familles de récepteurs des neurotransmetteurs, aux propriétés largement distinctes, se sont différenciées pour prendre en charge les activités de signalisation postsynaptique des neurotransmetteurs. Les canaux ioniques ionotropes, ou activés par un ligand, combinent les fonctions de récepteur de neurotransmetteur et de canal ionique dans une même entité moléculaire et peuvent ainsi donner naissance à des réponses électriques postsynaptiques rapides. Les récepteurs métabotropes régulent l'activité des récepteurs postsynaptiques de façon indirecte, généralement par l'intermédiaire de protéines G, et induisent des réponses électriques plus lentes et plus durables. Les récepteurs métabotropes sont particulièrement importants pour la régulation des comportements et les médicaments qui les prennent pour cibles se sont révélés de la plus haute utilité pour traiter de très nombreux troubles du comportement. La réponse postsynaptique d'une synapse donnée est déterminée par la combinaison des sous-types de récepteurs, des sous-types de protéines G et des canaux ioniques exprimés dans la cellule postsynaptique. Ces caractéristiques, susceptibles de varier d'un neurone à l'autre ainsi qu'au sein d'un même neurone, donnent aux transmetteurs la possibilité de produire des effets postsynaptiques d'une prodigieuse diversité. Les médicaments qui influencent l'action des neurotransmetteurs sont d'une importance considérable, pour le traitement des troubles neurologiques et psychiatriques, et pour toutes sortes de problèmes médicaux.

Lectures complémentaires

Revues

BARNES, N.M. et T. SHARP (1999), A review of central 5-HT receptors and their function. *Neuropharm.*, **38**, 1083-1152.

BOURIN, M., G.B. BAKER et J. BRADWEIN (1998), Neurobiology of panic disorder. *J. Psychosomatic Res.*, **44**, 163-180.

BURNSTOCK, G. (2006), Purinergic signalling : An overview. *Novartis Found. Symp.*, **276**, 26-48.

CARLSSON, A. (1987), Perspectives on the discovery of central monoaminergic neurotransmission. *Annu. Rev. Neurosci.*, **10**, 19-40.

CIVELLI, O. (1987), Functional genomics : The search for novel neurotransmitters and neuropeptides. *FEBS Letters*, **430**, 55-58.

FREUND, T.F., I. KATONA et D. PIOMELLI (2003), Role of endogenous cannabinoids in synaptic signaling. *Physiol. Rev.*, **83**, 1017-1066.

HÖKFELT, T.D., K. MILLHORN, SEROGYY, Y. TSURUO, S. CECCATELLI, B. LINDH, B. MEISTER, T. MELANDER, M. SCHALLING, T. BARTFAI et L. TERENIUS (1987), Coexistence of peptides with classical neurotransmitters. *Experientia*, **Suppl. 56**, 154-179.

HOWLETT, A.C. (2005), Cannabinoid receptor signalling. *Handbook Exp. Pharmacol.*, **169**, 53-79.

HYLAND, K. (1999), Neurochemistry and defects of biogenic amine neurotransmitter metabolism. *J. Inher. Metab. Dis.*, **22**, 353-363.

IVERSEN, L. (2003), Cannabis and the brain. *Brain*, **126**, 1252-1270.

KOOB, G.F., P.P. SANNA et F.E. BLOOM (1998), Neuroscience of addiction. *Neuron*, **21**, 467-476.

LAUBE, B., G. MAKSAY, R. SCHEMM et H. BETZ (2002), Modulation of glycine receptor function : A novel approach for therapeutic intervention at inhibitory synapses ? *Trends Pharmacol. Sci.*, **23**, 519-527.

LERMA, J. (2006), Kainate receptor physiology. *Curr. Opin. Pharmacol.*, **6**, 89-97.

MASSON, J., C. SAGN, M. HAMON et S.E. MESTIKAWY (1999), Neurotransmitter transporters in the central nervous system. *Pharmacol. Rev.*, **51**, 439-464.

NAKANISHI, S. (1992), Molecular diversity of glutamate receptors and implication for brain function. *Science*, **258**, 597-603.

PERRY, E., M. WALKER, J. GRACE et R. PERRY (1999), Acetylcholine in mind : A neurotransmitter correlate of consciousness. *Trends Neurosci.*, **22**, 273-280.

PIERCE, K.L., R.T. PREMONT et R.J. LEFKOWITZ (2002), Seven-transmembrane receptors. *Nature Rev. Mol. Cell Biol.*, **3**, 639-650.

SCHWARTZ, J.C., J.M. ARRANG, M. GARBARG, H. POLLARD et M. RUAT (1991), Histaminergic transmission in the mammalian brain. *Physiol. Rev.*, **71**, 1-51.

SCHWARTZ, M.W., S.C. WOODS, D. PORTE JR., R.J. SEELEY et D.G. BASKIN (2000), Central nervous system control of food intake. *Nature*, **404**, 661-671.

STAMLER, J.S., E.J. TOONE, S.A. LIPTON et N.J. SUCHER (1997), (S)NO Signals : Translocation, regulation ans a consensus motif. *Neuron*, **18**, 691-696.

TUCEK, S., J. RICNY et V. DOLEZAL (1990), Advances in the biology of cholinergic neurons. *Adv. Neurol.*, **51**, 109-115.

WEBB, T.E. et E.A. BARNARD (1999), Molecular biology of P2Y receptors expressed in the nervous system. *Prog. Brain Res.*, **120**, 23-31.

WILSON, R.I. et R.A. NICOLL (2002), Endocannabinoid signaling in the brain. *Science*, **296**, 678-682.

Articles originaux importants

BRENOWITZ, S.D. et W.G. REGHER (2003), Calcium dependence of retrograde inhibition by endocannabinoids at synapses onto Purkinje cells. *J. Neurosci.*, **23**, 6373-6384.

CHAVAS, J. et A. MARTY (2003), Coexistence of excitatory and inhibitory GABA synapses in the cerebellar interneuron network. *J. Neurosci.*, **23**, 2019-2031.

CHEN, Z.P., A. LEVY, et S.L. LIGHTMAN (1995), Nucleotides as extracellular signalling molecules. *J. Neuroendocrinol.*, **7**, 83-96.

CURTIS, D.R., J.W. PHILLIS et J.C. WATKINS (1959) Chemical excitation of spinal neurons. *Nature*, **183**, 611-612.

DALE, H.H., W. FELDBERG et M. VOGT (1936), Release of acetylcholine at voluntary motor nerve endings. *J. Physiol. (Lond.)*, **86**, 353-380.

DAVIES, P.A. et 6 AUTRES (1999), The 5-HT3B subunit is a major determinant of serotonin-receptor function. *Nature*, **397**, 359-363.

GOMEZA, J. et 6 AUTRES (2003), Inactivation of the glycine transporter 1 gene discloses vital role of glial glycine uptake in glycinergic inhibition. *Neuron*, **40**, 785-796.

GU, J.G. et A.B. MACDERMOTT (1997), Activation of ATP P2X receptors elicits glutamate release from sensory neuron synapses. *Nature*, **389**, 749-753.

Hökfelt, T., O. Johansson, A. Ljungdahl, J.M. Lundberg et M. Schultzberg (1980), Peptidergic neurons. *Nature*, **284**, 515-521.

Hollmann, M., C. Maron et S. Heinemann (1994), N-glycosylation site tagging suggests a three transmembrane domain topology for the glutamate receptor GluR1. *Neuron*, **13**, 1331-1343.

Hughes, J., T.W. Smith, H.W. Kosterlitz, L.A. Fothergill, B.A. Morgan et H.R. Morris (1975), Identification of two related pentapeptides from the brain with potent opiate agonist activity. *Nature*, **258**, 577-580.

Kaupmann, K. et 10 autres (1997), Expression cloning of GABAβ receptors uncovers similarity to metabotropic glutamate receptors. *Nature*, **386**, 239-246.

Ledebt, C. et 9 autres (1997), Aggressiveness, hypoalgesia and high blood pressure in mice lacking the adenosine A2a receptor. *Nature*, **388**, 674-678.

Naveilhan, P. et 10 autres (1999), Normal feeding behavior, body weight and leptin response require the neuropeptide Y Y2 receptor. *Nature Med.*, **5**, 1188-1193.

Ohno-Shosaku, T., T. Maejima et M. Kano (2001), Endogenous cannabinoids mediate retrograde signals from depolarized postsynaptic neurons to presynaptic terminals. *Neuron*, **29**, 729-738.

Rosenmund, C., Y. Stern-Bach et C.F. Stevens (1998), The tetrameric structure of a glutamate receptor channel. *Science*, **280**, 1596-1599.

Thomas, S.A. et R.D. Palmiter (1995), Targeted disruption of the tyrosine hydroxylase gene reveals that catecholamines are required for mouse fetal development. *Nature*, **374**, 640-643.

Unwin, N. (1995), Acetylcholine receptor channels imaged in the open state. *Nature*, **373**, 37-43.

Wang, Y.M. et 8 autres (1997), Knockout of the vesicular monoamine transporter 2 gene results in neonatal death and supersensitivity to cocaine and amphetamine. *Neuron*, **19**, 1285-1296.

Ouvrages

Balazs R.R., R.J. Bridges et C.W. Cotman. (2006), *Excitatory Amino Acid Transmission in Health and Disease*. New York, Oxford University Press.

Cooper, J.R., F.E. Bloom et R.H. Roth (1991), *The Biochemical Basis of Neuropharmacology*. New York, Oxford University Press.

Feldman, R.S., J.S. Meyer et L.F. Quenzer (1997), *Principles of Neuropharmacology*. 2nd Edition. Sunderland, MA, Sinauer Associates.

Hall, Z. (1992), *An Introduction to Molecular Neurobiology*. Sunderland, MA, Sinauer Associates.

Hille, B. (2002), *Ion Channels of Excitable Membranes*. 3rd Edition. Sunderland, MA, Sinauer Associates.

Mycek, M.J., R.A. Harvey et P.C. Champe (2000), *Pharmacology*. 2nd Ed. Philadelphia/NY, Lippincott-Williams and Wilkins Publishers.

Nicholls, D.G. (1994), *Proteins, Transmitters, and Synapses*. Boston, Blackwell Scientific.

Siegel, G.J., B.W. Agranoff, R.W. Albers, S.K. Fisher et M.D. Uhler (1999), *Basic Neurochemistry*. Philadelphia, Lippincott-Raven.

chapitre 07

La transduction intracellulaire du signal

Vue d'ensemble

Comme il ressort des précédents chapitres, des mécanismes de signalisation électriques et chimiques permettent aux neurones de recevoir des informations et de les transmettre à d'autres neurones. Ce chapitre examine les événements qui sont déclenchés, à l'intérieur des neurones ou d'autres cellules, par l'interaction d'un signal chimique avec son récepteur. En règle générale, ces traitements intracellulaires débutent lorsque des signaux biochimiques extracellulaires, neurotransmetteurs, hormones ou facteurs trophiques, se lient à des récepteurs spécifiques situés soit à la surface des cellules cibles, soit dans leur cytoplasme ou dans leur noyau. Cette liaison active les récepteurs et déclenche des cascades de réactions intracellulaires mettant en jeu des protéines qui fixent la GTP, des seconds messagers, des protéine-kinases, des canaux ioniques et quantité d'autres protéines effectrices qui modifient temporairement l'état physiologique de la cellule cible. Ces diverses voies intracellulaires de transduction du signal peuvent également provoquer des changements plus durables en modifiant la transcription des gènes, avec les répercussions que cela entraîne sur les protéines qui composent les cellules cibles. Le grand nombre d'éléments impliqués dans ces voies intracellulaires de signalisation assure un contrôle temporel et spatial précis des fonctions de neurones individuels, permettant ainsi de coordonner l'activité électrique et chimique des populations neuronales auxquelles ils sont connectés au sein des circuits et des systèmes neuraux.

Les stratégies de la signalisation moléculaire

La communication chimique coordonne le comportement des cellules nerveuses ou gliales lors de processus physiologiques allant de la différenciation neurale à l'apprentissage et à la mémoire. C'est dire que la signalisation moléculaire intervient dans toutes les fonctions du système nerveux et qu'elle les règle avec précision. Pour mener à bien cette communication, des modalités de signalisation chimique d'une diversité et d'une complexité extraordinaires se sont mises en place au cours de l'évolution. Les chapitres précédents ont décrit en détail, d'une part, les mécanismes de signalisation électrique qui rendent les neurones capables d'élaborer des potentiels d'action pour conduire l'information et, d'autre part, la transmission synaptique, forme particulière de signalisation chimique qui transmet cette information d'un neurone à un autre. La signalisation chimique n'est toutefois pas le fait des seules synapses (Figure 7.1A). Parmi les autres formes de communication chimique, il faut mentionner la signalisation **paracrine**, qui a un rayon d'action plus étendu que celui de la transmission synaptique et qui repose sur la sécrétion de signaux chimiques en direction de cellules cibles de l'environnement immédiat, et la signalisation **endocrine** utilisant des hormones déversées dans la circulation sanguine qui les transporte dans tout le corps.

Toute signalisation chimique exige trois éléments: un *signal* moléculaire (ou molécule informative) transmettant l'information d'une cellule à une autre, une molécule *récepteur* opérant la transduction de l'information apportée par le signal et une molécule *cible* servant d'intermédiaire dans la réponse cellulaire (Figure 7.1B). La partie de ce processus qui se déroule au sein de la cellule cible est nommée **transduction intracellulaire du signal**. La séquence d'événements déclenchés par la transmission synaptique chimique est un bon exemple de transduction dans le cadre de la communication

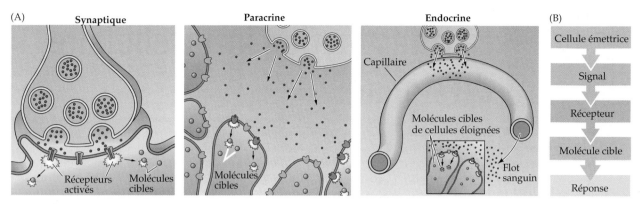

Figure 7.1

Les mécanismes de signalisation chimique. (A) Les modes de communication chimique comprennent, la transmission synaptique, la signalisation paracrine et la signalisation endocrine. (B) Les éléments essentiels de la signalisation chimique sont : les cellules qui déclenchent le processus en libérant des molécules signaux ; les récepteurs spécifiques situés sur les cellules cibles ; les molécules cibles des seconds messagers et les réponses cellulaires qu'elles déclenchent.

intercellulaire : les neurotransmetteurs constituent le signal, les récepteurs du neurotransmetteur font office de récepteur de transduction et les canaux ioniques sont la molécule cible dont la modification provoquera la réponse électrique de la cellule postsynaptique. Il n'est pas rare cependant que la transmission synaptique active des voies *intracellulaires* supplémentaires aux multiples conséquences fonctionnelles. Ainsi, la fixation de la noradrénaline sur son récepteur active des protéines qui fixent la GTP, ce qui produit des seconds messagers au sein de la cible postsynaptique, active des cascades enzymatiques et finit par modifier les propriétés chimiques de très nombreuses molécules cibles dans la cellule concernée.

Un avantage de ces systèmes de signalisation chimique, dans les domaines tant intercellulaires qu'intracellulaires, tient à l'**amplification du signal** qu'ils réalisent. L'amplification est due au fait que chacune des réactions de signalisation peut donner une bien plus grande quantité de produits que ce qui était initialement nécessaire pour amorcer la réaction. Dans le cas d'une signalisation par la noradrénaline, la fixation d'une seule molécule sur son récepteur peut produire des milliers de molécules de seconds messagers (tels que l'AMP cyclique), entraînant l'activation de dizaines de milliers de molécules de la protéine cible (Figure 7.2). De semblables amplifications ont lieu dans toutes les voies de transduction du signal. Étant donné que les processus de transduction font fréquemment intervenir un jeu de réactions enzymatiques séquentielles, chacune avec son propre facteur d'amplification, un petit nombre de molécules informatives arrive à activer une très grande quantité de molécules cibles. Cette amplification garantit qu'une réponse physiologique sera bien émise même en présence d'influences contraires.

Une autre raison d'être des systèmes complexes de transduction du signal est de permettre un contrôle précis de l'activité cellulaire sur des échelles de temps très différentes. Certaines interactions moléculaires sont compatibles avec un transfert rapide des informations, d'autres sont plus lentes et durent plus longtemps. Ainsi les cascades de signalisation qui accompagnent la transmission synaptique à la jonction neuro-musculaire permettent-elles de répondre à des indices qui changent rapidement, comme le joueur à la trajectoire du ballon qu'on lui lance, alors que les réponses déclenchées au cours d'un match par les hormones de la médullosurrénale (adrénaline et noradrénaline) ont des effets plus lents (et plus durables) sur le métabolisme musculaire (voir Chapitre 21) et sur l'état émotionnel (voir Chapitre 29). Pour coder des informations qui présentent une si grande variabilité temporelle, la concentration des molécules signaux en jeu doit être contrôlée avec précision. D'une part, la concentration de chaque molécule signal dans la cascade de signalisation doit retrouver une valeur infraliminaire avant l'arrivée d'un nouveau stimulus. D'autre part, il est essentiel pour une réponse prolongée que les produits intermédiaires de la voie de signalisation soient maintenus dans un état activé. L'existence de niveaux multiples d'interaction moléculaire facilite le réglage temporel complexe de ces événements.

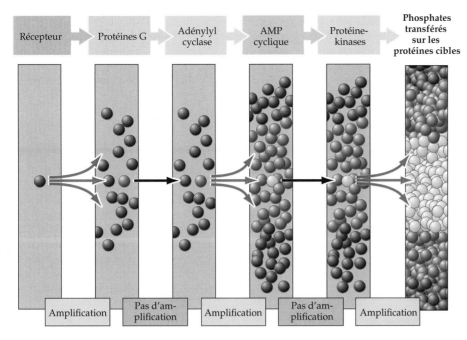

Figure 7.2

L'amplification dans les voies de transduction. L'activation d'un seul récepteur par une molécule signal, un neurotransmetteur tel que la noradrénaline par exemple, peut entraîner l'activation de nombreuses protéines G à l'intérieur des cellules. Une fois activées, ces protéines peuvent se lier à d'autres molécules de signalisation comme l'enzyme adénylyl cyclase. Une fois activée, chaque molécule d'enzyme peut produire un grand nombre de molécules d'AMPc. L'AMPc se lie à une autre famille d'enzymes, les protéine-kinases, et les active. Ces enzymes peuvent alors phosphoryler un grand nombre de protéines cibles. Toutes les étapes de la voie de signalisation ne s'accompagnent pas d'amplification, mais, globalement, cette cascade a pour conséquence un accroissement considérable de la puissance du signal initial.

L'activation des voies de signalisation

Les cascades moléculaires des voies de transduction du signal sont toujours déclenchées par une molécule informative. Les molécules informatives peuvent être classées en trois catégories : les **molécules qui ne pénètrent pas dans les cellules**, les **molécules qui pénètrent dans les cellules** et enfin les **molécules associées aux cellules** (Figure 7.3). Les molécules des deux premières catégories sont sécrétées et peuvent donc aller affecter des cellules cibles éloignées du lieu où elles ont été synthétisées ou libérées. En règle générale, les molécules informatives qui ne pénètrent pas dans les cellules se lient à des récepteurs situés sur la membrane cellulaire. On a identifié des centaines de molécules ainsi sécrétées ; c'est le cas des neurotransmetteurs examinés au chapitre 6, de nombreuses protéines telles que les facteurs neurotrophiques (voir Chapitre 23), les hormones peptidiques comme l'insuline et le glucagon, ainsi que de diverses hormones sexuelles. Ces molécules informatives ont généralement une durée de vie courte,

(A) Molécules ne pénétrant pas dans les cellules

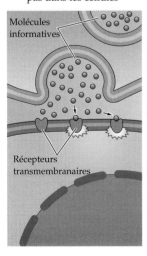

(B) Molécules pénétrant dans les cellules

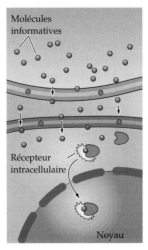

(C) Molécules associées aux cellules

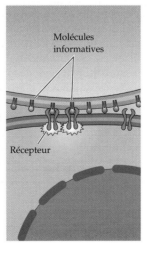

Figure 7.3

Trois classes de molécules de signalisation. (A) Les molécules ne pénétrant pas dans les cellules, telles que les neuro-transmetteurs, ne peuvent pas traverser facilement la membrane plasmique des cellules cibles et doivent se lier à la portion extracellulaire de protéines réceptrices transmembranaires. (B) Les molécules pénétrant dans les cellules sont capables de franchir la membrane plasmique et se lient à des récepteurs du cytoplasme ou du noyau des cellules cibles. (C) Les molécules associées aux cellules sont fixées sur la face extracellulaire de la membrane plasmique. Les récepteurs des cellules cibles ne sont activés par ces molécules informatives que s'ils sont immédiatement adjacents à la cellule émettrice.

soit parce qu'elles sont rapidement métabolisées, soit parce qu'elles sont incorporées à la cellule par endocytose après liaison à leurs récepteurs.

Les molécules informatives qui pénètrent dans les cellules peuvent traverser la membrane plasmique pour aller agir directement sur des récepteurs intracellulaires. On peut citer par exemple de nombreuses hormones stéroïdes (glucocorticoïdes, œstradiol et testostérone) ou thyroïdiennes (thyroxine) et les rétinoïdes. Ces molécules sont relativement insolubles dans les solutions aqueuses et sont souvent transportées dans le sang ou les autres liquides extracellulaires par des protéines porteuses spécifiques auxquelles elles se lient. Sous cette forme, elles peuvent subsister pendant des heures, voire des jours dans le flot sanguin.

Les molécules signaux associées aux cellules, troisième groupe de molécules informatives, sont disposées sur la face extracellulaire de la membrane plasmique. Il s'ensuit que ces molécules n'exercent leurs effets que sur les cellules qui sont en contact physique avec celle sur laquelle elles se trouvent. C'est le cas par exemple de protéines telles que les intégrines ou les molécules d'adhérence des cellules neurales (NCAM), qui influencent la croissance de l'axone (voir Chapitre 23). Les molécules informatives fixées sur la membrane sont relativement difficiles à étudier, mais elles tiennent une place importante dans le développement neuronal et dans d'autres situations où le contact physique entre cellules fournit des renseignements sur leur identité cellulaire.

Les types de récepteurs

Quelle que soit la nature du signal déclenchant, les réponses cellulaires sont déterminées par la présence de récepteurs qui fixent spécifiquement les molécules informatives. La fixation de ces molécules fait subir au récepteur un changement de conformation qui va déclencher la cascade de signalisation subséquente. Étant donné que les signaux chimiques peuvent agir soit au niveau de la membrane, soit à l'intérieur du cytoplasme (ou du noyau), il n'est pas surprenant de trouver des récepteurs des deux côtés de la membrane plasmique. Les récepteurs des molécules informatives ne pénétrant pas dans la cellule sont des protéines transmembranaires dont le domaine extracellulaire comprend le site de liaison du signal, tandis que le domaine intracellulaire active les cascades de signalisation intracellulaire qui font suite à la liaison. On a identifié un grand nombre de ces récepteurs et on les a groupés en familles que distinguent les mécanismes utilisés pour opérer la transduction de la liaison du signal en une réponse cellulaire (Figure 7.4).

Dans les **récepteurs associés à des canaux** (également appelés canaux ioniques activés par un ligand), les fonctions de récepteur et de transduction sont assurées par la même molécule protéique. L'interaction du signal chimique avec le site de liaison du récepteur détermine l'ouverture ou la fermeture du pore d'un canal ionique en un autre endroit de la même molécule. Le flux d'ions qui en résulte modifie le potentiel de membrane de la cellule cible et, dans certains cas, fait entrer des ions Ca^{2+} servant de seconds messagers au sein de la cellule. Les récepteurs ionotropes des neurotransmetteurs, décrits aux chapitres 5 et 6, sont de bons exemples de ces récepteurs.

Les **récepteurs associés à une enzyme** (ou récepteurs catalytiques) possèdent eux aussi un site extracellulaire de liaison des signaux chimiques. Leur domaine intracellulaire est une enzyme dont l'activité catalytique est régulée par la liaison d'un signal extracellulaire. La grande majorité de ces récepteurs sont des **protéine-kinases**, souvent des tyrosine-kinases, qui phosphorylent des protéines cibles intracellulaires (souvent au niveau de résidus tyrosine) et, ce faisant, modifient les fonctions physiologiques des cellules cibles. Parmi les membres de ce groupe de récepteurs, on peut citer la famille Trk (à activité tyrosine-kinase) des récepteurs des neurotrophines (voir Chapitre 23) et d'autres récepteurs des facteurs de croissance.

Les **récepteurs couplés aux protéines G** régulent les réactions intracellulaires par un mécanisme indirect qui implique une molécule intermédiaire de transduction appartenant à la famille des **protéines de liaison de la GTP** (ou **protéines G**). Tous ces récepteurs, également appelés récepteurs métabotropes (voir Chapitre 5), traversent sept fois la membrane. On en a identifié des centaines et, parmi les plus connus, on citera par exemple les récepteurs β-adrénergiques, les récepteurs muscariniques de

(A) Récepteurs associés à un canal

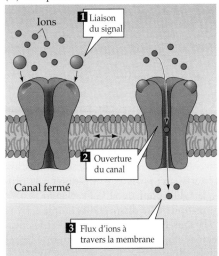

(B) Récepteurs associés à une enzyme

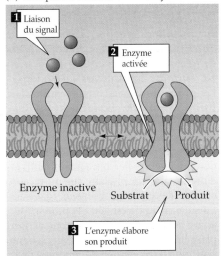

(C) Récepteurs couplés aux protéines G

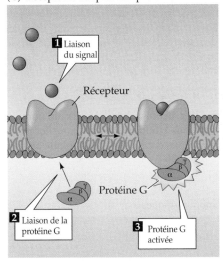

(D) Récepteurs intracellulaires

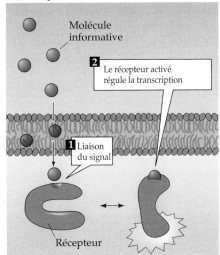

Figure 7.4

Catégories de récepteurs cellulaires. Les molécules informatives ne traversant pas la membrane peuvent se fixer soit sur des récepteurs associés à des canaux (A), soit à des récepteurs associés à une enzyme (B), soit à des récepteurs couplés aux protéines G (C), et les activer. Les molécules informatives traversant la membrane activent des récepteurs intracellulaires (D).

l'acétylcholine, les récepteurs métabotropes du glutamate, les récepteurs des substances odorantes du système olfactif et des types très variés de récepteurs des hormones peptidiques. La rhodopsine, protéine sensible à la lumière que l'on trouve dans les photorécepteurs rétiniens, possède sept segments transmembranaires et est, elle aussi, un récepteur couplé aux protéines G (voir Figure 11.9).

Les **récepteurs intracellulaires** sont activés par des molécules informatives liposolubles qui pénètrent dans la cellule (Figure 7.4D). Beaucoup provoquent l'activation de cascades de signalisation menant à la production d'ARNm et de protéines au sein de la cellule cible. Ces récepteurs sont souvent constitués d'une protéine récepteur liée à un complexe protéique inhibiteur. Lorsque la molécule signal se lie au récepteur, le complexe inhibiteur se dissocie et expose un domaine de liaison de l'ADN au niveau du récepteur. Sous cette forme activée, le récepteur entre alors dans le noyau et interagit directement avec l'ADN nucléaire dont il affecte la transcription. Certains récepteurs intracellulaires sont situés principalement dans le cytoplasme, d'autres surtout dans le noyau. Dans les deux cas, une fois que ces récepteurs sont activés, ils peuvent affecter l'expression génique en influençant la transcription de l'ADN.

Les protéines G et leurs cibles moléculaires

Les récepteurs couplés aux protéines G et les récepteurs associés à une enzyme peuvent, les uns comme les autres, activer des cascades de réactions biochimiques, dont la conséquence ultime sera de modifier les fonctions des protéines cibles. Pour ces deux types de récepteurs, le couplage entre l'activation du récepteur et les effets qui s'ensuivent est réalisé par des protéines qui lient la GTP, dont il existe deux catégories (Figure 7.5). Les **protéines G hétérotrimériques** sont composées de trois sous-unités distinctes (α, β et γ). Il existe de nombreuses sous-unités α, β et γ différentes qui, par permutation, peuvent donner un nombre fantastique de protéines G. Quoi qu'il en soit de la composition particulière des protéines G hétérotrimériques, leur sous-unité α se lie aux nucléotides guanyliques, soit la GDP, soit la GTP. En se liant à la GDP, la sous-unité α devient apte à se lier aux sous-unités β et γ pour former un trimère inactif. La fixation d'un signal extracellulaire sur un récepteur couplé aux protéines G permet à la protéine G de se lier au récepteur et d'échanger la GDP pour de la GTP (Figure 7.5A). Lorsque la GTP s'est liée à la protéine G, la sous-unité α se dissocie du complexe βγ et active la protéine G. Suite à cette activation, la sous-unité α liée à la GTP et le complexe libre βγ vont pouvoir se lier à des molécules effectrices et servir d'intermédiaires pour une large gamme de réponses de la cellule cible.

La seconde catégorie de protéines liant la GTP est composée des **protéines G monomériques** (encore appelées **petites protéines G**). Ces GTPases monomériques relaient, elles aussi, des signaux provenant des récepteurs de surface activés vers des cibles intracellulaires telles que le cytosquelette et le système de trafic vésiculaire de la cellule. La première protéine G monomérique fut découverte dans un virus responsable de sarcomes chez le rat et fut, pour cette raison, dénommée **Ras** (*rat sarcoma*). La protéine Ras participe à la régulation de la différenciation et de la prolifération cellulaires en relayant vers le noyau des signaux issus de kinases servant de récepteurs ; la forme virale de Ras est défectueuse et, de ce fait, susceptible de provoquer une prolifération cellulaire anarchique aboutissant à une tumeur. On a, depuis, identifié un grand nombre de petites GTPases, que l'on peut classer en cinq sous-familles ayant chacune des fonctions distinctes. Certaines interviennent, par exemple, dans le trafic vésiculaire au sein

Figure 7.5

Types de protéines liant la GTP. (A) Les protéines G hétérotrimériques sont composées de trois sous-unités distinctes (α, β et γ). L'activation du récepteur provoque la liaison de la protéine G et l'échange, par la sous-unité α, de la GDP pour la GTP ; en conséquence, la sous-unité α se dissocie des sous-unités βγ. L'hydrolyse de la GTP favorisée par des protéines qui activent la GTPase, les GAP (*GTPase-Activating Proteins*), met fin aux actions biologiques des protéines G. (B) Les protéines G monomériques font appel à des mécanismes du même ordre pour relayer, en direction de cibles intracellulaires, les signaux des récepteurs de la surface cellulaire qui ont été activés. La liaison de la GTP stimule les effets biologiques de ces protéines G, effets qui se terminent avec l'hydrolyse de la GTP, là aussi régulée par des GAP.

(A) Protéines G hétérotrimériques

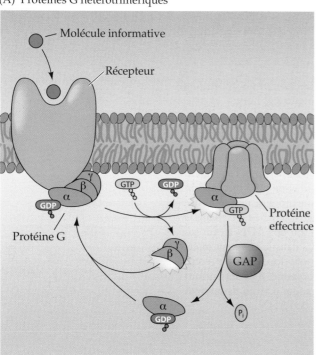

(B) Protéines G monomériques

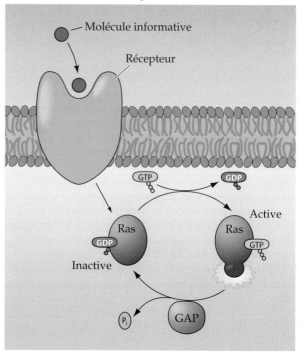

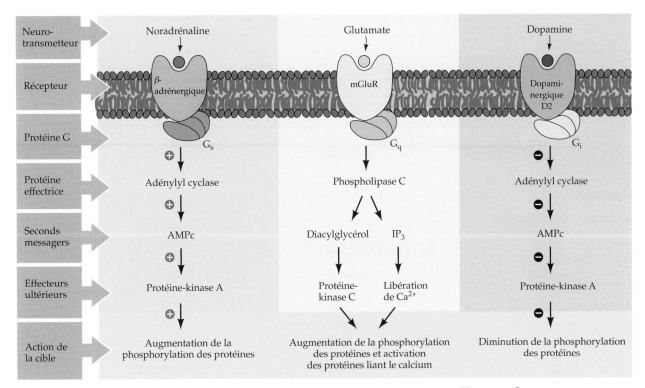

Figure 7.6

Voies effectrices associées aux récepteurs couplés aux protéines G. Dans les trois exemples représentés dans cette figure, la liaison d'un neurotransmetteur avec un récepteur de ce type entraîne l'activation d'une protéine G et le recrutement subséquent de voies de seconds messagers. G_s, G_q et G_i désignent trois types différents de protéines G hétérotrimériques.

des terminaisons présynaptiques ou en d'autres endroits du neurone; d'autres jouent un rôle prépondérant dans les mouvements de l'ARN et des protéines vers l'intérieur ou vers l'extérieur du noyau.

Pour les protéines G hétérotrimériques et monomériques, la fin de la signalisation est déterminée par l'hydrolyse de la GTP en GDP. La vitesse de l'hydrolyse de la GTP est, pour toute protéine G, une propriété importante susceptible d'être régulée par d'autres protéines qui activent la GTPase, dites GAP (***G**TPase-**A**ctivating **P**rotein*). En remplaçant la GTP par de la GDP, les GAP ramènent les protéines G à leur forme inactive. Initialement, les GAP furent considérées comme des régulateurs des petites protéines G, mais on a récemment trouvé des protéines similaires qui régulent les sous-unités α des protéines G hétérotrimériques. On peut donc dire que les protéines G monomériques ou trimériques font office de minuteries moléculaires qui sont actives dans leur état lié à la GTP et qui deviennent inactives quand elles ont hydrolysé en GDP la GTP qui leur était liée (Figure 7.5B).

Les protéines G activées influencent les fonctions de nombreux effecteurs situés plus en aval dans la chaîne réactionnelle. La majorité de ces effecteurs sont des enzymes produisant des seconds messagers intracellulaires. Les enzymes effectrices comprennent l'adénylyl cyclase, la guanylyl cyclase, la phospholipase C et bien d'autres (Figure 7.6). Les seconds messagers que produisent ces enzymes déclenchent des cascades complexes de signalisation biochimique, que nous examinerons dans la section suivante. Étant donné que chacune de ces cascades est activée par des sous-unités spécifiques, c'est la nature des sous-unités associées à un récepteur donné, qui détermine les voies que ce récepteur va activer.

Les protéines G activent donc des molécules effectrices, mais elles peuvent aussi se lier directement à des canaux ioniques et les activer. Certains neurones, par exemple, ou certaines cellules musculaires cardiaques ont des récepteurs couplés aux protéines G qui fixent l'acétylcholine. Comme ces récepteurs sont également activés par les agonistes de la muscarine, on les qualifie généralement de récepteurs muscariniques (voir Chapitres 6 et 21). L'activation des récepteurs muscariniques peut provoquer l'ouverture des canaux K⁺ et, par là, réduire la fréquence à laquelle un neurone émet des potentiels d'action ou diminuer le rythme des battements des cellules cardiaques. On estime que ces réponses inhibitrices sont dues à la liaison des sous-unités $\beta\gamma$ des protéines G avec les canaux K$^+$. L'activation des sous-unités α peut également provoquer la fermeture rapide des canaux Na$^+$ et Ca^{2+} activés par le voltage. Comme ces canaux contribuent à la naissance du potentiel d'action, leur fermeture rend plus difficile la décharge des cellules cibles (voir Chapitres 3 et 4).

En résumé, en se liant à leurs récepteurs, des signaux chimiques déclenchent dans le cytosol des cellules cibles des cascades d'événements relevant de la transduction du signal. Dans ces cascades, les protéines G jouent un rôle central en tant qu'éléments transducteurs moléculaires couplant les récepteurs membranaires à leurs effecteurs moléculaires intracellulaires. La diversité des protéines G et de leurs cibles est à l'origine de types très variés de réponses physiologiques. En régulant directement le transit des canaux ioniques, les protéines G peuvent influencer le potentiel de membrane des cellules cibles.

Les seconds messagers

Les neurones utilisent une grande variété de seconds messagers comme signaux intracellulaires. Ces messagers diffèrent par leur mode de production et d'élimination ainsi que par leurs cibles et leurs effets (Figure 7.7A). Cette section résume les propriétés de quelques-uns des plus importants d'entre eux.

• *Le calcium.* L'ion calcium (Ca^{2+}) est peut-être le plus commun des messagers intracellulaires des neurones. De fait, il y a peu de fonctions neuronales qui soient à l'écart des influences, directes ou indirectes, du Ca^{2+}. Dans tous les cas, l'information est transmise par une brève augmentation de la concentration cytoplasmique du calcium permettant à ce dernier de se lier aux multiples protéines liant le Ca^{2+}, qui constituent les molécules cibles. L'une des cibles du calcium qui aient fait l'objet des travaux les plus détaillés est la **calmoduline**, protéine liant le calcium, que l'on trouve en abondance dans le cytosol de toutes les cellules. En se liant à la calmoduline, le calcium active cette protéine qui va déclencher la chaîne de ses effets en se liant à son tour à d'autres cibles telles que les protéine-kinases.

D'ordinaire, la concentration du calcium dans le cytosol est extrêmement faible, de l'ordre de 50-100 nanomoles (10^{-9}M). À l'extérieur du neurone, dans le sang ou dans le liquide céphalorachidien par exemple, la concentration d'ions Ca^{2+} est bien plus élevée, typiquement de l'ordre de quelques millimoles (10^{-3} M). Ce fort gradient de concentration du Ca^{2+} est maintenu par divers mécanismes (Figure 7.7B). Le plus important est le fait de deux protéines qui déplacent le Ca^{2+} du cytosol vers le milieu extracellulaire : la première est une ATPase appelée **pompe à calcium**, la seconde, dite **échangeur Na$^+$-Ca^{2+}**, est une protéine qui remplace le Ca^{2+} intracellulaire par des ions sodium extracellulaires (voir Chapitre 4). À côté de ces mécanismes propres à la membrane plasmique, le Ca^{2+} est aussi pompé dans le réticulum endoplasmique et dans les mitochondries. Ces organites peuvent ainsi servir de réservoirs d'ions Ca^{2+} ultérieurement libérés pour participer aux phénomènes de signalisation. Les neurones contiennent enfin d'autres protéines liant le Ca^{2+}, telles que la **calbindine**, qui servent à tamponner le Ca^{2+}. Ces tampons se lient de façon réversible au Ca^{2+} et atténuent ainsi l'ampleur et la cinétique des signaux calcium intracellulaires.

Les ions calcium qui agissent comme signaux intracellulaires entrent dans le cytosol grâce à un ou plusieurs types de canaux ioniques perméables au Ca^{2+} (voir Chapitre 4). Il peut s'agir de canaux Ca^{2+} activés par le voltage ou activés par un ligand ; situés dans la membrane plasmique, ces canaux laissent le calcium extracellulaire entrer dans la cellule selon son gradient. D'autres canaux permettent en outre au calcium du réticulum cytoplasmique d'être libéré dans le cytosol. Ces canaux, qui permettent la libération du calcium intracellulaire, peuvent être activés ou désactivés – c'est-à-dire qu'ils peuvent être ouverts ou fermés – par divers signaux intracellulaires. L'un de ces canaux est le **récepteur de l'inositol triphosphate (IP$_3$)**. Il s'agit, comme son nom l'indique, d'un canal régulé par l'IP$_3$, un second messager décrit plus loin en détail. Un autre canal libérant le calcium intracellulaire est le **récepteur de la ryanodine**, ainsi nommé d'après un agent pharmacologique qui se lie à ce récepteur et l'ouvre partiel-

(A)

Second messager	Sources	Cibles intracellulaires	Mécanismes d'élimination
Ca²⁺	Membrane plasmique : Canaux Ca²⁺ activés par le voltage Divers canaux activés par un ligand Réticulum endoplasmique : Récepteurs de l'IP₃ Récepteurs de la ryanodine	Calmoduline Protéine-kinases Protéine-phosphatases Canaux ioniques Synaptotagmine Autres protéines liant le Ca²⁺	Membrane plasmique : Échangeur Na⁺-Ca²⁺ Pompe à Ca²⁺ Réticulum endoplasmique : Pompe à Ca²⁺ Mitochondries
AMP cyclique	Adénylyl cyclase agissant sur l'ATP	Protéine-kinase A Canaux activés par les nucléotides cycliques	AMPc phosphodiestérase
GMP cyclique	Guanylyl cyclase agissant sur la GTP	Protéine-kinase G Canaux activés par les nucléotides cycliques	GMPc phosphodiestérase
IP₃	Phospholipase C agissant sur le PIP₂	Récepteurs de IP₃ au niveau du réticulum endoplasmique	Phosphatases
Diacylglycérol	Phospholipase C agissant sur le PIP₂	Protéine-kinase C	Enzymes diverses

Figure 7.7

Seconds messagers neuroniques.
(A) Mécanismes responsables de la production et de l'élimination des seconds messagers et cibles intracellulaires de ces messagers. (B) Protéines impliquées dans l'approvisionnement du cytoplasme en calcium et dans l'élimination de ce dernier. (C) Mécanismes de production et de dégradation des nucléotides cycliques. (D) Voies de production et d'élimination du diacylglycérol (DAG) et de l'IP₃.

(B)

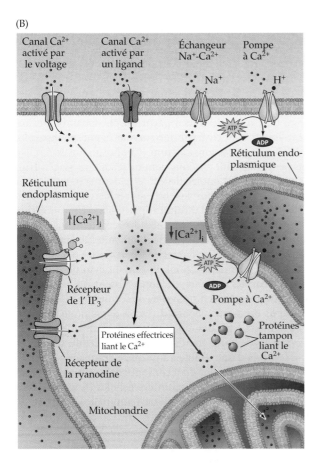

(C)

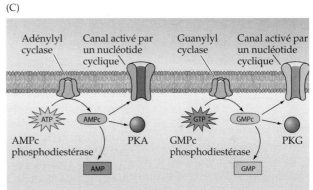

(D)

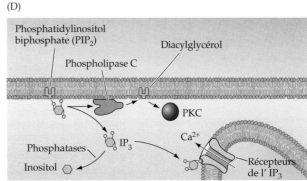

lement. Parmi les signaux biologiques qui activent les récepteurs de la ryanodine, on trouve le Ca^{2+} cytoplasmique et, dans certaines cellules musculaires tout au moins, la dépolarisation de la membrane plasmique.

Ces divers mécanismes d'augmentation et d'élimination des ions calcium offrent la possibilité de contrôler avec précision le moment et l'endroit de la signalisation calcique au sein des neurones, ce qui, à son tour, permet au Ca^{2+} de contrôler un grand nombre de phénomènes de signalisation différents. C'est ainsi que des canaux calciques activés par le voltage permettent au taux de Ca^{2+} d'augmenter très vite et d'une manière localisée aux terminaisons présynaptiques, pour déclencher la libération de neurotransmetteurs, comme cela a été décrit au chapitre 5. Des augmentations plus lentes et plus diffuses du taux de Ca^{2+} régulent une large palette d'autres réponses, dont l'expression des gènes dans le noyau cellulaire.

• *Les nucléotides cycliques*. Les nucléotides cycliques constituent un autre groupe important de seconds messagers, particulièrement l'adénosine monophosphate cyclique (AMPc) et la guanosine monophosphate cyclique (GMPc) (Figure 7.7C). L'AMP cyclique est un dérivé de l'ATP, molécule universelle de stockage de l'énergie cellulaire. L'AMP cyclique est produite lorsque des protéines G activent l'adénylyl cyclase de la membrane plasmique. Cette enzyme convertit l'ATP en AMPc en lui enlevant deux phosphates. De la même façon, la GMPc est produite par l'action de la guanylyl cyclase sur la GTP. Quand la concentration intracellulaire de l'AMPc ou de la GMPc est suffisamment élevée, ces nucléotides peuvent se lier à des cibles appartenant à deux classes différentes. Les cibles les plus communes de l'action des nucléotides cycliques sont des protéine-kinases, soit la protéine-kinase dépendant de l'AMPc (PKA) soit la protéine-kinase dépendant de la GMPc (PKG). Ces enzymes interviennent dans de nombreuses réponses physiologiques en phosphorylant des protéines cibles, comme le décrit la section qui suit. En outre, l'AMPc et la GMPc peuvent se lier à certains canaux ioniques et influencer de cette façon la signalisation neuronale. Les canaux activés par un nucléotide cyclique jouent un rôle particulièrement important dans la phototransduction et dans d'autres processus de transduction sensorielle tels que l'olfaction. Les signaux des nucléotides cycliques sont dégradés par des phosphodiestérases, enzymes qui clivent les liaisons diester et convertissent l'AMPc en AMP et la GMPc en GMP.

• *Le diacylglycérol et l'IP₃*. Curieusement, les lipides membranaires peuvent également être convertis en seconds messagers intracellulaires (Figure 7.7D). Les deux messagers les plus importants de ce type sont produits à partir du phosphatidylinositol biphosphate (PIP₂). Cet élément lipidique est clivé par une enzyme, la phospholipase C, qu'activent certaines protéines G ainsi que les ions calcium. La phospholipase C clive le PIP₂ en deux molécules plus petites agissant chacune comme second messager. L'un de ces messagers est le diacylglycérol (DAG), molécule qui reste dans la membrane et active la protéine-kinase C, enzyme qui phosphoryle, entre autres, certaines protéines de la membrane plasmique. L'autre messager est l'inositol triphosphate (IP₃), molécule qui quitte la membrane et diffuse dans le cytosol. L'IP₃ se lie à des récepteurs spécifiques qui sont des canaux libérant le calcium du réticulum endoplasmique. L'action de l'IP₃ est donc de produire un autre second messager (faudrait-il alors parler de troisième messager ?) qui déclenche un large éventail de réactions au sein du cytosol. Il est mis fin aux actions du DAG et de l'IP₃ par des enzymes qui convertissent ces deux molécules en formes inertes pouvant être recyclées en nouvelles molécules de PIP₂.

La concentration de ces seconds messagers change de façon dynamique au cours du temps, ce qui permet un contrôle très fin des cibles d'aval. En outre, ces signaux peuvent concerner des compartiments de faible étendue au sein de la cellule ou s'étendre sur de grandes distances, y compris d'une cellule à une autre grâce aux jonctions communicantes (Chapitre 5). Le développement de techniques d'imagerie qui visualisent les seconds messagers et d'autres molécules au sein des cellules (Encadré 7A) a grandement contribué à élucider la dynamique spatiale et temporelle complexe de cette signalisation par seconds messagers.

ENCADRÉ 7A *Imagerie dynamique des signaux intracellulaires*

Des progrès décisifs dans l'exploration du cerveau résultent souvent de la mise au point de nouvelles techniques d'expérimentation. Ceci vaut notamment pour l'étude de la signalisation intracellulaire des neurones, qui a tiré un bénéfice considérable de l'invention de techniques d'imagerie permettant de visualiser directement les processus de signalisation au sein des neurones. Les premières découvertes – et sans conteste les plus importantes – sont dues à l'élaboration par Roger Tsien et ses collègues d'une sonde fluorescente, le fura-2 (Figure A). En se liant au fura-2, les ions calcium provoquent une variation d'intensité de la fluorescence de ce marqueur. Lorsqu'on injecte le fura-2 dans les cellules et qu'on le visualise à l'aide d'un microscope à fluorescence, cette sonde sert d'indicateur de la concentration in-

tracellulaire du Ca^{2+}. Le fura-2 a permis de détecter la dynamique spatiale et temporelle des signaux Ca^{2+} qui déclenchent d'innombrables processus dans les neurones et les cellules gliales ; la figure 5.11A donne un exemple de son utilisation pour visualiser les signaux Ca^{2+} lors de la libération d'un neurotransmetteur. Par la suite, des modifications ponctuelles de la structure du fura-2 ont fourni un certain nombre d'autres indicateurs fluorescents du Ca^{2+} possédant des propriétés différentes de fluorescence et de sensibilité au Ca^{2+}. La figure B montre l'utilisation qui a été faite de l'un de ces indicateurs, le Calcium Green, pour mettre en évidence les changements dynamiques de la concentration du calcium provoqués dans les dendrites d'une cellule de Purkinje du cervelet par un messager intracellulaire,

l'IP_3. On a également mis au point des indicateurs de la dynamique spatiale et temporelle de la signalisation par d'autres seconds messagers comme l'AMPc.
La découverte d'une protéine fluorescente verte extraite de la méduse *Aequorea victoria* a fait faire un pas de géant à l'imagerie dynamique des processus de signalisation. La protéine à fluorescence verte (ou GFP pour *Green Fluorescent Protein*) présente une fluorescente intense (Figure C). Le clonage moléculaire du gène *GPF* permet d'obtenir des techniques d'imagerie visualisant les produits de l'expression du gène qui sont alors marqués par la fluorescence de la GFP. La GFP fut utilisée pour la première fois dans des expériences réalisées sur le ver nématode *Caenorhabditis elegans*, expériences dans lesquelles Martin Chalfie et ses collègues

(A)

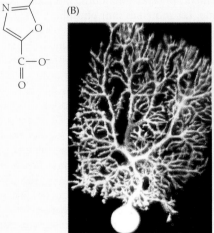

(A) Structure chimique d'un indicateur du calcium, le fura-2.
(B) Visualisation des changements de la concentration intracellulaire du Ca^{2+} provoqués dans une cellule de Purkinje du cervelet par un second messager, l'IP_3. (C) Modèle de la molécule de la protéine à fluorescence verte. La GFP a la forme d'une boîte à l'intérieur de laquelle se trouverait la partie fluorescente. (D) Expression de la GFP dans un neurone pyramidal du cortex cérébral de souris. (A d'après Grynkiewicz et al., 1985 ; B d'après Finch et Augustine, 1998 ; C © Armand Tepper, Université de Leyde ; D d'après Feng et al., 2000.)

(B)

(C)

(D)

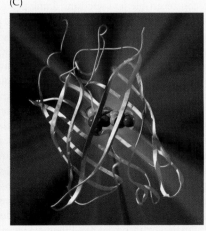

rendirent des neurones fluorescents en y faisant s'exprimer la GFP. L'expression de la GFP a été utilisée par la suite à maintes reprises pour visualiser la structure de neurones individuels du cerveau des mammifères (Figure D).

Les techniques de la génétique moléculaire offrent la possibilité d'attacher la GFP à presque n'importe quelle protéine. On a pu de la sorte visualiser les modifications dynamiques de l'emplacement des protéines du neurone lors d'épisodes de signalisation.

Comme dans le cas du fura-2, les perfectionnements ultérieurs apportés à la GFP ont conduits à de nombreuses améliorations. L'une d'elles concerne la production de protéines ayant une fluorescence de couleur autre que le vert, ce qui permet de visualiser simultanément plusieurs types de protéines et/ou plusieurs types de neurones. Des perfectionnements supplémentaires ont abouti à des techniques qui utilisent les potentialités de la GFP pour suivre visuellement l'activité enzymatique de protéine-kinases ou autres protéines signaux.

De même que la technique de coloration de Golgi nous a ouvert les yeux sur la composition cellulaire du système nerveux (Chapitre 1), de même le fura-2, la GFP et les autres outils d'imagerie dynamique ont révolutionné l'étude de la signalisation intracellulaire. On ne voit pas la fin de ce que peuvent apporter ces techniques d'imagerie dynamique pour éclairer des aspects nouveaux et importants de cette signalisation nerveuse.

Références

BACSKAI, B.J. et 6 AUTRES. (1993), Spatially resolved dynamics of cAMP and protein kinase A subunits in *Aplysia* sensory neurons. *Science*, **260**, 222-226.

CHALFIE, M., Y. TU, G. EUSKIRCHEN, W.W. WARD et D.C. PRASHER (1994), Green fluorescent protein as a marker for gene expression. *Science*, **263**, 802-805.

CONNOR, J.A. (1986), Digital imaging of free calcium changes and of spatial gradients in spatial processes in single mammalian central nervous system cells. *Proc. Natl. Acad. Sci. USA*, **83**, 6179-6183.

FENG, G. et 8 AUTRES (2000), Imaging neuronal subsets in transgenic mice expressing multiple spectral variants of GFP. *Neuron*, **28**, 41-51.

FINCH, E.A. et G.J. AUGUSTINE (1998), Local calcium signaling by IP$_3$ in Purkinje cell dendrites. *Nature*, **396**, 753-756.

GIEPMAN, B.N., S.R. ADAMS, M.H. ELLSMAN et R.Y. TSIEN (2006), The fluorescent toolbox for assessing protein location and function. *Science*, **312**, 217-224.

GRYNKIEWICZ, G., M. POENIE et R.Y. TSIEN (1986), A new generation of Ca^{2+} indicators with greatly improved fluorescent properties. *J. Biol. Chem.*, **260**, 3440-3450.

MEYER, T. et M.N. TERUEL (2003), Fluorescence imaging of signaling networks. *Trends Cell Biol.*, **13**, 101-106.

MIYAWAKI, A (2005), Innovations in the imaging of brain functions using fluorescent proteins. Neuron, **48**, 189-199.

TSIEN, R.Y. (1998), The green fluorescent protein. *Annu. Rev. Biochem.*, **67**, 509-544.

Les cibles des seconds messagers : protéine-kinases et phosphatases

En règle générale, les seconds messagers régulent les fonctions neuronales en modulant l'état de phosphorylation de protéines intracellulaires (Figure 7.8). La phosphorylation (qui consiste en l'ajout de groupements phosphate) modifie rapidement et de façon réversible les fonctions d'une protéine. Les protéines sont phosphorylées par de très nombreuses **protéine-kinases**, et les groupements phosphate leur sont enlevés par des **protéine-phosphatases**. Le degré de phosphorylation d'une protéine cible reflète donc l'équilibre entre les actions opposées des protéine-kinases et des phosphatases, actions qui mettent en jeu des multitudes de voies de signalisation cellulaire. Les substrats des protéine-kinases et des phosphatases comprennent des enzymes, des récepteurs de neurotransmetteurs, des canaux ioniques et des protéines de structure.

Les protéine-kinases et les phosphatases agissent typiquement soit sur des résidus sérine et thréonine (sérine-thréonine-kinases ou phosphatases), soit sur des résidus tyrosine (tyrosine-kinases ou phosphatases). Certaines de ces enzymes n'agissent que sur une poignée de protéines cibles, voire sur une seule, d'autres sont polyvalentes et ont une large gamme de substrats protéiques. L'activité des protéine-kinases et des phosphatases peut être régulée soit par des seconds messagers tels que l'AMPc ou le Ca^{2+}, soit par des signaux chimiques extracellulaires tels que les facteurs de croissance. En règle générale, les seconds messagers activent des Ser-Thr-kinases tandis que les signaux extracellulaires activent des Tyr-kinases. Des milliers de tyrosine-kinases sont exprimées dans le cerveau, mais elles sont relativement peu à servir de régulateurs de la signalisation neuronale.

• *La protéine-kinase dépendant de l'AMPc (PKA).* L'effecteur primaire de l'AMPc est la protéine-kinase dépendant de l'AMP cyclique ou PKA. La PKA est un tétramère composé de deux sous-unités catalytiques et de deux sous-unités inhibitrices (régula-

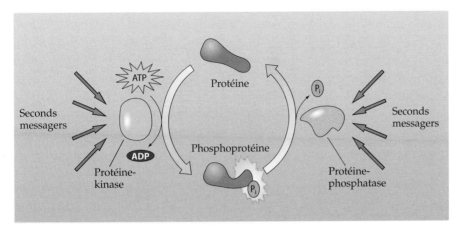

Figure 7.8

Régulation de protéines cellulaires par phosphorylation. Les protéine-kinases transfèrent des groupements phosphate (P_i) de l'ATP sur des résidus sérine, thréonine ou tyrosine de certaines protéines du substrat. Cette phosphorylation modifie de façon réversible la structure et les fonctions des protéines cellulaires concernées. L'enlèvement des groupements phosphate est catalysé par des protéine-phosphatases. Kinases et phosphatases sont régulées par divers seconds messagers intracellulaires.

trices). L'AMPc active la PKA en se liant aux unités régulatrices, les amenant ainsi à libérer les sous-unités catalytiques qui deviennent alors actives. Ce déplacement des domaines inhibiteurs est un mécanisme qui se retrouve dans l'activation de plusieurs protéine-kinases par les seconds messagers (Figure 7.9A). La sous-unité catalytique de la PKA phosphoryle les résidus sérine et thréonine de diverses protéines cibles. Cette sous-unité est semblable aux domaines catalytiques d'autres protéine-kinases, mais elle a en propre des acides aminés qui permettent à la PKA de se lier à des protéines cibles spécifiques, de sorte que seules ces cibles seront phosphorylées en réponse à des signaux d'AMPc intracellulaire.

• *La protéine-kinase Ca^{2+}-calmoduline dépendante de type II (CaMKII).* En se liant à la calmoduline, les ions Ca^{2+} peuvent réguler la phosphorylation ou la déphosphorylation des protéines. Dans les neurones, la protéine-kinase Ca^{2+}-calmoduline dépendante la plus abondante est la CaMKII, protéine-kinase polyvalente qui phosphoryle des résidus sérine et thréonine des protéines cibles. La CaMKII est composée d'environ 14 sous-unités qui, dans le cerveau, sont du type α et β. Chaque sous-unité comporte un domaine catalytique et un domaine régulateur ainsi que d'autres domaines permettant à l'enzyme de constituer un oligomère et de prendre pour cible les régions adéquates de la cellule. Le complexe Ca^{2+}-calmoduline active la CaMKII en détachant le domaine inhibiteur du site catalytique (Figure 7.9B). La CaMKII phosphoryle un grand nombre de substrats, notamment des canaux ioniques intervenant dans la transduction intracellulaire du signal.

• *La protéine-kinase C (PKC).* Un autre groupe important de Ser-Thr-kinases est celui des protéine-kinases C (PKC). Les PKC comprennent diverses kinases monomériques activées par le DAG et le Ca^{2+} comme seconds messagers. Sous l'effet du DAG, la PKC se déplace du cytosol vers la membrane plasmique, à laquelle elle s'attache et où elle fixe du Ca^{2+} ainsi qu'un phospholipide membranaire, la phosphatidylsérine (Figure 7.9C). Ceci lève l'auto-inhibition et entraîne la phosphorylation de divers substrats protéiques par la PKC. La PKC diffuse également vers d'autres sites que la membrane plasmique, notamment vers le cytosquelette, vers des sites périnucléaires et vers le noyau, où elle phosphoryle d'autres substrats protéiques. On obtient une activation prolongée de la PKC avec les esters de phorbol ; ces produits végétaux qui possèdent une activité de promoteurs de tumeurs activent la PKC en mimant les effets du DAG.

• *Les tyrosine-kinases.* Il existe deux catégories de protéine-kinases transférant les groupements phosphate vers les résidus tyrosine des substrats protéiques. Les récepteurs à activité tyrosine-kinase sont des protéines transmembranaires possédant un domaine extracellulaire qui fixe des ligands protéiques (facteurs de croissance, facteurs neurotrophiques, cytokines) et un domaine intracellulaire catalytique qui phosphoryle les substrats protéiques adéquats. Les protéine-kinases sans fonction de récepteur forment la deuxième catégorie ; ce sont des enzymes cytoplasmiques ou associées à la membrane, qui sont activées de façon indirecte par des signaux extracellulaires. La phosphorylation des tyrosines est moins répandue que celle des résidus sérine ou

Figure 7.9

Mécanismes d'activation des protéine-kinases. Les protéine-kinases comportent plusieurs domaines spécialisés ayant des fonctions spécifiques. Chacune des kinases a des domaines catalytiques homologues, responsables du transfert des groupements phosphate aux protéines du substrat. Ces domaines catalytiques sont maintenus à l'état inactif par la présence d'un domaine auto-inhibiteur occupant le site catalytique. En se liant au domaine régulateur approprié de la kinase, des seconds messagers, tels que l'AMPc, le DAG ou le Ca²⁺, suppriment le domaine auto-inhibiteur et rendent possible l'activation du domaine catalytique. Pour certaines kinases comme la PKC et la CaMKII, le domaine auto-inhibiteur et le domaine catalytique font partie de la même molécule. Pour d'autres, telles que la PKA, le domaine auto-inhibiteur constitue une sous-unité distincte.

(A) PKA

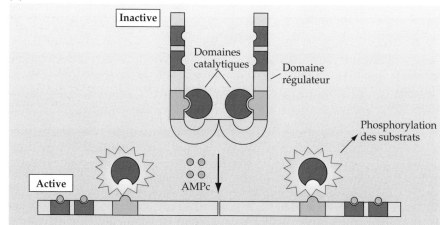

(B) CaMKII

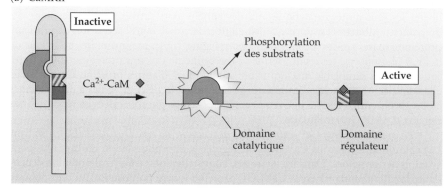

(C) PKC

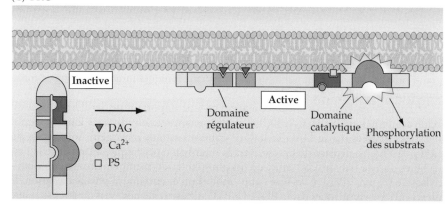

thréonine ; elle sert fréquemment à diriger des molécules signaux vers la protéine phosphorylée. Les tyrosine-kinases jouent un rôle de premier plan dans la croissance et la différenciation cellulaires (voir Chapitres 22 et 23).

• *La protéine-kinase activée par les agents mitogènes (MAPK, **M**itogen **A**ctivated **P**rotein **K**inase)*. À côté des protéine-kinases qui sont directement activées par des seconds messagers, certaines peuvent être activées en étant phosphorylées par une autre protéine-kinase. On a des exemples notables avec les protéine-kinases activées par les agents mitogènes (MAPK), encore appelées kinases régulées par un signal extracellulaire (ERK, *Extracellular **R**egulated **K**inase*). Les MAPK ont été initialement identifiées pour leur rôle dans le contrôle de la croissance cellulaire, mais on leur connaît aujourd'hui beaucoup d'autres fonctions de signalisation. Les MAPK sont normalement à l'état inactif dans les neurones ; elles passent à l'état actif lorsqu'elles sont phosphorylées par d'autres kinases. De fait, les MAPK font partie d'une cascade de kinases, dans laquelle une protéine-kinase phosphoryle et active la protéine-kinase qui lui fait suite dans la cascade. Les signaux extracellulaires qui déclenchent ces cascades de kinases sont souvent des facteurs de croissance extracellulaires qui se lient à un récepteur à activité tyrosine-kinase ; celui-ci à son tour activera des protéines G monomériques, telles que la protéine Ras. Après avoir été activées, les MAPK peuvent phosphoryler des facteurs de transcription, c'est-à-dire des protéines qui régulent l'expression des gènes. Parmi les nombreux autres substrats des MAPK, on trouve diverses enzymes, dont d'autres protéine-kinases, et des protéines du cytosquelette.

Les protéine-phosphatases les mieux caractérisées sont les Ser-Thr-phosphatases PP1, PP2A et PP2B (aussi appelée calcineurine). En général, les protéine-phosphatases ont une moindre spécificité à l'égard du substrat que les protéine-kinases. Cette spécificité réduite peut être due au haut degré d'homologie que présentent les sous-unités catalytiques des trois principales protéine-phosphatases, bien que chacune d'elles soit associée à des sous-unités régulatrices ou de ciblage qui lui sont spécifiques. La PP1 déphosphoryle une multitude de substrats protéiques et est certainement la Ser-Thr-phosphatase prédominante des cellules de mammifères. L'activité de la PP1 est régulée par plusieurs protéines inhibitrices exprimées dans les neurones. La PP2A est une enzyme à sous-unités multiples ayant des substrats très variés qui recouvrent en partie ceux de la PP1. La PP2B, ou calcineurine, est présente à concentration élevée dans les neurones. L'un des traits distinctifs de cette phosphatase est qu'elle est activée par le complexe Ca^{2+}-calmoduline. La PP2B est composée d'une sous-unité catalytique et d'une autre, régulatrice. Le complexe Ca^{2+}-calmoduline l'active principalement en se liant à la sous-unité catalytique et en déplaçant le domaine régulateur inhibiteur. D'ordinaire, la PP2B n'a pas les mêmes cibles moléculaires que la CaMKII, bien que ces enzymes soient toutes deux activées par le complexe Ca^{2+}-calmoduline.

En résumé, l'activation de récepteurs membranaires peut déclencher des cascades complexes d'activation enzymatique ayant pour conséquence une production de seconds messagers et une phosphorylation ou déphosphorylation de protéines. Ces signaux cytoplasmiques déclenchent diverses réponses physiologiques rapides en régulant de façon transitoire l'activité enzymatique, les canaux ioniques, les protéines du cytosquelette et bien d'autres processus cellulaires. Aux synapses excitatrices, ces éléments de la transduction du signal sont fréquemment contenus dans les épines dendritiques, qui, dans les neurones, semblent servir de compartiments spécialisés dans la signalisation (Encadré 7B). Ces signaux peuvent en outre se propager jusqu'au noyau et provoquer des changements durables dans l'expression des gènes.

La signalisation nucléaire

Les seconds messagers déclenchent des changements prolongés des fonctions neuronales en favorisant la synthèse de nouvel ARN et de nouvelles protéines. L'accumulation de protéines nouvelles qui s'ensuit demande au moins 30 à 60 minutes, soit un décours temporel de plusieurs ordres de grandeur plus lent que les réponses produites par les flux d'ions ou la phosphorylation. De même, le déclin de ces phénomènes et le retour à l'état initial peut demander des heures, voire des jours. Parfois, des «commutateurs» génétiques peuvent être positionnés de façon à provoquer des changements permanents dans un neurone, comme c'est le cas pour la différenciation neuronale (voir Chapitre 22).

La quantité de protéines présente dans les cellules est essentiellement déterminée par la vitesse de transcription de l'ADN en ARN (Figure 7.10). La première étape de la synthèse de l'ARN est une décondensation de la structure de chromatine pour exposer des sites de liaison de l'ARN polymérase et des **protéines activatrices de la transcription**, également appelées **facteurs de transcription**. Les protéines activatrices de la transcription s'attachent aux sites de liaisons présents sur la molécule d'ADN près du point de départ de la séquence du gène cible ; elles se lient également à d'autres protéines qui provoquent le débobinage de l'ADN. Le résultat net de ces actions est de permettre à un complexe enzymatique, l'ARN polymérase, de se lier à une séquence **promoteur** de l'ADN et de commencer la transcription. Tout en préparant le promoteur pour l'ARN polymérase, les facteurs de transcription peuvent stimuler la trans-

ENCADRÉ 7B *Les épines dendritiques*

Parmi les synapses du cerveau, beaucoup portent sur leurs dendrites de minuscules excroissances auxquelles on a donné le nom d'épines (Figure A). Les épines se caractérisent par une extrémité globuleuse, la tête, qui reçoit les synapses des terminaisons venant innerver les dendrites. La tête des épines est connectée au tronc dendritique par un rétrécissement, le cou (Figure B). Juste en dessous de la zone de contact entre la terminaison afférente et la tête dendritique se trouve une structure intracellulaire appelée densité postsynaptique (Figure C). Le nombre, la taille et la forme des épines dendritiques sont extrêmement variables et peuvent, dans certains cas, subir des changements dynamiques au cours du temps (voir Figure 8.12).

Depuis les premières descriptions qu'en fit Santiago Ramón y Cajal à la fin du dix-neuvième siècle, les épines dendritiques ont été un objet de fascination pour les chercheurs en neurosciences qui ont abondamment spéculé sur leurs fonctions. L'une des premières hypothèses faisait du cou étroit des épines un moyen d'isoler les synapses du reste du neurone. Étant donné que la taille du cou de l'épine peut changer, un tel phénomène aurait pu entraîner, au cours du temps, une variation de l'effet physiologique d'une synapse donnée, offrant ainsi un mécanisme cellulaire à des formes de plasticité synaptique telles que la PLT ou la DLT. Toutefois, on s'est aperçu, en mesurant ultérieurement les propriétés du cou des épines, que ces structures n'auraient qu'une relativement faible efficacité pour atténuer le passage du courant électrique entre la tête de l'épine et le dendrite.

Une autre théorie – aujourd'hui la conception fonctionnelle la plus en vogue – postule que les épines créent des compartiments biochimiques. Elle se fonde sur la supposition que le cou des épines pourrait empêcher les signaux biochimiques de diffuser de la tête de l'épine au reste du dendrite. Plusieurs observations concordent avec ce point de vue. Premièrement, les mesures effectuées montrent

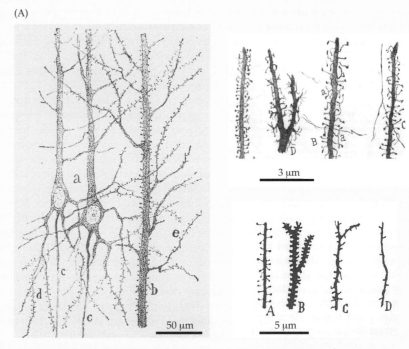

(A)

(A) Épines dendritiques dessinées par Cajal. *À gauche* : dendrites des neurones pyramidaux du cortex. *À droite* : représentation à plus fort grossissement de différents types d'épines dendritiques.

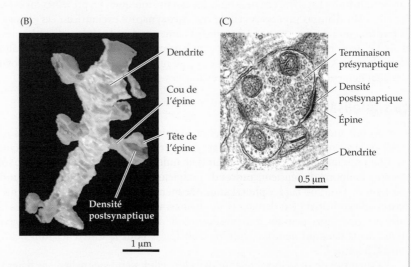

(B)

(C)

(B) Reconstruction par microscopie électronique à haute résolution d'une petite région d'un dendrite de neurone pyramidal hippocampique. (C) Cliché en microscopie électronique d'une coupe transversale de synapse excitatrice (B d'après Harris, 1994 ; C d'après Kennedy, 2000.)

que le cou des épines fait effectivement obstacle à la diffusion et ralentit le mouvement des molécules d'un facteur de 100 ou plus. Deuxièmement, les épines ne se trouvent qu'aux synapses excitatrices où l'on sait que la transmission synaptique est à l'origine de nombreux signaux diffusibles, tout particulièrement le Ca^{2+} en

(D)

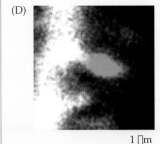

(D) Signal calcique localisé (en vert) produit dans une épine de neurone pyramidal de l'hippocampe par l'activation d'une synapse glutamatergique. (E) Les densités postsynaptiques comprennent des douzaines de molécules de transduction du signal, parmi lesquelles des récepteurs du glutamate (R–NMDA ; mGluR), des récepteurs tyrosine-kinases (RTK) ainsi que diverses molécules de transduction intracellulaire du signal, spécialement la protéine-kinase CaMKII. REL : Réticulum endoplasmique lisse. (D d'après Sabatini *et al.* 2002 ; E d'après Sheng et Kim, 2002.)

1 μm

(E)

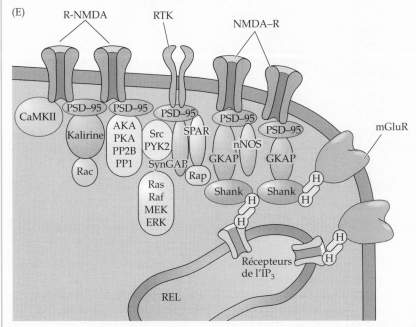

dans la transduction intracellulaire du signal (Figure E). Selon cette conception, la tête d'épine est la destination de ces molécules signaux durant l'assemblage des synapses et la cible des seconds messagers produits par l'activation locale des récepteurs du glutamate. Des travaux récents indiquent que les épines peuvent aussi piéger des molécules diffusant le long des dendrites, ce qui constituerait un moyen de les concentrer dans les épines. Les épines dendritiques gardent, certes, encore beaucoup de secrets, mais Cajal serait sans aucun doute heureux de l'intérêt considérable que continuent de susciter ces minuscules structures synaptiques et des progrès accomplis dans l'élucidation de tout ce qu'elles sont capables de faire.

Références

GOLDBERG, G.H., G. TAMAS, D. ARONOV et R. YUSTE (2003), Calcium microdomains in aspiny dendrites. *Neuron*, **40**, 807-821.

HARRIS, K.M. (1994), Serial electron microscopy as an alternative or complement to confocal microscopy for the study of synapses and dendritic spines in the central nervous system. In *Three-Dimensional Confocal Microscopy : Volume Investigation of Biological Specimens*. New York, Academic Press.

KENNEDY, M.B. (2000), Signal-processing machines at the postsynaptic density. *Science*, **290**, 750-754.

MIYATA, M. et 9 AUTRES (2000), Local calcium release in dendritic spines required for long-term synaptic depression. *Neuron*, **28**, 233-244.

NIMCHINSKY, E.A., B.L. SABATINI et K. SVOBODA (2002), Structure and function of dendritic spines. *Annu. Rev. Physiol.*, **64**, 313-353.

SABATINI, B.L., T.G. OERTNER et K. SVOBODA (2002), The life cycle of Ca²⁺ ions in dendritic spines. *Neuron*, **33**, 439-452.

SANTAMARIA, F., S. WILS, E. DE SCHUTTER et G.J. AUGUSTINE (2006), Anomalous diffusion in Purkinje cell dendrites caused by spines. *Neuron*, **52**, 635-648.

SHENG, M. et M.J. KING (2002), Postsynaptic signaling and plasticity mechanisms. *Science*, **298**, 776-780.

YUSTE, R. et D.W. TANK (1996), Dendritic integration in mammalian neurons, a century after Cajal. *Neuron*, **16**, 701-716.

tant que second messager. Enfin l'imagerie par fluorescence montre que les signaux calciques de la synapse peuvent effectivement être confinés aux épines dendritiques (Figure D).

Il existe néanmoins des arguments contraires à l'hypothèse selon laquelle les épines constitueraient des compartiments biochimiques relativement isolés. On sait, par exemple, que des seconds messagers, tels que l'IP₃, peuvent diffuser de la tête d'une épine jusqu'au tronc dendritique. Cette différence de diffusion par rapport au Ca²⁺ est vraisemblablement due au fait que les signaux IP₃ ont une durée beaucoup plus longue que les signaux calciques, ce qui laisse à l'IP₃ un temps suffisant pour surmonter la barrière que l'épine dendritique met à la diffusion. Il faut également prendre en considération la nature hautement localisée des signaux calciques postsynaptiques, même dans les synapses excitatrices qui ne comportent pas d'épines. Les épines ne sont donc, dans certains cas, ni nécessaires ni suffisantes au confinement des seconds messagers impliqués dans la signalisation synaptique.

Rapportons pour terminer l'idée moins controversée que la finalité des épines est de servir de réservoir pouvant rassembler des protéines signaux, telles que les cibles moléculaires du Ca²⁺ et de l'IP₃ situées en aval. En accord avec cette possibilité, les récepteurs du glutamate sont fortement concentrés dans les têtes d'épines et les dendrites postsynaptiques comprennent des douzaines de protéines impliquées

Figure 7.10

Les étapes de la transcription de l'ADN en ARN. La chromatine condensée (A) se décondense et prend l'aspect de perles sur un fil d'ADN (B); une protéine d'activation de la transcription (ou facteur de transcription), spécifique d'une séquence particulière d'ADN, se fixe sur une région dépourvue de protéines, le site promoteur amont (SPA). Le facteur de transcription se lie alors à des complexes coactivateurs qui permettent à l'ARN polymérase et aux facteurs qui lui sont associés de se fixer au site de départ de la transcription et de commencer la synthèse de l'ARN.

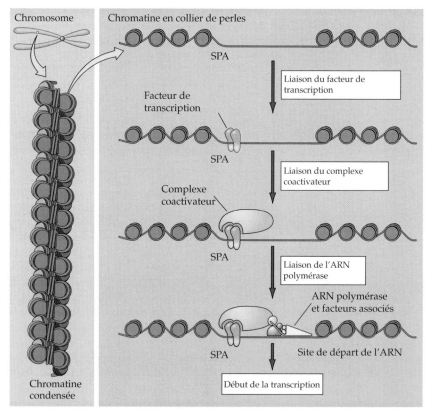

cription en interagissant avec le complexe d'ARN polymérase ou avec d'autres facteurs de transcription qui influencent la polymérase.

Les cascades de transduction intracellulaire du signal régulent l'expression des gènes en faisant passer les facteurs de transcription d'un état inactif à un état actif dans lequel ils sont susceptibles de se lier à l'ADN. Ce passage s'opère de différentes façons. Les facteurs de transcription essentiels et les mécanismes qui leur permettent de réguler l'expression des gènes en réponse à un signal sont brièvement résumés dans les paragraphes qui suivent.

• *La CREB.* La protéine de liaison à l'élément répondant à l'AMPc, désignée par son acronyme anglais CREB (***c**AMP **R**esponse **E**lement **B**inding protein*), est un facteur de transcription ubiquitaire (Figure 7.11). La CREB est normalement liée à l'ADN, sur son site de liaison appelé élément répondant à l'AMPc (CRE selon son acronyme anglais), soit sous forme d'un homodimère, soit sous une forme liée à un facteur de transcription très voisin. Dans les cellules non stimulées, la CREB n'est pas phosphorylée et a peu ou pas d'activité transcriptionnelle. Mais sa phosphorylation potentialise considérablement la transcription. Plusieurs voies de signalisation sont susceptibles de provoquer la phosphorylation de la CREB. C'est le cas des voies de la PKC et de la protéine Ras, par exemple. La CREB peut aussi être phosphorylée en réponse à une augmentation du calcium intracellulaire, auquel cas le site CRE est également appelé CaRE (***C**alcium **R**esponse **E**lement*). La phosphorylation de la CREB dépendante du calcium est principalement due à la Ca^{2+}-calmoduline-kinase IV, enzyme apparentée à la CaMKII, et par la MAPK qui provoque une phosphorylation prolongée. La phosphorylation de la CREB doit être maintenue assez longtemps pour que la transcription puisse s'effectuer, même si l'activité électrique des neurones ne provoque qu'une augmentation brève de la concentration intracellulaire du calcium. Ces cascades de signalisation peuvent potentialiser la transcription provoquée par la CREB en inhibant une protéine-phosphatase qui déphosphoryle la CREB. La CREB est ainsi un exemple de la convergence de multiples voies de signalisation sur un seul facteur de transcription.

On a identifié un grand nombre de gènes régulés par la CREB. Ils comprennent le gène à réponse immédiate *c-fos* (voir ci-dessous), le gène de la neurotrophine BNDF

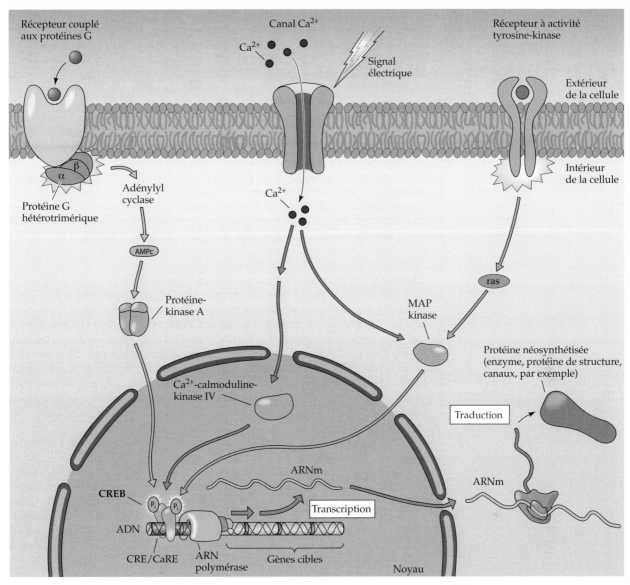

Récepteur couplé
aux protéines G

Canal Ca²⁺

Ca²⁺

Signal
électrique

Récepteur à activité
tyrosine-kinase

Extérieur
de la cellule

Intérieur
de la cellule

α β

Protéine G
hétérotrimérique

Adénylyl
cyclase

Ca²⁺

AMPc

ras

Protéine-
kinase A

MAP
kinase

Protéine néosynthétisée
(enzyme, protéine de structure,
canaux, par exemple)

Traduction

Ca²⁺-calmoduline-
kinase IV

ARNm

ARNm

CREB

Transcription

P₁ P₁

ADN

CRE/CaRE

ARN
polymérase

Gènes cibles

Noyau

Figure 7.11

Régulation de la transcription par la CREB. De multiples voies de signalisation convergent en activant des kinases qui phosphorylent la CREB. Elles comprennent la PKA, la Ca²⁺-calmoduline-kinase IV et la MAP-kinase. La phosphorylation de la CREB lui permet de lier des coactivateurs (non représentés) qui stimulent alors l'ARN polymérase pour lui faire commencer la synthèse de l'ARN. Après divers traitements, l'ARN fabriqué est exporté vers le cytoplasme où il sert d'ARNm pour la traduction en protéines.

(*Brain Derived Neurotrophic Factor*; voir Chapitre 23), celui de l'enzyme tyrosine hydroxylase (intervenant dans la synthèse des catécholamines; voir Chapitre 6), ainsi que les gènes de neuropeptides tels que la somatostatine, l'enképhaline, et la cortico-libérine. On considère par ailleurs que la CREB intervient dans des modifications durables des fonctions cérébrales. C'est ainsi qu'on l'a impliquée dans l'apprentissage spatial, dans la sensibilisation comportementale, dans la mémoire à long terme des comportements de conditionnement aux odeurs et dans la plasticité synaptique à long terme (voir Chapitre 8).

• *Les récepteurs nucléaires.* Les récepteurs nucléaires des ligands traversant la membrane sont eux aussi des activateurs de la transcription. Le récepteur des hormones glucocorticoïdes illustre l'un des modes d'action de ces récepteurs. En l'absence de glucocorticoïdes, les récepteurs sont situés dans le cytoplasme. Sous l'effet de la liaison avec des glucocorticoïdes, le récepteur se déplie et se dirige vers le noyau où il se fixe à l'ADN, sur un site spécifique de reconnaissance. Cette liaison à l'ADN active le complexe adéquat d'ARN polymérase, qui démarre la transcription suivie de l'expression du gène. Il apparaît donc que, pour les récepteurs des stéroïdes, l'événement régulateur crucial est leur importation, ou translocation, dans le noyau pour qu'ils puissent se lier à l'ADN.

Les récepteurs de l'hormone thyroïdienne et certains autres récepteurs nucléaires non stéroïdiens illustrent un deuxième mode de régulation. En l'absence de cette hormone, le récepteur est lié à l'ADN et agit comme répresseur de la transcription. Dès qu'il lie l'hormone, il subit un changement de conformation, dont la conséquence finale est de découvrir le promoteur et de le rendre apte à fixer la polymérase. La liaison de l'hormone thyroïdienne fait donc basculer le récepteur d'un état de répresseur à un état d'activateur de la transcription

• *La protéine Fos*. Avec la protéine **Fos**, autre facteur de transcription, nous sommes face à une stratégie différente de régulation des gènes. Dans les cellules au repos, la protéine Fos est présente à une concentration très faible. Toutefois, la stimulation de la cellule cible en provoque la synthèse, et son taux augmente énormément en 30 à 60 minutes. C'est pourquoi le gène *c-fos* est considéré comme un **gène à réponse immédiate**, son expression, qui conduit à la synthèse de la protéine Fos, étant déclenchée directement par le stimulus. Une fois synthétisée, la protéine Fos peut agir comme facteur de transcription pour induire la synthèse de protéines codées par des gènes de deuxième ordre. Ceux-ci sont dits **gènes à réponse retardée**, leur action étant retardée parce qu'il doit y avoir, d'abord, synthèse d'une protéine codée par un gène à réponse immédiate, *c-fos* en l'occurrence.

De multiples signaux convergent sur *c-fos* en activant divers facteurs de transcription qui se fixent sur au moins trois sites distincts de la région du promoteur de ce gène. La région régulatrice de ce gène contient un site de liaison intervenant dans l'induction de la transcription par les cytokines et par le CNTF (*Ciliary NeuroTrophic Factor*, facteur neurotrophique ciliaire). Un autre site est pris pour cible par des facteurs de croissance comme les neurotrophines, par l'intermédiaire, d'une part de la protéine Ras et de la protéine-kinase C, d'autre part d'un CRE/CaRE capable de fixer la CREB et de répondre ainsi à une entrée d'AMPc ou de calcium provoquée par l'activité électrique d'un neurone. Outre la synergie des interactions entre ces sites de *c-fos*, les signaux de transcription peuvent être intégrés par leur convergence sur un même activateur tel que la CREB.

En règle générale, la signalisation nucléaire aboutit à un complexe énorme et relativement stable, composé d'un facteur de transcription fonctionnel sur lequel se fixent d'autres protéines, ainsi que de l'ARN polymérase et de protéines annexes fixées sur le site de départ de la transcription. La plupart des événements de signalisation servent à amorcer ce complexe en produisant par phosphorylation un facteur de transcription actif, en induisant un changement de conformation du facteur de transcription lorsqu'il fixe son ligand, en favorisant la localisation nucléaire, en supprimant un inhibiteur ou, tout simplement, en fabriquant davantage de facteur de transcription.

Exemples de transduction neuronale du signal

Les propriétés générales des processus de transduction du signal qui se déroulent au niveau de la membrane plasmique, dans le cytosol et à l'intérieur du noyau, laissent entrevoir comment leurs actions concertées sous-tendent certaines fonctions spécifiques du système nerveux. Trois voies importantes de transduction du signal peuvent illustrer quelques-uns des rôles que jouent ces processus.

• *Le NGF et les récepteurs TrkA*. Dans la première de ces voies, la signalisation est opérée par le facteur de croissance des nerfs ou NGF (*Nerve Growth Factor*). Cette protéine est un facteur de croissance de la famille des neurotrophines, dont la présence est indispensable à la différenciation, à la survie et à la connectivité synaptique des neurones sympathiques et de certains neurones sensoriels (voir Chapitre 23). Le NGF agit en se liant à un récepteur à activité tyrosine-kinase à haute affinité, TrkA, qui se trouve sur la membrane plasmique des cellules cibles (Figure 7.12). La liaison du NGF provoque une dimérisation des récepteurs TrkA, et l'activité tyrosine-kinase intrinsèque de chaque récepteur phosphoryle alors le second récepteur du dimère. Les récepteurs TrkA phosphorylés déclenchent la cascade Ras aboutissant à l'activation d'une multitude de protéine-kinases. Certaines d'entre elles se dirigent vers le noyau, où elles activent des facteurs de transcription tels que la CREB. Cette partie de la voie du NGF fondée sur la protéine Ras est essentiellement responsable de l'induction et du maintien de la différenciation des neurones sensibles au NGF. La phosphorylation du

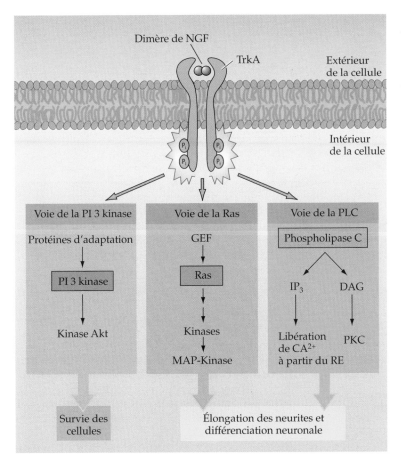

Figure 7.12

Mécanisme d'action du NGF. Le NGF se lie à un récepteur à activité tyrosine-kinase à haute affinité, situé sur la membrane plasmique, le récepteur TrkA, dont il induit la phosphorylation au niveau de deux résidus tyrosine différents. Ces tyrosines phosphorylées servent d'attache à diverses protéines adaptatrices ou à la phospholipase C (PLC) qui, à leur tour, activent trois voies principales de signalisation : la voie de la PI 3 kinase conduisant à l'activation de la kinase Akt, la voie de la protéine Ras aboutissant aux MAP kinases et la voie de la PLC aboutissant à la libération de Ca^{2+} et à l'activation de la PKC. Les voies de la Ras et de la PLC déclenchent principalement des processus responsables de la différenciation neuronale tandis que la voie de la PI 3 kinase est essentiellement impliquée dans la survie des cellules.

récepteur TrkA le rend capable de stimuler l'activité de la phospholipase C, ce qui entraîne l'augmentation d'IP_3 et de DAG. L'IP_3 provoque la libération de Ca^{2+} par le réticulum endoplasmique tandis que le diacylglycérol active la PKC. Ces deux seconds messagers ont pour cible un grand nombre d'effecteurs situés plus en aval de la cascade et qui sont également des cibles de la Ras. Finalement l'activation des récepteurs TrkA déclenche aussi l'activation d'autres protéine-kinases, comme la kinase Akt, qui inhibent la mort cellulaire. C'est donc cette voie que met en jeu de façon prépondérante la survie, dépendante du NGF, des neurones sympathiques et sensoriels décrite au chapitre 23.

• *La dépression à long terme ou DLT*. On peut observer un autre exemple d'interaction entre plusieurs signaux intracellulaires au niveau des synapses excitatrices entre les fibres parallèles (FP) et les cellules de Purkinje du cervelet. Ces synapses jouent un rôle de pivot dans la transmission, au sein du cortex cérébelleux, des informations qui participent à la coordination motrice (voir Chapitre 19). La DLT est une forme de plasticité qui rend moins efficaces les synapses que forment les FP (voir Chapitre 8). Lorsque les fibres parallèles sont actives, elles libèrent du glutamate sur les dendrites de leurs cibles, les cellules de Purkinje. Ceci active les récepteurs de type AMPA, qui sont des canaux ioniques activés par un ligand (voir Chapitre 6), et provoque un faible PPSE qui dépolarise brièvement les cellules de Purkinje. En plus de cette activité électrique, les signaux transmis par les fibres parallèles produisent deux seconds messagers dans la cellule de Purkinje (Figure 7.13). Le glutamate libéré par les fibres parallèles active les récepteurs métabotropes du glutamate, provoquant la production d'IP_3 et de DAG par la phospholipase C. Lorsque les synapses des FP sont seules à être actives, ces signaux intracellulaires sont toutefois insuffisants pour provoquer l'ouverture des récepteurs de l'IP_3 ou pour activer la PKC.

Une DLT survient lorsque les synapses des fibres parallèles sont activées en même temps que les synapses glutamatergiques des fibres grimpantes, qui s'articulent elles

Figure 7.13

La signalisation au niveau des synapses des fibres parallèles du cervelet. Le glutamate libéré par les fibres parallèles active à la fois des récepteurs de type AMPA et des récepteurs métabotropes. Ces derniers entraînent la production d'IP$_3$ et de DAG au sein des cellules de Purkinje. Lorsqu'il est couplé à une augmentation du Ca^{2+} dû à l'activité des synapses des fibres parallèles, l'IP$_3$ provoque la libération de Ca^{2+} à partir du réticulum endoplasmique tandis que le DAG et le Ca^{2+} activent ensemble la protéine-kinase C. L'action conjointe de ces signaux modifie les propriétés des récepteurs AMPA, donnant ainsi naissance à une DLT.

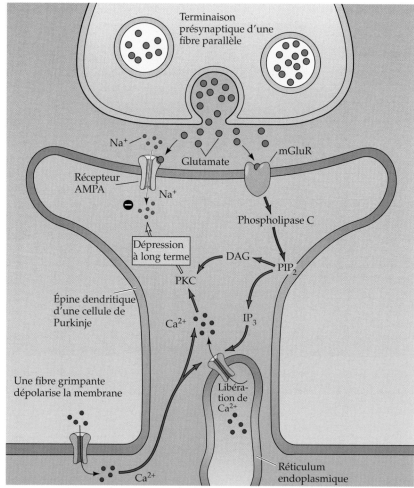

aussi avec les cellules de Purkinje. Les synapses des fibres grimpantes produisent d'amples PPSE qui dépolarisent la membrane de la cellule de Purkinje. Cette dépolarisation rend possible l'entrée dans la cellule de Purkinje de Ca^{2+} empruntant les canaux calciques activés par le voltage. Lorsque les deux types de synapses sont actives simultanément, l'augmentation du taux de calcium intracellulaire due à la synapse des fibres grimpantes augmente la sensibilité des récepteurs de l'IP$_3$; ceux-ci peuvent alors s'ouvrir en réponse à l'IP$_3$ produit par les synapses des FP, libérer du calcium à partir du réticulum endoplasmique et augmenter ainsi la concentration locale du Ca^{2+} au voisinage des synapses des FP. Cette augmentation substantielle du taux de calcium, jointe au DAG produit par les synapses des FP, active la PKC. Celle-ci à son tour phosphoryle une grande quantité de protéines du substrat. Pour finir, ces divers processus de signalisation modifient les propriétés des récepteurs AMPA situés à la synapse des FP, de telle sorte que ces récepteurs ne produisent plus que des signaux électriques d'amplitude réduite en réponse au glutamate libéré par les FP. Cet affaiblissement de la synapse des FP est la cause dernière de la DLT.

En résumé, la transmission synaptique des fibres parallèles produit de brefs signaux électriques et des signaux chimiques plus durables. L'interaction temporelle entre ces signaux ne permet l'apparition d'une DLT que lorsque les synapses des fibres parallèles et celles des fibres grimpantes sont actives ensemble. Par ailleurs, les effets de l'IP$_3$, du DAG et du Ca^{2+} sont limités à des zones restreintes des dendrites des cellules de Purkinje alors que les PPSE déclenchés par les fibres parallèles s'étendent à la totalité des dendrites et du corps cellulaire. Contrairement aux signaux électriques, les seconds messagers peuvent donc transmettre des informations précises sur

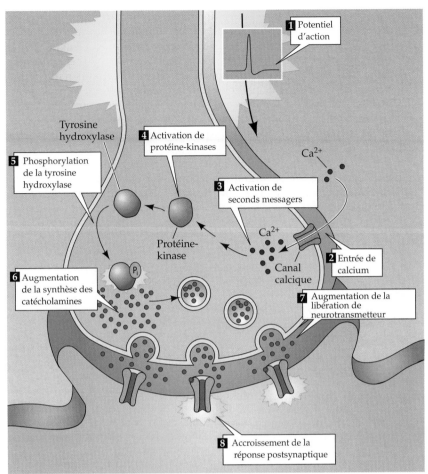

Figure 7.14

Régulation de la tyrosine hydroxylase par phosphorylation de protéines. Cette enzyme, qui régit la synthèse des catécholamines, est stimulée par divers signaux intracellulaires. Dans l'exemple ci-contre, une activité électrique neuronale (1) provoque une entrée de calcium (2). L'augmentation de la concentration intracellulaire de Ca^{2+} qui s'ensuit (3) active des protéine-kinases (4); celles-ci phosphorylent la tyrosine hydroxylase (5), qui va stimuler la synthèse des catécholamines (6). Il en résulte une augmentation de la libération de catécholamines (7) et un accroissement de la réponse postsynaptique (8).

la localisation des synapses actives et ne permettre l'apparition d'une DLT qu'au voisinage des FP actives.

• *La phosphorylation de la tyrosine hydroxylase.* La régulation de l'enzyme tyrosine hydroxylase constitue un troisième exemple de signalisation intracellulaire dans le système nerveux. La tyrosine hydroxylase gouverne la synthèse des neurotransmetteurs du groupe des catécholamines: dopamine, noradrénaline et adrénaline (voir Chapitre 6). Un certain nombre de signaux, parmi lesquels l'activité électrique, certains neurotransmetteurs et le NGF, accélèrent la synthèse des catécholamines en augmentant l'activité catalytique de la tyrosine hydroxylase (Figure 7.14). L'accroissement rapide de l'activité de cette enzyme est en grande partie dû à sa phosphorylation.

La tyrosine hydroxylase est un substrat pour plusieurs protéine-kinases, dont la PKA, la CaMKII, la MAPK et la PKC. Sa phosphorylation entraîne un changement de conformation qui accroît son activité catalytique. Tous les stimulus qui augmentent le taux d'AMPc, de Ca^{2+} ou de DAG augmentent l'activité de la tyrosine hydroxylase et, en conséquence, la vitesse de la biosynthèse des catécholamines. Cette régulation par plusieurs signaux différents permet un contrôle étroit de l'activité de la tyrosine hydroxylase et illustre la façon dont plusieurs voies distinctes peuvent converger pour influencer une enzyme essentielle pour la transmission synaptique.

Résumé

Tous les neurones possèdent une grande diversité de voies de transduction du signal. En règle générale, l'activation de ces voies est déclenchée par des signaux chimiques tels que les neurotransmetteurs et les hormones. Ces molécules se fixent sur des récepteurs qui comprennent des canaux ioniques activés par un ligand, des récepteurs couplés aux protéines G, et des récepteurs à activité tyrosine-kinase. Un grand nombre de ces récepteurs activent des protéines G hétérotrimériques ou monomériques qui régulent des cascades enzymatiques intracellulaires, des canaux ioniques ou les deux à la fois. La conséquence ordinaire de l'activation de ces récepteurs est la production de seconds messagers, tels que l'AMPc, le Ca^{2+} et l'IP_3, qui se lient à des effecteurs enzymatiques. Les protéine-kinases et les protéine-phosphatases sont des effecteurs d'importance particulière, qui régulent l'état de phosphorylation de leur substrat et, par là même, leur fonction. Ces substrats peuvent être des enzymes métaboliques ou d'autres molécules de transduction du signal telles que des canaux ioniques, des protéine-kinases ou des facteurs de transcription régulant l'expression des gènes. Parmi les facteurs de transcription, on peut citer la CREB, les récepteurs des hormones stéroïdes et la protéine Fos. Cette pléthore d'éléments moléculaires permet aux voies de transduction intracellulaire du signal, de fournir des réponses sur une large gamme de temps et de distances, ce qui augmente et raffine considérablement les capacités de traitement de l'information des circuits et des systèmes neuronaux.

Lectures complémentaires

Revues

AUGUSTINE, G.J., F. SANTAMARIA et K. TANAKA (2003), Local calcium signaling in neurons. *Neuron*, **40**, 331-346.

DEISSEROTH, K., P.G. MERMELSTEIN, H. XIA et R.W. TSIEN (2003), Signaling from synapse to nucleus : The logic behind the mechanisms. *Current Opin. Neurobiol.*, **13**, 354-365.

EXTON, J.H. (1998), Small GTPases. *J. Biol. Chem.*, **273**, 19923.

FISCHER, E.H. (1999), Cell signaling by protein tyrosine phosphorylation. *Adv. Enzyme Regul. Review*, **39**, 359-369.

GILMAN, A.G. (1984), G proteins and regulation of adenylyl cyclase. *Biosci. Rep.*, **15**, 65-97.

GRAVES, J.D. et E.G. KREBS (1999), Protein phosphorylation and signal transduction. *Pharmacol. Ther.*, **82**, 111-121.

GREENGARD, P. (2001), The neurobiology of slow synaptic transmission. *Science*, **294**, 1024-1030.

ITO, M. (2002), The molecular organization of cerebellar long-term depression. *Nature rev. Neurosci.*, **3**, 896-902.

KENNEDY, M.B., H.C. BEALE, H.J. CARLISLE et L.R. WASHBURN (2000), Integration of biochemical signalling in spines. *Nature Rev. Neurosci.*, **6**, 423-434.

KUMER, S. et K. VRANA (1996), Intricate regulation of tyrosine hydroxylase activity and gene expression. *J. Neurochem.*, **67**, 443-462.

NISHIZUKA, Y. (1992), Intracellular signaling by hydrolysis of phospholipids and activation of protein kinase C. *Science*, **258**, 607-614.

REICHARDT, L.F. (2006), Neurotrophin-regulated signalling pathways. *Phil. Trans. Roy. Soc. London B*, **361**, 1545-1564.

RODBELL, M. (1995), Signal transduction : Evolution of an idea. *Bioscience Reports*, **15**, 117-133.

SHENG, M. et M.J. KIM (2002), Postsynaptic signaling and plasticity mechanisms. *Science*, **298**, 776-780.

WEST, A.E. et 8 AUTRES (2001), Calcium regulation of neuronal gene expression. *Proc. Natl. Acad. Sci. USA.*, **98**, 11024-11031.

Articles originaux importants

BURGESS, G.M., P.P. GODFREY, J.S. MCKINNEY, M.J. BERRIDGE, R.F. IRVINE et J.W. PUTNEY JR. (1984), The second messenger linking receptor activation to internal Ca release in liver. *Nature*, **309**, 63-66.

DE KONINCK, P. et H. SCHULMAN (1998), Sensitivity of CAM kinase II to the frequency of Ca^{2+} oscillations. *Science*, **279**, 227-230.

DE ZEEUW, C.I., C. HANSEL, F. BIAN, S.K.E. KOEKKOEK, A.M. VAN ALPHEN, D.J. LINDEN et J. OBERDICK (1998), Expression of a protein kinase C inhibitor in Purkinje cells blocks cerebellar long-term depression and adaptation of vestibule-ocular reflex. *Neuron*, **20**, 495-508.

FINCH, E.A. et G.J. AUGUSTINE (1998), Local calcium signaling by IP_3 in Purkinje cell dendrites. *Nature*, **396**, 753-756.

LINDGREN, N. et 8 AUTRES (2000), Regulation of tyrosine hydroxylase activity and phosphorylation at ser(19) and ser(40) via activation of glutamate NMDA receptors in rat striatum. *J. Neurochem.*, **74**, 2470-2477.

MILLER, S.G. et M.B. KENNEDY (1986), Regulation of brain type II Ca^{2+}/calmodulin-dependent protein kinase by autophosphorylation : A Ca^{2+}-triggered molecular switch. *Cell*, **44**, 861-870.

NORTHUP, J.K., P.C. STERNWEIS, M.D. SMIGEL, L.S. SCHLEIFER, E.M. ROSS et A.G. GILMAN (1980), Purification of regulatory component of adenylate cyclase. *Proc. Natl. Acad. Sci. USA*, **77**, 6516-6520.

ROSENBERG, O.S., S. DEINDL, R.J. SUNG, A.C. NAIRN et J. KURIYAN (2005), Structure of the autoinhibited kinase domain of CaMKII and SAXS analysis of the holoenzyme. *Cell*, **123**, 849-860.

SAITOH, T. et J.H. SCHWARTZ (1985), Phosphorylation-dependent subcellular translocation of a Ca^{2+}/calmodulin-dependent protein kinase produces an autonomous enzyme in *Aplysia* neurons. *J. Cell. Biol.*, **100**, 835-842.

SHEN, K., N.M. TERUEL, J.H. CONNOR, S. SHENOLIKAR et T. MEYER (1999), Molecular memory by reversible translocation of calcium/calmodulin-dependent protein kinase II. *Nature Neurosci.*, **3**, 881-886.

SHIFMAN, J.M., M.H. CHOI, S. MIHALAS, S.L. MAYO et M.B. KENNEDY (2006), Ca^{2+}/calmodulin-dependent protein kinase II is activated by calmodulin with two bound calciums. *Proc. Natl. Acad. Sci. USA*, **103**, 13968-13973.

SU, Y. et 7 AUTRES (1995), Regulatory subunit of proteine kinase A : Structure of deletion mutant with cAMP binding domains. *Science*, **269**, 807-813.

TAO, X., S. FINKBEINER, D.B. ARNOLD, A.J. SHAYWITZ et M.E. GREENBERG (1998), Ca^{2+} influx regulates BDNF transcription by a CREB family transcription factor-dependent mechanism. *Neuron*, **20**, 709-726.

TESMER, J.J., R.K. SUNAHARA, A.G. GILMAN et S.R. SPRANG (1997), Crystal structure of the catalytic domains of adenylyl cyclase in a complex with $G_{s\alpha}$-$GTP_{\gamma S}$. *Science*, **278**, 1907-1916.

Ouvrages

ALBERTS, B. (SOUS LA DIRECTION DE) (2004), *Biologie moléculaire de la cellule : livre de cours*, 4e édition. Paris, Flammarion Médecine-Sciences.

CAROFOLI, E. et C. KLEE (1999), *Calcium as a Cellular Regulator*. New York, Oxford University Press.

chapitre 08

La plasticité synaptique

Vue d'ensemble

Les connexions synaptiques entre neurones forment le câblage de base des circuits cérébraux. Mais contrairement au câblage d'un appareil électronique tel qu'un ordinateur, la connectivité synaptique des neurones est dynamique : elle change en permanence sous l'effet de l'activité neurale ou d'autres facteurs. Ces variations de la transmission synaptique ont pour origine diverses formes de plasticité, dont l'échelle de temps va de quelques millisecondes à des années. La plupart des formes de plasticité synaptique à court terme affectent la quantité de neurotransmetteur libéré par les terminaisons présynaptiques en réponse à un potentiel d'action présynaptique. Plusieurs formes de plasticité synaptique à court terme, dont la facilitation, l'augmentation et la potentialisation, accroissent la libération de neurotransmetteur et ont pour cause l'action persistante des ions calcium présents dans la terminaison présynaptique. Une autre forme de plasticité à court terme est la dépression synaptique, dans laquelle la quantité de neurotransmetteur libéré diminue ; elle semble due à une déplétion, consécutive à l'activité, des vésicules synaptiques prêtes à subir une exocytose. Les formes de plasticité synaptique à long terme altèrent la transmission synaptique pour des durées de 30 minutes ou plus. La potentialisation à long terme et la dépression à long terme en sont des exemples. Elles sont causées par des mécanismes moléculaires qui varient au cours du temps : les altérations initiales de la transmission synaptique résultent de modifications post-traductionnelles des protéines existantes et particulièrement de changements dans le trafic des récepteurs du glutamate tandis que les altérations plus tardives sont dues à des changements dans l'expression des gènes. Ces changements dans l'expression des gènes altèrent durablement la transmission synaptique et leurs conséquences sur la croissance des synapses peuvent entraîner des modifications permanentes des fonctions cérébrales.

La plasticité synaptique à court terme

Les synapses chimiques sont susceptibles de présenter des phénomènes de plasticité se traduisant par un renforcement ou, au contraire, un affaiblissement de la transmission synaptique. Les mécanismes de la plasticité synaptique exercent leurs effets pour des durées qui vont de quelques millisecondes à des jours, des semaines ou même davantage. Les formes de plasticité à court terme, celles qui ne durent que quelques minutes ou moins, s'observent facilement lors de l'activation répétée de n'importe quelle synapse chimique. L'activité répétitive induit plusieurs formes de plasticité synaptique à court terme, qui diffèrent par leur décours temporel et par les mécanismes qui les sous-tendent.

La **facilitation synaptique** est une augmentation rapide de la force synaptique qui survient lorsque deux potentiels d'action, ou plus, envahissent la terminaison présynaptique à quelques millisecondes d'intervalle (Figure 8.1A). En faisant varier l'écart temporel entre les potentiels d'action présynaptiques, on peut observer que la facilitation dure plusieurs dizaines de millisecondes (Figure 8.1B). Un faisceau de données indique que cette facilitation est la conséquence d'une augmentation prolongée des niveaux de calcium présynaptique consécutive à l'activité synaptique. Alors que l'entrée du Ca^{2+} dans la terminaison synaptique ne dure qu'une ou deux millisecondes après

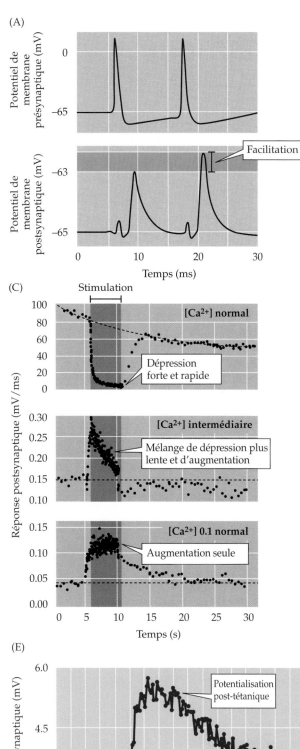

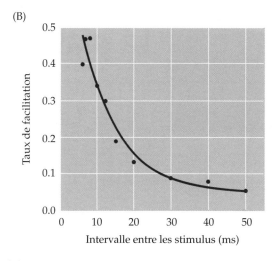

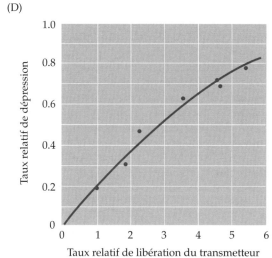

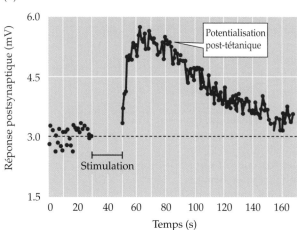

Figure 8.1

Diverses formes de plasticité synaptique à court terme. (A) Facilitation au niveau de la synapse géante du calmar. Deux potentiels présynaptiques qui se suivent déclenchent chacun un PPSE. Du fait de la facilitation, le second PPSE est plus grand que le premier. (B) En faisant varier l'intervalle de temps entre deux potentiels d'action présynaptiques, on peut observer le déclin de la facilitation qui s'étend sur une durée de quelques dizaines de millisecondes. (C) Dans les conditions physiologiques normales, une tétanisation à haute fréquence (barre horizontale) provoque une dépression marquée des PPSE au niveau de la synapse géante de calmar (en haut). En abaissant la concentration du Ca^{2+} externe jusqu'à un niveau intermédiaire, on réduit la libération de neurotransmetteur et l'on obtient un mélange de dépression et d'augmentation (au milieu). Une réduction plus forte du calcium externe fait disparaître la dépression et ne laisse que l'augmentation (en bas). (D) La dépression synaptique au niveau de la jonction neuromusculaire de grenouille augmente de façon proportionnelle à la quantité de transmetteur libéré par la terminaison présynaptique. (E) En appliquant une tétanisation à haute fréquence aux axones qui innervent un motoneurone spinal, on obtient une potentialisation post-tétanique qui dure environ deux minutes après l'arrêt de la stimulation. (A, B d'après Charlton et Bittner, 1978 ; C d'après Swandulla et al., 1991 ; D d'après Betz, 1970 ; E d'après Lev-Tov et al. 1983).

l'invasion de la terminaison par un potentiel d'action (voir Figure 5.10), les mécanismes qui ramènent le Ca^{2+} à ses niveaux de repos sont beaucoup plus lents. Aussi, quand des potentiels d'action surviennent en succession rapide, les taux de calcium de la terminaison présynaptique tendent à augmenter, de sorte qu'il se produit une libération plus importante de neurotransmetteur lors du potentiel d'action suivant. La cible du signal calcique résiduel n'est pas encore claire ; l'une des possibilités serait une occupation partielle des sites de liaison du calcium de la synaptotagmine, protéine qui détecte le calcium et déclenche la libération du neurotransmetteur.

À l'inverse de la facilitation, la **dépression synaptique** se traduit par une réduction de la libération de neurotransmetteur durant une activité synaptique continue. On a observé, en plusieurs circonstances, que la dépression dépend de la quantité de neurotransmetteur libéré et ceci fournit un indice important sur sa cause. Si, par exemple, on abaisse la concentration du Ca^{2+} externe (ce qui réduit le nombre de quanta de neurotransmetteur libérés à chaque potentiel d'action présynaptique), on ralentit la vitesse à laquelle s'installe la dépression (Figure 8.1C). De même, la taille de la dépression est proportionnelle à la quantité de transmetteur que libère la terminaison présynaptique (Figure 8.1D). Ces résultats ont fait naître l'idée que la dépression a pour cause une déplétion progressive du lot de vésicules synaptiques susceptibles d'être libérées. Quand la vitesse de libération est élevée, le lot de vésicules disponibles s'épuise rapidement et provoque une dépression accentuée. La déplétion se ralentit à mesure que la vitesse de libération diminue et la dépression s'atténue en conséquence. Selon cette hypothèse de la *déplétion des vésicules présynaptiques*, la dépression provoque un déclin de la force de transmission jusqu'à ce que la quantité de vésicules disponibles se remette à augmenter par mobilisation des vésicules du stock de réserve. On peut noter, à l'appui de cette hypothèse, que la dépression s'accentue quand le volume du stock de réserve est abaissé par une réduction de l'efficacité de la synapsine, protéine qui maintient les vésicules dans ce stock de réserve (voir Chapitre 5).

Il existe d'autres formes de plasticité synaptique, notamment la **potentialisation** et l'**augmentation**, qui sont déclenchées par une activité synaptique répétitive et qui ont pour effet d'accroître la quantité de transmetteur libéré par les terminaisons synaptiques. L'augmentation et la potentialisation augmentent toutes les deux la capacité du calcium qui pénètre dans la terminaison de déclencher la fusion de la membrane vésiculaire avec la membrane plasmique, mais leur action ne se déroule pas selon la même échelle de temps. Tandis que l'augmentation se développe et décline en quelques secondes (Figure 8.1C, en bas), la potentialisation dure de quelques dizaines de secondes à plusieurs minutes (Figure 8.1 E). Du fait de son décours temporel plus lent, elle peut s'étendre bien au-delà de la stimulation à haute fréquence qui lui a donné naissance, stimulation qualifiée de tétanisation, d'où son appellation fréquente de potentialisation post-tétanique (PPT). On estime que l'augmentation synaptique et la PPT sont toutes deux la conséquence d'un surcroît prolongé de calcium présynaptique durant l'activité de la synapse, mais on sait peu de choses sur les mécanismes moléculaires mis en jeu. On a suggéré que, dans le cas de l'augmentation, le Ca^{2+} accentuerait les effets de la protéine présynaptique munc-13 tandis que, dans le cas de la PPT, le Ca^{2+} activerait des protéine-kinases présynaptiques allant phosphoryler des substrats tels que la synapsine, qui régule la libération de transmetteur.

Au cours de cette activité synaptique répétitive, ces différentes formes de plasticité peuvent interagir les unes avec les autres et provoquer des changements complexes dans la transmission. À la jonction neuromusculaire, par exemple, la bouffée d'activité commence par produire une facilitation puis une augmentation qui renforcent la transmission synaptique (Figure 8.2). Ensuite, quand survient la déplétion des vésicules synaptiques, c'est au tour de la dépression de dominer et d'affaiblir la synapse. Après l'arrêt de la stimulation, l'invasion de la terminaison synaptique par un nouveau potentiel d'action déclenche une libération accrue de neurotransmetteur due à la persistance de la potentialisation post-tétanique. Bien que leurs contributions respectives varient d'une synapse à une autre, ces diverses formes de plasticité à court terme affectent toutes les synapses chimiques, dont elles modifient la transmission de façon dynamique en fonction de l'activité qu'elles ont connue dans un passé récent.

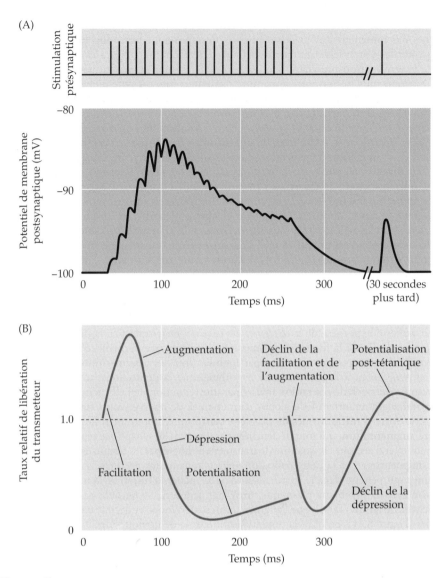

Figure 8.2

Plasticité à court terme, au niveau de la jonction neuromusculaire. (A) Une salve de stimulus électriques (en haut) appliquée au nerf moteur présynaptique modifie l'amplitude du potentiel de plaque motrice (PPM) (au dessous). (B) Changements dynamiques dans la libération du transmetteur provoqués par l'interaction de plusieurs formes de plasticité à court terme. La facilitation et l'augmentation du PPM ont lieu au début de la salve de stimulus et sont suivies d'une dépression marquée. La potentialisation post-tétanique commence vers la fin de la salve et persiste plusieurs secondes après l'arrêt de la stimulation. (A d'après Katz, 1966 ; B d'après Malenka et Siegelbaum, 2001.)

La plasticité synaptique à long terme est à la base de modifications du comportement chez l'aplysie

La facilitation, la dépression, l'augmentation et la potentialisation modifient la transmission synaptique sur une échelle de temps de quelques minutes tout au plus. Même s'il est vraisemblable que ces mécanismes entraînent des modifications transitoires du câblage cérébral, ils ne peuvent en aucun cas donner lieu à des changements du fonctionnement cérébral persistant pendant des semaines, des mois ou des années. On peut en revanche trouver des substrats plausibles à ces modifications plus durables dans les formes de plasticité synaptique à long terme que présentent un certain nombre de synapses : du fait de leur durée, elles sont susceptibles de constituer les corrélats cellulaires de l'apprentissage et de la mémoire. On n'a donc pas ménagé les efforts pour expliquer comment elles sont produites.

L'exploration des changements qui surviennent dans le cerveau de l'homme ou d'autres mammifères se heurte au nombre considérable de neurones et à la complexité de leurs connexions synaptiques. On peut cependant contourner cet obstacle en étudiant la plasticité dans des systèmes nerveux plus simples. Cette façon de procéder se fonde sur l'hypothèse que la plasticité est un phénomène si fondamental que ses bases cellulaires et moléculaires ont toute chance d'avoir été conservées chez des organismes extrêmement différents. Elle a été suivie avec succès dans les recherches qui ont permis d'identifier plusieurs formes de plasticité synaptique à long terme et de montrer qu'elles sous-tendent des formes simples d'apprentissage.

Eric Kandel et ses collègues de Columbia University ont abordé ces problèmes en utilisant le gastéropode marin *Aplysia californica* (Figure 8.3A). L'aplysie a un système nerveux qui ne comporte que quelques dizaines de milliers de neurones ; beaucoup sont de relativement grande taille (jusqu'à 1 mm de diamètre) et se situent toujours au même endroit dans les ganglions qui forment son système nerveux (Figure 8.3B). Ces propriétés donnent la possibilité d'enregistrer les signaux électriques et chimiques de neurones identifiables, aux propriétés définies, et d'analyser les caractéristiques des circuits synaptiques impliqués dans le répertoire comportemental limité de ce mollusque.

L'aplysie présente plusieurs formes élémentaires de plasticité comportementale. L'une d'elles est l'**habituation**, qui consiste en une diminution progressive de la réponse à une stimulation qui se répète. L'habituation existe chez beaucoup d'autres espèces, y compris l'espèce humaine. Quand nous nous habillons, par exemple, nous commençons par sentir les stimulations tactiles exercées sur notre peau par les vêtements ; mais il se produit une habituation et ces sensations s'estompent. De même chez l'aplysie, un léger attouchement du siphon entraîne une rétraction de la branchie, mais cette réponse s'habitue progressivement, devenant de moins en moins forte si l'on répète la stimulation (Figure 8.3C).

La réponse de rétraction de la branchie présente une autre forme de plasticité, la **sensibilisation**. Dans ce processus, une réponse aversive déclenchée par un stimulus nociceptif se généralise à divers autres stimulus non nociceptifs. Chez une aplysie dont la réponse à l'attouchement du siphon s'est habituée, on sensibilise la rétraction de la branchie en couplant l'attouchement du siphon à un fort choc électrique sur la queue. Grâce à cette association, le même léger contact du siphon retrouve sa capacité de déclencher une vigoureuse rétraction de la branchie (Figure 8.3C, à droite) : le stimulus nociceptif appliqué à la queue sensibilise donc la réponse de la branchie à l'attouchement. Une seule stimulation sur la queue suffit pour que le réflexe augmente pendant une heure au moins (Figure 8.3D). En répétant les stimulations couplées de la queue et du siphon, on peut modifier ce comportement pour des jours ou des semaines (Figure 8.3E) et mettre ainsi en évidence une forme simple de mémoire à long terme.

Le faible nombre de neurones du système nerveux de l'aplysie permet de déterminer les circuits synaptiques impliqués dans la rétraction de la branchie et d'enregistrer l'activité de chaque neurone et de chaque synapse de ces circuits. Même si, en fin de compte, ce comportement très simple met en jeu des centaines de neurones, l'activité de quelques types différents de neurones seulement, suffit à expliquer la rétraction de la branchie et sa plasticité lors de l'habituation et de la sensibilisation. Le circuit de rétraction de la branchie comprend des neurones sensoriels responsables de la sensibilité mécanique du siphon, des neurones moteurs innervant les muscles de la branchie et des interneurones recevant des afférences de divers neurones sensoriels (Figure 8.4A). Un attouchement du siphon excite les neurones mécanosensibles, dont les contacts synaptiques excitateurs qu'ils forment avec les interneurones ainsi qu'avec les neurones moteurs libèrent du glutamate ; l'attouchement du siphon augmente donc la probabilité que ces deux cibles postsynaptiques émettent des potentiels d'action. Les interneurones forment des synapses excitatrices avec les neurones moteurs, augmentant plus encore la probabilité qu'ils déchargent en réponse à la stimulation mécanique du siphon. Lorsque ces neurones moteurs sont activés par la somme des excitations synaptiques des neurones sensoriels et des interneurones, ils libèrent de l'acétylcholine, qui excite les muscles de la branchie et provoque ainsi sa rétraction.

Figure 8.3

Sensibilisation à court terme du réflexe de rétraction de la branchie d'aplysie.
(A) Schéma de l'animal communément appelé lièvre ou limace de mer. (B) Le ganglion abdominal de l'aplysie. Les corps cellulaires de nombreux neurones intervenant dans la rétraction de la branchie peuvent être identifiés par leur taille, leur forme et leur position dans ce ganglion. (C) Modifications du comportement de rétraction de la branchie, dues à l'habituation et à la sensibilisation. La première fois que l'on touche le siphon, la branchie se contracte avec vigueur. La répétition des attouchements s'accompagne de contractions de plus en plus faibles, traduisant l'habituation. Par la suite, le couplage de l'attouchement du siphon avec un choc électrique sur la queue provoque une sensibilisation à court terme, qui rétablit une contraction ample et rapide de la branchie. (D) En couplant un choc unique appliqué sur la queue avec un attouchement du siphon, on provoque une sensibilisation à court terme de la réponse de rétraction de la branchie.
(E) En appliquant des chocs répétés sur la queue, on prolonge la sensibilisation de la réponse de rétraction de la branchie (D'après Squire et Kandel, 1999.)

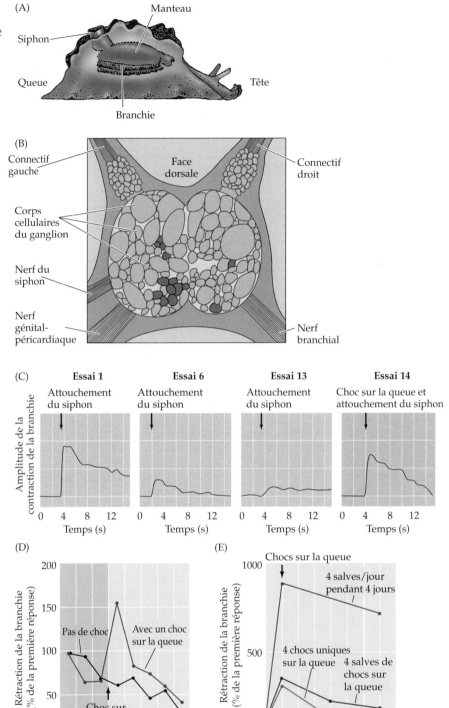

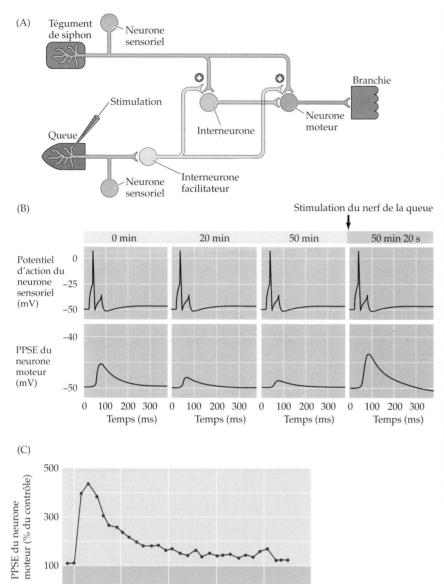

Figure 8.4

Mécanismes synaptiques de la sensibilisation à court terme. (A) Circuits nerveux impliqués dans la sensibilisation. Ordinairement, un attouchement du tégument du siphon active des neurones sensoriels qui excitent des interneurones ainsi que les neurones moteurs de la branchie, déclenchant ainsi une contraction du muscle branchial. Un choc sur la queue excite des interneurones facilitateurs qui altèrent la transmission synaptique entre les neurones sensoriels du siphon et les neurones moteurs de la branchie et produisent ainsi une sensibilisation. (B) Modifications de l'efficacité synaptique au niveau de la synapse sensori-motrice lors de la sensibilisation à court terme. Avant la sensibilisation, l'activation des neurones sensoriels du siphon produit un PPSE dans les neurones moteurs de la branchie. L'activation des interneurones sérotoninergiques facilitateurs fait augmenter la libération du neurotransmetteur que déversent les neurones sensoriels sur les neurones moteurs, de telle sorte que ces derniers produisent des PPSE plus amples entraînant l'émission d'un plus grand nombre de potentiels d'actions et une excitation plus intense du muscle branchial. (C) Décours temporel de la facilitation de la transmission induite par la sérotonine au niveau de la synapse sensori-motrice. (D'après Squire et Kandel, 1999.)

Les modifications de la transmission synaptique au sein de ce circuit sont à l'origine de l'habituation et de la sensibilisation. Durant l'habituation, la synapse glutamatergique entre les neurones sensoriels et moteurs voit sa transmission diminuer (Figure 8.4B, à gauche). Cette dépression synaptique est considérée comme responsable de la diminution de la capacité des stimulations du siphon à évoquer la rétraction de la branchie durant l'habituation. Tout comme la forme à court terme de dépression synaptique décrite plus haut, cette dépression se situe au niveau présynaptique et est due à une réduction du nombre de vésicules susceptibles de libérer des neurotransmetteurs, réduction qui s'accompagne d'une diminution de la quantité de glutamate libérée par les neurones sensoriels présynaptiques. Par contre, c'est par le recrutement de neurones supplémentaires que la sensibilisation modifie le fonctionnement de ce circuit. La stimulation de la queue, qui provoque la sensibilisation, active les neurones sensoriels qui innervent la queue. Ceux-ci vont exciter des interneurones modulateurs qui libèrent de la sérotonine sur les terminaisons présynaptiques des neurones sensoriels du siphon (voir Figure 8.4A). La sérotonine provoque une augmentation de la libération de neurotransmetteurs par les terminaisons des neurones sensoriels du siphon, ce qui entraîne un accroissement de l'excitation synaptique des neurones moteurs (Figure 8.4B). Cette modulation de la synapse entre neurones sensoriels et neurones moteurs dure à peu près une heure (Figure 8.4C), soit une durée du même ordre que celle de la sensibilisation à court terme de la rétraction de la branchie obtenue par un choc unique sur la queue (Figure 8.3D). La sensibilisation à court terme paraît donc reposer sur le recrutement de nouveaux éléments synaptiques qui modifient la transmission dans le circuit de rétraction de la branchie.

Le mécanisme probable de l'augmentation de la transmission durant la sensibilisation à court terme est schématisé dans la figure 8.5A. La sérotonine libérée par les interneurones facilitateurs se lie aux récepteurs couplés aux protéines G présents dans les terminaisons présynaptiques des neurones sensoriels du siphon (étape 1) ; ceci sti-

(A)

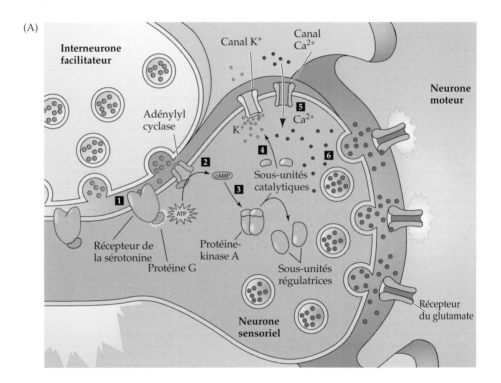

(B)

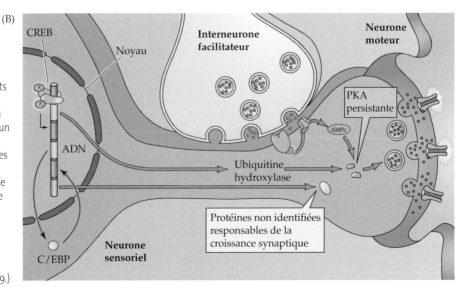

Figure 8.5

Mécanisme de l'accroissement des effets présynaptiques sous-tendant la sensibilisation comportementale. (A) La sensibilisation à court terme est due à un accroissement brutal, dépendant de la PKA, de la libération de glutamate par les terminaisons présynaptiques des neurones sensoriels. Explications dans le texte. (B) La sensibilisation à long terme est due à des changements de l'expression des gènes, donnant lieu à l'expression de protéines qui modifient l'activité de la PKA et entraînent des changements de la croissance des synapses (D'après Squire et Kandel, 1999.)

mule la production d'un second messager, l'AMPc (étape 2) ; l'AMPc se lie aux sous-unités régulatrices de la protéine-kinase A (PKA ; étape 3) et provoque la libération d'unités catalytiques de la PKA qui vont alors phosphoryler plusieurs protéines, y compris probablement des canaux K^+ (étape 4). L'effet net de la PKA est de diminuer la probabilité que s'ouvrent des canaux K^+ durant un potentiel d'action présynaptique. Cet effet augmente la durée du potentiel d'action présynaptique ce qui provoque l'ouverture d'un nombre accru de canaux Ca^{2+} présynaptiques (étape 5). Il entre donc finalement davantage de Ca^{2+} dans les terminaisons présynaptiques, ce qui augmente la quantité de transmetteur libéré en direction des neurones moteurs lorsqu'un neurone sensoriel émet un potentiel d'action (étape 6). En résumé, la sensibilisation à court terme de la rétraction de la branchie fait intervenir une cascade de transduction de signaux, des neurotransmetteurs, des seconds messagers, au moins une protéine-kinase et des canaux ioniques. À son terme, cette cascade renforce la transmission synaptique entre les neurones sensoriels et les neurones moteurs du circuit de retrait de la branchie.

On estime que le même mécanisme d'augmentation de la libération de glutamate sous l'effet de la sérotonine, sur lequel repose la sensibilisation à court terme, est également à la base de la sensibilisation à long terme. Dans ce cas, toutefois, les circuits peuvent être affectés pendant plusieurs semaines. La durée de cette forme de plasticité est clairement due à des changements de l'expression génique et donc de la synthèse des protéines (Figure 8.5B). Si l'on répète les chocs appliqués sur la queue de l'aplysie, la PKA que la sérotonine a activée lors de la sensibilisation à court terme va maintenant phosphoryler – et de cette façon activer – l'activateur de transcription qu'est la CREB (voir Chapitre 7). En se liant aux éléments de réponse à l'AMPc (CRE) au niveau des régions régulatrices de l'ADN nucléaire, la CREB augmente la vitesse de transcription des gènes d'aval. Bien qu'il ait été difficile de démêler les changements que subissent les gènes et les produits géniques à la suite de l'activation de la CREB, on a identifié plusieurs conséquences de l'activation des gènes. D'une part la CREB stimule la synthèse de l'ubiquitine hydroxylase, enzyme qui stimule la dégradation des sous-unités régulatrices de la PKA. Il s'ensuit une augmentation durable de la quantité de sous-unités catalytiques libres, ce qui veut dire qu'une certaine quantité de PKA est active en permanence et cesse d'avoir besoin de la sérotonine pour être activée. D'autre part la CREB stimule une autre protéine activatrice de la transcription appelée C/EBP. La C/EBP stimule la transcription de gènes inconnus qui provoquent l'ajout de terminaisons synaptiques, en sorte que le nombre de synapses entre neurones sensoriels et neurones moteurs augmente durablement. Ces effets d'augmentation structurale ne s'observent pas lors de la sensibilisation à court terme ; ils peuvent représenter la cause dernière du changement durable de la force globale des connexions impliquées dans l'augmentation du réflexe de rétraction de la branchie.

Une autre protéine impliquée dans la facilitation synaptique à long terme est la protéine liant l'élément de polyadénylation cytoplasmique ou CPEB (pour *Cytoplasmic Polyadenylation Element Binding protein*). La CPEB active les ARNm et peut jouer un rôle important dans le contrôle local de la synthèse protéique. Curieusement, cette protéine a des propriétés d'auto-entretien semblables à celles des protéines prions (voir Encadré 19A), qui lui permettent de demeurer perpétuellement active et donc d'intervenir dans les modifications permanentes de la transmission synaptique.

Des travaux sur l'aplysie et autres invertébrés, tels que la drosophile (Encadré 8A), découlent au moins deux généralisations, à propos de la plasticité synaptique. Premièrement, il est clair que la plasticité synaptique peut induire, dans le fonctionnement d'un circuit, des changements qui se traduiront en définitive par une plasticité comportementale. Cette conclusion a suscité un intérêt intense pour les mécanismes de la plasticité synaptique. Deuxièmement, les changements du fonctionnement synaptique peuvent être soit à court terme et dépendre de modifications post-traductionnelles des protéines synaptiques existantes, soit à long terme et reposer sur des modifications de l'expression génique, sur la synthèse de nouvelles protéines et éventuellement sur la croissance de nouvelles synapses (ou l'élimination des synapses existantes). Il est donc évident que les modifications à court terme du fonctionnement synaptique sont fondées sur des mécanismes différents de ceux qui sous-tendent les modifications à long

ENCADRÉ 8A *Génétique de l'apprentissage et de la mémoire chez la drosophile*

Dans le sillage de la renaissance que connut l'analyse génétique d'organismes simples au milieu des années 1970, quelques chercheurs se rendirent compte que l'on pouvait avec profit utiliser la drosophile pour analyser les bases génétiques de l'apprentissage et de la mémoire. Alors que le problème de la mémoire et de l'apprentissage a certainement été l'un des plus difficiles auxquels se soient attelés les généticiens travaillant sur la drosophile, leurs efforts ont été couronnés de succès au-delà de toute espérance. On a découvert un certain nombre de mutations qui affectent l'apprentissage et la mémoire et l'identification des gènes en cause a fourni des points d'appui des plus utiles pour l'analyse des mécanismes cellulaires de ces processus.

Dans ce travail, le problème de départ consistait à mettre au point des tests comportementaux capables de mettre en évidence les apprentissages anormaux et les déficits mnésiques dans de vastes populations de mouches. Le défi fut relevé par Seymour Benzer et ses collègues Chip Quinn et Bill Harris du California Institute of Technology. Ils élaborèrent des tests d'apprentissage olfactif et visuel qui sont devenus des outils de base pour l'analyse de l'apprentissage et de la mémoire chez la drosophile. Utilisant comme paradigme comportemental le couplage d'une lumière ou d'une odeur avec un stimulus aversif, Benzer et ses collègues parvinrent à évaluer l'apprentissage associatif de ces mouches. La conception d'un appareil de test ingénieux leur permit de contrôler les indices sensoriels non liés à l'apprentissage qui avaient jusqu'alors compliqué ces tests expérimentaux. De plus, il était possible, avec cet appareillage, de trier assez facilement de grands nombres de mouches, ce qui accélérait l'analyse des populations soumises à mutagenèse (voir Figure).

Ces travaux ont conduit identifier un nombre toujours plus grand de muta-

tions d'un seul gène qui bouleversent l'apprentissage et la mémoire des mouches. Les études comportementales et moléculaires des mutants (aux noms humoristiques mais descriptifs, tels que *dunce* (cancre), *rutabaga* et *amnesiac*) ont suggéré qu'il existe une voie essentielle pour l'apprentissage et la mémoire dans laquelle la transduction du signal fait intervenir l'AMPc. Or les produits géniques des locus *dunce*, *rutabaga* et *amnesiac* sont respectivement une phosphodiestérase (qui dégrade l'AMPc), une adénylyl cyclase (qui convertit l'ATP en AMPc) et un transmetteur peptidique, qui stimule l'adénylyl cyclase. Cette reconnaissance de l'importance de l'AMPc s'est trouvée confirmée lorsqu'on découvrit que la manipulation génétique d'un facteur de transcription, la CREB, interfère également avec l'apprentissage et la mémoire des mouches normales.

Ces observations réalisées chez la drosophile sont en accord avec les conclusions des travaux effectués sur l'aplysie (voir le texte) et mettent l'accent sur le rôle de

l'AMPc dans l'apprentissage et la mémoire d'un grand nombre d'autres espèces.

Références

DAVIS, R.L. (2004), Olfactory learning. *Neuron*, **44**, 31-48.

QUINN, W.G., W.A. HARRIS et S. BENZER (1974), Conditioned behavior in *Drosophila melanogaster. Proc. Natl. Acad. Sci. USA*, **71**, 708-712.

SQUIRE, L.R. et E.R. KANDEL (2002), *La mémoire. De l'esprit aux molécules.* Bruxelles, De Boeck Université. (Traduction de *Memory: From Mind to Molecules*, 1999, New York, Scientific American Library), 80-83.

TULLY, T. (1996), Discovery of genes involved with learning and memory. An experimental synthesis of Hirschian and Benzerian perspectives. *Proc. Natl. Acad. Sci. USA*, **93**, 13460-13467.

WADDELL, S. et W.G. QUINN (2001), Flies, genes, and learning. *Annu. Rev. Neurosci.*, **24**, 1283-1309.

WEINER, J. (1999), *Time, Love, Memory: A Great Biologist and His Quest for the Origins of Behavior.* New York, Knopf.

(A)

(B)

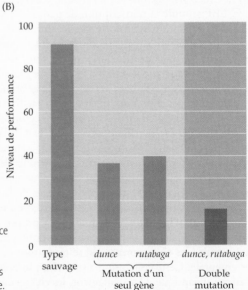

(A) La drosophile ou mouche du vinaigre *Drosophila melanogaster*. (B) Performance de mouches normales et mutantes à une tâche d'apprentissage olfactif. La performance à cette tâche des mutants *dunce* ou *rutabaga* est diminuée d'au moins 50 %. Les mouches porteuses des deux mutations *dunce* et *rutabaga* présentent une chute de performance encore plus importante, ce qui suggère que les deux gènes interviennent dans des aspects distincts mais apparentés de l'apprentissage. (B d'après Tully, 1996.)

terme. Comme le montrent les sections qui suivent, ces généralisations s'appliquent également au cerveau des mammifères et elles ont effectivement servi de fil conducteur aux recherches sur les formes de plasticité synaptique qu'il présente.

La potentialisation synaptique à long terme des synapses de l'hippocampe

La plasticité synaptique à long terme a été également mise en évidence dans le cerveau des mammifères. Certains profils d'activité synaptique y provoquent un accroissement durable de la force synaptique appelé **potentialisation à long terme (PLT)**, d'autres, à l'inverse, sont suivis d'une diminution à long terme de la force synaptique appelée **dépression à long terme (DLT)**. PLT et DLT sont des termes généraux qui ne font qu'indiquer la direction des changements de l'efficacité synaptique ; selon les synapses cérébrales auxquelles on a affaire, les mécanismes cellulaires et moléculaires de la PLT et de la DLT peuvent être différents. En règle générale, ces différentes formes de plasticité synaptique sont produites par des activités antérieures, aux caractéristiques différentes, et font intervenir, au sein des neurones impliqués, divers assortiments de voies de transduction intracellulaire du signal.

C'est dans l'hippocampe (Figure 8.6), aire cérébrale particulièrement importante pour la formation de certains types de souvenirs et pour leur rappel (voir Chapitre 31), que la PLT a été étudiée dans le plus grand détail. Chez des sujets humains, l'imagerie fonctionnelle montre que l'hippocampe est activé durant des tâches mnésiques particulières et l'on sait par ailleurs que des lésions de cette structure entraînent une incapacité de former de nouveaux souvenirs d'un certain type. Chez les rongeurs, certains neurones de l'hippocampe ne déchargent que lorsque l'animal se trouve à un endroit précis. Ces « cellules de lieu » (*place cells*) semblent encoder des souvenirs spatiaux, interprétation étayée par le fait que, chez le rat, des lésions de l'hippocampe perturbent l'acquisition d'apprentissages spatiaux (voir Figure 31.8). Bien que de nombreuses autres aires cérébrales soient impliquées dans les processus complexes de formation, de stockage et de rappel des souvenirs, ces observations ont conduit un certain nombre de chercheurs à étudier la PLT au niveau des synapses de l'hippocampe.

Les recherches sur la PLT ont commencé à la fin des années 1960, lorsque Terje Lomo et Timothy Bliss, travaillant dans le laboratoire de Per Andersen à Oslo, décou-

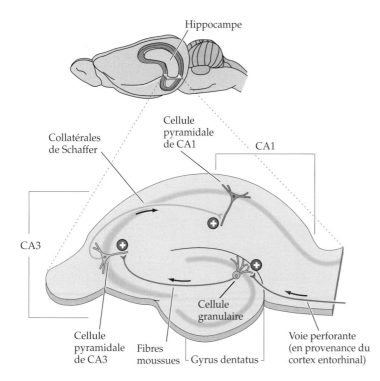

Figure 8.6

Schéma d'une coupe d'hippocampe de rongeur montrant les principales régions, les voies excitatrices et leurs connexions synaptiques. La stimulation de chacune des trois voies représentées ici (voie perforante, voie des fibres moussues et voie des collatérales de Schaffer) a permis d'observer la potentialisation à long terme de la transmission à chacune des trois synapses.

Figure 8.7

Potentialisation à long terme des synapses entre collatérales de Schaffer et CA1. (A) Disposition des électrodes de stimulation et d'enregistrement. Les électrodes de stimulation 1 et 2 activent chacune un contingent distinct de collatérales de Schaffer qui forment ainsi une voie synaptique «test» et une voie «contrôle». (B) À gauche: réponses synaptiques d'un neurone de CA1 à une stimulation par choc unique de la voie synaptique 1, quelques minutes avant et une heure après une salve de stimulations à haute fréquence (tétanisation). La tétanisation augmente la taille du PPSE provoqué par un choc unique. À droite: les réponses à une stimulation de la voie synaptique 2, qui n'a pas reçu de stimulation à haute fréquence, sont inchangées. (C) Décours temporel des changements d'amplitude des PPSE provoqués par la stimulation des voies 1 et 2. La tétanisation de la voie 1 entraîne une augmentation prolongée des PPSE de cette voie seulement (en violet). Cette potentialisation de la transmission synaptique persiste plusieurs heures, alors que l'amplitude des PPSE de la voie 2 (en orange) reste constante. (D) Les enregistrements in vivo de PPSE hippocampiques montrent qu'une stimulation à haute fréquence peut induire une PLT qui dure plus d'une année. (A-C d'après Malinow et al., 1989; D d'après Abraham et al., 2002.)

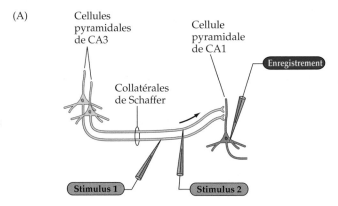

(A)

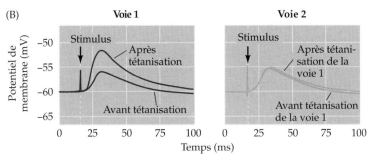

(B)

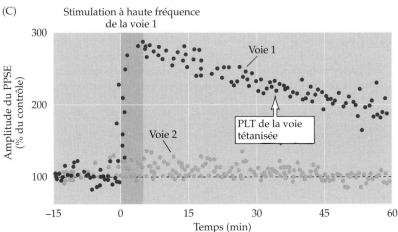

(C)

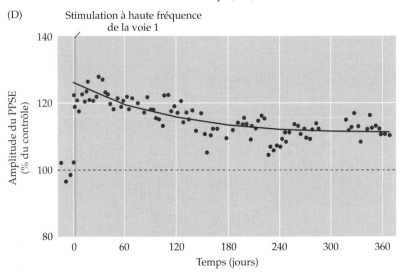

(D)

vrirent qu'après quelques secondes d'une stimulation électrique à haute fréquence, l'hippocampe d'un lapin présentait une augmentation de la transmission synaptique pouvant durer des jours ou même des semaines. Plus récemment, l'analyse des processus de la PLT a eu largement recours à l'étude *in vitro* de tranches d'hippocampe vivant. L'organisation des neurones au sein de l'hippocampe permet en effet d'en faire des coupes épaisses qui laissent intacts la plupart des circuits impliqués. Dans ces préparations, les corps cellulaires des neurones pyramidaux sont concentrés dans une seule couche facilement repérable (Figure 8.6). Cette couche est divisée en plusieurs régions distinctes, les plus importantes étant CA1 et CA3 (CA désigne par ses initiales la **C**orne d'**A**mmon, autre nom de l'hippocampe qui fait allusion à son aspect recourbé comme les cornes du dieu égyptien à tête de bélier). Les dendrites des cellules pyramidales de la région CA1 forment une couche épaisse (le stratum radiatum) où viennent faire synapse les axones des cellules pyramidales de la région CA3 désignés sous le nom de collatérales de Schaffer. Une importante proportion des travaux effectués sur la PLT se sont focalisés sur ces connexions synaptiques entre collatérales de Schaffer et cellules pyramidales de CA1. La stimulation électrique des collatérales de Schaffer déclenche des PPSE dans les neurones de CA1 (Figure 8.7A, B). Si l'on stimule les collatérales de Schaffer à une fréquence qui n'excède pas deux à trois fois par minute, la taille du PPSE évoqué dans les neurones de CA1 demeure constante. Par contre, si ces fibres reçoivent une brève salve de stimulus à haute fréquence, il se produit un accroissement durable de l'amplitude du PPSE, c'est-à-dire une PLT (Figure 8.7B, C). On ignore quelle peut être la durée maximale de la PLT, mais elle peut dans certains cas persister pendant plus d'un an (Figure 8.7D). La longue durée de la PLT montre que cette forme de plasticité synaptique peut être utilisée comme mécanisme de stockage à long terme de l'information. On a observé une PLT à chacune des trois synapses excitatrices de l'hippocampe représentées sur la figure 8.6, mais également aux synapses de diverses régions du cerveau, telles que l'amygdale, le cortex ou le cervelet.

La PLT de la synapse des collatérales de Schaffer présente plusieurs propriétés qui en font un mécanisme neural plausible pour le stockage de l'information. Tout d'abord, la PLT est *dépendante de l'état* : le niveau du potentiel de membrane de la cellule postsynaptique conditionne la présence ou l'absence de PLT (Figure 8.8). Si

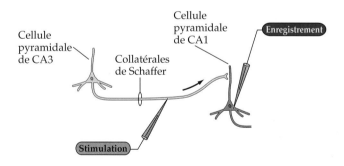

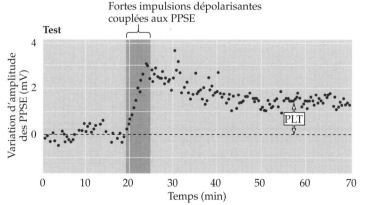

Figure 8.8

Le couplage de l'activité pré- et postsynaptique produit une PLT. Des chocs uniques appliqués à une afférence présynaptique, en l'occurrence une collatérale de Schaffer, provoquent des PPSE dans le neurone postsynaptique de CA1. Ces stimulus, délivrés seuls, ne provoquent aucune modification de la force synaptique. Mais si, en même temps qu'on stimule la collatérale de Schaffer, on dépolarise brièvement la membrane du neurone de CA1 (en faisant passer des échelons de courant par l'électrode d'enregistrement), on provoque alors une augmentation durable des PPSE. (D'après Gustafsson et al., 1987.)

Figure 8.9

Propriétés de la PLT d'un neurone pyramidal de CA1 recevant des afférences synaptiques de deux ensembles indépendants de collatérales de Schaffer. (A) Une activité élevée provoque une PLT aux synapses actives (voie 1), mais non aux synapses voisines inactives (voie 2). (B) Une faible stimulation de la voie 2 seule ne produit aucune PLT. Mais, lorsque la même stimulation faible de la voie 2 est délivrée en même temps qu'une forte stimulation de la voie 1, les deux ensembles de synapses sont renforcés.

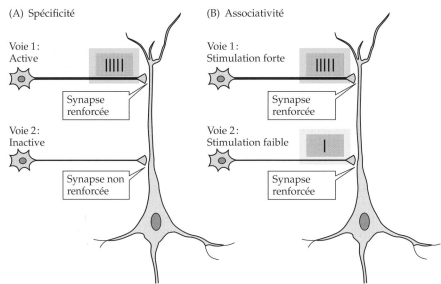

(A) Spécificité

Voie 1 : Active

Synapse renforcée

Voie 2 : Inactive

Synapse non renforcée

(B) Associativité

Voie 1 : Stimulation forte

Synapse renforcée

Voie 2 : Stimulation faible

Synapse renforcée

une stimulation unique des collatérales de Schaffer — qui normalement ne déclenche pas de PLT — est couplée avec une forte dépolarisation de la cellule postsynaptique de CA1, les synapses de la collatérale de Schaffer stimulée présentent une PLT qui se traduit par une augmentation de la taille des PPSE. Cette augmentation n'a lieu que s'il y a une liaison temporelle étroite entre l'activité des cellules pré- et postsynaptiques ; la forte dépolarisation postsynaptique doit survenir dans les 100 ms environ qui suivent la libération du transmetteur par la terminaison présynaptique. L'exigence d'une corrélation temporelle entre l'activité des éléments pré- et postsynaptiques est le postulat central de la théorie de l'apprentissage proposée par Hebb en 1949. Selon Hebb la corrélation entre l'activité de la terminaison présynaptique et celle du neurone présynaptique renforce la connexion synaptique qui les relie, et c'est précisément ce que l'on constate lors de la PLT. Le postulat de Hebb a également été invoqué à propos du rôle de l'activité neuronique dans d'autres fonctions cérébrales, particulièrement en ce qui concerne le développement des circuits neuraux (voir Chapitre 24).

La PLT présente une seconde caractéristique qui est la *spécificité des afférences*. Quand la stimulation d'une synapse produit une PLT, celle-ci ne concerne pas les afférences inactives faisant contact par ailleurs avec le même neurone (Figure 8.7). La PLT est donc limitée aux synapses actives et ne porte pas sur toutes les synapses d'une cellule donnée (Figure 8.9A). Cette propriété de la PLT est cohérente avec son implication dans la formation des souvenirs (ou, à tout le moins, dans le stockage d'informations spécifiques au niveau des synapses). Si l'activité d'un ensemble donné de synapses entraînait la potentialisation de toutes les autres synapses, y compris de celles qui ne sont pas actives, il serait difficile de renforcer sélectivement un groupe particulier d'entrées de signaux afférents comme l'exige sans doute le stockage d'informations spécifiques.

Une autre propriété importante de la PLT est l'*associativité* (Figure 24.8B). Comme on l'a vu, une stimulation faible de la voie afférente ne peut pas, par elle-même, déclencher une PLT. Toutefois, si une voie est faiblement activée au moment même où une autre qui converge sur le même neurone l'est fortement, les deux voies synaptiques seront potentialisées. Ce phénomène de facilitation sélective d'un groupe de terminaisons afférentes conjointement actives est souvent considéré comme un analogue cellulaire du conditionnement associatif, ou conditionnement classique. D'un point de vue plus général, l'associativité est une propriété que l'on attend d'un réseau de neurones destiné à associer deux ensembles distincts d'informations.

Il y a certes un fossé considérable entre expliquer la PLT des synapses de l'hippocampe et expliquer l'apprentissage, la mémoire et les autres formes de plasticité comportementale des mammifères. Néanmoins, cette forme de plasticité offre un mécanisme neural vraisemblable aux changements de longue durée de cette partie du cerveau dont on sait qu'elle est impliquée dans la formation de certaines catégories de souvenirs.

Les bases moléculaires de la PLT

Bien que la PLT ait été découverte voilà plus de trente ans, ses mécanismes moléculaires n'ont été élucidés que récemment. Un grand bond en avant a été fait au milieu des années 1980, quand on s'est rendu compte que les antagonistes des récepteurs NMDA du glutamate empêchent l'établissement de la PLT, mais n'ont aucun effet sur la réponse synaptique évoquée par la stimulation à basse fréquence des collatérales de Schaffer. Et c'est à peu près à la même époque que l'on a pris la mesure des propriétés biophysiques exceptionnelles des récepteurs NMDA. Comme il a été dit au chapitre 6, le récepteur canal NMDA est perméable au Ca^{2+}, mais est bloqué par le magnésium aux concentrations physiologiques. Cette propriété fournit un indice capital pour comprendre comment la PLT est sélectivement induite par une activité à haute fréquence. Au cours d'une transmission synaptique à basse fréquence, le glutamate libéré par les terminaisons des collatérales de Schaffer se lie à la fois aux récepteurs NMDA et aux récepteurs AMPA/kaïnate. Les deux types de récepteurs se lient donc au glutamate, mais, si le potentiel de membrane du neurone postsynaptique est à son niveau normal de repos, le pore du récepteur canal NMDA sera bloqué par les ions magnésium et ne laissera passer aucun courant (Figure 8.10, à gauche). Dans ces conditions, le PPSE sera entièrement dû aux récepteurs AMPA. Cependant, comme le blocage du canal NMDA par les ions Mg^{2+} est dépendant du voltage, le fonctionnement de la synapse change du tout au tout lorsque le neurone postsynaptique est dépolarisé. Une stimulation à haute fréquence (comme dans la figure 8.7) provoque alors une sommation des PPSE, entraînant une dépolarisation prolongée qui a pour conséquence l'expulsion du Mg^{2+} hors du pore du canal NMDA (Figure 8.10, à droite). La suppression du Mg^{2+} permet au Ca^{2+} d'entrer dans le neurone postsynaptique. Il s'ensuit une augmentation du taux de calcium dans les épines dendritiques du neurone postsynaptique et c'est cela précisément qui déclenche la PLT. Le récepteur NMDA se comporte donc comme un détecteur moléculaire de coïncidence ; le canal de ce récepteur ne s'ouvre (pour induire la PLT) que si deux événements surviennent en même temps : la liaison du glutamate aux récepteurs et la dépolarisation de la cellule postsynaptique qui va lever le blocage du pore du canal NMDA par le Mg^{2+}.

Ces propriétés du récepteur NMDA peuvent, en principe, expliquer plusieurs des caractéristiques de la PLT. Ainsi la spécificité de la PLT (voir Figure 8.9A) peut s'expliquer par le fait que les canaux NMDA ne s'ouvriront qu'aux contacts synaptiques qui sont actifs et qui libèrent du glutamate, restreignant de la sorte la PLT à ces sites. Pour ce qui est de l'associativité (voir Figure 8.9B), une terminaison afférente faiblement stimulée libère du glutamate, sans toutefois pouvoir dépolariser suffisamment la cellule postsynaptique pour lever le blocage exercé par les ions Mg^{2+}. Mais si les fibres affé-

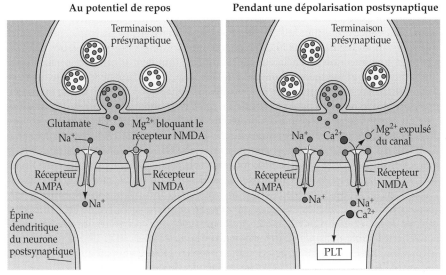

Au potentiel de repos — **Pendant une dépolarisation postsynaptique**

Terminaison présynaptique

Glutamate — Mg^{2+} bloquant le récepteur NMDA

Na^+

Récepteur AMPA — Récepteur NMDA

Na^+

Épine dendritique du neurone postsynaptique

Terminaison présynaptique

Na^+ Ca^{2+} Mg^{2+} expulsé du canal

Récepteur AMPA — Récepteur NMDA

Na^+

Na^+ Ca^{2+}

PLT

Figure 8.10

Le canal du récepteur NMDA ne peut s'ouvrir que lorsque le neurone postsynaptique est dépolarisé par rapport à son potentiel de repos normal. La dépolarisation chasse le Mg^{2+} du canal NMDA, permettant au courant d'entrer dans la cellule postsynaptique. Ceci provoque une entrée de Ca^{2+}, qui déclenche la PLT. (D'après Nicoll et al., 1988.)

Figure 8.11

Mécanismes de la PLT. Durant la libération de glutamate, le canal NMDA ne s'ouvre que si la cellule postsynaptique est suffisamment dépolarisée. Les ions calcium qui pénètrent dans la cellule par ce canal activent des protéine-kinases postsynaptiques. Ces kinases déclenchent une série de réactions aboutissant à l'insertion dans l'épine postsynaptique de nouveaux récepteurs AMPA qui augmentent la sensibilité au glutamate.

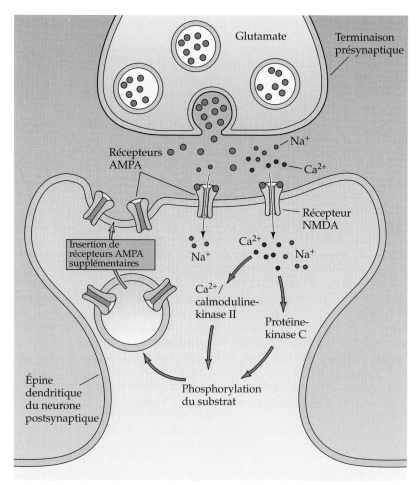

rentes voisines sont fortement stimulées, elles fournissent la dépolarisation «associée» nécessaire pour lever le blocage. Quant au fait que la PLT soit dépendante de l'état, comme le démontre l'induction d'une PLT par couplage d'un signal afférent faible avec une dépolarisation postsynaptique (voir Figure 8.8), il peut relever des mêmes mécanismes : la terminaison afférente libère du glutamate, tandis que la dépolarisation concomitante lève le blocage du récepteur NMDA par le Mg^{2+}.

Des observations effectuées dans des domaines différents ont confirmé que l'augmentation de la concentration du calcium dans le neurone postsynaptique du champ CA1, due à l'entrée d'ions Ca^{2+} au travers des récepteurs NMDA, constitue un signal de second messager qui induit la PLT. Des études par imagerie, par exemple, ont montré que l'activation des récepteurs NMDA augmente les niveaux postsynaptiques de Ca^{2+}. De plus, une injection de chélateurs des ions Ca^{2+} (qui lient le calcium intracellulaire libre) bloque la PLT, tandis qu'une élévation rapide des niveaux de Ca^{2+} dans les neurones postsynaptiques potentialise la transmission synaptique. Le Ca^{2+} induit la PLT en activant dans le neurone postsynaptique un enchevêtrement de cascades de transduction du signal faisant intervenir des protéine-kinases. Au moins deux protéine-kinases activées par le Ca^{2+} ont été impliquées dans l'induction de la PLT (Figure 8.11) : la protéine-kinase Ca^{2+}-calmoduline dépendante (CaMKII) et la protéine-kinase C (PKC ; voir Chapitre 7). La CaMKII semble jouer un rôle particulièrement important : d'une part, cette enzyme est la protéine postsynaptique que l'on trouve en plus grande abondance dans les synapses des collatérales de Schaffer, d'autre part, son inhibition pharmacologique ou la délétion du gène qui la code empêche la PLT. Elle est par ailleurs capable de se phosphoryler elle-même et l'on a avancé que ceci pourrait provoquer une activation durable de la CaMKII prolongeant la durée de la PLT. On ne connaît pas encore la totalité des cibles de ces kinases, mais elles incluent apparemment les récepteurs AMPA ainsi que quantité d'autres protéines signaux.

Il paraît clair que le renforcement de la transmission synaptique durant la PLT a pour cause principale une augmentation de la sensibilité du neurone postsynaptique au glutamate. Plusieurs observations indiquent que les synapses excitatrices sont capables de réguler de façon dynamique le nombre de leurs récepteurs postsynaptiques du glutamate ; elles peuvent même implanter de nouveaux récepteurs AMPA dans les synapses « silencieuses » qui en étaient dépourvues (Encadré 8B). L'« expression » (ou l'entretien) de la PLT est, selon toute vraisemblance, due à cette insertion de récepteurs AMPA dans la membrane postsynaptique (à la différence de son « induction » qui repose sur l'activation de récepteurs NMDA). Il en résulte une densité plus forte de récepteurs AMPA au niveau de l'épine postsynaptique et, en conséquence, une augmentation de la réponse de la cellule postsynaptique au glutamate qui est libéré (Figure 8.12A), renforçant la transmission synaptique aussi longtemps que la PLT persiste (Figure 8.12B). Dans les synapses silencieuses où, pour un niveau normal de potentiel de repos, l'activité synaptique ne s'accompagne d'aucune réponse postsynaptique, la PLT implante des récepteurs AMPA qui rendent possible la production de telles réponses (Figure 8.12C). Dans certains cas, la PLT peut aussi augmenter durablement la capacité des terminaisons présynaptiques à libérer du glutamate. Étant donné que la PLT est déclenchée par les effets du Ca^{2+} à l'intérieur du neurone postsynaptique (voir Figure 8.11), cette potentialisation présynaptique exige qu'un signal rétrograde (peut-être le NO) diffuse de la région postsynaptique jusqu'aux terminaisons présynaptiques.

Le processus que l'on vient de décrire peut expliquer les changements qui surviennent pendant une heure ou deux après l'induction de la PLT. Mais il existe aussi une phase plus tardive de la PLT, qui dépend pour sa part de changements dans l'expression des gènes et de la synthèse de nouvelles protéines. Les contributions propres à cette phase tardive peuvent être observées en traitant les synapses avec des drogues qui inhibent la synthèse protéique. Un tel blocage fait disparaître la PLT que l'on enre-

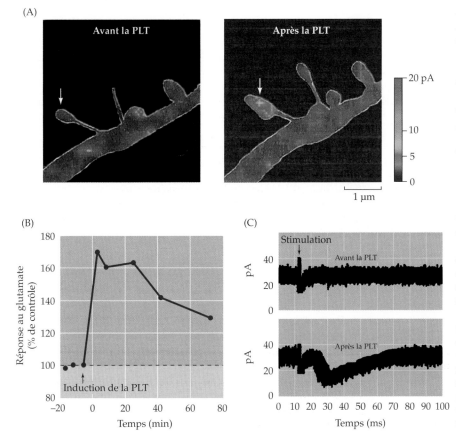

Figure 8.12

Ajout de récepteurs AMPA postsynaptiques durant la PLT (A) Carte spatiale de la sensibilité au glutamate d'un dendrite de neurone hippocampique avant (à gauche) et 120 minutes après l'induction d'une PLT. L'échelle des couleurs indique l'amplitude des réponses à des applications de glutamate extrêmement localisées. La PLT provoque une augmentation de la réponse de l'épine dendritique au glutamate (flèche) ; cette augmentation est due à l'augmentation du nombre de récepteurs NMDA sur la membrane de l'épine.
(B) Décours temporel des changements de sensibilité au glutamate d'épines dendritiques durant la PLT. L'induction de la PLT (au temps 0) provoque une augmentation de la sensibilité au glutamate pendant plus de 60 minutes. (C) La PLT induit une réponse des récepteurs AMPA de synapses silencieuses de l'hippocampe. Avant l'induction de la PLT, aucun courant postsynaptique excitateur (CPSE) n'est déclenché à cette synapse silencieuse pour un potentiel de membrane de −65mV (tracé du haut). Après induction de la PLT, le même stimulus déclenche des CPSE dus à des récepteurs AMPA (tracé du bas).
(A, B d'après Matsuzaki et al., 2004 ; C d'après Liao et al., 1995.)

ENCADRÉ 8B   *Les synapses silencieuses*

Plusieurs observations récentes indiquent que les récepteurs postsynaptiques du glutamate font l'objet d'une régulation dynamique au niveau des synapses excitatrices. Les premières indications sur ce processus se sont fait jour quand on a découvert que la stimulation de certaines synapses glutamatergiques ne déclenche aucun signal électrique postsynaptique si la cellule postsynaptique est à son potentiel de repos normal (Figure A). Mais lorsque cette cellule est dépolarisée, ces « synapses silencieuses » deviennent capables d'émettre d'amples réponses électriques postsynaptiques. Le fait que la transmission de ces synapses puisse être mise en position de marche ou d'arrêt suggère un moyen simple et intéressant de modifier les circuits neuraux.

Les synapses silencieuses sont particulièrement abondantes lors du développement ; on en a trouvé dans un grand nombre de régions du cerveau, dont l'hippocampe, le cortex cérébral et la moelle épinière. Le silence de ces synapses est, de toute évidence, dû à un blocage, dépendant du voltage, des récepteurs NMDA par le Mg^{2+} (voir le texte et le chapitre 6). Lorsque le potentiel de membrane est à un niveau normal, la libération de glutamate par la terminaison présynaptique ne provoque aucune réponse postsynaptique, car les récepteurs NMDA postsynaptiques sont bloqués par le Mg^{2+}. Mais la dépolarisation du neurone postsynaptique déplace le Mg^{2+} et permet ainsi au glutamate libéré par la terminaison présynaptique d'induire un PPSE par l'intermédiaire des récepteurs NMDA.

Le glutamate libéré au niveau des synapses silencieuses ne se lie manifestement qu'aux récepteurs NMDA. Mais comment fait-il pour ne pas activer les récepteurs AMPA ? L'une des possibilités est que le glutamate déversé sur des neurones voisins diffuse jusqu'aux synapses du neurone que l'on enregistre. Dans ce cas, la concentration du glutamate qui diffuse peut n'être suffisante que pour activer les récepteurs NMDA à haute affinité, mais non les récepteurs AMPA à faible affinité. Une autre possibilité est que la synapse

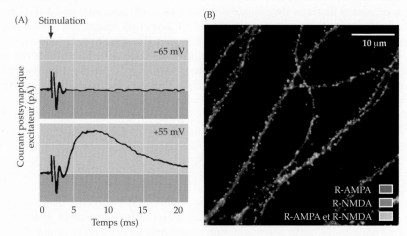

(A) Preuves électrophysiologiques des synapses silencieuses. La stimulation de certaines fibres ne parvient pas à activer les synapses lorsque la cellule postsynaptique est maintenue à un potentiel négatif (–65 mV, tracé du haut). Mais lorsque la cellule postsynaptique est dépolarisée (+55 mV), la stimulation produit une réponse de grande amplitude (tracé du bas). (B) Localisation par immunofluorescence de récepteurs NMDA (en vert) et AMPA (en rouge) dans un neurone hippocampique en culture. De nombreuses épines dendritiques sont positives pour les récepteurs NMDA, mais non pour les récepteurs AMPA, signe qu'il s'agit de synapses à récepteurs NMDA seulement. (A d'après Liao *et al.*, 1999 ; B gracieusement communiqué par M. Ehlers.)

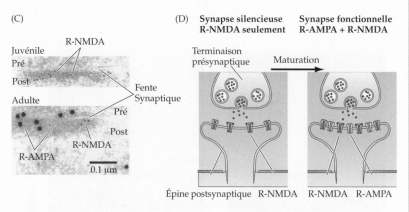

(C) Microscopie électronique des synapses excitatrices du stratum radiatum du champ CA1 de l'hippocampe de rats de 10 jours ou de 5 semaines (adultes) ; les synapses sont doublement marquées pour les récepteurs NMDA (R–NMDA) et pour les récepteurs AMPA (R–AMPA). On a indiqué la terminaison présynaptique (pré), la fente synaptique et l'épine postsynaptique (post). Les récepteurs AMPA sont abondants dans la synapse adulte, mais absents de la synapse plus jeune. (D) Modèle de la maturation d'une synapse glutamatergique. Au début du développement postnatal, beaucoup de synapses excitatrices ne contiennent que des récepteurs NMDA. À mesure que progresse la maturation de la synapse, des récepteurs AMPA sont recrutés. (C d'après Petralia et al., 1999)

silencieuse possède les deux types de récepteurs, AMPA et NMDA, mais que, pour une raison quelconque, les récepteurs AMPA ne sont pas fonctionnels. Enfin, certaines synapses excitatrices peuvent n'avoir que des récepteurs NMDA. Un

nombre croissant de données va dans le sens de cette dernière explication. Les plus probantes sont des expériences d'immunocytochimie démontrant l'existence de synapses excitatrices qui n'ont que des récepteurs NMDA (points verts de la figure B). Ces synapses à récepteurs exclusivement NMDA sont présentes en grande quantité lors du développement postnatal précoce, mais leur nombre diminue chez l'adulte (Figure C). Quelques-unes au moins des synapses silencieuses ne sont donc pas une catégorie à part de synapses excitatrices dépourvues de récepteurs AMPA; elles constituent seulement un stade précoce de la maturation des synapses glutamatergiques (Figure D). Les récepteurs AMPA et NMDA ne sont bien sûr pas inextricablement liés au niveau des synapses excitatrices, mais constituent les cibles distinctes de mécanismes cellulaires indépendants. Les proportions de différents récepteurs du glutamate propres à chaque synapse supposent des mécanismes complexes capables de ré-

guler la localisation de chaque type de récepteurs. Des changements dynamiques du trafic des récepteurs AMPA et NMDA peuvent renforcer ou affaiblir la transmission synaptique et tiennent une place importante dans la PLT, la DLT et la maturation des synapses glutamatergiques. Les synapses silencieuses ont commencé à livrer leurs secrets à voix basse, mais il reste beaucoup à apprendre sur leur importance physiologique et sur les mécanismes moléculaires qui permettent le recrutement ou le retrait rapide des récepteurs synaptiques AMPA.

Références

DERKACH, V.A., M.C. OH, E.S. GUIRE et T. SODERLING (2007), Regulatory mechanisms of

AMPA receptors in synaptic plasticity. *Nature Rev. Neurosci.*, **8**, 101-113.

GOMPERTS, S.N., A. RAO, A.M. CRAIG, R.C. MALENKA et R.A. NICOLL (1998), Postsynaptically silent synapses in single neuron cultures. *Neuron*, **21**, 1443-1451.

LIAO, D., N.A. HESSLER et R. MALINOW (1995), Activation of postsynaptically silent synapses during pairing-induced LTP in CA1 region of hippocampal slices. *Nature*, **375**, 400-404.

LUSCHER, C., R.A. NICOLL, R.C. MALENKA et D. MULLER (2000), Synaptic plasticity and dynamic modulation of the postsynaptic membrane. *Nature Neurosci.*, **3**, 545-550.

PETRALIA, R.S. et 6 AUTRES (1999), Selective acquisition of AMPA receptors over postnatal development suggests a molecular basis for silent synapses. *Nature Neurosci.*, **2**, 31-36.

gistre plusieurs heures après un stimulus, mais n'affecte pas ses phases plus précoces (Figure 8.13). La phase tardive de la PLT débute sous l'effet de la protéine-kinase A. Celle-ci active des facteurs de transcription, tels que la CREB, qui vont stimuler l'expression d'autres protéines. La plupart des protéines nouvellement synthétisées n'ont pas été identifiées; on sait néanmoins qu'elles comprennent d'autres facteurs régulateurs de la transcription, des protéine-kinases et des récepteurs AMPA (Figure 8.14A). On ignore encore comment ces protéines contribuent à la phase tardive de la PLT. On a des preuves de l'augmentation du nombre et de la taille des contacts synaptiques pendant la PLT; il paraît donc vraisemblable que certaines des protéines nouvellement synthétisées durant la phase tardive de la PLT sont impliquées dans la construction des nouveaux contacts synaptiques sur lesquels repose la permanence de la PLT.

Pour conclure, la PLT que l'on observe dans l'hippocampe des mammifères présente des parallèles évidents avec les changements à long terme de la transmission synaptique qui sous-tendent la sensibilisation comportementale de l'aplysie. Dans les deux cas, il y a une brève phase précoce, qui met en jeu des protéine-kinases provoquant des modifications post-traductionnelles dans les canaux ioniques membranaires. Dans les deux cas également il y a des phases plus tardives, de longue durée, qui exigent des modifications de l'expression des gènes reposant sur l'intervention de la CREB. Ces deux formes de plasticité synaptique à long terme sont très probablement impliquées dans le stockage à long terme des informations, quoique le rôle de la PLT dans la conservation des souvenirs au niveau de l'hippocampe ne soit pas fermement établi.

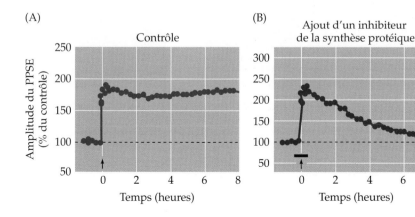

Figure 8.13

Rôle de la synthèse des protéines dans l'entretien de la PLT. (A) Une stimulation répétitive à haute fréquence (flèches) induit une PLT qui persiste pendant des heures. (B) Un traitement à l'anisomycine, qui inhibe la synthèse protéique, (barre horizontale au temps 0) provoque le déclin de la PLT dans les quelques heures qui suivent la stimulation à haute fréquence. (D'après Frey et Morris, 1997.)

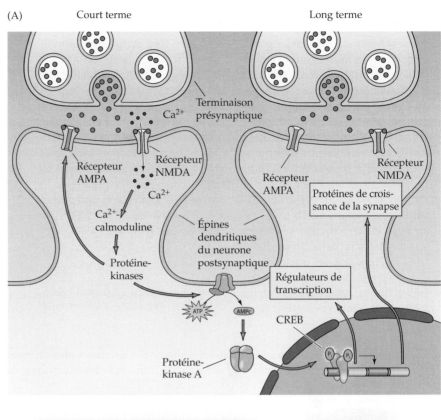

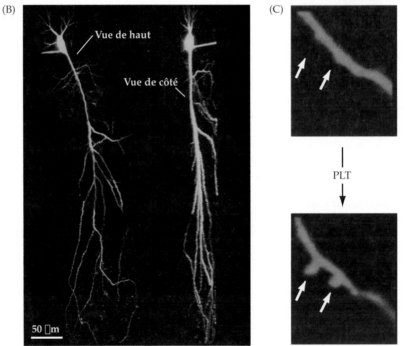

Figure 8.14

Mécanismes responsables des modifications durables de la transmission synaptique durant la PLT. (A) La phase tardive de la PLT est due à l'activation, par la PKA, d'un régulateur de transcription, la CREB; celle-ci déclenche l'expression de divers gènes qui provoquent des modifications durables de l'activité de la PKA d'une part et de la structure de la synapse d'autre part. (B, C) Changements structuraux accompagnant une PLT dans l'hippocampe. (B) Dendrites d'un neurone pyramidal de CA1 visualisé par un colorant fluorescent introduit dans la cellule. (C) De nouvelles épines dendritiques (flèches blanches) apparaissent une heure environ après une stimulation induisant une PLT. La présence de nouvelles épines laisse entrevoir la possibilité que la PLT puisse avoir, en partie, son origine dans la formation de nouvelles synapses. (A d'après Squire et Kandel, 1999; B et C d'après Engbert et Bonhoeffer, 1999.)

La dépression synaptique à long terme

Si les synapses de l'hippocampe ne faisaient que se renforcer sous l'effet de la PLT ou de phénomènes semblables, elles atteindraient toutes en peu de temps un degré maximal d'efficacité leur rendant difficile de coder de nouvelles informations. Pour faire du renforcement des synapses un mécanisme efficace de codage de l'information, il faut que d'autres processus viennent affaiblir sélectivement certains ensembles synaptiques. Tel est le cas de la dépression à long terme (DLT). À la fin des années 1970, on a trouvé que les synapses de l'hippocampe situées entre les collatérales de Schaffer et les cellules pyramidales de CA1 pouvaient faire l'objet d'une DLT. Alors que la PLT de ces synapses exige une stimulation brève à haute fréquence, la DLT se manifeste après que les collatérales de Schaffer ont été stimulées à basse fréquence, 1 Hz environ, pendant longtemps (10-15 minutes). Ce profil d'activité déprime les PPSE pour plusieurs heures et, comme la PLT, il est spécifique des synapses activées (Figure 8.15A, B). Par ailleurs, la DLT peut abolir l'augmentation des PPSE due à la PLT et, réciproquement,

(A)

(B)

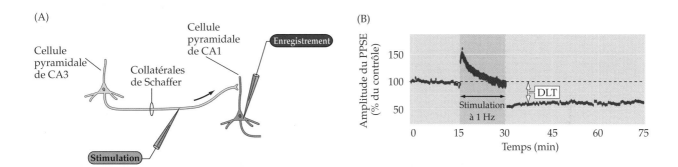

(C)

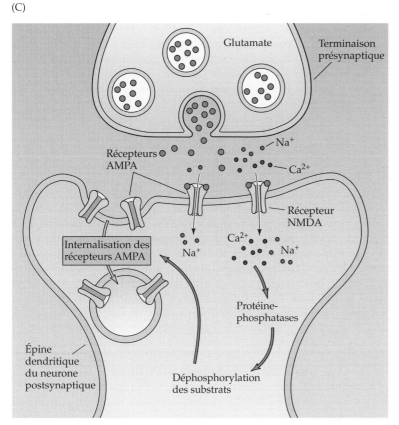

Figure 8.15

Dépression synaptique à long terme dans l'hippocampe. (A) Dispositif expérimental permettant d'enregistrer la transmission aux synapses entre collatérales de Schaffer et neurones pyramidaux du champ CA1 de l'hippocampe. (B) Une stimulation à basse fréquence (1 choc par seconde) des collatérales de Schaffer provoque une dépression de longue durée de la transmission synaptique. (C) Mécanismes soustendant la DLT. Une augmentation modérée de la concentration du Ca^{2+} dans le neurone postsynaptique de CA1 active des protéines phosphatases postsynaptiques ; ceci provoque l'internalisation de récepteurs AMPA postsynaptiques et, de ce fait, une diminution de la sensibilité au glutamate libéré par les collatérales de Schaffer. (B d'après Mulkey et al., 1993.)

la PLT peut supprimer la diminution des PPSE due à la DLT. Cette complémentarité suggère que PLT et DLT affectent de façon réversible l'efficacité synaptique en agissant sur un site commun.

Effectivement, la PLT et la DLT qui surviennent aux synapses entre collatérales de Schaffer et CA1 partagent certains éléments essentiels. Toutes deux exigent l'activation de récepteurs du glutamate de type NMDA, et l'entrée consécutive de calcium dans la cellule postsynaptique. Le facteur principal qui détermine l'apparition d'une PLT ou d'une DLT semble être le taux de calcium à l'intérieur de la cellule postsynaptique : de faibles et lentes augmentations du Ca^{2+} provoquent une dépression, tandis que des augmentations massives et rapides déclenchent une potentialisation. Rappelons que la PLT est due, au moins en partie, à l'activation de protéine-kinases qui phosphorylent leurs protéines cibles. À l'inverse, la DLT semble résulter de l'activation de phosphatases dépendant du calcium, qui détachent les groupes phosphate des molécules cibles (voir Chapitre 7). Un argument en faveur de ce point de vue est apporté par les inhibiteurs de la phosphatase, qui empêchent la DLT de se produire, mais sont sans effet sur la PLT. Les effets différents du Ca^{2+} durant la PLT ou la DLT peuvent provenir d'une activation sélective des protéine-phosphatases et kinases par différents types de signaux calciques. On n'a pas encore identifié les substrats des phosphatases qui joueraient un rôle important dans la DLT, mais il se peut que PLT et DLT phosphorylent et déphosphorylent le même ensemble de protéines régulatrices pour contrôler l'efficacité de la transmission de la synapse entre collatérale de Schaffer et CA1. De même que la PLT de cette synapse s'accompagne de l'insertion de récepteurs AMPA, la DLT s'accompagne fréquemment d'une perte de ces récepteurs. Cette perte provient sans doute de l'internalisation de récepteurs AMPA dans le neurone postsynaptique (Figure 8.15C) due à des mécanismes d'endocytose dépendants de la clathrine, du même genre que ceux qui participent au recyclage des vésicules synaptiques dans la terminaison présynaptique (voir Chapitre 5).

Une forme légèrement différente de DLT a été observée dans le cervelet (voir Chapitre 19). La DLT de la transmission synaptique au niveau des cellules de Purkinje du cervelet a été décrite pour la première fois au début des années 1980 par Masao Ito et ses collègues japonais. Les cellules de Purkinje reçoivent deux catégories d'afférences excitatrices : les fibres grimpantes et les fibres parallèles (Figure 8.16A ; voir Chapitre 19). La DLT réduit la force de la transmission synaptique au niveau de la synapse de la fibre parallèle (Figure 8.16B) et, comme on l'a montré récemment, au niveau de la synapse de la fibre grimpante. Cette forme de DLT a été impliquée dans l'apprentissage moteur mis en jeu par la coordination, l'acquisition et la mémorisation des mouvements complexes par le cervelet. Le rôle de la DLT cérébelleuse dans l'apprentissage moteur reste débattu ; il s'agit néanmoins d'un modèle utile pour expliquer les mécanismes cellulaires de la plasticité synaptique à long terme.

Dans le cervelet, la DLT est associative, en ce sens qu'elle ne se manifeste que lorsque les fibres grimpantes et les fibres parallèles sont actives en même temps (Figure 8.16C). Cette associativité provient de l'action conjointe, au sein de la cellule de Purkinje postsynaptique, de deux voies différentes de transduction intracellulaire du signal, enclenchées par l'activité des synapses des fibres grimpantes et des fibres parallèles. Dans la première voie, le glutamate libéré par les terminaisons des fibres parallèles active deux types de récepteurs : des récepteurs AMPA et des récepteurs métabotropes du glutamate (voir Chapitre 6). La liaison du glutamate avec le récepteur AMPA provoque une dépolarisation membranaire, tandis que la liaison avec le récepteur métabotrope déclenche une cascade de seconds messagers, qui produit de l'inositol triphosphate (IP_3) et du diacylglycérol (DAG) (voir Chapitre 7). La seconde voie est mise en marche par l'activation des fibres grimpantes, qui provoque une forte entrée de Ca^{2+} par des canaux activés par le voltage et l'augmentation consécutive du calcium intracellulaire. La coopération de ces seconds messagers va accentuer l'augmentation de la concentration du Ca^{2+} intracellulaire provenant, d'une part, des effets conjoints de l'IP_3 et du Ca^{2+} sur le déclenchement sensible à l'IP_3 de la libération du Ca^{2+} à partir des stocks intracellulaires et, d'autre part, de l'activation synergique de la PKC par le Ca^{2+} et le DAG (Figure 8.16D). L'associativité de la DLT cérébelleuse paraît avoir pour origine les récepteurs de l'IP_3 et la PKC, agissant ensemble comme détecteurs de coïncidence.

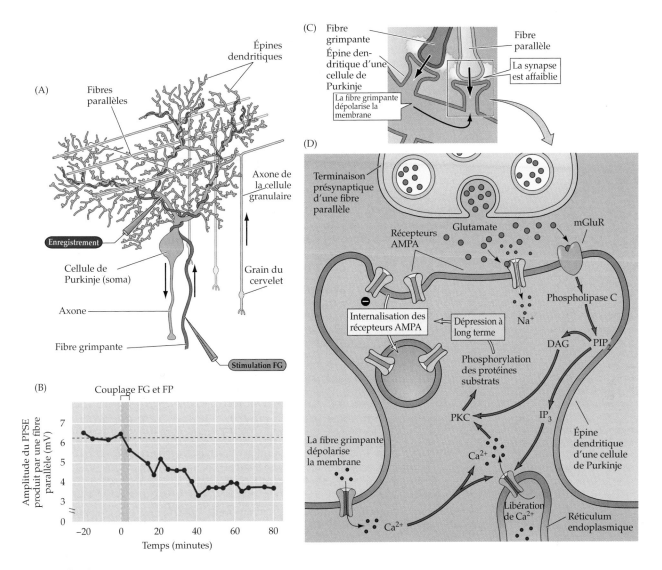

Figure 8.16

(A) Dépression synaptique à long terme dans le cervelet. (A) Dispositif expérimental. On enregistre les réponses synaptiques d'une cellule de Purkinje après avoir stimulé les fibres parallèles (FP) et les fibres grimpantes (FG). (B) En couplant la stimulation des fibres grimpantes (FG) avec celle des fibres parallèles (FP), on provoque une DLT qui réduit le PPSE produit par les fibres parallèles. (C) La DLT exige une dépolarisation de la cellule de Purkinje, réalisée par l'activité de la fibre grimpante, et une production de signaux réalisée par l'activité des synapses de la fibre parallèle. (D) Mécanisme de la DLT cérébelleuse. Le glutamate libéré par les fibres parallèles active simultanément les récepteurs AMPA et les récepteurs métabotropes du glutamate. Ces derniers produisent deux seconds messagers, le DAG et l'IP_3, qui interagissent avec le Ca^{2+} qui entre lorsque l'activité des fibres grimpantes provoque l'ouverture des canaux Ca^{2+} activés par le voltage. Ceci entraîne l'activation de la PKC qui déclenche l'internalisation dépendante de la clathrine de récepteurs AMPA postsynaptiques et affaiblit ainsi la synapse de la fibre parallèle. (B d'après Sukarai, 1987.)

Bien que les protéines substrats d'aval ne soient pas encore identifiées, il paraît sûr que les récepteurs AMPA sont l'une des protéines phosphorylées par le PKC. L'activation de la PKC a pour conséquence une internalisation des récepteurs AMPA par endocytose dépendant de la clathrine (Figure 8.16D). Cette perte de récepteurs AMPA fait diminuer la réponse de la cellule de Purkinje postsynaptique à la libération de glutamate par les terminaisons présynaptiques des fibres parallèles. Ainsi, contrairement à la DLT de l'hippocampe, la DLT cérébelleuse exige la mise en jeu d'une protéine-kinase, et non d'une phosphatase, et elle ne fait pas intervenir une entrée de calcium par les récepteurs NMDA du glutamate (que l'on ne trouve pas dans les cellules de Purkinje matures). Dans les deux cas, l'effet net est néanmoins le même : l'internalisation de récepteurs AMPA est un mécanisme commun à la diminution d'efficacité des synapses de l'hippocampe et du cervelet durant la DLT. Comme pour la PLT de la synapse des collatérales de Schaffer dans l'hippocampe et pour la plasticité synaptique à long terme de l'aplysie, la CREB est nécessaire pour la phase tardive de la PLT cérébelleuse. Mais on ne sait pas quelles sont les protéines dont l'activation de la CREB provoque la synthèse.

La plasticité synaptique à modulation temporelle relative

Ainsi qu'il vient d'être dit, la PLT et la DLT sont déclenchées préférentiellement par des activités synaptiques répétitives de fréquences différentes : la PLT exige une activité de haute fréquence alors que c'est une activité de basse fréquence qui induit la DLT. Cependant, on a récemment découvert qu'un autre facteur important de la plasticité synaptique à long terme est la relation temporelle entre l'activité des cellules pré- et postsynaptique. Pour une activité de fréquence donnée (basse), il se produira une DLT si l'activité présynaptique est précédée par un potentiel d'action postsynaptique ; dans le cas contraire, il se produira une PLT (Figure 8.17A, B). La grandeur du changement synaptique est une fonction très sensible de l'intervalle de temps ; si l'intervalle entre l'activité présynaptique et l'activité postsynaptique est égal ou supérieur à 100 millisecondes, on n'observe aucun changement (Figure 8.17C).

L'exigence d'une relation temporelle précise entre les activités pré- et postsynaptiques pour induire ces formes de plasticité synaptique de longue durée, l'a fait nommer **plasticité synaptique à modulation temporelle relative** ; on utilise communément l'acronyme anglais STDP, pour *spike timing-dependent plasticity*. On ne connaît pas encore très bien les mécanismes impliqués dans ce phénomène, mais il semble qu'ils ont trait à des différences temporelles des signaux calciques postsynaptiques. Plus précisément, si un potentiel d'action postsynaptique survient après une activité présynaptique, la dépolarisation qui en résulte éliminera le blocage des récepteurs NMDA par le Mg^{2+} et laissera entrer, à travers les récepteurs NMDA postsynaptiques, un important flux de Ca^{2+} produisant une PLT. Si, au contraire, le potentiel d'action postsynaptique survient avant le potentiel d'action présynaptique, la dépolarisation associée au potentiel d'action postsynaptique se sera atténuée quand un PPSE sera déclenché. Ceci réduira la quantité de calcium entrant par les récepteurs NMDA et provoquera une DLT. On a supposé que d'autres signaux, tels que les endocannabinoïdes (voir Chapitre 6), peuvent être également nécessaires pour induire une DLT pendant une STDP.

La relation temporelle précise entre événements pré- et postsynaptiques qu'exige la STDP signifie que cette dernière peut réaliser plusieurs formes nouvelles de computation neuronale. La STDP offre un moyen de coder des informations sur la causalité. Si, par exemple, une synapse produit un PPSE supraliminaire, le potentiel d'action postsynaptique qui en résultera suivra à bref délai l'activité présynaptique et une PLT encodera le fait que le potentiel d'action est le résultat de l'activité de cette synapse. La STDP peut également servir de mécanisme de compétition entre entrées synaptiques. Les entrées les plus fortes ayant une probabilité plus élevée de produire des PPSE supraliminaires seraient renforcées par la PLT subséquente ; à l'inverse, les entrées plus faibles ne provoqueraient pas de potentiels d'action postsynaptiques susceptibles d'entretenir une corrélation avec l'activité présynaptique. Il y a des preuves que la STDP joue un rôle important dans le fonctionnement des circuits neuraux *in vivo* ; on a, par

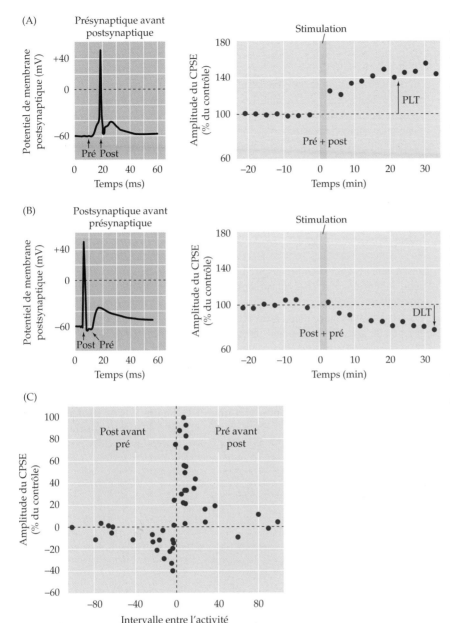

Figure 8.17

Plasticité synaptique à modulation temporelle relative (ou STDP) de neurones hippocampiques en culture. (A) Le graphique de gauche montre que la stimulation d'un neurone présynaptique (Pré) provoque un PPSE dans le neurone postsynaptique ; en stimulant, tout de suite après, le neurone postsynaptique (post) on déclenche un potentiel d'action qui se superpose au PPSE. Le graphique de droite montre que si l'on répète la séquence de stimulations représentée à gauche, on provoque une potentialisation à long terme (PLT) du PPSE. (B) Si l'on inverse l'ordre des stimulations, de sorte que le neurone postsynaptique soit stimulé avant le neurone présynaptique, on obtient une dépression à long terme (DLT) du PPSE. (C) Dépendance complexe de la STDP à l'égard de l'intervalle de temps entre l'activité présynaptique et l'activité postsynaptique. Si le neurone présynaptique est activé 40 ms ou moins avant le neurone postsynaptique, on a une PLT. À l'inverse, si le neurone postsynaptique est activé 40 ms ou moins avant le neurone présynaptique, on a une DLT. Et si l'intervalle entre les deux événements est supérieur à 40 ms, on n'observe aucune STDP. (D'après Bi et Poo, 1998.)

exemple, constaté qu'elle intervient pour déterminer les cartes d'orientations préférentielles du cortex visuel (voir Chapitre 12).

En résumé, diverses formes de plasticité synaptique dépendant de l'activité provoquent des changements de la transmission synaptique qui modifient les connexions fonctionnelles au sein des circuits neuraux et entre différents circuits. Ces changements dans l'efficacité et l'arrangement local des connexions synaptiques peuvent constituer l'une des bases de l'apprentissage, de la mémoire et d'autres formes de plasticité cérébrale. Les changements de la transmission synaptique dépendant de l'activité peuvent également être impliqués dans diverses pathologies. Des profils anormaux d'activité neuronique comme il en existe dans l'épilepsie peuvent déclencher, dans les connexions synaptiques, des changements anormaux qui augmenteront plus encore la fréquence et la gravité des crises (Encadré 8C). En dépit des progrès considérables dans notre connaissance des bases cellulaires et moléculaires de certaines formes de plasticité,

ENCADRÉ 8C — L'épilepsie : effets d'une activité pathologique sur le câblage nerveux

L'épilepsie est un trouble cérébral qui se caractérise par des crises récurrentes et imprévisibles, provoquées par les décharges rythmiques de larges populations de neurones. Selon toute vraisemblance, l'activité anormale qui accompagne l'épilepsie produit dans les circuits corticaux des changements plastiques jouant un rôle essentiel dans la pathogénie de la maladie.

L'importance de la plasticité synaptique dans l'épilepsie ressort de la façon la plus nette d'un modèle animal de production des crises appelé « embrasement » (*kindling*). Pour provoquer l'embrasement, on implante une électrode dans le cerveau, souvent dans l'amygdale (composante du système limbique ayant des connexions réciproques avec le cortex, le thalamus et d'autres régions limbiques, notamment l'hippocampe ; voir Chapitre 29). Au début d'une expérimentation de ce type, une stimulation électrique faible, constituée d'un train de chocs électriques de faible intensité, n'a aucun effet visible sur le comportement de l'animal ou sur le profil de son activité électrique cérébrale. Répétée une fois par jour pendant plusieurs semaines, cette stimulation va commencer à produire les signes électriques et comportementaux des crises. À la fin de l'expérimentation, cette même stimulation faible, initialement inefficace, provoque désormais des crises complètes. Ce phénomène est essentiellement permanent ; même après un intervalle d'une année, la même stimulation faible déclenchera de nouveau une crise. La répétition d'activations faibles produit donc

des changements durables et irréversibles de l'excitabilité cérébrale. Comme l'exprime le terme d'embrasement, il suffit d'une seule allumette pour provoquer un incendie.

Les modifications des profils d'activité électrique cérébrale que l'on constate chez des animaux soumis à l'embrasement ressemblent à celles que l'on observe lors de l'épilepsie chez l'homme. Les manifestations comportementales des crises chez les patients épileptiques vont de légers tressaillements des extrémités jusqu'à la perte de conscience et à des convulsions incontrôlables. Quoique des personnages aux carrières hors du commun aient été épileptiques (Alexandre le Grand, Jules César, Napoléon, Dostoïevski et Van Gogh,

pour n'en citer que quelques-uns), des crises suffisamment intenses et fréquentes peuvent perturber de nombreux aspects de la vie quotidienne de ceux qui en souffrent. Plus grave encore, les convulsions incontrôlées peuvent avoir des effets excitotoxiques (voir l'encadré 6C). Près de 1 % de la population est atteinte, ce qui fait de l'épilepsie l'un des troubles neurologiques les plus répandus.

Les conceptions modernes des causes (et des traitements possibles) de l'épilepsie se sont focalisées sur l'origine des crises et sur les mécanismes de l'hyperexcitabilité des régions affectées. La plupart des données laissent penser que les crises sont déclenchées par de petites zones du cortex cérébral, appelées foyers, et se pro-

Électroencéphalogramme (EEG) enregistré chez un patient au cours d'une crise. Les tracés montrent une activité rythmique dont la durée totale est très supérieure à ce que présente cet enregistrement. Ces ondes anormales reflètent les décharges synchrones d'un grand nombre de neurones corticaux. (Devant chaque tracé est indiquée la position des électrodes sur la tête ; pour plus d'informations sur les enregistrements EEG, voir l'encadré 28 C.) (D'après Dyro, 1989.)

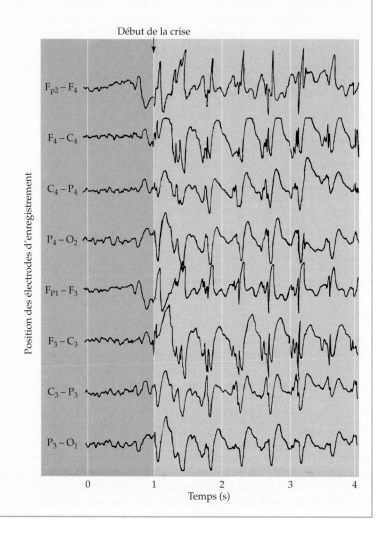

pagent ensuite à toutes les régions auxquelles ces foyers sont synaptiquement reliés. Une crise qui, par exemple, commence dans le cortex moteur droit au niveau de l'aire du pouce, se manifestera d'abord par des mouvements incontrôlés du pouce gauche et s'étendra ensuite, dans le bras, aux groupes musculaires plus proximaux. Une autre, prenant naissance dans le cortex associatif visuel de l'hémisphère droit, peut être marquée par des hallucinations complexes apparaissant dans le champ visuel gauche. Ces manifestations comportementales des crises fournissent donc des indices importants au neurologue qui cherche à déterminer avec précision la zone anormale du cortex cérébral.

Les crises épileptiques peuvent être causées par des facteurs congénitaux ou acquis, au nombre desquels on peut citer des lésions corticales dues à un traumatisme, à un accident vasculaire, à une tumeur, à une dysgénésie corticale congénitale (développement anormal du cortex) ou à des malformations vasculaires congénitales. Une forme rare d'épilepsie, l'encéphalite de Rasmussen, a une origine auto-immune; elle se manifeste lorsque le système immunitaire attaque le cerveau par des agents humoraux (anticorps) et cellulaires (lymphocytes et macrophages) qui peuvent détruire les neurones. Certaines formes d'épilepsie sont héréditaires et l'on a découvert une douzaine de gènes déterminant des formes peu communes d'épilepsie. La plupart, toutefois, des formes familiales d'épilepsie (telles que l'épilepsie myoclonique juvénile et le petit mal épileptique) sont causées par l'héritage simultané de plusieurs gènes mutants.

Il n'existe pas de prévention ni de traitements efficaces de l'épilepsie. Les traitements pharmacologiques qui réussissent à stopper les crises se fondent sur deux stratégies générales. L'une des façons d'agir consiste à augmenter l'activité des synapses inhibitrices utilisant le GABA comme neurotransmetteur; l'autre est de limiter les décharges de potentiels d'action en agissant sur les canaux Na^+ activés par le voltage. Les antiépileptiques d'usage courant comprennent la carbamazépine, le phénobarbital, la phénytoïne (Dihydan®) et l'acide valproïque. Ces médicaments, qu'il faut prendre quotidiennement, parviennent à inhiber les crises chez 60-70 % des patients. Chez une faible proportion des patients, la zone épileptogène peut être excisée chirurgicalement. Dans les cas extrêmes, les médecins se résolvent à sectionner le corps calleux pour éviter la diffusion des crises; la plupart des sujets à cerveau dédoublé (split-brain) décrits au chapitre 26 étaient des patients atteints d'épilepsies rebelles. L'une des raisons principales qui poussent à contrôler l'activité épileptique est d'empêcher les changements plastiques permanents qui pourraient résulter d'une activité neurale anormale et excessive.

Références

BERKOVIC, S.F., J.C. MULLEY, I.E. SCHEFFER et S. PETROU (2006), Human epilepsies : Interaction of genetic and acquired factors. *Trends Neurosci.*, **29**, 391-397.

DIRO, F.M. (1989), *The EEG Handbook*. Boston, Little, Brown and Co.

ENGEL, J. JR. et T.A. PEDLEY (1997), *Epilepsy: A Comprehensive Textbook*. Philadelphia, Lipincott-Raven Publishers.

MCNAMARA, J.O. Y.Z. HUANG et A.S. LEONARD (2006), Molecular signalling mechanisms underlying epileptogenesis. *Science's STKE*, 356, re12.

nous ne savons tout simplement rien de la façon dont les changements sélectifs de l'efficacité synaptique encodent les souvenirs ou d'autres modifications complexes des comportements.

Résumé

Les synapses présentent de nombreuses formes de plasticité se déroulant selon des échelles de temps très diverses. Aux intervalles de temps les plus brefs (de quelques secondes à quelques minutes), la facilitation, l'augmentation, la potentialisation et la dépression entraînent des modifications rapides mais transitoires de la transmission synaptique. Ces formes de plasticité s'accompagnent d'un changement de la quantité de neurotransmetteur libéré par les terminaisons présynaptiques et sont fondées sur des modifications des signaux calciques et du stock de vésicules synaptiques aux synapses qui viennent d'être actives. Des formes plus durables de plasticité synaptique comme la PLT et la DLT sont également fondées sur le Ca^{2+} et sur d'autres seconds messagers intracellulaires. Quelques-uns au moins des changements synaptiques produits par ces formes plus durables de plasticité se situent au niveau postsynaptique et sont dus à des modifications du trafic des récepteurs des neurotransmetteurs; il peut cependant y avoir aussi des modifications de la libération des neurotransmetteurs par la terminaison présynaptique. Dans ces formes de plasticité de longue durée, la phosphorylation des protéines et les changements de l'expression génique dépassent largement en durée la période d'activité synaptique; ils peuvent induire des modifications de la force synaptique persistant des heures, des jours et même plus. La plasticité synaptique de longue durée peut constituer un mécanisme neural pour diverses formes de plasticité cérébrale comme l'apprentissage de nouveaux comportements ou l'acquisition de nouveaux souvenirs.

Lectures complémentaires

Revues

BAILEY, C.H., E.R. KANDEL et K. SI (2004), The persistence of long-term memory: A molecular approach to self-sustaining changes in learning-induced synaptic growth. *Neuron*, **44**, 49-57.

BLISS, T.V.P. et G.L. COLLINGRIDGE (1993), A synaptic model of memory: Long-term potentiation in the hippocampus. *Nature*, **361**, 31-39.

BREDT, D.S. et R.A. NICOLL (2003), AMPA receptor trafficking at excitatory synapses. *Neuron*, **40**, 361-379.

DAN, Y. et M.M. POOL (2006), Spike-timing-dependent plasticity: from synapse to perception. *Physiol. Rev.*, **86**, 1033-1048.

HILFIKER, S., V.A. PIERIBONE, A.J. CZERNIK, H.T. KAO, G.J. AUGUSTINE et P. GREENGARD (1999), Synapsins as regulators of neurotransmitter release. *Philos. Trans. Roy. Soc. Lond. B*, **354**, 269-279.

ITO, M. (2002), The molecular organization of cerebellar long-term depression. *Nature Rev. Neurosci.*, **3**, 896-902.

MALENKA, R.C. et S.A. SIEGELBAUM (2001), Synaptic plasticity: Diverse targets and mechanisms for regulating synaptic efficacy. In *Synapses*. W.M. Cowan, T.C. Sudhof et C.F. Stevens (eds.). Baltimore, John Hopkins University Press, 393-413.

MALINOW, R. et R.C. MALENKA (2002), AMPA receptor trafficking and synaptic plasticity. *Annu. Rev. Neurosci.*, **25**, 103-126.

NICOLL, R.A. (2003), Expression mechanisms underlying long-term potentiation: A postsynaptic view. *Philos. Trans. Roy. Soc. Lond. B*, **358**, 721-726.

PITTENGER, C. et E.R. KANDEL (2003), In search of general mechanisms for long-lasting plasticity: *Aplysia* and the hippocampus. *Philos. Trans. Roy. Soc. Lond. B*, **358**, 757-763.

ZUCKER, R.S. et W.G. REGEHR (2002), Short-term synaptic plasticity. *Annu. Rev Physiol.*, **64**, 355-405.

Articles originaux importants

ABRAHAM, W.C., B. LOGAN, J.M. GREENWOOD et M. DRAGUNOW (2002), Induction and experience-dependent consolidation of stable long-term potentiation lasting months in the hippocampus. *J. Neurosci.*, **22**, 9626-9634.

AHN, S., D.D. GINTY et D.J. LINDEN (1999), A late phase of cerebellar long-term depression requires activation of CaMKIV and CREB. *Neuron*, **23**, 559-568.

BETZ, W.J. (1970), Depression of transmitter release at the neuromuscular junction of the frog. *J. Physiol. (Lond.)*, **206**, 629-644.

BI G.Q. et M.M. POO (1998), Synaptic modifications in cultured hippocampal neurons: dependence on spike timing, synaptic strength, and postsynaptic cell type. *J. Neurosci.*, **18**, 10464-10472.

BLISS, T.V.P. et T. LOMO (1973), Long-lasting potentiation of synaptic transmission in the dentate area of the anaesthetized rabbit following stimulation of the perforant path. *J. Physiol. (Lond.)*, **232**, 331-356.

CHARLTON, M.P. et G.D. BITTNER (1978), Presynaptic potentials and facilitation of transmitter release in the squid giant synapse. *J. Gen. Physiol*, **72**, 487-511.

CHUNG, H.J., J.P. STEINBERG, R.L. HUGANIR et D.J. LINDEN (2003), Requirement of AMPA receptor GluR2 phosphorylation for cerebellar long-term depression. *Science*, **300**, 1751-1755.

COLLINGRIDGE, G.L., S.J. KEHL et H. MC-LENNAN (1983), Excitatory amino acids in synaptic transmission in the Schaffer collateral-commissural pathway of the rat hippocampus. *J. Physiol. (Lond.)*, **334**, 33-46.

ENGERT, F. et T. BONHOEFFER (1999), Dendrite spine changes associated with hippocampal long-term synaptic plasticity. *Nature*, **399**, 66-70.

FREY, U. et R.G. MORRIS (1997), Synaptic tagging and long-term potentiation. *Nature*, **385**, 533-536.

GUSTAFSSON, B.H. WIGSTROM, W.C. ABRAHAM et Y.Y. HUANG (1987), Long-term potentiation in the hippocampus using depolarizing current pulses as the conditioning stimulus to single volley synaptic potentials. *J. Neurosci.*, 7, 774-780.

HAYASHI, Y., S.H. SHI, J.A. ESTEBAN, A. PICCINI, J.C. PONCER et R. MALINOW (2000), Driving AMPA receptors into synapses by LTP and CaMKII: Requirement for GluR1 and PDZ domain interaction. *Science*, **287**, 2262-2267.

JUNGE, H.J. et 7 AUTRES (2004), Calmodulin and munc13 form a Ca^{2+} sensor/effector complex that controls short-term synaptic plasticity. *Cell*, **118**, 349-401.

KATZ, B. et R. MILEDI (1968), The role of calcium in neuromuscular facilitation. *J. Physiol. (Lond.)*, **195**, 481-492.

KAUER, J.A., R.C. MALENKA et R.A. NICOLL (1988), A persistent postsynaptic modification mediates long-term potentiation in the hippocampus. *Neuron*, **1**, 911-917.

KONNERTH, A., J. DREESSEN et G.J. AUGUSTINE (1992), Brief dendritic calcium signals initiate long-lasting synaptic depression in cerebellar Purkinje cells. *Proc. Natl. Acad. Sci. USA*, **89**, 7051-7055.

LEV-TOV, A., M.J. PINTER et R.E. BURKE (1983), Post-tetanic potentiation of group Ia EPSPs: Possible mechanisms for differential distribution among medial gastrocnemius motoneurons. *J. Neurophysiol.*, **50**, 379-398.

LIAO, D., N.A. HESSLER et R. MALINOW (1995), Activation of postsynaptically silent synapses during pairing-induced LTP in CA1 region of hippocampal slice. *Nature*, **375**, 400-404.

MALINOW, R., H. SCHULMAN et R.W. TSIEN (1989), Inhibition of postsynaptic PKC or CaMKII blocks induction but not expression of LTP. *Science*, **245**, 862-866.

MATSUZAKI, M., N. HONKURA, G.C. ELLIS-DAVIES et H. KASAI (2004), Structural basis of long-term potentiation in single dendritic spines. *Nature*, **429**, 761-766.

MIYATA M. et 9 AUTRES (2000), Local calcium release in dendritic spines required for long-term synaptic depression. *Neuron*, **28**, 233-244.

MULKEY, R.M., C.E. HERRON et R.C. MALENKA (1993), An essential role for protein phosphatases in hippocampal long-term depression. *Science*, **261**, 1051-1055.

SAKURAI, M. (1987), Synaptic modification of parallel fibre-Purkinje cell transmission in *in vitro* guinea-pig cerebellar slices. *J. Physiol. (Lond.)*, **394**, 463-480.

SILVA, A.J., R. PAYLOR, J.M. WEHNER et S. TONEGAWA (1992), Impaired spatial learning in alpha-calcium-calmodulin kinase II mutant mice. *Science*, **257**, 206-211.

SWANDULLA, D., M. HANS, K. ZIPSER et G.J. AUGUSTINE (1991), Role of residual calcium in synaptic depression and posttetanic potentiation: Fast and slow calcium signalling in nerve terminals. *Neuron*, 7, 915-926.

ZAKHARENKO, S.S., L. ZABLOW et S.A. ZIEGELBAUM (2001), Visualization of changes in presynaptic function during long-term synaptic plasticity. *Nature Neurosci.*, **4**, 711-717.

Ouvrages

BAUDRY, M. et J.D. DAVIS (1991), *Long-Term Potentiation: A Debate of Current Issues.* Cambridge, MA, MIT Press.

KATZ, B. (1966), *Nerve, Muscle, and Synapse.* New York, McGraw-Hill.

LANDFIELD, P.W. et S.A. DEADWYLER (EDS.) (1988), *Long-Term Potentiation: From Biophysics to Behavior.* New York, A.R. Liss.

SQUIRE, L.R. et E.R. KANDEL (2002), *La mémoire. De l'esprit aux molécules.* Bruxelles, De Boeck Université. (Traduction de *Memory: From Mind to Molecules*, 1999, New York, Scientific American Library).

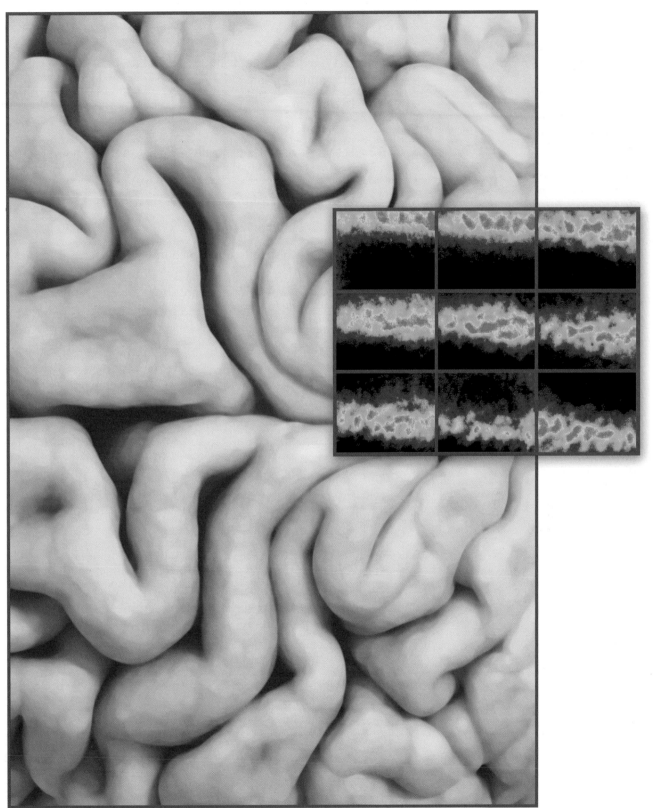

DEUXIÈME PARTIE Sensibilité et traitements sensoriels

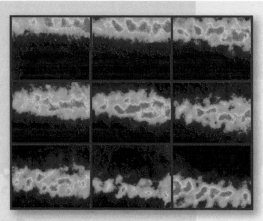

Vue de la surface du cortex visuel primaire illustrant les patterns d'activité neurale visualisés par imagerie optique des signaux intrinsèques. Chaque panneau illustre l'activité évoquée par une fine ligne verticale sur laquelle se porte le regard. La disposition régulière des régions activées, depuis le panneau supérieur gauche jusqu'au panneau inférieur droit, traduit la représentation ordonnée de l'espace. Dans chacun d'eux, l'aspect morcelé de la région activée reflète l'organisation en colonnes des orientations préférentielles. Les régions en rouge sont les plus actives, les moins actives sont en noir. (Gracieusement communiqué par Bill Bosking, Justin Crowley, Tom Tucker et David Fitzpatrick.)

La sensibilité recouvre la transduction, l'encodage et la perception des informations portées par les stimulus qui émanent de l'environnement extérieur et du milieu intérieur, et une proportion non négligeable du cerveau est consacrée à ces tâches. Bien que les fonctions sensorielles fondamentales, la somesthésie, la vision, l'audition, la sensibilité vestibulaire et les sensibilités chimiques soient très différentes les unes des autres, quelques règles de base régissent la façon dont le cerveau gère ces diverses modalités. Des cellules nerveuses hautement spécialisées, les récepteurs, convertissent l'énergie associée aux forces mécaniques, à la lumière, aux ondes sonores et aux molécules odorantes et sapides, en signaux neuraux qui convoient jusqu'au cerveau les informations concernant le stimulus. Ces messages sensoriels afférents activent des neurones centraux qui interprètent les propriétés qualitatives et quantitatives du stimulus (de quoi s'agit-il, quelle en est l'intensité ?) et, dans certaines modalités comme la somesthésie, la vision ou l'audition, qui le situent dans l'espace (où est-ce ?).

L'examen clinique des patients exige souvent une évaluation de leurs déficits sensoriels pour en inférer la nature et la localisation de dysfonctionnements neurologiques éventuels. Il est donc indispensable de connaître, pour chacune des modalités sensorielles, où et comment s'effectuent la transduction, les relais, les projections et le traitement des informations, pour comprendre et soigner une grande variété de maladies. En conséquence, ces chapitres de neurobiologie sensorielle auront aussi pour but de faire saisir l'importance des relations structure-fonction dans les composantes sensorielles du système nerveux.

chapitre 09

Le système somesthésique : sensibilité tactile et proprioception

Vue d'ensemble

Le système somesthésique (ou système de la sensibilité somatique) est sans conteste le plus diversifié des systèmes sensoriels. Il prend en charge une gamme étendue de sensations : le toucher, la pression, la vibration, la position des membres, le froid et le chaud et la douleur. La transduction des stimulus est assurée par des récepteurs répartis dans la peau et les muscles, et les messages sensoriels résultants sont envoyés à des destinations très variées du système nerveux central. Comme on peut s'y attendre, cette machinerie neurobiologique complexe peut être subdivisée en sous-systèmes fonctionnellement distincts ayant chacun en propre un ensemble spécifique de récepteurs périphériques et de voies centripètes. L'un de ces sous-systèmes transmet les informations des mécanorécepteurs cutanés qui donnent naissance aux sensations de toucher léger, de vibration et de pression. Un autre a son origine dans des récepteurs spécialisés des muscles, des tendons et des articulations et sous-tend la proprioception, c'est-à-dire la capacité de sentir la position des membres ou autres parties du corps dans l'espace. Un troisième sous-système a comme point de départ les récepteurs sensibles aux stimulus douloureux, aux changements de température ou aux stimulations tactiles grossières. Ce chapitre concerne essentiellement les sous-systèmes tactile et proprioceptif ; les mécanismes du toucher grossier et de la sensibilité douloureuse et thermique sont examinés dans le chapitre suivant.

Les fibres afférentes de la sensibilité somatique

La première étape de la sensibilité somatique est constituée de fibres nerveuses afférentes dont les extrémités périphériques se ramifient dans la peau et les muscles (Figure 9.1A). Les corps cellulaires de ces fibres afférentes se regroupent dans une série de ganglions situés le long de la moelle épinière et du tronc cérébral et considérés comme faisant partie du système nerveux périphérique. Les neurones des **ganglions spinaux**, ou **ganglions rachidiens** (pour la sensibilité du corps) et ceux des **ganglions des nerfs crâniens** (pour la sensibilité de la tête) sont les véhicules essentiels qu'empruntent les messages sensoriels pour aller informer les circuits du système nerveux central des événements survenant à la périphérie.

Les potentiels d'action que les récepteurs sensoriels de la peau et des muscles déclenchent dans les fibres afférentes se propagent au-delà des corps cellulaires et gagnent les terminaisons synaptiques de ces fibres en divers endroits du système nerveux central (Figure 9.1B). Les branches périphérique et centrale des fibres afférentes sont dans la continuité l'une de l'autre et ne sont reliées au corps cellulaire que par un prolongement unique. C'est la raison pour laquelle les neurones des ganglions spinaux sont généralement qualifiés de **pseudo-unipolaires**. Du fait de cet agencement, le passage de l'activité électrique à travers la membrane du corps cellulaire n'est pas indispensable à la transmission des informations vers les cibles centrales. Néanmoins, les corps cellulaires des fibres afférentes gardent un rôle essentiel dans l'entretien des mécanismes cellulaires de la transduction, de la conduction et de la transmission des messages sensoriels.

Le mécanisme fondamental de la **transduction sensorielle** – processus par lequel l'énergie du stimulus est convertie en un signal électrique – est le même pour tous les messages de la sensibilité somatique : un stimulus modifie la perméabilité de canaux

(A) **Cortex cérébral**
Cortex somesthésique

Thalamus

Tronc cérébral

Ganglion
de Gasser
(sensibilité de
la face)

Moelle épinière

Cervicale

Thoracique

Lombaire

Sacrée

Récepteur
sensoriel

Ganglions
spinaux
(sensibilité
du corps)

(B)

Neurones des
ganglions spinaux

Fibre afférente
(sensibilité mécanique)

Terminaisons
réceptrices

Fibre afférente
(sensibilité thermique
et nociceptive)

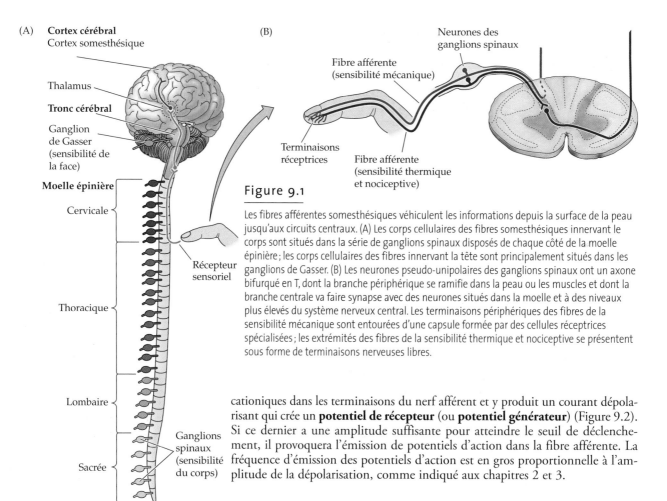

Figure 9.1

Les fibres afférentes somesthésiques véhiculent les informations depuis la surface de la peau jusqu'aux circuits centraux. (A) Les corps cellulaires des fibres somesthésiques innervant le corps sont situés dans la série de ganglions spinaux disposés de chaque côté de la moelle épinière ; les corps cellulaires des fibres innervant la tête sont principalement situés dans les ganglions de Gasser. (B) Les neurones pseudo-unipolaires des ganglions spinaux ont un axone bifurqué en T, dont la branche périphérique se ramifie dans la peau ou les muscles et dont la branche centrale va faire synapse avec des neurones situés dans la moelle et à des niveaux plus élevés du système nerveux central. Les terminaisons périphériques des fibres de la sensibilité mécanique sont entourées d'une capsule formée par des cellules réceptrices spécialisées ; les extrémités des fibres de la sensibilité thermique et nociceptive se présentent sous forme de terminaisons nerveuses libres.

cationiques dans les terminaisons du nerf afférent et y produit un courant dépolarisant qui crée un **potentiel de récepteur** (ou **potentiel générateur**) (Figure 9.2). Si ce dernier a une amplitude suffisante pour atteindre le seuil de déclenchement, il provoquera l'émission de potentiels d'action dans la fibre afférente. La fréquence d'émission des potentiels d'action est en gros proportionnelle à l'amplitude de la dépolarisation, comme indiqué aux chapitres 2 et 3.

(A)

Extérieur
de la fibre   Na⁺

Intérieur
de la fibre   Canaux ioniques
fermés

Étirement
de la membrane,
ouverture des
canaux ioniques

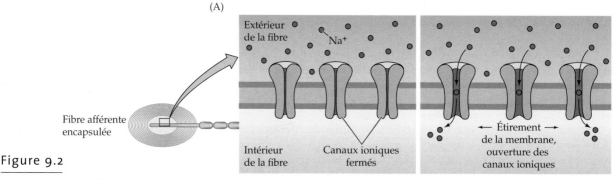

Fibre afférente
encapsulée

Figure 9.2

Transduction dans une fibre de la sensibilité mécanique (associée à un corpuscule de Pacini). (A) Une déformation de la capsule du récepteur étire la membrane de la fibre afférente, ce qui augmente la probabilité d'ouverture d'un canal cationique membranaire sensible à l'étirement. (B) L'ouverture des canaux cationiques provoque une dépolarisation de la fibre afférente (potentiel générateur). Si la dépolarisation est suffisante, il y a émission d'un potentiel d'action qui se propage en direction centripète.

(B)

Stimulus faible   Stimulus modéré   Stimulus fort

Potentiel
générateur   Potentiel
générateur   Potentiel
générateur   Potentiel
de pointe

Seuil

Les terminaisons des fibres afférentes sont fréquemment entourées d'une capsule formée par les cellules de récepteurs spécialisés (**mécanorécepteurs**) qui rendent la fibre particulièrement sensible à certaines caractéristiques de la stimulation. Les terminaisons dépourvues de telles cellules réceptrices spécialisées sont dénommées **terminaisons nerveuses libres** et jouent un rôle important dans la sensibilité à la douleur (voir Chapitre 10). Les fibres dotées de terminaisons encapsulées ont généralement un seuil de déclenchement des potentiels d'action plus bas et sont par conséquent plus sensibles aux stimulations sensorielles que les terminaisons nerveuses libres.

ENCADRÉ 9A *Les dermatomes*

Tous les ganglions spinaux ainsi que les nerfs qui leur sont associés dérivent de masses de tissu embryonnaire qui se répètent, les somites. Cet aspect de leur développement explique l'organisation segmentaire générale des nerfs somatiques (et de leurs cibles) chez l'adulte. Le territoire qu'innerve chacun des nerfs rachidiens constitue un **dermatome**. Chez l'homme, le territoire cutané de chaque dermatome a été défini à partir d'études réalisées chez des patients dont certaines racines dorsales étaient atteintes d'affec- tions telles que le zona ou avaient été sectionnées chirurgicalement (pour sou- lager des douleurs ou pour d'autres rai- sons). Ces études montrent que la carte des dermatomes varie d'un individu à l'autre. Il y a également un recouvrement non négligeable des dermatomes, si bien que la lésion d'une racine dorsale particu- lière n'entraîne pas une perte totale de la sensibilité dans le territoire cutané qu'elle innerve. Par ailleurs, le recouvrement des dermatomes est plus étendu pour le tou- cher, la pression et la vibration que pour la douleur et la température. L'examen de la sensibilité douloureuse permet donc un diagnostic plus précis que l'examen des réponses au toucher, à la pression ou à la vibration. Enfin, la distribution segmen- taire des propriocepteurs ne suit pas la carte des dermatomes, mais est en rela- tion plus étroite avec l'organisation de l'innervation musculaire. Ces limitations n'empêchent pas la connaissance des der- matomes d'être un élément essentiel du diagnostic neurologique, particulièrement quand il faut déterminer le niveau d'une lésion spinale.

Le territoire innervé par un ganglion spinal et par son nerf constitue un dermatome. L'ensemble des dermatomes sensitifs est représenté ici chez un adulte typique. La connaissance de cette organisation est particulièrement importante pour déterminer l'emplacement de lésions spinales (ou autres). Les numéros font référence aux segments spinaux qui donnent leur nom aux nerfs rachidiens (D'après Rosenzweig et al., 2002.)

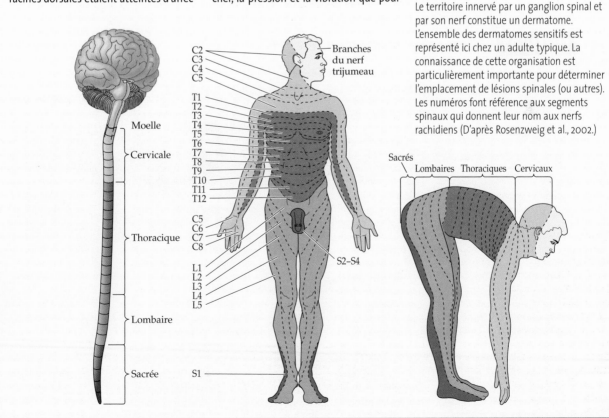

Les fibres somesthésiques ont des propriétés fonctionnelles distinctes

Les fibres somesthésiques présentent de grandes différences dans leurs propriétés réactionnelles, sur la base desquelles on a pu les répartir dans des classes distinctes. Le diamètre des axones est l'une des caractéristiques qui différencient les classes de fibres somesthésiques (Tableau 9.1). Les fibres de plus grand diamètre (fibres **Ia**) assurent l'innervation de récepteurs sensoriels des muscles. Les informations tactiles sont véhiculées par des fibres d'un diamètre légèrement inférieur (fibres **Aβ**) et les informations thermiques et nociceptives par des fibres d'un diamètre encore plus faible (fibres **Aδ** et **C**). Le diamètre de l'axone détermine la vitesse de conduction des potentiels d'action; il est adapté aux propriétés des circuits centraux et aux exigences des comportements dans lesquels chaque type de fibre afférente est utilisé (voir Chapitre 16).

Une autre caractéristique qui différencie les fibres somesthésiques est la taille de leur champ récepteur, c'est-à-dire la surface de la peau dans laquelle un stimulus tactile provoque un changement dans la fréquence d'émission des potentiels d'action qu'elles émettent (Figure 9.3A). Une région donnée de la surface du corps est desservie par des fibres afférentes dont les champs récepteurs présentent de grandes différences de taille. La taille du champ récepteur d'une fibre est en grande partie fonction des caractéristiques de ses ramifications dans la peau: de petites arborisations terminales vont de pair avec un champ récepteur peu étendu. La taille moyenne des champs récepteurs des fibres afférentes présente en outre, selon les différentes régions du corps, des variations qui reflètent la densité des fibres qui les desservent. Dans les régions à innervation dense telles que les doigts, les lèvres, les orteils, les champs récepteurs sont moins étendus que dans les régions faiblement innervées comme le dos ou l'avant-bras (Figure 9.3B).

Ces différences de densité d'innervation et de taille des champs récepteurs sont les facteurs principaux qui limitent la précision spatiale avec laquelle il est possible de distinguer deux stimulus l'un de l'autre. Le **seuil de discrimination tactile** (plus petit écart nécessaire pour que soient jugées distinctes deux stimulations simultanées) varie

TABLEAU 9.1 *Fibres somesthésiques afférentes*

Fonction sensorielle	Type de récepteur	Catégorie de fibre[a]	Diamètre de l'axone	Vitesse de conduction
Proprioception	Fuseau neuromusculaire	Ia, II	13–20 μm	80–120 m/s
Toucher	Corpuscules de Merkel, Meissner, Pacini et Ruffini	Aβ	9–12 μm	35–75 m
Douleur, température	Terminaisons nerveuses libres	Aδ	1–5 μm	5–30 m/s
Douleur, température, démangeaison	Terminaisons nerveuses libres	C	0,2–1,5 μm	0,5–2 m/s

[a] Les années 1920 et 1930 ont connu une multiplication des classifications des fibres nerveuses selon leur vitesse de conduction. On a distingué trois catégories principales dites A, B et C. La catégorie A comprend les fibres les plus grosses et les plus rapides. Les fibres des mécanorécepteurs appartiennent généralement à cette catégorie. Le groupe est, de plus, subdivisé en sous-groupes désignés par les lettres α (les plus rapides), β et δ (les plus lents). Pour ajouter à la confusion, les fibres afférentes musculaires font généralement l'objet d'une classification en quatre groupes supplémentaires – I (le plus rapide), II, III et IV (le plus lent) – avec des sous-groupes désignés par des lettres minuscules! (D'après Rosenzweig et al., 2005.)

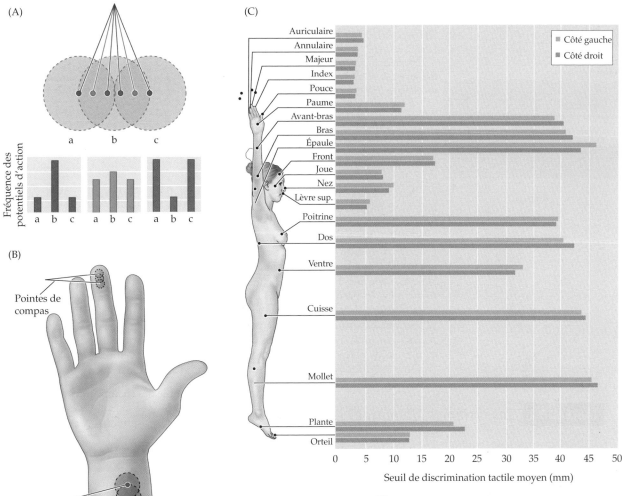

Figure 9.3

Champs récepteurs et seuil de discrimination tactile.
(A) Profil d'activité de trois fibres afférentes de la sensibilité tactile, dont les champs récepteurs cutanés a, b et c se recouvrent. Lorsque les deux points à discriminer sont proches l'un de l'autre (points verts et histogramme) il existe un seul foyer d'activité neurale, avec une émission maximale pour la fibre b. Lorsque la distance entre les deux points s'accroît (points rouges et histogramme), l'activité des fibres a et c augmente, celle de b diminue. Pour un écart encore plus grand (points bleus et histogramme), l'activité de a et c devient nettement supérieure à celle de b, de sorte que l'on peut désormais identifier deux foyers distincts de stimulation. Ce profil d'activité différentielle est à la base du seuil de discrimination tactile.
(B) Le seuil de discrimination tactile est plus bas au niveau des doigts qu'au niveau du poignet à cause de la différence de taille des champs récepteurs des fibres afférentes : l'écart entre les stimulus nécessaires pour produire deux foyers distincts d'activité est beaucoup plus grand pour les fibres innervant le poignet que pour celles qui innervent l'extrémité des doigts. (C) Seuils de discrimination tactile en différents points de la surface du corps. L'acuité tactile est beaucoup plus grande pour les doigts, les orteils et le visage que pour les bras, les jambes ou le torse. (C d'après Weinstein, 1968.)

considérablement selon les régions de la peau (Figure 93C). Sur la pulpe des doigts, deux stimulus (les pointes d'un compas, par exemple) sont perçus comme distincts pour un écart de 2 mm seulement. Il faut, par contre, un écart d'au moins 40 mm pour les discriminer s'ils sont appliqués sur l'avant-bras !

Les fibres afférentes sensorielles se différencient de plus par la dynamique de leur réponse à une stimulation. Certains récepteurs déchargent rapidement au début de l'application d'un stimulus, puis deviennent silencieux si la stimulation se prolonge (on dit qu'ils s'adaptent) ; d'autres, au contraire, émettent une décharge continue en présence d'un stimulus durable (Figure 9.4). Les récepteurs **à adaptation rapide**, ou récepteurs **phasiques**, dont la réponse cesse si le stimulus persiste, sont particulièrement efficaces pour transmettre des informations sur des changements de la stimulation en cours, comme en produit un mouvement du stimulus. Au contraire, les récepteurs **à adaptation lente**, ou récepteurs **toniques**, conviennent mieux pour renseigner sur les caractéristiques spatiales d'un stimulus telles que sa taille ou sa forme. Plusieurs classes de fibres afférentes doivent leurs caractéristiques d'adaptation aux propriétés des cellules du récepteur qui entoure leurs terminaisons. C'est ainsi que les fibres afférentes à adaptation rapide associées

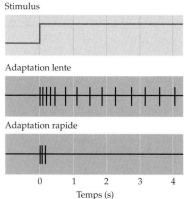

Figure 9.4

Les mécanorécepteurs à adaptation lente donnent une réponse persistante à une stimulation durable tandis que les récepteurs à adaptation rapide ne répondent qu'au début (et souvent aussi à l'arrêt) de la stimulation. Ces différences fonctionnelles permettent aux mécanorécepteurs de renseigner à la fois sur les aspects statiques du stimulus (grâce aux récepteurs à adaptation lente) et sur ses aspects dynamiques (grâce aux récepteurs à adaptation rapide).

à un corpuscule de Pacini (voir ci-dessous) donnent des réponses à adaptation lente si ce dernier est enlevé.

Pour finir, les fibres afférentes sensorielles répondent différemment selon les caractéristiques propres de la stimulation. Le filtrage qu'opèrent certains récepteurs encapsulés spécialisés, les propriétés différentes des canaux exprimés dans les terminaisons sensorielles, limitent la variété des stimulus susceptibles de déclencher un potentiel générateur. À titre d'exemple, les terminaisons afférentes associées à un récepteur encapsulé répondent vigoureusement à une déformation mécanique de la surface de la peau, mais non à des changements de température ni à la présence de forces mécaniques ni à des produits chimiques provoquant des sensations douloureuses. Cette dernière catégorie de stimulus est par contre très efficace pour déclencher les réponses des fibres dont les terminaisons nerveuses libres qui innervent la peau ont reçu le nom de *nocicepteurs*, c'est-à-dire récepteurs de la douleur (voir Chapitre 10). Plusieurs autres sous-types de mécanorécepteurs et de nocicepteurs ont été définis d'après les caractéristiques spécifiques de leurs réponses à une stimulation somatique.

TABLEAU 9.2 — *Les systèmes afférents et leurs propriétés*

Fonction sensorielle	Champ récepteur étroit		Champ récepteur étendu	
	Merkel	Meissner	Pacini	Ruffini
Emplacement	Extrémité des crêtes sudorales épidermiques	Papilles dermiques (près de la surface de la peau)	Derme et tissus profonds	Derme
Diamètre de l'axone	7–11 µm	6–12 µm	6–12 µm	6–12 µm
Vitesse de conduction	40–65 m/s	35–70 m/s	35–70 m/s	35–70 m/s
Fonction sensorielle	Perception de la forme et de la texture	Détection du mouvement ; contrôle de la préhension	Détection par les vibrations transmises ; utilisation d'outils	Force tangentielle, forme de la main, direction des déplacements
Stimulus efficaces	Bords, coins, points, courbes	Déplacement de la peau	Vibration	Étirement de la peau
Surface du champ récepteur[a]	9 mm²	22 mm²	Doigt entier ; main	60 mm²
Densité d'innervation (pulpe des doigts)	100/cm²	150/cm²	20/cm²	10/cm²
Acuité spatiale	0,5 mm	3 mm	10+ mm	7+ mm
Réponse à une indentation maintenue	Continue (adaptation lente)	Aucune (adaptation rapide)	Aucune (adaptation rapide)	Continue (adaptation lente)
Gamme de fréquence	0–100 Hz	1–300 Hz	5–1000 Hz	0–? Hz
Sensibilité maximale à	5 Hz	50 Hz	200 Hz	0,5 Hz
Seuil de réponse pour une indentation rapide ou une vibration de :				
Limite	8 µm	2 µm	0,01 µm	40 µm
Moyenne	30 µm	6 µm	0,08 µm	300 µm

[a] Surface des champs récepteurs mesurée avec une indentation rapide de 0,5 mm.
(D'après K.O. Johnson, 2002.)

Une fibre afférente peut se ramifier en de nombreuses branches périphériques, mais les propriétés de transduction de toutes les branches d'une même fibre sont identiques. En conséquence, les fibres somesthésiques forment des **voies parallèles** qui diffèrent par leur vitesse de conduction, la taille de leur champ récepteur, la dynamique de leurs réponses et par les caractéristiques des stimulus efficaces. Comme nous le verrons, ces différentes voies restent séparées les unes des autres pendant plusieurs étapes de traitement central ; chacune apporte par son activité une contribution spécifique à l'extraction des informations somesthésiques qu'exige le contrôle adéquat des mouvements réflexes ou orientés vers un but.

Les mécanorécepteurs tactiles

Nos connaissances les plus complètes sur l'apport de chacune de ces voies à la sensibilité cutanée concernent la peau glabre (sans poils) de la main, c'est-à-dire la paume et le bout des doigts, surfaces spécialisées pour donner une image neurale à haute définition des objets manipulés. Le toucher actif (encore appelé **sensibilité tactilo-kinesthésique** ou **haptique**) implique une interprétation des profils spatio-temporels complexes de stimulus susceptibles d'activer plusieurs catégories de mécanorécepteurs. Dans bien des cas, la simple manipulation d'un objet peut en effet suffire pour identifier un objet, aptitude appelée **stéréognosie**. En enregistrant, chez l'homme ou chez des primates non humains, les réponses de fibres afférentes individuelles obtenues dans des conditions contrôlées, on a pu définir leurs caractéristiques et obtenir ainsi des informations sur leur contribution à la sensibilité somatique. Nous examinerons ici quatre classes de fibre afférentes mécanoréceptrices innervant la peau glabre de la main (Figure 9.5 et Tableau 9.2)

Les fibres afférentes associées aux **cellules de Merkel** sont des fibres à adaptation lente, qui représentent environ 25 % des fibres innervant les mécanorécepteurs de la main. Particulièrement abondantes dans la pulpe des doigts, elles sont les seules à innerver des récepteurs situés dans l'épiderme. Les complexes neurite-cellule de Merkel sont situés à l'extrémité des crêtes épidermiques primaires, extensions de l'épiderme dans le derme sous-jacent, qui correspondent en surface du doigt aux crêtes des empreintes digitales. Le rôle exact que jouent les cellules de Merkel dans la transduction somesthésique n'est pas clair. Il s'agit de cellules excitables exprimant des canaux calciques sensibles au voltage ainsi que des molécules nécessaires à la libération des vésicules synaptiques. Toutefois, les potentiels d'actions semblent avoir leur origine dans des canaux ioniques mécanosensibles situés dans la membrane de la fibre afférente ; ceci laisse penser que les cellules de Merkel ne seraient pas le site de la transduction sensorielle, mais serviraient à moduler l'activité des fibres afférentes qui leur sont associées. Ces fibres ont une résolution spatiale de 0,5 mm, la plus élevée de toutes les fibres afférentes. Elles sont également très sensibles à des points, à des bords ou à des courbes, ce qui les rend particulièrement aptes à traiter les informations concernant la forme et la texture des objets.

Les fibres afférentes associées aux **corpuscules de Meissner** sont des fibres à adaptation rapide, qui innervent la peau de façon encore plus dense que les fibres des complexes de Merkel. Elles constituent en effet 40 % des fibres de la sensibilité mécanique de la main. Les corpuscules de Meissner se situent au sommet des papilles dermiques imbriquées entre les crêtes épidermiques, tout près de la surface de la peau (voir Figure 9.5). Ces récepteurs allongés sont formés d'une capsule conjonctive enveloppant plusieurs lamelles formées par des cellules de Schwann. Le centre de la capsule contient 2 à 6 fibres nerveuses afférentes se terminant sous forme de disques entre les lamelles des cellules de Schwann ; on estime que cette disposition facilite la réponse transitoire de ces fibres lors d'une stimulation somatique. Le fait que les corpuscules de Meissner soient très proches de la surface cutanée explique, au moins en partie, que les fibres qui leur sont associées aient une sensibilité aux déformations de la peau plus de quatre fois supérieure à celle des complexes de Merkel. Mais comme leurs champs récepteurs sont plus étendus que ceux des fibres afférentes de Merkel, leur résolution spatiale s'en trouve réduite.

Les corpuscules de Meissner opèrent une transduction particulièrement efficace des vibrations de relativement basse fréquence (3-40 Hz) telles qu'en produit le glis-

Figure 9.5

On trouve dans la peau des mécanorécepteurs de différents types présentant des morphologies distinctes. Le schéma ci-contre représente la peau glabre (sans poils) de la pulpe des doigts. Les caractéristiques principales des différents types de récepteurs sont résumées dans le tableau 9.2. (D'après Johansson et Vallbo, 1983.)

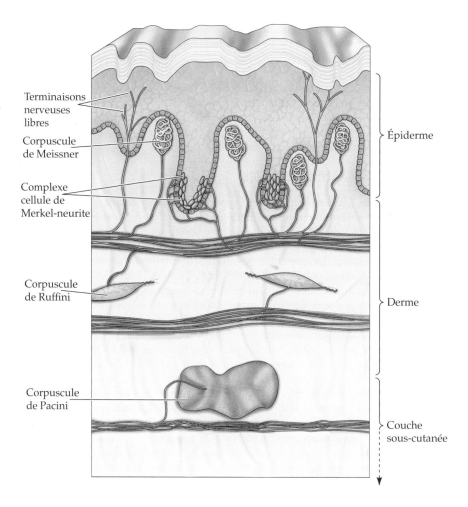

Terminaisons nerveuses libres

Corpuscule de Meissner

Complexe cellule de Merkel-neurite

Corpuscule de Ruffini

Corpuscule de Pacini

Épiderme

Derme

Couche sous-cutanée

sement d'objets texturés sur la peau. Un certain nombre de données laissent penser que les informations véhiculées par les fibres afférentes qui leur sont associées permettent de détecter le glissement d'un objet tenu en main et qu'elles fournissent ainsi une rétroaction indispensable au contrôle des mouvements de saisie.

Les **corpuscules de Pacini** sont innervés par des fibres à adaptation rapide représentant 10 à 15 % des fibres de la sensibilité mécanique de la main. Situés dans la profondeur du derme ou dans les tissus sous-cutanés, ils sont formés d'une capsule de membranes disposées en couches concentriques, à la manière des écailles d'un oignon, autour de l'extrémité d'une fibre afférente unique (Figure 9.5). Cette capsule lamellaire joue le rôle d'un filtre ne permettant qu'aux seules vibrations de haute fréquence (250-350 Hz) d'activer la terminaison nerveuse. Les corpuscules de Pacini s'adaptent plus rapidement que les corpuscules de Meissner et ont un seuil de réponse plus bas. Les plus sensibles des fibres qui les innervent émettent des potentiels d'action pour des déplacements de la peau n'excédant pas 10 nanomètres. Du fait de leur sensibilité, leurs champs récepteurs sont souvent de grande taille avec des frontières difficiles à déterminer. Compte tenu de leurs propriétés, ces récepteurs détectent sans difficulté les vibrations transmises par les objets tenus en main ou en contact avec la main, ce qui n'est pas sans importance quand il s'agit d'utiliser des outils avec précision (manier une clé, se servir d'un couteau pour couper du pain, écrire).

Les corpuscules de Ruffini, qui sont innervés par des fibres à adaptation rapide, sont les moins bien connus des mécanorécepteurs cutanés. Allongés, en forme de fuseau, ces récepteurs encapsulés sont situés dans la profondeur de la peau, mais aussi dans les ligaments et les tendons (Figure 9.5). Leur grand axe est généralement orienté parallèlement aux lignes d'étirement de la peau et ils sont ainsi particulièrement sen-

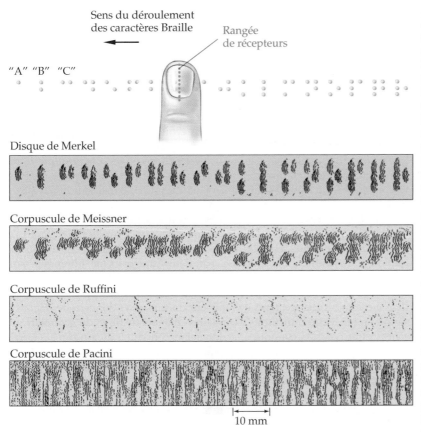

Sens du déroulement
des caractères Braille

Rangée
de récepteurs

"A" "B" "C"

Disque de Merkel

Corpuscule de Meissner

Corpuscule de Ruffini

Corpuscule de Pacini

10 mm

Figure 9.6

Simulation du profil d'activité de différentes catégories de fibres de la sensibilité mécanique lorsqu'on fait passer sur la pulpe d'un doigt maintenu immobile, une rangée de caractères Braille embossés sur une bande de papier fort, collée sur le pourtour d'un tambour tournant à la vitesse de 60 mm/s. Dans les enregistrements des réponses, chaque point représente un potentiel d'action, enregistré chez l'homme à partir d'une fibre unique innervant un mécanorécepteur d'un doigt. Dans les enregistrements par balayages successifs (*rasters*) ci-contre, les points situés sur une même ligne horizontale représentent les potentiels d'action enregistrés durant un passage de la rangée de caractères Braille se déplaçant de droite à gauche. À chaque passage, la rangée de caractères est avancée de 0,2 mm en direction de l'extrémité du doigt. En enregistrant l'activité de différentes fibres au cours d'une cinquantaine de passages, on peut, pour chaque fibre, reconstruire son profil d'activité qui simule l'activité d'une population de fibres afférentes dont les champs récepteurs seraient disposés en ligne à l'extrémité du doigt (points rouges). On constate que seules les fibres associées aux disques de Merkel représentent fidèlement la configuration des caractères Braille, dont elles laissent reconnaître les points qui les composent. (D'après Phillips et al., 1990.)

sibles aux étirements de la peau que produisent les mouvements des doigts ou des membres. Chez l'homme, les corpuscules de Ruffini représentent environ 20 % des récepteurs de la main. Leur fonction exacte pose encore problème, mais il est vraisemblable qu'ils répondent principalement à des stimulus d'origine interne tels que les mouvements des doigts. Les informations fournies par les corpuscules de Ruffini contribuent, avec celles qui émanent des récepteurs musculaires, à une représentation exacte de la position des doigts et de la posture de la main (voir ci-dessous le paragraphe consacré à la proprioception). Les différentes sortes d'information que les fibres sensorielles afférentes adressent aux structures centrales sont nettement illustrées par des expériences réalisées par Johnson et ses collègues. Ces chercheurs ont comparé les réponses de différentes fibres afférentes pendant le passage sur l'extrémité d'un doigt d'une rangée de caractères Braille en relief (Figure 9.6). Tous les types de fibres afférentes se révèlent être activés par la stimulation, mais l'information fournie varie considérablement selon le type de fibre. Le profil d'activité des fibres associées aux disques de Merkel suffit pour reconnaître les détails du caractère Braille ; les fibres innervant les corpuscules de Meissner en donnent une version plus floue. Tous les détails sont perdus dans les réponses des fibres innervant les corpuscules de Pacini et de Ruffini.

Les mécanorécepteurs proprioceptifs

Alors que les mécanorécepteurs cutanés renseignent sur les stimulus externes, une autre grande catégorie de récepteurs fournit des informations sur les forces mécaniques qui ont leur origine dans le corps lui-même et spécialement dans le système musculo-squelettique. La fonction première de ces **propriocepteurs** (c'est-à-dire récepteurs « sensibles à soi-même ») est de renseigner de façon permanente et détaillée sur la position spatiale des membres et autres parties du corps. Des mécanorécepteurs de bas seuil comprenant les fuseaux neuromusculaires, les organes tendineux de Golgi et les récepteurs articulaires donnent ces informations indispensables à l'exécution précise des mouvements complexes. Les informations sur la position et les mouvements de la tête ont une importance particulière ; dans ce cas-ci, les propriocepteurs sont intégrés à un système hautement spécialisé, le système vestibulaire, qui est traité à part au chapitre 14 (Il existe également dans le cœur et dans les gros vaisseaux des mécano-récepteurs spécialisés renseignant sur la pression sanguine ; ils sont toutefois considérés comme faisant partie du système végétatif ; voir Chapitre 21).

Les connaissances les plus détaillées que nous ayons sur la proprioception concernent les **fuseaux neuromusculaires**, que l'on trouve dans la quasi-totalité des muscles striés (squelettiques). Les fuseaux neuromusculaires consistent en quatre à huit fibres musculaires spécialisées, les **fibres intrafusales**, qu'entoure une capsule de tissu conjonctif. Les fibres intrafusales se distribuent dans le muscle parallèlement aux **fibres extrafusales** auxquelles les muscles squelettiques doivent la force qu'ils déploient (Figure 9.7A). Les fibres sensorielles afférentes s'enroulent autour de la partie centrale du fuseau et, quand le muscle est étiré, la tension qui s'exerce sur les fibres intrafusales active des canaux ioniques sensibles aux forces mécaniques et déclenche des potentiels d'action. Les fuseaux sont innervés par deux catégories de fibres que l'on distingue par leurs terminaisons, dites primaires ou secondaires. Les terminaisons primaires émanent des fibres du **groupe Ia** (fibres myélinisées ayant le plus gros diamètre) ; elles détectent les changements de longueur du muscle et donnent des réponses à adaptation rapide. Les terminaisons secondaires émanent de fibres du **groupe II** qui répondent par une émission continue à des longueurs constantes du muscle. Les terminaisons primaires renseignent sur la dynamique des membres – vitesse et direction du mouvement – tandis que les terminaisons secondaires donnent des informations sur la position statique des membres.

Les changements de longueur du muscle ne sont pas les seuls facteurs qui modulent la réponse des afférences fusoriales. Les fibres intrafusales sont elles aussi des fibres musculaires contractiles et sont contrôlées par un groupe particulier de neurones moteurs, situés dans la corne ventrale de la moelle épinière, les **motoneurones γ**. La contraction des fibres intrafusales ne renforce pas de façon appréciable la force développée par la contraction musculaire ; les variations de leur tension ont comme effet

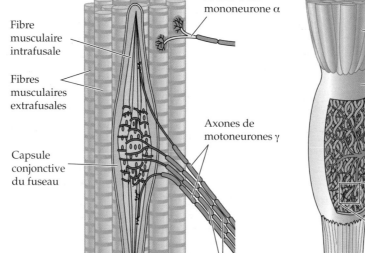

(A) Fuseau neuromusculaire

Axone d'un mononeurone α

Fibre musculaire intrafusale

Fibres musculaires extrafusales

Capsule conjonctive du fuseau

Axones de motoneurones γ

Fibres afférentes des groupes I et II

(B) Organe tendineux de Golgi

Fibres musculaires extrafusales

Capsule

Fibre afférente Ib

Axone

Fibrilles de collagène

Tendon

Figure 9.7

Les récepteurs proprioceptifs du système musculo-squelettique fournissent des informations sur la position des membres et des autres parties du corps. (A) Un fuseau neuromusculaire parmi plusieurs fibres extrafusales. Les fibres intrafusales du fuseau neuromusculaire sont entourées d'une capsule de tissu conjonctif. (B) Les organes tendineux de Golgi sont des mécanorécepteurs à bas seuil situés dans les tendons et qui renseignent sur les changements de tension du muscle. (D'après Matthews, 1964.)

essentiel de moduler la sensibilité des afférences fusoriales aux changements de longueur du muscle. Pour que les circuits centraux fournissent une image exacte de la position et du mouvement des muscles, ils doivent donc prendre en compte le niveau d'activité du système γ. (Un exposé détaillé des interactions entre système γ et afférences fusoriales est présenté aux chapitres 16 et 17).

La densité des fuseaux, chez l'homme, varie selon les muscles. Les gros muscles, qui n'interviennent que dans les mouvements grossiers, ont relativement peu de fuseaux. Par contre, les muscles extra-oculaires, les muscles intrinsèques de la main, ceux du cou, en sont abondamment pourvus ; ceci reflète l'importance de mouvements oculaires précis, la nécessité de manipuler les objets avec délicatesse, l'exigence permanente d'un positionnement exact de la tête. Ces relations concordent avec cette règle générale qu'à tous les étages du système nerveux, les appareils sensori-moteurs sont beaucoup plus richement équipés quand il s'agit de la main, de la tête, des organes phonatoires et de toutes les parties du corps appelées à exécuter des tâches importantes et délicates. Les fuseaux sont complètement absents de quelques muscles, comme ceux de l'oreille moyenne, qui, apparemment, n'ont aucun besoin du genre de rétroaction que renvoient ces récepteurs.

Si les fuseaux neuromusculaires signalent spécifiquement les changements de *longueur* des muscles, les mécanorécepteurs de bas seuil des tendons renseignent le système nerveux sur leurs changements de *tension*. Ces mécanorécepteurs, les **organes tendineux de Golgi**, se répartissent parmi les fibres de collagène qui forment les tendons (Figure 9.7B) et sont innervés par des rameaux de fibres afférentes du **groupe Ib**. Chaque organe tendineux de Golgi est disposé en série avec un petit nombre (10-20) de fibres musculaires extrafusales. Considérée dans sa totalité, la population des organes tendineux d'un muscle donné fournit un tableau fidèle des tensions qu'il développe.

La contribution de ces différentes catégories de fibres proprioceptives à la perception de la position, des mouvements et de la force des membres, continue de faire l'objet d'actives recherches. On a montré qu'en stimulant par vibration les fuseaux d'un certain nombre de muscles, on provoque des sensations illusoires de mouvement, alors que les membres sont immobilisés. Une stimulation du biceps brachial, par exemple, donne l'illusion prégnante d'un mouvement d'extension du bras, comme si le biceps était effectivement étiré. Des illusions de mouvement comparables ont été obtenues en stimulant des muscles posturaux ou des muscles de la face. L'effet est, dans certains cas, si puissant qu'il donne la sensation d'un mouvement impossible du point de vue anatomique ; si, par exemple, on applique une forte vibration à un muscle extenseur du poignet, le sujet dit ressentir une hyperextension de la main l'amenant presque au contact de la partie supérieure de son avant-bras. Dans tous les cas, l'illusion n'est obtenue que si le sujet a les yeux bandés et ne peut pas voir la position du membre stimulé ; on a donc là une preuve que si les messages proprioceptifs peuvent à eux seuls fournir des indices sur la position des membres, dans les conditions normales, les informations d'origine visuelle et somesthésique jouent un rôle important.

Avant tous ces travaux, on pensait que les principales informations proprioceptives sur la position des membres émanaient des mécanorécepteurs situés dans les articulations ou autour d'elles. Ces **récepteurs articulaires** ressemblent à certains des récepteurs cutanés, comme par exemple les corpuscules de Ruffini et de Pacini. Or les personnes ayant des prothèses articulaires n'avaient que des déficits mineurs quand il s'agissait de définir la position de leurs membres ; de même, l'anesthésie d'une articulation comme celle du genou ne perturbait pas les jugements portés sur la position ou le mouvement de l'articulation. Bien qu'ils ne contribuent que faiblement à la proprioception des membres, les récepteurs articulaires semblent très importants pour juger de la position des doigts. À côté des informations d'origine cutanée venant des récepteurs de Ruffini et des informations proprioceptives issues des fuseaux neuromusculaires, qui contribuent à une représentation précise de la position des doigts, les récepteurs articulaires ont un rôle protecteur en signalant les positions qui confinent aux limites de l'étendue normale des mouvements des doigts.

Voies centripètes de la sensibilité tactile du corps : le système colonnes dorsales-lemnisque médian

Les fibres de la sensibilité mécanique de la peau pénètrent dans la moelle épinière par les racines dorsales ; la majorité d'entre elles, empruntent les **colonnes dorsales** (ou **cordons postérieurs**) et montent jusqu'à la partie caudale du bulbe rachidien où elles s'articulent synaptiquement avec les neurones des **noyaux des colonnes dorsales** (Figure 9.8A). Les noms de colonnes ou de cordons viennent de l'aspect extérieur de ces gros paquets de fibres qui courent sur toute la longueur de la moelle. Ces **neurones de premier ordre** peuvent avoir de très longs axones, comme c'est le cas pour ceux qui innervent les extrémités.

Les fibres des colonnes dorsales présentent une organisation somatotopique : celles qui acheminent les messages des membres inférieurs forment le **faisceau gracile** (ou **de Goll**), dans la partie médiane des colonnes dorsales. Dans leur partie latérale, le **faisceau cunéiforme** (ou **de Burdach**) contient les axones qui conduisent les informations des membres supérieurs, du tronc et du cou. Les fibres de ces deux faisceaux se terminent dans les noyaux des colonnes dorsales du même nom : le **noyau gracile** (ou **de Goll**) situé lui-même en position médiane et le **noyau cunéiforme** (ou **de Burdach**) plus latéral.

Les neurones des noyaux des colonnes dorsales, **neurones de deuxième ordre**, envoient leurs axones vers le thalamus somesthésique (voir Figure 9.8A). À leur sortie des noyaux, ces axones forment les **fibres arquées internes**. Par la suite, les fibres arquées internes franchissent la ligne médiane et forment un gros faisceau, allongé dans le sens dorso-ventral, le **lemnisque médian**. (Le franchissement de la ligne médiane est appelé décussation du lemnisque médian ; décussation signifie « croisement en forme du chiffre romain X », en latin *decem* ; le mot lemnisque, quant à lui, signifie « ruban »).

Sur une section du bulbe, comme celle que représente la figure 9.8A, les fibres du lemnisque médian qui acheminent les informations issues des membres inférieurs sont en position ventrale, celles qui concernent les membres supérieurs sont en position dorsale. Au fur et à mesure que le lemnisque monte dans le pont et dans le mésencéphale, il subit une torsion latérale de 90° si bien que, dans ce faisceau, la partie supérieure du corps en vient à être représentée en position médiane et la partie inférieure en position latérale. Les fibres du lemnisque médian aboutissent dans le **noyau ventro-postéro-latéral (VPL)** du thalamus, où elles s'articulent avec les **neurones de troisième ordre**.

Les axones des neurones du VPL passent par la **capsule interne** et vont se terminer dans le **gyrus postcentral** du cortex cérébral, région qui constitue le **cortex somesthésique primaire** ou **SI**. Les neurones du VPL envoient également des axones vers une région plus petite située sur la berge supérieure de la scissure de Sylvius et qui constitue le **cortex somesthésique secondaire (SII)**.

Voies centripètes de la sensibilité tactile de la face : le système trigéminothalamique

Les mécanorécepteurs cutanés de la face transmettent leurs informations par des neurones de premier ordre situés dans le **ganglion de Gasser** (appelé aussi ganglion semi-lunaire ou ganglion trigéminal). Les prolongements périphériques de ces neurones se subdivisent en trois troncs nerveux, les **branches ophtalmique, maxillaire et mandibulaire du trijumeau**. Chacune de ces branches innerve un territoire délimité de la face et de la tête, y compris les dents et les muqueuses des cavités orale et nasale. Les prolongements centripètes des cellules du ganglion de Gasser sont, pour le trijumeau, l'équivalent des racines sensitives ; elles pénètrent dans le tronc cérébral au niveau du pont et se terminent sur les différents noyaux du **complexe sensitif trigéminal**.

Le complexe sensitif du trijumeau a deux composantes principales : le **noyau principal** et le **noyau spinal** (une troisième composante, le noyau mésencéphalique du trijumeau, sera examinée séparément plus loin). La plupart des axones véhiculant

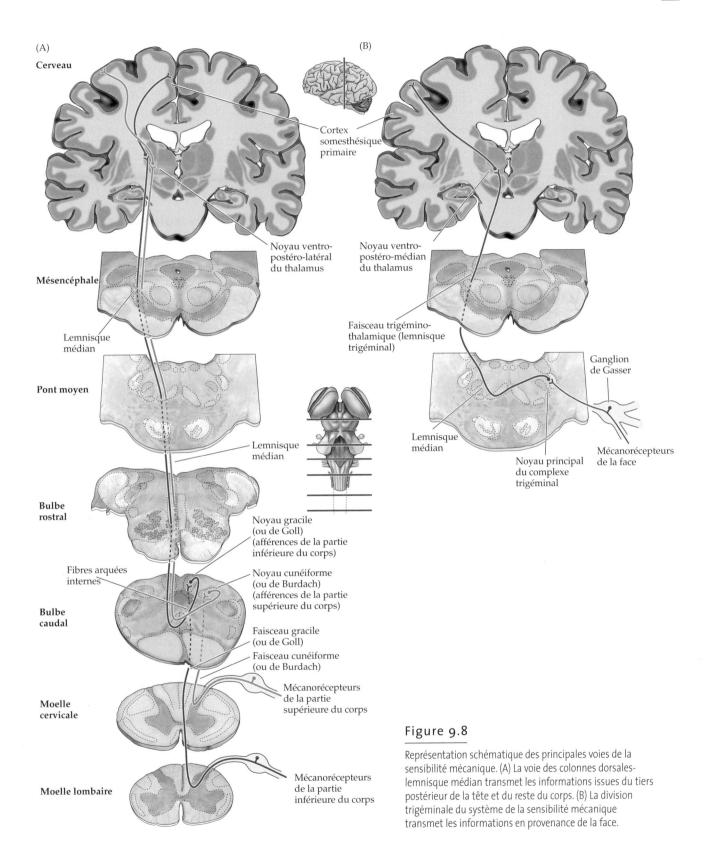

(A)
Cerveau

(B)

Cortex
somesthésique
primaire

Noyau ventro-
postéro-latéral
du thalamus

Noyau ventro-
postéro-médian
du thalamus

Mésencéphale

Lemnisque
médian

Faisceau trigémino-
thalamique (lemnisque
trigéminal)

Pont moyen

Lemnisque
médian

Ganglion
de Gasser

Lemnisque
médian

Noyau principal
du complexe
trigéminal

Mécanorécepteurs
de la face

Bulbe
rostral

Noyau gracile
(ou de Goll)
(afférences de la partie
inférieure du corps)

Fibres arquées
internes

Noyau cunéiforme
(ou de Burdach)
(afférences de la partie
supérieure du corps)

Bulbe
caudal

Faisceau gracile
(ou de Goll)

Faisceau cunéiforme
(ou de Burdach)

Mécanorécepteurs
de la partie
supérieure du corps

Moelle
cervicale

Figure 9.8

Représentation schématique des principales voies de la
sensibilité mécanique. (A) La voie des colonnes dorsales-
lemnisque médian transmet les informations issues du tiers
postérieur de la tête et du reste du corps. (B) La division
trigéminale du système de la sensibilité mécanique
transmet les informations en provenance de la face.

Moelle lombaire

Mécanorécepteurs
de la partie
inférieure du corps

des informations en provenance des mécanorécepteurs cutanés à bas seuil de la face se terminent dans le noyau principal. Il est de ce fait l'équivalent des noyaux des colonnes dorsales, relais de la sensibilité mécanique du reste du corps. Quant au noyau spinal, il contient les neurones de la sensibilité thermique et nociceptive et du toucher grossier et sera examiné de façon plus approfondie au chapitre 10. Les neurones de deuxième ordre des noyaux trigéminaux du tronc cérébral émettent des axones qui croisent la ligne médiane et montent vers le **noyau ventro-postéro-médian (VPM)** du thalamus par le **faisceau trigémino-thalamique** (encore appelé lemnisque trigéminal). Les neurones du VPM envoient leurs axones aux aires SI et SII du cortex.

Voies centripètes de la sensibilité proprioceptive du corps

Comme leurs homologues pour la sensibilité cutanée, les fibres proprioceptives entrent dans la moelle épinière par les racines dorsales et font la plus grande partie de leur trajet en compagnie des fibres de la sensibilité cutanée. Toutefois, il y a un certain nombre de différences dans les trajets qu'empruntent les voies proprioceptives dans la moelle épinière, en relation avec l'importance des informations proprioceptives pour la régulation réflexe des contrôles moteurs ainsi que pour la perception.

Tout d'abord, à leur entrée dans la moelle, beaucoup de fibres proprioceptives bifurquent en une branche ascendante et une branche descendante qui, chacune, émettent des collatérales vers plusieurs segments spinaux (Figure 9.9). Quelques-unes de ces collatérales entrent dans la corne dorsale de la moelle épinière et font synapse avec les neurones qui s'y trouvent ainsi qu'avec des neurones de la corne ventrale. Ces synapses interviennent notamment dans les réflexes dits segmentaires tels que les réflexes myotatiques, dont le réflexe patellaire décrit au chapitre 1 (voir pour plus de détails les chapitres 16 et 17).

En second lieu, les informations véhiculées par les afférences proprioceptives ne sont pas seulement utiles pour percevoir la position des membres, elles jouent un rôle essentiel dans le fonctionnement du cervelet et dans le contrôle qu'exerce cette structure sur l'organisation temporelle des contractions musculaires qu'implique l'exécution des mouvements volontaires. C'est pourquoi elles atteignent les circuits du cortex cérébral par des collatérales de fibres qui, par ailleurs, ont pour cible le cervelet et dont certaines empruntent, dans la moelle, les faisceaux appelés spinocérebelleux.

Les relations avec les voies cérébelleuses sont particulièrement nettes dans le cas du trajet que suivent les messages proprioceptifs de la partie inférieure du corps pour gagner les noyaux des colonnes dorsales. Les fibres proprioceptives afférentes de premier ordre qui entrent dans la moelle épinière entre les niveaux lombaire moyen et thoracique (L2-T1) font synapse avec les neurones du **noyau de Clarke** situé dans la partie médiane de la corne dorsale (voir Figure 9.9, voie rouge). Celles qui entrent au-dessous de ce niveau montent dans les colonnes dorsales et vont s'articuler synaptiquement avec les neurones du noyau de Clarke. Les neurones de deuxième ordre du noyau de Clarke envoient leurs axones dans le cordon postérolatéral du même côté, où ils montent jusqu'au bulbe en empruntant le faisceau spinocérebelleux dorsal (ou faisceau de Flechsig). Ils continuent ensuite jusqu'au cervelet, mais, chemin faisant, ils émettent des collatérales qui font synapse avec des neurones contigus au noyau gracile, que pour l'instant nous nous contenterons d'appeler « neurones proprioceptifs » des noyaux des colonnes dorsales. Les axones de ces neurones de troisième ordre croisent la ligne médiane et rejoignent le lemnisque médian où ils accompagnent les fibres de la sensibilité tactile de la peau dans leur trajet jusqu'au noyau VPL du thalamus.

Les fibres proprioceptives afférentes de premier ordre issues des membres supérieurs ont un parcours semblable à celui des fibres de la sensibilité tactile de la peau (Figure 9.9, voie bleue). Elles entrent dans la moelle et cheminent dans le faisceau cunéiforme des colonnes dorsales jusqu'au bulbe où elles font synapse avec les neurones proprioceptifs des noyaux des colonnes dorsales. Les axones des neurones de

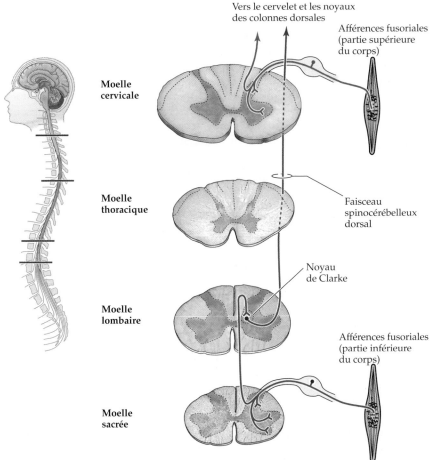

Vers le cervelet et les noyaux
des colonnes dorsales

Afférences fusoriales
(partie supérieure
du corps)

Moelle
cervicale

Moelle
thoracique

Faisceau
spinocérébelleux
dorsal

Noyau
de Clarke

Moelle
lombaire

Afférences fusoriales
(partie inférieure
du corps)

Moelle
sacrée

Figure 9.9

Voies proprioceptives de la partie inférieure et de la partie supérieure du corps. Les fibres afférentes proprioceptives de la partie inférieure du corps font synapse avec des neurones des cornes dorsale et ventrale de la moelle épinière et avec des neurones du noyau de Clarke. Les axones des neurones du noyau de Clarke empruntent le faisceau spinocérébelleux dorsal et gagnent les noyaux des colonnes dorsales ainsi que le cervelet. Les fibres de la partie supérieure du corps font également synapse avec des neurones des cornes dorsale et ventrale, mais elles empruntent les colonnes dorsales pour gagner le cervelet et les noyaux des colonnes dorsales. Les neurones proprioceptifs des noyaux des colonnes dorsales émettent des axones qui, après avoir croisé la ligne médiane, rejoignent le lemnisque médian et se terminent dans le noyau ventral postérieur du thalamus. (voir Figure 9.8)

deuxième ordre franchissent la ligne médiane, rejoignent le lemnisque médian et montent en direction du noyau VPL du thalamus.

Voies centripètes de la sensibilité proprioceptive de la face

Tout comme les messages de la sensibilité tactile de la peau, les messages proprioceptifs de la face sont acheminés par le nerf trijumeau. Toutefois, les corps cellulaires des neurones proprioceptifs de premier ordre occupent un emplacement inhabituel : on ne les trouve pas dans le ganglion de Gasser, mais au sein du système nerveux central, dans un petit paquet de neurones situé sur le bord latéral de la substance grise centrale du mésencéphale, le **noyau mésencéphalique du trijumeau**. Comme ceux du ganglion de Gasser et des ganglions spinaux, ce sont des neurones pseudo-unipolaires dont les axones bifurquent : la branche périphérique innerve les fuseaux neuromusculaires et les organes tendineux de Golgi des muscles de la face (principalement les muscles masticateurs), tandis que la branche centrale envoie des ramifications vers les noyaux du tronc cérébral responsables des contrôles réflexes des muscles de la face. Les informations proprioceptives qui parviennent au noyau mésencéphalique du trijumeau sont également adressées au thalamus, par des voies qui ne sont pas clairement identifiées, et sont représentées au niveau du cortex somesthésique.

Le thalamus somesthésique

Toutes les voies somesthésiques ascendantes, qu'elles aient leur origine dans la moelle épinière ou dans le tronc cérébral, convergent sur le **complexe ventral postérieur (VP)** du thalamus. Elles s'y terminent selon une organisation somatotopique formant une représentation complète et ordonnée de la tête et du corps. Comme on l'a déjà indiqué, le **noyau ventro-postéro-latéral (VPL)**, situé le plus latéralement, reçoit les projections du lemnisque médian qui véhicule les informations somesthésiques du corps et de l'arrière de la tête, alors que le **noyau ventro-postéro-médian (VPM)**, en position plus médiale, reçoit les axones du lemnisque trigéminal, c'est-à-dire les informations de la sensibilité mécanique et nociceptive de la face. Dans ces noyaux, les fibres véhiculant chaque catégorie de messages somesthésiques – émanant des différents types de mécanorécepteurs, des fuseaux neuromusculaires ou des organes tendineux de Golgi – se terminent sur des populations distinctes de cellules de relais. Les informations de chaque sorte demeurent donc séparées lorsqu'elles sont transmises aux circuits corticaux.

Le cortex somesthésique primaire

Les axones des neurones du complexe VP du thalamus projettent sur des neurones corticaux situés principalement dans la couche 4 du cortex somesthésique (voir l'encadré 26A pour une description des couches corticales). Chez l'homme, le **cortex somesthésique primaire** (ou **SI**), est situé dans le gyrus postcentral du lobe pariétal et comprend quatre champs corticaux : les **aires 3a, 3b, 1 et 2 de Brodmann** (Figure 9.11A). Les travaux de cartographie corticale réalisés chez l'homme et chez d'autres primates montrent en outre que chacune de ces quatre aires contient en propre une représentation complète du corps. Dans ces **cartes somatotopiques**, le pied, la jambe, le tronc, les membres antérieurs et la face sont représentés en des positions allant respectivement de l'aspect médian à l'aspect latéral de l'hémisphère comme le montre la figure 9.11B.

Une caractéristique frappante des cartes corticales, dont on s'est aperçu peu après leur découverte, est qu'elles ne représentent pas le corps selon ses proportions véri-

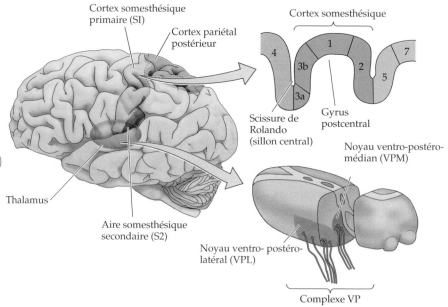

Figure 9.10

Schéma des régions somesthésiques du thalamus et de leurs aires corticales de projection dans le gyrus postcentral. Le complexe nucléaire ventral postérieur (VP) comprend le VPM, qui relaie les informations somesthésiques du système trigéminal (de la face), et le VPL, qui relaie les informations somesthésiques du reste du corps. Le schéma en haut à droite montre l'organisation du cortex somesthésique primaire selon une coupe antéro-postérieure de toute l'étendue du gyrus postcentral. (D'après Brodal, 1992 et Jones et al., 1982.)

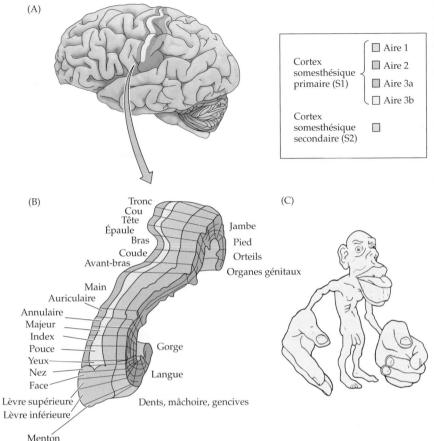

(A)

(B)

Tronc
Cou
Tête
Épaule
Bras
Coude
Avant-bras
Main
Auriculaire
Annulaire
Majeur
Index
Pouce
Yeux
Nez
Face
Lèvre supérieure
Lèvre inférieure
Menton

Jambe
Pied
Orteils
Organes génitaux

Gorge

Langue

Dents, mâchoire, gencives

(C)

Cortex somesthésique primaire (S1)
☐ Aire 1
☐ Aire 2
■ Aire 3a
☐ Aire 3b

Cortex somesthésique secondaire (S2)
☐

Figure 9.11

Disposition somatotopique du cortex somesthésique primaire de l'homme.
(A) Schéma montrant le territoire approximatif où l'on enregistre une activité électrique provoquée par la stimulation mécanique de différentes parties du corps. (Les patients chez lesquels ces données ont été obtenues devaient subir des interventions neurochirurgicales pour lesquelles l'établissement de ces cartes était nécessaire.) Les méthodes modernes d'imagerie ont permis d'améliorer la précision des données classiques, mais les premières cartes somatotopiques obtenues chez l'homme dans les années 1930 demeurent, dans l'ensemble, valides.
(B) Schéma montrant la représentation somatotopique des parties du corps depuis les régions médianes jusqu'aux régions latérales de l'hémisphère. (C) Figurine de l'homunculus, construite sur la base de la cartographie précédente. Noter que l'étendue du cortex somesthésique dévolue aux mains et à la face est beaucoup plus importante que leur surface relative par rapport au reste du corps. On retrouve la même disproportion sur le cortex moteur primaire et pour les mêmes raisons (voir Chapitre 18). (D'après Penfield et Rasmussen, 1950 et Corsi, 1991.)

tables. Les neurochirurgiens qui ont déterminé la topographie des représentations du corps humain sur le cortex sensoriel (et moteur) ont obtenu un « homunculus » (littéralement un « petit homme ») dont la face et les mains sont surdimensionnées par rapport au torse et aux segments proximaux des membres (Figure 9.11C). La raison de cette disproportion est à chercher dans le fait que les manipulations, les expressions faciales, le langage articulé sont d'une importance prépondérante dans l'espèce humaine et que leur contrôle demande davantage de circuits cérébraux (et périphériques). C'est ainsi que, chez l'homme, la moelle cervicale présente un renflement, exigé par les circuits supplémentaires relatifs aux mains et aux membres supérieurs, et l'on a vu aussi que les mains et les lèvres sont des régions où la densité des récepteurs est plus élevée.

Ces distorsions sont également manifestes quand on compare les cartes topographiques de diverses espèces. Le cerveau du rat, par exemple, utilise une quantité démesurée de cortex somesthésique pour la représentation des vibrisses du museau, source d'abondantes afférences somesthésiques chez les rongeurs (voir Encadré 9B) ; chez le raton laveur, ce sont les pattes qui sont ainsi surreprésentées et chez l'ornithorynque, le bec. En bref, les afférences sensorielles (ou les efférences motrices) qui sont particulièrement importantes pour une espèce donnée ont une représentation corticale proportionnellement plus étendue.

Si l'organisation somatotopique des différentes aires somesthésiques est semblable, les neurones de chacune d'entre elles présentent des propriétés fonctionnelles. Les expériences menées chez des primates non humains indiquent que les neurones des aires 3b et 1 répondent principalement à des stimulus cutanés, tandis que l'aire 3a répond à la stimulation des propriocepteurs ; quant à l'aire 2, elle traite à la fois des stimulus tactiles et proprioceptifs. Ces différences dans leurs propriétés de réponse

ENCADRÉ 9B *Organisation interne des cortex sensoriels :*
les modules corticaux

Les observations effectuées au cours des quarante dernières années ont clairement démontré qu'il existe, au sein des cartes corticales somesthésiques (et autres), des sous-structures répétitives. Ces structures élémentaires ont reçu le nom de modules, chaque module comprenant des centaines de milliers de cellules nerveuses organisées en patterns répétitifs. Les avantages de ces patterns répétitifs pour le système nerveux restent mystérieux, mais les neurobiologistes y trouvent des indices précieux pour expliquer la connectivité corticale et les mécanismes par lesquels l'activité nerveuse influence le développement cérébral (voir Chapitres 23 et 24).

Le premier à remarquer, sur la base de travaux sur le rat, que le cortex somesthésique est formé d'unités élémentaires composées de cellules reliées verticalement, fut le neuroanatomiste espagnol Rafael Lorente de No, dans les années 1920. L'importance potentielle de la modularité corticale est restée largement inexplorée jusque vers les années 1950, au cours desquelles des expérimentations électrophysiologiques mirent en évidence, dans le cerveau du chat puis du singe, une organisation en unités qui se répètent. Vernon Mountcastle, neurophysiologiste de l'Université Johns Hopkins, trouva qu'en descendant une microélectrode perpendiculairement à la surface du cortex somesthésique, toutes les cellules rencontrées répondaient à des stimulus mé-

caniques de même type, appliqués au même endroit de la surface du corps. Peu après ces travaux d'avant-garde, David Hubel et Torsten Wiesel découvrirent une organisation similaire dans le cortex visuel du chat. Ces observations et quelques autres conduisirent Mountcastle à la conception générale suivante : « le pattern élémentaire de l'organisation du cortex cérébral est un cylindre ou une colonne de cellules, d'orientation verticale, dont les fonctions d'entrée-sortie sont d'une complexité considérable ». Depuis ces découvertes de la fin des années 1950 et du début des années 1960, le point de vue selon lequel les circuits modulaires sont une caractéristique fondamentale du cortex cérébral des mammifères a été largement admis et l'on en a décrit de nombreux exemples (voir la figure ci-contre).

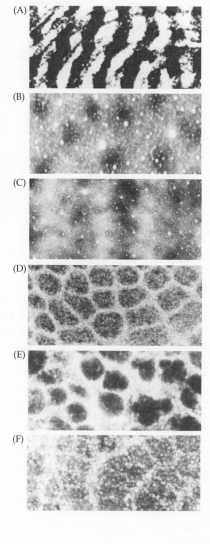

Exemples de structures élémentaires répétitives dans le cerveau des mammifères. (A) Colonnes de dominance oculaire dans la couche 4 du cortex visuel primaire (V1) d'un singe rhésus. (B) Unités répétitives appelées « blobs » dans les couches 2 et 3 de V1, chez le singe écureuil. (C) Bandes dans les couches 2 et 3 de V2, chez le singe écureuil (D) Barillets dans la couche 4 du cortex somesthésique primaire du rat. (E) Glomérules du bulbe olfactif de la souris. (F) Unités répétitives, appelées « bariloïdes », dans le thalamus du rat. Ces exemples indiquent que l'organisation modulaire est très répandue dans le cerveau. (D'après Purves et al., 1992.)

reflètent, au moins en partie, les projections sur chacune de ces aires de messages afférents issus de catégories fonctionnellement distinctes de neurones du complexe ventral postérieur. D'abondantes interconnexions corticocorticales entre les différentes aires de SI contribuent en outre de façon non négligeable à l'élaboration des propriétés de réponse de chacun d'entre elles. L'aire 3b reçoit la plus grosse partie des afférences issues du complexe ventral postérieur et envoie des projections très denses sur les aires 1 et 2. Cette organisation des connexions établit une hiérarchie fonctionnelle dans laquelle l'aire 3b constitue une première étape obligatoire du traitement cortical des informations somesthésiques (Figure 9.12). En accord avec cette conception, on constate que des lésions circonscrites aux aires 1 et 2 s'accompagnent de déficits partiels traduisant l'incapacité d'utiliser les informations sensorielles pour discriminer

De cette abondance de preuves en faveur d'une structure modulaire, beaucoup de spécialistes des neurosciences tirent la conclusion, comme le fait Mountcastle, que les modules sont un attribut fondamental du cortex cérébral, indispensable pour la perception, la cognition, voire la conscience. Malgré leur omniprésence, les modules soulèvent quelques problèmes quant à l'universalité de leur importance. Premièrement, bien que des circuits modulaires de telle ou telle catégorie soient facilement décelables dans le cerveau de certaines espèces, on ne les retrouve pas nécessairement chez d'autres animaux, même étroitement apparentés. Deuxièmement, toutes les régions du cortex des mammifères ne présentent pas cette organisation modulaire. Et troisièmement, en dépit de bien des efforts et de bien des spéculations, on n'a pas réussi à trouver de fonction uniforme à ces modules. Cet aspect remarquable de l'organisation du cortex somesthésique et de certaines autres régions corticales (ou même sous-corticales) reste donc une énigme.

Références

HUBEL, D.H. (1988), *Eye, Brain, and Vision*. Scientific American Library. New York, W.H. Freeman.

LORENTE DE NO, R. (1949), The structure of the cerebral cortex. *Physiology of the Nervous System*, 3rd Ed. New York, Oxford University Press.

MOUNTCASTLE, V.B. (1957), Modality and topographic properties of single neurons of cat's somatic sensory cortex. *J. Neurophysiol.*, **20**, 408-434.

MOUNTCASTLE, V.B. (1998), *Perceptual Neuroscience: The Cerebral Cortex*. Cambridge, Harvard University Press.

PURVES, D., D. RIDDLE et A.-S. LAMANTIA (1992), Iterated patterns of brain circuitry (or how the cortex gets its spots). *Trends Neurosci.*, **15**, 362-368.

WOOLSEY, T.A. et H. VAN DER LOOS (1970), The structural organization of layer IV in the somatosensory region (S1) of mouse cerebral cortex. The description of a cortical field composed of discrete cytoarchitectonic units. *Brain Res.*, **17**, 205-242.

soit la texture des objets (déficits de l'aire 1) soit leur taille et leur forme (déficits de l'aire 2). Il existe même un découpage encore plus fin de populations neuroniques fonctionnellement distinctes dans une même aire corticale. En analysant l'activité des neurones rencontrés sur le trajet d'une fine électrode d'enregistrement insérée dans le cortex somesthésique primaire de chats ou de singes, Mountcastle fut le premier à avancer l'idée que les neurones répondant aux mêmes types de stimulus devaient être groupés en « colonnes » fonctionnelles perpendiculaires à la surface du cortex et s'étendant sur toute son épaisseur. Ce point de vue fut confirmé par la suite par des pénétrations rapprochées d'électrodes dans l'aire 3b ; les enregistrements montrèrent que les neurones répondant à des mécanorécepteurs respectivement à adaptation lente ou à adaptation rapide étaient regroupés dans des zones distinctes dans les limites de la représentation d'un seul doigt (Figure 9.13). On a décrit de semblables îlots de neurones répondant préférentiellement à des catégories différentes de messages somesthésiques dans les aires 2 et 1. Cette organisation des aires corticales en modules est une caractéristique fondamentale de l'architecture du cortex et est particulièrement marquée dans les aires visuelles (voir Chapitre 11). S'il est établi qu'elle reflète

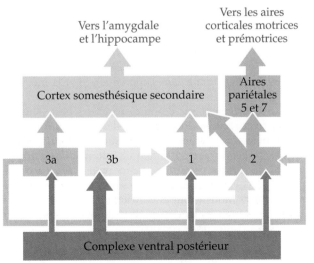

Figure 9.12

L'organisation des connexions au sein du cortex somesthésique primaire établit des hiérarchies fonctionnelles entre les aires. Le noyau ventral postérieur du thalamus projette sur les aires 3a, 3b, 1 et 2, les projections les plus denses se faisant sur l'aire 3b. L'aire 3b envoie à son tour d'abondantes projections sur les aires 1 et 2, de sorte que les fonctions de ces aires sont étroitement dépendantes de l'activité de l'aire 3b. Toutes les subdivisions du cortex somesthésique primaire projettent sur le cortex somesthésique secondaire : les fonctions de S2 dépendent donc de l'activité de SI.

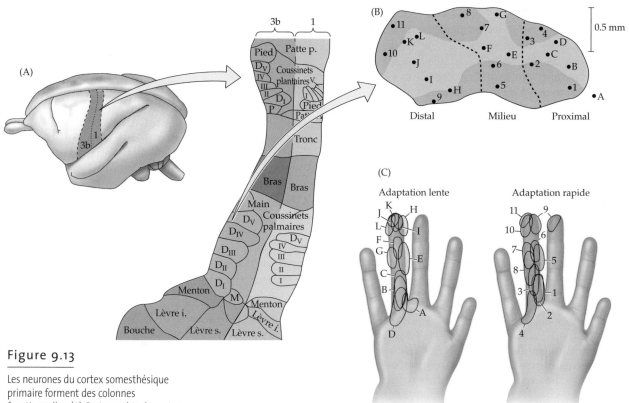

Figure 9.13

Les neurones du cortex somesthésique primaire forment des colonnes fonctionnelles. (A) Cartographie du cortex somesthésique primaire du singe hibou basée, comme dans la figure 9.11, sur la réactivité électrique du cortex à une stimulation périphérique. À droite, l'agrandissement montre les aires 3b et 1 où sont traitées la plupart des informations issues des mécanorécepteurs cutanés. L'organisation est, en général, semblable à celle que l'on trouve chez l'homme. Noter la présence de régions dévolues à la représentation de chacun des doigts (DI à DV). (B) Organisation modulaire des réponses à l'intérieur de la zone de représentation d'un doigt (DIV), montrant l'emplacement des pénétrations d'électrodes où ont été enregistrées des réponses à adaptation rapide (en orange) ou à adaptation lente (en bleu). (C) Distribution des champs récepteurs donnant les réponses à adaptation rapide ou lente recueillies en (B). Bien que les champs récepteurs de ces différentes catégories de fibres afférentes se recouvrent en périphérie, ils font l'objet de représentations séparées au niveau cortical. (A d'après Kaas, 1983 ; C d'après Sur et al. 1984.)

l'organisation sous-jacente des connexions thalamocorticales et corticocorticales, on hésite encore quant à la signification fonctionnelle des colonnes.

Au-delà de SI : voies corticocorticales et voies descendantes

Le cortex somesthésique primaire distribue les informations somesthésiques vers des champs corticaux d'ordre supérieur. L'un d'eux est l'aire somesthésique secondaire ou SII située sur la berge supérieure de la scissure de Sylvius (voir Figure 9.10 et 9.12). SII reçoit de toutes les subdivisions de SI des projections convergentes qui sont indispensables à son fonctionnement : les lésions de SI abolissent toute réponse somesthésique des neurones de SII. Il en envoie à son tour vers des structures limbiques telles que l'amygdale et l'hippocampe (voir Chapitres 29 et 31). Cette dernière voie joue, pense-t-on, un rôle important dans l'apprentissage et la mémoire tactiles.

Les neurones de SI projettent également sur des aires pariétales postérieures à l'aire 2, notamment sur les aires 5a et 7b. Ces aires reçoivent des projections directes de l'aire 2 et projettent à leur tour sur les neurones des aires motrices et prémotrices du lobe frontal. Tel est le chemin principal qu'empruntent les informations d'origine proprioceptive sur l'état présent des contractions musculaires pour accéder aux circuits de commande des mouvements volontaires. En termes plus généraux, les projections du cortex pariétal sur le cortex moteur sont essentielles pour l'intégration des informations sensorielles et motrices (voir les chapitres 20 et 26 où sont examinées les fonctions des régions « associatives » du cortex cérébral).

Notons, pour finir, une caractéristique fondamentale, mais souvent négligée, du système somesthésique : la présence de projections descendantes massives. Ces voies, qui ont leur origine dans les champs sensoriels corticaux, gagnent le thalamus, le tronc cérébral et la moelle épinière. En fait, les projections descendantes du cortex somesthésique sont même plus abondantes que celles qui lui parviennent. Leur rôle physiologique n'est pas parfaitement élucidé, mais on estime généralement (avec quelques arguments expérimentaux à l'appui) que ces projections descendantes modulent le flux ascendant des informations sensorielles au niveau du thalamus et du tronc cérébral.

La plasticité du cortex cérébral adulte

L'analyse des cartes de la surface du corps dans le cortex somesthésique primaire et l'étude des modifications qu'elles subissent en réponse à une altération de l'activité des fibres afférentes ont fait progresser nos connaissances sur les capacités de réorganisation des circuits corticaux chez l'adulte. Jon Kaas et Michael Merzenich ont été les premiers à explorer cette question en examinant l'impact de lésion périphériques (section d'un nerf innervant la main, par exemple, ou amputation d'un doigt) sur les cartes topographiques du cortex somesthésique. Juste après la lésion, la région correspondante du cortex ne présente plus aucune réponse. Au bout de quelques semaines cependant, l'aire jusqu'alors silencieuse répond quand on stimule des régions cutanées voisines (Figure 9.14). Si, par exemple, c'est le troisième doigt qui avait été amputé, les neurones corticaux qui répondaient auparavant à la stimulation de ce doigt répondaient désormais à la stimulation des deuxième et quatrième doigts. La représentation centrale des doigts restants s'était donc étendue pour prendre possession du territoire cortical qui avait perdu ses afférences principales. Cette réorganisation fonctionnelle est également présente dans les noyaux somesthésiques du thalamus et du tronc cérébral ; la réorganisation des circuits corticaux peut même dépendre en partie de cette plasticité sous-corticale concomitante. Cette forme d'ajustement du système somesthésique peut contribuer aux sensations de membres fantômes après une amputation (voir l'encadré 10D). On a mis en évidence des changements plastiques similaires dans les cortex visuel, auditif et moteur, ce qui laisse penser qu'une certaine capacité à se réorganiser après une privation périphérique ou une lésion est une propriété générale du néocortex adulte.

Des changements notables des représentations corticales peuvent aussi survenir en réponse à des modifications plus physiologiques de l'expérience sensorielle ou motrice. Si par exemple, on apprend à un singe à utiliser tel doigt pour une tâche particulière fréquemment répétée, la représentation fonctionnelle de ce doigt, déterminée à l'aide d'enregistrements électrophysiologiques, peut s'étendre aux dépens des autres doigts (Figure 9.15). On peut même détecter des changements importants du champ récepteur de neurones somesthésiques à la suite du blocage temporaire d'un nerf périphérique par un anesthésique local. La perte transitoire de signaux afférents en provenance d'une petite région de la peau induit une réorganisation réversible des champs récepteurs des neurones corticaux et sous-corticaux. Durant cette période, les neurones se dotent de nouveaux champs récepteurs qui répondent à la stimulation tactile de la peau entourant la zone anesthésiée. Une fois dissipés les effets de l'anesthésique, les champs récepteurs des neurones corticaux et sous-corticaux retrouvent leur taille normale. La sensation habituelle après

(A) Cerveau de singe hibou

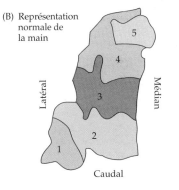

Cortex somesthésique

Représentation de la main

(B) Représentation normale de la main

Latéral

Médian

Caudal

(C) Représentation de la main, 2 mois après l'amputation du 3e doigt

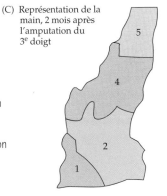

Figure 9.14

Modifications fonctionnelles du cortex somesthésique d'un singe hibou (*Aotus*) après amputation d'un doigt. (A) Schéma du cortex somesthésique du singe hibou, indiquant la position approximative de la représentation de la main. (B) Représentation de la main avant amputation ; les chiffres correspondent aux différents doigts. (C) Carte corticale déterminée chez le même animal deux mois après l'amputation du troisième doigt. La carte s'est profondément modifiée ; les neurones de la région répondant antérieurement à la stimulation du troisième doigt répondent désormais à la stimulation des doigts 2 et 4. (D'après Merzenich et al., 1984.)

Figure 9.15

Expansion fonctionnelle d'une représentation corticale par répétition d'une tâche comportementale. Un singe hibou a été entraîné à exécuter une tâche dans laquelle il devait se servir fréquemment des doigts 2 et 3 et plus occasionnellement du doigt 4. (B) La figure montre la représentation des doigts sur le cortex somesthésique avant l'entraînement. (C) Après plusieurs mois de pratique, les neurones activés par les doigts impliqués dans la tâche occupent une région plus étendue. On notera que les représentations individuelles de chacun des doigts ont une disposition sensiblement différente de celle que présente le singe de la figure 9.14, ce qui traduit une certaine variabilité des représentations corticales d'un animal à l'autre. (D'après Jenkins et al., 1990.)

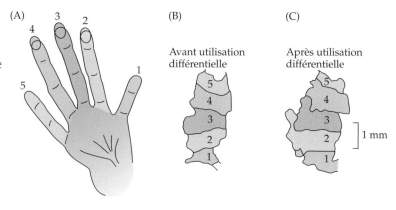

une anesthésie dentaire qu'une zone cutanée a une étendue disproportionnée pourrait être la conséquence de cette modification temporaire.

En dépit de ces observations curieuses, le mécanisme, la finalité et l'importance de la réorganisation des cartes sensorielles et motrices survenant dans le cortex adulte nous échappent. Il est clair qu'il peut y avoir, dans le cerveau adulte, des modifications limitées du câblage cortical, mais, comme le montrent des siècles d'observations cliniques, elles semblent être de peu d'intérêt pour une récupération fonctionnelle après une lésion cérébrale; elles peuvent même induire, après une lésion nerveuse, des symptômes qui, loin d'améliorer la qualité de vie, causent sa dégradation. Étant donné leur caractère rapide et réversible, la plupart des changements du fonctionnement cortical reflètent probablement des altérations de la force des synapses déjà en place. C'est donc vraisemblablement en rendant inefficaces ou en réorientant les processus de la plasticité synaptique post-lésionnelle que l'on peut espérer réduire les effets à long terme d'un traumatisme cérébral.

Résumé

Les composantes du système somesthésique examinées dans ce chapitre traitent les informations que portent les stimulus mécaniques affectant la surface du corps (sensibilité tactile cutanée) ou produits par le corps lui-même (proprioception). Les traitements sont assurés par des neurones répartis dans plusieurs structures cérébrales que connectent des voies ascendantes et descendantes. Les informations de la sensibilité mécanique, transmises depuis la périphérie jusqu'au cerveau, ont comme point de départ l'émission de potentiels d'action par des récepteurs de types variés. Ces signaux sont acheminés vers les centres par une chaîne de neurones auxquels on donne le nom de neurones de premier, de deuxième et de troisième ordre. Les neurones de premier ordre sont situés dans les ganglions spinaux et dans les ganglions des nerfs crâniens. Les neurones de deuxième ordre sont situés dans des noyaux du tronc cérébral. Les neurones de troisième ordre se trouvent dans le thalamus d'où ils projettent vers le cortex cérébral. Tout au long du système, ces voies afférentes présentent une organisation topographique, l'espace cortical ou sous-cortical alloué aux différentes parties du corps étant proportionnel à la densité des récepteurs périphériques. Les travaux réalisés chez des primates non humains montrent qu'à chaque sous-modalité fonctionnelle correspond une région corticale spécifique; l'aire 3b, par exemple, traite les informations des récepteurs cutanés de bas seuil et l'aire 3a celles des propriocepteurs. Le système somesthésique est donc organisé selon deux grands critères au moins: la modalité et la somatotopie. Le résultat final de cette interaction complexe est une représentation perceptive unifiée du corps et de ses interactions permanentes avec le monde extérieur.

Lectures complémentaires

Revues

CHAPIN, J.K. (1987), Modulation of cutaneous sensory transmission during movement: possible mechanisms and biological significance. In *Higher Brain Function: Recent Explorations of the Brain's Emergent Properties*. S.P. Wise (ed.). New York, John Wiley & Sons, 181-209.

DARIAN-SMITH, I. (1982), Touch in primates. *Annu. Rev. Psychol.*, **33**, 155-194.

JOHANSSON, R.S. et A.B. VALLBO (1983), Tactile sensory coding in the glabrous skin of the human. *Trends Neurosci.*, **6**, 27-32.

JOHNSON, K.O. (2002), Neural basis of haptic perception. In *Stevens' Handbook of Experimental Psychology*, 3rd ed. Vol. 1: *Sensation and Perception*. H. Pashler and S. Yantis (eds.). New York, John Wiley & Sons, 537-583.

KAAS, J.H. (1990), Somatosensory system. In *The Human Nervous System*. G. Paxinos (ed.). San Diego, CA, Academic Press, 813-844.

KAAS, J.H. (1993), The functional organization of somatosensory cortex in primates. *Ann. Anat.*, **175**, 509-518.

KAAS, J.H. et C.E. COLLINS (2003), The organization of somatosensory cortex in anthropoids primates. *Adv. Neurol.*, **93**, 57-67.

MOUNTCASTLE, V.B. (1975), The view from within: Pathways to the study of perception. *Johns Hopkins Med. J.*, **136**, 109-131.

NICOLELIS, M.A. et E.E. FANSELOW (2002), Thalamocortical optimization of tactile processing according to behavioral state. *Nat. Neurosci.*, **5**, 517-523.

PETERSEN, R.S., S. PANZERI et M.E. DIAMOND (2002), Population coding in somatosensory cortex. *Curr. Opin. Neurobiol.*, **12**, 441-447.

WOOLSEY, C. (1958), Organization of somatic sensory and motor areas of the cerebral cortex. In *Biological and Biochemical Bases of Behavior*. H.F. Harlow and C.N. Woolsey (eds.). Madison, WI, University of Wisconsin Press, 63-82.

Articles originaux importants

ADRIAN, E.D. et Y. ZOTTERMAN (1926), The impulses produced by sensory nerve endings. Part II. The response of a single end organ. *J. Physiol. (Lond.)*, **61**, 151-171.

FRIEDMAN, R.M., L.M. CHEN et A.W. ROE (2004), Modality maps within primate somatosensory cortex. *Proc. Natl. Acad. Sci. USA*, **101**, 12724-12729.

JOHANSSON, R.S. (1978), Tactile sensibility of the human hand: receptive field characteristics of mechanoreceptive units in the glabrous skin. *J. Physiol. (Lond.)*, **281**, 101-123.

JOHNSON, K.O. et G.D. LAMB (1981), Neural mechanisms of spatial tactile discrimination: Neural patterns evoked by braille-like dot patterns in the monkey. *J. Physiol. (Lond.)*, **310**, 117-144.

JONES, E.G. et D.P. FRIEDMAN (1982), Projection pattern of functional components of thalamic ventrobasal complex on monkey somatosensory cortex. *J. Neurophysiol.*, **48**, 521-544.

JONES, E.G. et T.P.S. POWELL (1969), Connexions of the somatic sensory cortex of the rhesus monkey. 1. Ipsilateral connexions. *Brain*, **92**, 477-502.

LAMOTTE, R.H. et M.A. SRINIVASAN (1987), Tactile discrimination of shape: Responses of rapidly adapting mechanoreceptive afferents to a step stroked across the monkey finger-pad. *J. Neurosci.*, **7**, 1672-1681.

LAUBACH, M., J. WESSBER et M.A.L. NICOLELIS (2000), Cortical ensemble activity increasingly predicts behavior outcomes during learning of a motor task. *Nature*, **405**, 567-571.

MOORE, C.I. et S.B. NELSON (1998), Spatiotemporal subthreshold receptive fields in the vibrissa representation of rat primary somatosensory cortex. *J. Neurophysiol.*, **80**, 2882-2892.

MOORE, C.I., S.B. NELSON et M. SUR (1999), Dynamics of neuronal processing in rat somatosensory cortex. *Trends Neurosci.*, **22**, 513-520.

NICOLELIS, M.A.L., L.A. BACCALA, R.C.S. LIN et J.K. CHAPIN (1995), Sensory motor encoding by synchronous neural ensemble activity at multiple levels of the somatosensory system. *Science*, **268**, 1353-1358.

SUR, M. (1980), Receptive fields of neurons in areas 3b and 1 of somatosensory cortex in monkeys. *Brain Res.*, **198**, 465-471.

WALL, P.D. et W. NOORDENBOS (1977), Sensory functions which remain in man after complete transection of dorsal columns. *Brain*, **100**, 641-653.

ZHU, J.J. et B. CONNORS (1999), Intrinsic firing patterns and whisker-evoked synaptic responses of neurons in the rat barrel cortex. *J. Neurophysiol.*, **81**, 1171-1183.

chapitre 10
La douleur

Vue d'ensemble

Il paraît naturel de penser que les sensations douloureuses ont leur origine dans la stimulation excessive des mêmes récepteurs d'où proviennent les autres sensations somatiques (qui font l'objet du chapitre 9). Tel n'est pourtant pas le cas. Quoiqu'elle ressemble, par certains aspects, au traitement sensitif des stimulations mécaniques banales, la perception de la douleur, ou nociception, dépend de récepteurs et de voies spécifiques. Alerter le cerveau des dangers que représentent les stimulus douloureux est tout autre chose que de l'informer sur les stimulus somesthésiques plus inoffensifs et il paraît raisonnable qu'un sous-système particulier soit consacré à la perception des conditions potentiellement nocives. La place que tient la douleur dans la pratique clinique, autant que les nombreux aspects physiologiques et pharmacologiques de la douleur qui restent mal connus, continuent de faire de la nociception un domaine de recherche très actif.

Les nocicepteurs

Les terminaisons nerveuses relativement non spécialisées qui sont à l'origine des sensations de douleur sont les nocicepteurs (du latin *nocere*, faire du mal). Comme les autres récepteurs cutanés et sous-cutanés, ils opèrent la transduction de stimulus divers en potentiels de récepteur qui déclencheront des potentiels d'action. Comme les autres fibres somesthésiques, les fibres nociceptives sont issues de corps cellulaires situés dans les ganglions spinaux (ou dans le ganglion de Gasser) et dont le prolongement axonique bifurque d'une part vers la périphérie et, de l'autre, vers la moelle épinière ou le tronc cérébral (voir Figure 9.1).

Les nocicepteurs étant constitués par les « terminaisons libres » des branches périphériques des axones nociceptifs, on a pris l'habitude de les classer d'après les propriétés des axones en question (voir Tableau 9.1). Comme on l'a vu dans le chapitre précédent, les récepteurs somesthésiques responsables de la perception des stimulus mécaniques non douloureux sont innervés par des fibres myélinisées d'une vitesse de conduction relativement élevée. Au contraire, les fibres associées aux nocicepteurs, conduisent assez lentement, étant ou faiblement myélinisées ou, le plus souvent, totalement dépourvues de myéline. En d'autres termes, les fibres qui acheminent les informations nociceptives relèvent soit des fibres myélinisées du groupe Aδ, d'une vitesse de conduction de 5-30 m/s, soit des fibres non myélinisées du groupe C, dont la vitesse de conduction est généralement inférieure à 2 m/s. Ainsi, bien que toutes les informations nociceptives soient transmises avec une vitesse assez lente, il existe des voies lentes et des voies rapides.

En général, les nocicepteurs Aδ, qui ont la vitesse de conduction la plus rapide, répondent soit à des stimulus mécaniques d'une intensité dangereuse, soit à la fois à des stimulus mécaniques intenses et à des stimulus thermiques. Les nocicepteurs représentés par des fibres C non myélinisées, répondent plutôt à des stimulus thermiques, mécaniques et chimiques ; pour cette raison, on les qualifie de *polymodaux*. En bref, il existe trois grandes catégories de nocicepteurs cutanés : des **nocicepteurs mécaniques du groupe Aδ**, des **nocicepteurs mécano-thermiques du groupe Aδ** également, et des **nocicepteurs polymodaux** impliquant les fibres du groupe C.

(A)

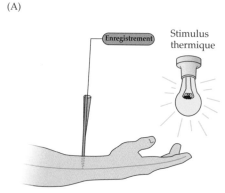

(B)

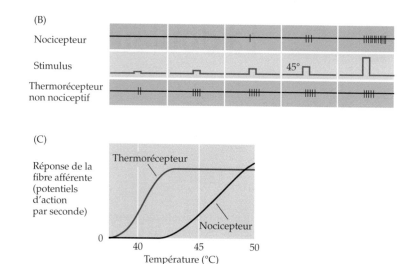

Figure 10.1

Démonstration expérimentale du fait que la nociception met en jeu des neurones spécialisés et pas seulement une intensification de la décharge des neurones qui répondent à des intensités normales de stimulation. (A) Dispositif pour l'enregistrement transcutané d'une fibre nerveuse. (B) Dans la plage des stimulus douloureux, les fibres des thermorécepteurs émettent des potentiels d'action à la même fréquence que pour des températures plus basses ; par contre, le nombre et la fréquence des potentiels d'action des fibres nociceptives continuent d'augmenter. (Noter que 45° représente à peu près le seuil de la douleur dans cette situation.) (C) Résumé des résultats. (D'après Fields, 1987.)

Des travaux réalisés chez l'homme et chez l'animal ont démontré, voici quelque temps déjà, que les fibres à conduction rapide participant à la sensibilité somatique ne sont pas impliquées dans la transmission de la douleur. La figure 10.1 illustre une expérience de cette sorte. Les fibres périphériques qui répondent à des stimulus mécaniques ou thermiques non douloureux n'augmentent pas leur fréquence de décharge si l'on applique des stimulus douloureux au même endroit de la peau. Les fibres nociceptives, pour leur part, ne commencent à décharger que lorsque le stimulus (un stimulus thermique dans l'exemple de la figure 10.1) atteint des niveaux élevés ; pour des stimulus de même intensité, la fréquence de décharge d'autres thermorécepteurs n'est pas supérieure à celle que permet d'atteindre la gamme des températures non douloureuses. Ceci indique qu'il existe à la fois des thermorécepteurs non nociceptifs et des thermorécepteurs nociceptifs. Autre observation importante, la stimulation directe des fibres somesthésiques afférentes de gros calibre, à quelque fréquence que ce soit, n'entraîne pas, chez un sujet humain, de sensation pouvant être qualifiée de douloureuse. Par contre, les fibres plus fines, à conduction plus lente, des groupes Aδ et C sont activées par l'application de stimulus douloureux et provoquent une sensation de douleur quand on les stimule électriquement.

Comment les nocicepteurs des différentes catégories entraînent-ils la perception de la douleur ? Comme nous l'avons vu, un des moyens de trouver la réponse consiste à stimuler divers nocicepteurs chez des sujets humains volontaires et à noter les sensations que ces derniers rapportent. En général, on décrit deux types de douleur : une **douleur rapide** (dite encore primaire), bien localisée, et une **douleur lente** (ou secondaire), de latence plus grande et de durée plus longue (Figure 10.2A). La stimulation des fibres Aα et Aβ des nerfs périphériques, fibres de gros calibre et à conduction rapide, ne provoque pas de sensation de douleur. En augmentant l'intensité de stimulation jusqu'à un niveau qui excite une fraction des fibres Aδ, on obtient une sensation de picotement et, si la stimulation est suffisamment forte, une sensation de douleur aiguë. En augmentant plus encore l'intensité du stimulus jusqu'à recruter les fibres C, de petit diamètre et à conduction lente, on ressent une douleur plus sourde et plus durable. Il est aussi possible d'anesthésier sélectivement les fibres C et Aδ : en général, ces expériences de blocage sélectif confirment que les fibres Aδ sont responsables de la douleur rapide et les fibres C de la douleur lente, sourde et durable (Figure 10.2B, C).

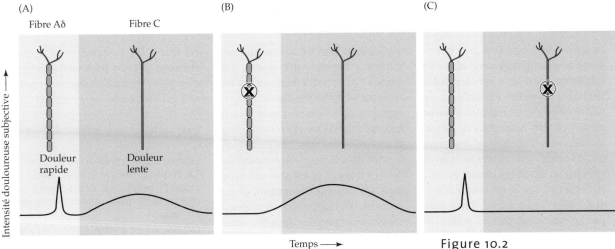

Figure 10.2

On peut distinguer dans la douleur la perception précoce d'une douleur rapide et brève (ou douleur primaire) et la perception plus tardive d'une douleur secondaire (ou douleur lente) ayant une tonalité plus sourde de brûlure. (A) La douleur rapide et la douleur lente sont acheminées par des fibres différentes, comme le montre (B) le blocage sélectif des fibres myélinisées à conduction rapide, responsables de la douleur primaire, ou (C) le blocage des fibres C, à conduction plus lente, responsables de la douleur secondaire. (D'après Fields 1990.)

La transduction des signaux nociceptifs

Vu la diversité des stimulus (mécaniques, thermiques et chimiques) qui peuvent évoquer des sensations douloureuses, la transduction des signaux nociceptifs est une affaire complexe. En dépit des incertitudes qui subsistent, l'identification de récepteurs spécifiques associés aux terminaisons nociceptives afférentes a fourni un certain nombre de renseignements. Ces récepteurs sont sensibles à la chaleur ainsi qu'à la capsaïcine, substance qui se trouve dans les piments et à laquelle les nourritures épicées doivent leur goût brûlant (Encadré 10A). Le récepteur des vanilloïdes (famille de substances dont fait partie la capsaïcine) appelé VR-1 ou TRPV1 est présent dans les fibres C et Aδ et est activé par une chaleur d'intensité modérée (45 °C, niveau de température ressenti comme désagréable) ainsi que par la capsaïcine. Un autre type de récepteur appelé VRL-1 ou TRPV2, qui a un seuil de réponse à la température plus élevé (52 °C), n'est pas sensible à la capsaïcine et se trouve dans les fibres Aδ. Ces deux récepteurs appartiennent à la famille des canaux dits «à potentiel de récepteur transitoire» (TRP, pour *Transient Receptor Potential*), initialement identifiés lors de l'étude des voies de la phototransduction chez la drosophile et dont on sait aujourd'hui qu'ils comprennent un grand nombre de récepteurs sensibles à différentes plages de froid ou de chaud. Par leur structure, les canaux TRP ressemblent aux canaux potassiques activés par le voltage ou aux canaux activés par les nucléotides cycliques : ils possèdent six domaines transmembranaires avec un pore entre les domaines 5 et 6. Au repos, le pore du canal est fermé. À l'état ouvert, activé, ces récepteurs laissent entrer un flux de sodium et de calcium qui déclenche l'émission de potentiels d'action par les fibres nociceptives.

Étant donné que le même récepteur répond aussi bien à la chaleur qu'à la capsaïcine, il n'est pas étonnant que les piments aient un goût «brûlant». Comme c'est le cas d'autres substances végétales qui activent sélectivement des récepteurs neuraux (voir plus loin ce qui concerne les substances opiacées), il est probable que les récepteurs TRPV1 détectent des substances endogènes dont la structure chimique ressemble à celle de la capsaïcine. Effectivement, il y a aujourd'hui des preuves que les «endovanilloïdes» produits par les tissus périphériques lors d'une agression contribuent, avec d'autres facteurs, à la réponse nociceptive.

Voies centripètes spécifiques de la douleur

Les voies responsables de la douleur ont leur origine dans les neurones sensitifs du ganglion spinal; comme celle des autres neurones sensitifs, la branche centripète de l'axone des neurones nociceptifs pénètre dans la moelle épinière par la racine dorsale (Figure 10.3A). À leur arrivée dans la corne dorsale, les fibres bifurquent en une bran-

ENCADRÉ 10A *La capsaïcine*

La capsaïcine, l'ingrédient principal qui donne au piment rouge son goût brûlant, est consommée chaque jour par plus d'un tiers de la population mondiale. La capsaïcine déclenche les réponses d'une population de fibres nociceptives du groupe C (nocicepteurs polymodaux) en provoquant l'ouverture de canaux ioniques activés par un ligand qui laissent entrer le Na^+ et le Ca^{2+}. L'un de ces canaux (VR-1) a été cloné et l'on a trouvé qu'il était activé par la capsaïcine, par les acides, par l'anandamide (composé endogène activant également les récepteurs des cannabinoïdes) et par l'application au tissu d'une température voisine de 43°. Il s'ensuit que l'anandamide et la chaleur sont probablement les activateurs endogènes de ces canaux. Des souris knockout pour les récepteurs VR-1 boivent des solutions de capsaïcine comme si c'était de l'eau. Des récepteurs de la capsaïcine ont été trouvés parmi les nocicepteurs polymodaux de tous les mammifères, mais ils sont absents chez les oiseaux (ce qui a conduit à fabriquer des graines pour oiseaux totalement à l'épreuve des écureuils par adjonction de capsaïcine!). Appliquée sur les muqueuses de la cavité buccale, la capsaïcine agit comme irritant et déclenche des réactions protectrices. Injectée dans la peau, elle provoque une douleur brûlante et entraîne une hyperalgie aux stimulus thermiques et mécaniques. En applications répétées, la capsaïcine a également des effets désensibilisateurs sur les fibres nociceptives et elle empêche les terminaisons nerveuses centrales et périphériques de libérer des neuromodulateurs tels que la substance P, le VIP et la somatostatine. Pour ces raisons, on s'en sert en clinique comme analgésique et anti-inflammatoire; on l'utilise ordinairement, sous forme de pommade (0,075 %) en application locale, pour soulager les douleurs de l'arthrite, de la névralgie postherpétique, de la mastectomie et des névralgies trigéminales. Il est tout à fait curieux que cet irritant chimique soit non seulement la source d'un plaisir gustatif intense, mais aussi un très utile calmant de la douleur!

Références

CATERINA, M.J., M.A. SCHUMACHER, M. TOMINAGA, T.A. ROSEN, J.D. LEVINE et D. JULIUS (1997), The capsaïcin receptor: A heat-activated ion channel in the pain pathway. *Nature*, **389**, 816-824.

CATERINA, M.J. et 8 AUTRES (2000), Impaired nociception and pain sensation in mice lacking the capsaicin receptor. *Science*, **288**, 306-313.

SZALLASI, A. et P.M. BLUMBERG (1999), Vanilloid (capsaicin) receptors and mechanisms. *Pharm. Rev.*, **51**, 159-212.

TOMINAGA, M. et 8 AUTRES (1998), The cloned capsaicin receptor integrates multiple pain-producing stimuli. *Neuron*, **21**, 531-543.

ZYGMUNT, P.M. et 8 AUTRES (1999), Vanilloid receptors on sensory nerves mediate the vasodilator action of anandamide. *Nature*, **400**, 452-457.

(A)

Piment lampion

Jalapeño

Piment rouge

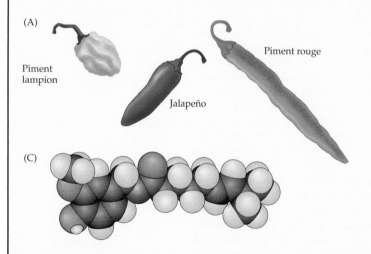

(C)

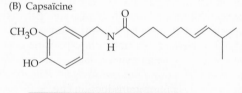

(B) Capsaïcine

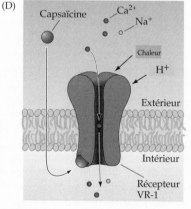

(A) Quelques piments très répandus contenant de la capsaïcine. (B) Structure chimique de la capsaïcine. (C) La molécule de capsaïcine. (D) Schéma du canal VR-1, récepteur de la capsaïcine. Ce canal peut être activé par la capsaïcine au niveau intracellulaire ou par la chaleur et les protons (H^+) à la surface de la cellule.

che ascendante et une branche descendante qui contribuent à former le **faisceau dorsolatéral de Lissauer** (du nom du neurologue allemand qui, le premier, décrivit cette voie à la fin du dix-neuvième siècle). Dans le faisceau de Lissauer, ces fibres parcourent un ou deux segments spinaux dans le sens caudal et dans le sens rostral avant d'entrer dans la substance grise de la corne dorsale. Au sein de la corne dorsale,

(A)

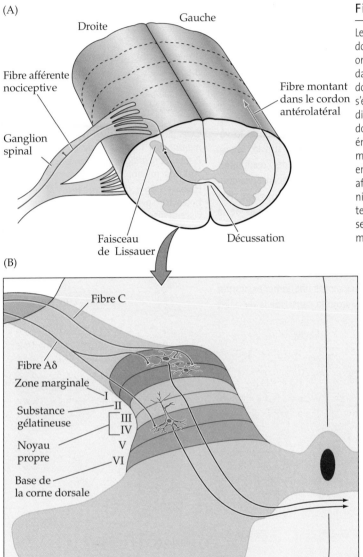

Droite

Gauche

Fibre afférente
nociceptive

Fibre montant
dans le cordon
antérolatéral

Ganglion
spinal

Faisceau
de Lissauer

Décussation

(B)

Fibre C

Fibre Aδ

Zone marginale

I

Substance
gélatineuse

II

III

IV

Noyau
propre

V

VI

Base de
la corne dorsale

Figure 10.3

Le système antérolatéral. (A) Les fibres afférentes primaires, dont le corps cellulaire se trouve dans les ganglions spinaux, ont un axone bifurqué dont la branche centripète pénètre dans la moelle par la racine dorsale et se termine dans la corne dorsale. Ces fibres afférentes émettent des collatérales qui s'étendent sur plusieurs segments en direction caudale et en direction rostrale et se terminent également dans la corne dorsale. Les neurones de deuxième ordre de la corne dorsale émettent des axones (en noir) qui croisent la ligne médiane et montent vers les étages supérieurs de l'axe cérébrospinal en empruntant le cordon antérolatéral de la moelle. (B) Les fibres afférentes du groupe C se terminent dans la corne dorsale, au niveau des couches 1 et 2 de Rexed, alors que les fibres Aδ se terminent dans les couches 1 et 5. Les axones des neurones de second ordre des couches 1 et 5 croisent la ligne médiane et montent vers les centres supérieurs.

elles émettent des collatérales qui s'articulent avec des neurones de deuxième ordre situés dans les couches 1 et 5 de Rexed (les couches, ou lames, de Rexed, qui doivent leur nom au neuroanatomiste qui en fit la description détaillée dans les années 1950, sont des subdivisions de la substance grise de la moelle ; voir l'Appendice).

Les axones des neurones de deuxième ordre de la corne dorsale croisent la ligne médiane et montent directement vers le tronc cérébral et le thalamus dans le quadrant antérolatéral de l'hémi-moelle controlatérale (Figure 10.3B). C'est la raison pour laquelle la voie ascendante principale des messages thermiques et nociceptifs est souvent désignée sous le nom de **système antérolatéral**, tout comme la voie de la sensibilité tactile reçoit celui de système colonnes dorsales-lemnisque médian (voie Chapitre 9).

Les fibres de chacun de ces systèmes croisent la ligne médiane en des endroits fort différents et cette différence offre un indice d'une importance clinique particulière pour déterminer où se situe une lésion de la moelle épinière. Après leur entrée dans la moelle, les axones des neurones de premier ordre du système colonnes dorsales-lemnisque médian montent dans les colonnes dorsales ipsilatérales jusqu'au bulbe où elles font synapse avec les neurones des noyaux des colonnes dorsales (Figure 10.4A). Les axones des neurones des noyaux des colonnes dorsales croisent alors la ligne

ENCADRÉ 10B *La douleur projetée*

Curieusement, il n'existe guère, s'il en existe, de neurones spinaux dont la seule fonction soit de transmettre les afférences nociceptives *viscérales*. Certes, nous reconnaissons la douleur viscérale, mais elle est détectée par des neurones de la corne dorsale qui sont, par ailleurs, mis en jeu par les afférences *cutanées*. Il résulte de cet arrangement économique que les troubles des organes internes sont parfois pris pour des douleurs d'un territoire cutané. Il peut aussi arriver qu'un patient consulte pour une douleur ressentie à un endroit autre que son emplacement réel, phénomène que l'on désigne sous le nom de douleur projetée. L'exemple clinique le plus banal est celui de l'angine de poi-

trine où la douleur, due à une irrigation insuffisante du muscle cardiaque, est projetée vers le haut de la cage thoracique avec irradiation vers le bras et la main gauches. D'autres exemples importants concernent les douleurs de la vésicule biliaire, projetées sur la région scapulaire, les douleurs de l'œsophage, projetées sur la cage thoracique, les douleurs de l'uretère (dues au passage d'un calcul rénal), projetées sur le bas de la paroi abdominale, les douleurs de la vessie, projetées sur le périnée et la douleur de l'appendicite, projetée sur l'avant de la paroi abdominale, autour du nombril. La connaissance de ces phénomènes permet de diagnostiquer la cause réelle de telles

douleurs alors qu'il serait facile de se méprendre.

Références

Capps, J. et G.H. Coleman (1932), *An Experimental and Clinical Study of Pain in the Pleura, Pericardium, and Peritoneum*. New York, Macmillan.

Head, H. (1893), On disturbances of sensation with special reference to the pain of visceral disease. *Brain*, **16**, 1-32.

Kellgrew, J.H. (1939-1942), On the distribution of pain arising from deep somatic structures with charts of segmental pain areas. *Clin. Sci.*, **4**, 35-46.

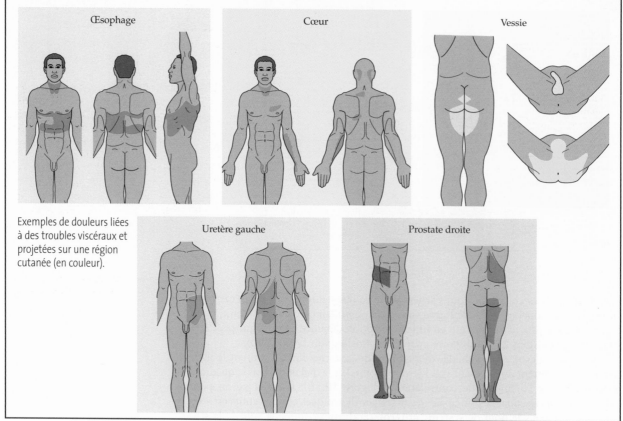

Œsophage Cœur Vessie

Uretère gauche Prostate droite

Exemples de douleurs liées à des troubles viscéraux et projetées sur une région cutanée (en couleur).

médiane et gagnent le thalamus controlatéral. Par contre, l'endroit où les messages véhiculés par le système antérolatéral franchissent la ligne médiane se situe dans la moelle elle-même. Les axones des neurones de premier ordre du système antérolatéral se terminent sur des neurones de deuxième ordre situés dans la corne dorsale ; les axones des neurones de deuxième ordre franchissent la ligne médiane et montent dans la colonne antérolatérale de la moelle controlatérale jusqu'à leurs cibles du tronc

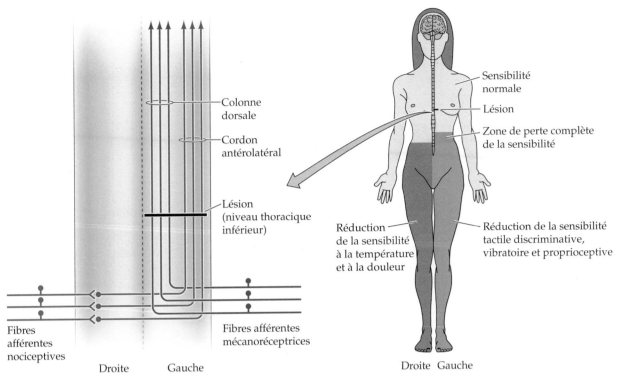

Figure 10.4

Comme l'indique le schéma ci-contre, les fibres du système antérolatéral (en bleu) croisent la ligne médiane et montent dans le cordon antérolatéral de la moelle ; celles du système colonnes dorsales-lemnisque médian (en rouge) montent dans la colonne dorsale ipsilatérale. Une lésion n'affectant que le côté gauche de la moelle a pour conséquence une dissociation sensorielle : déficit de la sensibilité mécanique (tactile et proprioceptive) ipsilatéral à la lésion (côté gauche), mais déficit controlatéral (côté droit) de la sensibilité thermique et nociceptive. Ce tableau sensoriel est connu sous le nom de syndrome de Brown-Séquard.

cérébral ou du thalamus. Du fait de cette différence dans l'emplacement de la décussation, une lésion unilatérale de la moelle aura pour conséquence une perte de la sensibilité au toucher, à la pression, à la vibration et de la proprioception (véhiculée par le système colonnes dorsales lemnisque médian) du *même côté* que la lésion ; par contre la sensibilité à la douleur et à la température (véhiculée par le système antérolatéral) sera réduite du *côté opposé* à la lésion (Figure 10.4B). Ce tableau est connu sous le nom de **syndrome de Brown-Séquard** ; avec les signes locaux relatifs aux dermatomes (voir l'encadré 9A), il permet de déterminer le niveau de la lésion (Figure 9.4).

Les voies parallèles de la douleur

Les fibres de deuxième ordre du système antérolatéral projettent sur plusieurs structures du tronc cérébral et du cerveau antérieur, signe évident de la diversité du réseau distribué de neurones qui traitent les informations nociceptives. Quoique le rôle précis de ce maillage complexe de connexions nous échappe, il est vraisemblable que les différentes cibles centrales prennent chacune en charge des aspects particuliers des réponses sensorielles et comportementales à un stimulus douloureux.

L'une des composantes de ce système est responsable des aspects discriminatifs de la sensibilité à la douleur : emplacement, intensité et nature de la stimulation. On estime que les informations de ce type font relais dans le noyau ventro-postéro-latéral (VPL) du thalamus avant d'atteindre les neurones des cortex somesthésiques primaire et secondaire (Figure 10.5 et 10.6A). (La voie véhiculant les informations nociceptives issues de la face et relayant dans le noyau ventro-postéro-médian est traitée dans la section qui suit). Bien qu'il y ait dans le complexe ventral postérieur un certain recouvrement entre les fibres du système antérolatéral et les fibres lemniscales, elles se terminent chacune sur différentes catégories de neurones de relais, de sorte que les informations nociceptives restent séparées et distinctes jusqu'au niveau cortical. Conformément à cette prise en charge des aspects **discriminatifs** de la douleur, les enregistrements de neurones nociceptifs de S1 montrent qu'ils ont des champs récepteurs

Figure 10.5

Le système antérolatéral distribue, à différentes structures du tronc cérébral et du cerveau antérieur, des informations concernant deux aspects de la douleur : aspects responsables de la discrimination sensorielle des caractéristiques de la stimulation nociceptive d'une part, aspects responsables des réponses affectives et motivationnelles à l'expérience douloureuse d'autre part. Détails dans le texte.

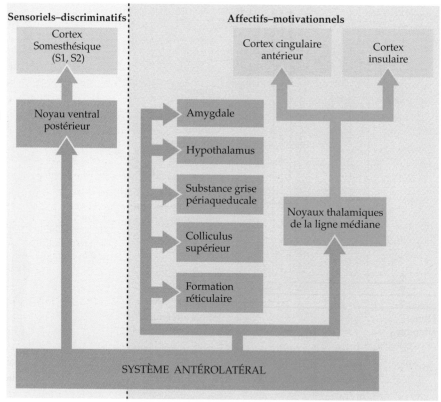

bien délimités et de petite taille, en rapport avec les données comportementales sur la localisation des stimulus douloureux.

D'autres parties du système traitent les aspects motivationnels et affectifs de la douleur – les sentiments désagréables, la peur, l'anxiété ainsi que les réactions végétatives qui accompagnent l'exposition à un stimulus nocif (la réaction classique du type « se battre ou fuir » ; voir Chapitre 21). Les cibles de ces projections comprennent plusieurs subdivisions de la formation réticulaire, les couches profondes du colliculus supérieur, la substance grise centrale du mésencéphale, l'hypothalamus et l'amygdale. De plus, un ensemble particulier de noyaux thalamiques, situés en position médiale par rapport au noyau ventral postérieur, que nous regroupons ici sous le nom de noyaux de la ligne médiane (voir Figure 10.5), paraît jouer un rôle important dans la transmission des messages nociceptifs au cortex cingulaire antérieur et à l'insula (région du cortex située au fond de la scissure de Sylvius, sur sa paroi médiale).

Le point de vue selon lequel les aspects discriminatifs d'une part, motivationnels et affectifs d'autre part, sont traités par des régions distinctes du cerveau, est corroboré par les données de l'imagerie cérébrale fonctionnelle chez l'homme. Une stimulation douloureuse provoque l'activation du cortex somesthésique primaire en même temps que celle du cortex cingulaire antérieur. Qui plus est, on a réussi, par hypnose, à dissocier la réponse neurale évoquée par des variations de l'intensité d'un stimulus nociceptif de celle qu'évoquent des variations de son caractère désagréable. Les variations d'intensité s'accompagnent de modifications de l'activité des neurones du cortex somesthésique tandis que les variations du caractère désagréable du stimulus vont de pair avec des modifications de l'activité des neurones du cortex cingulaire.

Ce que l'on vient de décrire indique clairement que l'expérience globale de la douleur met en jeu l'action concertée de régions cérébrales qui font partie d'un vaste réseau et dont on commence à peine à connaître les propriétés (Encadré 10C). La représentation corticale de la douleur est l'aspect des voies nociceptives centrales sur lequel nous avons le moins de renseignements. Il faudra encore bien des recherches

ENCADRÉ 10C — *Une voie de la douleur viscérale dans les colonnes dorsales*

Les chapitres 9 et 10 présentent les voies principales qui conduisent les signaux de la sensibilité mécanique non douloureuse ainsi que les signaux nociceptifs émanant de sources cutanées ou somatiques profondes. Si l'on s'en tient aux seuls signaux issus des régions du corps en dessous de la tête, les messages proprioceptifs et ceux de la sensibilité mécanique discriminative empruntent la voie des colonnes dorsales-lemnisque médian pour se projeter sur le thalamus ventral postérieur (Figure 9.6A) ; les messages nociceptifs gagnent les mêmes relais thalamiques (et autres) par le système antérolatéral (Figure 10.3A). Mais comment les signaux douloureux provenant des viscères pelviens, abdominaux ou thoraciques parviennent-ils au système nerveux central et accèdent-ils finalement à la conscience ?

La réponse se trouve dans une composante nouvellement découverte de la voie des colonnes dorsales-lemnisque médian dédiée à la nociception viscérale. Le chapitre 21 donnera des informations détaillées sur les systèmes qui reçoivent et traitent les informations sensorielles viscérales, mais il est bon, au point où nous en sommes, d'examiner cette composante des voies nociceptives et de considérer l'impact que sa découverte a commencé d'avoir en médecine clinique.

Les fibres afférentes primaires viscérales des viscères pelviens et abdominaux entrent dans la moelle et font synapse avec les neurones de deuxième ordre de la corne dorsale des niveaux lombaire et sacré. Comme il est dit dans l'encadré 10A et au chapitre 21, certains de ces neurones de deuxième ordre sont à l'origine du système antérolatéral et contribuent aux modes d'expression de la douleur viscérale projetée. D'autres neurones cependant, peut-être surtout ceux qui transmettent la douleur viscérale, s'articulent synaptiquement avec des neurones de la substance grise intermédiaire, au voisinage de l'épendyme. Ces derniers, pour leur part, envoient leurs axones non dans le cordon antérolatéral de la moelle (comme on pourrait s'y attendre pour une voie nociceptive), mais dans les colonnes dorsales où ils se disposent à proximité immédiate de la ligne médiane (voir Figure A). De la même façon, les neurones de deuxième ordre de la moelle thoracique, qui transmettent les signaux nociceptifs des viscères thoraciques, envoient leurs axones monter dans les colonnes dorsales le long du sillon intermédiaire postérieur, qui sépare les faisceaux de Goll (ou gracile) et de Burdach (ou cunéiforme). Les axones de deuxième ordre font synapse dans les noyaux des colonnes dorsales, au niveau du bulbe caudal ; des neurones de ces noyaux partent les fibres arquées internes qui forment le lemnisque médian controlatéral et qui se terminent sur les neurones de projection thalamo-corticale dans le complexe ventral postérieur du thalamus.

Le contingent de fibres des colonnes dorsales qu'empruntent les projections sensorielles viscérales paraît aujourd'hui constituer la voie principale de détection et de discrimination des messages douloureux d'origine viscérale. Cette conclusion se fonde sur plusieurs observations : (1) les neurones du noyau ventro-postéro-latéral (VPL), du noyau gracile et ceux qui sont situés près de l'épendyme répondent tous à la stimulation douloureuse des viscères ; (2) les réponses des neurones du noyau VPL et du noyau gracile à des stimulations de ce type sont fortement réduites par des lésions des colonnes dorsales (voir Figure B), mais non par des lésions des cordons antérolatéraux ; (3) l'injection dans la substance grise intermédiaire d'agents pharmacologiques bloquant la transmission synaptique supprime la réponse des neurones du noyau gracile à une stimulation viscérale nociceptive, mais non à une stimulation cutanée non douloureuse.

La découverte de cette composante sensitive viscérale dans le système des colonnes dorsales-lemnisque médian a permis d'expliquer pourquoi la section des fibres de la partie médiane des colonnes dorsales (appelée *myélotomie de la ligne médiane*) atténue sensiblement les douleurs débilitantes provoquées par des cancers de viscères de l'abdomen et du pelvis.

Bien que le développement de ces approches chirurgicales ait précédé l'élucidation de cette voie des douleurs viscérales, les nouvelles découvertes ont renouvelé l'intérêt pour la myélotomie de la ligne médiane comme intervention chirurgicale palliative pour les personnes atteintes de cancer et souffrant de douleurs rebelles. On doit même dire que la connaissance précise de la voie sensitive viscérale des colonnes dorsales a permis un raffinement des techniques chirurgicales. Il est possible de procéder aujourd'hui à des interventions « ponctuelles », à caractère invasif minimal, pour tenter d'interrompre les axones de deuxième ordre de cette voie au niveau d'un seul segment spinal (généralement au niveau thoracique moyen ou bas ; voir Figure C). Cette approche offre ainsi quelque espoir aux patients qui luttent pour maintenir une qualité de vie raisonnable dans des conditions d'une extraordinaire difficulté.

Références

AL-CHAER, E.D., N.B. LAWAND, K.N. WESTLUND et W.D. WILLIS (1996), Visceral nociceptive input into the ventral posterolateral nucleus of the thalamus : a new function for the dorsal column pathway. *J. Neurophysiol.*, **76**, 2661-2674.

AL-CHAER, E.D., N.B. LAWAND, K.N. WESTLUND et W.D. WILLIS (1996), Pelvic visceral input into the nucleus gracilis is largely mediated by the postsynaptic dorsal column pathway. *J. Neurophysiol.*, **76**, 2675-2690.

BECKER, R., S. GATSCHER, U. SURE et H. BERTALANFFY (2001), The punctate midline myelotomy concept for visceral cancer pain control – Case report and review of the literature. *Acta Neurochir.*, **[Suppl.] 79**, 77-78.

HITCHCOCK, E.R. (1970), Stereotactic cervical myelotomy. *J. Neurol. Neurosurg. Psychiatry*, **33**, 224-230.

KIM, Y.S. et S.J. KWON (2000), High thoracic midline dorsal column myelotomy for severe visceral pain due to advance stomach cancer. *Neurosurgery*, **46**, 85-90.

NAUTA, H. et 8 AUTRES (2000), Punctate midline myelotomy for the relief of visceral cancer pain. *J. Neurosurg. (Spine 2)*, **92**, 125-130.

WILLIS, W.D., E.D. AL-CHAER, M.J. QUAST et K.N. WESTLUND (1999), A visceral pain pathway in the dorsal column of the spinal cord. *Proc. Nat. Acad. Sci. USA*, **96**, 7675-7679.

ENCADRÉ 10C (suite)

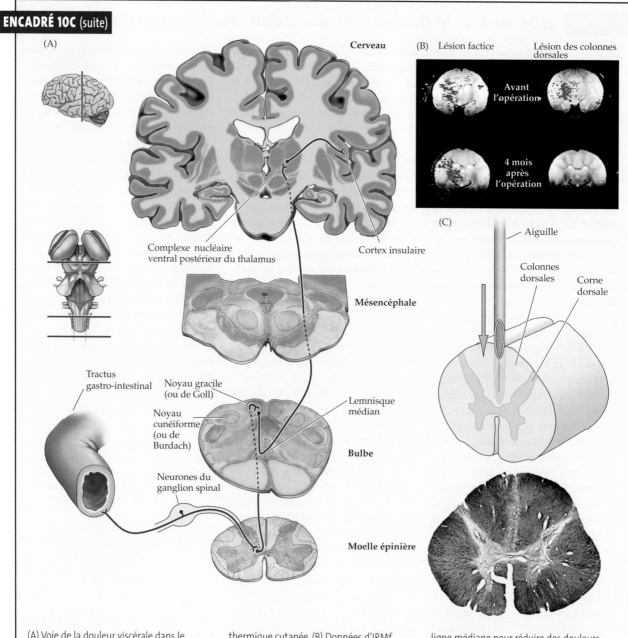

(A) Voie de la douleur viscérale dans le système colonnes dorsales-lemnisque médian. Pour des raisons de simplicité, seules ont été représentées les voies qui transmettent les messages nociceptifs viscéraux du pelvis et du bas de l'abdomen. Pour ce qui est des composantes du système colonnes dorsales-lemnique médian prenant en charge la sensibilité tactile discriminative, voir la figure 8.6A; se reporter à la figure 10.3A pour comparer avec le système antérolatéral de la sensibilité nociceptive et thermique cutanée. (B) Données d'IRMf corroborant l'existence de la voie de la sensibilité nociceptive viscérale représentée en (A). L'IRMf met en évidence un accroissement d'activité dans le thalamus de singes soumis à une distension nociceptive du côlon et du rectum, ce qui témoigne d'un traitement de la douleur viscérale. Cette activité est abolie par une lésion des colonnes dorsales en T10, mais non par une intervention chirurgicale factice. (C) En haut : méthode de myélotomie ponctuelle de la ligne médiane pour réduire des douleurs viscérales sévères. En bas : coupe de moelle colorée pour la myéline de la moelle thoracique (T10) d'un patient ayant subi une myélotomie de la ligne médiane pour traiter les douleurs d'un cancer du côlon rebelles aux analgésiques. Après l'intervention, ce patient fut soulagé de sa douleur pour les trois mois qui lui restèrent à vivre. (B d'après Willis et al., 1999 ; C d'après Hirshberg et al., 1996 ; dessin d'après Nauta et al., 1997).

pour titrer au clair la contribution des régions cérébrales autres que les aires somesthésiques du lobe pariétal. Le rôle extrêmement important qu'elles jouent dans la perception de la douleur est néanmoins suggéré par le fait que l'ablation des régions concernées du seul cortex pariétal ne soulage généralement pas les douleurs chroniques (bien que, comme prévu, elles altèrent la perception de stimulus mécaniques controlatéraux).

Voies de la sensibilité thermique et nociceptive de la face

Les informations en provenance des nocicepteurs et des thermorécepteurs de la face sont acheminées vers le tronc cérébral par des fibres de premier ordre issues du ganglion de Gasser et des ganglions associés aux nerfs VII, IX et X (Figure 10.6B). Après leur entrée dans le pont, les fibres du trijumeau, myélinisées de petit calibre et non myélinisées, *descendent* vers le bulbe en formant le **faisceau trigéminal spinal** (ou faisceau spinal du trijumeau). Elles se terminent dans deux subdivisions du complexe trigéminal spinal, le sous-noyau interpolaire et le sous-noyau caudal. Les axones des neurones de deuxième ordre de ces deux sous-noyaux trigéminaux croisent la ligne médiane et se terminent sur diverses cibles du tronc cérébral et du thalamus. Comme leurs homologues de la corne dorsale de la moelle, ces cibles peuvent être groupées selon qu'elles transmettent les aspects discriminatifs de la douleur ou ses aspects affectifs et motivationnels. Les messages concernant les aspects discriminatifs de la douleur de la face sont acheminés par le **faisceau trigémino-thalamique** (encore appelé lemnisque trigéminal) jusqu'au noyau VPM du thalamus controlatéral et, de là, vers les cortex somesthésiques primaire et secondaire. Les messages concernant les aspects affectifs et motivationnels sont distribués par diverses connexions à des cibles de la formation réticulaire et du mésencéphale ainsi qu'aux noyaux thalamiques de la ligne médiane qui projettent sur le cortex cingulaire et insulaire.

Autres modalités empruntant le système antérolatéral

Outre le rôle qu'il joue dans la transmission des messages nociceptifs, le système antérolatéral transmet aux centres supérieurs un certain nombre d'autres signaux non nociceptifs. C'est ainsi, qu'en l'absence du système des colonnes dorsales, il se révèle capable de transmettre des informations relevant de ce que l'on appelle communément le « tact non discriminatif » ou toucher grossier. Cette forme de sensibilité tactile n'a pas une résolution spatiale aussi fine que celle qui caractérise le système des colonnes dorsales. Il s'ensuit qu'après une lésion du système colonnes dorsales-lemnisque médian, ne subsiste qu'une sensibilité tactile grossière, parfois qualifiée de protopathique, pour laquelle les seuils de discrimination tactile sont élevés et dont la capacité d'identifier des objets uniquement par le toucher est fortement dégradée.

Comme il a déjà été brièvement signalé, le système antérolatéral transmet également les informations concernant des températures non douloureuses. On estime que les sensations de froid et de chaud mettent en jeu des fibres afférentes distinctes. Les fibres sensibles au chaud répondent par des trains d'influx dont la fréquence augmente avec la température ; les fibres sensibles au froid augmentent leur décharge quand la température diminue. Ces deux types de fibres ne répondent ni l'une ni l'autre à la stimulation mécanique et elles sont différentes des fibres qui répondent à des températures considérées comme douloureuses (au-dessus de 42 °C pour le chaud, en dessous de 17 °C pour le froid). On a récemment identifié des canaux TRP sensibles à des gammes de températures non douloureuses, les TRPV3 et TRPV4 répondant au chaud et les TRPM8 répondant au froid. Ceci laisse entrevoir la possibilité qu'il existe des lignes dédiées pour la transmission du chaud et du froid, lignes qui commenceraient dès la transduction et se continueraient dans les voies centripètes. En accord avec ce point de vue, les informations véhiculées par les fibres sensibles au chaud et au froid non douloureux sont transmises aux centres supérieurs après relais dans des catégories distinctes de neurones de deuxième ordre situés dans la corne dorsale de la moelle, au niveau de la couche 1 de Rexed.

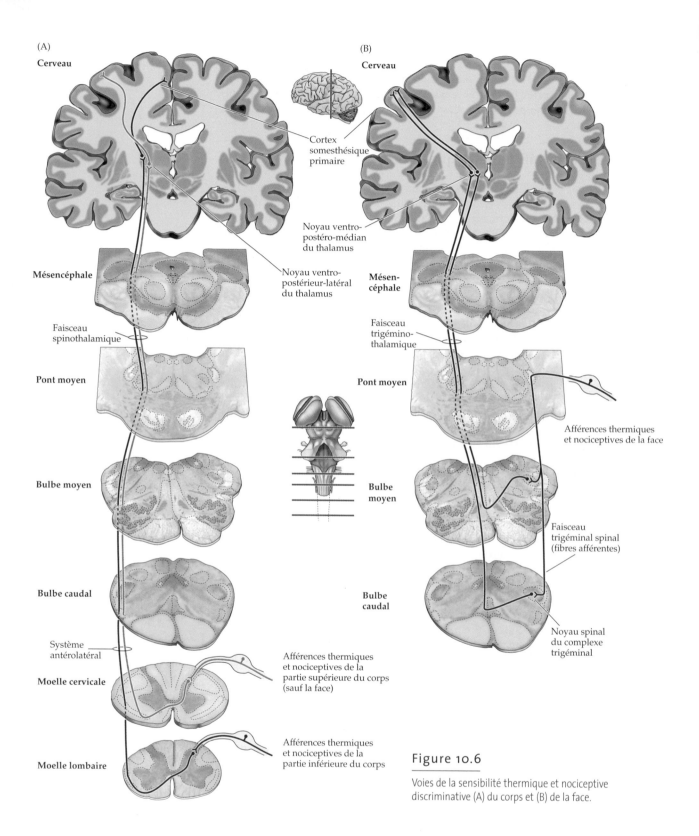

(A)

Cerveau

(B)

Cerveau

Cortex somesthésique primaire

Noyau ventro-postéro-médian du thalamus

Noyau ventro-postérieur-latéral du thalamus

Mésencéphale

Mésen-céphale

Faisceau spinothalamique

Faisceau trigémino-thalamique

Pont moyen

Pont moyen

Afférences thermiques et nociceptives de la face

Bulbe moyen

Bulbe moyen

Faisceau trigéminal spinal (fibres afférentes)

Bulbe caudal

Bulbe caudal

Noyau spinal du complexe trigéminal

Système antérolatéral

Afférences thermiques et nociceptives de la partie supérieure du corps (sauf la face)

Moelle cervicale

Afférences thermiques et nociceptives de la partie inférieure du corps

Moelle lombaire

Figure 10.6

Voies de la sensibilité thermique et nociceptive discriminative (A) du corps et (B) de la face.

De fait, il s'avère que la couche 1 se compose de catégories distinctes de neurones, spécifiques d'une modalité donnée, relayant des informations sensorielles aussi bien douloureuses que non douloureuses vers le système antérolatéral. On trouve ainsi des catégories de neurones sensibles à la douleur aiguë (rapide), à la douleur sourde (lente), à la chaleur non douloureuse, au froid non douloureux, à l'histamine (responsable des démangeaisons), à la stimulation mécanique lente (« toucher sensuel ») ainsi qu'une classe recevant des messages venant des muscles et renseignant sur l'acide lactique et autres métabolites libérés durant la contraction musculaire. Cette dernière classe contribuerait à la sensation de brûlure et de douleur qui se manifeste lors d'un exercice intense.

La couche 1 est-elle un mélange éclectique de neurones aux propriétés variées ou bien existe-t-il un élément unificateur pouvant rendre compte de cette diversité ? On a suggéré que la couche 1 fonctionnerait comme l'entrée sensorielle d'un réseau chargé de représenter l'état physiologique du corps – modalité dénommée **intéroception** pour la distinguer de l'**extéroception** (toucher et pression) et de la **proprioception**. Les messages arrivant à ce réseau piloteraient les mécanismes homéostatiques qui maintiennent le milieu intérieur dans un état optimal. Certains de ces mécanismes sont automatiques et les changements nécessaires au maintien de l'homéostasie peuvent être obtenus par des ajustements réflexes contrôlés par le système nerveux végétatif (voir Chapitre 21). Des changements de température, par exemple, déclenchent des réflexes végétatifs (sudation ou frissonnement) qui compensent la perturbation de la température optimale du corps. D'autres ajustements, par contre, dépassent les capacités des seuls réflexes végétatifs et exigent la mise en jeu de réponses comportementales (mettre ou enlever un pull) pour rétablir l'équilibre. Selon cette façon de voir les choses, les sensations – agréables ou douloureuses – associées à l'activité de la couche 1 de Rexed feraient démarrer les comportements appropriés au rétablissement de l'homéostasie corporelle.

La sensibilisation

Après un stimulus douloureux associé à une lésion des tissus (telle que coupure, écorchure ou contusion), une stimulation de la zone lésée ou des tissus avoisinants est perçue comme beaucoup plus douloureuse qu'elle ne le serait d'ordinaire : c'est le phénomène appelé **hyperalgie**. On peut en donner comme exemple l'augmentation de la sensibilité à la chaleur après un coup de soleil. Cet effet est dû à des changements de sensibilité survenant tant au niveau des récepteurs périphériques que de leurs cibles neuroniques centrales.

La **sensibilisation périphérique** résulte de l'interaction des nocicepteurs avec une mixture inflammatoire formée des diverses substances que libèrent les tissus endommagés. On y trouve des protons extracellulaires, de l'acide arachidonique et d'autres métabolites des lipides, de la bradykinine, de l'histamine, de la sérotonine, des prostaglandines, des nucléotides et du facteur de croissance des nerfs (NGF, pour *Nerve Growth Factor*) ; tous peuvent interagir avec les récepteurs ou les canaux ioniques des fibres nociceptives et potentialiser mutuellement leurs réponses (Figure 10.7). Ainsi les réponses à la chaleur du récepteur TRPV1 peuvent être potentialisées par l'interaction directe du canal avec les protons extracellulaires et les métabolites des lipides. Le NGF et la bradykinine potentialisent aussi l'activité des récepteurs TRPV1, mais cette fois de façon indirecte, par l'intermédiaire de récepteurs de la surface cellulaire (les récepteurs TrkA et ceux de la bradykinine respectivement) et des voies de signalisation intracellulaire qui leur sont associées. On estime que les prostaglandines contribuent à la sensibilisation périphérique en se liant à des récepteurs couplés aux protéines G, qui augmentent le taux d'AMP cyclique au sein des nocicepteurs. Les prostaglandines abaissent également le seuil de dépolarisation auquel sont émis les potentiels d'action, grâce à la phosphorylation d'une catégorie particulière de canaux sodiques résistants à la tétrodotoxine qui sont exprimés dans les nocicepteurs. En outre, l'activité électrique des nocicepteurs leur fait libérer des peptides et des neurotransmetteurs, tels que la substance P, le peptide apparenté au gène de la calcitonine (CRGP, pour *Calcitonin-Gene-Related Peptide*) et l'ATP, qui tous augmentent plus

Figure 10.7

Réponse inflammatoire consécutive à une lésion tissulaire. Les substances libérées par les tissus lésés augmentent la réponse des fibres nociceptives. En outre, l'activation électrique des nocicepteurs provoque la libération de peptides et de neurotransmetteurs qui contribuent à augmenter plus encore la réponse inflammatoire.

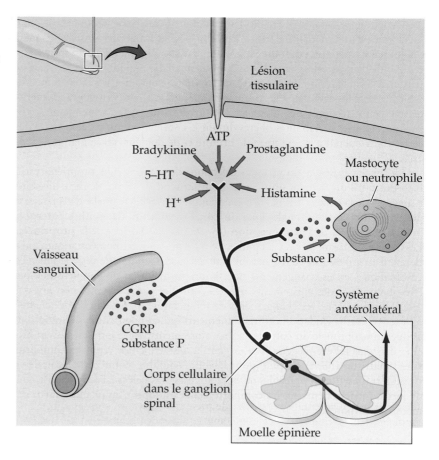

encore la réponse inflammatoire (vasodilatation, enflure de la zone lésée, libération d'histamine par les mastocytes). Le rôle de la cascade complexe de signaux chimiques produite par une lésion localisée n'est sans doute pas seulement de protéger le territoire endommagé (grâce aux sensations douloureuses qu'induisent les stimulus anodins proches de la lésion) ; il est de favoriser la cicatrisation et de protéger de l'infection au moyen d'effets locaux tels que l'augmentation de la circulation sanguine et de la migration des leucocytes vers le site du traumatisme. De toute évidence, l'identification des composants de la mixture inflammatoire est un terrain prometteur pour explorer des analgésiques potentiels. Les anti-inflammatoires non stéroïdiens (AINS), par exemple, qui comprennent l'aspirine et l'ibuprofène, agissent en inhibant la cyclooxygénase (COX), enzyme importante de la biosynthèse des prostaglandines.

La **sensibilisation centrale** désigne une augmentation de l'excitabilité des neurones de la corne dorsale de la moelle, qui dépend du haut niveau d'activité des afférences nociceptives et lui fait suite immédiatement. Il s'ensuit que les niveaux d'activité des afférences nociceptives qui étaient auparavant infraliminaires, deviennent suffisants pour permettre l'émission de potentiels d'action par les neurones de la corne dorsale, ce qui contribue à augmenter la sensibilité douloureuse. Bien que déclenchée dans les neurones de la corne dorsale par l'activité des nocicepteurs, la sensibilisation centrale se généralise aux fibres afférentes provenant des mécanorécepteurs de bas seuil. Des stimulus qui, dans les conditions normales, auraient paru insignifiants (comme effleurer la peau) vont activer, dans la corne dorsale, les neurones de deuxième ordre qui reçoivent les messages nociceptifs et provoquer une sensation douloureuse. Le déclenchement de la douleur par un stimulus normalement anodin est appelé **allodynie**. En règle générale, ce phénomène survient immédiatement après l'événement douloureux et peut durer plusieurs heures après sa cessation.

La douleur

De même que la sensibilisation périphérique, la sensibilisation centrale fait intervenir différents mécanismes que l'on peut diviser en deux catégories selon qu'ils dépendent ou non de la transcription. L'un des mécanismes de sensibilisation centrale indépendant de la transcription est le «wind-up»: il s'agit d'une augmentation progressive de la fréquence de décharge des neurones de la corne dorsale en réponse à une activation répétitive à basse fréquence des fibres afférentes nociceptives. On a étudié les corrélats comportementaux de ce phénomène en notant l'intensité subjective de la douleur provoquée par des stimulations nociceptives répétées. Alors que l'intensité des stimulations est maintenue constante, l'intensité perçue augmente à chaque présentation du stimulus. Le wind-up n'excède pas la période de stimulation. Il est dû à la sommation de potentiels synaptiques lents évoqués dans les cornes dorsales par les afférences nociceptives. La dépolarisation durable de la corne dorsale est, en partie, la conséquence d'une activation de canaux calciques voltage-dépendants de type L et de la suppression du blocage des récepteurs NMDA par le Mg, ce qui augmente la sensibilité des neurones au glutamate, neurotransmetteur des fibres afférentes nociceptives.

Les autres formes de sensibilisation centrale dont la durée excède la période de stimulation (l'allodynie, par exemple) impliqueraient, pense-t-on, une facilitation des potentiels postsynaptiques du type LTP (voir Chapitre 8). Les formes les plus durables, dues à des processus dépendants de la transcription, peuvent être déclenchées par des modifications de l'activité neuronale ou par des signaux humoraux. Celles qui sont déclenchées par l'activité neuronale ne concernent que le site du traumatisme alors que l'activation humorale donne lieu à des modifications plus étendues. C'est ainsi, par exemple, que les cytokines, provenant de la microglie ou d'ailleurs, déclenchent une transcription généralisée de la COX-2 ainsi qu'une production de prostaglandines dans les neurones de la corne dorsale. Comme il a été dit à propos des afférences nociceptives, l'augmentation du taux de prostaglandines dans les neurones du SNC augmente leur excitabilité. Les effets analgésiques des inhibiteurs de la COX sont donc dus à des actions qui s'exercent à la fois à la périphérie et au sein de la corne dorsale.

À mesure que les tissus lésés se cicatrisent, la sensibilisation induite par les mécanismes centraux ou périphériques décline et le seuil de la douleur retrouve les niveaux antérieurs à la lésion. Cependant, lorsque les fibres afférentes ou les voies centrales sont elles-mêmes endommagées, ces processus peuvent persister (complication qui survient fréquemment dans des maladies telles que le diabète, le zona, le sida, la sclérose en plaques et les accidents vasculaires cérébraux). Il s'agit, dans ce cas, d'une **douleur neuropathique**, d'un caractère chronique et extrêmement douloureux, qu'il est difficile de traiter avec les analgésiques conventionnels (voir, à l'encadré 10D, la description de la douleur neuropathique consécutive à l'amputation d'une extrémité). La douleur peut survenir spontanément (en l'absence de stimulus) ou être provoquée par des stimulus de faible intensité tels qu'on en rencontre dans la vie quotidienne, le frottement léger des vêtements par exemple ou la chaleur et le froid. Les patients décrivent généralement ce qu'ils ressentent comme une sensation permanente de brûlure, interrompue par des paroxysmes qui leur donnent l'impression de recevoir un coup de couteau, une balle ou une décharge électrique. Le handicap et le stress psychologique associés à une neuropathie chronique peuvent être sévères; aussi cherche-t-on à mieux comprendre les mécanismes de la sensibilisation centrale ou périphérique dans l'espoir de trouver des traitements plus efficaces pour un syndrome aussi invalidant.

Régulation centrale de la perception de la douleur

En ce qui concerne l'*interprétation* de la douleur, on a depuis longtemps reconnu et commenté la différence qui existe entre la réalité objective d'un stimulus douloureux et sa répercussion subjective. Les études modernes de cette discordance ont fait beaucoup pour mettre en lumière l'influence du contexte sur la perception de la douleur et pour révéler l'anatomie et la pharmacologie du système nociceptif.

245

ENCADRÉ 10D *Les membres fantômes et leurs douleurs*

Après une amputation, presque tous les patients ont l'illusion que le membre amputé est toujours présent. Quoique d'habitude cette sensation diminue avec le temps, elle persiste plus ou moins durant toute la vie de l'amputé et peut être réactivée par une blessure du moignon ou autres accidents. Ces sensations de membre fantôme ne se limitent pas à des membres amputés ; on connaît des cas de seins fantômes après mastectomie, d'organes génitaux fantômes après castration et de fantômes de toute la partie inférieure du corps après une section de la moelle. La sensation du membre fantôme est également courante après anesthésie locale d'un nerf en vue d'une intervention chirurgicale. Au cours de la récupération de l'anesthésie du plexus brachial, par exemple, il n'est pas rare que les patients ressentent la présence d'un bras fantôme entier et intact, mais à un emplacement autre que celui du bras réel. S'ils regardent leur vrai bras, le bras fantôme semble se replacer d'un bond dans le vrai bras, qu'il peut quitter et retrouver, de façon intermittente, à mesure que l'anesthésie se dissipe. Apparemment, les circuits centraux qui traitent les informations sensorielles continuent à fonctionner indépendamment de la périphérie et donnent lieu à ces sensations bizarres. Les membres fantômes pourraient n'être qu'une curiosité ou un indice nous donnant envie d'en savoir davantage sur les processus somesthésiques supérieurs, n'étaient les douleurs du membre fantôme que développent aussi une proportion non négligeable d'amputés. Il s'agit d'ordinaire de sensations de fourmillement ou de brûlure dans la partie amputée. Mais parfois, ces sensations se transforment en douleurs beaucoup plus violentes qui handicapent de plus en plus le patient. Les douleurs du membre fan-

tôme sont, en fait, l'une des causes les plus courantes du syndrome de douleur chronique, dont le traitement se révèle extrêmement difficile. Étant donné le caractère diffus des traitements centraux de la douleur, l'ablation du faisceau spinothalamique, de parties du thalamus ou même du cortex somesthésique primaire ne soulage généralement pas la gêne que ressentent ces patients.

En fait, il se produit, chez les amputés, une réorganisation fonctionnelle considérable des cartes somatotopiques du cortex somesthésique. Cette réorganisation débute immédiatement après l'amputation et tend à évoluer sur plusieurs années. L'un des résultats de ce processus est que les neurones qui ont perdu leurs afférences originelles (en provenance d'un membre amputé) répondent à des stimulations tactiles d'autres parties du corps. Et l'on peut, par exemple, observer cette conséquence surprenante, qu'un attouchement du visage est ressenti comme s'il avait été effectué sur le membre manquant.

Une autre preuve que le phénomène des membres fantômes est dû à une représentation centrale est apportée par les enfants nés sans membres. Ces personnes ont d'abondantes sensations fantômes alors même qu'elles n'ont jamais eu de membres. Cette observation suggère qu'il existe une représentation complète du corps indépendamment des éléments périphériques qui contribuent à la formation des cartes centrales. Sur la base de

ces résultats, Ronald Melzack a fait l'hypothèse que la perte d'un membre crée une discordance interne entre la représentation cérébrale du corps et le pattern d'afférences tactiles périphériques que reçoit le néocortex. La conséquence en serait la sensation illusoire que la partie manquante du corps est toujours présente et fonctionnelle. Petit à petit, le cerveau pourrait s'adapter à la perte du membre et modifier la représentation somatique intrinsèque pour qu'elle concorde mieux avec la nouvelle configuration du corps. Ce changement pourrait expliquer pourquoi la sensation fantôme apparaît immédiatement après la perte du membre et décroît avec le temps.

Références

MELZACK, R. (1989), Phantom limbs, the self and the brain. The D.O. Hebb Memorial Lecture. *Canad. Psychol.*, **30**, 1-14.

MELZACK, R. (1990), Phantom limbs and the concept of a neuromatrix. *Trends Neurosci.*, **13**, 88-92.

NASHOLD, B.S., JR. (1991), Paraplegia and pain. In *Deafferentation Pain Syndromes. Pathophysiology and Treatment*. B.S. Nashold, Jr. and J. Ovelmen-Levitt (eds.). New York, Raven Press, 301-319.

RAMACHANDRAN, V.S. et S. BLAKESLEE (2002), *Le fantôme intérieur*. Paris, Odile Jacob. (Traduction de *Phantoms in the Brain*. 1998, New York, William Morrow & Co.)

SOLONEN, K.A. (1962), The phantom phenomenon in amputated Finnish war veterans. *Acta Orthop. Scand.*, **Suppl. 54**, 1-37.

Schémas de bras et de jambes fantômes, d'après les descriptions de patients. Le membre fantôme est dessiné en pointillés, les parties dont l'existence est ressentie le plus vivement sont en couleur. Noter que certaines parties du membre fantôme se télescopent avec le moignon. (D'après Solonen, 1962.)

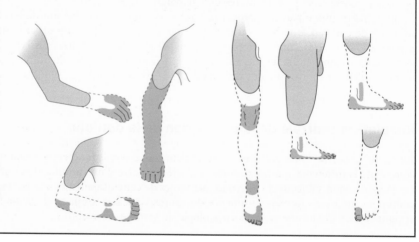

Durant la seconde guerre mondiale, Henry Beecher et ses collègues de la Harvard Medical School ont fait une observation fondamentale. Dans la première étude systématique de ce genre, ils découvrirent que, souvent, des soldats grièvement blessés au combat ne souffraient guère, voire pas du tout. À tel point que beaucoup de blessés se montraient surpris de cette dissociation. Beecher, un anesthésiologiste, en conclut que la perception de la douleur dépend du contexte dans lequel elle survient. La douleur d'un soldat blessé sur le champ de bataille pourrait vraisemblablement se trouver atténuée à l'idée qu'il sera mis à l'écart du danger, tandis qu'une blessure équivalente dans un cadre domestique ferait naître des idées d'un tout autre ordre (perte d'emploi, dettes, etc.), susceptibles d'exacerber la douleur. Ces observations, ainsi que l'effet placébo bien connu (voir la section suivante), ont rendu évident le fait que la douleur fait l'objet de modulations centrales (bien que toutes les sensations soient jusqu'à un certain point soumises à des modulations de ce type). Cette conclusion ne doit pas être considérée comme une vague reconnaissance de l'importance des facteurs psychologiques ou des influences «descendantes» sur la perception. Bien au contraire, neurologues et neurophysiologistes se sont progressivement rendu compte que ces effets «psychologiques» sont aussi réels et aussi importants que n'importe quel autre phénomène nerveux. Cette façon de voir a conduit à considérer les problèmes psychosomatiques en général et la douleur en particulier, dans une perspective beaucoup plus rationnelle.

L'effet placébo

L'effet placébo (du latin *placebo*, je plairai) se définit comme une réponse physiologique à l'administration d'un «médicament» pharmacologiquement inactif. L'effet placébo a une longue histoire en médecine, où l'on en a usé et abusé. La réalité de l'effet n'est pas contestée. Dans une recherche classique, on a fait prendre à des étudiants en médecine l'un de deux comprimés dont l'un était présenté comme un sédatif et l'autre comme un stimulant. En réalité, les deux ne contenaient que des ingrédients inactifs. Parmi les étudiants qui avaient reçu le «sédatif», plus des deux tiers ont déclaré avoir sommeil. Qui plus est, ceux qui avaient pris deux comprimés de ce type avaient plus envie de dormir que ceux qui n'en avaient pris qu'un. À l'inverse, une forte proportion de ceux qui avaient pris le «stimulant» se sont dits moins fatigués. De plus, environ un tiers de l'ensemble du groupe a signalé des effets secondaires, mal à la tête, tête qui tourne ou même picotement des extrémités et démarche titubante. Trois seulement des 56 étudiants ayant participé à l'expérience ont déclaré que le comprimé ne leur avait fait aucun effet.

Dans une autre recherche de ce genre, 75 % des patients qui souffraient de douleurs postopératoires se sont estimés soulagés de façon satisfaisante par une simple injection de liquide physiologique. Les chercheurs qui ont réalisé cette étude ont noté que ceux qui ressentaient un effet étaient en tout point semblables à ceux qui n'en ressentaient pas, tant par l'intensité de leurs douleurs que par leur type de personnalité. Il est hautement révélateur que chez des patients en phase postopératoire, l'effet placébo puisse être bloqué par la naloxone, un antagoniste compétitif des récepteurs des opioïdes; ceci indique qu'il existe une base pharmacologique sérieuse à l'impression d'atténuation de la douleur (voir la section suivante).

Selon une opinion fréquente à propos de l'effet placébo, les patients qui réagissent à un produit thérapeutiquement neutre souffriraient de douleurs non pas réelles, mais imaginaires: il s'agit là d'un point de vue erroné. L'effet placébo explique probablement, entre autres phénomènes, l'anesthésie par acupuncture et l'analgésie par hypnose. En Chine, il n'est pas rare que des interventions chirurgicales soient pratiquées avec le secours d'une aiguille (délivrant souvent un faible courant électrique) insérée en un endroit prescrit par les anciens traités d'acupuncture. Avant l'époque de l'anesthésie moderne, des opérations comme l'ablation de la thyroïde pour cause de goitre étaient couramment pratiquées sans anesthésie et sans manifestation notable de désagrément, surtout dans les populations où une attitude stoïque était la norme culturelle.

Sans doute y a-t-il une certaine parenté entre les mécanismes qui permettent l'atténuation de la douleur sur le champ de bataille et ceux que mettent en jeu l'acupuncture et l'hypnose. Bien que l'on commence seulement à entrevoir les processus par lesquels le cerveau contrôle la perception de la douleur, cet effet ne relève ni de la magie ni de la suggestibilité. En un mot, l'effet placébo est tout à fait réel.

Les bases physiologiques de la modulation de la douleur

La découverte que l'on peut réduire la douleur en stimulant électriquement ou pharmacologiquement certaines régions du mésencéphale a permis de mieux comprendre la modulation centrale de la douleur (sur lesquels se fonde vraisemblablement l'effet placébo). Cet effet analgésique est dû à l'activation de voies descendantes qui modulent la douleur et contrôlent les messages nociceptifs ascendants grâce à leurs projections sur la corne dorsale (et sur le noyau trigéminal spinal). L'une des principales régions du tronc cérébral qui sont à l'origine de ces effets est située dans la substance grise périaqueducale du mésencéphale. Non seulement la stimulation de ces sites, chez l'animal, produit une analgésie manifeste du point de vue comportemental, mais, comme on l'a montré, elle inhibe aussi l'activité des neurones de projection nociceptive de la corne dorsale de la moelle.

Comme l'ont révélé des travaux ultérieurs, les voies descendantes qui régulent la transmission des informations nociceptives ont leur origine dans plusieurs régions du tronc cérébral, parmi lesquelles le noyau parabrachial, le raphé dorsal, le locus cœruleus et la formation réticulaire bulbaire (Figure 10.8A). C'est par l'intermédiaire de ces sites que la stimulation de la substance grise périaqueducale exerce ses effets analgésiques. Ces centres utilisent une multitude de neurotransmetteurs (noradrénaline, sérotonine, dopamine, histamine, acétylcholine) et peuvent exercer des effets facilitateurs ou inhibiteurs sur les neurones de la corne dorsale. La complexité de ces interactions se trouve encore accrue par le fait que les projections descendantes peuvent agir en divers endroits de la corne dorsale tels que les terminaisons synaptiques des fibres afférentes nociceptives, des neurones excitateurs ou inhibiteurs, les terminaisons synaptiques d'autres voies descendantes ou directement sur les neurones de projection. On pensait au départ que ces projections descendantes servaient principalement à inhiber la transmission des signaux nociceptifs ; il est aujourd'hui démontré qu'elles convoient un dosage d'influences facilitatrices et inhibitrices dont dépend en dernier ressort l'efficacité de la transmission nociceptive.

En plus de ces projections descendantes, les interactions locales entre afférences émanant des mécanorécepteurs et circuits neuraux de la corne dorsale sont susceptibles, elles aussi, de moduler la transmission des informations nociceptives vers les centres supérieurs (Figure 10.8B). Ces interactions expliquent que l'on puisse réduire une sensation de douleur aiguë en activant des mécanorécepteurs de bas seuil : si l'on se heurte le tibia ou qu'on se cogne un orteil, la réaction naturelle (et efficace) est de se frotter vigoureusement, pendant une minute ou deux, l'endroit où l'on s'est fait mal. Des observations de ce genre, étayées par des travaux expérimentaux sur l'animal, ont conduit Ronald Melzack et Patrick Wall à faire l'hypothèse que le flux des messages nociceptifs transitant par la moelle épinière est modulé par l'activation concomitante des grosses fibres myélinisées qui innervent les mécanorécepteurs de bas seuil. Bien que des travaux ultérieurs aient amené à modifier quelques-uns de ses présupposés d'origine, la **théorie du contrôle d'entrée** de la douleur (*gate control theory*) proposée par Melzack et Wall a suscité une masse de travaux sur la modulation de la douleur et mis l'accent sur le rôle important que jouent les interactions synaptiques au sein de la corne dorsale pour moduler la perception de l'intensité douloureuse.

La plus excitante, peut-être, des découvertes qui ont accompagné ces recherches a été celle des **opioïdes endogènes**. On savait depuis des siècles que certains dérivés de l'opium, comme la morphine, sont des analgésiques puissants (et aujourd'hui encore, ils sont un des piliers de la thérapeutique analgésique). Les travaux modernes chez l'animal ont montré qu'il existe tout un ensemble de régions cérébrales sensibles à

(A)

(B)

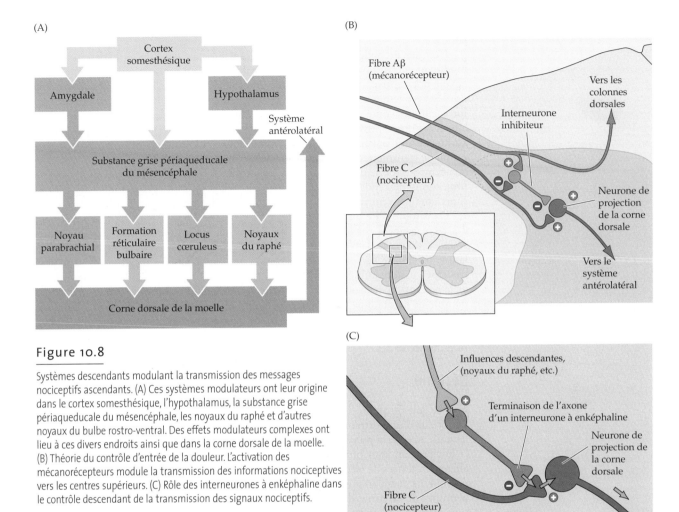

Figure 10.8

Systèmes descendants modulant la transmission des messages nociceptifs ascendants. (A) Ces systèmes modulateurs ont leur origine dans le cortex somesthésique, l'hypothalamus, la substance grise périaqueducale du mésencéphale, les noyaux du raphé et d'autres noyaux du bulbe rostro-ventral. Des effets modulateurs complexes ont lieu à ces divers endroits ainsi que dans la corne dorsale de la moelle. (B) Théorie du contrôle d'entrée de la douleur. L'activation des mécanorécepteurs module la transmission des informations nociceptives vers les centres supérieurs. (C) Rôle des interneurones à enképhaline dans le contrôle descendant de la transmission des signaux nociceptifs.

l'action des drogues opiacées, notamment – et significativement – la substance grise périaqueducale et d'autres sources de projections descendantes. On trouve, en outre, des neurones sensibles aux opiacés dans la corne dorsale de la moelle. Autrement dit, les régions dont la stimulation induit une analgésie sont aussi celles qui réagissent aux opiacés exogènes. C'est donc sans doute en agissant sur tous les sites représentés sur la figure 10.8 ou sur la plupart d'entre eux, que les drogues opiacées produisent leur spectaculaire atténuation de la douleur.

L'action analgésique des opiacés avait fait conclure à l'existence dans le cerveau de récepteurs spécifiques de ces drogues, bien avant leur découverte au cours des années 1960 et 1970. Étant donné que ces récepteurs n'existent sans doute pas dans le seul but de répondre à une administration d'opium ou de ses dérivés, la conviction s'imposa qu'il devait y avoir des composés *endogènes* pour lesquels ces récepteurs étaient apparus au cours de l'évolution (voir Chapitre 6). Aujourd'hui, plusieurs catégories d'opioïdes endogènes ont été isolées dans le cerveau et ont fait l'objet d'études intensives. On trouve ces substances dans les mêmes régions qui interviennent dans la modulation des messages nociceptifs ; néanmoins, chacune des familles d'opioïdes présente une distribution tant soit peu différente. Les trois groupes principaux (**enképhalines**, **endorphines** et **dynorphines** ; voir Tableau 6.2) sont présents dans la substance grise périaqueducale. On a trouvé des enképhalines et des dynorphines dans le bulbe rostro-ventral ainsi que dans les régions de la moelle épinière qui participent à la modulation de la douleur.

L'un des exemples les plus nets du mécanisme par lequel les opioïdes endogènes modulent la transmission des messages douloureux s'observe à la première synapse de la voie nociceptive, entre les fibres afférentes nociceptives et les neurones de la corne dorsale avec lesquels elles s'articulent (voir Figure 10.8B). Dans la corne dorsale, des interneurones contenant de l'enképhaline font synapse avec les terminaisons des fibres afférentes nociceptives qui, elles-mêmes, s'articulent avec les neurones de projection. La libération d'enképhaline sur les terminaisons nociceptives inhibe leur propre libération de transmetteur sur le neurone de projection et réduit ainsi l'activité transmise aux centres supérieurs. De leur côté, les interneurones à enképhaline sont la cible de projections descendantes et constituent un relais puissant grâce auquel les centres supérieurs peuvent réduire les messages nociceptifs transmis par les fibres afférentes.

Dans toute cette histoire, on ne manque pas d'être frappé par l'approfondissement des connaissances sur les modulations endogènes de la douleur qu'a permis l'étroite collaboration entre la physiologie, la pharmacologie et la recherche clinique. L'accumulation des données a apporté, en fin de compte, un début d'explication à la variabilité des répercussions subjectives des stimulus douloureux et à la dépendance étonnante de la perception de la douleur à l'égard du contexte dans lequel on l'éprouve. Un grand nombre de laboratoires se consacrent aujourd'hui à explorer dans le détail la modulation de la douleur, motivés par les bénéfices cliniques (et économiques) considérables qu'induirait une meilleure connaissance du système de la douleur et de ses infrastructures moléculaires.

Résumé

Que ce soit du point de vue structural ou fonctionnel, la douleur est une modalité sensorielle d'une extraordinaire complexité. Étant donné l'importance qu'il y a pour les animaux à être prévenus des situations dangereuses, les mécanismes et les voies de la nociception sont omniprésents et redondants. Un ensemble spécifique de fibres afférentes, dotées de récepteurs membranaires qui opèrent la transduction des stimulus douloureux et qu'on appelle nocicepteurs, transmet les informations nociceptives aux neurones de la corne dorsale de la moelle. La voie principale prenant en charge la transmission des aspects discriminatifs de la douleur (emplacement, intensité, nature) diffère de la voie de la sensibilité mécanique en ce que les axones centripètes des neurones du ganglion spinal font synapse avec les neurones de deuxième ordre dans la corne dorsale ; les axones de ces neurones de deuxième ordre franchissent la ligne médiane et projettent, controlatéralement, sur les noyaux thalamiques qui relaient les informations vers le cortex somesthésique du gyrus postcentral. D'autres voies, comprenant des centres du tronc cérébral, du thalamus et du cortex, sont responsables des réponses affectives et motivationnelles aux stimulus douloureux. Des voies descendantes entrent en interaction avec des circuits locaux au niveau de la moelle épinière pour réguler la transmission des signaux nociceptifs vers les centres supérieurs. La connaissance de la douleur a fait des progrès gigantesques au cours des vingt-cinq dernières années, progrès qui devraient se poursuivre vu l'importance du problème. Les patients les plus éprouvés et les plus difficiles à traiter sont ceux qui souffrent de douleurs chroniques. À dire vrai, certains aspects de la douleur sont plus destructifs pour le patient que ce qui semble exigé par la physiologie. Ces effets sont peut-être les conséquences secondaires inévitables, mais malheureuses, des avantages que procure, dans le domaine de la protection, cette modalité sensorielle vitale.

Lectures complémentaires

Revues

CATERINA, M.J. et D. JULIUS (1999), Sense and specificity: A molecular identity for nociceptors. *Curr. Opin. Neurobiol.*, **9**, 525-530.

DIMARZO, V., P.M. BLUMBERG et A. SZALLASI (2002), Endovanilloid signaling in pain. *Curr. Opin. Neurobiol.*, **12**, 372-379.

DUBNER, R. et S.M. GOLD (1999), The neurobiology of pain. *Proc. Natl. Acad. Sci. USA*, **96**, 7627-7630.

FIELDS, H.L. et A.I. BASBAUM (1978), Brain stem control of spinal pain transmission neurons. *Annu. Rev. Physiol.*, **40**, 217-248.

HUNT, J.D. et P.W. MANTYH (2001), The molecular dynamics of pain control. *Nature Rev. Neurosci.*, **2**, 83-91.

JI, R.R., T. KOHNO, K.A. MOORE et C.J. WOOLF (2003), Central sensitization and LTP: Do pain and memory share similar mechanisms? *Trends Neurosci.*, **26**, 696-705.

JULIUS, D. et A.I. BASBAUM (2001), Molecular mechanisms in nociception. *Nature*, **413**, 203-209.

MILLAN, M.J. (2002), Descending control of pain. *Prog. Neurobiol.*, **66**, 355-474.

PATAPOUTIAN, A., A.M. PEIER, G.M. STORY et V. VISWANATH (2003), ThermoTRP channels and beyond: Mechanisms of temperature sensation. *Nature Rev. Neurosci.*, **4**, 529-539.

RAINVILLE, P. (2002), Brain mechanisms of pain affect and pain modulation. *Curr. Opin. Neurobiol.*, **12**, 195-204.

SCHOLZ, J. et C.J. WOOLF (2002), Can we conquer pain? *Nature Rev. Neurosci.*, **5 (Suppl.)**, 1062-1067.

TREEDE, R.D., D.R. KENSHALO, R.H. GRACELY et A.K. JONES (1999), The cortical representation of pain. *Pain*, **79***, 105-111.

Articles originaux importants

BASBAUM, A.I. et H.L. FIELDS (1979), The origin of descending pathways in the dorsolateral funiculus of the spinal cord of the cat and rat: further studies on the anatomy of pain modulation. *J. Comp. Neurol.*, **187**, 513-522.

BEECHER, H.K. (1946), Pain in men wounded in battle. *Ann. Surg.*, **123**, 96.

BLACKWELL, B., S.S. BLOOMFIELD et C.R. BUNCHER (1972), Demonstration to medical students of placebo response and non-drug factors. *Lancet*, **1**, 1279-1282.

CATERINA, M.J. et 8 AUTRES (2000), Impaired nociception and pain sensation in mice lacking the capaicin receptor. *Science*, **288**, 306-313.

CRAIG, A.D., E.M. REIMAN, A. EVANS et M.C. BUSHNELL (1996), Functional imaging of an illusion of pain. *Nature*, **384**, 258-260.

LEVINE, J.D., H.I. FIELDS et A.I. BASBAUM (1993), Peptides and the primary afferent nociceptor. *J. Neurosci.*, **13**, 2273-2286.

Ouvrages

FIELDS, H.L. (1987), *Pain*. New York, McGraw-Hill.

FIELDS, H.L. (ED.) (1990), *Pain Syndromes in Neurology*. London, Butterworths.

KOLB, L.C. (1954), *The Painful Phantom*. Springfield, IL, Charles C. Thomas.

SKRABANEK, P. et J. MCCORMICK (1990), *Follies and Fallacies in Medicine*. New York, Prometheus Books.

WALL, P.D. et R. MELZACK (1989), *Textbook of Pain*. New York, Churchill Livingstone.

chapitre 11
La vision : l'œil

Vue d'ensemble

Le système visuel de l'homme est extraordinaire par la quantité et la qualité des informations qu'il nous fournit sur le monde. Un rapide coup d'œil suffit pour connaître la position, la taille, la forme, la couleur et la texture des objets et, s'il s'agit d'objets en déplacement, leur direction et leur vitesse relative. Il est tout aussi remarquable qu'un grand nombre de ces informations puissent être obtenues avec des stimulus dont l'intensité varie sur une étendue considérable, de la plus faible lumière des étoiles, la nuit, à la plus éclatante lumière du jour. Les deux chapitres qui suivent décrivent les mécanismes moléculaires, cellulaires ou d'ordre supérieur, grâce auxquels nous voyons. Les étapes initiales du processus comprennent la transmission et la réfraction de la lumière par l'optique de l'œil, la transduction de l'énergie lumineuse en signaux électriques par les photorécepteurs et la mise au point de ces signaux par les interactions synaptiques des circuits neuraux de la rétine.

Anatomie de l'œil

L'œil est une sphère remplie de liquide et entourée de trois couches de tissus (Figure 11.1). Seule la couche la plus interne de l'œil, la **rétine**, contient des neurones sensibles à la lumière et capables de transmettre les signaux visuels aux centres encéphaliques. La couche qui lui est immédiatement adjacente comporte trois structures distinctes, mais reliées entre elles et formant un tissu continu collectivement appelé tunique uvéale ou **uvée**. L'élément le plus important de l'uvée est la **choroïde** composée d'un abondant lit capillaire, source principale de l'approvisionnement en sang des photorécepteurs rétiniens, et de cellules chargées d'un pigment qui absorbe la lumière, la mélanine. Vers l'avant de l'œil, prolongeant la choroïde, le **corps ciliaire** est une structure en anneau qui entoure le cristallin ; il comporte une composante musculaire, qui permet l'ajustement de la puissance réfringente du cristallin, et une composante vasculaire à laquelle on donne le nom de procès ciliaires et qui secrète le liquide qui emplit la partie antérieure de l'œil. L'élément le plus antérieur de l'uvée est l'**iris**, partie colorée de l'œil que l'on peut voir à travers la cornée. Il comprend deux groupes de muscles aux actions opposées qui permettent au contrôle nerveux d'ajuster la taille de la pupille (l'ouverture située au centre de l'iris). La couche la plus externe de l'œil est composée d'un tissu résistant de couleur blanche, la **sclérotique**. À l'avant de l'œil toutefois, cette couche opaque se transforme en un tissu transparent, la **cornée**, laissant la lumière entrer dans l'œil.

En arrière de la cornée, les rayons lumineux traversent deux milieux liquides différents avant d'atteindre la rétine. Entre la cornée et le cristallin, la **chambre antérieure** de l'œil est remplie d'un liquide limpide, l'**humeur aqueuse**, apportant les nutriments nécessaires à ces deux structures. L'humeur aqueuse est produite par les procès ciliaires dans la **chambre postérieure** de l'œil, située entre le cristallin et l'iris, et elle s'écoule par la pupille dans la chambre antérieure. La quantité de liquide produite par les procès ciliaires n'est pas négligeable : on estime que la totalité du liquide remplissant la chambre antérieure est remplacée douze fois par jour. La vitesse à laquelle l'humeur aqueuse est produite doit donc être contrebalancée par une vitesse comparable de drainage de la chambre antérieure pour que soit assurée une pression intra-

Figure **11.1**

Anatomie de l'œil humain.

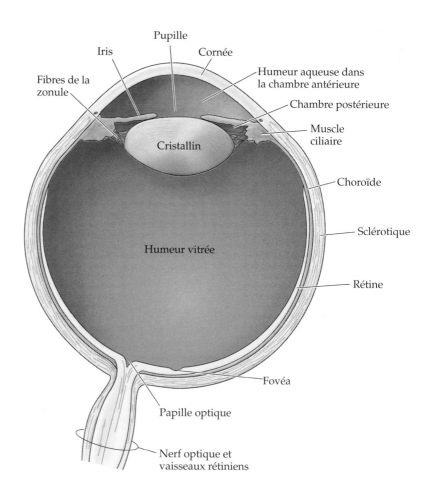

oculaire constante. Un lacis spécialisé de cellules situées à la jonction de l'iris et de la cornée (région que l'on appelle le **limbe**) assure ce drainage de l'humeur aqueuse. Un drainage inadéquat peut provoquer un **glaucome**, affection dans laquelle les niveaux anormalement élevés de pression intraoculaire peuvent réduire l'apport de sang à l'œil et finir par endommager les neurones rétiniens.

L'espace compris entre l'arrière du cristallin et la rétine est rempli par une gelée épaisse, l'**humeur vitrée**, qui représente environ 80 % du volume de l'œil. L'humeur vitrée contribue à maintenir la forme de l'œil et, de plus, elle contient des cellules qui, par leur activité phagocytaire, font disparaître le sang et les autres débris qui pourraient interférer avec la transmission de la lumière. Les capacités de nettoyage de l'humeur vitrée sont malgré tout limitées, comme peuvent en témoigner beaucoup de personnes d'un certain âge dont l'humeur vitrée est encombrée de « corps flottants ». Il s'agit de débris trop gros pour être phagocytés et qui projettent des ombres gênantes sur la rétine. Ils apparaissent généralement quand, avec l'âge, la membrane de l'humeur vitrée se détache du globe oculaire trop allongé des myopes (Encadré 11A).

La formation des images sur la rétine

Une vision normale exige que les milieux optiques de l'œil soient transparents ; la cornée et le cristallin sont deux exemples remarquables d'une spécialisation atteignant un degré de transparence qui peut rivaliser avec ce que l'on trouve dans des matériaux inorganiques comme le verre. Il n'est donc pas surprenant que des altérations de la composition de la cornée ou du cristallin puissent diminuer notablement leur transparence et avoir de graves conséquences pour la perception visuelle. Effectivement, la **cataracte** (c'est-à-dire l'opacification du cristallin) est responsable d'à peu près la moi-

ENCADRÉ 11A *La myopie et les autres anomalies de la réfraction*

Les disparités entre les différentes composantes physiques de l'œil occasionnent chez la majorité de la population humaine une forme ou une autre d'anomalie de la réfraction ou *amétropie*. Les personnes qui ne peuvent voir nettement les objets éloignés sont myopes (Figure B). La **myopie** peut être due à une courbure trop accentuée de la cornée ou à une longueur excessive du globe oculaire. Dans les deux cas, même avec un cristallin aplati au maximum, l'image des objets lointains se projette en avant de la rétine et non sur elle.

Les personnes incapables de voir nettement les objets rapprochés sont dites hypermétropes (ou hyperopes). L'**hypermétropie** peut être due à une longueur insuffisante de l'œil ou à une puissance insuffisante du système réfringent (Figure C). Même avec un cristallin bombé au maximum, l'image à la surface de la rétine est floue, la focalisation se faisant un peu plus en arrière. L'hypermétropie et la myopie peuvent toutes deux être corrigées par des lentilles appropriées, respectivement convexes (à puissance positive) et concaves (à puissance négative) ou par chirurgie cornéenne comme cela se fait de plus en plus.

La myopie est de loin l'amétropie la plus répandue ; elle touche près de 50 % de la population des États-Unis. Compte tenu du grand nombre de personnes qui ont besoin de verres, de lentilles de contact ou d'une intervention chirurgicale pour corriger cette anomalie de la réfraction, on est porté à se demander comment les myopes ont pu se tirer d'affaire durant les siècles qui ont précédé l'invention des lunettes. D'après ce que l'on sait aujourd'hui de la myopie, la plupart des gens devaient avoir jadis une vue bien meilleure. Cette affirmation se fonde sur la découverte surprenante que la croissance du globe oculaire est fortement influencée par la lumière focalisée qui frappe la rétine. Le phénomène a été décrit pour la première fois en 1977 par Torsten Wiesel et Elio Raviola, de la Harvard Medical School, qui étudiaient des singes élevés avec des paupières suturées (technique

également utilisée pour démontrer les effets d'une privation visuelle sur la connectivité du cortex visuel ; voir Chapitre 24) ; ce procédé prive l'œil de toute image rétinienne nette. Les animaux élevés ainsi jusqu'à l'âge adulte présentent un allongement du globe oculaire. La privation de lumière focalisée semble avoir un effet local, car cette croissance anormale de l'œil se manifeste chez les animaux d'expérience même si le nerf optique est coupé. Qui plus est, si une fraction seulement de la surface rétinienne est privée de lumière focalisée, seule cette région du globe oculaire connaît une croissance anormale.

Le mécanisme par lequel la lumière contrôle la croissance de l'œil est loin d'être complètement élucidé, mais beaucoup de spécialistes estiment que divers aspects de la civilisation moderne – peut-être l'apprentissage précoce de la lecture et de l'écriture – interfèrent avec le contrôle rétroactif normal que la vision exerce sur le développement de l'œil, avec pour conséquence un allongement anormal du globe oculaire. Cette hypothèse a pour corollaire que, si des enfants (ou plus vraisemblablement leurs parents) voulaient améliorer leur vision, ils pourraient y parvenir en s'exerçant à la vision de loin pour contrebalancer l'excès de travail de près. Dans la pratique, bien sûr, la plupart des gens choisiraient sans doute de porter des lunettes ou des lentilles de contact plutôt que de s'adonner à la lourde pratique quotidienne qui serait probablement nécessaire. Tout le monde ne partage cependant pas le point de vue que ce remède serait efficace. Nombre de chercheurs (et de compagnies pharmaceutiques) explorent la possibilité d'une intervention pharmacologique durant l'enfance, période pendant laquelle la croissance anormale de l'œil est censée se produire. Il est en tout cas remarquable que l'absence de lumière focalisée sur la rétine entraîne une croissance compensatrice de l'œil et que cette boucle de rétroaction soit si facilement déréglée.

Les personnes qui, jeunes adultes, avaient une vision normale (ou **emmétropie**), en

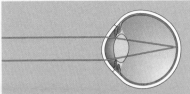

(A) Emmétropie (normal)

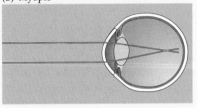

(B) Myopie

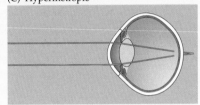

(C) Hypermétropie

Anomalies de réfraction. (A) Dans un œil normal, dont les muscles ciliaires sont au repos, l'image d'un objet éloigné se forme sur la rétine. (B) Dans la myopie, les rayons lumineux sont focalisés en avant de la rétine. (C) Dans l'hypermétropie, les images se forment en arrière de la rétine.

viennent elles aussi à éprouver des difficultés à voir nettement des objets rapprochés. Avec l'âge en effet, le cristallin perd de son élasticité, ce qui réduit la courbure maximale qu'il peut prendre lorsque les muscles ciliaires se contractent. Le point le plus proche dont l'œil puisse former une image nette (appelé *punctum proximum*) s'éloigne et il faut tenir les objets (un livre par exemple) de plus en plus loin pour que leur image se focalise sur la rétine. Vient un temps, ordinairement un peu au-delà de la quarantaine, où la capacité d'accommodation de l'œil s'est tellement réduite que toute vision de près, comme la lecture, devient difficile ou impossible (Figure D). Cette déficience, appelée **presbytie**, peut être corrigée par le port de lentilles convexes pour la vision de près ou par des verres à double foyer si le sujet est également

ENCADRÉ 11A (suite)

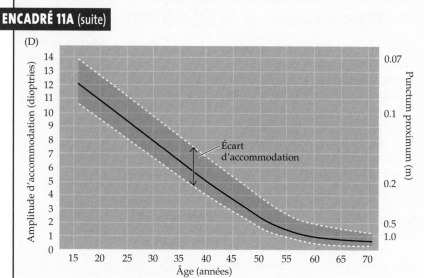

(D) Modifications, avec l'âge, des capacités de courbure du cristallin (accommodation). Le graphique montre les changements, avec l'âge, du *punctum proximum* (point le plus proche de l'œil qui puisse être vu nettement). L'accommodation, mesure optique du pouvoir réfringent du cristallin, est exprimée en dioptries (le nombre de dioptries exprime la puissance d'une lentille par l'inverse de sa distance focale en mètres). (D, d'après Westheimer, 1974.)

myope et a besoin d'une correction négative.

La correction au moyen de verres à double foyer pose un problème particulier aux adeptes des lentilles de contact. Ces lentilles, en effet, flottent à la surface de l'œil et les faire en deux parties, l'une corrigeant la presbytie en haut, l'autre corrigeant la myopie en bas, comme dans les verres classiques à double foyer, ne servirait à rien (depuis quelque temps, on utilise cependant avec succès des lentilles de contact dites « progressives »). Certaines personnes qui portent des lentilles de contact ont adopté la solution qui consiste à mettre sur un œil une lentille corrigeant la vision de près et sur l'autre une lentille corrigeant la vision de loin. La réussite de cette façon de faire atteste de l'aptitude remarquable du système visuel à s'adapter à des situations inhabituelles très variées.

Références

BOCK, G. et K. WIDDOWS (1990), *Myopia and the Control of Eye Growth*. Ciba Foundation Symposium 155. Chichester, Wiley.

COSTER, D.J. (1994), *Physics for Ophthalmologists*. Edinburgh, Churchill Livingston.

KAUFMAN, P.L. et A. ALM. (EDS.) (1992), *Adler's Physiology of the Eye: Clinical Application*, 9th Ed., St. Louis, Mosby Year Book.

SHERMAN, S.M., T.T. NORTON et V.A. CASAGRANDE (1977), Myopia in the lid sutured tree shrew. *Brain Res.*, **124**, 154-157.

WALLMAN, J., J. TURKEL et J. TRACTMAN (1978), Extreme myopia produced by modest changes in early visual experience. *Science*, **201**, 1249-1251.

WIESEL, T.N. et E. RAVIOLA (1977), Myopia and eye enlargement after neonatal lid fusion in monkeys. *Nature*, **266**, 66-68.

tié des cas de cécité dans le monde et presque toutes les personnes de plus de 70 ans présenteront une perte de transparence de leur cristallin qui finira par détériorer leur vision. Heureusement, il existe des traitements chirurgicaux efficaces de la cataracte, capables de restaurer une vision normale dans la plupart des cas. De plus, comme il est connu que l'une des causes principales de la cataracte est l'exposition aux rayons ultraviolets (UV) du soleil, il y a eu, de la part du public, une prise de conscience accrue de la nécessité de protéger le cristallin (et la rétine) par le port de lunettes de soleil.

En plus de transmettre efficacement l'énergie lumineuse, la fonction essentielle des composantes optiques de l'œil est d'obtenir une image focalisée sur la rétine. La formation d'images nettes sur les photorécepteurs de la rétine est en grande partie due à la réfraction (ou courbure) de la lumière par la cornée et par le cristallin (Figure 11.2). La cornée est responsable de la quasi-totalité de la réfraction nécessaire ; on peut s'en rendre compte en considérant les images brouillées que l'on voit en nageant sous l'eau. L'eau, contrairement à l'air, a un indice de réfraction voisin de celui de la cornée ; il s'ensuit que l'immersion fait virtuellement disparaître la réfraction à l'interface air/cornée de sorte que l'image n'est plus focalisée sur la rétine. La puissance réfringente du cristallin est beaucoup moins grande que celle de la cornée, mais elle est réglable, ce qui donne une grande précision à la mise au point sur la rétine d'objets qui se situent à des distances variables de l'observateur.

Ces changements dynamiques de la puissance réfringente du cristallin constituent l'**accommodation**. Quand on regarde des objets lointains, le cristallin réduit son

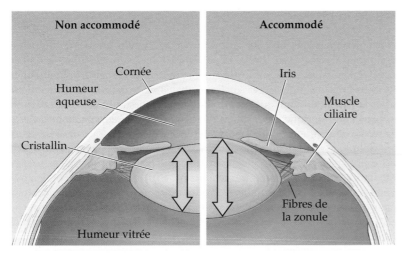

Figure 11.2

Schéma de la partie antérieure de l'œil humain à l'état non accommodé (à gauche) et accommodé (à droite). L'accommodation, pour mettre au point l'image des objets proches, met en jeu la contraction des muscles ciliaires ; celle-ci réduit la tension des fibres de la zonule et permet au cristallin d'augmenter sa courbure du fait de son élasticité.

épaisseur et sa courbure et présente sa puissance réfringente la plus faible. Pour la vision de près, il s'épaissit et s'arrondit et sa puissance réfringente est alors la plus grande (Figure 11.2). Ces changements sont dus à l'activité du **muscle ciliaire** qui entoure le cristallin. Le cristallin est maintenu en place par des faisceaux de fibres radiaires (les **fibres de la zonule**) insérées sur le muscle ciliaire. La forme du cristallin est donc déterminée par deux forces opposées : son élasticité, qui tend à le maintenir arrondi (extrait de l'œil, il prend sa courbure maximale), et la traction exercée par les fibres de la zonule, qui tend à l'aplatir. Quand on regarde des objets éloignés, la force des fibres de la zonule est plus grande que l'élasticité du cristallin et celui-ci adopte la forme aplatie qui convient à la vision de loin. La mise au point sur des objets plus proches exige que les fibres de la zonule relâchent leur tension et que le cristallin retrouve sa courbure sous l'effet de son élasticité naturelle. Ce relâchement est dû au muscle ciliaire, qui se contracte comme un sphincter. Compte tenu de la forme en anneau de ce muscle, sa contraction rapproche du centre de l'œil les points d'insertion des fibres de la zonule et réduit ainsi la tension qu'elles exercent sur le cristallin. Malheureusement, les changements de courbure du cristallin n'arrivent pas toujours à former une image nette sur la rétine et il faut alors le secours de lentilles correctrices (Encadré 11A).

Les ajustements de taille de la pupille contribuent également à la netteté des images qui se forment sur la rétine. Comme celles que donnent d'autres instruments d'optiques, les images que forme l'œil sont affectées d'aberrations sphériques et chromatiques qui occasionnent un certain flou des images rétiniennes. Ces aberrations sont maximales pour les rayons lumineux empruntant, dans le cristallin, les trajets les plus excentriques. Le rétrécissement de la pupille réduit ces aberrations sphériques et chromatiques de la même façon que la réduction du diaphragme d'un appareil photo améliore la netteté de l'image. En réduisant la taille de la pupille on augmente aussi la profondeur de champ, c'est-à-dire l'étendue sur laquelle les objets peuvent se rapprocher ou s'éloigner de l'œil sans paraître flous. Cependant, une petite ouverture pupillaire limite aussi la quantité de lumière qui atteint la rétine ; et, en lumière faible, ce sont les photons disponibles, et non les aberrations optiques, qui limitent l'acuité visuelle. Une pupille réglable représente donc un moyen efficace de limiter les aberrations optiques tout en maximisant la profondeur de champ autant que le permettent les niveaux d'éclairement. La taille de la pupille est contrôlée par les divisions sympathique et parasympathique du système moteur végétatif, lui-même soumis aux influences de plusieurs centres du tronc cérébral (voir Chapitres 20 et 21).

La surface de la rétine

À l'aide d'un ophtalmoscope, on peut voir, à travers la pupille, la surface intérieure de la rétine ou fond d'œil (Figure 11.3). Les nombreux vaisseaux sanguins, artères et veines, qui s'y étalent, sont des ramifications de l'artère et de la veine ophtalmiques qui entrent dans l'œil par une aire circulaire blanchâtre, la **papille optique**. C'est également par la papille optique que les axones des neurones rétiniens quittent l'œil et gagnent, par le nerf optique, leurs cibles thalamiques et mésencéphaliques. Cette partie de la rétine ne contient pas de photorécepteurs ; elle n'est donc pas sensible à la lumière et donne lieu au phénomène perceptif de la tache aveugle (Encadré 11B). En plus d'être un repère rétinien facile à voir, la papille peut, par son aspect, constituer un utile indicateur de la pression intracrânienne. L'espace sous-arachnoïdien qui entoure le nerf optique est en continuité avec celui du cerveau ; en conséquence, tout accroissement de la pression intracrânienne – signe de sérieux problèmes neurologiques – peut être détecté sous forme d'un gonflement de la papille (appelé œdème papillaire).

Autre emplacement remarquable du fond de l'œil, la **macula lutea** (ou tache jaune) est une aire ovale d'environ 15 mm de diamètre située près du centre de la rétine et contenant un pigment jaune, la xanthophylle. La macula est la région de la rétine où l'acuité visuelle est la plus élevée. L'acuité est maximale au centre de la macula dans la petite dépression appelée **fovéa**. La xanthophylle a un rôle protecteur : elle filtre les rayons ultraviolets susceptibles d'endommager les photorécepteurs. Les altérations que peut subir cette région rétinienne, comme c'est le cas dans la dégénérescence maculaire liée à l'âge (DMLA), ont des effets dévastateurs sur la perception visuelle (Encadré 11C).

Les circuits rétiniens

Bien que située à la périphérie, la **rétine**, partie nerveuse de l'œil, fait partie du système nerveux central. Au cours du développement embryonnaire, la rétine se forme à partir d'une excroissance du diencéphale, appelée vésicule optique, qui s'invagine ensuite pour constituer la cupule optique (Figure 11.4 ; voir aussi le chapitre 22). La paroi

Figure 11.3

Surface rétinienne de l'œil droit observée à l'ophtalmoscope. La papille optique est la région où les axones des cellules ganglionnaires quittent la rétine pour former le nerf optique ; elle se caractérise également par l'entrée d'une branche de l'artère ophtalmique et la sortie d'une branche de la veine ophtalmique ; ces vaisseaux se ramifient pour irriguer la rétine. On distingue la *macula lutea* (tache jaune) au centre de l'axe optique (la papille est en position nasale) ; la macula est la région rétinienne qui possède la plus forte acuité visuelle. La fovéa est une petite dépression (d'environ 1,5 mm de diamètre) située au centre de la macula.

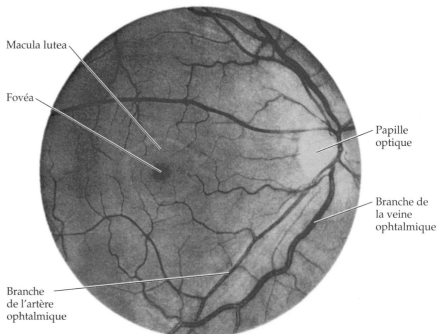

Macula lutea

Fovéa

Papille optique

Branche de la veine ophtalmique

Branche de l'artère ophtalmique

ENCADRÉ 11B *La tache aveugle*

Quiconque aurait dans son champ visuel une lacune (appelée *scotome*) due à une lésion de la rétine ou des voies visuelles centrales, s'en apercevrait à coup sûr, du moins peut-on le penser. Quand le scotome intéresse une région périphérique du champ visuel, il n'est pas rare qu'il ne soit pas détecté tant que ne survient pas un accident pour révéler de façon hélas ! dramatique, le déficit sensoriel. Et pourtant, nous avons tous un scotome physiologique, dénommé « tache aveugle », dont nous ne nous rendons pas compte : il s'agit d'une lacune assez étendue qui, dans chacun de nos champs visuels monoculaires, correspond à l'emplacement de la papille optique, c'est-à-dire à l'endroit dépourvu de récepteurs où le nerf optique quitte l'œil (voir Figure 11.1).

Pour trouver la « tache aveugle » de l'œil droit, fermez l'œil gauche et fixez l'**X** figurant ci-dessous, en tenant le livre à une distance de 30 à 40 centimètres. Prenez un crayon de votre main droite, et, sans cesser de fixer, approchez le lentement de l'**X** en partant du côté droit de la page. À un point donné, l'extrémité du crayon disparaît ; marquez ce point et continuez à avancer le crayon vers la gauche jusqu'à ce que son extrémité réapparaisse ; faites une deuxième marque. Sur l'axe vertical, on peut déterminer les limites de la tache aveugle de la même façon, en déplaçant le crayon de haut en bas de manière à ce qu'il passe entre les deux marques horizontales. Pour prouver que les informa-

tions venant de l'espace visuel compris entre les marques ne sont effectivement pas perçues, placez une pièce de monnaie dans la surface ainsi délimitée. Fixez l'**X** avec les deux yeux puis fermez l'œil gauche : la pièce disparaît. Ce phénomène qui paraît relever de la magie a fasciné la cour de France quand le physicien Edme Mariotte le mit en évidence en 1668.

Comment peut-on ne pas être conscient d'un déficit portant sur une étendue aussi importante du champ visuel (environ 5°-8°, en règle générale) ? Le scotome créé par la papille optique est situé dans la rétine nasale de chaque œil. Avec les deux yeux ouverts, les informations concernant la région correspondante de l'espace visuel sont, bien sûr, disponibles à partir de la rétine temporale de l'autre œil. Mais ceci n'explique pas pourquoi on ne remarque pas la tache aveugle quand on ferme un œil. Quand on regarde le monde en vision monoculaire, le système visuel opère une sorte de « remplissage » de la partie manquante de la scène visuelle, en se fondant sur les informations émanant des régions qui entourent la papille optique. Pour observer ce phénomène, remarquez ce qui se passe quand un crayon, ou tout autre objet, est placé en travers de la zone délimitée comme non perçue. Chose étonnante, le crayon est vu en entier ! Des enregistrements électrophysiologiques ont montré que les neurones du cortex visuel dont le champ récepteur est situé dans la papille opti-

que présentent une activité quand on stimule les régions qui entourent la papille de l'œil controlatéral. Malgré cela on s'explique mal ce curieux phénomène. Peut-être le « remplissage » de la tache aveugle est-il fondé sur des mécanismes qui intègrent les informations des différents points du champ visuel. Toutefois, Hermann von Helmholtz, au dix-neuvième siècle, a fait remarquer qu'il se peut tout autant que cette partie du monde visuel soit ignorée. Selon cette conception, le crayon reste continu à travers la tache aveugle parce que cette région de la scène visuelle n'a tout simplement pas d'existence perceptive.

Références

Fiorani, M., M.G.P. Rosa, R. Gatass et C.E. Rocha-Miranda (1992), Dynamic surrounds of receptive fields in striate cortex : A physiological basis for perceptual completion. *Proc. Natl. Acad. Sci. USA*, **89**, 8547-8551.

Gilbert, C.D. (1992), Horizontal integration and cortical dynamics. *Neuron*, **9**, 1-13.

Helmholtz, H. von (1968), *Helmholtz's Treatise on Physiological Optics*, Vol. I-III. (Traduction anglaise de la troisième édition allemande parue en 1910 ; première édition allemande : 1856-1866). J.P.C. Southall (ed.). New York, Dover Publications. Voir Vol. III, 204 sqq.

Ramachandran, V.S. et T.L. Gregory (1991), Perceptual filling in of artificially induced scotomas in human vision. *Nature*, *350*, 699-702.

X

ENCADRÉ 11C *La dégénérescence maculaire*

Selon une estimation, plus de vingt-cinq millions de personnes dans le monde sont frappées de **dégénérescence maculaire liée à l'âge (DMLA)**, affection qui entraîne une perte progressive de la vision centrale. Compte tenu de la place prépondérante que tient la vision centrale, les maladies qui affectent la macula (voir Figure 11.1) limitent gravement les activités guidées par la vision. La DMLA est même la cause la plus fréquente de la perte de la vision chez les personnes de plus de 55 ans, et son incidence continue à croître, compte tenu de la proportion de plus en plus grande des personnes âgées dans la population.

Derrière cette maladie, le problème que l'on comprend mal est celui de la dégénérescence des photorécepteurs. Généralement, les patients commencent par éprouver une sensation de flou dans leur vision centrale lors de l'exécution de tâches qui exigent une vision détaillée, la lecture par exemple. Quelquefois, ce qui est vu paraît déformé. Pour détecter les premiers signes de DMLA, on utilise habituellement un quadrillage ressemblant à du papier millimétré, la grille d'Amsler. En centrant son regard sur un point au milieu de la grille, le patient peut déterminer si les parallèles et perpendiculaires de la grille paraissent floues ou ondulées. Le flou peut s'aggraver et des points aveugles apparaître dans le champ visuel central. Dans la plupart des cas, les deux yeux finissent par être atteints.

Les risques d'être atteint de DMLA augmentent avec l'âge, mais les causes de cette maladie sont inconnues. Diverses études font jouer un rôle à des facteurs héréditaires, aux maladies cardiovasculaires, aux facteurs environnementaux tels que l'exposition à la fumée de tabac ou à la lumière, à des causes nutritionnelles ; à vrai dire, il est possible que tous ces facteurs contribuent à accroître le risque de contracter une DMLA.

On divise les dégénérescences maculaires en deux grandes catégories. Dans la *forme néovasculaire suintante* ou DMLA « humide », qui représente 10 % des cas, il se forme, sous la macula, de nouveaux vaisseaux anormaux. Ces vaisseaux sanguins laissent exsuder du liquide et du sang dans la rétine, ce qui détériore les photorécepteurs. La DMLA humide progresse rapidement et peut causer de graves dégâts : la perte de la vision centrale peut survenir rapidement, en quelques mois seulement. Pour traiter cette forme de la maladie on recourt à une photocoagulation par laser pour détruire les vaisseaux qui suintent sous la macula et ralentir ainsi la perte de la vision. Cette technique n'est pas sans inconvénient : en effet, l'énergie thermique élevée du faisceau laser provoque aussi la destruction du tissu sain avoisinant. On peut l'améliorer en utilisant une substance photosensible qui atteint les vaisseaux anormaux. Après administration de cette substance, elle est activée à l'aide d'impulsions laser de faible énergie et peut alors détruire les vaisseaux anormaux ; les tissus environnants ne subissent ainsi qu'un minimum de dommages.

Les 90 % des cas de DMLA qui restent appartiennent à la *forme non suintante* ou « sèche ». Les patients qui en sont atteints présentent une disparition progressive de l'épithélium pigmentaire de la rétine, créant des zones restreintes d'atrophie. La perte des photorécepteurs suit la disparition de l'épithélium pigmentaire et les fonctions visuelles des zones rétiniennes ainsi affectées s'en trouvent amoindries ou abolies. Dans la DMLA sèche, la perte de la vision se fait de façon plus graduelle au cours des années. Les patients conservent généralement un certain degré de vision centrale bien que le déficit puisse être suffisamment important pour rendre impossible l'exécution de tâches exigeant une vision des détails. Il n'existe aucun traitement de la DMLA sèche. Une technique radicale, développée récemment et qui paraît prometteuse, consiste en une translocation chirurgicale de la rétine pour la dissocier de la région malade. Parfois, la dégénérescence maculaire survient à un âge beaucoup moins avancé. La plupart du temps, elle est alors due à des mutations génétiques. La dégénérescence maculaire héréditaire existe sous de nombreuses formes, dont chacune a une étiologie génétique et des manifestations cliniques propres. La forme la plus commune de dégénérescence maculaire juvénile, connue sous le nom de *maladie de Stargardt*, fait l'objet d'une transmission autosomique récessive. Les patients chez qui elle est diagnostiquée ont géné-ralement moins de 20 ans. La perte de la vision progresse de manière variable, mais, à 50 ans, presque tous ces patients sont légalement aveugles. Les mutations responsables de la maladie de Stargardt ont été décelées dans le gène *ABCR* qui code une protéine transportant les rétinoïdes à travers la membrane des photorécepteurs. Il se peut que, dans cette forme de dégénérescence maculaire, le cycle de régénération des pigments soit désorganisé, du fait vraisemblablement des protéines dysfonctionnelles codées par le gène anormal. Curieusement, le gène *ABCR* n'est exprimé que dans les bâtonnets, ce qui laisse penser que les cônes auraient leurs propres enzymes pour régénérer leurs pigments.

Dans les formes sporadiques de la DMLA, la variation de la séquence de l'ADN de deux gènes impliqués dans la cascade du complément – le facteur B et le facteur H – a été identifiée comme facteur de risque ce qui implique que la cascade du complément puisse être une cible thérapeutique dans certaines formes de DMLA.

Références

Bressler, N.M., S.B. Bressler et S.L. Fine (2006), Neovascular exsudative age-related macular degeneration. In *Retina*, 4th Ed., Volume 2 : *Medical Retina*. S.J. Ryan (ed.-in-chief). Philadelphia, Elsevier Mosby, 1074-1114.

Bressler, S.B., N.M. Bressler, S.H. Sarks et J.P. Sarks (2006), Age-related macular degeneration : Nonneovascular early AMD, intermediate AMD, and geographic atrophy. In *Retina*, 4th Ed., Volume 2 : *Medical Retina*. S.J. Ryan (ed.-in-chief). Philadelphia, Elsevier Mosby, 1041-1074.

Deutman, A.F., C.B. Hoyng et J.J.C. van Lith-Verhoeven (2006), Macular dystrophies. In *Retina*, 4th Ed., Volume 2 : *Medical Retina*. S.J. Ryan (ed.-in-chief). Philadelphia, Elsevier Mosby, 1163-1210.

Fine, S.L., J.W. Berger, M.G. Maguire et H.C. Ho (2000), Drug therapy : Age-related macular degeneration. *New Eng. J. Med.*, **342**, 483-492.

Le site Internet de la Foundation Fighting Blindness (**www.blindness.org**) fournit des informations mises à jour sur un grand nombre de dégénérescence rétinienne. C'est également le cas du site **www.retina-france. asso.fr**

RetNet fournit des informations mises à jour ainsi que les références des articles originaux sur les gènes associés aux maladies rétiniennes et sur leurs mutations : **www.sph.uth.tmc.edu/RetNet**

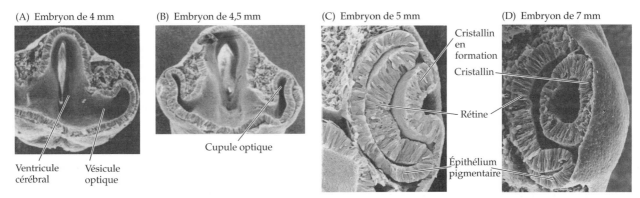

(A) Embryon de 4 mm

Ventricule cérébral

Vésicule optique

(B) Embryon de 4,5 mm

Cupule optique

(C) Embryon de 5 mm

(D) Embryon de 7 mm

Cristallin en formation

Cristallin

Rétine

Épithélium pigmentaire

Figure 11.4

Développement de l'œil humain. (A) La rétine provient d'une boursouflure du tube nerveux appelée vésicule optique. (B) La vésicule optique s'invagine pour donner la cupule optique. (C, D) La paroi interne de la cupule optique devient la rétine nerveuse tandis que la paroi externe se transforme en épithélium pigmentaire. (A–C d'après Hilfer et Yang, 1980 ; D gracieusement communiqué par K. Tosney.)

interne de la cupule optique donne naissance à la rétine, tandis que sa paroi externe se transforme en **épithélium pigmentaire** ; il s'agit d'une structure mince, chargée de mélanine, qui réduit la réflexion parasite de la lumière qui pénètre dans l'œil ; comme nous le verrons, elle joue aussi un rôle important dans l'entretien des mécanismes de phototransduction des photorécepteurs.

Conformément à son statut d'élément à part entière du système nerveux central, la rétine comporte des circuits nerveux complexes ; ceux-ci convertissent l'activité électrique graduée de neurones photosensibles – les photorécepteurs – en potentiels d'action qui gagnent leurs cibles centrales en empruntant le nerf optique. Quoique par les types de ses éléments fonctionnels et par ses neurotransmetteurs elle soit semblable aux autres parties du système nerveux, elle ne possède qu'un petit nombre de catégories de neurones dont l'organisation a été moins difficile à démêler que celle des circuits d'autres régions cérébrales.

La rétine comporte cinq types de neurones : les **photorécepteurs**, les **cellules bipolaires**, les **cellules ganglionnaires**, les **cellules horizontales** et les **cellules amacrines**. Les corps cellulaires de ces neurones rétiniens et leurs prolongements sont empilés en couches alternées ; les corps cellulaires sont situés dans les couches dites des grains externes, des grains internes et des cellules ganglionnaires ; les prolongements et les contacts synaptiques forment les couches plexiforme interne et plexiforme externe (Figure 11.5A, B).

La rétine comprend deux types de photorécepteurs : les **cônes** et les **bâtonnets** (Figure 11.5B, C). Les uns et les autres possèdent un segment externe et un segment interne. Le segment externe, adjacent à l'épithélium pigmentaire, est composé de disques membraneux chargés de pigments photosensibles ; le segment interne contient le noyau cellulaire et donne naissance aux prolongements synaptiques qui s'articulent avec les cellules bipolaires ou horizontales.

Une chaîne à trois neurones – cellule photoréceptrice, cellule bipolaire, cellule ganglionnaire – constitue pour le transit des informations le chemin le plus direct des photorécepteurs au nerf optique. L'absorption de la lumière par le pigment du segment externe déclenche une cascade d'événements qui modifient le potentiel de membrane du récepteur et, par le fait même, la quantité de neurotransmetteur que libèrent les terminaisons des photorécepteurs. (Ce processus, appelé phototransduction, est examiné ci-dessous en détail). Les synapses entre les terminaisons du photorécepteur et les cellules bipolaires (et horizontales) se font dans la couche plexiforme externe. Selon la terminologie classique, les corps cellulaires des photorécepteurs constituent la couche des grains externes, ceux des cellules bipolaires constituent la couche des grains internes. Les courts prolongements axoniques des cellules bipolaires entrent en contact avec les prolongements dendritiques des cellules ganglionnaires au niveau de la couche plexiforme interne. Les axones beaucoup plus longs des cellules ganglionnaires forment le **nerf optique**, qui achemine les informations concernant la stimulation rétinienne vers le reste du système nerveux central.

Les deux autres types de neurones de la rétine, les **cellules horizontales** et les **cellules amacrines**, ont leur corps cellulaire dans la couche des grains internes (voir Figure 11.5B). Les prolongements des cellules horizontales s'étendent dans la couche plexiforme externe ; ils sont responsables des interactions latérales entre photorécepteurs et cellules bipolaires grâce auxquelles le système visuel garde sa sensibilité aux contrastes de luminance sur une large gamme d'intensités. Les prolongements des cellules amacrines s'étendent dans la couche plexiforme interne ; ils sont postsynaptiques par rapport aux terminaisons des cellules bipolaires, mais présynaptiques par rapport aux dendrites des cellules ganglionnaires. Il existe plusieurs sous-classes de cellules amacrines apportant chacune une contribution particulière aux fonctions visuelles.

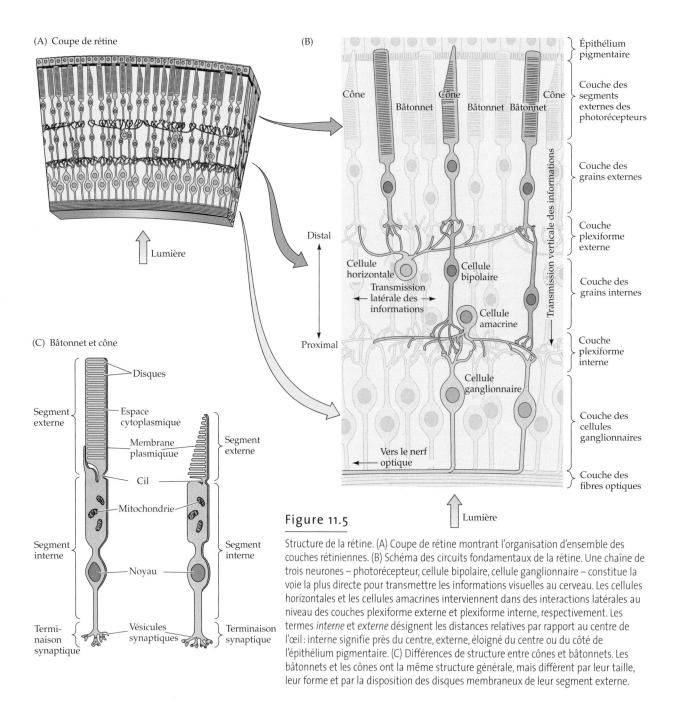

Figure 11.5

Structure de la rétine. (A) Coupe de rétine montrant l'organisation d'ensemble des couches rétiniennes. (B) Schéma des circuits fondamentaux de la rétine. Une chaîne de trois neurones – photorécepteur, cellule bipolaire, cellule ganglionnaire – constitue la voie la plus directe pour transmettre les informations visuelles au cerveau. Les cellules horizontales et les cellules amacrines interviennent dans des interactions latérales au niveau des couches plexiforme externe et plexiforme interne, respectivement. Les termes *interne* et *externe* désignent les distances relatives par rapport au centre de l'œil : interne signifie près du centre, externe, éloigné du centre ou du côté de l'épithélium pigmentaire. (C) Différences de structure entre cônes et bâtonnets. Les bâtonnets et les cônes ont la même structure générale, mais diffèrent par leur taille, leur forme et par la disposition des disques membraneux de leur segment externe.

L'une d'elles, par exemple, constitue une étape obligatoire dans la voie qui transmet les informations des bâtonnets aux cellules ganglionnaires. Une autre joue, pense-t-on, un rôle majeur dans les réponses d'un sous-groupe spécialisé de cellules ganglionnaires au déplacement d'un stimulus dans une direction donnée.

La diversité des sous-types de cellules amacrines illustre la règle générale suivante : bien qu'il n'y ait que cinq types fondamentaux de cellules rétiniennes, il peut y avoir dans chaque type une diversité considérable. Cette diversité caractérise également les cellules ganglionnaires et est à la base des voies qui conduisent en parallèle les différentes sortes d'information vers leurs cibles centrales (voir Chapitre 12).

L'épithélium pigmentaire de la rétine

À première vue, la disposition des couches cellulaires de la rétine est contraire à ce que l'on aurait tendance à imaginer : les rayons lumineux doivent en effet traverser tous les circuits nerveux de la rétine (sans parler des vaisseaux dont les abondantes ramifications courent à la surface de la rétine) avant d'atteindre les segments externes des photorécepteurs où les photons sont absorbés (voir Figure 11.5A, B). La raison de cette curieuse particularité de l'organisation rétinienne tient à la relation spéciale qui existe entre les segments externes des photorécepteurs et l'épithélium pigmentaire. Les cellules qui forment l'épithélium pigmentaire ont de longs prolongements qui s'insinuent dans la couche des photorécepteurs et entourent l'extrémité des segments externes de chaque photorécepteur (Figure 11.6A).

L'épithélium pigmentaire joue deux rôles essentiels pour le fonctionnement des photorécepteurs rétiniens. Premièrement, les disques membraneux du segment externe

Figure 11.6

Élimination des disques des photorécepteurs par l'épithélium pigmentaire. (A) L'extrémité des segments externes des photorécepteurs est insérée dans l'épithélium pigmentaire. Des prolongements des cellules épithéliales s'enfoncent entre les segments externes. (B) La durée de vie des disques des photorécepteurs est visualisée par la progression d'acides aminés marqués par un élément radioactif que l'on a injectés dans le segment interne et qui ont été incorporés par les disques. Les disques marqués migrent de la portion interne à la portion externe du segment externe en 12 jours. (C) Les disques usés se détachent du segment externe et sont phagocytés. Le pigment photosensible des disques pénètre dans l'épithélium pigmentaire où il subira un recyclage biochimique et sera réutilisé par de nouveaux disques de photorécepteurs. (A d'après Oyster, 1999 ; B, C d'après Young, 1971.)

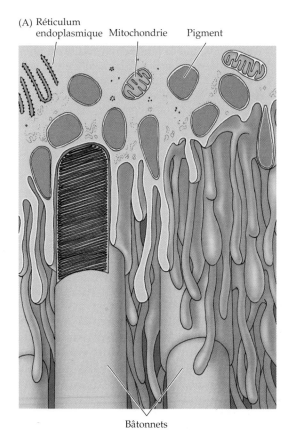

(A) Réticulum endoplasmique   Mitochondrie   Pigment

Bâtonnets

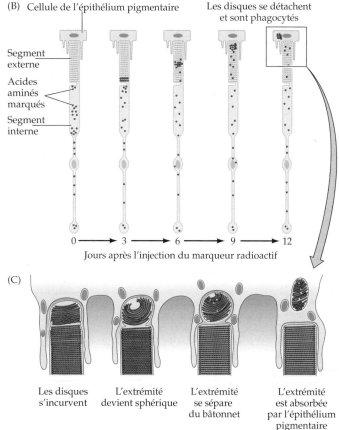

(B) Cellule de l'épithélium pigmentaire

Les disques se détachent et sont phagocytés

Segment externe

Acides aminés marqués

Segment interne

0 → 3 → 6 → 9 → 12

Jours après l'injection du marqueur radioactif

(C)

Les disques s'incurvent

L'extrémité devient sphérique

L'extrémité se sépare du bâtonnet

L'extrémité est absorbée par l'épithélium pigmentaire

où sont logés les pigments photosensibles et les protéines participant à la transduction ont une durée de vie relativement courte d'environ 12 jours. De nouveaux disques se forment en permanence près de la base du segment externe tandis qu'à son extrémité les disques les plus anciens se détachent et sont rejetés (Figure 11.6B). Au cours de leur vie, les disques se déplacent progressivement depuis la base jusqu'au sommet du segment externe où l'épithélium pigmentaire joue un rôle essentiel dans l'élimination des disques épuisés. La membrane du photorécepteur se pince, enveloppant un paquet de disques qui finit par se détacher et est alors phagocyté par l'épithélium pigmentaire (Figure 11.6C). Le second rôle de l'épithélium, que nous examinerons de façon plus détaillée dans la section suivante, est de régénérer les molécules de pigments après leur exposition à la lumière. Les pigments rétiniens font ainsi l'objet d'un cycle continuel entre le segment externe du photorécepteur et l'épithélium pigmentaire

Ces considérations, jointes au fait que les capillaires de la choroïde contre laquelle est appliqué l'épithélium pigmentaire constituent la source majeure d'alimentation des photorécepteurs, expliquent vraisemblablement pourquoi les cônes et les bâtonnets se trouvent dans la couche la plus externe et non la plus interne de la rétine. Une interruption des relations normales entre l'épithélium pigmentaire et les photorécepteurs de la rétine a d'ailleurs de graves conséquences pour la vision (Encadré 11D).

La phototransduction

Dans la plupart des systèmes sensoriels, l'activation d'un récepteur par le stimulus approprié entraîne une dépolarisation de la membrane cellulaire, ce qui provoque l'émission d'un potentiel d'action et, finalement, la libération de transmetteur sur les neurones avec lesquels ce récepteur est en contact. Dans la rétine, toutefois, les photorécepteurs n'émettent pas de potentiels d'action; chez eux, l'activation lumineuse entraîne un changement graduel du potentiel de membrane et une variation correspondante de la vitesse avec laquelle le transmetteur est déversé sur les neurones postsynaptiques. À vrai dire, une grande partie des traitements opérés par la rétine ne mettent en jeu que des potentiels gradués; les potentiels d'action ne sont en effet pas nécessaires pour transmettre les informations sur des distances aussi faibles.

On peut être encore plus surpris d'apprendre que la lumière qui éclaire un photorécepteur, cône ou bâtonnet, produit une *hyperpolarisation* de la membrane et non une dépolarisation (Figure 11.7). À l'obscurité, le récepteur est dépolarisé, avec un potentiel de membrane d'environ – 40 mV (y compris dans les régions de la cellule où se fait la libération du transmetteur). L'accroissement progressif de l'intensité de l'éclairement rend ce potentiel de membrane de plus en plus négatif, jusqu'à ce que la réponse sature au voisinage de – 65 mV. Bien que le sens du changement de potentiel puisse sembler bizarre, la seule exigence logique pour les traitements visuels ulté-

Figure 11.7

Enregistrement intracellulaire d'un cône isolé recevant des stimulations lumineuses de différentes intensités (il s'agit d'un cône de rétine de tortue, ce qui explique le décours temporel relativement long de la réponse). Chaque trace représente la réponse à un flash bref dont on a fait varier l'intensité. Aux intensités lumineuses les plus grandes, l'amplitude de la réponse sature (vers –65 mV). La réponse hyperpolarisante est caractéristique des photorécepteurs de vertébrés; curieusement, certains récepteurs d'invertébrés répondent à la lumière par une dépolarisation. (D'après Schnapf et Baylor, 1987.)

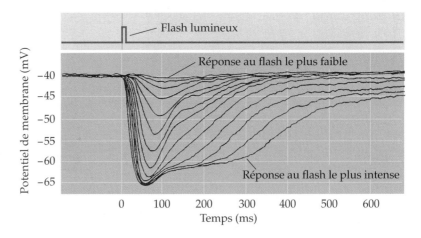

ENCADRÉ 11D *La rétinite pigmentaire*

La **rétinite pigmentaire** (RP) désigne un ensemble hétérogène de troubles oculaires héréditaires qui se caractérisent par une dégénérescence progressive des photorécepteurs. On estime à plus de trois millions le nombre de personnes qui, dans le monde, souffrent de RP. Malgré son nom, l'inflammation n'est pas un élément prédominant du processus pathologique ; selon toute évidence, les photorécepteurs meurent par apoptose (due à une fragmentation de l'ADN).

Le regroupement de ces divers troubles sous une seule rubrique est fondé sur les symptômes les plus fréquemment rencontrés chez ces patients. Les traits distinctifs de la RP sont une cécité nocturne, un rétrécissement du champ de vision périphérique, une réduction du calibre des vaisseaux rétiniens et une migration des pigments de l'épithélium pigmentaire délabré vers la rétine où ils forment des amas de différentes tailles, souvent à proximité des vaisseaux sanguins.

D'ordinaire, les patients connaissent d'abord des difficultés à voir la nuit, à cause de la perte des bâtonnets ; les cônes qui subsistent deviennent alors le support principal des fonctions visuelles. Dans les années et les décennies qui suivent, les cônes dégénèrent eux aussi, entraînant une perte progressive de la vision. Chez la plupart des patients atteints de RP, les déficits visuels commencent à apparaître dans le milieu du champ visuel périphérique, vers 30 à 50° d'écart par rapport au point de fixation fovéale. Les zones de déficit s'agrandissent peu à peu, laissant des îlots de vision périphérique et un champ central rétréci (vision tubulaire ou «en tunnel»). Lorsque le champ visuel se limite à 20° ou moins et/ou que la vision centrale est égale ou inférieure à 1/10, le patient devient légalement aveugle.

La transmission héréditaire de la RP peut être soit récessive liée au chromosome X, soit autosomique dominante, soit autosomique récessive. Aux États Unis, la proportion de ces différents modes de transmis-sion est respectivement de 9 %, 16 % et 41 %. Quand un seul membre d'une lignée est porteur de la maladie, son cas est classé comme isolé et ce type, dit *simplex*, représente environ un tiers de tous les cas.

Parmi les trois types génétiques, la RP à transmission autosomique dominante est la forme la plus bénigne. Les patients qui en sont affectés conservent une bonne vision centrale jusqu'à 60 ans et plus. Par contre, ceux qui présentent une RP à transmission liée à l'X sont d'ordinaire légalement aveugles vers 30 ou 40 ans. Cependant, la gravité des symptômes et l'âge auquel ils apparaissent varient considérablement d'un patient à un autre pour un même type génétique de RP. Cette variabilité se manifeste dans une seule et même famille alors que, selon toute vraisemblance, tous ses membres sont porteurs de la même mutation génétique.

À ce jour, on a identifié 30 gènes dont les mutations entraînent une RP. Beaucoup d'entre eux codent des protéines spécifiques de photorécepteurs, dont plusieurs sont associées à la transduction dans les bâtonnets. C'est le cas des gènes codant la rhodopsine, les sous-unités de la phosphodiestérase de la GMPc ou le canal Ca²⁺ activé par la GMPc. Dans chacun des gènes clonés, on a trouvé de nombreuses mutations. Ainsi, 90 mutations du gène de la rhodopsine ont été identifiées chez des patients souffrant de RP à transmission autosomique dominante.

L'hétérogénéité de la RP à tous ses niveaux, depuis les mutations génétiques jusqu'aux symptômes cliniques, a d'importantes implications pathogéniques et thérapeutiques. Vu la complexité de l'étiologie moléculaire de la RP, il est peu vraisemblable qu'un mécanisme cellulaire unique puisse en expliquer la pathogénèse dans tous les cas. Par ailleurs, et indépendamment de la nature de la mutation spécifique ou de la séquence en cause, la perte de vision qui handicape le plus les patients souffrant de RP est due à la dégénérescence progressive des cônes. Or, dans de nombreux cas, la protéine affectée par la mutation responsable de la RP n'est pas même exprimée dans les cônes ; la rhodopsine, pigment spécifique des bâtonnets en est l'exemple le plus net. La perte des cônes peut donc être une conséquence indirecte d'une mutation spécifique des cônes. L'identification des mécanismes cellulaires qui provoquent directement la dégénérescence des cônes devrait permettre de mieux comprendre la RP.

Références

Rivolta, C., D. Sharon, M.M. DeAngelis et T.P. Dryja (2002), Retinitis pigmentosa and allied diseases : Numerous diseases genes and inheritance patterns. *Hum. Molec. Genet.*, **11**, 1219-1227.

Weleber, R.G. et K. Gregory-Evans (2001), Retinitis pigmentosa and allied disorders. In *Retina*, 4th Ed., Volume 1 : *Basic Science and Inherited Retinal Diseases*. S.J. Ryan (ed.-in-chief). St. Louis, MO, Mosby Year Book, 3995-498.

Le site Internet de la Foundation Fighting Blindness à Hunt Valley, MD, fournit des informations mises à jour sur un grand nombre de dégénérescences rétiniennes : **www.blindness.org**

RetNet fournit des informations mises à jour ainsi que les références des articles originaux sur les gènes associés aux maladies rétiniennes et sur leurs mutations : **www.sph.uth.tmc.edu/RetNet**

On peut également consulter le site de l'association Information et Recherche sur la Rétinite Pigmentaire : **http://irrpasso.free.fr**

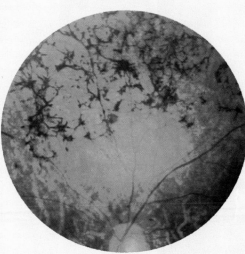

Aspect typique de la rétine de patients atteints de rétinite pigmentaire. Notez les amas sombres de pigment caractéristiques de cette affection.

rieurs est qu'il y ait une relation uniforme entre les changements de luminance et la vitesse à laquelle le transmetteur est libéré par les terminaisons des photorécepteurs. Comme dans les autres cellules nerveuses, la libération du transmetteur par les terminaisons synaptiques des photorécepteurs dépend de canaux calciques sensibles au voltage qui se trouvent dans la membrane des terminaisons. À l'obscurité, les photorécepteurs sont relativement dépolarisés et un grand nombre de canaux Ca^{2+} de la terminaison synaptique sont ouverts, ce qui a pour conséquence une vitesse élevée de libération du transmetteur. À la lumière, les récepteurs sont hyperpolarisés et les canaux calciques sont peu nombreux à être ouverts, d'où une réduction de la vitesse de libération du transmetteur. On ignore la raison de cet état de choses, très différent de ce que l'on observe d'ordinaire pour les autres récepteurs sensoriels.

À l'obscurité, des cations (Na$^+$ et Ca^{2+}) entrent dans le segment extérieur par des canaux qui sont régulés par un nucléotide, la guanosine monophosphate cyclique (GMPc), comme dans beaucoup de systèmes à seconds messagers (voir Chapitre 7). Ce courant entrant est contrebalancé par un courant sortant qui emprunte des canaux sélectifs pour le potassium situés dans le segment interne. L'état dépolarisé du photorécepteur à l'obscurité reflète donc la contribution nette de courants entrants de Na$^+$ et de Ca^{2+} dont l'effet est dépolarisant, et d'un courant sortant de K$^+$ dont l'effet est hyperpolarisant (Figure 11.8A). L'absorption de lumière par le photorécepteur réduit la concentration de la GMPc dans le segment extérieur, ce qui entraîne une fermeture des canaux régulés par la GMPc situés dans la membrane de ce segment et, par suite, une diminution des courants entrants de Na$^+$ et de Ca^{2+}. En conséquence de quoi, la charge positive portée par le K$^+$ sort de la cellule plus rapidement que n'y entre la charge positive portée par le Na$^+$ et le Ca^{2+}; la cellule devient donc hyperpolarisée (Figure 11.8B).

La série de changements biochimiques qui débouchent sur la réduction des niveaux de la GMPc commence avec l'absorption d'un photon par le pigment photosensible des disques du récepteur. Le photopigment contient un chromatophore absorbant la lumière (le **rétinal**, un aldéhyde de la vitamine A) couplé à l'une des protéines de la famille des **opsines**, dont l'effet est d'ajuster l'absorption de la lumière par la molécule

Figure 11.8

Des canaux activés par la GMP cyclique (GMPc), dans la membrane du segment externe, sont responsables des changements de l'activité électrique des photorécepteurs sous l'effet de la lumière (on a représenté ici un bâtonnet, mais ce processus vaut aussi pour les cônes).
(A) À l'obscurité, le taux de la GMPc dans le segment externe est élevé; la GMPc se lie aux canaux de la membrane perméables au Na$^+$ et les maintient ouverts, permettant au sodium (et à d'autres cations) d'entrer et de dépolariser la membrane.
(B) L'absorption de photons entraîne une diminution du taux de GMPc, la fermeture des canaux et l'hyperpolarisation du récepteur.

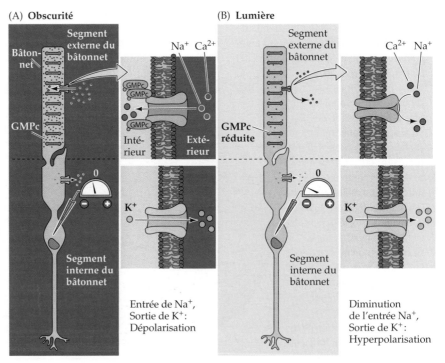

à une région particulière du spectre. En fait, ce sont les différents constituants protéiques des cônes et des bâtonnets qui déterminent la spécialisation fonctionnelle des deux types de récepteurs.

Ce que nous savons des événements moléculaires de la phototransduction proviennent en majeure partie d'expériences réalisées sur les bâtonnets, dont le pigment photosensible est la **rhodopsine**. Les sept domaines transmembranaires de la molécule d'opsine traversent la membrane des disques du segment externe et forment une poche contenant la molécule de rétinal (Figure 11.9A). Quand le rétinal absorbe un photon, l'une des doubles liaisons entre ses atomes de carbone se casse et le rétinal change de conformation, passant de la forme *11-cis* à la forme *tout-trans*, ce qui déclenche une série d'altérations de l'élément protéique de la molécule (Figure 10.7B). Ces changements de l'opsine conduisent à l'activation d'un messager intracellulaire, la **transducine**, qui active une phosphodiestérase hydrolysant la GMPc. Tous ces événements ont lieu à l'intérieur de la membrane du disque. L'hydrolyse de la GMPc par

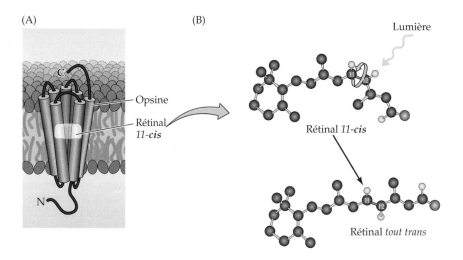

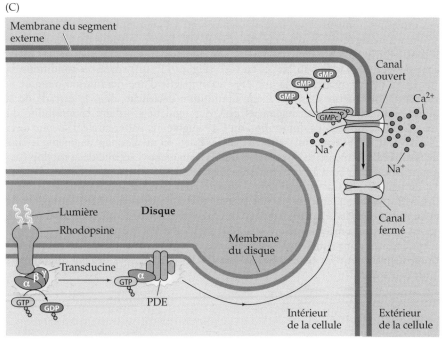

Figure 11.9

Détails de la phototransduction dans les bâtonnets. (A) La rhodopsine est située dans la membrane des disques du segment externe du photorécepteur. Les sept domaines transmembranaires de la molécule d'opsine enferment la molécule de l'élément photosensible, le rétinal. (B) L'absorption d'un photon par le rétinal fait passer ce dernier de la forme *11-cis* à son isomère *tout trans*. (C) Cascade des seconds messagers dans la phototransduction. Le changement de conformation du rétinal active la transducine, qui, à son tour, active une phosphodiestérase (PDE). La phosphodiestérase hydrolyse alors la GMPc, ce qui réduit sa concentration dans le segment externe et entraîne la fermeture des canaux de la membrane du segment externe.

la phosphodiestérase, au niveau de la membrane du disque, abaisse la concentration de la GMPc dans tout le segment externe et, par là, réduit le nombre de molécules de GMPc susceptibles de se lier aux canaux de la surface de la membrane du segment externe, ce qui provoque la fermeture du canal (Figure 11.9C).

L'un des caractères marquants de cette cascade biochimique complexe déclenchée par l'absorption d'un photon réside dans l'amplification considérable du signal qu'elle réalise. On a estimé qu'une seule molécule de rhodopsine activée par la lumière peut activer 800 molécules de transducine, soit environ huit pour cent des molécules de la surface du disque. Chaque molécule de transducine n'active certes qu'une molécule de phosphodiestérase, mais celle-ci peut dégrader jusqu'à six molécules de GMPc. Il en résulte que l'absorption d'un seul photon par une molécule de rhodopsine entraîne la fermeture d'environ 200 canaux ioniques, soit, pour chaque bâtonnet, à peu près 2 % du nombre des canaux qui sont ouverts à l'obscurité. La fermeture de tous ces canaux produit une variation nette du potentiel de membrane d'environ 1 mV.

Une fois mise en branle cette cascade amplificatrice, d'autres mécanismes viennent en limiter la durée et rétablir les différentes molécules dans leur état inactivé. La rhodopsine activée est rapidement phosphorylée par la **rhodopsine kinase**, ce qui permet à la protéine appelée **arrestine** de se lier à la rhodopsine. L'arrestine liée empêche la rhodopsine activée d'activer la transducine, ce qui stoppe la cascade de transduction.

Le rétablissement du rétinal en une forme capable de signaler la capture d'un photon est un processus complexe appelé **cycle des rétinoïdes** (Figure 11.10A). Le rétinal *tout-trans* se dissocie de l'opsine et diffuse dans le cytosol du segment externe où il est converti en rétinol *tout-trans*; celui-ci est transporté par une protéine chaperon, la **protéine transporteuse du rétinol de la matrice interphotoréceptrice** ou **IRBP** (pour *Interphotoreceptor Retinoid Binding Protein*) jusque dans l'épithélium pigmentaire où des enzymes appropriées le convertissent en rétinal *11-cis*. Après avoir été ramené dans le segment externe par l'IRBP, le rétinal *11-cis* se recombine avec l'opsine dans les disques du photorécepteur. Ce cycle des rétinoïdes est de la plus haute importance pour maintenir la sensibilité des photorécepteurs à la lumière. Même en cas d'éclairement intense, la vitesse de régénération du rétinal est suffisante pour maintenir actives un nombre non négligeable de molécules de pigment photosensible.

La grandeur de l'amplification réalisée par la phototransduction varie avec le niveau d'éclairement ambiant; ce phénomène est connu sous le nom d'**adaptation à la lumière**. Aux faibles niveaux d'éclairement, la sensibilité des photorécepteurs à la lumière est maximale. À mesure que le niveau d'éclairement augmente, leur sensibilité diminue, ce qui les empêche d'être saturés et accroît considérablement la gamme des intensités lumineuses sur laquelle ils opèrent. La concentration du Ca^{2+} dans le segment externe se révèle jouer un rôle crucial dans les modulations par la lumière de la sensibilité des photorécepteurs. Les canaux du segment externe activés par la GMPc sont perméables à la fois au Na^+ et au Ca^{2+} (Figure 11.10B); dans ces conditions, la fermeture de ces canaux par la lumière s'accompagne d'une diminution nette de la concentration interne du Ca^{2+}. Cette diminution déclenche, dans la cascade de la phototransduction, des changements qui tous tendent à réduire la sensibilité du récepteur à la lumière. La diminution du Ca^{2+} augmente, par exemple, l'activité de la guanylyl cyclase, enzyme qui synthétise la GMPc et, du même coup, augmente le taux de la GMPc. De même, la diminution du Ca^{2+} augmente l'activité de la rhodopsine-kinase permettant ainsi à l'arrestine de se lier à la rhodopsine en plus grande quantité. La diminution du Ca^{2+} accroît enfin l'affinité pour la GMPc des canaux activés par la GMPc, réduisant ainsi l'impact de la réduction du taux de la GMPc sous l'effet de la lumière. Les effets régulateurs du Ca^{2+} sur la cascade de la phototransduction ne sont qu'un élément du mécanisme qui adapte la sensibilité rétinienne au niveau d'éclairement ambiant; une contribution importante est également apportée par les interactions neurales entre les cellules horizontales et les terminaisons des photorécepteurs (voir ci-contre).

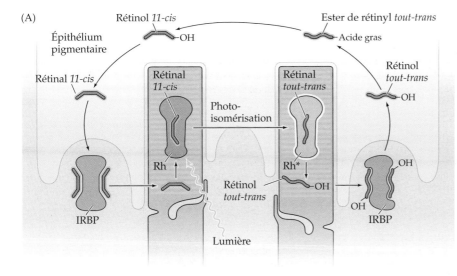

(A)

(B)

Figure 11.10

Le cycle des rétinoïdes et l'adaptation à la lumière. (A) Après sa photo-isomérisation, le rétinal *tout-trans* est converti en rétinol *tout-trans* et transporté par une protéine chaperon, l'IRBP, jusque dans l'épithélium pigmentaire. Il y est converti, au cours d'une série d'étapes, en rétinal *11-cis* puis est ramené (à nouveau par l'IRBP) dans le segment externe où il se recombine avec l'opsine. (Rh : rhodopsine). (B) Adaptation du photorécepteur. Le calcium du segment externe inhibe l'activité de la guanylyl cyclase et de la rhodopsine-kinase et il réduit l'affinité pour la GMPc des canaux activés par cette molécule. La fermeture des canaux du segment externe sous l'effet de la lumière provoque une réduction de la concentration du Ca^{2+} et une réduction de l'inhibition qu'exerce le Ca^{2+} sur ces éléments de la cascade. Il s'ensuit une diminution de la sensibilité du photorécepteur à l'absorption d'un photon.

Spécialisation fonctionnelle des systèmes des cônes et des bâtonnets

Les deux types de photorécepteurs, cônes et bâtonnets, se distinguent par leur forme, dont ils tirent leur nom, par le type de pigment photosensible qu'ils contiennent, par leur distribution dans la rétine et par l'organisation de leurs connexions synaptiques. Ces propriétés reflètent le fait que le système des cônes et celui des bâtonnets (systèmes qui comprennent les récepteurs et l'ensemble de leurs connexions intra-rétiniennes) sont spécialisés chacun pour des aspects différents de la vision. Le système des bâtonnets a une résolution spatiale très faible, mais est extrêmement sensible à la lumière ; il est donc spécialisé pour la sensibilité aux dépens de la résolution spatiale.

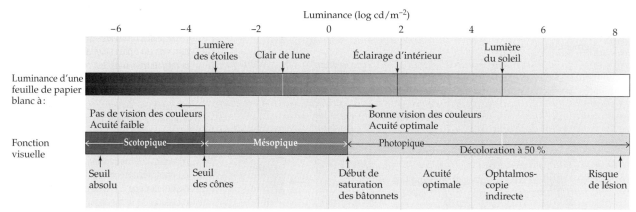

Figure 11.11

Gamme des luminances auxquelles fonctionne le système visuel. Aux niveaux d'éclairement les plus faibles, seuls les bâtonnets sont activés. Les cônes commencent à contribuer à la perception à un niveau équivalent à la lumière des étoiles et ils sont seuls à fonctionner aux luminosités relativement élevées.

Par contre, le système des cônes a une résolution très élevée, mais est assez peu sensible à la lumière ; il est donc spécialisé pour l'acuité visuelle aux dépens de la sensibilité. Par ailleurs, le système des cônes permet la vision des couleurs.

Les niveaux d'éclairement auxquels fonctionnent les cônes et les bâtonnets sont indiqués dans la figure 11.11. Aux niveaux d'éclairement les plus bas, seuls les bâtonnets sont activés ; la perception qui n'est due qu'aux bâtonnets est dite **vision scotopique**. Chacun sait combien il est difficile d'effectuer des discriminations visuelles en lumière très faible, quand seuls les bâtonnets sont actifs. Le problème est dû à la faible résolution du système des bâtonnets et, dans une moindre mesure, au fait qu'il n'y a aucune perception des couleurs en lumière faible, car les cônes ne sont pas alors impliqués de façon significative. Les cônes commencent à contribuer à la perception visuelle à un niveau voisin de la lumière des étoiles, niveau auquel la discrimination spatiale reste très mauvaise.

Au fur et à mesure que l'éclairement augmente, les cônes jouent un rôle de plus en plus important et ils deviennent les éléments prépondérants de la perception visuelle dans des conditions telles que l'éclairement normal d'intérieur ou la lumière du soleil. À ces niveaux, qui permettent ce qu'on appelle la **vision photopique**, la contribution des bâtonnets cesse presque complètement, car leur réponse à la lumière est saturée – en d'autres termes, le potentiel de membrane de chaque bâtonnet cesse de varier en fonction de l'éclairement, tous les canaux de la membrane étant alors fermés (voir Figure 11.9). La **vision mésopique** intervient aux intensités lumineuses auxquelles cônes et bâtonnets sont actifs, au crépuscule par exemple. Ces considérations montrent clairement que la plus grande part de ce que nous appelons la vision est due au système des cônes et que la perte du fonctionnement des cônes, qui peut arriver chez des individus âgés souffrant de dégénérescence maculaire (Encadré 11C), est un handicap majeur. Les individus dont les cônes ne sont plus fonctionnels sont légalement aveugles ; ceux qui ont perdu l'usage des bâtonnets ont seulement des difficultés à voir aux niveaux d'éclairement faibles : c'est ce que l'on appelle la cécité nocturne ou héméralopie (voir Encadré 11D).

Les différences entre les mécanismes de transduction des deux types de récepteurs expliquent aussi le fait que les cônes et les bâtonnets répondent à des gammes différentes d'intensités lumineuses. C'est ainsi que les bâtonnets répondent invariablement à un seul photon, tandis qu'il en faut plus de cent pour provoquer la réponse d'un cône. Ceci ne signifie pas pour autant que les cônes n'arrivent pas à capter les photons, mais plutôt que les variations de courant que produit un seul photon sont comparativement faibles et difficiles à distinguer du bruit de fond. Autre différence, la réponse des cônes ne sature pas aux niveaux d'éclairement élevés comme c'est le cas pour les bâtonnets. Quoique cônes et bâtonnets s'adaptent pour opérer sur toute une gamme de luminances, les mécanismes d'adaptation des cônes sont plus efficaces. Cette différence d'adaptation se manifeste dans le décours temporel de la réponse des cônes et des bâtonnets à des éclairs lumineux. La réponse d'un cône à un éclair très intense,

(A)

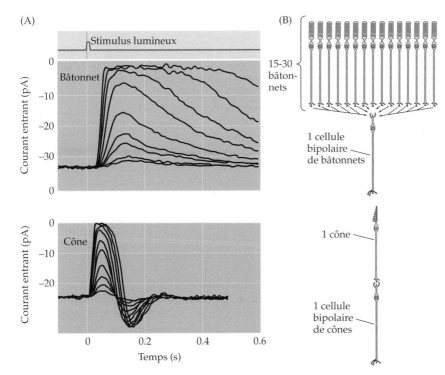

(B)

Figure 11.12

Comparaison de la réponse des cônes et des bâtonnets chez l'homme. (A) Enregistrements, par électrodes à succion, de la réduction du courant entrant provoqué par des flashs de lumière d'intensité croissante. Pour des flashs modérés à intenses, la réponse des bâtonnets persiste pendant plus de 600 ms, tandis que la réponse des cônes revient à la ligne de base (avec un overshoot) en à peu près 200 ms, même aux plus fortes intensités du flash. (B) Différence du taux de convergence entre la voie des cônes et celle des bâtonnets. Chaque cellule bipolaire de bâtonnets reçoit les connexions synaptiques de 15 à 30 bâtonnets. Une convergence supplémentaire a lieu également plus en aval de la voie des bâtonnets (voir le texte). Par contre, un cône du centre de la fovéa ne fait contact qu'avec une seule cellule bipolaire et celle-ci ne fait elle-même contact qu'avec une seule cellule ganglionnaire. (A d'après Baylor, 1987.)

produisant le changement maximal du courant du photorécepteur, récupère en à peu près 200 millisecondes, soit quatre fois plus vite que la récupération d'un bâtonnet (Figure 11.12A).

L'organisation des circuits qui transmettent les informations des cônes et des bâtonnets aux cellules ganglionnaires de la rétine contribue également à différencier la vision photopique de la vision scotopique. Dans la plupart des régions de la rétine, les signaux émanant des cônes et des bâtonnets convergent sur les mêmes cellules ganglionnaires ; autrement dit, les cellules ganglionnaires répondent aux informations que transmettent aussi bien les cônes que les bâtonnets, selon le niveau d'éclairement. Les premières étapes des voies qui relient les cônes et les bâtonnets aux cellules ganglionnaires sont largement indépendantes. La voie qui part des bâtonnets, par exemple, met en jeu une catégorie de cellules bipolaires (les bipolaires de bâtonnets) qui, contrairement aux bipolaires de cônes, n'entrent pas directement en contact avec les cellules ganglionnaires ; ces cellules bipolaires font synapse avec les prolongements d'une classe spécialisée de cellules amacrines qui s'articulent, par des synapses électriques et chimiques, avec les terminaisons des bipolaires de cônes ; ces prolongements entrent pour leur part en contact synaptique avec les dendrites des cellules ganglionnaires, au niveau de la couche plexiforme interne. Une autre grande différence entre les circuits qui relient les cônes et les bâtonnets aux cellules ganglionnaires tient à leur degré de convergence (Figure 11.12B). Les bipolaires de bâtonnets reçoivent chacune des contacts d'un grand nombre de bâtonnets et s'articulent à leur tour en grand nombre avec une même cellule amacrine. Le système des cônes, par contre, est beaucoup moins convergent. Chacune, par exemple, des cellules ganglionnaires qui prédominent en vision centrale et qu'on appelle des ganglionnaires naines ne reçoit d'afférences que d'une seule bipolaire de cône, elle-même en contact avec un seul cône. Du fait de sa convergence, le système des bâtonnets est un meilleur détecteur de la lumière : les faibles signaux de plusieurs bâtonnets peuvent en effet se combiner pour produire une plus grande réponse de la cellule bipolaire. Mais en même temps, la convergence réduit la résolution spatiale du système, puisque le signal que reçoit une bipolaire de bâtonnet peut avoir sa source en n'importe quel point d'un territoire relativement étendu de la surface rétinienne. Par contre, le rapport d'un pour un entre les cônes et les cellules bipolaires et ganglionnaires convient parfaitement à l'obtention d'une acuité maximale.

Distribution anatomique des cônes et des bâtonnets

La distribution des cônes et des bâtonnets à la surface de la rétine a, elle aussi, d'importantes conséquences pour la vision. Bien qu'aux niveaux ordinaires d'éclairement diurne les cônes soient majoritairement responsables de la perception visuelle, le nombre des bâtonnets de la rétine humaine (environ 90 millions) est de loin supérieur à celui des cônes (approximativement 4,5 millions). Dans la majeure partie de la rétine, la densité des bâtonnets est donc beaucoup plus grande que celle des cônes (Figure 11.13A). Toutefois, cette proportion change du tout au tout au niveau de la **fovéa**, région spécialisée du centre de la macula, d'un diamètre d'environ 1,2 mm (Figure 11.1). Dans la fovéa (mot qui signifie « creux, dépression »), la densité des cônes augmente de presque 200 fois, pour atteindre en son centre la densité la plus élevée de toute la rétine. Cette densité est rendue possible par une réduction du diamètre du segment externe des cônes si bien que les cônes de la fovéa ressemblent à des bâtonnets. Cette augmentation de la densité des cônes au niveau de la fovéa s'accompagne d'une diminution marquée de celle des bâtonnets. À tel point que les 300 μm du centre de la fovéa, que l'on appelle la **fovéola**, en sont totalement dépourvus (Figure 11.13B).

La densité extrêmement élevée des cônes dans la fovéa et le rapport d'un pour un entre cônes, cellules bipolaires et cellules ganglionnaires (voir Figure 11.12) donnent à cette région le plus haut degré d'acuité visuelle. Au fur et à mesure que l'on s'éloigne du centre, la densité des cônes diminue, le degré de convergence sur les cellules ganglionnaires augmente et l'acuité s'en trouve très fortement réduite. À 6° seulement de l'axe du regard, l'acuité visuelle est réduite de 75 % comme on peut s'en rendre

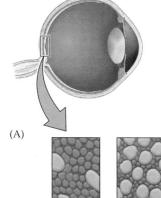

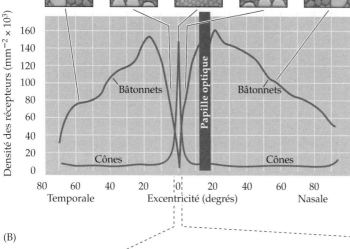

(A)

Figure 11.13

Distribution des cônes et des bâtonnets dans la rétine humaine. (A) Les cônes sont présents dans toute la rétine avec une densité faible, qui augmente brusquement au niveau de la fovéola (centre de la fovéa). À l'inverse, les bâtonnets sont présents dans toute la rétine avec une densité élevée, qui diminue fortement au niveau de la fovéa. Les vignettes de la partie supérieure illustrent l'aspect de sections transversales réalisées au niveau des segments externes des photorécepteurs, à différents degrés d'excentricité. L'augmentation de la densité des cônes dans la fovéa s'accompagne d'une réduction marquée du diamètre de leur segment externe. Noter aussi l'absence de récepteurs au niveau de la papille optique, où les axones des cellules ganglionnaires sortent de la rétine. (B) Schéma d'une coupe de la fovéa humaine. Les vaisseaux et les couches cellulaires les plus superficielles sont déplacés en sorte que les rayons lumineux ne subissent qu'une diffusion minimale avant d'atteindre les segments externes des cônes de la fovéola.

(B)

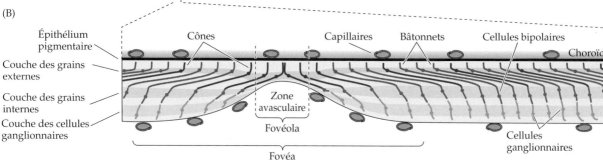

compte en essayant de déchiffrer, sur une ligne quelconque de cette page, les mots qui sont situés au-delà de celui que l'on fixe. La restriction d'une acuité élevée à une région rétinienne aussi étroite est la raison principale des mouvements incessants des yeux (et de la tête), dont le but est de diriger les fovéas des deux yeux vers les objets intéressants (voir Chapitre 20). C'est aussi la raison pour laquelle les troubles fonctionnels de la fovéa ont des conséquences aussi désastreuses sur la vue (voir Encadré 11C). À l'inverse, l'absence de bâtonnets dans la fovéa et la densité élevée qui est la leur hors de cette zone expliquent pourquoi le seuil de détection d'un stimulus lumineux est plus bas en dehors de la région de vision centrale. On voit plus facilement un objet faiblement lumineux (tel qu'une étoile peu brillante) en regardant légèrement à côté en sorte que sa lumière ne stimule que la région de la rétine où les bâtonnets sont abondants (voir Figure 11.13A).

Autre particularité anatomique de la fovéa, contribuant à l'acuité supérieure du système des cônes, les couches de corps cellulaires et de prolongements qui, dans d'autres régions de la rétine, recouvrent les photorécepteurs sont rejetées autour de fovéa. De ce fait, les rayons lumineux ne subissent qu'une diffusion limitée avant d'atteindre les récepteurs. Enfin, les vaisseaux sanguins, qui constituent une autre source potentielle de distorsion optique sur le trajet de la lumière en direction des photorécepteurs, sont repoussés hors de la fovéa (voir Figure 11.13B). La région centrale avasculaire de la rétine est donc dépendante de la choroïde et de l'épithélium pigmentaire sous-jacents pour son oxygénation et ses apports métaboliques.

Les cônes et la vision des couleurs

La vision des couleurs permet aux êtres humains (et à nombre d'animaux) de discriminer des objets sur la base de la distribution des longueurs d'ondes lumineuses qu'ils reflètent. Quoique des différences de luminance (intensité lumineuse globale) suffisent souvent pour distinguer les objets, la couleur ajoute une dimension perceptive particulièrement utile quand les différences de luminance sont faibles ou inexistantes. Il est évident que la couleur nous procure une façon tout à fait différente de percevoir et de décrire le monde dans lequel nous vivons. C'est à des propriétés particulières du système des cônes que nous devons de voir les couleurs.

Contrairement aux bâtonnets qui ne contiennent qu'un seul pigment photosensible, il existe trois types de cônes qui diffèrent par le pigment qu'ils contiennent. Ces pigments ont chacun une sensibilité particulière à certaines longueurs d'onde lumineuses, raison pour laquelle on parle de cônes « bleus », « verts » et « rouges » ou, de manière plus appropriée, de cônes S, sensibles aux longueurs d'onde courtes (*Short*), M, sensibles aux longueurs d'onde moyennes (*Medium*) et L, sensibles aux grandes longueurs d'ondes (*Long*) (Figure 10.12). Ces dénominations laissent entendre que chaque cône fournit une information de couleur correspondant à la longueur d'onde pour laquelle il a la sensibilité la plus grande. En réalité, les cônes de tout type, de même que les bâtonnets, ne perçoivent absolument pas les couleurs, dans la mesure où leurs réponses ne font que refléter le nombre de photons qu'ils captent, indépendamment de la longueur d'onde du photon (ou, pour utiliser les termes adéquats, indépendamment de son énergie vibratoire). Il est donc impossible de savoir si un changement du potentiel de membrane est dû à l'impact d'un grand nombre de photons d'une longueur d'onde à laquelle le récepteur est relativement peu sensible, ou bien d'un petit nombre de photons d'une longueur d'onde à laquelle il est le plus sensible. On ne peut résoudre cette ambiguïté qu'en *comparant* l'activité de différentes classes de cônes. En se fondant sur les réponses des cellules ganglionnaires ou de cellules plus haut situées dans les voies visuelles (voir Chapitre 12), on peut dire que le système visuel procède effectivement à des comparaisons de ce type pour obtenir des informations de couleur à partir du spectre des stimulus. Malgré tout, les mécanismes qui sous-tendent la perception des couleurs continuent en partie à nous échapper (Encadré 11E).

Il pourrait sembler naturel de penser que les trois types de cônes sont présents en quantités à peu près égales ; il n'en est pourtant rien. Les cônes S ne représentent qu'environ 5 à 10 pour cent des cônes de la rétine et ils sont pratiquement absents du

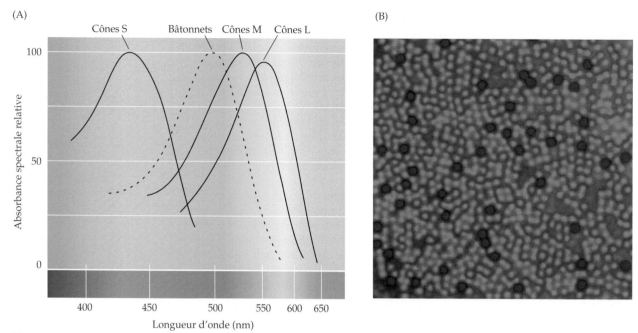

Figure 11.14

Spectres d'absorption et distribution des opsines de cônes. (A) Spectres d'absorption des quatre pigments photosensibles de la rétine humaine normale. (Rappelons que la lumière est formée de radiations électromagnétiques dont les longueurs d'onde vont de ~ 400 à 700 nm). L'*absorbance* d'un milieu se définit comme le logarithme décimal du rapport entre l'intensité de la lumière incidente et l'intensité de la lumière transmise par ce milieu. Les courbes en trait plein concernent les trois types d'opsines de cônes, la courbe en pointillés la rhodopsine des bâtonnets. (B) Grâce à la technique de l'optique adaptative et à quelques astuces d'adaptation à la lumière, on peut dresser avec une grande précision la carte de la distribution des différents types de cônes d'une rétine *in vivo*. On a utilisé des couleurs arbitraires pour distinguer les cônes S sensibles aux longueurs courtes (bleu), les cônes M sensibles aux longueurs d'ondes moyennes (vert) et les cônes L sensibles aux grandes longueurs d'onde (rouge). (B d'après Hofer et al., 2005.)

centre de la fovéa. Les cônes de type M et L prédominent largement, mais la proportion des cônes M par rapport aux L varie beaucoup d'un individu à l'autre, comme il a pu être montré grâce à des techniques optiques permettant de visualiser les cônes d'un type déterminé dans une rétine humaine intacte (Figure 11.14B). Curieusement, de grandes différences dans les proportions des cônes M et L (de 4/1 à 1/1) semble n'avoir aucun impact notable sur la perception des couleurs.

Nos connaissances sur la vision des couleurs doivent beaucoup à l'étude de ses anomalies. Celles-ci sont dues soit à une incapacité héréditaire à fabriquer un ou plusieurs pigments de cône, soit à une altération du spectre d'absorption des pigments (ou, plus rarement, à des lésions des centres de traitement de la couleur ; voir Chapitre 12). Dans des conditions normales, la plupart des gens peuvent reproduire perceptivement n'importe quelle couleur d'un stimulus test, en ajustant l'intensité de trois sources superposées émettant une lumière de longueur d'onde respectivement courte, moyenne et longue. La possibilité de reproduire (presque) toutes les couleurs à partir de trois couleurs seulement traduit le fait que notre sensibilité chromatique est fondée sur le niveau d'activité relative de trois ensembles de cônes aux spectres d'absorption différents.

Thomas Young, au début du dix-neuvième siècle, fut le premier à reconnaître le caractère **trichromatique** de la vision (aussi les personnes dont la vision des couleurs est normale sont-ils appelés *trichromates*). Environ 8 % de la population masculine et 0,5 % de la population féminine ont une vision des couleurs plus limitée. Certaines de ces personnes n'ont besoin que de deux sources colorées pour reproduire subjectivement toutes les couleurs qu'ils peuvent percevoir ; quant à la troisième couleur, ils ne la voient pas. Ce **dichromatisme**, ou «cécité aux couleurs» selon sa dénomination ordinaire, est un caractère récessif lié au sexe, qui existe sous deux formes : la *protanopie*, dans laquelle les couleurs sont reproduites à l'aide de lumières vertes et bleues seulement, et la *deutéranopie*, dans laquelle la reproduction requiert seulement le bleu et le rouge. Dans une autre catégorie importante d'anomalies de la vision des couleurs, les reproductions perceptives de toutes les couleurs se font à l'aide de lumières de trois longueurs d'onde, mais dans des proportions nettement différentes de celles qu'utilisent la plupart des individus. Certains de ces *trichromates anomaux* ont besoin de davantage de rouge qu'un sujet normal pour reproduire d'autres couleurs (trichromates protanomaux) ; d'autres ont besoin de plus de vert que la normale (trichromates deutéranomaux).

ENCADRÉ 11E *L'importance du contexte dans la perception des couleurs*

La perception des couleurs exige logiquement que les réponses rétiniennes aux différentes longueurs d'onde fassent l'objet d'une *comparaison* sous quelque forme que ce soit. On regarde donc à juste titre la découverte, dans la rétine humaine, de trois types de cônes ayant des spectres d'absorption différents comme la base de la perception des couleurs chez l'homme. La façon, toutefois, dont ces trois types de cônes ainsi que les neurones d'ordre supérieur qui leur sont associés (voir Chapitre 12) donnent naissance à la sensation de couleur est loin d'être claire. C'est là une question qui a été discutée par certains des plus grands esprits scientifiques (Hering, Helmholtz, Maxwell, Schroedinger et Mach, pour n'en citer que quelques-uns) depuis que Thomas Young a émis l'hypothèse que l'homme devait avoir trois « particules » réceptrices différentes, c'est-à-dire trois types de cônes. L'activité relative des trois types de cônes peut certes rendre plus ou moins compte des couleurs que l'on perçoit dans des expériences d'appariement de couleurs, réalisées en laboratoire ; il n'en reste pas moins que l'influence puissante qu'exerce le contexte sur la perception des couleurs pose un problème fondamental. Ainsi, une plage colorée reflétant exactement le même spectre de longueurs d'onde peut apparaître très différente selon l'environnement où elle se trouve ; ce phénomène est appelé *contraste chromatique* (Figure A). En outre, des plages tests renvoyant à l'œil des spectres différents peuvent sembler de même couleur, phénomène appelé *constance des couleurs*, ou constance chromatique (Figure B). Ces phénomènes, bien connus au dix-neuvième siècle, ne se sont pas vu accorder une place centrale dans les théories

de la vision des couleurs jusqu'aux travaux d'Edwin Land, dans les années 1950. Land (qui, entre autres réussites, a fondé la société Polaroid et fait fortune) utilisait des collages de papiers de couleur qui sont passés à la postérité sous le nom de « Mondrians de Land » du fait de leur ressemblance avec les tableaux du peintre néerlandais Piet Mondrian.

En utilisant un photomètre télémétrique et des sources ajustables donnant des lumières de longueur d'onde courte, longue et moyenne, Land montra que deux plages qui, en lumière blanche, apparaissent de couleur différente (vert et marron, par exemple) continuaient d'être vues avec les mêmes couleurs même si les sources étaient ajustées de telle sorte que la lumière reflétée par la surface « verte » donnait, sur les trois photomètres, exactement les mêmes valeurs que celles que donnait précédemment la surface « marron » ; remarquable démonstration de la constance des couleurs !

Les phénomènes de constance et de contraste chromatiques ont donné lieu à un vif débat, qui dure maintenant depuis plusieurs dizaines d'années, sur la façon dont prennent naissance les percepts de

couleur. Pour Land, la réponse se trouve dans l'intégration, par tous les photorécepteurs mis en jeu dans la scène visuelle, du quotient moyen entre l'intensité lumineuse reçue par chaque récepteur et celle que reçoivent les cellules adjacentes. Dès avant la mort de Land en 1991, on s'était rendu compte que sa théorie, dénommée Rétinex, ne s'appliquait pas dans tous les cas et qu'elle était, en tout état de cause, plus une description qu'une explication. Une autre explication, de ces aspects contextuels de la vision des couleurs, est que la couleur, comme la luminosité est une construction perceptive empirique effectuée d'après la signification habituelle des stimulus spectraux. (voir Encadré 11F).

Références

LAND, E. (1986), Recent advances in Retinex theory. *Vision Research*, **26**, 7-21.
PURVES, D. et R.B. LOTTO (2003), *Why We See What We Do : An Empirical Theory of Vision*. Chapitres 5 et 6. Sunderland, MA, Sinauer Associates, 89-138.

(A)

(B)

Genèse des effets de constance et de contraste par un contexte absolument semblable. Les deux images mettent en évidence les effets qui affectent la couleur apparente quand deux surfaces de propriétés réfléchissantes *identiques* (A) ou *différentes* (B) sont présentées dans un contexte où toutes les informations disponibles sont compatibles avec des éclairements qui ne diffèrent que par leur intensité lumineuse. Les deux figurines du bas montrent comment ces surfaces sont vues dans un contexte neutre. (D'après Purves et Lotto, 2003.)

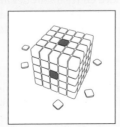
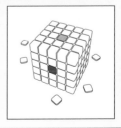

Figure 11.15

Simulation de l'image d'une fleur telle qu'elle apparaîtrait à un observateur ayant une vision normale (A), ou atteint de protanopie (perte des cônes sensibles au grandes longueurs d'onde (B), ou atteint de deutéranopie (perte des cônes sensibles aux longueurs d'ondes moyennes (C)). Les graphiques présentent les spectres d'absorption des cônes rétiniens d'individus de sexe masculin présentant un déficit de la vision des couleurs. (Simulation photographique en couleur gracieusement communiquée par vischeck.com.)

(A) Normal (trichromate)

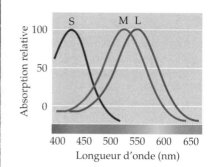

(B) Protanopie

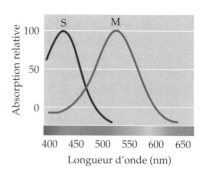

(C) Deutéranopie

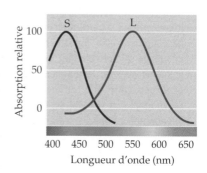

Il est difficile pour un trichromate normal d'imaginer à quoi ressemble le monde pour ceux qui n'ont pas l'assortiment complet des cônes. On peut malgré tout s'en faire une idée en regardant des images en couleur réalisées avec des filtres pour simuler l'aspect qu'ont les objets pour des individus atteints de cécité aux couleurs (Figure 11.15). Même si, dans la plupart des cas, une anomalie de la vision des couleurs n'est pas un obstacle à une vie normale, ceci peut poser de sérieux problèmes lorsqu'il s'agit d'effectuer des tâches exigeant des discriminations chromatiques.

Grâce à Jeremy Nathans et à ses collègues de Johns Hopkins University qui ont identifié et séquencé les gènes codant les trois pigments de cônes humains, nous comprenons mieux aujourd'hui ces anomalies de la vision des couleurs (Figure 11.16A). Les gènes codant les pigments sensibles au rouge et au vert présentent un degré élevé d'homologie de leurs séquences et se situent l'un près de l'autre sur le chromosome

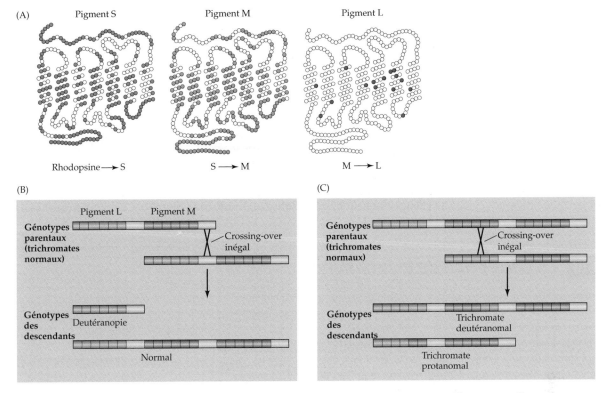

Figure 11.16

Génétique des pigments de cônes. Dans ces représentations des séquences d'acides aminés des pigments des cônes S, M et L de l'homme, les points de couleur visualisent les acides aminés qui diffèrent entre chacun des trois pigments et un pigment de référence. Il existe des différences substantielles entre la séquence des acides aminés de la rhodopsine et celle du pigment des cônes S ainsi qu'entre la séquence des pigments des cônes S et M ; par contre il n'y a que quelques acides aminés de différence entre les séquences des pigments des cônes M et L. (B, C) Beaucoup d'anomalies de la vision des couleurs sont le résultat d'altérations génétiques des pigments des cônes L et M dues au crossing-over des chromosomes durant la méiose. Les carrés de couleur représentent les six exons des gènes L et M. (B) Une recombinaison inégale dans la région intergénique va aboutir à la perte (ou à la duplication d'un gène). La perte d'un gène a pour conséquence un dichromatisme (protanopie ou deutéranopie). La recombinaison intragénique aboutit à la formation d'un gène hybride codant des pigments photosensibles qui présentent des spectres d'absorption anormaux concordant avec les caractéristiques de la vision des couleurs des trichromates anomaux. (A d'après Nathans, 1987 ; B, C d'après Deeb, 2005)

X, ce qui explique la prédominance de la cécité aux couleurs chez les individus de sexe masculin. Les trichromates normaux ont un gène pour les pigments du rouge et de 1 à 5 gènes pour les pigments du vert. Par contre, le gène du pigment sensible au bleu se trouve sur le chromosome 7 et a une séquence d'acides aminés fort différente. Ces faits suggèrent que les gènes des pigments sensibles au rouge et au vert ont subi une évolution relativement récente, peut-être à cause d'une duplication portant sur un seul gène ancestral ; ils expliquent aussi pourquoi la plupart des anomalies de la vision des couleurs concernent les pigments des cônes sensibles au rouge et au vert.

Chez les dichromates humains, l'un des trois pigments de cônes fait défaut, soit parce que le gène correspondant est absent, soit parce qu'il existe sous forme d'un hybride des gènes des pigments du rouge et du vert (voir Figure 11.16B, C). Chez certains dichromates, par exemple, le gène du pigment du vert est complètement absent ; chez d'autres il y a un gène hybride qui donne, croit-on, un pigment apparenté au pigment du rouge dans les cônes «verts». Les trichromates anomaux possèdent eux aussi des gènes hybrides, mais on pense qu'ils élaborent des pigments dont les propriétés spectrales se situent entre celles des pigments normaux du rouge et du vert. De cette façon, bien qu'il y ait chez eux deux jeux distincts de cônes sensibles aux longueurs d'onde grandes et moyennes, leurs spectres d'absorption se recouvrent davantage que chez un trichromate normal et les réponses des deux jeux de cônes à une même longueur d'onde sont moins différentes (ce qui entraîne des anomalies de la perception des couleurs).

Les circuits rétiniens de détection des différences de luminance

Le plaisir esthétique que procure la vision des couleurs ne saurait masquer le fait que la majeure partie des informations visuelles consiste en variations spatiales de l'intensité lumineuse ; un film en noir et blanc, par exemple, contient la plus grande part de l'information qui se trouve dans sa version en couleurs, même si, à certains égards, il lui manque quelque chose et s'il est moins agréable à regarder. La façon dont les structures centrales déchiffrent les motifs spatiaux de lumière et d'ombre qui tombent sur les photorécepteurs a longtemps constitué un problème difficile (Encadré 11F). Pour bien comprendre la part que prennent les circuits rétiniens à ce processus, il convient de commencer par examiner comment les cellules ganglionnaires de la rétine répondent à d'étroits faisceaux de lumière. C'est l'approche qu'adopta Stephen Kuffler, de la Johns Hopkins University, dans ses recherches des années 1950 sur les cellules ganglionnaires de la rétine du chat. Il trouva que chaque cellule ganglionnaire répond à la stimulation d'une petite zone circulaire de la rétine, constituant son champ récepteur (voir le chapitre 9 pour une discussion des champs récepteurs). Sur la base de ces réponses, Kuffler distingua deux catégories : les ganglionnaires à centre ON et les ganglionnaires à centre OFF. Si l'on éclaire le centre du champ récepteur d'une **cellule ganglionnaire à centre** ON, on déclenche, à l'établissement du stimulus, une bouffée de potentiels d'action (réponse ON). Le même stimulus appliqué au centre du champ récepteur d'une **cellule ganglionnaire à centre** OFF réduit sa fréquence de

ENCADRÉ 11F *La perception de la luminance*

La connaissance de ce qui unit la stimulation rétinienne à ce que nous voyons est au cœur des recherches sur la vision et la façon la plus simple d'aborder cette question est sans doute de s'intéresser aux relations entre la valeur physique de l'intensité lumineuse (la luminance) et la perception que l'on en a (la luminosité). Comme il est expliqué dans le texte, la perception des différences de luminosité (contraste) entre territoires adjacents possédant des luminances distinctes dépend en premier lieu de la fréquence de décharge relative des cellules ganglionnaires modulées par des interactions latérales. Cependant, l'hypothèse selon laquelle le système nerveux central se contenterait de « lister » ces fréquences relatives d'émission pour donner naissance à la sensation de luminosité pose problème. La difficulté, comme dans le cas de la perception des couleurs, tient au fait que le contexte affecte profondément la luminosité de ce que l'on regarde selon des modalités qu'il est difficile, voire impossible, d'expliquer par les messages bruts qui émanent de la rétine. Les figures ci-contre présentent deux illusions de contraste simultané de luminosité, qui aideront à expliciter ce problème. Dans la figure A, deux carrés gris, de luminance égale, identiques d'un point de vue pho-

tométrique, semblent avoir une luminosité différente selon le fond sur lequel ils sont présentés.

Ce phénomène est généralement interprété en disant que les propriétés des champs récepteurs des cellules ganglionnaires, telles qu'elles sont illustrées par les figures 11.14 à 11.17, font que ces cellules émettent des décharges différentes selon que des cibles visuelles de même luminance ont un pourtour clair ou sombre. Mais cette explication est battue en

brèche par ce que montre la figure B, où une plage autour de laquelle les surfaces sombres prédominent paraît en réalité *plus sombre* qu'une plage identique entourée en majorité de surfaces claires.

Une autre interprétation de la perception de la luminance permettant de rendre compte de ces phénomènes troublants est de dire que les percepts de luminosité sont construits sur une base statistique pour surmonter l'ambiguïté intrinsèque de la luminance (due au fait qu'une valeur de

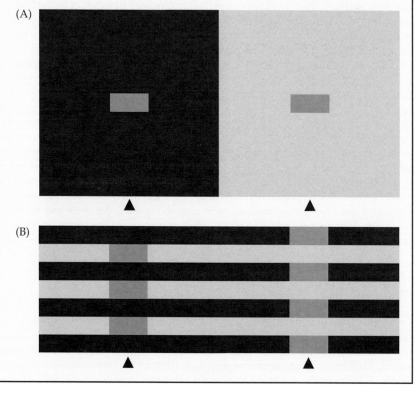

(A) Illusion standard de contraste simultané.
(B) Autre illusion de contraste simultané dont les explications habituelles se heurtent à des difficultés.

décharge et, quand on éteint le faisceau lumineux, la cellule répond par une salve d'influx (réponse OFF) (Figure 11.17A). On observe l'inverse pour chaque type de cellule quand on obscurcit le centre de leur champ récepteur (Figure 11.17B). On voit donc que les cellules à centre ON augmentent leur fréquence de décharge en réponse à des *incréments* de luminance au centre de leur champ récepteur tandis que les cellules à centre OFF l'augmentent pour des *décréments*.

Les cellules ganglionnaires à centre ON et celles à centre OFF sont en nombre à peu près égal. Les champs récepteurs se recouvrent, tant et si bien que chaque point de la surface rétinienne (autrement dit chaque partie de l'espace visuel) est analysé par plusieurs cellules ganglionnaires à centre ON et par d'autres à centre OFF. Peter Schiller et ses collègues du Massachusetts Institute of Technology ont fait entrevoir la raison d'être de ces deux types distincts de cellules ganglionnaires. Ils ont examiné, chez le singe, les effets d'une inactivation pharmacologique des cellules ganglionnaires à centre ON sur la capacité de détecter divers stimulus visuels. Après inactivation de ces cellules, les animaux présentent un déficit de la détection des stimulus plus clairs que le fond, mais ils continuent à voir les objets plus sombres que le fond.

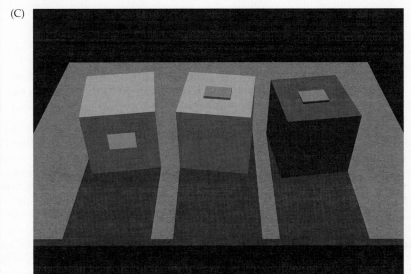

(C)

(C) Représentations de quelques sources possibles de l'illusion de contraste simultané présentée en (A). (Gracieusement communiqué par R. B. Lotto et D. Purves).

luminance donnée peut résulter de multiples combinaisons de l'illumination globale et de la réflectance des surfaces). S'il veut réussir, l'observateur doit répondre aux sources de luminance du monde réel et non à l'intensité lumineuse en tant que telle. Or l'ambiguïté du stimulus rétinien le met dans une situation embarrassante. Une façon d'évacuer l'incertitude inhérente aux relations entre les valeurs de la luminance et leurs sources réelles consiste à élaborer une perception de la luminosité d'une luminance donnée (par exemple de la luminosité des plages tests identiques de la figure) sur la base de ce que la luminance de ces plages s'est révé-

lée être lors d'observations antérieures. On comprendra l'essentiel de cette explication en examinant la figure C ; elle illustre le fait que les deux plages équiluminantes de la figure A auraient pu être produite par deux surfaces de teinte différente vues dans deux conditions d'éclairement comme c'est le cas pour les rectangles cibles des cubes de gauche et du milieu, ou bien par deux surfaces réfléchissant la même quantité de lumière et vues sous un même éclairage comme les rectangles cibles des cubes de droite et du milieu. Pour résoudre cette ambiguïté, le système visuel dispose d'un moyen, le seul peut-être : élaborer une perception empirique

du stimulus de A (et de B) sur la base des significations antérieurement reconnues à ces plages. Étant donné que leur équiluminance peut avoir différentes origines, il est raisonnable de déterminer leur luminosité de façon statistique en se fondant sur la fréquence relative d'occurrence de cette luminance dans le contexte particulier où elle est présentée. Percevoir une luminance en fonction des probabilités relatives des sources du stimulus présente un avantage : les percepts ainsi construits donnent en effet à l'observateur les chances les plus grandes d'émettre des réponses comportementales adaptées à des stimulus profondément ambigus.

Références

ADELSON, E.H. (1999), Light perception and lightness illusions. In *The Cognitive Neurosciences*, 2nd Ed., M. Gazzaniga (ed.). Cambridge, MA, MIT Press, 339-351.

PURVES, D. et R.B. LOTTO (2003), *Why We See What We Do : An Empirical Theory of Vision*. Chapitres 3 et 4. Sunderland, MA, Sinauer Associates, 41-87.

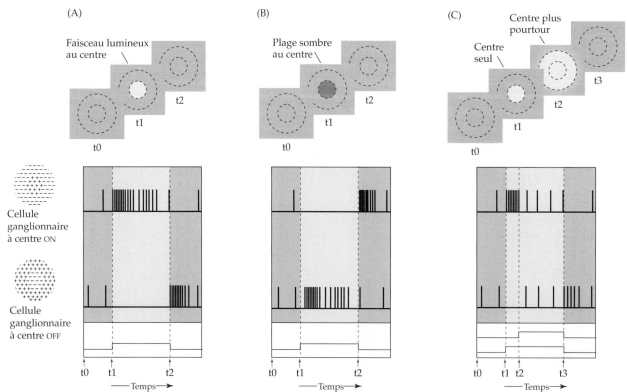

Figure 11.17

Réponses de cellules ganglionnaires à centre ON et à centre OFF à la stimulation de différentes régions de leur champ récepteur. La partie supérieure montre la séquence temporelle des changements du stimulus. (A) Effets d'un faisceau lumineux présenté au centre du champ récepteur. (B) Effets d'une plage sombre présentée au centre du champ récepteur. (C) Effets d'un faisceau lumineux présenté au centre du champ récepteur et suivi de l'éclairement additionnel du pourtour.

Ces observations suggèrent que les informations concernant les augmentations et les diminutions de luminance sont conduites séparément au cerveau par des voies issues de ces deux types de cellules ganglionnaires. Le fait d'avoir deux «canaux» de luminance distincts signifie que les changements d'intensité lumineuse, qu'il s'agisse d'augmentations ou de diminutions, sont toujours signalés au cerveau par une augmentation de la fréquence de décharge. Comme les cellules ganglionnaires s'adaptent rapidement aux variations d'éclairement, leur fréquence de décharge «de repos» est relativement basse pour un niveau d'éclairement constant. Alors qu'une augmentation de la fréquence de décharge au-dessus du niveau de repos constitue un signal fiable, tel n'est pas le cas d'une diminution de fréquence à partir d'un niveau déjà bas. Dans ces conditions, disposer de deux catégories de cellules sujettes à adaptation pour signaler des variations d'éclairement fournit des informations sans ambiguïté aussi bien sur les augmentations que sur les diminutions de luminance.

Les différences fonctionnelles entre ces deux types de cellules ganglionnaires peuvent s'expliquer par leur anatomie ainsi que par leurs propriétés physiologiques et leurs relations. Les cellules ganglionnaires à centre ON et à centre OFF ont des dendrites dont les arborisations se ramifient dans différentes strates de la couche plexiforme interne et font sélectivement synapse avec les terminaisons de cellules bipolaires à centre ON ou OFF répondant respectivement à des augmentations ou à des diminutions de luminance (Figure 11.18A). Comme il a été dit plus haut, la différence principale entre les cellules ganglionnaires et les cellules bipolaires tient à la nature de leurs réponses électriques. Comme la plupart des autres cellules de la rétine, les cellules bipolaires répondent par des potentiels gradués et non par des potentiels d'action. La dépolarisation graduée des cellules bipolaires à centre ON s'accompagne d'une augmentation de la libération de transmetteur (le glutamate) provoquant (par l'intermédiaire des récepteurs AMPA, kaïnate et NMDA) la dépolarisation des cellules ganglionnaires à centre ON avec lesquelles elles font synapse.

La réponse sélective des cellules bipolaires à centre ON et à centre OFF soit à des augmentations, soit à des diminutions de luminance, s'explique par le fait qu'elles

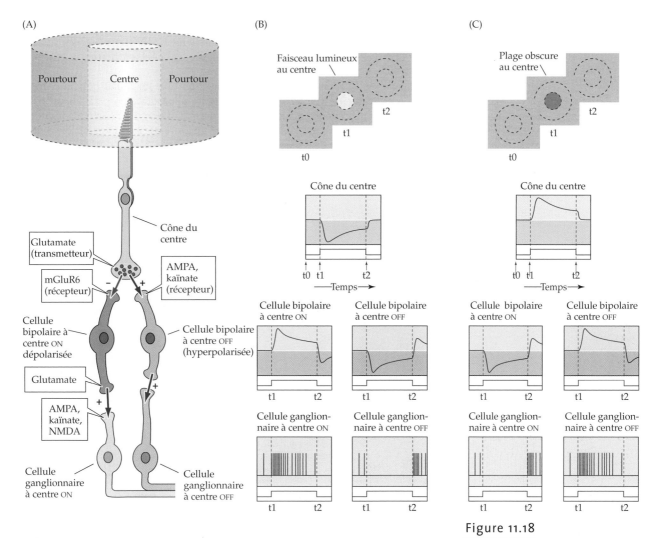

(A)

Pourtour   Centre   Pourtour

Cône du centre

Glutamate (transmetteur)

mGluR6 (récepteur)

AMPA, kaïnate (récepteur)

Cellule bipolaire à centre ON dépolarisée

Cellule bipolaire à centre OFF (hyperpolarisée)

Glutamate

AMPA, kaïnate, NMDA

Cellule ganglionnaire à centre ON

Cellule ganglionnaire à centre OFF

(B)

Faisceau lumineux au centre

t0   t1   t2

Cône du centre

t0   t1   t2
←Temps→

Cellule bipolaire à centre ON

Cellule bipolaire à centre OFF

t1   t2   t1   t2

Cellule ganglionnaire à centre ON

Cellule ganglionnaire à centre OFF

t1   t2   t1   t2

(C)

Plage obscure au centre

t0   t1   t2

Cône du centre

t0   t1   t2
←Temps→

Cellule bipolaire à centre ON

Cellule bipolaire à centre OFF

t1   t2   t1   t2

Cellule ganglionnaire à centre ON

Cellule ganglionnaire à centre OFF

t1   t2   t1   t2

Figure 11.18

Circuits impliqués dans les réponses du centre du champ récepteur des cellules ganglionnaires de la rétine. (A) Schéma des relations fonctionnelles entre un cône et le centre du champ récepteur de deux cellules ganglionnaires, l'une à centre ON et l'autre à centre OFF. Un signe plus indique une synapse à conservation de signe ; un signe moins, une synapse à inversion de signe. (B) Réponses de divers types de cellules à la présentation d'un faisceau lumineux au centre du champ récepteur de la cellule ganglionnaire. (C) Réponses de divers types de cellules à la présentation d'une plage sombre au centre du champ récepteur de la cellule ganglionnaire.

expriment des types différents de récepteurs du glutamate (Figure 11.18A). Les cellules bipolaires à centre OFF ont des récepteurs ionotropes (AMPA et kaïnate) qui provoquent une dépolarisation des cellules en réponse au glutamate que libèrent les terminaisons des photorécepteurs. En revanche, les cellules bipolaires à centre ON expriment un récepteur métabotrope du glutamate couplé à une protéine G (mGluR6). Lorsqu'ils sont liés au glutamate, ces récepteurs activent une cascade intracellulaire qui ferme les canaux Na^+ activés par la GMPc ; ceci réduit le courant entrant et hyperpolarise la cellule. On voit donc que le glutamate a des effets opposés sur ces deux catégories de cellules : il dépolarise les bipolaires à centre OFF et hyperpolarise les bipolaires à centre ON. On dit que les synapses des photorécepteurs avec les cellules bipolaires à centre OFF *conservent le signe*, car le signe de la variation du potentiel de membrane de la cellule bipolaire (dépolarisation ou hyperpolarisation) est le même que pour le photorécepteur. Par contre, les synapses des photorécepteurs avec les bipolaires à centre ON *inversent le signe*, car la variation du potentiel de membrane de la cellule bipolaire est inverse de celle du photorécepteur.

Pour comprendre les réponses des cellules bipolaires à centre ON et à centre OFF aux changements de l'intensité lumineuse, il faut se rappeler que, lorsque l'éclairement augmente, les photorécepteurs s'hyperpolarisent et diminuent leur libération de neurotransmetteur (Figure 11.18B). Dans ces conditions, les cellules bipolaires à centre ON avec lesquelles les photorécepteurs sont en contact ne sont plus soumises à l'influence hyperpolarisante du transmetteur libéré par les photorécepteurs et elles se dépolarisent. En ce qui concerne les bipolaires à centre OFF, par contre, la réduction du glutamate correspond au retrait d'une influence dépolarisante et ces cellules s'hyperpolarisent. Une baisse de l'intensité lumineuse a tout naturellement des effets inverses sur ces deux classes de cellules bipolaires : elle hyperpolarise les cellules à centre ON et dépolarise les cellules à centre OFF (Figure 11.18C).

Les travaux de Kuffler ont également attiré l'attention sur le fait que les cellules ganglionnaires de la rétine ne servent pas de simples photodétecteurs ; la plupart sont même assez peu efficaces pour signaler les différences de niveau d'un éclairement diffus. Par contre, elles sont sensibles aux *différences* de niveau entre l'éclairement du centre de leur champ récepteur et l'éclairement de son pourtour, c'est-à-dire au **contraste de luminance**. Le centre de leur champ récepteur est entouré par une région concen-

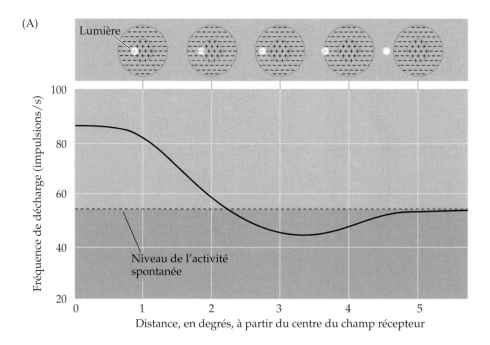

(A)

Figure 11.19

Réponse de cellules ganglionnaires à centre ON à différentes conditions d'éclairement. (A) Fréquence de décharge d'une cellule ganglionnaire à centre ON en réponse à un faisceau lumineux présenté à différentes distances du centre du champ récepteur. Le zéro de l'axe des *x* correspond au centre ; à une distance de 5°, le faisceau tombe hors du champ récepteur. (B) Réponse d'une population fictive de cellules ganglionnaires à centre ON dont les champs récepteurs (A-E) se distribuent de part et d'autre de la limite entre une zone claire et une zone sombre. Les cellules dont l'activité est la plus affectée ont leur champ récepteur sur cette limite.

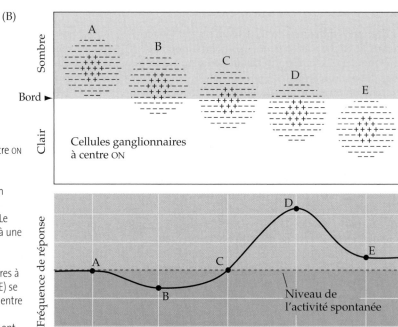

trique qui, lorsqu'on la stimule, antagonise la réponse à la stimulation du centre (Figure 11.17C). Si, par exemple, on déplace un faisceau de lumière du centre vers le pourtour du champ récepteur d'une cellule ganglionnaire à centre ON, la réponse de la cellule à cette plage lumineuse diminue. Quand le faisceau tombe complètement hors du centre (c'est-à-dire dans la périphérie), la fréquence de décharge descend au-dessous du niveau de repos ; la cellule est alors effectivement inhibée jusqu'à ce que l'écart par rapport au centre soit si grand que le faisceau ne tombe plus du tout dans le champ récepteur, auquel cas la cellule retourne à son niveau de décharge de repos (Figure 11.19A). Les cellules à centre OFF présentent également un pourtour antagoniste. La stimulation lumineuse du pourtour s'oppose à la diminution de la fréquence de décharge qui a lieu quand on stimule le centre et réduit la réponse à des décréments de luminance dans le centre.

Du fait de leur pourtour antagoniste, les cellules ganglionnaires répondent beaucoup plus vigoureusement à d'étroits faisceaux de lumière confinés dans le centre de leur champ récepteur qu'à des plages lumineuses étendues ou à un éclairement uniforme du champ visuel. Pour nous rendre compte de la façon dont l'antagonisme centre-pourtour rend une cellule ganglionnaire sensible à un contraste de luminance, considérons le niveau d'activité d'une population hypothétique de cellules ganglionnaires dont les champs récepteurs se distribuent de part et d'autre de la limite entre une zone claire et une zone sombre d'une image rétinienne (Figure 11.19B). Les neurones dont la fréquence de décharge est la plus affectée par ce stimulus – soit qu'elle augmente (neurone D) soit qu'elle diminue (neurone B) – sont ceux dont le champ récepteur se situe sur cette frontière clair-sombre ; ceux dont le champ récepteur est éclairé (ou obscur) dans sa totalité sont moins affectés (neurones A et E). L'information que transmet la rétine aux centres visuels pour y être traitée plus à fond ne donne donc pas le même poids à toutes les régions de la scène visuelle ; elle valorise au contraire les régions qui présentent des différences de luminance.

L'adaptation à la lumière : contribution des circuits rétiniens

Les mécanismes qui donnent aux cellules ganglionnaires une sensibilité particulière aux frontières entre régions claires et régions sombres de la scène visuelle contribuent aussi au processus d'**adaptation à la lumière**. Comme l'illustre la figure 11.20, la fréquence de décharge d'une cellule ganglionnaire à centre ON en réponse à l'éclairement

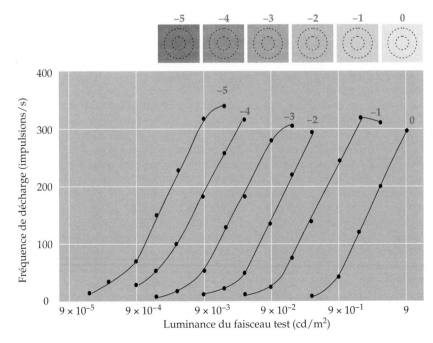

Figure 11.20

Série de courbes illustrant la fréquence de décharge d'une cellule ganglionnaire à centre ON lorsque le centre de son champ récepteur est éclairé par un étroit faisceau de lumière. Chaque courbe représente la fréquence de décharge obtenue en réponse à des faisceaux de différentes intensités, présentés à un même niveau d'éclairement du fond ; les divers niveaux d'éclairement du fond sont indiqués par des chiffres rouges au-dessus de chaque courbe (0 représente le plus haut niveau d'éclairement du fond, –5 le plus bas). La fréquence de la réponse est proportionnelle à l'intensité du stimulus sur une étendue d'une unité logarithmique, mais cette plage de réponse se décale vers la droite quand le niveau d'éclairement du fond augmente. (D'après Sakmann et Creutzfeldt, 1969).

du centre de son champ récepteur par un fin pinceau de lumière varie en fonction de l'intensité lumineuse. De fait, la fréquence de décharge est proportionnelle à l'intensité de la plage lumineuse sur une étendue d'environ une unité logarithmique. Toutefois, l'intensité nécessaire pour évoquer une décharge d'une fréquence donnée dépend du niveau d'éclairement ambiant. Une augmentation du niveau d'éclairement de fond s'accompagne de glissements adaptatifs de la plage de fonctionnement de la cellule tels qu'il faut des stimulus plus intenses pour obtenir la même fréquence de décharge. La fréquence de décharge n'est donc pas une mesure absolue de l'intensité lumineuse ; elle ne fait qu'indiquer la *différence par rapport au niveau d'éclairement du fond*.

La gamme des intensités lumineuses auxquelles nous sommes confrontés est gigantesque, comparée à celle dans laquelle une cellule ganglionnaire module sa fréquence de décharge (voir Figure 11.11) ; des mécanismes d'adaptation sont donc indispensables. En rapportant la réponse des cellules ganglionnaires aux niveaux d'éclairement ambiant, il devient possible d'utiliser toute l'étendue de variation de la fréquence de décharge d'un neurone pour coder les différences d'intensité lumineuse sur toute la gamme des luminances d'une scène visuelle donnée. L'antagonisme entre centre et pourtour selon lequel sont organisées les cellules ganglionnaires minimise l'importance du niveau d'éclairement ambiant dans les signaux que la rétine envoie au cerveau. Là se trouve sans doute la raison pour laquelle la brillance relative des objets reste pratiquement la même dans des conditions d'éclairement très variées. En plein soleil, par exemple, cette page imprimée reflète beaucoup plus de lumière que dans une salle de travail. Qui plus est, les caractères imprimés reflètent en plein soleil davantage de lumière que n'en reflète le papier avec une lumière d'intérieur ; et pourtant ils paraissent aussi noirs, et le papier aussi blanc, dedans que dehors.

De même que le mécanisme responsable des réponses ON et OFF, la présence, chez les cellules ganglionnaires, d'un pourtour antagoniste du centre est le produit d'interactions qui ont lieu aux étapes précoces des traitements rétiniens. On estime que les effets suppresseurs ont en grande partie leur origine dans les connexions latérales que les cellules horizontales établissent avec les terminaisons des photorécepteurs (Figure 11.21). Les cellules horizontales reçoivent des afférences synaptiques des photorécepteurs et sont reliées par des jonctions communicantes à un vaste réseau de cellules horizontales réparties sur une grande étendue de la surface rétinienne. Il s'ensuit que l'activité des cellules horizontales reflète le niveau d'éclairement de cette grande surface rétinienne. Bien que le détail de leur fonctionnement reste obscur, on pense que les cellules horizontales exercent leurs effets suppresseurs en libérant leur neurotransmetteur directement sur les terminaisons des photorécepteurs ; ils régulent, ce faisant, la quantité de neurotransmetteur que ceux-ci déversent sur les dendrites des cellules bipolaires.

La libération de glutamate par les terminaisons des photorécepteurs a un effet dépolarisant sur les cellules horizontales (synapse à conservation de signe), tandis que le transmetteur libéré par les cellules horizontales (GABA) a un effet hyperpolarisant sur les terminaisons des photorécepteurs (synapse à inversion de signe) (Figure 11.21A). En conséquence, l'effet net des afférences émanant du réseau des cellules horizontales est de contrecarrer les changements du potentiel de membrane du photorécepteur qu'induisent les processus de phototransduction se déroulant dans son segment externe. La figure 11.21B illustre la façon dont ces événements entraînent l'inhibition d'une cellule ganglionnaire à centre ON par l'éclairement du pourtour de son champ récepteur. L'éclairement ponctuel d'un photorécepteur envoyant ses signaux au centre du champ récepteur de la cellule ganglionnaire provoque une forte hyperpolarisation de ce récepteur. Dans ces conditions, le potentiel de membrane des cellules horizontales connectées au photorécepteur ne varie guère et la réponse du photorécepteur est en grande partie déterminée par la cascade de la phototransduction. Mais si l'éclairement vient à déborder sur le pourtour, les influences qu'exerce le réseau des cellules horizontales se renforcent ; la moindre libération de glutamate par les photorécepteurs du pourtour se traduit par une forte hyperpolarisation des cellules horizontales dont les prolongements convergent sur la terminaison du récepteur du centre du champ récepteur. Comme les cellules horizontales libèrent alors moins de GABA, ce récepteur se trouve dépolarisé et réduit sa réponse à l'éclairement, d'où résulte finalement une diminution de la fréquence de décharge de la cellule ganglionnaire à centre ON.

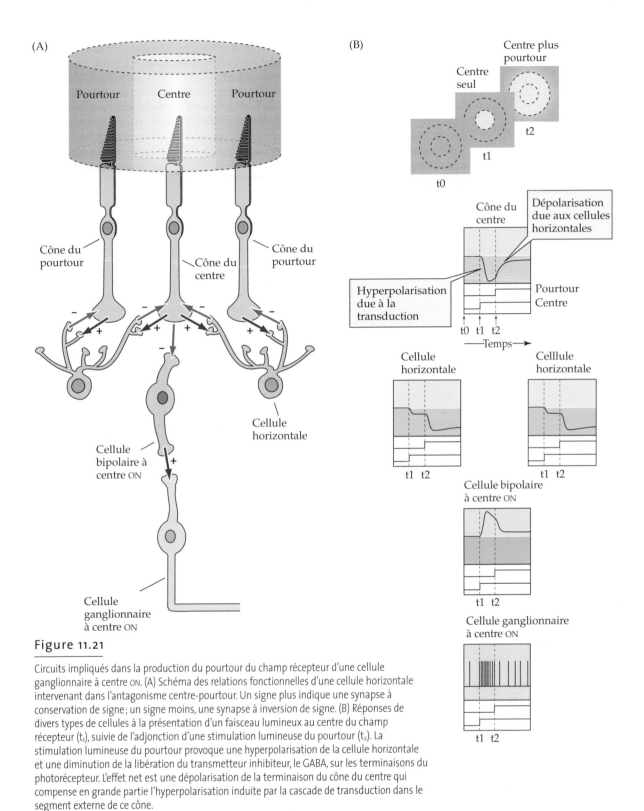

Figure 11.21

Circuits impliqués dans la production du pourtour du champ récepteur d'une cellule ganglionnaire à centre ON. (A) Schéma des relations fonctionnelles d'une cellule horizontale intervenant dans l'antagonisme centre-pourtour. Un signe plus indique une synapse à conservation de signe ; un signe moins, une synapse à inversion de signe. (B) Réponses de divers types de cellules à la présentation d'un faisceau lumineux au centre du champ récepteur (t_1), suivie de l'adjonction d'une stimulation lumineuse du pourtour (t_2). La stimulation lumineuse du pourtour provoque une hyperpolarisation de la cellule horizontale et une diminution de la libération du transmetteur inhibiteur, le GABA, sur les terminaisons du photorécepteur. L'effet net est une dépolarisation de la terminaison du cône du centre qui compense en grande partie l'hyperpolarisation induite par la cascade de transduction dans le segment externe de ce cône.

Ainsi, même aux toutes premières étapes des traitements visuels, les signaux neuraux ne représentent pas le nombre absolu des photons qui sont captés par les récepteurs, mais bien plutôt l'intensité relative de la stimulation – de combien la stimulation présente diffère des niveaux ambiants. Quoique les cellules horizontales puissent donner l'impression de diminuer la sensibilité rétinienne, elles jouent un rôle capital pour permettre à la réponse électrique du photorécepteur d'être utilisée dans toute son étendue (environ 30 millivolts) pour coder la gamme limitée des intensités du stimulus présentes à un moment donné. Les mécanismes du réseau responsable de l'adaptation à l'intensité lumineuse qui viennent d'être mentionnés fonctionnent en conjonction avec les mécanismes cellulaires du segment externe du récepteur qui régulent la sensibilité de la cascade de phototransduction aux différents niveaux d'éclairement. Ensemble, ils permettent aux circuits rétiniens de transmettre les aspects les plus saillants des changements de luminance jusqu'aux étages centraux du système visuel que décrit le chapitre suivant.

Résumé

La lumière qui tombe sur la rétine est transformée par les circuits rétiniens en un pattern de potentiels d'action que les axones des cellules ganglionnaires acheminent vers les centres visuels du cerveau. Ce processus commence par la phototransduction, cascade biochimique aboutissant à l'ouverture et à la fermeture de canaux ioniques dans la membrane du segment externe du photorécepteur et par là à une régulation de la quantité de neurotransmetteur que libère ce photorécepteur. Deux systèmes de photorécepteurs, les cônes et les bâtonnets, permettent au système visuel de faire face respectivement aux exigences contradictoires d'une haute acuité et d'une haute sensibilité. Les cellules ganglionnaires de la rétine ont un fonctionnement très différent de celui des photorécepteurs. L'organisation centre-pourtour des champs récepteurs des cellules ganglionnaires rend ces neurones particulièrement sensibles aux contrastes de luminance et assez peu sensibles au niveau global d'éclairement. Elle permet également à la rétine de s'adapter et de répondre avec efficacité à l'étendue gigantesque des intensités lumineuses. Cette organisation est le résultat d'interactions synaptiques entre photorécepteurs, cellules horizontales et cellules bipolaires au sein de la couche plexiforme externe. Ainsi, quand il quitte la rétine, le signal envoyé aux centres visuels a déjà subi un niveau élevé de traitement qui accentue les aspects de la scène visuelle les plus riches en information.

Lectures complémentaires

Revues

ARSHAVSKY, V.Y., T.D. LAMB et E.N. PUGH JR. (2002), G proteins and phototransduction. *Annu. Rev. Physiol.*, **64**, 153-187.

BURNS, M.E. et D.A. BAYLOR (2001), Activation, deactivation, and adaptation in vertebrate photoreceptor cells. *Annu. Rev. Neurosci.*, **24**, 779-805.

DEEB, S.S. (2005), The molecular basis of variation in human color vision. *Clin. Genet.*, **67**, 369-377.

LAMB, T.D. et E.N. PUGH JR. (2004), Dark adaptation and the retinoid cycle of vision. *Prog. Retin. Eye Res*, **23**, 307-380.

NATHANS, J. (1987), Molecular biology of visual pigments. *Annu. Rev. Neurosci.*, **10**, 163-194.

SCHNAPF, J.L. et D.A. BAYLOR (1987), How photoreceptor cells respond to light. *Sci. Amer.*, **256**, 40-47.

STERLING, P. (1990), Retina. In *The Synaptic Organization of the Brain*, C.M. Shepherd (ed.). New York, Oxford University Press, 170-213.

STRYER, L. (1986), Cyclic GMP cascade of vision. *Annu. Rev. Neurosci.*, **9**, 87-119.

WASSLE, H. (2004), Parallel processing in the mammalian retina. *Nature Rev. Neurosci.*, **5**, 747-757.

Articles originaux importants

BAYLOR, D.A., M.G.F. FUORTES et P.M. O'BRYAN (1971), Receptive fields of cones in the retina of the turtle. *J. Physiol. (Lond.)*, **214**, 265-294.

DOWLING, J.E. et F.S. WERBLIN (1969), Organization of the retina of the mud puppy, *Necturus maculosus*. I. Synaptic structure. *J. Neurophysiol.*, **32**, 315-338.

ENROTH-CUGELL, C. et R.M. SHAPLEY (1973), Adaptation and dynamics of cat retinal ganglion cells. *J. Physiol.*, **233**, 271-309.

FASENKO, E.E., S.S. KOLESNIKOV et A.L. LYUBARSKY (1985), Induction by cyclic GMP of cationic conductance in plasma membrane of retinal rod outer segment. *Nature*, **313**, 310-313.

HOFFER, H., J. CARROLL, J. NEITZ et D.R. WILLIAMS (2005), Organization of the human trichromatic cone mosaic. *J. Neurosci.*, **25**, 9669-9679.

KUFFLER, S.W. (1953), Discharge patterns and functional organisation of mammalian retina. *J. Neurophysiol.*, **16**, 37-68.

NATHANS, J., D. THOMAS et D.S. HOGNESS (1986), Molecular genetics of human color vision : The genes encoding bue, green and red pigments. *Science*, **232**, 193-202.

NATHANS, J., T.P. PIANTANIDA, R. EDDY, T.B. SHOWS et D.S. HOGNESS (1986), Molecular genetics of inherited variation in human color vision. *Science*, **232**, 203-210.

ROORDA, A et D.R. WILLIAMS (1999), The arrangement of the three cone classes in the living human eye. *Nature*, **397**, 520-522.

SAKMANN, B. et O.D. CREUTZFELDT (1969), Scotopic and mesopic light adaptation in the cat's retina. *Pflügers Arch.*, **313**, 168-185.

SCHILLER, P.H., J.H. SANDELL et J.H.R. MAUNSELL (1986), Functions of the « on » and « off » channels of the visual system. *Nature*, **322**, 824-825.

WERBLIN, F.S. et J.E. DOWLING (1969), Organization of the retina of the mud puppy, *Necturus maculosus*. II. Intracellular recording. *J. Neurophysiol.*, **32**, 339-354.

YOUNG, R.W. (1978), The daily rhythm of shedding and degradation of rod and cone outer segment membranes in the chick retina. *Invest. Ophthalmol. Vis. Sci.*, **17**, 105-116.

Ouvrages

BARLOW, H.B. et J.D. MOLLON (1982), *The Senses*. London, Cambridge University Press.

DOWLING, J.E. (1987), *The Retina: An Approachable Part of the Brain*. Cambridge, MA, Belknap Press.

FAIN, G.L. (2003), *Sensory Transduction*. Sunderland, MA, Sinauer Associates.

HART, W.M.J. (ed.) (1992), *Adler's Physiology of the Eye: Clinical Application*, 9th Ed., St. Louis, Mosby Year Book.

HELMHOLTZ, H. VON (1968), *Helmholtz's Treatise on Physiological Optics*, Vol. I-III. (Traduction anglaise de la troisième édition allemande parue en 1910 ; première édition allemande : 1856-1866). J.P.C. Southall (ed.). New York, Dover Publications.

HOGAN, M.J., J.A. ALVARADO et J.E. WEDDELL (1971), *Histology of the Human Eye: An Atlas and Textbook*. Philadelphia, Saunders.

HUBEL, D.H. (1988), *Eye, Brain, and Vision*. Scientific American Library Series, New York, W.H. Freeman.

HURVICH, L. (1981), *Color Vision*. Sunderland, MA, Sinauer Assoociates, 180-194.

OGLE K.N. (1964), *Researches in Binocular Vision.*, New York, Hafner.

OYSTER, C. (1999), *The Human Eye: Structure and Function*. Sunderland, MA, Sinauer Assoociates.

POLYAK, S. (1957), *The Vertebrate Visual System*. Chicago, The University of Chicago Press.

RODIECK, R.W. (1973), *The Vertebrate Retina*. San Francisco, W.H. Freeman.

RODIECK, R.W. (1998), *First Steps in Seeing*. Sunderland, MA, Sinauer Assoociates.

WANDELL, B.A. (1995), *Foundations of Vision*. Sunderland, MA, Sinauer Associates.

chapitre **12**

Les voies visuelles centrales

Vue d'ensemble

Les informations provenant de la rétine sont à l'origine d'interactions entre de nombreuses régions du cerveau. Ces interactions aboutissent à la perception consciente de la scène visuelle, mais elles déclenchent en même temps des réflexes plus conventionnels comme l'ajustement du diamètre pupillaire, l'orientation des yeux vers les cibles intéressantes ou la régulation des comportements homéostasiques liés au cycle nycthéméral. Les voies et les structures qui participent à ces fonctions sont nécessairement diverses. De toutes ces composantes du système visuel, la voie visuelle primaire qui va de la rétine au corps genouillé latéral du thalamus et, au-delà, jusqu'au cortex visuel primaire, est certainement la plus importante et celle qui a fait l'objet des recherches les plus approfondies. Au sein de cette voie, différentes catégories de neurones codent les aspects de l'information visuelle qui constituent ce que nous percevons finalement : luminance, différences spectrales, orientation, mouvement. Le traitement parallèle de ces catégories d'information se poursuit dans des filières corticales qui s'étendent au-delà du cortex primaire et qui alimentent tout un ensemble d'aires visuelles réparties dans les lobes occipitaux, pariétaux et temporaux. Les aires visuelles du lobe temporal sont principalement impliquées dans la reconnaissance des objets, celles du lobe pariétal dans ce qui concerne le mouvement. Une vision normale dépend de l'intégration des informations de toutes ces aires. Les processus qui sous-tendent la perception visuelle ne sont pas élucidés et demeurent l'un des défis majeurs des neurosciences modernes.

Les projections centrales des cellules ganglionnaires

Les axones des cellules ganglionnaires quittent la rétine par une région circulaire de sa partie nasale, appelée **papille optique**, où ils s'assemblent en un faisceau qui forme le **nerf optique**. Les fibres du nerf optique se rendent directement au **chiasma optique**, à la base du diencéphale (Figure 12.1). Chez l'homme, environ 60 % des fibres croisent dans le chiasma tandis que les 40 % restants continuent du même côté, vers le thalamus et le mésencéphale.

Au-delà du chiasma, les axones des cellules ganglionnaires de chaque côté forment le **tractus optique** (ou bandelette optique). Ainsi, contrairement au nerf optique, le tractus optique contient des fibres provenant des deux yeux. Le croisement partiel (décussation) des axones des cellules ganglionnaires au niveau du chiasma permet aux informations émanant de points correspondants d'être traitées par les mêmes sites corticaux, ou à peu près, de chacun des hémisphères (ce sujet est examiné plus en détail dans la section suivante).

Les axones des cellules ganglionnaires atteignent diverses structures du diencéphale et du mésencéphale (Figure 12.1). Dans le diencéphale, leur cible principale est le **corps genouillé latéral (CGL)** du thalamus. Comme leurs homologues des relais thalamiques des autres systèmes sensoriels, les neurones du CGL envoient leurs axones vers le cortex cérébral par la capsule interne. Ces axones passent par une portion de la capsule interne que l'on appelle les **radiations optiques** et se terminent dans le **cortex visuel primaire** ou **cortex strié (aire 17 de Brodmann** ou **V1)**, situé en grande partie le long de la scissure calcarine, dans le lobe occipital. C'est à la **voie rétino-**

Figure 12.1

Projections centrales des cellules ganglionnaires de la rétine. Les axones des cellules ganglionnaires se terminent dans le corps genouillé latéral du thalamus, dans le colliculus supérieur, dans le prétectum et dans l'hypothalamus. Par souci de clarté, seul le croisement des axones de l'œil droit est représenté ; le cerveau est vu par sa face inférieure.

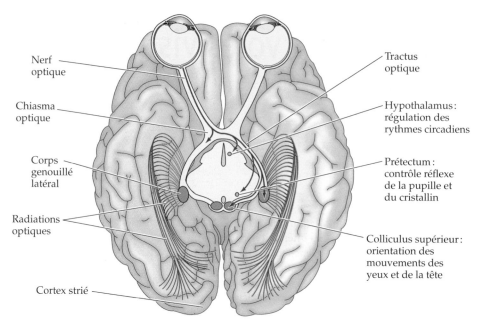

Nerf optique

Chiasma optique

Corps genouillé latéral

Radiations optiques

Cortex strié

Tractus optique

Hypothalamus : régulation des rythmes circadiens

Prétectum : contrôle réflexe de la pupille et du cristallin

Colliculus supérieur : orientation des mouvements des yeux et de la tête

géniculo-striée, ou **voie visuelle primaire**, qu'est dû l'essentiel de la perception visuelle consciente. Aussi toute lésion de cette voie, quel qu'en soit l'emplacement, entraîne-t-elle de sérieux déficits visuels.

Une deuxième cible importante des axones des cellules ganglionnaires est un amas de neurones situés entre le thalamus et le mésencéphale, dans la région du **prétectum**. Quoique de taille réduite par rapport au corps genouillé latéral, le prétectum a un rôle particulièrement important comme centre de coordination du **réflexe pupillaire à la lumière**, qui consiste en une réduction du diamètre de la pupille quand la rétine est stimulée par une lumière d'intensité suffisante (Figure 12.2). La voie afférente de ce réflexe comprend une projection bilatérale de la rétine sur le prétectum.

À leur tour, les neurones prétectaux projettent sur le **noyau d'Edinger-Westphal**, groupe de cellules nerveuses situées près du noyau du III (nerf oculomoteur commun), dans le mésencéphale. Le noyau d'Edinger-Westphal contient les neurones parasympathiques préganglionnaires qui, par l'intermédiaire du nerf III, envoient des axones qui se terminent sur des neurones du ganglion ciliaire (voir Chapitre 20). Ces derniers innervent le constricteur de l'iris, muscle dont la contraction provoque une réduction du diamètre de la pupille. Si l'on éclaire un œil, on fait augmenter l'activité des neurones prétectaux ; ceux-ci stimulent les neurones du noyau d'Edinger-Westphal, qui stimulent à leur tour les neurones du ganglion ciliaire, ce qui aboutit à la constriction de la pupille.

Outre son rôle normal dans la régulation de la quantité de lumière qui entre dans l'œil, le réflexe pupillaire constitue un excellent outil diagnostique permettant au médecin de tester l'intégrité de l'appareil sensoriel visuel, de la commande motrice des muscles pupillaires et des voies centrales qu'emprunte ce réflexe. Dans les conditions normales, les pupilles des deux yeux répondent de la même façon, quel que soit l'œil stimulé ; en d'autres termes, la lumière qui atteint un œil entraîne la constriction des deux yeux, celui qui est stimulé (réponse directe) et celui qui ne l'est pas (réponse consensuelle). La comparaison des réponses des deux yeux est souvent utile pour localiser une lésion. Ainsi, une réponse directe de l'œil gauche sans réponse consensuelle de l'œil droit fait envisager un problème relatif à la commande motrice végétative de l'œil droit, éventuellement due à une lésion du nerf III ou du noyau d'Edinger-Westphal au niveau du tronc cérébral. L'impossibilité d'obtenir une réponse (directe

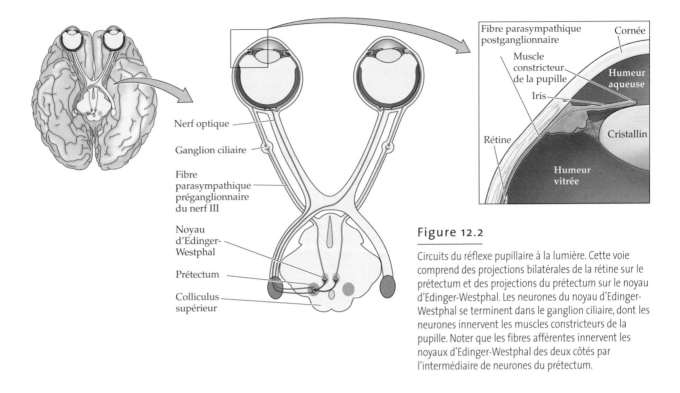

Nerf optique

Ganglion ciliaire

Fibre
parasympathique
préganglionnaire
du nerf III

Noyau
d'Edinger-
Westphal

Prétectum

Colliculus
supérieur

Fibre parasympathique
postganglionnaire

Muscle
constricteur
de la pupille

Iris

Rétine

Cornée

Humeur
aqueuse

Cristallin

Humeur
vitrée

Figure 12.2

Circuits du réflexe pupillaire à la lumière. Cette voie
comprend des projections bilatérales de la rétine sur le
prétectum et des projections du prétectum sur le noyau
d'Edinger-Westphal. Les neurones du noyau d'Edinger-
Westphal se terminent dans le ganglion ciliaire, dont les
neurones innervent les muscles constricteurs de la
pupille. Noter que les fibres afférentes innervent les
noyaux d'Edinger-Westphal des deux côtés par
l'intermédiaire de neurones du prétectum.

ou indirecte) en stimulant l'œil gauche alors que les deux yeux répondent normalement à la stimulation de l'œil droit, oriente vers une lésion affectant les afférences
sensorielles venant de l'œil gauche, peut-être au niveau du nerf optique ou de la
rétine.

Les axones des cellules ganglionnaires ont plusieurs autres cibles importantes.
Citons en premier le **noyau suprachiasmatique** de l'hypothalamus, petit groupe de
corps cellulaires à la base du diencéphale (voir l'encadré 21A). La **voie rétino-hypothalamique** est le chemin que prennent les variations du niveau d'éclairement pour
influencer une grande variété de fonctions végétatives synchronisées par le rythme
nycthéméral (voir Chapitre 28). Une autre cible est le **colliculus supérieur**, structure
proéminente de la face dorsale du mésencéphale (voir Figure 12.1 et 12.2), qui coordonne les mouvements de la tête et des yeux vers des cibles visuelles (et autres) ; ses
fonctions sont examinées au chapitre 20.

La nature des informations nécessaires aux fonctions de ces deux cibles rétiniennes
est fort différente. Pour lire cette page, par exemple, il faut échantillonner l'image
rétinienne avec une résolution élevée, tandis que la régulation des rythmes circadiens
ou l'ajustement adéquat de la pupille n'exige qu'une mesure globale du changement
des niveaux d'éclairement et peu ou pas d'informations sur les détails de l'image. Il
n'est donc guère surprenant de trouver plusieurs types de cellules ganglionnaires fournissant les informations appropriées aux fonctions de ces différentes cibles.

Les projections vers le corps genouillé latéral (décrites en détail ci-dessous) ont
pour origine au moins trois classes de cellules ganglionnaires, auxquelles leurs propriétés permettent de donner naissance aux multiples aspects de la perception visuelle
(détails, couleur, mouvement). Par contre, les projections vers le prétectum et l'hypothalamus émanent de cellules ganglionnaires auxquelles ces propriétés font défaut, mais
qui sont parfaitement aptes à détecter les flux de luminance. On commence à peine
à identifier les éléments rétiniens contribuant à la différenciation de ces diverses classes
de cellules ganglionnaires ; il ne s'agit pas seulement de différences de connectivité des
cellules ganglionnaires, mais également de différences dans le site de la phototransduction. À la différence de la majorité des cellules ganglionnaires, dont la sensibilité à la
lumière dépend des cônes et des bâtonnets, celles qui projettent vers le prétectum et

l'hypothalamus expriment leur propre pigment photosensible (la *mélanopsine*) et sont capables de moduler leurs réponses aux variations du niveau d'éclairement en l'absence de signaux venant des cônes et des bâtonnets. La sensibilité à la lumière de cette classe de cellules ganglionnaires explique sans doute pourquoi les rythmes circadiens normaux se maintiennent chez les animaux qui n'ont plus de vision des formes par suite d'une dégénérescence des photorécepteurs des cônes et des bâtonnets.

La représentation rétinotopique du champ visuel

Les relations spatiales que les cellules ganglionnaires entretiennent entre elles, au sein de la rétine, sont préservées au niveau de leurs cibles centrales sous forme d'une représentation ordonnée, ou « carte », de l'espace visuel. La plupart des structures centrales reçoivent des informations des deux yeux ; il faut donc que celles-ci soient intégrées pour constituer une carte cohérente de chacun des points de l'espace. En règle générale, les informations issues de la moitié gauche du champ visuel, qu'elles proviennent de l'œil droit ou de l'œil gauche, sont représentées dans l'hémisphère droit et vice-versa.

Pour comprendre les bases nerveuses de cette organisation, il convient d'examiner la façon dont les images se forment sur les deux rétines et de quelle partie des deux rétines sont issues les fibres qui croisent dans le chiasma optique. La partie de l'espace visuel que voit chaque œil constitue son **champ visuel** (Figure 12.3A). À des fins descriptives, on divise chaque rétine en quadrants, ainsi que le champ visuel qui lui correspond. Pour ce faire, la surface de la rétine est divisée par une ligne horizontale et une ligne verticale se croisant au centre de la fovéa (Figure 12.3B). La ligne verticale divise la rétine en un **champ nasal** et un **champ temporal**, la ligne horizontale la divise en **champs supérieur** et **inférieur**. Dans l'espace visuel, les lignes verticale et horizontale correspondantes (appelées *méridiens*) se croisent au **point de fixation**, point de l'espace visuel dont l'image se forme sur la fovéa, et délimitent les quadrants du champ visuel. Le passage des rayons lumineux qui émanent d'un objet à travers l'appareil optique de l'œil inverse les images des objets du champ visuel sur la surface de la rétine, dans le sens haut-bas et droite-gauche. Par conséquent, les objets de la partie temporale du champ visuel sont vus par le champ rétinien nasal et ceux de la partie supérieure du champ visuel par le champ rétinien inférieur. (On comprendra mieux la figure 12.3B en imaginant que l'on regarde par l'arrière une rétine sur laquelle se projettent les différentes parties du champ visuel.)

Avec les deux yeux ouverts, les deux fovéas ont normalement pour cible un même point de l'espace visuel de sorte que les champs visuels des deux yeux présentent un large recouvrement (voir Figure 12.3B et Figure 12.4). Ce **champ de vision binoculaire** consiste en deux hémichamps visuels symétriques, l'un droit, l'autre gauche. L'hémichamp binoculaire gauche comprend le champ visuel nasal de l'œil droit et le champ visuel temporal de l'œil gauche ; l'hémichamp droit comprend le champ visuel temporal de l'œil droit et le champ visuel nasal de l'œil gauche. Les champs visuels temporaux sont plus étendus que les champs nasaux, ce qui reflète la taille des rétines nasales et temporales, respectivement. De ce fait, la vision de la périphérie du champ visuel est strictement monoculaire et met en jeu la partie la plus médiane de la rétine nasale. La partie restante du champ visuel est en grande partie vue par les deux yeux ; ceci signifie que les points de l'espace visuel se situent dans le champ visuel nasal d'un œil et dans le champ temporal de l'autre. On notera cependant que la forme du visage et du nez a un impact sur l'étendue de cette zone de vision binoculaire. En particulier, les champs visuels nasaux inférieurs sont moins étendus que les champs nasaux supérieurs et, par conséquent, le champ de vision binoculaire est plus petit dans la partie inférieure du champ visuel que dans sa partie supérieure (voir Figure 12.3B).

Les cellules ganglionnaires situées dans le champ nasal de chaque rétine émettent des axones qui croisent dans le chiasma optique, les axones de celles qui sont situées dans la rétine temporale restant du même côté (Figure 12.4). La démarcation (ou ligne de décussation) entre cellules ganglionnaires à projection controlatérale ou ipsilatérale passe par le centre de la fovéa et constitue la frontière entre les hémirétines temporale et nasale. Les images des objets situés dans l'hémichamp visuel gauche (comme le

(A)

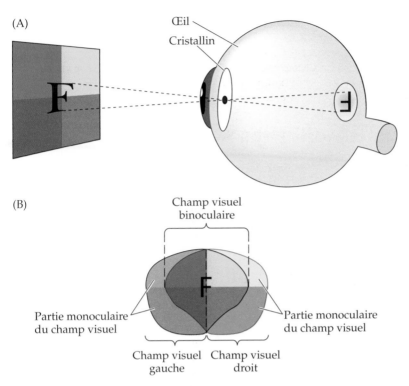

Œil

Cristallin

(B)

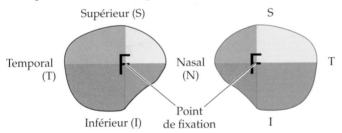

Champ visuel binoculaire

Partie monoculaire du champ visuel

Partie monoculaire du champ visuel

Champ visuel gauche

Champ visuel droit

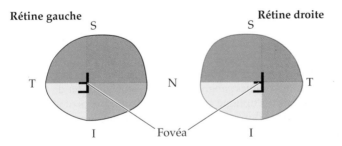

Champ visuel monoculaire gauche   **Champ visuel monoculaire droit**

Supérieur (S)

S

Temporal (T)

Nasal (N)

T

Inférieur (I)

Point de fixation

I

Rétine gauche   **Rétine droite**

S

S

T

N

T

Fovéa

I

I

Figure 12.3

Projection des champs visuels sur les rétines droite et gauche. (A) Projection d'une image sur la surface de la rétine. Le passage des rayons lumineux par le système optique de l'œil entraîne la formation sur la surface rétinienne d'images inversées dans le sens haut-bas et droite-gauche. (B) Les quadrants rétiniens et leurs relations avec l'organisation des champs visuels monoculaires et binoculaire, vus de la face arrière des yeux. Des lignes verticales et horizontales passant par le centre de la fovéa définissent les quadrants rétiniens (figures du bas). Des lignes semblables passant par le point de fixation définissent les quadrants du champ visuel (figures du centre). Le codage par couleurs indique les correspondances entre quadrants rétiniens et quadrants du champ visuel. La figure supérieure illustre le chevauchement des deux champs visuels monoculaires.

point B de la figure 12.4) se forment sur la rétine nasale de l'œil gauche et sur la rétine temporale de l'œil droit et les axones des cellules ganglionnaires de ces régions de chaque rétine empruntent le tractus optique droit. Les objets du champ visuel droit (tels que le point C de la figure 12.4) forment leur image sur la rétine nasale de l'œil droit et sur la rétine temporale de l'œil gauche ; les axones des cellules ganglionnaires de ces régions empruntent le tractus optique gauche. Comme il a été indiqué plus haut, les objets de la partie monoculaire des hémichamps visuels (les points A et D de la

Figure 12.4

Relations entre la projection du champ de vision binoculaire sur les deux rétines et le croisement des fibres dans le chiasma optique. Les points de la partie binoculaire du champ visuel gauche (B) se projettent sur la rétine nasale de l'œil gauche et sur la rétine temporale de l'œil droit. Les points de la partie binoculaire du champ visuel droit (C) se projettent sur la rétine nasale de l'œil droit et sur la rétine temporale de l'œil gauche. Les points situés dans la partie monoculaire des champs visuels droit et gauche (A et D) se projettent respectivement sur les rétines nasales gauche et droite. Les axones des cellules ganglionnaires de la rétine nasale croisent au niveau du chiasma optique, celles de la rétine temporale restent du même côté. En conséquence, les informations qui proviennent du champ visuel gauche empruntent le tractus optique droit et celles qui proviennent du champ visuel droit empruntent le tractus optique gauche.

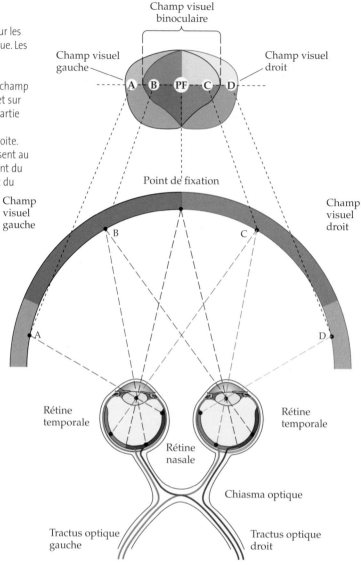

figure 12.4) ne sont vus que par le bord le plus périphérique de la rétine nasale de chaque œil ; les axones des cellules ganglionnaires de ces régions (et de toute la rétine nasale) empruntent le tractus optique controlatéral. Contrairement au nerf optique, le tractus optique comporte donc des fibres de cellules ganglionnaires émanant des deux yeux et représentant le champ visuel controlatéral.

Lorsque les fibres du tractus optique atteignent leurs cibles centrales, elles s'y terminent de façon ordonnée et forment une carte de l'hémichamp controlatéral. Pour leur part, les neurones du corps genouillé latéral préservent cette topographie dans leur projection sur le cortex strié (Figure 12.5). Dans le cortex strié, la fovéa est représentée dans la partie postérieure et les régions plus périphériques de la rétine sur les parties de plus en plus antérieures. Le champ visuel supérieur est représenté au-dessous de la scissure calcarine et le champ visuel inférieur au-dessus. Comme pour le système somesthésique, la surface corticale dévolue à une étendue donnée du territoire sensoriel n'est pas uniforme, mais reflète sa densité en récepteurs et la quantité de fibres sensitives qui en proviennent. Ainsi, tout comme la représentation de la main dans le système somesthésique, la fovéa a une représentation disproportionnée qui occupe presque tout le pole caudal du lobe occipital.

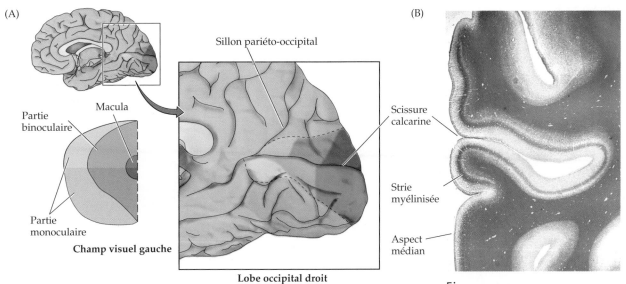

(A)

Sillon pariéto-occipital

Macula

Partie
binoculaire

Partie
monoculaire

Champ visuel gauche

Lobe occipital droit

(B)

Scissure
calcarine

Strie
myélinisée

Aspect
médian

Figure 12.5

Organisation rétinotopique du cortex strié du lobe occipital droit (vue sagittale médiane). (A) Le cortex visuel primaire occupe une grande partie du lobe occipital. L'aire de vision centrale (fovéa) est représentée sur une surface très étendue de la région caudale du lobe ; la vision périphérique est représentée plus en avant. Le champ visuel supérieur est représenté en dessous de la scissure calcarine, le champ visuel inférieur au-dessus. (B) Section coronale du cortex strié humain montrant la strie myélinisée caractéristique qui donne son nom à cette région du cortex. La scissure calcarine, sur l'aspect médian du lobe occipital, est indiquée. (B gracieusement communiqué par T. Andrews et D. Purves.)

Déficits du champ visuel

Un grand nombre de troubles, soit rétiniens soit centraux, sont susceptibles d'entraîner des déficits limités à des régions particulières de l'espace visuel. Comme les relations spatiales de la rétine sont préservées dans les structures visuelles centrales, une analyse soignée des champs visuels est souvent à même d'indiquer l'emplacement de la lésion neurologique. Les déficits portant sur une partie relativement étendue du champ visuel sont appelés **anopsies** (plus petits, ils portent le nom de **scotomes**) ; ce terme reçoit divers préfixes pour indiquer quelle région spécifique du champ visuel n'est plus vue.

Une lésion de la rétine ou du nerf visuel avant le chiasma entraîne une perte de la vision, qui se limite à l'œil d'origine (Figure 12.6A). Au contraire, une lésion au niveau du chiasma optique, ou plus centrale, provoque des types spécifiques de déficits qui concernent les champs visuels des deux yeux (Figure 12.6B-E). Les lésions des structures plus centrales que le chiasma optique, notamment du tractus optique, du corps genouillé latéral, des radiations optiques et du cortex visuel, donnent des déficits limités à l'hémichamp visuel controlatéral. L'interruption, par exemple, du tractus optique droit (Figure 12.6C) provoque la perte de la vision du champ visuel gauche (c'est-à-dire une cécité dans le champ visuel temporal de l'œil gauche et dans le champ visuel nasal de l'œil droit). Étant donné que ces lésions affectent les parties correspondantes du champ visuel de chaque l'œil, il y a perte complète de la vision dans la région affectée du champ visuel binoculaire et ce déficit reçoit le nom d'**hémianopsie homonyme** (dans le cas présent une hémianopsie homonyme gauche).

Une lésion du chiasma optique, par contre, s'accompagne de déficits qui concernent des parties du champ visuel de chaque œil qui ne se correspondent pas. Par exemple, une lésion de la partie moyenne du chiasma optique, habituellement associée à des tumeurs de l'hypophyse, peut toucher les fibres qui croisent en provenance de la rétine nasale de chaque œil et laisser intactes les fibres non croisées des rétines temporales. La perte de vision qui s'ensuit est limitée au champ visuel temporal de chaque œil et est appelée **hémianopsie bitemporale** (voir Figure 12.6B). On la qualifie également d'**hémianopsie hétéronyme** pour mettre l'accent sur le fait que les parties du champ visuel de chaque œil qui ne sont plus vues ne se recouvrent pas. Les personnes qui souffrent de ce trouble ont la possibilité de voir dans les champs visuels droit et gauche, à condition d'avoir les deux yeux ouverts. Mais elles ne reçoivent aucune information des régions les plus périphériques des champs visuels (qui ne sont vues que par les rétines nasales).

Figure 12.6

Déficits du champ visuel produits par des lésions à différents niveaux des voies visuelles primaires. La partie gauche de la figure représente l'organisation générale de la voie visuelle primaire et indique l'emplacement de différentes lésions. La partie droite illustre les déficits du champ visuel associés à chaque lésion. (A) Perte de vision de l'œil droit. (B) Hémianopsie bitemporale (hétéronyme). (C) Hémianopsie homonyme gauche. (D) Hémianopsie du quadrant supérieur gauche. (E) Hémianopsie homonyme gauche avec épargne maculaire.

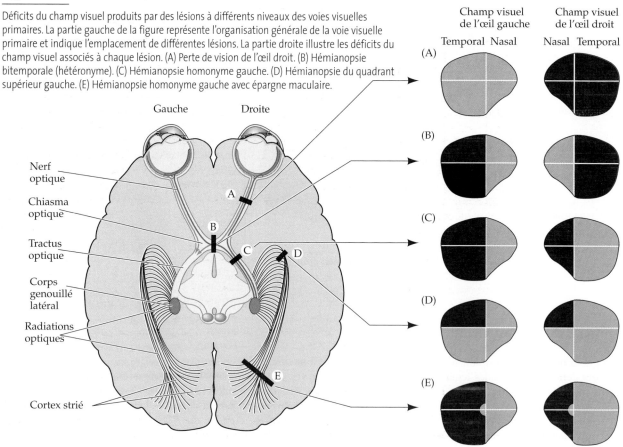

Les lésions des structures visuelles centrales sont rarement complètes; les déficits qui accompagnent les lésions du chiasma, du tractus optique, des radiations optiques ou du cortex visuel peuvent donc être plus limités que ceux que représente la figure 12.6. Ceci est particulièrement vrai des lésions siégeant le long des radiations optiques qui, du corps genouillé latéral au cortex strié, ont un trajet en éventail sous les lobes temporaux et pariétaux. Quelques-unes des fibres des radiations optiques font un détour dans leur trajet vers le cortex strié, formant dans le lobe temporal une boucle appelée l'**anse de Meyer** (Figure 12.7). L'anse de Meyer convoie les informations issues de la portion supérieure du champ visuel controlatéral. Les parties plus médianes des radiations optiques, qui passent sous le lobe pariétal, transmettent les informations venant de la portion inférieure du champ visuel controlatéral. Des lésions partielles du lobe temporal touchant l'anse de Meyer peuvent ainsi avoir pour conséquence une **hémianopsie homonyme en quadrant** du champ visuel supérieur (Figure 12.6D); si la lésion porte sur les radiations optiques situées en dessous du cortex pariétal, elle s'accompagne d'hémianopsie homonyme en quadrant du champ visuel inférieur.

Les lésions des structures visuelles centrales peuvent aussi s'accompagner d'un phénomène dit d'*épargne maculaire*: il s'agit d'une perte de la vision dans une grande étendue du champ visuel, à l'exception de la vision fovéale (voir Figure 12.6E). On observe couramment une épargne maculaire lors de lésions corticales, mais elle peut accompagner les lésions de n'importe quel endroit du trajet des voies visuelles. On a proposé plusieurs explications de l'épargne maculaire, notamment un recouvrement des projections croisées et non croisées des cellules ganglionnaires intervenant dans la vision centrale, mais la véritable origine de cette préservation sélective n'est pas connue.

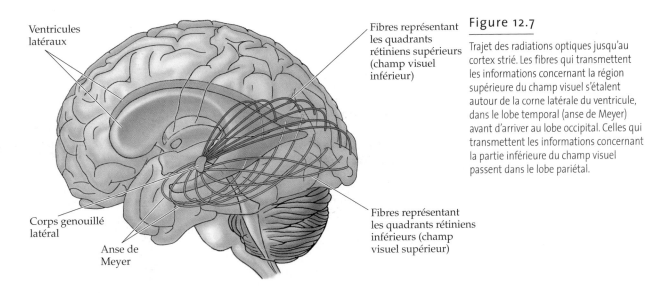

Ventricules latéraux

Corps genouillé latéral

Anse de Meyer

Fibres représentant les quadrants rétiniens supérieurs (champ visuel inférieur)

Fibres représentant les quadrants rétiniens inférieurs (champ visuel supérieur)

Figure 12.7

Trajet des radiations optiques jusqu'au cortex strié. Les fibres qui transmettent les informations concernant la région supérieure du champ visuel s'étalent autour de la corne latérale du ventricule, dans le lobe temporal (anse de Meyer) avant d'arriver au lobe occipital. Celles qui transmettent les informations concernant la partie inférieure du champ visuel passent dans le lobe pariétal.

L'organisation fonctionnelle du cortex strié

Ce que nous savons de l'organisation fonctionnelle du cortex visuel doit beaucoup aux travaux de David Hubel et Torsten Wiesel, qui enregistrèrent par microélectrodes, dans le corps genouillé latéral et le cortex visuel d'animaux anesthésiés, les réponses de neurones individuels à des stimulus rétiniens de formes variées (Figure 12.8A). Les réponses des neurones du corps genouillé latéral (CGL) se révélèrent très voisines de celles des cellules ganglionnaires, avec une organisation du champ récepteur en centre et pourtour et une sélectivité aux augmentations ou diminutions de luminance. Par contre, dans le cortex strié, les étroits faisceaux lumineux si efficaces pour stimuler les neurones de la rétine et du corps genouillé latéral étaient largement sans effet. Mais, chez le chat et le singe, les neurones corticaux répondaient vigoureuse-

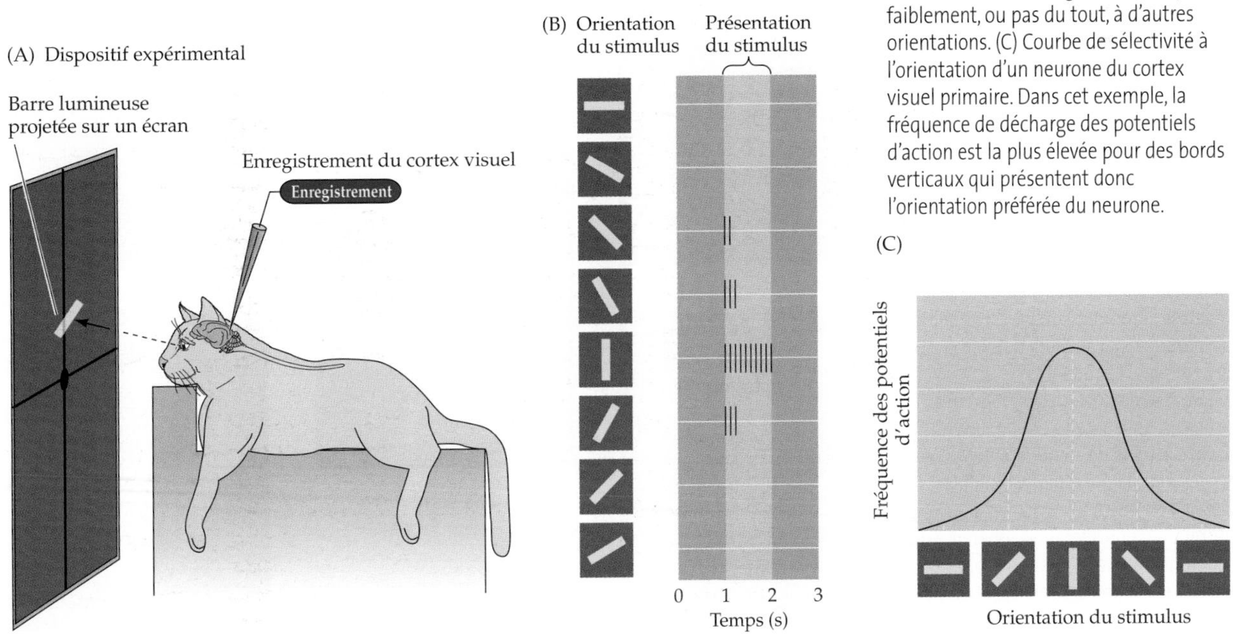

Figure 12.8

Les neurones du cortex visuel répondent sélectivement à des bords orientés. (A) Un animal anesthésié est muni de lentilles de contact assurant une focalisation de sa vision sur l'écran où sont projetés des stimulus visuels ; une électrode extracellulaire enregistre les réponses des neurones. (B) En règle générale, les neurones du cortex visuel répondent vigoureusement à des barres lumineuses orientées selon un angle donné, et plus faiblement, ou pas du tout, à d'autres orientations. (C) Courbe de sélectivité à l'orientation d'un neurone du cortex visuel primaire. Dans cet exemple, la fréquence de décharge des potentiels d'action est la plus élevée pour des bords verticaux qui présentent donc l'orientation préférée du neurone.

(A) Dispositif expérimental

Barre lumineuse projetée sur un écran

Enregistrement du cortex visuel

Enregistrement

(B) Orientation du stimulus

Présentation du stimulus

0 1 2 3
Temps (s)

(C)

Fréquence des potentiels d'action

Orientation du stimulus

ment à des bords ou à des barres de contraste, à condition qu'ils soient présentés dans le champ récepteur selon une orientation particulière (Figure 12.8B). Les neurones corticaux répondent donc préférentiellement à des orientations spécifiques des bords, tout comme les cônes répondent préférentiellement à certaines longueurs d'onde. Le maximum de la courbe de réponse d'un neurone (c'est-à-dire l'orientation pour laquelle il donne la plus forte réponse) est défini comme l'*orientation préférée* du neurone (Figure 12.8C). En enregistrant les réponses d'un large échantillon de neurones, Hubel et Wiesel ont montré que toutes les orientations d'un bord ou d'une barre sont représentées de façon à peu près égale dans le cortex visuel. Le codage d'une orientation particulière d'un élément de la scène visuelle se fait donc par l'activité d'une population distincte de neurones sélectivement sensibles à cette orientation.

Pour se faire une idée de la façon dont les propriétés d'une image peuvent être représentées par une population de neurones spécifiquement sensibles à des orientations particulières, on peut décomposer cette image en ses différentes fréquences (méthode d'analyse due au mathématicien français Joseph Fourier) que l'on filtre ; on obtient ainsi une série d'images dont la composition spectrale simule les informations transmises par des neurones ayant une sensibilité préférentielle pour telle ou telle orientation (Figure 12.9). Chaque classe de neurones à orientation préférentielle ne transmet qu'une fraction des informations présentes dans la scène visuelle, celles qui correspondent à ses propriétés de filtre ; mais les informations de ces différents filtres contiennent toutes les informations spatiales nécessaires pour créer une représentation fidèle de l'image originelle.

La préférence pour une orientation particulière n'est que l'une des propriétés de filtrage des neurones du cortex visuel. Une partie non négligeable des neurones corticaux sont sensibles à une direction particulière dans laquelle se déplace un stimulus ; ils donnent, par exemple, une réponse plus vigoureuse pour un déplacement vers la droite que pour un déplacement vers la gauche. Les neurones peuvent également présenter une sensibilité préférentielle à certaines fréquences spatiales (degré de finesse des variations de contraste affectant leur champ récepteur) ou à certaines fréquences temporelles (fréquence des changements de contraste). Quelles sont les raisons de la sensibilité spécifique des neurones corticaux à ces caractéristiques des stimulus ? Des analyses computationnelles laissent penser que les propriétés dont est doué leur champ récepteur en font des analyseurs adaptés à la structure statistique des scènes naturelles

Figure 12.9

Représentation d'une image visuelle par des neurones répondant sélectivement à des orientations différentes du stimulus. Cette simulation utilise une technique mathématique d'analyse d'image (filtrage sélectif de la transformée de Fourier à deux dimensions de l'image) pour illustrer les attributs de l'image visuelle (lévrier et clôture) qui seraient représentés dans les réponses de neurones corticaux ayant des orientations préférées différentes. Les vignettes entourant l'image illustrent les composantes qui seraient détectées par les neurones répondant préférentiellement à des orientations verticales, horizontales et obliques (carrés bleus). L'activité de ces différentes populations de neurones est intégrée, d'une façon que nous ignorons, pour fournir une représentation cohérente des caractéristiques de l'image. (Photos gracieusement communiquées par Steve Van Hooser et Elisabeth Johnson.)

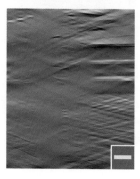

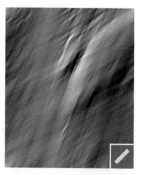
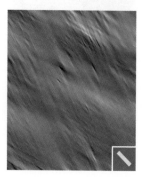

et sont à la base d'un codage neural efficace, qui maximise la quantité des informations codées tout en gardant la redondance au minimum.

Architecture du cortex visuel primaire

Comme tout néocortex, le cortex visuel est une couche de neurones d'environ 2 millimètres d'épaisseur qui, sur des préparations histologiques colorées pour révéler la densité et la taille de leurs corps cellulaires, fait apparaître une structure stratifiée (voir le chapitre 26 pour une vue générale de la structure du cortex et des types cellulaires). Par convention, le néocortex est divisé en six couches de cellules numérotées de 1 à 6 (Figure 12.10A). Compte tenu de la complexité du cortex visuel des primates, on peut subdiviser les couches en sous-couches que l'on affecte alors de lettres des alphabets latin et grec (ainsi la couche 4Cβ).

Bien que les circuits intracorticaux aient une organisation complexe dont le détail est mal connu, il peut être utile d'un point de vue didactique d'indiquer les grandes lignes de l'organisation des entrées et sorties du cortex visuel (Figure 12.10B). Les axones du corps genouillé latéral (CGL) se terminent principalement dans la couche 4C du cortex, couche qui est composée d'une catégorie de cellules (les neurones étoilés épineux) dont les axones acheminent vers d'autres couches corticales les signaux reçus du CGL. Dans les couches superficielles du cortex visuel, des cellules pyramidales (ainsi nommées d'après la forme de leur corps cellulaire) sont à l'origine de projections vers les aires corticales extrastriées ; les cellules pyramidales des couches profondes envoient leurs axones vers des cibles sous-corticales, notamment le CGL et le colliculus supérieur. On voit donc que l'organisation en couches du cortex visuel, comme celle d'autres aires corticales, sert à regrouper des populations de neurones ayant en commun des profils de connexions semblables.

Un examen rapide de coupes histologiques ne permet guère, par contre, de distinguer le degré élevé d'organisation radiale que présente également le cortex. Des pénétrations d'électrodes perpendiculaires à la surface du cortex rencontrent des colonnes de neurones dont les champs récepteurs ont des propriétés similaires ; ils répondent, par exemple, à des stimulus émanant de la même région de l'espace visuel, et préférentiellement à ceux qui ont des propriétés semblables, telles que l'orientation de leur bord ou la direction de leur

Figure 12.10

Organisation du cortex visuel primaire (cortex strié). Le cortex strié est divisé en six couches principales qui diffèrent par leur densité cellulaire ainsi que par la morphologie et les connexions des cellules qu'on y rencontre. (A) Cortex visuel primaire visualisé par une coloration histologique révélant les corps cellulaires. Chez les primates, la couche 4 a plusieurs subdivisions (4A, 4B et 4C ; voir également la figure 12.5). (B) Les cellules pyramidales, avec leurs dendrites apical et basal proéminents, constituent le type cellulaire le plus abondant du néocortex. On les trouve dans toutes les couches, à l'exception de la couche 4C. La couche 4C comprend essentiellement des neurones étoilés épineux dont les dendrites ne s'étendent pas au-delà de cette couche. (C) Répartition dans les différentes couches corticales des afférences issues du corps genouillé latéral. Les axones du CGL se terminent principalement dans les couches 4C et 4A et de façon moins dense dans les couches 1, 2-3 et 6. Les projections sur la couche 2-3 se font de façon inégale et morcelée. (D) Organisation interlaminaire des principales connexions intracorticales. Les cellules de la couche 4C émettent des axones qui se terminent dans les couches superficielles 4B et 2-3. Les axones des neurones de la couche 2-3 se terminent majoritairement dans la couche 5. Les axones de la couche 6 se terminent dans la couche 4C. (E) Couches d'origines des neurones projetant vers diverses cibles. Les projections vers le cortex extrastrié sont issues principalement des couches 2-3 et 4B (en rouge). Les projections descendantes vers le CGL proviennent des neurones de la couche 6 (en bleu), celles qui sont destinées au colliculus supérieur viennent de la couche 5 (en vert).

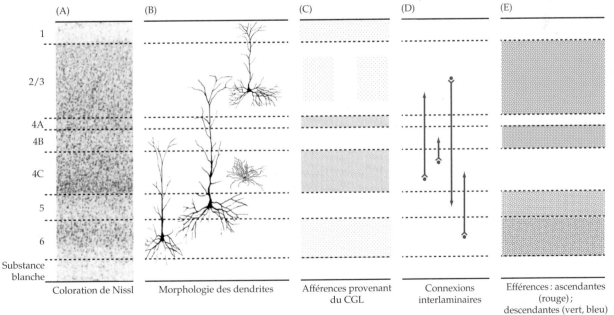

(A)	(B)	(C)	(D)	(E)

1
2/3
4A
4B
4C
5
6
Substance blanche

Coloration de Nissl · Morphologie des dendrites · Afférences provenant du CGL · Connexions interlaminaires · Efférences : ascendantes (rouge) ; descendantes (vert, bleu)

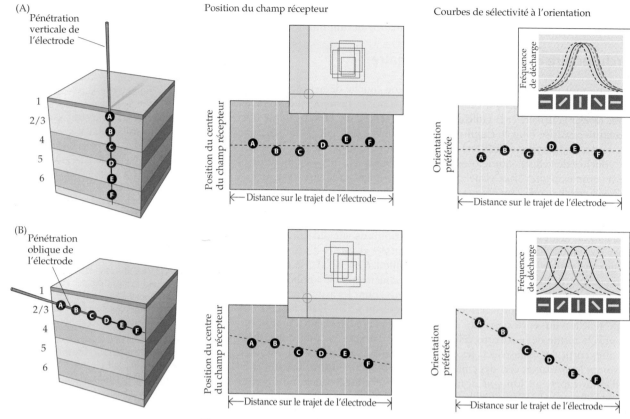

Figure 12.11

La progression ordonnée des propriétés de réponse à l'intérieur d'une colonne forme la base des cartes fonctionnelles du cortex visuel primaire. (A) Les neurones disposés le long de l'axe radial du cortex ont des champs récepteurs centrés sur la même région de l'espace visuel et leurs orientations préférées sont semblables. À gauche, schéma d'une descente verticale de microélectrode dans le cortex visuel primaire. Les champs récepteurs des neurones rencontrés sur le trajet de l'électrode sont situés dans la partie supérieure du champ visuel droit (graphique du milieu, en haut ; l'intersection des axes représente le centre du regard). Noter le peu de variation de la position du centre des champs récepteurs (graphique du milieu, en bas). De même, les courbes de sélectivité à l'orientation (graphique de droite, en haut) et l'orientation préférée (graphique de droite, en bas) des neurones rencontrés sur le parcours de l'électrode montrent que les orientations préférées sont peu différentes. (B) Les neurones disposés le long de l'axe tangentiel du cortex montrent une progression ordonnée des propriétés de leur champ récepteur. Les neurones rencontrés ont des champs récepteurs (graphiques du milieu) et des orientations préférées (graphiques de droite) qui se décalent de façon progressive.

déplacement (Figure 12.11). L'uniformité des réponses le long de l'axe radial amène à se poser la question évidente : comment les propriétés des réponses changent-elles d'une colonne à l'autre ? D'après ce qui vient d'être dit sur la façon dont sont organisées les cartes de l'espace visuel dans le cortex visuel primaire, il n'est pas surprenant que des colonnes adjacentes aient des champs récepteurs légèrement décalés les uns par rapport aux autres. Dans ces conditions, une électrode pénétrant dans le cortex de façon tangentielle rencontre des colonnes de neurones dont les champs récepteurs se recouvrent en grande partie, mais avec un décalage progressif suivant la carte globale de l'espace visuel.

(A)   (B)

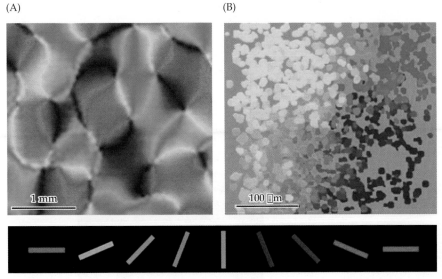

Figure 12.12

Les techniques d'imagerie fonctionnelle mettent en évidence des cartes ordonnées des orientations préférées dans le cortex visuel primaire. (A) Vue de la surface du cortex visuel par imagerie optique intrinsèque mettant en évidence la carte des orientations préférées. Les couleurs indiquent l'orientation préférée moyenne des colonnes d'un endroit donné ; en rouge, emplacement des colonnes répondant préférentiellement aux orientations horizontales ; en bleu, colonnes répondant préférentiellement aux orientations verticales. La progression régulière des orientations préférées est interrompue par des discontinuités (centres des moulinets ; cercle). (B) Cellules individuelles d'un moulinet visualisées par microscopie à deux photons des signaux calciques. On remarquera que les neurones adjacents ont des orientations préférées similaires sauf au centre où les préférences de neurones voisins sont presque indépendantes. (A gracieusement communiqué par D. Fitzpatrick, B modifié d'après Ohki et al., 2006)

Comme pour l'emplacement des champs récepteurs, il y a un recouvrement important des courbes de sélectivité à l'orientation entre colonnes adjacentes ; cependant, des pénétrations tangentielles révèlent fréquemment une progression ordonnée des orientations préférées (voir Figure 12 11.B). Les techniques d'imagerie fonctionnelle ont permis de visualiser l'agencement bidimensionnel de la carte des orientations préférées à la surface du cortex visuel (Figure 12.12). Dans sa majeure partie, cette carte montre des changements progressifs réguliers, du type de ce que l'on voit pour la carte de l'espace visuel. Cette progressivité est interrompue périodiquement par des discontinuités ponctuelles où des neurones aux sensibilités préférentielles différentes sont les uns à côté des autres dans une configuration qui ressemble au moulinet à vent des enfants. La gamme complète des orientations préférées, de 0 à 180 degrés, se répète plusieurs fois, de sorte que des neurones ayant la même orientation préférée sont disposés de façon répétitive sur toute la surface du cortex visuel primaire, à intervalles d'environ 1 mm. Cette itération garantit que tout l'éventail des orientations est couvert pour chaque région de l'espace visuel, sans qu'il y ait de « trous » dans la représentation des orientations des stimulus. Chaque point de l'espace visuel se trouve donc dans le champ récepteur d'un grand nombre de neurones qui, ensemble, occupent sur le cortex une surface de plusieurs millimètres carrés et dont les préférences couvrent la gamme entière des orientations. Comme le montre l'encadré 9B, un certain nombre d'autres régions du cortex présentent la même organisation en colonnes de leurs circuits de traitement.

Combinaison des messages afférents issus des deux yeux

À la différence des neurones des étapes antérieures de la voie visuelle primaire, la plupart des neurones du cortex strié sont binoculaires : ils répondent à la stimulation de l'œil droit et de l'œil gauche. Le corps genouillé latéral reçoit des afférences des deux yeux, mais les axones issus de la rétine controlatérale et ceux de la rétine ipsilatérale se terminent sur des couches séparées en sorte que les neurones géniculés sont strictement monoculaires ; ils sont activés par l'œil droit ou par l'œil gauche, mais pas par les deux yeux (Figure 12.13A-C). Les messages émanant de chacun des yeux et transmis par les axones des neurones géniculés continuent d'être séparés aux premiers niveaux du traitement cortical. Les axones géniculés se terminent en effet, dans la

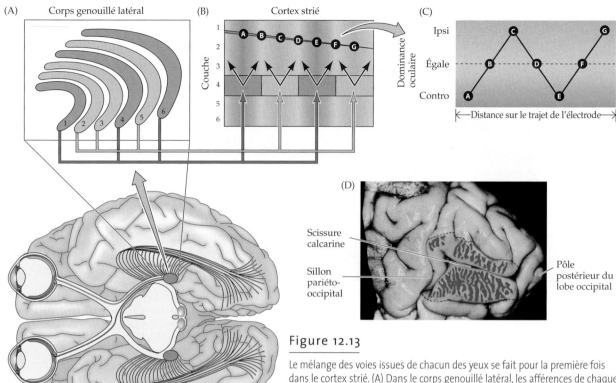

Figure 12.13

Le mélange des voies issues de chacun des yeux se fait pour la première fois dans le cortex strié. (A) Dans le corps genouillé latéral, les afférences de chaque œil restent confinées dans des couches distinctes. (B) Chez beaucoup d'espèces, y compris la plupart des primates, les afférences de chaque œil demeurent séparées en colonnes de dominance oculaire au niveau de la couche 4. Les neurones de la couche 4 envoient leurs axones vers d'autres couches corticales ; c'est à cette étape que les messages des deux yeux convergent sur les mêmes neurones individuels. (B, C) Démonstration physiologique de l'organisation du cortex visuel primaire en colonnes de dominance oculaire. Les neurones corticaux répondent de façon plus ou moins vigoureuse aux messages émanant de chacun des yeux ; ils peuvent répondre exclusivement à un œil ou de façon égale à chacun d'eux. Les neurones rencontrés sur le parcours d'une électrode descendue verticalement tendent, à l'exception de ceux de la couche 4, à présenter la même dominance oculaire. Par contre, une pénétration tangentielle de l'électrode au travers des couches superficielles fait apparaître un décalage graduel de la vigueur de la réponse à chacun des deux yeux, qui passe de la dominance complète d'un œil à une influence égale de chacun d'eux. (D) Organisation de la dominance oculaire dans le cortex strié humain. L'alternance des colonnes de dominance de l'œil droit et de l'œil gauche au niveau de la couche 4 a été reconstruite à partir de coupes histologiques et projetées sur une photographie de la paroi médiane du lobe occipital. (D d'après Horton et Hedley-Whyte, 1984.)

couche 4 du cortex, sur des **colonnes de dominance oculaire**, avec alternance de l'œil dominant (Figure 12.13D). Au-delà de ce point toutefois, les signaux des deux yeux convergent, les axones des neurones de deux colonnes adjacentes de la couche 4 faisant synapse avec un même neurone d'une autre couche corticale. En dehors de la couche 4, la plupart des neurones sont binoculaires, mais la proportion des messages qu'ils reçoivent de chaque œil varie d'un neurone à l'autre selon une progression régulière propre à l'organisation en colonnes et reflétant l'alternance des colonnes de dominance oculaire de la couche 4. C'est ainsi que les neurones situés au-dessus du centre d'une colonne de dominance oculaire de la couche 4 répondent presque exclusivement à l'œil droit ou à l'œil gauche. Ceux qui sont au-dessus des frontières entre colonnes de dominance oculaire de la couche 4 répondent de façon égale à la stimulation de chacun des deux yeux. Comme dans le cas des cartes de sélectivité à l'orientation, la pénétration tangentielle d'une électrode dans les couches superficielles du cortex strié révèle un décalage continu et régulier de la dominance oculaire des neurones rencontrés (voir Figure 12.13B, C). À l'exception de la couche 4 qui est strictement monoculaire, des pénétrations verticales ne rencontrent que des neurones ayant des préférences oculaires semblables.

La réunion, dans le cortex strié, des afférences venant des deux yeux est à la base de la **stéréopsie**, c'est-à-dire la sensation de profondeur ou de relief, qui se manifeste quand on regarde des objets proches avec les deux yeux et non avec un seul. Étant donné que les yeux voient le monde sous des angles légèrement différents, les objets qui se situent en avant ou en arrière du plan de fixation se projettent sur des points non homologues de chacune des rétines. On peut s'en rendre compte de la façon suivante. Étendez le bras et fixez l'extrémité de l'un de vos doigts. Tout en continuant à fixer ce doigt, prenez un crayon de l'autre main et tenez-le à peu près à mi-distance. Dans cette situation, l'image du crayon se forme sur des points non homologues des deux rétines et l'on perçoit deux crayons (c'est le phénomène de perception visuelle dédoublée ou *diplopie*). Si maintenant vous approchez le crayon de votre doigt (point de fixation), les deux images du crayon fusionnent et vous n'en voyez plus qu'une seule, en avant du doigt. Ainsi, sur une petite distance de part et d'autre du point de fixation où la disparité entre les deux vues du monde demeure modeste, on ne voit qu'une seule image et la disparité entre ce que voient les deux yeux est interprétée comme *profondeur* (Figure 12.14I). Des indices de disparité sont normalement fournis par les objets que nous voyons; parfois ces indices sont à eux seuls si puissants qu'ils peuvent faire apparaître des objets qui ne sont pas vus en vision monoculaire (Encadré 12A).

Il existe, dans le cortex strié et dans d'autres aires visuelles du cortex, des neurones dotés de propriétés qui en font d'excellents candidats pour extraire les informations de disparité binoculaire. Chez ces neurones, les régions du champ récepteur activées par chacun des deux yeux sont légèrement décalées, soit par rapport à la position de l'espace visuel qu'elles représentent, soit du fait de leur organisation interne; il s'ensuit que ces neurones subissent une excitation maximale de la part de stimulus qui tombent sur des endroits non homologues des deux rétines. Certains neurones (les **cellules «loin»**) déchargent pour des stimulus situés au-delà du plan de fixation tandis que d'autres (les **cellules «près»**) répondent à des stimulus situés en deçà du plan de fixation. Les **cellules à disparité zéro** ou réglées à zéro (*tuned zero*), qui répondent sélectivement à des points situés dans le plan de fixation, constituent une troisième catégorie. On estime que les patterns de décharge de ces différentes catégories de neurones sont à l'origine de la sensation de profondeur stéréoscopique.

Il est intéressant de noter que les réponses binoculaires des neurones corticaux exigent, pour se maintenir, une activité normale des deux yeux juste après la naissance. Tout ce qui crée un déséquilibre entre l'activité des deux yeux – un cristallin qui s'opacifie, par exemple, ou un mauvais alignement des yeux chez le nourrisson (strabisme) – peut définitivement réduire la capacité d'un œil à activer les neurones corticaux et donc perturber l'utilisation des indices de profondeur que donnent les informations binoculaires. La détection précoce des troubles visuels et leur correction sont donc essentielles pour des fonctions visuelles normales à l'âge adulte (voir Chapitre 24).

Division du travail dans la voie visuelle primaire

En plus de leur spécificité pour les afférences de l'un ou de l'autre œil, les couches du CGL se différencient également par la taille de leurs neurones. Les deux couches les plus ventrales sont composées de neurones de grande taille et appelées pour cette raison **couches magnocellulaires**; les couches plus dorsales comprennent des neurones de petite taille et sont dites **couches parvocellulaires**. Ces couches magno- et parvocellulaires reçoivent leurs afférences de populations distinctes de cellules ganglionnaires présentant les mêmes différences de taille. Les cellules ganglionnaires de

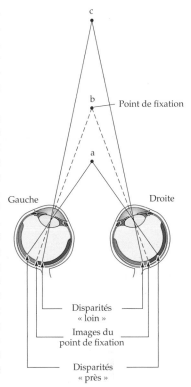

Figure 12.14

La disparité binoculaire est généralement considérée comme la base de la stéréopsie. Quand les yeux fixent le point b, les points situés au-delà (point c) ou en deçà (point a) du point de fixation se projettent sur des points non homologues des deux rétines. Quand les disparités sont faibles, les images fusionnent et la disparité est interprétée par le cerveau comme une légère différence de profondeur. Des disparités plus marquées donnent naissance à une vision dédoublée ou diplopie (mais ce phénomène normal passe généralement inaperçu).

ENCADRÉ 12A *Stéréogrammes à points aléatoires et autres divertissements*

Nous devons aux travaux de Bela Julesz, réalisés en 1959 aux Laboratoires Bell à Murray Hill, New Jersey, une avancée importante dans notre compréhension de la stéréopsie. Julesz a découvert une façon astucieuse de montrer que la stéréoscopie dépend de la concordance entre les informations vues par les deux yeux, sans aucune connaissance préalable du ou des objet(s) que cette concordance peut produire. Julesz, un Hongrois, ingénieur et physicien de formation, travaillait aux moyens de débusquer les camouflages. Il supposa que la capacité qu'a le cerveau de fusionner les images légèrement différentes de chaque œil pour en tirer de nouvelles informations pourrait servir pour venir à bout des camouflages militaires. Julesz se rendit compte également que, si son hypothèse était exacte, on devait faire émerger une figure cachée dans un pattern aléatoire présenté aux deux yeux, en déplaçant horizontalement une partie du pattern, par ailleurs identique, dans l'image qu'en voit l'un ou l'autre œil. Un déplacement horizontal dans un sens ferait apparaître l'objet caché devant le plan du fond, un déplacement en sens contraire le ferait apparaître derrière. L'illustration ci-contre présente une de ces figures, appelées stéréogrammes à points aléatoires, et elle explique comment on les construit. Les deux images peuvent être facilement fusionnées en utilisant un stéréoscope (tel que le jouet

populaire Viewmaster®) ou simplement en faisant diverger les deux yeux. Pour la plupart des gens, le plus facile pour y parvenir est d'imaginer qu'ils regardent à travers la figure. Après quelques secondes durant lesquelles le cerveau essaie de trouver un sens à ce qui lui est présenté, les deux images fusionnent et la figure cachée apparaît (ici, un carré au milieu de la figure). Le stéréogramme à points aléatoires a été largement utilisé pendant une quarantaine d'années dans les recherches sur la stéréoscopie, bien qu'il subsiste des désaccords sur la façon dont ce type de stimulus donne l'impression de profondeur.

Un dérivé impressionnant et extraordinairement populaire de ces stéréogrammes à points aléatoires est l'autostéréogramme (Figure C). Le premier à envisager la possibilité de l'autostéréo-

gramme fut, au dix-neuvième siècle, le physicien britannique Sir David Brewster. En regardant un papier peint victorien à motifs répétés, mais décalés, il remarqua qu'en fusionnant les motifs, il apercevait deux plans différents. Les autostéréogrammes que l'on peut voir aujourd'hui à profusion sur des posters, dans des livres et mêmes dans des journaux, sont de proches parents des stéréogrammes à points aléatoires dans la mesure où l'on a toujours affaire à des motifs répétitifs et décalés, mais par ordinateur. Ils ont pour effet de faire émerger des plans différents à partir de ce qui apparaît comme un méli-mélo d'informations visuelles sans signification (ou bien, selon le goût du créateur, à partir d'une scène apparemment normale où se cachent les informations répétitives et décalées). Certains sont construits pour faire apparaître une

Stéréogrammes à points aléatoires et autostéréogrammes. (A) Pour construire un stéréogramme à points aléatoires, on crée un pattern de points aléatoires à observer d'un œil. Le stimulus destiné à l'autre œil est créé en copiant la première image, en en déplaçant horizontalement une région particulière et en comblant ce qui manque avec un échantillon aléatoire de points. (B) Quand les images droite et gauche sont regardées ensemble, mais de façon indépendante par chacun des deux yeux (soit à l'aide d'un stéréoscope, soit par fusion des images en faisant converger ou diverger les yeux), la région décalée (un carré) apparaît dans un plan différent de celui des autres points. (A d'après Wandell, 1995.)

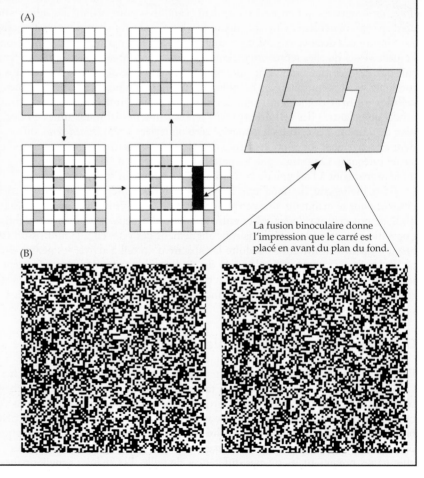

(A)

(B)

La fusion binoculaire donne l'impression que le carré est placé en avant du plan du fond.

figure cachée quand les yeux divergent, d'autres quand ils convergent. (On fait diverger ses yeux si l'on regarde plus loin que le plan de l'image, on les fait converger en regardant en avant de ce plan ; voir Figure 12.14.)

L'élévation de l'autostéréogramme au rang d'art populaire est probablement due à Chris W. Tyler, un élève de Julesz, spécialiste de psychophysique visuelle et l'un des premiers créateurs d'autostéréo-grammes commerciaux. De nombreux et éminents artistes graphiques sont aujourd'hui impliqués dans l'élaboration de ce type d'images, surtout au Japon, où l'autostéréogramme jouit d'une popularité considérable. De même qu'avec les stéréogrammes à points aléatoires, l'observateur ne sait pas toujours ce qu'il doit faire en regardant l'autostéréogramme. Néanmoins, la figure cachée finit par émerger, souvent après des minutes d'effort où le cerveau essaie automatiquement

d'extraire un sens de ces informations occultées.

Références

JULESZ, B. (1971), *Foundations of Cyclopean Perception*. Chicago, The University of Chicago Press.

JULESZ, B. (1995), *Dialogues on Perception*. Cambridge, MA, MIT Press.

N.E. THING ENTERPRISES (1993), *Magic Eye: A new way of looking at the World*. Kansas City, Andrews and McMeel.

(C) Un autostéréogramme. La figure cachée (trois formes géométriques) émerge lorsque, dans le cas présent, on fait diverger les yeux. (C gracieusement communiqué par Jun Oi.)

type M, qui se terminent dans les couches magnocellulaires ont des corps cellulaires plus grands, des panaches dendritiques plus étendus et des axones de plus gros calibre que les cellules de type P, qui se terminent dans les couches parvocellulaires (Figure 12.15A, B). En outre les axones des neurones de relais des couches magno- et parvocellulaires du CGL se terminent sur des populations neuroniques situées dans des strates différentes de la couche 4C du cortex strié. Les axones magnocellulaires se terminent sur la partie supérieure de la couche 4C (4Cα), les axones parvocellulaires sur sa partie inférieure (4Cβ) (Figure 12.15C). La voie rétino-géniculée se compose donc d'une voie magnocellulaire (voie M) et d'une voie parvocellulaire (voie P) acheminant en parallèle des informations de nature différente jusqu'aux premiers niveaux de traitement cortical.

Les réponses des cellules ganglionnaires de type M et P présentent des différences de propriétés qui donnent d'importantes indications sur la contribution des voies magno- et parvocellulaires à la perception visuelle. Les ganglionnaires de type M ont des champs récepteurs plus étendus que celles de type P et leurs axones ont des vitesses de conduction plus élevées. Les différences entre cellules M et P ne sont pas toujours liées de manière évidente à leur morphologie. Les cellules de type M répondent d'une manière phasique (transitoire) à la présentation de stimulus visuels, tandis que les cellules de type P répondent de manière tonique (maintenue). En outre, les cellules P sont capables de transmettre des informations sur la couleur, contrairement aux cellules M. Ceci est dû au fait que les centres et les pourtours des champs récepteurs

Figure 12.15

Les voies magno-, parvo- et koniocellulaire.
(A) Dessins de cellules ganglionnaires M, P et K telles qu'elles apparaissent sur des coupes de rétine. Les cellules M ont des somas de grande taille et des champs dendritiques étendus. Elles projettent sur les couches magnocellulaires du corps genouillé latéral. Les cellules P ont des somas et des champs dendritiques plus petits. Elles projettent sur les couches parvocellulaires du corps genouillé latéral. Les cellules K ont de petits corps cellulaires et des champs dendritiques de taille intermédiaire. Elles projettent sur les couches koniocellulaires du corps genouillé latéral. (B) Microphotographie du corps genouillé latéral humain montrant les couches magno-, parvo- et koniocellulaires. (C) Terminaison des axones des neurones géniculés dans le cortex strié. Les couches magnocellulaires se terminent dans la couche 4Cα, les couches parvocellulaires dans la couche 4Cβ et les couches koniocellulaires se terminent de façon inégale et morcelée dans les couches 2 et 3. Par souci de simplicité, les projections sur les autres couches ont été omises (voir Figure 12.10). (A d'après Watanabe et Rodieck, 1989 ; B gracieusement communiqué par T. Andrews et D. Purves.)

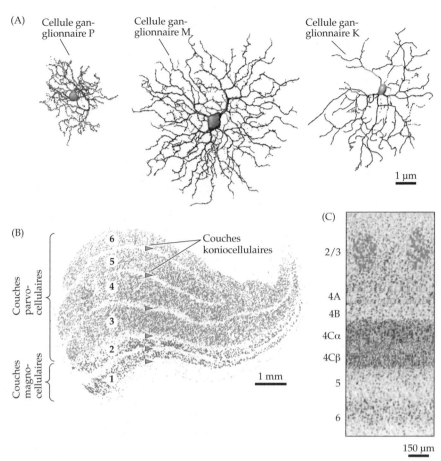

des cellules P sont activés par des cônes de catégories différentes (à savoir les cônes ayant une sensibilité préférentielle aux longueurs d'ondes courtes, moyennes ou longues). Certaines cellules ganglionnaires de type P, par exemple, ont un champ récepteur dont le centre reçoit les messages de cônes sensibles aux grandes longueurs d'onde (rouge), leur pourtour recevant les messages de cônes sensibles aux longueurs d'onde moyennes (vert). D'autres ont un centre connecté aux cônes verts et un pourtour aux cônes rouges (voir Chapitre 11). En conséquence, les cellules P sont sensibles aux différences de longueur d'onde de la lumière qui tombe sur le centre et le pourtour de leur champ récepteur. Les cellules ganglionnaires de type M reçoivent, elles aussi, des informations venant des cônes, mais ce sont les mêmes types de cônes qui activent le centre et le pourtour de leur champ récepteur, les trois types de cônes prenant part à cette activation. L'absence de spécificité dans le type de cône contribuant à l'antagonisme entre centre et pourtour fait que les cellules M ne présentent pratiquement aucune sensibilité aux différences de longueur d'onde de la lumière entre le centre et le pourtour de leur champ récepteur ; elles sont donc bien incapables de transmettre des informations de cette nature à leurs cibles centrales.

La contribution des voies magno- et parvocellulaire à la perception visuelle a été testée expérimentalement chez des singes en examinant leurs capacités visuelles après une lésion sélective des couches soit magno- soit parvocellulaires du corps genouillé latéral. La lésion des couches magnocellulaires n'a que peu d'effet sur l'acuité visuelle ou sur la vision des couleurs, mais elle réduit nettement l'aptitude à percevoir des stimulus en mouvement rapide. À l'inverse, la lésion des couches parvocellulaires n'a pas d'effet sur la perception du mouvement, mais elle dégrade sévèrement l'acuité visuelle et la perception des couleurs. Ces observations suggèrent que les informations véhiculées par la voie P sont particulièrement importantes pour la vision à haute résolution, telle que l'exige l'analyse détaillée de la forme, de la taille et de la couleur des objets. La voie M joue pour sa part un rôle déterminant dans les tâches qui exigent une résolution temporelle élevée, comme c'est le cas lorsqu'il faut estimer la position, la vitesse et la direction d'un objet qui se déplace rapidement.

En plus des voies M et P, on a identifié un troisième type de voie aboutissant dans le corps genouillé latéral, la **voie koniocellulaire**, ou **voie K** (voir Figure 12.15). Les neurones qui participent à cette voie sont situés dans les zones interlaminaires qui séparent les différentes couches du CGL. Ils reçoivent leurs afférences d'axones rétiniens de faible calibre et projettent de façon disparate sur les couches superficielles 2 et 3 du cortex strié. On ne connaît pas la contribution exacte de la voie K à la perception ; tout ce que l'on sait est que certaines caractéristiques de la vision des couleurs, notamment les informations issues des cônes sensibles aux longueurs d'ondes courtes, peuvent être transmises par la voie K et non par la voie P. La raison pour laquelle les signaux des cônes sensibles aux faibles longueurs d'onde sont traités différemment des informations relatives aux longueurs d'onde moyennes et longues n'est pas claire, mais cette différence pourrait indiquer que la voie K est apparue plus tôt au cours de l'évolution (voir Chapitre 11).

L'organisation fonctionnelle des aires visuelles extrastriées

Des travaux anatomiques et électrophysiologiques chez le singe ont amené la découverte, dans les lobes occipitaux, pariétaux et temporaux, d'une multitude d'aires participant au traitement des informations visuelles (Figure 12.16). Chacune d'elles contient une carte de l'espace visuel et son activation dépend en grande partie du cortex visuel primaire. Les réponses des neurones de certaines de ces aires ont des propriétés qui laissent supposer qu'elles sont spécialisées pour gérer des aspects différents de la scène visuelle. Ainsi, **l'aire temporale moyenne**, ou **MT** (*Middle Temporal area*) ou encore **V5**, contient des neurones répondant sélectivement à la direction du déplacement d'un bord, quelle qu'en soit la couleur. Par contre, les neurones d'une autre aire corticale, l'aire **V4**, répondent sélectivement à la couleur d'un stimulus indépendamment de la direction de son déplacement. Des données comportementales viennent étayer ces découvertes physiologiques ; c'est ainsi qu'une lésion de l'aire MT s'accompagne, chez le singe, d'une réduction de la capacité de percevoir dans quel sens se déplace un stimulus complexe, mais laisse intacts d'autres aspects de la perception visuelle.

Des travaux récents d'imagerie cérébrale fonctionnelle ont mis en évidence une disposition comparable des aires visuelles du cortex extrastrié humain. À l'aide de stimulus ponctuels présentés en des endroits définis de la rétine, on est parvenu à localiser au moins dix représentations distinctes du champ visuel (Figure 12.17). L'une de ces aires répond vigoureusement et sélectivement à des stimulus mobiles, ce qui suggère qu'elle est l'homologue de l'aire MT du singe, qui répond sélectivement aux déplacements. Une autre aire répond sélectivement à la couleur et pourrait être l'équivalent de l'aire V4 des primates non humains. Une intervention de ces aires dans la perception du mouvement et de la couleur est corroborée par le fait que leur activité augmente non seulement durant la présentation d'un stimulus adéquat, mais également pendant tout le temps que persistent des images consécutives de mouvement ou de couleur.

La description clinique de déficits visuels sélectifs après une lésion localisée des différentes régions du cortex extrastrié vient aussi confirmer la spécialisation fonctionnelle des aires visuelles extrastriées humaines comme le montre le cas suivant, particulièrement bien étudié. À la suite d'un accident vasculaire cérébral ayant affecté une région du cortex occipital extrastrié analogue à l'aire MT du singe, une patiente est devenue incapable de voir les objets en mouvement, trouble rare appelé **akinétopsie cérébrale**. Le neurologue qui l'a examinée note qu'elle a des difficultés à verser du thé dans une tasse, car le liquide lui donne l'impression d'être « figé ». De plus, elle ne peut pas arrêter de verser à temps, incapable qu'elle est de percevoir le moment où le liquide atteint le bord. La malade a du mal à suivre un dialogue, car elle ne voit pas

(A)

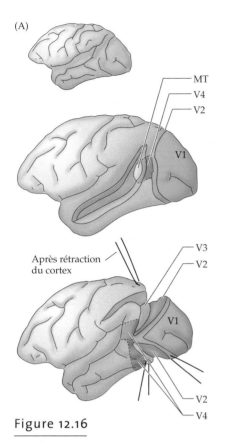

(B)

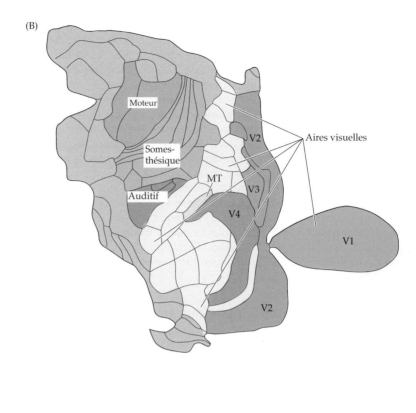

Figure 12.16

Les différentes aires du cortex extrastrié chez le macaque. (A) Toutes les aires de couleur contiennent des neurones répondant à la stimulation visuelle. Beaucoup sont enfouies dans les sillons et l'on doit, pour les voir, enlever le cortex qui les recouvre. On a indiqué les noms de certaines des aires extrastriées parmi les plus étudiées (V2, V3, V4 et MT ou V5). V1 représente le cortex visuel primaire, MT l'aire temporale moyenne (*Middle Temporal*). (B) Vue d'ensemble des aires extrastriées du cortex de singe, obtenue en étalant la surface du néocortex. Il existe au moins 25 aires à fonction visuelle prédominante ou exclusive et 7 autres censées intervenir également dans les traitements visuels. (A d'après Maunsell et Newsome, 1987 ; B d'après Felleman et Van Essen, 1991.)

son interlocuteur remuer les lèvres. C'est pour elle une épreuve terrifiante de traverser la rue, car elle ne peut pas estimer le mouvement des voitures. « D'abord, rapporte-t-elle, quand je regarde la voiture, elle me semble très loin. Et puis, quand je veux traverser, la voiture est soudain toute proche ». Sa perception des autres caractéristiques de la scène visuelle, comme les couleurs ou les formes, reste parfaitement intacte.

Autre exemple d'un déficit visuel spécifique consécutif à une lésion du cortex extrastrié, l'**achromatopsie cérébrale**. Les patients qui en sont atteints perdent la capacité de voir le monde en couleurs, alors que les autres aspects de la vision fonctionnent parfaitement. Ils rapportent que les couleurs normales de la scène visuelle sont remplacées par des teintes gris sale, comme s'ils regardaient une mauvaise copie d'un film en noir et blanc. Ces personnes connaissent la couleur normale des objets – elles savent qu'une banane est jaune, une pomme rouge – mais elles ne peuvent plus la voir. Si, par exemple, on leur demande de dessiner des objets de mémoire, elles n'ont aucune difficulté avec les formes, mais elles ne peuvent pas colorier convenablement les objets représentés. Cet état doit être soigneusement distingué de la cécité aux couleurs due à l'absence congénitale d'un ou de plusieurs pigments de cônes au niveau rétinien (voir Chapitre 11). Dans l'achromatopsie, les trois types de cônes fonctionnent normalement ; c'est la lésion de territoires corticaux extrastriés spécifiques qui empêche le patient d'utiliser les informations que lui fournit la rétine.

En se fondant sur la connectivité anatomique des aires visuelles, sur les différences de leurs propriétés réactionnelles et sur les effets de lésions corticales, on s'accorde à reconnaître que les aires du cortex extrastrié sont organisées en deux systèmes séparés qui distribuent respectivement leurs informations vers les cortex associatifs du lobe temporal et du lobe pariétal (voir Chapitre 26). Le premier système, dénommé voie (ou filière) ventrale, comprend l'aire V4 et va du cortex strié à la partie inférieure du lobe temporal. On estime qu'il est responsable de la vision détaillée des formes et de la reconnaissance des objets. La voie (ou filière) dorsale, qui comprend l'aire MT, va du cortex strié au lobe pariétal. Ce second système prend en charge les aspects spatiaux

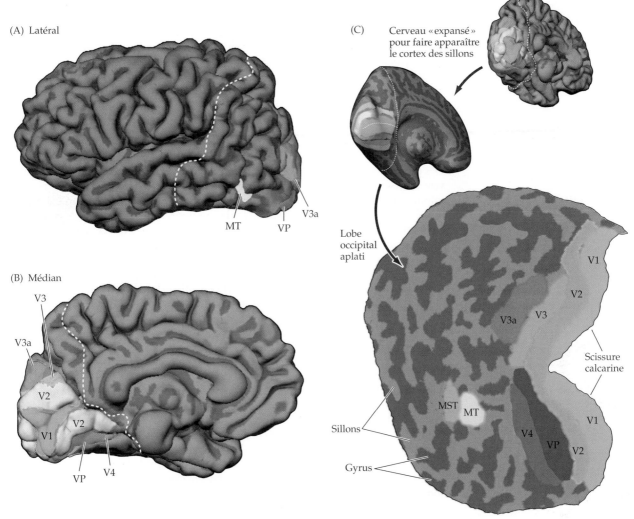

(A) Latéral

MT   VP   V3a

(B) Médian

V3
V3a
V2
V2
V1
VP   V4

(C) Cerveau «expansé» pour faire apparaître le cortex des sillons

Lobe occipital aplati

V1
V2
V3a   V3
Scissure calcarine
MST   MT
V1
Sillons
V4
VP   V2
Gyrus

Figure 12.17

Localisation de plusieurs aires visuelles du cortex visuel humain par IRMf. (A, B) Vues latérale et médiane du cerveau humain montrant l'emplacement du cortex visuel primaire (V1) et des aires V2, V3, VP (aire ventrale postérieure), V4, MT (aire temporale moyenne) et MST (*Medial Superior Temporal area*, aire temporale supérieure médiane). (C) Vue dépliée et aplatie des aires visuelles du lobe occipital délimitées par leur rétinotopie. Les zones en gris foncé correspondent aux territoires corticaux enfouis dans des sillons ; les zones plus claires correspondent à la surface des gyrus. Les aires visuelles de l'homme ressemblent étroitement aux aires visuelles originellement décrites chez le singe (comparez avec la figure 12.16). (D'après Sereno et al. 1995.)

de la vision tels que l'analyse du mouvement ou la reconnaissance des relations de position entre les objets de la scène visuelle (Figure 12.18).

La dichotomie fonctionnelle entre ces deux filières est confirmée par des observations sur les propriétés fonctionnelles des neurones et sur les effets de lésions corticales sélectives. Les neurones de la filière ventrale ont des propriétés importantes pour la reconnaissance des objets, comme la sélectivité pour les formes, couleurs ou textures. Aux niveaux les plus élevés de cette filière, les neurones présentent une sélectivité encore plus marquée et répondent préférentiellement aux visages et aux objets (voir Chapitre 26). Ceux de la filière dorsale, par contre, n'ont pas de sélectivité de ce type, mais répondent préférentiellement à la direction ou à la vitesse d'un mouvement. Conformément à cette catégorisation, les lésions du cortex pariétal détériorent profondément les capacités d'un animal à discriminer des objets sur la base de leur position, mais n'ont que peu d'effet sur ses performances à des tâches de reconnaissance d'objets. À l'inverse, des lésions du cortex inférotemporal perturbent gravement les tâches de reconnaissance d'objets sans affecter les tâches spatiales. Ces effets sont tout à fait semblables aux syndromes associés aux lésions des lobes temporaux et pariétaux chez l'homme (voir Chapitres 26 et 27).

Quelles sont donc les relations entre ces voies visuelles extrastriées «d'ordre supérieur» et les voies magno-, parvo- et koniocellulaire qui projettent sur le cortex visuel

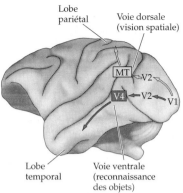

Figure 12.18

Au-delà du cortex strié, les aires visuelles s'organisent schématiquement en deux voies ou filières : la voie ventrale, aboutissant dans le lobe temporal, et la voie dorsale, aboutissant dans le lobe pariétal. La voie ventrale est impliquée dans la reconnaissance des objets, la voie dorsale dans la vision spatiale.

primaire ? Malgré la séparation initiale des informations que les voies M, P et K adressent au cortex visuel primaire, ces informations convergent dans une certaine mesure aux étapes ultérieures de traitement. Les aires extrastriées de la filière ventrale ont manifestement accès aux informations véhiculées par les trois voies. Quant à la filière dorsale, bien que les afférences magnocellulaires y soient prédominantes, elle peut recevoir aussi des informations des voies parvo- et koniocellulaire. Il semble donc que les fonctions des aires visuelles supérieures impliquent l'intégration d'informations issues de voies géniculo-corticales séparées.

Résumé

Des populations distinctes de cellules ganglionnaires de la rétine envoient leurs axones vers diverses structures centrales aux fonctions différentes. Les projections les plus importantes se font vers le prétectum pour le contrôle du réflexe pupillaire à la lumière, vers l'hypothalamus pour la régulation des rythmes circadiens, vers le colliculus supérieur pour la régulation des mouvements de la tête et des yeux et, ces dernières étant les plus importantes de toutes, vers le corps genouillé latéral pour l'élaboration des perceptions visuelles. Les projections rétino-géniculo-striées (qui constituent la voie visuelle primaire) ont une organisation topographique telle que les structures visuelles centrales comportent une carte organisée du champ visuel controlatéral. Une lésion affectant une région quelconque de la voie visuelle primaire, nerf optique, tractus optique, corps genouillé latéral, radiations optiques et cortex strié, a pour conséquence une perte de la vision limitée à une région déterminée de l'espace visuel. Par rapport aux cellules ganglionnaires de la rétine, les neurones des niveaux supérieurs des voies visuelles deviennent de plus en plus spécifiques à l'égard des stimulus qui les activent. Ainsi, la plupart des neurones du cortex strié répondent à des bords de contraste à condition qu'ils soient présentés selon une certaine orientation ou qu'ils se déplacent dans une direction particulière. Les circuits nerveux du cortex strié opèrent également la jonction des informations venant des deux yeux ; la plupart des neurones (sauf ceux de la couche 4 qui sont confinés dans des colonnes monoculaires) ont des réponses binoculaires. La convergence des deux yeux est, semble-t-il, indispensable à la détection de la disparité binoculaire, élément important de la perception de la profondeur. Enfin, le système visuel présente un degré élevé de fonctionnement parallèle, commençant dès la rétine. La voie visuelle primaire est composée de voies fonctionnellement différentes acheminant les informations issues de classes distinctes de cellules ganglionnaires jusqu'aux premiers niveaux de traitement cortical. La voie magnocellulaire transmet des informations indispensables à la détection de stimulus changeant rapidement, la voie parvocellulaire intervient dans la vision des détails et est responsable, avec la voie koniocellulaire, de la vision des couleurs. Le morcellement des fonctions continue dans les voies qui mènent du cortex strié aux aires extrastriées et au cortex d'association du lobe temporal (pour la voie ventrale) et du lobe pariétal (pour la voie dorsale). Les aires du cortex inférotemporal interviennent particulièrement dans la reconnaissance des objets et celles du cortex pariétal dans la reconnaissance des relations spatiales entre les éléments du champ visuel.

Lectures complémentaires

Revues

BERSON, D.M. (2003), Strange vision : Ganglion cells as circadian photoreceptors. *Trends Neurosci.*, **26**, 314-320.

CALLAWAY, E.M. (2005), Neural substrates within primary visual cortex for interactions between parallel visual pathways. *Prog. Brain Res.*, **149**, 59-64.

COURTNEY, S.M. et L.G. UNGERLEIDER (1997), What fMRI has taught us about human vision. *Curr. Op. Neurobiol.*, **7**, 554-561.

FELLEMAN, D.J. et D.C. VAN ESSEN (1991), Distributed hierarchical processing in primate cerebral cortex. *Cerebral Cortex*, **1**, 1-47.

FELSEN, G. et Y. DAN (2005), A natural approach to studying vision. *Nature Neurosci.*, **8**, 1643-1646.

GRILL-SPECTOR, K. et R. MALACH (2004), The human visual cortex. *Annu. Rev. Neurosci.*, **27**, 649-677.

HENDRY S.H. et R.C. REID (2000), The koniocellular pathway in primate vision. *Annu. Rev. Neurosci.*, **23**, 127-153.

HORTON, J.C. (1992), The central visual pathways. In *Adler's Physiology of the Eye*. W.M. Hart (ed.). St. Louis, Mosby Yearbook.

HUBEL, D.H. et T.N. WIESEL (1977), Functional architecture of macaque monkey visual cortex. *Proc. R. Soc. Lond.*, **198**, 1-59.

MAUNSELL, J.H.R. (1992), Functional visual streams. *Curr. Opin. Neurobiol.*, **2**, 506-510.

OLSHAUSEN, B.A. et D.J. FIELD (2004), Sparse coding of sensory inputs. *Curr. Opin. Neurobiol.*, **14**, 481-487.

SCHILLER, P.H. et N.K. LOGOTHETIS (1990), The color-opponent and broad-band channels of the primate visual system. *Trends Neurosci.*, **13**, 392-398.

SINCICH, L.C. et J.C. HORTON (2005), The circuitry of V1 and V2 : Integration of color, form, and motion. *Annu. Rev. Neurosci.*, **28**, 303-326.

TOOTELL, R.B., A.M. DALE, M.I. SERENO et R. MALACH (1996), New images from human visual cortex. *Trends Neurosci.*, **19**, 481-489.

UNGERLEIDER, L.G. et M. MISHKIN (1982), Two cortical visual systems. In *Analysis of Visual Behavior*, D.J. Ingle, M.A. Goodale and R.J.W. Mansfield (eds.). Cambridge, MA, MIT Press, 549-586.

Articles originaux importants

HATTAR, S., H.W. LIAO, M. TAKAO, D.M. BERSON et K.W. YAU (2002), Melanopsin-containing retinal ganglion cells : Architecture, projections, and intrinsic photosensitivity. *Science*, **295**, 1065-1070.

HUBEL, D.H. et T.N. WIESEL (1962), Receptive fields, binocular interaction and functional architecture in the cat's visual cortex. *J. Physiol. (Lond.)*, **160**, 106-154.

HUBEL, D.H. et T.N. WIESEL (1968), Receptive fields and functional architecture of monkey striate cortex. *J. Physiol. (Lond.)*, **195**, 215-243.

OHKI, K., S. CHUNG, P. KARA, M. HUBENER, T. BONHOEFFER et R.C. REID (2006), Highly ordered arrangement of single neurons in orientations pinwheels. *Nature*, **442**, 925-928.

SERENO, M.I. et 7 autres (1995), Borders of multiple visual areas in humans revealed by functional magnetic resonance imaging. *Science*, **268**, 889-893.

ZIHL, J., D. VON CRAMON et N. MAI (1983), Selective disturbance of movement vision after bilateral brain damage. *Brain*, **106**, 313-340.

Ouvrages

CHALUPA, L.M. et J.S. WERNER (EDS.) (2004), *The Visual Neurosciences*. Cambridge, MA, MIT Press.

HUBEL, D.H. (1988), *Eye, Brain, and Vision*. New York, Scientific American Library.

RODIECK, R.W. (1998), *First Steps in Seeing*. Sunderland, MA, Sinauer Assoociates.

ZEKI, S. (1993), *A Vision of the Brain*. Oxford, Blackwell Scientific Publications.

chapitre **13**
Le système auditif

Vue d'ensemble

Le système auditif est l'un des chefs-d'œuvre techniques du corps humain. Au cœur du système se trouve un ensemble de détecteurs acoustiques miniatures entassés dans le volume d'un petit pois. Ces détecteurs opèrent une transduction fidèle de vibrations dont l'amplitude n'excède pas le diamètre d'un atome et leur réponse est des milliers de fois plus rapide que celle des photorécepteurs visuels. La rapidité des réponses auditives aux indices acoustiques facilite l'orientation précoce de la tête et du corps vers les stimulus nouveaux, tout particulièrement vers ceux qui ne sont pas d'emblée à l'intérieur du champ visuel. Chez l'homme, malgré la prédominance de la vision, une large part des communications se fait par l'intermédiaire du système auditif. À tel point que la surdité peut être un handicap socialement plus gênant que la cécité. D'un point de vue culturel, le système auditif joue un rôle essentiel non seulement dans le langage, mais aussi dans la musique, l'une des formes d'expression humaine les plus raffinées. Pour ces raisons, et bien d'autres, l'audition constitue une forme de sensibilité passionnante et particulièrement importante.

Le son

Quand on parle de *son* en physique, on fait référence aux ondes de pression produites par les molécules d'air en vibration ; dans le vocabulaire de tous les jours, ce mot est utilisé pour désigner une perception auditive, ce qui peut prêter à confusion. Les ondes sonores sont analogues aux ronds de plus en plus grands qui se forment quand on jette un caillou dans l'eau. Mais au lieu de se propager dans les deux dimensions d'une surface, les ondes sonores se propagent dans les trois dimensions, créant une alternance de coques sphériques de compression et de dilatation. Comme tous les phénomènes ondulatoires, les ondes sonores se caractérisent par quatre paramètres principaux : la **forme** de l'onde, sa **phase**, son **amplitude** (généralement exprimée en décibels, dB en abrégé) et sa **fréquence** (exprimée en cycles par seconde ou hertz, Hz en abrégé). Pour l'auditeur humain, l'amplitude et la fréquence d'un son correspondent en gros à son **intensité** et à sa **hauteur**, respectivement.

La forme d'une onde sonore est donnée par son amplitude en fonction du temps. Il est commode, au début, de visualiser une onde sonore sous la forme d'une sinusoïde. On doit pourtant ne pas oublier que, dans la nature, les sons composés d'une seule onde sinusoïdale sont extrêmement rares ; la plupart des sons du langage, par exemple, consistent en ondes très complexes du point de vue acoustique. Mais ces ondes complexes peuvent souvent être décomposées en une somme d'ondes sinusoïdales d'amplitude, de fréquence et de phase variées. Il existe, dans le domaine technique, un algorithme appelé transformée de Fourier, qui décompose un signal complexe en ses composantes sinusoïdales. Dans le système auditif, comme on le verra plus loin, l'oreille interne agit comme une sorte de prisme acoustique qui décompose les sons complexes en leurs innombrables composantes élémentaires.

La figure 13.1 schématise le comportement des molécules d'air à proximité d'un diapason qui vibre de façon sinusoïdale quand on le frappe. En vibrant, les branches du diapason mettent en mouvement les molécules environnantes de sorte que lorsqu'elles se déplacent dans un sens, il se produit une compression et dans l'autre, une

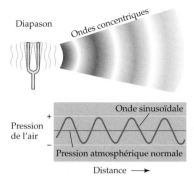

Figure 13.1

Schéma des compressions et dilatations périodiques des molécules d'air sous l'effet de la vibration d'un diapason. On a représenté les molécules comme si elles étaient figées à l'instant où elles répondent à l'onde de pression résultante. La courbe inférieure représente la pression de l'air en fonction de la distance du diapason. Noter son aspect sinusoïdal.

dilatation. Ces changements de densité des molécules d'air sont équivalents à des changements locaux de la pression de l'air.

Les cycles sinusoïdaux réguliers de compression et de dilatation peuvent être conçus comme une sorte de mouvement circulaire, un cycle complet correspondant à une révolution complète de 360°. On peut illustrer ce point par la projection sur un cercle de deux sinusoïdes de même fréquence ; cette façon de procéder permet de comprendre plus facilement le concept de phase (Figure 13.2). Supposons que l'on frappe deux diapasons battant la même fréquence à des moments légèrement différents. À un temps déterminé, $t = 0$, l'une des ondes est à la position P et l'autre à la position Q. En projetant P et Q sur le cercle, on fait apparaître leur angle de phase, θ_1 et θ_2. L'onde sinusoïdale qui commence en P atteint un point donné du cercle, disons 180°, au temps t_1, tandis que l'onde qui commence en Q atteint 180° au temps t_2. Ainsi, à des différences de phase correspondent des différences de temps et ce concept est important pour comprendre comment le système auditif localise les sons dans l'espace.

L'oreille humaine est extrêmement sensible. Au seuil auditif, les molécules d'air ne se déplacent en moyenne que de 10 picomètres (10^{-11} m) et l'intensité du son n'est alors que d'environ un milliardième de milliwatt par mètre carré. Ceci veut dire qu'un auditeur, sur une planète par ailleurs sans bruit, pourrait entendre une source sonore de 1 watt à 3 kHz située à une distance de plus de 450 km (pour fixer les idées, la consommation d'une ampoule électrique très faible est supérieure à 1 watt). Même quand ils atteignent des intensités dangereuses (> 100 dB), les sons n'exercent sur l'oreille qu'une puissance qui reste de l'ordre de quelques milliwatts (Encadré 13A).

Le spectre audible

L'homme peut détecter des sons dans une gamme de fréquences allant d'environ 20 Hz à 20 kHz. (Les très jeunes enfants peuvent même entendre des sons d'une fréquence légèrement supérieure à 20 kHz, mais, durant leur croissance, ils perdent une partie de cette sensibilité aux fréquences élevées ; pour la moyenne des adultes, la limite supérieure est proche de 15-17 kHz.) Toutes les espèces de mammifères ne sont pas sensibles à la même gamme de fréquences. Beaucoup de petits mammifères sont sensibles à de très hautes fréquences, mais pas aux basses fréquences. Certaines espèces de chauves-souris, par exemple, sont sensibles à des sons qui atteignent 200 kHz, mais leur limite inférieure est aux alentours de 20 kHz, c'est-à-dire à la limite supérieure de l'audition normale de jeunes enfants.

L'une des raisons de ces différences tient à ce que les objets de petite taille, tels que les structures auditives des petits mammifères, constituent de meilleurs résonateurs pour les hautes fréquences, tandis que les objets plus grands sont meilleurs pour les basses fréquences (c'est pourquoi le violon a un son plus aigu que le violoncelle). Les gammes de fréquences préférentiellement utilisées pour la vocalisation ou pour l'audition diffèrent selon les espèces animales. Du fait de leur périodicité, les vocalisations peuvent généralement être distinguées des bruits ambiants, tels que le souffle du vent ou le bruissement des feuilles. Des animaux comme les chauves-souris ou les dauphins, qui utilisent l'écholocation, émettent des vocalisations de très haute fréquence pour déterminer avec le maximum de précision les caractéristiques spatiales d'une proie, alors que ceux qui ont pour principal objectif d'éviter les prédateurs ont des systèmes auditifs présentant une sensibilité préférentielle aux vibrations de basse fréquence, que ceux-ci transmettent en approchant. Ces différences comportementales se reflètent dans une multitude de spécialisations anatomiques et fonctionnelles à tous les niveaux du système auditif.

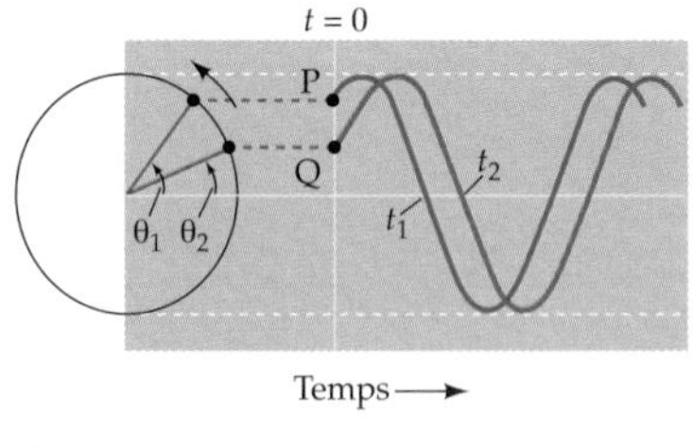

Survol des fonctions auditives

Le système auditif transforme les ondes sonores en configurations particulières d'activité nerveuse, qui sont ensuite intégrées aux informations des autres systèmes sensoriels pour guider les comportements, notamment les mouvements d'orientation vers les stimulus acoustiques et la communication avec les congénères. La première étape

Figure 13.2

Une onde sinusoïdale et sa représentation sous forme de mouvement circulaire. Les deux sinusoïdes représentées sont décalées en phase, de sorte que le point P correspond à l'angle de phase θ_1 et le point Q à l'angle de phase θ_2.

ENCADRÉ 13A _Quatre causes de surdité acquise_

La surdité acquise est un déficit sensoriel de plus en plus commun pouvant entraîner dégradation de la communication orale et isolement social. Les quatre causes principales de surdité acquise sont les traumatismes acoustiques, l'infection de l'oreille interne, les médicaments ototoxiques et la presbyacousie (ou surdité de sénescence).

L'extrême sensibilité des organes auditifs périphériques jointe à la liaison mécanique directe entre le stimulus acoustique et les cellules réceptrices rend l'oreille particulièrement sensible aux traumatismes acoustiques aigus ou chroniques. Les bruits très violents, les chocs sonores, tels que les explosions ou les coups de feu, peuvent provoquer une rupture de la membrane du tympan et déformer l'oreille interne au point de déchirer l'organe de Corti. La perte auditive qui en résulte est brutale et souvent très importante.

On fait moins attention au fait que l'exposition répétée à des bruits moins violents mais néanmoins intenses, comme ceux des machines industrielles, des appareils ménagers ou des instruments de musique trop fortement amplifiés, peut également endommager l'oreille interne. Ces bruits laissent le tympan intact, mais ils affectent spécifiquement l'oreille interne. Chez des animaux exposés à des sons intenses, les stéréocils des cellules ciliées de la cochlée se déchirent à l'en-

droit où ils pivotent sur le corps cellulaire, ou bien ils fusionnent et forment une plaque qui les empêche de remuer. Chez l'homme, la résonance mécanique de l'oreille à des stimulus de fréquences centrées sur 3 kHz a pour conséquence que l'exposition à des bruits intenses de large bande spectrale, tels que ceux de réacteurs d'avion, provoque des déficits particulièrement marqués aux alentours de cette fréquence de résonance.

Les substances ototoxiques comprennent les antibiotiques de la catégorie des aminoglycosides (tels que la gentamycine ou la kanamycine), qui affectent directement les cellules ciliées, et l'acide éthacrynique, toxique des cellules de la strie vasculaire qui pompent le potassium et donnent naissance au potentiel endocochléaire. En l'absence de ces cellules pompeuses d'ions, il y a disparition du potentiel endocochléaire, qui fournit l'énergie nécessaire au processus de transduction. Le mode d'action des aminoglycosides reste encore débattu ; il semble que le canal de transduction, relativement peu sélectif, laisse entrer ces antibiotiques, qui intoxiquent alors les cellules ciliées en désorganisant le métabolisme des phosphoinositides. Les cellules ciliées externes ainsi que les cellules ciliées internes qui opèrent la transduction des stimulus de haute fréquence sont les plus affectées,

tout simplement parce qu'elles exigent davantage d'énergie.

Enfin la presbyacousie, ou surdité due à l'âge, peut avoir son origine en partie dans une athérosclérose affectant tout particulièrement les microvaisseaux de l'oreille interne ainsi que dans des prédispositions génétiques des cellules ciliées aux lésions. Des travaux récents de génétique portant sur la transmission de la surdité acquise, tant chez la souris que chez l'homme, tendent à mettre en cause des mutations d'isoformes de la myosine propres aux cellules ciliées.

Références

CHENG, A.G., L.L. CUNNINGHAM et E.W. RUBEL (2005), Mechanisms of hair cell death and protection. _Curr. Opin. Otolaryngol. Head Neck Surg._, **13**, 343-348.

GATES, G.A. et J.H. MILLS (2005), Presbycusis. _Lancet_, **366**, 1111-1120.

HANSON, D.R. et R.W. FEARN (1975), Hearing acuity in young people exposed to pop music and other noise. _Lancet_, **2**, 203-205.

HOLT, J.R. et D.P. COREY (1999), Ion channel defects in hereditary hearing loss. _Neuron_, **22**, 217-219.

KEATS, B.J. et D.P. COREY (1999), The usher syndromes. _Am. J. Med. Gen._, **89**, 158-166.

PRIUSKA, E.M. et J. SCHACT (1997), Mechanism and prevention of aminoglycoside ototoxicity: Outer hair cells as targets and tools. _Ear, Nose, and Throat J._, **76**, 164-171.

de cette transformation se fait dans l'oreille externe et dans l'oreille moyenne, où les ondes sonores sont recueillies et leur pression amplifiée en sorte que l'énergie du son dans l'air puisse être transmise au liquide cochléaire de l'oreille interne. Dans l'oreille interne, intervient toute une série de processus biomécaniques qui décomposent le signal en sinusoïdes plus simples permettant aux **cellules ciliées** d'assurer, en fin de compte, une transduction fidèle de l'amplitude, de la fréquence et de la phase du signal original, et aux **fibres du nerf auditif** de les coder sous forme de potentiels d'action. La représentation systématique des fréquences sonores le long de la cochlée reçoit le nom de **tonotopie** et cette caractéristique importante est préservée à tous les niveaux des voies auditives centrales. L'étape initiale des traitements centraux se situe dans le noyau cochléaire, à partir duquel les informations auditives périphériques divergent en un certain nombre de voies centripètes parallèles. Les efférences du noyau cochléaire ont par conséquent plusieurs cibles. L'une d'elles est représentée par le complexe de l'olive supérieure, où ont lieu les premières interactions entre informations venant de chaque oreille ainsi que les premiers traitements des indices qui permettent de localiser le son dans l'espace. Le noyau cochléaire projette également, au

ENCADRÉ 13B *La musique*

Bien que chacun en l'entendant sache de quoi il s'agit, la musique n'a qu'une définition assez vague. Selon l'*Oxford English Dictionary*, elle est « l'art ou la science de combiner les sons de la voix ou des instruments en visant la beauté ou la cohérence formelle et l'expression des émotions ». Si l'on se place dans la perspective du présent chapitre, la musique concerne principalement ce que l'audition humaine perçoit comme des sons harmoniques. Les stimulus qui font naître cette perception sont des sons périodiques, c'est-à-dire qu'ils se répètent systématiquement au cours du temps, comme la sinusoïde de la figure 13.1. Les stimulus périodiques qui ne sont pas en eux-mêmes sinusoïdaux, mais qui consistent en répétitions complexes de fréquences différentes, déclenchent une sensation d'harmonie, quand ils sont émis selon des combinaisons appropriées, et une sensation de mélodie quand ils sont émis séquentiellement.

Nous supposons d'ordinaire qu'il va de soi que les stimulus qui évoquent une perception tonale soient entendus comme ils le sont, et pourtant cet aspect de l'audition a de curieuses propriétés. La plus évidente est que nous percevons deux sons dont les fréquences fondamentales sont dans le rapport de 2/1 comme extrêmement semblables et quasiment interchangeables du point de vue musical. Selon la terminologie musicale occidentale, deux sons séparés d'un intervalle d'une ou de plusieurs octaves portent le même nom (do, ré, mi... si), et on ne les distingue que par un indice qui marque leur position ordinale relative (par exemple la_1, la_2, la_3, etc.). Il s'ensuit que la musique a comme cadre une série d'intervalles qui se répètent (les octaves) et qui sont délimités par ces sons plus ou moins interchangeables. La question se pose alors de savoir pourquoi des sons périodiques dont les fréquences fondamentales sont dans le rapport de 2/1 sont perçus comme semblables sans qu'il y ait la moindre base physique ou physiologique à ce phénomène.

Une autre propriété surprenante est que, pour la composition et l'interprétation, la plupart des traditions musicales, sinon toutes, subdivisent l'octave en un ensemble relativement limité d'intervalles qui définit leur relation à la note la plus basse de l'ensemble. Ces ensembles sont appelés *gammes*. Dans toutes les cultures et tous les âges, les gammes les plus communes ont utilisé une partie, parfois la totalité des douze intervalles qui forment, selon la terminologie occidentale, la *gamme chromatique* (voir Figure ci-contre). En outre, certains intervalles de la gamme chromatique, par exemple la quinte, la quarte, la tierce majeure et la sixte majeure, sont plus souvent utilisés que d'autres, aussi bien en composition qu'en interprétation. Ces intervalles sont majoritaires dans les deux gammes les plus utilisées dans le monde, la gamme pentatonique et la gamme diatonique majeure. Ici encore, il n'y a pas de principe explicatif de ces préférences.

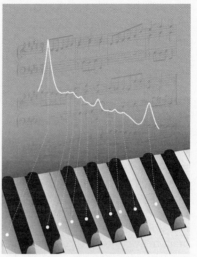

Touches d'un clavier de piano correspondant à 10 des 12 sons de la gamme chromatique. La courbe de la partie supérieure de la figure indique que ces sons correspondent de façon statistique aux pics de puissance du langage humain normalisé.
(D'après Schwartz et al., 2003.)

La question la plus fondamentale peut-être pour la musique et que l'on peut tenir pour le dénominateur commun de toute l'harmonie porte sur les raisons qui font que l'on perçoit certaines combinaisons de sons comme relativement consonantes ou « harmonieuses » et d'autres comme dissonantes ou « inharmonieuses ». Ces différences que l'on perçoit entre les combinaisons possibles des sons qui constituent la gamme chromatique sont à la base de l'harmonie musicale, dans laquelle la perception de leur caractère plus ou moins harmonieux guide la composition

niveau du mésencéphale, sur le colliculus inférieur : cet important centre d'intégration est le premier site où les informations auditives peuvent influencer la motricité. Le colliculus inférieur est un relais obligatoire pour les messages qui gagnent le thalamus et le cortex, où sont traités des aspects plus complexes du son, notamment ceux qui ont trait à la parole et à la musique (tels que les combinaisons harmoniques ou temporelles) (Encadré 13B). Le nombre de stations intermédiaires entre la périphérie auditive et le cortex est de très loin supérieur à ce que l'on trouve dans les autres systèmes sensoriels ; ceci indique que la perception des sons relatifs à la communication ou à l'environnement est un processus neural particulièrement intensif. Il faut noter, en outre, que le système auditif est spécifiquement sensible, tant au niveau central qu'au niveau périphérique, aux vocalisations des congénères, ce qui révèle une évolution interdépendante des systèmes neuraux servant à la production et à la perception de ces signaux.

des accords et des lignes mélodiques. Les plus compatibles de ces combinaisons sont habituellement utilisées pour aboutir à la « résolution » qui termine une phrase musicale ou un morceau, tandis que les moins compatibles marquent une transition, une absence de résolution et introduisent une forme de tension dans un accord ou une séquence mélodique. Comme pour les octaves et les gammes, la raison de ce phénomène demeure un mystère.

Les tentatives classiques de rationalisation des octaves, des gammes et de l'harmonie se sont fondées sur le fait que les intervalles musicaux correspondant aux octaves, quintes et quartes (selon la terminologie musicale moderne) sont produits par des sources physiques dont les proportions (de la longueur de deux cordes frappées, par exemple, ou de leur fréquence fondamentale) sont respectivement dans les rapports de 2/1, 3/2 ou 4/3 (rapports initialement décrits par Pythagore). Cette coïncidence entre simplicité numérique et effet perceptif a exercé au cours des siècles une si forte impression que la tendance dominante a été de rationaliser la consonance ou les gammes en termes de relations mathématiques. Ce cadre conceptuel ne parvient cependant pas à rendre compte de nombre d'observations ; pourquoi perçoit-on la hauteur de la fondamentale d'un son qui ne comprend que ses harmoniques supérieurs (c'est le phénomène de « la fondamentale absente ») ; de même pourquoi, quand on change d'une valeur cons-

tante un ensemble d'harmoniques de sorte qu'ils n'aient aucun diviseur commun, la hauteur tonale perçue ne correspond ni à la fondamentale ni à l'écart de fréquence entre les harmoniques (phénomène de « la hauteur tonale du résidu »)?

On gagnerait sans doute à aborder ce problème non pas sous l'angle des relations mathématiques entre fréquences, mais sous celui des avantages biologiques qu'apporte l'émergence d'un sens de l'harmonie. Étant donné que l'évolution du système auditif s'est faite dans un monde de sons naturels, il est sans doute important que les sons périodiques auxquels l'homme a été exposé au cours de son évolution proviennent en majorité de vocalisations émises par les hommes eux-mêmes à des fins de communication, d'abord à un niveau prélinguistique et, plus récemment, dans le langage (voir Chapitre 27). Avec le développement d'un sens de l'harmonie, l'auditeur devient capable de réagir non seulement aux traits distinctifs des sons du langage nécessaires à sa compréhension, mais aussi aux informations dont ils sont porteurs sur le sexe, l'âge et l'état émotionnel du locuteur. De ce point de vue, la musique pourrait avoir l'avantage de procurer à l'auditeur de plus grandes facilités pour extraire des émissions vocales de ses compagnons le sens de leurs paroles et leur état biologique.

Dans cet ordre d'idées, Michael Lewicki et ses collègues ont fait valoir que la musique et le langage sont fondés sur les

exigences que présente le traitement de sons vocaux et non sur celles du traitement des sons non vocaux de l'environnement. L'idée que le système auditif a pu évoluer pour gérer différentes catégories de stimulus sonores naturels offre un cadre prometteur pour parvenir à rationaliser la phénoménologie de la musique.

Références

Burns, E.M. (1999), Intervals, scales, and tuning. In *The Psychology of Music*, D. Deutsch (ed.) New York, Academic Press. 215-264.

Carterette, E.C. et R.A. Kendall (1999), Comparative music perception and cognition. In *The Psychology of Music*, D. Deutsch (ed.) New York, Academic Press.

Lewicki, M.S. (2002), Efficient coding of natural sounds. *Nature Neurosci.*, **5**, 356-363.

Pierce, J.R. (1983, 1992), *The Science of Musical Sound*. New York, W.H. Freeman and Co. Chapitres 4-6.

Plomp, R. et W.J. Levelt (1965), Tonal consonance and critical bandwidth. *J. Acoust. Soc. Amer.*, **28**, 548-560.

Rasch, R. et R. Plomp (1999), The perception of musical tones. In *The Psychology of Music*, D. Deutsch (ed.) New York, Academic Press. 89-112.

Schwartz, D.A., C.Q. Howe et D. Purves (2003), The statistical structure of human speech sounds predicts musical universals. *J. Neurosci.*, **23**, 7160-7168.

Schwartz, D.A. et D. Purves (2004), Pitch is determined by naturally occurring periodic sounds. *Hearing Research*, **194**, 31-46.

Smith, E. et M.S. Lewicki (2006), Efficient auditory coding. *Nature*, **439**, 978-982.

Terhardt, E. (1974), Pitch, consonance, and harmony. *J. Acoust. Soc. Amer.*, **55**, 1061-1069.

L'oreille externe

L'oreille externe comprend le **pavillon**, la **conque** et le **conduit auditif**. Elle recueille l'énergie sonore et la focalise sur la **membrane tympanique** ou tympan (Figure 13.3). L'une des conséquences de la conformation du conduit auditif humain est une amplification sélective des pressions sonores de 30 à 100 fois pour les fréquences avoisinant 3 000 Hz, à cause d'effets purement passifs de résonance. Cette amplification rend les individus plus sensibles à ces fréquences et explique aussi pourquoi ils sont particulièrement sujets à des lésions acoustiques et à des pertes d'audition aux alentours de ces fréquences, lorsqu'ils sont exposés à des bruits à large bande et à forte intensité tels que ceux de grosses machines ou d'explosifs (voir Encadré 13A). La sensibilité du système auditif humain à cette bande de fréquences est en relation directe avec la perception du langage. Quoique le langage humain soit un signal à large bande,

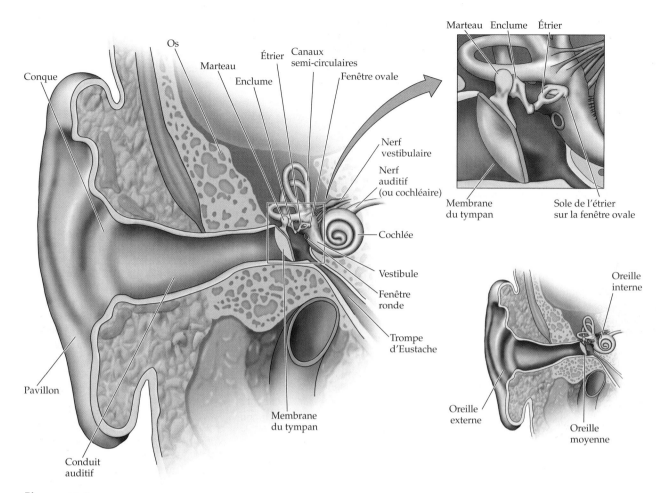

Figure 13.3

L'oreille humaine. Noter la surface importante de la membrane du tympan par rapport à celle de la fenêtre ovale. Cette différence, ainsi que l'effet de levier de la chaîne des osselets, marteau, enclume et étrier, facilite la transmission des sons d'un milieu aérien au milieu liquide de la cochlée.

l'énergie des consonnes occlusives (ou plosives ; [*b*] ou [*p*] par exemple) qui distingue certains phonèmes (éléments sonores du langage articulé) est concentrée autour de 3 kHz (voir Encadré 27A). De ce fait, toute perte auditive sélective dans la bande des 2-5 kHz dégrade la reconnaissance de la parole de façon disproportionnée.

Une seconde et importante fonction du pavillon et de la conque est de filtrer différentes fréquences afin d'obtenir des indications sur l'élévation de la source sonore. Les circonvolutions du pavillon ont une forme telle que l'oreille externe transmet davantage de composantes de haute fréquence quand la source est située en hauteur que lorsqu'elle est située au niveau de l'oreille. On peut mettre cet effet en évidence en enregistrant des sons de différentes élévations après les avoir fait passer par une oreille artificielle ; quand on fait entendre ces enregistrements au moyen d'écouteurs, qui mettent pour l'auditeur tous les sons à la même élévation, les sons enregistrés aux élévations hautes donnent effectivement l'impression d'être plus haut situés que les sons enregistrés à des élévations basses.

L'oreille moyenne

Les sons captés par l'oreille externe sont transmis par l'air. Mais, dans l'oreille interne, le milieu où sont converties en influx nerveux les vibrations que ces sons induisent, est un milieu liquide. La fonction essentielle de l'oreille moyenne est d'adapter l'impédance relativement basse du milieu sonore aérien à l'impédance plus élevée du liquide de l'oreille interne. Le terme d'impédance tel qu'il est utilisé ici décrit la résistance d'un milieu au mouvement. Normalement, quand le son se transmet d'un milieu à basse impédance, comme l'air, à un milieu d'impédance plus élevée, comme l'eau, presque toute l'énergie acoustique (plus de 99,9 %) est réfléchie. L'oreille moyenne (voir Figure 13.3) résout ce problème et assure la transmission de l'énergie sonore à l'interface air-liquide en amplifiant la pression exercée au niveau de la membrane tympanique, l'amenant, à l'entrée de l'oreille interne, à un niveau près de 200 fois supérieur.

Ce gain de pression important est obtenu grâce à deux processus mécaniques. Le premier, qui procure la plus grande partie de l'amplification, est dû au fait que la pression appliquée à la surface relativement étendue de la membrane tympanique est

---

ENCADRÉ 13C *Surdité neurosensorielle et implants cochléaires*

Les propriétés qui donnent aux organes de l'audition une sensibilité extrême aux sons aériens les rendent aussi particulièrement vulnérables. La surdité de loin la plus fréquente met en cause le système auditif périphérique, à savoir les structures responsables de la transmission des sons et de leur transduction en influx nerveux. Des déficits auditifs monauraux sont les symptômes caractéristiques d'une surdité périphérique; en effet, une lésion unilatérale siégeant au niveau ou au-dessus des régions auditives du tronc cérébral a pour conséquence un déficit binaural (à cause de l'organisation fortement bilatérale des centres auditifs). Les troubles auditifs périphériques peuvent être subdivisés en surdités de transmission, dues à des atteintes de l'oreille externe ou de l'oreille moyenne, et des surdités neurosensorielles, qui ont leur origine au niveau de l'oreille interne, la plupart du temps dans une atteinte des cellules ciliées de la cochlée ou du nerf auditif lui-même. Bien que les deux formes de surdité périphérique se manifestent par une élévation du seuil auditif du côté affecté, leur diagnostic et leur traitement sont différents.

Les surdités de transmission peuvent être dues à une occlusion du conduit auditif par un bouchon de cérumen ou un corps étranger, à une déchirure du tympan ou à une ossification arthritique des osselets de l'oreille moyenne. Au contraire, la surdité neurosensorielle est généralement due à des atteintes d'origine génétique ou environnementale entraînant la mort des cellules ciliées (voir Encadré 13A) ou à une lésion du nerf VIII.

Étant donné que les cellules ciliées sont peu nombreuses et que, chez l'homme, elles ne régénèrent pas, toute diminution de leur effectif réduit les capacités de détection des sons. Le test de Webster, qui se pratique avec un diapason, peut être utilisé pour distinguer entre les deux formes de surdité. Si l'on place un diapason (battant environ 256 Hz) au sommet du crâne (au vertex) d'un patient ayant une surdité de transmission, il dira entendre un son plus fort du côté affecté. En effet, du côté « bouché », les sons propagés par le crâne ne se dissipent pas aussi librement par le conduit auditif vers l'extérieur et la cochlée de ce côté reçoit de ce fait davantage d'énergie sonore. À l'inverse, le patient qui souffre de surdité neurosensorielle monaurale dira que le son est plus fort du côté intact, car, bien que l'oreille interne puisse vibrer de façon identique des deux côtés, le côté atteint est incapable d'opérer la transduction de cette vibration en un signal nerveux.

Les traitements sont eux aussi différents pour ces deux formes de surdité. Dans la surdité de transmission, on utilise une aide auditive externe pour amplifier les sons et compenser ainsi la réduction d'efficacité du système de transmission. Ces appareils miniaturisés contenant un microphone, un amplificateur et un haut-parleur sont insérés dans le conduit auditif. Ils ont le défaut de présenter la plupart du temps des courbes d'amplification uniformes qui se révèlent une gêne pour entendre dans un environnement bruyant; de plus ils n'ont pas un haut degré de directionnalité. Les systèmes de traitement numérique du signal permettent de surmonter en partie ces problèmes et les aides auditives qui en sont équipées se révèlent très utiles.

Le traitement de la surdité neurosensorielle est non seulement plus compliqué, il est aussi invasif. Les aides auditives habituelles ne sont dans ce cas d'aucun secours, aucun degré d'amplification du son ne pouvant compenser l'incapacité de la cochlée à produire ou à transmettre des influx nerveux. Toutefois, si le nerf VIII est intact, on peut obtenir une récupération auditive partielle grâce à des implants cochléaires. Un implant cochléaire est constitué d'un microphone placé sur un support périphérique et relié à un processeur vocal qui extrait les composantes spectrales des sons, et de circuits électroniques additionnels utilisant ces informations pour activer diverses combinaisons de contacts disposés tout au long d'un faisceau d'électrodes. Les électrodes sont insérées dans la cochlée par la fenêtre ronde (voir Figure ci-contre) et positionnées sur toute la longueur de la membrane basilaire (où les fréquences sonores sont représentées de façon tonotopique) et des terminaisons du nerf auditif. Ce positionnement permet de stimuler électriquement le nerf, d'une manière qui mime partiellement la décomposition spectrale naturelle effectuée par la cochlée.

Chez les personnes dont les cellules ciliées sont endommagées, les implants cochléaires peuvent présenter une remarquable efficacité, et leur permettre de tenir une conversation. Si de telles réussites sont observées chez les individus devenus sourds après avoir appris à parler, la possibilité de recourir à des implants cochléaires pour permettre l'apprentissage du langage par des individus souffrant de surdité congénitale reste un sujet de controverse. Les implants cochléaires sont

ENCADRÉ 13C (suite)

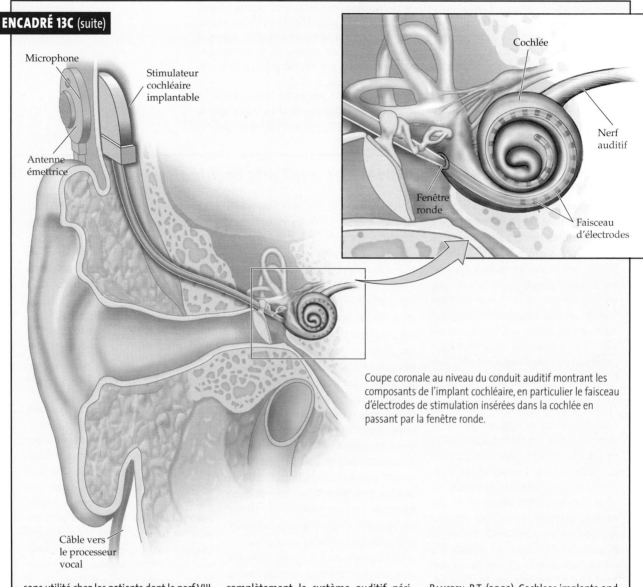

Microphone

Stimulateur
cochléaire
implantable

Antenne
émettrice

Cochlée

Nerf
auditif

Fenêtre
ronde

Faisceau
d'électrodes

Câble vers
le processeur
vocal

Coupe coronale au niveau du conduit auditif montrant les
composants de l'implant cochléaire, en particulier le faisceau
d'électrodes de stimulation insérées dans la cochlée en
passant par la fenêtre ronde.

sans utilité chez les patients dont le nerf VIII est endommagé. Des essais sont en cours pour développer à leur intention des implants qui seraient disposés au niveau du tronc cérébral ; la méthodologie adoptée est la même et consiste à stimuler les noyaux cochléaires en court-circuitant complètement le système auditif périphérique.

Références

MIDDLEBROOKS, J.C., J.C. BIERERAND et R.L. SNYDER (2005), Cochlear implants : The view from the brain. *Curr. Opin. Neurobiol.*, **15**, 488-493.

RAMSDEN, R.T. (2002), Cochlear implants and brain stem implants. *Brit. Med. Bull.*, **63**, 183-193.

RAUSCHERCKER, J.P. et R.V. SHANNON (2002), Sending sound to the brain. *Science*, **295**, 1025-1029.

ZENG, F.G. (2004), Trends in cochlear implants. *Trends Amplif.*, **8**, 1-34.

reportée sur la surface beaucoup plus petite de la **fenêtre ovale**, endroit où les osselets de l'oreille moyenne entrent en contact avec l'oreille interne. Le second processus, lié au précédent, est obtenu par un effet de levier assuré par les trois **osselets** de l'oreille moyenne, le marteau, l'enclume et l'étrier (voir Figure 13.3), interposés entre la membrane du tympan et la fenêtre ovale. La **surdité de transmission**, due à une atteinte de l'oreille externe ou de l'oreille moyenne, diminue l'efficacité avec laquelle l'énergie sonore est transmise à l'oreille moyenne. On peut y remédier par des aides auditives externes qui amplifient artificiellement les niveaux de pression sonore (Encadré 13C).

Dans l'audition normale, l'efficacité de la transmission vers l'oreille interne est également régulée par deux petits muscles de l'oreille moyenne, le tenseur du tympan, innervé par le nerf V (trijumeau), et le muscle de l'étrier, innervé par le nerf VII (facial ; voir l'Appendice). La contraction de ces muscles, déclenchée automatiquement par des sons violents ou par la phonation, diminue la mobilité des osselets et réduit ainsi l'énergie sonore transmise à la cochlée ; on a donc affaire ici à un mécanisme de protection de l'oreille interne. À l'inverse, lors d'une paralysie flasque de l'un de ces muscles, par exemple dans la paralysie faciale périphérique dite paralysie de Bell (nerf VII), des sons modérés, voire faibles, sont susceptibles d'être ressentis comme douloureux, phénomène appelé **hyperacousie**.

L'os et les tissus mous ont une impédance voisine de celle de l'eau. De ce fait, même si la membrane tympanique n'est pas intacte ou si les osselets sont absents, les vibrations acoustiques peuvent quand même se transmettre directement par les os et les tissus de la tête jusqu'à la fenêtre ovale et, de là, jusqu'à l'oreille interne. En appliquant une source de vibrations, un diapason par exemple, directement sur le crâne du patient, le médecin peut donc déterminer si la perte auditive est due à un défaut de transmission, à une atteinte des cellules ciliées au niveau de l'oreille interne ou aux voies auditives centrales (**surdité de perception** ou neurosensorielle ; voir Encadrés 13A et 13C).

L'oreille interne

La **cochlée** de l'oreille interne est la structure auditive essentielle, car c'est là que l'énergie des ondes de pression d'origine sonore est transformée en influx nerveux. La cochlée n'a pas comme seule fonction d'amplifier les ondes sonores et de les convertir en influx nerveux ; elle joue aussi un rôle d'analyseur mécanique de fréquence, décomposant des ondes acoustiques complexes en éléments plus simples. Bien des caractéristiques de la perception auditive dérivent directement des propriétés physiques de la cochlée ; il vaut donc la peine d'examiner sa structure de façon quelque peu détaillée.

La cochlée (du latin *cochlea*, limaçon, escargot) est une petite structure spiralée d'environ 10 mm de large qui, déroulée, forme un tube d'environ 35 mm de long (Figures 13.4 et 13.5). À l'extrémité basale de ce tube se trouvent la fenêtre ovale et la **fenêtre ronde**. La cochlée est divisée sur toute sa longueur en trois compartiments. Au milieu se trouve le compartiment cochléaire, structure flexible limitée à sa partie inférieure par la **membrane basilaire** et à sa partie supérieure par la membrane de Reissner, au sein duquel se trouvent la **membrane tectoriale** et le **canal cochléaire**. De part et d'autre se trouvent deux compartiments remplis de liquide, la **rampe vestibulaire** et la **rampe tympanique**. Le compartiment cochléaire ne va pas tout à fait jusqu'à l'extrémité apicale de la cochlée ; il laisse la place, à cet endroit, à l'**hélicotrème**, orifice qui fait communiquer la rampe vestibulaire et la rampe tympanique ainsi que le liquide qu'elles contiennent, la **périlymphe**. Il s'ensuit qu'une brève pression exercée sur la fenêtre ovale fait se bomber légèrement la fenêtre ronde et déforme la membrane basilaire.

La façon dont la membrane basilaire vibre sous l'effet du son donne la clé du fonctionnement de la cochlée. Si l'on mesure la vibration en différents endroits de la membrane basilaire ainsi que la fréquence de décharge de fibres individuelles du nerf auditif, on constate que chaque endroit présente une sensibilité préférentielle pour une fréquence bien définie de sorte que la réponse nerveuse est plus intense pour un son de cette fréquence. Cette sensibilité préférentielle au sein de l'oreille interne est en partie attribuable à la géométrie de la membrane basilaire, plus large et plus flexible à son extrémité apicale, plus étroite et plus rigide à sa base. Si l'on applique une énergie mécanique en un endroit quelconque d'un système de ce genre, il se produit une onde qui prend toujours naissance à l'extrémité rigide (la base) et se déplace vers l'extrémité la plus flexible (l'apex). Georg von Békésy, travaillant à Harvard University, a montré qu'une membrane de largeur et de flexibilité variables vibre à des endroits différents en réponse à des sons de fréquences différentes (Figure 13.5). À l'aide de modèles tubulaires et de cochlées humaines prélevées sur des cadavres, il a trouvé qu'un stimulus

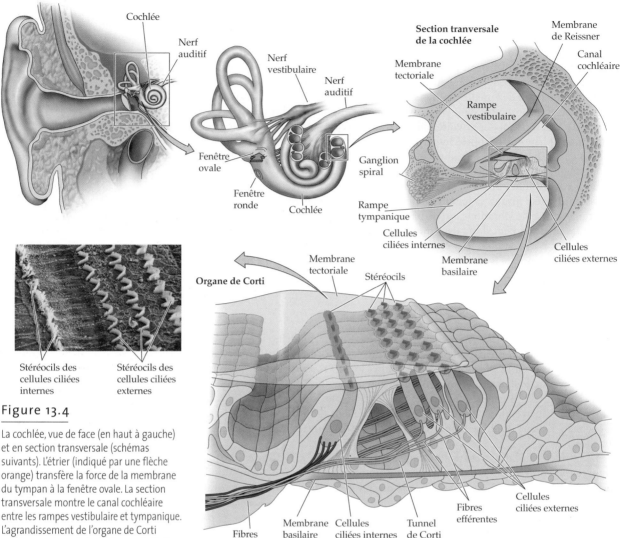

Stéréocils des
cellules ciliées
internes

Stéréocils des
cellules ciliées
externes

Organe de Corti

Membrane
tectoriale

Stéréocils

Membrane
de Reissner

Canal
cochléaire

**Section tranversale
de la cochlée**

Membrane
tectoriale

Rampe
vestibulaire

Cochlée

Nerf
auditif

Nerf
vestibulaire

Nerf
auditif

Fenêtre
ovale

Fenêtre
ronde

Cochlée

Ganglion
spiral

Rampe
tympanique

Cellules
ciliées internes

Membrane
basilaire

Cellules
ciliées externes

Cellules
ciliées externes

Fibres
afférentes

Membrane
basilaire

Cellules
ciliées internes

Tunnel
de Corti

Fibres
efférentes

Figure 13.4

La cochlée, vue de face (en haut à gauche) et en section transversale (schémas suivants). L'étrier (indiqué par une flèche orange) transfère la force de la membrane du tympan à la fenêtre ovale. La section transversale montre le canal cochléaire entre les rampes vestibulaire et tympanique. L'agrandissement de l'organe de Corti montre que les cellules ciliées sont situées entre la membrane basilaire et la membrane tectoriale rendue transparente sur ce dessin et enlevée sur la photographie en microscopie à balayage présentée à côté. Les cellules ciliées doivent leur nom à leur touffe de stéréocils ; les cellules ciliées internes sont innervées par les fibres afférentes du nerf VIII, tandis que les cellules ciliées externes reçoivent surtout des commandes efférentes. (Microphotographie de Kessel et Kardon, 1979.)

auditif déclenche dans la cochlée une onde propagée de même fréquence, se déplaçant de la base à l'apex de la membrane basilaire, avec une amplitude croissante et une vitesse décroissante jusqu'à un point de déplacement maximal. Ce point dépend de la fréquence du son. Les points qui répondent aux fréquences élevées sont à la base de la membrane basilaire, ceux qui répondent aux basses fréquences sont à l'apex ; ceci constitue une représentation topographique des fréquences, en d'autres termes une **tonotopie**. Du point de vue de son organisation tonotopique, la membrane basilaire présente une caractéristique importante : un son complexe y détermine un profil de vibration équivalent à la superposition des vibrations causées par les fréquences individuelles dont il est constitué. C'est en cela que consistent les fonctions de décomposition des fréquences par la cochlée auxquelles il a été fait allusion plus haut. Il s'agit là d'un procédé grâce auquel sont détectées les diverses combinaisons harmoniques qui distinguent les sons naturels y compris ceux de la parole.

Le modèle des propriétés mécaniques de la cochlée proposé par von Békésy est purement passif ; il repose sur l'hypothèse que la membrane basilaire se comporte

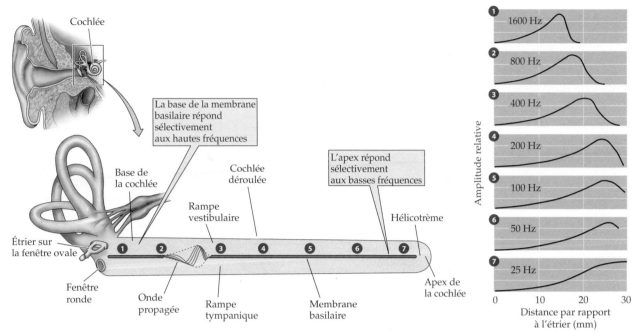

La base de la membrane basilaire répond sélectivement aux hautes fréquences

L'apex répond sélectivement aux basses fréquences

Cochlée

Base de la cochlée

Cochlée déroulée

Rampe vestibulaire

Hélicotrème

Étrier sur la fenêtre ovale

Fenêtre ronde

Onde propagée

Rampe tympanique

Membrane basilaire

Apex de la cochlée

Amplitude relative

Distance par rapport à l'étrier (mm)

Figure 13.5

Ondes propagées le long de la cochlée. On a figuré une onde propagée telle qu'elle s'étend à un instant donné le long de la cochlée qui, pour plus de clarté, est représentée déroulée. Les courbes montrent, pour différentes fréquences, l'amplitude de l'onde propagée le long de la membrane basilaire et indiquent que l'endroit où l'onde atteint son amplitude maximale varie en fonction directe de la fréquence du son. (Dessin d'après Dallos, 1992 ; courbes d'après von Békésy, 1960.)

comme une série de résonateurs, un peu comme un ensemble de diapasons reliés les uns aux autres. Chaque point de la membrane basilaire est supposé posséder une fréquence caractéristique à laquelle il vibre le plus efficacement ; mais comme il est relié aux zones adjacentes de la membrane, il vibre aussi, quoique moins facilement, à d'autres fréquences, permettant ainsi le déplacement de l'onde propagée. Il est aujourd'hui évident que la sensibilité préférentielle de la périphérie auditive, qu'on la mesure sur la membrane basilaire ou en enregistrant l'activité électrique des fibres du nerf auditif, est trop précise pour pouvoir s'expliquer par des phénomènes purement mécaniques. Aux très faibles intensités sonores, la membrane basilaire vibre cent fois plus que ne le prédit l'extrapolation linéaire du mouvement mesuré à des intensités élevées. La sensibilité de l'oreille dérive, par conséquent, de processus biomécaniques actifs tout autant que de ses propriétés passives de résonance (Encadré 13D). Les cellules ciliées externes, qui, avec les cellules ciliées internes, constituent les cellules sensorielles de l'oreille interne, sont les candidats les plus plausibles pour la production de ces processus actifs dont les détails restent mal connus.

Le déplacement de l'onde propagée déclenche la transduction sensorielle en faisant bouger les cellules ciliées disposées sur la membrane basilaire. Il s'ensuit, en réponse à cette onde, un mouvement de cisaillement entre la membrane basilaire et la membrane tectoriale sus-jacente, du fait des points de fixation différents de ces deux structures (Figure 13.6). Ce mouvement courbe de minuscules prolongements, appelés **stéréocils**, qui font saillie de l'extrémité apicale des cellules ciliées, entraînant des modifications du potentiel de membrane de la cellule ciliée. La section qui suit examine comment la déflexion des stéréocils fait naître un potentiel de récepteur dans les cellules ciliées.

Les cellules ciliées et la transduction mécano-électrique des ondes sonores

La solution qu'apporte la cellule ciliée au problème de la transformation de l'énergie vibratoire en signal électrique est un triomphe de l'évolution. L'échelle à laquelle travaille la cellule ciliée n'est rien moins qu'étonnante. Aux limites de l'audition humaine, les cellules ciliées peuvent détecter fidèlement des mouvements de la dimension d'un atome et répondre en quelques dizaines de microsecondes. Qui plus est, les

Figure 13.6

Le mouvement de la membrane basilaire
crée une force de cisaillement qui fléchit les
stéréocils des cellules ciliées. Le point de
pivotement de la membrane basilaire est
décalé par rapport à celui de la membrane
tectoriale de sorte que, lorsque la membrane
basilaire est en mouvement, la membrane
tectoriale se déplace en travers des sommets
des cellules ciliées, dont elle courbe les
stéréocils.

(A) Position de repos

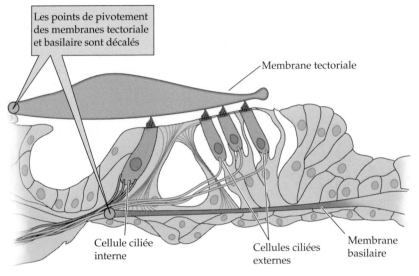

Les points de pivotement
des membranes tectoriale
et basilaire sont décalés

Membrane tectoriale

Cellule ciliée
interne

Cellules ciliées
externes

Membrane
basilaire

(B) Vibration induite par un son

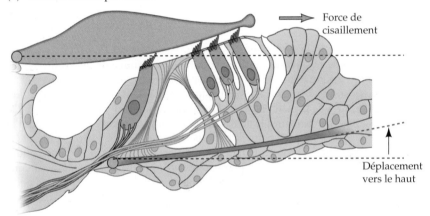

Force de
cisaillement

Déplacement
vers le haut

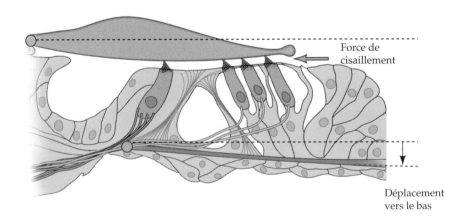

Force de
cisaillement

Déplacement
vers le bas

cellules ciliées s'adaptent rapidement à un stimulus constant, permettant ainsi à
l'auditeur d'extraire les signaux du bruit de fond.

La cellule ciliée est une cellule épithéliale en forme de bouteille, qui tire son nom
de la touffe de filaments duveteux faisant saillie de son extrémité apicale dans le canal

ENCADRÉ 13D *Le doux chant de la distorsion*

Dès la première moitié du dix-huitième siècle, des compositeurs de musique comme Giuseppe Tartini et W.A. Sorge découvrirent qu'en jouant simultanément deux sons, on entend aussi des sons que le stimulus original ne contient pas. Ces sons de combinaison f_c se trouvent, avec les sons émis f_1 et f_2 $(f_2 > f_1)$, dans une relation mathématique donnée par la formule suivante

$$f_c = mf_1 \pm nf_2$$

où m et n sont des entiers positifs.

Les compositeurs ont fait usage des sons de combinaison pour créer toute une variété d'effets, dans la mesure où ils peuvent renforcer la texture harmonique d'un accord. Les facteurs d'orgues, eux aussi, utilisent parfois, pour réaliser les sons très graves qui exigent normalement des tuyaux de taille exceptionnelle, la différence $(f_2 - f_1)$ des sons produits par deux tuyaux de taille plus petite.

Des expériences modernes indiquent que la distorsion ainsi produite est due en fait à la non-linéarité de l'oreille interne. M. Ruggero et ses collègues ont placé sur la membrane basilaire d'un animal anesthésié de petites billes de verre (d'un diamètre de 10 à 30 µm) et ont ensuite déterminé la vitesse avec laquelle cette membrane répond à différentes combinaisons de sons, en mesurant le décalage Doppler d'un rayonnement laser réfléchi par les billes. Quand on appliquait deux sons à l'oreille, la membrane basilaire vibrait non seulement aux deux fréquences correspondantes, mais également aux fréquences que prédit la formule ci-dessus.

Des expériences connexes réalisées *in vitro* sur des cellules ciliées suggèrent que cette non-linéarité résulte des propriétés du couplage mécanique de l'appareil de transduction. En appliquant, à l'aide d'une fibre de verre plaquée de métal, un mouvement sinusoïdal aux touffes de cils, A.J. Hudspeth et ses collaborateurs ont trouvé que la touffe de cils exerce une force de même fréquence. Cependant, si l'on applique deux sinusoïdes en même temps, les forces exercées par les touffes de cils ne se manifestent pas seulement pour les fréquences primaires, mais également pour diverses fréquences de combinaison. Ces produits de distorsion sont dus à l'appareil de transduction puisque le blocage des canaux de transduction fait disparaître les forces exercées aux fréquences de combinaison, alors qu'aux fréquences primaires les forces ne sont pas modifiées. Selon toute apparence, les liens apicaux donnent un surcroît d'élasticité aux touffes de cils dans l'étroite gamme des déplacements pour lesquels les canaux de transduction oscillent entre l'état ouvert et l'état fermé. Si les distorsions non linéaires des vibrations de la membrane basilaire ont pour origine les propriétés de la touffe de cils, il paraît alors vraisemblable que les cellules ciliées peuvent effectivement influencer les mouvements de la membrane basilaire, ce qui rendrait compte de l'extrême sensibilité de la cochlée. Apparemment, la distorsion dont résultent les sons différentiels que nous entendons est le prix à payer pour la vitesse et la sensibilité extraordinaire du mécanisme de transduction.

Références

JARAMILLO, F., V.S. MARKIN et A.J. HUDSPETH (1993), Auditory illusions and the single hair cell. *Nature*, **364**, 527-529.

PLANCHART, A.E. (1960), A study of the theory of Giuseppe Tartini. *J. Music Theory*, **4**, 32-61.

ROBLES, L.M., M.A. RUGGERO et N.C. RICH (1991), Two-tone distortion in the basilar membrane of the cochlea. *Nature*, **439**, 413-414.

cochléaire. Chaque touffe contient entre 30 et quelques centaines de stéréocils, avec un filament plus long, le **kinocil** (Figure 13.7A). Malgré leur nom, seul le kinocil est une véritable structure ciliaire avec ses deux tubules centraux caractéristiques, entourés des neuf doublets tubulaires propres aux cils (Figure 13.7B). Le rôle du kinocil n'est pas très clair et, dans la cochlée de l'homme et d'autres mammifères, il disparaît en fait peu après la naissance (Figure 13.7C). Les stéréocils sont plus simples et ne sont constitués que d'un cytosquelette d'actine. À l'endroit de leur insertion dans la membrane apicale de la cellule, les stéréocils se rétrécissent en une charnière autour de laquelle ils peuvent pivoter (Figure 13.7D). Les stéréocils sont rangés par taille et disposés selon un plan de symétrie bilatérale (voir Figure 13.7C) ; dans le cas des cellules vestibulaires, ce plan passe par le kinocil (voir Figure 13.7A). De fines structures filamenteuses, appelées **liens apicaux**, disposées parallèlement au plan de symétrie bilatérale connectent entre elles les extrémités des stéréocils adjacents (Figure 13.7D).

Les liens apicaux offrent un moyen de traduire rapidement le mouvement de la touffe de cils en un potentiel de récepteur. La déflexion de la touffe de cils parallèlement au plan de symétrie bilatérale, en direction des stéréocils les plus hauts, étire les liens apicaux, ce qui provoque directement l'ouverture de canaux de transduction sélectifs aux cations situés à leur extrémité et dépolarise la cellule ciliée (Figure 13.8). Une déflexion en direction opposée comprime les liens apicaux, ce qui entraîne la

(A)
Kinocil

Plan de
la coupe
transversale

(B) Kinocil

(C)

(D)

Lien apical

Figure 13.7

Structure et fonction de la touffe de cils des cellules ciliées vestibulaires et cochléaires. Les touffes de cils vestibulaires représentées ici ressemblent à celles des cellules ciliées de la cochlée, à l'exception de la présence du kinocil qui, dans la cochlée des mammifères, disparaît peu de temps après la naissance. (A) Touffe de cils d'une cellule ciliée vestibulaire de hamster. Ce cliché montre la longueur croissante des cils jusqu'au kinocil. (B) Coupe transversale d'une touffe de cils montrant la disposition en 9+2 des microtubules du kinocil (en haut) qui contraste avec la structure plus simple du filament d'actine des stéréocils. (C) Microphotographie en microscopie à balayage d'une touffe de cellules ciliées externes de la cochlée de cobaye, vue dans le plan de symétrie en miroir. Noter la taille croissante des stéréocils et l'absence de kinocil. (D) On estime que les liens apicaux qui connectent des stéréocils adjacents constituent le chaînon mécanique qui provoque l'ouverture et la fermeture du canal de transduction. (A d'après Lindeman, 1973; B d'après Hudspeth, 1983; C d'après Pickles, 1988; D d'après Fain, 2003.)

fermeture des canaux et crée une hyperpolarisation. En pivotant, les stéréocils, reliés entre eux, modifient la tension des liens apicaux, ce qui module le flux ionique et donne naissance à un potentiel de récepteur gradué qui suit leurs mouvements. Le modèle des liens apicaux explique aussi pourquoi seules les déflexions qui se font dans l'axe de la touffe de cils activent les canaux responsables de la transduction : ceci tient à ce que les liens apicaux relient les stéréocils adjacents selon un axe dirigé vers les cils les plus longs (Figure 13.9 ; voir aussi l'encadré 14B).

La transduction qu'opèrent les cellules ciliées allie la rapidité à une sensibilité étonnante. Au seuil auditif, les déplacements de la touffe de cils sont d'environ 0,3 nm, soit à peu près le diamètre d'un seul atome d'or ! Il ne faut pas plus de 10 µs aux cellules ciliées pour convertir la déflexion de la touffe de cils en une variation de potentiel électrique ; cette vitesse est nécessaire pour une transduction fidèle des signaux de haute fréquence et pour une localisation précise de la source sonore. Cette exigence d'une résolution de l'ordre de la microseconde impose un contrôle mécanique direct du canal transducteur et fait écarter les voies relativement lentes des seconds messagers, que l'on trouve dans la transduction visuelle ou olfactive (voir Chapitres 11 et 15). Une transduction mécanique est extrêmement rapide, mais l'effet de ressort des liens apicaux introduit des distorsions qui peuvent parfois s'entendre (voir Encadré 13D). La sensibilité raffinée des stéréocils présente aussi des risques sérieux : les sons violents peuvent déchirer la touffe de cils et provoquer un grave déficit auditif. Les stéréocils de l'homme, contrairement à ceux des poissons ou des oiseaux ne régénèrent pas et ces lésions sont donc irréversibles. Le petit nombre de cellules ciliées (30 000 au total chez l'homme, soit 15 000 par oreille) met davantage encore l'oreille interne à la merci de hasards génétiques ou environnementaux. L'un des objectifs des recherches actuelles est donc d'identifier les cellules souches et les facteurs susceptibles de contribuer à la régénération des cellules ciliées humaines, dans l'espoir de pouvoir les utiliser pour traiter certaines surdités neurosensorielles.

(A)

(B)

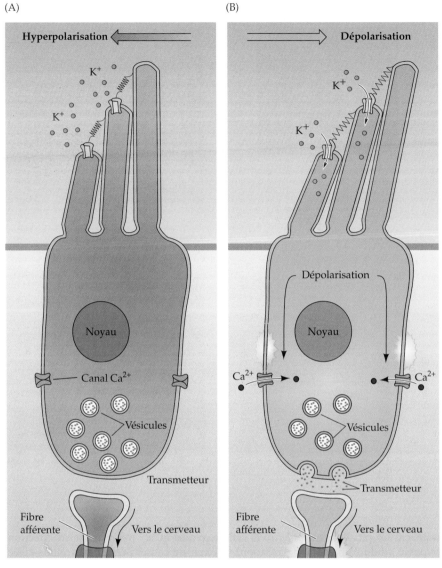

Figure 13.8

Transduction mécano-électrique opérée par les cellules ciliées. (A, B) Quand la touffe de cils s'incurve vers le stéréocil le plus long, les canaux sélectifs pour les cations s'ouvrent près de l'extrémité des stéréocils et laissent les ions K+ entrer dans la cellule ciliée selon leur gradient électrochimique (voir le texte pour l'explication de cette situation particulière). La dépolarisation des cellules ciliées qui s'ensuit provoque l'ouverture des canaux Ca²⁺ activés par le voltage au niveau du soma de la cellule ; ceci provoque l'entrée de calcium et la libération de neurotransmetteurs en direction des terminaisons nerveuses du nerf auditif. (D'après Lewis et Hudspeth, 1983)

Bases ioniques de la transduction mécano-électrique des cellules ciliées

L'enregistrement intracellulaire des cellules ciliées a fait considérablement progresser notre connaissance des bases ioniques de la transduction qu'opèrent ces minuscules éléments. Les cellules ciliées ont un potentiel de repos compris entre –45 et –60 mV par rapport au liquide qui baigne leur extrémité basale. Au potentiel de repos, seule une faible proportion des canaux de transduction est ouverte. Quand la touffe de cils s'incurve en direction du stéréocil le plus long, de nouveaux canaux de transduction s'ouvrent et l'entrée de K+ dépolarise la cellule (voir Figure 13.9). À son tour, cette dépolarisation provoque l'ouverture, dans la membrane de la cellule ciliée, de canaux calciques activés par le voltage ; l'entrée de Ca²⁺ qui s'ensuit entraîne une libération de neurotransmetteur, largué par l'extrémité basale de la cellule sur les terminaisons du nerf auditif (Figure 13.8A, B). Cette exocytose dépendante du calcium est semblable à la neurotransmission chimique que l'on trouve ailleurs dans le système nerveux central et périphérique (voir Chapitres 5 et 6) ; c'est pourquoi la cellule ciliée est devenue un modèle utile pour étudier la libération de transmetteur dépendante du calcium. Étant donné que quelques-uns des canaux de transduction restent ouverts au repos, le potentiel de récepteur est biphasique : le mouvement en direction des

(A)

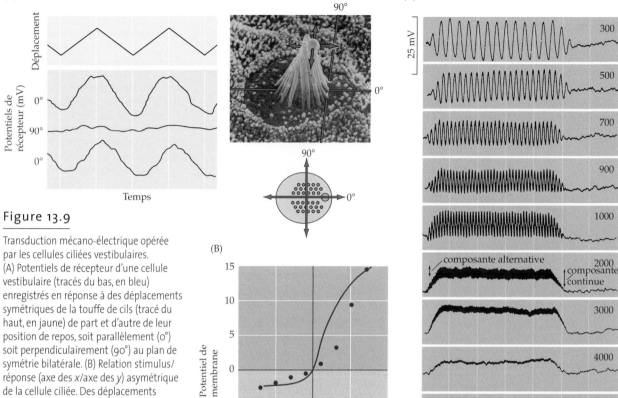

(B)

(C)

Figure 13.9

Transduction mécano-électrique opérée par les cellules ciliées vestibulaires. (A) Potentiels de récepteur d'une cellule vestibulaire (tracés du bas, en bleu) enregistrés en réponse à des déplacements symétriques de la touffe de cils (tracé du haut, en jaune) de part et d'autre de leur position de repos, soit parallèlement (0°) soit perpendiculairement (90°) au plan de symétrie bilatérale. (B) Relation stimulus/ réponse (axe des *x*/axe des *y*) asymétrique de la cellule ciliée. Des déplacements équivalents de la touffe de cils provoquent des réponses dépolarisantes plus grandes que les réponses hyperpolarisantes, car la plupart des canaux de transduction sont fermés au «repos» (c'est-à-dire à 0 μm). (C) Potentiels de récepteur d'une cellule ciliée de la cochlée en réponse à des sons purs de différentes fréquences (indiquées en Hz, à droite). Noter que, aux basses fréquences (< 3kHz), le potentiel de la cellule ciliée suit fidèlement la forme de l'onde sinusoïdale de stimulation; aux fréquences plus élevées, la réponse de la cellule ne comporte plus qu'une composante continue du fait de la relation stimulus/ réponse asymétrique des cellules ciliées et de leurs propriétés de filtrage électrique. (A d'après Shotwell et al., 1981; B d'après Hudspeth et Corey, 1977; C d'après Palmer et Russell, 1986.)

stéréocils les plus longs dépolarise la cellule, tandis qu'un mouvement en direction opposée produit une hyperpolarisation. Cet état de choses permet à la cellule ciliée de donner naissance à un potentiel de récepteur sinusoïdal en réponse à un stimulus lui-même sinusoïdal : ainsi se trouve préservée l'information temporelle présente dans le signal originel jusqu'à des fréquences avoisinant 3 kHz (Figure 13.9). Les cellules ciliées peuvent continuer à émettre des signaux à des fréquences supérieures à 3 kHz, mais elles ne préservent plus alors la structure temporelle exacte du stimulus ; la relation asymétrique entre le déplacement des cils et le courant de récepteur est filtrée par la constante de temps de la membrane des cellules ciliées, d'où une dépolarisation de leur soma qui augmente la libération de transmetteur et donc l'excitation des terminaisons du nerf auditif.

La vitesse élevée qu'exige la transduction mécano-électrique a entraîné l'apparition d'adaptations ioniques étonnantes au niveau de l'oreille interne. La cellule ciliée présente à cet égard la particularité inhabituelle que le K⁺ sert à la fois à la dépolariser *et* à la repolariser ; ceci permet au gradient de K⁺ de la cellule ciliée de dépendre essentiellement de mouvements ioniques passifs. Comme dans les autres cellules épithéliales, les surfaces basale et apicale de la cellule ciliée sont séparées par des jonctions serrées, ce qui permet à ces deux surfaces d'avoir chacune un environnement ionique extracellulaire différent. L'extrémité apicale est en contact avec l'**endolymphe** du canal cochléaire, liquide riche en potassium et pauvre en sodium, que produisent des cellules spécialisées dans le pompage d'ions au niveau de la **strie vasculaire** (Figure 13.10). L'extrémité basale baigne dans la **périlymphe**, liquide qui remplit la rampe tympanique et qui ressemble aux autres liquides extracellulaires, pauvres en potassium et riches en

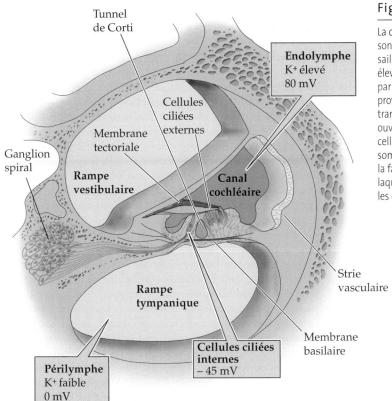

Figure 13.10

La dépolarisation et la repolarisation des cellules ciliées sont dues au K⁺. Les stéréocils des cellules ciliées font saillie dans l'endolymphe, qui présente une concentration élevée de K⁺ et une différence de potentiel de + 80 mV par rapport à la périlymphe. Ce potentiel endocochléaire provoque une entrée de K⁺ par ceux des canaux de transduction de l'extrémité apicale des stéréocils qui sont ouverts ; il s'ensuit une dépolarisation du soma de la cellule ciliée qui déclenche l'ouverture des canaux K⁺ du soma. Le potentiel de repos négatif de la cellule ciliée et la faible concentration en K⁺ de la périlymphe dans laquelle elle baigne provoquent alors une sortie de K⁺ par les canaux K⁺ du soma.

Labels on figure: Tunnel de Corti ; Endolymphe K⁺ élevé 80 mV ; Cellules ciliées externes ; Membrane tectoriale ; Ganglion spiral ; Rampe vestibulaire ; Canal cochléaire ; Strie vasculaire ; Rampe tympanique ; Membrane basilaire ; Cellules ciliées internes − 45 mV ; Périlymphe K⁺ faible 0 mV

sodium. Le compartiment qui contient l'endolymphe est plus positif d'environ 80 mV que le compartiment contenant la périlymphe (on donne le nom de potentiel endocochléaire à cette différence) alors que l'intérieur de la cellule ciliée est d'environ 45 mV plus négatif que la périlymphe (et donc 125 mV plus négatif que l'endolymphe).

Le gradient électrique qui en résulte de part et d'autre de la membrane des stéréocils (environ 125 mV) pousse le K⁺ à pénétrer dans la cellule ciliée par les canaux de transduction qui sont ouverts, bien qu'il y ait déjà une forte concentration interne de K⁺. Cette entrée de K⁺ dépolarise électrotoniquement la cellule ciliée, ce qui entraîne, au niveau de la membrane du soma de la cellule ciliée, l'ouverture des canaux Ca²⁺ et K⁺ activés par le voltage (voir l'encadré 14B). L'ouverture des canaux K⁺ *du soma* favorise la sortie de K⁺ et donc une repolarisation ; cette sortie de K⁺ a lieu parce que la périlymphe qui entoure l'extrémité basale est pauvre en K⁺ par rapport au cytosol et que le potentiel d'équilibre du K⁺ ($\approx$ −85 mV) est plus négatif que le potentiel de repos de la cellule ciliée. La repolarisation de la cellule ciliée due à la sortie de K⁺ est également facilitée par l'entrée de Ca²⁺. En plus de moduler la libération de neurotransmetteur, l'entrée de Ca²⁺ ouvre les canaux potassiques dépendants du calcium, ce qui fournit au K⁺ une autre issue vers la périlymphe. L'interaction entre l'entrée de Ca²⁺ et la sortie de K⁺ dépendante du calcium peut même entraîner des phénomènes de résonance électrique qui augmentent la sélectivité fréquentielle de la réponse de l'oreille interne (voir l'encadré 14B). Fondamentalement, la cellule ciliée fonctionne comme un système à deux compartiments distincts, chacun ayant son propre potentiel d'équilibre pour le calcium, conforme à la loi de Nernst ; cette organisation garantit que le gradient ionique de la cellule ciliée ne s'effondrera pas, même en cas de stimulation prolongée. En même temps, la rupture de la membrane de Reissner, qui normalement sépare le canal cochléaire de la rampe vestibulaire, ou des substances comme l'acide éthacrynique, poison sélectif des cellules pompeuses d'ions de la strie vasculaire, peuvent entraîner la disparition du potentiel endocochléaire et provoquer ainsi une surdité neurosensorielle (voir Encadré 13A). En bref, la cellule ciliée tire parti des différents environnements ioniques de ses surfaces apicale et basale pour obtenir une repolarisation extrêmement rapide et peu coûteuse en énergie.

Les deux types de cellules ciliées de la cochlée

Chez l'homme, les cellules ciliées de la cochlée comprennent une rangée de **cellules ciliées internes** et trois rangées de **cellules ciliées externes** (voir Figure 13.4 et 13.7). Les cellules ciliées internes sont les véritables récepteurs sensoriels et 95 % des fibres du nerf auditif (qui avec le nerf vestibulaire constitue le nerf VIII) s'articulent avec elles. Les terminaisons que reçoivent les cellules ciliées externes viennent presque toutes de fibres descendantes issues du complexe olivaire supérieur.

La signification de cette voie efférente a reçu quelques éclaircissements quand on a découvert que les mouvements de la membrane basilaire sont influencés par un processus actif ayant son siège dans la cochlée, comme il a été dit plus haut. Tout d'abord, on a trouvé que, dans certaines conditions, la cochlée émet effectivement des sons. On peut détecter ces oto-émissions acoustiques en plaçant un microphone très sensible sur le tympan et en enregistrant la réponse qui suit la présentation d'un son bref ; on dispose ainsi d'un moyen commode pour évaluer les fonctions cochléaires du nouveau-né et on l'utilise aujourd'hui dans les examens de routine visant à exclure une surdité congénitale. Ces émissions peuvent aussi avoir lieu spontanément, en particulier dans certains cas pathologiques, et peuvent donc être à l'origine du **tinnitus** (sifflements d'oreille). De telles observations indiquent qu'il existe dans la cochlée un mécanisme capable de produire des sons. En second lieu, la stimulation du faisceau olivo-cochléaire croisé par où transitent les efférences destinées aux cellules ciliées externes peut élargir les courbes de réponse en fréquence du nerf VIII. En outre, la chute brutale du seuil de sensibilité acoustique que présentent les courbes de réponse en fréquence du nerf VIII disparaît si l'on inactive sélectivement les cellules ciliées externes. Enfin, des cellules ciliées externes isolées sont mises en mouvement par de faibles courants électriques, ce qui peut fournir une source d'énergie aux processus actifs de la cochlée. Il paraît donc vraisemblable que les cellules ciliées externes affinent la résolution des fréquences par la cochlée grâce à des contractions et relaxations actives qui changeraient la rigidité de la membrane tectoriale en des endroits déterminés. Ce mécanisme actif explique la vibration non linéaire de la membrane basilaire aux faibles intensités sonores.

Sélectivité fréquentielle et synchronisation dans le nerf auditif

Le bref temps de réponse de l'appareil de transduction permet au potentiel de membrane de la cellule ciliée de suivre les déflexions de la touffe de cils jusqu'à d'assez hautes fréquences d'oscillation. Chez l'homme, le potentiel de récepteur de certaines cellules ciliées et les potentiels d'action des fibres du nerf auditif qui leur sont associées peuvent suivre en fréquence des stimulus allant jusqu'à 3 kHz. Ce codage en temps réel de la fréquence du stimulus par une configuration de potentiels d'action du nerf auditif est connu sous le nom de « théorie de la volée » du transfert de l'information auditive. Mais, pour extraordinairement rapides que soient ces processus, ils sont incapables de suivre des fréquences supérieures à 3 kHz (voir Figure 13.9). En conséquence, il faut que d'autres mécanismes interviennent pour transmettre les informations auditives de fréquence plus élevée. L'organisation tonotopique de la membrane basilaire fournit une alternative au codage temporel en offrant un mécanisme de codage par « lignes dédiées ».

Dans le cas d'un codage par lignes dédiées, les informations de fréquence sont spécifiées par la préservation de la tonotopie cochléaire aux niveaux supérieurs des voies auditives. Les fibres du nerf auditif innervant les cellules ciliées internes dans le rapport d'à peu près une pour une (bien qu'il existe des cellules ciliées sur lesquelles font synapse plusieurs fibres du nerf VIII), chaque fibre transmet des informations qui ne concernent qu'une partie limitée du spectre des fréquences audibles. Il s'ensuit que les fibres auditives innervant l'extrémité apicale de la cochlée répondent aux basses fréquences et celles qui innervent l'extrémité basale répondent aux fréquences élevées

(Figure 13.5). Les propriétés de fibres individuelles sont visibles sur des enregistrements électrophysiologiques de leurs réponses au son (Figure 13.11). Ces fonctions de seuil sont appelées **courbes de réponse en fréquence** et leur minimum (c'est-à-dire le seuil de réponse le plus bas) correspond à la **fréquence caractéristique**. Puisque l'ordre topographique des fréquences caractéristiques des neurones est préservé d'un bout à l'autre du système, l'information sur la fréquence l'est aussi. Les implants cochléaires (Encadré 13C) exploitent cette organisation tonotopique de la cochlée et surtout celle des fibres afférentes du nerf VIII pour reproduire approximativement, dans ce nerf, les patterns d'activité qu'y induisent les sons. Grâce à ces prothèses, qui laissent hors circuit les organes transducteurs affectés, les personnes dont les cellules ciliées sont endommagées, peuvent retrouver une fraction de leurs fonctions auditives.

Figure 13.11

Propriétés réactionnelles des fibres du nerf auditif. (A) Courbes de réponse en fréquence de six fibres différentes du nerf auditif. Chaque courbe représente, pour toutes les fréquences auxquelles la fibre répond, l'intensité sonore minimale nécessaire pour que la fréquence de décharge de la fibre dépasse son niveau de base spontané. Le point le plus bas de la courbe est l'intensité sonore la plus faible provoquant une réponse du neurone. Ce point est appelé fréquence caractéristique du neurone. (B) Courbes de réponse en fréquence de fibres du nerf auditif, superposées et alignées approximativement avec les points de la membrane basilaire qu'innervent ces différentes fibres. (Sur ce schéma de la cochlée déroulée vue de côté, la membrane basilaire est figurée par la ligne noire à l'intérieur de la cochlée.) (C) Organisation temporelle des réponses d'un axone à basse fréquence du nerf auditif. La forme de l'onde de stimulation est représentée au-dessous de l'histogramme montrant les réponses en verrouillage de phase à une impulsion tonale d'une fréquence de 260 Hz et d'une durée de 50 ms. Remarquer que les potentiels d'action sont tous émis au même angle de phase de la sinusoïde. (A d'après Kiang et Moxon, 1972 ; C d'après Kiang, 1984.)

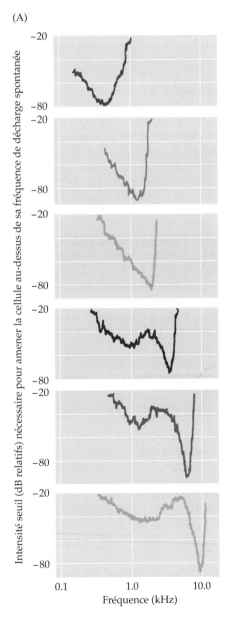

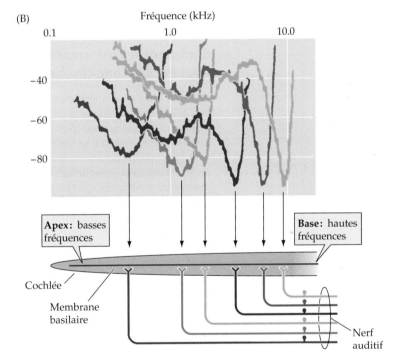

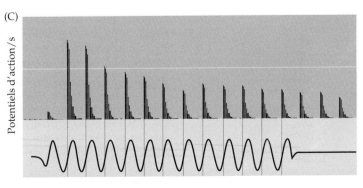

L'autre caractéristique remarquable du fonctionnement des cellules ciliées – leur aptitude à suivre la forme des ondes sonores de basse fréquence – se révèle également importante dans des aspects plus subtils du codage auditif. Comme nous l'avons vu, les réponses des cellules ciliées présentent des propriétés biphasiques. Étant donné que ces cellules ne libèrent de transmetteur que lorsqu'elles sont dépolarisées, les fibres du nerf auditif ne déchargent que durant la phase positive des sons de basse fréquence (Figure 13.11). Le «verrouillage de phase» qui en résulte fournit des informations temporelles émanant de chacune des oreilles aux centres nerveux qui assurent la comparaison des différences de temps entre oreilles. Ces écarts de temps entre oreilles constituent les indices essentiels de la localisation des sources sonores et de la perception de «l'espace» auditif. La possibilité de percevoir un espace auditif est d'autant plus remarquable que, contrairement à la rétine, la cochlée ne fournit pas de représentation directe de l'espace.

Signalons, pour terminer, que les patterns d'activité du nerf VIII ne sont pas simplement de fidèles répliques neurales du stimulus auditif. William Bialek et ses collègues de Princeton University ont montré que, chez la grenouille taureau, le nerf auditif encode plus efficacement les appels sexuels des congénères que des sons artificiels présentant les mêmes caractéristiques de fréquence et d'intensité. Les travaux effectués chez l'animal ou chez l'homme vont donc dans le sens de l'opinion selon laquelle le système auditif périphérique est optimisé pour transmettre les vocalisations propres à l'espèce et ne se borne pas à transmettre vers les centres auditifs tous les sons de façon uniforme.

Comment les informations cochléaires gagnent le tronc cérébral

L'un des caractères spécifiques du système auditif ascendant est son organisation parallèle. Cet agencement se manifeste dès l'entrée du nerf auditif dans le tronc cérébral, où il se ramifie pour aller innerver les trois subdivisions du noyau cochléaire. Le nerf auditif comprend les prolongements centripètes des cellules bipolaires situées dans le ganglion spiral de la cochlée (voir Figure 13.4). Chacune de ces cellules émet un prolongement périphérique qui innerve une ou plusieurs cellules ciliées et un prolongement centripète qui innerve le noyau cochléaire. Au sein du noyau cochléaire, chaque fibre du nerf auditif se ramifie, envoyant une branche ascendante vers le noyau cochléaire antéro-ventral, et une branche descendante vers le noyau cochléaire postéro-ventral et vers le noyau cochléaire dorsal (voir Figure 13.12). L'organisation tonotopique de la cochlée est préservée dans ces trois divisions du noyau cochléaire, dont chacune contient des populations de cellules aux propriétés fort différentes. De plus, les fibres auditives s'y terminent selon des formes d'organisation différentes et une densité inégale; il y a ainsi, à ces niveaux, plusieurs possibilités de transformer les informations venant des cellules ciliées.

L'intégration des informations en provenance des deux oreilles

De même que le nerf auditif se ramifie pour innerver ses différentes cibles dans les noyaux cochléaires, ces derniers sont à l'origine de plusieurs voies (Figure 13.12). Les projections ascendantes des régions auditives du tronc cérébral présentent un haut degré de connectivité bilatérale; cette propriété a comme implication clinique qu'une lésion des structures auditives centrales ne s'accompagne pratiquement jamais d'une surdité monaurale. Une surdité monaurale est la plupart du temps associée à une atteinte périphérique unilatérale, affectant l'oreille moyenne ou l'oreille interne ou le nerf VIII lui-même (Encadré 13C). Compte tenu du dédale que forment les voies auditives au niveau du tronc cérébral, il peut être utile de les considérer d'abord d'un point de vue fonctionnel.

De toutes les fonctions des noyaux auditifs du tronc cérébral, la mieux connue et celle qui a fait l'objet des travaux les plus intensifs est sans doute celle qui concerne la localisation des sources sonores. L'homme dispose d'au moins deux procédés diffé-

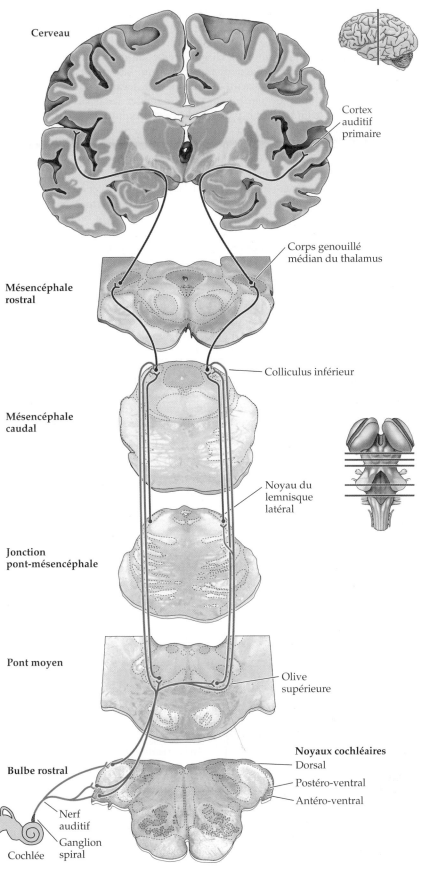

Cerveau

Cortex
auditif
primaire

Corps genouillé
médian du thalamus

Mésencéphale
rostral

Colliculus inférieur

Mésencéphale
caudal

Noyau du
lemnisque
latéral

Jonction
pont-mésencéphale

Pont moyen

Olive
supérieure

Noyaux cochléaires
Dorsal

Bulbe rostral

Postéro-ventral

Antéro-ventral

Nerf
auditif

Ganglion
spiral

Cochlée

Figure 13.12

Schéma des principales voies auditives.
Ce schéma, qui omet de nombreux détails,
fait ressortir les deux points suivants :
(1) le système auditif comprend plusieurs
voies parallèles et (2) les informations en
provenance des deux oreilles atteignent les
deux côtés du système dès le niveau du
tronc cérébral.

rents, selon les fréquences que comporte le stimulus, pour localiser la position horizontale des sources sonores. Pour les fréquences inférieures à 3 kHz (que le mécanisme de verrouillage de phase arrive à suivre), il utilise, pour localiser la source, l'écart entre les *temps* d'arrivée de l'onde sonore à chaque oreille ; au-dessus de ces fréquences, il prend comme indices les différences d'*intensité* du son. Les voies parallèles issues du noyau cochléaire participent à chacun de ces modes de localisation tonale.

L'homme a une aptitude remarquable à discriminer les délais interauraux. La différence temporelle interaurale la plus grande, celle que produisent des sons délivrés juste en face de l'une des oreilles, est de l'ordre de 700 μs (valeur obtenue en divisant la largeur de la tête par la vitesse du son dans l'air, soit environ 340 m/s). Des expériences de psychophysique montrent par ailleurs que l'homme peut effectivement détecter des différences de temps entre oreilles n'excédant pas 10 μs ; des sons présentés au moyen d'écouteurs et séparés par un délai interaural de cet ordre sont localisés du côté de l'oreille stimulée en premier. Une telle sensibilité permet une précision de localisation sonore d'environ 1°.

Comment des composants nerveux qui fonctionnent dans la gamme des millisecondes peuvent-ils mesurer des durées de l'ordre de 10 μs? Les circuits nerveux qui calculent des écarts entre oreilles aussi ténus sont constitués par les afférences binaurales qui arrivent à l'**olive supérieure médiane (OSM)** en provenance des noyaux cochléaires antéro-ventraux droit et gauche (Figure 13.13 ; voir aussi la figure 13.12). L'olive supérieure médiane contient des cellules dont les dendrites bipolaires s'étendent à la fois en direction médiane et en direction latérale. Les dendrites latéraux reçoivent leurs afférences du noyau cochléaire antéro-ventral ipsilatéral et les dendrites médians reçoivent les leurs du noyau cochléaire antéro-ventral controlatéral (les deux afférences sont excitatrices). Comme on peut s'y attendre, les cellules de l'OSM fonctionnent comme des **détecteurs de coïncidence** et répondent quand les deux signaux excitateurs arrivent en même temps. Pour servir à la localisation tonale, un mécanisme à coïncidence doit avoir une sensibilité maximale pour des écarts temporels interauraux particuliers. Les axones venant du noyau cochléaire antéro-ventral ont des longueurs

Figure 13.13

Schéma illustrant la façon dont l'OSM calcule la position d'un son au moyen des écarts de temps entre oreilles. Un neurone donné de l'OMS présente une réponse maximale quand deux messages afférents arrivent en même temps, comme c'est le cas lorsque les voies afférentes ipsi- et controlatérales compensent exactement (par leur différence de longueur) les différences entre les moments d'arrivée du son à chacune des oreilles. La variation systématique (et inverse) des délais des deux voies afférentes crée une carte de la position du son : dans cet exemple, E présenterait la sensibilité la plus grande aux sons situés à gauche et A, aux sons situés à droite ; C répondrait préférentiellement aux sons émis directement en face de l'auditeur. (D'après Jeffress, 1948.)

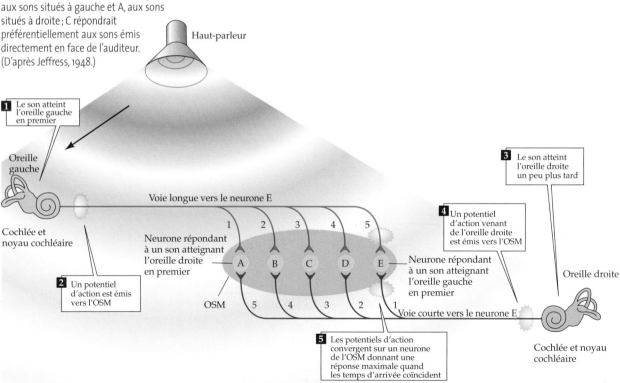

manifestement variables servant à créer des lignes à retard. (Rappelons qu'en divisant la longueur de l'axone par sa vitesse de conduction, on obtient le temps de propagation). Ces différences anatomiques compensent les légères différences entre les temps d'arrivée des ondes sonores à chaque oreille de sorte que les influx nerveux résultants arrivent au même moment à un neurone donné de l'OSM; de ce fait, chaque cellule présente une sensibilité particulière aux sources sonores situées à un endroit particulier. Les mécanismes qui permettent aux neurones de l'OSM de fonctionner en détecteurs de coïncidence restent encore passablement obscurs; ils n'en constituent pas moins, l'un des chefs-d'œuvre de biophysique les plus impressionnants que l'on puisse trouver dans le système nerveux.

La localisation tonale fondée sur les délais interauraux exige que les messages périphériques soient verrouillés en phase, ce qui, chez l'homme, n'est le cas que pour les fréquences inférieures à 3 kHz; chez la chouette effraie, championne de la localisation des sons, le verrouillage de phase se fait jusqu'à 9 kHz. Il faut donc l'intervention d'un second mécanisme pour les fréquences plus élevées. Aux fréquences supérieures à environ 2 kHz, la tête, chez l'homme, commence à représenter un obstacle acoustique, car les sons ont des longueurs d'onde trop courtes pour la contourner. Il s'ensuit que lorsque des sons de haute fréquence sont dirigés vers un côté de la tête, l'oreille située de l'autre côté se trouve dans une sorte d'ombre acoustique de plus faible intensité sonore. Ces différences d'intensité fournissent un second indice pour juger de la position d'un son. Les circuits qui calculent sur cette base la position du son se situent dans l'**olive supérieure latérale (OSL)** et dans le **noyau médian du corps trapézoïde (NMCT)** (Figure 13.14). Des fibres excitatrices venant du noyau cochléaire antéro-ventral ipsilatéral projettent directement sur l'OSL (ainsi que sur l'OSM; voir Figure 13.13). L'OSL reçoit également, en provenance de l'oreille controlatérale, des afférences inhibitrices, après relais dans les neurones inhibiteurs du NMCT. L'interaction entre excitation et inhibition a pour résultat une prédominance de l'excitation de l'OSL du même côté que la source sonore. Les sons qui ont une origine exactement latérale par rapport à l'auditeur déclencheront les décharges de fréquence la plus élevée dans l'OSL du même côté; en effet, l'excitation transmise par le noyau cochléaire antéro-latéral ipsilatéral sera maximale et l'inhibition due au NMCT controlatéral

Figure 13.14

Les neurones de l'olive supérieure latérale codent la position d'un son au moyen des différences interaurales d'intensité. (A) Les neurones de l'OSL reçoivent une excitation directe du noyau cochléaire ipsilatéral; les voies afférentes en provenance du noyau cochléaire controlatéral font relais sur les interneurones inhibiteurs du NMCT. (B) Ces effets d'excitation-inhibition font décharger les neurones de l'OSL plus vigoureusement en réponse à des sons émis latéralement par rapport à l'auditeur et du même côté que l'OSL, car dans cette condition l'excitation afférente ipsilatérale est importante tandis que l'inhibition controlatérale est faible. Au contraire, les sons émis face à l'auditeur ou du côté opposé à l'OSL vont supprimer la décharge de cette dernière: en effet, il n'y aura que très peu d'afférences ipsilatérales, mais une forte inhibition déclenchée par les afférences controlatérales. Noter qu'il existe une OSL de chaque côté et que leurs réponses sont symétriques; chaque OSL ne code que la position des sons émanant du même côté du corps.

(A)

Haut-parleur

1 Un stimulus d'intensité supérieure du côté de l'oreille gauche excite l'OSL gauche

2 Ce stimulus inhibe également l'OSL droite par l'intermédiaire d'un interneurone du NMCT

Excitation nette transmise aux centres supérieurs

Inhibition nette

OSL — NMCT

Coupe au niveau du pont

3 L'excitation venant de la gauche est plus grande que l'inhibition venant de la droite; le résultat net est une excitation des centres supérieurs

4 L'inhibition venant de la gauche est plus grande que que l'excitation venant de la droite; le résultat est une inhibition du côté droit et l'absence de signal vers les centres supérieurs

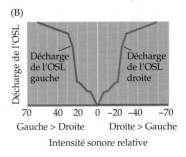

(B)

Décharge de l'OSL

Décharge de l'OSL gauche

Décharge de l'OSL droite

70   40   20   0   −20   −40   −70

Gauche > Droite   Droite > Gauche

Intensité sonore relative

sera minimale. À l'inverse, les sons dont l'origine est située plus près de la ligne médiane provoqueront dans l'OSL des décharges de fréquence plus faible étant donné l'accroissement de l'inhibition due au NMCT controlatéral. Pour les sons dont l'origine se situe sur la ligne médiane ou du côté opposé, l'inhibition due au NMCT augmente jusqu'à supprimer toute activité de l'OSL. On notera que chaque OSL ne code que les sons venant de l'hémichamp ipsilatéral ; il faut donc les deux OSL pour représenter toute la gamme des positions horizontales.

En résumé, il y a deux voies distinctes et deux mécanismes séparés pour localiser un son en azimut. Les écarts temporels interauraux sont traités dans l'olive supérieure médiane et les différences interaurales d'intensité dans l'olive supérieure latérale. À leur terme, ces deux voies se rejoignent au niveau des centres auditifs du mésencéphale. Comme il a été dit plus haut, la localisation de l'élévation de sources sonores est fondée sur un filtrage spectral réalisé par les pavillons de l'oreille ; des données expérimentales récentes font penser que la réduction de certaines composantes du spectre par les pavillons est détectée par les neurones du noyau cochléaire dorsal. Les indices binauraux jouent donc un rôle important pour la localisation en azimut des sources sonores et les indices spectraux pour leur localisation en élévation.

Les voies monaurales, du noyau cochléaire au lemnisque latéral

Les voies binaurales de la localisation tonale ne constituent qu'une partie des efférences du noyau cochléaire. Ceci n'est guère étonnant étant donné que la perception auditive ne se réduit pas à la localisation de sources sonores. Un deuxième ensemble de voies issues du noyau cochléaire évite l'olive supérieure et se termine dans les **noyaux du lemnisque latéral**, du côté opposé du tronc cérébral (Figure 13.12). Ces voies véhiculent les informations en provenance d'une seule oreille et sont donc dites monaurales. Dans les noyaux du lemnisque latéral, certaines cellules signalent le début du son, indépendamment de sa fréquence et de son intensité. D'autres traitent les aspects temporels du son, tels que sa durée. On ne sait pas quel est le rôle précis de ces voies dans le traitement des caractéristiques temporelles des sons. Comme celles qui proviennent des noyaux olivaires supérieurs, ces voies convergent sur le mésencéphale.

Intégration au niveau du colliculus inférieur

Les voies auditives ascendantes qui font relais dans les complexes olivaires et lemniscaux ainsi que d'autres afférences en provenance directe du noyau cochléaire projettent sur le **colliculus inférieur**, centre auditif du mésencéphale. Pour examiner comment se font les intégrations dans le colliculus inférieur, il convient à nouveau de s'intéresser au mécanisme auditif qui a fait l'objet des analyses les plus complètes, à savoir le système binaural de la localisation des sons. Comme il a déjà été indiqué, il n'y a pas de représentation de l'espace au niveau du récepteur auditif. Aussi la perception de l'espace auditif doit-elle, d'une façon ou d'une autre, être synthétisée au niveau du bulbe inférieur et du mésencéphale. Des expériences réalisées chez la chouette effraie, qui est douée de capacités extraordinaires de localisation des sons, montrent que la convergence des afférences binaurales au niveau du mésencéphale produit quelque chose d'entièrement nouveau par rapport à la périphérie, à savoir une représentation topographique calculée de l'espace auditif. Dans le colliculus, les neurones de cette **carte de l'espace auditif** répondent de façon maximale aux sons qui émanent d'une région spécifique de l'espace ; ils ont donc une sensibilité préférentielle à la fois pour une élévation et pour une position horizontale (ou azimut). On ne connaît pas les mécanismes qui, chez l'homme, permettent la localisation des sons, mais l'homme perçoit nettement les composantes de la position des sons, aussi bien en élévation qu'en azimut, ce qui laisse supposer que nous possédons, nous aussi, des cartes de ce type.

Le colliculus inférieur présente une autre propriété importante : il traite des sons aux configurations temporelles complexes. Beaucoup de ses neurones ne répondent qu'à des sons modulés en fréquence, d'autres seulement à des sons de durée spécifique. Il s'agit là d'éléments caractéristiques des sons porteurs d'une signification biologique, tels que ceux qui sont émis par des prédateurs ou qui font partie des communications intraspécifiques, comme c'est le cas, chez l'homme, pour le langage.

Le thalamus auditif

Bien que les voies auditives qui relaient dans le tronc cérébral et notamment dans le mésencéphale, présentent une organisation parallèle, toutes celles qui véhiculent des informations destinées au cortex font obligatoirement relais dans le **corps genouillé médian (CGM)** du thalamus (voir Figure 13.12). La plupart des afférences du CGM ont leur origine dans le colliculus inférieur ; quelques fibres, venant de la partie caudale du tronc cérébral évitent toutefois le colliculus inférieur et gagnent directement le thalamus. Le CGM comporte plusieurs subdivisions : la division ventrale constitue le relais thalamo-cortical principal et est entourée, comme d'une ceinture, par les divisions dorsale et médiane.

Chez certains mammifères, la tonotopie stricte des aires du tronc cérébral inférieur est exploitée pour créer, par convergence sur les neurones du CGM, des réponses spécifiques de certaines combinaisons spectrales. Ceci a été montré initialement par les recherches sur les propriétés réactionnelles des cellules du CGM chez les chauves-souris utilisant l'écholocation. Chez ces chauves-souris, certains neurones situés dans les zones de ceinture du CGM répondent exclusivement à des combinaisons de fréquences fortement séparées, constituant des éléments spécifiques du signal d'écholocation et des échos reflétés par les objets de l'environnement. Chez la chauve-souris *Pteronotus parnellii*, qui a fait l'objet des études les plus approfondies de ce point de vue, l'impulsion d'écholocation consiste en des fréquences variables (FM ou *frequency-modulated*) incluant une fréquence fondamentale et un ou plusieurs harmoniques. La fréquence fondamentale (FM_1) est d'intensité faible et balaie la bande de 20 à 30 kHz. Le deuxième harmonique (FM_2) est la composante la plus intense ; il couvre la bande de 40 à 60 kHz. On remarquera que ces bandes de fréquences ne se chevauchent pas. Les échos proviennent en majeure partie de l'émission intense FM_2 et il n'y en a pratiquement pas qui résulte de l'émission FM_1, d'intensité faible, mais cependant audible par la chauve-souris. Apparemment, la chauve-souris détermine la distance d'un objet en mesurant le délai entre l'émission de FM_1 et l'écho de FM_2. Certains neurones du CGM répondent lorsque FM_2 fait suite à FM_1 avec un délai spécifique ; ils constituent donc un mécanisme capable de détecter des combinaisons de fréquences de ce genre. Et comme chaque neurone répond préférentiellement à un délai particulier, la population des neurones du CGM est susceptible de coder toute une gamme de distances.

Le sonar des chauves-souris illustre deux points importants des fonctions du thalamus auditif. Tout d'abord, le CGM est le premier relais où l'on trouve une sélectivité pour une combinaison de fréquences. Le mécanisme auquel est due cette sélectivité est, selon toute vraisemblance, la convergence terminale d'afférences issues de régions cochléaires présentant des sensibilités spectrales différentes. En second lieu, les cellules du CGM ne sont pas seulement sélectives pour des combinaisons de fréquences, mais également pour des intervalles de temps spécifiques entre deux fréquences. Le principe est le même que celui qui a été décrit pour les neurones binauraux de l'olive supérieure médiane ; ici, toutefois, ce sont deux signaux monauraux, traduisant chacun une sensibilité fréquentielle différente, qui coïncident et leur écart temporel est de l'ordre de la milliseconde et non pas de la microseconde.

En résumé, les neurones du corps genouillé médian reçoivent des afférences convergentes en provenance de voies séparées du point de vue spectral et du point de vue temporel. Du fait de ses afférences convergentes, le CGM réalise l'intégration de combinaisons de sons aux caractéristiques fréquentielles et temporelles spécifiques. Dans beaucoup d'espèces, y compris l'espèce humaine, les propriétés spectrales et temporelles des sons utilisés pour communiquer ont une importance toute particulière. On ignore si, chez l'homme, les cellules du CGM sont sélectives pour des combinaisons de sons, mais le traitement du langage exige sans aucun doute une sensibilité à des combinaisons tant spectrales que temporelles.

Le cortex auditif

Le cortex auditif est la cible terminale des messages auditifs ascendants. Outre les diverses subdivisions que l'on peut y reconnaître, on distingue schématiquement dans le cortex auditif une aire primaire et une ceinture d'aires périphériques ou secondaires. Le **cortex auditif primaire (A1)** est situé dans le gyrus temporal supérieur du lobe temporal ; il reçoit des projections point par point en provenance de la division ventrale du corps genouillé médian et contient donc une carte tonotopique précise. Les **aires de ceinture** du cortex auditif reçoivent des afférences plus diffuses en provenance des aires de ceinture du corps genouillé médian ; elles ont de ce fait une organisation tonotopique moins précise.

Le cortex auditif primaire (A1) comporte une carte topographique de la cochlée (Figure 13.15) tout comme le cortex visuel primaire (V1) et le cortex somesthésique primaire (S1) comportent, eux aussi, des représentations topographiques de leur épithélium sensoriel propre. À la différence toutefois du système visuel ou somesthésique, la cochlée a déjà analysé le stimulus acoustique, dont les composantes se disposent de façon tonotopique le long de la membrane basilaire. C'est pourquoi on dit que A1 présente une carte tonotopique, de même que la plupart des structures auditives ascendantes situées entre la cochlée et le cortex. Perpendiculairement à l'axe des fréquences de cette représentation tonotopique se trouvent des amas irréguliers de neu-

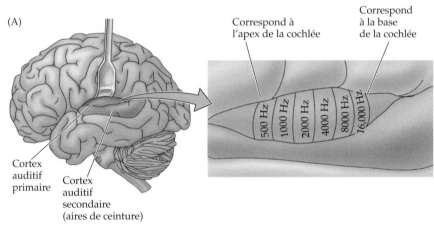

Figure 13.15

Le cortex auditif de l'homme.
(A) Représentation schématique de l'aspect latéral de l'hémisphère gauche ainsi que de la profondeur de la scissure de Sylvius où est enfouie la partie du cortex auditif qui occupe le gyrus temporal supérieur. Le cortex auditif primaire A1 est indiqué en bleu ; la ceinture d'aires auditives qui l'entourent est en rouge. Le cortex auditif primaire a une organisation tonotopique, comme le montre un schéma d'une région limitée de A1 (à droite). (B) Représentation schématique de l'aspect latéral de l'hémisphère gauche montrant l'emplacement, dans le cerveau intact, des aires auditives traitant les sons du langage. *À droite* : coupe oblique, dans le plan indiqué par la ligne pointillée, montrant les aires corticales de la face supérieure du lobe temporal. Noter que l'aire de Wernicke, qui joue un rôle important dans la compréhension du langage, est située juste en arrière du cortex auditif primaire.

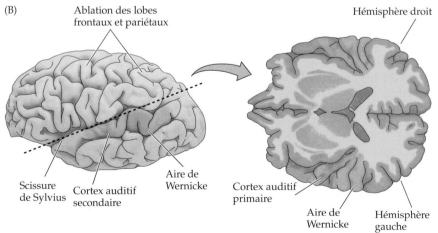

rones *e*xcités par les deux oreilles (d'où leur nom de cellules EE) côtoyant d'autres amas dont les neurones sont *e*xcités par une oreille et *i*nhibés par l'autre (cellules EI). L'alternance des bandes EE et EI rappelle celle des colonnes de dominance oculaire du cortex visuel primaire (voir Chapitre 12).

Les fonctions du cortex auditif ne se bornent pas à fournir une carte somatotopique et à répondre différentiellement à des stimulations ipsi- ou controlatérales. Bien que l'on sache peu de chose sur les traitements qu'opère le cortex auditif, ceux-ci sont vraisemblablement à la base des traitements plus approfondis que subissent les sons naturels et particulièrement ceux qui interviennent dans les communications entre individus (Encadré 13E; voir aussi le chapitre 27). Les recherches effectuées sur le ouistiti, un singe du Nouveau Monde doté d'un répertoire vocal complexe, ont apporté quelques renseignements sur la nature de ces traitements. Chez ce primate, le cortex auditif primaire et ses aires de ceinture ont bien une organisation tonotopique, mais ils présentent aussi des neurones qui répondent vigoureusement à des combinaisons spectrales propres à certaines vocalisations. Les réponses de ces neurones à des sons de différentes hauteurs ne permettent pas de prédire avec précision leur réponse à ces combinaisons spectrales. On peut donc envisager qu'à l'optimisation périphérique correspondent des traitements corticaux spécifiquement destinés à détecter des vocalisations particulières émises par les congénères. Des travaux récents chez le ouistiti et chez l'homme impliquent également les régions du cortex auditif secondaire dans la perception de la hauteur tonale. Ce percept est de première importance pour notre sens musical et pour la communication vocale, car il nous permet de discriminer deux sons du langage même quand il y a entre eux un recouvrement spectral et qu'ils proviennent du même endroit. La perception de la hauteur tonale présente un trait particulier surprenant : pour des sons harmoniquement complexes tels que sont typiquement ceux de la parole ou de la musique, la hauteur tonale perçue est celle de la fréquence fondamentale même quand celle-ci est en réalité absente du stimulus. Cet aspect synthétique du traitement de la hauteur tonale souligne une fois de plus la nature intégrative des traitements sensoriels qu'opère le cortex auditif.

Les travaux sur l'écholocation des chauves-souris apportent d'autres indices sur le rôle du cortex auditif primaire dans le traitement des sons propres à l'espèce. En concordance avec l'importance de l'écholocation pour la survie de ces mammifères crépusculaires, certaines régions du cortex auditif primaire des chauves-souris, comme celles que l'on trouve dans le CGM, ont des neurones qui répondent préférentiellement à des délais particuliers entre une émission sonore modulée en fréquence et son écho et renseignent ainsi sur la distance de la cible et sur sa vitesse de déplacement. Ces neurones présentent des réponses hautement spécifiques à certains appels de congénères, ce qui laisse penser que le même neurone cortical peut être utilisé dans ces deux fonctions auditives distinctes (voir Encadré 13E). Il est clair que l'aptitude générale du cerveau des mammifères à détecter certaines combinaisons spectrales et temporelles a été mise à profit par les chauves-souris pour servir de système de navigation par sonar, ce qui explique la double fonction de ces neurones.

Un grand nombre de neurones à double spécialisation sont classés comme « sensibles aux combinaisons », c'est-à-dire que leur réponse augmente de façon non linéaire quand on présente une combinaison de sons ou de bandes de bruit et qu'elle dépasse la somme des réponses provoquées par chaque son présenté séparément. Les neurones sensibles aux combinaisons sont activés par plusieurs fréquences sonores ; ils sont spécialisés pour reconnaître spécifiquement des sons complexes émanant d'individus de la même espèce et pour en extraire les informations indispensables à la survie. Cette sensibilité à des combinaisons d'éléments de sons simples semble être une propriété universelle des neurones qui permet la perception de sons complexes à des animaux tels que les grenouilles, les oiseaux, les chauves-souris et les primates non humains. Il est donc hautement vraisemblable que des neurones de ce type participent à la reconnaissance des sons complexes dans le cortex auditif de l'homme lui-même.

Les sons d'importance particulière pour les communications intraspécifiques ont souvent une structure temporelle hautement organisée. Le langage humain, avec ses différentes séquences phonétiques que l'on perçoit comme des syllabes ou des mots

ENCADRÉ 13E *Représentation corticale des sons complexes chez la chauve-souris et chez l'homme*

La plupart des sons naturels sont complexes, c'est-à-dire qu'ils ne ressemblent pas aux sons purs ou aux clics que les travaux de neurophysiologie du système auditif utilisent fréquemment. Un son naturel est un son harmonique, composé d'une fréquence fondamentale qui définit en grande partie sa hauteur tonale, et d'harmoniques de différentes intensités qui lui donnent son timbre. La fréquence d'un harmonique est, par définition, un multiple de la fréquence fondamentale, tous deux pouvant être modulés en fonction du temps. Les émissions *modulées en fréquence* peuvent voir leur fréquence augmenter, diminuer ou varier de façon sinusoïdale ou autre. À l'occasion, on peut constater la présence de multiples fréquences non harmoniques dans des sons musicaux ou utilisés dans la communication interindividuelle. De même, un certain degré d'étalement spectral (*spectral splatter*) ou de bruit à large bande peut être inclus dans certains sons harmoniques ou modulés en fréquence. Les variations du spectre sonore s'accompagnent généralement d'une modulation de l'enveloppe d'amplitude du son complexe. Une analyse spectrographique permet de visualiser toutes ces caractéristiques.

Comment le cerveau représente-t-il les sons complexes naturels ? Des travaux de sciences cognitives sur la perception des

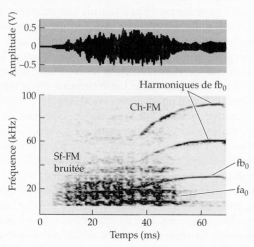

(A) Enveloppe d'amplitude (en haut) et spectrogramme (en bas) d'une syllabe composite émise par des chauves-souris lors de communications sociales. Cette syllabe est constituée de deux syllabes simples, une onde sinusoïdale fixe modulée en fréquence (Sf-FM) et une onde à courbure vers le haut modulée en fréquence (Ch-FM) émergeant de la Sf-FM après un temps de recouvrement. Chaque syllabe a sa propre fondamentale (fa_0 et fb_0) et de multiples harmoniques. (Gracieusement communiqué par Jagmeet Kanwal.)

sons complexes nous permettent de comprendre comment un nombre important encore que limité de neurones corticaux peuvent représenter de façon dynamique l'infinie variété des stimulus sonores naturels que l'homme et les autres animaux rencontrent dans leur environnement. Chez les chauves-souris, il existe des mécanismes spécialisés pour traiter les sons complexes. Les recherches sur les chiroptères utilisant l'écholocation montrent que les sons de communication et d'écholocation (Figure A) sont traités non seulement par les mêmes aires cérébrales, mais aussi par les mêmes neurones du cortex auditif. Chez l'homme, il est vraisemblable qu'existent aussi de

multiples modes de traitement vu le large recouvrement des représentations des différents types de sons complexes que l'on constate dans les circonvolutions temporales supérieure et moyenne.

Une autre règle générale à laquelle obéissent les traitements des sons complexes est l'asymétrie des représentations, qui se traduit par leur latéralisation (avec, il est vrai, un fort recouvrement). C'est ainsi que les sons du langage, importants pour la communication, sont latéralisés à gauche dans les aires de ceinture du cortex auditif, tandis que les sons de l'environnement, importants pour identifier certains aspects de cet environnement et y réagir, ont une représentation dans les

distincts, donne l'exemple le plus net de ces signaux qui varient dans le temps (voir l'encadré 27A). Des études comportementales chez le chat et chez le singe montrent que le cortex auditif joue un rôle particulièrement important dans le traitement des séquences temporelles du son. Son ablation rend ces animaux incapables de discriminer deux sons complexes ayant les mêmes composantes fréquentielles, mais qui diffèrent par leur succession temporelle. Ainsi, sans cortex auditif, des singes ne peuvent plus discriminer deux sons appartenant au répertoire de la communication entre congénères. D'un point de vue physiologique, cette sensibilité à la dimension temporelle des sons de la communication repose sans doute sur des neurones sensibles aux indices variant dans le temps qu'ils comportent. Des enregistrements électrophysiologiques du cortex auditif primaire de ouistitis et de chauves-souris montrent effectivement que certains des neurones répondant aux sons de la communication entre congénères ne répondent pas avec autant d'intensité quand on les présente à l'envers, ce qui est un signe de sensibilité à leurs caractéristiques temporelles. L'étude de sujets humains porteurs de lésions bilatérales du cortex auditif révèle également de profondes perturbations dans le traitement de l'ordre temporel des sons. Il paraît donc probable que, chez l'homme, des régions spécifiques du cortex auditif sont spéciali-

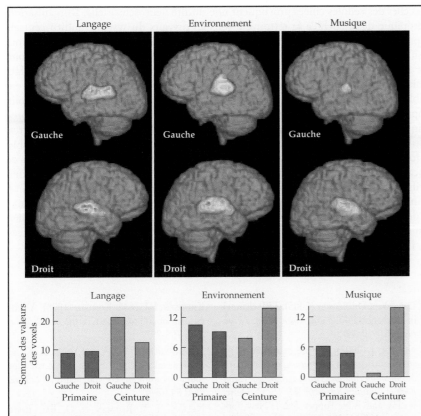

Langage Environnement Musique

Gauche Gauche Gauche

Droit Droit Droit

(B) *En haut*: Reconstructions d'images des changements du signal de contraste BOLD (moyenne des IRMf de 8 sujets humains) montrant les activations significatives (p < 0.001) déclenchées par des sons du langage, de l'environnement ou musicaux, dans les hémisphères droit et gauche, vus de côté. *En bas*: Graphiques montrant le total des activations significatives provoquées par chaque catégorie de sons dans l'aire primaire et dans les aires de ceinture des cortex auditifs droit et gauche. (Gracieusement communiqué par Jagmeet Kanwal.)

deux hémisphères (Figure B). Les sons musicaux dont les accents guerriers incitent à marcher au pas, mais ceux aussi qui invitent à la relaxation et à la réflexion face à une épreuve physique ou émotionnelle, sont pour leur part fortement latéralisés dans les aires de ceinture de droite. Le degré de latéralisation du langage, et peut-être de la musique, peut varier avec le sexe, l'âge et l'apprentissage. Dans certaines espèces de chiroptères, de rongeurs et de primates, le traitement des sons naturels de la communication se fait dans l'hémisphère gauche. En résumé, les sons naturels sont complexes et leur représentation dans un hémisphère ou dans l'autre a tendance à être asymétrique.

Références

EHRET, G. (1987), Left hemisphere advantage in the mouse brain for recognizing ultrasonic communication calls. *Nature*, **325**, 249-251.

ESSER, K.-H., C.J. CONDON, N. SUGA et J.S. KANWALL (1997), Syntax processing by auditory cortical neurons in the FM-FM area of the mustached bat, *Pteronotus parnellii. Proc. Natl Acad. Sci. USA*, **94**, 14019-14024.

HAUSER, M.D. et K. ANDERSON (1994), Left hemisphere dominance for processing vocalizations in adult, but not infant, rhesus monkeys: Field experiments. *Proc. Natl. Acad. Sci. USA*, **91**, 3946-3948.

KANWAL, J.S., J. KIM et K. KAMADA (2000), Separate, distributed processing of environmental, speech and musical sounds in the cerebral hemispheres. *J. Cogn. Neurosci.*, **Suppl.**, p. 32.

KANWAL, J.S., J.S. MATSUMURA, K. OHLEMILLER et N. SUGA (1994), Acoustic elements and syntax in communication sounds emitted by mustached bats. *J. Acoust. Soc. Am.*, **96**, 1229-1254.

KANWAL, J.S. et N. SUGA (1994), Hemispheric asymmetry in the processing of calls in the auditory cortex of the mustached bat. *Assoc. Res. Otolaryngol.*, **18**, 104.

sées pour traiter les sons élémentaires du langage ainsi que d'autres signaux acoustiques aux propriétés temporelles complexes tels que la musique (Encadré 13B). Et de fait, l'aire de Wernicke, indispensable à la compréhension du langage humain, est contiguë à l'aire auditive secondaire (voir Figure 13.15 et Chapitre 27).

Résumé

L'oreille externe et l'oreille moyenne transmettent les ondes sonores jusqu'à la cochlée de l'oreille interne qui, lorsqu'elle est stimulée, est le siège d'une onde propagée. Pour les sons de haute fréquence, l'onde propagée est à son maximum à la base de la cochlée; pour les sons de basse fréquence, son maximum se situe à l'extrémité apicale. Les mouvements concomitants de la membrane basilaire font l'objet d'une transduction opérée par les cellules ciliées internes, ces déplacements de la membrane basilaire étant eux-mêmes modulés de façon active par les cellules ciliées externes. Les lésions de l'oreille externe ou de l'oreille moyenne sont à l'origine d'une surdité de transmission, celles des cellules ciliées provoquent une surdité neurosensorielle. L'organisation tonotopique de la cochlée se retrouve à tous les niveaux du système auditif central. Les projections de la cochlée se font par l'intermédiaire du nerf auditif sur les trois divisions principales du noyau cochléaire. Les efférences du noyau cochléaire ont pour cibles le complexe olivaire supérieur et les noyaux du lemnisque latéral où se fait le traitement des indices binauraux de la localisation tonale. Le colliculus inférieur est la cible de presque toutes les voies auditives du tronc cérébral inférieur; il remplit d'importantes fonctions d'intégration telles que le traitement des fréquences sonores et l'intégration des indices contribuant à la localisation spatiale des sons. Le cortex auditif primaire présente, lui aussi, une organisation tonotopique. Il est indispensable aux fonctions auditives fondamentales telles que la discrimination des fréquences et la localisation des sons et joue aussi un rôle important dans le traitement des sons relatifs à la communication entre congénères. Les aires qui entourent le cortex auditif ont une organisation tonotopique moins stricte; elles interviennent aussi dans l'analyse des sons complexes, tels que ceux qui sont à la base des communications. Chez l'homme, les principales aires cérébrales de la compréhension du langage sont situées dans la région immédiatement adjacente au cortex auditif.

Lectures complémentaires

Revues

COREY, D.P. (1999), Ion channel defects in hereditary hearing loss. *Neuron*, **22**, 217-219.

GARCIA-ANOVEROS, J. et D.P. COREY (199è), The molecules of mechanosensation. *Annu. Rev. Neurosci.*, **20**, 567-597.

HEFFNER, H.E. et R.S. HEFFNER (1990), Role of primate auditory cortex in hearing. In *Comparative Perception. Volume II: Complex Signals*. W.C. Stebbins and M.A. Berkley (eds.). New York, John Wiley.

HUDSPETH, A.J. (2000), Hearing and deafness. *Neurobiol. Dis.*, **7**, 511-514.

HUDSPETH, A.J. (2001-2002), How the ear's works work: Mechanoelectrical transduction and amplification by hair cells of the internal ear. *Harvey Lect.*, **97**, 41-54.

HUDSPETH, A.J. et M. KONISHI (2000), Auditory neuroscience: development, transduction, and integration. *Proc. Natl. Acad. Sci. USA*, **97**, 11690-11691.

HUDSPETH, A.J., Y. CHOE, A.D. MEHTA et P. MARTIN (2000), Putting ion channels to work: Mechanoelectrical transduction, adaptation, and amplification. *Proc. Natl. Acad. Sci. USA*, **97**, 11765-11772.

KIANG, N.Y.S. (1984), Peripheral neural processing of auditory information. In *Handbook of Physiology*, Section 1: *The Nervous System*, Volume III: *Sensory Processes*, Part 2. J.M. Brookhart, V.B. Mountcastle, I. Darian-Smith and S.R. Geiger (eds.). Bethesda, MD, American Physiological Society, 639-674.

LEMASURIER, M. et P.G. GILLESPIE (2005), Hair-cell mechanotransduction and cochlear amplification. *Neuron*, **48**, 403-415.

LIN, S.Y. et D.P. COREY (2005), TRP channels in mechanotransduction. *Curr. Opin. Neurobiol.* **15**, 350-357.

NELKEN, I (2002), Feature detection by the auditory cortex. In *Integrative Functions in the Mammalian Auditory Pathway, Springer Handbook of Auditory Research, Vol. 15*. D. Oertel, R. Fay and A.N. Popper (eds.). New York, Springer Verlag., 358-416.

NELKEN, I (2004), Processing of complex stimuli and natural scenes in the auditory cortex. *Curr. Opin. Neurobiol.* **14**, 474-480.

SMITH E.C. et M.S. LEWICKI (2006), Efficient auditory coding. *Nature*, **439**, 978-982.

TRAMO, M.J., P.A. CARIANI, C.K. KOH, N. MAKRIS et L.D. BRAIDA (2005), Neurophysiology and neuroanatomy of pitch perception: Auditory cortex. *Ann. N.Y. Acad. Sci.*, **1060**, 148-174.

Articles originaux importants

BARBOUR, D.L. et X. WANG (2005), The neural representation of pitch in primate auditory cortex *Nature*, **436**, 1161-1165.

COREY, D.P. et A.J. HUDSPETH (1979), Ionic basis of the receptor potential in a vertebrate hair cell. *Nature*, **281**, 675-677.

CRAWFORD, A.C. et R. FETTIPLACE (1981), An electrical tuning mechanism in turtle cochlear hair cells. *J. Physiol. (Lond.)*, **312**, 377-412.

FITZPATRICK, D.C., J.S. KANWAL, J.A. BUTMAN et N. SUGA (1993), Combination-sensitive neurons in the primary auditory cortex of the mustached bat. *J. Neurosci.*, **13**, 931-940.

JEFFRES, L.A. (1948), A place theory of sound localization. *J. Comp. Physiol. Psychol.*, **41**, 35-39.

KNUDSEN, E.I. et M. KONISHI (1978), A neural map of auditory space in the owl. *Science*, **200**, 795-797.

MIDDLEBOOKS, J.C., A.E. CLOCK, L. XU et D.M. GREEN (1994), A panoramic code for sound location by cortical neurons. *Science*, **264**, 842-844.

NELKEN, I. Y. ROTMAN et O. BAR YOSEF (1999), Responses of auditory-cortex neurons to structural features of natural sounds. *Nature*, **397**, 154-157.

RIEKE, F., D.A. BODNAR et W. BIALEK (1995), Naturalistic stimuli increase the rate and efficiency of information transfer by primary auditory afferents. *Proc. Biol. Sci.*, **262 (1365)**, 259-265.

SUGA, N., W.E. O'NEILL et T. MANABE (1978), Cortical neurons sensitive to combinations of information-bearing elements of biosonar signals in the mustached bat. *Science*, **200**, 778-781.

VON BÉKÉSY, G. (1960), *Experiments in Hearing*. New York, McGraw-Hill. (Recueil d'articles originaux de von Békésy).

Ouvrages

MOORE, B.C.J. (2003), *An Introduction to the Psychology of Hearing*. London, Academic Press.

PICKLES, J.O. (1988), *An Introduction to the Physiology of Hearing*. London, Academic Press.

YOST, W.A. et G. GOUREVITCH (EDS.) (1987), *Directional Hearing*. Berlin, Springer Verlag.

YOST, W.A. et D.W. NIELSEN (1985), *Fundamentals of Hearing*. Fort Worth, Holt, Rinehart and Winston.

chapitre 14

Le système vestibulaire

Vue d'ensemble

Le système vestibulaire joue un rôle sensoriel de premier plan par la contribution qu'il apporte à la perception des déplacements de l'organisme, de la position de la tête et de l'orientation spatiale par rapport à la pesanteur. Il a également d'importantes fonctions motrices dans la mesure où il participe à la stabilisation du regard, de la tête et de la posture. Au niveau périphérique, le système vestibulaire est constitué de structures de l'oreille interne jouant le rôle d'accéléromètre et de système de guidage à inertie ; il informe en permanence les centres intégrateurs du tronc cérébral, du cervelet et des aires corticales somesthésiques sur les mouvements et sur la position de la tête et du corps. Sa partie centrale comprend les noyaux vestibulaires, qui entretiennent d'abondantes connexions avec des structures du tronc cérébral et du cervelet et innervent directement les motoneurones contrôlant les muscles extraoculaires, les muscles du cou et les muscles posturaux. Ces commandes motrices sont d'une grande importance pour stabiliser le regard, l'orientation de la tête et la posture pendant les mouvements. Bien que nous n'ayons pas normalement conscience de son fonctionnement, le système vestibulaire est un élément essentiel des réflexes posturaux et des mouvements oculaires. En cas d'atteinte de ce système, l'équilibre, le contrôle des mouvements oculaires lors des mouvements de la tête et le sens de l'orientation spatiale sont tous perturbés. Ces manifestations des lésions vestibulaires méritent une attention particulière pour évaluer les traumatismes du tronc cérébral ; les circuits vestibulaires occupent en effet une grande partie de cette région et des tests cliniques simples des fonctions vestibulaires peuvent être pratiqués, même chez des patients en état de coma, pour déterminer le degré d'implication du tronc cérébral.

Le labyrinthe vestibulaire

L'élément périphérique principal du système vestibulaire est un ensemble complexe de canaux interconnectés – le **labyrinthe** – qui a beaucoup de points communs avec la cochlée (voir Chapitre 13). Comme la cochlée, le système vestibulaire se développe à partir de la placode otique de l'embryon et, comme elle, il utilise le même ensemble spécialisé de cellules sensorielles, les cellules ciliées, pour opérer la transduction des déplacements en influx nerveux. Dans la cochlée, les déplacements sont dus à des sons transmis par voie aérienne ; dans le système vestibulaire, les déplacements soumis à transduction proviennent des mouvements de la tête, des effets inertiels dus à la pesanteur et des vibrations transmises par le sol (Encadré 14A).

Le labyrinthe, enserré dans la profondeur de l'os temporal, est constitué de deux **organes otolithiques** (l'**utricule** et le **saccule**) et des **canaux semi-circulaires** (Figure 14.1). C'est l'architecture compliquée et tortueuse de ces composantes qui vaut à cette partie du système son nom de labyrinthe. L'utricule et le saccule sont spécialisés pour répondre aux *accélérations linéaires* de la tête ainsi qu'à sa *position statique par rapport à l'axe de la pesanteur*, et les canaux semi-circulaires à ses *accélérations angulaires* (accompagnant des rotations).

Les relations étroites qui existent entre le labyrinthe et la cochlée ne se ramènent pas à leur seule communauté d'origine embryonnaire ; elles s'étendent à la communication qui subsiste entre les cavités cochléaire et vestibulaire (voir Figure 14.1) et aux

ENCADRÉ 14A *Rudiments de navigation vestibulaire*

Les fonctions du système vestibulaire apparaîtront plus simples si l'on se rappelle quelques termes de base de la mécanique classique. Tous les mouvements des corps dans un espace à trois dimensions ont six degrés de liberté : trois liés aux translations et trois aux rotations. Les translations désignent des mouvements linéaires selon l'axe des x, des y et des z de la tête, qui forment un système de coordonnées orthogonales pour la tête. Les otolithes détectent les accélérations selon ces axes ainsi que les inclinaisons de la tête par rapport à la pesanteur qui induisent des accélérations équivalentes. Les rotations de la tête selon ces mêmes axes activent les canaux semi-circulaires, dont le rôle est de détecter les accélérations rotationnelles ou angulaires de la tête. Les rotations par rapport à l'axe des x, des y et des z sont appelées, dans l'usage courant, roulis, tangage et lacet. Le sens positif d'une rotation de la tête suit la règle de la main droite : Si l'on courbe les doigts autour d'un axe dans les sens de la flèche qui entoure cet axe sur la figure ci-contre, le pouce pointe dans le sens positif de l'axe.

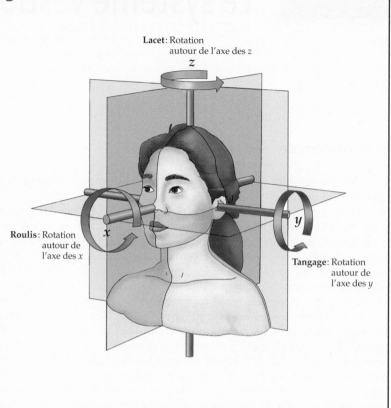

milieux ioniques spécialisés qui baignent les terminaisons sensorielles vestibulaires et qui sont étroitement parallèles à ceux de la cochlée. L'os renferme des sacs membraneux remplis de liquide – l'endolymphe – et désignés collectivement sous le nom de labyrinthe membraneux. L'endolymphe (comme l'endolymphe de la cochlée) est semblable aux liquides intracellulaires, riches en K$^+$ et pauvres en Na$^+$. Entre les parois osseuses (le labyrinthe osseux) et le labyrinthe membraneux, se trouve un autre liquide, la périlymphe, de composition semblable à celle du liquide céphalo-rachidien (pauvre en K$^+$ et riche en Na$^+$; voir Chapitre 13).

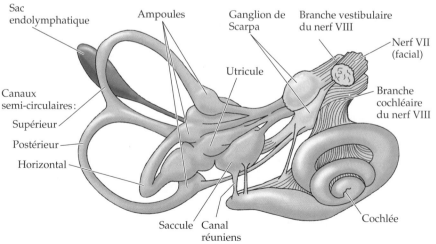

Figure 14.1

Le labyrinthe et son innervation. On a représenté les branches vestibulaire et cochléaire (ou auditive) du nerf VIII. Le petit faisceau de fibres allant du nerf vestibulaire à la cochlée contient des fibres auditives efférentes. L'orientation dans la tête de cet ensemble de structures est indiquée dans la figure 13.3 ; voir aussi la figure 14.8.

Les cellules ciliées du vestibule se trouvent dans l'utricule et dans le saccule ainsi que dans trois renflements en forme de gourdes, les **ampoules**, qui se situent à la base des canaux semi-circulaires, près de l'utricule. Dans chacune de ces structures, les touffes de cils des cellules ciliées vestibulaires baignent dans l'endolymphe du labyrinthe membraneux. Comme dans la cochlée, des jonctions serrées scellent les surfaces apicales des cellules ciliées vestibulaires de sorte que l'endolymphe baigne sélectivement les touffes de cils tout en demeurant séparée de la périlymphe qui entoure la partie basale de la cellule ciliée.

Les cellules ciliées vestibulaires

Les cellules ciliées du vestibule, qui, de même que celles de la cochlée, opèrent la transduction de déplacements minuscules en potentiels de récepteur susceptibles d'agir sur le comportement, sont à la base des fonctions vestibulaires. Les cellules ciliées vestibulaires et auditives sont tout à fait semblables; le chapitre 13 a déjà présenté en détail la structure et la fonction des cellules ciliées auditives. Comme dans le cas des cellules ciliées auditives, c'est le mouvement des stéréocils vers le kinocil des cellules ciliées vestibulaires qui provoque l'ouverture des canaux de transduction situés à l'extrémité des stéréocils et activés de façon mécanique; il s'ensuit une dépolarisation de la cellule ciliée, déclenchant le largage de neurotransmetteur sur les fibres nerveuses vestibulaires qui se trouvent ainsi excitées (Figure 14.2). Un mouvement des stéréocils en direction opposée au kinocil entraîne la fermeture des canaux, ce qui hyperpolarise la cellule ciliée et réduit l'activité du nerf vestibulaire. La nature biphasique du potentiel de récepteur indique que quelques canaux de transduction restent ouverts en l'absence de stimulation; les cellules ciliées libèrent donc du transmetteur en permanence et maintiennent ainsi une importante activité spontanée des fibres vestibulaires (voir

Figure 14.2

Polarisation morphologique des cellules ciliées vestibulaires et cartes des polarisations des organes vestibulaires. (A) Section transversale de cellules ciliées montrant que les kinocils d'un groupe de cellules ciliées sont tous situés du même côté de la cellule. (B) Touffes de cils vues de dessus. (C) Les cellules ciliées des ampoules situées à la base de chaque canal semi-circulaire sont toutes orientées dans la même direction. Dans l'utricule et dans le saccule, la striola sépare les cellules ciliées en populations dont les touffes de cils ont des polarités opposées.

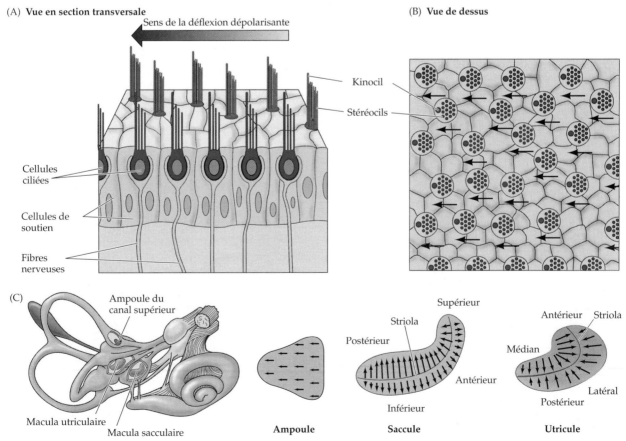

(A) **Vue en section transversale**

Sens de la déflexion dépolarisante

Kinocil

Stéréocils

Cellules ciliées

Cellules de soutien

Fibres nerveuses

(B) **Vue de dessus**

(C)

Ampoule du canal supérieur

Macula utriculaire

Macula sacculaire

Ampoule

Striola
Postérieur
Supérieur
Antérieur
Inférieur

Saccule

Antérieur Striola
Médian
Latéral
Postérieur

Utricule

ENCADRÉ 14B *Adaptation et sélectivité fréquentielle des cellules ciliées vestibulaires*

L'adaptation des cellules ciliées

Le minuscule déplacement de la touffe de cils, au seuil sensoriel, a été comparé au sommet de la tour Eiffel remuant de la largeur d'un doigt ! Malgré leur sensibilité élevée, les cellules ciliées restent capables de s'adapter rapidement et de façon durable à des déplacements statiques de la touffe ciliée occasionnés par des mouvements de grande amplitude. De tels ajustements sont particulièrement utiles dans les organes otolithiques, où l'adaptation permet aux cellules ciliées de garder leur sensibilité aux légères accélérations linéaires et angulaires de la tête en dépit de la stimulation constante qu'exercent des forces de gravité plus d'un million de fois supérieures. D'autres cellules réceptrices, telles que les photorécepteurs, s'adaptent en régulant la cascade de seconds messagers induite par le phénomène initial de transduction. La cellule ciliée, quant à elle, est obligée de recourir à un procédé différent, du fait qu'il n'existe aucun système à seconds messagers entre le phénomène initial de transduction et le potentiel de récepteur qui s'ensuit (ainsi qu'on peut s'y attendre de la part de récepteurs répondant aussi vite).

L'adaptation intervient pour les deux directions dans lesquelles le déplacement de la touffe de cils donne naissance à un potentiel de récepteur, bien qu'à une vitesse différente pour chaque direction. Quand la touffe ciliée est incurvée vers le kinocil, la tension commence d'abord par augmenter dans le ressort contrôlant l'ouverture des canaux. Durant l'adaptation, la tension diminue et revient au niveau de repos à cause, peut-être, du repositionnement d'une extrémité du ressort le long de la tige du stéréocil. Quand la touffe ciliée est déplacée en sens contraire et s'éloigne du kinocil, la tension du ressort commence par diminuer ; l'adaptation implique, dans ce cas, un accroissement de la tension du ressort. Selon une théorie, un moteur régulé par le calcium, tel qu'une ATPase de la myosine, grimpe le long des filaments d'actine du stéréocil et restaure de façon active la tension du ressort de transduction (Figure A). Lors d'une dépolarisation durable, le canal de transduction laisse passer, en même temps que le K^+, quelques ions Ca^{2+}. Sous leur influence, le moteur reste plus longtemps découplé de l'actine et laisse ainsi le ressort redescendre en glissant le long du stéréocil. En cas d'hyperpolarisation durable, le niveau de Ca^{2+} tombe au-dessous du niveau normal de repos et le moteur demeure alors plus longtemps lié à l'actine ; il grimpe donc le long du filament d'actine et augmente la tension du ressort. Mais au fur et à mesure que la tension s'accroît, une partie des canaux de transduction préalablement fermés s'ouvrent et laissent passer du Ca^{2+} ; le moteur ralentit donc sa progression jusqu'à ce que s'établisse un équilibre entre montée et descente. À l'appui de ce modèle, on peut noter qu'une réduction artificielle du Ca^{2+} interne fait augmenter la tension du ressort. Ce modèle de l'adaptation des cellules ciliées offre une solution moléculaire élégante à la régulation d'un processus mécanique.

La résonance électrique

Bien que la résonance mécanique joue un rôle important dans la mise en place de la sélectivité fréquentielle de la cochlée, il existe, dans les nerfs auditif et vestibulaire, d'autres mécanismes qui contribuent à ce processus. Leur intervention est de première importance dans les organes otolithiques, qui ne présentent

(A) Dans le modèle du ressort de contrôle, l'adaptation s'explique par l'ajustement du point d'insertion des liens apicaux. Les mouvements de montée ou de descente du point d'insertion le long de la tige du stéréocil, causés peut-être par un moteur protéique dépendant du Ca^{2+}, peuvent ajuster en permanence la tension de repos du lien apical. (D'après Hudspeth et Gillespie, 1994.)

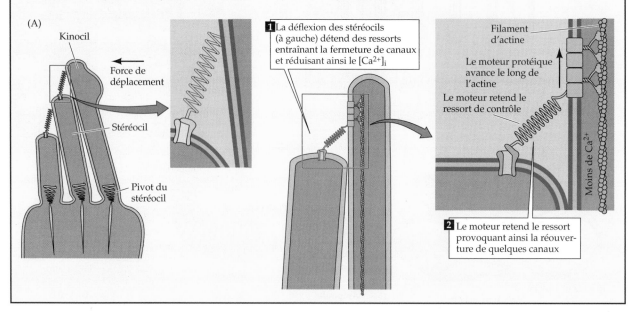

(A)

Kinocil

Force de déplacement

Stéréocil

Pivot du stéréocil

1 La déflexion des stéréocils (à gauche) détend des ressorts entraînant la fermeture de canaux et réduisant ainsi le $[Ca^{2+}]_i$

Filament d'actine

Le moteur protéique avance le long de l'actine

Le moteur retend le ressort de contrôle

Moins de Ca^{2+}

2 Le moteur retend le ressort provoquant ainsi la réouverture de quelques canaux

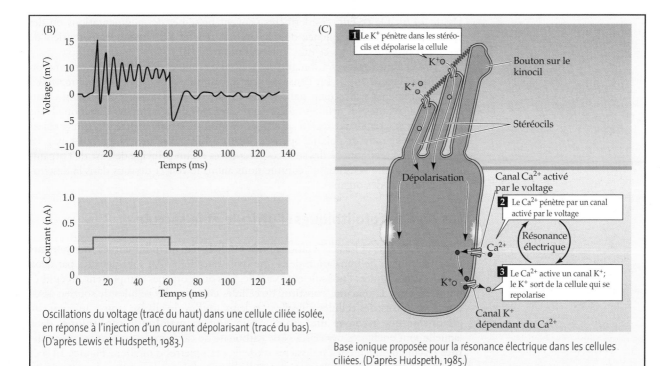

Oscillations du voltage (tracé du haut) dans une cellule ciliée isolée, en réponse à l'injection d'un courant dépolarisant (tracé du bas). (D'après Lewis et Hudspeth, 1983.)

Base ionique proposée pour la résonance électrique dans les cellules ciliées. (D'après Hudspeth, 1985.)

pas, comme la cochlée, des propriétés macromécaniques évidentes de résonance pour filtrer et/ou amplifier de façon sélective les mouvements à valeur biologique. L'un de ces mécanismes est constitué par la résonance électrique que manifestent les cellules ciliées en réponse à une dépolarisation: quand on leur injecte des impulsions de courant dépolarisant, ces cellules voient leur potentiel de membrane se mettre à osciller selon des sinusoïdes amorties, d'une fréquence déterminée (Figure B).

Les mécanismes ioniques de ce processus font intervenir deux types principaux de canaux ioniques situés dans la membrane du soma de la cellule ciliée. Le premier est une conductance calcique activée par le voltage, laissant entrer du Ca^{2+} dans le soma de la cellule en réponse à une dépolarisation telle qu'en provoque le courant de transduction. Le second est une conductance potassique activée par le Ca^{2+}, que déclenche l'augmentation de la concentration interne de Ca^{2+}. Ces deux courants font naître un va-et-vient de dépolarisations et de repolarisations aboutissant à la résonance électrique (Fi-

gure C). L'activation, au sein de la cellule ciliée, de la conductance potassique activée par le calcium est 10 à 100 fois plus rapide que celle que l'on observe dans d'autres cellules pour des courants semblables. La rapidité de sa cinétique permet à cette conductance de faire naître une réponse électrique qui exige normalement la rapidité propre aux canaux activés par le voltage.

Quoique la cellule ciliée réponde au déplacement de la touffe ciliée dans une gamme étendue de fréquences, le potentiel de récepteur qui s'ensuit a une amplitude maximale à la fréquence de résonance électrique. La résonance électrique représente la fréquence caractéristique de la cellule ciliée, et c'est à cette fréquence que la transduction sera la plus efficace. Ce phénomène a d'importantes implications pour des structures comme l'utricule et le saccule, qui peuvent coder toute une gamme de fréquences caractéristiques d'après les fréquences de résonance des cellules ciliées qui les composent. La résonance électrique des organes otolithiques peut ainsi accentuer leur sélectivité pour les fréquences de

stimulation à valeur biologique, et ceci malgré l'absence de résonance macromécanique de ces structures.

Références

ASSAD, J.A. et D.P. COREY (1992), An active motor model for adaptation by vertebrate hair cells. *J. Neurosci.*, **12**, 3291-3309.

CRAWFORD, A.C. et R. FETTIPLACE (1981), An electrical tuning mechanism in turtle cochlear hair cells. *J. Physiol. (Lond.)*, **312**, 377-412.

HUDSPETH, A.J. (1985), The cellular basis of hearing: the biophysics of hair cells. *Science*, **230**, 745-752.

HUDSPETH, A.J. et P.G. GILLESPIE (1994), Pulling strings to tune transduction: adaptation by hair cells. *Neuron*, **12**, 1-9.

LEWIS, R.S. et A.J. HUDSPETH (1983), Voltage- and ion-dependent conductances in solitary vertebrate hair cells. *Nature*, **304**, 538-541.

LEWIS, R.S. et A.J. HUDSPETH (1988), A model for electrical resonance and frequency tuning in saccular hair cells of the bull-frog, *Rana catesbeiana*. *J. Physiol. (Lond.)*, **400**, 275-297.

SHEPHERD, G.M. et D.P. COREY (1994), The extent of adaptation in bullfrog saccular hair cells. *J. Neurosci.*, **14**, 6217-6229.

Figure 14.6). De ce fait, ces dernières peuvent présenter des augmentations ou des diminutions de leur fréquence de décharge et refléter fidèlement les potentiels de récepteur produits par les cellules ciliées (Encadré 14B).

Dans chaque organe vestibulaire, les touffes de cellules ciliées ont une orientation spécifique (Figure 14.2). En conséquence, le vestibule dans son ensemble répond à des déplacements s'effectuant dans toutes les directions. Dans un canal semi-circulaire donné, toutes les cellules ciliées sont orientées dans la même direction. Dans l'utricule et le saccule, une région spécialisée dénommée **striola**, sépare les cellules ciliées en deux populations de polarité opposée (Figure 14.2C ; voir aussi la figure 14.4C). La polarisation directionnelle des surfaces réceptrices est un principe de base de l'organisation du système vestibulaire, comme nous allons le voir ci-dessous dans la description de chacun des organes.

Les organes otolithiques : l'utricule et le saccule

Les déplacements et les accélérations linéaires de la tête qu'induisent les mouvements d'inclinaison ou de translation de la tête (voir Encadré 14A), sont détectés par deux organes otolithiques : l'utricule et le saccule. Ces deux organes comportent un épithélium sensoriel, la **macula**, constitué de cellules ciliées et des cellules de soutien associées. Au-dessus des cellules ciliées et de leurs touffes de cils, se trouve une couche gélatineuse que recouvre une structure fibreuse, la **membrane otolithique**, dans laquelle sont enchâssés des cristaux de carbonate de calcium, les **otoconies** ou **otolithes** (étymologiquement « poussières d'oreille » et « pierres d'oreille » ; Figures 14.3 et 14.4A). C'est à elles que les organes otolithiques doivent leur nom. Les otoconies rendent la membrane otolithique considérablement plus lourde que les structures et les liquides qui l'entourent si bien que, lorsque la tête s'incline, la pesanteur fait glisser cette membrane par rapport à l'épithélium sensoriel (Figure 14.4B). Le mouvement de cisaillement ainsi produit entre la macula et la membrane otolithique provoque le déplacement des touffes de cils fichées dans la surface inférieure gélatineuse de la membrane. Le déplacement de la touffe de cils fait naître un potentiel de récepteur dans la cellule ciliée. Il se produit aussi un mouvement de cisaillement entre la macula et la membrane otolithique quand la tête subit des accélérations linéaires (voir Figure 14.5) ; la membrane otolithique ayant une masse relative plus importante reste momentanément en arrière de la macula, ce qui provoque un bref déplacement de la touffe de cils.

Étant donné la similitude des effets qu'exercent certaines accélérations linéaires ou certaines inclinaisons de la tête sur les cellules ciliées otolithiques, on devrait s'attendre à ce que ces différents stimulus soient perçus comme équivalents en l'absence de feedback visuel, comme c'est le cas dans l'obscurité ou quand on ferme les yeux. On doit cependant reconnaître que les sujets peuvent distinguer les deux catégories de stimulus à l'aide, vraisemblablement, de l'activité combinée des organes otolithiques et des canaux semi-circulaires.

Comme on l'a déjà dit, les populations de cellules ciliées sont orientées par rapport à la striola, qui partage en deux la couche superficielle d'otoconies (voir Figure 14.4A). La striola forme un axe de symétrie en miroir, de part et d'autre duquel les cellules ciliées ont des polarisations morphologiques opposées. C'est ainsi qu'une inclinaison dans l'axe de la striola va exciter les cellules ciliées d'un côté et inhiber celles de l'autre côté. La macula sacculaire est orientée verticalement et la macula utriculaire horizontalement et, dans chacune d'elles, les cellules ciliées présentent une variation continue de polarisation (dans la figure 14.4C, les flèches indiquent la direction du mouvement qui produit l'excitation). L'examen des orientations excitatrices de chaque macula montre que l'utricule répond à des mouvements de la tête dans le plan horizontal, tels que des inclinaisons latérales ou de rapides déplacements latéraux, tandis que le saccule répond à des mouvements dans le plan vertical (mouvements vers le haut ou le bas et vers l'avant ou l'arrière dans le plan sagittal).

Une caractéristique intéressante de ce système est que la macula utriculaire et la macula sacculaire d'un côté donné de la tête sont l'image en miroir de celles de l'autre côté. Ainsi, une inclinaison latérale de la tête a des effets opposés sur les cellules ciliées

Figure 14.3

Photographie, au microscope électronique à balayage, des cristaux de carbonate de calcium (otoconies) de la macula utriculaire de chat. Chaque cristal fait environ 50 μm de long. (D'après Lindeman, 1973.)

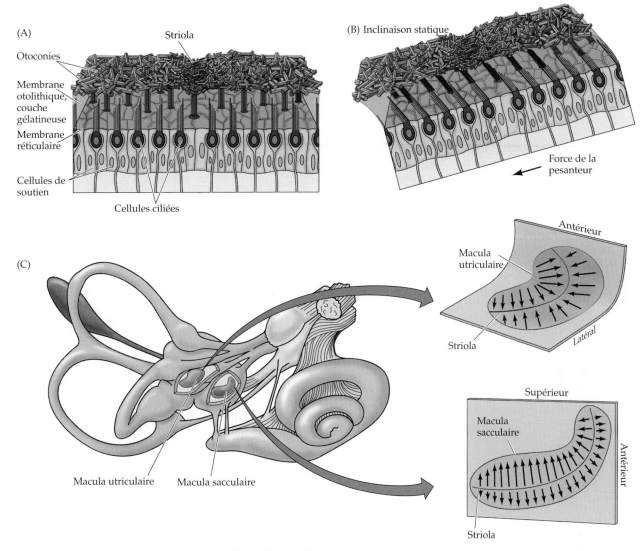

(A)

Striola

Otoconies

Membrane otolithique, couche gélatineuse

Membrane réticulaire

Cellules de soutien

Cellules ciliées

(B) Inclinaison statique

Force de la pesanteur

(C)

Macula utriculaire

Macula sacculaire

Antérieur

Macula utriculaire

Striola

Latéral

Supérieur

Macula sacculaire

Antérieur

Striola

correspondantes de chaque macula utriculaire. Il s'agit là d'une notion importante pour comprendre comment les connexions centrales des organes vestibulaires périphériques réalisent l'interaction des messages afférents venant des deux côtés de la tête.

La détection des accélérations linéaires de la tête par les neurones otolithiques

La structure des organes otolithiques les rend aptes à répondre aux déplacements statiques, tels que ceux que produit l'inclinaison de la tête par rapport à la direction de la pesanteur, ainsi qu'aux déplacements transitoires provoqués par ses mouvements de translation. La figure 14.5 illustre quelques-unes des forces s'exerçant sur la macula utriculaire lors d'une inclinaison de la tête ou d'accélérations linéaires.

La masse de la membrane otolithique par rapport à l'endolymphe qui l'entoure, de même que son découplage physique par rapport à la macula sous-jacente, font que le déplacement de la touffe de cils s'effectuera de façon transitoire (phasique) lors d'accélérations linéaires, mais de façon continue (tonique) lors d'une inclinaison de la tête. Le déplacement transitoire résulte

Figure 14.4

Polarisation morphologique des cellules ciliées de la macula utriculaire et de la macula sacculaire. (A) Section transversale de la macula utriculaire montrant les touffes de cils prises dans la couche gélatineuse, la tête étant horizontale. (B) Section transversale de la macula utriculaire lors d'une inclinaison de la tête. Les cellules ciliées sont fléchies par les otoconies dans le sens de la pesanteur sur toute la surface de la macula. Une accélération linéaire en sens opposé à celui de la pesanteur produirait une déflexion identique sous l'effet des otoconies ; c'est ce qu'on appelle l'*accélération équivalente*. (C) Orientation, dans la tête, de la macula utriculaire et de la macula sacculaire ; les flèches indiquent l'orientation des kinocils, comme dans la figure 14.2. L'orientation des *utricules* des deux côtés est plus ou moins horizontale, celle des *saccules* plus ou moins verticale. La striola est un repère structural constitué d'otoconies de petite taille formant un fossé étroit qui divise chaque organe otolithique. Dans la macula utriculaire, les kinocils sont dirigés vers la striola, ils sont dirigés en sens opposé dans la macula sacculaire. Noter que, si l'on considère l'utricule d'un côté et le saccule du côté opposé, on obtient une représentation continue de toutes les directions des mouvements du corps.

Tête droite

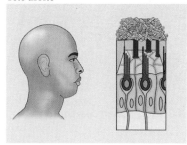

**Inclinaison de la tête:
déplacement continu**

Vers l'arrière

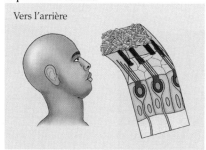

Vers l'avant

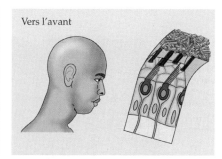

**Pas d'inclinaison de la tête:
déplacement transitoire**

Accélération vers l'avant

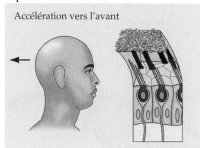

Décélération

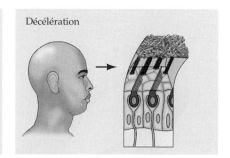

Figure 14.5

Forces qui agissent sur la tête et déplacements de la membrane otolithique de la macula utriculaire qui en résultent. Pour chacune des positions et des accélérations provoquées par des mouvements de translation, une certaine population de cellules ciliées sera excitée au maximum, tandis qu'une autre population sera inhibée au maximum. Noter que les inclinaisons de la tête s'accompagnent de déplacements semblables à ceux que produisent certaines accélérations.

de l'action de la composante des forces de la pesanteur dans le plan de la macula (Figure 14.4B).

Ces propriétés des cellules ciliées se reflètent dans les réponses des fibres vestibulaires qui innervent les organes otolithiques. Ces fibres se caractérisent par une fréquence de décharge continue et relativement élevée quand la tête est dressée. La variation de la fréquence de décharge en réponse à un mouvement donné peut donc être, soit un changement continu, soit un changement transitoire, signalant ainsi ou bien la position absolue de la tête, ou bien une accélération linéaire. La figure 14.6 illustre les réponses toniques d'une fibre nerveuse vestibulaire innervant l'utricule; ces réponses ont été enregistrées chez un singe installé sur un siège que l'on inclinait pendant plusieurs secondes pour produire une force stabilisée. On notera que cette fibre présente, avant l'inclinaison, une fréquence de décharge élevée, qui augmente ou qui diminue selon la direction de l'inclinaison. On remarquera également que la réponse demeure à un niveau élevé aussi longtemps que la force due à l'inclinaison demeure constante; ce genre de neurone code donc fidèlement la force statique qui s'exerce sur la tête (Figure 14.6A). Quand la tête revient à sa position de départ, la décharge du neurone revient à son niveau de base. À l'inverse, quand l'inclinaison se fait en sens opposé, le neurone répond en réduisant sa décharge au-dessous du niveau de base (Figure 14.6B) et la diminution persiste tant que la force statique est maintenue. De même, la direction des accélérations linéaires de la tête est signalée, elle aussi, par des augmentations ou des diminutions transitoires de la fréquence de décharge par rapport au niveau d'activité spontanée.

La gamme des orientations des touffes de cils au sein des organes otolithiques montre qu'ils sont à même de transmettre des informations sur les forces linéaires dans toutes les directions où peuvent s'effectuer les mouvements du corps (voir Figure 14.4C). L'utricule, principalement sollicité par les mouvements dans le plan horizontal, et le saccule par les mouvements verticaux, conjuguent leurs effets pour évaluer, dans les trois dimensions, les forces linéaires auxquelles la tête est soumise à tout moment. Les inclinaisons de la tête sur le plan horizontal et ses mouvements de translation en toute direction stimulent des populations particulières de cellules ciliées de la macula sacculaire et de la macula utriculaire, tout en supprimant les réponses des autres cellules ciliées. En définitive, la diversité des polarisations des cellules ciliées au sein des organes otolithiques produit des patterns d'activité dans les fibres vestibulaires

(A)

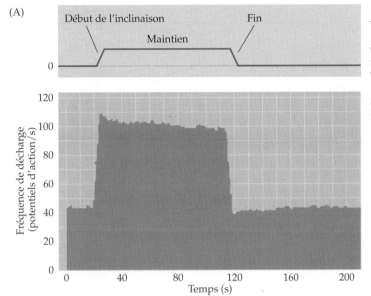

Figure 14.6

Réponse d'une fibre du nerf vestibulaire en provenance d'un organe otolithique (l'utricule dans cet exemple). (A) Le stimulus (en haut) est un changement de l'inclinaison de la tête. L'histogramme des potentiels d'action représente les réponses du neurone à l'inclinaison dans une direction donnée. (B) Réponse de la même fibre à une inclinaison de sens opposé. (D'après Fernandez et Goldberg, 1976.)

(B)

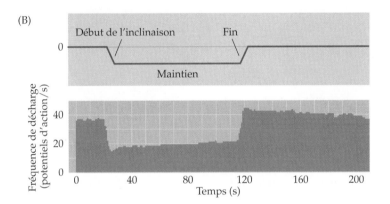

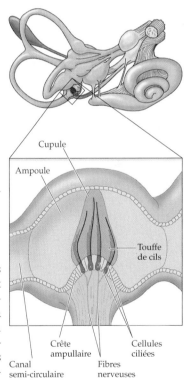

qui, si l'on considère leur population dans son ensemble, peuvent coder sans ambiguïté la position de la tête et les forces qui s'exercent sur elle.

Les canaux semi-circulaires

Alors que les organes otolithiques sont principalement sollicités par des mouvements de translation de la tête et par son orientation par rapport à la pesanteur, les canaux semi-circulaires sont sensibles aux *rotations* de la tête provoquées soit par des mouvements de l'organisme lui-même, soit par des accélérations angulaires de la tête dues à des forces extérieures. Chacun des trois canaux semi-circulaires possède à sa base un renflement bulbeux que l'on appelle l'**ampoule** (Figure 14.7) et qui abrite l'épithélium sensoriel, ou **crête ampullaire**, où se trouvent les cellules ciliées. La structure des canaux laisse deviner la façon dont ils détectent les accélérations angulaires qu'entraîne la rotation de la tête. Les touffes de cils coiffant la crête ampullaire sont prises dans une masse gélatineuse, la **cupule**, qui obstrue la cavité de l'ampoule et forme une barrière flexible que ne peut franchir le flux de l'endolymphe. Il en résulte que, du fait de son élasticité, la cupule est soumise à des torsions dues aux mouvements du liquide endolymphatique. Ainsi, lors de rotations de la tête dans le plan de l'un des canaux semi-circulaires, l'inertie de l'endolymphe produit une force au niveau de la cupule et la fait dévier en sens opposé au sens de rotation de la tête, ce qui provoque le déplacement des touffes de cils de la crête ampullaire (Figure 14.8A, B). À l'inverse,

Figure 14.7

Ampoule du canal semi-circulaire postérieur montrant la crête ampullaire, les touffes de cils et la cupule. Lorsque l'on tourne la tête, le liquide du canal membraneux fait subir une torsion à la cupule.

Figure 14.8

Organisation fonctionnelle des canaux semi-circulaires. (A) Position de la cupule en l'absence d'accélération angulaire. (B) Torsion de la cupule durant une accélération angulaire. Lors d'une rotation de la tête dans le plan du canal (flèche à l'extérieur du canal), l'inertie de l'endolymphe crée une force (flèche à l'intérieur du canal) qui entraîne le déplacement de la cupule. (C) Organisation des canaux par paires. Les deux canaux horizontaux forment une paire ; le canal antérieur droit (CA) et le canal postérieur gauche (CP) forment une paire de même que le CA gauche et le CP droit.

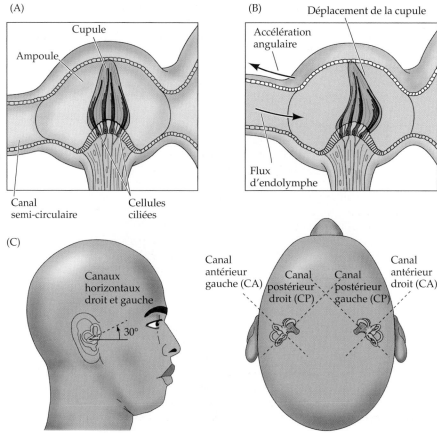

des accélérations linéaires de la tête exerçant des forces égales des deux côtés de la cupule n'entraînent aucun déplacement des touffes de cils.

Contrairement à la macula sacculaire ou utriculaire, les canaux semi-circulaires ont leurs cellules ciliées disposées de telle sorte que les kinocils pointent tous dans la même direction (voir Figure 14.2C). Ainsi, quand la cupule se déplace dans la direction appropriée, toute la population des cellules ciliées est dépolarisée et l'activité des fibres nerveuses qui les innervent s'accroît ; quand la cupule se déplace en sens opposé, les cellules ciliées sont hyperpolarisées et l'activité nerveuse diminue. Des déflexions orthogonales par rapport à la direction d'excitation-inhibition ne produisent guère ou pas du tout de réponse.

Chaque canal semi-circulaire fonctionne en tandem avec un partenaire situé de l'autre côté de la tête et dont les cellules ciliées sont alignées en sens contraire. Il existe ainsi trois paires de canaux : les deux canaux horizontaux d'une part et, d'autre part, les canaux antérieurs de chaque côté appariés chacun avec le canal postérieur de l'autre côté (Figure 14.8C). Une rotation de la tête déforme la cupule de chaque partenaire en sens inverse, en sorte que leur fréquence de décharge varie de façon opposée. L'orientation des canaux horizontaux, par exemple, les rend spécifiquement sensibles à des rotations dans le plan horizontal. Plus précisément, les cellules ciliées du canal vers lequel se fait la rotation de la tête sont dépolarisées alors que celles du côté opposé sont hyperpolarisées.

Ainsi, quand la tête tourne vers la gauche, la cupule du canal horizontal gauche est poussée en direction du kinocil et les fibres concernées du nerf vestibulaire gauche voient leur fréquence de décharge augmenter. À l'inverse, la cupule du canal horizontal droit est poussée en sens opposé au kinocil et les neurones associés présentent une diminution concomitante de leur décharge. Si le mouvement de la tête se fait vers la droite, les effets sont exactement inverses. Ce mode de fonctionnement réciproque vaut pour les trois paires de canaux ; la paire dont l'activité est modulée est située dans le plan de rotation et le partenaire dont l'activité augmente est celui du côté vers lequel se fait la rotation. Le résultat net est un système qui fournit des informations sur les rotations de la tête dans toutes les directions.

La détection des accélérations angulaires par les canaux semi-circulaires

Comme celles qui innervent les organes otolithiques, les fibres vestibulaires qui proviennent des canaux semi-circulaires ont une activité spontanée élevée. Elles peuvent donc transmettre des informations soit en augmentant soit en diminuant leur fréquence de décharge, ce qui leur permet de coder plus efficacement les mouvements de la tête (voir ci-dessus). Les réponses bidirectionnelles des fibres qui innervent les cellules ciliées d'un canal semi-circulaire ont été étudiées, chez le singe, en enregistrant leur décharge dans le nerf vestibulaire. L'animal est assis dans un fauteuil tournant et soumis à une rotation continue dans une direction pendant trois phases : d'abord une période d'accélération progressive suivie de plusieurs secondes à vitesse constante et enfin une période de décélération jusqu'à l'arrêt (Figure 14.9). On obtient les fréquences de décharge les plus élevées pendant la période d'accélération pendant laquelle la cupule est fléchie ; l'inhibition maximale correspond à la décélération pendant laquelle la cupule est fléchie en sens opposé. Pendant la phase à vitesse constante, la réponse s'adapte et la fréquence de décharge revient au niveau de repos, la cupule retrouvant son état non fléchi selon un décours temporel déterminé par l'élasticité de la cupule et la viscosité de l'endolymphe. On remarquera que pendant le temps que met la cupule pour retrouver son état initial après une torsion (et que mettent les touffes de cils pour revenir à une position non fléchie), la tête continue d'être en rotation ; il suffit qu'elle garde une vitesse angulaire constante. Des forces constantes de ce genre sont rares dans la nature, mais on les rencontre à bord des navires, des avions ou des engins spatiaux dont le trajet implique parfois des phases d'accélération prolongée.

La dynamique du système cupule-endolymphe présente une propriété intéressante : elle « lisse » la transduction des accélérations de la tête en signaux neuraux. Lorsque, par exemple, la tête subit une accélération rapide avant d'atteindre une vitesse constante (ce qui correspond à des mouvements de la tête à haute fréquence rotationnelle), les cellules vestibulaires du canal affecté produisent un signal de vitesse ; on notera sur la figure 9 que la décharge de la cellule augmente de façon linéaire pendant la phase d'accélération. Mais, pendant la phase de rotation à vitesse angulaire constante (correspondant à des mouvements rotationnels à basse fréquence) la décharge de cette cellule retourne à son niveau d'activité spontanée (correspondant à une accélération nulle). Le processus de transduction a donc pour résultat un signal de vitesse aux hautes fréquences et un signal d'accélération aux basses fréquences ; on peut observer un tel comportement lorsqu'on applique des stimulus sinusoïdaux sur une gamme étendue de fréquences.

Figure 14.9

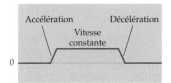

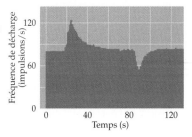

Réponse d'une fibre du nerf vestibulaire en provenance d'un canal semi-circulaire à une accélération angulaire. Le stimulus (en haut) est une rotation de la tête qui, dans un premier temps, lui imprime une accélération, puis maintient la vitesse constante et qui, enfin, la fait décélérer. Les changements de la fréquence de décharge du neurone vestibulaire que provoque ce stimulus reflètent le fait que l'endolymphe possède viscosité et inertie tandis que la cupule présente de l'élasticité. En conséquence, durant l'accélération initiale, la déflexion de la cupule provoque un accroissement rapide de la décharge du neurone. Durant la phase de vitesse angulaire constante, la cupule retourne à son état non fléchi, selon un décours temporel qui dépend de son élasticité et de la viscosité du fluide, et la décharge du neurone revient à son niveau de base. Durant la décélération, la cupule est fléchie en sens opposé, ce qui provoque une diminution transitoire de la fréquence de décharge du neurone. Ce comportement traduit la dynamique du système cupule-endolymphe ; l'inertie du fluide ne joue qu'un rôle mineur dans cette dynamique dans la mesure où elle n'intervient que pour des fréquences très élevées des mouvements de la tête. (D'après Goldberg et Fernandez, 1971.)

ENCADRÉ 14C *Quand le système vestibulaire reçoit une douche froide*

Les tests de l'intégrité du système vestibulaire peuvent donner de précieux renseignements sur l'état du tronc cérébral, en particulier chez des patients dans le coma.

Normalement, quand la tête n'est pas en rotation, les nerfs vestibulaires droit et gauche ont une décharge égale; dans ces conditions, il ne se produit aucun mouvement oculaire. Quand la tête subit une rotation dans le plan horizontal, les fibres vestibulaires afférentes du côté vers lequel se fait la rotation augmentent leur fréquence de décharge, tandis que celles du côté opposé la diminuent (Figures A et B). La différence nette entre les deux fréquences de décharge entraîne des mouvements lents des yeux dans le sens opposé à la rotation. Cette réponse réflexe est à l'origine de la composante lente d'une réaction oculomotrice normale appelée nystagmus physiologique (d'un terme grec qui signifie « hocher la tête », ce mot désigne des mouvements rythmiques des yeux; Figure B1). (La composante rapide est une saccade qui rétablit la position de l'œil; voir Chapitre 20.)

Un nystagmus pathologique peut survenir en cas de lésion unilatérale du système vestibulaire. Dans cette situation, l'arrêt des décharges spontanées du côté lésé et leur maintien du côté intact (Figure B2) ont pour conséquence une différence non physiologique entre fréquences de décharge, ce qui provoque un nystagmus même en l'absence de mouvement de la tête.

Les réponses à une stimulation vestibulaire peuvent donc servir à vérifier l'intégrité du tronc cérébral de patients inconscients. Si l'on place le patient sur le dos, avec la tête à 30° environ au-dessus du plan horizontal, les canaux semi-circulaires horizontaux se trouvent orientés presque verticalement. En injectant de l'eau froide dans l'un des conduits auditifs, on déclenche des mouvements oculaires spontanés: les courants de convection dans le canal semi-circulaire miment en effet ceux que provoque un mouvement de la tête dans le sens opposé à l'oreille recevant l'injection (Figure C). Chez des patients vigiles, ces mouvements oculaires consistent en un mouvement lent vers l'oreille irriguée suivi d'un mouvement rapide en sens contraire. Le sens des mouvements lents et rapides est inversé si l'on injecte de l'eau chaude; pour le mouvement rapide, le sens attendu est donné par le terme mnémotechnique FOCI (**F**roid **O**pposé, **C**haud **I**dentique). Ce test peut également être pratiqué chez des patients comateux;

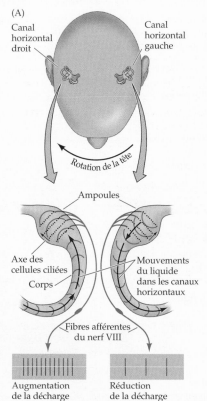

(A)
Canal horizontal droit

Canal horizontal gauche

Rotation de la tête

Ampoules

Axe des cellules ciliées

Corps

Mouvements du liquide dans les canaux horizontaux

Fibres afférentes du nerf VIII

Augmentation de la décharge

Réduction de la décharge

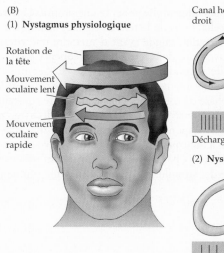

(B)
(1) **Nystagmus physiologique**

Rotation de la tête

Mouvement oculaire lent

Mouvement oculaire rapide

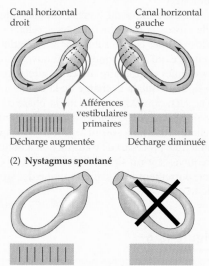

Canal horizontal droit

Canal horizontal gauche

Afférences vestibulaires primaires

Décharge augmentée

Décharge diminuée

(2) **Nystagmus spontané**

Décharge de base

Pas de décharge

(A) Vue de dessus de la tête d'un sujet, illustrant les déplacements de liquide dans les canaux horizontaux droit et gauche et les changements de la fréquence de décharge du nerf vestibulaire lors de rotations de la tête vers la droite. (B) Chez des individus normaux, la rotation de la tête déclenche un nystagmus physiologique (1) qui consiste en un mouvement lent des yeux en direction opposée à celle de la rotation. Cette composante lente des mouvements oculaires est due à la différence nette entre les fréquences de décharge des nerfs vestibulaires droit et gauche, dont les effets s'expriment par les circuits schématisés dans la figure 14.10. En cas de lésion du système vestibulaire, il peut y avoir un nystagmus spontané. Le nystagmus spontané (2) se traduit par des mouvements rythmiques spontanés d'un côté à l'autre, en l'absence de tout mouvement de la tête; il survient à la suite d'une lésion de l'un des canaux. Dans cette situation, il y a une différence nette entre les fréquences de décharge des nerfs vestibulaires, même quand la tête est dans un état stationnaire; en effet, le nerf vestibulaire qui innerve le canal intact présente, à l'état de repos, une décharge permanente, contrairement au nerf du côté lésé, qui est dépourvu d'activité.

(C)

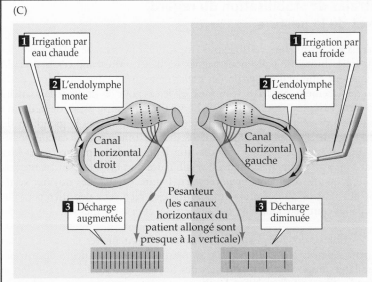

① Irrigation par eau chaude

② L'endolymphe monte

Canal horizontal droit

③ Décharge augmentée

① Irrigation par eau froide

② L'endolymphe descend

Canal horizontal gauche

③ Décharge diminuée

Pesanteur (les canaux horizontaux du patient allongé sont presque à la verticale)

mais du fait qu'ils ne présentent plus de saccades, leur réponse ne comprend que la composante oculomotrice lente. Si on leur injecte de l'eau froide dans l'oreille, il y aura un mouvement lent en direction de l'oreille irriguée, sauf si le tronc cérébral a été endommagé (Figure D). Des lésions du tronc cérébral affectant soit les noyaux vestibulaires eux-mêmes, soit leurs connexions avec les noyaux oculomoteurs (noyaux des nerfs III, IV et VI), soit encore les nerfs périphériques issus de ces noyaux peuvent altérer ou abolir les réponses vestibulaires, selon la gravité de la lésion.

(C) On peut tester le fonctionnement du vestibule en utilisant une stimulation calorique ; en effet, l'injection dans une oreille d'eau à une température légèrement supérieure à la température corporelle produit dans le canal semi-circulaire des courants de convection mimant le mouvement de l'endolymphe lors d'une rotation de la tête du côté irrigué. L'injection d'eau froide induit des effets de sens opposé. Ces courants ont pour conséquence de modifier la fréquence de décharge du nerf vestibulaire du côté stimulé, dans le sens d'une augmentation pour une injection d'eau chaude ou d'une diminution pour de l'eau froide. De même qu'avec la rotation de la tête ou avec le nystagmus spontané, les différences nettes de fréquence de décharge provoquent des mouvements oculaires.

(D) La stimulation calorique peut être utilisée pour tester les fonctions du tronc cérébral chez des patients inconscients. Les figures montrent les mouvements lents des yeux qui résultent de l'injection d'eau froide ou chaude dans une oreille chez un sujet normal (1) et dans trois conditions différentes chez un patient inconscient : (2) avec un tronc cérébral intact ; (2) avec une lésion du faisceau longitudinal médian (FLM ; noter que, dans ce cas, l'irrigation ne provoque de mouvements oculaires que du côté le moins actif) ; et (3) avec une lésion basse du tronc cérébral (voir Figure 14.10). **L** = lent ; **R** = rapide.

(D)

Réflexes oculaires chez des patients conscients	Réflexes oculaires chez des patients inconscients		
(1) Normal	(2) Tronc cérébral intact	(3) Lésion du FLM (bilatérale)	(4) Lésion basse du tronc cérébral
Eau froide	Eau froide	Eau froide	Eau froide
Eau chaude	Eau chaude	Eau chaude	Eau chaude

Voies centrales de stabilisation du regard, de la tête et de la posture

Les signaux émis par les organes vestibulaires empruntent la branche vestibulaire des nerfs crâniens de la huitième paire pour gagner les centres du tronc cérébral et du cervelet qui opèrent une grande partie des traitements nécessaires au calcul de la position et du déplacement de la tête. Comme c'est le cas pour les fibres de la branche cochléaire du nerf VIII, les fibres de la branche vestibulaire sont issues de neurones bipolaires ; leurs corps cellulaires sont, en l'occurrence, situés dans le **ganglion de Scarpa** (voir Figure 14.1). Leurs prolongements distaux innervent les canaux semi-circulaires et les organes otolithiques tandis que leurs prolongements centripètes projettent, par l'intermédiaire de la branche vestibulaire du nerf VIII, sur les noyaux vestibulaires ainsi que directement sur le cervelet (Figure 14.10). Les **noyaux vestibulaires** sont des centres d'intégration importants qui reçoivent des afférences des noyaux vestibulaires controlatéraux ainsi que du cervelet et des systèmes visuel et somesthésique.

Quoique les fibres afférentes issues des canaux semi-circulaires et des otolithes soient largement séparées à la périphérie, elles présentent un fort degré de convergence sur une large proportion des neurones des noyaux vestibulaires. Étant donné par ailleurs que les fibres vestibulaires et les fibres auditives cheminent ensemble dans le nerf VIII, les lésions de ce nerf s'accompagneront souvent de troubles de ces deux modalités.

Les projections centrales du système vestibulaire participent à trois classes principales de réflexes servant : (1) à maintenir l'équilibre du corps et du regard pendant les mouvements, (2) à maintenir la posture et (3) à maintenir le tonus musculaire. Les réflexes de la première classe aident à coordonner les mouvements de la tête et des yeux pour maintenir le regard sur les objets d'intérêt au cours des mouvements (les autres fonctions comprennent des réactions de protection et de fuite ; voir Encadré 14D). Parmi ceux-ci, le **réflexe vestibulo-oculaire (RVO)** est un mécanisme qui a pour fonction d'induire des mouvements oculaires qui contrebalancent les mouvements de la tête et permettent ainsi de garder le regard fixé sur un point particulier (Encadré 14C ; voir aussi le chapitre 20). Prenons par exemple l'activité du canal horizontal gauche, induite par une rotation de la tête vers la gauche ; elle excite les neurones du noyau vestibulaire gauche et a pour conséquence des mouvements réflexes des yeux vers la droite.

Les circuits qu'emprunte ce réflexe sont représentés dans la figure 14.10. Les fibres du nerf vestibulaire émanant du canal semi-circulaire horizontal gauche projettent sur les noyaux vestibulaires médian et latéral. Les fibres excitatrices du noyau vestibulaire médian croisent la ligne médiane et vont s'articuler avec le noyau du VI (oculomoteur externe) controlatéral. Celui-ci a deux voies efférentes. L'une est une voie motrice qui détermine la contraction du droit externe de l'œil droit ; l'autre est une voie excitatrice qui, après avoir croisé la ligne médiane et emprunté la branche ascendante du **faisceau longitudinal médian** (encore appelé parfois bandelette longitudinale postérieure), se projette sur le noyau oculomoteur gauche où elle active les motoneurones commandant la contraction du droit interne de l'œil gauche. Enfin, le noyau du VI du côté gauche reçoit du noyau vestibulaire médian, des projections inhibitrices qui ont pour effet direct de réduire les commandes motrices destinées au droit externe de l'œil gauche et, indirectement, de provoquer le relâchement du droit interne de l'œil droit. Ces diverses connexions ont pour conséquence que les afférences excitatrices originaires d'un canal horizontal d'un côté donné provoquent des déviations oculaires en direction du côté opposé. Il s'ensuit donc qu'une rotation de la tête vers la gauche provoque des mouvements des yeux vers la droite.

De la même façon, des rotations de la tête dans d'autres plans activent les autres canaux semi-circulaires et provoquent des mouvements oculaires compensatoires adaptés. Le RVO joue également un rôle important dans la stabilisation verticale du regard en réponse aux oscillations verticales linéaires de la tête qui accompagnent la locomotion et aux accélérations angulaires verticales de la tête qui peuvent avoir lieu quand, par exemple, on fait de la balançoire. L'étagement des noyaux des nerfs crâniens que le RVO met en jeu (à savoir les noyaux vestibulaires, oculomoteur externe

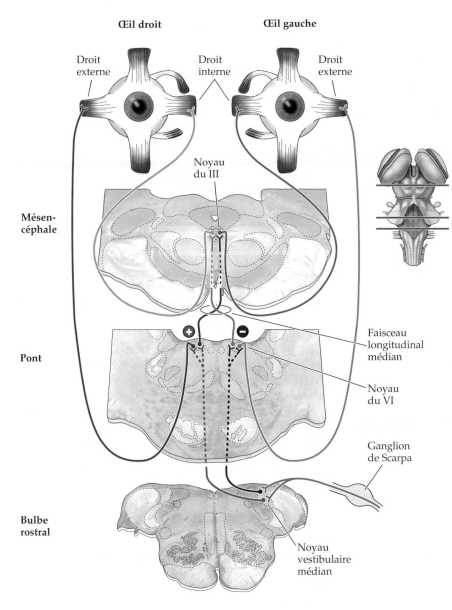

Œil droit **Œil gauche**

Droit externe
Droit interne
Droit externe

Noyau du III

Mésen-céphale

Pont

Faisceau longitudinal médian

Noyau du VI

Ganglion de Scarpa

Bulbe rostral

Noyau vestibulaire médian

Figure 14.10

Voies du réflexe vestibulo-oculaire. Projections du noyau vestibulaire sur les noyaux des nerfs crâniens III (oculomoteur commun) et VI (oculomoteur externe ou abducens). Les connexions avec le noyau du III et avec le noyau du VI controlatéral sont excitatrices (en rouge), tandis que les connexions avec le noyau du VI ipsilatéral sont inhibitrices (en noir). Le noyau du III est connecté au muscle droit interne de l'œil gauche, et le noyau du VI, au droit externe de l'œil droit. Ce circuit provoque une déviation des yeux vers la droite, c'est-à-dire en direction opposée au canal horizontal gauche, lors d'une rotation de la tête vers la gauche. Une rotation de la tête vers la droite, accroissant l'activité du canal horizontal droit, aurait des effets opposés sur les mouvements oculaires. Par souci de clarté, les projections du noyau vestibulaire droit sont omises.

et oculomoteur commun) ainsi que sa persistance dans les états inconscients font de ce réflexe un test particulièrement utile pour déterminer les atteintes du tronc cérébral chez les patients dans le coma (voir Encadré 14C).

La perte du RVO peut avoir des conséquences graves. Il est difficile, voire impossible, pour un patient ayant une lésion vestibulaire, de maintenir son regard fixé sur des cibles visuelles quand sa tête est en mouvement. Cet état porte le nom d'**oscillopsie**. Si la lésion est unilatérale, le patient arrive d'ordinaire à recouvrer la capacité de fixer les objets pendant des mouvements de la tête. Mais s'il y a perte bilatérale des fonctions vestibulaires, le patient aura la sensation permanente et gênante que le monde bouge toutes les fois qu'il remue la tête. Le problème, dans des cas de ce genre, tient au fait que les centres oculomoteurs ne disposent plus des informations que les organes vestibulaires fournissent normalement sur les mouvements de la tête et du corps, en sorte qu'il n'y a plus de possibilité de mouvements oculaires compensateurs.

Les projections descendantes des noyaux vestibulaires interviennent au premier chef dans les ajustements posturaux de la tête, qui mettent en jeu le réflexe vestibulo-locervical (RVC), et dans ceux du corps, qui font agir le réflexe vestibulospinal (RVS). De même que le RVO, ces réflexes posturaux sont extrêmement rapides, ce qui est en partie dû au faible nombre de synapses interposées entre l'organe vestibulaire et les

ENCADRÉ 14D   *Les cellules de Mauthner des poissons*

L'une des fonctions principales du système vestibulaire est de renseigner sur la direction et la vitesse des mouvements en cours, pour faire jouer des réflexes rapides et coordonnés qui viendront compenser les forces d'origine interne ou externe. L'un des plus rapides et des plus spectaculaires de ces réflexes est le coup de queue des poissons (et des larves d'amphibiens), réponse stéréotypée du comportement de fuite grâce à laquelle une proie potentielle peut échapper à ses prédateurs (Figure A). Quand ils perçoivent une menace, les poissons donnent un coup de queue, qui les propulse latéralement et les écarte du danger qui approche (pour observer ce réflexe, frappez légèrement sur la paroi d'un aquarium).

Les circuits qui sous-tendent le réflexe du coup de queue comprennent une paire de neurones bulbaires géants appelés cellules de Mauthner, leurs afférences vestibulaires et les motoneurones spinaux sur lesquels projettent les cellules de Mauthner. (Chez la plupart des poissons, chacune des deux cellules de Mauthner occupe un emplacement fixe; on peut donc, d'un animal à l'autre, les localiser à

coup sûr et les étudier). Les mouvements de l'eau que produit l'approche d'un prédateur, excitent les cellules ciliées du saccule vestibulaire. Leur potentiel de récepteur est transmis par le prolongement central des neurones du ganglion vestibulaires, dans le nerf VIII, jusqu'aux cellules de Mauthner du tronc cérébral. Comme dans le cas de la voie vestibulospinale humaine, les cellules de Mauthner projettent directement sur les motoneurones spinaux. Le petit nombre de synapses entre les cellules réceptrices et les neurones moteurs est l'un des moyens conservés par la sélection naturelle pour optimiser la vitesse de ce circuit neural, organisation qui subsiste chez l'homme. Le très gros calibre des axones des cellules de Mauthner en est un autre: chez le poisson rouge, ces axones font à peu près 50 µm de diamètre.

Le réglage de la vitesse et de la direction du réflexe de fuite fait l'objet d'une optimisation que reflètent également les synapses des afférences vestibulaires avec chaque cellule de Mauthner (Figure B). Il

s'agit de synapses électriques qui garantissent une transmission fidèle et rapide du signal.

La direction appropriée de la fuite est régie par deux caractéristiques: (1) chaque cellule de Mauthner ne projette que sur les motoneurones controlatéraux; (2) un réseau local d'interneurones à projections bilatérales inhibe l'activité de la cellule de Mauthner du côté opposé au côté d'où provient l'activité vestibulaire. De cette façon, la cellule de Mauthner ipsilatérale à cette activité émet fidèlement des potentiels d'action qui déclenchent les contractions des muscles controlatéraux de la queue, écartant ainsi le poisson de la trajectoire du prédateur qui arrive. À l'inverse, la cellule de Mauthner controlatérale est, pendant cette réponse, réduite au silence par le réseau inhibiteur local (Figure C).

Les cellules de Mauthner des poissons sont analogues aux voies réticulo- et vestibulospinales qui, chez les mammifères, contrôlent l'équilibre, la posture et les mouvements d'orientation. Dans l'espèce

(A) Séquence des orientations du corps d'un poisson durant un comportement de fuite par coup de queue; le temps progresse de gauche à droite. Ce comportement fait essentiellement intervenir les cellules de Mauthner contrôlées par des signaux d'origine vestibulaire.

(A)

motoneurones impliqués (Encadré 14D). Comme le RVO, le RVC et le RVS sont amoindris chez les personnes qui souffrent d'une atteinte vestibulaire bilatérale. Ces patients présentent une réduction de la stabilité de la tête et de la posture ayant pour conséquence une déviation de la marche et des difficultés à garder leur équilibre. Les troubles de l'équilibre s'accentuent en lumière faible ou en terrain inégal ce qui montre que l'équilibre normal est le résultat d'afférences vestibulaires, visuelles et proprioceptives.

Le RVC a pour substrat anatomique le noyau vestibulaire médian, dont les fibres descendent par le faisceau longitudinal médian jusqu'aux segments cervicaux de la moelle (Figure 14.11). Cette voie contrôle la position de la tête en agissant sur l'activité réflexe des muscles de la nuque en réponse à la stimulation des canaux semi-circulaires lors des accélérations que provoquent les rotations de la tête. Ainsi, lors d'une inclinaison du corps vers le bas, comme il s'en produit quand on trébuche, les canaux supérieurs sont activés et les muscles de la nuque redressent la tête de façon réflexe. La flexion dorsale de la tête déclenche alors d'autres réflexes, tels que l'extension des mem-

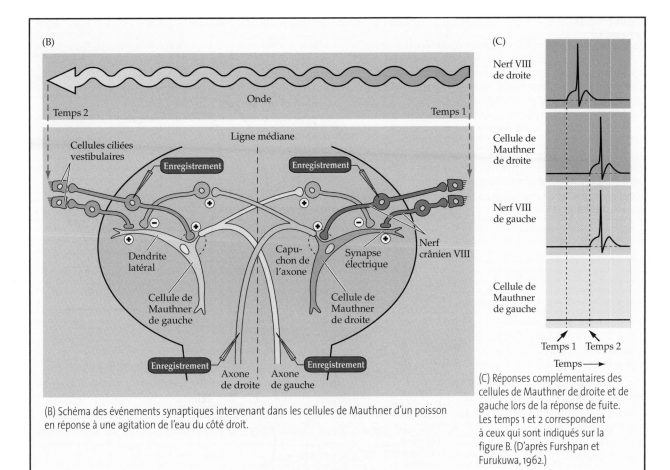

(B) Schéma des événements synaptiques intervenant dans les cellules de Mauthner d'un poisson en réponse à une agitation de l'eau du côté droit.

(C) Réponses complémentaires des cellules de Mauthner de droite et de gauche lors de la réponse de fuite. Les temps 1 et 2 correspondent à ceux qui sont indiqués sur la figure B. (D'après Furshpan et Furukuwa, 1962.)

humaine, des réponses comportementales équivalentes peuvent s'observer chez des enfants qui jouent « à chat ».

Références

EATON, R.C., R.A. BOMBARDIERI et D.L. MEYER (1977), The Mauthner-initiated startle response in teleost fish. *J. Exp. Biol.*, **66**, 65-81.

FURSHPAN, E.J. et T. FURUKAWA (1962), Intracellular and extracellular responses of the several regions of the Mauthner cell of the goldfish. *J. Neurophysiol.*, **25**, 732-771.

JONTES, J.D., J. BUCHANAN et S.J. SMITH (2000), Growth cone and dendrite dynamics in zebrafish embryos : Early events in synaptogenesis imaged *in vivo*. *Nature Neurosci.*, **3**, 231-237.

KORN, H. et D.S. FABER (2005), The Mauthner cells half a century later : A neurobiological model for decision-making. *Neuron*, **47**, 13-28.

O'MALLEY, D.M., Y.H. KAO et J.R. FETCHO (1996), Imaging the functional organization of zebrafisch hindbrain segments during escape behaviors. *Neuron*, **17**, 1145-1155.

bres antérieurs et la flexion des membres postérieurs, en vue de stabiliser le corps et d'éviter la chute (voir Chapitre 17).

Le RVS emprunte une combinaison de voies parmi lesquelles les faisceaux vestibulospinaux latéral et médian et le faisceau réticulospinal. Les afférences en provenance des organes otolithiques projettent principalement sur le noyau vestibulaire latéral (aussi appelé noyau de Deiters) et celui-ci envoie vers la moelle des fibres qui empruntent le faisceau vestibulospinal latéral (voir Figure 14.11). Ces fibres s'articulent monosynaptiquement avec les motoneurones extenseurs et inhibent disynaptiquement les motoneurones fléchisseurs ; le résultat net est une puissante excitation des muscles extenseurs (antigravitaires). Quand les cellules ciliées des organes otolithiques sont activées, le faisceau vestibulospinal latéral relaie leurs signaux vers la partie médiane de la corne ventrale et active le groupe ipsilatéral des motoneurones qui innervent les muscles extenseurs du tronc et des membres ; ainsi se trouvent assurés l'équilibration et le maintien de la posture érigée.

Figure 14.11

Les projections descendantes des noyaux vestibulaires médian et latéral vers la moelle épinière sous-tendent le RVC et le RVS. Les noyaux vestibulaires médians ont des projections bilatérales empruntant le faisceau longitudinal médian pour gagner la partie médiane des cornes ventrales et provoquer les réflexes de stabilisation de la tête en réponse à l'activation des canaux semi-circulaires. Le noyau vestibulaire latéral envoie ses axones, par l'intermédiaire du faisceau vestibulospinal latéral, s'articuler avec les motoneurones de la corne ventrale qui innervent les muscles axiaux et les muscles proximaux des membres. Les neurones du noyau vestibulaire latéral reçoivent des afférences originaires du cervelet, par lesquelles ce dernier influence la posture et l'équilibre.

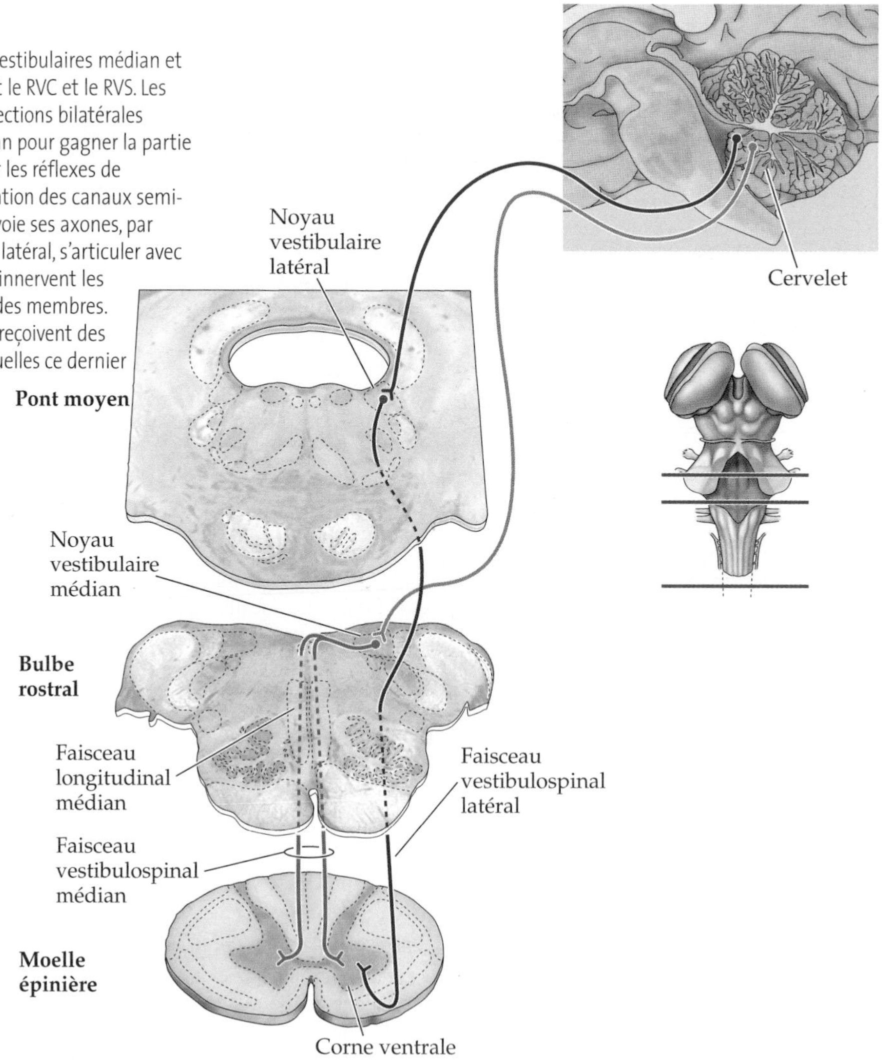

La rigidité de décérébration, qui se caractérise par une extension rigide des membres, se manifeste après une transsection du tronc cérébral au-dessus du noyau vestibulaire. On peut la réduire expérimentalement chez l'animal par une lésion des noyaux vestibulaires, ce qui souligne l'importance du système vestibulaire dans l'entretien du tonus musculaire. L'hypertonie des muscles extenseurs que l'on observe dans la rigidité de décérébration indique par ailleurs que la voie vestibulospinale est normalement soumise à une inhibition puissante exercée par les projections descendantes issues des niveaux supérieurs du névraxe et particulièrement du cortex cérébral (voir également le chapitre 17).

Les voies vestibulaires vers le thalamus et le cortex

En plus de leurs projections vers la moelle, les noyaux vestibulaires supérieurs et latéraux émettent des fibres vers le complexe nucléaire ventral postérieur du thalamus, qui relaie leurs messages vers les deux aires corticales de la sensibilité vestibulaire (Figure 14.12). L'une de ces cibles corticales est située juste en arrière du cortex somesthésique primaire, près de la représentation de la face ; l'autre se trouve à la limite entre le cortex somesthésique et le cortex moteur (aire 3a de Brodmann ; voir Chapitre 9). L'étude électrophysiologique des neurones de ces aires montre qu'ils

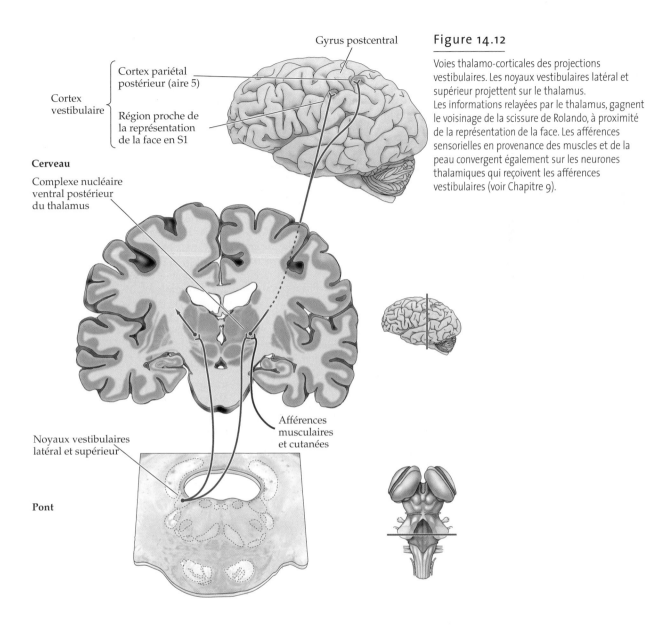

Gyrus postcentral

Cortex vestibulaire
- Cortex pariétal postérieur (aire 5)
- Région proche de la représentation de la face en S1

Cerveau

Complexe nucléaire ventral postérieur du thalamus

Afférences musculaires et cutanées

Noyaux vestibulaires latéral et supérieur

Pont

Figure 14.12

Voies thalamo-corticales des projections vestibulaires. Les noyaux vestibulaires latéral et supérieur projettent sur le thalamus. Les informations relayées par le thalamus, gagnent le voisinage de la scissure de Rolando, à proximité de la représentation de la face. Les afférences sensorielles en provenance des muscles et de la peau convergent également sur les neurones thalamiques qui reçoivent les afférences vestibulaires (voir Chapitre 9).

répondent à des stimulus proprioceptifs et visuels ainsi qu'à des stimulus vestibulaires. Beaucoup d'entre eux sont activés par des stimulus visuels mobiles ainsi que par la rotation du corps (même quand les yeux sont fermés), ce qui laisse supposer que ces régions corticales sont impliquées dans la perception de l'orientation du corps dans l'espace extrapersonnel. À l'appui de cette hypothèse, on notera que des patients souffrant de lésions du cortex pariétal droit ont des altérations de la perception de l'espace personnel et extrapersonnel, comme on le verra plus en détail au chapitre 26.

Résumé

Le système vestibulaire renseigne sur la position, l'orientation et les déplacements de la tête et du corps dans l'espace. Ses récepteurs sensoriels sont situés dans les organes otolithiques et dans les canaux semi-circulaires de l'oreille interne. Les organes otolithiques fournissent les informations nécessaires aux ajustements posturaux de la musculature somatique, spécialement de la musculature axiale, lors des inclinaisons de la tête dans différentes directions ou lors des accélérations linéaires auxquelles elle est soumise. Ces informations ont trait aux forces linéaires qui agissent sur la tête à cause de mouvements de translation ou des effets statiques de la pesanteur. Les canaux semi-circulaires renseignent sur les accélérations qui accompagnent la rotation de la tête. Leurs messages déterminent des ajustements réflexes des yeux, de la tête et du corps au cours des activités motrices. Les plus importants de ces réflexes concernent les mouvements oculaires qui compensent les mouvements de la tête et stabilisent la scène visuelle lors de ces mouvements. Les messages de tous les organes vestibulaires sont intégrés avec ceux des systèmes visuel et somesthésique pour permettre la perception de la position et de l'orientation du corps dans l'espace.

Lectures complémentaires

Revues

BENSON, A. (1982), The vestibular sensory system. In *The Senses*, H.B. Barlow and J.D. Mollon (eds.). New York, Cambridge University Press.

BRANDT, T. (1991), Man in motion : Historical and clinical aspects of vestibular function. A review. *Brain*, **114**, 2159-2174.

FURMAN, J.M. et R.W. BALOH (1992), Otolith-ocular testing in human subjects. *Ann. New York Acad. Sci.*, **656**, 431-451.

GOLDBERG, J.M. (1991), The vestibular end organs : Morphological and physiological diversity of afferents. *Curr. Opin. Neurobiol.*, **1**, 229-235.

GOLDBERG, J.M. et C. FERNANDEZ (1984), The vestibular system. In *Handbook of Physiology*, Section 1 : *The Nervous System*, Volume III : *Sensory Processes*, Part II. J.M. Brookhart, V.B. Mountcastle and S.R. Geiger (eds.). Bethesda, MD, American Physiological Society.

HESS, B.J. (2001), Vestibular signals in self-orientation and eye movement control. *News Physiolog. Sci.*, **16**, 234-238.

RAPHAN, T. et B. COHEN (2002), The vestibulo-ocular reflex in three dimensions. *Exp. Brain Res.*, **145**, 1-27.

Articles originaux importants

GOLDBERG, J.M. et C. FERNANDEZ (1971), Physiology of peripheral neurons innervating semicircular canals of the squirrel monkey, Parts 1, 2, 3. *J. Neurophysiol.*, **34**, 635-684.

GOLDBERG, J.M. et C. FERNANDEZ (1976), Physiology of peripheral neurons innervating otolith organs of the squirrel monkey, Parts 1, 2, 3. *J. Neurophysiol.*, **39**, 970-1008.

LINDEMAN, H.H. (1973), Anatomy of the otolith organs. *Adv. Oto-Rhino-Laryng.*, **20**, 405-433.

Ouvrages

BALOH, R.W. et V. HONRUBIA (2001), *Clinical Neurophysiology of the Vestibular System*, 3rd Ed. New York, Oxford University Press.

BALOH, R.W. (1998), *Dizziness, Hearing Loss and Tinnitus*. Philadelphia, F.A. Davis Company.

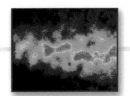

chapitre **15**

Les sens chimiques

Vue d'ensemble

La détection des substances chimiques de l'environnement est assurée par trois systèmes sensoriels de la sphère bucco-nasale : l'olfaction (odorat), la gustation (goût) et le système chimiosensoriel trigéminal (pour les substances irritantes). Le système olfactif détecte les molécules odorantes portées par l'air. Chez l'homme, les odeurs renseignent sur les aliments, sur soi-même et sur autrui, sur les animaux et les plantes ; elles aident à identifier les aliments ainsi que les substances nocives ou suspectes de l'environnement. Les informations olfactives influencent de la sorte les interactions sociales, la reproduction, les réactions de défense et le comportement alimentaire. Le système gustatif détecte les substances sapides, essentiellement des molécules solubles dans les graisses ou dans l'eau. Il renseigne sur la quantité, la qualité et l'innocuité des aliments ingérés. Quant au système chémosensible trigéminal, il renseigne sur les substances chimiques irritantes ou nocives qui entrent en contact avec la peau ou les muqueuses des yeux, du nez ou de la bouche. Ces trois sens chimiques font intervenir des récepteurs qui interagissent avec des molécules appropriées de l'environnement. Pour l'odorat et le goût, les étapes essentielles de la transduction sensorielle mettent en jeu des récepteurs couplés aux protéines G et une signalisation par seconds messagers. Les informations des récepteurs sensoriels primaires situés dans le nez, la langue ou dans d'autres muqueuses sont relayées vers des régions du système nerveux central, qui gouvernent les nombreux comportements influencés par la sensibilité chimique. Dans la perspective de l'évolution, les sens chimiques, et particulièrement l'odorat, sont censés être les plus « anciens » ou les plus « primitifs » des systèmes sensoriels et pourtant, ils en demeurent à bien des égards les moins bien connus.

L'organisation du système olfactif

Le système olfactif est celui de ces trois systèmes qui a fait l'objet des travaux les plus approfondis ; il code les informations concernant l'identité, la concentration et la qualité d'une grande variété de stimulus chimiques volatils présents dans l'air. Ces stimulus, que l'on appelle les **odorants**, interagissent avec les neurones récepteurs olfactifs dans une couche épithéliale – **l'épithélium olfactif** – qui tapisse l'intérieur du nez (Figure 15.1A, B). Les axones des neurones récepteurs gagnent directement le **bulbe olfactif** qui, par l'intermédiaire d'un faisceau de fibres appelé **pédoncule olfactif** (ou **tractus olfactif**), projette ensuite sur le cortex **piriforme**, dans le lobe temporal, ainsi que sur d'autres structures du cerveau antérieur. Le système olfactif occupe donc une place à part parmi les autres systèmes sensoriels. En effet, il n'y a pas de relais thalamique entre les récepteurs et les régions corticales traitant les informations sensorielles qu'ils transmettent. Par ailleurs, le cortex piriforme, centre de traitement spécialisé de l'olfaction, est un **archicortex** à trois couches, considéré comme phylogénétiquement plus ancien que le néocortex à six couches. Bien que le début des voies olfactives laisse le thalamus de côté, celui-ci joue un rôle important aux stades ultérieurs. Les informations olfactives que le cortex piriforme envoie aux aires associatives néocorticales font, elles, relais dans le thalamus. Ensemble, le cortex piriforme et les aires associatives olfactives du néocortex jouent un rôle primordial en permettant l'évalua-

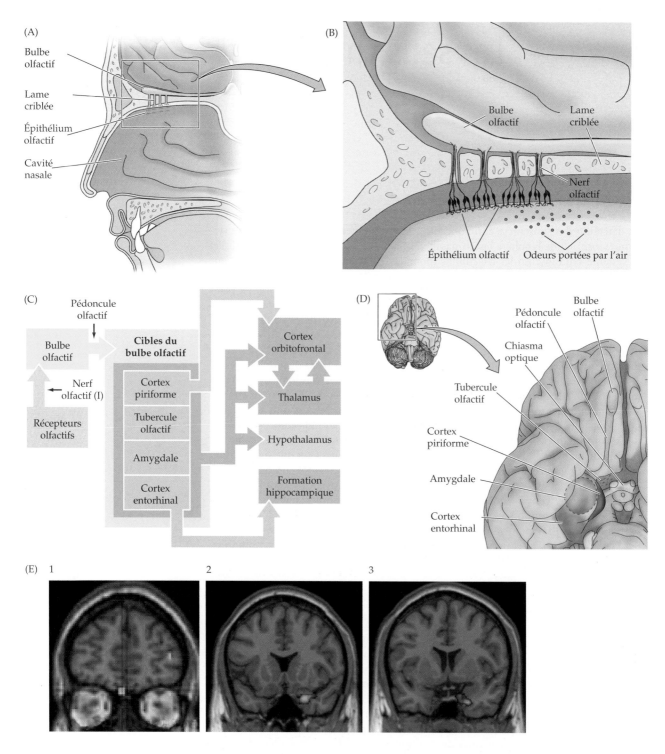

Figure 15.1

Organisation du système olfactif chez l'homme. (A) Composantes périphériques et centrales de la voie olfactive primaire. (B) Agrandissement de la région encadrée en (A) montrant les relations entre l'épithélium olfactif où sont situés les neurones récepteurs de l'olfaction et le bulbe olfactif, cible centrale de ces neurones. (C) Schéma des voies principales participant au traitement des informations olfactives. (D) Composantes centrales du système olfactif. (E) Images d'IRMf montrant trois coupes frontales (ou coronales) du cerveau humain au niveau 1) du cortex orbito-frontal, 2) du cortex piriforme et des bulbes olfactifs, et 3) de l'amygdale. L'activation focale maximale en réponse à la présentation d'une odeur (caractérisée dans le cas représenté ici, soit par son caractère agréable [1], soit par son intensité [2, 3]) est observée dans les cortex orbito-frontal et piriforme ainsi que dans l'amygdale (E d'après Rolls et al., 2003.)

tion consciente des odorants et en les associant à d'autres propriétés sensorielles des stimulus ambiants. Le pédoncule olfactif projette également sur un certain nombre de structures du cerveau antérieur, dont l'hypothalamus et l'amygdale (Figure 15.1E). Les traitements additionnels qu'opèrent ces régions influencent les réactions motrices, végétatives et émotionnelles aux stimulus olfactifs, particulièrement à ceux qui concernent les comportements alimentaires, reproducteurs ou agressifs.

En dépit de son ancienneté phylogénétique (le système olfactif est considéré comme le système sensoriel « primordial » de tous les animaux) et de son trajet inhabituel vers le néocortex, le système olfactif obéit aux principes de base qui régissent les autres modalités sensorielles : à la périphérie, des récepteurs opèrent la transduction des stimulus chimiques – en l'occurrence des molécules portées par l'air – et les codent sous forme de signaux électriques qui sont transmis aux centres supérieurs. Pour autant, l'organisation centrale du système olfactif nous est moins bien connue que celle des autres voies sensitives. Le cortex somesthésique et le cortex visuel, par exemple, présentent tous les deux des cartes topographiques de la surface réceptrice ; le cortex auditif a une carte des fréquences et d'autres propriétés, physiques ou calculées, des stimulus sonores. Or, on ne sait toujours pas s'il existe dans le cortex piriforme (ou dans le bulbe olfactif), des cartes analogues des odorants (l'odeur de pin ou de rose par exemple) ou de leurs attributs (odeur douce ou âcre). À vrai dire, on avait, jusqu'à une date récente, des difficultés à imaginer les qualités sensorielles qu'aurait pu représenter une carte olfactive ou les caractéristiques susceptibles, comme la forme et le mouvement pour la vision, de faire l'objet de traitements parallèles comme il s'en trouve dans d'autres systèmes sensoriels.

La perception olfactive chez l'homme

Chez l'homme, l'olfaction est souvent considérée comme le moins aiguisé des sens, et il est vrai que nombre d'animaux ont des capacités olfactives supérieures à celles de l'homme. Cette différence est vraisemblablement due au fait que, dans beaucoup d'espèces, l'épithélium olfactif comporte davantage de neurones récepteurs olfactifs et de molécules réceptrices des odorants, et que la surface corticale dévolue à l'olfaction est proportionnellement beaucoup plus étendue (Figure 15.2A, B). Par rapport au reste des hémisphères cérébraux, le volume des bulbes olfactifs et des structures associées est beaucoup plus important chez les rongeurs ou les carnivores que dans l'espèce humaine. Les individus humains sont néanmoins tout aussi aptes à détecter et à identifier des molécules en suspension dans l'air à de très faibles concentrations (Figure 15.2C). Ainsi, la 2-isobutyl-3-méthoxypyrazine, principal élément aromatique du poivron doux, peut être détectée dans l'air ambiant à une concentration de 0,01 nM soit environ une molécule par *milliard*. Mais les concentrations liminaires auxquelles il est possible de détecter et d'identifier un odorant sont extrêmement variables ; l'éthanol, par exemple, exige, pour être identifié, une concentration approchant les 2 mM. Des changements minimes de la structure des molécules peuvent également entraîner de grandes différences perceptives : alors que la molécule de D-carvone a l'odeur des graines de carvi, celle de L-carvone sent la menthe verte !

Compte tenu du nombre considérable d'odorants, on a tenté à plusieurs reprises de les regrouper par catégories. Dans les années 1950, John Amoore a proposé une classification largement utilisée, fondée sur les qualités perceptives des odorants, sur leur structure moléculaire et sur les difficultés qu'ont certaines personnes à sentir les odeurs de tel ou tel groupe ; elle distinguait les catégories suivantes : *piquant, floral, musqué, camphré, menthotlé, éthéré* et *putride* (Figure 15.2C). On continue d'utiliser couramment cette classification pour décrire les odeurs, pour déterminer les processus cellulaires de la transduction olfactive et pour discuter les représentations centrales des informations olfactives, mais il faut bien reconnaître son caractère totalement empirique.

De plus, la classification rationnelle de la perception des odeurs se complique du fait que celles-ci peuvent changer avec la concentration. À faible concentration, l'indole a une odeur florale, à des concentrations plus élevées, il sent le pourri. Malgré ses limitations, la classification d'Amoore montre cependant par sa longévité que le

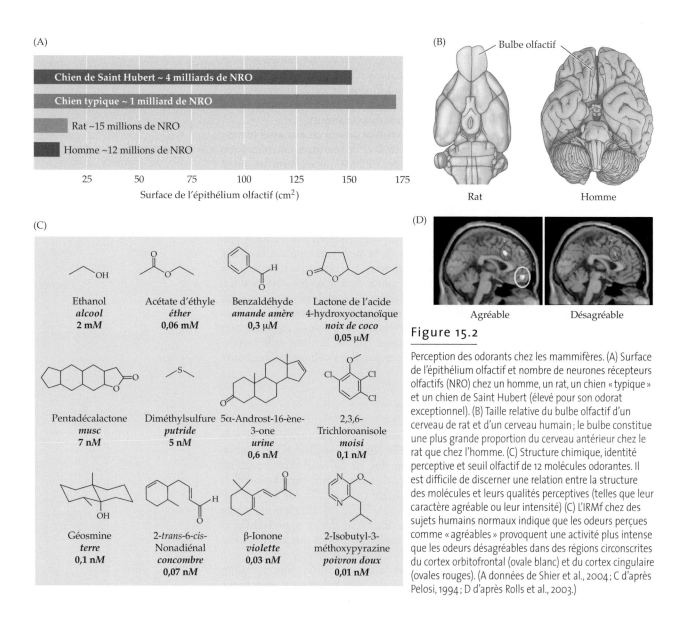

Figure 15.2

Perception des odorants chez les mammifères. (A) Surface de l'épithélium olfactif et nombre de neurones récepteurs olfactifs (NRO) chez un homme, un rat, un chien « typique » et un chien de Saint Hubert (élevé pour son odorat exceptionnel). (B) Taille relative du bulbe olfactif d'un cerveau de rat et d'un cerveau humain ; le bulbe constitue une plus grande proportion du cerveau antérieur chez le rat que chez l'homme. (C) Structure chimique, identité perceptive et seuil olfactif de 12 molécules odorantes. Il est difficile de discerner une relation entre la structure des molécules et leurs qualités perceptives (telles que leur caractère agréable ou leur intensité) (C) L'IRMf chez des sujets humains normaux indique que les odeurs perçues comme « agréables » provoquent une activité plus intense que les odeurs désagréables dans des régions circonscrites du cortex orbitofrontal (ovale blanc) et du cortex cingulaire (ovales rouges). (A données de Shier et al., 2004 ; C d'après Pelosi, 1994 ; D d'après Rolls et al., 2003.)

système olfactif est capable d'identifier des substances odorantes ayant en commun certaines particularités chimiques (la rose et le lilas ont tous les deux une odeur « florale »). Les individus humains sont, bien sûr, capables de percevoir des molécules odorantes spécifiques. Ainsi, la noix de coco, la violette, le concombre et le poivron doux possèdent chacun une molécule odorante particulière que nous reconnaissons facilement (voir Figure 15.2C) et, pour la plupart des gens, ces quatre odeurs sont toutes agréables ou appétissantes. Ces caractéristiques de base des odeurs (« agréable » ou « désagréable » par exemple) sont, semble-t-il, représentées dans des régions corticales distinctes, responsables de la perception olfactive (Figure 15.2D) ; on peut donc penser que les propriétés « esthétiques » des odeurs ont des représentations distinctes. En réalité, la plupart des odeurs naturelles sont des mélanges de plusieurs molécules odorantes bien qu'elles soient, comme l'odeur d'un parfum ou le bouquet d'un vin, captées dans une perception globale. Reste à savoir s'il existe une « carte » des odeurs fondée sur des attributs perceptifs particularisés.

Les psychologues et les neurologues ont mis au point des batteries de tests pour mesurer la capacité de détecter des odeurs familières. Si la plupart des gens sont capa-

Figure 15.3

L'anosmie est une incapacité d'identifier des odeurs communes. Lorsque l'on présente à des sujets normaux ou à des sujets identifiés comme anosmiques une batterie de sept odeurs communes (test fréquemment utilisé en neurologie), une vaste majorité des sujets « normaux » identifient correctement les sept odeurs (dans le cas présent, poudre de talc, chocolat, cannelle, café, naphtaline, beurre de cacahuètes et savon). Pourtant, quelques-uns ont des difficultés à identifier certaines de ces odeurs. Si l'on présente la même batterie d'odeurs à des sujets préalablement identifiés comme anosmiques, quelques-uns seulement (moins de 15 %) arrivent à identifier toutes les odeurs et plus de la moitié sont incapables d'en identifier une seule. (D'après Cain et Gent, *in* Meiselman et Rivlin, 1986.)

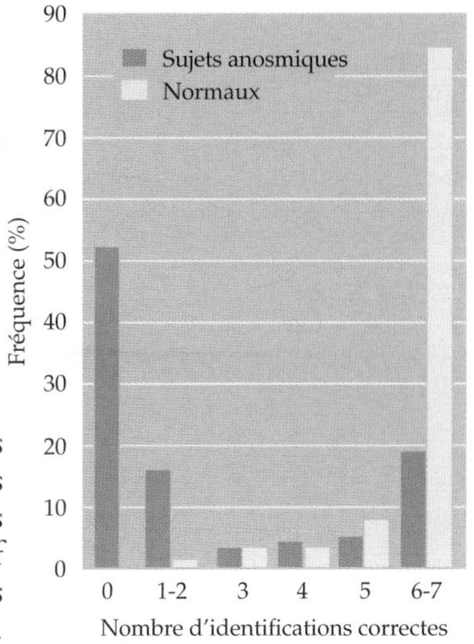

bles d'identifier de façon reproductible une grande variété d'odeurs tests, certaines personnes n'arrivent pas à identifier une, voire plusieurs, de ces odeurs familières (Figure 15.3). Ces déficits chimiosensoriels, qualifiés d'**anosmies**, sont souvent limités à un seul odorant, ce qui laisse envisager qu'un élément spécifique du système olfactif est inactivé, soit le gène d'un type de récepteur olfactif (voir ci-dessous), soit des gènes qui contrôlent l'expression ou la fonction du gène d'un récepteur olfactif particulier. Cette éventualité demande à être confirmée par l'analyse génétique d'individus anosmiques ; il est par ailleurs difficile, contrairement aux autres déficits sensoriels tels que la cécité ou la surdité, de classer les déficits olfactifs en fonction de leur origine, centrale ou périphérique.

Les anosmies peuvent être congénitales ou acquises, sous l'effet d'une infection ou d'une inflammation chronique des sinus, par suite de traumatismes crâniens ou du fait de l'âge ou de la maladie. La plupart du temps, le dérèglement ou la perte de la sensibilité olfactive ne suscite guère d'inquiétude (c'est le cas pour l'anosmie temporaire qui accompagne les gros rhumes). Cela peut néanmoins diminuer le plaisir que l'on prend à se nourrir, et si la perte de l'olfaction persiste, elle peut perturber l'appétit et entraîner perte de poids et malnutrition (spécialement chez les personnes âgées ; voir ci-dessous). Une anosmie grave et spécifique peut compromettre la capacité de reconnaître des odeurs potentiellement dangereuses, fumée ou nourriture avariée par exemple, et d'y répondre de façon appropriée. Les anosmies portent souvent sur des odorants délétères particuliers. À titre d'exemple, il y a environ une personne sur mille qui ne sent pas le butyl-mercaptan, responsable pourtant de l'odeur épouvantable de la mouffette. L'incapacité de détecter le cyanure d'hydrogène (1 personne sur 10) est plus grave, et peut même être mortelle, de même pour l'insensibilité à l'éthyl mercaptan que l'on ajoute au gaz naturel pour pouvoir en repérer les fuites.

Comme les autres modalités sensorielles, la capacité de détecter les odeurs diminue normalement avec l'âge. Si l'on demande à des sujets, par ailleurs en bonne santé, d'identifier une série d'odeurs communes, les personnes de 20 à 40 ans identifient correctement à peu près 50 à 75 % des odeurs, contre 30 à 45 % pour celles qui ont entre 50 et 70 ans (Figure 15.4B). Ces changements peuvent être dus à une diminution de la sensibilité périphérique ou à des troubles de l'activité des structures olfactives centrales chez des individus âgés par ailleurs bien portants (Figure 15.4B). Une diminution ou une distorsion plus radicale de l'odorat accompagne fréquemment les maladies de Parkinson et d'Alzheimer. Un test de discrimination olfactive, généralement le test d'identification d'odeurs de l'Université de Pennsylvanie ou UPSIT (*U*niversity of *P*ennsylvania *S*mell *I*dentification *T*est), fait souvent partie de la batterie de tests diagnostiques administrés aux premiers stades de la démence sénile et

Figure 15.4

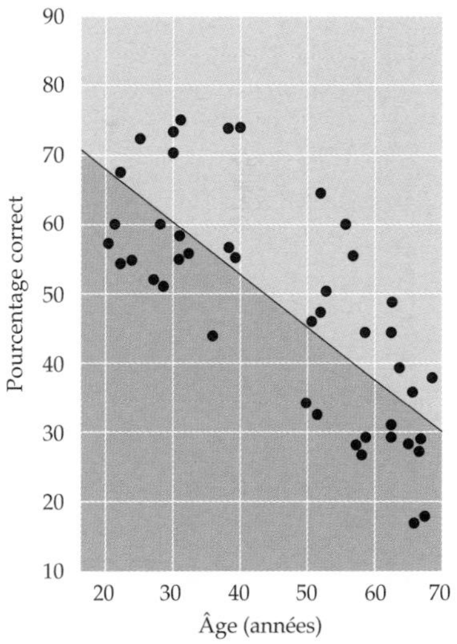

Déclin normal de la sensibilité olfactive avec l'âge. (A) La capacité d'identifier 80 substances odorantes courantes décline fortement de 20 à 70 ans. (B) Comparaison de l'activation maximale (taches rouges) provoquée dans le cortex orbitofrontal ainsi que dans le cortex piriforme et l'amygdale par des odeurs familières chez des sujets jeunes et chez des sujets âgés normaux (c'est-à-dire sans démence). Les régions d'activation focale sont les mêmes dans les deux populations, mais l'activité est nettement plus faible chez les sujets âgés. (A d'après Murphy, 1986 ; B d'après Wang et al., 2005.)

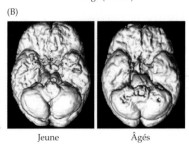

Jeune   Âgés

d'autres maladies neurodégénératives. En plus des modifications olfactives normales et pathologiques liées à l'âge, les fonctions olfactives peuvent être affectées par des troubles de l'alimentation, des troubles psychotiques (notamment la schizophrénie), le diabète et la prise de certains médicaments. Les causes de ces perturbations restent obscures. Ainsi chez les schizophrènes, les hallucinations olfactives (perceptions illusoires d'un stimulus qui n'est pas présent dans l'environnement) constituent souvent les premiers symptômes de la psychose.

Réponses physiologiques et comportementales aux substances odorantes

Outre la perception olfactive, les substances odorantes peuvent déclencher des réponses physiologiques très variées. On en a des exemples avec les réponses motrices végétatives au fumet d'une nourriture appétissante (salivation et augmentation de la motricité gastrique) ou à une odeur repoussante (nausées voire vomissements dans les cas extrêmes). L'olfaction est aussi susceptible d'influencer les fonctions reproductives et endocriniennes humaines. Il a été montré, par exemple, que les pensionnaires d'une résidence pour jeunes filles ont tendance à avoir des cycles menstruels synchronisés. Cette synchronisation paraît bien être d'origine olfactive puisqu'il est possible de l'induire chez des sujets volontaires en leur faisant sentir des tampons de gaze mis sous les aisselles de femmes à divers stades de leur cycle menstruel et de la supprimer avec des tampons de gaze provenant d'individus de sexe masculin. L'olfaction influence également les interactions mère-enfant. Dans les heures qui suivent leur naissance, les nouveau-nés reconnaissent leur mère à son odeur ; ils s'orientent préférentiellement vers le sein de leur mère et tètent avec une fréquence de succion plus grande, quand c'est leur mère et non une nourrice qui les allaite ou quand, dans une expérience, c'est l'odeur de leur mère qu'on leur présente et non celle d'une autre femme. De même, des mères peuvent reconnaître l'odeur de leur enfant parmi un assortiment d'odeurs d'enfants de même âge.

Dans d'autres espèces animales, et notamment chez un grand nombre de mammifères, des substances odorantes spécifiques de l'espèce, les **phéromones**, ont une influence importante sur les comportements sociaux, reproducteurs et parentaux. Chez les souris et les rats, certains odorants que l'on estime être des phéromones sont détectés par des récepteurs couplés aux protéines G situés à la base de la cavité nasale dans des structures chémosensibles encapsulées appelées **organes voméronasaux**

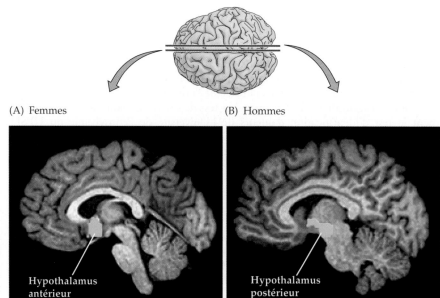

(A) Femmes   (B) Hommes

Hypothalamus antérieur

Hypothalamus postérieur

Figure 15.5

Différence entre les patterns d'activation de l'hypothalamus chez des sujets humains normaux de sexe féminin (à gauche) et masculin (à droite), à qui l'on fait sentir un mélange contenant des androgènes (pour les femmes) ou des œstrogènes (pour les hommes). (D'après Savic et al., 2001.)

(**OVN**; voir Encadré 15A). Les OVN sont bien développés chez les rongeurs et d'autres mammifères. Dans l'espèce humaine, on ne trouve d'OVN bilatéraux que chez 8 % seulement des individus adultes et il n'y a aucun indice net que ces structures aient des fonctions de quelque importance. Les gènes qui, chez l'homme, codent les protéines réceptrices des OVN sont pour la plupart des pseudogènes c'est-à-dire des séquences qui, au cours de l'évolution, ont subi des mutations qui les empêchent de s'exprimer. Il est donc peu probable que, pour autant qu'elle existe dans l'espèce humaine, la perception des phéromones fasse intervenir le système voméronasal. Des observations récentes suggèrent néanmoins que l'exposition à des androgènes ou à des œstrogènes (qui ont approximativement le même effet que les phéromones pour l'attraction sexuelle), à des concentrations infraliminaires pour la détection consciente, peut déclencher des réponses comportementales ainsi que divers patterns d'activation cérébrale chez des adultes des deux sexes (voir Chapitre 30). Les foyers des activations déclenchées par ces odeurs comprennent des régions précises de l'hypothalamus (Figure 15.5) et de l'amygdale, régions qui, pense-t-on, interviennent dans les comportements reproducteurs, émotionnels et sociaux. Il est donc clair que, chez l'homme, des structures cérébrales liées à l'olfaction peuvent détecter des signaux susceptibles d'affecter les comportements reproducteurs et d'autres comportements homéostasiques.

L'épithélium olfactif et les neurones récepteurs olfactifs

La transduction des informations olfactives se fait dans l'épithélium olfactif, couche de neurones et de cellules de soutien qui tapisse à peu près la moitié des cavités nasales (Figure 15.1). Le reste est tapissé par un épithélium respiratoire semblable à celui d'autres voies respiratoires comme la trachée ou les poumons. Cet épithélium respiratoire a pour fonction première d'humidifier l'air inspiré (ce qui peut avoir de l'importance pour concentrer et retenir les odorants); il fournit aussi une barrière immunitaire qui protège la cavité nasale de l'irritation et de l'infection. L'épithélium olfactif comprend plusieurs types cellulaires (Figure 15.6A). Les plus importants sont les **neurones récepteurs olfactifs**; il s'agit de neurones bipolaires dont la surface basale émet des axones de petit calibre, non myélinisés, qui acheminent les informations olfactives vers les centres. Leur surface apicale porte un prolongement dendritique

Figure 15.6

Structure et fonction de l'épithélium olfactif. (A) Schéma de l'épithélium olfactif montrant les principaux types de cellules : neurones récepteurs olfactifs et leurs cils, cellules de soutien (contribuant à réduire la toxicité des substances potentiellement dangereuses) et cellules basales. Les glandes de Bowman sécrètent le mucus. La partie basale de la muqueuse (appelée lamina propria) est parcourue par des faisceaux de fibres non myélinisées et par des vaisseaux sanguins. Il y a une production continuelle de neurones récepteurs par division de cellules souches qui subsistent parmi les cellules basales. (B) Les potentiels de récepteur déclenchés par les odeurs prennent naissance dans les cils des neurones récepteurs. Les odorants provoquent un courant entrant (dépolarisant) de grande amplitude quand on les applique sur les cils (à gauche), mais beaucoup plus faible si on les applique sur le corps cellulaire (à droite). (A d'après Anholt, 1987; B d'après Firestein et al., 1991.)

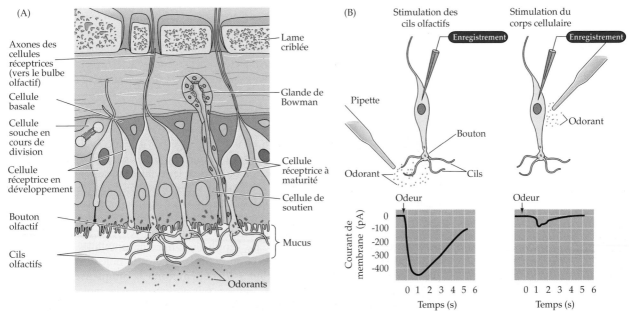

ENCADRÉ 15A *Phéromones, reproduction et système voméronasal*

Bien des propriétaires de chiens (et quelques intrépides propriétaires de chats) ont remarqué, la plupart du temps en essayant d'arracher à leur compagnon récalcitrant quelque objet domestique qu'il se plaît à mâchonner, que la muqueuse de leur gueule présentait, au-dessus de la limite de la lèvre supérieure, deux ouvertures bien visibles. Ces modestes orifices appartiennent à une annexe du système olfactif, le **système voméronasal,** bien développé chez les carnivores (dont le chien et le chat) et les rongeurs, mais beaucoup moins marqué ou quasi absent chez les primates (notamment dans l'espèce humaine). Ce système comprend une population particulière de récepteurs située dans un compartiment spécial de l'épithélium nasal appelé organe voméronasal (OVN), ainsi qu'une région du bulbe olfactif appelée bulbe olfactif accessoire où les axones des neurones récepteurs chémosensibles de l'OVN font synapse (voir la figure).

Les projections du bulbe olfactif accessoire se font à part de celles du bulbe olfactif « principal » (comme on appelle le reste du bulbe olfactif des rongeurs et des carnivores); elles comprennent comme cibles principales l'hypothalamus et l'amygdale. Ces particularités anatomiques fournissent un indice important sur le rôle principal du système voméronasal. On estime qu'il code et traite les informations qui concernent des odorants émis par des congénères ou des prédateurs et qu'il sous-tend des réponses sexuelles, reproductives et agressives. Les odorants spécifiques détectés et traités par le système voméronasal sont les **phéromones.** Les phéromones, qu'il faut distinguer des odeurs perçues consciemment, constituent un domaine de recherches orientées notamment vers le contrôle des populations animales et la reproduction animale assistée.

Dans l'espèce humaine, l'existence et l'importance de phéromones qui influenceraient les comportements sexuels et agressifs ne sont pas clairement établies. Il est par contre nettement démontré que certaines substances sécrétées ou excrétées par les rongeurs et les carnivores – et notamment certains composants de l'urine et des matières fécales – déclenchent des réponses voméronasales. À la fin des années 1990, la nature particulière du système voméronasal a été confirmée au niveau moléculaire par le clonage d'une famille de récepteurs voméronasaux (VR pour *Vomeronasal Receptors*) dont l'identité génomique et l'expression étaient spécifiques des neurones chémosensibles de l'organe voméronasal. Les VR sont des récepteurs couplés aux protéines G à sept domaines transmembranaire (voir la figure). On en distingue deux classes principales, les V1R et les V2R qui utilisent chacun une cascade différente couplée aux protéines G pour activer la signalisation. Les V2R sont en outre co-exprimés (et vraisemblablement en interaction fonctionnelle) avec des membres de la famille de récepteurs de surface cellulaire du complexe majeur d'histocompatibilité (CMH). Ceci est important, car un grand nombre des ligands produits par les individus et censés être des phéromones sont en relation avec le CMH. Ainsi, bien que les cellules réceptrices de l'organe voméronasal ressemblent fortement à leurs homologues de l'épithélium olfactif (et ont en commun l'expression de quelques molécules), leurs récepteurs couplés aux protéines G sont différents du point vue génétique et structural. De plus, chaque groupe utilise pour la transduction du signal un ensemble complètement différent de seconds messagers et de canaux ioniques activés par les nucléotides cycliques : on trouve des canaux à potentiel de récepteur transitoire (TRP) dans les neurones récepteurs voméronasaux, alors que l'excitabilité des neurones récepteurs olfactifs dépend principalement, du point de vue moléculaire, de canaux ioniques activés par les nucléotides cycliques.

La manipulation génétique de l'expression des VR ou des molécules de signalisation aval, telles que les canaux TRP, de même que les enregistrements électrophysiologiques de neurones unitaires, chez l'animal exposé à des phéromones présomptives, apportent la preuve fonctionnelle que l'organe voméronasal est bien une entité distincte, fonctionnant en parallèle avec le système olfactif principal. La suppression des canaux TRP qui sous-tendent la transduction voméronasale du signal (ou l'élimination, le remplacement ou la mutation des récepteurs eux-mêmes) entraîne des modifications du comportement sexuel ou reproducteur, souvent d'une façon spécifique pour chaque sexe

unique qui se renfle en un bouton olfactif prolongé par des microvillosités, ou **cils olfactifs**, incluses dans l'épaisse couche de mucus qui tapisse la cavité nasale. Le mucus protège les neurones récepteurs olfactifs et les cellules de soutien de l'épithélium olfactif et contrôle le milieu ionique des cils olfactifs ; il est produit par des organes sécrétoires spécialisés, les glandes de Bowman, qui se répartissent dans tout l'épithélium. L'épaississement de la couche de mucus qui survient par exemple lors d'un rhume s'accompagne d'une diminution de l'acuité olfactive. Il existe également deux autres catégories de cellules dans l'épithélium olfactif, les cellules basales et les cellules de soutien. L'ensemble de cet appareil, la couche de mucus et l'épithélium avec ses cellules nerveuses et ses cellules de soutien, forme la **muqueuse nasale**.

Les neurones récepteurs olfactifs sont en contact direct avec les molécules odorantes lors du passage par la muqueuse nasale de l'air inspiré. Mais cela signifie aussi

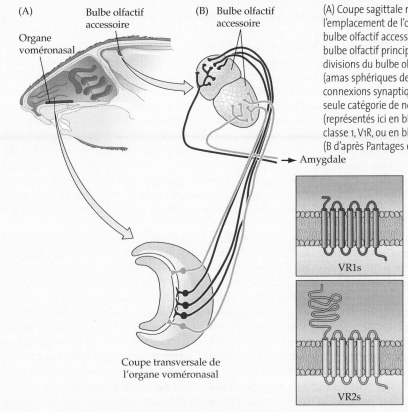

(A) Coupe sagittale médiane d'une tête de souris montrant l'emplacement de l'organe voméronasal dans la cavité nasale, et du bulbe olfactif accessoire dans la région postérieure dorsale du bulbe olfactif principal. (B) Comme l'indique le schéma, les deux divisions du bulbe olfactif accessoire ont chacune des glomérules (amas sphériques de neuropile dans lesquels se font les connexions synaptiques) qui ne reçoivent d'afférences que d'une seule catégorie de neurones récepteurs voméronasaux, V1R ou V2R (représentés ici en bleu foncé pour le récepteur voméronasal de classe 1, V1R, ou en bleu clair pour le récepteur de classe 2, V2R). (B d'après Pantages et Dulac, 2000.)

contact d'individus du même sexe ou du sexe opposé, mais aussi des travaux beaucoup plus controversés concernant les réponses hypothalamiques à certains odorants, réponses spécifiques du sexe masculin ou féminin, mais qui seraient inversées chez les sujets ayant une orientation sexuelle non concordante (voir Chapitre 30). Le système voméronasal constitue donc, chez certains mammifères, une voie parallèle de la chémosensibilité, spécialisée pour détecter et traiter les signaux chimiosensoriels relatifs à la reproduction et aux interactions sociales ; chez d'autres, et notamment chez les individus humains, la représentation de ces informations, pour autant qu'elles fassent l'objet d'une représentation spécifique, reste entourée d'obscurité.

Références

Dulac, C. et A.T. Torello (2003), Molecular detection of pheromone signals in mammals : from genes to behaviour. *Nature Rev. Neurosci.*, **4**, 551-562.

Pantages, E. et C. Dulac (2000), A novel family of candidate pheromone receptors in mammals. *Neuron*, **28**, 836-845.

(les perturbations sont différentes pour les mâles et pour les femelles). Des enregistrements unitaires, chez des rongeurs, ont montré que des neurones de l'hypothalamus et de l'amygdale répondent spécifiquement à des composants chimiques de l'urine ou des excréments, dont on pense qu'ils contiennent des phéromones déclenchant des comportements agressifs ou sexuels stéréotypés.

Le sort du système voméronasal chez les primates est mystérieux. Chez la plupart des primates, l'organe voméronasal est absent, de même que la région du bulbe olfactif qui correspond au bulbe olfactif accessoire. Dans le génome humain il y a peu de gènes de récepteurs voméronasaux reconnaissables. Et ceux qui présentent un certain degré d'homologie sont des pseudogènes (qui ne sont pas exprimés et qui ne semblent pas coder de protéines fonctionnelles). Néanmoins les primates, y compris les humains, manifestent des réponses comportementales qui peuvent être attribuées à des phéromones ou à des stimulus qui leur ressemblent ; on peut citer le contrôle du cycle menstruel chez des femmes vivant au

qu'ils sont exposés à toutes les agressions. Les polluants aériens, les allergènes, les microorganismes et autres substances potentiellement nocives font subir aux neurones récepteurs sensoriels des dommages quotidiens. Face à ce problème, plusieurs mécanismes contribuent à maintenir l'intégrité de l'épithélium olfactif. Le mucus sécrété par les glandes de Bowman piège et neutralise les particules potentiellement nocives. Dans l'épithélium respiratoire aussi bien qu'olfactif, le mucus reçoit des sécrétions d'immunoglobulines qui lui fournissent une première défense contre les antigènes nocifs. En outre, les cellules de soutien contiennent diverses enzymes (le cytochrome P450s et d'autres) qui dégradent un grand nombre de substances organiques et d'autres molécules potentiellement dangereuses. En outre, des macrophages présents dans toute la muqueuse nasale isolent et éliminent les substances nocives ainsi que les résidus des neurones récepteurs olfactifs en cours de dégénérescence. La solution absolue à leur vulnérabilité consiste en effet à remplacer les neurones récepteurs olfactifs au cours d'un cycle normal de dégénérescence et régénération analogue à celui des autres épithéliums exposés (comme ceux des intestins et des poumons).

Chez les rongeurs, les neurones olfactifs se renouvellent en totalité toutes les 6 à 8 semaines. Ce phénomène est rendu possible par le maintien, au sein des cellules basales, d'une population de cellules souches qui se divisent pour donner naissance à de nouveaux neurones récepteurs (voir Figure 15.6A ; voir aussi Chapitre 25). Cette régénération naturelle des récepteurs olfactifs donne l'occasion d'analyser les processus par lesquels les cellules souches neurales parviennent à produire de nouveaux neurones et à reconstituer les fonctions du système nerveux central adulte. Ce sujet présente un intérêt clinique considérable. Un grand nombre des molécules qui influencent la différenciation neuronale, l'élongation des axones et la formation des synapses, au cours du développement d'autres régions du système nerveux (voir Chapitres 22 et 23), exercent apparemment des fonctions similaires dans la régénération des neurones récepteurs olfactifs de l'adulte. Il est clair que les connaissances acquises sur la façon dont les neurones récepteurs olfactifs néoformés dirigent leur axone vers le cerveau et rétablissent des connexions fonctionnelles appropriées sont du plus grand intérêt pour stimuler, en d'autres régions du système nerveux, la régénération de connexions fonctionnelles après une lésion ou une maladie (voir Chapitre 25).

La transduction des odeurs dans l'épithélium olfactif débute lorsque les odorants se lient à des protéines réceptrices spécifiques (examinées ci-dessous) concentrées sur la face externe des cils olfactifs. Avant que l'on ait identifié les protéines réceptrices des odorants, des expériences physiologiques avaient montré que la sensibilité aux odeurs était localisée aux cils (Figure 15.6B). Des odorants appliqués aux cils d'un neurone récepteur olfactif isolé provoquent une vigoureuse réponse électrique ; appliqués sur le corps cellulaire, ils sont sans effet. Malgré leur aspect extérieur, les cils olfactifs n'ont pas les éléments du cystosquelette caractéristiques des cils mobiles (l'organisation classique en 9 + 2). Par contre, ces cils olfactifs riches en actine ressemblent aux microvillosités des autres épithéliums (tels que ceux des intestins ou des poumons) et présentent une surface cellulaire beaucoup plus grande à laquelle les odorants peuvent se lier. De nombreuses molécules d'importance cruciale pour la transduction olfactive sont présentes en abondance dans les cils quand elles ne s'y trouvent pas de façon exclusive.

Les protéines réceptrices des odorants

Le rôle central que jouent les protéines réceptrices des odorants dans le codage et la transduction des informations olfactives a été reconnu par l'attribution du prix Nobel 2004 de physiologie ou médecine à Richard Axel et Linda Buck pour leur découverte de la famille de gènes des récepteurs olfactifs. Les molécules réceptrices olfactives sont des homologues de la grande famille de récepteurs liés aux protéines G, qui comprennent les récepteurs β-adrénergiques, les récepteurs muscariniques de l'acétylcholine, la rhodopsine des bâtonnets et les opsines des cônes (voir Chapitres 6, 7 et 11). Chez tous les invertébrés ou vertébrés étudiés jusqu'à présent, les protéines réceptrices olfactives possèdent sept domaines transmembranaires hydrophobes, des sites de liaison potentielle des odorants sur leur domaine extracellulaire et la capacité habituelle d'interagir avec les protéines G au niveau de l'extrémité carboxylée de leur domaine cytoplasmique (Figure 15.7A). La séquence des acides aminés de ces molécules présente une forte variabilité, notamment dans plusieurs régions transmembranaires ainsi que dans les domaines extracellulaires et cytoplasmiques. La spécificité de la reconnaissance des odorants et de la transduction du signal olfactif est vraisemblablement due à la diversité des molécules réceptrices olfactives de l'épithélium nasal ; toutefois, on connaît mal le mécanisme moléculaire par lequel les récepteurs lient des odorants spécifiques.

Dans toutes les espèces, les gènes de récepteurs olfactifs sont en nombre important, quoique fortement variable d'une espèce à l'autre. Chez les mammifères, les gènes des récepteurs olfactifs constituent la famille la plus nombreuse ; elle représente entre 3 et 5 % de tous les gènes. L'analyse de la totalité du génome humain a identifié environ

(A)

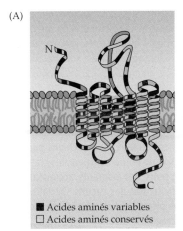

■ Acides aminés variables
□ Acides aminés conservés

Figure 15.7

Les gènes des récepteurs olfactifs. (A) Structure générique des récepteurs présumés des odorants ; ces protéines ont sept domaines transmembranaires plus une région variable à la surface de la cellule ainsi qu'un domaine cytoplasmique terminal interagissant avec les protéines G. Dans plusieurs espèces de mammifères, y compris l'espèce humaine, un millier de gènes codent des protéines de structure estimée similaire. Chaque gène est supposé coder un récepteur d'odorants qui détecte des ensembles particuliers de molécules odorantes. (B) Le nombre de gènes codant les récepteurs olfactifs chez le nématode *C. elegans*, la mouche *Drosophila melanogaster* et les mammifères est indiqué dans les vignettes correspondantes. Dans chaque cas, on a figuré les sept domaines transmembranaires (TM) caractéristiques des récepteurs couplés aux protéines G (couleurs foncées). La taille relative de chaque domaine ainsi que celle des domaines interposés du cytoplasme ou de la surface cellulaire varient d'une espèce à l'autre. Les pointes de flèches (en rouge) indiquent les introns des séquences génomiques des deux invertébrés ; on notera la différence avec les gènes des récepteurs olfactifs des mammifères où les introns font défaut. (A adapté de Menini, 1999 ; B d'après Dryer, 2000.)

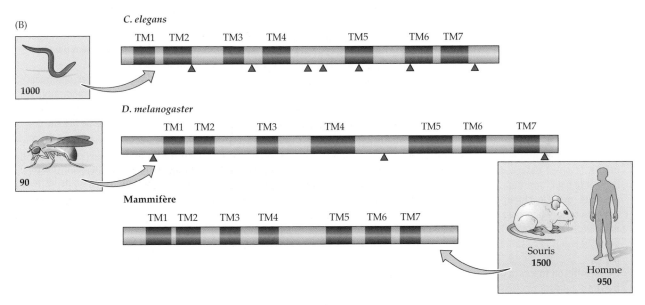

950 gènes de récepteurs olfactifs, soit un nombre voisin de celui des autres primates ; il est d'environ 1 100 chez les chimpanzés. L'analyse du génome de la souris a abouti à l'identification d'environ 1 500 gènes de récepteurs olfactifs ; chez certains chiens, dont ceux qui sont doués de capacités olfactives remarquables (Encadré 15B), leur nombre se situe autour de 1 200. L'analyse ultérieure des séquences d'ADN de gènes putatifs de récepteurs olfactifs chez les mammifères laisse cependant penser que beaucoup d'entre eux (environ 60 % chez l'homme et le chimpanzé contre 15 à 20 % chez la souris et le chien) ne sont pas transcrits. C'est pourquoi on peut estimer le nombre de protéines fonctionnelles des récepteurs olfactifs aux alentours de 400 chez l'homme et le chimpanzé, de 1 200 chez la souris et de 1 000 chez le chien. De même l'analyse des séquences de la totalité du génome de *C. elegans* et de celui de la drosophile indique qu'il y a environ un millier de gènes de récepteurs olfactifs chez ce nématode, mais seulement une soixantaine chez cet insecte. On ignore ce que signifient ces différences importantes dans l'effectif des gènes des récepteurs olfactifs.

Étant donné le nombre considérable des gènes de récepteurs des odorants, leur expression dans les neurones olfactifs n'a été confirmée que pour une faible proportion d'entre eux. Les ARN messagers de divers gènes de récepteurs olfactifs sont exprimés dans des contingents de neurones olfactifs situés bilatéralement dans des isolats symétriques de l'épithélium olfactif. Des preuves supplémentaires d'une limitation de l'expression de ces gènes à des contingents spatialement délimités ont été apportées par des expériences de génétique moléculaire, sur des souris et des drosophiles, dans

ENCADRÉ 15B   *Flairer un cancer*

Selon la sagesse populaire, il est bon pour la santé d'avoir un animal domestique et spécialement un chien. Nous supposons pour la plupart que le principal avantage tient à sa compagnie et à l'exercice quotidien qu'il nous impose. Mais le propriétaire d'un chien peut tirer un profit bien plus grand de l'odorat aiguisé de son fidèle compagnon. Le chien de la famille peut effectivement poser un diagnostic précoce et fiable de cancers divers, même s'il aime un peu trop mordiller vos chaussures ou se frotter à vous avec une truffe humide.

Vers la fin des années 1980, ont circulé des rumeurs selon lesquelles des chiens pouvaient, par leur seul odorat, repérer chez leurs propriétaires des taches cutanées ou des grains de beauté qui allaient se révéler de nature maligne. H. Williams, l'un des chercheurs qui, les premiers, découvrirent cette aptitude surprenante chez plusieurs chiens, cite « une patiente dont le chien reniflait sans cesse un grain de beauté qu'elle avait à la jambe. Une fois même, le chien essaya de mordre l'excroissance pour l'arracher... L'attention permanente que [le chien] portait à son grain de beauté la poussa à consulter un médecin. La lésion fut excisée et l'histologie révéla qu'il s'agissait d'un mélanome malin. »

Par la suite, on rapporta des cas semblables de diagnostic réalisé sur leur propriétaire par des animaux domestiques, dont la détection par un Labrador d'un carcinome à cellules basales qui s'était développé sur la peau de son maître à la suite d'un eczéma. Une étude un peu moins anecdotique utilisa les techniques de dressage des chiens dont se servent les services de sécurité des aéroports pour détecter les explosifs. Dans le cas en question, George, un schnauzer, fut dressé à distinguer sur des cultures de cellules entre des mélanomes malins et des mélanomes inoffensifs. George fut alors mis en présence d'un patient porteur de plusieurs grains de beauté. L'un d'eux rendait George complètement fou. La biopsie monta qu'il s'agissait effectivement d'un mélanome malin à un stade précoce.

Dans les années qui suivirent, de nouvelles observations anecdotiques amenèrent à penser que les chiens pouvaient, grâce à leur odorat, reconnaître des cancers du sein, du poumon ou de la vessie.

Tout cela resta dans la catégorie des histoires à dormir debout jusqu'en 2006, date à laquelle fut publiée une analyse véritablement systématique de ces apparentes capacités diagnostiques. Dans cette étude, cinq chiens adultes ordinaires furent dressés à distinguer des échantillons d'air expiré soit par des patients atteints d'un cancer du sein ou du poumon, soit par des sujets contrôles sains. On testa alors, avec une population entièrement nouvelle, leur capacité à distinguer des patients de sujets contrôles. Dans cette expérience, l'exactitude et la sensibilité de la capacité des chiens à détecter un cancer du poumon, depuis les stades précoces jusqu'aux stades avancés, atteignit 99 % de l'exactitude d'un diagnostic réalisé par une biopsie conventionnelle. L'exactitude de la détection du cancer du sein fut légèrement moindre, aux alentours de 90 % des méthodes conventionnelles.

Une étude similaire dans laquelle des chiens devaient discriminer l'urine de patients avec ou sans cancer de la vessie a fourni des résultats comparables quoiqu'un peu moins robustes. Toutefois, au cours de cette étude, les chiens identifièrent systématiquement un échantillon supposé « contrôle » comme venant d'un patient cancéreux. Les cliniciens s'alarmèrent au point de demander des tests diagnostiques supplémentaires, qui révélèrent qu'en fait cette personne avait un carcinome du rein.

Ces curieuses observations n'ont pas uniquement permis d'écrire un nouveau chapitre de la saga des relations bénéfiques entre les hommes et les chiens ; elles nous permettent aussi de mieux comprendre les mécanismes et l'importance biologique de l'acuité et de la sélectivité olfactives. Premièrement, il est évident que la concentration des alcanes et des autres composés organiques volatils est augmentée dans l'air expiré par les patients atteints d'un cancer du poumon. Ainsi, comme l'indiquent des études préliminaires de la sensibilité des molécules réceptrices des odorants, les récepteurs des odorants couplés aux protéines G à sept domaines transmembranaires pourraient être spécialisés pour détecter et discriminer un spectre large – et biologiquement important – de composés orga-

niques volatils à des concentrations faibles. Deuxièmement, la discrimination opérée entre patients et contrôles, soit par des chiens isolés non dressés, soit par des groupes de chiens dressés, laisse penser que des distinctions subtiles entre perceptions olfactives sont nettement représentées et sont susceptibles de guider le comportement. La capacité olfactive manifestement supérieure des chiens peut refléter soit un nombre un peu plus grand de récepteurs des odorants accroissant la spécificité, soit des circuits spécialisés du bulbe olfactif, du cortex piriforme ou d'autres régions cérébrales qui assignent une importance cognitive à des stimulus olfactifs particuliers. Cette aptitude a-t-elle quelque importance adaptative pour les chiens ou s'agit-il seulement d'un tour de chien savant ? On l'ignore.

Faut-il s'attendre à rencontrer désormais des chiens dans les cabinets médicaux ? À vrai dire, la complexité d'un diagnostic critique et le possible manque de fiabilité des chiens, même bien dressés, laissent difficilement imaginer que le recours à des chiens pour diagnostiquer une maladie puisse être d'usage courant. Néanmoins les remarquables capacités olfactives de ces animaux offrent un point de départ pour approfondir nos connaissances sur la spécificité moléculaire des récepteurs olfactifs ainsi que sur les traitements et représentations dont les informations olfactives peuvent faire l'objet dans le système nerveux central. Des progrès en ces domaines n'éclaireraient pas seulement les caractéristiques fonctionnelles du système olfactif ; ils pourraient fournir des indices sur les molécules associées à telle ou telle pathologie et orienter la mise au point de nouveaux outils diagnostiques qui ne s'appuieraient pas simplement sur le flair.

Références

McCulloch, M., T. Jezierski, M. Broffman, A. Hubbard, K. Turner et T. Janecki (2006), Diagnostic accuracy of canine scent detection in early- and late-stage lung and breast cancers. *Integ. Cancer Therap.*, **5**, 30-39.

Willis, C.M. et 7 autres (2004), Olfactory detection of human bladder cancer by dogs : Proof of principle study. *BMJ*, **329**, 712 (25 September 2004).

Phillips, M. et 7 autres (2003), Detection of lung cancer with volatile markers in the breath. *Chest*, **123**, 2115-2123.

Church, J. et H. Williams (2001), Another sniffer dog for the clinic ? *Lancet*, **358**, 930.

(A)   (B)   (C)   (D)

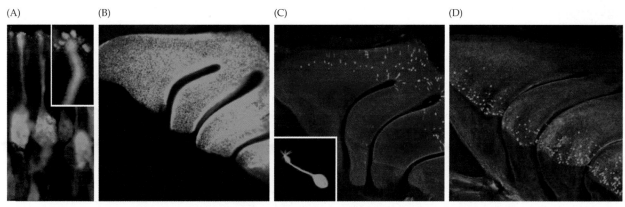

Figure 15.8

Expression des gènes des récepteurs olfactifs. (A) Neurones récepteurs olfactifs marqués individuellement par immunohistochimie à l'aide de la protéine OMP (en vert ; cette protéine marque sélectivement tous les neurones récepteurs olfactifs) et de l'adénylyl cyclase III, spécifique des neurones récepteurs olfactifs. Seuls les cils sont marqués (en rouge) par l'adénylyl cyclase III, ce qui concorde avec le fait que la transduction du signal olfactif n'a lieu que dans ce territoire restreint. (B) Distribution des neurones récepteurs olfactifs exprimant l'OMP dans l'épithélium olfactif d'une souris adulte mise en évidence à l'aide d'un transgène rapporteur OMP-GPF (*Olfactory Marker Protein – Green Fluorescent Protein*). Les protubérances orientées en diagonale de gauche à droite correspondent aux cornets turbinaux qui portent l'épithélium olfactif ; les autres tissus mous ou osseux de la cavité nasale ont été supprimés à la dissection. (C) Distribution des neurones récepteurs olfactifs exprimant le récepteur olfactif 17. Ces neurones sont confinés dans une zone restreinte de l'épithélium. Dans le coin inférieur gauche, la photo montre que les cellules qui expriment les récepteurs olfactifs sont effectivement des neurones récepteurs olfactifs porteurs de cils. (D) Les neurones récepteurs olfactifs qui expriment le récepteur M71 sont situés dans une région délimitée, totalement distincte de celle où l'on observe des récepteurs 17. (A gracieusement communiqué par A. LaMantia ; B–D d'après Bozza et al., 2002.)

lesquelles on a inséré des protéines rapporteuses, comme la β-galactosidase ou la protéine à fluorescence verte (GFP), dans les locus de gènes de récepteurs olfactifs (Figure 15.8).

Des analyses génétiques et de biologie cellulaire ont montré que chaque récepteur olfactif n'exprime qu'un seul ou quelques-uns tout au plus des gènes de récepteurs olfactifs. Dans ces conditions, les odeurs doivent activer des neurones récepteurs olfactifs appartenant à des sous-ensembles distincts du point de vue moléculaire et spatial et, dans chaque neurone, l'un des deux allèles de chacun des gènes de récepteurs olfactifs doit être silencieux. C'est sans doute à la diversité moléculaire des récepteurs olfactifs et à la diversité concomitante des neurones récepteurs qu'est due, au moins en partie, la capacité de la plupart des systèmes olfactifs de détecter et de coder un large éventail d'odeurs complexes et nouvelles.

La transduction des signaux olfactifs

Après la liaison de la molécule odorante à une protéine réceptrice des odeurs, plusieurs étapes sont encore nécessaires pour produire un potentiel de récepteur qui convertira l'information chimique en signaux électrique interprétables par le cerveau. Chez les mammifères, la voie principale de transduction fait intervenir des canaux ioniques activés par les nucléotides cycliques semblables à ceux que l'on trouve dans les bâtonnets pour la photoréception (voir Chapitre 11). Les neurones récepteurs contiennent une protéine G spécifique de l'olfaction (**G$_{olf}$**) activant une adénylyl cyclase propre à l'olfaction l'**adénylyl cyclase III (ACIII)** (Figure 15.9A). Ces deux protéines sont propres aux boutons et aux cils olfactifs, ce qui s'accorde avec l'idée que la transduction des odeurs ne se fait que dans ces domaines du neurone récepteur olfactif (Figure 15.6A). La stimulation des protéines réceptrices olfactives fait augmenter l'AMP cyclique (AMPc), entraînant l'ouverture de canaux contrôlés par les nucléotides cycliques par où entrent du Na$^+$ et du Ca^{2+} (surtout du Ca^{2+}), ce qui dépolarise le neurone. Cette dépolarisation, amplifiée par un courant Cl$^-$ activé par le calcium, s'étend passivement depuis les cils jusqu'à la région du cône axonique du neurone récepteur olfactif, où des canaux Na$^+$ activés par le voltage donnent naissance à des potentiels d'action qui seront transmis au bulbe olfactif.

Chez des souris transgéniques, l'inactivation de l'un quelconque des principaux éléments de la transduction du signal (la G$_{olf}$, l'ACIII ou les canaux contrôlés par les nucléotides cycliques) supprime la production d'un potentiel de récepteur par les neurones récepteurs olfactifs – neurones par ailleurs d'apparence normale – et fait disparaître l'expression continue d'une protéine propre aux neurones olfactifs différenciés, l'OMP (pour *Olfactory Marker Protein*, protéine marqueur des neurones olfactifs). On observe aussi une perte totale de la réponse comportementale aux odorants ; en d'autres termes, ces souris sont complètement anosmiques (Figure 15.9B). Le fait que la perte de fonction de chacun des éléments aboutisse au même résultat montre que chaque étape contribue effectivement à la transduction des odorants.

Figure 15.9

Mécanismes moléculaires de la transduction olfactive des odorants. (A) Dans le mucus, les odorants se lient directement à l'une des nombreuses molécules réceptrices situées dans la membrane des cils (ou bien sont transportées vers elles par des protéines liant les odorants). Cette association active une protéine G spécifique des odorants (G_{olf}) qui, à son tour, active une adénylyl cyclase, qui va produire de l'AMP cyclique (AMPc). L'une des cibles de l'AMPc est un canal sélectif pour les cations, dont l'ouverture permet l'entrée de Na⁺ et de Ca²⁺ dans les cils et entraîne une dépolarisation. L'augmentation du Ca²⁺ intracellulaire qui s'ensuit provoque l'ouverture d'un canal Cl⁻ contrôlé par le Ca²⁺, ce qui contribue à la majeure partie de la dépolarisation formant le potentiel de récepteur. Ce potentiel de récepteur voit son amplitude baisser lorsque des phosphodiestérases spécifiques dégradent l'AMPc et réduisent sa concentration. Au même moment, le Ca²⁺ forme un complexe avec la calmoduline (Ca²⁺-CAM) et se lie au canal, réduisant ainsi son affinité pour l'AMPc. Finalement, le Ca²⁺ est expulsé par la voie d'échange Ca²⁺/Na⁺. (B) Conséquences de l'inactivation de protéines critiques de la cascade de transduction des odorants. Les images de neurones récepteurs olfactifs montrent l'expression de G_{olf}, de l'ACIII et d'un canal contrôlé par les nucléotides cycliques. Les tracés du bas montrent l'activité électrique induite par un odorant dans l'épithélium olfactif et recueillie de façon extracellulaire par électro-olfactographie (EOG). Chez le type sauvage, on observe une ample réponse à la présentation d'une odeur agréable (citralva) ou piquante (isomenthone). Ces réponses sont abolies par l'inactivation de l'une quelconque des principales molécules de transduction du signal appartenant aux récepteurs des odorants à sept domaines transmembranaires. (Adapté de Menini, 1999 ; B d'après Belluscio et al., 1998 [G_{olf}] ; Wong et al., 2000 [ACIII] ; et Brunet et al. [canal].)

(A)

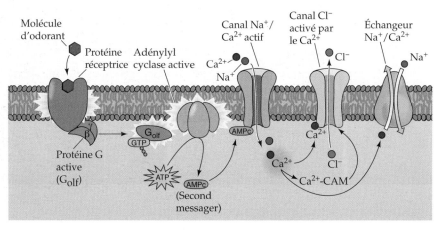

(B)

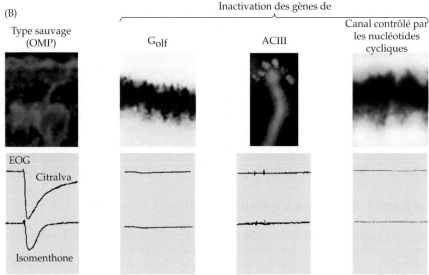

Comme les autres récepteurs sensoriels, les neurones récepteurs olfactifs sont sensibles à un ensemble restreint de stimulus : il existe donc une spécificité des récepteurs s'exprimant par toute une gamme de relations entre des stimulus olfactifs précis et les réponses électriques des neurones récepteurs. Certains neurones récepteurs olfactifs présentent une sélectivité marquée pour un seul stimulus chimiquement défini alors que d'autres sont activés par plusieurs molécules odorantes différentes (Figure 15.10). Ceci signifie vraisemblablement qu'un seul gène de récepteur olfactif est exprimé dans chaque neurone récepteur olfactif. Il n'y a pour l'instant aucune donnée d'ordre chimique ou physiologique qui indique une correspondance entre la liaison à haute affinité d'un odorant avec une molécule réceptrice, l'activation électrique d'un neurone récepteur olfactif et la perception d'une odeur spécifique. On a néanmoins démontré l'existence d'une relation spécifique entre des classes d'odorants et des réponses sélectives de neurones de l'épithélium olfactif repérés individuellement et marqués génétiquement pour identifier la molécule réceptrice olfactive qui y est exprimée. Ces neurones, qui expriment des récepteurs olfactifs individuels, donnent à différents odorants une réponse qui leur est propre et qui est comme leur signature (Figure 15.11A). Les différentes réponses paraissent refléter des différences de structure chimique entre différents sous-ensembles d'odorants (par exemple des différences de longueur de la

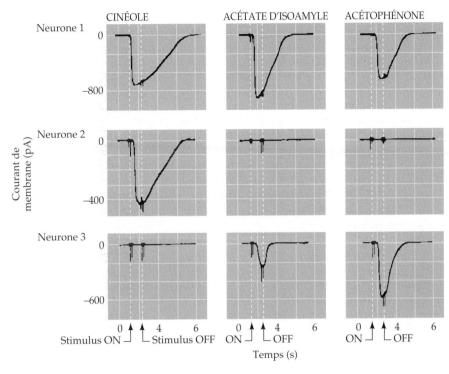

Figure 15.10

Réponse de neurones récepteurs olfactifs à quelques odorants. (A) Le neurone 1 répond de la même façon aux trois différents odorants. Par contre, le neurone 2 ne répond qu'à un seul d'entre eux. Le neurone 3 répond à deux des trois stimulus. Les réponses de ces trois neurones ont été enregistrées en patch-clamp, configuration cellule entière ; les déflexions vers le bas représentent des courants entrants mesurés à un potentiel imposé de −55 mV. (D'après Feinstein et al., 1992)

chaîne de carbone qui forme «l'épine dorsale» de la molécule), ainsi que la qualité globale des odorants de chaque groupe (Figure 15.11B).

On ignore toutefois si les molécules testées sont les odorants les plus pertinents du point de vue environnemental pour une protéine réceptrice donnée.

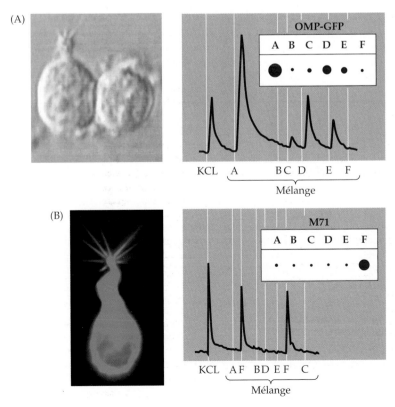

Figure 15.11

Démonstration de la sélectivité d'une protéine réceptrice des odorants, par les réponses qu'elle donne à des combinaisons d'odorants de structure moléculaire connue. (A) On a enregistré les réponses de neurones récepteurs des odorants (NRO) choisis au hasard, à six mélanges différents de molécules odorantes (désignés ici par les lettres de A à F) et on les a comparées à celles d'un NRO connu pour exprimer le récepteur des odorants M71 (voir Figure 15.8D). (B) On a isolé le neurone exprimant le gène du récepteur M71 en combinant ce gène avec celui de la protéine à fluorescence verte. La taille des points et l'amplitude des potentiels enregistrés indiquent la force de la réponse électrique à chaque mélange d'odorants. Les NRO choisis au hasard répondent à plusieurs des six mélanges alors que les NRO exprimant le M71 répondent préférentiellement à la mixture F. (D'après Bozza et al., 2002 ; photographies gracieusement communiquées par T. Bozza.)

En plus de leur sensibilité à différents sous-ensembles de stimulus, les neurones récepteurs olfactifs peuvent présenter des seuils différents pour un odorant particulier. Ceci signifie que des neurones récepteurs qui sont inactifs pour des concentrations d'un odorant donné à sa concentration de base peuvent être activés s'ils sont exposés à des concentrations plus élevées du même odorant (Figure 15.12). Ces caractéristiques laissent deviner pourquoi la perception d'une odeur peut changer en fonction de sa concentration. Elles contribuent en outre, selon toute vraisemblance, à la capacité d'adaptation du système olfactif, capacité dont on fait facilement l'expérience : ainsi remarque-t-on de moins en moins que l'on est dans la zone « fumeurs » d'un hôtel à mesure que le temps passe. Les relations entre la sensibilité physiologique préférentielle des neurones récepteurs olfactifs (que traduisent leurs réponses en fonction de l'abondance et de la durée des stimulus) et la spécificité chimique des diverses molécules réceptrices olfactives restent obscures.

Le bulbe olfactif

La transduction des odorants dans les cils olfactifs et la transmission vers les centres des informations émanant des neurones récepteurs olfactifs ne sont que les premières étapes du traitement des signaux olfactifs. À la différence des autres récepteurs sensoriels, tels que les photorécepteurs de la rétine ou les cellules ciliées de la cochlée, les neurones récepteurs olfactifs ont des axones qui relaient les informations olfactives vers le cerveau. À leur sortie de l'épithélium olfactif, les axones des neurones récepteurs se réunissent en une multitude de faisceaux qui, ensemble, constituent le **nerf olfactif** (nerf I). Chaque nerf olfactif se projette sur le **bulbe olfactif** ipsilatéral, situé chez l'homme à l'avant de l'aspect ventral antérieur de l'hémisphère ipsilatéral. Le bulbe olfactif se caractérise essentiellement par les **glomérules**, amas plus ou moins

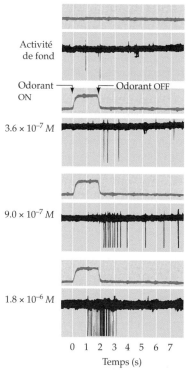

Figure 15.12

Réponse d'un neurone récepteur olfactif aux changements de concentration d'un même odorant, l'acétate d'isoamyle (odeur de banane). Pour chaque enregistrement, le tracé supérieur (en rouge) indique la durée du stimulus olfactif et le tracé inférieur, la réponse du neurone. La fréquence et le nombre des potentiels d'action augmentent en fonction de la concentration de l'odorant, comme le montrent les enregistrements correspondants. (D'après Getchell, 1986.)

Figure 15.13

Organisation du bulbe olfactif des mammifères. (A) Vue dorsale du bulbe olfactif de souris observé *in vivo* après enlèvement de l'os qui le recouvre et montrant les glomérules olfactifs. Les condensations de dendrites et de synapses qui constituent les glomérules sont colorées ici à l'aide d'un colorant vital fluorescent, spécifique des terminaisons neuroniques. L'image, dans le coin supérieur droit, montre une disposition similaire des glomérules dans le corps pédonculé (équivalent du bulbe olfactif) de la drosophile. (B) L'un des éléments majeurs des glomérules est représenté par les panaches apicaux des cellules mitrales ; celles-ci projettent sur le cortex piriforme et sur d'autres cibles (voir Figure 15.1C). Sur cette coupe coronale du bulbe, elles ont été marquées par un traceur rétrograde lipophile, le Di-I, injecté dans le pédoncule olfactif latéral. (C) Structure cellulaire du bulbe olfactif telle qu'elle se présente sur une coupe coronale du bulbe, colorée par la technique de Nissl. Les cinq couches du bulbe sont apparentes. La *couche glomérulaire* comprend les panaches des cellules mitrales, les terminaisons des axones des neurones récepteurs olfactifs et les cellules périglomérulaires qui forment la bordure de chaque glomérule. La *couche plexiforme externe* est constituée des dendrites latéraux des cellules mitrales, des dendrites latéraux et des corps cellulaires des cellules à panache ainsi que des dendrites des cellules granulaires qui forment des synapses dendro-dendritiques avec les autres éléments dendritiques. La *couche des cellules mitrales* est formée des corps cellulaires des cellules mitrales dont les axones se situent dans la *couche plexiforme interne*. Enfin, les somas des cellules granulaires sont entassés dans la *couche des cellules granulaires*. (D) Schéma des couches et de l'organisation synaptique du bulbe olfactif sur une coupe passant par sa face médiane. Les axones des neurones récepteurs olfactifs se terminent à l'intérieur des glomérules sur les panaches dendritiques apicaux des cellules mitrales et sur les prolongements des cellules périglomérulaires. Les cellules granulaires et les dendrites latéraux des cellules mitrales constituent les principaux éléments synaptiques de la couche plexiforme externe. (E) Les axones des neurones récepteurs olfactifs qui expriment le gène d'un certain récepteur d'odorants convergent sur un sous-ensemble réduit de glomérules à symétrie bilatérale. Ces glomérules, que l'on voit dans la région encadrée de la partie supérieure de la figure, sont présentés à plus fort grossissement dans sa partie inférieure. Les projections de l'épithélium olfactif ont été marquées par un gène rapporteur inséré par recombinaison homologue (*knocked in*) dans le locus génétique codant le récepteur en question. (A d'après LaMantia et al., 1992 ; B, C d'après Pomeroy et al., 1990 ; E d'après Mombaerts et al., 1996.)

sphériques de neuropile, d'un diamètre de 100 à 200 μm, situés juste sous la surface du bulbe et qui reçoivent les terminaisons synaptiques des fibres olfactives primaires (Figure 15.13A, D). Chez les vertébrés, les neurones récepteurs olfactifs forment dans les glomérules des synapses glutamatergiques excitatrices. Il est curieux de constater que les relations entre la périphérie olfactive et des glomérules au niveau du système nerveux central s'observent dans l'ensemble du règne animal (Figure 15.13A, vignette).

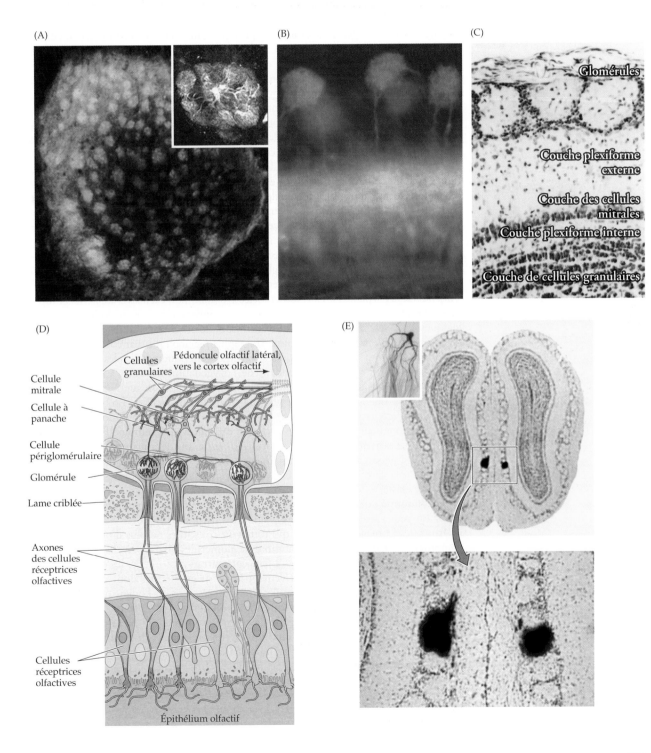

Au sein des glomérules, les axones des neurones récepteurs s'articulent avec les dendrites apicaux des **cellules mitrales**, principaux neurones de relais du bulbe olfactif. Les cellules mitrales ont leur soma dans une couche particulière plus profonde que les glomérules. Elles émettent un dendrite primaire à l'intérieur d'un glomérule, où il forme un panache compliqué avec lequel se font les contacts synaptiques des fibres olfactives primaires (Figure 15.13B, D). Chez la souris (où les connexions des glomérules ont fait l'objet d'études quantitatives), chaque glomérule comprend des dendrites apicaux provenant d'environ 25 cellules mitrales et est innervé par à peu près 25 000 fibres réceptrices olfactives. On peut penser que ce degré de convergence sert à augmenter la sensibilité des cellules mitrales et à garantir ainsi la détection des odeurs ; mais il contribue aussi à accroître la puissance relative du signal en réduisant, par effet de moyennage, le bruit de fond que représente l'activité non corrélée des diverses fibres afférentes. Les glomérules comprennent également les prolongements dendritiques de deux autres catégories de neurones à extension locale : les *cellules à panache* et les *cellules périglomérulaires ;* on compte environ 50 cellules à panache et 25 cellules périglomérulaires par glomérule (Figure 15.13D). On estime généralement que ces neurones affinent la sensibilité des glomérules, mais leur fonction est loin d'être claire.

Enfin, les *cellules granulaires* du bulbe olfactif, qui forment la couche la plus profonde du bulbe olfactif des vertébrés, s'articulent principalement avec les dendrites basaux des cellules mitrales dans la couche plexiforme externe (Figure 15.13C, D). Ces cellules, qui n'ont pas d'axone identifiable, forment des synapses dendrodendritiques avec les cellules mitrales. On estime qu'elles forment avec les cellules mitrales des circuits locaux d'inhibition latérale et qu'elles participent à la plasticité synaptique du bulbe olfactif. Elles font par ailleurs partie, avec les cellules périglomérulaires, des rares catégories de neurones du cerveau antérieur qui peuvent être remplacés la vie durant (voir Chapitre 25).

Les relations entre les neurones récepteurs olfactifs exprimant un récepteur d'odorant et de petits sous-ensembles de glomérules (Figure 15.13E) laisse penser que les glomérules individuels répondent spécifiquement (ou, à tout le moins, sélectivement) à des odorants particuliers. La réactivité sélective (mais non exclusive) de petits groupes de glomérules à des odorants particuliers a été confirmée par des techniques physiologiques chez des invertébrés tels que la drosophile et, chez la souris, par enregistrement unitaires ou multiunitaires, par cartographie métabolique, par colorants sensibles au voltage, par indicateurs de l'activité électrique génétiquement codés ou par imagerie des signaux intrinsèques dépendant de l'oxygénation du sang. Ces travaux ont montré que si l'on augmente la concentration de l'odorant, on augmente l'activité de glomérules particuliers ainsi que le nombre de glomérules activés. En outre, plusieurs odorants différents (Figure 15.14A) ou des odorants ayant une structure chimique différente (longueur différente de la chaîne carbonée par exemple ; Figure 15.14B) provoquent l'activité maximale d'un seul glomérule ou de quelques-uns seulement. Toutefois on ne sait toujours pas clairement comment les glomérules dans leur ensemble forment la carte de l'identité et de la concentration des odeurs, ni même si une telle carte existe.

Étant donné qu'un petit nombre seulement de glomérules répond à des odorants isolés, on peut s'attendre à ce que des odorants naturels complexes – comme le café, les fruits, les fromages, les épices, qui tous sont constitués de plus d'une centaine de composants – activent un grand nombre de glomérules olfactifs. Mais, chose surprenante, tel n'est pas le cas. Présentés à leur concentration normale, les odorants naturels n'activent qu'un nombre relativement faible de glomérules dont chacun répond sélectivement à une ou deux des molécules qui caractérisent l'odeur complexe. Pour résoudre le problème de la représentation des odorants complexes, les glomérules semblent donc utiliser un mécanisme de codage économe, qui ne renseigne que sur un petit nombre des composants chimiques d'un mélange (voir Figure 15.11). Pour recourir à une métaphore, on pourrait considérer la nappe des glomérules du bulbe olfactif comme un bandeau d'ampoules à l'entrée d'un cinéma : la distribution spatiale des glomérules actifs et inactifs compose un message qui ne désigne qu'un odorant donné à une concentration donnée.

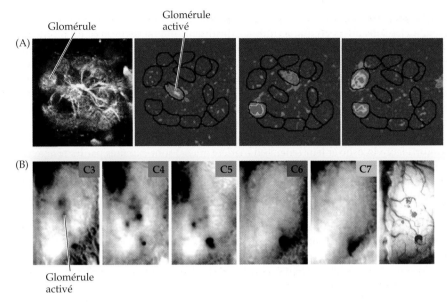

(A) Glomérule   Glomérule activé

(B) C3   C4   C5   C6   C7

Glomérule activé

Figure 15.14

Cartographie des réponses de glomérules individuels à des odorants chimiquement distincts. (A) À gauche, glomérules du lobe olfactif de la drosophile (équivalent du bulbe olfactif des mammifères) visualisés à l'aide d'une protéine fluorescente exprimée sous le contrôle d'un gène spécifique du lobe olfactif. Les images suivantes montrent une activation de glomérules distincts par trois odorants différents : l'1-octane-3-ol, substance attirant les insectes, l'hexane, à l'odeur de produit chimique, et l'acétate d'isoamyle, principal composant de l'odeur de banane. La couleur rouge indique une activation maximale ; dans chaque cas, l'activation est limitée à un ou deux glomérules distincts. (B) Surface du bulbe olfactif de souris visualisée par imagerie de l'activité électrique en réponse à des odorants ayant des chaînes carbonées de longueur différente (C3–C7, codée par couleur dans le coin supérieur droit de chaque image). L'activité électrique focale apparaît sous forme de taches noires sur fond plus clair, comme illustré sur la première image. Les taches correspondent à un glomérule ou à quelques glomérules tout au plus. L'image la plus à droite résume la relation entre la longueur de la chaîne carbonée et l'emplacement de l'activation sur la surface dorsale du bulbe olfactif. Le codage par couleur montre une activation localisée correspondant à des odorants spécifiques. (A d'après Wang et al., 2003 ; B d'après Belluscio et Katz, 2001.)

Les projections centrales du bulbe olfactif

Les cellules mitrales constituent le seul relais des informations olfactives vers le reste du cerveau. Leurs axones se réunissent en un faisceau, le **pédoncule olfactif latéral** (ou **bandelette olfactive latérale**), et projettent sur les noyaux olfactifs accessoires, sur le tubercule olfactif, les cortex piriforme et entorhinal ainsi que sur certaines parties de l'amygdale (voir Figure 15.1A). La cible principale du pédoncule olfactif est représentée par les trois couches du **cortex piriforme**, sur l'aspect ventro-médian du lobe temporal, à proximité du chiasma optique. Les neurones du cortex piriforme répondent aux odeurs, et il subsiste une ségrégation partielle des afférences qui arrivent sur les cellules mitrales, en provenance de glomérules recevant les projections spécifiques de certains récepteurs olfactifs. La plupart des projections du pédoncule olfactif latéral sont ipsilatérales ; toutefois un contingent d'axones de cellules mitrales croise la ligne médiane ; il est vraisemblablement à l'origine de traitements bilatéraux de certains aspects des informations olfactives. Les cellules pyramidales du cortex piriforme envoient à leur tour leurs axones vers plusieurs noyaux thalamiques et hypothalamiques ainsi que vers l'hippocampe et l'amygdale. D'autres neurones du cortex piriforme projettent directement sur diverses aires du néocortex, notamment sur le cortex orbitofrontal où se trouvent des neurones dont les réponses plurimodalitaires à des stimulus complexes et particulièrement aux stimulus alimentaires comprennent une composante olfactive. La représentation des informations olfactives dans le cortex piriforme et dans tout le néocortex est encore moins bien connue qu'elle ne l'est au niveau du bulbe olfactif. Quoi qu'il en soit, toutes ces voies assurent une répartition des informations olfactives sur des territoires très divers du cerveau antérieur et leur permettent ainsi d'influencer les comportements cognitifs, végétatifs, émotionnels et homéostasiques.

L'organisation du système gustatif

Le système gustatif est le second système chémosensible. Il représente les propriétés chimiques et physiques des substances ingérées et en particulier des aliments. En collaboration avec les systèmes olfactif et trigéminal, le système gustatif nous renseigne sur les qualités hédoniques (agréables ou désagréables) et nutritives de la nourriture et nous indique si tel aliment est comestible. Quand un aliment est mis dans la bouche, les substances chimiques qui le constituent interagissent avec les récepteurs des **cellules gustatives** situées dans des structures épithéliales de la langue, les **bourgeons du goût**. Ces cellules assurent la transduction des stimulus et codent les informations sur la nature, la concentration ainsi que sur le caractère agréable ou désagréable et la nocivité potentielle de la substance. Ces informations préparent également le tractus gastro-intestinal à recevoir la nourriture en provoquant la salivation et la déglutition (ou des réflexes nauséeux et une régurgitation si la substance est mauvaise). Les informations concernant la température et la texture des aliments (y compris leur viscosité et leur teneur en matière grasse) sont extraites par les récepteurs somesthésiques et transmises par le trijumeau et les autres nerfs crâniens sensitifs au thalamus et au cortex somesthésiques (voir Chapitres 9 et 10). Certes, on ne mange pas seulement pour se nourrir et l'on ne rejette pas certains aliments seulement parce qu'ils sont désagréables ou potentiellement nocifs ; le « goût » dépend aussi de facteurs culturels et psychologiques. Comment comprendre, sinon, que tant des personnes prennent plaisir à consommer des piments ou des liquides amers tels que la bière ?

Comme le système olfactif, le système gustatif comprend des récepteurs périphériques ainsi qu'un certain nombre de voies centrales qui relaient et traitent les informations gustatives (Figure 15.15). Les cellules gustatives qui constituent les récepteurs périphériques se trouvent dans les bourgeons du goût. Ceux-ci sont répartis sur la face dorsale de la langue, au niveau du voile du palais, du pharynx et des parties supérieures de l'œsophage (Figures 15.16 et 15.17). Les cellules gustatives s'articulent synaptiquement avec les fibres sensitives primaires qui cheminent dans la corde du tympan et dans le nerf grand pétreux superficiel, branches du nerf VII (facial), dans la branche linguale du nerf IX (glossopharyngien) et dans le nerf laryngé supérieur, branche du nerf X (vague). Ces diverses branches nerveuses véhiculent respectivement les informations gustatives en provenance de la langue, du palais, de l'épiglotte et de l'œsophage. Les fibres centripètes des neurones sensitifs primaires, dont les corps cellulaires se situent dans les ganglions de ces trois nerfs crâniens, se terminent sur les régions rostrale et latérale du **noyau du faisceau solitaire**, dans le bulbe (Figure 15.15A), régions que l'on qualifie également de **noyau gustatif** du complexe du faisceau solitaire (on se souviendra que la région postérieure du noyau solitaire est la cible principale des afférences sensorielles végétatives aussi bien sympathiques que parasympathiques ; voir Chapitre 21).

L'innervation des bourgeons du goût de la cavité buccale par les branches des nerfs crâniens donne lieu à une représentation topographique sur l'axe rostro-caudal du noyau gustatif ; les terminaisons du nerf facial sont les plus rostrales, celles du glossopharyngien occupent une position intermédiaire et celles du vague sont les plus caudales (Figure 15.15A). Il est probable que cette disposition facilite l'intégration des informations gustatives et des informations sensorielles végétatives. La partie caudale du noyau du faisceau solitaire est également innervée par les branches sous-diaphragmatiques du nerf vague, qui contrôlent la motricité gastrique. Les interneurones qui connectent les parties caudale et rostrale de ce noyau représentent la première interaction entre les messages végétatifs et gustatifs et l'on peut considérer ce circuit comme la branche sensitive d'un arc réflexe gustativo-végétatif. Ces relations étroites entre informations gustatives et viscérales sont parfaitement logiques puisqu'un animal doit reconnaître rapidement si ce qu'il mange est susceptible de le rendre malade et réagir en conséquence.

Les fibres issues de la partie rostrale (gustative) du noyau du faisceau solitaire projettent sur le complexe ventral postérieur du thalamus où leurs terminaisons se font sur la moitié médiane du **noyau ventro-postéro-médian**. Ce noyau projette à son tour sur différentes régions corticales, dont la partie antérieure de l'insula dans le lobe temporal (cortex gustatif de l'insula ; voir Figure 15.15A) et l'opercule dans le lobe frontal. Il existe aussi une aire corticale gustative secondaire dans le cortex orbitofrontal latéro-caudal dont les neurones répondent à des combinaisons de stimulus, visuels, somesthésiques, olfactifs et gustatifs. Il est intéressant de noter que lorsqu'un aliment est consommé jusqu'à satiété, des neurones orbitofrontaux spécifiques, enregistrés chez le singe, diminuent leur décharge à cette saveur, ce qui suggère que les

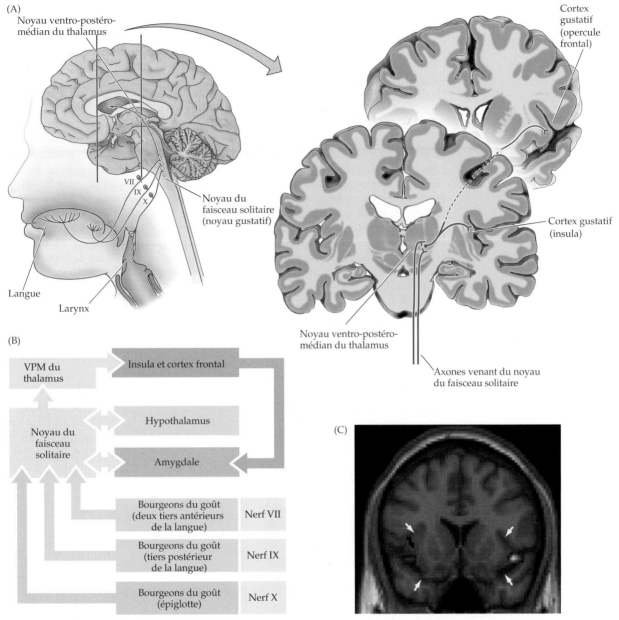

Figure 15.15

Organisation du système gustatif de l'homme. (A) À gauche, le dessin montre les relations entre les récepteurs de la cavité buccale et de la partie supérieure du canal alimentaire, d'une part, et le noyau du faisceau solitaire du bulbe, d'autre part. À droite, la coupe frontale montre le noyau VPM du thalamus et ses connexions avec les aires gustatives du cortex cérébral. (B) Schéma des principales voies de traitement des informations gustatives. (C) IRMf du cerveau d'un sujet humain normal en train de consommer de la nourriture. Noter l'activation focale bilatérale du cortex insulaire (flèches) avec une activation plus marquée dans l'hémisphère dominant (l'hémisphère gauche comme chez la plupart des individus humains).

neurones en question sont impliqués dans la motivation alimentaire. Il existe enfin des projections indirectes et réciproques du noyau du faisceau solitaire sur l'hypothalamus et l'amygdale, passant par le pont. Ces projections influencent probablement les aspects affectifs de l'appétit (par exemple le plaisir ou l'aversion que procure un aliment, le comportement de recherche de nourriture), la satiété et d'autres réponses homéostasiques associées à la prise de nourriture (rappelons que l'hypothalamus est le principal centre régissant l'homéostasie ; voir Chapitre 21).

Le goût chez l'homme

Le système gustatif code les informations concernant la quantité et la nature des stimulus qui sont, pour la plupart, des molécules non volatiles, hydrophiles et solubles dans la salive. En général, l'intensité gustative perçue est d'autant plus forte que la concentration de la substance stimulante est plus élevée. Les concentrations seuil pour la détection de la plupart des substances sapides sont très élevées. Ainsi, la concentration seuil de l'acide citrique est d'environ 2 mM, celle du sel (NaCl) de 10 mM et celle du sucrose de 20 mM. Le corps a besoin de taux substantiels de sels et d'hydrates de carbone et il se peut que les cellules gustatives ne répondent à des concentrations relativement élevées de ces substances indispensables qu'en vue d'en assurer une absorption adéquate. Il est manifestement avantageux que le système gustatif détecte les substances potentiellement dangereuses (tels que les composés végétaux amers) à des concentrations beaucoup plus faibles. Aussi la concentration seuil de la quinine est-elle de 0.008 mM et celle de la strychnine de 0.0001 mM.

Les substances sapides sont détectées sur toute la surface de la langue par des structures réceptrices spécialisées appelées **papilles gustatives** (Figure 15.16A). Il s'agit de petites éminences pluricellulaires entourées d'invaginations de l'épithélium de la langue formant comme une tranchée où se rassemblent les substances sapides solubilisées. Les sites des cellules réceptrices sont les bourgeons du goût. Ils se distribuent le long des faces latérales de la protubérance papillaire et sur les parois de la tranchée. Il existe trois types de papilles : les papilles **fongiformes** (représentant environ 25 % de l'ensemble des bourgeons du goût), les papilles **caliciformes** (qui en représentent 50 %) et les papilles **foliées** (25 %). Ces trois catégories sont disposées de façon discontinue à la surface de la langue. Les papilles fongiformes ne se trouvent que sur les deux tiers antérieurs de la langue ; elles présentent la densité la plus élevée (environ 30/cm²) à son extrémité. Elles ont une forme de champignon (d'où leur nom) et possèdent environ trois bourgeons du goût à leur surface apicale. Il existe neuf

Figure 15.16

Les bourgeons du goût et l'innervation périphérique de la langue. (A) Répartition des papilles gustatives sur la face dorsale de la langue. L'agrandissement montre l'emplacement de bourgeons du goût d'une papille caliciforme. (B) Régions de la langue répondant aux saveurs primaires : amer, acide, sucré et umami, salé d'après les enregistrements des trois nerfs crâniens qui innervent la langue et l'épiglotte. (C) Image composite de clichés d'IRMf montrant les différents emplacements des activations focales du cortex insulaire en réponse aux cinq saveurs primaires codées par les récepteurs gustatifs.

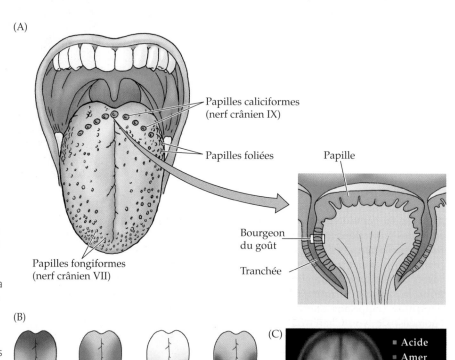

papilles caliciformes, disposées en chevron à l'arrière de la langue ; chacune est formée d'une dépression circulaire dont les parois sont bordées d'environ 250 bourgeons du goût. Quant aux papilles foliées, il en existe deux, une de chaque côté de la langue, vers l'arrière. Chacune comporte une vingtaine de sillons parallèles dont les parois contiennent à peu près 600 bourgeons du goût. Dans ces conditions, les stimulus chimiques appliqués sur la langue excitent d'abord les papilles fongiformes, puis les papilles foliées et les papilles caliciformes. Ultérieurement, les substances sapides stimulent les bourgeons dispersés au niveau du pharynx, du larynx et de la partie supérieure de l'œsophage.

Sur la base d'un consensus interculturel, on distingue cinq catégories de saveurs : le **salé**, le **sucré**, l'**acide**, l'**amer** et l'**umami** (mot japonais qui signifie *délicieux* et qui désigne des saveurs appétissantes dont celles du glutamate monosodique et d'autres acides aminés donnant leur arôme aux viandes cuites et aux aliments riches en protéines). Ces cinq catégories perceptives ont un sens du point de vue métabolique et diététique : c'est le cas des sels, comme le NaCl, nécessaires à l'équilibre électrolytique, des acides aminés essentiels comme le glutamate, indispensables à la synthèse des protéines, des sucres comme le glucose et les autres hydrates de carbone qui apportent de l'énergie, et des acides, associés aux protons (H^+), qui donnent à divers aliments leur palatabilité, comme l'acide citrique, que l'on trouve dans les oranges. Les molécules amères représentées par des alcaloïdes végétaux tels que l'atropine, la quinine ou la strychnine, indiquent des aliments potentiellement vénéneux.

Une telle classification est manifestement trop étroite. Il existe d'autres sensations gustatives telles que les saveurs astringentes (des airelles ou du thé), les saveurs brûlantes (des piments ou du gingembre) et diverses saveurs de graisse, d'amidon ou de métal pour n'en citer que quelques-unes. Enfin, en mélangeant différentes substances chimiques, on peut produire des sensations gustatives totalement nouvelles. Ajoutons qu'aux faibles concentrations, les réponses de protection suscitées par des goûts aversifs peuvent être surmontées et faire place à des goûts acquis pour diverses substances acides (comme les citrons) ou amères (comme la quinine).

Bien que les différentes qualités gustatives soient détectées par la totalité de la surface de la langue, il existe des différences de seuil selon les régions (Figure 15.16B). Ces discontinuités dans la sensibilité gustative peuvent être en relation avec les propriétés esthétiques, métaboliques ou potentiellement toxiques détectées par les récepteurs gustatifs de la langue. Le bout de la langue répond préférentiellement aux composés sucrés, salés ou umami qui tous s'accompagnent de perceptions agréables à des concentrations tant soit peu élevées. Les messages gustatifs issus de cette région, point de contact initial avec la plupart des aliments ingérés, vont donc déclencher des comportements actifs de prise de nourriture tels que mouvements de la bouche, sécrétion de salive, libération d'insuline et déglutition. L'ingestion d'aliments riches en hydrates de carbone et en acides aminés est bénéfique (à condition de rester modérée) et il n'est donc pas surprenant que la région la plus exposée de la langue soit particulièrement sensible à ces saveurs et qu'elle favorise ainsi la prise des aliments qui en sont dotés.

Par contre, la sensibilité à l'amer et à l'acide est la plus faible à la pointe de la langue et elle prédomine sur les côtés et dans la région postérieure. Il semble raisonnable qu'une fois analysée la valeur nutritive, la surface de la langue évalue des propriétés hédoniques comme l'acidité ou l'amertume qui peuvent indiquer un manque de palatabilité (acidité excessive) ou même un caractère toxique (amertume). Les composés acides provoquent des grimaces, des plissements des lèvres et une sécrétion massive de salive qui dilue la substance en cause. L'excitation de l'arrière de la langue par des substances amères déclenche une protrusion de la langue et d'autres réactions de protection (expectoration et réflexes nauséeux) qui empêchent l'ingestion.

Chacune des cinq saveurs primaires représentées à la surface de la langue correspond à des classes distinctes de molécules réceptrices exprimées dans des sous-ensembles de cellules gustatives (voir la section suivante). Ainsi les catégories de la perception gustative et leur représentation dans les bourgeons du goût sont en étroite relation avec la biologie moléculaire de la transduction gustative. Ces catégories gustatives persistent dans la représentation des informations gustatives au niveau du système nerveux central, y compris dans celle du cortex gustatif insulaire (voir Figure 15.15C). La carto-

Figure 15.17

Bourgeons du goût, cellules gustatives et transduction gustative. (A) Schéma et microphotographie optique d'un bourgeon du goût, montrant les divers types de cellules gustatives et les filets nerveux gustatifs qui leur sont associés. La surface apicale des récepteurs a des microvillosités orientées vers le pore gustatif. (B) Composantes de base de la transduction sensorielle des cellules gustatives. Les cellules gustatives sont des cellules épithéliales polarisées, avec un domaine apical et un domaine basal séparés par des jonctions serrées. Les canaux de transduction du salé et de l'acide ainsi que les récepteurs couplés aux protéines G qui assurent la transduction du sucré, des acides aminés et de l'amer, ne se trouvent que dans le domaine apical. Les composantes de la signalisation intracellulaire qui sont couplées aux molécules réceptrices des substances sapides (protéines G et seconds messagers apparentés) sont, elles aussi, particulièrement abondantes dans le domaine apical. Dans le domaine basolatéral se trouvent les canaux Na$^+$, K$^+$ et Ca^{2+} activés par le voltage, qui interviennent dans la libération du neurotransmetteur à partir des spécialisations présynaptiques de la base de la cellule sur les terminaisons des neurones sensitifs primaires ; c'est là aussi que se trouve le réticulum endoplasmique qui module la concentration du Ca^{2+} intracellulaire et contribue ainsi à la libération du neurotransmetteur. Dans les cellules gustatives, on rencontre notamment la sérotonine comme neurotransmetteur et les terminaisons des neurones sensitifs primaires contiennent des récepteurs de la sérotonine. Enfin, le canal TRPM$_5$, qui facilite la dépolarisation induite par les récepteurs couplés aux protéines G, est exprimé dans les cellules gustatives. On ne sait pas, pour l'instant, s'il se situe dans le domaine apical ou basal. (Microphotographie d'après Ross et al., 1995.)

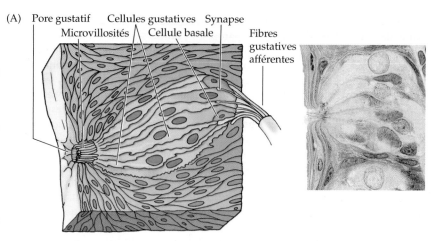

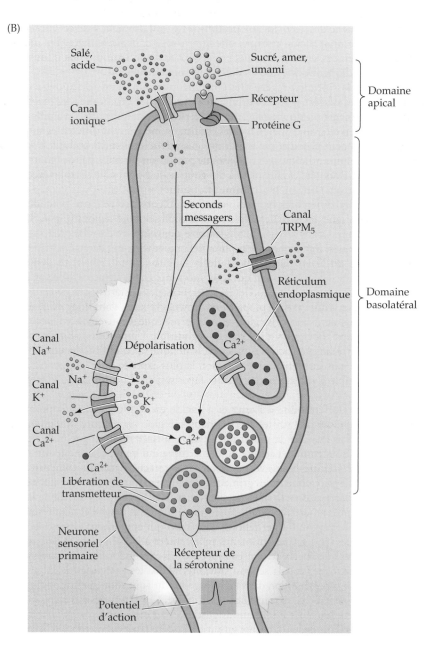

graphie chez des sujets humains normaux des réponses au sucré, à l'amer, au salé, à l'acide et à l'umami montre que chacune de ces saveurs déclenche une activité focalisée du cortex gustatif, ce qui semble indiquer que les informations relatives à ces catégories de saveurs continuent d'être traitées de façon plus ou moins séparée aux différents niveaux du système olfactif.

Comme pour l'olfaction, la sensibilité gustative diminue avec l'âge. Preuve en est que les adultes ont davantage tendance que les enfants à rajouter du sel et des épices à leur nourriture. Cette diminution de la sensibilité au sel peut entraîner des conséquences néfastes pour les personnes âgées qui ont des problèmes d'hypertension ou d'équilibre hydrominéral. Malheureusement, on n'a pas encore trouvé de substitut sûr et efficace du NaCl.

Bourgeons du goût, cellules gustatives, protéines réceptrices et transduction

Les étapes initiales de la transduction chimiosensorielle ont lieu dans les bourgeons du goût. Chez l'homme, on compte approximativement 4 000 bourgeons du goût, répartis dans toute la cavité buccale et dans la partie supérieure du canal alimentaire. Les bourgeons du goût sont constitués de cellules réceptrices neuroépithéliales, les **cellules gustatives**, de quelques cellules de soutien et occasionnellement de **cellules basales**. Les bourgeons du goût sont principalement situés dans les papilles gustatives, réparties sur toute la surface de la langue ainsi que sur le palais, l'épiglotte et l'œsophage (voir Figure 15.16). Les cellules gustatives se regroupent autour du **pore gustatif**, orifice d'un bourgeon du goût, d'environ 1 mm, situé près de la surface de la langue (Figure 15.17A); c'est dans cet espace relativement limité que les substances sapides dissoutes et plus concentrées entrent en contact avec les cellules sensorielles réceptrices. Comme pour les neurones récepteurs olfactifs (et sans doute pour les mêmes raisons, notamment l'exposition à des agents infectieux et à des toxines ambiantes), la durée de vie des cellules gustatives n'est que de deux semaines environ. Elles semblent se régénérer à partir des cellules basales, qui constituent une population locale de cellules souches subsistant dans la langue au terme de son développement.

Les cellules gustatives sont les seules à être spécialisées pour la transduction sensorielle des saveurs; leur structure et leur fonction sont fondamentalement les mêmes dans les bourgeons du goût de toutes les catégories de papilles. Les cellules gustatives de chaque bourgeon du goût ont un domaine apical et un domaine basal distincts l'un de l'autre, ce qui traduit leur caractère épithélial. La transduction chimiosensorielle commence dans le domaine apical alors que c'est dans le domaine basal que des potentiels de récepteurs gradués (et la sécrétion correspondante de neurotransmetteurs) donnent naissance aux signaux électriques (Figure 15.17B). On n'est pas sûr de l'identité des neurotransmetteurs spécifiques libérés par les cellules gustatives, mais on pense qu'ils comprennent la sérotonine et l'ATP. Les protéines réceptrices des saveurs et les molécules signaux qui les accompagnent sont, comme dans les neurones récepteurs olfactifs, concentrées dans les microvillosités qui émergent de la surface apicale des cellules gustatives. Le domaine basal, pour sa part, comporte des spécialisations sécrétoires qui s'articulent synaptiquement avec les terminaisons des axones afférents primaires des branches de trois nerfs crâniens: le nerf facial (VII), le glosso-pharyngien (IX) et le vague (X) (voir Figure 15.15A).

Aux grandes catégories de saveurs, le salé, le sucré, l'acide et l'amer et l'umami, correspondent cinq classes de récepteurs gustatifs. Ces récepteurs sont situés dans les microvillosités apicales des cellules gustatives. Les saveurs salées et acides sont essentiellement le fait de stimulus ionisés tels que les ions à charge positive des sels (comme le Na^+ du NaCl) ou le H^+ des acides (l'acide acétique, par exemple, qui donne son goût au vinaigre). La transduction sensorielle que déclenchent les ions des substances salées et acides fait intervenir des canaux ioniques spécifiques, selon toute vraisemblance le canal Na^+ sensible à l'amiloride pour le salé (Figure 15.18A) et pour l'acide un canal cationique non sélectif, sensible au H^+, appartenant à la famille des canaux à potentiel de récepteur transitoire dits canaux TRP (Figures 15.18B). Ce dernier canal est semblable à la protéine-canal qui est mutée dans la maladie rénale polycystique (PKD pour *P*olycystic *K*idney *D*isease) d'où le nom de PKD qu'on lui donne.

Figure 15.18

Mécanismes moléculaires de la transduction gustative par des canaux ioniques et des récepteurs couplés aux protéines G. (A) Le canal Na$^+$ sensible à l'amiloride, canal sélectif pour les cations, assure spécifiquement la transduction du salé. (B) La transduction de l'acide met en jeu un canal cationique non sélectif, perméable au H$^+$, membre de la famille de canaux à potentiel de récepteur transitoire (TRP). Dans ces deux cas, c'est un courant positif empruntant le canal cationique qui provoque la dépolarisation de la cellule. (C–E) La transduction du sucré, de l'umami (acides aminés) et de l'amer fait appel à différentes catégories de récepteurs couplés aux protéines G. (C) La transduction du sucré est opérée par les complexes hétéromériques des récepteurs T1R2 et T1R3, selon un processus dépendant de l'IP$_3$ où intervient la PLCβ$_2$, qui mène à l'activation du canal calcique TRPM$_5$. (D) Dans le cas des acides aminés, la transduction met en jeu les complexes hétéromériques des récepteurs T1R1 et T1R3 et le même processus dépendant de la PLCβ$_2$, de l'IP$_3$ et de TRPM$_5$. (E) La transduction des saveurs amères fait intervenir un autre groupe de récepteurs couplés aux protéines G, les récepteurs T2R. Ces récepteurs ne sont pas connus dans le détail ; apparemment, ils sont associés à la gustducine, une protéine G propre aux cellules gustatives, mais qui est absente des cellules gustatives exprimant les récepteurs du sucré et des aminoacides. Pour le reste, la dépolarisation induite par la transduction des stimulus amers résulte du même processus dépendant de la PLCβ$_2$, de l'IP$_3$ et de TRPM$_5$, qui est à l'œuvre pour les saveurs sucrées et les acides aminés.

(A) Salé

(B) Acide

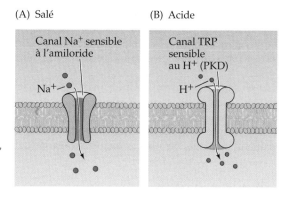

(C) Sucré

(D) Acides aminés (umami)

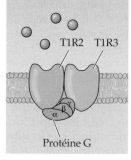
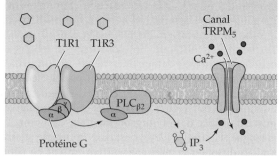

(E) Amer

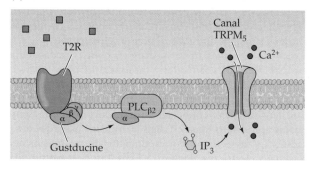

Le récepteur de l'acide est exprimé dans un sous-ensemble particulier de cellules gustatives, de même que sont exprimées séparément les unes des autres les protéines réceptrices du sucré, de l'umami et de l'amer (voir ci-dessous). Les potentiels de récepteur déclenchés par le courant entrant positif porté par le Na$^+$ dans le cas du salé ou par le H$^+$ dans le cas de l'acide dépolarisent directement la cellule gustative concernée. Cette dépolarisation initiale active des canaux Na$^+$ sensibles au voltage, situés sur le domaine basolatéral de la cellule. La dépolarisation supplémentaire qui s'ensuit, active des canaux Ca$^+$ activés par le voltage, provoquant ainsi la libération de neurotransmetteur par la région basale de la cellule et le déclenchement de potentiels d'action dans les terminaisons des neurones sensitifs primaires (Figure 15.17B).

Chez l'homme et chez d'autres mammifères, les récepteurs du sucré et des acides aminés (umami) sont des récepteurs hétéromériques couplés aux protéines G, qui ont en commun une sous-unité réceptrice à sept domaines transmembranaires appelée T1R3 associée soit au récepteur T1R2, à sept domaines transmembranaires, pour la perception du sucré, soit au récepteur T1R1 pour la perception des acides aminés (Figure 15.18C, D). Les récepteurs T1R2 et T1R1 sont exprimés dans des sous-ensembles différents de cellules gustatives, ce qui indique qu'il y a, dans les bourgeons du goût, des cellules présentant respectivement une sensibilité sélective au sucré et aux acides aminés. Lorsqu'ils se lient aux sucres ou à des stimulus sucrés, les hétéro-dimères récepteurs T1R2/T1R3 déclenchent une cascade de transduction où intervient une protéine G ; cette transduction du signal provoque l'activation d'une isoforme de la phospholipase C, la PLC$_{\beta 2}$, d'où une augmentation de la concentration d'inositol triphosphate (IP$_3$) et l'ouverture de canaux calciques TRP (du canal TRPM$_5$ pour être précis), entraînant, du fait de l'augmentation du calcium intracellulaire, la dépolarisation de la cellule gustative. De même, le récepteur T1R1/T1R3 est plus ou moins sensible aux 20 L-aminoacides standard que l'on trouve dans les protéines (mais non à leurs énantiomères, les D-aminoacides). La transduction, par le récepteur T1R1/T1R3, du signal que constituent les acides aminés est le résultat d'une signalisation intracellulaire faisant intervenir une protéine G, qui conduit à l'activation du canal TRPM$_5$ par la PLC$_{\beta 2}$ et à la dépolarisation de la cellule gustative (voir Figure 15.18D).

La transduction des saveurs amères est effectuée par une autre famille de récepteurs couplés aux protéines G, les récepteurs T2R. Il existe une trentaine de sous-types de T2R qui sont codés par 30 gènes chez l'homme et d'autres mammifères. Les cellules gustatives expriment chacune de nombreux sous-types de ces récepteurs (Figure 15.19). Il se trouve que, chez l'homme, existe une mutation bien connue qui affecte la perception d'une substance amère particulière, la phénylthiocarbamide (PTC). Découverte au début des années 1930 et identifiée peu après comme un caractère mendélien simple, cette mutation s'est révélée porter sur un gène TR2 humain. Le fait que la mutation d'un seul gène affecte sélectivement la perception d'une saveur amère indique que les saveurs de cette catégorie forment une classe à part, encodée spécifiquement par les cellules gustatives. La distribution des récepteurs T2R parmi les cellules gustatives corrobore ce point de vue. Les récepteurs T2R ne sont pas exprimés dans les mêmes cellules gustatives que les récepteurs T1R1, T1R2 et T1R3. Il est donc vraisemblable que les cellules réceptrices des saveurs amères sont totalement distinctes des cellules réceptrices du sucré et de l'umami, qui ont en commun au moins une sous-unité réceptrice hétérodimérique couplée aux protéines G.

Dans la transduction des stimulus amers, les mécanismes sont semblables à ceux de la transduction des saveurs sucrées et des acides aminés. Cependant, les cellules gustatives qui expriment les récepteurs T2R sont pratiquement les seules à contenir de la **gustducine**, une protéine G propre aux cellules gustatives et qui semble bien contribuer à la transduction des saveurs amères (Figure 15.18E). Le rôle de la gustducine par rapport au rôle des autres protéines G dans la transduction des saveurs sucrées et umami demande à être tiré au clair. Les dernières étapes sont les mêmes que pour le sucré et les acides aminés : l'activation des canaux TRPM$_5$ par la PLC$_{\beta 2}$ dépolarise la cellule gustative, entraînant une libération de neurotransmetteur à la synapse entre la cellule gustative et l'axone du neurone sensitif primaire.

Le codage gustatif

Le terme de **codage gustatif** désigne la façon dont les informations sur la nature, la concentration et la valeur hédonique des substances sapides sont représentées par les patterns de potentiels d'action transmis au cerveau. Les neurones du système gustatif, ou de tout autre système sensoriel, peuvent avoir une sensibilité préférentielle qui les fait répondre avec un changement maximal de leur activité électrique à un stimulus sapide particulier. Une telle sensibilité préférentielle pourrait être fondée sur une spécificité des cellules réceptrices ainsi que sur la préservation de canaux séparés pour transmettre l'information de la périphérie au cerveau. Cette forme de codage est ce que l'on appelle un **codage par lignes dédiées**, vu que les réponses de cellules spécifiques correspondent à des stimulus distincts. L'expression dans des catégories différentes de cellules gustatives, des récepteurs du sucré, des acides aminés et de l'amer (voir Figure 15.18), et la préservation, dans le cortex insulaire (voir Figure 15.15C), d'une activité focalisée pour chaque classe de saveurs est conforme à un codage par lignes dédiées.

Des expériences de génétique moléculaire sur la souris indiquent que les cinq catégories de saveurs ont pour base la nature des récepteurs T1R et T2R (ou, des canaux amiloride/Na$^+$ pour le salé et PKD/TRP pour l'acide) exprimés dans des cellules gustatives individuelles. Les premières données en ce sens ont été obtenues chez des souris dont on avait inactivé les gènes qui déterminent les récepteurs hétéromériques du sucré (T1R2) ou des acides aminés (T1R1). Ces animaux ne présentent plus de réponses comportementales à une grande variété de stimulus sucrés ou de la catégorie des acides aminés, selon le gène inactivé. De plus, des enregistrements électrophysiologiques des branches des nerfs VII, IX et X montrent une disparition des potentiels d'action en réponse à des substances sucrées ou à des acides aminés, disparition parallèle à la mutation génétique et aux modifications du comportement. Enfin, ces déficits de transduction et de perception sont observés sur une large gamme de concentrations, ce qui indique une spécificité très rigide de chaque type de récepteur, les concentrations élevées de sucres ou d'aminoacides ne parvenant pas à évoquer une réponse des autres récepteurs.

Ces constatations suggèrent que la transduction et la perception du sucré et des acides aminés dépendent de lignes dédiées depuis la périphérie. Les saveurs amères ont été plus difficiles à analyser à cause du grand nombre de récepteurs T2R de l'amer. Charles Zuker, Nicholas Ryba et leurs collègues ont tiré parti du fait que certains processus de la transduction intracellulaire du signal sont communs au sucré, aux acides aminés et à l'amer. Si donc on inactive les gènes du canal TRPM$_5$ ou de la PLC$_{\beta2}$, on abolit les réponses physiologiques et comportementales aux trois saveurs précitées (Figure 15.19), tandis qu'est maintenue la perception du salé et de l'acide (qui ne fait pas appel à un mécanisme de transduction couplé aux protéines G et exigeant l'intervention de la PLC$_{\beta2}$). Pour déterminer si les cellules gustatives qui expriment des récepteurs de la famille T2R constituent une ligne dédiée pour les saveurs amères, on a fait réexprimer la PLC$_{\beta2}$ de façon sélective par les cellules gustatives exprimant les T2R, chez des souris mutantes pour le gène *PLC$_{\beta2}$*. Chez ces souris, seules les cellules gustatives qui normalement expriment les récepteurs T2R sont capables d'opérer la transduction des signaux. Si ces récepteurs codent spécifiquement et uniquement les saveurs amères, les souris « rescapées » (c'est-à-dire celles qui réexpriment la PLC$_{\beta2}$ dans les cellules à T2R) devront retrouver des niveaux normaux de réponses perceptives et physiologiques aux saveurs amères, mais non aux saveurs sucrées ou aux acides aminés. Et c'est bien ce que les résultats de l'expérience ont montré (voir Figure 15.19). Il est donc clair, si l'on en juge par la perception gustative, par l'activité électrophysiologique concomitante des nerfs périphériques et par les réponses comportementales, que le sucré, l'umami et l'amer sont codés par des protéines réceptrices exprimées de façon exclusive dans des sous-ensembles de cellules gustatives. La spécificité et la ségrégation des cellules réceptrices au niveau périphérique peuvent donc être considérées comme établissant des lignes dédiées qui relaient des informations sur l'identité

Figure 15.19

La spécificité du codage périphérique du goût : un argument en faveur de l'hypothèse des lignes dédiées. (A–C) Les récepteurs du sucré (A) des aminoacides (B) et de l'amer sont exprimés dans des sous-groupes différents de cellules gustatives. (D–E) Le gène du canal TRPM$_5$ peut être inactivé (*knocked-out*) chez des souris (*TRPM$_5$$^{-/-}$*) dont les réponses comportementales seront évaluées par une épreuve de préférence gustative. Les souris peuvent obtenir du liquide de deux tubes, l'un délivrant de l'eau pure, l'autre de l'eau additionnée d'une substance sapide ; la fréquence relative avec laquelle elles lèchent l'extrémité de chaque tube constitue la mesure comportementale de leur préférence. Les saveurs agréables, telles que le sucré (sucrose ; D) ou l'umami (glutamate ; E), sont préférées à l'eau pure par les souris contrôles qui lèchent plus fréquemment le tube qui les distribue, et ceci d'autant plus que leur concentration est plus élevée (courbes bleues). Chez les souris *TRPM$_5$$^{-/-}$*, cette préférence disparaît à toutes les concentrations (courbes rouges). (F) Si l'eau est additionnée d'une substance amère, comme la quinine, les souris contrôles préfèrent l'eau pure. Cette préférence, initialement faible, s'accentue quand on augmente la concentration de la quinine (courbe bleue). L'inactivation de *TRPM$_5$* élimine cette réponse comportementale quelle que soit la concentration (courbe rouge). (G–I) Lorsque le gène *PLC$_{\beta2}$* est inactivé, les réponses comportementales au sucrose (G), au glutamate (H) et à la quinine (I) sont éliminées (courbes rouges). Si le gène *PLC$_{\beta2}$* est réexprimé, mais seulement dans les cellules gustatives exprimant T2R, les souris ainsi rescapées ne récupèrent pas leurs réponses comportementales au sucrose et au glutamate (courbes en pointillés verts en G et H) ; par contre, leurs réponses à la quinine retrouvent le niveau normal (comparer, en I, la courbe bleue et la courbe en pointillés verts). (D'après Zhang et al., 2003.)

des cinq saveurs primaires jusqu'au système nerveux central, où cette ségrégation sera préservée (voir également la figure 15.15C). Étant donné la précision avec laquelle ces cinq saveurs sont distinguées les unes des autres, il paraît vraisemblable que la netteté perceptive mise en place par les récepteurs périphériques est maintenue par les représentations centrales et qu'elle sert à guider les comportements de prise alimentaire (pour le sucré, le salé et l'umami) ou de rejet (pour l'acide ou l'amer).

La chémoception trigéminale

Le troisième des principaux systèmes chimiosensoriels est le système chémosensible trigéminal. Il comprend essentiellement des neurones nociceptifs polymodaux dont les fibres empruntent le trijumeau (nerf V), mais aussi, en proportion plus faible, des neurones nociceptifs dont les axones empruntent les nerfs glossopharyngien et vague (nerfs IX et X). On peut donc considérer ce système, et tout particulièrement le système nociceptif trigéminal, comme une composante spécialisée des voies de la sensibilité thermique et nociceptive de la tête et du cou (voir Chapitre 10). Dans le

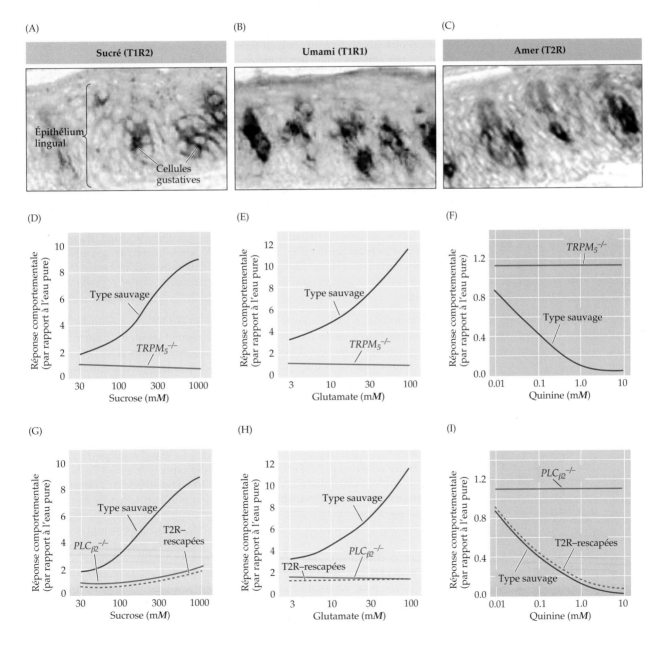

système nociceptif trigéminal, les nocicepteurs polymodaux sensibles aux substances irritantes alertent l'organisme sur la nocivité potentielle de stimulus chimiques à forte concentration ambiante, respirés ou entrés en contact avec le visage. Les terminaisons des neurones récepteurs périphériques sont typiquement activées par des concentrations relativement élevées de substances chimiques, classées comme irritantes, entrant en contact direct avec les muqueuses de la tête, au niveau notamment de la bouche, du nez et des yeux. Ces stimulus comprennent notamment les polluants atmosphériques (dioxyde de soufre), l'ammoniac (sels à respirer), l'éthanol (alcool), l'acide acétique (vinaigre), le dioxyde de carbone (boissons gazeuses), le menthol (utilisé pour dégager les voies respiratoires), et la capsaïcine, substance présente dans les piments et qui provoque une sensation de brûlure (voir Encadré 10A). Les récepteurs des irritants sont essentiellement situés sur les ramifications terminales des neurones récepteurs polymodaux, comme il a été dit au chapitre 10 à propos du système de la sensibilité nociceptive et thermique. À l'exception de la capsaïcine et des acides, qui activent des canaux cationiques TRP, on sait peu de chose sur les mécanismes de transduction des stimulus irritants ou sur les traitements centraux dont ils font l'objet. Ces différentes catégories de substances irritantes donnent lieu à des perceptions gustatives et olfactives, mais les concentrations liminaires auxquelles elles sont détectées par les chémocepteurs trigéminaux sont généralement très supérieures à celles qu'exigent les récepteurs olfactifs ou gustatifs et il est probable que la majorité d'entre elles mettent en jeu des mécanismes cellulaires et moléculaires de transduction propres au système chémosensible trigéminal.

Dans le système trigéminal, les informations chimiosensorielles en provenance du visage, du cuir chevelu, de la cornée et des muqueuses des cavités buccale et nasale sont transmises par les trois principales branches sensitives du nerf V, les branches ophtalmique, maxillaire et mandibulaire, qui se terminent dans le noyau trigéminal spinal. Ce dernier relaie les informations vers le noyau ventro-postéro-médian du thalamus et, de là, vers le cortex somesthésique et les autres aires corticales participant au traitement de la douleur et de l'irritation de la face (voir Chapitre 10). Le système chémosensible trigéminal déclenche diverses réponses physiologiques à la suite d'une exposition aux substances irritantes : salivation accentuée, vasodilatation, pleurs, sécrétion nasale, sudation, diminution du rythme respiratoire, constriction des bronches. Voyez ce qui se passe après ingestion de capsaïcine (voir Encadré 10A). Il s'agit généralement de réactions protectrices. Elles diluent le stimulus (pleurs, salive, sueur) et empêchent l'inhalation d'une plus grande quantité de substance irritante.

Résumé

Les sens chimiques – l'olfaction, le goût et la chimiosensibilité trigéminale – contribuent à la perception de molécules d'origine variée, solubles ou en suspension dans l'air. Leurs messages sont, chez l'homme et chez les autres mammifères, à l'origine de divers comportements tels que l'attraction, l'évitement, la reproduction, la prise de nourriture, l'évitement de dangers potentiels. Les neurones récepteurs de l'épithélium olfactif opèrent la transduction des stimulus chimiques en stimulant une grande famille de récepteurs couplés aux protéines G qui, par l'intermédiaire de seconds messagers provoquent l'ouverture de canaux cationiques. Ces événements donnent naissance aux potentiels de récepteur des neurones olfactifs et, finalement, à l'émission de potentiels d'action propagés par leurs axones. Le grand nombre de molécules réceptrices des odorants présentes dans la plupart des espèces animales explique vraisemblablement leur sensibilité aux dizaines de milliers d'odeurs qu'elles discriminent. Les récepteurs gustatifs, en revanche, mettent en jeu plusieurs sortes de mécanismes pour effectuer la transduction d'un nombre plus restreint de stimulus chimiques. Il y a cinq catégories perceptives de saveurs : le salé, l'acide, le sucré, l'umami (acides aminés) et l'amer ; chacune est codée par des cellules réceptrices qui expriment des protéines réceptrices distinctes. Les sels et les acides (protons) activent directement deux canaux ioniques différents et il existe des ensembles spécifiques de récepteurs couplés aux protéines G pour les saveurs sucrées, umami et amères. Le système chémosensible trigéminal opère la transduction des stimulus irritants au niveau des terminaisons nerveuses libres présentes dans les muqueuses de la face, qui sont à bien des égards semblables à celles qui codent les informations thermiques et nociceptives dans la surface cutanée du reste du corps. Les messages olfactifs, gustatifs et ceux de la chémosensibilité trigéminale sont transmis au système nerveux central par des voies spécifiques. Dans le système olfactif, les neurones récepteurs projettent directement sur le bulbe olfactif ; dans le système gustatif, les messages sont transmis par les neurones des ganglions sensitifs des nerfs crâniens au noyau du faisceau solitaire du tronc cérébral. Dans le système chémosensible trigéminal, les informations transmises par les neurones du ganglion de Gasser projettent sur le noyau trigéminal spinal. À leur tour, ces structures relaient ces informations, par l'intermédiaire du thalamus, vers des aires spécifiques du néocortex, dans les lobes temporaux et frontaux, où elles font l'objet de traitements qui font naître quelques-uns des plaisirs les plus sublimes.

Lectures complémentaires

Revues

AXEL, R. (2005), Scents and sensibility : A molecular logic of olfactory perception (Nobel lecture). *Angew. Chem.*, Int. Ed. (English), **44**, 6110-6127.

BUCK, L.B. (2000), The molecular architecture of odor and pheromone sensing in mammals. *Cell*, **100**, 611-618.

HERNESS, M.S. et T.A. GILBERTSON (1999), Cellular mechanisms of taste transduction. *Annu. Rev. Physiol.*, **61**, 873-900.

HILDEBRAND, J.G. et G.M. SHEPHERD (1997), Mechanisms of olfactory discrimination : Converging evidence for common principles across phyla. *Annu. Rev. Neurosci.*, **20**, 595-631.

LINDEMANN, B. (1996), Taste reception. *Physiol. Rev.*, **76**, 719-766.

MOMBAERTS, P. (2004), Genes and ligands for odorant, vomeronasal and taste receptors. *Nat. Rev. Neurosci.*, **5**, 263-278.

SCOTT, K. (2004), The sweet and the bitter of mammalian taste. *Curr. Opin. Neurobiol.*, **14**, 423-427.

ZUFALL, F. et T. LEINDERS-ZUTALL (2000), The cellular and molecular basis of odor adaptation. *Chem. Senses*, **25**, 473-481.

Articles originaux importants

ADLER, E., M.A. HOON, K.L. MUELLER, J. CHRANDRASHEKAR, N.J.P. RYBA et C.S. ZUCKER (2000), A novel family of mammalian taste receptors. *Cell*, **100**, 693-702.

ASTIC, L. et D. SAUCIER (1986), Analysis of the topographical organization of olfactory epithelium projections in the rat. *Brain Res. Bull.*, **16**, 455-462.

AVANET, P. et B. LINDEMANN (1988), Amiloride-blockable sodium currents in isolated taste receptor cells. *J. Membrane Biol.*, **105**, 245-255.

BOZZA, T., P. FEINSTEIN, C. ZHENG et P. MOMBAERTS (2002), Odorant receptor expression defines functional units in the mouse olfactory system. *J. Neurosci.*, **22**, 3033-3043.

BUCK, L. et R. AXEL (1991), A novel multigene family may encode odorant receptors : a molecular basis for odor recognition. *Cell*, **65**, 175-187.

CATERINA M.J. et 8 autres (2000), Impaired nociception and pain sensation in mice lacking the capsaicin receptor. *Science*, **288**, 306-313.

CHAUDHARI, N., A.M. LANDIN et S.D. ROPER (2000), A metabotropic glutamate receptor variant functions as a taste receptor. *Nature Neurosci.*, **3**, 113-119.

GRAZIADEI, P.P.C. et G.A. MONTI-GRAZIADEI (1980), Neurogenesis and neuron regeneration in the olfactory system of mammals. III. Deafferentation and reinnervation of the olfactory bulb following section of the fila olfactoria in rat. *J. Neurocytol.*, **9**, 145-162.

KAY, L.M. et G. LAURENT (2000), Odor- and context-dependent modulation of mitral cell activity in behaving rats. *Nature Neurosci.*, **2**, 1003-1009.

LIN, D.Y., S.D. SHEA et L.D. KATZ (2006), Representation of natural stimuli in the rodent main olfactory bulb. *Neuron*, **50**, 937-949.

MALNIC, B., J. HIRONO, T. SATO et L.B. BUCK (1999), Combinatorial receptor codes for odors. *Cell*, **96**, 713-723.

MOMBAERTS, P. et 7 autres (1996), Visualizing an olfactory sensory map. *Cell*, **87**, 675-686.

NELSON, G., M.A. HOON, J. CHANDRASHEKAR, Y. ZHANG, N.J.P. RYBA et C.S. ZUKER (2001), Mammalian sweet taste receptors. *Cell*, **87**, 675-686.

NELSON, G. et 6 autres (2002), An amino-acid taste receptor. *Nature*, **416**, 199-202.

VASSAR, R., S.K. CHAO, R. SITCHERAN, J.M. NUNEZ, L.B. VOSSHALL et R. AXEL (1994), Topographic organization of sensory projections to the olfactory bulb. *Cell*, **79**, 981-991.

WONG, G.T., K.S. GANNON et R.F. MARGOLSKEE (1996), Transduction of bitter and sweet taste by gustducin. *Nature*, **381**, 796-800.

ZHANG, Y. et 7 autres (2003), Coding of sweet, bitter, and umami taste : Different receptor cells sharing similar signaling pathways. *Cell*, **112**, 293-301.

ZHAO, G.Q. et 6 autres (2003), The receptors for mammalian sweet and umami taste. *Cell*, **115**, 255-266.

Ouvrages

BARLOW, H.B. et J.D. MOLLON (1989), *The Senses*. Cambridge, Cambridge University Press, Chapitres 17, 18 et 19.

DOTY, R.L. (ED.) (1995), *Handbook of Olfaction and Gustation*, New York, Marcel Dekker.

FARBMAN, A.I. (1992), *Cell Biology of Olfaction*. New York, Cambridge University Press.

GETCHELL, T.V., L.M. BARTOSHUK, R.L. DOTY et J.B. SNOW, JR. (1991), *Smell and Taste in Health and Disease*. New York, Raven Press.

LA MOTRICITÉ
ET SON CONTRÔLE CENTRAL III

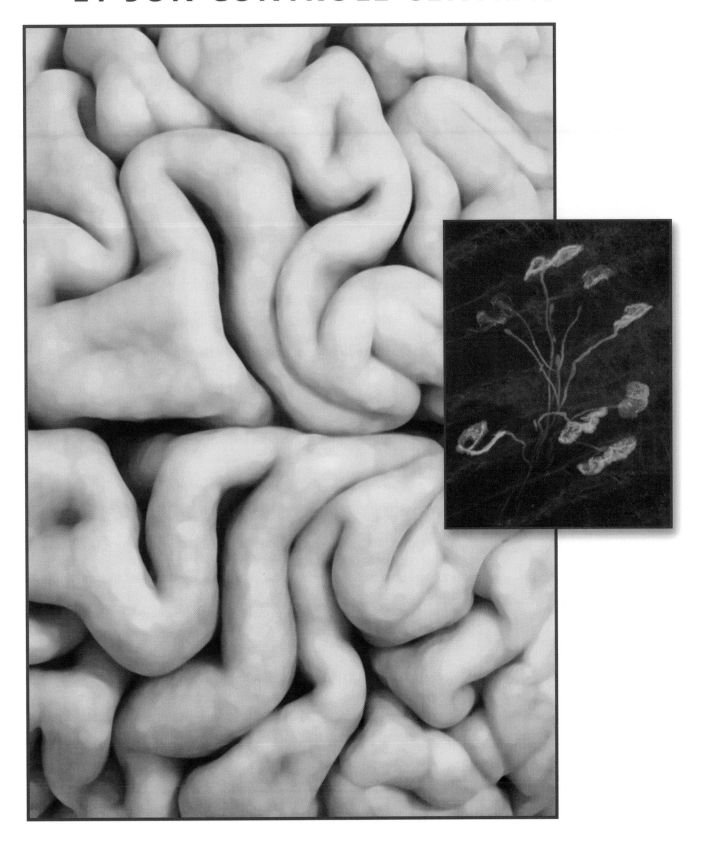

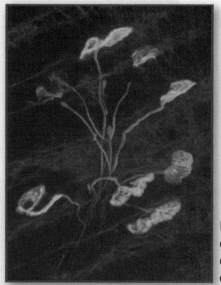

Photographie en microscopie à fluorescence montrant des fibres motrices (en vert) et des jonctions neurosmusculaires (en orange) de souris transgéniques à qui l'on fait exprimer par génie génétique des protéines fluorescentes. (Gracieusement communiqué par Bill Snider et Jeff Lichtman.)

Les mouvements, qu'ils soient conscients ou inconscients, sont produits par des contractions musculaires dont les patterns temporels et spatiaux sont orchestrés par le cerveau et par la moelle épinière. Il est indispensable d'analyser les circuits qui les sous-tendent si l'on veut comprendre aussi bien les comportements normaux que l'étiologie de divers troubles neurologiques. Cette partie examine les circuits de la moelle épinière et du tronc cérébral qui sont à la base des réflexes élémentaires ainsi que ceux qui organisent les patterns d'activité neurale responsables d'actes moteurs plus complexes. En dernier ressort, tous les mouvements sont provoqués par des motoneurones de la moelle épinière ou du tronc cérébral innervant directement les muscles squelettiques (l'innervation des muscles lisses des viscères fait l'objet d'une organisation à part et dépend des différentes composantes du système nerveux végétatif).

Les motoneurones sont contrôlés directement par des circuits locaux de la moelle épinière et du tronc cérébral qui coordonnent les groupes musculaires individuels, mais aussi indirectement par les neurones moteurs des centres supérieurs qui régulent ces circuits locaux et, ainsi, activent et coordonnent des séquences complexes de mouvements et garantissent une activité végétative adéquate aux exigences comportementales du moment. En régulant les neurones moteurs corticaux, les circuits des ganglions de la base et du cervelet facilitent le démarrage et l'exécution des mouvements avec la précision temporelle et spatiale requise.

Les troubles moteurs constituent souvent le signe d'une atteinte cérébrale. Pour n'en donner qu'un exemple, des troubles neuro-dégénératifs aussi importants en clinique que la maladie de Parkinson, la maladie de Huntington et la sclérose latérale amyotrophique ont tous pour cause l'altération pathologique d'éléments spécifiques du système moteur. Il est donc essentiel d'avoir une bonne connaissance des différents niveaux du contrôle moteur pour pouvoir comprendre, diagnostiquer et traiter ces différentes maladies.

chapitre **16**

Les motoneurones et le contrôle moteur

Vue d'ensemble

La contraction des muscles squelettiques (striés) est déclenchée par les motoneurones de la moelle épinière et du tronc cérébral. Ces motoneurones (appelés motoneurones α) ont leur corps cellulaire dans la corne ventrale de la substance grise de la moelle ou dans les noyaux moteurs des nerfs crâniens du tronc cérébral. Leurs axones gagnent directement les muscles squelettiques en empruntant les racines ventrales et les nerfs périphériques (ou les nerfs crâniens pour les fibres originaires du tronc cérébral). Leur activité s'exprime selon des patterns temporels et spatiaux régis en premier lieu par des circuits locaux situés au sein de la moelle épinière ou du tronc cérébral. Les neurones de circuits locaux reçoivent des afférences directes de la part des neurones sensoriels et interviennent dans les réflexes sensorimoteurs ; ils entretiennent également des interconnexions précises leur permettant de coordonner un répertoire étendu de comportements rythmiques et stéréotypés. Des voies issues des centres supérieurs influencent ces circuits locaux et modulent ainsi l'activité des motoneurones α. Les neurones qui sont à l'origine de ces voies descendantes ont leur corps cellulaire dans le cortex, qui régit l'exécution des mouvements volontaires, ou dans des centres du tronc cérébral tels que le noyau vestibulaire, le colliculus supérieur ou la formation réticulaire. Leurs axones s'articulent avec les neurones des circuits locaux de la moelle et du tronc, dont les axones relativement courts entrent en contact avec les combinaisons appropriées de motoneurones α. Les motoneurones α constituent donc la voie finale commune par où transitent, en direction des muscles squelettiques, des informations émanant d'une multitude de sources. Les divisions du système moteur végétatif comportent, elles aussi, des circuits comparables impliquant interneurones et motoneurones ; le chapitre 21 leur sera consacré. À cette exception près, le contrôle central du mouvement sera examiné en référence à la motricité de la musculature squelettique.

Les centres nerveux responsables du mouvement

Les circuits nerveux qui interviennent dans le contrôle du mouvement peuvent se diviser en quatre sous-systèmes, distincts mais hautement interactifs, dont chacun apporte une contribution spécifique au contrôle moteur (Figure 16.1). Le premier est représenté par les circuits de la substance grise de la moelle épinière et du tegmentum du tronc cérébral. Les cellules en cause comprennent, d'une part, les **motoneurones alpha**, dont les axones quittent le tronc cérébral et la moelle pour aller innerver respectivement les muscles squelettiques de la tête et du corps et, d'autre part, les **neurones des circuits locaux**, qui constituent la source principale des contacts synaptiques que reçoivent les motoneurones α. Toutes les commandes motrices, qu'elles soient réflexes ou volontaires, sont en dernier ressort relayées vers les muscles par l'activité des motoneurones α qui forment donc, pour reprendre les termes de Charles Sherrington, la voie finale commune de la motricité. Les neurones des circuits locaux reçoivent des afférences sensorielles ainsi que des projections descendantes des centres supérieurs ; les circuits qu'ils constituent assurent donc, entre groupes musculaires, une grande partie des coordinations réflexes indispensables aux mouvements. Si l'on déconnecte la moelle des centres cérébraux chez un animal tel que le chat, il reste

Figure 16.1

Organisation d'ensemble des structures nerveuses impliquées dans le contrôle du mouvement. Quatre systèmes distincts – les circuits locaux de la moelle épinière et du tronc cérébral, les voies modulatrices descendantes, le cervelet et les ganglions de la base – apportent chacun une contribution capitale et spécifique au contrôle moteur.

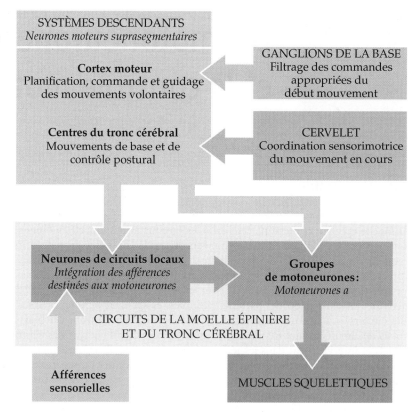

possible, par stimulation des circuits locaux spinaux, de déclencher des mouvements des membres certes involontaires, mais dont la coordination élevée rappelle la marche.

Le deuxième sous-système moteur est constitué par les neurones qui ont leur corps cellulaire dans le tronc cérébral ou le cortex. Les axones de ces **neurones moteurs suprasegmentaires** descendent s'articuler avec les neurones des circuits locaux ou, plus rarement, directement avec les motoneurones α. Les voies descendantes originaires du cortex sont essentielles pour le déclenchement des mouvements volontaires et pour les séquences de mouvements fins présentant une organisation spatio-temporelle complexe. Les projections descendantes en provenance des aires corticales frontales, notamment de l'aire 4 de Brodmann **(cortex moteur primaire)**, et de plusieurs subdivisions du **cortex prémoteur** (aire 6 de Brodmann) ont en particulier une importance majeure dans la planification, la commande et le séquencement des mouvements volontaires des membres. Il existe aussi, dans le lobe frontal, des aires jouant un rôle identique pour la motricité oculaire. On trouve en outre, dans le gyrus cingulaire antérieur, des aires corticales (l'aire 24 de Brodmann) qui contrôlent l'expression des émotions, notamment en ce qui concerne la musculature faciale. Les systèmes descendants issus du tronc cérébral sont responsables de la régulation du tonus musculaire et de l'orientation des yeux, de la tête et du corps par rapport aux informations sensorielles vestibulaires, somatiques, auditives et visuelles. Ils jouent donc un rôle capital dans les mouvements fondamentaux d'orientation du corps et dans le contrôle de la posture

Les troisième et quatrième sous-systèmes sont des circuits complexes, dont les voies efférentes n'ont pas d'accès direct aux neurones des circuits locaux ni aux motoneurones α, mais qui exercent leur contrôle sur la motricité en régulant l'activité des neurones moteurs centraux d'où sont issues les voies descendantes. Le troisième et le plus volumineux de ces sous-systèmes est le **cervelet**, qui recouvre la face dorsale du pont et le quatrième ventricule, dans la partie postérieure de l'encéphale (voir l'Appendice). Le cervelet fonctionne à la façon d'un servomécanisme : il détecte la différence, ou «erreur motrice», entre le mouvement souhaité et le mouvement effectivement exécuté (voir Chapitre 19) et réduit cet écart, aussi bien en temps réel qu'à long terme (dans ce dernier cas, il s'agit d'une forme d'apprentissage moteur). Comme on peut donc s'y attendre, les patients atteints de lésions cérébelleuses présentent des perturbations persistantes dans l'exécution des mouvements. Le quatrième sous-système, enfoui dans les profondeurs du cerveau antérieur, est constitué d'un ensemble de structures désignées du nom collectif de **ganglions de la base**. Les ganglions de la base suppriment les mouvements non désirés et préparent (ou «amorcent») les neurones moteurs centraux en vue du démarrage des mouvements. Les dysfonctionnements qui accompagnant les pathologies des ganglions de la base, telles que la maladie de Parkinson ou la maladie de Huntington, attestent l'importance de ces structures dans le déclenchement des mouvements volontaires (voir Chapitre 18). De la même façon, les ganglions de la base interviennent dans les filières de traitements cognitifs et affectifs pour refréner ou déclencher des comportements non moteurs et les preuves cliniques s'accumulent de leur implication dans divers troubles psychiatriques.

Malgré des efforts considérables, nous n'avons qu'une connaissance incomplète de la série d'événements qui mènent de la pensée et de l'émotion au mouvement. Le tableau est plus clair en ce qui concerne le niveau du contrôle des muscles eux-mêmes. Il convient donc de commencer l'exposé détaillé des comportements moteurs en examinant les relations anatomiques et physiologiques entre les motoneurones α et les fibres musculaires striées qu'ils innervent.

Les relations entre motoneurones et muscles

Entre les muscles innervés par les motoneurones et la position que ceux-ci occupent sur les axes longitudinal et médio-latéral de la moelle épinière, il existe une correspondance ordonnée qui forme une véritable carte topographique de la musculature du corps. On peut mettre cette carte en évidence, chez des animaux de laboratoire, en injectant dans des groupes musculaires des traceurs, qui seront captés par les terminaisons axoniques des motoneurones qui les innervent ; ils seront alors transportés par les axones, de façon rétrograde, jusqu'aux corps cellulaires qu'ils permettront de repérer sur des coupes histologiques des cornes ventrales de la moelle. Chaque motoneurone innerve des fibres musculaires appartenant à un seul muscle ; tous les motoneurones qui innervent un muscle particulier (le groupe ou **pool de motoneurones** de ce muscle) se rassemblent en colonnes s'étageant sur un ou plusieurs segments parallèlement à l'axe longitudinal de la moelle (Figure 16.2). Ainsi, les groupes de motoneurones qui innervent les membres supérieurs sont situés dans le renflement cervical de la moelle, ceux qui innervent les membres inférieurs dans le renflement lombaire (voir l'Appendice). La figure 16.3, qui représente une coupe transversale de la moelle au niveau du renflement cervical, permet de se faire une idée de la disposition (ou *topographie*) de ces groupes de motoneurones sur l'axe médio-latéral. Les neurones qui innervent la musculature axiale (muscles posturaux du tronc) sont situés en position médiane. Plus latéralement, on trouve les groupes de motoneurones innervant les muscles qui occupent eux-mêmes une position de plus en plus latérale dans le corps. Les neurones qui, par exemple, innervent les muscles de la ceinture scapulaire (ou de la ceinture pelvienne si l'on examine une coupe similaire effectuée au niveau du renflement lombaire ; voir Figure 16.2) sont donc situés plus latéralement que les précédents ; ceux qui innervent les muscles proximaux des bras (ou des jambes) se situant encore plus latéralement. Quant aux motoneurones qui innervent les extrémités distales, ce sont les plus éloignés de la ligne médiane.

Cette disposition spatiale des pools de motoneurones fournit un cadre auquel on peut rapporter les contrôles de la musculature corporelle lors de la posture ou du mouvement et qui aide à comprendre l'organisation des projections descendantes d'origine supraspinale ou intersegmentaire qui influencent les comportements moteurs. Ainsi, les pools de motoneurones médians, qui gouvernent le contrôle de la posture

(A)

(B)

Injection dans le
gastrocnémien
médian

Injection dans
le soléaire

(C)

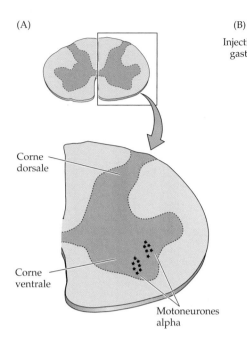

Corne
dorsale

Corne
ventrale

Motoneurones
alpha

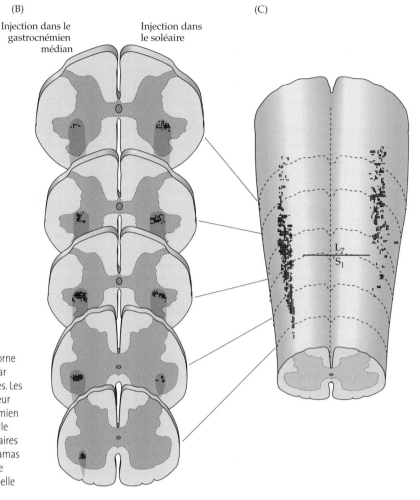

$\dfrac{L_7}{S_1}$

Figure 16.2

Distribution spatiale des motoneurones dans la corne ventrale de la moelle épinière, mise en évidence par marquage rétrograde à partir de différents muscles. Les neurones ont été marqués par injection d'un traceur rétrograde dans les muscles soléaire et gastrocnémien médian du chat. (A) Coupe transversale de la moelle lombaire montrant la distribution des corps cellulaires marqués. Les motoneurones alpha forment deux amas distincts (groupes de motoneurones) dans la corne ventrale. Les coupes transversales sériées de la moelle (B) et une reconstruction vue de la face dorsale (C) illustrent la distribution, selon les axes transversal et longitudinal, des motoneurones innervant chacun des muscles squelettiques. La forme cylindrique et la disposition séparée des deux groupes de motoneurones apparaissent de façon particulièrement nette sur la vue dorsale de la reconstruction de la moelle. Les lignes pointillées en (C) représentent les limites des segments individuels de la moelle lombaire et sacrée. (D'après Burke et al., 1977.)

et le maintien de l'équilibre, reçoivent des commandes nerveuses en provenance des motoneurones supraspinaux par l'intermédiaire de longs systèmes de projection situés dans la substance blanche médio-ventrale de la moelle. Les pools de motoneurones plus latéraux, qui innervent les extrémités des membres, sont souvent impliqués dans l'exécution de mouvements fins, spécialement les motoneurones latéraux du renflement cervical, qui innervent les muscles de l'avant-bras et de la main des pri-

Figure 16.3

Organisation somatotopique des motoneurones α sur une coupe transversale de la corne ventrale de la moelle cervicale. Les motoneurones innervant la musculature axiale sont situés en position médiane, ceux qui innervent la musculature distale, en position plus latérale.

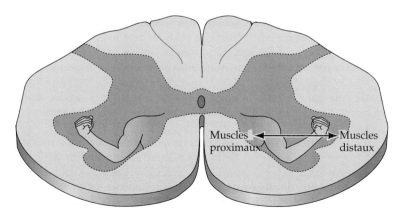

Muscles
proximaux

Muscles
distaux

mates. Ces motoneurones α latéraux sont contrôlés par des aires motrices corticales dont les projections empruntent, chez les primates, les faisceaux de la substance blanche latérale de la moelle. La même organisation somatotopique se reflète dans les connexions des circuits propriospinaux intersegmentaires, qui relient les neurones le long de l'axe longitudinal de la moelle (Figure 16.4). Les connexions effectuées par ces interneurones propriospinaux dans la région médiane de la zone intermédiaire présentent des patterns différents de celles qu'effectuent les interneurones de la région latérale et ces différences sont en relation avec leurs fonctions. Les interneurones médians, connectés aux motoneurones α situés dans la région médiane de la corne ventrale, ont des axones qui s'étendent sur plusieurs segments spinaux. Certains de ces axones relient le renflement lombaire au renflement cervical et participent à la coordination des mouvements rythmiques des membres antérieurs et postérieurs (voir ci-dessous la section sur « Les circuits spinaux et la locomotion ») ; d'autres émettent des terminaisons sur toute la longueur de la moelle. Beaucoup émettent des collatérales qui croisent la ligne médiane en empruntant la commissure antérieure de la moelle et vont innerver les motoneurones α de la région médiane de l'hémi-moelle controlatérale. Cet agencement assure une activité coordonnée des groupes de muscles axiaux de chaque côté du corps, pour maintenir la posture et l'ajuster. Par contre, les interneurones propriospinaux de la région latérale de la zone intermédiaire ont des axones plus courts qui, en règle générale, s'étendent sur moins de cinq segments et restent en majorité du même côté. Ce pattern de connexions plus limité a pour conséquence un contrôle plus fin et plus différencié des muscles des extrémités, tels que ceux que mettent en jeu les mouvements individualisés de chacun des doigts au cours d'activités manipulatrices.

Les groupes de motoneurones de la corne ventrale comprennent deux types de neurones. Les **motoneurones gamma**, de petite taille, innervent des fibres musculaires spécialisées qui constituent, avec les fibres nerveuses qui les innervent, de véritables récepteurs sensoriels appelés fuseaux neuromusculaires (voir Chapitre 9). Les fuseaux neuromusculaires sont enserrés dans des capsules de tissu conjonctif au sein du muscle. Les fibres musculaires situées à l'intérieur des fuseaux, et dites pour cela *intrafusales*, sont également innervées par des fibres sensorielles qui acheminent vers la moelle et le cerveau les informations relatives à la longueur du muscle. Les motoneurones γ ont pour fonction de réguler ces messages sensoriels en ajustant la longueur des fibres intrafusales (voir section suivante). Le deuxième type de motoneurones, représenté par les **motoneurones alpha**, innerve les fibres musculaires extrafusales, c'est-à-dire les fibres musculaires striées produisant effectivement la force nécessaire à la posture et au mouvement.

Même si les paragraphes qui suivent mettent l'accent sur les motoneurones spinaux, il existe dans le tronc cérébral des groupes comparables de motoneurones contrôlant la musculature de la tête et du cou. Ils sont situés dans les huit noyaux moteurs somatiques et branchiaux des nerfs crâniens, noyaux qui se répartissent dans le bulbe, le pont et le mésencéphale (voir l'Appendice).

L'unité motrice

Chez les mammifères au terme de leur développement, la plupart des fibres musculaires squelettiques ne sont innervées que par un seul motoneurone α (pendant leur développement, elles sont innervées par plusieurs motoneurones ; voir Chapitre 23). Comme il y a beaucoup plus de fibres musculaires que de motoneurones, les axones moteurs se ramifient pour faire synapse avec plusieurs fibres différentes largement disséminées dans un même muscle, sans doute pour assurer une répartition plus égale de la force contractile (Figure 16.5). Cette disposition réduit en outre la probabilité de voir l'activité d'un muscle perturbée de façon notable par la lésion d'un petit nombre de motoneurones α, voire d'un seul. Étant donné que, normalement, un potentiel d'action émis par un

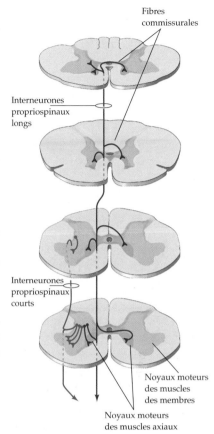

Fibres commissurales

Interneurones propriospinaux longs

Interneurones propriospinaux courts

Noyaux moteurs des muscles des membres

Noyaux moteurs des muscles axiaux

Figure 16.4

Les interneurones propriospinaux qui projettent sur la région médiane de la corne ventrale sont situés dans la partie médiane de la zone intermédiaire de la substance grise de la moelle ; leurs axones s'étendent sur plusieurs segments spinaux et se terminent des deux côtés. Par contre, les interneurones propriospinaux qui projettent sur les régions latérales de la corne ventrale occupent une position plus latérale ; leurs axones ne s'étendent que sur quelques segments et se terminent ipsilatéralement. Les voies qui font contact avec les régions médianes de la moelle interviennent essentiellement dans le contrôle de la posture ; celles qui font contact avec les régions latérales interviennent dans le contrôle des mouvements fins des extrémités.

(A)   (B)

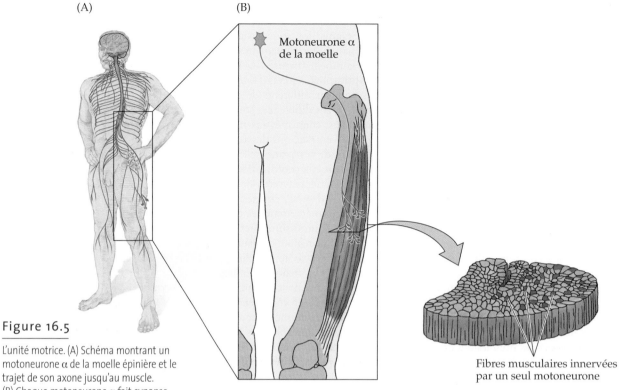

Motoneurone α
de la moelle

Fibres musculaires innervées
par un seul motoneurone

Figure 16.5

L'unité motrice. (A) Schéma montrant un motoneurone α de la moelle épinière et le trajet de son axone jusqu'au muscle. (B) Chaque motoneurone α fait synapse avec de multiples fibres musculaires. Le motoneurone α et les fibres avec lesquelles il s'articule constituent l'unité motrice. Une coupe transversale du muscle montre la distribution relativement diffuse des fibres musculaires (taches rouges) avec lesquelles le motoneurone fait synapse.

motoneurone suffit pour faire décharger toutes les fibres musculaires auxquelles il est connecté, l'ensemble constitué par un motoneurone α et par les fibres qu'il innerve représente l'unité la plus petite qui puisse être activée pour produire un mouvement. Sherrington fut, là encore, le premier à reconnaître cette relation fondamentale entre le motoneurone α et les fibres musculaires qu'il innerve et il leur donna le nom d'**unité motrice**.

Les unités motrices et les motoneurones α eux-mêmes sont de tailles différentes. Les petits motoneurones α innervent un nombre relativement faible de fibres musculaires, avec lesquelles ils constituent des unités motrices ne développant que des forces modestes, tandis que les gros motoneurones innervent des unités motrices plus grandes et plus puissantes. Les unités motrices diffèrent également par le type de fibres musculaires qui les composent. Dans la plupart des muscles squelettiques, les petites unités motrices ont de petites fibres « rouges », à contraction lente et développant des forces relativement faibles ; mais, étant donné la quantité d'hémoglobine qu'elles contiennent, leur richesse en mitochondries et l'importance de leur lit de capillaires, ces petites fibres rouges sont résistantes à la fatigue ; elles sont, par ailleurs, innervées par des motoneurones α qui sont eux aussi de taille relativement faible. Ces unités de petite taille, que l'on appelle **unités motrices lentes** (**S**, pour *slow*), jouent un grand rôle dans les activités qui exigent une contraction musculaire soutenue, comme c'est le cas pour le maintien de la station debout. Les gros motoneurones α innervent des fibres musculaires pâles et de plus gros calibre, développant une force plus élevée, mais qui, n'ayant que de rares mitochondries, fatiguent plus vite ; ces unités, appelées **unités motrices rapides et fatigables** (**FF**, pour *fast fatigable*), interviennent particulièrement dans les efforts brefs, demandant une force élevée, tels que la course ou le saut. Une troisième classe d'unités motrices a des propriétés intermédiaires. Ces **unités motrices rapides et résistantes à la fatigue** (**FR**, pour *fast fatigue resistant*) sont de taille moyenne et pas tout à fait aussi rapides que les unités FF. Comme leur nom l'implique, elles présentent une plus grande résistance à la fatigue que les unités FF et développent environ deux fois plus de force que les unités lentes (Figure 16.6).

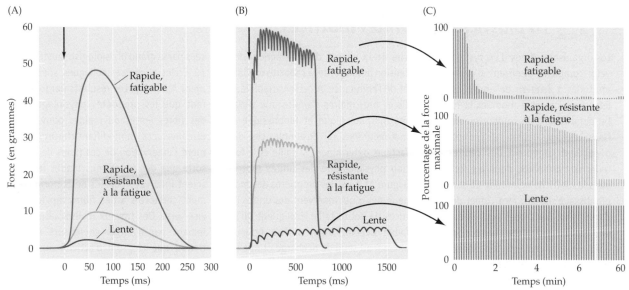

Figure 16.6

Comparaison de la force et de la fatigabilité des trois types d'unités motrices. Dans chaque cas, la réponse fait suite à la stimulation d'un seul motoneurone. (A) Variation de tension en réponse à un seul potentiel d'action. (B) Tension obtenue en réponse à la stimulation répétitive de chaque type d'unité motrice. (C) Réponses à une stimulation répétée, d'une intensité provoquant au départ une tension maximale. L'axe des y représente la force produite par chaque stimulus. On notera les différences frappantes entre les vitesses de fatigue (D'après Burke et al., 1974.)

Ces différences entre types d'unités motrices indiquent comment le système nerveux produit les mouvements appropriés aux diverses circonstances. Dans la plupart des muscles, les unités S, lentes et de petite taille, ont des seuils d'activation plus bas que celui des grandes unités et elles présentent une activité tonique durant les activités qui demandent un effort soutenu (se tenir debout par exemple). Les unités rapides et de grande taille ont un seuil qui n'est atteint que lors de mouvements rapides et puissants tels que le saut.

Les différences fonctionnelles entre catégories d'unités motrices expliquent aussi certaines des différences structurales entre groupes musculaires. Une unité motrice du muscle soléaire, par exemple, muscle postural constitué surtout d'unités de petite taille, a un rapport d'innervation moyen de 180 fibres musculaires par motoneurone. Par contre, le muscle gastrocnémien, qui comprend des unités de petite et de grande taille, a un rapport d'innervation de ~1 000 à 2 000 fibres musculaires par motoneurone et peut développer les forces qu'exigent de brusques changements de position. D'autres différences sont dues aux fonctions hautement spécialisées de certains muscles. Les yeux, par exemple, exigent des mouvements rapides et précis, mais peu puissants ; les unités motrices des muscles extra-oculaires sont par conséquent extrêmement petites (leur rapport d'innervation est de 3 seulement) et elles comportent une proportion très élevée de fibres capables de se contracter avec une vitesse maximale. On trouve des variations plus subtiles chez des athlètes soumis à des styles d'entraînements différents. Cette capacité de changement est, en partie, à la base des adaptations neuromusculaires à l'exercice physique (Encadré 16A). Des biopsies musculaires montrent, par exemple, que, par rapport aux marathoniens, les sprinters ont une proportion plus élevée de fibres pâles, puissantes mais fatiguant rapidement.

La régulation de la force musculaire

La régulation de la force musculaire est obtenue par l'augmentation ou la diminution du nombre des unités motrices actives. Dans les années 1960, Elwood Henneman et ses collègues de Harvard Medical School ont constaté que l'on obtient des tensions musculaires de plus en plus grandes en faisant croître l'activité des fibres qui font synapse avec les pools de motoneurones spinaux mis en jeu.

L'augmentation graduelle de tension résulte du recrutement d'unités motrices selon un ordre fixe qui dépend de leur taille. En stimulant, chez l'animal, soit des nerfs sensitifs, soit des voies motrices d'origine supraspinale projetant sur les moto-

ENCADRÉ 16A   *La plasticité des unités motrices*

Les organismes dotés d'un système nerveux complexe montrent d'étonnantes aptitudes à acquérir de nouvelles habiletés motrices et à modifier la force et l'endurance de leurs comportements moteurs. Les bases neurales de ces aptitudes dépendent largement des centres moteurs supraspinaux, dont les fonctions dans la motricité volontaire et dans l'apprentissage moteur font l'objet des chapitres 17-19. Mais quel peut être le rôle éventuel des unités motrices elles-mêmes dans les changements fonctionnels qui sous-tendent ces aptitudes ? Les unités motrices présentent-elles une plasticité dépendant de l'usage et, si oui, dans quelles limites les propriétés anatomiques et physiologiques des unités motrices sont-elles susceptibles de se modifier ? Pour répondre à ces questions, il est nécessaire d'examiner au préalable l'éventail des phénotypes exprimés par les unités motrices.

Lorsque l'on examine la structure et la fonction des muscles squelettiques, il est commode de classer les unités motrices qui le composent en trois catégories : lentes (S), rapides et fatigables (FF), rapides et résistantes à la fatigue (FR) (voir Figure 16.6). Toutefois, les procédés de plus en plus perfectionnés utilisés pour analyser l'ultrastructure, la biochimie et la physiologie des fibres musculaires ont révélé que la plupart des muscles squelettiques possèdent des fibres couvrant un spectre très étendu de phénotypes du point de vue de la vitesse de contraction, de la tension produite, de la capacité oxydative et de l'endurance. À cette variabilité des fibres musculaires s'ajoute une variabilité morphologique et biophysique des motoneurones α ; ensemble, ces deux facteurs déterminent la taille et la fonction physiologique des unités motrices (Figure A). Ainsi, les propriétés des motoneurones α qui innervent des unités motrices de petite taille expliquent qu'une faible dépolarisation suffise pour les amener au seuil de décharge et que leur émission soit à la fois continue et de fréquence peu élevée, convenant parfaitement au contrôle des fibres lentes qui assurent la stabilité posturale. Par contre, les motoneurones α qui innervent des unités motrices de grande taille exigent des dépolarisations plus importantes pour atteindre leur seuil de décharge ; mais quand ils sont activés, ils peuvent émettre des salves à haute fréquence, bien adaptées aux capacités de production de force des fibres musculaires FF, qui sont recrutées pour développer une tension maximale (Comme on peut s'y attendre, les fibres musculaires ayant des propriétés fonctionnelles intermédiaires sont innervées par des motoneurones α dont les phénotypes se situent entre ces deux extrêmes).

L'une des premières réponses à la question de la plasticité des unités motrices a été donnée par une série classique d'expériences d'« innervation croisée » réalisées par le grand physiologiste australien J.C. Eccles et par ses collègues, spécialement A.J. Buller. Les résultats démontrèrent que les propriétés physiologiques des fibres lentes ou rapides pouvaient être inversées en modifiant chirurgicalement l'innervation de ces fibres de telle sorte que des fibres musculaires lentes soient innervées par des nerfs normalement connectés à des fibres rapides et vice-versa. Des travaux réalisés ultérieurement par d'autres chercheurs montrèrent que le profil d'activité du nerf moteur, en plus de – ou peut-être à la place de – la nature des motoneurones, est porteur d'instructions capables d'influencer l'expression du phénotype de la fibre musculaire. La stimulation électrique à basse fréquence d'un nerf pendant une période de 2 à 3 mois, par exemple, transforme les propriétés métaboliques et contractiles de fibres FF en propriétés qui sont celles des fibres S (Figure B). On constate également des modifications correspondantes dans les propriétés biophysiques des motoneurones dont les axones étaient stimulés. Bien que moins marquées, elles tendent à faire ressembler les motoneurones stimulés à ceux qui innervent des unités motrices lentes et résistantes à la fatigue : ils sont plus facilement excitables, présentent des hyperpolarisations consécutives plus longues et une dépression à court terme de l'amplitude des PPSE déclenchés par une salve de stimulus à haute fréquence.

Il est plus difficile de contrôler et d'interpréter les données recueillies sur des organismes soumis à un exercice musculaire. Néanmoins les principes généraux de plasticité des unités motrices déduits des expériences de stimulation des nerfs s'appliquent aux adaptations neuromusculaires qui ont lieu dans des conditions plus naturelles, comme dans l'entraînement en force ou en endurance. La nature et le degré d'adaptation faisant suite à l'exercice sont fonction des tensions produites par les fibres musculaires et de la durée d'une activité musculaire accrue. Toutefois, l'impact de l'exercice se distri-

QUAND LA TAILLE DES U.M. AUGMENTE, LES MOTONEURONES α PRÉSENTENT UNE :	
AUGMENTATION DE	DIMINUTION DE
Taille du corps cellulaire	Résistance d'entrée
Complexité des dendrites	Excitabilité
Potentialisation à court terme des PPSE déclenchés par un train de stimulus	Amplitude des PPSE déclenchés par les fibres Ia
Diamètre des axones (d'où conduction plus rapide)	Constante de temps de la décroissance des PPS
Nombre de collatérales de l'axone (innervant davantage de fibres musculaires)	Durée de l'hyperpolarisation consécutive

(A) Propriétés morphologiques et biophysiques des motoneurones α variant proportionnellement à la taille des unités motrices (U.M.)

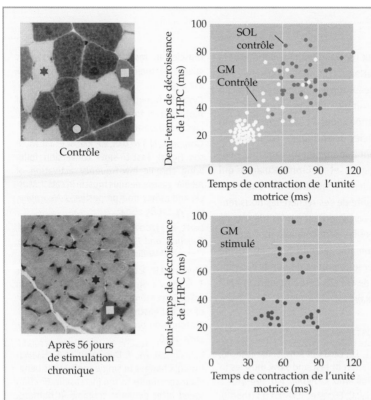

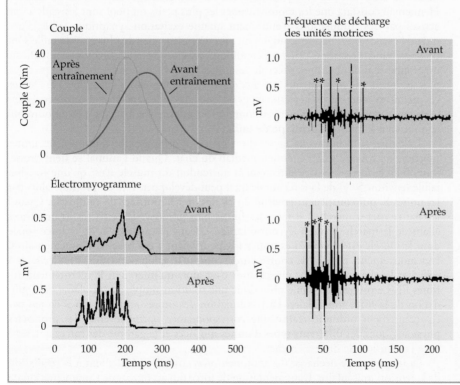

(B) [À gauche] Microphotographies de fibres musculaires du muscle gastrocnémien médian (GM) du chat, colorées pour révéler la présence d'une activité de la myosine ATPase en condition alcaline. Dans le muscle contrôle, des fibres rapides et fatigables (FF) (cercle) et des fibres rapides résistantes à la fatigue (FR) ont une coloration sombre tandis que les fibres lentes (S) de type oxydatif (étoile) sont faiblement colorées. Après 56 jours de stimulation électrique chronique du nerf, presque toutes les fibres ont acquis le phénotype histochimique des fibres lentes de type oxydatif. [À droite] Les propriétés électrophysiologiques de motoneurones α dont les axones forment le nerf stimulé se modifient pour se rapprocher des propriétés des motoneurones innervant les fibres plus lentes du muscle soléaire (SOL). Le diagramme du haut présente les données contrôles : les unités motrices rapides du muscle gastrocnémien se différencient des unités motrices plus lentes du muscle soléaire par l'hyperpolarisation consécutive (HPC) plus brève de leur motoneurone et le temps de contraction plus court des fibres musculaires. Le diagramme du bas montre l'effet de la stimulation chronique : les propriétés des motoneurones du gastrocnémien se rapprochent de celles des motoneurone du soléaire (Microphotographies de Gordon et al, 1997 ; diagrammes de Munson et al. 1997.)

bue aux unités motrices proportionnellement à l'ordre dans lequel elles sont recrutées durant les épreuves d'entraînement : les unités S sont les plus affectées par les activités ne développant que des forces faibles, les unités FR et FF n'étant affectées que si elles sont recrutées par le développement de forces plus intenses. Il est intéressant de noter que les contributions neurales aux modifications de performance induites par l'exercice ne se limitent pas aux altérations du phénotype des unités motrices. En effet, l'augmentation de force obtenue dans les premiers temps d'un entraînement en force dépasse souvent ce qui peut être attribué à des changements de structure et de fonction des fi-

(C) [À gauche] Comparaison du couple de force et de l'activité électromyographique durant des contractions balistiques des fléchisseurs dorsaux de la cheville chez l'homme avant et après un entraînement dynamique. Noter la réduction du temps de contraction après entraînement et l'accroissement concomitant de l'activité EMG de surface (rectifiée) dans la phase correspondante de développement de la force. [À droite] Ces changements sont accompagnés d'une augmentation de la fréquence instantanée de la décharge des unités motrices, enregistrée par électrodes intramusculaires ; les astérisques indiquent les décharges répétitives de la même unité motrice. (D'après Van Cutsem et al., 1998.)

ENCADRÉ 16A (suite)

bres nerveuses; ceci implique donc l'intervention de mécanismes neuraux spinaux et/ou supraspinaux dans cet accroissement des fonctions motrices. Au niveau de l'unité motrice, ces adaptations neurales comprennent un accroissement de la fréquence instantanée de décharge et une diminution marquée de l'intervalle entre potentiels d'actions au début de la contraction, ce qui facilite une production rapide de tension (Figure C). De plus, des études portant sur les effets d'un entraînement unilatéral (entraîner un bras, mais pas l'autre, par exemple) ont mis en évidence des gains appréciables dans le membre non entraîné, traduisant le recrutement et l'adaptation de circuits nerveux centraux ayant accès aux unités motrices controlatérales. On a même des preuves d'un gain de force musculaire par un exercice physique *imaginé*; il s'agit là d'un résultat excitant, susceptible d'avoir de profondes implica-tions pour l'entraînement athlétique et la réadaptation.

Il reste beaucoup à apprendre sur la façon dont les unités motrices répondent aux modifications dues à l'usage et à l'entraînement; les scientifiques commencent seulement à sonder les mécanismes neurobiologiques et neuromusculaires qui sous-tendent l'acquisition des habiletés. La poursuite de ces recherches nous renseignera certainement sur les moyens de maximiser les performances motrices de sujets humains (et non humains) et de réadapter les victimes de handicaps moteurs ou de déficits neurologiques et neuromusculaires.

Références

BULLER, A.J., J.C. ECCLES et R.M. ECCLES (1980a), Differentiation of fast and slow muscles in the cat hind limb. *J. Physiol.*, **150**, 399-416.

BULLER, A.J., J.C. ECCLES et R.M. ECCLES (1980b), Interactions between motoneurones and muscles in respect of the characteristic speeds of their responses. *J. Physiol.*, **150**, 417-439.

CLOSE, R. (1965), Effects of cross-union of motor nerves to fast and slow skeletal muscles. *Nature*, **206**, 831-832.

GORDON, T., N. TYREMAN, V.F. RAFUSE et J.B. MUNSON (1997), Fast-to-slow conversion following chronic low-frquency activation of medial gastrocnemius muscle in cats. I. Muscle and motor unit properties. *J. Neurophysiol*, **77**, 22685-2604.

LIEBER, R.L. (2002), *Skeletal Muscle Structure, Function, and Plasticity*, 2nd Ed. Baltimore, Lippincott Williams & Wilkins.

MUNSON, J.B., R.C. FOEHRING, L.M. MENDELL et T. GORDON (1997), Fast-to-slow conversion following chronic low-frequency activation of medial gastrocnemius muscle in cats. II. Motoneuron properties. *J. Neurophysiol*, **77**, 2605-2616.

VAN CUTSEM, M., J. DUCHATEAU et K. HAINAUT (1998), Changes in single motor unit behaviour contribute to the increase in traction speed after dynamic training in humans. *J. Physiol.*, **513**, 295-316.

neurones de la moelle et en enregistrant les changements de tension du muscle, Henneman constata que les motoneurones les plus petits du pool sont les seuls à être activés par des stimulations n'entraînant qu'une excitation synaptique faible. Puis, quand l'excitation synaptique augmente, les motoneurones de plus grande taille sont progressivement recrutés. Dans ces conditions, lorsque l'activité synaptique qui affecte un groupe de motoneurones s'accroît, les unités S à bas seuil sont recrutées en premier, puis les unités FR et enfin, aux niveaux d'activité les plus élevés, les unités FF. Depuis ces premières expériences, le recrutement ordonné des unités motrices a été observé dans une grande variété de mouvements volontaires ou réflexes. Cette relation est aujourd'hui connue sous le nom de **principe de taille**.

La figure 16.7 illustre la façon dont opère ce principe de taille pour les unités motrices du muscle gastrocnémien médian du chat. Quand l'animal se tient dressé, immobile, la force mesurée directement au tendon du muscle n'est qu'une fraction faible (environ 5 %) de la force totale qu'il peut développer. Elle est produite alors par les unités S, qui constituent environ 25 % des unités motrices de ce muscle. Quand le chat se met à marcher, il faut des forces plus grandes: les activités locomotrices allant de la marche lente à la course rapide exigent jusqu'à 25 % de la force totale dont le muscle est capable. Les unités FR pourvoient à ces besoins supplémentaires. Des mouvements rares et de courte durée, comme le galop ou le saut, sont les seuls à solliciter la pleine puissance musculaire; c'est alors qu'intervient le recrutement des fibres FF. Le principe de taille offre donc une solution simple au problème de la gradation de la force musculaire. La combinaison des unités motrices mises en jeu par ce recrutement ordonné réalise une correspondance optimale entre les propriétés physiologiques des différents types d'unités motrices et la gamme des forces nécessaires à l'exécution de diverses tâches.

La fréquence de décharge des motoneurones contribue également à la régulation de la tension musculaire. L'augmentation de force qui accompagne l'augmentation de

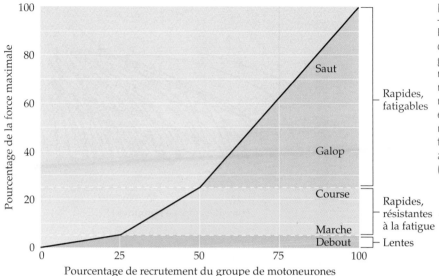

Figure 16.7

Recrutement, dans différentes conditions, des motoneurones du muscle gastrocnémien médian du chat. Les unités motrices lentes (S) fournissent la force nécessaire à la station debout. Les unités rapides, résistantes à la fatigue (FR) entrent en jeu pour fournir la force nécessaire à la marche et à la course. Les unités rapides et fatigables (FF) sont recrutées pour les activités les plus ardues, telles que le saut. (D'après Walmsley et al., 1978.)

la décharge reflète la sommation des contractions musculaires successives : les fibres musculaires se contractent sous l'effet d'un nouveau potentiel d'action avant de s'être complètement relâchées et il y a sommation des forces que développent ces contractions qui se chevauchent (Figure 16.8). Les fréquences de décharge les plus basses surviennent lors de mouvements volontaires et sont de l'ordre de 8 par seconde (Figure 16.9). À mesure que les unités motrices augmentent leur fréquence de décharge, jusqu'à un maximum d'environ 20-25 par seconde pour le muscle qui fait l'objet de cette expérience, la force développée augmente elle aussi.

Aux fréquences de décharge les plus élevées, les fibres musculaires sont en état de fusion tétanique, ce qui signifie que la tension produite par chaque unité ne présente plus les hauts et les bas correspondant aux contractions successives déclenchées par les potentiels d'action de son motoneurone. Dans les conditions normales, la fréquence de décharge maximale des motoneurones est inférieure à celle qu'exige la fusion tétanique (voir Figure 16.9). Mais la décharge asynchrone des motoneurones fournit un taux stable de commandes neuromusculaires provoquant la contraction d'un nombre relativement constant d'unités motrices. Ceci lisse les variations de tension dues aux contractions ou aux relaxations des unités motrices individuelles et permet une exécution harmonieuse des mouvements.

Figure 16.8

Effet de la fréquence de stimulation sur la tension musculaire. (A) Aux fréquences de stimulation peu élevées, chaque potentiel d'action du motoneurone provoque une contraction unique de la fibre musculaire. (B) Aux fréquences plus rapides, les contractions se somment et fournissent une tension plus élevée que celle des contractions uniques. (C) Aux fréquences de stimulation encore plus hautes, la force est plus grande et les contractions individuelles restent apparentes. Ce type de réponse est dit tétanos imparfait. (D) Aux fréquences les plus élevées d'activation des motoneurones, les contractions individuelles ne sont plus visibles (fusion tétanique).

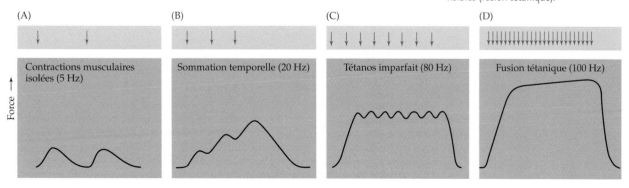

Figure 16.9

Enregistrement, chez l'homme, d'unités motrices du muscle extenseur commun des doigts durant une augmentation progressive de la force développée par une contraction volontaire. Les unités motrices (représentées par les lignes entre les points) qui ont le seuil le plus bas produisent les forces les plus faibles et sont recrutées en premier. Au fur et à mesure que le sujet développe une force plus grande, le nombre et la fréquence de décharges des unités motrices augmentent. Noter que toutes les unités motrices ont une fréquence de décharge initiale voisine de 8 Hz. (D'après Monster et Chan, 1977.)

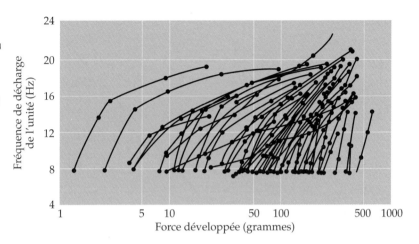

Les circuits spinaux des réflexes d'étirement

Les circuits locaux de la moelle interviennent dans un certain nombre de réflexes sensorimoteurs. Le plus simple de ces arcs réflexes est mis en jeu lors des réponses à un étirement musculaire, qui renvoie aux motoneurones du muscle étiré un feedback excitateur direct (Figure 16.10). Comme il a déjà été dit, le signal sensoriel provoquant le **réflexe d'étirement** a son origine dans les **fuseaux neuromusculaires**, que l'on trouve dans la plupart des muscles. Les fuseaux comportent 8 à 10 fibres intrafusales disposées parallèlement aux fibres ordinaires (extrafusales), qui constituent l'essentiel de la masse musculaire (Figure 16.10A).

Le fuseau neuromusculaire comprend deux classes de fibres intrafusales, qui diffèrent par leurs propriétés structurales et fonctionnelles : les fibres à sac nucléaire et les fibres à chaîne nucléaire ; les différences portent sur la position des noyaux (qui leur vaut leur nom), l'architecture intrinsèque de leurs myofibrilles et leur sensibilité dynamique à l'étirement. Des fibres nerveuses sensitives de gros calibre (appartenant aux groupes Ia et II ; voir tableau 9.1) s'enroulent autour de la partie centrale des fibres intrafusales. Ces fibres nerveuses sont les plus grosses que l'on trouve dans les nerfs périphériques et, puisque la vitesse de conduction des fibres est directement proportionnelle à leur diamètre (voir Chapitres 2 et 3), elles permettent des ajustements réflexes très rapides en réponse à un étirement musculaire. L'étirement du muscle déforme les fibres intrafusales, qui déclenchent des potentiels d'action en activant des canaux ioniques sensibles à des stimulus mécaniques. Les fibres Ia, qui innervent préférentiellement les fibres à sac nucléaire, répondent de façon phasique à des étirements de faible amplitude. Par contre, les fibres du groupe II, qui innervent les deux types de fibres intrafusales, indiquent le niveau d'un étirement maintenu en émettant de façon tonique des potentiels d'action d'une fréquence proportionnelle au degré d'étirement. La branche centripète de la fibre sensitive s'articule de façon monosynaptique avec les motoneurones α de la corne ventrale de la moelle qui innervent le muscle agoniste dont elles proviennent ; parallèlement, elles forment, par l'intermédiaire de neurones de circuits locaux, des connexions inhibitrices avec les motoneurones α des muscles antagonistes. Cette organisation est un exemple d'*inhibition réciproque* : elle

Figure 16.10

Circuit du réflexe d'étirement. (A) Schéma d'un fuseau neuromusculaire, récepteur sensoriel déclenchant le réflexe. (B) L'étirement du fuseau neuromusculaire fait augmenter l'activité des fibres afférentes Ia, ainsi que celle des motoneurones α innervant le muscle où ce fuseau est situé. Les fibres Ia excitent également les motoneurones innervant les muscles synergistes et inhibent indirectement les motoneurones des antagonistes (voir Figures 1.7-1.9). (C) Le réflexe d'étirement agit comme une boucle de rétroaction négative régulant la longueur du muscle.

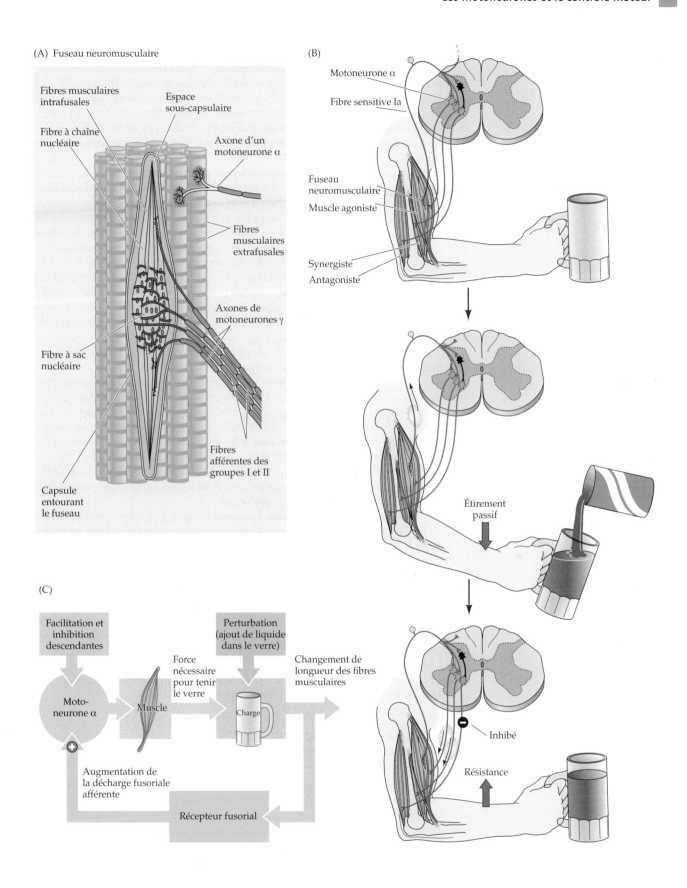

(A) Fuseau neuromusculaire

Fibres musculaires intrafusales

Espace sous-capsulaire

Fibre à chaîne nucléaire

Axone d'un motoneurone α

Fibres musculaires extrafusales

Axones de motoneurones γ

Fibre à sac nucléaire

Fibres afférentes des groupes I et II

Capsule entourant le fuseau

(B)

Motoneurone α

Fibre sensitive Ia

Fuseau neuromusculaire

Muscle agoniste

Synergiste

Antagoniste

Étirement passif

Inhibé

Résistance

(C)

Facilitation et inhibition descendantes

Perturbation (ajout de liquide dans le verre)

Force nécessaire pour tenir le verre

Changement de longueur des fibres musculaires

Moto-neurone α

Muscle

Charge

Augmentation de la décharge fusoriale afférente

Récepteur fusorial

a pour résultat une contraction rapide du muscle étiré et une relaxation simultanée des muscles antagonistes. Tout ceci donne naissance à des réponses particulièrement rapides et efficaces aux changements de longueur du muscle (Figure 16.10B). La voie excitatrice, allant du fuseau aux motoneurones α qui innervent le muscle d'origine, est inhabituelle en ce qu'elle forme un arc réflexe monosynaptique ; dans la plupart des cas, les neurones sensoriels périphériques ne s'articulent pas directement avec les motoneurones α, mais exercent leurs effets par l'intermédiaire des neurones de circuits locaux.

Ce réflexe monosynaptique a reçu diverses appellations : réflexe d'étirement, réflexe tendineux, réflexe myotatique. Il sous-tend les réponses du genou, de la cheville, de la mâchoire, du biceps ou du triceps qui sont testées dans un examen neurologique de routine. Le choc du marteau à réflexes sur le tendon étire le muscle et déclenche une bouffée d'activité prenant naissance dans les fuseaux et transmise par les fibres afférentes Ia. Cette volée afférente va exciter les motoneurones α du tronc cérébral ou de la moelle qui renvoient une volée efférente vers le muscle (voir Figure 1.7). Les muscles étant toujours tant soit peu étirés, ce circuit réflexe est, dans les conditions normales, responsable de leur degré de tension permanente que l'on appelle le **tonus musculaire**. Des modifications du tonus musculaire surviennent dans diverses conditions pathologiques et ce sont ces modifications que l'on évalue en examinant les réflexes tendineux (voir Encadré 17E).

Pour emprunter un concept aux sciences de l'ingénieur, l'arc du réflexe d'étirement constitue une boucle de rétroaction négative (ou de feedback négatif) tendant à maintenir constante la longueur du muscle (Figure 16.10C). La longueur appropriée du muscle est spécifiée par l'activité des voies descendantes qui influencent son groupe de motoneurones. Les fuseaux neuromusculaires détectent tout écart par rapport à la longueur souhaitée puisque les augmentations ou les diminutions de l'étirement des fibres intrafusales modifient le niveau d'activité des fibres sensitives qui innervent les fuseaux. Ces changements entraînent à leur tour des ajustements de l'activité des motoneurones α ; le muscle étiré est ainsi ramené à la longueur souhaitée, sous l'effet de sa contraction et du relâchement des groupes musculaires antagonistes, tandis que l'activité fusoriale retrouve son niveau antérieur.

Les petits motoneurones γ contrôlent les caractéristiques fonctionnelles des fuseaux neuromusculaires en modulant le degré d'excitabilité de ces derniers. Ainsi qu'on l'a vu, lorsque le muscle est étiré, les fuseaux le sont aussi et les fibres afférentes Ia voient leur fréquence de décharge augmenter. En revanche, lorsque le muscle se raccourcit, les fuseaux sont soulagés de la tension qu'ils subissaient ; on devrait donc s'attendre à ce que les fibres Ia cessent de décharger pendant la contraction. Il n'en est rien. En effet, les motoneurones γ ont des axones qui se terminent sur les pôles contractiles des fibres intrafusales, si bien que l'activation de ces neurones entraîne la contraction des fibres intrafusales ; dans ces conditions, la région équatoriale des fibres intrafusales, où se trouvent les terminaisons annulo-spiralées des fibres Ia, est maintenue sous tension. La *coactivation* des motoneurones α et γ permet donc aux fuseaux de fonctionner (c'est-à-dire d'envoyer des informations vers les centres) quelle que soit la longueur qu'imposent au muscle les mouvements ou les ajustements posturaux.

Influence de l'activité sensorielle sur le comportement moteur

Le niveau d'activité γ est souvent assimilé au gain d'un amplificateur, dont le niveau serait ajusté par les voies issues des neurones moteurs centraux et par les circuits réflexes locaux. Plus le gain du réflexe d'étirement est élevé, plus grand est le changement de force musculaire résultant d'un étirement donné des fibres intrafusales. Si le gain du réflexe est élevé, un étirement faible des fibres intrafusales produira une forte augmentation du nombre de motoneurones α recrutés et de leur fréquence de décharge. Ceci entraînera un accroissement important de la tension produite par les fibres extrafusales. Si le gain est faible, il faudra un étirement plus grand pour que les fibres extrafusales développent la même tension. En fait, le gain du réflexe d'étirement est continuellement ajusté pour satisfaire à différentes exigences fonctionnelles. Quand on est debout dans un bus qui roule, par exemple, le gain du réflexe d'étirement peut se voir augmenté par les voies d'origine supraspinale pour compenser les secousses qui accompagnent les brusques arrêts ou départs du véhicule. Au cours des étirements volontaires, par exemple dans les échauffements préparatoires à une épreuve sportive, le gain des réflexes myotatiques doit être réduit pour faciliter l'allongement des fibres musculaires et des autres éléments du système musculo-tendineux, comme il convient dans ces circonstances transitoires. Ainsi, en fonction des différentes exigences des mouvements volontaires (et involontaires), les motoneurones α et γ sont souvent coactivés par les centres supérieurs pour empêcher que les fuseaux neuromusculaires ne subissent une «réduction d'étirement» (*unloading*) (Figure 16.11).

Le niveau d'activité des motoneurones γ peut, de plus, être modulé indépendamment de l'activité α si le contexte du mouvement l'exige. En général, le niveau de base de l'activité des motoneurones γ est élevé quand le mouvement est relativement difficile et exige une exécution précise et rapide. Les enregistrements des muscles des pattes postérieures d'un chat montrent que l'activité γ est élevée quand l'animal doit effectuer un mouvement difficile tel que marcher sur une poutre étroite. Des situations imprévisibles, par exemple lorsque l'animal est soulevé ou manipulé, s'accompagnent également d'une recrudescence marquée de l'activité γ et d'une forte augmentation de la réactivité fusoriale.

L'activité des motoneurones γ n'est pas toutefois le seul facteur dont dépend le gain du réflexe d'étirement. Il dépend aussi du niveau d'excitabilité des motoneurones α, qui constituent le versant effecteur de cette boucle réflexe. C'est pourquoi, en plus des projections descendantes qu'envoient les centres supérieurs, d'autres circuits locaux de la moelle sont susceptibles d'influencer le gain du réflexe d'étirement en excitant ou en inhibant les motoneurones soit α soit γ. Il existe aussi des interneurones inhibiteurs qui établissent des synapses axo-axoniques sur les terminaisons des

Figure 16.11

Rôle de l'activité du motoneurone γ dans la régulation de la réponse des fuseaux neuromusculaires. (A) Quand les motoneurones α sont stimulés sans qu'il y ait activation des motoneurones γ, la réponse de la fibre Ia diminue lors de la contraction musculaire. (B) Lorsqu'il y a activation simultanée des motoneurones α et γ, il n'y a pas de diminution de la décharge Ia lors du raccourcissement du muscle. Le motoneurone γ est donc capable de réguler le gain des fuseaux neuromusculaires de sorte qu'ils puissent garder leur efficacité de fonctionnement quelle que soit la longueur du muscle où ils sont situés. (D'après Hunt et Kuffler, 1951.)

(A) Activation du motoneurone α sans activation γ

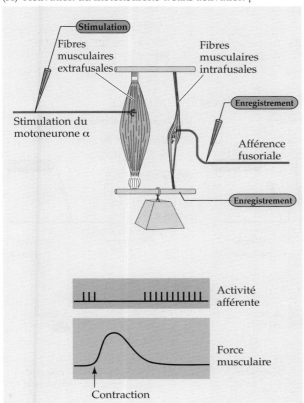

(B) Activation du motoneurone α avec activation γ

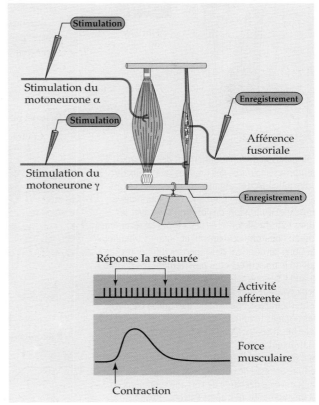

afférences Ia, empêchant ainsi le transfert d'influx excitateurs vers les motoneurones α. L'activité des circuits locaux de la moelle est elle-même influencée par les projections de neurones moteurs suprasegmentaires du tronc cérébral et du cortex cérébral, ainsi que par des systèmes neuromodulateurs originaires de la formation réticulaire (voir Chapitre 17). Beaucoup de ces projections neuromodulatrices libèrent des neuro-

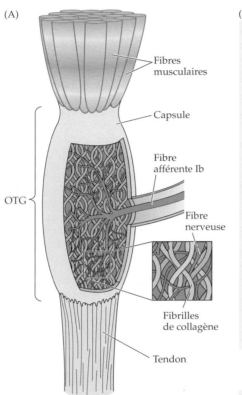

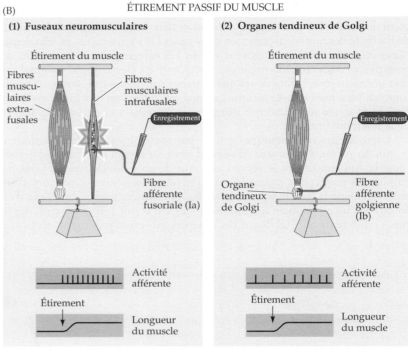

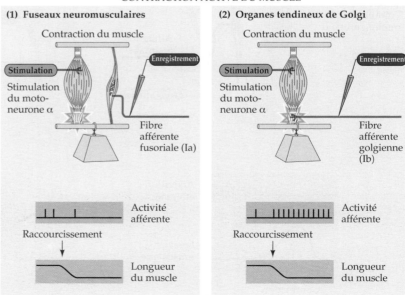

Figure 16.12

Comparaison du fonctionnement des fuseaux neuromusculaires et des organes tendineux de Golgi (OTG). (A) Les organes tendineux de Golgi sont, du fait de leur situation à la jonction du muscle et du tendon, disposés en série avec les fibres extrafusales. (B) Les deux types de récepteurs, fuseaux neuromusculaires (1) et organes tendineux de Golgi (2), donnent des réponses différentes quand le muscle est étiré passivement (*en haut*) ou quand il se contracte de façon active (*en bas*). Les deux types de fibres afférentes répondent à l'étirement passif du muscle, quoique la décharge des organes tendineux de Golgi soit moindre que celle des fuseaux. Quand les fibres extrafusales se contractent sous l'effet de la stimulation de leur motoneurone α, le fuseau voit son étirement se réduire et cesse de décharger; à l'inverse, la fréquence de décharge de l'organe tendineux de Golgi augmente. (B d'après Patton, 1965.)

transmetteurs du groupe des monoamines, qui se lient à des récepteurs couplés aux protéines G et influencent durablement le gain des circuits segmentaires de la moelle.

Autres rétroactions sensorielles affectant la performance motrice

D'autres récepteurs sensoriels jouent un rôle important pour la régulation réflexe de l'activité des unités motrices : ce sont les **organes tendineux de Golgi**. Les organes tendineux de Golgi sont des terminaisons encapsulées situées à la jonction des muscles et des tendons (Figure 16.12A). Chaque organe tendineux est associé à une seule fibre sensitive du groupe Ib (les fibres du groupe Ib sont légèrement plus fines que les fibres Ia qui innervent les fuseaux ; voir Tableau 9.1). Contrairement à l'organisation parallèle des fibres extrafusales et des fuseaux, les organes tendineux de Golgi sont disposés en série avec les fibres musculaires. Quand un muscle est étiré passivement, le changement de longueur concerne essentiellement les fibres musculaires, étant donné que leur élasticité est plus grande que celle des fibrilles des tendons. Mais, quand il se contracte activement, la force agit directement sur le tendon : elle augmente la tension des fibrilles de collagène de l'organe tendineux et comprime les récepteurs sensoriels qui s'y entremêlent. De ce fait, les organes tendineux de Golgi sont très sensibles aux augmentations de *tension* musculaire provenant de la contraction du muscle et, contrairement aux fuseaux, beaucoup moins sensibles aux *étirements passifs* (Figure 16.12B).

Les fibres Ib issues des organes tendineux de Golgi font contact, dans la moelle, avec les neurones d'un circuit local inhibiteur (dits interneurones inhibiteurs Ib) qui, à leur tour, font synapse avec les motoneurones α innervant le même muscle. Le circuit des organes tendineux de Golgi est donc un système à rétroaction négative qui régule la tension musculaire et qui, en présence de forces excessives, réduit l'activation musculaire, préservant ainsi l'intégrité du muscle. Ce circuit réflexe est également actif à des niveaux plus faibles de force musculaire et compense, dans ce cas, les petites variations de tension musculaire par un accroissement ou une réduction de l'inhibition exercée sur les motoneurones α. Dans ces conditions, le système tendineux de Golgi tend à maintenir un niveau constant de force musculaire, en contrebalançant les effets qui, comme la fatigue, pourraient la diminuer. Si l'on peut considérer le système des fuseaux neuromusculaires comme un mécanisme de rétroaction qui détecte la *longueur* musculaire et la maintient constante, le système tendineux de Golgi apparaît comme un système qui détecte et stabilise la *force* du muscle.

Pas plus que le système fusorial, le système des organes tendineux de Golgi ne fonctionne en boucle fermée. Les interneurones inhibiteurs Ib reçoivent des influences synaptiques d'une grande variété d'autres sources, notamment des neurones moteurs supra segmentaires, des récepteurs cutanés, des fuseaux neuromusculaires et des récepteurs articulaires. Ces derniers comprennent plusieurs types de récepteurs situés dans les capsules articulaires et ressemblant aux corpuscules de Ruffini et de Pacini (Figure 16.13). Conjointement, ces diverses afférences régulent la réactivité des interneurones Ib aux influx qu'ils reçoivent des organes tendineux de Golgi.

Les voies des réflexes de flexion

Jusqu'ici, la discussion a été centrée sur les réflexes dont les récepteurs sensoriels sont situés dans les muscles ou dans les tendons. Il existe toutefois d'autres circuits réflexes intervenant pour éloigner un membre d'un stimulus douloureux, tel que la piqûre d'une aiguille ou la chaleur d'une flamme. Contrairement à ce que l'on pourrait imaginer, vu la vitesse de ces réactions de retrait, le **réflexe de flexion** met en jeu des fibres de petit calibre et comporte plusieurs synapses (Figure 16.14). Cette organisation a pour conséquence que la stimulation de fibres sensitives nociceptives provoque l'excitation des muscles fléchisseurs et l'inhibition réciproque des muscles extenseurs du même côté. La flexion du membre stimulé s'accompagne de réactions opposées dans

Figure 16.13

Rôle des organes tendineux de Golgi dans la régulation de la tension musculaire par rétroaction négative. Les fibres Ib issues des organes tendineux s'articulent avec des interneurones inhibiteurs qui réduisent l'activité des motoneurones α innervant le muscle agoniste. Les interneurones inhibiteurs Ib reçoivent aussi des influx afférents émanant d'autres fibres sensitives (non représentées) ainsi que des voies descendantes. Cette organisation empêche les muscles de développer des tensions excessives.

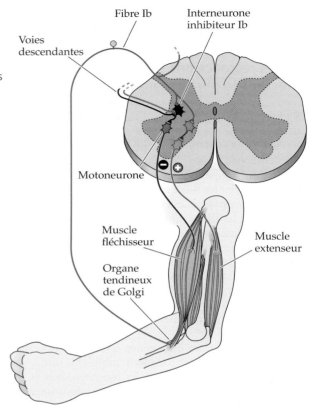

Figure 16.14

Circuits spinaux du réflexe de flexion et du réflexe d'extension croisée. La stimulation des récepteurs cutanés du pied (en marchant sur une punaise, par exemple) provoque l'activation des circuits spinaux commandant le retrait (flexion) de l'extrémité stimulée et l'extension de l'autre extrémité pour fournir un appui compensateur.

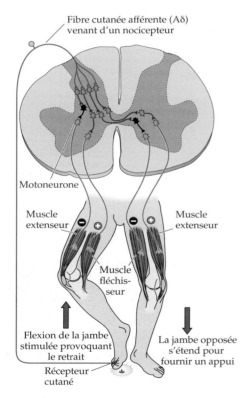

le membre controlatéral ; les muscles extenseurs y sont excités et les fléchisseurs inhibés. Ce **réflexe d'extension croisée** sert à améliorer le support postural durant le retrait par rapport au stimulus douloureux.

Comme les autres voies réflexes, les interneurones des voies du réflexe de flexion reçoivent des influences convergentes de différentes sources, récepteurs cutanés, autres interneurones spinaux, voies descendantes notamment. Bien que la signification fonctionnelle de l'organisation complexe de ces connexions demeure obscure, on peut en trouver quelques indices dans les changements de propriétés du réflexe, consécutifs à une lésion des voies descendantes. Dans les conditions normales, il faut un stimulus nociceptif pour évoquer un réflexe de flexion ; après lésion des voies descendantes, cependant, d'autres types de stimulation, comme une pression modérée du membre, peuvent parfois entraîner la même réponse. À l'inverse, les voies descendantes peuvent, dans certains cas, supprimer le réflexe de flexion déclenché par un stimulus douloureux. Ces observations suggèrent que les projections descendantes que reçoit la moelle modulent la réactivité des circuits locaux à divers types d'afférences sensorielles.

Les circuits spinaux et la locomotion

La contribution des circuits spinaux au contrôle moteur déborde les seules réponses réflexes que provoquent les afférences sensorielles. Les études, chez l'animal, de mouvements rythmiques comme la nage ou la locomotion (Encadré 16B) ont démontré qu'il existe dans la moelle épinière des circuits locaux, appelés **générateurs centraux de rythme** (*central pattern generators*), parfaitement capables de contrôler la chronologie et la coordination de schèmes moteurs aussi complexes et de les ajuster pour répondre aux changements de la situation (Encadré 16C).

La locomotion (marche, course, etc.) en est un bon exemple. On peut envisager les mouvements d'un membre pendant la locomotion comme formant un cycle composé de deux phases : une *phase d'appui*, durant laquelle le membre est étendu et mis en contact avec le sol pour propulser l'animal en avant, et une *phase de transfert*, durant laquelle le membre se fléchit pour quitter le sol puis se porte en avant pour recommencer une phase d'appui (Figure 16.15A). Plus la locomotion est rapide, moins il faut de temps pour exécuter un cycle, le temps gagné étant pris en majeure partie sur la phase d'appui ; la phase de transfert reste, quant à elle, relativement constante sur une très large gamme de vitesses.

Chez les quadrupèdes, les changements de la vitesse de locomotion s'accompagnent aussi de modifications de la séquence des mouvements des membres. Aux vitesses basses, par exemple, il y a une progression d'arrière en avant des mouvements des pattes, d'abord d'un côté, puis de l'autre. Lorsque la vitesse passe au trot, les mouvements de la patte antérieure droite et de la patte postérieure gauche sont synchronisés

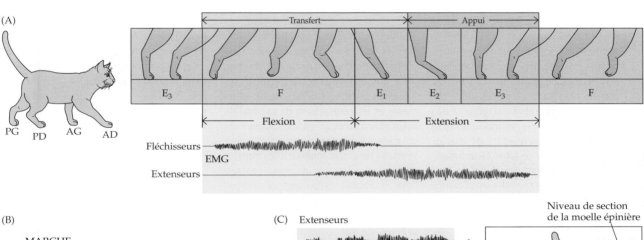

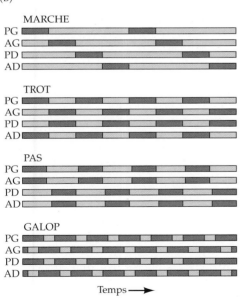

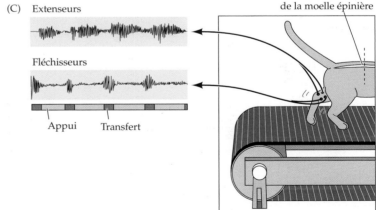

Figure 16.15

Le cycle locomoteur des mammifères terrestres (un chat dans cet exemple) est organisé par des générateurs centraux de rythme. (A) Décours d'un pas, montrant la flexion (F) et l'extension (E) de la jambe et leur relation avec les phases d'appui et de transfert du cycle locomoteur. EMG : enregistrements électromyographiques. (B) Comparaisons des foulées du chat à différentes allures. Barres marron, pied levé (phase de transfert) ; barres grises, pied posé (phase d'appui). (C) Une section de la moelle du chat au niveau thoracique isole les segments postérieurs. Après récupération de l'opération chirurgicale, les membres postérieurs restent capables de marcher sur un tapis roulant. Des bouffées alternées d'activité électromyographique peuvent être enregistrées dans les fléchisseurs durant la phase de transfert et dans les extenseurs durant la phase d'appui (D'après Pearson, 1976.)

ENCADRÉ 16B   *La locomotion chez la sangsue et la lamproie*

Tous les animaux doivent coordonner les mouvements de leur corps pour se déplacer efficacement dans leur environnement. Chez tous les vertébrés, y compris les mammifères, les mouvements coordonnés de la locomotion sont contrôlés au niveau spinal par des circuits locaux, les générateurs centraux de rythme. C'est chez un invertébré, la sangsue, et chez un vertébré primitif, la lamproie, que les bases cellulaires de l'activité locomotrice ont fait l'objet des études les plus approfondies.

La sangsue et la lamproie sont toutes deux dépourvues des appendices locomoteurs que possèdent de nombreux vertébrés (membres, ailerons, nageoires ou leurs équivalents). Par ailleurs, leur corps est fait de segments musculaires (et, chez la lamproie, de pièces squelettiques) qui se répètent. Aussi, pour se déplacer dans l'eau, ces animaux doivent coordonner les mouvements de chacun des segments. Pour ce faire, ils commandent un déplacement sinusoïdal de chaque segment qui les propulse vers l'avant. La sangsue convient tout particulièrement à l'étude des circuits qui sous-tendent les mouvements coordonnés. Son système nerveux consiste en une série de ganglions métamériques interconnectés innervant les muscles segmentaires cor-

respondants (voir Figure A). Ces ganglions facilitent les recherches électrophysiologiques, car chacun ne comporte qu'un nombre restreint de neurones qu'il est possible d'identifier individuellement. On peut donc retrouver les mêmes neurones d'un animal à l'autre, les étudier et mettre leur activité électrique en correspondance avec les mouvements sinusoïdaux de nage.

Chez la sangsue, le mouvement ondulant de la nage est coordonné par un générateur central de rythme. Le circuit impliqué est un ensemble de neurones sensoriels, d'interneurones et de motoneurones, qui se répète dans chaque ganglion métamérique et qui contrôle la séquence locale de contraction-relaxation de chaque segment de la musculature pariétale (Figure B). Les neurones sensoriels détectent les étirements et les contractions de la paroi du corps qui accompagnent les mouvements de nage. Les motoneurones dorsaux et ventraux du circuit innervent les muscles dorsaux et ventraux, dont les contractions phasiques propulsent la sangsue vers l'avant. Les informations sensorielles et les signaux des motoneurones sont coordonnés par des interneurones qui déchargent de façon rythmique et organisent ainsi l'activité phasique des cellules dorsales et ventrales qui sont à

l'origine des mouvements sinusoïdaux. Le rythme intrinsèque de la nage est dû à un ensemble de conductances membranaires qui provoquent des bouffées périodiques de potentiels d'action suivies de périodes d'hyperpolarisation strictement déterminées.

La lamproie, l'un des vertébrés les plus simples, est remarquable par sa musculature nettement segmentée et par l'absence de nageoires bilatérales ou de tout autre appendice. Pour se déplacer dans l'eau, la lamproie contracte et relâche successivement les muscles de chaque segment (Figure C); elle produit ainsi un mouvement sinusoïdal semblable à celui de la sangsue. Ici également, c'est un générateur central de rythme qui coordonne ce mouvement sinusoïdal.

À la différence de la sangsue et de ses ganglions métamériques, la lamproie a

(A) La sangsue se propulse dans l'eau par des contractions et des relaxations séquentielles de la musculature pariétale de chaque segment. Les ganglions métamériques de la chaîne ventrale coordonnent la nage. Chacun contient une population de neurones individuellement identifiables. (B) Les enregistrements électriques des muscles ventraux (EMG$_V$) et dorsaux (EMG$_D$) de la sangsue et des neurones moteurs correspondants montrent un pattern d'excitation réciproque des muscles dorsaux et ventraux d'un segment donné.

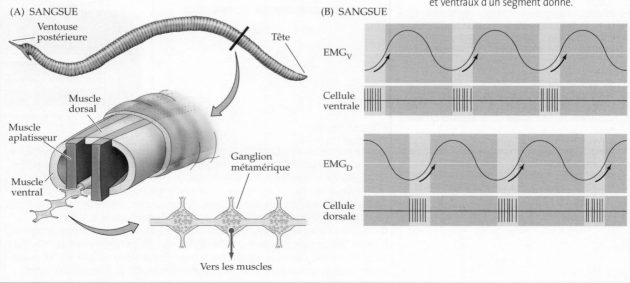

(A) SANGSUE

Ventouse postérieure

Tête

Muscle dorsal

Muscle aplatisseur

Muscle ventral

Ganglion métamérique

Vers les muscles

(B) SANGSUE

EMG$_V$

Cellule ventrale

EMG$_D$

Cellule dorsale

une moelle épinière continue, qui innerve les segments musculaires. La moelle de la lamproie est plus simple que celle des autres vertébrés et plusieurs catégories de neurones identifiés occupent des positions stéréotypées. Cette disposition ordonnée facilite l'identification et l'analyse des neurones qui forment le circuit du générateur central de rythme.

Dans la moelle de la lamproie, le pattern de décharge propre à un ensemble interconnecté de neurones sensoriels, d'interneurones et de motoneurones détermine l'onde de contractions musculaires qui permettent la nage (Figure D). On connaît aujourd'hui l'organisation des connexions entre neurones, les neurotransmetteurs impliqués ainsi que les propriétés physiologiques des éléments qui forment le générateur de rythme de la lamproie. Divers

neurones du circuit déchargent avec une rythmicité propre et contrôlent ainsi les aspects particuliers du cycle de nage (Figure E). Des connexions inhibitrices réciproques d'un côté à l'autre de la ligne médiane coordonnent les circuits des générateurs de rythme de chaque côté de la moelle et jouent un rôle particulièrement important. Les circuits nerveux de la lamproie fournissent ainsi les bases qui permettent de comprendre comment sont organisés les circuits qui contrôlent la locomotion chez les vertébrés plus complexes.

Les observations concernant les générateurs de rythme que l'on a effectuées sur des animaux relativement simples comme ceux-ci ont stimulé des recherches sur les mammifères terrestres chez lesquels la locomotion est également

coordonnée par des générateurs centraux de rythme situés dans la moelle. Malgré des différences de détail, la locomotion terrestre dépend en dernier ressort de mouvements séquentiels semblables à ceux qui propulsent la sangsue et la lamproie dans leur milieu aquatique et des propriétés physiologiques des neurones spinaux qui déterminent la rythmicité des mouvements coordonnés.

Références

GRILLNER, S., D. PARKER ET A. EL MANIRA (1998), Vertebrate locomotion : A lamprey perspective. *Ann. N.Y. Acad. Sci.*, **860**, 1-18.

KRISTAN, JR, W.B., R.L. CALABRESE et W.O. FRIESEN (2005), Neuronal control of leech behavior. *Prog. Neurobiol.*, **76**, 279-327.

MARDER, E. et R.M. CALABRESE (1996), Principles of rhythmic motor pattern generation. *Physiol. Rev.*, **76**, 687-717.

STENT, G.S., W.B. KRISTAN, W.O. FRIESEN, C.A. ORT, M. POON et R.M. CALABRESE (1978), Neural generation of the leech swimming movement. *Science*, **200**, 1348-1357.

(C) LAMPROIE

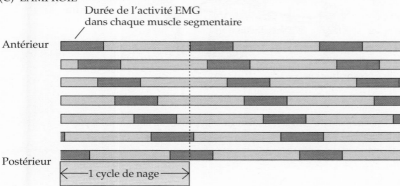

(E) LAMPROIE

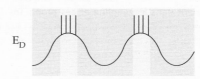
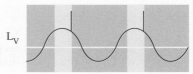

(D) LAMPROIE

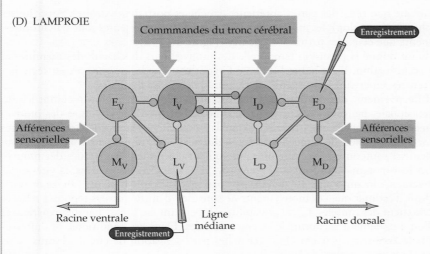

(C) Chez la lamproie, il existe, comme le montre ce schéma, un très haut degré de coordination de l'activité intersegmentaire. (D) Les éléments du générateur central de rythme de la lamproie ont été analysés en détail ; leur organisation constitue un guide pour comprendre celle des circuits homologues de moelles épinières plus complexes. (E) Des patterns distincts d'activité électrique des motoneurones spinaux de la lamproie (neurones E_D et L_V dans cet exemple) correspondent à des périodes particulières de la séquence de contractions musculaires du cycle de nage.

ENCADRÉ 16C *L'autonomie des générateurs centraux de rythme :
le cas du ganglion stomatogastrique du homard*

L'étude des générateurs centraux de rythme a montré que les décharges rythmiques provoquent des réponses motrices complexes sans avoir à être déclenchées par des stimulations sensorielles. Un bon exemple en est donné par le comportement que gouverne un petit groupe de neurones qui, chez les homards et autres crustacés, contrôlent les muscles de l'intestin et que l'on désigne du nom de ganglion stomatogastrique (GSG ; Figure A). Cet ensemble, constitué chez le homard de 30 neurones et interneurones est peut-être le circuit nerveux que l'on connaît dans le plus grand détail. Parmi ces 30 neurones, certains sont indispensables pour deux mouvements rythmiques particuliers : les mouvements du « moulin » gastrique grâce auxquels les aliments sont moulus par des sortes de « dents » dans l'estomac du homard et les mouvements du pylore qui expulsent les aliments vers l'intestin postérieur. Les décharges phasiques des motoneurones et interneurones du GSG sont en parfaite corrélation avec ces deux mouvements rythmiques. Chacune des cellules impliquées a été identifiée sur la base de son emplacement dans le ganglion et ses propriétés électrophysiologiques et neuropharmacologiques ont été définies (Figures B et C).

L'activité rythmique des motoneurones et interneurones du GSG ne débute que si un signal neuromodulateur approprié est fourni par certaines fibres sensitives émanant d'autres ganglions. En fonction de l'activité de ces fibres, les neurones du GSG produisent l'un des patterns de décharge caractéristiques. Mais une fois que l'activité rythmique a démarré, elle se

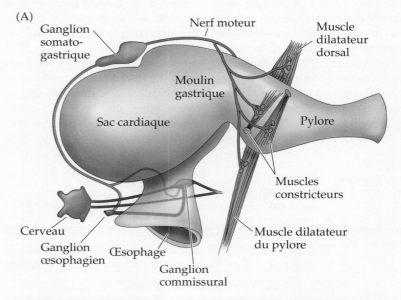

(A) Emplacement du ganglion stomatogastrique (GSG) du homard par rapport à la partie antérieure du tube digestif.

(de même que ceux des pattes antérieure gauche et postérieure droite). Aux vitesses les plus élevées (galop), les mouvements des deux pattes antérieures sont synchronisés, de même que ceux des pattes postérieures (Figure 16.15B).

Étant donné la précision temporelle des mouvements de chacun des membres et leur coordination, il est naturel de faire l'hypothèse que la locomotion est régie par des centres supérieurs qui organisent l'action de chacune des pattes.

Effectivement, des centres du tronc cérébral, tels que la région locomotrice du mésencéphale, peuvent déclencher la locomotion et modifier la vitesse des mouvements en changeant la quantité d'influx qu'ils émettent vers la moelle. Toutefois, après une section complète de la moelle au niveau thoracique, le train arrière d'un chat convenablement soutenu et placé sur un tapis roulant continuera d'effectuer des mouvements locomoteurs coordonnés (Figure 16.15C). Dans ces conditions, la vitesse des mouvements locomoteurs est déterminée par celle du tapis roulant. On serait donc en droit d'estimer que ces mouvements ne sont rien d'autre que des réponses réflexes à l'étirement des muscles. Cette possibilité a cependant été exclue par des expériences où l'on a également sectionné les racines dorsales. Dans ces conditions, des mouvements locomoteurs peuvent être déclenchés par l'activation de circuits locaux, sous l'effet de la transsection de la moelle ou par une injection intraveineuse de L-DOPA

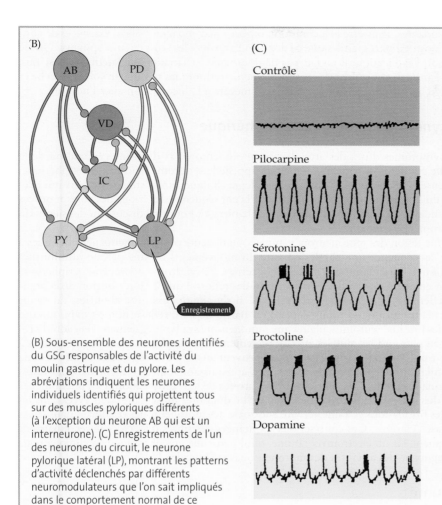

(B)

(C)

Contrôle

Pilocarpine

Sérotonine

Proctoline

Dopamine

(B) Sous-ensemble des neurones identifiés du GSG responsables de l'activité du moulin gastrique et du pylore. Les abréviations indiquent les neurones individuels identifiés qui projettent tous sur des muscles pyloriques différents (à l'exception du neurone AB qui est un interneurone). (C) Enregistrements de l'un des neurones du circuit, le neurone pylorique latéral (LP), montrant les patterns d'activité déclenchés par différents neuromodulateurs que l'on sait impliqués dans le comportement normal de ce ganglion.

maintient en l'absence de tout autre message afférent, grâce aux seules propriétés membranaires intrinsèques de certains neurones précis de cet ensemble.

Autre fait capital révélé par ces recherches, les mêmes neurones peuvent, selon les circonstances, participer à plusieurs activités motrices programmées. À titre d'exemple, il y a un chevauchement entre le sous-groupe de neurones responsables de l'activité du moulin gastrique et le sous-groupe qui produit l'activité pylorique. Cette économie dans l'utilisation de sous-groupes de neurones n'a pas encore été observée dans les générateurs centraux de rythme des mammifères, mais elle est vraisemblablement une propriété de tous les circuits de ce genre.

Références

HARTLINE, D.K. et M. MAYNARD (1975), Motor patterns in the stomatogastric ganglion of the lobster, *Palinurus argus. J. Exp. Biol.*, **62**, 405-420.

MARDER, E. ET R.M. CALABRESE (1996), Principles of rhythmic motor pattern generation. *Physiol. Rev.*, **76**, 687-717.

SELVERSTON, A.I. (2005), A neural infrastructure for rhythmic motor patterns. *Cell. Mol. Neurobiol.*, **25**, 223-244.

(précurseur de la dopamine) provoquant la libération de neurotransmetteur par les terminaisons nerveuses des voies descendantes issues des neurones moteurs suprasegmentaires et que la transsection a interrompues. Bien que la vitesse de la marche soit ralentie et la coordination moindre que dans des conditions normales, on continue d'observer des mouvements locomoteurs adaptés.

Ces expériences, et d'autres, montrent que la rythmicité de base des mouvements locomoteurs ne dépend pas des afférences sensorielles et qu'elle ne dépend pas non plus des influences descendantes émanant des centres supérieurs. Chaque membre semble posséder son propre générateur central de rythme, oscillateur spinal auquel serait due l'alternance de la flexion et de l'extension des membres pendant la locomotion (Encadré 16C). Dans les conditions normales, les générateurs centraux de rythme sont couplés entre eux par des circuits locaux supplémentaires, pour réaliser les séquences motrices propres aux différentes vitesses de locomotion.

Bien que quelques mouvements locomoteurs puissent aussi être déclenchés chez l'homme après lésion des voies descendantes, ces mouvements sont considérablement moins efficaces que ceux que l'on observe chez le chat. Cette réduction, chez l'homme, des aptitudes de la moelle sectionnée à produire les mouvements rythmiques de la marche traduit sans doute une dépendance accrue des centres spinaux vis-à-vis des voies descendantes. Peut-être la locomotion bipède s'accompagne-t-elle d'exigences de contrôle postural plus grandes que ce dont sont capables les seuls circuits spinaux. Quelle que soit l'explication, il ne fait pas de doute que les circuits oscillateurs de base qui, chez l'animal, contrôlent des comportements rythmiques tels que le vol, la marche et la nage, participent aussi dans une large mesure à la locomotion chez l'homme.

Le syndrome neurogène périphérique

Les symptômes dus à des atteintes des motoneurones α du tronc cérébral ou de la moelle épinière constituent ce que l'on appelle le syndrome neurogène périphérique. Cet ensemble de troubles, doit, en neurologie clinique, être distingué de ceux qui relèvent du syndrome pyramidal et qui sont la conséquence de lésions des voies motrices descendantes d'origine corticale (voir le chapitre 17 pour une discussion des signes du syndrome pyramidal).

Une lésion des motoneurones spinaux ou de leurs prolongements périphériques a pour conséquence une paralysie (perte du mouvement) ou une parésie (diminution de la force musculaire) des muscles concernés. Le syndrome neurogène périphérique inclut en outre une aréflexie (disparition des réflexes) due à l'interruption de la branche efférente (motrice) des arcs réflexes. Il s'y ajoute aussi une abolition du tonus musculaire puisque le tonus dépend en partie de l'arc réflexe monosynaptique qui relie les fuseaux neuromusculaires aux motoneurones α (voir également l'encadré 17E). Un peu plus tard les muscles affectés présentent une atrophie due à la dénervation et à la non-utilisation. Les muscles affectés peuvent aussi être le siège de fibrillations et de fasciculations – contractions spontanées apparaissant respectivement dans les fibres musculaires ou dans les unités motrices privées de leur innervation. Ces phénomènes sont dus à des modifications de l'excitabilité des fibres musculaires dénervées dans les cas des fibrillations et à une activité anormale des motoneurones α affectés dans le cas des fasciculations. Ces contractions spontanées des fibres dénervées se reconnaissent facilement sur un électromyogramme, outil particulièrement indiqué en clinique pour le diagnostic des atteintes des motoneurones α (Encadré 16D).

Résumé

Quatre sous-systèmes moteurs distincts, mais hautement interactifs, apportent des contributions capitales au contrôle moteur : les circuits locaux de la moelle et du tronc cérébral, les voies descendantes originaires des centres supérieurs qui les contrôlent, les ganglions de la base et le cervelet. Les motoneurones α de la moelle, de même que les neurones des noyaux des nerfs crâniens du tronc cérébral, constituent le lien direct entre le système nerveux et les muscles. Chaque motoneurone α constitue avec les fibres musculaires qu'il innerve une entité fonctionnelle, l'unité motrice. Les unités motrices varient par leur taille, par la tension qu'elles développent, par leur vitesse de contraction et par leur degré de fatigabilité. Les augmentations progressives de la tension musculaire sont dues à la fois au recrutement ordonné des différents types d'unités motrices et à l'augmentation de la fréquence de décharge des motoneurones. Les circuits locaux, qui comprennent des fibres afférentes sensitives, des interneurones et des motoneurones α et γ, sont d'une importance particulière pour le contrôle réflexe de l'activité musculaire. Le réflexe d'étirement fait intervenir des connexions monosynaptiques entre les fibres sensorielles Ia issues des fuseaux neuromusculaires d'un muscle donné et les motoneurones α innervant ce muscle et les muscles synergistes. Les motoneurones γ règlent le gain du réflexe d'étirement en ajustant le niveau de tension des fibres musculaires intrafusales du fuseau neuromusculaire. Ce mécanisme détermine le niveau de base de l'activité des motoneurones, il participe à la régulation de la longueur du muscle et du tonus musculaire. D'autres circuits réflexes exercent un contrôle rétroactif de la tension musculaire ou interviennent pour éloigner rapidement les membres des stimulus douloureux. Enfin, la coordination et le contrôle temporel et spatial de l'activation musculaire exigés par des mouvements rythmiques comme la locomotion sont en grande partie sous la dépendance de circuits spécialisés,

ENCADRÉ 16D *La sclérose latérale amyotrophique*

La sclérose latérale amyotrophique (SLA) (aussi appelée, en Europe, maladie de Charcot, qui la décrivit en 1869) est une maladie dégénérative qui affecte, selon les estimations, 0,03 % de la population. Elle se caractérise par une dégénérescence lente, mais inexorable, des motoneurones α de la corne ventrale de la moelle et du tronc cérébral et, aux derniers stades, des neurones du cortex moteur. Les individus qui en sont atteints présentent une faiblesse progressive due à l'atteinte des neurones moteurs de tous ordres et une fonte des muscles squelettiques due à la dégénérescence des seuls motoneurones α; ils meurent généralement dans les cinq ans qui suivent le début de la maladie. Ces patients sont, hélas! condamnés à contempler leur propre dégradation, puisque leur intellect demeure intact. Il n'y a pas de thérapeutique efficace.

À peu près 10 % des cas de SLA ont un caractère familial et plusieurs formes familiales graves ont été individualisées. Une forme de SLA familiale (SLAF) à transmission autosomique dominante est due à des mutations du gène qui code la superoxyde de cuivre/zinc dismutase (SOD1), enzyme antioxydante cytosolique. Les mutations du gène *SOD1* sont observées dans environ 20 % des familles où se rencontrent des cas de SLAF. Une forme rare, autosomique récessive, débutant dans l'enfance est due à des mutations du gène codant une protéine, l'alsine, dont on présume qu'elle est un régulateur de la GTPase. Une autre forme rare de SLAF à transmission autosomique dominante, débute chez l'adulte jeune et présente une évolution lente; elle affecte les neurones moteurs, mais laisse la sensibilité intacte; elle est due aux mutations d'une protéine appelée dynactine.

Il reste beaucoup d'incertitudes sur la façon dont les gènes mutants produisent un phénotype d'atteinte des neurones moteurs. On a, depuis longtemps, fait l'hypothèse qu'un transport axonal défectueux pouvait être à l'origine de la SLA. En effet, les neurones moteurs impliqués, du cortex, du tronc cérébral ou de la moelle, sont à l'origine des projections axoniques les plus longues de tout le système nerveux et, de ce fait, elles courent les plus grands risques en cas de perturbations de la structure de l'axone et/ou de ses mécanismes de transport. À l'appui de cette hypothèse, il a été montré que des souris transgéniques porteuses de SOD1 mutante présentent un dysfonctionnement du transport axonal lent dès les premiers stades de la maladie; on sait de plus que la dynactine se fixe sur les microtubules, de telle sorte que de la dynactine mutante peut perturber le transport le long de ces microtubules. Mais il n'a pas été prouvé de façon nette et définitive qu'un transport axonal défectueux est le mécanisme cellulaire de la SLA. Des travaux récents ont examiné divers autres facteurs pathogéniques susceptibles de jouer un rôle dans la majorité des cas de SLA, qui ne sont pas familiaux mais sporadiques. Parmi les mécanismes pathogéniques plausibles, on peut citer l'excitotoxicité du glutamate, l'action de radicaux libres dérivés de l'oxygène, les voies d'induction de l'apoptose, des interactions pro-inflammatoires entre neurones et microglie et la dérégulation de l'homéostasie du calcium. Étant donné que les neurones moteurs sont extraordinairement vulnérables aux perturbations des fonctions mitochondriales et qu'ils ont tendance à n'avoir qu'une capacité réduite pour tamponner un excès de calcium intracellulaire, ces deux derniers facteurs contribuent vraisemblablement à la vulnérabilité sélective des neurones moteurs dans la SLA.

Malgré toutes ces incertitudes sur la pathogénie de la SLA et la liste croissante des mécanismes susceptibles dans la neurodégénération, la démonstration que des mutations spécifiques peuvent causer une SLA familiale a donné aux chercheurs un précieux indice sur la pathogénie moléculaire de quelques-unes au moins des formes de cette maladie dévastatrice.

Références

ADAMS, R.D. et M. VICTOR (2005), *Principles of Neurology*. 8th Ed. New York, McGraw-Hill, 938-944.

BOILLEE, S., C. VANDE VELDE et D.W. CLEVELAND (2006), ALS: A disease of motor neurons and their nonneuronal neighbors. *Neuron*, **52**, 39-59.

HADANO, S. et 20 AUTRES (2001), A gene encoding a putative GTPase regulator is mutated in familial amyotrophic lateral sclerosis 2. *Nature Genetics*, **29**, 166-173.

PULS, I. et 13 AUTRES (2003), Mutant dynactin in motor neuron disease. *Nature Genetics*, **33**, 455-456.

ROSEN, D.R. et 32 AUTRES (1993), Mutations in Cu/Zn superoxide dismutase gene are associated with familial amyotrophic lateral sclerosis. *Nature*, **362**, 59-62.

VON LEWINSKI, F. et B.U. KELLER (2005), Ca²⁺, mitochondria, and selective motoneuron vulnerability: Implications for ALS. *Trends Neurosci.*, **28**, 494-500.

YANG, Y. et 16 AUTRES (2001), The gene encoding alsin, a protein with three guanine-nucleotide exchange factor domains, is mutated in a form of recessive amyotrophic lateral sclerosis. *Nature Genetics*, **29**, 160-165.

appelés générateurs centraux de rythme. Vu le rôle essentiel des motoneurones α dans tous ces circuits, les lésions qui les affectent entraînent une paralysie du muscle qu'ils innervent ainsi que d'autres troubles, parmi lesquels on peut citer la perte de l'activité réflexe, l'abolition du tonus musculaire et finalement l'atrophie du muscle.

Lectures complémentaires

Revues

BURKE, R.E. (1981), Motor units: Anatomy, physiology and functional organization. In *Handbook of Physiology*, Section 1: *The Nervous System*, Volume II, *Motor Control*, Part 1, V.B. Brooks (ed.). Bethesda, MD, American Physiological Society, 345-422.

BURKE, R.E. (1990), Spinal cord: Ventral horn. In *The Synaptic Organization of the Brain*, 3rd Ed. G.M. Shepherd (ed.). New York, Oxford University Press, 88-132.

GRILLNER, S. et P. WALLEN (1985), Central pattern generators for locomotion, with special reference to vertebrates. *Annu. Rev. Neurosci.*, **8**, 233 -261.

HENNEMAN, E. (1990), Comments on the logical basis of muscle control. In *The Segmental Motor System*, M.C. Binder and L.M. Mendell (eds). New York, Oxford University Press, 7-10.

HENNEMAN, E. et L.M. MENDELL (1981), Functional organization of the motoneuron pool and its inputs. In *Handbook of Physiology*, Section 1: *The Nervous System*, Volume II, *Motor Control*, Part 1, V.B. Brooks (ed.). Bethesda, MD, American Physiological Society, 423-507.

LUNDBERG, A. (1975), Control of spinal mechanisms from the brain. In *The Nervous System*, Volume 1: *The Basic Neurosciences*. D.B. Tower (ed.). New York, Raven Press, 253-265.

NISTRI, A, K. OSTOUMOV, E. SHARIFULLINA et G. TACCOLA (2006), Tuning and playing a motor rythm. How metabotropic glutamate receptors orchestrate generation of motor patterns in the mammalian central nervous system *J. Physiol.*, **572**, 323-334.

PATTON, H.D. (1965), Reflex regulation of movement and posture. In *Physiology and Biophysics*, 19th Ed., T.C. Ruch and H.D. Patton (eds.). Philadelphia, Saunders, 181-206.

PEARSON, K. (1 976), The control of walking. *Sci. Amer.*, **235**, 72-86.

PROCHAZKA, A., M. HULLIGER, P. TREND et N. DURMULLER (1988), Dynamic and static fusimotor set in various behavioral contexts. In *Mechanoreceptors: Development, Structure, and Function*. P. Hnik, T. Soulup, R. Vejsada and J. Zelena (eds.). New York, Plenum, 417-430.

SCHMIDT, R.F. (1983), Motor Systems. In *Human Physiology*. R.F. Schmidt and G. Thews (eds.). Berlin, Springer Verlag, 81-110.

Articles originaux importants

BURKE, R.E., D.N. LEVINE, M. SALCMAN et P. TSAIRES (1974), Motor units in cat soleus muscle: Physiological, histochemical, and morphological characteristics. *J. Physiol.*, **238**, 503-514.

BURKE, R.E., P.L. STRICK, K. KANDA, C.C. KIM et B. WALMSLEY (1977), Anatomy of medial gastrocnemius and soleus motor nuclei in cat spinal cord. *J. Neurophysiol.*, **40**, 667-680.

HENNEMAN, E., E. SOMJEN, et D.O. CARPENTER (1965), Excitability and inhibitability of motoneurons of different sizes. *J. Neurophysiol.*, **28**, 599-620.

HUNT, C.C. et S.W. KUFFLER (1951), Stretch receptor discharges during muscle contraction. *J. Physiol.*, **113**, 298-315.

LIDDELL, E.G.T. et C.S. SHERRINGTON (1925), Recruitment and some other factors of reflex inhibition. *Proc. R. Soc. London*, **97**, 488-518.

LLOYD, D.P.C. (1946), Integrative pattern of excitation and inhibition in two-neuron reflex arcs. *J. Neurophysiol.*, **9**, 439-444.

MONSTER, A.W. et H. CHAN (1977), Isometric force production by motor units of extensor digitorum communis muscle in man. *J. Neurophysiol.*, **40**, 1432-1443.

WALMSLEY, B., J.A. HODGSON et R.E. BURKE (1978), Forces produced by medial gastrocnemius and soleus muscles during locomotion in freely moving cats. *J. Neurophysiol.*, **41**, 1203-1216.

Ouvrages

BRODAL, A. (1981), *Neurological Anatomy in Relation to Clinical Medicine*, 3rd Ed. New York, Oxford University Press.

LIEBER, R.L. (2002), *Skeletal Muscle Structure, Function, and Plasticity*, 2nd Ed. Baltimore, Lippincott Williams & Wilkins.

SHERRINGTON, C. (1947), *The Integrative Action of the Nervous System*, 2nd Ed. New Haven, Yale University Press.

chapitre 17

Contrôles centraux du tronc cérébral et de la moelle

Vue d'ensemble

Les projections des centres supérieurs contrôlent les circuits locaux de la moelle épinière et du tronc cérébral qui organisent les mouvements en coordonnant l'activité des motoneurones segmentaires. Ces projections ont leur origine dans diverses structures du tronc cérébral et dans plusieurs aires corticales des lobes frontaux. Les centres de contrôle moteur du tronc cérébral jouent un rôle particulièrement important dans le contrôle permanent de la posture, dans l'orientation vers les stimulus sensoriels, dans la locomotion et dans la motricité orofaciale. Chaque centre exerce des influences qui lui sont propres. L'aire locomotrice mésencéphalique contrôle la locomotion. Deux autres centres, le complexe des noyaux vestibulaires et la formation réticulaire, ont des effets généralisés sur la posture corporelle. La formation réticulaire participe également à divers circuits de la motricité somatique et végétative qui gouvernent l'expression des comportements végétatifs et des comportements somatiques stéréotypés. Toujours dans le tronc cérébral, le colliculus supérieur comporte des motoneurones qui déclenchent les mouvements d'orientation de la tête et des yeux. Le cortex moteur primaire et toute une mosaïque d'aires «prémotrices» du lobe frontal sont, pour leur part, responsables de la planification et du contrôle précis de séquences complexes de mouvements volontaires ainsi que de l'expression somatique des états émotionnels. Pour la plupart, les neurones de ces structures influencent la production des mouvements en agissant directement sur les circuits organisateurs locaux du tronc cérébral et de la moelle. Les neurones moteurs corticaux contrôlent également les mouvements de façon indirecte, en projetant sur les centres de contrôle moteur du tronc cérébral, qui projettent eux-mêmes sur les circuits organisateurs locaux du tronc cérébral et de la moelle. L'une des fonctions principales de ces voies indirectes est de maintenir la posture du corps durant les mouvements volontaires à point de départ cortical.

Organisation des contrôles moteurs descendants

On comprendra plus facilement les fonctions des neurones qui sont à l'origine des voies descendantes, si l'on considère comment sont organisés, au sein de la moelle épinière, les motoneurones et les neurones de circuits locaux qui sont les cibles de ces systèmes descendants. Comme indiqué au chapitre 16, les motoneurones des cornes ventrales ont une organisation somatotopique : la partie la plus médiane de la corne ventrale contient les groupes de motoneurones qui innervent les muscles axiaux et les muscles proximaux des membres, tandis que la partie latérale contient ceux qui innervent les muscles distaux (Figure 17.1). Cette organisation somatotopique vaut aussi pour les neurones des circuits locaux, situés en majeure partie dans la zone intermédiaire de la moelle et constituant la source principale des afférences directes que reçoivent les motoneurones α. La région médiane de la zone intermédiaire contient donc les neurones de circuits locaux (ou interneurones) qui font synapse avec les motoneurones α de la partie médiane de la corne ventrale, alors que les régions latérales de la zone intermédiaire contiennent les neurones qui s'articulent surtout avec les motoneurones de la partie latérale de la corne ventrale. Comme l'a souligné le chapitre 16, l'organisation somatotopique de la corne ventrale offre un cadre permettant

Figure 17.1

Vue d'ensemble des contrôles moteurs descendants. (A) Organisation somatotopique de la corne ventrale au niveau du renflement cervical. Les projections descendantes issues du cortex moteur se situent dans la substance blanche latérale de la moelle, celles qui proviennent du tronc cérébral occupent une position ventromédiane. (B) Schéma des principales voies descendantes impliquées dans les contrôles moteurs. La partie médiane de la corne ventrale contient les motoneurones α qui gouvernent la posture, l'équilibration ainsi que les mouvements d'orientation de la tête et du cou lors des changements de direction du regard. Les projections que reçoivent ces motoneurones médians ont leur origine dans le tronc cérébral, descendent dans la partie ventromédiane de la substance blanche de la moelle et se terminent bilatéralement. La partie latérale de la corne ventrale contient les motoneurones α qui gouvernent les mouvements volontaires fins des extrémités. Ces motoneurones latéraux reçoivent de la part du cortex moteur controlatéral de puissantes projections empruntant le faisceau pyramidal latéral, principal contingent des fibres corticospinales, qui descend dans la substance blanche latérale de la moelle. Pour des raisons de simplicité, on n'a représenté qu'un côté du tronc cérébral, du cortex moteur et de la corne ventrale et l'on n'a pas fait figurer le faisceau corticospinal ventral, moins important.

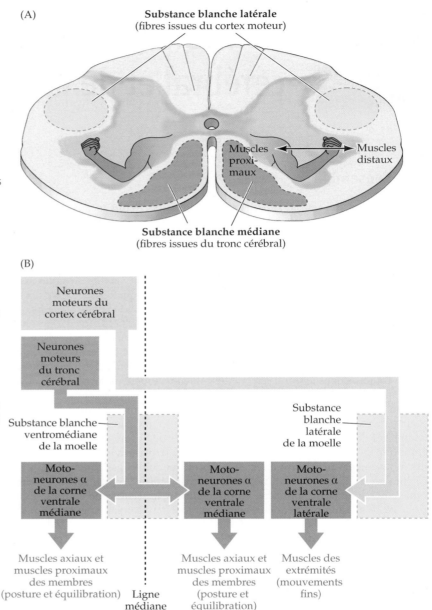

de comprendre le contrôle de la musculature du corps lors du maintien postural et des mouvements ainsi que la façon dont les projections d'origine corticale sont organisées pour réguler les comportements moteurs.

Les voies descendant du cortex ou du tronc cérébral se terminent au niveau spinal conformément à cette distinction fonctionnelle entre les circuits locaux qui organisent l'activité de la musculature axiale et ceux qui organisent la motricité distale. La plupart des neurones moteurs suprasegmentaires qui projettent sur la partie médiane de la corne ventrale projettent également sur la partie médiane de la zone intermédiaire. Leurs axones descendent dans la partie ventromédiane de la substance blanche de la moelle et émettent des collatérales dont les terminaisons s'étendent sur un assez grand nombre de segments et qui innervent les groupes neuroniques médians des deux côtés de la moelle. Pour l'essentiel, ces fibres ont leur origine dans les noyaux vestibulaires et dans la formation réticulaire ; comme le laisse supposer le fait qu'elles se terminent dans la partie médiane de la substance grise de la moelle, elles interviennent principalement dans les mécanismes de la posture, de l'équilibration et des mouvements d'orientation (Figure 17.2). Par contre, les fibres issues du cortex moteur se terminent en majorité dans les parties latérales de la substance grise et leurs terminaisons ne s'étendent que sur quelques segments. Le contingent principal de ces voies corticospinales est essentiellement impliqué dans les mouvements volontaires précis faisant appel à la partie distale des membres.

Rôle des centres de contrôle moteur du tronc cérébral dans le maintien de l'équilibre, la régulation de la posture et l'orientation du regard

On trouve dans le tronc cérébral plusieurs structures importantes contenant des circuits de neurones moteurs suprasegmentaires qui organisent divers mouvements somatiques mettant en jeu la musculature axiale et proximale. Ces mouvements comprennent le maintien de l'équilibre, la régulation de la posture et l'orientation du regard ; ils sont régis par les neurones des noyaux du complexe vestibulaire, de la formation réticulaire et du colliculus supérieur. Ces activités motrices sont habituellement nécessaires à l'expression d'habiletés motrices impliquant les parties les plus distales des membres ou, dans le cas du regard, une attention dirigée vers un stimulus sensoriel particulier. En fait, les circuits du tronc cérébral ont la capacité de gouverner un comportement moteur en l'absence de supervision par les centres supérieurs du cortex cérébral. Mais, d'ordinaire, ils opèrent de concert avec les aires du cortex moteur organisant les mouvements volontaires, qui comportent toujours des habiletés motrices (volontaires) et des activités motrices de support (réflexes).

Comme on l'a vu au chapitre 14, les **noyaux vestibulaires** sont le point d'aboutissement des fibres constituant le contingent vestibulaire du nerf VIII ; ils reçoivent donc des messages sensoriels originaires des canaux semi-circulaires et des organes otolithiques, qui renseignent sur la position de la tête et sur son accélération angulaire et linéaire. Parmi les neurones des noyaux vestibulaires qui reçoivent ces informations, se trouvent des neurones moteurs dont les axones vont se terminer dans la région médiane de la substance grise de la moelle ; certains d'entre eux s'articulent toutefois plus latéralement avec les neurones contrôlant la musculature proximale des membres. Les projections des noyaux vestibulaires qui contrôlent les muscles axiaux et celles qui agissent sur la musculature proximale des membres, proviennent de groupes neuroniques différents et empruntent des chemins différents (Figure 17.2). Les neurones du noyau vestibulaire médian donnent naissance au **faisceau vestibulospinal médian**, qui se termine dans la corne ventrale médiane de la moelle cervicale ; il régule la position de la tête par une activation réflexe des muscles de la nuque en réponse à la stimulation des canaux semi-circulaires provoquée par les accélérations rotationnelles de la tête. Les neurones du noyau vestibulaire latéral sont à l'origine du faisceau vestibulospinal latéral, dont les fibres empruntent, dans la substance blanche ventrale de la moelle, un chemin légèrement plus latéral que celui du faisceau vestibulospinal médian. Malgré son nom, le faisceau vestibulospinal latéral se termine au sein des groupes de motoneurones médians qui commandent la musculature proximale des membres. Comme indiqué plus en détail dans le chapitre 14, ce faisceau facilite l'activation des muscles extenseurs antigravitaires lorsque les organes otolithiques signalent des déviations par rapport à un équilibre stable et à la station debout. D'autres neurones moteurs des noyaux vestibulaires projettent sur des motoneurones situés dans les noyaux des nerfs crâniens intervenant dans la motricité oculaire (noyaux des nerfs III, IV et VI). Cette voie régit les mouvements des yeux qui stabilisent la fixation durant les mouvements de la tête (réflexe vestibulo-oculaire ; voir Chapitres 14 et 20).

La **formation réticulaire** est un réseau complexe de circuits nerveux, qui se situe au centre du tronc cérébral et s'étend de l'avant du mésencéphale à l'arrière du bulbe ; du point de vue structural et fonctionnel, elle ressemble aux circuits de la substance

(A) FAISCEAUX VESTIBULOSPINAUX
LATÉRAL ET MÉDIAN

(B) FAISCEAU RÉTICULOSPINAL

(C) FAISCEAU TECTOSPINAL

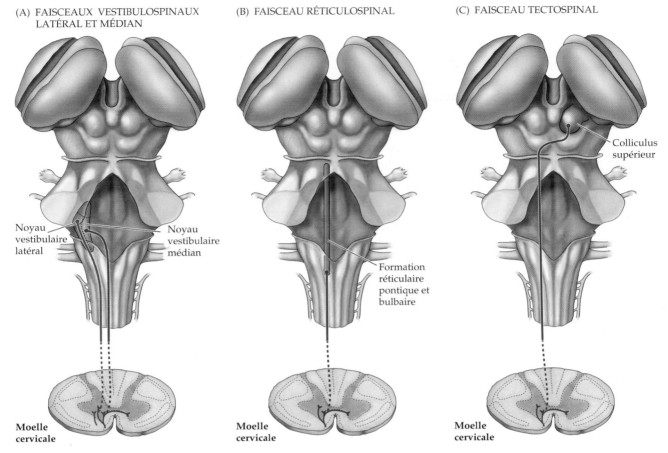

Colliculus
supérieur

Noyau
vestibulaire
latéral

Noyau
vestibulaire
médian

Formation
réticulaire
pontique et
bulbaire

**Moelle
cervicale**

**Moelle
cervicale**

**Moelle
cervicale**

Figure 17.2

Projections descendantes du tronc cérébral sur la moelle épinière. Les voies qui influencent les motoneurones de la partie médiane de la corne ventrale ont leur origine dans les noyaux vestibulaires (A), la formation réticulaire (B) et le colliculus supérieur (C).

grise intermédiaire de la moelle (voir Figure 17.3 et Encadré 17A). À la différence des noyaux sensitifs et moteurs des nerfs crâniens, aux limites bien définies, la formation réticulaire est constituée de petits amas de neurones éparpillés dans un lacis de filets nerveux. Ces neurones ont des fonctions diverses, parmi lesquelles le contrôle cardio-vasculaire et respiratoire (voir Chapitre 21), le contrôle d'innombrables réflexes (voir Chapitres 16 et 21), la coordination des mouvements oculaires (voir Chapitre 20), la régulation de la veille et du sommeil (voir Chapitre 28) ainsi que la coordination temporelle et spatiale des mouvements, d'importance toute particulière pour notre propos. Les projections descendantes de la formation réticulaire sont semblables à celles du noyau vestibulaire ; elles se terminent principalement dans les parties médianes de la substance grise de la moelle, où elles influencent les neurones de circuits locaux qui coordonnent les muscles axiaux et les muscles proximaux des membres (voir Figure 17.2B).

Ensemble, le noyau vestibulaire et la formation réticulaire fournissent à la moelle les commandes qui assurent le maintien de la posture face aux perturbations de la position et de la stabilité du corps dues à l'environnement ou à l'individu lui-même. Les projections directes des noyaux vestibulaires sur la moelle garantissent une compensation rapide de toute instabilité posturale détectée par le labyrinthe vestibulaire (voir Chapitre 14). En revanche, les centres moteurs de la formation réticulaire sont largement dépendants d'autres centres moteurs du cortex, de l'hypothalamus ou du tronc cérébral. Les neurones réticulaires appropriés déclenchent les ajustements qui stabilisent la posture pendant l'exécution des mouvements.

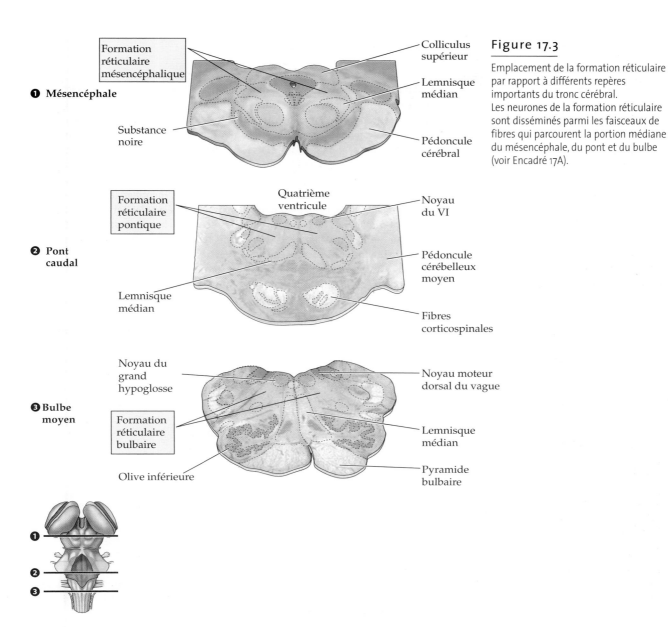

Figure 17.3

Emplacement de la formation réticulaire par rapport à différents repères importants du tronc cérébral.
Les neurones de la formation réticulaire sont disséminés parmi les faisceaux de fibres qui parcourent la portion médiane du mésencéphale, du pont et du bulbe (voir Encadré 17A).

On peut se rendre compte de la façon dont les commandes réticulaires maintiennent la posture, en analysant ce qui se passe lors d'une activité motrice volontaire. Les actes moteurs les plus simples s'accompagnent de l'activation de muscles qui, de prime abord, n'ont pas grand-chose à voir avec les objectifs majeurs du mouvement. La figure 17.4, par exemple, montre le profil d'activité du biceps brachial quand un sujet tire avec le bras sur une poignée, en réponse à un signal auditif. L'activité du biceps commence environ 200 ms après le son. Toutefois,

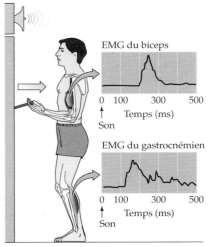

Figure 17.4

Maintien anticipateur de la posture du corps. Quand survient un signal sonore, le sujet tire sur une poignée en contractant son biceps brachial. La contraction du muscle gastrocnémien précède celle du biceps pour assurer la stabilité posturale. EMG : enregistrement électromyographique de l'activité musculaire.

ENCADRÉ 17A *La formation réticulaire*

Si l'on enlevait du tronc cérébral les noyaux des nerfs crâniens, les noyaux de relais vers le cervelet, les faisceaux ascendants et descendants qui conduisent les messages sensoriels et les commandes motrices, si l'on enlevait enfin les structures contiguës au système ventriculaire en position latérale et dorsale, il ne resterait plus que le cœur, qui recouvre la partie ventrale du tronc et que pour cette raison on nomme *tegmentum* (c'est-à-dire *ce qui recouvre*). Éparpillés dans le fouillis de fibres qui traversent le tegmentum, se trouvent de petits amas de neurones dont l'ensemble constitue la formation réticulaire. À de rares exceptions près, il est difficile, sur des coupes histologiques standard, de percevoir des noyaux distincts dans ces amas neuronaux. Et, de fait, les premiers histologistes qualifièrent cet ensemble diffus de « réticulaire » (étymologiquement : « semblable à un filet »), car ils s'imaginaient que ces neurones faisaient partie d'un réseau lâche de cellules interconnectées en tous sens, réseau qui s'étendait de la substance grise intermédiaire de la moelle cervicale jusqu'aux régions latérales de l'hypothalamus et à certains noyaux thalamiques de la ligne médiane.

Ces conceptions anatomiques initiales étaient influencées par les expériences de lésion chez l'animal et les observations cliniques de malades neurologiques, effectuées au cours des années 1930 et 1940. Ces travaux montraient que des lésions de la partie la plus antérieure du tegmentum du tronc cérébral provoquent un coma, ce qui laissait supposer l'existence, dans le mésencéphale et le pont rostral, de structures nerveuses responsables, dans les conditions normales, des états cérébraux conscients et de l'alternance veille-sommeil. G. Moruzzi et H. Magoun exprimèrent ces opinions d'une façon particulièrement influente en proposant, pour rendre compte des fonctions et du rôle critique de la formation réticulaire du tronc cérébral, que cette dernière constituait un « système réticulaire activateur ». Les données dont nous disposons concordent dans l'ensemble avec l'idée d'une fonction activatrice de la formation réticulaire rostrale. On reconnaît toutefois aujourd'hui dans le tegmentum rostral l'existence de tout un ensemble de systèmes neurochimiques formés d'amas neuroniques distincts, aux effets postsynaptiques diversifiés et aux interactions complexes, tandis que dans les régions plus caudales de la formation réticulaire, une multitude d'amas neuroniques soustendent d'autres fonctions. Avec l'utilisation de techniques plus raffinées et plus précises pour déterminer les connexions anatomiques, identifier les neurotransmetteurs et décrire les patterns d'activité des neurones, la notion de réseau diffus sous-tendant une fonction commune s'est trouvée dépassée.

Le terme de *formation réticulaire* n'en subsiste pas moins, de même que subsiste le défi que représente l'élucidation de la complexité anatomique et de l'hétérogénéité fonctionnelle de cette région du cerveau. On peut, heureusement, simplifier les problèmes en procédant à deux généralisations. Premièrement, les fonctions des différents groupes de neurones

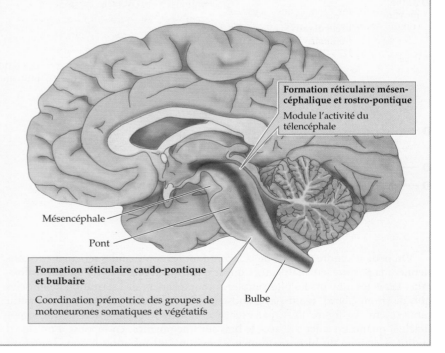

Vue sagittale médiane du cerveau montrant l'extension de la formation réticulaire et indiquant les rôles fonctionnels généraux que jouent les amas neuroniques de sa partie rostrale (en bleu) et de sa partie caudale (en rouge).

Formation réticulaire mésencéphalique et rostro-pontique
Module l'activité du télencéphale

Mésencéphale

Pont

Formation réticulaire caudo-pontique et bulbaire
Coordination prémotrice des groupes de motoneurones somatiques et végétatifs

Bulbe

comme le montre l'enregistrement, la contraction du biceps s'accompagne d'une augmentation notable de l'activité d'un muscle proximal, le gastrocnémien (ainsi que d'autres muscles non enregistrés dans cette expérience). Et en fait, la contraction du gastrocnémien commence bien avant celle du biceps.

Ces résultats montrent que le contrôle postural fait intervenir un mécanisme proactif ou anticipateur (Figure 17.5). Dans le cadre de la planification du mouvement

peuvent être regroupées en deux grandes catégories : les *fonctions modulatrices* d'une part et les *fonctions prémotrices* de l'autre. Deuxièmement, les fonctions modulatrices se trouvent principalement dans les régions rostrales de la formation réticulaire, tandis que les *fonctions prémotrices* se situent dans les régions plus caudales.

Plusieurs amas de neurones de grande taille (magnocellulaires) localisés dans le mésencéphale et dans la formation réticulaire pontique rostrale participent, avec quelques noyaux diencéphaliques, à la modulation des états de conscience (voir Chapitre 28). Leurs effets s'expriment par les projections diencéphaliques à longue distance des neurones cholinergiques voisins du pédoncule cérébelleux supérieur ainsi que par les projections, sur tout le cerveau antérieur, des neurones noradrénergiques du locus cœruleus et des neurones sérotoninergiques des noyaux du raphé. En gros, ces neurotransmetteurs de la famille des monoamines agissent comme des neuromodulateurs (voir Chapitre 6) qui modifient le potentiel de membrane et les caractéristiques de décharge des neurones thalamocorticaux et corticaux (le détail de ces effets est expliqué au chapitre 28). Dans la même catégorie, nous trouvons les systèmes dopaminergiques du mésencéphale ventral, qui modulent les interactions corticostriaires au niveau des ganglions de la base (voir Chapitre 18) et la réactivité des neurones du cortex préfrontal et des régions limbiques du cerveau antérieur (voir Chapitre 29). Le cerveau antérieur n'est cependant pas la cible exclusive des projections modulatrices de la formation réticulaire rostrale. Bien qu'on ne les considère pas toujours comme partie intégrante de la formation réticulaire, il est utile d'inclure dans cet ensemble fonctionnel certaines coulées cellulaires de la substance grise périaqueducale (entourant l'aqueduc de Sylvius) : ces neurones projettent sur la corne dorsale de la moelle et modulent la transmission des messages nociceptifs (voir Chapitre 10).

Les neurones de la formation réticulaire du pont caudal et du bulbe ont d'ordinaire une fonction prémotrice : c'est sur eux que convergent les commandes motrices issues des neurones moteurs des centres plus haut situés et leurs rétroactions sensorielles. Ces neurones organisent les activités efférentes de certains motoneurones végétatifs ou somatiques du tronc cérébral ou de la moelle. Comme exemples de cette catégorie fonctionnelle, on peut citer les neurones de petite taille (parvocellulaires) qui coordonnent toute une gamme d'activités motrices, dont celles des centres du regard décrits au chapitre 20, ou encore les neurones des circuits locaux voisins des noyaux moteurs somatiques ou branchiaux qui organisent la mastication, les expressions faciales et divers réflexes orofaciaux tels que l'éternuement, le hoquet, le bâillement et la déglutition. Il existe, de plus, des centres végétatifs qui organisent les activités efférentes de groupes spécifiques de neurones végétatifs primaires. On trouve, dans ce dernier sous-ensemble, au niveau du bulbe ventrolatéral, des amas neuroniques circonscrits qui entretiennent les rythmes respiratoires, et d'autres qui régulent les efférences cardio-inhibitrices des neurones du noyau ambigu et du noyau moteur dorsal du vague. D'autres amas encore organisent les activités complexes qui exigent une coordination des efférences tant végétatives que somatiques telles que les réflexes nauséeux, le vomissement et même le rire ou les larmes.

Il est difficile d'appliquer cette dichotomie rostro-caudale aux amas neuroniques qui sont à l'origine des voies réticulospinales. Comme il est dit dans le texte, ces neurones, qui donnent naissance aux projections longues innervant les groupes de motoneurones alpha de la partie médiane de la corne ventrale, se distribuent à la fois dans les régions rostrales et dans les régions caudales de la formation réticulaire. Les influx réticulospinaux servent à moduler le gain des réflexes segmentaires mettant en jeu les muscles du tronc et des muscles proximaux et à déclencher certains patterns stéréotypés de mouvements des membres.

Au total, la formation réticulaire apparaît comme une collection hétérogène d'amas délimités de neurones du tegmentum du tronc cérébral ayant pour fonction soit de moduler à distance l'excitabilité de neurones du télencéphale ou de la moelle, soit de coordonner les décharges de groupes plus proches de motoneurones intervenant dans des comportements moteurs somatiques et végétatifs réflexes ou stéréotypés.

Références

Blessing, W.W. (1997), Inadequate frameworks for understanding bodily homeostasis. *Trends Neurosci.*, **20**, 235-239.

Holstege, G., R. Bandler et C.B. Saper (eds.) (1996), *Progress in Brain Research*, **Vol. 107**, Amsterdam, Elsevier.

Loewy, A.D. et K.M. Speyer (eds.) (1990), *Central Regulation of Autonomic Functions*. New York, Oxford.

Mason, P. (2001), Contributions of the medullary raphe and ventromedial reticular region to pain modulation and other homeostatic functions. *Annu. Rev. Neurosci.*, **24**, 737-777.

Moruzzi, G. et H.W. Magoun (1949), Brain stem reticular formation and activation of the EEG. *EEG Clin. Neurophysiol.*, **1**, 455-476.

du bras, les effets qu'aura le mouvement à venir sur la stabilité du corps sont « évalués » et pris en compte pour déclencher dans le gastrocnémien un changement d'activité qui précède effectivement le mouvement du bras et qui lui procure un support postural préparatoire. Dans l'exemple de la figure 17.4, la contraction du biceps tend à tirer le corps en avant, ce à quoi s'oppose la contraction du gastrocnémien. En un mot, le mécanisme proactif « prévoit » la perturbation de la stabilité du corps et déclenche une réponse stabilisatrice adaptée.

Figure 17.5

Mécanismes proactifs et rétroactifs du contrôle postural. Les réponses posturales proactives sont « pré-programmées » et, en règle générale, précèdent le début du mouvement des membres (voir Figure 17.4). Les réponses rétroactives sont déclenchées par les afférences sensorielles signalant l'instabilité posturale.

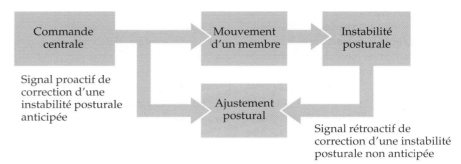

L'importance de la formation réticulaire pour les mécanismes proactifs du contrôle postural a été explorée en grand détail chez des chats entraînés à utiliser leur patte avant pour aller toucher un objet. Comme on s'y attend, le mouvement du membre antérieur s'accompagne d'ajustements posturaux proactifs des autres pattes qui maintiennent l'animal debout. Ces ajustements ont pour effet de faire passer le poids de l'animal d'une distribution également répartie sur les quatre membres à un pattern en diagonale, où le poids est principalement supporté par la patte antérieure non mobilisée et par la patte postérieure ipsilatérale à la patte mobilisée. On peut faire se soulever une patte antérieure et obtenir les ajustements posturaux des autres pattes en stimulant électriquement le cortex moteur chez le chat vigile. Mais, après inactivation pharmacologique de la formation réticulaire, on n'obtient plus, par stimulation corticale, que les mouvements des pattes antérieures, sans les ajustements posturaux proactifs qui normalement les accompagnent.

Ces résultats se comprennent si l'on se rappelle que les influences du cortex moteur sur les motoneurones spinaux empruntent deux routes : d'une part des projections directes sur la moelle (examinés ci-dessous de façon plus détaillée), d'autre part des projections indirectes sur les centres du tronc cérébral qui projettent à leur tour sur la moelle. La formation réticulaire est l'une des cibles principales de ce second type de projections corticales. Les neurones corticaux déclenchent donc à la fois le mouvement de la patte antérieure et les ajustements posturaux des autres membres nécessaires au maintien de la stabilité du corps. Le mouvement de la patte antérieure fait intervenir les projections directes du cortex sur la moelle, tandis que les ajustements posturaux mettent en jeu les voies indirectes qui relient le cortex moteur à la moelle, après relais dans la formation réticulaire (voie cortico-réticulo-spinale ; Figure 17.6).

Les différences de fonction entre les voies directes et indirectes allant du cortex ou du tronc cérébral jusqu'à la moelle ont été corroborées par les travaux du neurobiologiste néerlandais Hans Kuypers. Ce chercheur a étudié le comportement de singes rhésus chez qui la voie directe a été sectionnée au niveau du bulbe, tout en laissant intactes les voies descendantes indirectes qui font relais dans les centres du tronc cérébral. Immédiatement après l'opération, les animaux sont capables d'utiliser leur musculature axiale et proximale pour se tenir debout, pour marcher, courir et grimper, mais ils présentent de grandes difficultés à se servir des parties distales de leurs membres (particulièrement des mains) indépendamment des mouvements du reste du corps. Ils peuvent, par exemple, s'agripper à leur cage, mais n'arrivent pas à utiliser leurs doigts pour aller saisir de la nourriture ; ils utilisent tout leur bras pour ramasser la nourriture en balayant l'espace devant eux. Après plusieurs semaines, ils retrouvent un certain usage indépendant de leurs mains et peuvent à nouveau saisir les objets qui les intéressent, mais seulement par une flexion de l'ensemble des doigts. La capacité d'exécuter des mouvements indépendants et individualisés des doigts, tels que l'opposition du pouce et des autres doigts pour saisir un objet, ne revient jamais.

Ces observations montrent qu'après une lésion de la voie corticospinale directe au niveau du bulbe, les projections indirectes du cortex moteur passant par le tronc cérébral (ou les projections du tronc cérébral lui-même) sont capables d'assurer les comportements moteurs qui impliquent l'utilisation prépondérante des muscles proximaux.

Figure 17.6

Voies indirectes du cortex moteur à la moelle épinière. Les neurones du cortex moteur qui se terminent sur la partie latérale de la corne ventrale et commandent les mouvements des extrémités des membres (Figure 17.10) se terminent également sur des neurones de la formation réticulaire pour déclencher les ajustements posturaux qui assistent les mouvements. La voie réticulospinale se termine sur les parties médianes de la corne ventrale, là où se trouvent les motoneurones qui innervent les muscles axiaux et proximaux. Le cortex moteur dispose donc de voies directes et indirectes par lesquelles il peut influencer l'activité des neurones de la moelle.

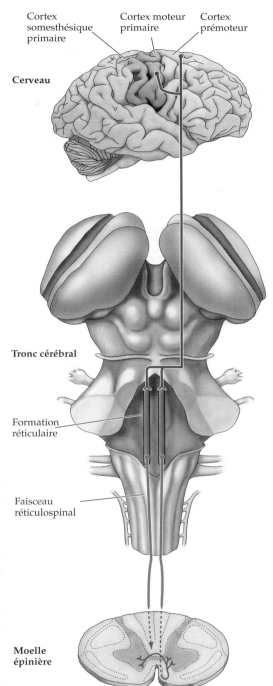

Par contre les projections directes du cortex moteur sur la moelle confèrent aux mouvements, rapidité et agilité ; elles donnent aux mouvements individualisés des doigts, un degré de précision supérieur à celui qu'il est possible d'atteindre à l'aide des seules voies indirectes (voir ci-dessous).

Deux autres structures du tronc cérébral, le **colliculus supérieur** et, à l'exclusion de l'espèce humaine, le **noyau rouge**, projettent également vers la moelle épinière. Les neurones des couches profondes du colliculus supérieur projettent par le **faisceau tectospinal** sur les régions médianes de la moelle cervicale où ils influencent des groupes de motoneurones contrôlant la musculature axiale de la nuque (voir Figure 17.2C). Ces projections jouent un rôle important dans les mouvements d'orientation de la tête (le rôle du colliculus supérieur dans la motricité de la tête et des yeux fait l'objet d'un traitement détaillé au chapitre 20). Chez les primates non humains et chez les autres mammifères, un noyau massif du tegmentum mésencéphalique, le noyau rouge projette sur la moelle cervicale par l'intermédiaire du **faisceau rubrospinal** (du latin *ruber*, rouge ; le nom de ce noyau lui vient de ce que, sur du tissu frais, il a une teinte rougeâtre due vraisemblablement à l'abondance des complexes fer-protéine de ses neurones).

À la différence des autres projections du tronc cérébral sur la moelle que nous avons examinées jusqu'ici, le faisceau rubrospinal est situé dans la substance blanche latérale de la moelle ; ses axones se terminent dans les régions latérales de la corne ventrale et de la zone intermédiaire où se trouvent les motoneurones α qui innervent la musculature distale des membres supérieurs. Vraisemblablement, ce faisceau participe, avec la voie corticospinale directe, au contrôle moteur des bras (ou des pattes antérieures). La distribution limitée des projections rubrospinales peut sembler surprenante, compte tenu de la taille importante du noyau rouge chez la plupart des mammifères. Toutefois, le faisceau rubrospinal émane d'une population de neurones de grande taille occupant le pôle caudal du noyau rouge (noyau rouge magnocellulaire) et qui ne représente qu'une faible fraction du nombre total de neurones du noyau. Dans le mésencéphale humain, le noyau rouge n'a que très peu de neurones de grande taille, si même il en a. Si donc le faisceau rubrospinal existe chez l'homme (ce qui peut fort bien ne pas être le cas), son importance pour le contrôle moteur est pour le moins douteuse. Chez l'homme en effet, le noyau rouge ne comporte presque exclusivement que des neurones de petite taille (noyau rouge parvocellulaire) qui ne projettent d'aucune façon sur la moelle ; la plupart relaient des informations vers l'olive inférieure qui constitue une source importante de signaux utilisés par le cervelet dans les apprentissages moteurs (voir Chapitre 19).

(A) Vue latérale

Cortex prémoteur

Cortex moteur primaire

(B) Vue médiane

Cortex prémoteur

Cortex moteur primaire

Figure 17.7

Le cortex moteur primaire et le cortex prémoteur du cortex cérébral de l'homme, en vue latérale (A) et médiane (B). Le cortex moteur primaire est situé dans le gyrus précentral. Les diverses aires du cortex prémoteur occupent une position plus rostrale.

Voies corticospinales et corticobulbaires : la commande des mouvements volontaires complexes

Les neurones moteurs du cortex cérébral se trouvent dans plusieurs aires adjacentes, mais fortement interconnectées, du lobe frontal postérieur. Ces aires sont conjointement responsables de la planification et du déclenchement de séquences temporelles complexes de mouvements volontaires. Elles reçoivent toutes des efférences régulatrices émanant des ganglions de la base et du cervelet, et relayées par le thalamus ventro-latéral (voir Chapitres 18 et 19), ainsi que des informations issues des aires somesthésiques du cortex pariétal (voir Chapitre 9). L'expression « cortex moteur » est parfois utilisée pour désigner collectivement l'ensemble de ces aires, mais, plus généralement, elle désigne, de façon restreinte le seul **cortex moteur primaire** (ou **M1**), situé dans le gyrus précentral et le lobule paracentral (Figure 17.7). On peut distinguer le cortex moteur primaire de la mosaïque d'aires adjacentes dites « prémotrices » à la fois par la cytoarchitectonie (il correspond à l'aire 4 de Brodmann ; voir Chapitre 26) et par la faible intensité de stimulation nécessaire pour évoquer un mouvement. Ce seuil bas d'évocation des mouvements indique l'existence d'une voie directe relativement massive allant de l'aire motrice primaire aux motoneurones α du tronc cérébral et de la moelle. Cette section et celle qui suit sont centrées sur l'organisation et les fonctions du cortex moteur primaire et des voies descendantes qui en sont issues ; les sections suivantes traitent des contributions des aires adjacentes constituant le cortex prémoteur.

Les projections du cortex moteur vers la moelle et le tronc cérébral ont leur origine dans les neurones pyramidaux de la couche V du cortex. Parmi ces neurones, on remarque les cellules de Betz, dont le soma volumineux en fait les plus gros neurones du système nerveux central humain (Figure 17.8). On a souvent supposé que les cellules de Betz étaient les principaux neurones moteurs de M1, mais elles sont beaucoup trop peu nombreuses pour rendre compte des projections directes du cortex moteur sur les motoneurones α du tronc cérébral et de la moelle. En réalité, dans le système nerveux humain, elles ne représentent pas plus de 5 pour cent des projections de M1 sur la moelle. Le reste des projections émane de cellules pyramidales de la couche 5,

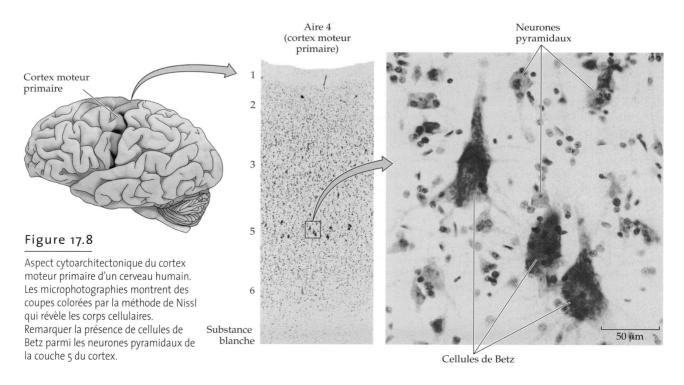

Cortex moteur primaire

Figure 17.8

Aspect cytoarchitectonique du cortex moteur primaire d'un cerveau humain. Les microphotographies montrent des coupes colorées par la méthode de Nissl qui révèle les corps cellulaires. Remarquer la présence de cellules de Betz parmi les neurones pyramidaux de la couche 5 du cortex.

Aire 4 (cortex moteur primaire)

Neurones pyramidaux

Substance blanche

Cellules de Betz

50 μm

ENCADRÉ 17B *Importance de la topographie des déficits moteurs de la face pour localiser la lésion neurologique*

Les symptômes se rapportant aux nerfs crâniens et à leurs noyaux ont une importance particulière pour le médecin qui cherche à localiser les lésions responsables de déficits moteurs. Les muscles de l'expression faciale en donnent un excellent exemple. On sait depuis longtemps que la distribution des déficits moteurs de la face fournit des indices importants pour localiser la lésion en cause et déterminer si elle concerne les motoneurones du noyau du facial (et/ou les fibres du nerf facial) ou les projections issues des neurones moteurs corticaux. Les lésions du noyau ou du nerf facial affectent tous les muscles de l'expression faciale du côté de la lésion (lésion C de la figure ci-contre) ; c'est ce que l'on attend compte tenu des relations anatomiques et fonctionnelles étroites entre les motoneurones α et les muscles squelettiques. Un ensemble de déficits, plus difficile à expliquer, se rencontre lors d'une lésion unilatérale des aires motrices de l'aspect latéral du lobe frontal (cortex moteur primaire, cortex prémoteur latéral), lésion telle qu'il s'en produit lors d'accidents vasculaires impliquant l'artère cérébrale moyenne (lésion A de la figure ci-contre). La plupart des patients souffrant de lésions de ce type ont des difficultés à contrôler les muscles controlatéraux du pourtour de la bouche, mais ils gardent la possibilité de loucher et

de hausser ou froncer les sourcils de façon symétrique.

Jusque récemment, on supposait que le tableau associant une parésie de la partie inférieure de la face à une épargne de sa partie supérieure était dû à des projections (présumées) bilatérales adressées au noyau facial par les aires de représentation de la face du *cortex moteur primaire*. Selon cette conception, les projections corticobulbaires ipsilatérales intactes étaient censées suffire pour provoquer la contraction des muscles de la partie supérieure du visage. Cependant des travaux récents

concernant le trajet de ces voies chez des primates non humains ont fait entrevoir une explication différente. Ces recherches ont mis en évidence deux faits importants qui clarifient les relations entre les représentations corticales de la face et le noyau moteur du facial. Tout d'abord, les projections corticobulbaires du cortex moteur primaire se font de façon prédominante controlatéralement, sur des neurones des colonnes latérales du noyau moteur du facial contrôlant la musculature du pourtour de la bouche. Dans ces conditions, les colonnes de neurones les

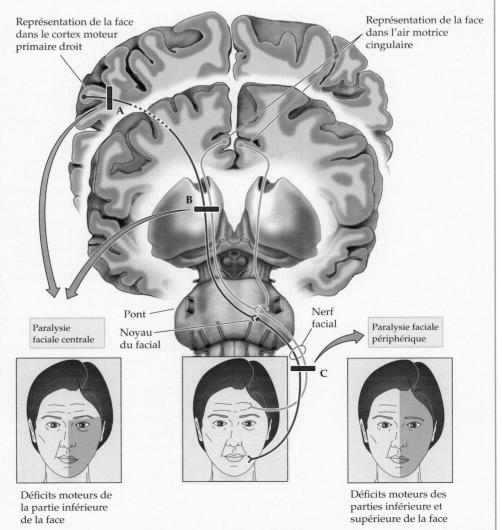

Représentation de la face dans le cortex moteur primaire droit

Représentation de la face dans l'air motrice cingulaire

Pont

Noyau du facial

Nerf facial

Paralysie faciale centrale

Paralysie faciale périphérique

Déficits moteurs de la partie inférieure de la face

Déficits moteurs des parties inférieure et supérieure de la face

Organisation des projections du cortex moteur sur le noyau moteur du nerf facial et effets de lésions centrales ou périphériques.

ENCADRÉ 17B (suite)

plus dorsales de ce noyau moteur, qui innervent les muscles de la partie supérieure du visage, ne reçoivent pas de projections notables du cortex moteur primaire. En second lieu, les neurones de ces colonnes les plus dorsales sont sous le contrôle d'aires prémotrices du gyrus cingulaire antérieur, région corticale impliquée dans les processus émotionnels (voir Chapitre 29). En conséquence, l'épargne de la partie supérieure du visage lors d'accidents vasculaires de l'artère cérébrale moyenne s'explique beaucoup mieux par le fait que les neurones moteurs corticaux en cause sont situés dans le cortex cingulaire qui est, lui, irrigué par l'artère cérébrale antérieure.

Ces travaux ont permis de résoudre une autre énigme. Il est rare que des accidents vasculaires de l'artère cérébrale antérieure ou des lésions sous-corticales interrompant les projections corticobulbaires (lésion B de la figure ci-contre) produisent une parésie importante des muscles de la partie supérieure du visage. Dans de tels cas, l'épargne de la partie supérieure peut s'expliquer par le fait que ces *aires motrices cingulaires* (voir Figure 17.14) envoient, par le faisceau corticobulbaire, des projections descendantes qui bifurquent pour aller innerver, des deux côtés du tronc cérébral, les colonnes de motoneurones situées en position dorsale dans les noyaux du facial. De la sorte, les muscles de l'expression faciale de la partie supérieure du visage se trouvent contrôlés par des projections symétriques issues des aires motrices cingulaires de chacun des deux hémisphères.

Références

JENNY, A.B. et C.B. SAPER (1987), Organization of the facial nucleus and corticofacial projection in the monkey : A reconsideration of the upper motor neuron facial palsy. *Neurology*, **37**, 930-939.

KUYPERS, H.G.J.M. (1958), Corticobulbar connexions to the pons and lower brainstem in man. *Brain*, **81**, 364-489.

MORECRAFT, R.J., J.L. LOUIE, J.L. HERRICK et K.S. STILWELL-MORECRAFT (2001), Cortical innervation of the facial nucleus in the non-human primate : A new interpretations of the effects of stroke and related subtotal brain trauma on the muscles of facial expression. *Brain*, **124**, 176-208.

distinctes des cellules de Betz, que l'on trouve dans le cortex moteur primaire et dans les différentes aires du cortex prémoteur. Les axones de tous ces neurones forment les **faisceaux corticobulbaires**, pour ceux qui se terminent dans les centres du tronc cérébral, et les faisceaux **corticospinaux** (ou **pyramidaux**), pour ceux qui se terminent dans la moelle. Dans leur trajet, ils empruntent le bras postérieur de la capsule interne, dans le cerveau antérieur, puis le pédoncule cérébral, à la base du mésencéphale (Figure 17.9). Ils traversent ensuite la base du pont où ils se dispersent parmi les fibres transversales et les noyaux de la substance grise du pont. Ils se réunissent de nouveau à la surface ventrale du bulbe pour former les **pyramides bulbaires**. Les fibres qui innervent les noyaux des nerfs crâniens, la formation réticulaire et le noyau rouge (et qui constituent ensemble le faisceau corticobulbaire) quittent cette voie à différents niveaux du tronc cérébral (voir Figure 17.9 et Encadré 17B). À l'extrémité caudale du bulbe, la grande majorité des fibres du faisceau pyramidal, environ 90 %, croisent la ligne médiane (on dit qu'elles **décussent**) et entrent dans les cordons latéraux de la moelle controlatérale où elles forment le **faisceau corticospinal** (ou **pyramidal**) **latéral**. Les dix pour cent qui restent entrent directement dans la moelle, sans croiser, et forment le **faisceau corticospinal** (ou **pyramidal**) **ventral** ; ces fibres se terminent soit ipsilatéralement, soit bilatéralement (par des collatérales qui franchissent la ligne médiane en empruntant la commissure blanche antérieure de la moelle). La voie corticospinale ventrale a son origine principale dans les régions du cortex moteur qui commandent la musculature axiale et proximale et qui projettent par ailleurs sur la formation réticulaire (Figure 17.6).

Le faisceau corticospinal latéral constitue une voie directe du cortex à la moelle ; il se termine principalement sur les parties latérales de la corne ventrale et de la substance grise intermédiaire et quelques-uns de ses axones forment un contact synaptique direct avec les motoneurones α qui contrôlent la musculature distale (voir Figures 17.1 et 17.9). Néanmoins, ces contacts synaptiques privilégiés se limitent à un sous-ensemble restreint de motoneurones α innervant les muscles de l'avant-bras et de la main ; la plupart des axones du faisceau corticospinal latéral se terminent dans les groupes d'interneurones qui coordonnent l'activité des colonnes de motoneurones α de la corne ventrale. Le mode de distribution de ces terminaisons implique un rôle important du faisceau pyramidal latéral dans le contrôle de la motricité des mains. Dans la pratique clinique chez l'homme, on a rarement affaire à des lésions sélectives de ce faisceau,

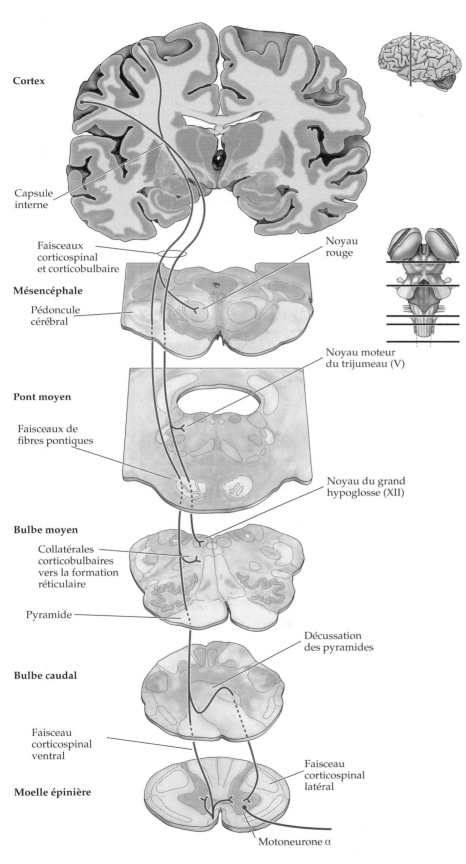

Cortex

Capsule interne

Faisceaux corticospinal et corticobulbaire

Mésencéphale

Pédoncule cérébral

Noyau rouge

Pont moyen

Faisceaux de fibres pontiques

Noyau moteur du trijumeau (V)

Noyau du grand hypoglosse (XII)

Bulbe moyen

Collatérales corticobulbaires vers la formation réticulaire

Pyramide

Décussation des pyramides

Bulbe caudal

Faisceau corticospinal ventral

Faisceau corticospinal latéral

Moelle épinière

Motoneurone α

Figure 17.9

Le faisceau corticospinal (ou pyramidal) et le faisceau corticobulbaire. Des neurones du cortex moteur émettent des axones qui passent par la capsule interne et se réunissent dans le pédoncule cérébral, au niveau du mésencéphale ventral. Ces axones traversent ensuite le pont et viennent se disposer sur la face ventrale du bulbe, où ils forment les pyramides. Le long de leur trajet dans le tronc cérébral, certains de ces axones émettent des collatérales qui vont innerver les noyaux du tronc cérébral. La plupart de ces fibres pyramidales croisent dans la partie caudale du bulbe et forment, dans la moelle, le faisceau corticospinal latéral. Les axones qui ne croisent pas forment le faisceau corticospinal ventral.

mais des expériences réalisées chez des primates non humains montrent que les projections directes du cortex sur la moelle sont indispensables à l'exécution de mouvements individualisés des doigts ; ceci permet de comprendre le caractère limité de la récupération qui suit une lésion du cortex moteur ou d'un élément de cette voie (la capsule interne notamment). Juste après une atteinte de ce genre, le patient est généralement paralysé. Avec le temps toutefois, réapparaît une certaine capacité d'exécuter des mouvements volontaires. Il s'agit essentiellement de mouvements grossiers, permis vraisemblablement par les centres moteurs du tronc cérébral, mais, en règle générale, la capacité d'exécuter des mouvements individuels des doigts, tels que ceux qui sont nécessaires pour écrire, taper un texte, jouer d'un instrument de musique ou boutonner ses vêtements, reste détériorée.

Signalons enfin qu'il existe des composantes des projections corticobulbaires et corticospinales qui ne participent pas directement au contrôle des motoneurones α. Ces composantes ont leur origine dans les neurones de la couche 5 des aires somesthésiques du lobe pariétal antérieur ; elles se terminent parmi les interneurones qui jouxtent les noyaux trigéminaux du tronc cérébral, et dans la corne dorsale de la moelle. Elles ont vraisemblablement pour rôle de moduler la transmission des signaux proprioceptifs et d'autres signaux de la sensibilité mécanique qui renseignent sur les mouvements du corps. Il est intéressant de noter que c'est chez les animaux dont les mouvements partiels des mains ou des pattes antérieures sont les plus complexes, que les projections corticospinales sur la corne ventrale sont les plus importantes. Chez ceux qui n'ont que des capacités limitées d'exécution de mouvements fins avec leurs pattes antérieures, les projections corticospinales se font de façon prédominante sur la corne dorsale.

Organisation fonctionnelle du cortex moteur primaire

Des observations cliniques et des recherches expérimentales remontant à plus d'un siècle ont permis de tracer un tableau relativement cohérent de l'organisation fonctionnelle du cortex moteur. À la fin du dix-neuvième siècle, les expérimentations sur l'animal des physiologistes allemands G. Theodor Fritsch et Eduard Hitzig avaient montré que la stimulation électrique du cortex moteur déclenchait des contractions musculaires du côté opposé du corps. À peu près à la même époque, le neurologue britannique John Hughlings Jackson conjectura que le cortex moteur comporte une représentation complète, ou carte, de la musculature du corps. Jackson était arrivé à cette conclusion en se fondant sur le fait que les mouvements convulsifs qui accompagnent certaines formes de crises épileptiques suivent un parcours systématique d'une région du corps à une autre. Ces crises somato-motrices qui n'intéressent qu'une partie limitée du corps peuvent, par exemple, débuter au niveau d'un doigt, s'étendre à toute la main puis à l'avant-bras, au bras, à l'épaule et finalement à la face.

Ces premières indications de l'existence de représentations motrices au niveau cortical furent confirmées peu après la fin du dix-neuvième siècle, lorsque Charles Sherrington publia ses cartes classiques de l'organisation du cortex moteur chez les grands singes, travaux fondés sur la stimulation électrique focale du cortex. Durant les années 1930, l'un des étudiants de Sherrington, le neurochirurgien américain Wilder Penfield, étendit ces travaux en démontrant que le cortex moteur humain contient lui aussi une carte topographique de la musculature controlatérale du corps. Utilisant la technique de Sherrington, il stimula électriquement la surface du cortex moteur chez plus de 400 patients lors d'interventions neurochirurgicales ; en rapportant l'emplacement des contractions musculaires ainsi obtenues à l'endroit stimulé, il put tracer la carte des représentations des muscles sur le gyrus précentral (Figure 17.10). Il constata que cette carte motrice présente les mêmes disproportions que la carte somesthésique du gyrus postcentral (voir Chapitre 9) : la musculature utilisée pour des tâches qui exigent un contrôle moteur particulièrement fin (comme celle de la face ou des mains) y occupe une surface plus étendue que la représentation des muscles (comme ceux du tronc) auxquels suffit un contrôle moteur relativement moins précis. Les implications comportementales des cartes motrices corticales sont examinées dans les encadrés 17C et 17D.

(A)

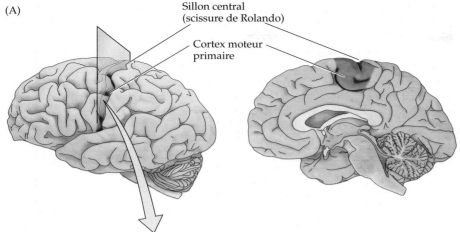

Sillon central
(scissure de Rolando)

Cortex moteur
primaire

(B)

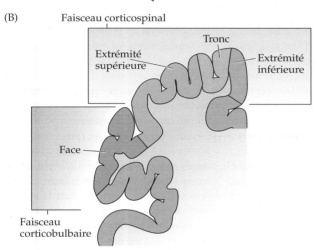

Faisceau corticospinal

Extrémité
supérieure

Tronc

Extrémité
inférieure

Face

Faisceau
corticobulbaire

Figure 17.10

Représentation topographique de la musculature du corps sur le cortex moteur primaire. (A) Emplacement du cortex moteur primaire sur le gyrus précentral. (B) Section passant par le gyrus précentral et illustrant l'organisation somatotopique approximative du cortex moteur. Contrastant avec la représentation précise et détaillée de la partie controlatérale du corps dans le cortex somesthésique primaire (voir Figure 9.11), la somatotopie du cortex moteur primaire est beaucoup plus grossière.

L'introduction, dans les années 1960, de la microstimulation corticale, méthode qui offre la possibilité de stimuler le cerveau avec une précision accrue, a permis une analyse beaucoup plus détaillée des cartes motrices. Les courants stimulants qu'utilise cette technique sont d'un ordre de grandeur plus faibles que ceux qu'utilisaient Sherrington et Penfield. En délivrant ces courants par une microélectrode métallique insérée dans le cortex, on peut circonscrire la stimulation aux neurones de la couche V, dont les projections se font sur les motoneurones α. La stimulation intracorticale a, dans l'ensemble, confirmé les observations de Penfield sur la carte somatotopique du cortex moteur, mais elle a aussi révélé que l'organisation fine de cette carte est assez différente de l'idée que s'en faisaient les neurophysiologistes.

Si, par exemple, on combine les microstimulations avec l'enregistrement de l'activité électrique des muscles, on constate que les courants les plus faibles qui puissent déclencher une réponse provoquent l'excitation de plusieurs muscles (et l'inhibition simultanée de certains autres). Ceci laisse supposer que ce sont des mouvements organisés et non des muscles individuels qui sont représentés dans les cartes (voir Encadré 17C). Par ailleurs, à l'intérieur des grandes subdivisions de la carte (régions de l'avant-bras ou de la face, par exemple) un mouvement donné peut être provoqué par la stimulation de sites nettement séparés, ce qui indique que des régions voisines sont reliées entre elles par des circuits locaux dans le cortex et dans la moelle pour organiser des mouvements spécifiques. Cette interprétation est confirmée par l'existence d'un recouvrement notable entre les régions à partir desquelles divers mouvements peuvent être déclenchés. La conclusion que ce sont des mouvements et non des

ENCADRÉ 17C *Que représentent les cartes motrices ?*

Les recherches utilisant la stimulation électrique du cortex, réalisées chez des patients humains par Wilder Penfield et ses collègues (et, chez l'animal, par Clinton Woolsey et ses collègues) ont clairement démontré l'existence d'une carte motrice systématique dans le gyrus précentral (voir le texte). La structure fine de cette carte et la nature de ce qu'elle représentait se sont toutefois révélées une source permanente de controverse. La carte du cortex moteur est-elle une carte de la musculature, fonctionnant comme un « clavier de piano » pour contrôler des muscles individuels ou est-ce une carte de mouvements, dont les sites spécifiques contrôlent les multiples groupes musculaires contribuant à l'exécution d'actions particulières ? Les expériences initiales conduisaient à voir dans la carte corticale motrice une représentation détaillée des muscles individuels. Ainsi, la stimulation de régions circonscrites de cette carte activait des muscles isolés, ce qui laissait supposer que les colonnes verticales de cellules du cortex moteur contrôlaient l'action de muscles particuliers tout comme les colonnes de neurones du cortex somesthésique sont censées analyser les informations émanant d'em-

placements particuliers du corps (voir Chapitre 9).

Toutefois, des travaux plus récents mettant en œuvre des techniques anatomiques et physiologiques indiquent que la carte du cortex moteur est beaucoup plus complexe qu'une simple représentation en colonnes de muscles individuels. On sait, par exemple, que les fibres individuelles du faisceau pyramidal se terminent sur des ensembles de motoneurones spinaux qui innervent des muscles différents. Ces connexions sont décelables même pour les neurones de l'aire corticale de représentation de la main, aire qui contrôle les mouvements les plus fins et les plus parcellaires. De plus, des expériences de microstimulation ont montré que l'on peut provoquer la contraction d'un muscle donné en stimulant une mosaïque complexe de territoires répartis sur une vaste étendue du cortex moteur (d'environ 2 à 3 mm chez le macaque). Il est vraisemblable que les connexions horizontales au sein du cortex moteur créent des ensembles de neurones qui coordonnent le pattern de décharge des populations de cellules de la corne ventrale participant à un mouvement donné.

Les cartes somatotopiques du cortex moteur fondées sur les recherches initiales

restent donc exactes dans leur topographie générale, mais leur structure fine se révèle beaucoup plus compliquée. Comme il a été dit dans le texte, on s'accorde aujourd'hui pour considérer que les cartes fonctionnelles du cortex moteur primaire et du cortex prémoteur sont des cartes de mouvements. Bien que l'on puisse rationaliser l'organisation de ces cartes en recourant à une somatotopie approximative (voir Figure 17.10), Michael S.A. Graziano et ses collègues de l'Université de Princeton ont proposé une autre façon de voir. Leurs expériences de microstimulation sur le singe éveillé libre de ses mouvements les amènent à penser que les représentations topographiques des mouvements dans le cortex moteur s'organisent autour de catégories de comportements moteurs ayant une signification éthologique particulière.

Des microstimulations du cortex moteur primaire réalisées, par exemple, dans la région du bras déclenchent souvent des mouvements qui amènent la main dans l'espace central, devant l'animal, là où il peut examiner et manipuler un objet tenu en main (voir Figure 17.12C). Avec une stimulation des régions plus latérales (au voisinage de la représentation de la face) on obtient généralement des mouve-

muscles qui sont codés dans le cortex s'applique aussi aux aires motrices du cortex frontal qui régissent les mouvements oculaires (voir Chapitre 20).

À peu près à l'époque où étaient entrepris ces travaux, Ed Evarts et ses collègues du National Institute of Health mettaient au point une technique utilisant des électrodes implantées dans le cerveau de singes éveillés pour enregistrer l'activité des neurones moteurs individuels pendant les comportements des animaux. Les singes étaient entraînés à exécuter diverses tâches motrices, ce qui permettait de mettre en relation activité neuronale et mouvements volontaires. Evarts et son groupe trouvèrent que les forces produites par la contraction des muscles varient en fonction de la fréquence de décharge des neurones moteurs corticaux. Par ailleurs, les neurones impliqués dans un mouvement présentaient souvent une modification de leur fréquence de décharge *avant* le mouvement quand celui-ci mettait en jeu de très faibles forces. Evarts avança donc l'idée que le cortex moteur primaire contribue à la phase initiale de recrutement des motoneurones α impliqués dans la production de mouvements exigeant un contrôle précis. Des expériences ultérieures montrèrent que l'activité des neurones du cortex moteur primaire est en corrélation non seulement avec l'amplitude, mais aussi avec la direction de la force produite par les muscles. Certains

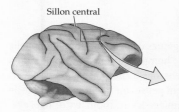

Sillon central

- Main à la bouche
- Mouvement de défense
- Espace central/manipulation
- Atteinte
- Mouvements du bras vers l'extérieur
- Escalade/saut
- × Aucun mouvement

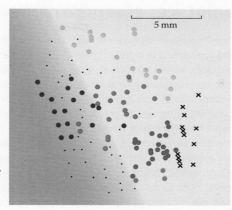

5 mm

Distribution topographique des sites où une microstimulation évoque, chez le singe rhésus, des mouvements ayant une signification éthologique. Sur le cerveau, à gauche, le rectangle délimite la région du cortex moteur qui a été explorée. À droite, la zone ombrée de la carte des sites de stimulation correspond au cortex de la berge antérieure du sillon central. (D'après Graziano et al., 2005.)

ments de la main vers la bouche avec ouverture de la bouche, tandis qu'une stimulation de sites plus médians (au voisinage de la représentation du tronc et de la jambe) induit les postures adoptées pour grimper ou sauter. Ces observations suggèrent que les régions postérieures du cortex moteur, y compris le cortex moteur primaire, sont principalement impliquées dans les comportements utilisant les mains et la bouche dans l'espace personnel central. La stimulation de sites situés juste en avant de cette région corticale (donc dans le cortex prémoteur) déclenche des mouvements d'atteinte ou des mouvements qui éloignent le bras du corps. La stimulation de sites encore plus antérieurs peut induire des postures coor-

données de défense, ce qui reflète peut-être l'intégration de signaux sensoriels émanant de l'espace extrapersonnel et indiquant une menace.

Ce n'est qu'en démêlant les détails de ce que représentent les cartes motrices que l'on arrivera à comprendre comment les patterns d'activité du cortex moteur donnent forme au répertoire varié des mouvements volontaires.

Références

BARINAGA, M. (1995), Remapping the motor cortex. *Science*, **268**, 1696-1698.

GRAZIANO, M.S.A., T.N.S. AFALO et D.F. COOKE (2005), Arm movements evoked by electrical stimulation in the motor cortex of monkeys. *J. Neurophysiol.*, **94**, 4209-4223.

LEMON, R. (1988), The output map of the primary motor cortex. *Trends Neurosci.*, **11**, 501-506.

PENFIELD, W. et E. BOLDREY (1937), Somatic motor and sensory representation in the cerebral cortex of man studied by electrical stimulation. *Brain*, **60**, 389-443.

SCHIEBER, M.H. et L.S. HIBBARD (1993), How somatotopic is the motor cortex hand area? *Science*, **261**, 489-491.

WOOLSEY, C.N. (1958), Organization of somatic sensory and motor areas of the cerebral cortex. In *Biological and Biochemical Bases of Behavior*. H.F. Harlow and C.N. Woolsey (eds.). Madison, WI, University of Wisconsin Press, 63-81.

neurones présentent en effet une activité qui diminue progressivement au fur et à mesure que le mouvement s'écarte de leur « direction préférée ».

Une autre avancée eut lieu vers le milieu des années 1970 avec l'introduction du *moyennage déclenché par spike* (*spike-triggered averaging;* Figure 17.11). En situant le moment auquel a lieu la décharge d'un neurone cortical par rapport au début de la contraction de divers muscles, cette méthode permet de mesurer l'influence d'un neurone cortical unique sur une population de motoneurones spinaux. Les enregistrements effectués sur divers muscles, chez le singe lors de flexions ou d'extensions du poignet, montrèrent qu'un certain nombre de muscles différents sont directement facilités par la décharge d'un motoneurone cortical donné. On appelle ce groupe musculaire périphérique le *champ musculaire* du neurone moteur cortical. En moyenne, la taille du champ musculaire pour la région du poignet est de deux à trois muscles par neurone cortical. Ces observations ont confirmé qu'un seul neurone cortical s'articule avec plusieurs groupes de motoneurones α; ces résultats concordent aussi avec la conclusion générale que ce sont des *mouvements* et non des muscles individuels qui sont codés par l'activité des neurones moteurs corticaux (voir Encadré 17C).

ENCADRÉ 17D *Aptitudes sensorimotrices et espace cortical*

Les aptitudes sensorimotrices spéciales, telles que la vitesse et la coordination exceptionnelles des athlètes de haut niveau, des danseurs de ballet ou des instrumentistes de concert, se reflètent-elles dans la structure du système nerveux ? La généralisation des techniques non invasives d'imagerie cérébrale (voir l'encadré 1A) a fait surgir un flot de recherches essayant d'apporter une réponse à cette question et à quelques autres du même genre. Ces travaux ont généralement tenté de mettre en relation telle aptitude sensorimotrice avec l'étendue de l'espace cérébral qui lui est dévolu. C'est ainsi qu'une étude portant sur des musiciens professionnels, violonistes, violoncellistes, guitaristes classiques, a prétendu montrer que les représentations, sur le cortex somesthésique primaire droit, des doigts de la main gauche les plus actifs étaient plus grandes que les représentations correspondantes de l'hémisphère opposé.

Si les résultats de telles recherches chez l'homme restent matière à controverse (les techniques utilisées n'étant que semi-quantitatives), il est tout à fait raisonnable de penser que des aptitudes particulièrement éminentes, qu'elles soient motrices ou non, se traduisent par une étendue plus grande du territoire cortical qui leur est dévolu. Des comparaisons entre espèces montrent que des capacités particulières ont invariablement pour base des circuits cérébraux proportionnellement plus complexes, c'est-à-dire comportant plus de neurones, plus de synapses entre neurones et plus de cellules gliales de soutien, toutes choses qui requièrent davantage d'espace cérébral. La taille et les proportions des représentations du corps dans les cortex moteur et somesthésique primaires de différents animaux reflètent des nuances propres à chaque espèce dans la discrimination sensorielle et le contrôle moteur. Ainsi, la représentation de l'extrémité des pattes occupe une place disproportionnée dans le cortex moteur des ratons laveurs ; chez les souris et les rats, la représentation des proéminentes vibrisses de la face s'étend sur une grande surface corticale ; chez la taupe à museau en étoile, *Condylura cristata*, une propor-

tion importante du cortex sensorimoteur est consacrée à la représentation des appendices nasaux élaborés dont les mécanorécepteurs fournissent des informations indispensables à cet animal fouisseur. Les relations entre une disposition comportementale et l'espace cérébral qui lui est alloué sont également manifestes chez les animaux dont une faculté particulière s'est trouvée réduite ou ne s'est jamais développée au cours de l'évolution. On ne sait pas néanmoins de façon certaine comment ce principe s'applique, ni même s'il s'applique, aux variations comportementales des membres d'une même espèce, y compris de l'espèce humaine.

Un domaine prometteur du comportement humain, utilisé avec profit comme modèle pour explorer les relations entre habiletés motrices et structure cérébrale, est la latéralisation manuelle. Les chercheurs se sont dit qu'il pourrait y avoir une certaine asymétrie dans la taille des systèmes somesthésique et moteur étant donné que, lorsqu'ils ont à exécuter des tâches manuelles difficiles, quatre-vingt-dix pour cent des individus humains utilisent préférentiellement leur main droite. Nous disposons aujourd'hui de plusieurs études effectuées soit *in vivo* soit *post mortem* sur la morphométrie du sillon central de chaque hémisphère ; malgré quelques résultats conflictuels, on s'accorde dans l'ensemble sur le fait que le sillon central est plus profond dans l'hémisphère gauche des droitiers. Cette asymétrie dans la taille des gyrus pourrait refléter une différence, d'un hémisphère à l'autre, de l'extension des aires de Brodmann concernées (à savoir les aires 3, 1 et 2 du gyrus postcentral et les aires 6 et 4 du gyrus précentral), mais les premiers travaux cytoarchitectoniques n'ont pas trouvé d'asymétrie concomitante dans la taille globale des aires 3 et 4. Toutefois, des études microanatomiques ont montré que les prolongements neuroniques et les synapses occupent un plus grand volume de tissu dans l'aire 4 de l'hémisphère gauche et que la fraction d'origine précentrale du faisceau corticobulbaire/corticospinal est plus importante du côté gauche que du côté droit. Bien que les bases neuro-

biologiques de la latéralisation manuelle chez l'homme restent un problème en suspens, des recherches comme celles-ci laissent penser qu'il peut être possible de déterminer les relations entre habiletés motrices et espace cortical, en identifiant les structures corticales concernées et en examinant histologiquement leurs connexions fonctionnelles.

Il est vraisemblable que, chez l'homme, les aptitudes sensorimotrices individuelles se traduisent par l'allocation à ces comportements d'une quantité d'espace cérébral sensiblement différente, mais l'exploration de cette question avec les techniques quantitatives appropriées n'en est qu'à ses débuts.

Références

AMUNTS, K., G. SCHLAUG, A. SCHLEICHER, H. STEINMETZ, A. DABRINGHAUS, P.E. ROLAND et K. ZILLES (1996), Asymmetry in the motor human cortex and handedness. *NeuroImage*, **4**, 216-222.

AMUNTS, K., L. JÄNKE, H. MOHLBERG, H. STEINMETZ et K. ZILLES (2000), Interhemispheric asymmetry of the human motor cortex related to handedness and gender. *Neuropsychologia*, **38**, 304-312.

CATANIA, K.C. et J.H. KAAS (1995), Organization of the somatosensory cortex of the star-nosed mole. *J. Comp. Neurol.*, **351**, 549-567.

ELBERT, T., C. PANTEV, C. WIENBRUCH, B. ROCKSTROH et E. TAUB (1995), Increased cortical representation of the fingers of the left hand in the string players. *Science*, **270**, 305-307.

RADEMACHER, J., U. BÜRGEL, S. GEYER, T. SCORMANN, A. SCHLEICHER, H.-J. FREUND et K. ZILLES (2001), Variability and asymmetry in the human precentral mottor system. *Brain*, **124**, 2232-2258.

WELKER, W.I. et S. SEIDENSTEIN (1959), Somatic sensory representation in the cerebral cortex of the raccoon (*Procyon lotor*). *J. Comp. Neurol.*, **111**, 469-501.

WHITE, L.E., T.J. ANDREWS, C. HULETTE, A. RICHARDS, M. GROELLE, J. PAYDARFAR et D. PURVES (1997), Structure of the human sensorimotor cortex. II. Lateral symmetry. *Cereb. Cortex*, **7**, 31-47.

WOOLSEY, T.A. et H. VAN DER LOOS (1970), The structural organization of layer IV in the somatosensory region (SI) of mouse cerebral cortex. The description of a cortical field composed of discrete cytoarchitectonic units. *Brain Res.*, **17**, 205-242.

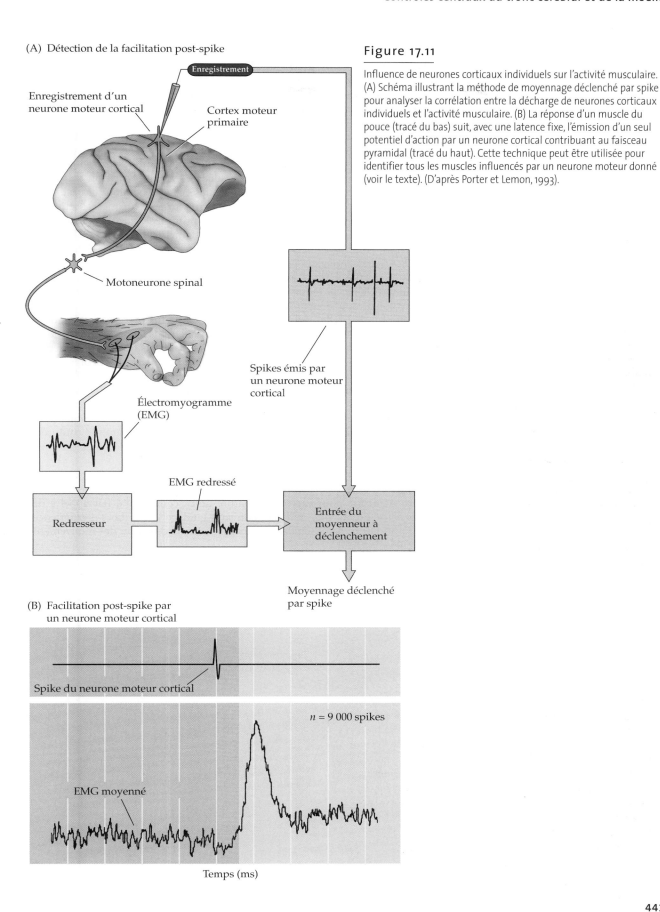

(A) Détection de la facilitation post-spike

Enregistrement

Enregistrement d'un
neurone moteur cortical

Cortex moteur
primaire

Motoneurone spinal

Électromyogramme
(EMG)

Spikes émis par
un neurone moteur
cortical

Redresseur

EMG redressé

Entrée du
moyenneur à
déclenchement

Moyennage déclenché
par spike

(B) Facilitation post-spike par
un neurone moteur cortical

Spike du neurone moteur cortical

$n = 9\,000$ spikes

EMG moyenné

Temps (ms)

Figure 17.11

Influence de neurones corticaux individuels sur l'activité musculaire. (A) Schéma illustrant la méthode de moyennage déclenché par spike pour analyser la corrélation entre la décharge de neurones corticaux individuels et l'activité musculaire. (B) La réponse d'un muscle du pouce (tracé du bas) suit, avec une latence fixe, l'émission d'un seul potentiel d'action par un neurone cortical contribuant au faisceau pyramidal (tracé du haut). Cette technique peut être utilisée pour identifier tous les muscles influencés par un neurone moteur donné (voir le texte). (D'après Porter et Lemon, 1993).

441

Pour toutes les raisons que nous venons d'examiner, la carte motrice du gyrus précentral est beaucoup moins précise que la carte somatotopique du gyrus postcentral dans lequel les champs récepteurs des neurones contigus se chevauchent en une progression continue et régulière à la surface du cortex somesthésique primaire. Dès lors, représenter la carte motrice sous la forme d'un homunculus analogue à l'homunculus somesthésique du gyrus postcentral fait problème (voir Figure 9.11) : en effet, la représentation des mouvements n'est pas fondée sur les muscles individuels ou sur les parties du corps et les champs musculaires de neurones contigus ne présentent ni continuité spatiale ni fixité temporelle. Cette imprécision apparente de la carte motrice n'est toutefois pas le signe d'une représentation dégradée de la musculature du corps dans le cortex moteur. Elle fait plutôt penser à un mode de codage dynamique et flexible des paramètres d'ordre supérieur du mouvement, qui prendrait en compte l'activation coordonnée de multiples groupes musculaires agissant sur plusieurs articulations pour exécuter des actions utiles d'un point de vue comportemental.

La réalité d'un contrôle moteur cortical répondant à ce principe a été démontrée par Michael S.A. Graziano et ses collègues de Princeton University qui ont utilisé la technique des microstimulations corticales chez le singe libre de ses mouvements, en l'étendant à une échelle de temps qui correspond plus étroitement à la durée des mouvements volontaires (de quelques centaines de millisecondes à quelques secondes). Lorsque des stimulus de telles durées sont appliqués au gyrus précentral, les mouvements résultants se distribuent sur de multiples articulations et paraissent de façon saisissante avoir un objectif (Figure 17.12). Parmi les mouvements fréquemment déclenchés par ces microstimulations prolongées du gyrus précentral, on peut citer par exemple des mouvements portant la main à la bouche comme pour manger, d'autre qui placent la main au centre de l'espace, comme pour inspecter un objet, des postures défensives comme pour protéger le corps d'une collision imminente. Ces résultats corroborent le point de vue actuel selon lequel il existe dans le cortex moteur une carte de mouvements intentionnels dont l'organisation somatotopique se comprend mieux dans le contexte de comportements ayant une signification éthologique (voir Encadré 17C ainsi que la section suivante).

Indiquons pour finir que la commande des schémas moteurs précis est codée par l'activité intégrée d'une large population de neurones moteurs corticaux. Un paradigme largement utilisé pour explorer la nature de ce code neural fait appel à des mouvements d'atteinte du bras et de la main sous guidage visuel. Lors d'expériences chez le singe utilisant ce paradigme, on pouvait prédire la direction des mouvements

Figure 17.12

Mouvements intentionnels du bras et de la main controlatéraux déclenchés par une microstimulation prolongée du cortex moteur primaire d'un macaque. La stimulation de sites situés vers le milieu du gyrus précentral déclenche des mouvements coordonnés de la main et de la bouche (B) ou des mouvements du bras l'amenant dans l'espace central, comme pour examiner visuellement et manipuler un objet tenu en main (C). Les positions de départ de la main controlatérale à la stimulation sont indiquées par les croix bleues, les mouvements provoqués sont illustrés par les tracés noirs et la position terminale de la main à la fin de la microstimulation est indiquée par les points rouges. (D'après Graziano et al., 2005.)

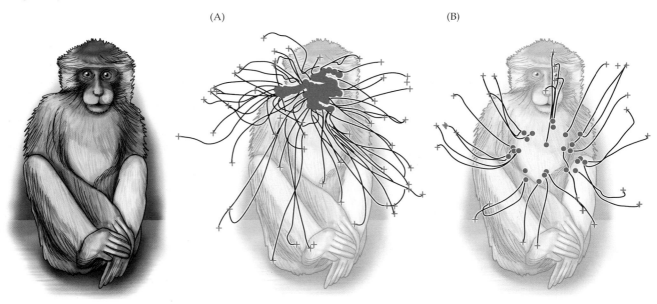

(A) (B)

du bras de l'animal en calculant un «vecteur de population neuronique» obtenu en sommant les vecteurs d'orientation individuels des neurones du cortex moteur qui, avant le début d'un mouvement, déchargent de façon plus ou moins intense selon la direction dans laquelle il sera exécuté (Figure 17.13). Ces observations ont montré que les décharges individuelles des neurones corticaux ne peuvent pas spécifier la direction d'un mouvement du bras du fait de leur trop faible spécificité directionnelle ; il faut pour cela la conjonction des décharges d'une population neuronique importante. Le fait que le même site de M1 puisse coder différentes trajectoires de déplacement en fonction de la position de départ du membre (voir Figure 17.12) suggère que de multiples paramètres du mouvement peuvent être sélectionnés par les ensembles de neuro-

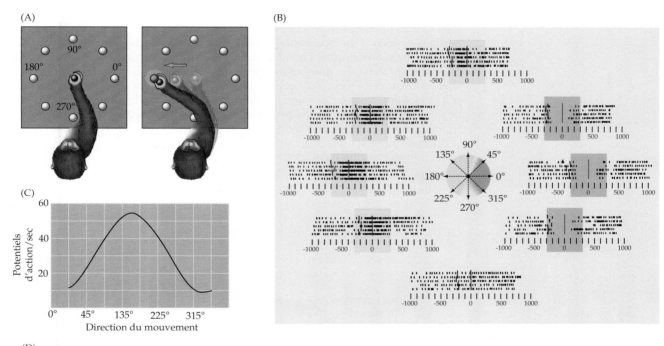

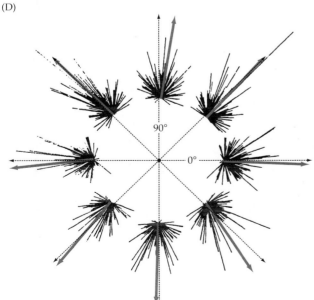

Figure 17.13

Préférence directionnelle d'un neurone moteur cortical. (A) Un singe est entraîné à actionner une manette dans la direction indiquée par une diode électroluminescente. (B) On a enregistré l'activité d'un neurone individuel au cours de mouvements du bras exécutés dans huit directions différentes ; sur les représentations par balayages successifs (*rasters*), le zéro indique le début du mouvement et chaque petit trait vertical représente un potentiel d'action. L'activité du neurone enregistré augmente avant les mouvements compris entre 90 et 225 degrés (zone en jaune), mais diminue avant les mouvements compris entre 315 et 45 degrés (zone en violet). (C) Cette courbe montre que la fréquence de décharge du neurone est maximale avant des mouvements exécutés dans une direction particulière qui constitue la «direction préférentielle» du neurone. (D) Chaque trait noir représente la fréquence de décharge de différents neurones corticaux individuels avant des mouvements exécutés dans les huit directions. En combinant les réponses de tous les neurones, on peut obtenir un «vecteur de population» représentant la direction du mouvement codée par l'activité simultanée de l'ensemble de la population. (D'après Georgopoulos et al., 1986.)

nes moteurs concernés pour réaliser une action ayant une utilité comportementale. Au total, les expériences de microstimulation décrites ci-dessus utilisent des courants électriques exogènes pour recruter des populations de neurones moteurs corticaux dont l'émission code non seulement la trajectoire d'un mouvement du bras, mais également la position finale de la main.

Le cortex prémoteur

Dans le lobe frontal, à l'avant du cortex moteur primaire, une mosaïque d'aires interconnectées apporte une importante contribution aux fonctions motrices (voir Figure 17.7). Cette subdivision fonctionnelle du cortex moteur comprend les aires de Brodmann 6, 8 et 44/45, sur la face latérale du lobe frontal, et des parties des aires 23 et 24, sur la face médiane de l'hémisphère. Quoique ce soit chez le macaque que l'organisation de cette mosaïque prémotrice ait été le plus étudiée (Figure 17.14), des travaux récents utilisant l'IRMf chez des sujets humains ainsi que les études de patients porteurs de lésions du lobe frontal vont dans le sens d'une distribution comparable des aires prémotrices chez l'homme. Chaque division du cortex prémoteur reçoit d'abondantes afférences multisensorielles en provenance de régions des lobules pariétaux supérieur et inférieur ainsi que des signaux plus complexes relatifs à la motivation et à l'intention, émanant des aires les plus rostrales (préfrontales) du lobe frontal. Les neurones moteurs de ce **cortex prémoteur** influencent la motricité à la fois indirectement, grâce à d'importantes connections réciproques avec le cortex moteur primaire, et directement, grâce aux projections qu'ils envoient par les voies corticobulbaires et corticospinales aux interneurones et motoneurones du tronc cérébral et de la moelle.

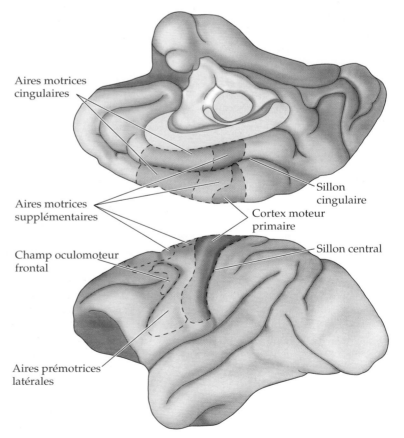

Figure 17.14

Les aires motrices corticales du cerveau de macaque. Comme chez l'homme, le cortex moteur primaire est situé sur le flanc antérieur du sillon central. À l'avant de cette région, une mosaïque complexe d'aires prémotrices s'étend de l'opercule frontal, sur la face latérale du lobe frontal, jusqu'au gyrus cingulaire sur la face médiane de l'hémisphère. Le cortex prémoteur latéral et les aires motrices supplémentaires (partie médiane du cortex prémoteur) sont impliquées dans la sélection et l'organisation des mouvements intentionnels des membres et de la face ; les champs oculomoteurs frontaux régissent les déplacements volontaires du regard (voir Chapitre 20) tandis que les aires motrices cingulaires interviennent dans l'expression somatique des comportements émotionnels (voir Chapitre 29). Les données dont nous disposons sont en faveur de l'existence d'aires prémotrices comparables dans le cerveau humain. (D'après Geyer et al., 2000)

Aires motrices cingulaires

Sillon cingulaire

Aires motrices supplémentaires

Cortex moteur primaire

Champ oculomoteur frontal

Sillon central

Aires prémotrices latérales

De fait, plus de trente pour cent des axones du faisceau corticospinal émanent de neurones du cortex prémoteur. On ne peut donc plus soutenir que le cortex prémoteur occupe une position supérieure dans la hiérarchie du contrôle moteur et qu'il agit en envoyant des signaux proactifs au cortex moteur primaire. Un certain nombre d'expériences indiquent plutôt que le cortex prémoteur utilise les informations qu'il reçoit d'autres régions du cortex pour choisir les mouvements appropriés au contexte de l'action (voir Chapitre 26). La principale différence entre le cortex prémoteur et le cortex moteur primaire réside dans la force de leurs connexions avec les motoneurones α : il y a, dans le cortex moteur primaire, davantage de neurones moteurs connectés monosynaptiquement aux motoneurones α, en particulier à ceux de la corne ventrale de la moelle cervicale qui contrôlent la musculature distale des membres supérieurs. Des données récentes laissent envisager que d'autres différences peuvent refléter la représentation topographique des mouvements intentionnels relatifs à l'espace personnel et extrapersonnel ainsi que la nature des signaux qui entraînent le déclenchement des commandes motrices (voir Encadré 17C).

On peut aborder les fonctions du cortex prémoteur en fonction des différences que présentent ses composantes latérales et médianes. Environ 65 % des neurones du cortex prémoteur latéral présentent des réponses qui sont en relation temporelle avec l'occurrence de mouvements ; comme on l'observe aussi dans le cortex moteur primaire, un grand nombre de ces neurones présentent la décharge la plus vigoureuse lorsque les mouvements sont exécutés dans une direction spécifique. Mais leur contribution la plus importante concerne les tâches motrices conditionnelles. On observe par exemple, chez un singe entraîné à aller atteindre une cible dans différentes directions en réponse à un indice visuel que, contrairement aux neurones du cortex moteur primaire, les neurones du cortex prémoteur latéral qui répondent préférentiellement à la direction indiquée commencent à augmenter leur décharge dès la présentation de l'indice visuel, c'est-à-dire bien avant que soit donné le signal d'exécution effective du mouvement. À mesure que l'animal apprend à associer un nouvel indice visuel avec le mouvement, les neurones impliqués du cortex prémoteur latéral commencent à augmenter leur fréquence de décharge au cours de l'intervalle entre la présentation de l'indice et celle du signal d'exécution. Ces neurones ne semblent pas commander directement le déclenchement du mouvement, mais coder plutôt l'*intention* qu'a le singe d'exécuter un mouvement particulier ; ils apparaissent ainsi impliqués dans la *sélection* des mouvements sur la base d'indices externes.

Une région particulière de la partie ventrolatérale du cortex moteur a reçu au cours des dernières années une attention considérable. On a découvert en effet, chez le singe, qu'elle contient une classe de neurones qui ne répondent pas seulement lorsque l'animal se prépare à exécuter un mouvement (tel qu'une saisie digitale pour prendre un morceau de nourriture), mais également lorsqu'il observe quelqu'un d'autre (singe ou homme) exécuter la même action. Ces neurones prémoteurs déchargent, par exemple, quand le singe regarde la main de l'expérimentateur exécuter une action qui activerait ces mêmes neurones s'il l'exécutait lui-même (Figure 15.17). Ces **neurones miroirs**, comme on les appelle, déchargent toutefois de façon moins intense lorsque les actions sont simplement mimées, en l'absence d'objectif comportemental tel qu'un objet à saisir. En outre, ils déchargent durant l'observation d'un comportement dirigé vers un but même quand la phase terminale de l'action n'est pas visible – lors, par exemple, de la saisie d'un objet dont le singe sait qu'il a été caché derrière un écran. Ces données laissent penser que le système des neurones miroirs est impliqué dans le codage des intentions d'autrui, et de ses actions porteuses de signification comportementale ; il pourrait faire partie d'un réseau étendu comprenant des régions pariétales et frontales intervenant dans l'apprentissage par imitation. Les fonctions des neurones miroirs sont un domaine des neurosciences motrices et cognitives où les recherches sont les plus actives et les débats les plus ardents. Mais il reste à déterminer l'étendue des contributions de ce système au contrôle moteur, à l'apprentissage moteur et à des fonctions complexes telles que la communication sociale, le langage ou l'empathie.

D'autres preuves de l'implication du cortex prémoteur latéral dans la sélection des mouvements sont apportées par les études des effets de lésions corticales sur le com-

Figure 17.15

Mise en évidence de l'activité d'un neurone miroir dans le secteur ventral antérieur du cortex prémoteur latéral. Dans chacune des trois figures, la partie supérieure illustre la vue qu'a le singe de la main de l'expérimentateur plaçant un morceau de nourriture sur un plateau et la main du singe s'approchant pour saisir un des morceaux. Le graphique du milieu présente des balayages successifs montrant chacun la décharge du neurone pour le mouvement observé et pour le mouvement exécuté (chaque petit trait représente un potentiel d'action et chaque ligne, un essai). Les graphiques du bas sont les histogrammes des réponses du neurone, alignés sur le graphique par balayages successifs situé juste au dessus. Le neurone miroir décharge durant l'observation passive par le singe de la main d'un homme plaçant un morceau de nourriture sur le plateau (A), de même que durant l'exécution d'une action identique pour prendre la nourriture (la ligne verticale dans le graphique par balayages successifs indique le moment où la nourriture est déposée sur le plateau ; le singe la saisit 1 à 2 secondes plus tard). Le même neurone ne répond pas quand la nourriture est déposée à l'aide de pinces (B), mais il décharge durant le mouvement de saisie du singe que celui-ci peut observer ; il décharge également quand ce mouvement est exécuté derrière un écran. Ces résultats suggèrent que le cortex prémoteur intervient dans le codage des actions d'autrui. (D'après Rizzolatti et al., 1996.)

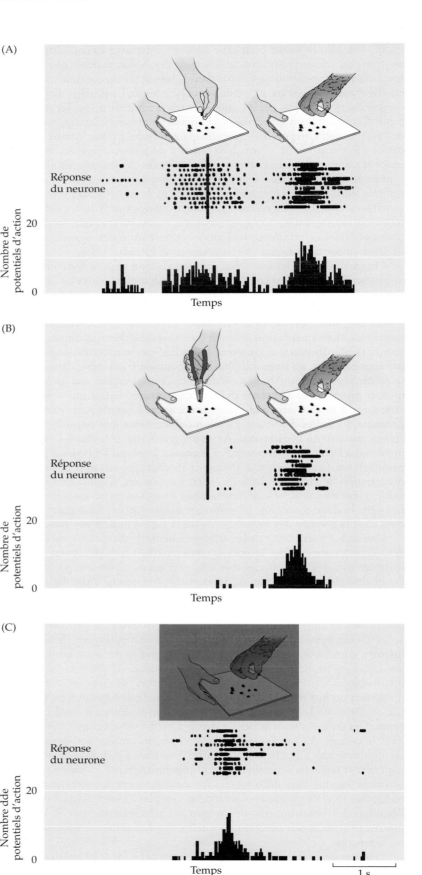

portement. Les lésions de cette région chez le singe détériorent fortement la capacité d'exécuter des tâches motrices sur la base d'indices visuels conditionnels ; les animaux restent cependant en mesure d'exécuter un mouvement particulier en réponse à un stimulus visuel, si ce stimulus a une valeur impérative et non pas conditionnelle, c'est-à-dire s'il n'indique pas que le mouvement doit être choisi parmi d'autres possibles. De même, des patients porteurs de lésions du lobe frontal ont des difficultés pour apprendre à choisir un mouvement particulier qui doit être exécuté en réponse à un indice visuel, bien qu'ils comprennent les consignes et soient capables d'exécuter ce mouvement. Des personnes présentant des lésions du cortex prémoteur peuvent également présenter des difficultés à exécuter des mouvements en réponse à un ordre verbal.

Il faut signaler pour finir qu'un territoire rostral du cortex prémoteur latéral du cerveau humain, particulièrement dans l'hémisphère gauche, a acquis au cours de l'évolution un rôle spécifique de coordination des mécanismes articulatoires du tractus vocal qui produisent les sons du langage. Ce territoire, qui correspond à l'**aire de Broca** (aires 44 et 45 de Brodmann), est essentiel pour l'expression motrice du langage et sera examiné en détail dans le chapitre 27. L'évolution de cette région prémotrice chez les primates et ses relations fonctionnelles avec les régions de traitement sémantique des lobes pariétal et temporal font l'objet, elles aussi, de très actives recherches.

Comme la région latérale, le cortex prémoteur médian intervient dans la sélection des mouvements. Toutefois, il est spécialisé pour le déclenchement de mouvements sur la base d'indices *internes* et non pas *externes*. À la différence des lésions du cortex prémoteur latéral, l'ablation de l'aire prémotrice médiane chez le singe réduit les mouvements « spontanés », à déclenchement interne, alors que les mouvements exécutés en réponse à un signal externe ne sont guère affectés. Les travaux d'imagerie cérébrale suggèrent que cette région du cortex a sensiblement les mêmes fonctions chez l'homme. La tomographie par émission de positons montre que le cortex prémoteur médian est activé lors de l'exécution de séquences motrices mémorisées (et donc indépendantes de tout signal externe). En accord avec ces données, les enregistrements unitaires chez le singe montrent qu'un grand nombre de neurones du cortex prémoteur médian commencent à décharger une à deux secondes avant le début de mouvements auto-déclenchés. Deux régions du cortex prémoteur médian seront examinées ailleurs plus en détail : les champs oculomoteurs frontaux (voir Figure 17.14), qui interviennent pour diriger le regard vers un endroit intéressant (voir aussi le chapitre 20), et un ensemble d'aires enfouies dans la profondeur du sillon cingulaire (voir Figure 17.14 et Encadré 17.B), qui jouent un rôle dans l'expression du comportement émotionnel (voir aussi Chapitre 29).

En résumé, les aires latérales et médianes du cortex prémoteur sont intimement impliquées dans la sélection de mouvements spécifiques ou de séquences motrices à partir du répertoire des actions possibles et ayant une signification comportementale. Ces aires diffèrent cependant quant à l'importance relative des indices internes et externes dans le processus de sélection.

Lésions des voies motrices descendantes : le syndrome pyramidal

Les lésions des neurones moteurs corticaux ne sont pas rares, vu la surface corticale importante qu'occupent les aires motrices et la longueur du trajet des voies motrices jusqu'à la moelle. Une lésion à n'importe quel endroit de leur parcours s'accompagne d'un ensemble de symptômes que l'on désigne sous le nom de **syndrome pyramidal**.

Le tableau clinique diffère nettement de celui du syndrome neurogène périphérique décrit au chapitre 16 et comprend un ensemble de déficits moteurs caractéristiques (Tableau 17.1). Les atteintes du cortex moteur ou des fibres passant par la capsule interne provoquent initialement une paralysie flasque (abolition du tonus) des muscles controlatéraux du corps et de la face. Compte tenu de l'organisation somatotopique du système moteur, les régions affectées aident à localiser la lésion. Les manifestations aiguës les plus graves concernent les bras et les jambes ; si l'on soulève

TABLEAU 17.1	*Signes du syndrome pyramidal et du syndrome neurogène périphérique*

Syndrome pyramidal	Syndrome neurogène périphérique
Faiblesse	Faiblesse ou paralysie
Spasticité	Diminution des réflexes superficiels
Hypertonie	Dépression des réflexes profonds
Exagération des réflexes profonds	Hypotonie
Clonus	Fasciculations et fibrillations
Signe de Babinski	Sévère atrophie musculaire
Perte des mouvements fins volontaires	

ou si l'on abaisse un bras ou une jambe, le membre retombe passivement et toute activité réflexe du côté affecté est abolie. Par contre, le contrôle des muscles du tronc est généralement préservé, soit par les voies du tronc cérébral qui subsistent, soit par les projections bilatérales de la voie corticospinale ventrale sur les circuits locaux qui contrôlent la musculature axiale. Cette période initiale d'hypotonie est qualifiée de **choc spinal** ; elle reflète la diminution d'activité des circuits spinaux soudainement privés des influences du cortex moteur et du tronc cérébral.

Après quelques jours toutefois, les circuits spinaux retrouvent une bonne partie de leurs fonctions pour des raisons qui ne sont pas parfaitement élucidées. Par la suite, se met en place une configuration stable de symptômes moteurs comprenant :

1. *Le signe de Babinski.* Si l'on gratte la plante du pied, du talon aux orteils, la réponse normale, chez l'adulte, est une flexion du gros orteil, souvent accompagnée de la flexion des autres orteils. Après atteinte des voies descendantes, le même stimulus provoque l'extension du gros orteil et l'ouverture en éventail des autres orteils (Figure 17.12). On observe une réponse identique chez les nourrissons humains avant la maturation du système corticospinal ; elle indique vraisemblablement un contrôle incomplet des neurones moteurs corticaux sur les circuits moteurs locaux.

2. *Spasticité.* La spasticité consiste en une augmentation du tonus musculaire (Encadré E), une exagération des réflexes d'étirement et un clonus (alternance de contractions et de relâchements d'un muscle en réponse à son étirement). Les lésions étendues du cortex moteur s'accompagnent souvent d'une rigidité des muscles extenseurs de la jambe et des muscles fléchisseurs du bras (*rigidité de décérébration* ; voir ci-dessous). La spasticité est probablement due au retrait des influences inhibitrices qu'exerce le cortex sur les centres posturaux des noyaux vestibulaires et de la formation réticulaire. Chez l'animal, par exemple, des lésions des noyaux vestibulaires améliorent la spasticité consécutive à une atteinte du faisceau pyramidal. La spasticité est aussi abolie par une section des racines dorsales, ce qui suggère qu'elle représente un accroissement anormal du *gain* des réflexes spinaux provoqué par la suppression de l'inhibition descendante (voir Chapitre 1). Cette augmentation du gain est également censée expliquer le clonus.

3. *Perte de la capacité d'exécuter des mouvements fins.* Si la lésion touche les voies descendantes contrôlant les motoneurones α qui innervent les membres antérieurs, la capacité d'exécuter des mouvements fins (tels que des mouvements indépendants des doigts) est perdue.

Quoique le syndrome pyramidal puisse être dû à des lésions situées en n'importe quel endroit des voies descendantes, la spasticité qui fait suite à une atteinte des voies descendantes au niveau de la moelle est sensiblement moindre que celle qui suit une lésion du cortex ou de la capsule interne.

C'est ainsi que la spasticité des muscles extenseurs de la cuisse d'un individu ayant une lésion spinale les rend incapables de supporter son poids, alors qu'ils y parvien-

(A) Réponse plantaire normale

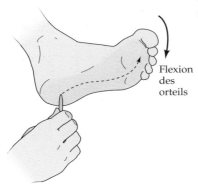

Flexion des orteils

(B) Réponse plantaire en extension (signe de Babinski)

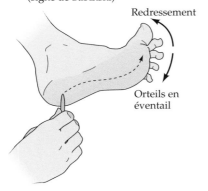

Redressement

Orteils en éventail

Figure 17.16

Le signe de Babinski. Après lésion des voies pyramidales, on provoque, en grattant la plante du pied, une ouverture en éventail anormale des orteils ainsi que l'extension du gros orteil.

ENCADRÉ 17E *Le tonus musculaire*

Le *tonus musculaire* est le niveau de tension d'un muscle au repos. En général, un niveau convenable de tonus permet au muscle de répondre le mieux possible, dans un contexte donné, à des commandes volontaires ou réflexes. Le tonus des muscles extenseurs des jambes, par exemple, aide au maintien de la posture lorsqu'on se tient debout. En gardant les muscles prêts à résister à l'étirement, le tonus des muscles des jambes empêche que le balancement normal de la station debout ne devienne trop important. Durant des activités telles que la marche ou la course, la tension de base des muscles des jambes sert aussi à emmagasiner l'énergie mécanique, ce qui a pour effet d'améliorer les propriétés de ressort du tissu musculaire. Le tonus musculaire dépend du niveau de décharge, au repos, des motoneurones α. L'activité des afférences fusoriales Ia, responsables du réflexe d'étirement, est l'élément majeur contribuant à ce niveau tonique d'émission. Comme il a été expliqué au chapitre 16, le système efférent γ règle (par son action sur les fibres intrafusales) le niveau d'activité au repos des fibres Ia et détermine le niveau de base de l'activité des motoneurones α en l'absence d'étirement musculaire.

En clinique, on estime le tonus musculaire d'un patient en examinant la résistance de ses membres à l'étirement passif. Une lésion, soit des motoneurones α, soit des afférences la amenant les informations sensorielles à ces motoneurones, se traduit par une réduction du tonus musculaire, ou *hypotonie*. En général, les atteintes des voies descendantes qui se terminent dans la moelle ont l'effet inverse et provoquent un accroissement du tonus, ou *hypertonie* (sauf durant la période de choc spinal ; voir le texte). Les changements nerveux responsables de l'hypertonie consécutive à une atteinte des centres supérieurs ne sont pas parfaitement élucidés ; une partie de ces changements, toutefois, est due à un accroissement de la réactivité des motoneurones α aux afférences sensorielles la. Preuve en est que, chez des animaux dont les voies descendantes ont été interrompues expérimentalement, on peut faire disparaître l'hypertonie résultante en sectionnant les racines dorsales.

La résistance accrue aux étirements passifs consécutive à une atteinte des centres supérieurs, que l'on nomme spasticité, s'accompagne de deux autres signes caractéristiques, le phénomène de la lame de canif et le clonus. Quand on étire un muscle spastique, il commence par présenter un degré élevé de résistance à l'étirement puis cède brusquement, comme la lame d'un couteau de poche que l'on ferme. L'hyperactivité de la boucle réflexe myotatique est la raison de cette résistance exagérée à l'étirement lors du phénomène de la lame de canif. La base physiologique de l'inhibition qui provoque l'effondrement brutal du réflexe myotatique (et la perte du tonus musculaire) relève, pense-t-on, de l'activation des organes tendineux de Golgi (voir Chapitre 16).

Le *clonus* désigne une activité rythmique de 3 à 7 contractions par seconde, due à l'alternance d'étirements et de relâchements des fuseaux neuromusculaires du muscle spastique. On peut le mettre en évidence dans les muscles fléchisseurs de la jambe en exerçant une forte pression vers le haut sur la plante du pied d'un patient pour provoquer une dorsiflexion de la cheville. Si les voies descendantes ont été endommagées, un maintien non contraignant de la cheville dans cette position fera apparaître des contractions rythmiques dans les muscles soléaire et gastrocnémiens. Cette exagération du tonus musculaire et les oscillations pathologiques que l'on constate après lésion des voies descendantes sont d'une tout autre nature que le tremblement de repos et le phénomène de la roue dentée que l'on trouve dans les altérations des ganglions de la base telles que la maladie de Parkinson et qui sont décrites aux chapitres 18 et 19.

---

nent souvent dans le cas d'une lésion corticale. L'interruption des voies descendantes au niveau du tronc cérébral, au-dessus des noyaux vestibulaires, mais en dessous du noyau rouge, entraîne une exagération du tonus des extenseurs encore plus grande que celle qui fait suite aux lésions de régions plus haut situées. Charles Sherrington, qui fut le premier à décrire ce phénomène, lui donna le nom de **rigidité de décérébration**. Chez le chat, après des lésions qui épargnent les faisceaux vestibulospinaux, le tonus des quatre membres est si élevé que l'animal peut tenir debout sans appui. On peut observer de semblables signes de décérébration – extension rigide des bras et des jambes, contraction des mâchoires, rejet de la tête en arrière – chez des patients inconscients, après des traumatismes du pont. L'hypertonie relativement plus marquée qui fait suite aux traumatismes affectant le système nerveux au-dessus du niveau spinal s'explique vraisemblablement par l'activité des voies descendantes intactes issues des noyaux vestibulaires et de la formation réticulaire, dont on sait qu'elles ont un effet excitateur net sur ces réflexes.

Résumé

Deux ensembles de projections motrices descendantes apportent chacun leur contribution propre au contrôle des circuits locaux de la moelle épinière et du tronc cérébral. Le premier a son origine dans les neurones du tronc cérébral, principalement dans la formation réticulaire et dans les noyaux vestibulaires, et il est responsable de la régulation de la posture. La formation réticulaire joue un rôle particulièrement important dans le contrôle *proactif* de la posture (c'est-à-dire dans les mouvements occasionnés par l'anticipation d'un changement de la stabilité du corps). Les neurones des noyaux vestibulaires qui projettent sur la moelle épinière jouent un rôle important dans les mécanismes posturaux *rétroactifs* (mouvements produits en réponse à des signaux sensoriels indiquant l'existence d'une perturbation posturale). Le second ensemble de projections motrices descendantes est issu du lobe frontal et comprend des projections du cortex moteur primaire et du cortex prémoteur qui lui est adjacent. Les régions du cortex prémoteur sont responsables de la planification et de la sélection des mouvements, et particulièrement de ceux qui sont déclenchés par des indices sensoriels ou par des motivations endogènes, alors que le cortex moteur primaire l'est de l'exécution des mouvements fins des membres ou de la musculature faciale. Le cortex moteur influence les mouvements d'une part de façon *directe*, en projetant sur les motoneurones et les neurones de circuits locaux de la moelle et du tronc cérébral, d'autre part de façon *indirecte*, en innervant les neurones des centres du tronc cérébral (essentiellement la formation réticulaire) qui projettent sur les mêmes motoneurones et neurones de circuits locaux. Alors que les voies du tronc cérébral peuvent réaliser un contrôle moteur grossier, les projections directes du cortex moteur sur les neurones de circuits locaux de la moelle et du tronc cérébral sont indispensables pour les mouvements fins et individualisés des extrémités des membres, de la langue et de la face.

Lectures complémentaires

Revues

DUM, R.P. et P.L. STRICK (2002), Motor areas in the frontal lobe of the primate. *Physiol. Behav.*, **77**, 677-682.

GAHÉRY, Y. et J. MASSION (1981), Co-ordination between posture and movement. *Trends Neurosci.*, **4**, 199-202.

GEORGOPOULOS, A.P., M. TAIRA et A. LUKASHIN (1993), Cognitive neurophysiology of the motor cortex. *Science*, **260**, 47-52.

KUYPERS, H.G.J.M. (1981), Anatomy of the descending pathways. In *Handbook of Physiology*, Section 1: *The Nervous System*, Volume II, *Motor Control*, Part 1, V.B. Brooks (ed.). Bethesda, MD, American Physiological Society.

NASHNER, L.M. (1979), Organization and programming of motor activity during posture control. In *Reflex Control of Posture and Movement*, R. Granit and O. Pompeiano (eds.). *Prog. Brain Res.*, **50**, 177-184.

NASHNER, L.M. (1982), Adaptation of human movement to altered environments. *Trends Neurosci.*, **5**, 358-361.

SHERRINGTON, C.S. et A.S.F. GRÜNBAUM (1901), Observations on the physiology of the cerebral cortex of some of the higher apes. *Proc. Roy. Soc.*, **69**, 206-209.

Articles originaux importants

EVARTS, E.V. (1981), Functional studies of the motor cortex. In *The Organization of the Cerebral Cortex*, F.O. Schmitt, F.G. Worden, G. Adelman and S.G. Dennis (eds). Cambridge, MA, MIT Press, 199-236.

FETZ, E.E. et P.D. CHENEY (1978), Muscle fields of primate corticomotoneuronal cells. *J. Physiol. (Paris)*, **74**, 239-245.

FETZ, E.E. et P.D. CHENEY (1980), Postspike facilitation of forelimb muscle activity by primate corticomotoneuronal cells. *J. Neurophysiol.*, **44**, 751-772.

GEORGOPOULOS, A.P., A.B. SCHWARTZ et R.E. KETTER (1986), Neuronal population coding of movement direction. *Science*, **233**, 1416-1419.

GRAZIANO, M.S., C.C. TAYLOR, T. MOORE et D.F. COOKE (2002), The cortical control of movement revisited. *Neuron*, **36**, 349-362.

LAWRENCE, D.G. et H.G.J.M. KUYPERS (1968), The functional organization of the motor system in the monkey. 1. The effects of bilateral pyramidal lesions. *Brain*, **91**, 1-14.

MITZ, A.R., M. GODSCHALK et S.P. WISE (1991), Learning-dependent neuronal activity in the premotor cortex: Activity during the acquisition of conditional motor associations. *J. Neurosci.*, **11**, 1855-1872.

RIZZOLATTI, G., L. FADIGA, V. GALLESE et L. FOGASSI (1996), Premotor cortex and the recognition of motor actions. *Cogn. Brain Res.*, **3**, 131-141.

ROLAND, P.E., B. LARSEN, N.A. LASSEN et E. SKINHOF (1980), Supplementary motor area and other cortical areas in organization of voluntary movements in man. *J. Neurophysiol.*, **43**, 118-136.

SANES, J.N. et W. TRUCCOLO (2003), Motor «binding»: Do functional assemblies in primary motor cortex have a role? *Neuron*, **38**, 115-125.

SCHIEBER, M.H. et L.S. HIBBARD (1993), How somatotopic is the motor cortex hand area? *Science*, **261**, 489-492.

Ouvrages

ASANUMA, H. (1989), *The Motor Cortex*. New York, Raven Press.

BRODAL, A. (1981), *Neurological Anatomy in Relation to Clinical Medicine,* 3rd Ed. New York, Oxford University Press.

BROOKS, V.B. (1986), *The Neural Basis of Motor Control.* New York, Oxford University Press.

PASSINGHAM, R. (1993), *The Frontal Lobes and Voluntary Action.* Oxford, Oxford University Press.

PENFIELD, W. et T. RASMUSSEN (1950), *The Cerebral Cortex of Man: A Clinical Study of Localization of Function.* New York, MacMillan.

PHILLIPS, C.G. et R. PORTER (1977), *Corticospinal Neurones. Their Role in Movement.* Academic Press.

PORTER, R. et R. LEMON (1993), *Corticospinal Function and Voluntary Movement.* Oxford, Oxford University Press.

SHERRINGTON, C. (1947), *The Integrative Action of the Nervous System.* 2nd Ed. New Haven, Yale University Press.

SJÖLUND, B. et A. BJÖRKLUND (1982), *Brainstem Control of Spinal Mechanisms.* Amsterdam, Elsevier.

chapitre **18**

Modulation des mouvements par les ganglions de la base

Vue d'ensemble

Comme il a été dit dans le chapitre précédent, les régions motrices du cortex et du tronc cérébral contiennent des neurones qui déclenchent le mouvement grâce à leurs projections sur les interneurones et les motoneurones α du tronc cérébral et de la moelle. Ce chapitre et le suivant examinent deux autres régions cérébrales jouant un rôle important dans le contrôle moteur : les ganglions de la base et le cervelet. Ces structures n'ont pas de projections directes sur les motoneurones α ni sur les neurones de circuits locaux : c'est en régulant l'activité des neurones moteurs du cortex ou du tronc cérébral qu'elles influencent la motricité. L'expression *ganglions de la base* désigne un ensemble fonctionnellement diversifié de noyaux enfouis dans la profondeur des hémisphères cérébraux (on leur donne d'ailleurs aussi le nom de *noyaux gris centraux*). Le sous-ensemble de ces noyaux qui intervient dans les fonctions motrices comprend le noyau caudé, le putamen et le globus pallidus. Deux autres structures, la substance noire (ou substantia nigra ou locus niger) à la base du mésencéphale, et le noyau sous-thalamique (ou corps de Luys) dans le thalamus ventral, sont étroitement associées aux fonctions motrices des ganglions de la base. Les composantes motrices des ganglions de la base, ainsi que la substance noire et le noyau sous-thalamique, constituent une véritable boucle sous-corticale reliant la plupart des aires corticales aux neurones moteurs du cortex moteur primaire, du cortex prémoteur et du tronc cérébral. Les neurones de cette boucle sont actifs avant et pendant les mouvements et leurs effets sur les neurones moteurs des centres supérieurs sont indispensables au déroulement normal des mouvements volontaires. Lorsque l'une des composantes des ganglions de la base ou des structures associées est affectée, le patient ne peut plus passer sans à-coups des commandes qui déclenchent un mouvement à celles qui le font cesser. Les mouvements désordonnés qui s'ensuivent peuvent s'expliquer par une activité anormale des neurones moteurs centraux due à l'absence du contrôle superviseur qu'exercent normalement sur eux les ganglions de la base.

Les connexions afférentes des ganglions de la base

Les ganglions de la base sont divisés en plusieurs groupes de noyaux fonctionnellement distincts. Le premier et le plus volumineux de ces groupes est le **striatum** (ou **néostriatum**) qui comprend le **noyau caudé** et le **putamen** (Figure 18.1). Le nom de striatum (pour *corpus striatum*, c'est-à-dire corps strié) vient des fins ponts de substance grise qui relient le noyau caudé à la partie dorsale du putamen et s'étendent à travers la capsule interne, leur donnant un aspect rayé quand on les examine sur une coupe parasagittale. Ces deux subdivisions du striatum constituent la zone de *réception* ; leurs neurones sont en effet la cible de la plupart des voies qui aboutissent à cette région en provenance des autres régions cérébrales (Figure 18.2). Les fibres originaires du cortex ont pour destination les dendrites d'une catégorie de neurones striaires appelés **neurones épineux moyens** (Figure 17.3). Les abondantes ramifications dendritiques de ces neurones leur permettent d'intégrer des afférences issues de structures diverses du cortex, du thalamus ou du tronc cérébral. Les axones des neurones épineux moyens convergent pour leur part sur les neurones du **pallidum**, qui comprend

Figure 18.1

Composantes motrices des ganglions de la base chez l'homme. Les ganglions de la base comprennent un ensemble de structures de substance grise, dont la plupart sont enfouies dans la profondeur du télencéphale; la substance noire fait toutefois partie du mésencéphale tandis que les noyaux thalamiques et le noyau sous-thalamique appartiennent au diencéphale. Les composantes principales qui reçoivent et traitent les signaux relatifs aux mouvements sont le striatum (noyau caudé et putamen) et le pallidum (globus pallidus et substance noire pars reticulata). Ces structures bordent la capsule interne dans le cerveau antérieur (télencéphale et diencéphale) et dans le mésencéphale (le pédoncule cérébral étant une extension caudale de la capsule interne). Le système des ganglions de la base comprend également des composantes moins volumineuses mais fonctionnellement importantes, la substance noire pars compacta et le noyau sous-thalamique (ou corps de Luys), qui projettent respectivement sur le striatum et sur le pallidum. Pour le contrôle des mouvements des membres, l'élément de sortie des ganglions de la base est le segment interne du globus pallidus, qui projette sur les noyaux ventral antérieur et ventral latéral (complexe VA/VL) du thalamus; ceux-ci sont connectés directement aux neurones moteurs du cortex frontal.

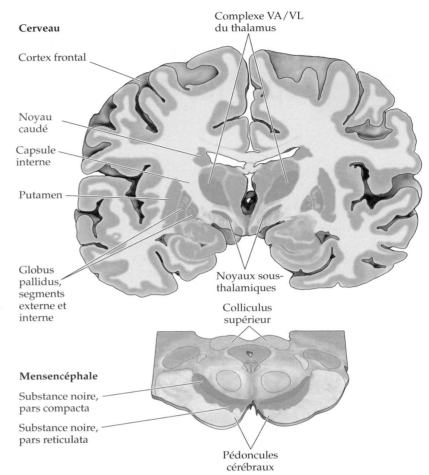

Cerveau

Complexe VA/VL du thalamus

Cortex frontal

Noyau caudé

Capsule interne

Putamen

Globus pallidus, segments externe et interne

Noyaux sous-thalamiques

Colliculus supérieur

Mensencéphale

Substance noire, pars compacta

Substance noire, pars reticulata

Pédoncules cérébraux

le **globus pallidus** et la **substance noire, pars reticulata**, ces deux dernières structures constituant les sources principales des *efférences* des ganglions de la base.

Presque toutes les régions du néocortex projettent directement sur le striatum, ce qui fait du cortex la source de loin la plus abondante des afférences que reçoivent les ganglions de la base. Les seules aires à faire exception sont les cortex primaires visuel et auditif (Figure 18.4). Parmi les projections venant des autres aires, les plus denses sont issues des aires associatives des lobes frontaux et pariétaux, avec néanmoins des contributions non négligeables des cortex temporaux, insulaires et cingulaires. Toutes ces projections, désignées du nom collectif de **voie corticostriaire**, passent à travers la substance blanche sous-corticale et gagnent directement le noyau caudé et le putamen (voir Figure 17.2).

Les projections corticales sur le caudé et le putamen n'ont cependant pas la même origine et ce fait est révélateur de différences fonctionnelles entre ces deux noyaux. Le noyau caudé reçoit des afférences corticales principalement des aires d'association multimodales ainsi que des aires motrices du lobe frontal qui contrôlent les mouvements oculaires. Comme leur nom l'indique, ces aires ne traitent pas qu'un seul type d'information sensorielle, mais reçoivent au contraire des afférences de diverses aires sensorielles primaires et secondaires et des noyaux thalamiques qui leur sont associés (voir Chapitre 26). Le putamen, en revanche, reçoit ses afférences des aires somesthésiques primaires et secondaires du lobe pariétal, des aires visuelles secondaires (extrastriées) des lobes occipital et temporal, des cortex moteur et prémoteur du lobe frontal et des aires associatives auditives du lobe temporal. Le fait que différentes régions du

Cerveau

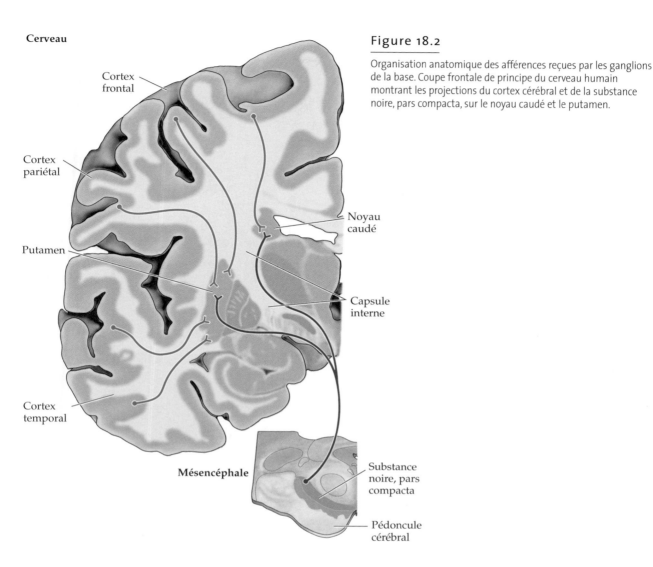

Cortex
frontal

Cortex
pariétal

Putamen

Cortex
temporal

Mésencéphale

Noyau
caudé

Capsule
interne

Substance
noire, pars
compacta

Pédoncule
cérébral

Figure 18.2

Organisation anatomique des afférences reçues par les ganglions de la base. Coupe frontale de principe du cerveau humain montrant les projections du cortex cérébral et de la substance noire, pars compacta, sur le noyau caudé et le putamen.

cortex projettent sur des régions également différentes du striatum implique que la voie corticostriaire est faite de multiples voies parallèles exerçant chacune des fonctions distinctes. Cette interprétation est étayée par la persistance de cette ségrégation dans les structures qui reçoivent les projections du striatum et dans les voies de projection des ganglions de la base vers d'autres régions cérébrales.

Il existe d'autres indices d'une partition fonctionnelle du striatum selon la nature des afférences qu'il reçoit. Les projections du cortex somesthésique et du cortex visuel, par exemple, s'organisent topographiquement sur des régions différentes du putamen. Par ailleurs, les aires corticales fonctionnellement interconnectées sont à l'origine de projections qui présentent dans le striatum un recouvrement important. Les travaux d'anatomie d'Ann Graybiel et de ses collègues du Massachusetts Institute of Technology ont montré que les régions corticales qui concernent la main (voir Chapitre 9) convergent, dans le striatum, sur des bandes rostro-caudales spécifiques ; de même, les régions qui concernent la jambe convergent sur d'autres bandes striaires. Ces bandes rostro-caudales semblent donc être des unités fonctionnelles en rapport avec les mouvements de régions particulières du corps. Une autre recherche de la même équipe a montré que plus les aires corticales sont interconnectées, plus leurs projections sur le striatum se chevauchent. La spécialisation des unités fonctionnelles du striatum reflète donc la spécialisation des aires corticales dont elles reçoivent les projections.

(A)

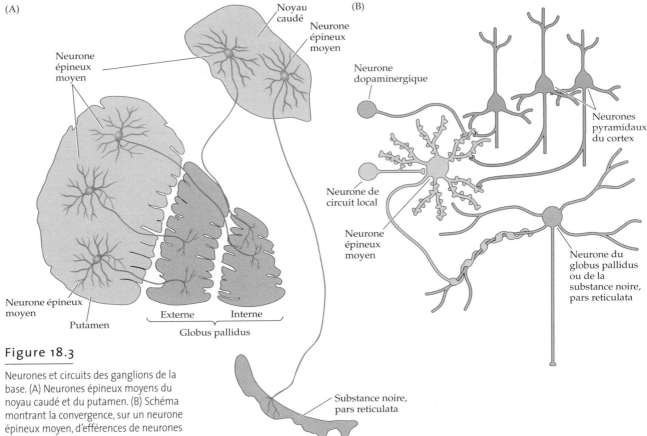

(B)

Figure 18.3

Neurones et circuits des ganglions de la base. (A) Neurones épineux moyens du noyau caudé et du putamen. (B) Schéma montrant la convergence, sur un neurone épineux moyen, d'efférences de neurones corticaux, de neurones dopaminergiques de la substance noire et de neurones de circuits locaux du striatum. L'organisation de ces synapses indique que la réponse des neurones épineux moyens à leurs principales afférences émanant du cortex cérébral peut être modulée par la dopamine et par les influences reçues des neurones de circuits locaux. Les projections principales des neurones épineux moyens se font en direction du globus pallidus et de la substance noire, pars reticulata.

Une indication supplémentaire de la partition fonctionnelle du striatum apparaît à l'examen de coupes de tissu cérébral prélevé *post mortem*, colorées pour révéler certains neurotransmetteurs et les enzymes qui leur sont associées. En colorant, par exemple, le striatum pour la cholinestérase, enzyme qui inactive l'acétylcholine (voir Chapitre 6), on met en évidence une organisation du striatum en compartiments. Ces compartiments, appelés îlots ou « striosomes », sont peu colorés ; ils sont entourés d'un tissu à la coloration plus dense, la « matrice ». Des travaux ultérieurs portant sur la distribution d'autres substances, dont des neurotransmetteurs peptidiques, ont catalogué toute une série de molécules neuroactives localisées soit dans les striosomes, soit dans la matrice. Les traçages de voies réalisés chez l'animal ont de même montré qu'il existe entre les compartiments du striatum des différences concernant l'origine des afférences corticales qu'ils reçoivent et la destination des projections qu'ils envoient vers d'autres régions des ganglions de la base. La matrice, par exemple, constitue la majeure partie du striatum ; elle reçoit des afférences de la plupart des aires du cortex cérébral et projette sur le globus pallidus et la substance noire pars reticulata. Les striosomes du noyau caudé reçoivent l'essentiel de leurs afférences du cortex préfrontal (voir Chapitre 26) et projettent préférentiellement sur une autre partie de la substance noire (voir ci-dessous). Ces différences de connectivité entre les neurones épineux moyens des striosomes et ceux de la matrice appuient elles aussi la conception selon laquelle des voies fonctionnellement distinctes projettent en parallèle du cortex sur le striatum.

On ignore la nature des signaux que le cortex envoie au noyau caudé et au putamen. On sait cependant que les collatérales de fibres corticocorticales, corticothala-

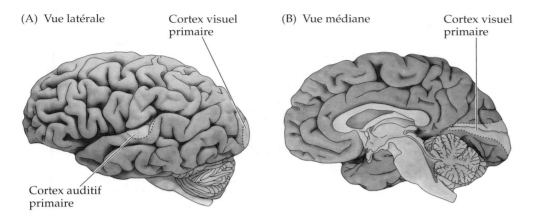

(A) Vue latérale

Cortex visuel primaire

(B) Vue médiane

Cortex visuel primaire

Cortex auditif primaire

Figure 18.4

Régions du cortex cérébral (en violet) qui projettent sur le noyau caudé, le putamen et le striatum ventral. Les projections corticales que reçoivent le noyau caudé, le putamen et le striatum ventral sont essentiellement issues des aires d'association des lobes frontaux, pariétaux et temporaux (voir Encadré 18C).

miques et corticospinales forment toutes des synapses glutamatergiques excitatrices sur les épines dendritiques des neurones épineux moyens (voir Figure 18.3B). L'organisation des synapses corticales est telle qu'une fibre d'origine corticale va contacter un très grand nombre de neurones épineux moyens, tout en ne formant qu'un nombre réduit de synapses avec chacun d'eux. Cette divergence des terminaisons des axones corticifuges permet à un seul neurone épineux moyen d'intégrer les influences de milliers de neurones corticaux.

Les neurones épineux moyens reçoivent également des afférences non corticales issues d'autres neurones épineux moyens par des collatérales locales de leur axone, d'interneurones propres au striatum, de neurones de la ligne médiane et des noyaux thalamiques intralaminaires et de neurones des noyaux aminergiques du tronc cérébral. À la différence des neurones corticaux, dont les projections se terminent sur les épines des régions dendritiques distales, les neurones thalamiques et ceux des circuits locaux font synapse sur les troncs dendritiques et à proximité du corps cellulaire ; ils peuvent ainsi moduler l'activation produite par les afférences corticales un peu plus loin sur les dendrites. Quant aux synapses aminergiques, elles sont formées par des fibres dopaminergiques issues de la partie de la substance noire dite **pars compacta** à cause de sa densité neuronique élevée. (Le striatum reçoit aussi des afférences sérotoninergiques venant des noyaux du raphé ; voir Chapitre 6). Les synapses dopaminergiques se font sur la base des épines, à proximité immédiate des synapses d'origine corticale dont elles peuvent ainsi moduler directement et sélectivement les effets (Figure 18.3B). On voit donc que les afférences issues du cortex et de la substance noire pars compacta sont situées relativement loin du segment initial de l'axone du neurone épineux moyen, où naît l'influx nerveux. En outre les neurones épineux moyens expriment des conductances potassiques à rectification entrante, qui tendent à rester ouvertes au voisinage du potentiel de repos de la membrane, mais qui se ferment quand celle-ci est dépolarisée. En conséquence, ces neurones n'ont qu'une activité spontanée très réduite et doivent recevoir simultanément un nombre important d'afférences excitatrices corticales et nigrales pour vaincre l'influence stabilisatrice de la conductance potassique.

Ces neurones s'activent lors d'un mouvement. Les enregistrements extracellulaires montrent qu'en règle générale ils augmentent leur fréquence de décharge juste avant le début du mouvement. Les neurones du putamen ont tendance à décharger avant des mouvements du tronc et des membres, ceux du noyau caudé avant des mouvements des yeux. Il est clair que ces décharges anticipatrices font partie d'un processus de sélection des mouvements; elles peuvent avoir lieu jusqu'à plusieurs secondes avant le début du mouvement. Des enregistrements de même type ont également montré que la décharge de certains neurones striaires varie en fonction de l'endroit où se situe l'*objectif* du mouvement, et non de la position de départ du membre par rapport au but. L'activité de ces neurones encode donc la *décision d'atteindre* un objectif, plutôt que la direction et l'amplitude du mouvement effectivement nécessaires pour l'atteindre.

Les connexions efférentes des ganglions de la base

Les neurones épineux moyens du putamen et du noyau caudé sont à l'origine de projections GABAergiques inhibitrices qui se terminent dans les noyaux pallidaux des ganglions de la base : le segment interne du globus pallidus et la substance noire, dite pars reticulata. Le nom de *globus pallidus*, qui signifie corps pâle, est dû au grand nombre de fibres myélinisées qui le traversent et qui lui donnent sa teinte gris pâle; la pars reticulata de la substance noire est ainsi nommée à cause des axones qui la

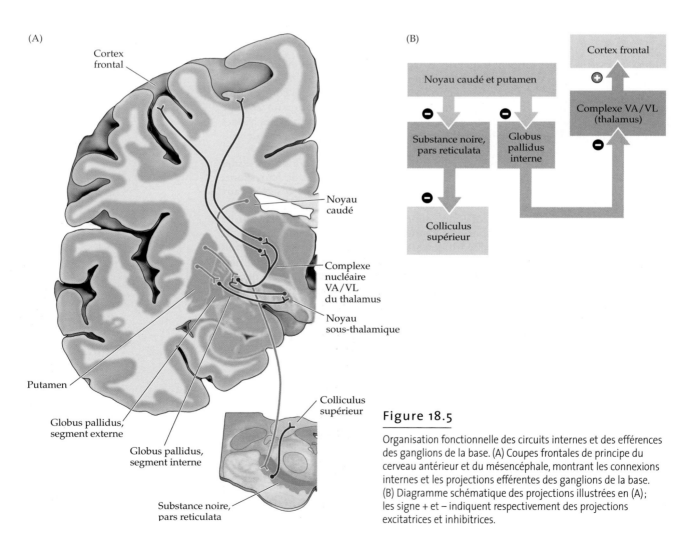

Figure 18.5

Organisation fonctionnelle des circuits internes et des efférences des ganglions de la base. (A) Coupes frontales de principe du cerveau antérieur et du mésencéphale, montrant les connexions internes et les projections efférentes des ganglions de la base. (B) Diagramme schématique des projections illustrées en (A); les signe + et – indiquent respectivement des projections excitatrices et inhibitrices.

traversent et qui lui donnent, contrairement à la pars compacta, l'aspect de mailles d'un filet.

Le globus pallidus et la substance noire pars reticulata ont des neurones de même type et assurent des fonctions identiques, bien que ce soit sur des signaux de différents types reçus des flux parallèles de traitement qui transitent par les ganglions de la base. À vrai dire, la pars reticulata fait embryologiquement partie du globus pallidus dont elle s'est trouvée séparée, au cours du développement cérébral précoce, par les fibres de la capsule interne et du pédoncule cérébral qui l'ont repoussée vers le mésencéphale. Les projections striaires sur ces deux noyaux ressemblent aux projections corticostriaires, dans la mesure où elles se terminent sur des bandes rostro-caudales dont l'emplacement varie en fonction de la position occupée par leur source dans le striatum. Les projections que les neurones épineux moyens envoient sur le globus pallidus et la substance noire présentent un remarquable degré de convergence sur les neurones pallidaux et nigraux. Chez l'homme, par exemple, le striatum contient environ 100 millions de neurones, dont à peu près 75 % sont des neurones épineux moyens. Par contre le globus pallidus, qui constitue leur cible principale, ne comporte que 700 000 neurones environ. Par conséquent, chaque neurone pallidal est en moyenne innervé par plus de 100 neurones épineux moyens. Cependant, malgré ce degré élevé de convergence, les axones provenant du striatum font, sur leur parcours, des contacts clairsemés avec un grand nombre de neurones pallidaux, avant de regrouper leurs contacts terminaux sur les dendrites d'un seul neurone. Des groupes de neurones épineux moyens peuvent de la sorte exercer une influence diffuse, mais fonctionnellement faible, sur une multitude de neurones pallidaux, tout en influençant de façon puissante une fraction réduite de neurones du globus pallidus et de la substance noire pars reticulata. Il faut garder à l'esprit ce profil d'innervation si l'on veut comprendre le rôle du striatum dans la sélection et le déclenchement des programmes moteurs intentionnels, comme on le verra ci-dessous.

L'ensemble des neurones efférents du segment interne du pallidum et de la substance noire pars reticulata donne naissance aux voies principales qui permettent aux ganglions de la base d'influencer les neurones moteurs du cortex et du tronc cérébral (voir Figure 18.5). La voie destinée au cortex moteur naît pour l'essentiel dans la partie médiane du globus pallidus appelée **segment interne** et fait relais dans les noyaux **ventral antérieur** (VA) et **ventral latéral** (VL) du thalamus dorsal. Ces noyaux thalamiques projettent directement sur les aires motrices du cortex et constituent la dernière étape d'une grande boucle ayant son point de départ dans de multiples aires corticales et revenant se terminer, après relais dans les ganglions de la base et le thalamus, dans les aires motrices du lobe frontal. Par contre, les neurones de la substance noire pars reticulata ont un accès beaucoup plus direct aux neurones moteurs : ils font synapse avec les neurones du colliculus supérieur qui commandent les mouvements de la tête et des yeux, sans relayer dans le thalamus. Cette différence entre le globus pallidus et la substance noire pars reticulata n'est toutefois pas absolue ; en effet, beaucoup de fibres provenant de la pars reticulata projettent aussi sur les noyaux dorsomédian et ventral antérieur du thalamus où elles s'articulent avec des neurones de relais qui projettent sur les champs oculomoteurs frontaux du cortex prémoteur (voir Chapitre 20).

Étant donné que les neurones efférents du globus pallidus et de la substance noire pars reticulata sont GABAergiques, l'effet principal des ganglions de la base est *inhibiteur*. À l'inverse des neurones épineux moyens qui demeurent silencieux, les neurones de ces structures efférentes ont un niveau élevé d'activité spontanée, qui a pour effet d'empêcher tout mouvement non souhaité en inhibant de façon tonique le colliculus supérieur et le thalamus. Comme les neurones épineux moyens du striatum sont, eux aussi, GABAergiques et inhibiteurs, le résultat net des commandes excitatrices que le cortex envoie au striatum est d'inhiber les neurones inhibiteurs toniques du pallidum et de la substance noire pars reticulata (Figure 18.6). Les neurones du globus pallidus, par exemple, exercent donc, en l'absence de mouvements volontaires, une inhibition tonique sur les neurones de relais des noyaux ventral latéral et ventral antérieur du thalamus. Lorsque ces neurones pallidaux sont inhibés par l'activité des neurones épineux moyens, les neurones thalamiques sont *désinhibés* ; ils peuvent alors

Figure 18.6

Chaîne de cellules nerveuses formant un circuit désinhibiteur. En haut : schéma des connexions entre deux neurones inhibiteurs A et B et un neurone excitateur C. En bas : profil des potentiels d'action émis par les cellules A, B et C quand A est au repos ou quand il décharge transitoirement sous l'effet des afférences excitatrices qu'il reçoit. Des circuits de ce type sont au cœur des opérations de contrôle qu'exercent les ganglions de la base.

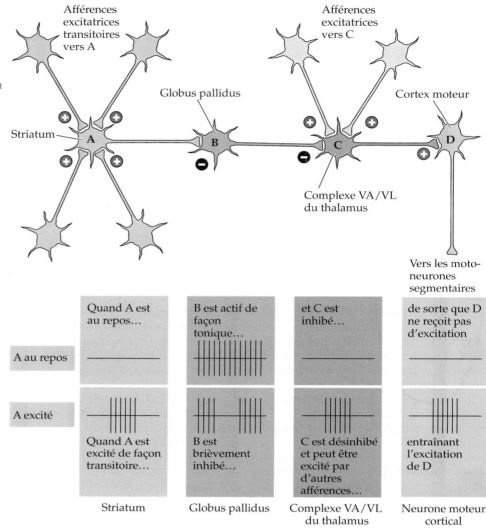

relayer vers les neurones moteurs du cortex les signaux provenant d'autres sources. Cette **désinhibition** est ce qui permet normalement aux neurones moteurs d'envoyer des commandes aux interneurones et aux motoneurones segmentaires qui déclenchent les mouvements.

Données fournies par l'étude des mouvements oculaires

Les recherches qui ont démontré avec le plus de netteté le rôle permissif des ganglions de la base dans le déclenchement des mouvements sont peut-être celles qui ont été réalisées sur les mouvements oculaires par Okihide Hikosaka et Robert Wurtz du National Institute of Health (Figure 18.7). Comme il a été dit dans la précédente section, la substance noire pars reticulata fait partie des circuits de sortie des ganglions de la base. Toutefois, au lieu de projeter sur le cortex, elle envoie principalement ses axones vers les couches profondes du colliculus supérieur. Les neurones moteurs de ces couches commandent les « saccades » oculaires, qui sont des mouvements rapides d'orientation des yeux (voir Chapitre 20). Lorsque les yeux fixent une cible visuelle, ces neurones moteurs sont inhibés de façon tonique par l'activité spontanée des neurones de la pars reticulata et bloquent l'apparition de saccades non désirées. Quelques

(A)

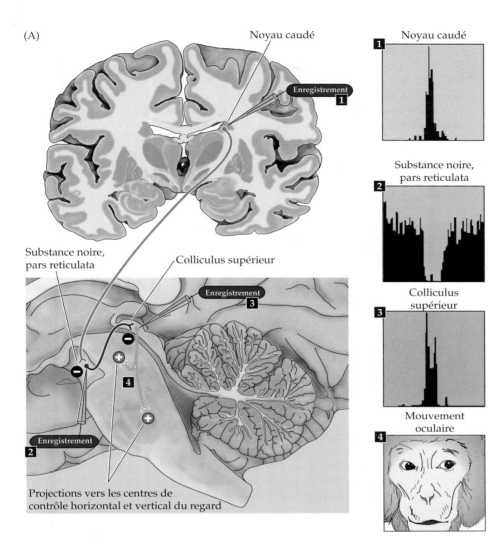

Noyau caudé

Enregistrement **1**

Substance noire,
pars reticulata

Colliculus supérieur

Enregistrement **3**

Enregistrement **2**

Projections vers les centres de
contrôle horizontal et vertical du regard

1 Noyau caudé

2 Substance noire,
pars reticulata

3 Colliculus
supérieur

4 Mouvement
oculaire

Figure 18.7

Rôle de la désinhibition qu'exercent
les ganglions de la base dans la
production de saccades oculaires.
(A) Les neurones épineux moyens du
noyau caudé répondent par une
bouffée transitoire de potentiels
d'action aux afférences excitatrices
reçues du cortex cérébral (1). Les
neurones épineux inhibent les
neurones GABAergiques de la
substance noire pars reticulata, qui
ont une activité inhibitrice tonique (2).
Il s'ensuit que les neurones moteurs
des couches profondes du colliculus
supérieur ne sont plus soumis à cette
inhibition tonique et qu'ils peuvent
émettre les bouffées de potentiels
d'action qui commandent une
saccade (3 et 4). (B) Relation
temporelle entre l'inhibition de la
substance noire pars reticulata (en
violet) et la désinhibition du
colliculus supérieur (en bleu) avant
une saccade vers une cible visuelle.
(D'après Hikosaka et Wurtz, 1989.)

(B)

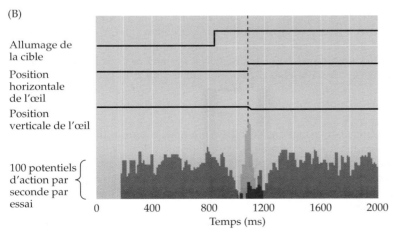

Allumage de
la cible

Position
horizontale
de l'œil

Position
verticale de l'œil

100 potentiels
d'action par
seconde par
essai

0   400   800   1200   1600   2000

Temps (ms)

instants avant le début d'une saccade, la décharge tonique de la pars reticulata est
fortement réduite sous l'effet d'afférences venant des neurones épineux moyens
GABAergiques du noyau caudé, activés eux-mêmes par le cortex. Il s'ensuit une
désinhibition des neurones moteurs du colliculus supérieur, qui peuvent alors déclen-

cher les salves de potentiels d'action commandant les saccades. Les projections de la substance noire pars reticulata sur les neurones moteurs colliculaires jouent donc le rôle d'une « porte » physiologique qui doit être « ouverte » pour permettre aux signaux sensoriels ou à ceux, plus complexes, qui proviennent des centres cognitifs, d'activer les neurones moteurs et de déclencher une saccade.

Cette brève description de la naissance d'une saccade illustre clairement les fonctions majeures des ganglions de la base dans le contrôle moteur : les ganglions de la base facilitent le *démarrage* des programmes moteurs qui réalisent le mouvement et ils *suppriment* les programmes moteurs concurrents ou non synergiques, susceptibles d'interférer avec la réalisation d'un comportement intentionnel ou déclenché par un message sensoriel.

Le chapitre 20 traitera plus à fond les problèmes de l'intégration sensorimotrice et de l'origine des mouvements oculaires ; les sections suivantes du présent chapitre examinent comment les ganglions de la base et leurs circuits annexes exercent leur contrôle moteur et pourquoi les maladies qui les affectent peuvent avoir des conséquences dévastatrices sur la motricité.

Les circuits internes du système des ganglions de la base

Les projections qu'envoient les neurones épineux moyens du caudé et du putamen sur le segment interne du globus pallidus et sur la substance noire pars reticulata font partie d'une « voie directe » et servent, comme le schématise la figure 18.6, à lever l'inhibition tonique des neurones thalamiques qui activent les neurones moteurs corticaux. Cette voie directe donne aux ganglions de la base la possibilité de faciliter le démarrage de mouvements volontaires. Son organisation fonctionnelle est résumée dans la figure 18.8A

Pour renforcer la suppression des mouvements inappropriés, les ganglions de la base utilisent une autre voie, dite « voie indirecte », entre le striatum et le segment interne du globus pallidus (Figure 18.8B). Cette seconde voie sert à augmenter le niveau de l'inhibition tonique qu'exercent les neurones du segment interne (et de la substance noire pars reticulata). Dans cette voie indirecte, une population particulière de neurones épineux moyens projette sur la partie latérale du globus pallidus, appelée **segment externe**. Le segment externe projette pour sa part à la fois sur le segment interne et sur le noyau sous-thalamique (ou corps de Luys) (Figure 18.1). Le noyau sous-thalamique reçoit aussi des projections excitatrices émanant des neurones corticaux qui agissent en synergie avec les projections du segment externe du globus pallidus ; il projette en retour de façon diffuse sur le segment interne du globus pallidus et sur la substance noire pars reticulata. La voie indirecte envoie donc des signaux rétroactifs sur les noyaux par la sortie desquels les ganglions de la base ont accès aux neurones moteurs corticaux. Mais comme nous le verrons dans la discussion qui suit, *la voie indirecte antagonise l'activité de la voie directe*. Leur fonctionnement conjoint ouvre ou ferme les portes physiologiques qui déclenchent et terminent les mouvements.

La voie indirecte des ganglions de la base module les actions désinhibitrices de la voie directe. Les neurones du noyau sous-thalamique qui projettent sur le segment interne du globus pallidus et sur la substance noire pars reticulata libèrent du glutamate comme neurotransmetteur et sont donc excitateurs. Normalement, quand la voie indirecte est activée par des signaux d'origine corticale, les neurones épineux moyens déchargent et inhibent les neurones GABAergiques du segment externe qui ont une activité tonique. Les neurones sous-thalamiques deviennent donc encore plus actifs et, par les synapses excitatrices qu'ils entretiennent avec le segment interne et la pars reticulata, ils augmentent les efférences inhibitrices des ganglions de la base. Ainsi, contrairement à la voie directe qui, lorsqu'elle est activée, lève l'inhibition tonique qui s'exerce sur les circuits colliculaires et thalamocorticaux, le résultat net de l'activité de la voie indirecte est d'augmenter les influences inhibitrices des ganglions de la base. C'est l'équilibre entre l'activité de la voie directe et celle de la voie indirecte qui déter-

(A) Voie directe

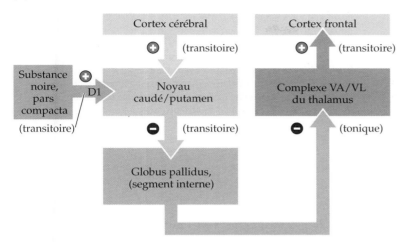

(B) Voies indirecte et directe

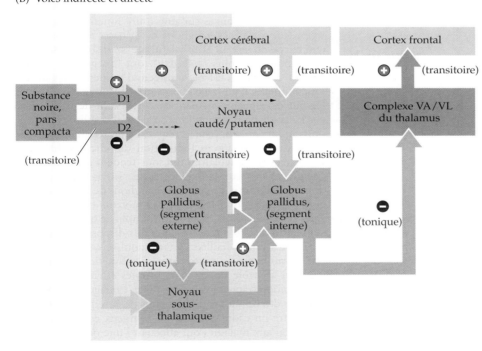

Figure 18.8

Désinhibition dans les voies directe et indirecte des ganglions de la base. (A) Dans la voie directe, le noyau caudé et le putamen envoient des projections inhibitrices transitoires sur les neurones inhibiteurs toniques du segment *interne* du globus pallidus, qui projette pour sa part sur le complexe VA/VL du thalamus. On a également fait figurer les afférences excitatrices transitoires que le noyau caudé et le putamen reçoivent du cortex et de la substance noire, ainsi que les efférences excitatrices transitoires que le thalamus envoie en retour vers le cortex. (B) Dans la voie indirecte (plage jaune) les neurones inhibiteurs transitoires du noyau caudé et du putamen projettent sur les neurones inhibiteurs toniques du segment *externe* du globus pallidus. Noter que les projections dopaminergiques de la substance noire sur les neurones de la voie indirecte ont un effet inhibiteur. Les neurones du globus pallidus (segment externe) projettent sur le noyau sous-thalamique, qui reçoit également de puissantes afférences excitatrices du cortex. Le noyau sous-thalamique projette pour sa part sur le globus pallidus (segment interne), où ses influences excitatrices viennent contrebalancer l'action désinhibitrice de la voie directe. De cette façon, la voie indirecte module les effets de la voie directe.

mine le moment où les efférences du pallidum vers le thalamus ou le colliculus supérieur faciliteront la réalisation du programme moteur envisagé.

Non seulement ces circuits facilitent la sélection d'un programme moteur, ils suppriment aussi les programmes moteurs concurrents qui pourraient interférer avec l'exécution au moment opportun d'un comportement intentionnel ou déclenché par un signal sensoriel. Notre compréhension de cette interaction antagoniste doit beaucoup à la notion de *sélection focalisée*. Selon cette notion, les voies directe et indirecte sont fonctionnellement organisées sur le modèle centre-pourtour pour ce qui concerne les efférences des ganglions de la base (Figure 18.9). Les influences de la voie directe sont étroitement focalisées sur des unités fonctionnelles particulières du segment interne du globus pallidus (et de la substance noire pars reticulata) ; les influences de la voie indirecte sont, par contre, beaucoup plus diffuses et affectent une population plus étendue d'unités fonctionnelles. Rappelons que les axones du striatum projetant

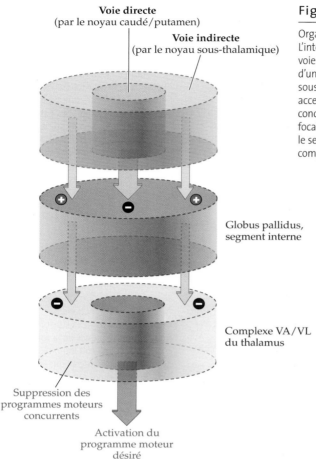

Voie directe
(par le noyau caudé/putamen)

Voie indirecte
(par le noyau sous-thalamique)

Globus pallidus,
segment interne

Complexe VA/VL
du thalamus

Suppression des
programmes moteurs
concurrents

Activation du
programme moteur
désiré

Figure 18.9

Organisation fonctionnelle en centre-pourtour des voies directe et indirecte. L'intégration des afférences corticales par le striatum provoque l'excitation des voies directe et indirecte. Lors de l'activation de la voie indirecte, les neurones d'une zone de « pourtour » du segment interne du globus pallidus déchargent sous l'effet des afférences excitatrices venant du noyau sous-thalamique. Ceci accentue la suppression d'un large ensemble de programmes moteurs concurrents. En même temps, l'activation de la voie directe entraîne l'inhibition focale d'un bloc plus restreint de neurones constituant une zone « centre » dans le segment interne, ce qui a pour conséquence la désinhibition d'une zone du complexe VA/VL contrôlant l'expression du programme moteur désiré.

sur le segment interne du globus pallidus ont tendance à focaliser leurs synapses terminales, chacun sur un seul neurone pallidal (tout en formant sur leur trajet quelques synapses éparses avec un grand nombre de neurones pallidaux) ; la voie directe a donc de cette façon la possibilité de focaliser ses influences sur une unité fonctionnelle « centrale », en sortie des ganglions de la base. À l'inverse, les efférences du noyau subthalamique se distribuent d'une façon beaucoup plus égale dans tout le segment interne, permettant ainsi à la voie indirecte d'influencer les unités fonctionnelles d'un large « pourtour ». Dans ces conditions, lorsque des signaux émanant du cortex sont reçus et traités par les systèmes des ganglions de la base, la suppression des programmes moteurs concurrents est renforcée, tandis qu'est facilitée simultanément l'activation des circuits thalamo-corticaux (ou colliculaires) qui sous-tendent le mouvement envisagé. On reste dans l'incertitude sur la façon précise dont ces circuits complexes des ganglions de la base interagissent pour assister les neurones moteurs corticaux dans l'exécution des comportements volontaires et la description simplifiée qui vient d'être donnée devra sans aucun doute être révisée à mesure que nous disposerons de données anatomiques et physiologiques plus détaillées. Cette esquisse constitue néanmoins un modèle utile pour comprendre l'architecture et le fonctionnement des systèmes neuraux qui réalisent un contrôle fin de leurs propres efférences par une interaction entre excitation et inhibition (rappelons, par exemple, l'antagonisme centre-pourtour dans le champ récepteur des cellules ganglionnaires de la rétine ; voir Chapitre 11). Ce modèle offre en outre un cadre permettant de mieux comprendre les troubles moteurs dus aux lésions ou aux maladies qui affectent l'une ou l'autre composante des ganglions de la base (voir ci-dessous).

La dopamine module le système des ganglions de la base

La partie de la substance noire dite **pars compacta** forme au sein des ganglions de la base un circuit particulier à neurones dopaminergiques. Bien qu'il dérive d'un paquet de neurones relativement réduit, ce circuit exerce une influence profonde sur l'intégration des afférences corticales par le striatum. Les neurones épineux moyens du striatum projettent directement sur la substance noire pars compacta et celle-ci à son tour renvoie des projections dopaminergiques sur les neurones épineux moyens. Les effets de la dopamine sur les neurones épineux sont complexes ; ils illustrent ce phénomène capital, à savoir que les effets d'un neurotransmetteur sont déterminés par les types de récepteurs exprimés dans les neurones postsynaptiques ainsi que par les voies de signalisation aval auxquelles les récepteurs sont associés (voir Chapitre 6). Dans le cas présent, les mêmes neurones nigraux peuvent être la source d'afférences excitatrices pour les neurones épineux qui projettent sur le segment interne du globus pallidus (la voie directe) et d'afférences inhibitrices pour les neurones épineux qui projettent sur le segment externe (la voie indirecte). Cette dualité d'effets vient de ce que les neurones épineux moyens expriment l'un ou l'autre des deux types de récepteurs, D1 ou D2.

Les récepteurs de la dopamine du type D1 ou D2 sont membres d'une famille de récepteurs de la surface cellulaire à sept domaines transmembranaires couplés aux protéines G ; leur différence principale tient au fait que les récepteurs D1 provoquent l'activation de protéines G qui *stimulent* l'AMPc, tandis que les récepteurs D2 mettent en jeu d'autres protéines G qui *inhibent* l'AMPc. Indépendamment du type de récepteur, les synapses dopaminergiques avec les neurones épineux moyens se font sur le tronc des épines dendritiques qui reçoivent les afférences du cortex cérébral. Cette disposition suggère que la dopamine agit sur les neurones épineux en modulant leurs réponses aux messages d'origine cérébrale, les récepteurs D1 renforçant les afférences excitatrices et les D2 s'y opposant. Étant donné que les voies directe et indirecte ont des effets opposés sur les efférences des ganglions de la base, les influences contraires de la dopamine sur les neurones épineux moyens aboutissent en fin de compte au même résultat, une diminution de l'inhibition exercée par les ganglions de la base sur les circuits thalamocorticaux ou colliculaires.

Les afférences dopaminergiques reçues par le striatum peuvent participer aux modulations du comportement en fonction de la récompense (ou renforcement). Chez le singe, par exemple, la latence des saccades oculaires vers une cible visuelle est plus courte quand la cible en question est associée à une récompense plus grande. Cet effet disparaît si l'on injecte dans le noyau caudé des antagonistes du récepteur D1 de la dopamine ; il est par contre augmenté par l'injection d'antagonistes du récepteur D2. Ces résultats laissent penser que l'influence de la motivation sur la performance motrice peut être modulée par les circuits des ganglions de la base. Le rôle de la dopamine dans les comportements motivés et l'effet délétère des drogues d'abus addictives sur la modulation des ganglions de la base par la dopamine sont discutés de façon plus détaillée dans le chapitre 29.

Troubles hypokinétiques et hyperkinétiques du mouvement

Les influences modulatrices de ce circuit dopaminergique permettent d'expliquer un certain nombre des manifestations qui accompagnent les troubles des ganglions de la base. La **maladie de Parkinson**, par exemple, est due à une perte de neurones dopaminergiques nigrostriaires (Figure 18.10A et Encadré 18A). Comme il a été dit plus haut, les afférences que le striatum reçoit de la pars compacta ont des effets opposés mais synergiques sur les voies directe et indirecte : la libération de dopamine sur le striatum augmente la réactivité de la voie directe aux afférences reçues du cortex (effet D1), mais diminue la réactivité de la voie indirecte (effet D2). Normalement, ces deux influences dopaminergiques ont pour effet de diminuer les efférences inhibitrices des ganglions de la base et d'accroître, par le fait même, l'excitabilité des neurones moteurs corticaux (Figure 17.10A). À l'inverse, quand les cellules de la pars compacta sont détruites, comme c'est le cas dans la maladie de Parkinson, les efférences inhibitrices des ganglions de la base sont anormalement élevées, et une activation des neurones

(A) Maladie de Parkinson

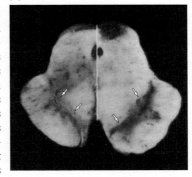

(B) Maladie de Huntington

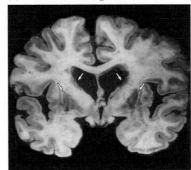

Figure 18.10

Les modifications pathologiques qui surviennent au cours de certaines maladies neurologiques renseignent sur les fonctions des ganglions de la base. (A) *À gauche* : mésencéphale d'un patient atteint de la maladie de Parkinson. La substance noire (zone pigmentée) est en grande partie absente de la région située au-dessus des pédoncules cérébraux (flèches). *À droite* : mésencéphale d'un sujet normal présentant une substance noire intacte (flèches). (B) La taille du noyau caudé et du putamen (striatum) (flèches) subit une réduction spectaculaire chez les patients atteints de la maladie de Huntington. (D'après Bradley et al., 1991.)

ENCADRÉ 18A *La maladie de Parkinson :*
vers de nouvelles approches thérapeutiques

La maladie de Parkinson est, en termes de fréquence, la deuxième maladie dégénérative du système nerveux (le premier rang revient à la maladie d'Alzheimer ; voir Chapitre 31). Décrite par James Parkinson en 1817, cette affection se manifeste par un tremblement de repos, un ralentissement des mouvements (bradykinésie), une rigidité des extrémités et du cou et un faciès inexpressif. La démarche des parkinsoniens se caractérise par des pas courts, une attitude voûtée et par la rareté des mouvements d'accompagnement comme le balancement des bras. Chez certains patients, ces anomalies des fonctions motrices s'accompagnent de démence. Après une apparition graduelle entre 50 et 70 ans, la maladie progresse lentement jusqu'à la mort, qui survient 10 à 20 ans plus tard.

Les troubles moteurs sont dus à une perte de neurones dopaminergiques de la substance noire pars compacta, population de neurones dopaminergiques dont les projections ont pour cible le noyau caudé et le putamen (voir Figure 18.10A). La cause de leur détérioration progressive est inconnue, mais on commence, grâce à des travaux de génétique, à avoir quelques indices sur l'étiologie et la pathogénèse de cette maladie. La plupart des cas de la maladie de Parkinson sont des cas sporadiques, mais il se peut que certaines formes spécifiques de gènes de susceptibilité augmentent la probabilité de contracter la maladie, tout comme l'allèle *apoE4* augmente les risques d'être atteint d'une maladie d'Alzheimer. Les formes familiales causées par la mutation d'un seul gène représentent moins de 10 % des cas. Néanmoins, l'identification de ces gènes rares peut sans doute jeter quelque lumière sur les mécanismes moléculaires de la maladie. Des mutations de trois gènes – *α-synucléine*, *Parkin* et *DJ-1* – ont été impliquées dans certaines formes rares de la maladie. L'identification de ces gènes donne la possibilité de créer des souris porteuses de la forme mutante du gène humain et d'avoir ainsi un modèle animal permettant d'élucider la pathogénèse de la maladie et de procéder à des essais thérapeutiques.

Contrairement à ce que l'on observe dans d'autres maladies neurodégénératives telles que la maladie d'Alzheimer ou la sclérose latérale amyotrophique, dans la maladie de Parkinson, la distribution spatiale des neurones qui dégénèrent se limite à la substance noire pars compacta. Ce confinement spatial combiné avec le phénotype bien défini et relativement homogène des neurones qui dégénèrent (à savoir les neurones dopaminergiques) a offert l'occasion de nouvelles approches thérapeutiques.

L'une de ces stratégies est connue sous le nom de *thérapie génique*. Il s'agit là de corriger les manifestations d'une maladie en introduisant de nouvelles informations génétiques dans l'organisme affecté. Bien qu'elle n'en soit qu'à ses débuts, cette nouvelle approche promet de révolutionner les traitements des maladies humaines. Dans le cas de la maladie de Parkinson, une forme de thérapie consisterait à augmenter la libération de dopamine dans le noyau caudé et le putamen. En principe, ceci peut être réalisé en implantant des neurones génétiquement modifiés pour exprimer la tyrosine hydroxylase, l'enzyme qui convertit la tyrosine en L-DOPA, à son tour convertie en dopamine par une décarboxylase pratiquement omniprésente.

Une autre stratégie possible pour soigner les parkinsoniens fait appel à des « greffes neurales » de cellules souches. Les cellules souches sont des précurseurs multipotents se renouvelant eux-mêmes et possédant un large potentiel de développement (voir Chapitres 22 et 25). Au lieu d'isoler du mésencéphale fœtal des neurones dopaminergiques matures et de les transplanter, cette méthode isole, à des stades plus précoces du développement, les précurseurs des neurones alors qu'ils sont en cours de prolifération rapide. Le point critique de la méthode est d'identifier d'avance et d'isoler les cellules souches multipotentes qui se renouvellent et d'identifier aussi les facteurs de croissance nécessaires pour promouvoir une différentiation selon le phénotype désiré (celui de neurones dopaminergiques, en l'occurrence). L'identification préalable et l'isolation de cellules souches multipotentes de mammifères ont déjà été réalisés et l'on a identifié plusieurs facteurs susceptibles d'avoir un rôle important dans la différentiation de précurseurs mésencéphaliques en neurones dopaminergiques. Si l'on pouvait s'assurer de l'efficacité de cette approche pour traiter la maladie de Parkinson, on augmenterait du même coup la possibilité de l'appliquer à d'autres maladies neurodégénératives.

Les stratégies de ce type en sont encore au stade expérimental ; d'autres, très récentes, entrent dans la pratique clinique (voir Encadré 18C). Compte tenu des travaux de recherche fondamentale sur des modèles animaux et des études cliniques chez l'homme, il est probable que certaines d'entre elles seront couronnées de succès.

Références

BJÖRKLUND, A. et U. STENEVI (1979), Reconstruction of the nigrostriatal dopamine pathway by intracerebral nigral transplants. *Brain Res.*, **177**, 555-560.

DAUER, W. ET S. PRZEDBORSKI (2003), Parkinson's disease : Mechanisms and models. *Neuron*, **39**, 889-909.

DAWSON, T.M. et V.L. DAWSON (2003), Rare genetic mutations shed light on the pathogenesis of Parkinson disease. *J. Clin. Invest.*, **111**, 145-151.

LEE, V.M. et Q. TROJANOWSKI (2006), Mechanisms of Parkinson's disease linked to pathological *α-synucléine*: New targets for drugdiscovery. *Neuron*, **52**, 33-38.

moteurs corticaux par le thalamus a moins de chances de se produire en temps utile (Figure 18.11A).

En réalité, bon nombre des symptômes de la maladie de Parkinson (et d'autres troubles moteurs *hypokinétiques*) reflètent une défaillance de la désinhibition que produisent les ganglions de la base dans les conditions normales. C'est pourquoi les parkinsoniens ont tendance à présenter une réduction de l'expression faciale et une absence de « mouvements associés » tels que le balancement des bras au cours de la marche. Par ailleurs, tous les mouvements sont difficiles à démarrer et, une fois lancés, souvent difficiles à arrêter. La désorganisation de ces mêmes circuits augmente également la fréquence de décharge des neurones inhibiteurs de la substance noire pars reticulata. L'augmentation de l'inhibition tonique qui en résulte diminue l'excitabilité des neurones moteurs colliculaires et provoque une réduction de la fréquence et de l'amplitude des saccades oculaires.

(A) Maladie de Parkinson (hypokinétique)

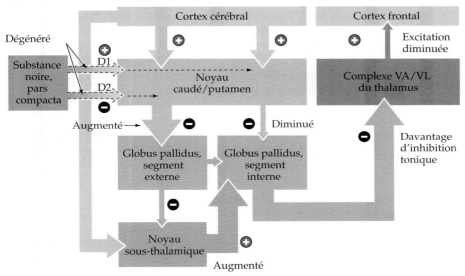

(B) Maladie de Huntington (hyperkinétique)

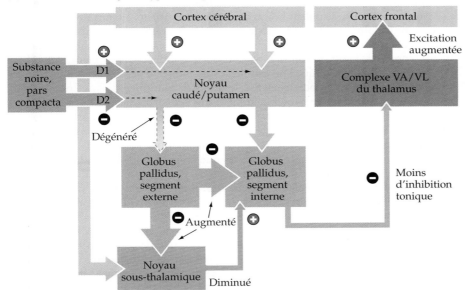

Figure 18.11

Dans les troubles hypokinétiques de la maladie de Parkinson et dans les troubles hyperkinétiques de la maladie de Huntington, l'équilibre des signaux inhibiteurs des voies directe et indirecte est altéré, ce qui réduit la capacité des ganglions de la base de contrôler les efférences thalamiques vers le cortex. (A) Dans la maladie de Parkinson, les afférences dopaminergiques venant de la substance noire, pars compacta sont réduites (flèches en pointillés), ce qui rend plus difficile la mise en place d'une inhibition transitoire par le noyau caudé et le putamen. Le résultat de cette altération, en ce qui concerne la voie directe, est de laisser subsister l'inhibition tonique du globus pallidus (segment interne) sur le thalamus, ce qui atténue d'autant l'excitation que le cortex peut recevoir du thalamus (flèche fine, du thalamus au cortex). (B) Dans la maladie de Huntington, les effets du caudé et du putamen sur le globus pallidus (segment externe) sont diminués (flèche en pointillés). Il s'ensuit une augmentation de l'inhibition tonique du globus pallidus sur le noyau sous-thalamique (flèche épaisse) ; ce noyau excitateur s'oppose alors moins efficacement à l'action de la voie directe (flèche fine). De ce fait, l'excitation du cortex par le thalamus augmente et provoque une activité motrice accrue et souvent inadaptée. (D'après DeLong, 1990.)

ENCADRÉ 18B *La maladie de Huntington*

En 1872, un médecin nommé George Huntington décrivit un groupe de malades suivis par son père et son grand-père au cours de leur pratique à East Hampton, Long Island. La maladie, qu'il détermina et à laquelle il a donné son nom, se caractérise par une apparition graduelle de troubles comportementaux, cognitifs et moteurs débutant entre quarante et soixante ans. Ces troubles progressent inexorablement et entraînent la mort en dix à vingt ans. La maladie de Huntington (MH) a une transmission autosomique dominante et cette particularité a permis de mieux comprendre sa cause du point de vue moléculaire.

La MH est l'une des maladies neurodégénératives les plus communes ; elle se manifeste par une altération de l'humeur (particulièrement par des épisodes dépressifs) et par des modifications du caractère telles qu'irritabilité accrue, tendance au soupçon, comportements impulsifs ou excentriques. On peut constater également une détérioration de la mémoire et de l'attention. Cependant, le signe distinctif de cette maladie est une perturbation motrice consistant en mouvements brusques et brefs, sans but apparent ; ces mouvements *choréiformes* peuvent se limiter à un doigt ou impliquer l'ensemble d'une extrémité, la musculature faciale, voire l'appareil vocal. Les mouvements eux-mêmes sont involontaires, mais le patient, tâchant sans doute de masquer son handicap, les incorpore souvent dans ce qui donne l'impression d'une action intentionnelle. Il n'y a ni paralysie, ni ataxie, ni déficit des fonctions sensorielles. Éventuellement, la maladie peut commencer durant l'enfance ou l'adolescence. Sous sa forme juvénile, elle se manifeste cliniquement par de la rigidité, des crises, une démence plus accentuée et une évolution plus rapide.

Ces manifestations cliniques s'accompagnent d'altérations neuropathologiques spécifiques, à savoir une atrophie profonde et sélective du noyau caudé et du putamen avec un certain degré de dégénérescence concomitante des cortex frontal et temporal (voir Figure 18.10B). La nature des structures ainsi affectées peut expliquer, pense-t-on, les troubles du mouvement, de la cognition et du comportement ainsi que la préservation des autres fonctions neurologiques.

On dispose d'arbres généalogiques très étendus concernant des personnes atteintes de la MH et ceci a permis à des chercheurs en génétique de déchiffrer les causes moléculaires de cette maladie. C'est l'une des premières maladies humaines pour laquelle on a utilisé les marqueurs du polymorphisme de l'ADN pour localiser un gène mutant, gène dont, en 1983, on a déterminé la position sur le bras court du chromosome 4. Cette découverte a suscité des efforts considérables pour identifier, dans cette région, le gène de la MH par clonage positionnel. Dix ans plus tard, ces efforts ont abouti à l'identification du

Des arguments en faveur de cette explication des troubles moteurs hypokinétiques tels que la maladie de Parkinson ont été apportés par des recherches effectuées sur des singes chez qui on a provoqué la dégénérescence des neurones dopaminergiques de la substance noire à l'aide d'une neurotoxine, la 1-méthyl-4-phényl-1,2,3,6-tétrahydropyridine (MPTP). Les singes ou les individus humains exposés à la MPTP présentent des symptômes qui ressemblent beaucoup à ceux des patients atteints de la maladie de Parkinson. De plus, une seconde lésion intéressant le noyau sous-thalamique entraîne une amélioration significative de l'aptitude de ces animaux à déclencher des mouvements, comme le laisse prévoir le câblage de la voie indirecte (voir Figure 18.11B).

De la même façon, ce que l'on sait de la voie indirecte permet de comprendre les troubles moteurs que l'on observe dans la maladie de Huntington (voir Encadré 18B), exemple typique de trouble hyperkinétique. Dans cette maladie, il y a dégénérescence des neurones épineux moyens projetant sur le segment externe du globus pallidus (voir Figure 18.10B). En l'absence des afférences inhibitrices qu'il reçoit normalement des neurones épineux, le pallidum externe devient anormalement actif ; cette activité réduit de son côté les efférences excitatrices que le noyau sous-thalamique envoie au segment interne du globus pallidus (Figure 18.11B). Il s'ensuit une diminution des efférences inhibitrices des ganglions de la base. Privés des influences freinatrices des ganglions de la base, les neurones moteurs corticaux peuvent alors être activés par des signaux inappropriés et produire les mouvements balistiques et choréiques (c'est-à-dire évoquant une danse) involontaires qui caractérisent la maladie de Huntington.

Les conséquences des déséquilibres de ce mécanisme de contrôle fin apparaissent également au grand jour dans les maladies du noyau sous-thalamique. Ces troubles suppriment une source d'afférences excitatrices destinées au segment interne du globus pallidus et à la pars reticulata et, de ce fait, réduisent les efférences inhibitrices

gène (appelé *Huntingtin*) responsable de la maladie. Contrairement aux formes de mutations jusqu'alors connues, telles que mutations ponctuelles, délétions ou insertions, la mutation en cause consiste en la répétition d'un triplet instable. Le gène *Huntingtin* des individus normaux comporte entre 15 et 34 répétitions alors que, chez les patients souffrant de MH, il y a de 42 à plus de 66 répétitions.

La MH fait partie d'un nombre croissant de maladies pouvant être attribuées à l'instabilité de segments d'ADN. On trouve comme autres exemples le syndrome de l'X fragile, la myopathie atrophique avec myotonie, l'amyotrophie spinale et bulbaire et l'ataxie spinocérébelleuse de type 1. Dans ces deux derniers cas, la répétition porte sur un segment d'ADN (CAG) codant la glutamine et elle se situe dans la région codante du gène.

Néanmoins, le mécanisme par lequel l'augmentation des répétitions des triplets affecte les neurones reste obscur. L'hypo-thèse qui prévaut est que l'augmentation du nombre de glutamines compromet le repliement des protéines; ceci entraî-nerait, on ne sait trop comment, une cascade d'événements moléculaires abou-tissant au dysfonctionnement et à la mort des neurones. Curieusement toute-fois, bien que *Huntingtin* soit exprimé de façon prédominante dans les neurones des ganglions de la base auxquels on s'attend, il est aussi présent dans des ré-gions cérébrales qui ne sont pas touchées par la MH. Qui plus est, ce gène est ex-primé dans un grand nombre d'organes hors du système nerveux. On ne sait tou-jours pas pourquoi ni comment le gène *Huntingtin* mutant endommage exclusive-ment les neurones striaires. La poursuite des efforts pour élucider cette pathogé-nie moléculaire permettra sans doute une meilleure compréhension de cette mala-die et de celles qui, comme elle, reposent sur une répétition de triplets.

Références

ADAMS, R.D. et M. VICTOR (2005), *Principles of Neurology*. 8th Ed. New York, McGraw-Hill, 910-913.

CATTANEO, E., ZUCCATO, C. et M. TARTARI (2005), Normal huntingtin function: An alterna-tive approach to Huntington's disease. *Nature Rev. Neurosci.*, **6**, 919-930.

GUSELLA, J.F. et 13 AUTRES (1983), A polymor-phic DNA marker genetically linked to Hun-tington's disease. *Nature*, **306**, 234-238.

HUNTINGTON, G. (1872), On chorea. *Med. Surg. Reporter*, **26**, 317.

HUNTINGTON'S DISEASE COLLABORATIVE RESEARCH GROUP (1993), A novel gene containing a tri-nucleotide repeat that is expanded and unstable on Huntington's disease chromo-somes. *Cell*, **72**, 971-983.

WEXLER, A. (1995), *Mapping Fate: A Memoir of Family, Risk and Genetic Research*. New York, Times Books.

YOUNG, A.B. (2002), Huntingtin in health and disease. *J. Clin. Invest.*, **111**, 299-302.

des ganglions de la base. L'**hémiballisme**, syndrome des ganglions de la base qui se caractérise par des mouvements violents et involontaires des membres, résulte d'une pathologie du noyau sous-thalamique. Comme dans la maladie de Huntington, les mouvements involontaires sont déclenchés par les décharges anormales des neurones moteurs sur lesquels les ganglions de la base n'exercent plus qu'une inhibition tonique réduite.

Les troubles hyperkinétiques soulignent donc l'importance du noyau sous-thala-mique pour moduler les efférences des ganglions de la base. Aussi ce noyau est-il devenu une cible importante d'interventions cliniques nouvelles tendant à rétablir les profils permissifs d'activité neurale dans les circuits des ganglions de la base de patients humains (Encadré 18C).

Comme ce bref aperçu le laisse envisager, l'administration à des singes d'agonistes et d'antagonistes du GABA au niveau de la substance noire pars reticulata provoque chez eux des symptômes semblables à ceux que l'on observe chez l'homme dans des troubles des ganglions de la base. L'injection intranigrale de bicuculline, par exemple, qui bloque les afférences GABAergiques que la pars reticulata reçoit du striatum, aug-mente l'inhibition tonique qui s'exerce sur les neurones moteurs des couches profon-des du colliculus. Les animaux présentent alors des saccades moins nombreuses et plus lentes, rappelant ce que l'on observe chez l'homme dans la maladie de Parkinson. À l'inverse, l'injection de muscimol, un agoniste du GABA, dans la pars reticulata, diminue l'inhibition tonique, d'origine GABAergique, que subissent les neurones moteurs colliculaires; les singes à qui l'on a fait cette injection présentent alors des saccades irrépressibles ressemblant aux mouvements involontaires caractéristiques de maladies comme l'hémiballisme et la maladie de Huntington (Figure 18.12).

Le thème central de cette partie est le contrôle central de la motricité et ce chapi-tre sur les ganglions de la base s'est focalisé sur leur rôle dans la modulation du mou-vement. Il existe toutefois plusieurs flux parallèles de traitement qui transitent par les

ENCADRÉ 18C *La stimulation cérébrale profonde*

Après qu'en 1870 Fritsch et Hitzig eurent pour la première fois montré qu'on pouvait déclencher des mouvements en soumettant le tissu cérébral (en l'occurrence le cortex moteur) à des courants électriques, des cliniciens se sont demandé s'il ne serait pas possible de traiter certains troubles neurologiques de la motricité volontaire en stimulant électriquement, de façon aiguë ou chronique, les principaux centres moteurs du cerveau. Ce n'est toutefois que bien après l'introduction du stimulateur cardiaque implantable, dans les années 1960, que les progrès technologiques ont permis l'implantation d'appareils comparables, destinés à la stimulation focale des structures cérébrales. Ces appareils furent introduits dans les années 1990; ils avaient pour cibles des composantes des ganglions de la base et du thalamus enfouies dans la profondeur du cerveau antérieur, d'où le nom de stimulation cérébrale profonde donnée à leur utilisation.

Jusqu'alors, les traitements auxquels pouvaient recourir les patients se limitaient à des médications pharmacologiques (dans le cas de la maladie de Parkinson, par exemple, en prenant des médicaments qui augmentent le taux de dopamine du striatum; voir Encadré 18A), à la physiothérapie et dans les cas les plus rebelles, à l'ablation neurochirurgicale des sites du thalamus et des ganglions de la base, qui contrôlent le démarrage des mouvements. Aujourd'hui, la stimulation cérébrale profonde offre aux patients une alternative à la destruction définitive de circuits cérébraux ainsi qu'à la lenteur accompagnant la mise au point de nouvelles stratégies thérapeutiques.

La stimulation cérébrale profonde comporte l'implantation, généralement sous les clavicules, de neurostimulateurs alimentés par piles. Ces stimulateurs délivrent des impulsions électriques transmises par des fils sous-cutanés à des électrodes implantées bilatéralement dans le cerveau (Figure A). (Rappelons qu'à l'exception de la partie médiane du cortex prémoteur, tous les circuits corticaux et sous-corticaux du cerveau antérieur qui contrôlent les neurones moteurs du cortex ont une organisation unilatérale. La stimulation cérébrale profonde doit donc être bilatérale pour produire des effets symétriques). Le positionnement des électrodes exige une chirurgie précise guidée par stéréotaxie et combinée à une imagerie radiologique du cerveau du patient ainsi qu'à des enregistrements électrophysiologiques de l'activité neuronique spontanée ou associée au mouvement. Ces enregistrements sont indispensables à l'équipe chirurgicale pour reconnaître auditivement et visuellement les profils de décharge caractéristiques des différents noyaux des ganglions de la base et du thalamus; les potentiels d'actions sont donc visualisés sur des écrans d'oscilloscope ou d'ordinateur et diffusés par haut-parleur (voir Figure 18.6).

Après avoir localisé les structures cibles, on teste la stimulation pour vérifier que l'on obtient bien l'effet clinique désiré. Quand le patient a récupéré de la procédure d'implantation, on raccorde les électrodes aux neurostimulateurs et l'on ajuste, selon les besoins, les paramètres de stimulation: durée et intensité des impulsions, organisation temporelle des trains d'impulsion.

Si l'on regarde avec attention la figure 18.11, on voit qu'il existe plusieurs sites possibles pour la stimulation cérébrale profonde chez des patients présentant des troubles hyperkinétiques (présence de mouvements involontaires) ou hypokinétiques (difficulté à faire un mouvement). Dans ces deux cas, les noyaux moteurs du thalamus ont une activité anormale; le complexe VA/VL du thalamus constitue donc une cible possible. Mais l'activité anormale du thalamus est souvent la conséquence d'anomalies des ganglions de la base et l'on peut soutenir qu'il est préférable de s'attaquer à l'influence des ganglions de la base sur les circuits thalamocorticaux plutôt que de modifier par une stimulation électrique exogène l'activité des circuits impliquant les neurones moteurs corticaux. C'est pourquoi les deux sites les plus utilisés pour la stimulation cérébrale profonde sont le segment interne du globus pallidus et le noyau sous-thalamique. Que le trouble neurologique à corriger soit hypokinétique ou hyperkinétique, on peut utiliser la stimulation cérébrale profonde pour supprimer les profils de décharges pathologiques d'origine interne et les remplacer par de profils hautement structurés facilitant le démarrage et l'arrêt des mouvements volontaires (Figure B).

Étant donné la complexité d'un volume même faible de tissu nerveux (comme celui qui se trouve à l'extrémité d'une électrode de stimulation dans le globus pallidus ou le noyau sous-thalamique), il n'est pas surprenant que l'application de courants électriques exogènes provoque des profils d'activité et d'inactivité relativement complexes dans les éléments affectés. Selon l'intensité, la stimulation cérébrale profonde peut entraîner une libération locale de neurotransmetteurs et de neuromodulateurs. Elle peut également déclencher des potentiels d'action dans des fibres afférentes, des corps cellulaires, des axones efférents ou des fibres de passage venant d'ailleurs. Inversement, les effets de la stimulation électrique sur certaines propriétés des membranes cellulaires, notamment les conductances ioniques dépendant du voltage, peuvent bloquer la production des potentiels d'action et réduire au silence le neurone ainsi affecté. Dans l'idéal, l'effet net de toutes ces modifications est une amélioration de l'activité anormale des circuits qui perturbe l'activité normale des neurones moteurs corticaux.

Malgré les incertitudes persistantes concernant les mécanismes par lesquels elle agit, la stimulation cérébrale profonde a donné de l'espoir aux milliers de patients qui souffrent des dysfonctionnements neurologiques allant des troubles moteurs que nous venons de voir aux troubles des boucles non motrices des ganglions de la base, comme le syndrome de Gilles de la Tourette, la dépression ou les troubles obsessionnels compulsifs (voir

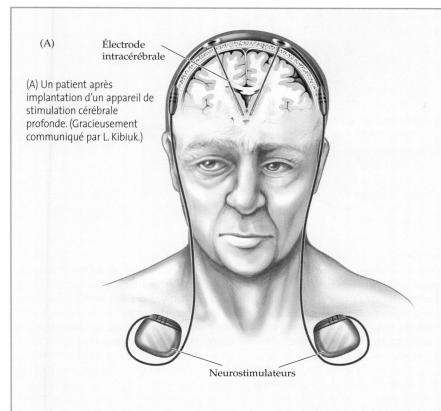

(A)

Électrode intracérébrale

(A) Un patient après implantation d'un appareil de stimulation cérébrale profonde. (Gracieusement communiqué par L. Kibiuk.)

Neurostimulateurs

(B)

Préstimulation

Pendant la stimulation

Après la stimulation

(B) Représentation par balayages successifs des potentiels d'action d'un neurone du globus pallidus chez un singe éveillé chez lequel on a induit les symptômes de la maladie de Parkinson par administration systémique de MPTP. Chaque ligne dure une seconde.
Le profil endogène de décharge est marqué par des blocs irréguliers de bouffées d'activité (Pré-stimulation). Dans les secondes qui suivent le début de la stimulation du noyau sous-thalamique, les symptômes parkinsoniens régressent et la décharge du neurone pallidal se régularise (Pendant la simulation). (D'après Hashimoto et al., 2003.)

Encadré 18D). Le fait que les protocoles de stimulation soient ajustables donne au clinicien la capacité inconnue jusqu'ici de manipuler l'activité et les fonctions des circuits des ganglions de la base dont dépend l'expression normale de la pensée, des émotions et des comportements moteurs.

Références

BENABID, A.-L., CHABARDES, S. et SEIGNEURET E. (2005), Deep-brain stimulation in Parkinson's disease: long-term efficacy and safety – What happened this year? *Curr. Opin. Neurol.*, **18**, 623-630.

GARCIA, L., G. D'ALESSANDRO, B. BIOULAC et C. HAMMOND (2005), High-frequency stimulation in Parkinson's disease: More or less? *Trends Neurosci.*, **28**, 209-216.

HASHIMOTO, T., C.M. ELDER, M.S. OKUN, S.K. PATRICK et J.L. VITEK (2003), Stimulation of the subthalamic nucleus changes the firing pattern of pallidal neurons. *J. Neurosci.*, **23**, 1916-1923.

KLEINER-FISMAN, G. et 7 AUTRES (2006), Subthalamic nucleus deep brain stimulation: Summary and meta-analysis of outcomes. *Movement Disord.*, **21**, S290-S304.

PERLMUTTER, J.S. et J.W. MINK (2006), Deep brain stimulation. *Annu. Rev. Neurosci.*, **29**, 229-257.

WICHMANN, T. et M.R. DELONG (2006), Deep brain stimulation for neurologic and neuropsychiatric disorders. *Neuron*, **52**, 197-204.

Figure 18.12

Après inactivation, par injection de muscimol, des neurones à activité tonique de la substance noire, pars reticulata (A), les neurones moteurs des couches profondes du colliculus supérieur sont désinhibés et le singe produit des saccades spontanées irrépressibles (B). Dans la substance noire, pars reticulata et dans les couches profondes du colliculus supérieur, les neurones sont disposés topographiquement dans des cartes motrices des vecteurs de saccades (voir Chapitre 20); en conséquence, la direction des saccades involontaires – vers le quadrant supérieur gauche du champ visuel, dans le cas présent – dépend de l'emplacement précis de l'injection dans la substance noire.

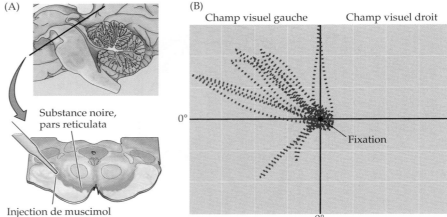

(A) Substance noire, pars reticulata

Injection de muscimol

(B) Champ visuel gauche   Champ visuel droit

0°   Fixation

0°

différents secteurs des ganglions de la base, et notamment les boucles fonctionnelles qui modulent l'expression des comportements cognitifs et affectifs (Encadré 18D).

Les études de l'organisation anatomique et physiologique des boucles les mieux connues, celles de la motricité des membres et des yeux, ont fourni les bases des recherches sur les circuits antérieurs et ventraux des ganglions de la base qui interviennent dans diverses fonctions non motrices (voir Chapitre 29). Car chaque boucle fonctionnelle passant par les ganglions de la base exerce vraisemblablement des influences de même nature sur la sélection, le démarrage et la suppression de programmes moteurs ou non moteurs, avec des implications cliniques également importantes dans les cas où des lésions, des maladies ou des déséquilibres neurochimiques perturbent le fonctionnement d'une ou de plusieurs composantes de ces différents systèmes des ganglions de la base.

ENCADRÉ 18D *Les boucles des ganglions de la base et les fonctions non motrices du cerveau*

Traditionnellement, les ganglions de la base sont considérés comme des structures motrices qui régulent le démarrage des mouvements volontaires des membres et des yeux. On constate cependant qu'ils sont au centre de boucles anatomiques qui modulent des aspects non moteurs des comportements. Ces boucles parallèles, qui ont leur origine dans de vastes régions du cortex, englobent des subdivisions spécifiques des ganglions de la base et du thalamus et se terminent dans le lobe frontal, hors des aires motrices et prémotrices. Les plus importantes de ces boucles «non motrices» sont représentées par une boucle préfrontale comprenant le cortex préfrontal dorsolatéral et la tête du noyau caudé (voir Chapitre 26), et par une boucle «limbique» ayant son origine dans le cortex préfron-tal orbitaire et médian, l'amygdale et la formation hippocampique et passant par les divisions ventrales du striatum (voir Chapitre 29).

La ressemblance anatomique entre ces boucles non motrices et la boucle motrice traditionnelle laisse envisager que les fonctions de régulation non motrices des ganglions de la base sont, dans leurs grandes lignes, les mêmes que celles qu'ils exercent dans la régulation du démarrage des mouvements. La boucle préfrontale, par exemple, pourrait réguler le début et l'arrêt des processus cognitifs tels que la planification, la mémoire de travail et l'attention. De la même façon, la boucle limbique pourrait réguler le comportement émotionnel et la motivation ainsi que les transitions d'une forme d'humeur à une autre. Il se pourrait même que la détérioration des fonctions cognitives et émotionnelles, tant dans la maladie de Huntington que dans la maladie de Parkinson (voir Encadrés 18A et 18B), soit le résultat d'un dysfonctionnement de ces boucles non motrices.

De fait, on estime aujourd'hui qu'un certain nombre d'autres désordres sont dus, au moins en partie, à des altérations des composantes non motrices des ganglions de la base. Dans le cas, par exemple, du syndrome de Gilles de La Tourette, les patients émettent des propos déplacés, des obscénités ainsi que des vocalisations incoercibles et des grognements répétitifs. Ces manifestations peuvent résulter d'une activité excessive des boucles des ganglions de la base régulant les circuits cognitifs des aires du langage au niveau préfrontal. La schizophrénie est un autre

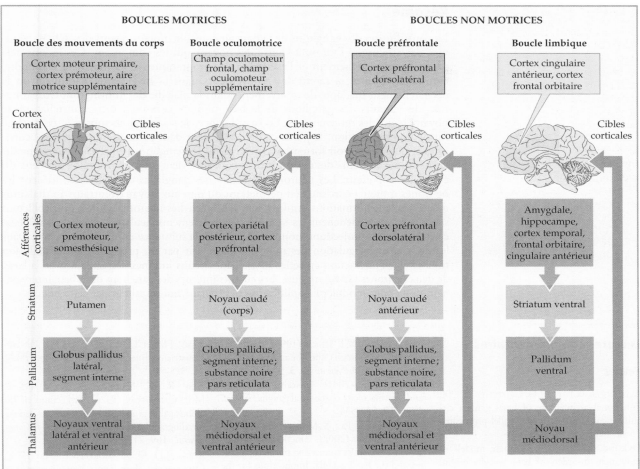

BOUCLES MOTRICES

Boucle des mouvements du corps

Cortex moteur primaire, cortex prémoteur, aire motrice supplémentaire

Cortex frontal

Cibles corticales

Afférences corticales

Cortex moteur, prémoteur, somesthésique

Striatum

Putamen

Pallidum

Globus pallidus latéral, segment interne

Thalamus

Noyaux ventral latéral et ventral antérieur

Boucle oculomotrice

Champ oculomoteur frontal, champ oculomoteur supplémentaire

Cibles corticales

Cortex pariétal postérieur, cortex préfrontal

Noyau caudé (corps)

Globus pallidus, segment interne; substance noire pars reticulata

Noyaux médiodorsal et ventral antérieur

BOUCLES NON MOTRICES

Boucle préfrontale

Cortex préfrontal dorsolatéral

Cibles corticales

Cortex préfrontal dorsolatéral

Noyau caudé antérieur

Globus pallidus, segment interne; substance noire, pars reticulata

Noyaux médiodorsal et ventral antérieur

Boucle limbique

Cortex cingulaire antérieur, cortex frontal orbitaire

Cibles corticales

Amygdale, hippocampe, cortex temporal, frontal orbitaire, cingulaire antérieur

Striatum ventral

Pallidum ventral

Noyau médiodorsal

Comparaison des boucles motrices et non motrices des ganglions de la base.

exemple; pour certains chercheurs, elle serait due à une activité aberrante des boucles limbique et préfrontale entraînant hallucinations, délire de persécution, confusion mentale et perte de l'expression émotionnelle. On signalera, à l'appui de cette conception d'une intervention des ganglions de la base dans la schizophrénie, que certains médicaments antipsychotiques sont connus pour agir sur les récepteurs dopaminergiques, particulièrement abondants dans le striatum. Parmi les autres troubles psychiatriques susceptibles d'impliquer des dysfonctionnements de la boucle limbique, on peut citer les troubles obsessionnels compulsifs, la dépression et l'anxiété chronique. Un élément de cette boucle limbique mérite un intérêt particulier. Il s'agit du noyau accumbens, appartenant au striatum ventral. Ce noyau est impliqué à la fois dans la neuropharmacologie de l'addiction aux drogues d'abus et dans l'expression du comportement de recherche de récompense propre à l'addiction (voir Chapitre 29). Il appartient à la recherche future de relever le défi que constitue l'élucidation des relations entre les problèmes cliniques et les fonctions des ganglions de la base.

Références

ALEXANDER, G.E., M.R. DELONG et P.L. STRICK (1986), Parallel organisation of functionally segregated circuits linking basal ganglia and cortex. *Ann. Rev. Neurosci.*, **9**, 357-381.

BHATIA, K.P., et C.D. MARSDEN (1994), The behavioral and motor consequences of focal lesions of the basal ganglia in man. *Brain*, **117**, 859-876.

BLUMENFELD, H. (2002), *Neuroanatomy through Clinical Cases*. Sunderland, MA, Sinauer Associates.

DREVETS, W.C. et 6 AUTRES (1997), Subgenual prefrontal cortex abnormalities in mood disorders. *Nature*, **386**, 824-827.

GRAYBIEL, A.M. (1997), The basal ganglia and cognitive pattern generators. *Schiz. Bull.*, **23**, 459-469.

JENIKE, M.A., L. BAER et W.E. MINICHIELLO (1990), *Obsessive Compulsive Disorders: Theory and Management*. Chicago, Year Book Medical Publishers, Inc.

MARTIN, J.H. (1996), *Neuroanatomy: Text and Atlas*. New York, McGraw-Hill.

MIDDLETON, F.A. et P.L. STRICK (2000), Basal ganglia output and cognition: Evidence from anatomical, behavioral and clinical studies. *Brain Cogn.*, **42**, 183-200.

Résumé

La contribution des ganglions de la base au contrôle moteur ressort des déficits résultant des atteintes à l'un ou à l'autre des noyaux qui les composent. Ces lésions perturbent le déclenchement et l'exécution des programmes de la motricité volontaire, comme le montre la rareté des mouvements dans la maladie de Parkinson ou le déclenchement inadapté de mouvements dans la maladie de Huntington. L'organisation des circuits des ganglions de la base indique comment cette constellation de noyaux régule les mouvements. En ce qui concerne les fonctions motrices, ce système forme une boucle dont le point de départ se situe dans presque toutes les aires corticales et qui, après avoir fortement convergé sur les ganglions de la base, se termine sur les neurones moteurs des aires motrices et prémotrices du lobe frontal et sur ceux du colliculus supérieur. Les neurones efférents des ganglions de la base contrôlent les neurones moteurs corticaux en permettant ou non aux noyaux ventraux du thalamus de relayer les informations qui leur sont destinées. Les neurones moteurs du colliculus supérieur, qui déclenchent les saccades de mouvements oculaires, sont, quant à eux, contrôlés par les projections monosynaptiques de la substance noire pars reticulata. Dans les deux cas, la régulation des mouvements se fait par un processus de désinhibition résultant de l'interaction en série, au sein des circuits internes des ganglions de la base, de deux neurones GABAergiques. Les circuits internes des ganglions de la base interviennent donc pour moduler l'amplification des signaux qui transitent par cette boucle.

Lectures complémentaires

Revues

ALEXANDER, G.E. et M.D. CRUTCHER (1990), Functional architecture of basal ganglia circuits : neural substrates of parallel processing. *Trends Neurosci.*, **13**, 266-271.

DELONG, M.R. (1990), Primate models of movement disorders of basal ganglia origin. *Trends Neurosci.*, **13**, 281-285.

GERFEN, C.R. et C.J. WILSON (1996), The basal ganglia. In *Handbook of Chemical Neuroanatomy*. Vol. 12 : *Integrated Systems of the CNS*, Part III. L.W. Swanson, A. Björklund and T. Hokfelt (eds.) New York, Elsevier Science Publishers, 371-468.

GOLDMAN-RAKIC, P.S. et L.D. SELEMON (1990), New frontiers in basal ganglia research. *Trends Neurosci.*, **13**, 241-244.

GRAYBIEL, A.M. et C.W. RAGSDALE (1983), Biochemical anatomy of the striatum. In *Chemical Neuroanatomy*. P.C. Emson (ed.). New York, Raven Press, 427-504.

GRILLNER, S.J. HELLGREN, A. MÉNARD, K. SAITOH et M.A. WIKSTROM (2005), Mechanisms for selection of basic motor programs : Roles for the striatum and pallidum. *Trends Neurosci.*, **28**, 364-370.

HIKOSAKA, O. et R.H. WURTZ (1989), The basal ganglia. In *The Neurobiology of Eye Movements*. R.H. Wurtz and M.E. Goldberg (eds.). New York, Elsevier Science Publishers, 257-281.

KAJI, R. (2001), Basal ganglia as a sensory gating devise for motor control. *J. Med. Invest.*, **48**, 142-146.

MINK, J.W. et W.T. THACH (1993), Basal ganglia intrinsic circuits and their role in behavior. *Curr. Opin. Neurobiol.*, **3**, 950-957.

POLLACK, A.E. (2001), Anatomy, physiology, and pharmacology of the basal ganglia. *Neurol. Clin.*, **19**, 523-534.

SLAGHT, S.J., T. PAZ, S. MAHON, S. CHARPIER et J.M. DENIAU (2002), Functional organization of the circuits connecting the cerebral cortex and the basal ganglia. Implications for the role of the basal ganglia in epilepsy. *Epileptic Disord.*, **Suppl. 3**, S9-S22.

WILSON, C.J. (1990), Basal ganglia. In *Synaptic Organization of the Brain*. G.M. Shepherd (ed.). Oxford, Oxford University Press, Chapitre 9.

Articles originaux importants

ANDEN, N.-E., A. DAHLSTROM, K. FUXE, K. LARSSON, K. OLSON et U. UNGERSTEDT (1966), Ascending monoamine neurons to the telencephalon and diencephalon. *Acta Physiol. Scand.*, **67**, 313-326.

BRODAL, P. (1978), The corticopontine projection in the rhesus monkey : origin and principles of organization. Brain, *101*, 251-283.

CRUTCHER, M.D. et M.R. DELONG (1984), Single cell studies of the primate putamen. *Exp. Brain Res.*, **53**, 233-243.

DELONG, M.R. et P.L. STRICK (1974), relation of basal ganglia, cerebellum, and motor cortex units to ramp and ballistic movements. *Brain Res.*, **71**, 327-335.

DIFIGLIA, M., P. PASIK et T. PASIK (1976), A Golgi study of neuronal types in the neostriatum of monkeys. *Brain Res.*, **114**, 245-256.

KEMP, J.M. et T.P.S. POWELL (1970), The cortico-striate projection in the monkey. *Brain*, **93**, 525-546.

KIM, R., K. NAKANO, A. JAYARAMAN et M.B. CARPENTER (1976), Projections of the globus pallidus and adjacent structures : an autoradiographic study in the monkey. *J. Comp. Neurol.*, **169**, 217-228.

KOCSIS, J.D., M. SUGIMORI et S.T. KITAI (1977), Convergence of excitatory synaptic inputs to caudate spiny neurons. Brain Res., **124**, 403-413.

MINK, J.W. (1996), The basal ganglia : Focused selection and inhibition of competing motor programs. *Prog. Neurobiol.*, **50**, 381-425.

NAKAMURA, K. et O. HIKOSAKA (2006), Role of dopamine in the primate caudate nucleus in reward modulation of saccades. *J. Neurosci.*, **26**, 5360-5369.

SMITH, Y., M.D. BEVAN, E. SHINK et J.P. BOLAM (1998), Microcircuitry of the direct and indirect pathways of the basal ganglia. *Neurosci.*, **86**, 353-387.

Ouvrages

BRADLEY, W.G., R.B. DAROFF, G.M. FENICHEL et C.D. MARSDEN (EDS.) (1991), *Neurology in Clinical Practice*. Boston, Butterworth-Heinemann. Chapitres 29 et 77.

KLAWANS, H.L. (1989), *Toscanini's Fumble and Other Tales of Clinical Neurology*. New York, Bantam. Chapitres 7 et 10.

chapitre **19**

Modulation des mouvements par le cervelet

Vue d'ensemble

Contrairement aux neurones moteurs corticaux décrits au chapitre 17, les neurones efférents du cervelet ne projettent directement ni sur les circuits locaux du tronc cérébral et de la moelle qui organisent les mouvements, ni sur les motoneurones segmentaires qui innervent les muscles. Mais, comme les ganglions de la base, le cervelet influence les mouvements en modifiant les profils d'activité des neurones moteurs suprasegmentaires et il projette abondamment sur la quasi-totalité des circuits qui les gouvernent. D'un point de vue anatomique, le cervelet comprend deux composantes principales de matière grise : un cortex à plusieurs couches en surface et, profondément enfouis dans la substance blanche, des amas de neurones que l'on désigne collectivement du nom de noyaux cérébelleux profonds. Les voies qui aboutissent au cervelet en provenance d'autres régions du système nerveux (principalement du cortex cérébral, chez l'homme) projettent sur ces deux composantes ; les fibres afférentes émettent ainsi des collatérales à la fois vers le cortex cérébelleux et vers les noyaux profonds. Les neurones des noyaux cérébelleux profonds sont la source principale des efférences cérébelleuses. Toutefois ces cellules ne font pas que transmettre les mêmes signaux qu'elles reçoivent ; leur activité efférente est modulée par les influences qu'exerce sur elles le cortex cérébelleux qui les recouvre. Les signaux d'entrée sont donc modifiés par les traitements dont ils font l'objet dans le cervelet avant d'être renvoyés aux neurones moteurs corticaux, après relais dans le thalamus, et aux neurones moteurs du tronc cérébral. La fonction majeure du cervelet est de détecter la différence, appelée « erreur motrice », entre le mouvement prévu et le mouvement effectivement réalisé et, grâce à ses projections sur les neurones moteurs suprasegmentaires, de réduire cette erreur. Ces corrections peuvent être faites au cours du mouvement, mais aussi sous forme d'apprentissage moteur, quand la correction a été mise en mémoire. Lorsque cette boucle de rétroaction est endommagée, comme il arrive dans un grand nombre de troubles cérébelleux, le patient commet des erreurs motrices persistantes dont la nature dépend de l'emplacement de la lésion.

Organisation du cervelet

On peut subdiviser le **cervelet** en trois parties principales en se fondant sur l'origine des afférences qu'elles reçoivent (Figure 19.1 et Tableau 19.1). La subdivision de très loin la plus volumineuse chez l'homme est le **cérébro-cervelet**. Il occupe, latéralement, la majeure partie de chaque hémisphère cérébelleux et reçoit des afférences indirectes de nombreuses aires du cortex cérébral. Cette partie connaît un développement particulièrement important chez les primates et spécialement chez l'homme. Le cérébro-cervelet intervient dans la régulation des mouvements précis, spécialement dans la planification et l'exécution des séquences motrices à complexité spatiale et temporelle élevée (y compris la parole). En position médiane par rapport au cérébro-cervelet, se trouve le **spino-cervelet**. Il occupe la zone médiane et paramédiane des hémisphères cérébelleux et est le seul à recevoir des afférences directes de la moelle. La partie latérale (paramédiane) du spino-cervelet intervient principalement dans les mouvements qui mettent en jeu les muscles distaux. La bande médiane des hémisphères, appelée **vermis**, intervient surtout dans la motricité des muscles proximaux et

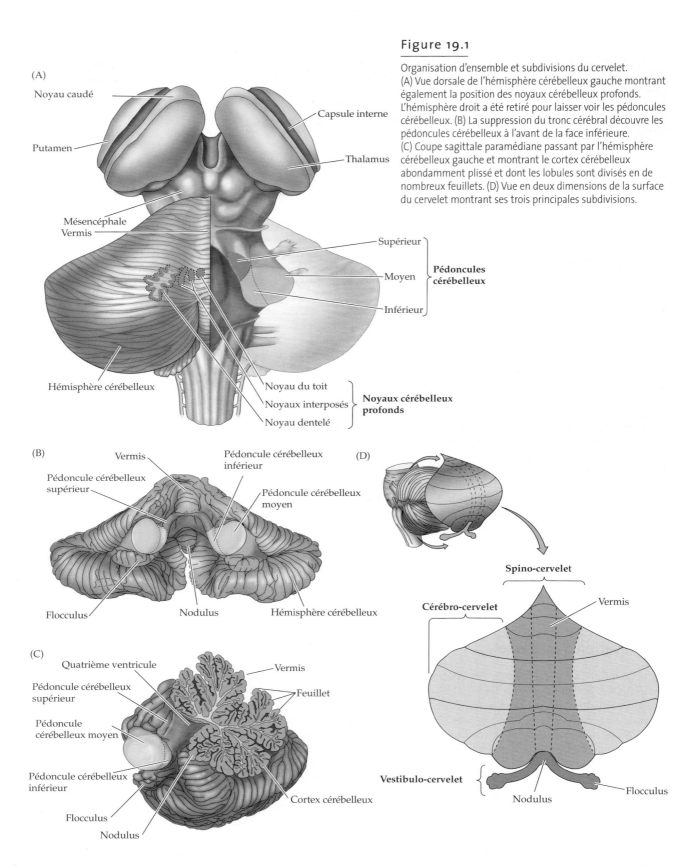

(A)

Noyau caudé

Capsule interne

Putamen

Thalamus

Mésencéphale
Vermis

Supérieur
Moyen
Inférieur

Pédoncules cérébelleux

Hémisphère cérébelleux

Noyau du toit
Noyaux interposés
Noyau dentelé

Noyaux cérébelleux profonds

Figure 19.1

Organisation d'ensemble et subdivisions du cervelet.
(A) Vue dorsale de l'hémisphère cérébelleux gauche montrant également la position des noyaux cérébelleux profonds. L'hémisphère droit a été retiré pour laisser voir les pédoncules cérébelleux. (B) La suppression du tronc cérébral découvre les pédoncules cérébelleux à l'avant de la face inférieure.
(C) Coupe sagittale paramédiane passant par l'hémisphère cérébelleux gauche et montrant le cortex cérébelleux abondamment plissé et dont les lobules sont divisés en de nombreux feuillets. (D) Vue en deux dimensions de la surface du cervelet montrant ses trois principales subdivisions.

(B)

Vermis

Pédoncule cérébelleux inférieur

Pédoncule cérébelleux supérieur

Pédoncule cérébelleux moyen

Flocculus

Nodulus

Hémisphère cérébelleux

(D)

Spino-cervelet

Cérébro-cervelet

Vermis

(C)

Quatrième ventricule

Vermis

Pédoncule cérébelleux supérieur

Feuillet

Pédoncule cérébelleux moyen

Pédoncule cérébelleux inférieur

Flocculus

Nodulus

Cortex cérébelleux

Vestibulo-cervelet

Nodulus

Flocculus

476

régule certaines catégories de mouvements oculaires (voir Chapitre 20). La dernière des grandes subdivisions du cervelet, et phylogénétiquement la plus ancienne, est le **vestibulo-cervelet**. Il est formé des lobes inféro-caudaux du cervelet et comprend le **flocculus** et le **nodulus** (désignés conjointement sous le nom de lobe flocculo-nodulaire ; voir Figure 19.1). Comme son nom l'indique, le vestibulo-cervelet reçoit ses afférences des noyaux vestibulaires du tronc cérébral et intervient principalement dans la régulation des mouvements qui sont à la base de la posture et de l'équilibration ainsi que dans les réflexes vestibulo-oculaires (voir Chapitre 14).

Les connexions entre le cervelet et les autres parties du système nerveux sont assurées par trois faisceaux massifs, les **pédoncules cérébelleux** (Figures 19.1 à 19.3). Le **pédoncule cérébelleux supérieur** (ou **brachium conjonctivum**) est un faisceau presque entièrement efférent. Les neurones qui en sont à l'origine sont dans les noyaux cérébelleux profonds ; leurs axones projettent sur les neurones moteurs des couches profondes du colliculus supérieur et, après relais dans le thalamus dorsal, sur l'aire motrice primaire et les aires prémotrices du cortex (voir Chapitre 17). Chez les mammifères non humains, ils projettent aussi sur les neurones moteurs de la partie caudale magnocellulaire du noyau rouge. Le **pédoncule cérébelleux moyen** (ou **brachium pontis**) est une voie afférente ; la plupart des neurones qui donnent naissance à cette voie sont dans la base du pont où ils constituent les **noyaux du pont** (Figure 19.2). Les noyaux du pont reçoivent des afférences d'une grande variété de sources, parmi lesquelles le colliculus supérieur et presque toutes les aires du cortex cérébral. Les axones des neurones pontins, appelés **fibres pontiques transverses**, croisent la ligne médiane et pénètrent dans le cervelet par le pédoncule cérébelleux moyen (Figure 19.3). Les pédoncules cérébelleux moyens contiennent chacun plus de 20 millions de fibres et se situent donc parmi les plus gros faisceaux du système nerveux. À titre de comparaison, le faisceau pyramidal ou le tractus optique ne comportent qu'environ un million de fibres. La place importante qu'occupent les pédoncules cérébraux dans la partie ventrale du mésencéphale humain (chacun d'eux comporte également environ 20 millions de fibres) reflète donc l'importance des projections émanant du cortex cérébral qui font relais dans les noyaux du pont avant d'entrer dans le cervelet. Par contraste, les projections corticospinales (que l'on présente souvent comme formant le contingent principal des pédoncules céré-

TABLEAU 19.1	Principales composantes du cervelet

Cortex cérébelleux
 Cérébro-cervelet
 Spino-cervelet
 Vestibulo-cervelet

Noyaux cérébelleux profonds
 Noyau dentelé
 Noyaux interposés
 Noyau du toit (fastigial)

Pédoncules cérébelleux
 Pédoncule supérieur
 Pédoncule moyen
 Pédoncule inférieur

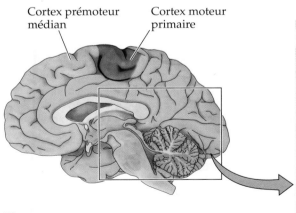

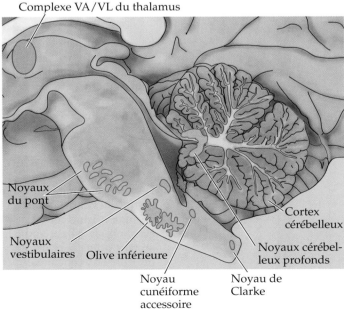

Figure 19.2

Composantes du tronc cérébral et du diencéphale en relation avec le cervelet. Cette coupe sagittale montre les structures principales du système cérébelleux, notamment le cortex cérébelleux, les noyaux cérébelleux profonds ainsi que le complexe ventral antérieur et ventral latéral (VA/VL) (qui constitue la cible de certains des noyaux cérébelleux profonds).

(A)

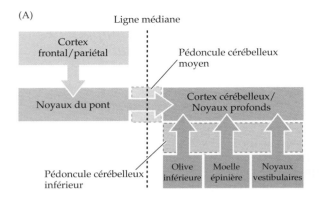

Figure 19.3

Organisation fonctionnelle des afférences cérébelleuses. (A) Schéma des principales afférences. (B) Coupes frontale et sagittale de principe d'un cerveau humain, montrant les afférences cérébelleuses issues du cortex, du système vestibulaire, de la moelle épinière et du tronc cérébral. Les projections corticales vers le cervelet font relais dans les neurones des noyaux du pont. Les axones de ces neurones croisent la ligne médiane dans le pont et gagnent le cervelet par le pédoncule cérébelleux moyen. Les fibres venant de l'olive inférieure, de la moelle et des noyaux vestibulaires empruntent le pédoncule cérébelleux inférieur.

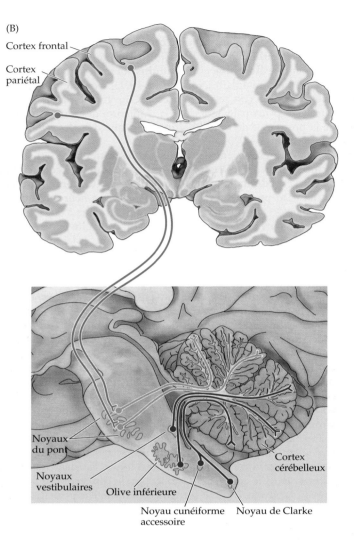

braux) ne forment que cinq pour cent seulement du nombre total d'axones de chaque pédoncule cérébral. Enfin, le **pédoncule cérébelleux inférieur** (ou corps restiforme), le plus petit mais le plus complexe des pédoncules cérébelleux, contient de nombreuses voies afférentes et efférentes. Les voies afférentes qui empruntent ce pédoncule comprennent des fibres venant des noyaux vestibulaires, de la moelle et de diverses régions du tegmentum du tronc cérébral ; les voies afférentes projettent sur les noyaux vestibulaires et sur la formation réticulaire.

Les connexions afférentes du cervelet

Le cortex cérébral est de loin la source la plus abondante d'afférences cérébelleuses, destinées essentiellement au cérébro-cervelet (voir Figure 19.3). Ces voies afférentes ont une origine corticale sensiblement plus limitée que celles qui projettent sur les ganglions de la base (voir Chapitre 18). La plupart d'entre elles proviennent du cortex moteur primaire et des aires prémotrices du lobe frontal, des cortex somesthésiques primaire et secondaire du lobe pariétal antérieur et des aires visuelles secondaires du lobe pariétal postérieur (Figure 19.4). Les afférences visuelles destinées au cervelet émanent en majeure partie des aires associatives traitant les stimulus visuels mobiles et la perception visuo-spatiale (voir Chapitre 12). Effectivement, la coordination sous

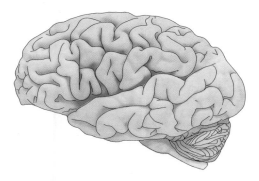
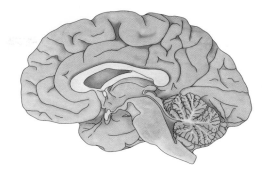

Figure 19.4

Régions du cortex cérébral projetant sur le cervelet (en bleu). Les projections vers le cervelet proviennent essentielle-ment des aires associatives sensorielles du lobe pariétal et des aires associatives motrices du lobe frontal.

contrôle visuel des mouvements en cours est l'une des principales tâches du cérébro-cervelet. Comme il vient d'être signalé, les axones corticaux ne pénètrent pas directe-ment dans le cervelet, mais font synapse avec des neurones des noyaux du pont du même côté du tronc cérébral que leur hémisphère d'origine. À leur tour, les noyaux du pont donnent naissance aux fibres pontiques transverses qui franchissent la ligne médiane et forment le pédoncule cérébelleux moyen, relayant ainsi les signaux corti-caux vers l'hémisphère cérébelleux controlatéral. Il s'ensuit donc que les signaux issus d'un hémisphère *cérébral* sont reçus et traités par des circuits neuraux de l'hémisphère *cérébelleux* controlatéral (voir Figure 19.3).

Le cervelet reçoit aussi des afférences sensorielles directes (voir Figure 19.3). Les fibres vestibulaires du nerf VIII et les fibres issues des noyaux vestibulaires du bulbe projettent sur le vestibulo-cervelet. De plus, les neurones de relais du **noyau de Clarke** de la moelle et le **noyau cunéiforme accessoire** (encore appelé noyau cunéiforme externe ou latéral) du bulbe caudal envoient leurs axones au spino-cervelet (ces noyaux, rappelons-le, comprennent des groupes de neurones de relais sur lesquels s'articulent les fibres de la sensibilité proprioceptive de la partie inférieure du corps pour le pre-mier et de la partie supérieure pour le second ; voir Chapitre 9). De même, les signaux proprioceptifs de la face sont relayés vers le spino-cervelet par le **noyau mésencépha-lique du complexe trigéminal**, la voie en cause n'étant toutefois pas clairement établie. Les afférences vestibulaires, spinales et trigéminales fournissent au cervelet les infor-mations provenant du labyrinthe, des fuseaux neuromusculaires et des autres méca-norécepteurs indiquant la position du corps et ses mouvements. Pour finir, les signaux visuels et auditifs sont relayés par les noyaux du tronc cérébral jusqu'au vermis ; sans doute fournissent-ils au cervelet des messages sensoriels supplémentaires qui complè-tent les informations proprioceptives concernant la position et les mouvements du corps.

Les informations somesthésiques se répartissent dans le spino-cervelet selon une représentation topographique de la surface du corps (Figure 19.5). Toutefois, ces repré-sentations sont «éclatées» : des analyses électrophysiologiques à haute résolution indi-quent que chaque portion de la surface du corps est représentée plusieurs fois par des amas de neurones non contigus et non par une carte unique et continue de la surface du corps. Les afférences vestibulaires et spinales restent ipsilatérales par rapport à leur point d'entrée dans le tronc cérébral et empruntent le pédoncule cérébelleux inférieur (voir Figure 19.3A). Cet agencement fait que le cervelet droit traite les informations de la moitié droite du corps et le cervelet gauche celles de la moitié gauche. Ainsi, alors que les représentations cérébrales concernent généralement la partie *controlatérale* du corps ou de l'environnement, les représentations cérébelleuses sont *ipsilatérales*. La section qui suit détaille la façon dont sont organisées les efférences cérébelleuses pour agir sur les circuits des neurones moteurs suprasegmentaires du côté adéquat.

Figure 19.5

Représentations somatotopiques de la surface du corps dans le cervelet. Le spino-cervelet contient au moins deux cartes du corps.

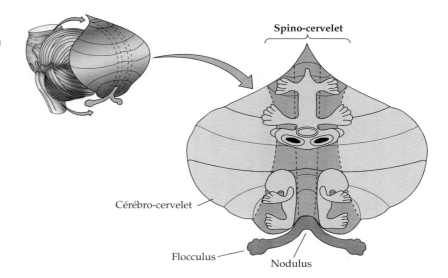

Le cervelet tout entier reçoit enfin des afférences modulatrices venant de l'**olive inférieure** et du locus cœruleus du tronc cérébral. Ces noyaux participent aux fonctions d'apprentissage et de mémoire qu'exercent les circuits cérébelleux.

Les connexions efférentes du cervelet

Figure 19.6

Organisation fonctionnelle des efférences cérébelleuses. Les trois principales subdivisions fonctionnelles des hémisphères cérébelleux projettent sur les noyaux cérébelleux profonds correspondants et sur les noyaux vestibulaires. Ceux-ci envoient à leur tour des projections vers les circuits neuraux régissant divers aspects du contrôle moteur.

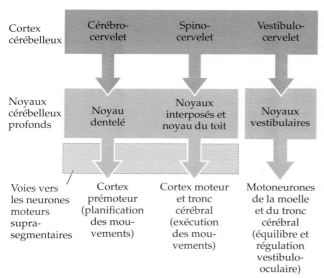

Le cortex cérébelleux projette sur les noyaux cérébelleux profonds et ceux-ci, à leur tour, projettent sur les neurones moteurs du cortex (après relais dans le thalamus) ou de la moelle (après relais dans le tronc cérébral). Chaque hémisphère cérébelleux comprend quatre noyaux profonds : le **noyau dentelé** (de beaucoup le plus gros chez l'homme), deux **noyaux interposés** et le **noyau du toit** (ou **noyau fastigial**). Chacun reçoit des afférences d'une région différente du cortex cérébelleux. Sans que l'on puisse définir des limites précises, le cérébro-cervelet projette principalement sur le noyau dentelé, le spino-cervelet sur les noyaux interposés et le noyau du toit, et le vestibulo-cervelet sur le complexe vestibulaire. (Pour cette raison, certaines parties du complexe vestibulaire peuvent être considérées comme une composante anatomique et fonctionnelle des noyaux cérébelleux profonds ; Figure 19.6).

Les projections cérébro-cérébelleuses du noyau dentelé vers le cortex cérébral ont pour destination principale les aires prémotrices et associatives du lobe frontal qui interviennent dans la planification des mouvements volontaires. Les axones issus du noyau dentelé gagnent le cortex après relais par le complexe nucléaire ventral du thalamus (Figure 19.7A). Étant donné que chaque hémisphère cérébelleux reçoit des informations concernant la moitié ipsilatérale du corps, cette voie efférente doit croiser la ligne médiane pour que le cortex moteur qui dans chaque hémisphère cérébral commande la musculature controlatérale reçoive de l'hémisphère cérébelleux adéquat les informations sur la moitié du corps qu'il commande. Par conséquent, après avoir quitté le cervelet par le pédoncule cérébelleux supérieur, les axones du noyau dentelé croisent dans la **décussation du pédoncule cérébelleux supérieur**, au niveau du mésencéphale caudal, et montent ensuite vers le thalamus. Chemin faisant, cette voie émet, au niveau du mésencéphale, des collatérales vers la division parvocellulaire du **noyau rouge** (division qui, chez l'homme, constitue la quasi-totalité du noyau rouge ; voir Chapitre 17) (Figure 19.7B). Le noyau rouge parvo-cellulaire projette à son tour sur l'olive inférieure, fournis-

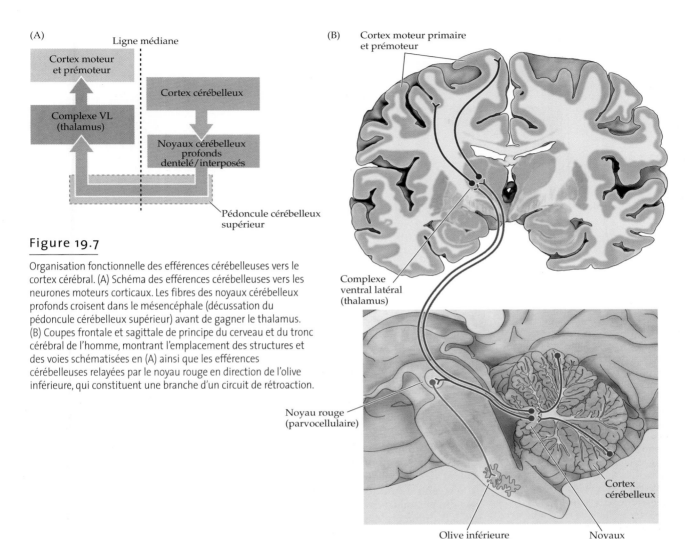

Figure 19.7

Organisation fonctionnelle des efférences cérébelleuses vers le cortex cérébral. (A) Schéma des efférences cérébelleuses vers les neurones moteurs corticaux. Les fibres des noyaux cérébelleux profonds croisent dans le mésencéphale (décussation du pédoncule cérébelleux supérieur) avant de gagner le thalamus. (B) Coupes frontale et sagittale de principe du cerveau et du tronc cérébral de l'homme, montrant l'emplacement des structures et des voies schématisées en (A) ainsi que les efférences cérébelleuses relayées par le noyau rouge en direction de l'olive inférieure, qui constituent une branche d'un circuit de rétroaction.

sant ainsi aux efférences cérébelleuses le moyen d'exercer un contrôle rétroactif sur l'une des principales sources d'afférences que reçoit le cervelet. Cette rétroaction est capitale pour les fonctions adaptatives des circuits cérébelleux (voir ci-dessous).

En plus des projections contribuant au contrôle moteur, de grandes portions du cérébro-cervelet renvoient des informations sur des aires non motrices du cortex cérébral, comme l'ont montré des études anatomiques utilisant des virus pour tracer la chaîne des connexions entre neurones. On a ainsi affaire à des « boucles fermées » ; en d'autres termes, une région du cervelet renvoie (par l'intermédiaire du thalamus) des projections sur les aires corticales qui sont précisément à l'origine des signaux qu'elle a reçus. Ce type de boucle est caractéristique, par exemple, des voies cérébelleuses qui modulent les programmes cognitifs élaborés par le cortex préfrontal. Il paraît clair que les circuits cérébelleux influencent la coordination des programmes non moteurs (tels que les activités mentales de résolution de problèmes) d'une manière analogue aux modulations qu'ils exercent sur les signaux relatifs aux mouvements. Ces boucles fermées fonctionnent en parallèle avec les « boucles ouvertes », recevant de multiples aires corticales des signaux et renvoyant des projections vers les neurones moteurs de régions particulières des cortex moteur et prémoteur.

Les voies efférentes du spino-cervelet sont dirigées vers les neurones moteurs supra-segmentaires qui gouvernent l'exécution des mouvements (voir Figure 19.6). L'organisation somatotopique de cette division du cervelet se reflète dans l'organisation de ses projections qui se conforment à la distinction entre zones latérales et médianes observée dans les contrôles moteurs de la moelle (voir Chapitre 16). C'est ainsi que

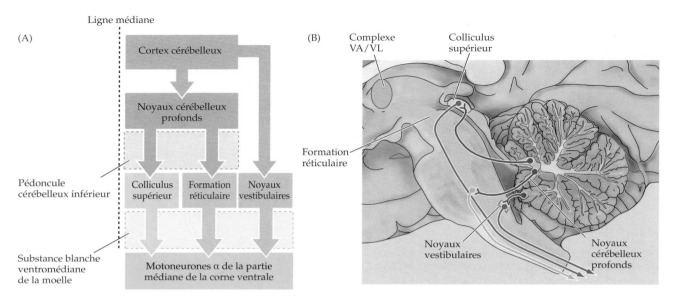

Figure 19.8

Organisation fonctionnelle des efférences cérébelleuses descendantes. (A) Schéma des principales voies efférentes affectant les neurones moteurs suprasegmentaires du tronc cérébral. Les noyaux cérébelleux profonds et le vestibulo-cervelet projettent sur les neurones moteurs suprasegmentaires participant au contrôle de la musculature axiale et des muscles proximaux des membres qu'exercent, en bout de chaîne, les motoneurones α situés dans la partie médiane de la corne ventrale de la moelle. (B) Coupe sagittale de principe du tronc cérébral indiquant la localisation des structures et des voies schématisées en (A).

les noyaux du toit (ou fastigiaux, qui se situent sous le vermis, près de la ligne médiane du cervelet) projettent, par l'intermédiaire du pédoncule cérébelleux inférieur, sur les noyaux de la formation réticulaire et du complexe vestibulaire à l'origine des faisceaux médians qui gouvernent la musculature axiale et la musculature proximale des membres (Figure 19.8). Les noyaux interposés occupent une position plus latérale, sous la division paramédiane du spino-cervelet ; ils projettent, par l'intermédiaire du pédoncule cérébelleux supérieur, sur les circuits thalamiques qui sont en relation avec les régions du lobe frontal impliquées dans la motricité volontaire des membres (Figure 19.7). Chez les primates non humains, les fibres issues des noyaux interposés émettent également des collatérales vers la partie magnocellulaire du noyau rouge, d'où émane le faisceau rubrospinal, faisceau latéral de la moelle fonctionnant en synergie avec le faisceau pyramidal latéral. (Comme indiqué au chapitre 17, cette partie du noyau rouge est, à la différence des autres primates, purement vestigiale dans l'espèce humaine où elle n'a vraisemblablement aucune importance fonctionnelle.)

Les noyaux thalamiques qui reçoivent les projections du cérébro-cervelet (noyau dentelé) et du spino-cervelet (noyaux interposés) sont regroupés en deux subdivisions distinctes du complexe nucléaire ventral latéral : d'une part la partie orale, ou antérieure, du segment postéro-latéral et, d'autre part, une région appelée simplement aire X. Ces deux relais thalamiques projettent sur le cortex moteur primaire et sur le cortex pré-moteur associatif. De cette façon, le cervelet a accès aux neurones moteurs qui organisent les séquences de contractions musculaires composant les mouvements volontaires complexes (voir Chapitre 17).

Enfin, les projections du vestibulo-cervelet empruntent le pédoncule cérébelleux inférieur et se terminent sur les noyaux du complexe vestibulaire, qui régissent les mouvements des yeux, de la tête et du cou compensant les accélérations rotationnelles et linéaires de la tête (voir Figure 19.6).

Les circuits internes du cervelet

La destination ultime des voies afférentes arrivant au cortex cérébelleux est un neurone de type particulier appelé **cellule de Purkinje**. Mais les messages afférents venant du cortex cérébral n'arrivent sur les cellules de Purkinje que de manière très indirecte. Les neurones des noyaux du pont reçoivent une projection du cortex cérébral, puis relaient les informations vers le cortex cérébelleux controlatéral. Vu l'aspect de leurs terminaisons synaptiques, les axones venant des noyaux du pont et d'autres régions du tronc cérébral ou de la moelle épinière, sont appelés **fibres moussues**. Les fibres

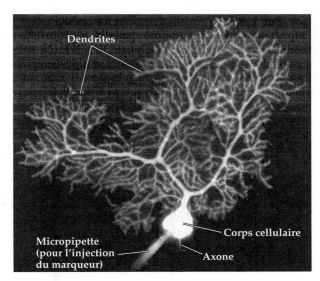

Figure 19.9

Microphotographie d'une cellule de Purkinje sur une coupe vivante de cervelet de souris. Cette cellule a été visualisée par injection dans le corps cellulaire, à l'aide d'une micropipette, d'un marqueur fluorescent révélant la concentration du Ca²⁺. (Gracieusement communiqué par K. Tanaka et G. Augustine.)

moussues font synapse sur les **grains du cervelet**, dans la couche granulaire du cortex cérébelleux. On estime que, dans le système nerveux humain, les grains du cervelet constituent la catégorie de neurones la plus abondante. Leurs axones, appelés **fibres parallèles**, montent dans la **couche moléculaire** du cortex cérébelleux où ils bifurquent, émettant des branches en T qui forment des synapses excitatrices avec les épines dendritiques des cellules de Purkinje, auxquelles ils transmettent leurs informations.

Les cellules de Purkinje présentent les caractères histologiques les plus curieux de tout le cervelet (Figure 19.9). Leurs arborisations dendritiques, très élaborées, s'étendent dans la couche moléculaire à partir de leurs corps cellulaires géants, disposés sur une seule rangée dans la couche sous-jacente dite couche des cellules de Purkinje. Dans la couche moléculaire, ces dendrites se ramifient abondamment dans un seul plan, perpendiculaire au trajet des fibres parallèles (Figure 19.10A). Chaque cellule de Purkinje est de la sorte en position de recueillir les messages afférents d'un grand nombre de fibres parallèles (environ 200 000) et chaque fibre parallèle peut entrer en contact avec une quantité considérable de cellules de Purkinje (de l'ordre de plusieurs dizaines de milliers). Celles-ci reçoivent par ailleurs des afférences modulatrices directes sur leurs troncs dendritiques, à partir des **fibres grimpantes** qui proviennent toutes de l'olive inférieure (Figure 19.10B). Chaque cellule de Purkinje reçoit de nombreux contacts synaptiques d'une seule fibre grimpante. Selon la plupart des modèles des fonctions cérébelleuses, les fibres grimpantes régulent les mouvements en délivrant un signal qui module l'efficacité de la connexion entre la chaîne fibre moussue-fibre parallèle et les cellules de Purkinje.

Les cellules de Purkinje projettent sur les noyaux cérébelleux profonds. Ce sont les seules cellules efférentes du cortex cérébelleux. Étant donné leur nature GABAergique, le cortex cérébelleux n'a donc que des efférences inhibitrices. Cependant, les noyaux cérébelleux profonds reçoivent des afférences excitatrices de collatérales des fibres moussues et des fibres grimpantes. Les projections inhibitrices des cellules de Purkinje servent à structurer la décharge qu'émettent les neurones des noyaux profonds en réponse à ces afférences directes des fibres moussues et grimpantes (Figure 19.11).

Des afférences issues de neurones de circuits locaux modulent l'activité inhibitrice des cellules de Purkinje. Les plus puissantes de ces afférences locales sont les complexes inhibiteurs formés sur les somas des cellules de Purkinje par les synapses des **cellules en corbeille** (voir Figure 19.8). Des neurones de circuit local d'un autre type, les **cellules étoilées**, reçoivent des afférences des fibres parallèles et forment des contacts inhibiteurs avec les dendrites des cellules de Purkinje. Enfin, la couche moléculaire contient les dendrites apicaux d'une variété de neurones appelés **cellules de Golgi**.

(A)

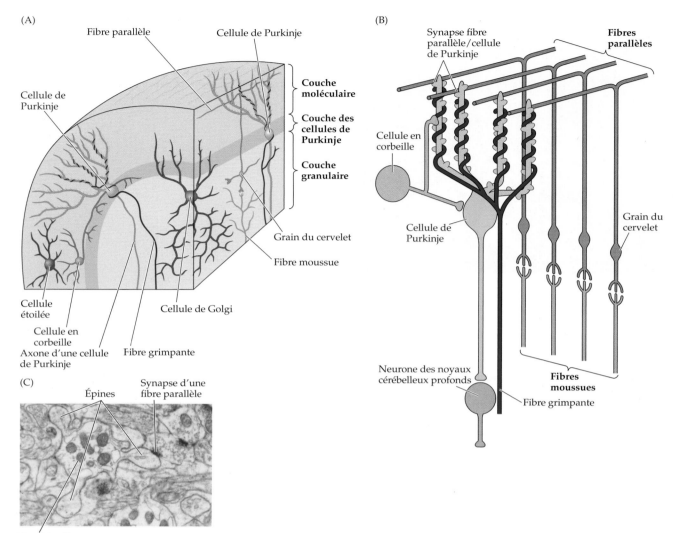

Fibre parallèle

Cellule de Purkinje

Couche moléculaire

Couche des cellules de Purkinje

Couche granulaire

Cellule de Purkinje

Cellule étoilée

Cellule en corbeille

Axone d'une cellule de Purkinje

Fibre grimpante

Cellule de Golgi

Grain du cervelet

Fibre moussue

(B)

Synapse fibre parallèle/cellule de Purkinje

Fibres parallèles

Cellule en corbeille

Cellule de Purkinje

Grain du cervelet

Neurone des noyaux cérébelleux profonds

Fibres moussues

Fibre grimpante

(C)

Épines

Synapse d'une fibre parallèle

Dendrite d'une cellule de Purkinje

Figure 19.10

Neurones et circuits du cervelet. (A) Types de neurones du cortex cérébelleux. Noter que les différentes catégories de neurones se trouvent dans des couches distinctes. (B) Schéma montrant les afférences de fibres parallèles et de neurones de circuits locaux convergeant sur une cellule de Purkinje [la région encadrée est représentée à plus fort grossissement en (C)]. Les efférences des cellules de Purkinje sont dirigées vers les noyaux cérébelleux profonds. (C) Photographie en microscopie électronique, montrant le tronc dendritique d'une cellule de Purkinje avec trois épines recevant des contacts synaptiques d'un trio de fibres parallèles. (C gracieusement communiqué par A.-S. LaMantia et P. Rakic.)

Ces neurones ont leur soma dans la couche granulaire ; ils reçoivent des afférences des fibres parallèles et renvoient un feedback inhibiteur aux cellules d'origine des fibres parallèles (les grains du cervelet).

Ce circuit de base se répète indéfiniment dans chaque subdivision du cervelet des mammifères : c'est le module fonctionnel fondamental du cervelet. Les modulations des informations qui empruntent ces modules sont à la base des régulations en temps réel des mouvements ainsi que de leurs modifications à long terme dans le cadre de l'apprentissage moteur. Le flux des informations dans ces circuits intrinsèques relativement complexes peut être décrit de façon simple en distinguant les deux étapes fondamentales des traitements cérébelleux. Commençons par les noyaux profonds. Les collatérales des fibres moussues et des fibres grimpantes provoquent l'activation des neurones des noyaux cérébelleux profonds ; ceci constitue une *boucle excitatrice* dans laquelle les signaux afférents convergent sur les organes de sortie des traitements cérébelleux. Cependant, comme il a été signalé plus haut, les profils spatio-temporels de l'activité de sortie ne sont pas une pure réplication des profils d'entrée. Les profils d'activité des noyaux cérébelleux profonds sont modulés par les influences inhibitrices descendantes en provenance des cellules de Purkinje qui, elles-mêmes, sont activées par les deux voies des fibres moussues et des fibres grimpantes. Pour leur part, les cellules de Purkinje intègrent ces deux grands courants d'afférences et inversent leur « signe » en répondant à un signal d'entrée excitateur par un signal de sortie inhibiteur (voir Figure 19.11). Les cellules de Purkinje transmettent donc le résultat de calculs réalisés par une *boucle inhibitrice* qui englobe les circuits du cortex cérébelleux comprenant,

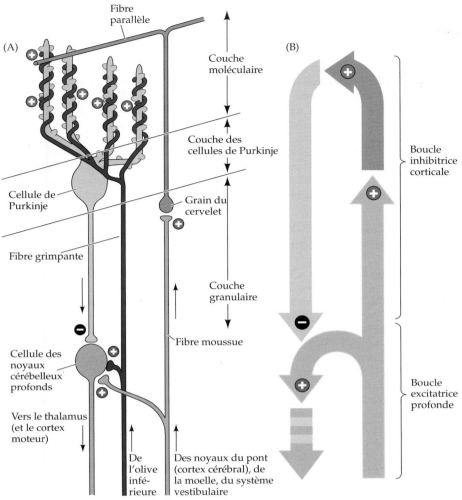

Figure 19.11

Connexions excitatrices et inhibitrices du cortex cérébelleux et des noyaux cérébelleux profonds. (A) Les afférences excitatrices venant des fibres moussues et des fibres grimpantes sont fondamentalement les mêmes pour les cellules de Purkinje et pour les cellules des noyaux profonds. Les afférences convergentes supplémentaires que les cellules de Purkinje reçoivent des neurones de circuits locaux (cellules en corbeille et cellules étoilées) ou d'autres cellules de Purkinje (non représentées) fournissent une base permettant de comparer le mouvement en cours et la rétroaction sensorielle qui en dérive. Les efférences des cellules de Purkinje vers les noyaux cérébelleux profonds sont inhibitrices. (B) Schématisation théorique des circuits représentés en (A). Les noyaux cérébelleux profonds et leurs afférences excitatrices forment une « boucle excitatrice profonde », dont la sortie est modulée par une « boucle inhibitrice corticale » qui inverse le signe des signaux d'entrée. Le signal de sortie que la cellule de Purkinje envoie au neurone du noyau cérébelleux profond entraîne donc la production d'un signal de correction d'erreur pouvant modifier les mouvements. Les fibres grimpantes modifient l'efficacité de la connexion entre fibre parallèle et cellule de Purkinje, avec, pour conséquence, des changements à long terme dans les signaux de sortie du cervelet (A d'après Stein, 1986.)

outre les cellules de Purkinje elles-mêmes, les interneurones des couches granulaire et moléculaire. Les cellules de Golgi, les cellules étoilées et les cellules en corbeille contrôlent le flux des informations dans le cortex cérébelleux. Les cellules de Golgi, par exemple, forment un circuit rétroactif inhibiteur qui contrôle le gain de la transmission entre les grains et les cellules de Purkinje ; les cellules en corbeille exercent, quant à elles, une inhibition latérale pouvant focaliser la distribution spatiale de l'activité des cellules de Purkinje.

La modulation des efférences cérébelleuses par le cortex cérébelleux pourrait rendre compte du rôle que joue le cervelet dans l'apprentissage moteur. Selon un modèle proposé par Masao Ito et ses collègues de l'Université de Tokyo, les fibres grimpantes relaient un message d'erreur motrice vers les cellules de Purkinje. Ce message provient des afférences que l'olive inférieure reçoit de multiples structures (dont la moelle épinière et le cortex cérébral) ainsi que des signaux rétroactifs provenant du cervelet par l'intermédiaire du noyau rouge, comme indiqué plus haut. Le millier de synapses, à peu près, que fait une seule fibre grimpante avec les dendrites proximaux d'une seule fibre de Purkinje représente l'une des connexions excitatrices les plus puissantes de tout le système nerveux. La force de cette afférence est encore augmentée par les jonctions communicantes qui connectent électriquement les neurones de l'olive inférieure et synchronisent leur activité. De cette façon, les neurones de l'olive inférieure peuvent simultanément activer les circuits cérébelleux et contribuer à la plasticité adaptative des signaux inhibiteurs émis par le cortex cérébelleux. Cette plasticité résulte d'une diminution durable des réponses des cellules de Purkinje aux signaux reçus des fibres parallèles, diminution qui fait intervenir une série d'événements aboutissant à une endocytose des récepteurs AMPA au niveau des synapses entre fibres parallèles et cellules de Purkinje. (Pour un exposé des mécanismes de cette réduction à long terme de l'efficacité de la synapse entre fibre parallèle et cellule de Purkinje, voir Chapitre 8.)

Cette réduction des effets des fibres parallèles sur les cellules de Purkinje a pour résultat de renforcer les réponses des noyaux cérébelleux profonds aux afférences qu'ils reçoivent (par affaiblissement de l'influence de la boucle inhibitrice). Les altérations des signaux que le cervelet renvoie vers les neurones moteurs du cortex et du tronc cérébral sont donc une conséquence de l'activation des fibres grimpantes. On ne sait pas encore comment ces altérations aboutissent à une correction de l'erreur motrice. Il est néanmoins clair, d'après les travaux sur des modèles animaux et l'étude de patients ayant une atteinte de l'olive inférieure, que l'adaptation sensorimotrice à court terme (la correction de l'erreur) et l'apprentissage moteur à long terme exigent tous deux la modulation des traitements cérébelleux par l'activation des fibres grimpantes.

Les circuits cérébelleux et la coordination du mouvement en cours

Comme on peut l'attendre d'une structure qui supervise et régule le comportement moteur, l'activité neuronique du cervelet change continuellement au cours d'un mouvement. Une tâche relativement simple telle qu'exécuter des rotations alternatives du poignet dans un sens puis dans l'autre déclenche dans les cellules de Purkinje et dans les noyaux cérébelleux profonds un profil dynamique d'activité qui suit fidèlement le mouvement en cours (Figure 19.12). Les deux types de cellules ont une activité tonique de repos, mais elles modifient leur fréquence de décharge dès qu'un mouvement a lieu. Les neurones répondent de façon sélective à divers aspects de l'activité motrice tels que l'extension ou la contraction de muscles spécifiques, la position des articulations et la direction du mouvement qui va suivre. Toutes ces informations sont codées par des variations de la fréquence de décharge des cellules de Purkinje et des neurones des noyaux cérébelleux profonds.

Comme les caractéristiques de ces réponses permettent de le prédire, les maladies ou les lésions du cervelet tendent à désorganiser la modulation et la coordination des mouvements en cours (Encadré 19A). Le caractère distinctif des patients souffrants

Figure 19.12

Activité des cellules de Purkinje (A) et des cellules des noyaux cérébelleux profonds (B) au repos (tracés du haut) et pendant l'exécution d'un mouvement du poignet (tracés du bas). La ligne située sous les potentiels d'action est l'enregistrement électromyographique de la tension musculaire, reflétant le mouvement du poignet. La durée des mouvements du poignet est indiquée par les plages colorées. Les deux catégories de cellules ont une activité tonique au repos. Des mouvements alternatifs rapides s'accompagnent d'une inhibition transitoire de cette activité tonique chez les deux types de cellules. (D'après Thach, 1968.)

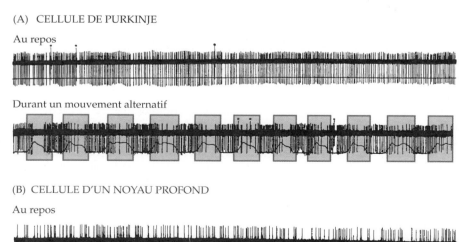

(A) CELLULE DE PURKINJE

Au repos

Durant un mouvement alternatif

(B) CELLULE D'UN NOYAU PROFOND

Au repos

Durant un mouvement alternatif

de troubles cérébelleux sera donc une difficulté à exécuter des mouvements de façon harmonieuse et bien coordonnée. Au contraire, les mouvements auront tendance à se faire par à-coups et à manquer de précision, symptomatologie désignée sous le nom d'**ataxie cérébelleuse**. De nombreux problèmes rencontrés dans l'exécution des mouvements peuvent s'expliquer par l'incapacité où se trouve le cervelet de jouer son rôle dans la correction des erreurs des mouvements en cours. Normalement, cette correction des erreurs par le cervelet garantit que les mouvements seront modifiés pour faire face à des circonstances changeantes. Comme il a été dit plus haut, les cellules de Purkinje et les neurones des noyaux cérébelleux profonds identifient des erreurs potentielles en comparant les patterns d'activité convergente disponibles en même temps pour ces deux types de cellules; les noyaux cérébelleux profonds envoient alors des signaux de correction aux neurones moteurs suprasegmentaires pour maintenir ou améliorer la précision du mouvement.

Comme dans le cas des ganglions de la base, l'étude du système oculomoteur, et particulièrement des saccades, a apporté une importante contribution à notre connaissance de la part qui revient au cervelet dans la réduction de l'erreur motrice. Si, par exemple, on sectionne partiellement, chez un singe, le tendon du muscle droit externe d'un œil, on affaiblit les mouvements horizontaux de cet œil (Figure 19.13). Quand

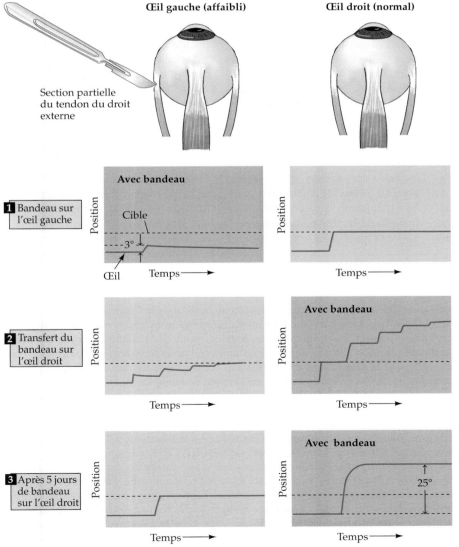

Œil gauche (affaibli)

Œil droit (normal)

Section partielle du tendon du droit externe

1 Bandeau sur l'œil gauche

Avec bandeau

Position — Cible — -3° — Œil — Temps →

Position — Temps →

2 Transfert du bandeau sur l'œil droit

Position — Temps →

Avec bandeau

Position — Temps →

3 Après 5 jours de bandeau sur l'œil droit

Position — Temps →

Avec bandeau

Position — 25° — Temps →

Figure 19.13

Contribution du cervelet aux modifications des saccades oculaires dépendant de l'expérience. Après affaiblissement du muscle droit externe de l'œil gauche, l'œil reste en deçà de la cible (1). Quand, en couvrant l'œil droit d'un bandeau, on oblige le sujet de l'expérience (un singe, en l'occurrence) à utiliser l'œil gauche, plusieurs saccades doivent être effectuées pour positionner la fovéa sur la cible (2). Après 5 jours d'utilisation de l'œil affaibli, le gain du système saccadique a augmenté et une seule saccade suffit pour positionner l'œil sur la cible (3). Cet ajustement du gain du système des saccades oculaires dépend de l'intégrité du cervelet. (D'après Optican et Robinson, 1980.)

ENCADRÉ 19A *Les maladies à prions*

La maladie de Creutzfeldt-Jakob (MCJ) est une affection neurologique rare mais dévastatrice, qui se caractérise par une ataxie cérébelleuse, des secousses myocloniques, des crises et une progression fulgurante de la démence. Elle se déclare généralement à l'âge mûr et la mort survient typiquement en moins d'un an. Du point de vue histopathologique, cette maladie se distingue par une «dégénérescence spongiforme» consistant en une perte neuronale accompagnée d'une prolifération gliale que l'on observe surtout dans le cortex cérébral et cérébelleux; l'aspect spongiforme est dû à la présence de vacuoles dans le cytoplasme des neurones et de la glie. La MCJ est la seule maladie humaine connue qui se transmette soit par inoculation (par voie buccale ou circulatoire), soit par la lignée germinale. Contrairement aux autres maladies transmissibles, qui sont véhiculées par des microorganismes tels que les virus ou les bactéries, son agent est une protéine appelée prion.

Des observations remontant à une trentaine d'années laissaient penser que la MCJ était une maladie infectieuse. Le principal indice résidait dans une maladie longtemps marginale, la scrapie ou «tremblante du mouton» qui se caractérise elle aussi par une ataxie cérébelleuse, un amaigrissement et d'intenses déman-

geaisons. La transmissibilité de la scrapie d'un mouton à un autre faisait supposer la présence d'un agent infectieux. Un autre indice vint des travaux d'un neurologue, Carlton Gajdusek, sur une curieuse maladie appelée kuru, qui frappait spécifiquement un groupe d'indigènes de Nouvelle-Guinée pratiquant le cannibalisme rituel. Comme la MCJ, le kuru est une maladie neurodégénérative s'accompagnant d'une ataxie cérébelleuse invalidante suivie de démence, la mort survenant en moins d'un an. Les ressemblances histopathologiques frappantes entre la scrapie et le kuru, à savoir une dégénérescence spongiforme, suggéraient une pathogénie commune et conduisirent à réaliser avec succès, dans les années 1960, la transmission du kuru à des chimpanzés, ce qui confirma le caractère infectieux de la MCJ. La longue incubation entre l'inoculation et le début de la maladie (des mois, voire des années) conduisit Gajdusek à proposer que l'agent infectieux était ce qu'il appela un «virus lent». Ces découvertes extraordinaires suscitèrent une quête intense de l'agent infectieux. La transmission de la scrapie du mouton à des hamsters par Stanley Prusiner, de l'Université de Californie à San Francisco, permit la caractérisation biochimique de fractions partiellement purifiées de l'agent de la scrapie provenant

de cerveaux de hamster. Il constata que, curieusement, le caractère infectieux était extraordinairement résistant aux ultraviolets ou aux nucléases, deux traitements qui dégradent les acides nucléiques. Il paraissait donc peu vraisemblable que l'on ait affaire à un virus. Par contre, des traitements qui modifiaient ou dégradaient les protéines entraînaient une réduction marquée du pouvoir infectieux. En 1982, Prusiner forgea le terme «prion» pour désigner l'agent responsable de ces encéphalopathies spongiformes transmissibles. Ce terme fut choisi pour mettre l'accent sur le fait qu'il s'agit d'une particule infectieuse de nature protéique. Par la suite, il s'avéra qu'une demi-douzaine de maladies d'animaux divers, dont l'encéphalopathie spongiforme bovine (ou maladie de la vache folle), et quatre maladies humaines supplémentaires étaient dues à des prions.

Pendant plusieurs années, la question de savoir si les prions contenaient des acides nucléiques non détectés ou s'il s'agissait effectivement de protéines resta matière à débat. Prusiner défendait ardemment l'hypothèse qu'il s'agissait d'une «protéine seule», point de vue révolutionnaire en ce qui concernait les maladies transmissibles. Il suggérait que le prion était une protéine consistant en une forme modifiée (scrapie), dite PrP^{Sc}, de la pro-

---

on couvre alors d'un bandeau l'œil normal pour obliger l'animal à utiliser son œil affaibli, les saccades qu'exécute l'œil affaibli sont *hypométriques* – elles n'atteignent pas les cibles visuelles. Puis, au cours des jours suivants, les saccades augmentent peu à peu d'amplitude et retrouvent leur précision. Si l'on enlève alors le bandeau de l'œil normal pour le mettre sur l'œil affaibli, on constate que les saccades de l'œil normal sont *hypermétriques*. Autrement dit, en l'espace de quelques jours, le système nerveux corrige l'erreur des saccades faites par l'œil affaibli en augmentant le gain du système moteur saccadique (voir Chapitre 20). Des lésions du spino-cervelet, au niveau du vermis (voir Figure 19.1), éliminent cette capacité de réduire l'erreur motrice.

Des preuves comparables d'une contribution cérébelleuse à la motricité ont été fournies par l'étude du réflexe vestibulo-oculaire (RVO) chez le singe et chez l'homme. Ce réflexe maintient la fixation des yeux sur la cible visuelle durant les mouvements de la tête (voir Chapitre 14). Sa simplicité relative a rendu possible l'analyse de quelques-uns des mécanismes qui permettent d'utiliser l'apprentissage moteur comme processus de réduction d'erreur. Quand une image visuelle change de position sur la rétine par suite d'un mouvement de la tête, les yeux doivent effectuer un mouvement de même vitesse en sens opposé pour maintenir une perception stable. Dans ces études,

téine hôte normale PrP^C (pour Protéine Prion contrôle) et que l'isoforme pathologique se propageait par un changement de conformation, autocatalysé par PrP^{Sc}, de la PrP^C endogène en PrP^{Sc}. En d'autres termes, la forme modifiée de la protéine (PrP^{Sc}) transformait la forme normale (PrP^C) en forme modifiée, de la même façon que les cristaux se forment dans des solutions sursaturées. Les différences révélées par la spectroscopie optique entre la structure secondaire de PrP^C et celle de PrP^{Sc} confortaient ce point de vue. Une hypothèse concurrente faisait par contre de l'agent infectieux un virus non conventionnel contenant des acides nucléiques, et de l'accumulation de PrP^{Sc} une conséquence fortuite de l'infection et de la mort cellulaire.

Il fallut attendre les dix dernières années pour voir s'accumuler les preuves en faveur de l'hypothèse « protéine seule ». Tout d'abord, le caractère infectieux de la scrapie s'accroît quand on purifie la PrP^{Sc} par diverses techniques, dont la chromatographie d'affinité utilisant un anticorps monoclonal anti-PrP ; malgré des efforts intenses, aucun acide nucléique n'a été détecté dans des préparations hautement purifiées. En second lieu, des encéphalopathies spongiformes sont susceptibles de transmission héréditaire chez l'homme et l'on sait maintenant que la cause en est une ou plusieurs mutations du gène codant la PrP. Troisièmement, l'encéphalopathie spongiforme frappe les souris transgéniques porteuses d'un gène *prp* mutant, équivalant à l'une des mutations d'une maladie à prions humaine transmise héréditairement. Une protéine défectueuse suffit donc à rendre compte de cette maladie. Enfin, des souris transgéniques porteuses d'une mutation nulle de *prp* (mutation qui abolit la fonction du produit du gène) ne contractent pas d'encéphalopathie spongiforme quand on leur inocule l'agent de la scrapie, contrairement aux souris de type sauvage. Ces résultats prouvent de façon convaincante que la PrP^{Sc} doit effectivement interagir avec la PrP^C endogène pour convertir PrP^C en PrP^{Sc} et propager ainsi la maladie. La protéine est hautement conservée chez toutes les espèces de mammifères et l'on peut donc penser qu'elle remplit une fonction essentielle, quoique les souris porteuses d'une mutation nulle de *prp* ne présentent aucune anomalie détectable.

Toutes ces avancées ne laissent pas moins subsister beaucoup de questions. Quel est le mécanisme par lequel se fait le changement conformationnel de PrP^C en PrP^{Sc} ? Comment des mutations affectant des sites différents de la même protéine donnent-elles les phénotypes distincts que l'on constate dans les diverses maladies à prions humaines ? Les changements conformationnels des protéines constituent-ils un mécanisme commun à d'autres maladies neurodégénératives ? Et peut-on trouver dans ces découvertes un indice d'une thérapeutique efficace contre les terribles manifestations des encéphalopathies spongiformes ? Malgré toutes les questions en suspens, ces travaux forment l'un des chapitres les plus excitants de la recherche neurologique moderne et c'est à juste titre qu'ils ont valu le prix Nobel de physiologie ou médecine à Gajdusek en 1976 et à Prusiner en 1997.

Références

BUELER, H. et 6 AUTRES (1993), Mice devoid of PrP are resistant to scrapie. *Cell*, **73**, 1339-1347.

GAJDUSEK, D.C. (1977), Unconventional viruses and the origin and disappearance of kuru. *Science*, **197**, 943-960.

GIBBS, C.J., D.C. GAJDUSEK, D.M. ASHER et M.P. ALPERS (1968), Creutzfeldt-Jakob disease (spongiform encephalopathy) : Transmission to the chimpanzee. *Science*, **161**, 388-389.

HARRIS, D.A. et H.L. TRUE (2006), New insights into prion structure and toxicity. *Neuron*, **50**, 353-357.

MALLUCI, G. et J. COLLINGE (2005), Rational targeting for prion therapeutics. *Nature Rev. Neurosci.*, **6**, 23-34.

PRUSINER, S.B. (1982), Novel proteinaceous infectious particles cause scrapie. *Science*, **216**, 136-144.

PRUSINER, S.B., M.R. SCOTT, S.J. DEARMOND et G.E. COHEN (1998), Prion protein biology. *Cell*, **93**, 337-348.

RHODES, R. (1997), *Deadly Feasts : Tracking the Secrets of a Terrifying New Plague*. New York, Simon and Schuster.

on a cherché jusqu'où le RVO peut s'adapter à des changements de nature des informations sensorielles, en équipant des sujets humains ou des singes de lunettes grossissantes ou réductrices (Figure 19.14). Étant donné que les verres modifient la taille de l'image visuelle, les mouvements oculaires compensateurs qui, normalement, stabilisent l'image de l'objet deviennent soit trop courts, soit trop longs. Avec le temps, les sujets humains ou animaux apprennent à ajuster la taille des mouvements oculaires qu'ils effectuent en réponse aux déplacements de la tête, pour les adapter aux dimensions artificiellement modifiées du champ visuel. Cette modification subsiste pendant une durée assez longue après que les lunettes ont été enlevées et peut être détectée électrophysiologiquement en enregistrant les cellules de Purkinje et les neurones des noyaux cérébelleux profonds. Là encore, la lésion ou l'ablation du cervelet fait perdre au RVO la capacité de s'adapter aux conditions nouvelles. Ces observations confortent donc les conclusions relatives à l'importance critique du cervelet dans la réduction de l'erreur qui a lieu lors de l'apprentissage moteur.

Réflexe vestibulo-oculaire (RVO) normal

La tête et les yeux bougent de façon coordonnée pour maintenir l'image sur la rétine

RVO disproportionné

Verres réducteurs

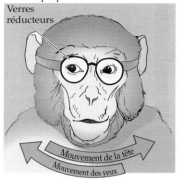

Les yeux vont trop loin, compte tenu du déplacement de l'image sur la rétine produit par le mouvement de la tête

Après quelques heures →

Recalibration du gain du RVO

Verres réducteurs

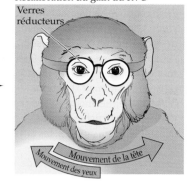

Par rapport au mouvement de la tête, le mouvement de compensation des yeux se fait sur une distance plus courte

Figure 19.14

Modifications, par apprentissage, du réflexe vestibulo-oculaire chez le singe. Normalement, le réflexe intervient pour faire bouger les yeux, lors d'un mouvement de la tête, de telle sorte que l'image rétinienne demeure stable. Quand l'animal voit l'environnement au moyen de verres réducteurs, les yeux effectuent, au début, un mouvement trop grand par rapport au glissement de l'image visuelle sur la rétine. Après quelque temps d'exercice cependant, le RVO est recalibré et les yeux effectuent un mouvement de grandeur adaptée au déplacement de la tête, compensant ainsi le changement de taille de l'image visuelle.

Les conséquences de lésions du cervelet

Nous avons vu que les patients présentant des lésions cérébelleuses, quelles qu'en soient la cause et la situation, commettent des erreurs persistantes dans leurs mouvements. Ces erreurs motrices se manifestent toujours du même côté que la lésion ; ceci reflète la particularité qui distingue le cervelet des autres structures nerveuses, à savoir que les informations sensorielles et motrices y sont représentées de façon ipsi- et non pas controlatérale. Étant donné par ailleurs la nature topographique des représentations somesthésiques, visuelles et autres dans le cervelet, les déficits moteurs consécutifs à des lésions circonscrites peuvent être très spécifiques. Par exemple, l'un des syndromes cérébelleux les plus communs est dû à la dégénérescence de la partie antérieure du cortex cérébelleux chez les patients souffrant d'alcoolisme chronique (Figure 19.15). Cette atteinte affecte spécifiquement la motricité des membres inférieurs, dont la représentation siège dans le spino-cervelet antérieur (voir Figure 19.5). Les conséquences en sont une démarche titubante avec élargissement de la base de sustentation, sans troubles notables des mouvements des bras ni des mains. L'organisation topographique du cervelet a donc pour conséquence que, en cas de lésion, la perte de coordination motrice ne concerne que certains groupes musculaires.

Figure 19.15

Les modifications pathologiques qui surviennent au cours de certaines maladies neurologiques renseignent sur les fonctions du cervelet. Dans cet exemple, l'alcoolisme chronique a provoqué la dégénérescence du cervelet antérieur (flèches) tout en laissant intactes les autres régions du cervelet. Le patient avait des difficultés à marcher, mais peu d'altérations des mouvements des bras ou de la parole. L'orientation de cette coupe sagittale paramédiane est la même que celle de la figure 19.1C. (D'après Victor et al., 1959.)

Ces dysfonctionnements pathologiques amènent à conclure que, dans des conditions normales, le cervelet peut intégrer en permanence l'activité des muscles et des articulations du corps tout entier pour assurer l'exécution harmonieuse d'une gamme complète de comportements moteurs. Les lésions cérébelleuses entraînent donc avant tout une absence de coordination des mouvements en cours (Encadré 19B). Les atteintes du vestibulo-cervelet, par exemple, perturbent la capacité de se tenir debout et de maintenir la direction du regard. Les yeux ont des difficultés à rester fixés sur une cible ; ils dérivent jusqu'à ce qu'une saccade correctrice les ramène à leur point de départ : c'est ce que l'on appelle un **nystagmus**. L'interruption des voies allant aux noyaux vestibulaires peut également entraîner une perte de tonus musculaire. Par contre, les patients chez lesquels c'est le spino-cervelet qui est atteint, peinent à contrôler leur démarche ; ils ont tendance, pour marcher, à élargir leur polygone de sustentation et à traîner les pieds, ce qui traduit une mise en jeu inadéquate des groupes musculaires qui, normalement, dépendent des rétroactions sensorielles pour exécuter sans à-coups des actions d'ensemble. Ces malades ont également des difficultés à exécuter des mouvements alternatifs rapides, tels les mouvements de marionnette dans lesquels le poignet tourne successivement dans un sens puis dans l'autre ; c'est ce que traduit le terme d'**adiadococinésie**. On note également chez eux une **dysmétrie**, c'est-à-dire des mouvements qui dépassent ou n'atteignent pas leur but et que l'on teste en leur demandant de porter le doigt au nez ou le talon au genou. Des **tremblements d'intention** ou **d'action** accompagnent ces mouvements dysmétriques dont la trajectoire excessive ou insuffisante est due à l'arrêt des mécanismes de détection et de correction des erreurs motrices. Pour finir, les lésions du cérébro-cervelet perturbent les séquences de mouvements appris qui font partie d'habiletés motrices telles que jouer d'un instrument. Le dénominateur commun de tous ces signes, quel que soit le site de la lésion, est l'incapacité d'exécuter en douceur des mouvements dans une direction donnée.

Résumé

Le cervelet reçoit des afférences provenant des régions du cortex cérébral qui planifient et déclenchent les mouvements complexes ou relevant d'habiletés motrices ; il reçoit aussi des informations issues des systèmes sensoriels qui supervisent le déroulement des mouvements. Cette organisation permet une comparaison entre le mouvement prévu et le mouvement effectivement réalisé et une réduction de la différence entre les deux, ou « erreur motrice ». Les corrections de l'erreur motrice qu'effectue le cervelet se font soit en temps réel, soit sur des périodes plus longues comme dans le cas de l'apprentissage moteur. Le réflexe vestibulo-oculaire, par exemple, permet de continuer à fixer un objet pendant une rotation de la tête ; mais si l'on modifie, à l'aide de lentilles, la taille de l'image visuelle, le gain du réflexe présente lui aussi une modification à long terme, à condition toutefois que le cervelet soit intact. Ce que l'on sait des circuits cérébelleux suggère que l'apprentissage moteur met en jeu les fibres grimpantes, qui ont leur origine dans l'olive inférieure et s'articulent avec les dendrites des cellules de Purkinje dans le cortex cérébelleux. Les informations transmises par les fibres grimpantes modulent l'efficacité du deuxième grand contingent d'afférences que reçoivent les fibres de Purkinje, celles que leur envoient les grains du cervelet par l'intermédiaire des fibres parallèles. Les grains du cervelet reçoivent des informations sur le mouvement envisagé par de nombreuses fibres moussues d'origine variée, notamment de la voie cortico-ponto-cérébelleuse. Comme il est prévisible, les noyaux cérébelleux profonds projettent sur toutes les sources de neurones moteurs suprasegmentaires décrites au chapitre 17. Les effets des maladies cérébelleuses constituent des arguments puissants en faveur de la conception selon laquelle le cervelet régule l'exécution des mouvements. Les patients atteints de troubles cérébelleux présentent donc des ataxies sévères dans lesquelles les mouvements affectés dépendent du site de la lésion.

ENCADRÉ 19B *Analyse génétique des fonctions cérébelleuses*

Depuis le début des années 1950, les chercheurs qui s'intéressent aux comportements moteurs ont identifié et étudié des lignées de souris mutantes présentant des troubles moteurs. Ces souris mutantes sont faciles à repérer : le tri, après mutagenèse induite ou spontanée, consiste tout simplement à chercher les animaux qui ont des difficultés à se déplacer.

L'analyse génétique a donné l'idée que certains de ces comportements anormaux pouvaient s'expliquer par des mutations autosomiques isolées, récessives ou semi-dominantes, provoquant les troubles les plus graves chez les homozygotes. On a donné à ces souris des noms qui reflètent la nature de la perturbation motrice dont elles sont atteintes, par exemple *reeler* (tourneuse), *weaver* (zigzaguante), *lurcher* (chancelante), *staggerer* (titubante) et *leaner* (penchante) (voir le tableau). Le relativement grand nombre de mutations affectant les mouvements laissait entre-

voir la possibilité d'expliquer les fonctions motrices et leurs circuits au niveau génétique.

Les mutants ont, comme trait commun, une ataxie ressemblant à celle qui accompagne les troubles cérébelleux chez l'homme. Et, de fait, toutes ces mutations sont liées à quelque altération du cervelet. Les perturbations relatives aux mutations *reeler* et *weaver* sont particulièrement frappantes. Dans le cervelet *reeler*, les cellules de Purkinje, les grains et les interneurones n'occupent plus les couches où on les trouve d'habitude et il y a moins de grains que la normale. Chez les *weaver*, la plupart des grains disparaissent avant de migrer de la couche granulaire externe (région de prolifération où se forment les grains au cours du développement) ; il ne reste plus que les cellules de Purkinje et les interneurones pour assurer les tâches du cervelet. Ainsi donc, ces mutations qui provoquent des handicaps moteurs perturbent le développement et la disposi-

tion finale des neurones qui forment les circuits essentiels des traitements cérébelleux (voir Figure 19.8).

Les premières tentatives pour caractériser les mécanismes qui sont à la base de ces handicaps moteurs échouèrent et, jusqu'à récemment, l'identité moléculaire des gènes affectés est demeurée obscure. Ce n'est que dans les toutes dernières années que l'on a pu identifier et cloner les gènes *reeler* et *weaver*.

Le gène *reeler* n'a pu être cloné que grâce à une combinaison de chance et d'observation soigneuse. Alors qu'ils fabriquaient des souris transgéniques par insertion de fragments d'ADN dans leur génome, des chercheurs du laboratoire de Tom Curran créèrent une nouvelle souche de souris qui se comportaient de façon tout à fait semblable aux souris *reeler* et qui avaient les mêmes perturbations cérébelleuses qu'elles. Cette mutation *reeler* « synthétique » fut identifiée en déterminant la position du fragment d'ADN nouveau, qui

Mutations motrices chez la souris

Mutation	Transmission	Chromosome affecté	Caractéristiques comportementales et morphologiques
reeler (*rl*)	Autosomique récessive	5	Ataxie avec démarche tournoyante, postures dystoniques et tremblements. Position aberrante systématique des catégories de neurones du cerveau antérieur et du cervelet. Cervelet de petite taille, réduction du nombre des grains.
weaver (*wv*)	Autosomique récessive	?	Ataxie, hypotonie et tremblement. Réduction de volume du cortex cérébelleux. Dégénérescence de la plupart des cellules de la couche granulaire externe avant leur migration.
leaner (*tg^la*)	Autosomique récessive	8	Ataxie et hypotonie. Dégénérescence des grains, spécialement dans les lobes antérieur et nodulaire du cervelet. Dégénérescence de quelques cellules de Purkinje.
lurcher (*lr*)	Autosomique semi-dominante	6	Les homozygotes meurent. Hétérozygotes ataxiques avec démarche hésitante et chancelante ; crises. Taille du cervelet moitié de la normale. Dégénérescence des cellules de Purkinje. Réduction du nombre des grains.
nervous (*nr*)	Autosomique récessive	8	Hyperactivité et ataxie. Mort de 90 % des cellules de Purkinje entre 3 et 6 semaines.
Purkinje cell degeneration (*pcd*)	Autosomique récessive	13	Ataxie modérée. Toutes les cellules de Purkinje dégénèrent entre le quinzième jour de vie embryonnaire et trois mois après la naissance.
staggerer (*sg*)	Autosomique récessive	9	Ataxie avec tremblement. Les dendrites des cellules de Purkinje sont nus (peu d'épines). Pas de synapses entre cellules de Purkinje et fibres parallèles. Les grains finissent par dégénérer.

(Adapté de Caviness et Rakic, 1978.)

se révéla situé sur le même chromosome que la mutation *reeler* originale. Des recherches ultérieures montrèrent qu'il s'agissait effectivement d'une mutation du même gène et, par la suite, le gène *reeler* fut identifié. Curieusement, les protéines que code ce gène sont des homologues de protéines connues de la matrice extracellulaire telles que la ténascine, la laminine et la fibronectine (voir Chapitre 23). Cette découverte paraît logique puisque la physiopathologie de la mutation *reeler* comporte un bouleversement de la migration cellulaire ayant pour conséquence une position aberrante des neurones du cortex cérébelleux, mais aussi du cortex cérébral et de l'hippocampe.

Les techniques de la génétique moléculaire ont également permis de cloner le gène *weaver*. Faisant appel à l'analyse des liens et aux techniques de clonage et de séquençage de grands fragments de chromosomes de mammifères, Andy Peterson et ses collègues ont utilisé le *chromosome walking* (clonage séquentiel) et « marché » le long de plusieurs kilobases d'ADN de cette région du chromosome pour parvenir à situer le gène *weaver* sur

la carte chromosomique. En comparant la séquence de l'ADN normal et celle de l'ADN muté de cette région, ils ont déterminé que *weaver* était une mutation d'un canal K$^+$ à rectification entrante (voir Chapitre 4). La façon dont cette molécule particulière influence le développement des grains du cervelet et cause leur disparition chez les mutants n'est pas encore élucidée.

L'histoire des protéines codées par les gènes *reeler* et *weaver* illustre à la fois les promesses et les défis d'une approche génétique des fonctions cérébelleuses. Il est assez facile d'identifier les porteurs de mutations motrices et leurs troubles, mais pour en comprendre l'origine du point de vue de la génétique moléculaire il faut un travail acharné et de la chance.

Références

CAVINESS, V.S. JR. et P. RAKIC (1978), Mechanisms of cortical development: A view from mutations in mice. *Annu. Rev. Neurosci.*, **1**, 297-326.

D'ARCANGELO, G., G.G. MIAO, S.C. CHEN, H.D. SOARES, J.I. MORGAN et T. CURRAN (1995), A protein related to extracellular matrix proteins deleted in the mouse mutation *reeler*. Nature, **374**, 719-723.

PATIL, N., D.R. COX, D. BHAT, M. FAHAM, R.M. MEYERS et A. PETERSON (1995), A potassium channel mutation in *weaver* mice implicates membrane excitability in granule cell differentiation. *Nature Genetics*, **11**, 126-129.

RAKIC, P. et V.S. CAVINESS JR. (1995), Cortical development: A view from neurological mutants two decades later. *Neuron*, **14**, 1101-1104.

Dans les mutations *reeler* et *weaver*, le cortex cérébelleux est désorganisé. (A) Cortex cérébelleux d'une souris *reeler* homozygote. La mutation *reeler* entraîne une modification de la position normalement occupée par les principaux types cellulaires dans les couches du cortex cérébelleux. En dépit de cette désorganisation du cortex cérébelleux, les afférences principales – fibres moussues et fibres grimpantes – trouvent des cibles adéquates. (B) Cortex cérébelleux d'une souris *weaver* homozygote. Les grains du cervelet sont absents et les afférences cérébelleuses principales forment des synapses inadaptées avec les neurones qui restent. (D'après Rakic, 1977.)

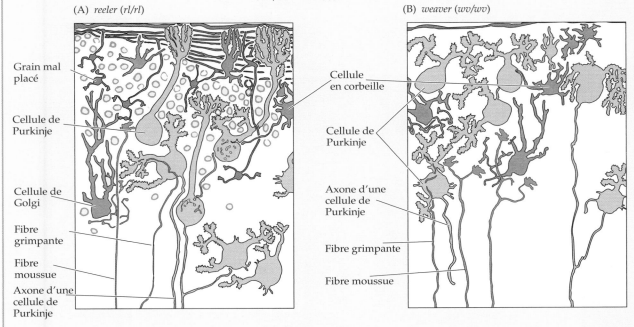

(A) *reeler (rl/rl)*   (B) *weaver (wv/wv)*

Grain mal placé

Cellule de Purkinje

Cellule de Golgi

Fibre grimpante

Fibre moussue

Axone d'une cellule de Purkinje

Cellule en corbeille

Cellule de Purkinje

Axone d'une cellule de Purkinje

Fibre grimpante

Fibre moussue

Lectures complémentaires

Revues

ALLEN, G. et TSUKAHARA (1974), Cerebro-cerebellar communication systems. *Physiol. Rev.*, **54**, 957-1006.

GLICKSTEIN, M. et C. YEO (1990), The cerebellum and motor learning. *J. Cog. Neurosci.*, **2**, 69-80.

LISBERGER, S.G. (1988), The neural basis for learning of simple motor skills. *Science*, **242**, 728-735.

OHYAMA, T., W.L. NORES, M. MURPHY et M.D. MAUK (2003), What the cerebellum computes. *Trends Neurosci.*, **26**, 222-227.

ROBINSON, F.R. et A.F. FUCHS (2001), The role of the cerebellum in voluntary eye movements. *Annu. Rev. Neurosci.*, **24**, 981-1004.

STEIN, J.F. (1986), Role of the cerebellum in the visual guidance of movement. *Nature*, **323**, 217-221.

THACH, W.T., H.P. GOODKIN et J.G. KEATING (1992), The cerebellum and adaptive coordination of movement. *Annu. Rev. Neurosci.*, **15**, 403-442.

Articles originaux importants

ASANUMA, C., W.T. THACH et E.G. JONES (1983), Distribution of cerebellar terminals and their relation to other afferent terminations in the ventral lateral thalamic region of the monkey. *Brain Res. Rev.*, **5**, 237-265.

BRODAL, P. (1978), The corticopontine projection in the rhesus monkey: origin and principles of organization. *Brain*, **101**, 251-283.

DELONG, M.R. et P.L. STRICK (1974), Relation of basal ganglia, cerebellum, and motor cortex units to ramp and ballistic movements. *Brain Res.*, **71**, 327-335.

ECCLES, J.C. (1967), Circuits in the cerebellar control of movement. *Proc. Natl. Acad. Sci. USA*, **58**, 336-343.

McCORMICK, D.A., G.A. CLARK, D.G. LAVOND et R.F. THOMPSON (1982), Initial localization of the memory trace for a basic form of learning. *Proc. Natl. Acad. Sci. USA*, **79**, 2731-2735.

THACH, W.T. (1968), Discharge of Purkinje and cerebellar nuclear neurons during rapidly alternating arm movements in the monkey. *J. Neurophysiol.*, **31**, 785-797.

THACH, W.T. (1978), Correlation of neural discharge with pattern and force of muscular activity, joint position, and direction of intended next movement in motor cortex and cerebellum. *J. Neurophysiol.*, **41**, 654-676.

VICTOR, M., R.D. ADAMS, et E.L. MANCALL (1959), A restricted form of cerebellar cortical degeneration occurring in alcoholic patients. *Arch. Neurol.*, **1**, 579-688.

Ouvrages

BRADLEY, W.G., R.B. DAROFF, G.M. FENICHEL et C.D. MARSDEN (EDS.) (1991), *Neurology in Clinical Practice*. Boston, Butterworth-Heinemann. Chapitres 29 et 77.

ITO, M. (1984), *The Cerebellum and Neural Control*. New York, Raven Press.

KLAWANS, H.L. (1989), *Toscanini's Fumble and Other Tales of Clinical Neurology*. New York, Bantam. Chapitres 7 et 10.

chapitre 20

Les mouvements oculaires et l'intégration sensorimotrice

Vue d'ensemble

À bien des égards, les mouvements des yeux sont plus faciles à étudier que ceux des autres parties du corps. Ceci est dû à la simplicité relative des actions musculaires qui s'exercent sur le globe oculaire. Il n'y a que six muscles extra-oculaires, chacun jouant un rôle spécifique dans l'ajustement de la position des yeux. De plus, il n'existe qu'un nombre limité de mouvements oculaires stéréotypés, chacun ayant ses propres circuits. Les mouvements oculaires ont donc fourni un modèle précieux pour l'étude des mécanismes du contrôle moteur. Une large part de nos connaissances sur la régulation des mouvements par le cervelet, les ganglions de la base et le système vestibulaire vient de l'étude des mouvements oculaires (voir Chapitres 14, 18 et 19). Ce chapitre présente les caractères principaux de la motricité oculaire pour illustrer des principes d'intégration sensorimotrice qui valent aussi pour des comportements moteurs plus complexes.

À quoi servent les mouvements oculaires ?

Les mouvements oculaires ont, chez l'homme, une importance particulière étant donné qu'il n'y a d'acuité visuelle élevée qu'au niveau de la fovéa, cette petite région circulaire du centre de la rétine (d'environ 1,5 mm de diamètre), remplie d'un entassement serré de cônes (voir Chapitre 11). Les mouvements oculaires peuvent orienter la fovéa vers de nouveaux centres d'intérêt (processus dit de «fovéation») ou compenser les perturbations qui l'écartent d'une cible sur laquelle se portait déjà l'attention.

Comme l'a montré, voilà plusieurs dizaines d'années, le physiologiste russe Alfred Yarbus, les mouvements oculaires sont hautement révélateurs des stratégies utilisées pour inspecter une scène visuelle. Yarbus a utilisé des lentilles de contact munies de petits miroirs pour repérer, par réflexion d'un faisceau lumineux, la succession des mouvements oculaires exécutés pendant que les sujets regardaient divers objets ou images. La figure 20.1 montre la direction du regard d'un sujet en train d'examiner une photo du célèbre buste de la reine Néfertiti. Les lignes droites et fines représentent les **saccades** oculaires, mouvements balistiques rapides qui permettent de positionner la fovéa dans l'alignement de divers éléments de l'image. Durant une saccade, qui ne dure que quelques dizaines de millisecondes, la perception visuelle est nulle ou très réduite. Le long de ces lignes, les zones plus denses correspondent aux points de fixation sur lesquels le sujet s'est arrêté plus ou moins longtemps pour une prise d'informations visuelles. Les résultats obtenus par Yarbus, et par bien d'autres après lui, montrent que voir est un processus actif dans lequel les mouvements oculaires déplacent le regard plusieurs fois par seconde vers des régions sélectionnées de l'image, pour en examiner certains aspects particulièrement intéressants. La distribution spatiale des points de fixation indique que le temps passé à examiner les yeux, le nez, la bouche et l'oreille de Néfertiti est beaucoup plus long que celui qui est consacré au milieu de sa joue ou à son cou. Les mouvements oculaires nous permettent donc de focaliser l'attention sur les parties d'une image porteuses des informations les plus marquantes. Comme il ressort de la figure 20.1, l'enregistrement des mouvements oculaires peut être utilisé pour déterminer quels sont les aspects d'une scène visuelle qui retiennent le plus l'attention. La publicité commerciale utilise aujourd'hui des variantes moder-

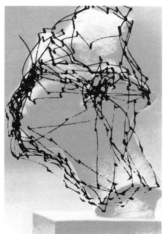

Figure 20.1

Mouvements oculaires d'un sujet regardant une photographie d'un buste de la reine Néfertiti. Le buste, en haut, est l'image présentée au sujet. Le tracé du bas représente les mouvements oculaires effectués pendant 2 minutes d'observation. (D'après Yarbus, 1967.)

nes de cette méthode pour déterminer quelles images et quelle présentation auront l'impact le plus fort sur la commercialisation de ses produits.

On a également pu montrer l'importance des mouvements oculaires pour la perception visuelle par des expériences de stabilisation d'images sur la rétine, soit en paralysant les muscles extra-oculaires, soit en déplaçant l'image en parfaite concordance avec les mouvements des yeux, de sorte qu'elle tombe toujours exactement au même endroit de la rétine (Encadré 20A). Ces images stabilisées disparaissent rapidement pour des raisons qui ne sont qu'imparfaitement comprises. Il n'en reste pas moins que les images stabilisées montrent clairement la nécessité des mouvements oculaires pour la perception visuelle.

Actions et innervation des muscles extra-oculaires

Les mouvements oculaires sont contrôlés par trois paires de muscles aux effets antagonistes : les muscles **droit interne** et **droit externe**, les **droits supérieur** et **inférieur**, les muscles **petit oblique** (ou oblique inférieur) et **grand oblique** (ou oblique supérieur). Ces muscles sont responsables des mouvements de l'œil selon trois axes : mouvements *horizontaux* d'adduction (en dedans, vers le nez) ou d'abduction (en dehors) ; mouvements *verticaux* d'élévation ou d'abaissement ; mouvements de *torsion* interne (amenant le sommet de l'œil vers le nez) ou de torsion externe (l'écartant du nez). Les mouvements horizontaux sont entièrement sous la dépendance des muscles droits, interne (mouvements d'adduction) et externe (mouvements d'abduction). Les mouvements verticaux exigent l'action coordonnée des muscles droits supérieur et inférieur et des muscles obliques. La contribution relative des muscles droits et des muscles obliques dépend de la position horizontale de l'œil (Figure 20.2). En position primaire (yeux orientés droit devant), ces deux groupes de muscles participent aux mouvements verticaux. L'élévation est due au droit supérieur et au petit oblique, l'abaissement au droit inférieur et au grand oblique. Quand les yeux sont en abduction, les muscles droits sont les principaux moteurs des mouvements verticaux. L'élévation est due à l'action du droit supérieur et l'abaissement, à celle du droit inférieur. Quand l'œil est en adduction, les muscles obliques sont les principaux moteurs des mouvements verticaux, le petit oblique étant alors élévateur et le grand oblique, abaisseur. Les muscles obliques sont également impliqués au premier chef dans les mouvements de torsion.

Les muscles extra-oculaires sont innervés par trois nerfs crâniens : le nerf oculomoteur externe, le nerf pathétique et le nerf oculomoteur commun (Figure 19.3). Le **nerf oculomoteur externe**, ou nerf abducens (VIe paire), quitte le tronc cérébral au

Figure 20.2

Contribution des six paires de muscles extra-oculaires aux mouvements verticaux et horizontaux des yeux. Les mouvements horizontaux font intervenir les muscles droit interne et droit externe. Les mouvements verticaux mettent en jeu les muscles droit supérieur et droit inférieur ainsi que les muscles petit oblique et grand oblique.

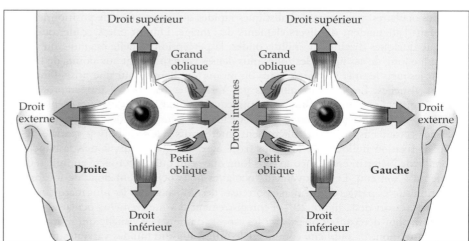

ENCADRÉ 20A *La perception des images rétiniennes stabilisées*

La perception visuelle dépend de façon critique des changements fréquents de ce que l'on regarde. Normalement, le cadrage sous lequel nous voyons le monde est modifié par les saccades oculaires, et même quand nous fixons intensément un objet qui retient notre attention, nos yeux ne cessent pas d'être agités de minuscules saccades qui les font bouger brusquement d'une fraction de degré d'angle visuel. De plus, ils dérivent en permanence pendant la fixation, si bien que l'image se décale progressivement sur une population de récepteurs adjacents, mais différents. Du fait de ces diverses sortes de mouvements oculaires (Figure A), notre ligne de regard change de façon plus ou moins continue.

La stabilisation de l'image rétinienne donne une démonstration éclatante de l'importance qu'ont, pour une vision normale, ces changements permanents de la scène visuelle. Si, à l'aide d'une lentille de contact, on fixe à l'œil un petit miroir réfléchissant une image sur un écran, le sujet voit nécessairement toujours la même chose, quelle que soit la position de son œil. Chaque fois que l'œil bouge, l'image projetée subit exactement le même déplacement (Figure B). Dans ces conditions, la perception de l'image stabilisée s'évanouit en quelques secondes. Un moyen simple de démontrer la disparition rapide d'une image rétinienne stabilisée est de visualiser les vaisseaux sanguins de sa propre rétine. Ces vaisseaux, situés en avant de la couche des cônes et des bâtonnets, projettent une ombre sur les photorécepteurs sous-jacents. Bien que normalement invisible, cette ombre peut être vue en déplaçant une source de lumière d'un côté à l'autre de l'œil, comme l'a signalé pour la première fois J.E. Purkinje voilà plus de 150 ans. On peut faire naître cette perception en appliquant doucement une lampe stylo sur le bord latéral d'une paupière fermée. Quand on agite vivement la lampe, un réseau dense d'ombres de vaisseaux apparaît en noir sur un fond orangé (les vaisseaux paraissent noirs, car c'est leur ombre qui est vue). En déplaçant la lampe, puis en l'arrêtant, on constate aisément que, si on laisse la lumière quelques secondes au même endroit, l'ombre portée des vaisseaux n'est plus perçue.

L'interprétation habituelle de la disparition rapide des images stabilisées fait appel à l'adaptation rétinienne. En fait, ce phénomène est partiellement d'origine centrale. En effet, en stabilisant les images d'un œil, on réduit la perception de ce qui est présenté à l'autre œil, phénomène qualifié de transfert interoculaire. Bien que ces effets remarquables ne soient pas intégralement expliqués, ils mettent l'accent sur le fait que le système visuel est organisé pour traiter la nouveauté.

(B) Schéma illustrant une façon de produire des images rétiniennes stabilisées. Grâce à un petit miroir fixé sur l'œil, la scène projetée sur l'écran tombera toujours sur le même ensemble de points rétiniens, quels que soient les mouvements de l'œil.

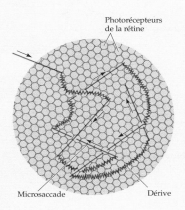

(A) Schéma des types de mouvement qui modifient en permanence la position du stimulus sur la rétine pendant une fixation. Les lignes droites sont des microsaccades et les lignes courbes représentent des dérives. Les mouvements oculaires normaux d'exploration (saccades) sont beaucoup trop grands pour pouvoir être représentés ici. Mais ils contribuent manifestement, ainsi que les mouvements lents de poursuite oculaire, aux changements de cadrage visuel que nous opérons continuellement (bien que la fovéa suive un objet précis, il y a changement de ce qui est vu).
(D'après Pritchard, 1961.)

Références

Barlow, H.B. (1963), Slippage of contact lenses and other artifacts in relation to fading and regeneration of supposedly stable retinal images. *Q. J. Exp. Psychol.*, **15**, 36-51.

Coppola, D. et D. Purves (1966), The extraordinarily rapid disappearance of entoptic images. *Proc. Natl. Acad. Sci.*, **96**, 8001-8003.

Heckenmueller, E.G. (1965), Stabilization of the retinal image : a review of method, effects and theory. *Psychol. Bull.*, **63**, 157-169.

Krauskopf, J. et L.A. Riggs (1959), Interocular transfer in the disappearance of stabilized images. *Amer. J. Psychol.*, **72**, 248-252.

niveau de la jonction bulbo-pontique et innerve le droit externe. Le **nerf pathétique**, ou trochléaire (IVᵉ paire), émerge de la partie caudale du mésencéphale et innerve le grand oblique. Contrairement aux autres nerfs crâniens, le pathétique émerge de la surface dorsale du tronc cérébral et franchit la ligne médiane pour aller innerver le grand oblique du côté opposé. Le **nerf oculomoteur commun** (IIIᵉ paire), dont l'émergence se fait à l'avant du mésencéphale, à proximité du pédoncule cérébral, innerve tous les autres muscles extra-oculaires. Mais, quoiqu'il contrôle plusieurs muscles différents, chacun d'entre eux reçoit son innervation d'un groupe distinct de neurones du noyau moteur du III.

Outre l'innervation des muscles extra-oculaires, ce noyau moteur assure l'innervation des muscles releveurs des paupières supérieures, par un groupe spécifique de neurones dont les axones empruntent aussi le nerf III. Enfin, le nerf III comprend

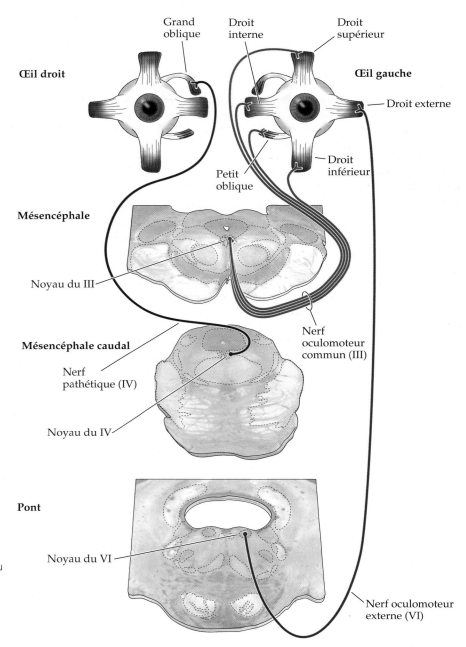

Figure 20.3

Organisation des noyaux des nerfs crâniens commandant les mouvements des yeux, et des muscles extra-oculaires qu'ils innervent. Le noyau du VI (oculomoteur externe) innerve le muscle droit externe ; le noyau du IV (pathétique) innerve le muscle grand oblique ; quant au noyau du III (oculomoteur commun), il innerve tous les autres muscles extra-oculaires, à savoir le droit interne, le droit inférieur, le droit supérieur et le petit oblique.

également des fibres parasympathiques originaires du noyau d'Edinger-Westphal tout proche, qui commandent la constriction de la pupille (voir Chapitre 12). Aussi une lésion de ce nerf s'accompagne-t-elle de trois symptômes caractéristiques : une perturbation des mouvements oculaires, des paupières tombantes (ptôsis) et une dilatation pupillaire.

Les types de mouvements oculaires et leurs fonctions

Il y a cinq types fondamentaux de mouvements oculaires, que l'on peut regrouper en deux catégories : ceux qui servent à *déplacer* l'axe du regard quand on fixe de nouvelles cibles ou quand les cibles que l'on fixe se déplacent et ceux qui servent à *stabiliser* le regard lors de mouvements de la tête ou quand un pan entier du champ visuel se déplace. Les saccades, les mouvements de poursuite continue et les mouvements de vergence déplacent l'axe du regard, tandis que les mouvements vestibulo-oculaires et les mouvements optocinétiques stabilisent le regard. Les fonctions de chacun de ces types de mouvements oculaires sont présentées ci-dessous ; les paragraphes suivants exposent en plus grand détail les circuits nerveux intervenant dans les mouvements qui déplacent la direction du regard (voir les chapitres 14 et 19 pour de plus amples informations sur les circuits nerveux régissant les mouvements de stabilisation du regard).

Les **saccades** sont des mouvements oculaires rapides, balistiques, qui provoquent un changement brusque de la direction du regard. Leur amplitude va des déplacements de petite taille qui surviennent lors de la lecture, jusqu'aux mouvements beaucoup plus grands que l'on fait quand on regarde aux quatre coins d'une pièce. Les saccades peuvent être déclenchées volontairement, mais, si l'on a les yeux ouverts, elles surviennent de façon réflexe, même quand on fixe une cible (voir Encadré 20A). Les mouvements rapides des yeux qui caractérisent une phase particulière du sommeil (voir Chapitre 28) sont, eux aussi, des saccades.

La figure 20.4 illustre le décours d'une saccade. Après le signal de commande du mouvement oculaire (il s'agit, dans cet exemple, d'un déplacement du point de fixation), il se passe environ 200 ms avant le début du mouvement. C'est durant ce délai qu'est calculée la position de la cible par rapport à la fovéa (c'est-à-dire la distance dont l'œil doit bouger). La différence entre la position initiale et la position désirée est convertie en une commande motrice adéquate pour que les muscles extra-oculaires exécutent une trajectoire de taille correcte dans la direction appropriée. Les saccades oculaires sont qualifiées de mouvements balistiques, car en règle générale le système de production de la saccade ne peut pas répondre aux éventuels changements de position de la cible pendant le décours du mouvement oculaire. Si la cible se déplace de nouveau pendant cette période (dont la durée est de l'ordre de 15 à 100 ms), la saccade manquera la cible et il en faudra une seconde pour corriger l'erreur.

Les **mouvements de poursuite continue** sont des mouvements beaucoup plus lents, grâce auxquels les yeux suivent un stimulus mobile capturé par fovéation, pour en maintenir l'image sur la fovéa. Ces mouvements sont sous contrôle volontaire, dans la mesure où l'on peut choisir de suivre ou non un stimulus mobile (Figure 19.5). (Il peut y avoir aussi des saccades volontaires à côté des saccades inconscientes.) Curieusement toutefois, seuls des observateurs très entraînés peuvent faire des mouvements de poursuite continue en l'absence de cible mobile. La plupart des personnes qui essaient de bouger les yeux de façon continue en l'absence de cible mobile n'arrivent qu'à faire une saccade.

Figure 20.4

Métrique d'une saccade oculaire. La ligne rouge indique la position de la cible à fixer et la ligne bleue la position de la fovéa. Quand la cible se déplace brusquement vers la droite, on observe un délai d'environ 200 ms avant que l'œil ne commence à bouger en direction de la nouvelle position de la cible. (D'après Fuchs, 1967.)

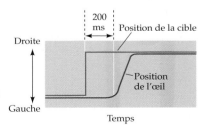

Figure 20.5

Métrique des mouvements oculaires de poursuite continue. Les tracés représentent les mouvements oculaires (lignes bleues) de poursuite d'un stimulus se déplaçant à trois vitesses différentes (lignes rouges). Après une saccade rapide amenant la cible sur la fovéa, le mouvement de l'œil adopte une vitesse qui correspond à celle de la cible. (D'après Fuchs, 1967.)

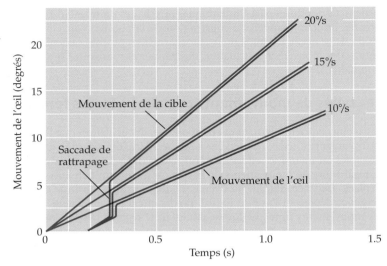

Les **mouvements de vergence** alignent la fovéa de chaque œil avec des cibles situées à différentes distances de l'observateur. Bien que les mouvements de vergence soient nécessaires pour suivre une cible visuelle qui se rapproche ou qui s'éloigne, ils sont plus habituellement utilisés quand on porte brusquement son regard d'un endroit à un autre, d'un objet proche, par exemple, à un autre plus éloigné. Contrairement aux autres types de mouvements oculaires, dans lesquels les yeux se déplacent dans le même sens **(mouvements oculaires conjugués)**, les mouvements de vergence sont des **mouvements disconjugués** (ou **disjonctifs**); ils s'accompagnent, soit de convergence, soit de divergence des lignes de regard de chaque œil, de façon à fixer un objet plus proche ou plus éloigné. La convergence est l'une des trois réponses visuelles réflexes que déclenche l'attention portée à un objet proche. Les autres composantes de cette **triade des réflexes de proximité** sont l'accommodation du cristallin, qui permet la mise au point sur l'objet, et la constriction pupillaire, qui augmente la profondeur de champ et améliore la netteté de l'image rétinienne (voir Chapitre 11).

Les **mouvements vestibulo-oculaires** et les **mouvements optocinétiques** coopèrent pour stabiliser les yeux par rapport au monde extérieur et compensent ainsi les mouvements de la tête. Ces réflexes empêchent le glissement des images visuelles sur la rétine lorsque la tête change de position ou, plus rarement, quand une grande partie du champ visuel se déplace (une rivière qui coule ou un train qui passe, par exemple). Le système vestibulaire détecte des changements transitoires brefs de la position de la tête et produit de rapides mouvements oculaires de correction (voir Chapitre 14). Les informations sensorielles en provenance des canaux semi-circulaires font mouvoir les yeux en sens opposé au mouvement de la tête. Alors qu'il est d'une grande efficacité pour compenser les mouvements rapides de la tête, le système vestibulaire est relativement insensible aux mouvements lents ou à la rotation continue de la tête. Si, par exemple, on teste le réflexe vestibulo-oculaire avec une rotation continue et en l'absence d'indices visuels du mouvement de l'image (les yeux fermés ou dans l'obscurité), les mouvements oculaires compensatoires s'arrêtent après une rotation d'environ 30 secondes. Mais si l'on pratique la même épreuve avec des indices visuels, les mouvements oculaires persistent. Dans ce cas, les mouvements oculaires de compensation relèvent de l'activation du système de poursuite continue, qui ne dépend pas des informations vestibulaires, mais des indices visuels de déplacement du champ visuel. Le système optocinétique est particulièrement sensible aux mouvements lents (moins de 1 Hz) de grandes étendues du champ visuel et sa réponse s'accroît lentement. Ces caractéristiques complètent celles du réflexe vestibulo-oculaire, notamment quand les mouvements de la tête ralentissent et que les signaux vestibulaires s'atténuent (Figure 20.6). Ainsi, en cas de glissement lent de l'image visuelle sur la rétine, le système optocinéti-

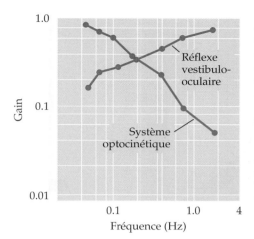

Figure 20.6

Comparaison des caractéristiques fonctionnelles des systèmes vestibulo-oculaire et optocinétiques. Les caractéristiques fonctionnelles des systèmes vestibulo-oculaire et optocinétiques ont été déterminées indépendamment, chez des lapins dont les yeux étaient couverts (pour isoler le réflexe vestibulo-oculaire) ou après récupération d'une labyrinthectomie bilatérale (pour isoler le système optocinétique). Lors de mouvements à basse fréquence (inférieure à 1 Hz, soit moins d'un cycle de stimulation dans un sens puis dans l'autre, par seconde), le gain du réflexe vestibulo-oculaire (c'est-à-dire le rapport entre l'amplitude du mouvement des yeux et l'amplitude du mouvement de la tête) devient inférieur à l'unité tandis que le gain du système optocinétique (rapport entre l'amplitude du mouvement de l'œil et l'amplitude du glissement rétinien) se rapproche de l'unité. Les systèmes vestibulo-oculaire et optocinétique agissent donc de façon complémentaire, en fonction de la fréquence, pour stabiliser le regard dans une large gamme de fréquences de stimulation. (D'après Baarsma et Collewijn, 1974.)

que répond en induisant des mouvements oculaires compensatoires qui restaurent le positionnement de la cible visuelle sur la fovéa.

On peut tester le système de poursuite continue en plaçant le sujet au centre d'un tambour dont l'intérieur est tapissé de bandes verticales et que l'on fait tourner. (Dans la pratique, le sujet est simplement assis devant un écran en travers duquel on fait défiler une série de bandes verticales.) Les yeux suivent automatiquement les bandes, jusqu'à ce qu'ils atteignent leur déviation maximale. Ils exécutent alors une rapide saccade en sens opposé et reprennent un mouvement lent de poursuite des bandes. Cette alternance de mouvements lents et rapides des yeux en réponse à des stimulus de ce type est un **nystagmus optocinétique**. Le nystagmus optocinétique est une réponse réflexe normale des yeux à des mouvements à grande échelle de la scène visuelle ; il ne faut pas le confondre avec les nystagmus pathologiques qui peuvent résulter de certains types de lésions cérébrales (telles que des atteintes du système vestibulaire ou du cervelet ; voir Chapitre 19).

Le contrôle nerveux des saccades oculaires

L'exécution de mouvements oculaires pour fixer une nouvelle cible dans l'espace (ou, à vrai dire, tout autre mouvement) comporte deux problèmes distincts : le contrôle de l'*amplitude* du mouvement et le contrôle de sa *direction*. L'amplitude d'une saccade oculaire est codée par la durée de la décharge des neurones des noyaux oculomoteurs. Comme le montre la figure 20.7 par exemple, les neurones du noyau du VI émettent une salve de potentiels d'action avant d'amener l'œil en abduction (par contraction du muscle droit externe), puis demeurent silencieux quand l'œil est en abduction. L'amplitude du mouvement est proportionnelle à la durée de la salve. Après chaque saccade, la fréquence de décharge des neurones du VI atteint un niveau de base différent, corrélé avec la position de l'œil dans l'orbite. La persistance de la décharge à cette fréquence de base maintient l'œil dans sa nouvelle position.

La direction du mouvement est déterminée par les muscles mis en jeu. Bien qu'en principe toute direction puisse être spécifiée par un ajustement indépendant de l'activité des muscles oculaires individuels, ce serait là une tâche écrasante. Au lieu de cela, la direction des mouvements oculaires est contrôlée par l'activation des neurones de circuits locaux de deux **centres du regard** situés dans la formation réticulaire (voir Encadré 17A) et dont chacun produit des mouvements selon un axe particulier. La **formation réticulaire pontique paramédiane (FRPP)** ou **centre de contrôle horizontal du regard** est un amas de neurones situés près de la ligne médiane du pont et responsables des mouvements oculaires horizontaux. Quant au **noyau interstitiel rostral** ou **centre de contrôle vertical du regard**, il siège dans la partie rostrale de la

Figure 20.7

Activité d'un motoneurone lors d'une saccade oculaire. Le dispositif expérimental est indiqué à droite. Dans cet exemple, un motoneurone du VI émet une bouffée d'activité (tracé du haut) qui précède le mouvement et dure autant que lui (ligne continue). Une augmentation du niveau tonique de décharge s'accompagne d'un déplacement latéral plus marqué de l'œil. Noter également la diminution de la fréquence de décharge lors d'une saccade en sens opposé. (D'après Fuchs et Luschei, 1970.)

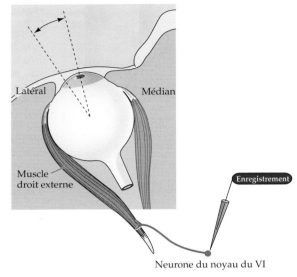

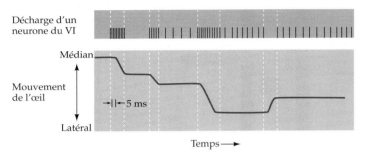

formation réticulaire mésencéphalique et est responsable des mouvements verticaux. L'activation séparée des centres du regard provoque des mouvements oculaires selon un seul axe, horizontal ou vertical. Leur activation conjointe produit des mouvements obliques dont les trajectoires dépendent de leur contribution relative.

La figure 20.8 donne un exemple de la façon dont la FRPP coopère avec les noyaux du VI et du III pour déclencher une saccade vers la droite. Les neurones de la FRPP s'articulent avec les neurones du noyau du VI du même côté. Le noyau du VI comprend deux types de neurones. Les premiers sont des motoneurones innervant le muscle droit externe du même côté. Les autres sont des neurones dits internucléaires, dont les axones, après avoir croisé la ligne médiane, empruntent le **faisceau longitudinal médian** (FLM) et vont se terminer dans la portion du noyau du III où se trouvent les motoneurones du muscle droit interne. Du fait de cette organisation, l'activation des neurones de la FRPP du côté droit du tronc cérébral provoque des mouvements horizontaux des deux yeux vers la droite ; la réciproque s'applique aux neurones de la FRPP du côté gauche.

Les neurones de la FRPP envoient également vers la formation réticulaire bulbaire des fibres qui s'articulent avec des interneurones inhibiteurs. Ces derniers, à leur tour, projettent sur le noyau du VI controlatéral, où ils se terminent sur des motoneurones et des neurones internucléaires. Par conséquent, l'activation des neurones de la FRPP du côté droit entraîne une réduction de l'activité des motoneurones du noyau du VI innervant des muscles qui s'opposent aux mouvements des yeux vers la droite (voir Figure 20.7). Cette inhibition des antagonistes est à rapprocher du mode de contrôle de la musculature antagoniste des membres par les neurones de circuits locaux de la moelle (voir Chapitre 16).

Bien que les saccades puissent survenir dans l'obscurité la plus totale, elles sont souvent déclenchées quand quelque chose attire l'attention et que l'observateur dirige ses fovéas vers le stimulus. Comment les informations sensorielles relatives à la position spatiale de la cible sont-elles transformées en un pattern adéquat d'activité des centres de contrôle horizontal et vertical du regard ? Deux structures projetant sur ces centres du regard se sont révélées d'une importance particulière pour le déclenchement et le ciblage précis des saccades oculaires : le **colliculus supérieur** au niveau mésencéphalique (appelé **tectum optique** chez les vertébrés non mammifères), ainsi que plusieurs aires des cortex frontal et pariétal ; la région du lobe frontal située dans le cortex prémoteur rostral et appelée **champ oculomoteur frontal (aire 8 de Brodmann)** a fait l'objet de recherches particulièrement détaillées. Le colliculus supérieur et le champ

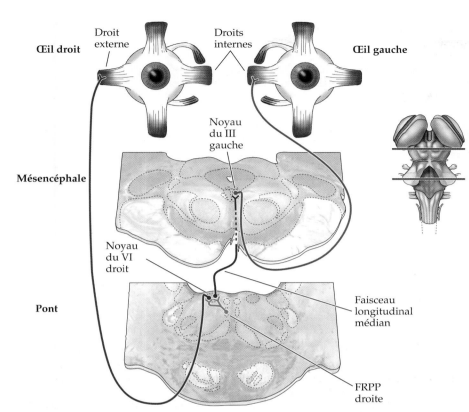

Figure 20.8

Schéma simplifié des circuits synaptiques responsables des mouvements horizontaux des yeux vers la droite. L'activation des interneurones du centre de contrôle horizontal du regard (formation réticulaire pontique paramédiane de droite, FRPP; en orange) entraîne une augmentation de l'activité des motoneurones (en rouge et en vert) et des neurones internucléaires du noyau du VI de droite (en bleu). Les motoneurones innervent le muscle droit externe de l'œil droit. Les neurones internucléaires s'articulent, par l'intermédiaire du faisceau longitudinal médian, avec les motoneurones du noyau du III controlatéral innervant le muscle droit interne de l'œil gauche.

oculomoteur frontal comportent chacun une représentation topographique des vecteurs de mouvements oculaires et ont des neurones moteurs qui déchargent juste avant les saccades. Dans ces conditions, l'activation d'une région donnée du colliculus supérieur ou du champ oculomoteur frontal induit des saccades oculaires d'une dimension déterminée et dans une direction donnée, indépendamment de la position initiale des yeux dans l'orbite. Pour un site de stimulation donné, la direction et l'amplitude de la saccade sont toujours les mêmes, et elles changent systématiquement en fonction du site activé.

Le colliculus supérieur et le champ oculomoteur frontal comportent également des neurones répondant aux stimulus visuels; on connaît toutefois mieux les relations entre les réponses sensorielles et motrices dans le cas du colliculus supérieur. Dans cette dernière structure, les terminaisons des fibres d'origine rétinienne auxquelles se joignent les projections corticales issues des aires visuelles formant la filière dorsale, spécialisée pour la vision spatiale (voir Figure 12.19), constituent une carte ordonnée de l'espace visuel. Cette carte sensorielle est en concordance avec la carte motrice qui produit les mouvements oculaires. Les neurones d'une région précise du colliculus supérieur se trouvent ainsi activés par la présentation d'un stimulus visuel dans une zone restreinte de l'espace visuel; cette activation va provoquer une saccade déplaçant l'œil de la distance précise nécessaire pour positionner la fovéa dans l'axe de la zone visuelle d'où émane la stimulation (Figure 20.9).

Les neurones du colliculus supérieur répondent aussi à des stimulus auditifs ou somatiques et les positions spatiales des signaux de ces autres modalités font également l'objet de représentations qui sont en correspondance avec la carte motrice colliculaire. Des cartes colliculaires présentant une organisation topographique de l'espace auditif et de la surface du corps peuvent donc orienter les yeux (et la tête, par l'intermédiaire du faisceau tectospinal et du faisceau tectoréticulospinal; voir Cha-

(A) **Colliculus supérieur**

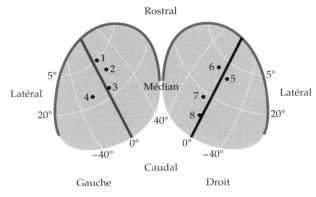

(B) **Espace visuel**

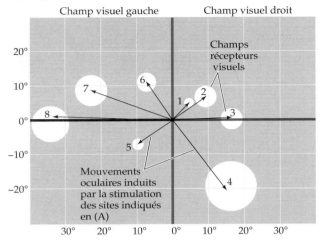

Figure 20.9

Preuves de la concordance des cartes sensorielles et motrices, obtenues par stimulation et enregistrement du colliculus supérieur. (A) Vue de la surface des colliculus supérieurs montrant les emplacements de huit sites distincts où a été descendue une microélectrode servant à la fois à enregistrer et à stimuler. (B) Carte de l'espace visuel montrant l'emplacement des champs récepteurs des sites indiqués en (A) (cercles blancs) ainsi que l'amplitude et la direction des mouvements oculaires déclenchés par la stimulation électrique de ces sites (flèches). Dans chaque cas, la stimulation entraîne des mouvements oculaires qui ont pour effet d'amener sur la fovéa, la région de l'espace visuel correspondant au champ récepteur du site considéré. (D'après Schiller et Stryker, 1972.)

Figure 20.10

Les saccades sont codées en coordonnées motrices et non pas en coordonnées rétinotopiques. (A) Carte de l'espace visuel illustrant le plan d'expérience. Des singes ont été entraînés à fixer un point central (F, sur cercle noir) puis à faire une saccade vers l'emplacement mémorisé d'une cible indiquée par un bref signal lumineux et située 10° au-dessus du point de fixation initial (C sur cercle noir). Après le signal indicateur, mais avant que la saccade ait lieu, on stimule électriquement le colliculus supérieur en un site qui déclenche une saccade dirigée vers le bas et à gauche du champ visuel (F sur cercle rouge). Si la saccade provoquée par le signal lumineux était codée en coordonnées rétinotopiques, le singe devrait effectuer un mouvement oculaire de 10° au-dessus de l'emplacement indiqué par le F sur le cercle rouge jusqu'à un emplacement indiqué par le C entouré d'un cercle en pointillés. Si, par contre, elle est codée en coordonnées de mouvement, on s'attend à une saccade compensatrice vers la position de la cible initialement indiquée (C sur cercle noir). Conformément à l'hypothèse d'un codage en coordonnées de mouvement, les singes ont effectué des saccades compensatrices vers le haut à droite, en direction de la cible indiquée. Les points représentent les mouvements oculaires échantillonnés à 500 Hz. Les axes de couleur sont les mêmes que dans la figure 20.9. (D'après Sparks et Mays, 1983.)

pitre 17) vers une multitude de stimulus sensoriels différents. L'accord entre l'organisation des cartes sensorielles et motrices illustre une fonction importante des représentations topographiques que présentent d'autres composantes du système moteur, à savoir de procurer un mécanisme efficace de transformation des signaux sensoriels en paramètres de mouvement, appropriés aux effecteurs impliqués (dans le cas présent les muscles extra-oculaires et les muscles du cou et de la partie postérieure de la tête) (Encadré 20B).

Pourtant, la carte motrice des couches profondes du colliculus supérieur n'est pas simplement construite sur la seule base de la distribution spatiale des afférences sensorielles. Ces signaux doivent en effet être également codés en coordonnées motrices pour que les signaux sensoriels et les messages cognitifs (voir ci-dessous) puissent acti-

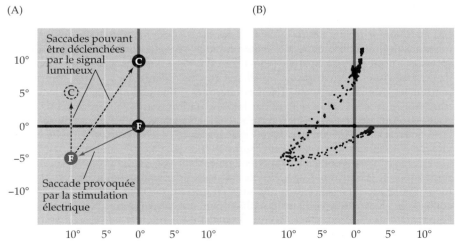

ver des réponses motrices qui positionnent les yeux là où il faut dans les orbites. C'est la raison pour laquelle les circuits du colliculus supérieur définissent les objectifs du mouvement et non des mouvements vers des emplacements déterminés de l'espace environnant ou de la surface du corps.

Le cadre dans lequel s'organise cette carte motrice a été mis en évidence dans une ingénieuse série d'expériences réalisées par David Sparks et ses collègues de l'Université de l'Alabama. Ces chercheurs ont montré que des signaux exprimant l'erreur rétinienne en coordonnées rétinotopiques (c'est-à-dire la distance et la direction, par rapport à la fovéa, de la projection de la cible sur la rétine), sont souvent insuffisants pour localiser la cible des saccades. Dans une expérience conduite sur des singes préalablement entraînés, les expérimentateurs déclenchent une saccade volontaire vers l'endroit où apparaît un bref signal lumineux, mais, avant que la saccade ait lieu, ils stimulent un point des couches profondes du colliculus supérieur induisant une saccade qui éloigne le regard du point de fixation initial. Les mouvements oculaires sont enregistrés pour déterminer si le changement de position des yeux induit par la stimulation a un effet sur la direction et l'amplitude de la saccade volontaire vers le point où est apparu le signal le signal lumineux (figure 20.10). Si les vecteurs de saccade ne sont déterminés que par les coordonnées rétinotopiques de la cible, on doit s'attendre à ce que l'animal fasse une saccade d'amplitude adaptée dans la direction de la cible lumineuse ; toutefois, étant donné le décalage de la position de départ, la saccade manquerait systématiquement son but d'un écart égal à la déviation induite par la stimulation (écart indiqué par la flèche rouge dans la figure 20.10A). Or les résultats montrent systématiquement que tel n'est pas le cas. Les animaux compensent le décalage induit par la stimulation en faisant une saccade compensatrice (indiquée par les pointillés noirs vers le point C, emplacement réel de la cible, sur la figure 20.10A). Cette action compensatrice est fondée sur des informations gardées en mémoire concernant la position de l'image rétinienne et sur des informations présentes concernant la position des yeux dans l'orbite. Les neurones moteurs qui déclenchent la saccade compensatrice sont situés à l'emplacement attendu de la carte motrice des vecteurs de saccade, mais leur activation dépend de ces informations en plus de celles qui portent sur la position rétinotopique de la cible. Au total, les singes font des saccades qui amènent leurs fovéas en face de l'emplacement du signal présenté (Figure 20.10B).

Cette étude et d'autres qui suivirent ont montré que les signaux de diverses modalités sensorielles sont intégrés et transformés en un référentiel moteur commun codant la direction et l'amplitude des mouvements oculaires nécessaires à la fovéation sur une cible donnée. Ce « code de lieu » de la position que l'œil doit atteindre, réalisé par les neurones moteurs du colliculus supérieur, est ensuite traduit en un « code de fréquence » par les centres du regard de la formation réticulaire, qui peuvent alors régler l'activité des motoneurones des noyaux moteurs de l'œil (Encadré 20C).

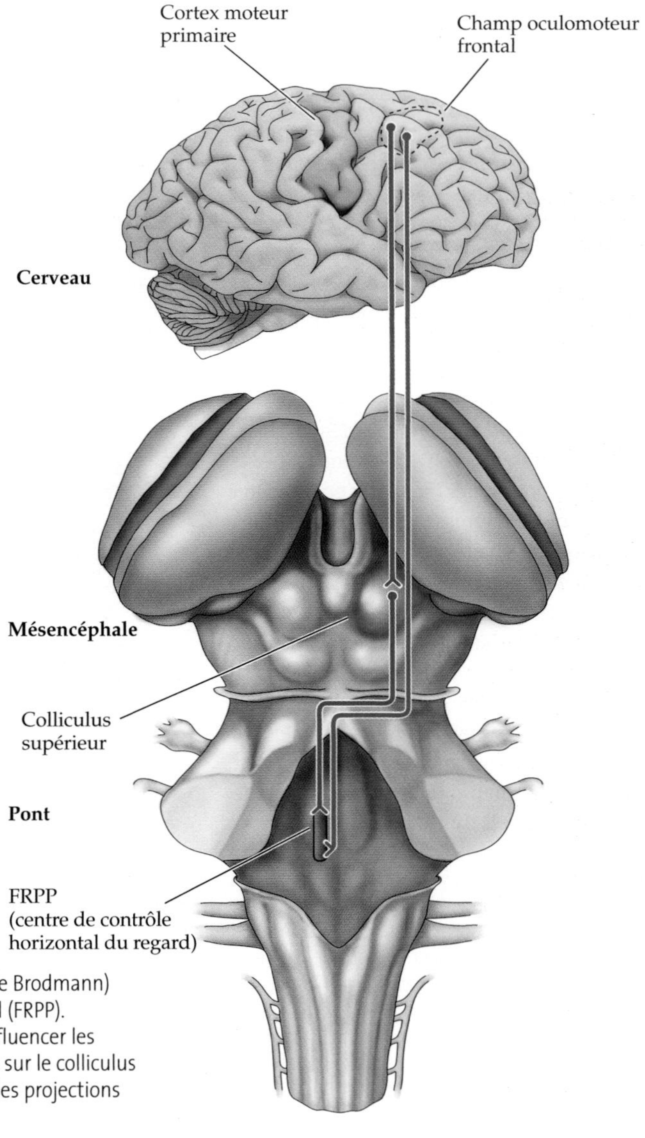

Figure 20.11

Projections du champ oculomoteur frontal de l'hémisphère droit (aire 8 de Brodmann) sur le colliculus supérieur et sur le centre de contrôle horizontal du regard (FRPP). Il existe deux routes par lesquelles le champ oculomoteur frontal peut influencer les mouvements oculaires chez l'homme : l'une, indirecte, par des projections sur le colliculus supérieur qui, de son côté, projette sur la FRPP controlatérale, l'autre par des projections directes sur la FRPP controlatérale.

ENCADRÉ 20B   *L'intégration sensorimotrice dans le colliculus supérieur*

Le colliculus supérieur est une structure dont les couches présentent des différences susceptibles de fournir quelques indications sur la façon dont les cartes sensorielles et motrices interagissent pour produire les mouvements appropriés. Comme il a été dit dans le texte, la couche superficielle du colliculus est une couche « visuelle », dont les afférences qu'elle reçoit des cellules ganglionnaires de la rétine forment une carte organisée topographiquement. Chaque site de la couche superficielle se trouve donc activé de façon maximale par la présence d'un stimulus en un point donné de l'espace visuel. De leur côté, les neurones des couches « motrices » profondes émettent des salves de potentiels d'action, qui commandent les saccades et forment une véritable carte motrice ; selon le site activé, les saccades se caractérisent par des vecteurs distincts. Les cartes visuelles et motrices se correspondent précisément : les neurones qui répondent à un stimulus visuel en un point donné de l'espace sont situés exactement au-dessus des neurones moteurs commandant les mouvements oculaires vers le même endroit (voir Figure 19.8)

La *correspondance* entre cartes visuelles et motrices laisse envisager une stratégie simple pour guider les yeux en direction d'un objet intéressant du champ visuel. Lorsqu'un objet apparaît à un endroit donné du champ visuel, il va activer des neurones dans la partie correspondante de la carte visuelle. En conséquence, les neurones situés juste en dessous émettront des salves de potentiels d'action déclenchant une saccade qui appliquera à chaque œil le déplacement exactement nécessaire pour diriger les fovéas vers le même endroit du champ visuel. Ce com-

portement est appelé « capture visuelle », car une intégration sensorimotrice réussie aboutit à une fovéation précise sur la cible visuelle.

Ce modèle apparemment simple, formulé au début des années 1970 lors de la découverte des cartes colliculaires, suppose des connexions point par point entre cartes visuelles et cartes motrices. Pourtant, dans la pratique, la mise en évidence de ces connexions s'est révélée difficile. Les méthodes anatomiques ou physiologiques alors disponibles n'avaient pas la précision suffisante pour démontrer l'existence des connexions synaptiques postulées. Vers cette même époque, on s'aperçut que les neurones moteurs commandaient aussi des saccades vers des stimulus non visuels, et l'on savait par ailleurs qu'il existe des saccades spontanées dans l'obscurité. Il était donc clair que les saccades n'exigeaient pas toujours une activation de la couche visuelle. Pour compliquer un peu plus les choses, on peut dresser des animaux à *ne pas* effectuer de saccade

lorsqu'un objet apparaît dans le champ visuel, ce qui montre que, parfois, l'activation des neurones visuels ne suffit pas pour déclencher des saccades. Que l'activité des neurones de la carte visuelle ne soit *ni nécessaire ni suffisante* pour déclencher les saccades a conduit les chercheurs à abandonner le modèle simple des connexions directes entre régions correspondantes des deux cartes, pour adopter des modèles qui relient les deux couches par des voies indirectes faisant un détour par le cortex.

La mise au point de techniques plus sophistiquées a fini toutefois par lever ces incertitudes. Le marquage cellulaire par des traceurs axoniques révéla un recouvrement entre les axones descendant des couches visuelles et les dendrites montant de la couche motrice, conformément à l'hypothèse des connexions anatomiques directes entre les régions correspondantes des deux cartes. À la même époque, des enregistrements *in vitro* par la technique du patch-clamp en configu-

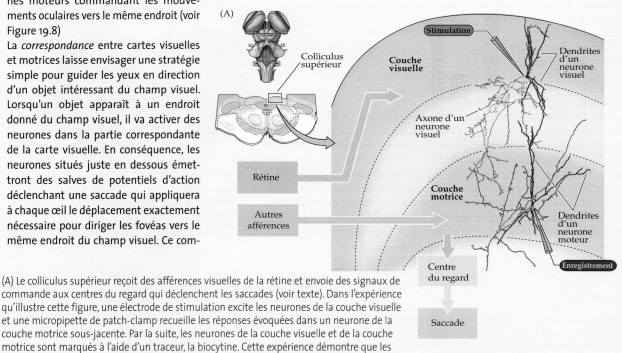

(A) Le colliculus supérieur reçoit des afférences visuelles de la rétine et envoie des signaux de commande aux centres du regard qui déclenchent les saccades (voir texte). Dans l'expérience qu'illustre cette figure, une électrode de stimulation excite les neurones de la couche visuelle et une micropipette de patch-clamp recueille les réponses évoquées dans un neurone de la couche motrice sous-jacente. Par la suite, les neurones de la couche visuelle et de la couche motrice sont marqués à l'aide d'un traceur, la biocytine. Cette expérience démontre que les terminaisons du neurone visuel se situent dans la même région que les dendrites du neurone moteur.

ration cellule entière (voir l'encadré 4A) ont permis des analyses fonctionnelles plus fines, distinguant la nature excitatrice ou inhibitrice des afférences que reçoit un neurone moteur. Ces expériences ont montré que les couches visuelle et motrice ont effectivement les connexions fonctionnelles nécessaires pour élaborer les commandes de saccades oculaires guidées par la vision. Une unique stimulation électrique appliquée brièvement à la couche superficielle provoque une salve prolongée de potentiels d'action ressemblant aux salves de commande qui surviennent d'ordinaire juste avant une saccade (Figures B, C).

Ces connexions directes sont vraisemblablement la base des « saccades express » à très courte latence et de nature quasi-réflexe qui ne sont pas altérées par la destruction des champs oculomoteurs frontaux. D'autres afférences visuelles et non visuelles destinées aux couches profondes expliquent probablement pourquoi une activation rétinienne n'est ni nécessaire ni suffisante pour déclencher des saccades.

Références

Lee, P.H., M.C. Helms, G.J. Augustine et W.C. Hall (1997), Role of intrinsic synaptic circuitry in collicular sensorimotor integration. *Proc. Natl. Acad. Sci. USA*, **94**, 13299-13304.

Ozen, G., G.J. Augustine et W.C. Hall (2000), Contribution of superficial layer neurons to premotor bursts in the superior colliculus. *J. Neurophysiol.*, **84**, 460-471.

Schiller, P.H. et M. Stryker (1972), Single-unit recording and stimulation in superior colliculus of the alert rhesus monkey. *J. Neurophysiol.*, **35**, 915-924.

Sparks, D.L. et J.S. Nelson (1987), Sensory and motor maps in the mammalian superior colliculus. *Trends Neurosci.*, **10**, 312-317.

Wurtz, R.H. et J.E. Albano (1980), Visual-motor function of the primate superior colliculus. *Annu. Rev. Neurosci.*, **3**, 189-226.

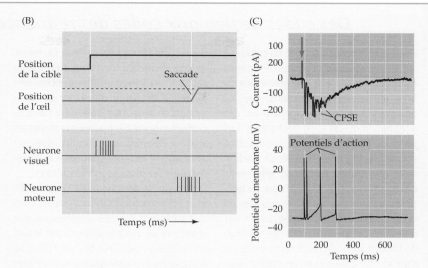

(B) L'apparition de la cible dans le champ visuel (tracé du haut) est suivie, après un court laps de temps, par une saccade qui centre la fovéa sur elle (tracé du bas). Dans le colliculus supérieur, les neurones visuels répondent avec une faible latence à l'apparition de la cible, alors que les neurones moteurs répondent plus tard, juste avant le début de la saccade. (C) En haut : salves de courants postsynaptiques excitateurs (CPSE) enregistrées dans un neurone de la couche motrice, en réponse à la stimulation de la couche visuelle par un bref (0,5 ms) courant délivré à l'aide d'une fine électrode d'acier au temps indiqué par la flèche rouge. En bas : les courants synaptiques provoquent dans ce même neurone des salves de potentiels d'action. (B d'après Wurtz et Albano, 1980 ; C d'après Ozen et al., 2000.)

Les régions oculomotrices du cortex cérébral participent elles aussi, avec le colliculus supérieur, au contrôle des saccades. Le champ oculomoteur frontal d'un côté projette sur le colliculus supérieur ipsilatéral et celui-ci projette sur la FRPP du côté opposé (Figure 20.11). (Il projette également sur le centre de contrôle vertical du regard, mais, pour des raisons de simplicité, seule la FRPP sera considérée). Le champ oculomoteur frontal peut donc contrôler les mouvements des yeux en activant des populations spécifiques de neurones colliculaires. Cette aire corticale projette aussi directement sur la FRPP controlatérale ; de ce fait, le champ oculomoteur frontal peut aussi contrôler les mouvements oculaires indépendamment du colliculus supérieur. Cette dualité d'afférences parallèles que reçoit la FRPP en provenance du champ oculomoteur frontal et du colliculus supérieur se reflète dans les déficits qu'entraînent des lésions de ces structures. L'atteinte d'un champ oculomoteur frontal s'accompagne d'une incapacité de faire des saccades en direction controlatérale et d'une déviation des yeux du côté de la lésion. Ces effets sont toutefois transitoires ; des singes porteurs de lésions expérimentales de cette zone corticale récupèrent de façon quasi complète en deux à quatre semaines. Les lésions du colliculus supérieur modifient la latence, la précision, la fréquence et la vitesse des saccades ; cependant, les saccades persistent et ces déficits s'améliorent eux aussi avec le temps. Ces données laissent penser que les champs oculomoteurs frontaux et les colliculus supérieurs sont des

ENCADRÉ 20C *Des codes de lieu aux codes de fréquence*

Comment le profil d'activité du colliculus supérieur est-il traduit en une commande motrice pouvant être transmise aux fibres musculaires? Rappelons que les neurones du colliculus supérieur ont des « champs moteurs »: ils déchargent lors de saccades oculaires ayant une direction et une amplitude particulières. La notion de champ moteur est comparable à celle de champ récepteur utilisée pour les neurones de diverses aires sensorielles du cerveau. Dans la population totale des neurones colliculaires, tous les vecteurs de saccade possibles sont représentés (figure A). Étant donné que les champs moteurs ont une organisation topographique, le colliculus supérieur forme une carte motrice des vecteurs de saccade (ou des objectifs du mouvement; voir le texte).

La direction et l'amplitude des mouvements des yeux sont codées de façon très différente par les muscles extra-oculaires (Figure B). La direction est contrôlée par le rapport de l'activation des différents muscles, et l'amplitude par l'intensité de l'activation de ces muscles (Figure B). En d'autres termes, pour faire une saccade longue, le muscle qui tire sur l'œil doit tirer plus fort et plus longtemps que pour une saccade courte. L'amplitude est donc une fonction monotone de l'activation du muscle.

Le profil d'activité doit être transformé d'un code dans lequel les neurones colliculaires s'activent préférentiellement pour des saccades d'une amplitude donnée en un code dans lequel tous les motoneurones α ou la plupart d'entre eux s'activent indépendamment de l'amplitude de la saccade, mais avec un niveau et/ou une durée de décharge qui varie de façon monotone avec l'amplitude de la saccade. Cette transformation a lieu avant que les signaux émanant du colliculus supérieur aient atteint les motoneurones α qui commandent les muscles extra-oculaires.

On a proposé divers modèles pour expliquer cette transformation. L'idée de base que partagent tous les modèles est que le vecteur de saccade, indiqué par le site du colliculus supérieur qui est activé, se décompose en deux signaux d'amplitude à variation monotone, correspondant à peu près aux composantes verticale et horizontale du vecteur de saccade. Le poids respectif des projections colliculaires vers les centres de contrôle horizontal et vertical du regard serait ajusté en conséquence. Soit, par exemple, un site du colliculus supérieur dont les champs moteurs codent un mouvement de 5° vers la droite: il n'enverra que de faibles projections vers le centre de contrôle horizontal du regard organisant les mouvements vers la droite. Un site codant des saccades de 10° vers la droite enverrait des projections plus abondantes vers ce même centre. Un site codant une saccade oblique ayant une composante horizontale de 10°

et une composante verticale de 5° enverrait vers les centres de contrôle horizontal et vertical des projections pondérées proportionnellement à la contribution requise pour chaque direction. (Figure C).

Ce modèle est certes trop simple pour rendre compte de toutes les données expérimentales. Il a néanmoins le mérite de donner une idée de la façon dont le cerveau pourrait convertir des informations d'un format en un autre. Ce type de transformation est vraisemblablement exigé par l'intégration sensorimotrice lors de comportements dans lesquels les mouvements sont guidés par des indices sensoriels.

Références

Fuchs, A.F. et E.S. Luschei (1970), Firing pattern of abducens neurones of alert monkeys in relationship to horizontal eye movement. *J. Neurophysiol.*, **33**, 392-392.

Grohl, J.M. (2001), Converting neural signals from place codes to rate codes. *Biol. Cybern.*, **85**, 159-165.

Sparks, D.L. (1975), Response properties of eye movement-related neurons in the monkey superior colliculus. *Brain Res.*, **90**, 147-152.

(A) Préférence directionnelle de trois neurones des couches profondes du colliculus supérieur des singes macaques. Chaque neurone a une préférence assez large, mais donne la réponse la plus intense pour une saccade oculaire de direction (et d'amplitude) particulière. (B) Relation entre la fréquence de décharge et la position stabilisée de l'œil pour deux neurones du noyau du VI d'un macaque.

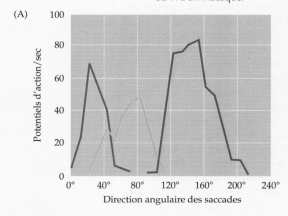

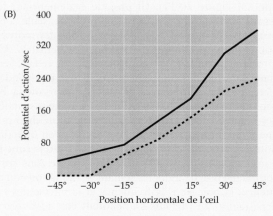

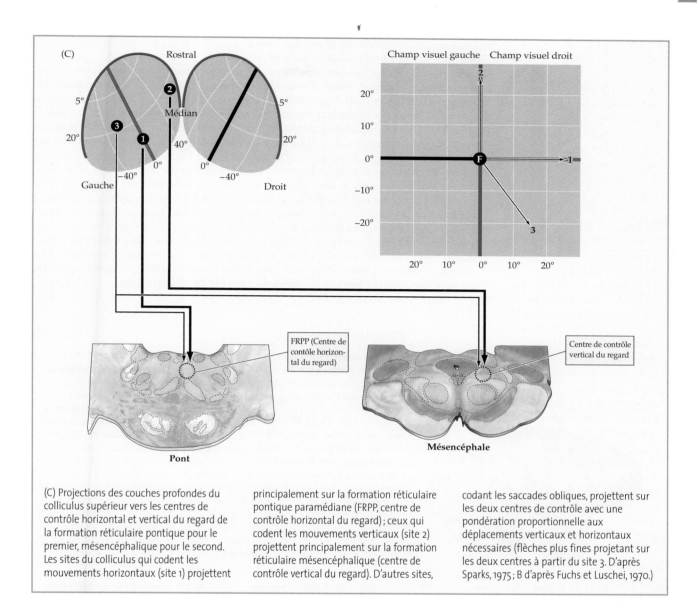

(C) Projections des couches profondes du colliculus supérieur vers les centres de contrôle horizontal et vertical du regard de la formation réticulaire pontique pour le premier, mésencéphalique pour le second. Les sites du colliculus qui codent les mouvements horizontaux (site 1) projettent principalement sur la formation réticulaire pontique paramédiane (FRPP, centre de contrôle horizontal du regard) ; ceux qui codent les mouvements verticaux (site 2) projettent principalement sur la formation réticulaire mésencéphalique (centre de contrôle vertical du regard). D'autres sites, codant les saccades obliques, projettent sur les deux centres de contrôle avec une pondération proportionnelle aux déplacements verticaux et horizontaux nécessaires (flèches plus fines projetant sur les deux centres à partir du site 3. D'après Sparks, 1975 ; B d'après Fuchs et Luschei, 1970.)

voies complémentaires de contrôle des saccades. Chaque structure semble pouvoir compenser (au moins en partie) la perte de l'autre. À l'appui de cette interprétation, on remarquera que des lésions combinées des champs oculomoteurs frontaux et des colliculus supérieurs entraînent une disparition spectaculaire et permanente de la capacité d'exécuter des saccades oculaires.

Ces observations n'impliquent cependant pas que les champs oculomoteurs frontaux et les colliculus supérieurs aient les mêmes fonctions. Les lésions des colliculus supérieurs s'accompagnent d'un déficit permanent des mouvements oculaires de type réflexe, à très courte latence, et que l'on appelle « saccades express ». Les saccades express font clairement intervenir des voies directes allant de la rétine ou du cortex visuel jusqu'aux colliculus supérieurs et pouvant accéder aux neurones moteurs des colliculus sans qu'il y ait besoin des traitements plus complets, mais plus longs, du cortex frontal (voir Encadré 20B). Par contre, les lésions des champs oculomoteurs frontaux entraînent des déficits permanents de la capacité de faire des saccades qui ne soient pas guidées par une cible extérieure. Des patients, par exemple (ou des singes) porteurs d'une lésion des champs oculomoteurs frontaux ne peuvent pas diriger volontairement leurs yeux *en direction opposée* à un stimulus visuel, type de mouvement dénommé

« antisaccade ». Ces lésions éliminent aussi la capacité d'exécuter une saccade vers la position mémorisée d'une cible qui n'est plus visible.

Enfin, les champs oculomoteurs frontaux sont indispensables pour explorer systématiquement le champ visuel afin de localiser un objet particulier dans un ensemble d'objets distracteurs (voir Figure 20.1). La figure 20.12 montre l'activité d'un neurone d'un champ oculomoteur frontal au cours d'une tâche visuelle dans laquelle le singe utilisé pour l'expérience devait aligner sa fovéa avec une cible située dans un ensemble de distracteurs. Pour le même stimulus, le neurone présente des niveaux différents de décharge, selon que le stimulus est la cible de la saccade ou qu'il est seulement un distracteur, et selon la position du distracteur par rapport à la cible effective. La différence entre le tracé du milieu et les tracés de droite et de gauche de la figure 20.12 montre que la réponse au distracteur est fortement réduite s'il est situé à proximité de la cible. Ce genre de résultat suggère que, dans les champs oculomoteurs frontaux, des interactions latérales augmentent les réponses aux stimulus qui vont être choisis comme cible d'une saccade et que ces mêmes interactions suppriment les réponses aux stimulus dépourvus d'intérêt et susceptibles de détourner l'attention. Des interactions de cette sorte diminuent sans doute la probabilité que surviennent des saccades non désirées vers des stimulus distracteurs du champ visuel.

Figure 20.12

Réponses de neurones des champs oculomoteurs frontaux. (A) Emplacement des champs oculomoteurs frontaux sur une vue latérale d'un cerveau de singe rhésus. (B) Activité d'un neurone d'un champ oculomoteur frontal durant la recherche visuelle d'une cible. Les traits verticaux représentent des potentiels d'action, chaque rangée de traits correspondant à un essai différent. Dans chaque rangée, le passage du vert au violet de la couleur du fond indique le début d'une saccade vers la cible. Les graphiques du bas de la figure montrent la fréquence moyenne des potentiels d'action en fonction du temps. Dans la colonne de gauche (1), la cible (carré rouge) est dans la partie du champ visuel que « voit » le neurone ; la réponse du neurone est comparable à celle qu'il donne quand la cible n'est pas présentée parmi des distracteurs (carrés verts), situation qui n'est pas représentée. Dans la colonne de droite (3), la cible est relativement éloignée du champ de réponse du neurone et ce dernier répond au distracteur qui y est situé. Sa réponse est toutefois d'une fréquence moins élevée que celle qu'il donne à un carré identique qui ne constitue pas un distracteur, mais la cible d'une saccade (colonne de gauche). Dans la colonne du milieu (2), la réponse du neurone au distracteur est fortement réduite par la présence de la cible dans une région voisine du champ visuel. (D'après Schall, 1995.)

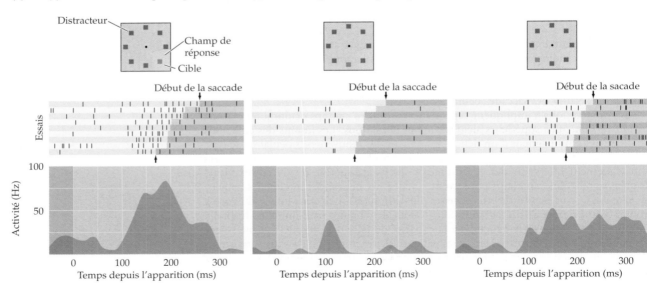

(A) Champ oculomoteur frontal — Enregistrement

(B)
(1) **Cible dans le champ de réponse**
(2) **Cible contiguë au champ de réponse**
(3) **Cible éloignée du champ de réponse**

Distracteur — Champ de réponse — Cible

Début de la saccade — Début de la saccade — Début de la sacade

Essais

Activité (Hz)

100

50

0   100   200   300
Temps depuis l'apparition (ms)

0   100   200   300
Temps depuis l'apparition (ms)

0   100   200   300
Temps depuis l'apparition (ms)

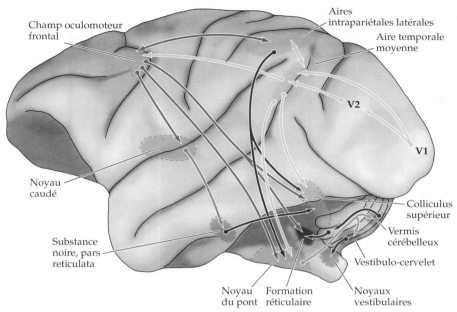

Champ oculomoteur frontal

Aires intrapariétales latérales

Aire temporale moyenne

V2

V1

Noyau caudé

Colliculus supérieur

Vermis cérébelleux

Substance noire, pars reticulata

Vestibulo-cervelet

Noyau du pont   Formation réticulaire   Noyaux vestibulaires

Figure 20.13

Structures cérébrales sensorielles et motrices gouvernant les mouvements oculaires saccadiques et de poursuite chez le singe. On a longtemps pensé que ces deux types de mouvements oculaires étaient contrôlés par des circuits distincts du cerveau antérieur et du tronc cérébral ; on admet aujourd'hui qu'ils sont tous deux régis par des réseaux similaires de structures corticales et sous-corticales. Les caractéristiques spatiales des signaux visuels sont traitées par la filière visuelle dorsale comprenant l'aire temporale moyenne et les aires intrapariétales latérales. Les signaux sensoriels et attentionnels interviennent alors pour guider les aires de planification motrice des champs oculomoteurs frontaux. Ces aires corticales interagissent avec des structures sous-corticales, dont les ganglions de la base (noyau caudé et substance noire, pars reticulata) et les structures ponto-cérébelleuses (noyaux du pont, vermis cérébelleux et vestibulo-cervelet) qui modulent le déclenchement et la coordination des mouvements oculaires par le colliculus supérieur et les centres oculomoteurs en aval de la formation réticulaire et des noyaux cérébelleux. Les mouvements oculaires régulés par ces circuits complexes sont guidés par des signaux sensoriels et cognitifs relevant de la perception, de l'attention, de la mémoire et de processus de renforcement motivationnel. (D'après Krauzlis, 2005)

Le contrôle nerveux des mouvements de poursuite continue

Traditionnellement, on estimait que les mouvements de poursuite continue et les saccades faisaient intervenir des structures différentes, mais des travaux récents comme ceux de Richard Krauzlis au Salk Institute for Biological Studies indiquent que, dans une large proportion, ce sont les mêmes structures qui sont mises en jeu par ces deux types de mouvements oculaires. Les mouvements de poursuite continue ne sont pas seulement régis par les neurones de la FRPP ; ils sont aussi sous le contrôle de centres situés dans la partie rostrale des colliculus supérieurs et dans des sous-aires des champs oculomoteurs frontaux, centres qui, tous les deux, reçoivent des projections de la « filière visuelle dorsale » des lobes pariétaux et temporaux. On ne connaît pas le trajet exact qu'empruntent les informations visuelles pour gagner la FRPP et déclencher les mouvements de poursuite continue, mais des voies allant du cortex aux colliculus supérieur et à la FRPP, semblables à celles qui produisent les saccades, peuvent jouer un rôle ; on a également proposé une voie indirecte passant par le cervelet. Il est clair, cependant, que les aires visuelles striées et extrastriées sont à l'origine d'informations sensorielles indispensables au déclenchement et au guidage précis de ce type de mouvements. Chez le singe, l'aire temporale moyenne (aire MT ou V5, qui intervient dans la perception des stimulus mobiles ; voir Chapitre 12) a des neurones répondant sélectivement aux cibles visuelles se déplaçant dans une certaine direction. En outre, des lésions de cette aire désorganisent les mouvements de poursuite continue. Chez l'homme, les lésions des aires comparables des lobes pariétaux et occipitaux s'accompagnent également de perturbations des mouvements de poursuite continue.

Le contrôle nerveux des mouvements de vergence

Lorsque l'on désire regarder successivement un objet puis un autre qui n'est pas situé à la même distance, il se produit une saccade qui porte le regard vers le nouvel objet et les yeux divergent ou convergent alors, jusqu'à ce que l'objet se projette sur la fovéa de chacun d'eux. Les structures et les voies responsables de ces mouvements de vergence restent mal connues, mais paraissent englober plusieurs aires extrastriées du cortex occipital. Les informations sur la position de l'activité rétinienne sont transmises aux corps genouillés latéraux des deux côtés et, de là, au cortex, qui intègre les signaux des deux yeux. La commande appropriée de divergence ou de convergence, fondée essentiellement sur les données transmises par les deux yeux concernant l'importance de la disparité binoculaire (voir Chapitre 12), est alors envoyée du cortex occipital vers des « centres de vergence » situés dans le tronc cérébral. L'un de ces centres est une population d'interneurones situés dans le mésencéphale, à proximité du noyau du III. Ces neurones émettent une salve de potentiels d'action, dont le début déclenche le mouvement de vergence, la fréquence de l'émission déterminant pour sa part la vitesse du mouvement. Au sein du centre de vergence, on constate une division du travail : certains neurones commandent les mouvements de convergence, d'autres les mouvements de divergence. Ces neurones coordonnent également les mouvements de vergence avec l'accommodation du cristallin et la constriction pupillaire pour optimiser la netteté des images formées sur la rétine comme indiqué au chapitre 11.

Résumé

Malgré leur degré élevé de spécialisation, les systèmes de contrôle de l'oculomotricité ont beaucoup de points communs avec les systèmes moteurs qui régissent les mouvements d'autres parties du corps. De même que la moelle est le siège des circuits fondamentaux qui coordonnent les muscles agissant sur une même articulation, la formation réticulaire pontique et mésencéphalique est le siège des circuits de base de la motricité oculaire. Les centres d'ordre supérieur des champs oculomoteurs frontaux et des colliculus supérieurs envoient des projections descendantes sur les centres du regard du tronc cérébral. Ils donnent ainsi une base à l'intégration des mouvements oculaires et des informations sensorielles très variées qui indiquent la position des objets dans l'espace. Les colliculus supérieurs et les champs oculomoteurs frontaux sont organisés de façon à la fois parallèle et hiérarchique, en sorte que chaque structure peut compenser l'absence de l'autre. Comme les autres mouvements, les mouvements oculaires sont sous le contrôle du cervelet et des ganglions de la base ; ces structures assurent un déclenchement adapté et une exécution réussie de ces comportements moteurs relativement simples qui permettent des interactions efficaces avec notre environnement visuel.

Lectures complémentaires

Revues

CROMMELINCK, M. et D. GUITTON (1994), Oculomotricité. In *Traité de psychologie expérimentale*, Volume I. M. Richelle, J. Requin et M. Robert (éds.). Paris, P.U.F., 657-728.

FUCHS, A.E., C.R.S. KANEKO et C.A. SCUDDER (1985), Brainstem control of eye movements. *Annu. Rev. Neurosci.*, **8**, 307-337.

HIKOSAKA, O et R.H. WURTZ (1989), The basal ganglia. In *The Neurobiology of Saccadic Eye Movements : Reviews of Oculomotor Research*, Volume 3. R.H. Wurtz and M.E. Goldberg (eds.). Amsterdam, Elsevier, 257-281.

KRAUZLIS, R.J. (2005), The control of voluntary eye movements : New perspectives. *Neuroscientist*, **11**, 124-137.

MAY, P.J. (2006), The mammalian superior colliculus : Laminar structure and connections. *Prog. Brain Res.*, **151**, 321-378.

ROBINSON, D.A. (1981), Control of eye movements. In *Handbook of Physiology, Section 1 : The Nervous System*, Volume II : *Motor Control*, Part 2. V.B. Brooks (ed.). Bethesda, MD, American Physiological Society, pp. 1275-1320.

SCHALL, J.D. (1995), Neural basis of target selection. *Reviews in the Neurosciences*, **6**, 63-85.

SPARKS, D.L. et L.E. MAYS (1990), Signal transformations required for the generation of saccadic eye movements. *Annu. Rev. Neurosci.*, **13**, 309-336.

ZEE, D.S. et L.M. OPTICAN (1985), Studies of adaption in human oculomotor disorders. In *Adaptive Mechanisms in Gaze Control : Facts and Theories*. A. Berthoz, G. Melvill Jones (eds.). Amsterdam, Elsevier, 165-176.

Articles originaux importants

BAARSMA, E. et H. COLLEWIJN (1974), Vestibulo-ocular and optokinetic reactions to rotation and their interaction in the rabbit. *J. Physiol.*, **238**, 603-625.

FUCHS, A.F. et E.S. LUSCHEI (1970), Firing patterns of abducens neurons of alert monkeys in relationship to horizontal eye movements. *J. Neurophysiol.*, **33**, 382-392.

OPTICAN, L.M. et D.A. ROBINSON (1980), Cerebellar-dependent adaptive control of primate saccadic system. *J. Neurophysiol.*, **44**, 1058-1076.

SCHILLER, P.H. et M. STRYKER (1972), Single unit recording and stimulation in superior colliculus of the alert rhesus monkey. *J. Neurophysiol.*, **35**, 915-924.

SCHILLER, P.H., S.D. TRUE et J.L. CONWAY (1980), Deficits in eye movements following frontal eye-field and superior colliculus ablations. *J. Neurophysiol.*, **44**, 1175-1189.

SPARKS, D.L. et L.E. MAYS (1983), Spatial localisation of saccade targets. I. Compensation for stimulation-induced perturbations in eye position. *J. Neurophysiol.*, **49**, 45-63.

Ouvrages

HALL, W.C. et MOSCHOVAKIS (EDS.) (2004), *The Superior Colliculus : New Approaches for Studying Sensorimotor Integration*. Methods and New Frontiers in Neurosciences Series. New York, CRC Press.

LEIGH, R.J. et D.S. ZEE (1983), *The Neurology of Eye Movements*. Contemporary Neurology Series. Philadelphia, Davis.

SCHOR, C.M. et K.J. CIUFFREDA (EDS.) (1983), *Vergence Eye Movements : Basic and Clinical Aspects*. Boston, Butterworth.

YARBUS, A.L. (1967), *Eye Movements and Vision*. Basil Haigh (trans.). New York, Plenum Press.

chapitre **21**

Le système nerveux végétatif

Vue d'ensemble

Le système végétatif contrôle les fonctions involontaires qu'exercent les fibres musculaires lisses, les fibres musculaires cardiaques et les glandes. Il comporte deux divisions principales, le sous-système sympathique et le sous-système parasympathique (l'innervation spécialisée du tube digestif constitue un troisième contingent, semi-indépendant, à qui l'on donne habituellement le nom de système nerveux entérique). Ces sous-systèmes sont toujours plus ou moins actifs. Le système sympathique mobilise les ressources de l'organisme pour faire face aux différentes situations qui se présentent. Au contraire, le système parasympathique intervient principalement durant les états de calme relatif pour restaurer l'énergie dépensée. Cette régulation nerveuse permanente de la dépense et du renouvellement des ressources de l'organisme contribue dans une large mesure à l'équilibre global des fonctions organiques que l'on appelle l'homéostasie. Alors que les centres principaux qui contrôlent l'activité motrice somatique sont représentés par le cortex moteur primaire et secondaire des lobes frontaux, les centres qui contrôlent le système nerveux autonome sont majoritairement situés dans l'hypothalamus et dans les circuits complexes (et mal délimités) qu'il régit dans le tegmentum du tronc cérébral et dans la moelle épinière. L'état des deux divisions du système végétatif est modulé par des voies qui descendent de ces centres et se terminent sur les neurones préganglionnaires du tronc cérébral et de la moelle ; ces neurones, à leur tour, déterminent l'activité des motoneurones viscéraux situés dans les ganglions végétatifs. Quelques fonctions végétatives d'importance particulière en clinique (fonctions cardiovasculaires, contrôle de la vessie et des organes génitaux) sont prises comme exemples des régulations qu'exerce le système nerveux végétatif et font l'objet d'un examen détaillé.

Premiers travaux sur le système nerveux végétatif

L'homme a sans doute toujours remarqué les réactions motrices involontaires que provoquent certains stimulus de son environnement, comme le rétrécissement de la pupille provoqué par une lumière intense, la constriction des vaisseaux superficiels causée par le froid ou la peur, l'augmentation de la fréquence cardiaque accompagnant un effort ; il a fallu néanmoins attendre la fin du dix-neuvième siècle pour que l'on commence à expliquer ces manifestations végétatives, et quelques autres, d'un point de vue moderne. Walter Gaskell et John Langley, deux physiologistes britanniques de l'Université de Cambridge, furent les premiers à tenter d'expliquer rationnellement le fonctionnement du **système nerveux végétatif**. Gaskell, dont les recherches précédèrent celles de Langley, détermina l'anatomie globale du système et réalisa les premières expériences démontrant quelques-unes de ses caractéristiques fonctionnelles les plus remarquables (par exemple que l'on peut, chez l'animal, accélérer la fréquence cardiaque en stimulant les fibres efférentes des segments supérieurs de la moelle thoracique). Sur la base de diverses observations de cette nature, Gaskell conclut, en 1866, que « tous les tissus sont innervés par deux ensembles de fibres nerveuses aux propriétés opposées » et il conjectura en outre que leurs actions présentaient « les signes caractéristiques de processus chimiques opposés ».

513

TABLEAU 21.1 *Résumé des principales fonctions du système végétatif*

Division sympathique			
Organe cible	**Emplacement des neurones préganglionnaires**	**Emplacement des neurones postganglionnaires**	**Actions**
Œil	Moelle thoracique supérieure (C8-T7)	Ganglion cervical supérieur	Dilatation pupillaire
Glandes lacrymales			Sécrétion des larmes
Glandes sous-maxillaire et sub-linguale			Vasoconstriction
Glande parotide			Vasoconstriction
Tête, cou (vaisseaux sanguins, glandes sudoripares, muscles piloérecteurs)			Sudation, vasoconstriction, piloérection
Extrémité supérieure	T3-T6	Ganglion stellaire et ganglions thoraciques supérieurs	Sudation, vasoconstriction, piloérection
Cœur	Moelle thoracique moyenne (T1-T5)	Ganglion cervical supérieur et ganglions thoraciques supérieurs	Augmentation de la fréquence cardiaque, du volume systolique, dilatation des artères coronaires
Bronches, poumons		Ganglions thoraciques supérieurs	Vasodilatation, dilatation des bronches
Estomac	Moelle thoracique inférieure (T6-T10)	Ganglion cœliaque	Inhibition du péristaltisme et de la sécrétion gastrique, vasoconstriction
Pancréas		Ganglion cœliaque	Vasoconstriction, sécrétion d'insuline
Intestin grêle, côlon transverse		Ganglion cœliaque, ganglions mésentériques supérieur et inférieur	Inhibition du péristaltisme et de la sécrétion
Côlon descendant, sigmoïde, rectum		Ganglion mésentérique inférieur, plexus hypogastrique	Inhibition du péristaltisme et de la sécrétion
Médullosurrénale	T9-L2	Les cellules de la MS sont des neurones modifiés	Sécrétion de catécholamines
Urètre, vessie	T11-L2	Plexus hypogastrique et pelvien	Relâchement de la paroi de la vessie et contraction du sphincter interne
Extrémité inférieure	T10-L2	Ganglions lombaires inférieurs et sacrés supérieurs	Sudation, vasoconstriction, piloérection

TABLEAU 21.1 *Résumé des principales fonctions du système végétatif (suite)*

Division parasympathique			
Organe cible	Emplacement des neurones préganglionnaires	Emplacement des neurones postganglionnaires	Actions
Œil	Noyau d'Edinger-Westphal	Ganglion ciliaire	Constriction de la pupille accommodation
Glandes lacrymales	Noyau salivaire supérieur	Ganglion sphénopalatin	Sécrétion des larmes
Glandes sous-maxillaire et sub-linguale		Ganglion sous-maxillaire	Sécrétion salivaire, vasodilatation
Glande parotide	Noyau salivaire inférieur	Ganglion otique	Sécrétion salivaire vasodilatation
Tête, cou (vaisseaux sanguins, glandes sudoripares, muscles piloérecteurs)	Aucun	Aucun	Aucune
Extrémité supérieure	Aucun	Aucun	Aucune
Cœur	Noyau ambigu Noyau moteur dorsal du vague	Plexus cardiaque	Ralentissement de la fréquence cardiaque
Bronches, poumons	Noyau moteur dorsal du vague	Plexus pulmonaire	Constriction des bronches, sécrétion bronchique
Estomac		Plexus myentérique et sous-muqueux	Mouvements péristaltiques et sécrétion gastrique
Pancréas		Plexus pancréatique	Sécrétion d'enzymes digestives
Intestin grêle, côlon transverse		Plexus myentérique et sous-muqueux	Mouvements péristaltiques et sécrétion
Côlon descendant, sigmoïde, rectum	S3-S4		
Médullosurrénale	Aucun	Aucun	Aucune
Urètre, vessie	S2-S4	Plexus hypogastrique inférieur	Contraction de la paroi de la vessie et inhibition du sphincter interne
Extrémité inférieure	Aucun	Aucun	Aucune

Par la suite, sur la base des données obtenues par stimulations électriques chez l'animal, Langley établit la fonction des **ganglions végétatifs** (qui contiennent les motoneurones végétatifs), définit les termes «préganglionnaire» et «postganglionnaire» (voir ci-dessous) et créa l'expression **«système nerveux autonome»** (couramment utilisée comme synonyme de «système nerveux végétatif» bien que certaines activités motrices somatiques puissent être aussi considérées comme «autonomes»; voir Chapitre 28). Les travaux de Langley sur la pharmacologie du système végétatif sont à l'origine des études classiques qui ont mis en évidence le rôle de l'acétylcholine et des catécholamines dans le fonctionnement du système végétatif et, plus généralement, dans la neurotransmission (voir Chapitre 6). Bref, par ses ingénieuses expériences anatomiques et physiologiques, Langley confirma dans le détail la validité de l'hypothèse générale que Gaskell avait proposée en se fondant sur des preuves indirectes.

Le troisième personnage à avoir marqué les premiers travaux sur le système nerveux végétatif est Walter Cannon. Pendant toute la première moitié du vingtième siècle, Cannon consacra sa carrière, à la Harvard Medical School, à analyser les fonctions végétatives dans leurs rapports avec les mécanismes homéostasiques en général et avec les émotions et les fonctions cérébrales supérieures en particulier (voir Chapitre 28). Ses travaux, comme ceux de Gaskell et de Langley avant lui, reposaient essentiellement sur la technique des stimulations électriques chez l'animal, technique qu'il appliqua aussi bien au tronc cérébral et autres régions de l'encéphale qu'aux éléments périphériques du système. Il décrivit par ailleurs les effets de dénervations végétatives, posant ainsi quelques-unes des bases des travaux ultérieurs sur ce que l'on appelle aujourd'hui la «plasticité neuronale» (voir Chapitre 24).

Caractéristiques du système végétatif

Les chapitres 16 et 17 ont présenté en détail l'organisation des motoneurones de la moelle épinière et du tronc cérébral, leurs relations avec les fibres musculaires striées et la façon dont leur activité est régie par les centres moteurs supérieurs. Si l'on se tourne vers les systèmes efférents qui commandent l'activité des fibres musculaires lisses, des fibres cardiaques et des glandes, il est bon d'indiquer, pour commencer, les caractéristiques anatomiques et fonctionnelles qui distinguent la motricité végétative (ou viscérale) de la motricité somatique (ou de la vie de relation).

Premièrement, quoiqu'il soit utile de distinguer dans le système moteur somatique une composante médiane (contrôlant la posture) et une composante latérale (contrôlant la motricité des extrémités), les différences anatomiques et fonctionnelles qui justifient cette partition du système moteur somatique sont loin d'être aussi marquées que celles qui existent entre les trois divisions du système moteur végétatif (Figure 21.1).

Deuxièmement, les neurones moteurs du système végétatif sont hors du système nerveux central: les corps cellulaires des neurones moteurs primaires se trouvent dans des ganglions végétatifs qui se situent, soit près de la moelle épinière (division sympathique), soit au sein d'un plexus neural (*plexus* signifie réseau) dans l'organe cible lui-même ou à son voisinage immédiat (divisions parasympathique et entérique).

Troisièmement, les contacts entre les neurones moteurs végétatifs et les tissus cibles sont beaucoup moins différenciés que les jonctions neuromusculaires du système somatomoteur. Les fibres motrices végétatives ont tendance à présenter des ramifications abondantes et à former de nombreuses terminaisons synaptiques au niveau des varicosités (renflements) que porte la branche terminale de l'axone. De plus, la surface du tissu cible est ordinairement dépourvue de la structure extrêmement régulière que constitue la plaque motrice, caractéristique des sites postsynaptiques des fibres musculaires striées. En conséquence, les neurotransmetteurs que libèrent les terminaisons motrices végétatives diffusent souvent sur plusieurs centaines de microns avant de se fixer aux récepteurs postsynaptiques; cette distance est très supérieure à celle de la fente synaptique de la jonction neuromusculaire somatique.

Quatrièmement, alors que les principales activités du système somatomoteur sont régies par les aires motrices du cortex appartenant aux régions postérieures du lobe

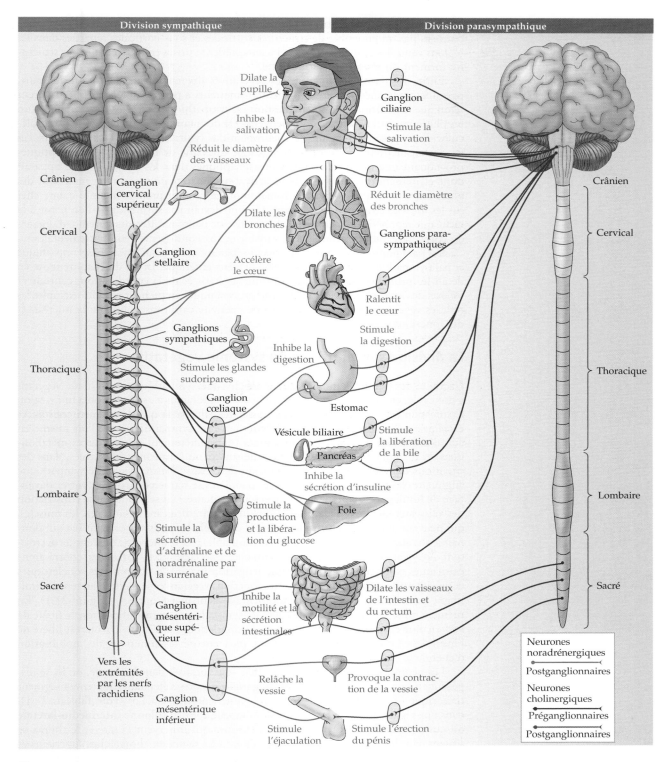

Figure 21.1

Vue d'ensemble de la division sympathique (côté gauche de la figure) et de la division parasympathique (côté droit de la figure) du système nerveux végétatif.

frontal (décrites au chapitre 17), les activités du système moteur végétatif sont coordonnées par un ensemble de structures corticales et sous-corticales réparties dans les régions ventrales et médianes du cerveau antérieur ; prises collectivement, ces structures forment un réseau végétatif central.

Enfin, les terminaisons motrices végétatives libèrent divers neurotransmetteurs, parmi lesquels une majorité de neurotransmetteurs à petites molécules (qui diffèrent selon que le neurone moteur en question est sympathique ou parasympathique) et un ou plusieurs cotransmetteurs qui peuvent être des neurotransmetteurs à petites molécules d'un type différent ou des neuropeptides (voir Chapitre 6). À leur tour, ces neurotransmetteurs se fixent sur un groupe diversifié de récepteurs postsynaptiques provoquant une multitude d'effets postsynaptiques dans les tissus cibles. Il apparaît donc clairement que les effets d'une activation du système moteur végétatif sont des plus variés, alors que l'activation somatomotrice produit pratiquement le même effet sur les muscles striés de tout le corps. Ceci ne devrait pas surprendre si l'on pense à la tâche que représente le maintien de l'homéostasie dans les différents systèmes d'organes du corps, face à un environnement variable et aux contingences comportementales.

Les paragraphes qui suivent décrivent séparément les (sous)-systèmes sympathique et parasympathique ainsi que le système nerveux entérique. La fin du chapitre traite en détail les principes généraux du contrôle végétatif et de la coordination, centrale et réflexe, des activités motrices végétatives et somatiques en prenant comme exemples les réflexes végétatifs propres au contrôle de l'activité cardiovasculaire, de la miction et des fonctions sexuelles.

La division sympathique du système végétatif

L'activité des neurones qui constituent la division sympathique du système végétatif a pour rôle, en dernière instance, de préparer les individus à « se battre ou à fuir », selon l'expression célèbre de Cannon. Cannon entendait par là que dans des circonstances extrêmes, un niveau plus élevé d'activité nerveuse sympathique met l'organisme en état d'utiliser au maximum ses ressources (particulièrement ses ressources métaboliques) et d'augmenter ainsi ses chances de survie, ou simplement de succès, dans des situations représentant une menace ou un défi. Ainsi, lorsque l'activité sympathique augmente, les pupilles se dilatent et les paupières se rétractent (laissant entrer davantage de lumière et facilitant les mouvements oculaires) ; il se produit une constriction des vaisseaux sanguins de la peau et de l'intestin (redirigeant le sang vers les muscles, qui peuvent ainsi en tirer un maximum d'énergie) ; les poils se hérissent (ce qui donnait à nos ancêtres velus un aspect plus redoutable) ; les bronches se dilatent (et accroissent l'oxygénation), la fréquence cardiaque s'accélère et la force des contractions cardiaques augmente (entraînant une irrigation maximale des muscles squelettiques et du cerveau) ; la digestion et les autres fonctions végétatives se mettent au repos (diminuant ainsi les activités qui sont momentanément inappropriées) (Figure 21.1). En même temps, sous l'influence de l'activité sympathique, la médullosurrénale libère de l'adrénaline et de la noradrénaline dans la circulation, tandis que le pancréas libère de l'insuline et du glucagon, augmentant plus encore les fonctions de mobilisation d'énergie (c'est-à-dire cataboliques).

Les neurones qui déclenchent ces effets sont localisés dans la moelle, où ils se disposent en une colonne de **neurones préganglionnaires** s'étendant du premier segment thoracique (T1) aux segments lombaires supérieurs (L2 ou L3) (voir Tableau 21.1), dans une région de la substance grise de la moelle appelée **colonne intermédio-latérale** ou **corne latérale** (Figure 21.2). Les neurones qui innervent la tête et le thorax se situent dans le dernier segment cervical et dans les segments thoraciques supérieurs et moyens, tandis que ceux qui innervent les organes abdominaux et pelviens se trouvent dans les segments thoraciques inférieurs et lombaires supérieurs. Les axones de ces neurones préganglionnaires spinaux ne parcourent d'ordinaire qu'une courte distance ; ils se terminent en effet dans une série de ganglions paravertébraux formant la chaîne sympathique latérale qui, comme son nom l'indique, s'étire de chaque côté de la colonne vertébrale sur presque toute sa longueur (voir Figure 21.1). Les voies préganglionnaires qui vont jusqu'aux ganglions sont appelées rameaux communicants

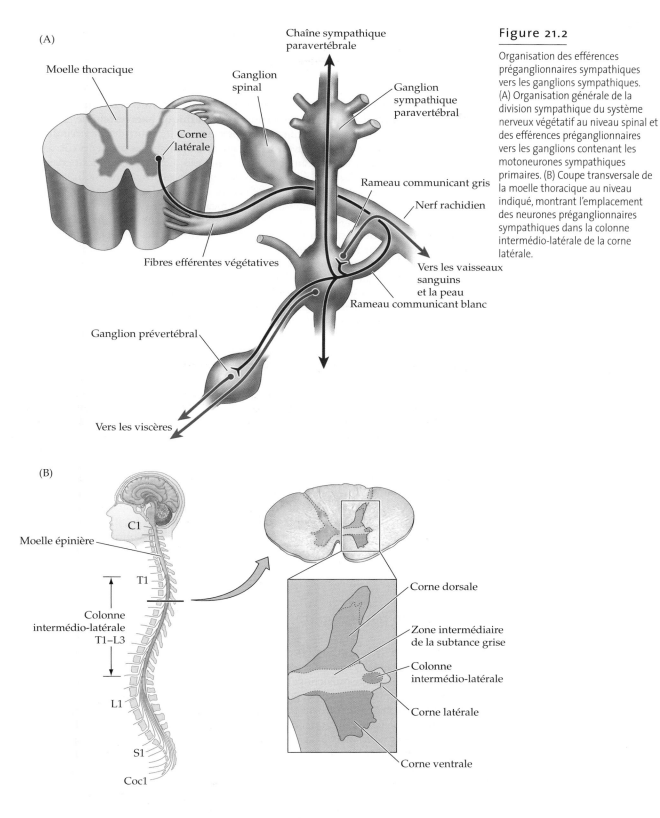

(A)

Moelle thoracique

Ganglion spinal

Chaîne sympathique paravertébrale

Ganglion sympathique paravertébral

Corne latérale

Rameau communicant gris

Nerf rachidien

Fibres efférentes végétatives

Vers les vaisseaux sanguins et la peau

Rameau communicant blanc

Ganglion prévertébral

Vers les viscères

(B)

C1

Moelle épinière

T1

Colonne intermédio-latérale T1–L3

L1

S1

Coc1

Corne dorsale

Zone intermédiaire de la subtance grise

Colonne intermédio-latérale

Corne latérale

Corne ventrale

Figure 21.2

Organisation des efférences préganglionnaires sympathiques vers les ganglions sympathiques. (A) Organisation générale de la division sympathique du système nerveux végétatif au niveau spinal et des efférences préganglionnaires vers les ganglions contenant les motoneurones sympathiques primaires. (B) Coupe transversale de la moelle thoracique au niveau indiqué, montrant l'emplacement des neurones préganglionnaires sympathiques dans la colonne intermédio-latérale de la corne latérale.

blancs, vu la couleur blanchâtre que leur donnent les axones myélinisés qu'ils contiennent (voir Figure 21.2A). En gros, ces neurones préganglionnaires sont comparables aux interneurones moteurs somatiques (voir Chapitre 16).

Quant aux neurones des **ganglions sympathiques**, ils constituent les motoneurones (ou neurones moteurs primaires) de la division sympathique puisqu'ils innervent directement les muscles lisses, le muscle cardiaque et les glandes. Les **fibres postganglionnaires** issues des neurones de la **chaîne sympathique paravertébrale** et qui ont pour cibles des organes de la paroi du corps parcourent, avant de les atteindre, un trajet plus ou moins long après avoir rejoint les nerfs spinaux des segments correspondants en empruntant les rameaux communicants gris. Ces courts troncs nerveux de liaison sont ainsi nommés, car les fibres postganglionnaires non myélinisées leur donnent un aspect légèrement plus sombre que celui que les fibres myélinisées préganglionnaires donnent aux rameaux communicants blancs (voir Figure 20.2A).

Après avoir innervé les ganglions de la chaîne sympathique, les fibres préganglionnaires qui assurent la régulation des viscères continuent leur trajet dans les nerfs splanchniques pour se rendre jusqu'aux ganglions sympathiques, dits **prévertébraux**, des régions thoraciques, abdominales et pelviennes. Il s'agit des ganglions du plexus cardiaque, du ganglion cœliaque, des ganglions mésentériques supérieur et inférieur et des ganglions du plexus hypogastrique inférieur. Les fibres postganglionnaires issues des ganglions prévertébraux fournissent l'innervation sympathique du cœur, des poumons, de l'intestin, des reins, du pancréas, du foie, de la vessie et des organes génitaux (une bonne partie de ces organes reçoit aussi une innervation postganglionnaire des neurones des ganglions de la chaîne sympathique paravertébrale). Enfin, un contingent de fibres préganglionnaires thoraciques des nerfs splanchniques va innerver la médullosurrénale, glande que l'on considère généralement comme un ganglion sympathique modifié en vue d'une fonction endocrinienne spécifique, à savoir la libération de catécholamines dans la circulation pour renforcer une réponse sympathique généralisée au stress. Pour résumer, les fibres sympathiques font partie de pratiquement tous les nerfs périphériques et innervent une très grande variété de cibles (voir Tableau 21.1).

En dépit de la formule maintes fois répétée de Cannon, selon laquelle l'activité sympathique prépare l'individu à se battre ou à fuir, le but de l'activité tonique du système sympathique est de maintenir ses organes cibles à un niveau opérationnel approprié à toutes les situations. Il ne faudrait pas croire non plus que le système sympathique réponde par tout ou rien ; nombre de réflexes sympathiques spécifiques sont mis en jeu de façon plus ou moins indépendante, comme l'exige le contrôle spécifique des diverses fonctions organiques (comme par exemple le cœur durant l'effort physique, la vessie lors de la miction, les organes génitaux lors du coït, ainsi qu'il sera expliqué plus loin).

La division parasympathique du système végétatif

À la différence de ce que l'on observe dans la division sympathique, les fibres préganglionnaires qu'émet le système nerveux central en direction des ganglions de la division parasympathique proviennent de neurones qui ne se distribuent que dans le tronc cérébral et dans la région sacrée de la moelle (Figure 21.3 ; voir aussi Figure 21.1). Les groupes cellulaires qui donnent naissance à l'innervation préganglionnaire crânienne sont localisés dans le tronc cérébral et sont analogues aux neurones sympathiques préganglionnaires de la moelle ; ils comprennent : le **noyau d'Edinger-Westphal**, dans le mésencéphale (qui innerve le ganglion ciliaire, par le nerf III, et règle le diamètre de la pupille en réponse à la lumière ; voir Chapitre 12), les **noyaux salivaires supérieur et inférieur** du pont et du bulbe (qui innervent les glandes salivaires et les glandes lacrymales), la partie végétative du **noyau ambigu** au niveau bulbaire et le **noyau moteur dorsal du vague**, au niveau bulbaire également. La partie la plus dorsale de ce dernier noyau innerve les ganglions parasympathiques situés dans les viscères du thorax et de l'abdomen et régit diverses activités sécrétoires ; sa partie ventrale contrôle les réponses motrices vagales du cœur, des poumons et de l'intestin (telles que le

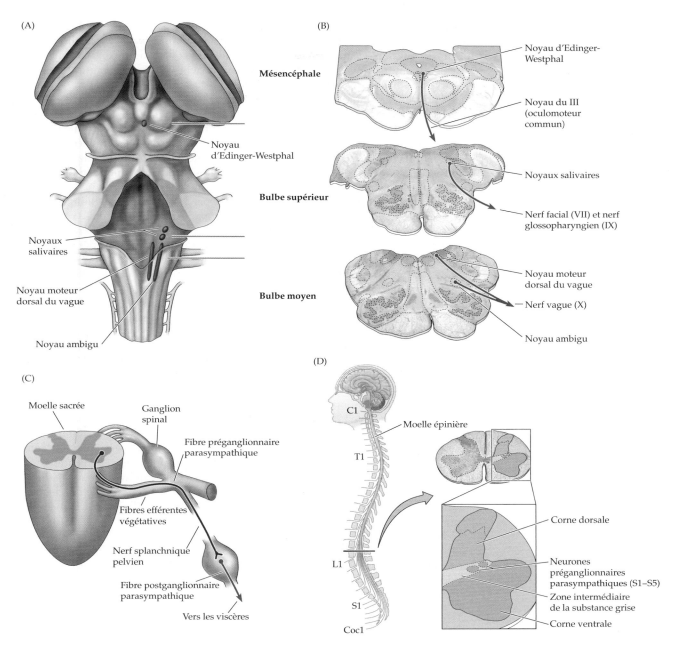

(A)

Mésencéphale

Bulbe supérieur

Bulbe moyen

Noyau
d'Edinger-Westphal

Noyaux
salivaires

Noyau moteur
dorsal du vague

Noyau ambigu

(B)

Noyau d'Edinger-Westphal

Noyau du III
(oculomoteur
commun)

Noyaux salivaires

Nerf facial (VII) et nerf
glossopharyngien (IX)

Noyau moteur
dorsal du vague

Nerf vague (X)

Noyau ambigu

(C)

Moelle sacrée

Ganglion
spinal

Fibre préganglionnaire
parasympathique

Fibres efférentes
végétatives

Nerf splanchnique
pelvien

Fibre postganglionnaire
parasympathique

Vers les viscères

(D)

C1

Moelle épinière

T1

L1

S1

Coc1

Corne dorsale

Neurones
préganglionnaires
parasympathiques (S1–S5)

Zone intermédiaire
de la substance grise

Corne ventrale

Figure 21.3

Organisation des efférences préganglionnaires vers les ganglions parasympathiques. (A) Vue dorsale
du tronc cérébral montrant l'emplacement des noyaux de la partie crânienne de la division
parasympathique du système nerveux végétatif. (B) Coupes transversales du tronc cérébral, aux niveaux
indiqués en (A) par les lignes horizontales, montrant l'emplacement de ces noyaux parasympathiques.
(C) Principales caractéristiques des efférences préganglionnaires parasympathiques au niveau
des segments sacrés de la moelle. (D) Coupe transversale de la moelle sacrée montrant l'emplacement
des neurones préganglionnaires sacrés.

ralentissement du rythme cardiaque ou la constriction des bronchioles). En outre, d'autres neurones préganglionnaires du noyau ambigu innervent les ganglions parasympathiques des glandes salivaires sous-maxillaires et ceux du médiastin (une autre partie du noyau ambigu fournit l'innervation branchiomotrice des muscles striés du pharynx et du larynx; voir l'Appendice). L'emplacement des noyaux parasympathiques du tronc est indiqué dans la figure 21.3.

L'innervation préganglionnaire sacrée naît de neurones qui occupent, dans la substance grise latérale des segments sacrés de la moelle, à peu près la même position que les neurones préganglionnaires sympathiques de la colonne intermédio-latérale de la moelle thoracique (Figure 21.3C, D). Les axones de ces neurones empruntent les nerfs splanchniques pour aller innerver les ganglions parasympathiques du tiers inférieur du côlon, du rectum, de la vessie et des organes génitaux.

Les **ganglions parasympathiques** innervés par les fibres préganglionnaires crâniennes ou sacrées sont situés à l'intérieur ou à proximité des organes qu'ils contrôlent. De ce point de vue, ils se différencient donc des ganglions sympathiques, paravertébraux ou prévertébraux, qui sont situés relativement loin de leurs organes cibles (voir Figure 21.1). On constate également une différence notable entre ganglions sympathiques et parasympathiques au niveau cellulaire: les neurones des ganglions sympathiques ont des arborisations dendritiques touffues et, comme le laisse prévoir cette particularité, ils sont innervés par un grand nombre de fibres préganglionnaires. Les neurones parasympathiques ont peu ou pas de dendrites, de sorte qu'ils ne sont innervés que par un petit nombre de fibres ganglionnaires, éventuellement par une seule. Cet agencement implique que les influences qui convergent sur les neurones des ganglions sympathiques sont plus variées que celles que reçoivent les neurones des ganglions parasympathiques.

Le rôle global du système parasympathique, comme l'ont montré Gaskell, Langley et plus tard Cannon, est généralement opposé à celui du système sympathique: il accroît les ressources, métaboliques ou autres, quand les circonstances permettent à l'organisme de «se reposer et de digérer». À l'inverse des fonctions sympathiques énumérées plus haut, l'activité du système parasympathique va donc entraîner une constriction de la pupille, un ralentissement du rythme cardiaque, une augmentation du péristaltisme intestinal. Parallèlement, la réduction d'activité du système sympathique permet la dilatation des vaisseaux sanguins de la peau et de l'intestin, le relâchement des muscles piloérecteurs, la diminution des catécholamines libérées par la médullosurrénale.

Bien que la plupart des organes reçoivent une innervation aussi bien sympathique que parasympathique, comme le supposait Gaskell, certains ne sont innervés que par le système sympathique. Parmi ces cibles qui font exception, se trouvent les glandes sudoripares, la médullosurrénale, les muscles piloérecteurs et la plupart des vaisseaux artériels (voir Tableau 21.1).

Le système nerveux entérique

Un nombre considérable de neurones sont spécifiquement associés au tractus gastro-intestinal pour en contrôler les diverses fonctions. On a même dit qu'il y avait, chez l'homme, plus de neurones dans l'intestin que dans la totalité de la moelle épinière. Comme il a déjà été signalé, l'activité de l'intestin est modulée à la fois par la division sympathique et par la division parasympathique du système nerveux végétatif. Cependant, il existe dans la paroi de l'intestin (et dans ses annexes, comme le pancréas ou la vésicule biliaire) un vaste système de cellules nerveuses qu'il est difficile de classer soit dans le système sympathique soit dans le système parasympathique (Figure 21.4A). Ces neurones, ainsi que les plexus entériques complexes dans lesquels on les trouve, fonctionnent de façon plus ou moins indépendante, selon des modes d'activité réflexe qui leur sont propres; en conséquence de quoi, nombre de fonctions intestinales persistent sans problème en l'absence de tout contrôle sympathique ou parasympathique (des segments isolés d'intestin continuent, par exemple, à présenter des mouvements péristaltiques *in vitro*). Aussi la plupart des chercheurs préfèrent-ils faire au système entérique une place à part, parmi les composantes du système végétatif.

Les cellules nerveuses de la paroi intestinale comprennent des neurones sensoriels, locaux ou à projection centrale, qui détectent les conditions mécaniques et chimiques de l'intestin, des neurones de circuits locaux qui intègrent ces informations et des neurones moteurs qui influencent l'activité des muscles lisses de la paroi intestinale ou les sécrétions glandulaires (d'enzymes digestives, de mucus, d'acide gastrique ou de bile notamment). Cet ensemble complexe de neurones intrinsèques de l'intestin

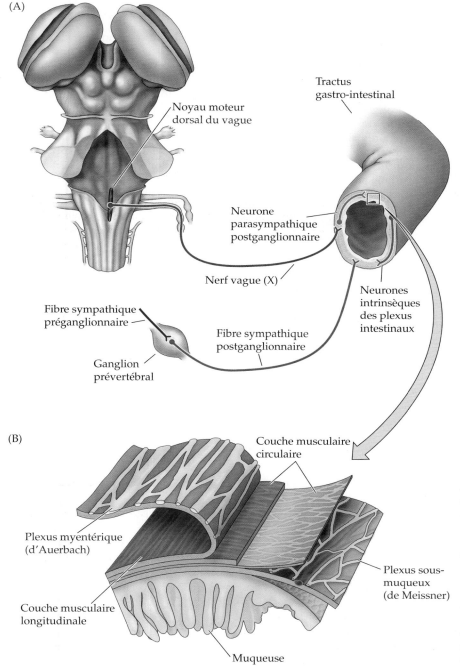

(A)

Noyau moteur dorsal du vague

Tractus gastro-intestinal

Neurone parasympathique postganglionnaire

Nerf vague (X)

Fibre sympathique préganglionnaire

Fibre sympathique postganglionnaire

Ganglion prévertébral

Neurones intrinsèques des plexus intestinaux

(B)

Couche musculaire circulaire

Plexus myentérique (d'Auerbach)

Couche musculaire longitudinale

Plexus sous-muqueux (de Meissner)

Muqueuse

Figure 21.4

Organisation de la composante entérique du système nerveux végétatif.
(A) Innervation sympathique et parasympathique du système nerveux entérique et neurones intrinsèques de l'intestin. (B) Organisation détaillée des plexus nerveux de la paroi intestinale. Les neurones du plexus sous-muqueux (plexus de Meissner) interviennent dans les activités sécrétoires de l'intestin, ceux du plexus myentérique (plexus d'Auerbach) dans ses activités motrices (le péristaltisme par exemple).

forme 1) le plexus myentérique (ou d'Auerbach) régulant spécifiquement la musculature intestinale et 2) le plexus sous-muqueux (ou de Meissner) situé, comme son nom l'indique, juste au-dessous de la couche muqueuse de l'intestin et contrôlant l'état chimique de l'intestin et la sécrétion glandulaire (Figure 21.4B).

Comme il a été dit, les neurones parasympathiques préganglionnaires qui influencent l'intestin sont situés principalement dans le noyau moteur dorsal du vague, au niveau bulbaire, et dans la substance grise de la zone intermédiaire de la moelle, au niveau des segments sacrés. L'innervation préganglionnaire sympathique qui module l'action des plexus intestinaux provient de la moelle thoraco-lombaire et fait relais dans le ganglion cœliaque et dans les ganglions mésentériques supérieur et inférieur.

Les composantes sensitives du système nerveux végétatif

Même si cette partie a pour centre d'intérêt «la motricité et son contrôle central», il est important de connaître l'origine des informations végétatives sensitives ainsi que les moyens qui permettent leur intégration dans le système nerveux. D'une façon générale, les messages afférents issus des viscères ont deux fonctions importantes: (1) ils fournissent un feedback sensoriel aux réflexes locaux qui modulent en permanence l'activité motrice végétative des différents viscères; (2) ils informent les centres supérieurs de conditions complexes de stimulation qui peuvent se révéler dangereuses et/ou exiger une coordination plus étendue des activités végétatives, somatiques, neuroendocriniennes et comportementales (Figure 21.5). Le **noyau du faisceau solitaire** du bulbe constitue le centre cérébral qui reçoit les informations sensorielles végétatives et qui les distribue pour remplir aux mieux ces deux fonctions.

Les fibres afférentes végétatives qui acheminent ces informations ont leur corps cellulaire dans les ganglions spinaux (comme c'est le cas pour les modalités sensorielles somatiques; voir Chapitres 9 et 10) ou dans les ganglions sensitifs des nerfs glossopharyngien et vague. Les neurones sensitifs végétatifs sont toutefois beaucoup

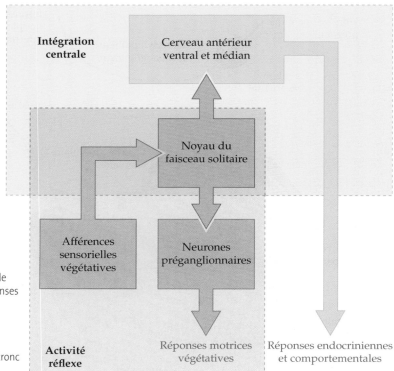

Figure 21.5

Les informations sensorielles végétatives distribuées par le noyau du faisceau solitaire servent à déclencher des réponses réflexes locales ou des réponses comportementales et endocriniennes plus complexes, après intégration par un réseau végétatif central. Comme le montre la figure 20.7, les centres du cerveau antérieur projettent également sur les systèmes effecteurs végétatifs de la moelle et du tronc cérébral.

moins nombreux (environ dix fois moins) que les neurones qui innervent les mécanorécepteurs de la peau et des structures profondes. La densité relativement faible de l'innervation végétative périphérique explique en partie le caractère diffus de la plupart des sensations viscérales et la difficulté de les localiser avec précision.

Les neurones sensitifs végétatifs des ganglions spinaux envoient vers la périphérie une branche axonique qui emprunte les nerfs végétatifs et se termine dans des structures réceptrices spécialisées; certaines terminaisons sont sensibles à la pression ou à l'étirement (dans les parois du cœur, du sinus carotidien, de la vessie et du tube digestif), d'autres innervent des cellules chémoceptrices (telles que les cellules sensibles à l'oxygène que l'on trouve dans les glomus carotidiens), d'autres enfin sont sensibles aux stimulus nociceptifs et répondent aux étirements excessifs, à l'ischémie ou à la présence de substances irritantes. La branche axonique centripète de ces neurones des ganglions spinaux se termine sur des neurones de deuxième ordre et des interneurones, dans la corne dorsale de la moelle et dans les régions de la substance grise intermédiaire. Un certain nombre de fibres végétatives afférentes primaires se terminent près de la corne latérale, où se trouvent les neurones préganglionnaires des divisions sympathique et parasympathique. Ces fibres sont à l'origine d'une activité réflexe végétative semblable aux réflexes segmentaires de la motricité somatique décrits au chapitre 16.

Dans la corne dorsale, bon nombre des neurones de deuxième ordre qui reçoivent des afférences végétatives sont en fait des neurones du système antérolatéral qui reçoivent également des afférences nociceptives ou tactiles non discriminatives en provenance de territoires plus superficiels (voir Chapitre 10). Comme il est dit dans l'encadré 10B, il s'agit là de l'un des moyens par lesquels des sensations viscérales douloureuses peuvent être projetées sur des territoires somatiques plus superficiels. Les axones de ces neurones sensitifs végétatifs de deuxième ordre montent dans la substance blanche antérolatérale, puis dans la portion latérale du tronc cérébral et gagnent finalement le complexe ventral postérieur du thalamus. Cependant, les axones d'autres neurones de deuxième ordre se terminent avant d'atteindre le thalamus, principalement dans le noyau du faisceau solitaire (Figure 21.6). Dans le tronc cérébral, les centres viscéromoteurs de la **formation réticulaire** bulbaire constituent une autre cible des neurones sensitifs végétatifs de deuxième ordre (voir l'encadré 17A). Au cours des dix dernières années, il est apparu que les messages sensoriels végétatifs, et notamment les messages nociceptifs, empruntent dans la moelle une autre voie ascendante. Certains neurones de deuxième ordre, dont les corps cellulaires sont situés près de l'épendyme, émettent des axones qui empruntent les colonnes dorsales et se terminent dans les noyaux des colonnes dorsales, où des neurones de troisième ordre relaient les messages végétatifs nociceptifs vers le thalamus ventro-postérieur. L'existence d'une voie de la douleur viscérale dans les colonnes dorsales complique la vue un peu simpliste qui faisait du système des colonnes dorsales-lemnisque médian, la voie de la sensibilité tactile discriminative et du système antérolatéral, la voie de la douleur; mais l'accumulation des données expérimentales et cliniques met en relief l'importance de cette voie nouvellement découverte dans la transmission centrale de la nociception viscérale (voir l'encadré 10C).

En plus de ces afférences végétatives spinales, des afférences de la sensibilité végétative générale, issues des organes siégeant dans le thorax ou dans la partie haute de l'abdomen

Figure 21.6

Organisation des afférences sensorielles végétatives. (A) Les afférences végétatives empruntant les nerfs crâniens (ainsi que celles, non représentées, qui empruntent les voies spinales ascendantes) convergent sur la partie caudale du noyau du faisceau solitaire (sa partie rostrale est un relais gustatif; voir Chapitre 15).

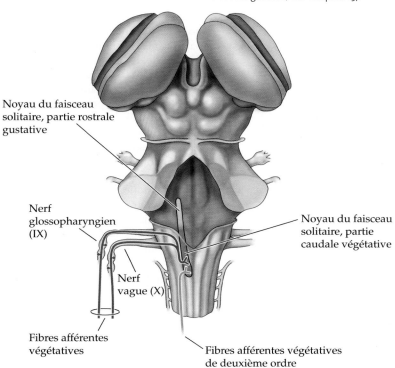

Noyau du faisceau solitaire, partie rostrale gustative

Nerf glossopharyngien (IX)

Nerf vague (X)

Fibres afférentes végétatives

Noyau du faisceau solitaire, partie caudale végétative

Fibres afférentes végétatives de deuxième ordre

ainsi que des viscères de la tête et du cou, pénètrent dans le tronc cérébral par le nerf glossopharyngien et le nerf vague (voir Figure 21.6). Ces afférences vagales et glosso-pharyngiennes se terminent elles aussi dans le noyau du faisceau solitaire. Ce noyau, comme l'explique la section suivante, intègre une grande diversité d'informations végétatives et les transmet directement (ou indirectement) aux noyaux moteurs végéta-tifs appropriés, à la formation réticulaire ainsi qu'à plusieurs régions du cerveau anté-rieur ventral et médian qui coordonnent les activités végétatives (voir Figure 21.5).

Enfin, à la différence des informations somesthésiques (qui accèdent en majorité à un traitement neural conscient), les informations sensorielles végétatives qui par-viennent au niveau conscient sont très restreintes. Nous ne percevons par exemple pas du tout les fluctuations de la résistance des vaisseaux périphériques qui font monter ou baisser notre pression artérielle moyenne ; et pourtant, ces messages cachés jouent un rôle essentiel dans les réflexes végétatifs et dans le maintien de l'homéostasie. En règle générale, seules émergent à la conscience les sensations végétatives douloureuses et les signaux qui permettent aux émotions d'être ressenties et exprimées (voir Cha-pitre 29).

Le contrôle central des fonctions végétatives

Le noyau du faisceau solitaire, et spécialement sa partie caudale, est un centre d'inté-gration de première importance pour le contrôle réflexe des fonctions végétatives et pour la transmission des afférences sensorielles végétatives vers d'autres noyaux du tronc cérébral ou vers diverses structures du cerveau antérieur. (Figure 21.7 ; voir aussi Figure 21.5). La partie rostrale de ce noyau est un relais gustatif décrit au chapitre 15 ; il reçoit les afférences de fibres gustatives primaires appartenant aux nerfs VII, IX et X et envoie des projections vers le noyau gustatif du thalamus ventral postérieur. Sa partie caudale reçoit des afférences sensorielles végétatives des nerfs IX et X et projette sur les noyaux viscéromoteurs primaires que sont le noyau ambigu et le noyau moteur dorsal du vague. Le noyau du faisceau solitaire projette également sur les centres végé-tatifs « prémoteurs » de la formation réticulaire bulbaire et sur les centres d'intégration supérieurs que sont l'amygdale (plus précisément le groupe central des noyaux amyg-daliens : voir l'encadré 29B) et l'hypothalamus (voir ci-dessous). Il projette de plus sur le **noyau parabrachial** (ainsi nommé car il enveloppe le *brachium conjunctivum*, autre nom du pédoncule cérébelleux supérieur). Le noyau parabrachial constitue pour sa part un relais supplémentaire des messages sensoriels végétatifs vers l'hypothalamus, l'amygdale, le thalamus et les cortex préfrontal médian et insulaire (voir Figure 21.7 ; par souci de clarté, les projections corticales du noyau parabrachial ont été omises).

On peut certes faire l'hypothèse que le cortex insulaire postérieur sert d'aire sen-sorielle végétative primaire et le cortex préfrontal médian d'aire motrice végétative primaire. Mais il est plus utile de mettre l'accent sur les relations qu'entretiennent ces aires corticales avec des structures sous-corticales apparentées, et qui font de cet ensem-ble un **réseau végétatif central**. Ce réseau permet de comprendre l'intégration des informations sensorielles végétatives avec les données des autres modalités et avec celles que fournissent les centres cognitifs supérieurs qui traitent leur signification et leur valence émotionnelle. Citons, comme exemples de l'activité intégrée de ce réseau, le rougissement sous l'effet de stimulus qui nous mettent consciemment mal à l'aise, la vasoconstriction et le pâlissement lorsque nous avons peur ou encore les réponses végétatives aux situations sexuellement excitantes. Effectivement, les fonctions végé-tatives sont étroitement associées aux émotions et à leur expression, comme l'indique le chapitre 29.

L'**hypothalamus**, composante principale de ce réseau, mérite une attention par-ticulière. Ce rassemblement hétérogène de noyaux à la base du diencéphale constitue le centre principal de la coordination et de l'expression des activités motrices végéta-tives. Les efférences principales des noyaux hypothalamiques sont destinées aux « cen-tres végétatifs » de la formation réticulaire, centres que l'on peut considérer comme des circuits spécialisés dans la coordination des activités efférentes des neurones végé-tatifs préganglionnaires. Ils organisent des fonctions végétatives spécifiques telles que

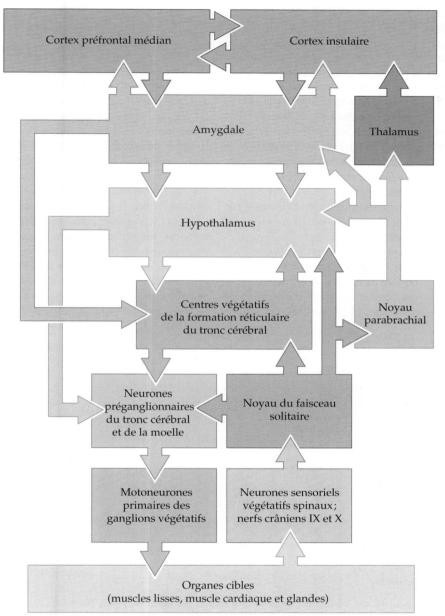

Figure 21.7

Réseau central de contrôle du système végétatif : schéma résumant ses connexions internes. La répartition des informations sensorielles est schématisée du côté droit de la figure, et la production des commandes motrices végétatives, du côté gauche. Cependant, l'abondance des interconnexions entre les centres végétatifs du cerveau antérieur (par exemple entre l'amygdale et les aires corticales associées ou l'hypothalamus), ne permet pas de distinguer de façon stricte au sein de ce réseau entre un contingent afférent et un contingent efférent. Dans ce réseau, l'hypothalamus est la structure principale d'intégration des afférences sensorielles végétatives et des commandes motrices émanant des centres supérieurs (voir Encadré 21A).

les réflexes qui contrôlent le cœur, la vessie ou les organes génitaux, ou ceux qui sont impliqués dans la respiration ou le vomissement (voir l'encadré 17A).

En plus des connexions importantes qu'il entretient avec la formation réticulaire, l'hypothalamus exerce son contrôle sur les fonctions végétatives de façon plus directe par ses projections sur les noyaux des nerfs crâniens qui contiennent les neurones préganglionnaires parasympathiques et sur les neurones préganglionnaires sympathiques et parasympathiques de la moelle épinière. Toutefois, si une maladie ou un traumatisme venait à empêcher l'hypothalamus de régir les divers systèmes qui maintiennent l'homéostasie, les centres végétatifs de la formation réticulaire et les neurones végétatifs préganglionnaires seraient capables d'un fonctionnement autonome. L'organisation générale des contrôles végétatifs centraux est résumée dans la figure 21.7 ; l'encadré 21B illustre quelques manifestations cliniques importantes résultant de l'atteinte de ce

ENCADRÉ 21A *L'hypothalamus*

L'hypothalamus est situé à la base du diencéphale ; il est limité par le chiasma optique à l'avant et par le tegmentum mésencéphalique à l'arrière. Il forme le plancher et les parois ventrales du troisième ventricule et est relié à l'hypophyse postérieure par la tige infundibulaire (ou pituitaire), comme l'indique la figure A. Compte tenu de sa position centrale dans l'encéphale, de sa proximité par rapport à l'hypophyse et du rôle majeur qu'il joue dans le contrôle central des fonctions végétatives, il n'est pas étonnant qu'il intègre des informations venant du cerveau antérieur, du tronc cérébral, de la moelle et de divers neurones chémosensibles qui lui sont propres.

Bien que de taille réduite, l'hypothalamus contrôle une étonnante variété de fonctions homéostasiques. Nous disposons d'informations, au moins partielles, sur l'intervention de l'hypothalamus dans : le *contrôle de la circulation du sang* (par les influences qu'il exerce sur le débit cardiaque, le tonus vasomoteur, l'osmolarité sanguine, la clearance rénale ainsi que sur la prise de boisson et l'appétit pour le sel) ; la *régulation du métabolisme énergétique* (par sa régulation du taux de glucose sanguin, du comportement alimentaire, des fonctions digestives, du taux métabolique et de la température corporelle) ; la *régulation des activités reproductrices* (par son influence sur l'identité sexuelle, l'orientation sexuelle, les comportements d'accouplement et, chez les femelles, par son contrôle du cycle menstruel, de la gestation et de la lactation) ; par la *coordination des réponses aux situations d'agression* (par son contrôle de la libération des hormones du stress, de l'équilibre entre tonus sympathique et parasympathique, de la distribution régionale de la circulation sanguine).

Malgré l'étendue considérable de ces contrôles, les différentes composantes de l'hypothalamus utilisent des mécanismes physiologiques semblables (Figure B). Les circuits hypothalamiques reçoivent des informations sensorielles sur l'état du milieu intérieur et du milieu extérieur ; ils les comparent à des valeurs biologiques de référence et activent les systèmes effecteurs, viscéraux, neuroendocriniens ou somatiques qui restaurent l'homéostasie et/ou déclenchent les réponses comportementales appropriées.

Compte tenu des rôles multiples qu'il assume, l'hypothalamus comprend un grand nombre de noyaux différents, dont chacun possède sa propre combinaison de connexions et de fonctions. Ces noyaux

aux interconnexions complexes peuvent être regroupés en trois régions dites *périventriculaire*, *médiane* et *latérale*, en allant de la plus médiane à la plus latérale. On peut les regrouper aussi selon l'axe antéro-postérieur et l'on distingue alors la région *antérieure* (ou préoptique), la région *tubérienne* (le terme *tubérien* fait référence au *tuber cinereum*, nom donné à la partie moyenne de la face inférieure de l'hypothalamus) et la région *postérieure* (Figure C). Le groupe périventriculaire-antérieur comprend le noyau suprachiasmatique, qui reçoit des afférences rétiniennes directes et gouverne les rythmes circadiens (voir Chapitre 28). Des neurones plus épars de la région périventriculaire, situés le long de la paroi du

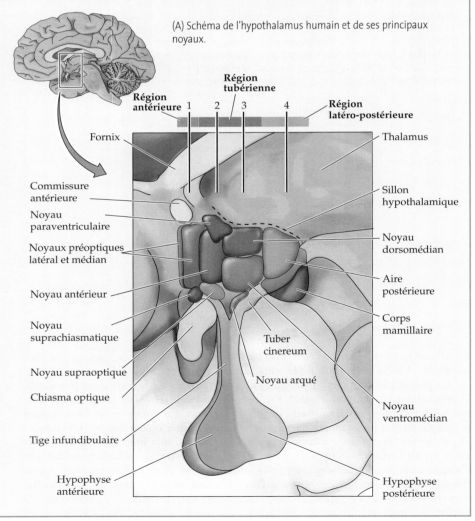

(A) Schéma de l'hypothalamus humain et de ses principaux noyaux.

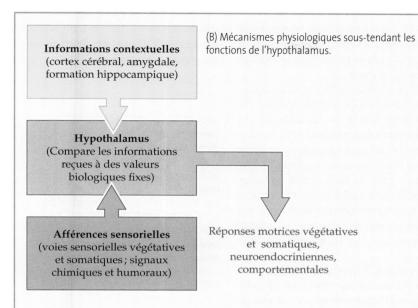

Informations contextuelles
(cortex cérébral, amygdale,
formation hippocampique)

Hypothalamus
(Compare les informations
reçues à des valeurs
biologiques fixes)

Afférences sensorielles
(voies sensorielles végétatives
et somatiques ; signaux
chimiques et humoraux)

Réponses motrices végétatives
et somatiques,
neuroendocriniennes,
comportementales

(B) Mécanismes physiologiques sous-tendant les fonctions de l'hypothalamus.

troisième ventricule, fabriquent les peptides connus sous le nom de libérines (*releasing factors*) ou de statines (*inhibiting factors*) et qui contrôlent la sécrétion de diverses hormones de l'hypophyse antérieure. Les axones de ces neurones projettent sur l'éminence médiane, à la jonction de l'hypothalamus et de la tige infundibulaire, où les peptides sont sécrétés et captés par le réseau capillaire primaire du système porte hypothalamo-hypophysaire.

La région médiane-tubérienne comprend les noyaux paraventriculaire et supraoptique, où se trouvent des neurones neurosécréteurs dont les axones se terminent dans l'hypophyse postérieure. Lorsqu'ils sont soumis à une stimulation adéquate, ces neurones sécrètent l'ocytocine et la vasopressine (hormone antidiurétique) directement dans la circulation sanguine. Dans le noyau paraventriculaire, d'autres neurones envoient des projections vers les centres végétatifs de la formation réticulaire ainsi que vers les neurones préganglionnaires sympathiques et parasympathiques de la moelle épinière et

(C) Coupes coronales (ou frontales) d'un hypothalamus humain. L'emplacement des coupes 1-4 est indiqué sur la Figure A. La couleur des noyaux correspond à leur position sur l'axe antéropostérieur : les couleurs bleue, rouge et verte correspondent respectivement aux régions antérieure, tubérienne et postérieure. L'intensité de ces couleurs code l'axe médiolatéral ; les teintes claires représentent les noyaux de la zone périventriculaire, les teintes plus foncées représentent les noyaux de la zone médiane ; les noyaux de la zone latérale sont en pointillé. (1) Coupe au niveau de la région antérieure montrant les noyaux préoptiques et suprachiasmatiques. (2) Région tubérienne rostrale. (3) Région tubérienne caudale. (4) Coupe au niveau de la région postérieure montrant les corps mamillaires.

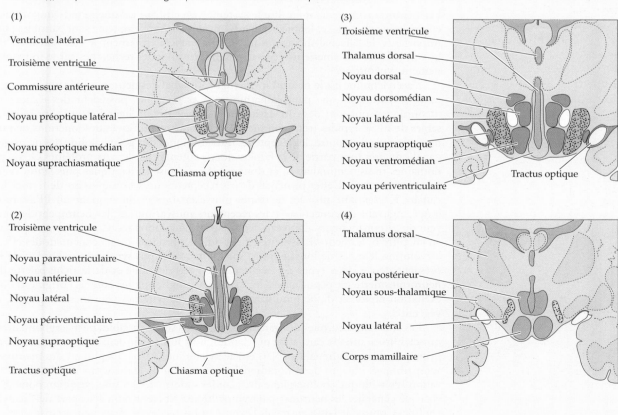

(1)
Ventricule latéral
Troisième ventricule
Commissure antérieure
Noyau préoptique latéral
Noyau préoptique médian
Noyau suprachiasmatique
Chiasma optique

(3)
Troisième ventricule
Thalamus dorsal
Noyau dorsal
Noyau dorsomédian
Noyau latéral
Noyau supraoptique
Noyau ventromédian
Noyau périventriculaire
Tractus optique

(2)
Troisième ventricule
Noyau paraventriculaire
Noyau antérieur
Noyau latéral
Noyau périventriculaire
Noyau supraoptique
Tractus optique
Chiasma optique

(4)
Thalamus dorsal
Noyau postérieur
Noyau sous-thalamique
Noyau latéral
Corps mamillaire

du tronc cérébral. C'est grâce à ces neurones, pense-t-on, que l'hypothalamus exerce son contrôle sur le système végétatif. Le noyau paraventriculaire reçoit des afférences des autres régions hypothalamiques qui sont elles-mêmes reliées au cortex, à l'hippocampe, à l'amygdale et aux autres structures centrales susceptibles d'influencer les fonctions végétatives.

La région médiane-tubérienne comprend également les noyaux dorsomédian et ventromédian, qui sont impliqués dans les comportements alimentaires, reproducteurs et parentaux, dans la thermorégulation et dans l'équilibre hydrique. Ces noyaux reçoivent des afférences de diverses structures du système limbique ainsi que de noyaux végétatifs sensitifs du tronc cérébral, comme par exemple le noyau du faisceau solitaire.

La région latérale de l'hypothalamus, pour finir, est en réalité un prolongement rostral de la formation réticulaire du mésencéphale (voir l'encadré 17A). Ses neurones ne sont donc pas groupés en noyaux, mais éparpillés parmi les fibres du faisceau médian du télencéphale qui traversent l'hypothalamus latéral. Ils contrôlent l'éveil comportemental et les changements d'orientation de l'attention, en relation notamment avec les activités reproductrices.

En résumé, l'hypothalamus régule une variété considérable d'activités physiologiques et comportementales ; il joue un rôle prépondérant dans le contrôle des activités végétatives et des fonctions homéostasiques en général.

Références

SAPER, C.B. (1990), Hypothalamus. In *The Human Nervous System*. G. Paxinos (ed.). San Diego, Academic Press, 389-414.

SWANSON, L.W. (1987), The hypothalamus. In *Handbook of Chemical Neuroanatomy*, Vol. 5 : *Integrated Systems of the CNS*, Part I : *Hypothalamus, Hippocampus, Amygdala, Retina*. A. Björklund and T. Hokfelt (eds.). Amsterdam, Elsevier, 1-124.

SWANSON, L.W. et P.E. SAWCHENKO (1983), Hypothalamic integration : Organization of the paraventricular and supraoptic nuclei. *Annu. Rev. Neurosci.*, **6**, 269-324.

système descendant ; l'encadré 21C montre en quoi ce contrôle central est impliqué dans le phénomène de l'obésité.

La neurotransmission dans le système nerveux végétatif

Les neurotransmetteurs qu'utilise le système végétatif sont d'une grande importance en médecine clinique, et les médicaments qui agissent sur ce système sont parmi les plus importants de l'arsenal thérapeutique. On rappellera également le rôle considérable qu'ont joué les transmetteurs végétatifs dans l'histoire des recherches sur le fonctionnement synaptique.

L'acétylcholine est le neurotransmetteur principal des neurones préganglionnaires tant sympathiques que parasympathiques. Ces neurones possèdent des récepteurs nicotiniques, qui sont des canaux ioniques activés par un ligand et qui sont responsables de PPSE rapides (tout comme les récepteurs nicotiniques des jonctions neuromusculaires). Par contre, les récepteurs muscariniques de l'acétylcholine des neurones ganglionnaires font partie de la famille des récepteurs couplés aux protéines G, à sept domaines transmembranaires, et donnent des réponses synaptiques plus lentes (voir Chapitres 6 et 7). L'effet principal de ces récepteurs muscariniques est de fermer les canaux K^+, rendant ainsi les neurones plus excitables et provoquant un PPSE prolongé. Agissant de concert avec les récepteurs muscariniques, les neuropeptides servent de cotransmetteurs au niveau des synapses ganglionnaires. Comme il est expliqué au chapitre 6, les neurotransmetteurs peptidiques produisent généralement des effets à évolution lente et de longue durée sur les neurones postsynaptiques. Du fait de la présence de ces deux types de récepteurs de l'acétylcholine et de la riche palette de neurotransmetteurs peptidiques, les synapses ganglionnaires sont à l'origine d'une excitation rapide et d'une modulation lente de l'activité des neurones des ganglions végétatifs.

Les effets des neurones des ganglions végétatifs sur leurs cibles postganglionnaires, muscles lisses, muscle cardiaque ou glandes, font intervenir deux neurotransmetteurs principaux : la noradrénaline (NA) et l'acétylcholine (ACh). La plupart des neurones sympathiques libèrent de la noradrénaline au niveau de leurs organes cibles (l'innervation sympathique cholinergique des glandes sudoripares est une exception notable) ; en règle générale, les neurones parasympathiques libèrent pour leur part de l'acétylcholine. Comme le laisse entrevoir l'exposé qui précède, ces deux neurotransmetteurs

ENCADRÉ 21B   *Le syndrome de Claude Bernard-Horner*

Les caractéristiques cliniques d'une atteinte de la voie contrôlant l'innervation sympathique de la tête et du cou constituent le syndrome de Claude Bernard-Horner, du nom du physiologiste français et de l'ophtalmologiste suisse qui, les premiers, en décrivirent les signes dans les années 1860. Ses caractéristiques principales, qu'illustre la figure A, consistent en une diminution du diamètre de la pupille (myosis) du côté de la lésion, un abaissement de la paupière (ptôsis) et un retrait de l'œil affecté dans l'orbite (énophtalmie). On observe aussi, mais de façon moins nette, une réduction de la sudation, une augmentation de la température cutanée et une rougeur de la face et du cou du même côté.

Tous ces signes s'expliquent par une perte du tonus sympathique, due à l'atteinte d'un endroit quelconque de la voie mettant en relation les centres végétatifs de l'hypothalamus et de la formation réticulaire avec les neurones sympathiques préganglionnaires de la colonne intermédio-latérale de la moelle thoracique (Figure B). Les lésions qui interrompent ces fibres épargnent fréquemment les voies descendantes parasympathiques, qui occupent dans le tronc cérébral une position plus latérale et sont plus diffuses. Les cibles sympathiques préganglionnaires affectées par ces lésions comportent les neurones de la colonne intermédio-latérale des segments T1-T3, qui contrôlent le muscle dilatateur de l'iris et le tonus des muscles lisses de la paupière et du globe

oculaire, muscles dont la paralysie entraîne un myosis, un ptôsis et une énophtalmie. La rougeur et la réduction de la sudation sont, de même, le résultat d'une diminution du tonus sympathique des neurones de la colonne intermédio-latérale des segments situés cette fois un peu plus bas (≈T3-T8). Il est clair que les dommages causés à la voie sympathique qui descend dans le tronc cérébral retentissent sur la sudation et sur le tonus vasculaire dans tout l'hémicorps ipsilatéral à la lésion. Toutefois, si les dommages ne concernent, comme c'est ordinairement

le cas, que les efférences des segments thoraciques supérieurs ou le ganglion cervical supérieur, les manifestations du syndrome de Claude Bernard-Horner se limiteront à la tête et au cou. Les causes typiques d'une atteinte de ces sites sont des blessures par arme blanche ou par balle, des traumatismes de la tête et du cou, des tumeurs du sommet du poumon, de la thyroïde ou des ganglions lymphatiques cervicaux.

(A) Caractéristiques principales du tableau clinique du syndrome de Claude-Bernard-Horner. (B) Schéma des voies sympathiques issues de l'hypothalamus et de la formation réticulaire, dont l'interruption entraîne un syndrome de Claude Bernard-Horner. L'atteinte des neurones préganglionnaires de la moelle thoracique haute, du ganglion cervical supérieur ou du tronc sympathique cervical peut également être la cause de ce syndrome (voir également la figure 21.1). Les lignes transversales en pointillés indiquent le niveau des coupes présentées à droite.

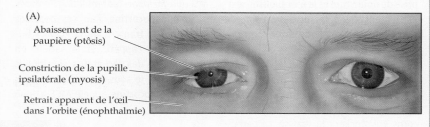

(A)
- Abaissement de la paupière (ptôsis)
- Constriction de la pupille ipsilatérale (myosis)
- Retrait apparent de l'œil dans l'orbite (énophthalmie)

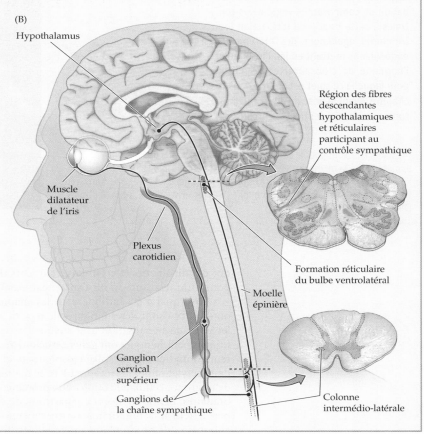

(B)
- Hypothalamus
- Muscle dilatateur de l'iris
- Plexus carotidien
- Ganglion cervical supérieur
- Ganglions de la chaîne sympathique
- Région des fibres descendantes hypothalamiques et réticulaires participant au contrôle sympathique
- Formation réticulaire du bulbe ventrolatéral
- Moelle épinière
- Colonne intermédio-latérale

ENCADRÉ 21C   *L'obésité et le cerveau*

L'obésité et les relations qu'elle entretient avec une longue série de maladies – incluant le diabète, les maladies cardiovasculaires et le cancer – sont devenues une préoccupation majeure de santé publique dans la plupart des pays développés. Si le signe de l'obésité est, à l'évidence, un excès de graisse corporelle, la cause en est, pense-t-on (mais peut-être faudrait-il dire les causes), une régulation anormale de l'appétit et de la satiété par les circuits cérébraux. C'est ce qui rend une réduction de poids si difficile pour beaucoup d'obèses. Aussi, la compréhension des mécanismes nerveux centraux qui régulent la prise de nourriture et le métabolisme est-elle essentielle à la mise au point de stratégies efficaces pour lutter contre ce grave problème.

Le cerveau régule l'appétit et la satiété par une activité nerveuse modulée par des substances chimiques déversées dans la circulation par les tissus adipeux du corps qui stockent la graisse. La participation de composantes végétatives centrales à cette boucle de rétroaction (qui comprend également des mécanismes endocriniens mettant en jeu l'insuline et l'hormone de croissance) est la raison pour laquelle ce sujet est abordé dans ce chapitre. Avant la prise de nourriture, l'estomac sécrète un peptide, la **ghréline**, qui

est vraisemblablement un signal de faim ; après l'ingestion d'aliments, les adipocytes, cellules qui stockent les lipides, sécrètent et déversent dans la circulation la **leptine**, qui constitue sans doute un signal de satiété. Les récepteurs de ces peptides sont rassemblés dans de petits groupes de neurones de l'hypothalamus ventrolatéral et antérieur (voir Encadré 21A), neurones qui en contactent d'autres dans la région du noyau arqué. Ces cellules sensibles à la ghréline et à la leptine modulent l'activité de neurones qui expriment la POMC (le propeptide proopiomélanocortine), et la sécrétion subséquente d'α-MSH (l'α-*Melanocyte Stimulating Hormone* ou α-mélanocortine, l'un des peptides codés par le transcrit de la POMC). L'α-MSH régule l'appétit et la satiété en agissant sur des récepteurs spécifiques (notamment le sous-type de récepteurs de la mélanocortine appelé MCR-4) que

l'on trouve dans d'autres populations de neurones de l'hypothalamus et du tronc cérébral (en particulier dans le noyau du faisceau solitaire) et en faisant intervenir d'autres mécanismes endocriniens, encore mal connus.

Les interactions de la leptine, de la ghréline, de l'α-MSH et des MCR-4 ont été déterminées d'abord sur des modèles animaux. Chez les souris, deux mutations récessives portant sur les gènes *ob* (souris obèses *ob/ob*) et *db* (souris dites à tort « diabétiques » *db/db*) ont été identifiées sur la base d'un poids excessif et de l'incapacité de réguler la prise de nourriture. Après clonage de ces mutations, le gène muté des souris *ob* s'est révélé être le gène de la leptine et le gène *db* celui du récepteur de la leptine. Des mutations des gènes de la POMC (Figure A) et des MCR4 entraînent également l'obésité chez la souris. Les résultats de l'inactivation du

(B)

(A)

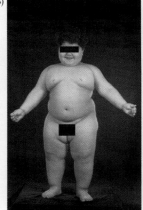
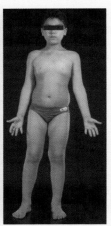

(A) Souris knockout pour le gène codant la POMC et souris de type sauvage appartenant à la même portée. (B) Effet d'un traitement par la leptine chez l'homme. À l'âge de 3 ans, ce sujet pesait 42 kilos (à gauche). À l'âge de 7 ans, après traitement, l'enfant pèse 32 kg (à droite). (A d'après Yaswen et al., 1999 ; B d'après O'Rahilly et al., 2003.)

ont d'ordinaire des effets opposés sur leurs tissus cibles – contraction des muscles lisses pour l'un, relaxation pour l'autre, par exemple.

Ainsi qu'il a été indiqué dans les chapitres 6 et 7, les effets spécifiques de l'ACh ou de la NA sont déterminés par le type de récepteur exprimé dans le tissu cible et par les voies de signalisation aval auxquelles ces récepteurs sont reliés. Les cibles sympathiques périphériques ont généralement dans leur membrane deux sous-classes de récepteurs noradrénergiques, les récepteurs α et β. Comme les récepteurs muscariniques de l'acétylcholine, les récepteurs α et β ainsi que leurs sous-types sont des récepteurs de la surface cellulaire couplés aux protéines G et possédant sept domaines transmembranaires. Les différences de répartition de ces récepteurs dans les cibles sympathiques permettent à la noradrénaline que libèrent les terminaisons sympathiques postganglionnaires de produire une grande diversité d'effets postsynaptiques (Tableau 21.2).

gène de la ghréline sont moins clairs ; cependant, des travaux physiologiques et pharmacologiques montrent que les changements des niveaux de ghréline vont de pair avec une altération de la prise de nourriture et une perte de poids. Les travaux sur la souris fournissent donc un cadre solide dans lequel on peut examiner les mécanismes régulant la prise alimentaire chez l'homme. Malheureusement, leur pertinence à l'égard de l'obésité pathologique humaine est restée obscure jusque tout récemment.

L'analyse génétique d'individus dont l'ascendance présente une obésité extrême (mesurée par les indices de masse corporelle et les rapports poids/taille) a mis en évidence des mutations d'un ou de plusieurs des gènes de la leptine, des récepteurs de la leptine ou des MCR-4. En conséquence, ces personnes ne se sentent pas rassasiées après avoir mangé ; elles n'arrivent donc pas à réguler leur prise de nourriture en utilisant d'autres signaux que la distension, voire la douleur gastrique, et l'osmolalité. On ne sait toujours pas comment ces phénomènes physiopathologiques interviennent dans des degrés moins excessifs d'obésité, mais la question fait l'objet de recherches intenses compte tenu de ses implications pour les conditions normales de contrôle du poids.

Ce que l'on commence à comprendre de la régulation du poids du corps par des circuits hypothalamiques modulés par le feed-back des signaux hormonaux émanant des tissus adipeux a ouvert de nouvelles perspectives aux thérapies pharmacologiques du contrôle pondéral. Alors que des mimétiques de la leptine se sont généralement montrés inefficaces, l'administration directe de leptine à des sujets humains réduit effectivement la prise de nourriture et l'obésité. (Figure B). On s'intéresse beaucoup aujourd'hui aux médicaments qui modulent les signaux que produit l'α-MSH par l'intermédiaire des MCR-4. Bien qu'il n'existe pas encore de thérapeutiques pharmacologiques efficaces, on espère que ces médicaments, combinés à des modifications des comportements alimentaires, viendront à bout de ce problème si difficile à traiter, mais de plus en plus répandu.

Références

Horvath, T.L. et S. Diano (2004), The floating blueprint of hypothalamic feeding circuits. *Nature Rev. Neurosci.*, **5**, 662-667.

O'Rahilly, S., I.S. Farooqi, G.S.H. Yeo et B.G. Challis (2003), Human obesity – lessons from monogenic disorders. *Endocrinology*, **144**, 3757-3764.

Schwartz, M.W., S.C. Woode, D. Porte, R.J. Seely et D.G. Baskin (2000), Central nervous system control of food intake. *Nature*, **404**, 661-671.

Saper, C.B., T.C. Chou et J.K. Elmquist (2002), The need to feed: Homeostatic and hedonic control of eating. *Neuron*, **36**, 199-211.

TABLEAU 21.2 *Liste résumée des types de récepteurs adrénergiques et de leurs effets sur des cibles sympathiques*

Récepteur	Protéine G	Tissu	Réponse
α_1	G_q	Muscles lisses des vaisseaux sanguins, de l'iris, de l'uretère, des poils, de l'utérus, de la vessie	Contraction des muscles lisses
		Muscle cardiaque	Effet inotrope positif ($\beta_1 \gg \alpha_1$)
		Glande salivaire	Sécrétion
		Tissu adipeux	Glycogénolyse, néoglycogénèse
		Glandes sudoripares	Sécrétion
		Rein	Réabsorption du Na^+
α_2	G_i	Tissu adipeux	Inhibition de la lipolyse
		Pancréas	Inhibition de la libération d'insuline
		Muscles lisses des vaisseaux sanguins	Contraction
β_1	G_s	Muscle cardiaque	Effets inotrope et chronotrope positifs
		Tissu adipeux	Lipolyse
		Rein	Libération de rénine
β_2	G_s	Foie	Glycogénolyse, néoglycogénèse
		Muscles squelettiques	Glycogénolyse, libération de lactate
		Muscles lisses des bronches, de l'utérus, de l'intestin, des vaisseaux sanguins	Relâchement
		Pancréas	Inhibe la sécrétion d'insuline
		Glandes salivaires	Épaississement des sécrétions
β_3	G_s	Tissu adipeux	Lipolyse
		Muscles lisses de l'intestin	Modulation de la motilité intestinale

TABLEAU 21.2 *Liste résumée des types de récepteurs cholinergiques et de leurs effets sur des cibles parasympathiques*

Récepteur	Protéine G	Tissu	Réponse
Nicotinique	—	La plupart des cibles parasympathiques (et tous les neurones végétatifs ganglionnaires)	Réponse postsynaptique relativement rapide
Muscarinique (M1)	G_q	Muscles lisses et glandes de l'intestin	Contraction des muscles lisses et sécrétion glandulaire (réponse relativement lente)
Muscarinique (M2)	G_i	Muscle cardiaque et muscles lisses du système cardiovasculaire	Contraction des muscles lisses ; léger effet inotrope sur le muscle cardiaque
Muscarinique (M3)	G_q	Muscles lisses et glandes de toutes les cibles	Contraction des muscles lisses, sécrétion glandulaire

L'ACh que les neurones ganglionnaires parasympathiques libèrent sur les muscles lisses, le muscle cardiaque ou les cellules glandulaires a des effets qui, eux aussi, varient selon les sous-types de récepteurs muscariniques qui se trouvent dans les cibles périphériques (Tableau 21.3). Les deux sous-types principaux sont les récepteurs M1 et M2. Les récepteurs M1 se rencontrent surtout dans l'intestin et les M2 dans le système cardiovasculaire (des récepteurs muscariniques d'une autre sous-classe, les M3, sont présents à la fois dans les muscles lisses et dans les tissus glandulaires). Les récepteurs muscariniques sont couplés à divers mécanismes intracellulaires de transduction du signal, qui modifient les conductances des canaux K^+ et Ca^{2+}. Ils peuvent aussi activer la NO-synthase, qui provoque la libération locale de monoxyde d'azote dans certains tissus cibles des neurones parasympathiques (voir, par exemple, la section relative au contrôle végétatif des fonctions sexuelles).

À la différence des réponses relativement limitées que déclenchent la NA et l'ACh libérées respectivement par les neurones des ganglions sympathiques et parasympathiques, les neurones du système entérique produisent des effets très divers ; ils les doivent à une grande variété de neurotransmetteurs, dont la plupart sont des neuropeptides associés à des groupes cellulaires spécifiques localisés dans les plexus myentériques ou sous-muqueux. Un exposé détaillé de ces agents et de leur rôle sortirait des limites de cet exposé introductif.

Il ne manque pas de fonctions végétatives particulières qui pourraient illustrer en détail les modalités de fonctionnement du système végétatif. Les trois exemples présentés ci-dessous, qui concernent le contrôle des fonctions cardiovasculaires, vésicales et sexuelles, ont été choisis essentiellement à cause de leur importance pour la physiologie humaine et la pratique clinique.

Régulation végétative des fonctions cardiovasculaires

Le système cardiovasculaire est l'objet d'une régulation réflexe précise qui garantit aux différents tissus du corps un approvisionnement adéquat en sang oxygéné dans des conditions extrêmement variées. La surveillance sensorielle qu'exige ce processus homéostasique capital porte principalement sur des données mécaniques (du domaine de la *barosensibilité*) concernant la pression dans le système artériel et, secondairement, sur des données chimiques (du domaine de la *chémosensibilité*) concernant le niveau d'oxygène et de gaz carbonique dans le sang. Ce sont les informations de ces détecteurs qui détermineront les actions de contrôle cardiovasculaire des systèmes sympathique et parasympathique.

Les mécanorécepteurs (appelés barorécepteurs) sont localisés dans le cœur et dans les gros vaisseaux sanguins (notamment dans un renflement situé à l'origine de la carotide interne et appelé sinus carotidien). Les chémorécepteurs se trouvent dans le glomus carotidien, petit corpuscule hautement spécialisé situé à la bifurcation de chaque carotide primitive (il en existe aussi quelques-uns dans l'aorte). Les terminaisons nerveuses des barorécepteurs sont activées par la déformation des fibres élastiques des parois vasculaires lors de leur distension ou de leur contraction. Les chémorécepteurs des glomus carotidiens et de l'aorte répondent directement à la pression partielle d'oxygène et de dioxyde de carbone dans le sang. Les afférences baro- et chémoceptives issues du sinus et du glomus carotidiens empruntent, dans leur trajet centripète, le nerf glossopharyngien (IX) ; celles qui proviennent de l'aorte ou du cœur empruntent le nerf vague (X). Toutes se terminent dans le noyau du faisceau solitaire, qui relaie

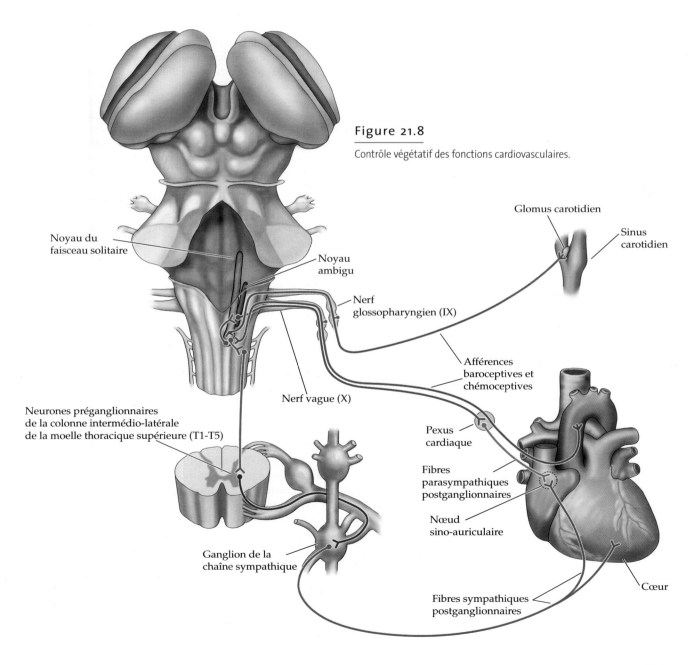

Figure 21.8

Contrôle végétatif des fonctions cardiovasculaires.

leurs informations vers l'hypothalamus et vers les centres végétatifs de la formation réticulaire (Figure 21.8).

Les messages sensoriels concernant les changements de la pression artérielle ou des niveaux des gaz du sang modulent de façon réflexe l'activité des voies motrices végétatives et, en dernier ressort, celle des muscles lisses, du muscle cardiaque ou de quelques autres structures spécialisées. Une hausse de la pression artérielle, par exemple, active les barorécepteurs qui, par les voies qu'illustre la figure 21.8, vont inhiber l'activité tonique des neurones sympathiques préganglionnaires de la moelle. Parallèlement, l'augmentation de pression stimule l'activité des neurones parasympathiques préganglionnaires du noyau moteur dorsal du vague et du noyau ambigu qui dépriment la fréquence cardiaque. Les chémorécepteurs carotidiens ont également une certaine influence, mais moindre que celle des barorécepteurs.

Suite au nouvel équilibre entre l'activité sympathique et l'activité parasympathique, la stimulation du pacemaker cardiaque du nœud sino-auriculaire (ou nœud sinusal de Keith et Flack) et de la musculature cardiaque par l'innervation postganglionnaire sympathique noradrénergique se trouve réduite (effet que facilitent la libération moins importante de catécholamines par la médullosurrénale et la réduction des influences sympathiques vasoconstrictrices s'exerçant sur les vaisseaux périphériques). Simultanément, l'activation de l'innervation parasympathique cholinergique du cœur diminue la fréquence de décharge du pacemaker sinusal et ralentit le système de conduction ventriculaire. Ces influences parasympathiques sont dues à une série de ganglions parasympathiques situés dans le cœur ou à son voisinage et qui libèrent de l'acétylcholine sur les cellules du pacemaker cardiaque et sur les fibres musculaires cardiaques. Le résultat combiné de ces influences sympathiques et parasympathiques est un ralentissement du rythme cardiaque, une réduction de l'efficacité des contractions du myocarde auriculaire et ventriculaire et une baisse de la pression artérielle due à la dilatation des artérioles périphériques.

À l'inverse, une baisse de la pression artérielle, telle qu'il peut s'en produire à la suite d'une hémorragie, a des effets opposés : elle inhibe l'activité parasympathique et augmente l'activité sympathique. En conséquence, les terminaisons sympathiques postganglionnaires libèrent de la noradrénaline, qui accélère l'activité du pacemaker cardiaque et augmente la contractilité cardiaque ; en même temps, la libération de catécholamines par la médullosurrénale s'accroît (ce qui augmente plus encore ces effets ainsi que d'autres activités sympathiques qui rendent plus efficace la réponse à cette situation menaçante). La noradrénaline libérée par les terminaisons des fibres sympathiques agit également sur les muscles lisses des artérioles pour augmenter le tonus des vaisseaux périphériques, notamment ceux de la peau, des tissus sous-cutanés et des muscles ; ceci a pour effet de rediriger le sang de ces tissus vers les organes qui ont le plus besoin d'oxygène et de métabolites pour continuer à être opérationnels (le cerveau, le cœur et les reins dans l'exemple de l'hémorragie). Si ces réponses réflexes sympathiques n'arrivent pas à faire remonter suffisamment la pression artérielle (auquel cas le patient est dit en état de choc), ces organes commencent à lâcher, souvent de façon catastrophique.

Se mettre debout est un cas plus banal où une réponse réflexe végétative à une chute de pression artérielle est exigée. Lorsqu'on est à plat ventre et qu'on se lève brusquement, il se produit un transfert d'environ 300-800 millilitres de sang du thorax et de l'abdomen vers les jambes, qui provoque une diminution marquée (d'environ 40 %) du débit cardiaque. L'ajustement à cette chute normale de pression artérielle (appelée *hypotension orthostatique*) doit se faire rapidement et efficacement, comme le montrent les étourdissements que l'on ressent parfois dans cette situation. Des personnes en bonne santé peuvent même perdre brièvement connaissance à la suite de cette accumulation de sang aux extrémités, cause ordinaire des évanouissements observés chez celles qui restent immobiles pendant de longues périodes.

L'innervation sympathique du cœur a son origine dans les neurones préganglionnaires de la colonne intermédio-latérale de la moelle, qui s'étend à peu près sur les cinq premiers segments thoraciques (voir Tableau 21.1). Les motoneurones végétatifs primaires se trouvent tout près, dans les ganglions thoraciques paravertébraux et prévertébraux du plexus cardiaque. Quant à l'innervation parasympathique, nous avons vu que les neurones préganglionnaires sont dans le noyau moteur dorsal du vague et dans le noyau ambigu et qu'ils projettent sur les ganglions parasympathiques situés à l'intérieur ou autour du cœur et des grands vaisseaux.

Régulation végétative de la vessie

La régulation végétative de la vessie est un bon exemple de l'interaction entre le système moteur volontaire (la miction est normalement sous contrôle volontaire) et les divisions sympathique et parasympathique du système végétatif qui fonctionnent de manière involontaire. Il n'y a là rien d'étonnant étant donné que pour beaucoup de mammifères, le fait d'uriner (et de déféquer) les met dans une situation où les risques d'attaque sont accrus tandis que se trouve réduite la possibilité de répondre immédiatement par le combat ou par la fuite. De plus, l'urine contient, chez beaucoup de mammifères, des signaux chimiques qui interviennent dans des comportements sociaux complexes. Le contrôle nerveux de la vessie implique donc la coordination des processus végétatifs, somatiques et cognitifs qui favorisent ou inhibent la miction.

L'organisation de l'innervation afférente et efférente de la vessie est schématisée dans la figure 21.9A. Le contrôle parasympathique de la musculature vésicale, dont la contraction permet de vider la vessie, a son origine dans les neurones des segments sacrés de la moelle (S2–S4) qui s'articulent avec les motoneurones parasympathiques situés dans la paroi vésicale ou à son voisinage. L'innervation sympathique de la vessie émane des segments thoraciques inférieurs et lombaires supérieurs de la moelle

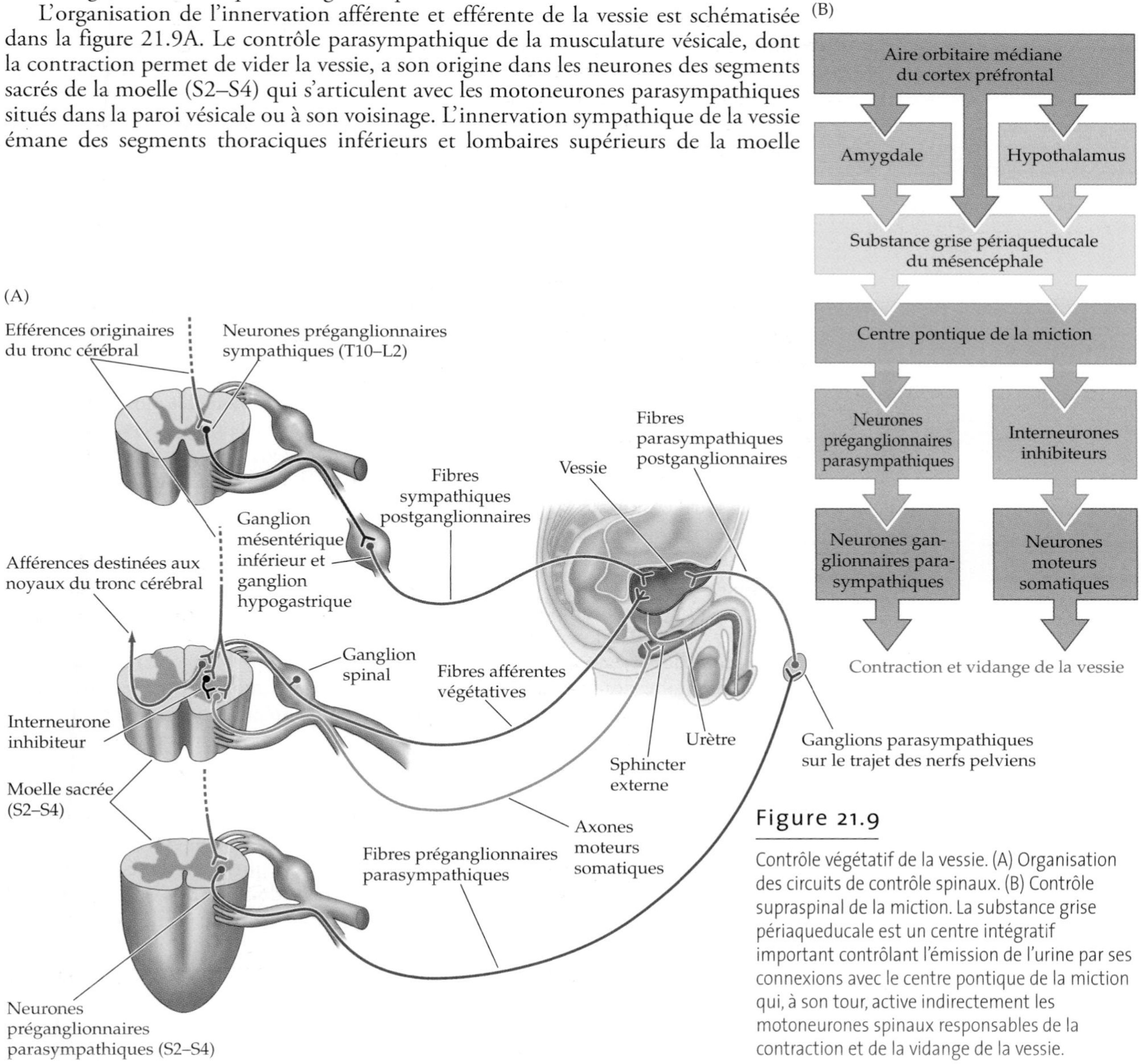

Figure 21.9

Contrôle végétatif de la vessie. (A) Organisation des circuits de contrôle spinaux. (B) Contrôle supraspinal de la miction. La substance grise périaqueducale est un centre intégratif important contrôlant l'émission de l'urine par ses connexions avec le centre pontique de la miction qui, à son tour, active indirectement les motoneurones spinaux responsables de la contraction et de la vidange de la vessie.

(T10–L2) ; les fibres préganglionnaires gagnent les neurones moteurs primaires du ganglion mésentérique inférieur et des ganglions du plexus pelvien (appelé également plexus hypogastrique inférieur). Les fibres postganglionnaires issues de ces ganglions empruntent les nerfs hypogastrique et pelvien jusqu'à la vessie ; leur activité provoque la fermeture du sphincter interne de la vessie (des fibres sympathiques postganglionnaires innervent également les vaisseaux sanguins de la vessie ainsi que, chez les individus mâles, les fibres musculaires lisses de la prostate). L'activation de cette voie, en réponse à une légère augmentation de la pression vésicale due à l'accumulation d'urine, entraîne donc la fermeture du sphincter interne et inhibe la musculature pariétale de la vessie, permettant ainsi à cette dernière de se remplir. Simultanément, la légère distension de la vessie inhibe l'activité parasympathique (qui, autrement, provoquerait la contraction de la vessie et laisserait s'ouvrir le sphincter interne).

La branche afférente de ce réflexe comprend les mécanorécepteurs de la vessie, dont les informations sont transmises aux neurones de deuxième ordre situés dans la corne dorsale de la moelle. En plus de leurs connexions locales avec les circuits intraspinaux, ces neurones projettent sur les centres intégratifs supérieurs de la substance grise périaqueducale du mésencéphale. Cette région mésencéphalique (également impliquée dans le contrôle descendant de la douleur ; voir Chapitre 10) reçoit des afférences en provenance de l'hypothalamus, de l'amygdale et de la région orbitaire médiane du cortex préfrontal. Ces structures du cerveau antérieur participent aux réseaux limbiques qui évaluent le risque et l'importance émotionnelle des indices contextuels (voir Chapitre 29) ; s'agissant du remplissage de la vessie, ils signalent quand il est sans danger et socialement convenable d'uriner.

Lorsque la vessie est pleine, l'activité parasympathique augmente tandis que l'activité sympathique diminue, ce qui entraîne une contraction de la vessie et un relâchement du muscle sphincter interne. Dans cette situation, l'urine est retenue par l'innervation motrice volontaire (somatique) du muscle sphincter externe de la vessie. Le contrôle volontaire du sphincter externe met en jeu les motoneurones α de la corne ventrale de la moelle sacrée (segments S2–S4), qui provoquent la contraction des fibres musculaires striées du sphincter. Pendant le remplissage de la vessie (et, ensuite, jusqu'à ce que les circonstances permettent d'uriner) ces neurones sont actifs, maintenant le sphincter externe fermé et empêchant la vessie de se vider (les cliniciens parlent de *vidange* de la vessie). Pendant la miction, cette activité tonique est momentanément inhibée, en sorte que le sphincter externe se relâche. Normalement, ceci n'est possible que lorsque les signaux intégratifs issus de la substance grise périaqueducale activent un ensemble de neurones prémoteurs situés dans la formation réticulaire pontique et connus sous le nom de «centre pontique de la miction» (ou noyau de Barrington). Le centre pontique de la miction projette sur les neurones préganglionnaires parasympathiques et sur des interneurones inhibiteurs de la moelle sacrée ; le résultat net est une augmentation de l'activité parasympathique (renforçant la contraction de la paroi de la vessie) et une inhibition des motoneurones α somatiques innervant le muscle sphincter externe (qui permet la vidange de la vessie ; voir Figure 21.9B). La miction résulte donc de l'activité coordonnée des neurones parasympathiques sacrés et de l'inactivité temporaire des motoneurones α du système de la motricité somatique. Cette coordination est gouvernée en dernier ressort par l'intégration d'indices sensoriels végétatifs, émotionnels, sociaux et contextuels.

Remarque importante, les patients paraplégiques ou ceux qui, pour une raison ou une autre, ont perdu le contrôle descendant de la moelle sacrée, continuent à présenter une régulation végétative réflexe des fonctions vésicales. Malheureusement, en l'absence de contrôles descendants, ce réflexe est peu efficace et il en résulte pour ces patients toute une série de problèmes. La principale difficulté vient de ce que la vessie se vide incomplètement, ce qui entraîne fréquemment des infections urinaires chroniques, dues au milieu de culture que constitue l'urine non évacuée, et exige la pose d'une sonde à demeure pour garantir un drainage adéquat. Les affections de l'appareil urinaire constituent d'ailleurs la deuxième cause de mortalité des patients ayant une lésion de la moelle épinière. Chez d'autres personnes ayant une incontinence d'urgence ou des troubles liés à l'hyperactivité du muscle de la vessie, le problème vient de l'absence «d'avertissement». Les données de plus en plus abondantes résultant de l'étude fonctionnelle et structurale du cerveau de ces personnes mettent en cause des lésions ou des dysfonctionnements perturbant l'action intégrative de la substance grise périaqueducale et le contrôle qu'elle exerce sur le centre pontique de la miction.

Régulation végétative des fonctions sexuelles

Tout comme le contrôle de la vessie, les réponses sexuelles mettent en jeu l'activité coordonnée des systèmes somatique, sympathique et parasympathique. Bien qu'il y ait des différences de détail entre les réflexes de chaque sexe, les similitudes de base permettent de les considérer ensemble, aussi bien dans l'espèce humaine que, plus généralement, chez tous les mammifères. Les effets végétatifs en cause comprennent : 1) la commande de la dilatation des vaisseaux responsables de l'érection du pénis ou du clitoris ; 2) la stimulation des sécrétions de la prostate ou du vagin ; 3) la contraction de la musculature lisse du canal déférent durant l'éjaculation ou les contractions rythmiques du vagin durant l'orgasme chez la femelle ; 4) la contraction des muscles somatiques pelviens durant l'orgasme dans les deux sexes.

Comme le tractus urinaire, les organes reproducteurs reçoivent une innervation parasympathique préganglionnaire de la moelle sacrée, une innervation sympathique préganglionnaire des segments thoraciques inférieurs et lombaires supérieurs de la moelle et une innervation somatomotrice en provenance des motoneurones α de la moelle sacrée (Figure 21.10). La voie parasympathique sacrée qui contrôle les organes sexuels mâles ou femelles a son origine dans les segments S2–S4 ; elle emprunte les nerfs splanchniques pelviens pour atteindre les ganglions parasympathiques puis les différents organes cibles. L'activité des neurones postganglionnaires provoque la dilatation des artères péniennes et clitoridiennes ainsi qu'un relâchement parallèle des muscles

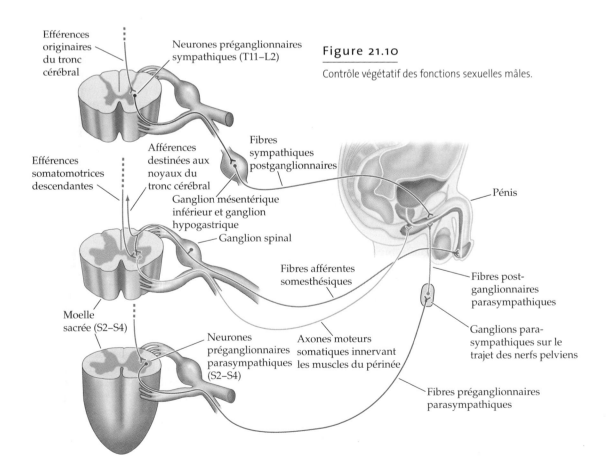

Figure 21.10

Contrôle végétatif des fonctions sexuelles mâles.

lisses des sinus veineux provoquant une expansion des espaces caverneux. Il en résulte un afflux de sang dans les tissus érectiles, dont le volume et la pression augmentent, ce qui constitue l'érection. Le neuromédiateur intervenant dans le relâchement des muscles lisses n'est pas l'acétylcholine (comme c'est le cas dans la plupart des actions parasympathiques postganglionnaires) mais le monoxyde d'azote (voir Chapitre 7). Le sildénafil, médicament plus connu sous le nom de Viagra®, agit en inhibant la PDE-5, principale phosphodiestérase (PDE) exprimée dans les tissus érectiles, ce qui entraîne une augmentation de la concentration intracellulaire de GMP cyclique. Ce second messager intervient dans l'activité du NO endogène ; les inhibiteurs de la PDE-5 augmentent ainsi le relâchement des sinus veineux et provoquent l'érection chez les individus de sexe masculin atteints de troubles de l'érection. L'activité parasympathique fournit également des commandes excitatrices au canal déférent, aux vésicules séminales ainsi qu'à la prostate, chez les mâles, et aux glandes vaginales, chez les femelles.

À l'inverse, l'activité sympathique provoque une vasoconstriction et une perte de l'érection. La voie sympathique lombaire destinée aux organes génitaux a son origine dans les segments thoraco-lombaires T11–L2 ; elle gagne ses organes cibles par les ganglions correspondants de la chaîne sympathique, puis par les ganglions mésentérique inférieur et hypogastrique, comme dans le cas du contrôle de la vessie.

Les messages sensoriels déclenchés par une stimulation génitale sont transmis aux centres par des fibres sensitives somatiques passant par les racines dorsales S2–S4 et aboutissent dans le cortex somesthésique. Ils peuvent également déclencher une excitation sexuelle ne mettant en jeu que des réflexes segmentaires, comme on peut le constater chez les paraplégiques ; ces effets réflexes consistent en une augmentation de l'activité parasympathique qui provoque, comme il a été dit, un relâchement des muscles de la paroi des sinus veineux conduisant à l'érection.

Il existe aussi dans les réflexes sexuels une composante somatique qui fait intervenir les motoneurones α de la moelle lombaire et sacrée. Ces motoneurones innervent le muscle bulbocaverneux et les ischiocaverneux, actifs au cours de l'éjaculation chez les mâles et responsables, dans les deux sexes, des contractions des muscles du périnée lors de l'orgasme.

Au niveau des centres supraspinaux, les fonctions sexuelles sont régies par les zones antéro-médianes et tubéro-médianes de l'hypothalamus où se trouvent divers noyaux impliqués dans les contrôles végétatifs et dans les comportements reproducteurs (voir Encadré 21A). Quoique encore mal connus, ces noyaux servent de centres d'intégration des réponses sexuelles et l'on estime qu'ils interviennent aussi dans des aspects plus complexes de la sexualité, comme la préférence sexuelle ou l'identification sexuelle (voir Chapitre 30). Les noyaux hypothalamiques impliqués reçoivent des afférences de plusieurs aires cérébrales dont, bien sûr, les structures corticales et sous-corticales impliquées dans l'émotion, les circuits de récompense et la mémoire (voir Chapitres 29 et 31).

Résumé

Les ganglions sympathiques et parasympathiques, qui contiennent les neurones végétatifs primaires innervant les muscles lisses, le muscle cardiaque et les glandes, sont contrôlés par des neurones préganglionnaires situés dans la moelle épinière et dans le tronc cérébral. Les neurones sympathiques préganglionnaires dont les neurones des ganglions sympathiques reçoivent leurs commandes, sont situés dans les segments thoraciques et lombaires supérieurs de la moelle ; les neurones préganglionnaires parasympathiques se trouvent par contre dans le tronc cérébral et dans la moelle sacrée. Les neurones postganglionnaires sympathiques se répartissent dans les ganglions paravertébraux de la chaîne sympathique latérale ainsi que dans les ganglions prévertébraux, tandis que les neurones moteurs parasympathiques sont distribués plus largement dans des ganglions situés à l'intérieur des organes qu'ils contrôlent ou à leur voisinage. Les systèmes sympathique et parasympathique contribuent la plupart du temps à l'innervation des mêmes organes cibles, sur lesquels ils exercent des effets généralement antagonistes. Les différentes fonctions végétatives mettent en jeu plusieurs types de récepteurs des deux neurotransmetteurs principaux des neurones postganglionnaires, la noradrénaline pour le système sympathique et l'acétylcholine pour le système para-sympathique. Le système végétatif est régulé tout d'abord par les rétroactions senso-rielles transmises par les neurones des ganglions spinaux et des ganglions sensitifs des nerfs crâniens, qui forment des connexions réflexes locales dans la moelle et le tronc cérébral et qui projettent sur le noyau du faisceau solitaire dans le tronc cérébral. Il est aussi régulé par des voies descendant de l'hypothalamus et du tegmentum du tronc cérébral, où se trouvent les principaux centres de contrôle du système végétatif (et plus généralement de l'homéostasie). L'importance du contrôle végétatif d'organes tels que le cœur, la vessie ou les organes génitaux ainsi que les divers modes pharmacologiques de modulation des fonctions végétatives font du système nerveux autonome un thème central de la médecine clinique.

Lectures complémentaires

Revues

ANDERSSON, K.-E. et G. WAGNER (1995), Physiology of penile erection. *Physiol. Rev.*, **75**, 191-236.

BROWN, D.A., F.C. ABOGADIE, T.G. ALLEN, N.J. BUCKLEY, M.P. CAULFIELD, P. DELMAS, J.E. HALEY, J.A. LAMAS et A.A. SELYANKO (1997), Muscarinic mechanisms in nerve cells. *Life Sciences*, **60 (13-14)**, 1137-1144.

COSTA, M. et S.J.H. BROOKES (1994), The enteric nervous system. *Am. J. Gastroenterol.*, **89**, S129-S137.

DAMPNEY, R.A.L. (1994), Functional organization of central pathways regulating the cardiovascular system. *Physiol. Rev.*, **74**, 323-364.

GERSHON, M.D. (1981), The enteric nervous system. *Annu. Rev. Neurosci.*, **4**, 227-272.

MUNDY, A.R. (1999), Structure and function of the lower urinary tract. In *Scientific Basis of Urology*. A.R. Mundy, J.M. Fitzpatrick, D.E. Neal, and N.J.R. George (eds.). Oxford, Isis Medical Media, 217-242.

PATTON, H.D. (1989), The autonomic nervous system. In *Textbook of Physiology: Excitable Cells and Neurophysiology*, Vol. 1, Section VII: Emotive Responses and Internal Milieu, H.D. Patton, A.F. Fuchs, B. Hille, A.M. Scher, and R. Steiner (eds.). Philadelphia, Saunders, 737-758.

PRYOR, J.P. (1999), Male sexual function. In *Scientific Basis of Urology*. A.R. Mundy, J.M. Fitzpatrick, D.E. Neal, and N.J.R. George (eds.). Oxford, Isis Medical Media, 243-255.

Articles originaux importants

JANSEN, A.S.P., X.V. NGUYEN, V. KARPITSKIY, T.C. METTENLEITER et A.D. LOEWY (1995), Central command neurons of the sympathetic nervous system: Basis of the fight or flight response. *Science*, **270**, 644-646.

LANGLEY, J.N. (1894), The arrangement of the sympathetic nervous system chiefly on observations upon pilo-erector nerves. *J. Physiol. (Lond.)*, **15**, 176-244.

LANGLEY, J.N. (1905), On the reaction of nerve cells and nerve endings to certain poisons chiefly as regards the reaction of the striated muscle to nicotine and to curare. *J. Physiol. (Lond.)*, **33**, 374-413.

LICHTMAN, J.W., D. PURVES et J.W. YIP (1980), Innervation of sympathetic neurones in the guinea-pig thoracic chain. *J. Physiol.*, **298**, 285-299.

RUBIN, E. et D. PURVES (1980), Segmental organization of sympathetic preganglionic neurons in the mammalian spinal cord. *J. Comp. Neurol.*, **192**, 163-174.

Ouvrages

APPENZELLER, O. (1997), *The Autonomic Nervous System: An Introduction to Basic and Clinical Concepts*. 5th Ed. Amsterdam, Elsevier Biomedical Press.

BLESSING, W.W. (1997), *The Lower Brainstem and Bodily Homeostasis*. New York, Oxford University Press.

BRADING, A. (1999), *The Autonomic Nervous System and Its Effectors*. Oxford, Blackwell Science.

BURNSTOCK, G. et C.H.V. HOYLE (1995), *The Autonomic Nervous System*, Vol. I: *Autonomic Neuroeffector Mechanism*. London, Harwood Academic.

CANNON, W.B. (1932), *The Wisdom of the Body*. New York, Norton.

FURNESS, J.B. et M. COSTA (1987), *The Enteric Nervous System*. Edinburgh, Churchill Livingstone.

GABELLA, G. (1976), *Structure of the Autonomic Nervous System*. London, Chapman and Hall.

LANGLEY, J.N. (1921), *The Autonomic Nervous System*. Cambridge, England, Heffer & Sons.

LOEWY, A.D. et K.M. SPYER (EDS.) (1990), *Central Regulation of Autonomic Functions*. New York, Oxford University Press.

PICK, J. (1970), *The Autonomic Nervous System: Morphological, Comparative, Clinical and Surgical Aspects*. Philadelphia, J.B. Lippincott Company.

RANDALL, W.C. (ED.) (1984), *Nervous Control of Cardiovascular Function*. New York, Oxford University Press.

LE CERVEAU QUI CHANGE IV

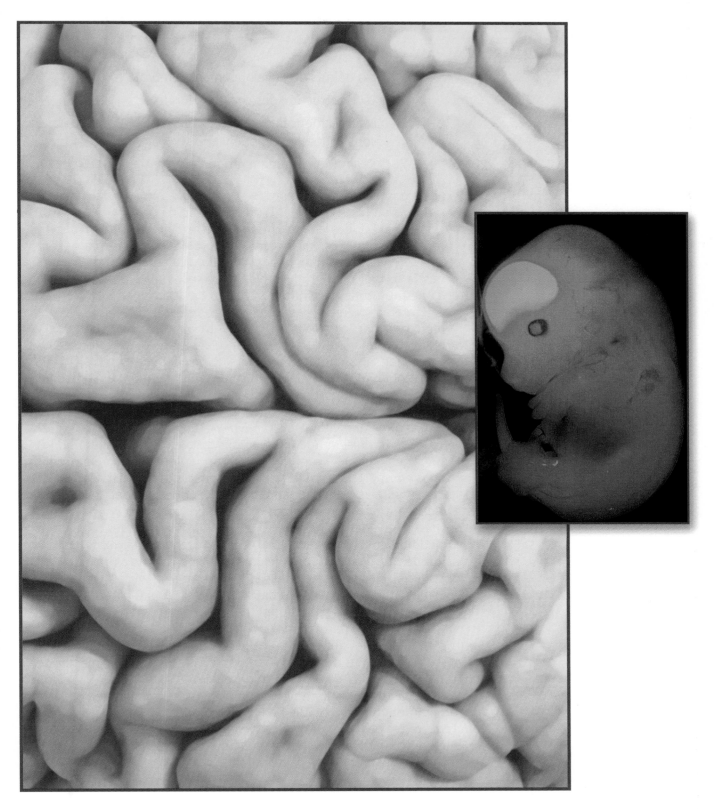

QUATRIÈME PARTIE *Le cerveau qui change*

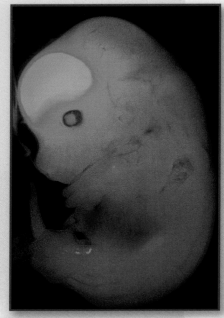

Embryon de souris illustrant l'expression du facteur de transcription Sox2, que l'on ne trouve que dans les cellules précurseurs neurales (cellules souches) du cerveau embryonnaire de mammifère. Dans le cas de cet animal, un gène rapporteur codant la protéine à fluorescence verte a été introduit par recombinaison homologue dans le locus de *Sox2* et, à ce stade du développement, les cellules précurseurs neurales du cerveau antérieur sont fortement marquées par la fluorescence. (Gracieusement communiqué par S. Hutton et L. Pevny)

Nous nous considérons comme la même personne tout au long de notre existence et pourtant, durant la vie d'un individu, l'état du cerveau subit des changements spectaculaires du point de vue tant fonctionnel que structural. Le développement initial du système nerveux implique la genèse et la différenciation des neurones, la formation de trajets axoniques spécifiques et l'élaboration d'une multitude de synapses. Chacun de ces événements dépend de l'interaction entre des signaux sécrétés, leurs récepteurs et des régulateurs de la transcription ainsi que de molécules d'adhérence et de reconnaissance déterminant la nature, la position et les connexions des neurones en cours de développement. Les circuits qui se mettent en place lors de ces processus interviennent ensuite dans une multitude de comportements de plus en plus complexes. Après la naissance, les expériences de chaque individu – mais aussi les mécanismes moléculaires dépendant de l'activité, grâce auxquels les effets de l'expérience se traduisent en modifications de la croissance neuronale et de l'expression génique – continuent à façonner les circuits neuraux, les répertoires comportementaux qu'ils régissent et, en dernier ressort, les aptitudes cognitives. Ces changements sont les plus prononcés au début de la vie, durant des fenêtres de développement appelées périodes critiques. Mais, jusque dans l'âge mûr, les connexions synaptiques continuent de se modifier à mesure que s'accumulent souvenirs et savoir-faire nouveaux, tandis que d'autres, plus anciens, s'effacent ; même alors, certaines régions spécialisées sont encore le siège d'une neurogénèse. Certains des mécanismes utilisés dans les premiers stades du développement subsistent manifestement et s'adaptent pour participer aux modifications que le cerveau connaît en permanence.

Enfin, comme tous les autres organes, le cerveau est sujet à des maladies et à des traumatismes qui demandent l'intervention de mécanismes de réparation ; les capacités de réparation et de régénération du cerveau adulte restent toutefois limitées. Des maladies comme la sclérose latérale amyotrophique, la maladie de Parkinson ou la maladie d'Alzheimer reflètent toutes des altérations pathologiques de processus qui, normalement, contribuent au développement neuronal et, ultérieurement, à l'entretien et aux modifications des circuits neuraux.

chapitre 22

Les débuts
du développement cérébral

Vue d'ensemble

L'architecture compliquée du cerveau adulte est le produit d'instructions génétiques, d'interactions cellulaires et, pour finir, d'échanges entre l'enfant qui grandit et le monde extérieur. Le développement précoce du système nerveux est dominé par des événements antérieurs à la formation des synapses et qui sont, de ce fait, indépendants de toute activité électrique. Il s'agit notamment de la mise en place du système nerveux primordial au cours des premiers stades de l'embryogénèse, de la formation initiale des neurones à partir de cellules précurseurs indifférenciées, de la formation des grandes régions du cerveau et de la migration des neurones depuis leur site de production jusqu'à leur emplacement définitif. Ces processus préparent le terrain à la formation ultérieure des trajets axoniques et des connexions synaptiques. La défaillance d'un seul de ces processus – à cause d'une mutation génétique, d'une maladie, de l'exposition à des drogues ou à des produits chimiques – peut conduire au désastre. De fait, la plupart des malformations cérébrales congénitales étudiées de façon approfondie sont dues à des interférences avec les programmes normaux du développement neuronal indépendant de l'expérience. Avec l'arrivée de nouvelles et puissantes techniques, on commence à élucider les mécanismes cellulaires et moléculaires de ces événements extraordinairement complexes.

La formation initiale du système nerveux :
gastrulation et neurulation

Les cellules qui donneront le système nerveux s'individualisent à un stade très précoce de la formation de l'embryon des vertébrés, en même temps que se mettent en place les axes fondamentaux du corps : l'axe antéro-postérieur, l'axe dorso-ventral et l'axe médio-latéral. Cette architecture primitive repose sur le processus de **gastrulation**. La gastrulation commence par l'invagination d'un lot de cellules d'un embryon qui n'est encore formé que d'une seule couche de cellules. Au terme de la gastrulation, l'embryon comportera trois **feuillets** cellulaires primitifs : un feuillet externe ou **ectoderme**, un feuillet intermédiaire ou **mésoderme** et un feuillet interne ou **endoderme**. La position du mésoderme et de l'endoderme, qui s'invaginent au cours de la gastrulation, détermine la ligne médiane ainsi que les axes antéro-postérieur et dorso-ventral de tous les embryons de vertébrés.

L'une des conséquences majeures de la gastrulation est la formation de la **corde dorsale** (ou notochorde), cylindre individualisé de cellules mésodermiques s'étendant, au niveau de la ligne médiane, du milieu de la partie antérieure de l'embryon jusqu'à son extrémité postérieure. La corde se forme à partir d'une masse mésodermique qui s'invagine et s'étend vers l'intérieur à partir d'une dépression superficielle située au centre du nœud de Hensen, la **fossette primitive**, qui va s'allonger pour former la **ligne primitive**. Il résulte des mouvements cellulaires de la gastrulation, que la corde se trouve déterminer la ligne médiane de l'embryon, principal axe de symétrie du corps. L'ectoderme situé juste au-dessus de la corde et qu'on appelle **neurectoderme** donnera la totalité du système nerveux. La notochorde elle-même n'est toutefois qu'une structure transitoire qui disparaît quand s'achève le développement précoce.

En plus de son rôle dans la spécification de la topographie embryonnaire de base et dans la détermination de la position du système nerveux, la corde dorsale est indispensable à la différenciation nerveuse ultérieure (Figure 22.1). La corde (de même que la fossette primitive) envoie à l'ectoderme situé au-dessus d'elle des **signaux inducteurs** qui amènent une fraction des cellules ectodermiques à se différencier en cellules précurseurs du tissu nerveux. Durant ce processus, appelé **neurulation**, l'ectoderme de la ligne médiane où se trouvent ces cellules s'épaissit en une colonne épithéliale individualisée, la **plaque neurale**. Les bords latéraux de la plaque neurale commencent alors à se replier vers l'intérieur transformant progressivement la plaque neurale en un tube. C'est de cette structure, le **tube neural**, que dériveront par la suite le cerveau et la moelle épinière.

Les cellules qui constituent les progéniteurs du tube neural sont appelées **cellules précurseurs neurales**. Ces précurseurs sont des cellules souches neurales qui se divisent et qui produisent d'autres précurseurs en nombre accru, tous capables de se différen-

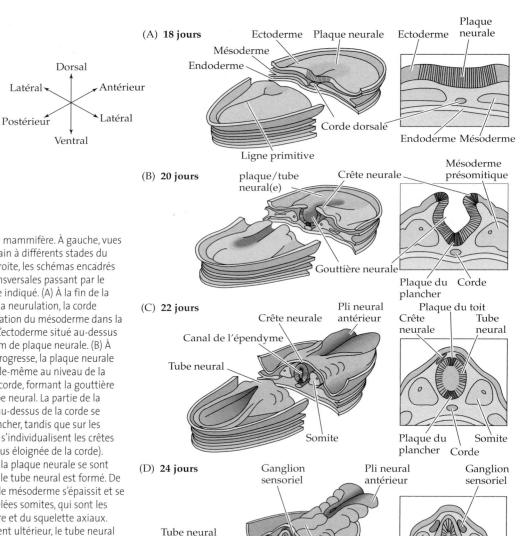

Figure 22.1

Neurulation de l'embryon de mammifère. À gauche, vues dorsales d'un embryon humain à différents stades du développement précoce. À droite, les schémas encadrés représentent des coupes transversales passant par le milieu d'un embryon de l'âge indiqué. (A) À la fin de la gastrulation et au début de la neurulation, la corde dorsale se forme par invagination du mésoderme dans la région de la ligne primitive. L'ectoderme situé au-dessus de la corde prend alors le nom de plaque neurale. (B) À mesure que la neurulation progresse, la plaque neurale commence à se replier sur elle-même au niveau de la ligne médiane contiguë à la corde, formant la gouttière neurale et, finalement, le tube neural. La partie de la plaque neurale située juste au-dessus de la corde se différencie en plaque du plancher, tandis que sur les rebords de la plaque neurale s'individualisent les crêtes neurales (dans la région la plus éloignée de la corde). (C) Une fois que les bords de la plaque neurale se sont soudés sur la ligne médiane, le tube neural est formé. De chaque côté du tube neural, le mésoderme s'épaissit et se subdivise en structures, appelées somites, qui sont les précurseurs de la musculature et du squelette axiaux. (D) Au cours du développement ultérieur, le tube neural situé près des somites forme l'ébauche de la moelle épinière, les crêtes neurales donnant naissance aux ganglions spinaux et aux ganglions végétatifs (éléments principaux du système nerveux périphérique). Enfin, les extrémités antérieures du tube neural (plis neuraux antérieurs) se rejoignent sur la ligne médiane et continuent à s'étendre pour donner naissance au cerveau.

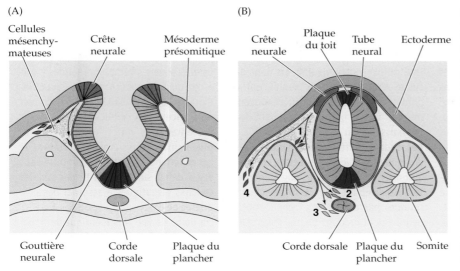

(A)

Cellules mésenchymateuses • Crête neurale • Mésoderme présomitique

Gouttière neurale • Corde dorsale • Plaque du plancher

(B)

Crête neurale • Plaque du toit • Tube neural • Ectoderme

Corde dorsale • Plaque du plancher • Somite

Figure 22.2

Les crêtes neurales. (A) Schéma d'une coupe transversale d'un embryon de mammifère à un stade de développement correspondant à celui de la figure 22.1B. Les crêtes neurales s'individualisent en fonction de leur position à la frontière entre l'épiderme embryonnaire et le neurectoderme. Les flèches indiquent l'itinéraire initial de la migration des cellules indifférenciées des crêtes neurales. (B) Les crêtes neurales suivent quatre voies de migration différentes conduisant à la différenciation de structures et de types cellulaires distincts. Les cellules qui empruntent les voies numérotées 1 et 2 donnent respectivement naissance aux ganglions sensoriels et aux ganglions sympathiques. Les précurseurs des cellules neurosécrétrices de la médullosurrénale empruntent la voie de migration n° 3 et finissent par se regrouper autour de la partie dorsale du rein. Les cellules destinées à former des tissus non nerveux (les mélanocytes, par exemple) empruntent la voie n° 4. Chaque voie offre des possibilités d'interaction avec différentes sortes d'environnements cellulaires dont les cellules migrantes reçoivent des signaux inducteurs (voir Figure 22.12). (D'après Sanes, 1989.)

cier en neurones, astrocytes ou oligodendrocytes (Encadré 22A). Finalement des sous-ensembles de ces cellules précurseurs neurales vont donner des **neuroblastes** qui ne se divisent plus et se différencient en neurones. Les cellules du tube neural ne sont cependant pas toutes des cellules précurseurs neurales. Les cellules situées sur la ligne médiane ventrale du tube neural se différencient en une bande de cellules de type épithélial appelée **plaque du plancher** (à cause de sa proximité par rapport à la corde), qui constitue une source de signaux moléculaires spécifiant la nature des neuroblastes. La position ventrale médiane de la plaque du plancher détermine la polarité du tube neural et continue d'influencer la différenciation des cellules précurseurs neurales. Les signaux inducteurs en provenance de la plaque du plancher et de la corde entraînent une différenciation des cellules de la partie ventrale du tube neural aboutissant à la formation des motoneurones spinaux et bulbo-pontiques (qui se trouvent donc les plus proches de la ligne médiane ventrale). Dans ces mêmes régions de la moelle et du tronc cérébral inférieur, les cellules précurseurs qui sont plus éloignées de la ligne médiane donneront les neurones de relais sensitifs. La différenciation de ces groupes de cellules dorsales est par ailleurs facilitée par une étroite bande d'épithélium neural située sur la ligne médiane dorsale du tube neural et appelée **plaque du toit**. Tout comme la corde dorsale, la plaque du plancher et la plaque du toit sont des structures transitoires qui disparaissent à la fin du développement initial.

À la limite la plus dorsale du tube neural, apparaît une troisième population de cellules, à l'endroit où s'accolent les bords des replis de la plaque neurale. Compte tenu de leur position, ces cellules précurseurs ont reçu le nom de **crêtes neurales** (Figure 22.2). Les cellules des crêtes neurales migrent, à partir du tube neural, au sein des cellules mésenchymateuses peu denses qui remplissent les espaces entre tube neural, somites et épiderme embryonnaire. Des contingents de cellules des crêtes neurales suivent des voies spécifiques qui les exposent à un nouvel ensemble de signaux inducteurs influençant leur différenciation. C'est ainsi que ces cellules formeront ultérieurement les neurones et la glie des ganglions spinaux et végétatifs, les cellules neurosécrétrices de la médullosurrénale et les neurones du système entérique. Elles contribueront aussi à la formation d'un certain nombre d'éléments non nerveux, comme le cartilage, les cellules pigmentaires, et du tissu osseux, particulièrement celui de la face et du crâne.

Les bases moléculaires de l'induction neurogène

Au cours de la première moitié du vingtième siècle, les travaux consacrés à la gastrulation et à la neurulation utilisèrent une série d'expériences classiques d'ablation ou de transplantation de tissus pour déterminer le potentiel ou le devenir de cellules indifférenciées de diverses structures embryonnaires. Durant les deux dernières décennies,

ENCADRÉ 22A *Les cellules souches : promesses et périls*

Parmi les problèmes qui se posent à la biologie, celui qui, au cours des dernières années, a débordé le plus largement dans le domaine public porte incontestablement sur la possibilité d'utiliser les cellules souches pour traiter diverses maladies dégénératives, au premier rang desquelles figurent les maladies de Parkinson, de Huntington et d'Alzheimer. Le débat social, politique et éthique qu'ont suscité leurs potentialités thérapeutiques a peut-être fait perdre de vue ce que sont exactement les cellules souches.

Les cellules souches neurales sont un exemple d'une catégorie plus large de cellules souches appelées **cellules souches somatiques**. On trouve ces cellules dans divers tissus, soit au cours du développement, soit chez l'adulte. Toutes les cellules souches somatiques ont en commun deux propriétés fondamentales : elles se renouvellent par elles-mêmes et, au terme de leurs divisions et de leur différenciation, elles sont capables de donner naissance à la gamme complète des catégories cellulaires du tissu en cause.

C'est ainsi qu'une cellule souche neurale peut donner une autre cellule souche neurale ou n'importe laquelle des principales catégories cellulaires que l'on trouve dans le système nerveux central ou périphérique : neurones excitateurs et inhibiteurs,

astrocytes et oligodendrocytes (Figure A). Une cellule souche neurale est donc distincte d'un progéniteur neural, qui ne garde pas la capacité d'autorenouvellement et qui ne peut généralement donner naissance qu'à une seule catégorie de descendants différenciés. Un progéniteur d'oligodendroglie, par exemple, continue à donner naissance à des oligodendrocytes jusqu'à épuisement de sa capacité mitotique ; par contre, une cellule souche neurale peut produire de nouvelles cellules souches ainsi que la palette complète des catégories de cellules neurales différenciées, et ceci sans doute indéfiniment. Les cellules souches neurales et même toutes les catégories de cellules souches somatiques, sont distinctes des **cellules souches embryonnaires** (CSE). Les CSE sont issues d'embryons n'ayant pas atteint le stade gastrula. Elles ont elles aussi une capacité d'autorenouvellement indéfini et peuvent donner tous les tissus et tous les types cellulaires de l'organisme – y compris les cellules germinales qui, après avoir subi la méiose, produiront les gamètes haploïdes, mais aussi des cellules souches neurales et d'autres cellules souches somatiques (Figure A). Pour leur part, les cellules souches somatiques se divisent par mitose et ne donnent que des cellules diploïdes spécifiques d'un tissu

donné. Des expériences réalisées sur des cellules souches hématopoïétiques (c'est-à-dire qui forment le sang) et neurales indiquent que ces cellules peuvent donner naissance à des cellules d'autres tissus présentant les différenciations appropriées ; mais les résultats de certaines de ces expériences n'ont pas été retrouvés et il y a débat sur la capacité des cellules souches somatiques à assumer des propriétés de CSE.

Du point de vue thérapeutique, le maximum que l'on puisse attendre des cellules souches, neurales ou autres, est qu'elles soient capables de donner naissance à

(A) Des cellules souches embryonnaires se différencient en divers types de cellules neurales. (i) Colonies de CSE avant leur différenciation. (ii, iii) Après exposition à des signaux neuralisants, des colonies individuelles de cellules souches expriment des marqueurs associés à différentes cellules précurseurs neurales. Dans cette colonie, les cellules expriment Sox2 (en vert), marqueur de précurseurs neuraux précoces, et la nestine (en vert), marqueur de cellules progénitrices neurales plus tardives. (iv) Après plusieurs jours en culture, les CSE ont donné naissance à la fois à des neurones (en rouge, marqués pour une tubuline spécifique des neurones) et à des astrocytes (en vert, marqués pour une protéine fibrillaire gliale). (Photos gracieusement communiquées par L. Pevny.)

(A) (i)   (ii)   (iii)   (iv)

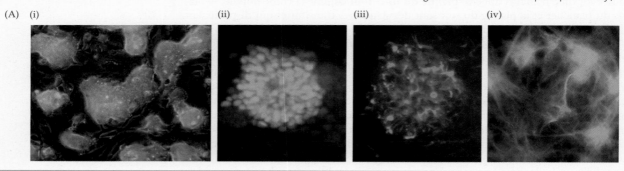

il a été montré, par des techniques de biologie moléculaire et de génétique que la mise en place de l'identité et de la diversité cellulaire – dont l'induction neurale n'est qu'un des mécanismes – résulte du contrôle spatial et temporel de plusieurs ensembles de gènes par des molécules informatives endogènes que certaines catégories de cellules ou de tissus embryonnaires envoient à des cellules ou à des tissus adjacents d'une autre catégorie. Ces signaux inducteurs, y compris ceux qui émanent de la fossette primitive ou de la corde dorsale, sont, comme on pouvait le penser, des molécules qui modifient l'expression des gènes.

des catégories de cellules et de tissus nouvellement différenciés pour remplacer celles qu'une maladie ou un traumatisme aurait fait disparaître. On a songé à ce type de thérapie pour certaines formes de diabète (remplacement des cellules des îlots de Langerhans qui sécrètent l'insuline) ou de maladies hématopoïétiques. Concernant le système nerveux, on a envisagé de greffer des cellules souches pour remplacer les neurones dopaminergiques qui meurent lors d'une maladie de Parkinson ou pour remplacer ceux qui disparaissent dans d'autres maladies dégénératives.

Pour intéressants qu'ils soient, les projets d'utiliser la technologie des cellules souches présentent des périls non négligeables. Il faut notamment pouvoir contrôler de façon certaine la division des cellules souches après leur introduction dans un tissu adulte et identifier les signaux moléculaires qui les conduiront à se différencier en une catégorie donnée de neurones. Pour surmonter ces obstacles, il faudra bien sûr élucider plus à fond les processus de signalisation et de régulation transcriptionnelle qui guident la différenciation des catégories de neurones nécessaires à l'embryon.

Pour l'instant, aucune utilisation des cellules souches à des fins thérapeutiques dans le système nerveux n'a fait l'objet d'une validation clinique. Néanmoins, divers travaux prometteurs, chez la souris et chez d'autres animaux, indiquent que les cellules souches somatiques aussi bien qu'embryonnaires peuvent acquérir des identités spécifiques si, avant de les introduire dans l'organisme receveur, elles ont reçu *in vitro* des instructions appropriées et si elles sont placées dans un environnement favorable. Par exemple, des CSE cultivées en présence de facteur de croissance dérivé des plaquettes (PDGF),

qui oriente les progéniteurs vers un destin glial, ont donné des oligodendrocytes capables de myéliniser les axones chez des rats présentant une déficience de myéline. De même, des CSE prétraitées par l'acide rétinoïque se développent en motoneurones, après introduction dans la moelle épinière embryonnaire (Figure B). Même si des expériences de ce genre laissent penser que la combinaison d'instructions adéquates et d'un emplacement correct peut permettre la différenciation souhaitée, il reste beaucoup de problèmes à résoudre avant que les promesses deviennent réalité.

Références

BRAZELTON, T.R., F.M.V. ROSSI, G.I. KESHET et H.M. BLAU (2000), From marrow to brain: Expression of neuronal phenotypes in mice. *Science*, **290**, 1776-1779.

BRUSTLE, O. et 7 AUTRES (1999), Embryonic stem cell derived glial precursors: A source of myelinating transplants. *Science*, **285**, 754-756.

CASTRO, R.F., K.A. JACKSON, M.A. GOODELL, C.S. ROBERTSON, H. LIU et H.D. SHINE (2002), Failure of bone marrow cells to transdifferentiate into neural cells in vivo. *Science*, **297**, 1299.

MEZEY, E., K.J. CHANDROSS, G. HARTA, R.A. MAKI et S.R. MCKERCHER (2000), Turning blood into brain: Cells bearing neuronal antigens generated in vivo from bone marrow. *Science*, **290**, 1779-1782.

SEABERG, R.M. et D. VAN DER KUOY (2003), Stem and progenitors cells: The premature desertion of rigorous definition. *Trends Neurosci.*, **26**, 125-131.

WICHTERLE, H., I. LIEBERAM, J.A. PORTER et T.M. JESSELL (2002), Directed differentiation of embryonic stem cells into motor neurons. *Cell*, **110**, 385-397.

(B)

Injection de cellules souches dans la moelle épinière

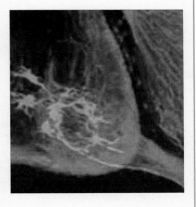

(B) À gauche: L'injection de CSE porteuses d'un marqueur fluorescent dans la moelle épinière d'un embryon de poulet révèle que les CSE peuvent s'intégrer à la moelle épinière de l'hôte et y former des axones repérables. À droite: les descendants des CSE greffées sont visibles dans la corne ventrale de la moelle. Elles ont une morphologie comparable à celle des motoneurones et leurs axones s'étendent dans la racine ventrale. (D'après Wichterle et al., 2002.)

Ces signaux sont produits par toutes les structures jouant un rôle majeur dans l'induction initiale et la mise en place du système nerveux, la corde dorsale, la plaque du plancher et la plaque du toit, ainsi que par l'ectoderme neural et par les tissus adjacents, tels que les somites (Figure 22.3A). Dans l'ectoderme neural, des catégories spécifiques de récepteurs opèrent la transduction de ces signaux qui permettent à la différenciation cellulaire de progresser. Dans certains cas, les effets de ces signaux présentent une gradation en fonction de l'éloignement des cellules cibles par rapport à la source. La gradation des effets peut refléter un gradient de diffusion du signal ou

(A)

Famille TGF-β :
BMP, dorsaline ;
acide rétinoïque
(AR), noggin

Crête
neurale

BMP

Sonic hedgehog (Shh),
acide rétinoïque (AR),
noggin et chordine

Somite

Corde dorsale

Plaque du
plancher

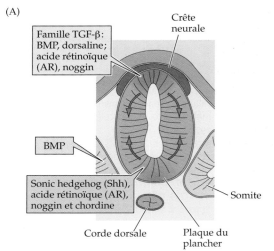

(B) Acide rétinoïque (AR)

AR

AR   Co-A

Protéine de
liaison à l'AR ?

Récepteur
de l'AR

ADN

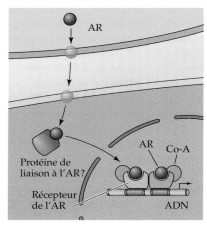

(C) Facteur de croissance des fibroblastes (FGF)

FGF

Matrice
extracellulaire

Récepteur
tyrosine-kinase

SNF/Grb2

ras

MAP
kinase

ADN

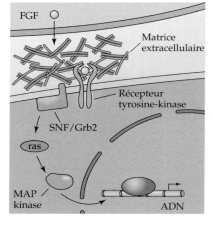

(D) Protéine morphogénétique de l'os (BMP)

BMP

Noggin/
chordine

Co-
SMAD

Récepteur
sérine kinase

SMAD

ADN

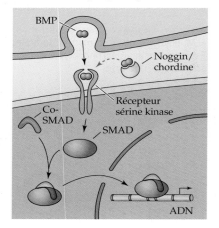

(E) Sonic Hedgehog (Shh)

Shh

Smoothened

Protéine
patched

Gli1

Gli1

ADN

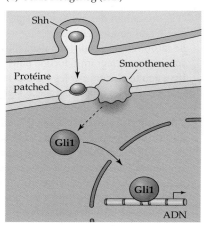

(F) Wnt

Wnt

Protéine
frizzled

Dishevelled/APC/
axine/GSK3β

LEF/TCF

β-caténine

ADN

Figure 22.3

Principales voies de signalisation inductive chez les embryons de vertébrés. (A) La corde dorsale embryonnaire, la plaque du plancher, le neurectoderme ainsi que les tissus adjacents, comme les somites, produisent les signaux moléculaires qui induisent la différenciation des cellules et des tissus de l'embryon de vertébrés. (B–F) Schémas des ligands, des récepteurs et des principales molécules informatives intracellulaires primaires pour l'acide rétinoïque (AR), les membres de la superfamille d'hormones peptidiques FGF et TGF-β, Sonic hedgehog (Shh), et les signaux de la famille Wnt. Chacune de ces voies contribue à l'induction initiale du neurectoderme puis à la détermination des différentes classes de neurones et de glie dans le système nerveux.

être due soit à la distribution des récepteurs, soit à la présence d'autres éléments de signalisation. Certains signaux ont des effets relativement spécifiques, plus nets aux frontières qui séparent des populations cellulaires différentes. Les conséquences des signaux inductifs comprennent des modifications de l'expression des gènes, de la forme ou de la motilité des cellules cibles.

Parmi ces signaux inducteurs, l'un des premiers identifiés fut l'**acide rétinoïque** (Figure 22.3B et Encadré 22B). Ce dérivé de la vitamine A, membre de la superfamille des hormones stéroïdes et thyroïdiennes, active une classe particulière de **facteurs de transcription** – les **récepteurs des rétinoïdes** – qui modulent l'expression de certains gènes. Une autre catégorie d'inducteurs est représentée par les hormones peptidiques, notamment celles qui appartiennent à la famille du **facteur de croissance des fibroblastes** (**FGF**, pour *Fibroblast Growth Factor*) et à celle du **facteur de croissance transformant** (**TGF**, pour *Transforming Growth Factor*). Dans la famille TGF, les **protéines morphogénétiques de l'os** (**BMP**, pour *Bone Morphogenetic Proteins*) jouent un rôle particulièrement important dans l'induction et la différenciation neurales, en particulier dans la spécification de la plaque neurale et dans la différenciation ultérieure de la partie dorsale de la moelle épinière et du cerveau postérieur (bulbe et pont). Une autre hormone peptidique indispensable à l'induction neurogène est la protéine **Sonic hedgehog (Shh)** (Figure 22.3E) qui intervient dans la différenciation des neurones – spécialement les motoneurones – de la partie ventrale de la moelle épinière et du cerveau postérieur. Enfin, les molécules signaux sécrétées appartenant à la famille **Wnt** (les gènes *Wnt* des vertébrés sont les homologues du gène *wingless* de la drosophile ; Figure 22.3F) peuvent moduler divers aspects de l'induction et de la différenciation neurales, notamment dans le cas des crêtes neurales. Il est clair que les récepteurs des signaux inducteurs, leur position et leur mode d'action sont les facteurs essentiels qui déterminent les effets de l'induction embryonnaire sur la différenciation cellulaire.

Les récepteurs des peptides signaux de la famille FGF ou BMP sont des protéines transmembranaires avec des domaines extracellulaires de liaison à leurs ligands respectifs et des domaines protéine-kinases intracellulaires qui déclenchent une cascade de signalisation intracellulaire ; c'est la raison pour laquelle on les qualifie de récepteurs kinases. Les récepteurs des FGF sont des tyrosine-kinases (ils catalysent la phosphorylation des résidus tyrosine des protéines cibles) qui lient le FGF à l'aide d'éléments de la matrice extracellulaire, dont un protéoglycane à sulfate d'héparane. Lors de la liaison, l'activation des domaines kinase intracellulaires des récepteurs des FGF entraîne l'activation de la voie Ras/MAP kinase (voir Chapitre 7). Cette voie de signalisation est susceptible de modifier des composants du cytosquelette et du cytoplasme et, ainsi, de changer la forme ou la motilité de la cellule ; elle peut aussi modifier l'expression des gènes, notamment de ceux qui agissent sur la prolifération cellulaire. Les récepteurs des BMP sont des sérine-thréonine-kinases (elles ont pour cibles les acides aminés sérine et thréonine) qui phosphorylent un groupe de protéines cytoplasmiques appelées SMAD. Après avoir été phosphorylées, les SMAD subissent une translocation dans le noyau où elles interagissent avec des protéines de liaison à l'ADN et modulent ainsi l'expression génique en réponse au signal BMP.

Certains signaux inducteurs suivent des voies plus indirectes. La transduction des signaux par Sonic hedgehog, par exemple, dépend de sa liaison à un couple de protéines réceptrices de surface appelées patched et smoothened (ces dénominations, « tacheté » et « adouci », viennent de l'aspect de leurs mutants chez la drosophile). En l'absence de Shh, il se forme un complexe de protéines inhibiteur qui module une famille de régulateurs de transcription, Gli1, 2 et 3 (originellement découverts en tant qu'oncogènes de *gli*omes). Quand ce complexe inhibiteur est actif, seul Gli3 est actif et il réprime la transcription des gènes cibles. Quand Shh est présent, il se lie à patched et favorise l'accumulation de smoothened sur la surface cellulaire. Ceci provoque le démantèlement du complexe inhibiteur et permet la translocation de Gli1 (ou Gli2) dans le noyau, pour réguler positivement l'expression des gènes (voir Figure 22.3E). La transduction des signaux Wnt suit, elle aussi, un chemin passablement compliqué aboutissant finalement au noyau. Les récepteurs de Wnt, parmi lesquels se trouve la famille de protéines portant le nom fantaisiste de Frizzled, déclenchent, après liaison de leur ligand, une cascade d'événements conduisant à la dégradation d'un complexe de protéines cytoplasmiques qui empêche normalement la translocation de la β-caténine du cytoplasme vers le noyau. Une fois libérée de cette inhibition, la β-caténine pénètre dans le noyau et influence l'expression d'un certain nombre de gènes d'aval, par l'intermédiaire d'interactions avec un facteur de transcription se liant à l'ADN et appelé LEF/TCF (voir Figure 22.3 F).

L'une des particularités de l'induction neurale est le mécanisme par lequel les BMP influencent la différenciation neurale. Comme leur nom l'indique, ces hormo-

ENCADRÉ 22B *L'acide rétinoïque : tératogène et signal inducteur*

Au début des années 1930, des chercheurs remarquèrent, chez l'animal, qu'un manque de vitamine A au cours de la gestation entraînait des malformations fœtales. Les anomalies les plus graves portaient sur le cerveau, qui présentait souvent des malformations importantes. À peu près à la même époque, divers travaux expérimentaux aboutirent à la découverte surprenante que l'*excès* de vitamine A pouvait provoquer des anomalies similaires. Ces observations suggéraient que toute une famille de composés chimi-

ques, – les rétinoïdes, précurseurs ou dérivés métaboliques de la vitamine A – pouvaient être tératogènes (la *tératogénèse* est l'induction de malformations congénitales par des agents exogènes).

Les rétinoïdes comprennent la forme alcool de la vitamine A ou rétinol, la forme aldéhyde ou rétinal et la forme acide, l'acide rétinoïque. Les conséquences catastrophiques d'une exposition aux réti-

(A) À gauche, l'acide rétinoïque active l'expression génique dans un groupe de cellules du cerveau antérieur d'un embryon de souris à mi-gestation présentant un développement normal (les régions en bleu indiquent un produit de réaction de la β-galactosidase, utilisée dans cette expérience comme indicateur de l'expression génique) ; à droite, après ingestion par la mère d'une faible quantité d'acide rétinoïque (0,250 mg/g de poids maternel), on observe une expression génique ectopique dans la totalité du cerveau antérieur. (B) À gauche, cerveau d'une souris normale à terme ; à droite, cerveau profondément anormal d'une souris dont la mère a ingéré la même quantité d'acide rétinoïque à mi-gestation. (A d'après Anchan et al., 1997 ; B d'après Linney et LaMantia, 1994.)

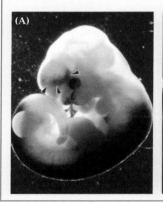

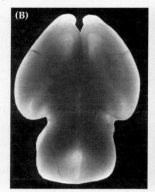
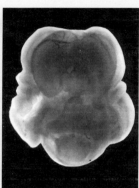

nes peptidiques qui font partie de la famille des TGF-β déclenchent l'ostéogénèse à partir de cellules mésodermiques. Si des cellules ectodermiques sont exposées aux BMP, elles s'engagent dans une destinée épidermique. Comment l'ectoderme peut-il alors se voir assigner une destinée neurale étant donné que les somites et les tissus mésodermiques environnants produisent des BMP ? Toutes ces structures occupent un emplacement tel qu'elles peuvent envoyer des signaux au neurectoderme et donc le transformer en épiderme. Manifestement, si la plaque neurale ne devient pas épiderme, c'est grâce à l'activité locale d'autres molécules signaux inductrices comme la noggin et la chordine. Ces deux molécules font partie d'une catégorie nombreuse d'antagonistes endogènes qui modulent la signalisation par le biais de la famille des TGF-β (dont les BMP). En se liant directement aux BMP, la noggin et la chordine les empêchent de se fixer sur leurs récepteurs. De cette façon, le neurectoderme échappe à un destin épidermique. Cette régulation négative a renforcé l'hypothèse selon laquelle devenir un neurone est le destin « par défaut » des cellules ectodermiques embryonnaires.

La disponibilité locale d'acide rétinoïque, de BMP, de FGF, de Shh et de Wnt est indispensable pour mettre en place les axes de base du tube neural (axes dorso-ventral et médio-latéral) et pour déterminer l'identité des crêtes neurales (qui entreprendront une migration à partir du tube neural pour aller former le système nerveux périphérique et quelques autres structures). En plus de leur rôle dans la détermination initiale de la disposition et de l'identité des cellules du système nerveux, tous ces signaux se sont vu attribuer un rôle dans la détermination du devenir de catégories particulières du système nerveux embryonnaire.

Les signaux de la famille des TGF-β (y compris les BMP) jouent un rôle important dans la formation des neurones de la moelle dorsale – ainsi que des crêtes neurales – et peuvent influencer d'autres catégories de neurones situés dans les régions

noïdes durant la grossesse ont été soulignées, au début des années 1980, lors de la mise sur le marché d'un médicament contre l'acné rebelle, l'Accutane®. L'Accutane® est le nom commercial de l'isorétinoïne ou acide 13-*cis*-rétinoïque. Les femmes enceintes prenant ce médicament avaient une plus forte proportion d'avortements spontanés ou d'enfants présentant toute une série d'anomalies congénitales. Malgré l'importance de ces différentes observations, les raisons des effets délétères des rétinoïdes sur le développement fœtal demeuraient obscures. Un indice important du potentiel tératogène des rétinoïdes fut donné par la découverte, faite par des embryologistes étudiant le développement des membres chez le poulet, que l'acide rétinoïque mime les effets inducteurs des tissus d'un bourgeon de membre. Mais le mystère demeurait entier quant à la nature précise des influences exercées par la présence ou l'absence d'acide rétinoïque pour favoriser ou compromettre le développement. La découverte des récepteurs de l'acide rétinoïque, vers le milieu des années 1980, apporta un élément de réponse capital.

Ces récepteurs appartiennent à la superfamille des récepteurs des hormones stéroïdes et thyroïdiennes ; lorsqu'ils lient l'acide rétinoïque ou des ligands similaires, ces récepteurs agissent comme facteurs de transcription activant des gènes spécifiques. Par ailleurs, des analyses biochimiques minutieuses indiquèrent que les tissus embryonnaires synthétisaient de l'acide rétinoïque et des travaux ultérieurs montrèrent que l'acide rétinoïque active l'expression génique en différents sites embryonnaires, dont le cerveau (voir Figure). Parmi les cibles les plus importantes de la régulation qu'exerce l'acide rétinoïque se trouvent les gènes d'autres signaux inducteurs, notamment les gènes *Sonic hedgehog* et *Hox* (voir Encadré 22C). L'excès ou l'insuffisance de ce type de facteurs peut donc perturber le développement normal, en déclenchant des combinaisons inadaptées d'expression génique induite par les rétinoïdes. Il s'agit là d'un bon exemple de la façon dont les recherches cliniques, cellulaires et moléculaires peuvent se combiner pour expliquer des anomalies apparemment extraordinaires du développement.

Références

EVANS, R.M. (1988), The steroid and thyroid hormon receptor superfamily. *Science*, **240**, 889-895.

JOHNSON, R.L. et C.J. TABIN (1997), Molecular models for vertebrate limb development. *Cell*, **90**, 979-990.

LAMANTIA, A.-S., M.C. COLBERT et E. LINNEY (1993), Retinoic acid induction and regional differenciation prefigure olfactory pathway formation in the mammalian forebrain. *Neuron*, **10**, 1035-1048.

LAMMER, E.J. et 11 AUTRES (1985), Retinoic acid embryopathy. *N. Engl. J. Med.*, **313**, 837-841.

SCHARDEIN, J.L. (1993), *Chemically induced birth defects*, 2nd Ed. New York, Marcel Dekker.

THALLER, C. et G. EICHELE (1987), Identification and spatial distribution of retinoids in the developping chick limb bud. *Nature*, **327**, 625-628.

TICKLE, C., B. ALBERTS, L. WOLPERT et J. LEE (1982), Local application of retinoic acid to the limb bud mimics the action of the polarizing region. *Nature*, **296**, 564-565.

WARKANY, J. et E. SCHRAFFENBERGER (1946), Congenital malformations induced in rats by maternal vitamin A deficiency. *Arch. Ophthalmol.*, **35**, 150-169.

dorsales de la totalité du cerveau. Sonic hedgehog est indispensable à la différenciation des motoneurones de la moelle ventrale ainsi que de certaines catégories de neurones et de cellules gliales du cerveau antérieur, moyen et postérieur. L'acide rétinoïque influence l'identité des cellules aussi bien dorsales que ventrales de la moelle épinière et joue des rôles multiples dans la différentiation des neurones de tout le reste du système nerveux embryonnaire. Les signaux de la famille Wnt sont, eux aussi, indispensables à la différenciation des crêtes neurales, des grains du cervelet et des neurones du cerveau antérieur. Dans la plupart des cas, ces signaux déclenchent l'expression ou l'activation de facteurs de transcription qui, tous ensemble, définissent l'identité cellulaire initiale en fonction de la coïncidence plus ou moins grande de leur expression dans les populations de neurones en cours de différenciation. C'est dans la moelle embryonnaire que ce processus a fait l'objet des études les plus détaillées (Figure 22.4).

Dans la moelle épinière, les effets combinés de l'acide rétinoïque, de Shh, des BMP et de la noggin/chordine spécifient une mosaïque de facteurs de transcription. Ces facteurs de transcription confèrent leur identité à des contingents de cellules précurseurs de la moelle dorsale, intermédiaire et ventrale. Ces précurseurs, qui se distinguent les uns des autres par leurs molécules, vont donner respectivement naissance aux neurones de relais sensitifs, aux interneurones et aux motoneurones. Des mécanismes semblables sont à l'œuvre, pense-t-on, dans l'ensemble du système nerveux central et périphérique. On voit donc que les signaux inducteurs, leurs récepteurs et la régulation de l'expression des gènes qui en résulte (en particulier pour les facteurs de transcription exprimés localement) peuvent spécifier l'identité cellulaire tout en influençant d'autres phénomènes du développement neural.

Ce que l'on a appris sur les molécules intervenant dans l'induction neurogène a entraîné le développement de conceptions mieux fondées concernant l'étiologie et la prévention d'un certain nombre de malformations congénitales du système nerveux.

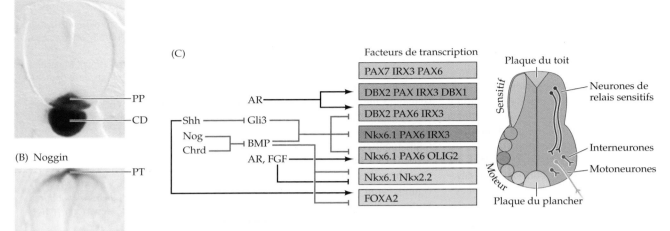

(A) Sonic hedgehog (Shh)

PP
CD

(B) Noggin

PT

PP
CD

Figure 22.4

Un réseau intégré de signaux locaux venant de la moelle épinière ventrale et dorsale spécifie les neurones des relais sensitifs, les interneurones et les motoneurones. (A) Coupe d'un embryon de poulet montrant la distribution du signal Sonic hedgehog (marquage en violet foncé) dans la corde dorsale (CD) et la plaque du plancher (PP). (B) La noggin, antagoniste des BMP (marquage en bleu) émane de la plaque du toit (PT), de la plaque du plancher et de la corde dorsale ; elle aide à la préservation de l'identité neurale du neurectoderme en empêchant la signalisation BMP. Cette image est une coupe de la moelle épinière d'un embryon de souris, dont la corde dorsale est plus petite que celle du poulet. (C) Les interactions entre Shh (par répression de Gli3), Noggin/Chordine, BMP, AR et FGF provoquent soit l'expression (traits noirs), soit la répression (traits rouges) d'un ensemble de facteurs de transcription propres à divers précurseurs. En fonction de leur position par rapport à l'axe dorso-ventral de la moelle épinière, ces précurseurs deviendront des neurones des relais sensitifs (position dorsale), des interneurones (position intermédiaire) ou des motoneurones (position ventrale).

Des anomalies comme la **spina bifida** (fermeture incomplète de la partie postérieure du tube neural), l'**anencéphalie** (absence complète de fermeture de la partie antérieure du tube neural), l'**holoprosencéphalie** (perturbation localisée de la différenciation du cerveau antérieur) ainsi que d'autres malformations cérébrales (souvent accompagnées de retard mental) sont probablement le résultat de perturbations des signaux inducteurs par des facteurs environnementaux, ou de mutations de gènes qui participent à ce processus. Ainsi, un apport excessif de vitamine A, précurseur métabolique de l'acide rétinoïque, est susceptible d'empêcher la fermeture et la différenciation du tube neural et de désorganiser les aspects ultérieurs de la différenciation neuronale, par excès de signaux ectopiques d'acide rétinoïque (voir Encadré 22B). L'exposition embryonnaire à diverses substances – l'alcool ou la thalidomide en sont de bons exemples – peut provoquer une différenciation pathologique du système nerveux en envoyant des signaux inducteurs à des moments ou à des endroits inadaptés. Des déficiences dans le métabolisme du cholestérol peuvent déranger la signalisation de Sonic hedgehog, vu le rôle du cholestérol dans la modulation de l'interaction entre Shh et le récepteur patched. Des dérangements métaboliques de ce genre, ainsi que de rares mutations du gène humain *SHH*, sont associés à l'holoprosencéphalie (mais ne sont responsables que d'une faible proportion des cas rencontrés). Ajoutons que des mutations de Shh et de diverses protéines de la voie de signalisation Shh – en particulier du récepteur patched – sont associées à la tumeur cérébrale la plus fréquente chez l'enfant, le **médulloblastome** (Encadré 22C). Enfin, une carence alimentaire en certaines substances, telles que l'acide folique, peut désorganiser la formation du tube neural en perturbant les mécanismes cellulaires indispensables à la division des cellules et à leur motilité. Compte tenu de l'extrême gravité des troubles de l'induction neurogène, on conseille aujourd'hui aux femmes enceintes d'éviter pratiquement tout médicament ou tout complément alimentaire, à l'exception de ceux qui font l'objet d'une ordonnance, particulièrement durant le premier trimestre de la grossesse.

La formation des grandes subdivisions de l'encéphale

L'action des signaux inducteurs et l'instauration de la diversité cellulaire se déroulent parallèlement à la formation des structures anatomiques de base qui définiront les grandes subdivisions du système nerveux : moelle épinière, tronc cérébral, mésencéphale et cerveau antérieur. Peu après la formation du tube neural, les ébauches des principales régions du cerveau prennent forme, sous l'effet de mouvements morphogénétiques qui courbent, plissent et resserrent le tube neural. Au départ, l'extrémité antérieure du tube se recourbe en une sorte de crosse ou de poignée de canne (Figure 22.5A). L'extrémité de la crosse qui jouxte la courbure la plus prononcée, la **flexion céphalique**, se renfle et donne le **cerveau antérieur** ou **prosencéphale**. Le **mésencéphale** ou

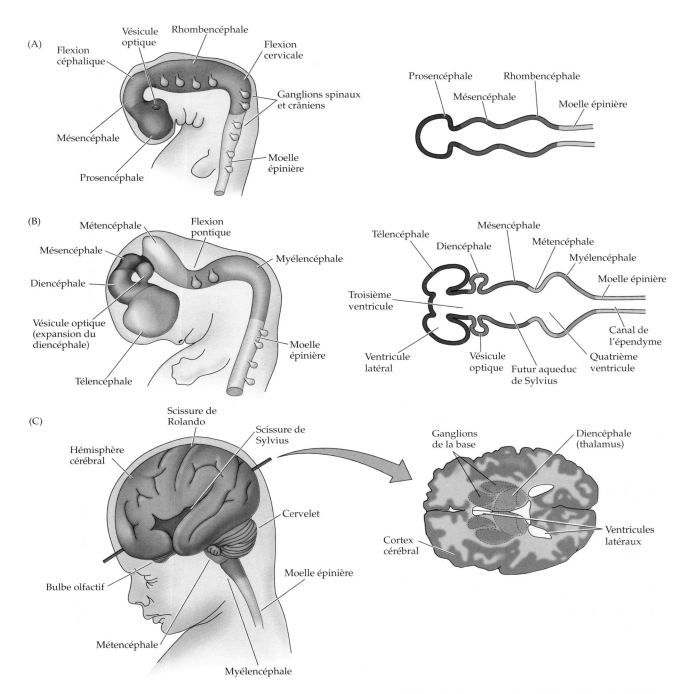

Figure 22.5

Spécification régionale du cerveau embryonnaire. (A) Au début de la gestation, le tube neural se subdivise en prosencéphale (à l'extrémité antérieure de l'embryon), mésencéphale et rhombencéphale. La moelle épinière se différencie à partir de la région postérieure du tube neural. La courbure initiale du tube neural à son extrémité antérieure lui donne une forme de crosse. Le schéma de droite présente une coupe longitudinale montrant la disposition des principales subdivisions du système nerveux à ce stade. (B) Au cours du développement ultérieur, le prosencéphale se divise en télencéphale et diencéphale ; le rhombencéphale subit lui aussi une division donnant le métencéphale et le myélencéphale. Ces subdivisions constituent les ébauches des principales divisions fonctionnelles du cerveau, tandis que les cavités qu'elles renferment formeront, à terme, les ventricules cérébraux. À droite, coupe longitudinale du système nerveux embryonnaire au stade de développement illustré en B. (C) À la fin du deuxième trimestre de la gestation, le cerveau fœtal et la moelle sont nettement différenciés. Plusieurs subdivisions importantes sont visibles, notamment le cervelet et le cortex cérébral. À droite, une coupe horizontale du cerveau antérieur au niveau indiqué montre l'apparition des sillons et des circonvolutions du cortex cérébral ainsi que la différenciation des noyaux thalamiques.

ENCADRÉ 22C *Un triple danger : les maladies associées à Sonic hedgehog*

Parmi les molécules qui jouent un rôle capital dans la structuration et la morphogenèse précoces du système nerveux, beaucoup portent des noms bizarres et ont des fonctions qui, à première vue, intriguent plus encore. C'est le cas de la molécule signal Sonic hedgehog. On sait pourtant que les mutations de *SHH* et des gènes de signalisations apparentés sont impliqués dans au moins trois graves anomalies. L'une de ces pathologies, l'holoprosencéphalie, perturbe la morphogenèse initiale des deux hémisphères du prosencéphale (Figure A). La seconde, le médulloblastome, est due à une transformation cancéreuse des cellules précurseurs des grains du cervelet (Figure B). La troisième, le carcinome basocellulaire (ou carcinome à cellules basales) est le cancer de la peau le plus fréquent ; il touche le plus souvent des adultes à la peau claire, de 40 ans ou plus. Ces trois anomalies ont chacune des cibles cellulaires distinctes (la plaque neurale, les précur-

seurs cérébelleux ou les cellules basales de l'épiderme), mais toutes peuvent être provoquées par des mutations des gènes humains qui codent Sonic hedgehog (*SHH*) ou ses récepteurs, les protéines informatives patched (*PTC*) et smoothened (*SMO*)*. L'holoprosencéphalie survient lors d'une naissance vivante sur environ 16 000. C'est la malformation du cerveau antérieur la plus fréquente que l'on connaisse. Elle empêche la séparation normale du cerveau antérieur en deux hémisphères et peut aussi perturber le développement du squelette médian de la face ; assez fréquemment, il y a absence de clivage de l'ébauche oculaire en deux champs symétriques, ce qui conduit au développement ultérieur d'un œil unique (cyclopie). L'holoprosencéphalie comprend des phénotypes très divers, allant de troubles légers

---

* Noter que, par convention, les noms des gènes sont en italique et les noms des protéines correspondantes en romain.

jusqu'à des formes létales pour l'embryon avec avortement spontané ou naissance d'un enfant mort-né (cette anomalie est responsable d'un cas d'enfant mort-né sur 250).

Une proportion faible, mais constante, de cas d'holoprosencéphalie s'accompagne de délétions ou de mutations faux-sens de *SHH* sur le chromosome 7. Il s'agit, la plupart du temps, de cas sporadiques (c'est-à-dire qui ne sont pas génétiquement hérités d'un parent porteur de la même mutation). Beaucoup des cas présentent soit des microdélétions dans la région du chromosome qui comprend *SHH*, soit des mutations ponctuelles entraînant des transcrits faux-sens qui bouleversent la structure et les fonctions de la protéine Sonic hedgehog. Des recherches menées sur des souris chez lesquelles le gène *Shh* avait été inactivé ont apporté des arguments importants en faveur d'une relation, chez l'homme, entre l'holoprosencéphalie et des lésions génomiques

(A)

Normal

Holoprosencéphalie

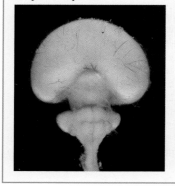

(B)

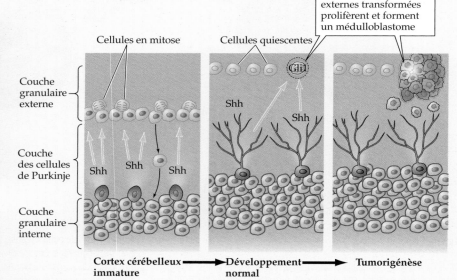

(A) Cerveau humain normal en fin de gestation et cerveau d'un fœtus atteint d'holoprosencéphalie.
(B) L'histogenèse normale du cervelet comporte une migration des cellules précurseurs des grains vers la face externe du cervelet. Elles se divisent à cet endroit et les cellules postmitotiques ainsi formées opèrent une migration de retour à l'intérieur du cervelet, où elles se différencient en grains matures au sein de la couche granulaire interne. Dans le médulloblastome, un sous-groupe de précurseurs se transforme et se divise de façon incontrôlée (cellules grisées), par absence de la régulation qu'exerce normalement Shh sur le facteur de transcription Gli1. (Photographie gracieusement communiquée par C.A. Walsh.)

de *SHH*, arguments renforcés par des travaux sur le poisson zèbre, chez lequel on a identifié des allèles mutants de *Shh*. Dans ces deux espèces, la perte de fonction de Shh a pour conséquence l'absence de formation des hémisphères du cerveau antérieur et des anomalies de la région médiane de la face, avec la cyclopie qui accompagne les formes les plus graves d'holoprosencéphalie. Ainsi, l'une des fonctions initiales obligées de Sonic hedgehog – dont l'absence n'est pas facilement compensée quand le gène est inactivé – semble être de guider la formation des deux hémisphères cérébraux et des structures de la face à symétrie bilatérale.

Seconde anomalie provoquée par des perturbations des fonctions de *SHH*, le médulloblastome est la tumeur cérébrale de l'enfant la plus fréquente. Elle est, toutefois, heureusement fort rare, avec une fréquence dans la population estimée entre 1 pour 50 000 et 1 pour 100 000 naissances. La proportion de survie est de 60 pour cent ; mais ces enfants sont affligés de graves séquelles dues aux traitements, par chirurgie, radiothérapie et chimiothérapie, utilisés pour empêcher la croissance de la tumeur. La pathogenèse des médulloblastomes bouleverse les processus normaux de la neurogenèse et la migration cellulaire du cervelet. D'ordinaire, un grand nombre de grains du cervelet sont produits par des précurseurs qui migrent vers la surface externe du cervelet en développement, où ils se divisent en neuroblastes postmitotiques qui entreprennent alors une migration de retour, au-delà des cellules de Purkinje, jusqu'à l'emplacement qu'ils occupent dans le cerveau adulte (Figure B). Normalement les cellules de Purkinje produisent la protéine Sonic hedgehog, qui agit comme un mitogène provoquant la division des cellules précurseurs des grains. Ce mécanisme de formation des grains ainsi que la pathologie moléculaire du médulloblastome ont fait naître l'hypothèse que cette tumeur dévastatrice reflétait une altération de la signalisation SHH. La plupart des cellules d'un médulloblastome ont des taux élevés de Gli1

(produit oncogène dont le nom vient de ce qu'on le trouve à des taux élevés dans les *gliomes*, ou tumeurs des cellules gliales) ; or le taux de Gli1 est régulé par la signalisation Shh. D'ordinaire, la liaison de Shh à son récepteur PTC (grâce à une autre protéine, régulatrice de Shh, appelée SUFU) a pour conséquence le maintien de Gli1 à des taux bas, en sorte que se trouve empêchée la transcription des gènes régulés par Gli1 et qui provoquent la prolifération cellulaire. Un minimum de 9 pour cent des patients atteints de médulloblastome ont des mutations perte de fonction de *PTC*, et un contingent supplémentaire de 9 pour cent a des mutations de *SUFU*. La contribution suspectée de ces deux gènes à la pathogenèse des médulloblastomes a été confirmée une fois encore chez des souris mutantes dont le gène *Ptc* ou *Sufu* avait été inactivé. Ces mutations, notamment quand elles s'accompagnaient de mutations d'autres gènes majeurs de suppression des tumeurs, entraînaient chez ces souris des médulloblastomes, avec une fréquence dépendant de la nature de la mutation.

La dernière anomalie associée à *SHH* est le carcinome basocellulaire de la peau. C'est de loin la maladie la plus fréquente qui soit associée à cette voie multiforme de signalisation ; il touche, en France, 70 individus sur 100 000. Un sous-groupe de carcinomes basocellulaires (qui, du fait qu'il s'agit de néoplasies locales, sont étudiés pour les mutations somatiques des cellules tumorales elles-mêmes et non parce que ces mutations pourraient faire l'objet d'une transmission héréditaire) présente des mutations soit de *SHH* (rare), soit de *SMO* (rare), soit de *PTC* (très fréquent).

Une fois de plus, c'est grâce à des souris mutantes qu'a pu être confirmée la contribution supposée de ces gènes à la pathogenèse du carcinome basocellulaire. En outre, les cellules du carcinome basocellulaire en culture répondent à des manipulations de la signalisation Shh. Finalement, et c'est peut-être le plus curieux, un syndrome rare, à transmission autosomique dominante, la nævomatose basocellulaire (ou syndrome de Gorlin),

est dû à des mutations perte de fonction du gène *PTC*. Outre une incidence élevée de carcinome basocellulaire, ces patients présentent également une incidence accrue de médulloblastome.

Globalement, ces observations révèlent les contributions capitales d'une voie de signalisation développementale, apparemment obscure, à un nombre de malformations qui, de prime abord, paraissaient n'avoir aucun rapport les unes avec les autres. Le contraste entre les effets morphogénétiques d'une perte de fonction de Shh (holoprosencéphalie) et le dérèglement de la prolifération ou de la différentiation cellulaire (médulloblastome et carcinome basocellulaire) montre comment des environnements tissulaires différents peuvent faire apparaître des fonctions différentes chez les mêmes molécules et entraîner des anomalies différentes quand ces fonctions sont perturbées. Le plus important, peut-être, est que le lien entre la signalisation Shh et ces trois pathologies a conduit à de nouvelles démarches thérapeutiques, notamment en ce qui concerne les médulloblastomes et les carcinomes basocellulaires. En particulier, le développement d'inhibiteurs à petites molécules de SMO, qui favorise normalement la stabilité et la translocation nucléaire de *GLI1* à moins d'être inhibé par PTC en absence de Shh, donne l'espoir de pouvoir les utiliser comme agents thérapeutiques.

Références

DEYA-GROSJEAN, L. et S. COUVE PRIVAT (2005), Sonic hedgehog signaling in basal cell carcinomas. *Cancer Lett.*, **225**, 181-192.

MARINO, S. (2005), Medulloblastoma : Developmental mechanisms out of control. *Trends Molec. Med.*, **11**, 17-22.

MUENKE, M. et P.A. BEACHY (2000), Genetics of ventral brain development and holoprosencephaly. *Curr. Op. Genet. Devel.*, **10**, 262-269.

ROYMER, J. et T. CURRAN (2005), Targeting medulloblastoma : Small molecule inhibitors of the Sonic hedgehog pathway as potential cancer therapeutics. *Cancer Res.*, **65**, 4975-4978.

cerveau moyen naît d'une dilatation de la flexion céphalique. Quant au **cerveau postérieur** ou **rhombencéphale**, il se forme à partir de la portion longue et relativement droite qui va de la flexion céphalique à la **flexion cervicale** située plus caudalement. En arrière de la flexion cervicale, le tube neural forme l'ébauche de la moelle épinière. La lumière du tube neural se rétrécit ou se dilate, elle aussi, sous l'effet de ces courbures et de ces plissements et elle forme ce qui, au terme du développement, deviendra les ventricules cérébraux (Figure 22.5B; voir aussi l'Appendice).

Après la mise en place des régions cérébrales primitives, celles-ci subissent encore au moins deux séries de segmentations qui les transformeront en précurseurs de structures du cerveau adulte (Figure 22.5C). C'est ainsi que les aspects latéraux du prosencéphale rostral forment le **télencéphale**. Les deux vésicules télencéphaliques présentent une symétrie bilatérale et comprennent des territoires dorsaux et ventraux. Les territoires dorsaux donneront les ébauches du cortex cérébral et de l'hippocampe, tandis que les territoires ventraux donneront les ganglions de la base (dérivés de structures embryonnaires appelées **éminences ganglionnaires**), les noyaux du télencéphale basal et le bulbe olfactif. La partie caudale du prosencéphale forme le **diencéphale**, d'où dérivent le thalamus et l'hypothalamus ainsi qu'une paire de boursouflures latérales (les **cupules optiques**) à partir desquelles se formera la partie nerveuse de la rétine.

ENCADRÉ 22D *Les gènes homéotiques et le développement du cerveau humain*

L'idée que des gènes particuliers puissent influencer la mise en place de régions distinctes de l'embryon a ses racines dans les efforts réalisés pour cataloguer les mutations de gènes individuels affectant le développement de la drosophile. Dans les années 1960 et 1970, E.B. Lewis du California Institute of Technology décrivit, chez cette mouche, un certain nombre de mutations ayant pour conséquence, soit la duplication d'un segment particulier du corps, soit l'apparition d'une structure inadaptée en un endroit anormal (on parle alors de position ectopique). Ces gènes furent appelés **homéotiques** (de la racine grecque *homéo*, semblable), car ils pouvaient convertir des segments d'un type donné en segments d'un autre type. Par la suite, C. Nusslein-Volhard et E. Wieschaus démontrèrent l'existence de nombreux gènes de ce genre qui exercent un « contrôle maître » et dont chacun fait partie d'une cascade d'expression génique conduisant à la segmentation de l'embryon. (En 1955, Lewis, Nusslein-Volhard et Wieschaus partagèrent un prix Nobel pour ces découvertes.)

Les gènes homéotiques codent des protéines de liaison à l'ADN, c'est-à-dire des facteurs de transcription, qui se lient à une séquence spécifique d'ADN génomique appelée homéobox. Des gènes similaires ont été trouvés dans de nombreuses espèces, dont l'espèce humaine. À l'aide d'une technique de clonage par homologie, on a identifié au moins quatre groupes de gènes à homéobox chez pratiquement tous les vertébrés examinés. Les gènes de chaque groupe sont sur le même chromosome, à proximité les uns des autres sans être contigus. D'autres ensembles identifiés chez la drosophile ont conduit à la découverte d'autres familles de protéines de liaison à l'ADN et, de nouveau, celles-ci ont été retrouvées dans plusieurs autres espèces.

Il est important de noter que plusieurs anomalies du développement de la souris ou de l'homme ont été rapportées à des mutations de gènes homéotiques ou d'autres gènes de contrôle du développement primitivement identifiés chez la mouche. Des maladies relativement rares comme l'aniridie, le syndrome de Waardenburg et le syndrome céphalopolysyndactylique de Greig (maladies qui, toutes, désorganisent le système nerveux ainsi que des structures périphériques telles que l'iris ou les doigts; voir le texte) ont été mises en relation avec des gènes humains homologues des gènes de contrôle du développement de la drosophile. Par ailleurs, plusieurs autres troubles du développement, dont l'autisme et diverses formes de retard mental, peuvent être rapportés à des mutations ou à des polymorphismes de gènes à homéobox (voir le texte). Ces premières données sur le contrôle moléculaire du développement, glanées dans des travaux de génétique effectués chez la drosophile, ont ouvert de nouvelles perspectives à l'exploration des bases moléculaires des troubles du développement dans l'espèce humaine.

Références

ENGELKAMPF, D. et V. VAN HEYNINGEN (1996), Transcription factors in disease. *Curr. Opin. Genet. Dev.*, **6**, 334-342.

GEHRING, W.J. (1993), Exploring the homeobox. *Gene*, **135**, 215-221.

GRUSS, P. et C. WALTHER (1992), *Pax* in development. *Cell*, **69**, 719-722.

LEWIS, E.B. (1978), A gene complex controlling segmentation in *Drosophila*. Nature, **276**, 565-570.

NUSSLEIN-VOLLHARD, C. et E. WIESCHAUS (1980), Mutations affecting segment number and polarity in *Drosophila. Nature*, **287**, 795-801.

READ, A.P. et W.E. NEWTON (1997), Waardenburg syndrome. *J. Med. Genet.*, **34**, 656-665.

SHIN, S.H., P. KOGERMAN, E. LINDSTROM, TOFTGARD et L.G. BIESECKER (1999), Gli3 mutations in human disorders mimic *Drosophila* cubitus interruptus protein functions and localization. *Proc. Natl. Acad. Sci. USA*, **96**, 2880-2884.

La partie dorsale du mésencéphale donne les colliculus supérieurs et inférieurs, tandis que sa partie ventrale donne un ensemble de noyaux constituant le tegmentum mésencéphalique. La partie rostrale du rhombencéphale deviendra le **métencéphale**, d'où sont issus le cervelet et le pont ; sa partie caudale deviendra le **myélencéphale**, futur bulbe.

Comment un simple tube de cellules précurseurs neurales peut-il produire une telle diversité de structures cérébrales ? La réponse réside en partie dans des observations réalisées au début du vingtième siècle, montrant que le tube neural est organisé en unités qui se répètent, les **neuromères**. Cette découverte a conduit à la conception selon laquelle le processus de segmentation – utilisé par les embryons de toutes les espèces animales aux stades les plus précoces de leur développement, pour mettre en place l'identité régionale du corps en divisant l'embryon en unités qui se répètent, ou segments – pourrait également définir l'identité régionale du cerveau en développement. Le développement du plan d'organisation de la drosophile vient appuyer cette hypothèse. Chez cette mouche, l'expression précoce d'une catégorie de gènes, appelés gènes **homéotiques** ou **gènes à homéobox**, guide la différenciation de l'embryon en segments distincts, qui donneront la tête, le thorax et l'abdomen (Figure 22.6A, B). Ces gènes codent des protéines de liaison à l'ADN susceptibles de moduler l'expression d'autres gènes (Encadré 22D). Chez les mammifères, on a identifié des gènes à homéobox similaires, dénommés **gènes *Hox***. Dans certains cas, leurs profils d'expression accompagnent, voire précèdent, la formation des caractères morphologiques, tels que courbures, replis ou resserrements, qui marquent les progrès de la régionalisation du tube neural au cours de son développement, particulièrement dans le cerveau postérieur et dans la moelle (Encadré 22E et Figure 22.6C).

Chez tous les vertébrés, y compris l'homme, l'expression des gènes *Hox* ne s'étend pas dans le mésencéphale ni dans le prosencéphale. Cependant, on observe dans ces territoires cérébraux des différences régionales dans l'expression d'autres facteurs de transcription, avant et pendant les événements morphogénétiques qui leur confèrent leur identité anatomique. Les gènes présents dans le mésencéphale et dans le prosencéphale sont également des homologues des facteurs de transcription qui, chez la drosophile, influencent le développement des principales structures du corps telles que les appendices, la tête et les pièces buccales ainsi que les organes des sens. L'expression organisée des gènes *Hox*, de facteurs de transcription régulés par le développement et de molécules de signalisation ne détermine pas à elle seule le sort d'un groupe de précurseurs neuraux embryonnaires. Mais, lors des premiers stades du développement cérébral, cette forme d'expression des facteurs de transcription, particularisée selon les régions, s'insère dans une série de processus génétiques et cellulaires qui aboutissent finalement à des régions cérébrales complètement différenciées et comprenant les catégories adéquates de cellules nerveuses et gliales.

Anomalies génétiques et perturbations du développement cérébral chez l'homme

La récente explosion des données concernant les substances qui influencent le développement cérébral fournit une base pour reconsidérer les causes de certaines malformations cérébrales congénitales ainsi que différentes formes de retard mental. C'est le cas de l'**hydrocéphalie**, par exemple, dans laquelle un rétrécissement de la lumière du tube neural gêne l'écoulement du liquide céphalorachidien, entraînant un accroissement du volume des ventricules et une atrophie du cortex qui se trouve comprimé ; on peut rapporter certaines de ses formes à des mutations de gènes du chromosome X, particulièrement ceux de la molécule d'adhérence cellulaire L1 (voir Chapitre 23). De même, **le syndrome de l'X fragile**, forme la plus fréquente de retard mental congénital chez les individus de sexe masculin, s'accompagne de répétitions d'une séquence de trois nucléotides, ou triplet, entraînant l'inactivation d'un groupe de gènes du chromosome X ; il s'ensuit l'absence de la protéine de l'X fragile, protéine codée par le gène normal et qui intervient dans la stabilisation des épines dendritiques et des synapses.

Outre ces anomalies liées à l'X, il existe au moins deux troubles génétiques, ayant des répercussions néfastes sur le système nerveux, qui sont dus à des mutations d'un

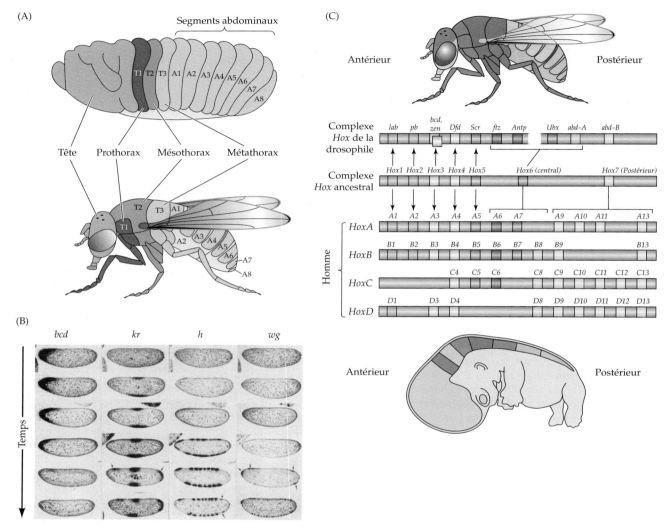

(A)

Segments abdominaux

T1 T2 T3 A1 A2 A3 A4 A5 A6 A7 A8

Tête   Prothorax   Mésothorax   Métathorax

T2 T3 A1

T1

A2 A3 A4 A5 A6 A7 A8

(B)

bcd   *kr*   *h*   *wg*

Temps

(C)

Antérieur   Postérieur

| | *lab* | *pb* | *bcd, zen* | *Dfd* | *Scr* | *ftz* | *Antp* | *Ubx* | *abd–A* | *abd–B* |
Complexe *Hox* de la drosophile

Complexe *Hox* ancestral
Hox1 Hox2 Hox3 Hox4 Hox5   Hox6 (central)   Hox7 (Postérieur)

A1 A2 A3 A4 A5 A6 A7 A9 A10 A11 A13

HoxA

B1 B2 B3 B4 B5 B6 B7 B8 B9 B13

HoxB

Homme

C4 C5 C6 C8 C9 C10 C11 C12 C13

HoxC

D1 D3 D4 D8 D9 D10 D11 D12 D13

HoxD

Antérieur   Postérieur

Figure 22.6

L'expression séquentielle des gènes divise l'embryon en régions et en segments. (A) Relations des segments embryonnaires de la larve de drosophile, définis par l'expression séquentielle des gènes, avec le plan d'organisation corporelle de la mouche adulte. (B) Distribution temporelle de l'expression de quatre gènes influençant la mise en place du plan d'organisation du corps chez la drosophile. Chaque colonne présente une série de coupes transversales passant par le milieu de l'embryon selon l'axe antéro-postérieur et s'étageant, de haut en bas, depuis les stades initiaux jusqu'aux stades tardifs du développement. Au début, c'est le gène *bicoïd* (*bcd*) qui est exprimé et qui détermine le pôle antérieur de l'embryon. C'est ensuite au tour du gène *krüppel* (*kr*) d'être exprimé, d'abord au milieu, puis à l'extrémité postérieure de l'embryon, et d'effectuer la détermination de l'axe antéro-postérieur. Après quoi vient l'expression du gène *hairy* (*h*), qui contribue à délimiter les domaines qui formeront les segments du corps de la mouche. Enfin, l'expression du gène *wingless* (*wg*) apporte une détermination supplémentaire à l'organisation des segments individuels. (C) Parallèles entre les gènes responsables de la détermination de l'identité des segments de la drosophile (gènes homéobox ancestraux inférés, à partir desquels ont évolué les gènes de détermination des segments des invertébrés et des vertébrés) et les gènes *HOX* humains. Les gènes *HOX* humains ont manifestement subi deux duplications aboutissant à quatre groupes indépendants, présents chacun sur un chromosome différent. Le mode d'expression du gène *Hox* le long de l'axe antéro-postérieur, chez la drosophile et chez les mammifères (y compris l'homme), suit le sens de 3' à 5' de ces gènes sur leur chromosome respectif. (A d'après Gilbert, 1994, et Lawrence, 1992 ; B d'après Ingham, 1988 ; C d'après Veraksa et McGinnis, 2000.)

ENCADRÉ 22E *Les rhombomères*

Au début du vingtième siècle, on remarqua un parallèle intéressant entre la segmentation embryonnaire précoce et les débuts du développement cérébral. Plusieurs embryologistes décrivirent, dans la plaque neurale primitive et dans le tube neural, des unités répétitives auxquelles ils donnèrent le nom de *neuromères*. À la fin des années 1980, Andrew Lumsden, Roger Keynes et leurs collègues ainsi que R. Krumlauf, R. Wilkinson et leurs collègues remarquèrent en outre que des combinaisons de gènes homéobox (*Hox*) et de gènes apparentés (voir Encadré 22D) sont exprimées sous l'aspect de bandes dans le système nerveux embryonnaire du poulet et spécialement dans le cerveau postérieur (nom courant du rhombencéphale et de ses dérivés). Ces domaines d'expression délimitaient les **rhombomè-** res qui, chez le poulet (de même que chez la plupart des mammifères), forment une série de sept renflements transitoires apparaissant au cours du développement du rhombencéphale et correspondant aux neuromères mentionnés plus haut (Figure A). Les rhombomères sont des sites où l'on observe une prolifération cellulaire différentielle (les cellules situées à la limite des rhombomères se divisent plus rapidement que les autres), une mobilité cellulaire différentielle (les cellules d'un rhombomère donné ne passent pas facilement dans le rhombomère adjacent) et une adhérence cellulaire différentielle (les cellules s'attachent de préférence aux cellules de leur propre rhombomère).

Au cours du développement ultérieur, la croissance des axones des nerfs crâniens moteurs se fait selon une configuration qui correspond également à la disposition primitive des rhombomères (Figure B). Les nerfs crâniens moteurs (voir l'Appendice) ont leur origine soit dans un seul rhombomère, soit dans des paires de rhombomères adjacents (des expériences de transplantation indiquent que la spécification des rhombomères se fait par paires). L'expression des gènes *Hox* représente donc probablement une étape précoce de la formation des nerfs crâniens lors du développement cérébral. La mutation ou l'activation ectopique des gènes *Hox*, chez des souris, modifie la position de certains nerfs crâniens ou empêche leur formation. La mutation du gène *Hox A-1* par recombinaison homologue (technique dite du *knockout*, utilisée pour cibler des mutations de gènes déterminés) empêche la formation normale des rhombomères. De

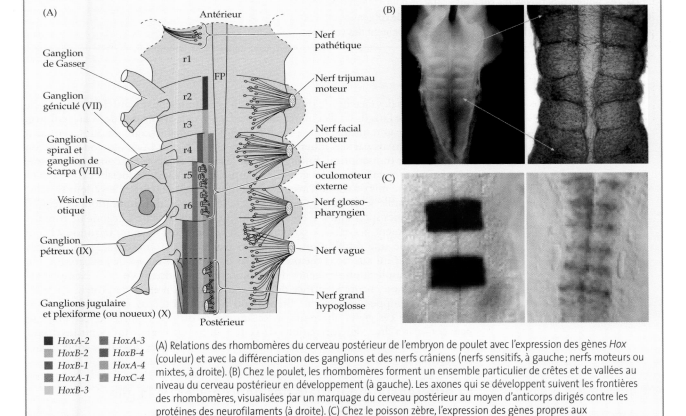

HoxA-2 HoxA-3
HoxB-2 HoxB-4
HoxB-1 HoxA-4
HoxA-1 HoxC-4
HoxB-3

(A) Relations des rhombomères du cerveau postérieur de l'embryon de poulet avec l'expression des gènes *Hox* (couleur) et avec la différenciation des ganglions et des nerfs crâniens (nerfs sensitifs, à gauche ; nerfs moteurs ou mixtes, à droite). (B) Chez le poulet, les rhombomères forment un ensemble particulier de crêtes et de vallées au niveau du cerveau postérieur en développement (à gauche). Les axones qui se développent suivent les frontières des rhombomères, visualisées par un marquage du cerveau postérieur au moyen d'anticorps dirigés contre les protéines des neurofilaments (à droite). (C) Chez le poisson zèbre, l'expression des gènes propres aux rhombomères – dans le cas présent *Krox 20*, un facteur de transcription apparenté à *Hox* – s'arrête aux frontières des rhombomères (à gauche). D'autres molécules, comme le facteur de transcription mariposa, révèlent les frontières des rhombomères (à droite). (B d'après Lumsden et Keynes, 1989 ; C gracieusement communiqué par C. Moens.)

plus, chez ces animaux, le développement de l'oreille externe, moyenne et interne est perturbé, les noyaux de certains nerfs crâniens sont fusionnés et en position incorrecte. Réciproquement, lorsque le gène *Hox A-1* est exprimé dans un rhombomère où il ne se trouve pas d'ordinaire, cette expression ectopique modifie l'identité du rhombomère et sa différenciation ultérieure. Selon toute vraisemblance, des perturbations de la formation des rhombomères sont la cause profonde des malformations congénitales du système nerveux qui affectent les nerfs crâniens ainsi que les ganglions et les structures périphériques dérivant des crêtes neurales crâniennes (c'est-à-dire des crêtes neurales dérivant du cerveau postérieur).

Les relations exactes entre la configuration précoce de transcription des gènes propres à chaque rhombomère et le développement ultérieur des nerfs crâniens demeurent une énigme; la concordance entre ces unités répétitives du cerveau embryonnaire et des unités répétitives similaires observées dans le développement

du corps des insectes (voir Figure 22.5) suggère néanmoins que, dans beaucoup d'espèces, l'expression différentielle de facteurs de transcription dans des régions spécifiques est un élément essentiel du développement. Chez des animaux très divers, des combinaisons spatio-temporelles particulières de l'expression de facteurs de transcription coïncident avec des combinaisons spatio-temporelles particulières de différenciation, y compris dans le cas du système nerveux. Ceci a fait l'objet d'une démonstration élégante chez le poisson zèbre, où les patterns d'expression des gènes délimitent nettement les rhombomères (Figure C). Les mutations de ces gènes perturbent, dans le cerveau postérieur, la différenciation neurale propre à une région.

La conception selon laquelle les vésicules et les replis du tube neural sont des segments déterminés par des combinaisons d'expression génique offre un cadre attractif pour comprendre les bases moléculaires de l'organisation cérébrale lors du développement des vertébrés.

Références

CARPENTER, E.M., J.M. GODDARD, O. CHISAKA, N.R. MANLEY et M. CAPPECCHI (1993), Loss of *HoxA-1 (Hox-1.6)* function results in the reorganization of the murine hindbrain. *Development*, **118**, 1063-1075.

GUTHRIE, S. (1996), Patterning the hindbrain. *Curr. Opin. Neurobiol.*, **6**, 41-48.

LUMSDEN, A. et R. KEYNES (1989), Segmental patterns of neuronal development in the chick hindbrain. *Nature*, **337**, 424-428.

VON KUPFFER, K. (1906), Die Morphogenie des Zentralnervensystems. In *Handbuch der vergleichende und experimentelle Entwicklungslehre der Wirbeltiere, Vol. 2, 3, 1-272.* Jena, Fischer Verlag.

WILKINSON, D.G. et R. KRUMLAUF (1990), Molecular approaches to the segmentation of the hindbrain. *Trends in Neurosci.*, **13**, 335-339.

ZHANG, M., H.J. KIM, H. MARSHALL, M. GENDRON-MAGUIRE, D.A. LUCAS, A. BARON, L.J. GUDAS, T. GRIDLEY, R. KRUMLAUF et J.F. GRIPPO (1993), Ectopic *HoxA-1* induces rhombomere transformation in mouse hindbrain. *Development*, **120**, 2431-2442.

seul gène dans des facteurs de transcription du type homéobox. L'**aniridie**, qui associe une absence de l'iris de l'œil et un retard mental léger, et le **syndrome de Waardenburg**, caractérisé par une surdité, une spina bifida et des anomalies crâniofaciales, sont causés respectivement par des mutations des gènes *PAX 6* et *PAX 3*, qui codent chacun des facteurs de transcription. Enfin, des troubles du développement comme l'**autisme**, de même que certains troubles graves de l'apprentissage ou de la sociabilité, ont, dans certains cas, été mis en relation avec des mutations de gènes particuliers (dont certains gènes de la famille *Wnt*) ainsi qu'avec des microdélétions ou des duplications de régions chromosomiques spécifiques. L'exemple le mieux connu de cette catégorie de troubles du développement nerveux est sans doute le syndrome de Down ou **trisomie 21**, qui a pour origine une duplication de tout ou partie du chromosome 21, provoquée d'ordinaire par un raté de la méiose au cours des dernières étapes de l'ovogenèse. Du fait de cette duplication, les gènes du chromosome 21 existent en trois exemplaires; une fraction non encore identifiée de ces gènes produit un excès de protéines et perturbe le développement neural. Bien qu'on ne connaisse pas encore les relations causales entre ces gènes aberrants et les anomalies du développement cérébral qui peuvent en résulter, des corrélations de cette nature fournissent un point de départ pour explorer la pathogénie moléculaire d'un grand nombre de désordres congénitaux du système nerveux.

La différenciation initiale des neurones et de la glie

Une fois que le tube neural a formé les ébauches de l'encéphale et de la moelle, la production et la différenciation des éléments permanents du système nerveux – neurones et glie – peuvent commencer pour de bon. À maturité, le cerveau humain compte environ 100 milliards de neurones et un nombre beaucoup plus grand encore de cellules gliales ; tous apparaissent en quelques mois seulement, à partir d'une petite population de cellules précurseurs. À l'exception de quelques cas spéciaux (voir Chapitre 25), l'effectif total des neurones du cerveau adulte est produit durant une fenêtre temporelle qui se ferme avant la naissance ; par la suite, les cellules précurseurs disparaissent et, dans la plupart des régions du système nerveux, très peu de neurones nouveaux, si même il y en a, viennent remplacer ceux qui disparaissent à cause de l'âge ou des accidents. Les cellules précurseurs sont situées dans la **zone ventriculaire**, couche cellulaire la plus profonde, entourant la lumière du tube neural. La zone ventriculaire connaît une intense activité mitotique. Chez l'homme, au cours de la période de prolifération maximale de la gestation, on estime qu'il se forme chaque minute environ 250 000 nouveaux neurones.

Dans la zone ventriculaire, les cellules précurseurs qui se divisent passent, au cours de leur cycle mitotique, par une séquence stéréotypée de mouvements cellulaires et donnent naissance soit à de nouvelles cellules souches, soit à des **neuroblastes** (cellules nerveuses immatures) postmitotiques qui se différencieront en neurones (Figure 22.7). La distinction entre différents modes de division cellulaire, donnant naissance soit à de nouvelles cellules souches, soit à des neuroblastes, est un aspect essentiel du processus de neurogénèse. Les nouvelles cellules souches proviennent de divisions *symétriques* des cellules neurectodermales. Ces cellules se divisent de façon relativement lente et peuvent s'autorenouveler indéfiniment. Curieusement, les cellules souches neurales semblent acquérir et garder beaucoup de caractéristiques moléculaires des cellules gliales. Aussi, dans le cerveau en développement, certains précurseurs neuraux multipotents ne peuvent pas être distingués des cellules de glie radiale qui servent de substrat pour la migration des neurones postmitotiques dans le cortex cérébral (voir ci-dessous). Par contre, les neuroblastes proviennent de cellules qui se divisent de façon *asymétrique* : l'une des deux cellules filles devient un neuroblaste postmitotique, tandis que l'autre

Figure 22.7

Dans le neurectoderme des vertébrés, les cellules précurseurs qui se divisent (aux stades plaque neurale et tube neural) sont attachées à la surface externe (côté pie-mère) et à la surface ventriculaire (côté lumière) du tube neural. Le noyau de la cellule change de position entre ces deux limites, au sein d'un étroit cylindre de cytoplasme. La position du noyau correspond au stade du cycle mitotique où se trouve la cellule. Quand les cellules sont à proximité de la surface externe du tube neural, elles entrent dans la phase de synthèse d'ADN (phase S) ; lorsque le noyau retourne vers la surface ventriculaire (phase G_2), les cellules précurseurs rétractent leurs connexions de la surface externe et entrent en mitose (phase M). Quand la mitose est terminée, les deux cellules filles renvoient des prolongements vers la surface externe du tube et les nouvelles cellules précurseurs entrent dans la phase quiescente (G_1) du cycle cellulaire. À un moment donné, une cellule précurseur va donner, soit une autre cellule souche qui va continuer à se diviser et une cellule fille qui ne se divisera plus (c'est-à-dire un neuroblaste), soit deux cellules filles postmitotiques.

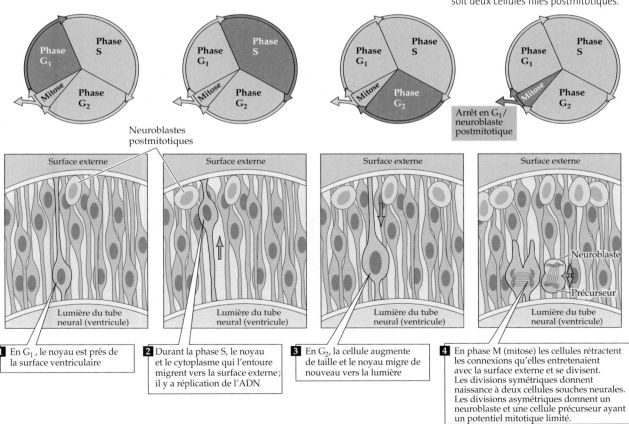

Neuroblastes postmitotiques

Arrêt en G_1/ neuroblaste postmitotique

Neuroblaste

Précurseur

Surface externe

Lumière du tube neural (ventricule)

1 En G_1, le noyau est près de la surface ventriculaire

2 Durant la phase S, le noyau et le cytoplasme qui l'entoure migrent vers la surface externe ; il y a réplication de l'ADN

3 En G_2, la cellule augmente de taille et le noyau migre de nouveau vers la lumière

4 En phase M (mitose) les cellules rétractent les connexions qu'elles entretenaient avec la surface externe et se divisent. Les divisions symétriques donnent naissance à deux cellules souches neurales. Les divisions asymétriques donnent un neuroblaste et une cellule précurseur ayant un potentiel mitotique limité.

réintègre le cycle cellulaire pour donner une nouvelle descendance postmitotique à la suite d'une division asymétrique. Les progéniteurs qui subissent une division asymétrique ont tendance à se diviser plus rapidement, leur capacité de division est limitée dans le temps et ils sont différents du point de vue moléculaire des précurseurs qui se divisent lentement. Ces cellules sont également appelées *cellules transitionnelles d'amplification*, car elles constituent une forme de transition entre les cellules souches et les neurones différenciés et sont par ailleurs responsables de l'amplification du nombre de cellules différenciées à cause de la cinétique rapide de leurs mitoses et du mode asymétrique de leurs divisions.

On pense que les divisions cellulaires asymétriques dépendent d'une distribution asymétrique de déterminants moléculaires qui seraient les régulateurs-maîtres de la division et de la destinée de toutes les cellules (voir ci-dessous) ; parmi ces déterminants, on peut citer la protéine **numb** dont l'activité est modulée par **notch** (et protéines apparentées), mais qui module elle-même la signalisation notch. Les cellules postmitotiques quittent la zone ventriculaire et migrent jusqu'à leur emplacement définitif dans le cerveau en développement. La connaissance du moment où « naissent » les neurones destinés à telle ou telle région cérébrale, c'est-à-dire du moment où ils deviennent postmitotiques (moment déterminé par les études de date de naissance ; Encadré 22F), a vivement éclairé la façon dont se constituent les différentes régions du cerveau.

Certaines populations de neurones spinaux ainsi que divers noyaux du tronc cérébral et du thalamus se distinguent par le moment où naissent les neurones qui les composent ; quelques-unes de leurs différences sont influencées par des variations locales dans les facteurs de transcription ou dans les molécules signaux qui caractérisent leurs précurseurs (voir Figure 22.4). Dans le cortex cérébral, les six couches se constituent de l'intérieur vers l'extérieur (voir l'encadré 22G pour une curieuse exception à cette règle) : les premiers neurones formés se trouveront situés dans les couches les plus profondes, tandis que les neurones des générations ultérieures migreront au travers des cellules plus anciennes pour se disposer au-dessus d'elles (Figure 22.8). On peut même dire que dans la plupart des régions du cerveau où les neurones sont disposés en couches (hippocampe, cervelet, colliculus supérieur), il existe une relation systématique entre les couches et le moment où se sont formés les neurones. Dans ces régions, les neuroblastes migrent radialement vers l'extérieur, à partir de la zone ventriculaire ; il s'instaure de cette façon une relation systématique entre le moment de la dernière division cellulaire et la couche d'arrivée. Ce fait implique que chaque couche corticale, formée à un moment précis de la neurogénèse, possède une connectivité et des types cellulaires qui lui sont propres.

Figure 22.8

Naissance des neurones corticaux au cours de la gestation du singe rhésus, soit une durée d'environ 165 jours. Les divisions cellulaires finales des précurseurs neuraux sont définies par l'incorporation maximale de la thymidine radioactive administrée à la mère gestante (voir Encadré 22E) ; elles se font principalement durant la première moitié de la gestation et se terminent vers le 105e jour de vie embryonnaire. Chaque trait horizontal représente la position d'un neurone fortement marqué par la thymidine radioactive injectée à la mère au temps indiqué par la ligne verticale correspondante. Les chiffres, à gauche, désignent les couches du cortex. Les premiers neurones formés se localisent dans une couche transitoire appelée la sous-plaque (quelques-unes de ces cellules subsistent dans la substance blanche) et dans la couche I (cellules de Cajal-Retzius). (D'après Rakic, 1974.)

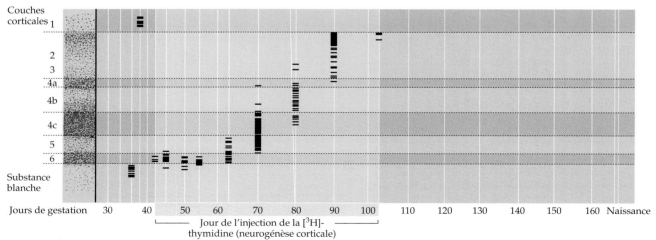

ENCADRÉ 22F *Neurogénèse et date de naissance des neurones*

Les processus qui conduisent à la formation des neurones sont généralement désignés sous le nom de neurogénèse. Le moment où a lieu la neurogénèse d'un neurone donné constitue sa «date de naissance». À un certain point de leur développement, les cellules souches neurales (voir Encadré 22A) subissent des divisions asymétriques qui donnent, d'une part, une autre cellule souche et, d'autre part, un précurseur neuronal, appelé neuroblaste, qui ne subira plus aucune autre division cellulaire. Étant donné que les neurones sont généralement incapables de rejoindre le cycle cellulaire une fois qu'ils l'ont quitté, le point auquel un précurseur neuronal quitte le cycle définit la date de naissance du neurone qui en résultera.

Chez les animaux qui, comme le nématode *Caenorhabditis elegans*, ont un système nerveux extraordinairement simple, il est possible de suivre directement au microscope chaque cellule souche embryonnaire au cours de ses séquences caractéristiques de divisions cellulaires et de déterminer ainsi le moment auquel naît un neurone donné. Cette technique est impraticable pour le cerveau infiniment plus complexe des vertébrés. À la place, les neurobiologistes s'appuient sur les caractéristiques du cycle cellulaire lui-même pour étiqueter les cellules selon leur date de naissance. Lorsque les cellules répliquent activement leur ADN, elles incorporent des nucléotides, éléments constitutifs de l'ADN (voir Figure 22.8). Pour dater la naissance des cellules, on introduit un nucléotide radioactif qui ne pourra être incorporé, à un moment connu du développement de l'organisme, que par l'ADN nouvellement synthétisé; on utilise généralement pour ce faire, soit de la thymidine tritiée, soit un analogue de la thymidine (nucléotide propre à l'ADN) chimiquement distinct, la bromodésoxyuridine (BrDU). Toute cellule souche qui synthétise activement de l'ADN va incorporer le marqueur radioactif et le transmettre à ses descendants. Étant donné que la sonde radioactive n'est disponible que de quelques minutes à quelques heures après avoir été injectée à un animal, si la cellule continue de se diviser, la quantité de radioélément dans l'ADN des cellules filles va se diluer rapidement. Mais si, après incorporation de la sonde, la cellule ne subit qu'une seule division et donne un neurone postmitotique, ce dernier gardera indéfiniment un taux élevé d'ADN radioactif. Une fois que l'animal a achevé son développement, les coupes histologiques préparées à partir de son cerveau montrent les neurones marqués. Les cellules les plus fortement radioactives sont celles qui ont incorporé la sonde juste avant la dernière division; on dit donc qu'elles sont «nées» au moment de l'injection.

L'une des premières informations fournies par cette technique est que les couches du cortex cérébral se développent de l'intérieur vers l'extérieur (voir Figure 22.8).

Chez certaines souris mutantes, comme la souris *reeler* (voir Encadré 19B), l'étude des dates de naissance montre que, par suite de migrations défectueuses, les cellules gagnent des destinations erronées, les plus vieilles se disposant dans les couches superficielles et les plus récentes dans les couches profondes. Même si, en tant que telles, les dates de naissance n'indiquent pas le lignage des cellules et ne définissent pas non plus le moment auquel les neurones acquièrent leurs caractéristiques phénotypiques ou moléculaires propres, elles marquent une transition majeure dans les programmes génétiques qui dictent le moment et la façon dont les cellules se différencient.

Références

ANGEVINE, J.B. JR. et R.L. SIDMAN (1961), Autoradiographic study of cell migration during histogenesis of the cerebral cortex in the mouse. *Nature*, **192**, 766-768.

CAVINESS, V.S. JR. et R.L. SIDMAN (1973), Time of origin of corresponding cell classes in the cerebral cortex of normal and *reeler* mutant mice: An autoradiographic analysis. *J. Comp. Neurol.*, **148**, 141-151.

GRATZNER, H.G. (1982), Monoclonal antibody to 5-bromo and 5-iododeoxyuridine. A new reagent for the detection of DNA replication. *Science*, **218**, 474-475.

MILLER, M.W. et R.S. NOWAKOWSKI (1988), Use of bromodeoxyuridine immunohistochemistry to examine the proliferation, migration, and time of origin of cells in the central nervous system. *Brain Res.*, **457**, 44-52.

Date de naissance

Phase S   Phase M

[³H]Thymidine
ou BrDU

Les divisions successives
diluent le marqueur

Lignage

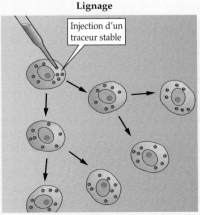

Injection d'un
traceur stable

Carte moléculaire

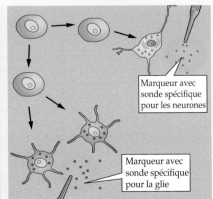

Marqueur avec
sonde spécifique
pour les neurones

Marqueur avec
sonde spécifique
pour la glie

La genèse de la diversité neuronale

Dans la zone ventriculaire du cerveau embryonnaire, toutes les cellules précurseurs neurales ont à peu près le même aspect et le même comportement. Cependant, les cellules postmitotiques que ces précurseurs finissent par produire présentent une gigantesque diversité de formes et de fonctions. La moelle, le cervelet, le cortex cérébral, les noyaux sous-corticaux (y compris le thalamus et les ganglions de la base) comportent tous plusieurs types de cellules nerveuses que distinguent leur morphologie, leur contenu en neurotransmetteurs, leurs molécules de surface et les types de synapses qu'elles forment ou qu'elles reçoivent. À un niveau plus fondamental encore, les cellules souches de la zone ventriculaire donnent naissance à deux ensembles de cellules aux propriétés et aux fonctions fort différentes, les neurones et les cellules gliales. Quand et comment ces différents types cellulaires sont-ils déterminés?

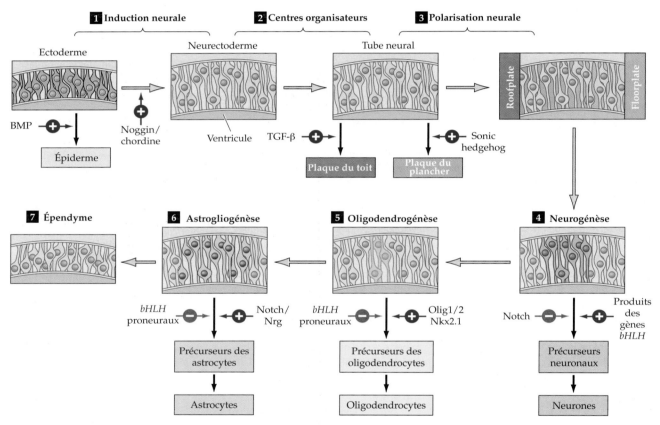

Figure 22.9

Principaux mécanismes moléculaires et cellulaires guidant la différenciation des neurones et de la glie dans le neurectoderme. (1-3) Étapes de l'acquisition d'une identité neurectodermique par l'ectoderme. Lors du développement embryonnaire, la production de précurseurs neuraux (ou cellules souches neurales), dépend en premier lieu de l'équilibre entre la BMP et ses antagonistes endogènes tels que la noggin et la chordine. Par la suite, des sources locales de signaux inducteurs, dont les membres de la famille TGF-β et Sonic hedgehog, instaurent des gradients qui, d'une part, influencent les identités ultérieures des précurseurs neuraux et, d'autre part, spécifient des organisateurs locaux, tels que la plaque du plancher et la plaque du toit, qui fixent l'identité cellulaire de centres de signalisation inductive. (4-7) Étapes supposées de la différenciation des neurones, des astrocytes et des oligodendrocytes à partir de précurseurs multipotents. La neurogénèse est influencée par l'activité signalisatrice de Notch, en équilibre avec le contrôle de la transcription des gènes proneuraux *bHLH* (le nom de proneuraux leur a été donné à cause de leur capacité d'orienter les cellules progénitrices neurales vers un destin neural spécifique). De la même façon, la production de l'oligodendroglie est sous l'influence d'un antagonisme dans la régulation de la transcription, dont le résultat sera la mise en jeu, soit des produits des gènes *bHLH*, soit des facteurs de transcription Olig1, Olig2 et Nkx2.2. On estime que la production des astrocytes matures est due à un antagonisme entre les protéines bHLH, les protéines signaux Notch et une autre molécule signal, la neuréguline (Nrg). Enfin, dans le cerveau adulte, les cellules proches des ventricules (cellules qui, selon toute vraisemblance, sont restées à l'écart de la différenciation) subsistent en tant que cellules épendymaires. Il se peut que parmi elles se trouve une sous-population de cellules souches neurales (voir Encadré 22A). (D'après Kintner, 2002.)

La grande majorité des données appuie la conception selon laquelle la différenciation neuronale est fondée sur des interactions locales de cellule à cellule, suivies par une série de régulations transcriptionnelles particulières, dépendant des facteurs de transcription exprimés par chaque cellule (Figure 22.9). D'un point de vue historique, la plupart des approches expérimentales de ce problème ont fait appel à la méthode des transplantations : des fragments d'une région cérébrale donnée sont greffés sur un animal hôte pour déterminer si les cellules transplantées acquièrent le phénotype de l'hôte ou si elles gardent leur destinée originelle au cours de leur développement ultérieur. Si les cellules transplantées sont très jeunes, elles acquièrent d'ordinaire le phénotype de l'hôte ; plus les transplants sont âgés, toutefois, plus ils gardent, généralement, le phénotype originel.

L'utilisation de méthodologies génétiques, particulièrement chez ce qu'il est convenu d'appeler des « organismes modèles », tels que la drosophile ou le nématode *Caenorhabditis elegans*, a mis en évidence le rôle essentiel des interactions locales de cellule à cellule et a permis d'identifier certaines des molécules intervenant dans les processus de détermination de la destinée neurale. Chez la drosophile, la position et l'identité de diverses cellules photoréceptrices ayant des fonctions visuelles distinctes repose d'une part sur la voie de signalisation de la protéine notch, et, d'autre part, sur des ligands de surface cellulaire (dont la protéine boss) d'une catégorie de cellules, ainsi que sur des récepteurs kinases spécifiques présents sur les cellules adjacentes (entre autres, sevenless) (Figure 22.10). L'équilibre entre les divisions cellulaires symétriques et asymétriques et ses conséquences pour le développement du système nerveux est particulièrement net chez *C. elegans*, chez lequel le lignage complet du système nerveux est connu. Pour chaque classe de neurones de *C. elegans*, une série de divisions asymétriques fournit l'effectif total des cellules nerveuses concernées. C'est ainsi que la détermination des neurones de la ligne médiane reflète leur lignage, le fonctionnement correct des gènes impliqués dans la signalisation de cellule à cellule, la régulation de la transcription et la survie des sous-groupes de précurseurs ou leur mort par **apoptose** (mort cellulaire programmée). On peut identifier des variants génétiques avec une grande spécificité et l'analyse de mutants de *C. elegans* a permis l'identification d'un certain nombre de gènes qui régulent le lignage, la division ainsi que la survie et la mort des cellules nerveuses en cours de développement chez ce nématode. Tout ceci constitue un modèle pour l'analyse des lignages de cellules nerveuses et non nerveuses d'autres organismes.

On a fait appel à un équilibre du même ordre entre lignage cellulaire et interactions de cellule à cellule pour expliquer la différenciation d'un certain nombre de catégories de neurones ou de cellules gliales au cours du développement cérébral des vertébrés.

Figure 22.10

Le développement de l'œil composé de la drosophile illustre comment des interactions de cellule à cellule peuvent déterminer la destinée cellulaire. (A) Photographie au microscope électronique à balayage d'un œil de drosophile. (B) Schéma de la structure de l'œil de cette mouche. L'œil consiste en rangées d'ommatidies identiques, comprenant chacune un groupe de huit photorécepteurs. (C) Disposition des photorécepteurs (R1-7) au sein d'une ommatidie et signaux intercellulaires qui déterminent leur destinée. Sur R8, un ligand fixé à la membrane (le produit du gène *boss*) se lie à un récepteur (codé par le gène *sevenless, sev*) situé sur la cellule R7. Ces interactions aboutissent à des changements de l'expression génique qui déterminent le devenir de la cellule R7. Les flèches entre R8 et le reste des photorécepteurs indiquent les interactions nécessaires à la détermination du devenir de R1 à R6 (A gracieusement communiqué par T. Venkatesh ; B, C d'après Rubin, 1989.)

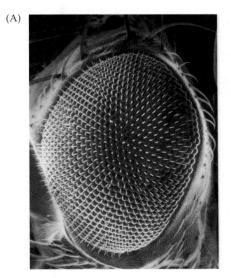

(A)

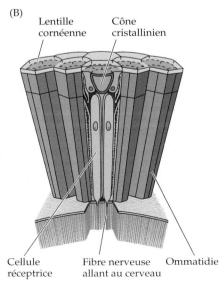

(B)
Lentille cornéenne — Cône cristallinien

Cellule réceptrice — Fibre nerveuse allant au cerveau — Ommatidie

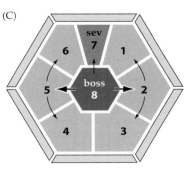

(C)

sev
6 — 7 — 1
5 ← boss 8 → 2
4 — 3

Il n'est sans doute pas très surprenant qu'un grand nombre des molécules informatives indispensables aux premières étapes de l'induction et de la régionalisation neurales – les BMP, Sonic hedgehog et Wnt – influencent toutes la genèse de catégories déterminées de neurones et de cellules gliales grâce à des interactions locales de cellule à cellule (voir Figure 22.9). Parmi les autres molécules informatives qui participent à ces processus dans le cerveau des vertébrés, signalons la famille notch des ligands de surface cellulaire et de leurs récepteurs, la famille delta. La signalisation de la voie notch-delta tend à maintenir les précurseurs dans un état peu différencié.

Parmi les cibles de ces signaux, les **gènes bHLH** codant des facteurs de transcription (qui ont en commun un motif de base hélice-boucle-hélice, *basic Helix-Loop-Helix*, d'acides aminés constituant le domaine de liaison à l'ADN) se sont révélés de première importance pour la différenciation ultérieure en neurones ou en glie. Certains de ces gènes bHLH ont reçu un nom qui en fait des homologues de gènes similaires découverts initialement chez la drosophile ; d'autres ont été identifiés d'après leur séquence d'acides aminés, telle qu'elle pouvait être inférée de séquences génomiques. Ces détails moléculaires de la signalisation cellulaire et de leurs relations avec le lignage qui en découle fournissent un aperçu sur la façon dont se constituent les grandes classes de neurones. Néanmoins, il n'existe pas à l'heure actuelle d'explication claire et exhaustive de la façon dont une classe particulière de neurones acquiert son identité. Cette lacune dans nos connaissances pose problème pour l'utilisation de cellules souches neurales en remplacement des classes de neurones disparues à la suite de maladies neurodégénératives ou de lésions nerveuses (voir Encadré 22A et Chapitre 25). Elle empêche également de comprendre comment des précurseurs neuraux peuvent se transformer en cellules tumorigènes, comme celles qui sont à l'origine des médulloblastomes et autres cancers du système nerveux (voir Encadré 22C).

La migration des neurones dans le système nerveux périphérique

La migration, qui positionne des groupes de cellules dans des relations spatiales spécifiques avec les tissus en cours de différenciation, est un phénomène omniprésent dans l'embryon. Dans le système nerveux, la migration réunit différentes classes de neurones pour qu'elles puissent interagir au cours du développement et elle garantit la position finale d'un grand nombre de neurones postmitotiques. La capacité d'un précurseur neural ou d'une cellule nerveuse immature de se déplacer et de transiter dans un environnement cellulaire changeant est essentielle pour la différenciation ultérieure. L'emplacement définitif des cellules nerveuses postmitotiques est particulièrement critique, étant donné que les fonctions nerveuses dépendent de connexions précises entre les neurones et leurs cibles. Le neurone en développement doit se trouver au bon endroit au bon moment pour s'intégrer comme il faut dans un circuit fonctionnel pouvant mener à bien un comportement.

La migration des neurones implique bien davantage que les aspects mécaniques du déplacement d'un endroit à un autre. Comme c'est le cas pour les phénomènes d'induction aux premiers stades de la formation du système nerveux, des mouvements stéréotypés mettent différentes classes de cellules en contact les unes avec les autres (souvent de façon transitoire), restreignant ainsi la signalisation de cellule à cellule à des emplacements et à des moments spécifiques. Les données les plus complètes dont nous disposions à ce sujet concernent la migration et la différentiation des cellules des crêtes neurales. Leur migration les mène du tube neural à la périphérie de l'embryon, et les voies qu'elles empruntent sont influencées par leur position de départ sur l'axe antéro-postérieur du tube neural. Les caractéristiques de leur localisation initiale se reflètent donc dans leur position finale : à différents niveaux de l'axe antéro-postérieur correspondent différentes parties du corps.

Les crêtes neurales proviennent de la partie dorsale du tube neural, sur toute l'étendue de la moelle épinière et du rhombencéphale. Quand elles commencent leurs parcours, les cellules des crêtes neurales emmènent avec elles des informations sur leur point d'origine et notamment l'expression de gènes Hox spécifiques de domaines limités de la moelle et du cerveau postérieur (voir Figure 22.5C). Indépendamment de

ENCADRÉ 22G *Les migrations neuronales à grande distance*

Pendant des années, les spécialistes de neurobiologie du développement ont admis que, dans le cerveau embryonnaire, la position d'un neurone révélait son destin. Si l'on prenait, par un exemple, un neurone du thalamus, du cervelet ou du cortex cérébral, il était très probablement issu d'un progéniteur neural situé dans la région du cerveau embryonnaire qui avait donné naissance au thalamus, au cervelet ou au cortex cérébral. Cette opinion s'est trouvée renforcée par l'identification des rhombomères et la constatation ultérieure qu'il s'agit là de domaines compartimentés entre lesquels il n'y a guère de mélanges cellulaires. Pourtant, quelques observations laissaient envisager que la neurogénèse n'était pas un phénomène intégralement local et bientôt se fit jour une conception nouvelle de la façon dont les catégories de neurones de diverses régions cérébrales s'intègrent pour former les structures et les circuits matures.

Les premières indications de la tendance qu'ont certaines populations neuroniques à errer çà et là datent d'un article la fin des années 1960 montrant que les neurones du pulvinar, noyau thalamique que l'on pensait être d'origine diencéphalique, étaient en réalité produits dans le télencéphale. On ne prêta guère attention à cette observation jusqu'au milieu des années 1980, où une série d'expériences utilisant des chimères caille-poulet montrèrent que la majeure partie des grains du cervelet provenait en fait d'ailleurs que du rhombencéphale (vésicule embryonnaire dont dérive le cervelet). La plupart de ces cellules étrangères furent considérées comme ayant migré depuis le mésencéphale (dont dérivent les colliculus supérieurs et inférieurs) jusque dans la couche granulaire externe du cervelet. Toutes ces découvertes impliquaient que les structures du cerveau adulte devaient provenir de subdivisions fort diverses du cerveau embryonnaire.

À peu près à la même époque, plusieurs chercheurs remarquèrent qu'une proportion, faible mais constante, de neurones du cortex cérébral empruntaient dans leur migration un itinéraire tangentiel et non radial (le long des guides de glie radiale ; voir Figure 22.12). Ces observations firent l'objet d'un débat animé qui ne parvint cependant pas à expliquer ce que signifiaient ces neurones qui s'écartaient apparemment du cadre de migration radiale lors du développement cérébral. Par ailleurs, les analyses de lignage suggéraient que les neurones corticaux de projection, les interneurones, les astrocytes et les oligodendrocytes ne provenaient probablement pas des mêmes populations de précurseurs (voir Figure 22.9). Ces observations disparates ne parvinrent pas à emporter une adhésion unanime jusqu'à ce que, au milieu des années 1990, plusieurs équipes se rendent compte qu'il y avait une migration massive de cellules vers le cortex à partir du cerveau antérieur ventral, région où se situe l'éminence ganglionnaire qui donne le noyau caudé, le putamen et le globus pallidus (Figure A). Ces cellules, par ailleurs, n'étaient pas de n'importe quel type, mais elles allaient constituer des classes distinctes d'interneurones GABAergiques dans le cortex et le bulbe olfactif, et des oligodendrocytes dans toute l'étendue du cerveau antérieur. Dans le bulbe olfactif mature, les interneurones granulaires et périglomérulaires néoformés dérivent d'un résidu de l'éminence ganglionnaire, la zone sous-ventriculaire antérieure, qui subsiste à la surface des ventricules latéraux.

Cette migration à longue distance de types cellulaires distincts est orchestrée par une pléiade de régulateurs de la transcription, dont l'expression et l'activité sont limitées aux divers domaines du cerveau antérieur ventral (Figure B). Quand des sous-groupes de ces facteurs de transcription ont subi une mutation, la migration des cellules du cerveau antérieur ventral vers le cortex diminue considérablement et le nombre d'interneurones GABAergiques

(A)

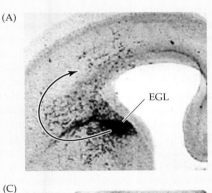

(C)

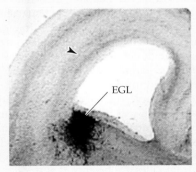

(B)

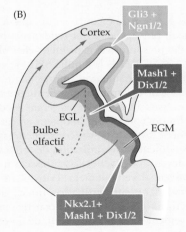

(A) Migration des cellules du cerveau antérieur ventral vers le néocortex, à la fin de la gestation de la souris. On a introduit un marqueur dans l'éminence ganglionnaire latérale (EGL) et l'on peut observer des cellules marquées se dirigeant vers le cortex et d'autres qui restent en place dans la plaque corticale en cours de développement. (B) Régulateurs de la transcription associés aux divisions primaires de l'éminence ganglionnaire (latérale et médiane ; EGL et EGM) et itinéraires principaux de migration suivis par les cellules lors de chaque division (flèches). (C) Réduction de la migration des cellules du cerveau antérieur ventral chez des souris porteuses d'une mutation nulle des gènes *Dlx1* et *Dlx2* exprimés dans l'éminence ganglionnaire latérale et médiane.

ENCADRÉ 22G (suite)

connaît une réduction similaire. Les mécanismes qui spécifient les identités cellulaires, la migration et les destinations restent inconnus ; quoi qu'il en soit, cette diversité régionale est apparemment une caractéristique constante de la neurogénèse du cerveau des mammifères. Tous les neurones ne participent cependant pas à cette migration à longue distance. Dans le cerveau humain par exemple, certains interneurones GABAergiques sont produits sur place dans l'ébauche corticale, en plus de ceux qui migrent à partir du cerveau antérieur ventral. Ces interneurones produits localement semblent utiliser la glie radiale pour leur migration, tout comme leurs voisins glutamatergiques.

On ne connaît pas la signification développementale et fonctionnelle de ce mélange des descendants de différents progéniteurs dans diverses régions céré-brales embryonnaires. Il se peut que la variété et la quantité des interactions de cellule à cellule, nécessaires à la production de types cellulaires fonctionnellement distincts, soient si grandes que les populations appropriées ne puissent être spécifiées qu'en exposant des sous-groupes de cellules à des environnements diversifiés et en utilisant les cellules ainsi produites comme messagers pour porter des messages moléculaires supplémentaires à de nouveaux emplacements. Quel que soit l'objectif de leur difficile parcours, il a pour conséquence la mise en place ordonnée de la diversité cellulaire dans un certain nombre de régions cérébrales.

Références

ANDERSON, S.A., D.D. EISENSTAT, L. SHI et J. RU-BINSTEIN (1997), Interneuron migration from basal forebrain to neocortex : Dependence on *Dlx* genes. *Science*, **278**, 474-476.

HE, W., C. INGRAHAM, L. RISING, S. GODERIE et S. TEMPLE (2001), Multipotent stem cells from the mouse basal forebrain contribute GABAergic neurons and oligodendrocytes to the cerebral cortex during embryogenesis. *J. Neurosci.*, **21**, 8854-8862.

MARTINEZ, S. et R.M. ALVARADO-MALLART (1989), Rostral cerebellum originates from the caudal portion of the so-called « mesencephalic » vesicle : A study using chick/quail chimeras. *Eur. J. Neurosci.*, **6**, 549-560.

PARNAVELAS, J.G., J.A. BARFIELD, E. FRANKE et M.B. LUSKIN (1991), Separate progenitor cells give rise to pyramidal and nonpyramidal neurons in the rat telencephalon. *Cereb. Cortex*, **1**, 463-468.

RAKIC, P. et R.L. SIDMAN (1969), Telencephalic origin of pulvinar neurons in the fetal human brain. *Z. Anat. Entwicklungsgesch.*, **129**, 53-82.

WICHTERLE, H., D.H. TURNBULL, S. NERY, G. FISHELL et A. ALVAREZ-BUYLLA (2001), *In utero* fate mapping reveals distinct migratory pathways and fates of neurons born in the mammalian basal forebrain. *Development*, **128**, 3759-3771.

leur site d'origine, les cellules des crêtes neurales doivent subir une transition de type cellulaire avant de commencer leur migration. Toutes sont initialement des cellules épithéliales et, à ce titre, toutes sont dotées des jonctions intercellulaires et des inter-actions d'adhérence qui maintiennent les cellules épithéliales en place. Pour se déplacer, les cellules des crêtes neurales doivent réduire l'expression des gènes d'adhérence et subir une transition épithélio-mésenchymateuse (les cellules épithéliales sont accolées et forment une couche alors que les cellules mésenchymateuses sont assemblées de façon plus lâche et ont tendance à migrer librement). Aussi les cellules des crêtes neurales présomptives expriment-elles plusieurs facteurs de transcription (notamment Snail 1 et Snail2, de la famille bHLH ; voir Figure 22.11B) qui répriment l'expression de protéines de jonction intercellulaire et de molécules d'adhérence épithéliale. Ce processus de délamination et de migration au niveau des crêtes neurales est semblable au processus de métastase par lequel les cellules oncogènes transformées s'échappent de leurs limites épithéliales, adoptent un caractère mésenchymateux et se mettent à migrer librement (avec de graves conséquences pathologiques). D'ailleurs, certains des gènes qui modulent la délamination des crêtes neurales (les gènes *Snail* en particulier) peuvent devenir oncogènes s'ils subissent une mutation dans des tissus épithéliaux ayant achevé leur développement. Lorsque les cellules des crêtes neurales, désormais mobiles, atteignent leur destination finale, elles cessent d'exprimer Snail et les facteurs de transcription qui favorisent l'état mésenchymateux de migration. On estime que ce changement reflète l'intégration de divers signaux rencontrés par les cellules des crêtes neurales au cours de leur migration. (L'élucidation de ces phénomènes normaux a des conséquences pour la biologie du cancer : induire le retour d'une cellule cancéreuse migratrice à son état stationnaire normal serait d'un intérêt thérapeutique évident.)

Les cellules des crêtes neurales sont largement guidées le long de voies spécifiques de migration que constituent des structures périphériques non nerveuses, comme les somites (futurs muscles axiaux) ou d'autres ébauches de tissus musculosquelettiques ou viscéraux. Les signaux qui jalonnent ces voies peuvent être des molécules sécrétées (dont certaines des hormones peptidiques utilisées plus tôt pour l'induction neurogène), des ligands et des récepteurs de surface cellulaire (molécules d'adhérence et autres signaux), ou des molécules de la matrice extracellulaire ; la plupart de ces molécules sont égale-

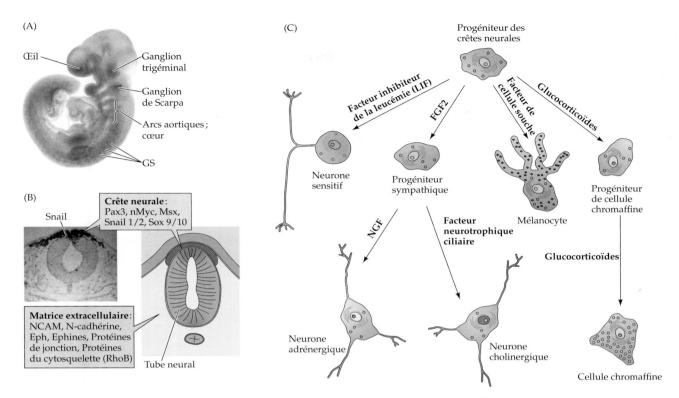

(A)

Œil

Ganglion trigéminal

Ganglion de Scarpa

Arcs aortiques ; cœur

GS

(B)

Snail

Crête neurale : Pax3, nMyc, Msx, Snail 1/2, Sox 9/10

Matrice extracellulaire : NCAM, N-cadhérine, Eph, Ephines, Protéines de jonction, Protéines du cytosquelette (RhoB)

Tube neural

(C)

Progéniteur des crêtes neurales

Facteur inhibiteur de la leucémie (LIF)

FGF2

Facteur de cellule souche

Glucocorticoïdes

Neurone sensitif

Progéniteur sympathique

Mélanocyte

Progéniteur de cellule chromaffine

NGF

Facteur neurotrophique ciliaire

Glucocorticoïdes

Neurone adrénergique

Neurone cholinergique

Cellule chromaffine

ment utilisées à des étapes ultérieures du développement pour guider l'allongement de l'axone et le choix de ses cibles (voir Chapitre 23). On trouve ainsi, à la surface des cellules de la périphérie de l'embryon, des molécules d'adhérence spécialisées appartenant à la matrice extracellulaire, comme la laminine ou la fibronectine, ou des molécules d'adhérence comme la cadhérine neurale (N-cadhérine), la molécule d'adhérence cellulaire neurale (NCAM), les récepteurs eph et leurs ligands, les éphrines (Figure 22.11A). De plus, les signaux sécrétés, qui comprennent des molécules neurotrophes, peuvent influencer la direction et le trajet de la migration des crêtes neurales. À noter un fait important : certains facteurs de croissance de nature hormonale peptidique, présents dans certaines cibles périphériques, provoquent la différentiation des cellules des crêtes neurales selon des phénotypes spécifiques (Figure 21.11C ; voir aussi Figure 22.2). L'une des conséquences de ces signaux moléculaires en ce qui concerne la production des neurones périphériques est l'expression et l'activité des gènes *bHLH* (voir Figure 22.11B). À l'évidence, ces signaux, qui diffèrent selon l'emplacement d'où ils émanent, de même que leurs effets sur l'expression des gènes et sur la différenciation, ne sont pas l'apanage exclusif du système nerveux périphérique ; dans le cervelet, par exemple, les précurseurs neuraux qui, avant leur migration, forment la couche granulaire externe, répondent à des signaux de ce type. Ces signaux modulent l'expression des gènes *bHLH* durant la période de transition entre l'état de précurseur migrateur et celui de neuroblaste postmitotique. L'influence de la migration sur la fixation de l'identité des neurones se trouve ainsi illustrée par l'équilibre entre les potentialités migratoires, par les instructions des signaux moléculaires et par la modification de l'expression génique qui se manifeste durant le trajet des cellules des crêtes neurales du tube neural à la périphérie.

La migration des neurones dans le système nerveux central

La migration ne se limite pas au système nerveux périphérique. En divers endroits du système nerveux central (SNC), les neurones qui se forment doivent également se déplacer depuis l'endroit où ils sont nés jusqu'à un site éloigné où ils se différencient et s'intègrent à des circuits neuraux matures. La migration des neurones du SNC met

Figure 22.11

La migration et la différenciation des crêtes neurales dépendent de la régulation de l'expression de gènes et de la signalisation de cellule à cellule. (A) Visualisation de la migration des crêtes neurales chez un embryon de souris chez qui un rapporteur a été inséré dans un gène normalement exprimé par les crêtes neurales. On peut observer une accumulation de cellules de la crête neurale (en bleu) autour de l'œil (où elles contribuent à l'épithélium pigmentaire de la rétine), des ganglions des nerfs V et VIII, des arcs aortiques et du cœur et dans les ganglions spinaux immatures (GS). (B) Sur une coupe de moelle épinière (à gauche), on peut voir des cellules des crêtes neurales marquées pour Snail, un facteur de transcription bHLH, sortir de la moelle épinière et s'écouler vers la périphérie. Le schéma de droite indique le site d'action des molécules qui favorisent l'état mésenchymateux, migratoire (crêtes neurales) ou neurectodermique. (C) Au cours de la migration des cellules des crêtes neurales, des signaux cellulaires influencent l'identité des progéniteurs et leur différenciation terminale. La rencontre éventuelle de tel ou tel signal par un sous-groupe des cellules des crêtes neurales dépend de la voie de migration (voir Figure 22.2). (A gracieusement communiqué par A.S. LaMantia ; B, par M.A. Nieto.)

en jeu des mécanismes divers ; sa réussite est essentielle pour une multitude d'aspects du fonctionnement cérébral normal.

Une minorité de cellules nerveuses et gliales du SNC (et quelques-unes du système nerveux périphérique) utilisent les voies axoniques existantes pour guider leur migration. Ceci concerne une fraction des noyaux des nerfs crâniens du cerveau postérieur, les noyaux du pont qui projettent sur le cervelet, les cellules de Schwann participant à la myélinisation des axones périphériques, et une petite population de neurones migrant de l'épithélium olfactif des fosses nasales jusqu'à l'hypothalamus où ils sécrètent la gonadolibérine (GnRH), hormone régulant les fonctions reproductives chez l'adulte.

La forme de migration des neuroblastes la plus répandue dans le SNC est toutefois celle qui est guidée par un type particulier de cellule gliale. Un grand nombre de neuroblastes, du cortex cérébral, du cervelet et de l'hippocampe, qui migrent sur de longues distances dans le SNC, se dirigent vers leur destination finale en suivant les prolongements de la **glie radiale** (Figure 22.12). Les cellules de la glie radiale ont de nombreuses fonctions dans le cerveau en développement. En plus de servir de guides

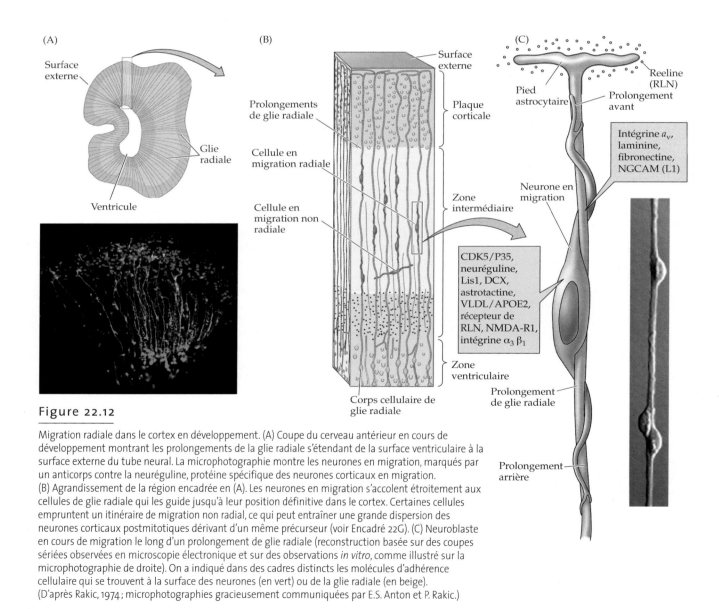

Figure 22.12

Migration radiale dans le cortex en développement. (A) Coupe du cerveau antérieur en cours de développement montrant les prolongements de la glie radiale s'étendant de la surface ventriculaire à la surface externe du tube neural. La microphotographie montre les neurones en migration, marqués par un anticorps contre la neuréguline, protéine spécifique des neurones corticaux en migration. (B) Agrandissement de la région encadrée en (A). Les neurones en migration s'accolent étroitement aux cellules de glie radiale qui les guide jusqu'à leur position définitive dans le cortex. Certaines cellules empruntent un itinéraire de migration non radial, ce qui peut entraîner une grande dispersion des neurones corticaux postmitotiques dérivant d'un même précurseur (voir Encadré 22G). (C) Neuroblaste en cours de migration le long d'un prolongement de glie radiale (reconstruction basée sur des coupes sériées observées en microscopie électronique et sur des observations *in vitro*, comme illustré sur la microphotographie de droite). On a indiqué dans des cadres distincts les molécules d'adhérence cellulaire qui se trouvent à la surface des neurones (en vert) ou de la glie radiale (en beige). (D'après Rakic, 1974 ; microphotographies gracieusement communiquées par E.S. Anton et P. Rakic.)

pour la migration, elles sont considérées à l'heure actuelle comme des progéniteurs neuroniques dans le SNC en développement (voir aussi Chapitre 24).

Les observations histologiques de cerveaux embryonnaires effectuées par Wilhelm His et Ramon y Cajal au début du vingtième siècle suggéraient déjà que les neuroblastes des hémisphères cérébraux embryonnaires rampent le long de guides gliaux jusqu'à leur emplacement définitif (Figure 22.12A). Ces observations en microscopie optique furent confirmées, dans les années 1960 et 1970, par des analyses de préparations photographiées en microscopie électronique (Figure 22.12B, C) et par des marquages moléculaires qui identifièrent les cellules de la glie radiale et les neurones en migration comme deux catégories cellulaires distinctes. Cette espèce d'échafaudage destiné à guider le mouvement radial des neurones postmitotiques s'accorde bien avec les relations régulières entre date de naissance et position finale de différents types de cellules du cervelet et du cortex cérébral (voir Figure 21.7 et Encadré 22F). En s'attachant au prolongement glial, le neurone peut traverser les neurones qui sont déjà en cours de différenciation dans les couches profondes du cortex (les couches 5 et 6 par exemple) et se diriger vers la surface corticale où, au contact des expansions terminales de la cellule gliale, il se détache de sa surface.

Par la suite, les progrès de la culture de cellules et de la microscopie ont permis d'observer directement le processus de migration. Si de la glie radiale et des neurones immatures, prélevés dans le cervelet ou dans le cortex embryonnaire, sont mélangés *in vitro*, les neurones se fixent sur les cellules gliales, prennent la forme caractéristique des cellules migrantes observées *in vivo* et se mettent à progresser le long des prolongements gliaux. On peut même obtenir une migration normale en appliquant les constituants membranaires des cellules gliales sur de fines fibres de verre. Ce processus paraît faire intervenir plusieurs molécules d'adhérence de la surface cellulaire et de la matrice extracellulaire ainsi que les molécules associées de transduction du signal. Beaucoup de ces molécules joueront encore un rôle essentiel au cours des étapes ultérieures du développement neural, ainsi dans la croissance de l'axone, dans son guidage vers des cibles appropriées et dans la formation des synapses (voir Chapitres 8 et 23).

Ces observations laissent penser que le processus de migration, particulièrement dans le cortex, peut être affecté par des mutations génétiques perturbant soit la capacité du neurone de se déplacer, soit la capacité de la glie radiale de servir de support à la migration, soit les deux à la fois. Une démonstration particulièrement frappante des bases génétiques de la migration des neurones corticaux a été apportée par l'étude de patients atteints de diverses malformations cérébrales que l'IRM permettait de visualiser (Figure 22.13). L'analyse génétique de ces patients a identifié, dans plusieurs gènes, des mutations responsables des perturbations de la migration corticale. Dans certains cas (comme celui de la molécule Reeline que l'on trouve près des expansions terminales des cellules gliales ; voir Figure 22.12C), la mutation, chez des individus humains, a comme conséquence un phénotype cortical (Figure 22.13B) tout à fait semblable à celui que présentent des souris chez lesquelles le gène analogue a été supprimé expérimentalement. Les patients atteints de lissencéphalie ont un cortex dépourvu de circonvolutions et de sillons ; on a identifié chez eux de nouveaux gènes, parmi lesquels *doublecortin* ou *DCX*. La protéine DCX interagit avec les microtubules des

Figure 22.13

Certaines mutations des gènes qui influencent la migration des neurones provoquent des malformations du cortex cérébral humain. Les flèches jaunes indiquent le ventricule latéral, les flèches vertes indiquent la substance blanche sous-corticale de la capsule interne (voie de transit des axones qui arrivent dans le cortex cérébral ou qui en sortent), les flèches rouges indiquent l'aspect normal des sillons et des circonvolutions. (A) IRMf d'un cortex cérébral normal. (B) Patient porteur d'une mutation du gène de la Reeline, protéine qui influence la migration radiale des neurones corticaux. Les ventricules latéraux sont dilatés, la substance blanche sous-corticale est réduite et l'organisation des sillons et des circonvolutions est bouleversée. (C) Chez ce patient, porteur d'une mutation du gène *DCX*, les ventricules sont considérablement dilatés, il n'y a presque plus de substance blanche sous-corticale, les circonvolutions et les sillons sont totalement absents. Cette terrible malformation est connue, en clinique, sous le nom de lissencéphalie. (Gracieusement communiqué par C.A. Walsh).

(A) Normal
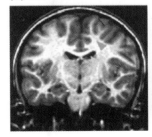

(B) Mutation de *Reelin*
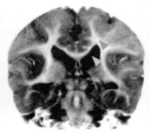

(C) Lissencéphalie (*DCX*)
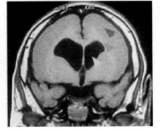

neurones en migration et détériore, pense-t-on, le cytosquelette des cellules lors de leur déplacement guidé par la glie.

Les travaux de neuropathologie ainsi que les recherches de génétique et de biologie moléculaire indiquent que plusieurs formes de retard mental, d'épilepsie ou d'autres troubles neurologiques proviennent d'une migration anormale des neurones du cortex cérébral. Des mutations d'autres gènes, codant des protéines qui interviennent dans la migration des neurones et la croissance de l'axone sont étroitement associées à des risques de maladies psychiatriques. C'est le cas de la neuréguline (un signal sécrété), de la molécule d'adhérence neurale (N-CAM) et de DISC1 (pour **DI**srupted in **SC**hizophrenia **1**), dont le gène peut subir des mutations ou même être éliminé dans quelques rares cas de schizophrénie. En bref, les perturbations de la migration des neurones (et leurs conséquences pour le développement ultérieur des circuits nerveux) peuvent être à l'origine de graves pathologies cérébrales.

Résumé

Le développement initial du système nerveux dépend d'interactions complexes entre mouvements cellulaires et signaux inducteurs. À la fixation précoce de l'identité régionale et du positionnement des cellules dans le cerveau, doivent s'ajouter d'importantes migrations des précurseurs neuronaux pour que puisse s'effectuer la différenciation ultérieure des diverses catégories de neurones et, finalement, la formation d'une connectivité synaptique spécialisée (voir Chapitres 8 et 23). La destinée des cellules précurseurs individuelles n'est pas déterminée seulement par la succession de leurs mitoses ; au contraire, les informations nécessaires à la différenciation émanent en grande partie des interactions entre les cellules en développement et leur environnement immédiat. Tous ces événements dépendent des mêmes catégories de phénomènes moléculaires et cellulaires : signaux intercellulaires, régulation de la transcription et, en définitive, modifications de l'expression génique propres aux diverses cellules. Les molécules qui participent à la signalisation durant le développement initial du système nerveux sont les mêmes que celles qu'utilisent les cellules matures : hormones, facteurs de transcription, autres seconds messagers (voir Chapitre 7) et molécules d'adhérence cellulaire. L'identification et la caractérisation de ces molécules dans le cerveau en développement ont fourni les premières explications de tout un ensemble de troubles neurologiques congénitaux et levé le voile sur les bases génétiques et moléculaires de maladies psychiatriques liées à des troubles du développement. Selon toute vraisemblance, leurs relations avec des pathologies cérébrales reflètent la sensibilité de la signalisation et de la régulation de la transcription, au cours des premiers stades du développement, aux mutations génétiques et aux drogues et toxines susceptibles de compromettre la formation d'un système nerveux normal.

Lectures complémentaires

Revues

ANDERSON, D.J. (1993), Molecular control of cell fate in the neural crest : the sympathoadrenal lineage. *Annu. Rev. Neurosci.*, **16**, 129-158.

CAVINESS, V.S. JR. et P. RAKIC (1978), Mechanisms of cortical development : a view from mutations in mice. *Annu. Rev. Neurosci.*, **1**, 297-326.

FRANCIS, N.J. et S.C. LANDIS (1999), Cellular and molecular determinants of sympathetic neuron development. *Annu. Rev. Neurosci.*, **22**, 541-566.

HATTEN, M.E. (1993), The role of migration in central nervous system neuronal development. *Curr. Opin. Neurobiol.*, **3**, 38-44.

INGHAM, P. (1988), The molecular genetics of embryonic pattern formation in *Drosophila*. *Nature*, **335**, 25-34.

JESSELL, T.M. et D.A. MELTON (1992), Diffusible factors in vertebrate embryonic induction. *Cell*, **68**, 257-270.

KESSLER, D.S. et D.A. MELTON (1994), Vertebrate embryonic induction : mesodermal and neural patterning. *Science*, **266**, 596-604.

KEYNES, R. et R. KRUMLAUF (1994), *Hox* genes and regionalization of the nervous system. *Annu. Rev. Neurosci.*, **17**, 109-132.

KINTNER, C. (2002), Neurogenesis in embryos and in adult neural stem cells. *J. Neurosci.*, **22**, 639-643.

LEWIS, E.M. (1992), The 1991 Albert Lasker Medical Awards. Clusters of master control genes regulate the development of higher organisms. *JAMA*, **267**, 1524-1531.

LINNEY, E. et A.S. LaMANTIA (1994), Retinoid signaling in mouse embryos. *Adv. Dev. Biol.*, **3**, 73-114.

RICE, D.S. et T. CURRAN (1999), Mutant mice with scrambled brains. Understanding the signaling pathways that control cell positionning in the CNS. *Genes Dev.*, **13**, 2758-2773.

Rubenstein, J.L.R. et P. Rakic (1999), Genetic control of cortical development. *Cerebral Cortex*, **9**, 521-523.

Sanes, J.R. (1989), Extracellular matrix molecules that influence neural development. *Annu. Rev. Neurosci.*, **12**, 491-516.

Selleck, M.A., T.Y. Scherson et M. Bronner-Fraser (1993), Origins of neural crest cell diversity. *Dev. Biol.*, **159**, 1-11.

Zipursky, S.L. et G.M. Rubin (1994), Determination of neuronal cell fate: lessons from the R7 neuron of *Drosophila*. *Annu. Rev. Neurosci.*, **17**, 373-397.

Articles originaux importants

Anchan, R.M., D.P. Drake, C.F. Haines, E.A. Gerwe et A.-S. LaMantia (1997), Disruption of local retinoid-mediated gene expression accompanies abnormal development in the mammalian olfactory pathway. *J. Comp. Neurol.*, **379**, 171-184.

Angevine, J.B. et R.L. Sidman (1961), Autoradiographic study of cell migration during histogenesis of cerebral cortex in the mouse. *Nature*, **192**, 766-768.

Bulfone, A., L. Puelles, M.H. Porteus, M.A. Frohman, G.R. Martin et J.L. Rubenstein (1993), Spatially restricted expression of *Dlx-1*, *Dlx-2* (*Tes-1*), *Gbx-2*, and *Wnt-3* in the embryonic day 12.5 mouse forebrain defines potential transverse and longitudinal segmental boundaries. *J. Neurosci.*, **13**, 3155-3172.

Eksioglu, Y.Z. et 12 autres (1996), Periventricular heterotopia: An X-linked dominant epilepsy locus causing aberrant cerebral cortical development. *Neuron*, **16**, 77-87.

Ericson, J., S. Morton, A. Kawakami, H. Roelink et T.M. Jessell (1996), Two critical periods of sonic hedgehog signaling required for the specification of motor neuron identity. *Cell*, **87**, 661-673.

Galileo, D.S., G.E. Gray, G.C. Owens, J. Majors et J.R. Sanes (1990), Neurons and glia arise from a common progenitor in chicken optic tectum: Demonstration with two retroviruses and cell type-specific antibodies. *Proc. Natl. Acad. Sci. USA*, **87**, 458-462.

Gray, G.E. et J.R. Sanes (1991), Migratory paths and phenotypic choices of clonally related cells in the avian optic tectum. *Neuron*, **6**, 211-225.

Hafen, E., K. Basler, J.E. Edstroem et G.M. Rubin (1987), *Sevenless*, a cell-specific homeotic gene of *Drosophila*, encodes a putative transmembrane receptor with a tyrosine kinase domain. *Science*, **236**, 55-63.

Hemmati-Brivanlou, A. et D.A. Melton (1994), Inhibition of activin receptor signaling promotes neuralization in *Xenopus*. *Cell*, **77**, 273-281.

Kramer, H., R.L. Cagan et S.L. Zipursky (1991), Interaction of bride of sevenless membrane-bound ligand and the sevenless tyrosine-kinase receptor. *Nature*, **352**, 207-212.

Landis, S.C. et D.L. Keefe (1983), Evidence for transmitter plasticity in vivo: Developmental changes in properties of cholinergic sympathetic neurons. *Dev. Biol.*, **98**, 349-372.

Liem, K.F., Jr., G. Tremmi et T.M. Jessell (1997), A role for the roof plate and its resident TGFβ-related proteins in neuronal patterning in the dorsal spinal cord. *Cell*, **91**, 127-138.

McMahon, A.P. et A. Bradley (1990), The *wnt-l (int-1)* protooncogene is required for the development of a large region of the mouse brain. *Cell*, **62**, 1073-1085.

Noden, D.M. (1975), Analysis of migratory behavior of avian cephalic neural crest cells. *Dev. Biol.*, **42**, 106-130.

Patterson, P.H. et L.L.Y. Chun (1977), The induction of acetylcholine synthesis in primary cultures of dissociated rat sympathetic neurons. *Dev. Biol.*, **56**, 263-280.

Rakic, P. (1971), Neuron-glia relationship during granule cell migration in developing cerebral cortex. A Golgi and electronmicroscopic study in *Macacus rhesus*. *J. Comp. Neurol.*, **141**, 283-312.

Rakic, P. (1974), Neurons in rhesus monkey visual cortex: Systematic relation between time of origin and eventual disposition. *Science*, **183**, 425-427.

Sauer, F.C. (1935), Mitosis in the neural tube. *J. Comp. Neurol.*, **62**, 377-405.

Spemann, H. et H. Mangold (1924), Induction of embryonic primordia by implantation of organizers from a different species. Traduction anglaise de V. Hamburger, réimprimée dans *Foundations of Experimental Embryology*, B.H. Willier and J.M. Oppenheimer (eds.) (1974). New York, Hafner Press.

Stemple, D.L. et D.J. Anderson (1992), Isolation of a stem cell for neurons and glia from the mammalian neural crest. *Cell*, **71**, 973-985.

Walsh, C. et C.L. Cepko (1992), Widespread dispersion of neuronal clones across functional regions of the cerebral cortex. *Science*, **255**, 434-440.

Yamada, T., M. Placzek, H. Tanaka, J. Dodd et T.M. Jessell (1991), Control of cell pattern in the developing nervous system. Polarizing activity of the floor plate and notochord. *Cell*, **64**, 635-647.

Zimmerman, L.B., J.M. De Jesu-Escobar et R.M. Harland (1996), The Spemann organizer signal noggin binds and inactivates bone morphogenetic protein 4. *Cell*, **86**, 599-606.

Ouvrages

Lawrence, P.A. (1992), *The Making of a Fly: The Genetics of Animal Design*. Oxford, Blackwell Scientific.

Moore, K.L. (1988), *The Developing Human: Clinically Oriented Embryology*, 4th Ed. Philadelphia, W.B. Saunders Company.

chapitre 23

La construction des circuits neuraux

Vue d'ensemble

Après la migration des neurones nouvellement produits vers leur emplacement définitif, deux caractéristiques majeures des circuits nerveux se mettent en place. Tout d'abord, les axones forment des voies qui interconnectent les neurones de différentes régions. En second lieu, des connexions synaptiques ordonnées s'établissent entre partenaires pré- et postsynaptiques adéquats. Les mécanismes cellulaires grâce auxquels s'opèrent la croissance des axones et la formation des synapses sont les déterminants majeurs de la représentation et du traitement ordonnés des informations au sein du système nerveux central et périphérique. Ces événements ont une importance capitale pour que se constituent des réseaux nerveux capables de contrôler les comportements de manière adéquate. La croissance dirigée des axones et la reconnaissance des cibles synaptiques sont dues à une structure spécialisée de l'extrémité de l'axone, le cône de croissance. Le cône de croissance répond à des molécules signaux qui identifient les voies à suivre, interdisent les trajets erronés et, à terme, facilitent les appariements synaptiques corrects. Ces signaux comprennent des molécules d'adhérence cellulaire, présentes à la surface des cellules, des molécules de la matrice extracellulaire et des molécules informatives diffusibles attirant ou repoussant les axones en croissance. En outre, des facteurs de croissance sécrétés influencent la croissance de l'axone et la formation des synapses, tout en régulant un nombre approprié de connexions entre les axones et leurs cibles. Ces signaux influencent le cône de croissance en déclenchant des cascades de signalisation, qui entraînent soit des modifications locales du cytosquelette ou de la surface du cône de croissance, soit l'expression de gènes. Comme dans les autres cas de communication intercellulaire, une panoplie de récepteurs et de seconds messagers opère la transduction des signaux qui parviennent au cône de croissance. Ces signaux de cellule à cellule déclenchent les événements intracellulaires qui sous-tendent la croissance de l'axone dans une direction donnée, sa transformation en une spécialisation présynaptique et l'élaboration d'un site postsynaptique circonscrit. Les interactions dynamiques entre les cônes de croissance et l'environnement embryonnaire, dans l'encéphale et à la périphérie, ont pour résultat une multitude de voies axoniques périphériques et centrales bien délimitées ; elles participent à la constitution de cartes topographiques et autres représentations ordonnées de l'information au sein de divers systèmes neuraux ; elles garantissent enfin la construction de circuits synaptiques complexes, permettant aux organismes d'avoir des comportements de plus en plus raffinés à mesure qu'ils progressent vers la maturité.

Le cône de croissance de l'axone

Parmi les nombreux aspects extraordinaires du développement du système nerveux, l'un des plus fascinants est l'aptitude des axones en croissance à se diriger dans l'environnement cellulaire complexe de l'embryon pour trouver, à des millimètres, voire à des centimètres de distance, des partenaires synaptiques adaptés. R.G. Harrison, qui fut le premier à observer la croissance des axones d'un têtard vivant, écrivait en 1910 : « Les fibres en croissance sont visiblement douées d'une énergie considérable et elles ont le pouvoir de se frayer un chemin à travers le protoplasme solide ou semi-solide des cellules du tube neural. Mais, pour le moment, les conditions qui les guident vers des points spécifiques nous échappent ». Les recherches ultérieures utilisant des colorants vitaux de plus en plus raffinés et des techniques microscopiques à la résolution accrue ont confirmé les premières descriptions qu'avait faites Harrison d'axones en croissance et de leur étonnante progression au sein de l'embryon (Figure 23.1A). En outre, les dendrites, et particulièrement les dendrites primaires, comme ceux des cellules pyramidales du cortex ou ceux des cellules de Purkinje du cervelet, doivent, eux aussi, s'allonger sur des distances relativement importantes, et la façon dont ils le font, ressemble beaucoup à celle des axones.

Les observations de Harrison indiquent quels sont les caractères fondamentaux de la croissance des axones qui continuent à motiver les efforts déployés pour comprendre comment se fait l'assemblage des circuits nerveux dans le système nerveux embryonnaire. « L'énergie » et « le pouvoir » des axones reflètent les propriétés cellulaires d'une structure spécialisée à l'extrémité de l'axone qui s'allonge, **cône de croissance**. Le cône de croissance est une structure extrêmement mobile qui explore l'environnement extracellulaire, définit la direction de la croissance et guide ensuite l'allongement de l'axone dans cette direction. La caractéristique morphologique principale du cône de croissance est une expansion en forme de lamelle de l'extrémité axonale, appelée **lamellipode**. Quand on l'examine *in vitro*, on peut voir de fins prolongements, les **filopodes** (Figure 23.1B), se former à partir de l'expansion terminale puis disparaître, comme des doigts qui s'étendraient pour aller palper ce qu'il y a alentour. Le lamellipode et les filopodes se distinguent du tronc de l'axone par les molécules de leur cytosquelette

Figure 23.1

Le cône de croissance guide les axones dans le système nerveux en développement. (A) Cellules de Mauthner (flèches) du cerveau postérieur d'un poisson zèbre, contiguës aux vésicules otiques (VOt), d'où naissent les neurones sensoriels de l'oreille interne. L'encart montre le cerveau postérieur à un plus fort grossissement. Le cadre de droite montre un axone de Mauthner, marqué par un colorant fluorescent chez un embryon de poisson zèbre vivant, progressant dans la moelle épinière à la suite d'un cône de croissance relativement simple. En 35 minutes, l'axone avance d'environ 50 µm. (B) Un neurone d'un ganglion spinal en culture émet de nombreux prolongements, appelés neurites, équivalents des axones et des dendrites pour une culture de tissu. Chaque neurite a un tronc allongé dans lequel prédominent des microtubules (en vert) et qui se termine par un cône de croissance dont l'actine (en rouge) est le principal composant moléculaire. (C) La forme du cône de croissance se modifie aux points de « décision ». Dans cet exemple, extrait des dessins de Santiago Ramón y Cajal, les cônes de croissance de neurones de relais sensitifs de la corne dorsale de la moelle ont une forme relativement simple près de leur origine (« C » dans ce dessin). Ils changent de forme en approchant de la ligne médiane (point de décision important), qu'ils franchissent pour former le faisceau spinothalamique (« A » et « B »). Après avoir franchi la ligne médiane, ils reprennent une forme plus simple. (A d'après Takahashi et al., 2002; B gracieusement communiqué par F. Zhou et W. D. Snider; C d'après S. Ramón y Cajal; gracieusement communiqué par C.A. Mason.)

(A)

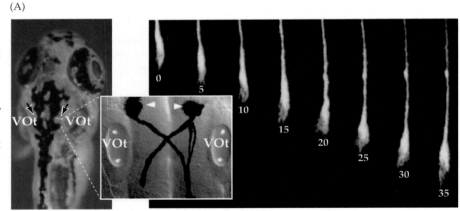

(B)

(C)

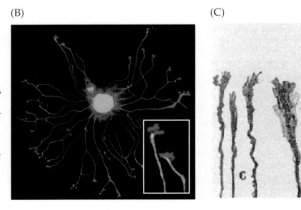

(Figure 23.1B). Le cône de croissance apparaît donc ainsi comme une spécialisation neuronique particulière, à caractère transitoire, dont l'activité est fondamentale pour la construction des voies et des circuits du cerveau en développement. D'ailleurs, après que le cône de croissance a atteint et reconnu une cible appropriée, il se transforme progressivement soit en terminaison présynaptique d'un axone, soit en domaine terminal d'une dendrite.

Santiago Ramon y Cajal, qui était contemporain de Harrison, remarqua que lorsque les cônes de croissance avancent sur une voie déjà frayée par d'autres axones, ils ont tendance à avoir une forme simplifiée. Par contre, lorsqu'un axone en croissance est le premier à envoyer un prolongement dans une nouvelle direction ou quand il atteint un endroit où il lui faut choisir la direction à prendre, la structure (et sans doute la motilité) de son cône de croissance subit des modifications spectaculaires (Figure 23.1C). Quand un cône de croissance rencontre une cible potentielle, son lamellipode s'étend et darde de nombreux filopodes ; il donne l'impression de chercher activement les indices susceptibles de guider les étapes suivantes de sa croissance. Ces modifications de la forme du cône de croissance sont observées à des « points de décision », dans le système nerveux central comme dans le système nerveux périphérique. À la périphérie, les cônes de croissance des motoneurones subissent des changements de forme au moment d'entrer dans les ébauches musculaires des membres immatures, ce qui, vraisemblablement, facilite la sélection de cibles adéquates dans la musculature en développement. Dans le système nerveux central embryonnaire, les cônes de croissance des commissures, du nerf olfactif et du chiasma optique changent de forme quand ils atteignent des points critiques de leur parcours (Encadré 23A).

Bases moléculaires de la motilité du cône de croissance

La motilité du cône de croissance reflète un réarrangement rapide et contrôlé d'éléments du cytosquelette. Ces éléments comprennent des molécules apparentées au **cytosquelette d'actine**, qui régule les changements de forme du lamellipode et des filopodes pour une croissance dirigée, et au **cytosquelette des microtubules**, responsable de l'allongement de l'axone lui-même (Figure 23.2A, B). Les différentes façons dont le cytosquelette d'actine et celui des microtubules se modifient dans les axones en croissance sont donc les facteurs clés qui permettent de comprendre comment se fait l'allongement des cônes de croissance et des axones.

L'actine est le constituant moléculaire primaire d'un réseau de filaments cellulaires, que l'on trouve dans les lamellipodes et les filopodes. La tubuline, disposée parallèlement à l'axe de l'axone, est le constituant moléculaire primaire des microtubules. L'actine et la tubuline existent sous deux formes de base dans le cytoplasme de l'axone et du cône de croissance : sous forme de monomères libres solubles et sous forme de polymères, formant des filaments dans le cas de l'actine ou des microtubules pour la tubuline. Les polymérisations et dépolymérisations dynamiques de l'actine au niveau de la membrane du lamellipode, ainsi qu'à l'intérieur du filopode, déterminent la direction du mouvement du cône de croissance sous l'effet, en partie, de forces locales qui orientent la croissance du cône de croissance vers les substrats locaux ou en direction opposée. De même, la dépolymérisation de la tubuline et sa polymérisation en microtubules consolident la direction du mouvement du cône de croissance en stabilisant le tronc de l'axone. L'interface entre le cytosquelette d'actine et celui des microtubules est particulièrement importante pour réguler l'équilibre entre croissance active et stabilité de l'axone en croissance.

Plusieurs protéines régulent la polymérisation et la dépolymérisation de l'actine et de la tubuline en se liant à ces molécules et en catalysant des modifications posttraductionnelles, ou bien en recrutant des enzymes qui modifient les éléments moléculaires primaires du cytosquelette. On trouve des protéines liant l'actine dans la totalité du cytoplasme du cône de croissance. La plupart d'entre elles, soit se lient directement à l'actine, soit modifient les monomères d'actine par phosphorylation et autres modifications posttraductionnelles. Ces molécules sont particulièrement abondantes sur la face interne de la membrane plasmique du cône de croissance, sans doute pour permettre l'assemblage des filaments d'actine et leur ancrage sur la membrane. L'ancrage local

Figure 23.2

Structure et action des cônes de croissance. (A) Dans des régions restreintes du cône de croissance, on observe des catégories distinctes d'actine et de tubuline. L'actine filamenteuse (actine F, en rouge) est présente dans le lamellipode et les filopodes. Les microtubules tyrosinés sont les principaux constituants de la région lamellaire du cône de croissance (en vert). Les microtubules acétylés se cantonnent dans la région axonale (en bleu). (B) Dynamique du cytosquelette d'actine (jaune, rouge) d'un cône de croissance, visualisé au cours d'une période de 8 heures. La distribution de l'actine filamenteuse, marquée ici par une protéine de liaison à l'actine, se modifie dans la région du lamellipode et dans les filopodes. (C) Distribution et dynamique des éléments du cytosquelette dans le cône de croissance. L'actine globulaire (actine G) peut être incorporée à l'actine F (polymérisation) à l'extrémité antérieure du filopode en réponse à des signaux attractifs. Des signaux répulsifs sous-tendent le démantèlement de l'actine F (dépolymérisation) et le flux rétrograde d'actine G vers le lamellipode. Des microtubules organisés forment le cytosquelette du cœur de l'axone ; des sous-unités de microtubules, plus éparses, s'observent entre le tronc de l'axone et le lamellipode. Des protéines de liaison à l'actine et à la tubuline régulent l'assemblage des sous-unités en filaments et en tubules ainsi que leur démantèlement. Ce processus est influencé par des changements du Ca²⁺ intracellulaire dans lesquelles interviennent des canaux calciques sensibles au voltage et des canaux à potentiel de récepteur transitoire (TRP) (D) Les cônes de croissance présentent des changements rapides du taux de Ca²⁺. Dans cet exemple, un filopode (pointes de flèches blanches) voit sa concentration de calcium augmenter rapidement. (A gracieusement communiqué par E. Dent et F. Gertler ; B d'après Dent et Kalil, 2001 ; D d'après Gomez et Zheng, 2006.)

(A)

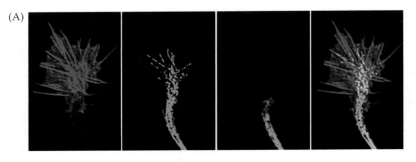

(B)

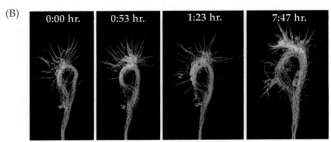

(C)

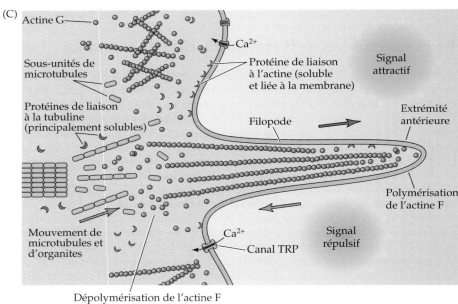

ENCADRÉ 23A *À la croisée des chemins :
le guidage de l'axone au niveau du chiasma optique*

L'exigence fonctionnelle qu'une partie des fibres issues de chacune des rétines croise, tandis que le reste projette sur l'hémisphère cérébral ipsilatéral fut prédite, pour des raisons d'optique, par des savants aussi célèbres qu'Isaac Newton, mais ne fut confirmée que beaucoup plus tard par les neuroanatomistes et neurophysiologistes (voir Chapitre 12). Le croisement partiel, ou décussation, des axones des cellules ganglionnaires de la rétine est particulièrement notable chez les primates, dont les fibres se partagent à peu près par moitié entre celles qui croisent et celles qui ne croisent pas. Tous les autres mammifères ont, eux aussi, des projections rétiniennes croisées et non croisées ; toutefois le pourcentage de fibres non croisées va en diminuant, de 20-30 % chez les carnivores jusqu'à moins de 5 % chez la plupart des rongeurs. La proportion de fibres non croisées est encore plus faible chez les autres vertébrés ; c'est ainsi que chez les amphibiens, les poissons et les oiseaux la quasi-totalité des fibres rétiniennes sont croisées. Du fait des implications évolutionnistes ou fonctionnelles sous-jacentes, la décussation partielle des fibres des nerfs optiques et son importance variable selon les espèces a stimulé l'imagination de tous ceux, biologistes ou autres, qui s'intéressent à la vision.

Pour les neurobiologistes du développement, ce phénomène pose un problème évident : comment les cellules ganglionnaires de la rétine font-elles pour choisir leur destination de façon à avoir une projection ipsilatérale pour les unes et controlatérale pour les autres ? La réponse à cette question est cruciale pour expliquer comment les projections visuelles périphériques s'organisent pour élaborer deux cartes précises des hémichamps visuels où se superposent les points de l'espace vus conjointement par les deux yeux (voir Chapitre 12). Elle concerne également un problème plus général du développement nerveux, à savoir comment les axones distinguent les cibles ipsilatérales des cibles controlatérales.

Il est clair que la latéralité des fibres rétiniennes est déterminée par l'identité initiale des neurones et par des mécanismes de guidage de l'axone, et non par des processus régressifs qui, plus tard, sélectionneraient ou élagueraient ces projections. La distinction, par exemple, entre régions rétiniennes temporales et nasales, qui projettent sur l'hémisphère ipsilatéral pour les premières, controlatéral pour les secondes, se manifeste déjà, tant dans la rétine que dans la destination des fibres, au niveau de la ligne médiane et dans le tractus optique en développement, bien avant que les axones aient atteint leurs cibles. Dans chaque rétine, cette spécificité se révèle par une « ligne de décussation » marquant la frontière entre les cellules ganglionnaires projetant du même côté et celles dont les projections sont controlatérales. On peut détecter expérimentalement cette ligne de décussation en injectant un traceur rétrograde dans l'ébauche du nerf optique de très jeunes embryons.

Une base moléculaire de cette spécificité fut initialement suggérée par des travaux réalisés chez des mammifères albinos, dont l'homme et la souris. Chez les albinos, la mutation d'un seul gène perturbe la synthèse de la mélanine dans la totalité de l'organisme, y compris dans l'épithélium pigmentaire de la rétine ; le contingent ipsilatéral des projections rétiniennes de chaque œil est chez eux considérablement diminué, la ligne de décussation de la rétine est désorganisée et la distribution des cellules gliales et autres, situées à proximité du chiasma optique, est modifiée. Ces observations, entre autres, suggéraient que l'identité des fibres rétiniennes du point de vue de leur décussation éventuelle est fixée dans la rétine et

(A) +/+

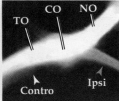

(B) *Zic2*kd/+

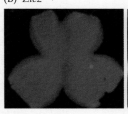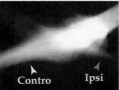

(C) *Zic2*kd/kd

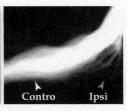

(A) Dans la région ventrotemporale de la rétine normale (présentée à gauche dans un montage « à plat » rendu possible par plusieurs incisions radiales), on trouve une petite population de cellules ganglionnaires exprimant *Zic2* (pointes de flèches). À droite, on a visualisé les projections normales d'un œil dans le nerf optique (NO), au niveau du chiasma optique (CO) et dans le tractus optique (TO) à l'aide d'un colorant lipophile introduit dans un œil. Après le chiasma optique, on observe des axones marqués du côté controlatéral (contro) et du côté ipsilatéral (ipsi) du tractus optique. (B) Lorsque l'activité fonctionnelle de *Zic2* est diminuée, chez une souris hétérozygote pour une mutation de *Zic2* (mutation *knocked-down*, qui réduit, sans la supprimer complètement, l'expression de la protéine Zic2), le nombre d'axones ipsilatéraux du tractus optique est réduit lui aussi. (C) Si l'expression de *Zic2* est diminuée plus encore, chez des souris homozygotes pour la mutation *knocked down* de *Zic2*, on ne détecte plus de fibres ipsilatérales dans le tractus optique ; chaque tractus optique n'est plus alors composé que de fibres controlatérales. (D'après Herrera et al., 2003.)

ultérieurement renforcée par les « choix » que font les axones sous l'influence des indices que leur fournissent les cellules de la région du chiasma optique.

L'analyse de la morphologie des cônes de croissance a montré que le chiasma est effectivement une région où les cônes de croissance explorent l'environnement moléculaire de façon particulièrement détaillée afin, sans doute, d'effectuer des choix adéquats pour le guidage de leur croissance. Des analyses de biologie moléculaire révèlent en outre que, au niveau et alentour du chiasma, des cellules neuroépithéliales spécialisées expriment un certain nombre de molécules d'adhérence cellulaire impliquées dans le guidage de l'axone. Curieusement, certaines de ces molécules – en particulier les nétrines, les slit et leurs récepteurs robo – n'influencent pas la décussation au niveau du chiasma, comme elles le font en d'autres régions du système nerveux. Elles sont, par contre, exprimées dans des cellules situées à l'endroit où se forme le chiasma, l'obligeant apparemment à se localiser sur la face ventrale du diencéphale. La spécification de l'identité « ipsilatérale » ou « controlatérale » se révèle dépendre da-

vantage d'un facteur de transcription à doigt de zinc appelé *Zic2* ainsi que de molécules d'adhérence cellulaire de la famille des éphrines. *Zic2*, qui est exprimé spécifiquement dans la rétine temporale, est impliqué dans l'expression d'un récepteur Eph particulier, EphB1, dans les axones émanant des cellules ganglionnaires de la rétine temporale. Son ligand, l'éphrine B2, que l'on sait être un agent répulsif des axones à Eph B1 est présent dans les cellules gliales de la ligne médiane au niveau du chiasma. À l'appui de l'importance de ces molécules, il a été montré qu'un dérèglement fonctionnel de *Zic2*, de EphB1 ou de l'éphrine B2 s'accompagne d'une réduction des projections ipsilatérales chez la souris en développement (voir la figure, page précédente); en accord avec ces observations, les espèces de vertébrés qui n'ont pas de projections ipsilatérales n'expriment ni *Zic2* ni l'éphrine B2.

Ces données fournissent donc le cadre moléculaire de l'identité des cellules ganglionnaires et du tri de leurs projections au niveau du chiasma optique. On ignore encore quelles peuvent être les relations entre ce tri et la topographie des représentations tectales, thalamiques et corticales. La plupart des observations

semblent indiquer que la topographie rétinienne n'est pas préservée fidèlement par les fibres des tractus optiques. L'identité et la position des axones issus des rétines nasales et temporales dont les cellules ganglionnaires « voient » un même point de l'hémichamp binoculaire, doivent donc être restaurées dans le thalamus et ultérieurement gardées ou rétablies dans les projections thalamocorticales. Choisir quel chemin prendre à la croisée des voies de projection n'est que le premier pas dans la mise en place des cartes de l'espace visuel.

Références

GUILLERY, R.W. (1974), Visual pathways in albinos. *Sci. Amer.*, **230**, 44-54.

GUILLERY, R.W., C.A. MASON et J.S. TAYLOR (1995), Developmental determinants at the mammalian optic chiasm. *J. Neurosci.*, **15**, 4727-4737.

HERRERA, E. et 7 AUTRES (2003), Zic2 patterns binocular vision by specifying the uncrossed retinal projection. *Cell*, **114**, 545-557.

RASBAND, K., M. HARDY et C.B. CHIEN (2003), Generating X: Formation of the optic chiasm. *Neuron*, **39**, 885-888.

WILLIAMS, S.E. et 9 AUTRES (2003), Ephrin-B2 and EphB1 mediate retinal axon divergence at the optic chiasm. *Neuron*, **39**, 919-935.

des filaments d'actine est indispensable pour produire les forces qui créeront les expansions de la membrane et dirigeront le mouvement du lamellipode et des filopodes (Figure 23.2C). Les protéines qui se lient aux microtubules ont une concentration plus élevée dans le tronc de l'axone et elles modulent les modifications posttraductionnelles de la tubuline monomérique et polymérisée. L'interaction de ces protéines avec la tubuline joue un rôle capital pour maintenir la stabilité de l'axone face aux explorations répétées et à la croissance du cône de croissance.

Le flux constant, entre l'actine et la tubuline monomériques d'un côté et les filaments polymérisés d'actine et les microtubules de l'autre, est régulé par des protéines de liaison, en réponse aux signaux de l'environnement. La transduction de ces signaux est réalisée par des récepteurs et des canaux situés à la surface de la membrane du cône de croissance et qui influencent le taux des messagers intracellulaires, en particulier le taux du Ca^{2+} (Figure 23.2D). On estime même que la régulation du taux intracellulaire de Ca^{2+} est le facteur principal de la dynamique de l'actine et des microtubules au sein de l'axone en croissance; elle fait intervenir soit des canaux Ca^{2+} activés par le voltage, soit des canaux à potentiel de récepteur transitoire (TRP) activés par des seconds messagers, soit des voies de seconds messagers provoquant la mobilisation des stocks intracellulaires de Ca^{2+}. Ainsi, les conditions qui, selon les termes de Ross Harrison, « guident [les cônes de croissance] vers des points spécifiques » sont aujourd'hui identifiées; il s'agit de modifications du cytosquelette du cône de croissance et de l'axone, dans lesquelles interviennent des cascades de signalisation intracellulaire déclenchées par toute une gamme de molécules d'adhérence et de signaux diffusibles, présents dans le milieu embryonnaire que traverse le cône de croissance.

Les signaux non diffusibles de guidage de l'axone

Le comportement complexe du cône de croissance durant l'allongement de l'axone fait supposer qu'il existe des indices spécifiques le conduisant à se déplacer dans telle ou telle direction. Par ailleurs, le cône de croissance doit posséder lui-même un assortiment de récepteurs et de mécanismes de transduction pour répondre à ces indices. Ces indices sont restés hors d'atteinte pendant presque un siècle après les premières observations de Harrison et de Cajal. Mais, au cours des quarante dernières années, beaucoup des molécules impliquées ont pu être identifiées. Ces signaux comprennent un ensemble important de molécules intervenant dans l'adhérence cellulaire et la reconnaissance cellule-cellule au sein de l'organisme ainsi que dans le guidage de la croissance de l'axone et du cône de croissance. Les relations entre des molécules d'adhérence cellulaire spécifiques et la croissance de l'axone ont été déterminées grâce à des expériences *in vitro*, dans lesquelles l'adjonction ou la suppression d'une molécule particulière modifie le comportement d'axones en croissance, ou par des expériences *in vivo,* dans lesquelles la croissance d'un axone, son guidage ou sa connexion à une cible se trouvent perturbés par la mutation, la délétion ou la manipulation d'un gène (voir Encadré 23A).

Malgré leur nombre impressionnant, les molécules dont on sait qu'elles influencent la croissance et le guidage de l'axone se laissent classer en familles regroupant des ligands et leurs récepteurs (Figure 23.2). Les principales classes de molécules non diffusibles de guidage de l'axone sont : les molécules de la matrice extracellulaire avec les intégrines comme récepteurs, les molécules d'adhérence cellulaire indépendantes du Ca^{2+} (ou CAM pour *Cell Adhesion Molecules*), les molécules d'adhérence cellulaire dépendantes du Ca^{2+} (ou cadhérines) et les éphrines avec leurs récepteurs Eph (voir ci-dessous).

Les molécules d'**adhérence cellulaire de la matrice extracellulaire** furent les premières dont on montra l'intervention dans la croissance de l'axone. Les membres les plus notables de ce groupe sont les **laminines**, les **collagènes** et la **fibronectine**. Elles se trouvent toutes dans un complexe macromoléculaire, ou matrice, à l'extérieur de la cellule (Figure 23.3A). Les composantes de la matrice peuvent être sécrétées par la cellule elle-même ou par ses voisines ; cependant, au lieu de diffuser au loin après avoir été sécrétées, ces molécules forment des polymères et constituent une substance extracellulaire locale relativement durable. Une vaste classe de récepteurs, auxquels on donne le nom collectif d'**intégrines**, lie spécifiquement ces molécules (voir Figure 23.3A). Par elles-mêmes, les intégrines n'ont pas d'activité kinase ou d'autre fonction signalisatrice directe. Mais en liant la laminine, le collagène ou la fibronectine, les intégrines déclenchent – par l'intermédiaire, peut-être, d'interactions de leur domaine cytoplasmique avec des kinases ou d'autres molécules informatives solubles – une cascade d'événements qui stimule d'ordinaire la croissance et l'allongement des axones.

Le rôle des molécules de la matrice extracellulaire dans le guidage de l'axone est particulièrement net à la périphérie de l'embryon. Les axones qui traversent les tissus périphériques, s'étendent à travers des cellules mésenchymateuses ne possédant qu'une organisation lâche et qui remplissent les interstices de l'embryon ; or les espaces qui séparent ces cellules mésenchymateuses sont particulièrement riches en molécules de la matrice extracellulaire. La croissance des axones s'effectue aussi le long de l'interface entre le mésenchyme et l'épiderme, où des couches structurées de composants de la matrice extracellulaire forment la **lame basale**, qui constitue un substrat de soutien. Dans les cultures de tissus, comme dans l'embryon, les diverses molécules de la matrice extracellulaire présentent des capacités différentes de stimulation de la croissance axonique. Dans le système nerveux central, le rôle de ces molécules est moins clair. Certaines d'entre elles sont présentes dans les espaces extracellulaires, mais elles ne constituent pas des substrats organisés tels que la lame basale de la périphérie ; elles sont de ce fait beaucoup plus difficiles à étudier.

Les CAM et les cadhérines présentent la particularité d'être présentes à la fois sur les axones en cours d'allongement, sur les cônes de croissance et sur les cellules ou cibles avoisinantes (voir Figure 23.3B, C). Elles possèdent, de plus, la double fonction de ligand et de récepteur, généralement par liaison homophile («qui se ressemble,

(A) Molécules de la matrice extracellulaire

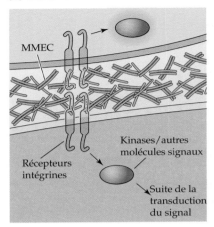

MMEC

Récepteurs intégrines

Kinases/autres molécules signaux

Suite de la transduction du signal

(B) CAM

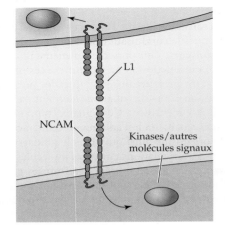

L1

NCAM

Kinases/autres molécules signaux

(C) Cadhérines

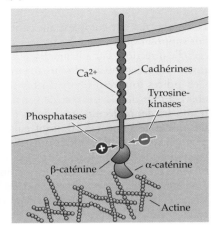

Ca^{2+}

Cadhérines

Tyrosine-kinases

Phosphatases

β-caténine

α-caténine

Actine

(D) Famille nétrine/slit

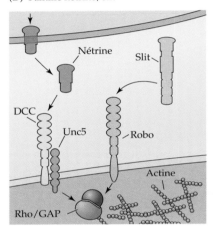

Nétrine

Slit

DCC

Unc5

Robo

Actine

Rho/GAP

(E) Sémaphorines

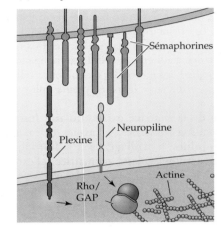

Sémaphorines

Plexine

Neuropiline

Actine

Rho/GAP

(F) Éphrines

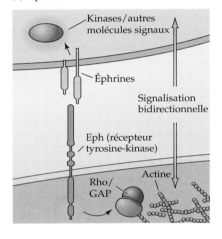

Kinases/autres molécules signaux

Éphrines

Signalisation bidirectionnelle

Eph (récepteur tyrosine-kinase)

Actine

Rho/GAP

Figure 23.3

Plusieurs familles de ligands et de récepteurs constituent les principales catégories de molécules de guidage de l'axone. Les couples ligand-récepteur peuvent être soit attractifs soit répulsifs, selon la nature des molécules et l'environnement dans lequel ils informent le cône de croissance. (A) Les molécules de la matrice extracellulaire (MMEC) servent de ligands pour de nombreux récepteurs intégrines. (B) Des molécules d'adhérence cellulaire (CAM) indépendante du Ca^{2+} et homophiles sont à la fois des ligands et des récepteurs (NCAM : molécule d'adhérence cellulaire neurale). (C) Les molécules d'adhérence dépendantes du Ca^{2+} ou cadhérines peuvent aussi se lier de façon homophile. (D) Les nétrines et les slits, famille de signaux sécrétés, attractifs ou répulsifs, exercent leur action par l'intermédiaire de deux récepteurs distincts : DCC (*Deleted in Colorectal Cancer*) qui lie les nétrines et robo, le récepteur des slits. (E) Les sémaphorines sont principalement des signaux répulsifs qui peuvent être soit sécrétés, soit attachés à la surface cellulaire. Leurs récepteurs (les plexines et la neuropiline) se trouvent sur les cônes de croissance. (F) Les éphrines, qui peuvent être transmembranaires ou attachées à la membrane, opèrent leur signalisation par l'intermédiaire de récepteurs à activité tyrosine-kinase, les récepteurs Eph.

s'assemble »). Certaines CAM, notamment la CAM L1, ont été mises en relation avec le regroupement en faisceaux (ou *fasciculation*) des axones lors de leur croissance. On a émis l'hypothèse que les cadhérines étaient les déterminants majeurs de la sélection terminale des cibles lors du passage de la croissance axonique à la formation des synapses (voir ci-dessous). La propriété exceptionnelle des CAM et des cadhérines d'être à la fois ligands et récepteurs (L1, par exemple, est son propre récepteur) peut être un élément important pour permettre à certains groupes d'axones de reconnaître leurs cibles spécifiques. Ces deux catégories de molécules mettent en jeu une voie de transduction du signal quelque peu indirecte. Les molécules indépendantes du Ca^{2+} interagissent avec des kinases cytoplasmiques pour déclencher les réponses cellulaires, alors que les cadhérines prennent la voie APC/β-caténine (également activée par les Wnt ; voir Chapitre 22).

L'importance des interactions d'adhérence dans la croissance et le guidage de l'axone est soulignée, chez l'homme, par la pathogénie de plusieurs troubles neurologiques ou développementaux d'origine génétique. Ces anomalies comprennent l'hydrocéphalie liée à l'X, le syndrome MASA (acronyme de *Mental retardation, Aphasia, Shuffling gait, and Adducted thumbs*, retard mental, aphasie, démarche traînante et pouces en adduction), le syndrome de Kalman-de Morsier (ou dysplasie olfacto-génitale, associant des perturbations des fonctions reproductives et olfactives), et la paraplégie spastique liée à l'X. Tous sont la conséquence de mutations de gènes codant des CAM indépendantes du calcium. Ces mutations peuvent, en outre, s'accompagner d'une agénésie du corps calleux, commissure connectant les deux hémisphères cérébraux, et du faisceau corticospinal, qui achemine les messages corticaux jusqu'à la moelle. De telles anomalies congénitales, heureusement rares, sont aujourd'hui expliquées par des erreurs des mécanismes de signalisation responsables de la progression des axones, mécanismes sous-tendus par les molécules d'adhérence de la surface cellulaire.

Signaux diffusibles de guidage des axones : chimioattraction et chimiorépulsion

La mise en place d'un réseau de connexions appropriées se heurte à un double problème : comment attirer les axones vers des cibles éloignées en évitant qu'ils ne s'égarent en chemin ? Au début du vingtième siècle, Cajal avait, avec une intuition remarquable, émis l'hypothèse que les signaux issus de cibles différentes influencent sélectivement les cônes de croissance des axones, les attirant ainsi vers des destinations appropriées. En plus de la chimioattraction prédite par Cajal, on supposait depuis longtemps qu'il pouvait y avoir des signaux chimiorépulsifs empêchant l'axone de croître dans une direction donnée (Figure 23.4A).

Malgré l'importance évidente de la chimioattraction et de la chimiorépulsion dans la construction des voies et des circuits nerveux, la nature des signaux en cause est restée incertaine jusque voilà une quinzaine d'années. L'un des problèmes tenait à la quantité infinitésimale de ces facteurs dans l'embryon en développement. Un autre était dû à la difficulté de distinguer les facteurs **chimiotropes** – molécules qui *guident* les axones vers une source – des facteurs **trophiques**, qui *maintiennent* la vie et la croissance des neurones ou de leurs prolongements, après qu'ils sont entrés en contact avec une cible appropriée (voir ci-dessous). Ces problèmes ont été résolus par de laborieuses purifications biochimiques, par l'analyse des agents attractifs et répulsifs d'embryons de vertébrés (poulets), ainsi que par l'analyse génétique de la croissance de l'axone chez la drosophile et chez *Caenorhabditis elegans*. Ces travaux ont permis d'identifier plusieurs gènes codant ces facteurs chimiotropes. Il est curieux de constater que la nature et les fonctions des agents chimioattractifs et chimiorépulsifs sont hautement conservées dans ces différents embranchements.

La famille de molécules chimioattractives la plus précisément connue est celle des **nétrines** (du sanscrit « guider » ; Figure 23.3D). Chez l'embryon de poulet, les nétrines furent identifiées comme des protéines douées de pouvoir chimioattractif après purification biochimique. Chez *C. elegans*, elles furent d'abord reconnues comme le produit d'un gène influençant la croissance et le guidage de l'axone. Le premier de ces gènes fut nommé *Unc*, abréviation de *uncoordinated*, terme qui décrit le phénotype comportemental des vers mutants ; les troubles sont dus au trajet erroné de certains axones, par suite de l'absence de nétrine. Les nétrines présentent une homologie élevée avec les molécules de la matrice extracellulaire telles que la laminine et, dans certains cas, elles peuvent effectivement interagir avec la matrice extracellulaire pour influencer la direction de la croissance de l'axone.

La transduction des signaux des nétrines est effectuée par des récepteurs spécifiques dont la molécule DCC (pour *Deleted in Colorectal Cancer*) et divers corécepteurs. Comme beaucoup de molécules d'adhérence de surface cellulaire, les récepteurs des nétrines ont un domaine extracellulaire présentant des séquences d'acides aminés qui se répètent, un domaine transmembranaire et un domaine intracellulaire sans activité enzymatique connue. Pour que la liaison de la nétrine ait un effet sur la cellule cible, il faut donc que d'autres protéines ayant une activité catalytique entrent en interaction avec le domaine cytoplasmique de DCC. Parmi les enzymes candidates, citons la kinase d'adhérence focale ou FAK (pour *Focal Adhesion Kinase*), dont on sait qu'elle module les cytosquelette d'actine, et les tyrosine-kinases SRC et Fyn, généralement

Figure 23.4

Signaux fournis par l'environnement embryonnaire et principaux effets sur les cônes de croissance et les axones en développement. (A) Schéma illustrant les principales classes de signaux. Les signaux attractifs (signes + verts) peuvent agir à distance et réorienter la croissance vers la source du signal, généralement en agissant sur un cône de croissance pionnier qui prend un chemin différent de celui des cônes de croissance en faisceau qui le suivent. D'autres signaux du même type, présents à la surface ou à proximité du tronc de l'axone, aident à maintenir les paquets d'axones groupés en faisceaux, ce qui est indispensable pour la formation de nerfs et de faisceaux d'un seul tenant. Les signaux chimiorépulsifs (signes – rouges) peuvent également agir à distance ; ils peuvent aussi agir à des endroits où les axones doivent quitter le faisceau d'un nerf en formation pour modifier leur trajet ou éviter une cible inappropriée. Les signaux trophiques (en orange) maintiennent la continuation de la croissance ainsi que la différenciation de l'axone et du neurone dont il émane. (B) La signalisation calcique est un intermédiaire clé des signaux chimioattractifs. Dans l'exemple illustré ici, un signal chimioattractif sécrété, la nétrine, a été appliqué sur un cône de croissance en culture au temps 0. Dans la minute qui suit, on constate des changements de la concentration du calcium dans le lamellipode (flèches blanches) ; en 10 minutes ces changements se sont intensifiés dans la totalité du cône de croissance. (C) Un cône de croissance en culture se rétracte en 30 minutes, après application d'une molécule chimiorépulsive, la sémaphorine 3A. L'axone rétracte ses trois cônes de croissance à lamellipodes et les prolongements qui les portent. (A d'après Huber et al., 2003 ; B d'après Gomez et Zheng, 2006 ; C d'après Dontchev et Letourneau, 2002.)

(A)

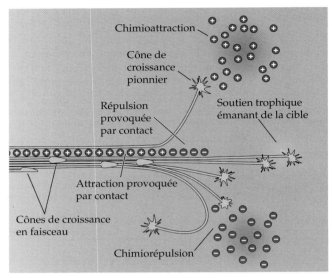

(B)

(C)

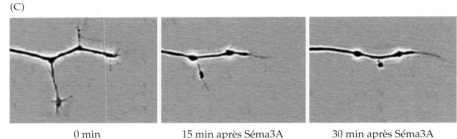

| 0 min | 15 min après Séma3A | 30 min après Séma3A |

associées à la signalisation des cellules d'adhérence. Les protéines signaux de la famille Rho/GAP, qui, toutes, modulent la modification du cytosquelette par les seconds messagers, sont considérées comme fournissant la dernière étape de la signalisation des nétrines. On trouve fréquemment les nétrines sur la ligne médiane du système nerveux embryonnaire. C'est d'ailleurs en remarquant qu'il y avait vraisemblablement dans la moelle un signal chimioattractif poussant les axones des neurones spinothalamiques de la corne dorsale à croître en direction de la ligne médiane ventrale que l'on fut mis sur la piste des nétrines (Figure 23.5). Après qu'on les eut purifiées et clonées, les nétrines furent localisées dans la plaque du plancher, qui marque la ligne médiane ventrale de la moelle embryonnaire. Comme l'indiquent l'expression et l'activité *in vitro* de ces molécules, la mutation du gène de la nétrine-1 perturbe le développement des faisceaux d'axones qui franchissent la ligne médiane. C'est le cas de la commissure antérieure de la moelle et, dans le cerveau antérieur, celui du corps calleux, de la commissure antérieure et de la commissure hippocampique.

Étant donné que la ligne médiane constitue un point de parfaite symétrie des taux de nétrine ou d'autres facteurs sécrétés, il faut qu'il y ait un mécanisme garantissant

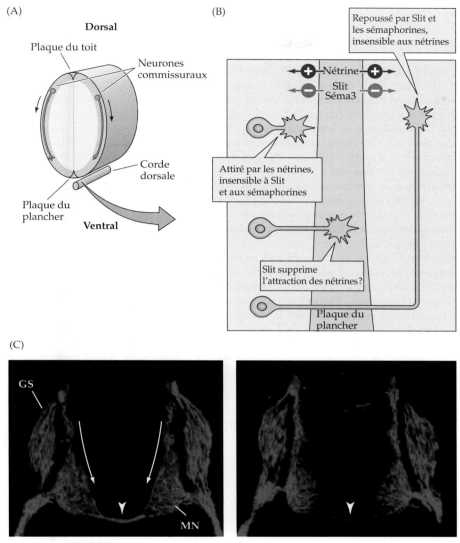

(A)

Dorsal

Plaque du toit

Neurones commissuraux

Corde dorsale

Plaque du plancher

Ventral

(B)

Repoussé par Slit et les sémaphorines, insensible aux nétrines

Nétrine

Slit Séma3

Attiré par les nétrines, insensible à Slit et aux sémaphorines

Slit supprime l'attraction des nétrines?

Plaque du plancher

(C)

GS

MN

Figure 23.5

Des molécules chimiotropes, les nétrines, régulent la formation des voies dans la moelle épinière en développement. (A) Les neurones commissuraux envoient des axones vers la région ventrale de la moelle, notamment vers la plaque du plancher (voir Figure 22.2). (B) Actions opposées des nétrines et des slits au niveau de la ligne médiane ventrale de la moelle. Ce système de guidage moléculaire garantit que les axones qui convoient les informations thermiques et nociceptives par le système antérolatéral franchissent la ligne médiane aux niveaux adéquats de la moelle et restent du côté controlatéral à leur origine tant qu'ils n'ont pas atteint leurs cibles thalamiques. (C) À gauche, des axones commissuraux marqués (en rouge) descendent dans la moelle, traversent la colonne motrice et franchissent la ligne médiane dans la commissure antérieure (ventrale). À droite, le gène de la nétrine d'une souris a fait l'objet d'une inactivation homozygote : les axones commissuraux ne s'organisent pas en faisceau et ne franchissent pas la ligne médiane (pointes de flèches). GS : ganglion spinal ; MN motoneurones. (A d'après Serafini et al., 1994 ; B d'après Dickinson, 2002 ; C d'après Serafini et al., 1996.)

qu'après avoir franchi la ligne médiane sous l'influence de la nétrine, les axones ne rebroussent pas chemin, compte tenu de l'ambiguïté relative à la quantité des signaux au niveau de la ligne médiane. Le facteur sécrété slit et son récepteur robo (abréviation de *roundabout*, rond-point) empêchent les axones de faire demi-tour après avoir franchi la ligne médiane. Slit et robo sont présents à proximité immédiate de la ligne médiane et l'on pense qu'ils mettent fin à la sensibilité du cône de croissance à la nétrine une fois qu'il est passé d'un côté à l'autre du système nerveux. Slit, robo – et sans doute plusieurs autres molécules – ainsi que les voies de signalisation qu'ils activent, orchestrent donc le franchissement unidirectionnel de la ligne médiane par les axones. Ce processus est un élément essentiel de la construction de toutes les grandes voies sensorielles, motrices et d'association du cerveau des mammifères (voir aussi Encadré 23A).

La construction du système nerveux exige également de dire aux axones où ils ne doivent pas aller. Outre slit et robo, qui ont une fonction répulsive spécifique, deux autres grandes classes de molécules chimiorépulsives ont été décrites. La première est en relation avec les cellules qui forment la myéline du système nerveux central. Les molécules de cette classe jouent un rôle particulièrement important dans la reprise de croissance d'un axone après une lésion, dans le système nerveux développé (voir Chapitre 25). Les molécules chimiorépulsives formant la seconde classe sont principalement actives durant le développement neural ; il s'agit des **sémaphorines** (d'après le mot sémaphore, qui signifie étymologiquement « porteur de signal » ; voir Figure 23.3E). Ces molécules peuvent se lier à la surface des cellules ou à la matrice extracellulaire et empêcher la croissance d'axones voisins. Leurs récepteurs, comme ceux des molécules d'adhérence de la surface cellulaire, sont des protéines transmembranaires (parmi lesquelles on peut citer les plexines ou la neuropiline) dont le domaine cytoplasmique n'a pas d'activité catalytique connue. Néanmoins, la signalisation des sémaphorines, par l'intermédiaire de leurs récepteurs, produit des changements dans la concentration du Ca^{2+}. Ces changements activent selon toute vraisemblance des kinases intercellulaires et d'autres molécules signaux, qui modifient le cytosquelette du cône de croissance. De fait, des travaux utilisant des cultures de neurones de vertébrés ont montré que les sémaphorines peuvent provoquer la résorption du cône de croissance et l'arrêt de l'allongement de l'axone (voir Figure 23.4C). Les premiers exemples de l'activité répulsive des sémaphorines ont été fournis par des travaux sur des invertébrés, spécialement la drosophile, chez lesquels une mutation ou une manipulation de leurs gènes entraîne une croissance anormale des axones. Il a été plus difficile de démontrer l'activité de ces molécules *in vivo*, chez des vertébrés en cours de développement. On n'observe pas, par exemple, de croissance inadaptée ou de cheminement vers une cible inappropriée après délétion d'un seul des gènes des sémaphorines chez la souris ; néanmoins, l'introduction ponctuelle de sémaphorines peut amener l'axone à modifier son trajet pour éviter la sémaphorine exogène.

Les sémaphorines constituent la famille la plus étendue des molécules chimiorépulsives. Aucune ne suffit toutefois à expliquer à elle seule les choix initiaux des axones ni les trajets qui en résultent. Il est clair, en tout cas, qu'elles contribuent grandement à la construction ordonnée des voies suivies par les axones aussi bien dans le système nerveux central qu'à la périphérie.

La formation des cartes topographiques

Dans les systèmes visuel, somesthésique et moteur, les connexions neuronales sont organisées de telle sorte que les points adjacents de la périphérie sont représentés par des emplacements contigus dans les centres (voir Chapitres 9, 12 et 17). Dans d'autres systèmes, comme l'audition ou l'olfaction, il existe aussi des représentations ordonnées de divers attributs des stimulus, tels que la fréquence sonore ou la nature des récepteurs. Comment les axones en croissance font-ils pour se disposer avec une telle précision topographique au sein de leurs cibles cérébrales respectives ?

Au début des années 1960, Roger Sperry, qui, plus tard, fraya la voie aux travaux sur la spécialisation fonctionnelle des hémisphères cérébraux (Chapitre 27), énonça la **théorie de la chimioaffinité**, fondée essentiellement sur les recherches qu'il avait menées sur la grenouille et le poisson rouge. Chez ces animaux, les terminaisons des fibres ganglionnaires de la rétine forment une carte topographique précise sur le tectum optique (l'homologue des colliculus supérieurs des mammifères ; Figure 23.6A). Après avoir écrasé le nerf optique et l'avoir laissé repousser (contrairement aux mammifères, les poissons et les amphibiens peuvent régénérer des faisceaux de fibres nerveuses centrales ; voir Chapitre 25), Sperry observa que les fibres rétiniennes rétablissaient le même profil de connexions dans le tectum. Même après une rotation de l'œil de 180°, les axones régénérés retrouvaient leurs destinations tectales habituelles (provoquant d'ailleurs quelques perturbations dans le comportement de la grenouille ; Figure 23.6B). Sperry fit donc l'hypothèse que chaque cellule tectale porte une « étiquette identificatrice » de nature chimique. Il supposa, en outre, que les terminaisons des cellules ganglionnaires rétiniennes possèdent des étiquettes complémentaires de sorte que, durant leur progression, elles cherchent un emplacement spécifique dans le tectum. En termes modernes, ces étiquettes « chimiques » sont des molécules d'adhérence ou de reconnaissance et « l'affinité » qu'elles induisent est une liaison sélective des molécules situées sur le cône de croissance avec celles qui leur correspondent sur les cellules tectales et qui leur signalent leur position relative.

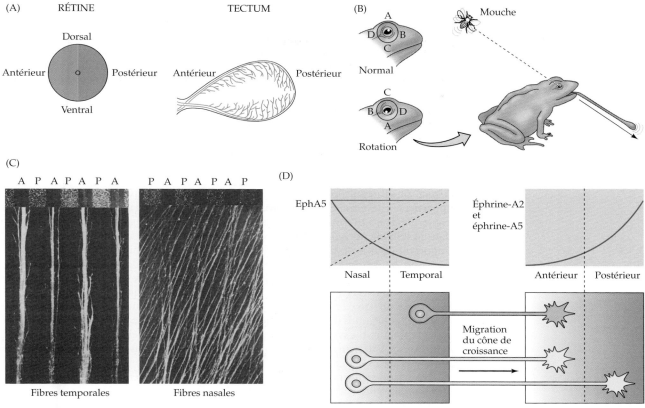

Figure 23.6

Mécanismes des représentations topographiques dans le système visuel des vertébrés. (A) Les axones issus de la rétine postérieure projettent sur la partie antérieure du tectum et les axones de la rétine antérieure sur sa partie postérieure. Si l'on sectionne chirurgicalement le nerf optique d'une grenouille, les axones régénèrent avec la spécificité appropriée. (B) Si, après section du nerf optique, on fait subir aux yeux une rotation, les axones régénèrent néanmoins en direction de leur emplacement originel sur le tectum. Le comportement de la grenouille démontre clairement que la carte topographique du tectum n'est pas modifiée : si l'on présente une mouche en haut, la grenouille essaie de l'attraper en bas et vice versa. (C) Test *in vitro* des molécules de surface qui contribuent à la spécificité topographique du tectum. Des bandes alternées (de 90 µm de large) constituées de membranes extraites des régions antérieures (A) ou postérieures (P) du tectum de poulet sont disposées sur une lamelle de verre. On ajoute aux membranes d'origine postérieure des particules à fluorescence verte qui les rendent visibles (en haut de chaque cliché). On place ensuite sur ces bandes des explants de rétine prélevés soit du côté nasal, soit du côté temporal. Les fibres d'origine temporale préfèrent croître sur les membranes antérieures et elles sont repoussées par les membranes postérieures. Par contre, les fibres provenant de la rétine nasale présentent une croissance égale sur les deux types de bandes. (D) Les gradients complémentaires de l'expression des récepteurs Eph (dans les neurones afférents et leurs cônes de croissance) et des éphrines (dans les cellules cibles) produisent des affinités différentielles et des projections topographiquement organisées. Dans ce modèle, des cônes de croissance d'axones rétiniens ayant une concentration élevée de récepteurs Eph (EphA5 pour une rétine de souris) ont plus de chances de reconnaître une concentration faible de ligands (les éphrines A2 et A5 pour le colliculus supérieur de souris) ; un cône de croissance n'ayant qu'une faible concentration de récepteurs Eph reconnaîtra seulement les concentrations élevées du ligand. (A, B d'après Sperry, 1963 ; C d'après Walter et al., 1987 ; D d'après Wilkinson, 2001.)

Des expériences ultérieures sur le système visuel de vertébrés inférieurs ont rendu l'hypothèse de la chimioaffinité impossible à soutenir sous sa forme la plus stricte, qui affecte à chaque emplacement du tectum une molécule de reconnaissance différente. Plutôt qu'une correspondance précise du type « clé-serrure », le comportement des axones en croissance laisse supposer qu'il existe dans le tectum des gradients de molécules de surface cellulaire auxquels répondent les fibres en croissance pour mettre en place les axes de base de la carte rétinotopique. Normalement, les axones de la rétine temporale du poulet innervent le pôle antérieur du tectum et évitent le pôle postérieur. Des expériences embryologiques d'inversion des régions temporale et nasale de la rétine, ou des régions antérieure et postérieure du tectum, plaidaient en faveur d'un certain degré de spécificité. Celle-ci n'était toutefois pas absolue : si les axones issus de la rétine temporale ne trouvaient comme cible disponible que le tectum postérieur, ils innervaient néanmoins cette cible normalement inhospitalière. Des tests ultérieurs effectués *in vitro* montrèrent que la spécificité était due à une comparaison des différents substrats. Si des axones de la rétine temporale en culture sont mis en présence d'une série de membranes cellulaires provenant de ces deux régions du tectum, ils se dirigent exclusivement vers les membranes de la région antérieure et évitent les membranes dérivant des régions «erronées» du tectum (Figure 23.6C). Les interactions positives sont probablement dues à une augmentation de l'adhérence des cônes de croissance au substrat; l'incapacité à croître vers les régions inadéquates peut venir d'interactions répulsives provoquant la résorption des cônes de croissance.

Par la suite, une molécule susceptible d'être un signal de guidage négatif des fibres temporales vers le tectum postérieur a été purifiée et l'on a cloné le gène qui la code. La protéine en cause – primitivement appelée RAGS (pour *Repulsive Axon Guidance Signal*, signal répulsif de guidage axonal) et rebaptisée ultérieurement éphrine A5 – appartient à la famille des **récepteurs Eph** et de leurs ligands, les **éphrines** (voir Figure 23.3F). On trouve les éphrines et leurs récepteurs dans tout l'organisme, mais, dans le système nerveux embryonnaire, elles semblent jouer un rôle particulièrement important pour le développement des connexions topographiques. Dans l'œil et dans le tectum, les éphrines et leurs récepteurs se distribuent selon des gradients complémentaires, de telle façon qu'il y ait un appariement entre niveaux équivalents du ligand et des récepteurs; ceci conduit à une disposition topographique de la rétine nasale et temporale sur l'axe antéro-postérieur du tectum. Des travaux ultérieurs ont mis en évidence les relations de plusieurs membres de cette famille de molécules avec les cartes topographiques du système visuel, avec la formation de voies axoniques telles que la commissure antérieure et avec la migration de certaines sous-populations de cellules issues des crêtes neurales.

Les ligands éphrines ressemblent aux molécules d'adhérence cellulaire et peuvent être soit des protéines transmembranaires, soit des protéines associées aux membranes. Les récepteurs Eph appartiennent à la famille des récepteurs à activité tyrosine-kinase possédant un seul domaine transmembranaire; ils sont donc capables d'opérer directement la transduction d'un signal en provenance d'un ligand de Eph. D'autres recherches ont conduit à l'idée que les ligands éphrines pouvaient, en se liant aux récepteurs Eph, produire des signaux intercellulaires dans la cellule exprimant le ligand (phénomène dit de signalisation rétrograde), et ceci par interaction avec des kinases cytoplasmiques et autres molécules apparentées. Les altérations des gènes des récepteurs Eph et de leurs ligands provoquent de subtiles désorganisations dans la topographie des projections rétino-colliculaires ou rétino-thalamiques. Ces observations concordent avec l'idée d'une chimioaffinité qui reposerait sur un système de gradients rétiniens et tectaux, constituant pour les axones et pour leurs cibles des marqueurs d'une position générale (tels que les N, S, E, et O d'une carte), et non pas sur une reconnaissance stricte du type serrure-clé. Les récepteurs Eph et leurs ligands sont de bons modèles de la façon dont une gradation de signaux moléculaires peut contribuer à l'organisation topographique de la croissance des axones dans le système visuel et dans d'autres régions du cerveau en développement.

La formation sélective des synapses

Après avoir atteint la cible ou la région cible qui convient, les axones doivent opérer localement une discrimination supplémentaire concernant la cellule particulière qu'ils doivent innerver parmi divers partenaires synaptiques possibles. Les choix qui s'offrent à un axone sont les suivants: établir des contacts synaptiques, se rétracter et continuer à croître vers une autre cible, échouer à former des connexions stables (ce dernier choix pouvant avoir pour conséquence la mort du neurone auquel appartient l'axone). Étant donné la complexité des circuits centraux, les études les plus approfondies de ce problème ont été effectuées sur le système nerveux périphérique et spécialement sur l'innervation des fibres musculaires (Encadré 23B) et des neurones des ganglions végétatifs par les motoneurones spinaux.

Le problème de la spécificité synaptique a été abordé pour la première fois par le physiologiste britannique John Langley, à la fin du dix-neuvième siècle (voir aussi

ENCADRÉ 23B   *Signaux moléculaires facilitant la formation des synapses*

Les synapses exigent, pour fonctionner convenablement, une organisation précise des éléments pré- et post-synaptiques (voir Chapitres 4-8). Au niveau de la jonction neuromusculaire, par exemple, les vésicules synaptiques et toute la machinerie de libération du transmetteur se trouvent, dans les terminaisons nerveuses, à des endroits appelés zones actives ; du côté de la cellule musculaire postsynaptique, les récepteurs de l'acétylcholine ont une densité maximale dans une région (la « densité postsynaptique » ; voir Figure 23.7) située juste en dessous des zones actives présynaptiques. Au cours des vingt-cinq dernières années, un certain nombre de chercheurs ont tenté d'identifier les indices moléculaires qui guident la formation de ces éléments si soigneusement apposés. Leurs efforts ont connu les succès les plus remarquables avec la jonction neuromusculaire, où l'on sait aujourd'hui qu'une molécule appelée agrine est responsable du déclenchement de quelques-uns des événements qui conduisent à la formation d'une synapse pleinement fonctionnelle.

Au départ, l'agrine a été identifiée à cause de son influence sur la réinnervation des jonctions neuromusculaires de grenouille après lésion du nerf moteur. Dans le muscle squelettique à maturité, chaque fibre reçoit typiquement un seul contact synaptique au niveau d'une région hautement spécialisée, la plaque motrice (voir Chapitre 5). U.J. McMahan, J.R. Sanes et leurs collègues ont trouvé que les axones qui régénèrent réinnervent exactement le même endroit que celui où se trouvait la plaque motrice. En cherchant à déterminer les signaux qui sont à l'origine de ce phénomène, ils ont tiré bénéfice du fait que chaque fibre musculaire est entourée d'une enveloppe de matrice extracellulaire, appelée lame basale. Lorsque les fibres musculaires dégénèrent, elles laissent derrière elles la lame basale (comme le font également les axones qui dégénèrent). En outre, une invagination spécifique de la lame basale au niveau de l'ancienne plaque motrice permet de continuer à l'identifier. Chose remarquable, les terminaisons nerveuses présynaptiques se différencient à ces emplacements d'origine, même en l'absence de fibre musculaire sous-jacente. Fait également remarquable, les fibres musculaires qui régénèrent forment des structures postsynaptiques spécialisées, tels que des îlots denses de récepteurs de l'acétylcholine, exactement aux mêmes endroits de la lame basale, même s'il n'y a pas de fibre nerveuse. Ces constatations montrent qu'après la suppression soit du nerf, soit du muscle, les signaux qui guident la formation des synapses restent dans le milieu extracellulaire, vraisemblablement dans la lame basale « fantôme » qui enveloppe chaque fibre musculaire.

Grâce à un test biologique tirant parti des agrégats de récepteurs de l'acétylcholine pour analyser les composants de la lame basale, McMahan et ses collègues ont

Développement des jonctions neuromusculaires chez des souris présentant une insuffisance d'agrine. Chez des souris contrôles (à gauche) ou présentant une insuffisance d'agrine (à droite), de 15, 16 et 18 jours d'âge embryonnaire, les muscles du diaphragme ont fait l'objet d'un double marquage, pour les axones et pour les récepteurs de l'acétylcholine, puis ont été dessinés à la chambre claire. Les fibres musculaires en développement ont une orientation verticale. Dans les muscles contrôles et mutants, un nerf intramusculaire (en noir) et des agrégats de récepteurs de l'ACh (en rouge) sont présents au quinzième jour d'âge embryonnaire. Chez les contrôles, les ramifications axonales et les groupes de récepteurs à l'ACh sont, à tous les stades, confinés dans une bande de plaques motrices situées vers le centre des fibres musculaires. Chez les mutants, les agrégats de récepteurs sont plus petits, moins denses et moins nombreux ; les axones sont moins ramifiés et leurs relations synaptiques sont désorganisées. (D'après Gautam et al., 1996.)

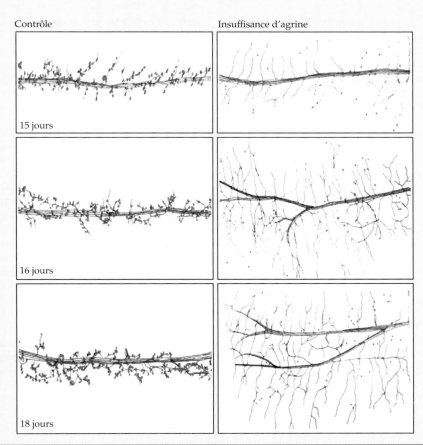

Contrôle   Insuffisance d'agrine

15 jours

16 jours

18 jours

isolé et purifié l'agrine. L'agrine est un protéoglycane présent à la fois dans les motoneurones et dans les fibres musculaires des mammifères ; elle se trouve également en abondance dans le tissu cérébral. La forme neuronale de l'agrine est synthétisée par les motoneurones ; elle est transportée le long de l'axone et libérée par les fibres nerveuses en croissance. L'agrine se lie à des récepteurs postsynaptiques dont l'activation donne lieu à un regroupement des récepteurs de l'acétylcholine et, manifestement, aux événements ultérieurs de la synaptogenèse. Une découverte de Sanes et de ses collaborateurs est venue confirmer le rôle de l'agrine dans l'organisation de la différenciation synaptique. Ces auteurs ont montré que des souris qui, par génie génétique, ont été privées du gène de l'agrine, ne développent in utero que peu de jonctions neuromusculaires (voir Figure). Il est important de noter que les animaux auxquels manque seulement l'agrine neurale présentent des altérations aussi graves que ceux qui n'ont ni l'agrine neurale ni l'agrine musculaire. Les animaux qui n'ont pas le récepteur de l'agrine ne forment pas non plus de jonctions neuromusculaires et meurent à la naissance. L'agrine est donc l'un des premiers exemples d'une molécule d'origine présynaptique qui facilite la différenciation postsynaptique des cellules cibles.

Étant donné que la formation des synapses exige un dialogue permanent entre les partenaires pré- et postsynaptiques, il est probable qu'il existe aussi des organisateurs de la différenciation présynaptique, dont l'origine est postsynaptique. Sur la base des études de la lame basale mentionnées plus haut, Sanes et ses collaborateurs ont identifié un groupe de protéines de cette nature, les β2-laminines (appelées originellement S-laminine). Les souris dépourvues de β2-laminine présentent des déficits de la différenciation des terminaisons nerveuses motrices et, de façon inattendue, des cellules gliales (de Schwann) associées aux terminaisons. Cependant, les défectuosités observées chez des mutants pour la β2-laminine sont très nettement moins importantes que les perturbations postsynaptiques des mutants pour l'agrine ; ceci suggère qu'il reste encore d'importants signaux rétrogrades à identifier.

Références

BURGESS, R.W., Q.T. NGUYEN, Y.-J. SON, J.W. LICHTMAN et J.R. SANES (1999), Alternatively spliced isoforms of nerve and muscle-derived agrin : Their roles at the neuromuscular junction. *Neuron*, **23**, 33-44.

DECHIARA, T.M. et 14 AUTRES (1996), The receptor tyrosine kinase MuSK is required for neuromuscular junction formation in vivo. *Cell*, **85**, 501-512.

GAUTAM, M., P.G. NOAKES, L. MOSCOSO, F. RUPP, R.H. SCHELLER, J.P. MERLIE et J.R. SANES (1996), Defective neuromuscular synaptogenesis in agrin-deficient mutant mice. *Cell*, **85**, 525-535.

MACMAHAN, U.J. (1990), The agrin hypothesis. *Cold Spring Harbor Symp. Quant. Biol.*, **50**, 407-418.

NOAKES, P.G., GAUTAM, M., J. MUDD, J.R. SANES et J.P. MERLIE (1995), Aberrant differenciation of neuromuscular junctions in mice lacking s-laminin/laminin β2. *Nature*, **374**, 258-262.

PATTON, B.L., A.Y. CHIU et J.R. SANES (1998), Synaptic laminin prevents glial entry into the synaptic cleft. *Nature*, **393**, 698-701.

SANES, J.R., L.M. MARSHALL et U.J. MCMAHAN (1978), Reinnervation of muscle fiber basal lamina after removal of myofibers. *J. Cell. Biol.*, **78**, 176-198.

Encadré 25A). Les neurones sympathiques préganglionnaires, situés à différents niveaux de la moelle, innervent les neurones de la chaîne ganglionnaire sympathique de façon stéréotypée et sélective (voir Chapitre 21). Dans le ganglion cervical supérieur, par exemple, les neurones du niveau thoracique le plus élevé (T1) innervent des cellules ganglionnaires qui, à leur tour, projettent sur des cibles se trouvant au niveau de l'œil, tandis que les neurones d'un niveau légèrement inférieur (T4) innervent des cellules qui commandent la constriction des vaisseaux sanguins de l'oreille. Étant donné qu'avant d'arriver au ganglion, tous les axones de ces neurones cheminent ensemble dans le tronc sympathique cervical, les processus qui sous-tendent l'innervation différentielle des cellules ganglionnaires doivent avoir lieu au niveau de la formation des synapses plutôt qu'à celui du guidage des axones jusqu'au voisinage de leur cible (voir ci-dessus). Anticipant de plus de 50 ans les vues de Sperry, et dans un tout autre contexte, Langley arriva à la conclusion que la formation sélective des synapses est fondée sur des affinités différentielles entre les éléments pré- et postsynaptiques. Des travaux ultérieurs, fondés sur l'enregistrement intracellulaire de neurones individuels du ganglion cervical supérieur, ont montré toutefois que l'affinité sélective entre neurones pré- et postsynaptiques n'est pas particulièrement stricte. Ainsi, les cellules ganglionnaires préfèrent recevoir des connexions synaptiques de neurones préganglionnaires d'un niveau spinal déterminé, mais elles n'excluent pas les contacts synaptiques de neurones d'un niveau différent (ce qui ressemble fort aux règles qui régissent le guidage des axones). Malgré la relative sélectivité qui règne pendant la formation des synapses, il a été montré, par des travaux d'un tout autre ordre, que l'*endroit* où se forme une synapse sur la cellule cible est étroitement contrôlé par un ensemble de molécules que l'on connaît maintenant assez bien. Comme on pourrait s'y attendre, ces molécules comprennent des variantes de plusieurs des molécules d'adhérence cellulaire qui influencent le comportement du cône de croissance.

Il existe, bien sûr, des restrictions absolues aux associations synaptiques. Ainsi, les neurones n'innervent pas les cellules gliales toutes proches ni les cellules des tissus conjonctifs, et l'on a décrit de nombreux cas où divers types de fibres nerveuses et de cellules cibles n'ont guère tendance à se connecter les unes aux autres. Mais, quand la synaptogenèse se met en marche, les associations entre les neurones et leurs cibles du système nerveux central et périphérique paraissent se faire selon un système de préférences perpétuellement remis en cause – comme le dit la chanson «si vous ne pouvez pas être avec qui vous aimez, aimez celui avec qui vous êtes». Des influences de ce genre guident le pattern d'innervation qui prévaut lors du développement ou de la réinnervation, sans lui imposer des limites absolues. Les cellules cibles qui se trouvent dans les muscles, dans les ganglions végétatifs ou ailleurs ne sont sans doute pas équivalentes, mais elles ne sont pas non plus exceptionnelles du point de vue de l'innervation qu'elles peuvent recevoir. Cette promiscuité relative peut causer des problèmes lors de lésions nerveuses, car les patterns d'innervation périphérique après régénération ne sont pas toujours appropriés. Elle reflète vraisemblablement le fait que des sites potentiels pré- ou postsynaptiques contiennent tous les deux un certain nombre de molécules qui en font des sites de connexion possibles. Si donc il n'existe qu'une affinité spécifique pas très élevée, on a toutes chances de voir se produire des reconnaissances génériques et des connexions anormales.

Une large part de cette imprécision peut être due aux effets d'un contingent de molécules qui cumulent des fonctions régulatrices de la croissance des axones (et des dendrites) d'une part, et de la formation des synapses d'autre part. Plusieurs observations montrent qu'une grande proportion des molécules qui participent au guidage de l'axone contribuent à l'identification et à la stabilisation d'un site synaptique sur les cellules cibles et aident l'axone en croissance à reconnaître un site particulier comme optimal (Figure 23.7). Ainsi, on pense que, lors des premiers stades de la formation des synapses, les molécules d'adhérence dépendantes du calcium appartenant à la famille des cadhérines seraient indispensables pour qu'une ébauche d'expansion présynaptique (provenant de la transformation du cône de croissance) trouve un site synaptique adéquat sur une dendrite, un corps cellulaire ou autre cible appropriée (comme, par exemple, une fibre musculaire ; voir Encadré 23B). Au stade suivant, plusieurs molécules supplémentaires réaliseraient le regroupement des vésicules synaptiques, la différenciation d'une zone active et la construction de la densité postsynaptique.

La **densité postsynaptique** est une jonction intercellulaire spécialisée qui rassemble en un même site des récepteurs des neurotransmetteurs, des canaux appropriés et des protéines signaux, pour faciliter la réponse présynaptique au neurotransmetteur. Deux molécules ont un rôle particulièrement important dans ces phénomènes : la **neurexine**, molécule d'adhérence de la membrane présynaptique, et le partenaire qui la lie, la **neuroligine**, molécule d'adhérence de la membrane postsynaptique. Outre la capacité de la neurexine et de la neuroligine de se lier l'une à l'autre, la neurexine a un domaine transmembranaire spécialisé qui facilite le positionnement des vésicules synaptiques, des protéines d'arrimage et des molécules de fusion fournies par les vésicules de la zone active de la terminaison présynaptique. La neuroligine a une fonction identique au niveau postsynaptique ; elle entre en interaction avec des protéines postsynaptiques spécialisées et facilite le regroupement des récepteurs et des canaux de la densité postsynaptique, au fur et à mesure de la maturation des synapses (Figure 23.7.C).

Les molécules représentées dans la figure 23.7 sont communes à toutes les synapses en développement (ce qui peut aider à comprendre le phénomène «aimez celui avec qui vous êtes» auquel il a été fait allusion plus haut) ; ceci n'empêche pas qu'il y ait de la diversité dans les synapses en développement. On a avancé le nom de plusieurs molécules pour rendre compte de l'émergence de cette spécificité. On a suggéré que les éphrines et leurs récepteurs Eph pouvaient participer à ce processus, de même que les cadhérines. Dans les deux cas, la diversité de ces familles de molécules d'adhérence en fait des candidats plausibles : il existe au moins 19 ligands éphrine et 15 récepteurs Eph ainsi qu'un grand nombre de membres de la famille des cadhérines. L'épissage différen-

Figure 23.7

Mécanismes moléculaires impliqués dans la formation des synapses. (A) Les débuts d'une synapse dépendent fondamentalement de la reconnaissance l'une par l'autre des futures membranes pré- et postsynaptiques, par l'intermédiaire de molécules d'adhérence cellulaire dépendant du calcium, de la famille des cadhérines et des protocadhérines. Cette reconnaissance locale s'accompagne d'une accumulation de vésicules synaptiques et de vésicules de transport contenant les composants moléculaires nécessaires à l'édification de la zone active présynaptique. (B) Après la mise en place de la spécialisation initiale, des molécules d'adhérence supplémentaires sont recrutées, notamment : la molécule d'adhérence cellulaire synaptique (SynCAM), membre, comme la NCAM de la famille des molécules d'adhérence à liaison homophile indépendants du calcium (voir Figure 23.3B) ; la neurexine et la neuroligine (voir le schéma C) ; les ligands éphrine B et leurs récepteurs EphB. Une signalisation d'adhérence entre ces molécules donne le départ à la différenciation de la zone active présynaptique et de la densité postsynaptique. (C) L'interaction de la neurexine (protéine présynaptique transmembranaire d'adhérence) avec la neuroligine (molécule postsynaptique d'adhérence) joue un rôle essentiel dans le recrutement et le maintien des éléments du cytosquelette qui positionnent les vésicules synaptiques sur la terminaison présynaptique et participent à leur fusion. La neurexine intervient en outre pour positionner les canaux calciques activés par le voltage nécessaires à la libération locale du contenu des vésicules. Le positionnement sur la spécialisation postsynaptique des récepteurs des neuro-transmetteurs et des protéines postsynaptiques est assuré par la liaison de la neuroligine à la neurexine. (A, B d'après Waites et al., 2005 ; C d'après Dean et Dreshbach, 2006.)

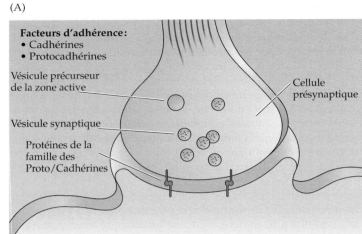

(A)

Facteurs d'adhérence :
- Cadhérines
- Protocadhérines

Vésicule précurseur de la zone active

Vésicule synaptique

Protéines de la famille des Proto/Cadhérines

Cellule présynaptique

(B)

Facteurs d'induction :
- SynCAM
- ÉphrineB/R EphB
- Neurexine
- Neuroligine

Cytomatrice de la zone active

Facteurs inducteurs

Protéines de la densité postsynaptique

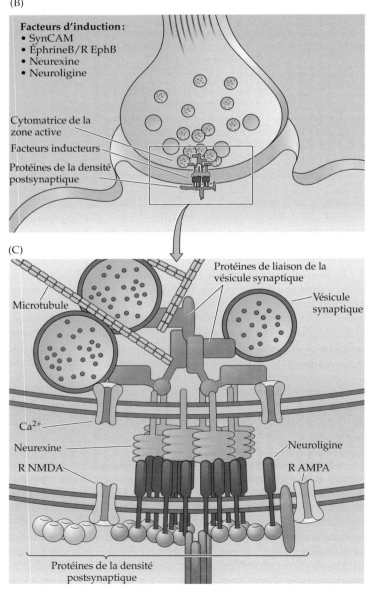

(C)

Microtubule

Protéines de liaison de la vésicule synaptique

Vésicule synaptique

Ca²⁺

Neurexine

R NMDA

Neuroligine

R AMPA

Protéines de la densité postsynaptique

(A) DSCAM

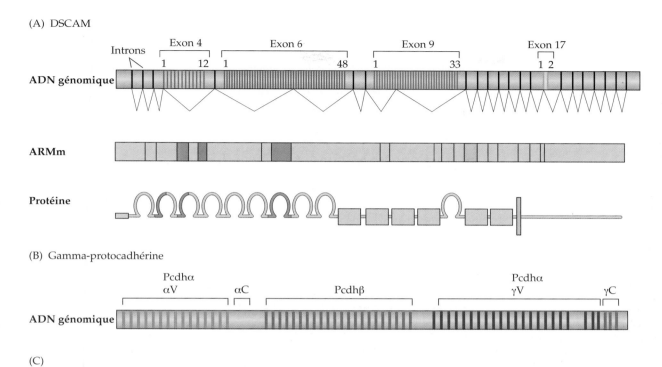

(B) Gamma-protocadhérine

(C)

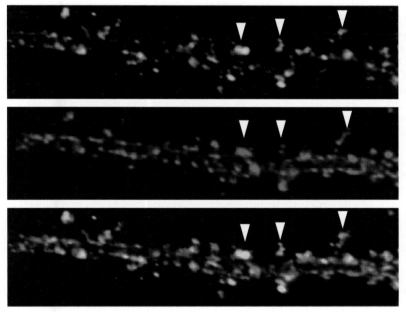

Figure 23.8

Facteurs moléculaires potentiels de l'identité des synapses. (A) Organisation du gène *DSCAM* de la drosophile. Chacune des quatre régions à exons multiples (4, 6, 9 et 17) a plusieurs variantes d'épissage alternatif et les différentes combinaisons de ces quatre régions sont susceptibles de donner 38 000 isoformes de la protéine DSCAM exprimée à des sites synaptiques particuliers lors du développement du système nerveux de cette mouche. (B) On constate une variabilité du même ordre pour les multiples exons alternatifs du gène des mammifères codant la γ-protocadhérine. (C) Différentes isoformes de la γ-protocadhérine (en vert et en rouge) sont exprimées dans certains contingents de contacts synaptiques formés par des dendrites de neurones d'hippocampe, en culture ; ceci laisse supposer que différents sites synaptiques peuvent avoir des effectifs différents de molécules d'adhérence, susceptibles de conférer une spécificité particulière à ces jonctions synaptiques. (A d'après Schmucker et al., 2000 ; B d'après Wang et al., 2002 ; C d'après Phillips et al., 2003.)

tiel et la modification posttraductionnelle de plusieurs protéines synaptiques peuvent rendre compte de différences supplémentaires entre synapses.

Cette hypothèse sur la spécificité des molécules d'adhérence et la formation des synapses a un curieux parallèle chez la drosophile, où le gène de la molécule d'adhérence DSCAM (***D**own **S**yndrome **C**ell **A**dhesion **M**olecule*, orthologue du gène du chromosome 21 de l'homme, dont la duplication est responsable du syndrome de Down) a environ 38 000 isoformes, compte tenu du nombre de ses exons et des épissages prédits (Figure 23.8A). Chez cette mouche, DSCAM est exprimée à des sites synaptiques du système nerveux en développement. On ne sait pas encore de façon certaine si des isoformes spécifiques résultant de l'épissage sont exprimées différentiellement à certains sites synaptiques ; mais si tel est le cas, la diversité génomique contribuerait à la diversité synaptique. Une telle diversité ne se retrouve pas, chez les mammifères, dans l'orthologue de DSCAM, mais elle est présente chez certains membres de la famille des protocadhérines et les isoformes ne sont pas uniformément exprimées dans les synapses voisines (voir Figure 23.8B, C). La possibilité existe donc que des isoformes de protocathérines dues à un épissage différentiel confèrent une identité individuelle aux sites synaptiques.

Interactions trophiques et taille définitive des populations de neurones

La formation de contacts synaptiques entre les fibres en croissance et leurs partenaires synaptiques marque le début d'une nouvelle étape du développement. Après l'établissement des contacts synaptiques, les neurones deviennent, jusqu'à un certain point, dépendants de la présence de leur cible pour leur maintien en vie et leur différenciation. En l'absence de cibles synaptiques, les axones et dendrites en développement, et les neurones eux-mêmes dont ils procèdent, sont susceptibles de s'atrophier et de mourir. Cette dépendance à long terme entre les neurones et leurs cibles est qualifiée d'**interaction trophique** (du grec *trophè*, nourriture). En dépit de ce nom, les moyens de subsistance que ces interactions trophiques fournissent aux neurones ne sont pas du genre de ceux qui proviennent de métabolites tels que le glucose ou l'ATP. La dépendance est davantage fondée sur des molécules signaux spécifiques, auxquelles on a donné le nom de **facteurs neurotrophiques** ou **neurotrophines**. De même que certaines autres molécules de signalisation intercellulaire (par exemple les molécules mitogènes, qui provoquent la prolifération cellulaire, ou les cytokines, qui régulent les réponses inflammatoires et immunitaires), les facteurs neurotrophiques proviennent des tissus cibles et régulent la différenciation, la croissance et, en fin de compte, la survie des cellules voisines. Dans le système nerveux, les neurotrophines ont ceci de particulier qu'à la différence des molécules signaux et des molécules d'adhérence cellulaire, leur expression se limite essentiellement aux neurones, ainsi qu'à des cibles non neurales telles que les muscles, et qu'on les détecte pour la première fois après que les populations initiales de neurones postmitotiques ont été produites dans le système nerveux central et périphérique en formation.

Pourquoi les neurones dépendent-ils tant de leurs cibles et quelles sont les interactions cellulaires et moléculaires que cette dépendance met en jeu ? La réponse à la première partie de cette question tient au changement d'échelle qui se produit lors du développement du système nerveux et du corps qu'il dessert, ainsi qu'à la nécessité qui en découle de proportionner le nombre des neurones de certaines populations à la taille de leurs cibles. Les mécanismes de la neurogénèse initiale ont été examinés au chapitre 22. La production de l'effectif final des neurones constitue un autre problème. Un trait général, et surprenant, du développement de nombreux vertébrés tient à la production d'un excédent initial de cellules nerveuses (d'un ordre de grandeur de deux ou trois fois) ; l'effectif final est atteint ultérieurement par la mort des neurones qui ne réussissent pas à établir des interactions avec leurs cibles potentielles (voir ci-dessous). L'élimination des neurones en surnombre, particulièrement le déclenchement de l'**apoptose**, processus fortement régulé qui aboutit à la mort des cellules, fait intervenir des neurotrophines (voir ci-dessous et chapitre 25).

Les données montrant le rôle majeur que jouent les cibles pour déterminer la taille des ensembles neuroniques qui les innervent, rôle sans doute basé sur les facteurs neurotrophiques qu'elles produisent, ont été apportées par une longue série de recherches remontant au début du vingtième siècle. L'observation fondamentale montre que l'ablation du bourgeon d'un membre chez l'embryon de poulet entraîne, aux stades embryonnaires ultérieurs, une réduction marquée du nombre de neurones (motoneurones α) des régions correspondantes de la moelle épinière (Figure 23.9A, B). Apparemment, il y a dans le membre (cible des axones des motoneurones spinaux) des signaux dont dépend la survie des motoneurones. De plus, les embryons normaux produisent un surplus de motoneurones, qui disparaît au terme du développement précoce. Ces

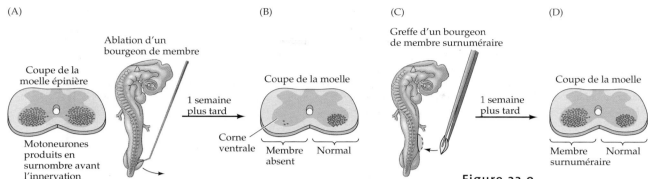

(A)

Coupe de la
moelle épinière

Ablation d'un
bourgeon de membre

1 semaine
plus tard

(B)

Coupe de la moelle

Motoneurones
produits en
surnombre avant
l'innervation
des membres

Corne
ventrale

Membre
absent

Normal

(C)

Greffe d'un bourgeon
de membre surnuméraire

1 semaine
plus tard

(D)

Coupe de la moelle

Membre
surnuméraire

Normal

Figure 23.9

Un facteur trophique dérivé de la cible
régule la survie des neurones impliqués.
(A) La moelle épinière du poulet produit
un excédent de neurones (en vert) avant
la différenciation et l'innervation du
membre. Normalement, un certain
nombre de ces neurones disparaissent
une fois atteint un niveau adéquat
d'innervation du bourgeon du membre en
développement. L'amputation du
bourgeon d'un membre d'embryon de
poulet au stade de développement
approprié (environ 2,5 jours d'incubation)
réduit fortement la taille du groupe de
motoneurones qui aurait innervé
l'extrémité manquante. (B) Coupe
transversale de la moelle lombaire d'un
embryon ayant subi cette intervention
chirurgicale environ une semaine
auparavant. Les motoneurones (points) de
la corne ventrale qui auraient innervé le
membre postérieur dégénèrent presque
complètement après amputation de
l'embryon ; le côté opposé présente un
effectif normal de motoneurones. (C) La
greffe d'un bourgeon de membre
supplémentaire avant la période normale
de mort cellulaire préserve les neurones
qui mourraient dans les conditions
normales. (D) Cette adjonction entraîne
un nombre anormalement élevé de
motoneurones (points) du côté relié au
greffon ; ces neurones proviennent des
motoneurones produits en excès à un
stade de développement antérieur (points
verts) et non pas de neurones produits
après coup par une prolifération cellulaire
qu'aurait induite la greffe d'un membre
surnuméraire. (D'après Hamburger, 1958,
1977 et Hollyday et Hamburger, 1976.)

neurones surnuméraires sont produits avant la croissance et l'innervation du membre ; ils meurent par manque de support trophique, une fois que les besoins de la musculature du membre en développement ont été satisfaits par une fraction adéquate du pool de motoneurones. On peut ajouter à cette interprétation que les neurones (de la moelle en l'occurrence) sont en compétition les uns avec les autres pour des ressources présentes en quantité limitée dans la cible (le membre en développement). À l'appui de cette conception, on notera qu'un grand nombre de neurones qui devraient normalement disparaître peuvent être gardés en vie en augmentant la quantité de cible disponible, ce qui fournit un soutien trophique supplémentaire ; dans l'exemple présent, ceci est réalisé par la greffe d'un membre surnuméraire susceptible d'être innervé par les mêmes segments spinaux qui innervent le membre normal (Figure 23.9C, D). Un comptage soigneux des cellules qui prolifèrent et de celles qui meurent montre que les neurones supplémentaires ne sont pas produits *de novo* (c'est-à-dire qu'ils ne proviennent pas de précurseurs, en réponse à un signal mitogène émanant de la cible supplémentaire). Il apparaît, au contraire, qu'il s'agit de neurones rescapés de la population excédentaire produite lors du développement précoce et normalement éliminés par suite du support trophique limité fourni par les cibles. La taille des populations de cellules nerveuses de l'adulte n'est donc pas entièrement prédéterminée par un programme génétique rigide de prolifération cellulaire suivie d'une innervation très précisément spécifiée de la cible. Les connexions entre les neurones et leurs cibles peuvent être modifiées par des interactions spécifiques entre chaque neurone en développement et sa cible.

Autres formes de compétition dans la formation des connexions neuronales

Une fois les populations neuronales mises en place par régulation trophique, les interactions trophiques continuent à moduler la formation des connexions synaptiques et ce processus, qui commence dès la vie embryonnaire, s'étend bien au-delà de la naissance. Parmi les problèmes à résoudre lors de l'établissement de l'innervation, il faut que chaque cible soit innervée par un nombre approprié d'axones et que chaque axone innerve le bon nombre de cellules cibles. Tomber juste représente un exploit dont il faut créditer les interactions entre les nerfs en cours de développement et leurs cellules cibles, mais qui est nécessaire à la mise en place des circuits répondant aux exigences fonctionnelles spécifiques de chaque organisme particulier.

L'étude des perfectionnements synaptiques dans les circuits complexes du cortex cérébral et dans d'autres régions du système nerveux central est une entreprise redoutable. Aussi, beaucoup des idées fondamentales sur les modifications permanentes des circuits cérébraux en développement sont-elles venues de systèmes plus simples et plus accessibles, tout particulièrement de la jonction neuromusculaire des vertébrés et de l'innervation des neurones ganglionnaires végétatifs (Figure 23.10). Les fibres musculaires squelettiques et les neurones de certaines catégories de ganglions végétatifs

Figure 23.10

Dans le système nerveux périphérique des mammifères, le nombre des synapses et leur organisation sont ajustés dans les toutes premières semaines qui suivent la naissance. Dans les muscles (A) et dans les ganglions périphériques dont les neurones sont dépourvus de dendrites (B), chaque fibre innerve davantage de cellules cibles à la naissance qu'à maturité. Cette innervation multiple rudimentaire est en grande partie éliminée peu après la naissance. Mais, dans les muscles et dans les ganglions, il y a augmentation de la taille et de la complexité des arborisations terminales qui s'articulent avec chaque cellule cible. Chaque fibre élabore donc de plus en plus de ramifications et de terminaisons synaptiques faisant contact avec les cibles qu'elle innervera chez l'organisme adulte. Le dénominateur commun de ce processus n'est pas une perte nette de synapses, mais une suppression des contacts immatures faits par tous les axones, sauf un ou quelques-uns, sur chaque cible, avec focalisation d'un nombre croissant de mécanismes synaptiques sur un plus petit nombre de cellules cibles. (D'après Purves et Lichtman, 1980.)

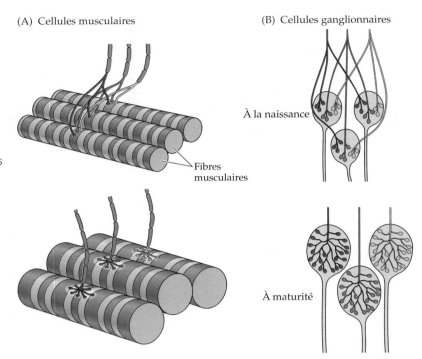

(A) Cellules musculaires

(B) Cellules ganglionnaires

À la naissance

À maturité

Fibres musculaires

(neurones parasympathiques) sont, à l'état adulte, innervés par un seul axone. Au départ cependant, chacune de ces cellules cibles est innervée par les axones de plusieurs neurones, situation appelée **innervation polyneuronale**. Dans ces cas-là, les fibres afférentes disparaissent progressivement au cours des premiers temps du développement postnatal jusqu'à ce qu'il n'en reste plus qu'une seule. Ce processus est généralement qualifié d'**élimination de synapses**, bien que cette élimination désigne en réalité une réduction du nombre de terminaisons afférentes distinctes que reçoit la cellule cible et non pas une réduction du nombre total des synapses.

En fait, dans le système nerveux périphérique, comme d'ailleurs dans tout le cerveau, le nombre total des synapses (définies comme les connexions individuelles spécialisées entre cellules pré- et postsynaptiques) ne cesse d'augmenter au cours du développement. Diverses expériences ont montré que l'élimination de certaines des afférences initialement reçues par le muscle et les cellules des ganglions est un processus dans lequel les synapses qu'établissent différents neurones rivalisent les unes avec les autres pour « s'approprier » une cellule cible particulière (Encadré 23B). Cette compétition paraît être régulée par les patterns de l'activité électrique des partenaires pré- et postsynaptiques. Si, par exemple, on bloque les récepteurs de l'acétylcholine de la jonction neuromusculaire par le curare (antagoniste puissant du récepteur de l'acétylcholine ; voir Chapitre 6), l'innervation polyneuronale persiste. Le blocage des potentiels d'action présynaptiques de l'axone du motoneurone (en utilisant la tétrodotoxine, qui bloque les canaux sodiques et réduit le nerf au silence) empêche également la réduction de l'innervation polyneuronale. Le blocage de l'activité nerveuse diminue donc, ou retarde, les interactions compétitives ainsi que les réorganisations synaptiques concomitantes.

L'observation directe des réarrangements synaptiques qui ont lieu durant le développement a fourni quantité d'utiles indications sur ce processus. En colorant les terminaisons présynaptiques ou les récepteurs postsynaptiques avec des marqueurs fluorescents de différentes couleurs, Jeff Lichtman et ses collègues ont suivi la même jonction neuromusculaire pendant des jours, des semaines et même plus (Figure 23.11). Leurs observations ont apporté quelques résultats inattendus. La compétition entre synapses formées par les terminaisons de motoneurones différents ne signifie pas que la fibre afférente « perdante » soit activement délogée par la « gagnante ». Il semble plu-

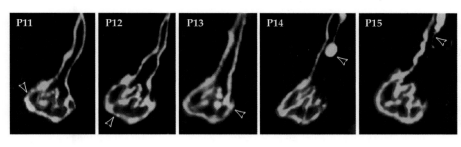

Figure 23.11

Élimination d'une innervation multiple à la jonction neuromusculaire. Dans cette série d'images, la même jonction neuromusculaire d'une souris nouveau-née a été visualisée à plusieurs reprises, à partir du onzième jour après la naissance (P11). Au départ, deux axones (en vert et en bleu) innervent la fibre musculaire (l'amas local de récepteurs de l'acétylcholine est en rouge). La flèche indique la frontière entre le territoire postsynaptique de l'axone bleu et celui de l'axone vert. À P12, la proportion du territoire occupé par chaque axone a commencé à se modifier, l'axone vert s'étendant aux dépens de l'axone bleu. Le processus continue à P13 et à P14 l'axone bleu a reculé complètement ; sa terminaison synaptique s'est transformée en un gros bulbe de rétraction (flèche à P14). Un jour plus tard, l'axone rétracté a presque tout à fait quitté le site synaptique.

tôt que les afférences des deux compétiteurs, qui occupent au départ le même territoire de la spécialisation synaptique naissante, se mettent progressivement à part l'une de l'autre. Puis l'axone « perdant » s'atrophie et se rétracte du site synaptique. Ceci se fait par la perte des structures postsynaptiques spécialisées associées au « perdant ». Il y a également disparition des récepteurs de neurotransmetteurs situés sous les terminaisons des fibres afférentes qui vont être éliminées. Cette disparition a lieu avant que la terminaison nerveuse ne se soit rétractée et elle diminue vraisemblablement la force synaptique de la fibre afférente, ce qui entraîne une perte supplémentaire de récepteurs postsynaptiques conduisant à son tour à une nouvelle réduction de force synaptique. L'effondrement de l'efficacité synaptique provoque sans doute le retrait de la terminaison présynaptique. Les terminaisons qui subsistent restent où elles sont, continuant à gagner en taille et en force à mesure que s'étend la région de la plaque motrice durant la croissance postnatale du muscle.

Une semblable réorganisation du nombre et de la répartition des synapses s'observe dans diverses autres régions du système nerveux central et périphérique. Dans le système nerveux périphérique, le nombre de fibres présynaptiques innervant chaque neurone peut chuter, comme l'a montré l'étude de certains ganglions végétatifs. Le système nerveux central présente le même phénomène. Dans le cervelet, chaque cellule de Purkinje adulte n'est innervée que par une seule fibre grimpante (voir Chapitre 19) ; au début de son développement, toutefois, chacune reçoit de multiples afférences de fibres grimpantes. Dans le cortex visuel enfin, il existe initialement une innervation binoculaire des neurones qui est éliminée au profit d'une ségrégation des afférences (voir Chapitre 24).

Le pattern des connexions synaptiques qui émerge chez l'adulte n'est donc pas simplement la conséquence d'une identité biochimique des partenaires synaptiques ou de règles rigides de développement. Le plan de câblage de l'individu mature résulte de processus beaucoup plus flexibles qui laissent les connexions neuroniques se faire, se défaire et se remodeler selon des conditions locales reflétant à la fois les contraintes moléculaires et l'activité électrique existante. Ces interactions garantissent que chaque cellule cible est innervée, et continuera de l'être, par un nombre adéquat d'afférences et de synapses et que chaque axone innervera le nombre adéquat de cellules cibles avec un nombre approprié de terminaisons synaptiques. La régulation de la **convergence** (nombre d'afférences par cellule cible) et de la **divergence** (nombre de connexions effectuées par un neurone) dans le système nerveux en développement est une autre conséquence majeure des interactions trophiques entre les neurones et leurs cibles. Cette régulation est aussi influencée de façon importante par la forme des neurones, notamment par le détail de leur arborisation dendritique (Encadré 23C), qui fait elle-même l'objet d'un contrôle neurotrophique (voir ci-dessous).

Les interactions trophiques régulent donc trois étapes essentielles de la formation des circuits neuraux : elles proportionnent les terminaisons afférentes à l'espace cible disponible, elles régulent le degré d'innervation de chaque terminaison afférente et la nature de ses partenaires synaptiques, elles modulent la croissance et la forme des prolongements axoniques et dendritiques.

ENCADRÉ 23C   *Pourquoi les neurones ont-ils des dendrites ?*

La caractéristique la plus frappante des neurones est peut-être la diversité de leur morphologie. Certaines catégories de neurones n'ont pas du tout de dendrites, d'autres n'ont qu'une modeste arborisation dendritique, d'autres enfin ont une ramification qui rivalise avec celle d'un arbre en pleine maturité (voir Figures 1.2 et 1.6). Pourquoi en est-il ainsi ? Quoiqu'il y ait sans doute bien des raisons à cette diversité, la géométrie du neurone influence le nombre de fibres afférentes qu'il reçoit, en modulant les interactions compétitives qui s'exercent entre elles.

La preuve que le nombre de fibres afférentes que reçoit un neurone dépend de sa géométrie vient d'études réalisées sur le système végétatif périphérique, où l'on peut stimuler la totalité des fibres qui innervent un ganglion végétatif et des neurones qui le constituent. Cette façon de procéder n'est généralement pas applicable au système nerveux central, étant donné la complexité anatomique de la plupart de ses circuits. Puisqu'il est également possible de marquer les neurones postsynaptiques individuels grâce à l'électrode d'enregistrement, corréler la forme d'une cellule cible avec le nombre, me-

suré par des techniques électrophysiologiques, des fibres qui l'innervent, devient un travail de routine. Dans les ganglions aussi bien sympathiques que parasympathiques, le degré de convergence préganglionnaire sur un neurone donné est proportionnel à sa complexité dendritique. Ainsi, les neurones qui sont totalement dépourvus de dendrites sont généralement innervés par une seule fibre afférente. Et plus les neurones ont une arborisation complexe, plus les fibres afférentes qui les innervent sont nombreuses (voir Figure). Cette corrélation entre le nombre de fibres afférentes et la géomé-

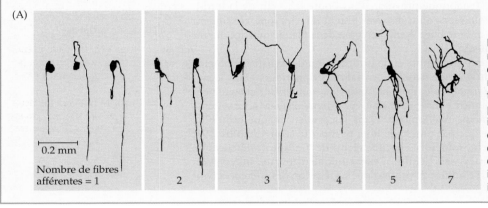

(A)

0.2 mm

Nombre de fibres afférentes = 1   2   3   4   5   7

Nombre de fibres innervant les neurones du ganglion ciliaire chez des lapins adultes. (A) Des neurones, étudiés par des techniques électrophysiologiques, puis marqués par injection intracellulaire d'une enzyme ont été rangés par ordre de complexité dendritique croissante. Le nombre de fibres innervant chaque neurone est indiqué.

La base moléculaire des interactions trophiques

La signalisation neurotrophique a trois fonctions de signalisation principales : permettre la survie d'un sous-ensemble de neurones parmi une population considérablement plus étendue, assurer la mise en place et l'entretien d'un nombre adapté de connexions, former les ramifications axoniques et dendritiques qui les sous-tendent. Ces trois fonctions peuvent s'expliquer en partie par des règles portant sur la production et l'accessibilité des facteurs trophiques. Ces règles comprennent plusieurs présupposés généraux concernant les neurones et leurs cibles (qui peuvent être d'autres neurones, des muscles ou d'autres structures périphériques). Premièrement, les neurones ont besoin d'une quantité minimale de facteur trophique, d'abord pour se maintenir en vie et, par la suite, pour préserver une quantité suffisante de connexions avec leurs cibles. Deuxièmement, les tissus cibles synthétisent les facteurs trophiques appropriés et les mettent à la disposition des neurones en développement. Troisièmement, les cibles produisent les facteurs trophiques en quantités limitées ; par conséquent, la survie des neurones en développement et, plus tard, la persistance des connexions neuronales dépendent d'une compétition entre les neurones pour le facteur disponible. Le **facteur de croissance des nerfs** (ou **NGF**, pour *Nerve Growth Factor*), protéine trophique qui a fait l'objet d'abondants travaux, est venu étayer ces présupposés. Quoique le facteur de croissance nerveux n'explique pas tous les aspects des interactions trophiques, il s'est révélé un modèle utile pour expliquer la façon dont les cibles nerveuses influencent la survie et les connexions des cellules nerveuses qui les innervent.

trie du neurone vaut pour un seul ganglion, pour les différents ganglions d'une même espèce et pour les ganglions homologues chez des espèces différentes. Puisque les cellules ganglionnaires qui ont peu ou pas de dendrites sont, au départ, innervées par plusieurs fibres afférentes distinctes (voir le texte), le confinement de ces dernières au domaine limité du corps cellulaire en développement augmente bien évidemment la

compétition qui s'exerce entre elles ; au contraire, la présence, sur le neurone, de dendrites supplémentaires leur permet de coexister pacifiquement à plusieurs. On remarquera que, dans certaines catégories de neurones des ganglions végétatifs tout au moins, la complexité dendritique est influencée par les neurotrophines.

Un neurone qui n'a qu'une seule fibre afférente aura assurément des possibilités

de réponse plus limitées qu'un neurone qui en a 100 000 (l'éventail des convergences dans le cerveau des mammifères est de l'ordre de 1 à 100 000). En régulant le nombre de fibres afférentes que reçoivent les neurones, la forme des dendrites a une profonde influence sur leurs fonctions.

Références

HUME, R.I. et D. PURVES (1981), Geometry of neonatal neurons and the regulation of synapse elimination. *Nature*, **293**, 469-471.

PURVES, D. et R.I. HUME (1981), The relation of postsynaptic geometry to the number of presynaptic axons that innervate autonomic ganglion cells. *J. Neurosci.*, **1**, 441-452.

PURVES, D. et J.W. LICHTMAN (1985), Geometrical differences among homologous neurones in mammals. *Science*, **228**, 298-302.

PURVES, D., E. RUBIN, W.D. SNIDER et J.W. LICHTMAN (1986), Relation of animal size to convergence, divergence and neuronal number in peripheral sympathetic pathways. *J. Neurosci.*, **6**, 158-163.

SNIDER, W.D. (1988), Nerve growth factor promotes dendritic arborization of sympathetic ganglion cells in developing mammals. *J. Neurosci.*, **8**, 2628-2634.

(B)

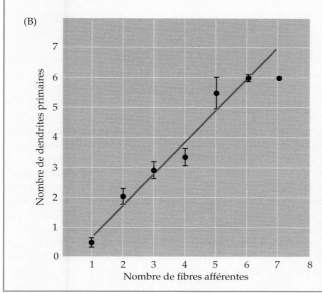

(B) Graphique résumant les observations faites sur un grand nombre de cellules. Il existe une forte corrélation entre la géométrie dendritique et le nombre de fibres afférentes. (D'après Purves et Hume, 1981.)

Le facteur de croissance des nerfs a été découvert au début des années 1950 par Rita Levi-Montalcini et Viktor Hamburger de Washington University à Saint-Louis, Missouri. Sur la base d'expériences portant sur la survie de neurones moteurs après ablation de bourgeons de membres (voir Figure 23.8), ils supposèrent que les cibles devaient fournir aux neurones impliqués. un genre de signal, dont la quantité disponible limitée pouvait expliquer la nature apparemment compétitive de la mort des cellules nerveuses. Levi-Montalcini et Hamburger entreprirent donc une série d'expériences pour explorer l'origine et la nature du signal présumé, en se focalisant sur les neurones des ganglions spinaux et sympathiques plutôt que sur des neurones de la moelle épinière.

Quelque temps auparavant, un ancien étudiant de Hamburger avait enlevé un membre à des embryons de poulet et l'avait remplacé par un morceau de tumeur de souris. Cette expérience avait eu un curieux résultat : la tumeur fournissait apparemment un stimulus encore plus puissant que le membre, provoquant l'hypertrophie des ganglions spinaux et des ganglions sympathiques qui innervent normalement cet appendice. Dans des expériences ultérieures, Levi-Montalcini et Hamburger démontrèrent que la tumeur (un sarcome de souris) sécrétait un facteur soluble qui stimulait la survie et la croissance des cellules des ganglions spinaux et sympathiques. Levi-Montalcini mit alors au point un test biologique du facteur présumé et, en collaboration avec Stanley Cohen, isola et caractérisa la molécule, qui avait entre temps été dénommée facteur de croissance des nerfs, compte tenu de son aptitude à induire une expansion massive de neurites dans les explants de ganglions en culture (Figure 23.12A).

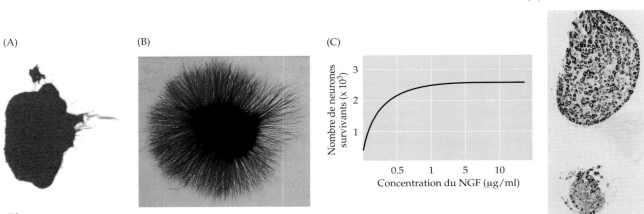

Figure 23.12

Effets du NGF sur la croissance des neurites et la survie des neurones. (A) Ganglion rachidien prélevé sur un embryon de 8 jours et mis en culture d'organes pendant 24 heures, en l'absence de NGF. On observe peu ou pas de ramifications neuronales en croissance dans le milieu de culture renfermant l'explant. (B) Ganglion identique mis dans les mêmes conditions de culture, 24 heures après addition de NGF au milieu. Le NGF stimule la prolifération d'un halo de neurites émanant des neurones du ganglion. (C, D) Effets du NGF sur la survie des cellules d'un ganglion sympathique. (C) Le NGF influence la survie des cellules d'un ganglion sympathique de rat nouveau-né, mises en culture pendant 30 jours. Des courbes dose-réponse confirment la dépendance étroite de ces neurones à l'égard du NGF. (D) Coupe du ganglion cervical supérieur d'une souris normale de 9 jours (en haut) comparée à une coupe similaire effectuée chez un individu de la même portée auquel on a injecté, tous les jours après sa naissance, de l'antisérum anti-NGF (en bas). Le ganglion de la souris qui a reçu les injections présente une atrophie marquée avec perte évidente de cellules nerveuses. (A, B d'après Purves et Lichtman, 1985, gracieusement communiqué par R. Levi-Montalcini ; C d'après Chun et Patterson, 1977 ; D d'après Levi-Montalcini, 1972.)

(Le terme de neurite est employé pour désigner des ramifications nerveuses dont on ne sait pas s'il s'agit d'axones ou de dendrites.) Le NGF fut identifié comme étant une protéine et purifié essentiellement à partir d'une source biologique abondante, les glandes salivaires de souris mâles. Par la suite, sa séquence d'acides aminés fut déterminée et l'on clona l'ADNc codant le NGF de plusieurs espèces.

Certaines observations ultérieures vinrent confirmer la conception selon laquelle le NGF joue un rôle important pour la survie des neurones dans des conditions plus physiologiques. Des souris en cours de croissance chez lesquelles on supprime le NGF en leur administrant de façon chronique du sérum anti-NGF ou d'autre façon, sont dépourvues, à l'âge adulte, de la plupart des neurones dépendants du NGF (Figure 23.12B). À l'inverse, l'injection de NGF exogène à des rongeurs nouveau-nés provoque l'effet opposé, à savoir une hypertrophie des ganglions sympathiques. Les neurones des ganglions ainsi traités sont à la fois plus nombreux et plus gros ; il y a également davantage de neuropile entre les corps cellulaires, ce qui suggère un surcroît de développement des axones, des dendrites et des autres éléments cellulaires. L'effet spectaculaire du NGF sur la survie des cellules, tout comme ce que l'on savait de l'importance de la mort neuronale au cours du développement, laissait penser que le NGF était bien un signal issu de la cible et qu'il servait à proportionner le nombre des neurones à celui des cellules cibles.

L'aptitude du NGF à favoriser la survie des neurones (et celle d'une privation de NGF à favoriser leur élimination) n'est pas en elle-même une preuve irréfutable du rôle physiologique de ce facteur dans le développement. En particulier, ces observations ne fournissaient aucune démonstration directe que les cibles des neurones synthétisaient du NGF ni que ces derniers absorbaient le NGF ainsi produit. Cette lacune fut comblée par d'autres laboratoires qui, dans une série d'expériences ingénieuses, montrèrent que le NGF est présent dans les cibles sympathiques en quantité proportionnelle à la densité de l'innervation sympathique. En outre, l'ARNm du NGF fut mis en évidence dans des cibles innervées par les ganglions sensitifs ou sympathiques, mais pas dans les ganglions eux-mêmes ni dans des cibles innervées par d'autres types de neurones. Comme le laissait présager cette spécificité, on montra également que les neurones sensibles au NGF étaient dotés de molécules servant de récepteurs pour ce facteur trophique ; l'identité moléculaire précise de ces récepteurs resta cependant peu claire pendant plusieurs décennies (voir les sections suivantes). Fait notable, les signaux de NGF ne se manifestent qu'après que les axones en progression ont atteint leurs cibles ; ceci rend donc peu probable que le NGF sécrété agisse *in vivo* en tant que molécule de guidage chimiotrope (comme les nétrines et les autres molécules d'adhérence cellulaire mentionnées plus haut). Enfin, les souris chez lesquelles on a réalisé la délétion du gène codant le NGF sont dépourvues de la majeure partie de leurs neurones sympathiques.

Au total, plusieurs décennies de recherches dans divers laboratoires ont montré que le NGF est nécessaire au maintien en vie de deux populations spécifiques de neurones :

les neurones sympathiques et une sous-population de neurones des ganglions spinaux. Les observations portent sur la mort de ces types de neurones en l'absence de NGF, sur la survie d'un excédent de neurones en présence d'un surcroît de NGF, sur la présence du NGF dans la cible des neurones et sur sa production par ces mêmes cibles, sur l'existence de récepteurs du NGF dans les terminaisons des nerfs qui viennent innerver lesdites cibles. En fait, ces observations définissent les critères qui doivent être satisfaits pour conclure qu'une molécule donnée est bien un facteur neurotrophique.

Bien que le NGF reste le plus étudié des facteurs neurotrophiques, il était clair d'emblée qu'il n'entraînait de réponse que dans quelques catégories de neurones seulement. En outre, une diversité de facteurs trophiques faciliterait certainement une plus grande spécificité entre partenaires pré et postsynaptiques durant le développement (ou lors de la régénération ; voir Chapitre 25). Durant les années 1980 et 1990, les travaux de divers laboratoires montrèrent que le NGF n'est qu'un des membres d'une famille de molécules trophiques apparentées, les **neurotrophines**. Les neurotrophines sont semblables à une classe plus étendue de molécules signaux que l'on trouve dans tout l'organisme et qu'on désigne par les termes généraux de «facteurs de croissance» ou de «facteurs trophiques». L'expression et l'activité des facteurs trophiques se limite toutefois aux neurones et à leurs cibles. Pour le moment, trois membres de la famille des neurotrophines ont été caractérisés, outre le NGF : le **facteur neurotrophique dérivé du cerveau** (**BDNF** pour *Brain-Derived Neurotrophic Factor*), la **neurotrophine-3 (NT-3)** et la **neurotrophine-4/5 (NT-4/5)** (Encadré 23D). Plusieurs neurotrophines présentent d'importantes homologies du point de vue de leur structure et de la séquence de leurs acides aminés ; elles diffèrent pourtant fortement par leur spécificité et sont codées par des gènes distincts (Figure 23.13A). À titre d'exemple, le NGF permet la survie des neurones sympathiques et le développement des neurites qui en proviennent, ce que ne peut faire un autre membre de la famille, le BDNF. À l'inverse, le BDNF, mais non le NGF, permet la survie de certains neurones appartenant à des ganglions sensitifs d'origine embryologique différente. Quant à la NT-3, elle a des effets positifs sur ces deux populations de neurones. Compte tenu de la diversité des systèmes dont la croissance et la connectivité doivent être coordonnées durant le développement neural, une telle spécificité paraît logique. Effectivement, différentes neurotrophines sont sélectivement disponibles dans différentes cibles. Ainsi, les différents récepteurs cutanés spécialisés qui opèrent la transduction des stimulus somesthésiques expriment des neurotrophines différentes et cette spécificité va de pair avec l'expression de récepteurs des neurotrophines (voir la section suivante) propres aux neurones sensitifs qui innervent chacune de ces différentes structures (Figure 23.13B). À côté des neurotrophines, il existe d'autres molécules sécrétées (c'est-à-dire des facteurs de croissance) aux propriétés neurotrophiques. On trouve notamment : le facteur neurotrophique ciliaire (CNTF pour *Ciliary NeuroTrophic Factor)*, que l'on considère comme une cytokine à cause de son rôle dans les réponses inflammatoires et immunitaires, outre ses interactions neurotrophiques ; le facteur inhibiteur de la leucémie (LIF, pour *Leukemia Inhibiting Factor*), également une cytokine ; le facteur de croissance dérivé de la glie (GGF, pour *Glial-derived Growth Factor*), qui est réellement une neuréguline, signal sécrété influençant divers processus d'adhérence dans le système nerveux embryonnaire (voir Figure 22.12). Au total, une grande variété de facteurs – certains propres au système nerveux, d'autres qui interviennent dans des processus postérieurs au développement nerveux – influencent la survie et la croissance des cellules nerveuses en développement et, par là, l'élaboration des circuits neuraux.

La signalisation par les neurotrophines

L'ensemble des observations concernant les interactions neurotrophiques laisse envisager que la signalisation que réalisent les neurotrophines va activer au moins trois espèces différentes de réponses : survie ou mort des cellules, stabilisation ou élimination des synapses, croissance ou rétraction des prolongements neuroniques. Le rôle spécifique du NGF sur la croissance de l'axone fut initialement démontré par des expériences où la présence de NGF émanant d'une source particulière déclenchait une croissance orientée vers cette source et par d'autres, où le NGF n'était disponible que

ENCADRÉ 23D   *La découverte du BDNF et de la famille des neurotrophines*

Pendant quelque 30 ans, les recherches utilisant le NGF ont montré que si cette substance remplissait bien tous les critères d'un facteur neurotrophique venant de la cible (voir le texte), elle n'affectait toutefois que de rares populations très spécifiques de neurones périphériques. On a donc supposé qu'il devait exister d'autres facteurs neurotrophiques correspondant aux mêmes critères, mais qui favorisaient la survie et la croissance d'autres catégories de neurones. En particulier, alors qu'on avait montré que le NGF était sécrété par les cibles périphériques des neurones sensitifs primaires et des neurones sympathiques, on supposait que d'autres facteurs étaient produits par des neurones cibles du cerveau et de la moelle et qu'ils favorisaient les projections centrales des neurones sensitifs.

L'heureux hasard qui fit découvrir la glande salivaire de souris et son taux extraordinaire de NGF ne se répéta cependant pas et la quête des facteurs neurotrophiques censés agir dans le système nerveux central se révéla longue et ardue. Il fallut attendre les années 1980 pour que les travaux d'avant-garde d'Yves Barde, Hans Thoenen et de leurs collègues débouchent sur l'identification et la purification d'un facteur issu du cerveau qu'ils nommèrent *brain-derived neurotrophic factor* ou BDNF. Comme dans le cas du NGF, ce facteur fut purifié sur la base de son aptitude à favoriser la survie des neurones sensitifs et la formation de neurites par ces mêmes neurones. Mais le BDNF est exprimé en quantités si infimes qu'il fallut l'amener à un degré de pureté

plus d'un million de fois supérieur avant de pouvoir l'identifier.

Ensuite, les techniques du microséquençage et de l'ADN recombinant permirent de rapides progrès, alors même que les quantités disponibles de BDNF purifié demeuraient très faibles. En 1989, le groupe de Barde réussit à cloner l'ADNc du BDNF. Curieusement, bien qu'il eût une origine distincte et une spécificité neuronale tout à fait différente, le BDNF se révéla un proche parent du NGF. En se fondant sur les homologies entre les structures primaires du NGF et du BDNF, six laboratoires distincts, y compris celui de Barde, annoncèrent l'année suivante le clonage d'un troisième membre de la famille des neurotrophines, la neurotrophine-3 (NT-3). À l'heure actuelle, quatre membres de la famille des neurotrophines ont été décrits chez diverses espèces de vertébrés (voir le texte).

Les expériences réalisées au cours des dix dernières années sur le BDNF et sur d'autres membres de la famille des neurotrophines ont confirmé la conclusion à laquelle on était arrivé : la survie et la croissance de diverses populations neuroniques du système nerveux central (SNC) et périphérique dépendent de différentes neurotrophines et font intervenir l'expression de récepteurs membranaires spécifiques de chacune des neurotrophines (voir la figure). Cependant la relation spectaculaire entre les neurotrophines et la survie des populations de neurones n'a pas été observée dans le SNC où sont majoritairement exprimés le BDNF, les NT-3 et NT-4/5 ainsi que leurs récepteurs. La dé-

monstration la plus frappante de cette différence a été donnée par des souris *knockout* chez qui on a supprimé les gènes codant les neurotrophines ou les récepteurs Trk : alors que ces délétions ont les effets attendus dans le système nerveux périphérique (voir le texte), leur impact sur la structure et les fonctions du SNC s'est, en général, révélé insignifiant.

On est donc peu sûr du rôle que jouent les neurotrophines dans le SNC. Il est possible qu'elles y soient plus impliquées pour réguler la différenciation et le phénotype des neurones que pour réguler leur survie en tant que telle. À cet égard, l'expression des neurotrophines est étroitement régulée par l'activité électrique et synaptique, ce qui laisse penser qu'elles peuvent aussi influencer les processus dépendant de l'expérience lors de la formation des circuits du SNC.

Références

HOFER, M.M. et Y.-A. BARDE (1988), Brain-derived neurotrophic factor prevent neuronal death *in vivo*. *Nature*, **331**, 261-262.

HOHN, A., J. LEIBROCK, K. BAILEY et Y.-A. BARDE (1990), Identification and characterization of a novel member of the nerve growth factor/brain-derived neurotrophic factor family. *Nature*, **344**, 339-341.

HORCH, H.W., A. KRÜTTGEN, S.D. PORTBURY et L.C. KATZ (1999), Destabilization of cortical dendrites and spines by BDNF. *Neuron*, **23**, 353-364.

LEIBROCK, J. et 7 AUTRES (1989), Molecular cloning and expression of brain-derived neurotrophic factor. *Nature*, **341**, 149-152.

SNIDER, W.D. (1994), Functions of the neurotrophins during nervous system development : What the knockouts are teaching us. *Cell*, **77**, 627-638.

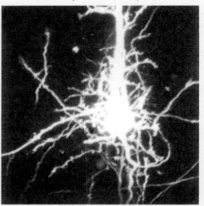

Les neurotrophines influencent l'arborisation dendritique des neurones corticaux en développement. Dans le neurone de gauche, on a transfecté uniquement le gène de la protéine à fluorescence verte (GFP), dans le neurone de droite, on a introduit en plus le gène codant le BDNF. En une journée, le neurone de droite a vu la croissance d'une arborisation dendritique élaborée rappelant le halo de neurites qu'induit le NGF dans les neurones des ganglions périphériques (voir Figure 23.12B). (D'après Horch et al., 1999.)

pour certaines parties des prolongements nerveux, sans que le corps cellulaire lui-même y soit exposé (Figure 23.14A). Les résultats montrèrent que le NGF peut stimuler la croissance de neurites par une action locale, alors même que d'autres prolongements du même neurone, privés de NGF, sont en train de se rétracter. À l'évidence, fournir globalement du NGF à un neurone, n'entretient pas la croissance de tous ses prolongements. On a observé les mêmes effets avec d'autres neurotrophines. Le BDNF, par exemple, peut influencer la croissance d'un neurite en modifiant la signalisation calcique locale au niveau des cônes de croissance (Figure 23.14B). Des expériences physiologiques ont montré en outre que le NGF et d'autres neurotrophines sont capables

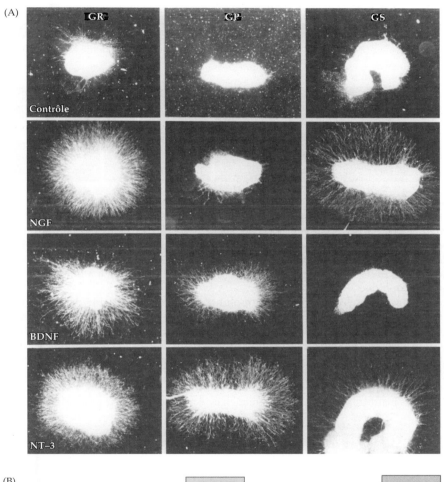

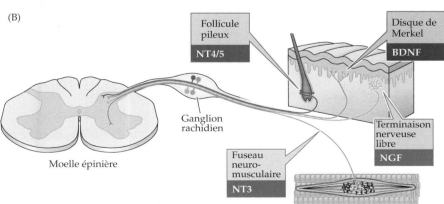

Figure 23.13

Influences des neurotrophines. (A) Effet du NGF, du BDNF et de la NT-3 sur la prolifération des neurites d'explants de ganglions rachidiens (ou spinaux) (GR, colonne de gauche), du ganglion plexiforme (GP, colonne du milieu) et de ganglions sympathiques (GS, colonne de droite). Les spécificités de ces diverses neurotrophines sont mises en évidence par leurs effets : le NGF est capable d'induire la prolifération des neurites des ganglions sympathiques et rachidiens, mais pas du ganglion plexiforme (ganglion sensitif du nerf crânien X, dont l'origine embryologique est différente de celle des ganglions rachidiens) ; le BDNF peut induire la prolifération des neurites des ganglions rachidiens et plexiforme, mais pas des ganglions sympathiques ; quant à la NT-3 elle stimule la prolifération des neurites des trois types de ganglions. (B) Influence spécifique des neurotrophines *in vivo*. Certaines catégories de récepteurs somesthésiques périphériques ainsi que les neurones des ganglions spinaux qui sont à l'origine des terminaisons qui les innervent dépendent de facteurs trophiques qui diffèrent selon les tissus cibles. (A d'après Maisonpierre et al., 1990 ; B d'après Bibel et Barde, 2000.)

Figure 23.14

Les neurotrophines influencent la croissance des neurites par effet local, Dans une boîte de culture, trois compartiments (1, 2, 3) sont séparés les uns des autres par des cloisons en plastique, collées au fond de la boîte par de la graisse. Le bas de la figure représente, en grossissement, une vue plongeante des trois compartiments. Des cellules isolées de ganglion sympathique de rat, placées dans le compartiment 1, peuvent passer à travers les joints de graisse et croître jusque dans les compartiments 2 et 3. La croissance dans un compartiment latéral s'effectue tant que celui-ci contient du NGF en concentration suffisante, mais ce contact local est sans influence sur les neurites qui sont passés dans l'autre compartiment latéral. La suppression ultérieure du NGF de l'un des compartiments entraîne une régression locale des neurites, sans affecter la survie des cellules ou des neurites des autres compartiments. (B) Imagerie des signaux calciques dans un cône de croissance d'un neurone spinal embryonnaire en culture. L'échelle des couleurs, à gauche, donne la correspondance entre les couleurs et la concentration du Ca²⁺. En 10 minutes, le taux de calcium augmente et il continue de progresser pendant toute l'heure qui suit. Ces observations montrent que la croissance des neurites peut être contrôlée localement par les neurotrophines. (D'après Campenot, 1981.)

Figure 23.15

Les récepteurs des neurotrophines et leur spécificité. (A) La famille Trk des récepteurs tyrosine-kinases des neurotrophines. TrkA est principalement un récepteur du NGF, TrkB un récepteur du BDNF et de la NT-4/5, TrkC un récepteur de la NT-3. Étant donné le haut degré d'homologie structurale entre les neurotrophines, d'une part, et entre les récepteurs Trk, d'autre part, il existe un certain degré d'activation croisée entre les facteurs et les récepteurs. Ainsi, dans certaines conditions, la NT-3 peut se lier à TrkB et l'activer, comme l'indique la flèche en tirets. Ces récepteurs distincts permettent aux divers neurones de répondre sélectivement aux différentes neurotrophines. (B) Le récepteur des neurotrophines à faible affinité p75 lie toutes les neurotrophines, mais, comme son nom l'indique, avec une faible affinité. Ce récepteur donne la possibilité à des catégories de neurones largement répandues dans le système nerveux central et périphérique, de répondre à une palette très variée de neurotrophines.

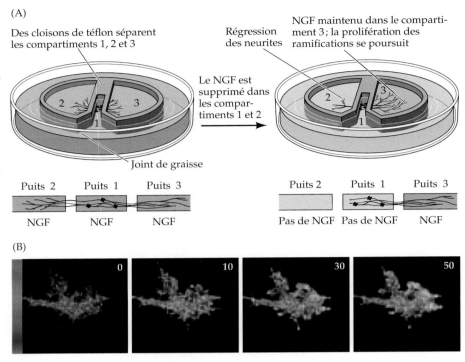

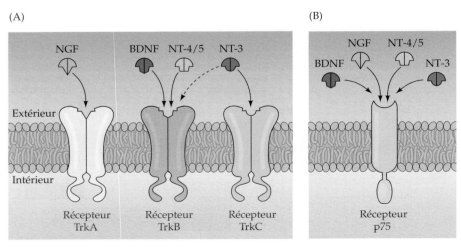

d'influencer l'activité et la plasticité synaptique (voir Chapitre 24), là encore indépendamment de leurs effets sur la survie des neurones. Les actions des neurotrophines présentent donc un haut degré de sélectivité qui dépend du facteur neurotrophique disponible, du stade de différenciation du neurone qui répond, ainsi que des domaines cellulaires où les neurotrophines sont disponibles et donnent lieu à une signalisation neurotrophique.

Les actions sélectives des neurotrophines prennent leur origine dans les interactions qu'elles entretiennent avec deux classes de récepteurs, les **récepteurs Trk** (récepteurs à activité *tyr*osine-kinase.) et le récepteur p75. Il existe trois récepteurs Trk ; chacun est formé d'une protéine transmembranaire avec un domaine cytoplasmique à activité tyrosine-kinase. TrkA est essentiellement un récepteur du NGF, TrkB un récepteur du BDNF et de la NT-4/5 et TrkC un récepteur de la NT-3 (Figure 23.15). Toutes les neurotrophines peuvent activer en outre la protéine récepteur p75. Les interactions entre les neurotrophines et p75 mettent en évidence un autre niveau de sélectivité et de spécificité de la signalisation par les neurotrophines. Toutes les neurotrophines sont sécrétées sous une forme immature qui subit ultérieurement un clivage protéolytique. Le récepteur p75 a une affinité élevée pour les neurotrophines immatures et une affinité faible pour les ligands qui ont achevé leur maturation tandis que les récepteurs Trk ont une affinité élevée pour les seuls ligands qui ont subi le clivage protéolytique. L'expression du p75 ou d'un sous-type particulier de récepteur Trk confère donc la capacité de répondre à la neurotrophine correspondante. Et puisque les neurotrophines, les récepteurs Trk et le récepteur p75 ne sont exprimés que dans certains types de neurones, la liaison sélective entre le ligand et le récepteur rend compte de la spécificité des interactions entre ces neurones et les neurotrophines.

La signalisation par les récepteurs Trk ou par le récepteur p75 peut provoquer des changements dans les trois processus sensibles aux signaux neurotrophiques : la survie ou la mort cellulaire, la croissance et la différenciation du neurone et de ses prolongements, la stabilisation des synapses, dépendante de l'activité, ou leur élimination. Chaque classe de récepteurs (Trk ou p75) peut déclencher des cascades particulières de signalisation intracellulaire entraînant des modifications de l'état de la cellule (motilité, adhérence, etc.) ou de l'expression des gènes (Figure 22.16). Pour comprendre les effets spécifiques des interactions neurotrophiques d'une cellule donnée, il faut donc disposer d'au moins trois éléments d'information : la nature des neurotrophines localement disponibles, la combinaison de récepteurs dont dispose le neurone en question et les voies de signalisation intracellulaire qu'il exprime. La diversité des circuits neuroniques et leurs légères différences sont donc fixées au cours du développement par différentes combinaisons de neurotrophines, de leurs récepteurs et de mécanismes de transduction du signal qui agissent de concert pour déterminer le nombre des neurones, leur forme et leur connectivité. Tout laisse penser que les perturbations de ces processus dépendants des neurotrophines qui surviennent dans le système nerveux en développement ou adulte, peuvent conduire à des situations de neurodégénérescence avec mort de neurones par absence de soutien trophique ou par impossibilité d'établir ou de maintenir des connexions appropriées ; ceci ne manquera pas d'avoir des consé-

(A)

(B)

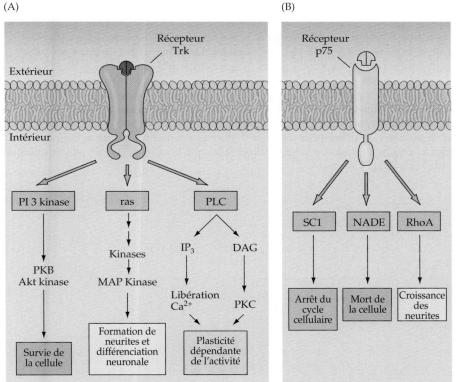

Figure 23.16

Signalisation par les neurotrophines et leurs récepteurs. (A) La signalisation par les dimères de Trk peut conduire à diverses réponses cellulaires en fonction de la cascade de signalisation intracellulaire que met en jeu le récepteur après avoir lié son ligand. Les possibilités sont les suivantes : survie de la cellule (par l'intermédiaire de la voie de la protéine-kinase C/Akt) ; croissance de neurites (par la voie de la MAP-kinase) ; plasticité dépendant de l'activité (par les voies Ca^{2+}/calmoduline et PKC). La signalisation par la voie du p75 peut conduire à une croissance de neurites, par interaction avec les kinases Rho, ou à l'arrêt du cycle cellulaire et à la mort de la cellule par d'autres cascades de signalisation intracellulaire.

quences catastrophiques pour les circuits auxquels participent ces neurones et pour les comportements qu'ils contrôlent. Il se peut même que les mécanismes pathogéniques de maladies neurodégénératives aussi diverses que la sclérose latérale amyotrophique, les maladies de Parkinson, de Huntington et d'Alzheimer traduisent tous des insuffisances de la régulation neurotrophique.

Résumé

Les neurones du cerveau en développement doivent intégrer toute une variété de signaux moléculaires pour déterminer l'endroit où envoyer leurs axones, s'ils doivent vivre ou mourir, les cellules avec lesquelles entrer en contact synaptique, le nombre de synapses à élaborer et à conserver. Une remarquable spécialisation cellulaire transitoire, le cône de croissance, est responsable de la croissance de l'axone et de son guidage. Le cône de croissance explore l'environnement embryonnaire, détermine la direction de la croissance de l'axone et reconnaît les cibles appropriées. Les propriétés particulières de motilité, qui permettent au cône de croissance de s'approcher d'une cible, de la choisir ou de l'éviter, reflètent une modulation du cytosquelette d'actine et du cytosquelette des microtubules par un certain nombre de mécanismes de signalisation ; beaucoup impliquent des changements de la signalisation calcique intracellulaire. Les signaux qui déclenchent les réponses du cône de croissance émanent de molécules d'adhérence, de molécules chimiotropes, chimiorépulsives et trophiques. Ces molécules sont organisées en une matrice extracellulaire présente à la surface des cellules ou sont sécrétées et diffusent dans les espaces extracellulaires. Des indices moléculaires assurent la formation de voies axoniques cohérentes d'une structure à une autre et empêchent les connexions inadéquates. Elles peuvent également mettre en place un pattern d'innervation formant la base des cartes topographiques. Les molécules chimiotropes, chimiorépulsives et d'adhérence interviennent également dans la transformation du cône de croissance en un début de synapse. Des molécules d'adhérence spécifiques organisent l'ébauche des spécialisations moléculaires constitutives des synapses. Les effets les plus précoces des facteurs trophiques – spécialement ceux des neurotrophines qui émanent exclusivement des cibles des neurones – portent sur la survie des neurones et sur leur différentiation. Une fois mis en place un nombre approprié de neurones, les signaux trophiques continuent à régir la formation des connexions nerveuses, et tout particulièrement l'étendue des arborisations axonales et dendritiques. La recherche des bases moléculaires du guidage de l'axone, de la formation des synapses et de la signalisation trophique, commencée voilà un siècle, s'est développée en un puissant mouvement poursuivant l'identification de facteurs et de voies de signalisation supplémentaires ainsi que l'élucidation des diverses facettes de leur action, tant dans le cerveau en croissance que dans le cerveau adulte. Les altérations du guidage initial des axones sont responsables d'une multitude de syndromes neurologiques congénitaux et de troubles du développement. Les dysfonctionnements neurotrophiques peuvent être à l'origine de maladies dégénératives telles que la sclérose latérale amyotrophique et la maladie de Parkinson.

Lectures complémentaires

Revues

CULOTTI, J.G. et D.C. MERZ (1998), DCC and netrins. *Curr. Op. Cell Biol.*, **10**, 609-613.

HUBER, A.B., A.L. KOLODKIN, D.D. GINTY et J.F. CLOUTIER (2003), Signaling at the growth cone : Ligand-receptor complexes and the control of axon growth and guidance. *Annu. Rev. Neurosci.*, **26**, 509-563.

LEVI-MONTALCINI, R. (1987), The nerve growth factor 35 years later. *Science*, **237**, 1154-1162.

LEWIN, G.R. et Y.A. BARDE (1996), Physiology of the neurotrophins. *Ann. Rev. Neurosci.*, **19**, 289-317.

LICHTMAN, J.W. et H. COLEMAN (2000), Synapse elimination and indelible memory. *Neuron*, **25**, 269-278.

PURVES, D. et J.W. LICHTMAN (1978), Formation and maintenance of synaptic connections in autonomic ganglia. *Physiol. Rev.*, **58**, 821-862.

PURVES, D. et J.W. LICHTMAN (1980), Elimination of synapses in the developing nervous system. *Nature*, **336**, 123-128.

PURVES, D., W.D. SNIDER et J.T. VOYVODIC (1988), Trophic regulation of nerve cell morphology and innervation in the autonomic nervous system. *Nature*, **336**, 123-128.

RAPER, J.A. (2000), Semaphorins and their receptors in vertebrates and invertebrates. *Curr. Opin. Neurobiol.*, **10**, 88-94.

REICHARDT, L.F. et K.J. TOMASELLI (1991), Extracellular matrix molecules and their receptors : functions in neural development. *Annu. Rev. Neurosci.*, **14**, 531-570.

RUTISHAUSER, U. (1993), Adhesion molecules of the nervous system. *Curr. Opin. Neurobiol.*, **3**, 709-715.

SANES, J.R. et J.W. LICHTMAN (1999), Development of the vertebrate neuromuscular junction. *Annu. Rev. Neurosci.*, **22**, 389-442.

SCHWAB, M.E., J.P. KAPFHAMMER et C.E. BANDTLOW (1993), Inhibitors of neurite growth. *Annu. Rev. Neurosci.*, **16**, 565-595.

SEGAL, R.A. et M.E. GREENBERG (1996), Intracellular signaling pathways activated by neurotrophic factors. *Annu. Rev. Neurosci.*, **19**, 463-489.

SILOS-SANTIAGO, I., L.J. GREENLUND, E.M. JOHNSON JR et W.D. SNIDER (1995), Molecular genetics of neuronal survival. *Curr. Opin. Neurobiol.*, **5**, 42-49.

TEAR, G. (1999), Neuronal guidance : A genetic perspective. *Trends Genet.*, **15**, 113-118.

Articles originaux importants

BAIER, H. et F. BONHOEFFER (1992), Axon guidance by gradients of a target-derived component. *Science*, **255**, 472-475.

BALICE-GORDON, R.J. et J.W. LICHTMAN (1994), Long-term synapse loss induced by focal blockade of postsynaptic receptors. *Nature*, **372**, 519-524.

BALICE-GORDON, R.J., C.K. CHUA, C.C. NELSON et J.W. LICHTMAN (1993), Gradual loss of synaptic cartels precede axon withdrawal at developing neuromuscular junctions. *Neuron*, **11**, 801-815.

BROWN, M.C., J.K.S. JANSEN et D. VAN ESSEN (1976), Polyneuronal innervation of skeletal muscle in new-born rats and its elimination during maturation. *J. Physiol. (Lond.)*, **261**, 387-422.

CAMPENOT, R.B. (1977), Local control of neurite development by nerve growth factor. *Proc. Natl. Acad. Sci. USA*, **74**, 4516-4519.

DONTCHEV, V.D. et P.C. LETOURNEAU (2002), Nerve growth factor and semaphorin 3A signaling pathways interact in regulating sensory neuronal growth cone motility. *J. Neurosci.*, **22**, 6659-6669.

DRESCHER, U., C. KREMOSER, C. HANDWERKER, J. LOSCHINGER, M. NODA et F. BONHOEFFER (1995), In vitro guidance of retinal ganglion cell axons by RAGS, a 25 kDa tectal protein related to ligands for Eph receptor tyrosine kinases. *Cell*, **82**, 359-370.

FREDETTE, B.J. et B. RANSCHT (1994), T-cadherin expression delineates specific regions of the developing motor axon-hindlimb projection pathway. *J. Neurosci.*, **14**, 7331-7346.

FARINAS, I., K.R. JONES, C. BACKUS, X.Y. WANG et L.F. REICHARDT (1994), Severe sensory and sympathetic deficits in mice lacking neurotrophin-3. *Nature*, **369**, 658-661.

KAPLAN, D.R., D. MARTIN-ZANCA et L.F. PARADA (1991), Tyrosine phosphorylation and tyrosine kinase activity of the *trk* proto-oncogene product induced by NGF. *Nature*, **350**, 158-160.

KENNEDY, T.E., T. SERAFINI, J.R. DE LA TORRE et M. TESSIER-LAVIGNE (1994), Netrins are diffusible chemotropic factors for commissural axons in the embryonic spinal cord. *Cell*, **78**, 425-435.

KOLODKIN, A.L., D.J. MATTHES et C.S. GOODMAN (1993), The semaphorin genes encode a family of transmembrane and secreted growth cone guidance molecules. *Cell*, **75**, 1389-1399.

LANGLEY, J.N. (1895), Note on regeneration of pre-ganglionic fibres of the sympathetic. *J. Physiol. (Lond.)*, **18**, 280-284.

LEVI-MONTALCINI, R. et S. COHEN (1956), In vitro and in vivo effects of a nerve growth stimulating agent isolated fro snake venom. *Proc. Natl. Acad. Sci. USA*, **42**, 695-699.

LICHTMAN, J.W. (1977), The reorganization of synaptic connexions in the rat submandibular ganglion during post-natal development. *J. Physiol. (Lond.)*, **273**, 155-177.

LICHTMAN, J.W., L. MAGRASSI et D. PURVES (1987), Visualization of neuromuscular junctions over periods of several months in living mice. *J. Neurosci.*, **7**, 1215-1222.

LUO, Y, D. RAIBLE et J.A. RAPER (1993), Collapsin : a protein in brain that induces the collapse and paralysis of neuronal growth cones. *Cell*, **75**, 217-227.

MESSERSMITH, E.K., E.D. LEONARDO, C.J. SHATZ, M. TESSIER-LAVIGNE, C.S. GOODMAN et A.L. KOLODKIN (1995), Semaphorin III can function as a selective chemorepellent to pattern sensory projections in the spinal cord. *Neuron*, **14**, 949-959.

OPPENHEIM, R.W., D. PREVETTE et S. HOMMA (1990), Naturally occurring and induced neuronal death in the chick embryo in vivo requires protein and RNA synthesis : Evidence for the role of cell death genes. *Dev. Biol.*, **138**, 104-113.

SERAFINI, T. et 6 autres (1996), Netrin-1 is required for commissural axon guidance in the developing vertebrate nervous system. *Cell*, **87**, 1001-1014.

SPERRY, R.W. (1963), Chemoaffinity in the orderly growth of nerve fiber patterns and connections. *Proc. Natl. Acad. Sci.*, **50**, 703-710.

WALTER, J., S. HENKE-FAHLE et F. BONHOEFFER (1987), Avoidance of posterior tectal membranes by temporal retinal axons. *Development*, **101**, 909-913.

Ouvrages

LETOURNEAU, P.C., S.B. KATER et E.R. MACAGNO (EDS.) (1991), *The Nerve Growth Cone*. New York, Raven Press.

LOUGHLIN, S.E. et J.H. FALLON (EDS.) (1993), *Neurotrophic Factor*. San Diego, CA, Academic Press.

PURVES, D. (1988), *Body and Brain : A Trophic Theory of Neural Connections*. Cambridge, MA, Harvard University Press.

RAMON Y CAJAL, S. (1928), *Degeneration and Regeneration of the Nervous System*. R.M. May (ed.). New York, Hafner Publishing.

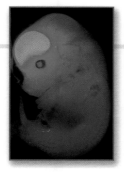

chapitre **24**

Modifications des circuits cérébraux sous l'effet de l'expérience

Vue d'ensemble

La riche diversité des personnalités, des aptitudes et des comportements humains est indubitablement le produit de la singularité du cerveau de chaque individu. Les fascinantes différences neurobiologiques qui existent entre les hommes proviennent de la double influence des gènes et du milieu, et les plus importantes d'entre elles se mettent en place au tout début de la vie. Les premières étapes de la construction des circuits cérébraux – naissance des neurones, formation des grands faisceaux de fibres, guidage de la croissance des axones vers des cibles adéquates et début de la synaptogénèse – dépendent essentiellement des processus cellulaires et moléculaires intrinsèques examinés dans le précédent chapitre. Mais une fois la connectivité cérébrale fixée dans ses grandes lignes, les profils d'activité nerveuse (y compris ceux qui sont déclenchés par l'expérience) modifient le câblage synaptique du cerveau en développement. L'activité nerveuse résultant des interactions avec le monde extérieur au cours de la vie postnatale fournit donc un mécanisme grâce auquel l'environnement peut influencer la structure et les fonctions du cerveau. Les influences de l'activité sur le développement cérébral s'exercent en grande partie par des voies de signalisation qui modifient les niveaux de Ca^{2+} intracellulaire et qui, par là, influencent l'expression des gènes, la transmission nerveuse et les interactions neurotrophiques (voir Chapitres 7 et 23). Les influences de l'activité sur le développement du cerveau ont leur maximum d'efficacité pendant des fenêtres temporelles limitées, dites périodes critiques. En achevant sa maturation, le cerveau humain, comme celui des autres mammifères, devient de plus en plus réfractaire aux leçons de l'expérience, de même que deviennent moins efficaces les mécanismes cellulaires grâce auxquels s'opèrent les modifications de la connectivité neurale.

Les périodes critiques

Les mécanismes moléculaires et cellulaires esquissés dans les chapitres 21 et 22 construisent un système nerveux d'une complexité anatomique impressionnante. Ces mécanismes embryonnaires et les conséquences qu'ils ont sur le développement suffisent à créer des comportements innés ou «instinctifs» étonnamment perfectionnés (voir l'encadré 30A). Chez la plupart des animaux, le répertoire comportemental, qui comprend les stratégies de recherche de nourriture, de combat et d'accouplement, est sous la dépendance de câblages nerveux mis en place par des mécanismes intrinsèques de développement. Cependant, le système nerveux des animaux, dont l'homme, dotés de répertoires comportementaux de plus en plus complexes s'adapte manifestement aux conditions particulières de leur environnement et en subit les influences. Ces facteurs environnementaux sont particulièrement puissants au début de la vie, lors de fenêtres temporelles dites **« périodes critiques »**. Certains comportements, comme l'empreinte chez les oiseaux (Encadré 24A), ne se manifestent que si les animaux ont été confrontés à des situations spécifiques dans un intervalle de temps strictement limité après leur naissance (ou leur éclosion). Mais il est vrai que, pour l'acquisition d'habiletés motrices ou sensorielles ou pour des comportements complexes tels que le langage humain, les périodes critiques sont plus longues et moins bien délimitées. Dans certains cas, comme l'acquisition du langage, il faut, pour que le comportement se développe normalement, que l'environnement fournisse des instructions (représentées en l'occurrence

ENCADRÉ 24A *Les comportements précâblés*

L'idée que les animaux puissent posséder un ensemble de comportements adaptés à un monde dont ils n'ont pas encore eu l'expérience a toujours été difficile à admettre. Cependant, la prééminence des réponses instinctives est évidente pour tout biologiste qui regarde ce que les animaux font réellement. Les exemples qu'en donnent les oiseaux sont sans doute ceux qui ont fait l'objet des études les plus détaillées. À l'éclosion, les oisillons sont dotés d'un ensemble élaboré de comportements innés. En premier lieu, bien sûr, le comportement complexe qui leur permet de sortir de l'œuf. Après leur sortie, leurs autres aptitudes indiquent que les premiers comportements sont nombreux à être « préprogrammés ».

Dans une série d'observations qui devaient avoir un grand retentissement, Konrad Lorenz, travaillant sur des oies, a montré que les jeunes oisons suivent le premier objet mobile de grande taille qu'ils voient et qu'ils entendent le premier jour après leur éclosion. Normalement, cet objet est la mère oie, mais, comme Lorenz s'en rendit compte, les oisons peuvent recevoir l'empreinte d'une grande variété d'objets animés et inanimés, dont Lorenz lui-même. La fenêtre temporelle de l'empreinte des oisons dure moins d'une journée ; si ces volatiles ne sont pas exposés à un stimulus adéquat durant cette période, ils ne formeront jamais de relation parentale appropriée. Par contre, une fois que l'empreinte a eu lieu, elle est irréversible et les oisons continueront à suivre même les objets inappropriés (mâles de leur espèce, personnes humaines, voire objets inanimés).

Chez un grand nombre de mammifères, les systèmes visuel et auditif sont encore médiocrement développés à la naissance, aussi l'empreinte de la mère est-elle fondée sur des indices olfactifs et/ou gustatifs. Les rats nouveau-nés, par exemple, forment dans leur première semaine (mais pas au-delà) une préférence qui durera toute la vie pour les odeurs associées aux mamelles de leur mère. Comme chez les oiseaux, cette forme d'empreinte joue un rôle dans le développement social de la progéniture et dans ses préférences sexuelles ultérieures.

L'empreinte est à double sens, car les parents (et particulièrement les mères) forment des liens exclusifs avec leurs petits. Ce phénomène est particulièrement important chez des animaux comme les moutons, qui vivent en grands troupeaux où la mise bas a lieu à peu près à la même époque de l'année. Les brebis ont une période critique de 2 à 4 heures après avoir mis bas pour s'imprégner de l'odeur de leur agneau. Passé ce temps, elles refusent de se laisser approcher par d'autres agneaux.

La pertinence de ces travaux pour les primates a été soulignée dans les années 1950 par Harry Harlow et ses collègues de l'Université du Wisconsin. Harlow isola des singes quelques heures après leur naissance et les éleva en l'absence de leur mère naturelle ou d'un remplaçant humain. Dans la plus connue de ces expériences, les bébés singes disposaient de l'un de deux substituts maternels : soit une « mère » construite avec un cadre de bois couvert de grillage et portant un biberon, soit un objet de même forme couvert de tissu éponge. Quand on leur laissait le choix, les bébés singes manifestaient leur préférence pour la mère en tissu

Konrad Lorenz suivi par des oies qui ont reçu son empreinte. (Photo gracieusement communiquée par H. Kacher.)

éponge et passaient une bonne partie de leur temps à s'y accrocher, même si le biberon se trouvait avec la mère en fil de fer. Pour Harlow, cela signifiait que les singes nouveau-nés ont un besoin inné de soins maternels et au moins quelque idée de ce à quoi devrait ressembler une mère. Un certain nombre d'autres comportements endogènes ont fait l'objet de travaux chez les bébés singes. Ont été notamment étudiées, chez le singe sans expérience préalable, les réactions de peur à la présentation de certains objets (un serpent, par exemple) ou à l'apparition soudaine d'un objet menaçant s'approchant rapidement (*looming response*). La plupart de ces comportements innés ont des équivalents chez les bébés humains.

Ces observations démontrent sans ambiguïté que beaucoup de comportements complexes, de réponses émotionnelles ou de préférences, sont ancrés dans le système nerveux bien avant toute expérience notable et que le besoin de certaines formes d'expérience précoce pour le développement normal est prédéterminé. Ces comportements précâblés et leurs substrats nerveux ont sans doute évolué pour améliorer les chances des nouveau-nés de survivre dans un monde plein de dangers prédictibles.

Références

HARLOW, H.F. (1959), Love in infant monkeys. *Sci. Amer.*, **2** (September), 68-74.

HARLOW, H.F. et R.R. ZIMMERMAN (1959), Affectional responses in the infant monkey. *Science*, **130**, 421-432.

LORENZ, K. (1970), *Essais sur le comportement animal et humain.* Paris, Éditions du Seuil.

MACFARLANE, A.J. (1975), Olfaction in the development of social preferences in the human neonate. *Ciba Found. Symp.*, **33**, 106-117.

SCHAALE, B.E., H. MONTAGNER, E. HERTLING, D. BOLZONI, A. MOYSE et R. QUICHON. (1980), Les stimulations olfactives dans les relations entre l'enfant et la mère. *Reproduction, Nutrition, Développement*, **20 (3b)**, 843-858.

TINBERGEN, N. (1961), *Carnets d'un naturaliste.* Paris, Hachette. (Traduction de *Curious Naturalists*, 1953, Garden City, NY, Doubleday).

par l'exposition à la langue maternelle). La présence de ces influences ainsi que la capacité du système nerveux à leur répondre sont des conditions indispensables pour que la période critique atteigne son objectif. L'influence de ces instructions a un parallèle, hors de l'espèce humaine, chez certaines espèces dont les comportements territoriaux ou reproducteurs reposent largement sur une communication complexe. Chez certains oiseaux chanteurs, les mâles n'acquièrent le chant spécifique de l'espèce qu'en imitant un tuteur. Si cette instruction fait défaut ou si elle est perturbée, l'oiseau ne parviendra pas, par sa communication, à délimiter son territoire et à conquérir un partenaire sexuel.

Bien que les périodes critiques soient très variables quant à leur durée et aux comportements affectés, elles ont en commun un certain nombre de propriétés fondamentales. Une période critique se définit comme le moment durant lequel un comportement donné manifeste une sensibilité particulière à des influences environnementales spécifiques qui lui sont indispensables pour se développer normalement. Il peut s'agir d'influences tout à fait banales, comme la stimulation qu'un enfant reçoit en permanence de la lumière, de son univers sonore ou des sons exacts de sa langue maternelle (ou d'une langue étrangère) exigés pour parler couramment et comprendre de façon précise. Quand cette période est terminée, le comportement n'est plus affecté de façon significative par l'expérience ultérieure (ou par l'absence d'expérience adéquate). Réciproquement, le défaut d'exposition aux influences appropriées durant la période critique est difficile ou parfois impossible à compenser ultérieurement.

Les psychologues et les éthologistes (c'est-à-dire les biologistes qui étudient le comportement naturel des animaux) ont remarqué depuis longtemps que la période qui suit la naissance ou l'éclosion s'accompagne d'une sensibilité particulière aux influences de l'environnement; leurs travaux se sont focalisés sur les relations entre les périodes critiques et les possibilités d'acquérir ou de modifier les comportements en fonction de l'âge des individus.

Les recherches des dernières décennies ont examiné dans quelle mesure, en fonction de l'âge, certains circuits et systèmes cérébraux sont capables de se modifier et de fournir ainsi une base biologique aux phénomènes comportementaux observés. Plusieurs mécanismes cellulaires et moléculaires ont pu être reliés à des modifications de ces circuits lors de périodes critiques. Les systèmes neuraux qui présentent des périodes critiques ont tendance à avoir une connectivité synaptique complexe, à présenter fréquemment des cartes topographiques distinctes ou une organisation en modules (voir Encadré 9B) et à être utilisés dans des répertoires comportementaux qui se construisent petit à petit. Dans certains cas, comme le contrôle neuromusculaire, on estime que les mouvements de plus en plus fins dépendent de la mise en jeu d'unités motrices de la taille la plus adaptée, celle où chaque fibre musculaire n'est innervée que par un seul motoneurone. En ce qui concerne la jonction neuromusculaire, on pense que les mécanismes cellulaires sous-jacents reposent sur des facteurs qui influencent la formation des synapses, l'innervation multiple et l'élimination compétitive de l'innervation surnuméraire (voir Chapitre 8 et 23). Dans le cas, notamment, des systèmes visuel, auditif, somesthésique et olfactif, les intervenants moléculaires connus sont principalement des facteurs impliqués dans la communication synaptique, parmi lesquels plusieurs neurotransmetteurs, des enzymes de traitement des neurotransmetteurs, des récepteurs ou des molécules signaux apparentées aux seconds messagers (Tableau 24.1). Ceci ne veut pas dire que d'autres molécules ne contribuent pas aux phénomènes des périodes critiques, mais indique plutôt le rôle prédominant de l'activité synaptique dans les étapes finales des changements de structure et de fonction, qui affectent tel circuit neural au cours d'une période critique. D'autres phénomènes comportementaux plus complexes, parmi lesquels des fonctions cognitives et émotionnelles, comme le stress et l'anxiété, présentent également des périodes critiques. Il est clair que cette sorte de malléabilité est importante pour comprendre les conséquences de l'expérience précoce sur tout un ensemble de troubles du comportement et de maladies psychiatriques survenant plus tard dans la vie. Leurs mécanismes cellulaires et moléculaires ne sont toutefois pas encore identifiés.

TABLEAU 21.1 *Périodes critiques et régulateurs moléculaires de quelques systèmes neuraux*

Système	Espèce[a]	Période critique (postnatale)[b]	Régulateurs moléculaires identifiés[c]
Jonction neuromusculaire	Souris	Avant 12 jours	ACh
Cervelet	Souris	15-16 jours	NMDA, MGluR1, G_q, PLCβ, PKCγ
Couches du corps genouillé latéral	Souris, furet, chat	Avant 10 jours	ACh, AMPc, MAOA, NO, MHC1, CREB
Dominance oculaire	Chat, rat souris, furet	3 semaines-des mois	GABA, NMDA, PKA, ERK, CAMKII, NE CREB, BDNF, tPA, synthèse protéique, ACh
Biais d'orientation	Chat, souris	Avant 28 jours	NR1, NR2A, PSD95
Carte somesthésique	Souris, rat	Avant 7-16 jours	NR1, MAOA, 5HT$_{1B}$, AMPc, MGluR5, PLCβ, FGF8
Carte tonotopique (cortex)	Rat	16-50 jours	ACh
Oreille absolue	Homme	Avant 7 ans	Inconnus
Goût, olfaction	Souris	Aucune	GABA, MGluR2, NO, Neurogénèse
Empreinte	Poussin	14-42 heures	Catécholamines
Stress, anxiété	Rat, souris	Avant 21 jours	Hormones, 5HT$_{1A}$
Sommeil à ondes lentes	Chat, souris	40-60 jours	NMDA
Localisation des sons	Chouette effraie	Avant 200 jours	GABA, NMDA
Chant	Diamant mandarin	Avant 100 jours	GABA, hormones, neurogénèse
Langage	Homme	0-12 ans	Inconnus

[a] Espèces principales sur lesquelles ont été réalisées les recherches d'élucidation des mécanismes.
[b] Bien que les détails varient d'un système et d'une espèce à l'autre, toutes les périodes critiques sont limitées par une fenêtre temporelle située durant les premiers temps après la naissance (ou l'éclosion) et se terminent avant le début de la maturité sexuelle.
[c] Les molécules connues pour réguler les périodes critiques comprennent des neurotransmetteurs, leurs récepteurs et les protéines signaux apparentées.
(D'après Hensch, 2004.)

Le développement du langage, exemple de période critique chez l'homme

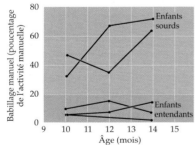

Figure 24.1

Comparaison du « babillage » manuel de bébés sourds élevés par des parents sourds qui utilisent le langage des signes, avec le babillage manuel de bébés entendants. Le babillage a été mesuré en évaluant les positions et les formes des mains qui présentaient une certaine ressemblance avec des éléments de l'American Sign Language. Chez les enfants sourds, les formes des mains dotées de signification augmentent par rapport à l'activité manuelle totale entre 10 et 14 mois. Les enfants entendants, élevés par des parents qui entendent et parlent, ne présentent pas de formes des mains de même sorte. (D'après Petitto et Marentette, 1991.)

Un grand nombre d'animaux communiquent par des signes sonores et, pour certains, ces vocalisations sont apprises, chez les humains et les oiseaux chanteurs par exemple. Il existe effectivement des ressemblances frappantes entre le développement du langage humain et le chant des oiseaux (Encadré 24B). La plupart des vocalisations animales, comme les cris d'alarme des mammifères et des oiseaux, sont innées et n'exigent pas l'intervention de l'expérience pour être émises correctement. Des cailles, par exemple, élevées dans l'isolement et rendues sourdes à l'éclosion pour qu'elles ne puissent pas entendre leurs congénères, émettent néanmoins le répertoire complet des vocalisations propres à cette espèce. Ceci peut également être vrai des cris du bébé laissé seul ou d'autres vocalisations de base. Par contre, les individus humains ont besoin d'une expérience postnatale prolongée pour produire et décoder les sons qui sont à la base du langage.

Les diverses formes d'exposition précoce au langage, y compris le « langage bébé » que les parents ou autres adultes utilisent souvent pour communiquer avec les enfants lorsqu'ils commencent à apprendre à parler, peuvent en fait servir à mettre en évidence des distinctions perceptives importantes qui facilitent une production et une compréhension adéquates du langage. Pour être efficace, cette expérience linguistique doit avoir lieu au début de la vie. La nécessité d'entendre et de pratiquer le langage durant une période critique (par opposition à d'autres aptitudes spécifiques, auditives, visuelles ou motrices) ressort clairement des études sur l'acquisition du langage par les enfants atteints de surdité congénitale ; chez eux, c'est en voyant les mains bouger et en les remuant eux-mêmes que se fait l'acquisition du langage, et non pas en écoutant parler et en remuant les lèvres, la langue et le larynx. Alors que la plupart des bébés commencent à émettre des sons ressemblant à ceux de la parole (babillage) vers l'âge de 7 mois, les enfants sourds présentent des déficits évidents de vocalisation précoce ; ces enfants ne parviendront pas à acquérir le langage si on ne leur fournit pas un mode d'expression symbolique sous une autre forme (comme la langue des signes ; voir

Chapitre 27). Mais si, très tôt (à partir de 6 mois environ, ce qui sera sans doute le cas pour des enfants dont les parents sont sourds et pratiquent la langue des signes) on expose ces enfants sourds au langage des signes, ils commencent à babiller avec les mains de la même façon que les enfants entendants babillent oralement (Figure 24.1). Ceci suggère qu'il y a un modelage du comportement verbal par l'expérience précoce, indépendamment de la modalité. Les enfants qui ont acquis le langage, mais qui sont ultérieurement devenus sourds avant la puberté, présentent eux aussi un déclin substantiel du langage parlé, probablement parce qu'ils ne peuvent pas s'entendre eux-mêmes ou entendre les autres parler et qu'ils perdent ainsi toute occasion d'améliorer leur élocution par un feedback auditif, durant les derniers temps de la période critique pour le langage.

Certaines situations pathologiques dans lesquelles des enfants normaux n'ont jamais été exposés à une quantité appréciable de langage montrent la même chose. Dans un cas parfaitement documenté, des parents perturbés élevèrent leur fille jusqu'à l'âge de 13 ans dans des conditions de privation de langage quasi totale. Malgré un entraînement ultérieur intense, elle ne put jamais atteindre plus qu'un niveau de communication rudimentaire. Ce cas, comme ceux des enfants dits «sauvages», démontre avec force l'importance de l'expérience précoce pour le développement du langage ou d'autres formes de communication sociale, et pour celui de la personnalité.

Contrairement aux enfants, chez qui les effets d'une privation sont catastrophiques, les adultes restent capables de parler et de comprendre le langage, même après avoir passé des dizaines d'années sans être exposés à une communication humaine (Robinson Crusoé pourrait être un exemple fictif). En un mot, l'acquisition normale du langage humain comporte une période critique. Ce processus est sensible à l'expérience ou à la privation durant une période limitée de la vie prépubertaire et se montre réfractaire à des conditions semblables à l'âge adulte. Des changements dans les profils d'activité des aires cérébrales du langage, chez les enfants par rapport aux adultes, suggère que les circuits nerveux impliqués peuvent subir des modifications structurales et fonctionnelles pendant la période critique du langage.

À un niveau d'analyse plus fin, on peut dire que la structure phonétique du langage qu'un individu entend dans les premières années de sa vie façonne à la fois sa perception et sa production de la parole. Dans les milliers de langues et de dialectes qui existent, on note des différences substantielles entre les composantes élémentaires du langage articulé (ou phonèmes) qui servent à former les mots (voir Encadré 27A). Au cours des premiers mois de leur vie, les nourrissons peuvent percevoir et discriminer *tous* les sons du langage humain : ils n'ont pas de prédisposition innée pour les phonèmes caractéristiques de telle ou telle langue. Mais cette capacité de distinguer la totalité des phonèmes ne dure pas. Ainsi, des locuteurs japonais adultes sont incapables de distinguer avec certitude entre les sons *r* et *l* de l'anglais, sans doute parce que cette distinction phonémique est absente du japonais et n'est donc pas renforcée par l'expérience durant la période critique. Néanmoins, des bébés japonais de 4 mois effectuent cette discrimination aussi bien que des bébés de même âge élevés dans des familles parlant anglais (on utilise comme signe de la discrimination une augmentation de la fréquence de succion ou des détournements de la tête en présence d'un stimulus nouveau). Mais vers l'âge de 6 mois, les bébés manifestent une préférence pour les phonèmes de leur langue maternelle; c'est le même comportement qu'adoptent les enfants sourds à l'égard des mouvements des doigts qui évoquent des signes. À la fin de leur première année, ils ne répondent plus systématiquement aux éléments phonétiques propres aux autres langues.

La capacité de percevoir, d'apprendre et de produire ces contrastes phonémiques, de même que la capacité d'acquérir une sensibilité aux règles de grammaire et aux usages d'une langue (ce qu'on appelle les aspects sémantiques du langage), persiste pourtant plusieurs années encore, comme le montre le fait que des enfants peuvent apprendre à parler couramment une deuxième langue sans fautes de grammaire et sans accent jusque vers 7 à 8 ans. Au-delà de cet âge, les performances diminuent progressivement, quelle que soit l'intensité de l'exposition à la langue ou de sa pratique (Figure 24.2B).

Certains changements qui surviennent dans le cerveau en développement sont susceptibles d'expliquer ces observations. Il se peut que l'expérience agisse sélective-

(A)

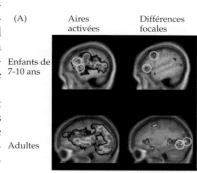

Enfants de 7-10 ans

Adultes

(B)

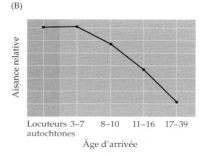

Figure 24.2

L'apprentissage du langage. (A) Cartes obtenues à partir d'IRMf d'adultes et d'enfants effectuant des tâches de traitement visuel de mots. Les images représentent des coupes sagittales, l'avant du cerveau se trouvant à gauche. En haut, les images montrent l'extension des régions actives (à gauche) et les foyers d'activité déterminés à partir des moyennes du groupe (à droite) chez des enfants de 7 à 10 ans. En bas, données analogues obtenues chez un groupe d'adultes effectuant la même tâche. Les différences des régions d'activation maximale (en rouge, dans les images de gauche; entourées d'un cercle blanc dans les images de droite) entre enfants et adultes indiquent des changements soit dans les circuits impliqués soit dans les modes de traitement et d'exécution de la même tâche. (B) L'existence d'une période critique pour l'apprentissage d'une langue est mise en évidence par le déclin de l'aisance en anglais de locuteurs non autochtones, selon leur âge d'arrivée aux États-Unis. L'obtention de notes élevées aux tests de grammaire et de vocabulaire anglais diminue à partir de l'âge de 7 ans environ. (A d'après Schlaggar et al., 2002; B d'après Johnson et Newport, 1989.)

ENCADRÉ 24B *Le chant des oiseaux*

Quiconque a observé le développement du langage chez un enfant ne peut s'empêcher d'être étonné par la vitesse à laquelle se fait cet apprentissage. Cette facilité contraste avec l'apprentissage d'une nouvelle langue, processus lent et pénible, qui ne permet que rarement, voire jamais, d'arriver à la parler couramment. De fait, beaucoup de comportements appris l'ont été précocement, à un moment de la vie où l'expérience exerce une influence exceptionnellement puissante sur les comportements ultérieurs. On connaît particulièrement bien les caractéristiques de la période sensible de l'apprentissage des chants de pariade chez les canaris et autres passereaux chanteurs. Chez ces espèces, la nature de l'exposition sensorielle précoce est le déterminant principal des capacités perceptives et comportementales ultérieures. Les périodes du développement qui concernent cet apprentissage et celui d'autres comportements se situent dans un intervalle de temps réduit après l'éclosion, ce qui laisse penser que les changements que subit alors le système nerveux le rendent réfractaire à toute expérience ultérieure. La connaissance de la façon dont sont régulées les périodes critiques a de nombreuses implications, dont la possibilité de réactiver chez l'adulte cette capacité accrue d'apprentissage n'est pas la moindre. Quoi qu'il en soit, loin d'être simplement des moments d'augmentation généralisée des apprentissages, ces périodes se limitent souvent de façon extrêmement étroite, à l'acquisition de comportements propres à l'espèce.

L'apprentissage du chant au cours du développement des oiseaux illustre bien les interactions entre facteurs intrinsèques et facteurs liés à l'environnement. Un grand nombre d'oiseaux chantent pour attirer un partenaire, mais les passereaux chanteurs se distinguent par le fait que leurs chants de pariade dépendent d'une expérience auditive et vocale. La période sensible pour l'apprentissage du chant comprend un stade initial d'acquisition sensorielle où le juvénile écoute un adulte mâle (généralement de son espèce) qui lui sert de tuteur ; vient ensuite un stade d'apprentissage vocal où le jeune oiseau fait correspondre, par feedback auditif, son propre chant au modèle du tuteur qu'il a mémorisé. Ce stade d'apprentissage sensorimoteur prend fin avec le début de la maturité sexuelle ; le chant est alors stable du point de vue acoustique : il est cristallisé. Chez toutes les espèces étudiées à ce jour, les oiseaux chanteurs juvéniles sont particulièrement sensibles durant les deux premiers mois qui suivent l'éclosion, puis ils deviennent progressivement de plus en plus réfractaires à toute nouvelle exposition au chant d'un tuteur. Cette expérience précoce a un impact considérable et le souvenir qu'elle laisse peut demeurer intact durant des mois, voire des années, avant le début de la phase de pratique vocale. Une exposition constante à d'autres chants après la fin de la phase d'acquisition sensorielle de la période sensible n'en affecte pas le souvenir : ce sont les chants entendus durant l'acquisition sensorielle, mais pas au-delà, qui sont reproduits plus tard. Une expérience auditive précoce est capitale pour la réussite darwinienne de l'oiseau. En l'absence de tuteur, ou s'il est élevé en présence d'individus d'une autre espèce, il aura un chant extrêmement anormal, isolé, ou bien un chant qui reproduit celui de l'espèce d'adoption, mais aucun des deux ne parviendra à attirer les femelles de sa propre espèce.

Deux autres caractéristiques de l'apprentissage du chant indiquent une prédisposition intrinsèque pour cette forme

ment pour préserver les circuits cérébraux qui perçoivent les phonèmes et les différences phonétiques. L'absence de contact avec les phonèmes étrangers provoquerait une atrophie progressive des connexions qui représentent ces sons, tout en s'accompagnant d'une incapacité croissante de les discriminer. Selon cette façon de voir, les circuits utilisés sont conservés, tandis que ceux qui ne sont pas utilisés s'affaiblissent et finissent sans doute par disparaître. Autre explication : l'expérience pourrait favoriser la croissance des ébauches de circuits impliqués dans le traitement des sons dont on fait l'expérience. Des travaux récents comparant les patterns d'activité cérébrale d'enfants de 7 à 10 ans et d'adultes lors de tâches très spécifiques d'analyse de mots suggèrent que, pour une même tâche, ce ne sont pas les mêmes régions du cerveau qui sont activées chez l'enfant et chez l'adulte (voir Figure 24.2A). La signification de ces différences n'est pas parfaitement claire : elles peuvent refléter une plasticité anatomique accompagnant les périodes critiques ou des façons différentes d'effectuer les tâches linguistiques chez les enfants et les adultes ; elles sont toutefois une indication que les circuits cérébraux se modifient pour s'adapter au langage durant la première enfance.

Périodes critiques lors du développement du système visuel

Quoique les phénomènes observés à propos du langage ou d'autres comportements propres à l'espèce humaine soient des exemples de périodes critiques des plus frap-

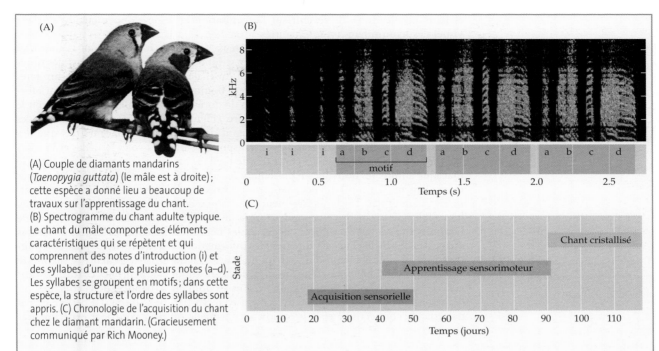

(A) Couple de diamants mandarins (*Taenopygia guttata*) (le mâle est à droite); cette espèce a donné lieu a beaucoup de travaux sur l'apprentissage du chant. (B) Spectrogramme du chant adulte typique. Le chant du mâle comporte des éléments caractéristiques qui se répètent et qui comprennent des notes d'introduction (i) et des syllabes d'une ou de plusieurs notes (a–d). Les syllabes se groupent en motifs; dans cette espèce, la structure et l'ordre des syllabes sont appris. (C) Chronologie de l'acquisition du chant chez le diamant mandarin. (Gracieusement communiqué par Rich Mooney.)

spécialisée d'apprentissage vocal. Tout d'abord, les juvéniles n'ont souvent besoin d'écouter le chant du tuteur que dix à vingt fois seulement pour être en mesure de le répéter plusieurs mois plus tard. En second lieu, si l'on fait entendre à des juvéniles des enregistrements de divers chants soit de leur espèce, soit d'autres espèces, ils reproduisent préférentiellement le chant de leur propre espèce, même en l'absence de renforcement externe. Ces observations montrent que les juvéniles ne sont pas vraiment « naïfs », mais qu'ils ont des prédispositions innées pour l'apprentissage du chant de leur propre espèce. En bref, des facteurs intrinsèques rendent le cerveau des passereaux chanteurs particulièrement sensible au chant de leur propre espèce. Il est vraisemblable que, dans l'espèce humaine, des prédispositions similaires influencent l'apprentissage du langage.

Références

Doupe, A. et P. Kuhl (1999), Birdsong and human speech: Common themes and mechanisms. *Annu. Rev. Neurosci.*, **22**, 567-631.

pants, il est difficile sinon impossible d'étudier chez l'homme les modifications cérébrales qui les sous-tendent. L'approfondissement de nos connaissances sur les changements qui s'opèrent dans le câblage nerveux au cours des périodes critiques est venu des recherches sur le développement du système visuel chez des animaux doués de capacités visuelles élevées, et particulièrement chez le chat et le singe. Le système visuel se prête aisément aux sortes de manipulations expérimentales nécessaires pour tester les relations entre expérience, activité et câblage nerveux. Il est relativement facile de réduire ou d'augmenter l'expérience visuelle des animaux utilisés; on peut leur suturer les paupières ou les élever dans toutes sortes de conditions d'éclairement, depuis l'obscurité absolue jusqu'à un maximum de lumière. Un tel contrôle de l'expérience sensorielle est quasiment impossible dans toute autre modalité; il est beaucoup plus difficile de priver un animal de stimulations auditives, somesthésiques, olfactives ou gustatives.

Dans une série d'expériences d'une portée considérable, David Hubel et Torsten Wiesel ont montré que si, dans les premiers temps qui suivent sa naissance, un animal est privé d'expérience visuelle normale pendant une période limitée, les connexions (et les fonctions) des neurones de son cortex visuel en sont irréversiblement altérées. Ces expériences ont apporté la première démonstration que le cerveau traduit les effets de l'expérience précoce (c'est-à-dire des profils d'activité nerveuse) en une modification de câblage relativement définitive. Il est important, pour comprendre ces expériences et leurs implications, de revenir sur l'organisation et le développement du système visuel des mammifères (voir Chapitres 11 et 12).

Les informations en provenance des deux yeux sont intégrées tout d'abord au niveau du cortex visuel primaire (ou cortex strié) où se terminent la plupart des fibres émanant du corps genouillé latéral (CGL) du thalamus. Chez certains mammifères (les carnivores, les primates anthropoïdes et l'homme) les terminaisons afférentes forment, dans la couche 4, une série alternée de domaines monoculaires qui ont reçu le nom de **colonnes de dominance oculaire** (Figure 24.3). On peut visualiser ces colonnes de dominance oculaire en injectant dans un œil des traceurs tels que des acides aminés radioactifs ; le traceur est transporté le long des voies visuelles et va marquer les terminaisons géniculo-corticales de l'œil en question (Encadré 24C). Chez le macaque adulte, les domaines représentant les deux yeux sont des bandes d'à peu près même largeur (0,5 mm) qui occupent sur le cortex visuel primaire des surfaces approximativement égales. Les enregistrements électriques confirment que, chez le macaque, les cellules de la couche 4 répondent presque exclusivement à la stimulation soit de l'œil gauche, soit de l'œil droit, alors que les neurones des couches situées au-dessus ou au-dessous de la couche 4 intègrent les informations venant des deux yeux et répondent à des stimulus venant d'un œil ou de l'autre. La dominance oculaire se manifeste ainsi dans deux phénomènes apparentés : le degré auquel les neurones corticaux individuels sont activés par l'un ou l'autre œil et les domaines (bandes) de la couche 4 où la majorité des neurones sont activés exclusivement par un seul œil. La netteté de ces patterns de connectivité et la précision avec laquelle on peut contrôler expérimenta-

Figure 24.3

Colonnes de dominance oculaire (en réalité, des bandes, chez la plupart des primates anthropoïdes) dans la couche 4 du cortex visuel primaire d'un macaque adulte. Le schéma explique la technique de marquage (voir également Encadré 24C) ; après absorption du traceur radioactif par les cellules ganglionnaires de l'œil qui a reçu l'injection, on peut repérer les terminaisons de leurs axones dans des couches du CGL (I) qui se distinguent des couches non radioactives recevant les terminaisons des fibres provenant de l'œil controlatéral (C). En outre, en raison du transport transsynaptique du traceur, les terminaisons géniculocorticales émanant des couches du CGL marquées (couches I de la photo de gauche) se manifestent sous forme de bandes claires sur cet autoradiogramme d'une coupe de la couche 4, réalisée dans le plan du cortex (cortex vu de dessus). Les plages sombres correspondent aux zones occupées par les terminaisons génicule-corticales de l'autre œil. CGL : corps genouillé latéral. (Microphotographie du CGL gracieusement communiquée par P. Rakic ; colonnes de dominance oculaire d'après LeVay, Wiesel et Hubel, 1980.)

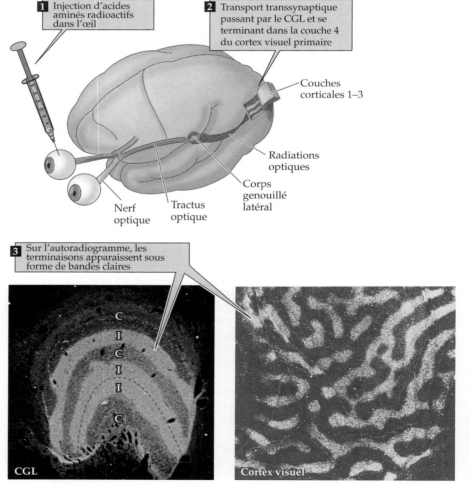

1 Injection d'acides aminés radioactifs dans l'œil

2 Transport transsynaptique passant par le CGL et se terminant dans la couche 4 du cortex visuel primaire

Couches corticales 1–3

Radiations optiques

Corps genouillé latéral

Nerf optique

Tractus optique

3 Sur l'autoradiogramme, les terminaisons apparaissent sous forme de bandes claires

CGL

Cortex visuel

ENCADRÉ 24C *Marquage transneuronal par acides aminés radioactifs*

Contrairement à beaucoup de structures cérébrales, les colonnes de dominance oculaires sont difficiles à mettre en évidence par les techniques histologiques traditionnelles. C'est pourquoi ce trait saillant du cortex du chat et du singe n'a pu être observé avant l'introduction, au début des années 1970, du marquage antérograde par acides aminés radioactifs. Dans cette technique, un acide aminé présent communément dans les protéines (habituellement la proline) est rendu radioactif et injecté dans la région étudiée. Les neurones voisins absorbent l'élément marqué à partir de l'espace extracellulaire et l'incorporent dans les protéines nouvellement formées. Certaines de ces protéines sont impliquées dans l'entretien et le fonctionnement des terminaisons synaptiques du neurone ; elles sont donc expédiées, par transport antérograde, du corps cellulaire jusqu'aux terminaisons synaptiques où elles s'accumulent. Après un intervalle de temps approprié, le tissu est fixé, coupé, monté sur lames de verre et recouvert d'une émulsion photographique sensible. La désintégration radioactive des acides aminés marqués des protéines entraîne la formation de grains d'argent dans l'émulsion. Après plusieurs mois d'exposition, une forte concentration de grains d'argent s'accumule au-dessus des régions contenant les terminaisons synaptiques provenant des sites où a été faite l'injection. Des injections dans l'œil, par exemple, s'accompagneront d'un marquage intense des zones du corps genouillé latéral où se terminent les axones des cellules ganglionnaires de la rétine.

Le transport transneuronal porte ce processus un cran plus loin. Après que les protéines marquées ont atteint les terminaisons des axones, une fraction d'entre elles est libérée dans l'espace extracellulaire, où elles sont dégradées en acides aminés, ou en petits peptides, qui gardent leur radioactivité. Une faible proportion de cet ensemble d'acides aminés est absorbée par les neurones postsynaptiques, réincorporée dans des protéines et transportée vers les extrémités du deuxième ensemble de neurones. Étant donné que le marquage passe des terminaisons présynaptiques d'un groupe de cellules aux cellules cibles postsynaptiques, ce processus est qualifié de transport transneuronal. Grâce à ce transport transneuronal, on peut visualiser la chaîne de connexions originaire de telle ou telle structure. Dans le cas du système visuel, l'injection de proline dans un œil marque les couches correspondantes du corps genouillé latéral (ainsi que les autres cibles des cellules ganglionnaires de la rétine, telles que le colliculus supérieur) et, ensuite, les terminaisons dans le cortex visuel des neurones géniculés qui reçoivent des projections de l'œil en question. Ainsi, lorsqu'on examine des coupes du cortex visuel avec éclairage en fond noir, les grains d'argent se détachent en blanc brillant sur un fond non marqué et les bandes de dominance oculaire de la couche 4 ressortent avec netteté (voir Figure 24.3).

Références

COWAN, W.M., D.I. GOTTLIEB, A. HENDRICKSON, J.L. PRICE et T.A. WOOLSEY (1972), The autoradiographic demonstration of axonal connections in the central nervous system. *Brain Res.*, **37**, 21-51.

GRAFSTEIN, B. (1971), Transneuronal tranfer of radioactivity in the central nervous system. *Science*, **172**, 177-179.

GRAFSTEIN, B. (1975), Principles of anterograde axonal transport in relation to studies of neuronal connectivity. In *The Use of Axonal Transport for Studies in Neuronal Connectivity*, W.M. Cowan and M. Cuénod (eds.). Amsterdam, Elsevier, 47-68.

Transport transneuronal. La figure représente un neurone de la rétine absorbant un acide aminé radioactif, l'incorporant dans ses protéines et transportant ces dernières le long de l'axone jusqu'à l'espace extracellulaire qui sépare les neurones. Le processus se répète dans le thalamus et le marqueur finit par s'accumuler dans les terminaisons thalamo-corticales de la couche 4 du cortex visuel primaire.

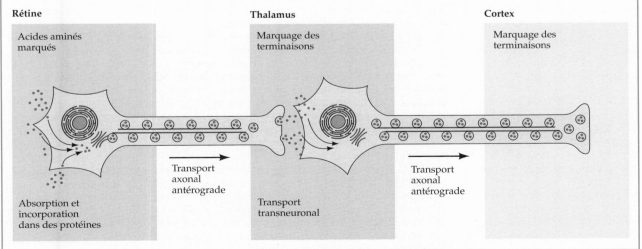

Rétine

Acides aminés marqués

Absorption et incorporation dans des protéines

Transport axonal antérograde

Thalamus

Marquage des terminaisons

Transport transneuronal

Transport axonal antérograde

Cortex

Marquage des terminaisons

lement ce qui est présenté à chaque œil, en d'autres termes leur expérience visuelle, ont conduit à une série d'expériences que décrit la section suivante. Ces expériences ont apporté de grands éclaircissements sur les processus neurobiologiques qui sont à la base des périodes critiques et rapportés des changements de l'innervation fonctionnelle à des modifications des patterns de connectivité. Il a donc été possible, grâce à la combinaison d'enregistrements électrophysiologiques et de traçage de voies, de rendre compte des changements dans le câblage cérébral et dans la réactivité des neurones visuels aux stimulations de l'environnement que provoque l'expérience visuelle intervenant au cours d'une période critique.

Effets de la privation visuelle sur la dominance oculaire

En descendant une électrode obliquement dans le cortex, selon un angle très ouvert, et en enregistrant les réponses des neurones à la stimulation de l'un des deux yeux, il est possible d'obtenir une estimation détaillée de la dominance oculaire au niveau unitaire (voir Chapitre 12 et Figure 12.13). Dans leurs premiers travaux de ce type, Hubel et Wiesel ont réparti les neurones en sept catégories de dominance oculaire, selon un mode de classification désormais standard. Les cellules du groupe 1 sont définies comme n'étant activées que par la stimulation de l'œil controlatéral, celles du groupe 7 comme activées exclusivement par l'œil ipsilatéral. Les neurones binoculaires, activés de façon égale par les deux yeux sont affectés au groupe 4. À l'aide de cette méthode, ils ont constaté, que, dans toutes les couches du cortex visuel primaire (ou cortex strié) d'un chat adulte à l'exception de la couche 4, la dominance oculaire suit une distribution approximativement gaussienne. La plupart des neurones ont des réponses binoculaires (se distribuant autour d'une moyenne représentée par le «groupe 4») et un quart d'entre eux sont préférentiellement activés soit par l'œil ipsilatéral soit par l'œil controlatéral (Figure 24.4A).

Hubel et Wiesel se sont alors demandé si cette distribution normale de la dominance oculaire pouvait être modifiée par l'expérience visuelle. En effectuant l'occlusion d'un œil par suture des paupières, dès les premiers jours de la vie d'un chaton, et en laissant l'animal arriver à l'âge adulte (ce qui prend environ 6 mois), ils observèrent des changements remarquables. Les enregistrements électrophysiologiques effectués alors, après suppression des sutures et ouverture des yeux, montrèrent que très peu de cellules étaient susceptibles d'être activées par l'œil occlus; en d'autres termes, la distri-

Figure 24.4

Effets de l'occlusion précoce d'un œil sur la distribution des neurones corticaux activés par la stimulation de chaque œil. Dans les trois conditions, les expérimentations ont été faites sur des chats de 38 mois, chez lesquels on a enregistré les réponses unitaires de neurones du cortex visuel à la stimulation de chaque œil grand ouvert, par le faisceau d'une lampe stylo. Les histogrammes indiquent le nombre de neurones classés dans chacune des sept catégories de dominance oculaire en fonction de la fréquence des potentiels d'action déclenchés par l'éclairement d'un œil ou de l'autre. (A) Distribution de la dominance oculaire d'un grand nombre de neurones enregistrés dans le cortex visuel primaire de chats adultes normaux. Les neurones de la classe 1 sont exclusivement activés par l'œil controlatéral, ceux de la classe 7 par l'œil ipsilatéral. Il n'y a aucun neurone ne répondant pas à la stimulation lumineuse de la rétine (classe OO). (B) Après occlusion d'un œil, d'une semaine après la naissance jusqu'à l'âge de 2,5 mois (indication portée par la barre située au-dessus du graphique), on supprime la suture des paupières et l'œil reste ouvert jusqu'au moment de l'expérience, à 38 mois. La durée de privation visuelle pour cet œil est relativement brève (2,5 mois) par rapport à la période d'expérience visuelle normale (35,5 mois). Néanmoins, aucun neurone ne peut être activé par l'œil (controlatéral) brièvement privé d'expérience visuelle. Les seules réponses enregistrées sont des réponses à la stimulation de l'œil ipsilatéral, qui n'a pas subi de privation visuelle. (C) Une privation monoculaire beaucoup plus longue, chez le chat adulte, n'a que peu d'effet sur la dominance oculaire (quoique l'activité corticale soit globalement diminuée). Dans ce cas, l'œil controlatéral a été occlus de l'âge de 12 mois à l'âge de 38 mois. La plupart des neurones qui répondent donnent des réponses à la stimulation de chacun des yeux. On trouve même quelques neurones (classes 1 et 2) qui répondent exclusivement ou principalement à l'œil occlus. (A d'après Hubel et Wiesel, 1962; B d'après Wiesel et Hubel, 1963; C d'après Hubel et Wiesel, 1970.)

bution des dominances oculaires s'était décalée de sorte que toutes les cellules étaient activées par l'œil resté ouvert (Figure 24.4B). Des enregistrements de la rétine et des couches du corps genouillé latéral correspondant à l'œil occlus montrèrent que ces niveaux plus périphériques des voies visuelles fonctionnaient tout à fait normalement. L'absence de cellules corticales répondant à la stimulation de l'œil occlus n'était donc pas due à une dégénérescence de la rétine ni à une perte de ses connexions avec le thalamus. En fait, l'œil privé de vision se trouvait fonctionnellement déconnecté du cortex visuel. En conséquence, les animaux étaient, d'un point de vue comportemental, aveugles de cet œil. Cette «cécité corticale», ou amblyopie, est permanente (voir la section suivante). Même si, par la suite, l'œil antérieurement privé de vision est laissé ouvert indéfiniment, il n'y a pas ou guère de récupération.

Fait remarquable, si l'on opère la même manipulation – l'occlusion d'un œil – chez un chat adulte, les réponses des cellules du cortex visuel n'en sont pas affectées (Figure 24.4C). Ainsi, un chat adulte qui a eu un œil clos pendant plus d'une année et que l'on teste après réouverture de l'œil, ne se distingue d'un animal normal ni par la distribution de la dominance oculaire dans son cortex visuel ni par son comportement visuel. Par conséquent, entre le moment où s'ouvrent les yeux d'un chaton (environ une semaine après la naissance) et l'âge d'un an, l'expérience visuelle détermine la façon dont se met en place la connectivité du cortex visuel du point de vue de la dominance oculaire. Passé ce temps, la privation, ou toute autre manipulation, n'a que peu ou pas d'effet détectable. Des expériences ultérieures ont effectivement montré que l'occlusion de l'œil n'est efficace que si la privation a lieu au cours des trois premiers mois de la vie. Conformément aux observations éthologiques rapportées plus haut, Hubel et Wiesel ont appelé cette période de sensibilité à la privation visuelle, la période critique pour le développement de la dominance oculaire. En pleine période critique, soit vers quatre semaines chez le chat, trois à quatre jours seulement d'occlusion d'un œil suffisent à

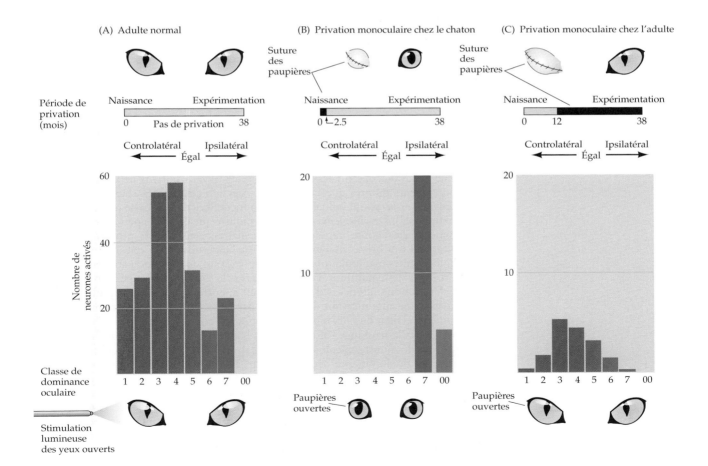

Figure 24.5

Conséquences d'une brève privation monoculaire en pleine période critique chez le chat. (A) Une privation visuelle de trois jours seulement entraîne un décalage significatif de l'innervation corticale en faveur de l'œil non occlus. (B) Une privation de 6 jours entraîne un décalage de l'activation corticale en faveur de l'œil non occlus presque aussi complet que le décalage provoqué par une occlusion de 2,5 mois (voir Figure 24.4B). (D'après Hubel et Wiesel, 1970.)

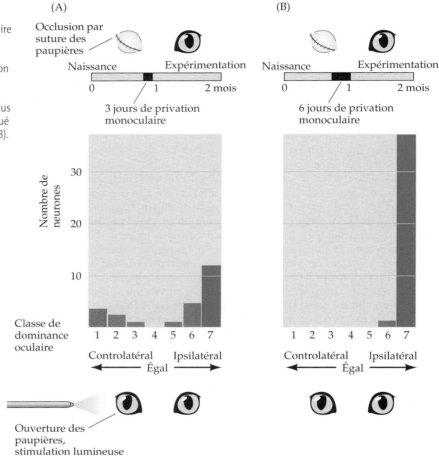

altérer profondément le profil de dominance oculaire du cortex strié (Figure 24.5). Des expériences semblables menées chez le singe ont montré que le même phénomène a lieu chez les primates, quoique la période critique dure plus longtemps (jusque vers six mois).

L'une des avancées capitales que l'on doit aux travaux initiaux de Hubel et Wiesel est donc d'avoir montré que la privation visuelle entraîne des changements de la connectivité corticale, qui influencent les propriétés fonctionnelles de réponse des neurones individuels. De plus, leurs travaux ont montré que durant la période critique, des changements de réponse, rapides et spectaculaires, peuvent être provoqués par des modifications très brèves de l'expérience visuelle permise à un œil ou à l'autre. Par contre, les mêmes manipulations réalisées après la fin de la période critique sont sans effets, même si les conditions d'expérience visuelle sont modifiées pendant très longtemps. Des travaux ultérieurs d'anatomie ont apporté d'abondantes confirmations à cette idée d'une modification des circuits par l'expérience. Il a été montré que ces changements étaient dus aux modifications des patterns de connexions. Chez le singe, on observe dès la naissance l'alternance des bandes formées dans la couche 4 par les terminaisons des fibres géniculo-corticales relatives à chacun des yeux et correspondant aux colonnes de dominance oculaire (Figure 24.6A). La formation précoce de cette alternance indique qu'une ségrégation importante des afférences géniculo-corticales a lieu en l'absence d'un degré significatif d'expérience visuelle. Des observations ultérieures ont confirmé cette ségrégation initiale indépendante de l'expérience, et il existe des indices de signaux moléculaires spécifiques susceptibles de distinguer les neurones du CGL innervés par chacun des deux yeux. Le cortex visuel n'est donc pas une table rase sur laquelle s'inscriraient les effets de l'expérience. Néanmoins, chez des singes dont

(A)

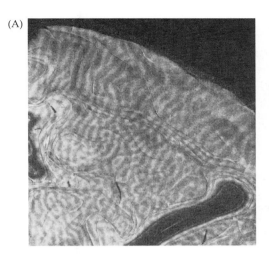

(B)

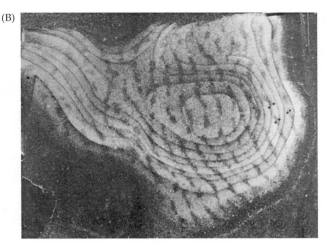

Figure 24.6

Effets d'une privation visuelle monoculaire sur les colonnes de dominance oculaire du singe. (A) Chez le singe normal, les colonnes de dominance oculaire forment des bandes alternées de largeur à peu près égale. (B) Le tableau est très différent après une privation monoculaire. Cette auto-radiographie en fond noir montre un assemblage de plusieurs coupes passant par la couche 4 du cortex visuel primaire d'un singe chez lequel on a réalisé l'occlusion d'un œil par suture des paupières de 2 semaines à 18 mois, âge auquel l'animal a été sacrifié. Deux semaines avant sa mort, on lui a injecté dans l'œil normal (gauche) des acides aminés radioactifs (voir Encadré 24C). Les colonnes se rapportant à l'œil non privé d'expérience visuelle (bandes claires) sont beaucoup plus larges que la normale, tandis que celles qui se rapportent à l'œil occlus se sont réduites. (A d'après Horton et Hocking, 1999 ; B d'après Hubel et al., 1977.)

un œil est privé de vision dès la naissance, on voit se développer, au niveau cortical, des patterns anormaux de bandes de dominance oculaire (Figure 24.6B). Les bandes correspondant à l'œil ouvert sont plus larges que la normale, tandis que les bandes de l'œil privé de vision sont rétrécies en proportion. L'absence, lors d'enregistrements électrophysiologiques, de neurones corticaux répondant à l'œil privé d'expérience visuelle n'est pas due à un dépérissement des afférences relativement inactives. Si tel était le cas, les zones correspondantes de la couche 4 devraient être totalement dépourvues de projections thalamiques. Ce sont plutôt les afférences en provenance de l'œil actif (ouvert) qui prennent possession d'une partie du territoire appartenant antérieurement à l'œil inactif (clos). Ces afférences en viennent alors à dominer les réponses physiologiques des cibles neuroniques corticales.

Hubel et Wiesel ont interprété ces résultats comme démontrant une **interaction compétitive** entre les deux yeux au cours de la période critique (voir Chapitre 22). En résumé, la représentation corticale de chacun des yeux est au départ à peu près égale et cet équilibre se maintient si les deux yeux reçoivent des niveaux comparables de stimulation visuelle (il se renforce même pour ce qui est de la ségrégation des bandes de dominance oculaire de la couche 4 du cortex). Mais si l'on crée un déséquilibre en privant un œil d'expérience visuelle, l'œil actif a un avantage compétitif et prend la place d'un grand nombre des connexions synaptiques de l'œil clos. Dans ce cas, bien que les neurones du CGL innervés par l'œil clos continuent d'envoyer leurs axones jusqu'au cortex (avec toutefois des terminaisons moins touffues), ils perdent en grande partie, sinon totalement, la capacité d'activer les neurones corticaux quand cet œil est à nouveau stimulé par la lumière. Ces observations faites sur des animaux de laboratoire ont d'importantes implications pour les enfants dont les yeux, par suite de malformations congénitales ou de lésions, ne transmettent pas la même quantité d'informations visuelles. À moins que ce déséquilibre ne soit corrigé lors de la période critique, l'enfant peut finalement présenter une fusion binoculaire médiocre, une réduction de la perception du relief et une dégradation de son acuité visuelle ; en d'autres termes, cet enfant peut avoir des troubles visuels définitifs (voir la section suivante).

L'hypothèse que les modifications de la distribution des afférences après privation d'expérience visuelle résultent d'un déséquilibre compétitif a été confirmée par des expériences dans lesquelles *les deux yeux* ont été occlus peu de temps après la naissance. Dans ce cas, tous les neurones du cortex visuel subissent donc une privation égale d'expérience visuelle pendant la période critique. L'organisation de la dominance oculaire, telle qu'elle ressort de données anatomiques ou électrophysiologiques recueillies quelques mois plus tard, est beaucoup plus normale que lorsqu'un seul œil est fermé. C'est donc l'équilibre des informations reçues, et non le niveau absolu d'activité, qui constitue le facteur déterminant de la formation d'un pattern normal de connexions.

Figure 24.7

Les arborisations terminales des fibres du corps genouillé latéral dans le cortex visuel peuvent se modifier rapidement en réponse à une privation visuelle monoculaire durant la période critique. (A) Après seulement une semaine de privation monoculaire, les fibres géniculo-corticales correspondant à l'œil occlus ont fortement réduit leurs ramifications dans la couche 4 du cortex visuel primaire, par rapport à celles qui correspondent à l'œil actif. (B) Une privation visuelle de plus longue durée n'entraîne pas de modifications plus importantes. (D'après Antonini et Stryker, 1993.)

(A) Privation monoculaire brève

Œil ouvert

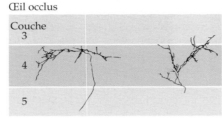

Œil occlus

(B) Privation monoculaire longue

Œil ouvert

Œil occlus

Malgré quelques anomalies des réponses des cellules corticales, on a à peu près la même proportion de neurones qui répondent à chaque œil. Comme il n'y a aucun déséquilibre entre les informations visuelles émanant des deux yeux (et que les deux contingents de projections corticales en sont identiquement privés), chaque œil garde son territoire cortical. Si le principal effet de la privation visuelle était une atrophie due à la non-utilisation des voies afférentes en provenance de chaque œil, une privation intéressant les deux yeux pendant la période critique aurait rendu le cortex visuel incapable de toute réponse.

Il a été possible, en utilisant le marquage de fibres individuelles provenant de couches différentes du CGL, de voir avec plus de détails ce qu'il advient, après privation visuelle, des ramifications de tel ou tel neurone se terminant dans la couche 4 du cortex strié (Figure 24.7). Comme on l'a indiqué, la privation monoculaire entraîne une perte du territoire cortical associé à l'œil inactif avec extension concomitante du territoire de l'œil actif. Au niveau des fibres géniculo-corticales individuelles, ces changements se traduisent par une augmentation de l'étendue et de la complexité des arborisations terminales associées à l'œil actif et par une réduction de la taille et de la complexité des arborisations associées à l'œil inactif. Une seule semaine de privation, voire moins, suffit à modifier considérablement les arborisations individuelles. Cette dernière observation met en évidence la capacité des neurones thalamiques et corticaux du cerveau en développement de remodeler rapidement leurs connexions en réponse aux modifications de l'environnement, ce qui se traduit probablement dans les faits par des créations et des suppressions de synapses.

Privation visuelle et amblyopie chez l'homme

Le développement du système visuel tel qu'il ressort des expériences conduites chez l'animal est en accord avec les problèmes cliniques que présentent les enfants qui ont connu des privations visuelles comparables. On appelle **amblyopie** (étymologiquement, vision émoussée) la perte d'acuité visuelle avec diminution de la vision du relief et difficultés de fusion binoculaire résultant de troubles de l'expérience visuelle précoce. On estime que tous ces dysfonctionnements reflètent le rôle fondamental que jouent des afférences binoculaires normales et leur compétition pour déterminer, d'une manière dépendante de l'expérience, les circuits corticaux nécessaires à la vision binoculaire et à la perception du relief.

Chez l'homme, l'amblyopie est le plus souvent le résultat d'un **strabisme** — mauvais alignement des yeux que les muscles oculaires n'orientent pas correctement.

Selon les muscles en cause, le strabisme peut être convergent (**exotropie**) ou divergent (**ésotropie**). Ces défauts d'alignement sont relativement fréquents puisque environ 5 % des enfants louchent. En réponse à la diplopie (vison double) que provoque le strabisme, le système visuel va, chez certaines personnes, supprimer les messages afférents en provenance de l'un des yeux par des mécanismes qui ne sont pas totalement élucidés, mais dont on estime qu'ils reflètent des interactions compétitives durant la période critique. Vraisemblablement, les afférences reçues par le CGL de l'œil dont l'alignement est correct ont un avantage compétitif et les efférences géniculo-corticales correspondantes occupent sur le cortex visuel un territoire plus étendu. Fonctionnellement, l'œil ainsi exclus va perdre une grande partie de son acuité visuelle et l'enfant peut devenir aveugle de cet œil. Une correction chirurgicale précoce du mauvais alignement des yeux (par ajustement de la longueur des muscles extraoculaires) est donc devenue le traitement le plus courant du strabisme de l'enfant.

La cataracte constitue une autre cause fréquente de privation visuelle chez l'homme. La cataracte, qui peut être due à différents facteurs congénitaux, provoque une opacification du cristallin. Certaines maladies, comme l'onchocercose (maladie parasitaire due au nématode *Onchocerca volvulus*), ou le trachome (provoqué par la bactérie parasite *Chlamydia trachomatis*), touchent des millions de personnes dans les régions tropicales sous-développées et induisent une opacité de la cornée de l'un des yeux ou des deux. La cataracte d'un seul œil est fonctionnellement équivalente à la privation monoculaire provoquée expérimentalement chez l'animal ; chez l'enfant, ce déficit aura, en l'absence de traitement, des conséquences irréversibles sur l'acuité visuelle de l'œil atteint. Mais si la cataracte ou l'opacité cornéenne est supprimée avant l'âge de 4 mois environ, les conséquences d'une privation monoculaire seront en grande partie évitées. Comme le laissent prévoir les travaux de Hubel et Wiesel, des cataractes bilatérales, équivalentes à des privations binoculaires expérimentales chez l'animal, ont des conséquences beaucoup moins graves, même si le traitement est tardif. Apparemment, la compétition inégale causée par une privation monoculaire au cours de la période critique de développement de la vision est plus néfaste qu'une privation binoculaire totale.

En plein accord avec les données expérimentales obtenues chez l'animal, les individus qui subissent une privation monoculaire à l'âge adulte (du fait d'une cataracte, par exemple) gardent des capacités visuelles intactes, même s'ils ne recouvrent la vision qu'après plusieurs dizaines d'années ; (ceci n'exclut pas que la récupération des fonctions visuelles après une cécité binoculaire prolongée s'accompagne de graves conséquences psychologiques, comme l'a si bien décrit, entre autres, le neurologue Oliver Sacks). Il n'y a pas non plus chez eux d'indices de modifications anatomiques, comme le prouve le cas d'une personne qui avait subi, à l'âge adulte, l'ablation chirurgicale d'un œil ; quand, à sa mort, bien des années plus tard, on examina son cerveau, il présentait des colonnes de dominance oculaire parfaitement normales. Il est donc possible, en examinant avec soin des patients atteints de maladies ou de lésions oculaires, de trouver, chez l'homme, des preuves de l'existence de périodes critiques affectant le développement du cortex strié et du comportement visuel.

Comment l'activité des neurones affecte le développement des circuits neuraux

Comment les différences entre les patterns d'activité neuronale se traduisent-elles en des changements de l'organisation des circuits neuraux ? En 1949, le psychologue D.O. Hebb émit l'hypothèse que l'activité coordonnée d'une terminaison présynaptique et d'un neurone postsynaptique renforcerait les connexions synaptiques de ces deux éléments. Le *postulat de Hebb*, comme on l'appelle, fut, à l'origine, formulé pour expliquer les bases cellulaires de la mémoire et de l'apprentissage, mais cette idée générale a été fréquemment appliquée à des situations où l'on a affaire à des modifications durables de la force synaptique, y compris celles qui surviennent durant le développement du cortex. Dans ce contexte, le postulat de Hebb implique que les terminaisons synaptiques que renforce une activité corrélée persisteront ou émettront de nouvelles

Figure 24.8

Représentation de la façon dont le postulat de Hebb pourrait se traduire au cours du développement du système visuel. La cellule représente un neurone postsynaptique de la couche 4 du cortex visuel primaire. Au début du développement, les afférences issues des deux yeux convergent sur les mêmes cellules postsynaptiques. Mais les deux groupes d'afférences présynaptiques ont des profils d'activité différents. Chaque profil corrèle davantage avec les profils des terminaisons provenant du même œil qu'avec les profils des terminaisons issues de l'œil opposé. Les profils d'activité, correspondant à la fréquence des potentiels d'action, sont représentés ici par les petites barres verticales. Dans cet exemple, les trois afférences correspondant à l'œil gauche sont plus aptes à activer la cellule postsynaptique, qu'elles font décharger selon un profil qui répétera le profil des messages afférents. L'activité des terminaisons présynaptiques est donc fortement corrélée avec l'activité de la cellule postsynaptique. D'après le postulat de Hebb, ces synapses s'en trouvent renforcées. Les afférences correspondant à l'œil droit ont un profil d'activité différent, qui est en corrélation plus faible avec la majorité des activités déclenchées dans la cellule postsynaptique. Ces synapses vont donc s'affaiblir progressivement et finir par être éliminées (côté droit de la figure) alors que les afférences corrélées vont former des synapses supplémentaires.

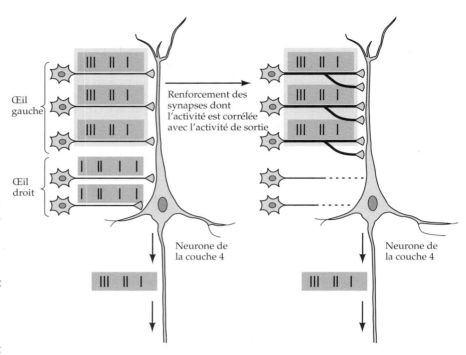

Œil gauche

Œil droit

Renforcement des synapses dont l'activité est corrélée avec l'activité de sortie

Neurone de la couche 4

Neurone de la couche 4

ramifications, tandis que celles qui sont perpétuellement affaiblies par une activité non corrélée finiront par perdre leur emprise sur la cellule postsynaptique (Figure 24.8; voir aussi Chapitre 22).

Dans le système visuel, les potentiels d'action des fibres thalamocorticales qui sont provoqués par l'activité d'un œil présentent sans doute entre eux une corrélation plus forte qu'avec ceux qui sont dus à l'activité de l'autre œil, au moins à leur arrivée dans la couche 4 du cortex. Si des ensembles de signaux afférents corrélés tendent à dominer l'activité de groupes de cellules postsynaptiques interconnectées, les signaux afférents non corrélés vont se trouver exclus (l'encadré 24D décrit un exemple particulièrement frappant de ce principe). Il devient possible que se forment des zones de cortex occupées exclusivement par les afférences d'un seul œil. Selon ce scénario, la formation des bandes de dominance oculaire de la couche 4 serait due à une *coopération* des afférences présentant des profils d'activité semblables et à une *compétition* entre afférences présentant des profils *dissemblables*.

Il est clair qu'une privation monoculaire, qui modifie considérablement les colonnes de dominance oculaire, altère l'activité nerveuse d'un œil par rapport à celle de l'autre, tant du point de vue de son volume que de celui de son profil. Or, pour tester le rôle de l'activité corrélée dans la réorganisation compétitive des connexions corticales après la naissance, il faut créer une situation dans laquelle le niveau d'activité de chaque œil reste le même, mais qui modifie les corrélations entre les deux yeux. Ceci peut être réalisé expérimentalement chez l'animal en sectionnant l'un des muscles extraoculaires d'un œil. Cette situation dans laquelle les axes visuels des deux yeux ne sont plus alignés est, nous l'avons dit, un strabisme. Le strabisme a comme principale conséquence que les points correspondants des deux rétines ne forment plus en même temps l'image du même point de l'espace. Il s'ensuit que les différences entre les profils d'activité des deux yeux sont beaucoup plus grandes que la normale. Toutefois, contrairement à la privation monoculaire, le niveau global d'activité de chaque œil demeure à peu près le même; seule change la corrélation entre l'activité des points rétiniens homologues.

Les effets d'un tel strabisme créé chirurgicalement chez l'animal montrent que le postulat de Hebb est fondamentalement exact. Rappelons qu'un défaut d'alignement des deux yeux peut, selon les conditions précises de la situation, entraîner la suppres-

ENCADRÉ 24D *Lorsque corrélation vaut causalité:*
les leçons d'une grenouille à trois yeux

Tout bon statisticien rappellera à un étudiant trop pressé que «corrélation n'est pas cause». Autrement dit, il n'est pas rationnel de tirer des conclusions fortes de la simple coïncidence de deux événements survenant en même temps, au même endroit. C'est là un judicieux conseil de prudence quand il s'agit d'interpréter une relation entre la hausse des ventes de glaces à la vanille et celle de la criminalité urbaine. Il est moins utile quand la question porte sur la façon dont une activité neurale corrélée conduit à une compartimentation des connexions nerveuses et sur ses conséquences. Le rôle causal de la corrélation entre profils d'activité neurale et patterns de ségrégation des afférences, comme ceux des colonnes de dominance oculaire du cortex visuel, a reçu une confirmation convaincante d'une préparation expérimentale dans laquelle deux ensembles d'afférences étroitement corrélées ont été forcés d'innerver un territoire cible ne recevant normalement que des afférences d'une seule provenance. Ce genre d'expérience d'«augmentation» est l'équivalent des expériences «gain de fonction», que font les généticiens chez l'animal pour confirmer leurs interprétations du rôle de la mutation d'un gène, ou des génotypes «perte de fonction» qui reflètent l'inactivation du même gène.

Aussi, malgré le consensus des chercheurs sur le fait que les conséquences d'une privation visuelle ou, plus nettement encore, de l'ablation d'un œil (l'expérience «perte de fonction») traduisent un rôle majeur de l'activité corrélée pour façonner les connexions du système visuel, il a paru nécessaire de réaliser une expérience «gain de fonction» et, pour cela, de créer des patterns d'activité corrélés en introduisant deux ensembles indépendants d'afférences corrélées là où il n'y en avait qu'un seul. L'expérience fut réalisée sur une espèce qui, normalement ne présente pas de ségrégation des afférences de chaque œil: la grenouille *Rana pipiens*. Le hic était de créer une situation dans laquelle deux yeux aient le même niveau d'activité et les mêmes indices moléculaires nécessaires pour établir des connexions avec une cible commune: les afférences de chaque œil auraient ainsi des chances égales dans leur compétition, mais le degré de corrélation entre les afférences d'un même œil ne serait pas le même qu'entre les afférences des deux yeux, ce qui favoriserait la compétition et, éventuellement, la ségrégation des connexions.

Au début des années 1970, Martha Constantine-Paton, alors à l'Université de Princeton, tira parti des facilités offertes à l'expérimentation par les embryons de grenouille pour créer un organisme étrange mais riche d'informations: une *Rana pipiens* à trois yeux. En transplantant l'ébauche de rétine d'un embryon donneur à peu près entre les yeux immatures d'un têtard hôte, l'équipe de recherche obtint une grenouille adulte à trois yeux fonctionnels. Chose remarquable, le troisième œil parvint à se différencier quasi normalement. Il produisit toutes les catégories habituelles de cellules rétiniennes, se montra sensible à la lumière et forma des connexions avec le tectum optique (équivalent du colliculus supérieur des mammifères), cible centrale des deux yeux normaux. Cette curiosité expérimentale constituait l'expérience d'«augmentation» qu'on cherchait depuis longtemps. De surcroît, l'expérience démontra nettement que l'activité corrélée était bien le mécanisme fondamental de la ségrégation des afférences.

Les grenouilles à trois yeux auraient été plutôt banales, voire dépourvues d'intérêt, sans les changements spectaculaires qui se manifestèrent quand le troisième œil innerva l'un des deux tectum innervés normalement par un seul œil. Chez une grenouille à deux yeux, chaque œil innerve exclusivement le tectum optique controlatéral. Il n'y a pas de décussation

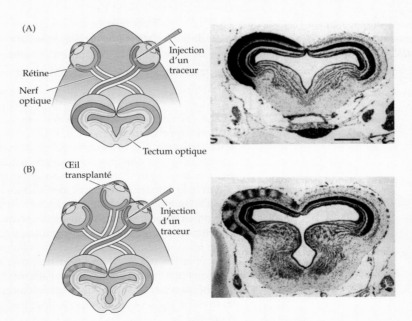

(A) Pattern des connexions d'un œil d'une grenouille normale. Une microphotographie du tectum de la grenouille montre la bande continue des terminaisons axoniques, rendues visibles par injection d'un traceur dans un œil. (B) Disposition des yeux chez la grenouille à trois yeux et conséquences de la double innervation d'un tectum pour le pattern des connexions. Sur la microphotographie, on voit que la ségrégation nette des afférences des deux yeux forme, sur toute l'étendue du tectum à double innervation, un pattern de compartiments propres à chaque œil, rappelant les colonnes de dominance oculaire des mammifères. (D'après Katz et Crowley, 2002; microphotographies de Constantine-Paton et Law, 1978.)

partielle donnant lieu à une innervation binoculaire et les terminaisons des fibres de chaque œil se répartissent sur une bande continue dans la couche du tectum recevant les afférences rétiniennes. Mais quand il faut faire de la place pour les afférences du troisième œil, il se produit un changement spectaculaire : le troisième œil innerve sélectivement le tectum d'un côté donné, mais les terminaisons des axones qui en proviennent se disposent à part de celles de l'œil normal et forment des bandes qui se répètent. Ces bandes ont la même taille et la même disposition que les colonnes de dominance oculaire du cortex visuel des mammifères : leurs frontières sont nettes et les dendrites des cellules tectales d'une bande n'ont pas tendance à les franchir pour s'aventurer dans la bande adjacente. L'apparition de ce pattern est due à l'activité électrique normale de chacun des yeux qui assurent la double innervation du tectum. La base cellulaire de cette ségrégation apparemment dépendante de l'activité met en jeu des mécanismes liés aux récepteurs NMDA, considérés généralement comme sous-tendant les phénomènes hebbiens dans lesquels une activité corrélée produit une compartimentation des afférences synaptiques.

Cette expérience d'augmentation dans le système visuel confirme donc l'interprétation des expériences de privation visuelle réalisées chez des mammifères. Lorsqu'un groupe d'afférences visuelles corrélées entre elles s'ajoute à un autre groupe d'afférences de même nature, qui normalement ne présentent pas de ségrégation, le degré plus élevé des corrélations intragroupes (par opposition au degré de corrélation entre les afférences des deux groupes provenant chacun d'un œil différent) entraîne une ségrégation des afférences selon un pattern répétitif. Inversement, quand un groupe d'afférences est supprimé d'un système normalement innervé de façon binoculaire, le pattern de ségrégation est aboli et les afférences qui restent forment une bande continue correspondant à une extension considérable du pattern de connectivité formé par une innervation monoculaire. Dans le cas présent, corrélation vaut causalité : l'activité corrélée de deux groupes distincts d'afférences visuelles provenant de deux yeux indépendants est la cause de la ségrégation des connexions au niveau de la cible. Cette ségrégation reflète vraisemblablement les mécanismes hebbiens dont on pense qu'ils régissent la formation et l'élimination compétitives des synapses, aussi bien dans le cerveau embryonnaire que dans le cerveau mature.

Références

CLINE, H.T., E.A. DEBSKI et M. CONSTANTINE-PATON (1987), N-Methyl-D-aspartate receptor antagonist desegregates eye-specific stripes. *Proc. Natl. Acad. Sci. USA*, **84**, 4342-4345.

CONSTANTINE-PATON, M. et M.I. LAW (1978), Eye-specific termination bands in tecta of three-eyed frogs. *Science*, **202**, 639-641.

KATZ, L.C. et M. CONSTANTINE-PATON (1988), Relationships between segregated afferents and postsynaptic neurones in the optic tectum of three-eyed frogs. *J. Neurosci.*, **8**, 3160-3180.

KATZ, L.C. et J.C. CROWLEY (2002), Development of cortical circuits : Lessons from ocular dominance columns. *Nature Rev. Neurosci.*, **3**, 34-42.

REH, T.A. et M. CONSTANTINE-PATON (1985), Eye-specific segregation requires neural activity in three-eyed *Rana pipiens*. *J. Neurosci.*, **5**, 1132-1143.

sion des afférences issues de l'un des yeux et, en conséquence, la perte des connexions corticales qu'elles mettent en jeu. Dans certains cas, cependant, les afférences des deux yeux persistent. Chez des chats qui gardent des afférences de chaque œil (mais décorrélées), l'organisation anatomique des bandes de dominance oculaire de la couche 4 est plus nette que d'ordinaire. Apparemment, l'indépendance totale des deux yeux accentue la séparation normale des afférences corticales émanant de chaque œil. De plus l'asynchronisme oculaire empêche la convergence binoculaire qui se fait normalement sur les cellules situées au-dessus et au-dessous de la couche 4 : chez les animaux présentant un strabisme, les histogrammes de dominance oculaire montrent que dans *toutes* les couches, presque toutes les cellules sont activées *exclusivement* par l'un des deux yeux (Figure 24.9). À l'évidence, non seulement le strabisme accentue la compétition entre les deux ensembles d'afférences géniculées que reçoit la couche 4, mais il empêche aussi les interactions binoculaires dans les autres couches, interactions qui mettent en jeu les connexions locales que forment des fibres ayant leur origine dans la couche 4.

Avant même que l'expérience visuelle exerce ses effets, des mécanismes innés ont fait en sorte que se constitue, dans ses grandes lignes, un système fonctionnel. Ces mécanismes intrinsèques (comprenant ceux qui gouvernent la croissance de l'axone et qui lancent la formation des cartes topographiques) mettent en place les circuits généraux nécessaires à la vision, mais ils autorisent les modifications qu'exigent chez tout individu les changements de taille de la tête ou d'alignement des yeux. Une expérience visuelle normale valide le câblage initial dont elle préserve, renforce ou ajuste l'organisation. Dans le cas d'une expérience visuelle anormale, une privation monoculaire

(A) Normaux

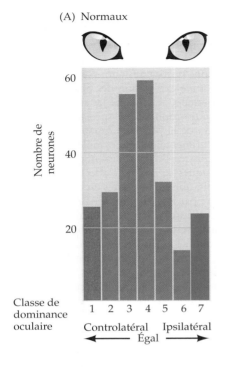

Nombre de neurones

Classe de dominance oculaire

1 2 3 4 5 6 7

Controlatéral ← Égal → Ipsilatéral

(B) Avec strabisme

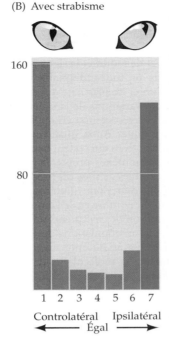

1 2 3 4 5 6 7

Controlatéral ← Égal → Ipsilatéral

Figure 24.9

Histogrammes de dominance oculaire construits à partir d'enregistrements électrophysiologiques chez des chats adultes normaux (A) ou chez des chats adultes chez lesquels on a induit un strabisme durant la période critique (B). En (A), les données sont les mêmes que celles de la figure 24.3A. Sous l'effet du strabisme, le nombre de neurones binoculaires (classes 3, 4 et 5) diminue fortement : la plupart des neurones ne sont plus activés que par la stimulation d'un œil ou de l'autre. Cette accentuation de la ségrégation des afférences résulte probablement d'une plus grande discordance entre les profils d'activité des deux yeux, discordance due à l'altération chirurgicale des mouvements oculaires conjugués. On estime que cet état pathologique augmenterait le degré de corrélation entre afférences d'un même œil et qu'il diminuerait les possibilités de corrélation entre les afférences des deux yeux. (D'après Hubel et Wiesel, 1965.)

par exemple, les mécanismes d'ajustement provoquent des changements anatomiques (et finalement comportementaux) beaucoup plus spectaculaires, tels que ceux qui ont lieu dans l'amblyopie. Ces changements garantissent sans doute le fonctionnement adaptatif maximal du système, compte tenu des déficits périphériques dans le codage et la transmission des informations. Le déclin définitif de cette capacité de remodeler les connexions corticales (et sous-corticales) est vraisemblablement la base cellulaire des périodes critiques dans divers domaines nerveux, dont le développement du langage ou d'autres fonctions cérébrales supérieures. Pareillement, ces différences de malléabilité en fonction de l'âge constituent probablement la base neurobiologique de la sensibilité beaucoup plus élevée des comportements humains aux modifications, normales ou pathologiques, survenant lors des premiers stades du développement, qu'à celles qui surviennent plus tard. Cette façon de voir a d'évidentes implications éducatives, sociales et psychiatriques. Malgré diverses hypothèses sur les mécanismes moléculaires et cellulaires susceptibles d'expliquer ces effets, nous ignorons presque tout des facteurs responsables de l'apparition et de la fin des périodes critiques (à distinguer de ceux qui permettent la stabilisation des synapses ou leur réarrangement ; voir la section suivante).

Corrélats cellulaires et moléculaires de la plasticité dépendante de l'activité au cours des périodes critiques

Pour comprendre comment l'expérience modifie les circuits neuraux durant les périodes critiques, il est fondamental de se demander quelle est la transduction dont les patterns d'activité nerveuse font l'objet pour modifier les connexions synaptiques et rendre ces changements permanents. Il va de soi que les étapes initiales de ces processus reposent sur les signaux produits par l'activité synaptique qui accompagne l'expérience sensorielle ou l'exécution des mouvements : il s'agit là des processus nerveux de base grâce auxquels toute expérience est représentée. Les neurotransmetteurs et autres molécules signaux, dont les facteurs neurotrophiques, sont bien évidemment susceptibles de déclencher les modifications qui se produisent en cas d'activité corrélée ou répétée. Le cortex visuel de souris auxquelles manquent les gènes d'un certain nombre d'enzymes participant à la synthèse ou à la dégradation des neurotransmetteurs, présente d'ailleurs des altérations de la plasticité dépendantes de l'expérience. Une neurotransmission excitatrice corrélée, et spécialement celle qui emprunte une voie glutamatergique à récepteurs NMDA (capables de détecter des activités synaptiques localement corrélées, et de modifier la signalisation du neurone postsynaptique ; voir Chapitre 8), a des effets qui sont indubitablement la clé de toute explication des phénomènes de compétition et de plasticité dépendant de l'expérience. De même les effets locaux et globaux des variations de la signalisation par neurotrophines (et spécialement par le BDNF et ses récepteurs) comportent l'altération de la plasticité synaptique lors des périodes critiques. Aussi, quand on manipule expérimentalement ces molécules signaux ou quand les gènes qui codent leurs ligands ou leurs récepteurs subissent une mutation, certains phénomènes propres aux périodes critiques se trouvent affectés. L'une des principales cibles de tous ces processus de signalisation moléculaires est apparemment le réseau de connexions inhibitrices locales formé par les neurones GABAergiques. La régulation du nombre et de l'emplacement des synapses inhibitrices locales, de même que l'expression des récepteurs du GABA aux sites postsynaptiques, semblent tous très sensibles aux manipulations des périodes critiques. La régulation de la connectivité inhibitrice est ainsi devenue un centre d'intérêt majeur pour comprendre les mécanismes cellulaires et moléculaires de la plasticité lors des périodes critiques.

Curieusement, tous ces signaux, neurotransmetteurs et autres molécules sécrétées telles que les neurotrophines, influenceraient en fin de compte le taux de Ca^{2+} intracellulaire, particulièrement dans les cellules postsynaptiques (Figure 24.10). L'augmentation de la concentration de Ca^{2+} dans les cellules affectées peut activer diverses kinases, dont la protéine-kinase Ca^{2+}-calmoduline dépendante de type II (CaMK II), provoquant des modifications du cytosquelette dépendantes de la phosphorylation et des changements dans la ramification de l'axone et des dendrites. L'augmentation du Ca^{2+} peut, en outre, activer d'autres kinases qui migrent dans le noyau, notamment les kinases régulées par un signal extracellulaire (ERK ; voir Chapitre 7). Une fois dans le noyau, les ERK peuvent, à leur tour, activer par phosphorylation des facteurs de transcription tels que la CREB (protéine de liaison à l'élément répondant à l'AMPc). En outre, spécialement au cours des périodes critiques, ces kinases peuvent faciliter des modifications des protéines de liaison aux histones, protéines qui contrôlent les conformations de la chromatine favorables à l'expression des gènes. Quand la période critique approche de sa fin, il se peut que les modifications des protéines de liaison à la chromatine soient minimales, rendant plus difficiles des altérations de la transcription

Figure 24.10

Transduction de l'activité électrique en changements cellulaires par signalisation mettant en jeu le Ca^{2+}.
(A) Neurone cible présentant deux sites possibles d'augmentation de la signalisation calcique dépendante de l'activité : le corps cellulaire et les dendrites distaux. (B) Une activité corrélée ou durable entraîne un accroissement des conductances au Ca^{2+} et une augmentation du taux de calcium intracellulaire ayant pour conséquence une activation de la Ca^{2+}-calmoduline kinase II ou IV (CaMK II, CAMK IV) et de ERK, et leur translocation dans le noyau. La CaMK II/IV et ERK activent alors des facteurs de transcription régulés par le Ca^{2+} tels que la CREB ou d'autres protéines se liant à la chromatine (non représentées). Les cibles de la CREB activée peuvent comprendre les gènes de signaux neurotrophiques tels que le BDNF qui, lorsqu'il est sécrété par une cellule, favorise le développement de synapses actives sur cette cellule ou leur stabilisation. (C) Des accroissements localisés de la signalisation calcique au niveau des dendrites distaux, sous l'effet d'une activité corrélée ou durable, peuvent entraîner des accroissements localisés du taux de Ca^{2+}. Ceux-ci, peut-être par mise en jeu de kinases telles que la CaMK II/IV, vont modifier des éléments du cytosquelette (structures reposant sur l'actine ou la tubuline) et provoquer ainsi des changements localisés de la structure des dendrites. L'augmentation localisée de la concentration calcique peut en outre influencer le passage des transcrits dans le réticulum endoplasmique, notamment les transcrits des récepteurs des neurotransmetteurs et autres modulateurs des réponses postsynaptiques. L'augmentation du Ca^{2+} peut aussi influencer le trafic de ces protéines, leur interaction avec les échafaudages locaux destinés aux protéines cytoplasmiques et leur insertion dans les membranes postsynaptiques. (D'après Wong et Ghosh, 2002.)

et donc les changements plastiques correspondants. Mais, lorsque l'activation se produit, ces protéines de liaison à l'ADN, ainsi que la CREB, peuvent influencer l'expression des gènes et modifier ainsi l'état transcriptionnel du neurone pour refléter les changements fonctionnels induits par l'expérience. Ces changements peuvent comprendre, sans s'y limiter, la transcription de gènes de neurotrophines telles que le *BDNF*.

Une augmentation locale du BDNF, surtout si sa sécrétion est limitée aux synapses des afférences «stabilisées», peut entraîner localement une production plus grande de terminaisons synaptiques, un renforcement de la croissance des dendrites et un accroissement net de la connectivité entre partenaires pré- et postsynaptiques. Les interneurones GABAergiques sont particulièrement sensibles aux altérations de la signalisation BDNF. Ceci est conforme au rôle supposé des circuits inhibiteurs locaux dans la consolidation des connexions retenues par les interactions compétitives dépendantes de l'activité lors de la période critique. Il est aussi possible que des mécanismes dépendants de l'activité influencent l'expression et la répartition extracellulaire de composants de la matrice tels que les protéoglycanes chondroïtine-sulfate. Ces molécules de la matrice peuvent influencer à leur tour l'emplacement et la stabilité de certains contingents de synapses. Il n'est pas sûr que cette séquence soit exacte ou complète, mais elle constitue un scénario vraisemblable des événements moléculaires et cellulaires qui sous-tendent la plasticité dépendante de l'activité.

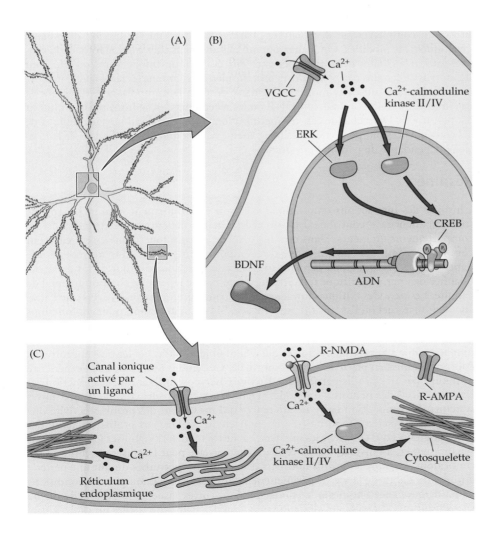

Les périodes critiques dans les autres systèmes sensoriels

Quoique les études les plus approfondies des périodes critiques aient porté sur le système visuel des mammifères, il existe des phénomènes semblables dans un certain nombre d'autres systèmes sensoriels, notamment les systèmes auditif, olfactif et somesthésique. Dans le système auditif, des expériences sur le rôle de l'expérience auditive et de l'activité neurale chez la chouette (qui localise ses proies par l'audition) indiquent que les circuits permettant la localisation auditive sont pareillement façonnés par l'expérience (voir Tableau 24.1). C'est ainsi que si l'on rend une chouette sourde ou si l'on perturbe son activité neurale lors de la période de développement qui suit l'éclosion, on détériore sa capacité de localiser les sons, et les circuits qui sont à la base de cette aptitude peuvent eux-mêmes être affectés. Le développement du chant chez beaucoup d'espèces d'oiseaux en est un autre exemple pour le système auditif. Dans le système somesthésique également, les cartes corticales peuvent être modifiées par l'expérience durant une période critique, au début de la vie postnatale. Chez les souris et les rats, par exemple, la disposition anatomique des «barillets» qui, dans le cortex somesthésique, représentent les vibrisses (voir Chapitre 9) peut être altérée par une expérience sensorielle anormale (ou par l'ablation de récepteurs sensoriels, les vibrisses par exemple) lors d'une étroite fenêtre temporelle juste après la naissance. Quant au système olfactif, nous avons indiqué au chapitre 15 qu'une exposition aux odeurs maternelles pendant une durée limitée peut modifier la capacité de répondre à ces odeurs et que cette modification peut persister toute la vie. Il est donc clair que les périodes critiques sont un phénomène général dans le développement des aptitudes perceptives et motrices. Les preuves les plus nettes de ces périodes critiques viennent des expériences de privation, complétées par des analyses pharmacologiques ou l'utilisation d'animaux génétiquement modifiés. On a ainsi obtenu des animaux chez qui les voies de la synthèse des principaux neurotransmetteurs ont été rendues inopérantes ou qui sont dépourvus de certains récepteurs des neurotransmetteurs, comme les récepteurs NMDA; chez d'autres, ce sont des molécules signaux de première importance, telles que la calcium/calmoduline-kinase, le BDNF ou les récepteurs des neurotrophines, qui ont été perturbées. Dans chaque cas, ces modifications de la signalisation synaptique et de ses conséquences ont pour effet des changements dans la durée ou l'efficacité de la plasticité dépendante de périodes critiques.

Résumé

L'histoire des interactions d'un animal avec son environnement – ce qu'on appelle son «expérience» – contribue à façonner les circuits neuraux et détermine ainsi les comportements ultérieurs. Dans certains cas, l'expérience fonctionne essentiellement comme un commutateur qui active des comportements innés. Plus souvent cependant, l'expérience qui a lieu pendant une période spécifique du tout début de la vie, qualifiée de «période critique», contribue à façonner le répertoire comportemental de l'adulte. Les périodes critiques influencent des comportements aussi divers que l'attachement maternel ou l'acquisition du langage. Si l'on peut définir, pour ces fonctions complexes, les conséquences des périodes critiques au plan comportemental, il est plus difficile de savoir quelles sont leurs bases biologiques. L'exemple qui s'est révélé le plus accessible à l'expérimentation et qui a fait l'objet des travaux les plus approfondis concerne la mise en place de la vision normale. Ces études montrent que l'expérience se traduit par des profils particuliers d'activité nerveuse influençant les fonctions et les connexions des neurones impliqués. Dans le système visuel comme dans d'autres systèmes, la compétition entre les afférences qui présentent des profils d'activité différents est un facteur important de la connectivité adulte. Les profils d'activité des fibres afférentes qui corrèlent les uns avec les autres tendent à stabiliser les connexions synaptiques et, à l'inverse, l'absence d'activité corrélée peut fragiliser ou éliminer ces connexions. Lorsque les profils normaux d'activité sont perturbés durant une période critique du début de la vie (expérimentalement chez l'animal, ou par des conditions pathologiques chez l'homme) la connectivité du cortex visuel et la vision elle-même se trouvent modifiées. Si ces altérations structurales et fonctionnelles du câblage nerveux ne sont pas corrigées avant la fin de la période critique, il deviendra difficile ou même impossible qu'elles le soient plus tard. Les mécanismes cellulaires et moléculaires impliqués dans la période critique comprennent, comme on pouvait s'y attendre, un grand nombre de neurotransmetteurs, de récepteurs, et de cascades de signalisation intracellulaire, qui peuvent modifier l'expression des gènes en réponse à des changements de l'activité synaptique de la cellule cible. Les gènes codant des neurotrophines comme le BDNF, des composants de la matrice extracellulaire ou certaines catégories de récepteurs de neurotransmetteurs, peuvent tous voir leur expression modifiée par l'activité synaptique qui a lieu au cours de la période critique. Indépendamment de ses effets moléculaires spécifiques, l'influence de l'activité sur la connectivité neurale durant la période critique rend vraisemblablement le cerveau en cours de maturation capable de stocker de grandes quantités d'informations, codant ainsi les expériences précoces qui façonnent les aptitudes et les particularités de chaque individu.

Lectures complémentaires

Revues

HENSCH, T.K. (2004), Critical period regulation. *Annu. Rev. Neurosci.*, **27**, 549-579.

KATZ, L.C. et C.J. SHATZ (1996), Synaptic activity and the construction of cortical circuits. *Science*, **274**, 1133-1138.

KNUDSEN, E.I. (1995), Mechanisms of experience-dependent plasticity in the auditory localization pathway of the barn owl. *J. Comp. Physiol.*, **184 (A)**, 305-321.

SHERMAN, S.M. et P.D. SPEAR (1982), Organization of visual pathways in normal and visually deprived cats. *Physiol. Rev.*, **62**, 738-855.

WIESEL, T.N. (1982), Postnatal development of the visual cortex and the influence of environment. *Nature*, **299**, 583-591.

WONG, W.O. et A. GOSH (2002), Activity-dependent regulation of dendritic growth and patterning. *Nat. Rev. Neurosci.*, **10**, 803-812.

Articles originaux importants

ANTONINI, A. et M.P. STRYKER (1993), Rapid remodeling of axonal arbors in the visual cortex. *Science*, **260**, 1819-1821.

CABELLI, R.J., A. HOHN et C.J. SHATZ (1995), Inhibition of ocular dominance column formation by infusion of NT-4/5 or BDNF. *Science*, **267**, 1662-1666.

HORTON, J.C. et D.R. HOCKING (1999), An adult-like pattern of ocular dominance columns in striate cortex of newborn monkeys prior to visual experience. *J. Neurosci.*, **16**, 1791-1807.

HUANG, Z.J., A. KIRKWOOD, T. PIZZORUSSO, V. PORCIATTI, B. MORALES, M.F. BEAR, L. MAFFEI et S. TONEGAWA (1999), BDNF regulates the maturation of inhibition and the critical period of plasticity in mouse visual cortex. *Cell*, **98**, 739-755.

HUBEL, D.H. et T.N. WIESEL (1965), Binocular interaction in striate cortex of kittens reared with artificial squint. *J. Neurophysiol.*, **28**, 1041-1059.

HUBEL, D.H. et T.N. WIESEL (1970), The period of susceptibility to the physiological effects of unilateral eye closure in kittens. *J. Physiol. (Lond.)*, **206**, 419-436.

HUBEL, D.H., T.N. WIESEL et S. LEVAY (1977), Plasticity of ocular dominance columns in monkey striate cortex. *Phil. Trans. R. Soc. Lond. B.*, **278**, 377-409.

KUHL, P.K., K.A. WILLIAMS, F. LACERDA, K.N. STEVENS et B. LINDBLOM (1992), Linguistic experience alters phonetic perception in infants by 6 months of age. *Science*, **255**, 606-608.

LEVAY, S., T.N. WIESEL et D.H. HUBEL (1980), The development of ocular dominance columns in normal and visually deprived monkeys. *J. Comp. Neurol.*, **191**, 1-51.

RAKIC, P. (1977), Prenatal development of the visual system in the rhesus monkey. *Phil. Trans. R. Soc. Lond. B.*, **278**, 245-260.

STRYKER, M.P. et W. HARRIS (1986), Binocular impulse blockade prevents the formation of ocular dominance columns in cat visual cortex. *J. Neurosci.*, **6**, 2117-2133.

WIESEL, T.N. et D.H. HUBEL (1965), Comparison of the effects of unilateral and bilateral eye closure on cortical unit responses in kittens. *J. Neurophysiol.*, **28**, 1029-1040.

Ouvrages

CURTISS, S. (1977), *Genie: A Psycholinguistic Study of a Modern-Day «Wild Child»*. New York, Academic Press.

HUBEL, D.H. (1988), *Eye, Brain, and Vision*. Scientific American Library Series. New York, W.H. Freeman.

PURVES, D. (1994), *Neural Activity and the Growth of the Brain*. Cambridge, UK, Cambridge University Press.

chapitre 25

Réparation et régénération dans le système nerveux

Vue d'ensemble

Indépendamment des changements moléculaires et cellulaires associés à la plasticité synaptique, le tissu nerveux n'a qu'une capacité limitée de se modifier, de se renouveler et de se réparer. À la différence de nombreux autres organes, notamment les poumons, l'intestin et le foie, qui produisent de nouvelles cellules en permanence ou après une lésion, le système nerveux humain ne produit pas de grandes quantités de nouveaux neurones au-delà de la formation de l'effectif initial entre le milieu de la grossesse et le début de la vie postnatale. De plus, les neurones n'ont qu'une capacité limitée de remplacement des axones et des dendrites endommagés ; dans le système nerveux central, rares sont les neurones adultes qui peuvent régénérer un nouvel axone après section de l'axone d'origine ou remplacer les dendrites perdus après un traumatisme local ou une maladie dégénérative. Heureuse exception, les axones périphériques peuvent se remettre à croître dans des gaines nerveuses périphériques vides de leur substance et réinnerver les récepteurs sensoriels spécialisés de la peau ou les sites synaptiques des muscles. Après une lésion des nerfs périphériques, les cellules de Schwann produisent un certain nombre de molécules favorisant la croissance de l'axone et la formation des synapses. Dans le cerveau, par contre, cette capacité de régénération se heurte à trois barrières. La première est la mort des neurones, qui résulte souvent des conséquences d'une lésion locale du tissu cérébral. La seconde est l'inhibition qu'exercent plusieurs catégories de cellules, particulièrement les cellules gliales, et qui empêche la croissance de l'axone sur de longues distances. La troisième est due aux cellules souches neurales (cellules capables de donner toutes les catégories cellulaires du tissu nerveux) ; bien que présentes dans le cerveau adulte, elles ont, pour la plupart, des capacités limitées de division, de migration et de différenciation. Il existe cependant quelques cas où ces obstacles sont contournés. Dans le système visuel de quelques vertébrés inférieurs, ainsi que dans les voies olfactives et dans l'hippocampe des mammifères, il y a apport ou remplacement permanent de neurones tout au long de la vie, ainsi qu'une extension continue d'axones nouvellement formés, dans tout le tissu cérébral adulte. Les travaux menés pour comprendre ces exceptions forment la base des recherches en cours sur de possibles thérapies de réparation du cerveau après un traumatisme ou des troubles dégénératifs tels qu'en provoquent les maladies de Parkinson, de Huntington ou d'Alzheimer.

Le cerveau lésé

Beaucoup d'organes ont d'importantes capacités de réparation ou de régénération. Les cellules épithéliales de l'épiderme et de la paroi intestinale s'éliminent et sont remplacées en permanence, de même que les hématies. Les os cassés se ressoudent et les plaies guérissent. Des transplantations chirurgicales récentes ont montré que le foie adulte avait des capacités de régénération que l'on ne soupçonnait pas. Le cerveau, par contre, et spécialement le cerveau des mammifères, est réfractaire à toute réparation. Cette impossibilité avait fait l'objet d'observations cliniques dès l'aube de l'histoire de la médecine, voici des millénaires, dans l'Égypte ancienne (Figure 25.1). Les connaissances approfondies de la structure et des fonctions du tissu nerveux accumulées depuis, au cours des siècles, n'ont fait que renforcer ce sentiment désespérant. Quand on s'est rendu compte que le cerveau est fait de multiples catégories de cellules ner-

Figure 25.1

Un ancien papyrus égyptien reconnaît la difficulté de réparer le cerveau et la moelle épinière après une blessure grave. Les symboles en brun se traduisent ainsi : « *Quand vous examinez un homme dont l'une des vertèbres du cou a subi une dislocation, si vous le trouvez incapable de bouger les bras et les jambes... Alors vous devez dire : c'est une maladie qu'on ne peut pas soigner.* » (D'après Case et Tessier-Lavigne, 2005.)

veuses aux ramifications abondantes, connectées les unes aux autres et communiquant par impulsions électriques, il est apparu clairement que la réparation du tissu nerveux était autrement plus difficile que la régénération du foie. En outre, avec les progrès des analyses *post mortem* et des études histologiques, il est devenu évident que les déficits comportementaux consécutifs à des traumatismes cérébraux s'accompagnent de lésions spécifiquement localisées, demeurant visibles pendant des années et laissant supposer qu'il n'y a guère de réparation du tissu endommagé. Chez ces patients, la région lésée se caractérise soit par un kyste rempli de liquide, soit par un tissu cicatriciel qui ne présente pas l'intégrité histologique des régions voisines où le cerveau est intact ; il faut donc conclure que les changements adaptatifs des fonctions cérébrales ne reflètent vraisemblablement pas un remplacement global ou une réorganisation générale des composantes cellulaires du cerveau.

Parmi les premiers savants qui étudièrent le cerveau, beaucoup tenaient pour certain que si le cerveau subissait un dommage quelconque, il ne parviendrait jamais à retrouver son état antérieur. Bien qu'il soit encore prédominant, ce point de vue a été contesté au cours du siècle dernier et il continue de faire l'objet de vigoureux débats. Comme nous le verrons ci-dessous, quelques-unes des données les plus encourageantes quant à la possibilité d'une réparation cérébrale limitée, viennent de ce que l'on connaît mieux les mécanismes grâce auxquels s'est fait le développement initial du tissu nerveux.

Trois types de réparation cérébrale

Les possibilités et les limites d'une régénération du cerveau reposent sur trois types de réparation susceptibles d'avoir lieu quand le tissu nerveux est endommagé. La première est la repousse des axones de neurones appartenant à des ganglions périphériques ou au système nerveux central et dont les projections axoniques vers la périphérie ont été sectionnées (Figure 25.2A). Le scénario de cette réparation exige à la fois la réactivation des processus développementaux qui ont permis la croissance de l'axone, son guidage ainsi que la formation des synapses. Cette réparation peut exiger en plus des mécanismes de compétition dépendants de l'activité, pour ajuster la quantité d'afférences néoformées au nombre de cibles temporairement privées d'innervation. Ce premier type de réparation se rencontre principalement lorsque des nerfs sensoriels ou moteurs sont endommagés au niveau périphérique, mais que les corps cellulaires, situés dans un ganglion spinal ou végétatif, restent intacts. C'est la forme de réparation nerveuse la plus facile et celle qui réussit le mieux d'un point de vue clinique.

Le second type de réparation concerne la restauration de neurones du système nerveux central qui, bien qu'endommagés, survivent néanmoins (Figure 25.2B). Cette réponse exige d'abord que les cellules nerveuses soient capables de restaurer leurs prolongements et leurs connexions à un niveau minimum d'intégrité fonctionnelle. Ce type de réparation comporte un certain nombre des conditions qui sont remplies pour la réparation des nerfs périphériques ; mais il exige en outre une repousse coopérative d'éléments neuroniques et gliaux existants, dans un environnement plus complexe. Cette réparation se fait moins bien que la réparation d'axones périphériques et elle s'accompagne souvent d'une croissance anarchique de cellules gliales aux dépens des neurones locaux. L'une des raisons de cet échec peut résider dans l'équilibre délicat entre l'élimination du tissu endommagé par le système immunitaire, et les réponses inflammatoires locales qu'entraîne ce processus. Il se peut donc que l'absence de support trophique due aux lésions des axones et des dendrites, jointe à l'action inflammatoire des cytokines (libérées par les macrophages et autres cellules immunitaires), empêche la réactivation des mécanismes intervenant dans la repousse des prolongements axo-dendritiques et dans la formation des synapses.

Le troisième type de réparation cérébrale est la production en masse de nouveaux neurones pour remplacer ceux qui ont disparu, soit par détérioration normale, soit par suite d'un traumatisme ayant entraîné une mort de neurones (Figure 25.2C). Ce dernier type de régénération ne se produit que rarement et ses mécanismes font débat. Pour que ce type de réparation puisse avoir lieu, plusieurs conditions doivent être remplies. Tout d'abord, le tissu nerveux doit avoir conservé une population de *cellules*

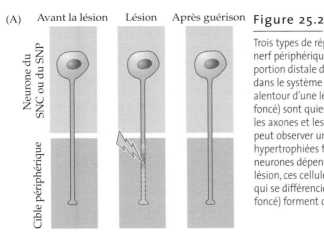

Figure 25.2

Trois types de réparation ou de régénération du système nerveux. (A) Régénération d'un nerf périphérique. Lorsque les axones périphériques sont coupés, le neurone régénère la portion distale de l'axone, que le neurone soit situé dans un ganglion périphérique ou dans le système nerveux central. (B) Réparation de neurones existants, à l'emplacement ou alentour d'une lésion du système nerveux central. Avant la lésion, les cellules gliales (vert foncé) sont quiescentes. Immédiatement après la lésion, les cellules gliales se développent, les axones et les dendrites dégénèrent, les connexions disparaissent. Après la guérison, on peut observer une modeste croissance d'axones et de dendrites, mais les cellules gliales hypertrophiées forment une cicatrice à l'emplacement de la lésion. (C) Le remplacement de neurones dépend de la persistance de cellules souches neurales (violet foncé). Après une lésion, ces cellules souches prolifèrent et donnent naissance à de nouveaux neuroblastes qui se différencient et s'intègrent au tissu endommagé. Ces nouveaux neurones (violet foncé) forment des connexions avec les cellules existantes.

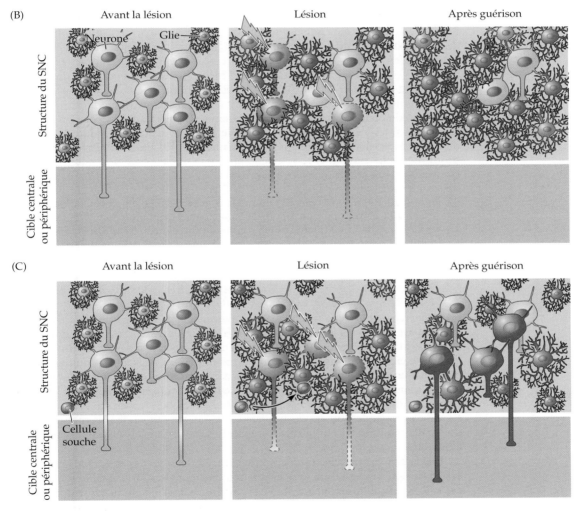

souches neurales multipotentes, capables de donner tous les types de cellules que l'on trouve dans la partie mature du cerveau (voir Encadré 22A). Il faut ensuite que ces cellules souches neurales soient présentes dans une région particulière, ou «niche», où subsiste un environnement approprié pour la production et la différenciation des cellules nerveuses et de la glie. Enfin, le tissu qui régénère doit être capable de reprendre les différentes étapes de migration, émission de prolongements et formation de synapses, nécessaires pour reconstituer des réseaux fonctionnels de connexions locales ainsi que des connexions à longue distance. La suite de ce chapitre examine chacun de ces trois types de réparation et de régénération cérébrales. Pour l'essentiel, l'étendue des réparations neurales apparaît extrêmement limitée chez les mammifères. Chez d'autres espèces de vertébrés (et chez beaucoup d'invertébrés), on trouve une capacité de repousse des axones, de remplacement des neurones et de régénération du tissu nerveux. Ces derniers cas conduisent certains chercheurs à penser que si l'on connaissait mieux la biologie cellulaire et moléculaire de ces processus, il serait possible de mettre au point des traitements favorisant la réparation du tissu neural endommagé chez les mammifères et tout particulièrement chez l'homme.

La régénération des nerfs périphériques

Au début des années 1900, le neurologue britannique Henry Head publia un article remarqué sur la réparation du système nerveux périphérique. À cette époque, il était devenu clair qu'une atteinte du système nerveux périphérique était suivie d'une restauration graduelle, mais généralement incomplète, des fonctions sensorielles et motrices. La vitesse de cette récupération pouvait être facilitée par une apposition chirurgicale des deux extrémités du nerf sectionné. Ceci laissait supposer que, si la régénération avait lieu dans un environnement qui maintenait la continuité entre les extrémités proximale et distale du nerf sectionné, la régénération serait nettement améliorée ; L'intérêt de Head pour cette hypothèse culmina dans une méthode toute personnelle pour déterminer l'étendue de la régénération, après atteinte de nerfs périphériques sensoriels et moteurs. Au lieu de continuer à évaluer le niveau de récupération chez des patients dont les blessures différaient dans leur localisation et leur étendue, il réalisa les observations sur lui-même. Il se fit sectionner un nerf de l'avant-bras et remettre l'une contre l'autre les extrémités sectionnées, puis nota soigneusement la suite des événements. Dans son article de 1905, Head écrit :

> Le 25 avril 1903, le nerf radial (ramus cutaneus radialis) et le nerf cutané externe ont été divisés (coupés) à proximité de mon coude, et, après excision d'une petite portion, les extrémités furent réunies par des sutures de soie. Avant l'opération, les conditions sensorielles du bras et du dos de la main avaient été minutieusement examinées et les écarts que l'on pouvait discriminer entre les pointes d'un compas avaient partout été mesurés.

Head, Rivers et Sherren, 1905, *Brain*, 28, 99-115

Head suivit le retour de la sensibilité et du mouvement dans les parties de sa main que la lésion avait paralysées ou rendues insensibles (Figure 25.3). Ses observations mettent l'accent sur plusieurs aspects importants de la régénération des nerfs périphériques dans cette expérience hors du commun. Le premier signe de récupération fut la réapparition d'une sensibilité générale à la pression et au toucher, dépourvue de localisation précise, que Head appelle « protopathique » ; le retour commença au bout de 6 semaines environ et dura à peu près 13 semaines. Head note que « le système protopathique régénère plus rapidement et plus facilement. Il peut triompher de l'absence d'apposition et des multiples inconvénients susceptibles de faire suite à la division traumatique d'un nerf. »

Head distingua par ailleurs un ensemble de sensations qui revenaient plus lentement et avec un plus faible degré de récupération par rapport à la sensibilité normale. Il s'agit de la sensibilité au toucher léger, à la piqûre, la discrimination des températures, la résolution spatiale tactile, ainsi que le contrôle des mouvements fins (toutes fonctions que Head appelle « épicritiques »). Effectivement, Head n'avait pas complètement récupéré ces diverses fonctions au bout des deux années qui s'écoulèrent entre son opération et la publication de son article. Il suggéra que « les fibres de ce système sont plus facilement lésées et régénèrent plus lentement que les fibres du système protopathique ». Elles ont manifestement un plus haut degré de développement et le temps qu'exige leur régénération les rapproche plutôt des fibres motrices qui innervent les muscles volontaires.

(A)

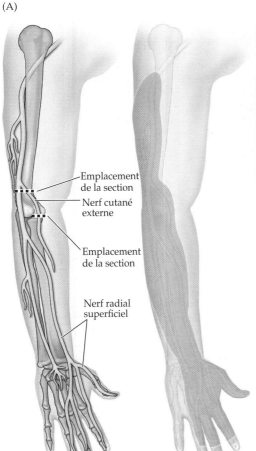

Emplacement
de la section

Nerf cutané
externe

Emplacement
de la section

Nerf radial
superficiel

(B)

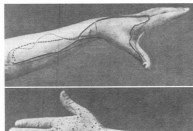

Figure 25.3

Expérience de régénération d'un nerf périphérique réalisée par Henry Head. (A) Schéma d'un bras montrant la position du nerf radial (à gauche) et le territoire qu'il innerve (en violet, à droite). Dans une expérience réalisée sur lui-même, Head se sectionna le nerf radial et repositionna bout à bout les deux segments. (B) Photographies extraites de l'article publié par Head en 1905 sur la récupération fonctionnelle après la section. La photo du haut montre le contour des régions de l'avant-bras et de la main devenues insensibles aux stimulus douloureux comme des piqûres d'épingle (trait continu), et de celles devenues insensibles au toucher léger comme le contact d'une mèche de coton. La photo du bas montre la région de la main et du pouce qui avait retrouvé la sensibilité après une période de récupération de 2 à 6 mois. Les différentes marques à l'intérieur de cette région indiquent des points de « chaud » et de « froid » plus ou moins sensibles à la stimulation. (B d'après Head, Rivers et Sherren, 1905.)

Ces observations remarquables furent les premières à distinguer nettement les capacités de récupération de diverses catégories de neurones sensoriels des ganglions spinaux et de motoneurones spinaux au cours du processus de réinnervation périphérique. Leurs différences sont vraisemblablement liées à la spécificité initiale de ces différentes classes de neurones sensoriels et de fibres motrices et de leurs cibles, spécificité acquise au cours de leur développement et reposant sur diverses molécules signaux, notamment plusieurs neurotrophines différentes (voir Figure 3.15). La section qui suit examine l'importance de cette gamme de signaux pour la régénération.

Base cellulaire et moléculaire de la réparation des nerfs périphériques

La base cellulaire de la régénération des nerfs périphériques offre peut-être l'exemple le plus clair de la relation entre, d'une part, les mécanismes favorisant la croissance de l'axone et la formation des synapses au cours du développement et, d'autre part, ceux qui, plus tard, prennent en charge les mêmes fonctions lors de la réparation de lésions neurales. Les principaux éléments cellulaires qui contribuent à la repousse des axones périphériques et à la réinnervation des cibles sont les *cellules de Schwann* (cellules gliales périphériques qui myélinisent les axones périphériques) et les *macrophages* (cellules du système immunitaire qui éliminent les débris en dégénération des axones sectionnés). Outre leur rôle respectif dans le soutien trophique des axones intacts et l'élimination des débris, ces deux types de cellules adultes secrètent des molécules indispensables à la réussite de la régénération. Au cours de ce processus, les cellules de Schwann jouent

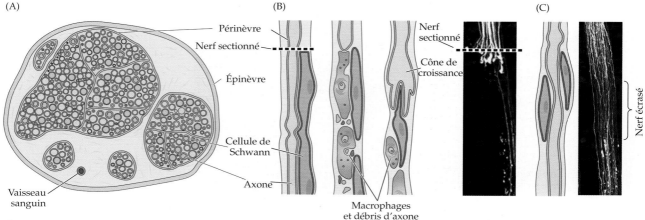

Figure 25.4

Régénération des nerfs périphériques.
(A) Coupe transversale d'un nerf
périphérique montrant la gaine de tissu
conjonctif de l'épinèvre, et le périnèvre
riche en matrice extracellulaire qui
entoure directement les axones et les
cellules de Schwann. (B) Dégénération et
régénération à l'intérieur d'un seul tube
idéalisé de périnèvre/lame basale d'un
nerf périphérique. Lorsqu'un axone est
sectionné, sa partie distale dégénère et
est phagocytée par les macrophages.
Après élimination de la majeure partie des
débris, l'extrémité proximale se
transforme en un cône de croissance qui
interagit avec les cellules de Schwann
adjacentes. La photographie contiguë au
dessin montre, chez une souris vivante,
cette étape de la régénération d'un nerf
périphérique lésé. On peut voir, au niveau
de la section, les cônes de croissance
néoformés dont quelques-uns se sont
éloignés de la section et se sont engagés à
l'intérieur du segment distal. Quand
l'axone a effectué une repousse au-delà
de la section, la lésion est réparée. (C) La
régénération est plus efficace quand le
nerf est écrasé que lorsqu'il est coupé. La
photo de droite montre un nerf écrasé,
adjacent à celui qui a été coupé et
photographié en B. Les axones qui
restaient ont récupéré beaucoup plus
rapidement et la régénération est
beaucoup plus importante à l'endroit de
l'écrasement. (Photos extraites de Pan et
al., 2003.)

un rôle dominant en assurant un milieu cellulaire et moléculaire propice à la régénération.

Lorsqu'un axone périphérique est coupé, il y a dégénérescence du segment axonique distal ; lorsque l'axone est simplement écrasé, la récupération est plus rapide, car le segment distal endommagé sert de guide pour la régénération de la partie proximale de l'axone (Figure 25.4). Dans le cas d'un axone complètement coupé, seules les cellules de Schwann de la portion distale du nerf ainsi que les composants de la lame basale sécrétés par l'axone sont là pour stimuler et guider la régénération (Figure 25.5). Les molécules impliquées comprennent la laminine, la fibronectine et quelques autres insérées dans une matrice extracellulaire. La matrice extracellulaire, qui occupe les espaces séparant les expansions des cellules de Schwann, forme une sorte de conduit pour les axones qui régénèrent. Les restes du tronçon périphérique distal, appelés bandes de Büngner, sont composés d'un alignement relativement continu de cellules de Schwann, d'éléments de la matrice, de cellules immunitaires et de tissu conjonctif. La matrice extracellulaire associée, avant la lésion, aux faisceaux d'axones du nerf (ce qu'on appelle improprement lame basale, un nerf périphérique n'étant pas vraiment un épithélium) est plus ou moins en continuité avec la cible de l'axone. En conséquence, une réapposition soigneuse du segment proximal et du segment distal du nerf facilite une régénération précise et une meilleure récupération fonctionnelle, spécialement pour le toucher précis et les mouvements fins (les fonctions épicritiques de Henry Head ; voir ci-dessus).

De fait, cette réapposition chirurgicale, réalisée aujourd'hui avec des techniques microscopiques, reste la technique thérapeutique principale en cas de lésion d'un nerf périphérique. Les axones qui régénèrent expriment des intégrines (voir Figure 23.3), grâce auxquelles se fait la reconnaissance de la matrice et des signaux intracellulaires ultérieurs qui favorisent la croissance. Si la lésion est d'une étendue telle qu'il n'y a plus de partie distale du nerf que l'on puisse rabouter, de nouvelles cellules de Schwann peuvent être produites par des précurseurs de cellules de Schwann subsistant dans la partie proximale du nerf lésé. Les nouvelles cellules peuvent alors constituer un environnement propre à entretenir la croissance d'un cône de croissance qui se sera reformé à partir du bout de l'axone. Néanmoins, l'absence d'un tronçon distal à proximité bride la régénération, la rend imprécise et diminue considérablement la récupération fonctionnelle.

Outre les molécules de la matrice extracellulaire, les facteurs que produisent les cellules de Schwann et qui facilitent la régénération comprennent beaucoup des molécules censées participer au guidage et à la croissance de l'axone lors du développement précoce. Les cellules de Schwann font augmenter la quantité de molécules d'adhérence cellulaire telles que la N-CAM, L1 et la N-cadhérine (voir Figure 23.3). Les axones qui régénèrent doivent donc exprimer à leur surface les molécules d'adhérence cellulaire complémentaires. Les cellules de Schwann proches de la lésion augmentent

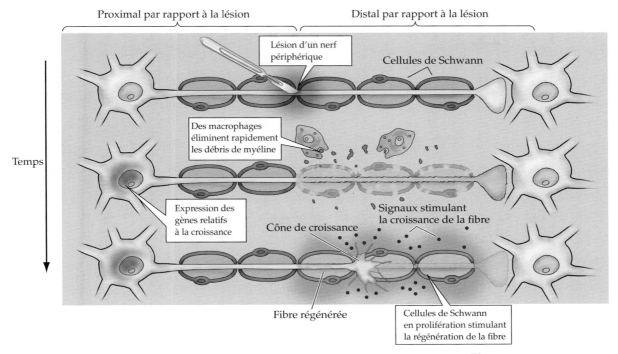

Proximal par rapport à la lésion   Distal par rapport à la lésion

Lésion d'un nerf périphérique

Cellules de Schwann

Temps

Des macrophages éliminent rapidement les débris de myéline

Expression des gènes relatifs à la croissance

Cône de croissance

Signaux stimulant la croissance de la fibre

Fibre régénérée

Cellules de Schwann en prolifération stimulant la régénération de la fibre

Figure 25.5

Réponses cellulaires et moléculaires stimulant la régénération d'un nerf périphérique. La cellule de Schwann joue un rôle essentiel dans ce processus. Après que les macrophages ont éliminé les débris du segment périphérique en cours de dégénération, les cellules de Schwann prolifèrent, expriment des molécules d'adhérence à leur surface et sécrètent des neurotrophines et d'autres molécules signaux qui stimulent la repousse. Parallèlement, le corps cellulaire de l'axone qui régénère, exprime des gènes qui remettent cet axone en état de croissance. Les produits géniques sont souvent des récepteurs ou des molécules de transduction du signal qui permettent au neurone de répondre aux facteurs émanant de la cellule de Schwann.

l'expression et la sécrétion d'un certain nombre de neurotrophines comme le BDNF (considéré comme essentiel pour la croissance des axones moteurs). Après une lésion, l'expression des récepteurs de neurotrophines Trk et P75 augmente sur les cônes de croissance néoformés des axones périphériques qui régénèrent. Il est vraisemblable que la présence locale de neurotrophines agit à la fois pour favoriser la repousse des axones endommagés (effets trophiques) et pour définir les cibles, distales par rapport à la lésion, vers lesquelles doit se faire la croissance (effets chimiotropes). De plus il faut que des changements de l'expression des gènes remettent l'actine et le cytosquelette des microtubules dans un état «de croissance», pour que le cône de croissance puisse avoir des mouvements d'orientation et que l'axone puisse s'allonger. Certains des gènes qui sont remis en marche étaient impliqués dans la croissance de l'axone au cours du développement. C'est ce que l'on voit avec la GAP43, protéine associée à la croissance de l'axone (*Growth Associated Protein-43*) que l'on trouve normalement dans les axones en croissance chez l'embryon, mais aussi, et en grande quantité, après axotomie, lors du démarrage de la repousse périphérique sous l'effet d'une réactivation des gènes. Il faut enfin qu'un grand nombre de mécanismes de signalisation qui modulent le cytosquelette et qui ont dirigé la croissance de l'axone lors du développement soient réactivés pour les besoins de la régénération.

Les cellules de Schwann et le milieu qu'elles créent sont les facteurs dominants qui favorisent la régénération des axones périphériques. En conséquence, il semble possible que l'environnement des nerfs périphériques ait la capacité de favoriser la repousse des axones du système nerveux central. Si des axones du nerf optique ou de la moelle épinière sont coupés (rappelons que le nerf optique et la rétine, bien que physiquement à la périphérie, font en réalité partie du système nerveux central) et que les segments proximaux sont mis en contact avec un greffon de nerf périphérique qui offre cellules de Schwann, lame basale et tissu conjonctif, tous composants qui permettent normalement la régénération d'un nerf périphérique, ces axones vont croître sans problème dans le greffon. Certains pourront même former des synapses avec le territoire cible auquel l'extrémité distale du greffon est connectée (Figure 25.6). Ce genre d'observation montre que les cellules de Schwann forment, dans la gaine du nerf périphérique, un environnement particulièrement propice au démarrage et au maintien de la repousse d'axones adultes endommagés projetant vers la périphérie ou restant dans le

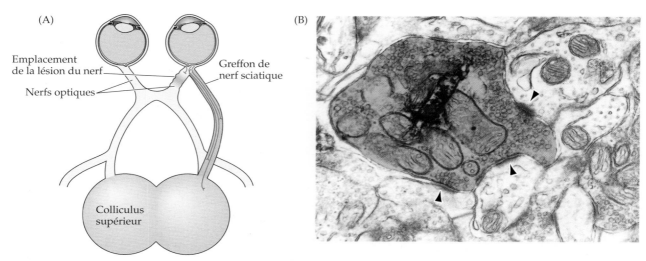

(A)

Emplacement
de la lésion du nerf

Nerfs optiques

Greffon de
nerf sciatique

Colliculus
supérieur

(B)

Figure 25.6

Les gaines des nerfs périphériques et les cellules de Schwann ont des propriétés stimulatrices de la croissance facilitant la repousse des axones endommagés du SNC. (A) Des axones du nerf optique sont sectionnés et leur extrémité est mise au contact d'un greffon de nerf périphérique. Les axones, qui normalement ne régénèrent pas (bien que physiquement situés à la périphérie, ils font intégralement partie du système nerveux central), se mettent à repousser dans le greffon de nerf périphérique jusqu'au colliculus supérieur, cible normale des cellules ganglionnaires. (B) Les axones régénérés forment des synapses avec leurs cibles du colliculus supérieur. Le matériel opaque aux électrons indiqué par les pointes de flèches est un traceur transporté par voie intracellulaire, identifiant les terminaisons synaptiques marquées comme émanant d'un axone rétinien régénéré. (A d'après So et Aguyao, 1985 ; B d'après Bray et al., 1991.)

système nerveux central. Pourquoi tous ces phénomènes si utiles ne se produisent-ils pas normalement dans le système nerveux central ? Cette question essentielle, à laquelle nous n'avons toujours pas de réponse, sera examinée plus loin dans ce chapitre.

La régénération des synapses périphériques

L'allongement des axones des neurones sensoriels, moteurs ou végétatifs matures n'est que la première étape de la régénération des nerfs périphériques. L'événement suivant, capital pour une bonne récupération fonctionnelle, est la réinnervation des tissus cibles appropriés et le rétablissement des connexions synaptiques. Ce processus doit se faire pour les trois catégories d'axones périphériques (sensoriels, moteurs et végétatifs) ; toutefois, c'est au niveau de la jonction neuromusculaire et du système végétatif périphérique (Encadré 25A) qu'il a été étudié de la façon la plus complète. Compte tenu de la facilité relative avec laquelle on peut identifier les sites synaptiques des fibres musculaires, la régénération de la jonction neuromusculaire a été étudiée en grand détail (Figure 25.7A, B). La possibilité de déterminer les principaux constituants moléculaires – matrice extracellulaire de la synapse, récepteurs postsynaptiques et protéines apparentées – donne des indications sur la stabilité d'un site synaptique privé d'innervation à la suite d'une lésion, et sur les changements qui accompagnent la réinnervation.

Lorsque des fibres musculaires sont dénervées, les sites des synapses neuromusculaires originelles restent intacts pendant des semaines. Au niveau de ces sites ou à proximité, un grand nombre de molécules informatives sécrétées voient leur quantité augmenter ou diminuer, tant dans les cellules musculaires que dans les cellules de Schwann voisines des plaques motrices dénervées (Figure 25.7C). Vraisemblablement, les neurotrophines dont l'expression s'accroît au niveau de la jonction neuromusculaire dénervée (le NGF et le BDNF) augmentent les signaux trophiques et chimiotropes nécessaires à la reprise de la reconnaissance et de la synaptogénèse. Celles dont la quantité décroît (la NT3 et la NT4) peuvent être plus importantes pour l'entretien des synapses en place. En diminuant, elles peuvent permettre que les sites synaptiques dénervés ne soient pas réfractaires à l'innervation par un axone régénéré nouvellement arrivé.

Le regroupement des récepteurs de l'acétylcholine qui caractérise la spécialisation de la membrane postsynaptique subsiste également, de même que l'échafaudage local de protéines qui ancre les récepteurs de l'ACh sur les spécialisations synaptiques des fibres musculaires. La neuréguline, un facteur sécrété impliqué dans le démarrage du regroupement des récepteurs (voir Chapitre 23), subsiste elle aussi sur le site de la synapse dénervée. De plus, les composants de la matrice extracellulaire propres à la portion synaptique de la lame basale du muscle restent en place lorsque des fibres musculaires matures sont dénervées. Cette matrice comporte des formes spécialisées

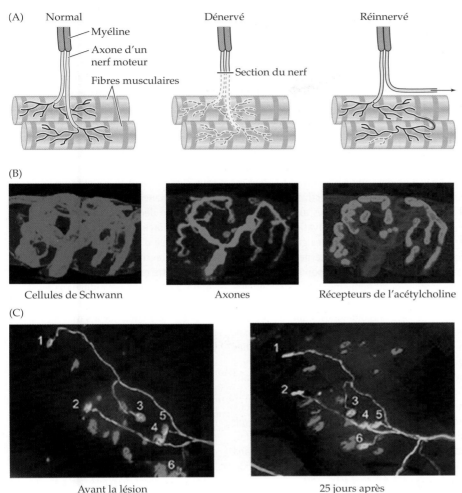

(A) Normal — Myéline — Axone d'un nerf moteur — Fibres musculaires Dénervé — Section du nerf Réinnervé

(B) Cellules de Schwann Axones Récepteurs de l'acétylcholine

(C) Avant la lésion 25 jours après

Figure 25.7

Réinnervation de muscles après lésion d'un nerf moteur périphérique. (A) Schéma montrant la dégénérescence du segment distal d'un axone moteur, sa repousse et la persistance de la spécialisation synaptique à la surface du muscle, pendant la période de dénervation. (B) Composantes cellulaires ordinairement présentes à la jonction neuromusculaire. Lorsque l'axone dégénère, les cellules de Schwann et les récepteurs de l'acétylcholine (AChR) restent en place. (C) Images, obtenues sur une souris vivante, du pattern de réinnervation d'un muscle avant et 25 jours après une lésion du nerf moteur. Les spécialisations postsynaptiques de la jonction neuromusculaire de chaque fibre musculaire sont marquées en rouge (pour les AChR). L'axone est repéré par sa fluorescence verte ; il forme six synapses sur six fibres musculaires. Vingt-cinq jours plus tard, il a réinnervé les six sites selon un pattern de base semblable à celui qui existait avant la lésion. (B d'après Pitts et al., 2006 ; C d'après Nguyen et al., 2002.)

de laminine (laminine S ou synaptique) que l'on trouve normalement aux synapses neuromusculaires, ainsi que des molécules ordinairement liées à la matrice (dont l'acétylcholinestérase, qui dégrade l'ACh). Il est également probable que la matrice maintient en place et concentre les facteurs de croissance que des cellules de Schwann périsynaptiques spécialisées sécrètent sur le site de la synapse lors d'une dénervation. Dans ces conditions, cette région hautement organisée de la membrane basale détermine le site de la réinnervation, en coopération avec les cellules de Schwann et les protéines réceptrices postsynaptiques. D'ailleurs, même si la fibre musculaire a été éliminée, les axones moteurs reconnaissent ces sites spécialisés de la lame basale comme les emplacements les plus favorables pour une réinnervation.

La spécificité moléculaire ne forme cependant qu'une partie des instructions nécessaires au rétablissement des synapses après la régénération d'un nerf périphérique. La restauration fonctionnelle après lésion d'un nerf périphérique exige également l'intervention de processus dépendants de l'activité, semblables à ceux qui, lors du développement, éliminent l'innervation polyneuronale aux synapses neuromusculaires (voir Chapitre 24). La réinnervation de cibles spécifiques présente un degré non négligeable d'imprécision, comme on peut s'en rendre compte d'après la description que fait Henry Head de la lenteur et de l'imprécision de la récupération des fonctions sensorielles et motrices fines. Ce résultat a été confirmé par des travaux récents qui ont suivi les progrès de la réinnervation après lésion expérimentale de nerfs moteurs périphériques chez des animaux adultes (voir Figure 25.7B) : la régénération peut reproduire assez

ENCADRÉ 25A *Régénération spécifique des connexions synaptiques dans les ganglions végétatifs*

Pendant plus d'un siècle, la régénération neurale a fait l'objet d'études détaillées dans le système végétatif périphérique. Son accessibilité et les propriétés régénératives de ses axones périphériques se prêtent en effet à des investigations relativement faciles. La plupart de ces recherches ont été faites sur le système sympathique des mammifères. Comme les autres axones périphériques, les fibres sympathiques préganglionnaires régénèrent après section. Vers le fin du dix-neuvième siècle, le physiologiste britannique John Langley, travaillant à l'Université de Cambridge, constata que les réponses des organes terminaux sympathiques (constriction des vaisseaux sanguins, piloérection et dilatation pupillaire) reprenaient quelques semaines après une section du nerf préganglionnaire innervant le ganglion cervical supérieur. Comme le montre la figure A, l'innervation normale de ce ganglion sympathique présente, comme celle de tous les autres, une organisation sélective : les axones préganglionnaires originaires de différents segments spinaux innervent des catégories fonctionnelles particulières de neurones du ganglion. Langley observe qu'après la réinnervation, les réponses des organes terminaux étaient organisées comme elles l'étaient auparavant ; c'est ainsi que la stimulation de T1 activait une constellation particulière d'organes terminaux largement distincts de ceux qu'activait la stimulation de fibres préganglionnaires issues de T4. Des expériences modernes ont confirmé les observations de Langley et montré en outre que le pattern normal d'innervation déterminé par enregistrement intracellulaire est effectivement rétabli après régénération des axones préganglionnaires. La réinnervation sélective a également lieu dans les ganglions parasympathiques. Dans le ganglion ciliaire du poulet, il y a deux populations de cellules anatomiquement et fonctionnellement distinctes : les cellules ciliaires et les cellules choroïdiennes. Étant donné que ces deux types de neurones ganglionnaires peuvent être identifiés et distingués les uns des autres, et qu'ils sont innervés par des fibres préganglionnaires ayant des vitesses de conduction différentes, on peut se demander si ces deux populations sont réinnervées par des fibres de la même classe que celles qui les innervaient initialement. On constate que, comme dans le système sympathique, la réinnervation rétablit des contacts appropriés.

La précision avec laquelle les différentes catégories de neurones sympathiques sont réinnervées est d'autant plus remarquable que les neurones ganglionnaires innervés par un segment spinal particulier (et qui innervent une cible spécifique) sont distribués plus ou moins aléatoirement au sein du ganglion. Cet arrangement implique que la reconnaissance entre éléments pré- et postsynaptiques se fasse au niveau des neurones cibles et que ceux-ci conservent une identité relativement permanente. L'une des façons de tester cette déduction consiste à transplanter différents ganglions de la chaîne sympathique d'un animal donneur à un animal hôte chez lequel les ganglions pourront être exposés, durant la réinnervation, à des fibres préganglionnaires issues du même ensemble de segments. On peut alors chercher à savoir si deux ganglions différents, normalement innervés par des ensembles d'axones distincts, vont être réinnervés par des axones émanant de segments spinaux différents.

Comme le montre la figure B, différents ganglions de la chaîne sympathique (dans le cas représenté, le ganglion cervical supérieur et le cinquième ganglion thoracique) sont effectivement discriminés par les fibres préganglionnaires du tronc sympathique cervical de l'hôte. Un ganglion cervical supérieur du donneur transplanté dans le tronc sympathique cervical est réinnervé d'une façon qui ressemble d'assez près à son innervation segmentaire

---

fidèlement le pattern originel ou se révéler passablement imprécise. L'imprécision est due non seulement à un mauvais appariement avec la cible, mais aussi au retour d'une innervation polyneurale des synapses neuromusculaires lors de la régénération et de la réinnervation. Une bonne partie de cette innervation finit par être éliminée, vraisemblablement par les mêmes mécanismes dépendants de l'activité qui sont à l'œuvre durant la période postnatale, où les axones surnuméraires disparaissent de la synapse en développement (voir Figure 23.10). Mais si, durant la régénération, on bloque l'activité électrique, soit de la fibre musculaire, soit du nerf afférent, l'innervation multiple des plaques motrices subsiste.

La régénération après lésion du système nerveux central

Le deuxième type de régénération consécutive à une atteinte du système nerveux central adulte (cerveau ou moelle épinière) comporte une stabilisation et une repousse des neurones et de leurs prolongements dans la région lésée. À l'exception des moto-

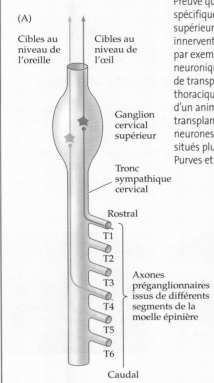

(A) Cibles au niveau de l'oreille / Cibles au niveau de l'œil

Ganglion cervical supérieur

Tronc sympathique cervical

Rostral

T1 T2 T3 T4 T5 T6

Axones préganglionnaires issus de différents segments de la moelle épinière

Caudal

Preuve que les connexions synaptiques entre les neurones de mammifères se forment selon des affinités spécifiques entre différentes catégories de cellules pré- et postsynaptiques. (A) Dans le ganglion cervical supérieur, des neurones préganglionnaires situés dans différents segments spinaux (T1, par exemple) innervent des neurones ganglionnaires qui projettent vers des cibles périphériques déterminées (l'œil, par exemple). La formation de ces relations synaptiques préférentielles indique que des affinités neuroniques sélectives sont un déterminant majeur de la connectivité neurale. (B) Dans une expérience de transplantation, les ganglions C8 (ganglion cervical supérieur ; contrôle) et T5 (cinquième ganglion thoracique) d'un cobaye donneur ont été transplantés à l'emplacement du ganglion cervical supérieur d'un animal hôte. Le graphique montre la réponse postsynaptique moyenne de neurones du ganglion transplanté, à la stimulation de différents segments spinaux. Bien qu'il y ait un recouvrement, les neurones des ganglions T5 transplantés sont manifestement réinnervés par un ensemble de segments situés plus caudalement que ceux qui réinnervent les neurones des ganglions C8 transplantés. (B d'après Purves et al., 1981.)

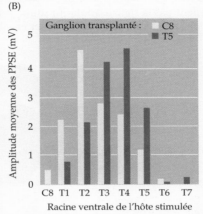

(B) Ganglion transplanté : C8 / T5

Amplitude moyenne des PPSE (mV)

Racine ventrale de l'hôte stimulée : C8 T1 T2 T3 T4 T5 T6 T7

tique qui influence l'innervation qu'ils reçoivent, confirmant la conception, proposée originellement par Langley, d'une « chémoaffinité » comme base de la sélectivité de l'innervation des cellules cibles (voir Chapitre 23).

Références

LANGLEY, J.N. (1897), On the regeneration of pre-ganglionic visceral nerve fibres. *J. Physiol. (Lond.)*, **22**, 215-230.

LANDMESSER, L. et G. PILAR (1970), Selective reinnervation of two cell populations in the adult pigeon ciliary ganglion. *J. Physiol. (Lond.)*, **211**, 203-216.

PURVES, D. et J.W. LICHTMAN (1983), Specific connexions between nerve cells. *Annu. Rev. Physiol*, **45**, 553-565.

PURVES, D., W. THOMPSON et J.W. YIP (1981), Reinnervation of ganglia transplanted to the neck from different levels of the guinea-pig sympathetic chain. *J. Physiol. (Lond.)*, **313**, 49-63.

originelle. En revanche, le cinquième ganglion thoracique, transplanté au même endroit, est réinnervé par un ensemble de segments qui chevauchent les segments innervant le ganglion cervical supérieur transplanté, mais qui sont situés plus caudalement que ceux qui constituent le tronc sympathique cervical. Cette innervation plus caudale est une bonne approximation de l'innervation segmentaire originelle du cinquième ganglion thoracique.

Ces résultats montrent que les neurones ganglionnaires possèdent une caractéris-

neurones de la moelle et du tronc cérébral, dont les axones projettent vers la périphérie et ont donc accès aux instructions permettant la réussite de la régénération (voir ci-dessus), la repousse des axones a une étendue bien moindre et la récupération fonctionnelle un niveau bien moins élevé dans les cas de lésion du système nerveux central. Cette faible repousse des axones du SNC, alors que les corps cellulaires demeurent intacts, rend compte dans une large mesure du pronostic médiocre que l'on peut porter après lésion du cerveau ou de la moelle.

Les atteintes du système nerveux central, sont généralement dues à l'une des trois causes suivantes. La première est un **traumatisme** physique externe (accident d'auto, blessure par balle, par exemple). La seconde est l'**hypoxie** ; le manque d'oxygène résulte généralement d'une diminution du flux sanguin (ischémie) provoquée par l'occlusion locale d'un vaisseau (ainsi lors d'un accident vasculaire cérébral ; voir l'Appendice) ou par une privation globale d'oxygène (en cas de noyade ou d'arrêt cardiaque, par exemple). La troisième est une **maladie dégénérative** (comme la maladie d'Alzheimer ou la sclérose latérale amyotrophique). Ces trois causes ont pour conséquence la mort d'un certain nombre de neurones, soit immédiatement, soit progressivement. Dans le cas d'un traumatisme physique ou d'une hypoxie sévère, la mort des neurones survient rapidement. Quand la blessure est moins grave, quelques neurones peuvent survivre et il peut y avoir un certain degré de croissance locale. Vu les faibles capacités de régénération des axones centraux, la clé de la récupération d'une atteinte cérébrale est à chercher dans les événements cellulaires complexes dont relève la survie des neurones (voir Chapitre 23) qui n'ont pas péri immédiatement et dont les prolongements restent relativement intacts.

Réactions cellulaires et moléculaires aux lésions cérébrales

Deux raisons principales expliquent les différences entre la réussite de la régénération au niveau périphérique et son succès limité dans le SNC. Tout d'abord, les atteintes du tissu cérébral ont tendance à enclencher les mécanismes qui entraînent la mort, par nécrose et apoptose, des neurones dont les prolongements ont été sectionnés. En second lieu, les modifications qui surviennent dans les neurones de la région lésée ne reprennent pas la signalisation qui soutient la croissance au cours du développement embryonnaire. Au lieu de cela, se met en place une combinaison de prolifération et

(A)

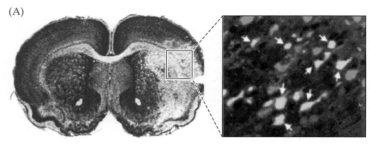

(B)

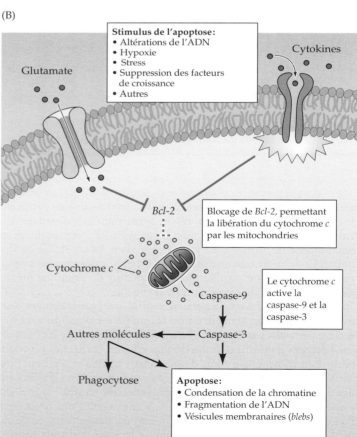

Figure 25.8

Conséquences d'une hypoxie/ischémie du cerveau des mammifères. (A) Coupe du cerveau d'une souris de 7 jours ayant subi un pincement temporaire de la carotide. On a utilisé la coloration de Nissl pour mettre en évidence les corps cellulaires (voir Chapitre 1). La zone claire (à coloration faible ou inexistante) montre le territoire dans lequel cette brève privation d'oxygène a endommagé les neurones ou provoqué leur mort. Dans l'image à plus fort grossissement, les neurones ont été colorés pour révéler le marqueur neuronique Neu-N (en rouge) ainsi que la caspase-3 activée indiquant les neurones en cours d'apoptose. Modèle du principal mécanisme de l'apoptose des neurones lésés. L'apoptose peut être déclenchée par l'exotoxicité due à un excès de glutamate, ainsi que par la liaison de cytokines inflammatoires aux récepteurs de la membrane du neurone. De plus l'apoptose peut être déclenchée par la perte des connexions du neurone avec sa cible et par la privation du soutien trophique qui en résulte. La présence de ces stimulus et même d'un seul d'entre eux bloque le gène antiapoptose *Bcl-2*. Le cytochrome *c* est alors libéré par les mitochondries et active la caspase-3 qui, en provoquant le clivage de certaines protéines intracellulaires, oblige les cellules à mourir par apoptose.

de croissance gliale avec activité de la microglie, dont les fonctions immunitaires entraînent une inflammation locale. Tout ceci empêche la croissance de l'axone et inhibe la régulation positive des molécules inhibitrices de croissance, apparentées aux facteurs chimiorépulsifs qui influencent le trajet de l'axone durant le développement embryonnaire. Une fois encore, il est fondamental de connaître la raison de ces phénomènes inhibiteurs si l'on veut comprendre pourquoi la régénération ne parvient pas à réussir dans le cerveau.

L'une des différentes les plus frappantes entre les conséquences des atteintes des neurones cérébraux et celles des neurones périphériques est l'ampleur de la mort neuronique quand le cerveau est directement touché. Dans le système nerveux central, la mort de neurones survient quelle que soit la nature de l'atteinte, traumatique, hypoxique ou dégénérative. C'est dans les cas d'hypoxie due à une occlusion vasculaire (accidents vasculaires cérébraux, asphyxie, par exemple) qu'elle a été le plus étudiée. La région hypoxique présente une perte manifeste de neurones. Là où il y a perte de neurones, il y a aussi un surcroît d'activation de la **caspase-3**, enzyme qui, lorsqu'elle est activée, entraîne la mort cellulaire par **apoptose** (Figure 25.8B). Ce mécanisme régulé génétiquement peut être déclenché par privation d'un facteur de croissance, par hypoxie, par lésion de l'ADN et autres stress cellulaires. La section d'un axone est probablement capable de provoquer la privation d'un facteur de croissance en supprimant la cible qui alimentait le corps cellulaire. On a suggéré que les lésions de l'ADN et les stress cellulaires (notamment les altérations du métabolisme oxydatif) pouvaient être la cause de certaines maladies neurodégénératives.

L'une des sources principales de stress cellulaire est l'excès de stimulation glutamatergique provoquée par des bouffées d'activité anormale consécutives à des atteintes cérébrales localisées. Cette hyperstimulation peut également provenir de l'activité paroxystique de foyers épileptogènes. Cette activité excessive et ses conséquences sont désignées sous le nom d'excitotoxicité et si on n'arrive pas à les contrôler, elles peuvent entraîner la mort des neurones (voir Encadré 6D). Après une lésion ou une crise, des quantités excessives de neurotransmetteurs sont libérées. Cette augmentation de la signalisation modifie l'efficacité des membres de la famille Bcl-2 de molécules antiapoptotiques, qui s'opposent normalement aux altérations des fonctions mitochondriales induites par le stress oxydatif. La diminution de l'activité de *Bcl-2* permet une libération de cytochrome *c* par les mitochondries. Une fois dans le cytoplasme, le cytochrome *c* facilite le clivage de la caspase-3, qui active cette enzyme. La caspase-3 activée peut alors provoquer la fragmentation de l'ADN nucléaire ainsi que des modifications de la membrane et du cytosquelette et, pour finir, la mort cellulaire (Figure 25.8.B). L'un des facteurs prépondérants qui déterminent les effets à long terme des lésions du tissu nerveux adulte est donc le degré d'activation de l'apoptose quelles induisent.

Comme le laissent penser les phénomènes survenant dans le système nerveux périphérique, les cellules gliales qui se trouvent à l'endroit de la lésion contribuent aux processus dégénératifs et régénératifs consécutifs à l'atteinte cérébrale. Les trois catégories de glie – astrocytes, oligodendroglie et microglie – présentent des altérations de leurs propriétés après une lésion cérébrale (Figure 25.9). En outre, la glie semble moins sensible aux stimulus qui résultent de l'apoptose. La plupart des lésions cérébrales causent une prolifération limitée des précurseurs gliaux par ailleurs quiescents, mais une croissance intense des cellules gliales présentes au sein et alentour du site de la lésion. Ces réactions provoquent la formation d'une cicatrice gliale, mentionnée plus haut, avec augmentation de la sécrétion de diverses molécules signaux, parmi lesquelles le facteur de croissance transformant (TGF), le facteur de croissance des fibroblastes (FGF), le facteur de nécrose tissulaire alpha (TNF-α), des interleukines, de l'interféron-γ, et du facteur de croissance de type insulinique-1 (IGF-1). À noter également la présence de **cytokines**, qui, pour la plupart, ont des rôles de signalisation dans le système immunitaire. Selon la nature de la cellule cible (neurone ou glie), ces signaux vont, soit favoriser la mort cellulaire et la phagocytose (voir Figure 25.8B), soit servir de signaux protecteurs pour les neurones qui subsistent. Selon la nature de la lésion et le temps écoulé depuis qu'elle a eu lieu, la **glie réactive** modifie les relations entre les neurones qui restent et l'environnement glial ou alors elle devient le type cellulaire prédominant dans la région lésée : elle remplace les neurones disparus et leurs prolongements dégénérés et forme à la longue une cicatrice gliale.

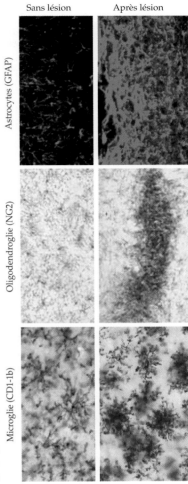

Sans lésion   Après lésion

Astrocytes (GFAP)

Oligodendroglie (NG2)

Microglie (CD1-1b)

Figure 25.9

Réaction des trois catégories principales de la glie du système nerveux central à une lésion locale des tissus. Dans chaque cas, il y a prolifération et modification de l'expression des molécules normalement associées à chaque catégorie. (En haut) Astrocytes marqués pour visualiser la protéine gliale fibrillaire acide (GFAP), avant et après lésion. (Au centre) La molécule NG2, présente en particulier dans le tissu cicatriciel glial, est visualisée ici dans des précurseurs des oligodendrocytes et dans des oligodendrocytes matures. (En bas) CD1-1b, marqueur de la microglie. (haut, d'après McGraw et al., 2001 ; centre, d'après Tan et al., 2005 ; bas, d'après Ladeby et al. 2005.)

La croissance des axones après une lésion cérébrale

Une conséquence malheureuse de la cicatrice gliale est d'empêcher l'axone de croître au-delà de l'endroit lésé. Les raisons de la formation de cette barrière ne sont pas claires. Outre l'obstacle physique évident qu'ils constituent, les astrocytes de la cicatrice gliale produisent diverses molécules susceptibles d'inhiber la pousse de l'axone. On trouve parmi elles la sémaphorine 3A, plusieurs éphrines et slit (voir Figures 23.4 et 23.5). Les récepteurs de ces diverses molécules font l'objet d'une régulation positive au niveau des cônes de croissance des axones qui approchent de la cicatrice gliale ; il s'ensuit des bourgeonnements anormaux de l'axone. Par ailleurs, les composants de la matrice qui inhibent la pousse de l'axone (particulièrement la ténascine et les protéoglycannes chondroïtine-sulfate) abondent dans les espaces extracellulaires de la cicatrice gliale. Au total, la réaction du tissu cérébral à une lésion focale est dominée par la prolifération et l'hypertrophie des cellules gliales ainsi que par les molécules chimiorépulsives ou inhibitrices de la croissance qu'elles expriment (Figure 25.10). Les spéculations vont bon train concernant les raisons pour lesquelles la réponse du SNC à une lésion inhibe la régénération. On a supposé par exemple que le cerveau mature favoriserait la stabilité des circuits et n'accepterait donc pas facilement une croissance et des changements généralisés. Ce genre d'hypothèse n'est guère facile à confirmer ou à infirmer.

L'une des grandes questions sans réponse concernant la biologie cellulaire et moléculaire de la réaction du système nerveux central à la lésion est la suivante : quelle est la part de l'oligodendroglie (qui est présente dans la cicatrice gliale ; voir Figure 25.9) dans l'échec de la régénération après une lésion cérébrale. (Cette question est en partie distincte des changements que présente l'oligodendroglie au cours des phases de démyélinisation et de remyélinisation des maladies auto-immunes telles que la sclérose en plaques). Plusieurs observations suggèrent que la myéline du cerveau, qui est produite par l'oligodendroglie, inhibe la pousse des axones, y compris leur capacité réduite à pousser sur des substrats où abondent les protéines associées à la myéline, telles que la glycoprotéine associée à la myéline (MAG). Il s'agit là d'une énigme, puisque la MAG est également produite par les cellules de Schwann, mais ne semble pas empêcher la régénération périphérique.

Le facteur le plus extraordinaire, toutefois, est une molécule du nom de **NogoA**. NogoA est exprimée sélectivement dans les cellules d'oligodendroglie et ne se trouve pas dans les cellules de Schwann. Au début des années 1990, Martin Schwab et ses collègues ont créé un anticorps polyclonal contre des protéines associées à la myéline des cicatrices gliales et trouvé que lorsqu'on l'appliquait localement sur une zone

Figure 25.10

Réponse cellulaire à une lésion du système nerveux central. En l'absence de cicatrices gliales, particulièrement importantes dans les longs faisceaux de fibres du cerveau, on observe une série de modifications à l'emplacement ou à proximité immédiate de la lésion, notamment : dégénérescence locale de la myéline et d'autres éléments cellulaires, élimination des débris par la microglie faisant office de cellules phagocytaires dans le SNC, production locale de facteurs inhibiteurs par les astrocytes réactifs, l'oligodendroglie et la microglie.

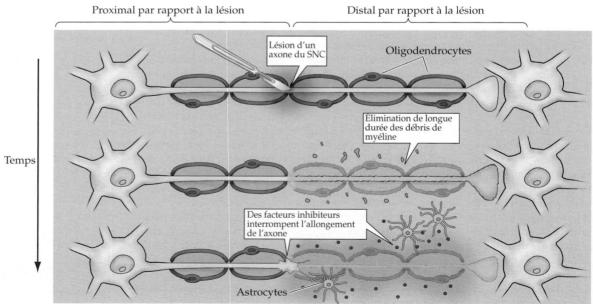

lésée, il pouvait déclencher la pousse d'un axone à travers la cicatrice gliale. Cet anticorps reconnaît également NogoA. Compte tenu des espoirs fondés sur l'identification d'un facteur inhibiteur dont le blocage permettrait d'améliorer la régénération des axones sur un long parcours au sein du SNC, NogoA est devenue un centre d'intérêt majeur des recherches sur la réparation du cerveau. Les travaux entrepris ont abouti à caractériser dans le détail NogoA et ses récepteurs, sans pour autant apporter beaucoup d'informations sur le rôle de cette molécule inhabituelle dans l'inhibition de la régénération et sur sa place dans des thérapies visant à accroître la régénération. Des expériences d'inactivation, chez la souris, du gène de NogoA ou du gène de son récepteur n'ont fourni aucun signe clair d'amélioration significative de la régénération dans l'étendue des sites lésés.

D'autres thérapeutiques, appliquées aux lésions de la moelle épinière, se sont révélées au mieux d'une efficacité limitée. Il y a quelques signes indiquant que les cellules gliales périphériques qui entretiennent en permanence la croissance des axones des neurones récepteurs olfactifs néoformés pourraient constituer un substrat relativement propice à la repousse des axones endommagés du SNC. Mais cette approche thérapeutique, comme la plupart de celles qui se fondent sur des données cellulaires et moléculaires obtenues sur des modèles animaux, reste à valider en clinique humaine.

Production et remplacement de neurones dans le cerveau adulte

Peu de questions des neurosciences modernes ont soulevé des débats aussi nombreux et aussi confus que la capacité du système nerveux adulte à produire de nouveaux neurones, particulièrement en cas d'atteinte aiguë ou dégénérative du tissu nerveux. Jusqu'à l'apparition, au début des années 1960, de techniques permettant de dater la naissance des neurones grâce à l'incorporation d'analogues de la thymidine tritiée dans les noyaux des cellules en division (voir Encadré 22F), il n'existait aucune méthode fiable pour déterminer l'étendue de la prolifération cellulaire et de l'activité mitotique dans le cerveau mature. De plus, l'expérience clinique, confortée par des décennies d'études sur des animaux porteurs de lésions cérébrales, ne laissait pas envisager de régénération importante de neurones cérébraux susceptibles de rétablir des connexions. Ceci valait tout particulièrement pour le cerveau des mammifères ; on avait cependant le sentiment que des vertébrés inférieurs (batraciens ou oiseaux notamment) avaient une capacité plus grande de neurogénèse en réaction à une lésion cérébrale et qu'ils admettaient une intégration plus massive d'axones et de dendrites nouveaux ou régénérés dans les circuits existants. Ceci fut établi clairement au début des années 1950, par plusieurs études anatomiques et comportementales qui évaluèrent la réinnervation du tectum optique de grenouille par des fibres rétiniennes après lésion du nerf optique et en examinèrent la rétinotopie (voir Chapitre 23). Mais ces travaux n'abordèrent pas la question de savoir si ce genre de réparation s'accompagnait de la production, de la différenciation et du maintien de nouveaux neurones.

Quand on put marquer les cellules qui entrent en mitose et suivre leur descendance, on aboutit à cette évaluation claire, bien que décourageante, des chances de voir nouveaux neurones s'ajouter au cerveau adulte des mammifères : il ne semble pas, tout simplement, qu'il y ait d'apport notable de neurones après la fin du développement pré- et postnatal. Bien que largement admise, cette conclusion a néanmoins suscité quelques réserves, dès le milieu des années 1960. Joseph Altman et ses collègues, alors au Massachusetts Institute of Technology observèrent, chez des rats et des cobayes ayant reçu des injections de thymidine tritiée à l'âge adulte, qu'un petit nombre de neurones en grains de l'hippocampe et du bulbe olfactif pouvaient être intensément marqués. Leur travail suggérait que ces interneurones inhibiteurs pouvaient s'être ajoutés au cerveau adulte en remplacement ou en supplément des cohortes produites au cours du développement embryonnaire. À cette époque, cependant, l'absence de marqueurs additionnels pouvant garantir l'identité neuronique des cellules marquées amenèrent certains chercheurs à conclure que les cellules nouvellement produites étaient en majorité, voire en totalité, des cellules gliales et non des neurones. Les techniques modernes ont permis de déterminer de façon plus précise et plus sûre l'identité de la descendance des cellules en mitose dans le cerveau adulte de nombreux vertébrés, et notamment de mammifères. Un niveau faible de prolifération gliale persiste durant toute la vie. Il est clair que les neurones différenciés qui existent, ne se dédifférencient pas et ne se divisent pas. En revanche, il existe dans le cerveau de différentes espèces, y compris l'espèce humaine, des emplacements particuliers où subsistent des cellules souches neurales. Une cellule souche neurale peut produire toutes les catégories de cellules du tissu neveux, à savoir des neurones, des astrocytes, des oligodendrocytes (voir Encadré 22A) ainsi que d'autres cellules souches. Apparemment, le système nerveux central mature de certains vertébrés peut fournir un environnement favorable à la persistance des précurseurs neuraux. L'abondance avec laquelle les cellules souches produisent des neurones pour remplacer ou augmenter les populations existantes dépend des espèces, des régions cérébrales et des conditions (croissance, variations saisonnières, lésions) qui influencent la neurogénèse dans les cerveaux adultes.

Neurogénèse adulte chez des vertébrés non mammifères

Les observations faites chez plusieurs espèces de vertébrés non mammifères, en particulier chez des poissons téléostéens, comme le poisson rouge, et chez des oiseaux chanteurs, comme le canari ou le diamant mandarin, ont apporté des arguments solides en faveur de la capacité de cerveaux adultes de vertébrés de produire de nouveaux neurones et de les intégrer dans des circuits fonctionnels régissant les comportements. L'un des premiers exemples d'une neurogénèse continue chez des vertébrés adultes a été fourni par le poisson rouge, chez lequel elle a été étudiée de manière exhaustive. Comme bien d'autres poissons, le poisson rouge connaît une croissance continue durant toute sa vie. À la croissance du corps correspond une croissance des organes sensoriels périphériques, l'œil notamment. Au début des années 1970, plusieurs chercheurs avaient constaté que la croissance de l'œil s'accompagnait de la production de nouveaux neurones rétiniens. Des travaux ultérieurs montrèrent que ces neurones étaient produits par un contingent de cellules souches formant un anneau autour de la bordure rétinienne (Figure 25.11A). Ces cellules peuvent produire toutes les catégories de cellules de la rétine du poisson rouge à l'exception des bâtonnets, qui sont produits par des cellules précurseurs distinctes (pour un rappel des catégories de cellules rétiniennes, voir le chapitre 11). Les nouveaux neurones s'intègrent à la rétine existante par anneaux, entre les cellules souches du pourtour et les cellules rétiniennes déjà différenciées, à la façon des cernes de croissance annuelle qui s'ajoutent au tronc des arbres. La plus grande part de la croissance de l'axone se fait le long de la matrice extracellulaire qui repose sur la membrane limitante gliale du nerf optique – l'équivalent des conduits de lame basale formés, à la périphérie, par les cellules de Schwann. Il peut se produire aussi, en réponse à une lésion du tissu rétinien existant, une régénération de toutes les catégories de cellules de la rétine. Toutefois, la façon dont s'opère cette réparation est, dans le détail, quelque peu différente de la production continue de nouveaux neurones. Pour surprenante que soit cette capacité d'ajouter de nouvelles cellules rétiniennes, l'augmentation du nombre des neurones du tectum optique pour faire face à ce surcroît d'innervation périphérique ne l'est pas moins. Ici, les nouveaux neurones ne constituent pas des anneaux successifs, mais des croissants qui s'ajoutent à l'arrière du tectum. Il s'ensuit que la géométrie de la neurogénèse adulte de la périphérie ne correspond pas à celle du cerveau. Il faut donc que la carte des projections sur le tectum, des nouvelles et des anciennes afférences rétiniennes, se réorganise en permanence. Les connexions doivent se faire, se défaire et se refaire pour maintenir le bon ordre de la carte rétinotopique au fur et à mesure de la croissance du poisson rouge. Cela fait beaucoup de remue-ménage dans les connexions synaptiques du tectum adulte du poisson rouge.

Plusieurs oiseaux chanteurs, dont le canari et le diamant mandarin, présentent eux aussi des exemples frappants de neurogénèse adulte. La neurogénèse continue a lieu dans plusieurs régions du cerveau de ces oiseaux, mais c'est dans les structures qui contrôlent la vocalisation et la perception du chant qu'elle a été étudiée de la façon la plus exhaustive (Figure 25.11B, voir aussi l'encadré 24B). Chez la plupart des oiseaux chanteurs mâles, ces régions manifestent en permanence des pertes et des gains de

(A)

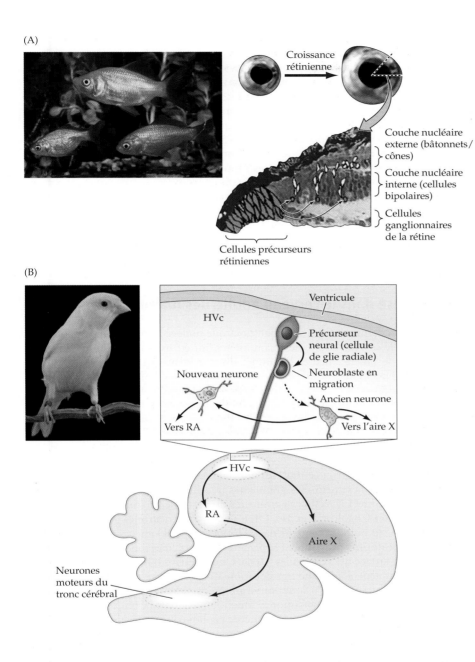

Croissance rétinienne

Couche nucléaire externe (bâtonnets/ cônes)

Couche nucléaire interne (cellules bipolaires)

Cellules ganglionnaires de la rétine

Cellules précurseurs rétiniennes

(B)

Ventricule

HVc

Précurseur neural (cellule de glie radiale)

Nouveau neurone

Neuroblaste en migration

Ancien neurone

Vers RA

Vers l'aire X

HVc

RA

Aire X

Neurones moteurs du tronc cérébral

Figure 25.11

Neurogénèse adulte chez les vertébrés non mammifères. (A) Moyennant un environnement favorable, les poissons téléostéens comme le poisson rouge, se développent tout au long de leur vie. La croissance du corps du poisson adulte va de pair avec la croissance des yeux et du cerveau. La croissance de la rétine se fait par adjonction de nouveaux neurones issus d'une population de cellules souches, répartie en anneau à l'extrême bord de la rétine (en rouge). Ces cellules souches donnent naissance à tous les types de cellules rétiniennes sauf les bâtonnets (qui proviennent de précurseurs présents dans les régions déjà différenciées de la rétine). (B) Au cours d'un processus de neurogénèse adulte continue, les oiseaux chanteurs, comme le canari, perdent et remplacent un nombre important des neurones des noyaux du cerveau antérieur contrôlant la production et la perception du chant. Ces noyaux de contrôle du chant comprennent la partie caudale du noyau ventral de l'hyperstriatum (HVc), le noyau robustus de l'archistriatum (RA) et l'aire X, équivalent du noyau caudé du cerveau des mammifères. Les corps cellulaires des neurones sont contigus à l'espace ventriculaire et leurs prolongements s'étendent dans le neuropile du noyau. Un contingent de neurones reste dans le noyau à mesure que de nouveaux neurones viennent s'ajouter ; Les neuroblastes migrent à partir de la zone ventriculaire le long des prolongements radiaires des cellules précurseurs, puis s'intègrent dans les circuits de neurones existants. (A d'après Otteson et Hitchcock, 2003, photo © Juniors Bildarchiv/Alamy ; B d'après Goldman, 1998, photo © Eric Isselée/istockphoto.com.)

neurones. Chez certains, le cycle de perte et de régénération suit les saisons de reproduction et est sous le contrôle des stéroïdes gonadiques (voir Chapitre 30) ; chez d'autres, il est permanent. Bien qu'on soit tenté de voir dans les nouveaux neurones le substrat d'une certaine flexibilité de l'apprentissage du chant ou de sa production, aucune preuve irréfutable ne confirme cette spéculation. D'ailleurs beaucoup d'oiseaux ont un chant très peu flexible, passée la période critique de son apprentissage, en dépit de l'ajout de nouveaux neurones. Indépendamment de la cinétique du phénomène et de ses conséquences comportementales, on estime qu'une grande proportion des neurones de plusieurs centres cérébraux de contrôle du chant est remplacée plusieurs fois dans la vie de ces oiseaux. Les nouveaux neurones sont issus de précurseurs qui se trouvent dans une région limitée du tissu nerveux, à proximité immédiate des ventricules latéraux du cerveau antérieur. Les corps cellulaires des cellules souches (ou précurseurs neuraux) se trouvent dans cette région et leurs prolongements radiaires s'étendent jusque dans les centres de contrôle du chant (Figure 25.11B). Ces cellules remplissent à la fois la fonction de précurseurs, produisant de nouveaux neurones par division asymétrique, et celle de guides qui forcent les nouveaux neurones à passer de la zone ventriculaire aux noyaux de contrôle du chant. À ce titre, elles ressemblent à la glie radiaire qui joue un rôle comparable durant la neurogénèse initiale du cerveau antérieur (voir Chapitre 22). Ces nouveaux neurones s'intègrent pour la plupart dans les circuits existants et présentent des caractéristiques concordant avec une contribution à la production et à la perception du chant. Néanmoins, un nombre non négligeable d'entre eux meurent avant de s'être complètement différenciés, ce qui laisse penser qu'ils ne trouvent pas nécessairement les supports trophiques et les facteurs dépendants de l'activité indispensables à leur survie. Si tel est le cas, ces phénomènes seraient semblables à ceux qui limitent le nombre des neurones lors du développement initial de nombreuses espèces. Une caractéristique essentielle de la neurogénèse adulte dans le cerveau des oiseaux est l'équilibre que l'on trouve toujours entre les neurones préexistants et durables et les neurones récemment ajoutés. Cet exemple frappant de neurogénèse adulte a donc lieu, lui aussi, dans le cadre d'une grande stabilité du cerveau mature.

Neurogénèse dans le cerveau adulte des mammifères

Au cours des dix dernières années, les questions que soulève la production de nouveaux neurones dans le cerveau adulte des mammifères ont été examinées (ou réexaminées) chez la souris, le rat, le singe et l'homme. Il est évident que la caractérisation des capacités de régénération continue dans des régions précises du SNC offrirait un modèle pour tenter de déclencher la régénération après une lésion cérébrale ou pour combattre les maladies dégénératives. Aujourd'hui, les résultats de ces divers réexamens paraissent tout à fait clairs. On ne voit de façon certaine de nouvelles cellules nerveuses que dans deux régions : (1) le bulbe olfactif, et (2) l'hippocampe (Figure 25.12). En plus de ces sites, il y a des preuves nettes que, à la périphérie, les neurones récepteurs olfactifs sont continuellement remplacés.

Dans le système nerveux central, les nouvelles cellules nerveuses sont principalement des interneurones : neurones granulaires et cellules périglomérulaires du bulbe olfactif (voir Chapitre 15), cellules granulaires du gyrus denté (ou gyrus dentatus) de l'hippocampe (voir Chapitres 8 et 31). On n'a observé de neurones projetant à longue distance ni dans le bulbe olfactif ni dans l'hippocampe. Dans ces deux régions, les interneurones néoformés proviennent apparemment de cellules souches, ou précurseurs, situés près de la surface des ventricules latéraux, non loin du bulbe ou de l'hippocampe (dans chaque cas cependant, une translocation à partir du site de la mitose finale est nécessaire ; voir ci-dessous). Quelques-unes, au moins, des nouvelles cellules nerveuses, s'intègrent dans des circuits synaptiques fonctionnels, mais la plupart des neurones néoformés meurent avant. Personne n'a encore expliqué la signification fonctionnelle de la restriction de la neurogénèse à ces deux seules régions, et les conséquences comportementales de cet ajout de cellules chez les mammifères ou d'autres animaux restent obscures. La mort de la plupart des neurones néoformés laisse penser que le cerveau des mammifères est biaisé en faveur de la stabilité et qu'il limite les possibilités d'adjoindre de nouveaux neurones aux circuits préexistants. Néanmoins, les cas où de nouveaux neurones sont produits dans quelques rares régions du cerveau adulte montrent que ce phénomène peut survenir dans le système nerveux central des mammifères.

Mécanismes cellulaires et moléculaires de la neurogénèse adulte

Dans les tissus qui régénèrent, comme l'intestin ou les poumons, les cellules souches occupent des emplacements spécifiques, ou **niches**. Il est probable qu'il y ait, dans la niche des cellules souches, un environnement local, formé de signaux sécrétés et de molécules de surface cellulaire, propice au maintien des cellules souches ainsi qu'à la

(A)

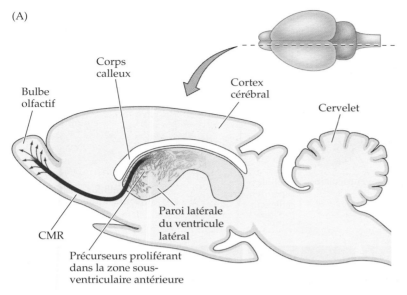

Corps
calleux

Bulbe
olfactif

Cortex
cérébral

Cervelet

CMR

Paroi latérale
du ventricule
latéral

Précurseurs proliférant
dans la zone sous-
ventriculaire antérieure

(B)

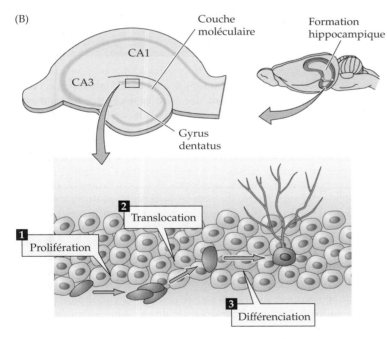

Couche
moléculaire

Formation
hippocampique

CA1

CA3

Gyrus
dentatus

1 Prolifération

2 Translocation

3 Différenciation

Figure 25.12

Neurogénèse dans le cerveau adulte des mammifères. (A) Des précurseurs neuraux situés dans le revêtement épithélial des ventricules latéraux antérieurs du cerveau antérieur (région appelée zone sous-ventriculaire antérieure) donnent naissance à des neuroblastes postmitotiques qui migrent vers le bulbe olfactif par un chemin particulier appelé coulée migratoire rostrale (CMR). Les neuroblastes qui migrent par la CMR vers le bulbe deviennent soit des cellules granulaires soit des cellules périglomérulaires du bulbe olfactif ; ces deux types de cellules ont des fonctions d'interneurones. (B) Dans l'hippocampe adulte, une population de précurseurs neuraux siège dans l'aspect basal de la couche des cellules granulaires du gyrus dentatus. Ces précurseurs donnent naissance à des neuroblastes postmitotiques qui vont subir une translocation les conduisant de l'aspect basal de la couche des cellules granulaires vers des niveaux plus apicaux. En outre, certains de ces neuroblastes forment des dendrites ainsi qu'un prolongement axonique local et deviennent apparemment des interneurones GABAergiques du gyrus dentatus. (D'après Gage, 2000.)

division et à la différenciation initiale des cellules qui vont reconstituer le tissu adulte. Dans le cerveau adulte des mammifères, les nouveaux neurones naissent dans les **zones sous-ventriculaires**, régions à forte densité cellulaire, adjacentes à la cavité ventriculaire des hémisphères cérébraux. Ces zones du cerveau de mammifère adulte sont tout à fait semblables aux zones neurogènes des vertébrés inférieurs (voir Figure 25.11). On peut isoler des cellules souches adultes non seulement de la zone sous-ventriculaire proche du bulbe olfactif (la zone sous-ventriculaire antérieure) et du gyrus denté (voir Figure 25.12), mais aussi des régions sous-ventriculaires du cervelet, du mésencéphale et de la moelle épinière. Lorsqu'elles sont mises en culture, ces cellules souches peuvent donner naissance à des neurones et à de la glie. Mais dans le cerveau, à part celles du bulbe olfactif et de l'hippocampe, les cellules souches ne semblent pas produire de nouveaux neurones s'intégrant dans les régions adjacentes du SNC.

Figure 25.13

La zone sous-ventriculaire antérieure du cerveau antérieur constitue une niche de cellules souches. (A) Section coronale d'un cerveau de souris montrant l'emplacement de la zone sous-ventriculaire antérieure dans la partie antérieure des ventricules latéraux. Le schéma montre la disposition des cellules à la surface du ventricule. Les cellules épendymaires ciliées forment une barrière épithéliale étanche séparant le liquide cérébrospinal du tissu cérébral. Immédiatement adjacentes se trouvent les cellules souches, dont les prolongements s'intercalent entre l'épendyme et les autres catégories de cellules. Ces cellules souches sont souvent situées à proximité de vaisseaux sanguins. Les cellules transitionnelles d'amplification se situent également dans cette région et les neuroblastes auxquels elles donnent naissance se regroupent tout près, avant de se coller à la glie qui les guidera au sein de la coulée migratoire rostrale. (voir Figure 25.14). (B) Isolement et multiplication *in vitro* de cellules souches neurales de la zone sous-ventriculaire antérieure. À gauche, une neurosphère, petite boule de cellules souches neurales et de cellules transitionnelles d'amplification formant un clone issu d'un seul progéniteur dissocié de l'épithélium de la zone sous-ventriculaire adulte. Les trois autres clichés montrent des types cellulaires différenciés originaires de la neurosphère. De gauche à droite de l'oligodendroglie, des neurones et des astrocytes. (A d'après Alvarez-Buylla et Lim, 2004 ; B d'après Councill et al., 2006.)

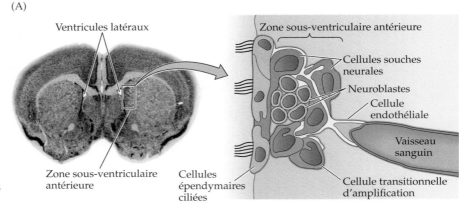

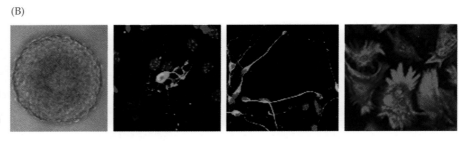

On trouve trois catégories de cellules dans les régions sous-ventriculaires du cerveau des mammifères : des **cellules souches neurales**, des **cellules transitionnelles d'amplification** et des **neuroblastes** (Figure 25.13). Une quatrième catégorie, les **cellules épendymaires**, forme une barrière épithéliale à la surface du ventricule. Les cellules souches neurales (également appelées *précurseurs neuraux multipotents*) ont les propriétés qui caractérisent des cellules souches des autres tissus : elles se divisent lentement et symétriquement et peuvent donner naissance à toutes les autres catégories cellulaires du tissu – dans le cas présent, neurones, astrocytes et oligodendroglie. De plus, comme les cellules souches des autres tissus on peut les isoler et les multiplier *in vitro* ; dans certaines conditions de culture, elles donneront chacune des principales catégories cellulaires que l'on trouve dans le tissu (Figure 25.13B).

Dans les zones sous-ventriculaires des mammifères, les cellules souches neurales ont beaucoup de propriétés semblables à celles des astrocytes ; elles expriment en particulier un grand nombre de molécules que l'on trouve dans les astrocytes. Ainsi, les cellules souches neurales multipotentes ont, comme c'est le cas dans le cerveau en développement, une identité apparente de glie plutôt que de neurone (voir Chapitre 22). On les trouve souvent, par ailleurs, à proximité immédiate de vaisseaux sanguins, ce qui suggère qu'elles peuvent être régulées par des molécules signaux aussi bien circulantes que locales. Cette proximité par rapport aux molécules signaux, indépendamment de leur mode de distribution, pourrait indiquer que ces cellules souches, de même que leurs homologues au cours du développement, utilisent une signalisation de cellule à cellule pour guider leur prolifération et leur différenciation. Il se peut également que les signaux circulants renseignent sur l'état physiologique général de l'animal, assurant de cette façon un lien entre la neurogénèse du cerveau adulte et les grands mécanismes homéostasiques.

Pour produire des cellules nerveuses et gliales différenciées, les cellules souches neurales doivent d'abord donner naissance à une catégorie de cellules précurseurs intermédiaires que l'on appelle généralement **cellules transitionnelles d'amplification**. Ces cellules gardent la capacité de se diviser ; toutefois, leurs cycles cellulaires sont beaucoup plus rapides que ceux des cellules souches et elles se divisent de façon asymétrique. À chaque division, une cellule transitionnelle d'amplification donne naissance à un blastocyte (neuroblaste ou glioblaste) postmitotique et à une autre cellule transitionnelle d'amplification qui recommence un cycle cellulaire pour une nouvelle

(A)

Coulée migratoire rostrale (CMR)

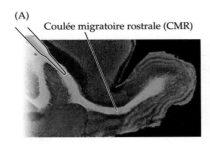

(B)

Neuroblastes   Matrice extracellulaire   Prolongements gliaux

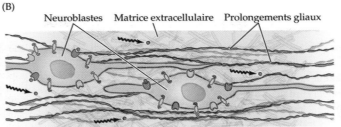

| Récepteurs intégrines | ErbB4 |
| Neuréguline | N-CAM |

(C)

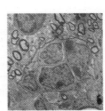

Figure 25.14

Les nouveaux neurones du cerveau adulte migrent le long d'une voie spécifique. (A) La coulée migratoire rostrale (CMR) peut être mise en évidence en injectant un traceur dans le ventricule latéral. Les cellules de la zone sous-ventriculaire absorbent le marqueur (voir Figure 25.13) et les cellules marquées pénètrent dans le tissu du cerveau antérieur en formant une coulée de neurones en migration. (B) Schéma de la CMR. Des prolongements gliaux (en rouge) forment des conduits pour les neurones en migration. La matrice extracellulaire associée à ces prolongements influence la migration par l'intermédiaire de divers composants que détectent les intégrines, récepteurs dont sont dotés les neurones. La neuréguline sécrétée influence pour sa part la motilité des neurones de la CMR par l'intermédiaire du récepteur de la neuréguline ErbB4. Enfin, la forme polysialyl de la molécule d'adhérence cellulaire neurale N-CAM, présente à la surface des neurones néoformés, facilite elle aussi la migration le long de la CMR. (C) Photographie en microscopie électronique montrant le conduit glial (en bleu) qui entoure les neurones néoformés en migration dans la CMR (en rose). (A, B d'après Ghashghaei et al., 2007 ; C d'après Alvarez Buylla et Lim, 2004.)

séquence de division asymétrique. Les cellules transitionnelles ne disposent que d'un nombre limité de divisions et leur potentiel de production de blastocytes postmitotiques finit par s'épuiser. Pour que la neurogénèse puisse continuer, il faut donc que le lot des cellules transitionnelles d'amplification se reconstitue à partir des cellules souches neurales. Les blastocytes n'ont plus la capacité de se diviser, mais ils acquièrent ordinairement celle de quitter la zone sous-ventriculaire pour gagner les régions du cerveau où se trouvent des neurones et des cellules gliales matures. Dans l'hippocampe cette distance est relativement courte et les cellules n'ont qu'un bref chemin à faire pour atteindre leur position définitive. En revanche, la distance est considérable pour celles qui doivent aller de la zone sous-ventriculaire antérieure jusqu'au bulbe olfactif. Il existe donc un chemin spécifique marqué par un contingent spécifique de cellules gliales pour faciliter leur migration. Le long de ce chemin, appelé **coulée migratoire rostrale** (Figure 25.14), les neuroblastes avancent dans des gaines tubulaires formées par les expansions allongées de cellules gliales. Dans cette coulée migratoire, comme dans les autres endroits de migration de neurones ou de croissance d'axones, la migration est facilitée par une matrice extracellulaire, probablement sécrétée par les cellules gliales. De plus, les cellules qui migrent expriment la forme polysialyl de la molécule d'adhérence cellulaire neurale N-CAM, qui active des interactions de cellule à cellule facilitant la migration. La migration dans la coulée migratoire rostrale est également influencée par des molécules signaux sécrétées. Dans ce cas, la neuréguline, qui influence également le guidage des axones et la formation des synapses à la périphérie, facilite la motilité par son interaction avec son récepteur Erb4. En bref, dans la coulée migratoire rostrale, diverses molécules d'adhérence et de signaux sécrétés régulés par le développement interviennent dans la migration de nouveaux neurones dans un tissu cérébral mature.

L'identification des molécules qui interviennent dans la neurogénèse adulte reste un des principaux centres d'intérêt des recherches actuelles sur la régénération et la réparation du cerveau adulte. L'hypothèse la plus attractive, et celle qui est le plus solidement étayée par les données disponibles, considère que les molécules signaux et les régulateurs de la transcription qui servent à caractériser les cellules souches neurales aux premiers stades du développement sont soit conservés, soit réactivés pour faciliter la neurogénèse chez l'adulte. En conséquence, un grand nombre des molécules signaux à fonctions inductives, décrites au chapitre 22 comme médiateurs de la spécification initiale des précurseurs neuraux et de leur descendance dans la plaque et le tube neuraux, sont également actives dans les zones sous-ventriculaires adultes. Ces molécules comprennent Sonic hedgehog, les membres de la famille du facteur de croissance des fibroblastes (FGF), les membres de la famille TGF-β, y compris les protéines morphogénétiques de l'os (BMP), et l'acide rétinoïque. De la même façon, beaucoup des molécules d'adhérence qui influencent la migration cellulaire au cours du développement cérébral (voir Figures 23.3-23.5) influencent aussi la migration des neurones néoformés, particulièrement ceux qui doivent gagner le bulbe olfactif en empruntant la coulée migratoire rostrale.

ENCADRÉ 25B *Armes nucléaires et neurogénèse*

La présence de stocks d'armes nucléaires dans un nombre croissant de nations a toujours été une lourde préoccupation pour les affaires mondiales. Il peut donc sembler surprenant que les essais nucléaires réalisés au plus fort de la guerre

(A) Changements du taux de ¹⁴C atmosphérique (à droite) et disponibilité de l'isotope pour une incorporation dans des neurones en cours de mitose, à différents moments entre 1955 (augmentation de la fréquence des essais nucléaires) et 1963 (signature du traité d'interdiction partielle des essais nucléaires). Les neurones produits entre 1963 et 1970, que ce soit (éventuellement) chez des adultes ou chez des individus dont la gestation et la naissance se situent dans cet intervalle de temps, doivent incorporer des quantités non négligeables de ¹⁴C dans l'ADN de leur noyau. (B) Les résultats de l'autopsie d'individus nés en 1952 ne montrent pas de neurones corticaux ayant des taux élevés de ¹⁴C ; aucun neurone n'a donc été produit dans des cortex adultes. Par contre, les individus nés en 1968 présentent des quantités importantes de neurones marqués par le ¹⁴C. De plus, dans les deux cas, le taux de ¹⁴C des neurones correspond au taux de ¹⁴C dans l'atmosphère au moment de leur gestation et de leur naissance. Les taux légèrement plus élevés pour les cellules non neurales chez les individus nés en 1952 et légèrement plus bas chez ceux qui sont nés en 1968 indiquent un remplacement régulier de ces cellules de sorte que la teneur en ¹⁴C est altérée par les synthèses successives d'ADN qui accompagnent chaque division cellulaire. (A d'après Au et Fischell, 2006 ; B d'après Bhardwaj et al., 2006)

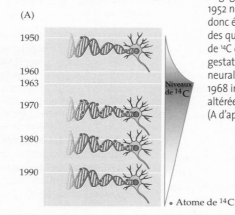

froide (du début des années 1950 à 1963) aient joué un rôle positif et inattendu pour mettre fin à l'une des controverses les plus aiguës des neurosciences.

Vers la fin des années 1990 s'établit un consensus sur la production graduelle et limitée de nouveaux neurones dans l'hippocampe et le bulbe olfactif du cerveau adulte de toutes les espèces de mammifères, y compris l'espèce humaine. Ce consensus, cependant, n'allait pas jusqu'à englober la question de l'apport de nouveaux neurones au cortex cérébral d'individus adultes. Si un nombre significatif de neurones nouveaux continuait effectivement de s'ajouter au cortex adulte, il conviendrait de réviser les notions admises de plasticité, d'apprentissage et de mémoire ; mais il s'ouvrirait également de nouvelles perspectives thérapeutiques concernant les dommages corticaux d'origine traumatique, hypoxique ou dégénérative. Vers le milieu des années 1990, plusieurs rapports, dont certains faisaient état d'expériences sur des primates non humains, suggérèrent qu'il pourrait y avoir un apport substantiel de nouveaux neurones dans le cortex adulte. Malgré le caractère non conventionnel et les implications excitantes de ces découvertes, plusieurs laboratoires différents eurent des difficultés à reproduire ces résultats surprenants et discutés. Ces divergences entraînèrent des prises de positions tranchées sans solution satisfaisante. Ce qui manquait, manifestement était un moyen indépendant de mesurer la neurogénèse

 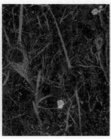 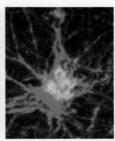

(C) Le cortex de patients ayant reçu de leur vivant de la BrDU a été traité *post mortem* pour mettre en évidence la BrDU ainsi que des marqueurs des neurones et de la glie. À gauche : un noyau marqué par la BrDU (en bleu) se différencie des cellules marquées par le marqueur neuronal Neu-N (en rouge). Au centre : même distinction entre les neurones, dont les neurofilaments sont marqués en rouge, et les cellules marquées en bleu par la BrDU. À droite : les cellules marquées par la protéine gliale fibrillaire acide (GFAP) coïncident avec les noyaux marqués par la BrDU, ce qui suggère que le cerveau adulte produit seulement des cellules gliales. (D'après Bhardwaj et al. 2006.)

dans le cortex adulte et, de préférence, chez l'homme.

Utilisant une méthodologie inédite – dans l'une des recherches les plus fructueuses de preuves d'armes de destruction massive – Jonas Frisen et ses collègues du Karolinska Institutet de Stockholm ont tiré parti des fluctuations du niveau des radio-isotopes atmosphériques liées aux essais nucléaires pour déterminer à quel moment de la vie d'un individu sont apparus les neurones de son cortex (voir Bhardwaj, 2006). Leur méthode repose sur la modification spectaculaire du taux normalement stable de carbone 14 (^{14}C) de l'atmosphère, qui s'est produite au cours d'une brève période, entre le milieu des années 1950 et le début des années 1960. Durant cet intervalle de temps, plusieurs pays ont effectué de multiples essais d'armes nucléaires et introduit ainsi de grandes quantités de radiations ionisantes qui ont presque doublé le taux de ^{14}C atmosphérique. Le traité d'interdiction partielle des essais nucléaires, signé en 1963, auquel la plupart des pays ont adhéré jusque récemment, mit brutalement fin à cette période terrifiante de l'histoire de l'humanité, et le ^{14}C atmosphérique diminua de façon exponentielle (Figure A).

Ce changement du taux de ^{14}C atmosphérique fournit une version naturelle des techniques expérimentales de détermination de la date de naissance des neurones, décrites dans l'encadré 22E. Au lieu d'avoir reçu une injection de thymidine tritiée ou de bromodésoxyuridine (BrDU), des individus d'âges différents se sont trouvés exposés naturellement au ^{14}C atmosphérique, qui a été incorporé à l'ADN synthétisé à ce moment-là. Ainsi, indépendamment de l'âge des sujets, les neurones corticaux nés entre 1955 et 1963 doivent avoir dans leur noyau un taux

plus élevé de ^{14}C que ceux qui ont été produits avant ou après cette fenêtre temporelle.

Pour déterminer une neurogénèse éventuelle par cette ingénieuse méthode, les chercheurs ont obtenu des échantillons prélevés, lors d'autopsies, sur des individus nés entre 1933 et 1973. On devait logiquement s'attendre, *s'il y avait effectivement une neurogénèse corticale adulte*, à trouver un nombre significatif de neurones marqués au ^{14}C chez les individus nés avant 1955, à cause de leur exposition à cet isotope à l'âge adulte. S'il n'y avait pas de neurogénèse adulte, seuls les individus nés durant (ou peu après) la période 1955-1963 devaient avoir des neurones marqués au ^{14}C. Pour s'assurer que seuls seraient pris en compte des neurones corticaux, les cellules du cortex ont été dissociées et exposées à un marqueur fluorescent spécifique des neurones. Elles ont ensuite été triées pour que l'on puisse comparer les neurones, marqués par fluorescence, et les cellules gliales ou de soutien (non neuroniques), non fluorescentes. Les taux de ^{14}C furent ensuite mesurés à l'aide d'un spectrographe de masse par accélérateur.

Les résultats furent très clairs : les individus nés avant 1955 n'avaient pas de neurones corticaux présentant des taux élevés de ^{14}C ; aucun neurone n'avait donc été produit dans leur cortex d'adultes (Figure B, en haut). Par contre, les individus nés après 1955, mais avant le retour des taux de ^{14}C à leur niveau de base, avaient des quantités appréciables de neurones marqués au ^{14}C ; en outre, le taux de ^{14}C de leurs neurones correspondait au taux atmosphérique au moment de leur gestation et de leur naissance (Figure B, en bas). Les différentes valeurs pour les cellules non neurales indiquent qu'elles sont régulièrement remplacées ; leur teneur

en ^{14}C diminue donc à cause de la dilution qu'entraînent les synthèses répétées d'ADN à chaque division cellulaire.

Pour étendre ce résultat, Frisen et ses collègues ont étudié un groupe de patients présentant des cancers de la peau et dont le traitement comportait des injections d'analogues de la thymidine tels que la BrDU. Ils examinèrent ensuite, *post mortem*, les cellules du cortex fortement marquées par la BrDU. La BrDU ne marque pas les neurones (reconnus par coloration du marqueur neuronal Neu-N) ni les neurofilaments propres aux neurones ; par contre, la BrDU marque les cellules gliales, reconnues par des anticorps dirigés contre la protéine gliale fibrillaire acide (Figure C). Cette observation, surtout si on la rapproche de l'étude du ^{14}C, est un argument puissant contre l'existence d'une neurogénèse appréciable dans le cortex cérébral adulte.

Références

Au, E. et G. Fishell (2006), Adult cortical neurogenesis : Nuanced, negligible, or nonexistent ? *Nature Neurosci.*, **9**, 1086-1088.

Bhardwaj, R.D. et 10 autres (2006), Neocortical neurogenesis in humans is restricted to development. *Proc. Natl. Acad. Sci. USA*, **103**, 12564-12568.

Gould, E., A.J. Reeves, M.S. Graziano et C.G. Gross (1999), Neurogenesis in the neurocortex of adult primates. *Science*, **286**, 548-552.

Koketsu, D., A. Mikami, Y. Miyamoto et T. Hisatsune (2003), Nonrenewal of neurons in the cerebral neocortex of adult macaque monkeys. *J. Neurosci.*, **23**, 937-942.

Kornack, D.R. et P. Rakic (2001), Cell proliferation without neurogenesis in adult primate neocortex. *Science*, **294**, 2127-2130.

Rakic, P. (2006), No more cortical neurones for you. *Science*, **313**, 928-929.

Neurogénèse adulte, cellules souches et réparation cérébrale chez l'homme

Les exemples d'ajout ou de remplacement de neurones, dans le cerveau adulte de poissons, d'oiseaux de souris et de rats, montrent clairement comment de nouveaux neurones peuvent être incorporés à des circuits préexistants, vraisemblablement pour préserver, remplacer ou augmenter certaines fonctionnalités. Dans la plupart des cas, la réaction à une lésion se fait par un remplacement graduel des neurones, alimenté sans doute, par une neurogénèse continue, de faible intensité, plutôt que par une reconstitution massive du tissu cérébral. Même chez les oiseaux chanteurs, la perte de neurones qui va de pair avec la neurogénèse se fait graduellement, et un certain nombre de neurones subsistent dans les centres de contrôle du chant, servant sans doute d'échafaudage pour guider les nouveaux neurones de la saison suivante vers la place qu'ils devront occuper. Les exceptions notables à cette règle sont, comme nous l'avons vu, la rétine du poisson rouge (où les nouveaux neurones s'ajoutent dans le cadre d'une croissance continue de l'œil et du cerveau) et l'épithélium olfactif de la plupart des vertébrés (où une lésion importante est réparée par la reconstitution de grandes quantités de neurones et de connexions).

Chez l'homme, bien que la capacité de remplacement des neurones d'un cerveau adulte soit limitée, elle a paru utilisable, moyennant les conditions appropriées, pour réparer un cerveau endommagé. La zone sous-ventriculaire tout entière offre un environnement favorable aux cellules souches neurales. Mais il n'y a, pour l'instant, aucun indice de neurogénèse adulte dans le cerveau humain, en dehors de l'hippocampe et du bulbe olfactif. Tous les éléments de preuve disponibles suggèrent que, dans le cortex cérébral adulte, il n'y a aucune neurogénèse (Encadré 25B) ; cette observation rend hautement improbable la possibilité d'une réparation par des cellules souches de circuits corticaux endommagés par les traumatismes, l'hypoxie ou les maladies dégénératives. On a essayé, chez un nombre relativement faible de patients souffrant de la maladie de Parkinson, des thérapies de remplacement cellulaire (voir Encadré 18A), mais l'efficacité globale de ces traitements s'est révélée limitée. De plus, on ne sait pas très bien dans quelle mesure on peut amener des cellules souches humaines complètement indifférenciées à adopter les caractéristiques des neurones dopaminergiques de la substance noire (ou de tout autre type de neurone) ainsi qu'un pattern approprié de connexions synaptiques. Au total, s'il y a bien une lueur d'espoir qu'une meilleure connaissance des processus de remplacement continu des neurones dans le cerveau adulte puisse déboucher sur une réparation de lésions cérébrales, le succès est encore loin d'être assuré.

Résumé

Il existe trois formes de régénération ou de réparation dans le système nerveux adulte. La première et la plus efficace est la repousse des axones périphériques sectionnés. Ils empruntent généralement les gaines nerveuses des axones disparus et rétablissent les connexions synaptiques avec les muscles, les organes sensoriels ou d'autres cibles. Durant cette régénération, des cellules de Schwann et d'autres cellules de soutien fournissent une large proportion des mêmes molécules qui, au cours du développement, interviennent dans le guidage initial des axones et dans la synaptogénèse. Le second type de réparation est beaucoup plus limité, qu'il s'agisse de bourgeonnement local ou d'allongement d'axones et de dendrites aux endroits du cerveau ou de la moelle épinière atteints par un traumatisme ou une maladie dégénérative. Les principaux obstacles à la réparation locale comprennent la mort des neurones endommagés à la suite de privation trophique ou d'autres stress, l'inhibition de la croissance par les cytokines libérées au cours de la réaction immunitaire à la lésion, et la formation d'une cicatrice gliale par hypertrophie massive des cellules gliales existantes à laquelle s'ajoute une prolifération gliale peu intense, à l'endroit de la lésion. Le rassemblement pathologique des corps cellulaires et des prolongements gliaux constitue une barrière infranchissable pour la croissance des axones, à cause, en partie, de la sécrétion par la glie d'un grand nombre des molécules qui, lors du développement, inhibent la croissance des axones et la formation des synapses. Le troisième type de réparation est représenté par la production continue de nouveaux neurones dans le cerveau adulte. Bien qu'il n'y ait aucune preuve d'un remplacement massif de neurones et de circuits dans le cerveau de la plupart des vertébrés, beaucoup d'espèces, dont l'espèce humaine, ont une capacité relativement modeste de remplacement des neurones. D'ordinaire, c'est dans le bulbe olfactif et dans l'hippocampe qu'a lieu la neurogénèse adulte chez la plupart des mammifères. Dans ces deux régions cérébrales, les nouveaux neurones sont produits par des cellules souches neurales qui subsistent en des emplacements restreints et spécifiques appelés niches. La plupart des molécules qui régulent la persistance, la prolifération et la différenciation des cellules souches neurales adultes et de leur descendance sont les mêmes que celles qui remplissent les mêmes fonctions au début du développement. Bien que cette capacité de production de nouveaux neurones par le cerveau adulte ait des perspectives limitées comme stratégie thérapeutique pour réparer les dégâts provoqués par des lésions ou des maladies dégénératives, elle continue de hanter l'imagination des patients et de leurs médecins et de motiver les efforts de nombreux chercheurs en neurosciences.

Lectures complémentaires

Revues

ALVAREZ-BUYLLA, A. et D.A. LIM (2004), For the long run : maintaining germinal niches in the adult brain. *Neuron*, **41**, 693-696.

BOYD J.G. et T. GORDON (2003), Neurotrophic factors and their receptors in axonal regeneration and functional recovery after peripheral nerve injury. *Mol. Neurobiol.*, **27**, 277-324.

CASE, L.C. et M. TESSIER-LAVIGNE (2005), Regeneration of the adult central nervous system. *Curr. Biol.*, **15**, 749-753.

DESHMUKH, M. et E.M. JOHNSON JR. (1997), Programmed cell death in neurons : Focus on the pathway of nerve growth factor deprivation-induces death of sympathetic neurons. *Mol. Pharmacol.*, **51**, 897-906.

GAGE, F.H. (2000), Mammalian neural stem cells, *Science*, **287**, 1433-1488.

GOLDMAN, S.A. (1998), Adult neurogenesis : From canaries to the clinic. *J. Neurobiol.*, **36**, 267-286.

JOHNSON, E.O., A.B. ZOUBOS et P.N. SOUCACOS (2005), Regeneration and repair of peripheral nerves. *Injury*, **36S**, S24-S29.

OTTESON, D.C. et P.F. HITCHCOCK (2003), Stem cells in teleost retina : Persistent neurogenesis and injury-induced regeneration. *Vision Res.*, **43**, 927-936.

SILVER, J. et J.H. MILLER (2004), Regeneration beyond the glial scar. *Nature Rev. Neurosci.*, **5**, 146-156.

SONG, Y., J.A. PANZER, R.M. WYATT et R.J. BALICE-GORDON (2006), Formation and plasticity of neuromuscular synaptic connections. *Int. Anesthesiol. Clin.*, **44**, 145-178.

TERENGHI, G. (1999), Peripheral nerve regeneration and neurotrophic factors. *J. Anat.*, **194**, 1-14.

WIELOCH, T. et K. NIKOLICH (2006), Mechanisms of neural plasticity following brain injury. *Curr. Opin. Neurobiol.*, **16**, 258-264.

Articles originaux importants

ALTMAN, J. (1969), Autoradiographic and histological studies of postnatal neurogenesis. IV. Cell proliferation and migration in the anterior forebrain, with special reference to persisting neurogenesis in the olfactory bulb. *J. Comp. Neurol.*, **136**, 269-293.

ALTMAN, J. et G.D. DAS (1967), Posnatal neurogenesis in the guinea-pig. *Nature*, **214**, 1098-1101.

BREGMAN, B.S., E. KUNKEL-BAGDEN, L. SCHNELL, H.N. DAL, D. GAO et M.E. SCHWAB (1995), Recovery from spinal cord injury mediated by antibodies to neurite growth inhibitors. *Nature*, **378**, 498-501.

DAVID, S. et A.J. AGUAYO (1981), Axonal elongation into peripheral nervous system « bridges » after central nervous system injury in adult rats. *Science*, **214**, 931-933.

EASTER S.S. JR et C.A. STUERMER (1984), An evaluation of the hypothesis of shifting terminals in goldfish optic tectum. *J. Neurosci.*, **4**, 1052-1063.

ERIKSSON, P.S. et 6 AUTRES (1998), Neurogenesis in the adult human hippocampus. *Nature Med.*, **4**, 1313-1317.

GOLDMAN, S.A. et F. NOTTEBOHM (1983), Neuronal production, migration, and differentiation in a vocal control nucleus of the adult female canary brain. *Proc. Natl. Acad. Sci. USA*, **80**, 2390-2394.

GRAZIADEI, G.A. et P.P. GRAZIADEI (1979), Neurogenesis and neuron regeneration and reconstitution of the olfactory sensory neurons after axotomy. *J. Neurocytol.*, **8**, 197-213.

HEAD, H. et W.H.R. RIVERS (1905), The afferent nervous system from a new aspect. *Brain*, **28**, 99-111.

KIM, J.E., S. LI, T. GRANDPRE, D. QIU et S.M. STRITTMATTER (2003), Axon regeneration in young adult mice lacking Nogo-A/B. *Neuron*, **38**, 187-199.

LOIS, C., J.M. GARCIA-VERDUGO et A. ALVAREZ-BUYLLA (1996), Chain migration of neuronal precursors. *Science*, **271**, 978-981.

LUSKIN, M.B. (1993), Restricted proliferation and migration of postnatally generated neurons derived from the forebrain subventricular zone. *Neuron*, **11**, 173-189.

MARSHALL, L.M., J.R. SANES et U.J. MCMAHAN (1977), Reinnervation of original synaptic sites on muscle fiber basement membrane after disruption of the muscle cells. *Proc. Natl. Acad. Sci. USA*, **74**, 3073-3077.

NGUYEN, Q.T., J.R. SANES et J.W. LICHTMAN (2002), Pre-existing pathways promote precise projection patterns. *Nature Neurosci.*, **5**, 861-867.

SANAI, N. et 11 AUTRES (2004), Unique astrocyte ribbon in adult human brain contains neural stem cells but lacks chain migration. *Nature*, **427**, 740-744.

SKENE, J.H. et M. WILLARD (1981), Axonally transported proteins associated with axon growth in rabbit central and peripheral nervous systems. *J. Cell. Biol.*, **89**, 96-103.

SUHONEN, J.O., D.A. PETERSON, J. RAY et F.H. GAGE (1996), Differentiation of adult hippocampus-derived progenitors into olfactory neurons in vivo. *Nature*, **383**, 624-627.

ZHENG, B.C. HO, S. LI, H. KEIRSTEAD, O. STEWARD et M. TESSIER-LAVIGNE (2003), Lack of enhanced spinal regeneration in Nogo-deficient mice. *Neuron*, **38**, 213-224.

FONCTIONS CÉRÉBRALES COMPLEXES V

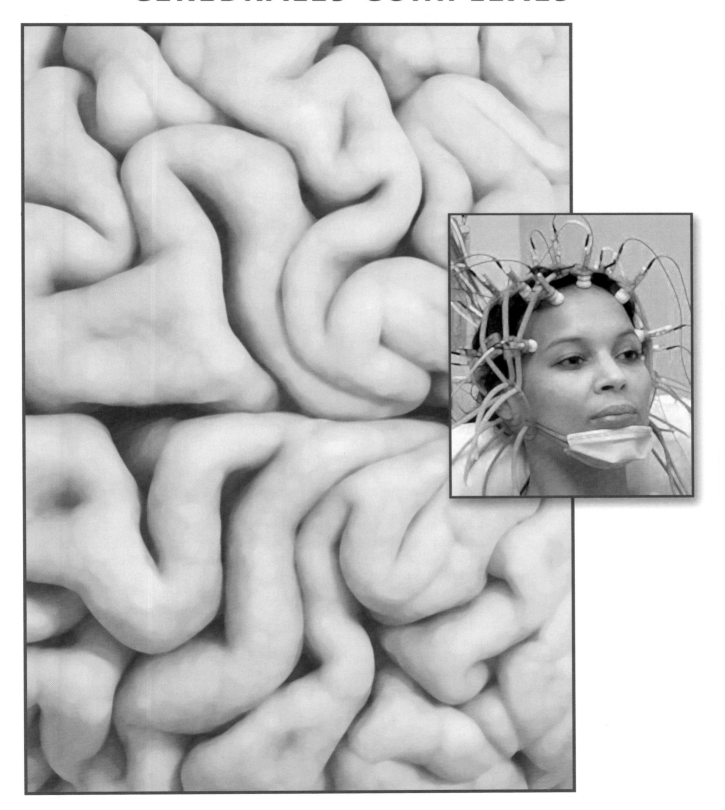

CINQUIÈME PARTIE *Fonctions cérébrales complexes*

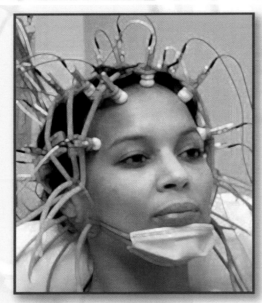

Sujet muni d'un casque d'électrodes pour un enregistrement électroencéphalographique (EEG), l'une des techniques communément utilisées pour déterminer l'activité du cerveau durant l'exécution de tâches cognitives; (Photographie © AJPhoto/ PhotoResearchers, Inc.)

La prise de conscience de notre environnement physique et social, la capacité de penser et de ressentir des émotions, d'être sexuellement attiré par d'autres, d'exprimer tout cela par le langage à d'autres êtres humains, de garder enfin en mémoire toutes ces informations, voilà des fonctions du cerveau humain qui ne sont certainement pas parmi les moins fascinantes. Étant donné leur importance dans la vie de tous les jours, et plus généralement dans la culture humaine, il n'est pas étonnant que ces fonctions complexes, et quelques autres, mobilisent une proportion non négligeable du cerveau humain. L'intérêt de tous ces aspects du comportement humain n'a malheureusement d'égal que la difficulté – aussi bien technique que conceptuelle – de tirer au clair leurs fondements neurobiologiques. Malgré tout, le décodage de l'organisation structurale et fonctionnelle des régions cérébrales concernées a fait de grands progrès. Il faut signaler l'importance particulière qu'a eue, dans cette entreprise, l'accumulation continue d'observations cliniques chez l'homme, établissant avec précision les symptômes occasionnés par la lésion de différentes aires cérébrales. L'arrivée récente des techniques d'imagerie cérébrale non invasive a fourni de nouveaux moyens d'investigation de ces propriétés, aussi bien chez des sujets humains bien portants que chez des patients souffrant de troubles neurologiques. S'ajoutant à tout cela, enfin, des expériences électrophysiologiques conduites chez des primates non humains commencent à donner des indications sur les bases cellulaires de certaines de ces fonctions cérébrales. Cette masse d'observations a constitué un corpus de connaissances en croissance rapide sur ces aspects particulièrement complexes du cerveau humain. Ce domaine de recherches, connu maintenant sous le nom de « neurosciences cognitives », promet d'apporter des lumières nouvelles sur ces fonctions cérébrales tout particulièrement humaines.

chapitre 26

Les aires corticales associatives

Vue d'ensemble

Chez l'homme, les aires associatives du cortex occupent la majeure partie de la surface cérébrale. Elles prennent essentiellement en charge les traitements complexes qui s'effectuent entre l'arrivée des entrées sensorielles dans les cortex sensoriels primaires et l'élaboration des comportements. Les diverses fonctions des aires associatives du cortex sont qualifiées plus ou moins approximativement de *cognition*, terme qui, littéralement, désigne les processus qui nous permettent de connaître le monde. (Le mot « cognition » n'est peut-être pas le meilleur pour désigner toute cette gamme de fonctions neurales, mais il fait aujourd'hui partie du vocabulaire de travail des spécialistes de neurologie et de neurosciences). Plus précisément, la cognition se rapporte aux capacités de faire attention à des stimulus externes ou à des motivations internes, d'évaluer leur importance et d'y répondre de manière pertinente. Compte tenu de la complexité de ces tâches, les aires corticales associatives reçoivent et intègrent des informations de sources variées et influencent une gamme étendue d'activités corticales et sous-corticales. Elles reçoivent des afférences des cortex sensoriels et moteurs primaires et secondaires, du thalamus et du tronc cérébral. Leurs efférences sont destinées à l'hippocampe, aux ganglions de la base et au cervelet, au thalamus ainsi qu'aux autres aires associatives. Nos connaissances sur la façon dont fonctionnent ces aires associatives proviennent initialement de l'observation de patients présentant des lésions de l'une ou l'autre de ces régions. Par la suite, l'imagerie non invasive chez des sujets normaux, la cartographie fonctionnelle à l'occasion d'interventions neurochirurgicales et l'analyse électrophysiologique de régions cérébrales comparables chez des primates infra-humains ont généralement confirmé les déductions de la clinique. Globalement, ces études montrent que, à côté d'autres fonctions, les aires associatives du cortex pariétal sont nécessaires pour faire attention à des stimulus de l'environnement interne ou externe, que le cortex associatif temporal est nécessaire pour les identifier et le cortex associatif frontal pour choisir et planifier les réponses comportementales adaptées.

Les aires corticales associatives

Les chapitres précédents ont examiné avec quelque détail les régions du cerveau qui prennent en charge le codage des informations sensorielles et la commande des mouvements (à savoir les cortex primaires sensoriels et moteur). Mais ces régions ne représentent qu'une fraction (un cinquième peut-être) du cortex cérébral. Depuis longtemps on s'accorde à considérer le reste du cortex comme impliqué dans l'attention aux stimulus complexes, à l'identification de leurs caractéristiques pertinentes, à la reconnaissance des objets qui leur sont associés et à la planification des réactions appropriées (ainsi qu'au stockage de certaines de ces informations). Ces fonctions sont globalement désignées du nom de **cognition** et il est évident que ce sont ces autres aires corticales associatives des lobes pariétaux, temporaux et frontaux, appelées collectivement **aires corticales associatives** (Figure 25.1), qui rendent la cognition possible. (Le cortex extrastrié du lobe occipital joue aussi un rôle important dans la cognition, mais ses fonctions concernent surtout la vision et l'essentiel de ce que l'on en sait a été traité au chapitre 12.)

Figure 26.1

Vues latérale et médiane du cerveau humain montrant l'extension des aires corticales associatives, en bleu. Les aires motrice et sensorielles primaires sont représentées en jaune. On notera qu'elles n'occupent qu'une surface corticale relativement faible. Le reste du néocortex, défini par exclusion comme cortex associatif, est le siège des aptitudes cognitives de l'homme. Le terme *association* se rapporte au fait que ces régions corticales intègrent (associent) les informations issues d'autres aires corticales.

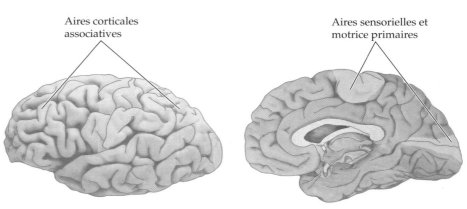

Aires corticales associatives

Aires sensorielles et motrice primaires

Vue d'ensemble de la structure du cortex

Avant d'entrer dans le détail des fonctions de ces aires corticales, il convient d'avoir une vue d'ensemble de la structure du cortex et de l'organisation standard de ses circuits. La majeure partie du manteau des hémisphères cérébraux est un **néocortex**, c'est-à-dire un cortex à six couches. Chacune de ces couches comprend des populations plus ou moins spécifiques de cellules, qui se distinguent par leur densité, leur taille, leur forme, leurs entrées et leurs sorties. L'organisation et la connectivité du cortex cérébral de l'homme sont résumées dans la Figure 26.2A et dans le tableau 26.1. Malgré une uniformité d'ensemble, on a constaté depuis longtemps des différences régionales dans les caractéristiques de ces couches (Encadré 26A), différences qui ont permis aux chercheurs d'individualiser quantité de subdivisions du cortex cérébral (Figure 26.2B). Ces subdivisions délimitées selon des critères histologiques sont appelées **aires cyto-architectoniques** et, au cours des années, des légions de neuroanatomistes ont, avec autant de zèle que de soin, dressé la carte de ces aires chez l'homme et chez un certain nombre d'animaux de laboratoire parmi les plus communément utilisés.

Au début du vingtième siècle, les régions cytoarchitectoniques furent identifiées sans que l'on ne sache rien, ou presque, de leur importance fonctionnelle. On a fini par obtenir ces informations, en étudiant des patients atteints de lésions d'une ou de plusieurs aires corticales, et grâce à des techniques de repérage électrophysiologique utilisées chez l'homme, au cours d'interventions neurochirurgicales, et chez des animaux de laboratoire. Ces études ont montré qu'un grand nombre des régions identifiées par les neuroanatomistes sur la base de critères histologiques présentaient également des différences fonctionnelles. Les aires cytoarchitectoniques sont donc identifiables, parfois par les propriétés physiologiques des cellules qui les composent et souvent par les patterns de leurs connexions locales ou à longue distance.

TABLEAU 26.1 *Principales connexions du néocortex*

Sources des afférences corticales	Cibles des efférences corticales
Autres régions du cortex	Autres régions du cortex
Formation hippocampique	Formation hippocampique
Amygdale	Amygdale
Thalamus	Thalamus
Systèmes modulateurs du tronc cérébral	Noyau caudé et putamen (striatum)
	Tronc cérébral
	Moelle épinière

(A)

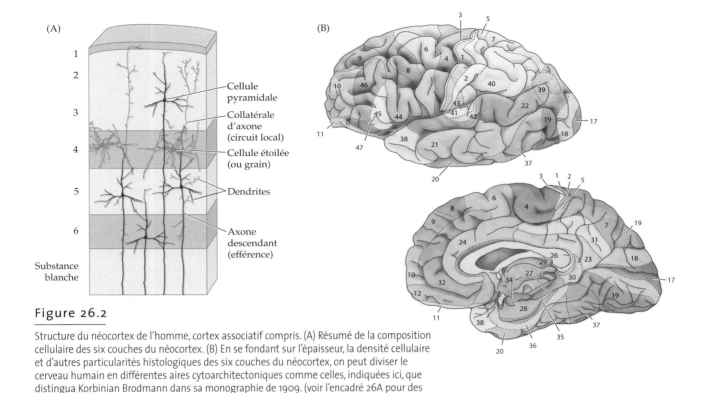

Figure 26.2

Structure du néocortex de l'homme, cortex associatif compris. (A) Résumé de la composition cellulaire des six couches du néocortex. (B) En se fondant sur l'épaisseur, la densité cellulaire et d'autres particularités histologiques des six couches du néocortex, on peut diviser le cerveau humain en différentes aires cytoarchitectoniques comme celles, indiquées ici, que distingua Korbinian Brodmann dans sa monographie de 1909. (voir l'encadré 26A pour des détails supplémentaires)

Malgré des variations notables entre les différentes aires cytoarchitectoniques, le câblage de toutes ces régions corticales présente plusieurs points communs (Figure 26.3). Premièrement, chaque couche corticale a une source principale d'afférences et une cible principale pour ses efférences. Deuxièmement, chacune a des connexions selon l'axe vertical (connexions *radiales* ou *en colonne*) et selon l'axe horizontal (connexions *latérales* ou *horizontales*). Troisièmement, les cellules ayant des fonctions similaires tendent à se disposer en colonnes qui traversent toutes les couches et reçoivent des afférences formant fréquemment des bandes radiales distinctes ou colonnes. Enfin, au sein de chaque couche corticale, des interneurones émettent des longs axones qui s'étendent horizontalement dans le cortex et relient souvent des groupes de neurones aux fonctions similaires. Le câblage propre à chaque région corticale est

Figure 26.3

Organisation de principe des circuits néocorticaux. Les flèches vertes indiquent les efférences vers les cibles principales de chacune des couches du néocortex de l'homme ; la flèche orange indique les afférences d'origine thalamique (principalement destinées à la couche 4) ; les flèches violettes indiquent les afférences d'autres aires corticales ; les flèches bleues désignent les afférences que les systèmes modulateurs du tronc cérébral envoient sur chaque couche.

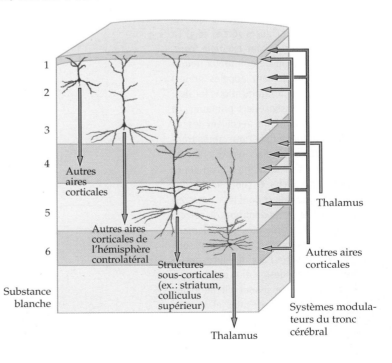

ENCADRÉ 26A *La lamination du cortex*

Une grande partie de ce que nous savons sur le cortex a pour base la description des différences de nombre et de densité des cellules selon les régions du manteau cortical. Les corps cellulaires des neurones, du fait de leur métabolisme élevé, sont riches en substances basophiles (telles que l'ARN) et ont donc tendance à être fortement colorés par des réactifs tels que le crésyl violet. Ces colorations dites de Nissl (d'après Franz Nissl, qui fut le premier à décrire cette technique, au dix-neuvième siècle, alors qu'il était étudiant en médecine) donnent une image spectaculaire de la structure cérébrale du point de vue histologique. Avec des colorations de ce type, ce qui frappe le plus, dans le cortex de l'homme et des autres mammifères, est sa lamination caractéristique (voir la figure ci-contre). Chez l'homme, le cortex comprend de trois à six couches, que l'on désigne d'habitude par les chiffres (de 1 à 6, ou souvent par les chiffres romains I-VI), leurs subdivisions étant indiquées par des lettres (ainsi les couches 4A, 4B et 4C du cortex visuel).

Dans ce qu'on appelle le *néocortex*, qui recouvre la majeure partie des hémisphères et se caractérise par 6 couches, chaque couche corticale a des caractéristiques anatomiques et fonctionnelles qui lui sont propres (voir Figures 26.2 et 26.3). La couche 4 du cortex, par exemple, comporte typiquement de nombreux neurones étoilés (également appelés grains) avec des axones à ramifications locales; dans les cortex sensoriels primaires, ce sont ces neurones qui reçoivent les signaux d'origine périphérique après transit par le principal relais sensoriel qu'est le thalamus. La couche 5 et, à un degré moindre, la couche 6 contiennent des neurones pyramidaux dont les axones, en règle générale, s'étendent hors du cortex. Les neurones pyramidaux, généralement plus petits, des couches 2 et 3 (qui ne sont pas aussi distinctes l'une de l'autre que le laisse penser leur désignation par des chiffres différents) ont essentiellement des connexions cortico-corticales et la couche 1 est surtout constituée de neuropile. Korbinian Brodmann, qui, au début du

siècle dernier, consacra sa carrière à l'analyse des régions cérébrales que permettait de distinguer cette technique, a décrit une cinquantaine de régions ou aires cytoarchitectoniques différentes (voir Figure 26.2B). Tous les débats sur le cerveau, et spécialement ceux qui portent sur les relations structure/fonction de régions aussi intensément étudiées que les cortex sensoriels et moteur primaires, continuent de faire largement référence à ces caractéristiques structurales du cortex cérébral.

Tout le manteau cérébral n'est pas constitué de néocortex à six couches. L'hippocampe, par exemple, qui est enfoui dans la profondeur du lobe temporal et dont on pense qu'il intervient dans la fixation mnésique (voir Chapitre 31) n'a que trois ou quatre couches. D'un point de vue évolutif, on considère ce cortex comme plus

primitif et on le qualifie parfois d'*archicortex* pour le distinguer du *néocortex* à six couches. Un autre type de cortex vraisemblablement plus primitif lui aussi, le *paléocortex*, a généralement trois couches; on le trouve sur la face ventrale des hémisphères cérébraux et le long du gyrus parahippocampique, dans le lobe temporal médian.

On ignore la signification fonctionnelle des différences du nombre de couches dans le néocortex, l'archicortex et le paléocortex; il paraît probable que le plus grand nombre de couches du néocortex reflète un traitement de l'information plus complexe que celui de l'archi- ou du paléocortex. La ressemblance générale de la structure du néocortex dans l'ensemble du cerveau fait supposer qu'il existe un dénominateur commun à toutes les opérations corticales, mais personne n'a encore réussi à le découvrir.

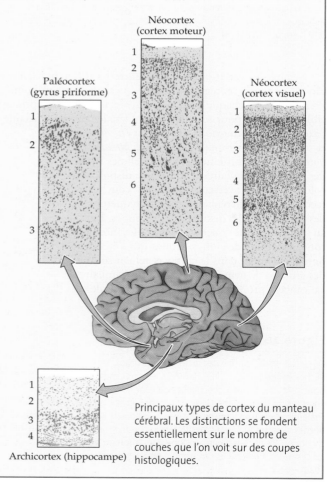

Principaux types de cortex du manteau cérébral. Les distinctions se fondent essentiellement sur le nombre de couches que l'on voit sur des coupes histologiques.

une variation de ce pattern standard d'afférences, d'efférences et de connexions verticales et horizontales.

Caractéristiques propres aux aires corticales associatives

La connectivité des aires corticales associatives est sensiblement différente de celle des aires primaires et secondaires des cortex sensoriels et moteurs, notamment pour ce qui est de leurs entrées et sorties. C'est ainsi que les afférences sous-corticales que reçoivent les aires associatives proviennent essentiellement de deux noyaux thalamiques qui ne jouent aucun rôle dans le relais des informations sensorielles ou motrices primaires. Il s'agit du **pulvinar** et du **noyau médiodorsal**, qui projettent respectivement sur les aires associatives pariétales et frontales. Plusieurs autres noyaux thalamiques, dont les noyaux antérieur et ventral antérieur, projettent également sur les aires corticales associatives.

À la différence des noyaux thalamiques qui reçoivent de la périphérie les informations qu'ils relaient vers les cortex sensoriels primaires, les afférences que reçoivent les noyaux thalamiques projetant sur les aires associatives sont issues d'autres régions du cortex. Les informations qui parviennent au cortex associatif par l'intermédiaire du thalamus ont donc *déjà* été traitées par les aires sensorielles et motrices primaires avant d'être renvoyées aux aires associatives. À l'inverse, les cortex sensoriels primaires reçoivent du thalamus des informations qui sont en relation beaucoup plus immédiate avec les organes sensoriels périphériques (voir par exemple le chapitre 9). De même, les informations que le thalamus envoie au cortex moteur primaire sont, en majeure partie, transmises par des noyaux thalamiques relayant les messages du cervelet et des ganglions de la base, mais non ceux d'autres régions corticales (voir 3e Partie).

L'autre différence majeure dans l'origine des afférences reçues par les cortex associatifs tient aux abondantes projections *directes* que leur envoient les autres aires corticales par les **connexions cortico-corticales** (Figure 26.3). Ces connexions représentent même la majorité des afférences reçues par les aires associatives. Les connexions cortico-corticales ipsilatérales proviennent des cortex sensoriels et moteurs primaires et secondaires ainsi que des autres aires associatives du même hémisphère. Les connexions cortico-corticales peuvent également venir de régions corticales, homologues ou non, de l'hémisphère opposé, en empruntant le corps calleux ou la commissure antérieure, désignés ensemble sous le nom de **connexions interhémisphériques**. Dans les aires associatives de l'homme et de tous les primates, les connexions cortico-corticales issues de l'hémisphère controlatéral forment souvent des bandes ou des colonnes distinctes, qui s'entrelacent avec les bandes des projections ipsilatérales.

Un autre contingent d'afférences des aires associatives a une origine sous-corticale et provient des noyaux dopaminergiques du mésencéphale, des noyaux noradrénergiques et sérotoninergiques de la formation réticulaire du tronc cérébral, ainsi que des noyaux cholinergiques du tronc cérébral et du télencéphale basal. Ces afférences diffuses projettent sur différentes couches corticales et, entre autres fonctions, elles contribuent à la motivation et à l'apprentissage et règlent le niveau de vigilance sur un continuum allant du sommeil profond à la veille intense (voir Chapitre 8). Divers troubles psychiatriques et comportementaux, comme l'addiction, la dépression ou le déficit d'attention, sont associés à un dysfonctionnement d'un ou de plusieurs de ces circuits neuromodulateurs. Les traitements pharmacologiques actuels de ces troubles reposent sur une manipulation des signaux que ces circuits neuromodulateurs envoient aux aires corticales associatives.

La figure 26.4 résume la connectivité générale des aires corticales associatives. Malgré un degré élevé d'interconnexion, la multiplicité des entrées et sorties des aires associatives ne justifie en rien la conclusion que tout est connecté à tout. Au contraire, chaque aire associative se caractérise par un contingent de connexions thalamiques, cortico-corticales et sous-corticales distinctes, même s'il y a quelques recouvrements. Il n'est cependant guère possible, en se fondant uniquement sur leur connectivité, de tirer quelque conclusion que ce soit sur le rôle que peuvent jouer ces différentes aires corticales. De toute façon, les données sont plutôt réduites pour ce qui est des aires associatives de l'homme ; les conclusions s'appuient essentiellement sur les comparai-

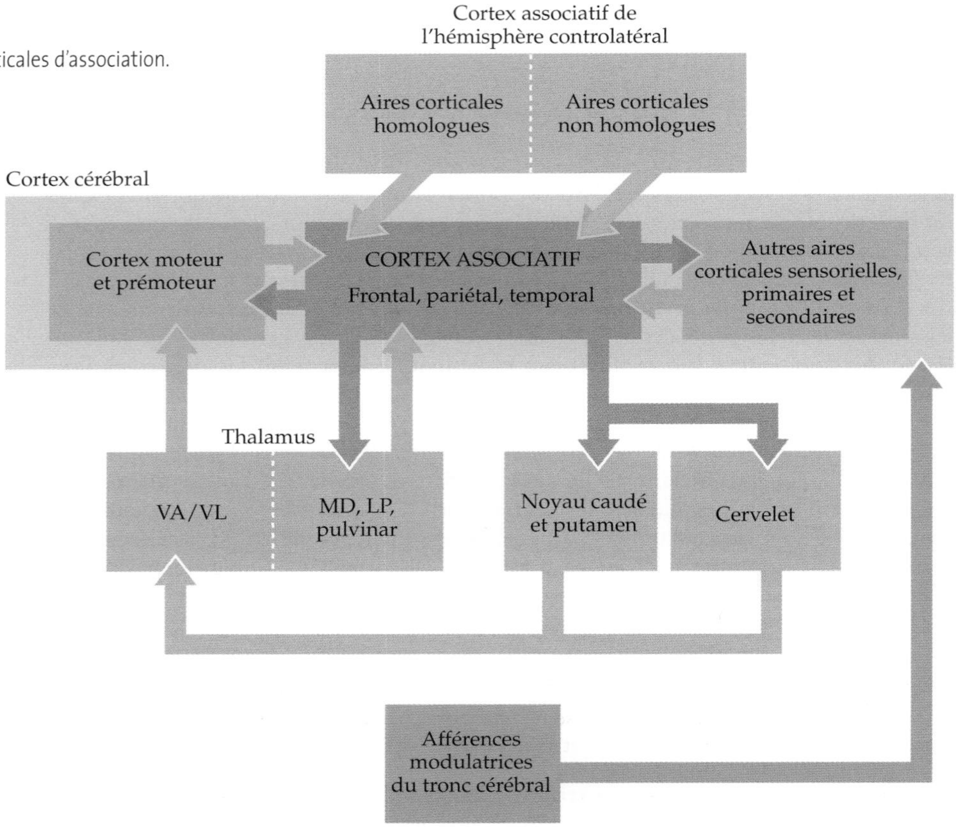

Figure 26.4

Résumé des connexions des aires corticales d'association.

sons entre les travaux de neuroanatomie effectués chez des primates non humains et les données limitées sur le trajet des voies, que l'on peut obtenir, chez l'homme, par histologie *post mortem*. Les inférences que l'on peut faire à propos des aires corticales associatives de l'homme continuent de dépendre fortement de l'observation de patients souffrant de lésions corticales. Les atteintes que peuvent subir les aires associatives des lobes pariétaux, temporaux et frontaux s'accompagnent de déficits cognitifs spécifiques, qui donnent d'importantes indications sur les opérations et les finalités de chacune de ces régions. Ces déductions ont été largement corroborées par les profils d'activité observés dans des régions cérébrales homologues, chez des animaux d'expérience, ainsi que par des techniques d'imagerie non invasives chez des sujets humains.

Les lésions du lobe pariétal : troubles de l'attention

En 1941, le neurologue britannique W.R. Brain publia les cas de trois patients porteurs de lésions unilatérales du lobe pariétal et présentant comme handicap principal des difficultés perceptives plus ou moins prononcées. Voici la description que fait Brain du déficit particulier qu'ils présentaient :

> Quoique leur mémoire des lieux fût intacte, de même que leur capacité de décrire des itinéraires familiers, ils se perdaient cependant chez eux, en allant d'une pièce à l'autre, commettant toujours la même erreur de tourner à droite au lieu de tourner à gauche ou de prendre la porte de droite au lieu de celle de gauche. Dans chaque cas, il y avait une lésion massive de la région pariéto-occipitale droite et l'on suggère que telle était la cause… de l'inattention ou de la négligence à l'égard de la moitié gauche de l'espace externe.

> Le patient qui se trouve ainsi privé des sensations qui lui sont nécessaires pour construire un schéma corporel, peut réagir à la situation de différentes façons. Il peut se souvenir que ses membres de gauche sont toujours là, ou bien il lui arrive

(A) «Dessinez la maison»

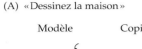

Modèle   Copie par le patient

(B) «Faites un trait au milieu de la ligne»

(C) «Barrez tous les traits»

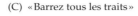

Figure 26.5

Performance caractéristique à des épreuves visuo-spatiales de personnes souffrant du syndrome de négligence controlatérale. (A) On demande au patient de dessiner une maison en copiant le modèle représenté à gauche ; à droite, la reproduction qu'il en fait. (B) Bissection de ligne : on demande au sujet de tracer un trait vertical au milieu de la ligne horizontale. (C) Barrage de traits : le sujet doit barrer chacun des traits de la page. (A et B adapté de Posner et Raichle, 1994 ; C d'après Blumenfeld, 2002.)

de les oublier à intervalles réguliers jusqu'à ce qu'on lui rappelle leur présence. Il peut avoir l'illusion qu'ils sont absents, c'est-à-dire avoir l'impression qu'ils sont absents tout en sachant qu'ils sont là ; il peut croire qu'ils sont absents, mais se rendre à l'évidence et se laisser convaincre du contraire ; ou bien, enfin, sa croyance en leur absence peut être réfractaire à toute logique et à l'évidence du contraire et constituer ainsi une illusion.

W.R. Brain, 1941 (*Brain, 64,* pp. 257 et 264)

On considère cette description comme le premier compte rendu du rapport entre les lésions du lobe pariétal et les déficits de la perception et de l'attention. Beaucoup d'autres patients ont été étudiés depuis les travaux d'avant-garde de Brain et l'on désigne aujourd'hui les troubles qu'ils présentent sous le nom de **syndrome de négligence controlatérale**.

La négligence controlatérale se caractérise par l'incapacité de prêter attention à des objets et même à son propre corps, dans une certaine région de l'espace, en dépit d'une acuité visuelle, d'une sensibilité somatique et d'aptitudes motrices intactes. Les personnes atteintes de ces troubles n'arrivent ni à signaler les stimulus présentés du côté du corps (ou de l'espace visuel) opposé à la lésion cérébrale, ni à y répondre ni même à s'orienter vers eux (Figure 26.5). Ils peuvent également présenter des difficultés à exécuter des tâches motrices complexes du côté négligé, par exemple pour s'habiller, aller prendre des objets, écrire, dessiner et, à un degré moindre, pour s'orienter vers des sons. Ces déficits moteurs sont appelés *apraxies*. La négligence peut se manifester par des troubles aussi légers qu'un manque temporaire d'attention à l'espace controlatéral, se dissipant à mesure que le malade récupère, ou par une dénégation permanente et totale de l'existence de la partie de leur corps et de l'espace extrapersonnel du côté opposé à la lésion. Depuis la description originale par Brain de la négligence controlatérale et de ses relations avec le lobe pariétal, on admet généralement que le cortex pariétal, et plus particulièrement le lobe pariétal inférieur, est la région corticale dont dépend principalement (mais pas uniquement) l'attention (Figure 26.6A).

Le syndrome de négligence controlatérale est spécifiquement associé aux atteintes du lobe pariétal de l'hémisphère *droit*. On estime que l'inégalité du partage de cette fonction cognitive particulière entre les deux hémisphères est due au fait que le cortex pariétal droit intervient à la fois dans l'attention aux moitiés droite et gauche du corps et de l'espace extrapersonnel, tandis que l'hémisphère gauche prend essentiellement en charge la moitié droite (Figure 26.6B). De cette façon, les lésions du lobe pariétal

(A)

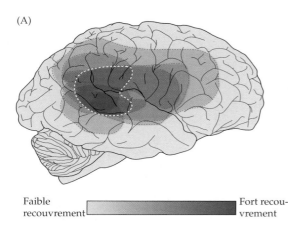

Faible recouvrement   Fort recouvrement

Figure 26.6

Neuroanatomie des syndromes de négligence. (A) Emplacements superposés des lésions cérébrales de huit patients présentant un syndrome de négligence controlatérale. La position précise des atteintes a été contrôlée par scanner X (voir Encadré 1B). Bien que les lésions touchent des aires corticales pariétales, frontales et temporales de l'hémisphère droit, c'est la région du lobe pariétal droit entourée de pointillés qui est la plus fréquemment affectée. (B) Illustration schématique de l'asymétrie hémisphérique de l'attention, telle qu'on peut la déduire de l'observation de patients négligents. Chez les sujets normaux, le cortex pariétal droit domine le contrôle de l'attention, comme indiqué par le faisceau de traits épais. Une lésion pariétale droite (en violet) entraîne une négligence sévère du côté gauche, tandis qu'une lésion pariétale gauche n'entraîne qu'une légère négligence du côté droit étant donné la préservation des mécanismes attentionnels de l'hémisphère droit. Des lésions bilatérales du cortex pariétal s'accompagnent d'une négligence du côté droit due à l'absence de traitements attentionnels par les deux hémisphères. (A d'après Heilman et Valenstein, 1985 ; B d'après Blumenfeld, 2002.)

(B)

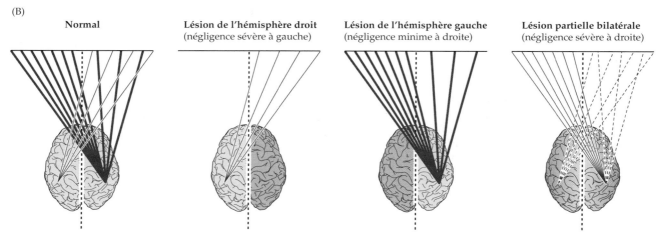

Normal   **Lésion de l'hémisphère droit** (négligence sévère à gauche)   **Lésion de l'hémisphère gauche** (négligence minime à droite)   **Lésion partielle bilatérale** (négligence sévère à droite)

gauche tendent à être compensées par l'hémisphère droit intact. En revanche, quand c'est le lobe pariétal droit qui est atteint, l'hémisphère gauche n'a qu'une capacité faible, voire nulle, de compenser le déficit d'attention au côté gauche du corps ou de l'espace extrapersonnel.

Cette façon de voir a été confirmée par l'imagerie non invasive de l'activité du lobe pariétal au cours de tâches spécifiques d'attention chez des sujets normaux. Ces études montrent que le débit sanguin augmente dans le cortex pariétal des hémisphères *droit et gauche* durant des tâches exigeant une attention sélective à des stimulus visuels présentés dans le champ visuel *droit* pour distinguer leur forme, leur couleur ou leur vitesse. Si la même tâche est à exécuter dans le champ visuel *gauche*, seul le cortex pariétal *droit* est activé (Figure 26.7). Dans cette situation, on note également une augmentation d'activité du cortex frontal droit (voir aussi la Figure 26.6A). Cette dernière observation laisse supposer que d'autres régions que le lobe pariétal contribuent aux comportements d'attention et peut-être à certains aspects des syndromes de négligence. En tout état de cause, les cartes métaboliques concordent avec le fait clinique que la négligence controlatérale provient typiquement d'une lésion pariétale droite et corroborent la notion plus générale d'une spécialisation hémisphérique pour l'attention, conformément à la spécialisation hémisphérique observée pour un certain nombre d'autres fonctions cognitives (voir ci-dessous et Chapitre 27).

Il convient de remarquer que le déficit attentionnel que présentent les patients souffrant de négligence controlatérale ne concerne pas seulement le champ visuel gauche ; il porte aussi de façon générale sur le côté gauche des objets. Quand ils doivent, par exemple, barrer des lignes présentées dans tout le champ visuel, les patients négligents, barrent, comme prévu, davantage de lignes dans la partie droite du champ que

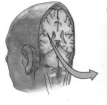

(A) Attention au champ visuel gauche   (B) Attention au champ visuel droit

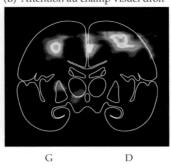

G   D   G   D

Figure 26.7

Confirmant les indications tirées de cas cliniques de lésions du lobe pariétal, ces images de tomographie par émission de positons montrent que le cortex pariétal droit de sujets normaux a une activité élevée durant les tâches mettant en jeu l'attention. (A) On a demandé au sujet de faire attention à des objets situés dans son champ visuel gauche : seul le cortex pariétal droit est actif. (B) Quand l'attention se déplace et passe du champ visuel gauche au champ visuel droit, le cortex pariétal droit reste actif, mais le cortex pariétal gauche devient actif lui aussi. Cette configuration implique qu'une atteinte du lobe pariétal gauche ne provoque pas d'héminégligence concernant le côté droit, car le lobe pariétal droit intervient lui aussi dans l'attention à ce côté. (D'après Posner et Raichle, 1994.)

dans sa partie gauche, ce qui est conforme à une perturbation de l'attention portée au champ visuel gauche (voir Figure 26.5C). Mais dans une tâche de bissection de lignes, le trait qu'ils tracent tend à être déporté du côté droit des lignes, quelle que soit la place qu'elles occupent dans le champ visuel. Ces observations suggèrent que l'attention fait appel à des cadres de référence spatiaux différents, centrés sur la position de l'objet par rapport au sujet ou centrés sur l'objet et sa structure propre.

Des perturbations des cadres de référence spatiaux peuvent s'observer aussi lors de lésions du cortex pariétal plus dorsales et plus médianes que celles qui sous-tendent le syndrome classique de négligence. Ces lésions s'accompagnent la plupart du temps d'une triade de déficits visuospatiaux auxquels on donne le nom de syndrome de Balint (neurologue hongrois qui les décrivit en 1909). Ces trois signes sont : l'incapacité de percevoir comme un tout les parties d'une scène visuelle complexe (*simultagnosie*) ; l'impossibilité de guider par la vision un geste de saisie (*ataxie optique*) ; des difficultés à explorer volontairement par le regard l'ensemble du champ visuel (*apraxie du regard*). À la différence de la négligence classique, l'ataxie optique et l'apraxie du regard s'atténuent d'ordinaire quand les gestes sont guidés par des indices non visuels. Ces observations suggèrent que le cortex pariétal participe à la construction des représentations spatiales guidant à la fois le mouvement et l'attention.

Les lésions du lobe temporal : troubles de la reconnaissance

Les données cliniques fournies par les patients présentant des lésions des aires associatives du lobe temporal indiquent que l'une des fonctions principales de cette partie du cerveau concerne la reconnaissance et l'identification des stimulus auxquels on fait attention, et en particulier des stimulus complexes. Les atteintes des lobes temporaux droit ou gauche s'accompagneront donc de difficultés à reconnaître, à identifier et à nommer différentes catégories d'objets. Ces perturbations collectivement appelées **agnosies** (du grec «absence de connaissance»), sont complètement différentes des syndromes de négligence. Les personnes ayant une lésion du lobe pariétal droit nient fréquemment avoir conscience des informations sensorielles du champ visuel gauche (et font moins attention au côté gauche des objets en général), bien que les systèmes sensoriels soient intacts (une personne présentant un syndrome de négligence contro-latérale va réagir si on lui pique le bras gauche avec une aiguille, alors même qu'elle niera l'existence de son bras). Les patients agnosiques admettent par contre la présence du stimulus, mais sont incapables de dire de quoi il s'agit. Ces troubles peuvent avoir en même temps un aspect lexical, discordance entre les stimulus et les symboles verbaux ou cognitifs (voir Chapitre 27), et un aspect mnémonique, incapacité de se souvenir des stimulus quand on les leur présente de nouveau (voir Chapitre 31).

On a étudié en détail l'agnosie qui se traduit par l'incapacité de reconnaître et d'identifier les visages, suite à une atteinte du cortex associatif temporal. Ce trouble, appelé **prosopagnosie** (du grec *prosopon*, visage ou personne), a été identifié par les neurologues dès la fin du dix-neuvième siècle et continue de faire l'objet d'intenses recherches. Après une atteinte du cortex inférotemporal, typiquement du côté droit, il n'est pas rare que les patients deviennent incapables d'identifier des personnages familiers d'après les caractéristiques de leur visage et, dans certains cas, qu'ils ne puissent pas même reconnaître qu'il s'agit d'un visage. Néanmoins, ces personnes savent très bien qu'on leur présente un genre de stimulus visuel et elles peuvent en décrire les détails sans difficulté.

Le cas de L.H., décrit par N.L. Etcoff et ses collègues en 1991, nous en donne un exemple. (L'usage d'initiales pour désigner des cas neurologiques importants est de pratique courante.) Ce pasteur et travailleur social de 40 ans avait subi un traumatisme crânien sévère dans un accident de voiture, alors qu'il avait 18 ans. Après récupération, L.H. était dans l'incapacité de reconnaître des visages familiers, de dire s'ils lui étaient familiers ou de répondre de mémoire à des questions concernant des visages. Il pouvait identifier des objets usuels, discriminer de très légères différences de forme et reconnaître le sexe, l'âge et même le caractère plus ou moins sympathique des visages. En outre, il arrivait à identifier les gens par des caractéristiques autres que celles du visage telles que la voix, la forme du corps ou la démarche. La seule autre catégorie de stimulus visuels qu'il avait quelque difficulté à reconnaître était représentée par les animaux et leurs expressions, mais ces troubles étaient loin d'être aussi sévères que pour les visages humains. Il réussit néanmoins à mener une vie relativement normale et utile. L'imagerie cérébrale non invasive montra que la prosopagnosie de L.H. était due à une lésion du lobe temporal droit.

Plus récemment, des travaux d'imagerie cérébrale chez des sujets normaux ont confirmé que le cortex inférotemporal intervient dans la reconnaissance des visages et que les régions adjacentes sont responsables de la reconnaissance de catégories différentes de stimulus (Figure 26.8). En général, les lésions du lobe temporal droit s'accompagnent d'agnosie des visages et des objets, tandis que les lésions des régions homologues du lobe temporal gauche entraînent des difficultés avec du matériel verbal. (Rappelons que le cortex auditif primaire est situé dans la partie supérieure du lobe temporal ; comme nous le verrons dans le prochain chapitre, le cortex contigu à l'aire auditive du lobe temporal gauche est spécifiquement impliqué dans le langage). Les lésions qui entraînent d'ordinaire des troubles de la reconnaissance affectent le lobe inférotemporal ou le gyrus fusiforme situé à proximité ; les lésions du lobe temporal gauche qui s'accompagnent de troubles du langage se situent plutôt sur la surface latérale du lobe. En accord avec ces constatations, les sujets dont on stimule électriquement les lobes temporaux peuvent présenter une prosopagnosie transitoire, quand

Figure 26.8

IRM fonctionnelle des lobes temporaux durant la reconnaissance d'un visage. (A) Les stimulus représentant des visages sont présentés à un sujet normal au temps indiqué par la flèche. La courbe montre les changements d'activité de l'aire impliquée du lobe temporal droit. (B) Emplacement de l'activité IRM dans le lobe inférotemporal droit. (Gracieusement communiqué par Greg McCarthy.)

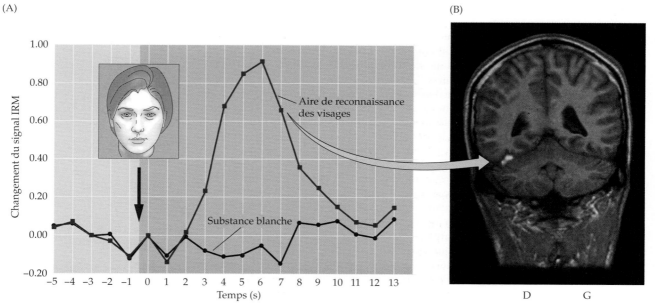

cette activation artificielle porte sur les aires impliquées du lobe temporal droit (ces stimulations sont effectuées à l'occasion des repérages préparatoires à une opération neurochirurgicale destinée le plus souvent à éliminer un foyer épileptique).

La prosopagnosie et les agnosies apparentées portant sur les objets sont des cas particuliers d'un grand nombre de troubles fonctionnels ayant comme caractéristique l'incapacité de reconnaître comme familiers des stimulus sensoriels complexes ainsi que d'identifier et de nommer ces stimulus comme objets signifiants de l'environnement. Selon la latéralisation, l'emplacement et la taille de la lésion, les agnosies peuvent être spécifiques, comme c'est le cas pour les visages humains, ou générales, allant jusqu'à l'incapacité de nommer la plupart des objets familiers.

Les lésions du lobe frontal : troubles de la planification

Chez l'homme, les atteintes du lobe frontal s'accompagnent de troubles fonctionnels divers et dévastateurs, tout particulièrement quand les deux hémisphères sont impliqués. Cette diversité vient de ce que le cortex frontal possède un répertoire d'aptitudes fonctionnelles plus étendu qu'aucun autre territoire néocortical (ceci est en accord avec le fait que, chez l'homme et chez les autres primates, le lobe frontal est celui qui a la plus grande étendue et qui comporte le plus grand nombre de zones cytoarchitectoniques).

Les ravages comportementaux occasionnés par les lésions des lobes frontaux reflètent le rôle de cette partie du cerveau dans ce que nous considérons normalement comme la personnalité d'un individu. Le cortex frontal intègre les informations perceptives complexes issues des cortex sensoriels et moteurs ainsi que des cortex associatifs pariétaux et temporaux. Le résultat est une évaluation des relations de l'individu avec le monde, lui permettant d'avoir des comportements planifiés et exécutés normalement. Lorsque cette aptitude cognitive est altérée, le patient présente des difficultés pour mener à bien des comportements complexes et adaptés aux circonstances. Ces troubles se manifestent dans des comportements qui se révèlent incapables de faire face aux exigences présentes ou futures et ils sont attribués, comme on l'imagine, à des changements du « caractère » du patient.

Le premier cas à attirer l'attention sur les conséquences d'une lésion des lobes frontaux fut celui de Phineas Gage, un ouvrier de la compagnie de chemins de fer Rutland and Burlington Railroad dans le Vermont du dix-neuvième siècle. À l'époque, la façon ordinaire de faire sauter un rocher consistait à forer un trou dans la roche et à y tasser de la poudre avec une barre à mine. Gage, un chef d'équipe populaire et respecté, était en train de procéder à ces préparatifs, un beau jour de 1848, lorsque sa barre de fer provoqua une étincelle ; l'explosion qui s'ensuivit projeta la barre – elle faisait un peu plus d'un mètre de long sur trois centimètres de diamètre – qui pénétra juste sous l'œil gauche et ressortit au sommet de la tête, détruisant au passage la majeure partie de son cortex frontal. Gage, qui n'avait pas perdu connaissance, fut rapidement conduit chez le médecin de la ville voisine, qui soigna sa blessure. Une infection s'installa, détruisant vraisemblablement un peu plus du lobe frontal et Gage resta deux mois sans pouvoir rien faire. Il finit par guérir et, extérieurement du moins, parut de nouveau se porter normalement. Mais pour tous ceux qui l'avaient connu, il devint apparent que ce n'était plus le même homme. Mesuré, travailleur, parfaitement correct avant son accident, il était devenu un grossier personnage incapable de se conduire convenablement en société, incapable aussi d'échafauder des projets avec le sens pratique qui lui avait valu sa réussite sociale et économique.

Le médecin qui s'était occupé de Gage, résuma ainsi, après sa mort survenue en 1863, les impressions que lui avait laissées la personnalité de son patient :

[Gage était] d'humeur changeante, irrévérencieux, se permettant parfois les plus grossiers jurons (ce qui, auparavant, n'était pas dans son habitude) n'ayant que peu d'égards pour ses camarades, ne supportant ni contraintes ni conseils quand ils ne s'accordaient pas avec ses désirs, capable parfois de l'obstination la plus totale et néanmoins capricieux et irrésolu, échafaudant une multitude de projets qu'il abandonnait à peine formés pour en ébaucher d'autres qui lui paraissaient plus faisables. Ses capacités intellectuelles et son comportement étaient ceux d'un enfant, mais il avait les pulsions animales d'un homme vigoureux. Avant son accident, bien que n'ayant pas fréquenté l'école, il avait un esprit équilibré et ceux qui le connaissaient le considéraient comme avisé et habile en affaires, plein d'énergie et de persévérance dans ce qu'il entreprenait. De ce point de vue, son esprit avait radicalement changé et de manière si incontestable que ses amis et connaissances disaient que «ce n'était plus Gage»

J.M. Harlow, 1868
(*Publications of the Massachusetts Medical Society, 2,* pp. 339-340)

Un autre exemple classique de troubles frontaux est fourni par un patient que R.M. Brickner étudia pendant presque 20 ans durant les années 1920 et 1930. Joe A., comme le désigne Brickner, était un courtier en valeurs mobilières qui, à l'âge de 39 ans, dut subir une résection bilatérale du lobe frontal à cause d'une tumeur massive. Après l'opération, Joe A. ne présentait pas de troubles sensitifs ou moteurs ; il pouvait parler, comprendre des échanges verbaux et il avait conscience des gens, des objets et de l'organisation temporelle de son environnement. Il se rendait compte de sa maladie et ses capacités intellectuelles restaient d'un niveau élevé, si l'on en juge d'après le degré d'expertise qu'il gardait au jeu d'échecs. Mais la personnalité de Joe A. avait subi un changement spectaculaire. Auparavant modeste et réservé, il se mit à se vanter de ses prouesses professionnelles, physiques et sexuelles. Dans la conversation, il ne gardait pas la réserve de rigueur et il était incapable d'adapter ce qu'il disait à son auditoire. Comme Gage, il avait en grande partie perdu sa capacité d'avoir des projets d'avenir et il était loin de sa créativité et de son esprit d'initiative passés. Bien que gardant l'aptitude à apprendre des règles complexes, il fut incapable de reprendre son travail et devint dépendant de sa famille pour sa subsistance et sa santé.

Les effets de lésions extensives des lobes frontaux qui nous sont connus par ces cas recouvrent des déficits cognitifs de tous ordres, comprenant des défauts de réserve, des pensées désordonnées, de la persévération (c'est-à-dire la répétition du même comportement) et l'incapacité de planifier des actions appropriées. Des travaux récents sur des patients présentant des lésions focales de régions définies du lobe frontal suggèrent également que certains des processus qui sous-tendent ces déficits peuvent faire l'objet de localisations anatomiques : la mémoire de travail (voir Chapitre 31) réside dans les régions dorsolatérales tandis que les fonctions de planification et d'inhibition sociale se situent dans les régions ventromédianes. On peut faire le bilan de quelques-unes de ces fonctions à l'aide de tests standardisés tels que le Wisconsin Card Sorting Task (épreuve de tri de cartes du Wisconsin) pour la planification (voir Encadré 26C), les tâches de réponse différée pour la mémoire de travail et la tâche «go-no go» pour l'inhibition des réponses inappropriées. Toutes ces observations concordent avec le point de vue selon lequel le dénominateur commun des fonctions cognitives sous-tendues par le cortex frontal est la sélection, la planification et l'exécution de comportements appropriés particulièrement dans un contexte social.

Les conséquences de lésions du cortex frontal nous sont hélas ! également connues par les milliers de cas de lobotomies frontales (ou «leucotomies») effectuées dans les années 1930 et 1940 pour traiter des maladies mentales (Encadré 26B). L'ascension et le déclin de cette «psychochirurgie» donnent un exemple tragique de la fragilité des jugements humains dans l'exercice de la médecine, et des conflits existant à cette époque entre neurologues, neurochirurgiens et psychiatres en matière de traitement des maladies mentales.

Les « neurones attentionnels » du cortex pariétal du singe

Les observations cliniques et pathologiques indiquent clairement que les lobes pariétaux, temporaux et frontaux ont des fonctions cognitives distinctes. Elles ne donnent malheureusement que fort peu de renseignements sur la façon dont ces processus sont implémentés dans les neurones et les circuits nerveux. Les fonctions des aires associatives que laissaient entrevoir ces observations cliniques ont suscité quantité de

ENCADRÉ 26B *La psychochirurgie*

Les conséquences d'une destruction des lobes frontaux n'ont été que trop bien mises en évidence par un épisode aussi inquiétant que fascinant de la pratique médicale du vingtième siècle. Durant la période qui va de 1935 à la fin des années 40, la destruction neurochirurgicale du lobe frontal (lobotomie ou leucotomie frontale) était un traitement en vogue pour certaines maladies mentales. Plus de 20 000 interventions de cette nature furent ainsi pratiquées, la plupart aux États-Unis.

L'enthousiasme suscité par cette technique a son origine dans les travaux d'Egaz Moniz, neurologue portugais respecté qui, entre autres faits marquants, effectua des travaux d'avant-garde sur l'angiographie cérébrale avant de devenir le chef de file des partisans de la psychochirurgie. Moniz avait constaté l'importance des lobes frontaux dans la structure de la personnalité et dans le comportement. Il en avait tiré la conclusion que si l'on pouvait intervenir sur les fonctions du lobe frontal, on arriverait à modifier le décours de maladies mentales telles que la schizophrénie ou d'autres troubles psychiatriques chroniques. Il avait aussi constaté qu'il serait relativement facile de détruire les lobes frontaux. Avec l'aide d'Almeida Lima, un collègue neurochirurgien, il mit donc au point une technique chirurgicale simple pour détruire à l'aveuglette une bonne partie des connexions entre le lobe frontal et le reste du cerveau (voir la figure ci-dessous).

Aux États-Unis, le neurologue Walter Freeman, en collaboration avec le neurochirurgien James Watts, préconisa vivement cette manière de faire. Freeman consacra sa vie à appliquer ce traitement à toute une variété de patients atteints de troubles mentaux. Il popularisa un mode opératoire qui n'exigeait qu'une anesthésie locale et entreprit des voyages à travers tous les États-Unis pour faire connaître sa technique et recommander son emploi.

Bien qu'après coup il soit facile de critiquer cet excès de zèle qui ne reposait sur aucune preuve ni sur aucune théorie solide, il faut se rappeler qu'on ne disposait pas alors de drogues psychotropes et que les malades souffrant des divers troubles pour lesquels on procéda à des leucotomies étaient enfermés dans des conditions pour le moins sinistres, quand ils n'étaient pas traités avec brutalité. Pour les psychiatres et ceux qui, à cette époque, avaient la charge de cette catégorie de patients, les rendre relativement dociles, quoique au prix d'une altération permanente de leur personnalité, semblait sans doute l'option la plus humaine.

Avec l'arrivée, à la fin des années 1940 et au début des années 50, de médicaments psychotropes de plus en plus efficaces, la lobotomie frontale disparut rapidement de l'arsenal thérapeutique, non sans qu'Egaz Moniz eût auparavant reçu le prix Nobel de physiologie et de médecine, en 1949. Elliot Valenstein a retracé de façon captivante cet épisode édifiant de la médecine moderne, et son livre sur l'essor et le déclin de la psychochirurgie devrait être lu par tous ceux qui se destinent à la neurologie, à la neurochirurgie ou à la psychiatrie.

Références

Brickner, R.M. (1932), An interpretation of function based on the study of a case of bilateral frontal lobectomy. *Proceedings of the Association for Research in Nervous and Mental Disorders*, **13**, 259-351.

Brickner, R.M. (1952), Brain of patient A after bilateral frontal lobectomy : Status of frontal lobe problem. *Arch. Neurol. Psychiatry*, **68**, 293-313.

Freeman, W. et J. Watts (1942), *Psychosurgery : Intelligence, Emotion and Social Behavior Following Prefrontal Lobotomy for Mental Disorders*. Springfield, IL, Charles C. Thomas.

Moniz, E. (1937), Prefrontal leukotomy in the treatment of mental disorders. *Am. J. Psychiatry*, **93**, 1379-1385.

Valenstein, E.S. (1986), *Great and Desperate Cures : The Rise and Decline of Psychosurgery and Other Radical Treatments for Mental Illness*. New York, Basic Books.

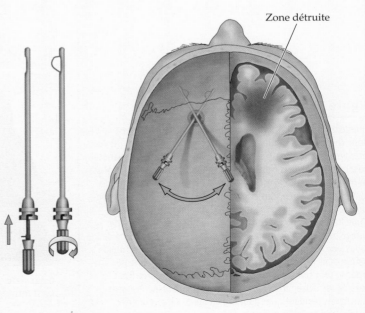

Zone détruite

Technique chirurgicale pour la leucotomie sous anesthésie locale, telle que décrite et préconisée par Egaz Moniz et Almeida Lima. Le « leucotome » est inséré dans le cerveau à peu près selon les angles indiqués. Une fois en place, on fait sortir le fil qui servira de scalpel et l'on tourne la poignée. La partie droite de la figure montre une coupe horizontale du cerveau (parallèle au sommet du crâne) avec la surface qui, selon l'estimation de Moniz, se trouve détruite par cette intervention (D'après Moniz, 1937.)

fructueuses recherches électrophysiologiques chez des primates non humains, en particulier chez des macaques (rhésus).

Ces animaux ont des aptitudes cognitives multiples qui font intervenir, comme chez l'homme, les cortex pariétaux, frontaux et temporaux (Figure 26.9A). On peut tester ces fonctions en recourant à des paradigmes comportementaux permettant d'évaluer les capacités d'attention, d'identification et de planification, fonctions générales respectivement assignées chez l'homme aux cortex pariétaux, temporaux et frontaux. Il est possible, à l'aide d'électrodes implantées à demeure, de réaliser, chez le singe éveillé, des enregistrements électrophysiologiques de neurones individuels des cortex associatifs pendant l'exécution de diverses tâches cognitives (Figure 25.9B).

On a étudié, chez le singe, les neurones du cortex pariétal à l'aide de ces techniques. L'activité des neurones pariétaux est en relation avec l'attention portée à des objets, des lieux ou d'autres stimulus. Les travaux ont tiré parti de la possibilité d'entraîner des singes à faire attention à des objets ou à des événements particuliers, et à indiquer ce qu'ils perçoivent de différentes façons non verbales, généralement en portant leur regard sur une cible ou en manipulant une manette de jeu. On peut ainsi identifier les neurones sensibles à l'attention par des changements d'activité concomitants de changements du comportement attentif. Comme on peut l'inférer des études cliniques chez l'homme, certains neurones des aires pariétales du singe rhésus augmentent leur fréquence de décharge lorsque l'animal fixe une cible qui l'intéresse, mais non quand le même stimulus est ignoré (Figure 26.10A).

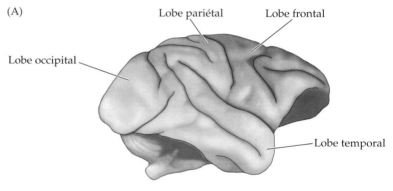

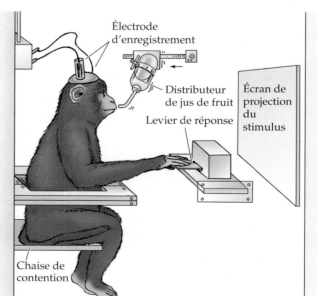

Figure 26.9

Enregistrement de l'activité unitaire de neurones du cerveau d'un singe rhésus éveillé, durant une tâche comportementale. (A) Vue latérale du cerveau d'un singe rhésus montrant le cortex pariétal (rose), temporal (vert clair) et frontal (bleu). Le cortex occipital est en mauve. (B) L'animal est assis sur une chaise permettant une contention modérée. Plusieurs mois avant le recueil des données, un «puits» d'enregistrement est fixé sur son crâne, au cours d'une intervention chirurgicale en conditions stériles. Lors des enregistrements électrophysiologiques, une microélectrode de tungstène est descendue à travers la dure-mère et l'arachnoïde jusque dans le cortex. Devant l'animal, l'écran et la barre de réponse sont utilisés lors des tests comportementaux. Il est possible, de cette façon, d'enregistrer l'activité de neurones individuels pendant que l'animal exécute diverses épreuves cognitives pour obtenir du jus de fruit comme récompense.

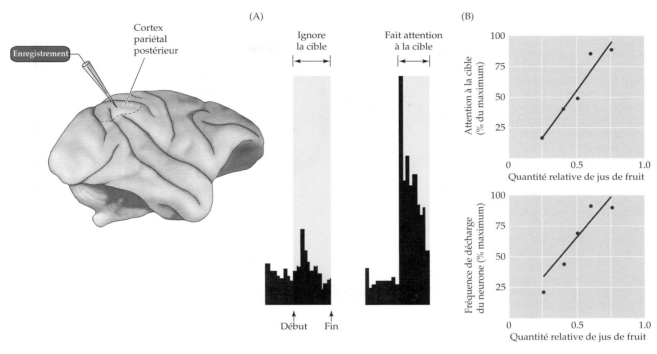

Figure 26.10

Activation sélective de neurones du cortex pariétal d'un singe rhésus en fonction de l'attention (dans cette situation, l'attention est dirigée vers une cible lumineuse dont la fixation est récompensée par quelques gouttes de jus de fruit). (A) Site d'enregistrement. (B) Alors que la décharge du neurone étudié dans cette expérience ne varie guère durant la présentation d'une cible lumineuse que le singe ignore, elle augmente considérablement lorsqu'il fait attention à cette même cible (à droite). Les histogrammes indiquent le nombre de potentiels d'actions par unité de temps. (C) Lorsque le singe peut choisir la cible à laquelle il va faire attention, il porte d'autant plus d'attention à une cible donnée qu'il peut espérer en recevoir davantage de jus de fruit (courbe du haut); la fréquence de décharge du neurone pariétal enregistré montre une augmentation analogue. (B d'après Lynch et al., 1977; C d'après Platt et Glimcher, 1999.)

Dans une autre expérience, des singes étaient récompensés par du jus de fruits (qu'ils apprécient particulièrement) lorsqu'ils faisaient attention à l'une ou à l'autre de deux cibles qui s'allumaient en même temps, mais la quantité reçue était différente selon la cible (Figure 26.10B). Comme on s'y attendait, la fréquence avec laquelle les singes fixaient une cible ou l'autre variait selon que l'une délivrait plus de jus de fruit que l'autre. Qui plus est, l'activité de certains neurones du cortex pariétal variait elle aussi de façon systématique en fonction de la quantité relative de jus délivrée par chaque cible et donc en fonction de la «quantité» d'attention portée à chacune d'elles. Ceci montre que le cortex pariétal des primates contient des neurones répondant spécifiquement quand l'attention se porte sur un stimulus signifiant pour le comportement et que la vigueur de la réponse reflète le degré d'attention porté à ce stimulus.

Intuitivement, faire attention à un stimulus, que ce soit un visage dans une foule ou une conversation lors d'un cocktail, permet de le percevoir et d'y répondre plus facilement. Les études comportementales chez l'animal ou chez des sujets humains indiquent que les réponses aux stimulus auxquels on prête attention sont plus rapides et plus précises. Ces améliorations de la perception et de l'action suggèrent que les réponses neuroniques aux stimulus vers lesquels porte l'attention sont d'une certaine façon améliorées elles aussi. Des travaux récents de neurophysiologie et de neuro-imagerie appuient cette hypothèse. Ainsi, des images par IRMf de sujets auxquels on demande de faire attention à des stimulus visuels apparaissant dans l'hémichamp visuel inférieur montrent une accentuation des réponses à ces stimulus, dans la région du cortex occipital controlatéral qui leur correspond du point de vue rétinotopique (Figure 26.11A; voir également Chapitre 12). Par ailleurs, des enregistrements électro-physiologiques dans le cortex visuel extrastrié de singes montrent que les stimulus visuels auxquels les animaux font attention évoquent des réponses plus intenses que les stimulus ignorés (Figure 26.11B). Cette augmentation des réponses des neurones du cortex visuel sous l'effet de l'attention semble être responsable de l'augmentation de la vitesse et de la précision des réponses comportementales aux stimulus vers lesquels porte l'attention. De semblables améliorations de la réactivité neuronique liées à l'attention ont également été observées dans le cortex auditif pour des stimulus sonores et dans le cortex somesthésique pour des stimulus tactiles. Il paraît vraisemblable

Figure 26.11

Faire attention à un stimulus augmente les réponses des neurones du cortex visuel. (A) Quand on demande à des sujets humains de faire attention à des stimulus, tels que des chiffres ou des lettres, présentés dans leur champ visuel gauche, on constate une augmentation de l'activité des neurones du cortex visuel controlatéral (droit). À l'inverse, quand les sujets font attention à des stimulus présentés à droite, c'est l'activité des neurones du cortex visuel gauche qui augmente. (B) Activité unitaire d'un neurone du cortex visuel extrastrié d'un singe, en réponse à une barre lumineuse présentée sur un écran selon différentes orientations. Quand le singe fait attention à la barre, le neurone répond plus vigoureusement, en particulier quand la barre est présentée selon l'orientation préférée. Ces données suggèrent que l'attention améliore les performances perceptives en accentuant sélectivement les réponses des neurones du cortex sensoriel impliqué. (A d'après Woldorff et al., 1997 ; B d'après McAdams et Maunsell, 1999.)

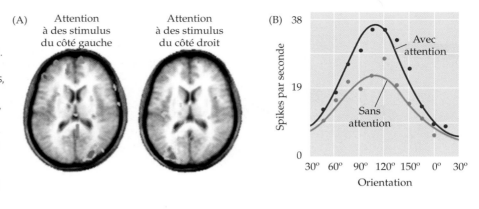

que cette réactivité neuronique accrue soit due aux influences exercées par les neurones des cortex pariétal et préfrontal qui gouvernent la direction de l'attention.

Les « neurones de reconnaissance » du cortex temporal du singe

Parallèlement aux troubles de la reconnaissance qui, chez l'homme, font suite à des lésions du lobe temporal, on trouve, dans le cortex temporal du singe rhésus, des neurones dont les réponses sont en corrélation avec la reconnaissance de stimulus particuliers (Figure 26.12). L'activité de ces neurones correspond généralement à l'une des principales fonctions que l'on assigne au cortex temporal, à savoir la reconnaissance et l'identification de stimulus complexes. Ainsi, certains neurones du gyrus temporal inférieur répondent spécifiquement à la présentation d'une figure de singe. Ces cellules présentent d'ordinaire une sélectivité élevée, certaines ne répondent qu'à des vues de face de la figure, d'autres seulement à des vues de profil (Figure 26.12B, C). Il est, de plus, difficile de les tromper. Lorsqu'on présente des éléments de visage ou des objets qui leur ressemblent dans leurs grandes lignes, elles ne donnent en général pas de réponse ; les seuls choses qui peuvent les embrouiller sont des objets vaguement ronds, comme des pommes, des montres, voire des brosses de toilettes, qui ressemblent tous très vaguement à un visage.

Il est peu probable, en principe, que ces **cellules de reconnaissance des visages** répondent préférentiellement à des visages ou à des objets déterminés et l'on n'a, jusqu'ici, trouvé aucun neurone qui réponde spécifiquement à un visage particulier (neurone appelé parfois « cellule de la grand-mère »). Mais on imagine sans peine que l'activité coordonnée d'une population de cellules dont chacune répond différentiellement à des caractéristiques particulières de visages ou d'objets peut permettre de reconnaître des stimulus complexes de cette sorte. L'idée d'un tel « codage de population » des objets est étayée par l'observation récente que des neurones sélectifs pour les visages du cortex temporal de singes ont des réponses qui varient en intensité par rapport à un visage moyen. Les singes et les hommes reconnaissent plus facilement des visages aux traits excessifs – des caricatures – que des visages aux traits peu distinctifs, ce qui laisse penser que l'identification des visages se fait par comparaison avec un standard mental, une norme. De même, les neurones du cortex inférotemporal du singe répondent plus vigoureusement à des caricatures de visages humains qu'à des visages humains « moyens », qui ne sont représentés que par l'activité moyenne de la population de neurones. Cette réactivité basée sur une norme a également été observée dans les réponses à des formes que donnent les neurones du cortex inférotemporal.

Des travaux récents suggèrent que les propriétés réactionnelles complexes de ce genre pourraient reposer sur un arrangement anatomique en colonnes, semblable à ce que l'on trouve dans le cortex visuel primaire (voir Chapitre 12). Chaque colonne est censée représenter différents agencements des éléments caractéristiques qui compo-

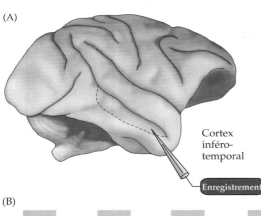

(A)

Cortex
inféro-
temporal

Enregistrement

Figure 26.12

Activation sélective de neurones du cortex inférotemporal d'un singe rhésus répondant à un visage. (A) Site d'enregistrement. (B) Le neurone enregistré répond sélectivement à des visages vus de face. Des éléments de visage mélangés (stimulus 2) ou des visages dont certaines parties sont omises (stimulus 3) ne déclenchent pas une réponse maximale. La cellule répond préférentiellement à divers visages de singes pour autant qu'ils sont complets et présentés de face (stimulus 4) ; elle répond également au visage d'un homme barbu (stimulus 5), bien qu'un peu moins vigoureusement. Un stimulus non pertinent, en l'occurrence une main (stimulus 6), ne provoque aucune réponse. (C) Le neurone enregistré ici répond à des visages vus de profil. Un visage vu de face (stimulus 1), après une rotation de 30° (stimulus 2) ou de 60° (stimulus 3) n'a pas la même efficacité qu'un véritable profil (stimulus 4). Cette cellule répond à des profils de singes différents (stimulus 5), mais elle ne donne pas de réponse à un stimulus non pertinent, une brosse par exemple (stimulus 6). (D'après Desimone *et al.*, 1984.)

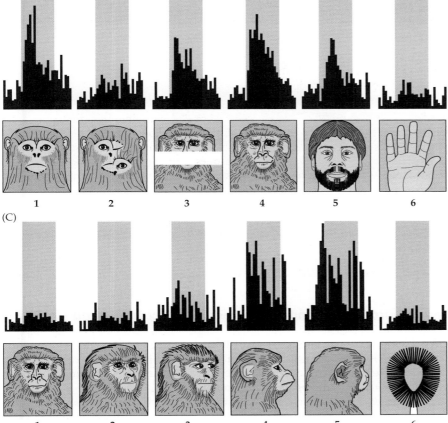

sent un objet, la représentation de l'objet regardé étant réalisée par le pattern spatial global de l'activité neuronique. En accord avec cette conception, l'imagerie optique de la surface du cortex temporal montre que de vastes populations de neurones sont activées quand des singes regardent un objet comportant plusieurs caractéristiques géométriques. Le site de cette activité des couches supérieures du cortex se déplace systématiquement lorsque l'on fait varier de façon régulière certaines caractéristiques de l'objet, l'orientation d'un visage par exemple (Figure 26.13). Globalement, ces données nouvelles font supposer que l'identification d'un objet repose sur des signaux d'intensité variable transmis par une population de neurones, et non sur un seul neurone ou sur quelques neurones répondant sélectivement à un objet donné.

(A)

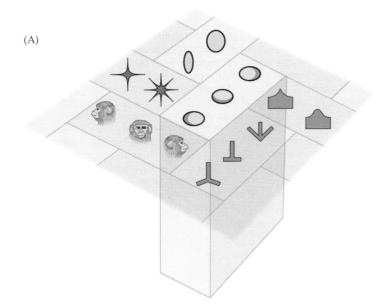

Figure 26.13

Agencement possible des représentations d'un objet.
(A) Schéma de l'organisation en colonnes que sont susceptibles de présenter les représentations des objets dans le cortex inférotemporal. On suppose que chaque colonne se rapporte à une classe particulière d'objets ou à un angle d'observation, avec des transitions progressives d'une colonne à la suivante. (B) Déplacement systématique de la région active du cortex inférotemporal accompagnant la rotation du visage observé. Les cartes de la rangée inférieure ont été obtenues par imagerie optique intrinsèque chez un singe, lors de l'observation d'un visage présenté sous cinq angles différents ; les contours des zones corticales significativement activées lors de ces cinq présentations ont été reportés sur la partie droite de la figure. (A d'après Tanaka, 2001 ; B d'après Wang et al. 1996.)

(B)

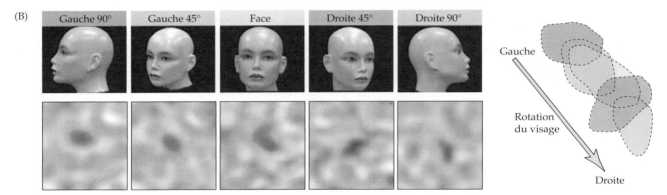

Les « neurones de planification » du cortex frontal du singe

On a identifié, dans le cortex associatif frontal de singes rhésus, des neurones qui semblent spécifiquement impliqués dans la planification. Ici encore, les caractéristiques de ces cellules concordent avec les fonctions des aires associatives frontales que l'on peut déduire de cas neurologiques chez l'homme.

L'un des tests comportementaux utilisés pour étudier, chez le singe, les neurones du cortex frontal est ce qu'on appelle la **tâche de réponse différée** (Figure 26.14A). Des variantes de cette tâche sont utilisées pour évaluer le fonctionnement du cortex frontal dans une multitude de situations, y compris les examens cliniques des fonctions du lobe frontal chez l'homme (Encadré 26C). Dans la tâche de réponse différée, le singe regarde un expérimentateur placer un morceau de nourriture dans l'un de deux réceptacles. Puis on met un couvercle sur les deux réceptacles. On abaisse ensuite un écran pendant un intervalle de temps (délai) allant de quelques secondes à quelques minutes. Lorsque l'on relève l'écran, le singe a droit à un seul essai pour ôter le couvercle du réceptacle contenant la nourriture et recevoir le renforcement. L'animal doit donc décider qu'il veut de la nourriture, se rappeler son emplacement, se rappeler qu'il faut enlever le couvercle pour pouvoir la prendre et garder disponibles toutes ces informations pendant le délai, de sorte qu'elles puissent être utilisées pour obtenir le renforcement. L'aptitude à exécuter cette tâche est diminuée ou abolie par la destruction bilatérale du territoire frontal situé en avant du cortex moteur, c'est-à-dire le **cortex préfrontal** ; ceci concorde avec les observations cliniques chez l'homme.

(A)

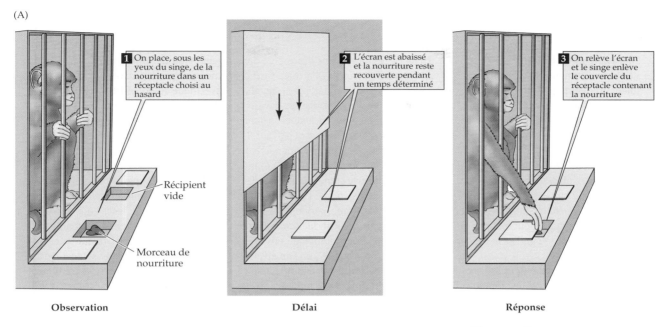

1 On place, sous les yeux du singe, de la nourriture dans un réceptacle choisi au hasard

Récipient vide

Morceau de nourriture

2 L'écran est abaissé et la nourriture reste recouverte pendant un temps déterminé

3 On relève l'écran et le singe enlève le couvercle du réceptacle contenant la nourriture

Observation   **Délai**   **Réponse**

(B)

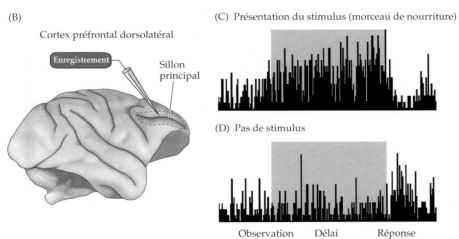

Cortex préfrontal dorsolatéral

Enregistrement

Sillon principal

(C) Présentation du stimulus (morceau de nourriture)

(D) Pas de stimulus

Observation   Délai   Réponse

Figure 26.14

Activation de neurones situés à proximité du sillon principal du lobe frontal durant une tâche de réponse différée.
(A) Présentation de la tâche. L'expérimentateur change au hasard le réceptacle dans lequel le morceau de nourriture est placé. Le singe regarde le morceau de nourriture que l'on couvre, puis l'écran s'abaisse pour un temps déterminé. Lorsqu'on relève l'écran, le singe n'a droit de découvrir qu'un seul réceptacle pour récupérer le morceau de nourriture. Des singes normaux apprennent rapidement cette tâche, atteignant d'ordinaire le niveau de 90 % d'essais corrects après un apprentissage de moins de 500 essais. (B) Site d'enregistrement. (C) Neurone répondant spécifiquement au délai, enregistré dans le cortex préfrontal d'un singe rhésus lors de la tâche de réponse différée décrite en A. Les histogrammes indiquent le nombre de potentiels d'action durant les périodes d'observation, de délai et de réponse. Le neurone commence à décharger dès que l'écran est abaissé et il demeure actif tout au long de la période de délai. (D) Quand aucun stimulus n'est présenté, mais que l'écran est quand même abaissé puis levé, le neurone a une activité moindre. (D'après Goldman-Rakic, 1987.)

Certains neurones du cortex frontal, notamment ceux qui entourent le sillon principal (voir Figure 26.14B), s'activent lorsque l'animal exécute la tâche de réponse différée. Leur activation est maximale durant la période de délai, comme si la décharge représentait les informations sur l'emplacement du morceau de nourriture, gardées depuis le début de l'essai (c'est-à-dire les informations cognitives nécessaires pour guider le comportement lorsque l'écran est relevé ; Figure 26.14C, D). Ces neurones retrouvent une activité réduite pendant la phase motrice effective du comportement, ce qui laisse supposer qu'ils sont en relation avec la mémoire à court terme et la planification (voir Chapitre 31) et non avec le mouvement lui-même. Les neurones du cortex préfrontal qui répondent spécifiquement pendant la période de délai sont également actifs chez des singes entraînés à exécuter une variante de la tâche de réponse différée, dans laquelle des mouvements bien appris doivent être exécutés en l'absence de tout signal. Il est clair que ces neurones peuvent également guider les comportements à partir d'informations stockées en mémoire. Si, par exemple, un singe est entraîné à associer des mouvements oculaires avec telle cible à renforcement retardé, les neurones préfrontaux répondant au délai vont décharger pendant l'intervalle précédant le ren-

ENCADRÉ 26C *Les tests neuropsychologiques*

Bien avant que la tomographie par émission de positons ou l'IRM fonctionnelle soient utilisées pour évaluer les fonctions cognitives normales et anormales, plusieurs méthodes, d'une technologie moins avancée, se sont avérées fiables pour tester ces fonctions chez des sujets humains. À partir de la fin des années 1940, des psychologues et des neurologues développèrent une batterie de tests comportementaux, généralement appelés tests neuropsychologiques, pour évaluer l'intégrité des fonctions cognitives et aider à localiser les lésions.

L'une des épreuves les plus utilisées est le Wisconsin Card Sorting Test (épreuve de

tri de cartes du Wisconsin, présenté dans la figure ci-dessous). Quatre cartes portant des symboles différents en nombre, couleur ou forme sont placées par l'examinateur devant le sujet, auquel on donne un jeu de cartes réponse portant les mêmes symboles. On lui demande alors de mettre une carte réponse appropriée en face de la carte stimulus, en se fondant sur une règle de tri que l'examinateur a fixée (trier par forme, par nombre ou par couleur), mais qu'il ne lui communique pas. L'examinateur lui indique ensuite si la réponse est « bonne » ou « mauvaise » et c'est le seul indice qui lui soit donné en retour. Après dix bonnes réponses consécutives, l'examinateur change la règle en disant simplement « mauvais ». Le sujet doit alors trouver la nouvelle règle de tri et réussir dix bons essais. La règle de tri est alors changée de nouveau jusqu'à ce que six tours aient été effectués.

En 1963, Brenda Milner, de l'Institut Neurologique de Montréal, montra que les patients atteints de lésions du lobe frontal ont régulièrement de mauvais scores au Wisconsin Card Sorting Test. En comparant avec des patients porteurs de lésions cérébrales identifiées, suite à une intervention neurochirurgicale dans le cas d'épi-

lepsies ou de tumeurs, Milner parvint à montrer que ce trouble est relativement spécifique des lobes frontaux. Il est particulièrement frappant que les patients « frontaux » soient incapables d'utiliser les informations antérieures pour guider leurs choix. L'explication généralement admise de la sensibilité du Wisconsin Card Sorting Test aux perturbations fonctionnelles du lobe frontal est l'aspect « planification » de ce test. Pour répondre correctement, le sujet doit retenir les informations concernant l'essai précédent et les utiliser pour guider son comportement aux essais suivants. Le traitement de ce type d'informations est caractéristique des fonctions du lobe frontal.

Divers autres tests neuropsychologiques ont été mis au point pour évaluer l'intégrité fonctionnelle d'autres régions corticales ou d'autres fonctions cognitives. On peut citer les épreuves où l'on demande à un patient de reconnaître des visages familiers parmi une série de photos ou celles dans lesquelles des « distracteurs » viennent interférer avec l'aptitude du sujet à faire attention aux traits saillants d'un stimulus. Tel est le cas, par exemple, du test d'interférence de Stroop, où l'on demande au patient de lire des noms de

Trier par couleur

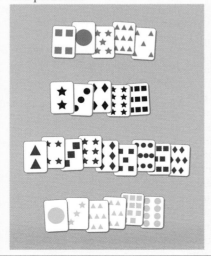

Trier par forme

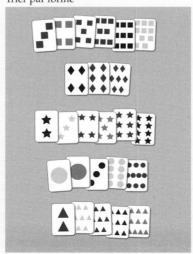

Trier par nombre

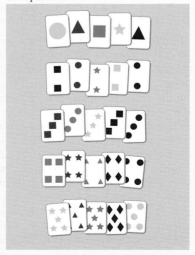

couleurs imprimés avec une encre d'une couleur qui ne concorde pas (le mot *vert* imprimé en rouge, par exemple). Ce type d'épreuve évalue en même temps les capacités d'attention et d'identification. La simplicité de ces tests, leur faible coût et l'expérience qu'on en a acquise continuent d'en faire de précieux outils d'évaluation des fonctions cognitives.

Références

BERG, E.A. (1948), A simple objective technique for measuring flexibility in thinking. *J. Gen. Psychol.*, **39**, 15-22.

LEZAK, M.D. (1995), *Neuropsychological Assessment*. 3rd Ed. New York, Oxforf University Press.

MILNER, B. (1963), Effects of different brain lesions on card sorting. *Arch. Neurol.*, **9**, 90-100.

MILNER, B. et M. PETRIDES (1984), Behavioural effects of frontal-lobe lesions in man. *Trends Neurosci.*, **4**, 403-407.

forcement, même si la cible est absente quand le singe tourne les yeux vers la région concernée du champ visuel.

En plus de garder des informations cognitives pendant de brefs délais, certains neurones du cortex préfrontal semblent aussi participer directement à la planification à plus long terme de séquences motrices. Quand des singes ont appris à exécuter une série de mouvements tels qu'incliner une manette à droite, puis à gauche et de nouveau à droite, certains neurones du cortex préfrontal déchargent à des moments particuliers de la séquence (à la troisième réponse par exemple), quel que soit le sens du mouvement (à droite ou à gauche). Les neurones préfrontaux présentent également une sélectivité pour chaque étape de la séquence motrice apprise; ceci exclut donc la possibilité que ces neurones ne fassent qu'encoder la difficulté de la tâche ou la proximité de la récompense lorsque la série de réponse touche à sa fin. Lorsque l'on inactive pharmacologiquement ces régions du cortex préfrontal, les singes perdent la capacité d'exécuter ces séquences de mémoire. Toutes ces observations confirment donc l'idée, initialement inférée de cas tels que celui de Phinéas Gage, que le lobe frontal est spécifiquement impliqué dans les fonctions cognitives qui utilisent des informations stockées en mémoire pour planifier et guider des comportements appropriés.

Au total, l'existence, dans le cortex frontal des singes rhésus, de neurones répondant spécifiquement durant la période de délai, de même que celle de neurones spécifiques pour l'attention dans le cortex pariétal ou pour la reconnaissance dans le cortex temporal, corrobore l'identité fonctionnelle que les données de la clinique permettent d'assigner à ces aires. Néanmoins, la localisation fonctionnelle, qu'elle soit inférée de l'examen clinique chez l'homme ou d'enregistrements unitaires chez le singe, reste une besogne imprécise. Les observations qui viennent d'être résumées ne donnent que des indices rudimentaires pour concevoir la complexité avec laquelle les informations cognitives sont représentées et traitées dans le cerveau. Il reste difficile d'évaluer la contribution des aires cérébrales en cause et de leurs populations neuroniques à ces caractères importants, mais encore mal définis, que sont par exemple la personnalité, l'intelligence (Encadré 26D) ou d'autres fonctions cognitives qui sont le propre de l'homme.

Résumé

La majeure partie du cortex cérébral humain est dévolue à des tâches qui dépassent le codage des sensations primaires ou la commande des actes moteurs. Prises collectivement, les aires corticales associatives interviennent dans les fonctions cognitives du cerveau considérées comme la faculté d'identifier et de classer les stimulus externes ou internes et d'y réagir de façon sensée. Les descriptions de patients souffrant de lésions corticales, l'imagerie fonctionnelle cérébrale chez des sujets sains ainsi que les travaux électrophysiologiques et comportementaux sur des primates non humains ont permis de définir, dans ses grandes lignes, le rôle de chacun des principaux cortex associatifs. Le cortex associatif pariétal intervient dans l'attention et dans la perception consciente du corps et des stimulus qui l'affectent; les aires associatives temporales sont mises en jeu dans la reconnaissance et l'identification d'informations sensorielles hautement élaborées; quant aux aires associatives du cortex frontal, elles participent au guidage des

ENCADRÉ 26D *La taille du cerveau et l'intelligence*

La proportion considérable du cerveau qu'occupent les aires corticales associatives pose une question fondamentale : les fonctions cognitives sont-elles d'autant plus développées que le cerveau est plus gros ? Il est clair qu'il existe entre individus humains, de même qu'entre les autres animaux, des différences d'aptitudes et de prédispositions pour nombre de comportements cognitifs. Une aptitude particulière implique-t-elle que lui soit dévolu un plus grand territoire cérébral ? D'un point de vue historique, la démarche la plus répandue pour aborder, chez l'homme, le problème des relations entre taille du cerveau et comportement, a été de mettre en relation le volume cérébral avec un indice très général de performance, donné par ce qu'il est convenu d'appeler les tests « d'intelligence ». Cette approche a soulevé bien des questions. Si l'on s'en tient à des considérations générales, la proportionnalité, chez diverses espèces, entre l'intelligence et la taille du cerveau est une idée simple et apparemment valide (voir la figure ci-contre). Le rapport du poids du cerveau au poids du corps est de 1:5000 pour les poissons, de 1:1500 pour les reptiles, de 1:220 pour les oiseaux, de 1:180 pour la plupart des mammifères et de 1:50 pour l'homme. Si l'on définit l'intelligence en prenant en compte l'ensemble des performances cognitives, il ne fait pas de doute que l'homme est plus intelligent que la souris et que cette différence s'explique en partie par la différence de taille de 300 fois entre les cerveaux de ces espèces.

S'ensuit-il pour autant que de relativement faibles différences de taille entre les cerveaux d'individus voisins par l'espèce, la race, le sexe ou la famille, différences qui persistent souvent après correction pour les différences de taille du corps, soient aussi une mesure valide des aptitudes cognitives ? L'idée que des différences présumées entre la taille cérébrale selon la race, ou des différences démontrables entre la taille des cerveaux des hommes et des femmes, reflètent des différences de performance est sans doute à l'origine des débats les plus houleux qu'aient connus les neurosciences. La passion qui accompagne cette controverse ne vient pas seulement des problèmes scientifiques en cause, mais aussi du spectre du racisme ou de la misogynie.

Au dix-neuvième siècle, l'opinion enthousiaste que la taille du cerveau pouvait servir de mesure simple de la performance humaine eut comme champions des savants d'une grande pénétration (parmi lesquels Francis Galton, cousin de Darwin, et Paul Broca) ainsi que d'autres dont les motivations et les méthodes nous paraissent aujourd'hui suspectes (voir les solides et passionnants commentaires de Gould, 1978, 1981). Broca, grand neurologue de son époque et observateur de talent, pensait non seulement que la taille du cerveau reflète l'intelligence, mais était également d'avis (comme à peu près tous les savants du dix-neuvième siècle) que les mâles européens blancs avaient le cerveau le plus gros et le plus développé. Compte tenu de ce qu'on connaissait du cerveau à la fin du dix-neuvième siècle, il pouvait être raisonnable, pour Broca, de le considérer comme un organe comparable au foie et aux poumons, c'est-à-dire comme une structure fonctionnellement homogène pour l'essentiel. Ironie de l'histoire, c'est au même Broca qu'il revint de jeter les bases de la conception moderne du cerveau comme collection hétérogène de systèmes hautement interconnectés, mais fonctionnellement distincts (voir Chapitre 27). Quoi qu'il en soit, la façon simpliste qu'avait le dix-neuvième siècle de concevoir les relations entre intelligence et taille cérébrale a persisté dans certains milieux bien après cette époque.

Il y a au moins deux raisons pour lesquelles des mesures telles que le volume cérébral ou la capacité crânienne ne peuvent pas être interprétées sans difficulté comme des index de l'intelligence, même si des différences faibles peuvent être statistiquement valides. La première est qu'il est difficile d'arriver à une définition et à une mesure précises de l'intelligence, surtout chez des individus humains de milieux éducatifs et culturels différents. La seconde a trait à la diversité fonction-

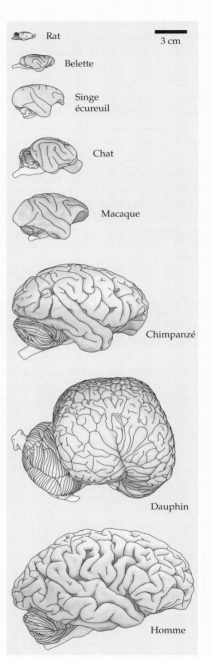

Taille du cerveau adulte de différentes espèces.

nelle et à la complexité des connexions cérébrales. Imaginons que l'on veuille évaluer les relations entre la taille du corps et les capacités athlétiques, prises comme un analogue physique de l'intelligence. Le poids du corps ou toute autre mesure globale du phénotype somatique se révélerait être un index déplorablement inadéquat. Sans doute trouverait-on que plus on est gros, mieux c'est, pour les lutteurs sumo, mais ce sont des caractères plus subtils qui corréleraient avec des aptitudes exceptionnelles au tennis de table, à la gymnastique ou au patinage artistique. La diversité des fonctions somatiques par rapport aux aptitudes athlétiques jette la confusion dans l'interprétation de toute mesure simple telle que la taille du corps.

Les implications de cette analogie pour le cerveau sont immédiates. Toute tentative pour mettre en relation le poids du cerveau, la capacité cérébrale ou toute autre mesure globale de taille du cerveau avec les performances individuelles, ignore le fait de la diversité des fonctions cérébrales Ainsi, indépendamment de leur honnêteté politique ou éthique, les tentatives pour mesurer « l'intelligence » par la taille

du cerveau ou à l'aune des neurosciences modernes (voire à celle du simple sens commun) finiront inévitablement par des débats plus passionnés que fructueux. Une approche plus rationnelle du problème, praticable depuis quelques années, consiste à mettre en relation une fonction donnée (la performance visuelle par exemple) avec la taille des régions mesurables dévolues à cette fonction (le cortex visuel par exemple) ainsi qu'avec des caractéristiques cellulaires telles que la densité synaptique ou l'arborisation dendritique. Ces corrélations sont les plus prometteuses pour explorer l'idée raisonnable que de meilleures performances reposeront toujours sur une quantité plus grande de mécanismes nerveux.

Références

BROCA, P. (1861), Sur le volume et la forme du cerveau suivant les individus et suivant les races. *Bull. Soc. Anthrop.*, **2**, 139-207.

GALTON, F. (1883), *Inquiries into Human Faculty and its Development*. London. Macmillan.

GOULD, S.J. (1978), Morton's ranking of races by cranial capacity. *Science*, **200**, 503-509.

GOULD, S.J. (1997), *La mal-mesure de l'homme : l'intelligence sous la toise des savants*. Paris, Éditions Odile Jacob. (Traduction de *The Mismeasure of Man*, 1981, New York, W.W. Norton and Company).

MACKINTOSH, N.J. (2004), *QI et intelligence humaine*. Paris, De Boeck Université. (Traduction de *IQ and Human Intelligence*, 1998. Oxford, Oxford University Press.)

GROSS, B.R. (1990), The case of Phillipe Rushton. *Acad. Quest.*, **3**, 35-46.

SPITZKA, E.A. (1907), A study of the brains of six eminent scientists and scholars belonging to the American Anthropometric Society, together with a description of the skull of Professor E.D. Cope. *Trans. Amer. Phil. Soc.*, **21**, 175-308.

WALLER, A.D. (1891), *Human Physiology*. London, Longmans, Green.

comportements complexes en planifiant les réponses aux stimulations qui surviennent (ou à des informations mémorisées) et elles assurent ainsi l'adéquation de ces comportements avec les exigences d'une situation particulière. L'importante extension qu'ont connue les aires associatives dans notre espèce par rapport aux autres primates est à la base des processus cognitifs qui déterminent la culture humaine.

Lectures complémentaires

Revues

BERMANN, M. (1999), Spatial frames of reference and hemispatial neglect. In *The Cognitive Neurosciences*, 2nd Ed. M. Gazzaniga (ed.). Cambridge, MA, MIT Press, 651-666.

DAMASIO, A.R. (1985), The frontal lobes. In *Clinical Neuropsychology*, 2nd Ed. K.H. Heilman and E. Valenstein (eds.). New York, Oxford University Press.

DAMASIO, A.R., H. DAMASIO et G.W. VAN HOESEN (1982), Prosopagnosia : anatomic basis and behavioral mechanisms. *Neurology*, **32**, 331-341.

DESIMONE, R. (1991), Face-selective cells in the temporal cortex of monkeys. *J. Cog. Neurosci.*, **3**, 1-8.

FILLEY, C.M. (1995), *Neurobehavioral Anatomy*. Chapter 8 : Right hemisphere syndromes. Boulder, University of Colorado Press.

GOLDMAN-RAKIC, P.S. (1987), Circuitry of the prefrontal cortex and the regulation of behavior by representational memory. In *Handbook of Physiology, Vol. 5 : Higher Functions of the Brain*, Part 1, Chapter 9. V.B. Mountcastle, F. Plum, S.R. Geiger (eds.). Bethesda, MD, American Physiological Society, 373-417.

HALLIGAN, P.W. et J.C. MARSHALL (1994), Toward a principled explanation of unilateral neglect. *Cog. Neuropsych.*, **11 (2)**, 167-206.

LADAVAS, E., A. PETRONIO et C. UMILTA (1990), The deployment of visual attention in the intact field of hemineglect patients. *Cortex*, **26**, 307-317.

MACRAE, D. et E. TROLLE (1956), The defect of function in visual agnosia. *Brain*, **77**, 94-110.

POSNER, M.I. et S.E. PETERSEN (1990), The attention system of the human brain. *Annu. Rev. Neurosci.*, **13**, 25-42.

VALLAR, G. (1998), Spatial hemineglect in humans. *Trends. Cog. Sci.*, **2 (3)**, 87-96.

Articles originaux importants

BRAIN, W.R. (1941), Visual disorientation with special reference to lesions of the right cerebral hemisphere. *Brain*, **64**, 224-272.

COLBY, C.L., J.R. DUHAMEL et M.E. GOLDBERG (1996), Visual, presaccadic, and cognitive activation of single neurons in monkey lateral intraparietal area. *J. Neurophysiol.*, **76**, 2841-2852.

DESIMONE, R., T.D. ALBRIGHT, C.G. GROSS et C. BRUCE (1984), Stimulus-selective properties of inferior temporal neurons in the macaque. *J. Neurosci.*, **4**, 2051-2062.

ETCOFF, N.L., R. FREEMAN et K.R. CAVE (1991), Can we lose memories of faces? Content specificity and awareness in a prosopagnosic. *J. Cog. Neurosci.*, **3**, 25-41.

FUNAHASHI, S., M.V. CHAFEE et P.S. GOLDMAN-RAKIC (1993), Prefrontal neuronal activity in rhesus monkeys performing a delayed antisaccade task. *Nature*, **365**, 753-756.

FUSTER, J.M. (1973), Unit activity in prefrontal cortex during delayed-response performance : neuronal correlates of transient memory. *J. Neurophysiol.*, **36**, 61-78.

GESCHWIND, N. (1965), Disconnexion syndromes in animals and man. Parts I and II. *Brain*, **88**, 237-294.

HARLOW, J.M. (1868), Recovery from the passage of an iron bar through the head. *Publications of the Massachusetts Medical Society*, **2**, 327-347.

MOUNTCASTLE, V.B., J.C. LYNCH, A. GEORGOPOULOS, H. SAKATA et C. ACUNA (1975), Posterior parietal association cortex of the monkey : Command function from operations within extrapersonal space. *J. Neurophysiol.*, **38**, 871-908.

PLATT, M.L. et P.W. GLIMCHER (1999), Neural correlates of decision variables in parietal cortex. *Nature*, **400**, 233-238.

TANJI, J. et K. SHIMA (1994), Role for supplementary motor area cells in planning several movements ahead. *Nature*, **371**, 413-416.

WANG, G., K. TANAKA et M. TANIFUJI (1996), Optical imaging of functional organization in the monkey inferotemporal cortex. *Science*, **272**, 1665-1668.

Ouvrages

BRICKNER, R.M. (1936), *The Intellectual Functions of the Frontal Lobes*. New York, Macmillan.

DAMASIO, A.R. (1995), *L'erreur de Descartes*. Paris, Éditions Odile Jacob. (Traduction de *Descartes' Error : Emotion, Reason and the Human Brain*, 1994, New York, Grosset/Putnam.)

DEFELIPE, J. et E.G. JONES (1988), *Cajal on the Cerebral Cortex : An Annotated Translation of the Complete Writings*. New York, Oxford University Press.

GAREY, L.J. (1994), *Brodmann's « Localisation in the Cerebral Cortex »*. London, Smith-Gordon. (Traduction de l'ouvrage de K. Brodmann, 1909, Leipzig, Verlag von Johann Ambrosius Barth).

GLIMCHER, P.W. (2003), *Decisions, Uncertainty, and the Brain : The Science of Neuroeconomics*. Cambridge, MA, MIT Press.

HEILMAN, H. et E. VALENSTEIN (1985), *Clinical Neuropsychology*, 2nd Ed. New York, Oxford University Press, Chapitres 8, 10, 12.

KLAWANS, H.L. (1988), *Toscanini's Fumble, and Other Tales of Clinical Neurology*. Chicago, Contemporary Books.

KLAWANS, H.L. (1991), *Newton's Madness*. New York, Harper Perennial Library.

POSNER, M.I. et M.E. RAICHLE (1998), *L'esprit en images*. Paris, De Boeck Université. (Traduction de *Images of Mind*, 1994. New York, Scientific American Library.)

SACKS, O. (1988), *L'homme qui prenait sa femme pour un chapeau*. Paris, Seuil. (Traduction de *The Man Who Mistook His Wife for a Hat*, 1987, New York, Harper Perennial Library.)

SACKS, O. (1995), *An Anthropologist on Mars*. New York, Alfred A. Knopf.

chapitre 27
Le langage et la parole

Vue d'ensemble

L'une des plus remarquables fonctions corticales de l'homme est la faculté d'associer des symboles arbitraires avec des significations particulières pour exprimer, à nous-mêmes ou aux autres, des pensées ou des émotions au moyen du langage parlé et, dans certaines cultures, écrit. Le langage se définit comme le mode de communication d'un groupe par la parole, mais en médecine clinique ce terme tend à désigner les fonctions cérébrales relatives à la production de la parole et à sa compréhension. Les réalisations de la culture humaine reposent largement sur cette forme de communication et celui qui, pour une raison ou une autre, n'arrive pas dès l'enfance à maîtriser le langage est lourdement handicapé. Les études de patients porteurs de lésions de régions corticales spécifiques ou celles de sujets normaux par des techniques électrophysiologiques ou par imagerie cérébrale ont montré que les aptitudes linguistiques du cerveau humain résident dans plusieurs aires spécialisées des cortex associatifs du lobe temporal et du lobe frontal. La connaissance de la localisation fonctionnelle et de la latéralisation hémisphérique du langage est d'une importance particulière pour la pratique clinique. La perte du langage est un coup si funeste que neurologues et neurochirurgiens font tout ce qui est possible pour identifier et préserver les aires corticales intervenant dans sa compréhension et dans sa production. La nécessité de déterminer la topographie des fonctions langagières chez des patients dans le but de préserver les régions cérébrales impliquées a permis de récolter d'abondantes informations sur l'organisation neurale de cet attribut humain essentiel. Chez la plupart des individus, les fonctions majeures du langage sont localisées dans l'hémisphère gauche ; ainsi, les relations entre les caractéristiques sonores des mots et leur signification se trouvent principalement dans le cortex temporal gauche tandis que les circuits des commandes motrices qui organisent la production de paroles chargées de sens résident essentiellement dans le cortex frontal gauche. Alors que le côté gauche prédomine pour les aspects lexicaux du langage, son contenu émotionnel, affectif, est en grande partie sous le contrôle de l'hémisphère droit. L'étude d'individus sourds de naissance a montré par ailleurs que les aires cérébrales traitant le langage des signes sont les mêmes que celles qui organisent la communication auditivo-phonatoire. Ces régions sont donc spécialisées pour la représentation et la communication symboliques et non pour le langage parlé comme tel. Diverses données indiquent que certains aspects de ces aptitudes et de leurs substrats neuraux ne sont pas des attributs exclusifs de l'espèce humaine.

Le langage est à la fois localisé et latéralisé

On sait depuis plus d'un siècle que deux régions du cortex associatif frontal et temporal de l'hémisphère gauche sont de toute première importance pour les aspects explicitement verbaux du langage humain. Il n'est guère surprenant que les aptitudes linguistiques soient localisées et latéralisées ; le chapitre 2 a examiné les nombreuses preuves de la localisation et de la latéralisation d'autres fonctions cognitives. De ce point de vue, la représentation inégale des fonctions langagières dans les deux hémisphères cérébraux est particulièrement claire.

Bien que la notion de latéralisation des fonctions ait été déjà utilisée à propos de la contribution inégale des lobes pariétaux à l'attention et des lobes temporaux à la reconnaissance de différentes catégories d'objets, c'est l'étude du langage qui en a fourni les preuves les plus complètes. Étant donné l'importance du langage, sa latéralisation a fait naître l'idée erronée que, chez l'homme, l'un des deux hémisphères, celui dans lequel résident les principales aptitudes pour le langage, est «dominant» par rapport à l'autre. En réalité, l'importance véritable de la latéralisation du langage ou de toute autre aptitude cognitive tient plus au partage efficace des fonctions complexes entre les hémisphères qu'à la supériorité de l'un par rapport à l'autre. Et en dépit des dogmes d'une psychologie dans le vent quant à la redondance corticale, il

---

ENCADRÉ 27A *La parole*

Les organes de la parole comprennent les poumons qui servent de réservoir d'air, le larynx, qui donne leur qualité de stimulus périodiques aux sons voisés, et le pharynx avec les cavités du rhino-pharynx et de l'oro-pharynx ainsi que les structures qui s'y trouvent (langue, dents, lèvres, etc.); c'est le pharynx qui modifie (ou filtre) les sons de la parole qu'émet le locuteur. L'idée, fondamentalement correcte, que le larynx est la source des sons de la parole et que le reste de l'appareil vocal sert de filtre modulant l'énergie sonore de la source est une idée ancienne puisqu'elle fut avancée au dix-neuvième siècle par Johannes Müller.

Malgré la complexité de détail de sa physiologie, l'appareil vocal a un fonctionnement général relativement simple. L'air chassé des poumons voit sa vitesse augmenter en passant par l'ouverture rétrécie des **cordes vocales** que l'on appelle la glotte, en sorte que (conformément au théorème de Bernoulli) sa pression diminue. Les cordes vocales peuvent alors se rapprocher jusqu'à ce que l'augmentation de pression de l'air pulmonaire les force à s'ouvrir à nouveau. La répétition de ce processus provoque l'oscillation de la pression de l'onde sonore à une fréquence principalement déterminée par les muscles qui contrôlent les cordes vocales. La fréquence de ces vibrations, qui sont à la base des sons voisés de la parole, s'étage de 100 à 400 Hz environ selon le sexe, la taille et l'âge du locuteur.

Le larynx a sur le signal sonore beaucoup d'autres effets qui créent de nouveaux sons utilisés dans la phonation. Les cordes vocales peuvent, par exemple, en s'ouvrant brusquement, produire ce qu'on appelle le *coup de glotte* (comme au début du mot «halte»). Elles peuvent aussi garder une position intermédiaire pour produire des consonnes telles que *b* ou être complètement ouvertes pour des consonnes non voisées telles que *s* ou *f* (consonnes sourdes, qui n'ont pas la nature périodique conférée par la vibration des cordes vocales). Bref, le larynx joue un rôle important dans la production de pratiquement tous les sons.

On peut considérer le système vocal comme une sorte d'instrument de musique capable d'un raffinement extraordinaire et de modulations d'une grande délicatesse. Mais, comme c'est aussi le cas pour les instruments de musique, la source primordiale de vibrations (l'anche, pour une clarinette, ou les cordes vocales dans la phonation) n'est pas le tout de l'affaire. Au même titre que la structure d'un instrument, tout le chenal qui va des cordes vocales aux lèvres (et aux narines) participe dans une large mesure à la formation des sons de la parole. Le facteur principal qui détermine le son d'un instrument est l'ensemble de ses résonan-

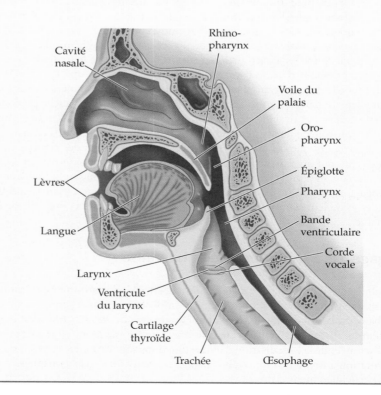

---

est même prudent de supposer que chaque région du cerveau fait *quelque chose* d'important !

Pour bien aborder ces problèmes, il convient tout d'abord de réaliser que la représentation corticale du langage se distingue nettement des circuits qui interviennent dans le contrôle moteur de la bouche, de la langue, du larynx et du pharynx, toutes structures qui participent à la production des sons de la parole (Encadré 27A). Elle se distingue aussi, bien qu'elle entretienne avec eux des relations évidentes, des circuits de la perception auditive des mots parlés ou de la perception visuelle des mots écrits, circuits qui font respectivement partie des cortex auditif et visuel primaires (Figure 27.1). Les fonctions sensorielles et motrices ont certes un rôle capital pour le langage en tant

---

ces, qui filtrent les vibrations sonores et leur donnent une forme. Les résonances qui, dans le tractus vocal, modulent le flux d'air produit par le larynx sont appelées **formants**. La fréquence de résonance du formant principal est due au fait que la longueur approximative du tractus vocal est de 17 cm ce qui correspond au quart de la longueur d'onde d'une onde sonore de 68 cm. Or le quart de la longueur d'onde détermine les résonances de tuyaux ouverts à une extrémité, ce qui est le cas du tractus vocal. La vitesse du son étant de 33 500 cm/s, la fréquence de résonance la plus basse d'un tube ou d'un tuyau ouvert de cette longueur sera de 33 500/68 soit environ 500 Hz, avec des résonances supplémentaires aux environs de 1500 Hz et 2500 Hz. La conséquence de ces propriétés physiques du tractus vocal est que l'énergie de l'émission laryngée aux fréquences des formants sera renforcée et que l'énergie répartie sur les autres fréquences sera atténuée à des degrés divers.

Les sons de base du langage articulé de toutes les langues sont appelés **phonèmes** (les émissions sonores qui les expriment étant appelées **phones**). Les modifications, sous l'action des muscles, de la tension des cordes vocales et de la forme des cavités résonnantes situées au-dessus d'elles entraînent la production de phones différents. Les phonèmes sont utilisés pour former des syllabes qui constitueront des mots se combinant eux-mêmes en phrases. Le français comporte environ 34 phonèmes répartis de façon à peu près égale entre sons vocaliques et sons consonantiques. Les sons vocaliques correspondent, en gros, aux éléments voisés

(périodiques) du langage articulé (c'est-à-dire aux sons élémentaires formés par les vibrations des cordes vocales). Les consonnes, en revanche, comportent des changements rapides du signal sonore et sont plus complexes. En français, les consonnes se trouvent en début et/ou en fin de syllabe, chacune étant accompagnée d'un son vocalique. Les sons consonantiques sont classés d'après l'endroit du tractus vocal où ils sont produits (leur *lieu d'articulation*) ou d'après les caractéristiques physiques de leur production (leur *mode d'articulation*). Par rapport au lieu d'articulation on distingue, entre autres, les consonnes labiales (telles que *b* et *p*), les dentales (*f* et *v*), les palatales (*ch*) et les glottales (*h*). Par rapport au mode d'articulation, on a les plosives, les fricatives, les nasales, les liquides et les semi-liquides. On produit les plosives en bloquant le flux d'air à un endroit quelconque du tractus vocal, les fricatives en resserrant le chenal expiratoire sans le fermer complètement, les nasales en faisant passer le flux d'air par le nez, etc. Une variation supplémentaire dans l'utilisation des consonnes s'observe dans les langues d'Afrique du Sud dites « à clics », dont une trentaine subsistent aujourd'hui. Ces langues comportent 4-5 clics différents qui sont des doubles consonnes (l'équivalent consonantique des diphtongues) et qui sont obtenus en faisant claquer la langue sur la voûte du palais.

Il faut reconnaître que les stimulus de la parole sont d'une grande complexité (il existe plus de 200 phonèmes dans les 6 000 langues humaines, environ, qui existent aujourd'hui). Et pour ne rien arranger, Alvin Liberman, travaillant au

Haslins Laboratory de Yale University, a montré qu'il n'y avait pas de correspondance univoque entre les phonèmes (tels que définis plus haut) et les éléments acoustiques spécifiques de la parole. Étant donné que les sons de la parole changent de façon continue, ils ne peuvent pas être découpés en segments discrets, comme l'impliquent les concepts de phonème et de phone. Ce fait est aujourd'hui considéré comme une difficulté fondamentale ruinant toute approche strictement phonémique ou phonétique du langage. Il existe par ailleurs dans la façon naturelle de parler des hommes, des femmes et des enfants, un recouvrement des formants. Les résultats de recherches faites chez des illettrés laissent penser que les phones et les phonèmes ont sans doute des liens plus étroits avec l'apprentissage de la lecture qu'avec le langage parlé entendu. Compte tenu de cette complexité, il est remarquable que l'on puisse communiquer si facilement.

Références

LIBERMAN, A.M. (1996), *Speech : A Special code*. Cambridge, MA, MIT Press.

LIBERMAN, A.M. et I.G. MATTINGLY (1985), The motor theory of speech perception revised. *Cognition*, **21**, 1-36.

MILLER, G.A. (1991), *The Science of Words*. Chapitre 4, « The spoken word ». New York, Scientific American Library.

PLOMP, R. (2002), *The Intelligent Ear : On the Nature of Sound Perception*. Mahwah, NJ, Erlbaum.

WARREN, R.M. (1999), *Auditory Perception : A New Analysis and Synthesis*. Chapitre 7, « Speech ». Cambridge, Cambridge University Press.

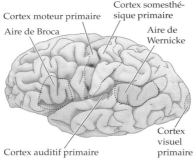

Figure 27.1

Schéma des principales aires cérébrales intervenant dans la compréhension et la production du langage. On a indiqué les relations des cortex somesthésique, auditif et visuel primaires ainsi que celles du cortex moteur primaire avec les aires du langage de Broca et de Wernicke. Bien qu'assez peu spécifiquement impliquées dans le langage, ces aires primaires interviennent néanmoins dans la compréhension et l'expression de la parole.

qu'outil de communication. Mais les régions cérébrales spécifiquement dévolues au langage transcendent ces éléments de base, dans la mesure où ce qu'elles prennent en charge, c'est le système de symboles auxquels fait appel la communication, symboles parlés et entendus, écrits et lus ou, dans le cas du langage des signes, mis en gestes et vus (voir ci-dessous). La fonction essentielle des aires corticales du langage et, à vrai dire, du langage lui-même est donc la représentation symbolique. Que l'utilisation de ces symboles obéisse à un ensemble de règles (la grammaire), qu'il faille les ranger dans un certain ordre (la syntaxe) pour qu'ils aient un sens utile, que leur expression doive présenter une tonalité émotionnelle adéquate marquée par des variations d'intensité et de hauteur (la prosodie), est de la plus haute importance et se constate aisément quel que soit le mode de représentation et d'expression.

Compte tenu de l'importance biologique et sociale considérable de la communication entre les membres d'une même espèce, il n'est pas étonnant que les autres animaux communiquent, selon des modes certes considérablement moins riches que le langage humain, mais qui laissent cependant apercevoir la nature des aptitudes à la communication et aux interactions à partir desquelles le langage humain a évolué dans le cerveau de nos lointains ancêtres hominidés et préhominidés (Encadré 27B).

Les aphasies

La distinction entre le langage et les capacités sensorielles et articulatoires dont il dépend s'est manifestée d'abord chez des patients porteurs de lésions de régions cérébrales spécifiques. La possibilité d'actionner la musculature de la bouche, de la langue, du larynx et du pharynx peut ainsi se trouver supprimée sans que soit aboli pour autant l'usage du langage parlé pour communiquer (même si les troubles moteurs rendent la communication difficile). De même, les fonctions essentielles du langage peuvent subsister en dépit d'atteintes des voies auditives, comme on peut le constater chez des personnes devenues partiellement ou totalement sourdes. Elles peuvent être, par contre, gravement perturbées par des lésions d'aires cérébrales qui sont sans incidence sur les éléments sensoriels et moteurs de la communication verbale. Ces derniers syndromes, collectivement qualifiés d'**aphasies**, réduisent ou abolissent les capacités de compréhension et/ou de production du langage tout en épargnant la perception des stimulus verbaux et l'émission de mots intelligibles. Ce qui manque, chez ces patients, c'est l'aptitude à reconnaître et à employer la valeur symbolique des mots, d'où une absence de syntaxe, de grammaire et d'intonation, toutes propriétés qui distinguent le langage du jargon (Encadré 27C).

Figure 27.2

Relations des principales aires du langage avec les divisions cytoarchitectoniques classiques du cortex cérébral. Comme indiqué au chapitre 26, on a décrit dans le cortex cérébral humain une cinquantaine d'aires histologiquement distinctes (aires cytoarchitectoniques). Les fonctions linguistiques décrites par Broca et Wernicke mettent en jeu au moins trois aires cytoarchitectoniques définies par Brodmann : l'aire 22 à la jonction temporo-pariétale (aire de Wernicke) ainsi que les aires 44 et 45, dans la région ventro-postérieure du lobe frontal (aire de Broca), mais elles ne recouvrent exactement aucune d'entre elles.

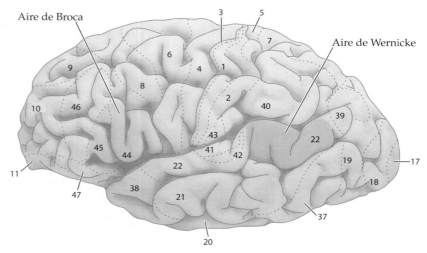

On attribue d'ordinaire la localisation des fonctions du langage dans une région précise (et dans un hémisphère particulier) du cerveau, au neurologue français Paul Broca et au neurologue allemand Carl Wernicke qui, tous deux, réalisèrent leurs observations princeps vers la fin du dix-neuvième siècle. Broca et Wernicke ont examiné les cerveaux d'aphasiques décédés. Se fondant sur les correspondances entre le tableau clinique et l'emplacement des lésions cérébrales déterminé à l'autopsie, Broca suggéra que les capacités linguistiques étaient localisées dans la région ventro-postérieure du lobe frontal (Figure 27.1 et 27.2). Chose plus importante, il observa que l'abolition des capacités d'avoir un langage signifiant, par opposition aux capacités de remuer la bouche et d'articuler des mots, était habituellement associée à des lésions de l'hémisphère gauche. «On parle avec l'hémisphère gauche», déclara Broca. Cette

---

ENCADRÉ 27B *Les animaux ont-ils un langage ?*

Au cours des siècles, des théologiens, des philosophes et même des spécialistes contemporains des neurosciences ont soutenu que le langage n'existe que chez l'homme, ce comportement hors du commun nous mettant qualitativement à part des autres animaux. Les données qui se sont graduellement accumulées au cours des 75 dernières années et qui prouvent l'existence de systèmes de communication d'un haut raffinement dans des groupes animaux aussi divers que les baleines, les oiseaux ou les abeilles, ne permettent plus de soutenir un tel point de vue, au moins au sens large (voir l'encadré 24B). Jusqu'à une date relativement récente cependant, le langage humain est apparu unique en son genre du point de vue sémantique, c'est-à-dire quant à ses capacités d'associer des significations particulières à des symboles arbitraires. Dans la danse des abeilles, si bien décrite par Karl von Frisch par exemple, chaque mouvement symbolique exécuté par la butineuse qui revient au nid ne code qu'une seule signification, dont l'expression et l'interprétation sont précâblées dans le système nerveux de l'exécutant et de l'observateur.

Une série de travaux très controversés réalisés chez les singes anthropoïdes a toutefois indiqué que les rudiments de la communication symbolique humaine sont en fait présents chez nos plus proches parents. En dépit de variations dans les techniques, la plupart des psychologues qui étudient les primates ont fait appel à une forme ou à une autre de symboles susceptibles d'être manipulés et arrangés pour exprimer des idées de façon interprétable. On peut, par exemple, apprendre à des chimpanzés à utiliser des symboles portés par des pièces de plastique ou par les gestes du langage des signes, symboles qui représentent des mots et des constructions syntaxiques grâce auxquels ils peuvent communiquer des demandes simples, des questions ou même des expressions spontanées. Les résultats les plus remarquables sont issus de travaux de plus en plus raffinés sur des chimpanzés qui utilisent des claviers de symboles (Figure A). Avec un apprentissage adéquat, les chimpanzés peuvent choisir parmi plus de 400 symboles pour construire des expressions; ceci permet aux chercheurs d'avoir des conversations rudimentaires avec les animaux dont ils s'occupent. Les animaux les plus performants maîtrisent un vocabulaire dont on a prétendu qu'il atteignait plusieurs milliers de mots ou d'expressions (mais, par rapport à un enfant, la façon dont ils utilisent ce vocabulaire est beaucoup moins impressionnante).

Étant donné le défi que ces travaux représentent pour les croyances qui ont longtemps prévalu sur le caractère unique du

(A) Symboles — Signification

Auto	Raisin	Hamburger	Sherman	Œuf
Bureau de Sue	Toilettage	Cabane	Nourriture	Bâton
Dehors	Rose	Feu	Télé	Caillou
Oui	Lait	Hotdog	Petit âne	Entre-croiser
Orange	Non	Ouvre-boîte	Aiguille de pin	Glace
Pain	Embrasser	Eau	Paille	Cacher
Tuyau	Aller chercher	Sauter	Tortue	Au revoir
Faire mal	Regarder	Maison dans un arbre	Venir	À mi-chemin

Partie d'un clavier montrant les symboles lexicaux utilisés dans l'étude de la communication symbolique chez les anthropoïdes. (D'après Savage-Rumbaugh et al., 1998.)

ENCADRÉ 27B (suite)

langage humain, il n'est pas surprenant que les performances annoncées continuent de susciter d'ardents débats. Les problèmes soulevés méritent néanmoins d'être examinés avec soin par quiconque s'intéresse aux aptitudes linguistiques de l'homme et à la façon dont ses aptitudes à manier les symboles ont pu évoluer à partir des aptitudes à communiquer de nos ancêtres préhominiens. La pression s'exerçant sur les grands singes pour favoriser l'évolution d'une forme de com-

munication symbolique est nette. Les éthologistes qui ont étudié les chimpanzés dans leur milieu naturel ont décrit d'abondantes communications sociales fondées sur des gestes, des manipulations d'objets ou des expressions faciales. En outre, des recherches expérimentales conduites chez des singes ont montré que des vocalisations utilisées par certaines espèces avec une signification sociale sont capables d'activer des aires des lobes frontaux et temporaux, homologues des aires de Broca et de Wernicke chez l'homme (Figure B). Ces échanges sociaux élaborés

ont toute chance d'être les précurseurs du langage humain. Il suffit de penser aux gestes et aux expressions faciales comme auxiliaires de notre parole pour nous en rendre compte. Il se peut, en fin de compte, que le langage humain, avec l'impression de complexité qu'il donne, repose sur le même principe général d'associations nerveuses, précâblées et acquises, entre symboles et significations sur lequel semble reposer toute communication animale.

Références

Ghazanfar, A.A. et M.D. Hauser (2001), The auditory behavior of primates : a neuroethological perspective. *Curr. Opin. Biol.*, **16**, 712-720.

Gil-da-Costa, R., A. Martin, M.A. Lopes, M. Muñoz, J.B. Fritz et A.R. Braun (2006), Species-specific calls activate homologs of Broca's and Wernicke's areas in the macaque. *Nature Neuroscience*, **9**, 1064-1070.

Goodall, J. (1990), *Through a Window : My Thirty Years with the Chimpanzees of Gombe*. Boston, Houghton Mifflin Company.

Griffin, D.R. (1992), *Animal Minds*. Chicago, The University of Chicago Press.

Hauser, M.D. (1996), *The Evolution of Communication*. Cambridge, MA, Bradford/MIT Press.

Savage-Rumbaugh, S., S.G. Shanker et T.J. Taylor (1998), *Apes, Language, and the Human Mind*. New York, Oxford University Press.

Seyfarth, R.M. et D.I. Cheney (1984), The natural vocalizations of non-human primates. *Trends Neurosci.*, **7**, 66-73.

Terrace, H.S. (1983), Apes who « talk » : Language or projection of language by their teachers ? In *Language in Primates : Perspectives and Implications*. J. De Luce and H.T. Wilder (eds.). New York, Springer Verlag, 19-42.

von Frisch, K. (1993), *The Dance Language and Orientation of Bees* (Transl. by Leigh E. Chadwick) Cambridge, MA, Harvard University Press.

Whiten, A., J. Goodall, W.C. McGrew, T. Nishida, V. Reynolds, Y. Sugiyama, C.E.G. Tutin, R.W. Wrangham et C. Boesch (1999), Cultures in chimpanzees. *Nature*, **399**, 682-685.

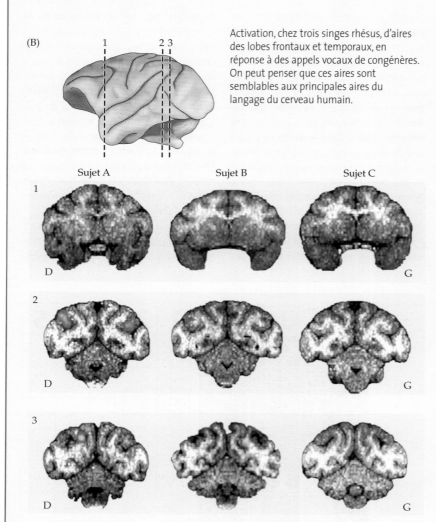

(B)

Sujet A   Sujet B   Sujet C

Activation, chez trois singes rhésus, d'aires des lobes frontaux et temporaux, en réponse à des appels vocaux de congénères. On peut penser que ces aires sont semblables aux principales aires du langage du cerveau humain.

ENCADRÉ 27C *Mots et signification*

Lorsqu'en 1755 Samuel Johnson (Figure A) rédigea son *Dictionary of English Language*, sous le patronage de l'université d'Oxford, il ne définit que 43 500 entrées ; l'actuel *Oxford English Dictionary*, qui descend en droite ligne de l'ouvrage original de Johnson et dont la révision la plus récente date des années 1980, contient plus de 500 000 définitions. Cette différence ne résulte pas d'une augmentation du nombre de mots anglais depuis le dix-huitième siècle, mais traduit plutôt la difficulté qu'il y a à recueillir le nombre considérable de mots que nous utilisons dans la communication quotidienne. Le locuteur anglais moyen qui a fait des études dispose typiquement d'un vocabulaire de travail de plus de 100 000 mots.

Il est d'autant plus difficile d'utiliser les mots de manière appropriée que la signification des mots est en perpétuel changement et que tous les mots dont nous nous servons effectivement présentent une énorme ambiguïté. Un lexique – qu'il soit dans un dictionnaire ou dans le cortex temporal gauche – ne se limite pas à la seule définition des mots. Même lorsque l'on connaît le sens d'un mot, il doit toujours être compris en fonction du contexte (Figure B) et être utilisé selon les règles de la grammaire et de la syntaxe pour donner lieu à une communication efficace.

Du point de vue des neurosciences aussi bien que de la linguistique, deux questions sur les mots et la syntaxe (c'est-à-dire les règles qui gouvernent l'ordre dans lequel les mots doivent être combinés pour faire des phrases) se rapportent directement aux thèmes traités dans ce chapitre. Quelle est la nature des mécanismes neuraux qui nous permettent d'apprendre le langage ? Pourquoi avons-nous une si profonde motivation pour apprendre le langage ? La personnalité la plus marquante du vingtième siècle qui se soit attaquée à ces questions est le linguiste Noam Chomsky, du Massachusetts Institute of Technology. Laissant de côté les structures cérébrales, Chomsky a soutenu que la langue est quelque chose de bien trop complexe pour pouvoir faire l'objet d'un simple apprentissage. Il a donc avancé l'idée que le langage repose sur une « grammaire universelle » mise en place au cours de l'évolution de notre espèce. Cette conception est incontestablement exacte (les mécanismes de base du langage, comme tous les éléments des circuits nerveux qui sous-tendent les comportements adultes, se sont effectivement construits lors du développement de chaque individu comme conséquence de son hérédité ; voir Chapitres 23 et 24). Mais en dédaignant la neurobiologie, Chomsky passe à côté de la question centrale qui est de savoir comment, du point de vue de l'évolution de l'espèce ou du développement individuel, ces mécanismes se mettent en place et comment ils codent effectivement les mots et les enchaînent en phrases qui ont un sens. Indépendamment de ce que l'on découvrira finalement sur la nature de ces mécanismes, il est évident qu'une grande partie du langage que nous utilisons est apprise grâce aux liaisons neurales qui s'opèrent entre des symboles arbitraires et les objets, concepts ou relations qu'ils signifient dans le monde réel. À ce titre, le langage humain constitue une mine de renseignements sur la façon dont fonctionnent les régions concernées du cortex humain

(A) Samuel Johnson

pour offrir les énormes possibilités d'association qui sont l'une des caractéristiques fondamentales de toutes les fonctions corticales.

Références

CHOMSKY, N. (1981), *Réflexions sur le langage*. Paris, Payot. (Traduction de *Reflections on Language*. 1975, New York, Pantheon/Random House).

CHOMSKY, N. (1981), Knowledge of language : Its elements and origins. *Philos. Trans. Roy. Soc. Lond. B.*, **295**, 223-234.

MILLER, G.A. (1991), *The Science of Words*. New York, Scientific American Library.

PINKER, S. (1999), *L'instinct du langage*. Paris, Éditions Odile Jacob. (Traduction de *The Language Instinct*, 1994, New York, William Morrow & Co).

WINCHESTER, S. (1998), *The Professor and the Madman*. New York, Harper Perennial.

(B) L'importance du contexte. Quand quelqu'un dit « J'ai une maison qui donne sur le lac », le sens de l'expression dépend manifestement de l'usage et du contexte, plutôt que de la structure littérale de la phrase prononcée. Cet exemple indique la complexité de la tâche que nous effectuons tous quand nous apprenons à parler. (D'après Miller, 1991.)

conclusion a été amplement confirmée par la prépondérance des syndromes aphasiques accompagnant les lésions de cet hémisphère et par les travaux modernes d'imagerie fonctionnelle (avec quelques mises en garde qui seront discutées plus loin).

Sur le fond, Broca avait raison ; mais il ne se rendait pas compte des limites d'une conception faisant du langage une fonction unitaire, localisée dans une seule région du cortex. Sur ce point, Wernicke fit preuve de plus d'intuition en distinguant les patients qui avaient perdu la capacité de comprendre le langage de ceux qui ne pouvaient plus le produire. Wernicke était conscient que certains aphasiques sont capables de tenir des propos dont la structure grammaticale et syntaxique reste à un niveau raisonnable, mais dont le contenu est dépourvu de toute signification. Il aboutit à la conclusion que les lésions de la partie postéro-supérieure du lobe temporal gauche tendent à entraîner ce genre de perturbation. D'autres patients, par contre, continuent à comprendre le langage, mais ne sont plus capables de maîtriser et d'organiser le contenu linguistique de leur discours, bien que, manifestement, ils comprennent ce qu'ils essaient de dire. Ils répètent, par exemple, des syllabes et des mots, forment des phrases incompréhensibles du point de vue grammatical, répètent les phrases ; mais ils arrivent cependant à faire comprendre ce qu'ils veulent dire (voir des exemples ci-dessous). Ces troubles-là accompagnent les atteintes de la région postéro-inférieure du lobe frontal gauche, c'est-à-dire de la zone que Broca avait désignée comme un substrat important du langage (Figures 27.1 et 27.2).

À la suite de ces premières observations, deux règles sont devenues classiques. La première stipule que des lésions d'une zone du lobe frontal gauche, dite **aire de Broca**, affectent les capacités de *produire* le langage. Ce handicap est appelé **aphasie motrice** ou **aphasie d'expression** ou encore **aphasie de Broca**. Ces aphasies doivent être soigneusement distinguées de la *dysarthrie*, qui est une incapacité de commander les muscles de la face et de la langue qui permettent l'articulation. On notera que les déficits de planification motrice qui marquent l'aphasie d'expression concordent avec les fonctions motrices complexes des régions postérieures du lobe frontal, proches par ailleurs du cortex moteur primaire (voir Chapitres 16 et 26).

La seconde règle dit que les atteintes du lobe temporal gauche provoquent des difficultés de *compréhension* du langage parlé, d'où la dénomination d'**aphasie sensorielle** encore appelée **aphasie de réception** ou encore **aphasie de Wernicke**. (Les troubles de la lecture et de l'écriture, *alexies* et *agraphies*, sont des désordres distincts, résultant de lésions d'autres aires cérébrales ; la plupart des aphasiques ont d'ailleurs également des difficultés dans ces domaines voisins). L'aphasie de réception traduit généralement des atteintes des aires auditives d'association, au niveau de la partie postérieure du lobe temporal, région fréquemment appelée **aire de Wernicke**.

Une dernière grande catégorie de syndromes concernant le langage est l'**aphasie de conduction**, provenant de lésions des voies qui connectent les régions temporales et frontales en cause comme, par exemple, le faisceau arqué, dans la substance blanche sous-corticale, qui relie les aires de Broca et de Wernicke. L'interruption de cette voie peut entraîner une incapacité d'émettre les réponses adaptées à un message verbal, quoique ce dernier soit compris.

Le patient qui souffre d'une aphasie de Broca classique ne peut s'exprimer convenablement, car l'organisation du discours (c'est-à-dire sa grammaire et sa syntaxe) est bouleversée, comme le montre l'exemple suivant rapporté par Howard Gardner, l'interlocuteur d'un patient nommé Ford ; celui-ci, un opérateur radio des garde-côtes, âgé de 39 ans, avait été victime d'une « attaque » au niveau de la partie postérieure du lobe frontal gauche.

« Je suis opé… non, … pérateur… euh, bon, … encore ». Ces mots étaient dits lentement et avec difficulté. Ils n'étaient pas articulés nettement ; chaque syllabe était émise d'une voix rauque, gutturale, saccadée. À la longue, on arrivait à le comprendre, mais j'eus au début beaucoup de difficultés. « Laissez-moi vous aidez », lui dis-je. « Vous étiez opérateur… », « Opé-rateur-radio, oui », Ford compléta ma phrase d'un air triomphant. « Vous étiez dans les garde-côtes ? » « Non, euh, si, si, bateau, garde-côtes… Massachu… chusetts… ans. » Il leva ses mains, deux fois, en indiquant le nombre dix-neuf. «Ah, vous avez été dans les garde-côtes pendant dix-neuf ans». «Ah..., bon sang, oui... oui», répondit-il. «Pourquoi êtes-vous à l'hôpital, M. Ford?». Ford me regarda d'un drôle d'air, comme pour dire: «Est-ce que cela ne se voit pas?». Il montra du doigt son bras paralysé et dit «Bras pas bon», puis sa bouche et dit «Parole... peux pas dire... parler, vous voyez».

Howard Gardner, 1974.
(The Shattered Mind: The Person after Brain Damage, pp. 60-61)

Par contre, dans l'aphasie de Wernicke la principale difficulté est de faire correspondre les mots ou les idées aux mots qui les désignent. Dans l'aphasie de Wernicke, le discours est aisé et bien structuré, mais a peu ou pas de sens, car les mots et les significations n'ont aucun rapport, comme le montre cet autre exemple emprunté de nouveau à Gardner. Il s'agit d'un patient de 72 ans, boucher à la retraite, victime d'un accident vasculaire au niveau du lobe temporal postérieur gauche.

Ça alors, je suis en sueur, je suis terriblement nerveux, vous savez, de temps en temps je me laisse rattraper, je ne peux pas être rattrapé, je ne dirai rien du gouricas, voilà un mois, et pas qu'un peu, j'en ai réussi un paquet, j'en impose pas mal, mais d'un autre côté, vous voyez ce que je veux dire, il faut que je coure à droite et à gauche, que je surveille, le narbot et tous ces trucs. Ça va, allez-y, n'importe quel vieux pensage que vous voudrez. Si je pouvais, je voudrais. Oh, je m'y prends à l'envers avec ce mot pour dire, tous les coiffeurs par ici chaque fois qu'ils vous arrêtent c'est aller dans tous les coins, dans tous les coins, si vous voyez ce que je veux dire, c'est attacher et attacher pour répuquer, la répuquération, bon, on a fait du mieux qu'on a pu alors qu'une autre fois c'était la même chose avec les lits de là-bas...

Ibid., p. 68

Les différences principales entre ces deux types classiques d'aphasie sont résumées dans le tableau 27.1.

Malgré la validité des observations originales de Broca et de Wernicke, la classification des troubles du langage est nettement plus complexe. Une tentative pour préciser la classification des aphasies héritée du dix-neuvième siècle fut entreprise au cours des années 1950 et au début des années 1960 par le neurologue américain Norman Geschwind. Sur la base d'un plus grand nombre de cas cliniques ainsi que d'une meilleure connaissance de la connectivité corticale, que les recherches sur l'animal avaient alors permis d'obtenir, Geschwind arriva à la conclusion exacte que plusieurs aires corticales, pariétales, temporales et frontales, étaient impliquées de façon critique dans les aptitudes linguistiques de l'homme. Il montra essentiellement que des atteintes de ces autres aires se traduisent par des perturbations du langage identifiables, quoique moins perceptibles. Sa clarification des définitions des troubles du langage a été largement

TABLEAU 27.1 *Caractéristiques des aphasies de Broca et de Wernicke*

Aphasie de Broca[a]	Aphasie de Wernicke[b]
Élocution saccadée	Élocution aisée
Tendance à répéter les phrases et les mots (persévération)	Peu de répétitions spontanées
Syntaxe désorganisée	Syntaxe convenable
Grammaire perturbée	Grammaire convenable
Structure désorganisée des mots individuels	Mots inventés ou inappropriés
Compréhension intacte	Compréhension amoindrie

[a] Appelée aussi aphasie motrice ou d'expression.
[b] Appelée aussi aphasie sensorielle ou de réception.

confirmée par l'imagerie cérébrale fonctionnelle chez des sujets normaux et demeure aujourd'hui la base de la plupart des travaux cliniques sur le langage et les aphasies.

Confirmation de la latéralisation du langage et observations connexes

Jusque vers les années 1960, les observations concernant la localisation et la latéralisation du langage étaient essentiellement fondées sur des cas de lésions cérébrales variant par leur gravité, leur emplacement et leur étiologie. Les incertitudes inévitables des données cliniques permettaient à quelques sceptiques de suggérer que les fonctions linguistiques (ou d'autres fonctions complexes) pouvaient ne pas être latéralisées, ni même localisées dans le cerveau. Des preuves définitives de cette latéralisation sont venues de l'étude de patients dont le corps calleux et la commissure antérieure avaient été sectionnés pour enrayer des crises épileptiques rebelles à toute médication. (Il existe en effet une certaine proportion d'épilepsies réfractaires aux traitements médicamenteux et, dans ce cas, chez quelques patients soigneusement sélectionnés, l'interruption des connexions interhémisphériques reste une façon efficace d'empêcher la propagation des crises ; voir l'encadré 8C). Chez ces patients, les chercheurs peuvent évaluer les fonctions de chaque hémisphère *indépendamment* l'un de l'autre étant donné que les grands faisceaux de fibres qui les interconnectent ont été interrompus. Les premières recherches sur ces individus à **cerveau dédoublé** (*split-brain*) ont été réalisées par Roger Sperry et ses collègues du California Institute of Technology, dans les années 1960 et 1970 ; elles ont irréfutablement établi la latéralisation du langage et démontré bien d'autres différences fonctionnelles entre les hémisphères droit et gauche (Figure 27.3). Elles demeurent aujourd'hui une contribution de premier plan à la compréhension de l'organisation cérébrale.

Pour évaluer les capacités fonctionnelles de chaque hémisphère chez les patients à cerveau dédoublé, il faut impérativement que les informations ne soient données qu'à un seul côté du cerveau. Sperry, Michael Gazzaniga, l'un de ses principaux collaborateurs dans cette série de recherches, ainsi que d'autres chercheurs, imaginèrent plusieurs façons relativement simples de parvenir à cette fin, la plus facile étant de demander au sujet d'utiliser indépendamment chaque main pour identifier des objets sans le secours de la vision (Figure 27.3A). Rappelons ce qui a été dit au chapitre 9, à savoir que les informations somesthésiques de la main droite sont traitées par l'hémisphère gauche et vice-versa. En demandant au sujet de décrire un objet manipulé par une main ou par l'autre, on peut examiner les capacités linguistiques de chaque hémisphère. Ce type de tests a montré sans ambiguïté que les deux hémisphères n'ont pas les mêmes compétences linguistiques, conformément aux corrélations *post mortem* mentionnées plus haut.

Les patients à cerveau dédoublé pouvaient, en utilisant leur hémisphère gauche, nommer sans difficulté des objets tenus dans leur main droite. Par contre, ils se montraient étonnamment incapables de dire le nom d'un objet tenu dans la main gauche. Ils ne pouvaient, à l'aide de leur hémisphère droit, en donner qu'une description indirecte empruntant des mots et des phrases rudimentaires plutôt que des symboles lexicaux précis («une chose ronde», par exemple, au lieu d'«un ballon») ; certains étaient même incapables de donner le moindre compte rendu verbal de ce qu'ils tenaient dans leur main gauche. Des observations faisant appel à des techniques particulières pour présenter des informations de façon indépendante à chaque hémisphère (*présentations tachistoscopiques* notamment ; voir Figure 27.3B) ont révélé en outre que l'hémisphère gauche peut répondre à des commandes écrites, tandis que l'hémisphère droit ne peut généralement répondre qu'à des stimulus non verbaux (tels que des pictogrammes ou, parfois, à des commandes écrites rudimentaires). Ces différences reflètent des différences relativement marquées entre les deux hémisphères, que l'on peut résumer de la façon suivante : chez la plupart des individus humains, l'hémisphère gauche est spécialisé notamment pour traiter le matériel verbal et symbolique, qui tient une place importante dans la communication, tandis que l'hémisphère droit présente, entre autres, des aptitudes plus grandes pour les fonctions visuo-spatiales et émotionnelles (Figure 27.3B).

Les ingénieux travaux de Sperry et de ses collègues sur les patients à cerveau dédoublé ont mis un terme à la controverse séculaire sur la latéralisation du langage ;

(A)

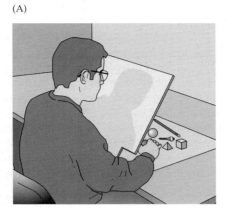

(C)

Fonctions de l'hémisphère gauche	Fonctions de l'hémisphère droit
Analyse du champ visuel droit	Analyse du champ visuel gauche
Stéréognosie (main droite)	Stéréognosie (main gauche)
Langage lexical et syntaxique	Coloration émotionnelle du langage
Écriture	Aptitudes spatiales
Langage parlé	Language parlé rudimentaire

(B)

Individu normal

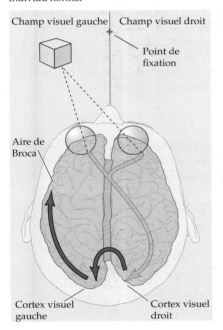

Individu à cerveau dédoublé

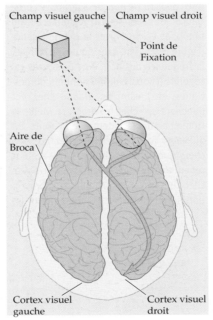

Individu à cerveau dédoublé

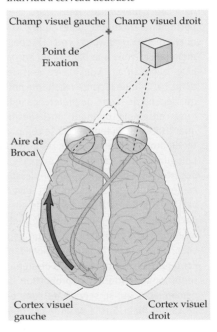

Figure 27.3

L'étude de patients chez lesquels on a sectionné chirurgicalement les connexions entre les hémisphères droit et gauche confirme la spécialisation hémisphérique pour le langage. (A) La stéréognosie unimanuelle en l'absence de vision peut servir à évaluer les capacités linguistiques de chaque hémisphère chez les patients à cerveau dédoublé (*split-brain*). Les objets tenus dans la main droite, qui envoie ses informations somesthésiques à l'hémisphère gauche, sont nommés sans difficulté ; mais les patients ne peuvent pas donner le nom des objets tenus dans leur main gauche. (B) On peut, chez ces patients ou chez des individus normaux, présenter des consignes ou des stimulus visuels simples à l'un ou à l'autre hémisphère de façon indépendante. Étant donné que le champ visuel gauche est perçu par l'hémisphère droit (et vice-versa ; voir Chapitre 12), une consigne présentée brièvement (au tachistoscope) dans le champ visuel gauche n'est pas prise en compte que par le cerveau droit (étant entendu que le sujet garde son regard fixé sur un point situé au centre de l'écran). Chez les sujets normaux, l'activation du cortex visuel droit entraîne un transfert de l'information visuelle à l'hémisphère gauche par l'intermédiaire du corps calleux. Chez les patients à cerveau dédoublé, l'information présentée dans le champ visuel gauche ne peut pas atteindre l'hémisphère gauche et ces patients ne peuvent donc pas fournir une description verbale du stimulus. Par contre ils *peuvent* décrire verbalement les stimulus présentés dans le champ visuel droit. Un très grand nombre de fonctions des hémisphères sont susceptibles d'être ainsi mesurées par cette méthode tachistoscopique, y compris chez des sujets normaux. La liste présentée en haut à droite énumère, pour les hémisphères droit et gauche, quelques-unes des différentes compétences fonctionnelles que l'on a pu déduire de tests comportementaux effectués chez des patients à cerveau dédoublé.

ENCADRÉ 27D *Langage et latéralisation manuelle*

À peu près neuf personnes sur dix sont droitières, proportion qui semble avoir été stable pendant des millénaires et dans toutes les cultures où on l'a étudiée. La latéralisation manuelle n'est d'ailleurs sans doute pas propre à l'homme; un grand nombre d'études ont démontré l'utilisation préférentielle d'une patte chez des animaux allant des souris aux singes, ce qui, d'un certain point de vue, correspond à la latéralisation manuelle chez l'homme. On évalue d'ordinaire la latéralisation manuelle en demandant aux sujets de répondre à une série de questions concernant leurs préférences dans leurs comportements manuels telles que: «De quelle main écrivez-vous?» ou «De quelle main lancez-vous une balle?» ou encore «De quelle main vous lavez-vous les dents?». Chaque réponse reçoit une note qui dépend du degré de préférence indiqué, l'ensemble donnant une mesure quantitative de la tendance à se comporter en droitier ou en gaucher. Les anthropologues ont déterminé la proportion des latéralisations manuelles dans les anciennes cultures en examinant divers vestiges; la forme d'une hache de silex, par exemple, peut indiquer si elle a été fabriquée par un droitier ou par un gaucher. On a évalué la latéralisation dans l'antiquité en examinant, dans des représentations artistiques, la proportion de personnages qui se servent de l'une ou de l'autre main. Sur la base de ces données, il apparaît que les membres de notre espèce ont toujours été droitiers.

Le fait qu'un individu soit droitier ou gaucher s'accompagne d'un certain nombre de conséquences intéressantes. Comme les gauchers peuvent s'en rendre compte, le monde des objets fabriqués par l'homme est, à bien des égards, un monde de droitiers (Figure A). Des ustensiles tels que les couteaux, les ciseaux, les cafetières, les outils à moteurs, sont tous fabriqués pour les droitiers, qui sont majoritaires. Les revues et les livres sont conçus pour des droitiers (essayez donc de tourner les pages de ce livre de la main gauche et comparez avec la main droite); c'est aussi le cas des clubs de golf et des guitares. De la même façon, étant donné que l'on écrit de gauche à droite, les droitiers et les gauchers n'arrivent pas à avoir une belle écriture avec la même aisance (Figure B). Du fait, sans doute, de ce biais, la fréquence des accidents de toutes catégories (sportifs, professionnels, domestiques, etc.) est plus grande chez des gauchers que chez les droitiers. Même la fréquence des accidents de la route est plusieurs fois plus élevée chez les gauchers que chez les droitiers. Il y a aussi, cependant, quelques avantages à être gaucher. On trouve, par exemple, une proportion surprenante de gauchers parmi les champions internationaux d'escrime. La raison en est que les adversaires de tout escrimeur sont en majorité droitiers; ainsi, le tireur tout venant, qu'il soit gaucher ou droitier, est moins bien entraîné à parer les assauts de gauchers.

Certaines questions connexes ont, au cours des dernières années, suscité des débats passionnés, ainsi «la gaucherie peut-elle, sous une forme ou une autre, être considérée comme pathologique?» ou «les gauchers ont-ils une espérance de vie plus faible?». Personne ne conteste que, chez les personnes âgées, il y a une proportion étonnamment faible de gauchers (Figure C). Les données obtenues sur la population globale ont été confirmées par les informations tirées de *The Baseball Encyclopedia*, qui, du fait de l'intérêt porté à ce sport favori des États-Unis, recense la longévité et divers autres traits d'un grand nombre de droitiers et de gauchers en bonne santé.

On a proposé deux explications de cette curieuse constatation. Stanley Coren et ses collaborateurs de l'University of British Columbia ont soutenu le point de vue selon lequel ces statistiques reflètent un

(A)

Droitiers

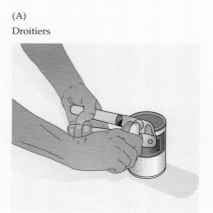

Gauchers

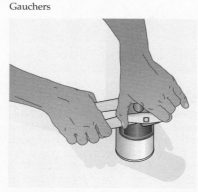

Un simple ouvre-boîte est un exemple d'objets ordinaires conçus pour être utilisés par une majorité de droitiers.

chez la plupart des individus, l'hémisphère gauche est sans équivoque le siège des fonctions linguistiques explicitement verbales. Le degré de latéralisation varie cependant de façon importante selon les individus (Encadré 27D) et il serait faux de penser que l'hémisphère droit est dépourvu de toute capacité linguistique. Comme nous l'avons vu, il peut, chez certains individus, produire des mots et des phrases rudimentaires; chez quelques-uns, les fonctions verbales sont même totalement prises en charge

(B)

Écriture de la main droite

Écriture de la main gauche

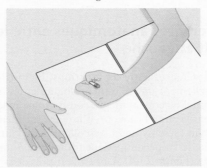

Posture adoptée pour écrire par des droitiers ou des gauchers

(C)

Pourcentage de gauchers dans la population en fonction de l'âge (données obtenues sur un échantillon de plus de 5000 personnes). À première vue, ces données indiquent que les droitiers vivent plus longtemps que les gauchers. Il se peut aussi toutefois que la rareté actuelle des personnes âgées gauchères reflète simplement les changements intervenus au cours des décennies dans la pression sociale qui oblige les enfants à se servir de leur main droite. (D'après Coren, 1992.)

taux de mortalité plus élevé chez les gauchers, à cause, notamment, du plus grand nombre d'accidents qu'ils connaissent, mais aussi parce que, selon d'autres données, la gaucherie s'accompagne d'un certain nombre de conditions pathologiques (il y a, par exemple, une plus grande proportion de gauchers chez les individus souffrant de retard mental). Coren et d'autres ont suggéré que la gaucherie peut être due à des troubles du développement pré- ou périnatal. Si cela est vrai, alors on a là une nouvelle raison de la diminution de longévité susceptible de se combiner à une plus grande propension aux accidents dans un monde de droitiers.

Il existe toutefois une explication concurrente, qui voit essentiellement dans la diminution de la proportion de gauchers parmi les personnes âgées le reflet de facteurs sociologiques, à savoir que la gaucherie est plus facilement acceptée aujourd'hui que dans la première moitié du vingtième siècle. Selon cette façon de voir, il y a aujourd'hui moins de gauchers âgés parce que, dans les générations précédentes, parents, enseignants et autres dépositaires de l'autorité encourageaient (et parfois imposaient) l'usage de la main

droite. Le poids des données fait pencher du côté de l'explication sociologique.

Les relations entre la latéralisation manuelle et la latéralisation d'autres fonctions, celle du langage en particulier, ont longtemps été source de confusion. Il n'est guère probable qu'il y ait une relation directe entre la latéralisation du langage et celle de la main habile, en dépit de toutes les spéculations contraires qu'on a pu faire. La preuve la plus simple de ce point est apportée par les résultats du test de Wada, décrit dans le texte. Les nombreux tests de ce type effectués pour des raisons cliniques indiquent qu'environ 97 % des individus humains, y compris la majorité des gauchers, ont leurs fonctions linguistiques majeures localisées dans l'hémisphère gauche (on notera néanmoins que la dominance de l'hémisphère droit pour le langage est beaucoup plus fréquente chez les gauchers). Puisque la plupart des gauchers ont leurs fonctions linguistiques du côté du cerveau opposé à celui qui contrôle leur main la plus habile, il est difficile de soutenir qu'il y ait une relation étroite entre la latéralisation de ces deux fonctions. Tout comme le langage, la latéralisation manuelle est, selon toute vraisemblance, un exemple

de l'avantage qu'il y a à ce qu'une fonction donnée fasse l'objet d'une spécialisation d'un hémisphère cérébral ou de l'autre afin d'utiliser au maximum les circuits nerveux disponibles dans un encéphale de taille limitée.

Références

BAKAN, P. (1975), Are left-handers brain-damaged? *New Scientist*, **67**, 200-202.

COREN, S. (1992), *The Left-Hander Syndrome: The Causes and Consequence of Left-Handedness*. New York, The Free Press.

DAVIDSON, R.J. et K. HUGDAHL (EDS.) (1995), *Brain Asymmetry*. Cambridge, MA, MIT Press.

SALIVE, M.E., J.M. GURALNIK et R.J. GLYNN (1993), Left-handedness and mortality. *Amer. J. Pub. Health*, **83**, 265-257.

par l'hémisphère droit. D'ailleurs, même chez ceux dont les fonctions sémantiques du langage sont fortement latéralisées à gauche, l'hémisphère droit est normalement à l'origine de sa coloration émotionnelle (voir ci-dessous et Chapitre 29). En outre, chez nombre de patients à cerveau dédoublé, l'hémisphère droit a une compréhension limitée du langage puisqu'il peut répondre à des commandes écrites simples, présentées par tachistoscope dans l'hémichamp visuel gauche. Par conséquent, la conclusion de Broca, « on parle avec son cerveau gauche », n'est pas entièrement exacte ; il serait plus juste de dire que l'on parle beaucoup mieux avec l'hémisphère gauche qu'avec le droit et que les contributions de l'un et de l'autre au langage présentent de notables différences.

Différences anatomiques entre les hémisphères droit et gauche

Les différences entre les fonctions linguistiques des hémisphères droit et gauche ont naturellement incité les neurologues et les neuropsychologues à chercher un corrélat structural à cette asymétrie comportementale. Une différence hémisphérique, qui suscita par la suite beaucoup d'intérêt, fut identifiée vers la fin des années 1960, quand Norman Geschwind et ses collègues de Harvard Medical School trouvèrent une asymétrie de l'aspect supérieur du lobe temporal, connu sous le nom de **planum temporale** (Figure 27.4). Chez à peu près deux tiers des sujets étudiés *post mortem*, cette aire avait une étendue significativement plus grande. On a trouvé une différence semblable chez les grands singes, mais pas chez les autres primates.

Étant donné que le planum temporale est proche des régions du lobe temporal où se trouvent les aires corticales indispensables au langage (aire de Wernicke et autres aires associatives auditives) et bien qu'il ne leur soit pas superposable, on a initialement fait l'hypothèse que cette asymétrie à l'avantage de l'hémisphère gauche traduisait la plus grande implication de ce dernier dans le langage. Néanmoins, les différences anatomiques entre les deux hémisphères cérébraux, présentes dès avant la naissance, ne sont vraisemblablement pas un corrélat anatomique de la latéralisation des fonctions linguistiques. Le fait que l'asymétrie du planum temporale ne soit observable que dans 67 % des cerveaux humains, alors que la prééminence linguistique de l'hémisphère gauche l'est dans 97 % de la population, laisse penser que cette association relève d'une autre cause. Pour autant qu'il existe au niveau macroscopique, le corrélat anatomique

Figure 27.4

Asymétrie des lobes temporaux droit et gauche chez l'homme. (A) La partie supérieure du cerveau a été enlevée, comme indiqué, pour laisser voir la surface dorsale des lobes temporaux (schéma de gauche présentant une vue dorsale du plan horizontal). À la surface du lobe temporal, la partie appelée planum temporale est nettement plus étendue dans l'hémisphère gauche de la plupart des individus (mais pas de tous, loin de là). (B) Dimensions du planum temporale du cerveau d'adultes et de très jeunes enfants. La taille du planum temporale est exprimée en unités planimétriques arbitraires pour contourner la difficulté qu'il y a à mesurer la courbure des circonvolutions du planum. L'asymétrie est présente à la naissance et elle persiste chez l'adulte à peu près dans les mêmes proportions (en moyenne, le planum gauche est 57 % plus grand chez les enfants et 50 % plus grand chez les adultes). (C) IRM dans le plan frontal montrant cette asymétrie (flèches) chez un sujet adulte normal.

(A)

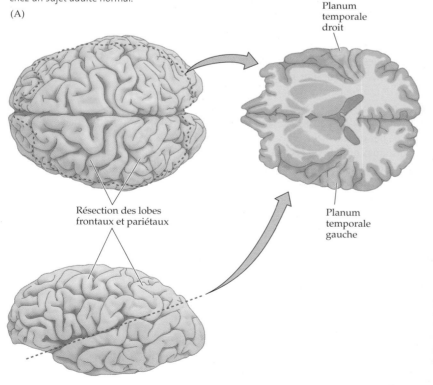

Planum temporale droit

Planum temporale gauche

Résection des lobes frontaux et pariétaux

(B)

Dimension du planum temporale du cerveau de 100 adultes et de 100 nourrissons		
	Hémisphère gauche	Hémisphère droit
Nourrisson	20.7	11.7
Adulte	37.0	18.4

(C) Hémisphère droit — Hémisphère gauche

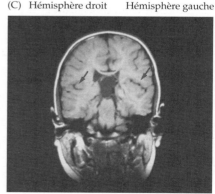

des différences entre les aptitudes linguistiques des hémisphères droit et gauche demeure incertain, remarque qui vaut aussi pour les fonctions hémisphériques latéralisées décrites au chapitre 26.

La cartographie des fonctions linguistiques

Les études novatrices de Broca et de Wernicke, comme, plus tard, celles de Geschwind et de Sperry, ont clairement établi les différences qui existent entre les fonctions des hémisphères. On a, depuis, développé plusieurs techniques qui permettent d'évaluer les propriétés de chaque hémisphère chez des personnes souffrant de désordres neurologiques, mais gardant un corps calleux intact, et chez des sujets sains.

L'une de ces méthodes d'évaluation clinique de la latéralisation du langage a été mise au point au cours des années 1960 par Juhn Wada, à l'Institut Neurologique de Montréal. Dans le test de Wada, on injecte un anesthésique à courte durée d'action, l'amytal sodique par exemple, dans l'artère carotide gauche ; cette intervention « anesthésie » transitoirement l'hémisphère gauche et, de ce fait, teste les capacités fonctionnelles de cette moitié du cerveau. Si l'hémisphère gauche est effectivement dominant pour le langage, le patient, à qui on fait effectuer une tâche verbale telle que compter, devient momentanément aphasique ; l'anesthésique se dilue rapidement dans la circulation, mais pas avant que l'on ait pu observer ses effets locaux dans l'hémisphère ipsilatéral à l'injection. Compte tenu des risques que ce test fait courir, il n'est pratiqué que pour des raisons neurologiques ou neurochirurgicales.

Il existe des façons moins invasives (mais moins concluantes) de tester les aptitudes cognitives des deux hémisphères chez des sujets intacts, telles que la tomographie par émission de positons (TEP), l'imagerie par résonance magnétique fonctionnelle (IRMf) (voir Encadré 1A) ainsi que les présentations tachistoscopiques du type utilisé avec tant d'efficacité par Sperry (même lorsque les hémisphères gardent leurs connexions normales, les sujets donnent des réponses verbales moins rapides et présentent d'autres particularités quand c'est l'hémisphère droit qui reçoit les instructions). Ces techniques, ainsi que les techniques non invasives d'imagerie cérébrale, ont toutes confirmé la latéralisation hémisphérique des fonctions linguistiques. Elles ont surtout fourni des outils de diagnostic efficaces, pour déterminer, avant une intervention neurochirurgicale, quel est l'hémisphère « éloquent » : bien que les fonctions linguistiques aient leur siège dans l'hémisphère gauche chez la grande majorité des individus, on observe le contraire chez environ 3 % de la population (des gauchers la plupart du temps ; voir Encadré 27D).

Une fois qu'il est sûr de l'hémisphère concerné, le neurochirurgien peut établir une carte plus précise des fonctions linguistiques en stimulant électriquement le cortex durant l'intervention. Dès les années 1930, le neurochirurgien Wilder Penfield et ses collègues de l'Institut Neurologique de Montréal avaient effectué une localisation détaillée des aptitudes corticales chez un grand nombre de patients (voir Chapitre 9). Penfield utilisait les techniques de cartographie par stimulation électrique, adaptées de la neurophysiologie animale, pour délimiter les aires corticales du langage avant une exérèse neurochirurgicale de tissu cérébral pour cause de tumeur ou d'épilepsie (Figure 27.5A). Cette cartographie en cours d'opération garantissait que le traitement ne serait pas pire que le mal ; elle est restée depuis de pratique courante, avec des techniques de stimulation et d'enregistrement de plus en plus raffinées. Il en est résulté quantité d'informations plus précises sur la localisation du langage.

Les observations de Penfield, auxquelles il faut joindre celles de George Ojemann et de son équipe de l'University of Washington à Seattle, ont en règle générale confirmé les conclusions tirées des corrélations *post mortem* et d'autres méthodologies. Comme prévu, les recherches effectuées en cours d'opération à l'aide d'enregistrements électrophysiologiques ont montré qu'une large étendue du cortex périsylvien de l'hémisphère gauche est clairement impliquée dans la production et la compréhension du langage (Figure 26.5B). La variabilité des localisations du langage d'un patient à un autre est toutefois surprenante. Ojemann a trouvé que les régions cérébrales impliquées dans le langage ne présentent qu'une correspondance approximative avec celles qu'indiquent la plupart des manuels et que leur emplacement exact varie de façon

Figure 27.5

Preuves de la variabilité de la localisation du langage selon les individus : données obtenues par stimulation électrique pendant une intervention neurochirurgicale. (A) Schéma extrait de l'étude originale de Penfield, indiquant les sites de l'hémisphère gauche où la stimulation électrique perturbe la parole. (B) Schéma résumant les données de 117 patients chez lesquels les aires du langage ont été localisées par stimulation électrique en cours d'intervention. Les chiffres, dans chacun des cercles de couleur, indiquent le pourcentage (fort variable) de patients présentant des perturbations du langage lors de la stimulation de l'endroit indiqué. Noter aussi que beaucoup des sites dont la stimulation induit ces perturbations sont situés en dehors des aires classiques du langage (aire de Broca, en mauve ; aire de Wernicke, en bleu). (A d'après Penfield et Roberts, 1959 ; B d'après Ojemann et al., 1989.)

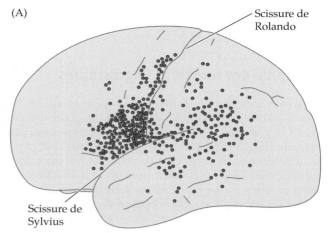

(A)

Scissure de Rolando

Scissure de Sylvius

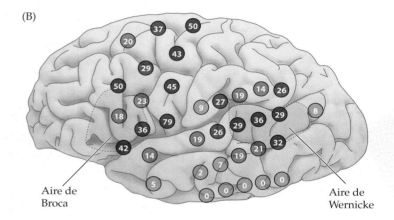

(B)

Aire de Broca

Aire de Wernicke

imprévisible selon les individus. À tel point que les patients bilingues n'utilisent pas nécessairement la même parcelle de cortex pour stocker le nom du même objet dans deux langues différentes ! Par ailleurs, si les neurones situés dans l'aire de Wernicke ou à son voisinage répondent chacun de façon préférentielle aux mots parlés, ils n'ont pas de préférence particulière pour un mot plutôt que pour un autre. Chaque neurone peut répondre à une très grande variété de mots.

Malgré ces progrès, les travaux de neurochirurgie sont compliqués par leurs difficultés intrinsèques, par les risques encourus et, dans une certaine mesure, par le fait que les cerveaux des patients chez lesquels ils sont menés sont loin d'être normaux. L'introduction de la tomographie par émission de positons, dans les années 1980 et, plus récemment, l'imagerie par résonance magnétique fonctionnelle ont permis d'étudier les aires du langage de sujets normaux par des techniques non invasives (Figure 27.6). Rappelons que ces techniques mettent en évidence les régions du cerveau qui sont actives pendant une tâche particulière, l'activité électrique concomitante faisant augmenter le métabolisme local et par conséquent le débit sanguin cérébral. Comme les travaux de Ojeman chez des patients, lors d'interventions neurochirurgicales, les résultats obtenus à l'aide de ces techniques, notamment par Marcus Raichle, Steve Peterson et leurs collègues de Washington University à Saint Louis, Missouri, ont remis en question les points de vue d'une rigidité excessive sur la localisation et la latéralisation des fonctions linguistiques. On observe, certes, de hauts niveaux d'activité dans les régions où l'on s'attend à les trouver, mais les épreuves de reconnaissance ou de production de mots activent aussi de grandes étendues des deux hémisphères.

Observation passive de mots

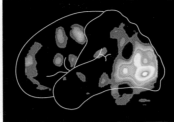

Écoute de mots

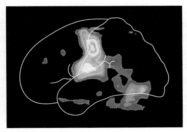

Prononciation de mots

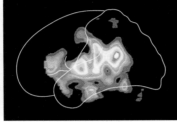

Production d'une association de mots

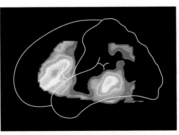

Figure 27.6

Territoires du langage de l'hémisphère gauche : cartographie par tomographie par émission de positons (TEP) chez un sujet normal. Les sujets sont allongés dans le scanner et suivent les instructions données sur un écran spécial (détails non représentés sur la figure). Les images de gauche illustrent les tâches auxquels le sujet s'entraîne avant d'être scanné. Les images obtenues par TEP sont présentées dans la colonne de droite. Des épreuves linguistiques, écouter ou prononcer des mots, provoquent comme prévu l'activité des aires de Broca et de Wernicke. Mais on constate aussi une activité des aires sensorielles et motrices primaires et associatives lors d'épreuves linguistiques tant actives que passives. Ceci indique que les traitements linguistiques font intervenir d'autres aires corticales que les aires classiques du langage. (D'après Posner et Raichle, 1994.)

Pour finir, plusieurs équipes de chercheurs, notamment Hanna Damasio et ses collègues de l'Université de l'Iowa et Alex Martin et ses collaborateurs des National Institutes of Mental Health, ont récemment montré que des tâches dans lesquelles les sujets doivent nommer, regarder ou apparier des personnes, des animaux ou des outils activent chacune des régions distinctes du cortex temporal (Figure 27.7). Cette organisation permet de comprendre certaines observations cliniques : des lésions (généralement, mais pas toujours, de l'hémisphère gauche) qui ne concernent qu'une région relativement limitée du lobe temporal entraînent parfois la perte des mots qui désignent une catégorie d'objets particulière. Ces travaux sont en accord avec les recherches électrophysiologiques d'Ojemann, qui ont montré que, dans le cerveau, le langage est organisé par catégories sémantiques et non par mots. Toutes ces recherches font croître rapidement la masse de nos connaissances sur la façon dont le langage est organisé.

Figure 27.7

Des mots de catégories différentes activent des régions différentes du lobe temporal : mise en évidence par TEP. Sur ces coupes horizontales, les lignes en pointillé délimitent les régions temporales concernées. Noter la différence des profils d'activité du lobe temporal selon la catégorie de stimulus présentée aux sujets. (D'après Damasio et al., 1996.)

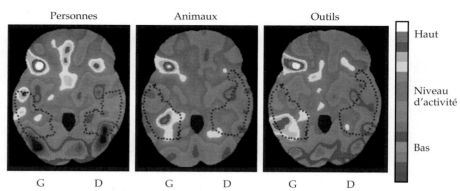

Le rôle de l'hémisphère droit dans le langage

La présence dans le cortex de chaque hémisphère des mêmes aires anatomiques et cytoarchitectoniques laisse subsister une énigme. Que font donc les régions de l'hémisphère droit homologues des aires du langage de l'hémisphère gauche ? La réponse réside peut-être dans le fait que les lésions de l'hémisphère droit s'accompagnent, elles *aussi*, de troubles du langage. Le plus notable est l'absence des composantes émotionnelles et tonales normales, qualifiées d'**éléments prosodiques**, qui donnent un supplément de signification à la communication verbale. Cette coloration de l'expression orale est un élément essentiel du message et, dans certaines langues comme le chinois mandarin, elle sert même à changer le sens du mot prononcé. Ces déficits, que l'on appelle **aprosodies**, sont associés à des lésions des aires corticales de l'hémisphère droit correspondant aux aires de Broca et de Wernicke et aux régions connexes de l'hémisphère gauche. Les aprosodies soulignent le fait que, si chez la plupart des individus humains la compréhension et la production du langage relèvent de façon prédominante de l'hémisphère gauche (ou, mieux, de régions corticales particulières de cet hémisphère), il faut la coopération d'autres régions, et notamment les aires homologues de l'hémisphère droit, pour donner leur pleine richesse aux propos de tous les jours.

En résumé, tandis que les régions classiquement définies de l'hémisphère gauche fonctionnent à peu près comme on le dit, diverses études contemporaines ont montré que d'autres aires des hémisphères gauche et droit apportent une contribution importante à la production et à la compréhension du langage.

Le langage des signes

Certains aspects de l'exposé qui précède impliquent que la localisation et la latéralisation du langage ne reflètent pas tant une spécialisation du cerveau pour entendre et pour parler, qu'une organisation globale des aires du langage pour traiter des symboles relatifs à la communication sociale. De solides arguments en faveur de cette conception ont été apportés par l'étude du langage des signes chez des individus sourds de naissance.

L'American Sign Language possède toutes les propriétés (telles que grammaire, syntaxe et tonalité émotionnelle) du langage parlé et entendu. Sachant cela, Ursula Bellugi et ses collègues du Salk Institute ont examiné la localisation du langage des signes chez des patients qui avaient subi des lésions localisées de l'hémisphère droit ou de l'hémisphère gauche. Tous ces individus étaient sourds ; ils n'avaient jamais appris à parler ; toute leur vie, ils avaient utilisé les signes ; ils avaient des conjoints sourds, faisaient partie de communautés de sourds et étaient tous droitiers. Les patients porteurs de lésions de l'hémisphère gauche, concernant dans chaque cas les aires du langage du lobe frontal et/ou temporal, présentaient des déficits mesurables de production et de compréhension des signes par rapport à des utilisateurs du langage des signes, normaux et de même âge (Figure 27.8). Par contre, les patients ayant des lésions des aires homologues (ou à peu près) de l'hémisphère droit n'avaient pas « d'aphasie » du langage des signes. Mais, comme le laissaient prévoir des études de sujets entendants porteurs de lésions similaires, ils présentaient une détérioration de leurs capacités relevant de l'hémisphère droit, comme les traitements visuo-spatiaux, les traitements émotionnels et la tonalité émotionnelle des signes. Ces recherches ont porté sur un nombre de sujets inévitablement limité (on peut comprendre qu'il soit difficile de trouver des sourds utilisant la langue des signes et ayant des lésions des aires du langage) ; elles montrent néanmoins que la capacité de communiquer grâce à des signes exécutés et vus siège de façon manifestement prédominante dans l'hémisphère gauche, dans les mêmes aires que le langage parlé. Ces résultats indiquent que les aires cérébrales du langage sont spécialisées pour représenter la communication sociale par symboles et non le langage parlé et entendu en tant que tel.

De même que la communication auditivo-phonatoire, la communication reposant sur la vision et sur les gestes dépend de compétences qui apparaissent durant la première enfance. L'observation soigneuse du babillage de bébés qui entendent et qui, à un moment donné, se mettent à parler, montre une production de sons selon un pattern prévisible, lié à l'acquisition ultime du langage parlé. Le babillage représente donc un comportement précoce qui préfigure le véritable langage et qui traduit le fait qu'une capacité innée d'imitation du langage est un élément essentiel du processus d'acquisition du langage complet. Les enfants qui ont des parents sourds parlant par signes, babillent avec leurs mains en faisant des gestes qui sont apparemment les précurseurs des signes (Figure 24.1). Comme pour le babillage oral, la quantité de babillage par signes augmente avec l'âge jusqu'à ce que l'enfant parvienne à former des signes précis et porteurs de sens. Ces observations indiquent que l'acquisition de la communication symbolique à partir d'indices venant des parents ou d'ailleurs, suit des voies similaires quel que soit le moyen d'expression.

Signes inadéquats d'un patient:

Arriver   Rester   Là

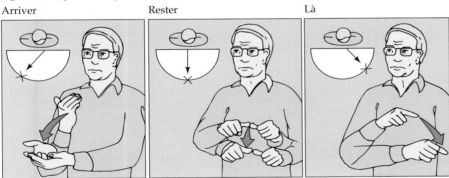

Forme exacte:

Arriver   Rester   Là

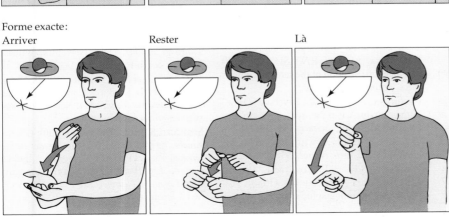

Figure 27.8

Déficits de la gestuelle des signes chez des personnes congénitalement sourdes, ayant appris le langage des signes dès la naissance et subi ultérieurement une lésion des aires du langage de l'hémisphère gauche. Chez ces patients, les lésions de l'hémisphère gauche produisent des perturbations de la gestuelle des signes analogues à l'aphasie qui fait suite à des lésions comparables chez les patients qui entendent et parlent. Dans cet exemple, le patient (dessins du haut) exprime la phrase « Nous sommes arrivés à Jérusalem et nous sommes restés là ». Par rapport à un sujet contrôle normal (dessins du bas), il n'arrive pas à maîtriser convenablement l'orientation spatiale des signes. La direction des signes exacts et celle, aberrante, des signes « aphasiques » sont indiquées dans le coin supérieur gauche de chaque dessin. (D'après Bellugi et al., 1989.)

Résumé

Il a fallu, pour localiser les fonctions linguistiques du cerveau humain, recourir à toute une variété de méthodes. Les premières tentatives ont commencé au dix-neuvième siècle par la mise en relation de signes cliniques avec des lésions cérébrales localisées *post mortem*. Au vingtième siècle, de nouvelles observations cliniques ainsi que l'étude de patients à cerveau dédoublé, la cartographie lors d'interventions neurochirurgicales, l'anesthésie transitoire d'un seul hémisphère et les techniques d'imagerie non invasive, telles que la TEP et l'IRMf, ont grandement contribué à étendre nos connaissances sur la localisation du langage. Globalement, ces diverses techniques montrent que, chez une large majorité d'individus humains, les aires corticales périsylviennes de l'hémisphère gauche sont de première importance pour le langage normal. L'hémisphère droit contribue également au langage et d'abord en lui donnant sa tonalité émotionnelle. L'existence de déficits du même ordre après des lésions cérébrales comparables, chez des sourds de naissance et chez des individus utilisant le langage parlé, étaie l'hypothèse que la représentation corticale du langage est indépendante de la façon dont il est exprimé ou perçu (parlé et entendu ou bien traduit en gestes et vu). Les aires spécialisées du langage identifiées à ce jour sont de toute évidence les composantes majeures d'un ensemble largement distribué de régions cérébrales qui permettent une communication efficace à l'aide de symboles désignant des objets, des concepts ou des sentiments.

Lectures complémentaires

Revues

BELLUGI, U., H. POIZNER et E.S. KLIMA (1989), Language, modality and the brain. *Trends Neurosci.*, **12**, 380-388.

DAMASIO, A.R. (1992), Aphasia. *New Eng. J. Med.*, **326**, 531-539.

DAMASIO, A.R. et H. DAMASIO (1992), Brain and language. *Sci. Amer.*, **267**, 89-95.

DAMASIO, A.R. et N. GESCHWIND (1984), The neural basis of language. *Annu. Rev. Neurosci.*, **7**, 127-147.

ETCOFF, N.L. (1986), The neurophysiology of emotional expression. In *Advances in Clinical Neuropsychology*, Volume 3, G. Goldstein and R.E. Tarter (eds.). New York, Quantum, 127-179.

LENNEBERG, E.H. (1967), Language in the context of growth and maturation. In: *Biological Foundations of Language*. New York, John Wiley and Sons, Chapitre 4, 125-395.

OJEMANN, G.A. (1983), The intrahemispheric organization of human language, derived with electrical stimulation techniques. *Trends Neurosci.*, **4**, 184-189.

OJEMANN, G.A. (1991), Cortical organization of language. *J. Neurosci.*, **11**, 2281-2287.

SPERRY, R.W. (1974), Lateral specialization in the surgically separated hemispheres. In *The Neurosciences: Third Study Program*, F.O. Schmitt and E G. Worden (eds.). Cambridge, The MIT Press, 5-19.

SPERRY, R.W. (1982), Some effects of disconnecting the cerebral hemispheres. *Science*, **217**, 1223-1226.

Articles originaux importants

CHAO, L.L., J.V. HAXBY et A. MARTIN (1999), Attribute-based neural substrates in temporal cortex for perceiving and knowing about objects. *Nature Neurosci.*, **2**, 913-919.

CREUTZFELDT, O., G. OJEMANN et E. LETTICH (1989), Neuronal activity in the human temporal lobe. I. Response to speech. *Exp. Brain Research*, **77**, 451-475.

CARAMAZZA, A. et A.E. HILLIS (1991), Lexical organization of nouns and verbs in the brain. *Nature*, **349**, 788-790.

DAMASIO, H., T.J. GRABOWSKI, D. TRANEL, R.D. HICHWA et A. DAMASIO (1996), A neural basis for lexical retrieval. *Nature*, **380**, 499-505.

EIMAS, P.D., E.R. SIQUELAND, P. JUSCZYK et J. VIGORITO (1971), Speech perception in infants. *Science*, **171**, 303-306.

GAZZANIGA, M.S. (1998), The split-brain revisited. *Sci. Amer.*, **279**, 50-55.

GAZZANIGA, M.S., R.B. IVRY et G.R. MANGUN (2001), Le langage et le cerveau. In *Neurosciences cognitives: la biologie de l'esprit*. Paris, De Boeck Université. Ch. 8, 289-321. (Traduction de *Cognitive Neuroscience: The Biology of Mind*, 1998. New York, W.W. Norton and Co.)

GAZZANIGA, M.S. et R.W. SPERRY (1967), Language after section of the cerebral commissures. *Brain*, **90**, 131-147.

GESCHWIND, N. et W. LEVITSKY (1968), Human brain: left-right asymmetries in temporal speech region. *Science*, **161**, 186-187.

OJEMANN, G.A. et H.A. WHITAKER (1978), The bilingual brain. *Arch. Neurol.*, **35**, 409-412.

PETERSEN, S.E., P.T. FOX, M.I. POSNER, M. MINTUN et M.E. RAICHLE (1988), Positron emission tomographic studies of the cortical anatomy of single-word processing. *Nature*, **331**, 585-589.

PETITTO, L.A. et P.F. MARENTETTE (1991), Babbling in the manual mode: Evidence for the ontogeny of language. *Science*, **251**, 1493-1496.

WADA, J.A., R. CLARKE et A. HAMM (1975), Cerebral hemispheric asymmetry in humans: cortical speech zones in 100 adult and 100 infant brains. *Arch. Neurol.*, **32**, 239-246.

WESTBURY, C.F. R.J. ZATORRE et A.C. EVANS (1999), Quantifying variability in the planum temporale: A probability map. *Cerebral Cortex*, **9**, 392-405.

Ouvrages

GARDNER, H. (1974), *The Shattered Mind: The Person After Brain Damage*. New York, Vintage.

LENNEBERG, E. (1967), *The Biological Foundations of Language*. New York, Wiley.

PENFIELD, W. et L. ROBERTS (1963), *Langage et mécanismes cérébraux*. Paris, P.U.F. (Traduction de *Speech and Brain Mechanisms*, Princeton, NJ, Princeton University Press.)

PINKER, S. (1999), *L'instinct du langage*. Paris, Éditions Odile Jacob. (Traduction de *The Language Instinct*, 1994, New York, William Morrow & Co.)

POSNER, M.I. et M.E. RAICHLE (1998), *L'esprit en images*. Paris, De Boeck Université. (Traduction de *Images of Mind*, 1994. New York, Scientific American Library.)

SPRINGER, S.P. et G. DEUTSCH (2000), *Cerveau gauche, cerveau droit. À la lumière des neurosciences*. Paris, De Boeck Université. (Traduction de *Left Brain, Right Brain? Perspectives from Cognitive Neuroscience*, 1998. New York, W.H. Freeman & Co.)

chapitre 28

Le sommeil et la veille

Vue d'ensemble

Le sommeil, qui occupe un grand tiers de notre vie, se définit, du point de vue comportemental, par la suspension des activités conscientes et, du point de vue électrophysiologique, par des ondes cérébrales spécifiques. Le sommeil est présent chez tous les mammifères et, probablement, chez tous les vertébrés. Après un manque de sommeil, nous éprouvons un pressant besoin de dormir et, à en juger d'après les données de l'expérimentation animale, une privation prolongée de sommeil peut entraîner la mort. Shakespeare a dit du sommeil, en faisant allusion au repos qu'il procure, qu'il était le «doux réparateur de la nature». Curieusement toutefois, cet état particulier ne résulte pas d'une simple diminution de l'activité cérébrale. Au contraire, le sommeil se compose d'une série d'états cérébraux contrôlés avec précision et durant l'un d'entre eux, appelé sommeil paradoxal (SP), le cerveau est presque aussi actif qu'à l'état de veille. L'enchaînement des états de sommeil est régi par un groupe de noyaux du tronc cérébral qui projettent largement sur l'ensemble du cerveau et sur la moelle épinière. Certains aspects majeurs du sommeil restent incomplètement expliqués. Pourquoi le SP s'accompagne-t-il de niveaux d'activité cérébrale aussi élevés? Est-il important de rêver? Pourquoi le sommeil repose-t-il? L'importance clinique du sommeil ressort nettement de la fréquence des troubles du sommeil (insomnies). Chaque année, environ 40 millions d'Américains souffrent de troubles chroniques du sommeil et 20 millions présentent des problèmes occasionnels (au moins quelques jours par mois) suffisamment sérieux pour perturber leurs activités quotidiennes. Le sommeil offre donc encore bien des problèmes à résoudre, tant pour la neurobiologie fondamentale que pour la médecine clinique.

Pourquoi dort-on?

Pour se sentir frais et dispos à leur réveil, la plupart des adultes ont besoin de 7 à 8 heures de sommeil, quantité qui varie selon les individus (voir Figure 28.1). Une proportion importante de notre existence se passe donc dans cet état mystérieux. Les nourrissons ont besoin d'un temps de sommeil encore plus important (17 heures par jour ou plus); chez les adolescents, cette durée est d'environ 9 heures en moyenne. Avec l'âge, le sommeil se fait plus léger et plus court, mais sa durée n'est sans doute guère moindre que ce qu'elle était au début de l'âge adulte (Figure 28.1B). Aussi les personnes d'un certain âge ont-elles souvent besoin de rattraper un sommeil de nuit plus léger et plus court en faisant une sieste. Si l'on dort trop peu, on accumule une «dette de sommeil» qu'il faut payer dans les jours qui suivent. En attendant, le jugement, le temps de réaction et d'autres fonctions s'en ressentent à des degrés divers. Un mauvais sommeil se paie et a parfois des conséquences tragiques. On estime que, aux États-Unis, la fatigue est la cause de plus de 100 000 accidents de la route par an, faisant quelque 70 000 blessés et 1 500 morts.

Le sommeil, ou du moins une période de quiescence physiologique, est un état hautement conservé dans l'évolution; on le retrouve de la drosophile à l'homme (Encadré 28A). Bien que cet état soit très répandu, on ne sait toujours pas précisément *pourquoi* l'on dort. Étant donné que le sommeil rend les animaux particulièrement vulnérables, il faut que ses avantages compensent largement cet inconvénient consi-

(A)

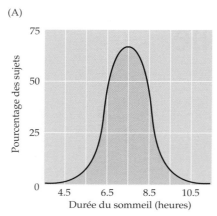

(B)

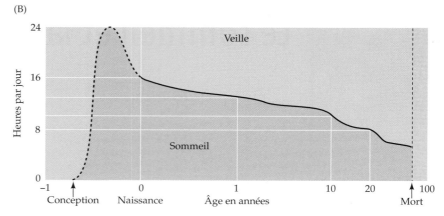

Figure 28.1

La durée du sommeil. (A) La durée du sommeil nocturne de l'adulte se distribue normalement avec une moyenne de 7,5 heures et un écart-type d'environ 1,25 heure. Pour deux tiers environ de la population, la durée du sommeil est donc comprise entre 6,25 et 8,75 heures.
(B) Durée quotidienne du sommeil en fonction de l'âge. (D'après Hobson, 1989.)

dérable. Sous l'angle de la conservation de l'énergie, l'une des fonctions du sommeil est de restaurer le niveau du glycogène cérébral, qui baisse pendant la veille. En outre, comme il fait généralement plus froid la nuit, il faudrait dépenser plus d'énergie pour maintenir notre température si nous avions une activité nocturne. La température corporelle obéit à un cycle de 24 heures (c'est aussi le cas de beaucoup d'autres indices d'activité ou de stress) et atteint son minimum pendant la nuit, ce qui réduit la perte de chaleur (Figure 28.2). Et comme on peut s'y attendre, le métabolisme de l'homme, mesuré par la consommation d'oxygène, diminue pendant le sommeil. On peut voir aussi dans la dépendance à l'égard des informations visuelles pour trouver de la nourriture et éviter les prédateurs une autre raison plausible du fait que l'homme et nombre d'animaux dorment la nuit. On a proposé récemment de voir les bénéfices du sommeil dans le renforcement des traces mnésiques qu'il opérerait en consolidant les connexions synaptiques formées sous l'effet des activités de l'état vigile.

Chez les mammifères, le sommeil est nécessaire à la survie. Des rats privés de sommeil perdent du poids, malgré une prise de nourriture en augmentation, et progressivement, ils n'arrivent plus à réguler leur température corporelle, alors que leur température centrale augmente de quelques degrés. Ils sont également sujets à des infections, ce qui peut indiquer des perturbations du système immunitaire. Privés totalement de sommeil, ils meurent en quelques semaines (Figure 28.3A, B). Chez l'homme,

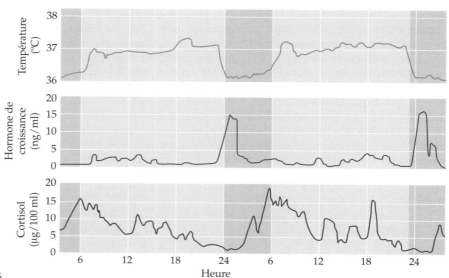

Figure 28.2

Rythmicité circadienne de la température centrale et du taux sanguin de l'hormone de croissance et du cortisol. En début de nuit, la température centrale commence à baisser, tandis que l'hormone de croissance augmente. Le taux du cortisol, qui reflète le stress, commence à augmenter le matin et se maintient élevé pendant plusieurs heures.

ENCADRÉ 28A *Styles de sommeil chez différentes espèces*

Des animaux très divers ont un cycle activité-repos qui se déroule souvent (mais pas toujours) selon un rythme journalier ou circadien. Mais, même chez les mammifères, l'organisation du sommeil dépend fortement de l'espèce à laquelle on a affaire. En règle générale, les animaux prédateurs peuvent, comme l'homme, s'offrir de longues périodes ininterrompues d'un sommeil qui peut être nocturne ou diurne selon le moment de la journée réservé à la recherche de la nourriture, à l'accouplement, aux soins des petits ou aux autres nécessités de la vie. En revanche, la survie de ceux qui servent de proie dépend de façon beaucoup plus critique de leur vigilance permanente. Ces dernières espèces, les lapins ou les girafes par exemple, dorment pendant de brefs intervalles n'excédant généralement pas quelques minutes. La musaraigne et les mammifères les plus petits ne dorment pratiquement pas du tout.

Les dauphins et les phoques ont trouvé une solution tout à fait remarquable au problème du maintien de la vigilance pendant le sommeil, en faisant dormir les deux hémisphères cérébraux chacun à leur tour (voir la figure ci-contre). Un hémisphère peut donc présenter les signes électroencéphalographiques de l'éveil tandis que l'autre montre les caractéristiques du sommeil (voir Encadré 28C et Figure 28.5). En résumé, bien que des périodes de repos soient de toute évidence essentielles pour un fonctionnement convenable du cerveau et, plus généralement, pour une homéostasie normale, la façon dont ce repos est obtenu dépend des besoins particuliers de chaque espèce.

Références

ALLISON, T. et D.V. CICCHETTI (1976), Sleep in mammals: Ecological and constitutional correlates. *Science*, **194**, 732-734.

ALLISON, T., H. VAN TWYVER (1970), The evolution of sleep. *Natural History*, **79**, 56-65.

ALLISON, T., H. VAN TWYVER et W.R. GOFF (1972), Electrophysiological studies of the echidna, *Tachyglossus aculeatus. Arch. Ital. Biol.*, **110**, 145-184.

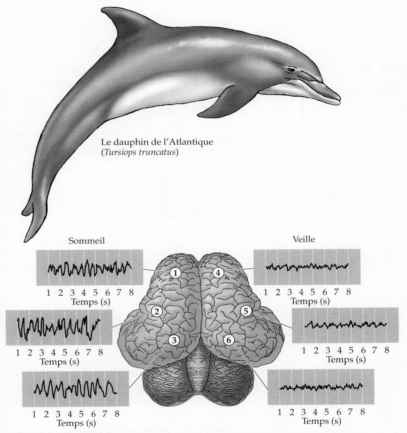

Le dauphin de l'Atlantique
(*Tursiops truncatus*)

Certains animaux ne dorment que d'un hémisphère à la fois. Ces enregistrements montrent l'activité EEG recueillie simultanément sur les hémisphères cérébraux droit et gauche d'un dauphin. L'hémisphère gauche (dérivations 1-3) présente un EEG de sommeil à ondes lentes, tandis que l'hémisphère droit a une activité de veille à haute fréquence et faible voltage (dérivations 4-6). (D'après Mukhametov, Supin et Polyakova, 1977.)

le manque de sommeil s'accompagne de troubles de la mémoire et d'une réduction des performances cognitives. Si la privation de sommeil se prolonge, on voit apparaître des sautes d'humeur et même des hallucinations. Des patients atteints d'*insomnie fatale familiale*, maladie génétique à prions, meurent en quelques années. Cette maladie rare, qui se déclare vers la cinquantaine, se caractérise par des hallucinations, des crises, une perte du contrôle moteur, une réduction du sommeil à ondes lentes et la disparition du sommeil paradoxal (voir la section «Les stades du sommeil»).

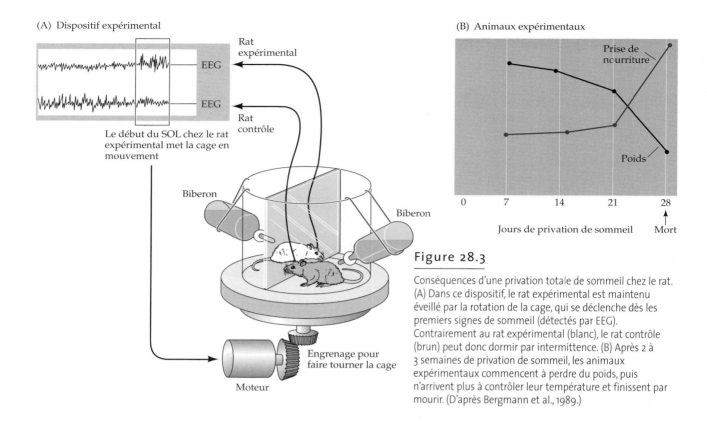

Figure 28.3

Conséquences d'une privation totale de sommeil chez le rat. (A) Dans ce dispositif, le rat expérimental est maintenu éveillé par la rotation de la cage, qui se déclenche dès les premiers signes de sommeil (détectés par EEG). Contrairement au rat expérimental (blanc), le rat contrôle (brun) peut donc dormir par intermittence. (B) Après 2 à 3 semaines de privation de sommeil, les animaux expérimentaux commencent à perdre du poids, puis n'arrivent plus à contrôler leur température et finissent par mourir. (D'après Bergmann et al., 1989.)

Chez l'homme, les effets d'une privation de sommeil d'assez courte durée se font sentir essentiellement sur l'efficience comportementale, comme le savent tous ceux qui ont passé une ou deux nuits sans dormir. La période la plus longue passée volontairement sans dormir sur laquelle nous soyons documentés est de 453 heures et 40 minutes (à peu près 19 jours). Ce record fut décroché par un homme jeune sans aucun stimulant pharmacologique. Après quelques jours de récupération pendant lesquels il dormit un peu plus que la normale, il ne paraissait pas s'en porter plus mal.

Le cycle circadien veille-sommeil

Le sommeil de l'homme revient avec une périodicité circadienne, c'est-à-dire d'environ un jour (du latin *circa*, environ, et *dies*, jour). Les biologistes qui étudient les rythmes circadiens ont exploré un certain nombre de problèmes soulevés par ce rythme journalier. Qu'advient-il, par exemple, aux individus que l'on empêche de détecter les indices habituels du jour et de la nuit ? La réponse à ce genre de question a été obtenue en plaçant des sujets volontaires dans un environnement dépourvu des indices externes du temps (on a parfois utilisé pour cela des grottes ou des abris souterrains) (Figure 28.4). En règle générale, une expérience de cette sorte commence par une période d'accoutumance de cinq jours comprenant des échanges sociaux, des repas à l'heure habituelle et des repères temporels (radio, télévision, par exemple) ; les sujets se lèvent et se couchent comme d'habitude et gardent un rythme veille-sommeil de 24 heures. Par contre, après la suppression de ces indices, ils se réveillent chaque jour un peu plus tard et leur cycle veille-sommeil s'allonge graduellement jusqu'à atteindre 26 heures. Dès qu'ils sont remis dans un environnement normal, ils retrouvent rapidement leur cycle de 24 heures. L'homme (et beaucoup d'autres animaux ; voir Encadré 28B) ont donc une « horloge » interne qui, en l'absence de repères temporels externes, continue à fonctionner « en libre cours ».

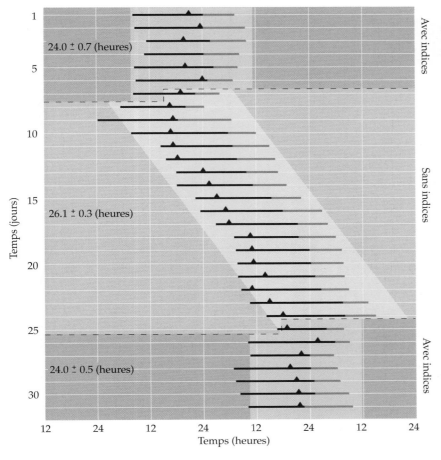

Figure 28.4

Le rythme circadien de la veille (traits bleus) et du sommeil (traits rouges) chez un sujet volontaire maintenu dans l'isolement avec ou sans indices du cycle nycthéméral. Les valeurs numériques représentent la moyenne ± l'écart-type d'un cycle complet de sommeil durant chaque condition (les triangles indiquent le moment du maximum de la température rectale) (D'après Aschoff, 1965, tel que reproduit dans Schmidt et al., 1983.)

Selon toute vraisemblance, cette horloge circadienne est apparue au cours de l'évolution pour maintenir des périodes adéquates de veille et de sommeil malgré les variations que subit le taux de lumière et d'obscurité en fonction des différentes saisons et des différents endroits de la planète. Pour synchroniser les processus physiologiques avec l'alternance obscurité-lumière (phénomène dit de **photo-entraînement**), l'horloge biologique doit détecter la diminution de l'intensité lumineuse à la fin du jour. Les récepteurs qui détectent ce changement sont situés, comme on peut s'en douter, dans la couche nucléaire externe de la rétine, ainsi que le démontre la disparition du photo-entraînement lorsque l'on couvre les yeux ou qu'on les enlève. Mais les détecteurs ne sont ni les cônes ni les bâtonnets. Il s'agit en fait de cellules qui, dans la rétine des primates ou des rongeurs, se trouvent disséminées parmi les cellules ganglionnaires. À la différence des cônes et des bâtonnets qui s'hyperpolarisent quand ils sont activés par la lumière (voir Chapitre 11), les cellules ganglionnaires de cette catégorie particulière contiennent un nouveau genre de photopigment dénommé **mélanopsine** et sont dépolarisées par la lumière (Figure 28.5A). La fonction de ces photorécepteurs inhabituels est manifestement de coder l'éclairement ambiant et de mettre l'horloge biologique à l'heure. Cette régulation s'effectue par des fibres qui empruntent le faisceau rétino-hypothalamique (Figure 27.5B) et projettent sur le **noyau suprachiasmatique (NSC)** de l'hypothalamus antérieur, site de la régulation circadienne des fonctions homéostasiques.

L'activation du noyau suprachiasmatique évoque des réponses dans des neurones dont les axones font synapse, dans le noyau paraventriculaire de l'hypothalamus, avec des neurones qui projettent sur les cellules sympathiques préganglionnaires de la zone intermédio-latérale de la moelle thoracique Comme il a été dit au chapitre 21, ces neurones modulent l'excitabilité de neurones des ganglions cervicaux supérieurs dont

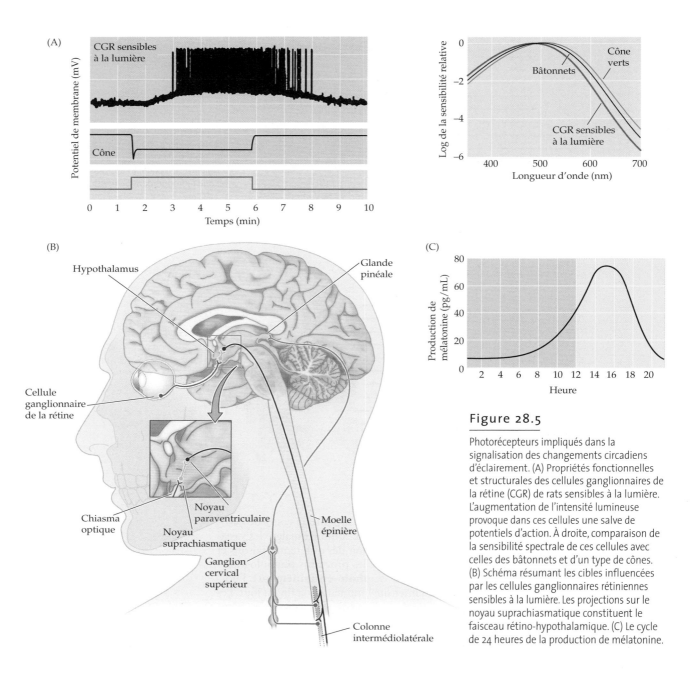

Figure 28.5

Photorécepteurs impliqués dans la signalisation des changements circadiens d'éclairement. (A) Propriétés fonctionnelles et structurales des cellules ganglionnaires de la rétine (CGR) de rats sensibles à la lumière. L'augmentation de l'intensité lumineuse provoque dans ces cellules une salve de potentiels d'action. À droite, comparaison de la sensibilité spectrale de ces cellules avec celles des bâtonnets et d'un type de cônes. (B) Schéma résumant les cibles influencées par les cellules ganglionnaires rétiniennes sensibles à la lumière. Les projections sur le noyau suprachiasmatique constituent le faisceau rétino-hypothalamique. (C) Le cycle de 24 heures de la production de mélatonine.

les axones (postganglionnaires) projettent sur la **glande pinéale** (pinéal signifie « en forme de pignon de pin »), située sur la ligne médiane à proximité du thalamus dorsal (Figure 28.5B). La glande pinéale (encore appelée épiphyse) synthétise, à partir du tryptophane, une neurohormone favorisant le sommeil, la **mélatonine** (N-acétyl-5-méthoxytryptamine), qu'elle déverse dans la circulation et qui participe à la modulation des circuits du tronc cérébral contrôlant en dernier ressort le cycle veille sommeil. La synthèse de mélatonine augmente à mesure que la lumière diminue et atteint un maximum entre 2 heures et 4 heures du matin (Figure 28.5C). Chez les personnes âgées, l'épiphyse produit moins de mélatonine, ce qui explique peut-être pourquoi elles dorment moins et souffrent d'insomnie. On a utilisé la mélatonine pour aider à dormir les personnes âgées insomniaques et pour réduire le dérèglement des horloges biologiques produit par le décalage horaire, mais l'efficacité de ces thérapies n'est pas évidente.

La plupart des chercheurs travaillant sur le sommeil considèrent le noyau suprachiasmatique comme «l'horloge maîtresse», conclusion qui se fonde sur un certain nombre de données. Tout d'abord, chez des animaux de laboratoire, l'ablation du NSC abolit le rythme circadien de la veille et du sommeil. En outre, des cellules du NSC mises en culture d'organes présentent des rythmes circadiens caractéristiques (Encadré 28B). Le NSC gouverne également diverses fonctions qui sont synchronisées avec le rythme veille-sommeil, ainsi la température corporelle, la sécrétion d'hormones (telles que le cortisol; voir Figure 28.2), la pression artérielle, et la production d'urine. Chez l'adulte, la production d'urine diminue pendant la nuit à cause de la régulation circadienne de l'hormone antidiurétique (ADH ou vasopressine), dont la sécrétion augmente normalement durant la nuit.

ENCADRÉ 28B *Mécanismes moléculaires des horloges biologiques*

Dans leur quasi-totalité, les plantes et les animaux possèdent des horloges circadiennes qui ajustent leur physiologie et leur comportement au cycle nycthéméral de 24 heures. Des travaux de biologie moléculaire commencés voilà presque trente ans ont apporté d'abondantes données sur les gènes et les protéines qui constituent la machinerie de ces horloges. Au début des années 1970, Ron Konopka et Seymour Benzer, du California Institute of Technology, ont découvert trois lignées mutantes de drosophiles possédant un rythme circadien anormal. Des analyses ultérieures montrèrent que les mutations étaient des allèles d'un même locus, appelé par Konopka et Benzer le gène *period* ou *per*. En l'absence d'indices normaux issus de leur environnement (c'est-à-dire quand on les maintient à la lumière ou à l'obscurité permanente), les mouches sauvages ont des périodes d'activité synchronisées sur un cycle de 24 heures; les mutants *per*ˢ ont des rythmes de 19 heures, les mutants *per*ˡ des cycles de 29 heures et les mutants *per*º n'ont apparemment pas de cycle du tout. Au début des années 1990, Michael Young, de l'Université Rockefeller, ainsi que Jeffrey Hall et Michael Rosbash, de l'Université Brandeis, réalisèrent indépendamment

Schéma de la boucle de rétroaction moléculaire régissant les horloges circadiennes (D'après Okamura et al., 1999.)

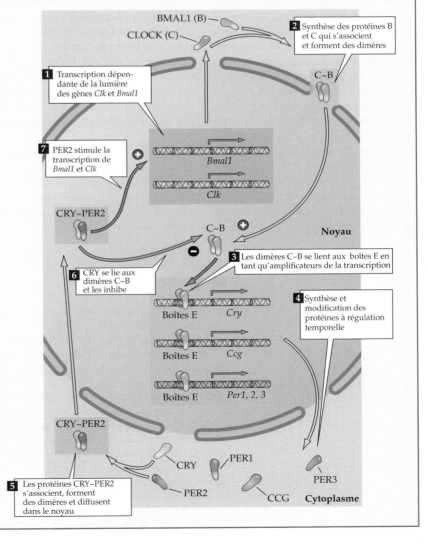

1 Transcription dépendante de la lumière des gènes *Clk* et *Bmal1*

2 Synthèse des protéines B et C qui s'associent et forment des dimères

BMAL1 (B)
CLOCK (C)
C–B

7 PER2 stimule la transcription de *Bmal1* et *Clk*

Bmal1
Clk

CRY–PER2

C–B

Noyau

3 Les dimères C–B se lient aux boîtes E en tant qu'amplificateurs de la transcription

6 CRY se lie aux dimères C–B et les inhibe

4 Synthèse et modification des protéines à régulation temporelle

Boîtes E   *Cry*
Boîtes E   *Ccg*
Boîtes E   *Per1, 2, 3*

CRY–PER2

5 Les protéines CRY–PER2 s'associent, forment des dimères et diffusent dans le noyau

CRY   PER1
PER2   CCG   PER3

Cytoplasme

ENCADRÉ 28B (suite)

le clonage du premier des trois gènes *per*. Mais il ne suffit pas de cloner un gène pour découvrir sa fonction, comme ce fut une fois de plus le cas.

Néanmoins, on trouve le produit génique Per, une protéine nucléaire, dans beaucoup de cellules qui, chez la drosophile, interviennent dans l'expression de son rythme circadien. Par ailleurs, les mouches normales présentent une variation circadienne de l'ARNm de *per* et de la protéine Per, tandis que les mouches *per°*, dépourvues de rythme circadien, ne manifestent pas non plus cette périodicité circadienne de l'expression du gène.

Aujourd'hui, un grand nombre des gènes et des protéines responsables des rythmes circadiens de la drosophile ont été également découverts chez les mammifères. Chez la souris, l'horloge circadienne tire son origine de l'activité temporellement régulée de protéines (en majuscules) et de gènes (en italiques) parmi lesquels CRY (*cryptochrome*), CLOCK (*Clk, circadian locomotor output cycles kaput*), BMAL1 (*Bmal1, brain and muscle, ARNT-like*), PER1 (*Per1, Period1*), PER2 (*Per2, Period2*), PER3 (*Per3, Period3*) ainsi que la vasopressine prépropressophysine (VP) (*clock controlled genes; Ccg*). Ces gènes et leurs protéines donnent naissance à des boucles de rétroaction autorégulatrices de transcrip-

tion/traduction comprenant des composantes excitatrices et des composantes inhibitrices (voir la figure ci-dessous). Les points essentiels pour comprendre ce système sont les suivants: (1) les concentrations de BMAL1 et des trois protéines PER ont des cycles qui se déroulent en opposition de phase; (2) PER2 est un régulateur positif de la boucle *Bmal1*; (3) CRY est un régulateur négatif des boucles *period* et *cryptochrome*. Les deux composantes positives de cette boucle sont influencées, quoique indirectement, par la lumière et la température.

Au début du jour, la transcription de *Clk* et de *Bmal1* commence et les protéines CLK et BMAL1 sont synthétisées en tandem. Lorsque les concentrations de CLK et de BMAL1 ont suffisamment augmenté, elles s'associent sous forme de dimères et se lient aux séquences régulatrices de l'ADN (« boîtes E ») qui agissent comme amplificateurs circadiens de la transcription des gènes *Cry, Per1, Per2, Per3* et *Ccg*. En conséquence, il y a production des protéines PER1, 2 et 3, CRY et de protéines telles que VP. Ces protéines diffusent alors du noyau vers le cytoplasme où elles sont modifiées.

Bien que les fonctions de PER1 et PER3 demandent encore à être élucidées, lorsque PER2 et CRY voient leur concentration cytoplasmique augmenter, elles retournent par diffusion dans le noyau. Dans le

noyau, PER2 stimule la synthèse de CLK et de BMAL1, tandis que CRY se lie aux dimères CLK-BMAL1, inhibant ainsi leur capacité de stimuler la synthèse des autres gènes. Le décours temporel total de ces boucles de rétroaction est de 24 heures.

Références

CASHMORE, A.R. (2003), Cryptochromes: Enabling plants and animals to determine circadian time. *Cell*, **114**, 537-543.

DUNLAP, J.C. (1993), Genetic analysis of circadian clocks. *Ann. Rev. Physiol.*, **55**, 683-728.

KING, D.P. et J.S. TAKAHASHI (2000), Molecular mechanisms of circadian rhythms in mammals. *Ann. Rev. Neurosci.*, **23**, 713-742.

HARDIN, P.E., J.C. HALL et M. ROSBASH (1990), Feedback of the *Drosophila* period gene product on circadian cycling of its messenger RNA levels. *Nature*, **348**, 536-540.

OKAMURA, H. et 8 AUTRES (1999), Photic induction of *mPer1* and *mPer2* in *Cry*-deficient mice lacking a biological clock. *Science*, **286**, 2531-2534.

REN, D. et J.D. MILLER (2003), Primary cell culture of suprachiasmatic nucleus. *Brain Res. Bull.*, **61**, 547-553.

SHEARMAN, L.P. et 10 AUTRES (2000), Interacting molecular loops in the mammalian circadian clock. *Science*, **288**, 1013-1019.

TAKAHASHI, J.S. (1992), Circadian clock genes are ticking. *Science*, **258**, 238-240.

VITATERNA, M.H. et 9 AUTRES (1994), Mutagenesis and mapping of a mouse gene, *clock*, essential for circadian behavior. *Science*, **264**, 719-725.

Les phases du sommeil

Le cycle veille-sommeil normal implique que certains systèmes neuraux soient activés à des moments déterminés tandis que d'autres sont mis à l'arrêt. Pendant des siècles, en fait jusqu'aux années 1950, la plupart de ceux qui s'intéressaient au sommeil le considéraient comme un phénomène unitaire, relevant d'une physiologie essentiellement passive et ayant la récupération pour seule finalité. En 1953 cependant, Nathaniel Kleitman et Eugène Aserinsky montrèrent, en se fondant sur des enregistrements électroencéphalographiques de sujets normaux, que le sommeil comprend en réalité plusieurs phases (ou stades) survenant dans un ordre caractéristique.

L'homme, s'installe dans le sommeil par phases successives s'étendant à peu près sur la première heure qui suit le coucher (Figure 27.6). Les phases se définissent avant tout par des critères électroencéphalographiques (Encadré 28C). Au début, durant la période d'assoupissement, le spectre de l'EEG se décale vers les basses fréquences en même temps que l'amplitude des ondes corticales s'accroît légèrement. Cette période d'endormissement, appelée **phase 1**, fait ensuite place au sommeil léger **(phase 2)**, caractérisé par une nouvelle réduction de la fréquence des ondes de l'EEG, par un accroissement de leur amplitude ainsi que par des trains occasionnels d'ondes de

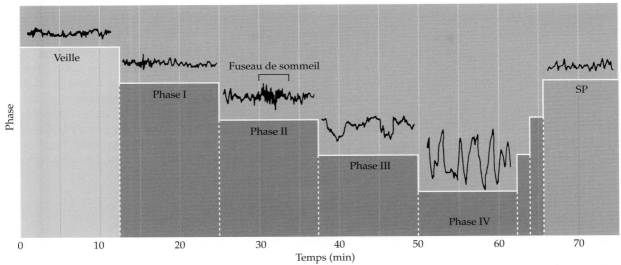

Figure 28.6

Enregistrements électroencéphalographiques effectués au cours de la première heure de sommeil. L'état vigile, yeux ouverts, se caractérise par une activité de fréquence élevée (15-60 Hz) et de faible amplitude (~30 μV), le rythme bêta. L'entrée en phase 1 du sommeil à ondes lentes est marquée par une diminution de la fréquence des ondes EEG (4-8 Hz) et une augmentation de leur amplitude (50-100 μV); ce sont les ondes thêta. La descente en phase 2 du sommeil à ondes lentes se caractérise par des ondes de 11-15 Hz et de 50-150 μV appelées fuseaux de sommeil, qui surviennent périodiquement et durent quelques secondes. La phase 3 du sommeil à ondes lentes commence avec l'apparition des premières ondes lentes de 2-4 Hz (100-150 μV). La phase 4 se définit par la présence d'ondes delta, de 0,5-2 Hz (100-200 μV). Après avoir atteint ce niveau de sommeil profond, la séquence reprend en sens inverse jusqu'à une phase de sommeil paradoxal présentant une activité de bas voltage et de haute fréquence semblable à l'EEG de veille. (D'après Hobson, 1989.)

ENCADRÉ 28C *L'électroencéphalographie*

Quoiqu'on eût, dès 1875, enregistré chez le singe l'activité du cortex mis à nu, c'est seulement en 1929 que, pour la première fois, Hans Berger, psychiatre à l'Université d'Iéna, put, chez l'homme, l'enregistrer sur le cuir chevelu. Depuis lors, l'électroencéphalogramme, ou EEG, a fait l'objet d'appréciations contrastées. Ses partisans voient en lui un moyen incomparable d'explorer l'intellect humain; ses détracteurs estiment que sa trop grande complexité et sa résolution insuffisante ne permettent tout au plus qu'un coup d'œil superficiel sur ce que fait en réalité le cerveau. La vérité est probablement entre ces deux opinions. Personne, certes, ne conteste que l'électroencéphalogramme

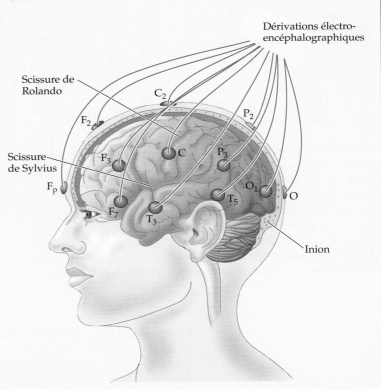

(A) L'électroencéphalogramme représente le voltage enregistré entre deux électrodes placées sur le cuir chevelu. En règle générale, les électrodes sont disposées en 19 emplacements standards répartis sur toute la tête. Les lettres indiquent leur position (F = frontal, P = pariétal, T = temporal, O = occipital, C = central). Les enregistrements obtenus à partir de chaque paire d'électrodes présentent entre eux de légères différences dues au fait que chacun constitue un échantillon de l'activité de populations neuroniques appartenant à des régions différentes du cerveau.

a été un outil précieux pour les chercheurs et les cliniciens, notamment dans les domaines de la physiologie du sommeil et de l'épilepsie.

L'électroencéphalographie se fonde sur l'utilisation d'un ensemble d'électrodes disposées en des emplacements standard du cuir chevelu (Figure A). Elle a pour principal avantage sa grande simplicité. Sa limitation la plus sérieuse est sa faible résolution spatiale, un site actif ne pouvant être localisé qu'à quelques centimètres près. Chez l'homme, on a défini, de façon peut-être quelque peu arbitraire, quatre phénomènes de base. Le rythme alpha est typiquement enregistré chez l'individu éveillé, yeux clos. Par définition, sa fréquence est comprise entre 8 et 13 Hz et son amplitude entre 10 et 50 μV. Le rythme bêta, d'amplitude plus faible, se définit par une fréquence allant de 14 à 60 Hz; il dénote l'activité mentale et l'attention. Les ondes thêta et delta se caractérisent respectivement par des fréquences de 4 à 7 Hz et de moins de 4 Hz; elles accompagnent l'assoupissement, le sommeil ainsi que certains états pathologiques; chez les individus normaux, ces ondes lentes sont caractéristiques du sommeil lent de la phase IV. Les figures B et C illustrent la façon dont ces ondes sont produites.

Les plus remarquables de ces ondes sont, de loin, celles du rythme alpha. Le fait qu'il prédomine dans la région occipitale et qu'il soit modulé par l'ouverture et la fermeture des yeux laisse supposer qu'il est en relation avec les traitements visuels, comme l'a fait remarquer, le premier, le physiologiste anglais Edgar Adrian en 1935. De fait, les observations réalisées sur un très grand nombre de sujets suggèrent qu'au moins plusieurs régions distinctes du cerveau ont leur propre rythme caractéristique. Ainsi, dans la bande alpha

(8-13 Hz), un rythme, le rythme alpha classique, est en relation avec le cortex visuel, un autre (le rythme mu) avec le cortex sensorimoteur, autour de la scissure de Rolando, un autre enfin (le rythme kappa) avec le cortex auditif.

Dans les années 1940, Edward Dempsey et Robert Morrison ont montré que ces

rythmes EEG dépendent en partie de l'activité du thalamus, puisque des lésions thalamiques peuvent réduire ou abolir l'émission corticale oscillatoire (un résidu d'activité oscillatoire persiste cependant même après inactivation du thalamus). Vers la même époque, Horace. Magoun et Giuseppe Moruzzi ont découvert que le

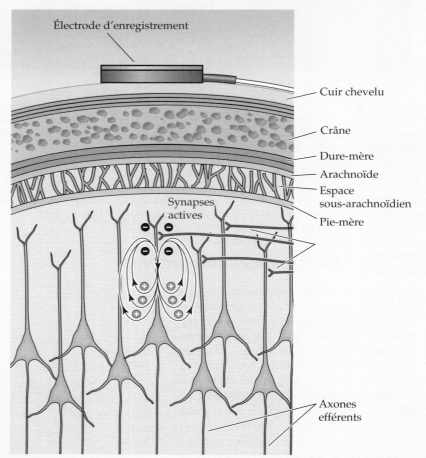

(B) Une électrode placée sur le cuir chevelu enregistre l'activité d'un grand nombre de neurones sous-jacents, chacun produisant un champ électrique faible qui varie au cours du temps. Cette activité, que l'on estime être essentiellement synaptique, rend la région de l'espace extracellulaire située en surface négative par rapport aux régions corticales profondes. Le caractère synchrone du signal qu'enregistre l'électrode est dû au fait que des milliers de neurones répondent de la même façon à peu près au même moment. (Adapté de Bear et al., 2001.)

haute fréquence, les **fuseaux de sommeil**. Les fuseaux de sommeil sont des bouffées périodiques d'activité à 11-15 Hz qui durent généralement de 1 à 2 secondes. Ils sont dus à des interactions entre neurones thalamiques et neurones corticaux (voir ci-dessous). Au cours de la **phase 3**, qui représente un sommeil moyennement profond à profond, le nombre de fuseaux diminue tandis que l'amplitude des ondes continue de croître

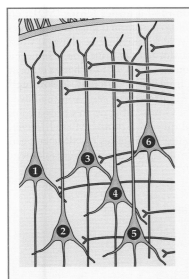

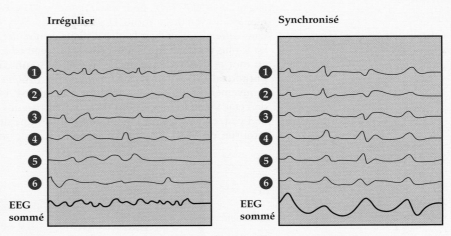

Irrégulier

Synchronisé

1
2
3
4
5
6
EEG sommé

1
2
3
4
5
6
EEG sommé

(C) Production de l'activité synchrone caractéristique du sommeil profond. Chacun des neurones de la couche des cellules pyramidales situées sous l'électrode d'enregistrement reçoit des milliers d'afférences synaptiques. Si ces afférences sont irrégulières et désynchronisées, leur somme algébrique sera de faible amplitude, comme c'est le cas durant l'éveil. Mais si les neurones sont activés à peu près en même temps, les ondes EEG seront en phase et auront une amplitude beaucoup plus grande, comme c'est le cas pour les ondes delta, caractéristiques de la phase 4 du sommeil. (Adapté de Bear et al., 2001.)

système réticulaire activateur du tronc cérébral joue un rôle important dans la modulation de l'activité EEG. À titre d'exemple, l'activation de la formation réticulaire fait passer l'activité corticale du rythme alpha au rythme bêta en même temps qu'elle accroît l'éveil comportemental. Ces études ont connu de nouveaux développements dans les années 1960 avec les travaux de Per Andersen et de ses collègues, qui montrèrent que la quasi-totalité des aires corticales présentent ces rythmes oscillatoires, reflet des boucles de rétroaction entre les neurones thalamiques et le cortex (voir le texte).

L'origine corticale de l'activité EEG a été éclairée par des études chez l'animal qui ont montré que la source de courant du potentiel variable enregistré sur le cuir chevelu est située au niveau des neurones des couches profondes du cortex et de leurs connexions synaptiques (Figures B et C). (On a pu parvenir à cette conclusion en notant les inversions de champ électrique lors de la pénétration d'une électrode à travers le cortex, de la surface à la substance blanche.) En général, des oscillations surviennent soit à cause des

fluctuations spontanées du potentiel de membrane des neurones thalamocorticaux, soit du fait de l'interaction réciproque entre neurones excitateurs et inhibiteurs des circuits en boucle. On pense que les oscillations de l'EEG sont dues à ce dernier mécanisme.

Malgré toutes ces observations, on ignore la signification fonctionnelle de ces rythmes corticaux. Le rôle de cette remarquable activité oscillatoire du cerveau reste une énigme qui, depuis plus de 70 ans, ne cesse de défier électroencéphalographistes et neurobiologistes.

Références

ADRIAN, E.D. et K. YAMAGIWA (1935), The origin of the Berger rhythm. *Brain*, **58**, 323-351.

ANDERSEN, P. et S.A. ANDERSSON (1968), *Physiological Basis of the Alpha Rhythm*. Meredith Corporation.

CATON, R. (1875), The electrical currents of the brain. *Brit. Med. J.*, 2, 278.

DEMPSEY, E.W. et R.S. MORRISON (1943), The electrical activity of a thalamo-cortical relay system. *Amer. J. Physiol.*, **138**, 283-296.

DURUP, G. et A. FESSARD (1935), L'électroencéphalogramme de l'homme : observations psychophysiologiques relatives à l'action des stimuli visuels et auditifs. *Année Psychologique*, **36**, 1-32.

LOPES DA SILVA, F.H. et W.S. VAN LEUWEN (1977), The cortical source of the alpha rhythm. *Neurosci. Letters*, **6**, 237-241.

NIEDERMEYER, E. et F.H. LOPES DA SILVA (1993), *Electroencephalography. Basic Principles, Clinical Applications, and Related Fields*. Baltimore, MD, Williams & Wilkins.

NUÑEZ, P.L. (1981), *Electric Fields of the Brain. The Neurophysics of EEG*. New York, Oxford University Press.

et leur fréquence de diminuer. Au niveau le plus profond du sommeil, durant la **phase 4**, l'EEG présente une activité dominante de basse fréquence (< 4 Hz) et d'amplitude élevée, les **ondes delta**, ondes lentes à la présence desquelles cet état de sommeil doit son nom (et dont on peut penser qu'elles reflètent une synchronisation de l'activité électrique des neurones corticaux). La séquence complète allant de l'assoupissement au sommeil profond de la phase 4 prend environ une heure.

Ces quatre phases de sommeil constituent le **sommeil à ondes lentes** (**SOL**; en anglais *non-REM sleep,* pour *non-Rapid-Eye Movement sleep,* sommeil sans mouvements rapides des yeux). La forme la plus nette du SOL est le sommeil de la phase 4. C'est dans cette phase qu'il est le plus difficile de réveiller le dormeur et donc que le sommeil est le plus profond. Après une période de sommeil à ondes lentes, l'EEG change du tout au tout et dénote le passage à un état de sommeil totalement différent, le **sommeil paradoxal** (**SP**; en anglais *REM-sleep,* pour *Rapid Eye Movement sleep,* sommeil avec mouvements rapides des yeux). Au cours du SP, l'EEG ressemble de très près à celui de l'état vigile (d'où ce nom de sommeil paradoxal que lui a donné Michel Jouvet, de Lyon, en 1959 ; voir Figure 28.6). Après une dizaine de minutes en SP, le cerveau retourne en SOL. Durant ce second cycle de sommeil, on observe généralement

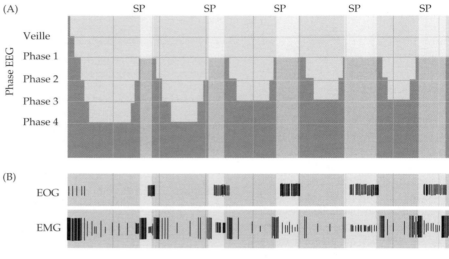

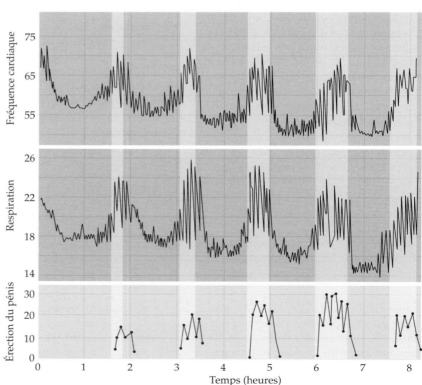

Figure 28.7

Modifications physiologiques chez un sujet volontaire pendant les différentes phases d'une période de sommeil de 8 heures. (A) La durée du SP augmente progressivement, allant de 10 minutes lors du premier cycle jusqu'à 50 minutes lors du dernier. Noter que la phase 4 du sommeil lent n'est présente que durant les deux premiers cycles. (B) Le panneau supérieur montre l'électro-oculogramme (EOG); au-dessous, les panneaux indiquent les modifications de diverses fonctions musculaires et végétatives. l'électromyogramme (EMG) reflète le niveau d'activité des muscles de la nuque. À part quelques mouvements lents des globes oculaires vers le début de la phase 1, tous les autres mouvements oculaires que montre l'EOG surviennent durant le SP. L'activité EMG la plus intense se manifeste au début du sommeil et juste avant le réveil. Le rythme cardiaque (pulsations par minute) et la respiration (cycles respiratoires par minute) ralentissent pendant le sommeil à ondes lentes, mais augmentent durant le SP jusqu'à des niveaux proches du niveau de veille. Enfin l'érection du pénis (mesurée en unités arbitraires par une jauge de contrainte) ne survient qu'au cours du SP. (D'après Foulkes et Schmidt, 1983).

un nouveau passage en phase 4, mais plus dans les autres cycles (Figure 28.7). En moyenne, surviendront encore quatre phases de plus en plus longues de sommeil paradoxal.

En résumé, les huit heures que l'on passe en moyenne à dormir comprennent en fait plusieurs cycles de sommeil où le sommeil à ondes lentes alterne avec le sommeil paradoxal pendant lequel le cerveau présente une activité beaucoup plus grande qu'on ne l'imaginerait de cet état supposé calme et reposant. Pour des raisons non élucidées, la durée quotidienne de SP diminue avec l'âge : elle est d'environ 8 heures à la naissance, de 2 heures vers la vingtième année et de seulement 45 minutes à 70 ans.

Modifications physiologiques au cours du sommeil

Un certain nombre de modifications physiologiques surviennent durant les différentes phases de sommeil (voir Figure 28.7). Les périodes de sommeil à ondes lentes sont marquées par de lents mouvements de rotation des yeux, et par une réduction du tonus musculaire, des mouvements globaux, de la fréquence cardiaque et respiratoire, de la pression artérielle, du métabolisme et de la température ; c'est durant la phase 4 que tous ces paramètres atteignent leur valeur la plus basse. En revanche, les périodes de sommeil paradoxal s'accompagnent d'une augmentation de la pression artérielle, de la fréquence cardiaque et du métabolisme jusqu'à des niveaux aussi élevés qu'à l'état vigile. Par ailleurs, le SP se caractérise par des mouvements rapides des yeux, une constriction de la pupille, une paralysie de nombreux muscles massifs (mais les muscles du diaphragme sont épargnés, de même que les autres muscles impliqués dans la respiration) ainsi que par des tressaillements des petits muscles des doigts, des orteils et de l'oreille moyenne. Le SP s'accompagne également d'une érection du pénis, phénomène important pour permettre de déterminer si l'impuissance dont se plaignent certains patients a une origine psychologique ou physiologique. Le SP est présent chez tous les mammifères et au moins chez quelques oiseaux. Certains reptiles présentent également des périodes d'augmentation de l'activité cérébrale au cours du sommeil, dont on peut penser qu'elles sont les homologues du SP des mammifères.

Malgré la ressemblance de l'EEG du SP avec celui de la veille, ces deux états ne sont pas du tout équivalents du point de vue de l'état cérébral. Le SP s'accompagne de rêves, qui ressemblent à des hallucinations dans la mesure où ils sont sans relation avec des stimulations sensorielles émanant du milieu extérieur. Étant donné que la plupart des muscles sont au repos durant le SP, les activités motrices déclenchées par les rêves sont relativement peu importantes (le somnambulisme, qui se manifeste le plus fréquemment chez les enfants de 4 à 12 ans, et le somniloquisme surviennent durant le sommeil à ondes lentes ; ils ne sont pas provoqués par des rêves et n'en sont pas d'ordinaire accompagnés). Cette relative paralysie du sommeil paradoxal est due à l'augmentation d'activité de neurones GABAergiques de la formation réticulaire pontique qui projettent sur des neurones inhibiteurs s'articulant synaptiquement avec les motoneurones spinaux (Figure 28.8). De même, l'activité de neurones inhibiteurs pontiques projetant sur les noyaux des colonnes dorsales entraîne, durant le SP, une réduction des réponses aux stimulus somesthésiques.

L'ensemble de ces observations a fait dire que le sommeil à ondes lentes est caractérisé par un cerveau inactif dans un corps actif, tandis que le sommeil paradoxal se caractérise par un cerveau actif dans un corps inactif. Il est clair, cependant, que plusieurs systèmes moteurs et sensoriels sont séquentiellement activés puis inactivés au cours des différentes phases du sommeil.

Fonctions possibles du sommeil paradoxal et du rêve

Malgré la richesse des descriptions des phases du sommeil dont on dispose et l'intense effort de recherche des cinquante dernières années, le rôle fonctionnel des divers états de sommeil reste fort mal connu. Si la plupart des spécialistes acceptent l'idée que le sommeil à ondes lentes a, partiellement au moins, un rôle réparateur, la fonction du SP continue de faire l'objet de vives controverses.

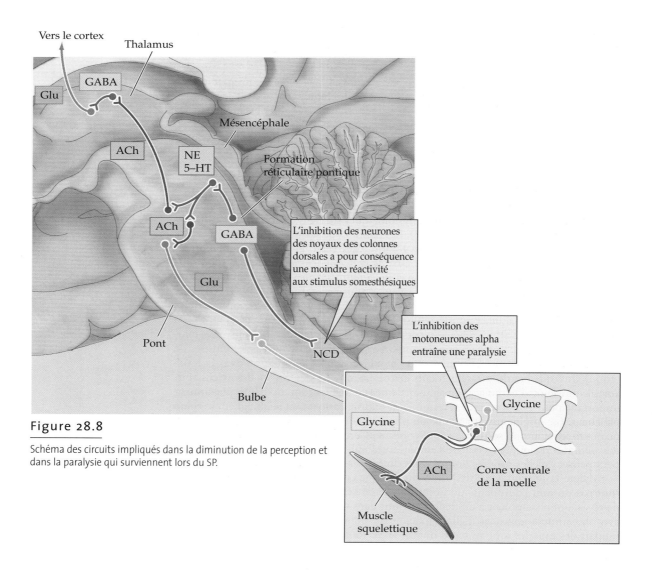

Figure 28.8

Schéma des circuits impliqués dans la diminution de la perception et dans la paralysie qui surviennent lors du SP.

Peut-être la prédominance des rêves au cours du SP est-elle susceptible de nous donner quelques indications sur le rôle de cet état de sommeil. On a déterminé le moment où apparaissent les rêves en réveillant des sujets volontaires soit au cours du SOL, soit au cours du SP et en leur demandant s'ils étaient en train de rêver. Les sujets réveillés pendant le SP rapportent des rêves détaillés, nets, imagés et fréquemment chargés d'émotion. À l'inverse, ceux qu'on réveille en SOL donnent beaucoup moins souvent de récits de rêves qui, lorsqu'il y en a, sont plus flous, moins réalistes et sans grande résonance émotionnelle. Le rêve n'est donc pas l'apanage exclusif du sommeil paradoxal ; on peut donc rêver aussi pendant le sommeil à ondes lentes léger, vers le début du sommeil ou avant le réveil.

L'étude des rêves a progressé de multiples façons, la plus connue étant peut-être l'approche psychanalytique, qui s'est efforcée de révéler les processus mentaux inconscients censés être à l'origine des névroses. Dans *L'interprétation des rêves*, publié en 1900, Sigmund Freud parle avec éloquence des relations complexes entre conscient et inconscient. Freud pensait que, lors du rêve, le « moi » relâche son emprise sur le « ça » subconscient. L'interprétation psychanalytique des rêves ne connaît plus la faveur dont elle a longtemps joui, mais pour rendre justice à Freud, il faut dire qu'à l'époque de ses spéculations, on savait peu de choses de la neurobiologie du cerveau en général et du sommeil en particulier. Certaines données récentes vont effectivement dans le sens des idées de Freud pour qui les rêves reflètent souvent les événements ou les conflits de la journée (le «résidu diurne» selon ses termes) et peuvent jouer un rôle dans la mémoire. Un certain nombre de chercheurs ont suggéré que les rêves faciliteraient la consolidation des apprentissages, peut-être en renforçant l'activité synaptique déclenchée par les conduites récentes. L'hypothèse plus générale que le sommeil est important pour la consolidation mnésique est étayée par des recherches sur la mémoire des lieux chez les rongeurs et par des expériences sur des sujets humains qui ont mis en évidence une amélioration de l'apprentissage dépendant du sommeil.

Selon une autre explication, largement psychologique, le rêve libérerait les comportements les moins fréquemment adoptés et ouvertement exprimés à l'état vigile (une agression claire et nette, par exemple). Quelle que soit la valeur de cette hypothèse, des études récentes indiquent qu'environ 60 % des rêves sont empreints de tristesse, d'appréhension ou de colère, 20 % de joie ou d'excitation et, proportion quelque peu surprenante, 10 % seulement ont trait à des impressions ou à des activités érotiques.

Selon un point de vue tout à fait différent, le rêve serait apparu pour nous débarrasser des souvenirs dont nous n'avons que faire et qui se sont accumulés durant la journée. Francis Crick, par exemple, a avancé l'idée que les rêves refléteraient un mécanisme de purge des modes de pensées «parasites» susceptibles de devenir trop envahissants, comme on le voit dans les troubles obsessionnels compulsifs. Enfin, pour certains spécialistes comme Allan Hobson, le contenu du rêve peut être tout autant «des scories que de l'or, un déchet cognitif qu'un trésor, du bruit informationnel que le signal de quelque chose».

Les incertitudes concernant la finalité du SP et du rêve redoublent quand on sait que, chez l'homme, une privation de SP d'une durée pouvant atteindre deux semaines a peu ou pas d'effet notable sur le comportement. L'innocuité apparente de la privation de SP contraste fortement avec les effets d'une privation totale de sommeil mentionnée plus haut. Ces différents résultats impliquent que si nous pouvons nous passer de SP, nous avons besoin de sommeil à ondes lentes pour survivre. En un mot, la question de savoir pourquoi nous dormons en SP et pourquoi nous rêvons reste sans réponse. Bien des gens néanmoins, y compris la plupart des spécialistes du sommeil, tendant à considérer la signification des rêves comme un aspect important de la physiologie du sommeil.

Les circuits nerveux du sommeil

Des modifications physiologiques qui surviennent durant le sommeil, il ressort qu'un grand nombre de circuits nerveux connaissent des alternances de périodes d'excitation et d'inhibition. Ce qui suit présente un survol rapide de ce que nous savons encore très imparfaitement des circuits nerveux dont les interactions régissent le sommeil et la veille.

L'un des premiers indices concernant les circuits impliqués dans le cycle veille-sommeil a été fourni en 1949 par Horace Magoun et Giuseppe Moruzzi. Ils constatèrent que la stimulation électrique d'un groupe de noyaux cholinergiques situés à la jonction du pont et du bulbe produit un état de vigilance et d'éveil (d'où le nom de **système réticulaire activateur** donné à cette région du tronc cérébral) (Figure 28.9A ; voir aussi l'encadré 17A). Cette observation impliquait que la vigilance est induite par un mécanisme particulier et non pas simplement par la présence d'une expérience sensorielle adéquate. À peu près à la même époque, le physiologiste suisse Walter Hess découvrit qu'en stimulant le thalamus d'un chat éveillé avec des trains de chocs à basse fréquence, on obtenait un sommeil à ondes lentes (Figure 28.9B). Ces expériences capitales démontraient que le sommeil met en jeu des interactions d'un type particulier entre le thalamus et le cortex.

Les recherches sur les circuits nerveux du sommeil paradoxal allaient apporter de nouveaux éléments. Les mouvements rapides des yeux, comparables à des saccades, qui caractérisent le sommeil paradoxal se manifestent, en l'absence de tout stimulus visuel externe, sous l'effet de signaux d'origine endogène émanant de la **formation réticulaire pontique** et transmis aux couches motrices des colliculus supérieurs.

Figure 28.9

L'activation de circuits spécifiques déclenche le sommeil et la veille. (A) La stimulation électrique des neurones cholinergiques proches de la jonction du pont et du mésencéphale (et qui forment le système réticulaire activateur) provoque l'éveil d'un chat endormi. (B) La stimulation électrique du thalamus entraîne l'endormissement d'un chat éveillé. Les tracés représentent les enregistrements EEG réalisés avant et pendant les stimulations.

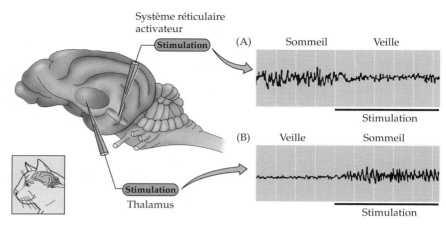

Comme on l'a vu au chapitre 20, les neurones colliculaires projettent sur la **formation réticulaire pontique paramédiane** (FRPP) et sur le **noyau interstitiel rostral** qui coordonnent la durée et la direction des mouvements oculaires. Le SP s'accompagne lui aussi d'ondes EEG issues de la formation réticulaire pontique et qui se propagent, par l'intermédiaire du corps genouillé latéral du thalamus, jusqu'au cortex occipital. Ces **pointes ponto-géniculo-occipitales (PGO)** constituent donc un indicateur très utile du début du SP; et elles mettent aussi en évidence un autre circuit neural par lequel les noyaux du tronc cérébral peuvent activer le cortex.

De nouveaux progrès sont venus de l'utilisation de l'IRMf et de la TEP (voir Encadré 1A) pour comparer l'activité cérébrale du SP à celle de l'état vigile et, de façon

---

ENCADRÉ 28D *La conscience*

Comme il est expliqué dans le texte, les mécanismes de la veille et du sommeil déterminent à tout moment l'état de vigilance sur un continuum qui va de la phase 4 du sommeil jusqu'à un éveil élevé. On a cependant considéré aussi l'état vigile sous un autre angle, celui de la *conscience*. Bien que l'on commence à connaître les circuits et les projections du tronc cérébral qui sous-tendent la conscience, les philosophes, théologiens ou spécialistes de neurosciences qu'intéressent les problèmes généraux que soulève ce phénomène ne sauraient se satisfaire de ces seuls aspects neurologiques. Leur préoccupation commune concerne les bases générales de la conscience de soi, notamment la question de savoir si cet état mental existe chez d'autres espèces animales et s'il se peut que des machines soient conscientes d'elles-mêmes

au sens où le sont les individus humains. Sur le premier point, la possibilité que d'autres animaux que l'homme soient conscients fait débat depuis longtemps et il serait bien léger d'avancer que nous sommes les seuls à être doués de cet attribut biologique d'une utilité évidente. D'un point de vue purement logique, il est impossible, en termes stricts, de dire s'il existe quelque autre entité que nous-même qui soit consciente; comme les philosophes l'ont fait remarquer depuis longtemps, nous ne pouvons rien faire d'autre qu'ajouter foi à la conscience des autres (ou l'admettre par bon sens). Il est néanmoins raisonnable de supposer que des animaux ayant la même structure cérébrale que la nôtre (les autres primates et même, dans une large mesure, les mammifères en général) sont, comme nous, capables d'être conscients d'eux-

mêmes. Dans la perspective de l'évolution, la capacité de réfléchir sur le passé et de planifier l'avenir que donne la conscience de soi est assurément un avantage que doivent partager à un degré plus ou moins grand les cerveaux très semblables des primates supérieurs. On ne sait pas, bien sûr, à partir de quel niveau phylogénétique il n'est plus possible de soutenir que les organismes sont conscients. Mais on pourrait raisonnablement supposer qu'il existe une conscience chez les animaux, à proportion de la complexité de leur cerveau et de leurs comportements, et en particulier des comportements qui sont suffisamment raffinés pour tirer bénéfice d'une réflexion sur les conséquences du passé et les éventualités de l'avenir.

La question de savoir s'il est possible que des machines soient conscientes est un

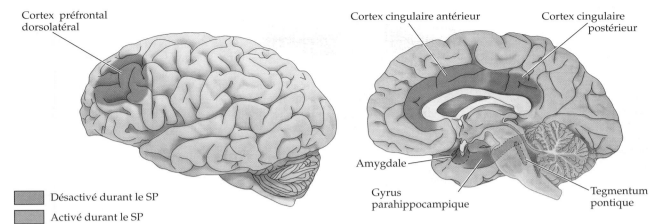

Cortex préfrontal
dorsolatéral

Cortex cingulaire antérieur

Cortex cingulaire
postérieur

Amygdale

Gyrus
parahippocampique

Tegmentum
pontique

Désactivé durant le SP

Activé durant le SP

Figure 28.10

Schéma des régions corticales dont l'activité augmente ou diminue durant le SP. (D'après Hobson et al., 1989.)

plus générale, pour étudier le phénomène de la conscience (Encadré 28D). Au cours du SP, on observe une augmentation de l'activité de l'amygdale, de la région parahippocampique, du tegmentum pontique et du cortex cingulaire antérieur et une diminution de celle du cortex préfrontal dorsolatéral et du cortex cingulaire postérieur (Figure 28.10). L'augmentation, au cours du SP, de l'activité du système limbique, associée à une diminution marquée de l'influence du cortex frontal, explique probablement certaines propriétés des rêves (comme leur coloration émotionnelle et leur contenu fréquemment inapproprié du point de vue social ; voir le chapitre 25 en ce qui concerne le rôle du cortex frontal dans le contrôle, à l'état de veille, de l'adéquation des comportements aux circonstances).

Sur la base de ces travaux et d'autres données, obtenues par enregistrement unitaire chez des animaux de laboratoire, on admet aujourd'hui généralement que l'un des composants essentiels du système réticulaire activateur est un groupe de **noyaux**

problème beaucoup plus épineux, mais que l'on peut aborder avec un bon sens informé par quelques connaissances de neurobiologie. Si l'on rejette le dualisme (la proposition cartésienne selon laquelle la conscience ou « l'esprit » est une entité hors du ressort de la physique, de la chimie ou de la biologie et qui ne peut donc pas être soumis aux règles de ces disciplines), il s'ensuit qu'il serait possible de construire une structure qui mime la conscience en étant pratiquement isomorphe à un cerveau ou qui parvienne à la conscience en utilisant des éléments physiquement différents (composants informatiques par exemple) d'une façon suffisamment proche de la biologie pour permettre la conscience.

En dépit de tout ce que l'on a pu écrire sur ce sujet, ces questions fascinantes concernant la conscience ne se prêtent guère aux recherches neurobiologiques. Un certain nombre de savants contemporains ont soutenu que la neurobiologie allait à brève échéance révéler les « bases » de la conscience : ceci n'a guère de chances d'arriver. Avec le progrès des connaissances sur la nature des organismes animaux, sur les ordinateurs et aussi sur le cerveau, il est beaucoup plus probable que la question « Qu'est-ce que la conscience » quitte tout simplement le devant de la scène. C'est ce qui s'est passé avec la question « Qu'est-ce que la vie » qui fit l'objet d'un débat du même genre au début du vingtième siècle et fut de moins en moins souvent posée à mesure que biologistes et autres reconnurent qu'il s'agissait d'un problème mal posé et sans solution définie. Il est dès maintenant possible de créer en laboratoire un certain nombre des caractéristiques des organismes vivants et il n'y a apparemment aucune raison, en principe, qu'il ne soit pas un jour possible de fabrique des réseaux nerveux artificiels doués de conscience.

Références

CHURCHLAND, P.M. et P.S. CHURCHLAND (1990), Les machines peuvent-elles penser ? *Pour la Science*, **149**, 46-53.

CRICK, F. (1995), *The Astonishing Hypothesis: The Scientific Search for the Soul*. New York, Touchstone.

CRICK, F. et C. KOCH (1998), Consciousness and neuroscience. *Cerebral Cortex*, **8**, 97-107.

PENROSE, R. (1996), *Shadows of the Mind: A Search for the Missing Science of Consciousness*. Oxford, Oxford University Press.

SEARLE, J.R. (1995), *La redécouverte de l'esprit*. Paris, Gallimard. (Traduction de *The Rediscovery of Mind*, 1992, Cambridge, MA, MIT Press).

SEARLE, J.R. (2000), Consciousness. *Ann. Rev. Neurosci.*, **23**, 557-578.

TONONI, G. et G. EDELMAN (1998), Consciousness and complexity. *Science*, **282**, 1846-1851.

cholinergiques situés à la **jonction du pont et du mésencéphale** et projetant sur les neurones thalamocorticaux (Figure 28.11). Un grand nombre de neurones de ces noyaux ont une fréquence de décharge élevée durant la veille et le SP ; à l'inverse, ils sont au repos durant le SOL. Quand on les stimule, les neurones de ces noyaux cholinergiques provoquent la « désynchronisation » de l'électroencéphalogramme (l'activité EEG passe d'un tracé d'ondes synchronisées de haute amplitude à des ondes désynchronisées, de plus haute fréquence et de plus faible amplitude) (voir Encadré 28C). Toutes ces propriétés impliquent que l'activité des cellules cholinergi-

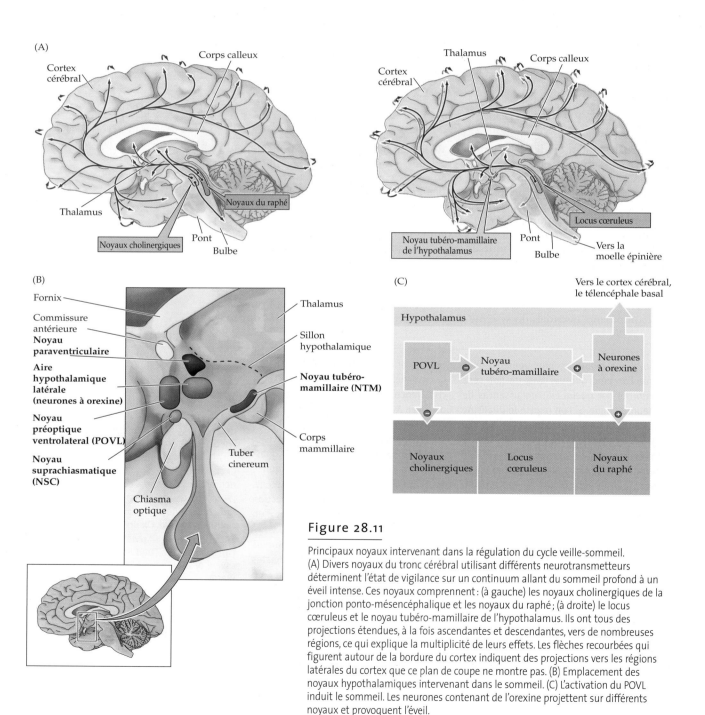

Figure 28.11

Principaux noyaux intervenant dans la régulation du cycle veille-sommeil.
(A) Divers noyaux du tronc cérébral utilisant différents neurotransmetteurs déterminent l'état de vigilance sur un continuum allant du sommeil profond à un éveil intense. Ces noyaux comprennent : (à gauche) les noyaux cholinergiques de la jonction ponto-mésencéphalique et les noyaux du raphé ; (à droite) le locus cœruleus et le noyau tubéro-mamillaire de l'hypothalamus. Ils ont tous des projections étendues, à la fois ascendantes et descendantes, vers de nombreuses régions, ce qui explique la multiplicité de leurs effets. Les flèches recourbées qui figurent autour de la bordure du cortex indiquent des projections vers les régions latérales du cortex que ce plan de coupe ne montre pas. (B) Emplacement des noyaux hypothalamiques intervenant dans le sommeil. (C) L'activation du POVL induit le sommeil. Les neurones contenant de l'orexine projettent sur différents noyaux et provoquent l'éveil.

ques du système réticulaire activateur est un facteur déterminant de la veille et du SP et que leur inactivité est importante pour la production du SOL.

L'activité de ces neurones n'est cependant pas le seul mécanisme cellulaire responsable de la veille. Les **neurones noradrénergiques** du locus cœruleus, les **neurones sérotoninergiques** des noyaux du raphé et les **neurones histaminergiques** du noyau tubéro-mamillaire (NTM) de l'hypothalamus sont aussi impliqués (Figure 28.11). L'activation périodique de ces réseaux cholinergiques, monoaminergiques et histaminergiques est responsable de l'état vigile. L'activité du locus cœruleus et des noyaux du raphé est modulée par les neurones du NTM, situés dans la région du tuber et qui synthétisent un peptide appelé **orexine** (ou **hypocrétine**). L'orexine favorise l'éveil et peut avoir, de ce fait, des applications utiles pour maintenir la vigilance des personnes affectées à certaines tâches. À l'inverse, les antihistaminiques inhibent le réseau histaminergique du NTM et ont donc tendance à provoquer de la somnolence.

Les trois circuits responsables de l'état vigile sont périodiquement inhibés par des neurones du **noyau préoptique ventrolatéral (POVL)** de l'hypothalamus (voir Figure 28.11). L'activation des neurones du noyau POVL contribue donc à l'endormissement et des lésions de ces neurones provoquent des insomnies. Pour ajouter à cette complexité, des travaux récents suggèrent que la neurotransmission de l'adénosine dans le télencéphale basal serait également impliquée dans la régulation du sommeil.

Ces interactions complexes et leurs effets sont résumés dans le tableau 28.1. Brièvement, les systèmes monoaminergique et cholinergique sont tous les deux actifs durant la veille et à l'arrêt pendant le SP. Aussi, une réduction de leur activité entraîne-t-elle l'apparition du SOL. Au cours du SP, le taux de sérotonine et celui des transmetteurs monoaminergiques diminuent fortement, tandis que le taux d'acétylcholine augmente jusqu'à atteindre à peu près le niveau de l'état vigile.

Étant donné la multiplicité des systèmes et des transmetteurs impliqués dans les différentes phases du sommeil, il est clair que de nombreuses substances médicamenteuses sont susceptibles d'influencer le décours du sommeil (Encadré 28E).

TABLEAU 28.1 *Résumé des mécanismes cellulaires de la veille et du sommeil*

Noyaux du tronc cérébral responsables	Neurotransmetteurs impliqués	État d'activité des neurones concernés du tronc cérébral
Veille		
Noyaux cholinergiques de la jonction ponto-mésencéphalique	Acétylcholine	Actifs
Locus cœruleus	Noradrénaline	Actifs
Noyaux du raphé	Sérotonine	Actifs
Noyaux tubéro-mamillaires	Orexine	Actifs
SOL		
Noyaux cholinergiques de la jonction ponto-mésencéphalique	Acétylcholine	Activité réduite
Locus cœruleus	Noradrénaline	Activité réduite
Noyaux du raphé	Sérotonine	Activité réduite
SP-on		
Noyaux cholinergiques de la jonction ponto-mésencéphalique	Acétylcholine	Actifs (pointes PGO)
Noyaux du raphé	Sérotonine	Inactifs
SP-off		
Locus cœruleus	Noradrénaline	Actifs

ENCADRÉ 28E *Sommeil et médicaments*

Un grand nombre de médicaments peuvent perturber l'organisation du sommeil, étant donné la multiplicité des nombreux neurotransmetteurs (tels que l'acétylcholine, la sérotonine, la noradrénaline et l'histamine) intervenant dans la régulation des divers états de sommeil (voir Tableau 28.1). Une façon simple, mais commode, d'appréhender ces effets est de considérer le niveau particulièrement élevé du système aminergique à l'état de veille (Figure 28.14). Durant le sommeil à ondes lentes, il se produit une diminution des afférences aussi bien cholinergiques qu'aminergiques ; la réduction de l'activité aminergique est cependant plus marquée, de sorte que les afférences cholinergiques prennent le dessus. Les médicaments peuvent donc affecter l'organisation du sommeil de deux façons : soit en changeant le niveau relatif d'activité des afférences, soit en modifiant le moment où débutent les différents états de sommeil. Si, par exemple, pendant l'état de veille l'activité aminergique augmente par rapport à l'activité cholinergique, il s'ensuivra une insomnie ; par contre, une augmentation de l'activité cholinergique par rapport à l'activité aminergique aura pour conséquence une hypersomnie.

Étant donné le nombre considérable de personnes qui souffrent de troubles du

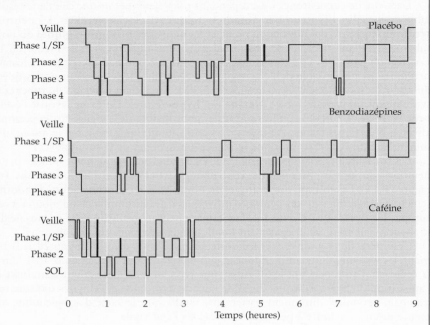

Par rapport à un placébo, les benzodiazépines accélèrent l'installation du sommeil et augmentent sa profondeur alors que la caféine a l'effet contraire.

sommeil, il existe sur le marché toute une panoplie de médicaments pour lutter contre ces problèmes. Parmi les agents pharmacologiques d'usage courant, se trouve la catégorie des benzodiazépines. Comme le montre la figure ci-contre, ces substances accélèrent l'entrée en sommeil lent profond et augmentent sa durée alors qu'elles retardent l'apparition du sommeil paradoxal et diminuent sa durée totale. Il existe aussi des agents stimulants communément utilisés pour empêcher de dormir, tout particulièrement la caféine qui est un antagoniste du récepteur de l'adénosine (l'adénosine induit le sommeil).

Les interactions thalamocorticales

Le tronc cérébral exerce ses effets sur le niveau de vigilance en modulant la rythmicité des interactions entre le thalamus et le cortex. L'activité de ces divers systèmes ascendants du tronc cérébral réduit à la fois les décharges rythmiques des neurones des noyaux thalamiques et l'activité synchronisée des neurones corticaux qui en dépend (avec pour conséquence une diminution et finalement une disparition des ondes lentes et de haut voltage durant la veille et le SP ; voir Encadré 28C).

Pour se faire une idée de la façon dont les différentes phases de sommeil reflètent les modulations de l'activité des neurones thalamocorticaux, il n'est pas inutile de jeter un coup d'œil sur les réponses électrophysiologiques de ces neurones. Les neurones thalamocorticaux reçoivent des projections ascendantes du locus cœruleus (noradrénergiques), des noyaux du raphé (sérotoninergiques), du système réticulaire activateur (cholinergique), du NTM (histaminergique) et ils projettent sur les neurones pyramidaux du cortex. La propriété principale de ces neurones thalamocorticaux est de pouvoir basculer dans l'un de deux états stables du point de vue électrophysiologique : un **état oscillatoire** intrinsèque et un **état d'activité tonique** survenant lorsque les neurones sont dépolarisés, comme c'est le cas lors de l'état vigile que provoque le

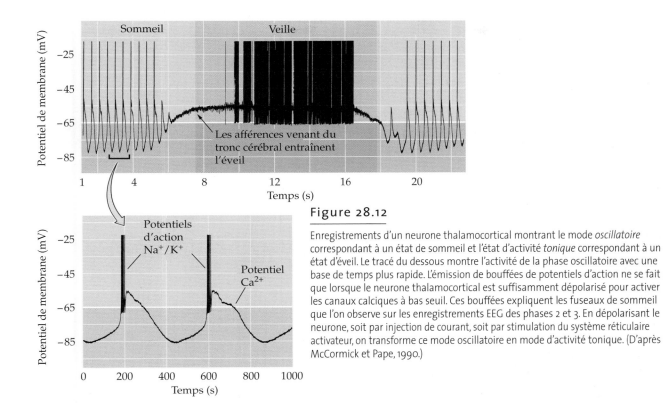

Figure 28.12

Enregistrements d'un neurone thalamocortical montrant le mode *oscillatoire* correspondant à un état de sommeil et l'état d'activité *tonique* correspondant à un état d'éveil. Le tracé du dessous montre l'activité de la phase oscillatoire avec une base de temps plus rapide. L'émission de bouffées de potentiels d'action ne se fait que lorsque le neurone thalamocortical est suffisamment dépolarisé pour activer les canaux calciques à bas seuil. Ces bouffées expliquent les fuseaux de sommeil que l'on observe sur les enregistrements EEG des phases 2 et 3. En dépolarisant le neurone, soit par injection de courant, soit par stimulation du système réticulaire activateur, on transforme ce mode oscillatoire en mode d'activité tonique. (D'après McCormick et Pape, 1990.)

système réticulaire activateur (Figure 28.12). Dans leur état de décharge tonique, les neurones thalamocorticaux transmettent au cortex des informations qui correspondent aux trains de potentiels d'action codant les stimulus périphériques. Par contre, lorsqu'ils sont dans leur état d'activité oscillatoire, ils sont synchronisés avec les neurones corticaux, réalisant ainsi une déconnexion du cortex par rapport au monde extérieur. Cette déconnexion est maximale durant le sommeil à ondes lentes, pendant lequel l'EEG a la fréquence la plus basse et l'amplitude la plus élevée.

L'activité des projections cholinergiques et monoaminergique originaires du tronc cérébral peut transformer l'état oscillatoire des neurones thalamocorticaux en un état d'activité tonique (Figure 28.13). À l'inverse, l'hyperpolarisation des neurones thalamiques stabilise leur état oscillatoire. L'hyperpolarisation peut être la conséquence d'une stimulation des neurones GABAergiques du noyau réticulaire du thalamus Ces neurones reçoivent des projections ascendantes du tronc cérébral, des projections descendantes en provenance du cortex et forment des contacts synaptiques avec les neurones thalamocorticaux. Lorsque les neurones du noyau réticulaire déchargent par salves, ils provoquent l'émission de brèves bouffées de potentiels d'action par les neurones thalamocorticaux ; et c'est ce que reflète l'apparition de fuseaux sur les enregistrements de l'EEG cortical (signes d'un sommeil léger ; voir Figures 28.5 et 28.13).

En résumé, le contrôle de la veille et du sommeil dépend de modulations du thalamus et du cortex par le tronc cérébral. C'est cette boucle thalamocorticale qui sous-tend les signes EEG des états de vigilance qui s'étagent sur un continuum allant du sommeil profond à un état d'éveil élevé. Les composantes principales du système modulateur du tronc cérébral sont les noyaux cholinergiques de la jonction ponto-mésencéphalique, les neurones noradrénergiques du locus cœruleus dans le pont, les noyaux sérotoninergiques du raphé et les neurones GABAergiques du noyau POVL de l'hypothalamus. Tous ces noyaux peuvent exercer des effets directs et indirects sur l'ensemble de l'activité corticale qui détermine la veille et le sommeil. Les relations qu'entretiennent les divers états de veille et de sommeil sont résumées dans le schéma de la figure 28.14.

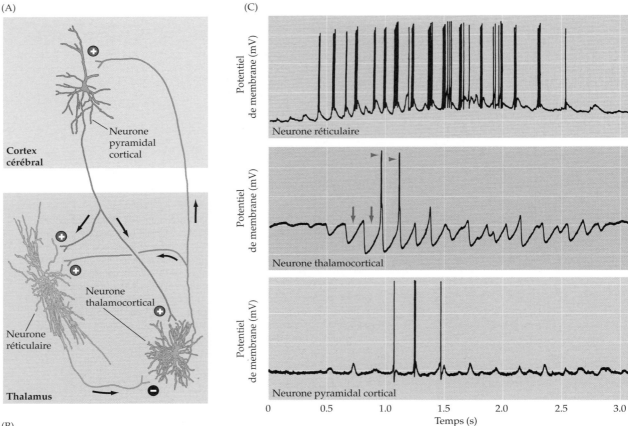

(A)

Cortex cérébral

Neurone pyramidal cortical

Neurone thalamocortical

Neurone réticulaire

Thalamus

(B)

(C)

Potentiel de membrane (mV)

Neurone réticulaire

Potentiel de membrane (mV)

Neurone thalamocortical

Potentiel de membrane (mV)

Neurone pyramidal cortical

Temps (s)

Figure 28.13

Boucle de rétroaction thalamocorticale et production des fuseaux de sommeil. (A) Schéma montrant les connexions excitatrices (+) et inhibitrices (–) entre les neurones thalamocorticaux, les neurones pyramidaux du cortex et les neurones du noyau réticulaire du thalamus ; ce circuit est à la base des fuseaux du sommeil. On n'a pas figuré les afférences reçues par les neurones thalamocorticaux ou par ceux du noyau réticulaire du thalamus. (B) Enregistrement EEG de fuseaux de sommeil ; le tracé du bas a été filtré pour faire ressortir les fuseaux. (C) Réponses de neurones du noyau réticulaire du thalamus, thalamocorticaux et corticaux lors de la production du fuseau apparaissant au milieu du tracé figuré en (B). Les décharges en bouffées des neurones thalamocorticaux déclenchent des potentiels d'actions dans les neurones corticaux et se traduisent par les fuseaux du tracé EEG. (D'après Steriade et al., 1993.)

Les troubles du sommeil

On estime que plus d'un tiers de la population américaine a connu au cours de sa vie une forme ou une autre de trouble du sommeil. Ces problèmes augmentent avec l'âge et sont plus fréquents chez les femmes que chez les hommes. Ils vont d'une simple gêne à un danger de mort. Les plus communs sont l'insomnie, l'apnée du sommeil, le syndrome des jambes agitées et la narcolepsie.

L'**insomnie** se définit comme l'incapacité de dormir assez longtemps (ou assez profondément) pour se sentir reposé. Ce trouble des plus communs a de nombreuses causes. L'insomnie transitoire ou de courte durée peut être due au stress, au décalage horaire ou simplement à la consommation excessive de café. Souvent, elle est la conséquence d'une perturbation des rythmes circadiens liée au travail posté de nuit. Ces problèmes peuvent être généralement évités en améliorant ses habitudes de sommeil, en évitant de prendre, le soir, des stimulants tels que de la caféine et, dans quelques

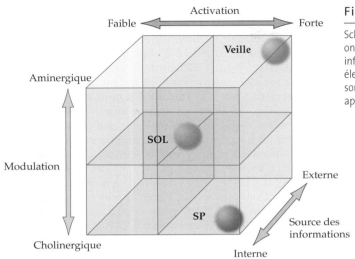

Figure 28.14

Schématisation des états de veille et de sommeil. À l'état de veille, on a une activation élevée, une modulation aminergique et des informations d'origine externe. Lors du SP, l'activation est également élevée, mais la modulation est cholinergique, et les informations sont d'origine interne. Cette schématisation offre un cadre également applicable aux autres états de vigilance. (D'après Hobson, 1989)

cas, en prenant des somnifères. L'insomnie chronique, plus grave, accompagne des troubles psychiatriques tels que la dépression (voir Chapitre 29) ; ces troubles affectent vraisemblablement l'équilibre entre les systèmes cholinergique, adrénergique et sérotoninergique qui contrôlent le début et la durée des cycles de sommeil. L'insomnie chronique est un problème qui affecte particulièrement les personnes âgées, pour des raisons que l'on comprend mal. Quels que soient les facteurs physiologiques sous-jacents, elle est aggravée par le fait que ces personnes sont davantage sujettes à la dépression et que, souvent, elles prennent des médicaments qui interfèrent avec les neurotransmetteurs des systèmes mis en jeu.

L'**apnée du sommeil** désigne des arrêts de la respiration survenant au cours du sommeil ; beaucoup de personnes en sont affectées, généralement des hommes obèses d'âge mûr. Les personnes qui en souffrent peuvent se réveiller des dizaines, voire des centaines de fois au cours de la nuit, en sorte qu'elles n'ont guère ou pas du tout de SOL et qu'elles passent moins de temps en SP (Figure 28.15). Elles sont fatiguées en permanence et, en conséquence, fréquemment dépressives, ce qui aggrave le problème. Chez certaines personnes à haut risque, l'apnée du sommeil peut provoquer une mort subite par arrêt respiratoire. Le problème sous-jacent est un affaissement des voies respiratoires qui bloque le passage de l'air. Dans le sommeil normal, le rythme respiratoire ralentit et le tonus diminue dans toute la musculature, y compris au niveau du pharynx. Si, durant le sommeil, les centres respiratoires du tronc cérébral qui commandent les muscles du pharynx et de la cage thoracique ont une activité trop réduite

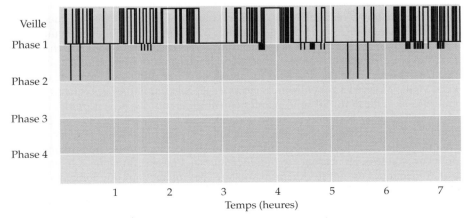

Figure 28.15

L'apnée du sommeil. Organisation du sommeil chez un patient souffrant d'apnée obstructive. Les patients qui présentent ce type d'apnée se réveillent fréquemment et n'atteignent jamais les phases 3 et 4 du sommeil. Les traits courts, descendant sous le niveau de la phase 1, représentent de brèves périodes de SP. (D'après Carskadon et Dement, 1989, sur la base de données de G. Niño-Murcia.)

ou si les voies respiratoires se trouvent comprimées du fait de l'obésité, le pharynx aura tendance à s'affaisser durant la phase de relaxation musculaire du cycle respiratoire. En conséquence, le niveau d'oxygène va diminuer et celui du CO_2 augmenter. L'augmentation du CO_2 déclenche alors un réflexe d'inspiration, dont l'intensité à tendance à provoquer le réveil. Actuellement, le remède le plus utilisé est le port, pendant la nuit, d'un masque à pression positive continue qui rompt ce cycle.

Un troisième trouble est représenté par le **syndrome des mouvements périodiques** ou syndrome des jambes agitées, qui affecte un nombre important de personnes (généralement âgées). Il s'agit d'un trouble provoquant, chez une personne qui est restée couchée ou assise pendant un long moment, des fourmillements ou des picotements dans les jambes et les pieds et un impérieux besoin de remuer pour s'en débarrasser. Il a pour conséquence des mouvements périodiques des jambes qui sont présents durant la journée et qui, la nuit, sont responsables d'un sommeil haché. On ne connaît pas les causes neurobiologiques de ce problème, plus fréquent chez les personnes souffrant de maladies chroniques. Dans les cas bénins, un bain chaud, un massage des jambes ou la suppression de la caféine peuvent apporter un soulagement. Dans les cas plus graves on peut recourir à des médicaments tels que les benzodiazépines.

Le trouble du sommeil dont on connaît le mieux les aspects neurobiologiques est la **narcolepsie**, trouble chronique qui, aux États-Unis, affecte environ 250 000 personnes (surtout des hommes). C'est la deuxième cause de somnolence diurne, après l'apnée du sommeil. Les personnes souffrant de narcolepsie ont de fréquents accès de sommeil paradoxal pendant la journée, passant brutalement de la veille au SP sans transition par le SOL. Ces épisodes durent de 30 secondes à 30 minutes ou plus. L'entrée dans le sommeil peut être abrupte, avec des conséquences potentiellement désastreuses ; en effet, les patients peuvent faire une crise de cataplexie et tomber (la cataplexie consiste en une perte temporaire complète du tonus musculaire). Quelques indices des causes de la narcolepsie ont été fournis par des chiens présentant une affection génétique dont les manifestations sont semblables à la maladie humaine. Chez ces animaux, la narcolepsie est causée par une mutation du gène du récepteur de l'orexine 2 (*Orx2*). Comme il a déjà été dit, les orexines sont des neuropeptides homologues de la sécrétine ; on les trouve uniquement dans des neurones de la région tubérienne de l'hypothalamus projetant sur les noyaux responsables de la vigilance (voir Figure 28.11). Les données recueillies chez le chien et la souris suggèrent que la mutation de *Orx2* entraîne une hyperexcitabilité des neurones responsables du SP et/ou une altération des circuits qui inhibent le SP. En clinique, on traite la narcolepsie par des stimulants tels que le méthylphénidate (Ritaline™) ou les amphétamines pour augmenter le niveau général d'éveil.

Résumé

Tous les animaux possèdent un cycle réparateur de repos faisant suite à l'activité, mais ce n'est que chez les mammifères que cette période de repos est divisée en phases distinctes de sommeil à ondes lentes et de sommeil paradoxal. On ignore la raison pour laquelle les mammifères (et d'autres animaux) ont besoin d'une phase de récupération s'accompagnant d'une suspension des activités conscientes, d'une réduction du métabolisme et d'un abaissement de la température corporelle. Plus mystérieuse encore est la raison pour laquelle le cerveau s'active périodiquement durant le sommeil, au point que l'activité nerveuse du SP atteint un niveau qui ne se différencie guère de celui de l'état vigile. Malgré les ressemblances électroencéphalographiques, les états psychologiques de la veille et du SP sont manifestement différents. La succession des états de sommeil, qui, chez l'homme, présente un haut degré d'organisation, est régie par l'activité de groupes cellulaires du tronc cérébral ; les plus importants sont les noyaux cholinergiques de la jonction ponto-mésencéphalique, les neurones noradrénergiques du locus cœruleus, les neurones sérotoninergiques des noyaux du raphé et les neurones histaminergiques du noyau tubéro-mamillaire. Les interactions physiologiques complexes dans lesquelles interviennent le tronc cérébral, le thalamus et le cortex contrôlent le niveau de vigilance sur un continuum allant du sommeil profond à la veille attentive. Ces systèmes sont, pour leur part, sous l'influence d'une horloge circadienne située dans le noyau suprachiasmatique et le noyau POVL de l'hypothalamus. Cette horloge ajuste des périodes de sommeil et de veille d'une durée appropriée, au cours des vingt-quatre heures du cycle obscurité-lumière, cycle fondamental pour la vie sur terre.

Lectures complémentaires

Revues

COLWELL, C.S. et S. MICHEL (2003), Sleep and circadian rythms : Do sleep centers talk back to the clock. *Nature Neurosci.*, **10**, 1105-1006.

DAVIDSON, A.J. et M. MENAKER (2003), Birds of a feather clock together – sometimes : Social synchronization of circadian rhythms. *Curr. Opin. Neurobiol.*, **13**, 765-769.

HOBSON, J.A. (1990), Sleep and dreaming. *J. Neurosci.*, **10**, 371-382.

HOBSON, J.A., R. STRICKGOLD et E.F. PACE-SCHOTT (1998), The neuropsychology of REM sleep dreaming. *NeuroReport*, **9**, R1-R14.

LU, J., M.A. GRECO, P. SHIROMANI et C.B. SAPER (2000), Effect of lesions of the ventrolateral preoptic nucleus on NREM and REM sleep. *J. Neurosci.*, **20**, 3830-3842.

McCARLEY, R.W. (1995), Sleep, dream, and states of consciousness. In *Neuroscience in Medicine,* P.M. Conn (ed.). Philadelphia, J.B. Lippincott, 535-554.

McCORMICK, D.A. (1989), Cholinergic and noradrenergic modulation of thalamocortical processing. *Trends Neurosci.*, **12**, 215-220.

McCORMICK, D.A. (1992), Neurotransmitter actions in the thalamus and cerebral cortex. *J. Clin. Neurophysiol.*, **9**, 212-223.

POSNER, M.I. et S. DEHAENE (1994), Attentional networks. *Trends Neurosci.*, **17**, 75-79.

PROVENCIO, I. et 5 AUTRES (2000), A novel human opsin in the inner retina. *J. Neurosci.*, **20**, 600-605.

SAPER, C.B. et F. PLUM (1985), Disorders of consciousness. In *Handbook of Clinical Neurology, Volume 1 (45) : Clinical Neuropsychology.* Amsterdam, Elsevier Science Publishers, 107-128.

SIEGEL, J.M. (2000), Brainstem mechanisms generating REM sleep. In *Principles and Practice of Sleep Medicine.* 3rd Ed. M.H. Kryger, T. Roth and W.C. Dement (eds.). New York, W.B. Saunders.

STERIADE, M. (1992), Basic mechanisms of sleep generation. *Neurol.*, **42**, 9-18.

STERIADE, M. (1999), Coherent oscillations and short-term plasticity in cortico-thalamic networks. *Trends Neurosci.*, **22**, 337-345.

STERIADE, M., D.A. McCORMICK et T.J. SEJNOWSKI (1993), Thalamocortical oscillations in the sleeping and aroused brain. *Science*, **262**, 679-685.

WILLIE, J.T. et 13 AUTRES (2003), Distinct narcolepsy syndromes in orexin receptor-2 and orexin null mice : Molecular genetic dissection of non-REM and REM sleep regulatory processes. *Neuron*, **38**, 715-730.

WILSON, M.A. (2002), Hippocampal memory formation, plasticity and the role of sleep. *Neurobiol. Learn. Mem.*, **3**, 565-569.

Articles originaux importants

ASCHOFF, J. (1965), Circadian rhythms in man. *Science*, **148**, 1427-1432.

ASERINSKY, E. et N. KLEITMAN (1953), Regularly occurring periods of eye motility, and concomitant phenomena, during sleep. *Science*, **118**, 273-274.

DEMENT, W.C. et N. KLEITMAN (1957), Cyclic variation in EEG during sleep and their relation to eye movements, body motility and dreaming. *Electroenceph. Clin. Neurophysiol.*, **9**, 673-690.

MORUZZI, G. et H.W. MAGOUN (1949), Brain stem reticular formation and activation of the EEG. *Electroenceph. Clin. Neurophysiol.*, **1**, 455-473.

RIBEIRO, S. et 7 AUTRES (2004), Long-lasting novelty-induced neuronal reverberation during slow-wave sleep in multiple forebrain areas. *PLoS Biology* January 20, E24.

ROFFWARG, H.P., J.N. MUZIO et W.C. DEMENT (1966), Ontogenetic development of the human sleep-dream cycle. *Science*, **152**, 604-619.

VON SCHANTZ, M. et S.N. ARCHER (2003), Clocks, genes, and sleep. *J. Roy. Soc. Med.*, **96**, 486-489.

Ouvrages

DEBRU, C. (2006), *Neurophilosophie du rêve.* 2e édition. Paris, Hermann.

FOULKES, D. (1999), *Children's Dreaming and the Development of Consciousness.* Cambridge, MA, Harvard University Press.

HOBSON, J.A. (1995), *Sleep.* New York, Scientific American Library.

JOUVET, M. (1998), *Le sommeil et le rêve.* Paris, Éditions Odile Jacob.

LAVIE, P. (1998), *Le monde du sommeil.* Paris, Éditions Odile Jacob. (Traduction de *The Enchanted World of Sleep*, 1996. New Haven, Yale University Press.)

chapitre **29**

Les émotions

Vue d'ensemble

Les sentiments et les états physiologiques concomitants, que l'on appelle émotions, sont des éléments essentiels de l'expérience humaine. De plus, certains troubles psychiatriques des plus graves sont liés à des désordres émotionnels (affectifs). Les émotions les plus courantes, bonheur, surprise, colère, peur, tristesse, ont toutes, malgré leur diversité, certaines caractéristiques communes. L'expression des émotions, par exemple, comporte à la fois des modifications végétatives et des réponses somatomotrices stéréotypées, en particulier des mouvements de la musculature faciale. Ces réponses accompagnent des expériences subjectives difficiles à décrire, mais qui sont très voisines dans toutes les cultures. L'expression des émotions est étroitement liée au système nerveux végétatif ; elle met en jeu, de ce fait, tous les centres cérébraux qui contrôlent les neurones préganglionnaires du tronc cérébral et de la moelle. Historiquement, les centres qui coordonnent les réponses émotionnelles ont été regroupés sous l'appellation de système limbique. Dernièrement toutefois, on a montré qu'à côté du système limbique classique, certaines régions du cerveau jouaient un rôle central dans le traitement des émotions ; il s'agit notamment de l'amygdale et de plusieurs aires corticales de la face orbitaire et médiane des lobes frontaux. Cette vaste constellation de territoires corticaux et sous-corticaux ne comprend pas seulement les composantes centrales du système végétatif, mais aussi des régions du télencéphale et du diencéphale qui influencent les groupes des motoneurones intervenant dans l'expression somatique des comportements émotionnels. Il n'est donc pas exagéré de dire que l'action concertée de ces divers territoires cérébraux constitue un véritable système moteur émotionnel. Les structures du cerveau antérieur qui traitent les signaux émotionnels participent également à diverses fonctions cérébrales complexes, dont la prise de décision rationnelle, l'interprétation et l'expression des comportements sociaux et jusqu'au jugement moral. Malheureusement, ces mêmes systèmes cérébraux sont aussi sujets à un fonctionnement inadapté lorsqu'ils sont exposés aux drogues d'abus ou quand le vécu est sous l'influence de facteurs génétiques qui provoquent des troubles mentaux.

Modifications physiologiques accompagnant les émotions

Les signes les plus nets de l'excitation émotionnelle concernent les changements d'activité du système nerveux végétatif (voir Chapitre 21). Selon les émotions, on pourra ainsi observer des augmentations ou des diminutions de la sudation, de la fréquence cardiaque, du débit sanguin cutané (rougissement ou pâleur), de la piloérection et de la motilité intestinale. Ces réponses sont provoquées par des changements d'activité des divisions sympathique, parasympathique et entérique du système nerveux végétatif, qui régissent le muscle cardiaque, les muscles lisses et l'ensemble des glandes. Le chapitre 21 a mentionné l'opinion de Walter B. Cannon, selon lequel l'activité intense du système sympathique prépare l'organisme à utiliser, dans les situations qui représentent un défi ou une menace, la totalité de ses ressources, métaboliques et autres. À l'inverse, l'activité du système parasympathique (et de la division entérique) favorise l'augmentation des réserves métaboliques. Cannon a suggéré en outre que l'opposition naturelle entre le stockage des ressources et leur utilisation se reflète dans une opposition parallèle des émotions accompagnant ces divers états physiologiques. « Le désir de nourriture et de boisson, fait remarquer Cannon, le plaisir qu'on a à les prendre, tous les plaisirs de la table s'annulent devant la colère ou une crise d'anxiété. »

Pendant des années, l'activation du système nerveux végétatif, et particulièrement celle du système sympathique, a été considérée comme un phénomène par tout ou rien. Une fois que des stimulus efficaces avaient enclenché le système, il y avait, pensait-on, une décharge diffuse et généralisée de toutes ses composantes. Des travaux plus récents ont montré que les réponses des neurones du système végétatif sont, en réalité, tout à fait spécifiques, les différentes situations et les émotions concomitantes se caractérisant par des profils distincts d'activation. L'expression volontaire des traits particuliers à certaines émotions s'accompagne effectivement de profils spécifiques d'activation végétative. On a ainsi donné à des sujets la consigne de contracter tel ou tel muscle, leur faisant produire ainsi les expressions faciales reconnaissables de la colère, du dégoût, de la peur, du bonheur, de la tristesse ou de la surprise, sans leur dire quelle émotion ils mimaient. On constata alors que chaque profil d'activité des muscles de la face s'accompagnait de différences spécifiques et reproductibles de l'activité végétative (évaluée par l'enregistrement d'indices tels que la fréquence cardiaque, la conductance cutanée et la température). Qui plus est, les réponses végétatives étaient les plus fortes quand les expressions faciales étaient jugées ressembler le plus à l'expression des émotions réelles et souvent l'expression musculaire d'une émotion donnée entraînait l'expérience subjective de cette émotion ! Voici l'une des interprétations que l'on peut donner de ces résultats : quand on produit volontairement des expressions faciales, les commandes cérébrales mettent en jeu non seulement le cortex moteur, mais aussi certains des circuits qui produisent les réponses émotionnelles. Ceci explique peut-être pourquoi les bons acteurs sont si convaincants. Nous sommes néanmoins tout à fait capables de faire la différence entre une expression faciale exécutée sur commande et le sourire spontané qui accompagne un état émotionnel agréable (Encadré 29A).

Cette constatation et bien d'autres observations indiquent que l'une des sources de l'émotion (mais certainement pas la seule) est l'activation sensorielle en provenance des muscles et des organes internes ; elle constitue la branche afférente des circuits réflexes qui assurent des réponses physiologiques rapides aux changements de situation. Cependant, des réponses physiologiques peuvent également être déclenchées par des stimulus complexes, variant selon les individus et faisant intervenir l'activité du cerveau antérieur. Ainsi l'anticipation d'un rendez-vous amoureux, un épisode à suspense dans un roman ou dans un film, de la musique patriotique ou religieuse émouvante, des ragots calomnieux vous concernant, tout cela est susceptible de provoquer une activation végétative et des émotions intenses. L'activité nerveuse déclenchée dans le cerveau antérieur par des stimulus complexes de cette sorte est relayée vers les noyaux moteurs végétatifs et somatiques par deux structures qui jouent un rôle de premier plan dans la coordination des comportements émotionnels, la formation réticulaire du tronc cérébral et l'hypothalamus (voir la section suivante).

En résumé, émotion et comportement moteur sont inextricablement liés. Et William James pouvait écrire voilà plus d'un siècle :

> Quelle espèce d'émotion de peur peut-on bien avoir, quand on est arrivé à supprimer toutes les sensations de battements de cœur précipités, de respiration courte, de tremblements de lèvres, de jambes molles, de chair de poule, et de branle-bas dans les entrailles ? Le dise qui pourra : pour moi, il m'est impossible de l'imaginer... et je dis que pour des hommes une émotion dissociée de toute sensation organique est une abstraction inconcevable.
>
> William James, 1892, *Psychology*, New York, Henry Holt, pp. 379-380
> (Traduction française : *Précis de Psychologie*, 1924, Paris,
> Marcel Rivière, pp. 504-505)

L'intégration du comportement émotionnel

En 1928, Phillip Bard publia les résultats d'une série d'expériences indiquant que l'hypothalamus est un centre capital pour la coordination des composantes végétatives et

ENCADRÉ 29A *Les expressions faciales : contributions pyramidales et extrapyramidales*

En 1862, le neurologue et physiologiste français G.-B. Duchenne de Boulogne publia une remarquable monographie sur les expressions faciales. Cet ouvrage examinait systématiquement et pour la première fois la contribution de petits groupes de muscles crâniens aux expressions que l'homme utilise pour communiquer les nuances des sentiments émotionnels. Duchenne estimait que « l'on devrait pouvoir, comme la nature elle-même, peindre sur le visage d'un homme tous les traits qui expriment les émotions de son âme ». Il cherchait à expliquer ainsi comment les contractions coordonnées d'un groupe de muscles expriment les états émotionnels précis que l'on retrouve dans toutes les cultures. Pour atteindre cet objectif il recourut à la stimulation électrique transcutanée (qu'on appelait alors « faradisation », d'après le nom du physicien et chimiste britannique Michael Faraday) pour exciter des muscles isolés ou de petits groupes musculaires de la face, de la région dorsale de la tête et du cou.

Duchenne utilisa aussi une autre innovation technique, la photographie, pour montrer en détail les expressions de ses sujets (Figure A). Sa contribution fondamentale réside dans l'identification de muscles et de groupes de muscles, tels que l'orbiculaire des paupières, qu'il est difficile de contracter volontairement et qui sont essentiellement mis en jeu par « les douces émotions de l'âme ». Duchenne concluait que c'est la contraction, sous l'effet de l'émotion, des groupes musculaires entourant l'œil et celle du grand zygomatique qui donne véritablement l'impression du bonheur, de la joie ou du rire. En hommage à ses observations, les psychologues désignent parfois le sourire caractéristique de ces émotions du nom de « sourire de Duchenne ».

Chez des individus normaux, comme le cordonnier parisien représenté ici (Figure A), la différence entre un sourire forcé (produit par contraction volontaire ou par stimulation électrique des muscles faciaux) et un sourire spontané (émotionnel) témoigne de la convergence de commandes motrices originaires de divers centres du cerveau antérieur sur les motoneurones du tronc cérébral qui contrôlent la musculature de la face. Contrairement au sourire de Duchenne, le sourire

artificiel commandé volontairement (parfois dénommé « sourire pyramidal ») est régi par le cortex moteur qui projette sur le tronc et sur la moelle épinière par l'intermédiaire des voies pyramidales. Le sourire de Duchenne est, pour sa part, sous le contrôle d'aires motrices du gyrus cingulaire antérieur (voir l'encadré 17B) qui ont accès aux noyaux du tronc cérébral par des voies « extrapyramidales » polysynaptiques empruntant la formation réticulaire du tronc cérébral.

L'étude de patients porteurs de lésions spécifiques de chacun de ces systèmes de contrôle descendants a permis de différencier les centres du cerveau antérieur qui régissent les muscles de l'expression faciale (Figure B). Les patients chez lesquels une lésion des voies descendantes du cortex moteur (syndrome pyramidal ; voir Chapitre 17) a entraîné une paralysie faciale unilatérale, ont de grandes difficultés à contracter les muscles inférieurs d'un côté de la face, soit volontairement, soit sur ordre ; c'est ce que l'on appelle une parésie faciale volontaire (Figure B, colonne de gauche). Beaucoup, toutefois, effectuent des mouvements parfaitement symétriques de la face, de façon *involontaire*, soit qu'ils rient, froncent les sourcils ou pleurent de rire ou de chagrin. Chez ces patients, les voies issues des régions du cerveau antérieur autres que le cortex moteur restent en mesure d'activer des comportements moteurs en réponse à

(A) Duchenne de Boulogne et l'un de ses sujets lors d'une faradisation des muscles de l'expression faciale (1). La stimulation électrique bilatérale du grand zygomatique mime une expression authentique de bonheur (2) bien qu'à y regarder de plus près, on note une contraction insuffisante de l'orbiculaire des paupières (qui entoure les yeux) par comparaison avec un rire spontané (3). La stimulation du front et du cou produit une expression de « terreur mêlée de souffrance, d'une torture... qui est celle des damnés » (4) ; le sujet ne faisait cependant état d'aucune gêne ni d'aucune émotion correspondant aux contractions évoquées.

(A)

(1)   (2)   (3)   (4)

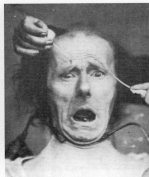

ENCADRÉ 29A (suite)

(B)

	Parésie faciale volontaire	Parésie faciale émotionnelle

Sourire volontaire

Réponse à une plaisanterie

Références

DUCHENNE DE BOULOGNE, G.-B. (1862), *Mécanisme de la physionomie humaine*. Paris, Éditions de la Maison des Sciences de l'Homme. Édité et traduit par R.A. Cuthbertson (1990). Cambridge, Cambridge University Press.

HOPF, H.C., W. MÜLLER-FORELL et N.J. HOPF (1992), Localization of emotional and volitional facial paresis. *Neurology*, **42**, 1918-1923.

TROSCH, RM., G. SZE, L.M. BRASS et S.G. WAXMAN (1990), Emotional facial paresis with striatocapsular infarction. *J. Neurol. Sci.*, **98** , 195-201.

WAXMAN, S.G. (1996), Clinical observations on the emotional motor system. In *Progress in Brain Research*, Vol. 107. G. Holstege, R. Bandler and C.B. Saper (eds.). Amsterdam, Elsevier, 595-604.

(B) Colonne de gauche : bouche d'une patiente présentant une parésie faciale volontaire consécutive à la destruction par lésion des fibres issues du cortex moteur droit. Lorsqu'on lui demande de montrer ses dents, cette patiente n'arrive pas à contracter les muscles du côté droit de sa bouche (en haut à gauche) alors qu'elle sourit de façon presque symétrique en réponse à une remarque humoristique (en bas à gauche). Colonne de droite : visage d'un enfant présentant une parésie faciale émotionnelle due à une lésion du cerveau antérieur gauche qui a interrompu les voies descendantes issues d'aires motrices non classiques. Quand cet enfant doit, sur commande, exécuter un sourire volontaire, il contracte ses muscles faciaux de façon à peu près symétrique (en haut à droite). Cependant en réponse à un propos amusant, le côté droit de son visage n'arrive pas à avoir une expression émotionnelle spontanée (en bas à droite).

des stimulus chargés d'une signification émotionnelle.

Une forme beaucoup plus rare d'atteinte neurologique, la parésie faciale émotionnelle, présente des déficits opposés, à savoir une perte de la capacité d'exprimer spontanément des émotions à l'aide des muscles de la face, mais sans perte du contrôle volontaire de ces mêmes muscles (Figure B, colonne de droite). Ces patients peuvent encore faire un sourire pyramidal symétrique, mais n'arrivent pas à manifester spontanément leurs émotions par des expressions faciales qui mettent en jeu la musculature faciale controlatérale à la lésion. Ces deux systèmes sont schématisés dans la figure C.

(C)

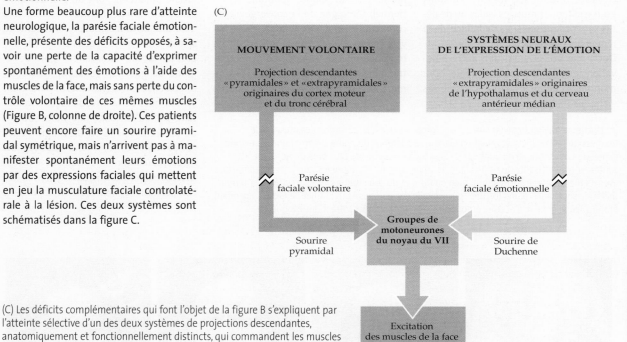

(C) Les déficits complémentaires qui font l'objet de la figure B s'expliquent par l'atteinte sélective d'un des deux systèmes de projections descendantes, anatomiquement et fonctionnellement distincts, qui commandent les muscles de l'expression faciale.

somatiques des comportements émotionnels (voir l'encadré 21A). Chez des chats, Bard avait enlevé les deux hémisphères cérébraux (y compris le cortex, la substance blanche sous-jacente et les ganglions de la base). Après dissipation de l'anesthésie, les animaux se comportaient comme s'ils étaient enragés. Ce comportement de rage apparaissait spontanément et présentait les concomitants végétatifs habituels de cette émotion : augmentation de la pression artérielle et de la fréquence cardiaque, rétraction des membranes nictitantes (fins replis cutanés, à fermeture horizontale, associés aux paupières des félins), dilatation pupillaire, hérissement des poils du dos et de la queue. Les chats présentaient également les composantes motrices somatiques de la colère : dos incurvé, griffes sorties, queue fouettante et grondements. Ce comportement fut appelé « **rage factice** » (*sham rage*), car il était dépourvu d'objectif. Bard démontra que la totalité de cette réponse pouvait être obtenue tant que l'hypothalamus caudal était intact (Figure 29.1). Il devenait toutefois impossible de déclencher cette rage factice après section du cerveau entre l'hypothalamus et le mésencéphale, quelques éléments isolés de la réponse subsistant cependant. Bard émit l'hypothèse que l'intégrité du cortex cérébral est vraisemblablement indispensable à l'expérience subjective de l'émotion, mais pas au comportement émotionnel coordonné. Il souligna que les comportements émotionnels ont souvent pour but l'auto-préservation (idée sur laquelle Darwin avait déjà insisté dans son ouvrage classique sur l'évolution des émotions) et que l'importance fonctionnelle des émotions chez tous les mammifères laisse penser que ce sont des parties du système nerveux relativement anciennes du point de vue phylogénétique qui sont mises en jeu.

Walter Hess publia des données complémentaires montrant que la stimulation électrique de sites précis de l'hypothalamus, chez des chats éveillés, libres de leurs mouvements, pouvait également déclencher une réponse de rage, éventuellement suivie d'un comportement d'attaque. La stimulation d'autres régions de l'hypothalamus provoquait une posture de défense ressemblant à la peur. En 1949, Hess partagea le prix Nobel de physiologie ou médecine « pour sa découverte de l'organisation fonctionnelle du cerveau intermédiaire [l'hypothalamus] comme coordonnateur de l'activité des organes internes ». À partir d'expériences comme celles de Bard et de Hess, on pouvait tirer l'importante conclusion que les circuits de base des comportements organisés s'accompagnant d'émotion sont situés dans le diencéphale et dans les parties du tronc cérébral qui lui sont reliées. Leurs travaux montraient de plus que le contrôle de la motricité involontaire n'est pas complètement séparable de celui des voies de la motricité volontaire, conclusion importante pour comprendre les aspects moteurs de l'émotion, comme on le verra plus loin.

Les effets de l'hypothalamus (ainsi que ceux d'autres structures du cerveau antérieur) sur les systèmes moteurs somatiques et végétatifs empruntent des chemins complexes. Les cibles principales de l'hypothalamus sont situées dans ce réseau enchevêtré de cellules et de fibres que constitue la **formation réticulaire**, au centre du tronc cérébral (voir l'encadré 17A). Cette structure comporte plus de 100 ensembles cellulaires identifiables, dont plusieurs des noyaux qui contrôlent les états de sommeil et de vigilance décrits au chapitre précédent. D'autres circuits réticulaires importants contrôlent les fonctions cardiovasculaires, la respiration, la miction, le vomissement et la déglutition. Les neurones réticulaires reçoivent des afférences hypothalamiques et projettent sur les systèmes effecteurs somatiques et végétatifs du tronc cérébral et de la moelle épinière. Leur activité peut donc produire des effets somatiques et végétatifs généralisés ayant priorité sur les fonctions réflexes et impliquant parfois presque tous les organes du corps (comme l'implique l'aphorisme de Cannon sur le rôle du système sympathique pour préparer l'animal à se battre ou à fuir).

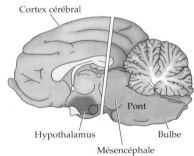
(A) Pas de *sham rage*

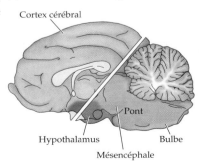
(B) Persistance de la *sham rage*

Figure 29.1

Vue sagittale médiane d'un cerveau de chat, illustrant les régions qui suffisent à l'expression des émotions. (A) Une section passant par le mésencéphale et déconnectant l'hypothalamus du tronc cérébral abolit la « rage factice » (*sham rage*). (B) Les réponses émotionnelles intégrées de la rage factice persistent après ablation des hémisphères cérébraux tant que l'hypothalamus caudal reste intact. (D'après LeDoux, 1987.)

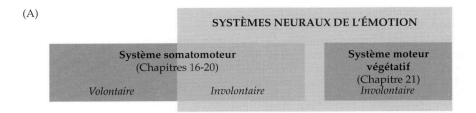

(A)

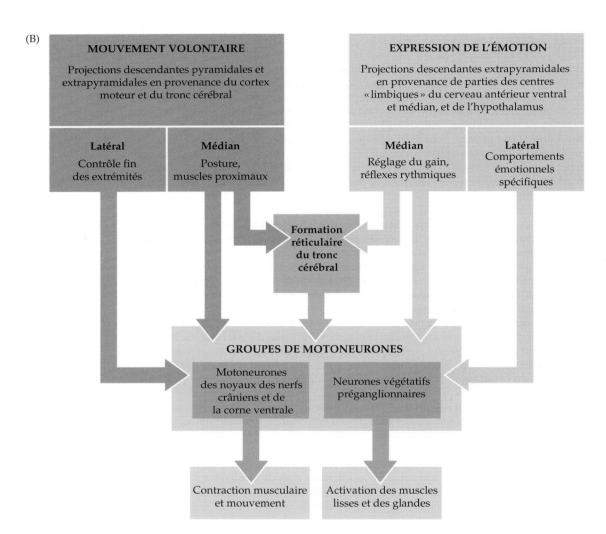

(B)

À côté de l'hypothalamus, d'autres sources des projections descendantes du cerveau antérieur sur la formation réticulaire du tronc cérébral contribuent à l'expression du comportement émotionnel. Collectivement ces autres centres du cerveau antérieur sont considérés comme faisant partie du **système limbique**, que décrit la section suivante. Ces influences descendantes sur l'expression des comportements moteurs somatiques et végétatifs ont leur origine en dehors des aires motrices classiques du cortex frontal postérieur.

Le contrôle descendant de l'expression des émotions comprend donc deux systèmes parallèles anatomiquement et fonctionnellement distincts (Figure 29.2). La composante motrice volontaire, décrite en détail dans les chapitres 16 à 20 comprend les aires motrices classiques du lobe frontal postérieur et les circuits annexes des ganglions de

Figure 29.2

Composantes du système nerveux intervenant dans l'organisation des émotions et de leur expression. (A) Les systèmes neuraux qui traitent l'émotion comprennent le système moteur végétatif et les centres du cerveau antérieur qui régissent l'expression involontaire des comportements somatomoteurs. (B) Schéma des systèmes descendants qui contrôlent les effecteurs somatiques et végétatifs. Les aires motrices du lobe frontal postérieur donnent naissance à des projections descendantes qui, avec les projections secondaires émises par le tronc cérébral s'organisent en composantes latérales et médianes. Comme indiqué au chapitre 17, ces projections descendantes sous-tendent la motricité somatique volontaire. D'autres centres du cerveau antérieur, anatomiquement et fonctionnellement distincts, régissent la motricité somatique involontaire et la motricité viscérale, également involontaire, coordonnées dans l'expression des comportements émotionnels. Les centres « limbiques » du télencéphale ventral et l'hypothalamus donnent eux aussi naissance à des projections descendantes latérales et médianes. Dans chacun des deux systèmes de projections descendantes, les composantes latérales déclenchent des comportements spécifiques (tels que des mouvements volontaires des doigts ou des expressions faciales émotionnelles) tandis que les composantes médianes fournissent le support de ces manifestations comportementales et en modulent l'exécution. Les projections descendantes des deux systèmes se terminent dans plusieurs centres d'intégration situés dans la formation réticulaire du tronc cérébral ainsi que dans les pools de motoneurones du tronc cérébral et de la moelle épinière. De plus, les centres limbiques du cerveau antérieur innervent des composantes du système végétatif gouvernant les neurones végétatifs préganglionnaires du tronc cérébral et de la moelle épinière.

la base et du cervelet. Les projections descendantes pyramidales et extrapyramidales du cortex moteur et du tronc cérébral constituent la dernière étape de l'acheminement des influx responsables de la motricité somatique volontaire. En plus des systèmes descendants qui régissent la motricité volontaire, diverses structures corticales et sous-corticales du lobe frontal médian et du cerveau antérieur ventral, dont les circuits de la partie ventrale des ganglions de la base et l'hypothalamus, sont à l'origine de projections descendantes parallèles aux voies de la motricité volontaire. Ces projections des régions ventro-médianes du cerveau antérieur se terminent sur les centres moteurs végétatifs de la formation réticulaire du tronc cérébral, sur les neurones végétatifs préganglionnaires ainsi que sur certains groupes d'interneurones et de motoneurones somatiques recevant également des projections de la composante motrice volontaire. Les deux types de parésie faciale décrits dans l'encadré A mettent en évidence cette dualité des contrôles moteurs descendants.

En bref, les activités somatiques et végétatives qui accompagnent les comportements émotionnels globaux mettent en jeu des neurones moteurs somatiques et végétatifs qui intègrent les influences descendant en parallèle de multiples sources du cerveau antérieur. Les sections suivantes sont consacrées à l'organisation et aux fonctions de ces centres du cerveau antérieur qui gouvernent l'expérience émotionnelle et l'expression des émotions.

Le système limbique

L'analyse des systèmes effecteurs qui contrôlent les comportements émotionnels a une longue histoire. En 1937, James Papez fit, le premier, l'hypothèse que des circuits cérébraux spécifiques sont dévolus à l'expérience subjective des émotions et à leur expression (au même titre que le cortex occipital est dévolu à la vision). Cherchant quelles parties du cerveau pourraient remplir cette fonction, il commença d'explorer l'aspect médian des hémisphères cérébraux. En 1878, Paul Broca avait utilisé le terme de lobe limbique pour désigner la partie du cortex cérébral qui forme une bordure (c'est, étymologiquement, le sens du mot « limbe ») autour du corps calleux, sur l'aspect médian des hémisphères (Figure 29.3). On trouve dans le lobe limbique deux composantes importantes, le **gyrus cingulaire**, au-dessus du corps calleux, et l'**hippocampe**, dans la partie médiane du lobe temporal.

Pendant des années, ces structures, ainsi que les bulbes olfactifs, furent considérées comme intervenant essentiellement dans l'olfaction. Dans l'opinion de Broca, les bulbes

Figure 29.3

Ce que l'on appelle le lobe limbique comprend le cortex qui, sur l'aspect médian de l'hémisphère cérébral, borde le corps calleux, le diencéphale, le gyrus cingulaire (situé au-dessus du corps calleux) et le gyrus parahippocampique. D'un point de vue historique, le bulbe olfactif et le cortex olfactif (non représentés) ont longtemps été considérés comme des éléments importants du lobe limbique.

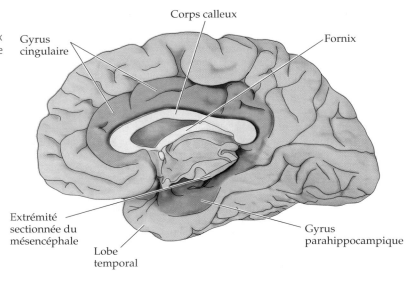

olfactifs étaient même la source principale des afférences que recevait le lobe limbique. Papez se disait cependant qu'il se pourrait que les fonctions du lobe limbique soient plutôt en relation avec les émotions. Il savait, d'après les travaux de Bard et de Hess, que l'hypothalamus influence l'expression des émotions. Il savait aussi comme tout un chacun que les émotions émergent à la conscience et que les fonctions cognitives supérieures affectent les comportements émotionnels. Finalement, Papez montra que le cortex et l'hypothalamus sont interconnectés par des projections des **corps mamillaires** (partie de l'hypothalamus postérieur) sur le **noyau antérieur du thalamus dorsal** qui projette à son tour sur le **cortex cingulaire**. Le cortex cingulaire (ainsi qu'un grand nombre d'autres aires corticales) projette sur l'**hippocampe**. Enfin, par l'intermédiaire d'un gros faisceau de fibres, le **fornix**, l'hippocampe projette en retour sur l'hypothalamus. Papez postulait que ces voies, qui ont, depuis, reçu le nom de « circuit de Papez », offrent toutes les connexions nécessaires à l'expression des émotions.

Au cours des années, le circuit initialement décrit par Papez a été corrigé et s'est enrichi de certaines parties du **cortex préfrontal médian et orbitaire**, des **parties ventrales des ganglions de la base**, du **noyau médiodorsal du thalamus** (noyau différent de celui sur lequel Papez avait mis l'accent) et de l'**amygdale**, volumineuse masse nucléaire du lobe temporal située en avant de l'hippocampe. C'est cet ensemble de structures qui forme, avec l'hippocampe et le cortex cingulaire, ce que l'on appelle d'ordinaire le **système limbique** (Figure 29.4). Alors que certaines de celles qui figuraient dans la description originale de Papez (l'hippocampe, par exemple) semblent aujourd'hui n'avoir pas grand-chose à faire avec le comportement émotionnel, l'amygdale, que Papez mentionnait à peine, se révèle jouer un rôle capital tant dans l'expérience subjective des émotions que dans leur expression (Encadré 29B).

À peu près à l'époque où Papez faisait valoir l'importance de certaines de ces structures pour l'intégration des comportements émotionnels, Heinrich Klüver et Paul Bucy effectuaient une série d'expériences sur des singes rhésus auxquels ils enlevaient la majeure partie des deux lobes temporaux médians, détruisant ainsi une part importante du système limbique. Ils constatèrent, chez ces animaux, un ensemble de comportements anormaux constituant ce que l'on appelle maintenant le syndrome de Klüver et Bucy (Encadré 29C). Parmi les modifications les plus notables figurait une agnosie visuelle : les animaux, sans être aveugles, se montraient incapables de reconnaître les objets. Ce déficit est semblable à celui que l'on observe chez certains patients après des lésions du lobe temporal (voir Chapitre 26). De plus, les singes présentaient

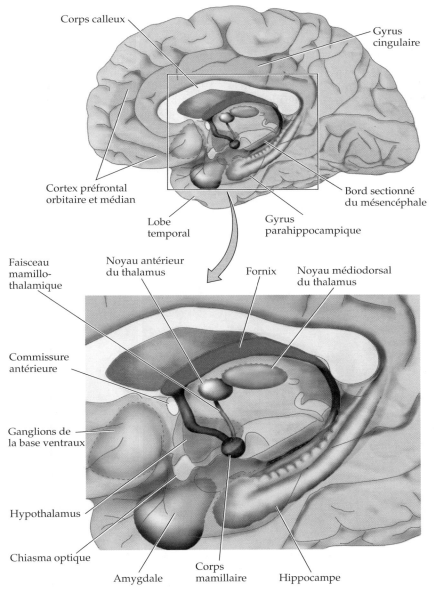

Figure 29.4

Conception moderne du système limbique. L'amygdale ainsi que le cortex préfrontal orbitaire et médian sont deux composantes majeures du système limbique, sur lesquelles les conceptions initiales de l'anatomie des circuits limbiques ne mettaient pas l'accent. Ces deux régions du télencéphale ainsi que les structures associées du thalamus, de l'hypothalamus et du striatum ventral jouent un rôle particulièrement important dans l'émotion ressentie et dans son expression (en vert). D'autres parties du système limbique, notamment l'hippocampe et les corps mamillaires, ne sont plus considérés comme des centres fortement impliqués dans les traitements émotionnels (en bleu).

des comportements oraux bizarres. C'est ainsi qu'ils portaient à leur bouche toutes sortes d'objets, ce que n'aurait pas fait un singe normal. Ils manifestaient aussi de l'hyperactivité et de l'hypersexualité, faisant des avances à des objets de toute espèce de leur environnement et essayant de copuler avec eux. Enfin et surtout, leur comportement émotionnel était profondément modifié. Ayant été capturés à l'état sauvage, les singes avaient typiquement, avant d'être opérés, des réactions d'hostilité et de peur à l'égard des humains. Mais après l'intervention, ils devenaient dociles. Les personnes qui les approchaient ne déclenchaient plus les réactions motrices ou vocales habituelles de colère ou de peur et les expérimentateurs pouvaient les manipuler sans qu'ils manifestent d'excitation, ou très peu. Ils ne se montraient pas davantage effrayés si on leur présentait un serpent, stimulus fortement aversif pour un singe rhésus normal. Klüver et Bucy conclurent que ces modifications marquées du comportement étaient, au moins en partie, dues à l'interruption des voies décrites par Papez. Il est intéressant

ENCADRÉ 29B *Anatomie de l'amygdale*

L'amygdale est une masse complexe de matière grise enfouie dans la portion antéromédiane du lobe temporal, juste en avant de l'hippocampe (Figure A). Elle se compose de nombreux sous-noyaux distincts et entretient d'abondantes connexions avec les aires corticales voisines, situées sur la face ventromédiane de l'hémisphère.

Du point de vue anatomique et fonctionnel, on peut distinguer dans l'amygdale (ou complexe amygdalien, comme on l'appelle souvent) trois subdivisions principales, dont chacune a des connexions propres avec les autres régions du cerveau (Figures B et C). Le groupe des sous-noyaux médians a d'étroites connexions avec le bulbe olfactif et le cortex olfactif. Le groupe basolatéral, particulièrement volumineux chez l'homme, est essentiellement connecté au cortex cérébral, particulièrement au cortex préfrontal orbitaire et médian et aux aires associatives du lobe temporal antérieur. Le groupe des noyaux centraux et antérieurs se caractérise par des connexions avec l'hypothalamus et le tronc cérébral, notamment avec des structures consacrées à la sensibilité végétative telles que le noyau du faisceau solitaire et le noyau parabrachial (voir Chapitre 21).

L'amygdale relie donc les aires corticales qui traitent les informations sensorielles aux systèmes effecteurs de l'hypothalamus et du tronc cérébral. Les afférences d'origine corticale fournissent des informations hautement élaborées sur les stimulus visuels, somesthésiques, viscéraux et auditifs. Ces afférences d'origine corticale distinguent l'amygdale de l'hypothalamus, qui ne reçoit que des informations sensorielles relativement peu élaborées. L'amygdale reçoit aussi des messages sensitifs venant directement de certains noyaux thalamiques ainsi que du bulbe olfactif et du noyau du faisceau solitaire du tronc cérébral.

Des études physiologiques ont confirmé cette convergence d'informations sensorielles. C'est ainsi que de nombreux neurones de l'amygdale répondent à des stimulus visuels, auditifs, somesthésiques, végétatifs, gustatifs et olfactifs. De plus, il

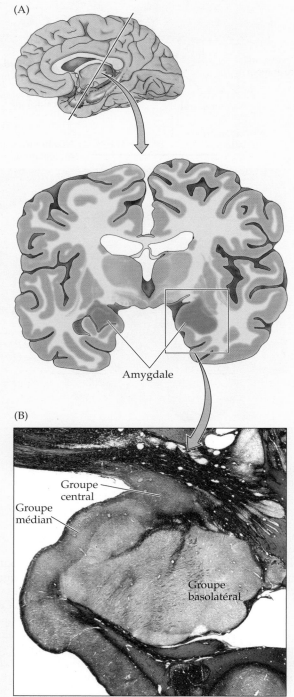

(A) Coupe coronale du cerveau antérieur au niveau de l'amygdale. La région encadrée fait l'objet de la figure B.
(B) Coupe histologique d'une amygdale humaine colorée aux sels d'argent pour mettre en évidence les faisceaux de fibres myélinisées. Ces faisceaux subdivisent les principaux noyaux de l'amygdale. (Gracieusement communiqué par Joel Price.)

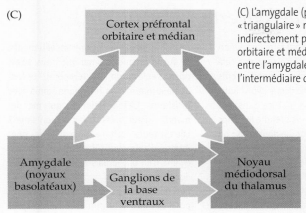

(C) L'amygdale (plus précisément le groupe nucléaire basolatéral) participe à un circuit «triangulaire» reliant l'amygdale, le noyau médiodorsal du thalamus (directement et indirectement par les régions ventrales des ganglions de la base) et le cortex préfrontal orbitaire et médian. Ces interconnexions complexes permettent des interactions directes entre l'amygdale et le cortex préfrontal ainsi que des modulations indirectes par l'intermédiaire des circuits des composantes ventrales des ganglions de la base.

est souvent nécessaire que les stimulus présentent un haut degré de complexité pour évoquer une réponse. On trouve, par exemple, dans le groupe nucléaire basolatéral des neurones qui répondent sélectivement à des visages et qui ressemblent de très près aux cellules de reconnaissance des visages du cortex inférotemporal (voir Chapitre 26).

À côté de ces afférences sensorielles, les connexions de l'amygdale avec le cortex préfrontal lui donnent accès à des circuits néocorticaux plus proches des traitements cognitifs qui intègrent la signification émotionnelle des stimulus sensoriels et guident les comportements complexes.

Enfin, les projections de l'amygdale vers l'hypothalamus et le tronc cérébral (et peut-être même jusqu'à la moelle épi-nière) lui permettent de jouer un rôle important dans l'expression des comportements émotionnels en influençant les systèmes moteurs efférents tant végétatifs que somatiques.

Références

Price, J.L., F.T. Russchen et D.G. Amaral (1987), The limbic region. II: The amygdaloid complex. In *Handbook of Chemical Neuroanatomy*. Vol. 5, *Integrated Systems of the CNS*, Part I, *Hypothalamus, Hippocampus, Amygdala, Retina*. A. Björklund and T. Hökfelt (eds.). Amsterdam, Elsevier, 279-388.

de noter qu'un syndrome similaire a été décrit chez des personnes ayant subi des lésions bilatérales des lobes temporaux.

Quand, plus tard, on montra que le syndrome de Klüver et Bucy pouvait être reproduit par ablation de l'amygdale seule, l'attention se porta plus spécifiquement sur le rôle de cette structure dans le contrôle du comportement émotionnel.

L'importance de l'amygdale

Des expériences réalisées par John Downer, de l'University College de Londres, démontrèrent de façon frappante l'importance de l'amygdale dans les comportements agressifs. Downer procéda, chez des singes rhésus, à l'ablation unilatérale de l'amygdale et, en même temps, sectionna le chiasma optique ainsi que l'ensemble des commissures qui unissent les deux hémisphères (voir Chapitre 27). Il obtint ainsi un animal avec une seule amygdale et n'ayant accès qu'aux informations visuelles émanant de l'œil ipsilatéral. Downer constata que le comportement dépendait de l'œil utilisé pour regarder le monde. Quand ils ne pouvaient voir que de l'œil ipsilatéral à la lésion, les animaux se comportaient à certains égards comme les singes décrits par Klüver et Bucy, restant placides en présence d'individus humains. Mais s'ils se servaient de l'œil du côté de l'amygdale intacte, ils retrouvaient un comportement craintif et fréquemment agressif. Privé d'amygdale, un singe ne semble donc pas interpréter la signification d'un stimulus visuel, tel que l'approche d'une personne, de la même façon qu'un animal intact. Point important, seuls les stimulus visuels présentés à l'œil du côté de l'ablation produisaient cet état anormal ; mais si l'on touchait l'animal, d'un côté ou de l'autre, il se produisait une réaction agressive caractérisée, ce qui implique que les messages somesthésiques des deux côtés du corps atteignaient l'amygdale restante. Ces résultats, auxquels s'ajoute aujourd'hui une mine de données expérimentales chez l'animal et

ENCADRÉ 29C *Les raisons d'une importante découverte*

Paul Bucy explique pourquoi il a enlevé, avec Heinrich Klüver, les lobes temporaux à des singes.

Quand nous avons commencé, nous ne cherchions pas à savoir ce que ferait l'ablation du lobe temporal ni quels changements cela produirait dans le comportement des singes. Ce que nous avons trouvé était complètement inattendu! Heinrich venait de faire des expériences avec la mescaline. Il en avait pris lui-même et avait éprouvé des hallucinations. Il avait écrit un livre sur la mescaline et ses effets. Quelque temps après, Heinrich donna de la mescaline à ses singes. Il donnait de tout à ses singes, même son propre repas! Il remarqua que les singes se comportaient comme s'ils avaient des paresthésies au niveau des lèvres. Ils se les léchaient, se les mordaient ou se les mâchonnaient. Il vint me trouver et me dit: «Peut-être pourrait-on essayer de savoir où agit la mescaline dans le cerveau». «D'accord», lui répondis-je.

Nous avons commencé par faire une dénervation sensorielle de la face, sans que cela ait le moindre effet sur les comportements induits par la mescaline. Nous avons donc essayé une dénervation motrice. Sans plus d'effet. Il nous a fallu alors prendre le temps d'une réflexion approfondie pour savoir où nous devions chercher. Je dis donc à Heinrich: «Cette façon qu'ils ont de se lécher les lèvres et de se les mordiller n'est pas sans rappeler ce que l'on voit dans les cas d'épilepsie temporale. Les patients se mordillent les lèvres et les font claquer sans arrêt. Pourquoi ne pas enlever l'uncus?» Oui, mais alors on pouvait aussi bien enlever tout le lobe temporal y compris l'uncus. Et c'est ce que nous avons fait.

Nous avons eu vraiment beaucoup de chance avec notre premier animal. Il s'agissait d'une femelle assez âgée... Elle était devenue violente, complètement méchante. C'était l'animal le plus méchant que j'aie jamais vu; il était dangereux de s'approcher d'elle. Si elle ne vous blessait pas, elle

ne manquait pas de déchirer vos vêtements. Ce fut le premier animal que nous avons opéré. J'enlevai un lobe temporal... Le lendemain matin, mon téléphone sonna avec insistance. C'était Heinrich, qui me demanda: «Paul, qu'as-tu fait à mon singe? Elle est toute docile!» Par la suite, les opérations d'animaux qui n'étaient pas méchants n'en ont jamais rendu aucun aussi docile.

Ceci nous incita à enlever l'autre lobe temporal dès que nous pûmes la tester. Après ablation de l'autre lobe temporal, le syndrome se manifesta dans toute sa plénitude.

Extrait d'une interview de Bucy par K.E. Livingston en 1981. K.E. LIVINGSTON (1986), Epilogue: Reflections on James Wenceslas Papez, According to Four of his Colleagues. In *The Limbic System: Functional Organization and Clinical Disorders*. B.K. Doane and K.E. Livingston, New York, Raven Press.

d'observations cliniques chez l'homme, indiquent que l'amygdale assure les processus qui donnent à l'expérience sensorielle sa signification émotionnelle.

Plusieurs autres modèles animaux ont été développés pour mieux comprendre le rôle de l'amygdale dans l'évaluation des stimulus et pour préciser quels circuits et quels mécanismes sont spécifiquement impliqués. L'un des plus utiles de ces modèles est celui de la peur conditionnée chez le rat. Une peur conditionnée se développe lorsqu'un stimulus primitivement neutre est associé de façon répétée avec un stimulus intrinsèquement aversif. Progressivement, l'animal se met à répondre au stimulus neutre par des comportements semblables à ceux que déclenche le stimulus menaçant. C'est donc que l'animal apprend à conférer une signification nouvelle à ce stimulus. L'étude des régions cérébrales intervenant dans le développement de la peur conditionnée chez le rat a jeté quelque lumière sur les processus qui, chez l'homme, sont à la base de l'anxiété. De fait, la réponse d'un rat à un stimulus menaçant présente une remarquable similitude avec les réponses des personnes placées dans des situations anxiogènes. Joseph LeDoux et ses collègues de New York University ont entraîné des rats à associer un son avec un choc électrique délivré peu après sur la patte. Pour évaluer les réponses des animaux, ils ont mesuré leur pression artérielle ainsi que la durée pendant laquelle ils se tapissent sans bouger et demeurent comme figés (comportement qualifié de *freezing*). Avant l'apprentissage, les rats ne réagissent pas au son et leur pression artérielle ne change pas quand il leur est présenté. Mais après l'apprentissage, le début du son provoque une forte augmentation de la pression artérielle et des périodes de *freezing* prolongé. À l'aide de ce paradigme, LeDoux a déterminé les circuits nerveux qui permettent l'association du son et de la peur (Figure 29.5). Tout d'abord, il démontra que le corps genouillé médian doit être présent pour que se développe la réponse de peur conditionnée. Ceci n'est guère surprenant puisque toutes les informations auditives qui parviennent au cerveau antérieur font relais dans le corps genouillé médian (CGM) du thalamus dorsal (voir Chapitre 13). Mais il montra

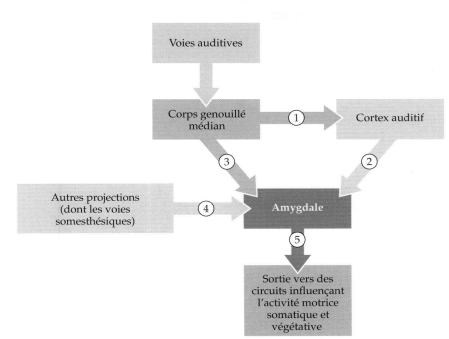

Figure 29.5

Circuits cérébraux intervenant dans l'association de stimulus auditifs et de stimulus somesthésiques aversifs chez le rat. Les informations traitées par les centres auditifs du tronc cérébral sont relayées vers le cortex par le corps genouillé médian (1). L'amygdale reçoit des informations auditives, indirectement, du cortex (2) et, directement, d'une zone du corps genouillé médian (3) ; elle reçoit également des informations relevant d'autres modalités sensorielles, dont la nociception (4). L'amygdale occupe donc une place qui lui permet d'associer des messages afférents divers et de provoquer ainsi l'apparition de réponses comportementales et végétatives nouvelles à des stimulus préalablement dépourvus de contenu émotionnel (5).

ensuite que ces réponses continuaient d'être déclenchées si l'on interrompait les connexions entre le CGM et le cortex, en ne laissant subsister qu'une projection du CGM sur les noyaux baso-latéraux de l'amygdale. En outre, si la partie du CGM projetant sur l'amygdale était détruite elle aussi, les réponses de peur étaient abolies. Des travaux ultérieurs du laboratoire de LeDoux ont montré que les projections de l'amygdale sur la formation réticulaire mésencéphalique sont indispensables à l'expression du comportement de *freezing* et que les projections de l'amygdale sur l'hypothalamus contrôlent l'élévation de la pression artérielle.

Étant donné que l'amygdale est un site capable de traiter l'activité nerveuse produite aussi bien par les sons que par les chocs électriques, on peut penser que c'est également là qu'a lieu l'apprentissage des stimulus aversifs. Ces résultats, parmi d'autres, ont fait naître l'hypothèse plus générale que l'amygdale participe aux associations entre des stimulus sensoriels neutres, tels qu'un son peu intense ou la vue d'un objet de l'environnement, et d'autres stimulus ayant une valeur de renforcement primaire (Figure 29.6). Les stimulus sensoriels neutres peuvent être des stimulus de l'environnement externe, signalés au système nerveux central par les afférences sensitives spécialisées ou des stimulus internes produits par l'activation des récepteurs sensoriels viscéraux. Les stimulus ayant une valeur de renforcement primaire comprennent tous ceux qui constituent par eux-mêmes des renforcements, soit positifs (comme par exemple la vue, l'odeur ou le goût de la nourriture), soit négatifs (comme des saveurs aversives, des sons intenses ou des stimulations mécaniques douloureuses). Le processus d'apprentissage associatif, pour sa part, est probablement un mécanisme de type hebbien (voir Chapitre 8), renforçant les connexions des afférences qui acheminent les informations concernant le stimulus neutre, à condition qu'elles activent les neurones postsynaptiques de l'amygdale en même temps que les signaux concernant l'agent renforçateur primaire. Cette hypothèse est étayée par la découverte que l'on peut induire une potentialisation à long terme (PLT) dans l'amygdale. Effectivement, on empêche, chez le rat, l'acquisition de la peur conditionnée, en injectant dans l'amygdale des antagonistes des récepteurs NMDA, qui bloquent l'induction de la LTP. Ajoutons que le comportement de patients présentant une atteinte sélective de la partie antérieure du lobe temporal médian montre que l'amygdale joue chez l'homme un rôle similaire dans l'expérience subjective de la peur (Encadré 29D).

Figure 29.6

Modèle de l'apprentissage associatif survenant dans l'amygdale en rapport avec les fonctions émotionnelles. La plupart des signaux sensoriels neutres sont relayés vers les principaux neurones de l'amygdale par des projections émanant d'aires de traitement sensoriel «d'ordre supérieur» où sont représentés des objets (des visages, par exemple). Si ces afférences sensorielles dépolarisent les neurones de l'amygdale en même temps que les afférences représentant d'autres stimulus aux propriétés d'agents renforçateurs primaires, un apprentissage associatif se met en place par renforcement des liaisons synaptiques entre des afférences initialement neutres et les neurones amygdaliens. Les efférences amygdaliennes transmettent alors des informations à divers centres d'intégration responsables de l'expression végétative et somatique de l'émotion et des modifications des comportements de recherche des renforcements positifs et d'évitement des renforcements négatifs. (D'après Rolls, 1999.)

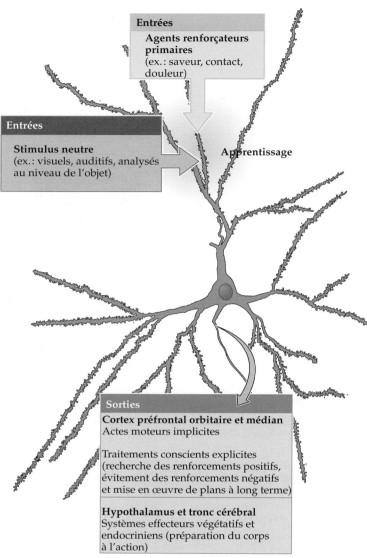

Entrées

Agents renforçateurs primaires (ex.: saveur, contact, douleur)

Entrées

Stimulus neutre (ex.: visuels, auditifs, analysés au niveau de l'objet)

Apprentissage

Sorties

Cortex préfrontal orbitaire et médian
Actes moteurs implicites

Traitements conscients explicites (recherche des renforcements positifs, évitement des renforcements négatifs et mise en œuvre de plans à long terme)

Hypothalamus et tronc cérébral
Systèmes effecteurs végétatifs et endocriniens (préparation du corps à l'action)

Relations entre le néocortex et l'amygdale

Il ressort clairement de ces observations sur le système limbique (et sur l'amygdale en particulier) que, pour comprendre les bases nerveuses des émotions, il faut prendre en compte le rôle du cortex cérébral. Des animaux tels que le rat ont des comportements hautement stéréotypés. Chez les organismes au cerveau plus complexe, par contre, l'expérience individuelle exerce une influence croissante sur la nature des réponses à un stimulus donné, parfois extrêmement spécifique. Dans l'espèce humaine, un stimulus qui, chez l'un, évoque la peur ou la tristesse peut, chez l'autre, n'avoir aucun effet émotionnel. Quoique l'on ne comprenne pas encore les mécanismes et les circuits nerveux de ces réponses, l'amygdale et ses connexions avec un ensemble d'aires néocorticales du cortex préfrontal et du lobe temporal antérieur ainsi qu'avec quelques structures sous-corticales jouent manifestement un rôle important dans les processus émotionnels d'ordre supérieur. Outre ses connexions avec l'hypothalamus et avec les centres du tronc cérébral régulant les fonctions végétatives, l'amygdale a d'importan-

ENCADRÉ 29D *La peur et l'amygdale humaine : étude de cas*

Les travaux sur le conditionnement de la peur chez les rongeurs montrent que l'amygdale joue un rôle essentiel pour associer un son anodin avec une sensation tactile aversive. Cette découverte implique-t-elle que, chez l'homme, l'amygdale soit pareillement impliquée dans l'expérience subjective de la peur et dans l'expression des comportements qui s'y rapportent ? Des publications récentes concernant une patiente extraordinaire appuient l'idée que l'amygdale constitue effectivement un centre cérébral de première importance pour l'expérience subjective de la peur.

Cette patiente (S.M.) souffre de la maladie d'Urbach-Wiethe, affection héréditaire rare, à transmission autosomique récessive, provoquant une calcification et une atrophie bilatérales des lobes temporaux antéromédians. De ce fait, S.M. présentait, dans chaque hémisphère cérébral, des détériorations très étendues de l'amygdale, sans atteinte détectable de l'hippocampe ou du néocortex temporal adjacent (Figure A). Elle n'avait aucun handicap sensoriel ou moteur ni de déficits notables de mémoire, de langage ou d'intelligence. Mais si on lui demandait d'évaluer l'intensité des émotions exprimées par les visages d'une série de photographies, elle se révélait incapable de reconnaître l'émotion de peur (Figure B). De fait, les notes attribuées par S.M. au contenu émotionnel d'expression faciales de la peur se situaient à plusieurs écarts-types en dessous des évaluations effectuées par des patients contrôles porteurs de lésions hors du lobe temporal antéromédian.

Les chercheurs demandèrent ensuite à S.M. (et aux autres patients cérébrolésés utilisés comme contrôles) de dessiner de mémoire les expressions faciales des émotions représentées. Bien sûr, les sujets avaient des aptitudes artistiques fort différentes et leurs esquisses s'en ressentaient dans le détail ; S.M., qui avait des notions de dessin, représenta habilement les diverses émotions, sauf la peur (Figure C). D'abord, elle n'arrivait pas à dessiner une expression effrayée et quand on la poussa à le faire, elle expliqua qu'elle

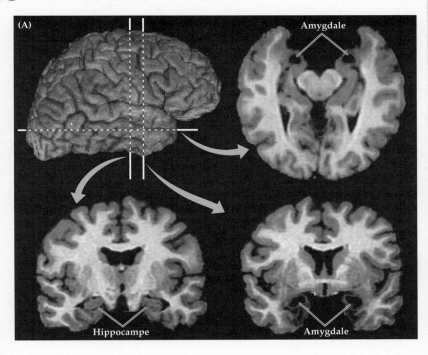

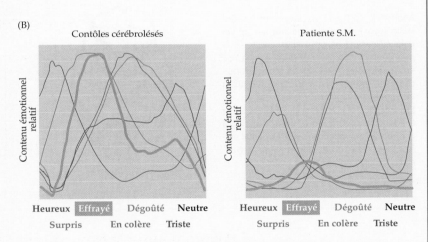

(A) IRM montrant l'étendue des lésions cérébrales de la patiente S.M.; noter la destruction bilatérale de l'amygdale et la préservation de l'hippocampe. (B) Évaluation du contenu émotionnel d'une série d'expressions faciales par des patients porteurs de lésions en dehors du lobe temporal antéromédian et par la patiente S.M. Chaque ligne de couleur représente l'intensité estimée des émotions exprimées par diverses expressions faciales. La reconnaissance par S.M. du bonheur, de la surprise, de la colère, du dégoût, de la tristesse et des expressions faciales de valence neutre était comparable à celle des sujets contrôles. Par contre elle était incapable de reconnaître la peur (lignes orange). (A gracieusement communiqué par R. Adolphs.)

« ne savait pas à quoi pouvait ressembler le visage de quelqu'un qui a peur ». Après plusieurs tentatives infructueuses, elle dessina un personnage tapi à terre, avec les cheveux dressés sur la tête, manifestement parce qu'elle connaissait ces clichés de l'expression de la peur. Bref, S.M. avait une conception étroitement limitée de la peur et, en conséquence, elle ne parvenait pas à reconnaître cette émotion d'après des expressions faciales, en partie parce qu'elle n'arrivait pas à extraire les informations sociales saillantes de la région des yeux des visages humains. Des études portant sur d'autres patients souffrant de destruction bilatérale de l'amygdale sont en accord avec cette interprétation. Comme on peut s'y attendre, le handicap de S.M. réduit également sa capacité de ressentir la peur dans des situations où cette émotion serait appropriée.

Quoique vivre «sans peur» figure dans mainte devise, l'absence de peur véritable prive d'un mécanisme nerveux capital, qui favorise un comportement social approprié, une prise de décisions avantageuses dans les situations critiques et qui, en fin de compte, accroît les chances de survie.

Références

ADOLPHS, R., D. TRANEL, H. DAMASIO et A.R. DAMASIO (1995), Fear and the human amygdala. *J. Neurosci.*, **15**, 5879-5891.

ADOLPHS, R., F. GOSSELIN, T.W. BUCHANAN, D. TRANEL, P. SCHYNS et A.R. DAMASIO (2005), A mechanism for impaired fear recognitionafter amygdala damage. *Nature*, **433**, 68-72.

BECHARA, A., H. DAMASIO, A.R. DAMASIO et G.P. LEE (1999), Differential contributions of the human amygdala and ventromedial prefrontal cortex to decision-making. *J. Neurosci.*, **19**, 5473-5481.

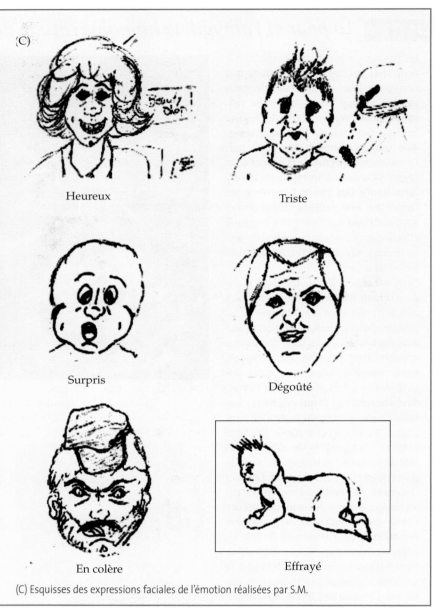

(C)

Heureux

Triste

Surpris

Dégoûté

En colère

Effrayé

(C) Esquisses des expressions faciales de l'émotion réalisées par S.M.

tes connexions avec plusieurs aires corticales des faces médiane et orbitaire du lobe frontal (voir l'encadré 29B). Ces territoires corticaux voient converger sur eux des informations de toutes les modalités sensorielles (y compris des informations concernant l'activité des viscères); ils peuvent donc intégrer une multitude de signaux se rapportant à l'expérience subjective dans son déroulement instant par instant. De plus, l'amygdale projette sur le thalamus (plus précisément sur le noyau médiodorsal), qui projette à son tour sur ces mêmes territoires corticaux. Elle innerve enfin, dans les parties ventrales des ganglions de la base, des neurones qui reçoivent l'essentiel des projections corticostriaires des régions du cortex préfrontal où se fait, pense-t-on, le traitement des émotions. Si l'on considère toutes ces connexions à première vue fort obscures, on s'aperçoit que l'amygdale est un point nodal dans le réseau qui relie les unes aux autres les régions corticales (et sous-corticales) du cerveau qui sont impliquées dans le traitement des émotions.

Les données cliniques relatives à l'importance des circuits qui passent par l'amygdale viennent de travaux d'imagerie cérébrale effectués sur des patients souffrant de dépression (Encadré 29E) ; les images de débit sanguin cérébral de ce réseau de structures du cerveau antérieur traduisent une activité anormale, particulièrement dans l'hémisphère gauche. D'un point de vue général, l'amygdale et les connexions qui la relient au cortex préfrontal et aux ganglions de la base influencent vraisemblablement la sélection et le déclenchement des comportements dont le but est d'obtenir des renforcements positifs ou d'éviter des renforcements négatifs ; rappelons que la sélection et le démarrage des programmes moteurs est une fonction importante des ganglions de la base (voir Chapitre 18). Les territoires du cortex préfrontal reliés à l'amygdale sont également impliqués dans l'organisation et la planification des comportements à venir ; l'amygdale se trouve donc en position de fournir les informations de nature émotionnelle aux délibérations manifestes ou latentes dont ils sont l'objet (voir ci dessous « Les interactions entre émotion, raison et comportement social »).

Pour conclure, il est vraisemblable que les interactions entre l'amygdale, le néocortex et les circuits sous-corticaux annexes rendent compte de ce qui constitue peut-être l'aspect le plus mystérieux de ce que l'on ressent lors d'une émotion, à savoir le caractère éminemment personnel qui accompagne presque tous les états d'émotion. Bien que l'on ignore tout de la neurobiologie de ces phénomènes, on peut raisonnablement supposer que l'expérience émotionnelle relève de l'aptitude cognitive plus générale à être conscient de soi-même. Selon cette façon de voir, les sentiments comportent à la fois la prise de conscience immédiate d'un traitement émotionnel implicite (ayant son origine dans les circuits reliant l'amygdale au néocortex) et un traitement explicite de représentations sémantiques (impliquant les circuits reliant l'hippocampe au néocortex ; voir Chapitre 31). On peut donc plausiblement concevoir les sentiments comme le produit d'une mémoire de travail émotionnelle, qui maintiendrait l'activité neurale relative au traitement des divers éléments de l'expérience émotionnelle. Étant donné les arguments qui permettent de situer les fonctions de la mémoire de travail dans le cortex préfrontal (voir Chapitre 26), cette partie du lobe frontal, et particulièrement sa région orbito-médiane, a toutes chances d'être le substrat neural qui garde ces associations au niveau conscient (Figure 29.7).

Latéralisation corticale des fonctions émotionnelles

Comme c'est le cas pour beaucoup de fonctions corticales complexes présentant une asymétrie fonctionnelle (voir Chapitres 26 et 27), les deux hémisphères apportent chacun une contribution différente au contrôle des émotions.

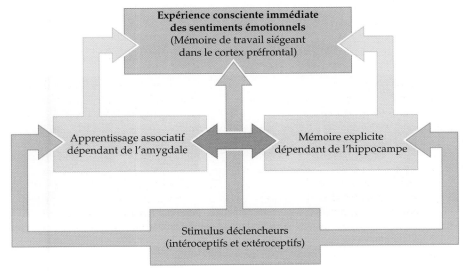

Figure 29.7

Modèle neural de la prise de conscience des sentiments émotionnels. Les sentiments intimes qui accompagnent l'expérience émotionnelle trouvent probablement leur origine dans les systèmes neuraux du cortex préfrontal responsables de la prise de conscience des traitements émotionnels. (D'après LeDoux, 2000).

ENCADRÉ 29E *Les troubles affectifs*

Alors qu'on trouve un certain degré de perturbation émotionnelle dans pratiquement tous les problèmes psychiatriques, dans les troubles affectifs (ou de l'humeur) l'essence de la maladie est une régulation anormale des sentiments de tristesse et de bonheur. Les plus graves de ces désordres sont le trouble dépressif majeur et la dépression maniaque. (La dépression maniaque est également appelée « trouble bipolaire » dans la mesure où les patients présentent des épisodes alternés de dépression et d'euphorie). La dépression, qui est le plus courant des troubles psychiatriques majeurs, a, pour l'ensemble de la vie, une incidence de 10 à 25 % chez les femmes et de 5 à 12 % chez les hommes. En clinique, la dépression (que l'on distingue du deuil ou du chagrin névrotique) se définit par un ensemble de critères standard. En plus de sentiments anormaux de tristesse, de désespoir et d'appréhension de l'avenir (dépression, à proprement parler), ces critères comprennent des troubles de l'alimentation et du poids, des troubles du sommeil (insomnie ou hypersomnie), une concentration insuffisante, des sentiments parasites de culpabilité ainsi qu'une diminution des intérêts sexuels. Les traits subjectifs dominants du trouble dépressif majeur ont été décrits avec réalisme par des patients/auteurs tels que William Styron et par des psychologues qui en souffraient tels que Kay Jamison. Mais le sentiment profond de désespoir du patient dépressif n'a jamais été mieux exprimé que par Abraham Lincoln, au cours d'un épisode de dépression :

Je suis maintenant, disait-il, l'homme le plus malheureux qui soit. Si ce que je res-

Augmentation du débit sanguin dans l'amygdale gauche, dans le cortex préfrontal orbitaire et médian (A) ainsi qu'en un site pouvant être identifié comme le noyau médiodorsal du thalamus (B) d'un échantillon de patients chez lesquels on a diagnostiqué une dépression unipolaire. Les couleurs rouges et orangées indiquent une augmentation significative du débit sanguin par rapport à un échantillon de sujets non déprimés. (D'après Drevets et Raichle, 1994.)

sens était également distribué à toute la famille humaine, il n'y aurait sur terre aucun visage souriant. Je ne saurais dire si jamais je me trouverai mieux ; mais j'ai le terrible pressentiment qu'il n'en sera rien. Rester dans cet état est impossible. Il faut, à mon avis, que je meure ou que j'aille mieux.

Effectivement, aux États-Unis, plus de la moitié des suicides sont le fait de personnes en état de dépression clinique.

Il n'y a pas si longtemps, la dépression et la manie étaient considérées comme des troubles provoqués par les circonstances ou par l'incapacité névrotique de faire face aux problèmes courants. Il est aujourd'hui universellement admis qu'il s'agit de troubles neurobiologiques. Les arguments les plus forts à l'appui de ce consensus proviennent d'études sur le caractère héréditaire de ces maladies. Ainsi, on observe une concordance des troubles affectifs beaucoup plus élevée chez les jumeaux homozygotes que chez les hétérozygotes. Il est en outre possible, aujourd'hui, d'étudier l'activité cérébrale de patients souffrant de troubles affectifs à l'aide des techniques d'imagerie cérébrale non invasive (voir Figure ci-dessous). Dans un état au moins, la dépression unipolaire, on observe des profils anormaux de débit sanguin cérébral dans le circuit triangulaire reliant l'amygdale, le noyau médiodorsal du thalamus et le cortex préfrontal orbitaire et médian (voir Encadré 29B). Deux constatations sont particulièrement dignes d'intérêt : il existe, d'une part, une

corrélation significative entre l'excès de débit sanguin dans l'amygdale et la gravité clinique de la dépression et, d'autre part, ce profil anormal de débit sanguin retourne à la normale quand la dépression s'est atténuée.

Malgré les preuves d'une prédisposition génétique aux troubles affectifs et les progrès dans la connaissance des aires cérébrales impliquées, les causes en restent inconnues. L'efficacité d'un grand nombre de substances influençant la neurotransmission catécholaminergique et sérotoninergique implique fortement qu'en dernier ressort ces troubles aient une base neurochimique (voir les figures 6.11 et 6.12 pour une vue d'ensemble des projections de ces systèmes neuraux). La majorité des patients (70 % environ) peuvent être efficacement traités par un assortiment d'agents pharmacologiques (dont les antidépresseurs tricycliques, les inhibiteurs de la monoamine oxydase et les inhibiteurs sélectifs de la recapture de la sérotonine ou ISRS). Les plus populaires sont les médicaments qui bloquent sélectivement l'absorption de la sérotonine. Trois inhibiteurs de ce type, la fluoxétine (Prozac®), la sertraline (Zoloft®) et la paroxétine (Paxil®), se révèlent efficaces dans le traitement de la dépression et ont moins d'effets secondaires que les médicaments plus anciens et moins spécifiques. Le meilleur indicateur, peut-être, du succès de ces médicaments est l'accueil favorable qu'ils ont partout reçu : les ISRS,

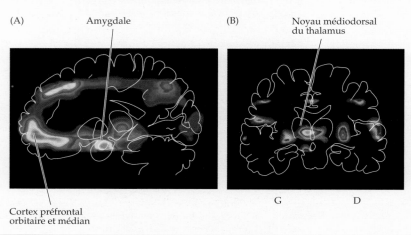

(A) Amygdale (B) Noyau médiodorsal du thalamus

Cortex préfrontal orbitaire et médian

G D

dont l'utilisation clinique n'a été autorisée qu'à la fin des années 1980, font aujourd'hui partie des médicaments les plus prescrits. La plupart des patients dépressifs qui prennent des médicaments tels que les ISRS reconnaissent qu'ils mènent une vie mieux remplie et qu'ils sont beaucoup plus dynamiques et organisés. Sur la base de ces informations, ces médicaments sont aujourd'hui utilisés non seulement pour combattre la dépression, mais aussi pour « traiter » les personnes qui n'ont pas de trouble psychiatrique défini. Cet abus soulève de sérieuses questions du point de vue social, questions qu'Aldous Huxley posait déjà dans son roman de 1932 à propos du « soma », la drogue mythique administrée d'office aux habitants du *Meilleur des mondes* pour les rendre dociles et satisfaits. Il y a sans doute un juste équilibre à trouver entre trop de souffrance et trop de tranquillité.

Références

BREGGIN, P.R. (1994), *Talking back to Prozac: What Doctors Won't Tell You about Today's Most Controversial Drug*. New York, St. Martin's Press.

DREVETS, W.C. et M.E. RAICHLE (1994), PET imaging studies of human emotional disorders. In *The Cognitive Neurosciences*, M.S. Gazzaniga (ed.). Cambridge, MA, MIT Press, 1153-1164.

FREEMAN, P.S., D.R. WILSON et F.S. SIERLES (1993), Psychopathology. In *Behavior Science for Medical Students*. F.S. Sierles (ed.). Baltimore, Williams and Wilkins, 239-277.

GREENBERG, P.E., L.E. STIGLIN, S.N. FINKELSTEIN et E.R. BERNDT (1993), The economic burden of depression in 1990. *J. Clin. Psychiatry*, **54**, 405-424.

JAMISON, K.R. (1995), *An Unquiet Mind*. New York, Alfred A. Knopf.

JEFFERSON, J.W. et J.H. GRIEST (1994), Mood disorders. In *Textbook of Psychiatry*, J.A. Talbott, R.E. Hales and S.C. Yudofsky (eds.). Washington, American Psychiatric Press, 465-494.

ROBINS, E. (1981), *The Final Months. A Study of the Lives of 134 Persons Who Committed Suicide*. New York, Oxford University Press.

STYRON, W. (1990), *Darkness Visible. A Memoir of Madness*. New York, Random House.

WONG, D.T. et F.P. BYMASTER (1995), Development of antidepressant drugs: Fluoxetin (Prozac®) and other selective serotonin uptake inhibitors. *Adv. Exp. Med. Biol.*, **363**, 77-95.

WONG, D.T., F.P. BYMASTER et E.A. ENGLEMAN (1995), Prozac® (fluoxetin, Lilly 110140), the first selective serotonin uptake inhibitor and an antidepressant drug: Twenty years since its first publication. *Life Sciences*, **57 (5)**, 411-441.

WURTZEL, E. (1994), *Prozac Nation: Young and Depressed in America*. Boston, Houghton-Mifflin.

La réactivité émotionnelle semble latéralisée dans les hémisphères cérébraux d'au moins deux façons. Tout d'abord, comme on l'a vu au chapitre 27, certaines régions de l'hémisphère droit ont une importance particulière pour l'expression et la compréhension des aspects affectifs du langage. Des patients porteurs de lésions des territoires suprasylviens du lobe frontal postérieur et du lobe pariétal antérieur du côté droit peuvent devenir incapables d'exprimer leurs émotions en modulant leur façon de parler (cette perte de l'expression émotionnelle est appelée *aprosodie*; une lésion comparable du côté gauche entraînerait une aphasie de Broca). Les patients manifestant une aprosodie s'expriment d'une voix monotone, quel que soit le sens de ce qu'ils disent ou le contexte dans lequel ils le disent. L'un de ces patients, une enseignante, n'arrivait plus à maintenir la discipline dans sa classe en faisant varier le ton de sa voix. Ses élèves (et même ses propres enfants) n'arrivaient pas à dire quand elle était fâchée ou contrariée et elle devait ajouter à ses remarques des commentaires du genre « Je suis fâchée, et pour de bon » pour en indiquer la signification émotionnelle. La femme d'un autre patient prétendait que son mari ne l'aimait plus, car il ne donnait plus à ses paroles un ton de gaieté ou d'affection. Mais bien que ces patients ne puissent plus exprimer d'émotions dans leur langage, ils ne les ressentent pas moins normalement.

Une autre façon dont se manifeste l'asymétrie des fonctions des hémisphères dans le traitement des émotions a trait à la régulation de l'humeur. Les données cliniques et expérimentales appuient l'idée que l'hémisphère gauche est davantage impliqué dans ce que l'on peut considérer comme des émotions positives et l'hémisphère droit dans les émotions négatives. Ainsi, les patients qui ont des lésions de la partie antérieure de l'hémisphère gauche présentent des dépressions plus fréquentes et plus graves que lorsque les lésions siègent en tout autre endroit (voir Encadré 29E). Par contre, les patients souffrant de lésions de la partie antérieure de l'hémisphère droit sont souvent décrits comme faisant preuve d'une gaieté excessive. Ces observations suggèrent que les lésions de l'hémisphère gauche s'accompagnent d'une perte des sentiments positifs, menant à la dépression, tandis que les lésions de l'hémisphère droit entraînent la perte des sentiments négatifs, induisant un optimisme déplacé.

Figure 29.8

Sourires asymétriques de quelques visages célèbres. L'étude de sujets normaux indique que les expressions faciales sont plus rapidement et plus complètement exprimées par la musculature faciale gauche que par celle du côté droit, comme le démontrent la plupart de ces illustrations (faites l'essai en couvrant d'abord un côté du visage, puis l'autre). Étant donné que la partie inférieure gauche du visage est sous le contrôle de l'hémisphère droit, certains psychologues ont suggéré que les hommes sont en majorité « gauchers de visage » de même qu'ils sont majoritairement droitiers du point de vue manuel. (D'après Moscovitch et Olds, 1982 ; images extraites de l'Encyclopédie Microsoft® Encarta 98.)

Il est également possible de mettre en évidence une asymétrie hémisphérique de la régulation de l'humeur chez les individus normaux. Des expériences, par exemple, où l'on fait entendre des sons à une oreille ou à l'autre, indiquent une supériorité de l'hémisphère droit pour détecter les nuances émotionnelles de la parole. En outre, si l'on présente, au tachistoscope, des expressions faciales dans le champ visuel droit ou gauche, les émotions représentées sont plus facilement et plus rapidement identifiées quand on les présente dans l'hémichamp gauche (et donc qu'elles sont perçues par l'hémisphère droit ; voir Chapitres 1 et 27). Les études cinématiques des expressions faciales montrent aussi que la plupart des droitiers expriment mieux et plus vite des émotions avec leur musculature faciale gauche qu'avec celle du côté droit (rappelons que la partie gauche du visage est contrôlée par l'hémisphère droit et vice-versa) (Figure 29.8). Globalement, toutes ces données concordent avec la conception selon laquelle l'hémisphère droit est plus directement impliqué dans la perception et l'expression des émotions que ne l'est l'hémisphère gauche, bien qu'il y ait, comme dans les autres comportements latéralisés tels que le langage, participation des deux hémisphères.

Émotion, raison et comportement social

L'expérience subjective de l'émotion – même quand elle est inconsciente – exerce une puissante influence sur d'autres fonctions cérébrales complexes et notamment sur les facultés neurales responsables des prises de décisions rationnelles et des jugements qui guident les comportements sociaux. La confirmation de cette assertion provient pour l'essentiel de l'étude de patients qui présentent des atteintes du cortex préfrontal orbitaire et médian ou dont l'amygdale a été endommagée par une maladie ou une blessure (voir Encadré 29D). Ces patients manifestent souvent une dégradation des traitements émotionnels et spécialement des émotions provoquées par des situations personnelles et sociales complexes ainsi qu'une incapacité de prendre des décisions avantageuses (voir aussi le chapitre 26). On a localisé par imagerie cérébrale sur des sujets normaux les structures corticales intervenant dans l'évaluation de situations émotionnelles et sociales : les résultats de ces travaux vont dans le même sens.

Antonio Damasio et ses collègues de l'Université de l'Iowa ont suggéré que le processus de prise de décision implique l'évaluation rapide d'un ensemble d'éventualités correspondant aux différentes lignes de conduite susceptibles d'être adoptées. Il paraît plausible que les images mentales conscientes ou subconscientes relatives à chaque éventualité déclenchent des états émotionnels impliquant soit des modifications effectives des fonctions motrices somatiques ou végétatives soit l'activation des représentations neurales de ces changements. Alors que selon William James « on a peur parce qu'on tremble », Damasio et ses collègues supposent l'existence, dans les circuits neuraux des lobes frontaux et pariétaux, d'une représentation vicariante de l'action motrice et des feedbacks sensoriels. Ce serait cette représentation vicariante qui donnerait aux représentations mentales des diverses éventualités la valence émotionnelle aidant à identifier les conséquences favorables ou défavorables.

L'étude expérimentale de la peur conditionnée a précisément laissé entrevoir que l'amygdale pourrait avoir ce rôle de coloration émotionnelle en associant certains stimulus sensoriels à telle ou telle conséquence aversive. Le patient décrit dans l'encadré 29D, par exemple, présentait à la fois une incapacité à reconnaître et à ressentir la peur et une dégradation des processus de prise de décision rationnelle. Des données du même ordre concernant l'influence des émotions sur la prise de décision ont été obtenues chez des patients présentant des lésions du cortex préfrontal orbitaire et médian. Ces observations cliniques laissent penser que l'amygdale et le cortex préfrontal, ainsi que leurs connexions striaires et thalamiques sont non seulement impliquées dans le traitement des émotions, mais interviennent également dans les traitements neuraux complexes qui sous-tendent ce que l'on appelle la pensée rationnelle. Les mêmes réseaux nerveux sont mis en jeu par les stimulus sensoriels (les expressions faciales, par exemple) porteurs d'indices importants pour évaluer les situations et les conventions sociales. Ainsi, lorsque des sujets d'expérience doivent dire, si la personne dont on leur montre la figure est digne de confiance – tâche des plus importantes pour des relations interpersonnelles réussies – on constate une augmentation spécifique de l'activité de l'amygdale, particulièrement lorsque le visage présenté n'est pas jugé digne de confiance (Figure 29.9). Il n'est donc pas surprenant que des individus ayant une atteinte bilatérale de l'amygdale diffèrent des sujets contrôles pour estimer quelqu'un digne de confiance ou non. Il n'est même pas rare que des personnes souffrant de ce type de troubles se montrent dans leurs relations sociales réelles, inconsidérément amicales à l'égard d'inconnus. Ces données renforcent plus encore l'idée que le traitement émotionnel est nécessaire pour mener à bien des fonctions cérébrales complexes fort variées.

Renforcement émotionnel et addiction

Comprendre les bases neurobiologiques de l'émotion et les contributions qu'apportent les traitements nerveux des affects aux fonctions cérébrales supérieures reste un objectif important des neurosciences du vingt et unième siècle. Objectif qu'il est urgent d'atteindre, vu l'extension des drogues addictives illicites et des dérèglements qu'elles causent dans les circuits nerveux de l'émotion, en dévoyant les contrôles adaptatifs qu'ils exercent sur le guidage des comportements orientés vers un but. Dans les conditions physiologiques normales, le traitement des émotions par le système limbique peut indiquer la présence ou la perspective d'une récompense ou d'une punition, et activer des programmes moteurs ayant pour objectif de s'approprier les récompenses bénéfiques et d'éviter les punitions, comme on l'a vu plus haut (voir Figure 29.6). Ceci étant, il n'est pas surprenant que la plupart des drogues d'abus connues – l'héroïne, la cocaïne, l'alcool, les opiacés, la marijuana, la nicotine, les amphétamines et leurs analogues de synthèse – agissent sur des éléments des circuits limbiques. Ce qui est surprenant, c'est que des substances naturelles ou synthétiques aussi variées agissent en modifiant les influences neuromodulatrices de la dopamine sur le traitement des signaux de renforcement dans les divisions ventrales des ganglions de la base qui, à leur tour, entraînent la consolidation des comportements d'addiction dans les circuits

Figure 29.9

Activation de l'amygdale durant des estimations du degré de confiance qu'inspire un visage. Des sujets normaux sont soumis à un examen IRMf pendant lequel on leur montre des visages. Dans une moitié de l'examen, ils doivent formuler un jugement explicite sur le degré de confiance que leur inspire le visage présenté (condition dite «explicite»); dans l'autre moitié, ils doivent simplement dire si le visage est celui d'un lycéen ou d'un étudiant d'université (condition dite «implicite»). Après l'examen, les sujets indiquent, sur une échelle, le degré de confiance qu'ils attribuent à chacun des visages utilisés comme stimulus et les données de l'IRMf sont analysées en fonction du degré de confiance, Bas, Moy[en] ou Haut, attribué aux visages présentés. (A) L'IRMf révèle un accroissement bilatéral de l'activité de l'amygdale lors de l'estimation du degré de confiance qu'inspire un visage; le cortex insulaire droit manifeste également une augmentation d'activité. (B, C) L'activation est maximale lorsque les sujets estiment que le visage qu'on leur montre n'inspire pas confiance. L'effet est observé aussi bien en condition implicite qu'en condition explicite. B se rapporte à l'amygdale gauche et C à l'amygdale droite. (D'après Winston et al., 2002; A gracieusement communiqué par J. Winston.)

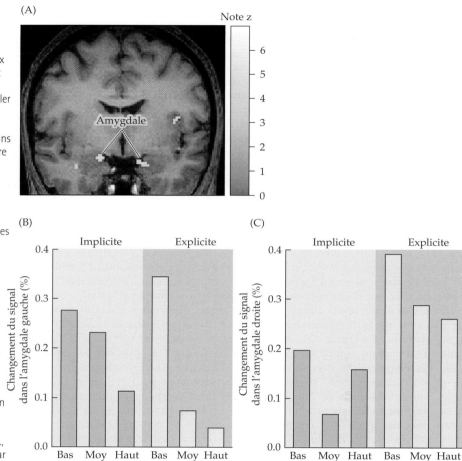

limbiques. Pour comprendre les mécanismes nerveux de l'addiction, il faut revenir à l'anatomie et à la physiologie des ganglions de la base dans le contexte du renforcement émotionnel.

Nous avons vu, au chapitre 18, que les divisions dorsales des ganglions de la base (noyau caudé, putamen et globus pallidus) contrôlent l'activation des circuits thalamocorticaux qui déclenchent les mouvements volontaires. Le chapitre 18 mentionnait aussi brièvement l'existence d'autres filières de traitements parallèles contrôlant de façon équivalente l'activation de programmes non moteurs, se rapportant, notamment, aux traitements cognitifs et affectifs des circuits limbiques (voir Encadré 18D). L'organisation de ces filières de traitements non moteurs est fondamentalement comparable à la «voie directe» des mouvements volontaires: on y trouve les afférences excitatrices principales que le striatum reçoit du cortex, les projections neuromodulatrices que les neurones dopaminergiques du mésencéphale envoient sur le striatum, les connexions internucléaires entre le striatum et le pallidum et enfin les projections efférentes du pallidum vers le thalamus. Ce qui distingue la «boucle limbique» de la «boucle motrice» (étudiée en détail au chapitre 18) est l'origine et la nature des afférences corticales, les divisions du striatum et du pallidum qui traitent ces afférences, l'origine des projections dopaminergiques émises par le mésencéphale et la cible thalamique des efférences pallidales (Figure 29.10).

Le cœur de l'organisation et des fonctions de la boucle limbique est représenté par les afférences émanant de l'amygdale, du subiculum (division ventrale de la formation hippocampique) et du cortex préfrontal orbitaire et médian. Elles acheminent les signaux relatifs aux renforcements émotionnels jusqu'aux divisions ventrales du striatum

(A)

Boucle limbique

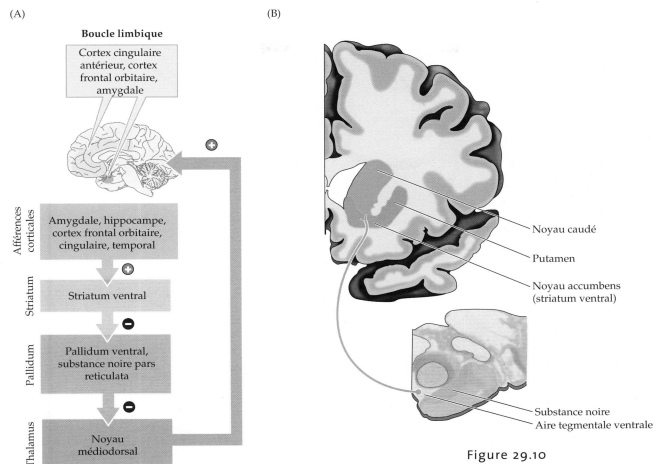

(B)

Noyau caudé

Putamen

Noyau accumbens
(striatum ventral)

Substance noire
Aire tegmentale ventrale

Figure 29.10

Organisation anatomique et fonctionnelle de la boucle limbique des ganglions de la base. (A) Ce circuit comprend les efférences corticales vers le striatum, les projections internucléaires du striatum sur le pallidum, les efférences pallidales vers le thalamus et les projections que le thalamus renvoie vers le cortex. (B) Section coronale au niveau du télencéphale rostral montrant les structures des ganglions de la base mentionnées en (A) et la projection dopaminergique de l'aire tegmentale ventrale du mésencéphale sur le noyau accumbens, principale composante du striatum ventral.

antérieur, dont le **noyau accumbens** constitue la composante la plus volumineuse. Comme le noyau caudé et le putamen, le noyau accumbens contient des neurones épineux moyens qui intègrent, sous l'influence modulatrice de la dopamine, les messages excitateurs issus du télencéphale. Toutefois, à la différence de la division dorsale du striatum, le noyau accumbens reçoit ses afférences dopaminergiques d'un ensemble de neurones situés en position médio-dorsale par rapport à la substance noire, dans une région du mésencéphale appelée **aire tegmentale ventrale**. Le noyau accumbens et l'aire tegmentale ventrale sont les principaux sites où les drogues d'abus interagissent avec le traitement des signaux nerveux relatifs aux renforcements émotionnels, soit en prolongeant l'action de la dopamine dans le noyau accumbens, soit en potentialisant l'activation des neurones de l'aire tegmentale ventrale et du noyau accumbens (Figure 29.11).

Dans les conditions normales (c'est-à-dire en l'absence de drogues), les neurones dopaminergiques n'ont qu'une activité phasique ; quand ils émettent une salve de potentiels d'action, ils libèrent de la dopamine dans le noyau accumbens dont les neurones épineux moyens deviennent plus réactifs aux afférences excitatrices survenant en même temps de structures télencéphaliques telles que l'amygdale ou le cortex préfrontal orbitaire et médian. Les neurones ainsi activés du striatum ventral envoient à leur tour des efférences inhibitrices sur des neurones du **pallidum ventral** (région située sous le globus pallidus) ainsi que sur la substance noire pars reticulata (fraction pallidale de la substance noire). La suppression de l'activité tonique du pallidum désinhibe alors le noyau médiodorsal, cible thalamique de la boucle limbique, qui innerve les territoires corticaux du télencéphale limbique (voir Figure 29.4). L'activa-

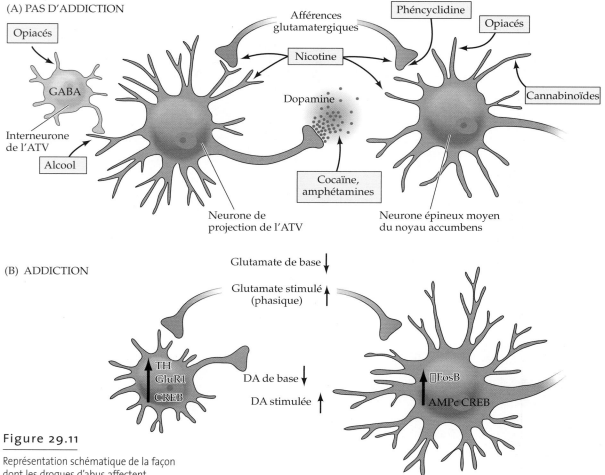

(A) PAS D'ADDICTION

Opiacés

Afférences glutamatergiques

Phéncyclidine

Opiacés

Nicotine

GABA

Dopamine

Cannabinoïdes

Interneurone de l'ATV

Alcool

Cocaïne, amphétamines

Neurone de projection de l'ATV

Neurone épineux moyen du noyau accumbens

(B) ADDICTION

Glutamate de base ↓

Glutamate stimulé (phasique) ↑

TH
GluR1
CREB

DA de base ↓

DA stimulée ↑

FosB

AMPc CREB

Figure 29.11

Représentation schématique de la façon dont les drogues d'abus affectent les projections dopaminergiques de l'aire tegmentale ventrale sur le noyau accumbens. La plupart des drogues potentialisent l'activité de la dopamine (DA) en agissant, directement, sur les synapses dopaminergiques du noyau accumbens ou, indirectement, en modulant l'activité des neurones de l'aire tegmentale ventrale (ATV). D'autres drogues peuvent agir directement sur les neurones du noyau accumbens pour accroître leur réactivité aux afférences d'origine télencéphalique. (B) L'addiction aux drogues s'accompagne d'adaptations cellulaires et moléculaires de ce circuit (voir le texte pour les détails). Le résultat net de l'addiction est une diminution chronique de l'activité de base et une augmentation de l'intensité de l'activité phasique en présence de drogues. (D'après Nestler, 2005).

tion de ces aires corticales par le noyau médiodorsal est renforcée par des projections directes reçues de neurones dopaminergiques de l'aire tegmentale ventrale et par les projections glutamatergiques émanant du groupe basolatéral des noyaux amygdaliens qui ont ces mêmes régions pour cible (voir Encadré 29B).

On estime que c'est l'activation de ces circuits limbiques complexes qui confère leurs effets motivationnels aux agents naturels ou aux expériences individuelles (nourriture boisson, miction, sexe et expériences sociales complexes). Toutefois, la libération phasique de dopamine est également soumise à la plasticité dépendant de l'expérience, conformément au conditionnement classique. Durant un apprentissage associatif, par exemple, l'activité des neurones de l'aire tegmentale ventrale en vient à signaler la présentation du stimulus annonçant la récompense, alors que cette réactivité diminue à la présence de la récompense primaire elle-même. Curieusement, si un stimulus conditionné n'est pas suivi de la récompense (à cause, par exemple, d'une réponse comportementale inadéquate dans un paradigme de conditionnement opérant) les neurones de l'aire tegmentale ventrale cessent de décharger au moment même où une bouffée d'activité aurait signalé la présentation de la récompense (Figure 29.12C). Ces observations indiquent que la libération phasique de dopamine signale la présence d'une récompense conforme à sa prédiction, plutôt que sa présence inconditionnelle. L'intégration de ce type de signaux au niveau du noyau accumbens, du cortex préfrontal orbitaire et médian et de l'amygdale provoque l'activation de comportements opérants dont le but est d'obtenir et de consolider les bénéfices de l'événement renforçateur.

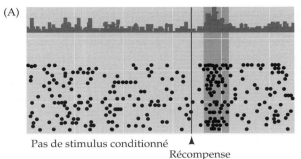

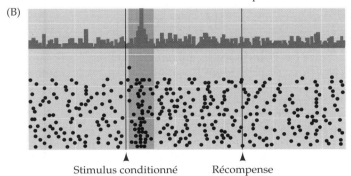

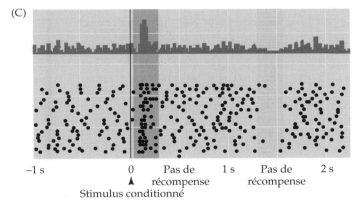

(A)

Pas de stimulus conditionné ▲ Récompense

(B)

Stimulus conditionné ▲ Récompense ▲

(C)

−1 s 0 ▲ Pas de récompense 1 s Pas de récompense 2 s

Stimulus conditionné

Figure 29.12

Changements dans l'activité des neurones dopaminergiques de l'aire tegmentale ventrale d'un singe durant l'apprentissage de l'association d'un stimulus à une récompense. Chaque illustration présente les histogrammes post-stimulus des décharges des neurones (en haut, en bleu) et le détail de leur activité essai par essai (au-dessous). (A) Avant l'apprentissage, la présentation d'une récompense (jus de fruit) inattendue déclenche une bouffée d'activité (bande en bleu foncé). (B) Après les essais d'apprentissage, les neurones répondent à l'apparition des signaux avertisseurs visuels ou auditifs (stimulus conditionnés) mais non à la récompense elle-même. (C) Dans les essais au cours desquels la récompense est annoncée, mais pas distribuée, les neurones dopaminergiques cessent de décharger (bande claire) au moment où la récompense aurait dû survenir. Ces résultats montrent que l'aire tegmentale ventrale signale l'apparition d'une récompense préalablement annoncée. (D'après Schultz et al., 1997.)

Malheureusement, le potentiel de plasticité des circuits limbiques peut être dévoyé par une exposition chronique aux drogues d'abus, entraînant des changements cellulaires et moléculaires qui faussent les mécanismes régulateurs (voir Figure 29.11B). Dans l'aire tegmentale ventrale des toxicomanes, l'activité de la tyrosine hydroxylase, enzyme intervenant dans la synthèse de la dopamine, est augmentée, de même que la réactivité des neurones aux afférences excitatrices; ce dernier effet est dû à un accroissement de l'activité d'un facteur de transcription, la CREB (voir Chapitre 7), et à la régulation positive de GluR1, importante sous-unité des récepteurs AMPA du glutamate (voir Chapitre 6). Dans le noyau accumbens, l'addiction se caractérise par des augmentations d'un autre facteur de transcription, ΔFosB, s'ajoutant à l'induction de la CREB, lors d'une exposition chronique à certaines catégories de drogues. L'activation de ces voies de signalisation moléculaire provoque une réduction généralisée de la réactivité du noyau accumbens au glutamate libéré par les afférences d'origine mésencéphalique. Cette réduction est due à la régulation de différentes sous-unités des récepteurs AMPA et/ou à des modifications des protéines des densités postsynaptiques, altérant la dynamique du trafic des récepteurs. Mais lors de la libération phasique de dopamine, la réactivité des neurones du striatum est intensifiée, en partie sous l'effet d'un changement de l'expression des récepteurs D1 et D2 de la dopamine et d'une régulation positive coordonnée des voies de signalisation AMPc-PKA.

Les dérèglements cellulaires et moléculaires des neurones de l'aire tegmentale ventrale, du striatum et du cortex, consécutifs à l'exposition aux drogues, sont loin d'être complètement élucidés. Néanmoins, il résulte de tous ces bouleversements, que l'addiction atténue les réponses des circuits de renforcement émotionnel aux récompenses naturelles peu puissantes, tandis qu'elle accentue les réponses aux drogues. Au niveau de l'ensemble du système de récompense, ces changements se reflètent vraisemblablement dans l'*hypofrontalité* – hypoactivité du cortex préfrontal orbitaire et médian – que l'on observe de manière habituelle chez les individus souffrant d'addiction. Globalement, ces altérations du traitement nerveux pourraient rendre compte de la moindre influence des signaux adaptatifs émotionnels dans les opérations de prise de décision, à mesure que l'usage de drogues devient habituel et compulsif.

Résumé

Le terme d'*émotion* recouvre des états diversifiés qui ont en commun l'association de réponses motrices viscérales, de manifestations somatiques telles que les expressions faciales et des impressions subjectives intenses. Les réponses viscérales dépendent en grande partie du système nerveux végétatif, lui-même contrôlé par les afférences de nombreuses régions cérébrales. L'organisation des manifestations somatiques de l'émotion est sous la dépendance de circuits appartenant au système limbique, qui comprend l'hypothalamus, l'amygdale ainsi que plusieurs autres territoires corticaux. Alors que la neuroanatomie et la biochimie des neurotransmetteurs du système limbique sont assez bien connues, nous manquons de données sur la façon dont ces circuits contribuent à l'émergence d'états émotionnels spécifiques. De même, neurologues, neuropsychologues et psychiatres commencent juste à évaluer l'importance du rôle des traitements émotionnels dans certaines fonctions cérébrales complexes telles que la prise de décision et les comportements sociaux. Diverses données d'un autre ordre indiquent que les deux hémisphères n'ont pas le même degré de spécialisation dans le contrôle des émotions, l'hémisphère droit apparaissant plus important à cet égard. L'omniprésence et l'importance sociale des émotions ou de leurs perturbations donnent l'assurance que la neurobiologie des émotions va constituer un thème d'importance croissante dans les neurosciences modernes.

Lectures complémentaires

Revues

ADOLPHS, R. (2003), Cognitive neuroscience of human social behavior. *Nature Rev. Neurosci.*, **4**, 165-178.

APPLETON, J.P. (1993), The contribution of the amygdala to normal and abnormal emotional states. *Trends Neurosci.*, **16**, 328-333.

CAMPBELL, R. (1986), Asymmetries of facial action : Some facts and fancies of normal face movement. In *The Neuropsychology of Face Perception and Facial Expression*, R Bruyer (ed.). Hillsdale, NJ, Erlbaum, 247-267.

DAVIS, M. (1992), The role of the amygdala in fear and anxiety. *Annu. Rev. Neurosci.*, **15**, 353-375.

LEDOUX, J.E. (1987), Emotion. In *Handbook of Physiology*. Section 1. *The Nervous System*, Vol. V : *Higher Functions of the Brain*. F. Plum (ed.). Bethesda, MD, American Physiological Society, 419-459.

KAUER, J.A. (2004), Learning mechanisms in addiction : Synaptic plasticity in the ventral tegmental area as a result of exposure to drugs of abuse. *Annu. Rev. Physiol.*, **66**, 447-475.

NESTLER, E.J. (2005), Is there a common molecular pathway for addiction ? *Nature Neurosci.*, **8**, 1445-1449.

SCHULTZ, W. (2002), Getting formal with dopamine and reward. *Neuron*, **36**.

SMITH, O.A. et J.L. DEVITO (1984), Central neural integration for the control of autonomic responses associated with emotion. *Annu. Rev. Neurosci.*, **7**, 43-65.

WISE, R.A. (2004), Dopamine, learning and motivation. *Nature Rev. Neurosci.*, **5**, 1-12.

Articles originaux importants

BARD, P. (1928), A diencephalic mechanism for the expression of rage with special reference to the sympathetic nervous system. *Am. J. Physiol.*, **84**, 490-515.

BROCA, P. (1878), Anatomie comparée des circonvolutions cérébrales. Le grand lobe limbique et la scissure limbique dans la série des mammifères. *Revue d'Anthropologie, Ser. 2*, **1**, 385-498.

DOWNER, J.L. DE C. (1961), Changes in visual agnostic functions and emotional behaviour following unilateral temporal pole damage in the « split-brain » monkey. *Nature*, **191**, 50-51.

EKMAN, P., R.W. LEVENSON et W.V. FRIESEN (1983), Autonomic nervous system activity distinguishes among emotions. *Science*, **221**, 1208-1210.

KLÜVER, H. et P.C. BUCY (1939), Preliminary analysis of functions of the temporal lobes in monkeys. *Arch. Neurol. Psychiat.*, **42**, 979-1000.

MacLean, P.D. (1964), Psychosomatic disease and the « visceral brain » : Recent developments bearing on the Papez theory of emotion. In *Basic Readings in Neuropsychology*, R.L. Isaacson (ed.). New York, Harper & Row, 181-211.

Mogenson, G.J., D.L. Jones et C.Y. Kim (1980), From motivation to action : Functional interface between the limbic system and the motor system. *Prog. Neurobiol.*, **14**, 69-97.

Papez, J.W. (1937), A proposed mechanism of emotion. *Arch. Neurol. Psychiat.*, **38**, 725-743.

Robinson, T.E. et K.C. Berridge (1993), The neural basis of drug craving : an incentive-sensitization theory af addiction. *Brain Res. Rev.*, **18**, 247-291.

Ross, E.D. et M.-M. Mesulam (1979), Dominant language functions of the right hemisphere ? Prosody and emotional gesturing. Arch. Neurol., **36**, 144-148.

Ouvrages

Appleton, J.P. (ed.) (1992), *The Amygdala. Neurobiological Aspects of Emotion, Memory and Mental Dysfunction.* New York, Wiley-Liss.

Corballis, M.C. (1991), *The Lopsided Ape : Evolution of the Generative Mind.* New York, Oxford University Press.

Damasio, A.R. (1995), *L'erreur de Descartes.* Paris, Éditions Odile Jacob. (Traduction de *Descartes' Error : Emotion, Reason and the Human Brain,* 1994, New York, Grosset/Putnam.)

Darwin, C.R. (1874), *L'expression des émotions chez l'homme et les animaux.* Paris, C. Reinwald et Cie. (Traduction de *The Expression of Emotion in Man and Animals,* 1872, London, John Murray.)

Hellige, J.P. (1993), *Hemispheric Asymmetry : What's Right and What's Left.* Cambridge, MA, Harvard University Press.

Holstege, G., R. Bandler et C.B. Saper (eds.) (1996), *Progress in Brain Research*, Vol. 107. Amsterdam, Elsevier.

James, W. (1890), *The Principles of Psychology*, Vols 1 and 2. New York, Dover Publications (1950).

James, W. (1892), *Psychology*, New York, Henry Holt. (Traduction française : *Précis de Psychologie*, 1924, Paris, Marcel Rivière.)

Rolls, E.T. (1999), *The Brain and Emotion.* Oxford, Oxford University Press.

chapitre **30**

Le sexe, la sexualité et le cerveau

Vue d'ensemble

Les comportements qui sous-tendent la reproduction et les soins parentaux sont fondamentaux pour tous les organismes. Il n'est donc pas surprenant que le système nerveux de toutes les espèces animales, y compris l'espèce humaine, comportent des fonctions spécialisées contrôlant les comportements qui vont de la reconnaissance et du choix des partenaires sexuels, à l'accouplement, à la reproduction, jusqu'aux soins prodigués pour nourrir et élever les petits. Chez la plupart des animaux, les comportements reproducteurs et parentaux se répartissent inégalement entre les deux sexes. Les différences portent sur des caractéristiques anatomiques, comportementales et neurobiologiques qui distinguent les mâles et les femelles et constituent ce que l'on appelle le dimorphisme sexuel. Certaines d'entre elles reflètent les mécanismes génétiques qui déterminent les gonades mâles et femelles et, plus tard, les organes génitaux externes ainsi que les caractéristiques physiques que sont les caractères sexuels secondaires de chacun des deux sexes. Le système nerveux central présente, lui aussi, des différences comparables dans la prise en charge des fonctions reproductrices et parentales propres à chaque sexe. Au-delà de ces différences sexuelles nettes, se trouvent des comportements qui, particulièrement dans l'espèce humaine, sont associés au sexe, mais dont les bases biologiques sont pratiquement inconnues. Ces comportements comprennent l'ensemble des émotions et des choix qui caractérisent la sexualité humaine ainsi que, sur le plan sensoriel, moteur et cognitif, des différences évidentes qui n'ont pas de lien strict avec la reproduction ou les comportements parentaux, que ce soit chez les hommes ou chez les femmes. La relation entre ces différences comportementales liées au sexe ou à l'identité sexuelle et les différences qu'on peut observer entre les cerveaux masculins et féminins fait l'objet de vives controverses que reflètent les incertitudes de la neurobiologie, ainsi que les spéculations et les débats littéraires, sociologiques et culturels.

Dimorphismes sexuels somatiques, nerveux et comportementaux

On appelle dimorphismes sexuels, les différences physiques nettes et constantes observées entre les mâles et les femelles d'une même espèce. Présents dans l'ensemble du règne animal, ils sont d'ordinaire associés à des différences fonctionnelles qui favorisent la reproduction et les soins donnés à la progéniture. Très souvent, ces différences physiques s'accompagnent de structures périphériques qui ne se trouvent que dans l'un des deux sexes et de différences marquées entre les circuits cérébraux des mâles et des femelles. Ainsi, chez le sphinx du tabac *Manduca sexta*, les antennes présentent des différences frappantes de taille et de structure selon le sexe de ce papillon de nuit : les antennes des femelles sont minces et lisses, celles des mâles, plus épaisses, sont bordées de rangées de soies sensorielles (Figure 30.1A). Ces spécialisations anatomiques sont indispensables aux comportements reproducteurs particuliers du mâle et de la femelle : les antennes des femelles détectent l'odeur des plants de tabac, qui constituent le meilleur des lieux de ponte, alors que les antennes du mâle sont adaptées à la détection des concentrations aériennes extrêmement faibles d'une phéromone indiquant la proximité d'une femelle et donc d'un partenaire sexuel potentiel. Ce dimorphisme

Figure 30.1

Dimorphisme sexuel anatomique chez
le sphinx du tabac, *Manduca sexta*.
(A) Les antennes sont spécialisées pour
les rôles qu'elles jouent, chez les mâles et
les femelles, dans les comportements de
cour et d'accouplement. Au dimorphisme
sexuel des antennes de ce papillon,
correspond un dimorphisme
des glomérules olfactifs du lobe
antennaire du cerveau, spécialisés pour
les comportements sexuels d'origine
olfactive de chaque sexe. Le complexe
macroglomérulaire, propre aux mâles,
est une structure essentielle pour le
traitement des phéromones des femelles.
(A, photographie de C. Hitchcock,
© Arizona Board of Regents.)

(A)

Mâle

Femelle

(B)

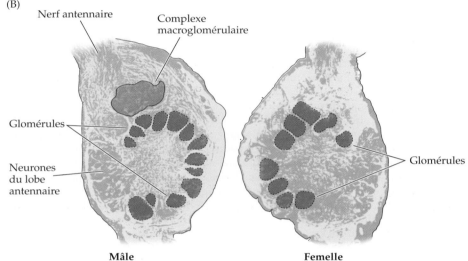

Nerf antennaire

Complexe
macroglomérulaire

Glomérules

Neurones
du lobe
antennaire

Glomérules

Mâle   **Femelle**

physique, indispensable pour certains aspects de la reproduction, a sa contrepartie
dans un dimorphisme des circuits cérébraux. Dans chaque sexe, les antennes sont dotées
de neurones récepteurs olfactifs dont les axones projettent sur les glomérules du lobe
antennaire (l'équivalent du bulbe olfactif ; voir Chapitre 15). Les papillons mâles ont,
en plus, un glomérule de grande taille, le complexe glomérulaire, qui est spécifiquement
activé par les phéromones des femelles. Le développement de ce glomérule dépend de
l'antenne dont il reçoit les projections : si on transplante, au stade larvaire, une
antenne mâle sur la tête d'une femelle, on provoque le développement d'un complexe
glomérulaire dans le cerveau de la femelle.

Dans l'ensemble du règne animal, le corps, le comportement ou le système nerveux peuvent présenter des dimorphismes sexuels tout aussi spectaculaires. Ceux de
plusieurs espèces d'oiseaux chanteurs, chez lesquels seuls les mâles ont des chants complexes, ont fait l'objet d'études particulièrement minutieuses. Le chant du mâle est
l'élément clé qui permet à ces oiseaux d'attirer des partenaires sexuels et de marquer
leur territoire. Il constitue également un aspect important des soins parentaux : les
oisillons mâles apprennent à chanter en écoutant un « tuteur » et en imitant ses vocalisations ; ils acquièrent ainsi un élément déterminant pour leur reproduction. L'organe
de production du chant (la syrinx) est plus développé et plus sophistiqué chez les oiseaux
mâles. Parallèlement, dans le cerveau des oiseaux chanteurs, les noyaux qui contrôlent
les aspects moteurs et sensoriels du chant sont plus volumineux chez les mâles (voir
Chapitres 24 et 25).

Chez toutes les espèces examinées jusqu'ici, y compris l'espèce humaine, le dimorphisme sexuel du cerveau reflète les dimorphismes somatiques. Le dimorphisme d'un grand nombre de structures somatiques et cérébrales est sous le contrôle d'hormones stéroïdes circulantes, mâles et femelles (particulièrement des androgènes et des œstrogènes; voir ci-dessous). Ainsi l'administration de stéroïdes sexuels à des femelles d'oiseaux chanteurs en cours de développement, jusqu'au taux que l'on trouve chez les mâles, provoque chez elles le développement d'une syrinx hypertrophiée et hautement différenciée. De même, dans leur cerveau, les noyaux de contrôle du chant se masculinisent, si bien que ces oiseaux femelles, dont les centres nerveux et les organes périphériques ont ainsi été masculinisés, se mettent à chanter comme des mâles.

Le dimorphisme sexuel du cerveau et des organes périphériques des oiseaux chanteurs et du sphinx du tabac illustre un concept fondamental des neurosciences des différences sexuelles : les dimorphismes somatiques sont nécessaires aux comportements reproducteurs et parentaux et ont pour contrepartie des structures et des circuits cérébraux distincts.

Sexe, gonades, corps et cerveau

Le mot « sexe » est peut-être l'un des mots les plus complexes et les plus évocateurs de toutes les langues. Il a une gamme très étendue de significations, qu'elles relèvent des définitions de la biologie ou de celles qu'en donnent l'histoire, les traditions et les cultures humaines. Le **sexe chromosomique** est un terme de biologie qui fait spécifiquement référence aux chromosomes sexuels d'un individu. La plupart des espèces ont deux types de chromosomes : les **autosomes**, identiques dans les deux sexes, et les **chromosomes sexuels**, propres aux génomes mâles et femelles. Le nombre et/ou l'identité des chromosomes sexuels détermine le sexe chromosomique. Dans certaines espèces, les mâles ont trois exemplaires de chromosomes sexuels alors que les femelles n'en ont que deux. Dans d'autres espèces, dont l'espèce humaine, les chromosomes sexuels ont des identités distinctes ; dans la plupart des cas, le chromosome propre aux mâles est soit présent soit absent.

Bien évidemment, les gènes qui déterminent les caractères sexuels primaires – les tissus gonadiques mâles et femelles, porteurs des gamètes mâles et femelles – se trouvent sur les chromosomes sexuels. La nature physique des gonades et des organes génitaux externes est donc un déterminant primaire du **sexe phénotypique**. Une série de caractères sexuels secondaires complète la détermination du sexe phénotypique. Au nombre de ces caractères, on compte les glandes mammaires des femelles, les différences entre mâles et femelles dans les patterns de pilosité et la taille du système musculosquelettique ou de certains organes. Ces caractères phénotypiques sont en relation plus ou moins nette avec les fonctions reproductrices et parentales propres aux mâles et aux femelles.

Dans l'espèce humaine, les chromosomes sexuels sont symbolisés par les lettres X et Y tandis que les vingt-deux paires d'autosomes sont identifiées par des chiffres. À quelques exceptions près (voir les cas d'intersexualité ci-dessous), les individus qui ont deux chromosomes X sont du sexe féminin, ceux qui ont un chromosome X et un chromosome Y, du sexe masculin (Figure 30.2A). Les relations fondamentales entre le génotype humain (c'est-à-dire le sexe chromosomique) et le phénotype (sexe phénotypique) sont mieux connues dans le cas du génotype mâle, XY. Le gène qui détermine le sexe génotypique et phénotypique mâle se trouve sur le chromosome Y : il s'agit d'un seul gène, codant un facteur de transcription, le facteur de détermination testiculaire, TDF (*Testis Determining Factor*). Le nom de ce gène, *SRY* (*Sex-determining Region of Y chromosome*), fait référence à son rôle (voir le paragraphe suivant). Chose remarquable, le produit du gène *TDF/SRY* détermine à lui seul le caractère mâle des tissus gonadiques, et donc le sexe phénotypique mâle.

Dans la plupart des cas, le génotype XX entraîne le développement des ovaires, des trompes, de l'utérus et du col de l'utérus, du clitoris, des petites et grandes lèvres, du vagin ; le génotype XY s'accompagne d'un phénotype comprenant les testicules, l'épididyme, le canal déférent, les vésicules séminales, le pénis et le scrotum (Figure 30.2B). De rares individus d'apparence masculine ainsi que des souris mutantes, chez lesquelles

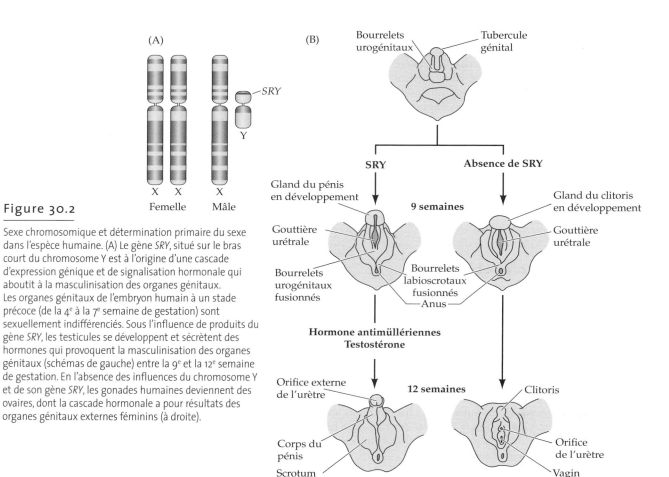

Figure 30.2

Sexe chromosomique et détermination primaire du sexe dans l'espèce humaine. (A) Le gène *SRY*, situé sur le bras court du chromosome Y est à l'origine d'une cascade d'expression génique et de signalisation hormonale qui aboutit à la masculinisation des organes génitaux. Les organes génitaux de l'embryon humain à un stade précoce (de la 4ᵉ à la 7ᵉ semaine de gestation) sont sexuellement indifférenciés. Sous l'influence de produits du gène *SRY*, les testicules se développent et sécrètent des hormones qui provoquent la masculinisation des organes génitaux (schémas de gauche) entre la 9ᵉ et la 12ᵉ semaine de gestation. En l'absence des influences du chromosome Y et de son gène *SRY*, les gonades humaines deviennent des ovaires, dont la cascade hormonale a pour résultats des organes génitaux externes féminins (à droite).

on a, pour la première fois, cloné et séquencé le gène *Sry* possèdent deux chromosomes X, mais l'un de ces deux chromosomes X présente un gène *SRY* qui a subi une translocation (transfert, durant la recombinaison de la méiose, du chromosome Y paternel au chromosome X paternel).

Malgré l'écrasante majorité des gènes portés par les deux exemplaires du chromosome X (et l'absence de tout gène du chromosome Y) *SRY* suffit pour masculiniser à lui seul les individus de génotype XX : ils deviennent des mâles phénotypiques. Que *SRY* seul ait subi une translocation ou qu'il ait été transféré avec la totalité du chromosome Y à un individu XX (donnant un phénotype XXY aneuploïde connu sous le nom de syndrome de Klinefelter ; voir ci-dessous), le résultat est le même : un phénotype mâle. On pense donc que *SRY* est au sommet d'un réseau génétique intervenant dans la différenciation des caractères sexuels mâles primaires et secondaires (voir Figure 30.2B). Curieusement toutefois, *SRY* n'est pas exprimé dans le cerveau. Comme chez le sphinx du tabac et les oiseaux chanteurs, les différences qui, dans le cerveau des mâles et des femelles, reflètent des caractéristiques du sexe génotypique et phénotypique, ne se manifestent qu'en second, en réponse aux caractères distinctifs primaires du reste du corps.

Pour convaincant que soit le point de vue biologique sur le sexe génotypique et phénotypique, il n'explique pas la constellation de phénomènes cognitifs, émotionnels et culturels que les personnes humaines considèrent comme faisant partie du sexe. Il faut donc recourir à une terminologie complémentaire pour décrire ces autres aspects du sexe. L'**identité sexuelle** désigne la perception consciente qu'un individu a de son sexe phénotypique. L'**orientation sexuelle** fait référence à la façon dont sont vécues cognitivement les émotions et l'attirance ressenties à l'égard des personnes du même sexe ou du sexe opposé. L'orientation sexuelle n'est pas reliée de façon simple aux diverses caractéristiques manifestes génotypiques, phénotypiques ou liées à la masculinité ou à la féminité. Les femmes homosexuelles ne sont pas phénotypiquement masculinisées ni les hommes homosexuels phénotypiquement féminisés. Si tout indique que l'orientation sexuelle est biologiquement déterminée, elle comporte néanmoins une évaluation et un positionnement de soi dans un contexte social et culturel.

La notion de **genre** fait référence à la perception subjective que chacun a de son sexe et de son orientation sexuelle. Elle est plus difficile à définir – surtout en termes biologiques stricts – que le sexe chromosomique ou phénotypique et même que l'identité ou l'orientation sexuelle. À vrai dire, bien des gens y voient un concept social et politique plutôt qu'un phénomène relevant du domaine de la biologie. Pourtant les études cliniques d'individus transsexuels, mettent ce point de vue en doute. Ces personnes disent ressentir profondément une identité qui va à l'encontre de leur sexe génotypique et phénotypique. L'évaluation diagnostique de leur vécu, généralement exhaustive et rigoureuse, conduit souvent à une réassignation hormonale et chirurgicale de leur sexe phénotypique. Ce que l'on sait aujourd'hui des transsexuels hommes et femmes renforce donc le sentiment que la perception qu'une personne a de son sexe et de sa sexualité – son genre – comprend un certain nombre de composantes biologiques. Indépendamment de ses bases biologiques, le genre comporte une auto-évaluation fondée sur une affinité pour des traits comportementaux complexes associés le plus souvent à l'un ou l'autre sexe et que l'on appelle des traits génériques. Ces traits génériques ne se rapportent pas nécessairement de façon directe à la reproduction ou aux fonctions parentales : ils comprennent la liste complète des comportements ou des habiletés dont on peut penser qu'ils intéressent davantage soit les hommes, soit les femmes ou qu'ils leur conviennent mieux. Ces distinctions, qui restent très mal comprises et sont souvent l'objet de vives controverses, sont très vraisemblablement influencées par des attentes sociétales et par des normes culturelles ainsi que par la biologie (ou faudrait-il dire à sa place ?).

Influences hormonales sur le dimorphisme sexuel

Le sexe chromosomique – particulièrement la différenciation des tissus gonadiques dans un sens mâle ou femelle – met en branle une série d'événements qui déterminent les principaux dimorphismes sexuels du cerveau et du reste du corps. Les **hormones stéroïdiennes gonadiques**, testostérone et œstrogènes (Figure 30.3A), sont sécrétées respectivement par les testicules et les ovaires et elles influencent la plupart des aspects du dimorphisme sexuel. C'est pourquoi la différenciation initiale des gonades mâles et femelles est l'événement central de la traduction du sexe chromosomique en sexe phénotypique. Le développement des testicules dépend de la présence du gène *SRY*, et donc du chromosome Y. La différenciation des ovaires paraît être un processus « par défaut », régulé par les gènes des chromosomes X et des autosomes. Les deux types de tissu gonadique sécrètent des quantités très différentes de testostérone et d'œstrogènes, selon le moment du développement. À des moments critiques, l'influence de ces taux d'hormones différents sur les ébauches gonadiques indifférenciées va faire diverger le développement des organes génitaux et, plus tard, celui des caractères sexuels secondaires mâles ou femelles. Cette influence précoce des stéroïdes sexuels sur le développement de structures dimorphes, est parfois dénommée **influence organisatrice** ; ce terme reflète le guidage dans un sens spécifiquement mâle ou femelle que ces hormones exercent sur la différenciation de divers tissus, parmi lesquels le cerveau.

Les mâles présentent un pic précoce de testostérone qui, avec l'hormone anti-müllérienne, masculinise les organes génitaux (Figure 30.3B). Ce pic précoce de testostérone peut également favoriser la masculinisation du système nerveux et affecter finalement le comportement ; toutefois, les effets spécifiques de la testostérone (et des œstrogènes) sur le développement dans le sens mâle ou femelle n'ont généralement lieu qu'à des stades ultérieurs, en réponse à des taux différentiels d'hormones et à des sensibilités différentes du cerveau et des organes périphériques du fœtus et du nouveau-né (voir ci-dessous). Paradoxalement, les effets de la testostérone sur le cerveau

(A)

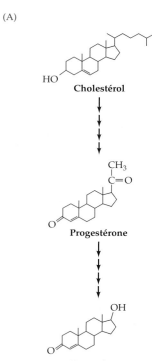

Cholestérol

Progestérone

Testostérone

5-α-réductase   Aromatase

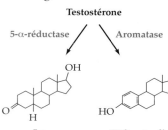

5-α-
dihydrotestostérone   17-β-œstradiol

(B)

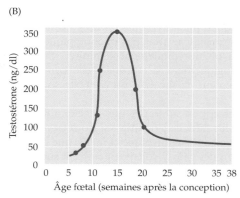

Âge fœtal (semaines après la conception)

Figure 30.3

Les stéroïdes sexuels et leur influence organisatrice. Tous les stéroïdes sexuels sont synthétisés à partir du cholestérol. Le cholestérol est d'abord transformé en progestérone, précurseur commun des stéroïdes sexuels, par quatre réactions enzymatiques (symbolisées par les quatre flèches). La progestérone peut alors être convertie en testostérone par une autre série de réactions enzymatiques. À son tour, la testostérone est convertie en 5-α-dihydrotestostérone grâce à une 5-α-réductase ou en 17-β-œstradiol grâce à une aromatase. Le 17-β-œstradiol est à l'origine de la grande majorité des effets connus des hormones dans le cerveau des rongeurs mâles ou femelles. (B) La masculinisation des organes génitaux reflète l'augmentation de la sécrétion de testostérone par les testicules immatures des mâles, entre la septième et la vingtième semaine de gestation chez le fœtus humain.

mâle sont en réalité dus pour une large part à des œstrogènes, vers le milieu de la gestation (au cours du second trimestre de la grossesse, dans l'espèce humaine) du fait de la conversion intracérébrale de la testostérone en œstrogène. Les neurones contiennent en effet une enzyme (une **aromatase**) qui convertit la testostérone en une forme d'œstrogène, l'**œstradiol** (voir Figure 30.3A). Dans ces conditions, le pic de testostérone chez le mâle en développement se transforme en un pic d'œstradiol pour les neurones affectés. Il existe cependant des cas où la testostérone agit directement sur les neurones en développement ou matures, grâce à ses propres récepteurs. La conversion de la testostérone en œstrogènes n'a peut-être pas la même importance chez l'homme et les autres primates ; les données dont nous disposons laissent penser que, chez eux, la différenciation sexuelle du cerveau dépend davantage des androgènes et de leurs récepteurs. Ce sont également les androgènes qui, plus tard, sont majoritairement responsables de la motivation sexuelle chez les femelles aussi bien que chez les mâles.

Les œstrogènes, la testostérone et les autres stéroïdes sont des molécules fortement lipophiles qui circulent dans le flot sanguin liées à des protéines de transport. De façon surprenante, on ne sait pas précisément comment les cellules à sécrétion endocrine libèrent les hormones stéroïdiennes, ni comment celles-ci diffusent à travers les membranes des cellules sensibles. Il est clair, cependant, que les fœtus des mammifères placentaires sont exposés aux œstrogènes des ovaires maternels et du placenta. Comment se fait-il, dès lors, que ces œstrogènes n'interfèrent pas avec la différenciation sexuelle des rejetons ? Les mammifères en développement ont, dans leur circulation, une protéine, l'**α-fœtoprotéine**, qui lie les œstrogènes circulants. Le cerveau femelle est donc protégé d'une exposition précoce à de trop grandes quantités d'œstrogènes, étant donné que ces derniers sont complexés par l'α-fœtoprotéine ; le cerveau mâle, par contre, est exposé aux stéroïdes masculinisants, lors du pic précoce de testostérone sécrétée par le testicule fœtal (Figure 30.3B). Or la testostérone n'est pas affectée par l'α-fœtoprotéine et n'est aromatisée en œstradiol qu'après avoir pénétré dans les neurones.

Les stéroïdes sexuels agissent sur les cellules en se liant à des récepteurs spécifiques, soit de la testostérone, soit des œstrogènes (Figure 30.4A). Ces récepteurs se distribuent dans des régions relativement limitées du cerveau des mammifères et se concentrent principalement dans les sites impliqués dans les fonctions reproductrices et parentales ou qui présentent un dimorphisme sexuel (Figure 30.4B). Ces récepteurs font partie

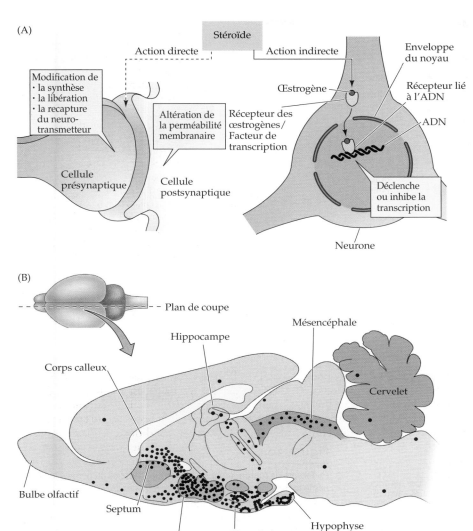

(A)

Stéroïde

Action directe — Action indirecte

Modification de
· la synthèse
· la libération
· la recapture du neuro-transmetteur

Altération de la perméabilité membranaire

Œstrogène

Enveloppe du noyau

Récepteur lié à l'ADN

Récepteur des œstrogènes / Facteur de transcription

ADN

Cellule présynaptique

Cellule postsynaptique

Déclenche ou inhibe la transcription

Neurone

(B)

Plan de coupe

Corps calleux

Hippocampe

Mésencéphale

Cervelet

Bulbe olfactif

Septum

Aire préoptique

Hypothalamus

Hypophyse

Figure 30.4

Effets des stéroïdes sexuels sur les neurones. (A) Le schéma de gauche résume les effets *directs* des hormones stéroïdiennes sur les membranes pré- et postsynaptiques. Ces effets peuvent modifier la libération des neurotransmetteurs et influencer les récepteurs des neurotransmetteurs. Le schéma de droite indique quelques effets indirects de ces hormones. En se liant à des récepteurs/facteurs de transcription, elles influencent l'expression des gènes, à l'intérieur du noyau. (B) Distribution des neurones sensibles à l'œstradiol, sur une coupe sagittale du cerveau de rat. Les animaux ont reçu de l'œstradiol marqué par un atome radioactif ; les points indiquent les régions où le marqueur s'est accumulé. Chez le rat, la plupart des neurones sensibles à l'œstradiol sont situés dans l'aire préoptique, dans l'hypothalamus et dans l'amygdale. (A, d'après McEwen et al., 1978 ; B d'après McEwen, 1976.)

de la superfamille des **récepteurs nucléaires des hormones stéroïdiennes et thyroïdiennes**, protéines qui comprennent les récepteurs de la vitamine A (l'acide rétinoïque ; voir Chapitre 22), de la vitamine D et des glucocorticoïdes (voir Chapitre 29). Lorsque la testostérone (sous forme de 5-α-dihydrotestostérone) ou les œstrogènes (sous forme de 17β-œstradiol) se lient à leurs récepteurs respectifs, ces derniers deviennent aptes à se lier aux sites de reconnaissance de l'ADN et à réguler l'expression des gènes.

Représentation cérébrale des dimorphismes sexuels primaires

Les œstrogènes et la testostérone exercent leurs influences organisationnelles sur des cibles qui leur sont spécifiques, aussi bien dans le cerveau qu'à la périphérie. La plupart des cibles centrales sont des structures neurales contrôlant les organes génitaux externes ou d'autres organes spécialisés (tels que les glandes mammaires) intervenant dans les dimorphismes fonctionnels liés à la reproduction ou aux activités parentales (voir Figure 30.4B). Le meilleur exemple, peut-être, de dimorphisme sexuel relatif au contrôle moteur d'un comportement reproducteur est donné par la différence de taille, entre mâles et femelles, d'un noyau de la moelle lombaire du rat, appelé **noyau spinal du bulbocaverneux (NSB)**. Les motoneurones de ce noyau innervent deux

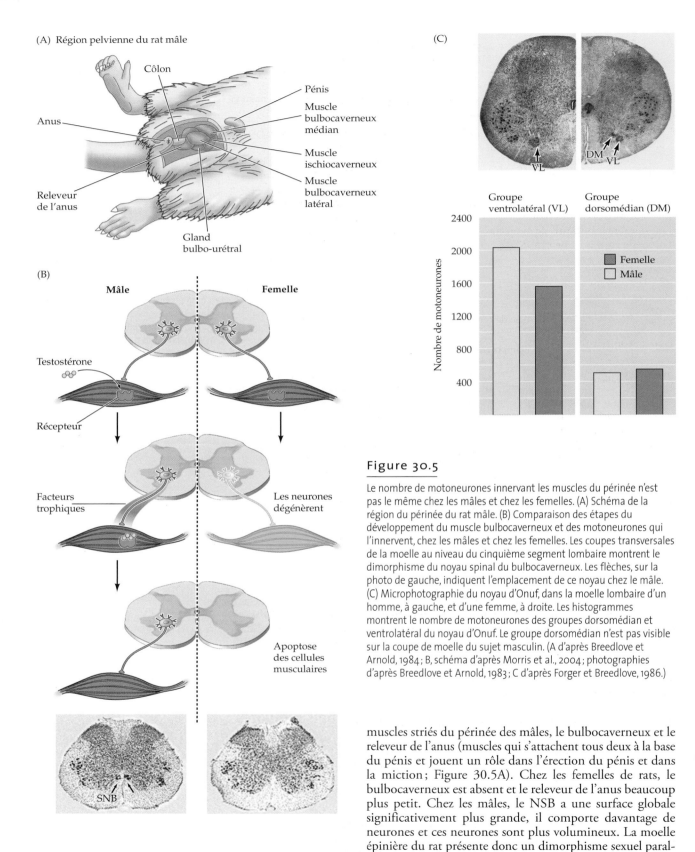

(A) Région pelvienne du rat mâle

Côlon

Pénis

Muscle
bulbocaverneux
médian

Anus

Muscle
ischiocaverneux

Muscle
bulbocaverneux
latéral

Releveur
de l'anus

Gland
bulbo-urétral

(B)

Mâle   **Femelle**

Testostérone

Récepteur

Facteurs
trophiques

Les neurones
dégénèrent

Apoptose
des cellules
musculaires

SNB

(C)

DM VL

VL

Groupe
ventrolatéral (VL)

Groupe
dorsomédian (DM)

Nombre de motoneurones

2400

2000

1600

1200

800

400

Femelle
Mâle

Figure 30.5

Le nombre de motoneurones innervant les muscles du périnée n'est
pas le même chez les mâles et chez les femelles. (A) Schéma de la
région du périnée du rat mâle. (B) Comparaison des étapes du
développement du muscle bulbocaverneux et des motoneurones qui
l'innervent, chez les mâles et chez les femelles. Les coupes transversales
de la moelle au niveau du cinquième segment lombaire montrent le
dimorphisme du noyau spinal du bulbocaverneux. Les flèches, sur la
photo de gauche, indiquent l'emplacement de ce noyau chez le mâle.
(C) Microphotographie du noyau d'Onuf, dans la moelle lombaire d'un
homme, à gauche, et d'une femme, à droite. Les histogrammes
montrent le nombre de motoneurones des groupes dorsomédian et
ventrolatéral du noyau d'Onuf. Le groupe dorsomédian n'est pas visible
sur la coupe de moelle du sujet masculin. (A d'après Breedlove et
Arnold, 1984 ; B, schéma d'après Morris et al., 2004 ; photographies
d'après Breedlove et Arnold, 1983 ; C d'après Forger et Breedlove, 1986.)

muscles striés du périnée des mâles, le bulbocaverneux et le
releveur de l'anus (muscles qui s'attachent tous deux à la base
du pénis et jouent un rôle dans l'érection du pénis et dans
la miction ; Figure 30.5A). Chez les femelles de rats, le
bulbocaverneux est absent et le releveur de l'anus beaucoup
plus petit. Chez les mâles, le NSB a une surface globale
significativement plus grande, il comporte davantage de
neurones et ces neurones sont plus volumineux. La moelle
épinière du rat présente donc un dimorphisme sexuel parallèle à celui des organes génitaux mâles et femelles.

Ce dimorphisme se met en place sous l'influence de la testostérone, aux alentours de la naissance chez les rongeurs ; toutefois, la cible principale de l'action des stéroïdes sexuels n'est pas le cerveau, mais les muscles du périnée, qui contrôlent les organes génitaux. À la naissance, les muscles bulbocaverneux non encore développés sont présents chez les mâles et les femelles et ont la même taille (Figure 30.5B). À ce stade, les neurones du NSB sont aussi en nombre équivalent. Les muscles des mâles et des femelles ont des récepteurs des androgènes (de même que tous les muscles, au grand dam des dirigeants des grandes organisations sportives) ; mais seuls les mâles ont des taux endogènes de testostérone suffisants pour activer ces récepteurs. L'activation des récepteurs de la testostérone, dans les muscles périnéaux des mâles, épargne aux cellules musculaires du bulbocaverneux la mort par apoptose qui survient chez les femelles peu après la naissance. La cible périphérique laisse donc subsister, chez les mâles, les interactions trophiques (voir Chapitre 24) qui permettent la survie et la différenciation d'un nombre significatif de neurones du NSB ; chez les femelles, au contraire, l'absence de la cible entraîne une insuffisance de facteurs trophiques, une atrophie des neurones et, finalement, leur mort. Si une femelle est artificiellement exposée à la testostérone, les muscles persistent et le nombre de neurones du NSB de cette femelle partiellement masculinisée est voisin de ce qu'on observe chez les mâles. Cet exemple frappant de dimorphisme sexuel représente un cas particulier d'une règle plus générale du développement : les structures du système nerveux central sont ajustées à leurs cibles périphériques au cours du développement, d'après le degré de support trophique fourni par la cible. Outre ce support trophique, les neurones du NSB de la moelle épinière mâle expriment des récepteurs de la testostérone. Et l'on pense que l'activation de ces récepteurs régule la croissance de neurones du NSB, plus gros chez les mâles que chez les femelles. On ignore la signification fonctionnelle de ce dimorphisme de la taille des neurones, que les hormones induisent dans la moelle épinière mâle

Comme c'est le cas avec la plupart des dimorphismes sexuels, la situation équivalente est beaucoup moins claire dans l'espèce humaine que chez les animaux de laboratoire. Chez l'homme, la structure spinale correspondant au noyau spinal du bulbocaverneux du rat est le **noyau d'Onuf**. Ce noyau consiste en deux groupes cellulaires de la moelle sacrée : les groupes dorsomédian et ventrolatéral. Si le groupe dorsomédian ne présente pas de dimorphisme sexuel, le groupe ventrolatéral comprend moins de neurones chez les femmes que chez les hommes (Figure 30.5C). Contrairement à ce qui se passe chez les rongeurs, la femme garde durant toute la vie un muscle bulbocaverneux (qui sert à contracter le vagin), mais plus petit que celui de l'homme. La différence de taille des noyaux spinaux reflète vraisemblablement, dans l'espèce humaine comme chez les rongeurs, la quantité différente de fibres musculaires que les motoneurones du noyau d'Onuf doivent innerver.

Ainsi, chez divers mammifères, dont les humains, le développement, la taille finale et le nombre des motoneurones qui innervent les muscles des organes génitaux externes réagissent apparemment à une différenciation dimorphe régulée par les stéroïdes sexuels. Cette relation fournit un exemple concret de l'adéquation du dimorphisme sexuel du système nerveux central au dimorphisme des organes périphériques.

Dimorphismes cérébraux relatifs aux comportements reproducteurs

À côté de l'innervation motrice primaire de muscles génitaux dimorphes, il existe dans le système nerveux central des dimorphismes qui reflètent, de la même façon, des différences dans les fonctions reproductrices. L'un des principaux sites de ces dimorphismes est l'hypothalamus (voir Chapitre 21), sans doute à cause de son rôle central dans le contrôle de la motricité végétative des glandes, des vaisseaux et des muscles lisses nécessaires aux fonctions sexuelles mâles et femelles. La concentration des récepteurs des stéroïdes sexuels dans l'hypothalamus renforce ce point de vue (voir Figure 30.4B). Les neurones de l'aire préoptique médiane de l'hypothalamus antérieur, où sont concentrés les récepteurs des stéroïdes, interviennent dans un certain nombre de ces comportements, et, chez la plupart des mammifères, les neurones de divers noyaux de cette région présentent des différences de taille et de nombre.

Chez les rongeurs, un groupe nucléaire particulier, le **noyau sexuellement dimorphe de l'aire préoptique (NSD-APO)** est régulièrement plus gros et a plus de neurones chez les mâles que chez les femelles (Figure 30.6A). La taille et le nombre des neurones de ce noyau sont régulés par la testostérone ; une femelle exposée à des taux élevés d'androgènes au début de sa vie postnatale développera un NSD-APO plus gros, avec davantage de neurones. Cette masculinisation traduit une réduction de la mort cellulaire en réponse à l'augmentation des stéroïdes sexuels. Toutefois, à la différence de la moelle épinière, les effets de la testostérone sur la survie ou la mort des neurones du NSD-APO sont des effets directs, dus à sa conversion en œstrogènes dans le cerveau, et, vraisemblablement, aux actions ultérieures des œstrogènes par l'intermédiaire des récepteurs situés sur les neurones du NSD-APO. Ce dimorphisme, comme beaucoup d'autres, peut, en fin de compte, être la conséquence des taux d'œstrogènes et de testostérone différents produits par les gonades mâles et femelles. On a fait état de dimorphismes semblables pour un certain nombre de noyaux de l'aire préoptique de l'hypothalamus humain ; mais leur constance et leur relation avec le comportement sexuel sont discutées (voir ci-dessous).

Chez divers animaux de laboratoire, l'aire préoptique en général et le NSD-APO en particulier ont été impliqués dans des dimorphismes du comportement sexuel. Chez des rats mâles, des lésions généralisées de l'aire préoptique abolissent le comportement copulatoire ; des lésions plus discrètes du seul NSD-APO diminuent la fréquence des montes et des copulations. Les femelles chez lesquelles on a pratiqué ces mêmes lésions évitent les partenaires mâles et ne manifestent pas les postures copulatoires propres aux femelles. On estime donc que l'aire préoptique intervient dans le

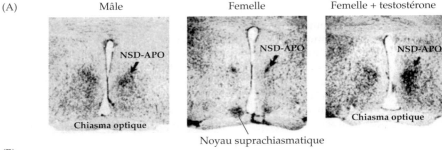

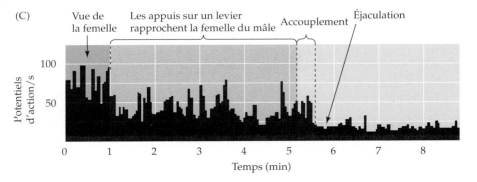

Figure 30.6

Les noyaux de l'hypothalamus sont sexuellement dimorphes et l'activité de leurs neurones est en rapport avec les comportements sexuels. (A) Chez le rat, le noyau sexuellement dimorphe de l'aire préoptique (NSD-APO) est plus gros chez les mâles (à gauche) que chez les femelles (au centre). Cette plus grande taille se manifeste chez des rates génotypiquement femelles à qui l'on administre de la testostérone aux alentours de la naissance. Histogrammes des potentiels d'action émis par des neurones du NSD-APO d'une femelle de rat, en relation avec la période de réceptivité sexuelle, les intromissions (indiquées par des astérisques) et les éjaculations. Ces neurones déchargent avant et pendant l'accouplement. (C) Activité neuronique enregistrée dans l'aire préoptique médiane d'un singe mis en présence d'une femelle réceptive (voir le texte). La fréquence de décharge du neurone varie selon les phases de l'activité sexuelle. (B d'après Kato et Sakuma, 2000 ; C d'après Oomura et al., 1983.)

choix du partenaire et dans les comportements préparatoires à l'accouplement, ainsi que dans certains aspects végétatifs et moteurs de l'intromission (insertion du pénis dans le vagin), de l'éjaculation et des réponses copulatoires femelles. Les enregistrements électrophysiologiques des neurones de l'aire préoptique médiane de l'hypothalamus antérieur, chez des rats et des singes confortent ce point de vue ; Ces neurones déchargent au cours de différentes phases de l'éveil sexuel et de la recherche d'un partenaire, aussi bien chez les mâles que chez les femelles. Ces enregistrements ont été réalisés chez des rats libres de leurs mouvements, porteurs d'électrodes intracérébrales implantées à demeure, ainsi que chez des singes. Ces derniers sont munis d'un système de contention flexible leur permettant d'avoir accès à une femelle réceptive ; quand l'animal appuie sur un levier, la femelle est approchée à une distance telle qu'il puisse la monter. Chez la rate, les neurones de l'aire préoptique déchargent rapidement au cours de phases spécifiques de la copulation ; ces neurones sont nombreux à présenter une activité maximale durant l'intromission ainsi que lors des phases préparatoires (monte du partenaire) et consommatoires (éjaculation ; Figure 30.6B). Chez le singe mâle, les neurones de l'aire préoptique médiane de l'hypothalamus déchargent rapidement avant le comportement sexuel, mais réduisent leur activité lors du contact ave la femelle, et lors des copulations et de l'éjaculation (Figure 36.C). Dans les deux sexes, les neurones de l'hypothalamus antérieur dorsal, particulièrement ceux du noyau paraventriculaire, ont une activité maximale lors de l'accouplement. On voit donc que les structures et les circuits nerveux impliqués dans les comportements de reproduction propres aux mâles ou aux femelles présentent un dimorphisme à la fois structural et fonctionnel.

Dimorphismes structuraux et fonctionnels relatifs aux comportements parentaux

Les caractères phénotypiques fondés sur la différence des rôles assumés par les mâles et les femelles des mammifères dans les soins donnés aux petits et dans leur élevage, se situent sans doute au second rang des structures et des comportements présentant les dimorphismes sexuels les plus nets. Le dimorphisme le plus évident est la spécialisation anatomique et cellulaire des glandes mammaires des femelles de mammifères. Le contrôle de la lactation, sa réactivité à l'état hormonal de la mère allaitante et ses relations avec d'autres comportements parentaux tels que la confection du nid et son hygiène, la reconnaissance ou le toilettage des petits, sont des exemples des **influences activatrices** (par opposition aux influences organisatrices) des stéroïdes sexuels sur le cerveau et sur les comportements sexuellement dimorphes. Les neurones sensibles aux œstrogènes, aux androgènes et aux hormones apparentées modifient temporairement leurs propriétés fonctionnelles en réponse aux fluctuations du niveau des hormones stéroïdiennes, souvent en activant une réponse physiologique ou un comportement sexuellement dimorphe. De telles modifications s'observent dans des régions du cerveau ne présentant pas, par ailleurs, de dimorphisme structural spectaculaire.

Les mammifères ont deux noyaux hypothalamiques spécialisés dans le contrôle de la lactation : le **noyau paraventriculaire (NPV)** et le **noyau supraoptique (NSO)**. Ces noyaux influencent également le contrôle général de la pression sanguine et de l'équilibre hydrique en agissant sur la sécrétion de vasopressine et d'ocytocine (voir Chapitre 21). Quoique leur forme et leur taille soient équivalentes chez les mâles et les femelles, ils diffèrent considérablement dans leur sensibilité aux stéroïdes sexuels ainsi que dans leur aptitude à modifier l'organisation et le fonctionnement des synapses en réponse aux variations des hormones circulantes ou de l'état reproducteur. Chez les femelles, ces noyaux sont extrêmement sensibles au pic d'hormones qui survient après la mise bas et ils gardent les différences fonctionnelles qui permettent la lactation chez la mère depuis la naissance des petits jusqu'à leur sevrage.

En ce qui concerne la lactation, les changements qui ont lieu dans le cerveau sont contrôlés non seulement par le niveau des stéroïdes sexuels, mais aussi par des rétroactions sensorielles comprenant les feedbacks provoqués par la distension du vagin à la naissance, par la tétée et par la distension gastrique qui reflète une prise de nourriture plus abondante chez les mères allaitantes. Les informations émanant de ces feedbacks

(A)

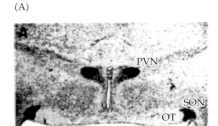

Figure 30.7

Régulation hypothalamique de la lactation chez les mères allaitantes. (A) Coupe frontale de l'hypothalamus de rat montrant l'emplacement des noyaux paraventriculaire (NPV) et supraoptique (NSO), au-dessus du tractus optique (TO). Ces deux noyaux jouent un rôle majeur dans la régulation de la lactation. (B) Photographies en microscopie électronique montrant les modifications des neurones du noyau supraoptique de la rate lors de la lactation. Avant la naissance (à gauche), les neurones impliqués et leurs dendrites sont isolés les uns des autres par des prolongements astrocytaires (en bleu). Durant l'allaitement, les prolongements astrocytaires se rétractent et les neurones présentent des appositions étroites (paires de flèches) permettant la formation de synapses électriques entre neurones adjacents (voir Chapitre 5). (C) Corrélation entre la fréquence des décharges de potentiels d'action (histogramme noir) émis vraisemblablement par des neurones du NSO ou du NPV couplés électriquement, la pression au niveau des mamelles (histogramme bleu) et l'éjection du lait (tracé rouge). Lorsque la pression de la glande mammaire augmente (comme c'est le cas lorsqu'un petit se met à téter), le NSO émet une salve de potentiels d'action à haute fréquence, qui est suivie, peu après par l'éjection du lait. (B d'après Modney et Hatton, 1990 ; C d'après Poulain et Wakerley, 1982.)

(B)

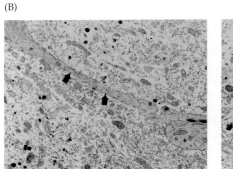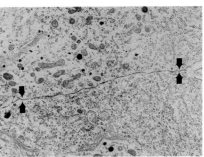

(C)

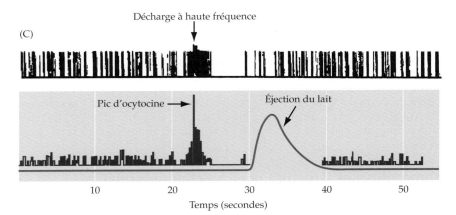

périphériques sont transmises par les voies sensitives végétatives jusqu'au NPV et au NSO de l'hypothalamus ; elles déclenchent une réponse particulière chez les femelles qui ont récemment donné naissance et qui doivent donc alimenter leur progéniture. Avant la gestation, les neurones hypothalamiques du NPV et du NSO sont isolés l'un de l'autre par de fins prolongements astrocytaires. Sous l'influence de l'environnement hormonal qui prévaut lors de la naissance et de la lactation, les prolongements gliaux se rétractent et les neurones sécrétant la vasopressine et l'ocytocine deviennent électriquement couplés par des jonctions communicantes (Figure 30.7B). Avant que les femelles ne mettent bas, les neurones déchargent de façon indépendante ; par contre, pendant la lactation, ils déchargent de façon synchrone, ce qui donne lieu à des salves de potentiels d'action provoquant une libération pulsatile d'ocytocine dans la circulation maternelle. Ces pics d'ocytocine déclenchent une contraction coordonnée des muscles lisses des glandes mammaires et une éjection de lait (Figure 30.7C).

Bien que certains aspects de ces changements fonctionnels soient vraisemblablement provoqués par des niveaux différents de stéroïdes sexuels entre mâles et femelles (de même qu'entre femelles, vierges, non gestantes et gestantes), il existe d'autres influences, indirectes celles-ci. L'une des influences neurales les plus importantes provient des signaux olfactifs (voir Chapitre 15). Les modifications des circuits nerveux favorisant la lactation peuvent être induites chez des femelles vierges en les plaçant simplement à proximité de petits nouveau-nés dont elles reconnaîtront les phéromones distinctives.

D'autres structures et comportements dimorphes sont également en relation avec la lactation et les comportements maternels qui s'y rapportent. À côté du contrôle de ces fonctions essentielles par les glandes endocrines et l'hypothalamus, d'autres régions du système nerveux central sont impliquées, parmi lesquelles la représentation somesthésique du corps à la surface du cortex cérébral. Chez les femelles allaitantes, cette représentation se modifie de façon dynamique pour prendre en compte l'augmentation des stimulations produites par les tétées. Chez la rate allaitante, on a observé une extension transitoire de la représentation des mamelles sur le cortex somesthésique.

D'après des déterminations électrophysiologiques, la représentation des mamelles est à peu près deux fois plus grande chez les femelles allaitantes que chez les rates contrôles non allaitantes. De plus, les champs récepteurs des neurones recevant les afférences cutanées des mamelles sont plus petits d'environ un tiers chez les femelles non allaitantes (Figure 30.8) ce qui suggère une sensibilité accrue aux stimulations somesthésiques provoquées par les tétées de la portée et une meilleure résolution spatiale des stimulus. Cet accroissement des représentations corticales et cette diminution de la taille des champs récepteurs indiquent que l'adoption de comportements demandant une sensibilité plus grande et des réponses plus vigoureuses peut se traduire par des modifications de la connectivité corticale chez des animaux adultes (Encadré 30A). Il reste à déterminer dans quelle mesure ces modifications sont contrôlées directement par les

(A) Rate

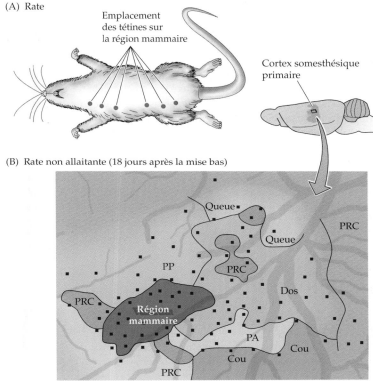

(B) Rate non allaitante (18 jours après la mise bas)

(C) Rate allaitante (19 jours après la mise bas)

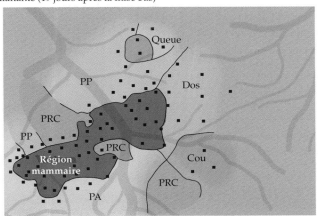

Figure 30.8

Modifications de la représentation de la peau de la région mammaire au niveau du cortex somesthésique primaire de la rate pendant la période d'allaitement. (A) Région mammaire de la rate ; les points marquent l'emplacement des tétines. (B) Schéma du cortex somesthésique d'une rate contrôle non allaitante, montrant la superficie corticale normalement activée par stimulation de la région mammaire. Les carrés représentent des pénétrations d'électrodes. Les couleurs distinguent la représentation estimée de différentes régions. (C) Représentation similaire chez une rate allaitante, 19 jours après la mise bas. Noter l'expansion de la représentation de la région mammaire. PRC = pas de réponse cutanée ; PA = patte antérieure ; PP = patte postérieure. (D) Histogramme de la taille des champs récepteurs de neurones chez une rate contrôle non allaitante, chez une rate allaitante et chez une rate contrôle vierge. La taille des champs récepteurs des neurones des mères allaitantes a diminué. (D'après Xerri et al., 1994.)

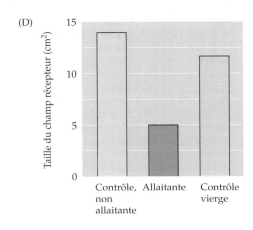

hormones ou si elles relèvent des mécanismes de la plasticité dépendante de l'expérience (voir Chapitre 24).

Bases cellulaires et moléculaires des structures et des comportements présentant un dimorphisme sexuel

La mise en place, le maintien et la plasticité des structures et des comportements présentant un dimorphisme sexuel dépend de différences dans les influences organisatrices et activatrices qu'exercent sur le cerveau les taux de stéroïdes sexuels circulants. Il est donc important d'arriver à comprendre comment les stéroïdes sexuels et l'ensemble des enzymes, des récepteurs et des gènes qu'ils impliquent, influencent la structure et les fonctions des neurones. L'une des principales cibles des œstrogènes et de la testostérone doit être la voie moléculaire qui régule la survie et la mort des cellules, étant

---

ENCADRÉ 30A *La bonne mère*

Les films hollywoodiens, les contes de fées et les mythes ont dépeint les mères, soit comme des saintes, soit comme des diablesses, sans se préoccuper de savoir quelle était la source des sentiments maternels ou de leur absence. Or, selon des observations récentes, tout semble indiquer qu'on ne naît pas bonne mère, mais qu'on le devient.

La bonne mère en question est une rate dont le répertoire de comportements maternels ne va pas jusqu'au sacrifice de sa vie pour sa progéniture ni d'ailleurs jusqu'au sacrifice de ses petits. Ce qui, chez les rats, caractérise une bonne mère est le temps passé à lécher et à toiletter ses petits quand elle rentre au nid pour allaiter, ainsi que la posture adoptée pour ce faire. La bonne mère rate se voûte (voir la Figure), sans doute pour que les ratons

puissent mieux s'installer, sans être trop à l'étroit. Les mauvaises mères rates passent beaucoup moins de temps au léchage et au toilettage et elles ne se voûtent pas pour allaiter. Les ratons élevés par des mères qui **l**èchent, **t**oilettent et **v**oûtent leur **d**os pendant l'**a**llaitement (« LT/VDA ») ont des réponses au stress plus adaptatives et des réponses aux stimulus effrayants, plus modulées. Quand des ratons de mères faiblement LT/VDA sont mis

avec des mères fortement LT/VDA, ils acquièrent le comportement correspondant aux qualités maternelles de leur mère adoptive. Ainsi, le fait d'être une bonne mère est peut-être, au moins chez les rats, un facteur plus important que les prédispositions génétiques pour favoriser chez les ratons une bonne adaptation des comportements et pour faire en sorte qu'ils se comportent eux-mêmes en bonnes mères avec leurs petits à venir.

La photo du haut montre une « bonne mère » rate en train de lécher et de toiletter ses petits ; elle voûte son dos pour faciliter l'allaitement. Dans le modèle schématisé au-dessous, les niveaux élevés de sérotonine, provoqués par l'abondance des stimulations tactiles émanant d'une mère fortement LT/VDA, peuvent déclencher une cascade de signalisation modifiant finalement l'expression du gène des récepteurs des glucocorticoïdes (RG). Dans ce modèle, l'un des promoteurs possibles du gène des RG est activé par la méthylation de l'ADN ; ceci permet aux facteurs de transcription NGF1-A et AP-2 de se lier au gène des RG et d'entraîner une augmentation de l'expression des RG chez la progéniture de cette mère. (D'après Meaney et Szyf, 2005.)

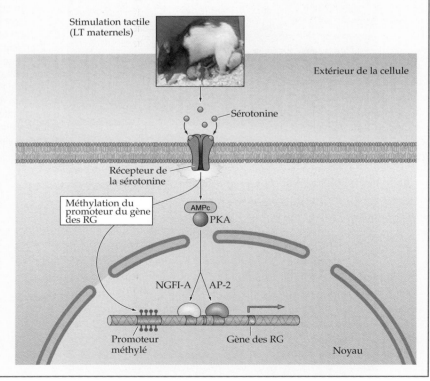

---

donné que, dans nombre de noyaux dimorphes, les neurones n'atteignent leur effectif et leur taille caractéristique qu'à l'aide de la mort par apoptose d'un certain nombre d'entre eux et d'un soutien trophique permettant la stabilisation et la croissance de ceux qui survivent. On ne sait pas clairement comment les œstrogènes et la testostérone enclenchent les mécanismes qui favorisent soit l'apoptose, soit la survie et la croissance ; mais des données récentes amènent à conclure que les cibles ultimes des stéroïdes sexuels sont les gènes qui régulent la mort des neurones par apoptose. Des souris mâles ou femelles qui expriment en excès le gène anti-apoptose *Bcl2* ont un noyau spinal du bulbocaverneux comprenant davantage de neurones, tandis que celles chez qui on a inactivé le gène *Bax*, inducteur de l'apoptose, ne présentent plus le dimorphisme sexuel habituellement observé dans le télencéphale basal. La régulation des dimorphismes sexuels qui correspondent au sexe phénotypique dépend donc vraisemblablement d'une régulation de l'apoptose par les stéroïdes sexuels, régulation qui peut être par ailleurs modulée par des facteurs trophiques au cours du développement cérébral (voir Figure 30.5).

Un bon comportement maternel est apparemment de la plus haute importance pour la santé et le bien-être de la progéniture. L'acquisition de savoir-faire maternels apparaît donc cruciale pour expliquer la transmission, de génération en génération, de réponses adaptatives au stress. Michael Meaney, et ses collègues de l'Université McGill se sont donc demandé si les comportements de bonne mère rate – de femelle fortement LT/VDA – étaient déterminés génétiquement ou s'ils étaient acquis en fonction d'une expérience précoce. Utilisant l'adoption croisée des petits de mères faiblement LT/VDA par des mères fortement LT/VDA et vice-versa, ils ont démontré que, quelle que soit l'identité génétique, les savoir-faire maternels dépendent de la mère qui a élevé les petits. Les mères fortement LT/VDA ont des filles adoptives elles aussi fortement LT/VDA, quand bien même leurs mères biologiques sont faiblement LT/VDA. De même, les femelles nées de mères fortement LT/VDA acquièrent des savoir-faire maternels faiblement LT/VDA quand elles sont élevées par des mères adoptives faiblement LT/VDA. Ces observations suggèrent fortement que les bonnes mères ne naissent pas ainsi, mais qu'elles le deviennent et que les bases des savoir-faire maternels se mettent en place très tôt après la naissance, grâce, en partie, aux comportements maternels auxquels les petits sont exposés.

Les travaux ultérieurs du laboratoire de Michael Meaney et de quelques autres, ont montré que les effets du comportement maternel sur la progéniture ont comme cible biologique essentielle les récepteurs des glucocorticoïdes de l'hippocampe. Ces récepteurs des hormones stéroïdiennes et thyroïdiennes (voir Figure 30.3) sont les régulateurs principaux de la réponse au stress dans tout l'organisme. Les petits des mères fortement LT/VDA ont de plus hauts niveaux d'expression des récepteurs des glucocorticoïdes dans l'hippocampe et sont ainsi vraisemblablement mieux équipés pour lutter contre les effets délétères du stress. Or, les comportements maternels qui sont la cause de ces différences semblent ne pas être strictement codés par le génome : ils ne sont pas transmis par l'hérédité et peuvent être acquis par l'expérience. Il faut dès lors se demander comment sont déterminés les niveaux différents d'expression génique présents chez les descendants de mères fortement ou faiblement LT/VDA.

On peut provisoirement répondre que le comportement fortement LT/VDA entraîne chez les ratons une modification du niveau de la signalisation sérotoninergique. Cette signalisation met en jeu un récepteur spécifique de la sérotonine et la cascade de signalisation qui s'ensuit ; elle détermine par là une expression différentielle des récepteurs des glucocorticoïdes par un phénomène d'empreinte génomique : l'ADN du génome subit une modification locale qui provoque des modifications durables de l'expression des gènes.

Les détails de ce surprenant mécanisme épigénétique qui conditionne des différences comportementales majeures restent à déterminer. On sait seulement que le gène des récepteurs des glucocorticoïdes a plusieurs promoteurs possibles et que l'expression du récepteur des glucocorticoïdes peut être régulée par un promoteur particulièrement efficace chez les petits de mères fortement LT/VDA. Quels que soient les détails de ce mécanisme moléculaire, ces travaux montrent que l'expérience précoce est à même de changer profondément et irréversiblement – pour le meilleur ou pour le pire – des comportements essentiels, et parmi eux, les comportements parentaux. Ces observations présentent un intérêt évident pour la psychologie clinique, la psychiatrie et la santé publique.

Malheureusement, ces travaux suggèrent aussi qu'il faudrait sans doute réécrire la fin des contes de fées où les charmantes petites filles élevées par des marâtres se marient et ont beaucoup d'enfants : leur comportement maternel risque d'être moins chaleureux que ce qu'on imaginait jusqu'ici.

Références

MEANEY, M.J. (2001), Maternal care, gene expression, and the transmission of individual differences in stress reactivity across generations. *Annu. Rev. Neurosci.*, **24**, 1161-1192.

MEANEY, M.J. et M. SZYF (2005), Maternal care as a model for experience-dependent chromatin plasticity ? *Trends Neurosci.*, **28**, 456-463.

Les stéroïdes sexuels n'influencent pas seulement la mort des neurones ; dans certains cas, ils peuvent faire office de facteurs trophiques et réguler ainsi directement la taille des neurones et la croissance de leurs prolongements. Durant le développement et, dans une certaine mesure, tout au long de la vie, l'œstradiol stimule les dimorphismes cérébraux en augmentant la taille des neurones sensibles, le volume du noyau, la longueur des dendrites et leurs ramifications, la densité des épines dendritiques et la connectivité synaptique, indépendamment de la survie ou de l'apoptose des neurones

(A)

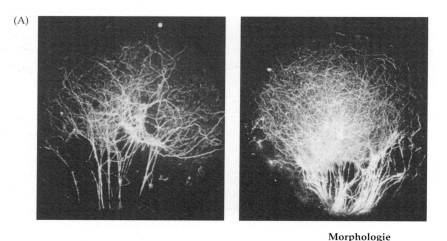

(B) **Densité des épines dendritiques**

Morphologie des dendrites

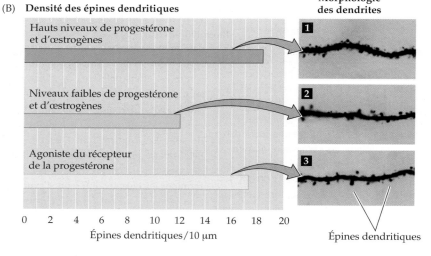

(C)

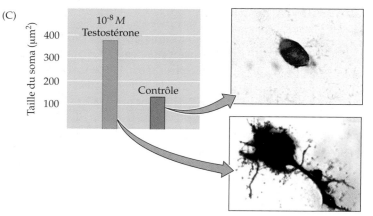

Figure 30.9

Les œstrogènes et la testostérone influencent la pousse des neurones et leur différenciation. (A) Un explant contrôle d'hypothalamus (à gauche) n'émet que quelques prolongements colorés à l'argent ; un explant traité à l'œstradiol a beaucoup plus de neurites qui émanent de son centre. (B) Densité des épines dendritiques des neurones de l'hippocampe d'une rate, en réponse à l'administration de testostérone et de progestérone (précurseur des œstrogènes et de la testostérone ; voir Figure 30.3A). Rappelons que les épines dendritiques, petites excroissances du tronc des dendrites, sont les sites de synapses. Les tracés de droite représentent des segments de dendrites apicaux de neurones pyramidaux de l'hippocampe. (1) Après administration de fortes doses de progestérone et d'œstrogènes. (2) Après administration des doses de base de progestérone et d'œstrogènes. (3) Après administration d'un agoniste du récepteur de la progestérone. (C) Effets de la testostérone sur des neurones de moelle épinière embryonnaire en culture de cellules. En réponse à la testostérone, les prolongements s'épaississent, se ramifient davantage et le corps cellulaire devient plus gros. (A d'après Toran-Allerand, 1978 ; B d'après Woolley et McEwen, 1992 ; C d'après Meusberger et Keast, 2001.)

(Figure 30.9A, B). La testostérone peut également influencer la taille et la différenciation des neurones, au moins *in vitro*, chez les neurones qui expriment les récepteurs de la testostérone (Figure 30.9C, D) ; mais on ne sait pas clairement dans quelle mesure ces effets reposent sur une action directe de la testostérone sur ses récepteurs, ni s'ils impliquent les récepteurs des œstrogènes après aromatisation de la testostérone en 17β-œstradiol.

L'œstradiol peut également stimuler une augmentation du nombre des contacts synaptiques chez les animaux adultes. Ainsi, dans les périodes du cycle œstral des femelles de rongeurs, où les œstrogènes circulants atteignent des niveaux élevés (ou après administration d'œstrogènes), on note une augmentation des épines (et probablement des synapses) des dendrites apicaux des neurones de l'hippocampe (voir Figure 30.9B). Ces changements observables de la connectivité neuronique pourraient être à l'origine de différences dans l'apprentissage et la mémoire au cours du cycle œstral. On a constaté des différences de ce type, chez des rongeurs, dans des tâches d'orientation et de mémorisation spatiales. Reste à savoir si ces comportements observés en laboratoire sont en rapport avec des différences fonctionnellement importantes des comportements reproducteurs, dues à des modifications de l'hippocampe durant l'œstrus.

Les stéroïdes sexuels peuvent aussi modifier la signalisation électrique entre les neurones de diverses régions cérébrales. Le noyau périventriculaire (NPV) de l'hypothalamus offre un exemple frappant de ce phénomène ; les fluctuations du taux de ces hormones y facilitent la formation de jonctions communicantes en régulant la transcription des protéines impliquées, permettant ainsi la synchronisation de l'activité neuronique liée à la lactation (voir Figure 30.8). L'influence des stéroïdes sexuels, et spécialement des œstrogènes, sur l'activité des neurones a été également examinée dans l'hippocampe. L'hippocampe a été choisi parce qu'il est un site reconnu de plasticité synaptique (voir Chapitres 24 et 31) et qu'il est sensible aux fluctuations hormonales, y compris celles que l'on observe durant l'œstrus. Les récepteurs des œstrogènes y sont exprimés par les neurones matures et se situent souvent au niveau des synapses ainsi que dans le cytoplasme du corps cellulaire (Figure 30.10A). Les œstrogènes (le 17β-œstradiol) peuvent modifier l'excitabilité des neurones hippocampiques, en agissant en particulier sur les conductances au K^+ et au Ca^{2+} ainsi que sur la fréquence d'émission des potentiels d'action. Ils peuvent aussi influencer la signalisation et la plasticité synaptique. Des taux relativement élevés d'œstrogènes, plus élevés certes que les taux physiologiques, sont capables d'augmenter l'amplitude des courants postsynaptiques excitateurs (CPSE) pendant des durées allant de plusieurs minutes à plusieurs heures ; et si on les couple avec une stimulation à haute fréquence provoquant une potentialisation à long terme (PLT ; voir Chapitre 24) ils entraînent une modification durable des potentiels postsynaptiques excitateurs (PPSE) (Figure 30.10B). Il est tentant d'imaginer que de tels changements sont à la base de certains apprentissages et souvenirs associés aux fluctuations des taux des stéroïdes sexuels et, par conséquent, associés à des comportements reproducteurs particuliers ; mais aucune donnée solide ne vient, pour l'instant, appuyer ces spéculations.

Les récepteurs des stéroïdes du cerveau adulte et leurs réponses

Les œstrogènes et les androgènes peuvent influencer les neurones et la glie, structuralement et fonctionnellement, tout au long de la vie. C'est pourquoi les effets activateurs des stéroïdes sexuels ne se limitent pas nécessairement à des phénomènes liés aux fonctions reproductrices ou parentales comme la menstruation, la parturition ou la lactation. Les preuves de cette influence sur les individus humains viennent en particulier des conséquences comportementales de l'ablation thérapeutique des gonades (hystérectomie – ablation de l'utérus – chez la femme ou ablation des testicules – orchidectomie ou castration – chez l'homme), ainsi que des effets de manipulations pharmacologiques, aiguës ou chroniques, des taux de stéroïdes sexuels chez des individus humains ou des animaux de laboratoire. Les influences les plus connues concernent sans doute les effets neuroprotecteurs des œstrogènes lors des ischémies ou des altérations dégénératives des neurones, celles notamment qui accompagnent l'âge et le déclin cognitif lié au stress ; on a même prétendu qu'ils agissaient sur le cours de la

Figure 30.10

Influences des œstrogènes sur la transmission synaptique. (A) Photographie en microscopie électronique montrant la localisation des récepteurs α des œstrogènes (REα, la tache sombre, opaque aux électrons) dans des expansions postsynaptiques (vraisemblablement des épines) de l'hippocampe ; (B) Des neurones isolés de l'hippocampe ont été enregistrés dans du liquide céphalorachidien artificiel (LCRa), soit seul, soit après adjonction de 100 pM de 17-β-œstradiol (E2), soit en présence de E2 et après une stimulation à haute fréquence. Les effets des œstrogènes sur les potentiels postsynaptiques excitateurs de neurones individuels sont augmentés par une stimulation à haute fréquence, ce qui suggère que les œstrogènes peuvent moduler la plasticité dépendant de l'usage des synapses de l'hippocampe. (C) Une stimulation à haute fréquence de tranches d'hippocampe (voir Chapitre 8) en présence d'œstrogènes provoque une augmentation de la potentialisation à long terme (mesurée par le changement de la pente du PPSE, qui reflète le seuil d'excitabilité).

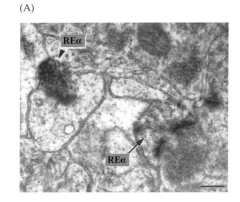

(A)

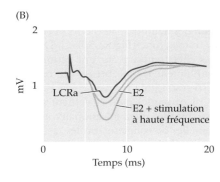

(B)

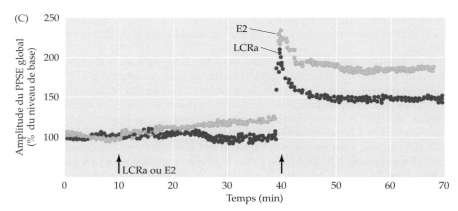

(C)

maladie d'Alzheimer. L'importance de ces effets est fortement controversée compte tenu de la difficulté d'évaluer des populations étendues et hétérogènes de femmes ayant reçu des œstrogènes en thérapie substitutive.

Les conséquences d'un traitement par la testostérone après ablation des testicules, ou les répercussions de l'utilisation illégale de stéroïdes sur l'humeur et le comportement des athlètes (comportement agressif, en particulier) indiquent que le cerveau reste sensible à cette hormone sexuelle durant toute la vie. Pourtant, il n'est pas sûr que ces phénomènes représentent des actions directes de la testostérone sur le cerveau, par l'intermédiaire de ses récepteurs. La répartition relativement étendue des récepteurs des œstrogènes et des androgènes dans le cerveau adulte est sans doute à l'origine d'effets permanents sur une large gamme de comportements, autres que ceux qui sont directement associés aux fonctions reproductrices et parentales (Figure 30.11). Si l'on met à part leur concentration élevée dans l'hypothalamus (voir Figure 30.4B), on trouve un nombre important de récepteurs des œstrogènes et des androgènes dans le cortex cérébral, l'amygdale et la substance noire. Ces observations soulèvent un certain nombre de problèmes cliniques importants. Ils concernent les relations entre les taux de stéroïdes sexuels et les différences de réaction entre les hommes et les femmes à une longue liste de traitements médicaux et chirurgicaux ; on peut citer en particulier les effets secondaires potentiels de thérapies qui interfèrent avec les mécanismes de signalisation des stéroïdes sexuels, tels que l'utilisation d'antagonistes des œstrogènes ou des androgènes dans le traitement des cancers du sein et de la prostate.

Anomalies génétiques du sexe génotypique et phénotypique dans l'espèce humaine

Le sexe chromosomique, le sexe phénotypique et le genre ne concordent pas toujours et les variations génétiques qui peuvent survenir chez l'homme mettent en question les définitions traditionnelles de l'homme et de la femme. Le terme général d'**inter-**

Figure 30.11

Répartition, dans le cerveau du rat, des trois principaux récepteurs/facteurs de transcription liant les œstrogènes (REα, REβ) et les androgènes/testostérone (RA), et déclenchant ainsi des modifications de l'expression des gènes. REα, REβ et RA ont tendance à être exprimés dans les mêmes sous-ensembles de structures cérébrales. Ces structures ne se limitent cependant pas aux noyaux de l'hypothalamus qui contrôlent le fonctionnement des gonades, le comportement sexuel et les comportements parentaux ; elles comprennent également des territoires étendus du cortex cérébral, l'amygdale, l'hippocampe, le thalamus, la substance noire et le cervelet. À l'exception des effets sur l'hypothalamus et sur les fonctions liées à la reproduction, on sait mal à quoi servent l'expression et l'activité des récepteurs des hormones gonadiques dans les autres structures. Elles pourraient fournir un substrat aux effets que ces hormones exercent sur d'autres comportements que le comportement sexuel ou parental, notamment sur la cognition (cortex), l'apprentissage et la mémoire (cortex, hippocampe, amygdale), l'agression et le stress (hippocampe, amygdale), la douleur (thalamus, tronc cérébral) et les contrôles moteurs (substance noire, cervelet).

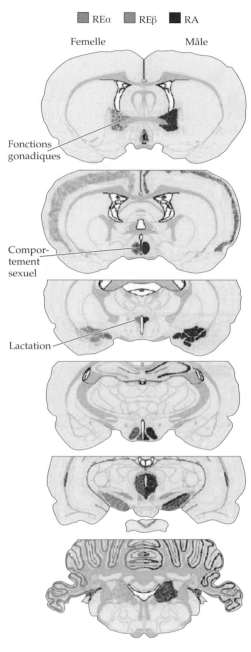

sexualité décrit toutes ces variations d'origine génétique. L'intersexualité se manifeste dans 1 à 2 pour cent des naissances viables. Les individus affectés peuvent être stériles, avoir des dysfonctionnements sexuels et présenter des conflits psychosociaux concernant leur identité sexuelle ou d'autres complications. Les variations du génome les plus nettes, qui créent une discordance entre sexe chromosomique et sexe phénotypique sont : le **syndrome de Turner** (XO ; assez rare, entre 1 naissance viable sur 2 500 et 1 sur 10 000), le **syndrome de Klinefelter** (XXY ; plus commun, entre 1 naissance sur 500 et 1 sur 2 500) et le **syndrome 47, XXY** (entre 1 naissance sur 325 et 1 sur 1 000).

Rappelons que c'est le gène *SRY* du chromosome Y qui détermine la différenciation des gonades. Un individu XXY aura, par conséquent, des organes génitaux mâles, mais souvent aussi des caractères sexuels secondaires féminins (glandes mammaires, par exemple), à cause, vraisemblablement du plus grand nombre de gènes des chromosomes X. Cet excédent de gènes peut traduire l'échec du processus d'**inactivation de l'X**. Chez les femelles XX, l'un des deux exemplaires de la plupart des gènes des chromosomes X est inactivé (par des modifications de l'ADN qui réduisent au silence l'un des deux allèles, tout en permettant à l'autre d'être exprimé) ; ceci garantit des niveaux d'expression adéquats, conformes à ceux qu'exige la viabilité des mâles, qui n'ont qu'un seul chromosome X. Les individus XO ont tendance à être de petite taille et à avoir des gonades rudimentaires ; les organes génitaux externes ont généralement un aspect féminin, mais ils sont insuffisamment développés à cause, peut-être, d'un déséquilibre dans le dosage des gènes du chromosome X ; de plus, ces individus sont stériles. Les individus XXY ont les anomalies les moins évidentes, si même ils en ont, sauf qu'ils sont généralement stériles ; leurs gonades et leurs organes génitaux externes sont mâles et la principale caractéristique physique qui leur soit propre est une taille légèrement au-dessus de la moyenne. Les premiers travaux, qui suggéraient que les mâles XXY étaient enclins aux comportements criminels ou à n'avoir que des résultats scolaires faibles, ont été réfutés par des études menées avec toute la rigueur souhaitable.

Les anomalies génétiques ci-dessus sont des exemples d'une classe plus étendue de troubles génétiques appelée **aneuploïdie**, terme qui fait référence au nombre aberrant de chromosomes, dû à la non-disjonction des chromosomes à la méiose, lors de la gamétogénèse. Les troubles de l'aneuploïdie ne se limitent pas aux chromosomes X et Y. Ils sont à l'origine de diverses autres anomalies telles que le syndrome de Down, dû à une duplication de tout ou partie du chromosome 21. Certains troubles génétiques responsables d'intersexualité ont pour cause une mutation de gènes codant les enzymes métaboliques qui régulent la production des hormones stéroïdiennes. L'un des plus répandus est l'**hyperplasie surrénalienne congénitale (HSC)**, qui survient dans approximativement 1 naissance viable sur 5 000. La majorité des cas de HSC résultent de mutations du gène codant la 21-hydroxylase, enzyme nécessaire à la synthèse de deux autres stéroïdes sécrétés par les surrénales : le cortisol et l'aldostérone. Les individus souffrant d'HSC présentent une augmentation de la synthèse de testostérone par les surrénales à partir de métabolites intermédiaires qui donneraient normalement du cortisol et de l'aldostérone, accompagnée d'une sévère perte de sel par manque d'aldostérone. Les individus de génotypes XY atteints d'HSC sont masculinisés de façon spectaculaire : ils sont souvent très grands dès le plus jeune âge et ont une puberté précoce. Chez les génotypes XX, l'HSC provoque, au cours du développement, une sécrétion excessive de testostérone par les surrénales, entraînant des taux d'androgènes circulants anormalement élevés, d'où un phénotype sexuel masculinisé et ambigu. Les individus de sexe féminin qui souffrent d'hyperplasie surrénalienne congénitale présentent, à la naissance, une hypertrophie du clitoris et une fusion des lèvres ; elles manifestent, dans leur enfance, des comportements de type plus souvent masculin que féminin et, devenues adultes, elles ont davantage tendance à nouer des relations homosexuelles avec des partenaires féminins. Par analogie avec ce qui a été montré chez les rongeurs, le niveau élevé des androgènes circulants chez les individus souffrant d'HSC peut entraîner une organisation de type masculin, et non féminin, des circuits cérébraux sexuellement dimorphes, avec, pour conséquence, des jeux plus agressifs et le choix éventuel d'un partenaire sexuel féminin. Cette explication n'est cependant qu'une hypothèse et non un fait prouvé.

Le **syndrome d'insensibilité aux androgènes (SIA)** ou **syndrome du testicule féminisant** illustre les résultats d'une abolition d'origine génétique des réponses dues aux récepteurs des stéroïdes sexuels. Les cas de SIA les plus étudiés concernent des mâles porteurs de mutations du gène qui code les récepteurs la testostérone ou de l'hormone antimüllérienne. Un individu ayant des chromosomes XY et un SIA développe un testicule, sécrète des androgènes comme les individus mâles normaux. Mais le caractère défectueux des récepteurs des androgènes entraîne le développement d'organes génitaux externes de type femelle avec des testicules hypotrophiques non descendus. Les mâles chromosomiques présentant une insensibilité totale aux androgènes ont une morphologie féminine et se sentent femmes, bien qu'ayant un chromosome Y et des testicules comme gonades. N'ayant généralement pas connaissance de leur état avant la puberté, où les menstruations ne se manifestent pas, elles se considèrent comme des femmes et sont considérées comme telles par leur entourage. En raison de l'absence de récepteurs des androgènes, l'identité sexuelle des personnes ayant un SIA concorde donc avec les aspects externes du phénotype sexuel, mais pas avec leur sexe chromosomique. Le cas de ces personnes constitue l'un des arguments les plus forts pour considérer que les circuits cérébraux des primates sont principalement masculinisés par les androgènes (et non par les œstrogènes comme chez les rongeurs). En l'absence de réponses dues aux récepteurs des androgènes, bien que les androgènes eux-mêmes soient présents, les individus ayant un SIA ont des comportements féminins et, vraisemblablement, un cerveau féminisé.

Une autre forme de discordance entre génotype, phénotype et sexe psychologique concerne les individus génotypiquement mâles qui, au début de leur vie, présentent un phénotype féminin, mais dont le phénotype sexuel change à la puberté. Jusqu'alors, les organes génitaux externes de ces individus ressemblent plus à ceux des filles qu'à ceux des garçons ; il leur manque en effet une enzyme, la 5-α-réductase, qui catalyse la conversion de la testostérone en un androgène biologiquement actif, la dihydrotestostérone. Ce déficit, qui ne porte que sur les organes génitaux en développement, a pour conséquence que, durant l'enfance, les tissus génitaux manquent d'androgènes (qui, normalement, stimuleraient le développement des organes génitaux mâles). Comme, à la naissance, ils ont des organes sexuels ambigus et que leurs testicules ne sont pas descendus, ils sont d'ordinaire élevés comme des filles. Mais, à la puberté, la sécrétion d'androgènes par les testicules s'accroît ; à ce moment la synthèse de la dihydrotestostérone est régulée par une autre forme de 5-α-réductase, codée par un gène distinct et qui est plus active dans le tissu gonadique mature ainsi que dans le cerveau durant toute la vie. Il s'ensuit une transformation du clitoris en pénis et une descente des testicules, transformant ces individus en mâles phénotypiques.

La combinaison d'une forme « perte de fonction » de 5-α-réductase dans les organes génitaux embryonnaires et du maintien d'une autre forme dans le cerveau a des conséquences surprenantes : quoique les organes génitaux de ces individus ne soient pas masculinisés au début de leur vie, leur cerveau semble l'être. En effet, ces individus ont tendance à adopter des comportements masculins dans leur enfance et à les garder durant leur adolescence et leur vie adulte, bien qu'ils aient été élevés comme des filles pendant les dix premières années de leur vie. Des observations anecdotiques indiquent que beaucoup de ces jeunes hommes gardent une identité sexuelle masculine une orientation hétérosexuelle. En République dominicaine et à Haïti, où ce syndrome congénital a été étudié en détail chez plusieurs générations d'individus de même ascendance, cet état est appelé familièrement « testicules à douze ans ». Maintenant que cette anomalie est bien identifiée là où elle est fréquente et que les individus qui en sont atteints peuvent être dépistés par des tests génétiques, la plupart d'entre eux seront élevés dès la naissance en conformité avec leur sexe génétique. Mais, même si leur état n'a pas été décelé, la plupart de ces individus modifient leur identité sexuelle à la puberté et adoptent une orientation sexuelle et un mode de vie masculins.

Dans chaque cas d'intersexualité génétique, les conséquences pour le développement du cerveau sont généralement claires. L'identité sexuelle, le genre et les comportements associés au genre ont tendance à suivre le degré d'exposition à la testostérone durant le développement fœtal, tel qu'il est dicté par le métabolisme testiculaire et surrénalien ainsi que par les réponses dépendant des récepteurs des androgènes. On ignore encore, cependant, s'il y a, dans la structure cérébrale des individus intersexués, des changements détectables concordant avec les dimorphismes clairement documentés des cerveaux mâles et femelles. Des travaux récents d'IRM fonctionnelle ont laissé entrevoir quelques légers changements dans le volume global de la substance grise et de la substance blanche ainsi que dans la taille de structures cérébrales clairement délimitées comme l'amygdale, spécialement chez les individus atteints d'HSC. Malheureusement, le nombre de sujets étudiés jusqu'ici est faible et les résultats ne concordent pas. Néanmoins, compte tenu des conséquences à long terme des conflits entre sexe génotypique, sexe phénotypique, identité sexuelle et genre, un diagnostic rapide d'intersexualité à la naissance et les divers ajustements permettant une concordance appropriée entre le sexe du cerveau d'un individu et le sexe de son corps sont désormais de pratique clinique courante (Encadré 30B).

Orientation sexuelle et cerveau : analyse moléculaire et génétique

La biologie des rapports entre le sexe et le cerveau est en grande partie centrée sur les relations entre le sexe génotypique et le sexe phénotypique. Les dimensions comportementales du sexe d'un individu sont en effet déterminées en dernier ressort par la nature des gonades de cet individu, le pattern d'exposition aux hormones qui en découle pour le cerveau et le développement ultérieur du cerveau pour gérer les fonctions sexuelles. Cette constatation n'a cependant pas encore conduit à identifier la base cellulaire et moléculaire indiscutable d'une facette du comportement sexuel plus subtile mais plus fondamentale : l'identité sexuelle individuelle. L'élément peut-être le plus net de l'identité sexuelle est l'orientation sexuelle. Cette question éminemment personnelle est pourtant à l'origine de débats tout à fait publics. Ce qui n'empêche pas que la base biologique sur laquelle repose l'identité sexuelle, et, avec elle, l'orientation sexuelle, demeure assez mal circonscrite. Les tentatives actuelles pour préciser la biologie de l'identité sexuelle se focalisent sur deux sujets : la génétique et la biologie moléculaire de l'orientation sexuelle (ou, en termes plus généraux, le choix du partenaire), et les différences de structure et de fonctionnement du cerveau entre individus hétérosexuels et homosexuels (voir plus loin). Malgré beaucoup d'incertitudes, ces travaux ont clairement mis la sexualité humaine – tant hétérosexuelle qu'homosexuelle – sur des bases biologiques plus solides. C'est un progrès appréciable par rapport au temps, qui n'est pas si lointain, où l'identité et le comportement sexuels étaient généralement expliqués (ou stigmatisés) en termes sociaux, psychanalytiques ou moralisateurs.

Il peut sembler ironique, mais peut-être pas surprenant, que les données les plus nettes que nous ayons sur le contrôle moléculaire et génétique de l'identité sexuelle, du comportement, et, en fin de compte, de l'orientation sexuelle, concernent la drosophile, chez qui l'on peut effectuer des analyses génétiques exhaustives. Ces données

ENCADRÉ 30B *Le cas de Bruce/Brenda*

Au début des années 1960, deux jumeaux vrais de génotype XY naquirent dans une famille canadienne. Quand ils eurent 7 mois, les parents les firent circoncire. Malheureusement, le chirurgien, qui utilisait un bistouri électrique pour cette opération, brûla si gravement le pénis d'un des jumeaux que l'organe fut pratiquement détruit. Les médecins locaux furent unanimes à dire aux parents que le jumeau ainsi mutilé serait incapable d'avoir une vie hétérosexuelle normale, qu'il serait tenu à l'écart par ses camarades et qu'il souffrirait de multiples façons. Compte tenu de ce sombre pronostic, les parents décidèrent de consulter un spécialiste éminent des troubles sexuels, le professeur John Money de l'Université Johns Hopkins, pour décider de la conduite à tenir.

Après avoir rencontré la famille, Money conseilla de modifier chirurgicalement le sexe de l'enfant et d'élever ce petit garçon comme une fille. Les parents donnèrent leur accord et, à l'âge de 17 mois, l'enfant subit l'ablation des testicules et un remodelage du scrotum en forme de vulve. Le petit garçon, Bruce, fut dès lors appelé Brenda par sa famille et tout son entourage. Dans ses dossiers et ses publications, Money utilisa les pseudonymes « John » et « Joan ».

Les parents firent tout leur possible pour élever Brenda comme toutes les petites filles. Mais en dépit de l'optimisme des publications de Money, les entretiens ultérieurs avec la famille et avec l'enfant lui-même indiquèrent que la vérité était beaucoup plus complexe et qu'il y avait de sérieux problèmes. Revenant en détail sur ce cas, Milton Diamond de l'Université d'Hawaï et Keith Sigmundson ont décrit les souffrances dans lesquelles Brenda s'est débattue dès son plus jeune âge. L'enfant ne voulut pas porter de robe, il faisait pipi debout et sentant en permanence qu'il y avait quelque chose qui n'allait pas, il finit par refuser les traitements hormonaux qu'on commença à lui donner lors de la puberté. À 14 ans, Brenda exigea de connaître la vérité et ses parents, déçus eux aussi, la lui révélèrent à contrecœur. Ironie de la situation, Brenda fut grandement soulagée de comprendre les raisons des sentiments profondément conflictuels qui l'avaient rendue parfois si malheureuse qu'elle avait envisagé de se suicider. Dès qu'elle eut compris ce qui s'était passé, Brenda reprit immédiatement des habits et un comportement de garçon et se fit appeler David. Quelque temps après, David se fit réopérer pour retrouver un phénotype masculin. Il trouva à se marier, adopta les enfants de sa femme et vécut désormais une vie relativement classique de mari et de père.

Ce cas souligne le fait que, comme l'ont dit Diamond et Sigmundson, « ... il y a des preuves écrasantes que les personnes humaines normales ne sont pas psychosocialement neutres à la naissance, mais que, conformément à leur héritage de mammifères, elles ont des tendances et des prédispositions à réagir aux sollicitations de l'environnement, de la famille et de la société selon un mode masculin ou féminin ». Des cas comme celui-ci soulèvent de sérieuses questions d'éthique concernant l'assignation du sexe lorsque, pour une raison ou une autre, cette option est possible. Comme il n'y a souvent pas moyen de connaître, à la naissance, comment le cerveau a été modelé par les influences hormonales précoces, on ne dispose pas la plupart du temps des informations suffisantes pour savoir quelle sera l'identité sexuelle adoptée par l'enfant (ou l'adulte). Dans le cas de David, l'ignorance de l'influence prépondérante que les androgènes circulants exercent sur le cerveau lors du développement sexuel précoce a fait commettre une douloureuse erreur. La biographie de David, dont le nom de famille était Reimer, fait l'objet de l'ouvrage de J. Colapinto cité ci-dessous. Il avait souhaité, avant sa mort en 2004, que son cas fût rendu public pour éviter que de telles erreurs se reproduisent à l'avenir.

Références

COLAPINTO, J. (2000), *As Nature Made Him : The Boy Who Was Raised as a Girl*. New York, Harper Collins.

DIAMOND, M. ET H.K. SIGMUNDSON (1997), Sex reassignment at birth : Long-term review and clinical implications. *Arch. Ped. Adolesc. Med.*, **151**, 298-304.

DREGER, A.D. (1998), «Ambiguous sex» or ambiguous medicine ? *Hastings Center Report*, **28**, 24-35.

ont trait au contrôle génétique des comportements de cour et d'accouplement du mâle et à l'influence du génome sur l'organisation de ces comportements. Après un examen approfondi de la génétique de la détermination du sexe chez les mouches, il est apparu que les gènes qui contrôlent le sexe phénotypique (à savoir l'équivalent, pour la mouche, du gène *SRY* de l'homme) ne suffisaient pas pour expliquer la différenciation des circuits neuraux qui interviennent dans les comportements sexuels spécifiques des mâles ou des femelles. En effet, en cas de mutation, ces gènes, qui déterminent le sexe, n'altèrent pas les comportements mâles et femelles de cour. C'est en cherchant à résoudre cette discordance entre le contrôle génétique de la différenciation des gonades et des caractères sexuels secondaires, et le contrôle des comportements reproducteurs propres à chaque sexe, que fut identifié un facteur de transcription propre aux mâles, le facteur **fruitless**.

Ce facteur exerce manifestement des effets prédominants sur l'organisation des circuits nerveux du cerveau de la drosophile qui sous-tendent les comportements propres aux mâles. Une forme propre aux mâles du gène *fruitless* est exprimée dans des groupes de neurones du système nerveux central et périphérique de cette mouche. On ne le trouve pas dans les gonades ni dans d'autres structures périphériques sexuellement dimorphes. Mâles et femelles possèdent le gène *fruitless*; mais, du fait d'un épissage différentiel, les transcrits spécifiques des mâles et des femelles ne se trouvent respectivement que dans le cerveau des mâles ou des femelles. À ce dimorphisme moléculaire correspondent les dimorphismes des comportements de cour et d'accouplement ainsi que l'aptitude des mâles à s'habituer aux autres mâles (et donc à les ignorer) en tant que partenaires sexuels potentiels. Tous ces comportements reposent sur des circuits sensitifs chémosensibles, tactiles et auditifs. Pourtant, on ne trouve pas de différences nettes de la taille du cerveau ou du nombre des neurones entre les mouches mâles et femelles. Par contre, l'isoforme mâle résultant de l'épissage différentiel de *fruitless* est exprimée préférentiellement dans un groupe de neurones du cerveau des mouches mâles, mais pas dans celui des femelles (Figure 30.12A, B). Cette observation suggère que *fruitless* régule les détails de la structure et du fonctionnement des circuits nerveux. Après délétion du transcrit mâle, les drosophiles mâles ne présentent plus le comportement de cour spécifique de leur sexe. Si *fruitless* est absent de tous les neurones, les mouches ne s'accouplent plus du tout. En revanche, si le gène n'est inactivé que dans les neurones olfactifs du cerveau de ces mouches, les mâles ne présentent plus, à l'égard des autres mâles, l'habituation fondée sur des signaux olfactifs et ils essaient de leur faire la cour et de s'accoupler avec eux (Figure 30.12C). Enfin, quand l'isoforme mâle de *fruitless* est exprimée dans le cerveau de femelles, elle supprime les comportements

Figure 30.12

L'expression d'isoformes distinctes résultant de l'épissage différentiel du gène *fruitless* de la drosophile s'accompagne de comportements de cour et d'accouplement propres aux mâles ou aux femelles. (A) La protéine fruitless (marquée en vert) est transcrite dans certains groupes de neurones du cerveau de la drosophile mâle, mais ne l'est pas chez la drosophile femelle. (B) L'épissage différentiel de l'exon propre à la femelle dans le pré-ARNm de fruitless donne un transcrit dans lequel un codon stop prématuré empêche le codage de cette protéine. Le transcrit propre aux mouches mâles abolit leur capacité de s'habituer aux autres mâles. Les mouches mutantes continuent de faire la cour aux autres mâles au lieu de les ignorer après un temps d'exposition initiale. (D) Normalement, les mouches femelles ne rivalisent pas pour trouver des partenaires femelles (c'est ce qui définit l'indice de « préférence de partenaire »). De même, les mouches mâles chez lesquelles le transcrit fruitless est excisé ne rivalisent pas non plus pour trouver des partenaires femelles. Les mouches mâles normales recherchent des partenaires femelles, mais c'est aussi le cas des femelles chez lesquelles le transcrit fruitless a été exprimé, après insertion expérimentale du promoteur adéquat propre aux mâles. (A d'après Demir et Dickson, 2005; C, D d'après Manoli et al., 2005)

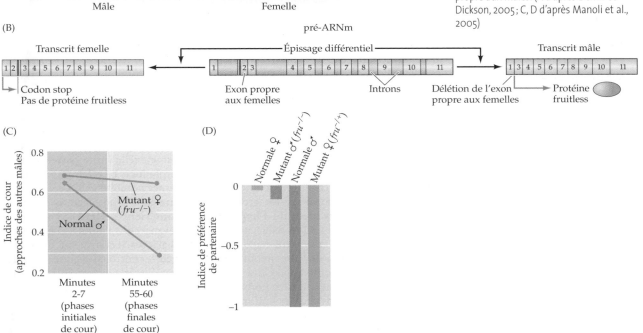

(A)

Mâle   Femelle

(B)   pré-ARNm

Transcrit femelle   Épissage différentiel   Transcrit mâle

Codon stop
Pas de protéine fruitless

Exon propre
aux femelles

Introns

Délétion de l'exon
propre aux femelles

Protéine
fruitless

(C)

Indice de cour (approches des autres mâles)

Mutant ♀ (*fru−/−*)

Normal ♂

Minutes 2-7 (phases initiales de cour)

Minutes 55-60 (phases finales de cour)

(D)

Indice de préférence de partenaire

Normale ♀
Mutant ♂ (*fru−/−*)
Normale ♂
Mutant ♀ (*fru−/+*)

propres aux femelles et déclenche chez elles les comportements de cour des mâles (Figure 30.12D). Ces observations indiquent qu'il y a un contrôle génétique des circuits nerveux qui sous-tendent la reconnaissance et le choix des individus du sexe opposé, de préférence à ceux du même sexe, ainsi que les réponses comportementales qui caractérisent, étroitement dans le cas de la drosophile, le comportement hétérosexuel par rapport au comportement homosexuel.

Ce que nous savons de la génétique et de la biologie moléculaire de l'orientation sexuelle chez l'homme, n'a pas, bien évidemment, la précision que fournissent les analyses génétiques approfondies qu'il est possible d'effectuer chez la drosophile. Les meilleurs éléments de preuve que nous ayons sur une composante génétique sous-tendant des comportements humains complexes, tels que l'orientation sexuelle, proviennent d'études sur des jumeaux homozygotes. Selon ces travaux, la probabilité que deux jumeaux homozygotes soient tous les deux homosexuels est légèrement plus élevée que pour des jumeaux hétérozygotes ou pour deux membres de la même fratrie. Bien que ce résultat suggère que l'orientation sexuelle a une dimension génétique, le taux de concordance (30 %, c'est-à-dire que dans 30 % des paires de jumeaux monozygotes dont l'un est homosexuel, l'autre aura la même orientation sexuelle) est plus faible que pour d'autres traits ou pour des maladies (le taux de concordance pour la schizophrénie, par exemple est de 50 %). Des analyses de liaison génétique ont essayé, en outre, de dresser la carte chromosomique de l'héritage de l'homosexualité masculine, mais aucune n'a pu mettre en évidence des liaisons nettes et reproductibles. On a cependant quelques indices d'un biais maternel de l'homosexualité masculine, permettant de supposer qu'elle pourrait être un trait lié à l'X.

Finalement, un certain nombre d'observations épidémiologiques laissent envisager d'autres explications moléculaires de la constitution de l'orientation sexuelle humaine. La plus notable est la constatation que l'ordre de naissance des mâles d'une fratrie est fortement corrélé avec l'homosexualité. Ainsi, pour chaque enfant mâle successif d'une même fratrie, la probabilité de l'homosexualité augmente d'environ 30 %. Cette observation suggère la curieuse hypothèse suivante : chaque fois qu'elles donnent naissance à un enfant mâle, les mères seraient exposées à des antigènes spécifiques des mâles, créant éventuellement une immunité accrue qui arriverait à perturber la capacité des enfants mâles ultérieurs de répondre à des signaux masculinisants durant leur développement intra-utérin. Bien qu'elle mérite attention, cette hypothèse reste, comme toutes les autres, du domaine de la spéculation. Il n'y a pour l'instant aucun indice génétique ou moléculaire des bases de l'identité et du comportement sexuels humains comparable à ce qui a été décrit chez la drosophile.

Orientation sexuelle et structure du cerveau humain

Au début des années 1990, plusieurs études retentissantes, réalisées *post mortem* sur des échantillons cérébraux, firent état de dimorphismes anatomiques entre les cerveaux d'individus hétérosexuels et homosexuels. La question était examinée principalement chez des hommes, sans doute parce qu'il était plus facile de se procurer, pour les examens *post mortem*, des échantillons de cerveaux d'hommes s'étant eux-mêmes déclarés homosexuels et morts des suites du sida – un facteur qui complique l'interprétation de ces études. Ce type d'analyse des dimorphismes anatomiques part de l'idée que les mécanismes qui donnent un « cerveau homosexuel » (si une telle entité existe) auraient tendance à donner aux structures dimorphes une morphologie plus féminine chez les hommes homosexuels et plus masculine chez les femmes homosexuelles.

Les analyses ont porté sur un groupe de noyaux de l'hypothalamus antérieur appelés **noyaux interstitiels de l'hypothalamus antérieur (NIHA)**. Les NIHA représentaient un choix raisonnable, puisque les travaux chez l'animal mentionnés plus haut montraient que cette région de l'hypothalamus, l'équivalent du noyau sexuellement dimorphe de l'aire préoptique des rongeurs, contrôle l'éveil sexuel et les comportements d'intromission. Chez l'homme, l'un de ces noyaux, NIHA-3, est constamment dimorphe chez les hommes et les femmes se déclarant hétérosexuels (environ 40 % plus gros chez les hommes que chez les femmes) et fut donc considéré comme susceptible d'être féminisé chez les hommes homosexuels. Les premières études, réalisées par Simon LeVay dans une analyse souvent citée d'échantillons de tissu cérébral d'hommes hétérosexuels et homosexuels, montraient qu'il pourrait effectivement y avoir des différences. Mais celles-ci restaient faibles et sans aucune valeur prédictive ; dans l'échantillon examiné par LeVay, la taille du NIHA-3 n'était pas, à elle seule, un indicateur fiable de l'orientation sexuelle. Des travaux ultérieurs prenant en compte la tendance marquée aux altérations dégénératives des tissus cérébraux de patients séropositifs pour le sida, indépendamment de leur orientation sexuelle, n'arrivèrent pas à retrouver le dimorphisme supposé. Des études de plusieurs autres dimorphismes anatomiques de l'hypothalamus, chez des hommes hétéro- et homosexuels (les femmes n'ont fait l'objet que de très peu d'études), n'ont pas donné de résultats reproductibles. Les données actuellement disponibles laissent donc penser que le volume ou le nombre des neurones de noyaux hypothalamiques sexuellement dimorphes ne permet pas, à lui seul, de prédire l'orientation sexuelle, pour autant qu'il y ait une corrélation entre ces deux phénomènes.

Les techniques d'imagerie fonctionnelle ont permis de jeter quelque lumière sur cette question, en cartographiant l'activation relative de régions potentiellement dimorphes du cerveau de femmes et d'hommes homo- et hétérosexuels en réponse à des stimulus ayant une signification pour le comportement. Dans ces études, on avait choisi soigneusement des sujets comparables du point de vue de leur âge, de leur orientation sexuelle (homo- et hétérosexuelle), de leur état relationnel (même pourcentage d'individus homo- ou hétérosexuels engagés dans une relation avec un partenaire stable) et de leur situation par rapport au sida (aucun sujet séropositif). Les femmes hétérosexuelles diffèrent des hommes hétérosexuels dans la relation observable entre leurs réponses perceptives et leur niveau d'activation hypothalamique lors de la présentation d'odorants contenant des œstrogènes ou des androgènes (voir Chapitre 15). Les deux catégories d'odorants s'accompagnent de perceptions olfactives chez les hommes et chez les femmes et la façon dont ces odorants sont consciemment ressentis est apparemment la même (mesurée sur une échelle descriptive de familiarité, intensité, caractère agréable, caractère irritant). Néanmoins, les androgènes n'entraînent d'activation de l'hypothalamus antérieur que chez les femmes ; les hommes n'ont que peu ou pas d'activation focale. Par contre, les œstrogènes entraînent une activation de l'hypothalamus postérieur chez les hommes, les femmes ne présentant qu'une activation hypothalamique faible (alors que l'odeur d'œstrogènes provoque chez elles une activation de l'amygdale). Il n'y a pas de différence notable dans l'activation des autres structures olfactives (comme le cortex piriforme) et les odeurs sexuellement neutres ne s'accompagnent pas de ces profils distinctifs d'activation.

Ces études par IRMf ont mis en évidence une concordance (atteignant 95 %) entre hommes homosexuels et femmes hétérosexuelles ainsi qu'une concordance entre femmes homosexuelles et hommes hétérosexuels : les androgènes activent l'hypothalamus antérieur des hommes homosexuels et des femmes hétérosexuelles tandis que les œstrogènes activent l'hypothalamus antérieur des femmes homosexuelles et des hommes hétérosexuels (Figure 30.13). La signification comportementale de ce dimorphisme n'est pas claire (Figure 30.13). Ces observations constituent néanmoins, à ce jour, les meilleures preuves d'une corrélation entre l'identité ou l'orientation sexuelles et certaines différences cérébrales. Ces différences suggèrent en outre que le cerveau des hommes homosexuels pourrait acquérir certaines caractéristiques féminines et le cerveau des femmes homosexuelles, certaines caractéristiques masculines. Comme chez les drosophiles, ces différences fonctionnelles pourraient refléter des particularités subtiles de l'activité ou des connexions d'ensembles neuroniques appartenant aux régions qui sous-tendent les comportements sexuels, plutôt que des dimorphismes macroscopiques associés à des différences plus marquées du sexe phénotypique.

Différences liées au sexe dans les fonctions cognitives

L'existence, chez l'homme, de différences cérébrales et comportementales reflétant les différences de sexe génotypique et phénotypique et les spécificités des comportements reproducteurs et parentaux, ne fait plus aujourd'hui débat : on peut, à cet égard, affirmer sans ambages que le cerveau des hommes et celui des femmes sont effectivement différents. Mais quand on considère les différences cérébrales et comportementales dans des domaines autres que les activités reproductrices ou la lactation, les données

Figure 30.13

Patterns distincts d'activation cérébrale par des odeurs d'androgènes et d'œstrogènes chez des hommes et des femmes hétérosexuels ou homosexuels. (A) Les androgènes provoquent une activation focale de l'hypothalamus (en rouge) chez les femmes hétérosexuelles et les hommes homosexuels ; il n'y a pas d'activation hypothalamique chez les hommes hétérosexuels. (B) Les œstrogènes activent le cortex cingulaire chez les femmes hétérosexuelles, mais pas l'hypothalamus. Chez des lesbiennes, les œstrogènes provoquent une faible activation de l'hypothalamus, comparable à celle qu'on observe chez les hommes hétérosexuels.

(A) Présentation d'androgènes

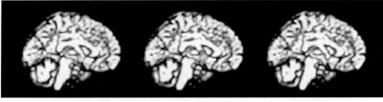

Femme hétérosexuelle   Homme homosexuel   Homme hétérosexuel

(B) Présentation d'œstrogènes

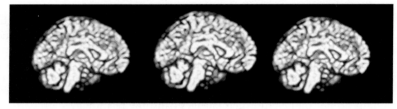

Femme hétérosexuelle   Femme homosexuelle   Homme hétérosexuel

deviennent beaucoup moins claires. En dehors des lieux communs (ou des préjugés) sur les plus ou moins grandes aptitudes ou intérêts des garçons et des filles et/ou des hommes et des femmes pour certaines tâches, il n'y a guère de preuves que les hommes et les femmes présentent des différences qui soient en étroite corrélation avec le sexe génotypique ou phénotypique. Il est plus vraisemblable que les différences entre sexes que l'on observe dans les tâches mettant en jeu le langage, l'apprentissage, la mémoire ou les aptitudes visuo-spatiales, reflètent, pour beaucoup, des influences sans lien direct avec des dimorphismes sexuels d'origine génétique. Des différences statistiquement significatives entre les performances des hommes et des femmes à un certain nombre de tâches ont au moins autant de chances d'être dues à des influences sociales ou culturelles déterminant différents patterns de comportements appris et présentant éventuellement des relations indirectes avec le sexe génotypique ou phénotypique. Il est absolument impossible de dire si l'on n'aurait pas obtenu des performances identiques à ces tâches, dans le cas où les individus des deux sexes auraient subi les mêmes influences

Le problème des différences structurales s'est révélé plus difficile s'agissant des structures du cerveau que dans le cas de l'hypothalamus et de la moelle épinière. Les analyses *post mortem* ou par IRM suggèrent que plusieurs structures (notamment des commissures cérébrales, comme le corps calleux et la commissure antérieure, des noyaux, comme l'amygdale, et un certain nombre d'aires corticales) peuvent avoir une taille ou une forme différente chez les femmes et chez les hommes (Figure 30.14). Mais les études anatomiques consacrées à cette question sont, dans l'ensemble, compliquées par des échantillons réduits et par des analyses fortement dérivées qui ne révèlent que de faibles différences de forme ou de taille.

L'intérêt s'est largement concentré sur l'amygdale, considérée comme le site central le plus susceptible, après la moelle et l'hypothalamus, de présenter un dimorphisme sexuel, peut-être parce qu'elle joue un rôle reconnu dans la régulation des efférences hypothalamiques et parce que les lésions bilatérales de l'amygdale s'accompagnent d'une hypersexualité, observée aussi bien chez l'homme que chez l'animal (voir Chapitre 29). Plusieurs études par IRM font supposer que le volume de l'amygdale est plus grand chez l'homme que chez la femme ; mais des observations complémentaires indiquent que les différences ne sont pas significatives si l'on prend en compte la taille du cerveau ou le volume crânien. Ces deux dernières mesures ont une corrélation élevée avec la taille du corps, qui, bien sûr, n'est pas la même chez les hommes et chez les femmes. Des études portant sur des sujets présentant diverses formes d'intersexualité (syndromes de Turner, HSC, 47-XYY) suggèrent que l'amygdale peut être sexuel-

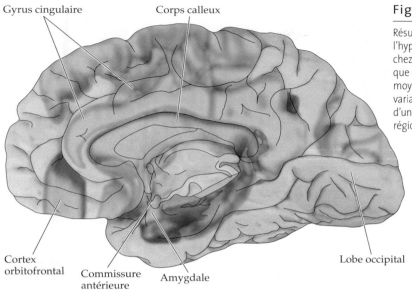

Gyrus cingulaire

Corps calleux

Cortex orbitofrontal

Commissure antérieure

Amygdale

Lobe occipital

Figure 30.14

Résumé des régions cérébrales, à l'exception de l'hypothalamus, qui ont, en moyenne, une taille différente chez l'homme et chez la femme. Il est important de noter que ces représentations sont fondées sur des estimations moyennes des différences de taille. Compte tenu de la variabilité individuelle, il est impossible de prédire le sexe d'un individu en se fondant exclusivement sur la taille des régions cérébrales représentées sur ce schéma.

■ Structures cérébrales plus grandes, par rapport à la taille du cerveau, chez des femmes en bonne santé

■ Structures cérébrales plus grandes, par rapport à la taille du cerveau, chez des hommes en bonne santé

lement dimorphe, peut-être à cause des perturbations du taux des stéroïdes sexuels qui accompagnent leur état. Mais ces études sont compliquées par le fait que l'inter-sexualité d'origine génétique de ces sujets va généralement de pair avec une réduction de la taille globale du cerveau. Néanmoins, la tendance qui se manifeste dans un petit échantillon de sujets amène à conclure que la présence d'un seul chromosome X dans le syndrome de Turner est corrélée avec une réduction de taille de l'amygdale, et que le chromosome Y supplémentaire des individus au génotype XYY est corrélé ave une augmentation de taille. Par contre, les femmes et les hommes atteints d'HSC ont tendance à avoir une amygdale légèrement plus grosse que la norme, d'après les mesures par IRM.

Contrastant avec ces données anatomiques plus ou moins incertaines, l'amygdale présente une différence fonctionnelle assez nette entre hommes et femmes testés dans des tâches de mémoire émotionnelle. Lors de ces tâches, on montre aux sujets des images ou des films aversifs ou effrayants, suscitant une réponse émotionnelle. Quelques semaines plus tard on évalue le souvenir qu'ils gardent de ces images. Lorsqu'ils se remémorent un contenu à forte charge émotionnelle, l'activité de l'amygdale est maximale à droite chez les hommes, mais à gauche chez les femmes (figure 30.15). Ces différences fonctionnelles suggèrent que c'est la *latéralité de l'activation*, et non la taille du noyau, qui constitue le dimorphisme sexuel le plus net de l'amygdale. On ignore toutefois la signification fonctionnelle de ce phénomène.

En plus de ces observations, plusieurs autres tâches cognitives ont été considérées comme sexuellement dimorphes, sur la base des différences entre hommes et femmes dans les patterns d'activation cérébrale que montrent les images d'IRMf. Cependant, il s'agit, dans chaque cas, de dimorphismes statistiques et non pas absolus, de sorte qu'on ne saurait prédire le sexe d'un individu en se fondant seulement sur ces tâches cognitives, non plus que sur l'examen de la taille ou de la forme de la structure en cause. Les tâches supposées provoquer des comportements potentiellement dimorphes mettent en jeu diverses fonctions visuospatiales ainsi que la mémoire de travail et le langage. Bien que les dimorphismes associés au langage soient discutés, des travaux récents ont retrouvé les premières observations, indiquant que les hommes ont tendance à traiter les informations du langage de façon plus latéralisée, avec activation prédominante de régions de l'hémisphère gauche (voir Chapitre 27). Des recherches

Figure 30.15

Différence entre hommes et femmes de l'activation de l'amygdale en réponse au souvenir d'images à contenu émotionnel. Chez les hommes, la présentation d'une image vue auparavant et suscitant une émotion négative s'accompagne d'une activation focale de l'amygdale droite. Chez les femmes, la même image, également vue auparavant, s'accompagne d'une activation focale de l'amygdale gauche. (D'après Cahill et al., 2004.)

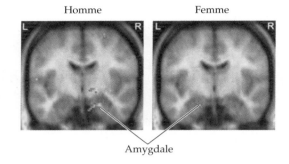

Amygdale

parallèles d'anatomie, dont les résultats n'ont dans bien des cas pas pu être reproduits de façon constante, on fait état de différences dans l'hippocampe, dans les aires du cortex préfrontal (particulièrement dans le cortex orbitofrontal, qui serait proportionnellement plus développé chez les femmes), dans le cortex pariétal, dans le cortex cingulaire et dans les aires du cortex temporal relatives à l'audition et au langage (voir Figure 30.14.). Bien que ces données invitent à prolonger les recherches, aucune d'entre elles ne démontre de différences robustes et fiables dans les fonctions cognitives ou dans les régions cérébrales qu'elles font intervenir. Aucun de ces dimorphismes supposés ne peut être utilisé de façon fiable pour distinguer, prédire ou délimiter les performances de garçons et de filles, d'hommes et de femmes, lors de tâches comportementales autres que celles qui relèvent directement des fonctions reproductrices ou parentales et qui dépendent du génotype ou du phénotype. Cette conclusion ne signifie pas qu'il n'y a pas de différences (beaucoup sont d'un avis contraire). Elle laisse seulement planer un doute sérieux sur l'existence d'un lien causal direct entre le sexe génotypique et phénotypique et les différences que l'on peut observer dans des comportements qui ne se rapportent pas à la reproduction ou aux soins parentaux.

Résumé

Dans l'ensemble du règne animal, le cerveau des individus mâles et femelles est spécialisé pour des tâches distinctes se rapportant à la reproduction ou à l'élevage des petits. Chez les mammifères, le plus puissant des facteurs qui déterminent ces différences cérébrales et comportementales est la différenciation initiale des tissus gonadiques, sous le contrôle du facteur de transcription masculinisant Sry. Ce facteur détermine le sexe génétique de l'individu et, d'ordinaire, également le sexe phénotypique. Toutefois, l'influence de Sry est indirecte ; il n'est pas exprimé dans le cerveau mâle ou femelle. Le développement des gonades dans un sens mâle ou femelle résultant des effets masculinisants de Sry entraîne une production différentielle d'hormones gonadiques circulantes (spécialement des œstrogènes et de la testostérone) ; celles-ci exercent une profonde influence sur les structures du système nerveux central qui agissent sur les organes périphériques (organes génitaux, glandes mammaires) directement associés aux fonctions reproductrices et parentales. Ces structures comprennent des groupes de motoneurones de la moelle épinière ainsi qu'un certain nombre d'ensembles neuroniques de l'hypothalamus antérieur et médian. L'activité de ces neurones est en rapport direct avec les comportements d'accouplement (éveil sexuel, intromission, éjaculation) et/ou les comportements parentaux primaires (allaitement) ; les structures où se trouvent ces neurones présentent un dimorphisme anatomique chez les mâles et les femelles. Certains de ces dimorphismes reflètent une régulation trophique de la survie et de la mort des cellules des structures impliquées, fondée sur des différences anatomiques des organes que ces cellules innervent ou régulent (organes génitaux mâles et femelles, glandes mammaires des femelles, et muscles associés). L'existence et la signification fonctionnelle de dimorphismes relatifs à des différences, plus délicates, d'identité ou d'orientation sexuelles, sont beaucoup plus sujettes à débat. Ces différences ont certes une base biologique ; mais elles n'entretiennent vraisemblablement pas de relation simple avec les dimorphismes qui coordonnent la détermination périphérique du sexe génotypique et phénotypique avec l'organisation cérébrale prenant en charge les fonctions reproductrices et parentales distinctes des mâles et des femelles.

Lectures complémentaires

Revues

BLACKLESS, M., A. CHARUVASTRA, A. DERRYCK, A. FAUSTO-STERLING, K. LAUZANNE et E. LEE (2000), How sexually dimorphic are we? Review and synthesis. *Amer. J. Human. Biol.*, **12**, 151-166.

MACLUSKY, N.J. et E. NAFTOLIN (1981), Sexual differentiation of the central nervous system. *Science*, **211**, 1294-1302.

McEWEN, B.S. (1999), Permanence of brain sex differences and structural plasticity of the adult brain. *Proc. Natl. Acad. Sci. USA*, **96**, 7128-7129.

MORRIS, J.A., C.L. JORDAN et S.M. BREEDLOVE (2004), Sexual differentiation of the vertebrate nervous system. *Nature Neurosci.*, **7**, 1034-1039.

SMITH, C.L. et B.W. O'MALLEY (1999), Evolving concepts of selective estrogen receptor action: From basic science to clinical applications. *Trends Endocrinol. Metab.*, **10**, 299-300.

SWAAB, D.F. (1992), Gender and sexual orientation in relation to hypothalamic structures. *Horm. Res.*, **38 (Suppl. 2)**, 51-61.

SWAAB, D.F. et M.A. HOFMAN (1984), Sexual differentiation of the human brain: A historical perspective. In *Progress in Brain Research*, Vol. 61, G.J. De Vries (ed.). Amsterdam, Elsevier, 361-374.

Articles originaux importants

ALLEN, L.S., M. HINES, J.E. SHRYNE et R.A. GORSKI (1989), Two sexually dimorphic cell groups in the human brain. *J. Neurosci.*, **9**, 497-506.

ALLEN, L.S., M.E. RICHEY, Y.M. CHAI et R.A. GORSKI (1991), Sex differences in the corpus callosum of the living human being. *J. Neurosci.*, **11**, 933-942.

BEYER, C., B. EUSTERSCHULTE, C. PILGRIM et I. REISERT (1992), Sex steroids do not alter sex differences in tyrosine hydroxylase activity of dopaminergic neurons in vitro. *Cell Tissue Res.*, **270**, 547-552.

BREEDLOVE, S.M. et A.P. ARNOLD (1981), Sexually dimorphic motor nucleus in the rat lumbar spinal cord: Response to adult hormone manipulation, absence in androgen-insensitive rats. *Brain Res.*, **225**, 297-307.

BYNE, W., M.S. LASCO, E. KERUETHER, A. SHINWARI, L. JONES et S. TOBET (2000), The interstitial nuclei of the human anterior hypothalamus: Assessment for sexual variation in volume and neuronal size, density and number. *Brain Res.*, **856**, 254-258.

BYNE, W. et 8 AUTRES (2002), The interstitial nuclei of the human anterior hypothalamus: An investigation of variation with sex, sexual orientation and HIV status. *Horm. Behav.*, **40**, 86-92.

COOKE, B.M., G. TABIBNIA et S.M. BREEDLOVE (1999), A brain sexual dimorphism controlled by adult circulating androgens. *Proc. Natl. Acad. Sci. USA*, **96**, 7538-7540.

DEVRIES, G.J., W.F. RISSMAN, R.B. SIMMERLY, L.Y. YANG, E.M. SKORDALAKES, C.J. AUGER, A. SWAIN, R. LOVELL-BADGE, P.S. BURGOYNE et A.P. ARNOLD (2002), A model system for study of sex chromosome effects on sexually dimorphic neural and behavioral traits. *J. Neurosci.*, **22**, 9005-9014.

FORGER, N.G. et S.M. BREEDLOVE (1987), Motoneuronal death during human fetal development. *J. Comp. Neurol.*, **264**, 118-122.

FREDERIKSE, M.E., A. LU, E. AYLWARD, P. BARTA et G. PEARLSON (1999), Sex differences in the inferior parietal lobule. *Cerebral Cortex*, **9**, 896-901.

GORSKI, R.A., J.H. GORDON, J.E. SHRYNE et A.M. SOUTHAM (1978), Evidence for a morphological sex difference within the medial preoptic area of the rat brain. *Brain Res.*, **143**, 333-346.

GRON, G., A.P. WUNDERLICH, M. SPITZER, R. TOMCZAK et M.W. RIEPE (2000), Brain activation during human navigation: Gender different neural network as substrate of performance. *Nature Neurosci.*, **3**, 404-408.

LASCO, M.S., T.J. JORDAN, M.A. EDGAR, C.K. PETITO et W. BYNE (2002), A lack of dimorphism of sex or sexual orientation in the human anterior commissure. *Brain Res.*, **936**, 95-98.

LEVAY, S. (1991), A difference in hypothalamic structure between heterosexual and homosexual men. *Science*, **253**, 1034-1037.

MEYER-BAHLBURG, H.F.L., A.A. EHRHARDT, L.R. ROSEN et R.S. GRUEN (1995), Prenatal estrogens and the development of homosexual orientation. *Dev. Psych.*, **31**, 12-21.

MODNEY, B.K. et G.I. HATTON (1990), Motherhood modifies magnocellular neuronal interrelationships in functionally meaningful ways. In *Mammalian Parenting*, N.A. Krasnegor and R.S. Bridges (eds.). New York, Oxford University Press, 306-323.

RAISMAN, G. et P.M. FIELD (1973), Sexual dimorphism in the neuropil of the preoptic area of the rat and its dependence on neonatal androgen. *Brain Res.*, **54**, 1-29.

ROSSELL, S.L., E.T. BULLMORE, S.C.R. WILLIAMS et A.S. DAVID (2002), Sex differences in functional brain activation during a lexical visual field task. *Brain Lang.*, **80**, 97-105.

SWAAB, D.F. et E. FLIERS (1985), A sexually dimorphic nucleus in the human brain. *Science*, **228**, 1112-1115.

WALLEN, K. (1996), Nature needs nurture: The interaction of hormonal and social influences on the development of behavioral sex differences in Rhesus monkeys. *Horm. Behav.*, **30**, 364-378.

WOOLLEY, C.S. et B.S. McEWEN (1992), Estradiol mediates fluctuation in hippocampal synapse density during the estrous cycle in the adult rat. *J. Neurosci.*, **12**, 2549-2554.

XERRI, C., J.M. STERN et M.M. MERZENICH (1994), Alterations of the cortical representation of the rat ventrum induced by nursing behavior. *J. Neurosci.*, **14**, 1710-1721.

ZHOU, J.-N., M.A. HOFMAN, L.J.G. GOOREN et D.F. SWAAB (1995), A sex difference in the human brain and its relation to transsexuality. *Nature*, **378**, 68-70.

Ouvrages

FAUSTO-STERLING, A. (2000), *Sexing the Body*. New York, Basic Books.

GOY, R.W. et B.S. McEWEN (1980), *Sexual Differentiation of the Brain*. Cambridge, MA, MIT Press.

LEVAY, S. (1993), *The Sexual Brain*. Cambridge, MA, MIT Press.

LEVAY, S. et S.M. VALENTE (2003), *Human Sexuality*. Sunderland, MA, Sinauer Associates.

chapitre **31**

La mémoire humaine

Vue d'ensemble

L'une des propriétés les plus surprenantes du cerveau est sa capacité de stocker les informations tirées de l'expérience et d'en récupérer la plus grande part à volonté. Sans elle, nombre de fonctions cognitives examinées dans les chapitres précédents seraient inopérantes. On donne le nom d'*apprentissage* au processus par lequel le système nerveux acquiert de nouvelles informations et celui de *mémoire* à l'encodage, au stockage et à la récupération de ces informations. Mais la capacité normale d'oublier les informations est tout aussi intéressante (et importante). L'oubli pathologique, ou amnésie, qui se définit comme l'incapacité d'apprendre des informations nouvelles ou de récupérer les informations déjà acquises, a fourni des renseignements particulièrement utiles pour comprendre les bases de la mémoire. Compte tenu de l'importance considérable de la mémoire dans les activités humaines, la compréhension de ces phénomènes est considérée comme un objectif majeur des neurosciences modernes, et l'on n'a fait que les premiers pas pour l'atteindre. Certaines formes de plasticité susceptibles de représenter les bases cellulaires et moléculaires du stockage de l'information ont fait l'objet du chapitre 8 et des chapitres 23 à 25. Le présent chapitre résume l'organisation générale de la mémoire humaine, passe en revue les principales manifestations cliniques des troubles mnésiques et examine de façon plus détaillée en quoi ces troubles permettent de mieux comprendre la mémoire humaine.

Catégories qualitatives de la mémoire humaine

L'homme présente au moins deux types qualitativement différents de stockage des informations : la **mémoire déclarative** et la **mémoire non déclarative** (Figure 31.1 ; voir aussi Encadré 31A). La mémoire déclarative concerne le stockage (et la récupération) de données qui peuvent émerger à la conscience et qui peuvent donc être encodées sous forme de symboles et exprimées par le langage (d'où le terme « déclarative »). Comme exemples de mémoire déclarative, on peut citer la capacité de se rappeler un numéro de téléphone, une chanson ou l'image d'un événement important. Par contre, la mémoire non déclarative (parfois appelée mémoire procédurale) n'est pas accessible à la conscience, à tout le moins pas dans les détails. Les souvenirs qui en relèvent concernent des associations et des savoir-faire qui sont tous, pour l'essentiel, acquis et récupérés à un niveau inconscient. Se rappeler la façon de composer un numéro de téléphone, de chanter une chanson, d'inspecter efficacement une scène visuelle ou d'effectuer les milliers d'associations qui surviennent en permanence sont des exemples de ce type de mémoire. Il est difficile de dire comment nous faisons ces choses et nous n'avons conscience d'aucun souvenir précis en les exécutant. Il arrive même que le simple fait d'y penser inhibe l'aptitude à exécuter ces activités de façon efficace (penser à la façon de frapper une balle de tennis n'améliore généralement pas les choses).

S'il paraît logique de diviser la mémoire et l'apprentissage humains en fonction de la capacité des informations emmagasinées d'accéder à la conscience, cette distinction pose problème quand on s'adresse aux mêmes processus chez l'animal. D'un point de vue évolutif, il n'est guère vraisemblable que la mémoire déclarative soit apparue *de*

Figure 31.1

Principales catégories qualitatives de la mémoire humaine. La mémoire déclarative comprend les souvenirs qu'on peut rappeler à la conscience et exprimer comme souvenirs d'événements, d'images, de sons, etc. La mémoire non déclarative ou procédurale comprend les habiletés motrices, les habiletés cognitives, le conditionnement classique, l'amorçage et toute autre information que l'on peut acquérir et récupérer de façon non consciente.

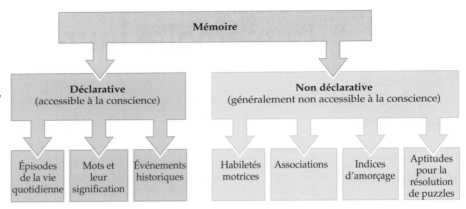

novo chez l'homme avec le développement du langage. Bien que certains chercheurs continuent de défendre des catégories différentes pour l'homme et l'animal, des travaux récents laissent penser que l'on a affaire, chez tous les mammifères, à des processus mnésiques similaires, sous-tendus par des circuits nerveux homologues. Chez les mammifères non humains, le terme de mémoire déclarative désigne généralement le stockage d'informations qui, en principe, pourraient être énoncées au moyen du langage (par exemple : « le morceau de fromage est dans la boîte du coin ») et qui dépendent d'un lobe temporal médian (et structures associées) intact, comme nous le verrons plus loin. Quant à la mémoire non déclarative, de l'homme et des autres mammifères, on peut la considérer comme l'apprentissage et le stockage d'associations sensorielles et de savoir-faire moteurs indépendants des régions temporales médianes du cerveau.

Catégories temporelles de la mémoire

Outre les types de mémoire définis par la nature de ce dont on se souvient, on peut classer les différentes formes de mémoire d'après la *durée* pendant laquelle elles sont opérationnelles. Quoique psychologues et neurobiologistes en discutent encore les détails, on reconnaît généralement trois catégories temporelles de mémoire (Figure 31.2). La première est la **mémoire immédiate**. Par définition, la mémoire immédiate est la simple aptitude à garder un événement en mémoire pendant quelques dixièmes de seconde. La capacité de la mémoire immédiate est très étendue et chaque modalité (visuelle, tactile, verbale, etc.) possède son propre système de mémoire.

Figure 31.2

Principales catégories temporelles de la mémoire humaine. Des informations de la mémoire immédiate et de la mémoire de travail peuvent passer en mémoire à long terme, mais la majeure partie est oubliée.

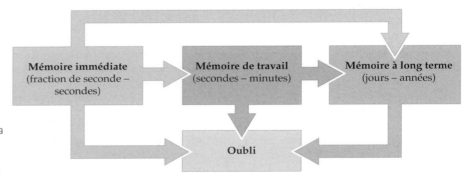

ENCADRÉ 31A *La mémoire phylogénétique*

Il existe une catégorie de stockage de l'information que les exposés habituels sur la mémoire passent généralement sous silence ; c'est celle qui a son origine dans l'expérience accumulée par les espèces depuis des millénaires et qui s'est constituée sous l'effet de la sélection naturelle et de son action sur les mécanismes cellulaires et moléculaires du développement. Les informations ainsi stockées ne dépendent pas de l'expérience postnatale, mais de ce qu'une espèce donnée a rencontré de façon régulière dans son environnement. Ces « souvenirs » n'ont pas moins d'effets que ceux qui relèvent de l'expérience individuelle et ils ont toutes chances, du point de vue de leur substrat biologique, d'avoir beaucoup de points communs avec eux. (Après tout, les souvenirs aussi bien phylogénétiques qu'ontogénétiques ont pour base la connectivité neuronale.)

Les informations qui relèvent de l'expérience de l'espèce, tels qu'ils s'expriment par les comportements endogènes dits « instinctifs », peuvent être d'une grande complexité, comme le montrent les exemples que les éthologistes ont recueillis dans un très large échantillon d'espèces, y compris chez les primates. Parmi les comportements de ce type, les cas qui ont fait l'objet des études les plus approfondies se trouvent chez les jeunes oiseaux. Les oisillons viennent au monde avec un ensemble élaboré de comportements innés. Le premier est le comportement complexe qui leur permet de sortir de l'œuf. Après l'éclosion, ils présentent divers autres comportements qui montrent à quel point les débuts de leur vie sont dépendants d'informations héritées. Les oisillons des espèces précoces « savent » d'emblée lisser leurs plumes, picorer, ouvrir tout grand leur bec et effectuer un certain nombre d'autres activités complexes. Dans certaines espèces, les jeunes tout juste éclos se tapissent dans le nid quand un faucon passe au-dessus d'eux, mais ignorent l'oiseau inoffensif qui les survole. Konrad Lorenz et Niko Tinbergen ont utilisé des silhouettes de carton tenues à la main pour explorer ce phénomène chez le goéland argenté (voir Figure). « Il devint rapidement évident, écrit Tinbergen, que... les réactions étaient largement dues à la forme. Du moment que la silhouette avait un cou court laissant la tête dépasser légèrement la ligne formée par les ailes, elle déclenchait l'alarme indépendamment de la forme exacte du leurre. » À l'évidence, le souvenir de ce à quoi ressemble l'ombre d'un prédateur est inscrit dans le système nerveux de cette espèce. Chez les primates, on peut citer comme exemples la crainte innée que manifestent des singes nouveau-nés à l'égard de serpents ou d'objets menaçants.

Malgré le peu d'attention porté à cette forme de mémoire, elle constitue probablement la composante la plus importante des informations stockées dans le cerveau et dont dépend une survie de durée suffisante pour permettre à un individu de se reproduire.

Références

Dukas, R. (1998), *Cognitive Ecology*. Chicago, University of Chicago Press.

Lorenz, K. (1970), *Essais sur le comportement animal et humain*. Paris, Éditions du Seuil.

Tinbergen, N. (1953), *The Herring Gull's World*. New York, Harper & Row.

Tinbergen, N. (1961), *Carnets d'un naturaliste*. Paris, Hachette. (Traduction de *Curious Naturalists*, 1953, Garden City, NY, Doubleday.)

(A)

(B)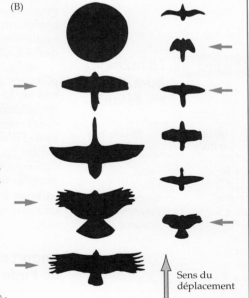

(A) Niko Tinbergen au travail.
(B) Silhouettes utilisées pour étudier les réactions d'alarme chez les oisillons. Les formes ressemblant à l'ombre des prédateurs naturels de l'oiseau (flèches rouges), provoquent, quand elles se déplacent dans la bonne direction, des réponses d'évitement telles que cris, accroupissement, mise à couvert ; des silhouettes d'oiseaux chanteurs ou d'espèces inoffensives (ou des formes géométriques) sont inopérantes. (D'après Tinbergen, 1961)

Sens du déplacement

La **mémoire de travail**, qui constitue la seconde catégorie, est la capacité de garder des informations à l'esprit pendant des périodes de quelques secondes à quelques minutes, le temps de les utiliser pour un objectif comportemental particulier. On peut en donner comme exemple la recherche d'un objet perdu ; la mémoire de travail permet de procéder efficacement, en évitant les endroits déjà examinés. Un test clinique standard de la mémoire de travail consiste à énoncer une suite de chiffres dans le désordre et à demander au patient de les répéter. Curieusement «l'empan numérique» normal n'est que de 7 à 9 chiffres.

La troisième catégorie temporelle est représentée par la **mémoire à long terme**, c'est-à-dire la rétention d'informations, sous une forme de stockage plus durable, pour des jours, des semaines ou même pour toute la vie. Certaines informations gardées en mémoire immédiate et en mémoire à long terme sont censées passer en mémoire à long terme, bien que la majeure partie soit oubliée. On admet généralement que l'**engramme** (terme qui désigne le substrat physique de la mémoire dans les circuits nerveux) dépend de changements à long terme de l'efficacité des synapses existantes ou même de la formation effective et du réarrangement des connexions synaptiques. Comme on l'a vu au chapitre 8, il y a de bonnes raisons de penser que l'on a affaire à ces deux types de modifications synaptiques.

On a la preuve d'un transfert continuel d'informations entre la mémoire de travail et la mémoire à long terme (processus que l'on appelle **consolidation**) avec le phénomène d'**amorçage** (*priming*). L'amorçage est généralement démontré en mettant des sujets en présence d'un ensemble d'items qui leur sont présentés sous un prétexte fantaisiste. On peut, par exemple, leur donner une liste de mots avec la consigne de repérer une caractéristique qui n'a rien à voir avec l'expérience (comme de noter s'il s'agit de verbes, de noms ou d'adjectifs). Plus tard, par exemple le lendemain, on soumet les mêmes sujets à un autre test consistant en une liste de mots incomplets qu'ils doivent compléter avec les lettres qui leur viennent à l'esprit. La liste test comprend en fait des fragments de mots qui leur avaient été présentés la veille, mélangés avec des fragments de mots nouveaux. Les mots complétés correspondent, dans une proportion très supérieure au hasard, à des mots déjà présentés, bien que les sujets ne se souviennent pas spécifiquement des mots vus auparavant; par ailleurs, les sujets vont plus vite quand les lettres qu'ils ajoutent forment des mots déjà vus que lorsqu'elles forment des mots nouveaux. L'amorçage montre qu'il y a une influence de l'information présentée antérieurement, même si ses effets sur les comportements ultérieurs restent totalement inconscients. L'importance de l'amorçage est bien connue, au moins intuitivement, des publicitaires, des enseignants, des conjoints et de tous ceux qui ont quelque raison d'influencer nos façons de penser et d'agir.

Malgré l'omniprésence de ce transfert, les informations emmagasinées lors de ce processus ne sont pas particulièrement fiables. Voyez par exemple la liste des mots du tableau 31.1A. Si on lit cette liste à un groupe d'étudiants et qu'on leur demande immédiatement après d'indiquer, parmi de *nouveaux* items, ceux qui se trouvaient dans la première liste et ceux qui ne s'y trouvaient pas, on obtient un résultat surprenant. De façon régulière, à peu près la moitié des étudiants donnent le mot «sucré» comme appartenant à la première liste et, qui plus est, s'en disent tout à fait certains! Ce «rappel» erroné repose vraisemblablement sur les fortes associations qui ont été préalablement établies entre les mots de la liste et le mot «sucré», prédisposant ainsi les sujets à penser que le mot «sucré» faisait bien partie du premier ensemble. Il est clair que souvent nos souvenirs sont faux, même ceux dont nous sommes les plus sûrs.

Importance des associations pour le stockage de l'information

Comme nous l'avons dit, la capacité normale des individus humains de se rappeler des informations relativement dénuées de signification est étonnamment faible et se limite à sept ou huit chiffres ou autres items. On peut cependant, par entraînement, l'augmenter considérablement. Un étudiant, par exemple, ayant passé une heure par jour, pendant plus d'un an, à s'entraîner à des épreuves de rappel de chiffres présentés au hasard, a vu sa capacité de répétition atteindre presque 80 chiffres (Figure 31.3). Il parvint à ce résultat en subdivisant la série de chiffres qu'on lui présentait en sousensembles auxquels il donnait le sens de dates, d'horaires de rendez-vous au stade (il était coureur de compétition), etc.; en fait, il associait des items sans signification à un contexte signifiant. C'est la même stratégie qu'utilisent la plupart des mnémonistes

TABLEAU 31.1 *La mémoire humaine prise en défaut*[a]

(A) Liste initiale	(B) Liste test ultérieure
bonbon	goût
aigre	point
caramel	sucré
amer	chocolat
bon	caramel
goût	gentil
dent	
joli	
miel	
soda	
chocolat	
cœur	
gâteau	
manger	
tarte	

[a] Les sujets écoutent les mots de la liste A qu'on leur lit à haute voix et doivent, plus tard, dire quels mots de la liste B se trouvaient aussi dans la liste A. Voir les résultats dans le texte.

Figure 31.3

Augmentation de l'empan de la mémoire des chiffres par l'entraînement (et l'utilisation de stratégies d'association). Grâce à un entraînement de plusieurs mois, à raison d'une heure par jour et de trois à cinq jours par semaine, ce sujet a augmenté le nombre de chiffres retenus de 7 à 79. On lui lisait des chiffres au hasard, au rythme d'un par seconde. S'il retenait une séquence correctement, la suivante était augmentée d'un chiffre. (D'après Ericsson et al., 1980.)

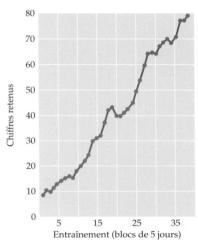

professionnels qui étonnent leur public par des tours de force de mémoire tenant apparemment du prodige. Beaucoup d'entre eux s'efforcent de mémoriser le plus grand nombre possible de décimales de la constante mathématique infinie, π ; le record actuel, aux États-Unis, est supérieur à 13 000, et continue d'être amélioré. Le détenteur est un musicien qui a réussi cet exploit en associant les chiffres à des notes de musique.

De même, un joueur d'échecs expérimenté est capable, après un coup d'œil rapide à un échiquier, de se rappeler la position d'un beaucoup plus grand nombre de pièces qu'un joueur moyen, sans doute parce que ces positions ont beaucoup plus de signification pour qui connaît les finesses du jeu que pour des néophytes (Figure 31.4). On voit que la capacité de la mémoire à court terme dépend de la signification des informations et de la facilité avec lesquelles on peut les associer avec d'autres informations déjà emmagasinées.

(A)
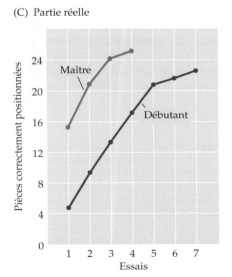

(B)
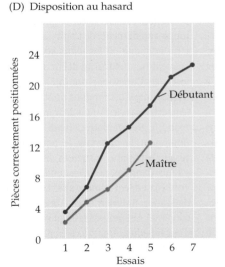

(C) Partie réelle   (D) Disposition au hasard

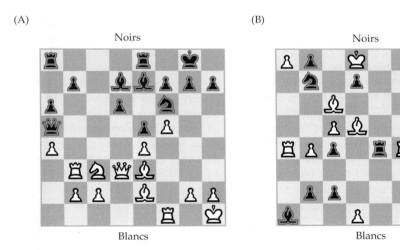

Figure 31.4

La mémorisation d'informations présentées brièvement dépend de l'expérience préalable, du contexte et de l'importance qu'on leur accorde. (A) Position de l'échiquier après le vingt et unième coup des blancs, lors de la dixième partie du Championnat du monde d'échecs de 1985 opposant Karpov (blancs) et Kasparov (noirs). (B) Disposition au hasard des vingt-huit mêmes pièces. (C, D) Après avoir regardé rapidement l'échiquier présentant la partie réelle, des joueurs de haut niveau restituent la position des pièces avec une précision bien plus grande que des joueurs débutants. Avec la disposition au hasard de l'échiquier, les débutants ont une performance aussi bonne voire meilleure que celle des experts. (D'après Chase et Simon, 1973.)

Les individus humains ont en réalité une capacité énorme de retenir, dans la vie de tous les jours, des informations *signifiantes*. Voyez le cas d'Arturo Toscanini, le chef d'orchestre aujourd'hui décédé, qui connaissait par cœur, à ce que l'on prétend, les partitions pour orchestre de plus de 250 œuvres ainsi que la musique et les livrets d'une centaine d'opéras. Un jour, avant un concert donné à Saint Louis, le premier basson vint trouver Toscanini, consterné, car il venait de s'apercevoir que l'une des clés de son instrument était cassée. Selon l'anecdote, après une minute ou deux de profonde concentration, Toscanini se tourna vers le musicien inquiet et lui dit qu'il n'avait pas de souci à se faire, étant donné que cette note ne figurait dans aucune des parties de basson au programme de la soirée.

Les prodiges que réalisent les mnémonistes mathématiciens, les grands maîtres des échecs ou Arturo Toscanini ne relèvent pas de l'apprentissage par cœur, mais de la fascination que les passionnés ont pour leur intérêt favori (Encadré 31B). Ces exemples suggèrent que la motivation joue un rôle important dans la mémoire. Ceci paraît

---

ENCADRÉ 31B   *Les idiots savants*

Certaines personnes présentent un développement extraordinaire, mais anormal, de leur mémoire. Ces individus ont longtemps été qualifiés d'idiots savants, bien qu'on préfère utiliser aujourd'hui à leur propos des termes moins péjoratifs (la littérature de langue anglaise parle, dans leur cas, de syndrome du savant). Les idiots savants sont des personnes qui, pour différentes raisons mal connues (généralement un traumatisme cérébral lors ou alentour de la naissance), ont des activités mentales sérieusement limitées, sauf dans un domaine particulier où ils font preuve d'une mémoire et d'une compétence extraordinaires. La disproportion énorme entre cette capacité et la pauvreté de leurs autres facultés ne manque pas de frapper. La plupart du temps, ces personnes qui ont un talent hors du commun pour le calcul, l'histoire, l'art, les langues ou la musique font en effet l'objet d'un diagnostic de retard mental grave.

On pourrait citer de nombreux exemples, tous plus frappants les uns que les autres, mais le résumé d'un seul cas suffira à faire comprendre ce dont il s'agit. La personne dont nous résumons ici l'histoire a été désignée du nom de Christophe dans une étude détaillée conduite par deux psychologues, Neil Smith et Ianthi-Maria Tsimpli. Alors qu'il n'avait encore que quelques semaines, on découvrit que Christophe avait subi de graves lésions cérébrales (à cause, peut-être, d'une rubéole durant la grossesse de sa mère ou d'une anoxie cérébrale à la naissance ; les données pu-

bliées sont incertaines sur ce point). Dès l'enfance, Christophe fut mis en institution, car il était incapable de s'occuper de lui-même, il était toujours perdu, avait une mauvaise coordination œil-main et divers autres handicaps. Aux tests usuels, il avait un QI faible, conforme à son incapacité générale à se débrouiller dans la vie de tous les jours : en différentes occasions, il obtint 42, 67 et 52 à l'échelle d'intelligence de Wechsler. Malgré ce retard mental important, Christophe manifesta, à partir de trois ans, un vif intérêt pour les livres, surtout pour ceux qui donnaient des faits ou des listes (annuaires de téléphone ou dictionnaires). Vers six ou sept ans, il commença à lire des articles techniques que sa sœur rapportait quelquefois du travail et il montra bientôt une surprenante maîtrise des langues étrangères. Ce talent particulier pour apprendre et utiliser une langue se développa rapidement ; il s'agit là pourtant d'un domaine où les idiots savants sont souvent très limités. Au début de son adolescence, Christophe pouvait traduire et utiliser plusieurs langues dont le danois, le néerlandais, le finnois, le français, l'allemand, le grec moderne, l'hindi, l'italien, le norvégien, le polonais, le portugais, le russe, l'espagnol, le suédois, le turc et le gallois (langues pour lesquelles son niveau était décrit comme allant d'une connaissance rudimentaire à une pratique courante). Ces prouesses linguistiques sont d'autant plus remarquables qu'il n'avait reçu aucun enseignement en langues, pas

même du niveau de l'école élémentaire et que par ailleurs il ne savait jouer ni aux dames ni au morpion, incapable qu'il était d'en comprendre les règles.

On ne connaît pas les bases neurobiologiques de phénomènes aussi extraordinaires. Il faut dire cependant que les idiots savants ont peu des chances d'être, dans leur domaine de prédilection, plus compétents que des individus d'intelligence normale qui se focalisent avec passion sur un sujet précis (voir des exemples dans le texte). Selon toute vraisemblance, l'intérêt intense que les idiots savants portent à un domaine intellectuel particulier est dû à une ou plusieurs régions cérébrales qui continuent à fonctionner convenablement. Soit par renforcement social, soit par satisfaction personnelle, les idiots savants consacrent une part considérable de leur activité mentale et de leur énergie à pratiquer ce qu'ils arrivent à faire de façon plus ou moins normale. Le résultat est que les associations qu'ils font peuvent atteindre une richesse extraordinaire, comme le montre le cas de Christophe.

Références

MILLER, L.K. (1989), *Musical Savants: Exceptional Skill in the Mentally Retarded*. Hillsdale, New Jersey, Lawrence Erlbaum Associates.
SMITH, N. et I.-M. TSIMPLI (1995), *The Mind of a Savant: Language Learning and Modularity*. Oxford, G.B., Basil Blackwell Ltd.
HOWE, M.J.A. (1989), *Fragments of Genius: The Strange Feats of Idiots Savants*. Routledge, New York, Chapman and Hall.

(A)

Alimentaire   Non alimentaire

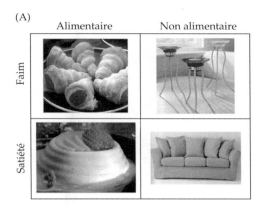

(B)

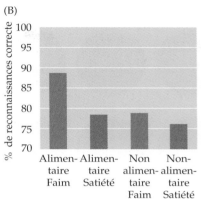

Figure 31.5

Motivation et mémoire. (A) Les sujets examinent un jeu de photos d'items alimentaires ou non alimentaires (des meubles). Plus tard, on teste leur capacité de reconnaître les photos déjà vues dans un ensemble comportant de nouvelles photos. Dans une condition on augmente leur faim en les privant de nourriture pendant plusieurs heures (B). La reconnaissance des items alimentaires est significativement plus élevée quand les sujets ont faim, mais la faim n'a pas d'effet sur la reconnaissance des items non alimentaires. Ce type de résultats souligne l'importance de la motivation et de l'intérêt pour la performance mnésique. (D'après Morris et Dolan, 2001.)

effectivement vrai, même pour des tâches banales, comme se rappeler un ensemble de cartes dans une expérience de laboratoire. Dans une étude de ce genre, les expérimentateurs ont demandé aux sujets d'examiner une série de photos représentant soit des meubles, soit des aliments (Figure 31.5). Plus tard, les sujets furent testés avec un ensemble beaucoup plus grand de photos comprenant celles qu'ils avaient examinées auparavant et d'autres, nouvelles ; les sujets devaient simplement indiquer s'il s'agissait d'une photo ancienne ou nouvelle. Dans une condition, les expérimentateurs augmentaient l'appétit des sujets en les privant de nourriture pendant plusieurs heures. Comme prévu, les sujets se souvenaient plus facilement des photos de nourriture quand ils avaient faim que lorsqu'ils étaient rassasiés. Mais il n'y avait aucun effet de la motivation sur le souvenir des photos de meubles.

Des observations comme celles-ci, qui révèlent l'importance de la motivation et de l'intérêt pour la formation des souvenirs, ont d'importantes implications pour les systèmes cérébraux qui sous-tendent la mémoire. Peu d'entre nous peuvent se vanter d'égaler les exploits mnémoniques d'un Toscanini, mais chacun a une capacité étonnante à se rappeler ce qui l'intéresse profondément, qu'il s'agisse de résultats sportifs, des intrigues de séries télévisées ou des détails de l'anatomie cérébrale.

L'oubli

Voici quelques années, un sondage a montré que 84 % des psychologues étaient d'accord avec des énoncés tels que «Tout ce que nous apprenons est définitivement emmagasiné dans notre esprit même si, parfois, certains détails ne sont pas accessibles». Les 16 % qui étaient d'un avis différent ont vu plus juste. Le sens commun montre que s'il n'y avait pas d'oubli, notre cerveau serait encombré de façon inimaginable d'un fatras d'informations inutiles, codées pour quelques instants dans le système tampon de notre mémoire immédiate. De fait, le cerveau humain possède une excellente capacité d'oubli. Outre les mauvais résultats obtenus à des épreuves telles que celle du tableau 31.1, la figure 31.6 montre que le souvenir de l'aspect d'une pièce de monnaie vue des milliers de fois, un penny par exemple, est, au mieux, approximatif et que, au cours des années, on oublie progressivement ce que l'on a vu (des émissions télévisées en l'occurrence). Il est bien clair que l'on oublie les choses sans importance et que les souvenirs non utilisés se détériorent avec le temps.

À dire vrai, la capacité d'oublier des informations dénuées d'intérêt est probablement aussi essentielle pour l'activité mentale normale que la rétention des informations que nous estimons importantes. Cette opinion est corroborée par les cas des personnes qui ont des difficultés avec «l'effaçage» normal des informations. Le cas le mieux connu, peut-être, est un sujet étudié pendant plusieurs dizaines d'années par le neuropsychologue russe A.R. Luria, qui l'appelle Veniamin (il s'appelait en réalité Cherechevski). La description que fait Luria d'une de leurs premières rencontres donne une idée des raisons pour lesquelles Cherechevski, alors journaliste, était si intéressant :

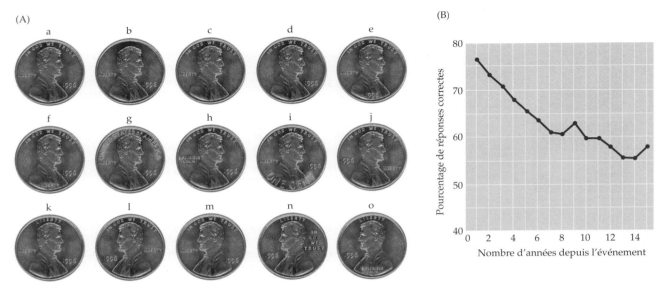

Figure 31.6

L'oubli. (A) Versions diverses du côté « face » d'un penny. Malgré le nombre considérable de fois où cette pièce de monnaie a été vue, peu de personnes sont capables de choisir (a) comme étant sa représentation véritable. Une information maintes fois répétée n'est donc pas nécessairement retenue. (B) On a évalué la détérioration de la mémoire à long terme au moyen d'un test à choix multiple dans lequel on demandait aux sujets de reconnaître le nom d'émissions télévisées diffusées pendant une seule saison au cours des quinze années précédentes. L'oubli d'une information emmagasinée, mais que l'on n'utilise plus, intervient graduellement et progressivement au cours des années (le niveau de performance aléatoire est de 25 %). (A d'après Rubin et Kontis, 1983 ; B d'après Squire, 1989.)

J'avais soumis à Veniamin une liste de mots, puis de chiffres, puis de lettres isolées que tantôt je lisais lentement, tantôt je lui donnais à lire. Il écoutait ou lisait avec attention, ensuite il répétait le tout dans le même ordre. J'allongeais la liste, citais trente, cinquante, soixante-dix mots ou chiffres, sans que cela lui causât la moindre difficulté. Veniamin ne semblait avoir nul besoin de les apprendre par cœur. Je lisais distinctement et lentement, il écoutait avec une grande attention, me demandait parfois de m'arrêter un instant ou bien de répéter plus clairement un mot qu'il n'était pas sûr d'avoir bien entendu. Généralement, il restait les yeux fermés pendant l'expérience, ou bien fixait un point dans l'espace. Quand l'énumération était terminée, il me priait de faire une pause, vérifiait mentalement ce qu'il avait entendu et ensuite répétait toute la liste sans interruption.

A.R. Luria, 1995, *Une prodigieuse mémoire*, Paris,
Éditions du Seuil, p. 202.

La mémoire phénoménale de Cherechevski ne lui rendait cependant pas toujours service. Il avait des difficultés à se débarrasser l'esprit des informations insignifiantes sur lesquelles il avait tendance à se focaliser au point, parfois, d'en être handicapé. Voici comment Luria présente les choses :

L'assimilation d'un texte, la réception des informations, qui pour nous consiste à dégager l'essentiel et à le dépouiller du superflu, est pour Veniamin une lutte pénible contre les images qui le submergent. Au lieu de l'aider dans la perception, les images lui créent des obstacles, l'empêchent de faire ressortir l'essentiel. Elles affluent, se multiplient, égarent l'attention, s'écartent finalement du texte, et tout est à recommencer. Ainsi, la lecture d'un texte, ou même d'une seule phrase, qui paraît très simple devient pour Veniamin un travail de Sisyphe.

A.R. Luria, *ibid.*, p. 272.

Si l'oubli est un processus mental indispensable et tout à fait normal, il peut prendre aussi un aspect pathologique, auquel cas on parle d'**amnésie**. Le tableau 31.2 donne la liste d'un certain nombre de causes d'amnésie. L'incapacité de fixer de nouvelles connaissances est appelée **amnésie antérograde**, tandis que la difficulté de retrouver des souvenirs déjà fixés est qualifiée d'**amnésie rétrograde**. Ces deux formes d'amnésie, antérograde et rétrograde, sont souvent présentes en même temps, mais elles peuvent être dissociées dans certaines conditions. Les amnésies consécutives aux lésions bila-

TABLEAU 31.2 *Causes de l'amnésie*

Causes	Exemples	Emplacement de la lésion
Vasculaire (occlusion des deux artères cérébrales postérieures)	Patient R.B. (Encadré 21C)	Lobe temporal médian, bilatéralement, l'hippocampe en particulier
Tumeurs de la ligne médiane	–	Thalamus médian, bilatéralement (hippocampe et structures connexes si la tumeur est assez volumineuse)
Traumatisme	Patient N.A. (Encadré 31C)	Lobe temporal médian, bilatéralement
Chirurgie	Patient H.M. (Encadré 31C)	Lobe temporal médian, bilatéralement
Infections	Encéphalite herpétique	Lobe temporal médian, bilatéralement
Insuffisance de vitamine B	Syndrome de Korsakoff	Thalamus médian et corps mamillaires
Traitement de la dépression par électrochoc	–	Incertain

térales du lobe temporal et du diencéphale ont fourni des indications particulièrement précieuses sur la façon dont se forment certaines catégories de souvenirs et sur l'endroit où ils sont stockés (voir section suivante).

Processus cérébraux de la formation des souvenirs en mémoire déclarative

Trois cas cliniques extraordinaires ont considérablement accru nos connaissances sur les processus cérébraux responsables du stockage à court terme et de la consolidation d'informations déclaratives ; il s'agit des patients aujourd'hui connus de tous les cliniciens et neurobiologistes sous leurs initiales H.M., N.A. et R.B. (voir Encadré 31C). Pris ensemble, ils mettent en évidence de façon spectaculaire l'importance des structures diencéphaliques de la ligne médiane et des structures du lobe temporal médian, l'**hippocampe** notamment, dans la fixation de nouvelles connaissances déclaratives (Figure 31.7). Ces patients démontrent également qu'il y a un substrat anatomique distinct pour l'amnésie antérograde et pour l'amnésie rétrograde. Chacun de ces individus gardait en effet la mémoire des faits *antérieurs* à l'événement responsable de son état.

Le déficit catastrophique est dû à l'incapacité de former de nouveaux souvenirs. L'amnésie rétrograde, c'est-à-dire la perte de mémoire pour les événements précédant un traumatisme ou une maladie, est plus caractéristique des lésions généralisées concomitantes des traumatismes crâniens et des maladies neurodégénératives telles que la maladie d'Alzheimer (Encadré 31D). Quoiqu'un certain degré d'amnésie rétrograde puisse accompagner les lésions focales qui provoquent l'amnésie antérograde, le stockage à long terme des souvenirs est probablement réparti dans l'ensemble du cerveau (voir section suivante). Ainsi, l'hippocampe et les structures diencéphaliques qui lui sont liées et qu'indique la figure 31.7 fixent et consolident des connaissances de type déclaratif qui, en fin de compte, seront stockées ailleurs.

Des amnésies d'origine différente ont également fourni certains renseignements sur les régions du cerveau qui interviennent dans divers aspects de la mémoire (voir Tableau 31.2). Le **syndrome de Korsakoff**, par exemple, peut survenir chez les alcooliques chroniques à cause d'un manque de thiamine (vitamine B₁). Dans ces cas, la perte de tissu cérébral est bilatérale et touche les corps mamillaires et le thalamus médian, pour des raisons que l'on ignore.

Figure 31.7

Aires cérébrales dont la lésion est susceptible de provoquer des troubles de la mémoire déclarative. Par inférence, on considère que l'activité de ces mêmes structures constitue la base physiologique normale de la mémoire déclarative. (A) L'étude de patients amnésiques a montré que l'acquisition de connaissances déclaratives dépend de l'intégrité de l'hippocampe et ses connexions sous-corticales avec les corps mamillaires et le thalamus dorsal. (B) Schéma montrant l'emplacement de l'hippocampe sur une coupe horizontale, après résection d'une partie des lobes temporaux. (C) L'hippocampe, tel qu'il apparaîtrait sur une coupe histologique coronale (ou frontale) réalisée à peu près au niveau indiqué en (B) par la ligne.

(A) **Aires cérébrales impliquées dans les troubles de la mémoire déclarative**

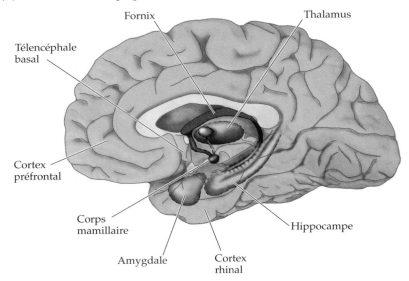

(B) **Vue ventrale de l'hippocampe et des structures connexes après résection partielle des lobes temporaux**

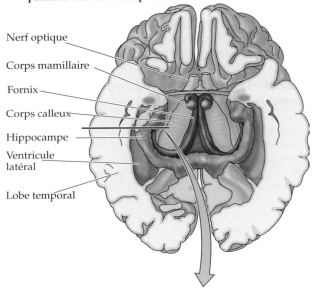

(C) **Coupe coronale de l'hippocampe**

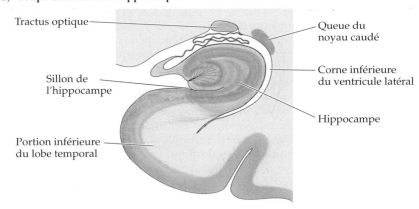

*Cas cliniques révélant les bases anatomiques
de la mémoire déclarative*

Le cas de H.M.

À l'âge de 27 ans, H.M., qui avait présenté quelques crises épileptiques mineures depuis l'âge de 10 ans et, à partir de 16 ans, des crises beaucoup plus sérieuses, eut à subir une intervention chirurgicale pour remédier à une épilepsie de plus en plus handicapante. Après ses études secondaires, H.M. avait travaillé comme technicien dans une petite entreprise électrique jusqu'aux derniers temps avant son opération. Durant ses attaques, il avait des convulsions généralisées, se mordait la langue, urinait et perdait conscience, toutes manifestations caractéristiques des crises dites grand mal. Malgré diverses médications, les crises demeuraient incontrôlables et leur gravité s'accroissait. Quelques semaines avant son opération, H.M. devint incapable de travailler et dut quitter son emploi.

Le 1er septembre 1953, il subit une résection bilatérale du lobe temporal médian avec exérèse de l'amygdale, de l'uncus, du gyrus hippocampique et des deux tiers antérieurs de l'hippocampe. À l'époque, il n'était pas évident qu'une ablation bilatérale de cette sorte entraînerait de graves déficits mnésiques. Mais dès que H.M. eut récupéré de son opération, il apparut clairement qu'il présentait une grave amnésie et sa vie en fut radicalement changée.

Le premier examen psychologique formel de H.M. eut lieu près de deux ans après l'opération, alors qu'il avait encore un déficit mnésique profond et net. Ainsi, juste avant cet examen, H.M. s'était entretenu avec le psychologue ; mais, quelques minutes plus tard, il ne gardait pas le moindre souvenir de cette conversation et niait que quiconque lui eût parlé. Il se croyait en mars 1953 et paraissait ignorer qu'il avait subi une opération ou qu'il se trouvait handicapé de ce fait. Néanmoins, son QI à l'échelle d'intelligence de Wechsler-Bellevue atteignait 112, valeur ne présentant pas de différence significative par rapport au niveau préopératoire. Divers

Images par IRM du cerveau du patient H.M. (A) Vue sagittale de l'hémisphère droit ; la région de la lobectomie temporale antérieure est indiquée par les flèches pleines. La partie postérieure intacte de l'hippocampe est la zone en forme de banane indiquée par la flèche évidée. (B–D) Coupes coronales aux niveaux approximativement indiqués par les flèches en (A). L'image (B) est la plus rostrale et se situe au niveau de l'amygdale. L'amygdale et le cortex entorhinal sous-jacent manquent totalement. L'image (C) est au niveau de la formation hippocampique rostrale ; ici encore, cette structure et le cortex entorhinal sous-jacent ont été enlevés. L'image (D) est à l'extrémité caudale de l'hippocampe ; l'hippocampe postérieur apparaît intact quoiqu'un peu rétréci. (D'après Corkin et al. 1997.)

tests psychologiques ne révèlent pas de déficits dans le domaine perceptif ni dans celui de la pensée abstraite ou du raisonnement ; il semblait de plus fortement motivé et donnait, dans une conversation à bâtons rompus, l'impression d'être normal. Point important, il avait de bonnes performances à des épreuves qui, comme le dessin en miroir ou la résolution de puzzles, testent les aptitudes à apprendre des habiletés nouvelles (ce qui signifie que sa mémoire procédurale était intacte).

Par ailleurs, il se rappelait facilement ses souvenirs anciens, ce qui montre que les structures enlevées au cours de son opération n'étaient pas le site du stockage permanent de ces informations. Par contre, sa performance au subtest de mémoire du Wechsler (qui mesure spécifiquement la mémoire déclarative) était très mauvaise et, dès qu'il avait porté son attention vers une autre partie de l'examen, il devenait incapable de se rappeler une épreuve précédente. Ces déficits formels ainsi que l'incapacité manifeste où il se trouvait de se rappeler les événements de sa vie quotidienne indiquent tous une perte profonde de la mémoire déclarative à court terme.

Au cours des décennies suivantes, H.M. fit l'objet d'études approfondies par Brenda Milner et ses collègues de l'Institut Neurologique de Montréal. Son déficit mnésique a persisté sans rémission et, selon Milner, il n'a guère idée de qui elle est, bien qu'ils se connaissent depuis presque 50 ans. On peut déplorer qu'il en soit venu à trouver du bon à son état. « Chaque jour, dit H.M., est à part, quelles que soient les joies ou les peines que j'aie eues ». (H.M. s'appelait Henry Molaison ; il est décédé le 2 décembre 2008, à l'âge de 82 ans.)

Le cas de N.A.

N.A. est né en 1938 ; il fut élevé par sa mère et par son père adoptif et fréquenta les écoles publiques de Californie. Après une année d'université, il s'engagea dans l'armée de l'air. En octobre 1959, il fut affecté aux Açores, comme technicien radar, et il y resta jusqu'en décembre 1960, époque où un accident étonnant fit de lui un cas neurologique célèbre. N.A. était en train de monter un modèle réduit d'avion, dans sa chambrée, tandis que, sans qu'il s'en rendît compte, son camarade de chambrée s'exerçait derrière sa chaise à des assauts et des parades avec un fleuret miniature. Tournant brusquement sa chaise, N.A. reçut un coup dans la narine droite. Le fleuret traversa la lame criblée (par laquelle le nerf olfactif gagne le cerveau) et pénétra vers le haut jusque dans le cerveau antérieur gauche. En quelques minutes, N.A. perdit connaissance (vraisemblablement à cause d'une hémorragie dans la région cérébrale traversée) et fut conduit à l'hôpital. Il présenta alors une faiblesse du côté droit avec, de ce même côté, une paralysie des muscles extra-oculaires innervés par le nerf III. On réalisa une intervention chirurgicale exploratoire et l'on répara la déchirure de la dure-mère. Il récupéra peu à peu et fut renvoyé chez lui, en Californie. Au bout de

quelques mois, ses seuls troubles neurologiques généraux consistaient en quelques difficultés des mouvements oculaires vers le haut et en une légère diplopie. Il lui restait par contre une profonde amnésie antérograde portant sur la mémoire déclarative. Des examens par IRM, réalisés pour la première fois en 1986, ont révélé des lésions étendues du thalamus et du lobe temporal médian, principalement du côté droit, les corps mamillaires paraissant également détruits des deux côtés. L'étendue exacte de la lésion n'est cependant pas connue, N.A. étant toujours vivant et en bonne santé.

Depuis le moment de son accident, voilà plus de 40 ans, jusqu'à ce jour, la mémoire de N.A. est restée profondément dégradée et, comme H.M., ses performances aux épreuves d'acquisition de connaissances nouvelles sont très mauvaises. Il a un Q.I. de 124 et ne présente pas de déficits sur le plan du langage ni dans d'autres épreuves d'intelligence. Il est capable d'apprendre normalement de nouvelles habiletés procédurales. Son amnésie, moins totale que celle de H.M., est plus verbale que spatiale. Il peut, par exemple, faire des schémas exacts de ce qu'on lui a montré auparavant. Néanmoins, il égare ses affaires, oublie ce qu'il a fait et a tendance à oublier qui lui a rendu visite. Il n'a que de vagues notions des événements politiques, sociaux ou sportifs qui sont arrivés depuis son accident. Il a même des difficultés à regarder la télévision, car il oublie le fil de l'histoire pendant les interruptions publicitaires. Pourtant, sa mémoire pour les événements antérieurs à 1960 reste excellente et son mode de vie même a tendance à refléter les années 1950.

Le cas de R.B.

À l'âge de 52 ans, R.B. fit un épisode ischémique durant un pontage cardiaque. Après dissipation de l'anesthésie, il manifesta un trouble amnésique profond. Comme dans le cas de H.M. et de N.A., son Q.I. était normal (111) et il ne présentait pas d'autres déficits cognitifs qu'une perte de mémoire. Au cours des cinq années suivantes, R.B. fit l'objet d'examens répétés et, bien que son amnésie ne fût

pas aussi grave que celle de H.M. ou de N.A., il n'arriva jamais à réussir les tests formels d'acquisition de nouvelles connaissances déclaratives. Quand, en 1983, R.B. mourut d'insuffisance cardiaque, on procéda à un examen détaillé de son cerveau. La seule chose importante que l'on trouva fut une lésion bilatérale de l'hippocampe, plus précisément une perte de cellules dans la région CA1, s'étendant de chaque côté sur toute la longueur rostro-caudale de l'hippocampe. L'amygdale, le thalamus, les structures du télencéphale basal ainsi que les corps mamillaires étaient normaux. Le cas de R.B. laisse penser que des lésions de l'hippocampe peuvent, seules, provoquer une profonde amnésie antérograde affectant la mémoire déclarative.

Références

CORKIN, S. (1984), Lasting consequences of bilateral medial temporal lobectomy : Clinical course and experimental finding in H.M. *Semin. Neurol.*, **4**, 249-259.

CORKIN, S., D.G. AMARAL, R.G. GONZÁLEZ, K.A. JOHNSON et B.T. HYMAN (1997), H.M.'s medial temporal lobe lesion : Findings from magnetic resonance imaging. *J. Neurosci.*, **17**, 3964-3979.

HILTS, P.J. (1995), *Memory's Ghost : The Strange Tale of Mr. M. and the Nature of Memory.* New York, Simon and Schuster.

MILNER, B., S. CORKIN et H.-L. TEUBER (1968), Further analysis of the hippocampal amnesic syndrome : A 14-year follow-up study of H.M. *Neuropsychologia*, **6**, 215-234.

SCOVILLE, W.B. et B. MILNER (1957), Loss of recent memory after bilateral hippocampal lesions. *J. Neurol. Neurosurg. Psychiat.*, **20**, 11-21.

SQUIRE, L.R., D.G. AMARAL, S.M. ZOLA-MORGAN, M. KRITCHEVSKY et G. PRESS (1989), Description of brain injury in the amnesic patient N.A. based on magnetic resonance imaging. *Exp. Neurol.*, **105**, 23-35.

TEUBER, H.-L., B. MILNER et H.G. VAUGHN (1968), Persistent anterograde amnesia after stab wound of the basal brain. *Neuropsychologia*, **6**, 267-282.

ZOLA-MORGAN, S., L.R. SQUIRE et D. AMARAL (1986), Human amnesia and the medial temporal region : Enduring memory impairment following a bilateral lesion limited to the CA1 field of the hippocampus. *J. Neurosci.*, **6**, 2950-2967.

Les recherches effectuées sur des animaux porteurs de lésions du lobe temporal médian ont largement corroboré les conclusions de la clinique humaine. On a par exemple utilisé l'épreuve suivante pour tester chez l'animal ce que l'on estime correspondre à la formation des souvenirs de type déclaratif chez l'homme. Des rats sont placés dans une piscine remplie d'eau trouble qui masque une plateforme submergée. Cette piscine est entourée de repères visuels saillants (Figure 31.8). Au départ, les rats

(A)

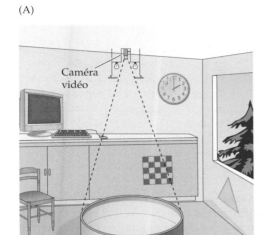

(B)

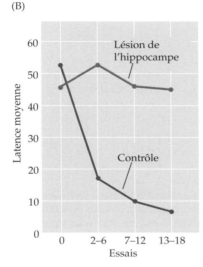

(C) Rat contrôle

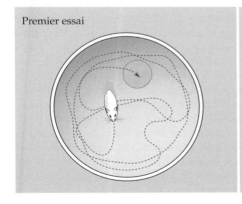

(D) Rat avec lésion de l'hippocampe

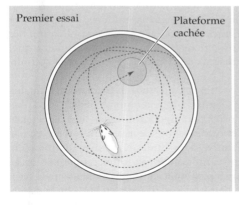

Figure 31.8

L'apprentissage spatial et la mémoire des lieux dépendent de l'hippocampe chez les rongeurs. Des rats sont mis dans une piscine circulaire de la taille et de la forme d'un bassin pour bébé, rempli d'une eau laiteuse opaque. L'environnement contient des indices visuels tels que portes, fenêtres, horloge, etc. Une petite plateforme est située juste en dessous de la surface de l'eau. Le chemin suivi par le rat dans sa nage à la recherche de la plateforme (indiqué en C par les lignes en pointillés) est enregistré par une caméra vidéo. (B) Après quelques essais, le temps mis pour trouver la plateforme diminue chez les rats normaux, mais pas chez les rats qui ont subi une lésion de l'hippocampe. Exemples des chemins parcourus par des rats normaux (C) et par des rats lésés (D) au premier et au dixième essai. Les rats ayant une lésion de l'hippocampe sont incapables de se rappeler l'emplacement de la plateforme. (B d'après Eichenbaum, 2000 ; C, D d'après Schenk et Morris, 1985.)

Figure 31.9

L'activation de l'hippocampe et du cortex parahippocampique adjacent prédit la performance mnésique. L'activation de ces aires est beaucoup plus importante pour les items dont les sujets se souviennent ultérieurement. (D'après Wagner el al., 1998.)

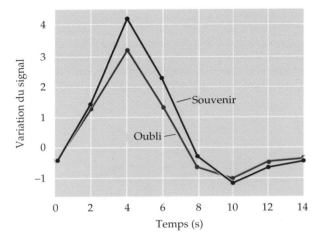

cherchent au hasard jusqu'à ce qu'ils trouvent la plateforme. Après des tests répétés, ils apprennent à nager directement vers la plateforme, quel que soit leur point de départ dans la piscine. Mais des rats ayant subi une lésion de l'hippocampe et des structures voisines sont incapables de trouver la plateforme, ce qui laisse supposer que la possibilité de se souvenir de l'emplacement de la plateforme par rapport à l'ensemble des repères visuels dépend des mêmes structures neurales que celles qui, chez l'homme, jouent un rôle essentiel dans la formation des souvenirs déclaratifs. De la même façon, la destruction, chez des singes, de l'hippocampe et du gyrus parahippocampique réduit fortement leur capacité de réaliser des tâches de réponse différée (voir Figure 26.14). Ces travaux suggèrent que, chez les primates et les autres mammifères, l'hippocampe et le gyrus parahippocampique sont nécessaires à l'encodage et à la consolidation des souvenirs des événements et des objets dans le temps et dans l'espace, de même que, chez l'homme, ces mêmes régions sont utilisées pour l'encodage initial et la consolidation des souvenirs déclaratifs.

En accord avec les données fournies par les travaux effectués chez des sujets humains ou des animaux de laboratoire porteurs de lésions du lobe temporal médian – et, plus particulièrement, de l'hippocampe et du cortex parahippocampique – des recherches récentes ont montré que les neurones de ces régions sont sélectivement mis en jeu par le stockage de souvenirs en mémoire déclarative. Des études effectuées aux premiers temps de l'imagerie cérébrale avaient montré, en utilisant la tomographie par émission de positons, que l'hippocampe et le cortex parahippocampique étaient activés chez des sujets en train d'apprendre une liste d'items qu'ils devaient retenir. Qui plus est, l'activité de ces régions était plus élevée pour les items dont, ultérieurement, les sujets se souvenaient que pour ceux qu'ils avaient oubliés (Figure 31.9).

Ces observations de laboratoire ont des prolongements dans la vie quotidienne. Quiconque, par exemple, a pris un taxi dans une grande ville comme Londres ou New York se rend compte des difficultés qu'il y a à trouver son chemin dans ce labyrinthe de rues. Et il saute aux yeux que certains chauffeurs de taxi sont meilleurs que d'autres pour prendre le bon parcours, supériorité à laquelle leur expérience professionnelle n'est vraisemblablement pas étrangère. Il est donc tout à fait curieux que des travaux de laboratoire aient trouvé que l'hippocampe postérieur, région particulièrement impliquée dans la mémorisation des informations spatiales, était plus développé chez les chauffeurs de taxi londoniens que chez des sujets contrôles de même âge (Figure 31.10A). Le rôle de l'expérience dans la performance mnésique est en outre confirmé par la corrélation positive entre la taille de l'hippocampe postérieur des chauffeurs de taxi et la durée de leur activité dans cette profession (Figure 31.10B). Au total, ces résultats confortent l'idée que l'activation des neurones de l'hippocampe et des aires corticales du lobe temporal médian qui lui sont étroitement associées, détermine largement le

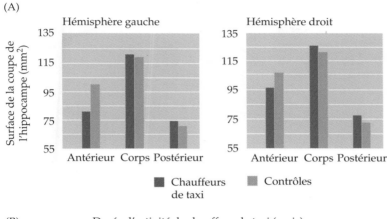

(A)

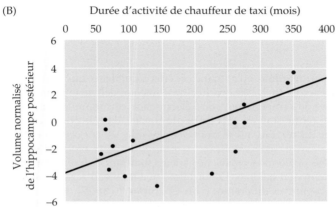

(B)

Figure 31.10

Le cas des chauffeurs de taxi londoniens. L'imagerie structurale du cerveau montre que l'hippocampe postérieur, région spécialisée dans la mémoire des informations spatiales, est plus grand chez les chauffeurs de taxi que chez des sujets contrôles appariés en âge. (B) La taille de l'hippocampe présente une corrélation positive avec la durée d'activité professionnelle comme chauffeur de taxi. (D'après Maguire et al., 2000.)

transfert des informations déclaratives en mémoire à long terme : ils confirment aussi que la solidité avec laquelle les souvenirs sont enregistrés dépend de changements structuraux et fonctionnels induits par l'expérience.

Processus cérébraux du stockage à long terme des informations en mémoire déclarative

Pour éclairantes qu'elles aient été, les études cliniques de patients amnésiques n'ont guère fait progresser nos connaissances sur le stockage à long terme de l'information dans le cerveau (sinon pour indiquer que ces informations *ne sont pas* stockées dans les structures diencéphaliques médianes, qui jouent un rôle si important dans les amnésies antérogrades). Néanmoins, quantité de données amènent à conclure que le cortex cérébral est le principal dépositaire à long terme de bien des aspects de la mémoire.

L'observation de patients traités par électrochoc a fourni à cet égard un certain nombre d'éléments de preuve. Les patients atteints de dépression profonde sont souvent traités (sous anesthésie et dans des conditions contrôlées) par un choc électrique appliqué au cerveau et dont l'intensité est suffisante pour déclencher une crise d'épilepsie généralisée. Cette thérapeutique d'une utilité remarquable a son origine dans l'atténuation de la dépression que l'on constate chez les épileptiques, après une crise spontanée (voir l'encadré 8C). Toutefois, les patients qui reçoivent un électrochoc présentent souvent une amnésie antérograde et rétrograde. En règle générale, ils ne se souviennent pas du traitement lui-même ni de ce qui s'est passé les jours précédents ; le rappel de souvenirs remontant jusqu'à 1 à 3 années auparavant peut également être affecté. Des études chez l'animal (des rats chez qui l'on teste l'apprentissage d'un labyrinthe, par exemple) ont confirmé les effets amnésiants de l'électrochoc. L'amnésie se dissipe généralement sur une période de quelques semaines à quelques mois. Cepen-

Figure 31.11

Connexions entre l'hippocampe et divers sites possibles de stockage en mémoire déclarative. On a représenté un cerveau de singe rhésus, car ces connexions sont beaucoup mieux connues chez le singe que chez l'homme. Les projections de nombreuses aires corticales convergent sur l'hippocampe et sur les structures connexes dont on sait qu'elles interviennent dans la mémoire humaine ; la plupart de ces sites envoient des projections en retour vers ces mêmes aires corticales. On a représenté l'aspect médian et l'aspect latéral du cerveau, ce dernier ayant subi une rotation de 180° pour plus de clarté. (D'après Van Hoesen, 1982.)

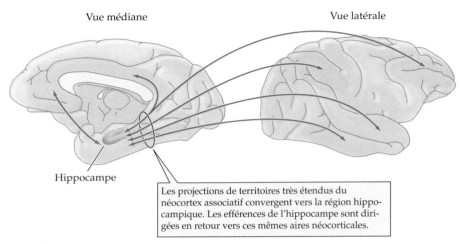

Vue médiane   Vue latérale

Hippocampe

Les projections de territoires très étendus du néocortex associatif convergent vers la région hippocampique. Les efférences de l'hippocampe sont dirigées en retour vers ces mêmes aires néocorticales.

dant, pour atténuer les perturbations qu'entraîne cet effet secondaire (qui peut être dû à l'excitotoxicité ; voir l'encadré 6C), l'électrochoc n'est souvent délivré qu'à un hémisphère à la fois. La nature de l'amnésie qui suit l'électrochoc corrobore la conclusion que les souvenirs à long terme sont en grande partie stockés dans le cortex cérébral puisque c'est cette partie du cerveau qui se trouve la plus affectée par cette thérapeutique.

Un deuxième ensemble de données émane de patients souffrant de lésions du cortex associatif hors du lobe temporal médian. Étant donné que les divers territoires corticaux ont des fonctions cognitives différentes (voir Chapitres 26 et 27), il n'est guère étonnant que certains d'entre eux soient des sites de stockage à long terme de l'information, conformément à leur rôle spécifique dans les processus mentaux. Le lexique, par exemple, qui relie les sons de la parole à leur signification symbolique, est localisé dans le cortex associatif du lobe temporal supérieur puisque des lésions de cette région s'accompagnent classiquement d'une incapacité de mettre en relation les mots et leur signification (aphasie de Wernicke ; voir Chapitre 27). Selon toute vraisemblance, les connexions étendues de l'hippocampe avec les aires du langage servent à consolider les informations déclaratives dans ces sites corticaux, et dans d'autres, qui interviennent dans le langage (Figure 31.11). Pareillement, le tableau clinique des patients porteurs de lésions du lobe temporal suggère que c'est là que sont localisés les souvenirs des objets et des visages (voir Chapitre 26).

Le troisième faisceau de données appuyant l'hypothèse que les souvenirs déclaratifs sont stockés dans les aires corticales spécialisées dans le traitement d'informations d'un type donné vient de l'imagerie cérébrale chez des sujets humains évoquant des souvenirs très vifs. Dans l'une de ces recherches, les sujets examinaient d'abord des mots appariés avec des images ou des sons. On examinait ensuite leur cerveau au scanner tandis qu'on leur demandait, pour chacun des mots tests, s'il était associé à une image ou à un son. Les images d'IRMf montrent que les aires corticales activées lorsque les sujets regardaient les images ou écoutaient les sons, sont réactivées quand ils évoquent ces souvenirs. Différentes catégories d'images – telles que des visages, des maisons ou des chaises – tendent à réactiver les mêmes territoires circonscrits qui avaient été activés lors de la perception effective de ces objets (Figure 31.12).

Ces travaux d'imagerie cérébrale renforcent la conclusion que les souvenirs déclaratifs sont stockés dans des aires spécialisées des différents territoires corticaux. La récupération de ces souvenirs implique le lobe temporal médian ainsi que certaines régions du cortex frontal. Les aires du cortex frontal situées notamment sur les aspects dorsolatéral et antérolatéral du cerveau sont activées lorsque des sujets normaux essaient de récupérer des informations déclaratives en mémoire à long terme. En outre les sujets chez lesquels ces aires sont lésées sont souvent dans l'incapacité d'évoquer certains souvenirs de façon détaillées et ont recours à des confabulations pour suppléer aux informa-

(A)

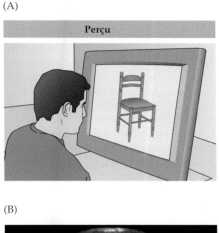

(B)

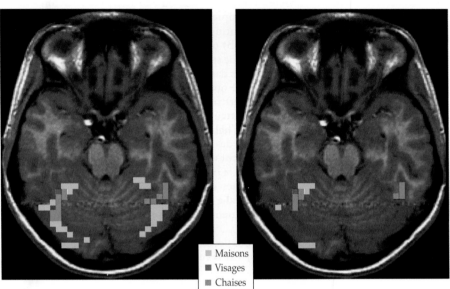

- Maisons
- Visages
- Chaises

Figure 31.12

Réactivation du cortex visuel durant la remémoration de souvenirs visuels nets. (A) On demande aux sujets soit de regarder des images d'objets (maisons, visages et chaises) (à gauche), soit d'imaginer ces objets en l'absence du stimulus (à droite). (B) À gauche : des régions du cortex temporal ventral sont activées bilatéralement durant l'examen de maisons (en jaune), de visages (en rouge) et de chaises (en bleu). À droite : lorsque les sujets se rappellent ces objets, il y a réactivation des mêmes régions qui étaient préférentiellement activées durant leur examen. (D'après Ishai et al., 2000.)

tions manquantes. Enfin, alors que des patients tels que H.M., N.A. et R.B. étaient capables de se rappeler des événements de leur vie antérieurs à leur lésion, démontrant ainsi que le lobe temporal médian n'est pas nécessaire à la récupération des informations déclaratives en mémoire à long terme, d'autres travaux ont laissé envisager que ces structures pourraient jouer un rôle important dans le rappel de souvenirs déclaratifs au cours des stades précoces de la consolidation et du stockage dans le cortex cérébral.

Processus cérébraux de la mémoire et de l'apprentissage non déclaratifs

H.M., N.A. et R.B. n'avaient aucune difficulté à former (et à se rappeler) des souvenirs relevant de la mémoire non déclarative. Ce fait indique que ce type de trace doit avoir une base anatomique différente de celle sur laquelle repose la formation des souvenirs déclaratifs. Apparemment, la mémoire non déclarative met en jeu les ganglions de la base, le cortex préfrontal, l'amygdale, le cortex sensoriel associatif et le cervelet, mais ni le lobe temporal médian ni les structures diencéphaliques de la ligne médiane. À l'appui de cette interprétation, on notera que l'amorçage perceptif (c'est-à-dire l'influence sur la performance d'informations préalablement examinées, mais dont il est impossible de se souvenir consciemment) dépend de façon cruciale de l'intégrité du cortex sensoriel associatif. Des lésions du cortex visuel, par exemple, dégradent profondément l'amorçage visuel, mais laissent intacte la formation de souvenirs déclaratifs. De même, les conditionnements sensorimoteurs simples exigent l'intervention du cervelet : c'est le cas, par exemple, du réflexe de clignement déclenché par un son qui a acquis la valeur de stimulus conditionnel par couplage répété avec un jet d'air sur l'œil, seul capable, au départ, de provoquer le clignement. Ce conditionnement classique du réflexe de clignement est sévèrement affecté par une lésion ischémique du cervelet consécutive à un infarctus de l'artère cérébelleuse supérieure ou de l'artère cérébelleuse postéro-inférieure, mais ce type de lésion est sans effet sur la constitution de nouveaux souvenirs déclaratifs. De telles doubles dissociations corroborent l'idée que la formation et le stockage des souvenirs déclaratifs, d'une part, et non déclaratifs, d'autre part, sont régis par des systèmes cérébraux indépendants.

Les apprentissages moteurs complexes semblent dépendre étroitement d'un système cérébral comprenant les circuits en boucle qui relient les ganglions de la base et le cortex préfrontal (voir Chapitre 18). Des lésions de l'une ou l'autre de ces structures interfèrent profondément avec la capacité d'apprendre de nouveaux savoir-faire. Ainsi, des patients souffrant de la maladie de Huntington, qui provoque l'atrophie du noyau caudé et du putamen (voir Figure 18.11B) ont des performances médiocres aux tests d'apprentissage d'habiletés motrices tels que suivre de la main un point lumineux, tracer des courbes en regardant ses mouvements dans un miroir ou reproduire des séquences de mouvements des doigts. Étant donné que la perte de neurones dopaminergiques de la substance noire perturbe le transfert normal des signaux dans les ganglions de la base (voir Figure 18.11A), les patients atteints d'une maladie de Parkinson présentent des déficits similaires de l'apprentissage d'habiletés motrices, de même que les patients porteurs de lésions préfrontales dues à des tumeurs ou à des accidents vasculaires cérébraux. L'imagerie cérébrale a largement confirmé ces constatations en mettant en évidence une activation des ganglions de la base et du cortex préfrontal chez les sujets normaux qui exécutent ces mêmes tâches d'apprentissage moteur. L'activation des ganglions de la base et du cortex préfrontal a également été observée chez des animaux à qui l'on faisait exécuter des tâches rudimentaires d'apprentissage de mouvements ou de séquences motrices.

Le schéma de la figure 31.14 résume les grandes lignes de cette dissociation des systèmes de mémoire sur lesquels reposent la mémoire déclarative et la mémoire non

Figure 31.13

La maladie de Parkinson révèle un rôle des ganglions de la base dans la mémoire non déclarative. (A) Des sujets effectuent un apprentissage probabiliste à quatre niveaux. Ils apprennent tout d'abord que s'ils choisissent une porte de couleur donnée (disons rose) dans la condition A, ils ont accès à une récompense. Ils apprennent ensuite qu'en choisissant une porte de couleur différente (disons rouge) dans la condition B, ils peuvent passer en condition A où ils pourront choisir la porte ouvrant sur la récompense. L'apprentissage continue de cette façon, jusqu'à ce que les sujets choisissent la séquence D → C → B → A → récompense. (B) Des patients souffrant de la maladie de Parkinson (MP) et prenant des médicaments (L-DOPA) pour pallier l'insuffisance de dopamine des neurones de la substance noire ont une performance presque équivalente à celle des sujets contrôles de même âge. Par contre les patients sans traitement compensateur de l'insuffisance de dopamine présentent un déficit spectaculaire de leurs capacités d'apprentissage de cette tâche. (D'après Shohamy et al., 2005.)

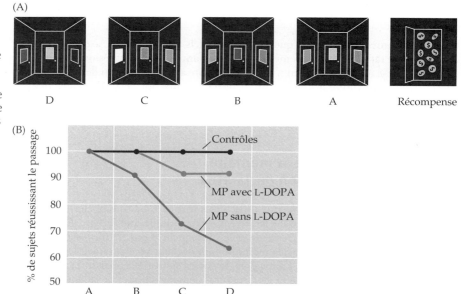

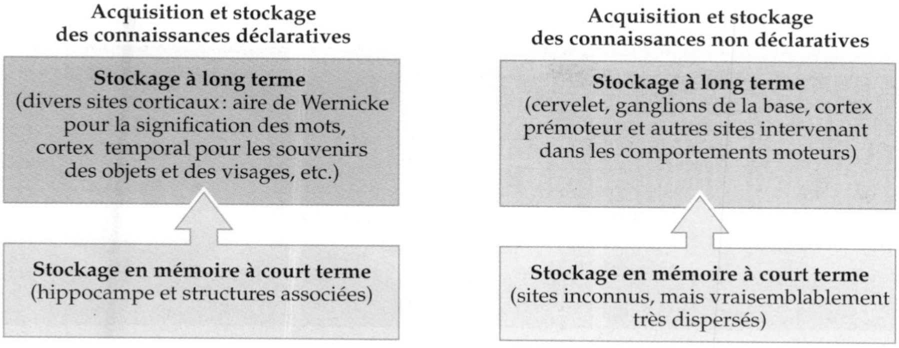

Figure 31.14

Schéma résumant les processus d'acquisition et de stockage des connaissances déclaratives ou non déclaratives.

Acquisition et stockage des connaissances déclaratives

Stockage à long terme
(divers sites corticaux : aire de Wernicke pour la signification des mots, cortex temporel pour les souvenirs des objets et des visages, etc.)

Stockage en mémoire à court terme
(hippocampe et structures associées)

Acquisition et stockage des connaissances non déclaratives

Stockage à long terme
(cervelet, ganglions de la base, cortex prémoteur et autres sites intervenant dans les comportements moteurs)

Stockage en mémoire à court terme
(sites inconnus, mais vraisemblablement très dispersés)

déclarative ; son caractère général ne fait que souligner l'état rudimentaire de nos connaissances actuelles sur le lieu et le mode de stockage des souvenirs à long terme. On peut raisonnablement imaginer que chaque souvenir complexe a pour support l'activité d'un vaste réseau de neurones dont le déclenchement dépend de pondérations synaptiques façonnées et modifiées par l'expérience.

Mémoire et vieillissement

Bien que notre aspect extérieur change inévitablement avec l'âge, nous avons tendance à imaginer que notre cerveau résiste aux ravages du temps. Les données dont nous disposons laissent malheureusement penser que c'est faire preuve d'un optimisme injustifié. Dès le début de l'âge adulte, le poids moyen du cerveau humain normal, déterminé par autopsie, baisse régulièrement (Figure 31.15). L'imagerie non invasive montre que, chez beaucoup de personnes d'un certain âge, cet effet se traduit par une atrophie faible, mais perceptible, du cerveau. À un âge avancé, le nombre des synapses du cortex cérébral est d'ordinaire en diminution, quoique le nombre des neurones ne varie sans doute guère, ce qui suggère que ce sont surtout les connexions entre neu-

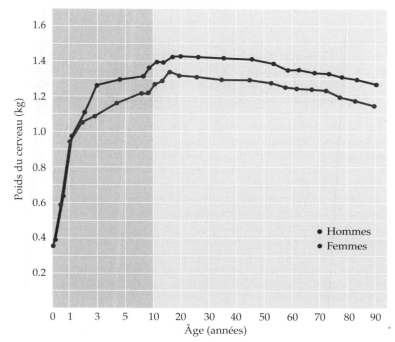

Figure 30.15

Taille du cerveau en fonction de l'âge. Le cerveau humain atteint sa taille maximale (mesurée ici par son poids) chez le jeune adulte et diminue progressivement par la suite. Cette diminution graduelle est due de toute évidence à la perte de certains circuits nerveux lors du vieillissement cérébral, et sous-tend vraisemblablement la réduction des fonctions mnésiques chez les personnes âgées. (D'après Debakan et Sadowsky, 1978.)

Figure 30.16

Activation compensatrice d'aires mnésiques chez des personnes âgées qui continuent d'utiliser leur mémoire au maximum. Lors du rappel, l'activité se limite au cortex préfrontal droit (selon les conventions radiologiques, les images du cerveau sont présentées avec inversion de l'axe droite-gauche) chez les sujets jeunes ou chez les sujets âgés ayant des performances médiocres aux tâches de mémoire. Par contre, chez les sujets âgés ayant une relativement bonne mémoire, on observe une activation des cortex préfrontaux droit et gauche. (D'après Cabeza et al., 2002.)

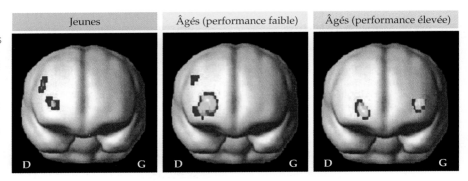

Jeunes	Âgés (performance faible)	Âgés (performance élevée)

rones (c'est-à-dire le neuropile) qui disparaissent conformément au point de vue selon lequel les réseaux de connexions qui forment de support des souvenirs (l'engramme, en d'autres termes) se détériorent progressivement.

Ces observations sont en accord avec les difficultés qu'ont les personnes âgées à effectuer des associations (telles que se souvenir des noms ou des détails d'événements récents) et avec la diminution progressive des performances aux tests de mémoire. La perte normale d'une partie des fonctions mnésiques avec l'âge signifie qu'il y a une grande zone de flou entre les personnes qui présentent un vieillissement normal et les patients qui souffrent de démences séniles comme la maladie d'Alzheimer (Encadré 31D).

De même qu'un exercice régulier ralentit la détérioration de système neuromusculaire due à l'âge, les effets du vieillissement sur la dégénérescence neuronale et le déclin cognitif qui s'ensuit peuvent être ralentis chez les personnes âgées qui s'efforcent de continuer à utiliser toute la gamme des capacités mnésiques humaines (c'est-à-dire de faire fonctionner aussi bien leur mémoire déclarative que non déclarative). Le déclin cognitif dû à l'âge est certes inéluctable, mais des recherches d'imagerie cérébrale ont montré que les personnes âgées qui présentent un haut niveau de performance à des tâches de mémoire peuvent sensiblement compenser le déclin de l'efficacité des traitements cognitifs en activant du tissu cortical dont se servent moins les personnes âgées ayant un moindre niveau de performance mnésique (Figure 31.16).

Résumé

La mémoire humaine met en jeu une multiplicité de stratégies biologiques et de substrats anatomiques. Au premier plan, nous trouvons un système pour les souvenirs qui peuvent être exprimés par le langage et sont accessibles à la conscience (mémoire déclarative) et un système distinct prenant en charge les habiletés motrices et les associations, essentiellement non verbales, et fonctionnant à un niveau largement inconscient (mémoire non déclarative ou procédurale). Les données fournies par les patients amnésiques et par l'étude de l'agencement normal des connexions nerveuses du cerveau humain mettent en évidence le rôle important de l'hippocampe et des structures diencéphaliques de la ligne médiane qui lui sont associées ainsi que du lobe temporal médian dans la mise en place de nouveaux souvenirs en mémoire déclarative, mais non dans leur stockage (qui a lieu essentiellement dans les aires corticales associatives). Par contre, la mémoire non déclarative des savoir-faire, moteurs ou autres, qui restent inconscients, dépend de l'intégrité du cortex prémoteur, des ganglions de la base et du cervelet et n'est pas affectée par les lésions qui entraînent une dégradation du système de la mémoire déclarative. Le dénominateur commun de toutes ces catégories d'informations emmagasinées est à chercher, selon une opinion généralement admise, dans des modifications de la force et du nombre des connexions synaptiques des aires du cortex cérébral où s'opèrent les associations entre les stimulus et les réponses comportementales qu'ils suscitent.

ENCADRÉ 31D *La maladie d'Alzheimer*

La *démence* est une défaillance de la mémoire récente et d'autres fonctions cognitives passant inaperçue au début, mais progressant de façon régulière. La maladie d'Alzheimer (MA) est la forme de démence la plus répandue, constituant 60-80 % des cas chez les personnes âgées ; elle frappe 5 à 10 % des personnes de plus de 65 ans et jusqu'à 45 % des personnes de plus de 85 ans. La toute première manifestation en est classiquement un affaiblissement de la mémoire récente et de l'attention ; cette dégradation est suivie d'une détérioration des aptitudes linguistiques, de l'orientation visuo-spatiale, de la pensée abstraite, du jugement. Tous ces déficits s'accompagnent d'altérations inévitables de la personnalité.

Le diagnostic provisoire de la maladie d'Alzheimer est fondé sur ces caractéristiques cliniques et ne peut être confirmé que par la pathologie cellulaire distinctive que révèle l'autopsie du cerveau. Les particularités histopathologiques sont au nombre de trois (visibles sur la figure ci-contre) : (1) amas de filaments du cytosquelette intraneuronique appelés *enchevêtrements neurofibrillaires*, (2) dépôts extracellulaires d'une protéine anormale de la matrice, la protéine amyloïde, formant les *plaques séniles*, (3) perte diffuse de neurones. Ces caractères histopathologiques sont les plus marqués dans le néocortex, dans les structures limbiques (notamment l'hippocampe, l'amygdale et les aires corticales associées) et dans certains noyaux du tronc cérébral et dans les noyaux du télencéphale basal.

Dans la majorité des cas, la MA survient après 60 ans (MA de forme sporadique « à début tardif »). Les formes à début précoce sont relativement rares ; elles sont provoquées par une anomalie génétique de l'un des deux parents, transmise selon le mode autosomique dominant. L'identification d'un gène mutant dans plusieurs familles où cette maladie présente une forme à début précoce a jeté une lumière importante sur la nature des processus qui sont déréglés dans la MA. Depuis longtemps, les chercheurs se doutaient que le gène mutant responsable

de la forme familiale était situé sur le chromosome 21, du fait notamment que le syndrome de Down (la trisomie 21, causée par un exemplaire supplémentaire du chromosome 21) présente des signes cliniques et neuropathologiques similaires, mais avec un début beaucoup plus précoce (vers 30 ans dans la majorité des cas). On pensait avoir affaire à une mutation d'un gène codant la protéine précurseur de l'amyloïde (APP pour *amyloid precursor protein*), à cause de la présence, dans la MA, d'importants dépôts de substance amyloïde et parce qu'un fragment de l'APP, le peptide Aβ, avait été isolé des plaques amyloïdes. Le gène de l'APP fut cloné par Dmitry Goldgaber et ses collègues et localisé sur le chromosome 21. Cette observation conduisit finalement l'identification de mutations du gène de l'APP dans près de 20 familles présentant la forme autosomique dominante à début précoce de la MA. Il faut noter cependant que ces mutations

n'étaient présentes que dans quelques-unes seulement des familles où s'observait une MA à début précoce et dans aucune de celles ayant une MA à début tardif.

On a par la suite identifié les gènes mutants responsables de deux autres formes autosomiques dominantes de la MA (*préséniline 1* et *préséniline 2*). Chose curieuse, des mutations de *préséniline 1* et 2 modifient la maturation de l'APP avec, comme résultat, une augmentation du taux d'une forme particulièrement toxique du peptide Aβ, la forme Aβ42. La mutation d'un seul parmi plusieurs gènes semble donc suffisante pour provoquer une forme héréditaire de la MA par l'intermédiaire dans tous les cas d'une maturation anormale de l'APP.

La forme la plus courante de la MA apparaît toutefois assez tard et quoique, pour des raisons encore obscures, les parents de la personne affectée courent un risque accru, on n'a pas affaire alors à une forme

(A) Enchevêtrement neurofibrillaire   (B)

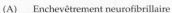

Plaque amyloïde

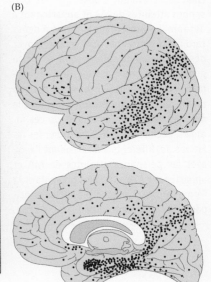

(A) Coupe histologique du cortex cérébral d'un patient atteint de maladie d'Alzheimer, montrant les plaques amyloïdes et les enchevêtrements neurofibrillaires caractéristiques de la maladie. (B) Distribution des modifications pathologiques (enchevêtrements neurofibrillaires, plaques amyloïdes, perte des neurones et réduction de la substance grise) lors de la maladie d'Alzheimer. La densité des points est proportionnelle à la gravité des signes pathologiques. (A d'après Roses, 1995 ; gracieusement communiqué par Gary W. Van Hoesen ; B d'après Blumenfeld, 2002, sur la base des travaux de Brun et Englund, 1981.)

simple de transmission héréditaire. Le rôle central de l'APP chez les familles ayant la forme à début précoce de la MA suggérait que l'APP pouvait d'une façon ou d'un autre être en relation avec la série d'événements aboutissant aux formes « spontanées » de la MA. Les biochimistes Warren Strittmatter et Guy Salvesen, en particulier, firent l'hypothèse qu'un dépôt pathologique de protéines complexées avec un dérivé de l'APP, le peptide Aα, pourrait être en cause. Pour tester cette idée, ils ont immobilisé le peptide Aα sur une feuille de nitrocellulose ; puis, utilisant du liquide céphalorachidien de patients atteints de la MA, ils ont cherché quelles étaient les protéines qui s'y liaient avec une haute affinité. L'une d'entre elles est l'apolipoprotéine E (Apo E), protéine de transport du cholestérol dans la circulation sanguine.

Ce résultat avait une portée particulière compte tenu d'une découverte faite par Margaret Pericak-Vance, Allen Roses et leurs collègues de Duke University. Ces chercheurs avaient trouvé que les personnes atteintes de MA et appartenant à des familles présentant la forme à début tardif présentaient une relation avec des marqueurs du chromosome 19. Or un gène codant une isoforme de l'apolipoprotéine E (l'allèle ε4) se situe dans la même région du chromosome 19 que celle mise en cause par les études de ces familles. Ceci les conduisit à étudier les relations de différents allèles codant l'apoE avec les personnes atteintes de MA et appartenant à des familles présentant la forme tardive. Il existe trois allèles principaux de l'apolipoprotéine E, ε2, ε3 et ε4.

Dans la population générale, la fréquence de l'allèle ε3 est de 0,78 et celle de l'allèle ε4 de 0,14. Mais chez les patients des familles où la MA est à début tardif, la fréquence de l'allèle ε4 est de 0,52, soit près de quatre fois plus que dans la population générale. Avoir hérité de l'allèle ε4 est donc un facteur de risque vis-à-vis de la MA à début tardif. De fait, les personnes homozygotes pour ε4 ont une probabilité huit fois plus grande d'être atteintes de la MA que les personnes homozygotes pour ε3. Dans les familles à forme tardive de la MA, les individus qui n'ont aucun exemplaire de ε4 ne sont que 20 % à être atteints à l'âge de 75 ans contre 90 % de ceux qui possèdent deux exemplaires de ε4.

Contrairement aux mutations du gène de l'APP ou de *préséniline 1* et *préséniline 2* qui causent les formes familiales de la MA, le fait de se voir transmettre l'allèle ε4 de l'ApoE ne suffit *pas* pour provoquer la MA ; cela ne fait qu'augmenter le risque de contracter cette maladie. Les mécanismes cellulaires et moléculaires par lesquels l'allèle ε4 de l'ApoE augmente le risque de contracter une MA à début tardif ne sont pas connus et leur élucidation reste un objectif important.

Il est clair que la MA a une pathologie complexe qui reflète vraisemblablement un ensemble d'anomalies cellulaires et moléculaires apparentées. Leur dénominateur commun le plus probable est une maturation anormale de l'APP. En particulier, l'accumulation du peptide toxique Aβ42 semble un facteur clé. Cette conclusion a suscité des efforts pour mettre au point une thérapie visant à inhiber la

formation de ce peptide toxique ou à en faciliter l'élimination. Il y a peu de chances cependant, malgré tout le tapage médiatique, que l'on puisse venir à bout de ce problème important sans une somme considérable de nouvelles recherches.

Références

ADAMS R.D. et M. VICTOR (2005), *Principles of Neurology*, 8th Ed. New York, McGraw-Hill, 898-906.

CITRON, M., T. OLTERSDORF, C. HAASS, I. McCONLOGUE, A.Y. HUNG, P. SEUBERT, C. VIGO-PELFREY, I. LIEBERBURG et D.J. SELKOE (1992), Mutation of the β-amyloid precursor protein in familial Alzheimer's disease increases β-protein production. *Nature*, **360**, 672-674.

CORDER, E.H., A.M. SAUNDERS, W.J. STRITTMATTER, D.E. SCHMECHEL, P.C. GASKELL, G.W. SMALL, A.D. ROSES, J.L. HAINES et M.A. PERICAK-VANCE (1993), Gene dose of apolipoprotein E type 4 allele and the risk of Alzheimer's disease in late onset families. *Science*, **261**, 921-923.

GOLDGABER, D., M.I. LERMAN, O.W. McBRIDE, U. SAFFIOTTI et D.C. GAJDUSEK (1987), Caracterisation and chromosomal localisation of a cDNA encoding brain amyloid of Alzheimer's disease. *Science*, **235**, 877-880.

MURRELL, J., M. FARLOW, B. GHETTI et M.D. BENSON (1991), A mutation in the amyloid precursor protein associated with hereditary Alzheimer's disease. *Science*, **254**, 97-99.

ROGAEV, E.I. et 20 AUTRES (1995), Familial Alzheimer's disease in kindreds with missense mutations in a gene on chromosome 1 related to the Alzheimer's disease type 3 gene. *Nature*, **376**, 775-778.

SHERRINGTON, R. et 33 AUTRES (1995), Cloning of a gene bearing missense mutations in early-onset familial Alzheimer's disease. *Nature*, **375**, 75-760.

Lectures complémentaires

Revues

BUCKNER, R.L. (2000), Neuroimaging of memory. In *The New Cognitive Neurosciences*, M. Gazzaniga (ed.). Cambridge, MA, MIT Press, 817-840.

BUCKNER, R.L. (2002), The cognitive neuroscience of remembering. *Nat. Rev. Neurosci.*, 2, 624-634.

CABEZA, R. (2001), Functional neuroimaging of cognitive aging. In *Handbook of Functional Neuroimaging of Cognition*, R. Cabeza and A. Kingstone (eds.). Cambridge, MA, MIT Press.

ERICKSON, C.A., B. JAGADEESH et R. DESIMONE (2000), Learning and memory in the inferior temporal cortex of the macaque. In *The New Cognitive Neurosciences*, M. Gazzaniga (ed.). Cambridge, MA, MIT Press, 743-752.

MISHKIN, M. et T. APPENZELLER (1987), The anatomy of memory. *Sci. Amer.*, 256 (6), 80-89.

PETRI, H. et M. MISHKIN (1994), Behaviorism, cognitivism and the neuropsychology of memory. *Amer. Sci.*, 82, 30-37.

SCHACTER, D.L. et R.L. BUCKNER (1998), Priming and the brain. Neuron, 20, 185-195.

SQUIRE, L.R. et B.J. KNOWLTON (2000), The medial temporal lobe, the hippocampus, and the memory systems of the brain. In *The New Cognitive Neurosciences*, M. Gazzaniga (ed.). Cambridge, MA, MIT Press, 765-779.

SQUIRE, L.R. (1992), Memory and hippocampus: A synthesis from findings with rats, monkeys and humans. *Psych. Rev.*, 99, 195-231.

THOMPSON, R.F. (1986), The neurobiology of learning and memory. *Science*, 223, 941-947.

ZACKS, R.T., L. HASHER et K.Z.H. LI (1999), Human memory. In *The Handbook of Aging and Cognition*. Mahwah, New Jersey, Lawrence Erlbaum Associates, 293-357.

ZOLA-MORGAN, S.M. et L.R. SQUIRE (1993), Neuroanatomy of memory. *Annu. Rev. Neurosci.*, 16, 547-563.

Articles originaux importants

CABEZA, R., N.D. ANDERSON, J.K. LOCANTORE et A.R. MCINTOSH (2002), Aging gracefully: Compensatory brain activity in high-performing older adults. *NeuroImage*, 17, 1394-1402.

GOBET, F. et H.A. SIMON (1998), Expert chess memory: Revisiting the chunking hypothesis. *Memory*, 6, 225-255.

ISHAI, A., L.G. UNGERLEIDER et J.W. HAXBY (2000), Distributed neural systems for the generation of visual images. *Neuron*, 28, 979-990.

SCOVILLE, W.B. et B. MILNER (1957), Loss of recent memory after bilateral hippocampal lesions. *J. Neurol. Neurosurg. Psychiat.*, 20, 11-21.

SQUIRE, L.R. (1989), On the course of forgetting in very long-term memory. *J. Exp. Psychol.*, 15, 241-245.

ZOLA-MORGAN, S.M. et L.R. SQUIRE (1990), The primate hippocampal formation: Evidence for a time-limited role in memory storage. *Science*, 250, 288-290.

Ouvrages

BADDELEY, A.D. (1982), *Your Memory: A User's Guide*. New York, Macmillan.

BADDELEY, A.D. (1993), *La mémoire humaine: Théorie et pratique*. Grenoble, Presses Universitaires de Grenoble. (Traduction de *Human Memory: Theory and Practice*, 1990, London, Lawrence Erlbaum.)

CRAIK, F.I.M. et SALTHOUSE (1999), *The Handbook of Aging and Cognition*. Mahwah, New Jersey, Lawrence Erlbaum Associates.

DUKAS, R. (1998), *Cognitive Ecology: The Evolutionary Ecology of Information Processing and Decision Making*. Chicago, University of Chicago Press.

GAZZANIGA, M.S. (2000), *The New Cognitive Neurosciences*. 2nd Ed. Cambridge, MA, MIT Press.

GAZZANIGA, M.S., R.B. IVRY et G.R. MANGUN (2001), *Neurosciences cognitives*. Bruxelles, De Boeck Université.

LURIA, A.R. (1995), *Une prodigieuse mémoire*. (Publié avec *L'homme dont le monde volait en éclats*), Paris, Éditions du Seuil. (Première édition française: 1970, Paris, Delachaux et Niestlé.)

NEISSER, U. (1982), *Memory Observed: Remembering in Natural Contexts*. San Francisco, W.H. Freeman.

PENFIELD, W. et L. ROBERTS (1963), *Langage et mécanismes cérébraux*. Paris, P.U.F. (Traduction de *Speech and Brain Mechanisms*, Princeton, NJ, Princeton University Press.)

SAPER, C.B. et R PLUM (1985), *Handbook of Clinical Neurology*, Vol. 1 (45): *Clinical Neuropsychology*, P.J. Vinken, C.S. Bruyn and H.L. Klawans (eds.). New York, Elsevier, 107-128.

SCHACTER, D.L. (1999), *À la recherche de la mémoire: le passé, l'esprit et le cerveau*. Bruxelles, De Boeck Université.

SCHACTER, D.L. (2001), *The Seven Sins of Memory: How the Mind Forgets and Remembers*. New York, Houghton Mifflin Co.

SMITH, S.B. (1983), *The Great Mental Calculators: The Psychology, Methods, and Lives of Calculating Prodigies, Past and Present*. New York, Columbia University Press.

SQUIRE, L.R. (1987), *Memory and Brain*. New York, Oxford University Press, 202-223.

SQUIRE L.R. et E.R. KANDEL (2002), *La mémoire. De l'esprit aux molécules*. Bruxelles, De Boeck Université.

ZECHMEISTER, E.B. et S.E. NYBERG (1982), *Human Memory: An Introduction to Research and Theory*. Monterey, CA, Brooks/Cole Publishing.

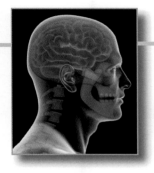

Survol de la neuroanatomie humaine

Vue d'ensemble

Les neurosciences suscitent un intérêt qui ne se dément pas. La raison principale en est sans doute la somme de questions sur la structure et les fonctions fondamentales du cerveau de l'homme qui restent sans réponse. Pour comprendre les nombreuses fonctions de cet organe remarquable (et ses interactions avec le corps qu'il contrôle), il faut identifier la multitude des types cellulaires qui le constituent, déterminer les mécanismes de leur excitabilité et de leur plasticité, établir le tracé de leurs interconnexions et définir le rôle physiologique des circuits qui en résultent, dans des contestes qui ont une signification pour les comportements. Ces objectifs ont été au premier plan des cinq parties de ce manuel. Elles ont abordé une très large gamme de questions relatives à l'organisation du système nerveux et à son rôle dans les comportements. ; elles en ont laissé beaucoup sans réponse, spécialement celles qui concernent spécifiquement les comportements humains. Cet Appendice apporte le cadre anatomique qui permet d'intégrer les notions abordées et de les appliquer au système nerveux humain. Il donne la terminologie de base et les conventions utilisées en neuroanatomie humaine et offre un tableau global de l'organisation du cerveau, du tronc cérébral et de la moelle épinière de l'homme. Cet Appendice est suivi d'un Atlas comprenant une série de clichés (adaptés de *Sylvius 4.0* ; voir le logiciel joint à ce manuel) qui présentent des vues de la surface de l'encéphale ou de coupes, où les structures neuroanatomiques sont identifiées.

Terminologie neuroanatomique

Les termes utilisés pour spécifier la position au sein du système nerveux central sont les mêmes que ceux dont on se sert pour décrire l'anatomie macroscopique du reste du corps (Figure A1). Ainsi, les termes *antérieur* et *postérieur*, désignent l'avant et l'arrière ; *rostral* et *caudal*, la direction de la tête ou celle de la queue (extrémité inférieure de la moelle épinière) ; *dorsal* et *ventral* le haut et le bas, *médian* et *latéral*, le milieu du corps et les côtés. Néanmoins, la transposition de ces coordonnées du corps au cerveau peut être source de confusions, surtout quand elles s'appliquent à l'homme. Quand il s'agit du corps, ces termes anatomiques font référence à son axe longitudinal, qui est droit. Par contre, l'axe longitudinal du système nerveux central de l'homme présente une courbure. Dans l'espèce humaine, comme chez les autres bipèdes, l'axe rostro-caudal du cerveau antérieur est incliné vers l'avant par rapport à l'axe longitudinal du tronc cérébral et de la moelle (à cause de la flexion céphalique survenant dans l'embryogénèse ; voir Chapitre 24). Une fois prise en compte cette inclinaison, on peut facilement définir les autres axes du cerveau.

La mise en place correcte de ces axes définit du même coup les plans standards des coupes histologiques ou tomographiques utilisées dans l'étude de l'anatomie interne du cerveau (voir Figure A1B). Les **coupes horizontales** (dites également **axiales**) sont faites parallèlement à l'axe rostro-caudal du cerveau. ; ainsi, sur un individu debout, ces coupes sont parallèles au sol. Les coupes selon le plan qui sépare les deux hémisphères sont dites **sagittales** ; on peut les subdiviser en **médianes** et **paramédianes** selon que le plan de coupe est voisin de la ligne médiane (coupe sagittale médiane ou médio-

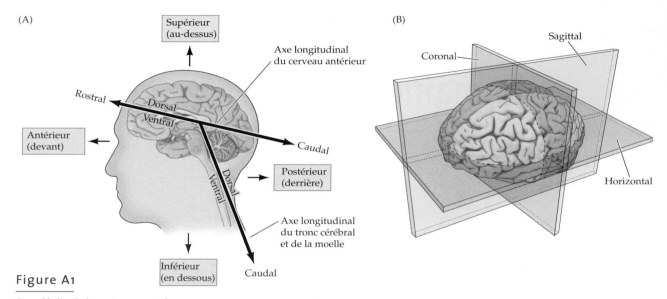

(A)

Supérieur
(au-dessus)

Axe longitudinal
du cerveau antérieur

Rostral

Dorsal

Ventral

Caudal

Antérieur
(devant)

Postérieur
(derrière)

Ventral

Dorsal

Axe longitudinal
du tronc cérébral
et de la moelle

Inférieur
(en dessous)

Caudal

(B)

Sagittal

Coronal

Horizontal

Figure A1

Quand la lignée humaine a acquis la posture érigée, le grand axe du système nerveux a subi une flexion entraînant la formation d'un angle d'environ 120° entre l'axe longitudinal du cerveau antérieur et celui du tronc cérébral. Les conséquences de cette flexion pour la terminologie anatomique sont indiquées en (A). Les termes *antérieur*, *postérieur*, *supérieur* et *inférieur* font référence à l'axe longitudinal du corps, qui est droit. Ils indiquent donc la même direction pour le cerveau antérieur et pour le tronc cérébral. Par contre, les termes *dorsal*, *ventral*, *rostral* et *caudal* font référence à l'axe longitudinal du système nerveux central. Le côté dorsal se situe en direction du dos pour ce qui est du tronc cérébral et de la moelle, mais en direction du sommet de la tête pour le cerveau antérieur. En direction opposée, on a le côté ventral. Le côté rostral est en direction du sommet de la tête pour le tronc et la moelle, mais vers le visage pour le cerveau antérieur. En direction opposée, on a le côté caudal. (B) Principaux plans de coupe utilisés en histologie ou en imagerie cérébrale. (C) Subdivisions et composantes du système nerveux central. (À noter que les accolades, à gauche de la figure, correspondent aux vertèbres et non pas aux segments spinaux.)

sagittale) ou plus latéral (coupes paramédianes). Les coupes réalisées dans le plan du visage sont dites **frontales** ou **coronales**.

Quand il s'agit de coupes de la moelle épinière, on utilise d'habitude des termes différents. Ainsi une coupe réalisée dans un plan perpendiculaire au grand axe de la moelle est dite **transversale** tandis que des coupes parallèles à ce même grand axe sont dites **longitudinales**. Dans une coupe transversale du tronc cérébral et de moelle épinière de l'homme, les axes dorso-ventral et antéro-postérieur sont dans la même direction (voir Figure A1A). Cette terminologie est essentielle pour comprendre les subdivisions fondamentales du système nerveux et pour situer les structures cérébrales dans un cadre de référence commun.

Les grandes subdivisions du système nerveux central

On considère habituellement que le système nerveux central (constitué de l'encéphale et de la moelle épinière) comprend sept parties fondamentales. De la plus caudale à la plus rostrale, on a : la **moelle épinière**, le **bulbe**, le **pont**, le **cervelet**, le **mésencéphale**, le **diencéphale** et les **hémisphères cérébraux** ou télencéphale. À l'intérieur de ces subdivisions, ou entre elles, se trouvent des cavités continues, remplies de liquide, appelées ventricules. Les ventricules sont les restes de la lumière du tube neural, formé par l'accolement des bords de la plaque neurale lors de la neurulation, au tout début du développement cérébral (voir Chapitre 22). Les variations de taille et de forme des espaces ventriculaires matures sont caractéristiques de chaque région cérébrale adulte. On appelle collectivement **tronc cérébral** l'ensemble formé par le bulbe, le pont et le mésencéphale ; le bulbe et le pont sont situés sous le **quatrième ventricule** et le mésencéphale entoure l'**aqueduc cérébral** (ou **aqueduc de Sylvius** ou aqueduc du mésencéphale). On donne le nom de **cerveau**, au sens strict (au sens large, le mot cerveau est synonyme d'encéphale) ou de **cerveau antérieur**, à l'ensemble formé par le diencéphale et les hémisphères cérébraux qui renferment respectivement le **troisième ventricule** et les **ventricules latéraux**. Les ventricules seront décrits plus en détail dans une section ultérieure.

Le tronc cérébral est l'une des régions les plus complexes du système nerveux central ; il fera plus loin, lui aussi, l'objet d'une description approfondie. Contentons-nous pour l'instant de quelques brèves indications. Le tronc cérébral comprend les **noyaux des nerfs crâniens,** qui reçoivent et envoient des signaux par l'intermédiaire des **nerfs**

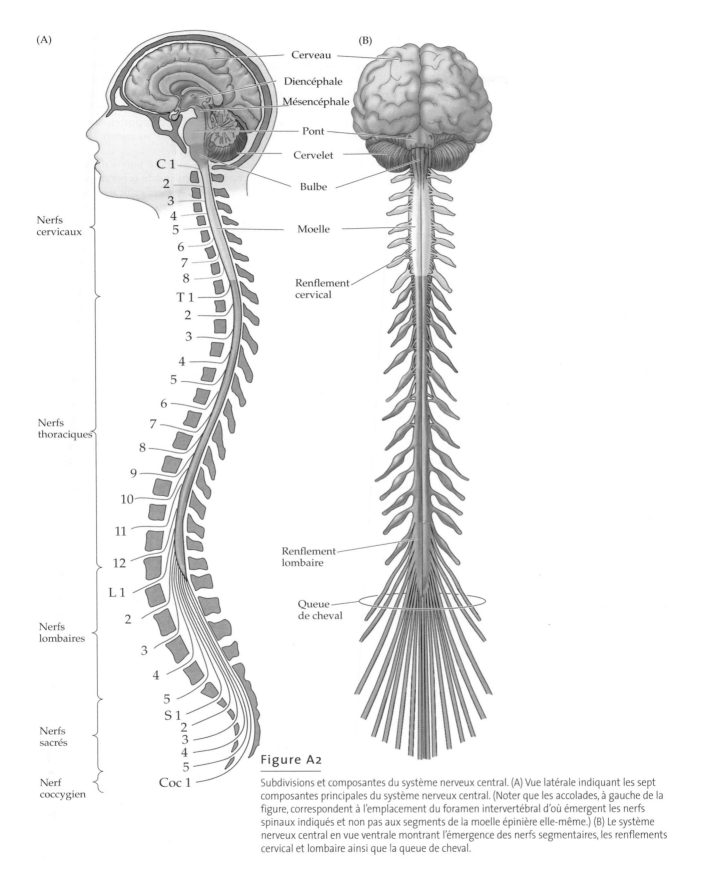

(A)

Cerveau
Diencéphale
Mésencéphale
Pont
Cervelet
Bulbe
Moelle

(B)

C 1
2
3
4
5
6
7
8
T 1
2
3
4
5
6
7
8
9
10
11
12
L 1
2
3
4
5
S 1
2
3
4
5
Coc 1

Nerfs
cervicaux

Nerfs
thoraciques

Nerfs
lombaires

Nerfs
sacrés

Nerf
coccygien

Renflement
cervical

Renflement
lombaire

Queue
de cheval

Figure A2

Subdivisions et composantes du système nerveux central. (A) Vue latérale indiquant les sept composantes principales du système nerveux central. (Noter que les accolades, à gauche de la figure, correspondent à l'emplacement du foramen intervertébral d'où émergent les nerfs spinaux indiqués et non pas aux segments de la moelle épinière elle-même.) (B) Le système nerveux central en vue ventrale montrant l'émergence des nerfs segmentaires, les renflements cervical et lombaire ainsi que la queue de cheval.

crâniens. C'est aussi une voie de passage pour plusieurs grands faisceaux transmettant, dans les deux sens, des informations entre le cerveau antérieur et la moelle épinière. Il est d'ailleurs lui-même le point de départ et la cible de signaux descendants et ascendants. La connaissance précise des conséquences de lésions du tronc cérébral offre donc aux cliniciens un outil des plus précieux pour localiser et diagnostiquer une atteinte cérébrale. Les nombreux noyaux que contient le tronc cérébral sont impliqués dans une multitude de fonctions ; on peut citer l'organisation de comportements moteurs rythmiques et stéréotypés du domaine somatique et viscéral, ou encore les passages entre états de veille consciente ou entre phases du sommeil.

Surplombant le tronc cérébral et s'étendant sur la majeure partie de son aspect dorsal, se trouve le cervelet, qui, avec le tronc cérébral, constitue le **cerveau postérieur**. Le cervelet joue un rôle essentiel dans la coordination et la planification des mouvements (voir Chapitre 19) ainsi que dans l'apprentissage moteur et cognitif (voir la Cinquième Partie).

Le cerveau antérieur a plusieurs subdivisions anatomiques. Les structures les plus proéminentes sont les **hémisphères cérébraux** (Figure A3) dont la surface, fortement plissée chez l'homme, constitue le cortex cérébral (c'est-à-dire l'écorce cérébrale). Les crêtes sont appelées **gyrus** (ou **circonvolutions**) ; les vallées qui séparent les circonvolutions les unes des autres, reçoivent le nom de **sillons** ou sulcus, ou, si elles sont particulièrement profondes, de **scissures**. Quoique le dessin des circonvolutions et des sillons varie d'un individu à l'autre, il existe des repères stables qui divisent les hémisphères en quatre **lobes** : les lobes **frontal**, **pariétal**, **temporal** et **occipital**, qui doivent leur nom aux os du crâne qui les recouvrent. À mi-chemin entre le pole rostral et le pole caudal des hémisphères, un repère important, le **sillon central** (ou **scissure de Rolando**), sépare le lobe frontal, dans la moitié rostrale de l'hémisphère, du lobe pariétal, plus caudal (Figure A3A). Autres repères remarquables séparant les lobes cérébraux, la **scissure latérale** (ou **scissure de Sylvius**) sépare le lobe temporal, dans la partie inférieure, des lobes frontal et pariétal situés au-dessus de lui, et le sillon pariéto-occipital qui sépare le lobe pariétal du lobe occipital. Les autres grandes subdivisions du cerveau antérieur ne sont pas visibles en surface ; il s'agit de structures de substance blanche et de substance grise que l'on ne peut distinguer que sur des coupes.

Nous allons maintenant examiner plus en détail les caractéristiques de surface ainsi que l'organisation interne de ces grandes subdivisions des plus caudales aux plus rostrales, en commençant par la moelle épinière.

Figure A3

Anatomie de surface d'un hémisphère cérébral montrant les quatre lobes ainsi que les scissures et les sillons les plus importants qui les délimitent. (A) Vue latérale (B) Coupe sagittale médiane.

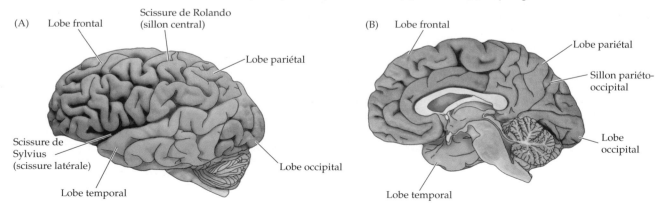

(A) Lobe frontal
Scissure de Rolando (sillon central)
Lobe pariétal
Scissure de Sylvius (scissure latérale)
Lobe temporal
Lobe occipital

(B) Lobe frontal
Lobe pariétal
Sillon pariéto-occipital
Lobe occipital
Lobe temporal

Anatomie externe de la moelle épinière

La moelle s'étend en direction caudale par rapport au tronc cérébral, de la jonction bulbo-spinale, au niveau de la première vertèbre cervicale, jusqu'au niveau de la douzième vertèbre thoracique environ (Figure A2). La colonne vertébrale et la moelle épinière qu'elle contient sont divisées en régions : **cervicale**, **thoracique**, **lombaire**, **sacrée** et **coccygienne**. Les nerfs périphériques (appelés **nerfs spinaux** ou **nerfs rachidiens** ou encore **nerfs segmentaires**), qui innervent la plus grande partie du corps, sont issus des 31 paires de nerfs segmentaires émergeant de la moelle épinière. La région cervicale de la moelle donne naissance à huit paires de nerfs cervicaux (C1-C8), la région thoracique à douze paires de nerfs thoraciques (T1-T12), la région lombaire à cinq paires de nerfs lombaires (L1-L5), la région sacrée à cinq paires de nerfs sacrés (S1-S5) et la région coccygienne à une paire de nerfs coccygiens. Les nerfs segmentaires quittent le canal vertébral par le foramen intervertébral (ou trou de conjugaison) situé à côté du corps vertébral de même numéro. Les informations sensorielles, qui empruntent les fibres afférentes des nerfs spinaux, entrent dans la moelle par les **racines dorsales** ; les commandes motrices, qui empruntent les fibres efférentes, quittent la moelle par les **racines ventrales** (Figure A4). Après que les racines se sont rejointes, les fibres sensitives et motrices se retrouvent ensemble (à quelques exceptions près) dans les nerfs segmentaires spinaux.

Deux régions de la moelle présentent un renflement dû au surcroît de cellules nerveuses et de connexions qu'exige le traitement des informations concernant les membres supérieurs ou inférieurs. Au niveau des bras, cette expansion, appelée **renflement cervical**, comprend les segments spinaux C5-T1 ; au niveau des membres inférieurs, le **renflement lombaire** comprend les segments L2-S3 (voir Figure A2B). La moelle épinière étant nettement plus courte que la colonne vertébrale (voir Figure A2A), les nerfs lombaires et sacrés parcourent quelque distance dans le canal vertébral avant leur émergence ; ils forment, ce faisant, un paquet de filets nerveux auquel on a donné le nom de **queue de cheval**. Du point de vue clinique, cette région est le site d'une intervention importante, la *ponction lombaire*, qui consiste à insérer une aiguille dans l'espace entourant ces filets nerveux pour y prélever, à des fins d'analyse, du liquide céphalo-rachidien. Il est également possible d'y injecter des anesthésiques locaux pour obtenir une anesthésie spinale. À cet endroit, le risque d'endommager la moelle par un mauvais positionnement de l'aiguille est réduit.

Anatomie interne de la moelle épinière

Dans la moelle, la disposition de la substance blanche et de la substance grise est relativement simple : la substance grise est au centre, entourée par la substance blanche (Figure A5A). Sur des coupes transversales, on divise classiquement la substance grise en « cornes » dorsales (ou postérieures), latérales et ventrales (ou antérieures). Les neurones des **cornes dorsales** reçoivent les informations sensorielles qui entrent dans la moelle en empruntant les racines dorsales des nerfs spinaux. Les **cornes** latérales, présentes principalement dans la région thoracique, contiennent les motoneurones viscéraux préganglionnaires qui projettent sur les ganglions sympathiques (voir Figure A4). Les **cornes ventrales** contiennent les corps cellulaires des neurones moteurs dont les axones, sortant par les racines ventrales, vont se terminer sur les muscles striés. Ces divisions principales de la substance grise ont fait l'objet de subdivisions complémentaires en fonction de la répartition des neurones sur l'axe dorso-ventral.

Figure A4

Schéma de quelques segments de la moelle, montrant les relations entre la moelle épinière, les nerfs spinaux et la colonne vertébrale.

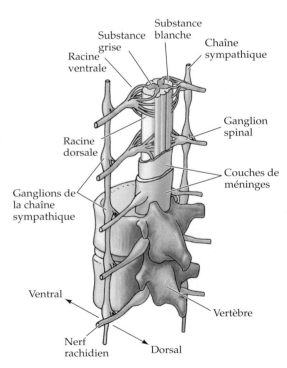

819

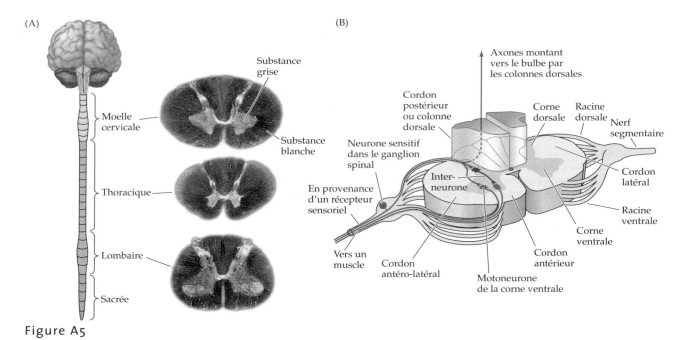

Figure A5

Structure interne de la moelle épinière. (A) Coupes histologiques transversales, à trois niveaux différents, montrant la disposition caractéristique de la substance blanche et de la substance grise dans la moelle cervicale, thoracique et lombaire. Les photos ont été traitées de façon à simuler une coloration de la myéline ; la substance blanche apparaît donc en teinte foncée et la substance grise en teinte plus claire. (B) Schéma de la structure interne de la moelle épinière.

TABLEAU A1 *Subdivisions de la substance grise de la moelle*

Division	Couche de Rexed	Nom descriptif	Composition
Corne dorsale	I	Zone marginale	Neurones de projection recevant les messages de fibres afférentes de faible diamètre. L'une des sources des projections du système antérolatéral.
	II	Substance gélatineuse	Interneurones recevant principalement les messages de fibres afférentes de faible diamètre ; intègre les influences descendantes modulant la transmission des messages nociceptifs (voir Chapitre 10).
	III/IV	Noyau propre	Interneurones intégrant les messages de fibres de gros et de petit diamètre.
	V/VI	Base de la corne dorsale	Neurones de projection recevant les messages de fibres de gros et de petit diamètre et d'interneurones spinaux. Autre source de projections du système antérolatéral.
Zone intermédiaire (corne latérale)	VII	Substance grise intermédiaire	Surtout des interneurones de communication entre les cornes dorsale et ventrale. Dans la moelle thoracique, contient aussi des neurones de projection d'un relais spinocérébelleux, le noyau dorsal de Clarke (voir Chapitre 19), et les neurones préganglionnaires de la colonne intermédio-latérale (sous la corne latérale) ; dans la moelle sacrée, contient aussi des noyaux parasympathiques préganglionnaires (voir Chapitre 21).
Corne ventrale	VIII	Interneurones moteurs	Interneurones de la partie médiane de la corne ventrale, qui coordonnent les activités des motoneurones α (voir Chapitre 16).
	IX	Colonnes de motoneurones	Colonnes de motoneurones α innervant les muscles squelettiques (voir Chapitre 16).
Zone centrale	X	Substance grise centrale	Interneurones entourant le canal de l'épendyme.

Le neuroanatomiste suédois Bror Rexed remarqua que les neurones de la corne dorsale présentent une organisation en couches et ceux de la corne ventrale, particulièrement au niveau des renflements cervical et lombaire, en colonnes longitudinales (Figure A6). Il proposa un système de classification et de numérotation de ces subdivisions, appelées depuis *couches de Rexed*. La numérotation de Rexed continue d'être utilisée par les neuroanatomistes et les cliniciens, parallèlement à une terminologie plus descriptive.

La substance blanche de la moelle se divise en cordons, postérieurs (ou colonnes dorsales), latéraux et ventraux (ou antérieurs), chacun contenant des faisceaux de fibres responsables de fonctions spécifiques. Les **colonnes dorsales** transportent les messages sensoriels ascendants issus des mécanorécepteurs somatiques (Figure A5B). Les **cordons latéraux** comprennent des axones émanant du cortex cérébral et qui se terminent sur les interneurones et les motoneurones des cornes ventrales. Ces voies reçoivent également le nom de **faisceaux corticospinaux** (ou **pyramidaux**) (voir Chapitre 17). Les **cordons ventraux** (ainsi que les **cordons ventrolatéraux** ou **antérolatéraux**) véhiculent à la fois des messages ascendants concernant la douleur et la température et des messages moteurs descendant du tronc cérébral et du cortex moteur.

(A)

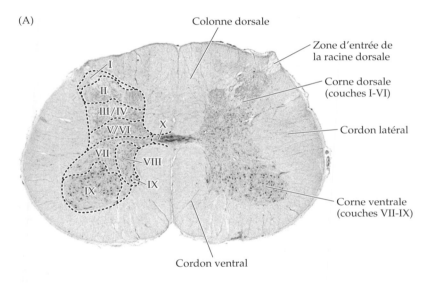

(B)

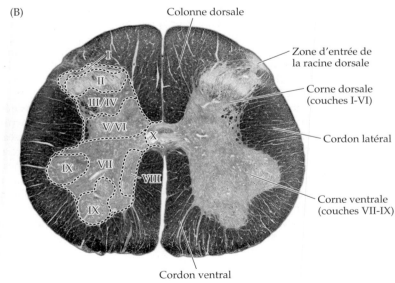

Figure A6

Histologie interne d'un segment lombaire de la moelle épinière humaine. (A) Microphotographie d'une coupe colorée pour mettre en évidence la substance de Nissl (les corps cellulaires sont colorés en bleu). (B) Microphotographie d'une coupe retouchée pour simuler une coloration de la myéline. Du côté gauche de chaque image, les lignes pointillées indiquent les frontières des divisions cytoarchitectoniques de la substance grise de la moelle connues sous le nom de *couches de Rexed* (voir Tableau A1 et Figure 10.3). Parmi les divisions les plus nettes, on remarquera la couche II, correspondant à la substance gélatineuse de Rolando (voir Chapitre 10) et la couche IX, où se trouvent les colonnes de motoneurones α innervant les muscles squelettiques (voir Chapitre 16).

TABLEAU A2 *Les nerfs crâniens et leurs fonctions principales*

Nerf crânien	Nom	Sensitif et/ou moteur	Fonction principale
I	Nerf olfactif	Sensitif	Odorat
II	Nerf optique	Sensitif	Vision
III	Nerf oculomoteur commun	Moteur	Mouvements des yeux ; constriction de la pupille et accommodation ; muscles des paupières
IV	Nerf pathétique (ou trochléaire)	Moteur	Mouvements des yeux
V	Nerf trijumeau	Sensitif et moteur	Sensibilité de la face, de la bouche, de la cornée ; muscles masticateurs
VI	Nerf oculomoteur externe (ou abducens)	Moteur	Mouvements des yeux
VII	Nerf facial	Sensitif et moteur	Contrôle des muscles de l'expression faciale ; sensibilité gustative de la partie antérieure de la langue ; glandes salivaires et lacrymales
VIII	Nerf cochléo-vestibulaire	Sensitif	Audition ; sens de l'équilibre
IX	Nerf glossopharyngien	Sensitif et moteur	Sensibilité du pharynx ; sensibilité gustative de la partie postérieure de la langue ; barorécepteurs carotidiens
X	Nerf vague	Sensitif et moteur	Fonctions végétatives du tube digestif ; sensibilité (ou pneumogastrique) du pharynx ; muscles des cordes vocales ; déglutition
XI	Nerf accessoire (ou spinal)	Moteur	Muscles de la nuque et de l'épaule
XII	Nerf hypoglosse	Moteur	Mouvements de la langue

Le tronc cérébral et les nerfs crâniens

Le tronc cérébral, qui comprend le mésencéphale, le pont (anciennement appelé protubérance annulaire) et le bulbe rachidien, est la portion du névraxe limitée à son extrémité rostrale par le diencéphale (thalamus et hypothalamus) et par la moelle épinière à son extrémité caudale. Bulbe, pont et mésencéphale interviennent dans une multitude de fonctions, mais l'action intégrée de ces trois composantes se manifeste plus particulièrement dans trois domaines. Tout d'abord, le tronc cérébral est la cible ou l'origine des nerfs crâniens qui assurent les fonctions sensorielles et motrices de la tête et du cou (Tableau A2). Il constitue ensuite une véritable « autoroute » pour les faisceaux sensitifs ascendants en provenance de la moelle, pour ceux qui proviennent de la tête et du cou et qui forment le **système trigéminal**, ainsi que pour les faisceaux moteurs descendants issus du télencéphale et pour les voies locales qui relient entre eux les centres de la motricité oculaire. Enfin, le tronc cérébral est impliqué dans la régulation des niveaux de conscience, essentiellement par les abondantes projections qu'une partie du centre du tronc cérébral, la **formation réticulaire**, envoie sur le télencéphale (voir Encadré 17A).

Une bonne connaissance de l'anatomie interne du tronc cérébral est considérée d'ordinaire comme indispensable à la pratique de la médecine clinique. Les structures du tronc cérébral sont entassées dans un volume relativement faible et leurs vaisseaux sanguins irriguent des territoires bien délimités. Aussi, les accidents vasculaires relativement fréquents du tronc cérébral s'accompagnent-ils de combinaisons typiques et souvent désastreuses de déficits fonctionnels (voir ci-dessous). Ces déficits peuvent être utilisés à des fins diagnostiques, mais également pour mieux comprendre l'anatomie compliquée du bulbe, du pont et du mésencéphale.

Contrairement à la moelle épinière qui présente à peu près le même aspect sur toute sa longueur, les différentes subdivisions du tronc cérébral se distinguent chacune par des bosses ou des renflements dus à la substance grise (noyaux) ou à la substance blanche (faisceaux) sous-jacente (Figure A7 et A8). Sur les surfaces dorsale et ventrale du bulbe, une série de renflements témoigne de la présence des principales structures

Emplacement des neurones dont les axones forment le nerf	Tests fonctionnels cliniques
Épithélium nasal	Test de l'odorat avec des odeurs standards
Rétine	Mesure de l'acuité visuelle et de l'intégrité du champ visuel
Noyau oculomoteur commun et noyau d'Edinger-Westphal, tous deux dans le mésencéphale	Test de la motricité oculaire (impossible de diriger le regard vers le haut, le bas ou vers le plan médian après atteinte du nerf) ; recherche d'un ptôsis ou d'une dilatation pupillaire
Noyau du nerf pathétique, dans le mésencéphale	Impossible de regarder vers le bas quand les yeux sont en abduction
Noyau moteur du trijumeau dans le pont ; ganglion sensitif du trijumeau (ganglion de Gasser)	Test de la sensibilité de la face ; palpation des muscles massé-ters et du muscle temporal
Noyau oculomoteur externe, dans le mésencéphale	Impossible de regarder latéralement
Noyau moteur du facial ; noyau salivaire supérieur, dans le pont ; ganglion de Gasser	Test de l'expression faciale et de la sensibilité gustative de la partie antérieure de la langue
Ganglion spiral ; ganglion vestibulaire (de Scarpa)	Test de l'audition à l'aide du diapason ; tests caloriques des fonctions vestibulaires
Noyau ambigu ; noyau salivaire inférieur	Test de la déglutition ; test du réflexe nauséeux par stimulation pharyngée
Noyau moteur dorsal du vague ; ganglion plexiforme	Test ci-dessus plus enrouement
Noyau du nerf accessoire ; noyau ambigu ; colonne intermédio-latérale de la moelle	Test des muscles sterno-cleido-mastoïdien et trapèze
Noyau de l'hypoglosse, dans le bulbe	Test de protrusion de la langue (quand le patient tire la langue, elle dévie du côté de la lésion)

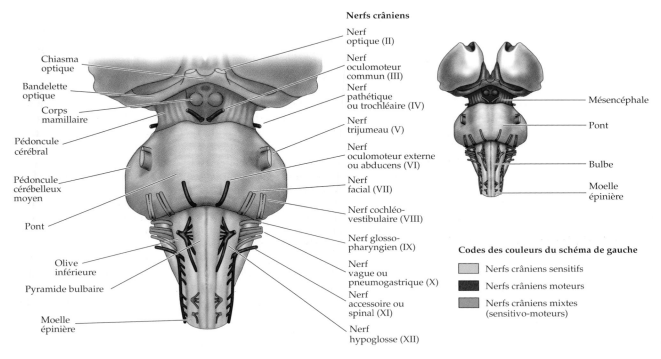

Nerfs crâniens

Nerf optique (II)
Nerf oculomoteur commun (III)
Nerf pathétique ou trochléaire (IV)
Nerf trijumeau (V)
Nerf oculomoteur externe ou abducens (VI)
Nerf facial (VII)
Nerf cochléo-vestibulaire (VIII)
Nerf glosso-pharyngien (IX)
Nerf vague ou pneumogastrique (X)
Nerf accessoire ou spinal (XI)
Nerf hypoglosse (XII)

Chiasma optique
Bandelette optique
Corps mamillaire
Pédoncule cérébral
Pédoncule cérébelleux moyen
Pont
Olive inférieure
Pyramide bulbaire
Moelle épinière

Mésencéphale
Pont
Bulbe
Moelle épinière

Codes des couleurs du schéma de gauche

Nerfs crâniens sensitifs
Nerfs crâniens moteurs
Nerfs crâniens mixtes (sensitivo-moteurs)

Figure A7

À gauche, vue ventrale du tronc cérébral montrant l'emplacement des nerfs crâniens à leur point d'entrée ou d'émergence du mésencéphale, du pont et du bulbe. Les nerfs exclusivement sensitifs sont en jaune, les nerfs moteurs en bleu et les nerfs mixtes, sensitivo-moteurs, en vert. À droite, les territoires qui forment les différentes parties du tronc cérébral sont indiqués en violet pour le mésencéphale, en vert pour le pont et en rose pour le bulbe.

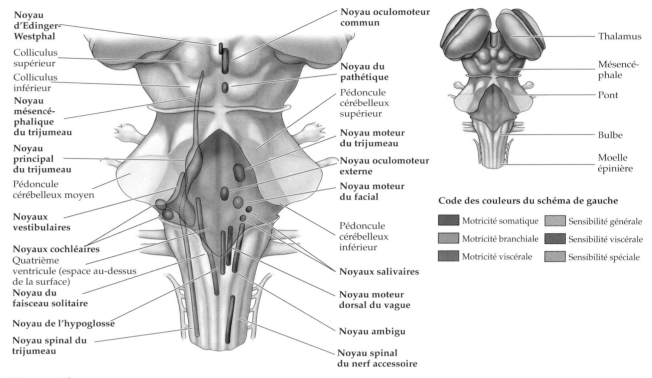

Code des couleurs du schéma de gauche

Motricité somatique	Sensibilité générale
Motricité branchiale	Sensibilité viscérale
Motricité viscérale	Sensibilité spéciale

Figure A8

À gauche, vue par transparence de la surface dorsale du bulbe montrant la position des noyaux des nerfs crâniens qui constituent soit la cible, soit l'origine des nerfs crâniens (voir le tableau A2 pour les relations entre les nerfs crâniens et leurs noyaux et le tableau A3 pour une classification fonctionnelle, localisant les noyaux des nerfs crâniens par rapport aux divisions du tronc cérébral). À l'exception des noyaux associés au nerf trijumeau, il y a une correspondance relativement étroite entre l'emplacement des noyaux des nerfs crâniens dans le mésencéphale, le pont et le bulbe et l'emplacement des nerfs crâniens associés. À droite, territoires des principales subdivisions du tronc cérébral, en vue dorsale.

de cette partie du tronc cérébral. De chaque côté, on peut voir le **complexe olivaire inférieur**. Près de lui, en position légèrement médiane, les **pyramides bulbaires**, renflements massifs de la face ventrale du bulbe, signalent les faisceaux corticospinaux sous-jacents, qui descendent vers la moelle.

En position rostrale par rapport au bulbe, le **pont** se reconnaît facilement à la masse de fibres qui décussent sur sa face ventrale et auxquelles il doit son nom. Le **cervelet** est attaché à sa face dorsale par trois paires d'épais faisceaux : les **pédoncules cérébelleux supérieurs**, **moyens** et **inférieurs**. Chaque faisceau contient des fibres afférentes (pédoncules inférieurs et moyens) allant au cervelet ou des fibres efférentes (pédoncules supérieurs et inférieurs) qui en viennent (voir Chapitre 19).

Le **mésencéphale** comprend les **colliculus supérieurs et inférieurs** (encore appelés tubercules quadrijumeaux antérieurs et postérieurs) qui, sur sa face dorsale, forment le **tectum** (ce qui signifie le « toit »). Divers noyaux mésencéphaliques, dont la **substance noire** (ou substantia nigra, encore appelée locus niger), sont situés dans sa partie ventrale appelée **tegmentum** (c'est-à-dire « couverture »). Autre particularité anatomique remarquable du mésencéphale, les **pédoncules cérébraux**, visibles sur sa face ventrale.

Les éléments caractéristiques de la surface du bulbe, du pont et du mésencéphale peuvent servir de repères pour identifier l'origine et la terminaison de la majorité des nerfs crâniens. À la différence des nerfs spinaux, les nerfs crâniens ne présentent pas une disposition régulière de leurs points d'entrée et de sortie le long du tronc cérébral. Deux nerfs crâniens, le **nerf olfactif (I)** et le **nerf optique (II)** pénètrent dans le cerveau antérieur directement. Les autres nerfs crâniens entrent ou sortent en divers points de la face ventrale (et, dans un cas, de la face dorsale) du mésencéphale, du pont et du bulbe (voir Figure A7). Le **nerf oculomoteur commun (III)** sort par un espace situé entre les deux pédoncules cérébraux sur la face ventrale du mésencéphale. Le **nerf pathétique** ou **trochléaire (IV)** dont l'origine est au niveau du mésencéphale caudal est le seul à émerger sur la face dorsale du tronc cérébral. Le **nerf trijumeau (V)**, le plus gros des nerfs crâniens, sort au niveau du pont ventrolatéral, à travers le pédon-

Emplacement	Moteur somatique	Moteur branchial	Moteur viscéral	Sensitif général	Sensitif spécial	Sensitif viscéral
Mésencéphale	Noyau oculomoteur commun (III) Noyau du pathétique (IV)		Noyau d'Edinger-Westphal (III)	Noyau sensitif mésencéphalique du trijumeau (V, VII, IX, X)		
Pont	Noyau oculomoteur externe (VI)	Noyau moteur du trijumeau (V) Noyau du facial (VII)	Noyau salivaire supérieur (VII) Noyau salivaire inférieur (IX)	Noyau sensitif principal du trijumeau (V, VII, IX, X)	Noyaux vestibulaires (VIII) Noyaux cochléaires (VIII)	Noyau du faisceau solitaire (VII, IX, X)
Bulbe	Noyau de l'hypoglosse (XII)	Noyau ambigu (IX, X) Noyau spinal du nerf accessoire (XI)	Noyau moteur dorsal du vague (X) Noyau ambigu (X)	Noyau sensitif spinal du trijumeau (V, VII, IX, X)		

cule cérébelleux moyen. Le **nerf oculomoteur externe** ou **abducens (VI)**, le **nerf facial (VII)** et le **nerf cochléo-vestibulaire (VIII)** émergent en position médiane pour le premier d'entre eux et en position de plus en plus latérale pour les deux autres, à la jonction entre le pont et le bulbe. Le **nerf glossopharyngien (IX)** et le **nerf vague** ou **pneumogastrique (X)** relèvent du bulbe latéral, tandis que le **nerf hypoglosse** ou grand hypoglosse **(XII)** sort au niveau du bulbe ventromédian, entre les pyramides et l'olive inférieure. Quant au **nerf spinal accessoire (XI)**, il n'a pas son origine dans le tronc cérébral, mais, comme son nom l'indique, il sort au niveau de la partie latérale de la moelle cervicale supérieure. Le tableau A2 décrit les fonctions principales des nerfs crâniens.

Au sein du tronc cérébral, les noyaux des nerfs crâniens sont les points d'aboutissement des nerfs crâniens sensitifs ou l'origine des nerfs crâniens moteurs (Tableau A3 ; voir également la Figure A8). Les noyaux des nerfs crâniens qui relaient les informations sensorielles (analogues aux cornes dorsales de la moelle) sont situés à part de ceux qui sont à l'origine des commandes motrices (et qui sont analogues aux cornes ventrales). Les neurones sensitifs primaires qui innervent ces noyaux se trouvent dans des ganglions associés aux nerfs crâniens ; les relations entre noyaux et ganglions sont semblables à celles qui existent entre la moelle et les ganglions spinaux. En général, les noyaux sensitifs sont situés latéralement dans le tronc cérébral tandis que les noyaux moteurs sont en position plus médiane (Figure A9).

Il y a trois types de noyaux moteurs dans le tronc cérébral : les **noyaux moteurs somatiques**, qui projettent sur des muscles striés ; les **noyaux moteurs branchiaux**, qui projettent sur des muscles dérivant des arcs branchiaux embryonnaires (qui donnent naissance aux muscles et os des mâchoires et d'autres structures crânio-faciales) ; les **noyaux moteurs viscéraux**, qui projettent sur des ganglions périphériques innervant des muscles lisses ou des glandes, tout comme les motoneurones préganglionnaires de la moelle innervent des ganglions végétatifs. Enfin, les principaux faisceaux ascendants et descendants, qui transmettent les informations sensorielles ou motrices en direction ou en provenance du cerveau, se trouvent dans les régions latérales et basales du tronc.

L'organisation rostro-caudale des noyaux des nerfs crâniens (qui présentent tous une symétrie bilatérale) reflète l'organisation rostro-caudale des structures de la tête et du cou (voir Figure A9). La position d'un noyau est d'autant plus caudale que les structures périphériques avec lesquelles il est en relation sont elles-mêmes plus caudales. On peut citer comme exemple, dans la moelle cervicale et le bulbe caudal, le noyau du nerf spinal accessoire, qui fournit l'innervation motrice des muscles du cou et des

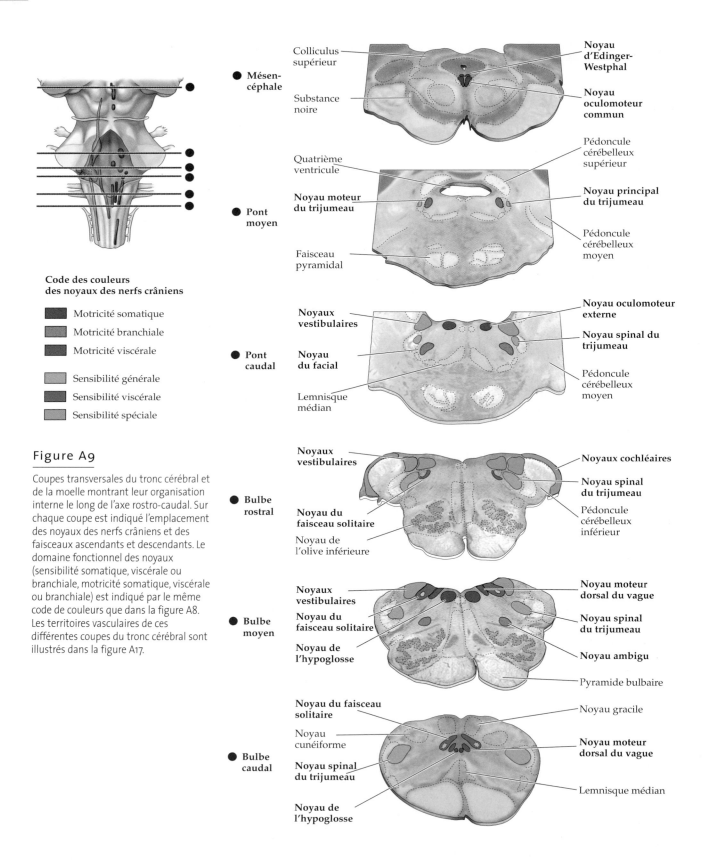

Code des couleurs
des noyaux des nerfs crâniens

■ Motricité somatique
■ Motricité branchiale
■ Motricité viscérale

■ Sensibilité générale
■ Sensibilité viscérale
■ Sensibilité spéciale

Figure A9

Coupes transversales du tronc cérébral et
de la moelle montrant leur organisation
interne le long de l'axe rostro-caudal. Sur
chaque coupe est indiqué l'emplacement
des noyaux des nerfs crâniens et des
faisceaux ascendants et descendants. Le
domaine fonctionnel des noyaux
(sensibilité somatique, viscérale ou
branchiale, motricité somatique, viscérale
ou branchiale) est indiqué par le même
code de couleurs que dans la figure A8.
Les territoires vasculaires de ces
différentes coupes du tronc cérébral sont
illustrés dans la figure A17.

● Mésen-
céphale

Colliculus supérieur
Substance noire
Noyau d'Edinger-Westphal
Noyau oculomoteur commun

● Pont moyen

Quatrième ventricule
Noyau moteur du trijumeau
Faisceau pyramidal
Pédoncule cérébelleux supérieur
Noyau principal du trijumeau
Pédoncule cérébelleux moyen

● Pont caudal

Noyaux vestibulaires
Noyau du facial
Lemnisque médian
Noyau oculomoteur externe
Noyau spinal du trijumeau
Pédoncule cérébelleux moyen

● Bulbe rostral

Noyaux vestibulaires
Noyau du faisceau solitaire
Noyau de l'olive inférieure
Noyaux cochléaires
Noyau spinal du trijumeau
Pédoncule cérébelleux inférieur

● Bulbe moyen

Noyaux vestibulaires
Noyau du faisceau solitaire
Noyau de l'hypoglosse
Noyau moteur dorsal du vague
Noyau spinal du trijumeau
Noyau ambigu
Pyramide bulbaire

● Bulbe caudal

Noyau du faisceau solitaire
Noyau cunéiforme
Noyau spinal du trijumeau
Noyau de l'hypoglosse
Noyau gracile
Noyau moteur dorsal du vague
Lemnisque médian

épaules, ou le noyau moteur du vague qui assure l'innervation préganglionnaire d'un grand nombre de cibles entériques et viscérales. Dans le pont, les noyaux sensitifs et moteurs interviennent principalement dans la sensibilité somatique de la face (noyau principal du trijumeau), dans la motricité des mâchoires et du visage (noyaux moteurs du facial et du trijumeau), et dans l'abduction (déviation latérale) de l'œil (noyau du nerf oculomoteur externe ou abducens). Plus en avant, dans la partie mésencéphalique du tronc cérébral, se trouvent des noyaux intervenant essentiellement dans la motricité oculaire (noyau oculomoteur commun et noyau du nerf pathétique) et dans l'innervation préganglionnaire parasympathique de l'iris (noyau d'Edinger-Westphal). Cette liste n'est pas complète : elle ne fait qu'indiquer les structures principales qui se succèdent sur l'axe rostro-caudal du tronc cérébral.

Les neurologues déterminent la combinaison des déficits affectant les nerfs crâniens pour en inférer l'emplacement des lésions du tronc cérébral ou pour situer en un autre endroit, dans la moelle ou dans l'encéphale, l'origine des dysfonctionnements constatés. Les lésions du tronc cérébral les plus fréquentes sont dues à des accidents dans des territoires vasculaires irriguant des sous-ensembles de noyaux de nerfs crâniens et de faisceaux ascendants ou descendants (voir ci-dessous). Ainsi, une occlusion de l'artère cérébelleuse postéro-inférieure (ACPI), branche de l'artère vertébrale qui alimente la région latérale du bulbe médian et rostral, affecte trois noyaux de nerfs crâniens et plusieurs faisceaux (voir la section « Bulbe rostral » dans la figure A9). En conséquence, on observe des déficits fonctionnels reflétant l'atteinte des noyaux trigéminal spinal, vestibulaire et ambigu (ce dernier contenant les motoneurones branchiaux qui innervent le larynx et le pharynx) ipsilatéraux à la lésion. De plus, les faisceaux convoyant les messages nociceptifs et thermiques issus de la moitié controlatérale du corps sont interrompus, ce qui provoque la perte de ces formes de sensibilité. Enfin, il y a atteinte du pédoncule cérébelleux inférieur, par où transitent vers le cervelet les informations relatives au contrôle de la posture. Ceci provoque une ataxie (déficit de la coordination motrice) du côté de la lésion. Le point commun à ces déficits, qui rend possible la localisation des lésions, n'est pas une quelconque similarité fonctionnelle, mais la proximité anatomique de territoires partageant une même vascularisation. Les neurobiologistes et les cliniciens qui ont à résoudre des problèmes concernant le tronc cérébral doivent donc intégrer ce type de données anatomiques aux connaissances qu'ils ont de sa pathologie et de son organisation fonctionnelle.

Face latérale du cerveau

C'est sur une vue latérale du cerveau humain que les quatre lobes des hémisphères cérébraux sont le plus commodément observés (Figure A3A). Sur cette vue latérale, les deux repères les plus saillant sont la profonde scissure de Sylvius qui sépare le lobe temporal des lobes frontal et pariétal situés au-dessus, et la scissure de Rolando qui marque la frontière entre le lobe frontal et le lobe pariétal (Figure A10). Une partie du lobe frontal a une importance particulière ; il s'agit du **gyrus précentral** (en anatomie, le suffixe *pré* indique qu'une structure est située en avant, en position antérieure par rapport à une autre). Le cortex du gyrus précentral est appelé **cortex moteur**, car il contient des neurones dont les axones projettent vers les neurones moteurs du tronc cérébral et de la moelle épinière qui innervent les muscles squelettiques (striés) (voir Chapitre 17).

L'aspect supérieur du lobe temporal correspond au cortex impliqué dans l'audition et la réception du langage, tandis que sa partie inférieure prend en charge les informations visuelles ayant déjà fait l'objet de traitements élaborés. Cachée en dessous des lobes frontal et temporal se trouve l'**insula**, que l'on ne peut apercevoir qu'en écartant ou en enlevant ces deux lobes (Figure A.10B). Le cortex insulaire est en grande partie impliqué dans les fonctions viscérales et végétatives, y compris le sens du goût. Dans la partie antérieure du lobe pariétal, juste en arrière de la scissure de Rolando se trouve le **gyrus postcentral**, constitué par le cortex impliqué dans la sensibilité somatique (c'est-à-dire du corps) ; cette aire est, en conséquence, désignée sous le nom de **cortex somesthésique** (voir Chapitre 9).

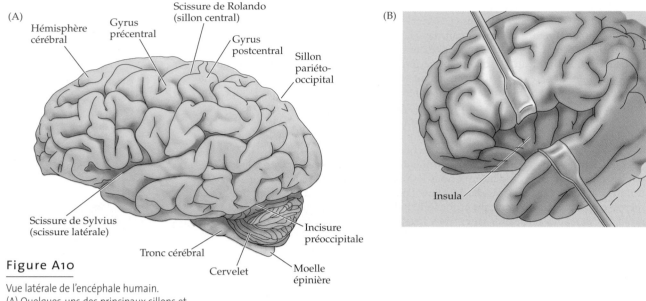

Figure A10

Vue latérale de l'encéphale humain.
(A) Quelques-uns des principaux sillons et quelques circonvolutions importantes que l'on peut observer sous cet angle. (B) Les bords de la scissure de Sylvius (ou scissure latérale) ont été écartés pour découvrir l'insula.

La frontière entre le lobe pariétal et le lobe occipital, le plus postérieur des lobes hémisphériques, est quelque peu arbitraire (c'est une ligne allant du sillon pariéto-occipital à l'incisure préoccipitale). Le lobe occipital, dont seule une petite partie est visible sur la surface latérale du cerveau, est essentiellement impliqué dans la vision. En plus de son rôle dans les traitements primaires et sensoriels, chaque lobe des hémisphères cérébraux est responsable de fonctions cognitives particulières (voir Chapitre 26). Ainsi, le lobe frontal intervient-il de façon cruciale dans la planification des réponses aux stimulus, le lobe pariétal dans l'attention qu'on leur porte, le lobe temporal dans leur reconnaissance et le lobe occipital dans tous les aspects de la vision.

Faces dorsale et ventrale du cerveau

Alors que les subdivisions majeures des hémisphères cérébraux apparaissent mieux sur une vue latérale du cerveau, certains repères importants se distinguent plus facilement sur sa face dorsale ou sur sa face ventrale. Quand on regarde la face dorsale (Figure A11), la symétrie bilatérale approximative des hémisphères apparaît clairement. En dépit de légères variations, les repères majeurs que constituent la scissure de Rolando et le sillon pariéto-occipital ont d'ordinaire une position très semblable de chaque côté. En écartant légèrement le cortex des deux hémisphères, on peut apercevoir une autre structure importante, le **corps calleux**, faisant entre eux comme un pont (Figure A11C). Il s'agit d'un faisceau de fibres émanant de neurones de chaque hémisphère et allant s'articuler avec des neurones de l'hémisphère opposé.

La figure A11B présente les caractéristiques externes les plus remarquables de la face ventrale du cerveau. S'étendant le long de la surface inférieure du lobe frontal, près de la ligne médiane, les **pédoncules olfactifs** (ou bandelettes olfactives) ont leur origine au niveau de leur extrémité antérieure renflée, les **bulbes olfactifs**. Les bulbes olfactifs reçoivent leurs informations afférentes de neurones situés dans l'épithélium qui tapisse la cavité nasale et dont les axones constituent le premier nerf crânien (le nerf crânien I est donc le nerf olfactif; voir Tableau A2). Sur l'aspect ventro-médian du lobe temporal, le **gyrus parahippocampique** masque l'**hippocampe**, structure corticale fortement recourbée qui joue un rôle important dans la mémoire (voir Chapitre 31). Un peu plus médian par rapport au gyrus arahippocampique, l'**uncus** est une excrois-

(A) **Vue dorsale**

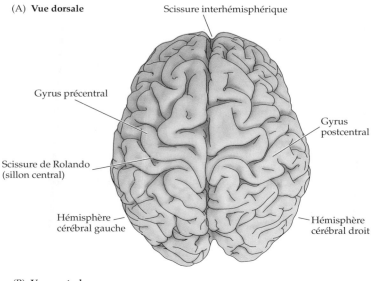

(B) **Vue ventrale**

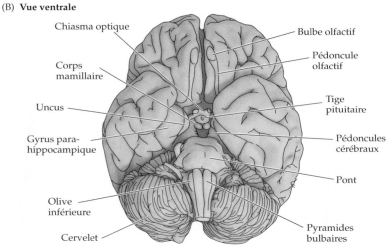

(C)

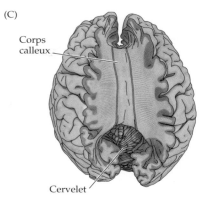

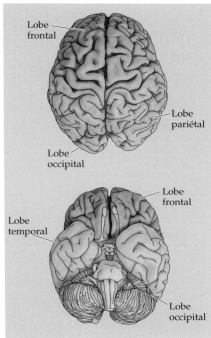

Figure A11

Vues dorsale (A) et ventrale (B) de l'encéphale humain et principales structures apparentes. (C) Sur cette vue dorsale, on a enlevé le cortex cérébral pour laisser voir le corps calleux sous-jacent. Le cadre du dessous montre les quatre lobes du cerveau (C d'après Rohen et al., 1993.)

sance vaguement conique qui comprend les régions corticales de l'amygdale. Au point le plus central de la face ventrale du cerveau antérieur se trouve le **chiasma optique** et, juste derrière lui, la face ventrale de l'**hypothalamus** avec l'**infundibulum** (ou **tige pituitaire**), à la base de l'hypophyse, et les **corps mamillaires**. En arrière de l'hypothalamus, de part et d'autre de la ligne médiane ventrale du mésencéphale, se trouvent deux gros faisceaux, les **pédoncules cérébraux**. Sur l'aspect ventral du cerveau, on peut observer, pour finir, les faces ventrales du pont, du bulbe et des hémisphères cérébelleux.

Face sagittale médiane du cerveau

Une coupe du cerveau dans le plan sagittal médian en laisse voir les subdivisions majeures ainsi qu'un certain nombre de structures. Sur cette vue, les hémisphères cérébraux sont encore, du fait de leur taille importante, la structure la plus proéminente. Le lobe frontal de chaque hémisphère s'étend en avant de la scissure de Rolando (ou sillon central), dont on aperçoit juste l'extrémité médiane (Figure A12A, B). Le sillon pariéto-occipital, qui va de l'aspect supérieur à l'aspect inférieur de l'hémisphère, sépare le lobe occipital du lobe pariétal. La **scissure calcarine** divise la surface médiane du lobe occipital ; elle s'étend presque perpendiculairement au sillon pariéto-occipital et marque l'emplacement du **cortex visuel primaire** (voir Chapitre 12). Un long sillon, approximativement horizontal, le **sillon cingulaire**, traverse toute la surface médiane du lobe frontal et du lobe pariétal. En dessous de lui, une circonvolution proéminente, le **gyrus cingulaire**, est une composante importante du **système limbique**, qui comprend des structures corticales et sous corticales des lobes frontal et temporal bordant le cerveau, en position médiane, et enveloppant plus ou moins le corps calleux et le diencéphale (*limbique* signifie en bordure, limitrophe). Les structures limbiques jouent un rôle important dans la régulation de l'activité végétative ainsi que dans l'émotion et dans son expression (voir Chapitre 29). Enfin, en position ventrale par rapport au gyrus cingulaire, on a la surface sagittale médiane du corps calleux.

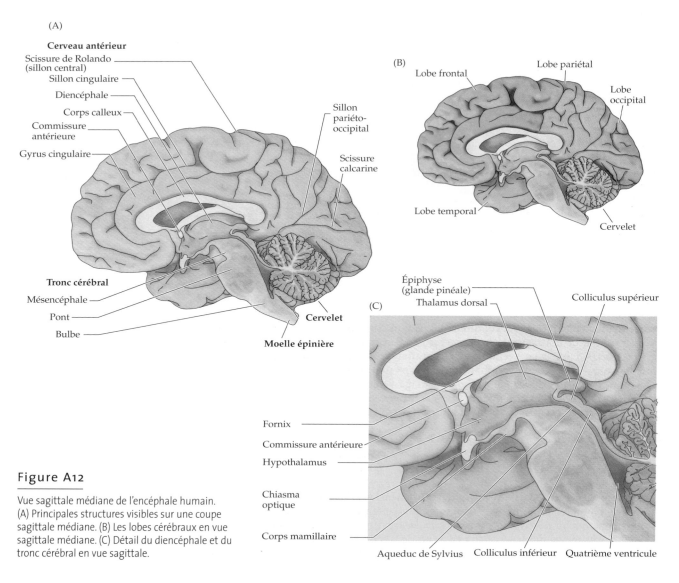

Figure A12

Vue sagittale médiane de l'encéphale humain. (A) Principales structures visibles sur une coupe sagittale médiane. (B) Les lobes cérébraux en vue sagittale médiane. (C) Détail du diencéphale et du tronc cérébral en vue sagittale.

Bien que certaines parties du diencéphale, du tronc et du cervelet soient visibles sur l'aspect ventral du cerveau, c'est sans doute une vue sagittale médiane qui permet le mieux de se rendre compte de leur structure d'ensemble (Figure A12C). Vu sous cet angle, le diencéphale apparaît formé de deux parties. Le **thalamus dorsal**, composante principale du diencéphale, comprend un certain nombre de subdivisions qui, toutes, relaient vers le cortex les informations originaires d'autres parties du cerveau. L'**hypothalamus**, région du diencéphale restreinte, mais capitale, prend notamment en charge le contrôle de l'homéostasie et des fonctions de reproduction (voir Encadré 21A). L'hypothalamus est en liaison étroite, du point de vue structural et fonctionnel, avec l'hypophyse (ou glande pituitaire), organe endocrinien de première importance ; la partie postérieure de cette glande s'attache à l'hypothalamus par la tige pituitaire.

Le tegmentum mésencéphalique, que l'on ne peut voir que sur cette vue sagittale médiane, est en position caudale par rapport au thalamus et le **pont** est en position caudale par rapport au mésencéphale ; le **cervelet** est au-dessus du pont, juste en dessous du lobe occipital des hémisphères cérébraux. Sur une vue médio-sagittale, la caractéristique la plus notable du cervelet est le **cortex cérébelleux**, feuillet continu de plusieurs couches de neurones, dont les plissements forment des crêtes et des creux appelés ici **feuillets** (ou **folia**). La structure la plus caudale de cette surface sagittale médiane du cerveau est le **bulbe**, qui se continue à l'arrière par la moelle épinière.

Anatomie interne du cerveau

Les coupes de cerveau destinées à l'examen macro- ou microscopique offrent un tableau neuroanatomique beaucoup plus détaillé. Il est possible, sur ces coupes, d'identifier des structures profondes dont aucune n'est visible à l'examen de l'une quelconque des surfaces cérébrales. On peut de plus se faire une idée plus précise des relations qu'entretiennent les structures cérébrales visibles en surface. La difficulté principale qu'il faut surmonter pour comprendre l'anatomie interne du cerveau est de faire correspondre les repères observés en surface sur les axes rostro-caudaux, dorso-ventraux et médio-latéraux avec la position de structures que l'on examine sur des coupes de cerveau effectuées dans un plan horizontal, frontal ou sagittal. Il s'agit là d'un défi qu'il est indispensable de relever pour comprendre les fonctions cérébrales et plus encore pour interpréter les images du cerveau obtenues par des techniques non invasives, images qui se présentent pour la plupart sous l'aspect de coupes.

Sur une coupe du cerveau antérieur, et quel qu'en soit le plan, le **cortex cérébral** apparaît comme une fine couche de tissu nerveux recouvrant la totalité du cerveau. En majeure partie, le cortex cérébral est composé de six couches ; c'est ce que l'on appelle le **néocortex** (voir Encadré 26A). Sur l'aspect inférieur et médian du lobe temporal, dans le gyrus parahippocampique, on trouve un cortex phylogénétiquement ancien, comportant un plus faible nombre de couches cellulaires, le **paléocortex**. Dans l'hippocampe et dans le cortex piriforme (principale division du cortex olfactif, située près de la frontière entre le lobe temporal et le lobe frontal), existe un cortex possédant encore moins de couches (trois) et que l'on appelle **archicortex**. Le **cortex hippocampique** est enfoui dans l'aspect médian du lobe temporal et l'on ne peut donc l'observer que sur des coupes ou après dissection du cerveau (Figure A13).

Un certain nombre de structures sont enfouies dans la profondeur des hémisphères. Les plus grosses sont le **noyau caudé** et le **putamen** (formant ensemble le **striatum**) ainsi que le **globus pallidus** (Figure A14). Ces diverses structures sont désignées collectivement sous le nom de **ganglions de la base**. (Le terme de *ganglion* ne s'applique pas, d'ordinaire, aux amas de neurones du système nerveux central, que l'on appelle noyaux ; son utilisation fait ici exception). Les ganglions de la base sont visibles sur des coupes horizontales effectuées entre les niveaux médio-dorsal et médio-ventral du cerveau antérieur, sur des coupes frontales réalisées entre la région immédiatement antérieure à l'uncus et le diencéphale postérieur et sur des coupes sagittales paramédianes. Les neurones de ces gros noyaux reçoivent leurs afférences du cortex cérébral et participent à l'organisation et au contrôle des fonctions motrices complexes (voir Chapitre 18). À la base du cerveau antérieur et en position ventrale par rapport aux

Figure A13

Principales structures internes de l'encéphale, visibles après résection de la moitié supérieure de l'hémisphère gauche.

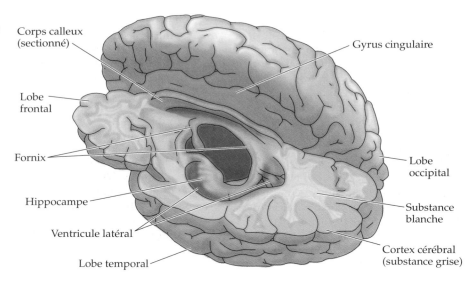

Corps calleux (sectionné)

Gyrus cingulaire

Lobe frontal

Fornix

Lobe occipital

Hippocampe

Substance blanche

Ventricule latéral

Cortex cérébral (substance grise)

Lobe temporal

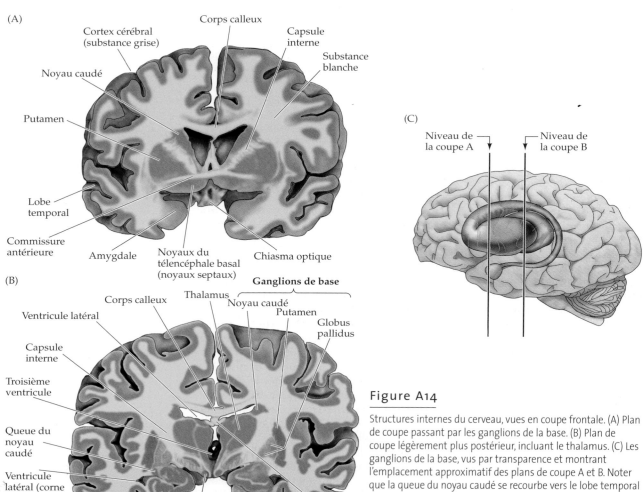

(A)

Cortex cérébral (substance grise)

Corps calleux

Capsule interne

Noyau caudé

Substance blanche

Putamen

Lobe temporal

Commissure antérieure

Amygdale

Noyaux du télencéphale basal (noyaux septaux)

Chiasma optique

(B)

Ganglions de base

Corps calleux

Thalamus

Noyau caudé

Putamen

Globus pallidus

Ventricule latéral

Capsule interne

Troisième ventricule

Queue du noyau caudé

Ventricule latéral (corne temporale)

Hippocampe

Corps mamillaire

Fornix

(C)

Niveau de la coupe A

Niveau de la coupe B

Figure A14

Structures internes du cerveau, vues en coupe frontale. (A) Plan de coupe passant par les ganglions de la base. (B) Plan de coupe légèrement plus postérieur, incluant le thalamus. (C) Les ganglions de la base, vus par transparence et montrant l'emplacement approximatif des plans de coupe A et B. Noter que la queue du noyau caudé se recourbe vers le lobe temporal et qu'elle apparaît ainsi deux fois dans la même coupe. Cette remarque vaut également pour d'autres structures, notamment pour les ventricules latéraux.

ganglions de la base, se trouvent plusieurs petits amas de cellules nerveuses connus sous le nom de **noyaux septaux** ou de **noyaux du télencéphale basal**. Ces noyaux sont d'un intérêt particulier du fait qu'ils modulent l'activité du cortex cérébral et de l'hippocampe et qu'ils sont impliqués dans la maladie d'Alzheimer. L'autre structure notable que l'on peut voir sur des coupes des hémisphères cérébraux effectuées au niveau de l'uncus est l'**amygdale**, complexe de noyaux et de zones corticales qui se situe en avant de l'hippocampe, dans le pôle antérieur du lobe temporal.

En plus de ces structures corticales et nucléaires, l'anatomie interne du cerveau se caractérise par un certain nombre de faisceaux importants. Comme il a déjà été dit, les deux hémisphères cérébraux et un grand nombre de leurs composantes sont interconnectés par le **corps calleux**; sur des coupes antérieures, on peut également voir la **commissure blanche antérieure**, plus petite (voir Figure A14A). Les axones qui montent vers le cortex cérébral ou qui en descendent se rassemblent pour former un autre gros faisceau de fibres, la **capsule interne** (voir Figure A14A, B). La capsule interne, en position immédiatement latérale par rapport au diencéphale (elle forme autour de lui une «capsule»), comporte de nombreux axones en provenance ou à destination du thalamus dorsal. On la voit le mieux sur des coupes frontales passant par le tiers médian de l'extension rostro-caudale du cerveau antérieur ou sur des coupes horizontales passant par le thalamus. D'autres axones, issus du cortex et descendant dans la capsule interne, continuent au-delà du diencéphale et passent par les pédoncules cérébraux du mésencéphale. Les axones de ces faisceaux corticobulbaires et corticospinaux projettent respectivement sur diverses cibles du tronc cérébral et de la moelle (voir Chapitre 17). La capsule interne apparaît donc comme la voie principale reliant le cortex au reste du cerveau et à la moelle. L'interruption du flux nerveux qui monte et descend par cette structure, lors d'accidents cérébraux, vasculaires ou autres, a des conséquences ordinairement désastreuses (voir Encadré A). Enfin, dans chaque hémisphère, un faisceau plus petit, le **fornix**, connecte entre eux l'hippocampe, l'hypothalamus et la région septale du télencéphale basal.

Vascularisation du cerveau et de la moelle épinière

La connaissance de la vascularisation du cerveau et de la moelle épinière est critique pour les diagnostics neurologiques et la pratique médicale, particulièrement pour la neurologie et la neurochirurgie. Les dommages causés aux principaux vaisseaux sanguins par des traumatismes ou des accidents vasculaires cérébraux ont pour résultat des combinaisons de déficits fonctionnels reflétant à la fois une mort locale de neurones et l'interruption d'axones traversant la région desservie par les vaisseaux endommagés. C'est pourquoi une solide connaissance des principaux vaisseaux cérébraux et des territoires neuroanatomiques qu'ils irriguent facilite le diagnostic initial d'une gamme étendue de lésions et de maladies cérébrales.

Toute l'irrigation sanguine du cerveau et de la moelle est assurée par deux ensembles de ramifications de l'aorte dorsale : les **artères vertébrales**, qui naissent des artères sous-clavières, et les **artères carotides internes**, qui sont des branches des carotides primitives. Les artères vertébrales et les dix **artères radiculaires** qui naissent de branches segmentaires de l'aorte assurent la vascularisation primaire de la moelle. Les artères radiculaires se réunissent pour former les **artères spinales antérieure** et **postérieure** (Figure A15). Si l'une ou l'autre des artères radiculaires est obstruée ou subit des dommages (lors d'une intervention chirurgicale sur l'abdomen, par exemple), l'irrigation sanguine de régions spécifiques de la moelle peut s'en trouver compromise. La configuration des lésions neurologiques résultantes dépend de l'artère, antérieure ou postérieure, dont la circulation est interrompue. Comme le laisse prévoir la disposition des voies spinales ascendantes et descendantes, l'arrêt de l'irrigation postérieure entraîne la perte des fonctions sensitives, tandis que l'arrêt de l'irrigation antérieure entraîne le plus souvent des déficits moteurs.

À l'avant de la moelle et du tronc cérébral, les artères carotides internes se ramifient en deux grandes artères cérébrales, les **artères cérébrales antérieure** et **moyenne**. Les artères vertébrales droite et gauche se réunissent au niveau du pont, sur la face ventrale du tronc cérébral, et forment sur la ligne médiane l'**artère basilaire**. Celle-ci,

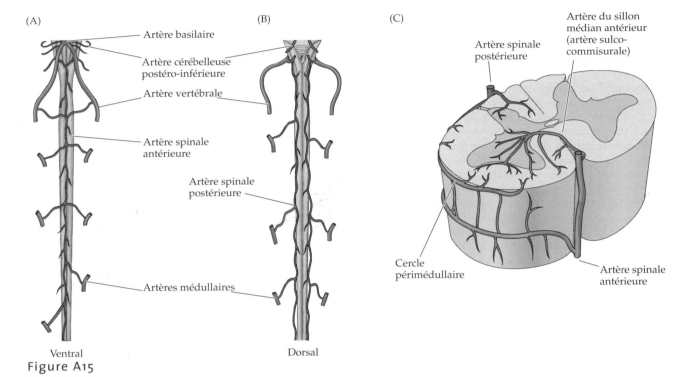

(A)

Artère basilaire

Artère cérébelleuse postéro-inférieure

Artère vertébrale

Artère spinale antérieure

Artères médullaires

Ventral

(B)

Artère spinale postérieure

Dorsal

(C)

Artère du sillon médian antérieur (artère sulco-commisurale)

Artère spinale postérieure

Cercle périmédullaire

Artère spinale antérieure

Figure A15

Irrigation sanguine de la moelle épinière. (A) Vue de la face ventrale (antérieure) de la moelle. Au niveau du bulbe, les artères vertébrales donnent des ramifications qui fusionnent pour former l'artère spinale antérieure. Environ dix à douze artères segmentaires, originaires de diverses branches de l'aorte, rejoignent l'artère spinale antérieure à différents niveaux de son trajet. Ces artères segmentaires sont appelées artères radiculaires. (B) Les artères vertébrales (ou l'artère cérébelleuse postéro-inférieure) donnent naissance à deux artères spinales postérieures, qui courent le long de la surface dorsale (postérieure) de la moelle. (C) Section transversale de la moelle illustrant la distribution des artères spinales antérieure et postérieures. L'artère spinale antérieure donne naissance à de nombreuses branches sulco-commissurales irriguant les deux tiers antérieurs de la moelle. Les artères spinales postérieures irriguent la majeure partie de la corne dorsale et des colonnes dorsales. Un réseau vasculaire, appelé cercle périmédullaire, connecte ces deux sources d'irrigation sanguine et envoie des ramifications dans la substance blanche, sur le pourtour de la moelle.

à son tour, rejoint la circulation venant des carotides internes, dans un anneau artériel à la base du cerveau (à proximité de l'hypothalamus et des pédoncules cérébraux), que l'on appelle le **polygone de Willis**. C'est à ce point de confluence que naissent les **artères cérébrales postérieures** ainsi que deux petites artères de connexion, les **artères communicantes antérieure et postérieure**. La réunion des deux sources principales dans cette anastomose artérielle accroît les chances du cerveau de continuer à être irrigué si l'une des deux artères principales subissait une occlusion.

Les branches principales de la carotide interne, à savoir les artères cérébrales antérieure et moyenne, forment la **circulation antérieure**, qui amène le sang au cerveau antérieur (Figure A16). Ces artères émanent des carotides internes, à l'intérieur du polygone de Willis. Chacune d'elles émet des ramifications qui irriguent le cortex et d'autres qui pénètrent dans la base du cerveau et alimentent des structures profondes. On remarque particulièrement les **artères lenticulo-striées** et les **artères choroïdiennes antérieures**, ramifications de l'artère cérébrale moyenne, qui irriguent les ganglions de la base, la capsule interne et l'hippocampe (voir Figure A16D). La **circulation postérieure** de l'encéphale irrigue le cortex postérieur, le thalamus et le tronc cérébral ; elle est formée de rameaux artériels partant des **artères cérébrales postérieures**, **vertébrales** et de l'artère **basilaire**. Le plan de la distribution des artères est le même pour toutes les subdivisions du tronc cérébral : les artères de la ligne médiane irriguent les structures médianes, les artères latérales irriguent les régions latérales du tronc, les artères dorsales irriguent les structures dorsolatérales ainsi que le cervelet (Figures A16 et A17). Parmi les plus importantes artères dorsolatérales (encore appelées **artères circonférentielles longues**) l'**artère cérébelleuse postéro-inférieure (ACPI)** et l'**artère cérébelleuse antéro-inférieure (ACAI)** irriguent respectivement des régions spécifiques du bulbe et du pont. Ces artères et les branches de l'artère basilaire qui pénètrent dans le tronc cérébral à partir des faces ventrale et latérale (et que l'on appelle artères **paramédianes** et artères **circonférentielles courtes**) sont des endroits particulièrement sujets à occlusion avec, pour conséquence, des déficits fonctionnels des nerfs crâniens ainsi que de la sensibilité et de la motricité somatiques.

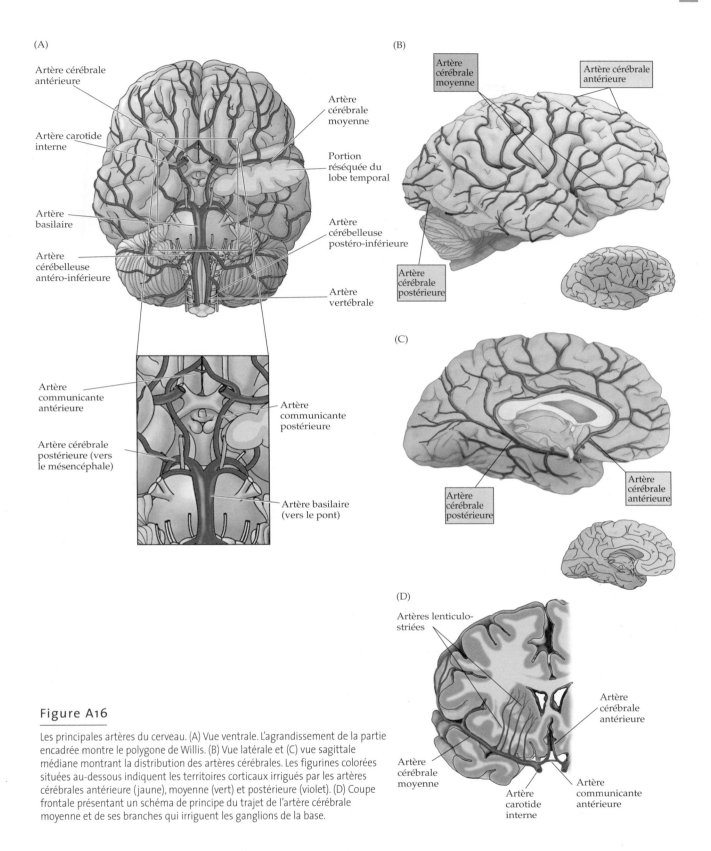

(A)

Artère cérébrale antérieure

Artère carotide interne

Artère basilaire

Artère cérébelleuse antéro-inférieure

Artère cérébrale moyenne

Portion réséquée du lobe temporal

Artère cérébelleuse postéro-inférieure

Artère vertébrale

Artère communicante antérieure

Artère cérébrale postérieure (vers le mésencéphale)

Artère communicante postérieure

Artère basilaire (vers le pont)

(B)

Artère cérébrale moyenne

Artère cérébrale antérieure

Artère cérébrale postérieure

(C)

Artère cérébrale postérieure

Artère cérébrale antérieure

(D)

Artères lenticulo-striées

Artère cérébrale antérieure

Artère cérébrale moyenne

Artère carotide interne

Artère communicante antérieure

Figure A16

Les principales artères du cerveau. (A) Vue ventrale. L'agrandissement de la partie encadrée montre le polygone de Willis. (B) Vue latérale et (C) vue sagittale médiane montrant la distribution des artères cérébrales. Les figurines colorées situées au-dessous indiquent les territoires corticaux irrigués par les artères cérébrales antérieure (jaune), moyenne (vert) et postérieure (violet). (D) Coupe frontale présentant un schéma de principe du trajet de l'artère cérébrale moyenne et de ses branches qui irriguent les ganglions de la base.

(A)

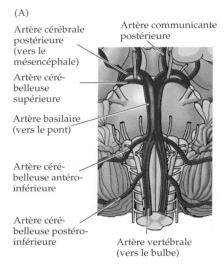

Artère cérébrale postérieure (vers le mésencéphale)

Artère communicante postérieure

Artère cérébelleuse supérieure

Artère basilaire (vers le pont)

Artère cérébelleuse antéro-inférieure

Artère cérébelleuse postéro-inférieure

Artère vertébrale (vers le bulbe)

Figure A17

Irrigation sanguine des trois subdivisions du tronc cérébral. (A) Schéma de la vascularisation artérielle principale émanant de l'artère basilaire et des artères vertébrales. (B) Coupes du tronc cérébral à différents niveaux indiquant les territoires alimentés par chacune des artères principales.

(B)

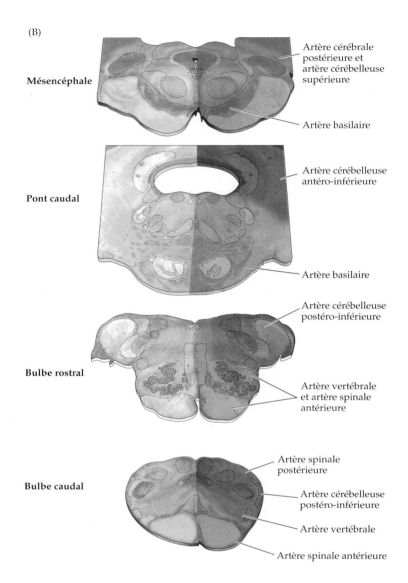

Mésencéphale

Artère cérébrale postérieure et artère cérébelleuse supérieure

Artère basilaire

Pont caudal

Artère cérébelleuse antéro-inférieure

Artère basilaire

Bulbe rostral

Artère cérébelleuse postéro-inférieure

Artère vertébrale et artère spinale antérieure

Bulbe caudal

Artère spinale postérieure

Artère cérébelleuse postéro-inférieure

Artère vertébrale

Artère spinale antérieure

L'irrigation sanguine du cerveau pourvoit à des besoins physiologiques d'une importance toute particulière étant donné que les neurones sont plus sensibles à la privation d'oxygène que d'autres types de cellules au métabolisme moins élevé. Du fait de son métabolisme élevé, le tissu cérébral est exposé à des dommages transitoires ou permanents si un défaut d'irrigation sanguine le prive, même brièvement, de glucose et d'oxygène. Un arrêt bref d'irrigation, que l'on appelle **ischémie**, peut provoquer, si l'on n'y remédie pas rapidement, des altérations susceptibles d'entraîner une mort cellulaire. Un arrêt durable cause presque à tout coup la mort et la dégénérescence des neurones non alimentés. Une « attaque » (terme vieilli désignant la mort ou le dysfonctionnement du tissu cérébral causés par une maladie vasculaire) est fréquente après une occlusion ou une hémorragie des artères cérébrales (voir Encadré A). D'un point de vue historique, on doit à l'étude des conséquences fonctionnelles d'accidents vasculaires survenus dans tel ou tel territoire du cerveau ou de la moelle tout un ensemble de données sur la localisation de diverses fonctions cérébrales. C'est de cette façon, par exemple, que l'on a découvert, à la fin du dix-neuvième siècle, la localisation des fonctions verbales dans l'hémisphère gauche (voir Chapitre 27). Aujourd'hui, les

ENCADRÉ A — *Les accidents vasculaires cérébraux*

Les accidents vasculaires cérébraux (AVC) sont la cause neurologique la plus fréquente d'admission à l'hôpital et, aux U.S.A., la troisième cause de décès (après les maladies cardiaques et le cancer). Le terme d'attaque cérébrale par lequel on les a longtemps désignés fait référence à l'apparition brutale d'un déficit neurologique limité, comme la faiblesse ou la paralysie d'un membre, ou l'incapacité soudaine de parler. Le début du déficit, en quelques secondes, minutes ou heures est le signe qu'il s'agit d'un problème vasculaire. Le fonctionnement cérébral dépend au plus haut point d'un apport continu d'oxygène comme le montre la perte de conscience dans les dix secondes qui suivent l'interruption de l'irrigation sanguine, lors d'un arrêt cardiaque par exemple. Les dommages subis par les neurones, d'abord réversibles, finissent par devenir permanents si l'irrigation sanguine n'est pas rapidement rétablie.

On distingue trois types principaux d'accidents vasculaires cérébraux : les **thromboses**, les **embolies** et les **hémorragies**. L'accident de type thrombotique a pour cause une réduction locale du débit sanguin due à une athérosclérose de l'un des vaisseaux sanguins du cerveau ; cette affection, qui associe des dépôts graisseux sur la paroi du vaisseau et son durcissement, finit par le boucher complètement. Dans l'embolie, le débit sanguin se trouve diminué quand un embole (c'est-à-dire un corps étranger porté par le courant circulatoire), soit caillot en provenance du cœur, soit fragment de plaque d'athérosclérose d'une artère carotide ou vertébrale, pénètre dans une artère (ou une artériole) cérébrale et l'obstrue. Quant à

l'accident hémorragique, il survient en cas de rupture d'un vaisseau sanguin cérébral, par suite d'hypertension, d'anévrisme congénital (dilatation de la paroi d'un vaisseau) ou de malformation artério-veineuse congénitale. La fréquence relative des accidents thrombotiques, emboliques et hémorragiques est respectivement d'environ 50 %, 30 % et 20 %.

Le diagnostic d'accident vasculaire cérébral repose essentiellement sur un historique précis de la maladie et sur un examen par un neurologue compétent. Un spécialiste du diagnostic clinique, le neurologue C. Miller Fischer, va jusqu'à dire que les étudiants en médecine et les internes devraient apprendre la neurologie en étudiant les attaques cas par cas. La connaissance des régions du cerveau alimentées par chacune des principales artères (voir texte) permet au clinicien averti d'identifier le vaisseau obstrué.

Récemment, des techniques d'imagerie cérébrale comme le scanner et l'IRM (voir l'encadré A1) ont fourni au médecin des outils importants pour identifier et localiser les petites hémorragies et les sites de lésions irréversibles. Par ailleurs, l'utilisation de l'échographie Doppler, de l'angiographie par résonance magnétique et de l'angiographie, après injection dans les vaisseaux de substances opaques aux rayons X, permet de localiser avec précision les plaques d'athérosclérose, les anévrismes et autres anomalies vasculaires.

On dispose, en cas d'accident vasculaire cérébral, de diverses approches thérapeutiques. L'utilisation, chez certains individus victimes d'accidents vasculaires cérébraux, de l'activateur tissulaire du plasminogène ou d'autres substances pour

dissoudre un caillot thrombotique est aujourd'hui de pratique clinique courante. Par ailleurs, les progrès récents dans la connaissance des mécanismes par lesquels l'ischémie altère le tissu cérébral ont permis d'envisager le recours à des stratégies pharmacologiques pour minimiser les dommages causés aux neurones par l'accident vasculaire (voir l'encadré 6C). Les accidents hémorragiques relèvent bien sûr d'interventions neurochirurgicales pour accéder au vaisseau responsable et en stopper l'hémorragie quand c'est techniquement possible.

Ces traitements peuvent réduire la perte fonctionnelle ; les accidents vasculaires restent cependant de graves accidents de santé qui ne sont jamais suivis d'une récupération totale. Le cerveau adulte ne pouvant remplacer des populations étendues de neurones morts ou endommagés, ni réparer des faisceaux de fibres lésés, on ne peut en aucun cas obtenir une restauration complète des fonctions perdues. Malgré ces limitations inéluctables, on continue d'étudier de nouvelles stratégies de récupération neurologique et de les introduire dans la pratique clinique, ce qui offre quelque espoir à ceux qui font un AVC et qui souffrent des handicaps qui accompagnent les traumatismes cérébro-spinaux.

Référence

ADAMS, R.D., M. VICTOR et A.H. ROPPER, A.M. (2001), *Principles of Neurology.* 7th Ed. New York, McGraw-Hill. Ch. 34, 777-873.

TAUB, E., G. USWAITE et T. ELBERT (2002), New treatments in neurorehabilitation founded on basic research. *Nature Rev. Neurosci., 3*, 228-236.

---

techniques non invasives d'imagerie fondées sur le débit sanguin ont largement supplanté la recherche des corrélations entre, d'un côté, les symptômes cliniques et, de l'autre, l'emplacement des lésions constatées à l'autopsie (voir Encadré 1A).

La barrière hémato-encéphalique

En plus d'être sensible à la privation d'oxygène, le cerveau est menacé par les toxines circulantes. Il en est toutefois protégé par la barrière hémato-encéphalique. Dans tout le corps, l'interface entre les parois des capillaires et les tissus environnants revêt une grande importance, car dans les deux compartiments, vasculaire et extravasculaire, elle maintient les concentrations ioniques à des niveaux appropriés. Dans le cerveau, cette interface d'importance toute spéciale est appelée barrière hémato-encéphalique. C'est le bactériologiste Paul Ehrlich qui, au dix-neuvième siècle, remarqua le premier les propriétés de la barrière hémato-encéphalique. Il observa que des colorants, injectés par voie intraveineuse, diffusaient à partir des capillaires dans presque toutes les parties du corps et allaient marquer les tissus avoisinants. Toutefois le cerveau n'était pas marqué. Ehrlich conclut à tort que le cerveau avait une faible affinité pour les colorants. Il revint à son élève Edwin Goldmann de démontrer que ces colorants ne traversent pas les parois spécialisées des capillaires cérébraux.

Le confinement, dans l'espace vasculaire, des molécules de grande taille telles que les colorants utilisés par Ehrlich (et de beaucoup de molécules plus petites) est dû à la présence de jonctions serrées entre cellules endothéliales adjacentes des capillaires cérébraux (Figure A18A). Ce type de jonction ne s'observe pas dans les capillaires d'autres régions du corps, chez lesquels il existe entre cellules endothéliales adjacentes des espaces qui laissent passer davantage d'ions et de molécules. Tom Reese, Morris Karnovski et Milton Brightman furent les premiers à mettre en évidence, dans les années 1960, la structure des jonctions serrées. Après injection intravasculaire d'agents opaques aux électrons, tels que les sels de lanthane, ils montrèrent, en microscopie électronique, que l'étroite apposition des membranes des cellules endothéliales empêchait le passage de ces ions (Figure A18B). Les substances qui traversent les parois des capillaires cérébraux doivent donc passer *à travers* les membranes des cellules endothéliales. L'entrée de molécules dans le cerveau devrait, en conséquence, être déterminée par leur solubilité dans les lipides, constituants principaux des membranes cellulaires. Pourtant, beaucoup d'ions et de molécules faiblement liposolubles passent sans peine de l'espace vasculaire dans le tissu cérébral. Une molécule comme le glucose, source majeure de l'énergie métabolique des neurones et des cellules gliales, en est un exemple frappant. Ce paradoxe s'explique par l'intervention de transporteurs spécifiques soit pour le glucose, soit pour d'autres molécules ou ions d'importance critique.

En plus des jonctions serrées, les pieds astrocytaires (terminaisons des expansions des astrocytes) entourent l'extérieur des cellules endothéliales des capillaires. Les raisons pour lesquelles les cellules gliales sont ainsi inféodées aux cellules endothéliales ne sont pas claires ; on peut y voir l'influence des astrocytes sur la formation et le maintien de la barrière hémato-encéphalique.

Plus que tout autre organe, le cerveau doit être soigneusement protégé des variations anormales de son environnement ionique ou des molécules potentiellement toxiques qui arrivent à pénétrer dans l'espace vasculaire par ingestion, infection ou par toute

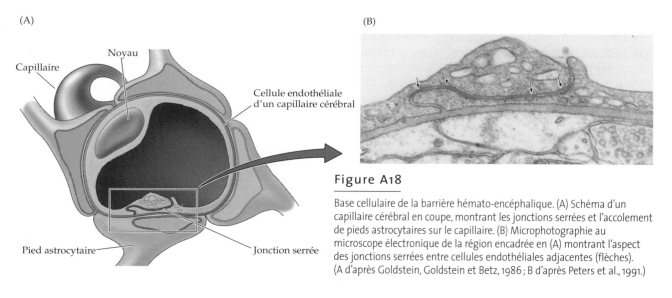

(A)

Capillaire

Noyau

Cellule endothéliale
d'un capillaire cérébral

Pied astrocytaire

Jonction serrée

(B)

Figure A18

Base cellulaire de la barrière hémato-encéphalique. (A) Schéma d'un capillaire cérébral en coupe, montrant les jonctions serrées et l'accolement de pieds astrocytaires sur le capillaire. (B) Microphotographie au microscope électronique de la région encadrée en (A) montrant l'aspect des jonctions serrées entre cellules endothéliales adjacentes (flèches). (A d'après Goldstein, Goldstein et Betz, 1986 ; B d'après Peters et al., 1991.)

autre voie. La barrière hémato-encéphalique a donc un rôle à jouer dans la protection et l'homéostasie. Mais elle représente aussi un problème délicat quand il s'agit d'administrer des médicaments au cerveau. Les molécules de grande taille ou celles qui ne sont pas liposolubles ne peuvent être introduites dans le cerveau qu'au prix d'une dislocation de la barrière hémato-encéphalique au moyen d'agents hyperosmotiques comme le mannitol.

Les méninges

On divise classiquement la boîte crânienne en trois régions : les fosses crâniennes antérieure, moyenne et postérieure. Sous la calotte osseuse du crâne, entourant et soutenant le cerveau, se trouvent trois couches de tissu protecteur qui couvrent également toute l'étendue du tronc cérébral et de la moelle. Ces trois couches forment les **méninges** (Figure A19). La plus externe est la **dure-mère**, ainsi appelée à cause de son épaisseur et de sa solidité. La méninge du milieu est l'**arachnoïde**, qui doit son nom aux filaments aussi fins que des toiles d'araignée (les trabécules arachnoïdiens) qu'elle

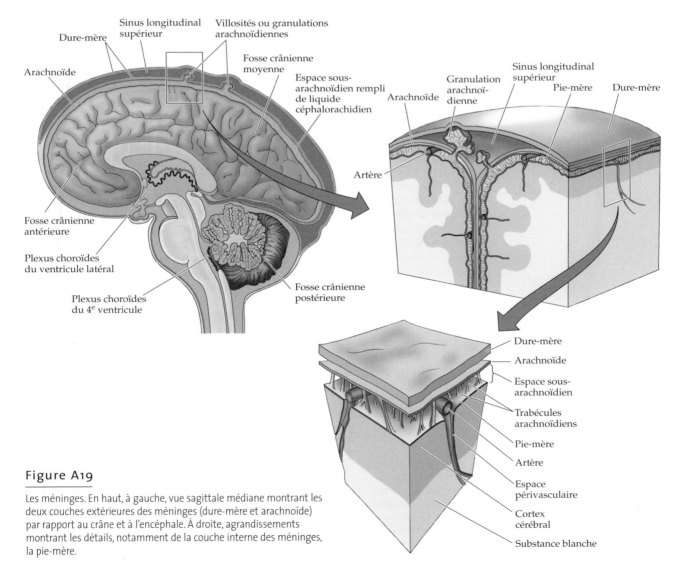

Figure A19

Les méninges. En haut, à gauche, vue sagittale médiane montrant les deux couches extérieures des méninges (dure-mère et arachnoïde) par rapport au crâne et à l'encéphale. À droite, agrandissements montrant les détails, notamment de la couche interne des méninges, la pie-mère.

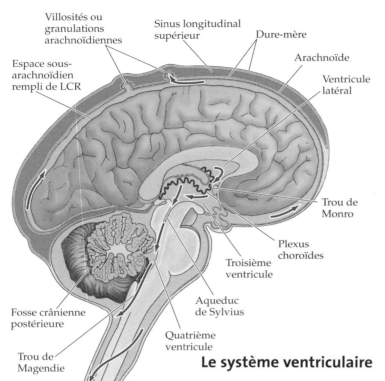

Villosités ou granulations arachnoïdiennes

Sinus longitudinal supérieur

Dure-mère

Arachnoïde

Espace sous-arachnoïdien rempli de LCR

Ventricule latéral

Trou de Monro

Plexus choroïdes

Troisième ventricule

Aqueduc de Sylvius

Quatrième ventricule

Fosse crânienne postérieure

Trou de Magendie

émet en direction de la troisième méninge, la **pie-mère**, couche fine et délicate de cellules étroitement appliquée sur la surface du cerveau. Du fait que la pie-mère adhère étroitement à la surface du cerveau dans tous ses plis et replis, ce qui n'est pas le cas de l'arachnoïde, il existe des endroits, appelés **citernes**, où l'espace sous-arachnoïdien est particulièrement développé et où s'accumulent d'importantes quantités de liquide céphalorachidien (liquide remplissant les ventricules ; voir la section suivante). Les artères principales qui irriguent le cerveau courent au sein de l'espace sous-arachnoïdien où elles détachent des branches qui s'enfoncent dans la substance des hémisphères. Rien de surprenant, dans ces conditions, qu'après un traumatisme, cet espace sous-arachnoïdien soit un site fréquent d'hématomes. On parle d'hémorragie méningée pour désigner la présence de sang entre les deux méninges et pour la distinguer des hémorragies cérébrales dans lesquelles le saignement concerne le cerveau lui-même.

Le système ventriculaire

Le système ventriculaire consiste en une série de cavités interconnectées et remplies de liquide, qui occupent le centre du cerveau et du tronc cérébral (Figures A20 et A21). Ces cavités sont remplies de **liquide céphalorachidien (LCR)** sécrété par les **plexus choroïdes**, structures vasculaires modifiées que l'on trouve dans chacun des ventricules. Le liquide céphalorachidien filtre à travers le système ventriculaire et s'écoule dans l'espace sous-arachnoïdien par les perforations de la mince toile choroïdienne du quatrième ventricule (voir Figure A20). Il finit par passer par des structures spécialisées, les villosités (ou granulations) arachnoïdiennes, le long de la ligne médiane dorsale du cerveau antérieur (voir Figure A19), et il retourne dans la circulation veineuse.

La présence d'un espace ventriculaire dans chacune des subdivisions du cerveau adulte reflète le fait que les ventricules sont des dérivés de la cavité interne, ou lumière, du tube neural embryonnaire (voir Chapitre 22). Sur des coupes de cerveau, ces espaces ventriculaires sont des repères précieux (voir Figure A21C). Le plus étendu d'entre eux est constitué par les **ventricules latéraux**, anciennement appelés premier et deuxième ventricules (un dans chaque hémisphère cérébral). Les ventricules latéraux se voient le mieux sur des coupes frontales, où leur face ventrale est généralement limitée par les ganglions de la base, leur face dorsale par le corps calleux et leur face latérale par le **septum lucidum** (ou **pellucidum**), fine lame de tissu membraneux qui forme une partie de la surface sagittale médiane des hémisphères cérébraux. Les ventricules latéraux, comme plusieurs structures télencéphaliques, ont une forme en C résultant d'une croissance non uniforme des hémisphères cérébraux au cours du développement embryonnaire. Le LCR s'écoule de chaque ventricule latéral par un petit orifice, le **trou de Monro** (ou **foramen interventriculaire**), qui débouche dans le troisième ventri-

Figure A20

Circulation du liquide céphalorachidien. Le LCR produit par les plexus choroïdes des ventricules latéraux s'écoule par les trous de Monro (ou foramens interventriculaires) dans le troisième ventricule, passe dans l'aqueduc de Sylvius puis dans le quatrième ventricule. Le LCR sort du système ventriculaire par plusieurs trous du quatrième ventricule (le trou de Magendie notamment) et gagne l'espace sous-arachnoïdien qui entoure le système nerveux. Il finit par être absorbé par les granulations arachnoïdiennes et retourne dans la circulation veineuse.

(A)

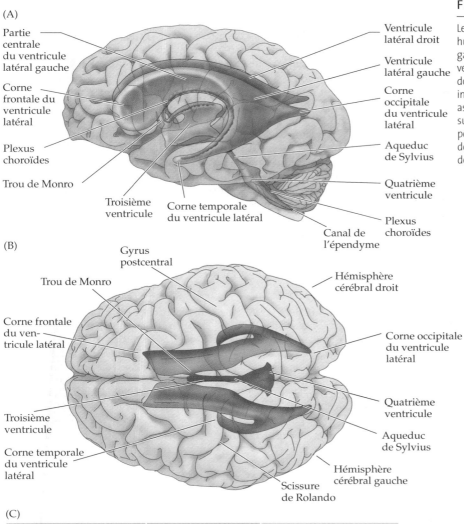

Partie centrale du ventricule latéral gauche

Corne frontale du ventricule latéral

Plexus choroïdes

Trou de Monro

Troisième ventricule

Corne temporale du ventricule latéral

Ventricule latéral droit

Ventricule latéral gauche

Corne occipitale du ventricule latéral

Aqueduc de Sylvius

Quatrième ventricule

Plexus choroïdes

Canal de l'épendyme

Figure A21

Le système ventriculaire du cerveau humain. (A) Face latérale de l'hémisphère gauche montrant l'emplacement des ventricules vus par transparence. (B) Vue dorsale des ventricules. (C) Tableau indiquant les espaces ventriculaires associés avec chacune des grandes subdivisions du cerveau. (Voir Chapitre 22 pour un exposé détaillé du développement du cerveau et de l'origine des espaces ventriculaires.)

(B)

Gyrus postcentral

Trou de Monro

Corne frontale du ventricule latéral

Troisième ventricule

Corne temporale du ventricule latéral

Hémisphère cérébral droit

Corne occipitale du ventricule latéral

Quatrième ventricule

Aqueduc de Sylvius

Hémisphère cérébral gauche

Scissure de Rolando

(C)

CERVEAU EMBRYONNAIRE		DÉRIVÉS: CERVEAU ADULTE	ESPACE VENTRICULAIRE ASSOCIÉ
Prosencéphale	Télencéphale (cerveau antérieur)	Cortex cérébral	Ventricules latéraux
		Ganglions de la base Hippocampe Bulbe olfactif Télencéphale basal	
	Diencéphale	Thalamus dorsal	Troisième ventricule
		Hypothalamus	
	Mésencéphale	Mésencéphale (colliculus supérieurs et inférieurs)	Aqueduc de Sylvius
Rhombencéphale	Métencéphale	Cervelet	Quatrième ventricule
		Pont	
	Myélencéphale	Bulbe	Quatrième ventricule
	Moelle	Moelle	Canal de l'épendyme

cule, espace étroit entre les parties droite et gauche du diencéphale. Le troisième ventricule se continue vers l'arrière par l'**aqueduc de Sylvius** (ou aqueduc cérébral), qui traverse le mésencéphale. À son extrémité caudale, l'aqueduc débouche dans le **quatrième ventricule**, espace qui s'ouvre largement sur la face dorsale du pont et du bulbe. Le quatrième ventricule, dont l'aspect dorsal est recouvert par le cervelet, se rétrécit vers l'arrière pour former, dans la moelle, le canal de l'épendyme qui ne reste normalement pas ouvert au-delà de la période postnatale précoce.

Le volume total du liquide céphalorachidien contenu dans le système ventriculaire est d'à peu près 140 ml. Les plexus choroïdes en produisent environ 500 ml par jour, de sorte que le LCR présent dans le système ventriculaire est renouvelé en totalité plusieurs fois par jour. Dans ces conditions, tout obstacle à son absorption ou toute obstruction de son écoulement entraîne un excès de LCR dans la cavité intracrânienne se traduisant par une **hydrocéphalie** (étymologiquement « tête (pleine) d'eau ») qui provoque un agrandissement des ventricules et une compression du cerveau.

Références

BLUMENFELD, H. (2002), *Neuroanatomy through Clinical Cases.* Sunderland, MA. Sinauer Associates.

BRIGHTMAN, M.W. et T.S. REESE (1969), Junctions between intimately opposed cell membranes in the vertebrate brain. *J. Cell Biol.*, **40**, 648-677.

BRODAL, P. (1992), *The Central Nervous System: Structure and Function.* New York, Oxford University Press.

CARPENTER, M.B. et J. SUTIN (1993), *Human Neuroanatomy.* 8th Ed. Baltimore, Williams and Wilkins.

ENGLAND, M.A. et J. WAKELY (1991), *Color Atlas of the Brain and Spinal Cord: An Intro-duction to Normal Neuroanatomy.* St. Louis, Mosby Year Book.

GOLDSTEIN, G.W. et A.L. BETZ (1986), The blood-brain barrier. *Sci. Amer.*, **255 (3)**, 74-83.

HAINES, D.E. (1995), *Neuroanatomy: An Atlas of Structures, Sections and Systems.* 2nd Ed. Baltimore, Urban and Schwarzenberg.

MARTIN, J.H. (2003), *Neuroanatomy: Text and Atlas.* 3rd Ed. New York, McGraw-Hill.

NETTER, F.H. (1983), *The CIBA Collection of Medical Illustrations.* Vol. I and II. A. Brass and R.V. Dingle (eds.). Summit, NJ, CIBA Pharmaceutical Co.

PAXINOS, G. et J.K. MAI (2004), *The Human Nervous System.* 2nd Ed. Amsterdam, Elsevier Academic Press.

PETERS, A., S.L. PALAY et H. DE F. WEBSTER (1991), *The Fine Structure of the Nervous System: Neurons and Their Supporting Cells.* 3rd Ed. New York, Oxford University Press.

REXED, B. (1952), The cytoarchitectonic organization of the spinal cord of the cat. *J. Comp. Neurol.*, **96**, 414-495.

SCHMIDLEY, J.W. et E.F. MAAS (1990), Cerebrospinal fluid, blood-brain barrier and brain edema. In *Neurobiology of Disease.* A.L. Pearlman and R.C. Collins (eds.). New York, Oxford University Press, Chapitre 19, 380-398.

REESE, T.S. et M.J. KARNOVSKY (1967), Fine structural localization of a blood-brain barrier to exogenous peroxidase. *J. Cell Biol.*, **34**, 207-217.

WAXMAN, S.G. et J. DEGROOT (1995), *Correlative Neuroanatomy.* 22nd Ed. Norwalk, CT, Appleton and Lange.

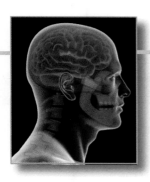

Le système nerveux central humain

Cette série de six planches présente des images légendées du cerveau humain et de la moelle épinière. Les structures de la surface du cerveau sont montrées sur des photographies d'un spécimen *post mortem*, dont on a retiré les méninges et les vaisseaux sanguins superficiels (Planche 1). Les images de coupes de l'encéphale dans les trois plans anatomiques standard ont été obtenues par IRM, pondérée T1, chez un sujet vivant (Planches 2-4). Ces images font apparaître en teinte foncée les compartiments remplis de liquides aqueux et, en teinte claire, les tissus riches en lipides, tels que la substance blanche. Sur les images pondérées T1, la substance grise et de la substance blanche ont donc le même aspect que sur un cerveau disséqué *post mortem*. Les dernières images présentent des coupes transversales effectuées au niveau des principales divisions du tronc cérébral (Planche 5) et de la moelle épinière (Planche 6). Chacune de ces images histologiques a été traitée pour simuler une coloration de la myéline ; la substance blanche a, de la sorte, une teinte foncée, tandis que la substance grise et les fibres faiblement myélinisées ont une teinte claire.

Les images du cerveau et de la moelle épinière que présentent ces planches se retrouvent dans les atlas plus détaillés du logiciel qui accompagne ce manuel : *Sylvius 4.0 : Atlas interactif et glossaire visuel du système nerveux central humain*. *Sylvius 4.0* est un outil informatique d'étude et d'exploration du système nerveux central humain, permettant d'en comprendre les différentes structures. Il comporte des images annotées de la surface du cerveau, et des outils interactifs pour disséquer le système nerveux central et en examiner des coupes annotées. *Sylvius 4.0* donne accès à une base de données de plus de 500 termes neuroanatomiques accompagnés d'une définition précise et d'une illustration utilisant les photographies, les images d'IRM pondérées T1 et des figures de ce manuel. Voyez en deuxième page de couverture les instructions pour installer Sylvius 4.0.

(A)

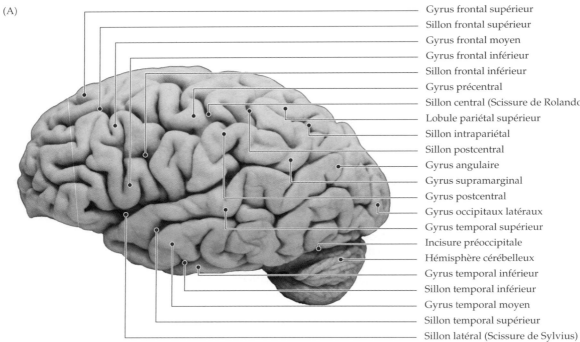

Gyrus frontal supérieur
Sillon frontal supérieur
Gyrus frontal moyen
Gyrus frontal inférieur
Sillon frontal inférieur
Gyrus précentral
Sillon central (Scissure de Rolando)
Lobule pariétal supérieur
Sillon intrapariétal
Sillon postcentral
Gyrus angulaire
Gyrus supramarginal
Gyrus postcentral
Gyrus occipitaux latéraux
Gyrus temporal supérieur
Incisure préoccipitale
Hémisphère cérébelleux
Gyrus temporal inférieur
Sillon temporal inférieur
Gyrus temporal moyen
Sillon temporal supérieur
Sillon latéral (Scissure de Sylvius)

(B)

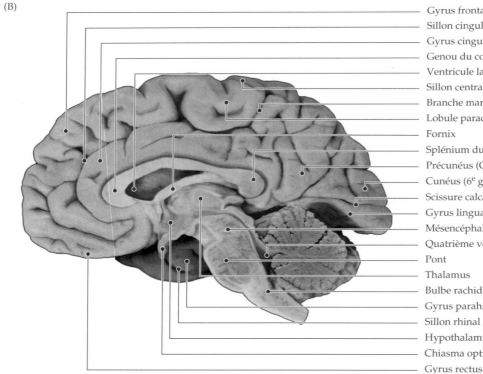

Gyrus frontal supérieur
Sillon cingulaire
Gyrus cingulaire
Genou du corps calleux
Ventricule latéral
Sillon central (Scissure de Rolando)
Branche marginale du sillon cingulaire
Lobule paracentral
Fornix
Splénium du corps calleux
Précunéus (Gyrus pariétal supérieur interne)
Cunéus (6ᵉ gyrus occipital)
Scissure calcarine
Gyrus lingual
Mésencéphale
Quatrième ventricule
Pont
Thalamus
Bulbe rachidien
Gyrus parahippocampique
Sillon rhinal
Hypothalamus
Chiasma optique
Gyrus rectus

Surface d'un spécimen de cerveau humain. (A) Vue latérale de l'hémisphère gauche. (B) Vue médiosagittale de l'hémisphère droit. (C) Vue dorsale. (D) Vue ventrale.

(C)

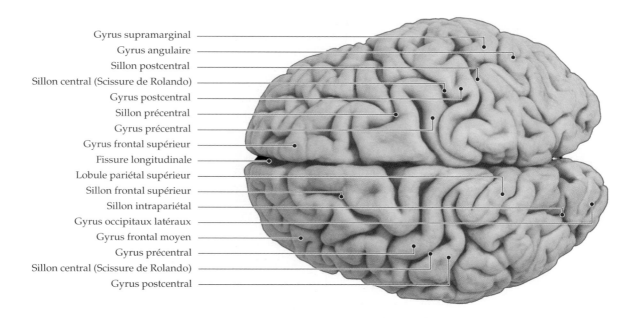

Gyrus supramarginal
Gyrus angulaire
Sillon postcentral
Sillon central (Scissure de Rolando)
Gyrus postcentral
Sillon précentral
Gyrus précentral
Gyrus frontal supérieur
Fissure longitudinale
Lobule pariétal supérieur
Sillon frontal supérieur
Sillon intrapariétal
Gyrus occipitaux latéraux
Gyrus frontal moyen
Gyrus précentral
Sillon central (Scissure de Rolando)
Gyrus postcentral

(D)

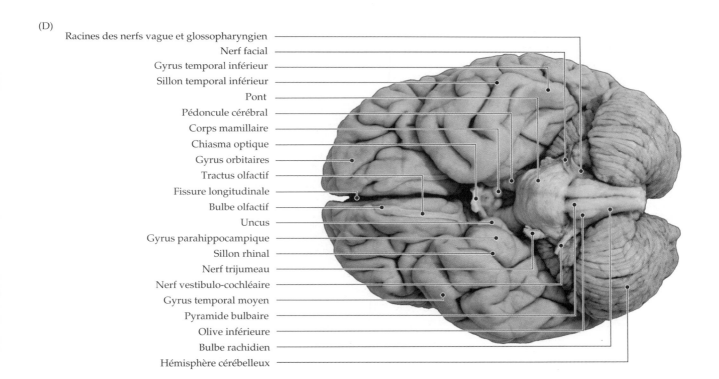

Racines des nerfs vague et glossopharyngien
Nerf facial
Gyrus temporal inférieur
Sillon temporal inférieur
Pont
Pédoncule cérébral
Corps mamillaire
Chiasma optique
Gyrus orbitaires
Tractus olfactif
Fissure longitudinale
Bulbe olfactif
Uncus
Gyrus parahippocampique
Sillon rhinal
Nerf trijumeau
Nerf vestibulo-cochléaire
Gyrus temporal moyen
Pyramide bulbaire
Olive inférieure
Bulbe rachidien
Hémisphère cérébelleux

PLANCHE 2   ATLAS IRM, CORONAL

(A)

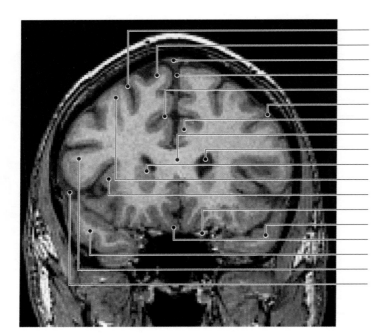

Sillon frontal supérieur
Gyrus frontal supérieur
Sinus longitudinal supérieur
Fissure longitudinale
Sillon cingulaire
Sillon frontal inférieur
Gyrus cingulaire
Genou du corps calleux
Corne antérieure du ventricule latéral
Noyau caudé
Gyrus frontal moyen
Gyrus insulaires
Nerf optique
Pole temporal
Gyrus rectus
Gyrus temporal moyen
Gyrus frontal inférieur
Sillon latéral (Scissure de Sylvius)

(B)

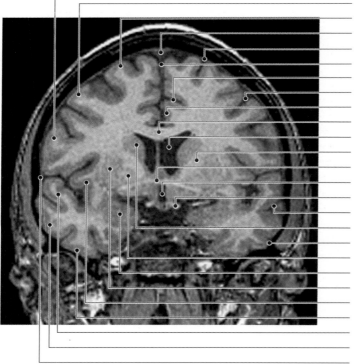

Gyrus frontal inférieur
Gyrus frontal moyen
Gyrus frontal supérieur
Sinus longitudinal supérieur
Sillon frontal supérieur
Fissure longitudinale
Sillon cingulaire
Sillon frontal inférieur
Gyrus cingulaire
Corps du corps calleux
Ventricule latéral
Capsule interne
Commissure antérieure
Troisième ventricule
Tractus optique
Sillon temporal supérieur
Noyau caudé
Sillon temporal inférieur
Globus pallidus
Amygdale
Putamen
Gyrus insulaires
Gyrus temporal inférieur
Gyrus temporal supérieur
Gyrus temporal moyen
Sillon latéral (Scissure de Sylvius)

Coupes coronales d'un cerveau humain. Images IRM montrant les structures internes du cerveau antérieur. Les images A-D sont disposées dans un ordre rostro-caudal.

(C)

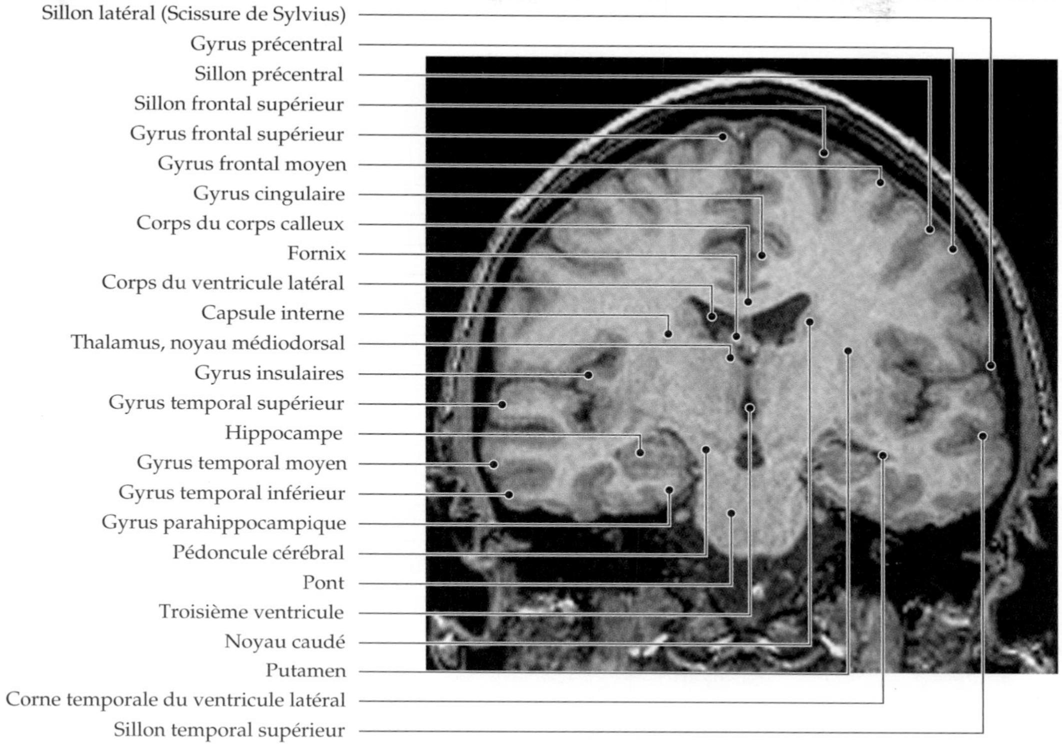

Sillon latéral (Scissure de Sylvius)
Gyrus précentral
Sillon précentral
Sillon frontal supérieur
Gyrus frontal supérieur
Gyrus frontal moyen
Gyrus cingulaire
Corps du corps calleux
Fornix
Corps du ventricule latéral
Capsule interne
Thalamus, noyau médiodorsal
Gyrus insulaires
Gyrus temporal supérieur
Hippocampe
Gyrus temporal moyen
Gyrus temporal inférieur
Gyrus parahippocampique
Pédoncule cérébral
Pont
Troisième ventricule
Noyau caudé
Putamen
Corne temporale du ventricule latéral
Sillon temporal supérieur

(D)

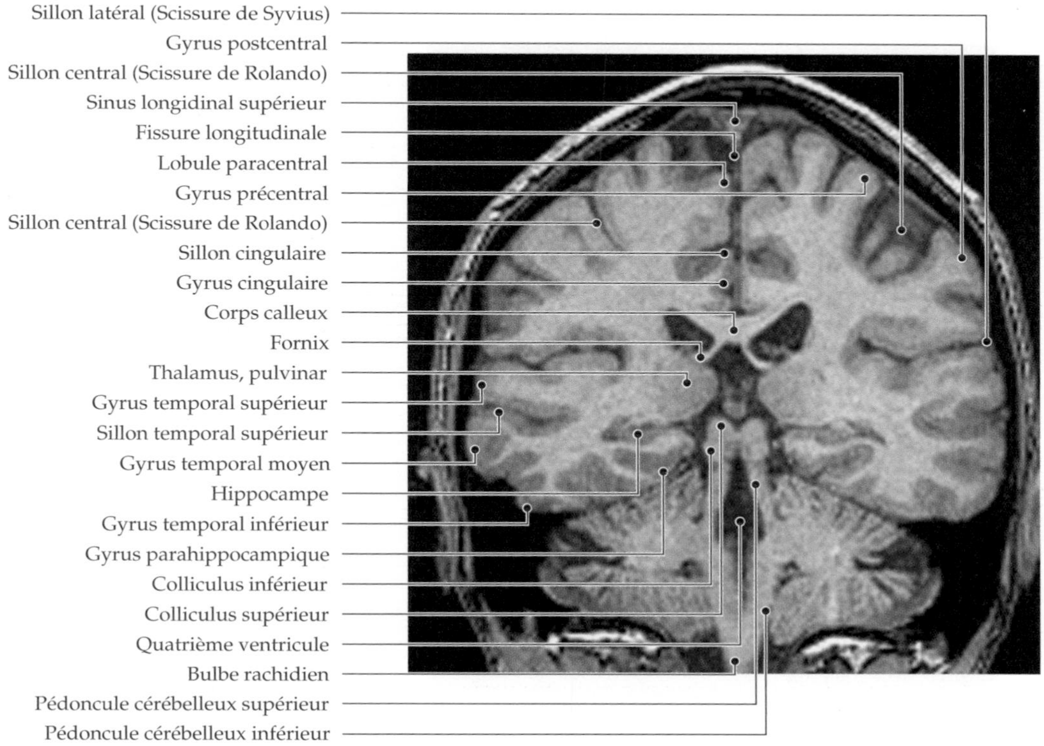

Sillon latéral (Scissure de Syvius)
Gyrus postcentral
Sillon central (Scissure de Rolando)
Sinus longidinal supérieur
Fissure longitudinale
Lobule paracentral
Gyrus précentral
Sillon central (Scissure de Rolando)
Sillon cingulaire
Gyrus cingulaire
Corps calleux
Fornix
Thalamus, pulvinar
Gyrus temporal supérieur
Sillon temporal supérieur
Gyrus temporal moyen
Hippocampe
Gyrus temporal inférieur
Gyrus parahippocampique
Colliculus inférieur
Colliculus supérieur
Quatrième ventricule
Bulbe rachidien
Pédoncule cérébelleux supérieur
Pédoncule cérébelleux inférieur

(A)

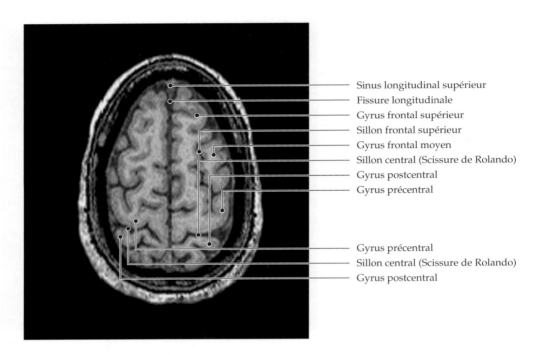

Sinus longitudinal supérieur
Fissure longitudinale
Gyrus frontal supérieur
Sillon frontal supérieur
Gyrus frontal moyen
Sillon central (Scissure de Rolando)
Gyrus postcentral
Gyrus précentral

Gyrus précentral
Sillon central (Scissure de Rolando)
Gyrus postcentral

(B)

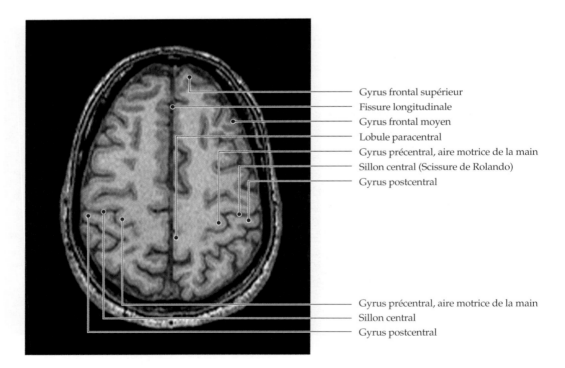

Gyrus frontal supérieur
Fissure longitudinale
Gyrus frontal moyen
Lobule paracentral
Gyrus précentral, aire motrice de la main
Sillon central (Scissure de Rolando)
Gyrus postcentral

Gyrus précentral, aire motrice de la main
Sillon central
Gyrus postcentral

848

Coupes axiales d'un cerveau humain. Images IRM, pondération T1, montrant les structures internes du cerveau antérieur. les images A-H vont des plans supérieurs aux plans inférieurs.

(C)

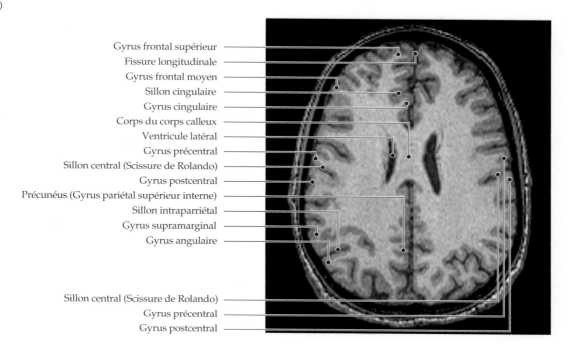

Gyrus frontal supérieur
Fissure longitudinale
Gyrus frontal moyen
Sillon cingulaire
Gyrus cingulaire
Corps du corps calleux
Ventricule latéral
Gyrus précentral
Sillon central (Scissure de Rolando)
Gyrus postcentral
Précunéus (Gyrus pariétal supérieur interne)
Sillon intraparriétal
Gyrus supramarginal
Gyrus angulaire

Sillon central (Scissure de Rolando)
Gyrus précentral
Gyrus postcentral

(D)

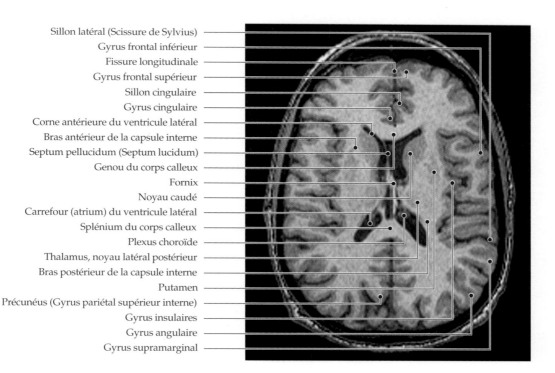

Sillon latéral (Scissure de Sylvius)
Gyrus frontal inférieur
Fissure longitudinale
Gyrus frontal supérieur
Sillon cingulaire
Gyrus cingulaire
Corne antérieure du ventricule latéral
Bras antérieur de la capsule interne
Septum pellucidum (Septum lucidum)
Genou du corps calleux
Fornix
Noyau caudé
Carrefour (atrium) du ventricule latéral
Splénium du corps calleux
Plexus choroïde
Thalamus, noyau latéral postérieur
Bras postérieur de la capsule interne
Putamen
Précunéus (Gyrus pariétal supérieur interne)
Gyrus insulaires
Gyrus angulaire
Gyrus supramarginal

PLANCHE 3   ATLAS IRM , AXIAL (SUITE)

(E)

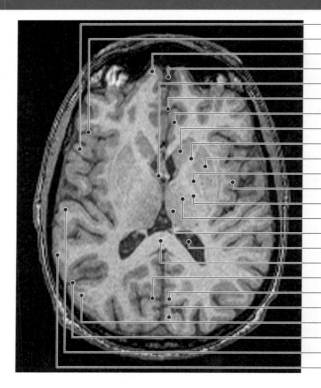

Gyrus frontal inférieur
Sillon latéral (Scissure de Sylvius)
Gyrus frontal supérieur
Fissure longitudinale
Fornix
Sillon cingulaire
Gyrus cingulaire
Noyau caudé
Bras antérieur de la capsule interne
Putamen
Globus pallidus
Gyrus insulaires
Bras postérieur de la capsule interne
Thalamus, noyau ventral latéral
Thalamus, noyau médiodorsal
Carrefour (atrium) du ventricule latéral
Splénium du corps calleux
Sillon pariéto-occipital
Précunéus (Gyrus pariétal supérieur interne)
Cunéus
Gyrus angulaire
Sillon intrapariétal
Gyrus temporal supérieur
Gyrus supramarginal

(F)

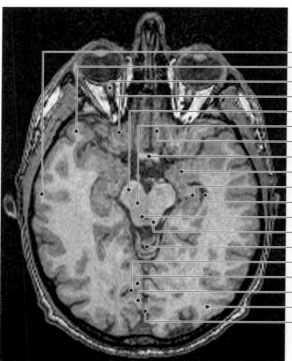

Gyrus temporal moyen
Gyrus temporal supérieur
Nerf optique
Gyrus orbitaires
Pédoncule cérébral
Mésencéphale, tegmentum
Gyrus rectus
Chiasma optique
Amygdale
Hippocampe
Corne temporale du ventricule latéral
Substance grise périaqueducale
Colliculus supérieur
Cervelet, vermis
Scissure calcarine
Gyrus lingual
Cunéus
Gyrus occipitaux latéraux
Fissure longitudinale

Coupes axiales d'un cerveau humain. Images IRM, pondération T1, montrant les structures internes du cerveau antérieur. Les images A-H vont des plans supérieurs aux plans inférieurs.

(G)

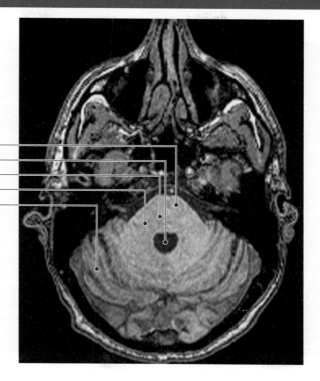

Pont, région basale
Quatrième ventricule
Pont, tegmentum
Pédoncule cérébelleux moyen
Cervelet, hémisphère

(H)

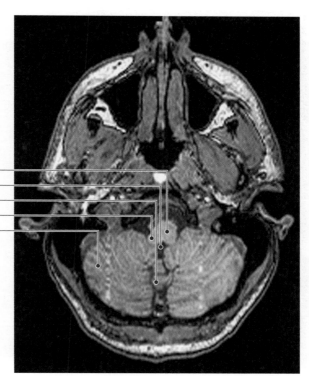

Bulbe rachidien, tegmentum
Quatrième ventricule
Cervelet, vermis
Pédoncule cérébelleux inférieur
Cervelet, hémisphère

(A)

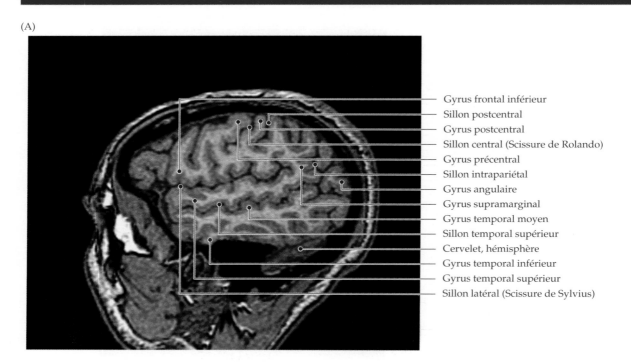

Gyrus frontal inférieur
Sillon postcentral
Gyrus postcentral
Sillon central (Scissure de Rolando)
Gyrus précentral
Sillon intrapariétal
Gyrus angulaire
Gyrus supramarginal
Gyrus temporal moyen
Sillon temporal supérieur
Cervelet, hémisphère
Gyrus temporal inférieur
Gyrus temporal supérieur
Sillon latéral (Scissure de Sylvius)

(B)

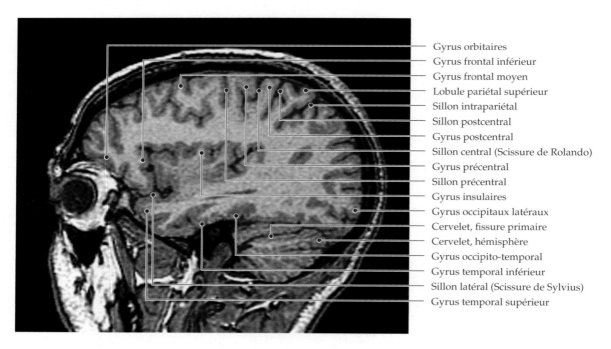

Gyrus orbitaires
Gyrus frontal inférieur
Gyrus frontal moyen
Lobule pariétal supérieur
Sillon intrapariétal
Sillon postcentral
Gyrus postcentral
Sillon central (Scissure de Rolando)
Gyrus précentral
Sillon précentral
Gyrus insulaires
Gyrus occipitaux latéraux
Cervelet, fissure primaire
Cervelet, hémisphère
Gyrus occipito-temporal
Gyrus temporal inférieur
Sillon latéral (Scissure de Sylvius)
Gyrus temporal supérieur

Coupes sagittales d'un cerveau humain. Images IRM, pondération T1, montrant les structures internes du cerveau antérieur. Les images A-D vont des plans latéraux aux plans médians.

(C)

Précunéus (Gyrus pariétal supérieur interne)
Sillon pariéto-occipital
Sillon postcentral
Gyrus frontal supérieur
Sillon précentral
Gyrus précentral
Sillon central (Scissure de Rolando)
Gyrus postcentral
Tête du noyau caudé
Queue du noyau caudé
Noyau accumbens
Gyrus orbitaires
Globus pallidus
Hippocampe
Gyrus parahippocampique
Capsule interne
Thalamus
Carrefour (atrium) du ventricule latéral
Fornix
Cervelet, hémisphère
Gyrus lingual
Cunéus

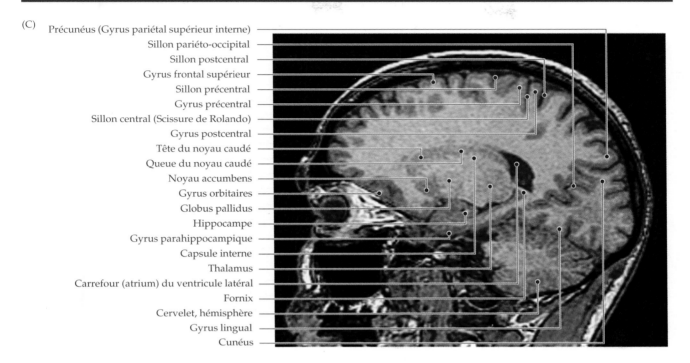

(D)

Sillon pariéto-occipital
Précunéus (Gyrus pariétal supérieur interne)
Branche marginale du sillon cingulaire
Sillon central (Scissure de Rolando)
Lobule paracentral
Gyrus frontal supérieur
Fornix
Sillon cingulaire
Gyrus cingulaire
Ventricule latéral
Genou du corps calleux
Gyrus orbitaires
Hypothalamus
Thalamus
Mésencéphale
Pont
Quatrième ventricule
Bulbe rachidien
Splénium du corps calleux
Cervelet, vermis
Gyrus lingual
Scissure calcarine
Moelle épinière
Cunéus

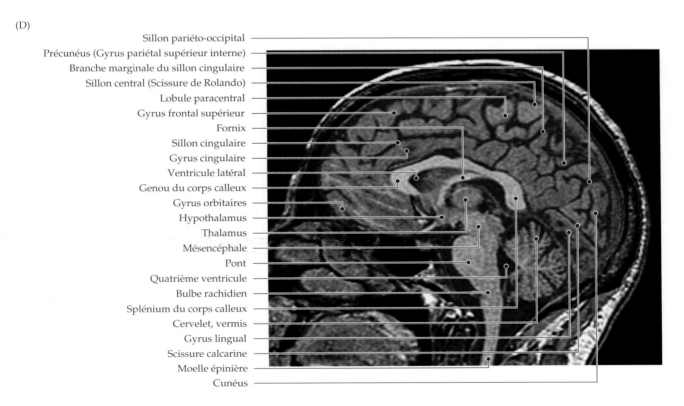

PLANCHE 5 ATLAS DU TRONC CÉRÉBRAL

(A)

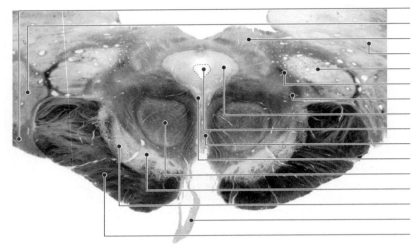

Tractus optique
Corps genouillé (géniculé) latéral
Colliculus supérieur
Pulvinar
Corps genouillé (géniculé) médian
Système antérolatéral
Lemnisque médian
Substance grise périaqueducale
Aqueduc cérébral (Aqueduc de Sylvius)
Noyau du raphé
Complexe oculomoteur
Noyau rouge
Substance noire (Substantia nigra), pars compacta
Substance noire (Sustantia nigra), pars reticulata
Nerf oculomoteur
Pédoncule cérébral

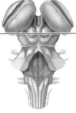

(B)

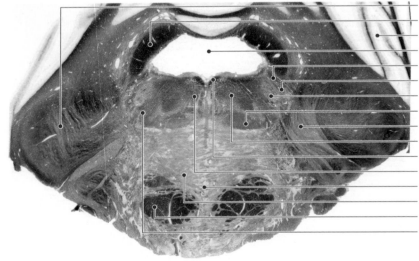

Pédoncule cérébelleux moyen
Pédoncule cérébelleux supérieur
Cervelet, cortex
Quatrième ventricule
Faisceau et noyau mésencéphalique du trijumeau
Noyau principal du complexe sensitif du trijumeau
Noyau moteur du trijumeau
Lemnisque médian
Racines du nerf trijumeau
Faisceau tegmental central
Faisceau longitudinal médian
Fibres tectospinales
Noyaux du pont
Fibres pontocérébelleuses
Fibres corticobulbaires et corticospinales
Système antérolatéral

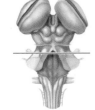

Coupes transversales du tronc cérébral humain traitées de façon à simuler une coloration de la myéline.
(A) Mésencéphale. (B) Pont. (C) Bulbe rachidien. (D) Bulbe caudal.

(C)

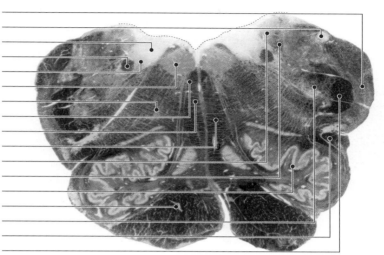

Pédoncule cérébelleux inférieur
Noyau cunéiforme accessoire (ou externe)
Noyau moteur dorsal du vague
Faisceau solitaire
Noyau du faisceau solitaire
Noyau de l'hypoglosse
Noyau ambigu
Faisceau longitudinal mésian
Faisceau tectospinal
Lemnisque médian
Noyau vestibulaire médian
Noyau vestibulaire inférieur (ou spinal)
Noyau de l'olive inférieure
Pyramide bulbaire
Noyau spinal du complexe sensitif du trijumeau
Système antérolatéral
Faisceau spinal du trijumeau

(D)

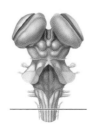

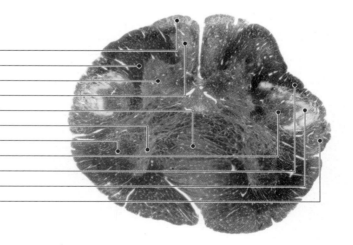

Faisceau gracile
Faisceau cunéiforme
Noyau cunéiforme
Noyau gracile
Décussation des pyramides
Noyau spinal du nerf accessoire
Système antérolatéral
Noyau spinal du trijumeau, couche magnocellulaire
Faisceau trigéminal spinal
Noyau spinal du trijumeau, couche gélatineuse
Faisceau spinocérébelleux dorsal

855

PLACHE 6   ATLAS DE LA MOELLE ÉPINIÈRE

(A)

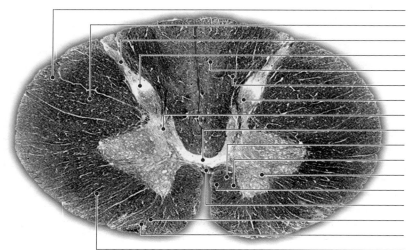

Faisceau spinocérébelleux dorsal
Faisceau corticospinal latéral
Faisceau dorsolatéral (de Lissauer)
Substance gélatineuse
Faisceau gracile
Faisceau cunéiforme
Corne dorsale
Substance grise intermédiaire
Substance grise centrale
Faisceau longitudinal médian
Faisceau tectospinal
Corne ventrale
Faisceau corticospinal ventral
Commissure blanche antérieure
Faisceau vestibulospinal latéral
Faisceau réticulospinal
Système antérolatéral

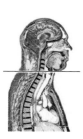

(B)

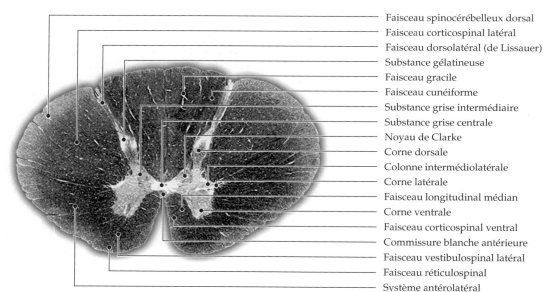

Faisceau spinocérébelleux dorsal
Faisceau corticospinal latéral
Faisceau dorsolatéral (de Lissauer)
Substance gélatineuse
Faisceau gracile
Faisceau cunéiforme
Substance grise intermédiaire
Substance grise centrale
Noyau de Clarke
Corne dorsale
Colonne intermédiolatérale
Corne latérale
Faisceau longitudinal médian
Corne ventrale
Faisceau corticospinal ventral
Commissure blanche antérieure
Faisceau vestibulospinal latéral
Faisceau réticulospinal
Système antérolatéral

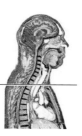

Coupes transversales de moelle épinière humaine traitées de façon à simuler une coloration de la myéline.
(A) Segment cervical. (B) Segment thoracique. (C) Segment lombaire. (D) Segment sacré.

(C)

Faisceau corticospinal latéral
Faisceau dorsolatéral (de Lissauer)
Substance gélatineuse
Faisceau gracile
Corne dorsale
Substance grise centrale
Substance grise intermédiaire
Faisceau longitudinal médian
Corne ventrale
Commissure blanche antérieure
Faisceau corticospinal ventral
Faisceau vestibulospinal latéral
Faisceau réticulospinal
Système antérolatéral

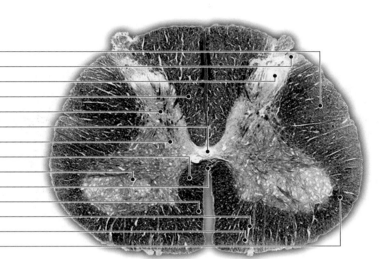
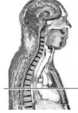

(D)

Faisceau dorsolatéral (de Lissauer)
Substance gélatineuse
Faisceau gracile
Faisceau corticospinal latéral
Corne dorsale
Substance grise centrale
Noyaux végétatifs sacrés
Substance grise intermédiaire
Corne ventrale
Commissure blanche antérieure
Faisceau corticospinal ventral
Système antérolatéral

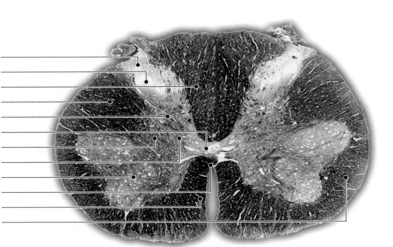
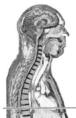

acétylcholine : Neurotransmetteur des synapses motrices, des ganglions autonomes et de certaines synapses centrales ; se lie à deux types de récepteurs, les canaux ioniques activés par un ligand (récepteurs nicotiniques) et les récepteurs couplés à des protéines G (récepteurs muscariniques).

achromatopsie cérébrale : Perte de la vision des couleurs résultant d'une lésion du cortex extrastrié.

acide rétinoïque : Dérivé de la vitamine A ayant des effets inducteurs durant les stades précoces du développement.

activation : Ouverture de canaux ioniques, dépendante du temps, en réponse à un stimulus, généralement une dépolarisation de la membrane.

activé par le voltage (*voltage gated*) : Terme s'appliquant aux canaux ioniques dont l'ouverture (et la fermeture) dépend du potentiel de membrane.

adaptation : Phénomène d'ajustement du récepteur sensoriel à des stimulations d'intensité différente ; permet aux systèmes sensoriels de fonctionner sur une grande plage dynamique.

adénylyl cyclasse : Enzyme liée à la membrane, pouvant être activée par des protéines G pour catalyser la synthèse d'AMP cyclique à partir de l'ATP.

adrénaline : Hormone du groupe des catécholamines et neurotransmetteur se liant à des récepteurs α-adrénergiques et β-adrénergiques couplés à des protéines G.

adrénergique : Se dit d'un neurone ou d'une synapse agissant par libération d'adrénaline.

afférent : Qui apporte à un neurone un message nerveux codé sous forme de potentiels d'action.

agnosie : Incapacité de reconnaître les objets et de les nommer.

aire de Broca : Aire du lobe frontal spécialisée dans la production du langage.

aire de Wernicke : Aire corticale située dans la région supéro-postérieure du lobe temporal gauche et intervenant dans la compréhension du langage. Nommée d'après le neurologue Carl Wernicke (1848-1905).

aires cytoarchitectoniques : Régions du manteau néocortical qui se distinguent par les différences qu'elles présentent dans la taille, la densité et l'organisation en couches de leurs neurones.

amblyopie : Diminution de l'acuité visuelle résultant du non-établissement, au début de la vie post-natale, de connexions appropriées au sein du cortex visuel.

amnésie : Incapacité pathologique de se rappeler ou de former des souvenirs : l'amnésie rétrograde est l'incapacité de se rappeler des souvenirs existants, tandis que l'amnésie antérograde est l'incapacité de constituer de nouveaux souvenirs.

amorçage *(priming)* : Phénomène par lequel le souvenir de la présentation initiale d'un stimulus se manifeste ultérieurement, de façon inconsciente, par une amélioration du rappel de ce stimulus.

amphétamine : Substance de synthèse stimulant le système nerveux central et ayant des effets semblables à ceux de la cocaïne ; l'usage de cette drogue peut entraîner une dépendance.

ampoules : Renflements en forme de gourde, situés à la base des canaux semi-circulaires contenant des cellules ciliées et des cupules (voir aussi *cupules*).

amygdale : Complexe nucléaire du lobe temporal faisant partie du système limbique ; ses fonctions principales concernent les activités végétatives, émotionnelles et sexuelles.

anencéphalie : Malformation congénitale de la fermeture du tube nerveux s'accompagnant du non-développement de la majeure partie du cerveau.

anosmie : Perte du sens de l'odorat.

anse de Meyer : Fraction des radiations optiques contournant ventralement la partie caudale du lobe temporal.

antérieur : Vers l'avant ; parfois utilisé comme synonyme de rostral ou encore de ventral.

antérograde : Qualifie un déplacement ou un effet se dirigeant du corps cellulaire du neurone vers l'extrémité de son axone pour agir sur les cibles auxquelles ce dernier est connecté.

antidépresseurs tricycliques : Classe d'antidépresseurs qui doivent leur nom à leur structure moléculaire à trois cycles et qui agissent en bloquant la recapture des monoamines.

antisérum : Sérum prélevé sur un animal immunisé contre une substance particulière.

aphasie : Incapacité de comprendre et/ou de produire le langage, suite à une lésion des aires corticales du langage (ou des fibres qui les relient).

aphasie d'expression : Aphasie due à une lésion des centres corticaux qui interviennent dans les aspects moteurs du langage.

aphasie de Broca : Trouble de la production du langage dû à une atteinte de l'aire de Broca du lobe frontal gauche.

aphasie de conduction : Difficulté de production du langage due à une atteinte des connexions reliant les aires du langage de Broca et de Wernicke.

aphasie de Wernicke : Difficulté de compréhension du langage résultant d'une lésion de l'aire de Wernicke.

aphasie sensorielle : Difficulté de communication verbale due à une lésion des aires corticales intervenant dans la compréhension du langage.

apoptose : Mort cellulaire résultant de l'expression programmée de certains gènes. Également appelée « mort cellulaire programmée ».

apprentissage : Acquisition d'un nouveau comportement par l'expérience.

aprosodie : Incapacité de donner au langage une tonalité émotionnelle.

aqueduc cérébral (ou **aqueduc de Sylvius** ou **aqueduc du mésencéphale**) : Partie du système des ventricules connectant le troisième et le quatrième ventricule.

arachnoïde : L'une des trois enveloppes du cerveau qui constituent les méninges, l'arachnoïde est située entre la dure-mère et la pie-mère.

aréflexie : Perte des réflexes.

associativité : Dans l'hippocampe, facilitation d'un groupe de synapses faiblement actives par l'activation intense d'un groupe de synapses voisines.

astrocytes : L'une des trois catégories principales de cellules gliales du système nerveux central ; ils jouent un rôle important dans la régulation du milieu ionique des neurones et, occasionnellement, dans la recapture des neurotransmetteurs.

astrotactine : Molécule de la surface cellulaire permettant l'adhérence des neurones aux cellules de glie radiale durant la migration neuronale.

ataxie cérébelleuse : Incapacité pathologique, provoquée par des lésions cérébelleuses, d'exécuter des mouvements coordonnés. Les mouvements que les patients essaient de faire présentent des secousses et des tremblements.

athétose : Mouvements lents de torsion qui s'observent principalement chez les patients présentant des lésions des ganglions de la base.

atrophie : Dépérissement d'un tissu, spécialement d'un muscle, du fait de sa non-utilisation ou pour d'autres causes.

attention : Sélection, pour une analyse plus poussée, d'un stimulus sensoriel particulier dans un ensemble plus complexe.

autonome : voir *végétatif*.

axone : Prolongement nerveux conduisant les potentiels d'action du soma neuronique jusqu'à une cible.

bandelette olfactive latérale : voir *pédoncule olfactif latéral*.

barorécepteurs : Récepteurs sensoriels sensibles à la pression artérielle ; particulièrement abondants au niveau de la crosse de l'aorte et des sinus carotidiens (à la bifurcation des carotides).

barrière hémato-encéphalique : Barrière formée par des jonctions serrées entre les cellules endothéliales des capillaires cérébraux, qui empêche la diffusion entre l'espace vasculaire et l'espace cérébral.

bâtonnets : Photorécepteurs spécialisés pour fonctionner à des niveaux d'éclairement faible.

BDNF (*brain-derived neurotrophic factor* : facteur neurotrophique dérivé du cerveau) : L'un des membres de la famille des facteurs neurotrophiques dont le plus connu est le facteur de croissance nerveux (NGF).

bHLH (*basic Helix-Loop-Helix*) : Protéines appartenant à la famille des facteurs de transcription qui ont en commun un motif de base hélice-boucle-hélice d'acides aminés constituant le domaine de liaison à l'ADN et qui jouent un rôle majeur dans la différenciation des cellules précurseurs neurales en neurones ou en glie.

binoculaire : Relatif aux deux yeux.

bisexualité : Attraction sexuelle dirigée à la fois vers les membres du sexe opposé au sexe phénotypique de la personne considérée et vers les membres du même sexe.

blastomère : Cellule résultant du clivage d'un œuf.

blastula : Stade précoce de développement de l'embryon, dans lequel les cellules forment une sphère creuse.

boucle-pore : Domaine extracellulaire d'acides aminés, se trouvant dans certains canaux ioniques, bordant le pore du canal et ne laissant passer que certaines espèces d'ions.

bourgeons des membres : Ébauches primordiales des membres chez les embryons de vertébrés.

bourgeons du goût : Structures lamellaires de la bouche et du pharynx contenant les cellules gustatives.

bouton synaptique : Renflement spécialisé pour la libération de neurotransmetteur, situé sur le trajet d'une fibre nerveuse ou à son extrémité.

bradykinésie : Lenteur pathologique des mouvements.

bulbe : Partie caudale du tronc cérébral, le bulbe rachidien est situé entre le pont et la moelle épinière.

bulbes olfactifs : Relais olfactifs recevant les axones des nerfs olfactifs (première paire de nerfs crâniens) et transmettant ses informations aux centres supérieurs par l'intermédiaire des pédoncules olfactifs (ou bandelettes olfactives).

cadhérines : Famille de molécules d'adhérence cellulaire dépendant du calcium, que l'on trouve à la surface des cônes de croissance et des cellules sur lesquelles se fait leur croissance.

canaux ioniques : Protéines membranaires intrinsèques, munies de pores permettant à certains ions de diffuser à travers les membranes cellulaires et conférant à ces dernières une perméabilité ionique sélective.

canaux ioniques activés par un ligand : Terme désignant un groupe nombreux de récepteurs des neurotransmetteurs, combinant en une seule molécule les fonctions de récepteur et de canal ionique.

canaux semi-circulaires : Organes récepteurs vestibulaires situés dans l'oreille interne, sensibles aux accélérations angulaires de la tête.

capsule interne : Gros faisceau de substance blanche, situé entre le diencéphale et les ganglions de la base et contenant notamment les fibres sensitives allant du thalamus au cortex et les fibres motrices allant du cortex au tronc cérébral ou à la moelle épinière.

carte: Représentation plus ou moins complète du corps résultant de la projection ordonnée, sur une région du système nerveux, de fibres émanant d'une autre région.

carte de l'espace auditif: Représentation topographique de l'emplacement de sources sonores, dans le colliculus inférieur notamment.

cartes somatotopiques: Disposition des projections sensorielles ou motrices, au niveau cortical ou sous-cortical, qui reflète l'organisation du corps.

catécholamine: Nom donné aux molécules contenant un cycle catéchol et un groupement amine; les catécholamines comprennent notamment des neurotransmetteurs tels que la dopamine, la noradrénaline et l'adrénaline.

caudal: Postérieur; du côté de la queue.

cellule amacrine: Neurone de la rétine intervenant dans les interactions latérales entre les terminaisons des cellules bipolaires et les dendrites des cellules ganglionnaires.

cellule bipolaire: Neurone de la rétine intercalé entre les terminaisons des photorécepteurs et les dendrites des cellules ganglionnaires.

cellule ciliée: Cellule sensorielle de l'oreille interne qui opère la transduction d'un déplacement mécanique en influx nerveux.

cellule de Purkinje: Neurone de grande taille caractérisé par un dendrite apical à la ramification particulièrement abondante; représente la source principale des efférences du cortex cérébelleux.

cellule ganglionnaire: Cellule située dans un ganglion; désigne aussi les cellules de la rétine qui sont à l'origine des fibres du nerf optique.

cellule germinale: Ovule ou spermatozoïde (ou leurs précurseurs cellulaires).

cellule horizontale: Neurone de la rétine assurant des interactions latérales entre les terminaisons des photorécepteurs et les dendrites des cellules bipolaires.

cellule mitrale: Type principal de neurone efférent du bulbe olfactif.

cellule souche embryonnaire: Cellule issue d'embryons n'ayant pas atteint le stade gastrula. Elles ont un potentiel d'auto-renouvellement infini et peuvent donner naissance à tous les types de tissus et de cellules de l'organisme, y compris les cellules germinales qui subissent la méiose et donnent des gamètes haploïdes (alors que les cellules souches somatiques donnent, par mitose, des cellules diploïdes spécifiques d'un type tissulaire particulier).

cellule souche neurale: Type de cellule précurseur pouvant donner naissance à la totalité des catégories cellulaires du tissu neural (à savoir, neurones, astrocytes et oligodendroglie) ainsi qu'à d'autres cellules souches neurales.

cellule souche somatique: Cellule souche capable de se diviser pour donner de nouvelles cellules qui lui sont identiques ou pour donner une nouvelle cellule souche ainsi qu'une ou plusieurs cellules différenciées d'un type tissulaire particulier (ex.: les cellules souches hématopoïétiques, qui donnent naissance à tous les types de cellules sanguine; voir aussi cellule souche neurale).

cellules de reconnaissance des visages: Neurones du cortex temporal du singe rhésus répondant spécifiquement à des visages.

cellules de Schwann: Cellules névrogliques du système nerveux périphérique qui élaborent la myéline; elles doivent leur nom au physiologiste et anatomiste Theodor Schwann (1810-1882).

cellules en corbeille: Neurones inhibiteurs du cortex cérébelleux, dont les corps cellulaires sont situés dans la couche des cellules de Purkinje et dont les axones forment des arborisations terminales en corbeille autour des somas des cellules de Purkinje.

cellules épendymaires: Cellules épithéliales tapissant le système ventriculaire.

cérébro-cervelet: Partie du cortex cérébelleux qui reçoit ses afférences du cortex cérébral par l'intermédiaire des fibres des noyaux de relais du pont.

cerveau: Partie la plus volumineuse et la plus rostrale de l'encéphale de l'homme et des autres mammifères, constituée des deux hémisphères cérébraux.

cerveau antérieur: Portion antérieure du cerveau correspondant aux dérivés du prosencéphale (télencéphale et diencéphale) et comprenant notamment les hémisphères cérébraux.

cerveau dédoublé (*split-brain*): Section des commissures interhémisphériques au niveau de la ligne médiane, réalisée chez de rares patients pour empêcher la généralisation de crises d'épilepsie.

cerveau postérieur: voir *rhombencéphale*.

cervelet: Structure proéminente du cerveau postérieur impliquée dans la coordination motrice, l'équilibre et la posture. Formé d'un cortex à trois couches et de noyaux profonds; attaché au tronc cérébral par trois paires de pédoncules cérébelleux.

champ récepteur: Région de la surface du corps ou de l'espace visuel, dont la stimulation provoque une variation de l'activité d'une fibre sensitive ou d'un neurone.

chiasma optique: Jonction des deux nerfs optiques, sur la face ventrale du diencéphale, où les fibres issues des régions nasales de chaque rétine croisent la ligne médiane.

chimère: Embryon (ou organe) constitué expérimentalement de cellules provenant de deux ou de plusieurs espèces (ou à partir d'autres sources génétiquement différentes).

chimioaffinité (hypothèse de la chimioaffinité): Hypothèse selon laquelle les cellules nerveuses sont porteuses d'étiquettes qui déterminent leur connectivité.

chimiotaxie: Mouvement d'une cellule dans le sens (ou à l'encontre) du gradient d'un signal chimique.

chimiotropisme: Croissance d'une partie d'un neurone (axone, dendrite, filopode) dans le sens (ou à l'encontre) d'un gradient chimique.

choc spinal: Paralysie flasque qui fait immédiatement suite à l'interruption des voies motrices descendantes.

cholinergique: Qualifie une transmission synaptique faisant intervenir la libération d'acétylcholine.

chorée : Secousses involontaires de la face ou des extrémités, dues à une lésion des ganglions de la base.

choréoathétose : Combinaison de mouvements explosifs, balistiques ou de torsion, caractérisant les derniers stades de la maladie de Huntington.

chromosome : Organite nucléaire dans lequel se trouvent les gènes.

cible : Objets d'une innervation représentés soit par des éléments non neuroniques (muscles, glandes, organes sensoriels), soit par d'autres neurones.

circuit de Papez : Ensemble de structures cérébrales interconnectées situées sur l'aspect médian du télencéphale et du diencéphale (et comprenant essentiellement le gyrus cingulaire, l'hippocampe et l'hypothalamus), décrites par James Papez. Ce circuit intervient dans le traitement des émotions, dans la mémoire déclarative à court terme et dans les fonctions végétatives.

citernes : Territoires relativement étendus, remplis de liquide céphalorachidien et situés dans l'espace sous-arachnoïdien.

clone : Descendance d'une cellule unique.

cochlée : Structure en colimaçon (c'est le sens étymologique du mot) située à l'intérieur de l'oreille interne, où se fait la transduction des vibrations sonores en influx nerveux.

cognition : Capacité du système nerveux central de porter attention à des stimulus complexes, de les identifier et d'agir sur eux.

collapsine : Molécule provoquant la résorption des cônes de croissance ; la collapsine fait partie des molécules signaux de la famille des sémaphorines.

collatérales de Schaffer : Axones des cellules du champ CA3 de l'hippocampe, formant leurs synapses dans le champ CA1.

colliculus : Les colliculus forment deux paires d'éminences à la surface du mésencéphale ; les colliculus supérieurs sont des centres principalement visuels, les colliculus inférieurs des centres principalement auditifs (synonyme : tubercules quadrijumeaux).

colliculus inférieurs : Petites éminences bilatérales à la surface dorsale du mésencéphale, intervenant dans le traitement des messages auditifs (synonyme : tubercules quadrijumeaux postérieurs).

colliculus supérieurs : Structures à plusieurs couches constituant le toit du mésencéphale ; jouent un rôle important dans la motricité de la tête et des yeux (synonyme : tubercules quadrijumeaux antérieurs).

colonnes de dominance oculaire : Organisation, dans le cortex visuel primaire de certaines espèces de mammifères, des terminaisons issues du corps genouillé latéral du thalamus, faisant apparaître un regroupement des afférences selon l'œil d'origine.

colonnes dorsales : Importants faisceaux ascendants de la moelle épinière acheminant jusqu'aux noyaux des colonnes dorsales les informations tactiles en provenance des neurones de premier ordre situés dans les ganglions rachidiens (synonyme : cordons postérieurs).

colonnes latérales : Régions latérales de la substance blanche de la moelle épinière par où transitent les commandes motrices que le cerveau envoie vers la moelle ainsi que les voies ascendantes concernant la douleur et la température (faisceau spinothalamique) et la proprioception (faisceaux spinocérébelleux).

colorant vital : Réactif qui ne colore que les cellules vivantes.

coloration argentique : Technique histologique classique permettant de visualiser les neurones et leurs prolongements en les imprégnant de sels d'argent (la technique la plus connue est celle de Golgi, mise au point, à la fin du dix-neuvième siècle, par l'anatomiste italien Camillo Golgi).

commissure antérieure : Petit faisceau de fibres situé sur la ligne médiane, à l'extrémité antérieure du corps calleux et connectant les deux hémisphères.

compétition : Concurrence entre cellules nerveuses ou entre prolongements nerveux pour l'accès à des ressources limitées indispensables à leur survie ou à leur croissance.

complexe ventral postérieur : Groupe de noyaux thalamiques recevant les projections somesthésiques des noyaux des colonnes dorsales et du complexe nucléaire trigéminal.

conductance membranaire : Terme d'électricité désignant l'inverse de la résistance membranaire. Les changements de résistance membranaire sont dus à l'ouverture et à la fermeture des canaux ioniques et servent à décrire ces phénomènes.

conduction passive : Conduction de courant le long de la membrane des neurones ne faisant pas intervenir les mécanismes du potentiel d'action.

conduction saltatoire : Mécanisme de propagation des potentiels d'action dans les fibres myélinisées ; ainsi nommé du fait que le potentiel d'action « saute » d'un nœud de Ranvier au suivant, les potentiels d'action ne pouvant être produits qu'à ces endroits.

conduit auditif externe : Canal s'étendant de la conque de l'oreille au tympan.

cône : Photorécepteur doué d'une sensibilité spécifique à certaines longueurs d'ondes et permettant une acuité visuelle élevée.

cône de croissance : Extrémité spécialisée d'un axone en cours d'élongation (ou d'un dendrite) et qui est la force motrice de l'élongation.

conjugué : Se dit des mouvements appariés des deux yeux dans la même direction, comme il s'en produit dans le réflexe vestibulo-oculaire (voir aussi *réflexe vestibulo-oculaire* et *mouvements de vergence*).

connexions cortico-corticales : Connexions entre aires corticales d'un même hémisphère ou, par les commissures cérébrales (corps calleux et commissure antérieure), entre aires corticales des deux hémisphères.

contraste : Différence, généralement exprimée en pourcentage de luminance, entre deux plages du champ visuel (ce terme s'applique également à la couleur des plages; on parle alors de contraste spectral).

controlatéral: Du côté opposé.

convergence: Innervation d'une cellule cible par les axones de plus d'un neurone.

corde dorsale: Structure temporaire de l'embryon des vertébrés, d'aspect cylindrique, se formant à partir de cellules mésodermiques et située sous la plaque neurale (puis sous le tube neural). Elle est à l'origine de puissants signaux inducteurs dans la moelle épinière. On écrit aussi chorde (synonyme: notochorde).

corne dorsale: Partie dorsale de la substance grise de la moelle épinière; contient des neurones qui traitent les informations sensorielles.

corne ventrale: Partie ventrale de la substance grise de la moelle épinière, où sont situés les motoneurones spinaux.

cornée: Surface transparente du globe oculaire, en avant du cristallin; c'est l'élément du système optique de l'œil dont le pouvoir réfringent est le plus élevé.

coronal: Qualifie un plan de coupe du cerveau parallèle à la suture coronale (synonyme: plan frontal).

corps calleux: Volumineux faisceau de fibres traversant la ligne médiane et reliant les cortex des deux hémisphères cérébraux.

corps ciliaire: Ruban circulaire de muscle entourant le cristallin; sa contraction permet au cristallin de se bomber lors de l'accommodation.

corps genouillé latéral (CGL): Noyau thalamique sur lequel se terminent les axones des cellules ganglionnaires de la rétine et appartenant à la voie visuelle primaire (voie rétino-géniculo-striée).

corps genouillé médian (CGM): Relais thalamique des informations auditives.

corps mamillaires: Petits renflements de la surface ventrale du diencéphale faisant fonctionnellement partie de l'hypothalamus caudal.

corpuscule de Meissner: Mécanorécepteur cutané encapsulé, spécialisé dans la détection de la pression et du toucher léger.

corpuscule de Pacini: Mécanorécepteur encapsulé, spécialisé dans la détection des vibrations à haute fréquence.

cortex: Substance grise des hémisphères cérébraux et du cervelet comprenant la majeure partie des neurones de l'encéphale.

cortex associatif: Défini par exclusion comme les aires corticales qui ne font pas partie des cortex moteur ou sensitifs primaires.

cortex auditif primaire: Cible corticale principale des neurones du corps genouillé médian.

cortex cérébelleux: Substance grise superficielle du cervelet.

cortex cérébral: Substance grise superficielle des hémisphères cérébraux.

cortex cingulaire: Cortex du gyrus cingulaire qui surplombe le corps calleux; joue un rôle important dans les comportements émotionnels et les activités végétatives.

cortex moteur: Région du cortex cérébral située à l'avant du sillon central et intervenant dans les comportements moteurs; on distingue le cortex moteur primaire, dans le gyrus précentral, et les aires corticales associées du lobe frontal.

cortex moteur primaire: Source principale des projections descendantes sur les motoneurones de la moelle épinière et des noyaux des nerfs crâniens; situé dans le gyrus précentral (aire 4 de Brodmann), il joue un rôle essentiel dans la motricité volontaire.

cortex orbitaire: Partie du cortex préfrontal située au-dessus des orbites au niveau le plus ventral et le plus rostral de la scissure interhémisphérique; joue (avec le cortex préfrontal médian) un rôle important dans le traitement des émotions et la prise de décision rationnelle.

cortex piriforme: Région du cortex cérébral du lobe temporal impliquée dans l'olfaction; ainsi nommé à cause de sa forme de poire.

cortex préfrontal: Région corticale du lobe frontal située en avant des aires corticales motrices primaires et associatives; intervient dans la planification des comportements cognitifs complexes ainsi que dans l'expression de la personnalité et des comportements sociaux adaptés.

cortex prémoteur: Aires corticales du lobe frontal situées en avant du cortex moteur primaire et intervenant dans la planification ou la programmation des mouvements volontaires.

cortex sensoriel primaire: Toute aire corticale recevant des afférences thalamiques d'une modalité sensorielle donnée.

cortex somesthésique: Aires corticales traitant les informations sensorielles en provenance de la surface du corps, des tissus sous-cutanés, des muscles et des articulations; situé principalement sur la berge postérieure du sillon central et dans le gyrus postcentral.

cortex strié: Cortex visuel primaire du lobe occipital correspondant à l'aire 17 de Brodmann. Ainsi nommé à cause de l'importance de la couche IV, qui forme une raie dans les coupes colorées pour la myéline.

cortex visuel primaire: voir *cortex strié*.

co-transmetteurs: Neurotransmetteurs d'un ou de plusieurs types, simultanément présents dans une seule et même synapse; ils peuvent être stockés dans des populations distinctes de vésicules synaptiques ou co-localisés dans les mêmes vésicules.

couche des grains: (ou couche granulaire) Couche du cortex cérébelleux où se trouvent les corps cellulaires des grains du cervelet. Désigne également des couches de neurones du néocortex ou de l'hippocampe.

couche moléculaire: Couche du cortex cérébelleux contenant les dendrites apicaux des cellules de Purkinje, les fibres parallèles émanant des grains du cervelet, quelques neurones de circuits locaux et les synapses que forment entre eux ces divers éléments.

coulée migratoire rostrale: Voie migratoire spécifique délimitée par un semble de cellules gliales particulières facilitant la migration des neuroblastes néoformés, depuis la niche des cellules souches de la zone sous-ventriculaire jusqu'au bulbe olfactif.

courant de plaque motrice (CPM): Courant postsynaptique produit par la libération du neurotransmetteur et par sa liaison à la plaque motrice.

courant entrant précoce: Courant entrant initial, mesuré lors d'expériences de voltage imposé et qui résulte de l'entrée, dépendante du voltage, de cations tels que le Na^+ ou le Ca^{2+}; responsable de la phase ascendante du potentiel d'action.

courant postsynaptique: Courant produit dans un neurone postsynaptique par la liaison d'un neurotransmetteur libéré par un neurone présynaptique.

courant sortant retardé: Courant électrique retardé, mesuré au cours d'expériences de voltage imposé, dû à l'efflux, dépendant du voltage, d'ions tels que le K^+, et responsable de la phase de repolarisation du potentiel d'action.

courants macroscopiques: Courants ioniques passant par de nombreux canaux ioniques répartis sur une surface appréciable de la membrane.

courants microscopiques: Courants ioniques passant par un seul canal ionique.

courbe de réponse: Courbe construite en fonction des caractéristiques de réponse d'un neurone à des stimulus dont on fait varier les paramètres et dont le point le plus bas correspond à la sensibilité (ou à la réactivité) maximale du neurone pour le paramètre considéré.

CRE (*cAMP response element*: élément répondant à l'AMPc): Séquences spécifiques d'ADN liant les facteurs de transcription activés par l'AMPc (voir *CREB*).

CREB (*cAMP response element binding protein*: protéine de liaison à l'élément répondant à l'AMPc): Protéine activée par l'AMP cyclique, qui se lie à des séquences spécifiques d'ADN et augmente ainsi le taux de transcription des gènes voisins.

crête ampullaire: Épithélium sensoriel des canaux semi-circulaires où sont situées les cellules ciliées.

crête neurale: Groupe de cellules progénitrices s'individualisant de chaque côté de la partie dorsale du tube neural, d'où dérivent, entre autres, les neurones périphériques et certaines cellules gliales.

cupule optique: Stade avancé de la vésicule optique (voir ce mot).

cupules: Structures gélatineuses des canaux semi-circulaires dans lesquelles sont insérées les touffes de cellules ciliées.

cycle glutamate-glutamine: Cycle métabolique de libération et de resynthèse du glutamate, mettant en jeu des neurones et des cellules gliales.

décussation: Croisement de la ligne médiane par un faisceau de fibres.

dégénérescence wallérienne: Processus par lequel la partie distale d'un axone lésé ou sectionné dégénère; doit son nom au neuroanatomiste du dix-neuvième siècle Augustus Waller.

dendrite: Prolongement neuronal recevant des contacts synaptiques; il se ramifie généralement près du corps cellulaire et il est, en règle générale, incapable d'émettre un potentiel d'action.

dénervation: Suppression de l'innervation d'un organe cible.

densité postsynaptique: Jonction intercellulaire du cytosquelette des synapses en développement servant à organiser les récepteurs postsynaptiques et à accélérer leur réponse au neurotransmetteur.

dépolarisation: Passage du potentiel de membrane d'une cellule à des valeurs moins négatives.

dépression à long terme: Affaiblissement persistant de la force des synapses qui dépend de la nature de l'activité antérieure.

dépression synaptique: Brève diminution de la force synaptique résultant de la déplétion des vésicules synaptiques dans les synapses qui viennent de fonctionner.

dermatome: Surface cutanée innervée par les fibres sensitives d'un seul nerf rachidien.

désinhibition: Organisation de cellules excitatrices et inhibitrices en un circuit qui produit en sortie une excitation par inhibition transitoire de neurones à activité inhibitrice tonique.

détermination: Fixation définitive de la destinée d'une cellule ou d'un groupe de cellules en développement.

diencéphale: Partie du cerveau située juste en avant du mésencéphale et comprenant le thalamus et l'hypothalamus.

différenciation: Spécialisation progressive des cellules en développement.

dihydrotestostérone: Forme de testostérone particulièrement active qui masculinise les organes génitaux externes.

dimorphisme sexuel: Existence, pour un même organe, de deux formes qui diffèrent selon le sexe génotypique ou phénotypique.

disconjugués (mouvements oculaires): Mouvements en sens opposé de chacun des yeux (synonyme: disjonctifs) (voir aussi *mouvements de vergence*).

disque de Merkel: Mécanorécepteur cutané encapsulé, spécialisé dans la détection de la pression et du toucher léger.

distal: Le plus éloigné du point de référence (le contraire de proximal).

divergence: Innervation de cellules cibles multiples par ramification d'un même axone.

dopamine: Neurotransmetteur du groupe des catécholamines.

dorsal: Du côté du dos.

dure-mère: Membrane épaisse et résistante recouvrant l'encéphale et la moelle épinière; c'est la plus externe des trois méninges, les deux autres étant la pie-mère et l'arachnoïde.

dynorphines: Catégorie de peptides opioïdes endogènes.

dysarthrie: Difficulté d'élocution due à une atteinte des centres moteurs primaires qui commandent les muscles articulatoires; à distinguer des aphasies, qui sont la conséquence de lésions corticales.

dysmétrie: Imprécision des mouvements due à une mauvaise estimation des distances ou à un contrôle moteur déficient.

dystonie: Manque de tonus musculaire.

échangeurs d'ions: Pompes membranaires qui déplacent un ou plusieurs ions à l'encontre de leur gradient de concentration en utilisant comme source d'énergie le gradient électrochimique d'autres ions.

ectoderme: Le plus superficiel des trois feuillets embryonnaires primitifs; à l'origine du système nerveux et de l'épiderme.

efférent: Qui conduit d'un neurone ou d'un centre vers la périphérie.

électrogène: Capable de produire un courant électrique; terme généralement appliqué aux pompes membranaires qui créent un courant électrique en déplaçant des ions.

élimination des afférences: Processus du développement réduisant le nombre de fibres qui innervent certaines catégories de cellules cibles.

embryon: Organisme en développement, avant la naissance ou l'éclosion.

empreinte: Forme rapide et permanente d'apprentissage survenant en réponse à une expérience précoce.

endocrine: Mode de sécrétion des glandes qui déversent directement leur produit dans la circulation générale et lui permettent ainsi d'exercer ses effets à distance sur des cibles multiples.

endocytose: Absorption de substances du milieu extracellulaire réalisée par des invaginations de la membrane plasmique.

endoderme: Le plus profond des trois feuillets embryonnaires primitifs.

endolymphe: Liquide riche en potassium, contenu dans le canal cochléaire et dans le labyrinthe membraneux, qui baigne l'extrémité apicale des cellules ciliées.

endorphines: Molécules appartenant à un groupe de neuropeptides qui agissent comme agonistes des récepteurs des opioïdes et qui comportent pratiquement tous la séquence Tyr-Gly-Gly-Phe.

engramme: Terme désignant le substrat physique des traces mnésiques.

enképhalines: Terme général désignant les opioïdes endogènes.

épendyme: Revêtement épithélial du canal central de la moelle épinière et des ventricules cérébraux.

épiderme: Couche la plus externe de la peau; dérive de l'ectoderme embryonnaire.

épigénétique: Qualifie les influences qui s'exercent sur le développement et qui émanent d'autres sources que les instructions génétiques.

épinèvre: Tissu conjonctif entourant les faisceaux de fibres d'un nerf périphérique.

épiphyse: Structure glandulaire de la ligne médiane située sur la partie dorsale du mésencéphale; appelée également glande pinéale. Elle joue un rôle important dans le contrôle des rythmes circadiens (et était considérée par Descartes comme le siège de l'âme).

épithélium: Couche cellulaire continue couvrant une surface ou tapissant une cavité.

épithélium olfactif: Épithélium pseudostratifié contenant les cellules réceptrices olfactives, des cellules de soutien et des glandes à mucus.

épithélium pigmentaire: Couche pigmentée issue de la cupule optique embryonnaire, qui s'applique contre la rétine et intervient dans le cycle de renouvellement des photopigments des cônes et des bâtonnets.

équation de Nernst: Formule mathématique donnant le potentiel d'équilibre qui s'établit de part et d'autre d'une membrane perméable à un seul ion.

équilibre électrochimique: Condition dans laquelle il n'y a aucun flux ionique net à travers la membrane du fait que les gradients de concentration des ions et les potentiels transmembranaires qui les contrebalancent s'équilibrent exactement.

espace sous-arachnoïdien: Espace de la surface cérébrale, situé entre l'arachnoïde et la pie-mère et rempli de liquide céphalo-rachidien.

exocytose: Forme de sécrétion cellulaire résultant de la fusion d'un organite de stockage, tel qu'une vésicule synaptique, avec la membrane plasmique.

explant: Morceau de tissu conservé dans un milieu de culture.

facilitation: Augmentation de la libération de transmetteur produite par des potentiels d'action survenant en succession rapide.

facteur de croissance des fibroblastes: Facteur de croissance de nature peptidique, initialement défini par ses effets mitogènes sur les fibroblastes; il a également des effets inducteurs dans les premiers temps du développement cérébral.

facteur de croissance des nerfs: Petite protéine dimérique jouant le rôle de facteur trophique pour divers éléments nerveux.

facteur de croissance transformant: (*transforming growth factor, TGF*) Catégorie de facteurs de croissance peptidiques agissant comme inducteurs lors des premiers stades du développement.

facteur neurotrophique: Terme général désignant des molécules qui facilitent la croissance et la survie des neurones.

facteur trophique: Molécule qui intervient dans les interactions trophiques.

facteurs de transcription: Terme général désignant des protéines régulant la transcription, notamment les facteurs de transcription de base qui entrent en interaction avec l'ARN polymérase pour démarrer la transcription ou ceux qui se fixent en un autre site pour stimuler ou réprimer la transcription.

faisceau: Rassemblement de prolongements nerveux ayant un trajet commun.

faisceau corticospinal: voir *faisceau pyramidal.*

faisceau longitudinal médian: Faisceau de fibres acheminant les projections excitatrices du noyau du VI (nerf oculomoteur externe) jusqu'au noyau controlatéral du III (nerf oculomoteur commun) ; joue un rôle important dans la coordination des mouvements oculaires.

faisceau pyramidal : Faisceau de substance blanche courant sur la face ventrale du bulbe et contenant les axones que les aires corticales motrices primaire et secondaires envoient vers la moelle épinière.

faisceau spinothalamique : Faisceau ascendant acheminant les informations thermiques et nociceptives depuis la moelle épinière jusqu'au complexe VP du thalamus ; également appelé cordon antérolatéral.

faisceau trigéminal spinal : Faisceau du tronc cérébral par où transitent les fibres du nerf trigéminal destinées au noyau spinal du complexe trigéminal (servant de relais aux messages nociceptifs émanant de la face).

fasciculation : Décharge spontanée d'unités motrices après dénervation.

fenêtre ovale : Endroit où les osselets de l'oreille moyenne transfèrent l'énergie des vibrations sonores à la cochlée.

fente synaptique : Espace qui, dans les synapses chimiques, sépare les neurones pré- et postsynaptique

feuillets primitifs : Les trois feuillets embryonnaires, ectoderme, mésoderme et endoderme, dont dérivent tous les tissus de l'organisme adulte.

fibres arquées internes : Voie somesthésique du tronc cérébral partant des noyaux des colonnes dorsales pour former le lemnisque médian.

fibres grimpantes : Fibres issues de l'olive inférieure, montant par le pédoncule cérébelleux inférieur et dont les arborisations terminales s'étendent sur les dendrites des cellules de Purkinje.

fibres musculaires extrafusales : Terme appliqué aux fibres ordinaires des muscles squelettiques pour les distinguer des fibres intrafusales, incluses dans les fuseaux neuromusculaires.

fibres musculaires intrafusales : Fibres musculaires spécialisées, situées dans les fuseaux neuromusculaires.

fibres parallèles : Axones bifurqués des grains du cervelet, faisant synapse sur les épines dendritiques des cellules de Purkinje.

fibrillation : Activité contractile spontanée des fibres musculaires dénervées.

fibronectine : Molécule d'adhérence cellulaire de grande taille, liant les intégrines.

filopode : Fine expansion de protoplasme émanant du cône de croissance de l'axone ou d'un dendrite et qui explore l'environnement local.

α-fœtoprotéine : Protéine qui lie les œstrogènes de la circulation fœtale.

fœtus : Embryon de mammifère à un stade de développement relativement avancé où l'on peut reconnaître les différentes parties du corps ; chez l'homme, embryon au-delà du troisième mois de grossesse.

folia : Nom donné aux subdivisions en feuillets des lobules cérébelleux.

formation réticulaire : Réseau de neurones et de fibres occupant le centre du tronc cérébral et donnant aux coupes histologiques de ce tissu, colorées pour la myéline, un aspect réticulé ; ses fonctions principales comprennent le contrôle de la respiration et de la fréquence cardiaque, de la posture et des états de vigilance.

formation réticulaire pontique paramédiane (FRPP) : Neurones situés près de la ligne médiane du pont qui coordonnent l'activité des noyaux du III et du VI intervenant dans les mouvements oculaires horizontaux ; également appelée centre de contrôle horizontal du regard.

fornix : Faisceau de fibres, apparent sur la face médiane d'un hémisphère, qui connecte l'hippocampe et l'hypothalamus.

fos (protéine) : Produit du gène *c-fos* (*cellular feline osteosarcoma*), la protéine Fos est un facteur de transcription se fixant sous forme d'hétérodimère et activant ainsi la transcription génique.

fossette primitive : Épaississement de la partie antérieure de la ligne primitive de l'embryon ; source importante de signaux inducteurs lors des premiers stades du développement.

fovéa : Région rétinienne située au foyer optique de l'œil et caractérisée par son acuité visuelle élevée ; comporte une forte densité de cônes mais pas ou peu de bâtonnets.

fovéola : Zone dépourvue de capillaires au centre de la fovéa.

fuseau neuromusculaire : Organe sensoriel spécialisé présent dans la plupart des muscles squelettiques, renseignant le système somesthésique sur la longueur des muscles.

fuseaux du sommeil : Bouffées d'activité électroencéphalographique, d'une durée de quelques secondes, caractérisées par des ondes de 11 à 15 Hz et marquant l'entrée dans le sommeil à ondes lentes.

ganglion : Ensemble de centaines ou de milliers de neurones se trouvant hors du cerveau ou de la moelle épinière, sur le trajet des nerfs périphériques.

ganglion de Gasser : Ganglion sensitif du trijumeau (nerf V).

ganglion de Scarpa : Ganglion contenant les cellules bipolaires qui innervent les canaux semi-circulaires et les organes otolithiques.

ganglions de la base : Groupe de noyaux enfouis dans la matière blanche sous-corticale des lobes frontaux et impliqués dans l'organisation des comportements moteurs. Leurs principaux éléments sont le noyau caudé, le putamen et le globus pallidus ; on y inclut souvent le noyau sous-thalamique et la substance noire. Également appelés noyaux gris centraux.

ganglions des nerfs crâniens : Ganglions sensitifs des nerfs crâniens ; ce sont les équivalents des ganglions spinaux des nerfs rachidiens segmentaires.

ganglions rachidiens : Ganglions sensitifs segmentaires de la moelle épinière ; contiennent les neurones de premier ordre de la voie des colonnes dorsales-lemnisque médian et de la voie spinothalamique (synonyme : *ganglions spinaux*).

ganglions spinaux : voir *ganglions rachidiens*.

gastrula : Stade embryonnaire précoce, faisant suite au stade blastula, pendant lequel se forment les trois feuillets embryonnaires primitifs.

gastrulation: Mouvements cellulaires d'invagination et d'étalement, qui transforment la blastula embryonnaire en gastrula.

gène: Unité héréditaire située sur les chromosomes; l'information génétique est portée par les séquences linéaires de nucléotides de l'ADN qui codent des séquences correspondantes d'acides aminés.

générateur central de rythme: Circuits oscillatoires de la moelle épinière ou du tronc cérébral, responsables des mouvements rythmiques programmés tels que la locomotion.

gènes homéotiques: Gènes qui déterminent le plan de développement d'un segment du corps. Les mutations de ces gènes entraînent des altérations spectaculaires des caractéristiques des divers segments (ainsi, chez la mouche, développement d'aile un segment qui porte normalement des pattes).

gènes Hox: Groupe de gènes homéotiques conservés, qui contiennent une homéobox (ou homéoboîte), courte séquence d'ADN spécifiant l'axe du corps et le pattern de segmentation de l'embryon. On trouve les gènes Hox chez tous les vertébrés, chez la drosophile et, plus généralement, chez tous les animaux à symétrie bilatérale.

génome: Effectif total des gènes d'un organisme.

géométrie neuronale: Agencement spatial des ramifications neuroniques.

géométrie neuronale: Organisation spatiale des ramifications d'un neurone.

glande pinéale: voir *épiphyse*.

glie (névroglie): Cellules de soutien associées aux neurones et comprenant les astrocytes, les oligodendrocytes et la microglie du système nerveux central, les cellules de Schwann des nerfs périphériques et les cellules satellites des ganglions.

glie radiale: Cellules gliales s'étendant de la lumière du tube neural jusqu'à sa surface externe et qui servent de support à la migration de certains neurones.

globus pallidus: L'un des trois noyaux constituant les ganglions de la base; relaie vers le thalamus les informations en provenance du noyau caudé et du putamen.

glomérules: Condensations de neuropile dans les bulbes olfactifs; les glomérules sont constitués de dendrites des cellules mitrales, de terminaisons des neurones récepteurs olfactifs ainsi que d'expansions d'interneurones locaux.

glomus carotidien: Petite masse de tissu spécialisé située à la face externe de la bifurcation des carotides de l'homme et des autres mammifères et contenant des chémorécepteurs sensibles à la pression partielle de l'oxygène et du gaz carbonique dans le sang.

G$_{olf}$: Protéine G qui ne se trouve que dans l'épithélium olfactif.

gradient: Variation systématique de la concentration d'une molécule (ou de tout autre agent) influençant le comportement des cellules.

groupe de motoneurones: Ensemble des motoneurones qui innervent un même muscle.

gyrus: Bourrelet d'un repli cérébral; entre ces bourrelets, les dépressions portent le nom de sillons (ou sulcus).

gyrus cingulaire: Circonvolution de grande taille de l'aspect médian des hémisphères, située juste au-dessus du corps calleux et appartenant au système limbique (synonyme: circonvolution du corps calleux).

gyrus dentatus: Circonvolution, d'aspect ondulé ou dentelé, appartenant à la formation hippocampique.

gyrus postcentral: Gyrus situé juste en arrière du sillon central, dans lequel se trouve le cortex somesthésique primaire.

gyrus précentral: Gyrus situé juste en avant du sillon central, dans lequel se trouve le cortex moteur primaire.

hélicotrème: Ouverture de l'apex de la cochlée faisant communiquer la rampe vestibulaire et la rampe tympanique.

hippocampe: Structure corticale du lobe temporal médian; impliqué notamment, chez l'homme, dans la mémoire déclarative à court terme.

histamine: Monoamine dérivant d'un acide aminé, l'histidine, et utilisée comme neurotransmetteur.

holoprosencéphalie: Perturbation de la différenciation régionale du cerveau antérieur au cours du développement embryonnaires entraînant de graves malformations cérébrales.

homologue: Terme désignant, au sens strict, les structures qui, dans différentes espèces, partagent la même histoire évolutive. Au sens large, désigne des structures ou des organes possédant la même organisation anatomique générale et assurant les mêmes fonctions.

homosexualité: Attirance sexuelle vers les individus de même sexe phénotypique.

hydrocéphalie: Augmentation du volume de la boîte crânienne due à l'augmentation de pression du liquide céphalorachidien par suite, généralement, d'une difficulté d'écoulement de ce liquide.

hyperalgie: Augmentation de la sensibilité à la douleur.

hyperkinésie: Fréquence excessive de mouvements involontaires.

hyperplasie surrénalienne congénitale: Trouble génétique provoquant une production excessive d'androgènes et, en conséquence, chez les femelles génotypiques, une masculinisation des organes génitaux externes; également dénommée hyperplasie surrénale congénitale ou hyperplasie congénitale des surrénales.

hyperpolarisation: Déplacement du potentiel de membrane d'une cellule vers des valeurs plus négatives.

hypokinésie: Rareté des mouvements.

hypophyse: Glande endocrine formée d'un lobe antérieur comprenant divers types de cellules sécrétrices et d'un lobe postérieur vers lequel sont acheminés les neuropeptides sécrétés par les neurones de l'hypothalamus.

hypothalamus: Ensemble de noyaux de petite taille, mais d'importance considérable, situés dans le diencéphale, juste en dessous du thalamus.

hypothalamus antérieur: Région de l'hypothalamus où se trouvent les noyaux intervenant dans le comportement sexuel. À ne pas confondre avec la région appelée, chez les rongeurs, aire préoptique médiane, qui se situe à l'avant de l'hypothalamus et qui contient également des noyaux intervenant dans le comportement sexuel (notamment le noyau sexuellement dimorphe).

hypothèse neurotrophique : Hypothèse selon laquelle les neurones sont en compétition pour des quantités limitées de facteurs trophiques sécrétés par leurs cibles.

hypoxie : Insuffisance de l'apport d'oxygène aux tissus, et particulièrement au cerveau. L'hypoxie peut être locale, par suite d'une diminution de la circulation sanguine (ischémie) due à l'occlusion d'un vaisseau ; elle peut être globale, à la suite d'une noyade ou d'un arrêt cardiaque.

inactivation : Fermeture des canaux ioniques, dépendante du temps, en réponse à un stimulus tel qu'une dépolarisation de la membrane.

inducteurs : Signaux chimiques émanant d'un ensemble de cellules et influençant la différenciation d'autres cellules.

induction : Capacité d'une cellule ou d'un tissu d'influencer, par des signaux chimiques, la destinée de cellules ou de tissus voisins en développement.

infundibulum : Partie initiale de la tige pituitaire (littéralement « entonnoir ») assurant la liaison entre l'hypothalamus et l'hypophyse.

innervation : Désigne tout contact synaptique avec une cible.

innervation polyneuronale : Condition, au cours du développement, dans laquelle des fibres musculaires ou certains neurones végétatifs sont innervés par plusieurs axones et non par un seul.

innerver : Établir un contact synaptique avec une cible.

insensibilité aux androgènes (syndrome d') : Condition due à une altération du gène codant le récepteur des androgènes, dans laquelle la testostérone ne peut pas agir sur ses tissus cibles.

insula : Partie du cortex cérébral enfouie dans la profondeur de la scissure de Sylvius.

intégration : Sommation, par les cellules postsynaptiques, des changements de conductance synaptique, excitateurs ou inhibiteurs.

intégrine : Famille de molécules réceptrices qui se trouvent sur les cônes de croissance et qui lient des molécules d'adhérence cellulaire telles que la laminine et la fibronectine.

interactions trophiques : Interdépendance à long terme des cellules nerveuses et de leurs cibles.

interneurone : Au sens strict, neurone se trouvant entre un neurone sensoriel de premier ordre et un neurone moteur primaire ; au sens large, désigne un neurone dont les ramifications locales vont innerver d'autres neurones.

ipsilatéral : Du même côté du corps.

ischémie : Insuffisance de l'irrigation sanguine.

jonction communicante : Type spécialisé de contact intercellulaire formé par des canaux qui connectent directement le cytoplasme de deux cellules.

jonction neuromusculaire : Synapse que fait un axone moteur avec une fibre musculaire squelettique.

jonction serrée : Jonction spécialisée entre cellules épithéliales empêchant la plupart des molécules de traverser ces cellules.

kinocil : Structure ciliaire véritable que l'on trouve, avec les stéréocils, dans les touffes de cils des cellules ciliées vestibulaires ainsi que des cellules ciliées cochléaires des fœtus de mammifères (il disparaît des cellules ciliées cochléaires chez les mammifères adultes).

labyrinthe : Ensemble des canaux interconnectés qui forment l'élément périphérique principal du système vestibulaire.

lame basale : Fine couche de substances de la matrice extracellulaire (collagène, laminine et fibronectine, pour l'essentiel) entourant les cellules musculaires et les cellules de Schwann. On la trouve également à la base des feuillets épithéliaux.

lamellipodes : Front avant, riche en filaments d'actine, d'une cellule mobile ou d'un cône de croissance.

lamination : Organisation en lames cellulaires, ou couches, caractéristique du néocortex, de l'hippocampe et du cervelet ; la substance grise de la moelle épinière présente également une lamination (lames ou couches de Rexed).

laminine : Grosse molécule d'adhérence cellulaire liée par les intégrines.

lemnisque médian : Faisceau de fibres du tronc cérébral véhiculant les informations tactiles depuis les noyaux des colonnes dorsales jusqu'au thalamus.

lexical : Relatif à l'association d'un symbole (un mot, par exemple) avec un objet particulier.

lexique : Dictionnaire. Terme quelquefois utilisé pour désigner la région du cerveau où sont stockées les significations des mots.

liens apicaux : Structures filamenteuses qui relient entre elles les extrémités de stéréocils adjacents et règlent l'ouverture des canaux de transduction des cellules ciliées.

ligne primitive : Sillon longitudinal apparaissant dans un épaississement également longitudinal de l'ectoderme de la gastrula des reptiles, oiseaux et mammifères ; c'est par invagination de cellules au niveau de la ligne primitive que se forme le mésoderme.

liquide céphalorachidien : Liquide normalement clair et dépourvu de cellules remplissant le système ventriculaire du système nerveux central ; il est produit par les plexus choroïdes du troisième ventricule.

lobe frontal : L'un des quatre lobes du cerveau ; comprend l'ensemble du cortex situé à l'avant de la scissure de Rolando (ou sillon central) et au-dessus de la scissure de Sylvius.

lobe limbique : Cortex situé au-dessus du corps calleux, sur la face médiane des hémisphères cérébraux et formant le contingent cortical du système limbique.

lobe occipital : Lobe postérieur des hémisphères cérébraux, essentiellement consacré à la vision.

lobe pariétal : Lobe du cerveau situé entre le lobe frontal, à l'avant, et le lobe occipital, à l'arrière.

lobe temporal : Lobe des hémisphères cérébraux situé au-dessous de la scissure de Sylvius.

lobes: Les quatre lobes (frontal, pariétal, temporal et occipital) forment les divisions principales du cortex cérébral.

locus cæruleus: Petit noyau adrénergique du tronc cérébral projetant de façon diffuse sur le cortex et sur la moelle épinière ; joue un rôle important dans le contrôle de la veille et du sommeil (également orthographié locus cœruleus).

long terme: Qui dure des semaines, des mois ou davantage.

macroscopique: Visible à l'œil nu.

macula: Région centrale de la rétine où se trouve la fovéa (ce terme vient de la dénomination latine, *macula lutea*, c'est-à-dire tache jaune, donnée à cette région à cause de son aspect jaunâtre quand on l'examine à l'ophtalmoscope). Le terme de macula s'applique également aux épithéliums sensoriels des organes otolithiques.

magnocellulaire: Qui a de grandes cellules. Désigne, entre autres les couches de cellules du CGL sur lesquelles s'articulent les axones des cellules ganglionnaires de la rétine sensibles au mouvement et, par extension, la voie rétinocorticale qui fait relais sur ces couches.

maladie de Huntington: Maladie héréditaire à transmission autosomique dominante, due à la mutation d'un seul gène ; elle se traduit par des altérations de la personnalité, par une perte progressive du contrôle volontaire des mouvements et par une issue fatale. Elle affecte essentiellement les ganglions de la base.

maladie de Parkinson: Maladie neurodégénérative de la substance noire, ayant pour conséquences un tremblement caractéristique et une réduction générale de la quantité de mouvements.

matrice extracellulaire: Matrice composée de collagène, de laminine et de fibronectine, entourant la plupart des cellules (voir aussi *lame basale*).

mécanorécepteur: Récepteur spécialisé dans la détection des forces mécaniques.

médian: Situé à proximité du plan sagittal passant par le milieu d'un animal (le contraire de latéral).

médulloblastome: Tumeur cérébrale de l'enfant due à une mutation de *Sonic hedgehog* ou d'autres gènes de la voie de signalisation Shh.

médullosurrénale: Partie centrale de la glande surrénale déversant dans la circulation l'adrénaline et la noradrénaline sécrétées sous l'effet d'une stimulation végétative sympathique.

membrane basilaire: Membrane formant le plancher du canal cochléaire et sur laquelle sont situées les cellules cochléaires ciliées.

membrane otolithique: Membrane gélatineuse sur laquelle sont fixées les otoconies et dans laquelle sont fichées les extrémités des touffes ciliées.

membrane tectoriale: Lame fibreuse recouvrant la surface apicale des cellules ciliées cochléaires ; produit un mouvement de cisaillement des stéréocils lors des déplacements de la membrane basilaire.

membrane tympanique: Membrane située entre le conduit auditif et l'oreille moyenne ; ordinairement appelée tympan.

mémoire à court terme: Souvenirs dont la durée va de quelques secondes à quelques minutes.

mémoire à long terme: Mémoire dont les souvenirs durent des semaines, des mois, des années, voire toute la vie.

mémoire de travail: Stockage à court terme d'informations permettant de réaliser une tâche donnée (comme chercher un objet dans une pièce).

mémoire déclarative: Forme de mémoire concernant des expériences et des faits pouvant être évoqués consciemment et exprimés par le langage.

mémoire procédurale: Type de mémoire portant sur les habiletés motrices ou les associations et formant des souvenirs qui ne peuvent pas être évoqués consciemment.

méninges: Enveloppes externes de l'encéphale et de la moelle épinière, comprenant la pie-mère, l'arachnoïde et la dure-mère.

mésencéphale: Étymologiquement : cerveau moyen, cerveau intermédiaire. Deuxième vésicule du cerveau embryonnaire à trois vésicules, située entre le prosencéphale et le rhombencéphale ; elle reste indivise et donne la partie la plus rostrale du tronc cérébral, caractérisée par les colliculus supérieurs et inférieurs, sur sa face dorsale, et, sur l'aspect ventral, par les pédoncules cérébraux.

mésoderme: Feuillet du milieu des trois feuillets embryonnaires primitifs ; à l'origine du tissu conjonctif, du squelette, des muscles, du système génito-urinaire, etc.

mésopique: Niveau d'éclairement auquel le système des cônes et celui des bâtonnets sont tous les deux actifs.

microglie: L'un des trois types de glie du système nerveux central ; intervient principalement pour réparer les lésions provoquées par un traumatisme des éléments nerveux.

mnésique: Relatif à la mémoire.

modalité: Catégorie d'une fonction ; la vision, l'audition et le toucher constituent, par exemple, diverses modalités sensorielles.

moelle épinière: Partie du système nerveux central s'étendant de l'extrémité inférieure du tronc cérébral (bulbe rachidien) jusqu'à la queue de cheval.

molécule d'adhérence cellulaire des neurones (N-CAM, *neural cell adhesion molecule*): Molécule structuralement apparentée à l'hémoglobine ; elle facilite la cohésion des axones entre eux et est largement répartie dans le système nerveux en développement.

molécule d'adhérence cellulaire entre neurone et glie (Ng-CAM, *neuron-glia cell adhesion molecule*): Molécule d'adhérence cellulaire, structuralement apparentée à l'hémoglobine, qui facilite les interactions d'adhérence entre les neurones et la glie.

molécules d'adhérence cellulaire: Famille de molécules de la surface des cellules qui leur permettent de coller les unes aux autres (voir aussi *laminine* et *fibronectine*).

monoamines (ou amines biogènes): Classe de neurotransmetteurs ne comportant qu'un groupement amine ; les monoamines comprennent les catécholamines (dopamine, noradrénaline, adrénaline), la sérotonine et l'histamine.

morphine : Alcaloïde végétal conférant à l'opium ses propriétés analgésiques.

morphogène : Molécule qui influence la morphogenèse.

moteur : Relatif au mouvement.

motoneurone : Neurone innervant un muscle.

motoneurones alpha (α) : Neurones de la corne ventrale de la moelle épinière innervant des fibres musculaires squelettiques extrafusales.

motoneurones gamma (γ) : Classe de motoneurones spinaux innervant spécifiquement les fibres intrafusales du fuseau neuromusculaire et régulant ainsi sa longueur.

mouvements de poursuite continue : Mouvements lents de poursuite oculaire ayant pour but de maintenir un stimulus mobile dans l'alignement de la fovéa.

mouvements de vergence : Mouvements disconjugués des yeux (de convergence ou de divergence) alignant la fovéa de chaque œil avec des cibles situées à différentes distances de l'observateur.

mouvements optokinétiques : Mouvements oculaires compensant les mouvements de la tête ; le stimulus déclenchant les mouvements optokinétiques est le déplacement à grande échelle du champ visuel.

muqueuse : Membrane humectée de mucus tapissant les cavités d'organes tels que le nez, la bouche, l'intestin et autres surfaces épithéliales.

mutation homéotique : Mutation affectant les gènes à homéobox et dont l'effet est de transformer une partie du corps en une autre (par exemple, développement de pattes à la place d'antennes, chez la drosophile).

myéline : Enroulement à plusieurs épaisseurs que forment, autour de plusieurs axones, les oligodendrocytes ou les cellules de Schwann. La myélinisation sert à accroître la vitesse de conduction des axones.

myélinisation : Processus par lequel les cellules gliales s'enroulent autour des axones et forment plusieurs épaisseurs de membrane gliale isolant électriquement l'axone et augmentant ainsi la vitesse de propagation des potentiels d'action.

myotome : Partie de chaque somite qui contribue à la formation des muscles squelettiques.

nasal : Du côté du nez. S'applique en particulier à la partie du champ visuel de chaque œil située du côté du nez.

négligence controlatérale (syndrome de) : Trouble neurologique dans lequel le patient ignore l'hémichamp visuel gauche ou la partie gauche du corps et n'y porte aucune attention. En règle générale, ce syndrome est dû à une lésion du cortex pariétal droit.

néocortex : Cortex à six couches recouvrant la majeure partie des hémisphères cérébraux.

nerf : Ensemble de fibres périphériques réunies en faisceau et suivant un trajet commun.

nerf optique : Nerf de la deuxième paire de nerfs crâniens, formé par les axones des cellules ganglionnaires de la rétine et s'étendant de l'œil au chiasma optique.

nerfs crâniens : Les douze paires de nerfs acheminant des informations sensorielles en direction de l'encéphale (ou, pour certains, des commandes motrices en provenance de l'encéphale).

nétrines : Famille de molécules diffusibles guidant la croissance des axones par leurs effets attractifs ou répulsifs.

neurexine : Molécule d'adhérence de la membrane présynaptique des synapses en développement. Se lie à la neuroligine de la membrane postsynaptique et facilite le positionnement des vésicules synaptiques, des protéines d'arrimage et des molécules de fusion

neurite : Ramification neuronale (terme utilisé quand le prolongement en question peut être aussi bien un axone qu'un dendrite, comme c'est le cas pour les ramifications des cellules nerveuses en culture).

neuroblaste : Cellule en division dont la descendance donnera des neurones.

neurogénèse : Développement du système nerveux.

neuroleptiques : Groupe de substances antipsychotiques créant un état d'indifférence aux stimulus par blocage des récepteurs cérébraux de la dopamine.

neuroligine : Partenaire postsynaptique de la neurexine, molécule d'adhérence cellulaire qui la lie. Elle facilite le regroupement des récepteurs et des canaux de la densité postsynaptique au fur et à mesure de la maturation des synapses.

neuromère : Segment du rhombencéphale ; synonyme de *rhombomère*.

neurone : Cellule spécialisée pour la conduction et la transmission de signaux électriques dans le système nerveux.

neurone de projection : Neurone à long axone projetant sur des cibles éloignées.

neurone primaire : Neurone reliant directement les muscles, les glandes et les organes des sens au système nerveux central.

neurone récepteur : Neurone spécialisé dans la transduction de l'énergie d'un stimulus en signaux électriques.

neurones de circuit local : Terme général désignant les neurones dans l'activité sous-tend les interactions entre les systèmes sensoriels et les systèmes moteurs ; synonyme d'interneurones.

neurones de deuxième ordre : Neurones de projection d'une voie sensorielle, situés entre le neurone récepteur primaire et les neurones de troisième ordre.

neurones épineux moyens : Neurones principaux du noyau caudé et du putamen, projetant sur le globus pallidus et sur la substance noire.

neurones récepteurs olfactifs : Neurones bipolaires de l'épithélium olfactif contenant les récepteurs des odeurs.

neuropeptides : Terme général désignant un nombre important de peptides ayant une fonction de neurotransmetteur ou de neurohormone.

neuropile : Enchevêtrement dense de ramifications axoniques et dendritiques et de leurs synapses, qui se trouve entre les corps cellulaires des neurones dans la substance grise du cerveau et de la moelle épinière.

neurotransmetteur : Substance libérée par les terminaisons synaptiques pour transmettre les informations d'une cellule nerveuse à une autre.

neurotransmetteurs à petites molécules: Désigne les neurotransmetteurs non peptidiques tels que l'acétylcholine, les acides aminés glutamate, aspartate, GABA et glycine ainsi que les monoamines.

neurotrophines: Famille de molécules agissant comme facteurs trophiques pour faciliter la croissance et la survie de différentes catégories de neurones.

neurula: Stade précoce de l'embryon des vertébrés, faisant suite au stade gastrula, au cours duquel le tube neural se forme à partir de la plaque neurale.

neurulation: Processus par lequel la plaque neurale se creuse en une gouttière neurale dont les bords s'accolent pour former le tube neural.

névroglie: voir *glie*.

niche de cellules souches: Environnement local d'un tissu en cours de régénération, propice à la division et à la différenciation initiale des cellules souches somatiques qui vont reconstituer le tissu adulte.

nocicepteurs: Récepteurs cutanés ou sous-cutanés, généralement formés par des terminaisons nerveuses libres, spécialisés dans la détection de stimulus nociceptifs (douloureux).

nœud de Hensen: voir *fossette primitive*.

nœuds de Ranvier: Interruptions régulières de la couche de myéline des axones.

noradrénaline: Catécholamine remplissant les fonctions d'hormone et de neurotransmetteur, liée par des récepteurs α- et β-adrénergiques, appartenant au groupe des récepteurs couplés aux protéines G.

noyau: Ensemble, anatomiquement distinct, de cellules nerveuses du cerveau ayant, en règle générale, une fonction particulière.

noyau caudé: L'un des trois principaux composants des ganglions de la base, les deux autres étant le putamen et le globus pallidus.

noyau d'Edinger-Westphal: Noyau mésencéphalique contenant les neurones végétatifs qui forment la branche efférente du réflexe pupillaire à la lumière.

noyau d'Onuf: Noyau sexuellement dimorphe de la moelle épinière humaine, qui innerve les muscles du périnée responsables de la contraction de la vessie chez l'homme et de la constriction du vagin chez la femme.

noyau interstitiel rostral: Noyau de la formation réticulaire mésencéphalique coordonnant l'activité des neurones des noyaux oculomoteurs responsables des mouvements oculaires verticaux; également appelé centre de contrôle vertical du regard.

noyau latéral postérieur: Noyau thalamique recevant ses principales afférences des cortex sensoriels et associatifs et projetant pour sa part sur les cortex associatifs et spécialement sur ceux du lobe pariétal et du lobe temporal.

noyau médiodorsal: Noyau thalamique recevant la majeure partie de ses afférences des cortex sensoriels et associatifs et projetant en retour sur les aires associatives, particulièrement celles du lobe frontal.

noyau propre: Région de la corne dorsale de la moelle épinière recevant les informations des nocicepteurs.

noyau sous-thalamique: Noyau du diencéphale ventral qui reçoit des afférences du noyau caudé et du putamen et participe au contrôle moteur; également appelé noyau sous-thalamique de Luys ou corps de Luys.

noyau spinal du bulbocaverneux: Amas, sexuellement dimorphe, de neurones situés dans la moelle lombaire des rongeurs et innervant la musculature striée du périnée.

noyau ventro-postéro-latéral: Noyau thalamique du complexe ventral postérieur, recevant les projections du tronc cérébral qui véhiculent les informations somesthésiques issues de l'ensemble du corps sauf la face.

noyau ventro-postéro-médian: Noyau thalamique du complexe ventral postérieur, recevant les projections du tronc cérébral qui véhiculent les informations somesthésiques issues de la face.

noyaux cérébelleux profonds: Noyaux situés à la base du cervelet et relayant les informations du cortex cérébelleux vers le thalamus.

noyaux cunéiformes: Noyaux de relais sensoriels situés dans la partie basse du bulbe et contenant les neurones sensitifs de deuxième ordre qui relaient vers le thalamus les informations tactiles de la partie supérieure du corps (synonyme: noyaux de Burdach).

noyaux de relais du pont: Ensemble de neurones pontiques recevant des fibres afférentes du cortex cérébral et envoyant, par les pédoncules cérébelleux moyens, des axones qui, après avoir franchi la ligne médiane, gagnent le cortex cérébelleux.

noyaux des colonnes dorsales: Neurones sensitifs de deuxième ordre situés dans la partie basse du bulbe et relayant vers le thalamus les informations tactiles en provenance de la moelle; comprennent les noyaux graciles (ou de Goll) et les noyaux cunéiformes (ou de Burdach).

noyaux des nerfs crâniens: Noyaux du tronc cérébral contenant les neurones d'origine des nerfs crâniens III à XII.

noyaux du raphé: Ensemble de noyaux sérotoninergiques du tegmentum du tronc cérébral situés près de la ligne médiane (raphé signifiant «couture») et intervenant dans la régulation de la veille et du sommeil.

noyaux graciles: Noyaux sensitifs de la partie basse du bulbe; ces noyaux sensitifs de deuxième ordre relaient vers le thalamus des informations tactiles issues de la partie inférieure du corps (synonyme: noyaux de Goll ou noyaux grêles).

noyaux interstitiels de l'hypothalamus antérieur (NIHA): Quatre groupes cellulaires de l'hypothalamus des primates, situés légèrement sur le côté du troisième ventricule; on estime qu'ils interviennent dans les comportements sexuels.

nystagmus: Littéralement «hochement». Mouvements répétitifs des yeux provoqués normalement par un déplacement de grande ampleur du champ visuel (nystagmus optocinétique). En l'absence du stimulus approprié, le nystagmus traduit généralement une atteinte du tronc cérébral ou du cervelet.

nystagmus optokinétique: Réponses réflexes répétitives des yeux à des déplacements continus et à grande échelle de la scène visuelle.

ocytocine: Neuropeptide de neuf acides aminés agissant comme neurohormone et comme neurotransmetteur supposé. Également appelée oxytocine.

odorants: Molécules pouvant déclencher des réponses des récepteurs de la muqueuse olfactive.

œstradiol: Hormone de la classe des hormones stéroïdes à 18 atomes de carbone, susceptible d'induire l'œstrus chez les femelles.

oligodendrocytes: L'une des trois classes de cellules gliales du système nerveux central; leur fonction principale est l'élaboration de la myéline dans le système nerveux central.

olive inférieure (noyau olivaire inférieur): Important noyau du bulbe, à l'origine d'abondantes projections sur le cervelet.

olive supérieure latérale (OSL): Structure auditive du tronc cérébral traitant les différences interaurales d'intensité sonore et intervenant, chez l'homme, dans la localisation des sons d'une fréquence supérieure à 3 kHz.

olive supérieure médiane (OSM): Structure auditive du tronc cérébral traitant les différences de temps interaurales et intervenant dans le calcul de la position d'une source sonore.

ondes delta: Ondes électroencéphalographiques lentes (< 4 Hz), caractéristiques de la phase 4 du sommeil (sommeil à ondes lentes profond).

opioïde: Substance naturelle ou de synthèse ayant des effets pharmacologiques semblables à ceux de la morphine.

opioïdes endogènes: Peptides du système nerveux central ayant les mêmes effets pharmacologiques que la morphine ou autres dérivés de l'opium.

opsines: Protéines des photorécepteurs qui absorbent la lumière (ainsi, chez l'homme, la rhodopsine et les trois opsines spécialisées des cônes).

opsines de cônes: Désigne les trois différents pigments photosensibles que l'on trouve dans les cônes et qui sont à la base de la vision des couleurs.

organes tendineux de Golgi: Récepteurs proprioceptifs situés dans les tendons des muscles renseignant le système nerveux central sur la tension des muscles.

oscillopsie: Incapacité, résultant d'une lésion vestibulaire, de fixer des cibles visuelles pendant les mouvements de la tête.

osselets: Désigne les os de l'oreille moyenne: marteau, enclume et étrier.

otoconies: Cristaux de carbonate de calcium enchâssés dans la membrane otolithique qui recouvre les cellules ciliées de l'utricule et du saccule.

otolithes: Agglomérats de cristaux de carbonate de calcium (étymologiquement «pierres d'oreille») jouant un rôle important dans la production des signaux vestibulaires relatifs à l'équilibre.

overshoot: voir *phase d'inversion de potentiel*.

papille optique: Endroit de la rétine où les axones des cellules ganglionnaires quittent la rétine pour former le nerf optique.

paracrine: Mode de sécrétion de substances de type hormonal dont les effets s'exercent localement et non par l'intermédiaire de la circulation générale.

paralysie: Perte totale de la motricité volontaire.

parésie: Perte partielle du contrôle moteur volontaire; faiblesse musculaire.

parvocellulaire: Qui a de petites cellules. Désigne, entre autres, les couches de cellules du CGL sur lesquelles s'articulent les axones des cellules ganglionnaires de la rétine sensibles à la couleur et aux stimulus de petite taille et, par extension, la voie rétinocorticale qui fait relais sur ces couches.

patch clamp: Technique très sensible de voltage imposé, permettant de mesurer les courants ioniques passant par des canaux ioniques individuels.

pédoncule cérébelleux moyen: Gros faisceau constitué par les fibres issues des noyaux de relais du pont et qui gagnent le cortex cérébelleux.

pédoncule olfactif latéral: Faisceau formé par les axones des cellules mitrales des bulbes olfactifs et projetant sur les centres olfactifs supérieurs, principalement le cortex piriforme (synonymes: bandelette olfactive latérale, tractus olfactif latéral).

pédoncules cérébelleux: Les trois paires bilatérales de faisceaux de fibres (pédoncules cérébelleux inférieurs, moyens et supérieurs) par où transitent les informations en direction ou en provenance du cervelet.

pédoncules cérébraux: Volumineux faisceaux de fibres connectant le tronc cérébral aux hémisphères cérébraux.

périlymphe: Liquide pauvre en potassium qui baigne l'extrémité basale des cellules ciliées cochléaires.

périnèvre: Tissu conjonctif entourant un faisceau de fibres dans un nerf périphérique.

période critique: Période du développement, de durée limitée, pendant laquelle les organismes présentent une sensibilité particulière aux effets de l'expérience.

période réfractaire: Période brève suivant l'émission d'un potentiel d'action, durant laquelle l'émission d'un second potentiel est impossible ou difficile.

peroxydase du raifort (*horseradish peroxidase* ou *HRP*): Enzyme végétale communément utilisée pour marquer les cellules nerveuses; après injection dans un neurone, elle catalyse diverses réactions chimiques amenant la formation d'un précipité visible sous forme de granules sombres.

phase ascendante: Phase initiale de dépolarisation du potentiel d'action provoquée par une entrée régénérative, dépendante du voltage, de cations tels que le Na^+ ou le Ca^{2+}.

phase d'hyperpolarisation consécutive: Fin de la phase descendante du potentiel d'action où, sous l'effet d'un efflux de cations tels les ions K^+, la membrane s'hyperpolarise et atteint un potentiel plus négatif que le potentiel de repos.

phase d'inversion de potentiel : Phase ascendante formant la pointe du potentiel d'action, pendant laquelle le potentiel de membrane devient positif par suite d'une perméabilité accrue de la membrane aux cations tels que le Na^+ ou le Ca^{2+}.

phasique : Caractère transitoire d'une décharge de potentiels d'action en réponse à un stimulus maintenu ; s'oppose à tonique.

phénotype : Caractéristiques manifestes d'un organisme apparaissant durant son développement.

pie-mère : La plus interne des trois méninges, en contact étroit avec l'encéphale et la moelle épinière.

placébo : Substance dépourvue d'effet propre, dont l'administration peut, selon les circonstances, entraîner des effets physiologiques.

planum temporale : Région de la face supérieure du lobe temporal, postérieure au gyrus de Heschl, remarquable à cause de sa plus grande étendue dans l'hémisphère gauche, chez près de deux tiers des individus humains.

plaque du plancher : Région de la partie ventrale de la moelle épinière embryonnaire jouant un rôle important dans le guidage et le croisement des fibres nerveuses en cours de croissance.

plaque motrice : Spécialisation postsynaptique complexe de la membrane d'une fibre musculaire squelettique à l'endroit où la terminaison d'une fibre motrice fait contact avec elle.

plaque neurale : Épaississement de l'ectoderme dorsal de la neurula, à l'origine du tube neural.

plasticité : Désigne des changements fonctionnels ou structuraux du système nerveux, généralement chez l'adulte.

plasticité synaptique à modulation temporelle relative (*spike timing-dependent plasticity* ou STDP) : Plasticité synaptique de longue durée lié à la relation temporelle entre l'activité des neurones pré- et postsynaptique. On pense qu'elle est due à la signalisation calcique de la cellule postsynaptique.

plexus choroïde : Épithélium spécialisé du système ventriculaire, produisant le liquide céphalorachidien.

pointes ponto-génículo-occipitales (PGO) : Ondes électroencéphalographiques caractéristiques du début du sommeil paradoxal.

polarité : Désigne un gradient organisationnel de l'embryon selon l'un de ses axes principaux.

polygone de Willis : Anastomose artérielle, sur l'aspect ventral du mésencéphale, connectant la circulation de la partie antérieure du cerveau et celle de sa partie postérieure.

polymodal : Répondant à plusieurs modalités sensorielles.

pompe à Na^+/K^+ (ou pompe à Na^+) : Type de pompe ATPase localisée dans la membrane de la plupart des cellules et qui est responsable de l'accumulation intracellulaire de K^+ et de l'expulsion de Na^+.

pompes ATPases : Pompes membranaires utilisant l'hydrolyse de l'ATP pour déplacer des ions à l'encontre de leur gradient électrochimique.

pompes à ions : Protéines membranaires intrinsèques utilisant une source d'énergie cellulaire pour instaurer des gradients de concentration d'ions entre les deux faces de la membrane.

pont : L'une des trois parties du tronc cérébral, située entre le mésencéphale, à l'avant, et le bulbe, à l'arrière (synonymes : pont de Varole, protubérance annulaire).

pore : Caractéristique structurale des canaux ioniques membranaires permettant aux ions de diffuser à travers le canal grâce à la continuité du milieu aqueux.

postérieur : Vers l'arrière ; quelquefois utilisé comme synonyme de caudal et/ou de dorsal.

postsynaptique : Qualifie l'élément d'une synapse spécialisé pour la réception d'un neurotransmetteur ; du côté aval de la synapse.

potentialisation à long terme (PLT) : Renforcement persistant de la force des synapses dépendant des patterns de l'activité antérieure.

potentialisation post-tétanique (PPT) : Accroissement de la transmission synaptique provoquée par des volées de potentiels d'action à haute fréquence.

potentiel d'action : Signal électrique propagé le long des axones (ou des fibres musculaires) grâce auquel les informations se transmettent d'un endroit à un autre du système nerveux.

potentiel d'équilibre : Valeur du potentiel de membrane pour laquelle un ion donné est à l'équilibre électrochimique.

potentiel d'inversion : Potentiel de membrane d'un neurone postsynaptique (ou de toute autre cellule cible) auquel l'action d'un neurotransmetteur ne provoque aucun flux net de courant.

potentiel de plaque motrice (PPM) : Dépolarisation de la membrane d'une fibre musculaire squelettique sous l'effet de l'acétylcholine libérée à la jonction neuromusculaire.

potentiel de récepteur : Variation du potentiel de membrane des neurones récepteurs survenant lors de la transduction sensorielle.

potentiel de repos : Potentiel intracellulaire négatif enregistré entre les deux côtés de la membrane.

potentiel postsynaptique (PSP) : Variation de potentiel produite dans un neurone postsynaptique par la liaison d'un neurotransmetteur libéré par un neurone présynaptique.

potentiel postsynaptique excitateur (PPSE) : Variation du potentiel postsynaptique induite par un neurotransmetteur, qui dépolarise la cellule et augmente ainsi la probabilité que soit déclenché un potentiel d'action postsynaptique.

potentiel postsynaptique inhibiteur (PPSI) : Variation du potentiel postsynaptique induite par un neurotransmetteur et qui tend à réduire la probabilité que soit déclenché un potentiel d'action postsynaptique.

potentiels de plaque motrice miniatures (PPMm) : Dépolarisations spontanées et de faible amplitude de la membrane des fibres musculaires squelettiques, provoquées par la libération de quanta d'acétylcholine.

préganglionnaire : Qualifie les neurones de la moelle et du tronc cérébral (ainsi que leurs axones) qui innervent les ganglions végétatifs.

pré-proprotéines : Premiers produits de la traduction des protéines synthétisés dans une cellule ; ces polypeptides sont généralement beaucoup plus longs que le peptide définitif et contiennent souvent des séquences signaux qui dirigent le peptide vers la lumière du réticulum endoplasmique.

présynaptique : Qualifie l'élément d'une synapse spécialisé pour la libération de neurotransmetteur ; du côté amont de la synapse.

prétectum : Groupe de noyaux situés à la jonction du thalamus et du mésencéphale et jouant un rôle important dans le réflexe pupillaire à la lumière en relayant les informations d'origine rétinienne vers le noyau d'Edinger-Westphal.

prévertébral : Qualifie les ganglions sympathiques situés en avant de la colonne vertébrale (à distinguer des ganglions de la chaîne sympathique latérovertébrale).

primates : Ordre de Mammifères incluant les lémuriens, les tarsiers, les singes du nouveau-monde, les singes de l'ancien-monde (macaques, singes anthropoïdes) et l'homme.

principe de taille : Recrutement ordonné des motoneurones en fonction de leur taille, lors du développement de tensions musculaires croissantes. Synonyme : loi de Henneman.

promoteur : Séquence d'ADN (située généralement dans les 35 nucléotides en amont du point de départ de la transcription) à laquelle l'ARN polymérase et les facteurs de transcription associés se lient pour faire démarrer la transcription.

propriocepteurs : Récepteurs sensoriels (appartenant d'ordinaire à la seule catégorie des mécanorécepteurs) sensibles aux forces internes qui s'exercent sur le corps ; les fuseaux neuromusculaires et les organes tendineux de Golgi en sont les exemples les plus connus.

proprotéines : Protéines non encore complètement élaborées, contenant des séquences peptidiques intervenant dans le repliement correct de la protéine finale.

prosencéphale : Vésicule la plus antérieure du cerveau embryonnaire à trois vésicules, se subdivisant ultérieurement en télencéphale et diencéphale.

prosodie : Tonalité ou qualité émotionnelle du langage.

prosopagnosie : Incapacité de reconnaître les visages ; ordinairement due à des lésions du cortex temporal droit.

protéines G : Nom donné à deux grands groupes de protéines, les protéines G hétérotrimériques et les protéines G à petite molécule ; elles peuvent être activées en échangeant le GDP qu'elles lient pour du GTP.

protéines G hétérotrimériques : Grand groupe de protéines comportant trois sous-unités (*a*, *b* et *g*) qui peuvent être activées en échangeant le GDP qu'elles lient pour du GTP, ce qui produit la libération de deux molécules signaux, le αGTP et le dimère $\beta\gamma$.

protéines membranaires intrinsèques : Protéines possédant des domaines hydrophobes enchâssés dans les membranes.

protéoglycane : Molécule formée d'un centre protéique sur lequel s'attachent une ou plusieurs longues chaînes linéaires d'hydrates de carbone (glycosaminoglycannes).

proximal : Le plus proche du point de référence (le contraire de distal).

psychotrope (substance) : Substance altérant le comportement, l'humeur ou la perception.

pulvinar : Noyau thalamique recevant la majorité de ses afférences des aires corticales sensorielles ou d'association et projetant en retour sur les cortex associatifs, particulièrement sur le lobe pariétal.

pupille : Ouverture de l'iris permettant l'entrée de la lumière dans l'œil.

putamen : L'un des trois noyaux principaux des ganglions de la base.

pyramides bulbaires : Renflements longitudinaux sur la face ventrale du bulbe formés par les fibres corticospinales de chaque hémisphère avant leur croisement (appelé décussation des pyramides) à la limite entre le bulbe et la moelle épinière.

quatrième ventricule : Espace ventriculaire s'étendant entre le pont et le cervelet.

queue de cheval : Ensemble des racines ventrales et dorsales s'étendant de l'extrémité caudale de la moelle épinière jusqu'à leur sortie du canal rachidien.

racines dorsales : Faisceaux de fibres allant des ganglions rachidiens jusqu'aux cornes dorsales de la moelle et véhiculant les informations sensorielles en provenance de la périphérie.

racines ventrales : Ensemble de fibres nerveuses contenant les axones qui quittent la moelle épinière par le côté ventral et qui rejoignent les différents nerfs segmentaires dont elles constituent le contingent moteur.

radiations optiques : Partie de la capsule interne contenant les axones des neurones du corps genouillé latéral acheminant les informations visuelles jusqu'au cortex strié.

rameaux communicants : Filets nerveux unissant les nerfs rachidiens aux ganglions végétatifs ; les rameaux communicants blancs sont formés de fibres préganglionnaires myélinisées et les rameaux communicants gris de fibres postganglionnaires amyéliniques.

récepteur : Protéine membranaire contenant un site extracellulaire de liaison d'un neurotransmetteur ou d'une hormone ainsi que des domaines intracellulaires ou transmembranaires signalant à l'intérieur de la cellule l'état de liaison à un agoniste. Ce mot désigne aussi les cellules assurant la transduction sensorielle.

récepteurs ionotropes : voir *canaux ioniques activés par un ligand*.

récepteurs métabotropes : Famille de récepteurs de neurotransmetteurs ou d'hormones caractérisés par sept domaines transmembranaires ; quand ces récepteurs sont liés par des agonistes, ils provoquent l'activation de protéines G intracellulaires qui servent d'intermédiaires pour une large gamme d'effets.

récepteurs muscariniques : Groupe de récepteurs de l'acétylcholine couplés aux protéines G et activés par un alcaloïde végétal, la muscarine.

récepteurs Trk : Récepteurs des neurotrophines de la famille des facteurs de croissance.

recyclage des vésicules synaptiques : Succession de réactions de bourgeonnement et de fusion qui a lieu dans les terminaisons présynaptiques et donne les vésicules synaptiques.

réflexe : Réponse motrice involontaire et stéréotypée déclenchée par un stimulus particulier.

réflexe d'étirement : voir *réflexe myotatique*.

réflexe de flexion : Réflexe polysynaptique de retrait, éloignant une partie du corps d'un stimulus nociceptif.

réflexe myotatique : Contraction réflexe d'un muscle provoquée par son étirement ; la branche afférente des réflexes myotatiques spinaux ou du tronc cérébral a son origine dans les fuseaux neuromusculaires du muscle étiré. Synonyme : réflexe d'étirement.

réflexe pupillaire à la lumière : Réduction du diamètre de la pupille consécutive à la stimulation lumineuse de la rétine.

réflexe vestibulo-oculaire : Mouvement oculaire involontaire en réponse à un déplacement de la tête. Ce réflexe permet de maintenir la stabilité des images rétiniennes lors des mouvements de la tête.

réflexes de proximité : Réponses réflexes induites par un changement de la convergence binoculaire pour fixer un objet plus proche ; comprennent convergence, accommodation et constriction de la pupille.

réponse retardée (épreuve de) : Test comportemental de la mémoire et de la cognition.

réserpine : Agent antihypertenseur sorti d'usage du fait d'effets secondaires tels que l'induction de comportements dépressifs.

rétrograde : Mouvement ou influence allant de l'extrémité de l'axone vers le corps cellulaire.

rhodopsine : Pigment photosensible des bâtonnets.

rhombencéphale : Vésicule la plus postérieure du cerveau embryonnaire à trois vésicules, se subdivisant ultérieurement en métencéphale (pont et cervelet) et en myélencéphale (bulbe).

rhombomère : voir *neuromère*.

rigidité de décérébration : Tonus excessif des muscles extenseurs résultant d'une lésion des voies motrices descendantes au niveau du tronc cérébral.

rostral : Antérieur, du côté de la tête.

rythme circadien : Fluctuation des fonctions physiologiques selon une période de vingt-quatre heures.

saccades : Mouvements balistiques et conjugués des yeux, qui déplacent le point de fixation fovéale.

saccule : Organe otolithique qui détecte les accélérations linéaires et les inclinaisons de la tête dans le plan vertical.

sagittal : Désigne le plan antéro-postérieur d'un animal.

scissure : Profonde fente du cerveau ; se distingue des sillons, moins profonds, qui séparent des replis cérébraux.

scissure calcarine : Sillon principal de l'aspect médian du lobe occipital ; le cortex visuel primaire est en grande partie situé sur les bords de cette scissure.

scissure de Sylvius : Profond sillon sur l'aspect latéral de l'encéphale, séparant le lobe temporal du lobe frontal ; appelée scissure latérale chez l'animal.

scissure latérale : voir *scissure de Sylvius*.

sclérotique : Membrane de tissu conjonctif formant la tunique externe du globe oculaire (blanc de l'œil).

scotome : Lacune perceptive dans le champ visuel résultant d'une altération pathologique d'un élément de la voie visuelle primaire.

segment : Élément d'une série d'unités antéro-postérieures plus ou moins semblables constituant les animaux segmentés.

segment externe : Partie des photorécepteurs formée de disques membranaires et contenant les pigments photosensibles responsables de la phototransduction. Désigne également une partie du globus pallidus.

segmentation : Division antéro-postérieure des animaux en unités plus ou moins semblables qui se répètent.

sélectivité pour une orientation : Propriété de nombreux neurones du cortex visuel ; ces neurones répondent sélectivement à des bords présentés dans une gamme limitée d'orientations.

sémaphorines : Famille de molécules diffusibles inhibant la croissance (voir aussi *collapsines*).

sensibilisation : Augmentation, dans la région qui entoure une blessure, de la sensibilité aux stimulus. Désigne aussi une réponse aversive généralisée à un stimulus anodin qui a été associé à un stimulus nociceptif.

sérotonine : Monoamine dérivant de l'acide aminé tryptophane et ayant un rôle de neurotransmetteur.

seuil : Niveau du potentiel de membrane auquel est déclenché un potentiel d'action.

sexe génotypique : Nature du sexe d'après les chromosomes sexuels ; la combinaison XX correspond à une femelle génotypique, la combinaison XY à un mâle.

sexe phénotypique : Caractéristiques physiques apparentes relatives aux activités sexuelles.

sillon : Dépression profonde formée, dans les hémisphères cérébraux, entre les bourrelets des circonvolutions adjacentes.

sillon central : Sillon majeur de l'aspect latéral des hémisphères représentant la limite entre le lobe frontal et le lobe pariétal. La berge antérieure du sillon est formée par le cortex moteur primaire, la berge postérieure par le cortex somesthésique primaire (également appelé scissure de Rolando chez l'homme).

sillon cingulaire : Sillon important de l'aspect médian des hémisphères.

sinus carotidien : Dilatation de la bifurcation de la carotide primitive en carotides externe et interne où siègent des récepteurs sensibles à la pression artérielle appelés barorécepteurs.

soma : Corps cellulaire d'un neurone ; synonyme : périkaryon.

somites : Masses de mésoderme, disposées de façon segmentaire de part et d'autre du tube neural et qui formeront le derme, les muscles squelettiques et les vertèbres.

sommeil à ondes lentes : Ensemble des phases de sommeil dépourvues de mouvements rapides des yeux.

sommeil paradoxal : Phase de sommeil caractérisée par des ondes électroencéphalographiques rapides et de faible amplitude et par la présence de mouvements oculaires rapides.

sonic hedgehog (Shh) : La protéine Shh est une hormone peptidique dont le rôle de signal inducteur est indispensable au développement du système nerveux des mammifères ; on estime qu'elle joue un rôle particulièrement important pour déterminer l'identité des neurones de la partie ventrale de la moelle et du cerveau postérieur embryonnaires.

spécificité : Ce terme s'applique aux connexions neurales qui impliquent des choix de cibles spécifiques.

spina bifida : Anomalie du développement embryonnaire due à l'absence de fermeture de l'extrémité postérieure du tube neural.

spino-cervelet : Région du cortex cérébelleux recevant des afférences d'origine spinale, tout particulièrement de la colonne de Clarke, dans la moelle thoracique.

split-brain : voir *cerveau dédoublé*.

sporadique : Qualifie les maladies apparaissant au hasard, par cas isolés, dans une population. S'oppose aux formes familiales ou héréditaires.

SRY : gène du chromosome Y dont l'expression déclenche une cascade hormonale qui masculinise le fœtus.

stéréocils : Expansions riches en actine, formant, avec le kinocil, la touffe de cils qui émerge de l'extrémité apicale d'une cellule ciliée ; site de transduction des stimulus mécaniques.

stéréopsie : Perception visuelle de la profondeur et du relief résultant du fait que les yeux voient le monde sous des angles légèrement différents.

strabisme : Défaut d'alignement des axes des deux yeux, empêchant une vision binoculaire normale.

striatum (néostriatum) : Nom collectif donné au noyau caudé et au putamen ; les nombreux faisceaux de fibres de cette région lui donnent un aspect strié.

strie vasculaire : Épithélium spécialisé bordant le canal cochléaire et maintenant à un niveau élevé la teneur de l'endolymphe en potassium.

striola : Ligne qui, dans l'utricule et dans le saccule, divise les cellules ciliées en deux populations dont les touffes ciliées ont des polarités opposées.

substance blanche : Terme général désignant les faisceaux massifs de fibres du cerveau et de la moelle épinière ; ainsi nommée à cause de son aspect blanchâtre sur une coupe de tissu frais.

substance grise : Terme général s'appliquant aux régions du système nerveux central caractérisées par l'abondance des corps cellulaires de neurones et du neuropile ; elle forme le cortex cérébral et le cortex cérébelleux, les noyaux cérébraux, et la partie centrale de la moelle épinière.

substance grise périaqueducale : Région de la substance grise du tronc cérébral comprenant, entre autres, les noyaux qui participent à la modulation des sensations douloureuses.

substance noire : Noyau de la base du mésencéphale recevant des afférences de diverses structures corticales et sous-corticales. Les cellules dopaminergiques de la substance noire envoient des efférences vers le noyau caudé et le putamen et participent à la modulation du contrôle moteur. Synonymes : substantia nigra, locus niger.

substance P : Neuropeptide à 11 acides aminés ; c'est le premier neuropeptide à avoir été défini.

surdité de transmission : Diminution de l'ouïe due à une réduction de la transmission mécanique des sons jusqu'à l'oreille interne. Ses causes les plus fréquentes comprennent l'occlusion du conduit auditif externe, la perforation du tympan et la dégénérescence arthritique des osselets de l'oreille moyenne.

surdité neurosensorielle (ou de perception) : Diminution de l'audition due à une lésion de l'oreille interne ou des structures auditives centrales. À distinguer de la surdité de transmission.

synapse : Contact entre un neurone et une cellule cible, spécialisé pour la transmission des informations par libération et réception de transmetteurs chimiques.

synapse chimique : Synapse transmettant les informations grâce à la sécrétion de substances chimiques, les neurotransmetteurs.

synapse électrique : Synapse qui transmet l'information par un passage direct de courant au niveau de jonctions communicantes.

syncytium : Groupe de cellules présentant une continuité de leur cytoplasme.

syndrome de Brown-Séquard : Tableau clinique faisant suite à une lésion unilatérale de la moelle ; caractérisé par une perte de la sensibilité mécanique du côté et au-dessous de la lésion et par une réduction des sensations douloureuses en dessous de la lésion, mais du côté opposé.

syndrome de Korsakoff : Syndrome amnésique observé dans l'alcoolisme chronique.

syndrome neurogène périphérique : Conséquences d'une atteinte des motoneurones alpha, comprenant paralysie ou parésie, atrophie musculaire, aréflexie et fibrillations.

syndrome pyramidal : Symptômes résultant d'une lésion des systèmes moteurs corticaux ou de leurs efférences et comprenant paralysie, spasticité et signe de Babinski.

système limbique : Terme désignant les structures corticales et sous-corticales intervenant dans les émotions ; les éléments les plus importants du système limbique sont le gyrus cingulaire, l'hippocampe et l'amygdale.

système moteur : Terme général désignant l'ensemble des structures centrales et périphériques grâce auxquelles sont exécutés les comportements moteurs.

système nerveux central: Le cerveau et la moelle épinière des vertébrés (et, par analogie, la chaîne nerveuse ventrale et les ganglions des invertébrés).

système nerveux parasympathique: Subdivision du système nerveux végétatif comprenant des cellules ganglionnaires cholinergiques situées à proximité des organes cibles.

système nerveux périphérique: Ensemble de nerfs et de neurones extérieurs à l'encéphale et à la moelle épinière.

système nerveux sympathique: Subdivision du système nerveux végétatif comprenant essentiellement des cellules ganglionnaires adrénergiques situées relativement loin des organes cibles.

système nerveux végétatif (ou autonome): Éléments du système nerveux central ou périphérique impliqués dans le contrôle des muscles lisses, du muscle cardiaque et des glandes.

système réticulaire activateur: Région du tegmentum du tronc cérébral, dont la stimulation provoque l'éveil; intervient dans la régulation de la veille et du sommeil.

système rétino-tectal: Voie qui, chez les vertébrés, va des cellules ganglionnaires de la rétine jusqu'au tectum optique.

système sensoriel: Terme parfois utilisé pour désigner tous les éléments du système nerveux central et périphérique intervenant dans la sensation.

système somesthésique: Régions du système nerveux intervenant dans le traitement des informations sensorielles relatives aux forces mécaniques qui s'exercent sur la surface du corps et sur les structures profondes telles que les muscles et les articulations.

tache aveugle: Région de l'espace visuel qui se projette sur la papille optique; étant donné l'absence de récepteurs au niveau de la papille optique, les objets qui sont intégralement situés à l'intérieur de la tache aveugle ne sont pas perçus.

tectum: Terme général désignant la partie dorsale du tronc cérébral (mot latin pour «toit»).

tectum optique: Toit du mésencéphale constituant, chez de nombreux vertébrés, la première structure visuelle centrale; analogue des colliculus supérieurs des mammifères.

tegmentum: Terme général désignant la substance grise centrale du tronc cérébral.

télencéphale: Partie la plus antérieure du cerveau, comprenant les hémisphères cérébraux; dérive, ainsi que le diencéphale, du prosencéphale, première des vésicules du cerveau embryonnaire à trois vésicules.

temporal: Du côté des tempes. S'applique en particulier à la partie du champ visuel de chaque œil située du côté de la tempe.

tétraéthylammonium: Ammonium quaternaire bloquant sélectivement les canaux K^+ sensibles au voltage. Élimine le courant K^+ retardé dans les expériences de voltage imposé.

tétrodotoxine: Alcaloïde neurotoxique produit par certains poissons globes, par des grenouilles et des salamandres tropicales, qui bloque sélectivement les canaux Na^+ sensibles au voltage; élimine sélectivement le courant précoce de Na^+ dans les expériences de voltage imposé.

thalamus: Ensemble de noyaux qui constituent l'élément le plus massif du diencéphale. Parmi ses multiples fonctions, la plus importante est de relayer vers le cortex cérébral les informations sensorielles émanant des centres inférieurs.

thermorécepteur: Récepteur spécialisé dans la transduction des variations de température.

tonique: Qualifie une activité maintenue en réponse à un stimulus continu (le contraire de phasique).

tonotopie: Disposition ordonnée des réponses préférentielles aux fréquences sonores sur l'axe d'une structure auditive.

tonus musculaire: Tension légère et permanente d'un muscle que l'on mesure par la résistance du muscle à l'étirement passif.

tractus olfactif latéral: voir *bandelette olfactive latérale*.

tractus optique: Nom donné au faisceau formé par les axones des cellules ganglionnaires de la rétine entre le chiasma optique et le corps genouillé latéral du thalamus (synonyme: bandelette optique).

transducine: Protéine G intervenant dans la cascade de la phototransduction.

transduction sensorielle: Processus par lequel les récepteurs sensoriels convertissent l'énergie des stimulus en signaux électriques.

transmetteur: voir *neurotransmetteur*.

transport axoplasmique: Processus par lequel des matériaux sont emmenés du soma neuronique vers les terminaisons nerveuses (transport antérograde) ou amenés des terminaisons vers le corps cellulaire (transport rétrograde).

transporteurs: Molécules de la membrane cellulaire qui, moyennant une certaine consommation d'énergie, déplacent des ions à l'encontre de leur gradient de concentration et, ce faisant, rétablissent ou maintiennent les gradients normaux de concentration de part et d'autre de la membrane.

transsexualisme: Identification sexuelle avec le sexe phénotypique opposé.

tremblement d'intention: Tremblement qui survient lors de mouvements volontaires; caractéristique des troubles cérébelleux.

trichromates: Qualifie les individus qui, comme c'est la règle dans l'espèce humaine, ont une rétine à trois types de cônes différents, mis en jeu dans les premières étapes de la vision des couleurs et dont les pigments absorbent différentiellement les rayonnements de grande, moyenne ou courte longueur d'onde.

tronc cérébral: Partie du cerveau située entre le diencéphale et la moelle épinière, comprenant le mésencéphale, le pont et le bulbe.

trophique: Qualifie la capacité de faciliter la subsistance d'un tissu ou d'une cellule; terme généralement appliqué aux interactions à long terme entre cellules pré- et post-synaptiques.

tropisme: Orientation de la croissance en réponse à un stimulus extérieur.

tube neural: Ébauche initiale de l'encéphale et de la moelle épinière, dérivant de l'ectoderme neural.

undershoot: voir *phase d'hyperpolarisation consécutive*.

unité motrice: Ensemble formé par un motoneurone et les fibres musculaires qu'il innerve; au sens large, désigne la totalité des fibres musculaires innervées par un même motoneurone.

utricule: Organe otolithique détectant les accélérations linéaires et les inclinaisons de la tête dans le plan horizontal.

vasopressine: Neuropeptide de neuf acides aminés, agissant comme neurohormone et comme neurotransmetteur.

végétatif: Terme relatif à la division du système nerveux qui innerve les viscères, régule et coordonne leur activité et, plus généralement, intervient dans les fonctions métaboliques et le maintien de l'homéostasie; synonyme d'*autonome*.

ventral: Du côté du ventre; le contraire de dorsal.

ventricules: Cavités du cerveau des vertébrés, représentant la lumière du tube neural embryonnaire.

vésicule: Littéralement, petit sac; désigne des organites qui stockent des transmetteurs et les déversent sur les terminaisons nerveuses. Désigne également les trois renflements de l'extrémité antérieure du tube neural, qui donnent les trois divisions majeures du cerveau (prosencéphale, mésencéphale et rhombencéphale).

vésicule optique: Évagination de la paroi de la première vésicule encéphalique embryonnaire (prosencéphale), qui évolue en cupule optique puis en rétine et induit la formation du cristallin par l'ectoderme qui lui fait face.

vésicules synaptiques: Organites sphériques, limités par une membrane, qui se trouvent dans les terminaisons présynaptiques et stockent les neurotransmetteurs.

vestibulo-cervelet: Région du cortex cérébelleux qui reçoit des afférences directes des noyaux vestibulaires ou du nerf vestibulaire.

viscère: Organe interne des cavités du corps.

vision photopique: Vision qui a lieu aux niveaux élevés d'éclairement et qui ne met en jeu que les cônes.

vision scotopique: Vision qui a lieu aux niveaux d'éclairement faible et qui ne met en jeu que les bâtonnets.

vitesse de conduction: Vitesse de propagation de l'influx nerveux le long de l'axone.

voie spinothalamique: voir *voie antérolatérale*.

voie visuelle primaire (voie rétinogéniculocorticale): Voie partant de la rétine et gagnant le cortex visuel primaire après avoir fait relais dans le corps genouillé latéral du thalamus; elle achemine les informations qui permettent la perception visuelle consciente.

voies antérolatérales (système antérolatéral): Voies sensitives ascendantes de la moelle épinière et du tronc cérébral, acheminant vers le thalamus les informations relatives aux stimulus thermiques et nociceptifs.

voltage imposé (*voltage clamp*): Technique utilisant une rétroaction électronique pour contrôler le potentiel de membrane d'une cellule tout en mesurant les courants transmembranaires qui résultent de l'ouverture et de la fermeture des canaux ioniques.

zones sous-ventriculaires: Régions à forte densité cellulaire contiguës aux espaces ventriculaires des hémisphères cérébraux.

zone ventriculaire: Couche de cellules, située à proximité immédiate des ventricules dans le tube neural embryonnaire.

Références iconographiques

Chapitre 1
L'étude du système nerveux

Tête de chapitre Copyright © Max Delson/ istockphoto.com. – **Figure 1.3** Peters, A., S.L. Palay et H. de Webster (1991), *The Fine Structure of the Nervous System : Neurons and Their Supporting Cells*, 3rd Ed. New York, Oxford University Press. – **Figure 1.4E** Sala, K., K. Futai, K. Yamamoto, P.F. Worley, Y. Hayashi et M. Sheng (2003), Inhibition of dendritic spine morphogenesis ans synaptic transmission by activity-inducible protein Homer1a. *J. Neurosci.*, 23, 6327-6337. – **Figure 1.4F** Matus, A. (2000), Actin dynamics and synaptic plasticity. *Science*, **290**, 754-758. – **Figure 1.5A-C** Jones, E.G. et M.W. Cowan (1983), The nervous tissue. In *The Structural Basis of Neurobiology*, E.G. Jones (ed.). New York, Elsevier, Chapitre 8.

Chapitre 2
Les signaux électriques des cellules nerveuses

Figure 2.7 & 2.8 Hodgkin, A.L. et B. Katz (1949), The effect of sodium ions on the electrical activity of the giant axon of the squid. *J. Physiol. (Lond.)*, **108**, 37-77.

Chapitre 3
La perméabilité membranaire dépendante du voltage

Figures 3.1, 3.2, 3.3 & 3.4 Hodgkin, A.L. et A.F. Huxley (1952), Currents carried by sodium and potassium ions through the membrane of the giant axon of *Loligo*. *J. Physiol. (Lond.)*, **116**, 449-472. – **Figure 3.5** Armstrong, C.M. et L. Binstock (1965), Anomalous rectification in the squid giant axon injected with tetraethylammonium chloride. *J. Gen. Physiol.*, **48**, 859-872. Moore, J.W., M.P. Blaustein, N.C. Anderson et T. Narahashi (1967), Basis of tetrodotoxin's selectivity in blockage of squid axons. *J. Gen. Physiol.*, **50**, 1401-1411. – **Figures 3.6 & 3.7** Hodgkin, A.L. et A.F. Huxley (1952b), The components of membrane conductance in the giant axon of *Loligo*. *J. Physiol. (Lond.)*, **116**, 473-496. – **Figure 3.8** Hodgkin, A.L. et A.F. Huxley (1952), A quantitative description of membrane current and its application to conduction and excitation in nerve. *J. Physiol. (Lond.)*, **116**, 507-544. – **Figure 3.10** Hodgkin, A.L. et W.A. Rushton (1938), The electrical constants of a crustacean nerve fibre. *Proc. R. Soc. Lond.*, **133**, 444-479.

Chapitre 4
Canaux et transporteurs

Figure 4.1B, C Bezanilla, F. et A.M. Correa (1995), Single-channel properties and gating of Na$^+$ and K$^+$ channels in the squid giant axon. In *Cephalopod Neurobiology*, N.J. Abbott, R. Williamson and L. Maddock (eds.). New York, Oxford University Press, 131-151. – **Figure 4.1D** Vanderberg, C.A. et F. Bezanilla (1991), A sodium channel model based on single channel, macroscopic ionic, and gating currents in the squid giant axon. *Biophys. J.*, **60**, 1511-1533. – **Figure 4.1E** Correa, A.M. et F. Bezanilla (1994), Gating of the squid sodium channel at positive potentials. II. Single channels reveal two open states. *Biophys. J.*, **66**, 1864-1878. – **Figure 4.2B-D** Augustine, C.K. et F. Bezanilla (1990), Phosphorylation modulates potassium conductance and gating current of perfused giant axons of squid. *J. Gen. Physiol.*, **95**, 245-271. – **Figure 4.2E** Perozo, E., D.S. Jong et F. Bezanilla (1991), Single-channel studies of the phosphorylation of K$^+$ channels in the squid giant axon. II. Nonstationary conditions. *J. Gen. Physiol.*, **98**, 19-34. – **Figure 4.8** Doyle, D.A. et 7 autres (1998), The structure of the potassium channel : Molecular basis of K$^+$ conduction and selectivity. *Science*, **280**, 69-77. – **Figure 4.9A-C** Long, S.B., E.B. Campbell et R. Mackinnon, (2005a), Crystal structure of a mammalian voltage-dependent Shaker family K$^+$ channel. *Science*, **309**, 897-903. – **Figure 4.9D** Long, S.B., E.B. Campbell et R. Mackinnon (2005b), Voltage sensor of Kvl.2 : Structural basis of electro-mechanical coupling. *Science*, **309**, 903-908. – **Figure 4.9E** Lee, A.G. (2006), Ion channels : A paddle in oil. *Nature*, **444**, 697. – **Figure 4.11** Hodgkin, A.L. et R.D. Keynes (1955), Active transport of cations in giant axons from *Sepia* and *Loligo*. *J. Physiol. (Lond.)*, **128**, 28-60. Lingren, J.B., J. Van Huysse, W. O'Brien, E. Jewell-Motz, R. Askew et P. Schultheis (1994), Structure-function studies of the Na, K-ATPase. *Kidney Internat.*, **45**, S32-S39. – **Figure 4.12** Rang, H.P. et J.M. Ritchie (1968), On the electrogenic sodium pump in mammalian non-myelinated nerve fibres and its activation by various external cations. *J. Physiol. (Lond.)*, **196**, 183-221. – **Figure 4.13** Lingren, J.B., J. Van Huysse, W. O'Brien, E. Jewell-Motz, R. Askew et P. Shultheis (1994), Structure-function studies of the Na, K-ATPase. *Kidney Internat.*, **45**, S32-S39. – **Figure 4.14** Toyoshima, C., H. Nomura et T. Tsuda (2004), Luminal gating mechanism revealed in calcium pump crystal structures with phosphate analogues. *Nature*, **432**, 361-368.

Chapitre 5
La transmission synaptique

Figure 5.2B Furshpan, E.J. et D.D. Potter (1959), Transmission at the giant motor synapses of the crayfish. *J. Physiol. (Lond.)*, **145**, 289-325. – **Figure 5.2C** Beierlein, M., J.R. Gibson et B.W. Connors (2000), A network of electrically coupled interneurons drives synchronized inhibition in neocortex. *Nature Neurosci.*, **3**, 904-910. – **Figure 5.4B & D** Peters, A., S.L. Palay et H. de Webster (1991), *The Fine Structure of the Nervous System : Neurons and Their Supporting Cells*, 3rd Ed. New York, Oxford University Press. – **Figure 5.6** Fatt, P. et B. Katz (1952), Spontaneous subthreshold activity at motor nerve endings. *J. Physiol. (Lond.)*, **117**, 109-128. – **Figure 5.7** Boyd, I.A. et A.R. Martin (1955), Spontaneous subthreshold activity at mammalian neuromuscular jonctions. *J. Physiol. (Lond.)*, **132**, 61-73. **Figure 5.8A, B** Heuser, J.E., T.S. Reese, M.J. Dennis, Y. Jan, L. Jan et L. Evans (1979), Synaptic vesicle exocytosis captured by quick freezing and correlated with quantal transmitter release. *J. Cell Biol.*, **81**, 275-300. – **Figure 5.8C** Harlow, M.L., D. Ress, A. Stoshek, R.M. Marshall et U.J. McMahan (2001), The architecture of the active zone material at the frog's neuromuscular junction. *Nature*, **409**, 479-484. – **Figure 5.9** Heuser, J.E. et T.S. Reese (1973), Evidence for recycling of synaptic vesicle membrane during transmitter release at the frog neuromuscular junction. *J. Cell Biol.*, **57**, 315-344. – **Figure 5.10** Augustine, G.J. et R. Eckert (1984), Divalent cations differentially support transmitter release at the squid giant synapse. *J. Physiol. (Lond.)*, **346**, 257-271. – **Figure 5.11A** SMITH, S.J., J. BUCHANAN, L.R. OSSES, M.P. CHARLTON et G.J. AUGUSTINE (1993), The spatial distribution of calcium signals in squid presynaptic terminals. *J. Physiol.* (Lond.), **472**, 573-593. – **Figure 5.11B** MILEDI, R. (1973), Transmitter release induced by injection of calcium ions into nerve terminals. *Proc. R. Soc. Lond. B*, **183**, 421-425. – **Figure 5.11C** ADLER, E., M. ADLER, G.J. AUGUSTINE, M.P. CHARLTON et S.N. DUFFY (1991), Alien intracellular calcium chelators attenuate neurotransmitter release at the squid giant synapse. *J. Neurosci.*, **11**, 1496-1507. – **Figure 5.13A** TAKAMORI, S. et 21 AUTRES (2006), Molecular anatomy of a trafficking organelle. *Cell*, **127**, 831-846. – **Figure 5.14A & Encadré 5C** SUTTON, R.B., D. FASSHAUER, R. JAHN et A.T. BRÜNGER (1998), Crystal structure of a SNARE complex involved in synaptic exocytosis at 2.4 Å resolution. *Nature*, **395**, 347-353. – **Figure 5.15A** MARSH, M. et H.T. MCMAHON (1999), The structural era of endocytosis. *Science*, **285**, 215-219. – **Figure 5.17** TAKEUCHI, A. et N. TAKEUCHI (1960), On the permeability of end-plate membrane during the action of transmitter. *J. Physiol. (Lond.)*, **154**, 52-67.

Chapitre 6
Les neurotransmetteurs et leurs récepteurs

Figure 6.3D TOYOSHIMA, C. et N. UNWIN (1990), Three-dimensional structure of the acetylcholine receptor by cryoelectron microscopy and helical image reconstruction. *J. Cell. Biol.*, **111**, 2623-2635. – **Figure 6.9A** CHAVAS, J. et A. MARTY (2003), Coexistence of excitatory and inhibitory GABA synapses in the cerebellar interneuron network. *J. Neurosci.*, **23**, 2019-2031. – **Figure 6.16A, B** FREUND, T.F., I. KATONA et D. PIOMELLI (2003), Role of endogenous cannabinoids in synaptic signaling. *Physiol. Rev.*, **83**, 1017-1066. – **Figure 6.16C** IVERSEN, L. (2003), Cannabis and the brain. *Brain*, **126**, 1252-1270. – **Figure 6.17** OHNO-SHOSAKU, T., T. MAEJIMA et M. KANO (2001), Endogenous cannabinoids mediate retrograde signals from depolarized postsynaptic neurons to presynaptic terminals. *Neuron*, **29**, 729-738.

Chapitre 8
La plasticité synaptique

Figure 8.1A, B CHARLTON, M.P. et G.D. BITTNER (1978), Presynaptic potentials and facilitation of transmitter release in the squid giant synapse. *J. Gen. Physiol.*, **72**, 487-511. – **Figure 8.1C** SWANDULLA, D., M. HANS, K. ZIPSER et G.J. AUGUSTINE (1991), Role of residual calcium in synaptic depression and posttetanic potentiation: Fast and slow calcium signaling in nerve terminals. *Neuron*, **7**, 915-926. – **Figure 8.1D** BETZ, W.J. (1970), Depression of transmitter release at the neuromuscular junction of the frog. *J. Physiol. (Lond.)*, **206**, 629-644. – **Figure 8.1E** LEV-TOV, A., M.J. PINTER et R.E. BURKE (1983), Posttetanic potentiation of group 1a EPSPs: Possible mechanisms for differential distribution among medial gastrocnemius motoneurons. *J. Neurophysiol.*, **50**, 379-398. – **Figure 8.2A** KATZ, B. (1966), *Nerve, Muscle, and Synapse*. New York, McGraw-Hill. – **Figure 8.2B** MALENKA, R.C. et S.A. SIEGEL-BAUM (2001), Synaptic plasticity: Diverse targets and mechanisms for regulating synaptic efficacy. In *Synapses*. W.M. Cowan, T.C. Sudhof and C.E. Stevens (eds.). Baltimore, John Hopkins University Press, 393-413. – **Figures 8.3, 8.4 & 8.5** SQUIRE, L.R. et E.R. KANDEL (1999), *Memory: From Mind to Molecules*. New York: Scientific American Library. – **Figure 8.7 A-C** MALINOW, R., H. SCHULMAN et R.W. TSIEN (1989), Inhibition of postsynaptic PKC or CaMKII blocks induction but not expression of LTP. *Science*, **245**, 862-866. – **Figure 8.70** ABRAHAM, W.C., B. LOGAN, J.M. GREENWOOD et M. DRAGUNOW (2002), Induction and experience-dependent consolidation of stable long-term potentiation lasting months in the hippocampus. *J. Neurosci.*, **22**, 9626-9634. – **Figure 8.8** GUSTAFSSON, B., H. WIGSTROM, W.C. ABRAHAM et Y.Y. HUANG (1987), Long-term potentiation in the hippocampus using depolarizing current pulses as the conditioning stimulus to single volley synaptic potentials. *J. Neurosci.*, **7**, 774-780. – **Figure 8.10** NICOLL, R.A., J.A. KAUER et R.C. MALENKA (1988), The current excitement in long-term potentiation. *Neuron*, **1**, 97-103. – **Figure 8.12A, B** MATSUZAKI, M., N. HONKURA, G.C. ELLIS-DAVIES et H. KASAI (2004), Structural basis of long-term potentiation in single dendritic spines. *Nature*, **429**, 761-766. – **Figure 8.12C** LIAO, D., N.A. HESSLER et R. MALINOW (1995), Activation of postsynaptically silent synapses during pairing-induced LTP in CA1 region of hippocampal slice. *Nature*, **375**, 400-404. – **Figure 8.13** FREY, U. et R.G. MORRIS (1997), Synaptic tagging and long-term potentiation. *Nature*, **385**, 533-536. – **Figure 8.14A & 8.15** SQUIRE, L.R. et E.R. KANDEL (1999), *Memory: From Mind to Molecules*. New York, Scientific American Library. – **Figure 8.14B** ENGERT, E. et T. BONHOEFFER (1999), Dendritic spine changes associated with hippocampal long-term synaptic plasticity. *Nature*, **399**, 66-70. – **Figure 8.16B** SAKURAI, M. (1987), Synaptic modification of parallel fibre-Purkinje cell transmission in *in vitro* guinea-pig cerebellar slices. *J. Physiol. (Lond)*, **394**, 463-480. – **Figure 8.17** BI, G.Q. et M.M. POO (1998), Synaptic modifications in cultured hippocampal neurons: dependence on spike timing, synaptic strength, and postsynaptic cell type. *J. Neurosci.*, **18**, 10464-10472.

Chapitre 9
Le système somesthésique; sensibilité tactile et proprioception

Encadré 9A et Tableau 9.1 ROSENZWEIG, M.R., S.M. BREEDLOVE et A.L. LEIMAN (2002) *Biological Psychology*, 3rd Ed. Sunderland, MA, Sinauer Associates. – **Figure 9.3C** WEINSTEIN, S. (1968), Neuropsychological studies of the phantom. In *Contributions to Clinical Neuropsychology*, A.L. Benton (ed.). Chicago, Aldine Publishing Company, 73-106. – **Tableau 9.2** JOHNSON, K.O. (2002) Neural basis of haptic perception. In *Steven's Handbook of Experimental Psychology*, 3rd ed. Vol 1: *Sensation and Perception*. H. Pashler and S. Yantis (eds.). New York: Wiley, 537-583. – **Figure 9.5** JOHANSSON, R.S. et A.B. VALLBO (1983), Tactile sensory coding in the glabrous skin of the human. *Trends Neurosci.*, **6**, 27-32. – **Figure 9.6** PHILLIPS, J.R., R.S. JOHANSSON et K.O. JOHNSON (1990), Representation of Braille characters in human nerve fibres. *Exp. Brain Res.*, **81**, 589-592. – **Figure 9.7A** MATTHEWS, P.B.C. (1964), Muscle spindles and their motor control. *Physiol. Rev.*, **44**, 219-289. – **Figure 9.10** BRODAL, P. (1992), *The Central Nervous System: Structure and Function*. New York, Oxford University Press, p. 151. JONES, E.G. et D.P. FRIEDMAN (1982), Projection pattern of functional components of thalamic ventrobasal complex on monkey somatosensory cortex. *J. Neurophys.*, **48**, 521-544. – **Figure 9.11** PENFIELD, W. et T. RASMUSSEN (1950), *The Cerebral Cortex of Man: A Clinical Study of Localization of Function*. New York, Macmillan. CORSI, P. (1991), *The Enchanted Loom: Chapters in the History of Neuroscience*, P. Corsi (ed.). New York, Oxford University Press. – **Figure 9.13A** KAAS, J.H. (1989), The functional organization of somatosensory cortex in primates. *Ann. Anat.*, **175**, 509-517. – **Figure 9.13C** SUR, M. (1980), Receptive fields of neurons in areas 3b and 1 of somatosensory cortex in monkeys. *Brain Res.*, **198**, 465-471. – **Figure 9.14** MERZENICH, M.M., R.J. NELSON, M.P. STRYKER, M.S. CYNADER, A. SCHOPPMANN et J.M. ZOOK (1984), Somatosensory cortical map changes following digit amputation in adult monkeys. *J. Comp. Neurol.*, **224**, 591-605.

Chapitre 10
La douleur

Figure 10.1 FIELDS, H.L. (1978), *Pain.* New York, McGraw-Hill. – **Figure 10.2** FIELDS, H.L. (ed.) (1990), *Pain Syndromes in Neurology.* London, Butterworths. – **Encadré 10C, Figure B** WILLIS, W.D., E.D. AL-CHAER, M.J. QUAST et K.N. WESTLUND

(1999), A visceral pain pathway in the dorsal column of the spinal cord. *Proc. Natl. Acad. Sci. USA*, **96**, 7675-76710. – **Box 10C Figure C**, Hirshberg, R.M. E.D. Al-Chaer, N.B. Lawand, K.N. Westlund et W.D. Willis (1996), Is there a pathway in the dorsal funiculus that signals visceral pain? *Pain*, **67**, 291-305. Nauta, H.J.W., E. Hewitt, K.N. Westlund et W.D. Willis (1997), Surgical interruption of a midline dorsal column visceral pain pathway. *J. Neurosurg.*, **86**, 538-542 – **Encadré 10D** Solonen, K.A. (1962) The phantom phenomenon in amputated Finnish war veterans. *Acta Orthop. Scand.*, **Suppl. 54**, 1-37.

Chapitre 11
La vision : l'œil

Encadré 11A, Figure D Westheimer, G. (1974), In *Medical Physiology*, 13th Ed. V.B. Mountcastle (ed.). St. Louis, Mosby. – **Figure 11.4A-C** Hilfer, S.R. et J.-J.W. Yang (1980), Accumulation of CPC-precipitable material at apical cell surfaces during formation of the optic cup. *Anat. Rec.*, **197**, 423-433. – **Figure 11.6A** Oyster, C.W. (1999), *The Human Eye*. Sunderland, MA, Sinauer Assoc. – **Figure 11.6B,** C Young, R.W. (1971), Shedding of discs from rod outer segments in the rhesus monkey. *J. Ultrastruc. Res.*, **34**, 190-203. – **Figure 11.7** Schnapf, J.L. et D.A. Baylor (1987), How photoreceptor cells respond to light. *Sci. Amer.*, **256**, 40-47. – **Figure 11.12** Baylor, D.A. (1987), Photoreceptor signals and vision. *Invest. Ophthalmol. Vis. Sci.*, **28**, 34-49. – **Figure 11.14B** Hofer, H., J. Carroll, J. Neitz, M. Neitz et D.R. Williams (2005), Organization of the human trichromatic cone mosaic. *J. Neurosci.*, **25**, 9669-9679. – **Encadrés 11E et 11F** Purves, D. et R.B. Lotto (1999), *Why We See What We Do*. Sunderland, MA, Sinauer Associates. – **Figure 11.16A** Nathans, J. (1987), Molecular biology of visual pigments. *Annu. Rev. Neurosci.*, **10**, 163-194. – **Figure 11.16B** Deeb, S.S. (2005), The molecular basis of variation in human color vision. *Clin. Genet.*, **67**, 369-377. – **Figure 11.17** Sakmann, B. et O.D. Creutzfeldt (1969), Scotopic and mesopic light adaptation in the cat's retina. *Pflügers Arch.*, **313**, 168-185.

Chapitre 12
Les voies visuelles centrales

Figure 12.12B Ohki, K., S. Ghung, P. Kara, M. Hubener, T. Bonhoeffer et R.C. Reid (2006), Highly ordered arrangement of single neurons in orientation pinwheels. *Nature*, **442**, 925-928. – **Figure 11.13D** Horton, J. et E.T. Hedley-Whyte (1984), Mapping of cytochrome oxidase patches and ocular dominance columns in human visual cortex. *Philo. Trans.*, **304**, 255-172. – **Encadré 12A, Figure A** Wandell, B.A. (1995), *Foundations of Vision*. Sunderland, MA, Sinauer Associates. – **Encadré 12C, Figure B** Bonhoeffer, T. et A. Grinvald (1993), The layout of iso-orientation domains in area 18 of the cat visual cortex : Optical imaging reveals a pinwheel-like organization. *J. Neurosci.*, **13**, 4157-4180. – **Figure 12.15** Watanabe, M. et R.W. Rodieck (1989), Parasol and midget ganglion cells of the primate retina. *J. Comp. Neurol.*, **289**, 434-454. – **Figure 12.16A** Maunsell, J.H.R. et W.T. Newsome (1987), Visual processing in monkey extrastriate cortex. *Annu. Rev. Neurosci.*, **10**, 363-401. – **Figure 12.16B** Felleman, D.J. et D.C. Van Essen (1991), Distributed hierarchical processing in primate cerebral cortex. *Cereb. Cortex*, **1**, 1-7. – **Figure 12.17** Sereno, M.I. et 7 autres (1995), Borders of multiple visual areas in humans revealed by functional magnetic resonance imaging. *Science*, **268**, 889-893.

Chapitre 13
Le système auditif

Figure 13.4, cartouche Kessel, R.G. et R.H. Kardon (1979), *Tissue and Organs : A Text Atlas of Scanning Electron Microscopy*. San Francisco, W.H. Freeman. – **Figure 13.5** Dallos, P. (1992), The active cochlea. *J. Neurosci.*, **12**, 4575-4585. Von Bekesy, G. (1960), *Experiments in Hearing*. New York, McGraw-Hill. – **Figure 13.7A** Lindeman, H.H. (1973), Anatomy of the otolith organs. *Adv. Otorhinolaryngol.*, **20**, 405-433. – **Figure 13.7B** Hudspeth, A.J. (1983), The hair cells of the inner ear. *Sci. Amer.*, **248**, 54-64. – **Figure 13.7C** Pickles, J.O. (1988), *An Introduction to the Physiology of Hearing*. London, Academie Press. – **Figure 13.7D** Fain, G.L. (2003), *Sensory Transduction*. Sunderland, MA, Sinauer Associates. – **Figure 13.8** Lewis, R.S. et A.J. Hudspeth (1983), Voltage- and ion-dependent conductances in solitary vertebrate hair cells. *Nature*, **304**, 538-541. – **Figure 13.9A** Shotwell, S.L., R. Jacobs et A.J. Hudspeth (1981), Directional sensitivity of individual vertebrate hair cells to controlled deflection of the hair bundles. *Ann. NY Acad. Sci.*, **374**, 1-10. – **Figure 13.9B** Hudspeth A.J. et D.P. Corey (1977), Sensitivity, polarity and conductance change in the response of vertebrate hair cells to controlled mechanical stimuli. *Proc. Natl. Acad. Sci. USA*, **74**, 2407-2411. – **Figure 13.9C** Palmer, A.R. et I.J. Russell (1986), Phase-locking in the cochlear nerve of the guinea-pig and its relation to the receptor potential of inner hair cells. *Hear. Res.*, **24**, 1-15. – **Figure 13.11A** Kiang, N.Y. et E.C. Moxon (1972), Physiological considerations in artificial stimulation of the inner ear. *Ann. Otol. Rhinol. Laryngol.*, **81**, 714-730. – **Figure 13.11C** Kiang, N.Y.S. (1984), Peripheral neural processing of auditory information. In *Handbook of Physiology : A Critical, Comprehensive Presentation of Phy-siological Knowledge and Concepts*, Section 1 : *The Nervous System*, Vol. III. *Sensory Processes*, Part 2, J.M. Brookhart, V.B. Mountcastle, I. Darian-Smith and S.R. Geiger (eds.). Bethesda, MD, American Physiological Society, 639-674. – **Figure 13.13** Jeffress, L.A. (1948), A place theory of sound localization. *J. Comp. Physiol. Psychol.*, **41**, 35-39.

Chapitre 14
Le système vestibulaire

Figure 14.3 Lindeman, H.H. (1973), Anatomy of the otolith organs. *Adv. Otorhinolaryngol.*, **20**, 405-433. – **Figure 14.6** Goldberg, J.M. et C. Fernandez (1976), Physiology of peripheral neurons innervating otolith organs of the squirrel monkey, Parts 1, 2, 3. *J. Neurophysiol.*, **39**, 970-1008. – **Figure 14.9** Goldberg, J.M. et C. Fernandez (1971), Physiology of peripheral neurons innervating semicircular canals of the squirrel monkey, Parts 1, 2, 3. *J. Neurophysiol.*, **34**, 635-684.

Chapitre 15
Les sens chimiques

Figure 15.1E & 15.2D Rolls, E.T., M.L. Kringelbach et I.E.T. de Araujo (2003), Different representations of pleasant and unpleasant odours in the human brain. *Eur. J. Neurosci.*, **18**, 695-703. – **Figure 15.2A** Shier, D., J. Butler et R. Lewis (2004), *Hole's Human Anatomy and Physiology*. Boston, McGraw-Hill. – **Figure 15.2C** Pelosi, P. (1994), Odorant-binding proteins. *Crit. Rev. Biochem. Mol. Biol.*, **29**, 199-228. – **Figure 15.3** Cain, W.S. et J.F. Gent (1986), Use of odor identification in clinical testing of olfaction. In *Clinical Measurement of Taste and Smell*, H.L. Meiselman and R.S. Rivlin (eds.). New York, Macmillan, 170-186. – **Figure 15.4A** Murphy, C. (1986), Taste and smell in the elderly. In *Clinical Measurement of Taste and Smell*, H.L. Meiselman and R.S. Rivlin (eds.). New York, Macmillan, 343-371. – **Figure 15.4B** Wang, J., P. Eslinger, M.B. Smith et Q.X. Yang (2005), Functional magnetic resonance imaging study of human olfaction and normal aging. *J. Gerontol. Med. Sci.*, **60A**, 510-514. – **Figure 15.5** Savic, I., H. Berglund, B. Gulyas et P. Roland (2001), Smelling of odorous sex hormone-like compounds causes sex-differentiated hypothalamic activations in humans. *Neuron*, **31**, 661-668. – **Figure 15.6A** Anholt, R.R.H. (1987), Primary events in olfactory reception. *Trends Biochem. Sci.*, **12**, 58-62. – **Figure 15.6B** Firestein, S., F. Zufall et G.M. Shepherd (1991), Single odor-sensitive channels in olfactory receptor neurons are also gated by cyclic nucleotides. *J. Neurosci.*, **11**, 3565-3572. – **Figure 15.7** Menini, A. (1999), Calcium signalling and regulation in olfactory neurons. *Curr. Opin. Neurobiol.*, **9**, 419-426. – **Figure 15.7B**

DRYER, L. (2000), Evolution of odorant receptors. *BioEssays*, **22**, 803-809. – **Figure 15.9B-D** BOZZA, T., P. FEINSTEIN, C. ZHENG et P. MOMBAERTS (2002), Odorant receptor expression defines functional units in the mouse olfactory system. *J. Neurosci.*, **22**, 3033-3043. – **Figure 15.9B** BELLUSCIO, L., G.H. GOLD, A. NEMES et R. AXEL (1998), Mice deficient in G$_{olf}$ are anosmic. *Neuron*, **20**, 69-81 ; WONG, S.T. et 8 AUTRES (2000), Disruption of the type III adenylyl cyclase gene leads to peripheral and behavioral anosomia in transgenic mice. *Neuron*, **27**, 487-497 ; BRUNET, L., G.H. GOLD et J. NGAI (1996), General anosomia caused by a targeted disruption of the mouse olfactory cyclic nucleotide-gated cation channel. *Neuron*, **17**, 681-693. – **Figure 15.10** FIRESTEIN, S. (1992), Physiology of traduction in the single olfactory sensory neuron. In *Sensory Transduction*, D.P. Corey and S.D. Roper (eds.). New York, Rockefeller University Press, 61-71. – **Figure 15.12** GETCHELL, M.L. (1986), In *Neurobiology of Taste and Smell*, T.E. Finger and W.L. Silver (eds). New York, John Wiley and Sons, p. 112. – **Figure 15.13A** LAMANTIA, A.-S., S.L. POMEROY et D. PURVES (1992), Vital imaging of glomeruli in the mouse olfactory bulb. *J. Neurosci.*, **12**, 976-988. – **Figure 15.13B, C** POMEROY, S.L., A.-S. LAMANTIA et D. PURVES (1990), Postnatal construction of neural activity in the mouse olfactory bulb. *J. Neurosci.*, **10**, 1952-1966. – **Figure 15.13E** MOMBAERTS, P. et 7 AUTRES (1996), Visualizing an olfactory sensory map. *Cell*, **87**, 675-686. – **Figure 15.14A** WANG, J.W., A.M. WONG, J. FLORES, L.B. VOSSHALL et R. AXEL (2003), Two-photon calcium imaging reveals an odor-evoked map of activity in the fly brain. *Cell*, **112**, 271-282. – **Figure 15.14B** BELLUSCIO, L. et L.C. KATZ (2001), Symmetry, stereotypy, and topography of odorant representations in mouse olfactory bulbs. *J. Neurosci.*, **21**, 2113-2122. – **Figure 15.15C** SCHOENFELD, M.A. et 6 AUTRES (2004), Functional magnetic resonance tomography correlates of taste perception in human primary taste cortex. *Neuroscience*, **127**, 347-353. – **Figure 15.17A** ROSS, M.H., L.J. ROMMELL et G.I. KAYE (1995), *Histology, A Text and Atlas*. Baltimore, Williams and Wilkins. – **Figure 15.19** ZHANG, Y. et 7 AUTRES (2003), Coding of sweet, bitter, and umami tastes : Different receptor cells sharing similar signaling pathways. *Cell*, **112**, 293-301.

Chapitre 16
Les motoneurones et le contrôle moteur

Figure 16.2 BURKE, R.E., P.L. STRICK, K. KANDA, C.C. KIM et B. WALMSLEY (1977), Anatomy of medial gastrocnemius and soleus motor nuclei in cat spinal cord. *J. Neurophysiol.*, **40**, 667-680. – **Figure 16.5** BURKE, R.E.,

D.N. LEVINE, M. SALCMAN et P. TSAIRIS (1974), Motor units in cat soleus muscle : Physiological, histochemical and morphological characteristics. *J. Physiol. (Lond.)*, **238**, 503-514. – **Figure 16.7** WALMSLEY, B., J.A. HODGSON et R.E. BURKE (1978), Forces produced by medical gastrocnemius and soleus muscles during locomotion in freely moving cats. *J. Neurophysiol.*, **41**, 1203-1216. – **Figure 16.9** MONSTER, A.W. et H. CHAN (1977), Isometric force production by motor units of extensor digitorum communis muscle in man. *J. Neurophysiol.*, **40**, 1432-1443. – **Figure 16.11** HUNT, C.C. et S.W. KUFFLER (1951), Stretch receptor discharges during muscle contraction. *J. Physiol. (Lond.)*, **113**, 298-315. – **Figure 16.12B** PATTON, H.D. (1965), Reflex regulation of movement and posture. In *Physiology and Biophysics*, 19th Ed. T.C. Ruch and H.D. Patton (eds.). Philadelphia, Saunders, 181-206. – **Figure 16.15** PEARSON, K. (1976), The control of walking. *Sci. Amer.*, **235**, 72-86.

Chapitre 17
Contrôles centraux du tronc cérébral et de la moelle

Figure 17.11 PORTER, R. et R. LEMON (1993), *Corticospinal Function and Voluntary Movement*. Oxford, Oxford University Press. – **Figure 17.12** GRAZIANO, M.S.A., T.N.S. AFLALO et D.F. COOKE (2005), Arm movements evoked by electrical stimulation in the motor cortex of monkeys. *J. Neurophysiol.*, **94**, 4209-4223. – **Figure 17.13** GEORGOPOULOS, A.P., A.B. SCHWARTZ et R.E. KETTER (1986), Neuronal population coding of movement direction. *Science*, **233**, 1416-1419. – **Figure 17.14** GEYER, S., M. MATELLI et G. LUPPINO (2000), Functional neuroanatomy of the primate isocortical motor system. **Anat. Embryol.**, **202**, 443-474. – **Figure 17.15** RIZZOLATTI, G., L. FADIGA, V. GALLESE et L. FOGASSI (1996), Premotor cortex and the recognition of motor actions. *Cogn. Brain Res.*, **3**, 131-141.

Chapitre 18
Modulations des mouvements par les ganglions de la base

Figure 18.7 HIKOSAKA, O. et R.H. WURTZ (1989), The basal ganglia. In *The Neurobiology of Eye Movements*. R.H. Wurtz and M.E. Goldberg (eds.). New York, Elsevier Science Publishers, 257-281. – **Figure 18.10** BRADLEY, W.G., R.B. DAROFF, G.M. FENICHEL et C.D. MARSDEN (EDS.) (1991), *Neurology in Clinical Practice*. Boston, Butterworth-Heinemann. – **Figure 18.11** DELONG, M.R. (1990), Primate models of movement disorders of basal ganglia origin. *Trends Neurosci.*, **13**, 281-285. **Encadré 18C, Figure A** Adapté de Lydia Kibiuk, in SFN Brain Briefings, July 2004.

Chapitre 19
Modulations des mouvements par le cervelet

Figure 19.11A STEIN, J.F. (1986), Role of the cerebellum in the visual guidance of movement. *Nature*, **323**, 217-221. – **Figure 19.12** THACH, W.T. (1968), Discharge of Purkinje and cerebellar nuclear neurons during rapidly alternating arm movements in the monkey. *J. Neurophysiol.*, **31**, 785-797. – **Figure 19.13** OPTICAN, L.M. et D.A. ROBINSON (1980), Cerebellar-dependent adaptive control of primate saccadic system. *J. Neurophysiol.*, **44**, 1058-1076. – **Figure 19.15** VICTOR, M., R.D. ADAMS, et E.L. MANCALL (1959), A restricted form of cerebellar cortical degeneration occurring in alcoholic patients. *Arch. Neurol.*, **1**, 579-688. – **Encadré 19B** RAKIC, P. (1977), Genesis of the dorsal lateral geniculate nucleus in the rhesus monkey : Site and time of origin, kinetics of proliferation, routes of migration and pattern of distribution of neurons. *J. Comp. Neurol.*, **176**, 23-52.

Chapitre 20
Les mouvements oculaires et l'intégration sensorimotrice

Figure 20.1 YARBUS, A.L. (1967), *Eye Movements and Vision*. Basil Haigh (trans.), New York, Plenum Press. – **Encadré 20A** PRITCHARD, R.M. (1961), Stabilized images on the retina. *Sci. Amer.*, **204**, 72-78. – **Figure 20.4 & 20.5** FUCHS, A.F. (1967), Saccadic and smooth pursuit eye movements in the monkey. *J. Physiol. (Lond.)*, **191**, 609-631. – **Figure 20.7** FUCHS, A.F. et E.S. LUSCHEI (1970), Firing patterns of abducens neurons of alert monkeys in relationship to horizontal eye movements. *J. Neurophysiol.*, **33**, 382-392. – **Figure 20.10** SPARKS, D.L. et L.E. MAYS (1983), Spatial localization of saccade targets. I. Compensation for stimulation-induced perturbations in eye position. *J. Neurophysiol.*, **49**, 45-63. – **Figure 20.12** SCHALL, J.D. (1995), Neural basis of target selection. *Reviews in the Neurosciences*, **6**, 63-85. – **Figure 20.13** KRAUZLIS, R.J. (2005), The control of voluntary eye movements : New perspectives. *Neuroscientist*, **11**, 124-137.

Chapitre 21
Le système nerveux végétatif

Encadré 21C, Figure A YASWEN, L., N. DIEHL, M.B. BRENNAN et U. HOCHGESCHWENDER (1999), Obesity in the mouse model of pro-opiomelanocortin deficiency responds to peripheral melanocortin. *Nature Medicine*, **5**, 1066-1070. – **Encadré 21C, Figure B** O'RAHILLY, S., I.S. FAROOQI, G.S.H. YEO et B.G. CHALLIS (2003), Human obesity : lessons from monogenic disorders. *Endocrinology*, **144**, 3757-3764.

Chapitre 22
Les débuts du développement cérébral

Figure 22.2 Sanes, J.R. (1989), Extracellular matrix molecules that influence neural development. *Annu. Rev. Neurosci.*, **12**, 491-516. – **Encadré 22B, Figure A** Anchan, R.M., D.P. Drake, C.F. Haines, E.A. Gerwe et A.-S. LaMantia (1997), Disruption of local retinoid-mediated gene expression accompanies abnormal development in the mammalian olfactory pathway. *J. Comp. Neurol.*, **379**, 171-184. – **Encadré 22B, Figure B** Linney, E. et A.-S. LaMantia (1994), Retinoid signaling in mouse embryos. *Adv. Dev. Biol.*, **3**, 73-114. – **Figure 22.6A** Gilbert, S.F. (1994), *Developmental Biology*, 4th Ed. Sunderland, MA, Sinauer Associates. – **Figure 22.6B** Ingham, P. (1988), The molecular genetics of embryonic pattern formation in *Drosophila*. *Nature*, **335**, 25-34. – **Figure 22.6C** Veraksa, A. et W. McGinnis (2000), Developmental patterning genes and their conserved functions: From model organisms to humans. *Molec. Genet. Metab.*, **69**, 85-100. – **Figures 22.8 et 22.11** Rakic, P. (1974), Neurons in rhesus monkey visual cortex: Systematic relation between time of origin and eventual disposition. *Science*, **183**, 425-427. – **Figure 22.9** Kintner, C. (2002), Neurogenesis in embryos and in adult neural stem cells. *J. Neurosci.*, **22**, 639-643. – **Figure 22.10B, C** Rubin, G.M. (1989), Development of the *Drosophila* retina: Inductive events studied at single-cell resolution. *Cell*, 57, 519-520.

Chapitre 23
La construction des circuits neuraux

Figure 23.1A Takahashi, M., M. Narushima et Y. Oda (2002), In vivo imaging of functional inhibitory networks on the Mauthner cell of larval zebrafish. *J. Neurosci.*, **22**, 3929-3938. – **Figure 23.2B** Dent, E.W. et K. Kalil (2001), Axon branching requires interactions between dynamic microtubules and actin filaments. *J. Neurosci.*, **21**, 9757-9769. – **Figure 23.2D & 23.4B** Gomez, T.M. et J.O. Zheng (2006), The molecular basis for calcium dependent axon pathfinding. *Nature Rev. Neurosci.*, **7**, 115-117. – **Figure 23.4A** Huber, A.B., A.L. Kolodkin, D.D. Ginty et J.F. Cloutier (2003), Signaling at the growth cone: Ligand-receptor complexes and the control of axon growth and guidance. *Annu. Rev. Neurosci.*, **26**, 509-563. – **Figure 23.4C** Dontchev, V.D. et P.C. Letourneau (2002), Nerve growth factor and semaphorin 3A signaling pathways interact in regulating sensory neuronal growth cone motility. *J. Neurosci.*, **22**, 6659-6669. – **Figure 23.5A** Serafini, T., T.E. Kennedy, M.J. Galko, C. Mirzayan, T.M. Jessell, M. Tessier-Lavigne (1994), The netrins define a family of axon outgrowth-promoting proteins homologous to C. *elegans* UNC-6. *Cell*, **78**, 409-423. – **Figure 23.5B** Dickinson, B.J. (2001), Moving on. *Science*, **291**, 1910-1911. – **Figure 23.5C** Serafini, T. et 6 autres (1996), Netrin-1 is required for commissural axon guidance in the developingvertebrate nervous system. *Cell*, **87**, 1001-1014. – **Figure 23.6A, B** Sperry, R.W. (1963), Chemoaffinity in the orderly growth of nerve fiber patterns and connections. *Proc. Natl. Acad. Sci. USA*, **50**, 703-710. – **Figure 23.6C** Walter, J., S. Henke-Fahle et F. Bonhoeffer (1987), Avoidance of posterior tectal membranes by temporal retinal axons. *Development*, **101**, 909-913. – **Figure 23.6D** Wilkinson, D.G. (2001), Multiple roles of EPH receptors and ephrins in neural development. *Nat. Rev. Neurosci.*, **2**, 155-164. – **Figure 23.7A, B** Waites, C.L., A.M. Craig et C.C. Garner (2005), Mechanisms of vertebrates synaptogenesis. *Annu. Rev. Neurosci.*, **28**, 251-274. – **Figure 23.7C** Dean, C. et T. Dresbach (2006), Neuroligins and neurolexins: Linking cell adhesion, synapse formation, and cognitive function. *Trends Neurosci.*, **29**, 21-29. – **Figure 23.8A** Schmucker, D. et 7 autres (2000), *Drosophila* Dscam is an axon guidance receptor exhibiting extraordinary molecular diversity. *Cell*, **101**, 671-684. – **Figure 23.8C** Phillips, G.R. et 6 autres (2003), Gamma-protocadherins are targeted to subsets of synapses and intracellular organelles in neurones. *J. Neurosci.*, **23**, 5096-5104. – **Figure 23.9** Hollyday, M. et V. Hamburger (1976), Reduction of the naturally occurring motor neuron loss by enlargement of the periphery. *J. Comp. Neurol.*, **170**, 311-320. Hollyday, M. et V. Hamburger (1958), Regression versus peripheral controls of differentiation in motor hypoplasia. *Am. J. Anat.*, **102**, 365-409. Hamburger, V. (1977), The developmental history of the motor neuron. The F.O. Schmitt Lecture in Neuroscience, 1970, *Neurosci. Res. Prog. Bull.*, **15, Suppl. III**, 1-37. – **Figure 23.10** Purves, D. et J.W. Lichtman (1980), Elimination of synapses in the developing nervous system. *Science*, 210, 153-157. – **Figure 23.12A, B** Purves, D. et J.W. Lichtman (1985), *Principles of Neural Development*. Sunderland, MA, Sinauer Associates. – **Figure 23.12C** Chun, L.L. et P.H. Patterson (1977), Role of nerve growth factor in the development of rat sympathetic neurons in vitro. III; Effect on acetylcholine production. *J. Cell Biol.*, **75**, 712-718. – **Figure 23.12D** Levi-Montalcini, R. (1972), The morphological effects of immunosympathectomy. In *Immunosympathectomy*, G. Steiner and E. Schönbaum (eds.). Amsterdam, Elsevier. – **Figure 23.13A** Maisonpierre, P.C., L. Belluscio, S. Squinto, N.Y. Ip, M.E. Furth, R.M. Lindsay et G.D. Yancopoulos (1990), Neurotrophin-3: A neurotrophic factor related to NGF and BDNF. *Science*, **247**, 1446-1451. – **Figure 23.13B** Bibel, M. et Y.-A. Barde (2000), Neurotrophins: Key regulators of cell fate and cell shape in the vertebrate nervous system. *Genes Dev.*, **14**, 2919-2937. – **Figure 23.14** Campenot, R.B. (1981), Regeneration of neurites on long-term cultures of sympathetic neurons deprived of nerve growth factor. *Science*, **214**, 579-581. – **Figure 23.14B** Li, Y. et 6 autres (2005), Essential role ofTRPC channels in the guidance of nerve growth cones by brain -derived neurotrophic factor. *Nature*, **434**, 894-898.

Chapitre 24
Modification des circuits cérébraux sous l'effet de l'expérience

Figure 24.1 Pettito, L.A. et P.F. Marentette (1991), Babbling in the manual mode: Evidence for the ontogeny of language. *Science*, **251**, 1493-1496. – **Tableau 24.1** Hensch, T.K. (2004), Critical period regulation. *Annu. Rev. Neurosci.*, **27**, 549-579. – **Figure 24.2A** Schlaggar, B.L., T.T. Brown, H.M. Lugar, K.M. Visscher, F.M. Miezin et E. Petersen (2002), Functional neuroanatomical differences between adults and school-age children in the processing of single words. *Science*, **296**, 1476-1479. – **Figure 24.2B** Johnson, J.S. et E.I. Newport (1989), Critical period effects in second language learning: the influences of maturational state on the acquisition of English as a second language. *Cogn. Psychol.*, **21**, 60-99. – **Figure 24.3** LeVay, S., T.N. Wiesel et D.H. Hubel (1980), The development of ocular dominance columns in normal and visually deprived monkeys. *J. Comp. Neurol.*, **191**, 1-51. – **Figure 24.4A** Hubel, D.H. et T.N. Wiesel (1962), Receptive fields, binocular interaction and functional architecture in the cat's visual cortex. *J. Physiol.*, **160**, 106-154. – **Figure 24.4B** Hubel, D.H. et T.N. Wiesel (1963), Receptive fields of cells in striate cortex of very young, visually inexperienced kittens. *J. Neurophys.*, **26**, 994-1003. – **Figure 24.4C & 24.5** Hubel, D.H. et T.N. Wiesel (1970), The period of susceptibility to the physiological effects of unilateral eye closure in kittens. *J. Physiol. (Lond.)*, **206**, 419-436. – **Figure 24.6A** Horton, J.C. et D.R. Hocking (1999), An adult-like pattern of ocular dominance columns in striate cortex of newborn monkeys prior to visual experience. *J. Neurosci.*, **16**, 1791-1807. – **Figure 24.6B** Hubel, D.H., T.N. Wiesel et S. LeVay (1977), Plasticity of ocular dominance columns in monkey striate cortex. *Phil. Trans. R. Soc. Lond. B.*, **278**, 377-409. – **Figure 24.7** Antonini, A. et M.P. Stryker (1993), Rapid remodeling of axonal arbors in the visual cortex. *Science*, **260**, 1819-1821. – **Figure 24.9** Hubel, D.H. et T.N. Wiesel (1965), Binocular interaction in striate cortex of kittens reared with artificial squint. *J. Neurophysiol.*, **28**, 1041-1059. – **Figure 24.10** Wong, W.O. et A. Gosh (2002), Activity-dependent regulation of dendritic growth and patterning. *Nat. Rev. Neurosci.*, **10**, 803-812.

Chapitre 25
Réparation et régénération du système nerveux

Figure 25.1 CASE, L.C. et M. TESSIER-LAVI-GNE (2005), Regeneration of the adult central nervous system. *Curr. Biol.*, **15**, R749-R753. – **Figure 25.4B, C** PAN, Y.A., T. MISGELD, J.W. LICHTMAN et J.R. SANES (2003), Effects of neurotoxic and neuroprotective agents on peripheral nerve regeneration assayed by time-lapse imaging in vivo. *J. Neurosci.*, **23**, 11479-11488. – **Figure 25.6A** SO, K.F. et A.J. AGUAYO (1985), Lengthy regrowth of cut axons from ganglion cells after peripheral nerve transplantation into the retina of adult rats. *Brain Res.*, **359**, 402-406. – **Figure 25.6B** BRAY, G.M., M.P. VILLEGAS-PEREZ, M. VIDAL-SANZ et A.J. AGUAYO (1987), The use of peripheral nerve grafts to enhance neuronal survival, promote growth and permit termi-nal reconnections in the central nervous system of adult rats. *J. Exp. Biol.*, **132**, 5-19. – **Figure 25.7B** PITTS, E.V., S. POTLURI, D.M. HESS et R.J. BAUCE-GORDON (2006), Neu-rotrophin and Trk-mediated signaling in the neuromuscular system. *Int. Anesthes. Clin.*, **44**, 21-76. – **Figure 25.7C** NGUYEN, Q.T., J.R. SANES et J.W. LICHTMAN (2002), Pre-existing pathways promote precise projec-tion patterns. *Nature Neurosci.*, **5**, 861-867. – **Figure 25.8A** BACK, S.A. et 7 AUTRES (2002), Selective vulnerability of late oligo-dendrocyte progenitors to hypoxia ischemia. *J. Neurosci.*, **22**, 455-463. – **Figure 25.9A** McGRAW, J., G.W. HIEBERT et J.D. STEVENS (2001), Modulating astrogliosis after neuro-trauma. *J. Neurosci. Res.*, **63**, 109-115. – **Figure 25.9B** TAN, A.M., W. ZHANG et J.M. LEVINE (2005), NG2: A component of the glial scar that inhibits axon growth. *J. Anat.*, **207**, 717-725. – **Figure 25.9C** LADEBY, R. et 6 AUTRES (2005), Microglial cell population dynamics in the injured adult CNS. *Brain Res. Rev.*, **48**, 196-206. – **Fi-gure 25.11A** OTTESON, D.C. et P.F. HITCH-COCK (2003), Stem cells in the teleost retina: Persistent neurogenesis and injury induced regeneration. *Vis. Res.*, **43**, 927-936. – **Fi-gure 25.11B** GOLDMAN, S.A. (1998), Adult neurogenesis: From canaries to the clinic. *Trends Neurosci.*, **21**, 107-114. – **Figure 25.12** GAGE, F.H. (2000), Mammalian neural stem cells. *Science*, **287**, 1433-1438. – **Fi-gure 25.13A & 25.14C** ALVAREZ-BUYLLA, A. et D.A. LIM (2004), For the long run: Main-taining germinal niches in the adult brain. *Neuron*, **41**, 683-686. – **Figure 25.13B** COUNCILL, E.S. et 7 AUTRES (2006), Limited influence of olanzapine on adult forebrain neural precursors in vitro. *Neuroscience*, **140**, 111-122. – **Figure 25.14A, B** GHASHGHAEI, H.T., C. LAI et E.S. ANTON (2007), Neuro-

nal migration in the adult brain: are we there yet? *Nature Rev. Neurosci.*, **8**, 141-151.

Chapitre 26
Les aires corticales associatives

Figure 26.5A, B & 26.7 POSNER, M.I. et M.E. RAICHLE (1994), *Images of Mind.* (New York, Scientific American Library). – **Figure 26.5C & 26.6B** BLUMENFELD, H. (2002), *Neuroanatomy through Clinical Cases.* Sunder-land, MA, Sinauer Associates. – **Figure 26.6A** HEILMAN, H. et E. VALENSTEIN (1985), *Cli-nical Neuropsychology*, 2nd Ed. New York, Oxford University Press. – **Figure 26.10A** LYNCH, J.C., V.B. MOUNTCASTLE, W.H. TAL-BOT et T.C. YIN (1977), Parietal lobe me-chanisms for directed visual attention. *J. Neurophysiol.*, **40**, 362-369. – **Figure 26.10B** PLATT, M.L. et P.W. GLIMCHER (1999), Neu-ral correlates of decision variables in parietal cortex. *Nature*, **400**, 233-238. – **Figure 26.11A** WOLDORFF, M.G. et 10 AUTRES (1997), Re-tinotopic organization of early visual spatial attention effects as revealed by PET and ERPs. *Hum. Brain Map.*, **5**, 280-286. – **Fi-gure 26.11B** McADAMS, C.J. et J.H.R. MAUNSELL (1999), Effects of attention on orientation-tuning functions of single neu-rons in macaque cortical area V4. *J. Neurosci.*, **19**, 431-441. – **Figure 26.12** DESIMONE, R., T.D. ALBRIGHT, C.G. GROSS et C. BRUCE (1984), Stimulus-selective properties of in-ferior temporal neurons in the macaque. *J. Neurosci.*, **4**, 2051-2062. – **Figure 26.13A** TANAKA, S. (2001), Computational approa-ches to the architecture and operations of the prefrontal cortical circuit for working me-mory. *Prog. Neuro-Psychopharm. Biol. Psychiat.*, **25**, 259-281. – **Figure 26.13B** WANG, G., K. TANAKA et M. TANIFUJI (1996), Optical imaging of functional organization in the monkey inferotemporal cortex. *Science*, **272**, 1665-1668. – **Figure 26.14** GOLDMAN-RAKIC, P.S. (1987), Circuitry of the pre-frontal cortex and the regulation of behavior by representational memory. In *Handbook of Physiology, Vol. 5: Higher Functions of the Brain,* Part 1, Chapter 9. V.B. Mountcastle, F. Plum, S.R. Geiger (eds.). Bethesda, MD, American Physiological Society, 373-417.

Chapitre 27
Le langage et la parole

Figure 27.5A PENFIELD, W. et I., ROBERTS (1959), *Speech and Brain Mechanisms.* Prin-ceton, NJ, Princeton University Press. – **Fi-gure 27.5B** OJEMANN, G.A., I. FRIED et E. LETTICH (1989), Electrocorticographic (EcoG) correlates of language. *Electroenceph. Clin. Neurophysiol.*, **73**, 453-463. – **Figure 27.6** POSNER, M.I. et M.E. RAICHLE (1994), *Ima-ges of Mind.* New York, Scientific American Library. – **Figure 27.7** DAMASIO, H., T.J. GRABOWSKI, D. TRANEL, R.D. HICHWA et A. DAMASIO (1996), A neural basis for lexi-

cal retrieval. *Nature*, **380**, 499-505. – **Fi-gure 27.8** BELLUGI, U., H. POIZNER et E.S. KLIMA (1989), Language, modality and the brain. *Trends Neurosci.*, **12**, 380-388.

Chapitre 28
Le sommeil et la veille

Figure 28.1, 28.6 & 28.10 HOBSON, J.A. (1989), *Sleep.* New York, Scientific Ameri-can Library. – **Encadré 28A** MUKHAMETOV, I.M., A.Y. SUPIN et I.G. POLYAKOVA (1977), Interhemispheric asymetry of the electroen-cephalographic sleep patterns in dolphins. *Brain Res.*, **134**, 581-584. – **Figure 28.3** BERGMANN, B.M., C.A. KUSHIDA, C.A. EVER-SON, M.A. GILLILAND, W. OBERMEYER et A. RECHTSCHAFFEN (1989), Sleep depriva-tion in the rat: II. Methodology. *Sleep*, **12**, 5-12. – **Figure 28.4** ASCHOFF, J. (1965), Circadian rhythms in man. *Science*, **148**, 1427-1432. – **Encadré 28C, Figures B & C** BEAR, M.F., CONNORS, B., PARADISO, M.A. (2001), *Neuroscience: Exploring theBrain,* 2nd Ed. New York, Williams and Wilkins/ Lippincott. – **Figure 28.7** FOULKES, D. et M. SCHMIDT (1983), Temporal sequence and unit composition in dream reports from different stages of sleep. *Sleep*, **6**, 265-280. – **Figure 28.12** McCORMICK, D.A. et H.C. PAPE (1990), Proprties of a hyperpolarisation-activated cation current and its role in rhyth-mic oscillation in thalamic relay neurones. *J. Physiol. (Lond.)*, **431**, 291-318. – **Figure 28.13** STERIADE, M., D.A. McCORMICK et T.J. SEJ-NOWSKI (1993), Thalamocortical oscillations in the sleeping and aroused brain. *Science*, **262**, 679-685. – **Figure 28.14** HOBSON, J.A. (1999), *Consciousness.* New York, Scientific American Library. – **Figure 28.15** CARSKA-DON, M.A. et W.C. DEMENT (1989), Normal human sleep: An overview. In *Principles and Practice of Sleep Medicine,* M.H. Kryger et al. (eds.). Philadelphia, Harcourt Brace Jo-vanovich, 3-13.

Chapitre 29
Les émotions

Figure 29.1 LEDOUX, J.E. (1987), Emo-tion. In *Handbook of Physiology.* Section 1. *The Nervous System,* Vol. V: *Higher Functions of the Brain.* F. Plum (ed.). Bethesda, MD, American Physiological Society, 419-459. – **Figure 29.6** ROLLS, E.T. (1999), *The Brain and Emotion.* Oxford, Oxford University Press. – **Figure 29.7** LEDOUX, J.E. (2000), Emotion circuits in the brain. *Annu. Rev. Neurosci.*, **23**, 155-184. – **Figure 29.8** MOS-COVITCH, M. et J. OLDS (1982), Asymme-tries in spontaneous facial expression and their possible relation to hemispheric specialization. *Neuropsychologia*, **20**, 71-81. – **Figure 29.9B** WINSTON, J.S., B.A. STRANGE, J. O'DOHERTY et R.J. DOLAN (2002), Automatic and in-tentional brain responses during evaluation of trust-worthiness of faces. *Nature Neurosci.*,

5, 277-283. – **Figure 29.11** NESTLER, E.J. (2005), Is there a common molecular pathway for addiction? *Nature Neurosci.*, **8**, 1445-1449. – **Figure 29.12** SCHULTZ, W., P. DAYAN et R.P. MONTAGUE (1997), A neural substrate of prediction and reward. *Science*, **275**, 1593-1599.

Chapitre 30
Le sexe, la sexualité et le cerveau

Figure 30.3B GUSTAFSON, M.L. et P.K. DO-NAHOE (1994), Male sex determination: Current concepts of male sexual differentiation. *Annu. Rev. Med.*, **45**, 505-524. – **Figure 30.4A** MCEWEN, B.S., P.G. DAVIS, B. PARSONS et D.W. PFAFF (1978), The brain as a target for steroid hormone action. *Annu. Rev. Neurosci.*, **2**, 65-112. – **Figure 30.4B** MCEWEN, B.S. (1976), Interactions between hormones and nerve tissue. *Sci. Amer.*, **235**, 48-58. – **Figure 30.5A** BREEDLOVE, S.M. et A.P. ARNOLD (1984), Sexually dimorphic motor nucleus in the rat lumbar spinal cord: Response to adult hormone manipulation, absence in androgen-insensitive rats. *Brain Res.*, **225**, 297-307. – **Figure 30.5B** BREEDLOVE, S.M. et A.P. ARNOLD (1983), Hormonal control of a developing neuromuscular system. II. Sensitive periods for the androgen-induced masculinization of the rat spinal nucleus of the bulbocavernosus. *J. Neurosci.*, **3**, 424-432. – **Figure 30.5D** FORGER, N.G. et S.M. BREEDLOVE (1986), Sexual dimorphism in human and canine spinal cord: Role of early androgen. *Proc. Natl. Acad. Sci. USA*, **83**, 7527-7531. – **Figure 30.6B** KATO, A et Y. SAKUMA (2000), Neuronal activity in female rat preoptic area associated with sexually motivated behavior, *Brain Res.*, **862**, 90-102. – **Figure 30.6C** OOMURA, Y., H. YOSHIMATSU et S. AOU (1983), Medial preoptic and hypothalamic neuronal activity during sexual behavior of the male monkey. *Brain Res.*, **266**, 340-343. – **Figure 30.7B** MODNEY, B.K. et G.I. HATTON (1990), Motherhood modifies magnocellular neuronal interrelationships in functionally meaningful ways. In *Mammalian Parenting*, N.A. Krasnegor and R.S. Bridges (eds.). New York, Oxford University Press, 306-323. – **Figure 30.7C** POULAIN, D.A. et J.B. WAKERLEY (1982), Electrophysiology of hypothalamic magnocellular neurones secreting oxytocin and vasopressing. *Neuroscience*, **7**, 773-808. – Fi-

gure **30.8B, C** XERRI, C., J.M. STERN et M.M. MERZENICH (1994), Alterations of the cortical representation of the rat ventrum induced by nursing behavior. *J. Neurosci.*, **14**, 1710-1721. – **Figure 30.9A** TORAND-ALLERAND, C.D. (1978), Gonadal hormones and brain development. Cellular aspects of sexual differentiation. *Amer. Zool.*, **18**, 553-565. – **Figure 30.9B** WOOLLEY, C.S. et B.S. MCEWEN (1992), Estradiol mediates fluctuation in hippocampal synapse density during the estrous cycle in the adult rat. *J. Neurosci.*, **12**, 2549-2554. – **Figure 30.9C** MEUSBURGER, S.M. et J.R. KEAST (2001), Testosterone and nerve growth factor have distinct but interacting effects on neurotransmitter expression of adult pelvic ganglion cells in vitro. *Neuroscience*, **108**, 331-340. – **Figure 30.10** WOOLEY, C. (2007), Acute effects of estrogen on neuronal physiology. *Annu. Rev. Pharmacol. Toxicol.*, **47**, 5.1-5.24. – **Figure 30.12A** DEMIR, E. et B.J. DICKSON (2005), *fruitless* splicing specifies male courtship behavior in *Drosophila*. *Cell*, **121**, 185-794. – **Figure 30.12C** MANOU, D.S., M. FOSS, A VILLELLA, B.J. TAYLOR, J.C. HALL et B S. BAKER (2005), Male-specifié *fruitless* specifies the neural substrates of *Drosophila* courtship behavior. *Nature*, **436**, 395-400. – **Figure 30.14** CAHILL, L. (2006), Why sex matters for neuroscience. *Nature Rev. Neurosci.*, **7**, 477-484. – **Figure 30.15** CAHILL, L., M. UNCAPHER, L. KILPATRICK, M.T. AIKIRE et J. TURNER (2004), Sex-related hemispheric lateralization of amygdala function in emotionaly influenced memory: An fMRI investigation. *Learn. Mem.*, **11**, 261-266.

Chapitre 31
La mémoire

Figure 31.3 ERICSSON, K.A., W.G. CHASE, et S. FALOON (1980), Acquisition of a memory skill. Science., *208*, 1181-1182. – **Figure 30.4** CHASE W.G. et H.A. SIMON (1973), *The Mind's Eye in Chess in Visual Information Processing*, W.G. Chase, ed. New York, Academic Press, 215-281. – **Figure 31.5** MORRIS, J.S. et R.J. DOLAN (2001), Involvement of human amygdala and orbitofrontal cortex in hunger enhanced memory for food stimuli. *J. Neurosci.*, **21**, 5304-5310. – **Figure 31.6A** RUBIN, D.C. et T.C. KONTIS (1983), A schema for common cents. *Mem. Cog.*, **11**, 335-341. – **Figure 31.6B**

SQUIRE, L.R. (1989), On the course of forgetting in very long-term memory. *J. Exp. Psychol.*, **15**, 241-245. – **Figure 31.8B** EICHENBAUM, H. (2000), A cortical-hippocampal system for declarative memory. *Nature Rev. Neurosci.*, **1**, 41-50. – **Figure 31.8C, D** SCHENK, F. et R.G. MORRIS (1985), Dissociation between components of spatial memory in rats after recovery from the effects of retrohippocampal lesions. *Exp. Brain Res.*, **58**, 11-28. – **Figure 31.9** WAGNER, A.D. et 7 AUTRES (1998), Building memories: Remembering and forgetting of verbal experiences. *Science*, **281**, 1188. – **Figure 31.10** MAGUIRE, E. A et 6 AUTRES (2000), Navigation-related structural change in the hippocampi of taxi drivers. *Proc. Natl. Acad. Sci. USA*, **97**, 4398-4403. – **Figure 31.11** VAN HOESEN, G.W. (1982), The parahippocampal gyrus. *Trends Neurosci.*, **5**, 345-350. – **Figure 31.12** ISHAI, A., L.G. UNGERLEIDER, A. MARTIN et J.W. HAXBY (2000), The representation of objects in the human occipital and temporal cortex. *J. Cog. Neurosci.*, **12, Suppl. 2**, 35-51. – **Figure 31.13** SHOHAMY, D., C.E. MYERS, S. GROSSMAN, J. SAGE et M.A. GLUCK (2005), The role of dopamine in cognitive sequence learning: Evidence from Parkinson's disease. *Behav. Brain Res.*, **156**, 191-199. – **Figure 31.15** DEKABAN, A.S. et D. SADOWSKI (1978), Changes in brain weights during the span of human life: Relation of brain weights to body heights and body weights. *Ann. Neurol.*, **4**, 345-356. – **Figure 31.16** CABEZA, R., N.D. ANDERSON, J.K. LOCANTORE et A.R. MCINTOSH (2002), Aging gracefully: compensatory brain activity in high-performing older adults. *Neuroimage*, **17**, 1394-1402. – **Encadré 31D, Figure A** ROSES, A. (1995), Apolipoprotein E and Alzheimer disease. *Science & Medicine*, *September/October 1995*, 16-25. – **Encadré 31D, Figure B** BLUMENFELD, H. (2002), *Neuroanatomy through Clinical Cases*. Sunderland, MA, Sinauer Associates. BRUN, A. et E. ENGLUND (1981), Regional pattern of degeneration in Alzheimer's disease: Neuronal loss and histopathological grading. *Histopathology*, **5**, 459-564.

Appendice et Atlas

Les paginations en *italiques* renvoient à des figures ou à des tableaux.

barrière hémato-encéphalique et, 838
caractéristiques, 9, 10
cytosquelette, *8*
différenciation, *566*
régénération des axones et, 648
réponses aux traumatismes cérébraux, 647
Astrotactine, *572*
Ataxie, 492
cérébelleuse, 487, 488
épisodique de type 2 (AE2), 76-77
optique, 671
spinocérébelleuse de type 1, 469
Atropine, 124, 126
Attache S4-S5, 74, 75
Augmentation synaptique, *178*, *179*, *180*
Autisme, 145, 558, 562, 60
Autostéréogrammes, 304-305
Auxiline, *103*, *105*, 107
Axel, Richard, 372
Axes anatomiques, 815-816
Axine, *550*
Axone
caractéristiques, 6, *7*
conduction passive du courant, 51-53, 56
cytosquelette, *8*
des neurones végétatifs, 516
fasciculation, 584
myélinisation, 56
période réfractaire, 49, 56
régénération, 635, 636, *637*, 638-642
sclérose en plaques et, 59
synaptogénèse, 590-596
Axones périphériques, croissance le long de la lame basale, 583
Axones pionniers, 719
Axones postganglionnaires, 520
Axones sensitifs, 408-410

B

Babillage, *614*, *615*, 705
Baclofen, 124
Bandes de Bungner, 640
BAPTA, *101*
Barbituriques, 134
Bard, Phillip, 734, *737*
Barde, Yves, 604
Barillets corticaux des vibrisses, 632
Bariloïdes, 224
Barnard, Eric, 66
Barorécepteurs, 535, 536
Barrière hémato-encéphalique, 837-839
Bâtonnets
caractéristiques, 261
distribution dans la rétine, 272-273
phototransduction, 267-269
relations avec les autres neurones de la rétine, 271
rétinite pigmentaire, 265
structure, 262
système des bâtonnets, 269-271
Batrachotoxine, 72
Beecher, Henry, 247
Békésy, Georg von, 321-322
Belladone, 124

Bellugi, Ursula, 704
Benadryl®, 141
Benpéridol, 136
Benzaldéhyde, *366*
Benzer, Seymour, 186, 713
Benzocaïne, 68
Benzodiazépines, 134, 136, 726, 730
Berger, Hans, 715
Bialek, William, 332
Bicuculline, 124, 469
Bilinguisme, 702
Blessures de combat, 247
Bliss, Timothy, 187, 189
Blobs, *224*
Botulisme, 99-100
Boucle limbique
addiction et, *756*, 757-758
composantes, 754-755
fonctions, 755-756
troubles psychiatriques et, 472-473
Boucle préfrontale dorsolatérale, 472-473
Boucles ouvertes, 447, 481
Bourgeons du goût, 382, *383*, 384, *386*, 387
Bouton olfactif, *369*
Boutons terminaux, 6, 7
Brachium pontis (pédoncule cérébelleux moyen), 477
Bradykinésie, 466
Bradykinine, 243, *244*
Braille, 215
Brain, R.W., 668-669
Branche laryngée supérieure du nerf vague, 382
Bras conjonctif (pédoncule cérébelleux supérieur), 477, 526
Brewster, David, 304
Brickner, R.M., 674
Brightman, Milton, 838
Broca, Paul, 684, 691, 694, 739, 740
Brodmann, Korbinian, *665*, 666
Bromodéoxyuridine (BrdU), 565, 657
Bronches, *514*, 515
Bruit à large bande, 340
Bruit et surdité, 315, 317, 326
Buck, Linda, 372
Bulbe olfactif
amygdale et, 742
bulbe olfactif accessoire, 381
caractéristiques, 378-381
dans le système olfactif, 63, *364*, 378-381
emplacement, 828, *829*
lobe limbique et, 740
lors de la formation du cerveau, *555*, 558
migration neuronale à longue distance et, 569
neurogénèse chez l'adulte, 652, 653, 655
projections centripètes, 381
zone sous-ventriculaire antérieure et, 653
Bulbe rachidien
adrénaline et, 140
dans la formation précoce de l'encéphale, 559
dans le tronc cérébral, 822
dans le système nerveux central, 816, *817*

noyau du faisceau solitaire, 524-526
récepteurs de la dopamine et, 140
sensibilité végétative et, 524-526
vascularisation, *836*
vue sagittale médiane, *830*
Buller, A.J., 404
α-Bungarotoxine, 123, 124
Bungarus multicinctus, 123
Butyl mercaptan, 367

C

C/EBP, *184*, 185
CA1, neurones pyramidaux, *188*, 189, 190, 192, *196*, 197
Ca²⁺, *voir* Ion calcium
Ca²⁺-calmoduline kinase, 170, *171*, 630, *631*
Ca²⁺-calmoduline, 165, 167
CA3, neurones pyramidaux, *188*, 189
Cadhérines, 583, 584, 593, *594*
Caenorhabditis elegans,
date de naissance des neurones chez, 565
différentiation des neurones chez, 565
imagerie des processus de signalisation, 163
nétrine de, 585
protéines réceptrices des odorants, 373
taille du génome, 1
Caféine, 143, 726
Cajal, Santiago Ramón y, 3-4, 168, 573, 579, 585
Calbindine, 160
Calcineurine, 167
Calmar (axones et neurones de)
comme système expérimental, 35
concentrations ioniques intra- et extra-cellulaires, *33*
expériences de voltage-clamp, 42, 43
perméabilité membranaire dépendant du voltage, 43
potentiel d'action, 38, 43-49
potentiel de repos de la membrane, 34, 36
taille, 35
Calmoduline, 105, 160, 165, 167
CAM, 583, 584
Canal amiloride/Na⁺, *388*, 389
Canal cochléaire, 321, 322, 328 *329*
Canal PKD, 387
Canal réuniens, *344*
Canal VR-1, 234
Canal VRL-1, 233
Canalopathies, 76-77
Canari, 650-652
Canaux à potentiel de récepteur transitoire (TRP)
comme récepteur gustatif de l'acide, 387, *388*, 389
dans la transduction des signaux nociceptifs, 233
dans les neurones récepteurs voméronasaux, 370
et sensibilité à la température, 70, 241
motilité du cône de croissance de l'axone et, *580*, 582
Cellules transitionnelles d'amplification, 564, 654, 655

types, 499-500
voir aussi Sommeil paradoxal; Saccades oculaires
Mouvements vestibulo-oculaires, 500, *501*
Moyennage déclenché par spike, 439, *441*
MPTP, 468
Mucus de l'épithélium olfactif, 370, 371
Müller, Johannes, 688
(m)unc13, *103*, 104, 105
(m)unc18, *103*
Muqueuse nasale, 370
Musaraignes, 709
Muscarine, 123, 125, 159
Muscimol, 124, 469, *472*
Muscle bulbocaverneux, 540, 768, 769
Muscle ciliaire, 257
Muscle de l'étrier, 321
Muscle droit externe, 356, *357*, 496, 498, 502
Muscle droit inférieur, 496, *498*
Muscle droit interne
    innervation, *498*
    mouvements oculaires et, 496, 502
    réflexe vestibulo-oculaire et, 356, *357*
Muscle droit supérieur, 496, *498*
Muscle gastrocnémien, 403, 428, 430
Muscle grand zygomatique, 735
Muscle ischiocaverneux, 540
Muscle oblique inférieur (petit oblique), 496, *498*
Muscle oblique supérieur (grand oblique), 496, 498
Muscle orbiculaire des paupières, 735
Muscle releveur de l'anus, 768
Muscle releveur de la paupière supérieure, 499
Muscle soléaire, 403
Muscle tenseur du tympan, 320-321
Muscles
    atrophie, 420
    force contractile, 43
    réinnervation, 642-644
    tonus, 360, 410, 420, 448-449
    voir aussi Jonctions neuromusculaires; Muscle squelettique
Muscles agonistes et antagonistes, 408-409
Muscles de la partie supérieure de la face, 434
Muscles du périnée, 540, *768*, *769*
Muscles extenseurs
    réflexe myotatique spinal, 12-13
    réflexe vestibulospinal, 359-360
Muscles extraoculaires
    actions des, 496
    colliculus supérieur et, 508
    innervation, 498-499
    saccades et, 508
    unités motrices, 403
Muscles génitaux, 768-769
Muscles sphincters interne et externe de la vessie, 537, 538
Muscles squelettiques
    fuseaux neuromusculaires, 216-217
    jonctions neuromusculaires, *voir cette entrée*
    organes tendineux de Golgi, *412*, 413, *414*

réflexe de flexion, 413-414
réflexes d'étirement, 408-410
régulation de la tension, 403, 406-407
réinnervation, 642-644
relation des motoneurones avec le, 399-401
unités motrices, 401-406
Muscles striés, 216-217
Musique, 316-317, 340-341
Mutagénèse de canaux ioniques, 70-71
Mutation *amnesiac*, 186
Mutation *db*, 532-533
Mutation *dunce*, 186
Mutation *leaner (tg1a)*, 492
Mutation *lurcher (lr)*, 492
Mutation *nervous (nr)*
Mutation *ob*, 532-533
Mutation *Purkinje cell degeneration (pcd)*, 492
Mutation *reeler (rl)*, 492-493, 565
Mutation *rutabaga*, 186
Mutation *staggerer (sg)*, 492
Mutation *weaver (wv)*, 492, 493
Myasthenia gravis, 127
Myasthénie infantile familiale, 99
Myélencéphale, 555, 559
Myéline, 6, 10, 56, 59, 648
Myélotomie de la ligne médiane, 239
Myopie, 255
Myosis, 499, 531
Myotonie, 76

N

Naloxone, 247
Narcolepsie, 730
Nathans, Jeremy, 276
N-Cadhérine, 640
N-CAM, 574, 640, 655
Négligence controlatérale, 668-671
Neher, Erwin
Néocortex
    circuits, *665*
    connexions principales, *664*
    récepteurs des endocannabinoïdes, 147
    lamination, 666
    relations avec l'amygdale, 746, 748-749
    structure, 664-667
Nerf auditif, *318*, 344
    codage par lignes dédiées, 330-331
    fibres, 315
    théorie de la volée, 330
    transmission des sons naturels, 332
    verrouillage de phase et espace auditif, 332
    voir aussi Nerf crânien VIII; Nerf vestibulo-cochléaire
Nerf coccygien, *817*, 819
Nerf crânien I (olfactif)
    bulbe olfactif et, 378
    emplacement, *823*, 824, 828
    fonctions, *822-823*
    tests fonctionnels, 823
Nerf crânien II (optique)
    dans les déficits du champ visuel, 295
    dans les voies visuelles, 289, *290*

emplacement dans le tronc cérébral, *823*, *824*
fonctions, *822-823*
formation par les cellules ganglionnaires, 261
réflexes pupillaires à la lumière, *291*
régénération facilitée par les cellules de Schwann, *642*
sclérose en plaques et, 59
tests fonctionnels, *823*
Nerf crânien III (oculomoteur commun), 498, 499
    emplacement dans le tronc cérébral, *823*, 824
    fonctions, *822-823*
    noyau du III, *357*, 502, *503*, 824, 825, 826
    réflexe pupillaire à la lumière, 290, *291*
    système parasympathique et, 520, *521*
    tests fonctionnels, *823*
Nerf crânien IV (pathétique ou trochléaire), 498
    emplacement dans le tronc cérébral, *823*, 824
    fonctions, *822-823*
    innervation du grand oblique, 498
    noyau du IV, *824*, 825, 826
    rhombomères et, *561*
Nerf crânien V (trijumeau), 218, 321
    branche mandibulaire, 218
    branche maxillaire, 219
    branche ophtalmique, 218
    emplacement dans le tronc cérébral, *823*, 824-825
    fonctions, *822-823*
    noyau mésencéphalique du trijumeau, 221, 479, *824*, 825, 826
    noyau moteur du trijumeau, *824*, 825, 826
    noyau principal du trijumeau, 218, 219, 220, *824*, 825, 826
    noyau spinal du trijumeau, 218, 220, 392, *824*, 825, 826
    rhombomères et développement précoce, *561*
    subdivisions, 218
    système chémosensible trigéminal, 391-392
    tests fonctionnels, *823*
Nerf crânien VI (oculomoteur externe ou abducens)
    emplacement, *823*, 825
    fonctions et tests fonctionnels, *822-823*
    muscle droit externe et, 498
    noyau du VI, emplacement, 824-826
    noyau du VI et mouvements oculaires, 356, *357*, *501*, 502, *503*
    rhombomères et, *561*
Nerf crânien VII (facial), 321, 344, *521*
    contingent moteur, *561*
    douleur faciale et perception de la température, 241
    emplacement dans le tronc cérébral, *823*, 825
    noyau moteur du nerf facial, 433, *824*, 825, 826

Notes

Notes

Notes

Notes

Notes

Notes

Notes

Notes

Neurosciences et cognition

- Andreasen N. C., *«Brave new brain». Vaincre les maladies mentales à l'ère du génome*
- Bault N., Chambon V., Maïonchi-Pino N., Pénicaud Fr.-X., Putois B., Roy J.-M., *Peut-on se passer de représentations en sciences cognitives ?*
- Belzung C., *Biologie des émotions*
- Bradshaw J.-L., *Évolution humaine. Une perspective neuropsychologique*
- Campanella S. et Streel E., *Psychopathologie et neurosciences. Questions actuelles de neurosciences cognitives et affectives*
- Channouf A., Rouan G., *Émotions et cognitions*
- Churchland P.-M., *Le cerveau. Moteur de la raison, siège de l'âme*
- Clarac Fr., Ternaux J.-P., *Encyclopédie historique des neurosciences. Du neurone à l'émergence de la pensée*
- Costermans J., *Les activités cognitives. Raisonnement, décision et résolution de problèmes*
- Delacour J., *Conscience & cerveau. La nouvelle frontière des neurosciences*
- Delacour J., *Une introduction aux neurosciences cognitives*
- Delorme A., Flückiger M., *Perception et réalité. Une introduction à la psychologie des perceptions*
- Donald M., *Les origines de l'esprit moderne. Trois étapes dans l'évolution de la culture et de la cognition*
- Ferrand L., Grainger J., *Psycholinguistique cognitive. Essais en l'honneur de Juan Seguí*
- Franck N., Hervé Chr. et Rozenberg J. J., *Psychose, langage et action. Approches neuro-cognitives*
- Gazzaniga M. S., Ivry R. B., Mangun G. R., *Neurosciences cognitives. La biologie de l'esprit*
- Geary D.C., *Hommes, Femmes. L'évolution des différences sexuelles humaines*
- Grégory R. L., *L'œil et le cerveau. La psychologie de la vision*
- Kolb B., Whishaw I.-Q., *Cerveau et comportement* (2e éd.)
- Lechevalier B., Eustache F., Viader F., *Traité de neuropsychologie clinique. Neurosciences cognitives et cliniques de l'adulte*
- Mackintosh N. J., *Q.I. & intelligence humaine*
- Math Fr., Kahn J.-P., Vignal J.-P., *Neurosciences cliniques. De la perception aux troubles du comportement*
- Matlin M.-W., *La cognition. Une introduction à la psychologie cognitive*
- Masmoudi S. et Naceur A., *Du percept à la décision. Intégration de la cognition, l'émotion et la motivation*
- Purves D., Augustine G. J., Fitzpatrick D., Hall W. C., LaMantia A.-S., McNamara J. O., White L. E., *Neurosciences* (4e éd.)
- Rock I., *La perception*
- Rodieck R.W., *La vision*
- Roy J.-M., *«Brave new brain». Vaincre les maladies mentales à l'ère du génome*
- Savioz A., *Introduction aux réseaux neuronaux. De la synapse à la psyché*
- Schacter D.-L., *À la recherche de la mémoire. Le passé, l'esprit et le cerveau*
- Schenk F., Leuba G., Büla C., *Du vieillissement cérébral à la maladie d'Alzheimer. Autour de la notion de plasticité*
- Springer S. P., Deutsch G., *Cerveau gauche, cerveau droit. À la lumière des neurosciences*
- Squire L.R., Kandel E.R., *La mémoire. De l'esprit aux molécules*
- Weidman N.-M., *Construction de la psychologie scientifique. Karl Lashley et la controverse sur l'esprit et le cerveau*